中华人民共和国现行税收法规及优惠政策解读

（2014年权威解读版）

中华人民共和国税收法典编委会　编

编审委员会主任

俞光远（全国人大常委会预算工委法案室原主任）
易运和（国家税务总局所得税管理司原司长）
翟继光（中国政法大学教授，著名税法专家）

编审委员会成员

卢富添　郭欣慰　王洋林　赵德芳
谢云旺　伍玉联　余启平　王　玲
李劲松　卢培伟　高广彬　吴东华
张志军　段家星　阮耀明　李善愚

图书在版编目(CIP)数据

中华人民共和国现行税收法规及优惠政策解读：2014年权威解读版/中华人民共和国税收法典编委会编.
—上海：立信会计出版社，2014.2
ISBN 978-7-5429-4147-3

Ⅰ. ①中… Ⅱ. ①中… Ⅲ. ①税法－法律解释－中国②税收优惠－税收政策－中国 Ⅳ. ①D922.220.5 ②F812.422

中国版本图书馆CIP数据核字（2014）第021744号

策划编辑　蔡伟莉
责任编辑　蔡伟莉　张　寻

中华人民共和国现行税收法规及优惠政策解读（2014年权威解读版）

出版发行　立信会计出版社
地　　址　上海市中山西路2230号　　邮政编码　200235
电　　话　(021) 64411389　　传　　真　(021) 64411325
网　　址　www.lixinaph.com　　电子邮箱　lxaph@sh163.net
网上书店　www.shlx.net　　电　　话　(021) 64411071
经　　销　各地新华书店

印　　刷　北京通州皇家印刷厂
开　　本　787毫米×1092毫米　1/16
印　　张　68
字　　数　2248千字
版　　次　2014年2月第1版
印　　次　2014年2月第1次
书　　号　ISBN 978-7-5429-4147-3/D
定　　价　380.00元

前　　言

为了帮助广大企事业单位更好地掌握税法，为了帮助广大税务干部更好地执行税法，我们组织相关专家以及相关业务主管人员编写了这本《中华人民共和国现行税收法规及优惠政策解读》。

由于我国现行税收法律法规数量巨大，其中有很多已经被废止或者被部分废止，致使纳税人在遵守税法、税务干部在执行税法时往往无法准确确定某项税收政策是否有效，对于那些刚刚接触税法的纳税人和税务干部而言更是如此，面对一个税务问题，往往不知道从哪里入手解决，不知道如何判断自己所看到的一份文件是否有效。因此，广大纳税人和税务干部迫切需要一本将现行有效的税收法律法规予以汇编的工具书。本书就是为了解决广大纳税人和税务干部所遇到的上述难题而编写的。

本书以现行的十七个税种为线索，分为十七个部分，将现行有效的法律法规分别汇编在十七个税种之下，关于税收征管方面的法律法规则单独编在税收征管之下，作为第十八部分。在每一部分中，我们都是先编写相关的法律，再编写相关的行政法规。在没有法律的情况下，我们先编写行政法规，再编写财政部或者国家税务总局针对该行政法规所制定的系统解释的规章。对于其他规范性文件，我们按照发布时间的先后顺序进行排列。

为了便于广大读者将数量庞大的税收法律法规和规范性文件联系起来，本书对于法律法规的主要条款以及主要规范性文件都加了注释。通过注释。读者可以找到与该条款或者文件相关的其他条款或者文件。由于相关性的判断见仁见智，我们仅就主要相关的文件加了注释，并没有穷尽所有相关的文件和条款。

由于很多文件涉及若干个税种，因此。我们在编写时，对于不涉及本税种的内容往往予以省略。很多文件中的部分条款失效或者被其他文件所修改，对此，我们均使用“……”予以省略，个别文件比较特殊，仅其中涉及某个税种的废除，涉及其他税种的仍然有效，对于这些比较特殊的，我们都在文件之后加上了相关的注释和说明。对于那些已经完全失效或者过时的文件，我们没有收录在本书。为了节省篇幅，部分仅涉及税务机关内部管理而不涉及纳税人权利义务的繁琐操作规程，本书没有收录。

由于税收法律法规和规范性文件数量巨大，可能还有少量规范性文件没有编入本书，但纳税人和税务干部常用的基本的规范性文件都已经收入本书。本书所收录的法律法规和规范性文件截至2014年1月1日。

本书编审委员会

目　录

第一编　所得税法

第二编 货物和劳务税法

第三编　财产税法

第十部分　中华人民共和国车辆购置税法 …… 770

第十一部分　中华人民共和国车船税法 …… 794

第四编 行为税法

第五编　税收征管法

第一编

所得税法

第一部分 中华人民共和国个人所得税法

中华人民共和国个人所得税法

(1980 年 9 月 10 日第五届全国人民代表大会第三次会议通过,1993 年 10 月 31 日第八届全国人民代表大会常务委员会第四次会议第一次修正,1999 年 8 月 30 日第九届全国人民代表大会常务委员会第十一次会议第二次修正,2005 年 10 月 27 日第十届全国人民代表大会常务委员会第十八次会议第三次修正,2007 年 6 月 29 日第十届全国人民代表大会常务委员会第二十八次会议第四次修正,2007 年 12 月 29 日第十届全国人民代表大会常务委员会第三十一次会议第五次修正,2011 年 6 月 30 日第十一届全国人民代表大会常务委员会第二十一次会议第六次修正)

第一条 在中国境内有住所,或者无住所而在境内居住满一年的个人,从中国境内和境外取得的所得,依照本法规定缴纳个人所得税。

在中国境内无住所又不居住或者无住所而在境内居住不满一年的个人,从中国境内取得的所得,依照本法规定缴纳个人所得税。

【注释】 《个人所得税法实施条例》第 2 条对“在中国境内有住所的个人”进行了解释;第 3 条对“在境内居住满一年”进行了解释;第 4 条对“从中国境内取得的所得”以及“从中国境外取得的所得”进行了解释;第 5 条对“来源于中国境内的所得”进行了特殊规定;第 6 条对“居住一年以上五年以下的”短期居民纳税人的纳税义务进行了特殊规定;第 7 条对“在一个纳税年度中在中国境内连续或者累计居住不超过 90 日的”短期非居民纳税人的纳税义务进行了特殊规定。

《征收个人所得税若干问题的规定》(国税发〔1994〕89 号)对“在中国境内有住所的个人”进行了进一步解释。相关规定包括:《国家税务总局关于个人在境外取得博彩所得征收个人所得税问题的批复》(国税函发〔1995〕663 号)、《国家税务总局关于在中国境内无住所的个人取得工资薪金所得纳税义务问题的通知》(国税发〔1994〕148 号)。

第二条 下列各项个人所得,应纳个人所得税:

一、工资、薪金所得;

二、个体工商户的生产、经营所得;

三、对企事业单位的承包经营、承租经营所得;

四、劳务报酬所得;

五、稿酬所得;

六、特许权使用费所得;

七、利息、股息、红利所得;

八、财产租赁所得;

九、财产转让所得;

十、偶然所得;

十一、经国务院财政部门确定征税的其他所得。

【注释】 《个人所得税法实施条例》第 8 条对上述各项所得进行了解释;第 9 条规定了股票转让所得征税办法另行规定。《国家税务总局关于个人在境外取得博彩所得征收个人所得税问题的批复》(国税函发〔1995〕663 号)规定了一项偶然所得。《国家税务总局关于有奖储蓄中奖收入征收个人所得税问题的批复》(国税函发〔1995〕98 号)规定了一项偶然所得。《财政部 国家税务总局关于银行部门以超过国家利率支付给储户的揽储奖金征收个人所得税问题的批复》(财税〔1995〕64 号)规定了一项其他所得。《国家税务总局关于股民从证券公司取得的回扣收入征收个人所得税问题的批复》(国税函〔1999〕627 号)规定了一项其他所得。《国家税务总局关于未分配的投资者收益和个人人寿保险收入征收个人所得税问题的批复》(国税函发〔1998〕546 号)规定了一项其他所得。《国家税务总局关于个人所得税有关问题的批复》(国税函〔2000〕57 号)规定了一项其他所得。相关规定包括:《国家税务总局关于个人所得税若干业务问题的批复》(国税函〔2002〕146 号)、《国家税务总局关于外商投资企业和外国企业以实物向雇员提供福利如何计征个人所得税问题的通知》(国税发〔1995〕115 号)。

第三条 个人所得税的税率:

一、工资、薪金所得,适用超额累进税率,税率为百分之三至百分之四十五(税率表附后)。

二、个体工商户的生产、经营所得和对企事业单位的承包经营、承租经营所得,适用百分之五至百分之三十五的超额累进税率(税率表附后)。

三、稿酬所得,适用比例税率,税率为百分之二十,并按应纳税额减征百分之三十。

四、劳务报酬所得,适用比例税率,税率为百分之二十。对劳务报酬所得一次收入畸高的,可以实行加成征收,具体办法由国务院规定。

五、特许权使用费所得,利息、股息、红利所得,财产租赁所得,财产转让所得,偶然所得和其他所得,适用比例税率,税率为百分之二十。

【注释】《个人所得税法实施条例》第 11 条对劳务报酬加征制度进行了具体规定。相关规定包括:《财政部 国家税务总局关于调整住房租赁市场税收政策的通知》(财税〔2000〕125 号)。

第四条 下列各项个人所得,免纳个人所得税:

一、省级人民政府、国务院部委和中国人民解放军军以上单位,以及外国组织、国际组织颁发的科学、教育、技术、文化、卫生、体育、环境保护等方面的奖金;

二、国债和国家发行的金融债券利息;

三、按照国家统一规定发给的补贴、津贴;

四、福利费、抚恤金、救济金;

五、保险赔款;

六、军人的转业费、复员费;

七、按照国家统一规定发给干部、职工的安家费、退职费、退休工资、离休工资、离休生活补助费;

八、依照我国有关法律规定应予免税的各国驻华使馆、领事馆的外交代表、领事官员和其他人员的所得;

九、中国政府参加的国际公约、签订的协议中规定免税的所得;

十、经国务院财政部门批准免税的所得。

【注释】《个人所得税法实施条例》第 12—15 条对上述部分免税所得进行了解释。《财政部 国家税务总局关于发给见义勇为者的奖金免征个人所得税问题的通知》(财税〔1995〕25 号)规定了一项免税所得。相关规定包括:《国家税务总局关于"长江学者奖励计划"有关个人收入免征个人所得税的通知》(国税函发〔1998〕632 号)、《财政部 国家税务总局关于银行部门以超过国家利率支付给储户的揽储奖金征收个人所得税问题的批复》(财税〔1995〕64 号)、《财政部 国家税务总局关于自主择业的军队转业干部有关税收政策问题的通知》(财税〔2003〕26 号)、《财政部 国家税务总局关于个人所得税若干政策问题的通知》(财税〔1994〕20 号)、《财政部 国家税务总局关于随军家属就业有关税收政策的通知》(财税〔2000〕84 号)、《财政部 国家税务总局关于扶持城镇退役士兵自谋职业有关税收优惠政策的通知》(财税〔2004〕93 号)、《财政部 国家税务总局关于教育税收政策的通知》(财税〔2004〕39 号)、《国家税务总局关于纳税人收回转让的股权征收个人所得税问题的批复》(国税函〔2005〕130 号)、《财政部 国家税务总局关于城镇房屋拆迁有关税收政策的通知》(财税〔2005〕45 号)、《财政部 国家税务总局关于股权分置试点改革有关税收政策问题的通知》(财税〔2005〕103 号)、《财政部 国家税务总局关于华侨从海外汇入赡养家属的侨汇等免征个人所得税问题的通知》(财税外〔1980〕196 号)、《国家税务总局关于社会福利有奖募捐发行收入税收问题的通知》(国税发〔1994〕127 号)、《财政部 国家税务总局关于个人取得体育彩票中奖所得征免个人所得税问题的通知》(财税〔1998〕12 号)、《财政部 国家税务总局关于对中国科学院中国工程院资深院士津贴免征个人所得税的通知》(财税〔1998〕118 号)、《财政部 国家税务总局关于促进科技成果转化有关税收政策的通知》(财税〔1999〕45 号)。

第五条　有下列情形之一的，经批准可以减征个人所得税：

一、残疾、孤老人员和烈属的所得；

二、因严重自然灾害造成重大损失的；

三、其他经国务院财政部门批准减税的。

【注释】《个人所得税法实施条例》第 16 条对减征的具体办法进行了规定。相关规定包括：《国家税务总局关于明确残疾人所得征免个人所得税范围的批复》(国税函〔1999〕329 号)、《国家税务总局关于个人所得税若干政策问题的批复》(国税函〔2002〕629 号)。

第六条　应纳税所得额的计算：

一、工资、薪金所得，以每月收入额减除费用三千五百元后的余额，为应纳税所得额。

二、个体工商户的生产、经营所得，以每一纳税年度的收入总额，减除成本、费用以及损失后的余额，为应纳税所得额。

三、对企事业单位的承包经营、承租经营所得，以每一纳税年度的收入总额，减除必要费用后的余额，为应纳税所得额。

四、劳务报酬所得、稿酬所得、特许权使用费所得、财产租赁所得，每次收入不超过四千元的，减除费用八百元；四千元以上的，减除百分之二十的费用，其余额为应纳税所得额。

五、财产转让所得，以转让财产的收入额减除财产原值和合理费用后的余额，为应纳税所得额。

六、利息、股息、红利所得，偶然所得和其他所得，以每次收入额为应纳税所得额。

个人将其所得对教育事业和其他公益事业捐赠的部分，按照国务院有关规定从应纳税所得中扣除。

对在中国境内无住所而在中国境内取得工资、薪金所得的纳税义务人和在中国境内有住所而在中国境外取得工资、薪金所得的纳税义务人，可以根据其平均收入水平、生活水平以及汇率变化情况确定附加减除费用，附加减除费用适用的范围和标准由国务院规定。

【注释】《个人所得税法实施条例》第 17—31 条对上述各项所得的计算进行了详细规定。《征收个人所得税若干问题的规定》(国税发〔1994〕89 号)对稿酬所得、拍卖文稿所得、董事费所得征税进行了具体规定。《征收个人所得税若干问题的规定》(国税发〔1994〕89 号)对纳税人境内外同时取得工资薪金所得如何征税进行了规定。《征收个人所得税若干问题的规定》(国税发〔1994〕89 号)对承包承租期不足一年如何征税的问题进行了规定。《国家税务总局关于企业发放补充养老保险金征收个人所得税问题的批复》(国税函〔1999〕615 号)对补充养老保险的征税问题进行了规定。相关规定包括：《国家税务总局关于明确单位或个人为纳税义务人的劳务报酬所得代付税款计算公式的通知》(国税发〔1996〕161 号)、《国家税务总局关于失业保险费(金)征免个人所得税问题的通知》(国税发〔2000〕83 号)、《国家税务总局关于个人所得税若干业务问题的批复》(国税函〔2002〕146 号)、《国家税务总局关于三井物产(株)大连事务所外籍雇员取得数月奖金确定纳税义务问题的批复》(国税函发〔1997〕546 号)、《国家税务总局关于个人认购股票等有价证券而从雇主取得折扣或补贴收入有关征收个人所得税问题的通知》(国税发〔1998〕9 号)、《国家税务总局关于调整个人取得全年一次性奖金等计算征收个人所得税方法问题的通知》(国税发〔2005〕9 号)、《财政部 国家税务总局关于个人股票期权所得征收个人所得税问题的通知》(财税〔2005〕35 号)、《国家税务总局关于个人因解除劳动合同取得经济补偿金征收个人所得税问题的通知》(国税发〔1999〕178 号)、《国家税务总局关于个人住房转让所得征收个人所得税有关问题的通知》(国税发〔2006〕108 号)、《国家税务总局关于在中国境内担任董事或高层管理职务无住所个人计算个人所得税适用公式的批复》(国税函〔2007〕946 号)、《国家税务总局关于个人取得房屋拍卖收入征收个人所得税问题的批复》(国税函〔2007〕1145 号)。

第七条　纳税义务人从中国境外取得的所得，准予其在应纳税额中扣除已在境外缴纳的个人所得税税额。但扣除额不得超过该纳税义务人境外所得依照本法规定计算的应纳税额。

【注释】《个人所得税法实施条例》第 32—34 条对上述制度进行了详细规定。

第八条　个人所得税，以所得人为纳税义务人，以支付所得的单位或者个人为扣缴义务人。个人所得超过国务院规定数额的，在两处以上取得工资、薪金所得或者没有扣缴义务人的，以及具有国务院规定的其他情形的，纳税义务人应当按照国家规定办理纳税申报。扣缴义务人应当按照国家规定办理全员全额扣缴申报。

【注释】《个人所得税法实施条例》第 35—39 条对上述制度进行了详细规定。相关规定包括：《国家税务总局关于行政机关、事业单位工资发放方式改革后扣缴个人所得税问题的通知》(国税发〔2001〕19号)、《国家税务总局关于加强企业债券利息个人所得税代扣代缴工作的通知》(国税函〔2003〕612号)、《国家税务总局关于国际组织驻华机构、外国政府驻华使领馆和驻华新闻机构雇员个人所得税征收方式的通知》(国税函〔2004〕808号)、《个人所得税代扣代缴暂行办法》(国税发〔1995〕65号)。

第九条 扣缴义务人每月所扣的税款,自行申报纳税人每月应纳的税款,都应当在次月十五日内缴入国库,并向税务机关报送纳税申报表。

工资、薪金所得应纳的税款,按月计征,由扣缴义务人或者纳税义务人在次月十五日内缴入国库,并向税务机关报送纳税申报表。特定行业的工资、薪金所得应纳的税款,可以实行按年计算、分月预缴的方式计征,具体办法由国务院规定。

个体工商户的生产、经营所得应纳的税款,按年计算,分月预缴,由纳税义务人在次月十五日内预缴,年度终了后三个月内汇算清缴,多退少补。

对企事业单位的承包经营、承租经营所得应纳的税款,按年计算,由纳税义务人在年度终了后三十日内缴入国库,并向税务机关报送纳税申报表。纳税义务人在一年内分次取得承包经营、承租经营所得的,应当在取得每次所得后的十五日内预缴,年度终了后三个月内汇算清缴,多退少补。

从中国境外取得所得的纳税义务人,应当在年度终了后三十日内,将应纳的税款缴入国库,并向税务机关报送纳税申报表。

【注释】 《个人所得税法实施条例》第40—42条对上述制度进行了详细规定。《个体工商户个人所得税计税办法(试行)》(国税发〔1997〕43号)对个人工商户应纳税额的计算和征管进行了详细规定。相关规定包括:《国家税务总局关于境外所得征收个人所得税若干问题的通知》(国税发〔1994〕44号)。

第十条 各项所得的计算,以人民币为单位。所得为外国货币的,按照国家外汇管理机关规定的外汇牌价折合成人民币缴纳税款。

【注释】 《个人所得税法实施条例》第43条对上述制度进行了详细规定。

第十一条 对扣缴义务人按照所扣缴的税款,付给百分之二的手续费。

【注释】 《个人所得税法实施条例》第44条对上述制度进行了详细规定。

第十二条 对储蓄存款利息所得开征、减征、停征个人所得税及其具体办法,由国务院规定。

【注释】 国务院根据该授权制定了《对储蓄存款利息所得征收个人所得税的实施办法》(国务院令〔2007〕502号)。相关规定包括:《储蓄存款利息所得个人所得税征收管理办法》(国税发〔1999〕179号)、《财政部 国家税务总局关于储蓄存款利息所得有关个人所得税政策的通知》(财税〔2008〕132号)。

第十三条 个人所得税的征收管理,依照《中华人民共和国税收征收管理法》的规定执行。

【注释】 相关规定包括:《演出市场个人所得税征收管理暂行办法》(国税发〔1995〕171号)、《机动出租车驾驶员个人所得税征收管理暂行办法》(国税发〔1995〕50号)、《建筑安装业个人所得税征收管理暂行办法》(国税发〔1996〕127号)、《广告市场个人所得税征收管理暂行办法》(国税发〔1996〕148号)、《境外所得个人所得税征收管理暂行办法》(国税发〔1998〕126号)、《关于个人独资企业和合伙企业投资者征收个人所得税的规定》(财税〔2000〕91号)、《个人所得税管理办法》(国税发〔2005〕120号)。

第十四条 国务院根据本法制定实施条例。

【注释】 国务院根据该授权制定了《中华人民共和国个人所得税法实施条例》。

第十五条 本法自公布之日起施行。

个人所得税税率表一

(工资、薪金所得适用)

级　数	全月应纳税所得额	税率(%)
1	不超过1 500元的部分	3
2	超过1 500元至4 500元的部分	10
3	超过4 500元至9 000元的部分	20

（续表）

级　　数	全月应纳税所得额	税率(%)
4	超过 9 000 元至 35 000 元的部分	25
5	超过 35 000 元至 55 000 元的部分	30
6	超过 55 000 元至 80 000 元的部分	35
7	超过 80 000 元的部分	45

（注：本表所称全月应纳税所得额是指依照本法第六条的规定，以每月收入额减除费用三千五百元以及附加减除费用后的余额。）

个人所得税税率表二

（个体工商户的生产、经营所得和对企事业单位的承包经营、承租经营所得适用）

级　　数	全年应纳税所得额	税率(%)
1	不超过 15 000 元的部分	5
2	超过 15 000 元至 30 000 元的部分	10
3	超过 30 000 元至 60 000 元的部分	20
4	超过 60 000 元至 100 000 元的部分	30
5	超过 100 000 元的部分	35

（注：本表所称全年应纳税所得额是指依照本法第六条的规定，以每一纳税年度的收入总额减除成本、费用以及损失后的余额。）

全国人民代表大会常务委员会关于修改《中华人民共和国个人所得税法》的决定

中华人民共和国主席令第 48 号

《全国人民代表大会常务委员会关于修改〈中华人民共和国个人所得税法〉的决定》已由中华人民共和国第十一届全国人民代表大会常务委员会第二十一次会议于 2011 年 6 月 30 日通过，现予公布，自 2011 年 9 月 1 日起施行。

中华人民共和国主席胡锦涛

2011 年 6 月 30 日

全国人民代表大会常务委员会关于修改《中华人民共和国个人所得税法》的决定

（2011 年 6 月 30 日第十一届全国人民代表大会常务委员会第二十一次会议通过）

第十一届全国人民代表大会常务委员会第二十一次会议决定对《中华人民共和国个人所得税法》作如下修改：

一、第三条第一项修改为:“工资、薪金所得,适用超额累进税率,税率为百分之三至百分之四十五(税率表附后)。”

二、第六条第一款第一项修改为:“工资、薪金所得,以每月收入额减除费用三千五百元后的余额,为应纳税所得额。”

三、第九条中的“七日内”修改为“十五日内”。

四、个人所得税税率表一(工资、薪金所得适用)修改为:

级　数	全月应纳税所得额	税率(%)
1	不超过 1 500 元的	3
2	超过 1 500 元至 4 500 元的部分	10
3	超过 4 500 元至 9 000 元的部分	20
4	超过 9 000 元至 35 000 元的部分	25
5	超过 35 000 元至 55 000 元的部分	30
6	超过 55 000 元至 80 000 元的部分	35
7	超过 80 000 元的部分	45

(注:本表所称全月应纳税所得额是指依照本法第六条的规定,以每月收入额减除费用三千五百元以及附加减除费用后的余额。)

五、个人所得税税率表二(个体工商户的生产、经营所得和对企事业单位的承包经营、承租经营所得适用)修改为:

级　数	全年应纳税所得额	税率(%)
1	不超过 15 000 元的	5
2	超过 15 000 元至 30 000 元的部分	10
3	超过 30 000 元至 60 000 元的部分	20
4	超过 60 000 元至 100 000 元的部分	30
5	超过 100 000 元的部分	35

(注:本表所称全年应纳税所得额是指依照本法第六条的规定,以每一纳税年度的收入总额减除成本、费用以及损失后的余额。)

本决定自 2011 年 9 月 1 日起施行。

《中华人民共和国个人所得税法》根据本决定作相应修改,重新公布。

中华人民共和国个人所得税法实施条例

(1994 年 1 月 28 日中华人民共和国国务院令第 142 号发布,根据 2005 年 12 月 19 日《国务院关于修改〈中华人民共和国个人所渇税法实施条例〉的决定》第一次修订,根据 2008 年 2 月 18 日《国务院关于修改〈中华人民共和国个人所渇税法实施条例〉的决定》第二次修订,根据 2011 年 7 月 19 日《国务院关于修改〈中华人民共和国个人所渇税法实施条例〉的决定》第三次修订)

第一条 根据《中华人民共和国个人所得税法》(以下简称税法)的规定,制定本条例。

第二条　税法第一条第一款所说的在中国境内有住所的个人，是指因户籍、家庭、经济利益关系而在中国境内习惯性居住的个人。

【注释】　解释《个人所得税法》第 1 条。

第三条　税法第一条第一款所说的在境内居住满一年，是指在一个纳税年度中在中国境内居住 365 日。临时离境的，不扣减日数。

前款所说的临时离境，是指在一个纳税年度中一次不超过 30 日或者多次累计不超过 90 日的离境。

【注释】　解释《个人所得税法》第 1 条。

第四条　税法第一条第一款、第二款所说的从中国境内取得的所得，是指来源于中国境内的所得；所说的从中国境外取得的所得，是指来源于中国境外的所得。

【注释】　解释《个人所得税法》第 1 条。

第五条　下列所得，不论支付地点是否在中国境内，均为来源于中国境内的所得：

（一）因任职、受雇、履约等而在中国境内提供劳务取得的所得；

（二）将财产出租给承租人在中国境内使用而取得的所得；

（三）转让中国境内的建筑物、土地使用权等财产或者在中国境内转让其他财产取得的所得；

（四）许可各种特许权在中国境内使用而取得的所得；

（五）从中国境内的公司、企业以及其他经济组织或者个人取得的利息、股息、红利所得。

【注释】　解释《个人所得税法》第 1 条。相关规定包括：《国家税务总局关于在中国境内无住所的个人取得工资薪金所得纳税义务问题的通知》（国税发〔1994〕148 号）、《国家税务总局关于外国企业的董事在中国境内兼任职务有关税收问题的通知》（国税函〔1999〕284 号）。

第六条　在中国境内无住所，但是居住一年以上五年以下的个人，其来源于中国境外的所得，经主管税务机关批准，可以只就由中国境内公司、企业以及其他经济组织或者个人支付的部分缴纳个人所得税；居住超过五年的个人，从第六年起，应当就其来源于中国境外的全部所得缴纳个人所得税。

【注释】　对《个人所得税法》第 1 条进行了特殊例外规定。相关规定包括：《国家税务总局关于在中国境内无住所的个人取得工资薪金所得纳税义务问题的通知》（国税发〔1994〕148 号）、《国家税务总局关于在中国境内无住所的个人执行税收协定和个人所得税法若干问题的通知》（国税发〔2004〕97 号）、《财政部 国家税务总局关于在华无住所的个人如何计算在华居住满五年问题的通知》（财税〔1995〕98 号）。

第七条　在中国境内无住所，但是在一个纳税年度中在中国境内连续或者累计居住不超过 90 日的个人，其来源于中国境内的所得，由境外雇主支付并且不由该雇主在中国境内的机构、场所负担的部分，免予缴纳个人所得税。

【注释】　对《个人所得税法》第 1 条进行了特殊例外规定。相关规定包括：《国家税务总局关于在中国境内无住所的个人取得工资薪金所得纳税义务问题的通知》（国税发〔1994〕148 号）、《国家税务总局关于在中国境内无住所个人以有价证券形式取得工资薪金所得确定纳税义务有关问题的通知》（国税函〔2000〕190 号）。

第八条　税法第二条所说的各项个人所得的范围：

（一）工资、薪金所得，是指个人因任职或者受雇而取得的工资、薪金、奖金、年终加薪、劳动分红、津贴、补贴以及与任职或者受雇有关的其他所得。

（二）个体工商户的生产、经营所得，是指：

1. 个体工商户从事工业、手工业、建筑业、交通运输业、商业、饮食业、服务业、修理业以及其他行业生产、经营取得的所得；

2. 个人经政府有关部门批准，取得执照，从事办学、医疗、咨询以及其他有偿服务活动取得的所得；

3. 其他个人从事个体工商业生产、经营取得的所得；

4. 上述个体工商户和个人取得的与生产、经营有关的各项应纳税所得。

（三）对企事业单位的承包经营、承租经营所得，是指个人承包经营、承租经营以及转包、转租取得的所得，包括个人按月或者按次取得的工资、薪金性质的所得。

（四）劳务报酬所得，是指个人从事设计、装潢、安装、制图、化验、测试、医疗、法律、会计、咨询、讲学、新闻、广播、翻译、审稿、书画、雕刻、影视、录音、录像、演出、表演、广告、展览、技术服务、介绍服务、经纪服务、代办服务以及其他劳务取得的所得。

（五）稿酬所得，是指个人因其作品以图书、报刊形式出版、发表而取得的所得。

（六）特许权使用费所得，是指个人提供专利权、商标权、著作权、非专利技术以及其他特许权的使用权取得的所得；提供著作权的使用权取得的所得，不包括稿酬所得。

（七）利息、股息、红利所得，是指个人拥有债权、股权而取得的利息、股息、红利所得。

（八）财产租赁所得，是指个人出租建筑物、土地使用权、机器设备、车船以及其他财产取得的所得。

（九）财产转让所得，是指个人转让有价证券、股权、建筑物、土地使用权、机器设备、车船以及其他财产取得的所得。

（十）偶然所得，是指个人得奖、中奖、中彩以及其他偶然性质的所得。

个人取得的所得，难以界定应纳税所得项目的，由主管税务机关确定。

【注释】 对《个人所得税法》第2条所规定的各项所得进行了解释。《征收个人所得税若干问题的规定》（国税发〔1994〕89号）对工资薪金所得和劳务报酬所得的区分标准进行了规定。相关文件包括：《国家税务总局关于高寒边境地区津贴征收个人所得税问题的批复》（国税函发〔1996〕399号）、《国家税务总局关于个人转让汽车所得征收个人所得税问题的批复》（国税函发〔1997〕35号）、《国家税务总局关于个人举办各类学习班取得的收入征收个人所得税问题的批复》（国税函发〔1996〕658号）、《国家税务总局关于股份制企业转增股本和派发红股征免个人所得税的通知》（国税发〔1997〕198号）、《国家税务总局关于盈余公积金转增注册资本征收个人所得税问题的批复》（国税函发〔1998〕333号）、《国家税务总局关于未分配的投资者收益和个人人寿保险收入征收个人所得税问题的批复》（国税函发〔1998〕546号）、《国家税务总局关于社会力量办学征收个人所得税问题的批复》（国税函发〔1998〕738号）、《国家税务总局关于个人取得专利赔偿所得征收个人所得税问题的批复》（国税函〔2000〕257号）、《国家税务总局关于联想集团改制员工取得的用于购买企业国有股权的劳动分红征收个人所得税问题的批复》（国税函〔2001〕832号）、《国家税务总局关于个人所得税若干政策问题的批复》（国税函〔2002〕629号）、《国家税务总局关于个人所得税若干业务问题的批复》（国税函〔2002〕146号）、《国家税务总局关于征用土地过程中征地单位支付给土地承包人员的补偿费如何征税问题的批复》（国税函发〔1997〕87号）、《财政部 国家税务总局关于医疗机构有关个人所得税政策问题的通知》（财税〔2003〕109号）、《国家税务总局关于外商投资企业和外国企业的雇员的境外保险费有关所得税处理问题的通知》（国税发〔1998〕101号）、《财政部 国家税务总局关于规范个人投资者个人所得税征收管理的通知》（财税〔2003〕158号）、《国家税务总局关于转租浅海滩涂使用权收入征收个人所得税问题的批复》（国税函〔2002〕1158号）、《财政部 国家税务总局关于企业以免费旅游方式提供对营销人员个人奖励有关个人所得税政策的通知》（财税〔2004〕11号）、《财政部 国家税务总局关于个人股票期权所得征收个人所得税问题的通知》（财税〔2005〕35号）、《国家税务总局关于单位为员工支付有关保险缴纳个人所得税问题的批复》（国税函〔2005〕318号）、《国家税务总局关于个人兼职和退休人员再任职取得收入如何计算征收个人所得税问题的批复》（国税函〔2005〕382号）、《国家税务总局关于企业为股东个人购买汽车征收个人所得税的批复》（国税函〔2005〕364号）、《国家税务总局关于个人因购买和处置债权取得所得征收个人所得税问题的批复》（国税函〔2005〕655号）、《国家税务总局关于个人出租中国境内房屋取得租金收入税务处理问题的通知》（国税函发〔1995〕134号）、《财政部 国家税务总局关于个人提供非有形商品推销、代理等服务活动取得收入征收营业税和个人所得税有关问题的通知》（财税〔1997〕103号）、《国家税务总局关于律师事务所从业人员取得收入征收个人所得税有关业务问题的通知》（国税发〔2000〕149号）。

第九条 对股票转让所得征收个人所得税的办法，由财政部另行制定，报国务院批准施行。

【注释】 相关规定包括：《财政部 国家税务总局关于个人转让股票所得继续暂免征收个人所得税的通知》（财税〔1998〕61号）、《财政部 国家税务总局关于证券投资基金税收问题的通知》（财税〔1998〕55号）。

第十条 个人所得的形式，包括现金、实物、有价证券和其他形式的经济利益。所得为实物的，应当按照取得的凭证上所注明的价格计算应纳税所得额；无凭证的实物或者凭证上所注明的价格明显偏低的，参照市场价格核定应纳税所得额。所得为有价证券的，根据票面价格和市场价格核定应纳税所得额。所得为其他形式的经济利益的，参照市场价格核定应纳税所得额。

【注释】 相关规定包括：《国家税务总局关于个人所得税若干政策问题的批复》（国税函〔2002〕629

号)、《国家税务总局关于外商投资企业和外国企业以实物向雇员提供福利如何计征个人所得税问题的通知》(国税发〔1995〕115 号)。

第十一条 税法第三条第四项所说的劳务报酬所得一次收入畸高,是指个人一次取得劳务报酬,其应纳税所得额超过 2 万元。

对前款应纳税所得额超过 2 万元至 5 万元的部分,依照税法规定计算应纳税额后再按照应纳税额加征五成;超过 5 万元的部分,加征十成。

【注释】 对《个人所得税法》第 3 条所规定的劳务报酬所得加征的制度进行了规定。

第十二条 税法第四条第二项所说的国债利息,是指个人持有中华人民共和国财政部发行的债券而取得的利息所得;所说的国家发行的金融债券利息,是指个人持有经国务院批准发行的金融债券而取得的利息所得。

【注释】 对《个人所得税法》第 4 条所规定的国债利息以及国家发行的金融债券利息进行了解释。

第十三条 税法第四条第三项所说的按照国家统一规定发给的补贴、津贴,是指按照国务院规定发给的政府特殊津贴、院士津贴、资深院士津贴,以及国务院规定免纳个人所得税的其他补贴、津贴。

【注释】 对《个人所得税法》第 4 条所规定的“按照国家统一规定发给的补贴、津贴”进行了解释。《征收个人所得税若干问题的规定》(国税发〔1994〕89 号)对本条规定进行了解释。相关文件:《国家税务总局关于中国科学院院士津贴免征个人所得税的通知》(国税发〔1994〕118 号)。

第十四条 税法第四条第四项所说的福利费,是指根据国家有关规定,从企业、事业单位、国家机关、社会团体提留的福利费或者工会经费中支付给个人的生活补助费;所说的救济金,是指国家民政部门支付给个人的生活困难补助费。

【注释】 对《个人所得税法》第 4 条所规定的“福利费”、“救济金”进行了解释。相关规定包括:《国家税务总局关于生活补助费范围确定问题的通知》(国税发〔1998〕155 号)。

第十五条 税法第四条第八项所说的依照我国法律规定应予免税的各国驻华使馆、领事馆的外交代表、领事官员和其他人员的所得,是指依照《中华人民共和国外交特权与豁免条例》和《中华人民共和国领事特权与豁免条例》规定免税的所得。

【注释】 对《个人所得税法》第 4 条所规定的“依照我国法律规定应予免税的各国驻华使馆、领事馆的外交代表、领事官员和其他人员的所得”进行了解释。

第十六条 税法第五条所说的减征个人所得税,其减征的幅度和期限由省、自治区、直辖市人民政府规定。

【注释】 对《个人所得税法》第 5 条所规定的减征个人所得税制度进行了具体规定。相关规定包括:《国家税务总局关于明确残疾人所得征免个人所得税范围的批复》(国税函〔1999〕329 号)。

第十七条 税法第六条第一款第二项所说的成本、费用,是指纳税义务人从事生产、经营所发生的各项直接支出和分配计入成本的间接费用以及销售费用、管理费用、财务费用;所说的损失,是指纳税义务人在生产、经营过程中发生的各项营业外支出。

从事生产、经营的纳税义务人未提供完整、准确的纳税资料,不能正确计算应纳税所得额的,由主管税务机关核定其应纳税所得额。

【注释】 对《个人所得税法》第 6 条所规定的成本、费用和损失进行了解释。相关规定包括:《国家税务总局关于个人独资企业个人所得税税前固定资产折旧费扣除问题的批复》(国税函〔2002〕1090 号)、《财政部 国家税务总局关于个人所得税若干政策问题的通知》(财税〔1994〕20 号)。

第十八条 税法第六条第一款第三项所说的每一纳税年度的收入总额,是指纳税义务人按照承包经营、承租经营合同规定分得的经营利润和工资、薪金性质的所得;所说的减除必要费用,是指按月减除 3 500 元。

【注释】 对《个人所得税法》第 6 条所规定的“每一纳税年度的收入总额”、“减除必要费用”进行了解释。《征收个人所得税若干问题的规定》(国税发〔1994〕89 号)对承包承租期不足一年如何征税的问题进行了规定。

第十九条 税法第六条第一款第五项所说的财产原值,是指:

(一)有价证券,为买入价以及买入时按照规定交纳的有关费用;

(二)建筑物,为建造费或者购进价格以及其他有关费用;

(三)土地使用权,为取得土地使用权所支付的金额、开发土地的费用以及其他有关费用;

(四)机器设备、车船,为购进价格、运输费、安装费以及其他有关费用;

(五)其他财产,参照以上方法确定。

纳税义务人未提供完整、准确的财产原值凭证,不能正确计算财产原值的,由主管税务机关核定其财产原值。

【注释】 对《个人所得税法》第6条所规定的"财产原值"进行了解释。《国家税务总局关于加强和规范个人取得拍卖收入征收个人所得税有关问题的通知》(国税发〔2007〕38号)规定了书画作品古玩等的财产原值。

第二十条 税法第六条第一款第五项所说的合理费用,是指卖出财产时按照规定支付的有关费用。

【注释】 对《个人所得税法》第6条所规定的"合理费用"进行了解释。

第二十一条 税法第六条第一款第四项、第六项所说的每次收入,是指:

(一)劳务报酬所得,属于一次性收入的,以取得该项收入为一次;属于同一项目连续性收入的,以一个月内取得的收入为一次。

(二)稿酬所得,以每次出版、发表取得的收入为一次。

(三)特许权使用费所得,以一项特许权的一次许可使用所取得的收入为一次。

(四)财产租赁所得,以一个月内取得的收入为一次。

(五)利息、股息、红利所得,以支付利息、股息、红利时取得的收入为一次。

(六)偶然所得,以每次取得该项收入为一次。

【注释】 对《个人所得税法》第6条所规定的"每次收入"进行了解释。《征收个人所得税若干问题的规定》(国税发〔1994〕89号)对稿酬所得、拍卖文稿所得、董事费所得征税进行了具体规定。

第二十二条 财产转让所得,按照一次转让财产的收入额减除财产原值和合理费用后的余额,计算纳税。

第二十三条 二个或者二个以上的个人共同取得同一项目收入的,应当对每个人取得的收入分别按照税法规定减除费用后计算纳税。

第二十四条 税法第六条第二款所说的个人将其所得对教育事业和其他公益事业的捐赠,是指个人将其所得通过中国境内的社会团体、国家机关向教育和其他社会公益事业以及遭受严重自然灾害地区、贫困地区的捐赠。

捐赠额未超过纳税义务人申报的应纳税所得额30%的部分,可以从其应纳税所得额中扣除。

【注释】 对《个人所得税法》第6条所规定的公益捐赠扣除制度进行了具体规定。相关规定包括:《国家税务总局关于纳税人通过中国光彩事业促进会的公益救济性捐赠税前扣除问题的通知》(国税函〔2003〕78号)、《财政部 国家税务总局关于企业等社会力量向红十字事业捐赠有关问题的通知》(财税〔2001〕28号)、《国家税务总局关于纳税人通过光华科技基金会的公益救济性捐赠税前扣除问题的通知》(国税函〔2001〕164号)、《国家税务总局关于纳税人向中国人口福利基金会捐赠税前扣除问题的通知》(国税函〔2001〕214号)、《财政部 国家税务总局关于工商企业订阅党报党刊有关所得税税前扣除问题的通知》(财税〔2003〕224号)、《国家税务总局关于纳税人向中国法律援助基金会捐赠税前扣除问题的通知》(国税函〔2003〕722号)、《国家税务总局关于纳税人向中华环境保护基金会的捐赠税前扣除问题的通知》(国税函〔2003〕762号)、《国家税务总局关于纳税人通过中国初级卫生保健基金会的公益救济性捐赠税前扣除问题的通知》(国税函〔2003〕763号)、《国家税务总局关于纳税人向中国法律援助基金会捐赠税前扣除问题的通知》(国税函〔2003〕22号)、《财政部 国家税务总局关于对老年服务机构有关税收政策问题的通知》(财税〔2000〕97号)、《国家税务总局关于纳税人通过阎宝航教育基金会的公益救济性捐赠税前扣除问题的通知》(国税函〔2004〕341号)、《财政部 国家税务总局关于教育税收政策的通知》(财税〔2004〕39号)、《财政部 国家税务总局关于向宋庆龄基金会等6家单位捐赠所得税政策问题的通知》(财税〔2004〕172号)、《国家税务总局关于纳税人通过中国妇女发展基金会的公益救济性捐赠税前扣除问题的通知》(国税函〔2002〕973号)。

第二十五条 按照国家规定,单位为个人缴付和个人缴付的基本养老保险费、基本医疗保险费、失业保险费、住房公积金，从纳税义务人的应纳税所得额中扣除。

【注释】 相关规定包括：《国家税务总局关于海洋石油若干税收政策问题的通知》（国税发〔1997〕44号）、《国家税务总局关于外商投资企业及其雇员提存、支用住房公积金有关税务处理问题的通知》（国税发〔1994〕165号）、《财政部 国家税务总局关于住房公积金医疗保险金养老保险金征收个人所得税问题的通知》（财税〔1997〕144号）、《财政部 国家税务总局关于住房公积金医疗保险金基本养老保险金失业保险基金个人账户存款利息所得免征个人所得税的通知》（财税〔1999〕267号）、《财政部 国家税务总局关于基本养老保险费基本医疗保险费失业保险费住房公积金有关个人所得税政策的通知》（财税〔2006〕10号）。

第二十六条 税法第六条第三款所说的在中国境外取得工资、薪金所得，是指在中国境外任职或者受雇而取得的工资、薪金所得。

【注释】 对《个人所得税法》第6条所规定的“在中国境外取得工资、薪金所得”进行了解释。

第二十七条 税法第六条第三款所说的附加减除费用，是指每月在减除3500元费用的基础上，再减除本条例第二十九条规定数额的费用。

第二十八条 税法第六条第三款所说的附加减除费用适用的范围，是指：

（一）在中国境内的外商投资企业和外国企业中工作的外籍人员；

（二）应聘在中国境内的企业、事业单位、社会团体、国家机关中工作的外籍专家；

（三）在中国境内有住所而在中国境外任职或者受雇取得工资、薪金所得的个人；

（四）国务院财政、税务主管部门确定的其他人员。

【注释】 对《个人所得税法》第6条所规定的附加减除费用制度进行了具体规定。

第二十九条 税法第六条第三款所说的附加减除费用标准为1300元。

【注释】 对《个人所得税法》第6条所规定的附加减除费用制度进行了具体规定。

第三十条 华侨和香港、澳门、台湾同胞，参照本条例第二十七条、第二十八条、第二十九条的规定执行。

【注释】 对《个人所得税法》第6条所规定的附加减除费用制度进行了具体规定。

第三十一条 在中国境内有住所，或者无住所而在境内居住满一年的个人，从中国境内和境外取得的所得，应当分别计算应纳税额。

第三十二条 税法第七条所说的已在境外缴纳的个人所得税税额，是指纳税义务人从中国境外取得的所得，依照该所得来源国家或者地区的法律应当缴纳并且实际已经缴纳的税额。

【注释】 对《个人所得税法》第7条所规定的“已在境外缴纳的个人所得税税额”进行了解释。

第三十三条 税法第七条所说的依照税法规定计算的应纳税额，是指纳税义务人从中国境外取得的所得，区别不同国家或者地区和不同应税项目，依照税法规定的费用减除标准和适用税率计算的应纳税额；同一国家或者地区内不同应税项目的应纳税额之和，为该国家或者地区的扣除限额。

纳税义务人在中国境外一个国家或者地区实际已经缴纳的个人所得税税额，低于依照前款规定计算出的该国家或者地区扣除限额的，应当在中国缴纳差额部分的税款；超过该国家或者地区扣除限额的，其超过部分不得在本纳税年度的应纳税额中扣除，但是可以在以后纳税年度的该国家或者地区扣除限额的余额中补扣。补扣期限最长不得超过五年。

【注释】 对《个人所得税法》第7条所规定的外国税收抵免制度进行了具体规定。

第三十四条 纳税义务人依照税法第七条的规定申请扣除已在境外缴纳的个人所得税税额时，应当提供境外税务机关填发的完税凭证原件。

【注释】 对《个人所得税法》第7条所规定的外国税收抵免制度进行了具体规定。

第三十五条 扣缴义务人在向个人支付应税款项时，应当依照税法规定代扣税款，按时缴库，并专项记载备查。

前款所说的支付，包括现金支付、汇拨支付、转账支付和以有价证券、实物以及其他形式的支付。

第三十六条 纳税义务人有下列情形之一的，应当按照规定到主管税务机关办理纳税申报：

（一）年所得12万元以上的；

（二）从中国境内二处或者二处以上取得工资、薪金所得的；

（三）从中国境外取得所得的；

（四）取得应纳税所得，没有扣缴义务人的；

（五）国务院规定的其他情形。

年所得12万元以上的纳税义务人，在年度终了后3个月内到主管税务机关办理纳税申报。

纳税义务人办理纳税申报的地点以及其他有关事项的管理办法，由国家税务总局制定。

【注释】 根据《个人所得税法》第8条的授权具体规定了应当自行纳税申报的具体情形。相关规定包括：《个人所得税自行申报纳税暂行办法》（国税发〔1995〕77号）、《个人所得税自行纳税申报办法（试行）》（国税发〔2006〕162号）。

第三十七条 税法第八条所说的全员全额扣缴申报，是指扣缴义务人在代扣税款的次月内，向主管税务机关报送其支付所得个人的基本信息、支付所得数额、扣缴税款的具体数额和总额以及其他相关涉税信息。

全员全额扣缴申报的管理办法，由国家税务总局制定。

【注释】 对《个人所得税法》第8条所规定的“全员全额扣缴申报”进行了解释。相关规定包括：《个人所得税全员全额扣缴申报管理暂行办法》（国税发〔2005〕205号）、《国家税务总局关于个人所得税纳税人纳税申报有关事项的通知》（国税发〔2005〕207号）

第三十八条 自行申报的纳税义务人，在申报纳税时，其在中国境内已扣缴的税款，准予按照规定从应纳税额中扣除。

第三十九条 纳税义务人兼有税法第二条所列的二项或者二项以上的所得的，按项分别计算纳税。在中国境内二处或者二处以上取得税法第二条第一项、第二项、第三项所得的，同项所得合并计算纳税。

第四十条 税法第九条第二款所说的特定行业，是指采掘业、远洋运输业、远洋捕捞业以及国务院财政、税务主管部门确定的其他行业。

【注释】 对《个人所得税法》第9条所规定的“特定行业”进行了解释。相关规定包括：《国家税务总局关于远洋运输船员工资薪金所得个人所得税费用扣除问题的通知》（国税发〔1999〕202号）

第四十一条 税法第九条第二款所说的按年计算、分月预缴的计征方式，是指本条例第四十条所列的特定行业职工的工资、薪金所得应纳的税款，按月预缴，自年度终了之日起30日内，合计其全年工资、薪金所得，再按12个月平均并计算实际应纳的税款，多退少补。

【注释】 对《个人所得税法》第9条所规定的按年计算、分月预缴的计征方式进行了解释。

第四十二条 税法第九条第四款所说的由纳税义务人在年度终了后30日内将应纳的税款缴入国库，是指在年终一次性取得承包经营、承租经营所得的纳税义务人，自取得收入之日起30日内将应纳的税款缴入国库。

【注释】 对《个人所得税法》第9条所规定的由纳税义务人在年度终了后30日内将应纳的税款缴入国库进行了解释。

第四十三条 依照税法第十条的规定，所得为外国货币的，应当按照填开完税凭证的上一月最后一日中国人民银行公布的外汇牌价，折合成人民币计算应纳税所得额。依照税法规定，在年度终了后汇算清缴的，对已经按月或者按次预缴税款的外国货币所得，不再重新折算；对应当补缴税款的所得部分，按照上一纳税年度最后一日中国人民银行公布的外汇牌价，折合成人民币计算应纳税所得额。

【注释】 对《个人所得税法》第10条所规定的外币兑换制度进行了具体规定。

第四十四条 税务机关按照税法第十一条的规定付给扣缴义务人手续费时，应当按月填开收入退还书发给扣缴义务人。扣缴义务人持收入退还书向指定的银行办理退库手续。

【注释】 对《个人所得税法》第11条所规定的扣缴税款手续费制度进行了具体规定。

第四十五条 个人所得税纳税申报表、扣缴个人所得税报告表和个人所得税完税凭证式样，由国家税务总局统一制定。

第四十六条 税法和本条例所说的纳税年度，自公历1月1日起至12月31日止。

第四十七条 1994纳税年度起，个人所得税依照税法以及本条例的规定计算征收。

第四十八条 本条例自发布之日起施行。1987年8月8日国务院发布的《中华人民共和国国务院关于对来华工作的外籍人员工资、薪金所得减征个人所得税的暂行规定》同时废止。

财政部 国家税务总局关于个人所得税若干政策问题的通知

财税〔1994〕20 号

各省、自治区、直辖市财政厅(局)、税务局,各计划单列市财政局、税务局,海洋石油税务管理局各分局:

根据《中华人民共和国个人所得税法》及其实施条例的有关规定精神,现将个人所得税的若干政策问题通知如下:

一、关于对个体工商户的征税问题

(一)个体工商户业主的费用扣除标准和从业人员的工资扣除标准,由各省、自治区、直辖市税务局确定。个体工商户在生产、经营期间借款的利息支出,凡有合法证明的,不高于按金融机构同类、同期贷款利率计算的数额的部分,准予扣除。

(二)个体工商户或个人专营种植业、养殖业、饲养业、捕捞业,其经营项目属于农业税(包括农业特产税,下同)、牧业税征税范围并已征收了农业税、牧业税的,不再征收个人所得税;不属于农业税、牧业税征税范围的,应对其所得征收个人所得税。兼营上述四业并四业的所得单独核算的,比照上述原则办理,对于属于征收个人所得税的,应与其他行业的生产、经营所得合并计征个人所得税;对于四业的所得不能单独核算的,应就其全部所得计征个人所得税。

(三)个体工商户与企业联营而分得的利润,按利息、股息、红利所得项目征收个人所得税。

(四)个体工商户和从事生产、经营的个人,取得与生产、经营活动无关的各项应税所得,应按规定分别计算征收个人所得税。

二、下列所得,暂免征收个人所得税

(一)外籍个人以非现金形式或实报实销形式取得的住房补贴、伙食补贴、搬迁费、洗衣费。

(二)外籍个人按合理标准取得的境内、外出差补贴。

(三)外籍个人取得的探亲费、语言训练费、子女教育费等,经当地税务机关审核批准为合理的部分。

(四)个人举报、协查各种违法、犯罪行为而获得的奖金。

(五)个人办理代扣代缴税款手续,按规定取得的扣缴手续费。

(六)个人转让自用达五年以上、并且是唯一的家庭生活用房取得的所得。

(七)对按国发〔1983〕141 号《国务院关于高级专家离休退休若干问题的暂行规定》和国办发〔1991〕40 号《国务院办公厅关于杰出高级专家暂缓离退休审批问题的通知》精神,达到离休、退休年龄,但确因工作需要,适当延长离休退休年龄的高级专家(指享受国家发放的政府特殊津贴的专家、学者),其在延长离休退休期间的工资、薪金所得,视同退休工资、离休工资免征个人所得税。

(八)外籍个人从外商投资企业取得的股息、红利所得。

(九)凡符合下列条件之一的外籍专家取得的工资、薪金所得可免征个人所得税:

1. 根据世界银行专项贷款协议由世界银行直接派往我国工作的外国专家;
2. 联合国组织直接派往我国工作的专家;
3. 为联合国援助项目来华工作的专家;
4. 援助国派往我国专为该国无偿援助项目工作的专家;
5. 根据两国政府签订文化交流项目来华工作两年以内的文教专家,其工资、薪金所得由该国负担的;
6. 根据我国大专院校国际交流项目来华工作两年以内的文教专家,其工资、薪金所得由该国负担的;
7. 通过民间科研协定来华工作的专家,其工资、薪金所得由该国政府机构负担的。

三、关于中介费扣除问题

对个人从事技术转让、提供劳务等过程中所支付的中介费,如能提供有效、合法凭证的,允许从其所得中扣除。

四、对个人从基层供销社、农村信用社取得的利息或股息、红利收入是否征收个人所得税,由各省、自治区、直辖市税务局报请政府确定，报财政部、国家税务总局备案。

【注释】《个人所得税法》第 4 条；《个人所得税法实施条例》第 17 条；本通知第二条审批已经被废止，具体管理方法参见《国家税务总局关于取消及下放外商投资企业和外国企业以及外籍个人若干税务行政审批项目的后续管理问题的通知》(国税发〔2004〕80 号)。

国家税务总局关于境外所得征收个人所得税若干问题的通知

国税发〔1994〕44 号

各省、自治区、直辖市税务局，各计划单列市税务局，海洋石油税务管理局各分局：

为维护国家税收权益，根据《中华人民共和国个人所得税法》及其实施条例的有关规定，现对境外所得征收个人所得税若干问题通知如下：

一、关于纳税申报期限问题

纳税人来源于中国境外的应税所得，在境外以纳税年度计算缴纳个人所得税的，应在所得来源国的纳税年度终了、结清税款后的 30 日内，向中国税务机关申报缴纳个人所得税；在取得境外所得时结算税款的，或者在境外按来源国税法规定免予缴纳个人所得税的，应在次年 1 月 1 日起 30 日内向中国税务机关申报缴纳个人所得税。纳税人兼有来源于中国境内、境外所得的，应分别申报计算纳税。

二、关于境外代扣代缴税款问题

纳税人任职或受雇于中国的公司、企业和其他经济组织或单位派驻境外的机构的，可由境外该任职、受雇机构集中申报纳税，并代扣代缴税款。

三、关于纳税申报方式问题

纳税人在规定的申报期限内不能到主管税务机关申报纳税的，应委托他人申报纳税或者邮寄申报纳税。邮寄申报纳税的，以寄出地的邮戳日期为实际申报日期。

四、境外所得税款抵扣举例

某纳税人 1994 年 1 月至 12 月在 A 国取得工薪收入 60000 元(人民币，下同)，特许权使用费收入 7000 元；同时，又在 B 国取得利息收入 1000 元。该纳税人已分别按 A 国和 B 国税法规定，缴纳了个人所得税 1150 元和 250 元。其抵扣计算方法如下：

(一)在 A 国所得缴纳税款的抵扣

1. 工资、薪金所得按我国税法规定计算的应纳税额：

60000/12－4000×税率－速算扣除数×12(月份数)＝(1000×10％－25)×12＝900(元)

2. 特许权使用费所得按我国税法规定计算的应纳税额：

7000×(1－20％)×20％(税率)＝1120(元)

3. 抵扣限额：

900＋1120＝2020(元)

4. 该纳税人在 A 国所得缴纳个人所得税 1150 元，低于抵扣限额，因此，可全额抵扣，并需在中国补缴税款 870 元(2020－1150)。

(二)在 B 国所得缴纳税款的抵扣

其在 B 国取得的利息所得按我国税法规定计算的应纳税额，即抵扣限额：1000×20％(税率)＝200(元)

该纳税人在 B 国实际缴纳的税款超出了抵扣限额，因此，只能在限额内抵扣 200 元，不用补缴税款。

(三)在 A、B 两国所得缴纳税款抵扣结果

根据上述计算结果，该纳税人当年度的境外所得应在中国补缴个人所得税 870 元，B 国缴纳税款未抵扣完的 50 元，可在以后 5 年内该纳税人从 B 国取得的所得中的征税抵扣限额有余额时补扣。

五、本通知自 1994 年 1 月 1 日起施行。

【注释】《个人所得税法》第 9 条。

国家税务总局关于印发《征收个人所得税若干问题的规定》的通知

国税发〔1994〕089 号

为了更好地贯彻执行《中华人民共和国个人所得税法》(以下简称税法)及其实施条例(以下简称条例),认真做好个人所得税的征收管理,根据税法及条例的规定精神,现将一些具体问题明确如下:

一、关于如何掌握“习惯性居住”的问题

条例第二条规定,在中国境内有住所的个人,是指因户籍、家庭、经济利益关系而在中国境内习惯性居住的个人。所谓习惯性居住,是判定纳税义务人是居民或非居民的一个法律意义上的标准,不是指实际居住或在某一个特定时期内的居住地。如因学习、工作、探亲、旅游等而在中国境外居住的,在其原因消除之后,必须回到中国境内居住的个人,则中国即为该纳税人习惯性居住地。

【注释】 对《个人所得税法》第 1 条进行了解释;对《个人所得税法实施条例》第 2 条进行了解释。

二、关于工资、薪金所得的征税问题

条例第八条第一款第一项对工资、薪金所得的具体内容和征税范围作了明确规定,应严格按照规定进行征税。对于补贴、津贴等一些具体收入项目应否计入工资、薪金所得的征税范围问题,按下述情况掌握执行:

(一)条例第十三条规定,对按照国务院规定发给的政府特殊津贴和国务院规定免纳个人所得税的补贴、津贴,免予征收个人所得税。其他各种补贴、津贴均应计入工资、薪金所得项目征税。

(二)下列不属于工资、薪金性质的补贴、津贴或者不属于纳税人本人工资、薪金所得项目的收入,不征税:

1. 独生子女补贴;
2. 执行公务员工资制度未纳入基本工资总额的补贴、津贴差额和家属成员的副食品补贴;
3. 托儿补助费;
4. 差旅费津贴、误餐补助。

【注释】 对《个人所得税法实施条例》第 13 条进行了解释。

三、关于在外商投资企业、外国企业和外国驻华机构工作的中方人员取得的工资、薪金所得的征税的问题

(一)在外商投资企业、外国企业和外国驻华机构工作的中方人员取得的工资、薪金收入,凡是由雇佣单位和派遣单位分别支付的,支付单位应依照税法第八条的规定代扣代缴个人所得税。按照税法第六条第一款第一项的规定,纳税义务人应以每月全部工资、薪金收入减除规定费用后的余额为应纳税所得额。为了有利于征管,对雇佣单位和派遣单位分别支付工资、薪金的,采取由支付者中的一方减除费用的方法,即只由雇佣单位在支付工资、薪金时,按税法规定减除费用,计算扣缴个人所得税;派遣单位支付的工资、薪金不再减除费用,以支付全额直接确定适用税率,计算扣缴个人所得税。

上述纳税义务人,应持两处支付单位提供的原始明细工资、薪金单(书)和完税凭证原件,选择并固定到一地税务机关申报每月工资、薪金收入,汇算清缴其工资、薪金收入的个人所得税,多退少补。

具体申报期限,由各省、自治区、直辖市税务局确定。

(二)对外商投资企业、外国企业和外国驻华机构发放给中方工作人员的工资、薪金所得,应全额征税。但对可以提供有效合同或有关凭证,能够证明其工资、薪金所得的一部分按照有关规定上交派遣(介绍)单位的,可扣除其实际上交的部分,按其余额计征个人所得税。

四、关于稿酬所得的征税问题

(一)个人每次以图书、报刊方式出版、发表同一作品(文字作品、书画作品、摄影作品以及其他作品),不论出版单位是预付还是分笔支付稿酬,或者加印该作品后再付稿酬,均应合并其稿酬所得按一次计征个人所得税。在两处或两处以上出版、发表或再版同一作品而取得稿酬所得,则可分别各处取得的所得或再版所得按分次所得计征个人所得税。

(二)个人的同一作品在报刊上连载,应合并其因连载而取得的所有稿酬所得为一次,按税法规定计征个人所得税。在其连载之后又出书取得稿酬所得，或先出书后连载取得稿酬所得，应视同再版稿酬分次计征个人所得税。

（三）作者去世后，对取得其遗作稿酬的个人，按稿酬所得征收个人所得税。

五、关于拍卖文稿所得的征税问题

作者将自己的文字作品手稿原件或复印件公开拍卖（竞价）取得的所得，应按特许权使用费所得项目征收个人所得税。

六、关于财产租赁所得的征税问题

（一）纳税义务人在出租财产过程中缴纳的税金和国家能源交通重点建设基金、国家预算调节基金、教育费附加，可持完税（缴款）凭证，从其财产租赁收入中扣除。

（二）纳税义务人出租财产取得财产租赁收入，在计算征税时，除可依法减除规定费用和有关税、费外，还准予扣除能够提供有效、准确凭证，证明由纳税义务人负担的该出租财产实际开支的修缮费用。允许扣除的修缮费用，以每次800元为限，一次扣除不完的，准予在下一次继续扣除，直至扣完为止。

（三）确认财产租赁所得的纳税义务人，应以产权凭证为依据。无产权凭证的，由主管税务机关根据实际情况确定纳税义务人。

（四）产权所有人死亡，在未办理产权继承手续期间，该财产出租而有租金收入的，以领取租金的个人为纳税义务人。

七、关于如何确定转让债权财产原值的问题

转让债权，采用“加权平均法”确定其应予减除的财产原值和合理费用。即以纳税人购进的同一种类债券买入价和买进过程中缴纳的税费总和，除以纳税人购进的该种类债券数量之和，乘以纳税人卖出的该种类债券数量，再加上卖出的该种类债券过程中缴纳的税费。用公式表示为：

$$\text{一次卖出某一种类债券允许扣除的买入价和费用}=\left(\frac{\text{纳税人购进的该种类债券买入价和买进过程中交纳的税费总和}}{\text{纳税人购进的该种类债券总数量}}\right)\times\text{一次卖出的该种类债券的数量}+\text{卖出该种类债券过程中缴纳的税费}$$

八、关于董事费的征税问题

个人由于担任董事职务所取得的董事费收入，属于劳务报酬所得性质，按照劳务报酬所得项目征收个人所得税。

九、关于个人取得不同项目劳务报酬所得的征税问题

条例第二十一条第一款第一项中所述的“同一项目”，是指劳务报酬所得列举具体劳务项目中的某一单项，个人兼有不同的劳务报酬所得，应当分别减除费用，计算缴纳个人所得税。

【注释】 对《个人所得税法实施条例》第21条所规定的“同一项目”进行了解释。

十、关于外籍纳税人在中国几地工作如何确定纳税地点的问题

（一）在几地工作或提供劳务的临时来华人员，应以税法所规定的申报纳税的日期为准，在某一地达到申报纳税的日期，即在该地申报纳税。但准予其提出申请，经批准后，也可固定在一地申报纳税。

（二）凡由在华企业或办事机构发放工资、薪金的外籍纳税人，由在华企业或办事机构集中向当地税务机关申报纳税。

【注释】 本条审批已经被废止，具体管理方法参见《国家税务总局关于取消及下放外商投资企业和外国企业以及外籍个人若干税务行政审批项目的后续管理问题的通知》（国税发〔2004〕80号）。

十一、关于派发红股的征税问题

股份制企业在分配股息、红利时，以股票形式向股东个人支付应得的股息、红利（即派发红股），应以派发红股的股票票面金额为收入额，按利息、股息、红利项目计征个人所得税。

十二、关于运用速算扣除数法计算应纳税额的问题

为简便计算应纳个人所得税额，可对适用超额累进税率的工资、薪金所得，个体工商户的生产、经营所得，对企事业单位的承包经营、承租经营所得，以及适用加成征收税率的劳务报酬所得，运用速算扣除数法计算其应纳税额。应纳税额的计算公式为：

$$\text{应纳税额}=\text{应纳税所得额}\times\text{适用税率}-\text{速算扣除数}$$

适用超额累进税率的应税所得计算应纳税额的速算扣除数，详见附表一、二、三。

十三、关于纳税人一次取得属于数月的奖金或年终加薪、劳动分红的征税问题

纳税人一次取得属于数月的奖金或年终加薪、劳动分红，一般应将全部奖金或年终加薪、劳动分红同当月份的工资、薪金合并计征个人所得税。但对于合并计算后提高适用税率的，可采取以月份所属奖金或年终加薪、劳动分红加当月份工资、薪金，减去当月份费用扣除标准后的余额为基数确定适用税率，然后，将当月份工资、薪金加上全部奖金或年终加薪、劳动分红，减去当月份费用扣除标准后的余额，按适用税率计算征收个人所得税。对按上述方法计算无应纳税所得额的，免予征税。

十四、关于单位或个人为纳税义务人负担税款的计征办法问题

单位或个人为纳税义务人负担个人所得税税款，应将纳税义务人取得的不含税收入换算为应纳税所得额，计算征收个人所得税。计算公式如下：

(一)应纳税所得额＝(不含税收入额－费用扣除标准－速算扣除数)÷(1－税率)

(二)应纳税额＝应纳税所得额×适用税率－速算扣除数

公式(一)中的税率，是指不含税所得按不含税级距(详见所附税率表一、二、三)对应的税率；公式(二)中的税率，是指应纳税所得额按含税级距对应的税率。

【注释】 《国家税务总局关于明确单位或个人为纳税义务人的劳务报酬所得代付税款计算公式的通知》(国税发〔1996〕161 号)对此问题进行了进一步规定。

十五、关于纳税人所得为外国货币如何办理退税和补税的问题

(一)纳税人所得为外国货币并已按照中国人民银行公布的外汇牌价以外国货币兑换成人民币缴纳税款后，如发生多缴税款需要办理退税，凡属于 1993 年 12 月 31 日以前取得应税所得的，可以将应退的人民币税款，按照缴纳税款时的外汇牌价(买入价，以下同)折合成外国货币，再将该外国货币数额按照填开退税凭证当日的外汇牌价折合成人民币退还税款；凡属于 1994 年 1 月 1 日以后取得应税所得的，应直接退还多缴的人民币税款。

(二)纳税人所得为外国货币的，发生少缴税款需要办理补税时，除依照税法规定汇算清缴以外的，应当按照填开补税凭证前一月最后一日的外汇牌价折合成人民币计算应纳税所得额补缴税款。

十六、关于在境内、境外分别取得工资、薪金所得，如何计征税款的问题

纳税义务人在境内、境外同时取得工资、薪金所得的，应根据条例第五条规定的原则，判断其境内、境外取得的所得是否来源于一国的所得。纳税义务人能够提供在境内、境外同时任职或者受雇及其工资、薪金标准的有效证明文件，可判定其所得是来源于境内和境外所得，应按税法和条例的规定分别减除费用并计算纳税；不能提供上述证明文件的，应视为来源于一国的所得，如其任职或者受雇单位在中国境内，应为来源于中国境内的所得，如其任职或受雇单位在中国境外，应为来源于中国境外的所得。

十七、关于承包、承租期不足一年如何计征税款的问题

实行承包、承租经营的纳税义务人，应以每一纳税年度取得的承包、承租经营所得计算纳税，在一个纳税年度内，承包、承租经营不足 12 个月的，以其实际承包、承租经营的月份数为一个纳税年度计算纳税。计算公式为：

应纳税所得额＝该年度承包、承租经营收入额－(800×该年度实际承包、承租经营月份数)

应纳税额＝应纳税所得额×适用税率－速算扣除数

十八、关于利息、股息、红利的扣缴义务人问题

利息、股息、红利所得实行源泉扣缴的征收方式，其扣缴义务人应是直接向纳税义务人支付利息、股息、红利的单位。

【注释】 《国家税务总局关于股份制企业分配股息、红利所得征收个人所得税问题的批复》(国税函发〔1994〕665 号)对本条规定进行了确认。

十九、关于工资、薪金所得与劳务报酬所得的区分问题

工资、薪金所得是属于非独立个人劳务活动，即在机关、团体、学校、部队、企事业单位及其他组织中任职、受雇而得到的报酬；劳务报酬所得则是个人独立从事各种技艺、提供各项劳务取得的报酬。两者的主要区别在于，前者存在雇佣与被雇佣关系，后者则不存在这种关系。

二十、以前规定与本规定抵触的，按本规定执行。

【注释】 引用本规定的文件包括：《国家税务总局关于股份制企业转增股本和派发红股征免个人所得

税的通知》(国税发〔1997〕198 号)、《国家税务总局关于股份制企业分配股息、红利所得征收个人所得税问题的批复》(国税函发〔1994〕665 号)、《国家税务总局关于明确单位或个人为纳税义务人的劳务报酬所得代付税款计算公式的通知》(国税发〔1996〕161 号)、《国家税务总局关于个人兼职和退休人员再任职取得收入如何计算征收个人所得税问题的批复》(国税函〔2005〕382 号)。

税率表三

(劳务报酬所得适用)

级数	含税级距	不含税级距	税率(%)	速算扣除数
1	不超过 20000 元的	不超过 16000 元的	20	0
2	超过 20000 元至 50000 元的部分	超过 16000 元至 37000 元的部分	30	2000
3	超过 50000 元的部分	超过 37000 元的部分	40	7000

注:1. 表中的含税级距、不含税级距,均为按照税法规定减除有关费用后的所得额。

2. 含税级距适用于由纳税人负担税款的劳务报酬所得;不含税级距适用于由他人(单位)代付税款的劳务报酬所得。

国家税务总局关于社会福利有奖募捐发行收入税收问题的通知

国税发〔1994〕127 号

各省、自治区、直辖市税务局,深圳、厦门、大连、青岛、宁波、重庆市税务局:

接民政部来函,要求对社会福利有奖募捐取得收入继续给予免税照顾。新税制实施后,对社会福利有奖募捐发行收入的税收问题,明确如下:

……

二、所得税

考虑到政策的连续性,对社会福利有奖募捐的发行收入在"八五"期间免征企业所得税。对个人购买社会福利有奖募捐奖券一次中奖收入不超过 10000 元的暂免征收个人所得税,对一次中奖收入超过 10000 元的,应按税法规定全额征税。本规定从 6 月 1 日起执行。凡以前已征个人所得税的,可不退税;未征个人所得税的,不补税。

……

【注释】 《个人所得税法》第 4 条。

国家税务总局关于在中国境内无住所的个人取得工资薪金所得纳税义务问题的通知

国税发〔1994〕148 号

依照《中华人民共和国个人所得税法》(以下简称税法)及其实施条例(以下简称实施条例)和我国对外签订的避免双重征税协定(以下简称税收协定)的有关规定,现对在中国境内无住所的个人由于在中国境内公司、企业、经济组织(以下简称中国境内企业)或外国企业在中国境内设立的机构、场所以及税收协定所说常设机构(以下简称中国境内机构)担任职务,或者由于受雇或履行合同而在中国境内从事工作而取得的工资薪金所得应如何确定征税问题,明确如下:

一、关于工资、薪金所得来源地的确定

根据实施条例第五条第(一)项的规定,属于来源于中国境内的工资薪金所得应为个人实际在中国境内工作期间取得的工资薪金,即:个人实际在中国境内工作期间取得的工资薪金,不论是由中国境内还是境外企业或个人雇主支付的,均属来源于中国境内的所得;个人实际在中国境外工作期间取得的工资薪金,不论是由中国境内还是境外企业或个人雇主支付的,均属于来源于中国境外的所得。

二、关于在中国境内无住所而在一个纳税年度中在中国境内连续或累计居住不超过90日或在税收协定规定的期间在中国境内连续或累计居住不超过183日的个人纳税义务的确定

根据税法第一条第二款和实施条例第七条以及税收协定的有关规定,在中国境内无住所而在一个纳税年度中在中国境内连续或累计工作不超过90日或在税收协定规定的期间在中国境内连续或累计居住不超过183日的个人,由中国境外雇主支付并且不是由该雇主的中国境内机构负担的工资薪金,免予申报缴纳个人所得税。对前述个人应仅就其实际在中国境内工作期间由中国境内企业或个人雇主支付或者由中国境内机构负担的工资薪金所得申报纳税。凡是该中国境内企业、机构属于采取核定利润方法计征企业所得税或没有营业收入而不征收企业所得税的,在该中国境内企业、机构任职、受雇的个人实际在中国境内工作期间取得的工资薪金,不论是否在该中国境内企业、机构会计账簿中有记载,均应视为该中国境内企业支付或由该中国境内机构负担的工资薪金。

上述个人每月应纳的税款应按税法规定的期限申报缴纳。

三、关于在中国境内无住所而在一个纳税年度中在中国境内连续或累计居住超过90日或在税收协定规定的期间在中国境内连续或累计居住超过183日但不满一年的个人纳税义务的确定

根据税法第一条第二款以及税收协定的有关规定,在中国境内无住所而在一个纳税年度中在中国境内连续或累计工作超过90日或在税收协定规定的期间在中国境内连续或累计居住超过183日但不满一年的个人,其实际在中国境内工作期间取得的由中国境内企业或个人雇主支付和由境外企业或个人雇主支付的工资薪金所得,均应申报缴纳个人所得税;其在中国境外工作期间取得的工资薪金所得,除属于本通知第五条规定的情况外,不予征收个人所得税。

上述个人每月应纳的税款应按税法规定的期限申报缴纳。其中,取得的工资薪金所得是由境外雇主支付并且不是由中国境内机构负担的个人,事先可预定在一个纳税年度中连续或累计居住超过90日或在税收协定规定的期间连续或累计居住超过183日的,其每月应纳的税款应按税法规定期限申报纳税;对事先不能预定在一个纳税年度或税收协定规定的有关期间连续或累计居住超过90日或183日的,可以待达到90日或183日后的次月7日内,就其以前月份应纳的税款一并申报缴纳。

四、关于在中国境内无住所但在境内居住满一年的个人纳税义务的确定

根据税法第一条第一款、实施条例第六条的规定,在中国境内无住所但在境内居住满一年而不超过五年的个人,其在中国境内工作期间取得的由中国境内企业或个人雇主支付和由中国境外企业或个人雇主支付的工资薪金,均应申报缴纳个人所得税;其在实施条例第三条所说临时离境工作期间的工资薪金所得,仅就由中国境内企业或个人雇主支付的部分申报纳税,凡是该中国境内企业、机构属于采取核定利润方法计征企业所得税或没有营业收入而不征收企业所得税的,在该中国境内企业、机构任职、受雇的个人取得的工资薪金,不论是否在该中国境内企业、机构会计账簿中有记载,均应视为由其任职的中国境内企业、机构支付上述个人,在一个月中既有在中国境内工作期间的工资薪金所得,也有在临时离境期间由境内企业或个人雇主支付的工资薪金所得的,应合并计算当月应纳税款,并按税法规定的期限申报缴纳。

五、中国境内企业董事、高层管理人员纳税义务的确定

担任中国境内企业董事或高层管理职务的个人,其取得的由该中国境内企业支付的董事费或工资薪金,不适用本通知第二条、第三条的规定,而应自其担任该中国境内企业董事或高层管理职务起,至其解除上述职务止的期间,不论其是否在中国境外履行职务,均应申报缴纳个人所得税;其取得的由中国境外企业支付的工资薪金,应依照本通知第二条、第三条、第四条的规定确定纳税义务。

六、不满一个月的工资薪金所得应纳税款的计算

属于本通知第二条、第三条、第四条、第五条所述情况中的个人,凡应仅就不满一个月期间的工资薪金所得申报纳税的,均应按全月工资薪金所得计算实际应纳税额,其计算公式如下:

$$\text{应纳税额}=\frac{(\text{当月工资薪金应纳税所得额}\times\text{适用税率}-\text{速算扣除数})\times\text{当月实际在中国天数}}{\text{当月天数}}$$

如果属于上述情况的个人取得的是日工资薪金，应以日工资薪金乘以当月天数换算成月工资薪金后，按上述公式计算应纳税额。

七、本通知规定自1994年7月1日起执行。以前规定与本通知规定内容有不同的，应按本通知规定执行。

【注释】 《个人所得税法》第1条;《个人所得税法实施条例》第5—7条。

国家税务总局关于外籍个人持有中国境内上市公司股票所取得的股息有关税收问题的函

国税函发〔1994〕440号

国家体改委、国家证券委、中国证监会：

1994年6月28日体改函生〔1994〕63号《关于印发〈企业到境外上市工作经验座谈会会议纪要〉的通知》收悉。关于《企业到境外上市工作经验座谈会会议纪要》中提出的H股、B股的股利分配继续免缴个人所得税问题，我局曾以国税发〔1993〕045号《国家税务总局关于外商投资企业、外国企业和外籍个人取得股票(股权)转让收益和股息所得税收问题的通知》明确：对持有B股或海外股(包括H股)的外籍个人，从发行该B股或海外股的中国境内企业所取得的股息(红利)所得，暂免征收个人所得税。目前仍按此文执行。

特此函告。

【注释】 《个人所得税法》第4条。

国家税务总局关于股份制企业分配股息、红利所得征收个人所得税问题的批复

国税函发〔1994〕665号

湖北省地方税务局：

你局《关于股份制企业分配股息、红利所得征收个人所得税问题的请示》(鄂地税三函发〔1994〕5号)收悉。经研究，批复如下：

我局曾以国税发〔1994〕089号文明确了股息、红利所得的个人所得税扣缴义务人，应是直接向纳税义务人支付股息、红利的单位，亦即是股份制企业。所扣缴的个人所得税款，应就地入库。

【注释】 《国家税务总局关于印发〈征收个人所得税若干问题的规定〉的通知》(国税发〔1994〕089号)。

财政部 国家税务总局关于发给见义勇为者的奖金免征个人所得税问题的通知

财税〔1995〕25号

目前，各级政府和社会各界对见义勇为者给予奖励的事例越来越多，各地要求对此明确税收征免政策。经研究，现通知如下：

为了鼓励广大人民群众见义勇为，维护社会治安，对乡、镇(含乡、镇)以上人民政府或经县(含县)以上人民政府主管部门批准成立的有机构、有章程的见义勇为基金会或者类似组织，奖励见义勇为者的奖金或奖品，经主管税务机关核准，免予征收个人所得税。

【注释】 《个人所得税法》第4条。

个人所得税代扣代缴暂行办法

国税发〔1995〕65号

第一条 为加强个人所得税的征收管理，完善代扣代缴制度，强化代扣代缴手段，根据《中华人民共和国个人所得税法》（以下简称税法）及实施条例、《中华人民共和国税收征收管理法》（以下简称征管法）及实施细则和有关行政法规的规定，特制定本办法。

第二条 凡支付个人应纳税所得的企业（公司）、事业单位、机关、社团组织、军队、驻华机构、个体户等单位或者个人，为个人所得税的扣缴义务人。

上款所说的驻华机构，不包括外国驻华使领馆和联合国及其他依法享有外交特权和豁免的国际组织驻华机构。

第三条 按照税法规定代扣代缴个人所得税是扣缴义务人的法定义务，必须依法履行。

第四条 扣缴义务人向个人支付下列所得，应代扣代缴个人所得税：

（一）工资、薪金所得；

（二）对企事业单位的承包经营、承租经营所得；

（三）劳务报酬所得；

（四）稿酬所得；

（五）特许权使用费所得；

（六）利息、股息、红利所得；

（七）财产租赁所得；

（八）财产转让所得；

（九）偶然所得；

（十）经国务院财政部门确定征税的其他所得。

第五条 扣缴义务人向个人支付应纳税所得（包括现金、实物和有价证券）时，不论纳税人是否属于本单位人员，均应代扣代缴其应纳的个人所得税税款。

前款所说支付，包括现金支付、汇拨支付、转账支付和以有价证券、实物以及其他形式的支付。

第六条 扣缴义务人应指定支付应纳税所得的财务会计部门或其他有关部门的人员为办税人员，由办税人员具体办理个人所得税的代扣代缴工作。

代扣代缴义务人的有关领导要对代扣代缴工作提供便利，支持办税人员履行义务；确定办税人员或办税人员发生变动时，应将名单及时报告主管税务机关。

第七条 扣缴义务人的法人代表（或单位主要负责人）、财会部门的负责人及具体办理代扣代缴税款的有关人员，共同对依法履行代扣代缴义务负法律责任。

第八条 同一扣缴义务人的不同部门支付应纳税所得时，应报办税人员汇总。

第九条 扣缴义务人在代扣税款时，必须向纳税人开具税务机关统一印制的代扣代收税款凭证，并详细注明纳税人姓名、工作单位、家庭住址和居民身份证或护照号码（无上述证件的，可用其他能有效证明身份的证件）等个人情况。对工资、薪金所得和利息、股息、红利所得等，因纳税人数众多、不便一一开具代扣代收税款凭证的，经主管税务机关同意，可不开具代扣代收税款凭证，但应通过一定形式告知纳税人已扣缴税款。纳税人为持有完税依据而向扣缴义务人索取代扣代收税款凭证的，扣缴义务人不得拒绝。

扣缴义务人应主动向税务机关申领代扣代收税款凭证，据以向纳税人扣税。非正式扣税凭证，纳税人可以拒收。

第十条 扣缴义务人依法履行代扣代缴税款义务时，纳税人不得拒绝。纳税人拒绝的，扣缴义务人应及时报告税务机关处理，并暂时停止支付其应纳税所得。否则，纳税人应缴纳的税款由扣缴义务人负担。

第十一条 扣缴义务人应扣未扣、应收未收税款的，由扣缴义务人缴纳应扣未扣、应收未收税款以及相应的滞纳金或罚款。其应纳税款按下列公式计算：

应纳税所得额=(支付的收入额－费用扣除标准－速算扣除数)÷(1－税率)

应纳税额=应纳税所得额×适用税率－速算扣除数

扣缴义务人已将纳税人拒绝代扣代缴的情况及时报告税务机关的除外。

第十二条 扣缴义务人应设立代扣代缴税款账簿，正确反映个人所得税的扣缴情况，并如实填写《扣缴个人所得税报告表》及其他有关资料。

第十三条 扣缴义务人每月所扣的税款，应当在次月7日内缴入国库，并向主管税务机关报送《扣缴个人所得税报告表》、代扣代收税款凭证和包括每一纳税人姓名、单位、职务、收入、税款等内容的支付个人收入明细表以及税务机关要求报送的其他有关资料。

扣缴义务人违反上述规定不报送或者报送虚假纳税资料的，一经查实，其未在支付个人收入明细表中反映的向个人支付的款项，在计算扣缴义务人应纳税所得额时不得作为成本费用扣除。

第十四条 扣缴义务人因有特殊困难不能按期报送《扣缴个人所得税报告表》及其他有关资料的，经县级税务机关批准，可以延期申报。

第十五条 扣缴义务人必须依法接受税务机关检查，如实反映情况，提供有关资料，不得拒绝和隐瞒。

第十六条 扣缴义务人同税务机关在纳税上发生争议时，必须先依照税务机关根据法律、行政法规确定的税款，解缴税款及滞纳金，然后可以在收到税务机关填发的缴款凭证之日起60日内向上一级税务机关申请复议。

第十七条 对扣缴义务人按照所扣缴的税款，付给2%的手续费。扣缴义务人可将其用于代扣代缴费用开支和奖励代扣代缴工作做得较好的办税人员。但由税务机关查出，扣缴义务人补扣的个人所得税税款，不向扣缴义务人支付手续费。

第十八条 扣缴义务人为纳税人隐瞒应纳税所得，不扣或少扣缴税款的，按偷税处理。

第十九条 扣缴义务人以暴力、威胁方式拒不履行扣缴义务的，按抗税处理。

第二十条 扣缴义务人违反以上各条规定，或者有偷税、抗税行为的，依照征管法和《全国人民代表大会常务委员会关于惩治偷税抗税犯罪的补充规定》的有关规定进行处理。

第二十一条 为了便于税务机关加强管理，主管税务机关应对扣缴义务人建档登记，定期联系。对于经常发生代扣代缴义务的扣缴义务人，主管税务机关可以发给扣缴义务人证书。扣缴义务人应主动与税务机关联系。

第二十二条 税务机关应对办税人员加强业务辅导和培训，帮助解决代扣代缴工作中出现的问题。对故意刁难办税人员或阻挠其工作的，税务机关应配合有关部门，做出严肃处理。

第二十三条 各省、自治区、直辖市国家税务局、地方税务局可以根据本办法规定的原则，结合本地实际，制定有关的代扣代缴办法，并报国家税务总局备案。

第二十四条 本办法由国家税务总局负责解释。

第二十五条 本办法从1995年4月1日起执行。

【注释】《个人所得税法》第8条。

财政部 国家税务总局关于误餐补助范围确定问题的通知

财税〔1995〕82号

各省、自治区、直辖市和计划单列市财政厅(局)、国家税务局、地方税务局：

国家税务总局关于《征收个人所得税若干问题的规定》(国税发〔1994〕089号)下发后，一些地区的税务部门和纳税人对其中规定不征税的误餐补助理解不一致，现明确如下：

国税发〔1994〕089号文件规定不征税的误餐补助，是指按财政部门规定，个人因公在城区、郊区工作，不能在工作单位或返回就餐，确实需要在外就餐的，根据实际误餐顿数，按规定的标准领取的误餐费。一些单位以误餐补助名义发给职工的补贴、津贴，应当并入当月工资、薪金所得计征个人所得税。

【注释】《征收个人所得税若干问题的规定》(国税发〔1994〕089号)。

财政部 国家税务总局关于在华无住所的个人如何计算在华居住满五年问题的通知

财税〔1995〕98 号

各省、自治区、直辖市和计划单列市财政厅(局)、国家税务局、地方税务局：

《中华人民共和国个人所得税法实施条例》第六条规定，在中国境内无住所，但居住超过五年的个人，从第六年起，应当就其来源于中国境外的全部所得缴纳个人所得税。现对执行上述规定时五年期限的计算问题明确如下：

一、关于五年期限的具体计算

个人在中国境内居住满五年，是指个人在中国境内连续居住满五年，即在连续五年中的每一纳税年度内均居住满一年。

二、关于个人在华居住满五年以后纳税义务的确定

个人在中国境内居住满五年后，从第六年起的以后各年度中，凡在境内居住满一年的，应当就其来源于境内、境外的所得申报纳税；凡在境内居住不满一年的，则仅就该年内来源于境内的所得申报纳税。如该个人在第六年起以后的某一纳税年度内在境内居住不足 90 天，可以按《中华人民共和国个人所得税法实施条例》第七条的规定确定纳税义务，并从再次居住满一年的年度起重新计算五年期限。

三、关于计算五年期限的起始日期

个人在境内是否居住满五年自 1994 年 1 月 1 日起开始计算，(83)财税字第 62 号《关于在华工作的外籍人员从中国境外取得的所得免予申报缴纳个人所得税的通知》同时废止。

【注释】 《个人所得税法实施条例》第 6 条。

国家税务总局关于在中国境内无住所的个人计算缴纳个人所得税若干具体问题的通知

国税函发〔1995〕125 号

各省、自治区、直辖市和计划单列市国家税务局：

现对《国家税务总局关于在中国境内无住所的个人取得工资薪金所得纳税义务问题的通知》(国税发〔1994〕148 号)(以下简称通知)在执行中存在的若干具体问题明确如下：

一、关于个人实际在中国境内、境外工作期间的界定问题

通知中所说在中国境内企业、机构中任职(包括兼职，下同)、受雇的个人，其实际在中国境内工作期间，应包括在中国境内工作期间在境内、外享受的公休假日、个人休假日以及接受培训的天数；其在境外营业机构中任职并在境外履行该项职务或在境外营业场所中提供劳务的期间，包括该期间的公休假日，为在中国境外的工作期间。税务机关在核实个人申报的境外工作期间时，可要求纳税人提供派遣单位出具的其在境外营业机构任职的证明，或者企业在境外设有营业场所的项目合同书及派往该营业场所工作的证明。

不在中国境内企业、机构中任职、受雇的个人受派来华工作，其实际在中国境内工作期间应包括来华工作期间在中国境内所享受的公休假日。

二、关于个人在中国境内、境外企业、机构兼任职务取得的工资、薪金如何纳税问题

个人分别在中国境内和境外企业、机构兼任职务的，不论其工资、薪金是否按职务分别确定，均应就其取得的工资薪金总额，依据《中华人民共和国个人所得税法》(以下简称税法)及通知的有关条款规定，按其实际在中国境内的工作期间确定纳税。

三、关于中国境内企业高层管理职务的界定问题

通知第五条所述中国境内企业高层管理职务，是指公司正、副(总)经理、各职能总师、总监及其他类似公司管理层的职务。

四、境内工作不满全月的个人由境内、境外雇主分别支付工资、薪金的应纳税款计算问题

通知第四条所述在中国境内居住满一年而不超过五年的个人，以及通知第五条所述在中国境内企业担任高层管理职务的个人，凡其工资是由境内雇主和境外雇主分别支付的，并且在一个月中有境外工作天数的，依据通知第四条、第五条规定，对其境外雇主支付的工资中属于境外工作天数部分不予征税。在具体计算应纳税额时，按下述公式计算：

$$当月应纳税款=\frac{按当月境内外工资}{总额计算的税额}\times\left(\frac{1-当月境外支付工资}{当月工资总额}\right)\times\frac{当月境外工作天数}{当月天数}$$

五、核实个人工资薪金及实际在中国境内工作期间的凭据证明问题

凡属依据税法及其实施条例以及通知的规定，应就境外雇主支付的工资薪金申报纳税的个人，或者依据通知第二条、第四条的规定，应就视为由中国境内企业、机构支付或负担的工资薪金申报纳税的个人，应如实申报上述工资薪金数额及在中国境内的工作期间，并提供支付工资证明及必要的公证证明和居住时间的有效凭证。

前述居住时间的有效凭证，包括护照、港澳同胞还乡证、台湾同胞“往来大陆通行证”以及主管税务机关认为有必要提供的其他证明凭据。

【注释】 《个人所得税法实施条例》第 6 条。

国家税务总局关于个人出租中国境内房屋取得租金收入税务处理问题的通知

国税函发〔1995〕134 号

各省、自治区、直辖市和计划单列市国家税务局：

最近有些地区反映，原《个人所得税法》及有关规定对中、外籍(包括港澳台、华侨)个人出租中国境内的房屋取得的租金收入在计征个人所得税时的处理原则是不同的，1994 年新修订的《个人所得税法》实施后，有些地区对外籍个人出租房屋取得的租金收入仍按原《个人所得税法》及有关规定的原则处理，这样处理是否可行，要求总局予以明确。经研究，现将不在中国境内居住的个人出租中国境内的房屋取得的租金收入征税问题明确如下：

根据新修订的《个人所得税法》(以下简称税法)及国家税务总局关于《征收个人所得税若干问题的规定》(国税发〔1994〕089 号)的有关规定，对个人出租中国境内房屋取得的房屋租金收入，不论其是否在中国境内居住，均允许扣除下列税费后，就其余额征收个人所得税。

一、税法第六条第一款第四项规定的费用。

二、国税发〔1994〕089 号第六条(一)项规定的税金和各项支出。

三、属于国税发〔1994〕089 号第六条(二)项规定范围和标准的房屋修缮费用。

凡以前与本通知不一致的规定应予废止。

【注释】 《个人所得税法实施条例》第 8 条。

演出市场个人所得税征收管理暂行办法

国税发〔1995〕171 号

第一条 为加强演出市场个人所得税的征收管理，根据《中华人民共和国个人所得税法》及其实施条例和《国务院办公厅转发文化部关于加强演出市场管理报告的通知》(国办发〔1991〕112 号)的有关规定，制定本办法。

第二条 凡参加演出(包括舞台演出、录音、录像、拍摄影视等,下同)而取得报酬的演职员,是个人所得税的纳税义务人;所取得的所得,为个人所得税的应纳税项目。

第三条 向演职员支付报酬的单位或个人,是个人所得税的扣缴义务人。扣缴义务人必须在支付演职员报酬的同时,按税收法律、行政法规及税务机关依照法律、行政法规作出的规定扣缴或预扣个人所得税。

预扣办法由各省、自治区、直辖市地方税务机关根据有利控管的原则自行确定。

第四条 演出经纪机构领取《演出经营许可证》、《临时营业演出许可证》或变更以上证件内容的,必须在领证后或变更登记后的30日内到机构所在地主管税务机关办理税务登记或变更税务登记。文化行政部门向演出经纪机构或个人发放《演出经营许可证》和《临时营业演出许可证》时,应将演出经纪机构的名称、住所、法人代表等情况抄送当地主管税务机关备案。

第五条 演出活动主办单位应在每次演出前两日内,将文化行政部门的演出活动批准件和演出合同、演出计划(时间、地点、场次)、报酬分配方案等有关材料报送演出所在地主管税务机关。演出合同和演出计划的内容如有变化,应按规定程序重新向文化行政部门申报审批并向主管税务机关报送新的有关材料。

第六条 演职员参加非任职单位组织的演出取得的报酬为劳务报酬所得,按次缴纳个人所得税。演职员参加任职单位组织的演出取得的报酬为工资、薪金所得,按月缴纳个人所得税。

上述报酬包括现金、实物和有价证券。

第七条 参加组台(团)演出的演职员取得的报酬,由主办单位或承办单位通过银行转账支付给演职员所在单位或发放演职员演出许可证的文化行政部门或其授权单位的,经演出所在地主管税务机关确认后,由演职员所在单位或者发放演职员许可证的文化行政部门或其授权单位,按实际支付给演职员个人的报酬代扣个人所得税,并在原单位所在地缴入金库。

第八条 组台(团)演出,不按第七条所述方式支付演职员报酬,或者虽按上述方式支付但未经演出所在地主管税务机关确认的,由向演职员支付报酬的演出经纪机构或者主办、承办单位扣缴个人所得税,税款在演出所在地缴纳。申报的演职员报酬明显偏低又无正当理由的,主管税务机关可以在查账核实的基础上,依据演出报酬总额、演职员分工、演员演出通常收费额等情况核定演职员的应纳税所得,扣缴义务人据此扣缴税款。

第九条 税务机关有根据认为从事演出的纳税义务人有逃避纳税义务行为的,可以在规定的纳税期之前,责令其限期缴纳应纳税款;在限期内发现纳税义务人有明显的转移、隐匿演出收入迹象的,税务机关可以责成纳税义务人提供纳税担保。如果纳税义务人不能提供纳税担保,经县以上(含县级)税务局(分局)局长批准,税务机关可以采取税收保全措施。

第十条 参与录音、录像、拍摄影视和在歌厅、舞厅、卡拉OK厅、夜总会、娱乐城等娱乐场所演出的演职员取得的报酬,由向演职员支付报酬的单位或业主扣缴个人所得税。

第十一条 演职员取得报酬后按规定上交给单位和文化行政部门的管理费及收入分成,可以经主管税务机关确认后在计算应纳税所得额时扣除。

第十二条 演职员取得的报酬为不含税收入的,扣缴义务人支付的税款应按以下公式计算:

(一)应纳税所得额=(不含税收入-费用减除标准-速算扣除数)÷(1-税率)

(二)应纳税额=应纳税所得额×适用税率-速算扣除数

第十三条 扣缴义务人扣缴的税款,应在次月七日内缴入国库,同时向主管税务机关报送扣缴个人所得税报告表、支付报酬明细表以及税务机关要求报送的其他资料。

第十四条 有下列情形的,演职员应在取得报酬的次月七日内自行到演出所在地或者单位所在地主管税务机关申报纳税:

(一)在两处或者两处以上取得工资、薪金性质所得的,应将各处取得的工资、薪金性质的所得合并计算纳税;

(二)分笔取得属于一次报酬的;

(三)扣缴义务人没有依法扣缴税款的;

(四)主管税务机关要求其申报纳税的。

第十五条 为了强化征收管理,主管税务机关可以根据当地实际情况,自行确定对在歌厅、舞厅、卡拉

OK厅、夜总会、娱乐城等娱乐场所演出的演职员的个人所得税征收管理方式。

第十六条 组台(团)演出,应当建立健全财务会计制度,正确反映演出收支和向演职员支付报酬情况,并接受主管税务机关的监督检查。没有建立健全财务会计制度,或者未提供完整、准确的纳税资料,主管税务机关可以核定其应纳税所得额,据以征税。

第十七条 扣缴义务人和纳税义务人违反本办法有关规定,主管税务机关可以依照《中华人民共和国税收征收管理法》及其他有关法律和行政法规的有关规定给以处罚。

第十八条 演职员偷税情节恶劣,或者被第三次查出偷税的,除税务机关对其依法惩处外,文化行政部门可据情节轻重停止其演出活动半年至一年。

第十九条 各省、自治区、直辖市地方税务局和文化行政部门可依据本办法规定的原则,制定具体实施细则。

第二十条 本办法由国家税务总局、文化部共同负责解释。

第二十一条 本办法自文到之日起施行。以前规定凡与本办法不符的,按本办法执行。

【注释】 《个人所得税法》第13条。

建筑安装业个人所得税征收管理暂行办法

国税发〔1996〕127号

第一条 为了加强对建筑安装业个人所得税的征收管理,根据《中华人民共和国个人所得税法》及其实施条例、《中华人民共和国税收征收管理法》及其实施细则和其他有关法律、行政法规的规定制定本办法。

第二条 本办法所称建筑安装业,包括建筑、安装、修缮、装饰及其他工程作业。从事建筑安装业的工程承包人、个体户及其他个人为个人所得税的纳税义务人。其从事建筑安装业取得的所得,应依法缴纳个人所得税。

第三条 承包建筑安装业各项工程作业的承包人取得的所得,应区别不同情况计征个人所得税:经营成果归承包人个人所有的所得,或按照承包合同(协议)规定,将一部分经营成果留归承包人个人的所得,按对企事业单位的承包经营、承租经营所得项目征税;以其他分配方式取得的所得,按工资、薪金所得项目征税。

从事建筑安装业的个体工商户和未领取营业执照承揽建筑安装业工程作业的建筑安装队和个人,以及建筑安装企业实行个人承包后工商登记改变为个体经济性质的,其从事建筑安装业取得的收入应依照个体工商户的生产、经营所得项目计征个人所得税。

从事建筑安装业工程作业的其他人员取得的所得,分别按照工资、薪金所得项目和劳务报酬所得项目计征个人所得税。

第四条 从事建筑安装业的单位和个人,应依法办理税务登记。在异地从事建筑安装业的单位和个人,必须自工程开工之日前3日内,持营业执照、外出经营活动税收管理证明、城建部门批准开工的文件和工程承包合同(协议)、开户银行账号以及主管税务机关要求提供的其他资料向主管税务机关办理有关登记手续。

第五条 对未领取营业执照承揽建筑安装业工程作业的单位和个人,主管税务机关可以根据其工程规模,责令其缴纳一定数额的纳税保证金。在规定的期限内结清税款后,退还纳税保证金;逾期未结清税款的,以纳税保证金抵缴应纳税款和滞纳金。

第六条 从事建筑安装业的单位和个人应设置会计账簿,健全财务制度,准确、完整地进行会计核算。对未设立会计账簿,或者不能准确、完整地进行会计核算的单位和个人,主管税务机关可根据其工程规模、工程承包合同(协议)价款和工程完工进度等情况,核定其应纳税所得额或应纳税额,据以征税。具体核定办法由县以上(含县级)税务机关制定。

第七条 从事建筑安装业工程作业的单位和个人应按照主管税务机关的规定,购领、填开和保管建筑安装业专用发票或许可使用的其他发票。

第八条 建筑安装业的个人所得税，由扣缴义务人代扣代缴和纳税人自行申报缴纳。

第九条 承揽建筑安装业工程作业的单位和个人是个人所得税的代扣代缴义务人，应在向个人支付收入时依法代扣代缴其应纳的个人所得税。

第十条 没有扣缴义务人的和扣缴义务人未按规定代扣代缴税款的，纳税人应自行向主管税务机关申报纳税。

第十一条 在异地从事建筑安装业工程作业的单位，应在工程作业所在地扣缴个人所得税。但所得在单位所在地分配，并能向主管税务机关提供完整、准确的会计账簿和核算凭证的，经主管税务机关核准后，可回单位所在地扣缴个人所得税。

第十二条 本办法第三条第一款、第二款涉及的纳税人和扣缴义务人应按每月工程完工量预缴、预扣个人所得税，按年结算。一项工程跨年度作业的，应按各年所得预缴、预扣和结算个人所得税。难以划分各年所得的，可以按月预缴、预扣税款，并在工程完工后按各年度工程完工量分摊所得并结算税款。

第十三条 扣缴义务人每月所扣的税款，自行申报纳税人每月应纳的税款，应当在次月 7 日内缴入国库，并向主管税务机关报送扣缴个人所得税报告表或纳税申报表以及税务机关要求报送的其他资料。

第十四条 对扣缴义务人按照所扣缴的税款，付给 2%的手续费。

第十五条 建筑安装业单位所在地税务机关和工程作业所在地税务机关双方可以协商有关个人所得税代扣代缴和征收的具体操作办法，都有权对建筑安装业单位和个人依法进行税收检查，并有权依法处理其违反税收规定的行为。但一方已经处理的，另一方不得重复处理。

第十六条 纳税义务人和扣缴义务人违反本办法规定的，主管税务机关应按《中华人民共和国税收征收管理法》、《个人所得税代扣代缴暂行办法》、《个人所得税自行申报纳税暂行办法》以及有关法律、行政法规的规定予以处罚，触犯刑律的，移送司法机关处理。

第十七条 本办法所称主管税务机关，是指建筑安装业工程作业所在地地方税务局(分局、所)。

第十八条 各省、自治区、直辖市地方税务局可根据本办法规定的原则，结合本地实际制定具体的征管办法，并报国家税务总局备案。

第十九条 本办法未尽事宜，按照《中华人民共和国个人所得税法》及其实施条例、《中华人民共和国税收征收管理法》及其实施细则以及其他有关的法律、行政法规的规定执行。

第二十条 本办法由国家税务总局负责解释。

第二十一条 本办法从 1996 年 1 月 1 日起执行。

【注释】 《个人所得税法》第 13 条。

广告市场个人所得税征收管理暂行办法

国税发〔1996〕148 号

第一条 为了进一步加强对广告市场个人所得税的征收管理，依据《中华人民共和国个人所得税法》及其实施条例和《中华人民共和国税收征收管理法》及其实施细则，制定本办法。

第二条 凡在广告中提供名义、形象或在广告设计、制作、发布过程中提供劳务并取得所得的个人以及广告主、广告经营者或受托从事广告制作的单位和广告发布者，均应当依照本办法的规定办理个人所得税有关事宜。

本办法所称广告主，是指为推销商品或者提供服务，自行或者委托他人设计、制作、发布广告的法人、其他经济组织或者个人。

本办法所称广告经营者，是指受委托提供广告设计、制作、代理服务的法人、其他经济组织或者个人。

本办法所称受托从事广告制作的单位，是指受广告主或广告经营者委托而从事广告设计、制作的法人、其他经济组织或者个人。

本办法所称广告发布者，是指为广告主、或者广告主委托的广告经营者发布广告的法人及其他经济组织。

第三条 在广告设计、制作、发布过程中提供名义、形象及劳务并取得所得的个人为个人所得税的纳税义务人(以下简称纳税人);直接向上述个人支付所得的广告主、广告经营者、受托从事广告制作的单位和广告发布者为个人所得税的扣缴义务人(以下简称扣缴人)。

第四条 扣缴人应当在每项广告制作前向所在地主管税务机关报告广告中名义、形象及劳务提供者的姓名、身份证号码(护照号码及国籍)、工作单位(户籍所在地)、电话号码以及支付报酬的标准和支付形式等情况。双方订立书面合同(协议)的,应同时将合同(协议)副本报送上述税务机关。

广告发布者应当定期向所在地主管税务机关报送当期发布广告的数量及其广告主、广告经营者的名单。

第五条 纳税人在广告设计、制作、发布过程中提供名义、形象而取得的所得,应按劳务报酬所得项目计算纳税。

纳税人在广告设计、制作、发布过程中提供其他劳务取得的所得,视其情况分别按照税法规定的劳务报酬所得、稿酬所得、特许权使用费所得等应税项目计算纳税。

扣缴人的本单位人员在广告设计、制作、发布过程中取得的由本单位支付的所得,按工资、薪金所得项目计算纳税。

第六条 纳税人以现金、实物和有价证券以外的其他形式取得所得,税务机关可以根据其所得的形式和价值,核定其应纳税所得额,据以征税。

对于不能准确提供或划分个人在广告设计、制作、发布过程中提供名义、形象及劳务而取得的所得的纳税人,主管税务机关可以根据支付总额等实际情况,参照同类广告活动名义、形象及其他劳务提供者的所得标准,核定其应纳税所得额,据以征税。

第七条 劳务报酬所得以纳税人每参与一项广告的设计、制作、发布所取得的所得为一次;稿酬所得以在图书、报刊上发布一项广告时使用其作品而取得的所得为一次;特许权使用费所得以提供一项特许权在一项广告的设计、制作、发布过程中使用而取得的所得为一次。上述所得,采取分笔支付的,应合并为一次所得计算纳税。

第八条 扣缴人向纳税人支付所得的同时,应当依照《中华人民共和国个人所得税法》和《个人所得税代扣代缴暂行办法》的规定代扣代缴税款,并向所在地主管税务机关如实填写和报送《扣缴个人所得税报告表》及主管税务机关要求报送的其他资料。

第九条 分笔取得一次所得和扣缴人应扣未扣或少扣税款以及没有扣缴人的纳税人,应当于取得所得的月度终了后七日内,向扣缴人所在地主管税务机关自行申报纳税。

第十条 扣缴人和纳税人必须接受税务机关依法进行的税务检查,如实反映情况,提供有关资料,不得拒绝、隐瞒。

第十一条 扣缴人违反本办法第四条规定的,税务机关应令其限期补报,并可处以二千元以下的罚款;逾期仍未补报的,可以处以二千元以上一万元以下的罚款。

第十二条 扣缴人违反本办法第八条规定的,税务机关可区别情况,按照《个人所得税代扣代缴暂行办法》第十一条和第十八条的规定处理。

第十三条 本办法未尽事宜,按照有关税收法律、行政法规的规定执行。

第十四条 各省、自治区、直辖市地方税务局可以根据本办法规定的原则,结合本地实际,制定具体实施办法,并报国家税务总局备案。

第十五条 本办法由国家税务总局负责解释。

第十六条 本办法自1996年9月1日起执行。

【注释】 《个人所得税法》第13条。

国家税务总局关于明确单位或个人为纳税义务人的劳务报酬所得代付税款计算公式的通知

国税发〔1996〕161号

根据《国家税务总局关于印发〈征收个人所得税若干问题的规定〉的通知》(国税发〔1994〕089号)第十

四条的规定，单位或个人为纳税义务人负担个人所得税税款的，应将纳税义务人取得的不含税收入额换算为应纳税所得额，计算征收个人所得税。为了规范此类情况下应纳税款的计算方法，现将计算公式明确如下：

一、不含税收入额为3360元（即含税收入额4000元）以下的：

应纳税所得额=（不含税收入额－800）÷（1－税率）

二、不含税收入额为3360元（即含税收入额4000元）以上的：

应纳税所得额=[（不含税收入额－速算扣除数）×（1－20%）]÷[1－税率×（1－20%）]

三、应纳税额=应纳税所得额×适用税率－速算扣除数

公式一、二中的税率，是指不含税所得按不含税级距（详见国税发〔1994〕089号文件表三）对应的税率；公式三中的税率，是指应纳税所得额按含税级距对应的税率。

此文件执行日期与国税发〔1994〕089号文件的执行日期（1994年1月1日）相同。

【注释】《个人所得税法》第6条。

国家税务总局关于在中国境内无住所的个人取得奖金征税问题的通知

国税发〔1996〕183号

各省、自治区、直辖市和计划单列市国家税务局、地方税务局：

对在中国境内无住所的个人一次取得数月奖金或年终加薪、劳动分红（以下简称奖金，不包括应按月支付的奖金）的计算征税问题，各地询问颇多，且意见不一。按照简便、合理、易于操作的原则，经研究，现明确按以下方法处理：

对上述个人取得的奖金，可单独作为一个月的工资、薪金所得计算纳税。由于对每月的工资、薪金所得计税时已按月扣除了费用，因此，对上述奖金不再减除费用，全额作为应纳税所得额直接按适用税率计算应纳税款，并且不再按居住天数进行划分计算。上述个人应在取得奖金月份的次月7日内申报纳税。

本通知规定自1996年7月1日起执行，凡以前规定与本通知规定不一致的，按本通知执行。

【注释】《个人所得税法》第6条。

国家税务总局关于雇主为其雇员负担个人所得税税款计征问题的通知

国税发〔1996〕199号

各省、自治区、直辖市和计划单列市国家税务局、地方税务局：

关于雇主为其雇员负担个人所得税税款的处理问题，《国家税务总局关于印发〈征收个人所得税若干问题的规定〉的通知》（国税发〔1994〕089号）中曾作出规定。由于雇主为其雇员负担税款的情形不同，在实际操作中如何计算征收个人所得税，各地屡有询问。为便于各地执行，经研究，通知如下：

一、雇主全额为其雇员负担税款的处理

对于雇主全额为其雇员负担税款的，直接按国税发〔1994〕089号文件中第十四条规定的公式，将雇员取得的不含税收入换算成应纳税所得额后，计算企业应代为缴纳的个人所得税税款。

二、雇主为其雇员负担部分税款的处理

（一）雇主为其雇员定额负担税款的，应将雇员取得的工资薪金所得换算成应纳税所得额后，计算征收个人所得税。工资薪金收入换算成应纳税所得额的计算公式为：

应纳税所得额＝雇员取得的工资＋雇主代雇员负担的税款－费用扣除标准

（二）雇主为其雇员负担一定比例的工资应纳的税款或者负担一定比例的实际应纳税款的，应将国税发〔1994〕089号文件第十四条规定的不含税收入额计算应纳税所得额的公式中“不含税收入额”替换为“未含雇主负担的税款的收入额”，同时将速算扣除数和税率二项分别乘以上述的“负担比例”，按此调整后的公式，以其未含雇主负担税款的收入额换算成应纳税所得额，并计算应纳税款。即：

$$应纳税所得额=\frac{未含雇主负担的税款的收入额-费用扣除标准-速算扣除数\times负担比例}{1-税率\times负担比例}$$

应纳税额＝应纳税所得额×适用税率－速算扣除数

举例说明：某人月工资、薪金收入人民币12000元，雇主负担其工资、薪金所得30％部分的应纳税款，其当月应纳税款计算如下：

应纳税所得额＝（12000－4000－375×30％）÷（1－20％×30％）＝8390.96（元）

应纳税额＝8390.96×20％－375＝1303.19（元）

三、雇主为其雇员负担超过原居住国的税款的税务处理

有些外商投资企业和外国企业在华的机构场所，为其受派到中国境内工作的雇员负担超过原居住国的税款。例如：雇员在华应纳税额中相当于按其在原居住国税法计算的应纳税额部分（以下称原居住国税额），仍由雇员负担并由雇主在支付雇员工资时从工资中扣除，代为缴税；若按中国税法计算的税款超过雇员原居住国税额的，超过部分另外由其雇主负担。对此类情况，应按下列原则处理：

将雇员取得的不含税工资（即：扣除了原居住国税额的工资），按国税发〔1994〕089号文件第十四条规定的公式，换算成应纳税所得额，计算征收个人所得税；如果计算出的应纳税所得额小于按该雇员的实际工资、薪金收入（即：未扣除原居住国税额的工资）计算的应纳税所得额的，应按其雇员的实际工资薪金收入计算征收个人所得税。

四、本规定自发布之日起执行，与本通知有抵触的规定，同时废止。

【注释】 《国家税务总局关于印发〈征收个人所得税若干问题的规定〉的通知》（国税发〔1994〕089号）。

国家税务总局关于外商投资企业的董事担任直接管理职务征收个人所得税问题的通知

国税发〔1996〕214号

各省、自治区、直辖市和计划单列市国家税务局、地方税务局：

近来，一些地方来电询问，有些外商投资企业的董事（长）同时担任企业的直接管理职务，但其从该企业仅以董事费名义或分红形式取得收入，对其应如何征收个人所得税问题，经研究，现明确如下：

一、（本条被《国家税务总局关于明确个人所得税若干政策执行问题的通知》（国税发〔2009〕121号）废止）

二、上述个人在该企业仅以董事费名义或分红形式取得收入的，应主动申报从事企业日常管理工作每月应取得的工资、薪金收入额，或者由主管税务机关参照同类地区、同类行业和相近规模企业中类似职务的工资、薪金收入水平核定其每月应取得的工资、薪金收入额，并依照《中华人民共和国个人所得税法》以及《国家税务总局关于在中国境内无住所的个人取得工资薪金所得纳税义务问题的通知》（国税发〔1994〕148号）和《国家税务总局关于在中国境内无住所的个人计算缴纳个人所得税若干具体问题的通知》（国税函发〔1995〕125号）的有关规定征收个人所得税。

三、凡根据本通知第二条的规定，由个人所得税主管税务机关核定上述个人的工资、薪金收入额，需要相应调整外商投资企业应纳税所得额的，对核定的工资薪金数额，应由个人所得税主管税务机关会同外商投资企业所得税主管税务机关确定。

【注释】 《个人所得税法》第6条。《国家税务总局关于明确个人所得税若干政策执行问题的通知》（国税发〔2009〕121号）对本文进行了修正。

国家税务总局关于高寒边境地区津贴征收个人所得税问题的批复

国税函发〔1996〕399号

黑龙江省地方税务局：

你局《关于高寒边境地区津贴征收个人所得税应否扣除的请示》（黑地税发〔1996〕第096号）收悉。经研究，现批复如下：

工作在高寒地区的职工，其工作、生活条件非常艰苦，为了解决他们的实际困难，国务院批准发放了高寒边境地区津贴。根据《中华人民共和国个人所得税法》及其实施条例的规定，职工个人取得的此项津贴不属于免税所得。因为，《中华人民共和国个人所得税法实施条例》第十三条规定："税法第四条第三项所说的按照国家统一规定发给的补贴、津贴，是指按照国务院规定发给的政府特殊津贴和国务院规定免纳个人所得税的补贴、津贴。"此处所述"政府特殊津贴"是国家对为社会各项事业的发展做出突出贡献的人员颁发的一项特定津贴，并非泛指国务院批准发给的其他各项补贴、津贴。此处所述"国务院规定免纳个人所得税的补贴、津贴"，目前仅限于中国科学院和工程院院士津贴。你局来文中反映的高寒边境地区津贴，国务院没有明确免税。因此，对职工个人取得的此项津贴应全额计入工资、薪金所得计征个人所得税。

望你局接此复文后，认真做好对有关各方的政策宣传和解释工作，以保证税收政策的正确执行。

【注释】 《个人所得税法实施条例》第13条。

国家税务总局关于个人举办各类学习班取得的收入征收个人所得税问题的批复

国税函发〔1996〕658号

内蒙古自治区地方税务局：

你局《关于个人举办各类学习班如何征收个人所得税问题的请示》（内地税发〔1996〕206号）收悉。经研究，现批复如下：

一、个人经政府有关部门批准并取得执照举办学习班、培训班的，其取得的办班收入属于"个体工商户的生产、经营所得"应税项目，应按《中华人民共和国个人所得税法》（以下简称税法）规定计征个人所得税。

二、个人无须经政府有关部门批准并取得执照举办学习班、培训班的，其取得的办班收入属于"劳务报酬所得"应税项目，应按税法规定计征个人所得税。其中，办班者每次收入按以下方法确定：一次收取学费的，以一期取得的收入为一次；分次收取学费的，以每月取得的收入为一次。

【注释】 《个人所得税法实施条例》第8条。

个体工商户个人所得税计税办法（试行）

国税发〔1997〕43号

第一条 为适应对个体工商户（以下简称个体户）税收实行查账征收的需要，加强个人所得税的征收管理，根据国家有关税收法律、法规的规定制定本办法。

第二条 凡实行查账征收的个体户，均应当按本办法的规定计算并申报缴纳个人所得税。

第三条 个体户每一纳税年度的收入总额减除成本、费用以及损失后的余额为应纳税所得额，据此计算应纳个人所得税额。其计算公式为：

应纳税所得额＝收入总额－成本、费用及损失

应纳个人所得税额＝应纳税所得额×适用税率

第四条 个体户的收入总额是指个体户从事生产经营以及与生产经营有关的活动所取得的各项收入，包括商品(产品)销售收入、营运收入、劳务服务收入、工程价款收入、财产出租或转让收入、利息收入、其他业务收入和营业外收入。

第五条 个体户的各项收入应当按权责发生制原则确定。

第六条 成本、费用是指个体户从事生产经营所发生的各项直接支出和分配计入成本的间接费用以及销售费用、管理费用、财务费用；损失是指个体户在生产经营过程中发生的各项营业外支出。

第七条 直接支出和分配计入成本的间接费用是指个体户在生产经营过程中实际消耗的各种原材料、辅助材料、备品配件、外购半成品、燃料、动力、包装物等直接材料和发生的商品进价成本、运输费、装卸费、包装费、折旧费、修理费、水电费、差旅费、租赁费(不包括融资租赁费)、低值易耗品等以及支付给生产经营从业人员的工资。

第八条 销售费用是指个体户在销售产品、自制半成品和提供劳务过程中发生的各项费用，包括：运输费、装卸费、包装费、委托代销手续费、广告费、展览费、销售服务费用以及其他销售费用。

第九条 管理费用是指个体户为管理和组织生产经营活动而发生的各项费用，包括：劳动保险费、咨询费、诉讼费、审计费、土地使用费、低值易耗品摊销、无形资产摊销、开办费摊销、无法收回的账款(坏账损失)、业务招待费、缴纳的税金以及其他管理费用。

第十条 财务费用是指个体户为筹集生产经营资金而发生的各项费用，包括：利息净支出、汇兑净损失、金融机构手续费以及筹资中的其他财务费用等。

第十一条 个体户的营业外支出包括：固定资产盘亏、报废、毁损和出售的净损失，自然灾害或者意外事故损失，公益救济性捐赠，赔偿金、违约金等。

第十二条 上述各项直接支出、间接费用和销售费用、管理费用、财务费用以及营业外支出准予扣除的项目和标准，依照税收法律、法规及本办法的规定确定。

第十三条 个体户业主的费用扣除标准和从业人员的工资扣除标准，由各省、自治区、直辖市地方税务局根据当地实际情况确定，并报国家税务总局备案。

个体户业主的工资不得扣除。

第十四条 个体户自申请营业执照之日起至开始生产经营之日止所发生符合本办法规定的费用，除为取得固定资产、无形资产的支出以及应计入资产价值的汇兑损益、利息支出外，可作为开办费，并自开始生产经营之日起于不短于5年的期限分期均额扣除。

第十五条 个体户在生产经营过程中的借款利息支出，未超过按中国人民银行规定的同类、同期贷款利率计算的数额部分，准予扣除。

第十六条 个体户购入低值易耗品的支出，原则上一次摊销，但一次性购入价值较大的，应分期摊销。分期摊销的价值标准和期限由各省、自治区、直辖市地方税务局确定。

第十七条 个体户购置税控收款机的支出，应在二至五年内分期扣除。具体期限由各省、自治区、直辖市地方税务局确定。

第十八条 个体户发生的与生产经营有关的财产保险、运输保险以及从业人员的养老、医疗及其他保险费用支出，按国家有关规定的标准计算扣除。

第十九条 个体户发生的与生产经营有关的修理费用，可据实扣除。修理费用发生不均衡或数额较大的，应分期扣除。分期扣除标准和期限由各省、自治区、直辖市地方税务局确定。

第二十条 个体户按规定缴纳的消费税、营业税、城市维护建设税、资源税、土地使用税、土地增值税、房产税、车船使用税、印花税、耕地占用税以及教育费附加准予扣除。

第二十一条 个体户按规定缴纳的工商管理费、个体劳动者协会会费、摊位费，按实际发生数扣除。缴纳的其他规费，其扣除项目和标准，由各省、自治区、直辖市地方税务局根据当地实际情况确定。

第二十二条 个体户在生产经营过程中租入固定资产而支付的费用，分别按下列规定处理：

(一)以融资租赁方式(即出租人和承租人事先约定,在承租人付清最后一笔租金后,该固定资产即归承租人所有)租入固定资产而发生的租赁费,应计入固定资产价值,不得直接扣除。

(二)以经营租赁方式(即因生产经营需要临时租入固定资产,租赁期满后,该固定资产应归还出租人)租入固定资产的租赁费,可以据实扣除。

第二十三条 个体户研究开发新产品、新技术、新工艺所发生的开发费用,以及研究开发新产品、新技术而购置单台价值在5万元以下的测试仪器和试验性装置的购置费准予扣除;单台价值在5万元以上的测试仪器和试验性装置,以及购置费达到固定资产标准的其他设备,按固定资产管理,不得在当期扣除。

第二十四条 个体户在生产经营过程中发生的固定资产和流动资产盘亏及毁损净损失,由个体户提供清查盘存资料,经主管税务机关审核后,可以在当期扣除。

第二十五条 个体户在生产经营过程中发生的以外币结算的往来款项增减变动时,由于汇率变动而发生折合人民币的差额,作为汇兑损益,计入当期所得或在当期扣除。

第二十六条 个体户用于与取得固定资产有关的利息支出,在资产尚未交付使用之前发生的,应计入购建资产的价值,不得作为费用扣除。

第二十七条 个体户发生的与生产经营有关的无法收回的账款(包括因债务人破产或者死亡,以其破产财产或者遗产清偿后,仍然不能收回的应收账款,或者因债务人逾期未履行还债义务超过三年仍然不能收回的应收账款),应由其提供有效证明,报经主管税务机关审核后,按实际发生数扣除。

上述已予扣除的账款在以后年度收回时,应直接作收入处理。

第二十八条 个体户的年度经营亏损,经申报主管税务机关审核后,允许用下一年度的经营所得弥补,下一年度所得不足弥补的,允许逐年延续弥补,但最长不得超过5年。

第二十九条 个体户发生的与生产经营有关的业务招待费,由其提供合法凭证或单据,经主管税务机关审核后,在其收入总额5‰以内据实扣除。

第三十条 个体户将其所得通过中国境内的社会团体、国家机关向教育和其他社会公益事业以及遭受严重自然灾害地区、贫困地区的捐赠,捐赠额不超过其应纳税所得额30%的部分可以据实扣除。纳税人直接给受益人的捐赠不得扣除。

第三十一条 个体户在生产经营过程中发生与家庭生活混用的费用,由主管税务机关核定分摊比例,据此计算确定的属于生产、经营过程中发生的费用,准予扣除。

第三十二条 个体户的下列支出不得扣除:

(一)资本性支出,包括:为购置和建造固定资产、无形资产以及其他资产的支出,对外投资的支出;

(二)被没收的财物、支付的罚款;

(三)缴纳的个人所得税、固定资产投资方向调节税,以及各种税收的滞纳金、罚金和罚款;

(四)各种赞助支出;

(五)自然灾害或者意外事故损失有赔偿的部分;

(六)分配给投资者的股利;

(七)用于个人和家庭的支出;

(八)与生产经营无关的其他支出;

(九)国家税务总局规定不准扣除的其他支出。

第三十三条 个体户在生产经营过程中使用的期限超过一年且单位价值在1000元以上的房屋、建筑物、机器、设备、运输工具及其他与生产经营有关的设备、工器具等为固定资产。

第三十四条 固定资产按以下方式计价:

(一)购入的,按实际支付的买价、包装费、运杂费和安装费等计价;

(二)自行建造的,按建造过程中实际发生的全部支出计价;

(三)实物投资的,按评估确认或者合同、协议约定的价值计价;

(四)在原有固定资产基础上进行改扩建的,按账面原价减去改扩建工程中发生的变价收入加上改扩建增加的支出计价;

(五)盘盈的,按同类固定资产的重估完全价值计价;

(六)融资租入的,按照租赁协议或者合同确定的租赁费加运输费、保险费、安装调试费等计价。

第三十五条 下列固定资产允许计提折旧：房屋和建筑物；在用机械设备，仪器仪表；各种工器具；季节性停用和修理停用的设备，以及以经营方式租出和以融资租赁方式租入的固定资产。

下列固定资产不计提折旧：房屋、建筑物以外的未使用、不需用的固定资产；以经营方式租入的固定资产；已提足折旧继续使用的固定资产。

第三十六条 固定资产在计算折旧前，应当估计残值，从固定资产原价中减除。残值按固定资产原价的5%确定。

第三十七条 个体户按规定计提的固定资产折旧允许扣除。固定资产折旧年限在不短于以下规定年限内，可根据不同情况，经主管税务机关审核后执行：

(一)房屋、建筑物，为20年；

(二)轮船、机器、机械和其他生产设备，为10年；

(三)电子设备和轮船以外的运输工具以及与生产经营有关的器具、工具、家具等，为5年。

固定资产由于特殊原因需要缩短折旧年限的，如受酸、碱等强烈腐蚀的机器设备和简易或常年处于震撼、颤动状态的房屋和建筑物，以及技术更新变化快等原因，可由个体户提出申请，报省级税务机关审核批准后执行。

第三十八条 固定资产折旧按平均年限法和工作量法计算提取。

固定资产年折旧率＝1－5%(残值率)/折旧年限×100%

月折旧率＝年折旧率÷12

月折旧额＝固定资产原价×月折旧率

按工作量法的固定资产折旧计算公式如下：

单位里程(每工作小时)折旧额＝(原价－残值)÷总行驶里程(总工作小时)

第三十九条 个体户在生产经营过程中为销售或者耗用而储备的物资为存货，包括各种原材料、辅助材料、燃料、低值易耗品、包装物、在产品、外购商品、自制半成品、产成品等。存货应按实际成本计价。领用或发出存货的核算，原则上采用加权平均法。

第四十条 个体户在生产经营过程中长期使用但是没有实物形态的资产为无形资产，包括专利权、非专利技术、商标权、商誉、著作权、场地使用权等。无形资产的计价，应当按照取得的实际成本为准。具体是：

(一)作为投资的无形资产，以协议、合同规定的合理价格为原价；

(二)购入的无形资产按实际支付的价款为原价；

(三)按受捐赠的无形资产，按所附单据或参照同类无形资产市场价格确定原价；

非专利技术和商誉的计价应经法定评估机构评估后确认。

第四十一条 无形资产从开始使用之日起，在有效使用期内分期均额扣除。

作为投资或受让的无形资产，在法律、合同和协议中规定了使用年限的，可按该使用年限分期扣除；没有规定使用年限或是自行开发的无形资产，扣除期限不得少于10年。

第四十二条 本办法由国家税务总局负责解释。各省、自治区、直辖市地方税务局可以根据本办法规定的原则，结合本地实际，制定具体实施办法。

第四十三条 本办法从1997年1月1日起执行。

【注释】 《个人所得税法》第9条。《财政部 国家税务总局关于调整个体工商户个人独资企业和合伙企业个人所得税税前扣除标准有关问题的通知》(财税〔2008〕65号)对此进行了修正。

国家税务总局关于外籍个人取得有关补贴征免个人所得税执行问题的通知

国税发〔1997〕54号

各省、自治区、直辖市和计划单列市国家税务局、地方税务局：

《中华人民共和国个人所得税法》及其实施条例和《财政部、国家税务总局关于个人所得税若干政策问题的通知》(财税字〔1994〕020 号)就外籍个人取得有关补贴规定了免征个人所得税的范围，现就执行上述规定的具体界定及管理问题明确如下：

一、对外籍个人以非现金形式或实报实销形式取得的合理的住房补贴、伙食补贴和洗衣费免征个人所得税，应由纳税人在初次取得上述补贴或上述补贴数额、支付方式发生变化的月份的次月进行工资薪金所得纳税申报时，向主管税务机关提供上述补贴的有效凭证，由主管税务机关核准确认免税。

二、对外籍个人因到中国任职或离职，以实报实销形式取得的搬迁收入免征个人所得税，应由纳税人提供有效凭证，由主管税务机关审核认定，就其合理的部分免税。外商投资企业和外国企业在中国境内的机构、场所，以搬迁费名义每月或定期向其外籍雇员支付的费用，应计入工资薪金所得征收个人所得税。

三、对外籍个人按合理标准取得的境内、外出差补贴免征个人所得税，应由纳税人提供出差的交通费、住宿费凭证(复印件)或企业安排出差的有关计划，由主管税务机关确认免税。

四、对外籍个人取得的探亲费免征个人所得税，应由纳税人提供探亲的交通支出凭证(复印件)，由主管税务机关审核，对其实际用于本人探亲，且每年探亲的次数和支付的标准合理的部分给予免税。

五、对外籍个人取得的语言培训费和子女教育费补贴免征个人所得税，应由纳税人提供在中国境内接受上述教育的支出凭证和期限证明材料，由主管税务机关审核，对其在中国境内接受语言培训以及子女在中国境内接受教育取得的语言培训费和子女教育费补贴，且在合理数额内的部分免予纳税。

【注释】《个人所得税法》第 4 条。

国家税务总局关于征用土地过程中征地单位支付给土地承包人员的补偿费如何征税问题的批复

国税函发〔1997〕87 号

辽宁省地方税务局：

你局《关于征用土地过程中征地单位支付给土地承包人员的补偿费是否征税的请示》(辽地税个〔1996〕311 号)收悉。经研究，现批复如下：

一、对土地承包人取得的土地上的建筑物、构筑物、青苗等土地附着物的补偿费收入，应按照《中华人民共和国营业税暂行条例》的“销售不动产——其他土地附着物”税目征收营业税。

二、对土地承包人取得的青苗补偿费收入，暂免征收个人所得税；取得的转让建筑物等财产性质的其他补偿费收入，应按照《中华人民共和国个人所得税法》的“财产转让所得”应税项目计征个人所得税。

【注释】《个人所得税法实施条例》第 8 条。

财政部 国家税务总局关于个人提供非有形商品推销、代理等服务活动取得收入征收营业税和个人所得税有关问题的通知

财税〔1997〕103 号

各省、自治区、直辖市和计划单列市国家税务局、地方税务局：

据反映，有些在境内从事保险、旅游等非有形商品经营的企业(包括从事此类业务的国有企业、集体企

业、股份制企业、外商投资企业、外国企业及其他企业)，通过其雇员或非雇员个人的推销、代理等服务活动开展业务。雇员或非雇员个人根据其推销、代理等服务活动的业绩从企业或其服务对象取得佣金、奖励和劳务费等名目的收入。根据《中华人民共和国营业税暂行条例》、《中华人民共和国个人所得税法》和《中华人民共和国税收征收管理法》的有关规定，现对雇员或非雇员个人为企业提供非有形商品推销、代理等服务活动取得收入征收营业税和个人所得税的有关问题明确如下：

一、对雇员的税务处理

雇员为本企业提供非有形商品推销、代理等服务活动取得佣金、奖励和劳务费等名目的收入，无论该收入采用何种计取方法和支付方式，均应计入该雇员的当期工资、薪金所得，按照《中华人民共和国个人所得税法》及其实施条例和其他有关规定计算征收个人所得税；但可适用《中华人民共和国营业税暂行条例实施细则》第四条第一款的规定，不征收营业税。

二、对非雇员的税务处理

非本企业雇员为企业提供非有形商品推销、代理等服务活动取得的佣金、奖励和劳务费等名目的收入，无论该收入采用何种计取方法和支付方式，均应计入个人从事服务业应税劳务的营业额，按照《中华人民共和国营业税暂行条例》及其实施细则和其他有关规定计算征收营业税；上述收入扣除已缴纳的营业税税款后，应计入个人的劳务报酬所得，按照《中华人民共和国个人所得税法》及其实施条例和其他有关规定计算征收个人所得税。

三、税款征收方式

(一)雇员或非雇员从聘用的企业取得收入的，该企业即为雇员或非雇员应纳税款的扣缴义务人，应按照有关规定按期向主管税务机关申报并代扣代缴上述税款。

(二)对雇员或非雇员直接从其服务对象或其他方面取得收入的部分，由其主动向主管税务机关申报缴纳营业税和个人所得税。

(三)有关企业和个人拒绝申报纳税或代扣代缴税款，将按《中华人民共和国税收征收管理法》及其实施细则的有关规定处理。

【注释】 《个人所得税法实施条例》第8条。

财政部 国家税务总局关于住房公积金医疗保险金养老保险金征收个人所得税问题的通知

财税〔1997〕144号

各省、自治区、直辖市、计划单列市财政厅(局)、地方税务局：

根据国务院的统一部署，各地相继出台了住房制度、医疗保险制度和养老保险制度等改革的实施方案。现对改革制度涉及的住房公积金、医疗保险金、养老保险金征收个人所得税问题通知如下：

一、企业和个人按照国家或地方政府规定的比例提取并向指定金融机构实际缴付的住房公积金、医疗保险金、基本养老保险金，不计入个人当期的工资、薪金收入，免予征收个人所得税。超过国家或地方政府规定的比例缴付的住房公积金、医疗保险金、基本养老保险金，应将其超过部分并入个人当期的工资、薪金收入，计征个人所得税。

二、个人领取原提存的住房公积金、医疗保险金、基本养老保险金时，免予征收个人所得税。

三、企业以现金形式发给个人的住房补贴、医疗补助费，应全额计入领取人的当期工资、薪金收入计征个人所得税。但对外籍个人以实报实销形式取得的住房补贴，仍按照《财政部、国家税务总局关于个人所得税若干政策问题的通知》(财税字〔1994〕020号)的规定，暂免征收个人所得税。

四、本通知从1998年1月1日起执行。原政策规定与本通知相抵触的，按本通知规定执行。

【注释】 《个人所得税法实施条例》第25条。

国家税务总局关于个人从事医疗服务活动征收个人所得税问题的通知

国税发〔1997〕178 号

各省、自治区、直辖市和计划单列市地方税务局：

为了加强对个人从事医疗服务活动个人所得税的征收管理，根据《中华人民共和国个人所得税法》（以下简称税法）及其实施条例的规定精神，现将一些具体问题明确如下：

一、个人经政府有关部门批准，取得执照，以门诊部、诊所、卫生所（室）、卫生院、医院等医疗机构形式从事疾病诊断、治疗及售药等服务活动，应当以该医疗机构取得的所得，作为个人的应纳税所得，按照“个体工商户的生产、经营所得”应税项目缴纳个人所得税。

个人未经政府有关部门批准，自行连续从事医疗服务活动，不管是否有经营场所，其取得与医疗服务活动相关的所得，按照“个体工商户的生产、经营所得”应税项目缴纳个人所得税。

各省、自治区、直辖市地方税务局可以根据本地实际情况，确定个体工商户业主的费用扣除标准。

二、对于由集体、合伙或个人出资的乡村卫生室（站），由医生承包经营，经营成果归医生个人所有，承包人取得的所得，比照“对企事业单位的承包经营、承租经营所得”应税项目缴纳个人所得税。

乡村卫生室（站）的医务人员取得的所得，按照“工资、薪金所得”应税项目缴纳个人所得税。

三、受医疗机构临时聘请坐堂门诊及售药，由该医疗机构支付报酬，或收入与该医疗机构按比例分成的人员，其取得的所得，按照“劳务报酬所得”应税项目缴纳个人所得税，以一个月内取得的所得为一次，税款由该医疗机构代扣代缴。

四、经政府有关部门批准而取得许可证（执照）的个人，应当在领取执照后 30 日内向当地主管税务机关申报办理税务登记。未经政府有关部门批准而自行开业的个人，应当自开始医疗服务活动后 30 日内向当地主管税务机关申报办理税务登记。

以前的规定或答复与本文不符的，应以本文为准。

【注释】 《个人所得税法实施条例》第 8 条。

国家税务总局关于股份制企业转增股本和派发红股征免个人所得税的通知

国税发〔1997〕198 号

近接一些地区和单位来文、来电请示，要求对股份制企业用资本公积金转增个人股本是否征收个人所得税的问题作出明确规定。经研究，现明确如下：

一、股份制企业用资本公积金转增股本不属于股息、红利性质的分配，对个人取得的转增股本数额，不作为个人所得，不征收个人所得税。

二、股份制企业用盈余公积金派发红股属于股息、红利性质的分配，对个人取得的红股数额，应作为个人所得征税。

各地要严格按照《国家税务总局关于印发〈征收个人所得税若干问题的规定〉的通知》（国税发〔1994〕089 号）的有关规定执行，没有执行的要尽快纠正。派发红股的股份制企业作为支付所得的单位应按照税法规定履行扣缴义务。

【注释】 《个人所得税法实施条例》第 8 条。引用本通知的文件包括：《国家税务总局关于盈余公积金转增注册资本征收个人所得税问题的批复》（国税函发〔1998〕333 号）。

国家税务总局关于个人认购股票等有价证券而从雇主取得折扣或补贴收入有关征收个人所得税问题的通知

国税发〔1998〕9 号

各省、自治区、直辖市和计划单列市国家税务局、地方税务局：

一些中国境内的公司、企业作为吸收、稳定人才的手段，按照有关法律规定及本公司规定，向其雇员发放(内部职工)认股权证，并承诺雇员在公司达到一定工作年限或满足其他条件，可凭该认股权证按事先约定价格(一般低于当期股票发行价格或市场价格)认购公司股票；或者向达到一定工作年限或满足其他条件的雇员，按当期市场价格的一定折价转让本企业持有的其他公司(包括外国公司)的股票等有价证券；或者按一定比例为该雇员负担其进行股票等有价证券的投资。现将雇员以上述不同方式认购股票等有价证券而从雇主取得的各类折扣或补贴有关征收个人所得税的问题通知如下：

一、关于所得性质认定问题

在中国负有纳税义务的个人(包括在中国境内有住所和无住所的个人)认购股票等有价证券，因其受雇期间的表现或业绩，从其雇主以不同形式取得的折扣或补贴(指雇员实际支付的股票等有价证券的认购价格低于当期发行价格或市场价格的数额)，属于该个人因受雇而取得的工资、薪金所得，应在雇员实际认购股票等有价证券时，按照《中华人民共和国个人所得税法》(以下称税法)及其实施条例和其他有关规定计算缴纳个人所得税。

上述个人在认购股票等有价证券后再行转让所取得的所得，属于税法及其实施条例规定的股票等有价证券转让所得，适用有关对股票等有价证券转让所得征收个人所得税的规定。

二、关于计税方法问题

上述个人认购股票等有价证券而从雇主取得的折扣或补贴，在计算缴纳个人所得税时，因一次收入较多，全部计入当月工资、薪金所得计算缴纳个人所得税有困难的，可在报经当地主管税务机关批准后，自其实际认购股票等有价证券的当月起，在不超过 6 个月的期限内平均分月计入工资、薪金所得计算缴纳个人所得税。

三、关于申报材料问题

纳税人或扣缴义务人就上述工资、薪金所得申报缴纳或代扣代缴个人所得税时，应将纳税人认购的股票等有价证券的种类、数量、认购价格、市场价格(包括国内市场价格)等情况及有关的证明材料和计税过程一并报当地主管税务机关。

【注释】 《个人所得税法》第 6 条；引用本通知的文件包括：《国家税务总局关于个人所得税若干业务问题的批复》(国税函〔2002〕146 号)；本通知第二条审批已经被废止，具体管理方法参见《国家税务总局关于取消及下放外商投资企业和外国企业以及外籍个人若干税务行政审批项目的后续管理问题的通知》(国税发〔2004〕80 号)。

财政部 国家税务总局关于个人取得体育彩票中奖所得征免个人所得税问题的通知

财税〔1998〕12 号

各省、自治区、直辖市、计划单列市财政厅(局)、国家税务局、地方税务局：

为了有利于动员全社会力量资助和发展我国的体育事业，经研究决定，对个人购买体育彩票中奖收入的所得税政策作如下调整：凡一次中奖收入不超过1万元的，暂免征收个人所得税；超过1万元的，应按税法规定全额征收个人所得税。

本规定自1998年4月1日起执行。

【注释】《个人所得税法》第4条。

财政部 国家税务总局关于个人转让股票所得继续暂免征收个人所得税的通知

财税〔1998〕61号

为了配合企业改制，促进股票市场的稳健发展，经报国务院批准，从1997年1月1日起，对个人转让上市公司股票取得的所得继续暂免征收个人所得税。

【注释】《个人所得税法实施条例》第9条。

境外所得个人所得税征收管理暂行办法

国税发〔1998〕126号

第一条　为维护国家税收权益，加强对来源于中国境外所得的个人所得税征收管理，根据《中华人民共和国个人所得税法》(以下简称税法)及其实施条例、《中华人民共和国税收征收管理法》(以下简称征管法)及其实施细则以及有关行政法规的规定制定本办法。

第二条　本办法适用于中国境内有住所，并有来源于中国境外所得的个人纳税人(以下简称纳税人)。

第三条　纳税人来源于中国境外的各项应纳税所得(以下简称境外所得)，应依照税法和本办法的规定缴纳个人所得税。

第四条　下列所得，不论支付地点是否在中国境外，均为来源于中国境外的所得：

(一)因任职、受雇、履约等而在中国境外提供劳务取得的所得；

(二)将财产出租给承租人在中国境外使用而取得的所得；

(三)转让中国境外的建筑物、土地使用权等财产或者在中国境外转让其他财产取得的所得；

(四)许可各种特许权在中国境外使用而取得的所得；

(五)从中国境外的公司、企业以及其他经济组织或者个人取得的利息、股息、红利所得。

第五条　纳税人的境外所得，包括现金、实物和有价证券。

第六条　纳税人的境外所得，应按税法及其实施条例的规定确定应税项目，并分别计算其应纳税额。

第七条　纳税人的境外所得按照有关规定交付给派出单位的部分，凡能提供有效合同或有关凭证的，经主管税务机关审核后，允许从其境外所得中扣除。

第八条　纳税人受雇于中国境内的公司、企业和其他经济组织以及政府部门并派往境外工作，其所得由境内派出单位支付或负担的，境内派出单位为个人所得税扣缴义务人，税款由境内派出单位负责代扣代缴。其所得由境外任职、受雇的中方机构支付、负担的，可委托其境内派出(投资)机构代征税款。

上述境外任职、受雇的中方机构是指中国境内的公司、企业和其他经济组织以及政府部门所属的境外分支机构、使(领)馆、子公司、代表处等。

第九条　纳税人有下列情形的，应自行申报纳税：

(一)境外所得来源于两处以上的；

(二)取得境外所得没有扣缴义务人、代征人的(包括扣缴义务人、代征人未按规定扣缴或征缴税款的)。

第十条 中国境内的公司、企业和其他经济组织以及政府部门，凡有外派人员的，应在每一公历年度(以下简称年度)终了后30日内向主管税务机关报送外派人员情况。内容主要包括：外派人员的姓名、身份证或护照号码、职务、派往国家和地区、境外工作单位名称和地址、合同期限、境内外收入状况、境内住所及缴纳税收情况等。

第十一条 依本办法第九条规定须自行申报纳税的纳税人，应在年度终了后30日内，向中国主管税务机关申报缴纳个人所得税。如所得来源国与中国的纳税年度不一致，年度终了后30日内申报纳税有困难的，可报经中国主管税务机关批准，在所得来源国的纳税年度终了、结清税款后30日内申报纳税。

纳税人如在税法规定的纳税年度期间结束境外工作任务回国，应当在回国后的次月7日内，向主管税务机关申报缴纳个人所得税。

第十二条 纳税人兼有来源于中国境内、境外所得的，应按税法规定分别减除费用并计算纳税。

第十三条 扣缴义务人、代征人所扣(征)的税款，应当在次月7日内缴入国库，并向主管税务机关报送扣(征)缴个人所得税报告表以及税务机关要求报送的其他资料。

第十四条 纳税人在境外已缴纳的个人所得税税额，能提供境外税务机关填发的完税凭证原件的，准予按照税法及其实施条例的规定从应纳税额中抵扣。

第十五条 纳税人和扣缴义务人未按本办法规定申报缴纳、扣缴个人所得税以及未按本办法第十条规定报送资料的，主管税务机关应按征管法及有关法律、行政法规和部分规章的规定予以处罚，涉嫌犯罪的依法移送公安机关处理。

第十六条 纳税人取得的境外所得为美元、日元和港币的，按照填开完税凭证的上一月最后一日中国人民银行公布的人民币对上述三种货币的基准汇价，折合成人民币计算缴纳税款。

纳税人取得的境外所得为上述三种货币以外的其他货币的，应根据填开完税凭证的上一月最后一日美元对人民币的基准汇价和国家外汇管理局提供的同日纽约外汇市场美元对主要外币的汇价进行套算，按套算后的汇价作为折合汇率计算缴纳税款。套算公式为：

$$\text{某种货币对人民币汇价}=\frac{\text{美元对人民币的基准汇价}}{\text{纽约外汇市场美元对该种货币的汇价}}$$

第十七条 在年度终了后自行申报纳税的，对已经按月或者按次预缴税款的外国货币所得，不再重新折算；对应当补缴税款的所得部分，按照上一纳税年度最后一日中国人民银行公布的人民币对美元、日元和港币三种货币的基准汇价，折合成人民币计算应纳税所得额，如所得为三种货币以外的其他货币的，按照上一纳税年度最后一日美元对人民币的基准汇价和国家外汇管理局提供的同日纽约外汇市场美元对主要外币的汇价进行套算折合成人民币计算应纳税所得额。

第十八条 本办法所称主管税务机关是指派出单位所在地的税务机关。无派出单位的，是指纳税人离境前户籍所在地的税务机关；户籍所在地与经常居住地不一致的，是指经常居住地税务机关。

第十九条 本办法未尽事宜，按照有关税收法律、行政法规的规定执行。

第二十条 各省、自治区、直辖市地方税务局可根据本办法规定的原则，结合本地实际制定具体实施办法，并报国家税务总局备案。

第二十一条 本办法由国家税务总局负责解释。

第二十二条 本办法从1998年7月1日起执行。此前规定与本办法有抵触的，按本办法执行。

【注释】 《个人所得税法》第13条。

国家税务总局关于生活补助费范围确定问题的通知

国税发〔1998〕155号

各省、自治区、直辖市和计划单列市地方税务局：

近据一些地区反映，《中华人民共和国个人所得税法实施条例》第十四条所说的从福利费或者工会经费中支付给个人的生活补助费，由于缺乏明确的范围，在实际执行中难以具体界定，各地掌握尺度不一，须统一明确规定，以利执行。经研究，现明确如下：

一、上述所称生活补助费，是指由于某些特定事件或原因而给纳税人或其家庭的正常生活造成一定困难，其任职单位按国家规定从提留的福利费或者工会经费中向其支付的临时性生活困难补助。

二、下列收入不属于免税的福利费范围，应当并入纳税人的工资、薪金收入计征个人所得税：

（一）从超出国家规定的比例或基数计提的福利费、工会经费中支付给个人的各种补贴、补助；

（二）从福利费和工会经费中支付给单位职工的人人有份的补贴、补助；

（三）单位为个人购买汽车、住房、电子计算机等不属于临时性生活困难补助性质的支出。

三、以上规定从1998年11月1日起执行。

【注释】《个人所得税法实施条例》第14条。

国家税务总局关于盈余公积金转增注册资本征收个人所得税问题的批复

国税函发〔1998〕333号

青岛市地方税务局：

你局《关于青岛路邦石油化工有限公司公积金转增资本缴纳个人所得税问题的请示》（青地税四字〔1998〕12号）收悉。经研究，现批复如下：

青岛路邦石油化工有限公司将从税后利润中提取的法定公积金和任意公积金转增注册资本，实际上是该公司将盈余公积金向股东分配了股息、红利，股东再以分得的股息、红利增加注册资本。因此，依据《国家税务总局关于股份制企业转增股本和派发红股征免个人所得税的通知》（国税发〔1997〕198号）精神，对属于个人股东分得再投入公司（转增注册资本）的部分应按照"利息、股息、红利所得"项目征收个人所得税，税款由股份有限公司在有关部门批准增资、公司股东会决议通过后代扣代缴。

【注释】《个人所得税法实施条例》第8条。

国家税务总局关于未分配的投资者收益和个人人寿保险收入征收个人所得税问题的批复

国税函发〔1998〕546号

河北省地方税务局：

你局《河北省地方税务局关于对未分配的投资者收益和个人人寿保险收入征收个人所得税问题的请示》（冀地税发〔1998〕51号）收悉，经研究，现批复如下：

一、你省廊坊市香河东华纸制品有限公司为中方个人共同投资与日方组建的中外合资企业。该公司协议规定，投资各方按其出资额在注册资本中的比例分享利润。根据有关规定，实现的利润作必要留存后应进行分配，而该公司自1994年开业以来一直未在账面进行利润分配，却将税后利润用于兴建厂房、个人宿舍、购买汽车和其他消费。根据以上情况和个人所得税的收入实现原则，应认定该公司的税后利润已在中方投资者之间进行了分配，中方个人投资者按投资比例分得的部分，须根据《中华人民共和国个人所得税法》的规定，按照"利息、股息、红利所得"应税项目缴纳个人所得税，税款由廊坊市香河东华纸制品有限公司代扣代缴。请你局通知主管税务机关督促代扣代缴义务人认真履行代扣代缴个人所得税义务。

二、对保险公司按投保金额，以银行同期储蓄存款利率支付给在保期内未出险的人寿保险保户的利息

(或以其他名义支付的类似收入),按"其他所得"应税项目征收个人所得税,税款由支付利息的保险公司代扣代缴。

【注释】 《个人所得税法》第 2 条;《个人所得税法实施条例》第 8 条。

国家税务总局关于社会力量办学征收个人所得税问题的批复

国税函发〔1998〕738 号

安徽省地方税务局:

你局《关于对社会力量办学征收个人所得税问题的请示》(皖地税〔1998〕350 号)收悉。文中反映,自 1997 年 10 月 1 日《社会力量办学条例》(国务院令 226 号)施行以来,由于该条例规定有"社会力量举办教育机构不得以营利为目的,教育机构的积累只能用于增加教育投入和改善办学条件,不得用于分配和校外投资"等内容,引起个人办学者、税务机关就是否缴纳个人所得税问题产生争议。对此问题,经研究,现批复如下:

《中华人民共和国个人所得税法》及其实施条例规定,对于个人经政府有关部门批准,取得执照,从事办学取得的所得,应按"个体工商户的生产、经营所得"应税项目计征个人所得税。据此,对于个人办学者取得的办学所得用于个人消费的部分,应依法计征个人所得税。

【注释】 《个人所得税法实施条例》第 8 条。

国家税务总局关于个人所得税有关政策问题的通知

国税发〔1999〕58 号

各省、自治区、直辖市和计划单列市地方税务局:

近接一些地区请示,要求对个人所得税有关政策做出规定。经研究,现明确如下:

一、关于企业减员增效和行政、事业单位、社会团体在机构改革过程中实行内部退养办法人员取得收入征税问题

实行内部退养的个人在其办理内部退养手续后至法定离退休年龄之间从原任职单位取得的工资、薪金,不属于离退休工资,应按"工资、薪金所得"项目计征个人所得税。

个人在办理内部退养手续后从原任职单位取得的一次性收入,应按办理内部退养手续后至法定离退休年龄之间的所属月份进行平均,并与领取当月的"工资、薪金"所得合并后减除当月费用扣除标准,以余额为基数确定适用税率,再将当月工资、薪金加上取得的一次性收入,减去费用扣除标准,按适用税率计征个人所得税。

个人在办理内部退养手续后至法定离退休年龄之间重新就业取得的"工资、薪金"所得,应与其从原任职单位取得的同一月份的"工资、薪金"所得合并,并依法自行向主管税务机关申报缴纳个人所得税。

二、关于个人取得公务交通、通讯补贴收入征税问题

个人因公务用车和通讯制度改革而取得的公务用车、通讯补贴收入,扣除一定标准的公务费用后,按照"工资、薪金"所得项目计征个人所得税。按月发放的,并入当月"工资、薪金"所得计征个人所得税;不按月发放的,分解到所属月份并与该月份"工资、薪金"所得合并后计征个人所得税。

公务费用的扣除标准,由省级地方税务局根据纳税人公务交通、通讯费用的实际发生情况调查测算,报经省级人民政府批准后确定,并报国家税务总局备案。

三、关于个人取得无赔款优待收入征税问题

对于个人因任职单位缴纳有关保险费用而取得的无赔款优待收入，按照“其他所得”应税项目计征个人所得税。

对于个人自己缴纳有关商业保险费（保费全部返还个人的保险除外）而取得的无赔款优待收入，不作为个人的应纳税收入，不征收个人所得税。

【注释】《个人所得税法实施条例》第 8 条。

国家税务总局关于个人因解除劳动合同取得经济补偿金征收个人所得税问题的通知

国税发〔1999〕178 号

各省、自治区、直辖市和计划单列市地方税务局：

近接一些地区请示，要求对企业在改组、改制或减员增效过程中解除职工的劳动合同而支付给被解聘职工的一次性经济补偿金征收个人所得税政策问题加以明确。经研究，现规定如下：

一、对于个人因解除劳动合同而取得一次性经济补偿收入，应按“工资、薪金所得”项目计征个人所得税。

二、考虑到个人取得的一次性经济补偿收入数额较大，而且被解聘的人员可能在一段时间内没有固定收入，因此，对于个人取得的一次性经济补偿收入，可视为一次取得数月的工资、薪金收入，允许在一定期限内进行平均。具体平均办法为：以个人取得的一次性经济补偿收入，除以个人在本企业的工作年限数，以其商数作为个人的月工资、薪金收入，按照税法规定计算缴纳个人所得税。个人在本企业的工作年限数按实际工作年限数计算，超过 12 年的按 12 计算。

三、按照上述方法计算的个人一次性经济补偿收入应纳的个人所得税税款，由支付单位在支付时一次性代扣，并于次月 7 日内缴入国库。

四、个人按国家和地方政府规定比例实际缴纳的住房公积金、医疗保险金、基本养老保险金、失业保险基金在计税时应予以扣除。

五、个人在解除劳动合同后又再次任职、受雇的，对个人已缴纳个人所得税的一次性经济补偿收入，不再与再次任职、受雇的工资、薪金所得合并计算补缴个人所得税。

六、本通知自 1999 年 10 月 1 日起执行，此前规定与本通知规定不一致的，按本通知执行。

【注释】《个人所得税法》第 6 条。

国家税务总局关于远洋运输船员工资薪金所得个人所得税费用扣除问题的通知

国税发〔1999〕202 号

各省、自治区、直辖市和计划单列市地方税务局：

近据反映，各地在对远洋运输船员（含国轮船员和外派船员，下同）工资、薪金所得征收个人所得税时，费用扣除标准掌握不一。为了统一个人所得税政策，维护税法的统一性，经研究，现进一步明确如下：

一、根据《中华人民共和国个人所得税法》及其实施条例的规定，对远洋运输船员取得的工资、薪金所得采取按年计算、分月预缴的方式计征个人所得税。

二、考虑到远洋运输具有跨国流动的特性，因此，对远洋运输船员每月的工资、薪金收入在统一扣除 800 元费用的基础上，准予再扣除税法规定的附加减除费用标准。

三、由于船员的伙食费统一用于集体用餐，不发给个人，故特案允许该项补贴不计入船员个人的应纳税工资、薪金收入。

本通知自2000年1月1日起执行。

【注释】《个人所得税法》第6条；《个人所得税法实施条例》第40条。

国家税务总局关于在中国境内无住所个人取得不在华履行职务的月份奖金确定纳税义务问题的通知

国税函〔1999〕245号

各省、自治区、直辖市和计划单列市国家税务局、地方税务局：

关于在中国境内无住所个人一次取得数月奖金中属于来华工作以前月份或离职离华后月份的奖金，不判定为来源于中国境内所得，因而不负有中国纳税义务的问题，总局曾以《国家税务总局关于三井物产（株）大连事务所外籍雇员取得数月奖金确定纳税义务问题的批复》（国税函〔1997〕546号）做出规定。近据反映，一些在中国境内无住所的个人虽然担任中国境内机构职务，但由于在境外企业仍兼任其他职务，因此并不实际或并不经常在中国境内履行职务，其一次取得数月奖金中含有不在华履行职务月份的奖金。现对此种情况如何确定纳税义务的问题明确如下：

在中国境内无住所的个人在担任境外企业职务的同时，兼任该外国企业在华机构的职务，但并不实际或并不经常到华履行该在华机构职务，对其一次取得的数月奖金中属于全月未在华工作的月份奖金，依照劳动发生地原则，可不作为来源于中国境内的奖金收入计算纳税；对其取得的有到华工作天数的各月份奖金，应全额依照《国家税务总局关于在中国境内无住所的个人取得奖金征税问题的通知》（国税发〔1996〕183号）规定的方法计算纳税，不再按该月份实际在华天数划分计算应纳税额。

本通知自从发文之日起执行。

【注释】《个人所得税法》第6条。

财政部 国家税务总局关于住房公积金医疗保险金基本养老保险金失业保险基金个人账户存款利息所得免征个人所得税的通知

财税〔1999〕267号

各省、自治区、直辖市和计划单列市财政厅（局）、国家税务局、地方税务局：

根据国务院《对储蓄存款利息所得征收个人所得税的实施办法》第五条“对个人取得的教育储蓄存款利息所得以及国务院财政部门确定的其他专项储蓄存款或者储蓄性专项基金存款的利息所得，免征个人所得税”的规定，为了保证和支持社会保障制度和住房制度改革的顺利实施，现明确按照国家或省级地方政府规定的比例缴付的下列专项基金或资金存入银行个人账户所取得的利息收入免征个人所得税：

一、住房公积金；

二、医疗保险金；

三、基本养老保险金；

四、失业保险基金。

【注释】《个人所得税法实施条例》第25条。

国家税务总局关于外国企业的董事在中国境内兼任职务有关税收问题的通知

国税函〔1999〕284 号

各省、自治区、直辖市和计划单列市国家税务局，地方税务局：

近来，一些地方反映，有些外国企业的董事（长）或合伙人（在中国境内无住所的个人，下同）在中国境内该企业设立的机构、场所担任职务，应取得工资、薪金所得，但其申报仅以董事费名义或分红形式取得收入。现就对其应如何征收个人所得税的问题明确如下：

外国企业的董事或合伙人担任该企业设立在中国境内的机构、场所的职务，或者名义上不担任该机构、场所的职务，但实际上从事日常经营、管理工作，其在中国境内从事上述工作取得的工资、薪金所得，属于来源于中国境内的所得，应按照《中华人民共和国个人所得税法》及其实施条例和其他有关规定计算缴纳个人所得税。上述个人凡未申报或未如实申报其工资、薪金所得的，可比照《国家税务总局关于外商投资企业的董事担任直接管理职务征收个人所得税问题的通知》（国税发〔1996〕214 号）第二条和第三条的规定核定其应取得的工资、薪金所得，并作为该中国境内机构、场所应负担的工资薪金确定纳税义务，计算应纳税额。

【注释】 《个人所得税法实施条例》第 5 条。

国家税务总局关于明确残疾人所得征免个人所得税范围的批复

国税函〔1999〕329 号

河南省地方税务局：

你局《关于如何确定残疾人所得征免个人所得税的范围的请示》（豫地税函〔1999〕067 号）收悉。经研究，现批复如下：

根据《中华人民共和国个人所得税法》（以下简称税法）第五条第一款及其实施条例第十六条的规定，经省级人民政府批准可减征个人所得税的残疾、孤老人员和烈属的所得仅限于劳动所得，具体所得项目为：工资、薪金所得；个体工商户的生产经营所得；对企事业单位的承包经营、承租经营所得；劳务报酬所得；稿酬所得；特许权使用费所得。

税法第二条所列的其他各项所得，不属减征照顾的范围。

【注释】 《个人所得税法》第 5 条；《个人所得税法实施条例》第 16 条。

财政部 国家税务总局建设部关于个人出售住房所得征收个人所得税有关问题的通知

财税〔1999〕278 号

各省、自治区、直辖市、计划单列市财政厅（局）、国家税务局、地方税务局、建委（建设厅），各直辖市房地局：

为促进我国居民住宅市场的健康发展，经国务院批准，现就个人出售住房所得征收个人所得税的有关问题通知如下：

一、根据个人所得税法的规定，个人出售自有住房取得的所得应按照“财产转让所得”项目征收个人所得税。

二、个人出售自有住房的应纳税所得额，按下列原则确定：

（一）个人出售除已购公有住房以外的其他自有住房，其应纳税所得额按照个人所得税法的有关规定确定。

（二）个人出售已购公有住房，其应纳税所得额为个人出售已购公有住房的销售价，减除住房面积标准的经济适用住房价款、原支付超过住房面积标准的房价款、向财政或原产权单位缴纳的所得收益以及税法规定的合理费用后的余额。

已购公有住房是指城镇职工根据国家和县级（含县级）以上人民政府有关城镇住房制度改革政策规定，按照成本价（或标准价）购买的公有住房。

经济适用住房价格按县级（含县级）以上地方人民政府规定的标准确定。

（三）职工以成本价（或标准价）出资的集资合作建房、安居工程住房、经济适用住房以及拆迁安置住房，比照已购公有住房确定应纳税所得额。

三、为鼓励个人换购住房，对出售自有住房并拟在现住房出售后1年内按市场价重新购房的纳税人，其出售现住房所应缴纳的个人所得税，视其重新购房的价值可全部或部分予以免除。具体办法为：

（一）个人出售现住房所应缴纳的个人所得税税款，应在办理产权过户手续前，以纳税保证金形式向当地主管税务机关缴纳。税务机关在收取纳税保证金时，应向纳税人正式开具“中华人民共和国纳税保证金收据”，并纳入专户存储。

（二）个人出售现住房后1年内重新购房的，按照购房金额大小相应退还纳税保证金。购房金额大于或等于原住房销售额（原住房为已购公有住房的，原住房销售额应扣除已按规定向财政或原产权单位缴纳的所得收益，下同）的，全部退还纳税保证金；购房金额小于原住房销售额的，按照购房金额占原住房销售额的比例退还纳税保证金，余额作为个人所得税缴入国库。

（三）个人出售现住房后1年内未重新购房的，所缴纳的纳税保证金全部作为个人所得税缴入国库。

（四）个人在申请退还纳税保证金时，应向主管税务机关提供合法、有效的售房、购房合同和主管税务机关要求提供的其他有关证明材料，经主管税务机关审核确认后方可办理纳税保证金退还手续。

（五）跨行政区域售、购住房又符合退还纳税保证金条件的个人，应向纳税保证金缴纳地主管税务机关申请退还纳税保证金。

四、对个人转让自用5年以上、并且是家庭唯一生活用房取得的所得，继续免征个人所得税。

五、为了确保有关住房转让的个人所得税政策得到全面、正确的实施，各级房地产交易管理部门应与税务机关加强协作、配合，主管税务机关需要有关地区房地产交易情况的，房地产交易管理部门应及时提供。

国家税务总局关于企业改组改制过程中个人取得的量化资产征收个人所得税问题的通知

国税发〔2000〕60号

各省、自治区、直辖市和计划单列市地方税务局：

根据国家有关规定，允许集体所有制企业在改制为股份合作制企业时可以将有关资产量化给职工个人。为了支持企业改组改制的顺利进行，对于企业在这一改革过程中个人取得量化资产的有关个人所得税问题，现明确如下：

一、对职工个人以股份形式取得的仅作为分红依据，不拥有所有权的企业量化资产，不征收个人所得税。

二、对职工个人以股份形式取得的拥有所有权的企业量化资产，暂缓征收个人所得税；待个人将股份转让时，就其转让收入额，减除个人取得该股份时实际支付的费用支出和合理转让费用后的余额，按“财产转让所得”项目计征个人所得税。

三、对职工个人以股份形式取得的企业量化资产参与企业分配而获得的股息、红利，应按“利息、股息、红利”项目征收个人所得税。

【注释】《个人所得税法》第4条。引用本通知的文件包括:《国家税务总局关于联想集团改制员工取得的用于购买企业国有股权的劳动分红征收个人所得税问题的批复》(国税函〔2001〕832号)。

国家税务总局关于国有企业职工因解除劳动合同取得一次性补偿收入征免个人所得税问题的通知

国税发〔2000〕77号

各省、自治区、直辖市和计划单列市地方税务局:

为支持国有企业改革的顺利进行,妥善安置企业职工,保持社会稳定,现对国有企业职工因解除劳动合同而取得的一次性补偿收入征免个人所得税的问题明确如下:

一、对国有企业职工,因企业依照《中华人民共和国企业破产法(试行)》宣告破产,从破产企业取得的一次性安置费收入,免予征收个人所得税。

二、除上述第一条的规定外,国有企业职工与企业解除劳动合同取得的一次性补偿收入,在当地上年企业职工年平均工资的3倍数额内,可免征个人所得税。具体免征标准由各省、自治区、直辖市和计划单列市地方税务局规定。超过该标准的一次性补偿收入,应按照《国家税务总局关于个人因解除劳动合同取得经济补偿金征收个人所得税问题的通知》(国税发〔1999〕178号)的有关规定,全额计算征收个人所得税。

三、本通知自2000年6月1日起执行。此前规定与本通知规定不一致的,按本通知执行。

【注释】《个人所得税法》第6条。

关于个人独资企业和合伙企业投资者征收个人所得税的规定

财税〔2000〕91号

第一条　为了贯彻落实《国务院关于个人独资企业和合伙企业征收所得税问题的通知》精神,根据《中华人民共和国个人所得税法》及其实施条例、《中华人民共和国税收征收管理法》及其实施细则的有关规定,特制定本规定。

第二条　本规定所称个人独资企业和合伙企业是指:

(一)依照《中华人民共和国个人独资企业法》和《中华人民共和国合伙企业法》登记成立的个人独资企业、合伙企业;

(二)依照《中华人民共和国私营企业暂行条例》登记成立的独资、合伙性质的私营企业;

(三)依照《中华人民共和国律师法》登记成立的合伙制律师事务所;

(四)经政府有关部门依照法律法规批准成立的负无限责任和无限连带责任的其他个人独资、个人合伙性质的机构或组织。

第三条　个人独资企业以投资者为纳税义务人,合伙企业以每一个合伙人为纳税义务人(以下简称投资者)。

第四条　个人独资企业和合伙企业(以下简称企业)每一纳税年度的收入总额减除成本、费用以及损失后的余额,作为投资者个人的生产经营所得,比照个人所得税法的"个体工商户的生产经营所得"应税项目,适用5%～35%的五级超额累进税率,计算征收个人所得税。

前款所称收入总额,是指企业从事生产经营以及与生产经营有关的活动所取得的各项收入,包括商品(产品)销售收入、营运收入、劳务服务收入、工程价款收入、财产出租或转让收入、利息收入、其他业务收入和营业外收入。

第五条 个人独资企业的投资者以全部生产经营所得为应纳税所得额；合伙企业的投资者按照合伙企业的全部生产经营所得和合伙协议约定的分配比例确定应纳税所得额，合伙协议没有约定分配比例的，以全部生产经营所得和合伙人数量平均计算每个投资者的应纳税所得额。

前款所称生产经营所得，包括企业分配给投资者个人的所得和企业当年留存的所得(利润)。

第六条 凡实行查账征税办法的，生产经营所得比照《个体工商户个人所得税计税办法(试行)》(国税发〔1997〕43号)的规定确定。但下列项目的扣除依照本办法的规定执行：

(一)投资者的费用扣除标准，由各省、自治区、直辖市地方税务局参照个人所得税法"工资、薪金所得"项目的费用扣除标准确定。投资者的工资不得在税前扣除。

(二)企业从业人员的工资支出按标准在税前扣除，具体标准由各省、自治区、直辖市地方税务局参照企业所得税计税工资标准确定。

(三)投资者及其家庭发生的生活费用不允许在税前扣除。投资者及其家庭发生的生活费用与企业生产经营费用混合在一起，并且难以划分的，全部视为投资者个人及其家庭发生的生活费用，不允许在税前扣除。

(四)企业生产经营和投资者及其家庭生活共用的固定资产，难以划分的，由主管税务机关根据企业的生产经营类型、规模等具体情况，核定准予在税前扣除的折旧费用的数额或比例。

(五)企业实际发生的工会经费、职工福利费、职工教育经费分别在其计税工资总额的2%、14%、1.5%的标准内据实扣除。

(六)企业每一纳税年度发生的广告和业务宣传费用不超过当年销售(营业)收入2%的部分，可据实扣除；超过部分可无限期向以后纳税年度结转。

(七)企业每一纳税年度发生的与其生产经营业务直接相关的业务招待费，在以下规定比例范围内，可据实扣除：全年销售(营业)收入净额在1500万元及其以下的，不超过销售(营业)收入净额的5‰；全年销售(营业)收入净额超过1500万元的，不超过该部分的3‰。

(八)企业计提的各种准备金不得扣除。

第七条 有下列情形之一的，主管税务机关应采取核定征收方式征收个人所得税：

(一)企业依照国家有关规定应当设置但未设置账簿的；

(二)企业虽设置账簿，但账目混乱或者成本资料、收入凭证、费用凭证残缺不全，难以查账的；

(三)纳税人发生纳税义务，未按照规定的期限办理纳税申报，经税务机关责令限期申报，逾期仍不申报的。

第八条 第七条所说核定征收方式，包括定额征收、核定应税所得率征收以及其他合理的征收方式。

第九条 实行核定应税所得率征收方式的，应纳所得税额的计算公式如下：

应纳所得税额＝应纳税所得额×适用税率

应纳所得税额＝收入总额×应税所得率

或 ＝成本费用支出额÷(1－应税所得率)×应税所得率

应税所得率应按下表规定的标准执行：

应税所得率表

行　　业	应税所得率(%)
工业、交通运输业、商业	5～20
建筑业、房地产开发业	7～20
饮食服务业	7～25
娱乐业	20～40
其他行业	10～30

企业经营多业的,无论其经营项目是否单独核算,均应根据其主营项目确定其适用的应税所得率。

第十条　实行核定征税的投资者,不能享受个人所得税的优惠政策。

第十一条　企业与其关联企业之间的业务往来,应当按照独立企业之间的业务往来收取或者支付价款、费用。不按照独立企业之间的业务往来收取或者支付价款、费用,而减少其应纳税所得额的,主管税务机关有权进行合理调整。

前款所称关联企业,其认定条件及税务机关调整其价款、费用的方法,按照《中华人民共和国税收征收管理法》及其实施细则的有关规定执行。

第十二条　投资者兴办两个或两个以上企业的(包括参与兴办,下同),年度终了时,应汇总从所有企业取得的应纳税所得额,据此确定适用税率并计算缴纳应纳税款。

第十三条　投资者兴办两个或两个以上企业的,根据本规定第六条第一款规定准予扣除的个人费用,由投资者选择在其中一个企业的生产经营所得中扣除。

第十四条　企业的年度亏损,允许用本企业下一年度的生产经营所得弥补,下一年度所得不足弥补的,允许逐年延续弥补,但最长不得超过 5 年。

投资者兴办两个或两个以上企业的,企业的年度经营亏损不能跨企业弥补。

第十五条　投资者来源于中国境外的生产经营所得,已在境外缴纳所得税的,可以按照个人所得税法的有关规定计算扣除已在境外缴纳的所得税。

第十六条　企业进行清算时,投资者应当在注销工商登记之前,向主管税务机关结清有关税务事宜。企业的清算所得应当视为年度生产经营所得,由投资者依法缴纳个人所得税。

前款所称清算所得,是指企业清算时的全部资产或者财产的公允价值扣除各项清算费用、损失、负债、以前年度留存的利润后,超过实缴资本的部分。

第十七条　投资者应纳的个人所得税税款,按年计算,分月或者分季预缴,由投资者在每月或者每季度终了后 7 日内预缴,年度终了后 3 个月内汇算清缴,多退少补。

第十八条　企业在年度中间合并、分立、终止时,投资者应当在停止生产经营之日起 60 日内,向主管税务机关办理当期个人所得税汇算清缴。

第十九条　企业在纳税年度的中间开业,或者由于合并、关闭等原因,使该纳税年度的实际经营期不足 12 个月的,应当以其实际经营期为一个纳税年度。

第二十条　投资者应向企业实际经营管理所在地主管税务机关申报缴纳个人所得税。投资者从合伙企业取得的生产经营所得,由合伙企业向企业实际经营管理所在地主管税务机关申报缴纳投资者应纳的个人所得税,并将个人所得税申报表抄送投资者。

投资者兴办两个或两个以上企业的,应分别向企业实际经营管理所在地主管税务机关预缴税款。年度终了后办理汇算清缴时,区别不同情况分别处理:

(一)投资者兴办的企业全部是个人独资性质的,分别向各企业的实际经营管理所在地主管税务机关办理年度纳税申报,并依所有企业的经营所得总额确定适用税率,以本企业的经营所得为基础,计算应缴税款,办理汇算清缴;

(二)投资者兴办的企业中含有合伙性质的,投资者应向经常居住地主管税务机关申报纳税,办理汇算清缴,但经常居住地与其兴办企业的经营管理所在地不一致的,应选定其参与兴办的某一合伙企业的经营管理所在地为办理年度汇算清缴所在地,并在 5 年内不得变更。5 年后需要变更的,须经原主管税务机关批准。

第二十一条　投资者在预缴个人所得税时,应向主管税务机关报送《个人独资企业和合伙企业投资者个人所得税申报表》,并附送会计报表。

年度终了后 30 日内,投资者应向主管税务机关报送《个人独资企业和合伙企业投资者个人所得税申报表》,并附送年度会计决算报表和预缴个人所得税纳税凭证。

投资者兴办两个或两个以上企业的,向企业实际经营管理所在地主管税务机关办理年度纳税申报时,应附注从其他企业取得的年度应纳税所得额;其中含有合伙企业的,应报送汇总从所有企业取得的所得情况的《合伙企业投资者个人所得税汇总申报表》,同时附送所有企业的年度会计决算报表和当年度已缴个人所得税纳税凭证。

第二十二条 投资者的个人所得税征收管理工作由地方税务局负责。

第二十三条 投资者的个人所得税征收管理的其他事项，依照《中华人民共和国税收征收管理法》、《中华人民共和国个人所得税法》的有关规定执行。

第二十四条 本规定由国家税务总局负责解释。各省、自治区、直辖市地方税务局可以根据本规定规定的原则，结合本地实际，制定具体实施办法。

第二十五条 本规定从2000年1月1日起执行。

【注释】 《个人所得税法》第13条。

财政部 国家税务总局关于对老年服务机构有关税收政策问题的通知

财税〔2000〕97号

各省、自治区、直辖市、计划单列市财政厅(局)、国家税务局、地方税务局：

为贯彻中共中央、国务院《关于加强老龄工作的决定》(中发〔2000〕13号)精神，现对政府部门和社会力量兴办的老年服务机构有关税收政策问题通知如下：

一、对政府部门和企事业单位、社会团体以及个人等社会力量投资兴办的福利性、非营利性的老年服务机构，暂免征收企业所得税，以及老年服务机构自用房产、土地、车船的房产税、城镇土地使用税、车船使用税。

二、对企事业单位、社会团体和个人等社会力量，通过非营利性的社会团体和政府部门向福利性、非营利性的老年服务机构的捐赠，在缴纳企业所得税和个人所得税前准予全额扣除。

三、本通知所称老年服务机构，是指专门为老年人提供生活照料、文化、护理、健身等多方面服务的福利性、非营利性的机构，主要包括：老年社会福利院、敬老院(养老院)、老年服务中心、老年公寓(含老年护理院、康复中心、托老所)等。

本通知自2000年10月1日起执行。

【注释】 《个人所得税法实施条例》第24条。

财政部 国家税务总局关于调整住房租赁市场税收政策的通知

财税〔2000〕125号

各省、自治区、直辖市、计划单列市财政厅(局)，国家税务局，地方税务局，新疆生产建设兵团：

为了配合国家住房制度改革，支持住房租赁市场的健康发展，经国务院批准，现对住房租赁市场有关税收政策问题通知如下：

一、对按政府规定价格出租的公有住房和廉租住房，包括企业和自收自支事业单位向职工出租的单位自有住房；房管部门向居民出租的公有住房；落实私房政策中带户发还产权并以政府规定租金标准向居民出租的私有住房等，暂免征收房产税、营业税。

二、对个人按市场价格出租的居民住房，其应缴纳的营业税暂减按3%的税率征收，房产税暂减按4%的税率征收。

三、对个人出租房屋取得的所得暂减按10%的税率征收个人所得税。

本通知自2001年1月1日起执行。凡与本通知规定不符的税收政策，一律改按本通知的规定执行。

【注释】 《个人所得税法》第3条。

国家税务总局关于律师事务所从业人员取得收入征收个人所得税有关业务问题的通知

国税发〔2000〕149 号

各省、自治区、直辖市和计划单列市地方税务局：

为了规范和加强律师事务所从业人员个人所得税的征收管理，现将有关问题明确如下：

一、律师个人出资兴办的独资和合伙性质的律师事务所的年度经营所得，从 2000 年 1 月 1 日起，停止征收企业所得税，作为出资律师的个人经营所得，按照有关规定，比照"个体工商户的生产、经营所得"应税项目征收个人所得税。在计算其经营所得时，出资律师本人的工资、薪金不得扣除。

二、合伙制律师事务所应将年度经营所得全额作为基数，按出资比例或者事先约定的比例计算各合伙人应分配的所得，据以征收个人所得税。

三、律师个人出资兴办的律师事务所，凡有《中华人民共和国税收征收管理法》第二十三条所列情形之一的，主管税务机关有权核定出资律师个人的应纳税额。

四、律师事务所支付给雇员（包括律师及行政辅助人员，但不包括律师事务所的投资者，下同）的所得，按"工资、薪金所得"应税项目征收个人所得税。

五、作为律师事务所雇员的律师与律师事务所按规定的比例对收入分成，律师事务所不负担律师办理案件支出的费用（如交通费、资料费、通讯费及聘请人员等费用），律师当月的分成收入按本条第二款的规定扣除办理案件支出的费用后，余额与律师事务所发给的工资合并，按"工资、薪金所得"应税项目计征个人所得税。

律师从其分成收入中扣除办理案件支出费用的标准，由各省级地方税务局根据当地律师办理案件费用支出的一般情况、律师与律师事务所之间的收入分成比例及其他相关参考因素，在律师当月分成收入的 30％比例内确定。（本条中的"30％"已经被国家税务总局公告 2012 年第 53 号修改为"35％"。）

六、兼职律师从律师事务所取得工资、薪金性质的所得，律师事务所在代扣代缴其个人所得税时，不再减除个人所得税法规定的费用扣除标准，以收入全额（取得分成收入的为扣除办理案件支出费用后的余额）直接确定适用税率，计算扣缴个人所得税。兼职律师应于次月 7 日内自行向主管税务机关申报两处或两处以上取得的工资、薪金所得，合并计算缴纳个人所得税。

兼职律师是指取得律师资格和律师执业证书，不脱离本职工作从事律师职业的人员。

七、律师以个人名义再聘请其他人员为其工作而支付的报酬，应由该律师按"劳务报酬所得"应税项目负责代扣代缴个人所得税。为了便于操作，税款可由其任职的律师事务所代为缴入国库。

（第八条被国家税务总局公告 2012 年第 53 号废止）

九、律师事务所从业人员个人所得税的征收管理，按照《中华人民共和国个人所得税法》及其实施条例、《中华人民共和国税收征收管理法》及其实施细则和《个人所得税代扣代缴暂行办法》、《个人所得税自行申报纳税暂行办法》等有关法律、法规、规章的规定执行。

十、本通知第一条、第二条、第三条自 2000 年 1 月 1 日起执行，其余自 2000 年 9 月 1 日起执行。各地可根据本通知的规定精神，结合本地实际，制定具体的征管办法。

【注释】《个人所得税法实施条例》第 8 条；《国家税务总局关于律师事务所从业人员有关个人所得税问题的公告》（国家税务总局公告 2012 年第 53 号）。

国家税务总局关于在中国境内无住所个人以有价证券形式——取得工资薪金所得确定纳税义务有关问题的通知

国税函〔2000〕190 号

各省、自治区、直辖市和计划单列市地方税务局：

接一些地区询问，在中国境内无住所的个人先后在一家公司（集团）内的境内、外机构场所（或成员企业）中工作，其在华工作期间以折扣认购股票等有价证券形式取得属于来华之前的工资薪金所得，以及离华后以此形式取得属于在华工作期间的工资薪金所得，如何按照《国家税务总局关于个人认购股票等有价证券而从雇主取得折扣或补贴收入有关征收个人所得税问题的通知》（国税发〔1998〕009 号）的规定征收个人所得税。对此，现明确如下：

根据《中华人民共和国个人所得税法》及其实施条例、政府间税收协定和有关税收规定，在中国境内无住所的个人在华工作期间或离华后以折扣认购股票等有价证券形式取得工资薪金所得，仍应依照劳务发生地原则判定其来源地及纳税义务。上述个人来华后以折扣认购股票等形式收到的工资薪金性质所得，凡能够提供雇佣单位有关工资制度及折扣认购有价证券办法，证明上述所得含有属于该个人来华之前工作所得的，可仅就其中属于在华工作期间的所得征收个人所得税。与此相应，上述个人停止在华履约或执行职务离境后收到的属于在华工作期间的所得，也应确定为来源于我国的所得，但该项工资薪金性质所得未在中国境内的企业或机构、场所负担的，可免予扣缴个人所得税。

【注释】 《个人所得税法实施条例》第 7 条。

国家税务总局关于行政机关、事业单位工资发放方式改革后扣缴个人所得税问题的通知

国税发〔2001〕19 号

根据目前国家对行政机关、事业单位工资发放方式改为由财政部门（或机关事务管理、人事等部门）统一集中发放的实际情况，为了避免扣缴税款的职责不清而导致税款流失，现将行政机关、事业单位工资发放方式改革后扣缴个人所得税问题明确如下：

一、行政机关、事业单位改革工资发放方式后，随着支付工资所得单位的变化，其扣缴义务人也有所变化。根据《中华人民共和国个人所得税法》第八条的规定，凡是有向个人支付工薪所得行为的财政部门（或机关事务管理、人事等部门）、行政机关、事业单位均为个人所得税的扣缴义务人。

二、财政部门（或机关事务管理、人事等部门）向行政机关、事业单位工作人员发放工资时应依法代扣代缴个人所得税。行政机关、事业单位再向个人支付与任职、受雇有关的其他所得时，应将个人的这部分所得与财政部门（或机关事务管理、人事等部门）发放的工资合并计算应纳税所得额和应纳税额，并就应纳税额与财政部门（或机关事务管理、人事等部门）已扣缴税款的差额部分代扣代缴个人所得税。

三、各地要结合此次行政机关、事业单位工资发放方式的改革，全面办理扣缴登记，准确掌握本地行政机关、事业单位和财政部门（或机关事务管理、人事等部门）的户数，并对所有行政机关、事业单位、财政部门（或机关事务管理、人事等部门）扣缴个人所得税情况认真进行管理和检查，针对存在问题，研究制定进一步加强行政机关、事业单位工薪所得扣缴个人所得税征管工作的措施。

【注释】 《个人所得税法》第 8 条。

财政部 国家税务总局关于企业等社会力量向红十字事业捐赠有关问题的通知

财税〔2001〕28 号

各省、自治区、直辖市、计划单列市财政厅（局）、国家税务局、地方税务局、红十字会：

为鼓励企业等社会力量向红十字事业的捐赠，财政部、国家税务总局联合下发了《关于企业等社会力量向红十字事业捐赠有关所得税政策问题的通知》（财税〔2000〕30 号）。为更好地贯彻落实此项政策，现就有

关问题通知如下：

一、关于“红十字事业”的认定

县级以上（含县级）红十字会，按照《中华人民共和国红十字会法》和《中国红十字会章程》所赋予的职责开展的相关活动为“红十字事业”。具体有以下十项：

（一）红十字会为开展救灾工作兴建和管理备灾救灾设施；自然灾害和突发事件中，红十字会开展的救护和救助活动。

（二）红十字会开展的卫生救护和防病知识的宣传普及；对易发生意外伤害的行业和人群开展的初级卫生救护培训，以及意外伤害、自然灾害的现场救护。

（三）无偿献血的宣传、发动及表彰工作。

（四）中国造血干细胞捐赠者资料库（中华骨髓库）的建设与管理，以及其他有关人道主义服务工作。

（五）各级红十字会兴办的符合红十字会宗旨的社会福利事业；红十字会的人员培训、机关建设等。

（六）红十字青少年工作及其开展的活动。

（七）国际人道主义救援工作。

（八）依法开展的募捐活动。

（九）宣传国际人道主义法、红十字与红新月运动基本原则和《中华人民共和国红十字会法》。

（十）县级以上（含县级）人民政府委托红十字会办理的其他“红十字事业”。

二、对受赠者和转赠者资格的认定

鉴于现阶段各级地方红十字会机构管理体制多元化的情况，为使接受的捐赠真正用于发展红十字事业，维护国家正常的税收秩序，对受赠者、转赠者的资格认定为：

（一）完全具有受赠者、转赠者资格的红十字会

县级以上（含县级）红十字会的管理体制及办事机构、编制经同级编制部门核定，由同级政府领导联系者为完全具有受赠者、转赠者资格的红十字会。捐赠给这些红十字会及其“红十字事业”，捐赠者准予享受在计算缴纳企业所得税和个人所得税时全额扣除的优惠政策。

（二）部分具有受赠和转赠资格的红十字会

由政府某部门代管或挂靠在政府某一部门的县级以上（含县级）红十字会为部分具有受赠者、转赠者资格的红十字会。这些红十字会及其“红十字事业”，只有在中国红十字会总会号召开展重大活动（以总会文件为准）时接受的捐赠和转赠，捐赠者方可享受在计算缴纳企业所得税和个人所得税时全额扣除的优惠政策。除此之外，接受定向捐赠或转赠，必须经中国红十字会总会认可，捐赠者方可享受在计算缴纳企业所得税和个人所得税时全额扣除的优惠政策。

三、接受捐赠的红十字会应按照财务隶属关系分别使用由中央或省级财政部门统一印（监）制的捐赠票据，并加盖接受捐赠或转赠的红十字会的财务专用印章。

四、为增强中国红十字会总会的协调及救助能力，县级以上（含县级）红十字会将接受的捐赠资金（不包括实物部分），按10%的比例逐笔上交中国红十字会总会，上交资金全部用于“红十字事业”。

五、任何组织和个人不得侵占和挪用红十字事业的捐赠。对违反本办法，骗取所得税税前扣除或伪造捐赠票据者，按国家有关法律法规处罚。

【注释】 《个人所得税法实施条例》第24条。

财政部 国家税务总局关于个人与用人单位解除劳动关系取得的一次性补偿收入征免个人所得税问题的通知

财税〔2001〕157号

各省、自治区、直辖市、计划单列市财政厅（局）、地方税务局，新疆生产建设兵团财务局：

为进一步支持企业、事业单位、机关、社会团体等用人单位推进劳动人事制度改革，妥善安置有关人员，维护社会稳定，现对个人因与用人单位解除劳动关系而取得的一次性补偿收入征免个人所得税的有关问题

通知如下：

一、个人因与用人单位解除劳动关系而取得的一次性补偿收入（包括用人单位发放的经济补偿金、生活补助费和其他补助费用），其收入在当地上年职工平均工资3倍数额以内的部分，免征个人所得税；超过的部分按照《国家税务总局关于个人因解除劳动合同取得经济补偿金征收个人所得税问题的通知》（国税发〔1999〕178号）的有关规定，计算征收个人所得税。

二、个人领取一次性补偿收入时按照国家和地方政府规定的比例实际缴纳的住房公积金、医疗保险费、基本养老保险费、失业保险费，可以在计征其一次性补偿收入的个人所得税时予以扣除。

三、企业依照国家有关法律规定宣告破产，企业职工从该破产企业取得的一次性安置费收入，免征个人所得税。

本通知自2001年10月1日起执行。以前规定与本通知规定不符的，一律按本通知规定执行。对于此前已发生而尚未进行税务处理的一次性补偿收入也按本通知规定执行。

【注释】《个人所得税法》第6条。

国家税务总局关于外籍个人取得的探亲费免征个人所得税有关执行标准问题的通知

国税函〔2001〕336号

各省、自治区、直辖市和计划单列市地方税务局：

近接一些地方反映，根据《国家税务总局关于外籍个人取得有关补贴免征个人所得税执行问题的通知》（国税发〔1997〕054号）第四条的规定，对外籍个人取得的探亲费免征个人所得税，应由纳税人提供探亲的交通支出凭证（复印件），由主管税务机关审核，对其实际用于本人探亲，且每年探亲的次数和支付的标准合理的部分给予免税。但在执行中，对如何掌握“每年探亲的次数和支付的标准合理的部分”，要求予以进一步明确，现对此统一规定如下：

一、可以享受免征个人所得税优惠待遇的探亲费，仅限于外籍个人在我国的受雇地与其家庭所在地（包括配偶或父母居住地）之间搭乘交通工具且每年不超过2次的费用。

二、本通知自发文之日起执行，对于此前发生且尚未进行税务处理的探亲费也应按本通知执行。

【注释】《国家税务总局关于外籍个人取得有关补贴免征个人所得税执行问题的通知》（国税发〔1997〕054号）。

国家税务总局关于联想集团改制员工取得的用于购买企业国有股权的劳动分红征收个人所得税问题的批复

国税函〔2001〕832号

北京市地方税务局：

你局《北京市地方税务局关于联想集团改制员工获得国有股权征免个人所得税问题的请示》（京地税个〔2001〕411号）收悉。来文反映，联想集团经有关部门批准，建立了一套产权激励机制，将多年留存在企业应分配给职工的劳动分红（1.63亿元），划分给职工个人，用于购买企业的国有股权（35%），再以职工持股会的形式持有联想集团控股公司的股份。你局提出，对联想集团控股公司职工取得的用于购买企业国有股权的劳动分红，比照《国家税务总局关于企业改组改制过程中个人取得量化资产征收个人所得税问题的通知》（国税发〔2000〕60号）规定，暂缓征收个人所得税。经研究，现批复如下：

一、该公司职工取得的用于购买企业国有股权的劳动分红，不宜比照国税发〔2000〕60号文的规定暂缓征收个人所得税。理由是:(一)两者的前提不同。国税发〔2000〕60 号文规定暂缓征税的前提,是集体所有制企业改制为股份合作制,而联想集团改制不符合这一前提。(二)两者的分配方式不同。国税发〔2000〕60 号文规定暂缓征税的分配方式,是在企业改制时将企业的所有资产一次量化给职工个人,而联想集团仅是分配历年留存的劳动分红。

二、联想集团控股公司的做法,实际上是将多年留存在企业应分未分的劳动分红在职工之间进行了分配,职工个人再将分得的部分用于购买企业的国有股权。

三、根据前述事实及个人所得税法有关规定,对联想集团控股公司职工取得的用于购买企业国有股权的劳动分红,应按"工资、薪金所得"项目计征个人所得税,税款由联想集团控股公司代扣代缴。

【注释】 《个人所得税法实施条例》第 8 条。

国家税务总局关于剧本使用费征收个人所得税问题的通知

国税发〔2002〕52 号

各省、自治区、直辖市和计划单列市地方税务局:

为促进文化事业发展,丰富人民群众文化生活,经研究,现对电影、电视剧剧本作者取得的剧本使用费征收个人所得税的政策调整如下:

对于剧本作者从电影、电视剧的制作单位取得的剧本使用费,不再区分剧本的使用方是否为其任职单位,统一按特许权使用费所得项目计征个人所得税。

本通知自 2002 年 5 月 1 日起执行,《国家税务总局关于影视演职人员个人所得税问题的批复》(国税函〔1997〕385 号)中与本通知精神不符的规定,同时废止。

【注释】 《个人所得税法实施条例》第 8 条。

国家税务总局关于保险营销员取得收入征收个人所得税有关问题的通知

国税发〔2002〕98 号

各省、自治区、直辖市和计划单列市地方税务局:

随着我国保险业的发展和保险行业竞争的日趋激烈,《国家税务总局关于保险业营销员(非雇员)取得的收入计征个人所得税问题的通知》(国税发〔1998〕13 号)规定的营销员取得收入发生的营销费用税前扣除比例已显偏低,应及时进行调整。为提高保险营销员(非雇员,下同)的展业积极性,现就保险业营销员取得收入计征个人所得税有关问题进一步明确如下:

一、保险业营销员每月取得佣金收入扣除实际缴纳的营业税金及附加后,可按其余额扣除不超过 25% 的营销费用,再按照个人所得税法规定的费用扣除标准和适用税率计算缴纳个人所得税。

各省、自治区、直辖市和计划单列市地方税务局可根据本地的实际情况,在上述范围内确定具体扣除比例。

二、由于保险公司计算机管理手段比较先进,财务核算较为规范,各地对保险业营销员取得佣金收入一律不得采用核定征税方式计征个人所得税,必须实行查账征收。

三、本通知自 2002 年 8 月 1 日起执行。此前规定与本通知规定相抵触的,按本通知执行。

【注释】 《个人所得税法实施条例》第 8 条。

财政部 国家税务总局关于开放式证券投资基金有关税收问题的通知

财税〔2002〕128 号

各省、自治区、直辖市、计划单列市财政厅(局)、国家税务局、地方税务局，新疆生产建设兵团财务局：

为支持和积极培育机构投资者，充分利用开放式基金手段，进一步拓宽社会投资渠道，促进证券市场的健康、稳定发展，经国务院批准，现对中国证监会批准设立的开放式证券投资基金(以下简称基金)的税收问题通知如下：

……

二、关于所得税问题

1. 对基金管理人运用基金买卖股票、债券的差价收入，在 2003 年底前暂免征收企业所得税。

2. 对个人投资者申购和赎回基金单位取得的差价收入，在对个人买卖股票的差价收入未恢复征收个人所得税以前，暂不征收个人所得税；对企业投资者申购和赎回基金单位取得的差价收入，应并入企业的应纳税所得额，征收企业所得税。

3. 对基金取得的股票的股息、红利收入，债券的利息收入、储蓄存款利息收入，由上市公司、发行债券的企业和银行在向基金支付上述收入时代扣代缴 20% 的个人所得税；对投资者(包括个人和机构投资者)从基金分配中取得的收入，暂不征收个人所得税和企业所得税。

……

【注释】 《个人所得税法》第 4 条。

国家税务总局关于个人所得税若干业务问题的批复

国税函〔2002〕146 号

北京市地方税务局：

你局《北京市地方税务局关于个人所得税若干问题的请示》(京地税个〔2001〕502 号)收悉，经研究，现批复如下：

一、关于个人认购股票等有价证券而从雇主取得的折扣或补贴收入计算缴纳个人所得税的问题

个人认购股票等有价证券时，从雇主取得的折扣或补贴收入，应按照《国家税务总局关于个人认购股票等有价证券而从雇主取得的折扣或补贴收入有关征收个人所得税问题的通知》(国税发〔1998〕9 号)的规定进行处理。

二、关于财产租赁所得计算缴纳个人所得税时税前扣除有关税、费的次序问题

个人出租财产取得的财产租赁收入，在计算缴纳个人所得税时，应依次扣除以下费用：

(一)财产租赁过程中缴纳的税费；

(二)由纳税人负担的该出租财产实际开支的修缮费用；

(三)税法规定的费用扣除标准。

三、关于报刊、杂志、出版等单位的职员在本单位的刊物上发表作品、出版图书取得所得征税的问题

(一)任职、受雇于报刊、杂志等单位的记者、编辑等专业人员，因在本单位的报刊、杂志上发表作品取得的所得，属于因任职、受雇而取得的所得，应与其当月工资收入合并，按"工资、薪金所得"项目征收个人所得税。

除上述专业人员以外，其他人员在本单位的报刊、杂志上发表作品取得的所得，应按"稿酬所得"项目征收个人所得税。

（二）出版社的专业作者撰写、编写或翻译的作品，由本社以图书形式出版而取得的稿费收入，应按“稿酬所得”项目计算缴纳个人所得税。

四、关于在校学生参与勤工俭学活动取得的收入征收个人所得税的问题

在校学生因参与勤工俭学活动（包括参与学校组织的勤工俭学活动）而取得属于个人所得税法规定的应税所得项目的所得，应依法缴纳个人所得税。

【注释】 《个人所得税法》第 6 条；《个人所得税法实施条例》第 8 条。

国家税务总局关于个人所得税若干政策问题的批复

国税函〔2002〕629 号

黑龙江省地方税务局：

你局《关于个人所得税有关政策问题的请示》（黑地税发〔2002〕35 号）收悉，经研究，现批复如下：

一、国家机关、事业单位、企业和其他单位在实行“双薪制”（按照国家有关规定，单位为其雇员多发放一个月的工资）后，个人因此而取得的“双薪”，应单独作为一个月的工资、薪金所得计征个人所得税。对上述“双薪”所得原则上不再扣除费用，应全额作为应纳税所得额按适用税率计算纳税，但如果纳税人取得“双薪”当月的工资、薪金所得不足 800 元的，应以“双薪”所得与当月工资、薪金所得合并减除 800 元后的余额作为应纳税所得额，计算缴纳个人所得税。

……

三、个人因从事彩票代销业务而取得所得，应按照“个体工商户的生产、经营所得”项目计征个人所得税。

四、在纳税人享受减免个人所得税优惠政策时，是否须经税务机关审核或批准，应按照以下原则执行：

（一）税收法律、行政法规、部门规章和规范性文件中未明确规定纳税人享受减免税必须经税务机关审批的，且纳税人取得的所得完全符合减免税条件的，无须经主管税务机关审批，纳税人可自行享受减免税。

（二）税收法律、行政法规、部门规章和规范性文件中明确规定纳税人享受减免税必须经税务机关审批的，或者纳税人无法准确判断其取得的所得是否应享受个人所得税减免的，必须经主管税务机关按照有关规定审核。

（三）纳税人有个人所得税法第五条规定情形之一的，必须经主管税务机关批准，方可减征个人所得税。

【注释】 《个人所得税法》第 5 条；《个人所得税法实施条例》第 8 条、第 10 条；其中的 800 元已经修改为 2000 元。

财政部 国家税务总局关于自主择业的军队转业干部有关税收政策问题的通知

财税〔2003〕26 号

各省、自治区、直辖市、计划单列市财政厅（局）、地方税务局、国家税务局：

为促进军队转业干部自主择业，现将与自主择业的军队转业干部有关的税收政策通知如下：

一、从事个体经营的军队转业干部，经主管税务机关批准，自领取税务登记证之日起，3 年内免征营业税和个人所得税。

二、为安置自主择业的军队转业干部就业而新开办的企业，凡安置自主择业的军队转业干部占企业总人数 60%（含 60%）以上的，经主管税务机关批准，自领取税务登记证之日起，3 年内免征营业税和企业所得税。

三、自主择业的军队转业干部必须持有师以上部队颁发的转业证件。

四、本通知自2003年5月1日起执行。

本通知生效前，已经从事个体经营的军队转业干部和符合本通知规定条件的企业，如果已经按〔2001〕国转联8号文件的规定，享受了税收优惠政策，可以继续执行到期满为止；如果没有享受上述文件规定的税收优惠政策，可自本通知生效之日起，3年内免征营业税、个人所得税、企业所得税。

【注释】《个人所得税法实施条例》第4条。

财政部 国家税务总局关于医疗机构有关个人所得税政策问题的通知

财税〔2003〕109号

各省、自治区、直辖市、计划单列市财政厅（局）、国家税务局、地方税务局：

近来一些部门要求明确医疗机构有关征免个人所得税问题。经研究，现明确如下：

一、财政部 国家税务总局《关于医疗卫生机构有关税收政策的通知》（财税〔2000〕42号）规定的对非营利的医疗机构按照国家规定的价格取得的医疗服务收入免征各项税收，仅指机构自身的各项税收，不包括个人从医疗机构取得所得应纳的个人所得税。按照《中华人民共和国个人所得税法》（以下简称《个人所得税法》）的规定，个人取得应税所得，应依法缴纳个人所得税。

二、个人因在医疗机构（包括营利性医疗机构和非营利性医疗机构）任职而取得的所得，依据《个人所得税法》的规定，应按照“工资、薪金所得”应税项目计征个人所得税。

对于非典型肺炎疫情发生期间，在医疗机构任职的个人取得的特殊临时性工作补助等所得按照《财政部 国家税务总局关于非典型肺炎疫情发生期间个人取得的特殊临时性工作补助等所得免征个人所得税问题的通知》（财税〔2003〕101号）的规定执行。

三、医生或其他个人承包、承租经营医疗机构，经营成果归承包人所有的，依据个人所得税法规定，承包人取得的所得，应按照“对企事业单位的承包经营、承租经营所得”应税项目计征个人所得税。

四、个人投资或个人合伙投资开设医院（诊所）而取得的收入，应依据个人所得税法规定，按照“个体工商户的生产、经营所得”应税项目计征个人所得税。

对残疾人、转业军人、随军家属和下岗职工等投资开设医院（诊所）而取得的收入，仍按现行相关政策执行。

【注释】《个人所得税法实施条例》第8条。

财政部 国家税务总局关于非产权人重新购房征免个人所得税问题的批复

财税〔2003〕123号

江苏省地方税务局：

你局《关于个人出售住房所得征收个人所得税有关问题的请示》（苏地税发〔2003〕11号）收悉。经研究，批复如下：

个人现自有住房房产证登记的产权人为1人，在出售后一年内又以产权人配偶名义或产权人夫妻双方名义按市场价重新购房的，产权人出售住房所得应缴纳的个人所得税，可以按照财政部、国家税务总局、建设部《关于个人出售住房所得征收个人所得税有关问题的通知》（财税字〔1999〕278号）第三条的规定，全部或部分予以免税；以其他人名义按市场价重新购房的，产权人出售住房所得应缴纳的个人所得税，不予免税。

【注释】《个人所得税法》第 4 条。

财政部 国家税务总局关于规范个人投资者个人所得税征收管理的通知

财税〔2003〕158 号

各省、自治区、直辖市、计划单列市财政厅（局）、国家税务局、地方税务局、新疆生产建设兵团财务局：

为规范个人投资者个人所得税管理，确保依法足额征收个人所得税，现对个人投资者征收个人所得税的有关问题明确如下：

一、关于个人投资者以企业（包括个人独资企业、合伙企业和其他企业）资金为本人、家庭及其相关人员支付消费性支出及购买家庭财产的处理问题。

个人独资企业、合伙企业的个人投资者以企业资金为本人、家庭及其相关人员支付与企业生产经营无关的消费性支出及购买汽车、住房等财产性支出，视为企业对个人投资者的利润分配，并入投资者个人的生产经营所得，依照"个体工商户的生产经营所得"项目计征个人所得税。

除个人独资企业、合伙企业以外的其他企业的个人投资者，以企业资金为本人、家庭成员及其相关人员支付与企业经营无关的消费性支出及购买汽车、住房等财产性支出，视为企业对个人投资者的红利分配，依照"利息、股息、红利所得"项目计征个人所得税。

企业的上述支出不允许在所得税前扣除。

二、关于个人投资者从其投资的企业（个人独资企业、合伙企业除外）借款长期不还的处理问题。

纳税年度内个人投资者从其投资企业（个人独资企业、合伙企业除外）借款，在该纳税年度终了后即不归还，又未用于企业生产经营的，其未归还的借款可视为企业对个人投资者的红利分配，依照"利息、股息、红利所得"项目计征个人所得税。

三、《国家税务总局关于进一步加强对高收入者个人所得税征收管理的通知》（国税发〔2001〕57 号）中关于对私营有限责任公司的企业所得税后剩余利润、不分配、不投资、挂账达 1 年的，从挂账的第 2 年起，依照投资者（股东）出资比例计算分配征收个人所得税的规定，同时停止执行。

【注释】《个人所得税法实施条例》第 8 条。

财政部 国家税务总局关于企业以免费旅游方式提供对营销人员个人奖励有关个人所得税政策的通知

财税〔2004〕11 号

各省、自治区、直辖市计划单列市财政厅（局）、地方税务局，新疆生产建设兵团财务局：

近来，部分地区财税部门来函反映，一些企业和单位通过组织免费培训班、研讨会、工作考察等形式奖励营销业绩突出人员的现象比较普遍，要求国家对此类奖励如何征收个人所得税政策问题予以进一步明确。经研究，现就企业和单位以免费培训班、研讨会、工作考察等形式提供个人营销业绩奖励有关个人所得税政策明确如下：

按照我国现行个人所得税法律法规有关规定，对商品营销活动中，企业和单位对营销业绩突出人员以培训班、研讨会、工作考察等名义组织旅游活动，通过免收差旅费、旅游费对个人实行的营销业绩奖励（包括实物、有价证券等），应根据所发生费用全额计入营销人员应税所得，依法征收个人所得税，并由提供上述费用的企业和单位代扣代缴。其中,对企业雇员享受的此类奖励,应与当期的工资薪金合并,按照“工资、薪金所得”项目征收个人所得税;对其他人员享受的此类奖励,应作为当期的劳务收入,按照“劳务报酬所得”项目征收个人所得税。

上述规定自文发之日起执行。

【注释】《个人所得税法实施条例》第8条。

财政部 国家税务总局关于教育税收政策的通知

财税〔2004〕39号

各省、自治区、直辖市、计划单列市财政厅(局)、国家税务局、地方税务局,新疆生产建设兵团财务局:

为了进一步促进教育事业发展,经国务院批准,现将有关教育的税收政策通知如下:

……

11. 对个人取得的教育储蓄存款利息所得,免征个人所得税;对省级人民政府、国务院各部委和中国人民解放军军以上单位,以及外国组织、国际组织颁布的教育方面的奖学金,免征个人所得税;高等学校转化职务科技成果以股份或出资比例等股权形式给予个人奖励,获奖人在取得股份、出资比例时,暂不缴纳个人所得税;取得按股份、出资比例分红或转让股权、出资比例所得时,依法缴纳个人所得税。

……

六、本通知自2004年1月1日起执行,此前规定与本通知不符的,以本通知为准。

【注释】《个人所得税法》第4条;《个人所得税法实施条例》第24条。

财政部 国家税务总局关于扶持城镇退役士兵自谋职业有关税收优惠政策的通知

财税〔2004〕93号

各省、自治区、直辖市、计划单列市财政厅(局)、国家税务局、地方税务局,新疆生产建设兵团财务局:

为更好地扶持城镇退役士兵自谋职业,根据《国务院办公厅转发民政部等部门关于扶持城镇退役士兵自谋职业优惠政策意见的通知》(国办发〔2004〕10号)的精神,现就城镇退役士兵自谋职业有关税收政策通知如下:

……

三、对自谋职业的城镇退役士兵在《国务院办公厅转发民政部等部门关于扶持城镇退役士兵自谋职业优惠政策意见的通知》(国办发〔2004〕10号)下发后从事下列行业的,可以享受如下税收优惠政策:

1. 从事个体经营(除建筑业、娱乐业以及广告业、桑拿、按摩、网吧、氧吧外)的,自领取税务登记证之日起,3年内免征营业税、城市维护建设税、教育费附加和个人所得税。

2. 从事开发荒山、荒地、荒滩、荒水的,从有收入年度开始,3年内免征农业税。

3. 从事种植、养殖业的,其应缴纳的个人所得税按照国家有关种植、养殖业个人所得税的规定执行。

……

本《通知》所称自谋职业的城镇退役士兵是指符合城镇安置条件,并与安置地民政部门签订《退役士兵自谋职业协议书》,领取《城镇退役士兵自谋职业证》的士官和义务兵。

五、上述优惠政策自2004年1月1日起执行,此前已征税款予以退还。

六、本《通知》下发之后,现行有关劳动就业服务企业的税收优惠政策以及其他扶持就业的税收优惠政策,仍按原规定执行。如果企业既适用本《通知》规定的优惠政策,又适用原有的优惠政策,企业可选择适用最优惠的政策，但不能累加执行。

七、自谋职业的城镇退役士兵享受有关税收优惠政策的具体办法由国家税务总局、民政部另行制定。

【注释】 《个人所得税法》第4条。

国家税务总局关于在中国境内无住所的个人执行税收协定和个人所得税法若干问题的通知

国税发〔2004〕97号

各省、自治区、直辖市和计划单列市国家税务局、地方税务局，局内各单位：

根据《中华人民共和国个人所得税法》(以下简称税法)及其实施细则和我国与有关国家或地区签订的税收协定或安排(以下称协定或安排)的有关规定，现就在我国境内无住所的个人若干税收政策执行问题，通知如下：

一、关于判定纳税义务时如何计算在中国境内居住天数问题

对在中国境内无住所的个人，需要计算确定其在中国境内居住天数，以便依照税法和协定或安排的规定判定其在华负有何种纳税义务时，均应以该个人实际在华逗留天数计算。上述个人入境、离境、往返或多次往返境内外的当日，均按一天计算其在华实际逗留天数。

二、关于对个人入、离境当日如何计算在中国境内实际工作期间的问题

对在中国境内、境外机构同时担任职务或仅在境外机构任职的境内无住所个人，在按《国家税务总局关于在中国境内无住所的个人计算缴纳个人所得税若干具体问题的通知》(国税函发〔1995〕125号)第一条的规定计算其境内工作期间时，对其入境、离境、往返或多次往返境内外的当日，均按半天计算为在华实际工作天数。

三、关于对不同纳税义务的个人计算应纳税额的适用公式问题

对分别按照《国家税务总局关于在中国境内无住所的个人取得工资薪金所得纳税义务问题的通知》(国税发〔1994〕148号)第二条至第五条规定判定负有纳税义务的个人，在计算其应纳税额时，分别适用以下公式：

(一)按国税发〔1994〕148号第二条规定负有纳税义务的个人应适用下述公式：

$$应纳税额=\left[\begin{matrix}当月境内外工资\\薪金应纳税所得额\end{matrix}\times\begin{matrix}适用\\税率\end{matrix}-\begin{matrix}速\ 算\\扣除数\end{matrix}\right]\times\frac{\begin{matrix}当月境内\\支付工资\end{matrix}}{\begin{matrix}当月境内外支\\付工资总额\end{matrix}}\times\frac{当月境内工作天数}{当月天数}$$

(二)按国税发〔1994〕148号第三条规定负有纳税义务的个人仍应适用国税发〔1994〕148号第六条规定的下述公式：

$$应纳税额=\left[\begin{matrix}当月境内外工资\\薪金应纳税所得额\end{matrix}\times适用税率-速算扣除数\right]\times\frac{当月境内工作天数}{当月天数}$$

(三)按国税发〔1994〕148号第四条或第五条规定负有纳税义务的个人应适用国税函发〔1995〕125号第四条规定的下述公式：

$$\begin{matrix}应纳\\税额\end{matrix}=\left[\begin{matrix}当月境内外工资\\薪金应纳税所得额\end{matrix}\times\begin{matrix}适用\\税率\end{matrix}-\begin{matrix}速\ 算\\扣除数\end{matrix}\right]\times\left[1-\frac{\begin{matrix}当月境内\\支付工资\end{matrix}}{\begin{matrix}当月境内外支\\付工资总额\end{matrix}}\times\frac{当月境内工作天数}{当月天数}\right]$$

如果上款所述各类个人取得的是日工资薪金或者不满一个月工资薪金，均仍应按照国税发〔1994〕148号文第六条第二款的规定换算为月工资后，按照上述公式计算其应纳税额。

四、关于企业高层管理人员适用协定或安排条款的问题

在中国境内无住所的个人担任中国境内企业高层管理职务的，该个人所在国或地区与我国签订的协定或安排中的董事费条款中，未明确表述包括企业高层管理人员的，对其取得的报酬可按该协定或安排中有关非独立个人劳务条款和国税发〔1994〕148号第二、三、四条的规定，判定纳税义务。

在中国境内无住所的个人担任中国境内企业高层管理职务同时又担任企业董事，或者虽名义上不担任董事但实际上享有董事权益或履行董事职责的，其从该中国境内企业取得的报酬，包括以董事名义取得的报酬和以高层管理人员名义取得的报酬，均仍应适用协定或安排中有关董事费条款和国税发〔1994〕148号第五条的有关规定，判定纳税义务。

五、本通知自2004年7月1日起执行。以前规定与本通知规定不一致的，以本通知规定为准。

【注释】 《个人所得税法实施条例》第24条。

国家税务总局关于调整个人取得全年一次性奖金等计算征收个人所得税方法问题的通知

国税发〔2005〕9号

各省、自治区、直辖市和计划单列市地方税务局，局内各单位：

为了合理解决个人取得全年一次性奖金征税问题，经研究，现就调整征收个人所得税的有关办法通知如下：

一、全年一次性奖金是指行政机关、企事业单位等扣缴义务人根据其全年经济效益和对雇员全年工作业绩的综合考核情况，向雇员发放的一次性奖金。

上述一次性奖金也包括年终加薪、实行年薪制和绩效工资办法的单位根据考核情况兑现的年薪和绩效工资。

二、纳税人取得全年一次性奖金，单独作为一个月工资、薪金所得计算纳税，并按以下计税办法，由扣缴义务人发放时代扣代缴：

（一）先将雇员当月内取得的全年一次性奖金，除以12个月，按其商数确定适用税率和速算扣除数。

如果在发放年终一次性奖金的当月，雇员当月工资薪金所得低于税法规定的费用扣除额，应将全年一次性奖金减除“雇员当月工资薪金所得与费用扣除额的差额”后的余额，按上述办法确定全年一次性奖金的适用税率和速算扣除数。

（二）将雇员个人当月内取得的全年一次性奖金，按本条第（一）项确定的适用税率和速算扣除数计算征税，计算公式如下：

1. 如果雇员当月工资薪金所得高于（或等于）税法规定的费用扣除额的，适用公式为：

$$\text{应纳税额}=\text{雇员当月取得全年一次性奖金}\times\text{适用税率}-\text{速算扣除数}$$

2. 如果雇员当月工资薪金所得低于税法规定的费用扣除额的，适用公式为：

$$\text{应纳税额}=\left(\begin{matrix}\text{雇员当月取得}\\\text{全年一次性奖金}\end{matrix}-\begin{matrix}\text{雇员当月工资薪金}\\\text{所得与费用扣除额的差额}\end{matrix}\right)\times\text{适用税率}-\text{速算扣除数}$$

三、在一个纳税年度内，对每一个纳税人，该计税办法只允许采用一次。

四、实行年薪制和绩效工资的单位，个人取得年终兑现的年薪和绩效工资按本通知第二条、第三条执行。

五、雇员取得除全年一次性奖金以外的其他各种名目奖金，如半年奖、季度奖、加班奖、先进奖、考勤奖等，一律与当月工资、薪金收入合并，按税法规定缴纳个人所得税。

六、对无住所个人取得本通知第五条所述的各种名目奖金，如果该个人当月在我国境内没有纳税义务，或者该个人由于出入境原因导致当月在我国工作时间不满一个月的，仍按照《国家税务总局关于在我国境内无住所的个人取得奖金征税问题的通知》（国税发〔1996〕183号）计算纳税。

七、本通知自2005年1月1日起实施，以前规定与本通知不一致的，按本通知规定执行。《国家税务总局关于在中国境内有住所的个人取得奖金征税问题的通知》(国税发〔1996〕206 号)和《国家税务总局关于企业经营者试行年薪制后如何计征个人所得税的通知》(国税发〔1996〕107 号)同时废止。

【注释】 《个人所得税法》第 6 条。

财政部 国家税务总局关于个人股票期权所得征收个人所得税问题的通知

财税〔2005〕35 号

各省、自治区、直辖市、计划单列市财政厅(局)、地方税务局：

为适应企业(包括内资企业、外商投资企业和外国企业在中国境内设立的机构场所)薪酬制度改革,加强个人所得税征管,现对企业员工(包括在中国境内有住所和无住所的个人)参与企业股票期权计划而取得的所得征收个人所得税问题通知如下：

一、关于员工股票期权所得征税问题

实施股票期权计划企业授予该企业员工的股票期权所得,应按《中华人民共和国个人所得税法》及其实施条例有关规定征收个人所得税。

企业员工股票期权(以下简称股票期权)是指上市公司按照规定的程序授予本公司及其控股企业员工的一项权利,该权利允许被授权员工在未来时间内以某一特定价格购买本公司一定数量的股票。

上述"某一特定价格"被称为"授予价"或"施权价",即根据股票期权计划可以购买股票的价格,一般为股票期权授予日的市场价格或该价格的折扣价格,也可以是按照事先设定的计算方法约定的价格;"授予日",也称"授权日",是指公司授予员工上述权利的日期;"行权",也称"执行",是指员工根据股票期权计划选择购买股票的过程;员工行使上述权利的当日为"行权日",也称"购买日"。

二、关于股票期权所得性质的确认及其具体征税规定

(一)员工接受实施股票期权计划企业授予的股票期权时,除另有规定外,一般不作为应税所得征税。

(二)员工行权时,其从企业取得股票的实际购买价(施权价)低于购买日公平市场价(指该股票当日的收盘价,下同)的差额,是因员工在企业的表现和业绩情况而取得的与任职、受雇有关的所得,应按"工资、薪金所得"适用的规定计算缴纳个人所得税。

对因特殊情况,员工在行权日之前将股票期权转让的,以股票期权的转让净收入,作为工资薪金所得征收个人所得税。

员工行权日所在期间的工资薪金所得,应按下列公式计算工资薪金应纳税所得额：

$$\begin{matrix}\text{股票期权形式的工资}\\\text{薪金应纳税所得额}\end{matrix}=\left(\begin{matrix}\text{行权股票的}\\\text{每股市场价}\end{matrix}-\begin{matrix}\text{员工取得该股票期}\\\text{权支付的每股施权价}\end{matrix}\right)\times\text{股票数量}$$

(三)员工将行权后的股票再转让时获得的高于购买日公平市场价的差额,是因个人在证券二级市场上转让股票等有价证券而获得的所得,应按照"财产转让所得"适用的征免规定计算缴纳个人所得税。

(四)员工因拥有股权而参与企业税后利润分配取得的所得,应按照"利息、股息、红利所得"适用的规定计算缴纳个人所得税。

三、关于工资薪金所得境内外来源划分

按照《国家税务局关于在中国境内无住所个人以有价证券形式取得工资薪金所得确定纳税义务有关问题的通知》(国税函〔2000〕190 号)有关规定,需对员工因参加企业股票期权计划而取得的工资薪金所得确定境内或境外来源的,应按照该员工据以取得上述工资薪金所得的境内、外工作期间月份数比例计算划分。

四、关于应纳税款的计算

(一)认购股票所得(行权所得)的税款计算。员工因参加股票期权计划而从中国境内取得的所得,按本通知规定应按工资薪金所得计算纳税的,对该股票期权形式的工资薪金所得可区别于所在月份的其他工资薪金所得,单独按下列公式计算当月应纳税款：

应纳税额＝股票期权形式的工资薪金应纳税所得额规定月份数

×适用税率－速算扣除数×规定月份数

上款公式中的规定月份数，是指员工取得来源于中国境内的股票期权形式工资薪金所得的境内工作期间月份数，长于12个月的，按12个月计算；上款公式中的适用税率和速算扣除数，以股票期权形式的工资薪金应纳税所得额除以规定月份数后的商数，对照《国家税务总局关于印发〈征收个人所得税若干问题〉的通知》(国税发〔1994〕089号)所附税率表确定。

(二)转让股票(销售)取得所得的税款计算。对于员工转让股票等有价证券取得的所得，应按现行税法和政策规定征免个人所得税。即：个人将行权后的境内上市公司股票再行转让而取得的所得，暂不征收个人所得税；个人转让境外上市公司的股票而取得的所得，应按税法的规定计算应纳税所得额和应纳税额，依法缴纳税款。

(三)参与税后利润分配取得所得的税款计算。员工因拥有股权参与税后利润分配而取得的股息、红利所得，除依照有关规定可以免税或减税的外，应全额按规定税率计算纳税。

五、关于征收管理

(一)扣缴义务人。实施股票期权计划的境内企业为个人所得税的扣缴义务人，应按税法规定履行代扣代缴个人所得税的义务。

(二)自行申报纳税。员工从两处或两处以上取得股票期权形式的工资薪金所得和没有扣缴义务人的，该个人应在个人所得税法规定的纳税申报期限内自行申报缴纳税款。

(三)报送有关资料。实施股票期权计划的境内企业，应在股票期权计划实施之前，将企业的股票期权计划或实施方案、股票期权协议书、授权通知书等资料报送主管税务机关；应在员工行权之前，将股票期权行权通知书和行权调整通知书等资料报送主管税务机关。

扣缴义务人和自行申报纳税的个人在申报纳税或代扣代缴税款时，应在税法规定的纳税申报期限内，将个人接受或转让的股票期权以及认购的股票情况(包括种类、数量、施权价格、行权价格、市场价格、转让价格等)报送主管税务机关。

(四)处罚。实施股票期权计划的企业和因股票期权计划而取得应税所得的自行申报员工，未按规定报送上述有关报表和资料，未履行申报纳税义务或者扣缴税款义务的，按《中华人民共和国税收征收管理法》及其实施细则的有关规定进行处理。

六、关于执行时间

本通知自2005年7月1日起执行。《国家税务总局关于个人认购股票等有价证券而从雇主取得折扣或补贴收入有关征收个人所得税问题的通知》(国税发〔1998〕9号)的规定与本通知不一致的，按本通知规定执行。

【注释】 《个人所得税法》第6条；《个人所得税法实施条例》第8条。补充规定：《国家税务总局关于个人股票期权所得缴纳个人所得税有关问题的补充通知》(国税函〔2006〕902号)。

财政部 国家税务总局关于城镇房屋拆迁有关税收政策的通知

财税〔2005〕45号

各省、自治区、直辖市、计划单列市财政厅(局)、地方税务局，新疆生产建设兵团财务局：

经国务院批准，现将城镇房屋拆迁有关税收政策通知如下：

一、对被拆迁人按照国家有关城镇房屋拆迁管理办法规定的标准取得的拆迁补偿款，免征个人所得税。

二、(本条被《财政部 国家税务总局关于企业以售后回租方式进行融资等有关契税政策的通知》(财税〔2012〕82号)废止)

【注释】 《个人所得税法》第4条。《财政部 国家税务总局关于企业以售后回租方式进行融资等有关契税政策的通知》(财税〔2012〕82号)对本文进行了修正。

财政部 国家税务总局关于个人所得税有关问题的批复

财税〔2005〕94 号

江苏省财政厅、地方税务局：

你局《关于个人所得税有关问题的请示》(苏地税发〔2005〕52 号)收悉。经研究，批复如下：

一、关于单位为个人办理补充养老保险退保后个人所得税及企业所得税的处理问题。单位为职工个人购买商业性补充养老保险等，在办理投保手续时应作为个人所得税的“工资、薪金所得”项目，按税法规定缴纳个人所得税；因各种原因退保，个人未取得实际收入的，已缴纳的个人所得税应予以退回。

二、关于个人提供担保取得收入征收个人所得税问题。个人为单位或他人提供担保获得报酬，应按照个人所得税法规定的“其他所得”项目缴纳个人所得税，税款由支付所得的单位或个人代扣代缴。

【注释】《个人所得税法实施条例》第 8 条。

个人所得税管理办法

国税发〔2005〕120 号

第一章　总　　则

第一条　为了进一步加强和规范税务机关对个人所得税的征收管理，促进个人所得税征管的科学化、精细化，不断提高征管效率和质量，根据《中华人民共和国个人所得税法》(以下简称税法)、《中华人民共和国税收征收管理法》(以下简称征管法)及有关税收法律法规规定，制定本办法。

第二条　加强和规范个人所得税征管，要着力健全管理制度，完善征管手段，突出管理重点。即要建立个人收入档案管理制度、代扣代缴明细账制度、纳税人与扣缴义务人向税务机关双向申报制度、与社会各部门配合的协税制度；尽快研发应用统一的个人所得税管理信息系统，充分利用信息技术手段加强个人所得税管理；切实加强高收入者的重点管理、税源的源泉管理、全员全额管理。

第二章　个人收入档案管理制度

第三条　个人收入档案管理制度是指，税务机关按照要求对每个纳税人的个人基本信息、收入和纳税信息以及相关信息建立档案，并对其实施动态管理的一项制度。

第四条　省以下(含省级)各级税务机关的管理部门应当按照规定逐步对每个纳税人建立收入和纳税档案，实施“一户式”的动态管理。

第五条　省以下(含省级)各级税务机关的管理部门应区别不同类型纳税人，并按以下内容建立相应的基础信息档案：

(一)雇员纳税人(不含股东、投资者、外籍人员)的档案内容包括：姓名、身份证照类型、身份证照号码、学历、职业、职务、电子邮箱地址、有效联系电话、有效通信地址、邮政编码、户籍所在地、扣缴义务人编码、是否重点纳税人。

(二)非雇员纳税人(不含股东、投资者)的档案内容包括：姓名、身份证照类型、身份证照号码、电子邮箱地址、有效联系电话、有效通信地址(工作单位或家庭地址)、邮政编码、工作单位名称、扣缴义务人编码、是否重点纳税人。

(三)股东、投资者(不含个人独资、合伙企业投资者)的档案内容包括：姓名、国籍、身份证照类型、身份证照号码、有效通讯地址、邮政编码、户籍所在地、有效联系电话、电子邮箱地址、公司股本(投资)总额、个人股本(投资)额、扣缴义务人编码、是否重点纳税人。

(四)个人独资、合伙企业投资者、个体工商户、对企事业单位的承包承租经营人的档案内容包括:姓名、身份证照类型、身份证照号码、个体工商户(或个人独资企业、合伙企业、承包承租企事业单位)名称,经济类型、行业、经营地址、邮政编码、有效联系电话、税务登记证号码、电子邮箱地址、所得税征收方式(核定、查账)、主管税务机关、是否重点纳税人。

(五)外籍人员(含雇员和非雇员)的档案内容包括:纳税人编码、姓名(中、英文)、性别、出生地(中、英文)、出生年月、境外地址(中、英文)、国籍或地区、身份证照类型、身份证照号码、居留许可号码(或台胞证号码、回乡证号码)、劳动就业证号码、职业、境内职务、境外职务、入境时间、任职期限、预计在华时间、预计离境时间、境内任职单位名称及税务登记证号码、境内任职单位地址、邮政编码、联系电话、其他任职单位(也应包括地址、电话、联系方式)名称及税务登记证号码、境内受聘或签约单位名称及税务登记证号码、地址、邮政编码、联系电话、境外派遣单位名称(中、英文)、境外派遣单位地址(中、英文)、支付地(包括境内支付还是境外支付)、是否重点纳税人。

第六条 纳税人档案的内容来源于:

(一)纳税人税务登记情况。

(二)《扣缴个人所得税报告表》和《支付个人收入明细表》。

(三)代扣代收税款凭证。

(四)个人所得税纳税申报表。

(五)社会公共部门提供的有关信息。

(六)税务机关的纳税检查情况和处罚记录。

(七)税务机关掌握的其他资料及纳税人提供的其他信息资料。

第七条 税务机关应对档案内容适时进行更新和调整;并根据本地信息化水平和征管能力提高的实际,以及个人收入的变化等情况,不断扩大档案管理的范围,直至实现全员全额管理。

第八条 税务机关应充分利用纳税人档案资料,加强个人所得税管理。定期对重点纳税人、重点行业和企业的个人档案资料进行比对分析和纳税评估,查找税源变动情况和原因,及时发现异常情况,采取措施堵塞征管漏洞。

第三章 代扣代缴明细账制度

第九条 代扣代缴明细账制度是指,税务机关依据个人所得税法和有关规定,要求扣缴义务人按规定报送其支付收入的个人所有的基本信息、支付个人收入和扣缴税款明细信息以及其他相关涉税信息,并对每个扣缴义务人建立档案,为后续实施动态管理打下基础的一项制度。

第十条 税务机关应按照税法及相关法律、法规的有关规定,督促扣缴义务人按规定设立代扣代缴税款账簿,正确反映个人所得税的扣缴情况。

第十一条 扣缴义务人申报的纳税资料,税务机关应严格审查核实。对《扣缴个人所得税报告表》和《支付个人收入明细表》没有按每一个人逐栏逐项填写的,或者填写内容不全的,主管税务机关应要求扣缴义务人重新填报。已实行信息化管理的,可以将《支付个人收入明细表》并入《扣缴个人所得税报告表》。

《扣缴个人所得税报告表》填写实际缴纳了个人所得税的纳税人的情况;《支付个人收入明细表》填写支付了应税收入,但未达到纳税标准的纳税人的情况。

第十二条 税务机关应将扣缴义务人报送的支付个人收入情况与其同期财务报表交叉比对,发现不符的,应要求其说明情况,并依法查实处理。

第十三条 税务机关应对每个扣缴义务人建立档案,其内容包括:扣缴义务人编码、扣缴义务人名称、税务(注册)登记证号码、电话号码、电子邮件地址、行业、经济类型、单位地址、邮政编码、法定代表人(单位负责人)和财务主管人员姓名及联系电话、税务登记机关、登记证照类型、发照日期、主管税务机关、应纳税所得额(按所得项目归类汇总)、免税收入、应纳税额(按所得项目归类汇总)、纳税人数、已纳税额、应补(退)税额、减免税额、滞纳金、罚款、完税凭证号等。

第十四条 扣缴义务人档案的内容来源于:

(一)扣缴义务人扣缴税款登记情况。

(二)《扣缴个人所得税报告表》和《支付个人收入明细表》。

（三）代扣代收税款凭证。

（四）社会公共部门提供的有关信息。

（五）税务机关的纳税检查情况和处罚记录。

（六）税务机关掌握的其他资料。

第四章　纳税人与扣缴义务人向税务机关双向申报制度

第十五条　纳税人与扣缴义务人向税务机关双向申报制度是指，纳税人与扣缴义务人按照法律、行政法规规定和税务机关依法律、行政法规所提出的要求，分别向主管税务机关办理纳税申报，税务机关对纳税人和扣缴义务人提供的收入、纳税信息进行交叉比对、核查的一项制度。

第十六条　对税法及其实施条例，以及相关法律、法规规定纳税人必须自行申报的，税务机关应要求其自行向主管税务机关进行纳税申报。

第十七条　税务机关接受纳税人、扣缴义务人的纳税申报时，应对申报的时限、应税项目、适用税率、税款计算及相关资料的完整性和准确性进行初步审核，发现有误的，应及时要求纳税人、扣缴义务人修正申报。

第十八条　税务机关应对双向申报的内容进行交叉比对和评估分析，从中发现问题并及时依法处理。

第五章　与社会各部门配合的协税制度

第十九条　与社会各部门配合的协税制度是指，税务机关应建立与个人收入和个人所得税征管有关的各部门的协调与配合的制度，及时掌握税源和与纳税有关的信息，共同制定和实施协税、护税措施，形成社会协税、护税网络。

第二十条　税务机关应重点加强与以下部门的协调配合：公安、检察、法院、工商、银行、文化体育、财政、劳动、房管、交通、审计、外汇管理等部门。

第二十一条　税务机关通过加强与有关部门的协调配合，着重掌握纳税人的相关收入信息。

（一）与公安部门联系，了解中国境内无住所个人出入境情况及在中国境内的居留暂住情况，实施阻止欠税人出境制度，掌握个人购车等情况。

（二）与工商部门联系，了解纳税人登记注册的变化情况和股份制企业股东及股本变化等情况。

（三）与文化体育部门联系，掌握各种演出、比赛获奖等信息，落实演出承办单位和体育单位的代扣代缴义务等情况。

（四）与房管部门联系，了解房屋买卖、出租等情况。

（五）与交通部门联系，了解出租车、货运车以及运营等情况。

（六）与劳动部门联系，了解中国境内无住所个人的劳动就业情况。

第二十二条　税务机关应积极创造条件，逐步实现与有关部门的相关信息共享或定期交换。

第二十三条　各级税务机关应当把大力宣传和普及个人所得税法知识、不断提高公民的依法纳税意识作为一项长期的基础性工作予以高度重视，列入重要议事日程，并结合征管工作的要求、社会关注的热点和本地征管的重点，加强与上述部门的密切配合。制定周密的宣传工作计划，充分利用各种宣传媒体和途径、采取灵活多样的方式进行个人所得税宣传。

第六章　加快信息化建设

第二十四条　各级税务机关应在金税工程三期的总体框架下，按照“一体化”要求和“统筹规划、统一标准，突出重点、分步实施，整合资源、讲究实效，加强管理、保证安全”的原则，进一步加快个人所得税征管信息化建设，以此提高个人所得税征管质量和效率。

第二十五条　按照一体化建设的要求，个人所得税与其他税种具有共性的部分，由核心业务系统统一开发软件，个人所得税个性的部分单独开发软件。根据个人所得税特点，总局先行开发个人所得税代扣代缴（扣缴义务人端）和基础信息管理（税务端）两个子系统。

第二十六条　代扣代缴（扣缴义务人端）系统的要求是：

(一)为扣缴义务人提供方便快捷的报税工具。

(二)可以从扣缴义务人现有的财务等软件中导入相关信息。

(三)自动计算税款,自动生成各种报表。

(四)支持多元化的申报方式。

(五)方便扣缴义务人统计、查询、打印。

(六)提供《代扣代收税款凭证》打印功能。

(七)便于税务机关接受扣缴义务人的明细扣缴申报,准确全面掌握有关基础数据资料。

第二十七条 基础信息管理系统(税务端)的要求是:

(一)建立个人收入纳税一户式档案,用于汇集扣缴义务人、纳税人的基础信息、收入及纳税信息资料。

(二)传递个人两处以上取得的收入及纳税信息给征管环节。

(三)从一户式档案中筛选高收入个人、高收入行业、重点纳税人、重点扣缴义务人,并实施重点管理。

(四)通过对纳税人收入、纳税相关信息进行汇总比对,判定纳税人申报情况的真实性。

(五)通过设定各类统计指标、口径和运用统计结果,为加强个人所得税管理和完善政策提供决策支持。

(六)建立与各部门的数据应用接口,为其他税费征收提供信息。

(七)按规定打印《中华人民共和国个人所得税完税证明》,为纳税人提供完税依据。

第二十八条 省级税务机关应做好现有个人所得税征管软件的整合工作。省级及以下各级税务机关原则上不应再自行开发个人所得税征管软件。

第七章 加强高收入者的重点管理

第二十九条 税务机关应将下列人员纳入重点纳税人范围:金融、保险、证券、电力、电信、石油、石化、烟草、民航、铁道、房地产、学校、医院、城市供水供气、出版社、公路管理、外商投资企业和外国企业、高新技术企业、中介机构、体育俱乐部等高收入行业人员;民营经济投资者、影视明星、歌星、体育明星、模特等高收入个人;临时来华演出人员。

第三十条 各级税务机关应从下列人员中,选择一定数量的个人作为重点纳税人,实施重点管理:

(一)收入较高者。

(二)知名度较高者。

(三)收入来源渠道较多者。

(四)收入项目较多者。

(五)无固定单位的自由职业者。

(六)对税收征管影响较大者。

第三十一条 各级税务机关对重点纳税人应实行滚动动态管理办法,每年都应根据本地实际情况,适时增补重点纳税人,不断扩大重点纳税人管理范围,直至实现全员全额管理。

第三十二条 税务机关应对重点纳税人按人建立专门档案,实行重点管理,随时跟踪其收入和纳税变化情况。

第三十三条 各级税务机关应充分利用建档管理掌握的重点纳税人信息,定期对重点纳税人的收入、纳税情况进行比对、评估分析,从中发现异常问题,及时采取措施堵塞管理漏洞。

第三十四条 省级(含计划单列市)税务机关应于每年 7 月底以前和次年 1 月底以前,分别将所确定的重点纳税人的半年和全年的基本情况及收入、纳税等情况,用 Excel 表格的形式填写《个人所得税重点纳税人收入和纳税情况汇总表》报送国家税务总局(所得税管理司)。

第三十五条 各级税务机关应强化对个体工商户、个人独资企业和合伙企业投资者以及独立从事劳务活动的个人的个人所得税征管。

(一)积极推行个体工商户、个人独资企业和合伙企业建账工作,规范财务管理,健全财务制度;有条件的地区应使用税控装置加强对纳税人的管理和监控。

(二)健全和完善核定征收工作,对账证不全、无法实行查账征收的纳税人,按规定实行核定征收,并根据纳税人经营情况及时进行定额调整。

(三)加强税务系统的协作配合,实现信息共享,建立健全个人所得税情报交流和异地协查制度,互通信息，解决同一个投资者在两处或两处以上投资和取得收入合并缴纳个人所得税的监控难题。

（四）加强个人投资者从其投资企业借款的管理，对期限超过一年又未用于企业生产经营的借款，严格按照有关规定征税。

（五）要严格对个人投资的企业和个体工商户税前扣除的管理，定期进行检查。对个人投资者以企业资金为本人、家庭成员及其相关人员支付的与生产经营无关的消费性、财产性支出，严格按照规定征税。

（六）加强对从事演出、广告、讲课、医疗等人员的劳务报酬所得的征收管理，全面推行预扣预缴办法，从源泉上加强征管。

第三十六条　税务机关要加强对重点纳税人、独立纳税人的专项检查，严厉打击涉税违法犯罪行为。各地每年应当通过有关媒体公开曝光2至3起个人所得税违法犯罪案件。

第三十七条　税务机关要重视和加强重点纳税人、独立纳税人的个人所得税日常检查，及时发现征管漏洞和薄弱环节，制定和完善征管制度、办法。日常检查由省级以下税务机关的征管和税政部门共同组织实施。

实施日常检查应当制订计划，并按规定程序进行，防止多次、重复检查，防止影响纳税人的生产经营。

第八章　加强税源的源泉管理

第三十八条　税务机关应严格税务登记管理制度，认真开展漏征漏管户的清理工作，摸清底数。

第三十九条　税务机关应按照有关要求建立和健全纳税人、扣缴义务人的档案，切实加强个人所得税税源管理。

第四十条　税务机关应继续做好代扣代缴工作，提高扣缴质量和水平：

（一）要继续贯彻落实已有的个人所得税代扣代缴工作制度和办法，并在实践中不断完善提高。

（二）要对本地区所有行政、企事业单位、社会团体等扣缴义务人进行清理和摸底，在此基础上按照纳税档案管理的指标建立扣缴义务人台账或基本账户，对其实行跟踪管理。

（三）配合全员全额管理，推行扣缴义务人支付个人收入明细申报制度。

（四）对下列行业应实行重点税源管理：金融、保险、证券、电力、电信、石油、石化、烟草、民航、铁道、房地产、学校、医院、城市供水供气、出版社、公路管理、外商投资企业、高新技术企业、中介机构、体育俱乐部等高收入行业；连续3年（含3年）为零申报的代扣代缴单位（以下简称长期零申报单位）。

（五）对重点税源管理的行业、单位和长期零申报单位，应将其列为每年开展专项检查的重点对象，或对其纳税申报材料进行重点审核。

第四十一条　各级税务机关应充分利用与各部门配合的协作制度，从公安、工商、银行、文化、体育、房管、劳动、外汇管理等社会公共部门获取税源信息。

第四十二条　各级税务机关应利用从有关部门获取的信息，加强税源管理、进行纳税评估。税务机关应定期分析税源变化情况，对变动较大等异常情况，应及时分析原因，采取相应管理措施。

第四十三条　各级税务机关在加强查账征收工作的基础上，对符合征管法第三十五条规定情形的，采取定期定额征收和核定应税所得率征收，以及其他合理的办法核定征收个人所得税。

对共管个体工商户的应纳税经营额由国家税务局负责核定。

第四十四条　主管税务机关在确定对纳税人的核定征收方式后，要选择有代表性的典型户进行调查，在此基础上确定应纳税额。典型调查面不得低于核定征收纳税人的3%。

第九章　加强全员全额管理

第四十五条　全员全额管理是指，凡取得应税收入的个人，无论收入额是否达到个人所得税的纳税标准，均应就其取得的全部收入，通过代扣代缴和个人申报，全部纳入税务机关管理。

第四十六条　各级税务机关应本着先扣缴义务人后纳税人，先重点行业、企业和纳税人后一般行业、企业和纳税人，先进“笼子”后规范的原则，积极稳妥地推进全员全额管理工作。

第四十七条　各级税务机关要按照规定和要求，尽快建立个人收入档案管理制度、代扣代缴明细账制度、纳税人与扣缴义务人向税务机关双向申报制度、与社会各部门配合的协税制度，为实施全员全额管理打下基础。

第四十八条 各级税务机关应积极创造条件，并根据金税工程三期的总体规划和有关要求，依托信息化手段，逐步实现全员全额申报管理，并在此基础上，为每个纳税人开具完税凭证（证明）。

第四十九条 税务机关应充分利用全员全额管理掌握的纳税人信息、扣缴义务人信息、税源监控信息、有关部门、媒体提供的信息、税收管理人员实地采集的信息等，依据国家有关法律和政策法规的规定，对自行申报纳税人纳税申报情况和扣缴义务人扣缴税情况的真实性、准确性进行分析、判断，开展个人所得税纳税评估，提高全员全额管理的质量。

第五十条 税务机关应加强个人独资和合伙企业投资者、个体工商户、独立劳务者等无扣缴义务人的独立纳税人的基础信息和税源管理工作。

第五十一条 个人所得税纳税评估应按“人机结合”的方式进行，其基本原理和流程是：根据当地居民收入水平及其变动、行业收入水平及其变动等影响个人所得税的相关因素，建立纳税评估分析系统；根据税收收入增减额、增减率或行业平均指标模型确定出纳税评估的重点对象；对纳税评估对象进行具体评估分析，查找锁定引起该扣缴义务人或者纳税人个人所得税变化的具体因素；据此与评估对象进行约谈，要求其说明情况并纠正错误，或者交由稽查部门实施稽查，并进行后续的重点管理。

第五十二条 税务机关应按以下范围和来源采集纳税评估的信息：

（一）信息采集的范围

1. 当地职工年平均工资、月均工资水平。

2. 当地分行业职工年平均工资、月均工资水平。

3. 当地分行业资金利润率。

4. 企业财务报表相关数据。

5. 股份制企业分配股息、红利情况。

6. 其他有关数据。

（二）信息采集的来源

1. 税务登记的有关信息。

2. 纳税申报的有关信息。

3. 会计报表有关信息。

4. 税控收款装置的有关信息。

5. 中介机构出具的审计报告、评估报告的信息。

6. 相关部门、媒体提供的信息。

7. 税收管理人员到纳税户了解采集的信息。

8. 其他途径采集的纳税人和扣缴义务人与个人所得税征管有关的信息。

第五十三条 税务机关应设置纳税评估分析指标、财务分析指标、业户不良记录评析指标，通过分析确定某一期间个人所得税的总体税源发生增减变化的主要行业、主要企业、主要群体，确定纳税评估重点对象。个人所得税纳税评估的程序、指标、方法等按照总局《纳税评估管理办法》（试行）及相关规定执行。

第五十四条 个人所得税纳税评估主要从以下项目进行：

（一）工资、薪金所得，应重点分析工资总额增减率与该项目税款增减率对比情况，人均工资增减率与人均该项目税款增减率对比情况，税款增减率与企业利润增减率对比分析，同行业、同职务人员的收入和纳税情况对比分析。

（二）利息、股息、红利所得，应重点分析当年该项目税款与上年同期对比情况，该项目税款增减率与企业利润增减率对比情况，企业转增个人股本情况，企业税后利润分配情况。

（三）个体工商户的生产、经营所得（含个人独资企业和合伙企业），应重点分析当年与上年该项目税款对比情况，该项目税款增减率与企业利润增减率对比情况；税前扣除项目是否符合现行政策规定；是否连续多个月零申报；同地区、同行业个体工商户生产、经营所得的税负对比情况。

（四）对企事业单位的承包经营、承租经营所得，应重点分析当年与上年该项目税款对比情况，该项目税款增减率与企业利润增减率对比情况，其行业利润率、上缴税款占利润总额的比重等情况；是否连续多个月零申报；同地区、同行业对企事业单位的承包经营、承租经营所得的税负对比情况。

（五）劳务报酬所得，应重点分析纳税人取得的所得与过去对比情况，支付劳务费的合同、协议、项目情况，单位白条列支劳务报酬情况。

（六）其他各项所得，应结合个人所得税征管实际，选择有针对性的评估指标进行评估分析。

第十章　附　　则

第五十五条　储蓄存款利息所得的个人所得税管理办法，另行制定。

第五十六条　此前规定与本办法不一致的，按本办法执行。

第五十七条　本办法未尽事宜按照税收法律、法规以及相关规定办理。

第五十八条　本办法由国家税务总局负责解释，各省、自治区、直辖市和计划单列市税务局可根据本办法制定具体实施意见。

第五十九条　本办法自2005年10月1日起执行。

【注释】《个人所得税法》第13条。

国家税务总局关于纳税人收回转让的股权征收个人所得税问题的批复

国税函〔2005〕130号

四川省地方税务局：

你局《关于纳税人收回转让的股权是否退还已纳个人所得税问题的请示》（川地税发〔2004〕126号）收悉。经研究，现批复如下：

一、根据《中华人民共和国个人所得税法》（以下简称个人所得税法）及其实施条例和《中华人民共和国税收征收管理法》（以下简称征管法）的有关规定，股权转让合同履行完毕、股权已作变更登记，且所得已经实现的，转让人取得的股权转让收入应当依法缴纳个人所得税。转让行为结束后，当事人双方签订并执行解除原股权转让合同、退回股权的协议，是另一次股权转让行为，对前次转让行为征收的个人所得税款不予退回。

二、股权转让合同未履行完毕，因执行仲裁委员会作出的解除股权转让合同及补充协议的裁决、停止执行原股权转让合同，并原价收回已转让股权的，由于其股权转让行为尚未完成、收入未完全实现，随着股权转让关系的解除，股权收益不复存在，根据个人所得税法和征管法的有关规定，以及从行政行为合理性原则出发，纳税人不应缴纳个人所得税。

【注释】《个人所得税法》第4条。

个人所得税全员全额扣缴申报管理暂行办法

国税发〔2005〕205号

第一条　为加强个人所得税征收管理，规范扣缴义务人的代扣代缴行为，维护纳税人和扣缴义务人的合法权益，根据《中华人民共和国个人所得税法》（以下简称税法）及其实施条例、《中华人民共和国税收征收管理法》（以下简称征管法）及其实施细则和其他法律、法规的规定，制定本办法。

第二条　扣缴义务人必须依法履行个人所得税全员全额扣缴申报义务。

第三条　本办法所称个人所得税全员全额扣缴申报（以下简称扣缴申报），是指扣缴义务人向个人支付应税所得时，不论其是否属于本单位人员、支付的应税所得是否达到纳税标准，扣缴义务人应当在代扣税款的次月内，向主管税务机关报送其支付应税所得个人（以下简称个人）的基本信息、支付所得项目和数额、扣缴税款数额以及其他相关涉税信息。

本办法所称扣缴义务人，是指向个人支付应税所得的单位和个人。

第四条 实行个人所得税全员全额扣缴申报的应税所得包括：

（一）工资、薪金所得；

（二）劳务报酬所得；

（三）稿酬所得；

（四）特许权使用费所得；

（五）利息、股息、红利所得；

（六）财产租赁所得；

（七）财产转让所得；

（八）偶然所得；

（九）经国务院财政部门确定征税的其他所得。

第五条 扣缴义务人应向主管税务机关报送个人的以下基础信息：姓名、身份证照类型及号码、职务、户籍所在地、有效联系电话、有效通信地址及邮政编码等。

对下列个人，扣缴义务人还应加报有关信息：

（一）非雇员（不含股东、投资者）：工作单位名称等；

（二）股东、投资者：公司股本（投资）总额、个人股本（投资）额等；

（三）在中国境内无住所的个人（含雇员和非雇员）：外文姓名、国籍或地区、出生地（中、外文）、居留许可号码（或台胞证号码、回乡证号码）、劳动就业证号码、职业、境内职务、境外职务、入境时间、任职期限、预计在华时间、预计离境时间、境内任职单位名称及税务登记证号码、境内任职单位地址和邮政编码及联系电话、境外派遣单位名称（中、外文）、境外派遣单位地址（中、外文）、支付地（包括境内支付和境外支付）等。

储蓄机构向储户支付的储蓄存款利息所得、证券兑付机构向企业债券持有人兑付的企业债券利息所得和上市公司向股民支付的股息、红利所得，可暂报送以下信息：姓名、身份证照类型及号码、支付的利息（股息、红利）所得、扣缴税款等。

各地应根据这些基础信息和管理工作的要求，制定《个人基础信息登记表》，并要求扣缴义务人填报。

第六条 扣缴义务人在进行初次扣缴申报时，应报送第五条所述个人的基础信息。个人及基础信息发生变化时，扣缴义务人应在次月扣缴申报时，将变更信息报送主管税务机关。

第七条 扣缴义务人在扣缴税款时，应按每个人逐栏逐项填写《扣缴个人所得税报告表》、《支付个人收入明细表》。

《扣缴个人所得税报告表》填写实际缴纳了个人所得税的个人情况。《支付个人收入明细表》填写支付了应税所得，但未达到纳税标准的个人情况。

已实行扣缴申报信息化管理的，可以将《支付个人收入明细表》并入《扣缴个人所得税报告表》。

第八条 扣缴义务人在税法规定的期限内解缴代扣税款时，应向主管税务机关报送《扣缴个人所得税报告表》、《支付个人收入明细表》和个人基础信息。但同时报送有困难的，应最迟在扣缴税款的次月底前报送。

第九条 扣缴义务人应设立代扣代缴个人所得税款备查簿，正确反映扣缴个人所得税情况。

第十条 主管税务机关应严格审核扣缴义务人的扣缴申报资料。对《扣缴个人所得税报告表》和《支付个人收入明细表》没有按每一个人逐栏逐项填写的，或者填写不准确的，应要求扣缴义务人重新填报。

第十一条 扣缴义务人可以直接到税务机关办理扣缴申报，也可以按照规定采取邮寄、数据电文或者其他方式办理扣缴申报。

第十二条 扣缴义务人不能按期报送《扣缴个人所得税报告表》、《支付个人收入明细表》和个人基础信息，需要延期申报的，应按征管法的有关规定办理。

第十三条 扣缴义务人代扣税款时，纳税人要求扣缴义务人开具代扣税款凭证的，扣缴义务人应当开具。扣缴义务人应在开具代扣税款凭证的次月扣缴申报时，将开具代扣税款凭证的底联一并报送主管税务机关。

第十四条 主管税务机关应按照“一户式”管理的要求，对每个扣缴义务人建立档案，其内容包括：

（一）扣缴义务人编码、扣缴义务人名称、登记证照类型、税务登记证号码、电话号码、电子邮件地址、行业、经济类型、单位地址、邮政编码、法定代表人(单位负责人)和财务主管人员姓名及联系电话、税务登记机关、税务登记日期、主管税务机关；

(二)全年的职工人数、纳税人数及汇总的应纳税所得额(按所得项目归类汇总)、免税收入、应纳税额(按所得项目归类汇总)、减免税额、已扣税额、应补(退)税额、滞纳金、罚款等。

第十五条　主管税务机关应以个人身份证照号码或个人纳税编码为标识，归集个人的基础信息、收入及纳税信息，逐人建立个人收入与纳税档案。

第十六条　税务机关应于年度终了3个月内，为已经实行扣缴申报后的个人按其全年实际缴纳的个人所得税额开具《中华人民共和国个人所得税完税证明》。

第十七条　税务机关应根据所掌握的涉税信息，定期对扣缴义务人扣缴申报和个人自行纳税申报的情况进行交叉稽核、分析评估。

第十八条　扣缴义务人未按照规定设置、保管代扣代缴税款账簿或者保管代扣代缴税款记账凭证及有关资料的，依照征管法第六十一条的规定给予相应处罚。

第十九条　扣缴义务人未按照规定的期限向主管税务机关报送《扣缴个人所得税报告表》、《支付个人收入明细表》和个人基础信息等有关情况的，依照征管法第六十二条的规定给予相应处罚。

第二十条　税务机关应依法为扣缴义务人和个人的情况保密。对未为扣缴义务人和个人保密的，对直接负责的主管人员和其他直接责任人员，由所在单位或者有关单位依法给予行政处分。

第二十一条　其他税收违法行为，按照法律、法规的有关规定处理。

第二十二条　税务机关应加强对扣缴义务人和个人的税法宣传、政策辅导和咨询服务。

第二十三条　各省、自治区、直辖市和计划单列市国家税务局、地方税务局可以根据本办法，结合本地实际，制定具体实施办法，并报国家税务总局备案。

第二十四条　本办法由国家税务总局负责解释。

第二十五条　本办法从2006年1月1日起执行。此前规定与本办法有抵触或不一致的，按本办法执行。

【注释】《个人所得税法实施条例》第37条。

国家税务总局关于单位为员工支付有关保险缴纳个人所得税问题的批复

国税函〔2005〕318号

黑龙江省地方税务局：

你局《关于代扣代缴单位为员工支付保险有关缴纳个人所得税问题的请示》(黑地税发〔2005〕19号)收悉。经研究，现批复如下：

依据《中华人民共和国个人所得税法》及有关规定，对企业为员工支付各项免税之外的保险金，应在企业向保险公司缴付时(即该保险落到被保险人的保险账户)并入员工当期的工资收入，按“工资、薪金所得”项目计征个人所得税，税款由企业负责代扣代缴。

【注释】《个人所得税法实施条例》第8条。

国家税务总局关于企业为股东个人购买汽车征收个人所得税的批复

国税函〔2005〕364号

辽宁省地方税务局：

你局《关于企业利用资金为股东个人购买汽车征收个人所得税问题的请示》(辽地税发〔2005〕19号)收

悉。经研究，批复如下：

一、依据《中华人民共和国个人所得税法》以及有关规定，企业购买车辆并将车辆所有权办到股东个人名下，其实质为企业对股东进行了红利性质的实物分配，应按照“利息、股息、红利所得”项目征收个人所得税。考虑到该股东个人名下的车辆同时也为企业经营使用的实际情况，允许合理减除部分所得，减除的具体数额由主管税务机关根据车辆的实际使用情况合理确定。

二、依据《中华人民共和国企业所得税暂行条例》以及有关规定，上述企业为个人股东购买的车辆，不属于企业的资产，不得在企业所得税前扣除折旧。

【注释】《个人所得税法实施条例》第8条。

国家税务总局关于个人兼职和退休人员再任职取得收入如何计算征收个人所得税问题的批复

国税函〔2005〕382号

厦门市地方税务局：

你局《关于个人兼职和退休人员再任职取得收入如何计算征收个人所得税问题的请示》(厦地税发〔2005〕34号)收悉。经研究，批复如下：

根据《中华人民共和国个人所得税法》(以下简称个人所得税法)、《国家税务总局关于印发〈征收个人所得税若干问题的规定〉的通知》(国税发〔1994〕089号)和《国家税务总局关于影视演职人员个人所得税问题的批复》(国税函〔1997〕385号)的规定精神，个人兼职取得的收入应按照“劳务报酬所得”应税项目缴纳个人所得税；退休人员再任职取得的收入，在减除按个人所得税法规定的费用扣除标准后，按“工资、薪金所得”应税项目缴纳个人所得税。

【注释】《个人所得税法实施条例》第8条。

国家税务总局关于个人因购买和处置债权取得所得征收个人所得税问题的批复

国税函〔2005〕655号

天津市地方税务局：

你局《关于个人通过购买债权取得的收入如何征收个人所得税问题的请示》(津地税所〔2005〕4号)收悉。经研究，批复如下：

一、根据《中华人民共和国个人所得税法》及有关规定，个人通过招标、竞拍或其他方式购置债权以后，通过相关司法或行政程序主张债权而取得的所得，应按照“财产转让所得”项目缴纳个人所得税。

二、个人通过上述方式取得“打包”债权，只处置部分债权的，其应纳税所得额按以下方式确定：

(一)以每次处置部分债权的所得，作为一次财产转让所得征税。

(二)其应税收入按照个人取得的货币资产和非货币资产的评估价值或市场价值的合计数确定。

(三)所处置债权成本费用(即财产原值)，按下列公式计算：

当次处置债权成本费用＝个人购置“打包”债权实际支出×当次处置债权账面价值(或拍卖机构公布价值)÷“打包”债权账面价值(或拍卖机构公布价值)。

(四)个人购买和和处置债权过程中发生的拍卖招标手续费、诉讼费、审计评估费以及缴纳的税金等合理税费，在计算个人所得税时允许扣除。

【注释】《个人所得税法实施条例》第8条。

国家税务总局关于纳税人取得不含税全年一次性奖金收入计征个人所得税问题的批复

国税函〔2005〕715 号

北京市地方税务局：

你局《关于全年一次性奖金单位负担税款计算方法的请示》(京地税个〔2005〕278 号)收悉。经研究，批复如下：

一、根据《国家税务总局关于印发〈征收个人所得税若干问题的规定〉的通知》(国税发〔1994〕089 号)第十四条的规定，不含税全年一次性奖金换算为含税奖金计征个人所得税的具体方法为：

(一)按照不含税的全年一次性奖金收入除以 12 的商数，查找相应适用税率 A 和速算扣除数 A；

(二)含税的全年一次性奖金收入＝(不含税的全年一次性奖金收入－速算扣除数 A)÷(1－适用税率 A)；

(三)按含税的全年一次性奖金收入除以 12 的商数，重新查找适用税率 B 和速算扣除数 B；

(四)应纳税额＝含税的全年一次性奖金收入×适用税率 B－速算扣除数 B。

二、如果纳税人取得不含税全年一次性奖金收入的当月工资薪金所得，低于税法规定的费用扣除额，应先将不含税全年一次性奖金减去当月工资薪金所得低于税法规定费用扣除额的差额部分后，再按照上述第一条规定处理。

三、根据企业所得税和个人所得税的现行规定，企业所得税的纳税人、个人独资和合伙企业、个体工商户为个人支付的个人所得税款，不得在所得税前扣除。

【注释】《个人所得税法》第 6 条；《国家税务总局关于印发〈征收个人所得税若干问题的规定〉的通知》(国税发〔1994〕089 号)。

财政部 国家税务总局关于基本养老保险费基本医疗保险费失业保险费住房公积金有关个人所得税政策的通知

财税〔2006〕10 号

各省、自治区、直辖市、计划单列市财政厅(局)、国家税务局、地方税务局，财政部驻各省、自治区、直辖市、计划单列市财政监察专员办事处，新疆生产建设兵团财务局：

根据国务院 2005 年 12 月公布的《中华人民共和国个人所得税法实施条例》有关规定，现对基本养老保险费、基本医疗保险费、失业保险费、住房公积金有关个人所得税政策问题通知如下：

一、企事业单位按照国家或省(自治区、直辖市)人民政府规定的缴费比例或办法实际缴付的基本养老保险费、基本医疗保险费和失业保险费，免征个人所得税；个人按照国家或省(自治区、直辖市)人民政府规定的缴费比例或办法实际缴付的基本养老保险费、基本医疗保险费和失业保险费，允许在个人应纳税所得额中扣除。

企事业单位和个人超过规定的比例和标准缴付的基本养老保险费、基本医疗保险费和失业保险费，应将超过部分并入个人当期的工资、薪金收入，计征个人所得税。

二、根据《住房公积金管理条例》、《建设部财政部中国人民银行关于住房公积金管理若干具体问题的指导意见》(建金管〔2005〕5 号)等规定精神，单位和个人分别在不超过职工本人上一年度月平均工资 12%的幅度内，其实际缴存的住房公积金，允许在个人应纳税所得额中扣除。单位和职工个人缴存住房公积金的月平均工资不得超过职工工作地所在设区城市上一年度职工月平均工资的 3 倍，具体标准按照各地有关规定执行。

单位和个人超过上述规定比例和标准缴付的住房公积金，应将超过部分并入个人当期的工资、薪金收入，计征个人所得税。

三、个人实际领（支）取原提存的基本养老保险金、基本医疗保险金、失业保险金和住房公积金时，免征个人所得税。

四、上述职工工资口径按照国家统计局规定列入工资总额统计的项目计算。

五、各级财政、税务机关要按照依法治税的要求，严格执行本通知的各项规定。对于各地擅自提高上述保险费和住房公积金税前扣除标准的，财政、税务机关应予坚决纠正。

六、本通知发布后，《财政部 国家税务总局关于住房公积金医疗保险金养老保险金征收个人所得税问题的通知》（财税字〔1997〕144 号）第一条、第二条和《国家税务总局关于失业保险费（金）征免个人所得税问题的通知》（国税发〔2000〕83 号）同时废止。

【注释】 《个人所得税法实施条例》第 25 条。

国家税务总局关于个人住房转让所得征收个人所得税有关问题的通知

国税发〔2006〕108 号

各省、自治区、直辖市和计划单列市地方税务局，河北、黑龙江、江苏、浙江、山东、安徽、福建、江西、河南、湖南、广东、广西、重庆、贵州、青海、宁夏、新疆、甘肃省（自治区、直辖市）财政厅（局），青岛、宁波、厦门市财政局：

《中华人民共和国个人所得税法》及其实施条例规定，个人转让住房，以其转让收入额减除财产原值和合理费用后的余额为应纳税所得额，按照"财产转让所得"项目缴纳个人所得税。之后，根据我国经济形势发展需要，《财政部 国家税务总局 建设部关于个人出售住房所得征收个人所得税有关问题的通知》（财税字〔1999〕278 号）对个人转让住房的个人所得税应纳税所得额计算和换购住房的个人所得税有关问题做了具体规定。目前，在征收个人转让住房的个人所得税中，各地又反映出一些需要进一步明确的问题。为完善制度，加强征管，根据个人所得税法和税收征收管理法的有关规定精神，现就有关问题通知如下：

一、对住房转让所得征收个人所得税时，以实际成交价格为转让收入。纳税人申报的住房成交价格明显低于市场价格且无正当理由的，征收机关依法有权根据有关信息核定其转让收入，但必须保证各税种计税价格一致。

二、对转让住房收入计算个人所得税应纳税所得额时，纳税人可凭原购房合同、发票等有效凭证，经税务机关审核后，允许从其转让收入中减除房屋原值、转让住房过程中缴纳的税金及有关合理费用。

（一）房屋原值具体为：

1. 商品房：购置该房屋时实际支付的房价款及交纳的相关税费。

2. 自建住房：实际发生的建造费用及建造和取得产权时实际交纳的相关税费。

3. 经济适用房（含集资合作建房、安居工程住房）：原购房人实际支付的房价款及相关税费，以及按规定交纳的土地出让金。

4. 已购公有住房：原购公有住房标准面积按当地经济适用房价格计算的房价款，加上原购公有住房超标准面积实际支付的房价款以及按规定向财政部门（或原产权单位）交纳的所得收益及相关税费。

已购公有住房是指城镇职工根据国家和县级（含县级）以上人民政府有关城镇住房制度改革政策规定，按照成本价（或标准价）购买的公有住房。

经济适用房价格按县级（含县级）以上地方人民政府规定的标准确定。

5. 城镇拆迁安置住房：根据《城市房屋拆迁管理条例》（国务院令第 305 号）和《建设部关于印发〈城市房屋拆迁估价指导意见〉的通知》（建住房〔2003〕234 号）等有关规定，其原值分别为：

（1）房屋拆迁取得货币补偿后购置房屋的，为购置该房屋实际支付的房价款及交纳的相关税费；

(2)房屋拆迁采取产权调换方式的,所调换房屋原值为《房屋拆迁补偿安置协议》注明的价款及交纳的相关税费;

(3)房屋拆迁采取产权调换方式,被拆迁人除取得所调换房屋,又取得部分货币补偿的,所调换房屋原值为《房屋拆迁补偿安置协议》注明的价款和交纳的相关税费,减去货币补偿后的余额;

(4)房屋拆迁采取产权调换方式,被拆迁人取得所调换房屋,又支付部分货币的,所调换房屋原值为《房屋拆迁补偿安置协议》注明的价款,加上所支付的货币及交纳的相关税费。

(二)转让住房过程中缴纳的税金是指:纳税人在转让住房时实际缴纳的营业税、城市维护建设税、教育费附加、土地增值税、印花税等税金。

(三)合理费用是指:纳税人按照规定实际支付的住房装修费用、住房贷款利息、手续费、公证费等费用。

1. 支付的住房装修费用。纳税人能提供实际支付装修费用的税务统一发票,并且发票上所列付款人姓名与转让房屋产权人一致的,经税务机关审核,其转让的住房在转让前实际发生的装修费用,可在以下规定比例内扣除:

(1)已购公有住房、经济适用房:最高扣除限额为房屋原值的15%;

(2)商品房及其他住房:最高扣除限额为房屋原值的10%。

纳税人原购房为装修房,即合同注明房价款中含有装修费(铺装了地板,装配了洁具、厨具等)的,不得再重复扣除装修费用。

2. 支付的住房贷款利息。纳税人出售以按揭贷款方式购置的住房的,其向贷款银行实际支付的住房贷款利息,凭贷款银行出具的有效证明据实扣除。

3. 纳税人按照有关规定实际支付的手续费、公证费等,凭有关部门出具的有效证明据实扣除。

本条规定自2006年8月1日起执行。

三、纳税人未提供完整、准确的房屋原值凭证,不能正确计算房屋原值和应纳税额的,税务机关可根据《中华人民共和国税收征收管理法》第三十五条的规定,对其实行核定征税,即按纳税人住房转让收入的一定比例核定应纳个人所得税额。具体比例由省级地方税务局或者省级地方税务局授权的地市级地方税务局根据纳税人出售住房的所处区域、地理位置、建造时间、房屋类型、住房平均价格水平等因素,在住房转让收入1%—3%的幅度内确定。

四、各级税务机关要严格执行《国家税务总局关于进一步加强房地产税收管理的通知》(国税发〔2005〕82号)和《国家税务总局关于实施房地产税收一体化管理若干具体问题的通知》(国税发〔2005〕156号)的规定。为方便出售住房的个人依法履行纳税义务,加强税收征管,主管税务机关要在房地产交易场所设置税收征收窗口,个人转让住房应缴纳的个人所得税,应与转让环节应缴纳的营业税、契税、土地增值税等税收一并办理;地方税务机关暂没有条件在房地产交易场所设置税收征收窗口的,应委托契税征收部门一并征收个人所得税等税收。

五、各级税务机关要认真落实有关住房转让个人所得税优惠政策。按照《财政部 国家税务总局 建设部关于个人出售住房所得征收个人所得税有关问题的通知》(财税字〔1999〕278号)的规定,对出售自有住房并拟在现住房出售1年内按市场价重新购房的纳税人,其出售现住房所缴纳的个人所得税,先以纳税保证金形式缴纳,再视其重新购房的金额与原住房销售额的关系,全部或部分退还纳税保证金;对个人转让自用5年以上,并且是家庭唯一生活用房取得的所得,免征个人所得税。要不折不扣地执行上述优惠政策,确保维护纳税人的合法权益。

六、各级税务机关要做好住房转让的个人所得税纳税保证金收取、退还和有关管理工作。要按照《财政部 国家税务总局 建设部关于个人出售住房所得征收个人所得税有关问题的通知》(财税字〔1999〕278号)和《国家税务总局财政部中国人民银行关于印发〈税务代保管资金账户管理办法〉的通知》(国税发〔2005〕181号)要求,按规定建立个人所得税纳税保证金专户,为缴纳纳税保证金的纳税人建立档案,加强对纳税保证金信息的采集、比对、审核;向纳税人宣传解释纳税保证金的征收、退还政策及程序;认真做好纳税保证金退还事宜,符合条件的确保及时办理。

七、各级税务机关要认真宣传和落实有关税收政策,维护纳税人的各项合法权益。一是要持续、广泛地宣传个人所得税法及有关税收政策,加强对纳税人和征收人员如何缴纳住房交易所得个人所得税的纳税辅导;二是要加强与房地产管理部门、中介机构的协调、沟通,充分发挥中介机构协税护税作用,促使其协助纳税人准确计算税款；三是严格执行住房交易所得的减免税条件和审批程序，明确纳税人应报送的有关资料，做好涉税资料审查鉴定工作；四是对于符合减免税政策的个人住房交易所得，要及时办理减免税审批手续。

【注释】《个人所得税法》第6条。

国家税务总局关于印发《个人所得税自行纳税申报办法（试行）》的通知

国税发〔2006〕162号

个人所得税自行纳税申报办法（试行）

第一章 总 则

第一条 为进一步加强个人所得税征收管理，保障国家税收收入，维护纳税人的合法权益，方便纳税人自行纳税申报，规范自行纳税申报行为，根据《中华人民共和国个人所得税法》（以下简称个人所得税法）及其实施条例、《中华人民共和国税收征收管理法》（以下简称税收征管法）及其实施细则和其他法律、法规的有关规定，制定本办法。

第二条 凡依据个人所得税法负有纳税义务的纳税人，有下列情形之一的，应当按照本办法的规定办理纳税申报：

（一）年所得12万元以上的；

（二）从中国境内两处或者两处以上取得工资、薪金所得的；

（三）从中国境外取得所得的；

（四）取得应税所得，没有扣缴义务人的；

（五）国务院规定的其他情形。

第三条 本办法第二条第一项年所得12万元以上的纳税人，无论取得的各项所得是否已足额缴纳了个人所得税，均应当按照本办法的规定，于纳税年度终了后向主管税务机关办理纳税申报。

本办法第二条第二项至第四项情形的纳税人，均应当按照本办法的规定，于取得所得后向主管税务机关办理纳税申报。

本办法第二条第五项情形的纳税人，其纳税申报办法根据具体情形另行规定。

第四条 本办法第二条第一项所称年所得12万元以上的纳税人，不包括在中国境内无住所，且在一个纳税年度中在中国境内居住不满1年的个人。

本办法第二条第三项所称从中国境外取得所得的纳税人，是指在中国境内有住所，或者无住所而在一个纳税年度中在中国境内居住满1年的个人。

第二章 申报内容

第五条 年所得12万元以上的纳税人，在纳税年度终了后，应当填写《个人所得税纳税申报表（适用于年所得12万元以上的纳税人申报）》（见附表1），并在办理纳税申报时报送主管税务机关，同时报送个人有效身份证件复印件，以及主管税务机关要求报送的其他有关资料。

有效身份证件，包括纳税人的身份证、护照、回乡证、军人身份证件等。

第六条 本办法所称年所得12万元以上，是指纳税人在一个纳税年度取得以下各项所得的合计数额达到12万元：

（一）工资、薪金所得；

（二）个体工商户的生产、经营所得；

（三）对企事业单位的承包经营、承租经营所得；

(四)劳务报酬所得；

(五)稿酬所得；

(六)特许权使用费所得；

(七)利息、股息、红利所得；

(八)财产租赁所得；

(九)财产转让所得；

(十)偶然所得；

(十一)经国务院财政部门确定征税的其他所得。

第七条　本办法第六条规定的所得不含以下所得：

(一)个人所得税法第四条第一项至第九项规定的免税所得，即：

1. 省级人民政府、国务院部委、中国人民解放军军以上单位，以及外国组织、国际组织颁发的科学、教育、技术、文化、卫生、体育、环境保护等方面的奖金；

2. 国债和国家发行的金融债券利息；

3. 按照国家统一规定发给的补贴、津贴，即个人所得税法实施条例第十三条规定的按照国务院规定发放的政府特殊津贴、院士津贴、资深院士津贴以及国务院规定免纳个人所得税的其他补贴、津贴；

4. 福利费、抚恤金、救济金；

5. 保险赔款；

6. 军人的转业费、复员费；

7. 按照国家统一规定发给干部、职工的安家费、退职费、退休工资、离休工资、离休生活补助费；

8. 依照我国有关法律规定应予免税的各国驻华使馆、领事馆的外交代表、领事官员和其他人员的所得；

9. 中国政府参加的国际公约、签订的协议中规定免税的所得。

(二)个人所得税法实施条例第六条规定可以免税的来源于中国境外的所得。

(三)个人所得税法实施条例第二十五条规定的按照国家规定单位为个人缴付和个人缴付的基本养老保险费、基本医疗保险费、失业保险费、住房公积金。

第八条　本办法第六条所指各项所得的年所得按照下列方法计算：

(一)工资、薪金所得，按照未减除费用(每月 1600 元)及附加减除费用(每月 3200 元)的收入额计算。

(二)个体工商户的生产、经营所得，按照应纳税所得额计算。实行查账征收的，按照每一纳税年度的收入总额减除成本、费用以及损失后的余额计算；实行定期定额征收的，按照纳税人自行申报的年度应纳税所得额计算，或者按照其自行申报的年度应纳税经营额乘以应税所得率计算。

(三)对企事业单位的承包经营、承租经营所得，按照每一纳税年度的收入总额计算，即按照承包经营、承租经营者实际取得的经营利润，加上从承包、承租的企事业单位中取得的工资、薪金性质的所得计算。

(四)劳务报酬所得，稿酬所得，特许权使用费所得，按照未减除费用(每次 800 元或者每次收入的 20%)的收入额计算。

(五)财产租赁所得，按照未减除费用(每次 800 元或者每次收入的 20%)和修缮费用的收入额计算。

(六)财产转让所得，按照应纳税所得额计算，即按照以转让财产的收入额减除财产原值和转让财产过程中缴纳的税金及有关合理费用后的余额计算。

(七)利息、股息、红利所得，偶然所得和其他所得，按照收入额全额计算。

第九条　纳税人取得本办法第二条第二项至第四项所得，应当按规定填写并向主管税务机关报送相应的纳税申报表(见附表 2—附表 9)，同时报送主管税务机关要求报送的其他有关资料。

第三章　申报地点

第十条　年所得 12 万元以上的纳税人，纳税申报地点分别为：

(一)在中国境内有任职、受雇单位的，向任职、受雇单位所在地主管税务机关申报。

(二)在中国境内有两处或者两处以上任职、受雇单位的，选择并固定向其中一处单位所在地主管税务机关申报。

(三)在中国境内无任职、受雇单位,年所得项目中有个体工商户的生产、经营所得或者对企事业单位的承包经营、承租经营所得(以下统称生产、经营所得)的,向其中一处实际经营所在地主管税务机关申报。

(四)在中国境内无任职、受雇单位,年所得项目中无生产、经营所得的,向户籍所在地主管税务机关申报。在中国境内有户籍,但户籍所在地与中国境内经常居住地不一致的,选择并固定向其中一地主管税务机关申报。在中国境内没有户籍的,向中国境内经常居住地主管税务机关申报。

第十一条 取得本办法第二条第二项至第四项所得的纳税人,纳税申报地点分别为:

(一)从两处或者两处以上取得工资、薪金所得的,选择并固定向其中一处单位所在地主管税务机关申报。

(二)从中国境外取得所得的,向中国境内户籍所在地主管税务机关申报。在中国境内有户籍,但户籍所在地与中国境内经常居住地不一致的,选择并固定向其中一地主管税务机关申报。在中国境内没有户籍的,向中国境内经常居住地主管税务机关申报。

(三)个体工商户向实际经营所在地主管税务机关申报。

(四)个人独资、合伙企业投资者兴办两个或两个以上企业的,区分不同情形确定纳税申报地点:

1. 兴办的企业全部是个人独资性质的,分别向各企业的实际经营管理所在地主管税务机关申报。

2. 兴办的企业中含有合伙性质的,向经常居住地主管税务机关申报。

3. 兴办的企业中含有合伙性质,个人投资者经常居住地与其兴办企业的经营管理所在地不一致的,选择并固定向其参与兴办的某一合伙企业的经营管理所在地主管税务机关申报。

(五)除以上情形外,纳税人应当向取得所得所在地主管税务机关申报。

第十二条 纳税人不得随意变更纳税申报地点,因特殊情况变更纳税申报地点的,须报原主管税务机关备案。

第十三条 本办法第十一条第四项第三目规定的纳税申报地点,除特殊情况外,5年以内不得变更。

第十四条 本办法所称经常居住地,是指纳税人离开户籍所在地最后连续居住一年以上的地方。

第四章 申报期限

第十五条 年所得12万元以上的纳税人,在纳税年度终了后3个月内向主管税务机关办理纳税申报。

第十六条 个体工商户和个人独资、合伙企业投资者取得的生产、经营所得应纳的税款,分月预缴的,纳税人在每月终了后7日内办理纳税申报;分季预缴的,纳税人在每个季度终了后7日内办理纳税申报。纳税年度终了后,纳税人在3个月内进行汇算清缴。

第十七条 纳税人年终一次性取得对企事业单位的承包经营、承租经营所得的,自取得所得之日起30日内办理纳税申报;在1个纳税年度内分次取得承包经营、承租经营所得的,在每次取得所得后的次月7日内申报预缴,纳税年度终了后3个月内汇算清缴。

第十八条 从中国境外取得所得的纳税人,在纳税年度终了后30日内向中国境内主管税务机关办理纳税申报。

第十九条 除本办法第十五条至第十八条规定的情形外,纳税人取得其他各项所得须申报纳税的,在取得所得的次月7日内向主管税务机关办理纳税申报。

第二十条 纳税人不能按照规定的期限办理纳税申报,需要延期的,按照税收征管法第二十七条和税收征管法实施细则第三十七条的规定办理。

第五章 申报方式

第二十一条 纳税人可以采取数据电文、邮寄等方式申报,也可以直接到主管税务机关申报,或者采取符合主管税务机关规定的其他方式申报。

第二十二条 纳税人采取数据电文方式申报的,应当按照税务机关规定的期限和要求保存有关纸质资料。

第二十三条 纳税人采取邮寄方式申报的,以邮政部门挂号信函收据作为申报凭据,以寄出的邮戳日期为实际申报日期。

第二十四条 纳税人可以委托有税务代理资质的中介机构或者他人代为办理纳税申报。

第六章　申报管理

第二十五条　主管税务机关应当将各类申报表，登载到税务机关的网站上，或者摆放到税务机关受理纳税申报的办税服务厅，免费供纳税人随时下载或取用。

第二十六条　主管税务机关应当在每年法定申报期间，通过适当方式，提醒年所得12万元以上的纳税人办理自行纳税申报。

第二十七条　受理纳税申报的主管税务机关根据纳税人的申报情况，按照规定办理税款的征、补、退、抵手续。

第二十八条　主管税务机关按照规定为已经办理纳税申报并缴纳税款的纳税人开具完税凭证。

第二十九条　税务机关依法为纳税人的纳税申报信息保密。

第三十条　纳税人变更纳税申报地点，并报原主管税务机关备案的，原主管税务机关应当及时将纳税人变更纳税申报地点的信息传递给新的主管税务机关。

第三十一条　主管税务机关对已办理纳税申报的纳税人建立纳税档案，实施动态管理。

第七章　法律责任

第三十二条　纳税人未按照规定的期限办理纳税申报和报送纳税资料的，依照税收征管法第六十二条的规定处理。

第三十三条　纳税人采取伪造、变造、隐匿、擅自销毁账簿、记账凭证，或者在账簿上多列支出或者不列、少列收入，或者经税务机关通知申报而拒不申报或者进行虚假的纳税申报，不缴或者少缴应纳税款的，依照税收征管法第六十三条的规定处理。

第三十四条　纳税人编造虚假计税依据的，依照税收征管法第六十四条第一款的规定处理。

第三十五条　纳税人有扣缴义务人支付的应税所得，扣缴义务人应扣未扣、应收未收税款的，依照税收征管法第六十九条的规定处理。

第三十六条　税务人员徇私舞弊或者玩忽职守，不征或者少征应征税款的，依照税收征管法第八十二条第一款的规定处理。

第三十七条　税务人员滥用职权，故意刁难纳税人的，依照税收征管法第八十二条第二款的规定处理。

第三十八条　税务机关和税务人员未依法为纳税人保密的，依照税收征管法第八十七条的规定处理。

第三十九条　税务代理人违反税收法律、行政法规，造成纳税人未缴或者少缴税款的，依照税收征管法实施细则第九十八条的规定处理。

第四十条　其他税收违法行为，依照税收法律、法规的有关规定处理。

第八章　附　　则

第四十一条　纳税申报表由各省、自治区、直辖市和计划单列市地方税务局按照国家税务总局规定的式样统一印制。

第四十二条　纳税申报的其他事项，依照税收征管法、个人所得税法及其他有关法律、法规的规定执行。

第四十三条　本办法第二条第一项年所得12万元以上情形的纳税申报，按照第十届全国人民代表大会常务委员会第十八次会议通过的《关于修改〈中华人民共和国个人所得税法〉的决定》规定的施行时间，自2006年1月1日起执行。

第四十四条　本办法有关第二条第二项至第四项情形的纳税申报规定，自2007年1月1日起执行，《国家税务总局关于印发〈个人所得税自行申报纳税暂行办法〉的通知》(国税发〔1995〕077号)同时废止。

【注释】《个人所得税法实施条例》第36条。补充规定：《国家税务总局关于明确年所得12万元以上自行纳税申报口径的通知》(国税函〔2006〕1200号)。

国家税务总局关于个体工商户定期定额征收管理有关问题的通知

国税发〔2006〕183 号

各省、自治区、直辖市和计划单列市国家税务局、地方税务局：

国家税务总局令(第 16 号)发布的《个体工商户税收定期定额征收管理办法》(以下简称《办法》)将于 2007 年 1 月 1 日开始施行。为了有利于征纳双方准确理解和全面贯彻落实《办法》，现将有关问题明确如下：

一、《办法》第二条所称的“经营数量”，是指从量计征的货物数量。

二、对虽设置账簿，但账目混乱或成本资料、收入凭证、费用凭证残缺不全，难以查账的个体工商户，税务机关可以实行定期定额征收。

三、个人所得税附征率应当按照法律、行政法规的规定和当地实际情况，分地域、行业进行换算。

个人所得税可以按照换算后的附征率，依据增值税、消费税、营业税的计税依据实行附征。

四、核定定额的有关问题

(一)定期定额户应当自行申报经营情况，对未按照规定期限自行申报的，税务机关可以不经过自行申报程序，按照《办法》第七条规定的方法核定其定额。

(二)税务机关核定定额可以到定期定额户生产、经营场所，对其自行申报的内容进行核实。

(三)运用个体工商户定额核定管理系统的，在采集有关数据时，应当由两名以上税务人员参加。

(四)税务机关不得委托其他单位核定定额。

五、新开业的个体工商户，在未接到税务机关送达的《核定定额通知书》前，应当按月向税务机关办理纳税申报，并缴纳税款。

六、对未达到起征点定期定额户的管理

(一)税务机关应当按照核定程序核定其定额。对未达起征点的定期定额户，税务机关应当送达《未达起征点通知书》。

(二)未达到起征点的定期定额户月实际经营额达到起征点，应当在纳税期限内办理纳税申报手续，并缴纳税款。

(三)未达到起征点的定期定额户连续三个月达到起征点，应当向税务机关申报，提请重新核定定额。税务机关应当按照《办法》有关规定重新核定定额，并下达《核定定额通知书》。

七、定期定额户委托银行或其他金融机构划缴税款的，其账户内存款数额，应当足以缴纳当期税款。为保证税款及时入库，其存款入账的时间不得影响银行或其他金融机构在纳税期限内将其税款划缴入库。

八、定期定额户在定额执行期结束后，应当将该期每月实际发生经营额、所得额向税务机关申报(以下简称分月汇总申报)，申报额超过定额的，税务机关按照申报额所应缴纳的税款减去已缴纳税款的差额补缴税款。

九、《办法》第二十条“……或者当期发生的经营额、所得额超过定额一定幅度……”中的“当期”，是指定额执行期内所有纳税期。

十、滞纳金的有关问题

(一)定期定额户在定额执行期届满分月汇总申报时，月申报额高于定额又低于省税务机关规定申报幅度的应纳税款，在规定的期限内申报纳税不加收滞纳金。

(二)对实行简并征期的定期定额户，其按照定额所应缴纳的税款在规定的期限内申报纳税不加收滞纳金。

十一、实行简并征期的定期定额户，在简并征期结束后应当办理分月汇总申报。

十二、定期定额户的经营额、所得额连续纳税期超过或低于定额一定幅度的，应当提请税务机关重新核定定额。具体幅度由省税务机关确定。

十三、定期定额户注销税务登记，应当向税务机关进行分月汇总申报并缴清税款。其停业是否分月汇总申报由主管税务机关确定。

【注释】《个体工商户税收定期定额征收管理办法》(国家税务总局令第16号)。

国家税务总局关于保险营销员取得佣金收入征免个人所得税问题的通知

国税函〔2006〕454号

各省、自治区、直辖市和计划单列市地方税务局：

由于目前保险市场同业竞争激烈，保险营销员的营销费用有所增加，现行规定已不能使展业成本得到完全扣除。为促进保险事业发展，合理调整保险营销员的税收负担，现通知如下：

一、根据保监会《关于明确保险营销员佣金构成的通知》(保监发〔2006〕48号)的规定，保险营销员的佣金由展业成本和劳务报酬构成。按照税法规定，对佣金中的展业成本，不征收个人所得税；对劳务报酬部分，扣除实际缴纳的营业税金及附加后，依照税法有关规定计算征收个人所得税。

根据目前保险营销员展业的实际情况，佣金中展业成本的比例暂定为40%。

二、各级税务机关要严格按照税法及上述规定计征税款，不得擅自扩大政策的适用范围、口径和标准，不得执行违反国家统一规定的政策。

三、本通知自2006年6月1日起执行，《国家税务总局关于保险营销员(非雇员)取得的收入计征个人所得税问题的通知》(国税发〔1998〕13号)第二、三、五条和《国家税务总局关于保险营销员取得收入征收个人所得税有关问题的通知》(国税发〔2002〕98号)同时废止。

【注释】《个人所得税法》第6条。

国家税务总局关于酒店产权式经营业主税收问题的批复

国税函〔2006〕478号

深圳市地方税务局：

你局《关于大梅沙海景酒店产权式经营业主税收问题的请示》(深地税发〔2006〕192号)收悉。经研究，现就有关税收处理问题批复如下：

酒店产权式经营业主(以下简称业主)在约定的时间内提供房产使用权与酒店进行合作经营，如房产产权并未归属新的经济实体，业主按照约定取得的固定收入和分红收入均应视为租金收入，根据有关税收法律、行政法规的规定，应按照"服务业—租赁业"征收营业税，按照财产租赁所得项目征收个人所得税。

【注释】《个人所得税法实施条例》第8条。

国家税务总局关于个人股权转让过程中取得违约金收入征收个人所得税问题的批复

国税函〔2006〕866号

四川省地方税务局：

你局《关于股权转让取得违约金收入如何征收个人所得税问题的请示》(川地税发〔2006〕48号)收悉。

经研究，批复如下：

根据《中华人民共和国个人所得税法》的有关规定，股权成功转让后，转让方个人因受让方个人未按规定期限支付价款而取得的违约金收入，属于因财产转让而产生的收入。转让方个人取得的该违约金应并入财产转让收入，按照“财产转让所得”项目计算缴纳个人所得税，税款由取得所得的转让方个人向主管税务机关自行申报缴纳。

【注释】 《个人所得税法实施条例》第8条。

国家税务总局关于个人股票期权所得缴纳个人所得税有关问题的补充通知

国税函〔2006〕902号

各省、自治区、直辖市和计划单列市地方税务局：

关于员工取得股票期权所得有关个人所得税处理问题，《财政部 国家税务总局关于个人股票期权所得征收个人所得税问题的通知》(财税〔2005〕35号)已经做出规定。现就有关执行问题补充通知如下：

一、员工接受雇主(含上市公司和非上市公司)授予的股票期权，凡该股票期权指定的股票为上市公司(含境内、外上市公司)股票的，均应按照财税〔2005〕35号文件进行税务处理。

二、财税〔2005〕35号文件第二条第(二)项所述“股票期权的转让净收入”，一般是指股票期权转让收入。如果员工以折价购入方式取得股票期权的，可以股票期权转让收入扣除折价购入股票期权时实际支付的价款后的余额，作为股票期权的转让净收入。

三、财税〔2005〕35号文件第二条第(二)项公式中所述“员工取得该股票期权支付的每股施权价”，一般是指员工行使股票期权购买股票实际支付的每股价格。如果员工以折价购入方式取得股票期权的，上述施权价可包括员工折价购入股票期权时实际支付的价格。

四、凡取得股票期权的员工在行权日不实际买卖股票，而按行权日股票期权所指定股票的市场价与施权价之间的差额，直接从授权企业取得价差收益的，该项价差收益应作为员工取得的股票期权形式的工资薪金所得，按照财税〔2005〕35号文件的有关规定计算缴纳个人所得税。

五、在确定员工取得股票期权所得的来源地时，按照财税〔2005〕35号文件第三条规定需划分境、内外工作期间月份数。该境、内外工作期间月份总数是指员工按企业股票期权计划规定，在可行权以前须履行工作义务的月份总数。

六、部分股票期权在授权时即约定可以转让，且在境内或境外存在公开市场及挂牌价格(以下称可公开交易的股票期权)。员工接受该可公开交易的股票期权时，应作为财税〔2005〕35号文件第二条第(一)项所述的另有规定情形，按以下规定进行税务处理：

(一)员工取得可公开交易的股票期权，属于员工已实际取得有确定价值的财产，应按授权日股票期权的市场价格，作为员工授权日所在月份的工资薪金所得，并按财税〔2005〕35号文件第四条第(一)项规定计算缴纳个人所得税。如果员工以折价购入方式取得股票期权的，可以授权日股票期权的市场价格扣除折价购入股票期权时实际支付的价款后的余额，作为授权日所在月份的工资薪金所得。

(二)员工取得上述可公开交易的股票期权后，转让该股票期权所取得的所得，属于财产转让所得，按财税〔2005〕35号文件第四条第(二)项规定进行税务处理。

(三)员工取得本条第(一)项所述可公开交易的股票期权后，实际行使该股票期权购买股票时，不再计算缴纳个人所得税。

七、员工以在一个公历月份中取得的股票期权形式工资薪金所得为一次。员工在一个纳税年度中多次取得股票期权形式工资薪金所得的，其在该纳税年度内首次取得股票期权形式的工资薪金所得应按财税〔2005〕35号文件第四条第(一)项规定的公式计算应纳税款；本年度内以后每次取得股票期权形式的工资薪金所得，应按以下公式计算应纳税款：

$$\text{应纳税款}=\left(\text{本纳税年度内取得的股票期权形式工资薪金所得累计应纳税所得额}\div\text{规定月份数}\times\text{适用税率}-\text{速算扣除数}\right)\times\text{规定月份数}-\text{本纳税年度内股票期权形式的工资薪金所得累计已纳税款}$$

上款公式中的本纳税年度内取得的股票期权形式工资薪金所得累计应纳税所得额，包括本次及本次以前各次取得的股票期权形式工资薪金所得应纳税所得额；上款公式中的规定月份数，是指员工取得来源于中国境内的股票期权形式工资薪金所得的境内工作期间月份数，长于 12 个月的，按 12 个月计算；上款公式中的适用税率和速算扣除数，以本纳税年度内取得的股票期权形式工资薪金所得累计应纳税所得额除以规定月份数后的商数，对照《国家税务总局关于印发〈征收个人所得税若干问题的规定〉的通知》(国税发〔1994〕089 号)所附税率表确定；上款公式中的本纳税年度内股票期权形式的工资薪金所得累计已纳税款，不含本次股票期权形式的工资薪金所得应纳税款。

八、员工多次取得或者一次取得多项来源于中国境内的股票期权形式工资薪金所得，而且各次或各项股票期权形式工资薪金所得的境内工作期间月份数不相同的，以境内工作期间月份数的加权平均数为财税〔2005〕35 号文件第四条第(一)项规定公式和本通知第七条规定公式中的规定月份数，但最长不超过 12 个月，计算公式如下：

$$\text{规定月份数}=\sum\text{各次或各项股票期权形式工资薪金应纳税所得额与该次或该项所得境内工作期间月份数的乘积}\Big/\sum\text{各次或各项股票期权形式工资薪金应纳税所得额}$$

抄送：各省、自治区、直辖市和计划单列市国家税务局。

【注释】《个人所得税法》第 6 条。

国家税务总局关于明确年所得 12 万元以上自行纳税申报口径的通知

国税函〔2006〕1200 号

各省、自治区、直辖市和计划单列市地方税务局，西藏、宁夏自治区国家税务局：

《国家税务总局关于印发〈个人所得税自行纳税申报办法(试行)〉的通知》(国税发〔2006〕162 号，以下简称《办法》)下发后，部分地区要求进一步明确年所得 12 万元以上的所得计算口径。现就有关问题通知如下：

一、年所得 12 万元以上的纳税人，除按照《办法》第六条、第七条、第八条规定计算年所得以外，还应同时按以下规定计算年所得数额：

(一)劳务报酬所得、特许权使用费所得。不得减除纳税人在提供劳务或让渡特许权使用权过程中缴纳的有关税费。

(二)财产租赁所得。不得减除纳税人在出租财产过程中缴纳的有关税费；对于纳税人一次取得跨年度财产租赁所得的，全部视为实际取得所得年度的所得。

(三)个人转让房屋所得。采取核定征收个人所得税的，按照实际征收率(1%、2%、3%)分别换算为应税所得率(5%、10%、15%)，据此计算年所得。

(四)个人储蓄存款利息所得、企业债券利息所得。全部视为纳税人实际取得所得年度的所得。

(五)对个体工商户、个人独资企业投资者，按照征收率核定个人所得税的，将征收率换算为应税所得率，据此计算应纳税所得额。

合伙企业投资者按照上述方法确定应纳税所得额后，合伙人应根据合伙协议规定的分配比例确定其应纳税所得额，合伙协议未规定分配比例的，按合伙人数平均分配确定其应纳税所得额。对于同时参与两个以上企业投资的，合伙人应将其投资所有企业的应纳税所得额相加后的总额作为年所得。

(六)股票转让所得。以一个纳税年度内，个人股票转让所得与损失盈亏相抵后的正数为申报所得数额，盈亏相抵为负数的，此项所得按“零”填写。

二、上述年所得计算口径主要是为了方便纳税人履行自行申报义务，仅适用于个人年所得 12 万元以上的年度自行申报，不适用于个人计算缴纳税款。各级税务机关要向社会广泛宣传解释 12 万元以上自行申报年所得的计算口径。

三、按照《办法》第二十四条规定："纳税人可以委托有税务代理资质的中介机构或者他人代为办理纳税申报"。年所得 12 万元以上的纳税人，在自愿委托有税务代理资质的中介机构(以下简称中介机构)、扣缴义务人或其他个人代为办理自行纳税申报时，应当签订委托办理个人所得税自行纳税申报协议(合同)，同时，纳税人还应将其纳税年度内所有应税所得项目、所得额、税额等，告知受托人，由受托人将其各项所得合并后进行申报，并附报委托协议(合同)。

税务机关受理中介机构、扣缴义务人或其他个人代为办理的自行申报时，应审核纳税人与受托人签订的委托申报协议(合同)，凡不能提供委托申报协议(合同)的，不得受理其代为办理的自行申报。

【注释】 《国家税务总局关于印发〈个人所得税自行纳税申报办法(试行)〉的通知》(国税发〔2006〕162 号)。

财政部 国家税务总局关于单位低价向职工售房有关个人所得税问题的通知

财税〔2007〕13 号

各省、自治区、直辖市、计划单列市财政厅(局)、地方税务局：

近日部分地区来文反映，一些企事业单位将自建住房以低于购置或建造成本价格销售给职工，对此是否征收个人所得税希望予以明确。经研究，现对有关政策问题的处理明确如下：

一、根据住房制度改革政策的有关规定，国家机关、企事业单位及其他组织(以下简称单位)在住房制度改革期间，按照所在地县级以上人民政府规定的房改成本价格向职工出售公有住房，职工因支付的房改成本价格低于房屋建造成本价格或市场价格而取得的差价收益，免征个人所得税。

二、除本通知第一条规定情形外，根据《中华人民共和国个人所得税法》及其实施条例的有关规定，单位按低于购置或建造成本价格出售住房给职工，职工因此而少支出的差价部分，属于个人所得税应税所得，应按照"工资、薪金所得"项目缴纳个人所得税。

前款所称差价部分，是指职工实际支付的购房价款低于该房屋的购置或建造成本价格的差额。

三、对职工取得的上述应税所得，比照《国家税务总局关于调整个人取得全年一次性奖金等计算征收个人所得税方法问题的通知》(国税发〔2005〕9 号)规定的全年一次性奖金的征税办法，计算征收个人所得税，即先将全部所得数额除以 12，按其商数并根据个人所得税法规定的税率表确定适用的税率和速算扣除数，再根据全部所得数额、适用的税率和速算扣除数，按照税法规定计算征税。

四、本通知自印发之日起执行。此前未征税款不再追征，已征税款不予退还。

【注释】 《个人所得税法》第 6 条。

财政部 国家税务总局关于个人取得有奖发票奖金征免个人所得税问题的通知

财税〔2007〕34 号

各省、自治区、直辖市、计划单列市财政厅(局)、地方税务局，新疆生产建设兵团财务局：

为促进有奖发票的使用和推广，鼓励单位和个人依法开具发票，规范发票管理，现就个人取得有奖发票奖金征免个人所得税问题通知如下：

一、个人取得单张有奖发票奖金所得不超过 800 元(含 800 元)的，暂免征收个人所得税；个人取得单张有奖发票奖金所得超过 800 元的，应全额按照个人所得税法规定的"偶然所得"目征收个人所得税。

二、税务机关或其指定的有奖发票兑奖机构，是有奖发票奖金所得个人所得税的扣缴义务人，应依法认真做好个人所得税代扣代缴工作。

【注释】《个人所得税法》第 4 条。

国家税务总局关于加强和规范个人取得拍卖收入征收个人所得税有关问题的通知

国税发〔2007〕38 号

各省、自治区、直辖市和计划单列市地方税务局，宁夏、西藏自治区国家税务局：

据部分地区反映，对于个人通过拍卖市场拍卖各种财产（包括字画、瓷器、玉器、珠宝、邮品、钱币、古籍、古董等物品）的所得征收个人所得税有关规定不够细化，为增强可操作性，需进一步完善规范。为此，根据《中华人民共和国个人所得税法》及其实施条例和《中华人民共和国税收征收管理法》及其实施细则规定，现通知如下：

一、个人通过拍卖市场拍卖个人财产，对其取得所得按以下规定征税：

（一）根据《国家税务总局关于印发〈征收个人所得税若干问题的规定〉的通知》（国税发〔1994〕089 号），作者将自己的文字作品手稿原件或复印件拍卖取得的所得，应以其转让收入额减除 800 元（转让收入额 4000 元以下）或者 20%（转让收入额 4000 元以上）后的余额为应纳税所得额，按照"特许权使用费"所得项目适用 20%税率缴纳个人所得税。

（二）个人拍卖除文字作品原稿及复印件外的其他财产，应以其转让收入额减除财产原值和合理费用后的余额为应纳税所得额，按照"财产转让所得"项目适用 20%税率缴纳个人所得税。

二、对个人财产拍卖所得征收个人所得税时，以该项财产最终拍卖成交价格为其转让收入额。

三、个人财产拍卖所得适用"财产转让所得"项目计算应纳税所得额时，纳税人凭合法有效凭证（税务机关监制的正式发票、相关境外交易单据或海关报关单据、完税证明等），从其转让收入额中减除相应的财产原值、拍卖财产过程中缴纳的税金及有关合理费用。

（一）财产原值，是指售出方个人取得该拍卖品的价格（以合法有效凭证为准）。具体为：

1. 通过商店、画廊等途径购买的，为购买该拍卖品时实际支付的价款；

2. 通过拍卖行拍得的，为拍得该拍卖品实际支付的价款及交纳的相关税费；

3. 通过祖传收藏的，为其收藏该拍卖品而发生的费用；

4. 通过赠送取得的，为其受赠该拍卖品时发生的相关税费；

5. 通过其他形式取得的，参照以上原则确定财产原值。

（二）拍卖财产过程中缴纳的税金，是指在拍卖财产时纳税人实际缴纳的相关税金及附加。

（三）有关合理费用，是指拍卖财产时纳税人按照规定实际支付的拍卖费（佣金）、鉴定费、评估费、图录费、证书费等费用。

四、纳税人如不能提供合法、完整、准确的财产原值凭证，不能正确计算财产原值的，按转让收入额的 3%征收率计算缴纳个人所得税；拍卖品为经文物部门认定是海外回流文物的，按转让收入额的 2%征收率计算缴纳个人所得税。

五、纳税人的财产原值凭证内容填写不规范，或者一份财产原值凭证包括多件拍卖品且无法确认每件拍卖品一一对应的原值的，不得将其作为扣除财产原值的计算依据，应视为不能提供合法、完整、准确的财产原值凭证，并按上述规定的征收率计算缴纳个人所得税。

六、纳税人能够提供合法、完整、准确的财产原值凭证，但不能提供有关税费凭证的，不得按征收率计算纳税，应当就财产原值凭证上注明的金额据实扣除，并按照税法规定计算缴纳个人所得税。

七、个人财产拍卖所得应纳的个人所得税税款，由拍卖单位负责代扣代缴，并按规定向拍卖单位所在地主管税务机关办理纳税申报。

八、拍卖单位代扣代缴个人财产拍卖所得应纳的个人所得税税款时，应给纳税人填开完税凭证，并详细标明每件拍卖品的名称、拍卖成交价格、扣缴税款额。

九、主管税务机关应加强对个人财产拍卖所得的税收征管工作，在拍卖单位举行拍卖活动期间派工作人员进入拍卖现场，了解拍卖的有关情况，宣传辅导有关税收政策，审核鉴定原值凭证和费用凭证，督促拍卖单位依法代扣代缴个人所得税。

十、本通知自5月1日起执行。《国家税务总局关于书画作品、古玩等拍卖收入征收个人所得税有关问题的通知》(国税发〔1997〕154号)同时废止。

【注释】 《个人所得税法》第6条。

国家税务总局关于个人取得房屋拍卖收入征收个人所得税问题的批复

国税函〔2007〕1145号

广东省地方税务局：

你局《关于个人取得房屋拍卖收入适用个人所得税征收率问题的请示》(粤地税发〔2007〕131号)收悉。经研究，批复如下：

根据《国家税务总局关于加强和规范个人取得拍卖收入征收个人所得税有关问题的通知》(国税发〔2007〕38号)和《国家税务总局关于个人住房转让所得征收个人所得税有关问题的通知》(国税发〔2006〕108号)规定精神，个人通过拍卖市场取得的房屋拍卖收入在计征个人所得税时，其房屋原值应按照纳税人提供的合法、完整、准确的凭证予以扣除；不能提供完整、准确的房屋原值凭证，不能正确计算房屋原值和应纳税额的，统一按转让收入全额的3%计算缴纳个人所得税。

为方便纳税人依法履行纳税义务和税务机关加强税收征管，纳税人应比照国税发〔2006〕108号文件第四条的有关规定，在房屋拍卖后缴纳营业税、契税、土地增值税等税收的同时，一并申报缴纳个人所得税。

【注释】 《个人所得税法》第6条。

财政部 国家税务总局关于廉租住房经济适用住房和住房租赁有关税收政策的通知

财税〔2008〕24号

各省、自治区、直辖市、计划单列市财政厅(局)、国家税务局、地方税务局，新疆生产建设兵团财务局：

为贯彻落实《国务院关于解决城市低收入家庭住房困难的若干意见》(国发〔2007〕24号)精神，促进廉租住房、经济适用住房制度建设和住房租赁市场的健康发展，经国务院批准，现将有关税收政策通知如下：

一、支持廉租住房、经济适用住房建设的税收政策

(一)对廉租住房经营管理单位按照政府规定价格、向规定保障对象出租廉租住房的租金收入，免征营业税、房产税。

(二)对廉租住房、经济适用住房建设用地以及廉租住房经营管理单位按照政府规定价格、向规定保障对象出租的廉租住房用地，免征城镇土地使用税。

开发商在经济适用住房、商品住房项目中配套建造廉租住房，在商品住房项目中配套建造经济适用住房，如能提供政府部门出具的相关材料，可按廉租住房、经济适用住房建筑面积占总建筑面积的比例免征开发商应缴纳的城镇土地使用税。

(三)企事业单位、社会团体以及其他组织转让旧房作为廉租住房、经济适用住房房源且增值额未超过扣除项目金额20%的,免征土地增值税。

(四)对廉租住房、经济适用住房经营管理单位与廉租住房、经济适用住房相关的印花税以及廉租住房承租人、经济适用住房购买人涉及的印花税予以免征。

开发商在经济适用住房、商品住房项目中配套建造廉租住房,在商品住房项目中配套建造经济适用住房,如能提供政府部门出具的相关材料,可按廉租住房、经济适用住房建筑面积占总建筑面积的比例免征开发商应缴纳的印花税。

(五)对廉租住房经营管理单位购买住房作为廉租住房、经济适用住房经营管理单位回购经济适用住房继续作为经济适用住房房源的,免征契税。

(六)对个人购买经济适用住房,在法定税率基础上减半征收契税。

(七)对个人按《廉租住房保障办法》(建设部等9部委令第162号)规定取得的廉租住房货币补贴,免征个人所得税;对于所在单位以廉租住房名义发放的不符合规定的补贴,应征收个人所得税。

(八)企事业单位、社会团体以及其他组织于2008年1月1日前捐赠住房作为廉租住房的,按《中华人民共和国企业所得税暂行条例》(国务院令第137号)、《中华人民共和国外商投资企业和外国企业所得税法》有关公益性捐赠政策执行;2008年1月1日后捐赠的,按《中华人民共和国企业所得税法》有关公益性捐赠政策执行。个人捐赠住房作为廉租住房的,捐赠额未超过其申报的应纳税所得额30%的部分,准予从其应纳税所得额中扣除。

廉租住房、经济适用住房、廉租住房承租人、经济适用住房购买人以及廉租住房租金、货币补贴标准等须符合国发〔2007〕24号文件及《廉租住房保障办法》(建设部等9部委令第162号)、《经济适用住房管理办法》(建住房〔2007〕258号)的规定;廉租住房、经济适用住房经营管理单位为县级以上人民政府主办或确定的单位。

二、支持住房租赁市场发展的税收政策

(一)对个人出租住房取得的所得减按10%的税率征收个人所得税。

(二)对个人出租、承租住房签订的租赁合同,免征印花税。

(三)对个人出租住房,不区分用途,在3%税率的基础上减半征收营业税,按4%的税率征收房产税,免征城镇土地使用税。

(四)对企事业单位、社会团体以及其他组织按市场价格向个人出租用于居住的住房,减按4%的税率征收房产税。

上述与廉租住房、经济适用住房相关的新的优惠政策自2007年8月1日起执行,文到之日前已征税款在以后应缴税款中抵减。与住房租赁相关的新的优惠政策自2008年3月1日起执行。其他政策仍按现行规定继续执行。

各地要严格执行税收政策,加强管理,对执行过程中发现的问题,及时上报财政部、国家税务总局。

特此通知。

财政部 国家税务总局关于生育津贴和生育医疗费有关个人所得税政策的通知

财税〔2008〕8号

各省、自治区、直辖市、计划单列市财政厅(局)、地方税务局,新疆生产建设兵团财务局:

根据《中华人民共和国个人所得税法》有关规定,经国务院批准,现就生育津贴和生育医疗费有关个人所得税政策通知如下:

一、生育妇女按照县级以上人民政府根据国家有关规定制定的生育保险办法,取得的生育津贴、生育医疗费或其他属于生育保险性质的津贴、补贴,免征个人所得税。

二、上述规定自发文之日起执行。

财政部 国家税务总局关于企业为个人购买房屋或其他财产征收个人所得税问题的批复

财税〔2008〕83 号

江苏省财政厅、地方税务局：

江苏省地税局《关于以企业资金为个人购房是否征收个人所得税问题的请示》(苏地税发〔2007〕11 号)收悉。经研究，批复如下：

一、根据《中华人民共和国个人所得税法》和《财政部 国家税务总局关于规范个人投资者个人所得税征收管理的通知》(财税〔2003〕158 号)的有关规定，符合以下情形的房屋或其他财产，不论所有权人是否将财产无偿或有偿交付企业使用，其实质均为企业对个人进行了实物性质的分配，应依法计征个人所得税。

(一)企业出资购买房屋及其他财产，将所有权登记为投资者个人、投资者家庭成员或企业其他人员的；

(二)企业投资者个人、投资者家庭成员或企业其他人员向企业借款用于购买房屋及其他财产，将所有权登记为投资者、投资者家庭成员或企业其他人员，且借款年度终了后未归还借款的。

二、对个人独资企业、合伙企业的个人投资者或其家庭成员取得的上述所得，视为企业对个人投资者的利润分配，按照"个体工商户的生产、经营所得"项目计征个人所得税；对除个人独资企业、合伙企业以外其他企业的个人投资者或其家庭成员取得的上述所得，视为企业对个人投资者的红利分配，按照"利息、股息、红利所得项目计征个人所得税；对企业其他人员取得的上述所得，按照"工资、薪金所得项目计征个人所得税。

国家税务总局关于个人与房地产开发企业签订有条件优惠价格协议购买商店征收个人所得税问题的批复

国税函〔2008〕576 号

福建省地方税务局：

你局《关于个人与房地产开发企业签订有条件价格优惠协议购买商店征收个人所得税问题的请示》(闽地税发〔2008〕67 号)收悉。经研究，批复如下：

房地产开发企业与商店购买者个人签订协议规定，房地产开发企业按优惠价格出售其开发的商店给购买者个人，但购买者个人在一定期限内必须将购买的商店无偿提供给房地产开发企业对外出租使用。其实质是购买者个人以所购商店交由房地产开发企业出租而取得的房屋租赁收入支付了部分购房价款。

根据个人所得税法的有关规定精神，对上述情形的购买者个人少支出的购房价款，应视同个人财产租赁所得，按照"财产租赁所得"项目征收个人所得税。每次财产租赁所得的收入额，按照少支出的购房价款和协议规定的租赁月份数平均计算确定。

国家税务总局关于离退休人员取得单位发放离退休工资以外奖金补贴征收个人所得税的批复

国税函〔2008〕723 号

福建省地方税务局：

你局《关于单位对离退休人员发放退休工资以外的奖金补贴如何征收个人所得税的请示》(闽地税发〔2008〕121号)收悉。经研究,批复如下:

离退休人员除按规定领取离退休工资或养老金外,另从原任职单位取得的各类补贴、奖金、实物,不属于《中华人民共和国个人所得税法》第四条规定可以免税的退休工资、离休工资、离休生活补助费。根据《中华人民共和国个人所得税法》及其实施条例的有关规定,离退休人员从原任职单位取得的各类补贴、奖金、实物,应在减除费用扣除标准后,按"工资、薪金所得"应税项目缴纳个人所得税。

关于个人通过网络买卖虚拟货币取得收入征收个人所得税问题的批复

国税函〔2008〕818号

北京市地方税务局:

你局《关于个人通过网络销售虚拟货币取得收入计征个人所得税问题的请示》(京地税个〔2008〕114号)收悉。现批复如下:

一、个人通过网络收购玩家的虚拟货币,加价后向他人出售取得的收入,属于个人所得税应税所得,应按照"财产转让所得"项目计算缴纳个人所得税。

二、个人销售虚拟货币的财产原值为其收购网络虚拟货币所支付的价款和相关税费。

三、对于个人不能提供有关财产原值凭证的,由主管税务机关核定其财产原值。

财政部 国家税务总局关于合伙企业合伙人所得税问题的通知

财税〔2008〕159号

各省、自治区、直辖市、计划单列市财政厅(局)、国家税务局、地方税务局,新疆生产建设兵团财务局:

根据《中华人民共和国企业所得税法》及其实施条例和《中华人民共和国个人所得税法》有关规定,现将合伙企业合伙人的所得税问题通知如下:

一、本通知所称合伙企业是指依照中国法律、行政法规成立的合伙企业。

二、合伙企业以每一个合伙人为纳税义务人。合伙企业合伙人是自然人的,缴纳个人所得税;合伙人是法人和其他组织的,缴纳企业所得税。

三、合伙企业生产经营所得和其他所得采取"先分后税"的原则。具体应纳税所得额的计算按照《关于个人独资企业和合伙企业投资者征收个人所得税的规定》(财税〔2000〕91号)及《财政部 国家税务总局关于调整个体工商户个人独资企业和合伙企业个人所得税税前扣除标准有关问题的通知》(财税〔2008〕65号)的有关规定执行。

前款所称生产经营所得和其他所得,包括合伙企业分配给所有合伙人的所得和企业当年留存的所得(利润)。

四、合伙企业的合伙人按照下列原则确定应纳税所得额:

(一)合伙企业的合伙人以合伙企业的生产经营所得和其他所得,按照合伙协议约定的分配比例确定应纳税所得额。

(二)合伙协议未约定或者约定不明确的,以全部生产经营所得和其他所得,按照合伙人协商决定的分配比例确定应纳税所得额。

(三)协商不成的,以全部生产经营所得和其他所得,按照合伙人实缴出资比例确定应纳税所得额。

（四）无法确定出资比例的，以全部生产经营所得和其他所得，按照合伙人数量平均计算每个合伙人的应纳税所得额。

合伙协议不得约定将全部利润分配给部分合伙人。

五、合伙企业的合伙人是法人和其他组织的，合伙人在计算其缴纳企业所得税时，不得用合伙企业的亏损抵减其盈利。

六、上述规定自2008年1月1日起执行。此前规定与本通知有抵触的，以本通知为准。

财政部 国家税务总局关于股票增值权所得和限制性股票所得征收个人所得税有关问题的通知

财税〔2009〕5号

各省、自治区、直辖市、计划单列市财政厅（局）、地方税务局，宁夏、西藏、青海省（自治区）国家税务局，新疆生产建设兵团财务局：

根据《中华人民共和国个人所得税法》、《中华人民共和国税收征收管理法》等有关规定，现就股票增值权所得和限制性股票所得征收个人所得税有关问题通知如下：

一、对于个人从上市公司（含境内、外上市公司，下同）取得的股票增值权所得和限制性股票所得，比照《财政部 国家税务总局关于个人股票期权所得征收个人所得税问题的通知》（财税〔2005〕35号）、《国家税务总局关于个人股票期权所得缴纳个人所得税有关问题的补充通知》（国税函〔2006〕902号）的有关规定，计算征收个人所得税。

二、本通知所称股票增值权，是指上市公司授予公司员工在未来一定时期和约定条件下，获得规定数量的股票价格上升所带来收益的权利。被授权人在约定条件下行权，上市公司按照行权日与授权日二级市场股票差价乘以授权股票数量，发放给被授权人现金。

三、本通知所称限制性股票，是指上市公司按照股权激励计划约定的条件，授予公司员工一定数量本公司的股票。

四、实施股票增值权计划或限制性股票计划的境内上市公司，应在向中国证监会报备的同时，将企业股票增值权计划、限制性股票计划或实施方案等有关资料报送主管税务机关备案。

五、实施股票增值权计划或限制性股票计划的境内上市公司，应在做好个人所得税扣缴工作的同时，按照《国家税务总局关于印发〈个人所得税全员全额扣缴申报管理暂行办法〉的通知》（国税发〔2005〕205号）的有关规定，向主管税务机关报送其员工行权等涉税信息。

财政部 国家税务总局关于上市公司高管人员股票期权所得缴纳个人所得税有关问题的通知

财税〔2009〕40号

各省、自治区、直辖市、计划单列市财政厅（局）、地方税务局，西藏、宁夏、青海省（自治区）国家税务局，新疆生产建设兵团财务局：

据一些地方税务部门反映，由于《中华人民共和国公司法》和《中华人民共和国证券法》对上市公司董事、监事、高级管理人员等（以下简称上市公司高管人员）转让本公司股票在期限和数量比例上存在一定限制，导致其股票期权行权时无足额资金及时纳税问题，经研究，现就上市公司高管人员取得股票期权所得有关缴纳个人所得税问题通知如下：

一、上市公司高管人员取得股票期权所得，应按照《财政部 国家税务总局关于个人股票期权所得征收个人所得税问题的通知》(财税〔2005〕35 号)和《国家税务总局关于个人股票期权所得缴纳个人所得税有关问题的补充通知》(国税函〔2006〕902 号)的有关规定，计算个人所得税应纳税额。

二、对上市公司高管人员取得股票期权在行权时，纳税确有困难的，经主管税务机关审核，可自其股票期权行权之日起，在不超过 6 个月的期限内分期缴纳个人所得税。

三、其他股权激励方式参照本通知规定执行。

四、本通知自印发之日起执行。

国家税务总局关于加强股权转让所得征收个人所得税管理的通知

国税函〔2009〕285 号

各省、自治区、直辖市和计划单列市地方税务局，西藏、宁夏、青海省(自治区)国家税务局：

为加强自然人(以下简称个人)股东股权转让所得个人所得税的征收管理，提高征管质量和效率，堵塞征管漏洞，根据《中华人民共和国个人所得税法》及其《实施条例》、《中华人民共和国税收征收管理法》及其《实施细则》、《国家税务总局关于加强税种征管促进堵漏增收的若干意见》(国税发〔2009〕85 号)的规定，现就有关问题通知如下：

一、股权交易各方在签订股权转让协议并完成股权转让交易以后至企业变更股权登记之前，负有纳税义务或代扣代缴义务的转让方或受让方，应到主管税务机关办理纳税(扣缴)申报，并持税务机关开具的股权转让所得缴纳个人所得税完税凭证或免税、不征税证明，到工商行政管理部门办理股权变更登记手续。

二、股权交易各方已签订股权转让协议，但未完成股权转让交易的，企业在向工商行政管理部门申请股权变更登记时，应填写《个人股东变动情况报告表》(表格式样和联次由各省地税机关自行设计)并向主管税务机关申报。

三、个人股东股权转让所得个人所得税以发生股权变更企业所在地地税机关为主管税务机关。纳税人或扣缴义务人应到主管税务机关办理纳税申报和税款入库手续。主管税务机关应按照《个人所得税法》和《税收征收管理法》的规定，获取个人股权转让信息，对股权转让涉税事项进行管理、评估和检查，并对其中涉及的税收违法行为依法进行处罚。

四、税务机关应加强对股权转让所得计税依据的评估和审核。对扣缴义务人或纳税人申报的股权转让所得相关资料应认真审核，判断股权转让行为是否符合独立交易原则，是否符合合理性经济行为及实际情况。

对申报的计税依据明显偏低(如平价和低价转让等)且无正当理由的，主管税务机关可参照每股净资产或个人股东享有的股权比例所对应的净资产份额核定。

五、税务机关要建立股权转让所得征收个人所得税内部控管机制。税务机关应建立股权转让所得个人所得税电子台账，对所辖企业个人股东逐户登记，将个人股东的相关信息录入计算机系统，实施动态管理。税务机关内部各部门分别负责信息获取、评估和审核、税款征缴入库和反馈检查等环节的工作，各部门应加强联系，密切配合，形成完整的管理链条。

六、各地税务机关要高度重视股权转让所得个人所得税征收管理，按照本通知的要求，采取有效措施，积极主动地开展工作。要争取当地党委、政府的支持，加强与工商行政管理部门的联系和协作，定期主动从工商行政管理机关取得股权变更登记信息。要向纳税人、扣缴义务人和发生股权变更的企业做好相关税法及政策的宣传和辅导工作，保证税款及时、足额入库。

财政部 国家税务总局关于个人无偿受赠房屋有关个人所得税问题的通知

财税〔2009〕78 号

各省、自治区、直辖市、计划单列市财政厅(局)、地方税务局，宁夏、西藏、青海省(自治区)国家税务局，新疆生产建设兵团财务局：

为了加强个人所得税征管，堵塞税收漏洞，根据《中华人民共和国个人所得税法》有关规定，现就个人无偿受赠房屋有关个人所得税问题通知如下：

一、以下情形的房屋产权无偿赠与，对当事双方不征收个人所得税：

(一)房屋产权所有人将房屋产权无偿赠与配偶、父母、子女、祖父母、外祖父母、孙子女、外孙子女、兄弟姐妹；

(二)房屋产权所有人将房屋产权无偿赠与对其承担直接抚养或者赡养义务的抚养人或者赡养人；

(三)房屋产权所有人死亡，依法取得房屋产权的法定继承人、遗嘱继承人或者受遗赠人。

二、赠与双方办理免税手续时，应向税务机关提交以下资料：

(一)《国家税务总局关于加强房地产交易个人无偿赠与不动产税收管理有关问题的通知》(国税发〔2006〕144 号)第一条规定的相关证明材料；

(二)赠与双方当事人的有效身份证件；

(三)属于本通知第一条第(一)项规定情形的，还须提供公证机构出具的赠与人和受赠人亲属关系的公证书(原件)。

(四)属于本通知第一条第(二)项规定情形的，还须提供公证机构出具的抚养关系或者赡养关系公证书(原件)，或者乡镇政府或街道办事处出具的抚养关系或者赡养关系证明。

税务机关应当认真审核赠与双方提供的上述资料，资料齐全并且填写正确的，在提交的《个人无偿赠与不动产登记表》上签字盖章后复印留存，原件退还提交人，同时办理个人所得税不征税手续。

三、除本通知第一条规定情形以外，房屋产权所有人将房屋产权无偿赠与他人的，受赠人因无偿受赠房屋取得的受赠所得，按照“经国务院财政部门确定征税的其他所得”项目缴纳个人所得税，税率为 20%。

四、对受赠人无偿受赠房屋计征个人所得税时，其应纳税所得额为房地产赠与合同上标明的赠与房屋价值减除赠与过程中受赠人支付的相关税费后的余额。赠与合同标明的房屋价值明显低于市场价格或房地产赠与合同未标明赠与房屋价值的，税务机关可依据受赠房屋的市场评估价格或采取其他合理方式确定受赠人的应纳税所得额。

五、受赠人转让受赠房屋的，以其转让受赠房屋的收入减除原捐赠人取得该房屋的实际购置成本以及赠与和转让过程中受赠人支付的相关税费后的余额，为受赠人的应纳税所得额，依法计征个人所得税。受赠人转让受赠房屋价格明显偏低且无正当理由的，税务机关可以依据该房屋的市场评估价格或其他合理方式确定的价格核定其转让收入。

六、本通知自发布之日起执行。

国家税务总局关于股权激励有关个人所得税问题的通知

国税函〔2009〕461 号

各省、自治区、直辖市和计划单列市地方税务局，西藏、宁夏、青海省(自治区)国家税务局：

为适应上市公司(含境内、境外上市公司,下同)薪酬制度改革和实施股权激励计划,根据《中华人民共和国个人所得税法》(以下简称个人所得税法)、《中华人民共和国个人所得税法实施条例》(以下简称实施条例)有关精神,财政部、国家税务总局先后下发了《关于个人股票期权所得征收个人所得税问题的通知》(财税〔2005〕35 号)和《关于股票增值权所得和限制性股票所得征收个人所得税有关问题的通知》(财税〔2009〕5 号)等文件。现就执行上述文件有关事项通知如下:

一、关于股权激励所得项目和计税方法的确定

根据个人所得税法及其实施条例和财税〔2009〕5 号文件等规定,个人因任职、受雇从上市公司取得的股票增值权所得和限制性股票所得,由上市公司或其境内机构按照"工资、薪金所得"项目和股票期权所得个人所得税计税方法,依法扣缴其个人所得税。

二、关于股票增值权应纳税所得额的确定

股票增值权被授权人获取的收益,是由上市公司根据授权日与行权日股票差价乘以被授权股数,直接向被授权人支付的现金。上市公司应于向股票增值权被授权人兑现时依法扣缴其个人所得税。被授权人股票增值权应纳税所得额计算公式为:

股票增值权某次行权应纳税所得额=(行权日股票价格-授权日股票价格)×行权股票份数

三、关于限制性股票应纳税所得额的确定

按照个人所得税法及其实施条例等有关规定,原则上应在限制性股票所有权归属于被激励对象时确认其限制性股票所得的应纳税所得额。即:上市公司实施限制性股票计划时,应以被激励对象限制性股票在中国证券登记结算公司(境外为证券登记托管机构)进行股票登记日期的股票市价(指当日收盘价,下同)和本批次解禁股票当日市价(指当日收盘价,下同)的平均价格乘以本批次解禁股票份数,减去被激励对象本批次解禁股份数所对应的为获取限制性股票实际支付资金数额,其差额为应纳税所得额。被激励对象限制性股票应纳税所得额计算公式为:

$$\text{应纳税所得额}=\left(\text{股票登记日股票市价}+\text{本批次解禁股票当日市价}\right)\div 2\times\text{本批次解禁股票份数}-\text{被激励对象实际支付的资金总额}\times\left(\text{本批次解禁股票份数}\div\text{被激励对象获取的限制性股票总份数}\right)$$

四、关于股权激励所得应纳税额的计算

(一)个人在纳税年度内第一次取得股票期权、股票增值权所得和限制性股票所得的,上市公司应按照财税〔2005〕35 号文件第四条第一项所列公式计算扣缴其个人所得税。

(二)个人在纳税年度内两次以上(含两次)取得股票期权、股票增值权和限制性股票等所得,包括两次以上(含两次)取得同一种股权激励形式所得或者同时兼有不同股权激励形式所得的,上市公司应将其纳税年度内各次股权激励所得合并,按照《国家税务总局关于个人股票期权所得缴纳个人所得税有关问题的补充通知》(国税函〔2006〕902 号)第七条、第八条所列公式计算扣缴个人所得税。

五、关于纳税义务发生时间

(一)股票增值权个人所得税纳税义务发生时间为上市公司向被授权人兑现股票增值权所得的日期;

(二)限制性股票个人所得税纳税义务发生时间为每一批次限制性股票解禁的日期。

六、关于报送资料的规定

(一)实施股票期权、股票增值权计划的境内上市公司,应按照财税〔2005〕35 号文件第五条第(三)项规定报送有关资料。

(二)实施限制性股票计划的境内上市公司,应在中国证券登记结算公司(境外为证券登记托管机构)进行股票登记、并经上市公司公示后 15 日内,将本公司限制性股票计划或实施方案、协议书、授权通知书、股票登记日期及当日收盘价、禁售期限和股权激励人员名单等资料报送主管税务机关备案。

境外上市公司的境内机构,应向其主管税务机关报送境外上市公司实施股权激励计划的中(外)文资料备案。

(三)扣缴义务人和自行申报纳税的个人在代扣代缴税款或申报纳税时,应在税法规定的纳税申报期限内,将个人接受或转让的股权以及认购的股票情况(包括种类、数量、施权价格、行权价格、市场价格、转让价格等)、股权激励人员名单、应纳税所得额、应纳税额等资料报送主管税务机关。

七、其他有关问题的规定

(一)财税〔2005〕35 号、国税函〔2006〕902 号和财税〔2009〕5 号以及本通知有关股权激励个人所得税政策,适用于上市公司(含所属分支机构)和上市公司控股企业的员工,其中上市公司占控股企业股份比例最低为30%(间接控股限于上市公司对二级子公司的持股)。

间接持股比例,按各层持股比例相乘计算,上市公司对一级子公司持股比例超过50%的,按100%计算。

(二)具有下列情形之一的股权激励所得,不适用本通知规定的优惠计税方法,直接计入个人当期所得征收个人所得税:

1. 除本条第(一)项规定之外的集团公司、非上市公司员工取得的股权激励所得;

2. 公司上市之前设立股权激励计划,待公司上市后取得的股权激励所得;

3. 上市公司未按照本通知第六条规定向其主管税务机关报备有关资料的。

(三)被激励对象为缴纳个人所得税款而出售股票,其出售价格与原计税价格不一致的,按原计税价格计算其应纳税所得额和税额。

八、本通知自发文之日起执行。本文下发之前已发生但尚未处理的事项,按本通知执行。

国家税务总局关于明确个人所得税若干政策执行问题的通知

国税发〔2009〕121号

各省、自治区、直辖市和计划单列市地方税务局,西藏、宁夏、青海省(自治区)国家税务局:

近期,部分地区反映个人所得税若干政策执行口径不够明确,为公平税负,加强征管,根据《中华人民共和国个人所得税法》及其实施条例等相关规定,现就个人所得税若干政策执行口径问题通知如下:

一、《国家税务总局关于个人所得税若干政策问题的批复》(国税函〔2002〕629号)第一条有关“双薪制”计税方法停止执行。

二、关于董事费征税问题

(一)《国家税务总局关于印发〈征收个人所得税若干问题的规定〉的通知》(国税发〔1994〕089号)第八条规定的董事费按劳务报酬所得项目征税方法,仅适用于个人担任公司董事、监事,且不在公司任职、受雇的情形。

(二)个人在公司(包括关联公司)任职、受雇,同时兼任董事、监事的,应将董事费、监事费与个人工资收入合并,统一按工资、薪金所得项目缴纳个人所得税。

(三)《国家税务总局关于外商投资企业的董事担任直接管理职务征收个人所得税问题的通知》(国税发〔1996〕214号)第一条停止执行。

三、关于华侨身份界定和适用附加费用扣除问题

(一)华侨身份的界定

根据《国务院侨务办公室关于印发〈关于界定华侨外籍华人归侨侨眷身份的规定〉的通知》(国侨发〔2009〕5号)的规定,华侨是指定居在国外的中国公民。具体界定如下:

1.“定居”是指中国公民已取得住在国长期或者永久居留权,并已在住在国连续居留两年,两年内累计居留不少于18个月。

2. 中国公民虽未取得住在国长期或者永久居留权,但已取得住在国连续5年以上(含5年)合法居留资格,5年内在住在国累计居留不少于30个月,视为华侨。

3. 中国公民出国留学(包括公派和自费)在外学习期间,或因公务出国(包括外派劳务人员)在外工作期间,均不视为华侨。

(二)关于华侨适用附加扣除费用问题

对符合国侨发〔2009〕5号文件规定的华侨身份的人员,其在中国工作期间取得的工资、薪金所得,税务机关可根据纳税人提供的证明其华侨身份的有关证明材料,按照《中华人民共和国个人所得税法实施条例》第三十条规定在计算征收个人所得税时,适用附加扣除费用。

四、关于个人转让离婚析产房屋的征税问题

（一）通过离婚析产的方式分割房屋产权是夫妻双方对共同共有财产的处置，个人因离婚办理房屋产权过户手续，不征收个人所得税。

（二）个人转让离婚析产房屋所取得的收入，允许扣除其相应的财产原值和合理费用后，余额按照规定的税率缴纳个人所得税；其相应的财产原值，为房屋初次购置全部原值和相关税费之和乘以转让者占房屋所有权的比例。

（三）个人转让离婚析产房屋所取得的收入，符合家庭生活自用五年以上唯一住房的，可以申请免征个人所得税，其购置时间按照《国家税务总局关于房地产税收政策执行中几个具体问题的通知》（国税发〔2005〕172号）执行。

国家税务总局关于个人转租房屋取得收入征收个人所得税问题的通知

国税函〔2009〕639号

各省、自治区、直辖市和计划单列市地方税务局，西藏、宁夏、青海省（自治区）国家税务局：

为规范和加强个人所得税管理，根据《中华人民共和国个人所得税法》及其实施条例的规定，现对个人取得转租房屋收入有关个人所得税问题通知如下：

一、个人将承租房屋转租取得的租金收入，属于个人所得税应税所得，应按"财产租赁所得"项目计算缴纳个人所得税。

二、取得转租收入的个人向房屋出租方支付的租金，凭房屋租赁合同和合法支付凭据允许在计算个人所得税时，从该项转租收入中扣除。

三、《国家税务总局关于个人所得税若干业务问题的批复》（国税函〔2002〕146号）有关财产租赁所得个人所得税前扣除税费的扣除次序调整为：

（一）财产租赁过程中缴纳的税费；

（二）向出租方支付的租金；

（三）由纳税人负担的租赁财产实际开支的修缮费用；

（四）税法规定的费用扣除标准。

关于个人转租房屋取得收入征收个人所得税问题解读稿

最近，国家税务总局下发《关于个人转租房屋取得收入征收个人所得税问题的通知》（以下简称《通知》），明确了对个人转租房屋取得收入征收个人所得税问题，现解读如下：

当前，一些纳税人出于谋利或者其他目的，将所承租房屋转租给第三方赚取租金差价的情况时有发生，针对这类现象，国家税务总局按照现行个人所得税有关政策规定，对个人转租房屋取得的租金收入如何征收个人所得税，作了明确规定。考虑到个人转租房屋所支付的租金是财产租赁所得的成本，《通知》明确规定，转租房屋所支付的租金允许在个人所得税前扣除。同时，为便于管理和堵塞漏洞，要求纳税人必须提交房屋租赁合同和支付租金的合法凭据，否则，不允许扣除租金。

此外，为便于政策衔接，对财产租赁所得个人所得税前扣除税费的扣除次序问题也重新进行了明确，即：在计算财产租赁所得个人所得税时，应首先扣除财产租赁过程中缴纳的税费；其次扣除个人向出租方支付租金；第三扣除由纳税人负担的该出租财产实际开支的修缮费用；最后减除税法规定的费用扣除标准，即经上述减除后，如果余额不足4000元，则减去800元，如果余额超过4000元，则减去20%。

国家税务总局的这项规定不仅规范了税收政策，减轻了个人承租房屋再行转租的税负，同时规范了税收管理，有利于减少税收流失。

国家税务总局关于限售股转让所得个人所得税征缴有关问题的通知

国税函〔2010〕23 号

各省、自治区、直辖市和计划单列市地方税务局，西藏、宁夏、青海省（自治区）国家税务局：

根据《财政部 国家税务总局 证监会关于个人转让上市公司限售股所得征收个人所得税有关问题的通知》（财税〔2009〕167 号）规定，限售股转让所得个人所得税采取证券机构预扣预缴、纳税人自行申报清算和证券机构直接扣缴相结合的方式征收。为做好限售股转让所得个人所得税征缴工作，现就有关问题通知如下：

一、关于证券机构预扣预缴个人所得税的征缴问题

（一）证券机构技术和制度准备完成前形成的限售股，其转让所得应缴纳的个人所得税采取证券机构预扣预缴、纳税人自行申报清算方式征收。各地税务机关可根据当地税务代保管资金账户的开立与否、个人退税的简便与否等实际情况综合考虑，在下列方式中确定一种征缴方式：

1. 纳税保证金方式。证券机构将已扣的个人所得税款，于次月 7 日内以纳税保证金形式向主管税务机关缴纳，并报送《限售股转让所得扣缴个人所得税报告表》及税务机关要求报送的其他资料。主管税务机关收取纳税保证金时，应向证券机构开具有关凭证（凭证种类由各地自定），作为证券机构代缴个人所得税的凭证，凭证“类别”或“品目”栏写明“代扣个人所得税”。同时，税务机关根据《限售股转让所得扣缴个人所得税报告表》分纳税人开具《税务代保管资金专用收据》，作为纳税人预缴个人所得税的凭证，凭证“类别”栏写明“预缴个人所得税”。纳税保证金缴入税务机关在当地商业银行开设的“税务代保管资金”账户存储。

2. 预缴税款方式。证券机构将已扣的个人所得税款，于次月 7 日内直接缴入国库，并向主管税务机关报送《限售股转让所得扣缴个人所得税报告表》及税务机关要求报送的其他资料。主管税务机关向证券机构开具《税收通用缴款书》或以横向联网电子缴税方式将证券机构预扣预缴的个人所得税税款缴入国库。同时，主管税务机关应根据《限售股转让所得扣缴个人所得税报告表》分纳税人开具《税收转账专用完税证》，作为纳税人预缴个人所得税的完税凭证。

（二）证券机构技术和制度准备完成后新上市公司的限售股，纳税人在转让时应缴纳的个人所得税，采取证券机构直接代扣代缴的方式征收。

证券机构每月所扣个人所得税款，于次月 7 日内缴入国库，并向当地主管税务机关报送《限售股转让所得扣缴个人所得税报告表》及税务机关要求报送的其他资料。主管税务机关按照代扣代缴税款有关规定办理税款入库，并分纳税人开具《税收转账专用完税证》，作为纳税人的完税凭证。

《税务代保管资金专用收据》、《税收转账专用完税证》可由代扣代缴税款的证券机构或由主管税务机关交纳税人。各地税务机关应通过适当途径将缴款凭证取得方式预先告知纳税人。

二、关于采取证券机构预扣预缴、纳税人自行申报清算方式下的税款结算和退税管理

（一）采用纳税保证金方式征缴税款的结算

证券机构以纳税保证金方式代缴个人所得税的，纳税人办理清算申报后，经主管税务机关审核重新计算的应纳税额低于已缴纳税保证金的，多缴部分税务机关应及时从“税务代保管资金”账户退还纳税人。同时，税务机关应开具《税收通用缴款书》将应纳部分作为个人所得税从“税务代保管资金”账户缴入国库，并将《税收通用缴款书》相应联次交纳税人，同时收回《税务代保管资金专用收据》。经主管税务机关审核重新计算的应纳税额高于已缴纳税保证金的，税务机关就纳税人应补缴税款部分开具相应凭证直接补缴入库；同时税务机关应开具《税收通用缴款书》将已缴纳的纳税保证金从“税务代保管资金”账户全额缴入国库，并将《税收通用缴款书》相应联次交纳税人，同时收回《税务代保管资金专用收据》。纳税人未在规定期限内办理清算事宜的，期限届满后，所缴纳的纳税保证金全部作为个人所得税缴入国库。横向联网电子缴税的地区，税务机关可通过联网系统办理税款缴库。

纳税保证金的收纳缴库、退还办法，按照《国家税务总局财政部中国人民银行关于印发〈税务代保管资金账户管理办法〉的通知》(国税发〔2005〕181 号)、《国家税务总局财政部中国人民银行关于税务代保管资金账户管理有关问题的通知》(国税发〔2007〕12 号)有关规定执行。各地税务机关应严格执行税务代保管资金账户管理有关规定，严防发生账户资金的占压、贪污、挪用、盗取等情形。

(二)采用预缴税款方式征缴税款的结算

证券机构以预缴税款方式代缴个人所得税的，纳税人办理清算申报后，经主管税务机关审核应补(退)税款的，由主管税务机关按照有关规定办理税款补缴入库或税款退库。

国家税务总局关于做好限售股转让所得个人所得税征收管理工作的通知

国税发〔2010〕8 号

各省、自治区、直辖市和计划单列市地方税务局，西藏、青海、宁夏国家税务局：

经国务院批准，自 2010 年 1 月 1 日起对个人转让上市公司限售股所得征收个人所得税。按照《财政部 国家税务总局 证监会关于个人转让上市公司限售股所得征收个人所得税有关问题的通知》(财税〔2009〕167 号)规定，为做好限售股转让所得个人所得税的征收管理工作，现将有关事项通知如下：

一、征管操作规定

根据证券机构技术和制度准备完成情况，对不同阶段形成的限售股，采取不同的征管办法。

(一)证券机构技术和制度准备完成前形成的限售股，其转让所得应缴纳的个人所得税，采取证券机构预扣预缴和纳税人自行申报清算相结合的方式征收。

1. 证券机构的预扣预缴申报

纳税人转让股改限售股的，证券机构按照该股票股改复牌日收盘价计算转让收入，纳税人转让新股限售股的，证券机构按照该股票上市首日收盘价计算转让收入，并按照计算出的转让收入的 15% 确定限售股原值和合理税费，以转让收入减去原值和合理税费后的余额为应纳税所得额，计算并预扣个人所得税。

证券机构应将已扣的个人所得税款，于次月 7 日内向主管税务机关缴纳，并报送《限售股转让所得扣缴个人所得税报告表》(见附件 1)及税务机关要求报送的其他资料。《限售股转让所得扣缴个人所得税报告表》应按每个纳税人区分不同股票分别填写；同一只股票的转让所得，按当月取得的累计发生额填写。

2. 纳税人的自行申报清算

纳税人按照实际转让收入与实际成本计算出的应纳税额，与证券机构预扣预缴税额有差异的，纳税人应自证券机构代扣并解缴税款的次月 1 日起 3 个月内，到证券机构所在地主管税务机关提出清算申请，办理清算申报事宜。纳税人在规定期限内未到主管税务机关办理清算事宜的，期限届满后税务机关不再办理。

纳税人办理清算时，应按照收入与成本相匹配的原则计算应纳税所得额。即，限售股转让收入必须按照实际转让收入计算，限售股原值按照实际成本计算；如果纳税人未能提供完整、真实的限售股原值凭证，不能正确计算限售股原值的，主管税务机关一律按限售股实际转让收入的 15% 核定限售股原值及合理税费。

纳税人办理清算时，按照当月取得的全部转让所得，填报《限售股转让所得个人所得税清算申报表》(见附件 2)，并出示个人有效身份证照原件，附送加盖开户证券机构印章的限售股交易明细记录、相关完整真实的财产原值凭证、缴纳税款凭证(《税务代保管资金专用收据》或《税收转账专用完税证》)，以及税务机关要求报送的其他资料。

限售股交易明细记录应包括：限售股每笔成交日期、成交时间、成交价格、成交数量、成交金额、佣金、印花税、过户费、其他费等信息。

纳税人委托中介机构或者他人代为办理纳税申报的，代理人在申报时，除提供上述资料外，还应出示代理人本人的有效身份证照原件，并附送纳税人委托代理申报的授权书。

税务机关对纳税人申报的资料审核确认后，按照上述原则重新计算应纳税额，并办理退（补）税手续。重新计算的应纳税额，低于预扣预缴的部分，税务机关应予以退还；高于预扣预缴的部分，纳税人应补缴税款。

（二）证券机构技术和制度准备完成后新上市公司的限售股，纳税人在转让时应缴纳的个人所得税，采取证券机构直接代扣代缴的方式征收。

证券机构技术和制度准备完成后，证券机构按照限售股的实际转让收入，减去事先植入结算系统的限售股成本原值、转让时发生的合理税费后的余额，计算并直接扣缴个人所得税。

证券机构应将每月所扣个人所得税款，于次月7日内缴入国库，并向当地主管税务机关报送《限售股转让所得扣缴个人所得税报告表》及税务机关要求报送的其他资料。

二、各项准备工作

（一）尽快完成申报表的印制及发放工作。各级税务机关应抓紧印制、发放限售股转让所得个人所得税的各类申报表。与此同时，可将各类申报表的电子版先行挂在本地税务网站的醒目位置，方便纳税人及时下载填报。

（二）严格审核申报资料。重点做好以下几个方面的审核：一是审核限售股转让所得个人所得税各类申报表内容填写是否完整，表间逻辑关系是否正确。二是审核附送资料是否齐全、是否符合要求。对纳税人清算时未提供加盖开户证券机构印章限售股交易明细记录的，或者代理人未提交纳税人委托代理申报授权书的，应要求其补齐后再予办理。三是审核附送的限售股原值及合理税费凭证所载数额、限售股交易明细记录与申报表对应栏次所填数据是否匹配，相关凭证及资料是否与财产原值直接相关。四是审核纳税人报送的《限售股转让所得个人所得税清算申报表》所填数据与证券机构报送的《限售股转让所得扣缴个人所得税报告表》中该纳税人的扣缴信息、缴纳税款凭证所载金额是否一致。

（三）尽快完善限售股转让所得征收个人所得税所涉及的相关应用软件。各地可运用信息化手段，实现对限售股转让所得个人所得税的多样化电子申报，满足纳税人的申报需求，加强税务机关后续工作的电子化管理。

（四）建立完整、准确的台账。要按纳税人建立限售股转让所得个人所得税台账，台账内容应包括限售股个人持有者的基本信息（包含姓名、有效身份证照号码、有效联系地址及邮编、有效联系电话、开户证券机构名称及地址）、证券账户号、限售股股票名称及代码、限售股持有股数、解禁时间、转让时间、转让股数、转让价格、转让金额、对应股票原值、合理税费等。有条件的地区，可以开发应用软件，建立电子台账。

三、工作要求

（一）提高认识、加强领导，确保征管工作顺利开展

各级税务机关要提高对限售股转让所得征收个人所得税的重要性和必要性的认识，高度重视限售股转让所得个人所得税的征收管理工作，切实加强组织领导，将这项工作做为调节收入分配、加强税收征管和优化纳税服务的重要举措，扎实有序地推进。要精心组织、周密安排，加强对政策的理解和学习、宣传和辅导，及早制订工作计划，做好各项准备工作，确保个人转让限售股征税政策不折不扣地落实。

（二）广泛宣传、重点辅导，确保政策落到实处

对个人限售股转让所得征收个人所得税，涉及面广、政策性强、操作复杂。各级税务机关要在配合总局宣传和加强内部学习培训的基础上，切实做好本地的政策宣传和纳税辅导工作。一方面，要广泛宣传政策意义、内容、征税范围等，取得社会各界和纳税人的理解和支持，特别加强对个人在上海证券交易所、深圳证券交易所转让从上市公司公开发行和转让市场取得的上市公司股票所得继续免征个人所得税政策的宣传。另一方面，要优化各项纳税服务措施，有针对性地开展纳税辅导。加强对辖区内的证券公司、限售股个人股东、新上市公司的个人股东，特别是转让限售股个人的纳税辅导，要充分利用办税服务厅、税务网站、12366纳税服务热线、手机短信等渠道，重点宣讲征税范围、计税方法、纳税期限、申报流程、提交资料、缴纳税款凭证取得方式、征管办法，以及相关法律责任等。帮助纳税人理解政策要义，熟知办税流程，促进其自觉遵从、按期依法申报纳税，保护纳税人的合法权益。

（三）总结经验、完善措施，建立高效的信息反馈机制

各级税务机关要在对限售股转让所得征税过程中逐步积累经验，完善相关征管和服务措施，并将执行

中遇到的新情况、新问题及时向上级税务机关反馈，为进一步完善相关政策和征管办法提供依据。

（四）密切配合、加强协作，形成工作合力

各级税务机关要加强与财政、证监等相关部门的协调配合，共同做好政策的贯彻落实、宣传解释和纳税辅导工作，解决政策执行中存在的困难和问题。要帮助证券机构正确履行代扣代缴义务，协助证券机构尽快建立起信息交换机制，充分利用登记结算公司和证券公司传递的信息强化管理，确保对个人转让限售股所得征税工作的有序开展。

（五）明确责任、严格纪律，做好相关保密工作

限售股转让所得个人所得税的征管工作，涉及纳税人的切身利益和个人隐私，各级税务机关应按照税收征管法和《国家税务总局关于印发〈纳税人涉税保密信息管理暂行办法〉的通知》（国税发〔2008〕93号）等相关法律法规的要求，做好保密工作。申报资料要专人负责、专人保管、严格使用。税务机关在征税过程中获取的个人限售股相关信息，不得用于税收以外的其他用途。对未按规定为纳税人保密的，要严格按照税收征管法及其他相关法律法规规定，对直接负责的主管人员和其他直接责任人给予相应处分。

附件：1. 限售股转让所得扣缴个人所得税报告表

2. 限售股转让所得个人所得税清算申报表

财政部 国家税务总局 证监会关于个人转让上市公司限售股所得征收个人所得税有关问题的通知

财税〔2009〕167号

各省、自治区、直辖市、计划单列市财政厅（局）、国家税务局、地方税务局，新疆生产建设兵团财务局，上海、深圳证券交易所，中国证券登记结算公司：

为进一步完善股权分置改革后的相关制度，发挥税收对高收入者的调节作用，促进资本市场长期稳定健康发展，经国务院批准，现就个人转让上市公司限售流通股（以下简称限售股）取得的所得征收个人所得税有关问题通知如下：

一、自2010年1月1日起，对个人转让限售股取得的所得，按照“财产转让所得”，适用20％的比例税率征收个人所得税。

二、本通知所称限售股，包括：

1. 上市公司股权分置改革完成后股票复牌日之前股东所持原非流通股股份，以及股票复牌日至解禁日期间由上述股份孳生的送、转股（以下统称股改限售股）；

2. 2006年股权分置改革新老划断后，首次公开发行股票并上市的公司形成的限售股，以及上市首日至解禁日期间由上述股份孳生的送、转股（以下统称新股限售股）；

3. 财政部、税务总局、法制办和证监会共同确定的其他限售股。

三、个人转让限售股，以每次限售股转让收入，减除股票原值和合理税费后的余额，为应纳税所得额。即：

应纳税所得额＝限售股转让收入－（限售股原值＋合理税费）

应纳税额＝应纳税所得额×20％

本通知所称的限售股转让收入，是指转让限售股股票实际取得的收入。限售股原值，是指限售股买入时的买入价及按照规定缴纳的有关费用。合理税费，是指转让限售股过程中发生的印花税、佣金、过户费等与交易相关的税费。

如果纳税人未能提供完整、真实的限售股原值凭证的，不能准确计算限售股原值的，主管税务机关一律按限售股转让收入的15％核定限售股原值及合理税费。

四、限售股转让所得个人所得税，以限售股持有者为纳税义务人，以个人股东开户的证券机构为扣缴义务人。限售股个人所得税由证券机构所在地主管税务机关负责征收管理。

五、限售股转让所得个人所得税，采取证券机构预扣预缴、纳税人自行申报清算和证券机构直接扣缴相

结合的方式征收。证券机构预扣预缴的税款，于次月7日内以纳税保证金形式向主管税务机关缴纳。主管税务机关在收取纳税保证金时，应向证券机构开具《中华人民共和国纳税保证金收据》，并纳入专户存储。

根据证券机构技术和制度准备完成情况，对不同阶段形成的限售股，采取不同的征收管理办法。

（一）证券机构技术和制度准备完成前形成的限售股，证券机构按照股改限售股股改复牌日收盘价，或新股限售股上市首日收盘价计算转让收入，按照计算出的转让收入的15%确定限售股原值和合理税费，以转让收入减去原值和合理税费后的余额，适用20%税率，计算预扣预缴个人所得税额。

纳税人按照实际转让收入与实际成本计算出的应纳税额，与证券机构预扣预缴税额有差异的，纳税人应自证券机构代扣并解缴税款的次月1日起3个月内，持加盖证券机构印章的交易记录和相关完整、真实凭证，向主管税务机关提出清算申报并办理清算事宜。主管税务机关审核确认后，按照重新计算的应纳税额，办理退（补）税手续。纳税人在规定期限内未到主管税务机关办理清算事宜的，税务机关不再办理清算事宜，已预扣预缴的税款从纳税保证金账户全额缴入国库。

（二）证券机构技术和制度准备完成后新上市公司的限售股，按照证券机构事先植入结算系统的限售股成本原值和发生的合理税费，以实际转让收入减去原值和合理税费后的余额，适用20%税率，计算直接扣缴个人所得税额。

六、纳税人同时持有限售股及该股流通股的，其股票转让所得，按照限售股优先原则，即：转让股票视同为先转让限售股，按规定计算缴纳个人所得税。

七、证券机构等应积极配合税务机关做好各项征收管理工作，并于每月15日前，将上月限售股减持的有关信息传递至主管税务机关。限售股减持信息包括：股东姓名、公民身份号码、开户证券公司名称及地址、限售股股票代码、本期减持股数及减持取得的收入总额。证券机构有义务向纳税人提供加盖印章的限售股交易记录。

八、对个人在上海证券交易所、深圳证券交易所转让从上市公司公开发行和转让市场取得的上市公司股票所得，继续免征个人所得税。

九、财政、税务、证监等部门要加强协调、通力合作，切实做好政策实施的各项工作。

财政部 国家税务总局住房和城乡建设部关于调整房地产交易环节契税个人所得税优惠政策的通知

财税〔2010〕94号

各省、自治区、直辖市、计划单列市财政厅（局）、地方税务局、住房城乡建设厅（建委、房地局），西藏、宁夏、青海省（自治区）国税局，新疆生产建设兵团财务局、建设局：

经国务院批准，现就调整房地产交易环节契税、个人所得税有关优惠政策通知如下：

一、关于契税政策

（一）对个人购买普通住房，且该住房属于家庭（成员范围包括购房人、配偶以及未成年子女，下同）唯一住房的，减半征收契税。对个人购买90平方米及以下普通住房，且该住房属于家庭唯一住房的，减按1%税率征收契税。

征收机关应查询纳税人契税纳税记录；无记录或有记录但有疑义的，根据纳税人的申请或授权，由房地产主管部门通过房屋登记信息系统查询纳税人家庭住房登记记录，并出具书面查询结果。如因当地暂不具备查询条件而不能提供家庭住房登记查询结果的，纳税人应向征收机关提交家庭住房实有套数书面诚信保证。诚信保证不实的，属于虚假纳税申报，按照《中华人民共和国税收征收管理法》的有关规定处理。

具体操作办法由各省、自治区、直辖市财政、税务、房地产主管部门共同制定。

（二）个人购买的普通住房，凡不符合上述规定的，不得享受上述优惠政策。

二、关于个人所得税政策

对出售自有住房并在1年内重新购房的纳税人不再减免个人所得税。

本通知自2010年10月1日起执行。《财政部 国家税务总局关于调整房地产市场若干税收政策的通知》(财税字〔1999〕210 号)第一条有关契税的规定、《财政部 国家税务总局关于调整房地产交易环节税收政策的通知》(财税〔2008〕137 号)第一条、《财政部 国家税务总局建设部关于个人出售住房所得征收个人所得税有关问题的通知》(财税字〔1999〕278 号)第三条同时废止。

财政部 国家税务总局关于个人独资企业和合伙企业投资者取得种植业养殖业饲养业捕捞业所得有关个人所得税问题的批复

财税〔2010〕96 号

福建省财政厅、地方税务局：

福建省地方税务局《关于个人独资和合伙企业投资者取得的"四业"经营所得征免个人所得税问题的请示》(闽地税发〔2009〕157 号)收悉。经研究，批复如下：

根据《国务院关于个人独资企业和合伙企业征收所得税问题的通知》(国发〔2000〕16 号)、《财政部 国家税务总局关于个人所得税若干政策问题的通知》(财税字〔1994〕020 号)和《财政部 国家税务总局关于农村税费改革试点地区有关个人所得税问题的通知》(财税〔2004〕30 号)等有关规定，对个人独资企业和合伙企业从事种植业、养殖业、饲养业和捕捞业(以下简称"四业")，其投资者取得的"四业"所得暂不征收个人所得税。

财政部 国家税务总局证监会关于个人转让上市公司限售股所得征收个人所得税有关问题的补充通知

财税〔2010〕70 号

各省、自治区、直辖市、计划单列市财政厅(局)、国家税务局、地方税务局，新疆生产建设兵团财务局，上海、深圳证券交易所，中国证券登记结算公司：

为进一步规范个人转让上市公司限售股(以下简称限售股)税收政策，加强税收征管，根据财政部、国家税务总局、证监会《关于个人转让上市公司限售股征收个人所得税有关问题的通知》(财税〔2009〕167 号)的有关规定，现将个人转让限售股所得征收个人所得税有关政策问题补充通知如下：

一、本通知所称限售股，包括：

(一)财税〔2009〕167 号文件规定的限售股；

(二)个人从机构或其他个人受让的未解禁限售股；

(三)个人因依法继承或家庭财产依法分割取得的限售股；

(四)个人持有的从代办股份转让系统转到主板市场(或中小板、创业板市场)的限售股；

(五)上市公司吸收合并中，个人持有的原被合并方公司限售股所转换的合并方公司股份；

(六)上市公司分立中，个人持有的被分立方公司限售股所转换的分立后公司股份；

(七)其他限售股。

二、根据《个人所得税法实施条例》第八条、第十条的规定，个人转让限售股或发生具有转让限售股实质的其他交易，取得现金、实物、有价证券和其他形式的经济利益均应缴纳个人所得税。限售股在解禁前被多次转让的，转让方对每一次转让所得均应按规定缴纳个人所得税。对具有下列情形的，应按规定征收个人所得税：

(一)个人通过证券交易所集中交易系统或大宗交易系统转让限售股；

(二)个人用限售股认购或申购交易型开放式指数基金(ETF)份额；

(三)个人用限售股接受要约收购；

(四)个人行使现金选择权将限售股转让给提供现金选择权的第三方；

(五)个人协议转让限售股；

(六)个人持有的限售股被司法扣划；

(七)个人因依法继承或家庭财产分割让渡限售股所有权；

(八)个人用限售股偿还上市公司股权分置改革中由大股东代其向流通股股东支付的对价；

(九)其他具有转让实质的情形。

三、应纳税所得额的计算

(一)个人转让第一条规定的限售股，限售股所对应的公司在证券机构技术和制度准备完成前上市的，应纳税所得额的计算按照财税〔2009〕167 号文件第五条第(一)项规定执行；在证券机构技术和制度准备完成后上市的，应纳税所得额的计算按照财税〔2009〕167 号文件第五条第(二)项规定执行。

(二)个人发生第二条第(一)、(二)、(三)、(四)项情形、由证券机构扣缴税款的，扣缴税款的计算按照财税〔2009〕167 号文件规定执行。纳税人申报清算时，实际转让收入按照下列原则计算：

第二条 第(一)项的转让收入以转让当日该股份实际转让价格计算，证券公司在扣缴税款时，佣金支出统一按照证券主管部门规定的行业最高佣金费率计算；第二条第(二)项的转让收入，通过认购 ETF 份额方式转让限售股的，以股份过户日的前一交易日该股份收盘价计算，通过申购 ETF 份额方式转让限售股的，以申购日的前一交易日该股份收盘价计算；第二条第(三)项的转让收入以要约收购的价格计算；第二条第(四)项的转让收入以实际行权价格计算。

(三)个人发生第二条第(五)、(六)、(七)、(八)项情形、需向主管税务机关申报纳税的，转让收入按照下列原则计算：

第二条 第(五)项的转让收入按照实际转让收入计算，转让价格明显偏低且无正当理由的，主管税务机关可以依据协议签订日的前一交易日该股收盘价或其他合理方式核定其转让收入；第二条第(六)项的转让收入以司法执行日的前一交易日该股收盘价计算；第二条第(七)、(八)项的转让收入以转让方取得该股时支付的成本计算。

(四)个人转让因协议受让、司法扣划等情形取得未解禁限售股的，成本按照主管税务机关认可的协议受让价格、司法扣划价格核定，无法提供相关资料的，按照财税〔2009〕167 号文件第五条第(一)项规定执行；个人转让因依法继承或家庭财产依法分割取得的限售股的，按财税〔2009〕167 号文件规定缴纳个人所得税，成本按照该限售股前一持有人取得该股时实际成本及税费计算。

(五)在证券机构技术和制度准备完成后形成的限售股，自股票上市首日至解禁日期间发生送、转、缩股的，证券登记结算公司应依据送、转、缩股比例对限售股成本原值进行调整；而对于其他权益分派的情形(如现金分红、配股等)，不对限售股的成本原值进行调整。

(六)因个人持有限售股中存在部分限售股成本原值不明确，导致无法准确计算全部限售股成本原值的，证券登记结算公司一律以实际转让收入的 15％作为限售股成本原值和合理税费。

四、征收管理

(一)纳税人发生第二条第(一)、(二)、(三)、(四)项情形的，对其应纳个人所得税按照财税〔2009〕167 号文件规定，采取证券机构预扣预缴、纳税人自行申报清算和证券机构直接扣缴相结合的方式征收。

本通知所称的证券机构，包括证券登记结算公司、证券公司及其分支机构。其中，证券登记结算公司以证券账户为单位计算个人应纳税额，证券公司及其分支机构依据证券登记结算公司提供的数据负责对个人应缴纳的个人所得税以证券账户为单位进行预扣预缴。纳税人对证券登记结算公司计算的应纳税额有异议的，可持相关完整、真实凭证，向主管税务机关提出清算申报并办理清算事宜。主管税务机构审核确认后，按照重新计算的应纳税额，办理退(补)税手续。

(二)纳税人发生第二条第(五)、(六)、(七)、(八)项情形的，采取纳税人自行申报纳税的方式。纳税人转让限售股后，应在次月七日内到主管税务机关填报《限售股转让所得个人所得税清算申报表》，自行申报纳税。主管税务机关审核确认后应开具完税凭证，纳税人应持完税凭证、《限售股转让所得个人所得税清算申报表》复印件到证券登记结算公司办理限售股过户手续。纳税人未提供完税凭证和《限售股转让所得个人所得税清算申报表》复印件的，证券登记结算公司不予办理过户。

纳税人自行申报的，应一次办结相关涉税事宜，不再执行财税〔2009〕167 号文件中有关纳税人自行申报清算的规定。对第二条第（六）项情形，如国家有权机关要求强制执行的，证券登记结算公司在履行告知义务后予以协助执行，并报告相关主管税务机关。

五、个人持有在证券机构技术和制度准备完成后形成的拟上市公司限售股，在公司上市前，个人应委托拟上市公司向证券登记结算公司提供有关限售股成本原值详细资料，以及会计师事务所或税务师事务所对该资料出具的鉴证报告。逾期未提供的，证券登记结算公司以实际转让收入的 15%核定限售股原值和合理税费。

六、个人转让限售股所得需由证券机构预扣预缴税款的，应在客户资金账户留足资金供证券机构扣缴税款，依法履行纳税义务。证券机构应采取积极、有效措施依法履行扣缴税款义务，对纳税人资金账户暂无资金或资金不足的，证券机构应当及时通知个人投资者补足资金，并扣缴税款。个人投资者未补足资金的，证券机构应当及时报告相关主管税务机关，并依法提供纳税人相关资料。

国家税务总局关于股权转让所得个人所得税计税依据核定问题的公告

国家税务总局公告 2010 年第 27 号

根据《中华人民共和国个人所得税法》及其实施条例、《中华人民共和国税收征收管理法》及其实施细则和《国家税务总局关于加强股权转让所得征收个人所得税管理的通知》（国税函〔2009〕285 号）的有关规定，现将股权转让所得个人所得税计税依据核定问题公告如下：

一、自然人转让所投资企业股权（份）（以下简称股权转让）取得所得，按照公平交易价格计算并确定计税依据。

计税依据明显偏低且无正当理由的，主管税务机关可采用本公告列举的方法核定。

二、计税依据明显偏低且无正当理由的判定方法

（一）符合下列情形之一且无正当理由的，可视为计税依据明显偏低：

1. 申报的股权转让价格低于初始投资成本或低于取得该股权所支付的价款及相关税费的；

2. 申报的股权转让价格低于对应的净资产份额的；

3. 申报的股权转让价格低于相同或类似条件下同一企业同一股东或其他股东股权转让价格的；

4. 申报的股权转让价格低于相同或类似条件下同类行业的企业股权转让价格的；

5. 经主管税务机关认定的其他情形。

（二）本条第一项所称正当理由，是指以下情形：

1. 所投资企业连续三年以上（含三年）亏损；

2. 因国家政策调整的原因而低价转让股权；

3. 将股权转让给配偶、父母、子女、祖父母、外祖父母、孙子女、外孙子女、兄弟姐妹以及对转让人承担直接抚养或者赡养义务的抚养人或者赡养人；

4. 经主管税务机关认定的其他合理情形。

三、对申报的计税依据明显偏低且无正当理由的，可采取以下核定方法：

（一）参照每股净资产或纳税人享有的股权比例所对应的净资产份额核定股权转让收入。

对知识产权、土地使用权、房屋、探矿权、采矿权、股权等合计占资产总额比例达 50%以上的企业，净资产额须经中介机构评估核实。

（二）参照相同或类似条件下同一企业同一股东或其他股东股权转让价格核定股权转让收入。

（三）参照相同或类似条件下同类行业的企业股权转让价格核定股权转让收入。

（四）纳税人对主管税务机关采取的上述核定方法有异议的，应当提供相关证据，主管税务机关认定属实后，可采取其他合理的核定方法。

四、纳税人再次转让所受让的股权的，股权转让的成本为前次转让的交易价格及买方负担的相关税费。

各级税务机关应切实加强股权转让所得征收个人所得税的动态税源管理，通过建立电子台账，跟踪股权转让的交易价格和税费情况，保证股权交易链条中各环节转让收入和成本的真实性。

五、本公告所称股权转让不包括上市公司股份转让。

六、本公告自发布之日起30日后施行。

特此公告。

国家税务总局关于个人提前退休取得补贴收入个人所得税问题的公告

国家税务总局公告2011年第6号

根据《中华人民共和国个人所得税法》及其实施条例的规定，现对个人提前退休取得一次性补贴收入征收个人所得税问题公告如下：

一、机关、企事业单位对未达到法定退休年龄、正式办理提前退休手续的个人，按照统一标准向提前退休工作人员支付一次性补贴，不属于免税的离退休工资收入，应按照“工资、薪金所得”项目征收个人所得税。

二、个人因办理提前退休手续而取得的一次性补贴收入，应按照办理提前退休手续至法定退休年龄之间所属月份平均分摊计算个人所得税。计税公式：

应纳税额＝{〔(一次性补贴收入÷办理提前退休手续至法定退休年龄的实际月份数)－费用扣除标准〕×适用税率－速算扣除数}×提前办理退休手续至法定退休年龄的实际月份数

三、本公告自2011年1月1日起执行。

特此公告。

财政部 国家税务总局关于企业促销展业赠送礼品有关个人所得税问题的通知

财税〔2011〕50号

各省、自治区、直辖市、计划单列市财政厅(局)、地方税务局、西藏、宁夏、青海省(自治区)国家税务局，新疆生产建设兵团财务局：

根据《中华人民共和国个人所得税法》及其实施条例有关规定，现对企业和单位(包括企业、事业单位、社会团体、个人独资企业、合伙企业和个体工商户等，以下简称企业)在营销活动中以折扣折让、赠品、抽奖等方式，向个人赠送现金、消费券、物品、服务等(以下简称礼品)有关个人所得税问题通知如下：

一、企业在销售商品(产品)和提供服务过程中向个人赠送礼品，属于下列情形之一的，不征收个人所得税：

1. 企业通过价格折扣、折让方式向个人销售商品(产品)和提供服务；

2. 企业在向个人销售商品(产品)和提供服务的同时给予赠品，如通信企业对个人购买手机赠话费、入网费，或者购话费赠手机等；

3. 企业对累积消费达到一定额度的个人按消费积分反馈礼品。

二、企业向个人赠送礼品，属于下列情形之一的，取得该项所得的个人应依法缴纳个人所得税，税款由赠送礼品的企业代扣代缴：

1. 企业在业务宣传、广告等活动中，随机向本单位以外的个人赠送礼品，对个人取得的礼品所得，按照“其他所得”项目，全额适用20％的税率缴纳个人所得税。

2. 企业在年会、座谈会、庆典以及其他活动中向本单位以外的个人赠送礼品，对个人取得的礼品所得，按照“其他所得”项目，全额适用 20%的税率缴纳个人所得税。

3. 企业对累积消费达到一定额度的顾客，给予额外抽奖机会，个人的获奖所得，按照“偶然所得”项目，全额适用 20%的税率缴纳个人所得税。

三、企业赠送的礼品是自产产品（服务）的，按该产品（服务）的市场销售价格确定个人的应税所得；是外购商品（服务）的，按该商品（服务）的实际购置价格确定个人的应税所得。

四、本通知自发布之日起执行。《国家税务总局关于个人所得税有关问题的批复》（国税函〔2000〕57 号）、《国家税务总局关于个人所得税若干政策问题的批复》（国税函〔2002〕629 号）第二条同时废止。

财政部 国家税务总局关于调整个体工商户业主个人独资企业和合伙企业自然人投资者个人所得税费用扣除标准的通知

财税〔2011〕62 号

各省、自治区、直辖市、计划单列市财政厅（局）、地方税务局，西藏、宁夏、青海省（自治区）国家税务局、新疆生产建设兵团财务局：

根据新修订的个人所得税法及其实施条例和相关政策规定，现对个体工商户业主、个人独资企业和合伙企业自然人投资者个人所得税费用扣除标准问题通知如下：

一、对个体工商户业主、个人独资企业和合伙企业自然人投资者的生产经营所得依法计征个人所得税时，个体工商户业主、个人独资企业和合伙企业自然人投资者本人的费用扣除标准统一确定为 42000 元/年（3500 元/月）。

二、《国家税务总局关于印发〈个体工商户个人所得税计税办法（试行）〉的通知》（国税发〔1997〕43 号）第十三条第一款修改为：“个体户业主的费用扣除标准为 42000 元/年（3500 元/月）；个体户向其从业人员实际支付的合理的工资、薪金支出，允许在税前据实扣除。”

三、《财政部 国家税务总局关于印发〈关于个人独资企业和合伙企业投资者征收个人所得税的规定〉的通知》（财税〔2000〕91 号）附件 1 第六条（一）修改为：“投资者的费用扣除标准为 42000 元/年（3500 元/月）。投资者的工资不得在税前扣除。”

四、《财政部 国家税务总局关于调整个体工商户个人独资企业和合伙企业个人所得税税前扣除标准有关问题的通知》（财税〔2008〕65 号）第一条停止执行。

五、本通知自 2011 年 9 月 1 日起执行。

国家税务总局关于个人终止投资经营收回款项征收个人所得税问题的公告

国家税务总局公告 2011 年第 41 号

根据《中华人民共和国个人所得税法》及其实施条例等规定，现对个人终止投资、联营、经营合作等行为收回款项征收个人所得税问题公告如下：

一、个人因各种原因终止投资、联营、经营合作等行为，从被投资企业或合作项目、被投资企业的其他投资者以及合作项目的经营合作人取得股权转让收入、违约金、补偿金、赔偿金及以其他名目收回的款项等，均属于个人所得税应税收入，应按照“财产转让所得”项目适用的规定计算缴纳个人所得税。

应纳税所得额的计算公式如下：

应纳税所得额＝个人取得的股权转让收入、违约金、补偿金、赔偿金及以其他名目收回款项合计数－原实际出资额（投入额）及相关税费

二、本公告有关个人所得税征管问题，按照《国家税务总局关于加强股权转让所得征收个人所得税管理的通知》（国税函〔2009〕285号）执行。

本公告自发布之日起施行，此前未处理事项依据本公告处理。

特此公告。

国家税务总局关于代开货物运输业发票个人所得税预征率问题的公告

国家税务总局公告2011年第44号

为贯彻落实《全国人大常委会关于修改〈中华人民共和国个人所得税法〉的决定》和有关法律法规规定，现对代开货物运输业发票的个体工商户、个人独资企业和合伙企业（以下简称代开货运发票的个人所得税纳税人）个人所得税预征率问题公告如下：

一、对《国家税务总局关于货物运输业若干税收问题的通知》（国税发〔2004〕88号）第四条规定的代开货运发票的个人所得税纳税人，统一按开票金额的1.5%预征个人所得税。

二、年度终了后，查账征税的代开货运发票个人所得税纳税人，按本公告第一条规定被预征的个人所得税可以在汇算清缴时扣除；实行核定征收个人所得税的，按本公告第一条规定被预征的个人所得税，不得从已核定税额中扣除。

三、本公告自2011年9月1日起施行。《国家税务总局关于代开货物运输业发票个人所得税预征率问题的通知》（国税函〔2008〕977号）同时废止。

国家税务总局关于贯彻执行修改后的个人所得税法有关问题的公告

国家税务总局公告2011年第46号

《全国人民代表大会常务委员会关于修改〈中华人民共和国个人所得税法〉的决定》（中华人民共和国主席令第四十八号）（以下简称税法）将自2011年9月1日起施行。根据税法修改的相应条款，现就贯彻执行的有关具体问题公告如下：

一、工资、薪金所得项目减除费用标准和税率的适用问题

（一）纳税人2011年9月1日（含）以后实际取得的工资、薪金所得，应适用税法修改后的减除费用标准和税率表（见附件一），计算缴纳个人所得税。

（二）纳税人2011年9月1日前实际取得的工资、薪金所得，无论税款是否在2011年9月1日以后入库，均应适用税法修改前的减除费用标准和税率表，计算缴纳个人所得税。

二、个体工商户的生产、经营所得项目应纳税额的计算问题

个体工商户、个人独资企业和合伙企业的投资者（合伙人）2011年9月1日（含）以后的生产经营所得，应适用税法修改后的减除费用标准和税率表（见附件二）。按照税收法律、法规和文件规定，先计算全年应纳税所得额，再计算全年应纳税额。其2011年度应纳税额的计算方法如下：

前8个月应纳税额＝（全年应纳税所得额×税法修改前的对应税率－速算扣除数）×8/12

后4个月应纳税额＝（全年应纳税所得额×税法修改后的对应税率－速算扣除数）×4/12

全年应纳税额＝前 8 个月应纳税额＋后 4 个月应纳税额

纳税人应在年度终了后的 3 个月内，按照上述方法计算 2011 年度应纳税额，进行汇算清缴。

三、对企事业单位的承包经营、承租经营所得应纳税额的计算比照本公告第二条规定执行。

四、本公告自 2011 年 9 月 1 日起执行。《国家税务总局关于印发〈征收个人所得税若干问题的规定〉的通知》(国税发〔1994〕089 号)所附"税率表一"和"税率表二"同时废止。

特此公告。

附件 1

税率表一

（工资、薪金所得适用）

<table>
<tr><th rowspan="2">级数</th><th colspan="2">全月应纳税所得额</th><th rowspan="2">税率（%）</th><th rowspan="2">速算</th></tr>
<tr><th>扣除数含税级距</th><th>不含税级距</th></tr>
<tr><td>1</td><td>不超过 1500 元的</td><td>不超过 1455 元的</td><td>3</td><td>0</td></tr>
<tr><td>2</td><td>超过 1500 元至 4500 元的部分</td><td>超过 1455 元至 4155 元的部分</td><td>10</td><td>105</td></tr>
<tr><td>3</td><td>超过 4500 元至 9000 元的部分</td><td>超过 4155 元至 7755 元的部分</td><td>20</td><td>555</td></tr>
<tr><td>4</td><td>超过 9000 元至 35000 元的部分</td><td>超过 7755 元至 27255 元的部分</td><td>25</td><td>1005</td></tr>
<tr><td>5</td><td>超过 35000 元至 55000 元的部分</td><td>超过 27255 元至 41255 元的部分</td><td>30</td><td>2755</td></tr>
<tr><td>6</td><td>超过 55000 元至 80000 元的部分</td><td>超过 41255 元至 57505 元的部分</td><td>35</td><td>5505</td></tr>
<tr><td>7</td><td>超过 80000 元的部分</td><td>超过 57505 元的部分</td><td>45</td><td>13505</td></tr>
</table>

注：1. 本表所列含税级距与不含税级距，均为按照税法规定减除有关费用后的所得额；

2. 含税级距适用于由纳税人负担税款的工资、薪金所得；不含税级距适用于由他人（单位）代付税款的工资、薪金所得。

附件 2

税率表二

（个体工商户的生产、经营所得和对企事业单位的承包经营、承租经营所得适用）

<table>
<tr><th rowspan="2">级数</th><th colspan="2">全月应纳税所得额</th><th rowspan="2">税率（%）</th><th rowspan="2">速算</th></tr>
<tr><th>扣除数含税级距</th><th>不含税级距</th></tr>
<tr><td>1</td><td>不超过 15000 元的</td><td>不超过 14250 元的</td><td>5</td><td>0</td></tr>
<tr><td>2</td><td>超过 15000 元至 30000 元的部分</td><td>超过 14250 元至 27750 元的部分</td><td>10</td><td>750</td></tr>
<tr><td>3</td><td>超过 30000 元至 60000 元的部分</td><td>超过 27750 元至 51750 元的部分</td><td>20</td><td>3750</td></tr>
<tr><td>4</td><td>超过 60000 元至 100000 元的部分</td><td>超过 51750 元至 79750 元的部分</td><td>30</td><td>9750</td></tr>
<tr><td>5</td><td>超过 100000 元的部分</td><td>超过 79750 元的部分</td><td>35</td><td>14750</td></tr>
</table>

注：1. 本表所列含税级距与不含税级距，均为按照税法规定以每一纳税年度的收入总额减除成本、费用以及损失后的所得额；

2. 含税级距适用于个体工商户的生产、经营所得和由纳税人负担税款的对企事业单位的承包经营、承租经营所得；不含税级距适用于由他人（单位）代付税款的对企事业单位的承包经营、承租经营所得。

财政部 国家税务总局关于证券机构技术和制度准备完成后个人转让上市公司限售股有关个人所得税问题的通知

财税〔2011〕108 号

各省、自治区、直辖市、计划单列市财政厅(局)、地方税务局,宁夏、西藏、青海省(自治区)国家税务局,新疆生产建设兵团财务局,上海、深圳证券交易所,中国证券登记结算公司,各证券公司:

根据《财政部 国家税务总局 证监会关于个人转让上市公司限售股所得征收个人所得税有关问题的通知》(财税〔2009〕167 号)和《财政部 国家税务总局 证监会关于个人转让上市公司限售股所得征收个人所得税有关问题的补充通知》(财税〔2010〕70 号)有关规定,为进一步完善个人转让上市公司限售股所得征收个人所得税办法,现就有关问题通知如下:

一、自 2012 年 3 月 1 日起,网上发行资金申购日在 2012 年 3 月 1 日(含)之后的首次公开发行上市公司(以下简称新上市公司)按照证券登记结算公司业务规定做好各项资料准备工作,在向证券登记结算公司申请办理股份初始登记时一并申报由个人限售股股东提供的有关限售股成本原值详细资料,以及会计师事务所或税务师事务所对该资料出具的鉴证报告。

限售股成本原值,是指限售股买入时的买入价及按照规定缴纳的有关税费。

二、新上市公司提供的成本原值资料和鉴证报告中应包括但不限于以下内容:证券持有人名称、有效身份证照号码、证券账户号码、新上市公司全称、持有新上市公司限售股数量、持有新上市公司限售股每股成本原值等。

新上市公司每位持有限售股的个人股东应仅申报一个成本原值。个人取得的限售股有不同成本的,应对所持限售股以每次取得股份数量为权重进行成本加权平均以计算出每股的成本原值,即:

分次取得限售股的加权平均成本＝第一次取得限售股的每股成本原值×第一次取得限售股的股份数量＋……＋第 n 次取得限售股的每股成本原值×第 n 次取得限售股的股份数量÷累计取得限售股的股份数量

三、证券登记结算公司收到新上市公司提供的相关资料后,应及时将有关成本原值数据植入证券结算系统。个人转让新上市公司限售股的,证券登记结算公司根据实际转让收入和植入证券结算系统的标的限售股成本原值,以实际转让收入减去成本原值和合理税费后的余额,适用 20%税率,直接计算需扣缴的个人所得税额。

合理税费是指转让限售股过程中发生的印花税、佣金、过户费等与交易相关的税费。

四、新上市公司在申请办理股份初始登记时,确实无法提供有关成本原值资料和鉴证报告的,证券登记结算公司在完成股份初始登记后,将不再接受新上市公司申报有关成本原值资料和鉴证报告,并按规定以实际转让收入的 15%核定限售股成本原值和合理税费。

五、个人在证券登记结算公司以非交易过户方式办理应纳税未解禁限售股过户登记的,受让方所取得限售股的成本原值按照转让方完税凭证、《限售股转让所得个人所得税清算申报表》等材料确定的转让价格进行确定;如转让方证券账户为机构账户,在受让方再次转让该限售股时,以受让方实际转让收入的 15%核定其转让限售股的成本原值和合理税费。

六、对采取自行纳税申报方式的纳税人,其个人转让限售股不需要纳税或应纳税额为零的,纳税人应持经主管税务机关审核确认并加盖受理印章的《限售股转让所得个人所得税清算申报表》原件,到证券登记结算公司办理限售股过户手续。未提供原件的,证券登记结算公司不予办理过户手续。

七、对于个人持有的新上市公司未解禁限售股被司法扣划至其他个人证券账户,如国家有权机关要求强制执行但未能提供完税凭证等材料,证券登记结算公司在履行告知义务后予以协助执行,并在受让方转让该限售股时,以其实际转让收入的 15%核定其转让限售股的成本原值和合理税费。

八、证券公司应将每月所扣个人所得税款，于次月 15 日内缴入国库，并向当地主管税务机关报送《限售股转让所得扣缴个人所得税报告表》及税务机关要求报送的其他资料。

九、对个人转让新上市公司限售股，按财税〔2010〕70 号文件规定，需纳税人自行申报纳税的，继续按照原规定以及本通知第六、七条的相关规定执行。

请遵照执行。

财政部 国家税务总局
二〇一一年十二月三十日

财政部 国家税务总局关于工伤职工取得的工伤保险待遇有关个人所得税政策的通知

财税〔2012〕40 号

各省、自治区、直辖市、计划单列市财政厅（局）、地方税务局，新疆生产建设兵团财务局：

为贯彻落实《工伤保险条例》（国务院令第 586 号），根据个人所得税法第四条中“经国务院财政部门批准免税的所得”的规定，现就工伤职工取得的工伤保险待遇有关个人所得税政策通知如下：

一、对工伤职工及其近亲属按照《工伤保险条例》（国务院令第 586 号）规定取得的工伤保险待遇，免征个人所得税。

二、本通知第一条所称的工伤保险待遇，包括工伤职工按照《工伤保险条例》（国务院令第 586 号）规定取得的一次性伤残补助金、伤残津贴、一次性工伤医疗补助金、一次性伤残就业补助金、工伤医疗待遇、住院伙食补助费、外地就医交通食宿费用、工伤康复费用、辅助器具费用、生活护理费等，以及职工因工死亡，其近亲属按照《工伤保险条例》（国务院令第 586 号）规定取得的丧葬补助金、供养亲属抚恤金和一次性工亡补助金等。

三、本通知自 2011 年 1 月 1 日起执行。对 2011 年 1 月 1 日之后已征税款，由纳税人向主管税务机关提出申请，主管税务机关按相关规定予以退还。

财政部 国家税务总局
二〇一二年五月三日

国家税务总局关于证券经纪人佣金收入征收个人所得税问题的公告

国家税务总局公告 2012 年第 45 号

现将证券经纪人佣金收入征收个人所得税的问题公告如下：

一、根据《中华人民共和国个人所得税法》及其实施条例规定，证券经纪人从证券公司取得的佣金收入，应按照“劳务报酬所得”项目缴纳个人所得税。

二、证券经纪人佣金收入由展业成本和劳务报酬构成，对展业成本部分不征收个人所得税。根据目前实际情况，证券经纪人展业成本的比例暂定为每次收入额的 40%。

三、证券经纪人以一个月内取得的佣金收入为一次收入，其每次收入先减去实际缴纳的营业税及附加，再减去本公告第二条规定的展业成本，余额按个人所得税法规定计算缴纳个人所得税。

四、证券公司是证券经纪人个人所得税的扣缴义务人，应按照《国家税务总局关于印发〈个人所得税全员全额扣缴申报管理暂行办法〉的通知》(国税发〔2005〕205 号)规定，认真做好个人所得税全员全额扣缴报告工作。

五、本公告自 2012 年 10 月 1 日起执行。

特此公告。

国家税务总局
二〇一二年九月十二日

财政部 国家税务总局 证监会关于实施上市公司股息红利差别化个人所得税政策有关问题的通知

财税〔2012〕85 号

经国务院批准，现就实施上市公司股息红利差别化个人所得税政策有关问题通知如下：

一、个人从公开发行和转让市场取得的上市公司股票，持股期限在 1 个月以内(含 1 个月)的，其股息红利所得全额计入应纳税所得额；持股期限在 1 个月以上至 1 年(含 1 年)的，暂减按 50％计入应纳税所得额；持股期限超过 1 年的，暂减按 25％计入应纳税所得额。上述所得统一适用 20％的税率计征个人所得税。

前款所称上市公司是指在上海证券交易所、深圳证券交易所挂牌交易的上市公司；持股期限是指个人从公开发行和转让市场取得上市公司股票之日至转让交割该股票之日前一日的持有时间。

二、上市公司派发股息红利时，对截止股权登记日个人已持股超过 1 年的，其股息红利所得，按 25％计入应纳税所得额。对截止股权登记日个人持股 1 年以内(含 1 年)且尚未转让的，税款分两步代扣代缴：第一步，上市公司派发股息红利时，统一暂按 25％计入应纳税所得额，计算并代扣税款。第二步，个人转让股票时，证券登记结算公司根据其持股期限计算实际应纳税额，超过已扣缴税款的部分，由证券公司等股份托管机构从个人资金账户中扣收并划付证券登记结算公司，证券登记结算公司应于次月 5 个工作日内划付上市公司，上市公司在收到税款当月的法定申报期内向主管税务机关申报缴纳。

个人应在资金账户留足资金，依法履行纳税义务。证券公司等股份托管机构应依法划扣税款，对个人资金账户暂无资金或资金不足的，证券公司等股份托管机构应当及时通知个人补足资金，并划扣税款。

三、个人转让股票时，按照先进先出的原则计算持股期限，即证券账户中先取得的股票视为先转让。

应纳税所得额以个人投资者证券账户为单位计算，持股数量以每日日终结算后个人投资者证券账户的持有记录为准，证券账户取得或转让的股份数为每日日终结算后的净增(减)股份数。

四、对个人持有的上市公司限售股，解禁后取得的股息红利，按照本通知规定计算纳税，持股时间自解禁日起计算；解禁前取得的股息红利继续暂减按 50％计入应纳税所得额，适用 20％的税率计征个人所得税。

前款所称限售股，是指财税〔2009〕167 号文件和财税〔2010〕70 号文件规定的限售股。

五、证券投资基金从上市公司取得的股息红利所得，按照本通知规定计征个人所得税。

六、本通知所称个人从公开发行和转让市场取得的上市公司股票包括：

(一)通过证券交易所集中交易系统或大宗交易系统取得的股票；

(二)通过协议转让取得的股票；

(三)因司法扣划取得的股票；

(四)因依法继承或家庭财产分割取得的股票；

(五)通过收购取得的股票；

(六)权证行权取得的股票；

(七)使用可转换公司债券转换的股票；

(八)取得发行的股票、配股、股份股利及公积金转增股本；

(九)持有从代办股份转让系统转到主板市场(或中小板、创业板市场)的股票；

（十）上市公司合并，个人持有的被合并公司股票转换的合并后公司股票；

（十一）上市公司分立，个人持有的被分立公司股票转换的分立后公司股票；

（十二）其他从公开发行和转让市场取得的股票。

七、本通知所称转让股票包括下列情形：

（一）通过证券交易所集中交易系统或大宗交易系统转让股票；

（二）协议转让股票；

（三）持有的股票被司法扣划；

（四）因依法继承、捐赠或家庭财产分割让渡股票所有权；

（五）用股票接受要约收购；

（六）行使现金选择权将股票转让给提供现金选择权的第三方；

（七）用股票认购或申购交易型开放式指数基金（ETF）份额；

（八）其他具有转让实质的情形。

八、本通知所称年（月）是指自然年（月），即持股一年是指从上一年某月某日至本年同月同日的前一日连续持股，持股一个月是指从上月某日至本月同日的前一日连续持股。

九、财政、税务、证监等部门要加强协调、通力合作，切实做好政策实施的各项工作。

上市公司、证券登记结算公司以及证券公司等股份托管机构应积极配合税务机关做好股息红利个人所得税征收管理工作。

十、本通知自2013年1月1日起施行。上市公司派发股息红利，股权登记日在2013年1月1日之后的，股息红利所得按照本通知的规定执行。本通知实施之日个人投资者证券账户已持有的上市公司股票，其持股时间自取得之日起计算。

《财政部 国家税务总局关于股息红利个人所得税有关政策的通知》（财税〔2005〕102号）和《财政部 国家税务总局关于股息红利有关个人所得税政策的补充通知》（财税〔2005〕107号）在本通知实施之日同时废止。

财政部 国家税务总局 证监会

2012年11月16日

国家税务总局关于律师事务所从业人员有关个人所得税问题的公告

国家税务总局公告2012年第53号

现对律师事务所从业人员有关个人所得税问题公告如下：

一、《国家税务总局关于律师事务所从业人员取得收入征收个人所得税有关业务问题的通知》（国税发〔2000〕149号）第五条第二款规定的作为律师事务所雇员的律师从其分成收入中扣除办理案件支出费用的标准，由现行在律师当月分成收入的30%比例内确定，调整为35%比例内确定。

实行上述收入分成办法的律师办案费用不得在律师事务所重复列支。前款规定自2013年1月1日至2015年12月31日执行。

二、废止国税发〔2000〕149号第八条的规定，律师从接受法律事务服务的当事人处取得法律顾问费或其他酬金等收入，应并入其从律师事务所取得的其他收入，按照规定计算缴纳个人所得税。

三、合伙人律师在计算应纳税所得额时，应凭合法有效凭据按照个人所得税法和有关规定扣除费用；对确实不能提供合法有效凭据而实际发生与业务有关的费用，经当事人签名确认后，可再按下列标准扣除费用：个人年营业收入不超过50万元的部分，按8%扣除；个人年营业收入超过50万元至100万元的部分，按6%扣除；个人年营业收入超过100万元的部分，按5%扣除。

不执行查账征收的，不适用前款规定。前款规定自2013年1月1日至2015年12月31日执行。

四、律师个人承担的按照律师协会规定参加的业务培训费用，可据实扣除。

五、律师事务所和律师个人发生的其他费用和列支标准，按照《国家税务总局关于印发〈个体工商户个人所得税计税办法(试行)〉的通知》(国税发〔1997〕43 号)等文件的规定执行。

六、本公告自 2013 年 1 月 1 日起执行。

特此公告。

国家税务总局

2012 年 12 月 7 日

国家税务总局关于发布个人所得税申报表的公告

国家税务总局公告 2013 年第 21 号

为进一步优化纳税服务，加强税收征管，根据《中华人民共和国个人所得税法》及其实施条例和有关规定，现将国家税务总局修改后的个人所得税申报表及其填表说明(见附件 1 至附件 9)予以发布，自 2013 年 8 月 1 日起执行。执行中如有问题，请及时向税务总局(所得税司)反映。

《国家税务总局关于印发个人所得税申报表式样的通知》(国税发〔1993〕145 号)，《财政部 国家税务总局关于印发〈关于个人独资企业和合伙企业投资者征收个人所得税的规定〉的通知》(财税〔2000〕91 号)中附件 2、附件 3 和附件 4，《国家税务总局关于印发〈个人所得税自行纳税申报办法(试行)〉的通知》(国税发〔2006〕162 号)中附件 2 至附件 9，《国家税务总局关于印发〈个人所得税全员全额扣缴申报管理暂行办法〉的通知》(国税发〔2005〕205 号)中附件 1 和附件 2，同时废止。

特此公告。

附件：1. 个人所得税基础信息表(A 表)(略)

2. 个人所得税基础信息表(B 表)(略)

3. 扣缴个人所得税报告表(略)

4. 特定行业个人所得税年度申报表(略)

5. 个人所得税自行纳税申报表(A 表)(略)

6. 个人所得税自行纳税申报表(B 表)(略)

7. 生产、经营所得个人所得税纳税申报表(A 表)(略)

8. 生产、经营所得个人所得税纳税申报表(B 表)(略)

9. 生产、经营所得投资者个人所得税汇总申报表(略)

关于《发布个人所得税申报表的公告》的解读

为进一步优化纳税服务，明晰纳税人的权利与义务，加强个人所得税分类专业化管理，日前，国家税务总局特对个人所得税申报表进行了重新修订。

本着与税制发展方向、税收征管改革目标、电子信息发展趋势相适应的原则，个人所得税申报表进行了全面修订。具体修订内容有三：一是进一步规范全员全额扣缴明细申报制度，完善基础申报信息，统一数据口径标准，特别新增 2 张个人所得税基础信息表，一张是适用于扣缴义务人扣缴明细申报用的《个人所得税基础信息表(A 表)》(附件 1)，一张是适用于纳税人自行纳税申报用的《个人所得税基础信息表(B 表)》(附件 2)。二是整合简并相似或同类项目申报表，简化申报内容，有效减轻扣缴义务人和纳税人负担。如将现行生产经营类的 6 张申报表简并为 3 张表；将现行 5 张扣缴申报类的申报表整合简并为 3 张表。三是规范数据口径，引导并鼓励信息技术的使用。如通过统一申报数据标准，方便纳税人通过电子方式申报、税务机关加强数据信息利用。

修订后，个人所得税申报表将简化至 12 张（见附录《修订后个人所得税申报表简表》）。除《个人所得税纳税申报表（适用于年所得 12 万元以上的纳税人申报）》、《限售股转让所得扣缴个人所得税报告表》、《限售股转让所得个人所得税清算申报表》3 张表沿用原有式样未作变动外，其他申报表均有变化。其中，基础信息类 2 张，扣缴申报类 3 张，自行申报类 7 张（包括个人纳税人自行申报表 4 张，生产经营纳税人自行申报表 3 张）。

基础信息登记类申报表

新增《个人所得税基础信息表（A 表）》的设计，基于现行个人所得税以代扣代缴为主要征收方式，个人基础信息的获取主要依托扣缴义务人。该表作为目前主要的个人基础信息采集来源渠道，一方面既要采集自然人纳税人的必要涉税信息，还要兼顾扣缴义务人的申报工作量。因此，采集的信息数量较少。

而《个人所得税基础信息表（B 表）》作为自行纳税申报纳税人自主申报的信息，将作为《个人所得税基础信息表（A 表）》的有效补充，不仅为计税提供依据，也为下一步税收管理（如联系纳税人、直接寄送完税证明等）提供了方便。

扣缴申报类申报表

修订的扣缴申报类申报表共有 2 张。一张是适用于扣缴义务人办理全员全额扣缴个人所得税申报的《扣缴个人所得税报告表》（附件 3）；一张是适用于特定行业职工工资、薪金所得个人所得税年度申报的《特定行业个人所得税年度申报表》（附件 4）。

自行申报类申报表

修订的自行申报类申报表共 5 张。其中 2 张是自然人纳税人适用的，3 张是生产经营纳税人适用的。

当自然人纳税人取得两处及两处以上工资薪金所得，或者取得所得没有扣缴义务人的，或者其他情形，须办理自行纳税申报时，填报《个人所得税自行纳税申报表（A 表）》。当自然人纳税人从境外取得所得，须办理自行纳税申报时，填报《个人所得税自行纳税申报表（B 表）》。

对个体工商户业主、企事业单位承包承租经营者、个人独资企业投资者、合伙企业合伙人取得生产、经营所得的，按查账征收办理预缴纳税申报，或者按核定税收申报时，填报《生产、经营所得个人所得税申报表（A 表）》；按查账征收办理年度纳税申报时，填报《生产、经营所得个人所得税申报表（B 表）》。如果投资者兴办两个或两个以上投资单位，年度终了需汇总纳税申报时，填报《生产、经营所得投资者个人所得税年度汇总纳税申报表》。

保留不变的申报表

考虑到扣缴义务人和纳税人的适应性及申报表的使用性，此次申报表修订对《限售股转让所得扣缴个人所得税报告表》、《限售股转让所得个人所得税清算申报表》和《个人所得税纳税申报表（适用于年所得 12 万元以上的纳税人申报）》予以保留不变。

修订后个人所得税申报表使用简表

序号	类别	申报表名称	适用范围	申报期限	申报类型
1	新增	个人所得税基础信息表（A 表）	适用于扣缴义务人办理全员全额扣缴申报的纳税人的基础信息填报。	次月 15 日内	基础信息登记类
2	新增	个人所得税基础信息表（B 表）	适用于个人所得税自行纳税申报纳税人基础信息的填报。	随自行申报表随送	
3	修订	扣缴个人所得税报告表	适用于扣缴义务人办理全员全额扣缴个人所得税的申报。包括特定行业职工工资、薪金所得个人所得税的月份申报。	次月 15 日内	扣缴申报类
4	修订	特定行业个人所得税年度申报表	适用于特定行业职工工资、薪金所得个人所得税的年度申报。	年度终了之日起 30 日内	

（续表）

序号	类别	申报表名称	适用范围	申报期限	申报类型
5	保留不变	限售股转让所得扣缴个人所得税报告表	适用于证券机构预扣预缴，或者直接代扣代缴限售股转让所得个人所得税的申报。	次月 15 日内	扣缴申报类
6	修订	个人所得税自行纳税申报表（A 表）	适用于“从中国境内两处或者两处以上取得工资、薪金所得的”、“取得应纳税所得，没有扣缴义务人的”，以及“国务院规定的其他情形”的纳税人的纳税申报。	次月 15 日内	自然人纳税人自行纳税申报类
7	修订	个人所得税纳税申报表（B 表）	适用于“从中国境外取得所得的”的纳税人的纳税申报。	年度终了后 30 日内	
8	保留不变	个人所得税纳税申报表（适用于年所得 12 万元以上的纳税人申报）	（适用于年所得 12 万元以上的纳税人申报）	年度终了后 3 个月内	
9	保留不变	限售股转让所得个人所得税清算申报表	适用于纳税人取得限售股转让所得已预扣预缴个人所得税款的清算申报。	税款被代扣并解缴的次月 1 日起 3 个月内	
10	修订	生产、经营所得个人所得税纳税申报表（A 表）	适用于查账征收个人所得税的个体工商户、企事业单位的承包承租经营者、个人独资企业投资人和合伙企业合伙人的预缴纳税申报，以及实行核定征收的纳税申报。	承包承租所得：每月或每次所得后的 15 日内； 其他：次月 15 日内	生产、经营纳税人自行纳税申报类
11	修订	生产、经营所得个人所得税纳税申报表（B 表）	适用于查账征收的个体工商户、承包承租经营者、个人独资企业投资者和合伙企业合伙人的个人所得税年度汇算清缴。	承包承租所得分不同情况：年度终了后 30 日或年度终了三个月内； 其他：年度终了后三个月内	
12	修订	生产、经营所得投资者个人所得税年度汇总纳税申报表	适用于投资者兴办两个或两个以上个体工商户、承包承租企事业单位、个人独资企业、合伙企业，且各投资单位均实行查账征收，其取得的生产经营所得的年度汇总纳税申报。	年度终了后三个月内	

国家税务总局关于个人投资者收购企业股权后将原盈余积累转增股本个人所得税问题的公告

国家税务总局公告2013年第23号

根据《中华人民共和国个人所得税法》及有关规定，对个人投资者收购企业股权后，将企业原有盈余积累转增股本有关个人所得税问题公告如下：

一、1名或多名个人投资者以股权收购方式取得被收购企业100%股权，股权收购前，被收购企业原账面金额中的“资本公积、盈余公积、未分配利润”等盈余积累未转增股本，而在股权交易时将其一并计入股权转让价格并履行了所得税纳税义务。股权收购后，企业将原账面金额中的盈余积累向个人投资者（新股东，下同）转增股本，有关个人所得税问题区分以下情形处理：

（一）新股东以不低于净资产价格收购股权的，企业原盈余积累已全部计入股权交易价格，新股东取得盈余积累转增股本的部分，不征收个人所得税。

（二）新股东以低于净资产价格收购股权的，企业原盈余积累中，对于股权收购价格减去原股本的差额部分已经计入股权交易价格，新股东取得盈余积累转增股本的部分，不征收个人所得税；对于股权收购价格低于原所有者权益的差额部分未计入股权交易价格，新股东取得盈余积累转增股本的部分，应按照“利息、股息、红利所得”项目征收个人所得税。

新股东以低于净资产价格收购企业股权后转增股本，应按照下列顺序进行，即：先转增应税的盈余积累部分，然后再转增免税的盈余积累部分。

二、新股东将所持股权转让时，其财产原值为其收购企业股权实际支付的对价及相关税费。

三、企业发生股权交易及转增股本等事项后，应在次月15日内，将股东及其股权变化情况、股权交易前原账面记载的盈余积累数额、转增股本数额及扣缴税款情况报告主管税务机关。

四、本公告自发布后30日起施行。此前尚未处理的涉税事项按本公告执行。

特此公告。

关于《个人投资者收购企业股权后将原盈余积累转增股本个人所得税问题的公告》的解读

最近，税务总局印发了《关于个人投资者收购企业股权后将原盈余积累转增股本个人所得税问题的公告》（国家税务总局公告2013年第23号），明确个人投资者收购企业股权后，将企业原账面金额中的“资本公积、盈余公积、未分配利润”等盈余积累转增股本的个人所得税问题。

一、出台本公告主要背景

基本案情：某省几十个自然人股东以股权收购方式溢价收购某企业100%股权后，将该企业原账面金额中的“资本公积、盈余公积、未分配利润”等盈余积累转增股本。原股东在股权转让之前未转增股本，而在股权交易时将“资本公积、盈余公积、未分配利润”等一并计入股权转让价格，并缴纳了所得税。对该企业以盈余积累转增个人股本行为是否征收个人所得税问题，现行税收政策规定不够明确。

该案例中，考虑到上述转增股本的企业原账面金额中的盈余积累是由原股东创造并拥有，原股东在转让股权过程中没有事先转增股本，而是将其一并计入了股权交易价格中，新自然人股东为此已经支付了对价，如对其此次转增股本征税则存在重复征税问题，有违税负公平原则。此外，为支持企业正常重组行为，考虑到企业股权转让过程中，盈余积累与股权转让所得存在相互转化的可能性，税收政策方面，对于原股东转让股权前事先利润分配与新股东事后利润分配应尽量保证税负平衡，不应由于原股东事先利润分配与新股东事后分配而产生较大税负差异。

二、本公告主要内容

该案例具有一定普遍性，为明确税收政策并扩大政策适用面，维护纳税人合法权益，我们对该案例进行适当抽象并发布了税务总局公告。公告具体内容如下：

一名或多名个人投资者以股权收购方式取得被收购企业100%股权，企业被收购之前，该企业原股东未将原有“资本公积、盈余公积、未分配利润”等盈余积累转增股本（注册资本、实收资本等），而在股权交易时将其一并计入股权转让价格，股权转让方（原股东）已经履行了所得税纳税义务。股权收购完成后，企业将原账面金额中的盈余积累转增股本。鉴于转增股本的盈余积累已全部或部分计入个人投资者（新股东）股权收购价格中，为避免重复征税，对新股东取得的已计入个人投资者股权收购价格中的盈余积累转增股本的部分，原则上不宜征收个人所得税。

实践中区分两种情形处理：一是新股东以不低于净资产价格收购股权的，企业原盈余积累已全部计入股权交易价格，新股东取得盈余积累转增股本的部分，不征收个人所得税。二是新股东以低于净资产价格收购股权的，企业原盈余积累中，对于股权收购价格减去原股本的差额部分已经计入股权交易价格，新股东取得盈余积累转增股本的部分，不征收个人所得税；对于股权收购价格低于原所有者权益的差额部分未计入股权交易价格，新股东取得盈余积累转增股本的部分，应按照“利息、股息、红利所得”项目征收个人所得税。对于新股东以低于净资产价格收购企业股权后转增股本按照下列顺序进行，即：先转增应税的盈余积累部分，然后再转增免税的盈余积累部分。

新股东将所持股权转让时，其财产原值为其收购企业股权实际支付的对价及相关税费。

案例：甲企业原账面资产总额8000万元，负债3000万元，所有者权益5000万元，其中：实收资本（股本）1000万元，资本公积、盈余公积、未分配利润等盈余积累合计4000万元。假定多名自然人投资者（新股东）向甲企业原股东购买该企业100%股权，股权收购价4500万元，新股东收购企业后，甲企业将资本公积、盈余公积、未分配利润等盈余积累4000万元向新股东转增实收资本。

案例分析：在新股东4500万元股权收购价格中，除了实收资本1000万元外，实际上相当于以3500万元购买了原股东4000万元的盈余积累，即：4000万元盈余积累中，有3500万元计入了股权交易价格，剩余500万元未计入股权交易价格。甲企业向新股东转增实收资本时，其中所转增的3500万元不征收个人所得税，所转增的500万元应按“利息、股息、红利所得”项目缴纳个人所得税。

本公告自发布后30日起施行。此前尚未处理的涉税事项可以按本公告执行。

财政部 人力资源社会保障部 国家税务总局关于企业年金 职业年金个人所得税有关问题的通知

财税〔2013〕103号

各省、自治区、直辖市、计划单列市财政厅（局）、人力资源社会保障厅（局）、地方税务局，新疆生产建设兵团财务局、人力资源社会保障局：

为促进我国多层次养老保险体系的发展，根据个人所得税法相关规定，现就企业年金和职业年金个人所得税有关问题通知如下：

一、企业年金和职业年金缴费的个人所得税处理

1. 企业和事业单位（以下统称单位）根据国家有关政策规定的办法和标准，为在本单位任职或者受雇的全体职工缴付的企业年金或职业年金（以下统称年金）单位缴费部分，在计入个人账户时，个人暂不缴纳个人所得税。

2. 个人根据国家有关政策规定缴付的年金个人缴费部分，在不超过本人缴费工资计税基数的4%标准内的部分，暂从个人当期的应纳税所得额中扣除。

3. 超过本通知第一条第1项和第2项规定的标准缴付的年金单位缴费和个人缴费部分，应并入个人当期的工资、薪金所得，依法计征个人所得税。税款由建立年金的单位代扣代缴，并向主管税务机关申报解缴。

4. 企业年金个人缴费工资计税基数为本人上一年度月平均工资。月平均工资按国家统计局规定列入工资总额统计的项目计算。月平均工资超过职工工作地所在设区城市上一年度职工月平均工资300%以上的部分,不计入个人缴费工资计税基数。

职业年金个人缴费工资计税基数为职工岗位工资和薪级工资之和。职工岗位工资和薪级工资之和超过职工工作地所在设区城市上一年度职工月平均工资300%以上的部分,不计入个人缴费工资计税基数。

二、年金基金投资运营收益的个人所得税处理

年金基金投资运营收益分配计入个人账户时,个人暂不缴纳个人所得税。

三、领取年金的个人所得税处理

1. 个人达到国家规定的退休年龄,在本通知实施之后按月领取的年金,全额按照"工资、薪金所得"项目适用的税率,计征个人所得税;在本通知实施之后按年或按季领取的年金,平均分摊计入各月,每月领取额全额按照"工资、薪金所得"项目适用的税率,计征个人所得税。

2. 对单位和个人在本通知实施之前开始缴付年金缴费,个人在本通知实施之后领取年金的,允许其从领取的年金中减除在本通知实施之前缴付的年金单位缴费和个人缴费且已经缴纳个人所得税的部分,就其余额按照本通知第三条第1项的规定征税。在个人分期领取年金的情况下,可按本通知实施之前缴付的年金缴费金额占全部缴费金额的百分比减计当期的应纳税所得额,减计后的余额,按照本通知第三条第1项的规定,计算缴纳个人所得税。

3. 对个人因出境定居而一次性领取的年金个人账户资金,或个人死亡后,其指定的受益人或法定继承人一次性领取的年金个人账户余额,允许领取人将一次性领取的年金个人账户资金或余额按12个月分摊到各月,就其每月分摊额,按照本通知第三条第1项和第2项的规定计算缴纳个人所得税。对个人除上述特殊原因外一次性领取年金个人账户资金或余额的,则不允许采取分摊的方法,而是就其一次性领取的总额,单独作为一个月的工资薪金所得,按照本通知第三条第1项和第2项的规定,计算缴纳个人所得税。

4. 个人领取年金时,其应纳税款由受托人代表委托人委托托管人代扣代缴。年金账户管理人应及时向托管人提供个人年金缴费及对应的个人所得税纳税明细。托管人根据受托人指令及账户管理人提供的资料,按照规定计算扣缴个人当期领取年金待遇的应纳税款,并向托管人所在地主管税务机关申报解缴。

5. 建立年金计划的单位、年金托管人,应按照个人所得税法和税收征收管理法的有关规定,实行全员全额扣缴明细申报。受托人有责任协调相关管理人依法向税务机关办理扣缴申报、提供相关资料。

四、建立年金计划的单位应于建立年金计划的次月15日内,向其所在地主管税务机关报送年金方案、人力资源社会保障部门出具的方案备案函、计划确认函以及主管税务机关要求报送的其他相关资料。年金方案、受托人、托管人发生变化的,应于发生变化的次月15日内重新向其主管税务机关报送上述资料。

五、财政、税务、人力资源社会保障等相关部门以及年金机构之间要加强协调,通力合作,共同做好政策实施各项工作。

六、本通知所称企业年金,是指根据《企业年金试行办法》(原劳动和社会保障部令第20号)的规定,企业及其职工在依法参加基本养老保险的基础上,自愿建立的补充养老保险制度。所称职业年金是指根据《事业单位职业年金试行办法》(国办发〔2011〕37号)的规定,事业单位及其工作人员在依法参加基本养老保险的基础上,建立的补充养老保险制度。

七、本通知自2014年1月1日起执行。《国家税务总局关于企业年金个人所得税征收管理有关问题的通知》(国税函〔2009〕694号)、《国家税务总局关于企业年金个人所得税有关问题补充规定的公告》(国家税务总局公告2011年第9号)同时废止。

财政部税政司 人力资源社会保障部养老保险司 国家税务总局所得税司有关负责人就企业年金职业年金个人所得税问题答记者问

1. 问:什么是企业年金和职业年金?

答:我国养老保险体系主要包括基本养老保险、补充养老保险和个人储蓄性养老保险三个层次,其中,补充养老保险包括企业年金和职业年金。企业年金主要针对企业，是指根据《企业年金试行办法》(原劳动和社会保障部令第20号)等国家相关政策规定，企业及其职工在依法参加基本养老保险的基础上，自愿建立的补充养老保险制度。职业年金主要针对事业单位，是指根据《事业单位职业年金试行办法》(国办发〔2011〕37号)等国家相关政策规定，事业单位及其职工在依法参加基本养老保险的基础上，建立的补充养老保险制度。

2. 问：什么是企业年金和职业年金递延纳税政策？

答：所谓递延纳税，是指在年金缴费环节和年金基金投资收益环节暂不征收个人所得税，将纳税义务递延到个人实际领取年金的环节，也称EET模式(E代表免税，T代表征税)。EET模式是西方发达国家对企业年金普遍采用的一种税收优惠模式。据了解，OECD国家中，法国、德国、美国、日本等多数国家均选择了EET模式。此次出台企业年金、职业年金个人所得税递延纳税政策，是我们在研究借鉴发达国家通行做法的基础上，结合我国实际对年金个人所得税政策体系的完善。

3. 问：为什么要出台企业年金和职业年金个人所得税递延纳税政策？

答：完善养老保险制度、提高全民养老保障水平、加快推进多层次养老保险体系建设，是养老保险制度改革的重要目标。我国从20世纪80年代开始对企业职工基本养老保险制度实施改革，1991年明确了建立基本养老保险、补充养老保险和个人储蓄性养老保险相结合的多层次养老保险体系的目标。经过二十多年的发展，我国养老保险覆盖面逐步扩大，保障水平逐步提高，但多层次养老保险体系发展很不平衡，基本养老保险覆盖到大部分城镇就业人群，而补充养老保险和个人储蓄性养老保险发展比较缓慢。为进一步推动养老保险体系建设，2013年国务院批准发布了《关于深化收入分配制度改革的若干意见》，提出“完善基本养老保险制度。发展企业年金和职业年金，发挥商业保险补充性作用”；党的十八届三中全会通过的《中共中央关于全面深化改革若干重大问题的决定》也明确提出“加快发展企业年金、职业年金、商业保险，构建多层次社会保障体系”。为贯彻落实党中央、国务院决策部署，进一步支持我国养老保险事业的发展，建立多层次养老保险体系，财政部、人力资源社会保障部、国家税务总局三部门研究出台了促进企业年金和职业年金发展的个人所得税递延纳税政策。

4. 问：此次出台的企业年金和职业年金个人所得税递延纳税政策的主要内容是什么？

答：此次出台的企业年金和职业年金个人所得税政策既参考借鉴了发达国家采用的EET模式，也充分考虑了我国具体实际，具体内容包括：

(1)在年金缴费环节，对单位根据国家有关政策规定为职工支付的企业年金或职业年金缴费，在计入个人账户时，个人暂不缴纳个人所得税；个人根据国家有关政策规定缴付的年金个人缴费部分，在不超过本人缴费工资计税基数的4%标准内的部分，暂从个人当期的应纳税所得额中扣除。

(2)在年金基金投资环节，企业年金或职业年金基金投资运营收益分配计入个人账户时，暂不征收个人所得税。

(3)在年金领取环节，个人达到国家规定的退休年龄领取的企业年金或职业年金，按照“工资、薪金所得”项目适用的税率，计征个人所得税。

此次年金个人所得税政策出台后，年金参保者均可享受递延纳税的好处，相当一部分参保者还会在一定程度上降低个人所得税税负。

5. 问：企业年金和职业年金递延纳税政策具体如何操作？

答：通常情况下，个人取得所得由支付所得单位负责代扣代缴个人所得税。也就是说，哪个单位支付了所得，就由哪个单位负责扣缴税款。

就年金所得来看，企业年金、职业年金涉及纳税义务主要集中在缴费和领取两个环节。在年金缴费环节，由个人所在单位在其缴费时，对超出免税标准的部分随同当月工资、薪金所得一并计算代扣个人所得税，并向其所在单位主管税务机关申报缴纳；在年金领取环节，由托管人在为个人支付年金待遇时，根据个人当月取得的年金所得、往期缴费及纳税情况计算扣缴个人所得税，并向托管人主管税务机关申报缴纳。

上述单位申报纳税时，要根据年金所得扣缴个人所得税情况填制《扣缴个人所得税报告表》，并通过网络、上门、介质等方式，向主管税务机关办理代扣代缴明细申报。

6. 问：企业年金和职业年金个人所得税政策出台后，对纳税申报有何要求？

答：为便于税收征管，方便纳税人和扣缴义务人纳税，结合年金的运作特点，税务部门对建立年金计划、缴费和领取各环节的纳税申报及管理作出了如下要求：

(1)单位建立年金计划后，应在建立年金计划的次月15日内，向其所在地主管税务机关报送年金方案、人力资源社会保障部门出具的方案备案函、计划确认函以及主管税务机关要求报送的其他相关资料。年金方案、受托人、托管人发生变化的，应在发生变化的次月15日内重新向其主管税务机关报送上述资料，供税务部门登记备案。

(2)缴费环节，由个人所在单位为其计算扣缴个人所得税，并向主管税务机关申报解缴。

(3)领取环节，应纳税款由受托人代表委托人委托托管人代扣代缴。年金账户管理人应及时向托管人提供个人年金缴费及对应的个人所得税纳税明细。托管人根据受托人指令及账户管理人提供的资料，按照规定计算扣缴个人当期领取年金待遇的应纳税款，并向主管税务机关申报解缴。

单位和托管人在扣缴个人所得税时，必须按照税法规定实行全员全额扣缴明细申报。

建立年金计划的单位、委托人、受托人、账户管理人之间要及时传递纳税相关的信息。受托人负责统筹协调并督促有关机构依法向税务部门办理扣缴申报及提供涉税资料。

7. 问：此次出台的年金个人所得税政策与今后的企业年金、职业年金制度改革以及个人所得税改革如何衔接？

答：目前，人社部、财政部正在研究修改完善企业年金办法和职业年金办法。因此，此次出台的税收政策主要基于现行企业年金和职业年金办法的相关规定，今后将根据企业年金和职业年金办法修订情况，对税收政策作出进一步调整和完善。

此外，这次出台的年金政策是依据现行分类个人所得税制的相关规定，对个人退休后领取的企业年金或职业年金暂按“工资薪金所得”项目征税。今后实施综合与分类相结合的个人所得税制后，对个人退休后领取的企业年金或职业年金则按新税法的相关规定征税。

8. 问：企业年金和职业年金个人所得税递延纳税政策公布后，有关部门应做好哪些工作？

答：企业年金和职业年金个人所得税递延政策公布后，各级财政、税务、人社等相关部门以及年金经办机构之间要加强协调配合，建立信息交换机制，及时做好相关准备工作，确保年金个人所得税政策的贯彻落实。同时，对纳税人关心的问题，及时做出解释说明，以便纳税人更清楚地了解此次政策调整的具体内容。

财政部 国家税务总局关于棚户区改造有关税收政策的通知

财税〔2013〕101号

各省、自治区、直辖市、计划单列市财政厅(局)、地方税务局，西藏、宁夏、青海省(自治区)国家税务局，新疆生产建设兵团财务局：

为贯彻落实《国务院关于加快棚户区改造工作的意见》(国发〔2013〕25号)有关要求，现将棚户区改造相关税收政策通知如下：

一、对改造安置住房建设用地免征城镇土地使用税。对改造安置住房经营管理单位、开发商与改造安置住房相关的印花税以及购买安置住房的个人涉及的印花税予以免征。

在商品住房等开发项目中配套建造安置住房的，依据政府部门出具的相关材料、房屋征收(拆迁)补偿协议或棚户区改造合同(协议)，按改造安置住房建筑面积占总建筑面积的比例免征城镇土地使用税、印花税。

二、企事业单位、社会团体以及其他组织转让旧房作为改造安置住房房源且增值额未超过扣除项目金额20%的，免征土地增值税。

三、对经营管理单位回购已分配的改造安置住房继续作为改造安置房源的，免征契税。

四、个人首次购买90平方米以下改造安置住房，按1%的税率计征契税；购买超过90平方米，但符合普通住房标准的改造安置住房，按法定税率减半计征契税。

五、个人因房屋被征收而取得货币补偿并用于购买改造安置住房，或因房屋被征收而进行房屋产权调换并取得改造安置住房,按有关规定减免契税。个人取得的拆迁补偿款按有关规定免征个人所得税。

六、本通知所称棚户区是指简易结构房屋较多、建筑密度较大、房屋使用年限较长、使用功能不全、基础设施简陋的区域,具体包括城市棚户区、国有工矿(含煤矿)棚户区、国有林区棚户区和国有林场危旧房、国有垦区危房。棚户区改造是指列入省级人民政府批准的棚户区改造规划或年度改造计划的改造项目;改造安置住房是指相关部门和单位与棚户区被征收人签订的房屋征收(拆迁)补偿协议或棚户区改造合同(协议)中明确用于安置被征收人的住房或通过改建、扩建、翻建等方式实施改造的住房。

七、本通知自 2013 年 7 月 4 日起执行。《财政部 国家税务总局关于城市和国有工矿棚户区改造项目有关税收优惠政策的通知》(财税〔2010〕42 号)同时废止。2013 年 7 月 4 日至文到之日的已征税款,按有关规定予以退税。

第二部分　中华人民共和国企业所得税法

中华人民共和国企业所得税法

（2007 年 3 月 16 日第十届全国人民代表大会第五次会议通过）

目　　录

第一章　总　　则

第一条　在中华人民共和国境内，企业和其他取得收入的组织（以下统称企业）为企业所得税的纳税人，依照本法的规定缴纳企业所得税。

个人独资企业、合伙企业不适用本法。

【注释】《企业所得税法实施条例》第 2 条对本条进行了解释。

第二条　企业分为居民企业和非居民企业。

本法所称居民企业，是指依法在中国境内成立，或者依照外国（地区）法律成立但实际管理机构在中国境内的企业。

本法所称非居民企业，是指依照外国（地区）法律成立且实际管理机构不在中国境内，但在中国境内设立机构、场所的，或者在中国境内未设立机构、场所，但有来源于中国境内所得的企业。

【注释】《企业所得税法实施条例》第 3—5 条对本条进行了解释。

第三条　居民企业应当就其来源于中国境内、境外的所得缴纳企业所得税。

非居民企业在中国境内设立机构、场所的，应当就其所设机构、场所取得的来源于中国境内的所得，以及发生在中国境外但与其所设机构、场所有实际联系的所得，缴纳企业所得税。

非居民企业在中国境内未设立机构、场所的，或者虽设立机构、场所但取得的所得与其所设机构、场所没有实际联系的，应当就其来源于中国境内的所得缴纳企业所得税。

第四条　企业所得税的税率为 25%。

非居民企业取得本法第三条第三款规定的所得，适用税率为 20%。

【注释】《企业所得税法实施条例》第 6—8 条对本条进行了解释。

第二章　应纳税所得额

第五条　企业每一纳税年度的收入总额，减除不征税收入、免税收入、各项扣除以及允许弥补的以前年度亏损后的余额，为应纳税所得额。

【注释】《企业所得税法实施条例》第 10 条对本条进行了解释。

第六条 企业以货币形式和非货币形式从各种来源取得的收入，为收入总额。包括：

（一）销售货物收入；

（二）提供劳务收入；

（三）转让财产收入；

（四）股息、红利等权益性投资收益；

（五）利息收入；

（六）租金收入；

（七）特许权使用费收入；

（八）接受捐赠收入；

（九）其他收入。

【注释】《企业所得税法实施条例》第12—22条对本条进行了解释。

第七条 收入总额中的下列收入为不征税收入：

（一）财政拨款；

（二）依法收取并纳入财政管理的行政事业性收费、政府性基金；

（三）国务院规定的其他不征税收入。

【注释】《企业所得税法实施条例》第26条对本条进行了解释。相关规定包括：《国家税务总局关于中央和国务院各部门机关服务中心恢复征税的通知》（国税发〔2007〕94号）。

第八条 企业实际发生的与取得收入有关的、合理的支出，包括成本、费用、税金、损失和其他支出，准予在计算应纳税所得额时扣除。

【注释】《企业所得税法实施条例》第27—50条对本条进行了解释。相关规定包括：《国家税务总局关于保险企业发生与退保业务相关佣金支出税前扣除问题的通知》（国税函〔2007〕880号）、《企业支付实习生报酬税前扣除管理办法》（国税发〔2007〕42号）。

第九条 企业发生的公益性捐赠支出，在年度利润总额12%以内的部分，准予在计算应纳税所得额时扣除。

【注释】《企业所得税法实施条例》第51—53条对本条进行了解释。

第十条 在计算应纳税所得额时，下列支出不得扣除：

（一）向投资者支付的股息、红利等权益性投资收益款项；

（二）企业所得税税款；

（三）税收滞纳金；

（四）罚金、罚款和被没收财物的损失；

（五）本法第九条规定以外的捐赠支出；

（六）赞助支出；

（七）未经核定的准备金支出；

（八）与取得收入无关的其他支出。

【注释】《企业所得税法实施条例》第54、55条对本条进行了解释。相关规定包括：《国家税务总局关于保险企业非寿险业务未到期责任准备金税前扣除问题的通知》（国税函〔2007〕889号）。

第十一条 在计算应纳税所得额时，企业按照规定计算的固定资产折旧，准予扣除。

下列固定资产不得计算折旧扣除：

（一）房屋、建筑物以外未投入使用的固定资产；

（二）以经营租赁方式租入的固定资产；

（三）以融资租赁方式租出的固定资产；

（四）已足额提取折旧仍继续使用的固定资产；

（五）与经营活动无关的固定资产；

（六）单独估价作为固定资产入账的土地；

（七）其他不得计算折旧扣除的固定资产。

【注释】《企业所得税法实施条例》第57—64条对本条进行了解释。

第十二条 在计算应纳税所得额时，企业按照规定计算的无形资产摊销费用，准予扣除。

下列无形资产不得计算摊销费用扣除：

（一）自行开发的支出已在计算应纳税所得额时扣除的无形资产；

（二）自创商誉；

（三）与经营活动无关的无形资产；

（四）其他不得计算摊销费用扣除的无形资产。

【注释】《企业所得税法实施条例》第65—67条对本条进行了解释。

第十三条 在计算应纳税所得额时，企业发生的下列支出作为长期待摊费用，按照规定摊销的，准予扣除：

（一）已足额提取折旧的固定资产的改建支出；

（二）租入固定资产的改建支出；

（三）固定资产的大修理支出；

（四）其他应当作为长期待摊费用的支出。

【注释】《企业所得税法实施条例》第68—70条对本条进行了解释。相关规定包括：《国家税务总局关于铁路运输企业机车车辆大修理支出税前扣除问题的通知》（国税函〔2007〕762号）。

第十四条 企业对外投资期间，投资资产的成本在计算应纳税所得额时不得扣除。

【注释】《企业所得税法实施条例》第71条对本条进行了解释。

第十五条 企业使用或者销售存货，按照规定计算的存货成本，准予在计算应纳税所得额时扣除。

【注释】《企业所得税法实施条例》第72、73条对本条进行了解释。

第十六条 企业转让资产，该项资产的净值，准予在计算应纳税所得额时扣除。

【注释】《企业所得税法实施条例》第74条对本条进行了解释。

第十七条 企业在汇总计算缴纳企业所得税时，其境外营业机构的亏损不得抵减境内营业机构的盈利。

第十八条 企业纳税年度发生的亏损，准予向以后年度结转，用以后年度的所得弥补，但结转年限最长不得超过五年。

第十九条 非居民企业取得本法第三条第三款规定的所得，按照下列方法计算其应纳税所得额：

（一）股息、红利等权益性投资收益和利息、租金、特许权使用费所得，以收入全额为应纳税所得额；

（二）转让财产所得，以收入全额减除财产净值后的余额为应纳税所得额；

（三）其他所得，参照前两项规定的方法计算应纳税所得额。

【注释】《企业所得税法实施条例》第74条对本条进行了解释。

第二十条 本章规定的收入、扣除的具体范围、标准和资产的税务处理的具体办法，由国务院财政、税务主管部门规定。

第二十一条 在计算应纳税所得额时，企业财务、会计处理办法与税收法律、行政法规的规定不一致的，应当依照税收法律、行政法规的规定计算。

第三章 应纳税额

第二十二条 企业的应纳税所得额乘以适用税率，减除依照本法关于税收优惠的规定减免和抵免的税额后的余额，为应纳税额。

【注释】《企业所得税法实施条例》第76条对本条进行了解释。

第二十三条 企业取得的下列所得已在境外缴纳的所得税税额，可以从其当期应纳税额中抵免，抵免限额为该项所得依照本法规定计算的应纳税额；超过抵免限额的部分，可以在以后五个年度内，用每年度抵免限额抵免当年应抵税额后的余额进行抵补：

（一）居民企业来源于中国境外的应税所得；

（二）非居民企业在中国境内设立机构、场所，取得发生在中国境外但与该机构、场所有实际联系的应税所得。

【注释】《企业所得税法实施条例》第77—79、81条对本条进行了解释。

第二十四条 居民企业从其直接或者间接控制的外国企业分得的来源于中国境外的股息、红利等权益性投资收益，外国企业在境外实际缴纳的所得税税额中属于该项所得负担的部分，可以作为该居民企业的可抵免境外所得税税额，在本法第二十三条规定的抵免限额内抵免。

【注释】 《企业所得税法实施条例》第 80、81 条对本条进行了解释。

第四章 税收优惠

第二十五条 国家对重点扶持和鼓励发展的产业和项目，给予企业所得税优惠。

第二十六条 企业的下列收入为免税收入：

（一）国债利息收入；

（二）符合条件的居民企业之间的股息、红利等权益性投资收益；

（三）在中国境内设立机构、场所的非居民企业从居民企业取得与该机构、场所有实际联系的股息、红利等权益性投资收益；

（四）符合条件的非营利组织的收入。

【注释】 《企业所得税法实施条例》第 82—85 条对本条进行了解释。

第二十七条 企业的下列所得，可以免征、减征企业所得税：

（一）从事农、林、牧、渔业项目的所得；

（二）从事国家重点扶持的公共基础设施项目投资经营的所得；

（三）从事符合条件的环境保护、节能节水项目的所得；

（四）符合条件的技术转让所得；

（五）本法第三条第三款规定的所得。

【注释】 《企业所得税法实施条例》第 86—91 条对本条进行了解释。

第二十八条 符合条件的小型微利企业，减按 20% 的税率征收企业所得税。

国家需要重点扶持的高新技术企业，减按 15% 的税率征收企业所得税。

【注释】 《企业所得税法实施条例》第 92、93 条对本条进行了解释。

第二十九条 民族自治地方的自治机关对本民族自治地方的企业应缴纳的企业所得税中属于地方分享的部分，可以决定减征或者免征。自治州、自治县决定减征或者免征的，须报省、自治区、直辖市人民政府批准。

【注释】 《企业所得税法实施条例》第 94 条对本条进行了解释。

第三十条 企业的下列支出，可以在计算应纳税所得额时加计扣除：

（一）开发新技术、新产品、新工艺发生的研究开发费用；

（二）安置残疾人员及国家鼓励安置的其他就业人员所支付的工资。

【注释】 《企业所得税法实施条例》第 95、96 条对本条进行了解释。相关规定包括：《财政部 国家税务总局关于促进残疾人就业税收优惠政策的通知》（财税〔2007〕92 号）。

第三十一条 创业投资企业从事国家需要重点扶持和鼓励的创业投资，可以按投资额的一定比例抵扣应纳税所得额。

【注释】 《企业所得税法实施条例》第 97 条对本条进行了解释。相关规定包括：《财政部 国家税务总局关于促进创业投资企业发展有关税收政策的通知》（财税〔2007〕31 号）。

第三十二条 企业的固定资产由于技术进步等原因，确需加速折旧的，可以缩短折旧年限或者采取加速折旧的方法。

【注释】 《企业所得税法实施条例》第 98 条对本条进行了解释。

第三十三条 企业综合利用资源，生产符合国家产业政策规定的产品所取得的收入，可以在计算应纳税所得额时减计收入。

【注释】 《企业所得税法实施条例》第 99 条对本条进行了解释。

第三十四条 企业购置用于环境保护、节能节水、安全生产等专用设备的投资额，可以按一定比例实行税额抵免。

【注释】 《企业所得税法实施条例》第 100 条对本条进行了解释。

第三十五条　本法规定的税收优惠的具体办法，由国务院规定。

第三十六条　根据国民经济和社会发展的需要，或者由于突发事件等原因对企业经营活动产生重大影响的，国务院可以制定企业所得税专项优惠政策，报全国人民代表大会常务委员会备案。

第五章　源泉扣缴

第三十七条　对非居民企业取得本法第三条第三款规定的所得应缴纳的所得税，实行源泉扣缴，以支付人为扣缴义务人。税款由扣缴义务人在每次支付或者到期应支付时，从支付或者到期应支付的款项中扣缴。

【注释】《企业所得税法实施条例》第104、105条对本条进行了解释。

第三十八条　对非居民企业在中国境内取得工程作业和劳务所得应缴纳的所得税，税务机关可以指定工程价款或者劳务费的支付人为扣缴义务人。

【注释】《企业所得税法实施条例》第106条对本条进行了解释。

第三十九条　依照本法第三十七条、第三十八条规定应当扣缴的所得税，扣缴义务人未依法扣缴或者无法履行扣缴义务的，由纳税人在所得发生地缴纳。纳税人未依法缴纳的，税务机关可以从该纳税人在中国境内其他收入项目的支付人应付的款项中，追缴该纳税人的应纳税款。

【注释】《企业所得税法实施条例》第107、108条对本条进行了解释。

第四十条　扣缴义务人每次代扣的税款，应当自代扣之日起七日内缴入国库，并向所在地的税务机关报送扣缴企业所得税报告表。

第六章　特别纳税调整

第四十一条　企业与其关联方之间的业务往来，不符合独立交易原则而减少企业或者其关联方应纳税收入或者所得额的，税务机关有权按照合理方法调整。

企业与其关联方共同开发、受让无形资产，或者共同提供、接受劳务发生的成本，在计算应纳税所得额时应当按照独立交易原则进行分摊。

【注释】《企业所得税法实施条例》第109—112条对本条进行了解释。

第四十二条　企业可以向税务机关提出与其关联方之间业务往来的定价原则和计算方法，税务机关与企业协商、确认后，达成预约定价安排。

【注释】《企业所得税法实施条例》第113条对本条进行了解释。相关规定包括：《关联企业间业务往来预约定价实施规则（试行）》（国税发〔2004〕118号）。

第四十三条　企业向税务机关报送年度企业所得税纳税申报表时，应当就其与关联方之间的业务往来，附送年度关联业务往来报告表。

税务机关在进行关联业务调查时，企业及其关联方，以及与关联业务调查有关的其他企业，应当按照规定提供相关资料。

【注释】《企业所得税法实施条例》第114条对本条进行了解释。

第四十四条　企业不提供与其关联方之间业务往来资料，或者提供虚假、不完整资料，未能真实反映其关联业务往来情况的，税务机关有权依法核定其应纳税所得额。

【注释】《企业所得税法实施条例》第115条对本条进行了解释。

第四十五条　由居民企业，或者由居民企业和中国居民控制的设立在实际税负明显低于本法第四条第一款规定税率水平的国家（地区）的企业，并非由于合理的经营需要而对利润不作分配或者减少分配的，上述利润中应归属于该居民企业的部分，应当计入该居民企业的当期收入。

【注释】《企业所得税法实施条例》第116—118条对本条进行了解释。

第四十六条　企业从其关联方接受的债权性投资与权益性投资的比例超过规定标准而发生的利息支出，不得在计算应纳税所得额时扣除。

【注释】《企业所得税法实施条例》第119条对本条进行了解释。

第四十七条　企业实施其他不具有合理商业目的的安排而减少其应纳税收入或者所得额的，税务机关有权按照合理方法调整。

【注释】《企业所得税法实施条例》第 120 条对本条进行了解释。

第四十八条 税务机关依照本章规定作出纳税调整，需要补征税款的，应当补征税款，并按照国务院规定加收利息。

【注释】《企业所得税法实施条例》第 122 条对本条进行了解释。

第七章 征收管理

第四十九条 企业所得税的征收管理除本法规定外，依照《中华人民共和国税收征收管理法》的规定执行。

第五十条 除税收法律、行政法规另有规定外，居民企业以企业登记注册地为纳税地点；但登记注册地在境外的，以实际管理机构所在地为纳税地点。

居民企业在中国境内设立不具有法人资格的营业机构的，应当汇总计算并缴纳企业所得税。

【注释】《企业所得税法实施条例》第 124、125 条对本条进行了解释。

第五十一条 非居民企业取得本法第三条第二款规定的所得，以机构、场所所在地为纳税地点。非居民企业在中国境内设立两个或者两个以上机构、场所的，经税务机关审核批准，可以选择由其主要机构、场所汇总缴纳企业所得税。

非居民企业取得本法第三条第三款规定的所得，以扣缴义务人所在地为纳税地点。

【注释】《企业所得税法实施条例》第 126、127 条对本条进行了解释。

第五十二条 除国务院另有规定外，企业之间不得合并缴纳企业所得税。

第五十三条 企业所得税按纳税年度计算。纳税年度自公历 1 月 1 日起至 12 月 31 日止。

企业在一个纳税年度中间开业，或者终止经营活动，使该纳税年度的实际经营期不足十二个月的，应当以其实际经营期为一个纳税年度。

企业依法清算时，应当以清算期间作为一个纳税年度。

第五十四条 企业所得税分月或者分季预缴。

企业应当自月份或者季度终了之日起十五日内，向税务机关报送预缴企业所得税纳税申报表，预缴税款。

业应当自年度终了之日起五个月内，向税务机关报送年度企业所得税纳税申报表，并汇算清缴，结清应缴应退税款。

企业在报送企业所得税纳税申报表时，应当按照规定附送财务会计报告和其他有关资料。

【注释】《企业所得税法实施条例》第 128、129 条对本条进行了解释。相关规定包括：《企业所得税汇算清缴纳税申报鉴证业务准则（试行）》（国税发〔2007〕10 号）、《国家税务总局关于企业所得税预缴问题的通知》（国税发〔2008〕17 号）。

第五十五条 企业在年度中间终止经营活动的，应当自实际经营终止之日起六十日内，向税务机关办理当期企业所得税汇算清缴。

企业应当在办理注销登记前，就其清算所得向税务机关申报并依法缴纳企业所得税。

【注释】《企业所得税法实施条例》第 11 条对本条进行了解释。

第五十六条 依照本法缴纳的企业所得税，以人民币计算。所得以人民币以外的货币计算的，应当折合成人民币计算并缴纳税款。

【注释】《企业所得税法实施条例》第 130 条对本条进行了解释。

第八章 附　　则

第五十七条 本法公布前已经批准设立的企业，依照当时的税收法律、行政法规规定，享受低税率优惠的，按照国务院规定，可以在本法施行后五年内，逐步过渡到本法规定的税率；享受定期减免税优惠的，按照国务院规定，可以在本法施行后继续享受到期满为止，但因未获利而尚未享受优惠的，优惠期限从本法施行年度起计算。

法律设置的发展对外经济合作和技术交流的特定地区内，以及国务院已规定执行上述地区特殊政策的地区内新设立的国家需要重点扶持的高新技术企业，可以享受过渡性税收优惠，具体办法由国务院规定。

国家已确定的其他鼓励类企业，可以按照国务院规定享受减免税优惠。

【注释】《企业所得税法实施条例》第131条对本条进行了解释。《国务院关于实施企业所得税过渡优惠政策的通知》(国发〔2007〕39号)、《国务院关于经济特区和上海浦东新区新设立高新技术企业实行过渡性税收优惠的通知》(国发〔2007〕40号)详细规定了过渡政策。

第五十八条　中华人民共和国政府同外国政府订立的有关税收的协定与本法有不同规定的，依照协定的规定办理。

第五十九条　国务院根据本法制定实施条例。

第六十条　本法自2008年1月1日起施行。1991年4月9日第七届全国人民代表大会第四次会议通过的《中华人民共和国外商投资企业和外国企业所得税法》和1993年12月13日国务院发布的《中华人民共和国企业所得税暂行条例》同时废止。

中华人民共和国企业所得税法实施条例

(国务院2007年12月6日发布，国务院令〔2007〕第512号)

第一章　总　　则

第一条　根据《中华人民共和国企业所得税法》(以下简称企业所得税法)的规定，制定本条例。

第二条　企业所得税法第一条所称个人独资企业、合伙企业，是指依照中国法律、行政法规成立的个人独资企业、合伙企业。

【注释】　解释《企业所得税法》第1条。

第三条　企业所得税法第二条所称依法在中国境内成立的企业，包括依照中国法律、行政法规在中国境内成立的企业、事业单位、社会团体以及其他取得收入的组织。

企业所得税法第二条所称依照外国(地区)法律成立的企业，包括依照外国(地区)法律成立的企业和其他取得收入的组织。

【注释】　解释《企业所得税法》第2条。

第四条　企业所得税法第二条所称实际管理机构，是指对企业的生产经营、人员、账务、财产等实施实质性全面管理和控制的机构。

【注释】　解释《企业所得税法》第2条。

第五条　企业所得税法第二条第三款所称机构、场所，是指在中国境内从事生产经营活动的机构、场所，包括：

(一)管理机构、营业机构、办事机构；

(二)工厂、农场、开采自然资源的场所；

(三)提供劳务的场所；

(四)从事建筑、安装、装配、修理、勘探等工程作业的场所；

(五)其他从事生产经营活动的机构、场所。

非居民企业委托营业代理人在中国境内从事生产经营活动的，包括委托单位或者个人经常代其签订合同，或者储存、交付货物等，该营业代理人视为非居民企业在中国境内设立的机构、场所。

【注释】　解释《企业所得税法》第2条。

第六条　企业所得税法第三条所称所得，包括销售货物所得、提供劳务所得、转让财产所得、股息红利等权益性投资所得、利息所得、租金所得、特许权使用费所得、接受捐赠所得和其他所得。

【注释】　解释《企业所得税法》第3条。

第七条　企业所得税法第三条所称来源于中国境内、境外的所得，按照以下原则确定：

(一)销售货物所得，按照交易活动发生地确定；

(二)提供劳务所得，按照劳务发生地确定；

（三）转让财产所得，不动产转让所得按照不动产所在地确定，动产转让所得按照转让动产的企业或者机构、场所所在地确定，权益性投资资产转让所得按照被投资企业所在地确定；

（四）股息、红利等权益性投资所得，按照分配所得的企业所在地确定；

（五）利息所得、租金所得、特许权使用费所得，按照负担、支付所得的企业或者机构、场所所在地确定，或者按照负担、支付所得的个人的住所地确定；

（六）其他所得，由国务院财政、税务主管部门确定。

【注释】 解释《企业所得税法》第 3 条。

第八条 企业所得税法第三条所称实际联系，是指非居民企业在中国境内设立的机构、场所拥有据以取得所得的股权、债权，以及拥有、管理、控制据以取得所得的财产等。

【注释】 解释《企业所得税法》第 3 条。

第二章 应纳税所得额

第一节 一般规定

第九条 企业应纳税所得额的计算，以权责发生制为原则，属于当期的收入和费用，不论款项是否收付，均作为当期的收入和费用；不属于当期的收入和费用，即使款项已经在当期收付，均不作为当期的收入和费用。本条例和国务院财政、税务主管部门另有规定的除外。

第十条 企业所得税法第五条所称亏损，是指企业依照企业所得税法和本条例的规定将每一纳税年度的收入总额减除不征税收入、免税收入和各项扣除后小于零的数额。

【注释】 解释《企业所得税法》第 5 条。

第十一条 企业所得税法第五十五条所称清算所得，是指企业的全部资产可变现价值或者交易价格减除资产净值、清算费用以及相关税费等后的余额。

投资方企业从被清算企业分得的剩余资产，其中相当于从被清算企业累计未分配利润和累计盈余公积中应当分得的部分，应当确认为股息所得；剩余资产减除上述股息所得后的余额，超过或者低于投资成本的部分，应当确认为投资资产转让所得或者损失。

【注释】 解释《企业所得税法》第 55 条。

第二节 收　　入

第十二条 企业所得税法第六条所称企业取得收入的货币形式，包括现金、存款、应收账款、应收票据、准备持有至到期的债券投资以及债务的豁免等。

企业所得税法第六条所称企业取得收入的非货币形式，包括固定资产、生物资产、无形资产、股权投资、存货、不准备持有至到期的债券投资、劳务以及有关权益等。

【注释】 解释《企业所得税法》第 6 条。

第十三条 企业所得税法第六条所称企业以非货币形式取得的收入，应当按照公允价值确定收入额。

前款所称公允价值，是指按照市场价格确定的价值。

【注释】 解释《企业所得税法》第 6 条。

第十四条 企业所得税法第六条第（一）项所称销售货物收入，是指企业销售商品、产品、原材料、包装物、低值易耗品以及其他存货取得的收入。

【注释】 解释《企业所得税法》第 6 条。

第十五条 企业所得税法第六条第（二）项所称提供劳务收入，是指企业从事建筑安装、修理修配、交通运输、仓储租赁、金融保险、邮电通信、咨询经纪、文化体育、科学研究、技术服务、教育培训、餐饮住宿、中介代理、卫生保健、社区服务、旅游、娱乐、加工以及其他劳务服务活动取得的收入。

【注释】 解释《企业所得税法》第 6 条。

第十六条 企业所得税法第六条第（三）项所称转让财产收入，是指企业转让固定资产、生物资产、无形资产、股权、债权等财产取得的收入。

【注释】 解释《企业所得税法》第 6 条。

第十七条 企业所得税法第六条第(四)项所称股息、红利等权益性投资收益,是指企业因权益性投资从被投资方取得的收入。

股息、红利等权益性投资收益,除国务院财政、税务主管部门另有规定外,按照被投资方作出利润分配决定的日期确认收入的实现。

【注释】 解释《企业所得税法》第 6 条。

第十八条 企业所得税法第六条第(五)项所称利息收入,是指企业将资金提供他人使用但不构成权益性投资,或者因他人占用本企业资金取得的收入,包括存款利息、贷款利息、债券利息、欠款利息等收入。

息收入,按照合同约定的债务人应付利息的日期确认收入的实现。

【注释】 解释《企业所得税法》第 6 条。

第十九条 企业所得税法第六条第(六)项所称租金收入,是指企业提供固定资产、包装物或者其他有形资产的使用权取得的收入。

租金收入,按照合同约定的承租人应付租金的日期确认收入的实现。

【注释】 解释《企业所得税法》第 6 条。

第二十条 企业所得税法第六条第(七)项所称特许权使用费收入,是指企业提供专利权、非专利技术、商标权、著作权以及其他特许权的使用权取得的收入。

特许权使用费收入,按照合同约定的特许权使用人应付特许权使用费的日期确认收入的实现。

【注释】 解释《企业所得税法》第 6 条。

第二十一条 企业所得税法第六条第(八)项所称接受捐赠收入,是指企业接受的来自其他企业、组织或者个人无偿给予的货币性资产、非货币性资产。

接受捐赠收入,按照实际收到捐赠资产的日期确认收入的实现。

【注释】 解释《企业所得税法》第 6 条。

第二十二条 企业所得税法第六条第(九)项所称其他收入,是指企业取得的除企业所得税法第六条第(一)项至第(八)项规定的收入外的其他收入,包括企业资产溢余收入、逾期未退包装物押金收入、确实无法偿付的应付款项、已作坏账损失处理后又收回的应收款项、债务重组收入、补贴收入、违约金收入、汇兑收益等。

【注释】 解释《企业所得税法》第 6 条。

第二十三条 企业的下列生产经营业务可以分期确认收入的实现:

(一)以分期收款方式销售货物的,按照合同约定的收款日期确认收入的实现;

(二)企业受托加工制造大型机械设备、船舶、飞机,以及从事建筑、安装、装配工程业务或者提供其他劳务等,持续时间超过 12 个月的,按照纳税年度内完工进度或者完成的工作量确认收入的实现。

第二十四条 采取产品分成方式取得收入的,按照企业分得产品的日期确认收入的实现,其收入额按照产品的公允价值确定。

第二十五条 企业发生非货币性资产交换,以及将货物、财产、劳务用于捐赠、偿债、赞助、集资、广告、样品、职工福利或者利润分配等用途的,应当视同销售货物、转让财产或者提供劳务,但国务院财政、税务主管部门另有规定的除外。

第二十六条 企业所得税法第七条第(一)项所称财政拨款,是指各级人民政府对纳入预算管理的事业单位、社会团体等组织拨付的财政资金,但国务院和国务院财政、税务主管部门另有规定的除外。

企业所得税法第七条第(二)项所称行政事业性收费,是指依照法律法规等有关规定,按照国务院规定程序批准,在实施社会公共管理,以及在向公民、法人或者其他组织提供特定公共服务过程中,向特定对象收取并纳入财政管理的费用。

企业所得税法第七条第(二)项所称政府性基金,是指企业依照法律、行政法规等有关规定,代政府收取的具有专项用途的财政资金。

企业所得税法第七条第(三)项所称国务院规定的其他不征税收入,是指企业取得的,由国务院财政、税务主管部门规定专项用途并经国务院批准的财政性资金。

【注释】 解释《企业所得税法》第 7 条。相关规定包括:《国家税务总局关于中央和国务院各部门机关服务中心恢复征税的通知》(国税发〔2007〕94 号)。

第三节 扣　　除

第二十七条 企业所得税法第八条所称有关的支出，是指与取得收入直接相关的支出。

企业所得税法第八条所称合理的支出，是指符合生产经营活动常规，应当计入当期损益或者有关资产成本的必要和正常的支出。

【注释】 解释《企业所得税法》第8条。相关规定包括：《国家税务总局关于保险企业发生与退保业务相关佣金支出税前扣除问题的通知》(国税函〔2007〕880号)。

第二十八条 企业发生的支出应当区分收益性支出和资本性支出。收益性支出在发生当期直接扣除；资本性支出应当分期扣除或者计入有关资产成本，不得在发生当期直接扣除。

企业的不征税收入用于支出所形成的费用或者财产，不得扣除或者计算对应的折旧、摊销扣除。

除企业所得税法和本条例另有规定外，企业实际发生的成本、费用、税金、损失和其他支出，不得重复扣除。

第二十九条 企业所得税法第八条所称成本，是指企业在生产经营活动中发生的销售成本、销货成本、业务支出以及其他耗费。

【注释】 解释《企业所得税法》第8条。

第三十条 企业所得税法第八条所称费用，是指企业在生产经营活动中发生的销售费用、管理费用和财务费用，已经计入成本的有关费用除外。

【注释】 解释《企业所得税法》第8条。

第三十一条 企业所得税法第八条所称税金，是指企业发生的除企业所得税和允许抵扣的增值税以外的各项税金及其附加。

【注释】 解释《企业所得税法》第8条。

第三十二条 企业所得税法第八条所称损失，是指企业在生产经营活动中发生的固定资产和存货的盘亏、毁损、报废损失，转让财产损失，呆账损失，坏账损失，自然灾害等不可抗力因素造成的损失以及其他损失。

企业发生的损失，减除责任人赔偿和保险赔款后的余额，依照国务院财政、税务主管部门的规定扣除。

企业已经作为损失处理的资产，在以后纳税年度又全部收回或者部分收回时，应当计入当期收入。

【注释】 解释《企业所得税法》第8条。相关规定包括：《企业财产损失所得税前扣除管理办法》(国家税务总局令〔2005〕13号)、《企业财产损失所得税税前扣除鉴证业务准则(试行)》(国税发〔2007〕9号)。

第三十三条 企业所得税法第八条所称其他支出，是指除成本、费用、税金、损失外，企业在生产经营活动中发生的与生产经营活动有关的、合理的支出。

【注释】 解释《企业所得税法》第8条。

第三十四条 企业发生的合理的工资薪金支出，准予扣除。

前款所称工资薪金，是指企业每一纳税年度支付给在本企业任职或者受雇的员工的所有现金形式或者非现金形式的劳动报酬，包括基本工资、奖金、津贴、补贴、年终加薪、加班工资，以及与员工任职或者受雇有关的其他支出。

【注释】 解释《企业所得税法》第8条。相关规定包括：《企业支付实习生报酬税前扣除管理办法》(国税发〔2007〕42号)。

第三十五条 企业依照国务院有关主管部门或者省级人民政府规定的范围和标准为职工缴纳的基本养老保险费、基本医疗保险费、失业保险费、工伤保险费、生育保险费等基本社会保险费和住房公积金，准予扣除。

企业为投资者或者职工支付的补充养老保险费、补充医疗保险费，在国务院财政、税务主管部门规定的范围和标准内，准予扣除。

【注释】 解释《企业所得税法》第8条。

第三十六条 除企业依照国家有关规定为特殊工种职工支付的人身安全保险费和国务院财政、税务主管部门规定可以扣除的其他商业保险费外，企业为投资者或者职工支付的商业保险费，不得扣除。

【注释】 解释《企业所得税法》第8条。

第三十七条　企业在生产经营活动中发生的合理的不需要资本化的借款费用，准予扣除。

企业为购置、建造固定资产、无形资产和经过12个月以上的建造才能达到预定可销售状态的存货发生借款的，在有关资产购置、建造期间发生的合理的借款费用，应当作为资本性支出计入有关资产的成本，并依照本条例的规定扣除。

【注释】　解释《企业所得税法》第8条。相关规定包括：《财政部 国家税务总局关于执行〈企业会计准则〉有关企业所得税政策问题的通知》（财税〔2007〕80号）。

第三十八条　企业在生产经营活动中发生的下列利息支出，准予扣除：

（一）非金融企业向金融企业借款的利息支出、金融企业的各项存款利息支出和同业拆借利息支出、企业经批准发行债券的利息支出；

（二）非金融企业向非金融企业借款的利息支出，不超过按照金融企业同期同类贷款利率计算的数额的部分。

【注释】　解释《企业所得税法》第8条。

第三十九条　企业在货币交易中，以及纳税年度终了时将人民币以外的货币性资产、负债按照期末即期人民币汇率中间价折算为人民币时产生的汇兑损失，除已经计入有关资产成本以及与向所有者进行利润分配相关的部分外，准予扣除。

【注释】　解释《企业所得税法》第8条。

第四十条　企业发生的职工福利费支出，不超过工资薪金总额14%的部分，准予扣除。

【注释】　解释《企业所得税法》第8条。

第四十一条　企业拨缴的工会经费，不超过工资薪金总额2%的部分，准予扣除。

【注释】　解释《企业所得税法》第8条。

第四十二条　除国务院财政、税务主管部门另有规定外，企业发生的职工教育经费支出，不超过工资薪金总额2.5%的部分，准予扣除；超过部分，准予在以后纳税年度结转扣除。

【注释】　解释《企业所得税法》第8条。

第四十三条　企业发生的与生产经营活动有关的业务招待费支出，按照发生额的60%扣除，但最高不得超过当年销售（营业）收入的5‰。

【注释】　解释《企业所得税法》第8条。

第四十四条　企业发生的符合条件的广告费和业务宣传费支出，除国务院财政、税务主管部门另有规定外，不超过当年销售（营业）收入15%的部分，准予扣除；超过部分，准予在以后纳税年度结转扣除。

【注释】　解释《企业所得税法》第8条。

第四十五条　企业依照法律、行政法规有关规定提取的用于环境保护、生态恢复等方面的专项资金，准予扣除。上述专项资金提取后改变用途的，不得扣除。

【注释】　解释《企业所得税法》第8条。

第四十六条　企业参加财产保险，按照规定缴纳的保险费，准予扣除。

【注释】　解释《企业所得税法》第8条。

第四十七条　企业根据生产经营活动的需要租入固定资产支付的租赁费，按照以下方法扣除：

（一）以经营租赁方式租入固定资产发生的租赁费支出，按照租赁期限均匀扣除；

（二）以融资租赁方式租入固定资产发生的租赁费支出，按照规定构成融资租入固定资产价值的部分应当提取折旧费用，分期扣除。

【注释】　解释《企业所得税法》第8条。

第四十八条　企业发生的合理的劳动保护支出，准予扣除。

【注释】　解释《企业所得税法》第8条。

第四十九条　企业之间支付的管理费、企业内营业机构之间支付的租金和特许权使用费，以及非银行企业内营业机构之间支付的利息，不得扣除。

【注释】　解释《企业所得税法》第8条。

第五十条　非居民企业在中国境内设立的机构、场所，就其中国境外总机构发生的与该机构、场所生产经营有关的费用，能够提供总机构出具的费用汇集范围、定额、分配依据和方法等证明文件，并合理分摊的，准予扣除。

【注释】 解释《企业所得税法》第 8 条。

第五十一条 企业所得税法第九条所称公益性捐赠，是指企业通过公益性社会团体或者县级以上人民政府及其部门，用于《中华人民共和国公益事业捐赠法》规定的公益事业的捐赠。

【注释】 解释《企业所得税法》第 9 条。

第五十二条 本条例第五十一条所称公益性社会团体，是指同时符合下列条件的基金会、慈善组织等社会团体：

(一)依法登记，具有法人资格；

(二)以发展公益事业为宗旨，且不以营利为目的；

(三)全部资产及其增值为该法人所有；

(四)收益和营运结余主要用于符合该法人设立目的的事业；

(五)终止后的剩余财产不归属任何个人或者营利组织；

(六)不经营与其设立目的无关的业务；

(七)有健全的财务会计制度；

(八)捐赠者不以任何形式参与社会团体财产的分配；

(九)国务院财政、税务主管部门会同国务院民政部门等登记管理部门规定的其他条件。

【注释】 解释《企业所得税法》第 9 条。

第五十三条 企业发生的公益性捐赠支出，不超过年度利润总额 12%的部分，准予扣除。

年度利润总额，是指企业依照国家统一会计制度的规定计算的年度会计利润。

【注释】 解释《企业所得税法》第 9 条。

第五十四条 企业所得税法第十条第(六)项所称赞助支出，是指企业发生的与生产经营活动无关的各种非广告性质支出。

【注释】 解释《企业所得税法》第 10 条。

第五十五条 企业所得税法第十条第(七)项所称未经核定的准备金支出，是指不符合国务院财政、税务主管部门规定的各项资产减值准备、风险准备等准备金支出。

【注释】 解释《企业所得税法》第 10 条。

第四节 资产的税务处理

第五十六条 企业的各项资产，包括固定资产、生物资产、无形资产、长期待摊费用、投资资产、存货等，以历史成本为计税基础。

前款所称历史成本，是指企业取得该项资产时实际发生的支出。

企业持有各项资产期间资产增值或者减值，除国务院财政、税务主管部门规定可以确认损益外，不得调整该资产的计税基础。

第五十七条 企业所得税法第十一条所称固定资产，是指企业为生产产品、提供劳务、出租或者经营管理而持有的、使用时间超过 12 个月的非货币性资产，包括房屋、建筑物、机器、机械、运输工具以及其他与生产经营活动有关的设备、器具、工具等。

【注释】 解释《企业所得税法》第 11 条。

第五十八条 固定资产按照以下方法确定计税基础：

(一)外购的固定资产，以购买价款和支付的相关税费以及直接归属于使该资产达到预定用途发生的其他支出为计税基础；

(二)自行建造的固定资产，以竣工结算前发生的支出为计税基础；

(三)融资租入的固定资产，以租赁合同约定的付款总额和承租人在签订租赁合同过程中发生的相关费用为计税基础，租赁合同未约定付款总额的，以该资产的公允价值和承租人在签订租赁合同过程中发生的相关费用为计税基础；

(四)盘盈的固定资产，以同类固定资产的重置完全价值为计税基础；

(五)通过捐赠、投资、非货币性资产交换、债务重组等方式取得的固定资产，以该资产的公允价值和支付的相关税费为计税基础；

（六）改建的固定资产，除企业所得税法第十三条第（一）项和第（二）项规定的支出外，以改建过程中发生的改建支出增加计税基础。

【注释】 解释《企业所得税法》第11条。

第五十九条　固定资产按照直线法计算的折旧，准予扣除。

企业应当自固定资产投入使用月份的次月起计算折旧；停止使用的固定资产，应当自停止使用月份的次月起停止计算折旧。

企业应当根据固定资产的性质和使用情况，合理确定固定资产的预计净残值。固定资产的预计净残值一经确定，不得变更。

【注释】 解释《企业所得税法》第11条。

第六十条　除国务院财政、税务主管部门另有规定外，固定资产计算折旧的最低年限如下：

（一）房屋、建筑物，为20年；

（二）飞机、火车、轮船、机器、机械和其他生产设备，为10年；

（三）与生产经营活动有关的器具、工具、家具等，为5年；

（四）飞机、火车、轮船以外的运输工具，为4年；

（五）电子设备，为3年。

【注释】 解释《企业所得税法》第11条。

第六十一条　从事开采石油、天然气等矿产资源的企业，在开始商业性生产前发生的费用和有关固定资产的折耗、折旧方法，由国务院财政、税务主管部门另行规定。

【注释】 解释《企业所得税法》第11条。

第六十二条　生产性生物资产按照以下方法确定计税基础：

（一）外购的生产性生物资产，以购买价款和支付的相关税费为计税基础；

（二）通过捐赠、投资、非货币性资产交换、债务重组等方式取得的生产性生物资产，以该资产的公允价值和支付的相关税费为计税基础。

前款所称生产性生物资产，是指企业为生产农产品、提供劳务或者出租等而持有的生物资产，包括经济林、薪炭林、产畜和役畜等。

【注释】 解释《企业所得税法》第11条。

第六十三条　生产性生物资产按照直线法计算的折旧，准予扣除。

企业应当自生产性生物资产投入使用月份的次月起计算折旧；停止使用的生产性生物资产，应当自停止使用月份的次月起停止计算折旧。

企业应当根据生产性生物资产的性质和使用情况，合理确定生产性生物资产的预计净残值。生产性生物资产的预计净残值一经确定，不得变更。

【注释】 解释《企业所得税法》第11条。

第六十四条　生产性生物资产计算折旧的最低年限如下：

（一）林木类生产性生物资产，为10年；

（二）畜类生产性生物资产，为3年。

【注释】 解释《企业所得税法》第11条。

第六十五条　企业所得税法第十二条所称无形资产，是指企业为生产产品、提供劳务、出租或者经营管理而持有的、没有实物形态的非货币性长期资产，包括专利权、商标权、著作权、土地使用权、非专利技术、商誉等。

【注释】 解释《企业所得税法》第12条。

第六十六条　无形资产按照以下方法确定计税基础：

（一）外购的无形资产，以购买价款和支付的相关税费以及直接归属于使该资产达到预定用途发生的其他支出为计税基础；

（二）自行开发的无形资产，以开发过程中该资产符合资本化条件后至达到预定用途前发生的支出为计税基础；

(三)通过捐赠、投资、非货币性资产交换、债务重组等方式取得的无形资产,以该资产的公允价值和支付的相关税费为计税基础。

【注释】 解释《企业所得税法》第12条。

第六十七条 无形资产按照直线法计算的摊销费用,准予扣除。

无形资产的摊销年限不得低于10年。

作为投资或者受让的无形资产,有关法律规定或者合同约定了使用年限的,可以按照规定或者约定的使用年限分期摊销。

外购商誉的支出,在企业整体转让或者清算时,准予扣除。

【注释】 解释《企业所得税法》第12条。

第六十八条 企业所得税法第十三条第(一)项和第(二)项所称固定资产的改建支出,是指改变房屋或者建筑物结构、延长使用年限等发生的支出。

企业所得税法第十三条第(一)项规定的支出,按照固定资产预计尚可使用年限分期摊销;第(二)项规定的支出,按照合同约定的剩余租赁期限分期摊销。

改建的固定资产延长使用年限的,除企业所得税法第十三条第(一)项和第(二)项规定外,应当适当延长折旧年限。

【注释】 解释《企业所得税法》第13条。相关规定包括:《国家税务总局关于铁路运输企业机车车辆大修理支出税前扣除问题的通知》(国税函〔2007〕762号)。

第六十九条 企业所得税法第十三条第(三)项所称固定资产的大修理支出,是指同时符合下列条件的支出:

(一)修理支出达到取得固定资产时的计税基础50%以上;

(二)修理后固定资产的使用年限延长2年以上。

企业所得税法第十三条第(三)项规定的支出,按照固定资产尚可使用年限分期摊销。

【注释】 解释《企业所得税法》第13条。相关规定包括:《国家税务总局关于铁路运输企业机车车辆大修理支出税前扣除问题的通知》(国税函〔2007〕762号)。

第七十条 企业所得税法第十三条第(四)项所称其他应当作为长期待摊费用的支出,自支出发生月份的次月起,分期摊销,摊销年限不得低于3年。

【注释】 解释《企业所得税法》第13条。相关规定包括:《国家税务总局关于铁路运输企业机车车辆大修理支出税前扣除问题的通知》(国税函〔2007〕762号)。

第七十一条 企业所得税法第十四条所称投资资产,是指企业对外进行权益性投资和债权性投资形成的资产。

企业在转让或者处置投资资产时,投资资产的成本,准予扣除。

投资资产按照以下方法确定成本:

(一)通过支付现金方式取得的投资资产,以购买价款为成本;

(二)通过支付现金以外的方式取得的投资资产,以该资产的公允价值和支付的相关税费为成本。

【注释】 解释《企业所得税法》第14条。

第七十二条 企业所得税法第十五条所称存货,是指企业持有以备出售的产品或者商品、处在生产过程中的在产品、在生产或者提供劳务过程中耗用的材料和物料等。

存货按照以下方法确定成本:

(一)通过支付现金方式取得的存货,以购买价款和支付的相关税费为成本;

(二)通过支付现金以外的方式取得的存货,以该存货的公允价值和支付的相关税费为成本;

(三)生产性生物资产收获的农产品,以产出或者采收过程中发生的材料费、人工费和分摊的间接费用等必要支出为成本。

【注释】 解释《企业所得税法》第15条。

第七十三条 企业使用或者销售的存货的成本计算方法,可以在先进先出法、加权平均法、个别计价法中选用一种。计价方法一经选用,不得随意变更。

【注释】 解释《企业所得税法》第15条。

第七十四条　企业所得税法第十六条所称资产的净值和第十九条所称财产净值，是指有关资产、财产的计税基础减除已经按照规定扣除的折旧、折耗、摊销、准备金等后的余额。

【注释】　解释《企业所得税法》第16条、第19条。

第七十五条　除国务院财政、税务主管部门另有规定外，企业在重组过程中，应当在交易发生时确认有关资产的转让所得或者损失，相关资产应当按照交易价格重新确定计税基础。

第三章　应纳税额

第七十六条　企业所得税法第二十二条规定的应纳税额的计算公式为：

应纳税额＝应纳税所得额×适用税率－减免税额－抵免税额

公式中的减免税额和抵免税额，是指依照企业所得税法和国务院的税收优惠规定减征、免征和抵免的应纳税额。

【注释】　解释《企业所得税法》第22条。

第七十七条　企业所得税法第二十三条所称已在境外缴纳的所得税税额，是指企业来源于中国境外的所得依照中国境外税收法律以及相关规定应当缴纳并已经实际缴纳的企业所得税性质的税款。

【注释】　解释《企业所得税法》第23条。

第七十八条　企业所得税法第二十三条所称抵免限额，是指企业来源于中国境外的所得，依照企业所得税法和本条例的规定计算的应纳税额。除国务院财政、税务主管部门另有规定外，该抵免限额应当分国（地区）不分项计算，计算公式如下：

抵免限额＝中国境内、境外所得依照企业所得税法和本条例的规定计算的应纳税总额
×来源于某国（地区）的应纳税所得额÷中国境内、境外应纳税所得总额

【注释】　解释《企业所得税法》第23条。

第七十九条　企业所得税法第二十三条所称5个年度，是指从企业取得的来源于中国境外的所得，已经在中国境外缴纳的企业所得税性质的税额超过抵免限额的当年的次年起连续5个纳税年度。

【注释】　解释《企业所得税法》第23条。

第八十条　企业所得税法第二十四条所称直接控制，是指居民企业直接持有外国企业20%以上股份。

企业所得税法第二十四条所称间接控制，是指居民企业以间接持股方式持有外国企业20%以上股份，具体认定办法由国务院财政、税务主管部门另行制定。

【注释】　解释《企业所得税法》第24条。

第八十一条　企业依照企业所得税法第二十三条、第二十四条的规定抵免企业所得税税额时，应当提供中国境外税务机关出具的税款所属年度的有关纳税凭证。

【注释】　解释《企业所得税法》第23条、第24条。

第四章　税收优惠

第八十二条　企业所得税法第二十六条第（一）项所称国债利息收入，是指企业持有国务院财政部门发行的国债取得的利息收入。

【注释】　解释《企业所得税法》第26条。

第八十三条　企业所得税法第二十六条第（二）项所称符合条件的居民企业之间的股息、红利等权益性投资收益，是指居民企业直接投资于其他居民企业取得的投资收益。企业所得税法第二十六条第（二）项和第（三）项所称股息、红利等权益性投资收益，不包括连续持有居民企业公开发行并上市流通的股票不足12个月取得的投资收益。

【注释】　解释《企业所得税法》第26条。

第八十四条　企业所得税法第二十六条第（四）项所称符合条件的非营利组织，是指同时符合下列条件的组织：

（一）依法履行非营利组织登记手续；

（二）从事公益性或者非营利性活动；

（三）取得的收入除用于与该组织有关的、合理的支出外，全部用于登记核定或者章程规定的公益性或

者非营利性事业；

（四）财产及其孳息不用于分配；

（五）按照登记核定或者章程规定，该组织注销后的剩余财产用于公益性或者非营利性目的，或者由登记管理机关转赠给与该组织性质、宗旨相同的组织，并向社会公告；

（六）投入人对投入该组织的财产不保留或者享有任何财产权利；

（七）工作人员工资福利开支控制在规定的比例内，不变相分配该组织的财产。

前款规定的非营利组织的认定管理办法由国务院财政、税务主管部门会同国务院有关部门制定。

【注释】 解释《企业所得税法》第26条。

第八十五条 企业所得税法第二十六条第（四）项所称符合条件的非营利组织的收入，不包括非营利组织从事营利性活动取得的收入，但国务院财政、税务主管部门另有规定的除外。

【注释】 解释《企业所得税法》第26条。

第八十六条 企业所得税法第二十七条第（一）项规定的企业从事农、林、牧、渔业项目的所得，可以免征、减征企业所得税，是指：

（一）企业从事下列项目的所得，免征企业所得税：

1. 蔬菜、谷物、薯类、油料、豆类、棉花、麻类、糖料、水果、坚果的种植；
2. 农作物新品种的选育；
3. 中药材的种植；
4. 林木的培育和种植；
5. 牲畜、家禽的饲养；
6. 林产品的采集；
7. 灌溉、农产品初加工、兽医、农技推广、农机作业和维修等农、林、牧、渔服务业项目；
8. 远洋捕捞。

（二）企业从事下列项目的所得，减半征收企业所得税：

1. 花卉、茶以及其他饮料作物和香料作物的种植；
2. 海水养殖、内陆养殖。

企业从事国家限制和禁止发展的项目，不得享受本条规定的企业所得税优惠。

【注释】 解释《企业所得税法》第27条。

第八十七条 企业所得税法第二十七条第（二）项所称国家重点扶持的公共基础设施项目，是指《公共基础设施项目企业所得税优惠目录》规定的港口码头、机场、铁路、公路、城市公共交通、电力、水利等项目。

企业从事前款规定的国家重点扶持的公共基础设施项目的投资经营的所得，自项目取得第一笔生产经营收入所属纳税年度起，第一年至第三年免征企业所得税，第四年至第六年减半征收企业所得税。

企业承包经营、承包建设和内部自建自用本条规定的项目，不得享受本条规定的企业所得税优惠。

【注释】 解释《企业所得税法》第27条。

第八十八条 企业所得税法第二十七条第（三）项所称符合条件的环境保护、节能节水项目，包括公共污水处理、公共垃圾处理、沼气综合开发利用、节能减排技术改造、海水淡化等。项目的具体条件和范围由国务院财政、税务主管部门商国务院有关部门制订，报国务院批准后公布施行。

企业从事前款规定的符合条件的环境保护、节能节水项目的所得，自项目取得第一笔生产经营收入所属纳税年度起，第一年至第三年免征企业所得税，第四年至第六年减半征收企业所得税。

【注释】 解释《企业所得税法》第27条。

第八十九条 依照本条例第八十七条和第八十八条规定享受减免税优惠的项目，在减免税期限内转让的，受让方自受让之日起，可以在剩余期限内享受规定的减免税优惠；减免税期限届满后转让的，受让方不得就该项目重复享受减免税优惠。

【注释】 解释《企业所得税法》第27条。

第九十条 企业所得税法第二十七条第（四）项所称符合条件的技术转让所得免征、减征企业所得税，是指一个纳税年度内，居民企业技术转让所得不超过500万元的部分，免征企业所得税；超过500万元的部分，减半征收企业所得税。

【注释】 解释《企业所得税法》第 27 条。

第九十一条　非居民企业取得企业所得税法第二十七条第(五)项规定的所得，减按 10%的税率征收企业所得税。

下列所得可以免征企业所得税：

(一)外国政府向中国政府提供贷款取得的利息所得；

(二)国际金融组织向中国政府和居民企业提供优惠贷款取得的利息所得；

(三)经国务院批准的其他所得。

【注释】 解释《企业所得税法》第 27 条。

第九十二条　企业所得税法第二十八条第一款所称符合条件的小型微利企业，是指从事国家非限制和禁止行业，并符合下列条件的企业：

(一)工业企业，年度应纳税所得额不超过 30 万元，从业人数不超过 100 人，资产总额不超过 3000 万元；

(二)其他企业，年度应纳税所得额不超过 30 万元，从业人数不超过 80 人，资产总额不超过 1000 万元。

【注释】 解释《企业所得税法》第 28 条。

第九十三条　企业所得税法第二十八条第二款所称国家需要重点扶持的高新技术企业，是指拥有核心自主知识产权，并同时符合下列条件的企业：

(一)产品(服务)属于《国家重点支持的高新技术领域》规定的范围；

(二)研究开发费用占销售收入的比例不低于规定比例；

(三)高新技术产品(服务)收入占企业总收入的比例不低于规定比例；

(四)科技人员占企业职工总数的比例不低于规定比例；

(五)高新技术企业认定管理办法规定的其他条件。

《国家重点支持的高新技术领域》和高新技术企业认定管理办法由国务院科技、财政、税务主管部门商国务院有关部门制订，报国务院批准后公布施行。

【注释】 解释《企业所得税法》第 28 条。

第九十四条　企业所得税法第二十九条所称民族自治地方，是指依照《中华人民共和国民族区域自治法》的规定，实行民族区域自治的自治区、自治州、自治县。

对民族自治地方内国家限制和禁止行业的企业，不得减征或者免征企业所得税。

【注释】 解释《企业所得税法》第 29 条。

第九十五条　企业所得税法第三十条第(一)项所称研究开发费用的加计扣除，是指企业为开发新技术、新产品、新工艺发生的研究开发费用，未形成无形资产计入当期损益的，在按照规定据实扣除的基础上，按照研究开发费用的 50%加计扣除；形成无形资产的，按照无形资产成本的 150%摊销。

【注释】 解释《企业所得税法》第 30 条。

第九十六条　企业所得税法第三十条第(二)项所称企业安置残疾人员所支付的工资的加计扣除，是指企业安置残疾人员的，在按照支付给残疾职工工资据实扣除的基础上，按照支付给残疾职工工资的 100%加计扣除。残疾人员的范围适用《中华人民共和国残疾人保障法》的有关规定。

企业所得税法第三十条第(二)项所称企业安置国家鼓励安置的其他就业人员所支付的工资的加计扣除办法，由国务院另行规定。

【注释】 解释《企业所得税法》第 30 条。相关规定包括：《财政部 国家税务总局关于促进残疾人就业税收优惠政策的通知》(财税〔2007〕92 号)。

第九十七条　企业所得税法第三十一条所称抵扣应纳税所得额，是指创业投资企业采取股权投资方式投资于未上市的中小高新技术企业 2 年以上的，可以按照其投资额的 70%在股权持有满 2 年的当年抵扣该创业投资企业的应纳税所得额；当年不足抵扣的，可以在以后纳税年度结转抵扣。

【注释】 解释《企业所得税法》第 31 条。相关规定包括：《财政部 国家税务总局关于促进创业投资企业发展有关税收政策的通知》(财税〔2007〕31 号)。

第九十八条　企业所得税法第三十二条所称可以采取缩短折旧年限或者采取加速折旧的方法的固定资产，包括：

（一）由于技术进步，产品更新换代较快的固定资产；

（二）常年处于强震动、高腐蚀状态的固定资产。

采取缩短折旧年限方法的，最低折旧年限不得低于本条例第六十条规定折旧年限的 60%；采取加速折旧方法的，可以采取双倍余额递减法或者年数总和法。

【注释】 解释《企业所得税法》第 32 条。

第九十九条 企业所得税法第三十三条所称减计收入，是指企业以《资源综合利用企业所得税优惠目录》规定的资源作为主要原材料，生产国家非限制和禁止并符合国家和行业相关标准的产品取得的收入，减按 90%计入收入总额。

前款所称原材料占生产产品材料的比例不得低于《资源综合利用企业所得税优惠目录》规定的标准。

【注释】 解释《企业所得税法》第 33 条。

第一百条 企业所得税法第三十四条所称税额抵免，是指企业购置并实际使用《环境保护专用设备企业所得税优惠目录》、《节能节水专用设备企业所得税优惠目录》和《安全生产专用设备企业所得税优惠目录》规定的环境保护、节能节水、安全生产等专用设备的，该专用设备的投资额的 10%可以从企业当年的应纳税额中抵免；当年不足抵免的，可以在以后 5 个纳税年度结转抵免。

享受前款规定的企业所得税优惠的企业，应当实际购置并自身实际投入使用前款规定的专用设备；企业购置上述专用设备在 5 年内转让、出租的，应当停止享受企业所得税优惠，并补缴已经抵免的企业所得税税款。

【注释】 解释《企业所得税法》第 34 条。

第一百零一条 本章第八十七条、第九十九条、第一百条规定的企业所得税优惠目录，由国务院财政、税务主管部门商国务院有关部门制订，报国务院批准后公布施行。

第一百零二条 企业同时从事适用不同企业所得税待遇的项目的，其优惠项目应当单独计算所得，并合理分摊企业的期间费用；没有单独计算的，不得享受企业所得税优惠。

第五章 源泉扣缴

第一百零三条 依照企业所得税法对非居民企业应当缴纳的企业所得税实行源泉扣缴的，应当依照企业所得税法第十九条的规定计算应纳税所得额。

企业所得税法第十九条所称收入全额，是指非居民企业向支付人收取的全部价款和价外费用。

第一百零四条 企业所得税法第三十七条所称支付人，是指依照有关法律规定或者合同约定对非居民企业直接负有支付相关款项义务的单位或者个人。

【注释】 解释《企业所得税法》第 37 条。

第一百零五条 企业所得税法第三十七条所称支付，包括现金支付、汇拨支付、转账支付和权益兑价支付等货币支付和非货币支付。

企业所得税法第三十七条所称到期应支付的款项，是指支付人按照权责发生制原则应当计入相关成本、费用的应付款项。

【注释】 解释《企业所得税法》第 37 条。

第一百零六条 企业所得税法第三十八条规定的可以指定扣缴义务人的情形，包括：

（一）预计工程作业或者提供劳务期限不足一个纳税年度，且有证据表明不履行纳税义务的；

（二）没有办理税务登记或者临时税务登记，且未委托中国境内的代理人履行纳税义务的；

（三）未按照规定期限办理企业所得税纳税申报或者预缴申报的。

前款规定的扣缴义务人，由县级以上税务机关指定，并同时告知扣缴义务人所扣税款的计算依据、计算方法、扣缴期限和扣缴方式。

【注释】 解释《企业所得税法》第 38 条。

第一百零七条 企业所得税法第三十九条所称所得发生地，是指依照本条例第七条规定的原则确定的所得发生地。在中国境内存在多处所得发生地的，由纳税人选择其中之一申报缴纳企业所得税。

【注释】 解释《企业所得税法》第 39 条。

第一百零八条 企业所得税法第三十九条所称该纳税人在中国境内其他收入，是指该纳税人在中国境内取得的其他各种来源的收入。

税务机关在追缴该纳税人应纳税款时，应当将追缴理由、追缴数额、缴纳期限和缴纳方式等告知该纳税人。

【注释】 解释《企业所得税法》第 39 条。

第六章 特别纳税调整

第一百零九条 企业所得税法第四十一条所称关联方，是指与企业有下列关联关系之一的企业、其他组织或者个人：

（一）在资金、经营、购销等方面存在直接或者间接的控制关系；

（二）直接或者间接地同为第三者控制；

（三）在利益上具有相关联的其他关系。

【注释】 解释《企业所得税法》第 41 条。

第一百一十条 企业所得税法第四十一条所称独立交易原则，是指没有关联关系的交易各方，按照公平成交价格和营业常规进行业务往来遵循的原则。

【注释】 解释《企业所得税法》第 41 条。

第一百一十一条 企业所得税法第四十一条所称合理方法，包括：

（一）可比非受控价格法，是指按照没有关联关系的交易各方进行相同或者类似业务往来的价格进行定价的方法；

（二）再销售价格法，是指按照从关联方购进商品再销售给没有关联关系的交易方的价格，减除相同或者类似业务的销售毛利进行定价的方法；

（三）成本加成法，是指按照成本加合理的费用和利润进行定价的方法；

（四）交易净利润法，是指按照没有关联关系的交易各方进行相同或者类似业务往来取得的净利润水平确定利润的方法；

（五）利润分割法，是指将企业与其关联方的合并利润或者亏损在各方之间采用合理标准进行分配的方法；

（六）其他符合独立交易原则的方法。

【注释】 解释《企业所得税法》第 41 条。

第一百一十二条 企业可以依照企业所得税法第四十一条第二款的规定，按照独立交易原则与其关联方分摊共同发生的成本，达成成本分摊协议。

企业与其关联方分摊成本时，应当按照成本与预期收益相配比的原则进行分摊，并在税务机关规定的期限内，按照税务机关的要求报送有关资料。

企业与其关联方分摊成本时违反本条第一款、第二款规定的，其自行分摊的成本不得在计算应纳税所得额时扣除。

【注释】 解释《企业所得税法》第 41 条。

第一百一十三条 企业所得税法第四十二条所称预约定价安排，是指企业就其未来年度关联交易的定价原则和计算方法，向税务机关提出申请，与税务机关按照独立交易原则协商、确认后达成的协议。

【注释】 解释《企业所得税法》第 42 条。相关规定包括：《关联企业间业务往来预约定价实施规则（试行）》（国税发〔2004〕118 号）。

第一百一十四条 企业所得税法第四十三条所称相关资料，包括：

（一）与关联业务往来有关的价格、费用的制定标准、计算方法和说明等同期资料；

（二）关联业务往来所涉及的财产、财产使用权、劳务等的再销售（转让）价格或者最终销售（转让）价格的相关资料；

（三）与关联业务调查有关的其他企业应当提供的与被调查企业可比的产品价格、定价方式以及利润水平等资料；

（四）其他与关联业务往来有关的资料。

企业所得税法第四十三条所称与关联业务调查有关的其他企业，是指与被调查企业在生产经营内容和方式上相类似的企业。

企业应当在税务机关规定的期限内提供与关联业务往来有关的价格、费用的制定标准、计算方法和说明等资料。关联方以及与关联业务调查有关的其他企业应当在税务机关与其约定的期限内提供相关资料。

【注释】 解释《企业所得税法》第 43 条。

第一百一十五条 税务机关依照企业所得税法第四十四条的规定核定企业的应纳税所得额时,可以采用下列方法:

(一)参照同类或者类似企业的利润率水平核定;

(二)按照企业成本加合理的费用和利润的方法核定;

(三)按照关联企业集团整体利润的合理比例核定;

(四)按照其他合理方法核定。

企业对税务机关按照前款规定的方法核定的应纳税所得额有异议的,应当提供相关证据,经税务机关认定后,调整核定的应纳税所得额。

【注释】 解释《企业所得税法》第 44 条。

第一百一十六条 企业所得税法第四十五条所称中国居民,是指根据《中华人民共和国个人所得税法》的规定,就其从中国境内、境外取得的所得在中国缴纳个人所得税的个人。

【注释】 解释《企业所得税法》第 45 条。

第一百一十七条 企业所得税法第四十五条所称控制,包括:

(一)居民企业或者中国居民直接或者间接单一持有外国企业 10%以上有表决权股份,且由其共同持有该外国企业 50%以上股份;

(二)居民企业,或者居民企业和中国居民持股比例没有达到第(一)项规定的标准,但在股份、资金、经营、购销等方面对该外国企业构成实质控制。

【注释】 解释《企业所得税法》第 45 条。

第一百一十八条 企业所得税法第四十五条所称实际税负明显低于企业所得税法第四条第一款规定税率水平,是指低于企业所得税法第四条第一款规定税率的 50%。

【注释】 解释《企业所得税法》第 45 条。

第一百一十九条 企业所得税法第四十六条所称债权性投资,是指企业直接或者间接从关联方获得的,需要偿还本金和支付利息或者需要以其他具有支付利息性质的方式予以补偿的融资。

企业间接从关联方获得的债权性投资,包括:

(一)关联方通过无关联第三方提供的债权性投资;

(二)无关联第三方提供的、由关联方担保且负有连带责任的债权性投资;

(三)其他间接从关联方获得的具有负债实质的债权性投资。

企业所得税法第四十六条所称权益性投资,是指企业接受的不需要偿还本金和支付利息,投资人对企业净资产拥有所有权的投资。

企业所得税法第四十六条所称标准,由国务院财政、税务主管部门另行规定。

【注释】 解释《企业所得税法》第 46 条。

第一百二十条 企业所得税法第四十七条所称不具有合理商业目的,是指以减少、免除或者推迟缴纳税款为主要目的。

【注释】 解释《企业所得税法》第 47 条。

第一百二十一条 税务机关根据税收法律、行政法规的规定,对企业作出特别纳税调整的,应当对补征的税款,自税款所属纳税年度的次年 6 月 1 日起至补缴税款之日止的期间,按日加收利息。

前款规定加收的利息,不得在计算应纳税所得额时扣除。

第一百二十二条 企业所得税法第四十八条所称利息,应当按照税款所属纳税年度中国人民银行公布的与补税期间同期的人民币贷款基准利率加 5 个百分点计算。

企业依照企业所得税法第四十三条和本条例的规定提供有关资料的,可以只按前款规定的人民币贷款基准利率计算利息。

【注释】 解释《企业所得税法》第 48 条。

第一百二十三条 企业与其关联方之间的业务往来,不符合独立交易原则,或者企业实施其他不具有合理商业目的安排的，税务机关有权在该业务发生的纳税年度起10年内，进行纳税调整。

第七章　征收管理

第一百二十四条　企业所得税法第五十条所称企业登记注册地，是指企业依照国家有关规定登记注册的住所地。

【注释】 解释《企业所得税法》第50条。

第一百二十五条　企业汇总计算并缴纳企业所得税时，应当统一核算应纳税所得额，具体办法由国务院财政、税务主管部门另行制定。

【注释】 解释《企业所得税法》第50条。

第一百二十六条　企业所得税法第五十一条所称主要机构、场所，应当同时符合下列条件：

(一)对其他各机构、场所的生产经营活动负有监督管理责任；

(二)设有完整的账簿、凭证，能够准确反映各机构、场所的收入、成本、费用和盈亏情况。

【注释】 解释《企业所得税法》第51条。

第一百二十七条　企业所得税法第五十一条所称经税务机关审核批准，是指经各机构、场所所在地税务机关的共同上级税务机关审核批准。

非居民企业经批准汇总缴纳企业所得税后，需要增设、合并、迁移、关闭机构、场所或者停止机构、场所业务的，应当事先由负责汇总申报缴纳企业所得税的主要机构、场所向其所在地税务机关报告；需要变更汇总缴纳企业所得税的主要机构、场所的，依照前款规定办理。

【注释】 解释《企业所得税法》第51条。

第一百二十八条　企业所得税分月或者分季预缴，由税务机关具体核定。

企业根据企业所得税法第五十四条规定分月或者分季预缴企业所得税时，应当按照月度或者季度的实际利润额预缴；按照月度或者季度的实际利润额预缴有困难的，可以按照上一纳税年度应纳税所得额的月度或者季度平均额预缴，或者按照经税务机关认可的其他方法预缴。预缴方法一经确定，该纳税年度内不得随意变更。

【注释】 解释《企业所得税法》第54条。

第一百二十九条　企业在纳税年度内无论盈利或者亏损，都应当依照企业所得税法第五十四条规定的期限，向税务机关报送预缴企业所得税纳税申报表、年度企业所得税纳税申报表、财务会计报告和税务机关规定应当报送的其他有关资料。

【注释】 解释《企业所得税法》第54条。

第一百三十条　企业所得以人民币以外的货币计算的，预缴企业所得税时，应当按照月度或者季度最后一日的人民币汇率中间价，折合成人民币计算应纳税所得额。年度终了汇算清缴时，对已经按照月度或者季度预缴税款的，不再重新折合计算，只就该纳税年度内未缴纳企业所得税的部分，按照纳税年度最后一日的人民币汇率中间价，折合成人民币计算应纳税所得额。

经税务机关检查确认，企业少计或者多计前款规定的所得的，应当按照检查确认补税或者退税时的上一个月最后一日的人民币汇率中间价，将少计或者多计的所得折合成人民币计算应纳税所得额，再计算应补缴或者应退的税款。

【注释】 解释《企业所得税法》第56条。

第八章　附　　则

第一百三十一条　企业所得税法第五十七条第一款所称本法公布前已经批准设立的企业，是指企业所得税法公布前已经完成登记注册的企业。

【注释】 解释《企业所得税法》第57条。

第一百三十二条　在香港特别行政区、澳门特别行政区和台湾地区成立的企业，参照适用企业所得税法第二条第二款、第三款的有关规定。

第一百三十三条　本条例自2008年1月1日起施行。1991年6月30日国务院发布的《中华人民共和国外商投资企业和外国企业所得税法实施细则》和1994年2月4日财政部发布的《中华人民共和国企业所得税暂行条例实施细则》同时废止。

国家税务总局关于下发协定股息税率情况一览表的通知

国税函〔2008〕112号

各省、自治区、直辖市和计划单列市国家税务局、地方税务局：

根据《中华人民共和国企业所得税法》及其实施条例的规定，2008年1月1日起，非居民企业从我国居民企业获得的股息将按照10%的税率征收预提所得税，但是，我国政府同外国政府订立的关于对所得避免双重征税和防止偷漏税的协定以及内地与香港、澳门间的税收安排（以下统称“协定”），与国内税法有不同规定的，依照协定的规定办理。为方便协定的执行，现将《协定股息税率情况一览表》印发给你们并就有关问题通知如下：

一、表中协定税率高于我国法律法规规定税率的，可以按国内法律法规规定的税率执行。

二、纳税人申请执行协定税率时必须提交享受协定待遇申请表。

三、各地税务机关应严格审批协定待遇申请，防范协定适用不当。

附件：协定股息税率情况一览表

协定股息税率情况一览表

税　　率	与下列国家(地区)协定
0	格鲁吉亚（直接拥有支付股息公司至少50%股份并在该公司投资达到200万欧元情况下）
5%	科威特、蒙古、毛里求斯、斯洛文尼亚、牙买加、南斯拉夫、苏丹、老挝、南非、克罗地亚、马其顿、塞舌尔、巴巴多斯、阿曼、巴林、沙特
5%（直接拥有支付股息公司至少10%股份情况下）	委内瑞拉、格鲁吉亚（并在该公司投资达到10万欧元）（与上述国家协定规定直接拥有支付股息公司股份低于10%情况下税率为10%）
5%（直接拥有支付股息公司至少25%股份情况下）	卢森堡、韩国、乌克兰、亚美尼亚、冰岛、立陶宛、拉脱维亚、爱沙尼亚、爱尔兰、摩尔多瓦、古巴、特多、中国香港、新加坡（与上述国家（地区）协定规定直接拥有支付股息公司股份低于25%情况下税率为10%）
7%	阿联酋
7%（直接拥有支付股息公司至少25%股份情况下）	奥地利（直接拥有支付股息公司股份低于25%情况下税率为10%）
8%	埃及、突尼斯、墨西哥
10%	日本、美国、法国、英国、比利时、德国、马来西亚、丹麦、芬兰、瑞典、意大利、荷兰、捷克、波兰、保加利亚、巴基斯坦、瑞士、塞浦路斯、西班牙、罗马尼亚、奥地利、匈牙利、马耳他、俄罗斯、印度、白俄罗斯、以色列、越南、土耳其、乌兹别克斯坦、葡萄牙、孟加拉、哈萨克斯坦、印尼、伊朗、吉尔吉斯、斯里兰卡、阿尔巴尼亚、阿塞拜疆、摩洛哥、中国澳门
10%（直接拥有支付股息公司至少10%股份情况下）	加拿大、菲律宾（与上述国家协定规定直接拥有支付股息公司股份低于10%情况下税率为15%）
15%	挪威、新西兰、巴西、巴布亚新几内亚
15%（直接拥有支付股息公司至少25%股份情况下）	泰国（直接拥有支付股息公司股份低于25%情况下税率为20%）

国家税务总局关于企业所得税预缴问题的通知

国税发〔2008〕17 号

各省、自治区、直辖市和计划单列市国家税务局、地方税务局：

《中华人民共和国企业所得税法》(以下简称新税法)已于 2008 年 1 月 1 日起施行，为保证企业所得税预缴工作顺利进行，经研究，现对下列企业预缴问题明确如下：

一、2008 年 1 月 1 日之前已经被认定为高新技术企业的，在按照新税法有关规定重新认定之前，暂按 25％的税率预缴企业所得税。

上述企业如果享受新税法中其他优惠政策和国务院规定的过渡优惠政策，按有关规定执行。

二、深圳市、厦门市经济特区以外的企业以及上海浦东新区内非生产性外商投资企业和内资企业，原采取按月预缴方式的，2008 年一季度改为按季度预缴。

三、原经批准实行合并纳税的企业，采取按月预缴方式的，2008 年一季度改为按季度预缴。

【注释】 对《企业所得税法》第 54 条进行了解释。

国家税务总局关于非居民企业不享受小型微利企业所得税优惠政策问题的通知

国税函〔2008〕650 号

各省、自治区、直辖市和计划单列市国家税务局、地方税务局：

关于非居民企业是否享受企业所得税法规定的对小型微利企业的税收优惠政策问题，现明确如下：

企业所得税法第二十八条规定的小型微利企业是指企业的全部生产经营活动产生的所得均负有我国企业所得税纳税义务的企业。因此，仅就来源于我国所得负有我国纳税义务的非居民企业，不适用该条规定的对符合条件的小型微利企业减按 20％税率征收企业所得税的政策。

国务院关于经济特区和上海浦东新区新设立高新技术企业实行过渡性税收优惠的通知

国发〔2007〕40 号

各省、自治区、直辖市人民政府，国务院各部委、各直属机构：

根据《中华人民共和国企业所得税法》第五十七条的有关规定，国务院决定对法律设置的发展对外经济合作和技术交流的特定地区内，以及国务院已规定执行上述地区特殊政策的地区内新设立的国家需要重点扶持的高新技术企业，实行过渡性税收优惠。现就有关问题通知如下：

一、法律设置的发展对外经济合作和技术交流的特定地区，是指深圳、珠海、汕头、厦门和海南经济特区；国务院已规定执行上述地区特殊政策的地区，是指上海浦东新区。

二、对经济特区和上海浦东新区内在2008年1月1日(含)之后完成登记注册的国家需要重点扶持的高新技术企业(以下简称新设高新技术企业),在经济特区和上海浦东新区内取得的所得,自取得第一笔生产经营收入所属纳税年度起,第一年至第二年免征企业所得税,第三年至第五年按照25%的法定税率减半征收企业所得税。

国家需要重点扶持的高新技术企业,是指拥有核心自主知识产权,同时符合《中华人民共和国企业所得税法实施条例》第九十三条规定的条件,并按照《高新技术企业认定管理办法》认定的高新技术企业。

三、经济特区和上海浦东新区内新设高新技术企业同时在经济特区和上海浦东新区以外的地区从事生产经营的,应当单独计算其在经济特区和上海浦东新区内取得的所得,并合理分摊企业的期间费用;没有单独计算的,不得享受企业所得税优惠。

四、经济特区和上海浦东新区内新设高新技术企业在按照本通知的规定享受过渡性税收优惠期间,由于复审或抽查不合格而不再具有高新技术企业资格的,从其不再具有高新技术企业资格年度起,停止享受过渡性税收优惠;以后再次被认定为高新技术企业的,不得继续享受或者重新享受过渡性税收优惠。

五、本通知自2008年1月1日起执行。

【注释】 解释《企业所得税法》第57条、《企业所得税法实施条例》第93条。

财政部、国家税务总局关于企业所得税若干优惠政策的通知

财税〔2008〕1号

各省、自治区、直辖市,计划单列市财政厅(局)、国家税务局、地方税务局,新疆生产建设兵团财务局:

根据《中华人民共和国企业所得税法》第三十六条的规定,经国务院批准,现将有关企业所得税优惠政策问题通知如下:

一、关于鼓励软件产业和集成电路产业发展的优惠政策

(本部分已经被财税〔2012〕27号文件废止)

(十)(本部分已经过期)

二、关于鼓励证券投资基金发展的优惠政策

(一)对证券投资基金从证券市场中取得的收入,包括买卖股票、债券的差价收入,股权的股息、红利收入,债券的利息收入及其他收入,暂不征收企业所得税。

(二)对投资者从证券投资基金分配中取得的收入,暂不征收企业所得税。

(三)对证券投资基金管理人运用基金买卖股票、债券的差价收入,暂不征收企业所得税。

三、关于其他有关行业、企业的优惠政策

为保证部分行业、企业税收优惠政策执行的连续性,对原有关就业再就业,奥运会和世博会,社会公益,债转股、清产核资、重组、改制、转制等企业改革,涉农和国家储备,其他单项优惠政策共6类定期企业所得税优惠政策(见附件),自2008年1月1日起,继续按原优惠政策规定的办法和时间执行到期。

四、关于外国投资者从外商投资企业取得利润的优惠政策

2008年1月1日之前外商投资企业形成的累积未分配利润,在2008年以后分配给外国投资者的,免征企业所得税;2008年及以后年度外商投资企业新增利润分配给外国投资者的,依法缴纳企业所得税。

五、除《中华人民共和国企业所得税法》、《中华人民共和国企业所得税法实施条例》、《国务院关于实施企业所得税过渡优惠政策的通知》(国发〔2007〕39号),《国务院关于经济特区和上海浦东新区新设立高新技术企业实行过渡性税收优惠的通知》(国发〔2007〕40号)及本通知规定的优惠政策以外,2008年1月1日之前实施的其他企业所得税优惠政策一律废止。各地区、各部门一律不得越权制定企业所得税的优惠政策。

附件：

执行到期的企业所得税优惠政策表

类别	序号	文件名称	备注
一、就业再就业政策	1	财政部 国家税务总局关于下岗失业人员再就业有关税收政策问题的通知(财税〔2002〕208号)	对2005年底之前核准享受再就业减免税政策的企业，在剩余期限内享受至期满
	2	财政部 国家税务总局关于下岗失业人员再就业有关税收政策问题的通知(财税〔2005〕186号)	政策审批时间截止到2008年年底
二、奥运会和世博会政策	3	财政部 国家税务总局 海关总署关于第29届奥运会税收政策问题的通知(财税〔2003〕10号)	奥运会结束并北京奥组委财务清算完结后停止执行
		财政部 国家税务总局关于第29届奥运会补充税收政策的通知(财税〔2006〕128号)	
	4	财政部 国家税务总局关于2010年上海世博会有关税收政策问题的通知(财税〔2005〕180号)	世博会结束并上海世博局财务清算完结后停止执行
		财政部 国家税务总局关于增补上海世博运营有限公司享受上海世博会有关税收优惠政策的批复(财税〔2006〕155号)	
三、社会公益政策	5	财政部 国家税务总局关于延长生产和装配伤残人员专门用品企业免征所得税执行期限的通知(财税〔2006〕148号)	
四、债转股、清产核资，重组、改制，转制等企业改革政策	6	财政部 国家税务总局关于债转股企业有关税收政策的通知(财税〔2005〕29号)	
	7	财政部 国家税务总局关于中央企业清产核资有关税务处理问题的通知(财税〔2006〕18号)	
	8	财政部 国家税务总局关于延长转制科研机构有关税收政策执行期限的通知(财税〔2005〕14号)	
	9	财政部 海关总署 国家税务总局关于文化体制改革中经营性文化事业单位转制后企业的若干税收政策问题的通知(财税〔2005〕1号)	
		财政部 海关总署 国家税务总局关于文化体制改革试点中支持文化产业发展若干税收政策问题的通知(财税〔2005〕2号)	
五、涉农和国家储备政策	10	财政部 国家税务总局关于促进农产品连锁经营试点税收优惠政策的通知(财税〔2007〕10号)	
	11	财政部 国家税务总局关于广播电视村村通税收政策的通知(财税〔2007〕17号)	
	12	财政部 国家税务总局关于部分国家储备商品有关税收政策的通知(财税〔2006〕105号)	

（续表）

<table>
<tr><th>类　别</th><th>序号</th><th>文 件 名 称</th><th>备　注</th></tr>
<tr><td rowspan="5">六、单项优惠政策</td><td>13</td><td>财政部 国家税务总局关于股权分置试点改革有关税收政策问题的通知(财税〔2005〕103号)</td><td>执行到股权分置试点改革结束</td></tr>
<tr><td>14</td><td>财政部 国家税务总局关于中国证券投资者保护基金有限责任公司有关税收问题的通知(财税〔2006〕169号)</td><td></td></tr>
<tr><td rowspan="2">15</td><td>财政部 国家税务总局关于延长试点地区农村信用社有关税收政策期限的通知(财税〔2006〕46号)</td><td></td></tr>
<tr><td>财政部 国家税务总局关于海南省改革试点的农村信用社税收政策的通知(财税〔2007〕18号)</td><td></td></tr>
<tr><td>16</td><td>财政部 国家税务总局关于继续执行监狱劳教企业有关税收政策的通知(财税〔2006〕123号)</td><td></td></tr>
</table>

【注释】《财政部 国家税务总局关于进一步鼓励软件产业和集成电路产业发展企业所得税政策的通知》(财税〔2012〕27号)对此文进行了修改。

企业所得税核定征收办法(试行)

国税发〔2008〕30号

第一条　为了加强企业所得税征收管理，规范核定征收企业所得税工作，保障国家税款及时足额入库，维护纳税人合法权益，根据《中华人民共和国企业所得税法》及其实施条例、《中华人民共和国税收征收管理法》及其实施细则的有关规定，制定本办法。

第二条　本办法适用于居民企业纳税人。

第三条　纳税人具有下列情形之一的，核定征收企业所得税：

（一）依照法律、行政法规的规定可以不设置账簿的；

（二）依照法律、行政法规的规定应当设置但未设置账簿的；

（三）擅自销毁账簿或者拒不提供纳税资料的；

（四）虽设置账簿，但账目混乱或者成本资料、收入凭证、费用凭证残缺不全，难以查账的；

（五）发生纳税义务，未按照规定的期限办理纳税申报，经税务机关责令限期申报，逾期仍不申报的；

（六）申报的计税依据明显偏低，又无正当理由的。

特殊行业、特殊类型的纳税人和一定规模以上的纳税人不适用本办法。上述特定纳税人由国家税务总局另行明确。

第四条　税务机关应根据纳税人具体情况，对核定征收企业所得税的纳税人，核定应税所得率或者核定应纳所得税额。

具有下列情形之一的，核定其应税所得率：

（一）能正确核算(查实)收入总额，但不能正确核算(查实)成本费用总额的；

（二）能正确核算(查实)成本费用总额，但不能正确核算(查实)收入总额的；

(三)通过合理方法,能计算和推定纳税人收入总额或成本费用总额的。

纳税人不属于以上情形的,核定其应纳所得税额。

第五条 税务机关采用下列方法核定征收企业所得税:

(一)参照当地同类行业或者类似行业中经营规模和收入水平相近的纳税人的税负水平核定;

(二)按照应税收入额或成本费用支出额定率核定;

(三)按照耗用的原材料、燃料、动力等推算或测算核定;

(四)按照其他合理方法核定。

采用前款所列一种方法不足以正确核定应纳税所得额或应纳税额的,可以同时采用两种以上的方法核定。采用两种以上方法测算的应纳税额不一致时,可按测算的应纳税额从高核定。

第六条 采用应税所得率方式核定征收企业所得税的,应纳所得税额计算公式如下:

应纳所得税额=应纳税所得额×适用税率

应纳税所得额=应税收入额×应税所得率

或: 应纳税所得额=成本(费用)支出额/(1-应税所得率)×应税所得率

第七条 实行应税所得率方式核定征收企业所得税的纳税人,经营多业的,无论其经营项目是否单独核算,均由税务机关根据其主营项目确定适用的应税所得率。

主营项目应为纳税人所有经营项目中,收入总额或者成本(费用)支出额或者耗用原材料、燃料、动力数量所占比重最大的项目。

第八条 应税所得率按下表规定的幅度标准确定:

行　　业	应税所得率(%)
农、林、牧、渔业	3—10
制造业	5—15
批发和零售贸易业	4—15
交通运输业	7—15
建筑业	8—20
饮食业	8—25
娱乐业	15—30
其他行业	10—30

第九条 纳税人的生产经营范围、主营业务发生重大变化,或者应纳税所得额或应纳税额增减变化达到20%的,应及时向税务机关申报调整已确定的应纳税额或应税所得率。

第十条 主管税务机关应及时向纳税人送达《企业所得税核定征收鉴定表》,及时完成对其核定征收企业所得税的鉴定工作。具体程序如下:

(一)纳税人应在收到《企业所得税核定征收鉴定表》后10个工作日内,填好该表并报送主管税务机关。《企业所得税核定征收鉴定表》一式三联,主管税务机关和县税务机关各执一联,另一联送达纳税人执行。主管税务机关还可根据实际工作需要,适当增加联次备用。

(二)主管税务机关应在受理《企业所得税核定征收鉴定表》后20个工作日内,分类逐户审查核实,提出鉴定意见,并报县税务机关复核、认定。

(三)县税务机关应在收到《企业所得税核定征收鉴定表》后30个工作日内,完成复核、认定工作。

纳税人收到《企业所得税核定征收鉴定表》后,未在规定期限内填列、报送的,税务机关视同纳税人已经报送,按上述程序进行复核认定。

第十一条 税务机关应在每年6月底前对上年度实行核定征收企业所得税的纳税人进行重新鉴定。

重新鉴定工作完成前，纳税人可暂按上年度的核定征收方式预缴企业所得税；重新鉴定工作完成后，按重新鉴定的结果进行调整。

第十二条 主管税务机关应当分类逐户公示核定的应纳所得税额或应税所得率。主管税务机关应当按照便于纳税人及社会各界了解、监督的原则确定公示地点、方式。

纳税人对税务机关确定的企业所得税征收方式、核定的应纳所得税额或应税所得率有异议的，应当提供合法、有效的相关证据，税务机关经核实认定后调整有异议的事项。

第十三条 纳税人实行核定应税所得率方式的，按下列规定申报纳税：

（一）主管税务机关根据纳税人应纳税额的大小确定纳税人按月或者按季预缴，年终汇算清缴。预缴方法一经确定，一个纳税年度内不得改变。

（二）纳税人应依照确定的应税所得率计算纳税期间实际应缴纳的税额，进行预缴。按实际数额预缴有困难的，经主管税务机关同意，可按上一年度应纳税额的 1/12 或 1/4 预缴，或者按经主管税务机关认可的其他方法预缴。

（三）纳税人预缴税款或年终进行汇算清缴时，应按规定填写《中华人民共和国企业所得税月（季）度预缴纳税申报表（B 类）》，在规定的纳税申报时限内报送主管税务机关。

第十四条 纳税人实行核定应纳所得税额方式的，按下列规定申报纳税：

（一）纳税人在应纳所得税额尚未确定之前，可暂按上年度应纳所得税额的 1/12 或 1/4 预缴，或者按经主管税务机关认可的其他方法，按月或按季分期预缴。

（二）在应纳所得税额确定以后，减除当年已预缴的所得税额，余额按剩余月份或季度均分，以此确定以后各月或各季的应纳税额，由纳税人按月或按季填写《中华人民共和国企业所得税月（季）度预缴纳税申报表（B 类）》，在规定的纳税申报期限内进行纳税申报。

（三）纳税人年度终了后，在规定的时限内按照实际经营额或实际应纳税额向税务机关申报纳税。申报额超过核定经营额或应纳税额的，按申报额缴纳税款；申报额低于核定经营额或应纳税额的，按核定经营额或应纳税额缴纳税款。

第十五条 对违反本办法规定的行为，按照《中华人民共和国税收征收管理法》及其实施细则的有关规定处理。

第十六条 各省、自治区、直辖市和计划单列市国家税务局、地方税务局，根据本办法的规定联合制定具体实施办法，并报国家税务总局备案。

第十七条 本办法自 2008 年 1 月 1 日起执行。《国家税务总局关于印发〈核定征收企业所得税暂行办法〉的通知》（国税发〔2000〕38 号）同时废止。

国家税务总局关于印发《跨地区经营汇总纳税企业所得税征收管理暂行办法》的通知

国税发〔2008〕28 号

各省、自治区、直辖市和计划单列市国家税务局、地方税务局：

为加强跨地区经营汇总纳税企业所得税的征收管理，根据《财政部 国家税务总局中国人民银行关于印发〈跨省市总分机构企业所得税分配及预算管理暂行办法〉的通知》（财预〔2008〕10 号）的精神，国家税务总局制定了《跨地区经营汇总纳税企业所得税征收管理暂行办法》。现印发给你们，请遵照执行。

一、统一思想，牢固树立大局意识。实行法人所得税制度是新的企业所得税法的重要内容，也是促进我国社会主义市场经济进一步发展和完善的客观要求。为了有效解决法人所得税制度下税源跨省市转移问题，财政部、国家税务总局、中国人民银行制定了《跨省市总分机构企业所得税分配及预算管理暂行办法》，并报国务院批准后实施。国家税务总局在此基础上反复研究，制定了具体的征管办法。各地务必统一思想，牢固树立大局意识，认真学习领会，深入贯彻执行。

二、加强合作、密切配合，切实做好基础工作。通过税款分配的办法对跨省区的总分机构所得税实施管理，是一项新生事物，面临很多新情况。总机构所在地主管税务机关和分支机构所在地主管税务机关要相互支持，密切配合，坚决防止为了局部利益相互扯皮，甚至干预企业经营等问题的出现，要牢固树立全国一盘棋的观念，扎扎实实按照各自的职责做好各项基础工作，确保新办法的平稳运行。

执行中有何问题，请及时向国家税务总局反映。

附件：

跨地区经营汇总纳税企业所得税征收管理暂行办法

第一章 总 则

第一条 为加强跨地区经营汇总纳税企业所得税征收管理，根据《中华人民共和国企业所得税法》及其实施条例、《中华人民共和国税收征收管理法》及其实施细则和《财政部 国家税务总局中国人民银行关于印发〈跨省市总分机构企业所得税分配及预算管理暂行办法〉的通知》（财预〔2008〕10 号）的有关规定，制定本办法。

第二条 居民企业在中国境内跨地区（指跨省、自治区、直辖市和计划单列市，下同）设立不具有法人资格的营业机构、场所（以下称分支机构）的，该居民企业为汇总纳税企业（以下称企业），除另有规定外，适用本办法。

铁路运输企业（包括广铁集团和大秦铁路公司）、国有邮政企业、中国工商银行股份有限公司、中国农业银行、中国银行股份有限公司、国家开发银行、中国农业发展银行、中国进出口银行、中央汇金投资有限责任公司、中国建设银行股份有限公司、中国建银投资有限责任公司、中国石油天然气股份有限公司、中国石油化工股份有限公司以及海洋石油天然气企业（包括港澳台和外商投资、外国海上石油天然气企业）等缴纳所得税未纳入中央和地方分享范围的企业，不适用本办法。

第三条 企业实行“统一计算、分级管理、就地预缴、汇总清算、财政调库”的企业所得税征收管理办法。

第四条 统一计算，是指企业总机构统一计算包括企业所属各个不具有法人资格的营业机构、场所在内的全部应纳税所得额、应纳税额。

第五条 分级管理，是指总机构、分支机构所在地的主管税务机关都有对当地机构进行企业所得税管理的责任，总机构和分支机构应分别接受机构所在地主管税务机关的管理。

第六条 就地预缴，是指总机构、分支机构应按本办法的规定，分月或分季分别向所在地主管税务机关申报预缴企业所得税。

第七条 汇总清算，是指在年度终了后，总机构负责进行企业所得税的年度汇算清缴，统一计算企业的年度应纳所得税额，抵减总机构、分支机构当年已就地分期预缴的企业所得税款后，多退少补税款。

第八条 财政调库，是指财政部定期将缴入中央国库的跨地区总分机构企业所得税待分配收入，按照核定的系数调整至地方金库。

第九条 总机构和具有主体生产经营职能的二级分支机构，就地分期预缴企业所得税。

二级分支机构及其下属机构均由二级分支机构集中就地预缴企业所得税；三级及以下分支机构不就地预缴企业所得税，其经营收入、职工工资和资产总额统一计入二级分支机构。

第十条 总机构设立具有独立生产经营职能部门，且具有独立生产经营职能部门的经营收入、职工工资和资产总额与管理职能部门分开核算的，可将具有独立生产经营职能的部门视同一个分支机构，就地预缴企业所得税。具有独立生产经营职能部门与管理职能部门的经营收入、职工工资和资产总额不能分开核算的，具有独立生产经营职能的部门不得视同一个分支机构，不就地预缴企业所得税。

第十一条 不具有主体生产经营职能，且在当地不缴纳增值税、营业税的产品售后服务、内部研发、仓储等企业内部辅助性的二级及以下分支机构，不就地预缴企业所得税。

第十二条 上年度认定为小型微利企业的，其分支机构不就地预缴企业所得税。

第十三条 新设立的分支机构，设立当年不就地预缴企业所得税。

第十四条 撤销的分支机构，撤销当年剩余期限内应分摊的企业所得税款由总机构缴入中央国库。

第十五条 企业在中国境外设立的不具有法人资格的营业机构，不就地预缴企业所得税。

企业计算分期预缴的所得税时，其实际利润额、应纳税额及分摊因素数额，均不包括其在中国境外设立的营业机构。

第十六条 总机构和分支机构处于不同税率地区的，先由总机构统一计算全部应纳税所得额，然后依照本办法第十九条规定的比例和第二十三条规定的三因素及其权重，计算划分不同税率地区机构的应纳税所得额后，再分别按总机构和分支机构所在地的适用税率计算应纳税额。

第十七条 总机构和分支机构2007年及以前年度按独立纳税人计缴所得税尚未弥补完的亏损，允许在法定剩余年限内继续弥补。

第二章 税款预缴和汇算清缴

第十八条 企业应根据当期实际利润额，按照本办法规定的预缴分摊方法计算总机构和分支机构的企业所得税预缴额，分别由总机构和分支机构分月或者分季就地预缴。

在规定期限内按实际利润额预缴有困难的，经总机构所在地主管税务机关认可，可以按照上一年度应纳税所得额的1/12或1/4，由总机构、分支机构就地预缴企业所得税。

预缴方式一经确定，当年度不得变更。

第十九条 总机构和分支机构应分期预缴的企业所得税，50%在各分支机构间分摊预缴，50%由总机构预缴。总机构预缴的部分，其中25%就地入库，25%预缴入中央国库，按照财预〔2008〕10号文件的有关规定进行分配。

第二十条 按照当期实际利润额预缴的税款分摊方法

（一）分支机构应分摊的预缴数

总机构根据统一计算的企业当期实际应纳所得税额，在每月或季度终了后10日内，按照各分支机构应分摊的比例，将本期企业全部应纳所得税额的50%在各分支机构之间进行分摊并通知到各分支机构；各分支机构应在每月或季度终了之日起15日内，就其分摊的所得税额向所在地主管税务机关申报预缴。

（二）总机构应分摊的预缴数

总机构根据统一计算的企业当期应纳所得税额的25%，在每月或季度终了后15日内自行就地申报预缴。

（三）总机构缴入中央国库分配税款的预缴数

总机构根据统一计算的企业当期应纳所得税额的25%，在每月或季度终了后15日内自行就地申报预缴。

第二十一条 按照上一年度应纳税所得额的1/12或1/4预缴的税款分摊方法

（一）分支机构应分摊的预缴数

总机构根据上年汇算清缴统一计算应缴纳所得税额的1/12或1/4，在每月或季度终了之日起10日内，按照各分支机构应分摊的比例，将本期企业全部应纳所得税额的50%在各分支机构之间进行分摊并通知到各分支机构；各分支机构应在每月或季度终了之日起15日内，就其分摊的所得税额向所在地主管税务机关申报预缴。

（二）总机构应分摊的预缴数

总机构根据上年汇算清缴统一计算应缴纳所得税额的1/12或1/4，将企业全部应纳所得税额的25%部分，在每月或季度终了后15日内自行向所在地主管税务机关申报预缴。

（三）总机构缴入中央国库分配税款的预缴数

总机构根据上年汇算清缴统一计算应缴纳所得税额的1/12或1/4，将企业全部应纳所得税额的25%部分，在每月或季度终了后15日内，自行向所在地主管税务机关申报预缴。

第二十二条 总机构在年度终了后5个月内，应依照法律、法规和其他有关规定进行汇总纳税企业的所得税年度汇算清缴。各分支机构不进行企业所得税汇算清缴。

当年应补缴的所得税款，由总机构缴入中央国库。当年多缴的所得税款，由总机构所在地主管税务机关开具“税收收入退还书”等凭证，按规定程序从中央国库办理退库。

第三章 分支机构分摊税款比例

第二十三条 总机构应按照以前年度(1—6 月份按上上年度,7—12 月份按上年度)分支机构的经营收入、职工工资和资产总额三个因素计算各分支机构应分摊所得税款的比例,三因素的权重依次为 0.35、0.35、0.30 计算公式如下:

$$\text{某分支机构分摊比例}=0.35\times\left(\frac{\text{该分支机构营业收入}}{\text{各分支机构营业收入之和}}\right)+0.35\times\left(\frac{\text{该分支机构工资总额}}{\text{各分支机构工资总额之和}}\right)+0.30\times\left(\frac{\text{该分支机构资产总额}}{\text{各分支机构资产总额之和}}\right)$$

以上公式中分支机构仅指需要就地预缴的分支机构,该税款分摊比例按上述方法一经确定后,当年不作调整。

第二十四条 本办法所称分支机构经营收入,是指分支机构在销售商品或者提供劳务等经营业务中实现的全部营业收入。其中,生产经营企业的经营收入是指销售商品、提供劳务等取得的全部收入;金融企业的经营收入是指利息和手续费等全部收入;保险企业的经营收入是指保费等全部收入。

第二十五条 本办法所称分支机构职工工资,是指分支机构为获得职工提供的服务而给予职工的各种形式的报酬。

第二十六条 本办法所称分支机构资产总额,是指分支机构拥有或者控制的除无形资产外能以货币计量的经济资源总额。

第二十七条 各分支机构的经营收入、职工工资和资产总额的数据均以企业财务会计决算报告数据为准。

第二十八条 分支机构所在地主管税务机关对总机构计算确定的分摊所得税款比例有异议的,应于收到《中华人民共和国企业所得税汇总纳税分支机构分配表》后 30 日内向企业总机构所在地主管税务机关提出书面复核建议,并附送相关数据资料。总机构所在地主管税务机关必须于收到复核建议后 30 日内,对分摊税款的比例进行复核,并作出调整或维持原比例的决定。分支机构所在地主管税务机关应执行总机构所在地主管税务机关的复核决定。

第二十九条 分摊所得税款比例复核期间,分支机构应先按总机构确定的分摊比例申报预缴税款。

第四章 征收管理

第三十条 总机构和分支机构均应依法办理税务登记,接受所在地税务机关的监督和管理。

第三十一条 总机构应在每年 6 月 20 日前,将依照本办法第二十三条规定方法计算确定的各分支机构当年应分摊税款的比例,填入《中华人民共和国企业所得税汇总纳税分支机构分配表》(见《国家税务总局关于印发〈中华人民共和国企业所得税月(季)度预缴纳税申报表〉等报表的通知》(国税函〔2008〕44 号)附件 4,该附件填报说明第二条第 10 项“各分支机构分配比例”的计算公式依照本办法第二十三条的规定执行),报送总机构所在地主管税务机关,同时下发各分支机构。

第三十二条 总机构所在地主管税务机关收到总机构报送的《中华人民共和国企业所得税汇总纳税分支机构分配表》后 10 日内,应通过国家税务总局跨地区经营汇总纳税企业信息交换平台或邮寄等方式,及时传送给各分支机构所在地主管税务机关。

第三十三条 总机构应当将其所有二级分支机构(包括不参与就地预缴分支机构)的信息及二级分支机构主管税务机关的邮编、地址报主管税务机关备案。

第三十四条 分支机构应将总机构信息、上级机构、下属分支机构信息报主管税务机关备案。

第三十五条 分支机构注销后 15 日内,总机构应将分支机构注销情况报主管税务机关备案。

第三十六条 总机构及其分支机构除按纳税申报规定向主管税务机关报送相关资料外,还应报送《中华人民共和国企业所得税汇总纳税分支机构分配表》、财务会计决算报告和职工工资总额情况表。

第三十七条 分支机构的各项财产损失,应由分支机构所在地主管税务机关审核并出具证明后,再由总机构向所在地主管税务机关申报扣除。

第三十八条 各分支机构主管税务机关应根据总机构主管税务机关反馈的《中华人民共和国企业所得税汇总纳税分支机构分配表》，对其主管分支机构应分摊入库的所得税税款和计算分摊税款比例的3项指标进行查验核对。发现计算分摊税款比例的3项指标有问题的，应及时将相关情况通报总机构主管税务机关。分支机构未按税款分配数额预缴所得税造成少缴税款的，主管税务机关应按照《中华人民共和国税收征收管理法》及其实施细则的有关规定对其处罚，并将处罚结果通知总机构主管税务机关。

第五章 附 则

第三十九条 居民企业在同一省、自治区、直辖市和计划单列市内跨地、市（区、县）设立不具有法人资格营业机构、场所的，其企业所得税征收管理办法，由各省、自治区、直辖市和计划单列市国家税务局、地方税务局参照本办法联合制定。

第四十条 本办法自2008年1月1日起执行。

第四十一条 本办法由国家税务总局负责解释。

国家税务总局关于跨地区经营汇总纳税企业所得税征收管理有关问题的通知

国税函〔2008〕747号

各省、自治区、直辖市和计划单列市国家税务局、地方税务局：

为进一步加强跨地区经营汇总纳税企业所得税征收管理工作，经研究，现将有关问题通知如下：

一、关于总机构不向分支机构提供企业所得税分配表，导致分支机构无法正常就地申报预缴企业所得税的处理问题

首先，分支机构主管税务机关要对二级分支机构进行审核鉴定，如该二级分支机构具有主体生产经营职能，可以确定为应就地申报预缴所得税的二级分支机构；其次，对确定为就地申报预缴所得税的二级分支机构，主管税务机关应责成该分支机构督促总机构限期提供税款分配表，同时函请总机构主管税务机关责成总机构限期提供税款分配表，并由总机构主管税务机关对总机构按照《中华人民共和国税收征收管理法》的有关规定予以处罚；总机构主管税务机关未尽责的，由上级税务机关对总机构主管税务机关依照税收执法责任制的规定严肃处理。

二、关于实行跨地区汇总纳税的企业能否核定征收所得税的问题

跨地区汇总纳税企业的所得税收入涉及跨区利益，跨区法人应健全财务核算制度并准确计算经营成果，不适用《国家税务总局关于印发〈企业所得税核定征收办法（试行）〉的通知》（国税发〔2008〕30号）。

国家税务总局关于外国企业所得税纳税年度有关问题的通知

国税函〔2008〕301号

各省、自治区、直辖市和计划单列市国家税务局，广东省和深圳市地方税务局：

现就外国企业所得税的纳税年度问题通知如下：

根据《中华人民共和国外商投资企业和外国企业所得税法实施细则》第八条规定，经当地主管税务机关批准以满十二个月的会计年度为纳税年度的外国企业，其2007—2008年度企业所得税的纳税年度截止到

2007 年 12 月 31 日，并按照《中华人民共和国外商投资企业和外国企业所得税法》规定的税率计算缴纳企业所得税。自 2008 年 1 月 1 日起，外国企业一律以公历年度为纳税年度，按照《中华人民共和国企业所得税法》规定的税率计算缴纳企业所得税。

财政部 国家税务总局关于核电行业税收政策有关问题的通知

财税〔2008〕38 号

各省、自治区、直辖市、计划单列市财政厅（局）、国家税务局，财政部驻各省、自治区、直辖市、计划单列市财政监察专员办事处：

为支持核电事业的发展，统一核电行业税收政策，经国务院批准，现将有关税收政策问题通知如下：

一、关于核力发电企业的增值税政策

（一）核力发电企业生产销售电力产品，自核电机组正式商业投产次月起 15 个年度内，统一实行增值税先征后退政策，返还比例分三个阶段逐级递减。具体返还比例为：

1. 自正式商业投产次月起 5 个年度内，返还比例为已入库税款的 75%；2. 自正式商业投产次月起的第 6 至第 10 个年度内，返还比例为已入库税款的 70%；3. 自正式商业投产次月起的第 11 至第 15 个年度内，返还比例为已入库税款的 55%；4. 自正式商业投产次月起满 15 个年度以后，不再实行增值税先征后退政策。

（二）核力发电企业采用按核电机组分别核算增值税退税额的办法，企业应分别核算核电机组电力产品的销售额，未分别核算或不能准确核算的，不得享受增值税先征后退政策。单台核电机组增值税退税额可以按以下公式计算：

单台核电机组增值税退税额＝单台核电机组电力产品销售额核力发电企业电力产品销售额合计×核力发电企业实际缴纳增值额×退税比例

（三）原已享受增值税先征后退政策但该政策已于 2007 年内到期的核力发电企业，自该政策执行到期后次月起按上述统一政策核定剩余年度相应的返还比例；对 2007 年内新投产的核力发电企业，自核电机组正式商业投产日期的次月起按上述统一政策执行。

二、自 2008 年 1 月 1 日起，核力发电企业取得的增值税退税款，专项用于还本付息，不征收企业所得税。

三、关于大亚湾核电站和广东核电投资有限公司税收政策

大亚湾核电站和广东核电投资有限公司在 2014 年 12 月 31 日前继续执行以下政策，不适用本通知第一、二条规定的政策：

（一）对大亚湾核电站销售给广东核电投资有限公司的电力免征增值税。

（二）对广东核电投资有限公司销售给广东电网公司的电力实行增值税先征后退政策，并免征城市维护建设税和教育费附加。

（三）对大亚湾核电站出售给香港核电投资有限公司的电力及广东核电投资有限公司转售给香港核电投资有限公司的大亚湾核电站生产的电力免征增值税。

（四）自 2008 年 1 月 1 日起财政部和国家税务总局《关于广东大亚湾核电站有关税收政策问题的通知》（财税字〔1998〕173 号）停止执行。

四、增值税先征后退具体操作办法由财政部驻当地财政监察专员办事处按《财政部 国家税务总局中国人民银行关于税制改革后对某些企业实行"先征后退"有关预算管理问题的暂行规定的通知》[（94）财预字第 55 号]有关规定办理。

国家税务总局关于房地产开发企业所得税预缴问题的通知

国税函〔2008〕299 号

各省、自治区、直辖市和计划单列市国家税务局、地方税务局：

为贯彻落实新的企业所得税法，确保企业所得税预缴工作顺利开展，经研究，现就房地产开发企业所得税预缴问题通知如下：

一、房地产开发企业按当年实际利润据实分季（或月）预缴企业所得税的，对开发、建造的住宅、商业用房以及其他建筑物、附着物、配套设施等开发产品，在未完工前采取预售方式销售取得的预售收入，按照规定的预计利润率分季（或月）计算出预计利润额，计入利润总额预缴，开发产品完工、结算计税成本后按照实际利润再行调整。

二、预计利润率暂按以下规定的标准确定：

（一）非经济适用房开发项目

1. 位于省、自治区、直辖市和计划单列市人民政府所在地城区和郊区的，不得低于 20%。

2. 位于地级市、地区、盟、州城区及郊区的，不得低于 15%。

3. 位于其他地区的，不得低于 10%。

（二）经济适用房开发项目

经济适用房开发项目符合建设部、国家发展改革委员会、国土资源部、中国人民银行《关于印发〈经济适用房管理办法〉的通知》（建住房〔2004〕77 号）等有关规定的，不得低于 3%。

三、房地产开发企业按当年实际利润据实预缴企业所得税的，对开发、建造的住宅、商业用房以及其他建筑物、附着物、配套设施等开发产品，在未完工前采取预售方式销售取得的预售收入，按照规定的预计利润率分季（或月）计算出预计利润额，填报在《中华人民共和国企业所得税月（季）度预缴纳税申报表（A 类）》（国税函〔2008〕44 号文件附件 1）第 4 行“利润总额”内。

四、房地产开发企业对经济适用房项目的预售收入进行初始纳税申报时，必须附送有关部门批准经济适用房项目开发、销售的文件以及其他相关证明材料。凡不符合规定或未附送有关部门的批准文件以及其他相关证明材料的，一律按销售非经济适用房的规定执行。

五、本通知适用于从事房地产开发经营业务的居民纳税人。

六、本通知自 2008 年 1 月 1 日起执行。已按原预计利润率办理完毕 2008 年一季度预缴的外商投资房地产开发企业，从二季度起按本通知执行。

科技部财政部 国家税务总局关于印发《高新技术企业认定管理办法》的通知

国科发火〔2008〕172 号

各省、自治区、直辖市、计划单列市科技厅（局）、财政厅（局）、国家税务局、地方税务局：

根据《中华人民共和国企业所得税法》、《中华人民共和国企业所得税法实施条例》的有关规定，经国务院批准，现将《高新技术企业认定管理办法》及其附件《国家重点支持的高新技术领域》印发给你们，请遵照执行。

高新技术企业认定管理办法

第一章　总　　则

第一条　为扶持和鼓励高新技术企业的发展，根据《中华人民共和国企业所得税法》(以下称《企业所得税法》)、《中华人民共和国企业所得税法实施条例》(以下称《实施条例》)有关规定，特制定本办法。

第二条　本办法所称的高新技术企业是指：在《国家重点支持的高新技术领域》(见附件)内，持续进行研究开发与技术成果转化，形成企业核心自主知识产权，并以此为基础开展经营活动，在中国境内(不包括港、澳、台地区)注册一年以上的居民企业。

第三条　高新技术企业认定管理工作应遵循突出企业主体、鼓励技术创新、实施动态管理、坚持公平公正的原则。

第四条　依据本办法认定的高新技术企业，可依照《企业所得税法》及其《实施条例》、《中华人民共和国税收征收管理法》(以下称《税收征管法》)及《中华人民共和国税收征收管理法实施细则》(以下称《实施细则》)等有关规定，申请享受税收优惠政策。

第五条　科技部、财政部、税务总局负责指导、管理和监督全国高新技术企业认定工作。

第二章　组织与实施

第六条　科技部、财政部、税务总局组成全国高新技术企业认定管理工作领导小组(以下称"领导小组")，其主要职责为：

(一)确定全国高新技术企业认定管理工作方向，审议高新技术企业认定管理工作报告；

(二)协调、解决认定及相关政策落实中的重大问题；

(三)裁决高新技术企业认定事项中的重大争议，监督、检查各地区认定工作；

(四)对高新技术企业认定工作出现重大问题的地区，提出整改意见。

第七条　领导小组下设办公室。办公室设在科技部，其主要职责为：

(一)提交高新技术企业认定管理工作报告；

(二)组织实施对高新技术企业认定管理工作的检查；

(三)负责高新技术企业认定工作的专家资格的备案管理；

(四)建立并管理"高新技术企业认定管理工作网"；

(五)领导小组交办的其他工作。

第八条　各省、自治区、直辖市、计划单列市科技行政管理部门同本级财政、税务部门组成本地区高新技术企业认定管理机构(以下称"认定机构")，根据本办法开展下列工作：

(一)负责本行政区域内的高新技术企业认定工作；

(二)接受企业提出的高新技术企业资格复审；

(三)负责对已认定企业进行监督检查，受理、核实并处理有关举报；

(四)选择参与高新技术企业认定工作的专家并报领导小组办公室备案。

第九条　企业取得高新技术企业资格后，应依照本办法第四条的规定到主管税务机关办理减税、免税手续。

享受减税、免税优惠的高新技术企业，减税、免税条件发生变化的，应当自发生变化之日起 15 日内向主管税务机关报告；不再符合减税、免税条件的，应当依法履行纳税义务；未依法纳税的，主管税务机关应当予以追缴。同时，主管税务机关在执行税收优惠政策过程中，发现企业不具备高新技术企业资格的，应提请认定机构复核。复核期间，可暂停企业享受减免税优惠。

第三章　条件与程序

第十条　高新技术企业认定须同时满足以下条件：

(一)在中国境内(不含港、澳、台地区)注册的企业,近三年内通过自主研发、受让、受赠、并购等方式,或通过5年以上的独占许可方式,对其主要产品(服务)的核心技术拥有自主知识产权;

(二)产品(服务)属于《国家重点支持的高新技术领域》规定的范围;

(三)具有大学专科以上学历的科技人员占企业当年职工总数的30%以上,其中研发人员占企业当年职工总数的10%以上;

(四)企业为获得科学技术(不包括人文、社会科学)新知识,创造性运用科学技术新知识,或实质性改进技术、产品(服务)而持续进行了研究开发活动,且近三个会计年度的研究开发费用总额占销售收入总额的比例符合如下要求:

1. 最近一年销售收入小于5000万元的企业,比例不低于6%;

2. 最近一年销售收入在5000万元至20000万元的企业,比例不低于4%;

3. 最近一年销售收入在20000万元以上的企业,比例不低于3%。

其中,企业在中国境内发生的研究开发费用总额占全部研究开发费用总额的比例不低于60%。企业注册成立时间不足三年的,按实际经营年限计算;

(五)高新技术产品(服务)收入占企业当年总收入的60%以上;

(六)企业研究开发组织管理水平、科技成果转化能力、自主知识产权数量、销售与总资产成长性等指标符合《高新技术企业认定管理工作指引》(另行制定)的要求。

第十一条 高新技术企业认定的程序如下:

(一)企业自我评价及申请

企业登录"高新技术企业认定管理工作网",对照本办法第十条规定条件,进行自我评价。认为符合认定条件的,企业可向认定机构提出认定申请。

(二)提交下列申请材料

1. 高新技术企业认定申请书;

2. 企业营业执照副本、税务登记证(复印件);

3. 知识产权证书(独占许可合同)、生产批文,新产品或新技术证明(查新)材料、产品质量检验报告、省级以上科技计划立项证明,以及其他相关证明材料;

4. 企业职工人数、学历结构以及研发人员占企业职工的比例说明;

5. 经具有资质的中介机构鉴证的企业近三个会计年度研究开发费用情况表(实际年限不足三年的按实际经营年限),并附研究开发活动说明材料;

6. 经具有资质的中介机构鉴证的企业近三个会计年度的财务报表(含资产负债表、损益表、现金流量表,实际年限不足三年的按实际经营年限)以及技术性收入的情况表。

(三)合规性审查

认定机构应建立高新技术企业认定评审专家库;依据企业的申请材料,抽取专家库内专家对申报企业进行审查,提出认定意见。

(四)认定、公示与备案

认定机构对企业进行认定。经认定的高新技术企业在"高新技术企业认定管理工作网"上公示15个工作日,没有异议的,报送领导小组办公室备案,在"高新技术企业认定管理工作网"上公告认定结果,并向企业颁发统一印制的"高新技术企业证书"。

第十二条 高新技术企业资格自颁发证书之日起有效期为三年。企业应在期满前三个月内提出复审申请,不提出复审申请或复审不合格的,其高新技术企业资格到期自动失效。

第十三条 高新技术企业复审须提交近三年开展研究开发等技术创新活动的报告。

复审时应重点审查第十条(四)款,对符合条件的,按照第十一条(四)款进行公示与备案。

通过复审的高新技术企业资格有效期为三年。期满后,企业再次提出认定申请的,按本办法第十一条的规定办理。

第十四条 高新技术企业经营业务、生产技术活动等发生重大变化(如并购、重组、转业等)的,应在十五日内向认定管理机构报告;变化后不符合本办法规定条件的,应自当年起终止其高新技术企业资格;需要申请高新技术企业认定的,按本办法第十一条的规定办理。

高新技术企业更名的，由认定机构确认并经公示、备案后重新核发认定证书，编号与有效期不变。

第四章 罚 则

第十五条 已认定的高新技术企业有下述情况之一的，应取消其资格：

(一)在申请认定过程中提供虚假信息的；

(二)有偷、骗税等行为的；

(三)发生重大安全、质量事故的；

(四)有环境等违法、违规行为，受到有关部门处罚的。

被取消高新技术企业资格的企业，认定机构在 5 年内不再受理该企业的认定申请。

第十六条 参与高新技术企业认定工作的各类机构和人员对所承担认定工作负有诚信以及合规义务，并对申报认定企业的有关资料信息负有保密义务。违反高新技术企业认定工作相关要求和纪律的，给予相应处理。

第五章 附 则

第十七条 原《国家高新技术产业开发区外高新技术企业认定条件和办法》(国科发火字〔1996〕018号)、原《国家高新技术产业开发区高新技术企业认定条件和办法》(国科发火字〔2000〕324 号)，自本办法实施之日起停止执行。

第十八条 本办法由科技部、财政部、税务总局负责解释。

第十九条 科技部、财政部、税务总局另行制定《高新技术企业认定管理工作指引》。

第二十条 本办法自 2008 年 1 月 1 日起实施。

高新技术企业认定管理办法及配套文件解读

备受关注的《高新技术企业认定管理办法》和配套文件《高新技术企业认定管理工作指引》由科技部、财政部、国家税务总局联合颁布。《办法》出台的目的和意义是什么？与之前相比有哪些不同？对高新技术企业将会产生怎样的影响？1 月 22 日，科技部火炬中心主任梁桂进行了解读。

提高自主创新能力掌握国际竞争主动权

记者：新办法是在怎样的历史背景下出台的？

梁桂：我国高新技术企业的发展，对促进科技与经济的结合、推动新兴产业发展、实现经济增长起到了重要作用。但是，从全国企业科技创新的情况看，形势并不乐观。

据统计，全国规模以上企业开展科技研发活动的仅占 25%，研究开发支出占企业销售收入的比重仅占 0.56%，大中型企业为 0.76%，高新技术企业平均为 2%；只有万分之三的企业拥有自主知识产权。这说明，整体上我国企业研发机构少，研发投入强度低，创新能力明显不足。

近年来，国际科技竞争日益激烈，自主创新能力已成为一个国家的核心竞争力。发达国家凭借强大的技术优势和市场优势，在国际竞争中长期处于垄断地位，我国由于高新技术企业的发展起步较晚，受到外部关键技术封锁和自身创新能力不足的双重制约，企业普遍面临着低端锁定困局。随着经济全球化和我国市场体制的推进，我国已进入必须依靠科技进步和自主创新推动社会经济发展的新时期。坚持走中国特色自主创新道路，努力建设创新型国家，已成为新时期国家发展的重大战略方针。

全国科学技术大会和党的十七大的召开，为我国新时期的发展提出了明确的战略目标，也为我国高新技术企业及其产业的发展提出了新的更高的要求。实践证明，自主创新能力是一个国家长远发展的核心竞争力。自主创新能力是内生的，核心技术是买不来的。我国要在激烈的国际竞争中掌握主动权，就必须提高自主创新能力，加大研究开发投入，在若干重要领域掌握一批核心技术，拥有一批自主知识产权，造就一批具有国际竞争力的企业，大幅度提高国家竞争力。因此，出台符合新形势要求的高新技术企业认定办法及其配套文件势在必行。

记者：出台新办法的目的和总体目标是什么？

梁桂：制定新《认定办法》的总体目标就是要在建设创新型国家的战略指引下，通过鼓励创新的政策导向和新税制优化产业结构的引导功能，进一步增强我国高新技术企业以自主研发为核心的综合创新能力，促进高新技术产业升级发展。总体思路是进一步明确认定标准、规范操作程序、改革管理体制、加强政策协调，做好高新技术企业认定管理工作，把优惠政策真正落到实处。

记者：什么样的企业能够被认定为高新技术企业？

梁桂：新《认定办法》最重要的特点，是以企业自主研发和创新能力为核心来认定高新技术企业。按照新《认定办法》的规定，高新技术企业应该是在国家重点支持的高新技术领域内，持续进行研究开发与技术成果转化，形成企业核心自主知识产权，并以此为基础开展生产经营活动，在中国境内（不包括港、澳、台地区）注册一年以上的居民企业。这里包括了三层含义，一是企业所从事的研究开发和生产经营活动必须符合国家重点支持的产业技术方向，属于《国家重点支持的高新技术领域》规定的范围；二是具有持续的自主研究开发能力，拥有核心自主知识产权，将成为高新技术企业的必备条件；三是企业的主营业务必须与自身的研究开发与技术成果转化活动密切相关。符合以上特征并达到相应认定指标的企业才能被认定为高新技术企业。没有开展研究开发活动，单纯从事高新技术产品生产加工的企业，不能被认定为高新技术企业。

规范认定标准加强政策协调

记者：企业的研发和创新能力是否有具体指标来衡量？

梁桂：新《认定办法》对研究开发和创新能力等关键认定指标和测度依据均有明确规定。

原有的高新技术企业认定办法存在一个很大的不足，就是没有规定关键认定指标的测度依据，特别是对研究开发活动一直没有给出评价标准和费用归集标准，致使各地在实际操作时，缺乏统一可测的标准。

为了解决这个问题，新办法经过大量调研，借鉴国际经验（OECD、美国、韩国），结合我国实际，确定了企业研究开发活动界定标准及费用归集标准。同时，对科技人员、研究开发人员、自主知识产权、科技成果转化能力等相应指标也给予了明确说明。

新《认定办法》明确了研究开发等关键认定指标的测度依据，认定标准规范统一，避免了认定工作的随意性。

记者：为什么新办法在认定工作中用《国家重点支持的高新技术领域》取代了《高新技术产品目录》?

梁桂：为了实现以自主研发和创新为核心来认定高新技术企业，新《认定办法》在认定工作中取消了《高新技术产品目录》。

上世纪 90 年代出台的高新技术企业认定管理办法是针对国际上高新技术产业蓬勃兴起，国内外差距较大的情况下制定的，当时在许多领域建立生产能力是第一位的问题，编制《产品目录》用来界定高新技术企业具有历史的合理性。但是，随着时间的推移，以《产品目录》为导向来认定高新技术企业已不适应我国科技、经济快速发展的要求，造成一些地方将只具备产品生产加工能力，不从事自主研发，长期处于高新技术产业链和价值链低端的加工型企业也被认定为高新技术企业。同时，大量伴随着现代服务业发展起来的从事技术开发和技术服务的企业又不能被纳入高新技术企业的范畴。因此，新《认定办法》根据国家中长期科技发展规划和“十一五”发展规划，结合节能减排、保护环境、促进民生的重点任务，配套编制了《国家重点支持的高新技术领域》，用来判断企业所进行的研究开发与产业化活动是否具有创新性，是否符合国家重点支持方向，同时兼顾支持技术型服务业，并将成熟技术和不符合国家产业政策的领域排除在外，避免了《产品目录》的局限性。

记者：新办法对企业研发费用占销售收入的比例进行调整的主要依据是什么？

梁桂：新《认定办法》根据形势的发展和我国企业的实际情况，按照不同的企业规模，对研发费用占销售收入的比例进行了必要的调整。

上世纪 90 年代，我国的高新技术企业大都处于创业发展阶段，企业主要从事技术开发和产品开发，销售规模较小，原认定办法把企业研发费用占销售收入的比例定为 5%，符合当时我国高新技术企业的发展情况。

进入 21 世纪以来，我国高新技术企业取得了较大发展，经济规模增长迅速。同时也呈现出一个规律：随着经济规模的扩大，企业的研发投入占销售收入的比例较初创期有所降低。这是因为，初创期的企业主要从事技术和产品开发活动，在这个阶段，企业研发投入大，销售收入少，因此研发投入的比重较大。当企业渡过初创期后，随着经济规模的扩大，企业除了将一部分经费用于研究开发外，还需投入大量经费用于市场开拓和扩大生产能力，因此在这个阶段，研发投入的比重较初创期有所降低。

通过对全国高新技术企业研发强度的统计分析，考虑到我国不同规模企业的发展现实，新《认定办法》对企业研发费用占销售收入的比例进行了适度调整，将销售收入为5000万元以下企业，比例定为6%；销售收入为5000万至2亿元的企业，比例定为4%；销售收入为2亿元以上的企业，比例定为3%。这样做既能引导企业保持较高强度的研究开发投入，符合国家自主创新的政策导向，又能适应不同规模企业的客观发展规律，执行起来更加合理可行。

记者：新办法在认定管理方面进行了哪些改革?

梁桂：建立部门合作与政策协调的长效机制，构建责权分明、监管与操作分离的认定管理工作体系，是新《认定办法》在高新技术企业认定工作的一次重大改革。

为了做好企业认定和政策落实工作，新《认定办法》加大了部门合作与政策协调力度。科技部与财政部、国家税务总局建立了联合工作机制，省级科技主管部门与同级财政、税务部门共同进行高新技术企业认定工作，通过这一改革措施，保证认定企业与享受政策同步进行。

在组织管理方面，新《认定办法》设立了"部门决策、地方认定、机构监管"的认定管理工作体系。科技部、财政部、国家税务总局三部门联合成立认定工作领导小组，作为决策层，研究决定高新技术企业认定工作原则，解决科技、财政、税务部门在高新技术企业认定及相关政策落实中出现的重大问题。认定工作领导小组下设办公室，作为监管层，负责认定工作的备案管理，监督、检查全国高新技术企业认定工作和相关政策的落实情况。省级科技部门与同级财政、税务部门组成高新技术企业认定管理机构，作为认定机构，负责本地区高新技术企业认定工作，并通过会商制度及时解决高新技术企业认定及税收政策落实中出现的有关问题。新《认定办法》还通过公示公告、投诉处理、日常检查等措施加强过程监管，接受社会监督，充分体现了公共政策公开、公平、公正的原则。

国家税务总局关于母子公司间提供服务支付费用有关企业所得税处理问题的通知

国税发〔2008〕86号

各省、自治区、直辖市和计划单列市国家税务局、地方税务局：

根据《中华人民共和国企业所得税法》及其实施条例的有关规定，现就在中国境内，属于不同独立法人的母子公司之间提供服务支付费用有关企业所得税处理问题通知如下：

一、母公司为其子公司(以下简称子公司)提供各种服务而发生的费用，应按照独立企业之间公平交易原则确定服务的价格，作为企业正常的劳务费用进行税务处理。

母子公司未按照独立企业之间的业务往来收取价款的，税务机关有权予以调整。

二、母公司向其子公司提供各项服务，双方应签订服务合同或协议，明确规定提供服务的内容、收费标准及金额等，凡按上述合同或协议规定所发生的服务费，母公司应作为营业收入申报纳税；子公司作为成本费用在税前扣除。

三、母公司向其多个子公司提供同类项服务，其收取的服务费可以采取分项签订合同或协议收取；也可以采取服务分摊协议的方式，即，由母公司与各子公司签订服务费用分摊合同或协议，以母公司为其子公司提供服务所发生的实际费用并附加一定比例利润作为向子公司收取的总服务费，在各服务受益子公司(包括盈利企业、亏损企业和享受减免税企业)之间按《中华人民共和国企业所得税法》第四十一条第二款规定合理分摊。

四、母公司以管理费形式向子公司提取费用，子公司因此支付给母公司的管理费，不得在税前扣除。

五、子公司申报税前扣除向母公司支付的服务费用，应向主管税务机关提供与母公司签订的服务合同或者协议等与税前扣除该项费用相关的材料。不能提供相关材料的，支付的服务费用不得税前扣除。

关于非居民企业征收企业所得税有关问题的通知

财税〔2008〕130 号

各省、自治区、直辖市、计划单列市财政厅(局)、国家税务局、地方税务局,新疆生产建设兵团财务局:

现将非居民企业征收企业所得税的有关问题明确如下:

根据《中华人民共和国企业所得税法》第十九条及《中华人民共和国企业所得税实施条例》第一百零三条规定,在对非居民企业取得《中华人民共和国企业所得税法》第三条第三款规定的所得计算征收企业所得税时,不得扣除上述条款规定以外的其他税费支出。

本规定自 2008 年 1 月 1 日起执行。

财政部 国家税务总局关于企业关联方利息支出税前扣除标准有关税收政策问题的通知

财税〔2008〕121 号

各省、自治区、直辖市、计划单列市财政厅(局)、国家税务局、地方税务局,新疆生产建设兵团财务局:

为规范企业利息支出税前扣除,加强企业所得税管理,根据《中华人民共和国企业所得税法》(以下简称税法)第四十六条和《中华人民共和国企业所得税法实施条例》(国务院令第 512 号,以下简称实施条例)第一百一十九条的规定,现将企业接受关联方债权性投资利息支出税前扣除的政策问题通知如下:

一、在计算应纳税所得额时,企业实际支付给关联方的利息支出,不超过以下规定比例和税法及其实施条例有关规定计算的部分,准予扣除,超过的部分不得在发生当期和以后年度扣除。

企业实际支付给关联方的利息支出,除符合本通知第二条规定外,其接受关联方债权性投资与其权益性投资比例为:

(一)金融企业,为 5∶1;

(二)其他企业,为 2∶1。

二、企业如果能够按照税法及其实施条例的有关规定提供相关资料,并证明相关交易活动符合独立交易原则的;或者该企业的实际税负不高于境内关联方的,其实际支付给境内关联方的利息支出,在计算应纳税所得额时准予扣除。

三、企业同时从事金融业务和非金融业务,其实际支付给关联方的利息支出,应按照合理方法分开计算;没有按照合理方法分开计算的,一律按本通知第一条有关其他企业的比例计算准予税前扣除的利息支出。

四、企业自关联方取得的不符合规定的利息收入应按照有关规定缴纳企业所得税。

关于企业处置资产所得税处理问题的通知

国税函〔2008〕828 号

各省、自治区、直辖市和计划单列市国家税务局、地方税务局:

根据《中华人民共和国企业所得税法实施条例》第二十五条规定,现就企业处置资产的所得税处理问题通知如下:

一、企业发生下列情形的处置资产,除将资产转移至境外以外,由于资产所有权属在形式和实质上均不发生改变,可作为内部处置资产,不视同销售确认收入,相关资产的计税基础延续计算。

（一）将资产用于生产、制造、加工另一产品；

（二）改变资产形状、结构或性能；

（三）改变资产用途（如，自建商品房转为自用或经营）；

（四）将资产在总机构及其分支机构之间转移；

（五）上述两种或两种以上情形的混合；

（六）其他不改变资产所有权属的用途。

二、企业将资产移送他人的下列情形，因资产所有权属已发生改变而不属于内部处置资产，应按规定视同销售确定收入。

（一）用于市场推广或销售；

（二）用于交际应酬；

（三）用于职工奖励或福利；

（四）用于股息分配；

（五）用于对外捐赠；

（六）其他改变资产所有权属的用途。

三、企业发生本通知第二条规定情形时，属于企业自制的资产，应按企业同类资产同期对外销售价格确定销售收入；属于外购的资产，可按购入时的价格确定销售收入。

四、本通知自 2008 年 1 月 1 日起执行。对 2008 年 1 月 1 日以前发生的处置资产，2008 年 1 月 1 日以后尚未进行税务处理的，按本通知规定执行。

国家税务总局关于确认企业所得税收入若干问题的通知

国税函〔2008〕875 号

各省、自治区、直辖市和计划单列市国家税务局、地方税务局：

根据《中华人民共和国企业所得税法》（以下简称企业所得税法）及《中华人民共和国企业所得税法实施条例》（以下简称实施条例）规定的原则和精神，现对确认企业所得税收入的若干问题通知如下：

一、除企业所得税法及实施条例另有规定外，企业销售收入的确认，必须遵循权责发生制原则和实质重于形式原则。

（一）企业销售商品同时满足下列条件的，应确认收入的实现：

1. 商品销售合同已经签订，企业已将商品所有权相关的主要风险和报酬转移给购货方；

2. 企业对已售出的商品既没有保留通常与所有权相联系的继续管理权，也没有实施有效控制；

3. 收入的金额能够可靠地计量；

4. 已发生或将发生的销售方的成本能够可靠地核算。

（二）符合上款收入确认条件，采取下列商品销售方式的，应按以下规定确认收入实现时间：

1. 销售商品采用托收承付方式的，在办妥托收手续时确认收入。

2. 销售商品采取预收款方式的，在发出商品时确认收入。

3. 销售商品需要安装和检验的，在购买方接受商品以及安装和检验完毕时确认收入。如果安装程序比较简单，可在发出商品时确认收入。

4. 销售商品采用支付手续费方式委托代销的，在收到代销清单时确认收入。

（三）采用售后回购方式销售商品的，销售的商品按售价确认收入，回购的商品作为购进商品处理。有证据表明不符合销售收入确认条件的，如以销售商品方式进行融资，收到的款项应确认为负债，回购价格大于原售价的，差额应在回购期间确认为利息费用。

（四）销售商品以旧换新的，销售商品应当按照销售商品收入确认条件确认收入，回收的商品作为购进商品处理。

（五）企业为促进商品销售而在商品价格上给予的价格扣除属于商业折扣，商品销售涉及商业折扣的，应当按照扣除商业折扣后的金额确定销售商品收入金额。

债权人为鼓励债务人在规定的期限内付款而向债务人提供的债务扣除属于现金折扣，销售商品涉及现金折扣的，应当按扣除现金折扣前的金额确定销售商品收入金额，现金折扣在实际发生时作为财务费用扣除。

企业因售出商品的质量不合格等原因而在售价上给的减让属于销售折让；企业因售出商品质量、品种不符合要求等原因而发生的退货属于销售退回。企业已经确认销售收入的售出商品发生销售折让和销售退回，应当在发生当期冲减当期销售商品收入。

二、企业在各个纳税期末，提供劳务交易的结果能够可靠估计的，应采用完工进度（完工百分比）法确认提供劳务收入。

（一）提供劳务交易的结果能够可靠估计，是指同时满足下列条件：

1. 收入的金额能够可靠地计量；

2. 交易的完工进度能够可靠地确定；

3. 交易中已发生和将发生的成本能够可靠地核算。

（二）企业提供劳务完工进度的确定，可选用下列方法：

1. 已完工作的测量；

2. 已提供劳务占劳务总量的比例；

3. 发生成本占总成本的比例。

（三）企业应按照从接受劳务方已收或应收的合同或协议价款确定劳务收入总额，根据纳税期末提供劳务收入总额乘以完工进度扣除以前纳税年度累计已确认提供劳务收入后的金额，确认为当期劳务收入；同时，按照提供劳务估计总成本乘以完工进度扣除以前纳税期间累计已确认劳务成本后的金额，结转为当期劳务成本。

（四）下列提供劳务满足收入确认条件的，应按规定确认收入：

1. 安装费。应根据安装完工进度确认收入。安装工作是商品销售附带条件的，安装费在确认商品销售实现时确认收入。

2. 宣传媒介的收费。应在相关的广告或商业行为出现于公众面前时确认收入。广告的制作费，应根据制作广告的完工进度确认收入。

3. 软件费。为特定客户开发软件的收费，应根据开发的完工进度确认收入。

4. 服务费。包含在商品售价内可区分的服务费，在提供服务的期间分期确认收入。

5. 艺术表演、招待宴会和其他特殊活动的收费。在相关活动发生时确认收入。收费涉及几项活动的，预收的款项应合理分配给每项活动，分别确认收入。

6. 会员费。申请入会或加入会员，只允许取得会籍，所有其他服务或商品都要另行收费的，在取得该会员费时确认收入。申请入会或加入会员后，会员在会员期内不再付费就可得到各种服务或商品，或者以低于非会员的价格销售商品或提供服务的，该会员费应在整个受益期内分期确认收入。

7. 特许权费。属于提供设备和其他有形资产的特许权费，在交付资产或转移资产所有权时确认收入；属于提供初始及后续服务的特许权费，在提供服务时确认收入。

8. 劳务费。长期为客户提供重复的劳务收取的劳务费，在相关劳务活动发生时确认收入。

三、企业以买一赠一等方式组合销售本企业商品的，不属于捐赠，应将总的销售金额按各项商品的公允价值的比例来分摊确认各项的销售收入。

国家税务总局关于中国居民企业向境外H股非居民企业股东派发股息代扣代缴企业所得税有关问题的通知

国税函〔2008〕897号

各省、自治区、直辖市和计划单列市国家税务局、地方税务局：

根据《中华人民共和国企业所得税法》及其实施条例的规定，现就中国居民企业向境外 H 股非居民企业股东派发股息代扣代缴企业所得税的有关问题通知如下：

一、中国居民企业向境外 H 股非居民企业股东派发 2008 年及以后年度股息时，统一按 10％的税率代扣代缴企业所得税。

二、非居民企业股东在获得股息之后，可以自行或通过委托代理人或代扣代缴义务人，向主管税务机关提出享受税收协定（安排）待遇的申请，提供证明自己为符合税收协定（安排）规定的实际受益所有人的资料。主管税务机关审核无误后，应就已征税款和根据税收协定（安排）规定税率计算的应纳税款的差额予以退税。

三、各地应加强对我国境外上市企业派发股息情况的了解，并发挥售付汇凭证的作用，确保代扣代缴税款及时足额入库。

国家税务总局关于保险企业发生与退保业务相关佣金支出税前扣除问题的通知

国税函〔2007〕880 号

各省、自治区、直辖市和计划单列市国家税务局：

为加强保险企业所得税的征收管理，结合保险企业退保业务的实际情况，现对保险企业发生的与退保业务相关的佣金支出所得税前扣除问题通知如下：

一、保险公司退保业务发生之前已实际支付的与退保业务相关的佣金，准予在企业所得税前扣除；退保业务发生之后再支付与该退保业务相关的佣金，不得在企业所得税前扣除。

二、本通知自 2007 年 1 月 1 日起执行，《国家税务总局关于金融保险企业所得税有关业务问题的通知》（国税函〔2002〕960 号）第二条第二款"对退保收入的佣金支出部分，不得在税前扣除"的规定同时废止。此前发生的与退保业务相关的佣金支出，超出退保扣回额的部分，不得在企业所得税前扣除。

【注释】 2008 年以后，该文件与《企业所得税法》和《企业所得税法实施条例》不一致的规定停止执行，不违反的规定可以继续执行。《企业所得税法》第 8 条。《企业所得税法实施条例》第 27 条。

企业研究开发费用税前扣除管理办法（试行）

国税发〔2008〕116 号

第一条　为鼓励企业开展研究开发活动，规范企业研究开发费用的税前扣除及有关税收优惠政策的执行，根据《中华人民共和国企业所得税法》及其实施条例、《中华人民共和国税收征收管理法》及其实施细则和《国务院关于印发实施〈国家中长期科学和技术发展规划纲要（2006—2020）〉若干配套政策的通知》（国发〔2006〕6 号）的有关规定，制定本办法。

第二条　本办法适用于财务核算健全并能准确归集研究开发费用的居民企业（以下简称企业）。

第三条　本办法所称研究开发活动是指企业为获得科学与技术（不包括人文、社会科学）新知识，创造性运用科学技术新知识，或实质性改进技术、工艺、产品（服务）而持续进行的具有明确目标的研究开发活动。

创造性运用科学技术新知识，或实质性改进技术、工艺、产品（服务），是指企业通过研究开发活动在技术、工艺、产品（服务）方面的创新取得了有价值的成果，对本地区（省、自治区、直辖市或计划单列市）相关行业的技术、工艺领先具有推动作用，不包括企业产品（服务）的常规性升级或对公开的科研成果直接应用等活动（如直接采用公开的新工艺、材料、装置、产品、服务或知识等）。

第四条 企业从事《国家重点支持的高新技术领域》和国家发展改革委员会等部门公布的《当前优先发展的高技术产业化重点领域指南(2007年度)》规定项目的研究开发活动,其在一个纳税年度中实际发生的下列费用支出,允许在计算应纳税所得额时按照规定实行加计扣除。

(一)新产品设计费、新工艺规程制定费以及与研发活动直接相关的技术图书资料费、资料翻译费。

(二)从事研发活动直接消耗的材料、燃料和动力费用。

(三)在职直接从事研发活动人员的工资、薪金、奖金、津贴、补贴。

(四)专门用于研发活动的仪器、设备的折旧费或租赁费。

(五)专门用于研发活动的软件、专利权、非专利技术等无形资产的摊销费用。

(六)专门用于中间试验和产品试制的模具、工艺装备开发及制造费。

(七)勘探开发技术的现场试验费。

(八)研发成果的论证、评审、验收费用。

第五条 对企业共同合作开发的项目,凡符合上述条件的,由合作各方就自身承担的研发费用分别按照规定计算加计扣除。

第六条 对企业委托给外单位进行开发的研发费用,凡符合上述条件的,由委托方按照规定计算加计扣除,受托方不得再进行加计扣除。

对委托开发的项目,受托方应向委托方提供该研发项目的费用支出明细情况,否则,该委托开发项目的费用支出不得实行加计扣除。

第七条 企业根据财务会计核算和研发项目的实际情况,对发生的研发费用进行收益化或资本化处理的,可按下述规定计算加计扣除:

(一)研发费用计入当期损益未形成无形资产的,允许再按其当年研发费用实际发生额的50%,直接抵扣当年的应纳税所得额。

(二)研发费用形成无形资产的,按照该无形资产成本的150%在税前摊销。除法律另有规定外,摊销年限不得低于10年。

第八条 法律、行政法规和国家税务总局规定不允许企业所得税前扣除的费用和支出项目,均不允许计入研究开发费用。

第九条 企业未设立专门的研发机构或企业研发机构同时承担生产经营任务的,应对研发费用和生产经营费用分开进行核算,准确、合理的计算各项研究开发费用支出,对划分不清的,不得实行加计扣除。

第十条 企业必须对研究开发费用实行专账管理,同时必须按照本办法附表的规定项目,准确归集填写年度可加计扣除的各项研究开发费用实际发生金额。企业应于年度汇算清缴所得税申报时向主管税务机关报送本办法规定的相应资料。申报的研究开发费用不真实或者资料不齐全的,不得享受研究开发费用加计扣除,主管税务机关有权对企业申报的结果进行合理调整。

企业在一个纳税年度内进行多个研究开发活动的,应按照不同开发项目分别归集可加计扣除的研究开发费用额。

第十一条 企业申请研究开发费加计扣除时,应向主管税务机关报送如下资料:

(一)自主、委托、合作研究开发项目计划书和研究开发费预算。

(二)自主、委托、合作研究开发专门机构或项目组的编制情况和专业人员名单。

(三)自主、委托、合作研究开发项目当年研究开发费用发生情况归集表。

(四)企业总经理办公会或董事会关于自主、委托、合作研究开发项目立项的决议文件。

(五)委托、合作研究开发项目的合同或协议。

(六)研究开发项目的效用情况说明、研究成果报告等资料。

第十二条 企业实际发生的研究开发费,在年度中间预缴所得税时,允许据实计算扣除,在年度终了进行所得税年度申报和汇算清缴时,再依照本办法的规定计算加计扣除。

第十三条 主管税务机关对企业申报的研究开发项目有异议的,可要求企业提供政府科技部门的鉴定意见书。

第十四条 企业研究开发费各项目的实际发生额归集不准确、汇总额计算不准确的,主管税务机关有权调整其税前扣除额或加计扣除额。

第十五条 企业集团根据生产经营和科技开发的实际情况,对技术要求高、投资数额大,需要由集团公司进行集中开发的研究开发项目,其实际发生的研究开发费,可以按照合理的分摊方法在受益集团成员公司间进行分摊。

第十六条 企业集团采取合理分摊研究开发费的,企业集团应提供集中研究开发项目的协议或合同,该协议或合同应明确规定参与各方在该研究开发项目中的权利和义务、费用分摊方法等内容。如不提供协议或合同,研究开发费不得加计扣除。

第十七条 企业集团采取合理分摊研究开发费的,企业集团集中研究开发项目实际发生的研究开发费,应当按照权利和义务、费用支出和收益分享一致的原则,合理确定研究开发费用的分摊方法。

第十八条 企业集团采取合理分摊研究开发费的,企业集团母公司负责编制集中研究开发项目的立项书、研究开发费用预算表、决算表和决算分摊表。

第十九条 税企双方对企业集团集中研究开发费的分摊方法和金额有争议的,如企业集团成员公司设在不同省、自治区、直辖市和计划单列市的,企业按照国家税务总局的裁决意见扣除实际分摊的研究开发费;企业集团成员公司在同一省、自治区、直辖市和计划单列市的,企业按照省税务机关的裁决意见扣除实际分摊的研究开发费。

第二十条 本办法从2008年1月1日起执行。

国家税务总局关于企业所得税减免税管理问题的通知

国税发〔2008〕111号

各省、自治区、直辖市和计划单列市国家税务局、地方税务局:

为有效落实《中华人民共和国企业所得税法》及其实施条例和其他税收法规规定的企业所得税减免税优惠政策,现将企业所得税减免税管理问题通知如下:

一、企业所得税的各类减免税应按照《国家税务总局关于印发〈税收减免管理办法(试行)〉的通知》(国税发〔2005〕129号)的相关规定办理。

国税发〔2005〕129号文件规定与《中华人民共和国企业所得税法》及其实施条例规定不一致的,按《中华人民共和国企业所得税法》及其实施条例的规定执行。

二、企业所得税减免税实行审批管理的,必须是《中华人民共和国企业所得税法》及其实施条例等法律法规和国务院明确规定需要审批的内容。

对列入备案管理的企业所得税减免的范围、方式,由各省、自治区、直辖市和计划单列市国家税务局、地方税务局(企业所得税管理部门)自行研究确定,但同一省、自治区、直辖市和计划单列市范围内必须一致。

三、企业所得税减免税期限超过一个纳税年度的,主管税务机关可以进行一次性确认,但每年必须对相关减免税条件进行审核,对情况变化导致不符合减免税条件的,应停止享受减免税政策。

四、企业所得税减免税有资质认定要求的,纳税人须先取得有关资质认定,税务部门在办理减免税手续时,可进一步简化手续,具体认定方式由各省、自治区、直辖市和计划单列市国家税务局、地方税务局研究确定。

五、对各类企业所得税减免税管理,税务机关应本着精简、高效、便利的原则,方便纳税人,减少报送资料,简化手续。

六、本通知自2008年1月1日起执行。

国家税务总局关于加强非居民企业来源于我国利息所得扣缴企业所得税工作的通知

国税函〔2008〕955号

各省、自治区、直辖市和计划单列市国家税务局，广东省和深圳市地方税务局：

根据《中华人民共和国企业所得税法》及其实施条例的有关规定，现就加强非居民企业取得来源于我国境内利息所得扣缴企业所得税的有关问题通知如下：

一、自2008年1月1日起，我国金融机构向境外外国银行支付贷款利息、我国境内外资金融机构向境外支付贷款利息，应按照企业所得税法及其实施条例规定代扣代缴企业所得税。

二、我国境内机构向我国银行的境外分行支付的贷款利息，应按照企业所得税法及其实施条例规定代扣代缴企业所得税。

三、各地应建立健全非居民企业利息所得源泉扣缴企业所得税监控机制，确保及时足额扣缴税款。

国家税务总局关于跨地区经营外商独资银行汇总纳税问题的通知

国税函〔2008〕958号

各省、自治区、直辖市和计划单列市国家税务局、地方税务局：

为贯彻落实《中华人民共和国企业所得税》及其实施条例，现对跨地区（指跨省、自治区、直辖市和计划单列市，下同）经营外商独资银行的汇总纳税问题通知如下：

一、由外国银行在中国设立的分行改制而成的跨地区经营外商独资银行，其所属跨地区经营分支机构应按照《国家税务总局关于印发〈跨地区经营汇总纳税企业所得税征收管理暂行办法〉的通知》（国税发〔2008〕28号）的规定就地预缴企业所得税。

二、对外商独资银行当年新设立的跨地区经营分支机构，因总机构无法获得新设分支机构上上年度的经营收入、职工工资和资产总额三个因素的相关数据而未分配税金的，新设分支机构在次年上半年可不就地预缴企业所得税。

三、本通知自2008年1月1日起执行。本通知下发之前，外商独资银行总行没有向所属的跨地区经营分支机构分配应就地预缴税款的，所属的跨地区经营分支机构在以后预缴期间不再就地补缴。外商独资银行2007年新设立的跨地区经营分支机构，已就地预缴企业所得税的，在以后预缴期间也不再进行调整。

四、其他跨地区经营汇总纳税企业，符合上述情况的，参照上述规定执行。

国家税务总局关于调整新增企业所得税征管范围问题的通知

国税发〔2008〕120号

各省、自治区、直辖市和计划单列市国家税务局、地方税务局：

为深入贯彻落实科学发展观，进一步提高企业所得税征管质量和效率，经国务院同意，现对2009年以后新增企业的所得税征管范围调整事项通知如下：

一、基本规定

以 2008 年为基年，2008 年年底之前国家税务局、地方税务局各自管理的企业所得税纳税人不作调整。2009 年起新增企业所得税纳税人中，应缴纳增值税的企业，其企业所得税由国家税务局管理；应缴纳营业税的企业，其企业所得税由地方税务局管理。

同时，2009 年起下列新增企业的所得税征管范围实行以下规定：

（一）企业所得税全额为中央收入的企业和在国家税务局缴纳营业税的企业，其企业所得税由国家税务局管理。

（二）银行（信用社）、保险公司的企业所得税由国家税务局管理，除上述规定外的其他各类金融企业的企业所得税由地方税务局管理。

（三）外商投资企业和外国企业常驻代表机构的企业所得税仍由国家税务局管理。

二、对若干具体问题的规定

（一）境内单位和个人向非居民企业支付《中华人民共和国企业所得税法》第三条第三款规定的所得的，该项所得应扣缴的企业所得税的征管，分别由支付该项所得的境内单位和个人的所得税主管国家税务局或地方税务局负责。

（二）2008 年年底之前已成立跨区经营汇总纳税企业，2009 年起新设立的分支机构，其企业所得税的征管部门应与总机构企业所得税征管部门相一致；2009 年起新增跨区经营汇总纳税企业，总机构按基本规定确定的原则划分征管归属，其分支机构企业所得税的管理部门也应与总机构企业所得税管理部门相一致。

（三）按税法规定免缴流转税的企业，按其免缴的流转税税种确定企业所得税征管归属；既不缴纳增值税也不缴纳营业税的企业，其企业所得税暂由地方税务局管理。

（四）既缴纳增值税又缴纳营业税的企业，原则上按照其税务登记时自行申报的主营业务应缴纳的流转税税种确定征管归属；企业税务登记时无法确定主营业务的，一般以工商登记注明的第一项业务为准；一经确定，原则上不再调整。

（五）2009 年起新增企业，是指按照《财政部 国家税务总局关于享受企业所得税优惠政策的新办企业认定标准的通知》（财税〔2006〕1 号）及有关规定的新办企业认定标准成立的企业。

三、各地国家税务局、地方税务局要加强沟通协调，及时研究和解决实施过程中出现的新问题，本着保证税收收入不流失和不给纳税人增加额外负担的原则，确保征管范围调整方案落实到位。

本通知自 2009 年 1 月 1 日起执行。

国家税务总局关于企业工资薪金及职工福利费扣除问题的通知

国税函〔2009〕3 号

各省、自治区、直辖市和计划单列市国家税务局、地方税务局：

为有效贯彻落实《中华人民共和国企业所得税法实施条例》（以下简称《实施条例》），现就企业工资薪金和职工福利费扣除有关问题通知如下：

一、关于合理工资薪金问题

《实施条例》第三十四条所称的“合理工资薪金”，是指企业按照股东大会、董事会、薪酬委员会或相关管理机构制订的工资薪金制度规定实际发放给员工的工资薪金。税务机关在对工资薪金进行合理性确认时，可按以下原则掌握：

（一）企业制订了较为规范的员工工资薪金制度；

（二）企业所制订的工资薪金制度符合行业及地区水平；

（三）企业在一定时期所发放的工资薪金是相对固定的，工资薪金的调整是有序进行的；

（四）企业对实际发放的工资薪金，已依法履行了代扣代缴个人所得税义务；

（五）有关工资薪金的安排，不以减少或逃避税款为目的。

二、关于工资薪金总额问题

《实施条例》第四十、四十一、四十二条所称的"工资薪金总额",是指企业按照本通知第一条规定实际发放的工资薪金总和,不包括企业的职工福利费、职工教育经费、工会经费以及养老保险费、医疗保险费、失业保险费、工伤保险费、生育保险费等社会保险费和住房公积金。属于国有性质的企业,其工资薪金,不得超过政府有关部门给予的限定数额;超过部分,不得计入企业工资薪金总额,也不得在计算企业应纳税所得额时扣除。

三、关于职工福利费扣除问题

《实施条例》第四十条规定的企业职工福利费,包括以下内容:

(一)尚未实行分离办社会职能的企业,其内设福利部门所发生的设备、设施和人员费用,包括职工食堂、职工浴室、理发室、医务所、托儿所、疗养院等集体福利部门的设备、设施及维修保养费用和福利部门工作人员的工资薪金、社会保险费、住房公积金、劳务费等。

(二)为职工卫生保健、生活、住房、交通等所发放的各项补贴和非货币性福利,包括企业向职工发放的因公外地就医费用、未实行医疗统筹企业职工医疗费用、职工供养直系亲属医疗补贴、供暖费补贴、职工防暑降温费、职工困难补贴、救济费、职工食堂经费补贴、职工交通补贴等。

(三)按照其他规定发生的其他职工福利费,包括丧葬补助费、抚恤费、安家费、探亲假路费等。

四、关于职工福利费核算问题

企业发生的职工福利费,应该单独设置账册,进行准确核算。没有单独设置账册准确核算的,税务机关应责令企业在规定的期限内进行改正。逾期仍未改正的,税务机关可对企业发生的职工福利费进行合理的核定。

五、本通知自 2008 年 1 月 1 日起执行。

国家税务总局关于债务重组所得企业所得税处理问题的批复

国税函〔2009〕1 号

海南省国家税务局:

你局《关于企业债务重组所得征免企业所得税问题的请示》(琼国税发〔2008〕231 号)收悉,经研究,批复如下:

《企业债务重组业务所得税处理办法》(国家税务总局令第 6 号)自 2003 年 3 月 1 日起执行。此前,企业债务重组中因豁免债务等取得的债务重组所得,应按照当时的会计准则处理,即"以低于债务账面价值的现金清偿某项债务的,债务人应将重组债务的账面价值与支付的现金之间的差额;或以债务转为资本清偿某项债务的,债务人应将重组债务的账面价值与债权人因放弃债权而享有股权的份额之间的差额",确认为资本公积。

特别纳税调整实施办法(试行)

国税发〔2009〕2 号

第一章 总 则

第一条 为了规范特别纳税调整管理,根据《中华人民共和国企业所得税法》(以下简称所得税法)、《中华人民共和国企业所得税法实施条例》(以下简称所得税法实施条例)、《中华人民共和国税收征收管理法》

(以下简称征管法)、《中华人民共和国税收征收管理法实施细则》(以下简称征管法实施细则)以及我国政府与有关国家(地区)政府签署的避免双重征税协定(安排)(以下简称税收协定)的有关规定,制定本办法。

第二条 本办法适用于税务机关对企业的转让定价、预约定价安排、成本分摊协议、受控外国企业、资本弱化以及一般反避税等特别纳税调整事项的管理。

第三条 转让定价管理是指税务机关按照所得税法第六章和征管法第三十六条的有关规定,对企业与其关联方之间的业务往来(以下简称关联交易)是否符合独立交易原则进行审核评估和调查调整等工作的总称。

第四条 预约定价安排管理是指税务机关按照所得税法第四十二条和征管法实施细则第五十三条的规定,对企业提出的未来年度关联交易的定价原则和计算方法进行审核评估,并与企业协商达成预约定价安排等工作的总称。

第五条 成本分摊协议管理是指税务机关按照所得税法第四十一条第二款的规定,对企业与其关联方签署的成本分摊协议是否符合独立交易原则进行审核评估和调查调整等工作的总称。

第六条 受控外国企业管理是指税务机关按照所得税法第四十五条的规定,对受控外国企业不作利润分配或减少分配进行审核评估和调查,并对归属于中国居民企业所得进行调整等工作的总称。

第七条 资本弱化管理是指税务机关按照所得税法第四十六条的规定,对企业接受关联方债权性投资与企业接受的权益性投资的比例是否符合规定比例或独立交易原则进行审核评估和调查调整等工作的总称。

第八条 一般反避税管理是指税务机关按照所得税法第四十七条的规定,对企业实施其他不具有合理商业目的的安排而减少其应纳税收入或所得额进行审核评估和调查调整等工作的总称。

第二章 关联申报

第九条 所得税法实施条例第一百零九条及征管法实施细则第五十一条所称关联关系,主要是指企业与其他企业、组织或个人具有下列之一关系:

(一)一方直接或间接持有另一方的股份总和达到25%以上,或者双方直接或间接同为第三方所持有的股份达到25%以上。若一方通过中间方对另一方间接持有股份,只要一方对中间方持股比例达到25%以上,则一方对另一方的持股比例按照中间方对另一方的持股比例计算。

(二)一方与另一方(独立金融机构除外)之间借贷资金占一方实收资本50%以上,或者一方借贷资金总额的10%以上是由另一方(独立金融机构除外)担保。

(三)一方半数以上的高级管理人员(包括董事会成员和经理)或至少一名可以控制董事会的董事会高级成员是由另一方委派,或者双方半数以上的高级管理人员(包括董事会成员和经理)或至少一名可以控制董事会的董事会高级成员同为第三方委派。

(四)一方半数以上的高级管理人员(包括董事会成员和经理)同时担任另一方的高级管理人员(包括董事会成员和经理),或者一方至少一名可以控制董事会的董事会高级成员同时担任另一方的董事会高级成员。

(五)一方的生产经营活动必须由另一方提供的工业产权、专有技术等特许权才能正常进行。

(六)一方的购买或销售活动主要由另一方控制。

(七)一方接受或提供劳务主要由另一方控制。

(八)一方对另一方的生产经营、交易具有实质控制,或者双方在利益上具有相关联的其他关系,包括虽未达到本条第(一)项持股比例,但一方与另一方的主要持股方享受基本相同的经济利益,以及家族、亲属关系等。

第十条 关联交易主要包括以下类型:

(一)有形资产的购销、转让和使用,包括房屋建筑物、交通工具、机器设备、工具、商品、产品等有形资产的购销、转让和租赁业务;

(二)无形资产的转让和使用,包括土地使用权、版权(著作权)、专利、商标、客户名单、营销渠道、牌号、商业秘密和专有技术等特许权,以及工业品外观设计或实用新型等工业产权的所有权转让和使用权的提供业务;

（三）融通资金，包括各类长短期资金拆借和担保以及各类计息预付款和延期付款等业务；

（四）提供劳务，包括市场调查、行销、管理、行政事务、技术服务、维修、设计、咨询、代理、科研、法律、会计事务等服务的提供。

第十一条 实行查账征收的居民企业和在中国境内设立机构、场所并据实申报缴纳企业所得税的非居民企业向税务机关报送年度企业所得税纳税申报表时，应附送《中华人民共和国企业年度关联业务往来报告表》，包括《关联关系表》、《关联交易汇总表》、《购销表》、《劳务表》、《无形资产表》、《固定资产表》、《融通资金表》、《对外投资情况表》和《对外支付款项情况表》。

第十二条 企业按规定期限报送本办法第十一条规定的报告表确有困难，需要延期的，应按征管法及其实施细则的有关规定办理。

第三章 同期资料管理

第十三条 企业应根据所得税法实施条例第一百一十四条的规定，按纳税年度准备、保存，并按税务机关要求提供其关联交易的同期资料。

第十四条 同期资料主要包括以下内容：

（一）组织结构

1. 企业所属的企业集团相关组织结构及股权结构；

2. 企业关联关系的年度变化情况；

3. 与企业发生交易的关联方信息，包括关联企业的名称、法定代表人、董事和经理等高级管理人员构成情况、注册地址及实际经营地址，以及关联个人的名称、国籍、居住地、家庭成员构成等情况，并注明对企业关联交易定价具有直接影响的关联方；

4. 各关联方适用的具有所得税性质的税种、税率及相应可享受的税收优惠。

（二）生产经营情况

1. 企业的业务概况，包括企业发展变化概况、所处的行业及发展概况、经营策略、产业政策、行业限制等影响企业和行业的主要经济和法律问题，集团产业链以及企业所处地位；

2. 企业的主营业务构成，主营业务收入及其占收入总额的比重，主营业务利润及其占利润总额的比重；

3. 企业所处的行业地位及相关市场竞争环境的分析；

4. 企业内部组织结构，企业及其关联方在关联交易中执行的功能、承担的风险以及使用的资产等相关信息，并参照填写《企业功能风险分析表》；

5. 企业集团合并财务报表，可视企业集团会计年度情况延期准备，但最迟不得超过关联交易发生年度的次年 12 月 31 日。

（三）关联交易情况

1. 关联交易类型、参与方、时间、金额、结算货币、交易条件等；

2. 关联交易所采用的贸易方式、年度变化情况及其理由；

3. 关联交易的业务流程，包括各个环节的信息流、物流和资金流，与非关联交易业务流程的异同；

4. 关联交易所涉及的无形资产及其对定价的影响；

5. 与关联交易相关的合同或协议副本及其履行情况的说明；

6. 对影响关联交易定价的主要经济和法律因素的分析；

7. 关联交易和非关联交易的收入、成本、费用和利润的划分情况，不能直接划分的，按照合理比例划分，说明确定该划分比例的理由，并参照填写《企业年度关联交易财务状况分析表》。

（四）可比性分析

1. 可比性分析所考虑的因素，包括交易资产或劳务特性、交易各方功能和风险、合同条款、经济环境、经营策略等；

2. 可比企业执行的功能、承担的风险以及使用的资产等相关信息；

3. 可比交易的说明，如：有形资产的物理特性、质量及其效用；融资业务的正常利率水平、金额、币种、期限、担保、融资人的资信、还款方式、计息方法等；劳务的性质与程度；无形资产的类型及交易形式，通过交易获得的使用无形资产的权利，使用无形资产获得的收益；

4. 可比信息来源、选择条件及理由；

5. 可比数据的差异调整及理由。

（五）转让定价方法的选择和使用

1. 转让定价方法的选用及理由，企业选择利润法时，须说明对企业集团整体利润或剩余利润水平所做的贡献；

2. 可比信息如何支持所选用的转让定价方法；

3. 确定可比非关联交易价格或利润的过程中所做的假设和判断；

4. 运用合理的转让定价方法和可比性分析结果，确定可比非关联交易价格或利润，以及遵循独立交易原则的说明；

5. 其他支持所选用转让定价方法的资料。

第十五条　属于下列情形之一的企业，可免于准备同期资料：

（一）年度发生的关联购销金额（来料加工业务按年度进出口报关价格计算）在 2 亿元人民币以下且其他关联交易金额（关联融通资金按利息收付金额计算）在 4000 万元人民币以下，上述金额不包括企业在年度内执行成本分摊协议或预约定价安排所涉及的关联交易金额；

（二）关联交易属于执行预约定价安排所涉及的范围；

（三）外资股份低于 50%且仅与境内关联方发生关联交易。

第十六条　除本办法第七章另有规定外，企业应在关联交易发生年度的次年 5 月 31 日之前准备完毕该年度同期资料，并自税务机关要求之日起 20 日内提供。

企业因不可抗力无法按期提供同期资料的，应在不可抗力消除后 20 日内提供同期资料。

第十七条　企业按照税务机关要求提供的同期资料，须加盖公章，并由法定代表人或法定代表人授权的代表签字或盖章。同期资料涉及引用的信息资料，应标明出处来源。

第十八条　企业因合并、分立等原因变更或注销税务登记的，应由合并、分立后的企业保存同期资料。

第十九条　同期资料应使用中文。如原始资料为外文的，应附送中文副本。

第二十条　同期资料应自企业关联交易发生年度的次年 6 月 1 日起保存 10 年。

第四章　转让定价方法

第二十一条　企业发生关联交易以及税务机关审核、评估关联交易均应遵循独立交易原则，选用合理的转让定价方法。

根据所得税法实施条例第一百一十一条的规定，转让定价方法包括可比非受控价格法、再销售价格法、成本加成法、交易净利润法、利润分割法和其他符合独立交易原则的方法。

第二十二条　选用合理的转让定价方法应进行可比性分析。可比性分析因素主要包括以下五个方面：

（一）交易资产或劳务特性，主要包括：有形资产的物理特性、质量、数量等，劳务的性质和范围，无形资产的类型、交易形式、期限、范围、预期收益等；

（二）交易各方功能和风险，功能主要包括：研发、设计，采购，加工、装配、制造，存货管理、分销、售后服务、广告，运输、仓储，融资，财务、会计、法律及人力资源管理等，在比较功能时，应关注企业为发挥功能所使用资产的相似程度；风险主要包括：研发风险，采购风险，生产风险，分销风险，市场推广风险，管理及财务风险等；

（三）合同条款，主要包括：交易标的，交易数量、价格，收付款方式和条件，交货条件，售后服务范围和条件，提供附加劳务的约定，变更、修改合同内容的权利，合同有效期，终止或续签合同的权利；

（四）经济环境，主要包括：行业概况，地理区域，市场规模，市场层级，市场占有率，市场竞争程度，消费者购买力，商品或劳务可替代性，生产要素价格，运输成本，政府管制等；

（五）经营策略，主要包括：创新和开发策略，多元化经营策略，风险规避策略，市场占有策略等。

第二十三条　可比非受控价格法以非关联方之间进行的与关联交易相同或类似业务活动所收取的价格作为关联交易的公平成交价格。

可比性分析应特别考察关联交易与非关联交易在交易资产或劳务的特性、合同条款及经济环境上的差异，按照不同交易类型具体包括如下内容：

（一）有形资产的购销或转让

1. 购销或转让过程，包括交易的时间与地点、交货条件、交货手续、支付条件、交易数量、售后服务的时间和地点等；

2. 购销或转让环节，包括出厂环节、批发环节、零售环节、出口环节等；

3. 购销或转让货物，包括品名、品牌、规格、型号、性能、结构、外形、包装等；

4. 购销或转让环境，包括民族风俗、消费者偏好、政局稳定程度以及财政、税收、外汇政策等。

（二）有形资产的使用

1. 资产的性能、规格、型号、结构、类型、折旧方法；

2. 提供使用权的时间、期限、地点；

3. 资产所有者对资产的投资支出、维修费用等。

（三）无形资产的转让和使用

1. 无形资产类别、用途、适用行业、预期收益；

2. 无形资产的开发投资、转让条件、独占程度、受有关国家法律保护的程度及期限、受让成本和费用、功能风险情况、可替代性等。

（四）融通资金：融资的金额、币种、期限、担保、融资人的资信、还款方式、计息方法等。

（五）提供劳务：业务性质、技术要求、专业水准、承担责任、付款条件和方式、直接和间接成本等。

关联交易与非关联交易之间在以上方面存在重大差异的，应就该差异对价格的影响进行合理调整，无法合理调整的，应根据本章规定选择其他合理的转让定价方法。

可比非受控价格法可以适用于所有类型的关联交易。

第二十四条 再销售价格法以关联方购进商品再销售给非关联方的价格减去可比非关联交易毛利后的金额作为关联方购进商品的公平成交价格。其计算公式如下：

公平成交价格＝再销售给非关联方的价格×(1－可比非关联交易毛利率)

可比非关联交易毛利率＝可比非关联交易毛利/可比非关联交易收入净额×100%

可比性分析应特别考察关联交易与非关联交易在功能风险及合同条款上的差异以及影响毛利率的其他因素，具体包括销售、广告及服务功能，存货风险，机器、设备的价值及使用年限，无形资产的使用及价值，批发或零售环节，商业经验，会计处理及管理效率等。

关联交易与非关联交易之间在以上方面存在重大差异的，应就该差异对毛利率的影响进行合理调整，无法合理调整的，应根据本章规定选择其他合理的转让定价方法。

再销售价格法通常适用于再销售者未对商品进行改变外形、性能、结构或更换商标等实质性增值加工的简单加工或单纯购销业务。

第二十五条 成本加成法以关联交易发生的合理成本加上可比非关联交易毛利作为关联交易的公平成交价格。其计算公式如下：

公平成交价格＝关联交易的合理成本×(1＋可比非关联交易成本加成率)

可比非关联交易成本加成率＝可比非关联交易毛利/可比非关联交易成本×100%

可比性分析应特别考察关联交易与非关联交易在功能风险及合同条款上的差异以及影响成本加成率的其他因素，具体包括制造、加工、安装及测试功能，市场及汇兑风险，机器、设备的价值及使用年限，无形资产的使用及价值，商业经验，会计处理及管理效率等。

关联交易与非关联交易之间在以上方面存在重大差异的，应就该差异对成本加成率的影响进行合理调整，无法合理调整的，应根据本章规定选择其他合理的转让定价方法。

成本加成法通常适用于有形资产的购销、转让和使用，劳务提供或资金融通的关联交易。

第二十六条 交易净利润法以可比非关联交易的利润率指标确定关联交易的净利润。利润率指标包括资产收益率、销售利润率、完全成本加成率、贝里比率等。

可比性分析应特别考察关联交易与非关联交易之间在功能风险及经济环境上的差异以及影响营业利润的其他因素，具体包括执行功能、承担风险和使用资产，行业和市场情况，经营规模，经济周期和产品生命周期，成本、费用、所得和资产在各交易间的分摊，会计处理及经营管理效率等。

关联交易与非关联交易之间在以上方面存在重大差异的，应就该差异对营业利润的影响进行合理调整，无法合理调整的，应根据本章规定选择其他合理的转让定价方法。

交易净利润法通常适用于有形资产的购销、转让和使用，无形资产的转让和使用以及劳务提供等关联交易。

第二十七条 利润分割法根据企业与其关联方对关联交易合并利润的贡献计算各自应该分配的利润额。利润分割法分为一般利润分割法和剩余利润分割法。

一般利润分割法根据关联交易各参与方所执行的功能、承担的风险以及使用的资产，确定各自应取得的利润。

剩余利润分割法将关联交易各参与方的合并利润减去分配给各方的常规利润的余额作为剩余利润，再根据各方对剩余利润的贡献程度进行分配。

可比性分析应特别考察交易各方执行的功能、承担的风险和使用的资产，成本、费用、所得和资产在各交易方之间的分摊，会计处理，确定交易各方对剩余利润贡献所使用信息和假设条件的可靠性等。

利润分割法通常适用于各参与方关联交易高度整合且难以单独评估各方交易结果的情况。

第五章 转让定价调查及调整

第二十八条 税务机关有权依据税收征管法及其实施细则有关税务检查的规定，确定调查企业，进行转让定价调查、调整。被调查企业必须据实报告其关联交易情况，并提供相关资料，不得拒绝或隐瞒。

第二十九条 转让定价调查应重点选择以下企业：

(一)关联交易数额较大或类型较多的企业；

(二)长期亏损、微利或跳跃性盈利的企业；

(三)低于同行业利润水平的企业；

(四)利润水平与其所承担的功能风险明显不相匹配的企业；

(五)与避税港关联方发生业务往来的企业；

(六)未按规定进行关联申报或准备同期资料的企业；

(七)其他明显违背独立交易原则的企业。

第三十条 实际税负相同的境内关联方之间的交易，只要该交易没有直接或间接导致国家总体税收收入的减少，原则上不做转让定价调查、调整。

第三十一条 税务机关应结合日常征管工作，开展案头审核，确定调查企业。案头审核应主要根据被调查企业历年报送的年度所得税申报资料及关联业务往来报告表等纳税资料，对企业的生产经营状况、关联交易等情况进行综合评估分析。

企业可以在案头审核阶段向税务机关提供同期资料。

第三十二条 税务机关对已确定的调查对象，应根据所得税法第六章、所得税法实施条例第六章、征管法第四章及征管法实施细则第六章的规定，实施现场调查。

(一)现场调查人员须2名以上。

(二)现场调查时调查人员应出示《税务检查证》，并送达《税务检查通知书》。

(三)现场调查可根据需要依照法定程序采取询问、调取账簿资料和实地核查等方式。

(四)询问当事人应有专人记录《询问(调查)笔录》，并告知当事人不如实提供情况应当承担的法律责任。《询问(调查)笔录》应交当事人核对确认。

(五)需调取账簿及有关资料的，应按照征管法实施细则第八十六条的规定，填制《调取账簿资料通知书》、《调取账簿资料清单》，办理有关法定手续，调取的账簿、记账凭证等资料，应妥善保管，并按法定时限如数退还。

(六)实地核查过程中发现的问题和情况，由调查人员填写《询问(调查)笔录》。《询问(调查)笔录》应由2名以上调查人员签字，并根据需要由被调查企业核对确认，若被调查企业拒绝，可由2名以上调查人员签认备案。

(七)可以以记录、录音、录像、照相和复制的方式索取与案件有关的资料，但必须注明原件的保存方及出处，由原件保存或提供方核对签注“与原件核对无误”字样，并盖章或押印。

（八）需要证人作证的，应事先告知证人不如实提供情况应当承担的法律责任。证人的证言材料应由本人签字或押印。

第三十三条 根据所得税法第四十三条第二款及所得税法实施条例第一百一十四条的规定，税务机关在实施转让定价调查时，有权要求企业及其关联方，以及与关联业务调查有关的其他企业（以下简称可比企业）提供相关资料，并送达《税务事项通知书》。

（一）企业应在《税务事项通知书》规定的期限内提供相关资料，因特殊情况不能按期提供的，应向税务机关提交书面延期申请，经批准，可以延期提供，但最长不得超过 30 日。税务机关应自收到企业延期申请之日起 15 日内函复，逾期未函复的，视同税务机关已同意企业的延期申请。

（二）企业的关联方以及可比企业应在与税务机关约定的期限内提供相关资料，约定期限一般不应超过 60 日。

企业、关联方及可比企业应按税务机关要求提供真实、完整的相关资料。

第三十四条 税务机关应按本办法第二章的有关规定，核实企业申报信息，并要求企业填制《企业可比性因素分析表》。

税务机关在企业关联申报和提供资料的基础上，填制《企业关联关系认定表》、《企业关联交易认定表》和《企业可比性因素分析认定表》，并由被调查企业核对确认。

第三十五条 转让定价调查涉及向关联方和可比企业调查取证的，税务机关向企业送达《税务检查通知书》，进行调查取证。

第三十六条 税务机关审核企业、关联方及可比企业提供的相关资料，可采用现场调查、发函协查和查阅公开信息等方式核实。需取得境外有关资料的，可按有关规定启动税收协定的情报交换程序，或通过我驻外机构调查收集有关信息。涉及境外关联方的相关资料，税务机关也可要求企业提供公证机构的证明。

第三十七条 税务机关应选用本办法第四章规定的转让定价方法分析、评估企业关联交易是否符合独立交易原则，分析评估时可以使用公开信息资料，也可以使用非公开信息资料。

第三十八条 税务机关分析、评估企业关联交易时，因企业与可比企业营运资本占用不同而对营业利润产生的差异原则上不做调整。确需调整的，须层报国家税务总局批准。

第三十九条 按照关联方订单从事加工制造，不承担经营决策、产品研发、销售等功能的企业，不应承担由于决策失误、开工不足、产品滞销等原因带来的风险和损失，通常应保持一定的利润率水平。对出现亏损的企业，税务机关应在经济分析的基础上，选择适当的可比价格或可比企业，确定企业的利润水平。

第四十条 企业与关联方之间收取价款与支付价款的交易相互抵消的，税务机关在可比性分析和纳税调整时，原则上应还原抵消交易。

第四十一条 税务机关采用四分位法分析、评估企业利润水平时，企业利润水平低于可比企业利润率区间中位值的，原则上应按照不低于中位值进行调整。

第四十二条 经调查，企业关联交易符合独立交易原则的，税务机关应做出转让定价调查结论，并向企业送达《特别纳税调查结论通知书》。

第四十三条 经调查，企业关联交易不符合独立交易原则而减少其应纳税收入或者所得额的，税务机关应按以下程序实施转让定价纳税调整：

（一）在测算、论证和可比性分析的基础上，拟定特别纳税调查初步调整方案；

（二）根据初步调整方案与企业协商谈判，税企双方均应指定主谈人，调查人员应做好《协商内容记录》，并由双方主谈人签字确认，若企业拒签，可由 2 名以上调查人员签认备案；

（三）企业对初步调整方案有异议的，应在税务机关规定的期限内进一步提供相关资料，税务机关收到资料后，应认真审核，并及时做出审议决定；

（四）根据审议决定，向企业送达《特别纳税调查初步调整通知书》，企业对初步调整意见有异议的，应自收到通知书之日起 7 日内书面提出，税务机关收到企业意见后，应再次协商审议；企业逾期未提出异议的，视为同意初步调整意见；

（五）确定最终调整方案，向企业送达《特别纳税调查调整通知书》。

第四十四条 企业收到《特别纳税调查调整通知书》后，应按规定期限缴纳税款及利息。

第四十五条 税务机关对企业实施转让定价纳税调整后，应自企业被调整的最后年度的下一年度起 5

年内实施跟踪管理。在跟踪管理期内，企业应在跟踪年度的次年 6 月 20 日之前向税务机关提供跟踪年度的同期资料，税务机关根据同期资料和纳税申报资料重点分析、评估以下内容：

（一）企业投资、经营状况及其变化情况；

（二）企业纳税申报额变化情况；

（三）企业经营成果变化情况；

（四）关联交易变化情况等。

税务机关在跟踪管理期内发现企业转让定价异常等情况，应及时与企业沟通，要求企业自行调整，或按照本章有关规定开展转让定价调查调整。

第六章　预约定价安排管理

第四十六条　企业可以依据所得税法第四十二条、所得税法实施条例第一百一十三条及征管法实施细则第五十三条的规定，与税务机关就企业未来年度关联交易的定价原则和计算方法达成预约定价安排。预约定价安排的谈签与执行通常经过预备会谈、正式申请、审核评估、磋商、签订安排和监控执行 6 个阶段。预约定价安排包括单边、双边和多边 3 种类型。

第四十七条　预约定价安排应由设区的市、自治州以上的税务机关受理。

第四十八条　预约定价安排一般适用于同时满足以下条件的企业：

（一）年度发生的关联交易金额在 4000 万元人民币以上；

（二）依法履行关联申报义务；

（三）按规定准备、保存和提供同期资料。

第四十九条　预约定价安排适用于自企业提交正式书面申请年度的次年起 3 至 5 个连续年度的关联交易。

预约定价安排的谈签不影响税务机关对企业提交预约定价安排正式书面申请当年或以前年度关联交易的转让定价调查调整。

如果企业申请当年或以前年度的关联交易与预约定价安排适用年度相同或类似，经企业申请，税务机关批准，可将预约定价安排确定的定价原则和计算方法适用于申请当年或以前年度关联交易的评估和调整。

第五十条　企业正式申请谈签预约定价安排前，应向税务机关书面提出谈签意向，税务机关可以根据企业的书面要求，与企业就预约定价安排的相关内容及达成预约定价安排的可行性开展预备会谈，并填制《预约定价安排会谈记录》。预备会谈可以采用匿名的方式。

（一）企业申请单边预约定价安排的，应向税务机关书面提出谈签意向。在预备会谈期间，企业应就以下内容提供资料，并与税务机关进行讨论：

1. 安排的适用年度；
2. 安排涉及的关联方及关联交易；
3. 企业以前年度生产经营情况；
4. 安排涉及各关联方功能和风险的说明；
5. 是否应用安排确定的方法解决以前年度的转让定价问题；
6. 其他需要说明的情况。

（二）企业申请双边或多边预约定价安排的，应同时向国家税务总局和主管税务机关书面提出谈签意向，国家税务总局组织与企业开展预备会谈，预备会谈的内容除本条第（一）项外，还应特别包括：

1. 向税收协定缔约对方税务主管当局提出预备会谈申请的情况；
2. 安排涉及的关联方以前年度生产经营情况及关联交易情况；
3. 向税收协定缔约对方税务主管当局提出的预约定价安排拟采用的定价原则和计算方法。

（三）预备会谈达成一致意见的，税务机关应自达成一致意见之日起 15 日内书面通知企业，可以就预约定价安排相关事宜进行正式谈判，并向企业送达《预约定价安排正式会谈通知书》；预备会谈不能达成一致意见的，税务机关应自最后一次预备会谈结束之日起 15 日内书面通知企业，向企业送达《拒绝企业申请预约定价安排通知书》，拒绝企业申请预约定价安排，并说明理由。

第五十一条 企业应在接到税务机关正式会谈通知之日起 3 个月内，向税务机关提出预约定价安排书面申请报告，并报送《预约定价安排正式申请书》。企业申请双边或多边预约定价安排的，应将《预约定价安排正式申请书》和《启动相互协商程序申请书》同时报送国家税务总局和主管税务机关。

（一）预约定价安排书面申请报告应包括如下内容：

1. 相关的集团组织架构、公司内部结构、关联关系、关联交易情况；

2. 企业近三年财务、会计报表资料，产品功能和资产（包括无形资产和有形资产）的资料；

3. 安排所涉及的关联交易类别和纳税年度；

4. 关联方之间功能和风险划分，包括划分所依据的机构、人员、费用、资产等；

5. 安排适用的转让定价原则和计算方法，以及支持这一原则和方法的功能风险分析、可比性分析和假设条件等；

6. 市场情况的说明，包括行业发展趋势和竞争环境；

7. 安排预约期间的年度经营规模、经营效益预测以及经营规划等；

8. 与安排有关的关联交易、经营安排及利润水平等财务方面的信息；

9. 是否涉及双重征税等问题；

10. 涉及境内、外有关法律、税收协定等相关问题。

（二）企业因下列特殊原因无法按期提交书面申请报告的，可向税务机关提出书面延期申请，并报送《预约定价安排正式申请延期报送申请书》：

1. 需要特别准备某些方面的资料；

2. 需要对资料做技术上的处理，如文字翻译等；

3. 其他非主观原因。

税务机关应自收到企业书面延期申请后 15 日内，对其延期事项做出书面答复，并向企业送达《预约定价安排正式申请延期报送答复书》。逾期未做出答复的，视同税务机关已同意企业的延期申请。

（三）上述申请内容所涉及的文件资料和情况说明，包括能够支持拟选用的定价原则、计算方法和能证实符合预约定价安排条件的所有文件资料，企业和税务机关均应妥善保存。

第五十二条 税务机关应自收到企业提交的预约定价安排正式书面申请及所需文件、资料之日起 5 个月内，进行审核和评估。根据审核和评估的具体情况可要求企业补充提供有关资料，形成审核评估结论。

因特殊情况，需要延长审核评估时间的，税务机关应及时书面通知企业，并向企业送达《预约定价安排审核评估延期通知书》，延长期限不得超过 3 个月。

税务机关应主要审核和评估以下内容：

（一）历史经营状况，分析、评估企业的经营规划、发展趋势、经营范围等文件资料，重点审核可行性研究报告、投资预（决）算、董事会决议等，综合分析反映经营业绩的有关信息和资料，如财务、会计报表、审计报告等。

（二）功能和风险状况，分析、评估企业与其关联方之间在供货、生产、运输、销售等各环节以及在研究、开发无形资产等方面各自所拥有的份额，执行的功能以及在存货、信贷、外汇、市场等方面所承担的风险。

（三）可比信息，分析、评估企业提供的境内、外可比价格信息，说明可比企业和申请企业之间的实质性差异，并进行调整。若不能确认可比交易或经营活动的合理性，应明确企业须进一步提供的有关文件、资料，以证明其所选用的转让定价原则和计算方法公平地反映了被审核的关联交易和经营现状，并得到相关财务、经营等资料的证实。

（四）假设条件，分析、评估对行业盈利能力和对企业生产经营的影响因素及其影响程度，合理确定预约定价安排适用的假设条件。

（五）转让定价原则和计算方法，分析、评估企业在预约定价安排中选用的转让定价原则和计算方法是否以及如何真实地运用于以前、现在和未来年度的关联交易以及相关财务、经营资料之中，是否符合法律、法规的规定。

（六）预期的公平交易价格或利润区间，通过对确定的可比价格、利润率、可比企业交易等情况的进一步审核和评估，测算出税务机关和企业均可接受的价格或利润区间。

第五十三条 税务机关应自单边预约定价安排形成审核评估结论之日起 30 日内，与企业进行预约定价安排磋商，磋商达成一致的，应将预约定价安排草案和审核评估报告一并层报国家税务总局审定。

国家税务总局与税收协定缔约对方税务主管当局开展双边或多边预约定价安排的磋商，磋商达成一致的，根据磋商备忘录拟定预约定价安排草案。

预约定价安排草案应包括如下内容：

（一）关联方名称、地址等基本信息；

（二）安排涉及的关联交易及适用年度；

（三）安排选定的可比价格或交易、转让定价原则和计算方法、预期经营结果等；

（四）与转让定价方法运用和计算基础相关的术语定义；

（五）假设条件；

（六）企业年度报告、记录保存、假设条件变动通知等义务；

（七）安排的法律效力，文件资料等信息的保密性；

（八）相互责任条款；

（九）安排的修订；

（十）解决争议的方法和途径；

（十一）生效日期；

（十二）附则。

第五十四条 税务机关与企业就单边预约定价安排草案内容达成一致后，双方的法定代表人或法定代表人授权的代表正式签订单边预约定价安排。国家税务总局与税收协定缔约对方税务主管当局就双边或多边预约定价安排草案内容达成一致后，双方或多方税务主管当局授权的代表正式签订双边或多边预约定价安排。主管税务机关根据双边或多边预约定价安排与企业签订《双边（多边）预约定价安排执行协议书》。

第五十五条 在预约定价安排正式谈判后和预约定价安排签订前，税务机关和企业均可暂停、终止谈判。涉及双边或多边预约定价安排的，经缔约各方税务主管当局协商，可暂停、终止谈判。终止谈判的，双方应将谈判中相互提供的全部资料退还给对方。

第五十六条 税务机关应建立监控管理制度，监控预约定价安排的执行情况。

（一）在预约定价安排执行期内，企业应完整保存与安排有关的文件和资料（包括账簿和有关记录等），不得丢失、销毁和转移；并在纳税年度终了后5个月内，向税务机关报送执行预约定价安排情况的年度报告。

年度报告应说明报告期内经营情况以及企业遵守预约定价安排的情况，包括预约定价安排要求的所有事项，以及是否有修订或实质上终止该预约定价安排的要求。如有未决问题或将要发生的问题，企业应在年度报告中予以说明，以便与税务机关协商是否修订或终止安排。

（二）在预约定价安排执行期内，税务机关应定期（一般为半年）检查企业履行安排的情况。检查内容主要包括：企业是否遵守了安排条款及要求；为谈签安排而提供的资料和年度报告是否反映了企业的实际经营情况；转让定价方法所依据的资料和计算方法是否正确；安排所描述的假设条件是否仍然有效；企业对转让定价方法的运用是否与假设条件相一致等。

税务机关如发现企业有违反安排的一般情况，可视情况进行处理，直至终止安排；如发现企业存在隐瞒或拒不执行安排的情况，税务机关应认定预约定价安排自始无效。

（三）在预约定价安排执行期内，如果企业发生实际经营结果不在安排所预期的价格或利润区间之内的情况，税务机关应在报经上一级税务机关核准后，将实际经营结果调整到安排所确定的价格或利润区间内。涉及双边或多边预约定价安排的，应当呈报国家税务总局核准。

（四）在预约定价安排执行期内，企业发生影响预约定价安排的实质性变化，应在发生变化后30日内向税务机关书面报告，详细说明该变化对预约定价安排执行的影响，并附相关资料。由于非主观原因而无法按期报告的，可以延期报告，但延长期不得超过30日。

税务机关应在收到企业书面报告之日起60日内，予以审核和处理，包括审查企业变化情况、与企业协商修订预约定价安排条款和相关条件，或根据实质性变化对预约定价安排的影响程度采取修订或终止安排等措施。原预约定价安排终止执行后，税务机关可以和企业按照本章规定的程序和要求，重新谈签新的预约定价安排。

（五）国家税务局和地方税务局与企业共同签订的预约定价安排，在执行期内，企业应分别向国家税务局和地方税务局报送执行预约定价安排情况的年度报告和实质性变化报告。国家税务局和地方税务局应对企业执行安排的情况，实行联合检查和审核。

第五十七条 预约定价安排期满后自动失效。如企业需要续签的，应在预约定价安排执行期满前90日内向税务机关提出续签申请，报送《预约定价安排续签申请书》，并提供可靠的证明材料，说明现行预约定价安排所述事实和相关环境没有发生实质性变化，并且一直遵守该预约定价安排中的各项条款和约定。税务机关应自收到企业续签申请之日起15日内做出是否受理的书面答复，向企业送达《预约定价安排申请续签答复书》。税务机关应审核、评估企业的续签申请资料，与企业协商拟定预约定价安排草案，并按双方商定的续签时间、地点等相关事宜，与企业完成续签工作。

第五十八条 预约定价安排的谈签或执行同时涉及两个以上省、自治区、直辖市和计划单列市税务机关，或者同时涉及国家税务局和地方税务局的，由国家税务总局统一组织协调。企业可以直接向国家税务总局书面提出谈签意向。

第五十九条 税务机关与企业达成的预约定价安排，只要企业遵守了安排的全部条款及其要求，各地国家税务局、地方税务局均应执行。

第六十条 税务机关与企业在预约定价安排预备会谈、正式谈签、审核、分析等全过程中所获取或得到的所有信息资料，双方均负有保密义务。税务机关和企业每次会谈，均应对会谈内容进行书面记录，同时载明每次会谈时相互提供资料的份数和内容，并由双方主谈人员签字或盖章。

第六十一条 税务机关与企业不能达成预约定价安排的，税务机关在会谈、协商过程中所获取的有关企业的提议、推理、观念和判断等非事实性信息，不得用于以后对该预约定价安排涉及交易行为的税务调查。

第六十二条 在预约定价安排执行期间，如果税务机关与企业发生分歧，双方应进行协商。协商不能解决的，可报上一级税务机关协调；涉及双边或多边预约定价安排的，须层报国家税务总局协调。对上一级税务机关或国家税务总局的协调结果或决定，下一级税务机关应当予以执行。但企业仍不能接受的，应当终止安排的执行。

第六十三条 税务机关应在与企业正式签订单边预约定价安排或双边或多边预约定价安排执行协议书后10日内，以及预约定价安排执行中发生修订、终止等情况后20日内，将单边预约定价安排正式文本、双边或多边预约定价安排执行协议书以及安排变动情况的说明层报国家税务总局备案。

第七章 成本分摊协议管理

第六十四条 根据所得税法第四十一条第二款及所得税法实施条例第一百一十二条的规定，企业与其关联方签署成本分摊协议，共同开发、受让无形资产，或者共同提供、接受劳务，应符合本章规定。

第六十五条 成本分摊协议的参与方对开发、受让的无形资产或参与的劳务活动享有受益权，并承担相应的活动成本。关联方承担的成本应与非关联方在可比条件下为获得上述受益权而支付的成本相一致。

参与方使用成本分摊协议所开发或受让的无形资产不需另支付特许权使用费。

第六十六条 企业对成本分摊协议所涉及无形资产或劳务的受益权应有合理的、可计量的预期收益，且以合理商业假设和营业常规为基础。

第六十七条 涉及劳务的成本分摊协议一般适用于集团采购和集团营销策划。

第六十八条 成本分摊协议主要包括以下内容：

（一）参与方的名称、所在国家（地区）、关联关系、在协议中的权利和义务；

（二）成本分摊协议所涉及的无形资产或劳务的内容、范围，协议涉及研发或劳务活动的具体承担者及其职责、任务；

（三）协议期限；

（四）参与方预期收益的计算方法和假设；

（五）参与方初始投入和后续成本支付的金额、形式、价值确认的方法以及符合独立交易原则的说明；

（六）参与方会计方法的运用及变更说明；

（七）参与方加入或退出协议的程序及处理规定；

(八)参与方之间补偿支付的条件及处理规定;

(九)协议变更或终止的条件及处理规定;

(十)非参与方使用协议成果的规定。

第六十九条 企业应自成本分摊协议达成之日起 30 日内,层报国家税务总局备案。税务机关判定成本分摊协议是否符合独立交易原则须层报国家税务总局审核。

第七十条 已经执行并形成一定资产的成本分摊协议,参与方发生变更或协议终止执行,应根据独立交易原则做如下处理:

(一)加入支付,即新参与方为获得已有协议成果的受益权应做出合理的支付;

(二)退出补偿,即原参与方退出协议安排,将已有协议成果的受益权转让给其他参与方应获得合理的补偿;

(三)参与方变更后,应对各方受益和成本分摊情况做出相应调整;

(四)协议终止时,各参与方应对已有协议成果做出合理分配。

企业不按独立交易原则对上述情况做出处理而减少其应纳税所得额的,税务机关有权做出调整。

第七十一条 成本分摊协议执行期间,参与方实际分享的收益与分摊的成本不相配比的,应根据实际情况做出补偿调整。

第七十二条 对于符合独立交易原则的成本分摊协议,有关税务处理如下:

(一)企业按照协议分摊的成本,应在协议规定的各年度税前扣除;

(二)涉及补偿调整的,应在补偿调整的年度计入应纳税所得额;

(三)涉及无形资产的成本分摊协议,加入支付、退出补偿或终止协议时对协议成果分配的,应按资产购置或处置的有关规定处理。

第七十三条 企业可根据本办法第六章的规定采取预约定价安排的方式达成成本分摊协议。

第七十四条 企业执行成本分摊协议期间,除遵照本办法第三章规定外,还应准备和保存以下成本分摊协议的同期资料:

(一)成本分摊协议副本;

(二)成本分摊协议各参与方之间达成的为实施该协议的其他协议;

(三)非参与方使用协议成果的情况、支付的金额及形式;

(四)本年度成本分摊协议的参与方加入或退出的情况,包括加入或退出的参与方名称、所在国家(地区)、关联关系,加入支付或退出补偿的金额及形式;

(五)成本分摊协议的变更或终止情况,包括变更或终止的原因、对已形成协议成果的处理或分配;

(六)本年度按照成本分摊协议发生的成本总额及构成情况;

(七)本年度各参与方成本分摊的情况,包括成本支付的金额、形式、对象,做出或接受补偿支付的金额、形式、对象;

(八)本年度协议预期收益与实际结果的比较及由此做出的调整。

企业执行成本分摊协议期间,无论成本分摊协议是否采取预约定价安排的方式,均应在本年度的次年 6 月 20 日之前向税务机关提供成本分摊协议的同期资料。

第七十五条 企业与其关联方签署成本分摊协议,有下列情形之一的,其自行分摊的成本不得税前扣除:

(一)不具有合理商业目的和经济实质;

(二)不符合独立交易原则;

(三)没有遵循成本与收益配比原则;

(四)未按本办法有关规定备案或准备、保存和提供有关成本分摊协议的同期资料;

(五)自签署成本分摊协议之日起经营期限少于 20 年。

第八章 受控外国企业管理

第七十六条 受控外国企业是指根据所得税法第四十五条的规定,由居民企业,或者由居民企业和居民个人(以下统称中国居民股东,包括中国居民企业股东和中国居民个人股东)控制的设立在实际税负低于所得税法第四条第一款规定税率水平50%的国家(地区),并非出于合理经营需要对利润不作分配或减少分配的外国企业。

第七十七条 本办法第七十六条所称控制,是指在股份、资金、经营、购销等方面构成实质控制。其中,股份控制是指由中国居民股东在纳税年度任何一天单层直接或多层间接单一持有外国企业10%以上有表决权股份,且共同持有该外国企业50%以上股份。

中国居民股东多层间接持有股份按各层持股比例相乘计算,中间层持有股份超过50%的,按100%计算。

第七十八条 中国居民企业股东应在年度企业所得税纳税申报时提供对外投资信息,附送《对外投资情况表》。

第七十九条 税务机关应汇总、审核中国居民企业股东申报的对外投资信息,向受控外国企业的中国居民企业股东送达《受控外国企业中国居民股东确认通知书》。中国居民企业股东符合所得税法第四十五条征税条件的,按照有关规定征税。

第八十条 计入中国居民企业股东当期的视同受控外国企业股息分配的所得,应按以下公式计算:

中国居民企业股东当期所得=视同股息分配额×实际持股天数÷受控外国企业纳税年度天数×股东持股比例

中国居民股东多层间接持有股份的,股东持股比例按各层持股比例相乘计算。

第八十一条 受控外国企业与中国居民企业股东纳税年度存在差异的,应将视同股息分配所得计入受控外国企业纳税年度终止日所属的中国居民企业股东的纳税年度。

第八十二条 计入中国居民企业股东当期所得已在境外缴纳的企业所得税税款,可按照所得税法或税收协定的有关规定抵免。

第八十三条 受控外国企业实际分配的利润已根据所得税法第四十五条规定征税的,不再计入中国居民企业股东的当期所得。

第八十四条 中国居民企业股东能够提供资料证明其控制的外国企业满足以下条件之一的,可免于将外国企业不作分配或减少分配的利润视同股息分配额,计入中国居民企业股东的当期所得:

(一)设立在国家税务总局指定的非低税率国家(地区);

(二)主要取得积极经营活动所得;

(三)年度利润总额低于500万元人民币。

第九章 资本弱化管理

第八十五条 所得税法第四十六条所称不得在计算应纳税所得额时扣除的利息支出应按以下公式计算:

不得扣除利息支出=年度实际支付的全部关联方利息×(1-标准比例/关联债资比例)

其中:

标准比例是指《财政部 国家税务总局关于企业关联方利息支出税前扣除标准有关税收政策问题的通知》(财税〔2008〕121号)规定的比例。

关联债资比例是指根据所得税法第四十六条及所得税法实施条例第一百一十九的规定,企业从其全部关联方接受的债权性投资(以下简称关联债权投资)占企业接受的权益性投资(以下简称权益投资)的比例,关联债权投资包括关联方以各种形式提供担保的债权性投资。

第八十六条 关联债资比例的具体计算方法如下:

关联债资比例=年度各月平均关联债权投资之和/年度各月平均权益投资之和

其中:

各月平均关联债权投资=(关联债权投资月初账面余额+月末账面余额)/2

各月平均权益投资=(权益投资月初账面余额+月末账面余额)/2

权益投资为企业资产负债表所列示的所有者权益金额。如果所有者权益小于实收资本(股本)与资本公积之和,则权益投资为实收资本(股本)与资本公积之和;如果实收资本(股本)与资本公积之和小于实收资本(股本)金额,则权益投资为实收资本(股本)金额。

第八十七条　所得税法第四十六条所称的利息支出包括直接或间接关联债权投资实际支付的利息、担保费、抵押费和其他具有利息性质的费用。

第八十八条　所得税法第四十六条规定不得在计算应纳税所得额时扣除的利息支出，不得结转到以后纳税年度；应按照实际支付给各关联方利息占关联方利息总额的比例，在各关联方之间进行分配，其中，分配给实际税负高于企业的境内关联方的利息准予扣除；直接或间接实际支付给境外关联方的利息应视同分配的股息，按照股息和利息分别适用的所得税税率差补征企业所得税，如已扣缴的所得税税款多于按股息计算应征所得税税款，多出的部分不予退税。

第八十九条　企业关联债资比例超过标准比例的利息支出，如要在计算应纳税所得额时扣除，除遵照本办法第三章规定外，还应准备、保存、并按税务机关要求提供以下同期资料，证明关联债权投资金额、利率、期限、融资条件以及债资比例等均符合独立交易原则：

(一)企业偿债能力和举债能力分析；

(二)企业集团举债能力及融资结构情况分析；

(三)企业注册资本等权益投资的变动情况说明；

(四)关联债权投资的性质、目的及取得时的市场状况；

(五)关联债权投资的货币种类、金额、利率、期限及融资条件；

(六)企业提供的抵押品情况及条件；

(七)担保人状况及担保条件；

(八)同类同期贷款的利率情况及融资条件；

(九)可转换公司债券的转换条件；

(十)其他能够证明符合独立交易原则的资料。

第九十条　企业未按规定准备、保存和提供同期资料证明关联债权投资金额、利率、期限、融资条件以及债资比例等符合独立交易原则的，其超过标准比例的关联方利息支出，不得在计算应纳税所得额时扣除。

第九十一条　本章所称"实际支付利息"是指企业按照权责发生制原则计入相关成本、费用的利息。

企业实际支付关联方利息存在转让定价问题的，税务机关应首先按照本办法第五章的有关规定实施转让定价调查调整。

第十章　一般反避税管理

第九十二条　税务机关可依据所得税法第四十七条及所得税法实施条例第一百二十条的规定对存在以下避税安排的企业，启动一般反避税调查：

(一)滥用税收优惠；

(二)滥用税收协定；

(三)滥用公司组织形式；

(四)利用避税港避税；

(五)其他不具有合理商业目的的安排。

第九十三条　税务机关应按照实质重于形式的原则审核企业是否存在避税安排，并综合考虑安排的以下内容：

(一)安排的形式和实质；

(二)安排订立的时间和执行期间；

(三)安排实现的方式；

(四)安排各个步骤或组成部分之间的联系；

(五)安排涉及各方财务状况的变化；

(六)安排的税收结果。

第九十四条　税务机关应按照经济实质对企业的避税安排重新定性，取消企业从避税安排获得的税收利益。对于没有经济实质的企业，特别是设在避税港并导致其关联方或非关联方避税的企业，可在税收上否定该企业的存在。

第九十五条　税务机关启动一般反避税调查时，应按照征管法及其实施细则的有关规定向企业送达

《税务检查通知书》。企业应自收到通知书之日起60日内提供资料证明其安排具有合理的商业目的。企业未在规定期限内提供资料,或提供资料不能证明安排具有合理商业目的的,税务机关可根据已掌握的信息实施纳税调整,并向企业送达《特别纳税调查调整通知书》。

第九十六条 税务机关实施一般反避税调查,可按照征管法第五十七条的规定要求避税安排的筹划方如实提供有关资料及证明材料。

第九十七条 一般反避税调查及调整须层报国家税务总局批准。

第十一章 相应调整及国际磋商

第九十八条 关联交易一方被实施转让定价调查调整的,应允许另一方做相应调整,以消除双重征税。相应调整涉及税收协定国家(地区)关联方的,经企业申请,国家税务总局与税收协定缔约对方税务主管当局根据税收协定有关相互协商程序的规定开展磋商谈判。

第九十九条 涉及税收协定国家(地区)关联方的转让定价相应调整,企业应同时向国家税务总局和主管税务机关提出书面申请,报送《启动相互协商程序申请书》,并提供企业或其关联方被转让定价调整的通知书复印件等有关资料。

第一百条 企业应自企业或其关联方收到转让定价调整通知书之日起三年内提出相应调整的申请,超过三年的,税务机关不予受理。

第一百零一条 税务机关对企业实施转让定价调整,涉及企业向境外关联方支付利息、租金、特许权使用费等已扣缴的税款,不再做相应调整。

第一百零二条 国家税务总局按照本办法第六章规定接受企业谈签双边或多边预约定价安排申请的,应与税收协定缔约对方税务主管当局根据税收协定相互协商程序的有关规定开展磋商谈判。

第一百零三条 相应调整或相互磋商的结果,由国家税务总局以书面形式经主管税务机关送达企业。

第一百零四条 本办法第九章所称不得在计算应纳税所得额时扣除的利息支出以及视同股息分配的利息支出,不适用本章相应调整的规定。

第十二章 法律责任

第一百零五条 企业未按照本办法的规定向税务机关报送企业年度关联业务往来报告表,或者未保存同期资料或其他相关资料的,依照征管法第六十条和第六十二条的规定处理。

第一百零六条 企业拒绝提供同期资料等关联交易的相关资料,或者提供虚假、不完整资料,未能真实反映其关联业务往来情况的,依照征管法第七十条、征管法实施细则第九十六条、所得税法第四十四条及所得税法实施条例第一百一十五条的规定处理。

第一百零七条 税务机关根据所得税法及其实施条例的规定,对企业做出特别纳税调整的,应对2008年1月1日以后发生交易补征的企业所得税税款,按日加收利息。

(一)计息期间自税款所属纳税年度的次年6月1日起至补缴(预缴)税款入库之日止。

(二)利息率按照税款所属纳税年度12月31日实行的与补税期间同期的中国人民银行人民币贷款基准利率(以下简称“基准利率”)加5个百分点计算,并按一年365天折算日利息率。

(三)企业按照本办法规定提供同期资料和其他相关资料的,或者企业符合本办法第十五条的规定免于准备同期资料但根据税务机关要求提供其他相关资料的,可以只按基准利率计算加收利息。

企业按照本办法第十五条第(一)项的规定免于准备同期资料,但经税务机关调查,其实际关联交易额达到必须准备同期资料的标准的,税务机关对补征税款加收利息,适用本条第(二)项规定。

(四)按照本条规定加收的利息,不得在计算应纳税所得额时扣除。

第一百零八条 企业在税务机关做出特别纳税调整决定前预缴税款的,收到调整补税通知书后补缴税款时,按照应补缴税款所属年度的先后顺序确定已预缴税款的所属年度,以预缴入库日为截止日,分别计算应加收的利息额。

第一百零九条 企业对特别纳税调整应补征的税款及利息,应在税务机关调整通知书规定的期限内缴纳入库。企业有特殊困难,不能按期缴纳税款的,应依照征管法第三十一条及征管法实施细则第四十一条和第四十二条的有关规定办理延期缴纳税款。逾期不申请延期又不缴纳税款的,税务机关应按照征管法第三十二条及其他有关规定处理。

第十三章　附　　则

第一百一十条　税务机关对转让定价管理和预约定价安排管理以外的其他特别纳税调整事项实施的调查调整程序可参照适用本办法第五章的有关规定。

第一百一十一条　各级国家税务局和地方税务局对企业实施特别纳税调查调整要加强联系，可根据需要组成联合调查组进行调查。

第一百一十二条　税务机关及其工作人员应依据《国家税务总局关于纳税人涉税保密信息管理暂行办法》(国税发〔2008〕93 号)等有关保密的规定保管、使用企业提供的信息资料。

第一百一十三条　本办法所规定期限的最后一日是法定休假日的，以休假日期满的次日为期限的最后一日；在期限内有连续 3 日以上法定休假日的，按休假日天数顺延。

第一百一十四条　本办法所涉及的"以上"、"以下"、"日内"、"之日"、"之前"、"少于"、"低于"、"超过"等均包含本数。

第一百一十五条　被调查企业在税务机关实施特别纳税调查调整期间申请变更经营地址或注销税务登记的，税务机关在调查结案前原则上不予办理税务变更、注销手续。

第一百一十六条　企业按本办法第二章的规定准备 2008 纳税年度发生关联交易的同期资料，可延期至 2009 年 12 月 31 日。

第一百一十七条　本办法由国家税务总局负责解释和修订。

第一百一十八条　本办法自 2008 年 1 月 1 日起施行。《国家税务总局关于关联企业间业务往来税务管理规程(试行)》(国税发〔1998〕59 号)、《国家税务总局关于修订〈关联企业间业务往来税务管理规程〉(试行)的通知》(国税发〔2004〕143 号)和《国家税务总局关于关联企业间业务往来预约定价实施规则》(国税发〔2004〕118 号)同时废止。在本办法发布前实施的有关规定与本办法不一致的，以本办法为准。

财政部 国家税务总局 民政部关于公益性捐赠税前扣除有关问题的通知

财税〔2008〕160 号

各省、自治区、直辖市、计划单列市财政厅(局)、国家税务局、地方税务局、民政厅(局)，新疆生产建设兵团财务局、民政局：

为贯彻落实《中华人民共和国企业所得税法》和《中华人民共和国个人所得税法》，现对公益性捐赠所得税税前扣除有关问题明确如下：

一、企业通过公益性社会团体或者县级以上人民政府及其部门，用于公益事业的捐赠支出，在年度利润总额 12%以内的部分，准予在计算应纳税所得额时扣除。年度利润总额，是指企业依照国家统一会计制度的规定计算的大于零的数额。

二、个人通过社会团体、国家机关向公益事业的捐赠支出，按照现行税收法律、行政法规及相关政策规定准予在所得税税前扣除。

三、本通知第一条所称的用于公益事业的捐赠支出，是指《中华人民共和国公益事业捐赠法》规定的向公益事业的捐赠支出，具体范围包括：

(一)救助灾害、救济贫困、扶助残疾人等困难的社会群体和个人的活动；

(二)教育、科学、文化、卫生、体育事业；

(三)环境保护、社会公共设施建设；

(四)促进社会发展和进步的其他社会公共和福利事业。

四、本通知第一条所称的公益性社会团体和第二条所称的社会团体均指依据国务院发布的《基金会管理条例》和《社会团体登记管理条例》的规定，经民政部门依法登记、符合以下条件的基金会、慈善组织等公益性社会团体：

（一）符合《中华人民共和国企业所得税法实施条例》第五十二条第（一）项到第（八）项规定的条件；

（二）申请前3年内未受到行政处罚；

（三）基金会在民政部门依法登记3年以上（含3年）的，应当在申请前连续2年年度检查合格，或最近1年年度检查合格且社会组织评估等级在3A以上（含3A），登记3年以下1年以上（含1年）的，应当在申请前1年年度检查合格或社会组织评估等级在3A以上（含3A），登记1年以下的基金会具备本款第（一）项、第（二）项规定的条件；

（四）公益性社会团体（不含基金会）在民政部门依法登记3年以上，净资产不低于登记的活动资金数额，申请前连续2年年度检查合格，或最近1年年度检查合格且社会组织评估等级在3A以上（含3A），申请前连续3年每年用于公益活动的支出不低于上年总收入的70%（含70%），同时需达到当年总支出的50%以上（含50%）。

前款所称年度检查合格是指民政部门对基金会、公益性社会团体（不含基金会）进行年度检查，作出年度检查合格的结论；社会组织评估等级在3A以上（含3A）是指社会组织在民政部门主导的社会组织评估中被评为3A、4A、5A级别，且评估结果在有效期内。

五、本通知第一条所称的县级以上人民政府及其部门和第二条所称的国家机关均指县级（含县级，下同）以上人民政府及其组成部门和直属机构。

六、符合本通知第四条规定的基金会、慈善组织等公益性社会团体，可按程序申请公益性捐赠税前扣除资格。

（一）经民政部批准成立的公益性社会团体，可分别向财政部、国家税务总局、民政部提出申请；

（二）经省级民政部门批准成立的基金会，可分别向省级财政、税务（国、地税，下同）、民政部门提出申请。经地方县级以上人民政府民政部门批准成立的公益性社会团体（不含基金会），可分别向省、自治区、直辖市和计划单列市财政、税务、民政部门提出申请；

（三）民政部门负责对公益性社会团体的资格进行初步审核，财政、税务部门会同民政部门对公益性社会团体的捐赠税前扣除资格联合进行审核确认；

（四）对符合条件的公益性社会团体，按照上述管理权限，由财政部、国家税务总局和民政部及省、自治区、直辖市和计划单列市财政、税务和民政部门分别定期予以公布。

七、申请捐赠税前扣除资格的公益性社会团体，需报送以下材料：

（一）申请报告；

（二）民政部或地方县级以上人民政府民政部门颁发的登记证书复印件；

（三）组织章程；

（四）申请前相应年度的资金来源、使用情况，财务报告，公益活动的明细，注册会计师的审计报告；

（五）民政部门出具的申请前相应年度的年度检查结论、社会组织评估结论。

八、公益性社会团体和县级以上人民政府及其组成部门和直属机构在接受捐赠时，应按照行政管理级次分别使用由财政部或省、自治区、直辖市财政部门印制的公益性捐赠票据，并加盖本单位的印章；对个人索取捐赠票据的，应予以开具。

新设立的基金会在申请获得捐赠税前扣除资格后，原始基金的捐赠人可凭捐赠票据依法享受税前扣除。

九、公益性社会团体和县级以上人民政府及其组成部门和直属机构在接受捐赠时，捐赠资产的价值，按以下原则确认：

（一）接受捐赠的货币性资产，应当按照实际收到的金额计算；

（二）接受捐赠的非货币性资产，应当以其公允价值计算。捐赠方在向公益性社会团体和县级以上人民政府及其组成部门和直属机构捐赠时，应当提供注明捐赠非货币性资产公允价值的证明，如果不能提供上述证明，公益性社会团体和县级以上人民政府及其组成部门和直属机构不得向其开具公益性捐赠票据。

十、存在以下情形之一的公益性社会团体，应取消公益性捐赠税前扣除资格：

（一）年度检查不合格或最近一次社会组织评估等级低于3A的；

（二）在申请公益性捐赠税前扣除资格时有弄虚作假行为的；

(三)存在偷税行为或为他人偷税提供便利的;

(四)存在违反该组织章程的活动,或者接受的捐赠款项用于组织章程规定用途之外的支出等情况的;

(五)受到行政处罚的。

被取消公益性捐赠税前扣除资格的公益性社会团体,存在本条第一款第(一)项情形的,1 年内不得重新申请公益性捐赠税前扣除资格,存在第(二)项、第(三)项、第(四)项、第(五)项情形的,3 年内不得重新申请公益性捐赠税前扣除资格。

对本条第一款第(三)项、第(四)项情形,应对其接受捐赠收入和其他各项收入依法补征企业所得税。

十一、本通知从 2008 年 1 月 1 日起执行。本通知发布前已经取得和未取得捐赠税前扣除资格的公益性社会团体,均应按本通知的规定提出申请。《财政部 国家税务总局关于公益救济性捐赠税前扣除政策及相关管理问题的通知》(财税〔2007〕6 号)停止执行。

国家税务总局关于简化判定中国居民股东控制外国企业所在国实际税负的通知

国税函〔2009〕37 号

各省、自治区、直辖市和计划单列市国家税务局、地方税务局:

根据《中华人民共和国企业所得税法》第四十五条的规定,为了简化判定由中国居民企业,或者由中国居民企业和居民个人控制的外国企业的实际税负,现明确如下:

中国居民企业或居民个人能够提供资料证明其控制的外国企业设立在美国、英国、法国、德国、日本、意大利、加拿大、澳大利亚、印度、南非、新西兰和挪威的,可免于将该外国企业不作分配或者减少分配的利润视同股息分配额,计入中国居民企业的当期所得。

国家税务总局关于印发《非居民企业所得税源泉扣缴管理暂行办法》的通知

国税发〔2009〕3 号

各省、自治区、直辖市和计划单列市国家税务局、地方税务局:

为贯彻实施《中华人民共和国企业所得税法》及其实施条例,规范非居民企业所得税源泉扣缴管理,税务总局制定了《非居民企业所得税源泉扣缴管理暂行办法》,现印发给你们,请遵照执行。执行中发现的问题请及时反馈税务总局(国际税务司)。

附件:

1. 扣缴企业所得税合同备案登记表
2. 非居民企业税务事项联络函
3. 扣缴企业所得税管理台账

非居民企业所得税源泉扣缴管理暂行办法

第一章　总　　则

第一条　为规范和加强非居民企业所得税源泉扣缴管理,根据《中华人民共和国企业所得税法》(以下简称企业所得税法)及其实施条例、《中华人民共和国税收征收管理法》(以下简称税收征管法)及其实施细则、《税务登记管理办法》、中国政府对外签署的避免双重征税协定(含与香港、澳门特别行政区签署的税收安排,以下统称税收协定)等相关法律法规,制定本办法。

第二条 本办法所称非居民企业,是指依照外国(地区)法律成立且实际管理机构不在中国境内,但在中国境内未设立机构、场所且有来源于中国境内所得的企业,以及虽设立机构、场所但取得的所得与其所设机构、场所没有实际联系的企业。

第三条 对非居民企业取得来源于中国境内的股息、红利等权益性投资收益和利息、租金、特许权使用费所得、转让财产所得以及其他所得应当缴纳的企业所得税,实行源泉扣缴,以依照有关法律规定或者合同约定对非居民企业直接负有支付相关款项义务的单位或者个人为扣缴义务人。

第二章 税源管理

第四条 扣缴义务人与非居民企业首次签订与本办法第三条规定的所得有关的业务合同或协议(以下简称合同)的,扣缴义务人应当自合同签订之日起30日内,向其主管税务机关申报办理扣缴税款登记。

第五条 扣缴义务人每次与非居民企业签订与本办法第三条规定的所得有关的业务合同时,应当自签订合同(包括修改、补充、延期合同)之日起30日内,向其主管税务机关报送《扣缴企业所得税合同备案登记表》(见附件1)、合同复印件及相关资料。文本为外文的应同时附送中文译本。

股权转让交易双方均为非居民企业且在境外交易的,被转让股权的境内企业在依法变更税务登记时,应将股权转让合同复印件报送主管税务机关。

第六条 扣缴义务人应当设立代扣代缴税款账簿和合同资料档案,准确记录企业所得税的扣缴情况,并接受税务机关的检查。

第三章 征收管理

第七条 扣缴义务人在每次向非居民企业支付或者到期应支付本办法第三条规定的所得时,应从支付或者到期应支付的款项中扣缴企业所得税。

本条所称到期应支付的款项,是指支付人按照权责发生制原则应当计入相关成本、费用的应付款项。

扣缴义务人每次代扣代缴税款时,应当向其主管税务机关报送《中华人民共和国扣缴企业所得税报告表》(以下简称扣缴表)及相关资料,并自代扣之日起7日内缴入国库。

第八条 扣缴企业所得税应纳税额计算。

扣缴企业所得税应纳税额=应纳税所得额×实际征收率

应纳税所得额是指依照企业所得税法第十九条规定计算的下列应纳税所得额:

(一)股息、红利等权益性投资收益和利息、租金、特许权使用费所得,以收入全额为应纳税所得额,不得扣除税法规定之外的税费支出。

(二)转让财产所得,以收入全额减除财产净值后的余额为应纳税所得额。

(三)其他所得,参照前两项规定的方法计算应纳税所得额。

实际征收率是指企业所得税法及其实施条例等相关法律法规规定的税率,或者税收协定规定的更低的税率。

第九条 扣缴义务人对外支付或者到期应支付的款项为人民币以外货币的,在申报扣缴企业所得税时,应当按照扣缴当日国家公布的人民币汇率中间价,折合成人民币计算应纳税所得额。

第十条 扣缴义务人与非居民企业签订与本办法第三条规定的所得有关的业务合同时,凡合同中约定由扣缴义务人负担应纳税款的,应将非居民企业取得的不含税所得换算为含税所得后计算征税。

第十一条 按照企业所得税法及其实施条例和相关税收法规规定,给予非居民企业减免税优惠的,应按相关税收减免管理办法和行政审批程序的规定办理。对未经审批或者减免税申请未得到批准之前,扣缴义务人发生支付款项的,应按规定代扣代缴企业所得税。

第十二条 非居民企业可以适用的税收协定与本办法有不同规定的,可申请执行税收协定规定;非居民企业未提出执行税收协定规定申请的,按国内税收法律法规的有关规定执行。

第十三条 非居民企业已按国内税收法律法规的有关规定征税后，提出享受减免税或税收协定待遇申请的，主管税务机关经审核确认应享受减免税或税收协定待遇的，对多缴纳的税款应依据税收征管法及其实施细则的有关规定予以退税。

第十四条 因非居民企业拒绝代扣税款的，扣缴义务人应当暂停支付相当于非居民企业应纳税款的款项，并在1日之内向其主管税务机关报告，并报送书面情况说明。

第十五条 扣缴义务人未依法扣缴或者无法履行扣缴义务的，非居民企业应于扣缴义务人支付或者到期应支付之日起7日内，到所得发生地主管税务机关申报缴纳企业所得税。

股权转让交易双方为非居民企业且在境外交易的，由取得所得的非居民企业自行或委托代理人向被转让股权的境内企业所在地主管税务机关申报纳税。被转让股权的境内企业应协助税务机关向非居民企业征缴税款。

扣缴义务人所在地与所得发生地不在一地的，扣缴义务人所在地主管税务机关应自确定扣缴义务人未依法扣缴或者无法履行扣缴义务之日起5个工作日内，向所得发生地主管税务机关发送《非居民企业税务事项联络函》(见附件2)，告知非居民企业的申报纳税事项。

第十六条 非居民企业依照本办法第十五条规定申报缴纳企业所得税，但在中国境内存在多处所得发生地，并选定其中之一申报缴纳企业所得税的，应向申报纳税所在地主管税务机关如实报告有关情况。申报纳税所在地主管税务机关在受理申报纳税后，应将非居民企业申报缴纳所得税情况书面通知扣缴义务人所在地和其他所得发生地主管税务机关。

第十七条 非居民企业未依照本办法第十五条的规定申报缴纳企业所得税，由申报纳税所在地主管税务机关责令限期缴纳，逾期仍未缴纳的，申报纳税所在地主管税务机关可以收集、查实该非居民企业在中国境内其他收入项目及其支付人(以下简称其他支付人)的相关信息，并向其他支付人发出《税务事项通知书》，从其他支付人应付的款项中，追缴该非居民企业的应纳税款和滞纳金。

其他支付人所在地与申报纳税所在地不在一地的，其他支付人所在地主管税务机关应给予配合和协助。

第十八条 对多次付款的合同项目，扣缴义务人应当在履行合同最后一次付款前15日内，向主管税务机关报送合同全部付款明细、前期扣缴表和完税凭证等资料，办理扣缴税款清算手续。

第四章 后续管理

第十九条 主管税务机关应当建立《扣缴企业所得税管理台账》(见附件3)，加强合同履行情况的跟踪监管，及时了解合同签约内容与实际履行中的动态变化，监控合同款项支付、代扣代缴税款等情况。必要时应查核企业相关账簿，掌握股息、利息、租金、特许权使用费、转让财产收益等支付和列支情况，特别是未实际支付但已计入成本费用的利息、租金、特许权使用费等情况，有否漏扣企业所得税问题。

主管税务机关应根据备案合同资料、扣缴企业所得税管理台账记录、对外售付汇开具税务证明等监管资料和已申报扣缴税款情况，核对办理税款清算手续。

第二十条 主管税务机关可根据需要对代扣代缴企业所得税的情况实施专项检查，实施检查的主管税务机关应将检查结果及时传递给同级国家税务局或地方税务局。专项检查可以采取国、地税联合检查的方式。

第二十一条 税务机关在企业所得税源泉扣缴管理中，遇有需要向税收协定缔约对方获取涉税信息或告知非居民企业在中国境内的税收违法行为时，可按照《国家税务总局关于印发〈国际税收情报交换工作规程〉的通知》(国税发〔2006〕70号)规定办理。

第五章 法律责任

第二十二条 扣缴义务人未按照规定办理扣缴税款登记的，主管税务机关应当按照《税务登记管理办法》第四十五条、四十六条的规定处理。

本办法第五条第二款所述被转让股权的境内企业未依法变更税务登记的，主管税务机关应当按照《税务登记管理办法》第四十二条的规定处理。

第二十三条 扣缴义务人未按本办法第五条规定的期限向主管税务机关报送《扣缴企业所得税合同备

案登记表》、合同复印件及相关资料的，未按规定期限向主管税务机关报送扣缴表的，未履行扣缴义务不缴或者少缴已扣税款的、或者应扣未扣税款的，非居民企业未按规定期限申报纳税的、不缴或者少缴应纳税款的，主管税务机关应当按照税收征管法及其实施细则的有关规定处理。

第六章　附　　则

第二十四条　本办法由国家税务总局负责解释，各省、自治区、直辖市和计划单列市国家税务局、地方税务局可根据本办法制定具体操作规程。

第二十五条　本办法自2009年1月1日起施行。

财政部 国家税务总局关于海峡两岸海上直航营业税和企业所得税政策的通知

财税〔2009〕4号

各省、自治区、直辖市、计划单列市财政厅（局）、国家税务局、地方税务局，新疆生产建设兵团财务局：

为推动海峡两岸海上直航，经国务院批准，现对海峡两岸海上直航业务有关税收政策通知如下：

一、自2008年12月15日起，对台湾航运公司从事海峡两岸海上直航业务在大陆取得的运输收入，免征营业税。

对台湾航运公司在2008年12月15日至文到之日已缴纳应予免征的营业税，从以后应缴的营业税税款中抵减，年度内抵减不完的予以退税。

二、自2008年12月15日起，对台湾航运公司从事海峡两岸海上直航业务取得的来源于大陆的所得，免征企业所得税。

享受企业所得税免税政策的台湾航运公司应当按照企业所得税法实施条例的有关规定，单独核算其从事上述业务在大陆取得的收入和发生的成本、费用；未单独核算的，不得享受免征企业所得税政策。

三、本通知所称台湾航运公司，是指取得交通运输部颁发的“台湾海峡两岸间水路运输许可证”且上述许可证上注明的公司登记地址在台湾的航运公司。

国家税务总局关于明确非居民企业所得税征管范围的补充通知

国税函〔2009〕50号

各省、自治区、直辖市和计划单列市国家税务局、地方税务局：

为贯彻落实《国家税务总局关于调整新增企业所得税征管范围问题的通知》（国税发〔2008〕120号），现就非居民企业所得税征管范围补充明确如下：

一、对“一、基本规定（三）”规定的情形，除外国企业常驻代表机构外，还应包括在中国境内设立机构、场所的其他非居民企业。

二、除“二、对若干具体问题的规定（一）”规定的情形外，不缴纳企业所得税的境内单位，其发生的企业所得税源泉扣缴管理工作仍由国家税务局负责。

国家税务总局关于印发《非居民企业所得税汇算清缴工作规程》的通知

国税发〔2009〕11 号

各省、自治区、直辖市和计划单列市国家税务局，广东省和深圳市地方税务局：

现将《非居民企业所得税汇算清缴工作规程》印发给你们，请遵照执行。执行中发现的问题请及时反馈到税务总局(国际税务司)。

附件：

1. 非居民企业汇总申报纳税事项协查函
2. 非居民企业汇总申报纳税事项处理联络函
3. 非居民企业所得税汇算清缴汇总表(据实申报企业适用)
4. 非居民企业所得税汇算清缴汇总表(核定征收企业适用)
5. 非居民企业所得税汇算清缴指标分析表(据实申报企业适用)

非居民企业所得税汇算清缴工作规程

为贯彻落实《国家税务总局关于印发〈非居民企业所得税汇算清缴管理办法〉的通知》(国税发〔2009〕6号，以下简称《办法》)，规范税务机关对非居民企业所得税的汇算清缴工作，提高汇算清缴工作质量，制定本规程。

一、汇算清缴工作内容

非居民企业所得税汇算清缴包括两方面内容：一是非居民企业(以下简称企业)应首先按照《办法》的规定，自行调整、计算本纳税年度的实际应纳税所得额、实际应纳所得税额，自核本纳税年度应补(退)所得税税款并缴纳应补税款；二是主管税务机关对企业报送的申报表及其他有关资料进行审核，下发汇缴事项通知书，办理年度所得税多退少补工作，并进行资料汇总、情况分析和工作总结。

二、汇算清缴工作程序

企业所得税汇算清缴工作分为准备、实施、总结三个阶段，各阶段工作的主要内容及时间要求安排如下：

(一)准备阶段。主管税务机关应在年度终了之日起三个月内做好以下准备工作：

1. 宣传辅导。以公告或其他方式向企业明确汇算清缴范围、时间要求、应报送的资料及其他应注意事项。必要时，应组织企业办税人员进行培训、辅导相关的税收政策和办税程序及手续。

2. 明确职责。汇算清缴工作应有领导负责，由具体负责非居民企业所得税日常管理的部门组织实施，由各相关职能部门协同配合共同完成。必要时，应组织对相关工作人员的业务培训。

3. 建立台账。建立日常管理台账，主要记载企业预缴税款、享受税收优惠、弥补亏损等事项，以便在汇算清激工作中进行核对。

4. 备办文书。向上级税务机关领取或按照规定的式样印制汇算清缴有关的表、证、单、书。

(二)实施阶段。主管税务机关应在年度终了之日起五个月内完成企业年度所得税纳税申报表及有关资料的受理、审核以及办理处罚、税款的补(退)手续。

1. 资料受理。主管税务机关接到企业的年度所得税纳税申报表和有关资料后，应检查企业报送的资料是否齐全，如发现企业未按规定报齐有关附表、文件等资料，应责令限期补齐；对填报项目不完整的，应退回企业并责令限期补正。

2. 资料审核。对企业报送的有关资料，主管税务机关应就以下几个方面内容进行审核：

(1)企业年度所得税纳税申报表及其附表与年度财务会计报告的数字是否一致，各项目之间的逻辑关系是否对应，计算是否正确。

(2)企业是否按规定结转或弥补以前年度亏损额。

(3)企业是否符合税收减免条件。

(4)企业在中国境内设立两个或者两个以上机构、场所，选择由其主要机构、场所汇总缴纳企业所得税的，是否经税务机关审核批准，以及各机构、场所账表所记载涉及计算应纳税所得额的各项数据是否准确。

(5)企业有来源于中国境外的应纳税所得额的，境外所得应补企业所得税额是否正确。

(6)企业已预缴税款填写是否正确。

3. 结清税款。主管税务机关应结合季度所得税申报表及日常征管情况，对企业报送的年度申报表及其附表和其他有关资料进行初步审核，在 5 月 31 日前，对应补缴所得税、应办理退税的企业发送《非居民企业所得税汇算清缴涉税事宜通知书》，并办理税款多退少补事宜。

4. 实施处罚。主管税务机关对企业未按《办法》规定办理年度所得税申报，应按照规定实施处罚；必要时发送《非居民企业所得税应纳税款核定通知书》，核定企业年度应纳税额，责令其缴纳。

5. 汇总申报协调。

(1)汇缴机构所在地主管税务机关在接受企业年度所得税汇总申报后，应于 5 月 31 日前为企业出具《非居民企业汇总申报所得税证明》。

(2)汇缴机构所在地主管税务机关对企业的汇总申报资料进行审核时，对其他机构的情况有疑问需要进一步审核的，可以向其他机构所在地主管税务机关发送《非居民企业汇总申报纳税事项协查函》(见附件1)，其他机构所在地主管税务机关应负责就协查事项进行调查核实，并将结果函复汇缴机构所在地主管税务机关。

(3)其他机构所在地主管税务机关在日常管理或税务检查中，发现其他机构有少计收入或多列成本费用等所得税的问题，应将有关情况及时向汇缴机构所在地主管税务机关发送《非居民企业汇总申报纳税事项处理联络函》(见附件 2)。

(4)其他机构所在地主管税务机关按照《办法》规定对其他机构就地征收税款或调整亏损额的，应及时将征收税款及应纳税所得额调整额以《非居民企业汇总申报纳税事项处理联络函》通知汇缴机构所在地主管税务机关，汇缴机构所在地主管税务机关应对企业应纳税所得额及应纳税总额作相应调整，并在应补(退)税额中减除已在其他机构所在地缴纳的税款。

(三)总结阶段。各地税务机关应在 7 月 15 日前完成汇算清缴工作的资料归档、数据统计、汇总以及总结等工作，并于 7 月 31 日前向税务总局报送企业所得税汇算清缴工作总结及有关报表。工作总结的主要内容应包括：

1. 基本情况及相关分析。

(1)基本情况。主要包括企业税务登记户数、应参加汇算清缴企业户数、实际参加汇算清缴企业户数、未参加汇算清缴企业户数及其原因、据实申报企业户数、核定征收企业户数；据实申报企业的盈利户数、营业收入、利润总额、弥补以前年度亏损、应纳税所得额、应纳所得税额、减免所得税额、实际缴纳所得税额、亏损户数、亏损企业营业收入、亏损金额等内容；核定征收企业中换算的收入总额、应纳税所得额、应纳所得税额、减免所得税额、实际缴纳所得税额。

(2)主要指标分析和说明。主要分析汇算清缴面、所得税预缴率、税收负担率、企业亏损面等指标。

(3)据实申报企业盈亏情况分析。根据盈利企业户数、实际参加汇缴户数分析盈利面变化情况；分析盈利和亏损企业的营业收入、成本、费用、未弥补亏损前利润总额、亏损总额等指标的变化情况及原因等。

(4)纳税情况分析。包括预缴率变化，所得税预缴、补税和退税等情况。

2. 企业自行申报情况。主要包括申报表及其附表的填写和报送，自行调整的企业户数、主要项目和金额等情况。

3. 税务机关依法调整情况。主要包括税务机关依法调整的户数、主要项目、金额，同时应分别说明调增(减)应纳税所得额及应纳所得税额、亏损总额的户数、金额等情况。

4. 主要做法。包括汇算清缴工作的组织安排和落实情况，对税务人员的业务培训及对企业的前期宣传、培训、辅导情况，对申报表的审核情况以及汇算清缴工作的检查考核评比等情况。

5. 发现的问题及意见或建议。分企业和税务机关两个方面，企业方面主要包括申报表的填报、申报软件的操作使用情况和《办法》的执行情况等;税务机关方面主要包括所得税汇算清缴工作规程在实际操作中的应用情况及效果,说明存在的问题及改进的意见和建议。

三、《办法》及本规程所涉及的文书,由各省、自治区、直辖市和计划单列市国家税务局和相关地方税务局按照规定式样自行印制。

国家税务总局关于中国居民企业向QFII支付股息、红利、利息代扣代缴企业所得税有关问题的通知

国税函〔2009〕47号

各省、自治区、直辖市和计划单列市国家税务局、地方税务局:

根据《中华人民共和国企业所得税法》及其实施条例(以下称企业所得税法)规定,现就中国居民企业向合格境外机构投资者(以下称为QFII)支付股息、红利、利息代扣代缴企业所得税有关问题明确如下:

一、QFII取得来源于中国境内的股息、红利和利息收入,应当按照企业所得税法规定缴纳10%的企业所得税。如果是股息、红利,则由派发股息、红利的企业代扣代缴;如果是利息,则由企业在支付或到期应支付时代扣代缴。

二、QFII取得股息、红利和利息收入,需要享受税收协定(安排)待遇的,可向主管税务机关提出申请,主管税务机关审核无误后按照税收协定的规定执行;涉及退税的,应及时予以办理。

三、各地税务机关应了解QFII在我国从事投资的情况,及时提供税收服务,建立税收管理档案,确保代扣代缴税款及时足额入库。

国家税务总局关于印发《非居民企业所得税汇算清缴管理办法》的通知

国税发〔2009〕6号

各省、自治区、直辖市和计划单列市国家税务局,广东省和深圳市地方税务局:

为贯彻实施《中华人民共和国企业所得税法》及其实施条例,规范非居民企业所得税汇算清缴工作,税务总局制定了《非居民企业所得税汇算清缴管理办法》,现印发给你们,请遵照执行。执行中发现的问题请及时反馈税务总局(国际税务司)。

非居民企业所得税汇算清缴管理办法

为规范非居民企业所得税汇算清缴工作,根据《中华人民共和国企业所得税法》(以下简称企业所得税法)及其实施条例和《中华人民共和国税收征收管理法》(以下简称税收征管法)及其实施细则的有关规定,制定本办法。

一、汇算清缴对象

(一)依照外国(地区)法律成立且实际管理机构不在中国境内,但在中国境内设立机构、场所的非居民企业(以下称为企业),无论盈利或者亏损,均应按照企业所得税法及本办法规定参加所得税汇算清缴。

(二)企业具有下列情形之一的,可不参加当年度的所得税汇算清缴:

1. 临时来华承包工程和提供劳务不足1年,在年度中间终止经营活动,且已经结清税款;

2. 汇算清缴期内已办理注销;

3. 其他经主管税务机关批准可不参加当年度所得税汇算清缴。

二、汇算清缴时限

(一)企业应当自年度终了之日起 5 个月内,向税务机关报送年度企业所得税纳税申报表,并汇算清缴,结清应缴应退税款。

(二)企业在年度中间终止经营活动的,应当自实际经营终止之日起 60 日内,向税务机关办理当期企业所得税汇算清缴。

三、申报纳税

(一)企业办理所得税年度申报时,应当如实填写和报送下列报表、资料:

1. 年度企业所得税纳税申报表及其附表;

2. 年度财务会计报告;

3. 税务机关规定应当报送的其他有关资料。

(二)企业因特殊原因,不能在规定期限内办理年度所得税申报,应当在年度终了之日起 5 个月内,向主管税务机关提出延期申报申请。主管税务机关批准后,可以适当延长申报期限。

(三)企业采用电子方式办理纳税申报的,应附报纸质纳税申报资料。

(四)企业委托中介机构代理年度企业所得税纳税申报的,应附送委托人签章的委托书原件。

(五)企业申报年度所得税后,经主管税务机关审核,需补缴或退还所得税的,应在收到主管税务机关送达的《非居民企业所得税汇算清缴涉税事宜通知书》(见附件 1 和附件 2)后,按规定时限将税款补缴入库,或按照主管税务机关的要求办理退税手续。

(六)经批准采取汇总申报缴纳所得税的企业,其履行汇总纳税的机构、场所(以下简称汇缴机构),应当于每年 5 月 31 日前,向汇缴机构所在地主管税务机关索取《非居民企业汇总申报企业所得税证明》(以下称为《汇总申报纳税证明》,见附件 3);企业其他机构、场所(以下简称其他机构)应当于每年 6 月 30 前将《汇总申报纳税证明》及其财务会计报告送交其所在地主管税务机关。

在上述规定期限内,其他机构未向其所在地主管税务机关提供《汇总申报纳税证明》,且又无汇缴机构延期申报批准文件的,其他机构所在地主管税务机关应负责检查核实或核定该其他机构应纳税所得额,计算征收应补缴税款并实施处罚。

(七)企业补缴税款确因特殊困难需延期缴纳的,按税收征管法及其实施细则的有关规定办理。

(八)企业在所得税汇算清缴期限内,发现当年度所得税申报有误的,应当在年度终了之日起 5 个月内向主管税务机关重新办理年度所得税申报。

(九)企业报送报表期限的最后一日是法定休假日的,以休假日期满的次日为期限的最后一日;在期限内有连续三日以上法定休假日的,按休假日天数顺延。

四、法律责任

(一)企业未按规定期限办理年度所得税申报,且未经主管税务机关批准延期申报,或报送资料不全、不符合要求的,应在收到主管税务机关送达的《责令限期改正通知书》后按规定时限补报。

企业未按规定期限办理年度所得税申报,且未经主管税务机关批准延期申报的,主管税务机关除责令其限期申报外,可按照税收征管法的规定处以 2000 元以下的罚款,逾期仍不申报的,可处以 2000 元以上 10000 元以下的罚款,同时核定其年度应纳税额,责令其限期缴纳。企业在收到主管税务机关送达的《非居民企业所得税应纳税款核定通知书》(见附件 4)后,应在规定时限内缴纳税款。

(二)企业未按规定期限办理所得税汇算清缴,主管税务机关除责令其限期办理外,对发生税款滞纳的,按照税收征管法的规定,加收滞纳金。

(三)企业同税务机关在纳税上发生争议时,依照税收征管法相关规定执行。

五、本办法自 2008 年 1 月 1 日起执行。

附件:

1. 非居民企业所得税汇算清缴涉税事宜通知书(据实申报企业适用)

2. 非居民企业所得税汇算清缴涉税事宜通知书(核定征收企业适用)

3. 非居民企业汇总申报企业所得税证明

4. 非居民企业所得税应纳税款核定通知书

非居民承包工程作业和提供劳务税收管理暂行办法

国家税务总局令第 19 号

《非居民承包工程作业和提供劳务税收管理暂行办法》已经国家税务总局第 5 次局务会议审议通过，现予发布，自 2009 年 3 月 1 日起施行。

非居民承包工程作业和提供劳务税收管理暂行办法

第一章　总　　则

第一条　为规范对非居民在中国境内承包工程作业和提供劳务的税收征收管理，根据《中华人民共和国税收征收管理法》(以下简称税收征管法)及其实施细则、《中华人民共和国企业所得税法》(以下简称企业所得税法)及其实施条例、《中华人民共和国营业税暂行条例》及其实施细则、《中华人民共和国增值税暂行条例》及其实施细则、中国政府对外签署的避免双重征税协定(含与香港、澳门特别行政区签署的税收安排，以下统称税收协定)等相关法律法规，制定本办法。

第二条　本办法所称非居民，包括非居民企业和非居民个人。非居民企业是指依照外国(地区)法律成立且实际管理机构不在中国境内，但在中国境内设立机构、场所的，或者在中国境内未设立机构、场所，但有来源于中国境内所得的企业。非居民个人是指在中国境内无住所又不居住或者无住所而在境内居住不满一年的个人。

第三条　本办法所称承包工程作业，是指在中国境内承包建筑、安装、装配、修缮、装饰、勘探及其他工程作业。

本办法所称提供劳务是指在中国境内从事加工、修理修配、交通运输、仓储租赁、咨询经纪、设计、文化体育、技术服务、教育培训、旅游、娱乐及其他劳务活动。

第四条　本办法所称非居民在中国境内承包工程作业和提供劳务税收管理，是指对非居民营业税、增值税和企业所得税的纳税事项管理。涉及个人所得税、印花税等税收的管理，应依照有关规定执行。

第二章　税源管理

第一节　登记备案管理

第五条　非居民企业在中国境内承包工程作业或提供劳务的，应当自项目合同或协议(以下简称合同)签订之日起 30 日内，向项目所在地主管税务机关办理税务登记手续。

依照法律、行政法规规定负有税款扣缴义务的境内机构和个人，应当自扣缴义务发生之日起 30 日内，向所在地主管税务机关办理扣缴税款登记手续。

境内机构和个人向非居民发包工程作业或劳务项目的，应当自项目合同签订之日起 30 日内，向主管税务机关报送《境内机构和个人发包工程作业或劳务项目报告表》(见附件 1)，并附送非居民的税务登记证、合同、税务代理委托书复印件或非居民对有关事项的书面说明等资料。

第六条　非居民企业在中国境内承包工程作业或提供劳务的，应当在项目完工后 15 日内，向项目所在地主管税务机关报送项目完工证明、验收证明等相关文件复印件，并依据《税务登记管理办法》的有关规定申报办理注销税务登记。

第七条　境内机构和个人向非居民发包工程作业或劳务项目合同发生变更的，发包方或劳务受让方应自变更之日起 10 日内向所在地主管税务机关报送《非居民项目合同变更情况报告表》(见附件 2)。

第八条　境内机构和个人向非居民发包工程作业或劳务项目，从境外取得的与项目款项支付有关的发票和其他付款凭证,应在自取得之日起 30 日内向所在地主管税务机关报送《非居民项目合同款项支付情况报告表》(见附件 3)及付款凭证复印件。

境内机构和个人不向非居民支付工程价款或劳务费的,应当在项目完工开具验收证明前,向其主管税务机关报告非居民在项目所在地的项目执行进度、支付人名称及其支付款项金额、支付日期等相关情况。

第九条 境内机构和个人向非居民发包工程作业或劳务项目,与非居民的主管税务机关不一致的,应当自非居民申报期限届满之日起 15 日内向境内机构和个人的主管税务机关报送非居民申报纳税证明资料复印件。

第二节 税源信息管理

第十条 税务机关应当建立税源监控机制,获取并利用发改委、建设、外汇管理、商务、教育、文化、体育等部门关于非居民在中国境内承包工程作业和提供劳务的相关信息,并可根据工作需要,将信息使用情况反馈给有关部门。

第十一条 非居民或境内机构和个人的同一涉税事项同时涉及国家税务局和地方税务局的,各主管税务机关办理涉税事项后应当制作《非居民承包工程作业和提供劳务项目信息传递表》(见附件 4),并按月传递给对方纳入非居民税收管理档案。

第三章 申报征收

第一节 企业所得税

第十二条 非居民企业在中国境内承包工程作业或提供劳务项目的,企业所得税按纳税年度计算、分季预缴,年终汇算清缴,并在工程项目完工或劳务合同履行完毕后结清税款。

第十三条 非居民企业进行企业所得税纳税申报时,应当如实报送纳税申报表,并附送下列资料:

(一)工程作业(劳务)决算(结算)报告或其他说明材料;

(二)参与工程作业或劳务项目外籍人员姓名、国籍、出入境时间、在华工作时间、地点、内容、报酬标准、支付方式、相关费用等情况的书面报告;

(三)财务会计报告或财务情况说明;

(四)非居民企业依据税收协定在中国境内未构成常设机构,需要享受税收协定待遇的,应提交《非居民企业承包工程作业和提供劳务享受税收协定待遇报告表》(以下简称报告表)(见附件 5),并附送居民身份证明及税务机关要求提交的其他证明资料。

非居民企业未按上述规定提交报告表及有关证明资料,或因项目执行发生变更等情形不符合享受税收协定待遇条件的,不得享受税收协定待遇,应依照企业所得税法规定缴纳税款。

第十四条 工程价款或劳务费的支付人所在地县(区)以上主管税务机关根据附件 1 及非居民企业申报纳税证明资料或其他信息,确定符合企业所得税法实施条例第一百零六条所列指定扣缴的三种情形之一的,可指定工程价款或劳务费的支付人为扣缴义务人,并将《非居民企业承包工程作业和提供劳务企业所得税扣缴义务通知书》(见附件 6)送达被指定方。

第十五条 指定扣缴义务人应当在申报期限内向主管税务机关报送扣缴企业所得税报告表及其他有关资料。

第十六条 扣缴义务人未依法履行扣缴义务或无法履行扣缴义务的,由非居民企业在项目所在地申报缴纳。主管税务机关应自确定未履行扣缴义务之日起 15 日内通知非居民企业在项目所在地申报纳税。

第十七条 非居民企业逾期仍未缴纳税款的,项目所在地主管税务机关应自逾期之日起 15 日内,收集该非居民企业从中国境内取得其他收入项目的信息,包括收入类型,支付人的名称、地址,支付金额、方式和日期等,并向其他收入项目支付人(以下简称其他支付人)发出《非居民企业欠税追缴告知书》(见附件 7),并依法追缴税款和滞纳金。

非居民企业从中国境内取得其他收入项目,包括非居民企业从事其他工程作业或劳务项目所得,以及企业所得税法第三条第二、三款规定的其他收入项目。非居民企业有多个其他支付人的,项目所在地主管税务机关应根据信息准确性、收入金额、追缴成本等因素确定追缴顺序。

第十八条 其他支付人主管税务机关应当提供必要的信息,协助项目所在地主管税务机关执行追缴事宜。

第二节 营业税和增值税

第十九条 非居民在中国境内发生营业税或增值税应税行为,在中国境内设立经营机构的,应自行申报缴纳营业税或增值税。

第二十条 非居民在中国境内发生营业税或增值税应税行为而在境内未设立经营机构的,以代理人为营业税或增值税的扣缴义务人;没有代理人的,以发包方、劳务受让方或购买方为扣缴义务人。

工程作业发包方、劳务受让方或购买方,在项目合同签订之日起30日内,未能向其所在地主管税务机关提供下列证明资料的,应履行营业税或增值税扣缴义务:

(一)非居民纳税人境内机构和个人的工商登记和税务登记证明复印件及其从事经营活动的证明资料;

(二)非居民委托境内机构和个人代理事项委托书及受托方的认可证明。

第二十一条 非居民进行营业税或增值税纳税申报,应当如实填写报送纳税申报表,并附送下列资料:

(一)工程(劳务)决算(结算)报告或其他说明材料;

(二)参与工程或劳务作业或提供加工、修理修配的外籍人员的姓名、国籍、出入境时间、在华工作时间、地点、内容、报酬标准、支付方式、相关费用等情况;

(三)主管税务机关依法要求报送的其他有关资料。

第四章 跟踪管理

第二十二条 主管税务机关应当按项目建档、分项管理的原则,建立非居民承包工程作业和提供劳务项目的管理台账和纳税档案,及时准确掌握工程和劳务项目的合同执行、施工进度、价款支付、对外付汇、税款缴纳等情况。

第二十三条 境内机构和个人从境外取得的付款凭证,主管税务机关对其真实性有疑义的,可要求其提供境外公证机构或者注册会计师的确认证明,经税务机关审核认可后,方可作为计账核算的凭证。

第二十四条 主管税务机关应对非居民享受协定待遇进行事后管理,审核其提交的报告表和证明资料的真实性和准确性,对其不构成常设机构的情形进行认定。对于不符合享受协定待遇条件且未履行纳税义务的情形,税务机关应该依法追缴其应纳税款、滞纳金及罚款。

第二十五条 税务机关应当利用售付汇信息,包括境内机构和个人向非居民支付服务贸易款项的历史记录,以及当年新增发包项目付款计划等信息,对承包工程作业和提供劳务项目实施监控。对于付汇前有欠税情形的,应当及时通知纳税人或扣缴义务人缴纳,必要时可以告知有关外汇管理部门或指定外汇支付银行依法暂停付汇。

第二十六条 主管税务机关应对非居民参与国家、省、地市级重点建设项目,包括城市基础设施建设、能源建设、企业技术设备引进等项目中涉及的承包工程作业或提供劳务,以及其他有非居民参与的合同金额超过5000万元人民币的,实施重点税源监控管理;对承包方和发包方是否存在关联关系、合同实际执行情况、常设机构判定、境内外劳务收入划分等事项进行重点跟踪核查,对发现的问题,可以实施情报交换、反避税调查或税务稽查。

第二十七条 省(自治区、直辖市和计划单列市)税务机关应当于年度终了后45日内,将《非居民承包工程作业和提供劳务重点建设项目统计表》(见附件8),以及项目涉及的企业所得税、增值税、营业税、印花税、个人所得税等税收收入和税源变动情况的分析报告报送国家税务总局(国际税务司)。

第二十八条 主管税务机关可根据需要对非居民承包工程作业和提供劳务的纳税情况实施税务审计,必要时应将审计结果及时传递给同级国家税务局或地方税务局。税务审计可以采取国家税务局、地方税务局联合审计的方式进行。

第二十九条 主管税务机关在境内难以获取涉税信息时,可以制作专项情报,由国家税务总局(国际税务司)向税收协定缔约国对方提出专项情报请求;非居民在中国境内未依法履行纳税义务的,主管税务机关可制作自动或自发情报,提交国家税务总局依照有关规定将非居民在中国境内的税收违法行为告知协定缔约国对方主管税务当局;对非居民承包工程作业和提供劳务有必要进行境外审计的,可根据税收情报交换有关规定，经国家税务总局批准后组织实施。

第三十条 欠缴税款的非居民企业法定代表人或非居民个人在出境前未按照规定结清应纳税款、滞纳金又不提供纳税担保的，税务机关可以通知出入境管理机关阻止其出境。

第三十一条 对于非居民工程或劳务项目完毕，未按期结清税款并已离境的，主管税务机关可制作《税务事项告知书》(见附件9)，通过信函、电子邮件、传真等方式，告知该非居民限期履行纳税义务，同时通知境内发包方或劳务受让者协助追缴税款。

第五章 法律责任

第三十二条 非居民、扣缴义务人或代理人实施承包工程作业和提供劳务有关事项存在税收违法行为的，税务机关应按照税收征管法及其实施细则的有关规定处理。

第三十三条 境内机构或个人发包工程作业或劳务项目，未按本办法第五条、第七条、第八条、第九条规定向主管税务机关报告有关事项的，由税务机关责令限期改正，可以处2000元以下的罚款；情节严重的，处2000元以上10000元以下的罚款。

第六章 附 则

第三十四条 各省、自治区、直辖市和计划单列市国家税务局、地方税务局可根据本办法制定具体实施办法。

附件：

1. 境内机构和个人发包工程作业或劳务项目报告表
2. 非居民项目合同变更情况报告表
3. 非居民项目合同款项支付情况报告表
4. 非居民承包工程作业和提供劳务项目信息传递表
5. 非居民企业承包工程作业和提供劳务享受税收协定待遇报告
6. 非居民企业承包工程作业和提供劳务企业所得税扣缴义务通知书
7. 非居民企业欠税追缴告知书
8. 非居民承包工程作业和提供劳务重点建设项目统计表
9. 税务事项告知书

财政部 国家税务总局关于企业手续费及佣金支出税前扣除政策的通知

财税〔2009〕29号

各省、自治区、直辖市、计划单列市财政厅(局)、国家税务局、地方税务局，新疆生产建设兵团财务局：

为规范企业所得税税前扣除，加强企业所得税管理，根据《中华人民共和国企业所得税法》和《中华人民共和国企业所得税法实施条例》(以下合称新税法)有关规定，现将企业发生的手续费及佣金支出税前扣除政策问题通知如下：

一、企业发生与生产经营有关的手续费及佣金支出，不超过以下规定计算限额以内的部分，准予扣除；超过部分，不得扣除。

1. 保险企业：财产保险企业按当年全部保费收入扣除退保金等后余额的15%(含本数，下同)计算限额；人身保险企业按当年全部保费收入扣除退保金等后余额的10%计算限额。

2. 其他企业：按与具有合法经营资格中介服务机构或个人(不含交易双方及其雇员、代理人和代表人等)所签订服务协议或合同确认的收入金额的5%计算限额。

二、企业应与具有合法经营资格中介服务企业或个人签订代办协议或合同，并按国家有关规定支付手续费及佣金。除委托个人代理外，企业以现金等非转账方式支付的手续费及佣金不得在税前扣除。企业为发行权益性证券支付给有关证券承销机构的手续费及佣金不得在税前扣除。

三、企业不得将手续费及佣金支出计入回扣、业务提成、返利、进场费等费用。

四、企业已计入固定资产、无形资产等相关资产的手续费及佣金支出，应当通过折旧、摊销等方式分期扣除，不得在发生当期直接扣除。

五、企业支付的手续费及佣金不得直接冲减服务协议或合同金额，并如实入账。

六、企业应当如实向当地主管税务机关提供当年手续费及佣金计算分配表和其他相关资料，并依法取得合法真实凭证。

七、本通知自印发之日起实施。新税法实施之日至本通知印发之日前企业手续费及佣金所得税税前扣除事项按本通知规定处理。

国家税务总局关于印发《房地产开发经营业务企业所得税处理办法》的通知

国税发〔2009〕31 号

各省、自治区、直辖市和计划单列市国家税务局、地方税务局：

为了加强从事房地产开发经营企业的企业所得税征收管理，规范从事房地产开发经营业务企业的纳税行为，根据《中华人民共和国企业所得税法》及其实施条例、《中华人民共和国税收征收管理法》及其实施细则等有关税收法律、行政法规的规定，结合房地产开发经营业务的特点，国家税务总局制定了《房地产开发经营业务企业所得税处理办法》，现印发给你们，请遵照执行。

房地产开发经营业务企业所得税处理办法

第一章　总　　则

第一条　根据《中华人民共和国企业所得税法》及其实施条例、《中华人民共和国税收征收管理法》及其实施细则等有关税收法律、行政法规的规定，制定本办法。

第二条　本办法适用于中国境内从事房地产开发经营业务的企业（以下简称企业）。

第三条　企业房地产开发经营业务包括土地的开发，建造、销售住宅、商业用房以及其他建筑物、附着物、配套设施等开发产品。除土地开发之外，其他开发产品符合下列条件之一的，应视为已经完工：

（一）开发产品竣工证明材料已报房地产管理部门备案。

（二）开发产品已开始投入使用。

（三）开发产品已取得了初始产权证明。

第四条　企业出现《中华人民共和国税收征收管理法》第三十五条规定的情形，税务机关可对其以往应缴的企业所得税按核定征收方式进行征收管理，并逐步规范，同时按《中华人民共和国税收征收管理法》等税收法律、行政法规的规定进行处理，但不得事先确定企业的所得税按核定征收方式进行征收、管理。

第二章　收入的税务处理

第五条　开发产品销售收入的范围为销售开发产品过程中取得的全部价款，包括现金、现金等价物及其他经济利益。企业代有关部门、单位和企业收取的各种基金、费用和附加等，凡纳入开发产品价内或由企业开具发票的，应按规定全部确认为销售收入；未纳入开发产品价内并由企业之外的其他收取部门、单位开具发票的，可作为代收代缴款项进行管理。

第六条　企业通过正式签订《房地产销售合同》或《房地产预售合同》所取得的收入，应确认为销售收入的实现，具体按以下规定确认：

（一）采取一次性全额收款方式销售开发产品的，应于实际收讫价款或取得索取价款凭据（权利）之日，确认收入的实现。

（二）采取分期收款方式销售开发产品的，应按销售合同或协议约定的价款和付款日确认收入的实现。付款方提前付款的，在实际付款日确认收入的实现。

（三）采取银行按揭方式销售开发产品的，应按销售合同或协议约定的价款确定收入额，其首付款应于实际收到日确认收入的实现，余款在银行按揭贷款办理转账之日确认收入的实现。

（四）采取委托方式销售开发产品的，应按以下原则确认收入的实现：

1. 采取支付手续费方式委托销售开发产品的，应按销售合同或协议中约定的价款于收到受托方已销开发产品清单之日确认收入的实现。

2. 采取视同买断方式委托销售开发产品的，属于企业与购买方签订销售合同或协议，或企业、受托方、购买方三方共同签订销售合同或协议的，如果销售合同或协议中约定的价格高于买断价格，则应按销售合同或协议中约定的价格计算的价款于收到受托方已销开发产品清单之日确认收入的实现；如果属于前两种情况中销售合同或协议中约定的价格低于买断价格，以及属于受托方与购买方签订销售合同或协议的，则应按买断价格计算的价款于收到受托方已销开发产品清单之日确认收入的实现。

3. 采取基价（保底价）并实行超基价双方分成方式委托销售开发产品的，属于由企业与购买方签订销售合同或协议，或企业、受托方、购买方三方共同签订销售合同或协议的，如果销售合同或协议中约定的价格高于基价，则应按销售合同或协议中约定的价格计算的价款于收到受托方已销开发产品清单之日确认收入的实现，企业按规定支付受托方的分成额，不得直接从销售收入中减除；如果销售合同或协议约定的价格低于基价的，则应按基价计算的价款于收到受托方已销开发产品清单之日确认收入的实现。属于由受托方与购买方直接签订销售合同的，则应按基价加上按规定取得的分成额于收到受托方已销开发产品清单之日确认收入的实现。

4. 采取包销方式委托销售开发产品的，包销期内可根据包销合同的有关约定，参照上述 1 至 3 项规定确认收入的实现；包销期满后尚未出售的开发产品，企业应根据包销合同或协议约定的价款和付款方式确认收入的实现。

第七条　企业将开发产品用于捐赠、赞助、职工福利、奖励、对外投资、分配给股东或投资人、抵偿债务、换取其他企事业单位和个人的非货币性资产等行为，应视同销售，于开发产品所有权或使用权转移，或于实际取得利益权利时确认收入（或利润）的实现。确认收入（或利润）的方法和顺序为：

（一）按本企业近期或本年度最近月份同类开发产品市场销售价格确定；

（二）由主管税务机关参照当地同类开发产品市场公允价值确定；

（三）按开发产品的成本利润率确定。开发产品的成本利润率不得低于 15%，具体比例由主管税务机关确定。

第八条　企业销售未完工开发产品的计税毛利率由各省、自治、直辖市国家税务局、地方税务局按下列规定进行确定：

（一）开发项目位于省、自治区、直辖市和计划单列市人民政府所在地城市城区和郊区的，不得低于 15%。

（二）开发项目位于地及地级市城区及郊区的，不得低于 10%。

（三）开发项目位于其他地区的，不得低于 5%。

（四）属于经济适用房、限价房和危改房的，不得低于 3%。

第九条　企业销售未完工开发产品取得的收入，应先按预计计税毛利率分季（或月）计算出预计毛利额，计入当期应纳税所得额。开发产品完工后，企业应及时结算其计税成本并计算此前销售收入的实际毛利额，同时将其实际毛利额与其对应的预计毛利额之间的差额，计入当年度企业本项目与其他项目合并计算的应纳税所得额。

在年度纳税申报时，企业须出具对该项开发产品实际毛利额与预计毛利额之间差异调整情况的报告以及税务机关需要的其他相关资料。

第十条　企业新建的开发产品在尚未完工或办理房地产初始登记、取得产权证前，与承租人签订租赁预约协议的，自开发产品交付承租人使用之日起，出租方取得的预租价款按租金确认收入的实现。

第三章　成本、费用扣除的税务处理

第十一条　企业在进行成本、费用的核算与扣除时，必须按规定区分期间费用和开发产品计税成本、已销开发产品计税成本与未销开发产品计税成本。

第十二条　企业发生的期间费用、已销开发产品计税成本、营业税金及附加、土地增值税准予当期按规定扣除。

第十三条　开发产品计税成本的核算应按第四章的规定进行处理。

第十四条　已销开发产品的计税成本，按当期已实现销售的可售面积和可售面积单位工程成本确认。可售面积单位工程成本和已销开发产品的计税成本按下列公式计算确定：

可售面积单位工程成本＝成本对象总成本÷成本对象总可售面积

已销开发产品的计税成本＝已实现销售的可售面积×可售面积单位工程成本

第十五条　企业对尚未出售的已完工开发产品和按照有关法律、法规或合同规定对已售开发产品（包括共用部位、共用设施设备）进行日常维护、保养、修理等实际发生的维修费用，准予在当期据实扣除。

第十六条　企业将已计入销售收入的共用部位、共用设施设备维修基金按规定移交给有关部门、单位的，应于移交时扣除。

第十七条　企业在开发区内建造的会所、物业管理场所、电站、热力站、水厂、文体场馆、幼儿园等配套设施，按以下规定进行处理：

（一）属于非营利性且产权属于全体业主的，或无偿赠与地方政府、公用事业单位的，可将其视为公共配套设施，其建造费用按公共配套设施费的有关规定进行处理。

（二）属于营利性的，或产权归企业所有的，或未明确产权归属的，或无偿赠与地方政府、公用事业单位以外其他单位的，应当单独核算其成本。除企业自用应按建造固定资产进行处理外，其他一律按建造开发产品进行处理。

第十八条　企业在开发区内建造的邮电通讯、学校、医疗设施应单独核算成本，其中，由企业与国家有关业务管理部门、单位合资建设，完工后有偿移交的，国家有关业务管理部门、单位给予的经济补偿可直接抵扣该项目的建造成本，抵扣后的差额应调整当期应纳税所得额。

第十九条　企业采取银行按揭方式销售开发产品的，凡约定企业为购买方的按揭贷款提供担保的，其销售开发产品时向银行提供的保证金（担保金）不得从销售收入中减除，也不得作为费用在当期税前扣除，但实际发生损失时可据实扣除。

第二十条　企业委托境外机构销售开发产品的，其支付境外机构的销售费用（含佣金或手续费）不超过委托销售收入10%的部分，准予据实扣除。

第二十一条　企业的利息支出按以下规定进行处理：

（一）企业为建造开发产品借入资金而发生的符合税收规定的借款费用，可按企业会计准则的规定进行归集和分配，其中属于财务费用性质的借款费用，可直接在税前扣除。

（二）企业集团或其成员企业统一向金融机构借款分摊集团内部其他成员企业使用的，借入方凡能出具从金融机构取得借款的证明文件，可以在使用借款的企业间合理的分摊利息费用，使用借款的企业分摊的合理利息准予在税前扣除。

第二十二条　企业因国家无偿收回土地使用权而形成的损失，可作为财产损失按有关规定在税前扣除。

第二十三条　企业开发产品（以成本对象为计量单位）整体报废或毁损，其净损失按有关规定审核确认后准予在税前扣除。

第二十四条　企业开发产品转为自用的，其实际使用时间累计未超过12个月又销售的，不得在税前扣除折旧费用。

第四章　计税成本的核算

第二十五条　计税成本是指企业在开发、建造开发产品（包括固定资产，下同）过程中所发生的按照税收规定进行核算与计量的应归入某项成本对象的各项费用。

第二十六条 成本对象是指为归集和分配开发产品开发、建造过程中的各项耗费而确定的费用承担项目。计税成本对象的确定原则如下：

(一)可否销售原则。开发产品能够对外经营销售的，应作为独立的计税成本对象进行成本核算；不能对外经营销售的，可先作为过渡性成本对象进行归集，然后再将其相关成本摊入能够对外经营销售的成本对象。

(二)分类归集原则。对同一开发地点、竣工时间相近、产品结构类型没有明显差异的群体开发的项目，可作为一个成本对象进行核算。

(三)功能区分原则。开发项目某组成部分相对独立，且具有不同使用功能时，可以作为独立的成本对象进行核算。

(四)定价差异原则。开发产品因其产品类型或功能不同等而导致其预期售价存在较大差异的，应分别作为成本对象进行核算。

(五)成本差异原则。开发产品因建筑上存在明显差异可能导致其建造成本出现较大差异的，要分别作为成本对象进行核算。

(六)权益区分原则。开发项目属于受托代建的或多方合作开发的，应结合上述原则分别划分成本对象进行核算。

成本对象由企业在开工之前合理确定，并报主管税务机关备案。成本对象一经确定，不能随意更改或相互混淆，如确需改变成本对象的，应征得主管税务机关同意。

第二十七条 开发产品计税成本支出的内容如下：

(一)土地征用费及拆迁补偿费。指为取得土地开发使用权(或开发权)而发生的各项费用，主要包括土地买价或出让金、大市政配套费、契税、耕地占用税、土地使用费、土地闲置费、土地变更用途和超面积补交的地价及相关税费、拆迁补偿支出、安置及动迁支出、回迁房建造支出、农作物补偿费、危房补偿费等。

(二)前期工程费。指项目开发前期发生的水文地质勘察、测绘、规划、设计、可行性研究、筹建、场地通平等前期费用。

(三)建筑安装工程费。指开发项目开发过程中发生的各项建筑安装费用。主要包括开发项目建筑工程费和开发项目安装工程费等。

(四)基础设施建设费。指开发项目在开发过程中所发生的各项基础设施支出，主要包括开发项目内道路、供水、供电、供气、排污、排洪、通讯、照明等社区管网工程费和环境卫生、园林绿化等园林环境工程费。

(五)公共配套设施费：指开发项目内发生的、独立的、非营利性的，且产权属于全体业主的，或无偿赠与地方政府、政府公用事业单位的公共配套设施支出。

(六)开发间接费。指企业为直接组织和管理开发项目所发生的，且不能将其归属于特定成本对象的成本费用性支出。主要包括管理人员工资、职工福利费、折旧费、修理费、办公费、水电费、劳动保护费、工程管理费、周转房摊销以及项目营销设施建造费等。

第二十八条 企业计税成本核算的一般程序如下：

(一)对当期实际发生的各项支出，按其性质、经济用途及发生的地点、时间区进行整理、归类，并将其区分为应计入成本对象的成本和应在当期税前扣除的期间费用。同时还应按规定对在有关预提费用和待摊费用进行计量与确认。

(二)对应计入成本对象中的各项实际支出、预提费用、待摊费用等合理的划分为直接成本、间接成本和共同成本，并按规定将其合理的归集、分配至已完工成本对象、在建成本对象和未建成本对象。

(三)对期前已完工成本对象应负担的成本费用按已销开发产品、未销开发产品和固定资产进行分配，其中应由已销开发产品负担的部分，在当期纳税申报时进行扣除，未销开发产品应负担的成本费用待其实际销售时再予扣除。

(四)对本期已完工成本对象分类为开发产品和固定资产并对其计税成本进行结算。其中属于开发产品的，应按可售面积计算其单位工程成本，据此再计算已销开发产品计税成本和未销开发产品计税成本。对本期已销开发产品的计税成本，准予在当期扣除，未销开发产品计税成本待其实际销售时再予扣除。

(五)对本期未完工和尚未建造的成本对象应当负担的成本费用，应按分别建立明细台账，待开发产品完工后再予结算。

第二十九条　企业开发、建造的开发产品应按制造成本法进行计量与核算。其中，应计入开发产品成本中的费用属于直接成本和能够分清成本对象的间接成本，直接计入成本对象，共同成本和不能分清负担对象的间接成本，应按受益的原则和配比的原则分配至各成本对象，具体分配方法可按以下规定选择其一：

（一）占地面积法。指按已动工开发成本对象占地面积占开发用地总面积的比例进行分配。

1. 一次性开发的，按某一成本对象占地面积占全部成本对象占地总面积的比例进行分配。

2. 分期开发的，首先按本期全部成本对象占地面积占开发用地总面积的比例进行分配，然后再按某一成本对象占地面积占期内全部成本对象占地总面积的比例进行分配。

期内全部成本对象应负担的占地面积为期内开发用地占地面积减除应由各期成本对象共同负担的占地面积。

（二）建筑面积法。指按已动工开发成本对象建筑面积占开发用地总建筑面积的比例进行分配。

1. 一次性开发的，按某一成本对象建筑面积占全部成本对象建筑面积的比例进行分配。

2. 分期开发的，首先按期内成本对象建筑面积占开发用地计划建筑面积的比例进行分配，然后再按某一成本对象建筑面积占期内成本对象总建筑面积的比例进行分配。

（三）直接成本法。指按期内某一成本对象的直接开发成本占期内全部成本对象直接开发成本的比例进行分配。

（四）预算造价法。指按期内某一成本对象预算造价占期内全部成本对象预算造价的比例进行分配。

第三十条　企业下列成本应按以下方法进行分配：

（一）土地成本，一般按占地面积法进行分配。如果确需结合其他方法进行分配的，应商税务机关同意。

土地开发同时连结房地产开发的，属于一次性取得土地分期开发房地产的情况，其土地开发成本经商税务机关同意后可先按土地整体预算成本进行分配，待土地整体开发完毕再行调整。

（二）单独作为过渡性成本对象核算的公共配套设施开发成本，应按建筑面积法进行分配。

（三）借款费用属于不同成本对象共同负担的，按直接成本法或按预算造价法进行分配。

（四）其他成本项目的分配法由企业自行确定。

第三十一条　企业以非货币交易方式取得土地使用权的，应按下列规定确定其成本：

（一）企业、单位以换取开发产品为目的，将土地使用权投资企业的，按下列规定进行处理：

1. 换取的开发产品如为该项土地开发、建造的，接受投资的企业在接受土地使用权时暂不确认其成本，待首次分出开发产品时，再按应分出开发产品（包括首次分出的和以后应分出的）的市场公允价值和土地使用权转移过程中应支付的相关税费计算确认该项土地使用权的成本。如涉及补价，土地使用权的取得成本还应加上应支付的补价款或减除应收到的补价款。

2. 换取的开发产品如为其他土地开发、建造的，接受投资的企业在投资交易发生时，按应付出开发产品市场公允价值和土地使用权转移过程中应支付的相关税费计算确认该项土地使用权的成本。如涉及补价，土地使用权的取得成本还应加上应支付的补价款或减除应收到的补价款。

（二）企业、单位以股权的形式，将土地使用权投资企业的，接受投资的企业应在投资交易发生时，按该项土地使用权的市场公允价值和土地使用权转移过程中应支付的相关税费计算确认该项土地使用权的取得成本。如涉及补价，土地使用权的取得成本还应加上应支付的补价款或减除应收到的补价款。

第三十二条　除以下几项预提（应付）费用外，计税成本均应为实际发生的成本。

（一）出包工程未最终办理结算而未取得全额发票的，在证明资料充分的前提下，其发票不足金额可以预提，但最高不得超过合同总金额的10%。

（二）公共配套设施尚未建造或尚未完工的，可按预算造价合理预提建造费用。此类公共配套设施必须符合已在售房合同、协议或广告、模型中明确承诺建造且不可撤销，或按照法律法规规定必须配套建造的条件。

（三）应向政府上交但尚未上交的报批报建费用、物业完善费用可以按规定预提。物业完善费用是指按规定应由企业承担的物业管理基金、公建维修基金或其他专项基金。

第三十三条　企业单独建造的停车场所，应作为成本对象单独核算。利用地下基础设施形成的停车场所，作为公共配套设施进行处理。

第三十四条 企业在结算计税成本时其实际发生的支出应当取得但未取得合法凭据的，不得计入计税成本，待实际取得合法凭据时，再按规定计入计税成本。

第三十五条 开发产品完工以后，企业可在完工年度企业所得税汇算清缴前选择确定计税成本核算的终止日，不得滞后。凡已完工开发产品在完工年度未按规定结算计税成本，主管税务机关有权确定或核定其计税成本，据此进行纳税调整，并按《中华人民共和国税收征收管理法》的有关规定对其进行处理。

第五章 特定事项的税务处理

第三十六条 企业以本企业为主体联合其他企业、单位、个人合作或合资开发房地产项目，且该项目未成立独立法人公司的，按下列规定进行处理：

(一)凡开发合同或协议中约定向投资各方(即合作、合资方，下同)分配开发产品的，企业在首次分配开发产品时，如该项目已经结算计税成本，其应分配给投资方开发产品的计税成本与其投资额之间的差额计入当期应纳税所得额；如未结算计税成本，则将投资方的投资额视同销售收入进行相关的税务处理。

(二)凡开发合同或协议中约定分配项目利润的，应按以下规定进行处理：

1. 企业应将该项目形成的营业利润额并入当期应纳税所得额统一申报缴纳企业所得税，不得在税前分配该项目的利润。同时不能因接受投资方投资额而在成本中摊销或在税前扣除相关的利息支出。

2. 投资方取得该项目的营业利润应视同股息、红利进行相关的税务处理。

第三十七条 企业以换取开发产品为目的，将土地使用权投资其他企业房地产开发项目的，按以下规定进行处理：

企业应在首次取得开发产品时，将其分解为转让土地使用权和购入开发产品两项经济业务进行所得税处理，并按应从该项目取得的开发产品(包括首次取得的和以后应取得的)的市场公允价值计算确认土地使用权转让所得或损失。

第六章 附 则

第三十八条 从事房地产开发经营业务的外商投资企业在2007年12月31日前存有销售未完工开发产品取得的收入，至该项开发产品完工后，一律按本办法第九条规定的办法进行税务处理。

第三十九条 本通知自2008年1月1日起执行。

国家税务总局关于企业所得税若干税务事项衔接问题的通知

国税函〔2009〕98号

各省、自治区、直辖市和计划单列市国家税务局、地方税务局：

《中华人民共和国企业所得税法》(以下简称新税法)及其实施条例(以下简称实施条例)自2008年1月1日正式实施，按照新税法第六十条规定，《中华人民共和国外商投资企业和外国企业所得税法》和《中华人民共和国企业所得税暂行条例》(以下简称原税法)同时废止。为便于各地汇算清缴工作的开展，现就新税法实施前企业发生的若干税务事项衔接问题通知如下：

一、关于已购置固定资产预计净残值和折旧年限的处理问题

新税法实施前已投入使用的固定资产，企业已按原税法规定预计净残值并计提的折旧，不做调整。新税法实施后，对此类继续使用的固定资产，可以重新确定其残值，并就其尚未计提折旧的余额，按照新税法规定的折旧年限减去已经计提折旧的年限后的剩余年限，按照新税法规定的折旧方法计算折旧。新税法实施后，固定资产原确定的折旧年限不违背新税法规定原则的，也可以继续执行。

二、关于递延所得的处理

企业按原税法规定已作递延所得确认的项目，其余额可在原规定的递延期间的剩余期间内继续均匀计入各纳税期间的应纳税所得额。

三、关于利息收入、租金收入和特许权使用费收入的确认

新税法实施前已按其他方式计入当期收入的利息收入、租金收入、特许权使用费收入，在新税法实施后，凡与按合同约定支付时间确认的收入额发生变化的，应将该收入额减去以前年度已按照其他方式确认的收入额后的差额，确认为当期收入。

四、关于以前年度职工福利费余额的处理

根据《国家税务总局关于做好2007年度企业所得税汇算清缴工作的补充通知》(国税函〔2008〕264号)的规定，企业2008年以前按照规定计提但尚未使用的职工福利费余额，2008年及以后年度发生的职工福利费，应首先冲减上述的职工福利费余额，不足部分按新税法规定扣除；仍有余额的，继续留在以后年度使用。企业2008年以前节余的职工福利费，已在税前扣除，属于职工权益，如果改变用途的，应调整增加企业应纳税所得额。

五、关于以前年度职工教育经费余额的处理

对于在2008年以前已经计提但尚未使用的职工教育经费余额，2008年及以后新发生的职工教育经费应先从余额中冲减。仍有余额的，留在以后年度继续使用。

六、关于工效挂钩企业工资储备基金的处理

原执行工效挂钩办法的企业，在2008年1月1日以前已按规定提取，但因未实际发放而未在税前扣除的工资储备基金余额，2008年及以后年度实际发放时，可在实际发放年度企业所得税前据实扣除。

七、关于以前年度未扣除的广告费的处理

企业在2008年以前按照原政策规定已发生但尚未扣除的广告费，2008年实行新税法后，其尚未扣除的余额，加上当年度新发生的广告费和业务宣传费后，按照新税法规定的比例计算扣除。

八、关于技术开发费的加计扣除形成的亏损的处理

企业技术开发费加计扣除部分已形成企业年度亏损，可以用以后年度所得弥补，但结转年限最长不得超过5年。

九、关于开(筹)办费的处理

新税法中开(筹)办费未明确列作长期待摊费用，企业可以在开始经营之日的当年一次性扣除，也可以按照新税法有关长期待摊费用的处理规定处理，但一经选定，不得改变。

企业在新税法实施以前年度的未摊销完的开办费，也可根据上述规定处理。

财政部 国家税务总局关于执行企业所得税优惠政策若干问题的通知

财税〔2009〕69号

各省、自治区、直辖市、计划单列市财政厅(局)、国家税务局、地方税务局，新疆生产建设兵团财务局：

根据《中华人民共和国企业所得税法》(以下简称企业所得税法)及《中华人民共和国企业所得税法实施条例》(国务院令第512号，以下简称实施条例)的有关规定，现就企业所得税优惠政策执行中有关问题通知如下：

一、执行《国务院关于实施企业所得税过渡优惠政策的通知》(国发〔2007〕39号)规定的过渡优惠政策及西部大开发优惠政策的企业，在定期减免税的减半期内，可以按照企业适用税率计算的应纳税额减半征税。其他各类情形的定期减免税，均应按照企业所得税25%的法定税率计算的应纳税额减半征税。

二、《国务院关于实施企业所得税过渡优惠政策的通知》(国发〔2007〕39号)第三条所称不得叠加享受，且一经选择，不得改变的税收优惠情形，限于企业所得税过渡优惠政策与企业所得税法及其实施条例中规定的定期减免税和减低税率类的税收优惠。

企业所得税法及其实施条例中规定的各项税收优惠，凡企业符合规定条件的，可以同时享受。

三、企业在享受过渡税收优惠过程中发生合并、分立、重组等情形的，按照《财政部 国家税务总局关于企业重组业务企业所得税处理若干问题的通知》(财税〔2009〕59 号)的统一规定执行。

四、2008 年 1 月 1 日以后，居民企业之间分配属于 2007 年度及以前年度的累积未分配利润而形成的股息、红利等权益性投资收益，均应按照企业所得税法第二十六条及实施条例第十七条、第八十三条的规定处理。

五、企业在 2007 年 3 月 16 日之前设立的分支机构单独依据原内、外资企业所得税法的优惠规定已享受有关税收优惠的，凡符合《国务院关于实施企业所得税过渡优惠政策的通知》(国发〔2007〕39 号)所列政策条件的，该分支机构可以单独享受国发〔2007〕39 号规定的企业所得税过渡优惠政策。

六、实施条例第九十一条第(二)项所称国际金融组织，包括国际货币基金组织、世界银行、亚洲开发银行、国际开发协会、国际农业发展基金、欧洲投资银行以及财政部和国家税务总局确定的其他国际金融组织；所称优惠贷款，是指低于金融企业同期同类贷款利率水平的贷款。

七、实施条例第九十二条第(一)项和第(二)项所称从业人数，是指与企业建立劳动关系的职工人数和企业接受的劳务派遣用工人数之和；从业人数和资产总额指标，按企业全年月平均值确定，具体计算公式如下：

月平均值＝(月初值＋月末值)÷2

全年月平均值＝全年各月平均值之和÷12

年度中间开业或者终止经营活动的，以其实际经营期作为一个纳税年度确定上述相关指标。

八、企业所得税法第二十八条规定的小型微利企业待遇，应适用于具备建账核算自身应纳税所得额条件的企业，按照《企业所得税核定征收办法》(国税发〔2008〕30 号)缴纳企业所得税的企业，在不具备准确核算应纳税所得额条件前，暂不适用小型微利企业适用税率。

九、2007 年底前设立的软件生产企业和集成电路生产企业，经认定后可以按《财政部 国家税务总局关于企业所得税若干优惠政策的通知》(财税〔2008〕1 号)的规定享受企业所得税定期减免税优惠政策。在 2007 年度或以前年度已获利并开始享受定期减免税优惠政策的，可自 2008 年度起继续享受至期满为止。

十、实施条例第一百条规定的购置并实际使用的环境保护、节能节水和安全生产专用设备，包括承租方企业以融资租赁方式租入的、并在融资租赁合同中约定租赁期届满时租赁设备所有权转移给承租方企业，且符合规定条件的上述专用设备。凡融资租赁期届满后租赁设备所有权未转移至承租方企业的，承租方企业应停止享受抵免企业所得税优惠，并补缴已经抵免的企业所得税税款。

十一、实施条例第九十七条所称投资于未上市的中小高新技术企业 2 年以上的，包括发生在 2008 年 1 月 1 日以前满 2 年的投资；所称中小高新技术企业是指按照《高新技术企业认定管理办法》(国科发火〔2008〕172 号)和《高新技术企业认定管理工作指引》(国科发火〔2008〕362 号)取得高新技术企业资格，且年销售额和资产总额均不超过 2 亿元、从业人数不超过 500 人的企业，其中 2007 年底前已取得高新技术企业资格的，在其规定有效期内不需重新认定。

十二、本通知自 2008 年 1 月 1 日起执行。

财政部 国家税务总局关于企业资产损失税前扣除政策的通知

财税〔2009〕57 号

各省、自治区、直辖市、计划单列市财政厅(局)、国家税务局、地方税务局，新疆生产建设兵团财务局：

根据《中华人民共和国企业所得税法》和《中华人民共和国企业所得税法实施条例》(国务院令第 512 号)的有关规定，现就企业资产损失在计算企业所得税应纳税所得额时的扣除政策通知如下：

一、本通知所称资产损失，是指企业在生产经营活动中实际发生的、与取得应税收入有关的资产损失，包括现金损失，存款损失，坏账损失，贷款损失，股权投资损失，固定资产和存货的盘亏、毁损、报废、被盗损失，自然灾害等不可抗力因素造成的损失以及其他损失。

二、企业清查出的现金短缺减除责任人赔偿后的余额，作为现金损失在计算应纳税所得额时扣除。

三、企业将货币性资金存入法定具有吸收存款职能的机构，因该机构依法破产、清算，或者政府责令停业、关闭等原因，确实不能收回的部分，作为存款损失在计算应纳税所得额时扣除。

四、企业除贷款类债权外的应收、预付账款符合下列条件之一的，减除可收回金额后确认的无法收回的应收、预付款项，可以作为坏账损失在计算应纳税所得额时扣除：

（一）债务人依法宣告破产、关闭、解散、被撤销，或者被依法注销、吊销营业执照，其清算财产不足清偿的；

（二）债务人死亡，或者依法被宣告失踪、死亡，其财产或者遗产不足清偿的；

（三）债务人逾期3年以上未清偿，且有确凿证据证明已无力清偿债务的；

（四）与债务人达成债务重组协议或法院批准破产重整计划后，无法追偿的；

（五）因自然灾害、战争等不可抗力导致无法收回的；

（六）国务院财政、税务主管部门规定的其他条件。

五、企业经采取所有可能的措施和实施必要的程序之后，符合下列条件之一的贷款类债权，可以作为贷款损失在计算应纳税所得额时扣除：

（一）借款人和担保人依法宣告破产、关闭、解散、被撤销，并终止法人资格，或者已完全停止经营活动，被依法注销、吊销营业执照，对借款人和担保人进行追偿后，未能收回的债权；

（二）借款人死亡，或者依法被宣告失踪、死亡，依法对其财产或者遗产进行清偿，并对担保人进行追偿后，未能收回的债权；

（三）借款人遭受重大自然灾害或者意外事故，损失巨大且不能获得保险补偿，或者以保险赔偿后，确实无力偿还部分或者全部债务，对借款人财产进行清偿和对担保人进行追偿后，未能收回的债权；

（四）借款人触犯刑律，依法受到制裁，其财产不足归还所借债务，又无其他债务承担者，经追偿后确实无法收回的债权；

（五）由于借款人和担保人不能偿还到期债务，企业诉诸法律，经法院对借款人和担保人强制执行，借款人和担保人均无财产可执行，法院裁定执行程序终结或终止（中止）后，仍无法收回的债权；

（六）由于借款人和担保人不能偿还到期债务，企业诉诸法律后，经法院调解或经债权人会议通过，与借款人和担保人达成和解协议或重整协议，在借款人和担保人履行完还款义务后，无法追偿的剩余债权；

（七）由于上述（一）至（六）项原因借款人不能偿还到期债务，企业依法取得抵债资产，抵债金额小于贷款本息的差额，经追偿后仍无法收回的债权；

（八）开立信用证、办理承兑汇票、开具保函等发生垫款时，凡开证申请人和保证人由于上述（一）至（七）项原因，无法偿还垫款，金融企业经追偿后仍无法收回的垫款；

（九）银行卡持卡人和担保人由于上述（一）至（七）项原因，未能还清透支款项，金融企业经追偿后仍无法收回的透支款项；

（十）助学贷款逾期后，在金融企业确定的有效追索期限内，依法处置助学贷款抵押物（质押物），并向担保人追索连带责任后，仍无法收回的贷款；

（十一）经国务院专案批准核销的贷款类债权；

（十二）国务院财政、税务主管部门规定的其他条件。

六、企业的股权投资符合下列条件之一的，减除可收回金额后确认的无法收回的股权投资，可以作为股权投资损失在计算应纳税所得额时扣除：

（一）被投资方依法宣告破产、关闭、解散、被撤销，或者被依法注销、吊销营业执照的；

（二）被投资方财务状况严重恶化，累计发生巨额亏损，已连续停止经营3年以上，且无重新恢复经营改组计划的；

（三）对被投资方不具有控制权，投资期限届满或者投资期限已超过10年，且被投资单位因连续3年经营亏损导致资不抵债的；

（四）被投资方财务状况严重恶化，累计发生巨额亏损，已完成清算或清算期超过3年以上的；

（五）国务院财政、税务主管部门规定的其他条件。

七、对企业盘亏的固定资产或存货，以该固定资产的账面净值或存货的成本减除责任人赔偿后的余额，作为固定资产或存货盘亏损失在计算应纳税所得额时扣除。

八、对企业毁损、报废的固定资产或存货，以该固定资产的账面净值或存货的成本减除残值、保险赔款和责任人赔偿后的余额，作为固定资产或存货毁损、报废损失在计算应纳税所得额时扣除。

九、对企业被盗的固定资产或存货，以该固定资产的账面净值或存货的成本减除保险赔款和责任人赔偿后的余额，作为固定资产或存货被盗损失在计算应纳税所得额时扣除。

十、企业因存货盘亏、毁损、报废、被盗等原因不得从增值税销项税额中抵扣的进项税额，可以与存货损失一起在计算应纳税所得额时扣除。

十一、企业在计算应纳税所得额时已经扣除的资产损失，在以后纳税年度全部或者部分收回时，其收回部分应当作为收入计入收回当期的应纳税所得额。

十二、企业境内、境外营业机构发生的资产损失应分开核算，对境外营业机构由于发生资产损失而产生的亏损，不得在计算境内应纳税所得额时扣除。

十三、企业对其扣除的各项资产损失，应当提供能够证明资产损失确属已实际发生的合法证据，包括具有法律效力的外部证据、具有法定资质的中介机构的经济鉴证证明、具有法定资质的专业机构的技术鉴定证明等。

十四、本通知自 2008 年 1 月 1 日起执行。

财政部 国家税务总局关于文化体制改革中经营性文化事业单位转制为企业的若干税收优惠政策的通知

财税〔2009〕34 号

各省、自治区、直辖市财政厅（局）、国家税务局、地方税务局，新疆生产建设兵团财务局：

为了贯彻落实《国务院办公厅关于印发文化体制改革中经营性文化事业单位转制为企业和支持文化企业发展两个规定的通知》（国办发〔2008〕114 号），进一步推动文化体制改革，促进文化企业发展，现就经营性文化事业单位转制为企业的税收政策问题通知如下：

一、经营性文化事业单位转制为企业，自转制注册之日起免征企业所得税。

二、由财政部门拨付事业经费的文化单位转制为企业，自转制注册之日起对其自用房产免征房产税。

三、党报、党刊将其发行、印刷业务及相应的经营性资产剥离组建的文化企业，自注册之日起所取得的党报、党刊发行收入和印刷收入免征增值税。

四、对经营性文化事业单位转制中资产评估增值涉及的企业所得税，以及资产划转或转让涉及的增值税、营业税、城建税等给予适当的优惠政策，具体优惠政策由财政部、国家税务总局根据转制方案确定。

五、本通知所称经营性文化事业单位是指从事新闻出版、广播影视和文化艺术的事业单位；转制包括文化事业单位整体转为企业和文化事业单位中经营部分剥离转为企业。

六、本通知适用于文化体制改革地区的所有转制文化单位和不在文化体制改革地区的转制企业。有关名单由中央文化体制改革工作领导小组办公室提供，财政部、国家税务总局发布。

本通知执行期限为 2009 年 1 月 1 日至 2013 年 12 月 31 日。

财政部税政司负责人解读支持文化体制改革的税收优惠政策

为进一步推动文化体制改革，促进文化企业发展，近日，财政部、国家税务总局印发了《关于文化体制改革中经营性文化事业单位转制为企业的若干税收政策问题的通知》，财政部、海关总署、国家税务总局印发了《关于支持文化企业发展若干税收政策问题的通知》，明确了相关的税收扶持政策。就出台税收扶持政策的背景、意义和主要内容，记者采访了财政部税政司负责人。

出台税收扶持政策的背景和意义

财政部税政司负责人介绍说，《关于文化体制改革中经营性文化事业单位转制为企业的若干税收政策问题的通知》和《关于支持文化企业发展若干税收政策问题的通知》是与《国务院办公厅关于印发文化体制改革中经营性文化事业单位转制为企业和支持文化企业发展两个规定的通知》配套的操作文件，是对过去五年已经实施政策的延续、修订和完善。

财政部税政司负责人指出，为贯彻落实党中央关于深化文化体制改革，发展文化产业、推进文化创新的精神，2005年财政部、海关总署、国家税务总局就下发了《关于文化体制改革中经营性文化事业单位转制后企业的若干税收政策问题的通知》以及《关于文化体制改革试点中支持文化产业发展若干税收政策问题的通知》，规定从2004年1月1日至2008年12月31日对文化体制改革试点地区的所有文化单位和不在试点地区的试点单位给予了一系列的税收优惠政策，惠及全国2000多家转制文化单位，减免税收达近百亿元。5年的实践证明，这些税收优惠政策对于激励文化单位加快转制或改制步伐，发挥了重要作用。

这次财政部会同有关部门修订完善了原有优惠政策并延期5年，执行期限为2009年1月1日至2013年12月31日，特别是对转制后的文化企业继续给予税收支持，将有助于推动文化体制改革取得新进展，进一步增强文化企业竞争力，提高我国文化软实力，促进社会主义文化大发展大繁荣。

税收扶持政策的主要内容

财政部税政司负责人介绍说，修订完善后的税收扶持政策主要包括以下四个方面内容：

(一)推动经营性文化事业单位转制。为进一步推动经营性文化事业单位转制，培育新型市场主体，特别是加快出版发行、电影业、文艺院团等重点领域的改革发展，新的税收优惠政策根据我国税制改革情况，对于实践证明行之有效的税收优惠政策大部分予以保留，并结合文化体制改革的实际需要，增加了一些新的内容。主要包括：一是经营性文化事业单位转制为企业，自转制注册之日起免征企业所得税。二是由财政部门拨付事业经费的文化单位转制为企业，自转制注册之日起对其自用房产免征房产税。三是党报、党刊将其发行、印刷业务及相应的经营性资产剥离组建的文化企业，自注册之日起所取得的党报、党刊发行收入和印刷收入免征增值税。四是对经营性文化事业单位转制中资产评估增值涉及的企业所得税，以及资产划转或转让涉及的增值税、营业税、城建税等给予适当的优惠政策。

(二)扶持文化企业发展。新的税收优惠政策专门对文化企业发展给予支持。主要包括：一是经广播电影电视行政主管部门按职能权限批准从事电影制片、发行、放映的电影集团公司(含成员企业)、电影制片厂及其他电影企业取得的销售电影拷贝收入、转让电影版权收入、电影发行收入以及在农村取得的电影放映收入免征增值税和营业税。二是2010年底前，广播电视运营服务企业按规定收取的有线数字电视基本收视维护费，经有关部门批准后可免征营业税，期限不超过3年。三是出版、发行企业库存呆滞出版物，根据不同介质不同年限，可以作为财产损失在税前据实扣除。四是为生产重点文化产品而进口国内不能生产的自用设备及配套件、备件等，按现行税收政策有关规定，免征进口关税。五是对2008年12月31日前新办文化企业，其企业所得税优惠政策可以按照《关于文化体制改革试点中支持文化产业发展若干税收政策问题的通知》规定执行到期。

(三)支持文化产品和服务出口。新的税收优惠政策继续鼓励和支持文化企业参与国际竞争，推动我国文化产品和服务更多地进入国际市场。此次出台的政策延续了文化企业在境外演出从境外取得的收入免征营业税的规定，同时明确出口图书、报纸、期刊、音像制品、电子出版物、电影和电视完成片按规定享受增值税出口退税政策。

(四)鼓励技术创新。鼓励文化企业充分利用高新技术，是推动文化产业发展的重要途径。新的税收优惠政策鼓励文化企业进行技术创新：一是在文化产业支撑技术等领域内，依据相关规定认定的高新技术企业，减按15%的税率征收企业所得税。二是文化企业开发新技术、新产品、新工艺发生的研究开发费用，允许按国家税法规定，在计算应纳税所得额时加计扣除。

国家税务总局关于印发《企业所得税汇算清缴管理办法》的通知

国税发〔2009〕79号

国家税务总局各省、自治区、直辖市和计划单列市国家税务局、地方税务局：

为加强企业所得税征收管理，进一步规范企业所得税汇算清缴工作，在总结近年来内、外资企业所得税汇算清缴工作经验的基础上，根据《中华人民共和国企业所得税法》及其实施条例，税务总局重新制定了《企业所得税汇算清缴管理办法》，现印发给你们，请遵照执行。执行中有何问题，请及时向税务总局报告。

企业所得税汇算清缴管理办法

第一条 为加强企业所得税征收管理，进一步规范企业所得税汇算清缴管理工作，根据《中华人民共和国企业所得税法》及其实施条例（以下简称企业所得税法及其实施条例）和《中华人民共和国税收征收管理法》及其实施细则（以下简称税收征管法及其实施细则）的有关规定，制定本办法。

第二条 企业所得税汇算清缴，是指纳税人自纳税年度终了之日起5个月内或实际经营终止之日起60日内，依照税收法律、法规、规章及其他有关企业所得税的规定，自行计算本纳税年度应纳税所得额和应纳所得税额，根据月度或季度预缴企业所得税的数额，确定该纳税年度应补或者应退税额，并填写企业所得税年度纳税申报表，向主管税务机关办理企业所得税年度纳税申报、提供税务机关要求提供的有关资料、结清全年企业所得税税款的行为。

第三条 凡在纳税年度内从事生产、经营（包括试生产、试经营），或在纳税年度中间终止经营活动的纳税人，无论是否在减税、免税期间，也无论盈利或亏损，均应按照企业所得税法及其实施条例和本办法的有关规定进行企业所得税汇算清缴。

实行核定定额征收企业所得税的纳税人，不进行汇算清缴。

第四条 纳税人应当自纳税年度终了之日起5个月内，进行汇算清缴，结清应缴应退企业所得税税款。

纳税人在年度中间发生解散、破产、撤销等终止生产经营情形，需进行企业所得税清算的，应在清算前报告主管税务机关，并自实际经营终止之日起60日内进行汇算清缴，结清应缴应退企业所得税款；纳税人有其他情形依法终止纳税义务的，应当自停止生产、经营之日起60日内，向主管税务机关办理当期企业所得税汇算清缴。

第五条 纳税人12月份或者第四季度的企业所得税预缴纳税申报，应在纳税年度终了后15日内完成，预缴申报后进行当年企业所得税汇算清缴。

第六条 纳税人需要报经税务机关审批、审核或备案的事项，应按有关程序、时限和要求报送材料等有关规定，在办理企业所得税年度纳税申报前及时办理。

第七条 纳税人应当按照企业所得税法及其实施条例和企业所得税的有关规定，正确计算应纳税所得额和应纳所得税额，如实、正确填写企业所得税年度纳税申报表及其附表，完整、及时报送相关资料，并对纳税申报的真实性、准确性和完整性负法律责任。

第八条 纳税人办理企业所得税年度纳税申报时，应如实填写和报送下列有关资料：

（一）企业所得税年度纳税申报表及其附表；

（二）财务报表；

（三）备案事项相关资料；

（四）总机构及分支机构基本情况、分支机构征税方式、分支机构的预缴税情况；

（五）委托中介机构代理纳税申报的，应出具双方签订的代理合同，并附送中介机构出具的包括纳税调整的项目、原因、依据、计算过程、调整金额等内容的报告；

（六）涉及关联方业务往来的，同时报送《中华人民共和国企业年度关联业务往来报告表》；

（七）主管税务机关要求报送的其他有关资料。

纳税人采用电子方式办理企业所得税年度纳税申报的，应按照有关规定保存有关资料或附报纸质纳税申报资料。

第九条 纳税人因不可抗力，不能在汇算清缴期内办理企业所得税年度纳税申报或备齐企业所得税年度纳税申报资料的，应按照税收征管法及其实施细则的规定，申请办理延期纳税申报。

第十条 纳税人在汇算清缴期内发现当年企业所得税申报有误的，可在汇算清缴期内重新办理企业所得税年度纳税申报。

第十一条 纳税人在纳税年度内预缴企业所得税税款少于应缴企业所得税税款的，应在汇算清缴期内结清应补缴的企业所得税税款;预缴税款超过应纳税款的,主管税务机关应及时按有关规定办理退税,或者经纳税人同意后抵缴其下一年度应缴企业所得税税款。

第十二条　纳税人因有特殊困难,不能在汇算清缴期内补缴企业所得税款的,应按照税收征管法及其实施细则的有关规定,办理申请延期缴纳税款手续。

第十三条　实行跨地区经营汇总缴纳企业所得税的纳税人,由统一计算应纳税所得额和应纳所得税额的总机构,按照上述规定,在汇算清缴期内向所在地主管税务机关办理企业所得税年度纳税申报,进行汇算清缴。分支机构不进行汇算清缴,但应将分支机构的营业收支等情况在报总机构统一汇算清缴前报送分支机构所在地主管税务机关。总机构应将分支机构及其所属机构的营业收支纳入总机构汇算清缴等情况报送各分支机构所在地主管税务机关。

第十四条　经批准实行合并缴纳企业所得税的企业集团,由集团母公司(以下简称汇缴企业)在汇算清缴期内,向汇缴企业所在地主管税务机关报送汇缴企业及各个成员企业合并计算填写的企业所得税年度纳税申报表,以及本办法第八条规定的有关资料及各个成员企业的企业所得税年度纳税申报表,统一办理汇缴企业及其成员企业的企业所得税汇算清缴。

汇缴企业应根据汇算清缴的期限要求,自行确定其成员企业向汇缴企业报送本办法第八条规定的有关资料的期限。成员企业向汇缴企业报送的上述资料,应经成员企业所在地的主管税务机关审核。

第十五条　纳税人未按规定期限进行汇算清缴,或者未报送本办法第八条所列资料的,按照税收征管法及其实施细则的有关规定处理。

第十六条　各级税务机关要结合当地实际,对每一纳税年度的汇算清缴工作进行统一安排和组织部署。汇算清缴管理工作由具体负责企业所得税日常管理的部门组织实施。税务机关内部各职能部门应充分协调和配合,共同做好汇算清缴的管理工作。

第十七条　各级税务机关应在汇算清缴开始之前和汇算清缴期间,主动为纳税人提供税收服务。

(一)采用多种形式进行宣传,帮助纳税人了解企业所得税政策、征管制度和办税程序;

(二)积极开展纳税辅导,帮助纳税人知晓汇算清缴范围、时间要求、报送资料及其他应注意的事项。

(三)必要时组织纳税培训,帮助纳税人进行企业所得税自核自缴。

第十八条　主管税务机关应及时向纳税人发放汇算清缴的表、证、单、书。

第十九条　主管税务机关受理纳税人企业所得税年度纳税申报表及有关资料时,如发现企业未按规定报齐有关资料或填报项目不完整的,应及时告知企业在汇算清缴期内补齐补正。

第二十条　主管税务机关受理纳税人年度纳税申报后,应对纳税人年度纳税申报表的逻辑性和有关资料的完整性、准确性进行审核。审核重点主要包括:

(一)纳税人企业所得税年度纳税申报表及其附表与企业财务报表有关项目的数字是否相符,各项目之间的逻辑关系是否对应,计算是否正确。

(二)纳税人是否按规定弥补以前年度亏损额和结转以后年度待弥补的亏损额。

(三)纳税人是否符合税收优惠条件、税收优惠的确认和申请是否符合规定程序。

(四)纳税人税前扣除的财产损失是否真实、是否符合有关规定程序。跨地区经营汇总缴纳企业所得税的纳税人,其分支机构税前扣除的财产损失是否由分支机构所在地主管税务机关出具证明。

(五)纳税人有无预缴企业所得税的完税凭证,完税凭证上填列的预缴数额是否真实。跨地区经营汇总缴纳企业所得税的纳税人及其所属分支机构预缴的税款是否与《中华人民共和国企业所得税汇总纳税分支机构分配表》中分配的数额一致。

(六)纳税人企业所得税和其他各税种之间的数据是否相符、逻辑关系是否吻合。

第二十一条　主管税务机关应结合纳税人企业所得税预缴情况及日常征管情况,对纳税人报送的企业所得税年度纳税申报表及其附表和其他有关资料进行初步审核后,按规定程序及时办理企业所得税补、退税或抵缴其下一年度应纳所得税款等事项。

第二十二条　税务机关应做好跨地区经营汇总纳税企业和合并纳税企业汇算清缴的协同管理。

(一)总机构和汇缴企业所在地主管税务机关在对企业的汇总或合并纳税申报资料审核时,发现其分支机构或成员企业申报内容有疑点需进一步核实的,应向其分支机构或成员企业所在地主管税务机关发出有关税务事项协查函;该分支机构或成员企业所在地主管税务机关应在要求的时限内就协查事项进行调查核实，并将核查结果函复总机构或汇缴企业所在地主管税务机关。

（二）总机构和汇缴企业所在地主管税务机关收到分支机构或成员企业所在地主管税务机关反馈的核查结果后，应对总机构和汇缴企业申报的应纳税所得额及应纳所得税额作相应调整。

第二十三条 汇算清缴工作结束后，税务机关应组织开展汇算清缴数据分析、纳税评估和检查。纳税评估和检查的对象、内容、方法、程序等按照国家税务总局的有关规定执行。

第二十四条 汇算清缴工作结束后，各级税务机关应认真总结，写出书面总结报告逐级上报。各省、自治区、直辖市和计划单列市国家税务局、地方税务局应在每年7月底前将汇算清缴工作总结报告、年度企业所得税汇总报表报送国家税务总局（所得税司）。总结报告的内容应包括：

（一）汇算清缴工作的基本情况；

（二）企业所得税税源结构的分布情况；

（三）企业所得税收入增减变化及原因；

（四）企业所得税政策和征管制度贯彻落实中存在的问题和改进建议。

第二十五条 本办法适用于企业所得税居民企业纳税人。

第二十六条 各省、自治区、直辖市和计划单列市国家税务局、地方税务局可根据本办法制定具体实施办法。

第二十七条 本办法自2009年1月1日起执行。《国家税务总局关于印发〈企业所得税汇算清缴管理办法〉的通知》（国税发〔2005〕200号）、《国家税务总局关于印发新修订的〈外商投资企业和外国企业所得税汇算清缴工作规程〉的通知》（国税发〔2003〕12号）和《国家税务总局关于印发新修订的〈外商投资企业和外国企业所得税汇算清缴管理办法〉的通知》（国税发〔2003〕13号）同时废止。

2008年度企业所得税汇算清缴按本办法执行。

第二十八条 本办法由国家税务总局负责解释。

国家税务总局关于企业固定资产加速折旧所得税处理有关问题的通知

国税发〔2009〕81号

各省、自治区、直辖市和计划单列市国家税务局、地方税务局：

根据《中华人民共和国企业所得税法》（以下简称《企业所得税法》）及《中华人民共和国企业所得税法实施条例》（以下简称《实施条例》）的有关规定，现就企业固定资产实行加速折旧的所得税处理问题通知如下：

一、根据《企业所得税法》第三十二条及《实施条例》第九十八条的相关规定，企业拥有并用于生产经营的主要或关键的固定资产，由于以下原因确需加速折旧的，可以缩短折旧年限或者采取加速折旧的方法：

（一）由于技术进步，产品更新换代较快的；

（二）常年处于强震动、高腐蚀状态的。

二、企业拥有并使用的固定资产符合本通知第一条规定的，可按以下情况分别处理：

（一）企业过去没有使用过与该项固定资产功能相同或类似的固定资产，但有充分的证据证明该固定资产的预计使用年限短于《实施条例》规定的计算折旧最低年限的，企业可根据该固定资产的预计使用年限和本通知的规定，对该固定资产采取缩短折旧年限或者加速折旧的方法。

（二）企业在原有的固定资产未达到《实施条例》规定的最低折旧年限前，使用功能相同或类似的新固定资产替代旧固定资产的，企业可根据旧固定资产的实际使用年限和本通知的规定，对新替代的固定资产采取缩短折旧年限或者加速折旧的方法。

三、企业采取缩短折旧年限方法的，对其购置的新固定资产，最低折旧年限不得低于《实施条例》第六十条规定的折旧年限的60%；若为购置已使用过的固定资产，其最低折旧年限不得低于《实施条例》规定的最低折旧年限减去已使用年限后剩余年限的60%。最低折旧年限一经确定，一般不得变更。

四、企业拥有并使用符合本通知第一条规定条件的固定资产采取加速折旧方法的，可以采用双倍余额递减法或者年数总和法。加速折旧方法一经确定，一般不得变更。

（一）双倍余额递减法，是指在不考虑固定资产预计净残值的情况下，根据每期期初固定资产原值减去累计折旧后的金额和双倍的直线法折旧率计算固定资产折旧的一种方法。应用这种方法计算折旧额时，由于每年年初固定资产净值没有减去预计净残值，所以在计算固定资产折旧额时，应在其折旧年限到期前的两年期间，将固定资产净值减去预计净残值后的余额平均摊销。计算公式如下：

年折旧率＝2÷预计使用寿命（年）×100％

月折旧率＝年折旧率÷12

月折旧额＝月初固定资产账面净值×月折旧率

（二）年数总和法，又称年限合计法，是指将固定资产的原值减去预计净残值后的余额，乘以一个以固定资产尚可使用寿命为分子、以预计使用寿命逐年数字之和为分母的逐年递减的分数计算每年的折旧额。计算公式如下：

年折旧率＝尚可使用年限÷预计使用寿命的年数总和×100％

月折旧率＝年折旧率÷12

月折旧额＝（固定资产原值－预计净残值）×月折旧率

五、企业确需对固定资产采取缩短折旧年限或者加速折旧方法的，应在取得该固定资产后一个月内，向其企业所得税主管税务机关（以下简称主管税务机关）备案，并报送以下资料：

（一）固定资产的功能、预计使用年限短于《实施条例》规定计算折旧的最低年限的理由、证明资料及有关情况的说明；

（二）被替代的旧固定资产的功能、使用及处置等情况的说明；

（三）固定资产加速折旧拟采用的方法和折旧额的说明；

（四）主管税务机关要求报送的其他资料。

企业主管税务机关应在企业所得税年度纳税评估时，对企业采取加速折旧的固定资产的使用环境及状况进行实地核查。对不符合加速折旧规定条件的，主管税务机关有权要求企业停止该项固定资产加速折旧。

六、对于采取缩短折旧年限的固定资产，足额计提折旧后继续使用而未进行处置（包括报废等情形）超过 12 个月的，今后对其更新替代、改造改建后形成的功能相同或者类似的固定资产，不得再采取缩短折旧年限的方法。

七、对于企业采取缩短折旧年限或者采取加速折旧方法的，主管税务机关应设立相应的税收管理台账，并加强监督，实施跟踪管理。对发现不符合《实施条例》第九十八条及本通知规定的，主管税务机关要及时责令企业进行纳税调整。

八、适用总、分机构汇总纳税的企业，对其所属分支机构使用的符合《实施条例》第九十八条及本通知规定情形的固定资产采取缩短折旧年限或者采取加速折旧方法的，由其总机构向其所在地主管税务机关备案。分支机构所在地主管税务机关应负责配合总机构所在地主管税务机关实施跟踪管理。

九、本通知自 2008 年 1 月 1 日起执行。

国家税务总局关于境外注册中资控股企业依据实际管理机构标准认定为居民企业有关问题的通知

国税发〔2009〕82 号

各省、自治区、直辖市和计划单列市国家税务局、地方税务局：

根据《中华人民共和国企业所得税法》（以下简称企业所得税法）和《中华人民共和国企业所得税法实施条例》（以下简称实施条例）的有关规定，为规范执行企业所得税法关于居民企业的判定标准，加强企业所得税管理，现对境外注册的中资控股企业（以下称境外中资企业）依据实际管理机构判定为中国居民企业的有关企业所得税问题通知如下：

一、境外中资企业是指由中国境内的企业或企业集团作为主要控股投资者，在境外依据外国(地区)法律注册成立的企业。

二、境外中资企业同时符合以下条件的，根据企业所得税法第二条第二款和实施条例第四条的规定，应判定其为实际管理机构在中国境内的居民企业(以下称非境内注册居民企业)，并实施相应的税收管理，就其来源于中国境内、境外的所得征收企业所得税。

(一)企业负责实施日常生产经营管理运作的高层管理人员及其高层管理部门履行职责的场所主要位于中国境内；

(二)企业的财务决策(如借款、放款、融资、财务风险管理等)和人事决策(如任命、解聘和薪酬等)由位于中国境内的机构或人员决定，或需要得到位于中国境内的机构或人员批准；

(三)企业的主要财产、会计账簿、公司印章、董事会和股东会议纪要档案等位于或存放于中国境内；

(四)企业 1/2(含 1/2)以上有投票权的董事或高层管理人员经常居住于中国境内。

三、对于实际管理机构的判断，应当遵循实质重于形式的原则。

四、非境内注册居民企业从中国境内其他居民企业取得的股息、红利等权益性投资收益，按照企业所得税法第二十六条和实施条例第八十三条的规定，作为其免税收入。非境内注册居民企业的投资者从该居民企业分得的股息红利等权益性投资收益，根据实施条例第七条第(四)款的规定，属于来源于中国境内的所得，应当征收企业所得税；该权益性投资收益中符合企业所得税法第二十六条和实施条例第八十三条规定的部分，可作为收益人的免税收入。

五、非境内注册居民企业在中国境内投资设立的企业，其外商投资企业的税收法律地位不变。

六、境外中资企业被判定为非境内注册居民企业的，按照企业所得税法第四十五条以及受控外国企业管理的有关规定，不视为受控外国企业，但其所控制的其他受控外国企业仍应按照有关规定进行税务处理。

七、境外中资企业可向其实际管理机构所在地或中国主要投资者所在地主管税务机关提出居民企业申请，主管税务机关对其居民企业身份进行初步审核后，层报国家税务总局确认；境外中资企业未提出居民企业申请的，其中国主要投资者的主管税务机关可以根据所掌握的情况对其是否属于中国居民企业做出初步判定，层报国家税务总局确认。

境外中资企业或其中国主要投资者向税务机关提出居民企业申请时，应同时向税务机关提供如下资料：

(一)企业法律身份证明文件；

(二)企业集团组织结构说明及生产经营概况；

(三)企业最近一个年度的公证会计师审计报告；

(四)负责企业生产经营等事项的高层管理机构履行职责的场所的地址证明；

(五)企业董事及高层管理人员在中国境内居住记录；

(六)企业重大事项的董事会决议及会议记录；

(七)主管税务机关要求的其他资料。

八、境外中资企业被认定为中国居民企业后成为双重居民身份的，按照中国与相关国家(或地区)签署的税收协定(或安排)的规定执行。

九、本通知自 2008 年 1 月 1 日起执行。

国家税务总局关于企业所得税执行中若干税务处理问题的通知

国税函〔2009〕202 号

各省、自治区、直辖市和计划单列市国家税务局、地方税务局：

根据《中华人民共和国企业所得税法》(以下简称《企业所得税法》)及《中华人民共和国企业所得税法实施条例》(以下简称《实施条例》)的有关规定，现就企业所得税若干税务处理问题通知如下：

一、关于销售(营业)收入基数的确定问题

企业在计算业务招待费、广告费和业务宣传费等费用扣除限额时,其销售(营业)收入额应包括《实施条例》第二十五条规定的视同销售(营业)收入额。

二、2008 年 1 月 1 日以前计提的各类准备金余额处理问题

根据《实施条例》第五十五条规定,除财政部和国家税务总局核准计提的准备金可以税前扣除外,其他行业、企业计提的各项资产减值准备、风险准备等准备金均不得税前扣除。

2008 年 1 月 1 日前按照原企业所得税法规定计提的各类准备金,2008 年 1 月 1 日以后,未经财政部和国家税务总局核准的,企业以后年度实际发生的相应损失,应先冲减各项准备金余额。

三、关于特定事项捐赠的税前扣除问题

企业发生为汶川地震灾后重建、举办北京奥运会和上海世博会等特定事项的捐赠,按照《财政部 海关总署 国家税务总局关于支持汶川地震灾后恢复重建有关税收政策问题的通知》(财税〔2008〕104 号)、《财政部 国家税务总局海关总署关于 29 届奥运会税收政策问题的通知》(财税〔2003〕10 号)、《财政部 国家税务总局关于 2010 年上海世博会有关税收政策问题的通知》(财税〔2005〕180 号)等相关规定,可以据实全额扣除。企业发生的其他捐赠,应按《企业所得税法》第九条及《实施条例》第五十一、五十二、五十三条的规定计算扣除。

四、软件生产企业职工教育经费的税前扣除问题

软件生产企业发生的职工教育经费中的职工培训费用,根据《财政部 国家税务总局关于企业所得税若干优惠政策的通知》(财税〔2008〕1 号)规定,可以全额在企业所得税前扣除。软件生产企业应准确划分职工教育经费中的职工培训费支出,对于不能准确划分的,以及准确划分后职工教育经费中扣除职工培训费用的余额,一律按照《实施条例》第四十二条规定的比例扣除。

国家税务总局关于实施高新技术企业所得税优惠有关问题的通知

国税函〔2009〕203 号

各省、自治区、直辖市和计划单列市国家税务局、地方税务局:

为贯彻落实高新技术企业所得税优惠及其过渡性优惠政策,根据《中华人民共和国企业所得税法》(以下简称企业所得税法)及《中华人民共和国企业所得税法实施条例》(以下简称实施条例)以及相关税收规定,现对有关问题通知如下:

一、当年可减按 15%的税率征收企业所得税或按照《国务院关于经济特区和上海浦东新区新设立高新技术企业实行过渡性税收优惠的通知》(国发〔2007〕40 号)享受过渡性税收优惠的高新技术企业,在实际实施有关税收优惠的当年,减免税条件发生变化的,应按《科学技术部财政部 国家税务总局关于印发〈高新技术企业认定管理办法〉的通知》(国科发火〔2008〕172 号)第九条第二款的规定处理。

二、原依法享受企业所得税定期减免税优惠尚未期满同时符合本通知第一条规定条件的高新技术企业,根据《高新技术企业认定管理办法》以及《科学技术部财政部 国家税务总局关于印发〈高新技术企业认定管理工作指引〉的通知》(国科发火〔2008〕362 号)的相关规定,在按照新标准取得认定机构颁发的高新技术企业资格证书之后,可以在 2008 年 1 月 1 日后,享受对尚未到期的定期减免税优惠执行到期满的过渡政策。

三、2006 年 1 月 1 日至 2007 年 3 月 16 日期间成立,截止到 2007 年底仍未获利(弥补完以前年度亏损后应纳税所得额为零)的高新技术企业,根据《高新技术企业认定管理办法》以及《高新技术企业认定管理工作指引》的相关规定,按照新标准取得认定机构颁发的高新技术企业证书后,可依据企业所得税法第五十七条的规定,免税期限自 2008 年 1 月 1 日起计算。

四、认定(复审)合格的高新技术企业,自认定(复审)批准的有效期当年开始,可申请享受企业所得税优惠。企业取得省、自治区、直辖市、计划单列市高新技术企业认定管理机构颁发的高新技术企业证书后,可持“高新技术企业证书”及其复印件和有关资料，向主管税务机关申请办理减免税手续。手续办理完毕后，高新技术企业可按15%的税率进行所得税预缴申报或享受过渡性税收优惠。

五、纳税年度终了后至报送年度纳税申报表以前，已办理减免税手续的企业应向主管税务机关备案以下资料：

（一）产品（服务）属于《国家重点支持的高新技术领域》规定的范围的说明；

（二）企业年度研究开发费用结构明细表（见附件）；

（三）企业当年高新技术产品（服务）收入占企业总收入的比例说明；

（四）企业具有大学专科以上学历的科技人员占企业当年职工总数的比例说明、研发人员占企业当年职工总数的比例说明。

以上资料的计算、填报口径参照《高新技术企业认定管理工作指引》的有关规定执行。

六、未取得高新技术企业资格、或虽取得高新技术企业资格但不符合企业所得税法及实施条例以及本通知有关规定条件的企业，不得享受高新技术企业的优惠；已享受优惠的，应追缴其已减免的企业所得税税款。

七、本通知自2008年1月1日起执行。

附件：企业年度研究开发费用结构明细表

国家税务总局关于技术转让所得减免企业所得税有关问题的通知

国税函〔2009〕212号

各省、自治区、直辖市和计划单列市国家税务局、地方税务局：

根据《中华人民共和国企业所得税法》（以下简称企业所得税法）及其实施条例和相关规定，现就符合条件的技术转让所得减免企业所得税有关问题通知如下：

一、根据企业所得税法第二十七条第（四）项规定，享受减免企业所得税优惠的技术转让应符合以下条件：

（一）享受优惠的技术转让主体是企业所得税法规定的居民企业；

（二）技术转让属于财政部、国家税务总局规定的范围；

（三）境内技术转让经省级以上科技部门认定；

（四）向境外转让技术经省级以上商务部门认定；

（五）国务院税务主管部门规定的其他条件。

二、符合条件的技术转让所得应按以下方法计算：

技术转让所得＝技术转让收入－技术转让成本－相关税费

技术转让收入是指当事人履行技术转让合同后获得的价款，不包括销售或转让设备、仪器、零部件、原材料等非技术性收入。不属于与技术转让项目密不可分的技术咨询、技术服务、技术培训等收入，不得计入技术转让收入。

技术转让成本是指转让的无形资产的净值，即该无形资产的计税基础减除在资产使用期间按照规定计算的摊销扣除额后的余额。

相关税费是指技术转让过程中实际发生的有关税费，包括除企业所得税和允许抵扣的增值税以外的各项税金及其附加、合同签订费用、律师费等相关费用及其他支出。

三、享受技术转让所得减免企业所得税优惠的企业，应单独计算技术转让所得，并合理分摊企业的期间费用；没有单独计算的，不得享受技术转让所得企业所得税优惠。

四、企业发生技术转让，应在纳税年度终了后至报送年度纳税申报表以前，向主管税务机关办理减免税备案手续。

（一）企业发生境内技术转让，向主管税务机关备案时应报送以下资料：

1. 技术转让合同(副本)；
2. 省级以上科技部门出具的技术合同登记证明；
3. 技术转让所得归集、分摊、计算的相关资料；
4. 实际缴纳相关税费的证明资料；
5. 主管税务机关要求提供的其他资料。
(二)企业向境外转让技术，向主管税务机关备案时应报送以下资料：
1. 技术出口合同(副本)；
2. 省级以上商务部门出具的技术出口合同登记证书或技术出口许可证；
3. 技术出口合同数据表；
4. 技术转让所得归集、分摊、计算的相关资料；
5. 实际缴纳相关税费的证明资料；
6. 主管税务机关要求提供的其他资料。
五、本通知自 2008 年 1 月 1 日起执行。

财政部 国家税务总局关于安置残疾人员就业有关企业所得税优惠政策问题的通知

财税〔2009〕70 号

各省、自治区、直辖市、计划单列市财政厅(局)、国家税务局、地方税务局，新疆生产建设兵团财务局：

根据《中华人民共和国企业所得税法》和《中华人民共和国企业所得税法实施条例》(国务院令第 512 号)的有关规定，现就企业安置残疾人员就业有关企业所得税优惠政策问题，通知如下：

一、企业安置残疾人员的，在按照支付给残疾职工工资据实扣除的基础上，可以在计算应纳税所得额时按照支付给残疾职工工资的 100％加计扣除。

企业就支付给残疾职工的工资，在进行企业所得税预缴申报时，允许据实计算扣除；在年度终了进行企业所得税年度申报和汇算清缴时，再依照本条第一款的规定计算加计扣除。

二、残疾人员的范围适用《中华人民共和国残疾人保障法》的有关规定。

三、企业享受安置残疾职工工资 100％加计扣除应同时具备如下条件：

(一)依法与安置的每位残疾人签订了 1 年以上(含 1 年)的劳动合同或服务协议，并且安置的每位残疾人在企业实际上岗工作。

(二)为安置的每位残疾人按月足额缴纳了企业所在区县人民政府根据国家政策规定的基本养老保险、基本医疗保险、失业保险和工伤保险等社会保险。

(三)定期通过银行等金融机构向安置的每位残疾人实际支付了不低于企业所在区县适用的经省级人民政府批准的最低工资标准的工资。

(四)具备安置残疾人上岗工作的基本设施。

四、企业应在年度终了进行企业所得税年度申报和汇算清缴时，向主管税务机关报送本通知第四条规定的相关资料、已安置残疾职工名单及其《中华人民共和国残疾人证》或《中华人民共和国残疾军人证(1 至 8 级)》复印件和主管税务机关要求提供的其他资料，办理享受企业所得税加计扣除优惠的备案手续。

五、在企业汇算清缴结束后，主管税务机关在对企业进行日常管理、纳税评估和纳税检查时，应对安置残疾人员企业所得税加计扣除优惠的情况进行核实。

六、本通知自 2008 年 1 月 1 日起执行。

财政部 国家税务总局关于企业重组业务企业所得税处理若干问题的通知

财税〔2009〕59 号

各省、自治区、直辖市、计划单列市财政厅(局)、国家税务局、地方税务局,新疆生产建设兵团财务局:

根据《中华人民共和国企业所得税法》第二十条和《中华人民共和国企业所得税法实施条例》(国务院令第 512 号)第七十五条规定,现就企业重组所涉及的企业所得税具体处理问题通知如下:

一、本通知所称企业重组,是指企业在日常经营活动以外发生的法律结构或经济结构重大改变的交易,包括企业法律形式改变、债务重组、股权收购、资产收购、合并、分立等。

(一)企业法律形式改变,是指企业注册名称、住所以及企业组织形式等的简单改变,但符合本通知规定其他重组的类型除外。

(二)债务重组,是指在债务人发生财务困难的情况下,债权人按照其与债务人达成的书面协议或者法院裁定书,就其债务人的债务作出让步的事项。

(三)股权收购,是指一家企业(以下称为收购企业)购买另一家企业(以下称为被收购企业)的股权,以实现对被收购企业控制的交易。收购企业支付对价的形式包括股权支付、非股权支付或两者的组合。

(四)资产收购,是指一家企业(以下称为受让企业)购买另一家企业(以下称为转让企业)实质经营性资产的交易。受让企业支付对价的形式包括股权支付、非股权支付或两者的组合。

(五)合并,是指一家或多家企业(以下称为被合并企业)将其全部资产和负债转让给另一家现存或新设企业(以下称为合并企业),被合并企业股东换取合并企业的股权或非股权支付,实现两个或两个以上企业的依法合并。

(六)分立,是指一家企业(以下称为被分立企业)将部分或全部资产分离转让给现存或新设的企业(以下称为分立企业),被分立企业股东换取分立企业的股权或非股权支付,实现企业的依法分立。

二、本通知所称股权支付,是指企业重组中购买、换取资产的一方支付的对价中,以本企业或其控股企业的股权、股份作为支付的形式;所称非股权支付,是指以本企业的现金、银行存款、应收款项、本企业或其控股企业股权和股份以外的有价证券、存货、固定资产、其他资产以及承担债务等作为支付的形式。

三、企业重组的税务处理区分不同条件分别适用一般性税务处理规定和特殊性税务处理规定。

四、企业重组,除符合本通知规定适用特殊性税务处理规定的外,按以下规定进行税务处理:

(一)企业由法人转变为个人独资企业、合伙企业等非法人组织,或将登记注册地转移至中华人民共和国境外(包括港澳台地区),应视同企业进行清算、分配,股东重新投资成立新企业。企业的全部资产以及股东投资的计税基础均应以公允价值为基础确定。

企业发生其他法律形式简单改变的,可直接变更税务登记,除另有规定外,有关企业所得税纳税事项(包括亏损结转、税收优惠等权益和义务)由变更后企业承继,但因住所发生变化而不符合税收优惠条件的除外。

(二)企业债务重组,相关交易应按以下规定处理:

1. 以非货币资产清偿债务,应当分解为转让相关非货币性资产、按非货币性资产公允价值清偿债务两项业务,确认相关资产的所得或损失。

2. 发生债权转股权的,应当分解为债务清偿和股权投资两项业务,确认有关债务清偿所得或损失。

3. 债务人应当按照支付的债务清偿额低于债务计税基础的差额,确认债务重组所得;债权人应当按照收到的债务清偿额低于债权计税基础的差额,确认债务重组损失。

4. 债务人的相关所得税纳税事项原则上保持不变。

(三)企业股权收购、资产收购重组交易,相关交易应按以下规定处理:

1. 被收购方应确认股权、资产转让所得或损失。

2. 收购方取得股权或资产的计税基础应以公允价值为基础确定。

3. 被收购企业的相关所得税事项原则上保持不变。

(四)企业合并,当事各方应按下列规定处理:

1. 合并企业应按公允价值确定接受被合并企业各项资产和负债的计税基础。

2. 被合并企业及其股东都应按清算进行所得税处理。

3. 被合并企业的亏损不得在合并企业结转弥补。

(五)企业分立,当事各方应按下列规定处理:

1. 被分立企业对分立出去资产应按公允价值确认资产转让所得或损失。

2. 分立企业应按公允价值确认接受资产的计税基础。

3. 被分立企业继续存在时,其股东取得的对价应视同被分立企业分配进行处理。

4. 被分立企业不再继续存在时,被分立企业及其股东都应按清算进行所得税处理。

5. 企业分立相关企业的亏损不得相互结转弥补。

五、企业重组同时符合下列条件的,适用特殊性税务处理规定:

(一)具有合理的商业目的,且不以减少、免除或者推迟缴纳税款为主要目的。

(二)被收购、合并或分立部分的资产或股权比例符合本通知规定的比例。

(三)企业重组后的连续12个月内不改变重组资产原来的实质性经营活动。

(四)重组交易对价中涉及股权支付金额符合本通知规定比例。

(五)企业重组中取得股权支付的原主要股东,在重组后连续12个月内,不得转让所取得的股权。

六、企业重组符合本通知第五条规定条件的,交易各方对其交易中的股权支付部分,可以按以下规定进行特殊性税务处理:

(一)企业债务重组确认的应纳税所得额占该企业当年应纳税所得额50%以上,可以在5个纳税年度的期间内,均匀计入各年度的应纳税所得额。

企业发生债权转股权业务,对债务清偿和股权投资两项业务暂不确认有关债务清偿所得或损失,股权投资的计税基础以原债权的计税基础确定。企业的其他相关所得税事项保持不变。

(二)股权收购,收购企业购买的股权不低于被收购企业全部股权的75%,且收购企业在该股权收购发生时的股权支付金额不低于其交易支付总额的85%,可以选择按以下规定处理:

1. 被收购企业的股东取得收购企业股权的计税基础,以被收购股权的原有计税基础确定。

2. 收购企业取得被收购企业股权的计税基础,以被收购股权的原有计税基础确定。

3. 收购企业、被收购企业的原有各项资产和负债的计税基础和其他相关所得税事项保持不变。

(三)资产收购,受让企业收购的资产不低于转让企业全部资产的75%,且受让企业在该资产收购发生时的股权支付金额不低于其交易支付总额的85%,可以选择按以下规定处理:

1. 转让企业取得受让企业股权的计税基础,以被转让资产的原有计税基础确定。

2. 受让企业取得转让企业资产的计税基础,以被转让资产的原有计税基础确定。

(四)企业合并,企业股东在该企业合并发生时取得的股权支付金额不低于其交易支付总额的85%,以及同一控制下且不需要支付对价的企业合并,可以选择按以下规定处理:

1. 合并企业接受被合并企业资产和负债的计税基础,以被合并企业的原有计税基础确定。

2. 被合并企业合并前的相关所得税事项由合并企业承继。

3. 可由合并企业弥补的被合并企业亏损的限额=被合并企业净资产公允价值×截至合并业务发生当年年末国家发行的最长期限的国债利率。

4. 被合并企业股东取得合并企业股权的计税基础,以其原持有的被合并企业股权的计税基础确定。

(五)企业分立,被分立企业所有股东按原持股比例取得分立企业的股权,分立企业和被分立企业均不改变原来的实质经营活动,且被分立企业股东在该企业分立发生时取得的股权支付金额不低于其交易支付总额的85%,可以选择按以下规定处理:

1. 分立企业接受被分立企业资产和负债的计税基础,以被分立企业的原有计税基础确定。

2. 被分立企业已分立出去资产相应的所得税事项由分立企业承继。

3. 被分立企业未超过法定弥补期限的亏损额可按分立资产占全部资产的比例进行分配,由分立企业继续弥补。

4. 被分立企业的股东取得分立企业的股权(以下简称"新股"),如需部分或全部放弃原持有的被分立企业的股权(以下简称"旧股"),"新股"的计税基础应以放弃"旧股"的计税基础确定。如不需放弃"旧股",

则其取得“新股”的计税基础可从以下两种方法中选择确定：直接将“新股”的计税基础确定为零；或者以被分立企业分立出去的净资产占被分立企业全部净资产的比例先调减原持有的“旧股”的计税基础，再将调减的计税基础平均分配到“新股”上。

（六）重组交易各方按本条（一）至（五）项规定对交易中股权支付暂不确认有关资产的转让所得或损失的，其非股权支付仍应在交易当期确认相应的资产转让所得或损失，并调整相应资产的计税基础。

非股权支付对应的资产转让所得或损失＝（被转让资产的公允价值—被转让资产的计税基础）×（非股权支付金额÷被转让资产的公允价值）

七、企业发生涉及中国境内与境外之间（包括港澳台地区）的股权和资产收购交易，除应符合本通知第五条规定的条件外，还应同时符合下列条件，才可选择适用特殊性税务处理规定：

（一）非居民企业向其100％直接控股的另一非居民企业转让其拥有的居民企业股权，没有因此造成以后该项股权转让所得预提税负担变化，且转让方非居民企业向主管税务机关书面承诺在3年（含3年）内不转让其拥有受让方非居民企业的股权；

（二）非居民企业向与其具有100％直接控股关系的居民企业转让其拥有的另一居民企业股权；

（三）居民企业以其拥有的资产或股权向其100％直接控股的非居民企业进行投资；

（四）财政部、国家税务总局核准的其他情形。

八、本通知第七条第（三）项所指的居民企业以其拥有的资产或股权向其100％直接控股关系的非居民企业进行投资，其资产或股权转让收益如选择特殊性税务处理，可以在10个纳税年度内均匀计入各年度应纳税所得额。

九、在企业吸收合并中，合并后的存续企业性质及适用税收优惠的条件未发生改变的，可以继续享受合并前该企业剩余期限的税收优惠，其优惠金额按存续企业合并前一年的应纳税所得额（亏损计为零）计算。

在企业存续分立中，分立后的存续企业性质及适用税收优惠的条件未发生改变的，可以继续享受分立前该企业剩余期限的税收优惠，其优惠金额按该企业分立前一年的应纳税所得额（亏损计为零）乘以分立后存续企业资产占分立前该企业全部资产的比例计算。

十、企业在重组发生前后连续12个月内分步对其资产、股权进行交易，应根据实质重于形式原则将上述交易作为一项企业重组交易进行处理。

十一、企业发生符合本通知规定的特殊性重组条件并选择特殊性税务处理的，当事各方应在该重组业务完成当年企业所得税年度申报时，向主管税务机关提交书面备案资料，证明其符合各类特殊性重组规定的条件。企业未按规定书面备案的，一律不得按特殊重组业务进行税务处理。

十二、对企业在重组过程中涉及的需要特别处理的企业所得税事项，由国务院财政、税务主管部门另行规定。

十三、本通知自2008年1月1日起执行。

财政部 国家税务总局关于金融企业贷款损失准备金企业所得税税前扣除有关问题的通知

财税〔2009〕64号

各省、自治区、直辖市、计划单列市财政厅（局）、国家税务局、地方税务局，新疆生产建设兵团财务局：

根据《中华人民共和国企业所得税法》及《中华人民共和国企业所得税法实施条例》的有关规定，现就政策性银行、商业银行、财务公司和城乡信用社等国家允许从事贷款业务的金融企业提取的贷款损失准备税前扣除政策问题，通知如下：

一、准予提取贷款损失准备的贷款资产范围包括：

（一）贷款（含抵押、质押、担保等贷款）；

（二）银行卡透支、贴现、信用垫款（含银行承兑汇票垫款、信用证垫款、担保垫款等）、进出口押汇、同业拆出等各项具有贷款特征的风险资产；

(三)由金融企业转贷并承担对外还款责任的国外贷款,包括国际金融组织贷款、外国买方信贷、外国政府贷款、日本国际协力银行不附条件贷款和外国政府混合贷款等资产。

二、金融企业准予当年税前扣除的贷款损失准备计算公式如下:

准予当年税前扣除的贷款损失准备=本年末准予提取贷款损失准备的贷款资产余额×1%

—截至上年末已在税前扣除的贷款损失准备余额

金融企业按上述公式计算的数额如为负数,应当相应调增当年应纳税所得额。

三、金融企业的委托贷款、代理贷款、国债投资、应收股利、上交央行准备金以及金融企业剥离的债权和股权、应收财政贴息、央行款项等不承担风险和损失的资产,不得提取贷款损失准备在税前扣除。

四、金融企业发生的符合条件的贷款损失,按规定报经税务机关审批后,应先冲减已在税前扣除的贷款损失准备,不足冲减部分可据实在计算当年应纳税所得额时扣除。

五、本通知自2008年1月1日起至2010年12月31日止执行。

国家税务总局关于跨地区经营汇总纳税企业所得税征收管理若干问题的通知

国税函〔2009〕221号

各省、自治区、直辖市和计划单列市国家税务局、地方税务局:

为贯彻落实《中华人民共和国企业所得税法》及其实施条例,加强跨地区(指跨省、自治区、直辖市和计划单列市,下同)经营汇总纳税企业所得税征收管理,现对跨地区经营汇总纳税企业所得税征收管理中的若干问题通知如下:

一、关于二级分支机构的判定问题。

二级分支机构是指总机构对其财务、业务、人员等直接进行统一核算和管理的领取非法人营业执照的分支机构。

总机构应及时将其所属二级分支机构名单报送总机构所在地主管税务机关,并向其所属二级分支机构及时出具有效证明(支持证明的材料包括总机构拨款证明、总分机构协议或合同、公司章程、管理制度等)。

二级分支机构在办理税务登记时应向其所在地主管税务机关报送非法人营业执照(复印件)和由总机构出具的二级分支机构的有效证明。其所在地主管税务机关应对二级分支机构进行审核鉴定,督促其及时预缴企业所得税。

以总机构名义进行生产经营的非法人分支机构,无法提供有效证据证明其二级及二级以下分支机构身份的,应视同独立纳税人计算并就地缴纳企业所得税,不执行《国家税务总局关于印发〈跨地区经营汇总纳税企业所得税征收管理暂行办法〉的通知》(国税发〔2008〕28号)的相关规定。

二、关于总分支机构适用不同税率时企业所得税款计算和缴纳问题。

预缴时,总机构和分支机构处于不同税率地区的,先由总机构统一计算全部应纳税所得额,然后按照国税发〔2008〕28号文件第十九条规定的比例和第二十三条规定的三因素及其权重,计算划分不同税率地区机构的应纳税所得额,再分别按各自的适用税率计算应纳税额后加总计算出企业的应纳所得税总额。再按照国税发〔2008〕28号文件第十九条规定的比例和第二十三条规定的三因素及其权重,向总机构和分支机构分摊就地预缴的企业所得税款。

汇缴时,企业年度应纳所得税额应按上述方法并采用各分支机构汇算清缴所属年度的三因素计算确定。

除《国务院关于实施企业所得税过渡优惠政策的通知》(国发〔2007〕39号)、《财政部 国家税务总局关于企业所得税若干优惠政策的通知》(财税〔2008〕1号)和《财政部 国家税务总局关于贯彻落实国务院关于实施企业所得税过渡优惠政策有关问题的通知》(财税〔2008〕21号)有关规定外,跨地区经营汇总纳税企业不得按照上述总分支机构处于不同税率地区的计算方法计算并缴纳企业所得税,应按照企业适用统一的税率计算并缴纳企业所得税。

三、关于预缴和年度汇算清缴时分支机构报送资料问题。

跨地区经营汇总纳税企业在进行企业所得税预缴和年度汇算清缴时，二级分支机构应向其所在地主管税务机关报送其本级及以下分支机构的生产经营情况，主管税务机关应对报送资料加强审核，并作为对二级分支机构计算分摊税款比例的三项指标和应分摊入库所得税税款进行查验核对的依据。

四、关于应执行未执行或未准确执行国税发〔2008〕28 号文件企业的处理问题。

对应执行国税发〔2008〕28 号文件规定而未执行或未正确执行上述文件规定的跨地区经营汇总纳税企业，在预缴企业所得税时造成总机构与分支机构之间同时存在一方(或几方)多预缴另一方(或几方)少预缴税款的，其总机构或分支机构就地预缴的企业所得税低于按上述文件规定计算分配的数额的，应在随后的预缴期间内，由总机构将按上述文件规定计算分配的税款差额分配到总机构或分支机构补缴；其总机构或分支机构就地预缴的企业所得税高于按上述文件规定计算分配的数额的，应在随后的预缴期间内，由总机构将按上述文件规定计算分配的税款差额从总机构或分支机构的预缴数中扣减。

五、国税发〔2008〕28 号文件第二条第二款所列企业不适用本通知规定。

六、本通知自 2009 年 1 月 1 日起执行。

国家税务总局关于实施创业投资企业所得税优惠问题的通知

国税发〔2009〕87 号

各省、自治区、直辖市和计划单列市国家税务局、地方税务局：

为落实创业投资企业所得税优惠政策，促进创业投资企业的发展，根据《中华人民共和国企业所得税法》及其实施条例等有关规定，现就创业投资企业所得税优惠的有关问题通知如下：

一、创业投资企业是指依照《创业投资企业管理暂行办法》(国家发展和改革委员会等 10 部委令 2005 年第 39 号，以下简称《暂行办法》)和《外商投资创业投资企业管理规定》(商务部等 5 部委令 2003 年第 2 号)在中华人民共和国境内设立的专门从事创业投资活动的企业或其他经济组织。

二、创业投资企业采取股权投资方式投资于未上市的中小高新技术企业 2 年(24 个月)以上，凡符合以下条件的，可以按照其对中小高新技术企业投资额的 70%，在股权持有满 2 年的当年抵扣该创业投资企业的应纳税所得额；当年不足抵扣的，可以在以后纳税年度结转抵扣。

(一)经营范围符合《暂行办法》规定，且工商登记为“创业投资有限责任公司”、“创业投资股份有限公司”等专业性法人创业投资企业。

(二)按照《暂行办法》规定的条件和程序完成备案，经备案管理部门年度检查核实，投资运作符合《暂行办法》的有关规定。

(三)创业投资企业投资的中小高新技术企业，除应按照科技部、财政部、国家税务总局《关于印发〈高新技术企业认定管理办法〉的通知》(国科发火〔2008〕172 号)和《关于印发〈高新技术企业认定管理工作指引〉的通知》(国科发火〔2008〕362 号)的规定，通过高新技术企业认定以外，还应符合职工人数不超过 500 人，年销售(营业)额不超过 2 亿元，资产总额不超过 2 亿元的条件。

2007 年底前按原有规定取得高新技术企业资格的中小高新技术企业，且在 2008 年继续符合新的高新技术企业标准的，向其投资满 24 个月的计算，可自创业投资企业实际向其投资的时间起计算。

(四)财政部、国家税务总局规定的其他条件。

三、中小企业接受创业投资之后，经认定符合高新技术企业标准的，应自其被认定为高新技术企业的年度起，计算创业投资企业的投资期限。该期限内中小企业接受创业投资后，企业规模超过中小企业标准，但仍符合高新技术企业标准的，不影响创业投资企业享受有关税收优惠。

四、创业投资企业申请享受投资抵扣应纳税所得额，应在其报送申请投资抵扣应纳税所得额年度纳税申报表以前，向主管税务机关报送以下资料备案：

(一)经备案管理部门核实后出具的年检合格通知书(副本)；

(二)关于创业投资企业投资运作情况的说明；

(三)中小高新技术企业投资合同或章程的复印件、实际所投资金验资报告等相关材料；

(四)中小高新技术企业基本情况(包括企业职工人数、年销售(营业)额、资产总额等)说明；

(五)由省、自治区、直辖市和计划单列市高新技术企业认定管理机构出具的中小高新技术企业有效的高新技术企业证书(复印件)。

五、本通知自2008年1月1日起执行。

财政部 国家税务总局关于企业清算业务企业所得税处理若干问题的通知

财税〔2009〕60号

各省、自治区、直辖市、计划单列市财政厅(局)、国家税务局、地方税务局，新疆生产建设兵团财务局：

根据《中华人民共和国企业所得税法》第五十三条、第五十五条和《中华人民共和国企业所得税法实施条例》(国务院令第512号)第十一条规定，现就企业清算有关所得税处理问题通知如下：

一、企业清算的所得税处理，是指企业在不再持续经营，发生结束自身业务、处置资产、偿还债务以及向所有者分配剩余财产等经济行为时，对清算所得、清算所得税、股息分配等事项的处理。

二、下列企业应进行清算的所得税处理：

(一)按《公司法》、《企业破产法》等规定需要进行清算的企业；

(二)企业重组中需要按清算处理的企业。

三、企业清算的所得税处理包括以下内容：

(一)全部资产均应按可变现价值或交易价格，确认资产转让所得或损失；

(二)确认债权清理、债务清偿的所得或损失；

(三)改变持续经营核算原则，对预提或待摊性质的费用进行处理；

(四)依法弥补亏损，确定清算所得；

(五)计算并缴纳清算所得税；

(六)确定可向股东分配的剩余财产、应付股息等。

四、企业的全部资产可变现价值或交易价格，减除资产的计税基础、清算费用、相关税费，加上债务清偿损益等后的余额，为清算所得。

企业应将整个清算期作为一个独立的纳税年度计算清算所得。

五、企业全部资产的可变现价值或交易价格减除清算费用，职工的工资、社会保险费用和法定补偿金，结清清算所得税、以前年度欠税等税款，清偿企业债务，按规定计算可以向所有者分配的剩余资产。

被清算企业的股东分得的剩余资产的金额，其中相当于被清算企业累计未分配利润和累计盈余公积中按该股东所占股份比例计算的部分，应确认为股息所得；剩余资产减除股息所得后的余额，超过或低于股东投资成本的部分，应确认为股东的投资转让所得或损失。

被清算企业的股东从被清算企业分得的资产应按可变现价值或实际交易价格确定计税基础。

六、本通知自2008年1月1日起执行。

国家税务总局关于企业所得税税收优惠管理问题的补充通知

国税函〔2009〕255号

各省、自治区、直辖市和计划单列市国家税务局、地方税务局：

《国家税务总局关于企业所得税减免税管理问题的通知》(国税发〔2008〕111 号)下发后,一些地区反映在落实企业所得税优惠政策过程中,有些问题还需要进一步明确。经研究,现将企业所得税税收优惠管理有关问题补充明确如下:

一、列入企业所得税优惠管理的各类企业所得税优惠包括免税收入、定期减免税、优惠税率、加计扣除、抵扣应纳税所得额、加速折旧、减计收入、税额抵免和其他专项优惠政策。

二、除国务院明确的企业所得税过渡类优惠政策、执行新税法后继续保留执行的原企业所得税优惠政策、新企业所得税法第二十九条规定的民族自治地方企业减免税优惠政策,以及国务院另行规定实行审批管理的企业所得税优惠政策外,其他各类企业所得税优惠政策,均实行备案管理。

三、备案管理的具体方式分为事先备案和事后报送相关资料两种。具体划分除国家税务总局确定的外,由各省、自治区、直辖市和计划单列市国家税务局和地方税务局在协商一致的基础上确定。

列入事先备案的税收优惠,纳税人应向税务机关报送相关资料,提请备案,经税务机关登记备案后执行。对需要事先向税务机关备案而未按规定备案的,纳税人不得享受税收优惠;经税务机关审核不符合税收优惠条件的,税务机关应书面通知纳税人不得享受税收优惠。

列入事后报送相关资料的税收优惠,纳税人应按照新企业所得税法及其实施条例和其他有关税收规定,在年度纳税申报时附报相关资料,主管税务机关审核后如发现其不符合享受税收优惠政策的条件,应取消其自行享受的税收优惠,并相应追缴税款。

四、今后国家制定的各项税收优惠政策,凡未明确为审批事项的,均实行备案管理。

五、本通知自 2008 年 1 月 1 日起执行。各省、自治区、直辖市和计划单列市国家税务局、地方税务局可根据本规定和其他有关企业所得税减免税的规定,制定具体管理办法。

财政部 国家税务总局关于开采油(气)资源企业费用和有关固定资产折耗摊销折旧税务处理问题的通知

财税〔2009〕49 号

各省、自治区、直辖市、计划单列市财政厅(局)、国家税务局、地方税务局,新疆生产建设兵团财务局:

根据《中华人民共和国企业所得税法实施条例》(国务院令第 512 号,以下简称《实施条例》)第六十一条的规定,现就从事开采石油、天然气(包括煤层气,下同)的矿产资源油气企业(以下简称油气企业)在开始商业性生产前发生的费用和有关固定资产的折耗、摊销、折旧方法通知如下:

一、本通知所称费用和有关固定资产,是指油气企业在开始商业性生产前取得矿区权益和勘探、开发的支出所形成的费用和固定资产。

本通知所称商业性生产,是指油(气)田(井)经过勘探、开发、稳定生产并商业销售石油、天然气的阶段。

二、关于矿区权益支出的折耗。

(一)矿区权益支出,是指油气企业为了取得在矿区内的探矿权、采矿权、土地或海域使用权等所发生的各项支出,包括有偿取得各类矿区权益的使用费、相关中介费或其他可直接归属于矿区权益的合理支出。

(二)油气企业在开始商业性生产前发生的矿区权益支出,可在发生的当期,从本企业其他油(气)田收入中扣除;或者自对应的油(气)田开始商业性生产月份的次月起,分 3 年按直线法计提的折耗准予扣除。

(三)油气企业对其发生的矿区权益支出未选择在发生的当期扣除的,由于未发现商业性油(气)构造而终止作业,其尚未计提折耗的剩余部分,可在终止作业的当年作为损失扣除。

三、关于勘探支出的摊销。

(一)勘探支出,是指油气企业为了识别勘探区域或探明油气储量而进行的地质调查、地球物理勘探、钻井勘探活动以及其他相关活动所发生的各项支出。

(二)油气企业在开始商业性生产前发生的勘探支出(不包括预计可形成资产的钻井勘探支出),可在发生的当期,从本企业其他油(气)田收入中扣除;或者自对应的油(气)田开始商业性生产月份的次月起,分 3 年按直线法计提的摊销准予扣除。

（三）油气企业对其发生的勘探支出未选择在发生的当期扣除的，由于未发现商业性油（气）构造而终止作业，其尚未摊销的剩余部分，可在终止作业的当年作为损失扣除。

（四）油气企业的钻井勘探支出，凡确定该井可作商业性生产，且该钻井勘探支出形成的资产符合《实施条例》第五十七条规定条件的，应当将该钻井勘探支出结转为开发资产的成本，按照本通知第四条的规定计提折旧。

四、关于开发资产的折旧。

（一）开发支出，是指油气企业为了取得已探明矿区中的油气而建造或更新井及相关设施活动所发生的各项支出。

（二）油气企业在开始商业性生产之前发生的开发支出，可不分用途，全部累计作为开发资产的成本，自对应的油（气）田开始商业性生产月份的次月起，可不留残值，按直线法计提的折旧准予扣除，其最低折旧年限为 8 年。

（三）油气企业终止本油（气）田生产的，其开发资产尚未计提折旧的剩余部分可在该油（气）田终止生产的当年作为损失扣除。

五、油气企业应按照本通知规定选择有关费用和资产的折耗、摊销、折旧方法和年限，一经确定，不得变更。

六、油气企业在本油（气）田进入商业性生产之后对本油（气）田新发生的矿区权益、勘探支出、开发支出，按照本通知规定处理。

七、本通知自发布之日起实施。《实施条例》实施之日至本通知发布之日前，油气企业矿区权益、勘探、开发等费用和固定资产的折耗、摊销、折旧方法和年限事项按本通知规定处理。

《实施条例》实施之日前，油气企业矿区权益、勘探、开发等费用和固定资产已发生且开始摊销或计提的折耗、折旧，不做调整。对没有摊销完的费用和继续使用的矿区权益和有关固定资产，可以就其尚未摊销或计提折耗、折旧的余额，按本通知规定处理。

财政部 国家税务总局关于补充养老保险费补充医疗保险费有关企业所得税政策问题的通知

财税〔2009〕27 号

各省、自治区、直辖市、计划单列市财政厅（局）、国家税务局、地方税务局，新疆生产建设兵团财务局：

根据《中华人民共和国企业所得税法》及其实施条例的有关规定，现就补充养老保险费、补充医疗保险费有关企业所得税政策问题通知如下：

自 2008 年 1 月 1 日起，企业根据国家有关政策规定，为在本企业任职或者受雇的全体员工支付的补充养老保险费、补充医疗保险费，分别在不超过职工工资总额 5％标准内的部分，在计算应纳税所得额时准予扣除；超过的部分，不予扣除。

国家税务总局关于企业投资者投资未到位而发生的利息支出企业所得税前扣除问题的批复

国税函〔2009〕312 号

大连市国家税务局：

你局《关于企业贷款中相当于投资者投资未到位部分的利息支出能否税前列支的请示》（大国税发〔2009〕68 号）收悉。经研究，批复如下：

关于企业由于投资者投资未到位而发生的利息支出扣除问题，根据《中华人民共和国企业所得税法实施条例》第二十七条规定，凡企业投资者在规定期限内未缴足其应缴资本额的，该企业对外借款所发生的利息，相当于投资者实缴资本额与在规定期限内应缴资本额的差额应计付的利息，其不属于企业合理的支出，应由企业投资者负担，不得在计算企业应纳税所得额时扣除。

具体计算不得扣除的利息，应以企业一个年度内每一账面实收资本与借款余额保持不变的期间作为一个计算期，每一计算期内不得扣除的借款利息按该期间借款利息发生额乘以该期间企业未缴足的注册资本占借款总额的比例计算，公式为：

企业每一计算期不得扣除的借款利息＝该期间借款利息额×该期间未缴足注册资本额÷该期间借款额

企业一个年度内不得扣除的借款利息总额为该年度内每一计算期不得扣除的借款利息额之和。

国家税务总局关于保险公司再保险业务赔款支出税前扣除问题的通知

国税函〔2009〕313号

各省、自治区、直辖市和计划单列市国家税务局：

现将保险公司再保险业务赔款支出税前扣除问题通知如下：

根据《中华人民共和国企业所得税法实施条例》第九条的规定，从事再保险业务的保险公司（以下称再保险公司）发生的再保险业务赔款支出，按照权责发生制的原则，应在收到从事直保业务公司（以下称直保公司）再保险业务赔款账单时，作为企业当期成本费用扣除。为便于再保险公司再保险业务的核算，凡在次年企业所得税汇算清缴前，再保险公司收到直保公司再保险业务赔款账单中属于上年度的赔款，准予调整作为上年度的成本费用扣除，同时调整已计提的未决赔款准备金；次年汇算清缴后收到直保公司再保险业务赔款账单的，按该赔款账单上发生的赔款支出，在收单年度作为成本费用扣除。

财政部 国家税务总局关于专项用途财政性资金有关企业所得税处理问题的通知

财税〔2009〕87号

各省、自治区、直辖市、计划单列市财政厅（局）、国家税务局、地方税务局，新疆生产建设兵团财务局：

根据《中华人民共和国企业所得税法》及《中华人民共和国企业所得税法实施条例》（国务院令第512号，以下简称实施条例）的有关规定，经国务院批准，现就企业取得的专项用途财政性资金有关企业所得税处理问题通知如下：

一、对企业在2008年1月1日至2010年12月31日期间从县级以上各级人民政府财政部门及其他部门取得的应计入收入总额的财政性资金，凡同时符合以下条件的，可以作为不征税收入，在计算应纳税所得额时从收入总额中减除：

（一）企业能够提供资金拨付文件，且文件中规定该资金的专项用途；

（二）财政部门或其他拨付资金的政府部门对该资金有专门的资金管理办法或具体管理要求；

（三）企业对该资金以及以该资金发生的支出单独进行核算。

二、根据实施条例第二十八条的规定，上述不征税收入用于支出所形成的费用，不得在计算应纳税所得额时扣除；用于支出所形成的资产，其计算的折旧、摊销不得在计算应纳税所得额时扣除。

三、企业将符合本通知第一条规定条件的财政性资金作不征税收入处理后，在 5 年(60 个月)内未发生支出且未缴回财政或其他拨付资金的政府部门的部分，应重新计入取得该资金第六年的收入总额；重新计入收入总额的财政性资金发生的支出，允许在计算应纳税所得额时扣除。

请遵照执行。

国家税务总局关于企业所得税核定征收若干问题的通知

国税函〔2009〕377 号

各省、自治区、直辖市和计划单列市国家税务局、地方税务局：

《国家税务总局关于印发〈企业所得税核定征收办法〉(试行)的通知》(国税发〔2008〕30 号)下发后，各地反映需要对有关问题进一步明确。为规范企业所得税核定征收工作，现对企业所得税核定征收若干问题通知如下：

一、国税发〔2008〕30 号文件第三条第二款所称“特定纳税人”包括以下类型的企业：

(一)享受《中华人民共和国企业所得税法》及其实施条例和国务院规定的一项或几项企业所得税优惠政策的企业(不包括仅享受《中华人民共和国企业所得税法》第二十六条规定免税收入优惠政策的企业)；

(二)汇总纳税企业；

(三)上市公司；

(四)银行、信用社、小额贷款公司、保险公司、证券公司、期货公司、信托投资公司、金融资产管理公司、融资租赁公司、担保公司、财务公司、典当公司等金融企业；

(五)会计、审计、资产评估、税务、房地产估价、土地估价、工程造价、律师、价格鉴证、公证机构、基层法律服务机构、专利代理、商标代理以及其他经济鉴证类社会中介机构；

(六)国家税务总局规定的其他企业。

对上述规定之外的企业，主管税务机关要严格按照规定的范围和标准确定企业所得税的征收方式，不得违规扩大核定征收企业所得税范围；对其中达不到查账征收条件的企业核定征收企业所得税，并促使其完善会计核算和财务管理，达到查账征收条件后要及时转为查账征收。

二、国税发〔2008〕30 号文件第六条中的“应税收入额”等于收入总额减去不征税收入和免税收入后的余额。用公式表示为：

应税收入额＝收入总额－不征税收入－免税收入

其中，收入总额为企业以货币形式和非货币形式从各种来源取得的收入。

三、本通知从 2009 年 1 月 1 日起执行。

国家税务总局关于非居民企业取得 B 股等股票股息征收企业所得税问题的批复

国税函〔2009〕394 号

上海市国家税务局：

你局《关于大众交通(集团)股份有限公司向 B 股非居民股东派发股利涉税问题的请示》(沪国税际〔2009〕49 号)收悉，现批复如下：

根据《中华人民共和国企业所得税法》及其实施条例规定，在中国境内外公开发行、上市股票(A 股、B 股和海外股)的中国居民企业，在向非居民企业股东派发 2008 年及以后年度股息时，应统一按 10％的税率代扣代缴企业所得税。非居民企业股东需要享受税收协定待遇的，依照税收协定执行的有关规定办理。

抄送：各省、自治区、直辖市和计划单列市国家税务局、地方税务局。

财政部 国家税务总局关于扶持动漫产业发展有关税收政策问题的通知

财税〔2009〕65 号

各省、自治区、直辖市、计划单列市财政厅（局）、国家税务局、地方税务局：

根据《国务院办公厅转发财政部等部门关于推动我国动漫产业发展若干意见的通知》（国办发〔2006〕32 号）的精神，文化部会同有关部门于 2008 年 12 月下发了《动漫企业认定管理办法（试行）》（文市发〔2008〕51 号）。为促进我国动漫产业健康快速发展，增强动漫产业的自主创新能力，现就扶持动漫产业发展的有关税收政策问题通知如下：

一、关于增值税

……

二、关于企业所得税

经认定的动漫企业自主开发、生产动漫产品，可申请享受国家现行鼓励软件产业发展的所得税优惠政策。

三、关于营业税

对动漫企业为开发动漫产品提供的动漫脚本编撰、形象设计、背景设计、动画设计、分镜、动画制作、摄制、描线、上色、画面合成、配音、配乐、音效合成、剪辑、字幕制作、压缩转码（面向网络动漫、手机动漫格式适配）劳务，在 2010 年 12 月 31 日前暂减按 3%税率征收营业税。

四、关于进口关税和进口环节增值税

经国务院有关部门认定的动漫企业自主开发、生产动漫直接产品，确需进口的商品可享受免征进口关税和进口环节增值税的优惠政策。具体免税商品范围及管理办法由财政部会同有关部门另行制定。

五、本通知所称动漫企业和自主开发、生产动漫产品的认定标准和认定程序，按照《文化部财政部 国家税务总局关于印发〈动漫企业认定管理办法（试行）〉的通知》（文市发〔2008〕51 号）的规定执行。

六、本通知从 2009 年 1 月 1 日起执行。

国家税务总局关于西部大开发企业所得税优惠政策适用目录问题的批复

国税函〔2009〕399 号

甘肃省国家税务局：

你局《关于外商投资产业指导目录有关税收问题的请示》（甘国税发〔2009〕97 号）收悉。根据《国务院关于实施企业所得税过渡优惠政策的通知》（国发〔2007〕39 号）文件规定，《财政部 国家税务总局 海关总署关于西部大开发税收优惠政策问题的通知》（财税〔2001〕202 号）规定的西部大开发企业所得税优惠政策继续执行到期。经研究，现将《中华人民共和国企业所得税法》实施后，西部大开发企业所得税优惠政策适用目录问题批复如下：

一、享受西部大开发企业所得税优惠政策的国家鼓励类产业内资企业适用目录及衔接问题，继续按照《财政部 国家税务总局关于西部大开发税收优惠政策适用目录变更问题的通知》（财税〔2006〕165 号）的规定执行。

【注释】 根据《财政部 海关总署 国家税务总局关于深入实施西部大开发战略有关税收政策问题的通

知》(财税〔2011〕58 号)的规定,《财政部 国家税务总局关于西部大开发税收优惠政策适用目录变更问题的通知》(财税〔2006〕165 号)自 2011 年 1 月 1 日起停止执行。

二、享受西部大开发企业所得税优惠政策的国家鼓励类产业外商投资企业适用目录及衔接问题,按以下原则执行:

(一)自 2008 年 1 月 1 日起,财税〔2001〕202 号文件中《外商投资产业指导目录》按国家发展和改革委员会公布的《外商投资产业指导目录(2007 年修订)》执行。自 2009 年 1 月 1 日起,财税〔2001〕202 号文件中《中西部地区外商投资优势产业目录》(第 18 号令)按国家发展和改革委员会与商务部发布的《中西部地区优势产业目录(2008 年修订)》执行。

(二)在相关目录变更前,已按财税〔2001〕202 号文件规定的目录标准审核享受企业所得税优惠政策的外商投资企业,除属于《外商投资产业指导目录(2007 年修订)》中限制外商投资产业目录、禁止外商投资产业目录外,可继续执行到期满为止;对属于《外商投资产业指导目录(2007 年修订)》中限制外商投资产业目录、禁止外商投资产业目录的企业,应自执行新目录的年度起,停止执行西部大开发企业所得税优惠政策。

对符合新目录鼓励类标准但不符合原目录标准的企业,应自执行新目录的年度起,就其按照西部大开发有关企业所得税优惠政策规定计算的税收优惠期的剩余优惠年限享受优惠。

国家税务总局关于执行西部大开发税收优惠政策有关问题的批复

国税函〔2009〕411 号

广西壮族自治区国家税务局:

你局《关于执行西部大开发税收优惠政策有关问题的请示》(桂国税发〔2009〕140 号)收悉。经研究,批复如下:

《财政部 国家税务总局 海关总署关于西部大开发税收优惠政策问题的通知》(财税〔2001〕202 号)第二条第三款规定"新办交通企业是指投资新办从事公路、铁路、航空、港口、码头运营和管道运输的企业"中的交通企业,是指投资于上述设施建设项目并运营该项目取得经营收入的企业。

财政部 国家税务总局关于非营利组织企业所得税免税收入问题的通知

财税〔2009〕122 号

各省、自治区、直辖市、计划单列市财政厅(局)、国家税务局、地方税务局,新疆生产建设兵团财务局:

根据《中华人民共和国企业所得税法》第二十六条及《中华人民共和国企业所得税法实施条例》(国务院令第 512 号)第八十五条的规定,现将符合条件的非营利组织企业所得税免税收入范围明确如下:

一、非营利组织的下列收入为免税收入:

(一)接受其他单位或者个人捐赠的收入;

(二)除《中华人民共和国企业所得税法》第七条规定的财政拨款以外的其他政府补助收入,但不包括因政府购买服务取得的收入;

(三)按照省级以上民政、财政部门规定收取的会费;

(四)不征税收入和免税收入孳生的银行存款利息收入;

(五)财政部、国家税务总局规定的其他收入。

二、本通知从 2008 年 1 月 1 日起执行。

财政部 国家税务总局关于非营利组织免税资格认定管理有关问题的通知

财税〔2009〕123 号

各省、自治区、直辖市、计划单列市财政厅(局)、国家税务局、地方税务局,新疆生产建设兵团财务局:

根据《中华人民共和国企业所得税法》(以下简称《企业所得税法》)第二十六条及《中华人民共和国企业所得税法实施条例》(以下简称《实施条例》)第八十四条的规定,现对非营利组织免税资格认定管理有关问题明确如下:

一、依据本通知认定的符合条件的非营利组织,必须同时满足以下条件:

(一)依照国家有关法律法规设立或登记的事业单位、社会团体、基金会、民办非企业单位、宗教活动场所以及财政部、国家税务总局认定的其他组织;

(二)从事公益性或者非营利性活动,且活动范围主要在中国境内;

(三)取得的收入除用于与该组织有关的、合理的支出外,全部用于登记核定或者章程规定的公益性或者非营利性事业;

(四)财产及其孳息不用于分配,但不包括合理的工资薪金支出;

(五)按照登记核定或者章程规定,该组织注销后的剩余财产用于公益性或者非营利性目的,或者由登记管理机关转赠给与该组织性质、宗旨相同的组织,并向社会公告;

(六)投入人对投入该组织的财产不保留或者享有任何财产权利,本款所称投入人是指除各级人民政府及其部门外的法人、自然人和其他组织;

(七)工作人员工资福利开支控制在规定的比例内,不变相分配该组织的财产,其中:工作人员平均工资薪金水平不得超过上年度税务登记所在地人均工资水平的两倍,工作人员福利按照国家有关规定执行;

(八)除当年新设立或登记的事业单位、社会团体、基金会及民办非企业单位外,事业单位、社会团体、基金会及民办非企业单位申请前年度的检查结论为“合格”;

(九)对取得的应纳税收入及其有关的成本、费用、损失应与免税收入及其有关的成本、费用、损失分别核算。

二、经省级(含省级)以上登记管理机关批准设立或登记的非营利组织,凡符合规定条件的,应向其所在地省级税务主管机关提出免税资格申请,并提供本通知规定的相关材料;经市(地)级或县级登记管理机关批准设立或登记的非营利组织,凡符合规定条件的,分别向其所在地市(地)级或县级税务主管机关提出免税资格申请,并提供本通知规定的相关材料。

财政、税务部门按照上述管理权限,对非营利组织享受免税的资格联合进行审核确认,并定期予以公布。

三、申请享受免税资格的非营利组织,需报送以下材料:

(一)申请报告;

(二)事业单位、社会团体、基金会、民办非企业单位的组织章程或宗教活动场所的管理制度;

(三)税务登记证复印件;

(四)非营利组织登记证复印件;

(五)申请前年度的资金来源及使用情况、公益活动和非营利活动的明细情况;

(六)具有资质的中介机构鉴证的申请前会计年度的财务报表和审计报告;

(七)登记管理机关出具的事业单位、社会团体、基金会、民办非企业单位申请前年度的年度检查结论;

(八)财政、税务部门要求提供的其他材料。

四、非营利组织免税优惠资格的有效期为五年。非营利组织应在期满前三个月内提出复审申请,不提出复审申请或复审不合格的,其享受免税优惠的资格到期自动失效。

非营利组织免税资格复审,按照初次申请免税优惠资格的规定办理。

五、非营利组织必须按照《中华人民共和国税收征收管理法》(以下简称《税收征管法》)及《中华人民共和国税收征收管理法实施细则》(以下简称《实施细则》)等有关规定,办理税务登记,按期进行纳税申报。取得免税资格的非营利组织应按照规定向主管税务机关办理免税手续,免税条件发生变化的,应当自发生变化之日起十五日内向主管税务机关报告;不再符合免税条件的,应当依法履行纳税义务;未依法纳税的,主管税务机关应当予以追缴。取得免税资格的非营利组织注销时,剩余财产处置违反本通知第一条第五项规定的,主管税务机关应追缴其应纳企业所得税款。

主管税务机关应根据非营利组织报送的纳税申报表及有关资料进行审查,当年符合《企业所得税法》及其《实施条例》和有关规定免税条件的收入,免予征收企业所得税;当年不符合免税条件的收入,照章征收企业所得税。主管税务机关在执行税收优惠政策过程中,发现非营利组织不再具备本通知规定的免税条件的,应及时报告核准该非营利组织免税资格的财政、税务部门,由其进行复核。

核准非营利组织免税资格的财政、税务部门根据本通知规定的管理权限,对非营利组织的免税优惠资格进行复核,复核不合格的,取消其享受免税优惠的资格。

六、已认定的享受免税优惠政策的非营利组织有下述情况之一的,应取消其资格:

(一)事业单位、社会团体、基金会及民办非企业单位逾期未参加年检或年度检查结论为"不合格"的;

(二)在申请认定过程中提供虚假信息的;

(三)有逃避缴纳税款或帮助他人逃避缴纳税款行为的;

(四)通过关联交易或非关联交易和服务活动,变相转移、隐匿、分配该组织财产的;

(五)因违反《税收征管法》及其《实施细则》而受到税务机关处罚的;

(六)受到登记管理机关处罚的。

因上述第(一)项规定的情形被取消免税优惠资格的非营利组织,财政、税务部门在一年内不再受理该组织的认定申请;因上述规定的除第(一)项以外的其他情形被取消免税优惠资格的非营利组织,财政、税务部门在五年内不再受理该组织的认定申请。

七、本通知从 2008 年 1 月 1 日起执行。

国家税务总局关于加强非居民企业股权转让所得企业所得税管理的通知

国税函〔2009〕698 号

各省、自治区、直辖市和计划单列市国家税务局、地方税务局:

为规范和加强非居民企业股权转让所得企业所得税管理,依据《中华人民共和国企业所得税法》及其实施条例、《中华人民共和国税收征收管理法》及其实施细则、《国家税务总局关于印发〈非居民企业所得税源泉扣缴管理暂行办法〉的通知》(国税发〔2009〕3 号)和《财政部 国家税务总局关于企业重组业务企业所得税处理若干问题的通知》(财税〔2009〕59 号),现就有关问题通知如下:

一、本通知所称股权转让所得是指非居民企业转让中国居民企业的股权(不包括在公开的证券市场上买入并卖出中国居民企业的股票)所取得的所得。

二、扣缴义务人未依法扣缴或者无法履行扣缴义务的,非居民企业应自合同、协议约定的股权转让之日(如果转让方提前取得股权转让收入的,应自实际取得股权转让收入之日)起 7 日内,到被转让股权的中国居民企业所在地主管税务机关(负责该居民企业所得税征管的税务机关)申报缴纳企业所得税。非居民企业未按期如实申报的,依照税收征管法有关规定处理。

三、股权转让所得是指股权转让价减除股权成本价后的差额。

股权转让价是指股权转让人就转让的股权所收取的包括现金、非货币资产或者权益等形式的金额。如被持股企业有未分配利润或税后提存的各项基金等,股权转让人随股权一并转让该股东留存收益权的金额,不得从股权转让价中扣除。

股权成本价是指股权转让人投资入股时向中国居民企业实际交付的出资金额,或购买该项股权时向该股权的原转让人实际支付的股权转让金额。

四、在计算股权转让所得时，以非居民企业向被转让股权的中国居民企业投资时或向原投资方购买该股权时的币种计算股权转让价和股权成本价。如果同一非居民企业存在多次投资的，以首次投入资本时的币种计算股权转让价和股权成本价，以加权平均法计算股权成本价；多次投资时币种不一致的，则应按照每次投入资本当日的汇率换算成首次投资时的币种。

五、境外投资方（实际控制方）间接转让中国居民企业股权，如果被转让的境外控股公司所在国（地区）实际税负低于12.5%或者对其居民境外所得不征所得税的，应自股权转让合同签订之日起30日内，向被转让股权的中国居民企业所在地主管税务机关提供以下资料：

（一）股权转让合同或协议；

（二）境外投资方与其所转让的境外控股公司在资金、经营、购销等方面的关系；

（三）境外投资方所转让的境外控股公司的生产经营、人员、账务、财产等情况；

（四）境外投资方所转让的境外控股公司与中国居民企业在资金、经营、购销等方面的关系；

（五）境外投资方设立被转让的境外控股公司具有合理商业目的的说明；

（六）税务机关要求的其他相关资料。

六、境外投资方（实际控制方）通过滥用组织形式等安排间接转让中国居民企业股权，且不具有合理的商业目的，规避企业所得税纳税义务的，主管税务机关层报税务总局审核后可以按照经济实质对该股权转让交易重新定性，否定被用作税收安排的境外控股公司的存在。

七、非居民企业向其关联方转让中国居民企业股权，其转让价格不符合独立交易原则而减少应纳税所得额的，税务机关有权按照合理方法进行调整。

八、境外投资方（实际控制方）同时转让境内或境外多个控股公司股权的，被转让股权的中国居民企业应将整体转让合同和涉及本企业的分部合同提供给主管税务机关。如果没有分部合同的，被转让股权的中国居民企业应向主管税务机关提供被整体转让的各个控股公司的详细资料，准确划分境内被转让企业的转让价格。如果不能准确划分的，主管税务机关有权选择合理的方法对转让价格进行调整。

九、非居民企业取得股权转让所得，符合财税〔2009〕59号文件规定的特殊性重组条件并选择特殊性税务处理的，应向主管税务机关提交书面备案资料，证明其符合特殊性重组规定的条件，并经省级税务机关核准。

十、本通知自2008年1月1日起执行。执行中遇到的问题请及时报告国家税务总局（国际税务司）。

财政部 国家税务总局关于通过公益性群众团体的公益性捐赠税前扣除有关问题的通知

财税〔2009〕124号

各省、自治区、直辖市、计划单列市财政厅（局）、国家税务局、地方税务局，新疆生产建设兵团财务局：

为贯彻落实《中华人民共和国企业所得税法》和《中华人民共和国个人所得税法》，现对企业和个人通过依照《社会团体登记管理条例》规定不需进行社团登记的人民团体以及经国务院批准免予登记的社会团体（以下统称群众团体）的公益性捐赠所得税税前扣除有关问题明确如下：

一、企业通过公益性群众团体用于公益事业的捐赠支出，在年度利润总额12%以内的部分，准予在计算应纳税所得额时扣除。年度利润总额，是指企业依照国家统一会计制度的规定计算的大于零的数额。

二、个人通过公益性群众团体向公益事业的捐赠支出，按照现行税收法律、行政法规及相关政策规定准予在所得税税前扣除。

三、本通知第一条和第二条所称的公益事业，是指《中华人民共和国公益事业捐赠法》规定的下列事项：

（一）救助灾害、救济贫困、扶助残疾人等困难的社会群体和个人的活动；

（二）教育、科学、文化、卫生、体育事业；

（三）环境保护、社会公共设施建设；

（四）促进社会发展和进步的其他社会公共和福利事业。

四、本通知第一条和第二条所称的公益性群众团体，是指同时符合以下条件的群众团体：

（一）符合《中华人民共和国企业所得税法实施条例》第五十二条第（一）项至第（八）项规定的条件；

（二）县级以上各级机构编制部门直接管理其机构编制；

（三）对接受捐赠的收入以及用捐赠收入进行的支出单独进行核算，且申请前连续3年接受捐赠的总收入中用于公益事业的支出比例不低于70%。

五、符合本通知第四条规定的公益性群众团体，可按程序申请公益性捐赠税前扣除资格。

（一）由中央机构编制部门直接管理其机构编制的群众团体，向财政部、国家税务总局提出申请；

（二）由县级以上地方各级机构编制部门直接管理其机构编制的群众团体，向省、自治区、直辖市和计划单列市财政、税务部门提出申请；

（三）对符合条件的公益性群众团体，按照上述管理权限，由财政部、国家税务总局和省、自治区、直辖市、计划单列市财政、税务部门分别每年联合公布名单。名单应当包括继续获得公益性捐赠税前扣除资格和新获得公益性捐赠税前扣除资格的群众团体，企业和个人在名单所属年度内向名单内的群众团体进行的公益性捐赠支出，可以按规定进行税前扣除。

六、申请公益性捐赠税前扣除资格的群众团体，需报送以下材料：

（一）申请报告；

（二）县级以上各级党委、政府或机构编制部门印发的“三定”规定；

（三）组织章程；

（四）申请前相应年度的受赠资金来源、使用情况，财务报告，公益活动的明细，注册会计师的审计报告或注册税务师的鉴证报告。

七、公益性群众团体在接受捐赠时，应按照行政管理级次分别使用由财政部或省、自治区、直辖市财政部门印制的公益性捐赠票据或者《非税收入一般缴款书》收据联，并加盖本单位的印章；对个人索取捐赠票据的，应予以开具。

八、公益性群众团体接受捐赠的资产价值，按以下原则确认：

（一）接受捐赠的货币性资产，应当按照实际收到的金额计算；

（二）接受捐赠的非货币性资产，应当以其公允价值计算。捐赠方在向公益性群众团体捐赠时，应当提供注明捐赠非货币性资产公允价值的证明，如果不能提供上述证明，公益性群众团体不得向其开具公益性捐赠票据或者《非税收入一般缴款书》收据联。

九、对存在以下情形之一的公益性群众团体，应取消其公益性捐赠税前扣除资格：

（一）前3年接受捐赠的总收入中用于公益事业的支出比例低于70%的；

（二）在申请公益性捐赠税前扣除资格时有弄虚作假行为的；

（三）存在逃避缴纳税款行为或为他人逃避缴纳税款提供便利的；

（四）存在违反该组织章程的活动，或者接受的捐赠款项用于组织章程规定用途之外的支出等情况的；

（五）受到行政处罚的。

被取消公益性捐赠税前扣除资格的公益性群众团体，存在本条第一款第（二）项、第（三）项、第（四）项、第（五）项情形的，3年内不得重新申请公益性捐赠税前扣除资格。

对存在本条第一款第（三）项、第（四）项情形的公益性群众团体，应对其接受捐赠收入和其他各项收入依法补征企业所得税。

十、对于通过公益性群众团体发生的公益性捐赠支出，主管税务机关应对照财政、税务部门联合发布的名单，接受捐赠的群众团体位于名单内，则企业或个人在名单所属年度发生的公益性捐赠支出可按规定进行税前扣除；接受捐赠的群众团体不在名单内，或虽在名单内但企业或个人发生的公益性捐赠支出不属于名单所属年度的，不得扣除。

十一、获得公益性捐赠税前扣除资格的公益性群众团体，应自不符合本通知第四条规定条件之一或存在本通知第九条规定情形之一之日起15日内向主管税务机关报告，主管税务机关可暂时明确其获得资格的次年内企业向该群众团体的公益性捐赠支出，不得税前扣除，同时提请财政部、国家税务总局或省级财政、税务部门明确其获得资格的次年不具有公益性捐赠税前扣除资格。

十二、本通知从 2008 年 1 月 1 日起执行。本通知发布前已经取得和未取得公益性捐赠税前扣除资格的群众团体,均应按本通知规定提出申请。

财政部 国家税务总局关于企业境外所得税收抵免有关问题的通知

财税〔2009〕125 号

各省、自治区、直辖市、计划单列市财政厅(局)、国家税务局、地方税务局,新疆生产建设兵团财务局:

根据《中华人民共和国企业所得税法》(以下简称企业所得税法)及《中华人民共和国企业所得税法实施条例》(以下简称实施条例)的有关规定,现就企业取得境外所得计征企业所得税时抵免境外已纳或负担所得税额的有关问题通知如下:

一、居民企业以及非居民企业在中国境内设立的机构、场所(以下统称企业)依照企业所得税法第二十三条、第二十四条的有关规定,应在其应纳税额中抵免在境外缴纳的所得税额的,适用本通知。

二、企业应按照企业所得税法及其实施条例、税收协定以及本通知的规定,准确计算下列当期与抵免境外所得税有关的项目后,确定当期实际可抵免分国(地区)别的境外所得税税额和抵免限额:

(一)境内所得的应纳税所得额(以下称境内应纳税所得额)和分国(地区)别的境外所得的应纳税所得额(以下称境外应纳税所得额);

(二)分国(地区)别的可抵免境外所得税税额;

(三)分国(地区)别的境外所得税的抵免限额。

企业不能准确计算上述项目实际可抵免分国(地区)别的境外所得税税额的,在相应国家(地区)缴纳的税收均不得在该企业当期应纳税额中抵免,也不得结转以后年度抵免。

三、企业应就其按照实施条例第七条规定确定的中国境外所得(境外税前所得),按以下规定计算实施条例第七十八条规定的境外应纳税所得额:

(一)居民企业在境外投资设立不具有独立纳税地位的分支机构,其来源于境外的所得,以境外收入总额扣除与取得境外收入有关的各项合理支出后的余额为应纳税所得额。各项收入、支出按企业所得税法及实施条例的有关规定确定。

居民企业在境外设立不具有独立纳税地位的分支机构取得的各项境外所得,无论是否汇回中国境内,均应计入该企业所属纳税年度的境外应纳税所得额。

(二)居民企业应就其来源于境外的股息、红利等权益性投资收益,以及利息、租金、特许权使用费、转让财产等收入,扣除按照企业所得税法及实施条例等规定计算的与取得该项收入有关的各项合理支出后的余额为应纳税所得额。来源于境外的股息、红利等权益性投资收益,应按被投资方作出利润分配决定的日期确认收入实现;来源于境外的利息、租金、特许权使用费、转让财产等收入,应按有关合同约定应付交易对价款的日期确认收入实现。

(三)非居民企业在境内设立机构、场所的,应就其发生在境外但与境内所设机构、场所有实际联系的各项应税所得,比照上述第(二)项的规定计算相应的应纳税所得额。

(四)在计算境外应纳税所得额时,企业为取得境内、外所得而在境内、境外发生的共同支出,与取得境外应税所得有关的、合理的部分,应在境内、境外(分国(地区)别,下同)应税所得之间,按照合理比例进行分摊后扣除。

(五)在汇总计算境外应纳税所得额时,企业在境外同一国家(地区)设立不具有独立纳税地位的分支机构,按照企业所得税法及实施条例的有关规定计算的亏损,不得抵减其境内或他国(地区)的应纳税所得额,但可以用同一国家(地区)其他项目或以后年度的所得按规定弥补。

四、可抵免境外所得税税额,是指企业来源于中国境外的所得依照中国境外税收法律以及相关规定应当缴纳并已实际缴纳的企业所得税性质的税款。但不包括:

(一)按照境外所得税法律及相关规定属于错缴或错征的境外所得税税款;

（二）按照税收协定规定不应征收的境外所得税税款；

（三）因少缴或迟缴境外所得税而追加的利息、滞纳金或罚款；

（四）境外所得税纳税人或者其利害关系人从境外征税主体得到实际返还或补偿的境外所得税税款；

（五）按照我国企业所得税法及其实施条例规定，已经免征我国企业所得税的境外所得负担的境外所得税税款；

（六）按照国务院财政、税务主管部门有关规定已经从企业境外应纳税所得额中扣除的境外所得税税款。

五、居民企业在按照企业所得税法第二十四条规定用境外所得间接负担的税额进行税收抵免时，其取得的境外投资收益实际间接负担的税额，是指根据直接或者间接持股方式合计持股20%以上（含20%，下同）的规定层级的外国企业股份，由此应分得的股息、红利等权益性投资收益中，从最低一层外国企业起逐层计算的属于由上一层企业负担的税额，其计算公式如下：

$$\begin{matrix}\text{本层企业所纳税额属于由}\\\text{一家上一层企业负担的税额}\end{matrix}=\left(\begin{matrix}\text{本层企业就利润和投资}\\\text{收益所实际缴纳的税额}\end{matrix}+\begin{matrix}\text{符合本通知规定的由}\\\text{本层企业间接负担的税额}\end{matrix}\right)\times\begin{matrix}\text{本层企业向一家上一层}\\\text{企业分配的股息（红利）}\end{matrix}\div\begin{matrix}\text{本层企业所}\\\text{得税后利润额}\end{matrix}$$

六、除国务院财政、税务主管部门另有规定外，按照实施条例第八十条规定由居民企业直接或者间接持有20%以上股份的外国企业，限于符合以下持股方式的三层外国企业：

第一层：单一居民企业直接持有20%以上股份的外国企业；

第二层：单一第一层外国企业直接持有20%以上股份，且由单一居民企业直接持有或通过一个或多个符合本条规定持股条件的外国企业间接持有总和达到20%以上股份的外国企业；

第三层：单一第二层外国企业直接持有20%以上股份，且由单一居民企业直接持有或通过一个或多个符合本条规定持股条件的外国企业间接持有总和达到20%以上股份的外国企业。

七、居民企业从与我国政府订立税收协定（或安排）的国家（地区）取得的所得，按照该国（地区）税收法律享受了免税或减税待遇，且该免税或减税的数额按照税收协定规定应视同已缴税额在中国的应纳税额中抵免的，该免税或减税数额可作为企业实际缴纳的境外所得税额用于办理税收抵免。

八、企业应按照企业所得税法及其实施条例和本通知的有关规定分国（地区）别计算境外税额的抵免限额。

$$\text{某国（地区）所得税抵免限额}=\frac{\begin{matrix}\text{中国境内、境外所得依照企业所得税法及}\\\text{实施条例的规定计算的应纳税总额}\end{matrix}\times\begin{matrix}\text{来源于某国（地区）}\\\text{的应纳税所得额}\end{matrix}}{\text{中国境内、境外应纳税所得总额}}$$

据以计算上述公式中“中国境内、境外所得依照企业所得税法及实施条例的规定计算的应纳税总额”的税率，除国务院财政、税务主管部门另有规定外，应为企业所得税法第四条第一款规定的税率。

企业按照企业所得税法及其实施条例和本通知的有关规定计算的当期境内、境外应纳税所得总额小于零的，应以零计算当期境内、境外应纳税所得总额，其当期境外所得税的抵免限额也为零。

九、在计算实际应抵免的境外已缴纳和间接负担的所得税税额时，企业在境外一国（地区）当年缴纳和间接负担的符合规定的所得税税额低于所计算的该国（地区）抵免限额的，应以该项税额作为境外所得税抵免额从企业应纳税总额中据实抵免；超过抵免限额的，当年应以抵免限额作为境外所得税抵免额进行抵免，超过抵免限额的余额允许从次年起在连续五个纳税年度内，用每年度抵免限额抵免当年应抵税额后的余额进行抵补。

十、属于下列情形的，经企业申请，主管税务机关核准，可以采取简易办法对境外所得已纳税额计算抵免：

（一）企业从境外取得营业利润所得以及符合境外税额间接抵免条件的股息所得，虽有所得来源国（地区）政府机关核发的具有纳税性质的凭证或证明，但因客观原因无法真实、准确地确认应当缴纳并已经实际缴纳的境外所得税税额的，除就该所得直接缴纳及间接负担的税额在所得来源国（地区）的实际有效税率低于我国企业所得税法第四条第一款规定税率50%以上的外，可按境外应纳税所得额的12.5%作为抵免限额，企业按该国（地区）税务机关或政府机关核发具有纳税性质凭证或证明的金额，其不超过抵免限额的部分，准予抵免；超过的部分不得抵免。

属于本款规定以外的股息、利息、租金、特许权使用费、转让财产等投资性所得，均应按本通知的其他规定计算境外税额抵免。

（二）企业从境外取得营业利润所得以及符合境外税额间接抵免条件的股息所得，凡就该所得缴纳及间接负担的税额在所得来源国（地区）的法定税率且其实际有效税率明显高于我国的，可直接以按本通知规定计算的境外应纳税所得额和我国企业所得税法规定的税率计算的抵免限额作为可抵免的已在境外实际缴纳的企业所得税税额。具体国家（地区）名单见附件。财政部、国家税务总局可根据实际情况适时对名单进行调整。

属于本款规定以外的股息、利息、租金、特许权使用费、转让财产等投资性所得，均应按本通知的其他规定计算境外税额抵免。

十一、企业在境外投资设立不具有独立纳税地位的分支机构，其计算生产、经营所得的纳税年度与我国规定的纳税年度不一致的，与我国纳税年度当年度相对应的境外纳税年度，应为在我国有关纳税年度中任何一日结束的境外纳税年度。

企业取得上款以外的境外所得实际缴纳或间接负担的境外所得税，应在该项境外所得实现日所在的我国对应纳税年度的应纳税额中计算抵免。

十二、企业抵免境外所得税额后实际应纳所得税额的计算公式为：

企业实际应纳所得税额＝企业境内外所得应纳税总额－企业所得税减免、抵免优惠税额－境外所得税抵免额

十三、本通知所称不具有独立纳税地位，是指根据企业设立地法律不具有独立法人地位或者按照税收协定规定不认定为对方国家（地区）的税收居民。

十四、企业取得来源于中国香港、澳门、台湾地区的应税所得，参照本通知执行。

十五、中华人民共和国政府同外国政府订立的有关税收的协定与本通知有不同规定的，依照协定的规定办理。

十六、本通知自 2008 年 1 月 1 日起执行。

附件：

法定税率明显高于我国的境外所得来源国（地区）名单

美国、阿根廷、布隆迪、喀麦隆、古巴、法国、日本、摩洛哥、巴基斯坦、赞比亚、科威特、孟加拉国、叙利亚、约旦、老挝。

国家税务总局关于企业以前年度未扣除资产损失企业所得税处理问题的通知

国税函〔2009〕772 号

各省、自治区、直辖市和计划单列市国家税务局、地方税务局：

现将企业以前年度未能扣除的资产损失企业所得税处理问题通知如下：

一、根据《国家税务总局关于印发〈企业资产损失税前扣除管理办法〉的通知》（国税发〔2009〕88 号）第三条规定的精神，企业以前年度（包括 2008 年度新企业所得税法实施以前年度）发生，按当时企业所得税有关规定符合资产损失确认条件的损失，在当年因为各种原因未能扣除的，不能结转在以后年度扣除；可以按

照《中华人民共和国企业所得税法》和《中华人民共和国税收征收管理法》的有关规定，追补确认在该项资产损失发生的年度扣除，而不能改变该项资产损失发生的所属年度。

二、企业因以前年度资产损失未在税前扣除而多缴纳的企业所得税税款，可在审批确认年度企业所得税应纳税款中予以抵缴，抵缴不足的，可以在以后年度递延抵缴。

三、企业资产损失发生年度扣除追补确认的损失后如出现亏损，首先应调整资产损失发生年度的亏损额，然后按弥补亏损的原则计算以后年度多缴的企业所得税税款，并按前款办法进行税务处理。

国家税务总局关于企业向自然人借款的利息支出企业所得税税前扣除问题的通知

国税函〔2009〕777 号

各省、自治区、直辖市和计划单列市国家税务局、地方税务局：

现就企业向自然人借款的利息支出企业所得税税前扣除问题，通知如下：

一、企业向股东或其他与企业有关联关系的自然人借款的利息支出，应根据《中华人民共和国企业所得税法》(以下简称税法)第四十六条及《财政部、国家税务总局关于企业关联方利息支出税前扣除标准有关税收政策问题的通知》(财税〔2008〕121 号)规定的条件，计算企业所得税扣除额。

二、企业向除第一条规定以外的内部职工或其他人员借款的利息支出，其借款情况同时符合以下条件的，其利息支出在不超过按照金融企业同期同类贷款利率计算的数额的部分，根据税法第八条和税法实施条例第二十七条规定，准予扣除。

(一)企业与个人之间的借贷是真实、合法、有效的，并且不具有非法集资目的或其他违反法律、法规的行为；

(二)企业与个人之间签订了借款合同。

国家税务总局关于建筑企业所得税征管有关问题的通知

国税函〔2010〕39 号

各省、自治区、直辖市和计划单列市国家税务局、地方税务局：

为加强和规范建筑企业所得税的征收管理，根据《中华人民共和国企业所得税法》及其实施条例、《中华人民共和国税收征收管理法》及其实施细则、《国家税务总局关于印发〈跨地区经营汇总纳税企业所得税征收管理暂行办法〉的通知》(国税发〔2008〕28 号)的规定，现对跨地区(指跨省、自治区、直辖市和计划单列市，下同)经营建筑企业所得税征收管理问题通知如下：

一、实行总、分机构体制的跨地区经营建筑企业应严格执行国税发〔2008〕28 号文件规定，按照“统一计算、分级管理、就地预缴、汇总清算、财政调库”的办法计算缴纳企业所得税。

二、建筑企业跨地区设立的不符合二级分支机构条件的项目经理部(包括与项目经理部性质相同的工程指挥部、合同段等)，应汇总到总机构或二级分支机构统一计算，按照国税发〔2008〕28 号文件规定的办法计算缴纳企业所得税。

三、各地税务机关自行制定的与本通知相抵触的征管文件，一律停止执行并予以纠正；对按照规定不应就地预缴而征收了企业所得税的，要及时将税款返还给企业。未按本通知要求进行纠正的，税务总局将按照执法责任制的有关规定严肃处理。

国家税务总局关于印发《外国企业常驻代表机构税收管理暂行办法》的通知

国税发〔2010〕18 号

各省、自治区、直辖市和计划单列市国家税务局、地方税务局：

为规范外国企业常驻代表机构税收管理，税务总局制定了《外国企业常驻代表机构税收管理暂行办法》，现印发给你们，请遵照执行。执行中发现的问题请及时反馈税务总局(国际税务司)。

外国企业常驻代表机构税收管理暂行办法

第一条 为规范外国企业常驻代表机构税收管理，根据《中华人民共和国税收征收管理法》(以下简称税收征管法)及其实施细则、《中华人民共和国企业所得税法》及其实施条例、《中华人民共和国营业税暂行条例》及其实施细则、《中华人民共和国增值税暂行条例》及其实施细则，以及相关税收法律法规，制定本办法。

第二条 本办法所称外国企业常驻代表机构，是指按照国务院有关规定，在工商行政管理部门登记或经有关部门批准，设立在中国境内的外国企业(包括港澳台企业)及其他组织的常驻代表机构(以下简称代表机构)。

第三条 代表机构应当就其归属所得依法申报缴纳企业所得税，就其应税收入依法申报缴纳营业税和增值税。

第四条 代表机构应当自领取工商登记证件(或有关部门批准)之日起 30 日内，持以下资料，向其所在地主管税务机关申报办理税务登记：

(一)工商营业执照副本或主管部门批准文件的原件及复印件；

(二)组织机构代码证书副本原件及复印件；

(三)注册地址及经营地址证明(产权证、租赁协议)原件及其复印件；如为自有房产，应提供产权证或买卖契约等合法的产权证明原件及其复印件；如为租赁的场所，应提供租赁协议原件及其复印件，出租人为自然人的还应提供产权证明的原件及复印件；

(四)首席代表(负责人)护照或其他合法身份证件的原件及复印件；

(五)外国企业设立代表机构的相关决议文件及在中国境内设立的其他代表机构名单(包括名称、地址、联系方式、首席代表姓名等)；

(六)税务机关要求提供的其他资料。

第五条 代表机构税务登记内容发生变化或者驻在期届满、提前终止业务活动的，应当按照税收征管法及相关规定，向主管税务机关申报办理变更登记或者注销登记；代表机构应当在办理注销登记前，就其清算所得向主管税务机关申报并依法缴纳企业所得税。

第六条 代表机构应当按照有关法律、行政法规和国务院财政、税务主管部门的规定设置账簿，根据合法、有效凭证记账，进行核算，并应按照实际履行的功能和承担的风险相配比的原则，准确计算其应税收入和应纳税所得额，在季度终了之日起 15 日内向主管税务机关据实申报缴纳企业所得税、营业税，并按照《中华人民共和国增值税暂行条例》及其实施细则规定的纳税期限，向主管税务机关据实申报缴纳增值税。

第七条 对账簿不健全，不能准确核算收入或成本费用，以及无法按照本办法第六条规定据实申报的代表机构，税务机关有权采取以下两种方式核定其应纳税所得额：

(一)按经费支出换算收入：适用于能够准确反映经费支出但不能准确反映收入或成本费用的代表机构。

1. 计算公式：

收入额＝本期经费支出额/（1－核定利润率－营业税税率）

应纳企业所得税额＝收入额×核定利润率×企业所得税税率

2. 代表机构的经费支出额包括：在中国境内、外支付给工作人员的工资薪金、奖金、津贴、福利费、物品采购费（包括汽车、办公设备等固定资产）、通讯费、差旅费、房租、设备租赁费、交通费、交际费、其他费用等。

（1）购置固定资产所发生的支出，以及代表机构设立时或者搬迁等原因所发生的装修费支出，应在发生时一次性作为经费支出额换算收入计税。

（2）利息收入不得冲抵经费支出额；发生的交际应酬费，以实际发生数额计入经费支出额。

（3）以货币形式用于我国境内的公益、救济性质的捐赠、滞纳金、罚款，以及为其总机构垫付的不属于其自身业务活动所发生的费用，不应作为代表机构的经费支出额；

（4）其他费用包括：为总机构从中国境内购买样品所支付的样品费和运输费用；国外样品运往中国发生的中国境内的仓储费用、报关费用；总机构人员来华访问聘用翻译的费用；总机构为中国某个项目投标由代表机构支付的购买标书的费用，等等。

（二）按收入总额核定应纳税所得额：适用于可以准确反映收入但不能准确反映成本费用的代表机构。计算公式：

应纳企业所得税额＝收入总额×核定利润率×企业所得税税率

第八条　代表机构的核定利润率不应低于15%。采取核定征收方式的代表机构，如能建立健全会计账簿，准确计算其应税收入和应纳税所得额，报主管税务机关备案，可调整为据实申报方式。

第九条　代表机构发生增值税、营业税应税行为，应按照增值税和营业税的相关法规计算缴纳应纳税款。

第十条　代表机构需要享受税收协定待遇，应依照税收协定以及《国家税务总局关于印发〈非居民享受税收协定待遇管理办法（试行）〉的通知》（国税发〔2009〕124号）的有关规定办理，并应按照本办法第六条规定的时限办理纳税申报事宜。

第十一条　本办法自2010年1月1日起施行。原有规定与本办法相抵触的，以本办法为准。《国家税务总局关于加强外国企业常驻代表机构税收征管有关问题的通知》（国税发〔1996〕165号）、《国家税务总局关于外国企业常驻代表机构有关税收管理问题的通知》（国税发〔2003〕28号）以及《国家税务总局关于外国政府等在我国设立代表机构免税审批程序有关问题的通知》（国税函〔2008〕945号）废止，各地不再受理审批代表机构企业所得税免税申请，并按照本办法规定对已核准免税的代表机构进行清理。

第十二条　各省、自治区、直辖市和计划单列市国家税务局和地方税务局可按本办法规定制定具体操作规程，并报国家税务总局（国际税务司）备案。

国家税务总局关于印发《非居民企业所得税核定征收管理办法》的通知

国税发〔2010〕19号

各省、自治区、直辖市和计划单列市国家税务局、地方税务局：

为规范非居民企业所得税核定征收工作，税务总局制定了《非居民企业所得税核定征收管理办法》，现印发给你们，请遵照执行。执行中发现的问题请及时反馈税务总局（国际税务司）。

非居民企业所得税核定征收管理办法

第一条　为了规范非居民企业所得税核定征收工作，根据《中华人民共和国企业所得税法》（以下简称企业所得税法）及其实施条例和《中华人民共和国税收征收管理法》（以下简称税收征管法）及其实施细则，制定本办法。

第二条 本办法适用于企业所得税法第三条第二款规定的非居民企业，外国企业常驻代表机构企业所得税核定办法按照有关规定办理。

第三条 非居民企业应当按照税收征管法及有关法律法规设置账簿，根据合法、有效凭证记账，进行核算，并应按照其实际履行的功能与承担的风险相匹配的原则，准确计算应纳税所得额，据实申报缴纳企业所得税。

第四条 非居民企业因会计账簿不健全，资料残缺难以查账，或者其他原因不能准确计算并据实申报其应纳税所得额的，税务机关有权采取以下方法核定其应纳税所得额。

(一)按收入总额核定应纳税所得额：适用于能够正确核算收入或通过合理方法推定收入总额，但不能正确核算成本费用的非居民企业。计算公式如下：

$$应纳税所得额=收入总额\times经税务机关核定的利润率$$

(二)按成本费用核定应纳税所得额：适用于能够正确核算成本费用，但不能正确核算收入总额的非居民企业。计算公式如下：

$$应纳税所得额=成本费用总额/(1-经税务机关核定的利润率)\times经税务机关核定的利润率$$

(三)按经费支出换算收入核定应纳税所得额：适用于能够正确核算经费支出总额，但不能正确核算收入总额和成本费用的非居民企业。计算公式：

$$应纳税所得额=\frac{经费支出总额}{1-经税务机关核定的利润率-营业税税率}\times经税务机关核定的利润率$$

第五条 税务机关可按照以下标准确定非居民企业的利润率：

(一)从事承包工程作业、设计和咨询劳务的，利润率为15%—30%；

(二)从事管理服务的，利润率为30%—50%；

(三)从事其他劳务或劳务以外经营活动的，利润率不低于15%。

税务机关有根据认为非居民企业的实际利润率明显高于上述标准的，可以按照比上述标准更高的利润率核定其应纳税所得额。

第六条 非居民企业与中国居民企业签订机器设备或货物销售合同，同时提供设备安装、装配、技术培训、指导、监督服务等劳务，其销售货物合同中未列明提供上述劳务服务收费金额，或者计价不合理的，主管税务机关可以根据实际情况，参照相同或相近业务的计价标准核定劳务收入。无参照标准的，以不低于销售货物合同总价款的10%为原则，确定非居民企业的劳务收入。

第七条 非居民企业为中国境内客户提供劳务取得的收入，凡其提供的服务全部发生在中国境内的，应全额在中国境内申报缴纳企业所得税。凡其提供的服务同时发生在中国境内外的，应以劳务发生地为原则划分其境内外收入，并就其在中国境内取得的劳务收入申报缴纳企业所得税。税务机关对其境内外收入划分的合理性和真实性有疑义的，可以要求非居民企业提供真实有效的证明，并根据工作量、工作时间、成本费用等因素合理划分其境内外收入；如非居民企业不能提供真实有效的证明，税务机关可视同其提供的服务全部发生在中国境内，确定其劳务收入并据以征收企业所得税。

第八条 采取核定征收方式征收企业所得税的非居民企业，在中国境内从事适用不同核定利润率的经营活动，并取得应税所得的，应分别核算并适用相应的利润率计算缴纳企业所得税；凡不能分别核算的，应从高适用利润率，计算缴纳企业所得税。

第九条 拟采取核定征收方式的非居民企业应填写《非居民企业所得税征收方式鉴定表》(见附件，以下简称《鉴定表》)，报送主管税务机关。主管税务机关应对企业报送的《鉴定表》的适用行业及所适用的利润率进行审核，并签注意见。

对经审核不符合核定征收条件的非居民企业，主管税务机关应自收到企业提交的《鉴定表》后15个工作日内向其下达《税务事项通知书》，将鉴定结果告知企业。非居民企业未在上述期限内收到《税务事项通知书》的，其征收方式视同已被认可。

第十条 税务机关发现非居民企业采用核定征收方式计算申报的应纳税所得额不真实，或者明显与其承担的功能风险不相匹配的，有权予以调整。

第十一条　各省、自治区、直辖市和计划单列市国家税务局和地方税务局可按照本办法第五条规定确定适用的核定利润率幅度，并根据本办法规定制定具体操作规程，报国家税务总局（国际税务司）备案。

第十二条　本办法自发布之日起施行。

附件：非居民企业所得税征收方式鉴定表

国家税务总局关于贯彻落实企业所得税法若干税收问题的通知

国税函〔2010〕79 号

各省、自治区、直辖市和计划单列市国家税务局、地方税务局：

根据《中华人民共和国企业所得税法》（以下简称企业所得税法）和《中华人民共和国企业所得税法实施条例》（以下简称《实施条例》）的有关规定，现就贯彻落实企业所得税法过程中若干问题，通知如下：

一、关于租金收入确认问题

根据《实施条例》第十九条的规定，企业提供固定资产、包装物或者其他有形资产的使用权取得的租金收入，应按交易合同或协议规定的承租人应付租金的日期确认收入的实现。其中，如果交易合同或协议中规定租赁期限跨年度，且租金提前一次性支付的，根据《实施条例》第九条规定的收入与费用配比原则，出租人可对上述已确认的收入，在租赁期内，分期均匀计入相关年度收入。

出租方如为在我国境内设有机构场所、且采取据实申报缴纳企业所得的非居民企业，也按本条规定执行。

二、关于债务重组收入确认问题

企业发生债务重组，应在债务重组合同或协议生效时确认收入的实现。

三、关于股权转让所得确认和计算问题

企业转让股权收入，应于转让协议生效、且完成股权变更手续时，确认收入的实现。转让股权收入扣除为取得该股权所发生的成本后，为股权转让所得。企业在计算股权转让所得时，不得扣除被投资企业未分配利润等股东留存收益中按该项股权所可能分配的金额。

四、关于股息、红利等权益性投资收益收入确认问题

企业权益性投资取得股息、红利等收入，应以被投资企业股东会或股东大会作出利润分配或转股决定的日期，确定收入的实现。

被投资企业将股权（票）溢价所形成的资本公积转为股本的，不作为投资方企业的股息、红利收入，投资方企业也不得增加该项长期投资的计税基础。

五、关于固定资产投入使用后计税基础确定问题

企业固定资产投入使用后，由于工程款项尚未结清未取得全额发票的，可暂按合同规定的金额计入固定资产计税基础计提折旧，待发票取得后进行调整。但该项调整应在固定资产投入使用后 12 个月内进行。

六、关于免税收入所对应的费用扣除问题

根据《实施条例》第二十七条、第二十八条的规定，企业取得的各项免税收入所对应的各项成本费用，除另有规定者外，可以在计算企业应纳税所得额时扣除。

七、企业筹办期间不计算为亏损年度问题

企业自开始生产经营的年度，为开始计算企业损益的年度。企业从事生产经营之前进行筹办活动期间发生筹办费用支出，不得计算为当期的亏损，应按照《国家税务总局关于企业所得税若干税务事项衔接问题的通知》（国税函〔2009〕98 号）第九条规定执行。

八、从事股权投资业务的企业业务招待费计算问题

对从事股权投资业务的企业（包括集团公司总部、创业投资企业等），其从被投资企业所分配的股息、红利以及股权转让收入，可以按规定的比例计算业务招待费扣除限额。

国家税务总局关于跨地区经营建筑企业所得税征收管理问题的通知

国税函〔2010〕156 号

各省、自治区、直辖市和计划单列市国家税务局、地方税务局：

为加强对跨地区(指跨省、自治区、直辖市和计划单列市，下同)经营建筑企业所得税的征收管理，根据《中华人民共和国企业所得税法》及其实施条例、《中华人民共和国税收征收管理法》及其实施细则、《国家税务总局关于印发〈跨地区经营汇总纳税企业所得税征收管理暂行办法〉的通知》(国税发〔2008〕28 号)的规定，现对跨地区经营建筑企业所得税征收管理问题通知如下：

一、实行总分机构体制的跨地区经营建筑企业应严格执行国税发〔2008〕28 号文件规定，按照“统一计算，分级管理，就地预缴，汇总清算，财政调库”的办法计算缴纳企业所得税。

二、建筑企业所属二级或二级以下分支机构直接管理的项目部(包括与项目部性质相同的工程指挥部、合同段等，下同)不就地预缴企业所得税，其经营收入、职工工资和资产总额应汇总到二级分支机构统一核算，由二级分支机构按照国税发〔2008〕28 号文件规定的办法预缴企业所得税。

三、建筑企业总机构直接管理的跨地区设立的项目部，应按项目实际经营收入的 0.2%按月或按季由总机构向项目所在地预分企业所得税，并由项目部向所在地主管税务机关预缴。

四、建筑企业总机构应汇总计算企业应纳所得税，按照以下方法进行预缴：

(一)总机构只设跨地区项目部的，扣除已由项目部预缴的企业所得税后，按照其余额就地缴纳；

(二)总机构只设二级分支机构的，按照国税发〔2008〕28 号文件规定计算总、分支机构应缴纳的税款；

(三)总机构既有直接管理的跨地区项目部，又有跨地区二级分支机构的，先扣除已由项目部预缴的企业所得税后，再按照国税发〔2008〕28 号文件规定计算总、分支机构应缴纳的税款。

五、建筑企业总机构应按照有关规定办理企业所得税年度汇算清缴，各分支机构和项目部不进行汇算清缴。总机构年终汇算清缴后应纳所得税额小于已预缴的税款时，由总机构主管税务机关办理退税或抵扣以后年度的应缴企业所得税。

六、跨地区经营的项目部(包括二级以下分支机构管理的项目部)应向项目所在地主管税务机关出具总机构所在地主管税务机关开具的《外出经营活动税收管理证明》，未提供上述证明的，项目部所在地主管税务机关应督促其限期补办；不能提供上述证明的，应作为独立纳税人就地缴纳企业所得税。同时，项目部应向所在地主管税务机关提供总机构出具的证明该项目部属于总机构或二级分支机构管理的证明文件。

七、建筑企业总机构在办理企业所得税预缴和汇算清缴时，应附送其所直接管理的跨地区经营项目部就地预缴税款的完税证明。

八、建筑企业在同一省、自治区、直辖市和计划单列市设立的跨地(市、县)项目部，其企业所得税的征收管理办法，由各省、自治区、直辖市和计划单列市国家税务局、地方税务局共同制定，并报国家税务总局备案。

九、本通知自 2010 年 1 月 1 日起施行。

国家税务总局关于电信企业坏账损失税前扣除问题的通知

国税函〔2010〕196 号

各省、自治区、直辖市和计划单列市国家税务局、地方税务局：

根据《国家税务总局关于印发〈企业资产损失税前扣除管理办法〉的通知》(国税发〔2009〕88 号)第十七

条的规定，考虑到电信企业生产经营的实际情况，现将电信企业应收账款认定坏账损失税前扣除问题通知如下：

一、从事电信业务的企业，其用户应收话费，凡单笔数额较小、拖欠时间超过1年以上没有收回的，由企业统一做出说明后，可作为坏账损失在企业所得税税前扣除。

二、本通知自2009年1月1日起执行。2008年发生的上述坏账损失，当年已作为坏账损失的，不再调整；没有作为坏账损失的，统一在2009年度企业所得税汇算清缴时确认为坏账损失。

国家税务总局关于房地产开发企业开发产品完工条件确认问题的通知

国税函〔2010〕201号

各省、自治区、直辖市和计划单列市国家税务局、地方税务局：

现就房地产开发企业开发产品完工条件确认有关问题，通知如下：

根据《国家税务总局关于房地产开发经营业务征收企业所得税问题的通知》(国税发〔2006〕31号)规定精神和《国家税务总局关于印发〈房地产开发经营业务企业所得税处理办法〉的通知》(国税发〔2009〕31号)第三条规定，房地产开发企业建造、开发的开发产品，无论工程质量是否通过验收合格，或是否办理完工(竣工)备案手续以及会计决算手续，当企业开始办理开发产品交付手续(包括入住手续)、或已开始实际投入使用时，为开发产品开始投入使用，应视为开发产品已经完工。房地产开发企业应按规定及时结算开发产品计税成本，并计算企业当年度应纳税所得额。

财政部 国家税务总局关于农村金融有关税收政策的通知

财税〔2010〕4号

各省、自治区、直辖市、计划单列市财政厅(局)、国家税务局、地方税务局，新疆生产建设兵团财务局：

为支持农村金融发展，解决农民贷款难问题，经国务院批准，现就农村金融有关税收政策通知如下：

一、自2009年1月1日至2013年12月31日，对金融机构农户小额贷款的利息收入，免征营业税。

二、自2009年1月1日至2013年12月31日，对金融机构农户小额贷款的利息收入在计算应纳税所得额时，按90%计入收入总额。

三、自2009年1月1日至2011年12月31日，对农村信用社、村镇银行、农村资金互助社、由银行业机构全资发起设立的贷款公司、法人机构所在地在县(含县级市、区、旗)及县以下地区的农村合作银行和农村商业银行的金融保险业收入减按3%的税率征收营业税。

四、自2009年1月1日至2013年12月31日，对保险公司为种植业、养殖业提供保险业务取得的保费收入，在计算应纳税所得额时，按90%比例减计收入。

五、本通知所称农户，是指长期(一年以上)居住在乡镇(不包括城关镇)行政管理区域内的住户，还包括长期居住在城关镇所辖行政村范围内的住户和户口不在本地而在本地居住一年以上的住户，国有农场的职工和农村个体工商户。位于乡镇(不包括城关镇)行政管理区域内和在城关镇所辖行政村范围内的国有经济的机关、团体、学校、企事业单位的集体户；有本地户口，但举家外出谋生一年以上的住户，无论是否保留承包耕地均不属于农户。农户以户为统计单位，既可以从事农业生产经营，也可以从事非农业生产经营。农户贷款的判定应以贷款发放时的承贷主体是否属于农户为准。

本通知所称小额贷款，是指单笔且该户贷款余额总额在5万元以下(含5万元)的贷款。

本通知所称村镇银行，是指经中国银行监督管理委员会依据有关法律、法规批准，由境内外金融机构、境内非金融机构企业法人、境内自然人出资，在农村地区设立的主要为当地农民、农业和农村经济发展提供金融服务的银行业金融机构。

本通知所称农村资金互助社，是指经银行业监督管理机构批准，由乡(镇)、行政村民和农村小企业自愿入股组成，为社员提供存款、贷款、结算等业务的社区互助性银行业金融机构。

本通知所称由银行业机构全资发起设立的贷款公司，是指经中国银行业监督管理委员会依据有关法律、法规批准，由境内商业银行或农村合作银行在农村地区设立的专门为县域农民、农业和农村经济发展提供贷款服务的非银行业金融机构。

本通知所称县(县级市、区、旗)，不包括市(含直辖市、地级市)所辖城区。

本通知所称保费收入，是指原保险保费收入加上分保费收入减去分出保费后的余额。

六、金融机构应对符合条件的农户小额贷款利息收入进行单独核算，不能单独核算的不得适用本通知第一条、第二条规定的优惠政策。

七、适用暂免或减半征收企业所得税优惠政策至2009年底的农村信用社执行现有政策到期后，再执行本通知第二条规定的企业所得税优惠政策。

八、适用本通知第一条、第三条规定的营业税优惠政策的金融机构，自2009年1月1日至发文之日应予免征或者减征的营业税税款，在以后的应纳营业税税额中抵减或者予以退税。

九、《财政部 国家税务总局关于试点地区农村信用社税收政策的通知》(财税〔2004〕35号)第二条、《财政部 国家税务总局关于进一步扩大试点地区农村信用社有关税收政策问题的通知》(财税〔2004〕177号)第二条规定自2009年1月1日起停止执行。

国家税务总局关于环境保护节能节水安全生产等专用设备投资抵免企业所得税有关问题的通知

国税函〔2010〕256号

各省、自治区、直辖市和计划单列市国家税务局、地方税务局：

现就环境保护、节能节水、安全生产等专用设备投资抵免企业所得税的有关问题通知如下：

根据《财政部 国家税务总局关于全国实施增值税转型改革若干问题的通知》(财税〔2008〕170号)规定，自2009年1月1日起，增值税一般纳税人购进固定资产发生的进项税额可从其销项税额中抵扣，因此，自2009年1月1日起，纳税人购进并实际使用《环境保护专用设备企业所得税优惠目录》、《节能节水专用设备企业所得税优惠目录》和《安全生产专用设备企业所得税优惠目录》范围内的专用设备并取得增值税专用发票的，在按照《财政部 国家税务总局关于执行环境保护专用设备企业所得税优惠目录节能节水专用设备企业所得税优惠目录和安全生产专用设备企业所得税优惠目录有关问题的通知》(财税〔2008〕48号)第二条规定进行税额抵免时，如增值税进项税额允许抵扣，其专用设备投资额不再包括增值税进项税额；如增值税进项税额不允许抵扣，其专用设备投资额应为增值税专用发票上注明的价税合计金额。企业购买专用设备取得普通发票的，其专用设备投资额为普通发票上注明的金额。

国家税务总局关于境外分行取得来源于境内利息所得扣缴企业所得税问题的通知

国税函〔2010〕266号

各省、自治区、直辖市和计划单列市国家税务局、地方税务局：

关于对境外分行取得来源于境内利息所得扣缴企业所得税有关问题，现通知如下：

一、税收协定列名的免税外国金融机构设在第三国的非法人分支机构与其总机构属于同一法人，除税收协定中明确规定只有列名金融机构的总机构可以享受免税待遇情况外，该分支机构取得的利息可以享受中国与其总机构所在国签订的税收协定中规定的免税待遇。在执行上述规定时，应严格按《国家税务总局关于印发〈非居民享受税收协定待遇管理办法（试行）〉的通知》（国税发〔2009〕124 号）有关规定办理审批手续。

二、属于中国居民企业的银行在境外设立的非法人分支机构同样是中国的居民，该分支机构取得的来源于中国的利息，不论是由中国居民还是外国居民设在中国的常设机构支付，均不适用我国与该分支机构所在国签订的税收协定，应适用我国国内法的相关规定，即按照《国家税务总局关于加强非居民企业来源于我国利息所得扣缴企业所得税工作的通知》（国税函〔2008〕955 号）文件办理。

国家税务总局关于《非居民享受税收协定待遇管理办法（试行）》有关问题的补充通知

国税函〔2010〕290 号

各省、自治区、直辖市和计划单列市国家税务局、地方税务局：

《非居民享受税收协定待遇管理办法（试行）》（以下简称《办法》）已以《国家税务总局关于印发〈非居民享受税收协定待遇管理办法（试行）〉的通知》（国税发〔2009〕124 号）发布实施。现就执行本《办法》补充通知如下：

一、《办法》第六条规定的国家税务局或地方税务局包括符合《中华人民共和国税收征收管理法》第十四条规定的各级税务机关。

二、按照《办法》第九条第一款第（三）项或第十二条第一款第（二）项规定应由纳税人提交的税收居民身份证明，包括税收协定缔约对方主管当局以下列方式之一出具的税收居民身份证明：

（一）按照国税发〔2009〕124 号文附件 1 第 27 栏或附件 2 第 25 栏的要求填写的相关内容；

（二）单独出具的专用证明。

三、非居民按《办法》第九条第二款或第十二条第二款规定可以免于提交已经向主管税务机关提交的资料，限于该非居民向同一主管税务机关已经提交的资料。非居民需要向不同主管税务机关提出审批申请或备案报告的，应分别向不同主管税务机关提交相关资料。

四、纳税人或者扣缴义务人根据《办法》第十一条规定，于申报相关纳税义务之前进行享受协定待遇备案的，在填写《非居民享受税收协定待遇备案报告表》时，第 20 栏“收入额或应纳税所得额”和第 21 栏“减免税额”暂按合同约定数或预计数填写；待按国内法规定申报该已备案的纳税义务时，纳税人或者扣缴义务人再向主管税务机关填报《非居民享受税收协定待遇执行情况报告表》（见附件 3），报告已备案的税收协定待遇实际执行情况。

五、《办法》第十三条针对第十一条规定的采用扣缴形式的备案类所得，不包括按照国内税收法律规定实行源泉扣缴，且根据《办法》第七条规定属于审批类的所得。

扣缴义务人在执行需要备案的税收协定待遇时，无论纳税人是否已经向主管税务机关提供相关资料，均应按《办法》第十三条规定完成备案程序。纳税人拒绝向扣缴义务人提供相关资料的，扣缴义务人不得执行相关税收协定待遇。

六、《办法》第十七条第二款规定的“本办法第十六条规定的工作时限”是指《办法》第十六条第一款第（一）项规定的时限，即按《办法》第十七条规定处理上报情况的各级税务机关均应自收到上报情况之日起 20 个工作日内做出处理决定，并直接或逐级通知有权审批的税务机关，或者完成再上报程序。

七、《国家税务总局关于〈内地和香港特别行政区关于对所得避免双重征税的安排〉有关条文解释和执行问题的通知》（国税函〔1998〕381 号）第二条和《国家税务总局关于〈内地和香港特别行政区关于对所得避免双重征税和防止偷漏税的安排〉有关条文解释和执行问题的通知》（国税函〔2007〕403 号）第三条第（三）项规定，是依据国家税务总局与香港特别行政区税务局通过相互协商形成的有关执行税收安排的协议做出的规定。根据《办法》第四十四条，该两项规定与《办法》有不同的，应按该两项规定执行。

八、国税发〔2009〕124 号文附件 1、附件 2 和附件 5 的填表说明中涉及的所得类型及代号统一修改为：营业利润—7；股息—10；利息—11；特许权使用费—12；财产收益—13；独立个人劳务所得—14；非独立个人劳务所得—15；艺术家或运动员所得—17；退休金—18；支付给学生的教育或培训经费—20；其他所得—21。修改后的表样见附件 1、附件 2 和附件 3。

九、国税发〔2009〕124 号文附件 2 第 26 栏中"主管税务机关或其授权人印章或签字"修改为"接受税务机关或其授权人印章或签字"。"接受税务机关"指按照《办法》第七条规定接受非居民审批申请的主管税务机关或有权审批的税务机关(见附件 2)。

十、国税发〔2009〕124 号文附件 3 第 15 至 21 栏中"最近一年"指申请人取得所得前的一年。

十一、国税发〔2009〕124 号文附件 5《非居民享受税收协定待遇审批执行情况报告表》和附件 6《非居民享受税收协定待遇汇总表(按国别)》，分别由本通知所附的《非居民享受税收协定待遇执行情况报告表》(附件 3)和《非居民享受税收协定待遇执行情况汇总表》(附件 4)替代。

十二、按《办法》规定应该填报的报表均应一式两份，一份由填报人留存，一份报送相关税务机关。

十三、请各地将本地区执行税收协定的情况进行年度汇总，填报有关汇总表，并于次年三月底前报税务总局。

附件：1. 非居民享受税收协定待遇备案报告表

2. 非居民享受税收协定待遇审批申请表

3. 非居民享受税收协定待遇执行情况报告表

4. 非居民享受税收协定待遇汇总表

国家税务总局关于"公司＋农户"经营模式企业所得税优惠问题的公告

国家税务总局公告 2010 年第 2 号

现就有关"公司＋农户"模式企业所得税优惠问题公告如下：

目前，一些企业采取"公司＋农户"经营模式从事牲畜、家禽的饲养，即公司与农户签订委托养殖合同，向农户提供畜禽苗、饲料、兽药及疫苗等(所有权〈产权〉仍属于公司)，农户将畜禽养大成为成品后交付公司回收。鉴于采取"公司＋农户"经营模式的企业，虽不直接从事畜禽的养殖，但系委托农户饲养，并承担诸如市场、管理、采购、销售等经营职责及绝大部分经营管理风险，公司和农户是劳务外包关系。为此，对此类以"公司＋农户"经营模式从事农、林、牧、渔业项目生产的企业，可以按照《中华人民共和国企业所得税法实施条例》第八十六条的有关规定，享受减免企业所得税优惠政策。

本公告自 2010 年 1 月 1 日起施行。

财政部 国家税务总局 民政部关于公益性捐赠税前扣除有关问题的补充通知

财税〔2010〕45 号

各省、自治区、直辖市、计划单列市财政厅(局)、国家税务局、地方税务局、民政厅(局)，新疆生产建设兵团财务局、民政局：

为进一步规范公益性捐赠税前扣除政策，加强税收征管，根据《财政部 国家税务总局 民政部关于公益性捐赠税前扣除有关问题的通知》(财税〔2008〕160 号)的有关规定，现将公益性捐赠税前扣除有关问题补充通知如下：

一、企业或个人通过获得公益性捐赠税前扣除资格的公益性社会团体或县级以上人民政府及其组成部门和直属机构，用于公益事业的捐赠支出，可以按规定进行所得税税前扣除。

县级以上人民政府及其组成部门和直属机构的公益性捐赠税前扣除资格不需要认定。

二、在财税〔2008〕160 号文件下发之前已经获得公益性捐赠税前扣除资格的公益性社会团体，必须按规定的条件和程序重新提出申请，通过认定后才能获得公益性捐赠税前扣除资格。

符合财税〔2008〕160 号文件第四条规定的基金会、慈善组织等公益性社会团体，应同时向财政、税务、民政部门提出申请，并分别报送财税〔2008〕160 号文件第七条规定的材料。

民政部门负责对公益性社会团体资格进行初步审查，财政、税务部门会同民政部门对公益性捐赠税前扣除资格联合进行审核确认。

三、对获得公益性捐赠税前扣除资格的公益性社会团体，由财政部、国家税务总局和民政部以及省、自治区、直辖市、计划单列市财政、税务和民政部门每年分别联合公布名单。名单应当包括当年继续获得公益性捐赠税前扣除资格和新获得公益性捐赠税前扣除资格的公益性社会团体。

企业或个人在名单所属年度内向名单内的公益性社会团体进行的公益性捐赠支出，可按规定进行税前扣除。

四、2008 年 1 月 1 日以后成立的基金会，在首次获得公益性捐赠税前扣除资格后，原始基金的捐赠人在基金会首次获得公益性捐赠税前扣除资格的当年进行所得税汇算清缴时，可按规定进行税前扣除。

五、对于通过公益性社会团体发生的公益性捐赠支出，企业或个人应提供省级以上（含省级）财政部门印制并加盖接受捐赠单位印章的公益性捐赠票据，或加盖接受捐赠单位印章的《非税收入一般缴款书》收据联，方可按规定进行税前扣除。

对于通过公益性社会团体发生的公益性捐赠支出，主管税务机关应对照财政、税务、民政部门联合公布的名单予以办理，即接受捐赠的公益性社会团体位于名单内的，企业或个人在名单所属年度向名单内的公益性社会团体进行的公益性捐赠支出可按规定进行税前扣除；接受捐赠的公益性社会团体不在名单内，或虽在名单内但企业或个人发生的公益性捐赠支出不属于名单所属年度的，不得扣除。

六、对已经获得公益性捐赠税前扣除资格的公益性社会团体，其年度检查连续两年基本合格视同为财税〔2008〕160 号文件第十条规定的年度检查不合格，应取消公益性捐赠税前扣除资格。

七、获得公益性捐赠税前扣除资格的公益性社会团体，发现其不再符合财税〔2008〕160 号文件第四条规定条件之一，或存在财税〔2008〕160 号文件第十条规定情形之一的，应自发现之日起 15 日内向主管税务机关报告，主管税务机关可暂时明确其获得资格的次年内企业或个人向该公益性社会团体的公益性捐赠支出，不得税前扣除。同时，提请审核确认其公益性捐赠税前扣除资格的财政、税务、民政部门明确其获得资格的次年不具有公益性捐赠税前扣除资格。

税务机关在日常管理过程中，发现公益性社会团体不再符合财税〔2008〕160 号文件第四条规定条件之一，或存在财税〔2008〕160 号文件第十条规定情形之一的，也按上述规定处理。

国家税务总局关于发布《企业重组业务企业所得税管理办法》的公告

国家税务总局公告 2010 年第 4 号

现将《企业重组业务企业所得税管理办法》予以发布，自 2010 年 1 月 1 日起施行。

本办法发布时企业已经完成重组业务的，如适用《财政部 国家税务总局关于企业重组业务企业所得税处理若干问题的通知》（财税〔2009〕59 号）特殊税务处理，企业没有按照本办法要求准备相关资料的，应补备相关资料；需要税务机关确认的，按照本办法要求补充确认。2008、2009 年度企业重组业务尚未进行税务处理的，可按本办法处理。

特此公告。

企业重组业务企业所得税管理办法

第一章 总则及定义

第一条 为规范和加强对企业重组业务的企业所得税管理，根据《中华人民共和国企业所得税法》(以下简称《税法》)及其实施条例(以下简称《实施条例》)、《中华人民共和国税收征收管理法》及其实施细则(以下简称《征管法》)、《财政部 国家税务总局关于企业重组业务企业所得税处理若干问题的通知》(财税〔2009〕59号)(以下简称《通知》)等有关规定，制定本办法。

第二条 本办法所称企业重组业务，是指《通知》第一条所规定的企业法律形式改变、债务重组、股权收购、资产收购、合并、分立等各类重组。

第三条 企业发生各类重组业务，其当事各方，按重组类型，分别指以下企业：

(一)债务重组中当事各方，指债务人及债权人。

(二)股权收购中当事各方，指收购方、转让方及被收购企业。

(三)资产收购中当事各方，指转让方、受让方。

(四)合并中当事各方，指合并企业、被合并企业及各方股东。

(五)分立中当事各方，指分立企业、被分立企业及各方股东。

第四条 同一重组业务的当事各方应采取一致税务处理原则，即统一按一般性或特殊性税务处理。

第五条 《通知》第一条第(四)项所称实质经营性资产，是指企业用于从事生产经营活动、与产生经营收入直接相关的资产，包括经营所用各类资产、企业拥有的商业信息和技术、经营活动产生的应收款项、投资资产等。

第六条 《通知》第二条所称控股企业，是指由本企业直接持有股份的企业。

第七条 《通知》中规定的企业重组，其重组日的确定，按以下规定处理：

(一)债务重组，以债务重组合同或协议生效日为重组日。

(二)股权收购，以转让协议生效且完成股权变更手续日为重组日。

(三)资产收购，以转让协议生效且完成资产实际交割日为重组日。

(四)企业合并，以合并企业取得被合并企业资产所有权并完成工商登记变更日期为重组日。

(五)企业分立，以分立企业取得被分立企业资产所有权并完成工商登记变更日期为重组日。

第八条 重组业务完成年度的确定，可以按各当事方适用的会计准则确定，具体参照各当事方经审计的年度财务报告。由于当事方适用的会计准则不同导致重组业务完成年度的判定有差异时，各当事方应协商一致，确定同一个纳税年度作为重组业务完成年度。

第九条 本办法所称评估机构，是指具有合法资质的中国资产评估机构。

第二章 企业重组一般性税务处理管理

第十条 企业发生《通知》第四条第(一)项规定的由法人转变为个人独资企业、合伙企业等非法人组织，或将登记注册地转移至中华人民共和国境外(包括港澳台地区)，应按照《财政部 国家税务总局关于企业清算业务企业所得税处理若干问题的通知》(财税〔2009〕60号)规定进行清算。

企业在报送《企业清算所得纳税申报表》时，应附送以下资料：

(一)企业改变法律形式的工商部门或其他政府部门的批准文件；

(二)企业全部资产的计税基础以及评估机构出具的资产评估报告；

(三)企业债权、债务处理或归属情况说明；

(四)主管税务机关要求提供的其他资料证明。

第十一条 企业发生《通知》第四条第(二)项规定的债务重组，应准备以下相关资料，以备税务机关检查。

(一)以非货币资产清偿债务的，应保留当事各方签订的清偿债务的协议或合同，以及非货币资产公允价格确认的合法证据等；

(二)债权转股权的,应保留当事各方签订的债权转股权协议或合同。

第十二条　企业发生《通知》第四条第(三)项规定的股权收购、资产收购重组业务,应准备以下相关资料,以备税务机关检查。

(一)当事各方所签订的股权收购、资产收购业务合同或协议;

(二)相关股权、资产公允价值的合法证据。

第十三条　企业发生《通知》第四条第(四)项规定的合并,应按照财税〔2009〕60 号文件规定进行清算。

被合并企业在报送《企业清算所得纳税申报表》时,应附送以下资料:

(一)企业合并的工商部门或其他政府部门的批准文件;

(二)企业全部资产和负债的计税基础以及评估机构出具的资产评估报告;

(三)企业债务处理或归属情况说明;

(四)主管税务机关要求提供的其他资料证明。

第十四条　企业发生《通知》第四条第(五)项规定的分立,被分立企业不再继续存在,应按照财税〔2009〕60 号文件规定进行清算。

被分立企业在报送《企业清算所得纳税申报表》时,应附送以下资料:

(一)企业分立的工商部门或其他政府部门的批准文件;

(二)被分立企业全部资产的计税基础以及评估机构出具的资产评估报告;

(三)企业债务处理或归属情况说明;

(四)主管税务机关要求提供的其他资料证明。

第十五条　企业合并或分立,合并各方企业或分立企业涉及享受《税法》第五十七条规定中就企业整体(即全部生产经营所得)享受的税收优惠过渡政策尚未期满的,仅就存续企业未享受完的税收优惠,按照《通知》第九条的规定执行;注销的被合并或被分立企业未享受完的税收优惠,不再由存续企业承继;合并或分立而新设的企业不得再承继或重新享受上述优惠。合并或分立各方企业按照《税法》的税收优惠规定和税收优惠过渡政策中就企业有关生产经营项目的所得享受的税收优惠承继问题,按照《实施条例》第八十九条规定执行。

第三章　企业重组特殊性税务处理管理

第十六条　企业重组业务,符合《通知》规定条件并选择特殊性税务处理的,应按照《通知》第十一条规定进行备案;如企业重组各方需要税务机关确认,可以选择由重组主导方向主管税务机关提出申请,层报省税务机关给予确认。

采取申请确认的,主导方和其他当事方不在同一省(自治区、市)的,主导方省税务机关应将确认文件抄送其他当事方所在地省税务机关。

省税务机关在收到确认申请时,原则上应在当年度企业所得税汇算清缴前完成确认。特殊情况,需要延长的,应将延长理由告知主导方。

第十七条　企业重组主导方,按以下原则确定:

(一)债务重组为债务人;

(二)股权收购为股权转让方;

(三)资产收购为资产转让方;

(四)吸收合并为合并后拟存续的企业,新设合并为合并前资产较大的企业;

(五)分立为被分立的企业或存续企业。

第十八条　企业发生重组业务,按照《通知》第五条第(一)项要求,企业在备案或提交确认申请时,应从以下方面说明企业重组具有合理的商业目的:

(一)重组活动的交易方式。即重组活动采取的具体形式、交易背景、交易时间、在交易之前和之后的运作方式和有关的商业常规;

(二)该项交易的形式及实质。即形式上交易所产生的法律权利和责任,也是该项交易的法律后果。另外,交易实际上或商业上产生的最终结果;

(三)重组活动给交易各方税务状况带来的可能变化;

(四)重组各方从交易中获得的财务状况变化;

(五)重组活动是否给交易各方带来了在市场原则下不会产生的异常经济利益或潜在义务;

(六)非居民企业参与重组活动的情况。

第十九条 《通知》第五条第(三)和第(五)项所称"企业重组后的连续12个月内",是指自重组日起计算的连续12个月内。

第二十条 《通知》第五条第(五)项规定的原主要股东,是指原持有转让企业或被收购企业20%以上股权的股东。

第二十一条 《通知》第六条第(四)项规定的同一控制,是指参与合并的企业在合并前后均受同一方或相同的多方最终控制,且该控制并非暂时性的。能够对参与合并的企业在合并前后均实施最终控制权的相同多方,是指根据合同或协议的约定,对参与合并企业的财务和经营政策拥有决定控制权的投资者群体。在企业合并前,参与合并各方受最终控制方的控制在12个月以上,企业合并后所形成的主体在最终控制方的控制时间也应达到连续12个月。

第二十二条 企业发生《通知》第六条第(一)项规定的债务重组,根据不同情形,应准备以下资料:

(一)发生债务重组所产生的应纳税所得额占该企业当年应纳税所得额50%以上的,债务重组所得要求在5个纳税年度的期间内,均匀计入各年度应纳税所得额的,应准备以下资料:

1. 当事方的债务重组的总体情况说明(如果采取申请确认的,应为企业的申请,下同),情况说明中应包括债务重组的商业目的;

2. 当事各方所签订的债务重组合同或协议;

3. 债务重组所产生的应纳税所得额、企业当年应纳税所得额情况说明;

4. 税务机关要求提供的其他资料证明。

(二)发生债权转股权业务,债务人对债务清偿业务暂不确认所得或损失,债权人对股权投资的计税基础以原债权的计税基础确定,应准备以下资料:

1. 当事方的债务重组的总体情况说明。情况说明中应包括债务重组的商业目的;

2. 双方所签订的债转股合同或协议;

3. 企业所转换的股权公允价格证明;

4. 工商部门及有关部门核准相关企业股权变更事项证明材料;

5. 税务机关要求提供的其他资料证明。

第二十三条 企业发生《通知》第六条第(二)项规定的股权收购业务,应准备以下资料:

(一)当事方的股权收购业务总体情况说明,情况说明中应包括股权收购的商业目的;

(二)双方或多方所签订的股权收购业务合同或协议;

(三)由评估机构出具的所转让及支付的股权公允价值;

(四)证明重组符合特殊性税务处理条件的资料,包括股权比例,支付对价情况,以及12个月内不改变资产原来的实质性经营活动和原主要股东不转让所取得股权的承诺书等;

(五)工商等相关部门核准相关企业股权变更事项证明材料;

(六)税务机关要求的其他材料。

第二十四条 企业发生《通知》第六条第(三)项规定的资产收购业务,应准备以下资料:

(一)当事方的资产收购业务总体情况说明,情况说明中应包括资产收购的商业目的;

(二)当事各方所签订的资产收购业务合同或协议;

(三)评估机构出具的资产收购所体现的资产评估报告;

(四)受让企业股权的计税基础的有效凭证;

(五)证明重组符合特殊性税务处理条件的资料,包括资产收购比例,支付对价情况,以及12个月内不改变资产原来的实质性经营活动、原主要股东不转让所取得股权的承诺书等;

(六)工商部门核准相关企业股权变更事项证明材料;

(七)税务机关要求提供的其他材料证明。

第二十五条 企业发生《通知》第六条第(四)项规定的合并,应准备以下资料:

(一)当事方企业合并的总体情况说明。情况说明中应包括企业合并的商业目的;

(二)企业合并的政府主管部门的批准文件;

(三)企业合并各方当事人的股权关系说明;

(四)被合并企业的净资产、各单项资产和负债及其账面价值和计税基础等相关资料;

(五)证明重组符合特殊性税务处理条件的资料,包括合并前企业各股东取得股权支付比例情况、以及12个月内不改变资产原来的实质性经营活动、原主要股东不转让所取得股权的承诺书等;

(六)工商部门核准相关企业股权变更事项证明材料;

(七)主管税务机关要求提供的其他资料证明。

第二十六条　《通知》第六条第(四)项所规定的可由合并企业弥补的被合并企业亏损的限额,是指按《税法》规定的剩余结转年限内,每年可由合并企业弥补的被合并企业亏损的限额。

第二十七条　企业发生《通知》第六条第(五)项规定的分立,应准备以下资料:

(一)当事方企业分立的总体情况说明。情况说明中应包括企业分立的商业目的;

(二)企业分立的政府主管部门的批准文件;

(三)被分立企业的净资产、各单项资产和负债账面价值和计税基础等相关资料;

(四)证明重组符合特殊性税务处理条件的资料,包括分立后企业各股东取得股权支付比例情况、以及12个月内不改变资产原来的实质性经营活动、原主要股东不转让所取得股权的承诺书等;

(五)工商部门认定的分立和被分立企业股东股权比例证明材料;分立后,分立和被分立企业工商营业执照复印件;分立和被分立企业分立业务账务处理复印件;

(六)税务机关要求提供的其他资料证明。

第二十八条　根据《通知》第六条第(四)项第2目规定,被合并企业合并前的相关所得税事项由合并企业承继,以及根据《通知》第六条第(五)项第2目规定,企业分立,已分立资产相应的所得税事项由分立企业承继,这些事项包括尚未确认的资产损失、分期确认收入的处理以及尚未享受期满的税收优惠政策承继处理问题等。其中,对税收优惠政策承继处理问题,凡属于依照《税法》第五十七条规定中就企业整体(即全部生产经营所得)享受税收优惠过渡政策的,合并或分立后的企业性质及适用税收优惠条件未发生改变的,可以继续享受合并前各企业或分立前被分立企业剩余期限的税收优惠。合并前各企业剩余的税收优惠年限不一致的,合并后企业每年度的应纳税所得额,应统一按合并日各合并前企业资产占合并后企业总资产的比例进行划分,再分别按相应的剩余优惠计算应纳税额。合并前各企业或分立前被分立企业按照《税法》的税收优惠规定以及税收优惠过渡政策中就有关生产经营项目所得享受的税收优惠承继处理问题,按照《实施条例》第八十九条规定执行。

第二十九条　适用《通知》第五条第(三)项和第(五)项的当事各方应在完成重组业务后的下一年度的企业所得税年度申报时,向主管税务机关提交书面情况说明,以证明企业在重组后的连续12个月内,有关符合特殊性税务处理的条件未发生改变。

第三十条　当事方的其中一方在规定时间内发生生产经营业务、公司性质、资产或股权结构等情况变化,致使重组业务不再符合特殊性税务处理条件的,发生变化的当事方应在情况发生变化的30天内书面通知其他所有当事方。主导方在接到通知后30日内将有关变化通知其主管税务机关。

上款所述情况发生变化后60日内,应按照《通知》第四条的规定调整重组业务的税务处理。原交易各方应各自按原交易完成时资产和负债的公允价值计算重组业务的收益或损失,调整交易完成纳税年度的应纳税所得额及相应的资产和负债的计税基础,并向各自主管税务机关申请调整交易完成纳税年度的企业所得税年度申报表。逾期不调整申报的,按照《征管法》的相关规定处理。

第三十一条　各当事方的主管税务机关应当对企业申报或确认适用特殊性税务处理的重组业务进行跟踪监管,了解重组企业的动态变化情况。发现问题,应及时与其他当事方主管税务机关沟通联系,并按照规定给予调整。

第三十二条　根据《通知》第十条规定,若同一项重组业务涉及在连续12个月内分步交易,且跨两个纳税年度,当事各方在第一步交易完成时预计整个交易可以符合特殊性税务处理条件,可以协商一致选择特殊性税务处理的,可在第一步交易完成后,适用特殊性税务处理。主管税务机关在审核有关资料后,符合条件的,可以暂认可适用特殊性税务处理。第二年进行下一步交易后,应按本办法要求,准备相关资料确认适用特殊性税务处理。

第三十三条 上述跨年度分步交易，若当事方在首个纳税年度不能预计整个交易是否符合特殊性税务处理条件，应适用一般性税务处理。在下一纳税年度全部交易完成后，适用特殊性税务处理的，可以调整上一纳税年度的企业所得税年度申报表，涉及多缴税款的，各主管税务机关应退税，或抵缴当年应纳税款。

第三十四条 企业重组的当事各方应该取得并保管与该重组有关的凭证、资料，保管期限按照《征管法》的有关规定执行。

第四章 跨境重组税收管理

第三十五条 发生《通知》第七条规定的重组，凡适用特殊性税务处理规定的，应按照本办法第三章相关规定执行。

第三十六条 发生《通知》第七条第(一)、(二)项规定的重组，适用特殊税务处理的，应按照《国家税务总局关于印发〈非居民企业所得税源泉扣缴管理暂行办法〉的通知》(国税发〔2009〕3 号)和《国家税务总局关于加强非居民企业股权转让所得企业所得税管理的通知》(国税函〔2009〕698 号)要求，准备资料。

第三十七条 发生《通知》第七条第(三)项规定的重组，居民企业应向其所在地主管税务机关报送以下资料：

1. 当事方的重组情况说明，申请文件中应说明股权转让的商业目的；
2. 双方所签订的股权转让协议；
3. 双方控股情况说明；
4. 由评估机构出具的资产或股权评估报告。报告中应分别列示涉及的各单项被转让资产和负债的公允价值；
5. 证明重组符合特殊性税务处理条件的资料，包括股权或资产转让比例，支付对价情况，以及 12 个月内不改变资产原来的实质性经营活动、不转让所取得股权的承诺书等；
6. 税务机关要求的其他材料。

国家税务总局关于企业股权投资损失所得税处理问题的公告

国家税务总局公告 2010 年第 6 号

根据《中华人民共和国企业所得税法》第八条及其有关规定，现就企业股权投资损失所得税处理问题公告如下：

一、企业对外进行权益性(以下简称股权)投资所发生的损失，在经确认的损失发生年度，作为企业损失在计算企业应纳税所得额时一次性扣除。

二、本规定自 2010 年 1 月 1 日起执行。本规定发布以前，企业发生的尚未处理的股权投资损失，按照本规定，准予在 2010 年度一次性扣除。

特此公告。

国家税务总局关于取消合并纳税后以前年度尚未弥补亏损有关企业所得税问题的公告

国家税务总局公告 2010 年第 7 号

根据《财政部 国家税务总局关于试点企业集团缴纳企业所得税有关问题的通知》(财税〔2008〕119 号)

规定，自 2009 年度开始，一些企业集团取消了合并申报缴纳企业所得税。现就取消合并申报缴纳企业所得税后，对汇总在企业集团总部、尚未弥补的累计亏损处理问题，公告如下：

一、企业集团取消了合并申报缴纳企业所得税后，截至 2008 年年底，企业集团合并计算的累计亏损，属于符合《中华人民共和国企业所得税法》第十八条规定 5 年结转期限内的，可分配给其合并成员企业（包括企业集团总部）在剩余结转期限内，结转弥补。

二、企业集团应根据各成员企业截至 2008 年年底的年度所得税申报表中的盈亏情况，凡单独计算是亏损的各成员企业，参与分配第一条所指的可继续弥补的亏损；盈利企业不参与分配。具体分配公式如下：

$$\frac{\text{成员企业分}}{\text{配的亏损额}}=\frac{\text{某成员企业单独计算}}{\text{盈亏尚未弥补的亏损额}}\div\frac{\text{各成员企业单独计算盈亏}}{\text{尚未弥补的亏损额之和}}\times\frac{\text{集团公司合并计算累}}{\text{计可继续弥补的亏损额}}$$

三、企业集团在按照第二条所规定的方法分配亏损时，应根据集团每年汇总计算中这些亏损发生的实际所属年度，确定各成员企业所分配的亏损额中具体所属年度及剩余结转期限。

四、企业集团按照上述方法分配各成员企业亏损额后，应填写《企业集团公司累计亏损分配表》（见附件）并下发给各成员企业，同时抄送企业集团主管税务机关。

五、本公告自 2009 年 1 月 1 日起执行。

财政部 国家税务总局关于海峡两岸空中直航营业税和企业所得税政策的通知

财税〔2010〕63 号

各省、自治区、直辖市、计划单列市财政厅（局）、国家税务局、地方税务局、新疆生产建设兵团财务局：

为推动海峡两岸空中直航，经国务院批准，现对海峡两岸空中直航业务有关税收政策通知如下：

一、自 2009 年 6 月 25 日起，对台湾航空公司从事海峡两岸空中直航业务在大陆取得的运输收入，免征营业税。

对台湾航空公司在 2009 年 6 月 25 日起至文到之日已缴纳应予免征的营业税，从以后应缴的营业税税款中抵减，在 2010 年内抵减不完的予以退还。

二、自 2009 年 6 月 25 日起，对台湾航空公司从事海峡两岸空中直航业务取得的来源于大陆的所得，免征企业所得税。

对台湾航空公司在 2009 年 6 月 25 日起至文到之日已缴纳应予免征的企业所得税，在 2010 年内予以退还。

享受企业所得税免税政策的台湾航空公司应当按照企业所得税法实施条例的有关规定，单独核算其从事上述业务在大陆取得的收入和发生的成本、费用；未单独核算的，不得享受免征企业所得税政策。

三、本通知所称台湾航空公司，是指取得中国民用航空局颁发的“经营许可”或依据《海峡两岸空运协议》和《海峡两岸空运补充协议》规定，批准经营两岸旅客、货物和邮件不定期（包机）运输业务，且公司登记地址在台湾的航空公司。

国家税务总局关于融资性售后回租业务中承租方出售资产行为有关税收问题的公告

国家税务总局公告 2010 年第 13 号

现就融资性售后回租业务中承租方出售资产行为有关税收问题公告如下：

融资性售后回租业务是指承租方以融资为目的将资产出售给经批准从事融资租赁业务的企业后，又将该项资产从该融资租赁企业租回的行为。融资性售后回租业务中承租方出售资产时，资产所有权以及与资产所有权有关的全部报酬和风险并未完全转移。

一、增值税和营业税

根据现行增值税和营业税有关规定，融资性售后回租业务中承租方出售资产的行为，不属于增值税和营业税征收范围，不征收增值税和营业税。

二、企业所得税

根据现行企业所得税法及有关收入确定规定，融资性售后回租业务中，承租人出售资产的行为，不确认为销售收入，对融资性租赁的资产，仍按承租人出售前原账面价值作为计税基础计提折旧。租赁期间，承租人支付的属于融资利息的部分，作为企业财务费用在税前扣除。

本公告自 2010 年 10 月 1 日起施行。此前因与本公告规定不一致而已征的税款予以退税。

财政部 国家税务总局关于支持公共租赁住房建设和运营有关税收优惠政策的通知

财税〔2010〕88 号

各省、自治区、直辖市、计划单列市财政厅(局)、地方税务局，西藏、宁夏、青海省(自治区)国家税务局，新疆生产建设兵团财务局：

根据国务院办公厅《关于促进房地产市场平稳健康发展的通知》(国办发〔2010〕4 号)、《国务院关于坚决遏制部分城市房价过快上涨的通知》(国发〔2010〕10 号)和住房城乡建设部等七部门《关于加快发展公共租赁住房的指导意见》(建保〔2010〕87 号)精神，现对公共租赁住房(以下简称公租房)建设和运营有关税收政策通知如下：

一、对公租房建设期间用地及公租房建成后占地免征城镇土地使用税。在其他住房项目中配套建设公租房，依据政府部门出具的相关材料，可按公租房建筑面积占总建筑面积的比例免征建造、管理公租房涉及的城镇土地使用税。

二、对公租房经营管理单位建造公租房涉及的印花税予以免征。在其他住房项目中配套建设公租房，依据政府部门出具的相关材料，可按公租房建筑面积占总建筑面积的比例免征建造、管理公租房涉及的印花税。

三、对公租房经营管理单位购买住房作为公租房，免征契税、印花税；对公租房租赁双方签订租赁协议涉及的印花税予以免征。

四、对企事业单位、社会团体以及其他组织转让旧房作为公租房房源，且增值额未超过扣除项目金额 20%的，免征土地增值税。

五、企事业单位、社会团体以及其他组织捐赠住房作为公租房，符合税收法律法规规定的，捐赠支出在年度利润总额 12%以内的部分，准予在计算应纳税所得额时扣除。

六、对经营公租房所取得的租金收入，免征营业税、房产税。公租房租金收入与其他住房经营收入应单独核算，未单独核算的，不得享受免征营业税、房产税优惠政策。

七、享受上述税收优惠政策的公租房是指纳入省、自治区、直辖市、计划单列市人民政府及新疆生产建设兵团批准的公租房发展规划和年度计划，以及按照建保〔2010〕87 号文件和市、县人民政府制定的具体管理办法进行管理的公租房。不同时符合上述条件的公租房不得享受上述税收优惠政策。

八、上述政策自发文之日起执行，执行期限暂定三年，政策到期后将根据公租房建设和运营情况对有关内容加以完善。

国家税务总局关于企业取得财产转让等所得企业所得税处理问题的公告

国家税务总局公告2010年第19号

根据《中华人民共和国企业所得税法实施条例》第二十五条规定，现就企业以不同形式取得财产转让等收入征收企业所得税问题公告如下：

一、企业取得财产（包括各类资产、股权、债权等）转让收入、债务重组收入、接受捐赠收入、无法偿付的应付款收入等，不论是以货币形式、还是非货币形式体现，除另有规定外，均应一次性计入确认收入的年度计算缴纳企业所得税。

二、本公告自发布之日起30日后施行。2008年1月1日至本公告施行前，各地就上述收入计算的所得，已分5年平均计入各年度应纳税所得额计算纳税的，在本公告发布后，对尚未计算纳税的应纳税所得额，应一次性作为本年度应纳税所得额计算纳税。

国家税务总局关于查增应纳税所得额弥补以前年度亏损处理问题的公告

国家税务总局公告2010年第20号

现就税务机关检查调增的企业应纳税所得额弥补以前年度亏损问题公告如下：

一、根据《中华人民共和国企业所得税法》（以下简称企业所得税法）第五条的规定，税务机关对企业以前年度纳税情况进行检查时调增的应纳税所得额，凡企业以前年度发生亏损、且该亏损属于企业所得税法规定允许弥补的，应允许调增的应纳税所得额弥补该亏损。弥补该亏损后仍有余额的，按照企业所得税法规定计算缴纳企业所得税。对检查调增的应纳税所得额应根据其情节，依照《中华人民共和国税收征收管理法》有关规定进行处理或处罚。

二、本规定自2010年12月1日开始执行。以前（含2008年度之前）没有处理的事项，按本规定执行。

国家税务总局关于金融企业贷款利息收入确认问题的公告

国家税务总局公告2010年第23号

根据《中华人民共和国企业所得税法》及其实施条例的规定，现对金融企业贷款利息收入所得税处理问题公告如下：

一、金融企业按规定发放的贷款，属于未逾期贷款（含展期，下同），应根据先收利息后收本金的原则，按贷款合同确认的利率和结算利息的期限计算利息，并于债务人应付利息的日期确认收入的实现；属于逾期贷款，其逾期后发生的应收利息，应于实际收到的日期，或者虽未实际收到，但会计上确认为利息收入的日期，确认收入的实现。

二、金融企业已确认为利息收入的应收利息，逾期90天仍未收回，且会计上已冲减了当期利息收入的，准予抵扣当期应纳税所得额。

三、金融企业已冲减了利息收入的应收未收利息，以后年度收回时，应计入当期应纳税所得额计算纳税。

四、本公告自发布之日起30日后施行。

特此公告。

财政部 国家税务总局 商务部科技部国家发展改革委关于技术先进型服务企业有关企业所得税政策问题的通知

财税〔财税〕65 号

北京、天津、大连、黑龙江、上海、江苏、浙江、安徽、厦门、江西、山东、湖北、湖南、广东、深圳、重庆、四川、陕西省(直辖市、计划单列市)财政厅(局)、国家税务局、地方税务局、商务主管部门、科技厅(委、局)、发展改革委:

根据国务院有关文件精神,现就技术先进型服务企业有关企业所得税政策问题通知如下:

一、自 2010 年 7 月 1 日起至 2013 年 12 月 31 日止,在北京、天津、上海、重庆、大连、深圳、广州、武汉、哈尔滨、成都、南京、西安、济南、杭州、合肥、南昌、长沙、大庆、苏州、无锡、厦门等 21 个中国服务外包示范城市(以下简称示范城市)实行以下企业所得税优惠政策:

1. 对经认定的技术先进型服务企业,减按 15%的税率征收企业所得税。

2. 经认定的技术先进型服务企业发生的职工教育经费支出,不超过工资薪金总额 8%的部分,准予在计算应纳税所得额时扣除;超过部分,准予在以后纳税年度结转扣除。

二、享受本通知第一条规定的企业所得税优惠政策的技术先进型服务企业必须同时符合以下条件:

1. 从事《技术先进型服务业务认定范围(试行)》(详见附件)中的一种或多种技术先进型服务业务,采用先进技术或具备较强的研发能力;

2. 企业的注册地及生产经营地在示范城市(含所辖区、县、县级市等全部行政区划)内;

3. 企业具有法人资格,近两年在进出口业务管理、财务管理、税收管理、外汇管理、海关管理等方面无违法行为;

4. 具有大专以上学历的员工占企业职工总数的 50%以上;

5. 从事《技术先进型服务业务认定范围(试行)》中的技术先进型服务业务取得的收入占企业当年总收入的 50%以上。

6. 从事离岸服务外包业务取得的收入不低于企业当年总收入的 50%。

从事离岸服务外包业务取得的收入,是指企业根据境外单位与其签订的委托合同,由本企业或其直接转包的企业为境外单位提供《技术先进型服务业务认定范围(试行)》中所规定的信息技术外包服务(ITO)、技术性业务流程外包服务(BPO)和技术性知识流程外包服务(KPO),而从上述境外单位取得的收入。

三、技术先进型服务企业的认定管理

1. 示范城市人民政府科技部门会同本级商务、财政、税务和发展改革部门根据本通知规定制定具体管理办法,并报科技部、商务部、财政部、国家税务总局和国家发展改革委及所在省(直辖市、计划单列市)科技、商务、财政、税务和发展改革部门备案。

示范城市所在省(直辖市、计划单列市)科技部门会同本级商务、财政、税务和发展改革部门负责指导所辖示范城市的技术先进型服务企业认定管理工作。

2. 符合条件的技术先进型服务企业应向所在示范城市人民政府科技部门提出申请,由示范城市人民政府科技部门会同本级商务、财政、税务和发展改革部门联合评审并发文认定。认定企业名单应及时报科技部、商务部、财政部、国家税务总局和国家发展改革委及所在省(直辖市、计划单列市)科技、商务、财政、税务和发展改革部门备案。

3. 经认定的技术先进型服务企业,持相关认定文件向当地主管税务机关办理享受本通知第一条规定的企业所得税优惠政策事宜。享受企业所得税优惠的技术先进型服务企业条件发生变化的,应当自发生变化之日起 15 日内向主管税务机关报告;不再符合享受税收优惠条件的,应当依法履行纳税义务。主管税务机关在执行税收优惠政策过程中,发现企业不具备技术先进型服务企业资格的,应暂停企业享受税收优惠,并提请认定机构复核。

4. 示范城市人民政府科技、商务、财政、税务和发展改革部门及所在省(直辖市、计划单列市)科技、商务、财政、税务和发展改革部门对经认定并享受税收优惠政策的技术先进型服务企业应做好跟踪管理,对变更经营范围、合并、分立、转业、迁移的企业,如不符合认定条件的,应及时取消其享受税收优惠政策的资格。

四、示范城市人民政府财政、税务、商务、科技和发展改革部门要认真贯彻落实本通知的各项规定,切实搞好沟通与协作。在政策实施过程中发现的问题,要及时逐级反映上报财政部、国家税务总局、商务部、科技部和国家发展改革委。

五、《财政部 国家税务总局 商务部科技部国家发展改革委关于技术先进型服务企业有关税收政策问题的通知》(财税〔2009〕63 号)自 2010 年 7 月 1 日起废止。

国家税务总局关于工会经费企业所得税税前扣除凭据问题的公告

国家税务总局公告 2010 年第 24 号

根据《工会法》、《中国工会章程》和财政部颁布的《工会会计制度》,以及财政票据管理的有关规定,全国总工会决定从 2010 年 7 月 1 日起,启用财政部统一印制并套印财政部票据监制章的《工会经费收入专用收据》,同时废止《工会经费拨缴款专用收据》。为加强对工会经费企业所得税税前扣除的管理,现就工会经费税前扣除凭据问题公告如下:

一、自 2010 年 7 月 1 日起,企业拨缴的职工工会经费,不超过工资薪金总额 2%的部分,凭工会组织开具的《工会经费收入专用收据》在企业所得税税前扣除。

二、《国家税务总局关于工会经费税前扣除问题的通知》(国税函〔2000〕678 号)同时废止。

特此公告。

国家税务总局关于房地产开发企业注销前有关企业所得税处理问题的公告

国家税务总局公告 2010 年第 29 号

根据《中华人民共和国企业所得税法》及其实施条例的相关规定,现就房地产开发企业注销前由于预征土地增值税导致多缴企业所得税的退税问题公告如下:

一、房地产开发企业(以下简称企业)按规定对开发项目进行土地增值税清算后,在向税务机关申请办理注销税务登记时,如注销当年汇算清缴出现亏损,应按照以下方法计算出其在注销前项目开发各年度多缴的企业所得税税款,并申请退税:

(一)企业整个项目缴纳的土地增值税总额,应按照项目开发各年度实现的项目销售收入占整个项目销售收入总额的比例,在项目开发各年度进行分摊,具体按以下公式计算:

各年度应分摊的土地增值税＝土地增值税总额×项目年度销售收入整个项目销售收入总额

本公告所称销售收入包括视同销售房地产的收入,但不包括企业销售的增值额未超过扣除项目金额 20%的普通标准住宅的销售收入。

(二)项目开发各年度应分摊的土地增值税减去该年度已经税前扣除的土地增值税后,余额属于当年应补充扣除的土地增值税;企业应调整当年度的应纳税所得额,并按规定计算当年度应退的企业所得税税款;当年度已缴纳的企业所得税税款不足退税的,应作为亏损向以后年度结转,并调整以后年度的应纳税所得额。

(三)企业对项目进行土地增值税清算的当年,由于按照上述方法进行土地增值税分摊调整后,导致当年度应纳税所得额出现正数的，应按规定计算缴纳企业所得税。

（四）企业按上述方法计算的累计退税额，不得超过其在项目开发各年度累计实际缴纳的企业所得税。

二、企业在申请退税时，应向主管税务机关提供书面材料证明应退企业所得税款的计算过程，包括企业整个项目缴纳的土地增值税总额、整个项目销售收入总额、项目年度销售收入、各年度应分摊的土地增值税和已经税前扣除的土地增值税、各年度的适用税率等。

三、企业按规定对开发项目进行土地增值税清算后，在向税务机关申请办理注销税务登记时，如注销当年汇算清缴出现亏损，但土地增值税清算当年未出现亏损，或尽管土地增值税清算当年出现亏损，但在注销之前年度已按税法规定弥补完毕的，不执行本公告。

主管税务机关应结合企业土地增值税清算年度至注销年度之间的汇算清缴情况，判断其是否应该执行本公告，并对应退企业所得税款进行核实。

四、本公告自2010年1月1日起施行。

特此公告。

财政部 国家税务总局关于促进节能服务产业发展增值税营业税和企业所得税政策问题的通知

财税〔2010〕110号

各省、自治区、直辖市、计划单列市财政厅（局）、国家税务局、地方税务局，新疆生产建设兵团财务局：

为鼓励企业运用合同能源管理机制，加大节能减排技术改造工作力度，根据税收法律法规有关规定和《国务院办公厅转发发展改革委等部门关于加快推进合同能源管理促进节能服务产业发展意见的通知》（国办发〔2010〕25号）精神，现将节能服务公司实施合同能源管理项目涉及的增值税、营业税和企业所得税政策问题通知如下：

一、关于增值税、营业税政策问题

（一）对符合条件的节能服务公司实施合同能源管理项目，取得的营业税应税收入，暂免征收营业税。

（二）节能服务公司实施符合条件的合同能源管理项目，将项目中的增值税应税货物转让给用能企业，暂免征收增值税。

（三）本条所称"符合条件"是指同时满足以下条件：

1. 节能服务公司实施合同能源管理项目相关技术应符合国家质量监督检验检疫总局和国家标准化管理委员会发布的《合同能源管理技术通则》（GB/T 24915—2010）规定的技术要求；

2. 节能服务公司与用能企业签订《节能效益分享型》合同，其合同格式和内容，符合《合同法》和国家质量监督检验检疫总局和国家标准化管理委员会发布的《合同能源管理技术通则》（GB/T 24915—2010）等规定。

二、关于企业所得税政策问题

（一）对符合条件的节能服务公司实施合同能源管理项目，符合企业所得税税法有关规定的，自项目取得第一笔生产经营收入所属纳税年度起，第一年至第三年免征企业所得税，第四年至第六年按照25%的法定税率减半征收企业所得税。

（二）对符合条件的节能服务公司，以及与其签订节能效益分享型合同的用能企业，实施合同能源管理项目有关资产的企业所得税税务处理按以下规定执行：

1. 用能企业按照能源管理合同实际支付给节能服务公司的合理支出，均可以在计算当期应纳税所得额时扣除，不再区分服务费用和资产价款进行税务处理；

2. 能源管理合同期满后，节能服务公司转让给用能企业的因实施合同能源管理项目形成的资产，按折旧或摊销期满的资产进行税务处理，用能企业从节能服务公司接受有关资产的计税基础也应按折旧或摊销期满的资产进行税务处理；

3. 能源管理合同期满后，节能服务公司与用能企业办理有关资产的权属转移时，用能企业已支付的资产价款，不再另行计入节能服务公司的收入。

（三）本条所称“符合条件”是指同时满足以下条件：

1. 具有独立法人资格，注册资金不低于 100 万元，且能够单独提供用能状况诊断、节能项目设计、融资、改造（包括施工、设备安装、调试、验收等）、运行管理、人员培训等服务的专业化节能服务公司；

2. 节能服务公司实施合同能源管理项目相关技术应符合国家质量监督检验检疫总局和国家标准化管理委员会发布的《合同能源管理技术通则》（GB/T 24915—2010）规定的技术要求；

3. 节能服务公司与用能企业签订《节能效益分享型》合同，其合同格式和内容，符合《合同法》和国家质量监督检验检疫总局和国家标准化管理委员会发布的《合同能源管理技术通则》（GB/T 24915—2010）等规定；

4. 节能服务公司实施合同能源管理的项目符合《财政部 国家税务总局国家发展改革委关于公布环境保护节能节水项目企业所得税优惠目录（试行）的通知》（财税〔2009〕166 号）“4、节能减排技术改造”类中第一项至第八项规定的项目和条件；

5. 节能服务公司投资额不低于实施合同能源管理项目投资总额的 70%；

6. 节能服务公司拥有匹配的专职技术人员和合同能源管理人才，具有保障项目顺利实施和稳定运行的能力。

（四）节能服务公司与用能企业之间的业务往来，应当按照独立企业之间的业务往来收取或者支付价款、费用。不按照独立企业之间的业务往来收取或者支付价款、费用，而减少其应纳税所得额的，税务机关有权进行合理调整。

（五）用能企业对从节能服务公司取得的与实施合同能源管理项目有关的资产，应与企业其他资产分开核算，并建立辅助账或明细账。

（六）节能服务公司同时从事适用不同税收政策待遇项目的，其享受税收优惠项目应当单独计算收入、扣除，并合理分摊企业的期间费用；没有单独计算的，不得享受税收优惠政策。

三、本通知自 2011 年 1 月 1 日起执行。

财政部 国家税务总局关于居民企业技术转让有关企业所得税政策问题的通知

财税〔2010〕111 号

各省、自治区、直辖市、计划单列市财政厅（局）、国家税务局、地方税务局，新疆生产建设兵团财务局：

根据《中华人民共和国企业所得税法》（以下简称企业所得税法）及《中华人民共和国企业所得税法实施条例》（国务院令第 512 号，以下简称实施条例）的有关规定，现就符合条件的技术转让所得减免企业所得税有关问题通知如下：

一、技术转让的范围，包括居民企业转让专利技术、计算机软件著作权、集成电路布图设计权、植物新品种、生物医药新品种，以及财政部和国家税务总局确定的其他技术。

其中：专利技术，是指法律授予独占权的发明、实用新型和非简单改变产品图案的外观设计。

二、本通知所称技术转让，是指居民企业转让其拥有符合本通知第一条规定技术的所有权或 5 年以上（含 5 年）全球独占许可使用权的行为。

三、技术转让应签订技术转让合同。其中，境内的技术转让须经省级以上（含省级）科技部门认定登记，跨境的技术转让须经省级以上（含省级）商务部门认定登记，涉及财政经费支持产生技术的转让，需省级以上（含省级）科技部门审批。

居民企业技术出口应由有关部门按照商务部、科技部发布的《中国禁止出口限制出口技术目录》（商务部、科技部令 2008 年第 12 号）进行审查。居民企业取得禁止出口和限制出口技术转让所得，不享受技术转让减免企业所得税优惠政策。

四、居民企业从直接或间接持有股权之和达到 100%的关联方取得的技术转让所得，不享受技术转让减免企业所得税优惠政策。

五、本通知自2008年1月1日起执行。

国家税务总局关于高新技术企业资格复审期间企业所得税预缴问题的公告

国家税务总局公告2011年第4号

根据《中华人民共和国企业所得税法》、《中华人民共和国企业所得税法实施条例》、《科学技术部财政部国家税务总局关于印发〈高新技术企业认定管理办法〉的通知》(国科发火〔2008〕172号)、《国家税务总局关于实施高新技术企业所得税优惠有关问题的通知》(国税函〔2009〕203号)的有关规定,现就高新技术企业资格复审结果公示之前企业所得税预缴问题公告如下:

高新技术企业应在资格期满前三个月内提出复审申请,在通过复审之前,在其高新技术企业资格有效期内,其当年企业所得税暂按15%的税率预缴。

本公告自2011年2月1日起施行。

特此公告。

财政部 国家税务总局关于高新技术企业境外所得适用税率及税收抵免问题的通知

财税〔2011〕47号

各省、自治区、直辖市、计划单列市财政厅(局)、国家税务局、地方税务局,新疆生产建设兵团财务局:

根据《中华人民共和国企业所得税法》及其实施条例,以及《财政部 国家税务总局关于企业境外所得税收抵免有关问题的通知》(财税〔2009〕125号)的有关规定,现就高新技术企业境外所得适用税率及税收抵免有关问题补充明确如下:

一、以境内、境外全部生产经营活动有关的研究开发费用总额、总收入、销售收入总额、高新技术产品(服务)收入等指标申请并经认定的高新技术企业,其来源于境外的所得可以享受高新技术企业所得税优惠政策,即对其来源于境外所得可以按照15%的优惠税率缴纳企业所得税,在计算境外抵免限额时,可按照15%的优惠税率计算境内外应纳税总额。

二、上述高新技术企业境外所得税收抵免的其他事项,仍按照财税〔2009〕125号文件的有关规定执行。

三、本通知所称高新技术企业,是指依照《中华人民共和国企业所得税法》及其实施条例规定,经认定机构按照《高新技术企业认定管理办法》(国科发火〔2008〕172号)和《高新技术企业认定管理工作指引》(国科发火〔2008〕362号)认定取得高新技术企业证书并正在享受企业所得税15%税率优惠的企业。

四、本通知自2010年1月1日起执行。

财政部 国家税务总局关于新疆困难地区新办企业所得税优惠政策的通知

财税〔2011〕53号

新疆维吾尔自治区财政厅、国家税务局、地方税务局,新疆生产建设兵团财务局:

为推进新疆跨越式发展和长治久安，根据中共中央、国务院关于支持新疆经济社会发展的指示精神，现就新疆困难地区有关企业所得税优惠政策通知如下：

一、2010 年 1 月 1 日至 2020 年 12 月 31 日，对在新疆困难地区新办的属于《新疆困难地区重点鼓励发展产业企业所得税优惠目录》（以下简称《目录》）范围内的企业，自取得第一笔生产经营收入所属纳税年度起，第一年至第二年免征企业所得税，第三年至第五年减半征收企业所得税。

二、新疆困难地区包括南疆三地州、其他国家扶贫开发重点县和边境县市。

三、属于《目录》范围内的企业是指以《目录》中规定的产业项目为主营业务，其主营业务收入占企业收入总额 70%以上的企业。

四、第一笔生产经营收入，是指新疆困难地区重点鼓励发展产业项目已建成并投入运营后所取得的第一笔收入。

五、按照本通知规定享受企业所得税定期减免税政策的企业，在减半期内，按照企业所得税 25%的法定税率计算的应纳税额减半征税。

六、财政部、国家税务总局会同有关部门研究制订《目录》，经国务院批准后公布实施，并根据新疆经济社会发展需要及企业所得税优惠政策实施情况适时调整。

七、对难以界定是否属于《目录》范围的项目，税务机关应当要求企业提供省级以上（含省级）有关行业主管部门出具的证明文件，并结合其他相关材料进行认定。

国家税务总局关于企业所得税若干问题的公告

国家税务总局公告 2011 年第 34 号

根据《中华人民共和国企业所得税法》（以下简称税法）以及《中华人民共和国企业所得税法实施条例》（以下简称《实施条例》）的有关规定，现就企业所得税若干问题公告如下：

一、关于金融企业同期同类贷款利率确定问题

根据《实施条例》第三十八条规定，非金融企业向非金融企业借款的利息支出，不超过按照金融企业同期同类贷款利率计算的数额的部分，准予税前扣除。鉴于目前我国对金融企业利率要求的具体情况，企业在按照合同要求首次支付利息并进行税前扣除时，应提供“金融企业的同期同类贷款利率情况说明”，以证明其利息支出的合理性。

“金融企业的同期同类贷款利率情况说明”中，应包括在签订该借款合同当时，本省任何一家金融企业提供同期同类贷款利率情况。该金融企业应为经政府有关部门批准成立的可以从事贷款业务的企业，包括银行、财务公司、信托公司等金融机构。“同期同类贷款利率”是指在贷款期限、贷款金额、贷款担保以及企业信誉等条件基本相同下，金融企业提供贷款的利率。既可以是金融企业公布的同期同类平均利率，也可以是金融企业对某些企业提供的实际贷款利率。

二、关于企业员工服饰费用支出扣除问题

企业根据其工作性质和特点，由企业统一制作并要求员工工作时统一着装所发生的工作服饰费用，根据《实施条例》第二十七条的规定，可以作为企业合理的支出给予税前扣除。

三、关于航空企业空勤训练费扣除问题

航空企业实际发生的飞行员养成费、飞行训练费、乘务训练费、空中保卫员训练费等空勤训练费用，根据《实施条例》第二十七条规定，可以作为航空企业运输成本在税前扣除。

四、关于房屋、建筑物固定资产改扩建的税务处理问题

企业对房屋、建筑物固定资产在未足额提取折旧前进行改扩建的，如属于推倒重置的，该资产原值减除提取折旧后的净值，应并入重置后的固定资产计税成本，并在该固定资产投入使用后的次月起，按照税法规定的折旧年限，一并计提折旧；如属于提升功能、增加面积的，该固定资产的改扩建支出，并入该固定资产计税基础，并从改扩建完工投入使用后的次月起，重新按税法规定的该固定资产折旧年限计提折旧，如该改扩建后的固定资产尚可使用的年限低于税法规定的最低年限的，可以按尚可使用的年限计提折旧。

五、投资企业撤回或减少投资的税务处理

投资企业从被投资企业撤回或减少投资，其取得的资产中，相当于初始出资的部分，应确认为投资收回；相当于被投资企业累计未分配利润和累计盈余公积按减少实收资本比例计算的部分，应确认为股息所得；其余部分确认为投资资产转让所得。

被投资企业发生的经营亏损，由被投资企业按规定结转弥补；投资企业不得调整减低其投资成本，也不得将其确认为投资损失。

六、关于企业提供有效凭证时间问题

企业当年度实际发生的相关成本、费用，由于各种原因未能及时取得该成本、费用的有效凭证，企业在预缴季度所得税时，可暂按账面发生金额进行核算；但在汇算清缴时，应补充提供该成本、费用的有效凭证。

七、本公告自2011年7月1日起施行。本公告施行以前，企业发生的相关事项已经按照本公告规定处理的，不再调整；已经处理，但与本公告规定处理不一致的，凡涉及需要按照本公告规定调减应纳税所得额的，应当在本公告施行后相应调减2011年度企业应纳税所得额。

特此公告。

国家税务总局关于企业国债投资业务企业所得税处理问题的公告

国家税务总局公告2011年第36号

根据《中华人民共和国企业所得税法》(以下简称企业所得税法)及其实施条例的规定，现对企业国债投资业务企业所得税处理问题，公告如下：

一、关于国债利息收入税务处理问题

(一)国债利息收入时间确认

1. 根据企业所得税法实施条例第十八条的规定，企业投资国债从国务院财政部门(以下简称发行者)取得的国债利息收入，应以国债发行时约定应付利息的日期，确认利息收入的实现。

2. 企业转让国债，应在国债转让收入确认时确认利息收入的实现。

(二)国债利息收入计算

企业到期前转让国债、或者从非发行者投资购买的国债，其持有期间尚未兑付的国债利息收入，按以下公式计算确定：

国债利息收入＝国债金额×(适用年利率÷365)×持有天数

上述公式中的“国债金额”，按国债发行面值或发行价格确定；“适用年利率”按国债票面年利率或折合年收益率确定；如企业不同时间多次购买同一品种国债的，“持有天数”可按平均持有天数计算确定。

(三)国债利息收入免税问题

根据企业所得税法第二十六条的规定，企业取得的国债利息收入，免征企业所得税。具体按以下规定执行：

1. 企业从发行者直接投资购买的国债持有至到期，其从发行者取得的国债利息收入，全额免征企业所得税。

2. 企业到期前转让国债、或者从非发行者投资购买的国债，其按本公告第一条第(二)项计算的国债利息收入，免征企业所得税。

二、关于国债转让收入税务处理问题

(一)国债转让收入时间确认

1. 企业转让国债应在转让国债合同、协议生效的日期，或者国债移交时确认转让收入的实现。

2. 企业投资购买国债，到期兑付的，应在国债发行时约定的应付利息的日期，确认国债转让收入的实现。

(二)国债转让收益(损失)计算

企业转让或到期兑付国债取得的价款，减除其购买国债成本，并扣除其持有期间按照本公告第一条计算的国债利息收入以及交易过程中相关税费后的余额，为企业转让国债收益（损失）。

（三）国债转让收益（损失）征税问题

根据企业所得税法实施条例第十六条规定，企业转让国债，应作为转让财产，其取得的收益（损失）应作为企业应纳税所得额计算纳税。

三、关于国债成本确定问题

（一）通过支付现金方式取得的国债，以买入价和支付的相关税费为成本；

（二）通过支付现金以外的方式取得的国债，以该资产的公允价值和支付的相关税费为成本；

四、关于国债成本计算方法问题

企业在不同时间购买同一品种国债的，其转让时的成本计算方法，可在先进先出法、加权平均法、个别计价法中选用一种。计价方法一经选用，不得随意改变。

五、本公告自2011年1月1日起施行。

特此公告。

国家税务总局关于企业转让上市公司限售股有关所得税问题的公告

国家税务总局公告2011年第39号

根据《中华人民共和国企业所得税法》（以下简称企业所得税法）及其实施条例的有关规定，现就企业转让上市公司限售股（以下简称限售股）有关所得税问题，公告如下：

一、纳税义务人的范围界定问题

根据企业所得税法第一条及其实施条例第三条的规定，转让限售股取得收入的企业（包括事业单位、社会团体、民办非企业单位等），为企业所得税的纳税义务人。

二、企业转让代个人持有的限售股征税问题

因股权分置改革造成原由个人出资而由企业代持有的限售股，企业在转让时按以下规定处理：

（一）企业转让上述限售股取得的收入，应作为企业应税收入计算纳税。

上述限售股转让收入扣除限售股原值和合理税费后的余额为该限售股转让所得。企业未能提供完整、真实的限售股原值凭证，不能准确计算该限售股原值的，主管税务机关一律按该限售股转让收入的15%，核定为该限售股原值和合理税费。

依照本条规定完成纳税义务后的限售股转让收入余额转付给实际所有人时不再纳税。

（二）依法院判决、裁定等原因，通过证券登记结算公司，企业将其代持的个人限售股直接变更到实际所有人名下的，不视同转让限售股。

三、企业在限售股解禁前转让限售股征税问题

企业在限售股解禁前将其持有的限售股转让给其他企业或个人（以下简称受让方），其企业所得税问题按以下规定处理：

（一）企业应按减持在证券登记结算机构登记的限售股取得的全部收入，计入企业当年度应税收入计算纳税。

（二）企业持有的限售股在解禁前已签订协议转让给受让方，但未变更股权登记、仍由企业持有的，企业实际减持该限售股取得的收入，依照本条第一项规定纳税后，其余额转付给受让方的，受让方不再纳税。

四、本公告自2011年7月1日起执行。本公告生效后尚未处理的纳税事项，按照本公告规定处理；已经处理的纳税事项，不再调整。

特此公告。

财政部 海关总署 国家税务总局关于深入实施西部大开发战略有关税收政策问题的通知

财税〔2011〕58 号

各省、自治区、直辖市、计划单列市财政厅(局)、国家税务局、地方税务局，新疆生产建设兵团财务局，海关总署广东分署、各直属海关：

为贯彻落实党中央、国务院关于深入实施西部大开发战略的精神，进一步支持西部大开发，现将有关税收政策问题通知如下：

一、对西部地区内资鼓励类产业、外商投资鼓励类产业及优势产业的项目在投资总额内进口的自用设备，在政策规定范围内免征关税。

二、自 2011 年 1 月 1 日至 2020 年 12 月 31 日，对设在西部地区的鼓励类产业企业减按 15%的税率征收企业所得税。

上述鼓励类产业企业是指以《西部地区鼓励类产业目录》中规定的产业项目为主营业务，且其主营业务收入占企业收入总额 70%以上的企业。《西部地区鼓励类产业目录》另行发布。

三、对西部地区 2010 年 12 月 31 日前新办的、根据《财政部 国家税务总局 海关总署关于西部大开发税收优惠政策问题的通知》(财税〔2001〕202 号)第二条第三款规定可以享受企业所得税"两免三减半"优惠的交通、电力、水利、邮政、广播电视企业，其享受的企业所得税"两免三减半"优惠可以继续享受到期满为止。

四、本通知所称西部地区包括重庆市、四川省、贵州省、云南省、西藏自治区、陕西省、甘肃省、宁夏回族自治区、青海省、新疆维吾尔自治区、新疆生产建设兵团、内蒙古自治区和广西壮族自治区。湖南省湘西土家族苗族自治州、湖北省恩施土家族苗族自治州、吉林省延边朝鲜族自治州，可以比照西部地区的税收政策执行。

五、本通知自 2011 年 1 月 1 日起执行。《财政部 国家税务总局 海关总署关于西部大开发税收优惠政策问题的通知》(财税〔2001〕202 号)、《国家税务总局关于落实西部大开发有关税收政策具体实施意见的通知》(国税发〔2002〕47 号)、《财政部 国家税务总局关于西部大开发税收优惠政策适用目录变更问题的通知》(财税〔2006〕165 号)、《财政部 国家税务总局关于将西部地区旅游景点和景区经营纳入西部大开发税收优惠政策范围的通知》(财税〔2007〕65 号)自 2011 年 1 月 1 日起停止执行。

国家税务总局关于印发《境外注册中资控股居民企业所得税管理办法(试行)》的公告

国家税务总局公告 2011 年第 45 号

为规范和加强对依据实际管理机构标准被认定为居民企业的境外注册中资控股企业的所得税管理，国家税务总局制定了《境外注册中资控股居民企业所得税管理办法(试行)》，现予以发布，自 2011 年 9 月 1 日起施行。

特此公告。

附件：1. 境外注册中资控股企业居民身份认定书

2. 境外注册中资控股居民企业所得税管理情况汇总表

国家税务总局

二〇一一年七月二十七日

境外注册中资控股居民企业所得税管理办法(试行)

第一章　总　　则

第一条　为规范和加强境外注册中资控股居民企业的所得税税收管理,根据《中华人民共和国企业所得税法》(以下简称企业所得税法)及其实施条例、《中华人民共和国税收征收管理法》(以下简称税收征管法)及其实施细则、中国政府对外签署的避免双重征税协定(含与香港、澳门特别行政区签署的税收安排,以下简称税收协定)、《国家税务总局关于境外注册中资控股企业依据实际管理机构标准认定为居民企业有关问题的通知》(国税发〔2009〕82 号,以下简称《通知》)和其他有关规定,制定本办法。

第二条　本办法所称境外注册中资控股企业(以下简称境外中资企业)是指由中国内地企业或者企业集团作为主要控股投资者,在中国内地以外国家或地区(含香港、澳门、台湾)注册成立的企业。

第三条　本办法所称境外注册中资控股居民企业(以下简称非境内注册居民企业)是指因实际管理机构在中国境内而被认定为中国居民企业的境外注册中资控股企业。

第四条　非境内注册居民企业应当按照企业所得税法及其实施条例和相关管理规定的要求,履行居民企业所得税纳税义务,并在向非居民企业支付企业所得税法第三条第三款规定的款项时,依法代扣代缴企业所得税。

第五条　本办法所称主管税务机关包括:

(一)非境内注册居民企业的实际管理机构所在地与境内主要控股投资者所在地一致的,为境内主要控股投资者的企业所得税主管税务机关。

(二)非境内注册居民企业的实际管理机构所在地与境内主要控股投资者所在地不一致的,为实际管理机构所在地的国税局主管机关;经共同的上级税务机关批准,企业也可以选择境内主要控股投资者的企业所得税主管税务机关为其主管税务机关。

(三)非境内注册居民企业存在多个实际管理机构所在地的,由相关税务机关报共同的上级税务机关确定。

主管税务机关确定后,不得随意变更;确需变更的,应当层报税务总局批准。

第二章　居民身份认定管理

第六条　境外中资企业居民身份的认定,采用企业自行判定提请税务机关认定和税务机关调查发现予以认定两种形式。

第七条　境外中资企业应当根据生产经营和管理的实际情况,自行判定实际管理机构是否设立在中国境内。如其判定符合《通知》第二条规定的居民企业条件,应当向其主管税务机关书面提出居民身份认定申请,同时提供以下资料:

(一)企业法律身份证明文件;

(二)企业集团组织结构说明及生产经营概况;

(三)企业上一个纳税年度的公证会计师审计报告;

(四)负责企业生产经营等事项的高层管理机构履行职责场所的地址证明;

(五)企业上一年度及当年度董事及高层管理人员在中国境内居住的记录;

(六)企业上一年度及当年度重大事项的董事会决议及会议记录;

(七)主管税务机关要求提供的其他资料。

第八条　主管税务机关发现境外中资企业符合《通知》第二条规定但未申请成为中国居民企业的,可以对该境外中资企业的实际管理机构所在地情况进行调查,并要求境外中资企业提供本办法第七条规定的资料。调查过程中,主管税务机关有权要求该企业的境内投资者提供相关资料。

第九条 主管税务机关依法对企业提供的相关资料进行审核，提出初步认定意见，将据以做出初步认定的相关事实(资料)、认定理由和结果层报税务总局确认。

税务总局认定境外中资企业居民身份的，应当将相关认定结果同时书面告知境内投资者、境内被投资者的主管税务机关。

第十条 非境内注册居民企业的主管税务机关收到税务总局关于境外中资企业居民身份的认定结果后，应当在10日内向该企业下达《境外注册中资控股企业居民身份认定书》(见附件1)，通知其从企业居民身份确认年度开始按照我国居民企业所得税管理规定及本办法规定办理有关税收事项。

第十一条 非境内注册居民企业发生下列重大变化情形之一的，应当自变化之日起15日内报告主管税务机关，主管税务机关应当按照本办法规定层报税务总局确定是否取消其居民身份。

(一)企业实际管理机构所在地变更为中国境外的；

(二)中方控股投资者转让企业股权，导致中资控股地位发生变化的。

第十二条 税务总局认定终止非境内注册居民企业居民身份的，应当将相关认定结果同时书面告知境内投资者、境内被投资者的主管税务机关。企业应当自主管税务机关书面告知之日起停止履行中国居民企业的所得税纳税义务与扣缴义务，同时停止享受中国居民企业税收待遇。上述主管税务机关应当依法做好减免税款追缴等后续管理工作。

第三章 税务登记管理

第十三条 非境内注册居民企业应当自收到居民身份认定书之日起30日内向主管税务机关提供以下资料申报办理税务登记，主管税务机关核发临时税务登记证及副本：

(一)居民身份认定书；

(二)境外注册登记证件；

(三)税务机关要求提供的其他资料。

第十四条 非境内注册居民企业经税务总局确认终止居民身份的，应当自收到主管税务机关书面通知之日起15日内向主管税务机关申报办理注销税务登记。

第十五条 发生本办法第四条扣缴义务的非境内注册居民企业应当自扣缴义务发生之日起30日内，向主管税务机关申报办理扣缴税款登记。

第四章 账簿凭证管理

第十六条 非境内注册居民企业应当按照中国有关法律、法规和国务院财政、税务主管部门的规定，编制财务、会计报表，并在领取税务登记证件之日起15日内将企业的财务、会计制度或者财务会计、处理办法及有关资料报送主管税务机关备案。

第十七条 非境内注册居民企业存放在中国境内的会计账簿和境内税务机关要求提供的报表等资料，应当使用中文。

第十八条 发生扣缴义务的非境内注册居民企业应当设立代扣代缴税款账簿和合同资料档案，准确记录扣缴企业所得税情况。

第十九条 非境内注册居民企业与境内单位或者个人发生交易的，应当按照发票管理办法规定使用发票，发票存根应当保存在中国境内，以备税务机关查验。

第五章 申报征收管理

第二十条 非境内注册居民企业按照分季预缴、年度汇算清缴方法申报缴纳所得税。

第二十一条 非境内注册居民企业发生终止生产经营或者居民身份变化情形的，应当自停止生产经营之日或者税务总局取消其居民企业之日起60日内，向其主管税务机关办理当期企业所得税汇算清缴。

非境内注册居民企业需要申报办理注销税务登记的，应在注销税务登记前，就其清算所得向主管税务机关申报缴纳企业所得税。

第二十二条 非境内注册居民企业应当以人民币计算缴纳企业所得税；所得以人民币以外的货币计算

的，应当按照企业所得税法及其实施条例有关规定折合成人民币计算并缴纳企业所得税。

第二十三条　对非境内注册居民企业未依法履行居民企业所得税纳税义务的，主管税务机关应依据税收征管法及其实施细则的有关规定追缴税款、加收滞纳金，并处罚款。

主管税务机关应当在非境内注册居民企业年度申报和汇算清缴结束后两个月内，判定其构成居民身份的条件是否发生实质性变化。对实际管理机构转移至境外或者企业中资控股地位发生变化的，主管税务机关应层报税务总局终止其居民身份。

对于境外中资企业频繁转换企业身份，又无正当理由的，主管税务机关应层报国家税务总局核准后追回其已按居民企业享受的股息免税待遇。

第二十四条　主管税务机关应按季度核查非境内注册居民企业向非居民企业支付股息、利息、租金、特许权使用费、转让财产收入及其他收入依法扣缴企业所得税的情况，发现该企业未依法履行相关扣缴义务的，应按照税收征管法及其实施细则和企业所得税法及其实施条例等有关规定对其进行处罚，并向非居民企业追缴税款。

第六章　特定事项管理

第二十五条　非境内注册居民企业取得来源于中国境内的股息、红利等权益性投资收益和利息、租金、特许权使用费所得、转让财产所得以及其他所得，应当向相关支付方出具本企业的《境外注册中资控股企业居民身份认定书》复印件。

相关支付方凭上述复印件不予履行该所得的税款扣缴义务，并在对外支付上述外汇资金时凭该复印件向主管税务机关申请开具相关税务证明。其中涉及个人所得税、营业税等其他税种纳税事项的，仍按对外支付税务证明开具的有关规定办理。

第二十六条　非居民企业转让非境内注册居民企业股权所得，属于来源于中国境内所得，被转让的非境内注册居民企业应当自股权转让协议签订之日起 30 日内，向其主管税务机关报告并提供股权转让合同及相关资料。

第二十七条　非境内注册居民企业应当按照企业所得税法及其实施条例以及《特别纳税调整实施办法(试行)》(国税发〔2009〕2 号)的相关规定，履行关联申报及同期资料准备等义务。

第二十八条　非境内注册居民企业同时被我国与其注册所在国家(地区)税务当局确认为税收居民的，应当按照双方签订的税收协定的有关规定确定其居民身份；如经确认为我国税收居民，可适用我国与其他国家(地区)签订的税收协定，并按照有关规定办理享受税收协定优惠待遇手续；需要证明其中国税收居民身份的，可向其主管税务机关申请开具《中国税收居民身份证明》，主管税务机关应在受理申请之日起 10 个工作日内办结。

第二十九条　境外税务当局拒绝给予非境内注册居民企业税收协定待遇，或者将其认定为所在国家(地区)税收居民的，该企业可按有关规定书面申请启动税务相互协商程序。

主管税务机关受理企业提请协商的申请后，应当及时将申请及有关资料层报税务总局，由税务总局与有关国家(地区)税务当局进行协商。

第七章　附　　则

第三十条　主管税务机关应当做好非境内注册居民企业所得税管理情况汇总统计工作，于每年 8 月 15 日前向税务总局层报《境外注册中资控股居民企业所得税管理情况汇总表》(见附件 2)。税务总局不定期对各地相关管理工作进行检查，并将检查情况通报各地。

第三十一条　本办法由税务总局负责解释。各省、自治区、直辖市和计划单列市国家税务局、地方税务局可根据本办法制定具体操作规程。

第三十二条　本办法自 2011 年 9 月 1 日起施行。此前根据《通知》规定已经被认定为非境内注册居民企业的，适用本办法相关规定处理。

财政部 国家税务总局关于专项用途财政性资金企业所得税处理问题的通知

财税〔2011〕70号

各省、自治区、直辖市、计划单列市财政厅(局)、国家税务局、地方税务局,新疆生产建设兵团财务局:

根据《中华人民共和国企业所得税法》及《中华人民共和国企业所得税法实施条例》(国务院令第512号,以下简称实施条例)的有关规定,经国务院批准,现就企业取得的专项用途财政性资金企业所得税处理问题通知如下:

一、企业从县级以上各级人民政府财政部门及其他部门取得的应计入收入总额的财政性资金,凡同时符合以下条件的,可以作为不征税收入,在计算应纳税所得额时从收入总额中减除:

(一)企业能够提供规定资金专项用途的资金拨付文件;

(二)财政部门或其他拨付资金的政府部门对该资金有专门的资金管理办法或具体管理要求;

(三)企业对该资金以及以该资金发生的支出单独进行核算。

二、根据实施条例第二十八条的规定,上述不征税收入用于支出所形成的费用,不得在计算应纳税所得额时扣除;用于支出所形成的资产,其计算的折旧、摊销不得在计算应纳税所得额时扣除。

三、企业将符合本通知第一条规定条件的财政性资金作不征税收入处理后,在5年(60个月)内未发生支出且未缴回财政部门或其他拨付资金的政府部门的部分,应计入取得该资金第六年的应税收入总额;计入应税收入总额的财政性资金发生的支出,允许在计算应纳税所得额时扣除。

四、本通知自2011年1月1日起执行。

财政部 国家税务总局关于延长金融企业涉农贷款和中小企业贷款损失准备金税前扣除政策执行期限的通知

财税〔2011〕104号

各省、自治区、直辖市、计划单列市财政厅(局)、国家税务局、地方税务局,新疆生产建设兵团财务局:

经国务院批准,《财政部 国家税务总局关于金融企业涉农贷款和中小企业贷款损失准备金税前扣除政策的通知》(财税〔2009〕99号)规定的金融企业涉农贷款和中小企业贷款损失准备金税前扣除的政策,继续执行至2013年12月31日。

请遵照执行。

财政部 国家税务总局 民政部关于生产和装配伤残人员专门用品企业免征企业所得税的通知

财税〔2011〕81号

各省、自治区、直辖市、计划单列市财政厅(局)、国家税务局、地方税务局、民政厅(局),新疆生产建设兵团财务局:

为了帮助伤残人员康复或者恢复残疾肢体功能,保证伤残人员人身安全、劳动就业以及平等参与社会生活，保障和提高伤残人员的权益，经请示国务院同意，现对生产和装配伤残人员专门用品的企业征免企业所得税问题明确如下：

一、符合下列条件的居民企业，可在2015年底以前免征企业所得税：

（一）生产和装配伤残人员专门用品，且在民政部发布的《中国伤残人员专门用品目录》范围之内；

（二）以销售本企业生产或者装配的伤残人员专门用品为主，且所取得的年度伤残人员专门用品销售收入（不含出口取得的收入）占企业全部收入60％以上；

（三）企业账证健全，能够准确、完整地向主管税务机关提供纳税资料，且本企业生产或者装配的伤残人员专门用品所取得的收入能够单独、准确核算；

（四）企业拥有取得注册登记的假肢、矫形器（辅助器具）制作师执业资格证书的专业技术人员不得少于1人；其企业生产人员如超过20人，则其拥有取得注册登记的假肢、矫形器（辅助器具）制作师执业资格证书的专业技术人员不得少于全部生产人员的1/6；

（五）企业取得注册登记的假肢、矫形器（辅助器具）制作师执业资格证书的专业技术人员每年须接受继续教育，制作师《执业资格证书》须通过年检；

（六）具有测量取型、石膏加工、抽真空成型、打磨修饰、钳工装配、对线调整、热塑成型、假肢功能训练等专用设备和工具；

（七）具有独立的接待室、假肢或者矫形器（辅助器具）制作室和假肢功能训练室，使用面积不少于115平方米。

二、符合前条规定的企业，可在年度终了4个月内向当地税务机关办理免税手续。办理免税手续时，企业应向主管税务机关提供下列资料：

（一）免税申请报告；

（二）伤残人员专门用品制作师名册、《执业资格证书》（复印件），以及申请前年度制作师《执业资格证书》检查合格证明；

（三）收入明细资料；

（四）税务机关要求的其他材料。

三、税务机关收到企业的免税申请后，应严格按照本通知规定的免税条件及《国家税务总局关于企业所得税减免税管理问题的通知》（国税发〔2008〕111号）的有关规定，对申请免税的企业进行认真审核，符合条件的应及时办理相关免税手续。企业在未办理免税手续前，必须按统一规定报送纳税申报表、相关的纳税资料以及财务会计报表，并按规定预缴企业所得税；企业办理免税手续后，税务机关应依法及时退回已经预缴的税款。

四、企业以隐瞒、欺骗等手段骗取免税的，按照《中华人民共和国税收征收管理法》的有关规定进行处理。

五、本通知自2011年1月1日起至2015年12月31日止执行。

财政部 国家税务总局关于小型微利企业所得税优惠政策有关问题的通知

财税〔2011〕117号

各省、自治区、直辖市、计划单列市财政厅（局）、国家税务局、地方税务局，新疆生产建设兵团财务局：

为了进一步支持小型微利企业发展，经国务院批准，现就小型微利企业所得税政策通知如下：

一、自2012年1月1日至2015年12月31日，对年应纳税所得额低于6万元（含6万元）的小型微利企业，其所得减按50％计入应纳税所得额，按20％的税率缴纳企业所得税。

二、本通知所称小型微利企业，是指符合《中华人民共和国企业所得税法》及其实施条例，以及相关税收政策规定的小型微利企业。

请遵照执行。

财政部 国家税务总局关于金融企业贷款损失准备金企业所得税税前扣除政策的通知

财税〔2012〕5 号

各省、自治区、直辖市、计划单列市财政厅(局)、国家税务局、地方税务局,新疆生产建设兵团财务局:

根据《中华人民共和国企业所得税法》及《中华人民共和国企业所得税法实施条例》的有关规定,现就政策性银行、商业银行、财务公司、城乡信用社和金融租赁公司等金融企业提取的贷款损失准备金税前扣除政策问题,通知如下:

一、准予税前提取贷款损失准备金的贷款资产范围包括:

(一)贷款(含抵押、质押、担保等贷款);

(二)银行卡透支、贴现、信用垫款(含银行承兑汇票垫款、信用证垫款、担保垫款等)、进出口押汇、同业拆出、应收融资租赁款等各项具有贷款特征的风险资产;

(三)由金融企业转贷并承担对外还款责任的国外贷款,包括国际金融组织贷款、外国买方信贷、外国政府贷款、日本国际协力银行不附条件贷款和外国政府混合贷款等资产。

二、金融企业准予当年税前扣除的贷款损失准备金计算公式如下:

准予当年税前扣除的贷款损失准备金=本年末准予提取贷款损失准备金的贷款资产余额×1%-截至上年末已在税前扣除的贷款损失准备金的余额。

金融企业按上述公式计算的数额如为负数,应当相应调增当年应纳税所得额。

三、金融企业的委托贷款、代理贷款、国债投资、应收股利、上交央行准备金以及金融企业剥离的债权和股权、应收财政贴息、央行款项等不承担风险和损失的资产,不得提取贷款损失准备金在税前扣除。

四、金融企业发生的符合条件的贷款损失,应先冲减已在税前扣除的贷款损失准备金,不足冲减部分可据实在计算当年应纳税所得额时扣除。

五、金融企业涉农贷款和中小企业贷款损失准备金的税前扣除政策,凡按照《财政部 国家税务总局关于延长金融企业涉农贷款和中小企业贷款损失准备金税前扣除政策执行期限的通知》(财税〔2011〕104 号)的规定执行的,不再适用本通知第一条至第四条的规定。

六、本通知自 2011 年 1 月 1 日起至 2013 年 12 月 31 日止执行。

财政部 国家税务总局
二〇一二年一月二十九日

财政部 国家税务总局关于证券行业准备金支出企业所得税税前扣除有关政策问题的通知

财税〔2012〕11 号

各省、自治区、直辖市、计划单列市财政厅(局)、国家税务局、地方税务局,新疆生产建设兵团财务局:

根据《中华人民共和国企业所得税法》和《中华人民共和国企业所得税法实施条例》的有关规定,现就证券行业准备金支出企业所得税税前扣除有关政策问题明确如下:

一、证券类准备金

(一)证券交易所风险基金。

上海、深圳证券交易所依据《证券交易所风险基金管理暂行办法》(证监发〔2000〕22 号)的有关规定,按证券交易所交易收取经手费的 20%、会员年费的 10%提取的证券交易所风险基金,在各基金净资产不超过 10 亿元的额度内,准予在企业所得税税前扣除。

（二）证券结算风险基金。

1. 中国证券登记结算公司所属上海分公司、深圳分公司依据《证券结算风险基金管理办法》（证监发〔2006〕65 号）的有关规定，按证券登记结算公司业务收入的 20%提取的证券结算风险基金，在各基金净资产不超过 30 亿元的额度内，准予在企业所得税税前扣除。

2. 证券公司依据《证券结算风险基金管理办法》（证监发〔2006〕65 号）的有关规定，作为结算会员按人民币普通股和基金成交金额的十万分之三、国债现货成交金额的十万分之一、1 天期国债回购成交额的千万分之五、2 天期国债回购成交额的千万分之十、3 天期国债回购成交额的千万分之十五、4 天期国债回购成交额的千万分之二十、7 天期国债回购成交额的千万分之五十、14 天期国债回购成交额的十万分之一、28 天期国债回购成交额的十万分之二、91 天期国债回购成交额的十万分之六、182 天期国债回购成交额的十万分之十二逐日交纳的证券结算风险基金，准予在企业所得税税前扣除。

（三）证券投资者保护基金。

1. 上海、深圳证券交易所依据《证券投资者保护基金管理办法》（证监会令第 27 号）的有关规定，在风险基金分别达到规定的上限后，按交易经手费的 20%缴纳的证券投资者保护基金，准予在企业所得税税前扣除。

2. 证券公司依据《证券投资者保护基金管理办法》（证监会令第 27 号）的有关规定，按其营业收入 0.5%—5%缴纳的证券投资者保护基金，准予在企业所得税税前扣除。

二、期货类准备金

（一）期货交易所风险准备金。

大连商品交易所、郑州商品交易所和中国金融期货交易所依据《期货交易管理条例》（国务院令第 489 号）、《期货交易所管理办法》（证监会令第 42 号）和《商品期货交易财务管理暂行规定》（财商字〔1997〕44 号）的有关规定，上海期货交易所依据《期货交易管理条例》（国务院令第 489 号）、《期货交易所管理办法》（证监会令第 42 号）和《关于调整上海期货交易所风险准备金规模的批复》（证监函〔2009〕407 号）的有关规定，分别按向会员收取手续费收入的 20%计提的风险准备金，在风险准备金余额达到有关规定的额度内，准予在企业所得税税前扣除。

（二）期货公司风险准备金。

期货公司依据《期货公司管理办法》（证监会令第 43 号）和《商品期货交易财务管理暂行规定》（财商字〔1997〕44 号）的有关规定，从其收取的交易手续费收入减去应付期货交易所手续费后的净收入的 5%提取的期货公司风险准备金，准予在企业所得税税前扣除。

（三）期货投资者保障基金。

1. 上海期货交易所、大连商品交易所、郑州商品交易所和中国金融期货交易所依据《期货投资者保障基金管理暂行办法》（证监会令第 38 号）的有关规定，按其向期货公司会员收取的交易手续费的 3%缴纳的期货投资者保障基金，在基金总额达到有关规定的额度内，准予在企业所得税税前扣除。

2. 期货公司依据《期货投资者保障基金管理暂行办法》（证监会令第 38 号）的有关规定，从其收取的交易手续费中按照代理交易额的千万分之五至千万分之十的比例缴纳的期货投资者保障基金，在基金总额达到有关规定的额度内，准予在企业所得税税前扣除。

三、上述准备金如发生清算、退还，应按规定补征企业所得税。

四、本通知自 2011 年 1 月 1 日起至 2015 年 12 月 31 日止执行。

财政部 国家税务总局
二〇一二年二月十六日

国家税务总局关于深入实施西部大开发战略有关企业所得税问题的公告

国家税务总局公告 2012 年第 12 号

根据《中华人民共和国企业所得税法》（以下简称《企业所得税法》）及其实施条例和《财政部 国家税务

总局 海关总署关于深入实施西部大开发战略有关税收政策问题的通知》(财税〔2011〕58 号)的规定，现将深入实施西部大开发战略有关企业所得税问题公告如下：

一、自 2011 年 1 月 1 日至 2020 年 12 月 31 日，对设在西部地区以《西部地区鼓励类产业目录》中规定的产业项目为主营业务，且其当年度主营业务收入占企业收入总额 70%以上的企业，经企业申请，主管税务机关审核确认后，可减按 15%税率缴纳企业所得税。

上述所称收入总额，是指《企业所得税法》第六条规定的收入总额。

二、企业应当在年度汇算清缴前向主管税务机关提出书面申请并附送相关资料。第一年须报主管税务机关审核确认，第二年及以后年度实行备案管理。各省、自治区、直辖市和计划单列市税务机关可结合本地实际制定具体审核、备案管理办法，并报国家税务总局(所得税司)备案。

凡对企业主营业务是否属于《西部地区鼓励类产业目录》难以界定的，税务机关应要求企业提供省级(含副省级)政府有关行政主管部门或其授权的下一级行政主管部门出具的证明文件。

企业主营业务属于《西部地区鼓励类产业目录》范围的，经主管税务机关确认，可按照 15%税率预缴企业所得税。年度汇算清缴时，其当年度主营业务收入占企业总收入的比例达不到规定标准的，应按税法规定的税率计算申报并进行汇算清缴。

三、在《西部地区鼓励类产业目录》公布前，企业符合《产业结构调整指导目录(2005 年版)》、《产业结构调整指导目录(2011 年版)》、《外商投资产业指导目录(2007 年修订)》和《中西部地区优势产业目录(2008 年修订)》范围的，经税务机关确认后，其企业所得税可按照 15%税率缴纳。《西部地区鼓励类产业目录》公布后，已按 15%税率进行企业所得税汇算清缴的企业，若不符合本公告第一条规定的条件，可在履行相关程序后，按税法规定的适用税率重新计算申报。

四、2010 年 12 月 31 日前新办的交通、电力、水利、邮政、广播电视企业，凡已经按照《国家税务总局关于落实西部大开发有关税收政策具体实施意见的通知》(国税发〔2002〕47 号)第二条第二款规定，取得税务机关审核批准的，其享受的企业所得税"两免三减半"优惠可以继续享受到期满为止；凡符合享受原西部大开发税收优惠规定条件，但由于尚未取得收入或尚未进入获利年度等原因，2010 年 12 月 31 日前尚未按照国税发〔2002〕47 号第二条规定完成税务机关审核确认手续的，可按照本公告的规定，履行相关手续后享受原税收优惠。

五、根据《财政部 国家税务总局关于执行企业所得税优惠政策若干问题的通知》(财税〔2009〕69 号)第一条及第二条的规定，企业既符合西部大开发 15%优惠税率条件，又符合《企业所得税法》及其实施条例和国务院规定的各项税收优惠条件的，可以同时享受。在涉及定期减免税的减半期内，可以按照企业适用税率计算的应纳税额减半征税。

六、在优惠地区内外分别设有机构的企业享受西部大开发优惠税率问题

(一)总机构设在西部大开发税收优惠地区的企业，仅就设在优惠地区的总机构和分支机构(不含优惠地区外设立的二级分支机构在优惠地区内设立的三级以下分支机构)的所得确定适用 15%优惠税率。在确定该企业是否符合优惠条件时，以该企业设在优惠地区的总机构和分支机构的主营业务是否符合《西部地区鼓励类产业目录》及其主营业务收入占其收入总额的比重加以确定，不考虑该企业设在优惠地区以外分支机构的因素。该企业应纳所得税额的计算和所得税缴纳，按照《国家税务总局关于印发〈跨地区经营汇总纳税企业所得税征收管理暂行办法〉的通知》(国税发〔2008〕28 号)第十六条和《国家税务总局关于跨地区经营汇总纳税企业所得税征收管理若干问题的通知》(国税函〔2009〕221 号)第二条的规定执行。有关审核、备案手续向总机构主管税务机关申请办理。

(二)总机构设在西部大开发税收优惠地区外的企业，其在优惠地区内设立的分支机构(不含仅在优惠地区内设立的三级以下分支机构)，仅就该分支机构所得确定适用 15%优惠税率。在确定该分支机构是否符合优惠条件时，仅以该分支机构的主营业务是否符合《西部地区鼓励类产业目录》及其主营业务收入占其收入总额的比重加以确定。该企业应纳所得税额的计算和所得税缴纳，按照国税发〔2008〕28 号第十六条和国税函〔2009〕221 号第二条的规定执行。有关审核、备案手续向分支机构主管税务机关申请办理，分支机构主管税务机关需将该分支机构享受西部大开发税收优惠情况及时函告总机构所在地主管税务机关。

七、本公告自 2011 年 1 月 1 日起施行。

特此公告。

国家税务总局
二〇一二年四月六日

国家税务总局关于小型微利企业预缴企业所得税有关问题的公告

国家税务总局公告2012年第14号

为贯彻落实《财政部 国家税务总局关于小型微利企业所得税优惠政策有关问题的通知》(财税〔2011〕117号)有关规定,现就小型微利企业预缴企业所得税有关问题公告如下:

一、上一纳税年度年应纳税所得额低于6万元(含6万元),同时符合《中华人民共和国企业所得税法实施条例》第九十二条规定的资产和从业人数标准,实行按实际利润额预缴企业所得税的小型微利企业(以下称符合条件的小型微利企业),在预缴申报企业所得税时,将《国家税务总局关于发布〈中华人民共和国企业所得税月(季)度预缴纳税申报表〉等报表的公告》(国家税务总局公告〔2011〕64号)中华人民共和国企业所得税月(季)度预缴纳税申报表(A类)第9行"实际利润总额"与15%的乘积,暂填入第12行"减免所得税额"内。

二、符合条件的小型微利企业"从业人数"、"资产总额"的计算标准按照《国家税务总局关于小型微利企业所得税预缴问题的通知》(国税函〔2008〕251号)第二条规定执行。

三、符合条件的小型微利企业在预缴申报企业所得税时,须向主管税务机关提供上一纳税年度符合小型微利企业条件的相关证明材料。主管税务机关对企业提供的相关证明材料核实后,认定企业上一纳税年度不符合规定条件的,不得按本公告第一条规定填报纳税申报表。

四、纳税年度终了后,主管税务机关应核实企业纳税年度是否符合上述小型微利企业规定条件。不符合规定条件、已按本公告第一条规定计算减免企业所得税预缴的,在年度汇算清缴时要按照规定补缴企业所得税。

本公告自2012年1月1日起施行。

特此公告。

国家税务总局
二〇一二年四月十三日

财政部 国家税务总局关于进一步鼓励软件产业和集成电路产业发展企业所得税政策的通知

财税〔2012〕27号

各省、自治区、直辖市、计划单列市财政厅(局)、国家税务局、地方税务局:

根据《中华人民共和国企业所得税法》及其实施条例和《国务院关于印发进一步鼓励软件产业和集成电路产业发展若干政策的通知》(国发〔2011〕4号)精神,为进一步推动科技创新和产业结构升级,促进信息技术产业发展,现将鼓励软件产业和集成电路产业发展的企业所得税政策通知如下:

一、集成电路线宽小于0.8微米(含)的集成电路生产企业,经认定后,在2017年12月31日前自获利年度起计算优惠期,第一年至第二年免征企业所得税,第三年至第五年按照25%的法定税率减半征收企业所得税,并享受至期满为止。

二、集成电路线宽小于0.25微米或投资额超过80亿元的集成电路生产企业,经认定后,减按15%的税率征收企业所得税,其中经营期在15年以上的,在2017年12月31日前自获利年度起计算优惠期,第一年至第五年免征企业所得税，第六年至第十年按照 25％的法定税率减半征收企业所得税，并享受至期满为止。

三、我国境内新办的集成电路设计企业和符合条件的软件企业，经认定后，在 2017 年 12 月 31 日前自获利年度起计算优惠期，第一年至第二年免征企业所得税，第三年至第五年按照 25％的法定税率减半征收企业所得税，并享受至期满为止。

四、国家规划布局内的重点软件企业和集成电路设计企业，如当年未享受免税优惠的，可减按 10％的税率征收企业所得税。

五、符合条件的软件企业按照《财政部 国家税务总局关于软件产品增值税政策的通知》（财税〔2011〕100 号）规定取得的即征即退增值税款，由企业专项用于软件产品研发和扩大再生产并单独进行核算，可以作为不征税收入，在计算应纳税所得额时从收入总额中减除。

六、集成电路设计企业和符合条件软件企业的职工培训费用，应单独进行核算并按实际发生额在计算应纳税所得额时扣除。

七、企业外购的软件，凡符合固定资产或无形资产确认条件的，可以按照固定资产或无形资产进行核算，其折旧或摊销年限可以适当缩短，最短可为 2 年（含）。

八、集成电路生产企业的生产设备，其折旧年限可以适当缩短，最短可为 3 年（含）。

九、本通知所称集成电路生产企业，是指以单片集成电路、多芯片集成电路、混合集成电路制造为主营业务并同时符合下列条件的企业：

（一）依法在中国境内成立并经认定取得集成电路生产企业资质的法人企业；

（二）签订劳动合同关系且具有大学专科以上学历的职工人数占企业当年月平均职工总人数的比例不低于 40％，其中研究开发人员占企业当年月平均职工总数的比例不低于 20％；

（三）拥有核心关键技术，并以此为基础开展经营活动，且当年度的研究开发费用总额占企业销售（营业）收入（主营业务收入与其他业务收入之和，下同）总额的比例不低于 5％；其中，企业在中国境内发生的研究开发费用金额占研究开发费用总额的比例不低于 60％；

（四）集成电路制造销售（营业）收入占企业收入总额的比例不低于 60％；

（五）具有保证产品生产的手段和能力，并获得有关资质认证（包括 ISO 质量体系认证、人力资源能力认证等）；

（六）具有与集成电路生产相适应的经营场所、软硬件设施等基本条件。

《集成电路生产企业认定管理办法》由发展改革委、工业和信息化部、财政部、税务总局会同有关部门另行制定。

十、本通知所称集成电路设计企业或符合条件的软件企业，是指以集成电路设计或软件产品开发为主营业务并同时符合下列条件的企业：

（一）2011 年 1 月 1 日后依法在中国境内成立并经认定取得集成电路设计企业资质或软件企业资质的法人企业；

（二）签订劳动合同关系且具有大学专科以上学历的职工人数占企业当年月平均职工总人数的比例不低于 40％，其中研究开发人员占企业当年月平均职工总数的比例不低于 20％；

（三）拥有核心关键技术，并以此为基础开展经营活动，且当年度的研究开发费用总额占企业销售（营业）收入总额的比例不低于 6％；其中，企业在中国境内发生的研究开发费用金额占研究开发费用总额的比例不低于 60％；

（四）集成电路设计企业的集成电路设计销售（营业）收入占企业收入总额的比例不低于 60％，其中集成电路自主设计销售（营业）收入占企业收入总额的比例不低于 50％；软件企业的软件产品开发销售（营业）收入占企业收入总额的比例一般不低于 50％（嵌入式软件产品和信息系统集成产品开发销售（营业）收入占企业收入总额的比例不低于 40％），其中软件产品自主开发销售（营业）收入占企业收入总额的比例一般不低于 40％（嵌入式软件产品和信息系统集成产品开发销售（营业）收入占企业收入总额的比例不低于 30％）；

（五）主营业务拥有自主知识产权，其中软件产品拥有省级软件产业主管部门认可的软件检测机构出具的检测证明材料和软件产业主管部门颁发的《软件产品登记证书》；

(六)具有保证设计产品质量的手段和能力,并建立符合集成电路或软件工程要求的质量管理体系并提供有效运行的过程文档记录;

(七)具有与集成电路设计或者软件开发相适应的生产经营场所、软硬件设施等开发环境(如 EDA 工具、合法的开发工具等),以及与所提供服务相关的技术支撑环境;

《集成电路设计企业认定管理办法》、《软件企业认定管理办法》由工业和信息化部、发展改革委、财政部、税务总局会同有关部门另行制定。

十一、国家规划布局内重点软件企业和集成电路设计企业在满足本通知第十条规定条件的基础上,由发展改革委、工业和信息化部、财政部、税务总局等部门根据国家规划布局支持领域的要求,结合企业年度集成电路设计销售(营业)收入或软件产品开发销售(营业)收入、盈利等情况进行综合评比,实行总量控制、择优认定。

《国家规划布局内重点软件企业和集成电路设计企业认定管理办法》由发展改革委、工业和信息化部、财政部、税务总局会同有关部门另行制定。

十二、本通知所称新办企业认定标准按照《财政部 国家税务总局关于享受企业所得税优惠政策的新办企业认定标准的通知》(财税〔2006〕1 号)规定执行。

十三、本通知所称研究开发费用政策口径按照《国家税务总局关于印发〈企业研究开发费用税前扣除管理办法(试行)〉的通知》(国税发〔2008〕116 号)规定执行。

十四、本通知所称获利年度,是指该企业当年应纳税所得额大于零的纳税年度。

十五、本通知所称集成电路设计销售(营业)收入,是指集成电路企业从事集成电路(IC)功能研发、设计并销售的收入。

十六、本通知所称软件产品开发销售(营业)收入,是指软件企业从事计算机软件、信息系统或嵌入式软件等软件产品开发并销售的收入,以及信息系统集成服务、信息技术咨询服务、数据处理和存储服务等技术服务收入。

十七、符合本通知规定须经认定后享受税收优惠的企业,应在获利年度当年或次年的企业所得税汇算清缴之前取得相关认定资质。如果在获利年度次年的企业所得税汇算清缴之前取得相关认定资质,该企业可从获利年度起享受相应的定期减免税优惠;如果在获利年度次年的企业所得税汇算清缴之后取得相关认定资质,该企业应在取得相关认定资质起,就其从获利年度起计算的优惠期的剩余年限享受相应的定期减免优惠。

十八、符合本通知规定条件的企业,应在年度终了之日起 4 个月内,按照本通知及《国家税务总局关于企业所得税减免税管理问题的通知》(国税发〔2008〕111 号)的规定,向主管税务机关办理减免税手续。在办理减免税手续时,企业应提供具有法律效力的证明材料。

十九、享受上述税收优惠的企业有下述情况之一的,应取消其享受税收优惠的资格,并补缴已减免的企业所得税税款:

(一)在申请认定过程中提供虚假信息的;

(二)有偷、骗税等行为的;

(三)发生重大安全、质量事故的;

(四)有环境等违法、违规行为,受到有关部门处罚的。

二十、享受税收优惠的企业,其税收优惠条件发生变化的,应当自发生变化之日起 15 日内向主管税务机关报告;不再符合税收优惠条件的,应当依法履行纳税义务;未依法纳税的,主管税务机关应当予以追缴。同时,主管税务机关在执行税收优惠政策过程中,发现企业不符合享受税收优惠条件的,可暂停企业享受的相关税收优惠。

二十一、在 2010 年 12 月 31 日前,依照《财政部 国家税务总局关于企业所得税若干优惠政策的通知》(财税〔2008〕1 号)第一条规定,经认定并可享受原定期减免税优惠的企业,可在本通知施行后继续享受到期满为止。

二十二、集成电路生产企业、集成电路设计企业、软件企业等依照本通知规定可以享受的企业所得税优惠政策与企业所得税其他相同方式优惠政策存在交叉的,由企业选择一项最优惠政策执行,不叠加享受。

二十三、本通知自 2011 年 1 月 1 日起执行。《财政部 国家税务总局关于企业所得税若干优惠政策的通知》(财税〔2008〕1 号)第一条第(一)项至第(九)项自 2011 年 1 月 1 日起停止执行。

财政部 国家税务总局
二〇一二年四月二十日

国家税务总局关于企业所得税应纳税所得额若干税务处理问题的公告

国家税务总局公告 2012 年第 15 号

根据《中华人民共和国企业所得税法》(以下简称《企业所得税法》)及其实施条例(以下简称《实施条例》)以及相关规定,现就企业所得税应纳税所得额若干税务处理问题公告如下:

一、关于季节工、临时工等费用税前扣除问题

企业因雇用季节工、临时工、实习生、返聘离退休人员以及接受外部劳务派遣用工所实际发生的费用,应区分为工资薪金支出和职工福利费支出,并按《企业所得税法》规定在企业所得税前扣除。其中属于工资薪金支出的,准予计入企业工资薪金总额的基数,作为计算其他各项相关费用扣除的依据。

二、关于企业融资费用支出税前扣除问题

企业通过发行债券、取得贷款、吸收保户储金等方式融资而发生的合理的费用支出,符合资本化条件的,应计入相关资产成本;不符合资本化条件的,应作为财务费用,准予在企业所得税前据实扣除。

三、关于从事代理服务企业营业成本税前扣除问题

从事代理服务、主营业务收入为手续费、佣金的企业(如证券、期货、保险代理等企业),其为取得该类收入而实际发生的营业成本(包括手续费及佣金支出),准予在企业所得税前据实扣除。

四、关于电信企业手续费及佣金支出税前扣除问题

电信企业在发展客户、拓展业务等过程中(如委托销售电话入网卡、电话充值卡等),需向经纪人、代办商支付手续费及佣金的,其实际发生的相关手续费及佣金支出,不超过企业当年收入总额 5%的部分,准予在企业所得税前据实扣除。

五、关于筹办期业务招待费等费用税前扣除问题

企业在筹建期间,发生的与筹办活动有关的业务招待费支出,可按实际发生额的 60%计入企业筹办费,并按有关规定在税前扣除;发生的广告费和业务宣传费,可按实际发生额计入企业筹办费,并按有关规定在税前扣除。

六、关于以前年度发生应扣未扣支出的税务处理问题

根据《中华人民共和国税收征收管理法》的有关规定,对企业发现以前年度实际发生的、按照税收规定应在企业所得税前扣除而未扣除或者少扣除的支出,企业做出专项申报及说明后,准予追补至该项目发生年度计算扣除,但追补确认期限不得超过 5 年。

企业由于上述原因多缴的企业所得税税款,可以在追补确认年度企业所得税应纳税款中抵扣,不足抵扣的,可以向以后年度递延抵扣或申请退税。

亏损企业追补确认以前年度未在企业所得税前扣除的支出,或盈利企业经过追补确认后出现亏损的,应首先调整该项支出所属年度的亏损额,然后再按照弥补亏损的原则计算以后年度多缴的企业所得税款,并按前款规定处理。

七、关于企业不征税收入管理问题

企业取得的不征税收入,应按照《财政部 国家税务总局关于专项用途财政性资金企业所得税处理问题的通知》(财税〔2011〕70 号,以下简称《通知》)的规定进行处理。凡未按照《通知》规定进行管理的,应作为企业应税收入计入应纳税所得额,依法缴纳企业所得税。

八、关于税前扣除规定与企业实际会计处理之间的协调问题

根据《企业所得税法》第二十一条规定,对企业依据财务会计制度规定,并实际在财务会计处理上已确认的支出，凡没有超过《企业所得税法》和有关税收法规规定的税前扣除范围和标准的，可按企业实际会计处理确认的支出，在企业所得税前扣除，计算其应纳税所得额。

九、本公告施行时间

本公告规定适用于2011年度及以后各年度企业应纳税所得额的处理。

特此公告。

国家税务总局

二〇一二年四月二十四日

财政部 国家税务总局关于保险公司准备金支出企业所得税税前扣除有关政策问题的通知

财税〔2012〕45号

各省、自治区、直辖市、计划单列市财政厅(局)、国家税务局、地方税务局，新疆生产建设兵团财务局：

根据《中华人民共和国企业所得税法》和《中华人民共和国企业所得税法实施条例》(国务院令第512号)的有关规定，现就保险公司准备金支出企业所得税税前扣除有关问题明确如下：

一、保险公司按下列规定缴纳的保险保障基金，准予据实税前扣除：

1. 非投资型财产保险业务，不得超过保费收入的0.8%；投资型财产保险业务，有保证收益的，不得超过业务收入的0.08%，无保证收益的，不得超过业务收入的0.05%。

2. 有保证收益的人寿保险业务，不得超过业务收入的0.15%；无保证收益的人寿保险业务，不得超过业务收入的0.05%。

3. 短期健康保险业务，不得超过保费收入的0.8%；长期健康保险业务，不得超过保费收入的0.15%。

4. 非投资型意外伤害保险业务，不得超过保费收入的0.8%；投资型意外伤害保险业务，有保证收益的，不得超过业务收入的0.08%，无保证收益的，不得超过业务收入的0.05%。

保险保障基金，是指按照《中华人民共和国保险法》和《保险保障基金管理办法》(保监会、财政部、人民银行令2008年第2号)规定缴纳形成的，在规定情形下用于救助保单持有人、保单受让公司或者处置保险业风险的非政府性行业风险救助基金。

保费收入，是指投保人按照保险合同约定，向保险公司支付的保险费。

业务收入，是指投保人按照保险合同约定，为购买相应的保险产品支付给保险公司的全部金额。

非投资型财产保险业务，是指仅具有保险保障功能而不具有投资理财功能的财产保险业务。

投资型财产保险业务，是指兼具有保险保障与投资理财功能的财产保险业务。

有保证收益，是指保险产品在投资收益方面提供固定收益或最低收益保障。

无保证收益，是指保险产品在投资收益方面不提供收益保证，投保人承担全部投资风险。

二、保险公司有下列情形之一的，其缴纳的保险保障基金不得在税前扣除：

1. 财产保险公司的保险保障基金余额达到公司总资产6%的。

2. 人身保险公司的保险保障基金余额达到公司总资产1%的。

三、保险公司按国务院财政部门的相关规定提取的未到期责任准备金、寿险责任准备金、长期健康险责任准备金、已发生已报案未决赔款准备金和已发生未报案未决赔款准备金，准予在税前扣除。

1. 未到期责任准备金、寿险责任准备金、长期健康险责任准备金依据经中国保监会核准任职资格的精算师或出具专项审计报告的中介机构确定的金额提取。

未到期责任准备金，是指保险人为尚未终止的非寿险保险责任提取的准备金。

寿险责任准备金，是指保险人为尚未终止的人寿保险责任提取的准备金。

长期健康险责任准备金，是指保险人为尚未终止的长期健康保险责任提取的准备金。

2. 已发生已报案未决赔款准备金，按最高不超过当期已经提出的保险赔款或者给付金额的100%提取；已发生未报案未决赔款准备金按不超过当年实际赔款支出额的8%提取。

已发生已报案未决赔款准备金，是指保险人为非寿险保险事故已经发生并已向保险人提出索赔、尚未结案的赔案提取的准备金。

已发生未报案未决赔款准备金，是指保险人为非寿险保险事故已经发生、尚未向保险人提出索赔的赔案提取的准备金。

四、保险公司实际发生的各种保险赔款、给付，应首先冲抵按规定提取的准备金，不足冲抵部分，准予在当年税前扣除。

五、本通知自2011年1月1日至2015年12月31日执行。

财政部 国家税务总局

二〇一二年五月十五日

国家税务总局关于我国居民企业实行股权激励计划有关企业所得税处理问题的公告

国家税务总局公告2012年第18号

为推进我国资本市场改革，促进企业建立健全激励与约束机制，根据国务院证券管理委员会发布的《上市公司股权激励管理办法(试行)》(证监公司字〔2005〕151号，以下简称《管理办法》)的规定，一些在我国境内上市的居民企业(以下简称上市公司)，为其职工建立了股权激励计划。根据《中华人民共和国企业所得税法》及其实施条例(以下简称税法)的有关规定，现就上市公司实施股权激励计划有关企业所得税处理问题，公告如下：

一、本公告所称股权激励，是指《管理办法》中规定的上市公司以本公司股票为标的，对其董事、监事、高级管理人员及其他员工(以下简称激励对象)进行的长期性激励。股权激励实行方式包括授予限制性股票、股票期权以及其他法律法规规定的方式。

限制性股票，是指《管理办法》中规定的激励对象按照股权激励计划规定的条件，从上市公司获得的一定数量的本公司股票。

股票期权，是指《管理办法》中规定的上市公司按照股权激励计划授予激励对象在未来一定期限内，以预先确定的价格和条件购买本公司一定数量股票的权利。

二、上市公司依照《管理办法》要求建立职工股权激励计划，并按我国企业会计准则的有关规定，在股权激励计划授予激励对象时，按照该股票的公允价格及数量，计算确定作为上市公司相关年度的成本或费用，作为换取激励对象提供服务的对价。上述企业建立的职工股权激励计划，其企业所得税的处理，按以下规定执行：

(一)对股权激励计划实行后立即可以行权的，上市公司可以根据实际行权时该股票的公允价格与激励对象实际行权支付价格的差额和数量，计算确定作为当年上市公司工资薪金支出，依照税法规定进行税前扣除。

(二)对股权激励计划实行后，需待一定服务年限或者达到规定业绩条件(以下简称等待期)方可行权的。上市公司等待期内会计上计算确认的相关成本费用，不得在对应年度计算缴纳企业所得税时扣除。在股权激励计划可行权后，上市公司方可根据该股票实际行权时的公允价格与当年激励对象实际行权支付价格的差额及数量，计算确定作为当年上市公司工资薪金支出，依照税法规定进行税前扣除。

(三)本条所指股票实际行权时的公允价格，以实际行权日该股票的收盘价格确定。

三、在我国境外上市的居民企业和非上市公司，凡比照《管理办法》的规定建立职工股权激励计划，且在企业会计处理上，也按我国会计准则的有关规定处理的，其股权激励计划有关企业所得税处理问题，可以按照上述规定执行。

四、本公告自2012年7月1日起施行。

特此公告。

国家税务总局
二○一二年五月二十三日

国家税务总局关于软件和集成电路企业认定管理有关问题的公告

国家税务总局公告 2012 年第 19 号

为贯彻落实《财政部 国家税务总局关于进一步鼓励软件产业和集成电路产业发展企业所得税政策的通知》(财税〔2012〕27 号)的有关规定,现将软件和集成电路企业认定管理的有关问题公告如下:

对 2011 年 1 月 1 日后按照原认定管理办法认定的软件和集成电路企业,在财税〔2012〕27 号文件所称的《集成电路生产企业认定管理办法》、《集成电路设计企业认定管理办法》及《软件企业认定管理办法》公布前,凡符合财税〔2012〕27 号文件规定的优惠政策适用条件的,可依照原认定管理办法申请享受财税〔2012〕27 号文件规定的减免税优惠。在《集成电路生产企业认定管理办法》、《集成电路设计企业认定管理办法》及《软件企业认定管理办法》公布后,按新认定管理办法执行。对已按原认定管理办法享受优惠并进行企业所得税汇算清缴的企业,若不符合新认定管理办法条件的,应在履行相关程序后,重新按照税法规定计算申报纳税。

国家税务总局
二○一二年五月三十日

关于《软件和集成电路企业认定管理有关问题的公告》的解读

一、公告制订背景

为促进软件和集成电路产业发展,依照国务院国发〔2011〕4 号文件的规定,我局会同财政部商有关部委下发了《财政部 国家税务总局关于进一步鼓励软件产业和集成电路产业发展企业所得税政策的通知》(财税〔2012〕27 号),对有关政策实施及管理问题做出了明确规定。根据现行企业所得税优惠管理规定,软件和集成电路企业所得税优惠均采用备案管理方式,其核心备案资料就是取得相关部门的软件和集成电路企业认定资格证书。

由于财税〔2012〕27 号文件刚刚下发,而该文件中规定的《集成电路生产企业认定管理办法》、《集成电路设计企业认定管理办法》、《软件企业认定管理办法》均需要另行制定,且部门分歧尚需协调,短期内难以出台,企业在 2011 年度企业所得税汇算清缴期届满前依照新认定管理办法申请认定并取得资格证书已不可能。因此,为妥善解决软件和集成电路企业享受符合财税〔2012〕27 号文件规定的企业所得税减免税优惠问题,避免出现政策及管理真空,切实维护纳税人的合法权益,总局以公告的形式对有关新旧认定管理办法如何斜接等操作管理问题做出规定。

二、公告主要内容

公告拟规定,对符合财税〔2012〕27 号文件规定条件的软件和集成电路企业,可提供依照原相关认定办法取得的有效资格证书向主管税务机关办理 2011 年度企业所得税汇算清缴减免税手续。待符合财税〔2012〕27 号文件规定的《集成电路生产企业认定管理办法》、《集成电路设计企业认定管理办法》、《软件企业认定管理办法》出台后,已办理 2011 年度企业所得税汇算清缴减免税手续的软件和集成电路企业,若不能依照新办法申请认定并取得相关资格证书,应按法定适用税率重新计算申报缴纳企业所得税。

国家税务总局关于企业所得税核定征收有关问题的公告

国家税务总局公告 2012 年第 27 号

根据《中华人民共和国企业所得税法》及其实施条例、《国家税务总局关于印发〈企业所得税核定征收办法〉(试行)的通知》(国税发〔2008〕30 号)和《国家税务总局关于企业所得税核定征收若干问题的通知》(国税函〔2009〕377 号)的相关规定,现就企业所得税核定征收若干问题公告如下:

一、专门从事股权(股票)投资业务的企业,不得核定征收企业所得税。

二、依法按核定应税所得率方式核定征收企业所得税的企业,取得的转让股权(股票)收入等转让财产收入,应全额计入应税收入额,按照主营项目(业务)确定适用的应税所得率计算征税;若主营项目(业务)发生变化,应在当年汇算清缴时,按照变化后的主营项目(业务)重新确定适用的应税所得率计算征税。

三、本公告自 2012 年 1 月 1 日起施行。企业以前年度尚未处理的上述事项,按照本公告的规定处理;已经处理的,不再调整。

国家税务总局

二〇一二年六月十九日

国家税务总局关于发布《企业政策性搬迁所得税管理办法》的公告

国家税务总局公告 2012 年第 40 号

现将《企业政策性搬迁所得税管理办法》予以发布,自 2012 年 10 月 1 日起施行。

特此公告。

国家税务总局

二〇一二年八月十日

企业政策性搬迁所得税管理办法

第一章 总 则

第一条 为规范企业政策性搬迁的所得税征收管理,根据《中华人民共和国企业所得税法》(以下简称《企业所得税法》)及其实施条例的有关规定,制定本办法。

第二条 本办法执行范围仅限于企业政策性搬迁过程中涉及的所得税征收管理事项,不包括企业自行搬迁或商业性搬迁等非政策性搬迁的税务处理事项。

第三条 企业政策性搬迁,是指由于社会公共利益的需要,在政府主导下企业进行整体搬迁或部分搬迁。企业由于下列需要之一,提供相关文件证明资料的,属于政策性搬迁:

(一)国防和外交的需要;

(二)由政府组织实施的能源、交通、水利等基础设施的需要;

(三)由政府组织实施的科技、教育、文化、卫生、体育、环境和资源保护、防灾减灾、文物保护、社会福利、市政公用等公共事业的需要;

(四)由政府组织实施的保障性安居工程建设的需要;

（五）由政府依照《中华人民共和国城乡规划法》有关规定组织实施的对危房集中、基础设施落后等地段进行旧城区改建的需要；

（六）法律、行政法规规定的其他公共利益的需要。

第四条　企业应按本办法的要求，就政策性搬迁过程中涉及的搬迁收入、搬迁支出、搬迁资产税务处理、搬迁所得等所得税征收管理事项，单独进行税务管理和核算。不能单独进行税务管理和核算的，应视为企业自行搬迁或商业性搬迁等非政策性搬迁进行所得税处理，不得执行本办法规定。

第二章　搬迁收入

第五条　企业的搬迁收入，包括搬迁过程中从本企业以外（包括政府或其他单位）取得的搬迁补偿收入，以及本企业搬迁资产处置收入等。

第六条　企业取得的搬迁补偿收入，是指企业由于搬迁取得的货币性和非货币性补偿收入。具体包括：

（一）对被征用资产价值的补偿；

（二）因搬迁、安置而给予的补偿；

（三）对停产停业形成的损失而给予的补偿；

（四）资产搬迁过程中遭到毁损而取得的保险赔款；

（五）其他补偿收入。

第七条　企业搬迁资产处置收入，是指企业由于搬迁而处置企业各类资产所取得的收入。

企业由于搬迁处置存货而取得的收入，应按正常经营活动取得的收入进行所得税处理，不作为企业搬迁收入。

第三章　搬迁支出

第八条　企业的搬迁支出，包括搬迁费用支出以及由于搬迁所发生的企业资产处置支出。

第九条　搬迁费用支出，是指企业搬迁期间所发生的各项费用，包括安置职工实际发生的费用、停工期间支付给职工的工资及福利费、临时存放搬迁资产而发生的费用、各类资产搬迁安装费用以及其他与搬迁相关的费用。

第十条　资产处置支出，是指企业由于搬迁而处置各类资产所发生的支出，包括变卖及处置各类资产的净值、处置过程中所发生的税费等支出。

企业由于搬迁而报废的资产，如无转让价值，其净值作为企业的资产处置支出。

第四章　搬迁资产税务处理

第十一条　企业搬迁的资产，简单安装或不需要安装即可继续使用的，在该项资产重新投入使用后，就其净值按《企业所得税法》及其实施条例规定的该资产尚未折旧或摊销的年限，继续计提折旧或摊销。

第十二条　企业搬迁的资产，需要进行大修理后才能重新使用的，应就该资产的净值，加上大修理过程所发生的支出，为该资产的计税成本。在该项资产重新投入使用后，按该资产尚可使用的年限，计提折旧或摊销。

第十三条　企业搬迁中被征用的土地，采取土地置换的，换入土地的计税成本按被征用土地的净值，以及该换入土地投入使用前所发生的各项费用支出，为该换入土地的计税成本，在该换入土地投入使用后，按《企业所得税法》及其实施条例规定年限摊销。

第十四条　企业搬迁期间新购置的各类资产，应按《企业所得税法》及其实施条例等有关规定，计算确定资产的计税成本及折旧或摊销年限。企业发生的购置资产支出，不得从搬迁收入中扣除。

第五章　应税所得

第十五条　企业在搬迁期间发生的搬迁收入和搬迁支出，可以暂不计入当期应纳税所得额，而在完成搬迁的年度，对搬迁收入和支出进行汇总清算。

第十六条 企业的搬迁收入，扣除搬迁支出后的余额，为企业的搬迁所得。

企业应在搬迁完成年度，将搬迁所得计入当年度企业应纳税所得额计算纳税。

第十七条 下列情形之一的，为搬迁完成年度，企业应进行搬迁清算，计算搬迁所得：

（一）从搬迁开始，5 年内（包括搬迁当年度）任何一年完成搬迁的。

（二）从搬迁开始，搬迁时间满 5 年（包括搬迁当年度）的年度。

第十八条 企业搬迁收入扣除搬迁支出后为负数的，应为搬迁损失。搬迁损失可在下列方法中选择其一进行税务处理：

（一）在搬迁完成年度，一次性作为损失进行扣除。

（二）自搬迁完成年度起分 3 个年度，均匀在税前扣除。

上述方法由企业自行选择，但一经选定，不得改变。

第十九条 企业同时符合下列条件的，视为已经完成搬迁：

（一）搬迁规划已基本完成；

（二）当年生产经营收入占规划搬迁前年度生产经营收入 50％以上。

第二十条 企业边搬迁、边生产的，搬迁年度应从实际开始搬迁的年度计算。

第二十一条 企业以前年度发生尚未弥补的亏损的，凡企业由于搬迁停止生产经营无所得的，从搬迁年度次年起，至搬迁完成年度前一年度止，可作为停止生产经营活动年度，从法定亏损结转弥补年限中减除；企业边搬迁、边生产的，其亏损结转年度应连续计算。

第六章 征收管理

第二十二条 企业应当自搬迁开始年度，至次年 5 月 31 日前，向主管税务机关（包括迁出地和迁入地）报送政策性搬迁依据、搬迁规划等相关材料。逾期未报的，除特殊原因并经主管税务机关认可外，按非政策性搬迁处理，不得执行本办法的规定。

第二十三条 企业应向主管税务机关报送的政策性搬迁依据、搬迁规划等相关材料，包括：

（一）政府搬迁文件或公告；

（二）搬迁重置总体规划；

（三）拆迁补偿协议；

（四）资产处置计划；

（五）其他与搬迁相关的事项。

第二十四条 企业迁出地和迁入地主管税务机关发生变化的，由迁入地主管税务机关负责企业搬迁清算。

第二十五条 企业搬迁完成当年，其向主管税务机关报送企业所得税年度纳税申报表时，应同时报送《企业政策性搬迁清算损益表》（表样附后）及相关材料。

第二十六条 企业在本办法生效前尚未完成搬迁的，符合本办法规定的搬迁事项，一律按本办法执行。本办法生效年度以前已经完成搬迁且已按原规定进行税务处理的，不再调整。

第二十七条 本办法未规定的企业搬迁税务事项，按照《企业所得税法》及其实施条例等相关规定进行税务处理。

第二十八条 本办法施行后，《国家税务总局关于企业政策性搬迁或处置收入有关企业所得税处理问题的通知》（国税函〔2009〕118 号）同时废止。

国家税务总局关于印发《跨地区经营汇总纳税企业所得税征收管理办法》的公告

国家税务总局公告 2012 年第 57 号

为加强跨地区经营汇总纳税企业所得税的征收管理，根据《中华人民共和国企业所得税法》及其实施条例、《中华人民共和国税收征收管理法》及其实施细则和《财政部 国家税务总局 中国人民银行关于印发〈跨省市总分机构企业所得税分配及预算管理办法〉的通知》(财预〔2012〕40 号)等文件的精神,国家税务总局制定了《跨地区经营汇总纳税企业所得税征收管理办法》。现予发布,自 2013 年 1 月 1 日起施行。

特此公告。

国家税务总局
2012 年 12 月 27 日

跨地区经营汇总纳税企业所得税征收管理办法

第一章　总　　则

第一条　为加强跨地区经营汇总纳税企业所得税的征收管理,根据《中华人民共和国企业所得税法》及其实施条例(以下简称《企业所得税法》)、《中华人民共和国税收征收管理法》及其实施细则(以下简称《征收管理法》)和《财政部 国家税务总局 中国人民银行关于印发〈跨省市总分机构企业所得税分配及预算管理办法〉的通知》(财预〔2012〕40 号)等的有关规定,制定本办法。

第二条　居民企业在中国境内跨地区(指跨省、自治区、直辖市和计划单列市,下同)设立不具有法人资格分支机构的,该居民企业为跨地区经营汇总纳税企业(以下简称汇总纳税企业),除另有规定外,其企业所得税征收管理适用本办法。

国有邮政企业(包括中国邮政集团公司及其控股公司和直属单位)、中国工商银行股份有限公司、中国农业银行股份有限公司、中国银行股份有限公司、国家开发银行股份有限公司、中国农业发展银行、中国进出口银行、中国投资有限责任公司、中国建设银行股份有限公司、中国建银投资有限责任公司、中国信达资产管理股份有限公司、中国石油天然气股份有限公司、中国石油化工股份有限公司、海洋石油天然气企业(包括中国海洋石油总公司、中海石油(中国)有限公司、中海油田服务股份有限公司、海洋石油工程股份有限公司)、中国长江电力股份有限公司等企业缴纳的企业所得税(包括滞纳金、罚款)为中央收入,全额上缴中央国库,其企业所得税征收管理不适用本办法。

铁路运输企业所得税征收管理不适用本办法。

第三条　汇总纳税企业实行"统一计算、分级管理、就地预缴、汇总清算、财政调库"的企业所得税征收管理办法:

(一)统一计算,是指总机构统一计算包括汇总纳税企业所属各个不具有法人资格分支机构在内的全部应纳税所得额、应纳税额。

(二)分级管理,是指总机构、分支机构所在地的主管税务机关都有对当地机构进行企业所得税管理的责任,总机构和分支机构应分别接受机构所在地主管税务机关的管理。

(三)就地预缴,是指总机构、分支机构应按本办法的规定,分月或分季分别向所在地主管税务机关申报预缴企业所得税。

(四)汇总清算,是指在年度终了后,总机构统一计算汇总纳税企业的年度应纳税所得额、应纳所得税额,抵减总机构、分支机构当年已就地分期预缴的企业所得税款后,多退少补。

(五)财政调库,是指财政部定期将缴入中央国库的汇总纳税企业所得税待分配收入,按照核定的系数调整至地方国库。

第四条　总机构和具有主体生产经营职能的二级分支机构,就地分摊缴纳企业所得税。

二级分支机构,是指汇总纳税企业依法设立并领取非法人营业执照(登记证书),且总机构对其财务、业务、人员等直接进行统一核算和管理的分支机构。

第五条　以下二级分支机构不就地分摊缴纳企业所得税:

(一)不具有主体生产经营职能,且在当地不缴纳增值税、营业税的产品售后服务、内部研发、仓储等汇总纳税企业内部辅助性的二级分支机构,不就地分摊缴纳企业所得税。

(二)上年度认定为小型微利企业的,其二级分支机构不就地分摊缴纳企业所得税。

（三）新设立的二级分支机构，设立当年不就地分摊缴纳企业所得税。

（四）当年撤销的二级分支机构，自办理注销税务登记之日所属企业所得税预缴期间起，不就地分摊缴纳企业所得税。

（五）汇总纳税企业在中国境外设立的不具有法人资格的二级分支机构，不就地分摊缴纳企业所得税。

第二章　税款预缴和汇算清缴

第六条　汇总纳税企业按照《企业所得税法》规定汇总计算的企业所得税，包括预缴税款和汇算清缴应缴应退税款，50%在各分支机构间分摊，各分支机构根据分摊税款就地办理缴库或退库；50%由总机构分摊缴纳，其中25%就地办理缴库或退库，25%就地全额缴入中央国库或退库。具体的税款缴库或退库程序按照财预〔2012〕40号文件第五条等相关规定执行。

第七条　企业所得税分月或者分季预缴，由总机构所在地主管税务机关具体核定。

汇总纳税企业应根据当期实际利润额，按照本办法规定的预缴分摊方法计算总机构和分支机构的企业所得税预缴额，分别由总机构和分支机构就地预缴；在规定期限内按实际利润额预缴有困难的，也可以按照上一年度应纳税所得额的1/12或1/4，按照本办法规定的预缴分摊方法计算总机构和分支机构的企业所得税预缴额，分别由总机构和分支机构就地预缴。预缴方法一经确定，当年度不得变更。

第八条　总机构应将本期企业应纳所得税额的50%部分，在每月或季度终了后15日内就地申报预缴。总机构应将本期企业应纳所得税额的另外50%部分，按照各分支机构应分摊的比例，在各分支机构之间进行分摊，并及时通知到各分支机构；各分支机构应在每月或季度终了之日起15日内，就其分摊的所得税额就地申报预缴。

分支机构未按税款分配数额预缴所得税造成少缴税款的，主管税务机关应按照《征收管理法》的有关规定对其处罚，并将处罚结果通知总机构所在地主管税务机关。

第九条　汇总纳税企业预缴申报时，总机构除报送企业所得税预缴申报表和企业当期财务报表外，还应报送汇总纳税企业分支机构所得税分配表和各分支机构上一年度的年度财务报表（或年度财务状况和营业收支情况）；分支机构除报送企业所得税预缴申报表（只填列部分项目）外，还应报送经总机构所在地主管税务机关受理的汇总纳税企业分支机构所得税分配表。

在一个纳税年度内，各分支机构上一年度的年度财务报表（或年度财务状况和营业收支情况）原则上只需要报送一次。

第十条　汇总纳税企业应当自年度终了之日起5个月内，由总机构汇总计算企业年度应纳所得税额，扣除总机构和各分支机构已预缴的税款，计算出应缴应退税款，按照本办法规定的税款分摊方法计算总机构和分支机构的企业所得税应缴应退税款，分别由总机构和分支机构就地办理税款缴库或退库。

汇总纳税企业在纳税年度内预缴企业所得税税款少于全年应缴企业所得税税款的，应在汇算清缴期内由总、分机构分别结清应缴的企业所得税税款；预缴税款超过应缴税款的，主管税务机关应及时按有关规定分别办理退税，或者经总、分机构同意后分别抵缴其下一年度应缴企业所得税税款。

第十一条　汇总纳税企业汇算清缴时，总机构除报送企业所得税年度纳税申报表和年度财务报表外，还应报送汇总纳税企业分支机构所得税分配表、各分支机构的年度财务报表和各分支机构参与企业年度纳税调整情况的说明；分支机构除报送企业所得税年度纳税申报表（只填列部分项目）外，还应报送经总机构所在地主管税务机关受理的汇总纳税企业分支机构所得税分配表、分支机构的年度财务报表（或年度财务状况和营业收支情况）和分支机构参与企业年度纳税调整情况的说明。

分支机构参与企业年度纳税调整情况的说明，可参照企业所得税年度纳税申报表附表"纳税调整项目明细表"中列明的项目进行说明，涉及需由总机构统一计算调整的项目不进行说明。

第十二条　分支机构未按规定报送经总机构所在地主管税务机关受理的汇总纳税企业分支机构所得税分配表，分支机构所在地主管税务机关应责成该分支机构在申报期内报送，同时提请总机构所在地主管税务机关督促总机构按照规定提供上述分配表；分支机构在申报期内不提供的，由分支机构所在地主管税务机关对分支机构按照《征收管理法》的有关规定予以处罚；属于总机构未向分支机构提供分配表的，分支机构所在地主管税务机关还应提请总机构所在地主管税务机关对总机构按照《征收管理法》的有关规定予以处罚。

第三章　总分机构分摊税款的计算

第十三条　总机构按以下公式计算分摊税款：

总机构分摊税款＝汇总纳税企业当期应纳所得税额×50%

第十四条　分支机构按以下公式计算分摊税款：

所有分支机构分摊税款总额＝汇总纳税企业当期应纳所得税额×50%

某分支机构分摊税款＝所有分支机构分摊税款总额×该分支机构分摊比例

第十五条　总机构应按照上年度分支机构的营业收入、职工薪酬和资产总额三个因素计算各分支机构分摊所得税款的比例；三级及以下分支机构，其营业收入、职工薪酬和资产总额统一计入二级分支机构；三因素的权重依次为0.35、0.35、0.30。

计算公式如下：

某分支机构分摊比例＝(该分支机构营业收入/各分支机构营业收入之和)×0.35
＋(该分支机构职工薪酬/各分支机构职工薪酬之和)×0.35
＋(该分支机构资产总额/各分支机构资产总额之和)×0.30

分支机构分摊比例按上述方法一经确定后，除出现本办法第五条第(四)项和第十六条第二、三款情形外，当年不作调整。

第十六条　总机构设立具有主体生产经营职能的部门(非本办法第四条规定的二级分支机构)，且该部门的营业收入、职工薪酬和资产总额与管理职能部门分开核算的，可将该部门视同一个二级分支机构，按本办法规定计算分摊并就地缴纳企业所得税；该部门与管理职能部门的营业收入、职工薪酬和资产总额不能分开核算的，该部门不得视同一个二级分支机构，不得按本办法规定计算分摊并就地缴纳企业所得税。

汇总纳税企业当年由于重组等原因从其他企业取得重组当年之前已存在的二级分支机构，并作为本企业二级分支机构管理的，该二级分支机构不视同当年新设立的二级分支机构，按本办法规定计算分摊并就地缴纳企业所得税。

汇总纳税企业内就地分摊缴纳企业所得税的总机构、二级分支机构之间，发生合并、分立、管理层级变更等形成的新设或存续的二级分支机构，不视同当年新设立的二级分支机构，按本办法规定计算分摊并就地缴纳企业所得税。

第十七条　本办法所称分支机构营业收入，是指分支机构销售商品、提供劳务、让渡资产使用权等日常经营活动实现的全部收入。其中，生产经营企业分支机构营业收入是指生产经营企业分支机构销售商品、提供劳务、让渡资产使用权等取得的全部收入。金融企业分支机构营业收入是指金融企业分支机构取得的利息、手续费、佣金等全部收入。保险企业分支机构营业收入是指保险企业分支机构取得的保费等全部收入。

本办法所称分支机构职工薪酬，是指分支机构为获得职工提供的服务而给予各种形式的报酬以及其他相关支出。

本办法所称分支机构资产总额，是指分支机构在经营活动中实际使用的应归属于该分支机构的资产合计额。

本办法所称上年度分支机构的营业收入、职工薪酬和资产总额，是指分支机构上年度全年的营业收入、职工薪酬数据和上年度12月31日的资产总额数据，是依照国家统一会计制度的规定核算的数据。

一个纳税年度内，总机构首次计算分摊税款时采用的分支机构营业收入、职工薪酬和资产总额数据，与此后经过中国注册会计师审计确认的数据不一致的，不作调整。

第十八条　对于按照税收法律、法规和其他规定，总机构和分支机构处于不同税率地区的，先由总机构统一计算全部应纳税所得额，然后按本办法第六条规定的比例和按第十五条计算的分摊比例，计算划分不同税率地区机构的应纳税所得额，再分别按各自的适用税率计算应纳税额后加总计算出汇总纳税企业的应纳所得税总额，最后按本办法第六条规定的比例和按第十五条计算的分摊比例，向总机构和分支机构分摊就地缴纳的企业所得税款。

第十九条　分支机构所在地主管税务机关应根据经总机构所在地主管税务机关受理的汇总纳税企业分支机构所得税分配表、分支机构的年度财务报表(或年度财务状况和营业收支情况)等，对其主管分支机构计算分摊税款比例的三个因素、计算的分摊税款比例和应分摊缴纳的所得税税款进行查验核对；对查验项目有异议的，应于收到汇总纳税企业分支机构所得税分配表后30日内向企业总机构所在地主管税务机关提出书面复核建议，并附送相关数据资料。

总机构所在地主管税务机关必须于收到复核建议后30日内，对分摊税款的比例进行复核，作出调整或维持原比例的决定，并将复核结果函复分支机构所在地主管税务机关。分支机构所在地主管税务机关应执行总机构所在地主管税务机关的复核决定。

总机构所在地主管税务机关未在规定时间内复核并函复复核结果的，上级税务机关应对总机构所在地主管税务机关按照有关规定进行处理。

复核期间，分支机构应先按总机构确定的分摊比例申报缴纳税款。

第二十条 汇总纳税企业未按照规定准确计算分摊税款，造成总机构与分支机构之间同时存在一方（或几方）多缴另一方（或几方）少缴税款的，其总机构或分支机构分摊缴纳的企业所得税低于按本办法规定计算分摊的数额的，应在下一税款缴纳期内，由总机构将按本办法规定计算分摊的税款差额分摊到总机构或分支机构补缴；其总机构或分支机构就地缴纳的企业所得税高于按本办法规定计算分摊的数额的，应在下一税款缴纳期内，由总机构将按本办法规定计算分摊的税款差额从总机构或分支机构的分摊税款中扣减。

第四章 日常管理

第二十一条 汇总纳税企业总机构和分支机构应依法办理税务登记，接受所在地主管税务机关的监督和管理。

第二十二条 总机构应将其所有二级及以下分支机构（包括本办法第五条规定的分支机构）信息报其所在地主管税务机关备案，内容包括分支机构名称、层级、地址、邮编、纳税人识别号及企业所得税主管税务机关名称、地址和邮编。

分支机构（包括本办法第五条规定的分支机构）应将其总机构、上级分支机构和下属分支机构信息报其所在地主管税务机关备案，内容包括总机构、上级机构和下属分支机构名称、层级、地址、邮编、纳税人识别号及企业所得税主管税务机关名称、地址和邮编。

上述备案信息发生变化的，除另有规定外，应在内容变化后30日内报总机构和分支机构所在地主管税务机关备案，并办理变更税务登记。

分支机构注销税务登记后15日内，总机构应将分支机构注销情况报所在地主管税务机关备案，并办理变更税务登记。

第二十三条 以总机构名义进行生产经营的非法人分支机构，无法提供汇总纳税企业分支机构所得税分配表，应在预缴申报期内向其所在地主管税务机关报送非法人营业执照（或登记证书）的复印件、由总机构出具的二级及以下分支机构的有效证明和支持有效证明的相关材料（包括总机构拨款证明、总分机构协议或合同、公司章程、管理制度等），证明其二级及以下分支机构身份。

二级及以下分支机构所在地主管税务机关应对二级及以下分支机构进行审核鉴定，对应按本办法规定就地分摊缴纳企业所得税的二级分支机构，应督促其及时就地缴纳企业所得税。

第二十四条 以总机构名义进行生产经营的非法人分支机构，无法提供汇总纳税企业分支机构所得税分配表，也无法提供本办法第二十三条规定相关证据证明其二级及以下分支机构身份的，应视同独立纳税人计算并就地缴纳企业所得税，不执行本办法的相关规定。

按上款规定视同独立纳税人的分支机构，其独立纳税人身份一个年度内不得变更。

汇总纳税企业以后年度改变组织结构的，该分支机构应按本办法第二十三条规定报送相关证据，分支机构所在地主管税务机关重新进行审核鉴定。

第二十五条 汇总纳税企业发生的资产损失，应按以下规定申报扣除：

（一）总机构及二级分支机构发生的资产损失，除应按专项申报和清单申报的有关规定各自向所在地主管税务机关申报外，二级分支机构还应同时上报总机构；三级及以下分支机构发生的资产损失不需向所在地主管税务机关申报，应并入二级分支机构，由二级分支机构统一申报。

（二）总机构对各分支机构上报的资产损失，除税务机关另有规定外，应以清单申报的形式向所在地主管税务机关申报。

(三)总机构将分支机构所属资产捆绑打包转让所发生的资产损失,由总机构向所在地主管税务机关专项申报。

二级分支机构所在地主管税务机关应对二级分支机构申报扣除的资产损失强化后续管理。

第二十六条 对于按照税收法律、法规和其他规定,由分支机构所在地主管税务机关管理的企业所得税优惠事项,分支机构所在地主管税务机关应加强审批(核)、备案管理,并通过评估、检查和台账管理等手段,加强后续管理。

第二十七条 总机构所在地主管税务机关应加强对汇总纳税企业申报缴纳企业所得税的管理,可以对企业自行实施税务检查,也可以与二级分支机构所在地主管税务机关联合实施税务检查。

总机构所在地主管税务机关应对查实项目按照《企业所得税法》的规定统一计算查增的应纳税所得额和应纳税额。

总机构应将查补所得税款(包括滞纳金、罚款,下同)的50%按照本办法第十五条规定计算的分摊比例,分摊给各分支机构(不包括本办法第五条规定的分支机构)缴纳,各分支机构根据分摊查补税款就地办理缴库;50%分摊给总机构缴纳,其中25%就地办理缴库,25%就地全额缴入中央国库。具体的税款缴库程序按照财预〔2012〕40号文件第五条等相关规定执行。

汇总纳税企业缴纳查补所得税款时,总机构应向其所在地主管税务机关报送汇总纳税企业分支机构所得税分配表和总机构所在地主管税务机关出具的税务检查结论,各分支机构也应向其所在地主管税务机关报送经总机构所在地主管税务机关受理的汇总纳税企业分支机构所得税分配表和税务检查结论。

第二十八条 二级分支机构所在地主管税务机关应配合总机构所在地主管税务机关对其主管二级分支机构实施税务检查,也可以自行对该二级分支机构实施税务检查。

二级分支机构所在地主管税务机关自行对其主管二级分支机构实施税务检查,可对查实项目按照《企业所得税法》的规定自行计算查增的应纳税所得额和应纳税额。

计算查增的应纳税所得额时,应减除允许弥补的汇总纳税企业以前年度亏损;对于需由总机构统一计算的税前扣除项目,不得由分支机构自行计算调整。

二级分支机构应将查补所得税款的50%分摊给总机构缴纳,其中25%就地办理缴库,25%就地全额缴入中央国库;50%分摊给该二级分支机构就地办理缴库。具体的税款缴库程序按照财预〔2012〕40号文件第五条等相关规定执行。

汇总纳税企业缴纳查补所得税款时,总机构应向其所在地主管税务机关报送经二级分支机构所在地主管税务机关受理的汇总纳税企业分支机构所得税分配表和二级分支机构所在地主管税务机关出具的税务检查结论,二级分支机构也应向其所在地主管税务机关报送汇总纳税企业分支机构所得税分配表和税务检查结论。

第二十九条 税务机关应将汇总纳税企业总机构、分支机构的税务登记信息、备案信息、总机构出具的分支机构有效证明情况及分支机构审核鉴定情况、企业所得税月(季)度预缴纳税申报表和年度纳税申报表、汇总纳税企业分支机构所得税分配表、财务报表(或年度财务状况和营业收支情况)、企业所得税款入库情况、资产损失情况、税收优惠情况、各分支机构参与企业年度纳税调整情况的说明、税务检查及查补税款分摊和入库情况等信息,定期分省汇总上传至国家税务总局跨地区经营汇总纳税企业管理信息交换平台。

第三十条 2008年年底之前已成立的汇总纳税企业,2009年起新设立的分支机构,其企业所得税的征管部门应与总机构企业所得税征管部门一致;2009年起新增汇总纳税企业,其分支机构企业所得税的管理部门也应与总机构企业所得税管理部门一致。

第三十一条 汇总纳税企业不得核定征收企业所得税。

第五章 附　　则

第三十二条 居民企业在中国境内没有跨地区设立不具有法人资格分支机构,仅在同一省、自治区、直辖市和计划单列市(以下称同一地区)内设立不具有法人资格分支机构的,其企业所得税征收管理办法,由各省、自治区、直辖市和计划单列市国家税务局、地方税务局参照本办法联合制定。

居民企业在中国境内既跨地区设立不具有法人资格分支机构,又在同一地区内设立不具有法人资格分支机构的,其企业所得税征收管理实行本办法。

第三十三条 本办法自 2013 年 1 月 1 日起施行。

《国家税务总局关于印发〈跨地区经营汇总纳税企业所得税征收管理暂行办法〉的通知》(国税发〔2008〕28 号)、《国家税务总局关于跨地区经营汇总纳税企业所得税征收管理有关问题的通知》(国税函〔2008〕747 号)、《国家税务总局关于跨地区经营外商独资银行汇总纳税问题的通知》(国税函〔2008〕958 号)、《国家税务总局关于华能国际电力股份有限公司汇总计算缴纳企业所得税问题的通知》(国税函〔2009〕33 号)、《国家税务总局关于跨地区经营汇总纳税企业所得税征收管理若干问题的通知》(国税函〔2009〕221 号)和《国家税务总局关于华能国际电力股份有限公司所属分支机构 2008 年度预缴企业所得税款问题的通知》(国税函〔2009〕674 号)同时废止。

《国家税务总局关于发布〈中华人民共和国企业所得税月(季)度预缴纳税申报表〉等报表的公告》(税务总局公告 2011 年第 64 号)和《国家税务总局关于发布〈中华人民共和国企业所得税月(季)度预缴纳税申报表〉等报表的补充公告》(税务总局公告 2011 年第 76 号)规定与本办法不一致的,按本办法执行。

财政部 海关总署 国家税务总局关于赣州市执行西部大开发税收政策问题的通知

财税〔2013〕4 号

江西省财政厅、国家税务局、地方税务局,海关总署广东分署、各直属海关:

为贯彻落实《国务院关于支持赣南等原中央苏区振兴发展的若干意见》(国发〔2012〕21 号)关于赣州市执行西部大开发政策的规定,现将赣州市执行西部大开发税收政策问题通知如下:

一、对赣州市内资鼓励类产业、外商投资鼓励类产业及优势产业的项目在投资总额内进口的自用设备,在政策规定范围内免征关税。

二、自 2012 年 1 月 1 日至 2020 年 12 月 31 日,对设在赣州市的鼓励类产业的内资企业和外商投资企业减按 15%的税率征收企业所得税。

鼓励类产业的内资企业是指以《产业结构调整指导目录》中规定的鼓励类产业项目为主营业务,且其主营业务收入占企业收入总额 70%以上的企业。

鼓励类产业的外商投资企业是指以《外商投资产业指导目录》中规定的鼓励类项目和《中西部地区外商投资优势产业目录》中规定的江西省产业项目为主营业务,且其主营业务收入占企业收入总额 70%以上的企业。

三、本通知自 2012 年 1 月 1 日起执行。

财政部 海关总署 国家税务总局

2013 年 1 月 10 日

国家税务总局关于营业税改征增值税试点中非居民企业缴纳企业所得税有关问题的公告

国家税务总局公告 2013 年第 9 号

现将营业税改征增值税试点中非居民企业缴纳企业所得税有关问题公告如下:

营业税改征增值税试点中的非居民企业,取得《中华人民共和国企业所得税法》第三条第三款规定的所得,在计算缴纳企业所得税时,应以不含增值税的收入全额作为应纳税所得额。

本公告自发布之日起施行。

特此公告。

关于《营业税改征增值税试点中非居民企业缴纳企业所得税有关问题的公告》的解读

近期参与营业税改征增值税试点的部分地区反映，非居民企业取得企业所得税法第三条第三款规定的所得，如果需要交纳增值税的，在计算缴纳企业所得税时，是否应将合同价款换算成不含增值税价格计算。

按照企业所得税法第十九条第(一)款及企业所得税法实施条例第一百零三条的规定，非居民企业取得企业所得税法第三条第三款规定的所得，应以收入全额为应纳税所得额。按照现行增值税有关规定，增值税为价外税，因此，在计算缴纳企业所得税时，应以不含增值税的收入全额，作为企业所得税计税依据。举例如下：

非居民企业与境内某公司签订特许权使用费合同(假设该合同在营改增前需在地税部门缴纳营业税)，合同价款为100万元人民币，合同约定各项税费由非居民企业承担，假定增值税适用税率为6%，则该境内公司应扣缴非居民企业所得税计算如下：

应纳税所得额＝100/1＋6%＝94.34(万元)

应纳税额＝94.34＊10%＝9.34(万元)

为配合营业税改征增值税试点工作的顺利开展，特将上述问题予以公告明确。

国家税务总局关于企业政策性搬迁所得税有关问题的公告

国家税务总局公告2013年第11号

现就《国家税务总局关于发布〈企业政策性搬迁所得税管理办法〉的公告》(国家税务总局2012年第40号公告)贯彻落实过程中有关问题，公告如下：

一、凡在国家税务总局2012年第40号公告生效前已经签订搬迁协议且尚未完成搬迁清算的企业政策性搬迁项目，企业在重建或恢复生产过程中购置的各类资产，可以作为搬迁支出，从搬迁收入中扣除。但购置的各类资产，应剔除该搬迁补偿收入后，作为该资产的计税基础，并按规定计算折旧或费用摊销。凡在国家税务总局2012年第40号公告生效后签订搬迁协议的政策性搬迁项目，应按国家税务总局2012年第40号公告有关规定执行。

二、企业政策性搬迁被征用的资产，采取资产置换的，其换入资产的计税成本按被征用资产的净值，加上换入资产所支付的税费(涉及补价，还应加上补价款)计算确定。

三、本公告自2012年10月1日起执行。国家税务总局2012年第40号公告第二十六条同时废止。

关于《企业政策性搬迁所得税有关问题的公告》的解读

《国家税务总局关于发布〈企业政策性搬迁所得税管理办法〉的公告》(国家税务总局公告2012年第40号，以下简称第40号公告)自2012年9月下发执行以后，各地在执行该文过程中反映了一些新情况、新问题。根据各地反映，国家税务总局下发了《国家税务总局关于企业政策性搬迁企业所得税有关问题的公告》，现将该公告涉及的内容解读如下：

一、关于新旧政策衔接过渡问题

40号公告发布后，一些地方税务机关和企业反映，由于40号公告中规定，对企业用搬迁补偿收入购置新资产，不得从搬迁补偿收入中扣除，对政府主导的政策性搬迁，原本搬迁补偿就很拮据，如果购置资产不允许扣除，这将导致企业资金紧张，影响企业搬迁进度。因此，希望对40号公告前已经确定的政策性搬迁项目，仍然允许扣除购置资产后，再计算搬迁收益。

根据各地反映的情况，新公告就40号公告前已经确定的政策性搬迁项目做了政策调整，规定企业政策性搬迁项目凡在国家税务总局2012年第40号公告生效前已经签订搬迁协议的，企业重建或恢复生产过程中按规定购置的各类资产，可以作为搬迁支出，从搬迁收入中扣除。但购置的各类资产，应剔除该搬迁补偿收入后，作为该资产的计税基数，并按规定计算折旧或费用摊销。此后签订搬迁协议应按国家税务总局2012年第40号公告有关规定执行。

二、关于资产置换税务处理问题

根据国家税务总局2012年第40号公告规定，企业政策性搬迁凡涉及土地置换的，其换入土地计税成本可按被征用土在的净值，加上换入土地应支付的税费（涉及补价，还应加上补价款）计算确定。对于其他资产置换如何进行税务处理，该公告未作规定。鉴于土地置换与其他资产置换性质相同，可采取同一原则进行相关的税务处理，因此，新公告规定：企业政策性搬迁被征用的资产，采取资产置换的，其换入资产的计税成本按被征用资产的净值，加上换入资产所支付的税费（涉及补价，还应加上补价款）计算确定。

三、关于执行时间问题

本公告是对国家税务总局2012年第40号公告执行前的政策性搬迁项目作出特殊处理，因此，其执行时间应与国家税务总局2012年第40号公告执行时间保持一致。

国家税务总局关于非居民企业派遣人员在中国境内提供劳务征收企业所得税有关问题的公告

国家税务总局公告2013年第19号

根据《中华人民共和国企业所得税法》及其实施条例、中国政府对外签署的避免双重征税协定（含与香港、澳门特别行政区签署的税收安排，以下统称税收协定）以及《国家税务总局关于印发〈中华人民共和国政府和新加坡共和国政府关于对所得避免双重征税和防止偷漏税的协定及议定书条文解释〉的通知》（国税发〔2010〕75号）等规定，现就非居民企业派遣人员在中国境内提供劳务征收企业所得税有关问题公告如下：

一、非居民企业（以下统称"派遣企业"）派遣人员在中国境内提供劳务，如果派遣企业对被派遣人员工作结果承担部分或全部责任和风险，通常考核评估被派遣人员的工作业绩，应视为派遣企业在中国境内设立机构、场所提供劳务；如果派遣企业属于税收协定缔约对方企业，且提供劳务的机构、场所具有相对的固定性和持久性，该机构、场所构成在中国境内设立的常设机构。

在做出上述判断时，应结合下列因素予以确定：

（一）接收劳务的境内企业（以下统称"接收企业"）向派遣企业支付管理费、服务费性质的款项；

（二）接收企业向派遣企业支付的款项金额超出派遣企业代垫、代付被派遣人员的工资、薪金、社会保险费及其他费用；

（三）派遣企业并未将接收企业支付的相关费用全部发放给被派遣人员，而是保留了一定数额的款项；

（四）派遣企业负担的被派遣人员的工资、薪金未全额在中国缴纳个人所得税；

（五）派遣企业确定被派遣人员的数量、任职资格、薪酬标准及其在中国境内的工作地点。

二、如果派遣企业仅为在接收企业行使股东权利、保障其合法股东权益而派遣人员在中国境内提供劳务的，包括被派遣人员为派遣企业提供对接收企业投资的有关建议、代表派遣企业参加接收企业股东大会或董事会议等活动，均不因该活动在接收企业营业场所进行而认定为派遣企业在中国境内设立机构、场所或常设机构。

三、符合第一条规定的派遣企业和接收企业应按照《非居民承包工程作业和提供劳务税收管理暂行办法》（国家税务总局令第19号）规定办理税务登记和备案、税款申报及其他涉税事宜。

四、符合第一条规定的派遣企业应依法准确计算其取得的所得并据实申报缴纳企业所得税；不能如实申报的，税务机关有权按照相关规定核定其应纳税所得额。

五、主管税务机关应加强对派遣行为的税收管理，重点审核下列与派遣行为有关的资料，以及派遣安排的经济实质和执行情况，确定非居民企业所得税纳税义务：

（一）派遣企业、接收企业和被派遣人员之间的合同协议或约定；

（二）派遣企业或接收企业对被派遣人员的管理规定，包括被派遣人员的工作职责、工作内容、工作考核、风险承担等方面的具体规定；

（三）接收企业向派遣企业支付款项及相关账务处理情况，被派遣人员个人所得税申报缴纳资料；

（四）接收企业是否存在通过抵消交易、放弃债权、关联交易或其他形式隐蔽性支付与派遣行为相关费用的情形。

六、主管税务机关根据企业所得税法及本公告规定确定派遣企业纳税义务时，应与被派遣人员提供劳务涉及的个人所得税、营业税的主管税务机关加强协调沟通，交换被派遣人员提供劳务的相关信息，确保税收政策的准确执行。

七、各地在执行本公告规定对非居民企业派遣人员提供劳务进行税务处理时，应严格按照有关规定为派遣企业或接收企业及时办理对外支付相关手续。

八、本公告自 2013 年 6 月 1 日起施行。本公告施行前发生但未作税务处理的事项，依据本公告执行。

特此公告。

关于《非居民企业派遣人员在中国境内提供劳务征收企业所得税有关问题的公告》的解读

《国家税务总局非居民企业派遣人员提供劳务征收企业所得税有关问题的公告》（“公告”）根据企业所得税法的有关规定，旨在明确非居民企业派遣人员提供劳务构成机构、场所履行企业所得税纳税义务等问题。为帮助税务机关和纳税人更好地理解和掌握这一文件，现对公告的发文背景和主要内容解读如下：

一、发文背景

自 2008 年 1 月 1 日实施新企业所得税法以来，各地税务机关国际税务部门对于非居民企业所得税管理加大了力度，政策掌握和执行也逐渐规范化。近年来，部分基层税务机关反映，非居民企业向境内企业，主要是其关联企业，派遣人员担任境内企业高管或其他技术职务，并由境内企业向该境外企业支付派遣人员的工资、薪金，以及管理费等费用，在此情形下，非居民企业是否构成在中国境内设立机构、场所难以把握，由于此类外派模式较普遍存在于外国企业在中国投资的企业中，而企业所得税法、实施条例及相关文件对此仅有原则性的规定，基层税务机关、纳税人和税务代理机构普遍希望税务总局发文予以明确，在税务总局网站在线纳税咨询问答中，也有不少纳税人提出这一问题。

为从技术上解决这一反映比较集中的问题，体现税法执行的公正性和确定性，并使管理规则具备可操作性，我们就相关问题，如提供劳务的派遣模式、费用支付模式开展了广泛的调研，并对形成的初稿征求税务机关、纳税人和税务代理机构的意见，吸收了他们的合理意见和建议，历时一年多，经过多次修改成稿。

非居民企业派遣人员提供劳务税收问题的复杂性，在于被派遣人员与境内企业和境外派遣企业之间的管理、责任和款项支付性质等关系难以厘清，特别对于派遣人员在境内担任高管等公司职务的情形下认定更加困难。从整体而言，此类行为涉及企业所得税、营业税和个人所得税的问题；从企业所得税角度来说，税收协定缔约国对方居民（中国的非居民）是否负有纳税义务，除需要判定其是否构成机构、场所外，还应判定是否构成常设机构。为提高文件的针对性和可操作性，本公告主要从企业所得税法和税收协定角度明确构成机构、场所和常设机构的判定标准、参考因素和相关管理程序，其他税种或涉及税收协定的问题仍遵循相关法规规定或应另发文明确。

二、公告主要解决的问题

判定非居民企业派遣人员在境内提供劳务纳税义务的难点在于确定外派人员的工作性质，由于通常情况下，外派人员受非居民企业派遣，与非居民企业的雇佣关系并不解除，在派遣期间主要在境内企业从事管理、技术等方面的工作，因此，在派遣期间外派人员是作为非居民企业雇员为非居民企业提供劳务，还是属于境内企业雇员为境内企业提供劳务，税企双方存在较大争议，如果属于前者，则非居民企业构成在境内设立机构场所。因此，确定外派人员是否属于非居民企业的雇员并为非居民企业服务的具体标准是解决这一问题的关键，为此，文件从对工作结果承担责任和风险、工作考核评估等方面规定了判定要素。

此外，如何将派遣行为纳入非居民登记申报程序，如何与税务总局关于非居民承包工程和提供劳务的相关规定（见国家税务总局令第19号），以及关于非居民企业所得税核定、对外支付开具税务证明规定相衔接，也是公告解决的主要问题。

三、公告的主要内容

首先，对于非居民企业派遣人员在境内提供劳务从两个角度明确了构成机构、场所的判定要素，一是根据被派遣企业人员的工作结果责任和风险由谁承担，来判定派遣人员所从事的工作性质与派遣企业还是与境内企业有实质联系；这是基本判定因素，与构成常设机构的判定具有原则和逻辑上的一致性，二是列举五个方面的参考因素，主要从费用支付相关的情况，考察派遣企业是否通过收取费用取得来源于中国所得，以支持第一层次的判断。这五个方面的因素，大部分属于并列的情形，也就是说，一般而言，只要符合其中之一，加上前面的定性条件，就可以判定构成机构、场所和常设机构。值得注意的是，如果被派遣人员的工资、薪金已经全额在中国缴纳个人所得税，即使派遣企业负担其中的全部或部分费用，由于不存在派遣企业负担工资、薪金或通过派遣行为取得所得的情况，因此规定此种情形不作为判断构成机构、场所的因素。

其次，公告规定派遣行为应该纳入正常的税收管理规范，根据企业所得税法和国家税务总局令第19号相关规定进行登记申报和资料报送，并要求据实申报，或在不能如实申报的情况下核定征税。

此外，公告对于税务机关审核派遣行为性质的内容、方法提出了具体指引。外派人员提供劳务行为涉及涉税信息的采集以及国地税之间的协调配合，以确定与企业所得税相关的个人所得税、营业税等问题，因此，文件从纳税人提供资料以及国地税的配合等方面提出了要求。

四、理解和执行公告应注意的问题

（一）有关构成常设机构问题。在派遣企业属于与中国有税收协定的协定国或地区居民的情况下，如果被判定为在中国境内构成机构、场所，并需要享受协定待遇的，需要根据税收协定执行规定的有关内容和程序，包括根据协定条款具体判定常设机构是否构成，以及进行相应的备案。构成机构场所但未构成常设机构的，其取得的归属于机构场所的所得在中国不负有纳税义务。由于此公告主要针对的派遣人员在境内担任固定职务的时间通常超过6个月，因此，判断属于此种特殊情形的，必须在严格区分机构场所和常设机构概念的基础上，提出相关的理由和资料，证明其虽构成机构场所但不构成常设机构，在本公告界定的外派劳务的模式下，此种构成机构、场所但不构成常设机构的情形属于例外情形。

（二）公告对派遣行为涉及的对外支付，非居民企业、支付人和税务机关都应该严格遵照税务总局下发的对外支付出具税务证明的相关规定执行。主管税务机关在境内机构和个人提交对外支付申请表并填写完整、所附资料齐全的，应当场为其出具税务证明，不得以相关纳税义务难以判断等为理由，拖延或阻碍正常的对外支付行为。

（三）涉及公告施行前发生的事项，如果未作税务处理的，包括有相关款项未对外支付，或未申报纳税等情形下的，应当根据本公告的规定，重新进行判定，符合条件的，应相应进行登记、申报纳税及相关税务管理。

国家税务总局关于苏州工业园区有限合伙制创业投资企业法人合伙人企业所得税政策试点有关征收管理问题的公告

国家税务总局公告2013年第25号

为进一步贯彻落实国家鼓励科技创新的税收优惠政策，加强征收管理工作，根据《财政部 国家税务总局关于苏州工业园区有限合伙制创业投资企业法人合伙人企业所得税试点政策的通知》（财税〔2012〕67号）以及相关规定，制定本公告。

一、注册在苏州工业园区内的有限合伙制创业投资企业的法人合伙人(以下简称法人合伙人)，是指依照《中华人民共和国企业所得税法》及其实施条例以及相关规定，实行查账征收企业所得税的法人居民企业。

二、符合财税〔2012〕67号文件第三条规定条件的有限合伙制创业投资企业(以下简称创业投资企业)以股权投资方式投资于未上市中小高新技术企业，在试点期间内满2年(24个月)的，其法人合伙人可按规定享受优惠政策。

三、法人合伙人按照财税〔2012〕67号文件第二条规定计算其投资额的70%抵扣从该创业投资企业分得的应纳税所得额。如果法人合伙人在苏州工业园区内投资于多个符合条件的创业投资企业，可合并计算其可抵扣的投资额和分得的应纳税所得额。当年不足抵扣的，可结转以后纳税年度继续抵扣；当年抵扣后有结余的，应按照企业所得税法的规定计算缴纳企业所得税。

四、创业投资企业应纳税所得额的确定及分配，按照《财政部 国家税务总局关于合伙企业合伙人所得税问题的通知》(财税〔2008〕159号)相关规定执行。

五、创业投资企业应在年度终了后3个月内(2012年度可在年度终了后5个月内)，按有关规定向苏州工业园区主管税务机关报送有关纳税申报的资料。

凡其法人合伙人符合享受优惠条件的创业投资企业，须同时报送《国家税务总局关于实施创业投资企业所得税优惠问题的通知》(国税发〔2009〕87号)第四条规定的备案资料、《有限合伙制创业投资企业法人合伙人应纳税所得额抵扣情况明细表》和创业投资企业的验资报告。

苏州工业园区主管税务机关受理后，负责审核该年度创业投资企业的应纳税所得额、法人合伙人的分配比例、法人合伙人分得的应纳税所得额、法人合伙人可抵扣的投资额等项目，并在《有限合伙制创业投资企业法人合伙人应纳税所得额抵扣情况明细表》盖章确认后，一份交还创业投资企业，两份由创业投资企业转交法人合伙人(其中一份由法人合伙人转交当地主管税务机关)，一份由苏州工业园区主管税务机关留存。

六、法人合伙人向其所在地主管税务机关申请享受投资抵扣应纳税所得额时，除需按照国税发〔2009〕87号文件第四条的规定报送备案资料外，还需提交苏州工业园区主管税务机关受理盖章后的《有限合伙制创业投资企业法人合伙人应纳税所得额抵扣情况明细表》以及该创业投资企业的验资报告。

法人合伙人所在地主管税务机关对相关备案资料有疑义的，可向苏州工业园区主管税务机关函证或在苏州工业园区税务机关网站查询，苏州工业园区税务机关应及时回复法人合伙人所在地主管税务机关的函询。

七、苏州工业园区税务机关在执行政策过程中，须做好政策效应评估工作。各地税务机关在执行中发现问题，应及时向国家税务总局(所得税司)反馈。

八、本公告自2012年1月1日起施行。

特此公告。

附件：有限合伙制创业投资企业法人合伙人应纳税所得额抵扣情况明细表(略)

关于《苏州工业园区有限合伙制创业投资企业法人合伙人企业所得税政策试点有关征收管理问题的公告》的解读

为进一步促进创业投资企业的发展，根据国务院有关文件精神，《财政部 国家税务总局下发了关于苏州工业园区有限合伙制创业投资企业法人合伙人企业所得税试点政策的通知》(财税〔2012〕67号)。为贯彻落实上述文件，做好政策试点工作，总局颁布了《国家税务总局关于苏州工业园区有限合伙制创业投资企业法人合伙人企业所得税政策试点有关征收管理问题的公告》(以下简称公告)，现解读如下：

一、公告第一条明确了财税〔2012〕67号文件中法人合伙人的范畴。财税〔2008〕159号文件规定："合伙企业以每一个合伙人为纳税义务人。合伙企业合伙人是自然人的，缴纳个人所得税；合伙人是法人和其他组织的，缴纳企业所得税"。此条款表明，只有依法应缴纳企业所得税的法人和其他组织才能享受试点政策，因此，在公告第一条中明确了财税〔2012〕67号文件中的法人合伙人为依照《中华人民共和国企业所得税法》的规定缴纳企业所得税的法人居民企业。同时，根据国税函〔2009〕377号文件的规定，限定了法人合伙人的企业所得税征收方式为查账征收。

二、公告明确了财税〔2012〕67号文件的适用范围，为在苏州工业园区设立的有限合伙制创业投资企业采取股权投资方式投资于未上市中小高新技术企业，在试点期间内满2年（24个月）的，其法人合伙人可以享受该试点政策。这样规定主要是基于财税〔2012〕67号文件关于该试点政策有效期的明确规定。

三、公告第三条明确了法人合伙人投资于多家苏州工业园区有限合伙制创业投资企业，可以合并计算可抵扣的投资额和分得的应纳税所得额。这是考虑到法人合伙人可能会投资多家符合条件的创业投资企业，创业投资企业的分配可能会有所差别，有些会有应纳税所得额的分配，有些则没有，因创业投资企业的投资活动本身具有一定的风险，有些项目可能永远没有回报。如果限定其可抵扣的投资额仅能抵减从其对应投资的创业投资企业分得的应纳税所得额，则会造成法人合伙人的可抵扣投资额无法完全得到抵减，从而削弱财税〔2012〕67号文件的政策效应。公告中同时明确了对于当年抵扣有结余的，应按税法规定缴纳企业所得税。

四、公告第四条明确了在苏州工业园区实施的有限合伙制创业投资企业法人合伙人企业所得税政策试点过程中，仍应依据财税〔2008〕159号文件解决创业投资企业应纳税所得额的确定及合理分配问题。新企业所得税法实施以来，有关合伙制所得税问题的纲领性文件主要是财税〔2008〕159号文件，该文件确立了“先分后税”的基本原则，也规定了合伙企业应纳税所得额的计算及分配原则，为此，目前暂以此文件作为试点政策的配套征收管理工作的依据。

五、公告第五条明确了试点政策中创业投资企业所在地主管税务机关的监管责任。创业投资企业需按年向苏州工业园区税务机关办理年度纳税申报。对于符合优惠条件的，需按照文件要求附报相关备案资料以及创业投资企业的验资报告，以便苏州工业园区主管税务机关进行审核。国税发〔2009〕87号文件明确的创业投资抵扣优惠备案资料以及创业投资企业的验资报告都将有利于主管税务机关对《有限合伙制创业投资企业法人合伙人应纳税所得额抵扣情况明细表》的审核。之所以设定3个月的申报期限，主要考虑一方面与一般合伙企业的个人所得税申报时间保持一致，另一方面也保证了法人合伙人在5月31日前进行年度企业所得税汇缴申报时，能够及时提供有关纳税申报资料。

六、公告第六条明确了苏州工业园区创业投资企业的法人合伙人申请优惠备案的手续。由于有限合伙制创业投资企业的经营所得和其他所得采取“先分后税”的原则，且创业投资企业主管税务机关与创业投资企业的法人合伙人的主管税务机关有可能不一致，为便于法人合伙人主管税务机关加强监管，因此要求法人合伙人在投资创业投资企业时就需要按照主管税务机关的要求办理相关备案手续，并特别要求报送经苏州工业园区主管税务机关进行审核后的《有限合伙制创业投资企业应纳税所得额抵扣情况明细表》，这一方面是现行所得税优惠管理的要求，另一方面也有利于法人合伙人主管税务机关及时获得抵扣信息的详细资料，兑现优惠政策。同时，为避免法人合伙人所在地主管税务机关对可抵扣信息产生疑义，文件明确了可向苏州工业园区税务机关网站查询，同时要求苏州工业园区税务机关应及时回复有关函询。

七、公告第七条要求各地及时反馈政策试点情况。由于财税〔2012〕67号文件是对有限合伙制创业投资企业所得税政策的试点政策，因此在执行过程中可能会遇到各类问题。苏州工业园区作为此次政策试点地区，需要做好政策效应评估工作，并及时向国家税务总局反馈执行中发现的问题，各地税务机关对试点政策执行过程中发现的问题，也应及时向税务总局反馈，共同推动做好政策试点工作，从而有利于试点政策未来在全国的推广。

八、公告第八条明确了本公告的生效时间。由于国务院批准的政策试点期限为2012年1月1日至2013年12月31日，因此，本公告的生效时间追溯至2012年1月1日。

国家税务总局关于电网企业电网新建项目享受所得税优惠政策问题的公告

国家税务总局公告2013年第26号

经研究，现将居民企业电网新建项目享受企业所得税优惠政策的有关问题公告如下：

一、根据《中华人民共和国企业所得税法》及其实施条例的有关规定，居民企业从事符合《公共基础设施项目企业所得税优惠目录(2008 年版)》规定条件和标准的电网(输变电设施)的新建项目，可依法享受“三免三减半”的企业所得税优惠政策。基于企业电网新建项目的核算特点，暂以资产比例法，即以企业新增输变电固定资产原值占企业总输变电固定资产原值的比例，合理计算电网新建项目的应纳税所得额，并据此享受“三免三减半”的企业所得税优惠政策。电网企业新建项目享受优惠的具体计算方法如下：

(一)对于企业能独立核算收入的 330KV 以上跨省及长度超过 200KM 的交流输变电新建项目和 500KV 以上直流输变电新建项目，应在项目投运后，按该项目营业收入、营业成本等单独计算其应纳税所得额；该项目应分摊的期间费用，可按照企业期间费用与分摊比例计算确定，计算公式为：

$$\text{应分摊的期间费用}=\text{企业期间费用}\times\text{分摊比例}$$

$$\text{第一年分摊比例}=\begin{matrix}\text{该项目输变}\\\text{电资产原值}\end{matrix}\Big/\left[\left(\begin{matrix}\text{当年企业期初}\\\text{总输变电资产原值}\end{matrix}+\begin{matrix}\text{当年企业期末}\\\text{总输变电资产原值}\end{matrix}\right)/2\right]\times\left(\begin{matrix}\text{当年取得第一笔生产经营}\\\text{收入至当年底的月份数}\end{matrix}/12\right)$$

$$\begin{matrix}\text{第二年及以后}\\\text{年度分摊比例}\end{matrix}=\begin{matrix}\text{该项目输变}\\\text{电资产原值}\end{matrix}\Big/\left[\left(\begin{matrix}\text{当年企业期初}\\\text{总输变电资产原值}\end{matrix}+\begin{matrix}\text{当年企业期末}\\\text{总输变电资产原值}\end{matrix}\right)/2\right]$$

(二)对于企业符合优惠条件但不能独立核算收入的其他新建输变电项目，可先依照企业所得税法及相关规定计算出企业的应纳税所得额，再按照项目投运后的新增输变电固定资产原值占企业总输变电固定资产原值的比例，计算得出该新建项目减免的应纳税所得额。享受减免的应纳税所得额计算公式为：

$$\text{当年减免的应纳税所得额}=\text{当年企业应纳税所得额}\times\text{减免比例}$$

$$\begin{aligned}\begin{matrix}\text{减免}\\\text{比例}\end{matrix}=&\left[\begin{matrix}\text{当年新增输变}\\\text{电资产原值}\end{matrix}\Big/\left(\begin{matrix}\text{当年企业期初}\\\text{总输变电资产原值}\end{matrix}+\begin{matrix}\text{当年企业期末}\\\text{总输变电资产原值}\end{matrix}\right)/2\right]\times1/2\\&+\left(\begin{matrix}\text{符合税法规定、享受到第二年}\\\text{和第三年输变电资产原值之和}\end{matrix}\right)\Big/\left[\left(\begin{matrix}\text{当年企业期初}\\\text{总输变电资产原值}\end{matrix}+\begin{matrix}\text{当年企业期末}\\\text{总输变电资产原值}\end{matrix}\right)/2\right]\\&+\left[\left(\begin{matrix}\text{符合税法规定、享受到第四年}\\\text{至第六年输变电资产原值之和}\end{matrix}\right)\Big/\left(\begin{matrix}\text{当年企业期初}\\\text{总输变电资产原值}\end{matrix}+\begin{matrix}\text{当年企业期末}\\\text{总输变电资产原值}\end{matrix}\right)/2\right]\times1/2\end{aligned}$$

二、依照本公告规定享受有关企业所得税优惠的电网企业，应对其符合税法规定的电网新增输变电资产按年建立台账，并将相关资产的竣工决算报告和相关项目政府核准文件的复印件于次年 3 月 31 日前报当地主管税务机关备案。

三、本公告自 2013 年 1 月 1 日起施行。居民企业符合条件的 2013 年 1 月 1 日前的电网新建项目，已经享受企业所得税优惠的不再调整；未享受企业所得税优惠的可依照本公告的规定享受剩余年限的企业所得税优惠政策。

特此公告。

关于《电网企业电网新建项目享受所得税优惠政策问题的公告》的解读

一、公告出台的背景情况

根据《中华人民共和国企业所得税法》及其实施条例和《公共基础设施项目企业所得税优惠目录》(2008版)(以下简称目录)的相关规定，符合规定条件和标准的电网(输变电设施)新建项目可享受“三免三减半”的企业所得税优惠政策。但依照企业所得税法实施条例第一百零二条的规定，企业同时从事适用不同企业所得税待遇项目的，其优惠项目应当单独计算所得，并合理分摊企业的期间费用；没有单独计算的，不得享受企业所得税优惠。据此，电网企业对于新增符合优惠条件的投资项目的所得应进行单独计算，并合理分摊企业的期间费用，否则不能享受优惠。

就电网企业的新增电网投资项目而言，新建跨区跨省交直流输变电项目一般有独立的输电价格，可核算收入和成本，但如要做到单独核算该项目的所得，应需找到该项目分摊期间费用的合理方法；而农村电网等项目由于受电网网络特点和电价体制的限制，没有独立的输配电价格，难以单独计量每个项目的输送电量,因此,无法计算单个项目的收入。

基于上述情况和特点,电网企业新增项目的“三免三减半”优惠政策2008年以来一直没有得到很好落实。为妥善解决电网企业新增符合优惠条件投资项目享受所得税优惠问题,应电网企业的申请并征求相关省级税务机关的意见,我们出台了该公告。

二、公告的主要内容

(一)对相关计算方法做出了规定

基于电网企业电网新建项目的核算特点,我们规定暂以资产比例法,即企业新增输变电固定资产原值占企业总输变电固定资产原值的比例,来计算电网新建项目的应纳税所得额,并据此享受“三免三减半”的企业所得税优惠政策。针对符合优惠条件投资项目的不同情况分别规定了计算方法:

1. 对于企业能独立核算收入的330KV以上跨省及长度超过200KM的交流输变电新建项目和500KV以上直流输变电新建项目,应在项目投运后,按该项目营业收入、营业成本等单独计算其应纳税所得额;该项目应分摊的期间费用,可按照企业期间费用与分摊比例计算确定,计算公式见公告正文。

2. 对于企业符合优惠条件但不能独立核算收入的其他新建输变电项目,可先依照企业所得税法及相关规定计算出企业的应纳税所得额,再按照项目投运后的新增输变电固定资产原值占企业总输变电固定资产原值的比例,计算得出该新建项目减免的应纳税所得额。享受减免的应纳税所得额计算公式见公告正文。

(二)对优惠项目的管理和备案做出了规定

鉴于电网企业新建项目数量较多,为简化税企双方日常逐一备案的繁琐手续,公告规定享受有关企业所得税优惠的电网企业,应对其符合税法规定的电网新增输变电资产按年建立台账,并将相关资产的竣工决算报告和相关项目政府核准文件的复印件于次年3月31日前报当地主管税务机关备案即可。

(三)对公告的执行日期及以前事项的处理做出了规定

由于企业所得税实行按年度计算,故规定本公告自2013年1月1日起执行。对以前事项拟按下述原则进行处理:居民企业符合条件的2013年1月1日前的电网新建项目,已经享受企业所得税优惠的则不再调整;未享受企业所得税优惠的可依照本公告的规定享受剩余年限的企业所得税优惠政策。

国家税务总局关于中国华融资产管理股份有限公司和中国东方资产管理公司企业所得税征管问题的公告

国家税务总局公告2013年第38号

《财政部 国家税务总局 中国人民银行关于明确中国邮政储蓄银行等企业所得税收入归属的通知》(财预〔2013〕34号)规定,中国华融资产管理股份有限公司、中国东方资产管理公司缴纳的企业所得税为中央收入,全部缴入中央国库。根据《国家税务总局关于中国工商银行股份有限公司等企业企业所得税有关征管问题的通知》(国税函〔2010〕184号)精神,现将中国华融资产管理股份有限公司和中国东方资产管理公司企业所得税征管问题公告如下:

一、中国华融资产管理股份有限公司、中国东方资产管理公司应缴纳的企业所得税,由企业总机构统一汇总计算后,向总机构所在地主管税务机关申报预缴,年终进行汇算清缴。上述企业所属二级分支机构应按照企业所得税的有关规定,向其当地主管税务机关报送企业所得税预缴申报表和其他相关资料,各分支机构不就地预缴企业所得税。

二、中国华融资产管理股份有限公司、中国东方资产管理公司及其所属分支机构发生的资产损失,按照《国家税务总局关于发布〈企业资产损失所得税税前扣除管理办法〉的公告》(国家税务总局公告2011年第25号)的规定办理。

三、中国华融资产管理股份有限公司、中国东方资产管理公司所属二级分支机构名单由国家税务总局公布。上述企业所属二级以下(不含)分支机构名单,由二级分支机构向所在地主管税务机关提供,经所在地省税务机关审核后公布。企业分支机构发生增减变化的,应及时上报国家税务总局及二级分支机构所在地主管税务机关，由国家税务总局和二级分支机构所在地省税务机关重新公布所属分支机构名单。

四、本公告自2013年1月1日起执行。

特此公告。

附件：1. 中国华融资产管理股份有限公司所属二级分支机构名单（略）

2. 中国东方资产管理公司所属二级分支机构名单（略）

关于《中国华融资产管理股份有限公司和中国东方资产管理公司企业所得税征管问题的公告》的解读

根据《国家税务总局关于印发〈跨地区经营汇总纳税企业所得税征收管理暂行办法〉的通知》（国税发〔2008〕28号）规定，《国家税务总局关于中国工商银行股份有限公司等企业企业所得税有关征管问题的通知》（国税函〔2010〕184号）明确了中国工商银行股份有限公司等企业所得税收入全额归属中央的企业由总机构统一计算并缴纳企业所得税，分支机构不实行就地预缴的征管办法，并由总局发布各企业所属二级分支机构名单。《财政部 国家税务总局 中国人民银行关于明确中国邮政储蓄银行等企业所得税收入归属的通知》（财预〔2013〕34号）明确，中国华融资产管理股份有限公司和中国东方资产管理公司缴纳的企业所得税为中央收入，全部缴入中央国库。为保持企业所得税收入全额归属中央的企业征管政策的一致性，便于中国华融资产管理股份有限公司和中国东方资产管理公司所属二级分支机构所在地税务机关对其所属二级分支机构的管理，参照国税函〔2010〕184号文件的规定，明确了这两户企业的所得税征管办法。同时公布其所属二级分支机构名单。

国家税务总局关于企业混合性投资业务企业所得税处理问题的公告

国家税务总局公告2013年第41号

根据《中华人民共和国企业所得税法》及其实施条例（以下简称税法）的规定，现就企业混合性投资业务企业所得税处理问题公告如下：

一、企业混合性投资业务，是指兼具权益和债权双重特性的投资业务。同时符合下列条件的混合性投资业务，按本公告进行企业所得税处理：

（一）被投资企业接受投资后，需要按投资合同或协议约定的利率定期支付利息（或定期支付保底利息、固定利润、固定股息，下同）；

（二）有明确的投资期限或特定的投资条件，并在投资期满或者满足特定投资条件后，被投资企业需要赎回投资或偿还本金；

（三）投资企业对被投资企业净资产不拥有所有权；

（四）投资企业不具有选举权和被选举权；

（五）投资企业不参与被投资企业日常生产经营活动。

二、符合本公告第一条规定的混合性投资业务，按下列规定进行企业所得税处理：

（一）对于被投资企业支付的利息，投资企业应于被投资企业应付利息的日期，确认收入的实现并计入当期应纳税所得额；被投资企业应于应付利息的日期，确认利息支出，并按税法和《国家税务总局关于企业所得税若干问题的公告》（2011年第34号）第一条的规定，进行税前扣除。

（二）对于被投资企业赎回的投资，投资双方应于赎回时将赎价与投资成本之间的差额确认为债务重组损益，分别计入当期应纳税所得额。

三、本公告自2013年9月1日起执行。此前发生的已进行税务处理的混合性投资业务，不再进行纳税调整。

特此公告。

关于《企业混合性投资业务企业所得税处理问题的公告》的解读

金融是现代经济的核心，金融市场(包括资本市场)的健康、可持续发展离不开金融工具的广泛运用和金融业务的不断创新。近年来，随着我国金融工具交易和金融产品创新快速发展，出现了许多既具有传统业务特征，同时有别于传统业务的创新业务。现行企业所得税法就这些问题，没有清晰规定，各方存在理解和认识角度不同，出现各地政策执行口径不一。鉴于混合性投资业务作为企业一项创新投资业务，已被许多企业大量运用。尤其是信托公司，开展此类投资业务甚多。因此，迫切需要研究、制定相关税收政策为之配套。根据当前税收实际征管需要，最近，国家税务总局制定下发了《国家税务总局关于企业混合性投资业务企业所得税处理问题的公告》(以下简称《公告》)。现将《公告》有关内容解读如下：

一、为什么将混合性投资业务按债权投资业务进行税务处理?

混合性投资业务是指兼具权益性投资和债权性投资双重特征的投资业务。现行企业所得税制对此类投资业务取得回报的税务处理是不同的。权益性投资取得回报，一般体现为股息收入，按照规定可以免征企业所得税；同时，被投资企业支付的股息不能作为费用在税前扣除；债权性投资取得回报为利息收入，按照规定应当缴纳企业所得税；同时，被投资企业支付的利息也准予在税前扣除。由于混合性投资业务兼具权益性投资和债权性投资双重特征，需要统一此类投资业务政策执行口径。因此，鉴于混合性投资业务的特点，《公告》将此类投资业务，归属于债权投资业务，并要求按照债权投资业务进行企业所得税处理。

二、企业混合性投资业务应具备哪些条件?

按本《公告》进行税务处理的混合性投资业务，列举了以下必须同时符合的5个条件：

(一)被投资企业接受投资后，需要按投资合同或协议约定的利率定期支付利息，包括支付保底利息、固定利润或固定股息等。也就是说，此类投资回报不与被投资企业的经营业绩挂钩，不是按企业的投资效益进行分配，也不是按投资者的股份份额取得回报。投资者没有或很少承担投资风险的一种投资，实际为企业一种融资形式。

(二)有明确的投资期限或特定的投资条件，并在投资期满或者满足特定投资条件后，被投资企业应当偿还本金或按投资合同或协议约定的价格赎回投资。也就是说，投资期限无论是否届满，只要合同或协议约定的、需要由被投资企业偿还本金或赎回投资的条件已经满足，被投资企业必须偿还本金或赎回投资。被投资企业偿还本金或赎回投资后，作减资处理。

(三)被投资企业如果依法停止生产经营活动需要清算的，投资企业的投资额可以按债权进行优先清偿，但对被投资企业净资产不能按投资份额拥有所有权。

(四)投资企业不具有选举权和被选举权。被投资企业在选举董事会、监事会成员时，投资企业不能按持股份比例进行表决或被选为成员。

(五)不参与被投资企业日常生产经营活动。但是，投资资金如果指定了专门用途的，投资方企业可以监督其资金运用情况。

三、被投资企业支付利息如何进行税务处理?

按合同或协议约定，由被投资企业定期支付利息的，投资企业应当于被投资企业应付利息的日期，根据合同或协议约定的利率，计算确定本期利息收入并计入当期应纳税所得额；被投资企业应于应付利息的日期确认本期利息支出，并按税法实施条例和《国家税务总局关于企业所得税若干问题的公告》(2011年34号)规定的限定利率，在当期进行税前扣除。

四、被投资企业赎回投资如何进行税务处理?

投资期满或满足特定条件后，由被投资企业按投资合同或协议约定价格赎回的，应区分下列情况分别进行处理：

(一)当实际赎价高于投资成本时，投资企业应将赎价与投资成本之间的差额，在赎回时确认为债务重组收益，并计入当期应纳税所得额；被投资企业应将赎价与投资成本之间的差额，在赎回当期确认为债务重组损失，并准予在税前扣除。

（二）当实际赎价低于投资成本时，投资企业应将赎价与投资成本之间的差额，在赎回当期按规定确认为债务重组损失，并准予在税前扣除；被投资企业应将赎价与投资成本之间的差额，在赎回当期确认为债务重组收益，并计入当期应纳税所得额。

五、以前年度混合性投资业务税务处理如何衔接？

本《公告》生效后，以前年度的混合性投资业务税务事项，不论是按照股息收入、还是按照利息收入进行税务处理，均不再调整。没有处理的，按照本《公告》规定处理。

国家税务总局关于执行软件企业所得税优惠政策有关问题的公告

国家税务总局公告 2013 年第 43 号

根据《中华人民共和国企业所得税法》及其实施条例、《国务院关于印发进一步鼓励软件产业和集成电路产业发展若干政策的通知》（国发〔2011〕4 号）、《财政部 国家税务总局关于进一步鼓励软件产业和集成电路产业发展企业所得税政策的通知》（财税〔2012〕27 号）、《国家税务总局关于软件和集成电路企业认定管理有关问题的公告》（国家税务总局公告 2012 年第 19 号）以及《软件企业认定管理办法》（工信部联软〔2013〕64 号）的规定，经商财政部，现将贯彻落实软件企业所得税优惠政策有关问题公告如下：

一、软件企业所得税优惠政策适用于经认定并实行查账征收方式的软件企业。所称经认定，是指经国家规定的软件企业认定机构按照软件企业认定管理的有关规定进行认定并取得软件企业认定证书。

二、软件企业的收入总额，是指《企业所得税法》第六条规定的收入总额。

三、软件企业的获利年度，是指软件企业开始生产经营后，第一个应纳税所得额大于零的纳税年度，包括对企业所得税实行核定征收方式的纳税年度。

软件企业享受定期减免税优惠的期限应当连续计算，不得因中间发生亏损或其他原因而间断。

四、除国家另有政策规定（包括对国家自主创新示范区的规定）外，软件企业研发费用的计算口径按照《国家税务总局关于印发〈企业研究开发费用税前扣除管理办法（试行）〉的通知》（国税发〔2008〕116 号）规定执行。

五、2010 年 12 月 31 日以前依法在中国境内成立但尚未认定的软件企业，仍按照《财政部 国家税务总局关于企业所得税若干优惠政策的通知》（财税〔2008〕1 号）第一条的规定以及《软件企业认定标准及管理办法（试行）》（信部联产〔2000〕968 号）的认定条件，办理相关手续，并继续享受到期满为止。优惠期间内，亦按照信部联产〔2000〕968 号的认定条件进行年审。

六、本公告自 2011 年 1 月 1 日起执行。其中，2011 年 1 月 1 日以后依法在中国境内成立的软件企业认定管理的衔接问题仍按照国家税务总局公告 2012 年第 19 号的规定执行；2010 年 12 月 31 日以前依法在中国境内成立的软件企业的政策及认定管理衔接问题按本公告第五条的规定执行。集成电路生产企业、集成电路设计企业认定和优惠管理涉及的上述事项按本公告执行。

特此公告。

关于《执行软件企业所得税优惠政策有关问题的公告》的解读

一、公告制订目的

为落实《国务院关于印发进一步鼓励软件产业和集成电路产业发展若干政策的通知》（国发〔2011〕4

号),财政部 国家税务总局下发了《财政部 国家税务总局关于进一步鼓励软件产业和集成电路产业发展企业所得税政策的通知》(财税〔2012〕27 号),税务总局发布了《国家税务总局关于软件企业和集成电路企业认定管理有关问题的公告》(国家税务总局公告 2012 年第 19 号),工信部、发展改革委、财政部及税务总局联合下发了《软件企业认定管理办法》(工信部联软〔2013〕64 号)。但各地在实际执行过程中,仍不断反映出一些政策层面的问题,迫切需要加以解决。为此,税务总局会同财政部对有关问题积极进行了研究,根据已达成的一致意见,国家税务总局制订下发了《国家税务总局关于软件企业所得税优惠政策问题的公告》(以下简称公告),主要是针对财税〔2012〕27 号文件政策层面的未尽事宜加以明确,切实解决软件企业所得税优惠政策执行过程中存在的突出问题。

二、公告主要内容的解读

(一)公告明确了实行核定征收的软件企业享受所得税优惠政策的相关问题。一是依据财税〔2009〕69 号文件的规定精神,核定征收企业不得享受企业所得税优惠,而软件企业优惠属于企业所得税优惠的一项重要内容,因此,公告明确该项优惠仅适用实行查账征收的软件企业。二是对实行核定征收与查账征收方式之间进行转换的企业获利年度问题加以明确。由于核定征收企业不能享受相关税收优惠,企业所得税实行核定征收方式的年度,由于存在事实上的应纳税额,因此,视为企业获利年度的开始,此时由于企业不是查账征收企业,不能享受软件企业优惠。对于这种情况,五年减免税的优惠期起始应从核定征收的年度计算。

(二)公告对财税〔2012〕27 号文件关于获利年度的概念进一步加以明确,即,是指企业开始生产经营后的第一个应纳税所得额大于零的纳税年度。并提出了对有关软件企业享受定期减免税的优惠期应当连续计算的要求,不得因中间发生亏损或其他原因而间断。另外,由于企业所得税定期减免税优惠属于按年度计算的优惠方式,在涉及企业年度中间开业情形时,本着合理性原则,公告允许年度中间开业的软件企业做出选择。

(三)财税〔2012〕27 号文件对 2011 年 1 月 1 日后依法成立的软件企业享受优惠问题有明确的规定,对 2010 年 12 月 31 日前依法成立的软件企业,已完成认定的,其享受优惠问题也有明确的规定,但对于 2010 年 12 月 31 日前依法在中国境内成立的软件企业,由于种种原因尚未完成认定的,其如何享受优惠问题则不够明确。为此,本着"老人老办法、新人新办法"的处理原则,公告规定对此类软件企业仍应按照《财政部 国家税务总局关于企业所得税若干优惠政策的通知》(财税〔2008〕1 号)第一条的规定及原软件企业认定办法,继续享受到优惠期满为止。

(四)鉴于财税〔2012〕27 号文件自 2011 年 1 月 1 日起执行,作为财税〔2012〕27 号文件补充性质的公告,本着有利纳税人的追溯原则 ,公告规定的有关事宜也应自 2011 年 1 月 1 日起执行。

国家税务总局关于明确跨地区经营企业所得税汇总纳税分支机构年度纳税申报有关事项的公告

国家税务总局公告 2013 年第 44 号

根据《财政部 国家税务总局 人民银行关于印发〈跨省市总分机构企业所得税分配及预算管理办法〉的通知》(财预〔2012〕40 号)和《国家税务总局关于印发〈跨地区经营汇总纳税企业所得税征收管理办法〉的公告〉》(国家税务总局公告 2012 年第 57 号)的规定,现将跨地区经营汇总纳税企业的分支机构年度纳税申报有关事项公告如下:

跨地区经营汇总纳税企业的分支机构,在进行 2013 年度及以后年度纳税申报时,暂用《国家税务总局关于发布〈中华人民共和国企业所得税月(季)度预缴纳税申报表〉等报表的公告》(国家税务总局公告 2011 年第 64 号)中的《中华人民共和国企业所得税月(季)度预缴纳税申报表(A 类)》格式进行年度纳税申报。分支机构在办理年度所得税应补(退)税时,应同时附报《中华人民共和国企业所得税汇总纳税分支机构分配表》。

特此公告。

关于《明确跨地区经营企业所得税汇总纳税分支机构年度纳税申报有关事项的公告》的解读

政策依据

根据财政部、国家税务总局、人民银行印发《跨省市总分机构企业所得税分配及预算管理办法》的通知(财预〔2012〕40 号)和国家税务总局印发《跨地区经营汇总纳税企业所得税征收管理办法》的公告(2012 年第 57 号公告),企业总机构汇总计算企业年度应纳所得税额,扣除总、分机构已预缴的税款后,应补(退)税款,分别由总机构和各分支机构就地办理缴库和退库。

纳税申报依据

按照《国家税务总局关于发布〈中华人民共和国企业所得税月(季)度预缴纳税申报表〉等报表的公告》(2011 年第 64 号公告)中的《中华人民共和国企业所得税月(季)度预缴纳税申报表(A 类)》格式中相对应的栏次进行年度纳税申报。

汇总纳税企业总支机构按照(财预〔2012〕40 号)计算的应(补)税款,分配给各分支机构的税款,通过“企业所得税汇总纳税分支机构分配表”分给各分支机构。为此,各分支机构年度纳税申报时,还应附报《中华人民共和国企业所得税汇总纳税分支机构分配表》。

财政部 国家税务总局关于中国邮政储蓄银行改制上市有关税收政策的通知

财税〔2013〕53 号

各省、自治区、直辖市、计划单列市财政厅(局)、国家税务局、地方税务局,新疆生产建设兵团财务局:

为支持中国邮政储蓄银行改制上市工作,经国务院批准,现就其改制上市过程中涉及的有关税收政策明确如下:

一、中国邮政储蓄银行改制上市过程中涉及的中国邮政储蓄银行和中国邮政集团公司资产评估增值 1,094,212.3 万元应缴纳的企业所得税不征收入库,直接转计中国邮政集团公司的国有资本金。

二、对上述经过评估的资产,原中国邮政储蓄银行有限责任公司(含所属各级分支行,下同)、中国邮政储蓄银行股份有限公司(含所属各级分支行,下同)和中国邮政集团公司(含各省、自治区、直辖市邮政公司及所属邮政企业,下同)可按评估后的资产价值计提折旧或摊销,并在企业所得税税前扣除。

三、对中国邮政集团公司向原中国邮政储蓄银行有限责任公司转移出资资产、中国邮政集团公司以实物资产抵偿原中国邮政储蓄银行有限责任公司的储蓄和汇兑利息损失挂账,以及中国邮政集团公司与原中国邮政储蓄银行有限责任公司之间进行资产置换过程中涉及的土地、房屋、机器设备、软件和应用系统的权属转移,免征营业税和增值税。

四、对中国邮政集团公司与原中国邮政储蓄银行有限责任公司之间划转、变更土地、房屋等资产权属交易涉及的土地增值税予以免征(《财政部国家税务总局关于土地增值税若干问题的通知》(财税〔2006〕21 号)第五条规定不予免征的情形除外)。

五、中国邮政储蓄银行改制过程中涉及的契税、印花税,按照《财政部国家税务总局关于企业事业单位改制重组契税政策的通知》(财税〔2012〕4 号)和《财政部国家税务总局关于企业改制过程中有关印花税政策的通知》(财税〔2003〕183 号)的规定执行。

财政部 国家税务总局关于研究开发费用税前加计扣除有关政策问题的通知

财税〔2013〕70 号

各省、自治区、直辖市、计划单列市财政厅(局)、国家税务局、地方税务局,新疆生产建设兵团财务局:

根据《中华人民共和国企业所得税法》、《中华人民共和国企业所得税法实施条例》(国务院令第 512 号)和《中共中央 国务院关于深化科技体制改革加快国家创新体系建设的意见》等有关规定,经商科技部同意,现就研究开发费用税前加计扣除有关政策问题通知如下:

一、企业从事研发活动发生的下列费用支出,可纳入税前加计扣除的研究开发费用范围:

(一)企业依照国务院有关主管部门或者省级人民政府规定的范围和标准为在职直接从事研发活动人员缴纳的基本养老保险费、基本医疗保险费、失业保险费、工伤保险费、生育保险费和住房公积金。

(二)专门用于研发活动的仪器、设备的运行维护、调整、检验、维修等费用。

(三)不构成固定资产的样品、样机及一般测试手段购置费。

(四)新药研制的临床试验费。

(五)研发成果的鉴定费用。

二、企业可以聘请具有资质的会计师事务所或税务师事务所,出具当年可加计扣除研发费用专项审计报告或鉴证报告。

三、主管税务机关对企业申报的研究开发项目有异议的,可要求企业提供地市级(含)以上政府科技部门出具的研究开发项目鉴定意见书。

四、企业享受研究开发费用税前扣除政策的其他相关问题,按照《国家税务总局关于印发〈企业研究开发费用税前扣除管理办法(试行)〉的通知》(国税发〔2008〕116 号)的规定执行。

五、本通知自 2013 年 1 月 1 日起执行。

国家税务总局关于中国长城资产管理公司企业所得税征管问题的公告

国家税务总局公告 2013 年第 57 号

根据《财政部 国家税务总局 中国人民银行关于明确中国邮政储蓄银行等企业所得税收入归属的通知》(财预〔2013〕34 号)规定,中国长城资产管理公司缴纳的企业所得税为中央收入,全部缴入中央国库,为此,依据《国家税务总局关于中国工商银行股份有限公司等企业企业所得税有关征管问题的通知》(国税函〔2010〕184 号)规定,现将中国长城资产管理公司企业所得税征管问题公告如下:

一、中国长城资产管理公司企业所得税管理,应按国税函〔2010〕184 号第一条规定执行。

二、中国长城资产管理公司及其所属分支机构发生的资产损失,按照《国家税务总局关于发布〈企业资产损失所得税税前扣除管理办法〉的公告》(国家税务总局公告 2011 年第 25 号)的规定办理。

三、中国长城资产管理公司所属二级分支机构的名单(见附件)现予以公布。企业所属二级以下(不含二级)分支机构名单,由二级分支机构向所在地主管税务机关提供,经所在地省税务机关审核后予以公布。

今后增加的二级分支机构,由二级分支机构提供工商部门出具的二级分支机构营业执照和总机构出具的其为二级分支机构的证明文件,在报送企业所得税预缴申报表时,附送分支机构所在地主管税务机关备案即可,我局不再另行发文公布。今后增加的二级以下(不含二级)分支机构,在报送企业所得税预缴申报表时,将有关情况附送二级分支机构主管税务机关备案即可。

四、本公告自2013年1月1日起施行。

特此公告。

附件:中国长城资产管理公司所属二级分支机构名单(略)

关于《中国长城资产管理公司企业所得税征管问题的公告》的解读

《国家税务总局关于中国工商银行股份有限公司等企业企业所得税有关征管问题的通知》(国税函〔2010〕184号)明确了中国工商银行股份有限公司等企业所得税收入全额归属中央的企业由总机构统一计算并缴纳企业所得税,分支机构不实行就地预缴的征管办法,并由总局发布各企业所属二级分支机构名单。《财政部 国家税务总局 中国人民银行关于明确中国邮政储蓄银行等企业所得税收入归属的通知》(财预〔2013〕34号)明确,中国长城资产管理公司缴纳的企业所得税为中央收入,全部缴入中央国库。为保持企业所得税收入全额归属中央的企业征管政策的一致性,便于中国长城资产管理股份有限公司所属二级分支机构所在地税务机关对其所属二级分支机构的管理,参照国税函〔2010〕184号文件的规定,明确了该企业的所得税征管办法。同时公布其所属二级分支机构名单。

国家税务总局关于中国邮政集团公司企业所得税征管问题的公告

国家税务总局公告2013年第58号

根据《财政部 国家税务总局 中国人民银行关于印发〈跨省市总分机构企业所得税分配及预算管理办法〉的通知》(财预〔2012〕40号)和《财政部 国家税务总局 中国人民银行关于明确中国邮政储蓄银行等企业所得税收入归属的通知》(财预〔2013〕34号)的规定,中国邮政集团公司及其控股公司缴纳的企业所得税为中央收入,全额缴入中央国库。为此,依据《国家税务总局关于中国工商银行股份有限公司等企业企业所得税有关征管问题的通知》(国税函〔2010〕184号)规定原则,现就中国邮政集团公司及其控股公司企业所得税征管问题公告如下:

一、中国邮政集团公司控股的各省邮政公司和中国邮政速递物流股份有限公司下属各省速递物流公司,是具有独立法人资格的子公司,这些子公司下属的二级及以下分支机构的企业所得税,由这些子公司汇总申报并计算缴纳企业所得税,不就地预缴。二级分支机构的名单,由企业提供,省税务机关予以公布确认。以前对中国邮政集团公司控股的各省级邮政公司二级分支机构名单没有确认的,给予补充确认。

二、中国邮政集团公司控股的中国邮政储蓄银行股份有限公司、中邮人寿保险股份有限公司企业所得税管理,应按国税函〔2010〕184号第一条规定执行。两家公司的下属二级分支机构名单(见附件)现予以公布。两家公司的下属二级(不含)以下分支机构名单,由二级分支机构向所在地主管税务机关提供,经所在地省税务机关审核后公布确认。

三、中国邮政集团公司控股的上述公司及其分支机构发生的资产损失,按照《国家税务总局关于发布〈企业资产损失所得税税前扣除管理办法〉的公告》(国家税务总局公告2011年第25号)的规定办理。

四、中国邮政集团公司控股的上述公司二级分支机构名单,国家税务总局或各省税务机关首次确认后,企业今后增加的二级分支机构,由企业出具说明文件,并提供工商部门出具的二级分支机构营业执照后,在报送企业所得税预缴申报表时,附送二级分支机构所在地主管税务机关备案即可,不再另行发文公布。新增加的二级分支机构,应在设立当年,由总机构统一进行企业所得税预缴和汇算清缴。

中国邮政集团公司控股的上述公司二级(不含)以下分支机构名单,各省税务机关首次确认后,企业今后增加的二级(不含)以下分支机构,在报送企业所得税预缴申报表时,将有关情况附送二级分支机构主管税务机关备案即可。

五、中国邮政集团公司及其控股公司自2013年起适用本公告申报缴纳企业所得税。

特此公告。

附件：1. 中国邮政储蓄银行股份有限公司所属二级分支机构名单（略）

2. 中邮人寿保险股份有限公司所属二级分支机构名单（略）

关于《中国邮政集团公司企业所得税征管问题的公告》的解读

《国家税务总局关于中国工商银行股份有限公司等企业企业所得税有关征管问题的通知》（国税函〔2010〕184号）明确了中国工商银行股份有限公司等企业所得税收入全额归属中央的企业由总机构统一计算并缴纳企业所得税，分支机构不实行就地预缴的征管办法，并由总局发布各企业所属二级分支机构名单。《财政部 国家税务总局 中国人民银行关于印发〈跨省市总分机构企业所得税分配及预算管理办法〉的通知》（财预〔2012〕40号）和《财政部 国家税务总局 中国人民银行关于明确中国邮政储蓄银行等企业所得税收入归属的通知》（财预〔2013〕34号）明确，中国邮政集团公司所属邮政公司、中国邮政储蓄银行股份有限公司、中国邮政速递物流股份有限公司、中邮人寿保险股份有限公司缴纳的企业所得税为中央收入，全部缴入中央国库。为保持企业所得税收入全额归属中央的企业征管政策的一致性，便于企业所属二级分支机构所在地税务机关对其所属二级分支机构的管理，参照国税函〔2010〕184号文件的规定，明确了邮政企业的所得税征管办法。同时公布其所属二级分支机构名单。

国家税务总局关于电信企业手续费及佣金支出税前扣除问题的公告

国家税务总局公告2013年第59号

依据《国家税务总局关于企业所得税应纳税所得额若干税务处理问题的公告》（国家税务总局公告2012年第15号），现就电信企业手续费及佣金支出税前扣除问题公告如下：

国家税务总局公告2012年第15号第四条所称电信企业手续费及佣金支出，仅限于电信企业在发展客户、拓展业务等过程中因委托销售电话入网卡、电话充值卡所发生的手续费及佣金支出。

本公告施行时间同国家税务总局公告2012年第15号施行时间。

特此公告。

关于《电信企业手续费及佣金支出税前扣除问题的公告》的解读

最近，国家税务总局发布了《关于电信企业手续费及佣金支出税前扣除问题的公告》（以下简称《公告》），为便于纳税人和基层税务机关理解和执行，现将该公告解读如下：

一、《公告》出台的背景是什么？

2012年，国家税务总局发布了《关于企业所得税应纳税所得额若干税务处理问题的公告》（税务总局公告〔2012〕15 号）（以下简称“15 号公告”），其中第四条对电信企业手续费及佣金支出税前扣除问题进行了明确。公告下发后，一些纳税人和基层税务机关对公告所规范的电信企业手续费及佣金支出是否仅限于因委托销售电话入网卡、电话充值卡所支付的手续费及佣金支出有不同理解，要求总局就电信企业手续费及佣金支出税前扣除执行口径问题进一步予以明确。经过研究，国家税务总局就此问题下发了《公告》。

二、《公告》的主要内容是什么？是如何考虑的？

《公告》主要内容是：15 号公告第四条所称电信企业手续费及佣金支出，仅限于电信企业在发展客户、拓展业务等过程中因委托销售电话入网卡、电话充值卡所发生的手续费及佣金支出。主要考虑如下：

15 号公告第四条规定：电信企业在发展客户、拓展业务等过程中（如委托销售电话入网卡、电话充值卡等），需向经纪人、代办商支付手续费及佣金的，其实际发生的相关手续费及佣金支出，不超过企业当年收入总额 5% 的部分，准予在企业所得税前据实扣除。在实际经营中，电信企业委托销售电话入网卡、电话充值卡，是否形成当期收入，具有不确定性，为了防止税收政策漏洞，对这部分支出税前扣除作了适当限制。对电信企业提供售后服务、增值服务以及其他日常服务等，属于提供销售劳务，不属于提供中介服务，相应地，电信企业为此支付的手续费及佣金，也不属于《财政部 国家税务总局关于企业手续费及佣金支出税前扣除政策的通知》（财税〔2009〕29 号）所指的手续费及佣金支出范畴。综上，15 号公告第四条所规范的仅限于电信企业在发展客户、拓展业务等过程中因委托销售电话入网卡、电话充值卡所支付的手续费及佣金支出。

财政部 海关总署 国家税务总局关于支持芦山地震灾后恢复重建有关税收政策问题的通知

财税〔2013〕58 号

各省、自治区、直辖市、计划单列市财政厅（局）、国家税务局、地方税务局，新疆生产建设兵团财务局，广东分署、各直属海关：

为支持和帮助芦山地震受灾地区积极开展生产自救，重建家园，鼓励和引导社会各方面力量参与灾后恢复重建工作，使地震灾区基本生产生活条件和经济社会发展全面恢复并超过灾前水平，根据《国务院关于支持芦山地震灾后恢复重建政策措施的意见》（国发〔2013〕28 号）的有关规定，现就支持芦山地震灾后恢复重建有关税收政策问题通知如下：

一、关于减轻企业税收负担的税收政策

1. 对受灾地区损失严重的企业，免征企业所得税。

2. 自 2013 年 4 月 20 日起，对受灾地区企业通过公益性社会团体、县级以上人民政府及其部门取得的抗震救灾和灾后恢复重建款项和物资，以及税收法律、法规规定和国务院批准的减免税金及附加收入，免征企业所得税。

3. 自 2013 年 4 月 20 日至 2017 年 12 月 31 日，对受灾地区农村信用社免征企业所得税。

4. 自 2013 年 4 月 20 日起，对受灾地区企业、单位或支援受灾地区重建的企业、单位，在 3 年内进口国内不能满足供应并直接用于灾后恢复重建的大宗物资、设备等，给予进口税收优惠。

各省、自治区、直辖市、计划单列市人民政府或国务院有关部门负责将所在地企业或归口管理的单位提交的直接用于灾后恢复重建的进口国内不能满足供应的物资减免税申请汇总后报财政部，由财政部会同海关总署、国家税务总局等部门审核提出处理意见，报请国务院批准后执行。

二、关于减轻个人税收负担的税收政策

自 2013 年 4 月 20 日起，对受灾地区个人接受捐赠的款项、取得的各级人民政府发放的救灾款项，以及参与抗震救灾的一线人员，按照地方各级人民政府及其部门规定标准取得的与抗震救灾有关的补贴收入，免征个人所得税。

三、关于支持基础设施、房屋建筑物等恢复重建的税收政策

1. 对政府为受灾居民组织建设的安居房建设用地，免征城镇土地使用税，转让时免征土地增值税。

2. 对因地震住房倒塌的农民重建住房占用耕地的，在规定标准内的部分免征耕地占用税。

3. 由政府组织建设的安居房，对所签订的建筑工程勘察设计合同、建筑安装工程承包合同、产权转移书据、房屋租赁合同，免征印花税。

4. 对受灾居民购买安居房，免征契税；对在地震中损毁的应缴而未缴契税的居民住房，不再征收契税。

5. 经省级人民政府批准，对经有关部门鉴定的因灾损毁的房产、土地，免征 2013 至 2015 年度的房产税、城镇土地使用税。对经批准免税的纳税人已缴税款可以从以后年度的应缴税款中抵扣。

本通知所称安居房，按照国务院有关部门确定的标准执行。所称毁损的居民住房，是指经县级以上（含县级）人民政府房屋主管部门出具证明，在地震中倒塌或遭受严重破坏而不能居住的居民住房。

四、关于鼓励社会各界支持抗震救灾和灾后恢复重建的税收政策

1. 自 2013 年 4 月 20 日起，对单位和个体经营者将自产、委托加工或购买的货物，通过公益性社会团体、县级以上人民政府及其部门捐赠给受灾地区的，免征增值税、城市维护建设税及教育费附加。

2. 自 2013 年 4 月 20 日起，对企业、个人通过公益性社会团体、县级以上人民政府及其部门向受灾地区的捐赠，允许在当年企业所得税前和当年个人所得税前全额扣除。

3. 对财产所有人将财产（物品）直接捐赠或通过公益性社会团体、县级以上人民政府及其部门捐赠给受灾地区或受灾居民所书立的产权转移书据，免征印花税。

4. 对专项用于抗震救灾和灾后恢复重建、能够提供由县级以上（含县级）人民政府或其授权单位出具的抗震救灾证明的新购特种车辆，免征车辆购置税。符合免税条件但已经征税的特种车辆，退还已征税款。

新购特种车辆是指 2013 年 4 月 20 日至 2015 年 12 月 31 日期间购买的警车、消防车、救护车、工程救险车，且车辆的所有者是受灾地区单位和个人。

五、关于促进就业的税收政策

1. 受灾地区的商贸企业、服务型企业（除广告业、房屋中介、典当、桑拿、按摩、氧吧外）、劳动就业服务企业中的加工型企业和街道社区具有加工性质的小型企业实体在新增加的就业岗位中，招用当地因地震灾害失去工作的人员，与其签订 1 年以上期限劳动合同并依法缴纳社会保险费的，经县级人力资源和社会保障部门认定，按实际招用人数和实际工作时间予以定额依次扣减增值税、营业税、城市维护建设税、教育费附加和企业所得税。

定额标准为每人每年 4000 元，可上下浮动 20%，由四川省人民政府根据当地实际情况具体确定。

按上述标准计算的税收抵扣额应在企业当年实际应缴纳的增值税、营业税、城市维护建设税、教育费附加和企业所得税税额中扣减，当年扣减不足的，不得结转下年使用。

2. 受灾地区因地震灾害失去工作后从事个体经营（除建筑业、娱乐业以及销售不动产、转让土地使用权、广告业、房屋中介、桑拿、按摩、网吧、氧吧外）的人员，以及因地震灾害损失严重的个体工商户，按每户每年 8000 元为限额依次扣减其当年实际应缴纳的增值税、营业税、城市维护建设税、教育费附加和个人所得税。

纳税人年度应缴纳税款小于上述扣减限额的，以其实际缴纳的税款为限；大于上述扣减限额的，应以上述扣减限额为限。

六、关于税收政策的适用范围

本通知所称"受灾地区"是指《四川芦山"4·20"强烈地震灾害评估报告》明确的极重灾区、重灾区和一般灾区。具体受灾地区范围见附件。

七、关于税收政策的执行期限

以上税收政策，凡未注明具体期限的，一律执行至 2015 年 12 月 31 日。

各地财政、税务部门和各直属海关要加强领导、周密部署，把大力支持灾后恢复重建工作作为当前的一项重要任务，贯彻落实好相关税收优惠政策。同时，要密切关注税收政策的执行情况，对发现的问题及时逐级向财政部、海关总署、国家税务总局反映。

附件：

芦山地震受灾地区范围

灾区类别	地 市	县(区、市)、乡镇
极重灾区	雅安市	芦山县
重灾区	雅安市	雨城区、天全县、名山区、荥经县、宝兴县
	成都市	邛崃市高何镇、天台山镇、道佐乡、火井镇、南宝乡、夹关镇
一般灾区	雅安市	汉源县、石棉县
	成都市	邛崃市(其他乡镇)、浦江县、大邑县
	眉山市	丹棱县、洪雅县、东坡区
	乐山市	金口河区、夹江县、峨眉山市、峨边彝族自治县
	甘孜州	泸定县、康定县
	凉山州	甘洛县

财政部 国家税务总局关于企业参与政府统一组织的棚户区改造有关企业所得税政策问题的通知

财税〔2013〕65 号

各省、自治区、直辖市、计划单列市财政厅(局)、国家税务局、地方税务局，新疆生产建设兵团财务局：

根据《国务院关于加快棚户区改造工作的意见》(国发〔2013〕25 号)精神，为鼓励企业参与政府统一组织的棚户区(危房)改造工作，帮助解决低收入家庭住房困难，现将企业参与政府统一组织的工矿(含中央下放煤矿)棚户区改造、林区棚户区改造、垦区危房改造有关企业所得税政策问题通知如下：

一、企业参与政府统一组织的工矿(含中央下放煤矿)棚户区改造、林区棚户区改造、垦区危房改造并同时符合一定条件的棚户区改造支出，准予在企业所得税前扣除。

二、本通知所称同时符合一定条件的棚户区改造支出，是指同时满足以下条件的棚户区改造支出：

(一)棚户区位于远离城镇、交通不便，市政公用、教育医疗等社会公共服务缺乏城镇依托的独立矿区、林区或垦区；

(二)该独立矿区、林区或垦区不具备商业性房地产开发条件；

(三)棚户区市政排水、给水、供电、供暖、供气、垃圾处理、绿化、消防等市政服务或公共配套设施不齐全；

(四)棚户区房屋集中连片户数不低于 50 户，其中，实际在该棚户区居住且在本地区无其他住房的职工(含离退休职工)户数占总户数的比例不低于 75%；

(五)棚户区房屋按照《房屋完损等级评定标准》和《危险房屋鉴定标准》评定属于危险房屋、严重损坏房屋的套内面积不低于该片棚户区建筑面积的 25%；

(六)棚户区改造已纳入地方政府保障性安居工程建设规划和年度计划，并由地方政府牵头按照保障性住房标准组织实施；异地建设的，原棚户区土地由地方政府统一规划使用或者按规定实行土地复垦、生态恢复。

三、在企业所得税年度纳税申报时，企业应向主管税务机关提供其棚户区改造支出同时符合本通知第二条规定条件的书面说明材料。

四、本通知自 2013 年 1 月 1 日起施行。2012 年 1 月 10 日财政部与国家税务总局颁布的《关于企业参与政府统一组织的棚户区改造支出企业所得税税前扣除政策有关问题的通知》(财税〔2012〕12号)同时废止。

国家税务总局关于技术转让所得减免企业所得税有关问题的公告

国家税务总局公告2013年第62号

为加强技术转让所得减免企业所得税的征收管理,现将《国家税务总局关于技术转让所得减免企业所得税有关问题的通知》(国税函〔2009〕212号)中技术转让收入计算的有关问题,公告如下:

一、可以计入技术转让收入的技术咨询、技术服务、技术培训收入,是指转让方为使受让方掌握所转让的技术投入使用、实现产业化而提供的必要的技术咨询、技术服务、技术培训所产生的收入,并应同时符合以下条件:

(一)在技术转让合同中约定的与该技术转让相关的技术咨询、技术服务、技术培训;

(二)技术咨询、技术服务、技术培训收入与该技术转让项目收入一并收取价款。

二、本公告自2013年11月1日起施行。此前已进行企业所得税处理的相关业务,不作纳税调整。

财政部 国家税务总局关于期货投资者保障基金有关税收政策继续执行的通知

财税〔2013〕80号

各省、自治区、直辖市、计划单列市财政厅(局)、国家税务局、地方税务局,新疆生产建设兵团财务局:

经国务院批准,对期货投资者保障基金(以下简称期货保障基金)继续予以税收优惠政策。现将有关事项明确如下:

一、对中国期货保证金监控中心有限责任公司(以下简称期货保障基金公司)根据《期货投资者保障基金管理暂行办法》(证监会令第38号,以下简称《暂行办法》)取得的下列收入,不计入其应征企业所得税收入:

1. 期货交易所按风险准备金账户总额的15%和交易手续费的3%上缴的期货保障基金收入;

2. 期货公司按代理交易额的千万分之五至十上缴的期货保障基金收入;

3. 依法向有关责任方追偿所得;

4. 期货公司破产清算所得;

5. 捐赠所得。

二、对期货保障基金公司取得的银行存款利息收入、购买国债、中央银行和中央级金融机构发行债券的利息收入,以及证监会和财政部批准的其他资金运用取得的收入,暂免征收企业所得税。

三、对期货保障基金公司根据《暂行办法》取得的下列收入,暂免征收营业税:

1. 期货交易所按风险准备金账户总额的15%和交易手续费的3%上缴的期货保障基金收入;

2. 期货公司按代理交易额的千万分之五至十上缴的期货保障基金收入;

3. 依法向有关责任方追偿所得收入;

4. 期货公司破产清算受偿收入;

5. 按规定从期货交易所取得的运营收入。

四、期货交易所和期货公司根据《暂行办法》上缴的期货保障基金中属于营业税征税范围的部分,允许从其营业税计税营业额中扣除。

五、对期货保障基金公司新设立的资金账簿、期货保障基金参加被处置期货公司的财产清算而签订的产权转移书据以及期货保障基金以自有财产和接受的受偿资产与保险公司签订的财产保险合同等免征印花税。对上述应税合同和产权转移书据的其他当事人照章征收印花税。

六、本通知自 2013 年 1 月 1 日起至 2014 年 12 月 31 日止执行。《财政部 国家税务总局关于期货投资者保障基金有关税收问题的通知》(财税〔2009〕68 号)和《财政部 国家税务总局关于期货投资者保障基金有关税收优惠政策继续执行的通知》(财税〔2011〕69 号)同时废止。

财政部 国家税务总局关于保险保障基金有关税收政策继续执行的通知

财税〔2013〕81 号

各省、自治区、直辖市、计划单列市财政厅(局)、国家税务局、地方税务局,新疆生产建设兵团财务局:

经国务院批准,对保险保障基金继续予以税收优惠政策。现将有关事项明确如下:

一、对中国保险保障基金有限责任公司(以下简称保险保障基金公司)根据《保险保障基金管理办法》(以下简称《管理办法》)取得的下列收入,免征企业所得税:

1. 境内保险公司依法缴纳的保险保障基金;

2. 依法从撤销或破产保险公司清算财产中获得的受偿收入和向有关责任方追偿所得,以及依法从保险公司风险处置中获得的财产转让所得;

3. 捐赠所得;

4. 银行存款利息收入;

5. 购买政府债券、中央银行、中央企业和中央级金融机构发行债券的利息收入;

6. 国务院批准的其他资金运用取得的收入。

二、对保险保障基金公司根据《管理办法》取得的下列收入,免征营业税:

1. 境内保险公司依法缴纳的保险保障基金;

2. 依法从撤销或破产保险公司清算财产中获得的受偿收入和向有关责任方追偿所得。

三、对保险保障基金公司下列应税凭证,免征印花税:

1. 新设立的资金账簿;

2. 对保险公司风险处置和在破产救助过程中签订的产权转移书据;

3. 在风险处置过程中与中国人民银行签订的再贷款合同;

4. 以保险保障基金自有财产和接收的受偿资产与保险公司签订的财产保险合同;

5. 对与保险保障基金公司签订上述应税合同或产权转移书据的其他当事人照章征收印花税。

四、本通知自 2012 年 1 月 1 日起至 2014 年 12 月 31 日止执行。《财政部 国家税务总局关于保险保障基金有关税收问题的通知》(财税〔2010〕77 号)同时废止。

财政部 国家税务总局关于确认中国红十字会总会中华全国总工会 中国宋庆龄基金会和中国国际人才交流基金会 2013 年度公益性捐赠税前扣除资格的通知

财税〔2013〕79 号

各省、自治区、直辖市、计划单列市财政厅(局)、国家税务局、地方税务局,新疆生产建设兵团财务局:

根据国务院批示和《财政部 国家税务总局关于通过公益性群众团体的公益性捐赠税前扣除有关问题的通知》(财税〔2009〕124 号)规定,经财政部、国家税务总局联合审核确认,中国红十字会总会、中华全国总工会、中国宋庆龄基金会和中国国际人才交流基金会具有 2013 年度公益性捐赠税前扣除的资格。

财政部 国家税务总局关于中国(上海)自由贸易试验区内企业以非货币性资产对外投资等资产重组行为有关企业所得税政策问题的通知

财税〔2013〕91 号

各省、自治区、直辖市、计划单列市财政厅(局)、国家税务局、地方税务局,新疆生产建设兵团财务局:

根据《国务院关于印发中国(上海)自由贸易试验区总体方案的通知》(国发〔2013〕38 号)有关规定,现就中国(上海)自由贸易试验区(简称试验区)非货币性资产投资资产评估增值企业所得税政策通知如下:

一、注册在试验区内的企业,因非货币性资产对外投资等资产重组行为产生资产评估增值,据此确认的非货币性资产转让所得,可在不超过 5 年期限内,分期均匀计入相应年度的应纳税所得额,按规定计算缴纳企业所得税。

二、企业以非货币性资产对外投资,应于投资协议生效且完成资产实际交割并办理股权登记手续时,确认非货币性资产转让收入的实现。

企业以非货币性资产对外投资,应对非货币性资产进行评估并按评估后的公允价值扣除计税基础后的余额,计算确认非货币性资产转让所得。

三、企业以非货币性资产对外投资,其取得股权的计税基础应以非货币性资产的原计税基础为基础,加上每年计入的非货币性资产转让所得,逐年进行调整。

被投资企业取得非货币性资产的计税基础,可以非货币性资产的公允价值确定。

四、企业在对外投资 5 年内转让上述股权或投资收回的,应停止执行递延纳税政策,并将递延期内尚未计入的非货币性资产转让所得,在转让股权或投资收回当年的企业所得税年度汇算清缴时,一次性计算缴纳企业所得税;企业在计算股权转让所得时,可按本通知第三条第一款规定将股权的计税基础一次调整到位。

企业在对外投资 5 年内注销的,应停止执行递延纳税政策,并将递延期内尚未计入的非货币性资产转让所得,在歇业当年的企业所得税年度汇算清缴时,一次性计算缴纳企业所得税。

五、企业应于投资协议生效且完成资产实际交割并办理股权登记手续 30 日内,持相关资料向主管税务机关办理递延纳税备案登记手续。

主管税务机关应对报送资料进行审核,在规定时间内将备案登记结果回复企业。

六、企业应在确认收入实现的当年,以项目为单位,做好相应台账,准确记录应予确认的非货币性资产转让所得,并在相应年度的企业所得税汇算清缴时对当年计入额及分年结转额的情况做出说明。

主管税务机关应在备案登记结果回复企业的同时,将相关信息纳入系统管理,并及时做好企业申报信息与备案信息的比对工作。

七、主管税务机关在组织开展企业所得税汇算清缴后续管理工作时,应将企业递延纳税的执行情况纳入后续管理体系,并视风险高低情况,适时纳入纳税服务提醒平台或风险监控平台进行管理。

八、本通知所称注册在试验区内的企业,是指在试验区注册并在区内经营,实行查账征收的居民企业。

本通知所称非货币性资产对外投资等资产重组行为,是指以非货币性资产出资设立或注入公司,限于以非货币性资产出资设立新公司和符合《财政部 国家税务总局关于企业重组业务企业所得税处理若干问题的通知》(财税〔2009〕59 号)第一条规定的股权收购、资产收购。

九、本通知自印发之日起执行。

财政部 国家税务总局 民政部关于公布获得2013年度第一批公益性捐赠税前扣除资格的公益性社会团体名单的通知

财税〔2013〕69号

各省、自治区、直辖市、计划单列市财政厅（局）、国家税务局、地方税务局、民政厅（局），新疆生产建设兵团财务局、民政局：

根据《财政部 国家税务总局 民政部关于公益性捐赠税前扣除有关问题的通知》（财税〔2008〕160号）和《财政部 国家税务总局 民政部关于公益性捐赠税前扣除有关问题的补充通知》（财税〔2010〕45号）规定，现将财政部、国家税务总局和民政部联合审核确认的获得2013年度第一批公益性捐赠税前扣除资格的公益性社会团体名单，予以公布。

附件：获得2013年度第一批公益性捐赠税前扣除资格的公益性社会团体名单（略）

国家税务总局关于企业维简费支出企业所得税税前扣除问题的公告

国家税务总局公告2013年第67号

根据《中华人民共和国企业所得税法》及其实施条例（以下简称企业所得税法）规定，现就企业维简费支出企业所得税税前扣除问题公告如下：

一、企业实际发生的维简费支出，属于收益性支出的，可作为当期费用税前扣除；属于资本性支出的，应计入有关资产成本，并按企业所得税法规定计提折旧或摊销费用在税前扣除。

企业按照有关规定预提的维简费，不得在当期税前扣除。

二、本公告实施前，企业按照有关规定提取且已在当期税前扣除的维简费，按以下规定处理：

（一）尚未使用的维简费，并未作纳税调整的，可不作纳税调整，应首先抵减2013年实际发生的维简费，仍有余额的，继续抵减以后年度实际发生的维简费，至余额为零时，企业方可按照本公告第一条规定执行；已作纳税调整的，不再调回，直接按照本公告第一条规定执行。

（二）已用于资产投资并形成相关资产全部成本的，该资产提取的折旧或费用摊销额，不得税前扣除；已用于资产投资并形成相关资产部分成本的，该资产提取的折旧或费用摊销额中与该部分成本对应的部分，不得税前扣除；已税前扣除的，应调整作为2013年度应纳税所得额。

三、本公告自2013年1月1日起施行。

煤矿企业不执行本公告，继续执行《国家税务总局关于煤矿企业维简费和高危行业企业安全生产费用企业所得税税前扣除问题的公告》（国家税务总局公告2011年第26号）。

特此公告。

关于《企业维简费支出企业所得税税前扣除问题的公告》的解读

最近，国家税务总局发布了《关于企业维简费支出企业所得税税前扣除问题的公告》（以下简称《公告》），为便于纳税人和基层税务机关理解和执行，现将《公告》解读如下：

一、《公告》出台的背景是什么？

2011 年，税务总局发布了《关于煤矿企业维简费和高危行业企业安全生产费用企业所得税税前扣除问题的公告》(国家税务总局公告 2011 年第 26 号)，明确了煤矿企业维简费的税务处理，即煤矿企业按照有关规定预提的维简费，不得税前扣除，但实际发生的维简费支出，允许按企业所得税法规定税前扣除。同时，对 2008 年以来煤矿企业维简费的税务处理如何衔接进行了规定。但 26 号公告是针对煤矿企业维简费税务处理的，其他按规定提取维简费的企业如何进行税务处理并没规定，导致这些企业无所适从，各地执行口径不一。针对这一问题，我们研究下发了《公告》。

二、按规定提取维简费的企业，如何进行维简费的所得税处理？

《公告》对企业按照有关规定预提的维简费，明确不得在当期税前扣除。但企业实际发生的维简费支出，属于收益性支出的，可作为当期费用税前扣除；属于资本性支出的，应计入有关资产成本，并按《企业所得税法》规定计提折旧或摊销费用在税前扣除。这一处理原则与 26 号公告相同。

考虑到按照有关规定提取维简费的企业，其维简费的税务处理原则应该一致，为保证政策公平，公告将 26 号公告的处理原则扩大到所有按规定提取维简费的企业。鉴于 26 号公告仍然有效，因而煤矿企业不执行本公告，继续执行 26 号公告。

三、《公告》发布前，非煤矿企业按规定提取的维简费如何进行企业所得税处理？

考虑到《公告》发布之前，各地的税务处理可能并不一致，为充分保障纳税人权益，拟对非煤矿企业 2008 年至《公告》发布之前提取维简费的税务处理不再追溯调整，这一处理原则也与 26 号公告一致。具体处理如下：

(一)尚未使用的维简费，并未作纳税调整的，可不作纳税调整，应首先抵减 2013 年实际发生的维简费，仍有余额的，继续抵减以后年度实际发生的维简费，至余额为零时，企业方可按照本公告第一条规定执行；已作纳税调整的，不再调回，直接按照本公告第一条规定执行。

(二)已用于资产投资并形成相关资产全部成本的，该资产提取的折旧或费用摊销额，不得税前扣除；已用于资产投资并形成相关资产部分成本的，该资产提取的折旧或费用摊销额中与该部分成本对应的部分，不得税前扣除；已税前扣除的，应调整作为 2013 年度应纳税所得额。

国家税务总局关于非居民企业股权转让适用特殊性税务处理有关问题的公告

国家税务总局公告 2013 年第 72 号

为规范和加强非居民企业股权转让适用特殊性税务处理的管理，根据《中华人民共和国企业所得税法》及其实施条例、《财政部 国家税务总局关于企业重组业务企业所得税处理若干问题的通知》(财税〔2009〕59 号，以下简称《通知》)的有关规定，现就有关问题公告如下：

一、本公告所称股权转让是指非居民企业发生《通知》第七条第(一)、(二)项规定的情形；其中《通知》第七条第(一)项规定的情形包括因境外企业分立、合并导致中国居民企业股权被转让的情形。

二、非居民企业股权转让选择特殊性税务处理的，应于股权转让合同或协议生效且完成工商变更登记手续 30 日内进行备案。属于《通知》第七条第(一)项情形的，由转让方向被转让企业所在地所得税主管税务机关备案；属于《通知》第七条第(二)项情形的，由受让方向其所在地所得税主管税务机关备案。

股权转让方或受让方可以委托代理人办理备案事项；代理人在代为办理备案事项时，应向主管税务机关出具备案人的书面授权委托书。

三、股权转让方、受让方或其授权代理人(以下简称备案人)办理备案时应填报以下资料：

(一)《非居民企业股权转让适用特殊性税务处理备案表》(见附件 1)；

(二)股权转让业务总体情况说明，应包括股权转让的商业目的、证明股权转让符合特殊性税务处理条件、股权转让前后的公司股权架构图等资料；

(三)股权转让业务合同或协议(外文文本的同时附送中文译本)；

(四)工商等相关部门核准企业股权变更事项证明资料；

(五)截至股权转让时，被转让企业历年的未分配利润资料；

(六)税务机关要求的其他材料。

以上资料已经向主管税务机关报送的，备案人可不再重复报送。其中以复印件向税务机关提交的资料，备案人应在复印件上注明"本复印件与原件一致"字样，并签字后加盖备案人印章；报送中文译本的，应在中文译本上注明"本译文与原文表述内容一致"字样，并签字后加盖备案人印章。

四、主管税务机关应当按规定受理备案，资料齐全的，应当场在《非居民企业股权转让适用特殊性税务处理备案表》上签字盖章，并退1份给备案人；资料不齐全的，不予受理，并告知备案人各应补正事项。

五、非居民企业发生股权转让属于《通知》第七条第(一)项情形的，主管税务机关应当自受理之日起30个工作日内就备案事项进行调查核实、提出处理意见，并将全部备案资料以及处理意见层报省(含自治区、直辖市和计划单列市，下同)税务机关。

税务机关在调查核实时，如发现此种股权转让情形造成以后该项股权转让所得预提税负担变化，包括转让方把股权由应征税的国家或地区转让到不征税或低税率的国家或地区，应不予适用特殊性税务处理。

六、非居民企业发生股权转让属于《通知》第七条第(二)项情形的，应区分以下两种情形予以处理：

(一)受让方和被转让企业在同一省且同属国税机关或地税机关管辖的，按照本公告第五条规定执行。

(二)受让方和被转让企业不在同一省或分别由国税机关和地税机关管辖的，受让方所在地省税务机关收到主管税务机关意见后30日内，应向被转让企业所在地省税务机关发出《非居民企业股权转让适用特殊性税务处理告知函》(见附件2)。

七、非居民企业股权转让未进行特殊性税务处理备案或备案后经调查核实不符合条件的，适用一般性税务处理规定，应按照有关规定缴纳企业所得税。

八、非居民企业发生股权转让属于《通知》第七条第(一)项情形且选择特殊性税务处理的，转让方和受让方不在同一国家或地区的，若被转让企业股权转让前的未分配利润在转让后分配给受让方的，不享受受让方所在国家(地区)与中国签订的税收协定(含税收安排)的股息减税优惠待遇，并由被转让企业按税法相关规定代扣代缴企业所得税，到其所在地所得税主管税务机关申报缴纳。

九、省税务机关应做好辖区内非居民企业股权转让适用特殊性税务处理的管理工作，于年度终了后30日内向国家税务总局报送《非居民企业股权转让适用特殊性税务处理情况统计表》(见附件3)。

十、本公告自发布之日起施行。本公告实施之前发生的非居民企业股权转让适用特殊性税务处理事项尚未处理的，可依据本公告规定办理。《国家税务总局关于加强非居民企业股权转让所得企业所得税管理的通知》(国税函〔2009〕698号)第九条同时废止。

特此公告。

附件：1. 非居民企业股权转让适用特殊性税务处理备案表(略)

2. 非居民企业股权转让适用特殊性税务处理告知函(略)

3. 非居民企业股权转让适用特殊性税务处理情况统计表(略)

关于《非居民企业股权转让适用特殊性税务处理有关问题的公告》的解读

《财政部 国家税务总局关于企业重组业务企业所得税处理若干问题的通知》(财税〔2009〕59号，以下称59号文)、《国家税务总局关于加强非居民企业股权转让所得企业所得税管理的通知》(国税函〔2009〕698号，以下称698号文)以及《企业重组业务企业所得税管理办法》(2010年4号公告，以下称4号公告)下发后，由于未对非居民企业发生股权转让适用特殊性税务处理的问题进行具体规范，导致有的非居民企业不能选择特殊性税务处理，也增加了税务执法风险。鉴于此，依据税法的有关规定，制定本《公告》。《公告》分为十条，主要明确了非居民企业股权转让适用特殊性税务处理的主导方、备案资料、备案程序及对未分配利润的税务处理等内容，现将有关问题说明如下：

一、明确主导方

非居民企业股权转让适用特殊性税务处理的前置条件是发生59号文第七条第(一)、(二)项情形，第(一)项是非居民企业转让给另一非居民企业，由于后者在境外，通常无法履行扣缴义务，故《公告》规定由转让方向被转让企业所在地主管税务机关备案；第(二)项是非居民企业转让给居民企业，后者既是法定扣缴义务人亦有主管税务机关，故《公告》规定由受让方向其所在地主管税务机关备案。

二、明确备案资料

在参考698号文及4号公告等有关规定的基础上，《公告》第三条规定了非居民企业股权转让适用特殊性税务处理时需要提交资料的内容，并设计了《非居民股权转让适用特殊性税务处理备案表》(以下简称《备案表》)。《备案表》主要包括受让方、转让方和被转让企业的名称、所属国家(地区)、所属主管税务机关，转让方持有的股权占被转让企业全部股权的比例、交易总额及股权支付金额和比例等内容。《备案表》一式两份，备案人和主管税务机关各留存一份，省级税务机关留存复印件即可。

《公告》第三条同时明确，对备案人已经向税务机关提报的资料，不再重复报送，旨在减轻纳税人负担，优化纳税服务。

三、明确备案程序和相关规定

为规范各级税务机关的责任和权限，提高工作效率，《公告》对税务机关内部运转程序予以明确，并提出了完成时限。《公告》第四条规定对备案人提报的资料齐全的，税务机关要当场在《备案表》上签字盖章，并将其中一份《备案表》交备案人留存；不齐全的，不予受理，并一次性告知备案人补正，待补正后再提交。同时，第五条和第六条规定主管税务机关在受理备案30个工作日内对备案事项进行调查核实、提出处理意见，并将全部备案资料以及处理意见层报省级税务机关。

同时，《公告》第五条和第六条分别对属于59号文第(一)项和第(二)项的非居民企业发生股权转让适用特殊性税务处理的程序进行了明确。

(一)第五条规定，非居民企业发生股权转让属于59号文第七条第(一)项情形的，直接向主管税务机关备案即可。

(二)对于非居民企业股权转让属于59号文第七条第(二)项情形的，由于在实际操作中会存在被转让企业和受让方在同一省和不在同一省或分别由国、地税管辖的情况，《公告》分别进行了明确。

1. 受让方和被转让企业在同一省市且同属国税或地税机关管辖的，按照《公告》第五条规定执行。

2. 受让方和被转让企业不在同一省市或分别由国、地税管辖的，为保证税务处理的一致性，需要受让方所在地省级税务机将受理情况以书面方式告知被转让企业所在地省级税务机关，并通过设计使用《非居民企业股权转让适用特殊性税务处理告知函》(简称《告知函》)规范告知内容。

此外，对59号文第(一)项中“没有因此造成以后该项股权转让所得预提税负担变化”做出明确规定，即税务机关在事后调查核实时，如发现此种股权转让情形造成以后该项股权转让所得预提税负担变化，包括由应征税的国家或地区转让到按税收协定(含税收安排)不征税或低税率的国家或地区，应不予适用特殊性税务处理。

四、明确对未分配利润的处理

在实际操作中，对未分配利润的处理存在以下问题：一是部分税务机关在受理非居民企业股权转让适用特殊性税务处理备案时，因担心失去对转让前股息所得税的征税权，仅仅因为被转让企业存在未分配利润便判定其股权转让不具有合理的商业目的而不予备案；二是要求被转让企业在股权转让前将未分配利润进行分配并扣缴股息所得税。同时，各地对未分配利润的征税权也存在争议。这些都需要总局明确，否则既影响非居民企业股权转让适用特殊性税务处理的正常备案，也加大了税务机关的执法风险。

为此，为给非居民企业及时享受特殊性税务处理提供税收上的确定性，防范非居民企业利用重组避税或延迟纳税，《公告》第八条规定：一是对被转让企业转让前后的未分配利润进行区分；二是对转让方和受让方不在同一国家(地区)的，被转让股权转让前的未分配利润在转让后分配的，不享受税收协定的优惠税率待遇。例如，某美国企业将其100%控股的中国居民企业的股权转让给其100%控股的某香港企业，中国居民企业在被转让后分配其转让前的未分配利润给香港企业的，不能享受内地与香港税收安排对股息所得减按5%的优惠税率。

第八条还规定，对股权转让前的股息所得税由被转让企业履行扣缴义务并到其所在地主管税务机关申报缴纳。

五、其他事项

(一)对于实施时间,根据立法法和总局有关规定,自《公告》发布之日起施行。对实施之前发生的非居民企业股权转让适用特殊性税务处理尚未处理的相关事项,可依据本《公告》规定执行。

(二)关于698号文的规定。鉴于对非居民股权转让适用特殊性税务处理实行备案制,原698号文第九项规定的由省级税务机关核准的内容应废止。故将698号文第九项同时废止。

国家税务总局 国家发展改革委关于落实节能服务企业合同能源管理项目企业所得税优惠政策有关征收管理问题的公告

国家税务总局 国家发展改革委公告2013年第77号

为鼓励企业采用合同能源管理模式开展节能服务,规范合同能源管理项目企业所得税管理,根据《中华人民共和国企业所得税法》及其实施条例(以下简称企业所得税法)、《国务院办公厅转发发展改革委等部门关于加快推行合同能源管理促进节能服务产业发展意见的通知》(国办发〔2010〕25号)、《财政部 国家税务总局关于促进节能服务产业发展增值税、营业税和企业所得税政策问题的通知》(财税〔2010〕110号)和《国家税务总局关于进一步做好税收促进节能减排工作的通知》(国税函〔2010〕180号)的有关规定,现就落实合同能源管理项目企业所得税优惠政策有关征收管理问题公告如下:

一、对实施节能效益分享型合同能源管理项目(以下简称项目)的节能服务企业,凡实行查账征收所得税的居民企业并符合企业所得税法和本公告有关规定的,该项目可享受财税〔2010〕110号规定的企业所得税"三免三减半"优惠政策。如节能服务企业的分享型合同约定的效益分享期短于6年的,按实际分享期享受优惠。

二、节能服务企业享受"三免三减半"项目的优惠期限,应连续计算。对在优惠期限内转让所享受优惠的项目给其他符合条件的节能服务企业,受让企业承续经营该项目的,可自项目受让之日起,在剩余期限内享受规定的优惠;优惠期限届满后转让的,受让企业不得就该项目重复享受优惠。

三、节能服务企业投资项目所发生的支出,应按税法规定作资本化或费用化处理。形成的固定资产或无形资产,应按合同约定的效益分享期计提折旧或摊销。

节能服务企业应分别核算各项目的成本费用支出额。对在合同约定的效益分享期内发生的期间费用划分不清的,应合理进行分摊,期间费用的分摊应按照项目投资额和销售(营业)收入额两个因素计算分摊比例,两个因素的权重各为50%。

四、节能服务企业、节能效益分享型能源管理合同和合同能源管理项目应符合财税〔2010〕110号第二条第(三)项所规定的条件。

五、享受企业所得税优惠政策的项目应属于《财政部 国家税务总局 国家发展改革委关于公布环境保护节能节水项目企业所得税优惠目录(试行)的通知》(财税〔2009〕166号)规定的节能减排技术改造项目,包括余热余压利用、绿色照明等节能效益分享型合同能源管理项目。

六、合同能源管理项目优惠实行事前备案管理。节能服务企业享受合同能源管理项目企业所得税优惠的,应向主管税务机关备案。涉及多个项目优惠的,应按各项目分别进行备案。节能服务企业应在项目取得第一笔收入的次年4个月内,完成项目享受优惠备案。办理备案手续时需提供以下资料:

(一)减免税备案申请;

(二)能源管理合同复印件;

(三)国家发展改革委、财政部公布的第三方机构出具的《合同能源管理项目情况确认表》(附件1),或者政府节能主管部门出具的合同能源管理项目确认意见;

(四)《合同能源管理项目应纳税所得额计算表》(附件2);

（五）项目第一笔收入的发票复印件；

（六）合同能源管理项目发生转让的，受让节能服务企业除提供上述材料外，还需提供项目转让合同、项目原享受优惠的备案文件。

七、企业享受优惠条件发生变化的，应当自发生变化之日起15日内向主管税务机关书面报告。如不再符合享受优惠条件的，应停止享受优惠，并依法缴纳企业所得税。对节能服务企业采取虚假手段获取税收优惠的、享受优惠条件发生变化而未及时向主管税务机关报告的以及未按本公告规定报送备案资料而自行减免税的，主管税务机关应按照税收征管法等有关规定进行处理。税务部门应设立节能服务企业项目管理台账和统计制度，并会同节能主管部门建立监管机制。

八、合同能源管理项目确认由国家发展改革委、财政部公布的第三方节能量审核机构负责，并出具《合同能源管理项目情况确认表》，或者由政府节能主管部门出具合同能源管理项目确认意见。第三方机构在合同能源管理项目确认过程中应严格按照国家有关要求认真审核把关，确保审核结果客观、真实。对在审核过程中把关不严、弄虚作假的第三方机构，一经查实，将取消其审核资质，并按相关法律规定追究责任。

九、本公告自2013年1月1日起施行。本公告发布前，已按有关规定享受税收优惠政策的，仍按原规定继续执行；尚未享受的，按本公告规定执行。

特此公告。

附件：1. 合同能源管理项目情况确认表（略）

2. 合同能源管理项目应纳税所得额计算表（略）

关于《落实节能服务企业合同能源管理项目企业所得税优惠政策有关征收管理问题的公告》的解读

现将《国家税务总局 国家发展改革委关于落实节能服务企业合同能源管理项目企业所得税优惠政策有关征收管理问题的公告》（以下简称公告）解读如下：

一、发文背景

为鼓励企业运用先进的合同能源管理机制，加大节能减排工作力度，2010年年底，税务总局会同国家发展改革委、财政部等相关部门，研究出台了《关于促进节能服务产业发展增值税、营业税和企业所得税政策问题的通知》（财税〔2010〕110号文件），从2011年1月1日起正式实施。在该通知中，对业界普遍关心的企业所得税优惠政策问题，以及实施合同能源管理项目过程中所涉及的资产税务处理问题、权属转移过程中的收入确认等问题，都做出了具体而合理的规定。为进一步规范与界定外部门对此类涉税项目的前置管理、加强各部门间的协调配合等问题，为征纳双方提供更加明晰的指引，切实将国家税收优惠政策落到实处，堵塞税收漏洞，共同推动做好合同能源管理事业的健康发展，在财税〔2010〕110号文件规定基础上，有必要对落实合同能源管理项目企业所得税优惠政策过程中涉及的具体管理问题加以明确。

二、主要内容

（一）实施节能效益分享型合同能源管理项目的节能服务企业，符合规定条件的，可享受企业所得税“三免三减半”优惠政策。依据现行企业所得税优惠原则，该类项目应具备查账征收条件，实行核定征收的不得享受优惠政策。

（二）对节能效益分享型合同期短于定期减免税优惠期的处理问题，按照孰低原则，规定对效益分享期短于6年的，可以按合同约定的实际效益分享期享受上述定期减免税优惠。

（三）财税〔2010〕110号文件第二条第（二）款第2项规定“能源管理合同期满后，节能服务公司转让给用能企业的因实施合同能源管理项目形成的资产，按折旧或摊销期满的资产进行税务处理”，按照应税收入与税前扣除匹配的原则，避免这部分资产因税法规定折旧或摊销年限大于合同约定管理年限而未折旧期满或摊销结束，公告规定这部分资产的折旧或摊销年限，应与合同约定的效益分享期保持一致。即，有关投资项目所发生的支出应按税法规定作资本化或费用化处理。形成的固定资产或无形资产，应按合同约定的效益分享周期计提折旧或摊销。

（四）对于在合同约定的效益分享期内发生的期间费用，公告确定了合理分摊的具体办法。即，期间费用的分摊应按照投资额和销售(营业)收入额二个因素计算应分摊比例,二因素的权重各为 50% 。

(五)根据项目类优惠的管理实践及当前简化和取消行政审批的总体要求,公告对合同能源管理项目优惠实行事前备案管理。对涉及多个项目优惠的,要求企业按项目分别进行备案。并对备案时限及办理备案所需提供的资料做出了明确规定。

(六)根据征管法的有关规定,公告对管理中有关法律责任等问题做出了明确规定,同时要求税务部门设立节能服务企业项目管理台账和统计制度,并会同节能主管部门建立监管机制,共同做好相关管理工作。

(七)合同能源管理专业性强,实践中税务部门很难把握与操作,需要建立行业主管部门前置性把关制度,对申请享受企业所得税优惠的节能服务企业条件、合同能源管理项目性质、分享型合同等内容予以确认。为妥善处理简化行政审批与强化专业性前置审核确认的关系,真正以市场化手段解决市场问题,探索和建立税收优惠管理的有效机制,公告中引入了第三方审核机构确认把关机制。即,合同能源管理项目由国家发展改革委、财政部公布的第三方节能量审核机构负责确认,并出具合同能源管理项目情况确认表。同时要求该第三方审核机构在合同能源管理项目确认过程中要严格按照国家有关要求认真审核把关,确保审核结果客观真实。目前,一些地方对合同能源管理仍然政府有关部门管理,为此,文件规定,也可由政府节能主管部门出具合同能源管理项目确认意见。即,企业合同能源管理项目,经政府节能主管部门出具相关确认意见的,也可享受合同能源管理项目所得税优惠。

三、执行时间

公告自 2013 年 1 月 1 日起执行。本着有利于纳税人的原则,对公告下发前,已按有关规定享受税收优惠政策的,仍按原规定执行,尚未享受的,按本公告规定执行。

第二编

货物和劳务税法

第三部分　中华人民共和国增值税法

中华人民共和国增值税暂行条例

（1993 年 12 月 13 日中华人民共和国国务院令第 134 号发布
2008 年 11 月 5 日国务院第 34 次常务会议修订通过）

第一条　在中华人民共和国境内销售货物或者提供加工、修理修配劳务以及进口货物的单位和个人，为增值税的纳税人，应当依照本条例缴纳增值税。

【注释】　相关规定包括：《国家税务总局关于印发〈增值税部分货物征税范围注释〉的通知》（国税发〔1993〕151 号）、《国家税务总局关于印发〈增值税若干具体问题的规定〉的通知》（国税发〔1993〕154 号）、《财政部 国家税务总局关于增值税、营业税若干政策规定的通知》（财税〔1994〕26 号）、《国家税务总局关于下发〈货物期货征收增值税具体办法〉的通知》（国税发〔1994〕244 号）、《财政部 国家税务总局关于外国石油公司参与煤层气开采所适用税收政策问题的通知》（财税〔1996〕62 号）、《财政部 国家税务总局关于体育彩票发行收入税收问题的通知》（财税〔1996〕77 号）、《国家税务总局关于厦门邮电纵横股份有限公司销售传呼机、移动电话征收增值税问题的批复》（国税函发〔1997〕504 号）、《国家税务总局国家税务总局关于电梯保养、维修收入征税问题的批复》（国税函发〔1998〕390 号）、《国家税务总局关于融资租赁业务征收流转税问题的通知》（国税函〔2000〕514 号）、《国家税务总局关于白银生产环节征收增值税的通知》（国税发〔2000〕51 号）、《国家税务总局关于纳税人销售自产货物提供增值税劳务并同时提供建筑业劳务征收流转税问题的通知》（国税发〔2002〕117 号）、《国家税务总局关于电力公司过网费收入征收增值税问题的批复》（国税函〔2004〕607 号）、《国家税务总局国家税务总局关于纳税人提供泥浆工程劳务征收流转税问题的批复》（国税函〔2005〕375 号）。

第二条　增值税税率：

（一）纳税人销售或者进口货物，除本条第（二）项、第（三）项规定外，税率为 17%。

（二）纳税人销售或者进口下列货物，税率为 13%：

1. 粮食、食用植物油；
2. 自来水、暖气、冷气、热水、煤气、石油液化气、天然气、沼气、居民用煤炭制品；
3. 图书、报纸、杂志；
4. 饲料、化肥、农药、农机、农膜；
5. 国务院规定的其他货物。

（三）纳税人出口货物，税率为零；但是，国务院另有规定的除外。

（四）纳税人提供加工、修理修配劳务（以下称应税劳务），税率为 17%。

税率的调整，由国务院决定。

【注释】　相关规定包括：《国家税务总局关于印发〈增值税部分货物征税范围注释〉的通知》（国税发〔1993〕151 号）、《财政部 国家税务总局关于增值税几个税收政策问题的通知》（财税〔1994〕60 号）、《财政部 国家税务总局关于金银首饰等货物征收增值税问题的通知》（财税〔1996〕74 号）、《国家税务总局关于淀粉的增值税适用税率问题的批复》（国税函发〔1996〕744 号）、《国家税务总局关于正大康地（深圳）有限公司生产经营饲料添加剂预混料应否免征增值税问题的批复》（国税函发〔1997〕424 号）、《财政部 国家税务总局关于旧货经营增值税问题的通知》（财税〔1998〕6 号）、《国家税务总局关于修订“饲料”注释及加强饲料征免增值税管理问题的通知》（国税发〔1999〕39 号）、《国家税务总局关于增值税若干税收政策问题的批复》（国税函〔2001〕248 号）、《国家税务总局关于宠物饲料征收增值税问题的批复》（国税函〔2002〕812 号）、《国家税务总局关于茴油、毛椰子油适用增值税税率的批复》（国税函〔2003〕426 号）、《国家税务总局关于不带动力的手扶拖拉机和三轮农用运输车适用13%税率执行时间的批复》(国税函〔2003〕1118号)、《国家税务总局关于农药出口退税政策的通知》(国税函〔2003〕1158号)、《国家税务总局关于天然二氧化碳适用增值税税率的批复》(国税函〔2003〕1324号)、《财政部 国家税务总局关于调整国内航空公司进口飞机有关增值税政策的通知》(财关税〔2004〕43号)、《国家税务总局关于由石油伴生气加工压缩成的石油液化气适用增值税税率的通知》(国税发〔2005〕83号)、《国家税务总局关于出口豆腐皮等产品适用征、退税率问题的批复》(国税函〔2005〕944号)、《国家税务总局关于亚麻油等出口货物退税问题的批复》(国税函〔2005〕974号)、《财政部国家税务总局 国家发展改革委关于继续暂停部分化肥品种出口退税的通知》(财税〔2005〕192号)、《财政部海关总署 国家税务总局关于调整钻石及上海钻石交易所有关税收政策的通知》(财税〔2006〕65号)、《国家税务总局关于中小学课本配套产品适用增值税税率的批复》(国税函〔2006〕770号)、《国家税务总局关于水洗猪鬃征收增值税问题的批复》(国税函〔2006〕773号)、《国家税务总局关于饲料级磷酸二氢钙产品增值税政策问题的通知》(国税函〔2007〕10号)、《财政部 国家税务总局关于明确硝酸铵适用增值税税率的通知》(财税〔2007〕7号)、《国家税务总局关于粉煤灰(渣)征收增值税问题的批复》(国税函〔2007〕158号)、《财政部 国家税务总局关于明确生皮和生毛皮进口环节增值税税率的通知》(财关税〔2007〕34号)。

第三条 纳税人兼营不同税率的货物或者应税劳务,应当分别核算不同税率货物或者应税劳务的销售额;未分别核算销售额的,从高适用税率。

第四条 除本条例第十一条规定外,纳税人销售货物或者提供应税劳务(以下简称销售货物或者应税劳务),应纳税额为当期销项税额抵扣当期进项税额后的余额。应纳税额计算公式:

应纳税额=当期销项税额-当期进项税额

当期销项税额小于当期进项税额不足抵扣时,其不足部分可以结转下期继续抵扣。

第五条 纳税人销售货物或者应税劳务,按照销售额和本条例第二条规定的税率计算并向购买方收取的增值税额,为销项税额。销项税额计算公式:

销项税额=销售额×税率

【注释】 相关规定包括:《国家税务总局关于下发〈货物期货征收增值税具体办法〉的通知》(国税发〔1994〕244号)。

第六条 销售额为纳税人销售货物或者应税劳务向购买方收取的全部价款和价外费用,但是不包括收取的销项税额。

销售额以人民币计算。纳税人以人民币以外的货币结算销售额的,应当折合成人民币计算。

【注释】 相关规定包括:《国家税务总局关于印发〈增值税若干具体问题的规定〉的通知》(国税发〔1993〕154号)、《国家税务总局关于下发〈货物期货征收增值税具体办法〉的通知》(国税发〔1994〕244号)、《国家税务总局关于加强增值税征收管理若干问题的通知》(国税发〔1995〕192号)、《财政部 国家税务总局关于金银首饰等货物征收增值税问题的通知》(财税〔1996〕74号)、《国家税务总局关于铁路支线维护费征收增值税问题的通知》(国税函发〔1996〕561号)、《国家税务总局关于原油管理费征收增值税问题的通知》(国税发〔1996〕111号)、《国家税务总局关于平销行为征收增值税问题的通知》(国税发〔1997〕167号)、《国家税务总局关于增值税一般纳税人平销行为征收增值税问题的批复》(国税函〔2001〕247号)、《国家税务总局关于对福建雪津啤酒有限公司收取经营保证金征收增值税问题的批复》(国税函〔2004〕416号)、《国家税务总局关于商业企业向货物供应方收取的部分费用征收流转税问题的通知》(国税发〔2004〕136号)、《国家税务总局关于燃油电厂取得发电补贴有关增值税政策的通知》(国税函〔2006〕1235号)。

第七条 纳税人销售货物或者应税劳务的价格明显偏低并无正当理由的,由主管税务机关核定其销售额。

第八条 纳税人购进货物或者接受应税劳务(以下简称购进货物或者应税劳务)支付或者负担的增值税额,为进项税额。

下列进项税额准予从销项税额中抵扣:

(一)从销售方取得的增值税专用发票上注明的增值税额。

(二)从海关取得的海关进口增值税专用缴款书上注明的增值税额。

(三)购进农产品,除取得增值税专用发票或者海关进口增值税专用缴款书外,按照农产品收购发票或者销售发票上注明的农产品买价和13%的扣除率计算的进项税额。进项税额计算公式:

进项税额＝买价×扣除率

（四）购进或者销售货物以及在生产经营过程中支付运输费用的，按照运输费用结算单据上注明的运输费用金额和7%的扣除率计算的进项税额。进项税额计算公式：

进项税额＝运输费用金额×扣除率

准予抵扣的项目和扣除率的调整，由国务院决定。

【注释】 相关规定包括：《财政部 国家税务总局于调整增值税运输费用扣除率的通知》（财税〔1998〕114号）、《国家税务总局关于增值税一般纳税人期货交易进项税额抵扣问题的通知》（国税发〔2002〕45号）、《国家税务总局关于血液制品增值税政策的批复》（国税函〔2004〕335号）、《财政部 国家税务总局关于推广税控收款机有关税收政策的通知》（财税〔2004〕167号）、《国家税务总局关于增值税一般纳税人支付的货物运输代理费用不得抵扣进项税额的批复》（国税函〔2005〕54号）、《国家税务总局关于增值税专用发票抵扣联信息扫描器具等设备有关税收问题的通知》（国税函〔2006〕1248号）、《国家税务总局关于纳税人进口货物增值税进项税额抵扣有关问题的通知》（国税函〔2007〕350号）。

第九条 纳税人购进货物或者应税劳务，取得的增值税扣税凭证不符合法律、行政法规或者国务院税务主管部门有关规定的，其进项税额不得从销项税额中抵扣。

第十条 下列项目的进项税额不得从销项税额中抵扣：

（一）用于非增值税应税项目、免征增值税项目、集体福利或者个人消费的购进货物或者应税劳务；

（二）非正常损失的购进货物及相关的应税劳务；

（三）非正常损失的在产品、产成品所耗用的购进货物或者应税劳务；

（四）国务院财政、税务主管部门规定的纳税人自用消费品；

（五）本条第（一）项至第（四）项规定的货物的运输费用和销售免税货物的运输费用。

【注释】 相关规定包括：《财政部 国家税务总局关于增值税几个税收政策问题的通知》（财税〔1994〕60号）。

第十一条 小规模纳税人销售货物或者应税劳务，实行按照销售额和征收率计算应纳税额的简易办法，并不得抵扣进项税额。应纳税额计算公式：

应纳税额＝销售额×征收率

小规模纳税人的标准由国务院财政、税务主管部门规定。

【注释】 相关规定包括：《国家税务总局关于增值税若干征收问题的通知》（国税发〔1994〕122号）、《国家税务总局关于增值税几个业务问题的通知》（国税发〔1994〕186号）。

第十二条 小规模纳税人增值税征收率为3%。

征收率的调整，由国务院决定。

【注释】 相关规定包括：《国家税务总局关于增值税几个业务问题的通知》（国税发〔1994〕186号）、《财政部 国家税务总局关于旧货经营增值税问题的通知》（财税〔1998〕6号）、《国家税务总局关于拍卖行取得的拍卖收入征收增值税、营业税有关问题的通知》（国税发〔1999〕40号）、《国家税务总局关于新闻产品征收流转税问题的通知》（国税发〔2001〕105号）。

第十三条 小规模纳税人以外的纳税人应当向主管税务机关申请资格认定。具体认定办法由国务院税务主管部门制定。

小规模纳税人会计核算健全，能够提供准确税务资料的，可以向主管税务机关申请资格认定，不作为小规模纳税人，依照本条例有关规定计算应纳税额。

第十四条 纳税人进口货物，按照组成计税价格和本条例第二条规定的税率计算应纳税额。组成计税价格和应纳税额计算公式：

组成计税价格＝关税完税价格＋关税＋消费税

应纳税额＝组成计税价格×税率

第十五条 下列项目免征增值税：

（一）农业生产者销售的自产农产品；

（二）避孕药品和用具；

（三）古旧图书；

（四）直接用于科学研究、科学试验和教学的进口仪器、设备；

（五）外国政府、国际组织无偿援助的进口物资和设备；

（六）由残疾人的组织直接进口供残疾人专用的物品；

（七）销售的自己使用过的物品。

除前款规定外，增值税的免税、减税项目由国务院规定。任何地区、部门均不得规定免税、减税项目。

【注释】 相关规定包括：《财政部 国家税务总局关于印发〈于继续对宣传文化单位实行财税优惠政策的规定的通知》（财税〔1994〕89 号）、《财政部 国家税务总局关于继续对部分资源综合利用产品等实行增值税优惠政策的通知》（财税〔1996〕20 号）、《国家税务总局关于农牧业救灾柴油征收增值税问题的批复》（国税函发〔1996〕612 号）、《财政部 国家税务总局关于供电工程贴费不征收增值税和营业税的通知》（财税〔1997〕102 号）、《财政部 国家税务总局关于继续对商业企业批发肉、禽、蛋、水产品和蔬菜的业务实行增值税先征后返政策问题的通知》（财税〔1998〕31 号）、《财政部 国家税务总局关于免征农村电网维护费增值税问题的通知》（财税〔1998〕47 号）、《国家税务总局关于生猪生产流通过程中有关税收问题的通知》（国税发〔1999〕113 号）、《财政部 国家税务总局关于粮食企业增值税征免问题的通知》（财税〔1999〕198 号）、《财政部 国家税务总局关于血站有关税收问题的通知》（财税〔1999〕264 号）、《财政部 国家税务总局关于贯彻落实《中共中央国务院关于加强技术创新，发展高科技，实现产业化的决定》有关税收问题的通知》（财税〔1999〕273 号）、《财政部 国家税务总局关于医疗卫生机构有关税收政策的通知》（财税〔2000〕42 号）、《财政部 国家税务总局关于小化肥生产企业改产尿素等产品征收增值税问题的通知》（财税字〔2000〕69 号）、《财政部 国家税务总局关于飞机维修增值税问题的通知》（财税〔2000〕102 号）、《财政部 国家税务总局 海关总署关于鼓励软件产业和集成电路产业发展有关税收政策问题的通知》（财税〔2000〕25 号）、《国务院关于支持文化事业发展若干经济政策的通知》（国发〔2000〕41 号）、《财政部 国家税务总局关于铁路货车修理免征增值税的通知》（财税〔2001〕54 号）、《财政部 国家税务总局关于污水处理费有关增值税政策的通知》（财税〔2001〕97 号）、《财政部 国家税务总局关于饲料产品免征增值税问题的通知》（财税〔2001〕121 号）、《财政部国家税务总局关于农业生产资料征免增值税政策的通知》（财税〔2001〕113 号）、《财政部 国家税务总局关于豆粕等粕类产品征免增值税政策的通知》（财税〔2001〕30 号）、《国家税务总局关于退耕还林还草补助粮免征增值税问题的通知》（国税发〔2001〕131 号）、《财政部 国家税务总局关于不带动力的手扶拖拉机和三轮农用运输车增值税政策的通知》（财税〔2002〕89 号）、《财政部 国家税务总局关于黄金税收政策问题的通知》（财税〔2002〕142 号）、《国家税务总局关于铂金及其制品税收政策的通知》（财税〔2003〕86 号）、《财政部 海关总署 国家税务总局关于农药税收政策的通知》（财税〔2003〕186 号）、《国家税务总局关于饲用鱼油产品免征增值税的批复》（国税函〔2003〕1395 号）、《国家税务总局关于债转股企业实物投资免征增值税政策有关问题的批复》（国税函〔2003〕1394 号）、《财政部 国家税务总局关于教育税收政策的通知》（财税〔2004〕39 号）、《财政部 海关总署 国家税务总局关于印发《关于进口货物进口环节海关代征税税收政策问题的规定》的通知》（财关税〔2004〕7 号）、《国家税务总局关于农户手工编织的竹制和竹芒藤柳坯具征收增值税问题的批复》（国税函〔2005〕56 号）、《商务部财政部税务总局关于开展农产品连锁经营试点的通知》（商建发〔2005〕1 号）、《财政部 国家税务总局关于印刷少数民族文字出版物增值税政策的通知》（财税〔2005〕48 号）、《财政部 国家税务总局关于暂免征收尿素产品增值税的通知》（财税〔2005〕87 号）、《国家税务总局关于矿物质微量元素舔砖免征增值税问题的批复》（国税函〔2005〕1127 号）、《财政部 国家税务总局关于加快煤层气抽采有关税收政策问题的通知》（财税〔2007〕16 号）、《财政部 国家税务总局关于免征滴灌带和滴灌管产品增值税的通知》（财税〔2007〕83 号）、《财政部 国家税务总局关于促进残疾人就业税收优惠政策的通知》（财税〔2007〕92 号）。

第十六条 纳税人兼营免税、减税项目的，应当分别核算免税、减税项目的销售额；未分别核算销售额的，不得免税、减税。

第十七条 纳税人销售额未达到国务院财政、税务主管部门规定的增值税起征点的，免征增值税；达到起征点的，依照本条例规定全额计算缴纳增值税。

【注释】 相关规定包括《国家税务总局关于增值税起征点调整后有关问题的批复》（国税函〔2003〕1396 号）。

第十八条 中华人民共和国境外的单位或者个人在境内提供应税劳务，在境内未设有经营机构的，以其境内代理人为扣缴义务人；在境内没有代理人的，以购买方为扣缴义务人。

第十九条　增值税纳税义务发生时间：

（一）销售货物或者应税劳务，为收讫销售款项或者取得索取销售款项凭据的当天；先开具发票的，为开具发票的当天。

（二）进口货物，为报关进口的当天。

增值税扣缴义务发生时间为纳税人增值税纳税义务发生的当天。

第二十条　增值税由税务机关征收，进口货物的增值税由海关代征。

个人携带或者邮寄进境自用物品的增值税，连同关税一并计征。具体办法由国务院关税税则委员会会同有关部门制定。

第二十一条　纳税人销售货物或者应税劳务，应当向索取增值税专用发票的购买方开具增值税专用发票，并在增值税专用发票上分别注明销售额和销项税额。

属于下列情形之一的，不得开具增值税专用发票：

（一）向消费者个人销售货物或者应税劳务的；

（二）销售货物或者应税劳务适用免税规定的；

（三）小规模纳税人销售货物或者应税劳务的。

【注释】　相关规定包括：《国家税务总局关于增值税起征点调整后有关问题的批复》（国税函〔2003〕1396号）。

第二十二条　增值税纳税地点：

（一）固定业户应当向其机构所在地的主管税务机关申报纳税。总机构和分支机构不在同一县（市）的，应当分别向各自所在地的主管税务机关申报纳税；经国务院财政、税务主管部门或者其授权的财政、税务机关批准，可以由总机构汇总向总机构所在地的主管税务机关申报纳税。

（二）固定业户到外县（市）销售货物或者应税劳务，应当向其机构所在地的主管税务机关申请开具外出经营活动税收管理证明，并向其机构所在地的主管税务机关申报纳税；未开具证明的，应当向销售地或者劳务发生地的主管税务机关申报纳税；未向销售地或者劳务发生地的主管税务机关申报纳税的，由其机构所在地的主管税务机关补征税款。

（三）非固定业户销售货物或者应税劳务，应当向销售地或者劳务发生地的主管税务机关申报纳税；未向销售地或者劳务发生地的主管税务机关申报纳税的，由其机构所在地或者居住地的主管税务机关补征税款。

（四）进口货物，应当向报关地海关申报纳税。

扣缴义务人应当向其机构所在地或者居住地的主管税务机关申报缴纳其扣缴的税款。

【注释】　相关规定包括：《国家税务总局关于印发〈增值税问题解答（之一）〉的通知》（国税函发〔1995〕288号）、《财政部 国家税务总局关于连锁经营企业增值税纳税地点问题的通知》（财税〔1997〕97号）。

第二十三条　增值税的纳税期限分别为1日、3日、5日、10日、15日、1个月或者1个季度。纳税人的具体纳税期限，由主管税务机关根据纳税人应纳税额的大小分别核定；不能按照固定期限纳税的，可以按次纳税。

纳税人以1个月或者1个季度为1个纳税期的，自期满之日起15日内申报纳税；以1日、3日、5日、10日或者15日为1个纳税期的，自期满之日起5日内预缴税款，于次月1日起15日内申报纳税并结清上月应纳税款。

扣缴义务人解缴税款的期限，依照前两款规定执行。

第二十四条　纳税人进口货物，应当自海关填发海关进口增值税专用缴款书之日起15日内缴纳税款。

第二十五条　纳税人出口货物适用退（免）税规定的，应当向海关办理出口手续，凭出口报关单等有关凭证，在规定的出口退（免）税申报期内按月向主管税务机关申报办理该项出口货物的退（免）税。具体办法由国务院财政、税务主管部门制定。

出口货物办理退税后发生退货或者退关的，纳税人应当依法补缴已退的税款。

第二十六条　增值税的征收管理，依照《中华人民共和国税收征收管理法》及本条例有关规定执行。

【注释】　相关规定包括：《国家税务总局关于由税务所为小规模企业代开增值税专用发票的通知》（国

税发〔1994〕58号)、《财政部关于外商投资企业出口货物税收问题有关会计处理规定的通知》(财会〔1994〕43号)、《国家税务总局关于固定业户临时外出经营有关增值税专用发票管理问题的通知》(国税发〔1995〕87号)、《国家税务总局关于增值税若干征管问题的通知》(国税发〔1996〕155号)、《国家税务总局关于易货贸易进口环节减征的增值税税款抵扣问题的通知》(国税函发〔1996〕550号)、《国家税务总局关于纳税人取得虚开的增值税专用发票处理问题的通知》(国税发〔1997〕134号)、《国家税务总局关于印发〈增值税日常稽查办法〉的通知》(国税发〔1998〕44号)、国税发〔1998〕44号《国家税务总局关于增值税一般纳税人发生偷税行为如何确定偷税数额和补税罚款的通知》(国税发〔1998〕66号)、《国家税务总局关于增值税一般纳税人丢失防伪税控系统开具的增值税专用发票有关税务处理问题的通知》(国税发〔2002〕10号)、《国家税务总局关于修改〈国家税务总局关于严格控制增值税专用发票使用范围的通知〉的通知》(国税发〔2000〕75号)、《国家税务总局关于印发〈出口加工区税收管理暂行办法〉的通知》(国税发〔2000〕155号)、《国家税务总局关于推行增值税防伪税控系统若干问题的通知》(国税发〔2000〕183号)、《国家税务总局关于纳税人善意取得虚开的增值税专用发票处理问题的通知》(国税发〔2000〕187号)、《国家税务总局关于金税工程发现的涉嫌违规增值税专用发票处理问题的通知》(国税函〔2001〕730号)、《国家税务总局关于加油站一律按照增值税一般纳税人征税的通知》(国税函〔2001〕882号)、《国家税务总局成品油零售加油站增值税征收管理办法》(国家税务总局令〔2002〕2号)、《国家税务总局关于使用增值税防伪税控系统的增值税一般纳税人资格认定问题的通知》(国税函〔2002〕326号)、《国家税务总局关于增值税一般纳税人取得防伪税控系统开具的增值税专用发票进项税额抵扣问题的通知》(国税发〔2003〕17号)、《财政部 国家税务总局关于海洋工程结构物增值税实行退税的通知》(财税〔2003〕46号)、《国家税务总局关于重新修订〈增值税一般纳税人纳税申报办法〉的通知》(国税发〔2003〕53号)、《国家税务总局关于加强货物运输业税收征收管理的通知》(国税发〔2003〕121号)、《财政部 国家税务总局关于出口企业从增值税一般纳税人购进的出口货物不再实行增值税税收专用缴款书管理的通知》(财税〔2004〕101号)、《国家税务总局关于严格执行税法规定不得实行边境贸易"双倍抵扣"政策的通知》(国税函〔2004〕830号)、《国家税务总局信息产业部关于调整集成电路设计企业及产品认定机构和集成电路设计企业及产品认定管理方式的通知》(国税发〔2004〕92号)、《国家税务总局关于增值税一般纳税人用进项留抵税额抵减增值税欠税问题的通知》(国税发〔2004〕112号)、《国家税务总局关于增值税一般纳税人取得海关进口增值税专用缴款书抵扣进项税额问题的通知》(国税发〔2004〕148号)、《国家税务总局电力产品增值税征收管理办法》(国家税务总局令〔2004〕10号)、《国家税务总局关于印发〈税务机关代开增值税专用发票管理办法(试行)〉的通知》(国税发〔2004〕153号)、《国家税务总局关于国家税务局为小规模纳税人代开发票及税款征收有关问题的通知》(国税发〔2005〕18号)、《国家税务总局关于加强农产品增值税抵扣管理有关问题的通知》(国税函〔2005〕545号)、《国家税务总局关于出口含金成分产品有关税收政策的通知》(国税发〔2005〕125号)、《国家税务总局关于加强免征增值税货物专用发票管理的通知》(国税函〔2005〕780号)、《国家税务总局关于金融机构开展个人实物黄金交易业务增值税有关问题的通知》(国税发〔2005〕178号)、《国家税务总局关于增值税一般纳税人期货交易有关增值税问题的通知》(国税函〔2005〕1060号)、《国家税务总局关于辅导期增值税一般纳税人增购增值税专用发票预缴增值税有关问题的通知》(国税函〔2005〕1097号)、《国家税务总局关于印发〈钻石交易增值税征收管理办法〉的通知》(国税发〔2006〕131号)、《国家税务总局关于修订〈增值税专用发票使用规定〉的通知》(国税发〔2006〕156号)、《国家税务总局关于加强增值税其他抵扣凭证数据采集传输管理有关问题的通知》(国税函〔2006〕1244号)、《国家税务总局关于下放增值税专用发票最高开票限额审批权限的通知》(国税函〔2007〕918号)。

第二十七条 本条例自2009年1月1日起施行。

中华人民共和国增值税暂行条例实施细则

(2008年12月18日财政部 国家税务总局令第50号公布根据2011年10月28日《关于修改〈中华人民共和国增值税暂行条例实施细则〉和〈中华人民共和国营业税暂行条例实施细则〉的决定》修订)

第一条 根据《中华人民共和国增值税暂行条例》(以下简称条例),制定本细则。

第二条　条例第一条所称货物，是指有形动产，包括电力、热力、气体在内。

条例第一条所称加工，是指受托加工货物，即委托方提供原料及主要材料，受托方按照委托方的要求，制造货物并收取加工费的业务。

条例第一条所称修理修配，是指受托对损伤和丧失功能的货物进行修复，使其恢复原状和功能的业务。

【注释】　相关规定包括：《财政部 国家税务总局关于增值税、营业税若干政策规定的通知》（财税〔1994〕26 号）、《财政部 国家税务总局关于体育彩票发行收入税收问题的通知》（财税〔1996〕77 号）、《国家税务总局关于厦门邮电纵横股份有限公司销售传呼机、移动电话征收增值税问题的批复》（国税函发〔1997〕504 号）、《国家税务总局国家税务总局关于电梯保养、维修收入征税问题的批复》（国税函发〔1998〕390 号）、《国家税务总局关于纳税人销售自产货物提供增值税劳务并同时提供建筑业劳务征收流转税问题的通知》（国税发〔2002〕117 号）、《国家税务总局关于电力公司过网费收入征收增值税问题的批复》（国税函〔2004〕607 号）。

第三条　条例第一条所称销售货物，是指有偿转让货物的所有权。

条例第一条所称提供加工、修理修配劳务（以下称应税劳务），是指有偿提供加工、修理修配劳务。单位或者个体工商户聘用的员工为本单位或者雇主提供加工、修理修配劳务，不包括在内。

本细则所称有偿，是指从购买方取得货币、货物或者其他经济利益。

第四条　单位或者个体工商户的下列行为，视同销售货物：

（一）将货物交付其他单位或者个人代销；

（二）销售代销货物；

（三）设有两个以上机构并实行统一核算的纳税人，将货物从一个机构移送其他机构用于销售，但相关机构设在同一县（市）的除外；

（四）将自产或者委托加工的货物用于非增值税应税项目；

（五）将自产、委托加工的货物用于集体福利或者个人消费；

（六）将自产、委托加工或者购进的货物作为投资，提供给其他单位或者个体工商户；

（七）将自产、委托加工或者购进的货物分配给股东或者投资者；

（八）将自产、委托加工或者购进的货物无偿赠送其他单位或者个人。

【注释】　相关规定包括：《国家税务总局国家税务总局关于企业所属机构间移送货物征收增值税问题的通知》（国税发〔1998〕137 号）。

第五条　一项销售行为如果既涉及货物又涉及非增值税应税劳务，为混合销售行为。除本细则第六条的规定外，从事货物的生产、批发或者零售的企业、企业性单位和个体工商户的混合销售行为，视为销售货物，应当缴纳增值税；其他单位和个人的混合销售行为，视为销售非增值税应税劳务，不缴纳增值税。

本条第一款所称非增值税应税劳务，是指属于应缴营业税的交通运输业、建筑业、金融保险业、邮电通信业、文化体育业、娱乐业、服务业税目征收范围的劳务。

本条第一款所称从事货物的生产、批发或者零售的企业、企业性单位和个体工商户，包括以从事货物的生产、批发或者零售为主，并兼营非增值税应税劳务的单位和个体工商户在内。

第六条　纳税人的下列混合销售行为，应当分别核算货物的销售额和非增值税应税劳务的营业额，并根据其销售货物的销售额计算缴纳增值税，非增值税应税劳务的营业额不缴纳增值税；未分别核算的，由主管税务机关核定其货物的销售额：

（一）销售自产货物并同时提供建筑业劳务的行为；

（二）财政部、国家税务总局规定的其他情形。

【注释】　相关规定包括：《国家税务总局关于增值税若干征收问题的通知》（国税发〔1994〕122 号）。

第七条　纳税人兼营非增值税应税项目的，应分别核算货物或者应税劳务的销售额和非增值税应税项目的营业额；未分别核算的，由主管税务机关核定货物或者应税劳务的销售额。

第八条　条例第一条所称在中华人民共和国境内（以下简称境内）销售货物或者提供加工、修理修配劳务，是指：

（一）销售货物的起运地或者所在地在境内；

（二）提供的应税劳务发生在境内。

【注释】 相关规定包括:《国家税务总局关于增值税若干征收问题的通知》(国税发〔1994〕122号)。

第九条 条例第一条所称单位,是指企业、行政单位、事业单位、军事单位、社会团体及其他单位。

条例第一条所称个人,是指个体工商户和其他个人。

第十条 单位租赁或者承包给其他单位或者个人经营的,以承租人或者承包人为纳税人。

第十一条 小规模纳税人以外的纳税人(以下称一般纳税人)因销售货物退回或者折让而退还给购买方的增值税额,应从发生销售货物退回或者折让当期的销项税额中扣减;因购进货物退出或者折让而收回的增值税额,应从发生购进货物退出或者折让当期的进项税额中扣减。

一般纳税人销售货物或者应税劳务,开具增值税专用发票后,发生销售货物退回或者折让、开票有误等情形,应按国家税务总局的规定开具红字增值税专用发票。未按规定开具红字增值税专用发票的,增值税额不得从销项税额中扣减。

第十二条 条例第六条第一款所称价外费用,包括价外向购买方收取的手续费、补贴、基金、集资费、返还利润、奖励费、违约金、滞纳金、延期付款利息、赔偿金、代收款项、代垫款项、包装费、包装物租金、储备费、优质费、运输装卸费以及其他各种性质的价外收费。但下列项目不包括在内:

(一)受托加工应征消费税的消费品所代收代缴的消费税;

(二)同时符合以下条件的代垫运输费用:

1. 承运部门的运输费用发票开具给购买方的;

2. 纳税人将该项发票转交给购买方的。

(三)同时符合以下条件代为收取的政府性基金或者行政事业性收费:

1. 由国务院或者财政部批准设立的政府性基金,由国务院或者省级人民政府及其财政、价格主管部门批准设立的行政事业性收费;

2. 收取时开具省级以上财政部门印制的财政票据;

3. 所收款项全额上缴财政。

(四)销售货物的同时代办保险等而向购买方收取的保险费,以及向购买方收取的代购买方缴纳的车辆购置税、车辆牌照费。

第十三条 混合销售行为依照本细则第五条规定应当缴纳增值税的,其销售额为货物的销售额与非增值税应税劳务营业额的合计。

第十四条 一般纳税人销售货物或者应税劳务,采用销售额和销项税额合并定价方法的,按下列公式计算销售额:

销售额=含税销售额÷(1+税率)

第十五条 纳税人按人民币以外的货币结算销售额的,其销售额的人民币折合率可以选择销售额发生的当天或者当月1日的人民币汇率中间价。纳税人应在事先确定采用何种折合率,确定后1年内不得变更。

第十六条 纳税人有条例第七条所称价格明显偏低并无正当理由或者有本细则第四条所列视同销售货物行为而无销售额者,按下列顺序确定销售额:

(一)按纳税人最近时期同类货物的平均销售价格确定;

(二)按其他纳税人最近时期同类货物的平均销售价格确定;

(三)按组成计税价格确定。组成计税价格的公式为:

组成计税价格=成本×(1+成本利润率)

属于应征消费税的货物,其组成计税价格中应加计消费税额。

公式中的成本是指:销售自产货物的为实际生产成本,销售外购货物的为实际采购成本。公式中的成本利润率由国家税务总局确定。

【注释】 相关规定包括:《国家税务总局关于增值税一般纳税人发生偷税行为如何确定偷税数额和补税罚款的通知》(国税发〔1998〕66号)、《国家税务总局关于修改〈国家税务总局关于增值税一般纳税人发生偷税行为如何确定偷税数额和补税罚款的通知〉的通知》(国税函〔1999〕739号)。

第十七条 条例第八条第二款第(三)项所称买价,包括纳税人购进农产品在农产品收购发票或者销售发票上注明的价款和按规定缴纳的烟叶税。

第十八条　条例第八条第二款第(四)项所称运输费用金额,是指运输费用结算单据上注明的运输费用(包括铁路临管线及铁路专线运输费用)、建设基金,不包括装卸费、保险费等其他杂费。

第十九条　条例第九条所称增值税扣税凭证,是指增值税专用发票、海关进口增值税专用缴款书、农产品收购发票和农产品销售发票以及运输费用结算单据。

第二十条　混合销售行为依照本细则第五条规定应当缴纳增值税的,该混合销售行为所涉及的非增值税应税劳务所用购进货物的进项税额,符合条例第八条规定的,准予从销项税额中抵扣。

第二十一条　条例第十条第(一)项所称购进货物,不包括既用于增值税应税项目(不含免征增值税项目)也用于非增值税应税项目、免征增值税(以下简称免税)项目、集体福利或者个人消费的固定资产。

前款所称固定资产,是指使用期限超过 12 个月的机器、机械、运输工具以及其他与生产经营有关的设备、工具、器具等。

第二十二条　条例第十条第(一)项所称个人消费包括纳税人的交际应酬消费。

第二十三条　条例第十条第(一)项和本细则所称非增值税应税项目,是指提供非增值税应税劳务、转让无形资产、销售不动产和不动产在建工程。

前款所称不动产是指不能移动或者移动后会引起性质、形状改变的财产,包括建筑物、构筑物和其他土地附着物。

纳税人新建、改建、扩建、修缮、装饰不动产,均属于不动产在建工程。

第二十四条　条例第十条第(二)项所称非正常损失,是指因管理不善造成被盗、丢失、霉烂变质的损失。

【注释】　相关规定包括:《国家税务总局关于企业改制中资产评估减值发生的流动资产损失进项税额抵扣问题的批复》(国税函〔2002〕1103 号)。

第二十五条　纳税人自用的应征消费税的摩托车、汽车、游艇,其进项税额不得从销项税额中抵扣。

第二十六条　一般纳税人兼营免税项目或者非增值税应税劳务而无法划分不得抵扣的进项税额的,按下列公式计算不得抵扣的进项税额:

$$\frac{\text{不得抵扣的}}{\text{进项税额}} = \frac{\text{当月无法划分的}}{\text{全部进项税额}} \times \frac{\text{当月免税项目销售额、}}{\text{非增值税应税劳务营业额合计}} \div \frac{\text{当月全部销售额、}}{\text{营业额合计}}$$

第二十七条　已抵扣进项税额的购进货物或者应税劳务,发生条例第十条规定的情形的(免税项目、非增值税应税劳务除外),应当将该项购进货物或者应税劳务的进项税额从当期的进项税额中扣减;无法确定该项进项税额的,按当期实际成本计算应扣减的进项税额。

第二十八条　条例第十一条所称小规模纳税人的标准为:

(一)从事货物生产或者提供应税劳务的纳税人,以及以从事货物生产或者提供应税劳务为主,并兼营货物批发或者零售的纳税人,年应征增值税销售额(以下简称应税销售额)在 50 万元以下(含本数,下同)的;

(二)除本条第一款第(一)项规定以外的纳税人,年应税销售额在 80 万元以下的。

本条第一款所称以从事货物生产或者提供应税劳务为主,是指纳税人的年货物生产或者提供应税劳务的销售额占年应税销售额的比重在 50%以上。

【注释】　相关规定包括:《国家税务总局关于印发〈增值税若干具体问题的规定〉的通知》(国税发〔1993〕154 号)、《国家税务总局关于增值税几个业务问题的通知》(国税发〔1994〕186 号)、《国家税务总局关于卫生防疫站调拨生物制品及药械征收增值税的批复》(国税函〔1999〕191 号)。

第二十九条　年应税销售额超过小规模纳税人标准的其他个人按小规模纳税人纳税;非企业性单位、不经常发生应税行为的企业可选择按小规模纳税人纳税。

第三十条　小规模纳税人的销售额不包括其应纳税额。

小规模纳税人销售货物或者应税劳务采用销售额和应纳税额合并定价方法的,按下列公式计算销售额:

$$\text{销售额} = \text{含税销售额} \div (1 + \text{征收率})$$

【注释】　相关规定包括:《国家税务总局关于印发〈增值税若干具体问题的规定〉的通知》(国税发〔1993〕154 号)。

第三十一条　小规模纳税人因销售货物退回或者折让退还给购买方的销售额,应从发生销售货物退回或者折让当期的销售额中扣减。

第三十二条 条例第十三条和本细则所称会计核算健全，是指能够按照国家统一的会计制度规定设置账簿，根据合法、有效凭证核算。

第三十三条 除国家税务总局另有规定外，纳税人一经认定为一般纳税人后，不得转为小规模纳税人。

第三十四条 有下列情形之一者，应按销售额依照增值税税率计算应纳税额，不得抵扣进项税额，也不得使用增值税专用发票：

(一)一般纳税人会计核算不健全，或者不能够提供准确税务资料的；

(二)除本细则第二十九条规定外，纳税人销售额超过小规模纳税人标准，未申请办理一般纳税人认定手续的。

【注释】 *相关规定包括：《国家税务总局国家税务总局关于增值税一般纳税人恢复抵扣进项税额资格后有关问题的批复》(国税函〔2000〕584 号)。*

第三十五条 条例第十五条规定的部分免税项目的范围，限定如下：

(一)第一款第(一)项所称农业，是指种植业、养殖业、林业、牧业、水产业。

农业生产者，包括从事农业生产的单位和个人。

农产品，是指初级农产品，具体范围由财政部、国家税务总局确定。

(二)第一款第(三)项所称古旧图书，是指向社会收购的古书和旧书。

(三)第一款第(七)项所称自己使用过的物品，是指其他个人自己使用过的物品。

第三十六条 纳税人销售货物或者应税劳务适用免税规定的，可以放弃免税，依照条例的规定缴纳增值税。放弃免税后，36 个月内不得再申请免税。

第三十七条 增值税起征点的适用范围限于个人。

增值税起征点的幅度规定如下：

(一)销售货物的，为月销售额 5000—20000 元；

(二)销售应税劳务的，为月销售额 5000—20000 元；

(三)按次纳税的，为每次(日)销售额 300—500 元。

前款所称销售额，是指本细则第三十条第一款所称小规模纳税人的销售额。

省、自治区、直辖市财政厅(局)和国家税务局应在规定的幅度内，根据实际情况确定本地区适用的起征点，并报财政部、国家税务总局备案。

第三十八条 条例第十九条第一款第(一)项规定的收讫销售款项或者取得索取销售款项凭据的当天，按销售结算方式的不同，具体为：

(一)采取直接收款方式销售货物，不论货物是否发出，均为收到销售款或者取得索取销售款凭据的当天；

(二)采取托收承付和委托银行收款方式销售货物，为发出货物并办妥托收手续的当天；

(三)采取赊销和分期收款方式销售货物，为书面合同约定的收款日期的当天，无书面合同的或者书面合同没有约定收款日期的，为货物发出的当天；

(四)采取预收货款方式销售货物，为货物发出的当天，但生产销售生产工期超过 12 个月的大型机械设备、船舶、飞机等货物，为收到预收款或者书面合同约定的收款日期的当天；

(五)委托其他纳税人代销货物，为收到代销单位的代销清单或者收到全部或者部分货款的当天。未收到代销清单及货款的，为发出代销货物满 180 天的当天；

(六)销售应税劳务，为提供劳务同时收讫销售款或者取得索取销售款的凭据的当天；

(七)纳税人发生本细则第四条第(三)项至第(八)项所列视同销售货物行为，为货物移送的当天。

【注释】 *相关规定包括：《财政部 国家税务总局关于增值税若干政策的通知》(财税〔2005〕165 号)。*

第三十九条 条例第二十三条以 1 个季度为纳税期限的规定仅适用于小规模纳税人。小规模纳税人的具体纳税期限，由主管税务机关根据其应纳税额的大小分别核定。

第四十条 本细则自 2009 年 1 月 1 日起施行。

增值税部分货物征税范围注释

国税发〔1993〕151 号

一、粮食

……

二、食用植物油

植物油是从植物根、茎、叶、果实、花或胚芽组织中加工提取的油脂。

食用植物油仅指：芝麻油、花生油、豆油、菜籽油、米糠油、葵花籽油、棉籽油、玉米胚油、茶油、胡麻油，以及以上述油为原料生产的混合油。

三、自来水

自来水是指自来水公司及工矿企业经抽取、过滤、沉淀、消毒等工序加工后，通过供水系统向用户供应的水。

农业灌溉用水、引水工程输送的水等，不属于本货物的范围。

四、暖气、热水

暖气、热水是指利用各种燃料（如煤、石油、其他各种气体或固体、液体燃料）和电能将水加热，使之生成的气体和热水，以及开发自然热能，如开发地热资源或用太阳能生产的暖气、热气、热水。

利用工业余热生产、回收的暖气、热气和热水也属于本货物的范围。

五、冷气

冷气是指为了调节室内温度，利用制冷设备生产的，并通过供风系统向用户提供的低温气体。

六、煤气

煤气是指由煤、焦炭、半焦和重油等经干馏或汽化等生产过程所得气体产物的总称。

煤气的范围包括：

（一）焦炉煤气：是指煤在炼焦炉中进行干馏所产生的煤气。

（二）发生炉煤气：是指用空气（或氧气）和少量的蒸气将煤或焦炭、半焦，在煤气发生炉中进行汽化所产生的煤气、混合煤气、水煤气、单水煤气、双水煤气等。

（三）液化煤气：是指压缩成液体的煤气。

七、石油液化气

石油液化气是指由石油加工过程中所产生的低分子量的烃类炼厂气经压缩成的液体。主要成分是丙烷、丁烷、丁烯等。

八、天然气

天然气是蕴藏在地层内的碳氢化合物可燃气体。主要含有甲烷、乙烷等低分子烷烃和丙烷、丁烷、戊烷及其他重质气态烃类。

天然气包括气田天然气、油田天然气、煤矿天然气和其他天然气。

九、沼气

沼气，主要成分为甲烷，由植物残体在与空气隔绝的条件下经自然分解而成，沼气主要作燃料。

本货物的范围包括：天然沼气和人工生产的沼气。

十、居民用煤炭制品

居民用煤炭制品是指煤球、煤饼、蜂窝煤和引火炭。

十一、图书、报纸、杂志

图书、报纸、杂志是采用印刷工艺，按照文字、图画和线条原稿印刷成的纸制品。本货物的范围包括：

（一）图书。是指由国家新闻出版署批准的出版单位出版，采用国际标准书号编序的书籍，以及图片。

（二）报纸。是指经国家新闻出版署批准，在各省、自治区、直辖市新闻出版部门登记，具有国内统一刊号（CN）的报纸。

（三）杂志。是指经国家新闻出版署批准，在省、自治区、直辖市新闻出版管理部门登记，具有国内统一刊号(CN)的刊物。

十二、饲料

饲料是指用于动物饲养的产品或其加工品。

本货物的范围包括：

(一)单一饲料：指作饲料用的某一种动物、植物、微生物产品或其加工品。

(二)混合饲料：指采用简单方法，将两种以上的单一饲料混合到一起的饲料。

(三)配合饲料：指根据不同的饲养对象、饲养对象的不同生长发育阶段对各种营养成分的不同需要量，采用科学的方法，将不同的饲料按一定的比例配合到一起，并均匀地搅拌，制成一定料型的饲料。

直接用于动物饲养的粮食、饲料添加剂不属于本货物的范围。

十三、化肥

化肥是指经化学和机械加工制成的各种化学肥料。

化肥的范围包括：

(一)化学氮肥。主要品种有尿素和硫酸铵、硝酸铵、碳酸氢铵、氯化铵、石灰氨、氨水等。

(二)磷肥。主要品种有磷矿粉、过磷酸钙(包括普通过磷酸钙和重过磷酸钙两种)、钙镁磷肥、钢渣磷肥等。

(三)钾肥。主要品种有硫酸钾、氯化钾等。

(四)复合肥料。是用化学方法合成或混配制成含有氮、磷、钾中的两种或两种以上的营养元素的肥料。含有两种的称二元复合肥，含有三种的称三元复合肥料，也有含三种元素和某些其他元素的叫多元复合肥料。主要产品有硝酸磷肥、磷酸铵、磷酸二氢钾肥、钙镁磷钾肥、磷酸一铵、磷粉二铵、氮磷钾复合肥等。

(五)微量元素肥。是指含有一种或多种植物生长所必需的，但需要量又极少的营养元素的肥料，如硼肥、锰肥、锌肥、铜肥、钼肥等。

(六)其他肥。是指上述列举以外的其他化学肥料。

十四、农药

农药是指用于农林业防治病虫害、除草及调节植物生长的药剂。

农药包括农药原药和农药制剂。如杀虫剂、杀菌剂、除草剂、植物生长调节剂、植物性农药、微生物农药、卫生用药、其他农药原药、制剂等等。

十五、农膜

农膜是指用于农业生产的各种地膜、大棚膜。

十六、农机

农机是指用于农业生产(包括林业、牧业、副业、渔业)的各种机器和机械化和半机械化农具，以及小农具。

农机的范围包括：

(一)拖拉机。是以内燃机为驱动牵引机具从事作业和运载物资的机械。包括轮拖拉机、履带拖拉机、手扶拖拉机、机耕船。

(二)土壤耕整机械。是对土壤进行耕翻整理的机械。包括机引犁、机引耙、旋耕机、镇压器、联合整地器、合壤器、其他土壤耕整机械。

(三)农田基本建设机械。是指从事农田基本建设的专用机械。包括开沟筑埂机、开沟铺管机、铲抛机、平地机、其他农田基本建设机械。

(四)种植机械。是指将农作物种子或秧苗移植到适于作物生长的苗床机械。包括播作机、水稻插秧机、栽植机、地膜覆盖机、复式播种机、秧苗准备机械。

(五)植物保护和管理机械。是指农作物在生长过程中的管理、施肥、防治病虫害的机械。包括机动喷粉机、喷雾机(器)、弥雾喷粉机、修剪机、中耕除草机、播种中耕机、培土机具、施肥机。

(六)收获机械。是指收获各种农作物的机械。包括粮谷、棉花、薯类、甜菜、甘蔗、茶叶、油料等收获机。

(七)场上作业机械。是指对粮食作物进行脱粒、清选、烘干的机械设备。包括各种脱粒机、清选机、粮谷干燥机、种子精选机。

(八)排灌机械。是指用于农牧业排水、灌溉的各种机械设备。包括喷灌机、半机械化提水机具、打井机。

（九）农副产品加工机械。是指对农副产品进行初加工，加工后的产品仍属农副产品的机械。包括茶叶机械、剥壳机械、棉花加工机械（包括棉花打包机）、食用菌机械（培养木耳、蘑菇等）、小型粮谷机械。

以农副产品为原料加工工业产品的机械，不属于本货物的范围。

（十）农业运输机械。是指农业生产过程中所需的各种运输机械。包括人力车（不包括三轮运货车）、畜力车和拖拉机挂车。

农用汽车不属于本货物的范围。

（十一）畜牧业机械。是指畜牧业生产中所需的各种机械。包括草原建设机械、牧业收获机械、饲料加工机械、畜禽饲养机械、畜产品采集机械。

（十二）渔业机械。是指捕捞、养殖水产品所用的机械。包括捕捞机械、增氧机、饵料机。

机动渔船不属于本货物的范围。

（十三）林业机械。是指用于林业的种植、育林的机械。包括清理机械、育林机械、树苗栽植机械。

森林砍伐机械、集材机械不属于本货物征收范围。

（十四）小农具。包括畜力犁、畜力耙、锄头和镰刀等农具。

农机零部件不属于本货物的征收范围。

【注释】　对《增值税暂行条例》第1、2条进行了解释。

增值税若干具体问题的规定

国税发〔1993〕154号

一、征税范围

（一）货物期货（包括商品期货和贵金属期货），应当征收增值税。

（二）银行销售金银的业务，应当征收增值税。

……

（四）基本建设单位和从事建筑安装业务的企业附设的工厂、车间生产的水泥预制构件、其他构件或建筑材料，用于本单位或本企业的建筑工程的，应在移送使用时征收增值税。但对其在建筑现场制造的预制构件，凡直接用于本单位或本企业建筑工程的，不征收增值税。

（五）典当业的死当物品销售业务和寄售业代委托人销售寄售物品的业务，均应征收增值税。

（六）因转让著作所有权而发生的销售电影母片、录像带母带、录音磁带母带的业务，以及因转让专利技术和非专利技术的所有权而发生的销售计算机软件的业务，不征收增值税。

（七）供应或开采未经加工的天然水（如水库供应农业灌溉用水，工厂自采地下水用于生产），不征收增值税。

（八）邮政部门销售集邮邮票、首日封，应当征收增值税。

（九）缝纫，应当征收增值税。

二、计税依据

（一）纳税人为销售货物而出租出借包装物收取的押金，单独记账核算的，不并入销售额征税。但对因逾期未收回包装物不再退还的押金，应按所包装货物的适用税率征收增值税。

（二）纳税人采取折扣方式销售货物，如果销售额和折扣额在同一张发票上分别注明的，可按折扣后的销售额征收增值税；如果将折扣额另开发票，不论其在财务上如何处理，均不得从销售额中减除折扣额。

（三）纳税人采取以旧换新方式销售货物，应按新货物的同期销售价格确定销售额。

纳税人采取还本销售方式销售货物，不得从销售额中减除还本支出。

（四）纳税人因销售价格明显偏低或无销售价格等原因，按规定需组成计税价格确定销售额的，其组价公式中的成本利润率为10%。但属于应从价定率征收消费税的货物，其组价公式中的成本利润率，为《消费税若干具体问题的规定》中规定的成本利润率。

……

【注释】 对《增值税暂行条例》第1、6条进行了解释。对《增值税暂行条例实施细则》第24、25条进行了解释。

国家税务总局关于由税务所为小规模企业代开增值税专用发票的通知

国税发〔1994〕58号

各省、自治区、直辖市税务局，各计划单列市税务局：

根据增值税暂行条例的规定，小规模纳税人不得领购使用专用发票。此项规定的目的，是为了加强专用发票的管理，堵塞偷税漏洞。但是，由于一般纳税人向小规模纳税人购进货物不能取得专用发票，无法抵扣进项税额，此项规定对于小规模纳税人的销售产生了一定影响。鉴于这种影响主要存在于小规模纳税人中的企业及企业性单位（以下简称小规模企业），为了既有利于加强专用发票的管理，又不影响小规模企业的销售。1994年1月20日我局以国税明电〔1994〕023号明传电报将《国家税务总局关于由税务所为小规模企业代开增值税专用发票的通知》发给各地。现印发给你们，请继续遵照执行。

一、凡能够认真履行纳税义务的小规模企业，经县（市）税务局批准，其销售货物或应税劳务可由税务所代开专用发票。税务机关应将代开专用发票的情况造册详细登记备查。但销售免税货物或将货物、应税劳务销售给消费者的，以及小额零星销售，不得代开专用发票。

对于不能认真履行纳税义务的小规模企业，不得代开专用发票。

税务机关应限期要求小规模企业健全会计核算，在限期内会计核算达到要求的，可认定为一般纳税人，按一般纳税人的规定计算交纳增值税；达不到要求的，仍按小规模纳税人的规定计算交纳增值税，但不再代开专用发票。

二、为小规模企业代开专用发票，应在专用发票“单价”栏和“金额”栏分别填写不含其本身应纳税额的单价和销售额；“税率”栏填写增值税征收率6%；“税额”栏填写其本身应纳的税额，即按销售额依照6%征收率计算的增值税额。一般纳税人取得由税务所代开的专用发票后，应以专用发票上填写的税额为进项税额。

三、由税务所代开专用发票的具体办法，暂由各省、自治区、直辖市、计划单列市税务局制定并报总局备案。

【注释】 对《增值税暂行条例》第26条进行了解释。相关规定包括：《国家税务总局关于取消小规模企业销售货物或应税劳务由税务所代开增值税专用发票审批后有关问题的通知》（国税函〔2004〕895号）。

财政部 国家税务总局关于增值税、营业税若干政策规定的通知

财税〔1994〕26号

各省、自治区、直辖市、计划单列市财政厅（局）、税务局：

新税制实施以来，各地陆续反映了一些增值税、营业税执行中出现的问题。经研究，现将有关政策问题规定如下：

一、关于集邮商品征税问题

集邮商品，包括邮票、小型张、小本票、明信片、首日封、邮折、集邮簿、邮盘、邮票目录、护邮袋、贴片及其

他集邮商品。

集邮商品的生产、调拨征收增值税。邮政部门销售集邮商品，征收营业税；邮政部门以外的其他单位与个人销售集邮商品，征收增值税。

二、关于报刊发行征税问题

邮政部门发行报刊，征收营业税；其他单位和个人发行报刊征收增值税。

三、关于销售无线寻呼机、移动电话征税问题

电信单位（电信局及电信局批准的其他从事电信业务的单位）自己销售无线寻呼机、移动电话，并为客户提供有关的电信劳务服务的，属于混合销售，征收营业税；对单纯销售无线寻呼机、移动电话，不提供有关的电信劳务服务的，征收增值税。

四、关于混合销售征税问题

……

（二）从事运输业务的单位与个人，发生销售货物并负责运输所售货物的混合销售行为，征收增值税。

五、关于代购货物征税问题

代购货物行为，凡同时具备以下条件的，不征收增值税；不同时具备以下条件的，无论会计制度规定如何核算，均征收增值税。

（一）受托方不垫付资金；

（二）销货方将发票开具给委托方，并由受托方将该项发票转交给委托方；

（三）受托方按销售方实际收取的销售额和增值税额（如系代理进口货物则为海关代征的增值税额）与委托方结算货款，并另外收取手续费。

六、关于棕榈油、棉籽油和粮食复制品征税问题

（一）棕榈油、棉籽油按照食用植物油 13%的税率征收增值税；

……

七、关于出口“国务院另有规定的货物”征税问题

根据增值税暂行条例第二条：“纳税人出口国务院另有规定的货物，不得适用零税率”的规定，纳税人出口的原油，援外出口货物，国家禁止出口的货物，包括天然牛黄、麝香、铜及铜基合金、白金等，糖，应按规定征收增值税。

八、关于外购农业产品的进项税额处理问题

……

九、关于寄售物品和死当物品征税问题

寄售商店代销的寄售物品（包括居民个人寄售的物品在内）、典当业销售的死当物品，无论销售单位是否属于一般纳税人，均按简易办法依照 6%的征收率计算缴纳增值税，并且不得开具专用发票。

十、关于销售自己使用过的固定资产征税问题

单位和个体经营者销售自己使用过的游艇、摩托车和应征消费税的汽车，无论销售者是否属于一般纳税人，一律按简易办法依照 6%的征收率计算缴纳增值税，并且不得开具专用发票。销售自己使用过的其他属于货物的固定资产，暂免征收增值税。

十一、关于人民币折合率的问题

……

十二、本规定自 1994 年 6 月 1 日起执行。

【注释】 对《增值税暂行条例》第 1 条进行了解释。对《增值税暂行条例实施细则》第 2 条进行了解释。

国家税务总局关于增值税若干征收问题的通知

国税发〔1994〕122 号

近一时期以来，各地各部门不断反映一些增值税征税方面的问题，如纳税地点的确定问题，增值税专用发票的填开问题等，要求总局明确。根据各地反映的情况，我们进行了研究，现明确如下：

一、关于纳税地点问题

固定业户的总、分支机构不在同一县(市)，但在同一省、自治区、直辖市范围内的，其分支机构应纳的增值税是否可由总机构汇总缴纳，由省、自治区、直辖市税务局决定。

……

三、关于无偿赠送货物可否开具专用发票问题

一般纳税人将货物无偿赠送给他人，如果受赠者为一般纳税人，可以根据受赠者的要求开具专用发票。

四、关于混合销售征税问题

根据细则第五条规定，以从事非增值税应税劳务为主，并兼营货物销售的单位与个人，其混合销售行为应视为销售非应税劳务，不征收增值税。但如果其设立单独的机构经营货物销售并单独核算，该单独机构应视为从事货物的生产、批发或零售的企业、企业性单位，其发生的混合销售行为应当征收增值税。

……

六、关于增值税专用发票的填写问题

(一)专用发票的"单价"栏，必须填写不含税单价。纳税人如果采用销售额和增值税额合并定价方法的，其不含税单价应按下列公式计算：

1. 一般纳税人按增值税税率计算应纳税额的，不含税单价计算公式为：

不含税单价＝含税单价/(1＋税率)

2. 一般纳税人按简易办法计算应纳税额的和由税务所代开专用发票的小规模纳税人，不含税单价计算公式为：

不含税单价＝含税单价/(1＋征收率)

(二)专用发票"金额"栏的数字，应按不含税单价和数量相乘计算填写，计算公式为：

金额栏数字＝不含税单价×数量

不含税单价的尾数，"元"以下一般保留到"分"，特殊情况下也可以适当增加保留的位数。

(三)专用发票的"税率"栏，应填写销售货物或应税劳务的适用税率，"税额"栏的数字应按"金额"栏数字和"税率"相乘计算填写。计算公式为：

税额＝金额×税率

……

【注释】 对《增值税暂行条例》第11条进行了解释。对《增值税暂行条例实施细则》第5、8条进行了解释。

国家税务总局关于增值税几个业务问题的通知

国税发〔1994〕186号

各省、自治区、直辖市国家税务局，各计划单列市国家税务局：

最近，各地在征收增值税方面提出了一些问题，要求予以明确。经调查研究和全国增值税业务会议讨论，现明确如下：

一、对承租或承包的企业、单位和个人，有独立的生产、经营权，在财务上独立核算，并定期向出租者或发包者上缴租金或承包费的，应作为增值税纳税人按规定缴纳增值税。

……

三、糠麸、油渣(饼)、酒糟、糖渣按"饲料"的适用税率征收增值税。(此条款已失效或废止)

四、根据(94)财税字第004号通知的规定，一般纳税人生产的原料中掺有煤矸石、石煤、粉煤灰、烧煤锅炉的炉底渣及其他废渣(不包括高炉水渣)的墙体材料，1994年5月1日以后可按简易办法依照6%征收率计算缴纳增值税。此条规定所称墙体材料是指废渣砖、石煤和粉煤灰砌块、煤矸石砌块、炉底渣及其他废渣(不包括高炉水渣)砌块。

五、本通知除第二、四条以外，从 1994 年 1 月 1 日起执行。

【注释】　对《增值税暂行条例》第 11、12 条进行了解释。对《增值税暂行条例实施细则》第 24 条进行了解释。

财政部 国家税务总局关于增值税几个税收政策问题的通知

财税〔1994〕60 号

各省、自治区、直辖市财政厅、国家税务局，各计划单列市财政局、国家税务局：

根据国务院批示精神，经研究，现对几个增值税政策问题明确如下：

……

二、供残疾人专用的假肢、轮椅、矫形器(包括上肢矫形器、下肢矫形器、脊椎侧弯矫形器)，免征增值税。

三、对国家定点企业生产和经销单位经销的专供少数民族饮用的边销茶，免征增值税。

边销茶，是指以黑茶、红茶末、老青茶、绿茶经蒸制、加压、发酵、压制成不同形状，专门销往边疆少数民族地区的紧压茶。

……

六、农用水泵、农用柴油机按农机产品依 13%的税率征收增值税。

农用水泵是指主要用于农业生产的水泵，包括农村水井用泵、农田作业面潜水泵、农用轻便离心泵、与喷灌机配套的喷灌自吸泵。其他水泵不属于农机产品征税范围。

农用柴油机是指主要配套于农田拖拉机、田间作业机具、农副产品加工机械以及排灌机械，以柴油为燃料，油缸数在 3 缸以下(含 3 缸)的往复式内燃动力机械。4 缸以上(含 4 缸)柴油机不属于农机产品征税范围。

七、本通知除第一条外，从 1994 年 1 月 1 日起执行。

【注释】　对《增值税暂行条例》第 2、10 条进行了解释。

货物期货征收增值税具体办法

国税发〔1994〕244 号

根据国家税务总局《增值税若干具体问题的规定》，“货物期货应当征收增值税”。现将对货物期货征收增值税的具体办法规定如下：

一、货物期货交易增值税的纳税环节为期货的实物交割环节。

二、货物期货交易增值税的计税依据为交割时的不含税价格(不含增值税的实际成交额)。

不含税价格＝含税价格÷(1＋增值税税率)

三、货物期货交易增值税的纳税人为：

(一)交割时采取由期货交易所开具发票的，以期货交易所为纳税人。

期货交易所增值税按次计算，其进项税额为该货物交割时供货会员单位开具的增值税专用发票上注明的销项税额，期货交易所本身发生的各种进项不得抵扣。

(二)交割时采取由供货的会员单位直接将发票开给购货会员单位的，以供货会员单位为纳税人。

【注释】　对《增值税暂行条例》第 1、5、6 条进行了解释。

增值税问题解答(之一)

国税函发〔1995〕288 号

……

二、问:增值税一般纳税人采取邮寄方式销售、购买货物所支付的邮寄费,能否比照《财政部 国家税务总局关于增值税几个税收政策问题的通知》((94)财税字第 060 号)中关于销售应税货物而支付的运输费用的规定,依 10%的扣除率计算进项税额予以抵扣?

答:增值税一般纳税人采取邮寄方式销售、购买货物所支付的邮寄费,不允许计算进项税额抵扣。

……

四、问:代理进口货物应如何征税?

答:代理进口货物的行为,属于增值税条例所称的代购货物行为,应按增值税代购货物的征税规定执行。但鉴于代理进口货物的海关完税凭证有的开具给委托方,有的开具给受托方的特殊性,对代理进口货物,以海关开具的完税凭证上的纳税人为增值税纳税人。即对报关进口货物,凡是海关的完税凭证开具给委托方的,对代理方不征增值税;凡是海关的完税凭证开具给代理方的,对代理方应按规定增收增值税。

……

六、问:对利用图书、报纸、杂志等形式为客户作广告,介绍商品、经营服务、文化体育节目或通告、声明等事项的业务,取得的广告收入应如何征税?

答:按照现行税法规定,利用图书、报纸、杂志等形式为客户作广告,介绍商品、经营服务、文化体育节目或通告、声明等事项的业务,属于营业税"广告业"的征税范围,其取得的广告收入应征收营业税。但纳税人为制作、印刷广告所用的购进货物不得计入进项税额抵扣,因此,纳税人应准确划分不得抵扣的进项税额;对无法准确划分不得抵扣的进项税额的,按《中华人民共和国增值税暂行条例实施细则》(以下简称增值税实施细则)第二十三条的规定划分不得抵扣的进项税额。

七、问:对国家管理部门行使其管理职能,发放的执照、牌照和有关证书等取得的工本费收入,是否征收增值税?

答:对国家管理部门行使其管理职能,发放的执照、牌照和有关证书等取得的工本费收入,不征收增值税。

……

九、对纳税人倒闭、破产、解散、停业后销售的货物应如何征税?其增值税一般纳税人,不再购进货物而只销售存货,或者为了维持销售存货的业务而只购进水、电的,其期初存货已征税款应如何抵扣?对纳税人期初存货中尚未抵扣的已征税款,以及征税后出现的进项税金大于销项税金后不足抵扣部分,税务机关是否退税?

答:(一)对纳税人倒闭、破产、解散、停业后销售的货物,应按现行税法的规定征税。

(二)《财政部、国家税务总局关于期初存货已征税款抵扣问题的通知》财税字〔1995〕024 号)规定,从 1995 年起,增值税一般纳税人期初存货已征税款在 5 年内实行按比例分期抵扣的办法。增值税一般纳税人,如因倒闭、破产、解散、停业等原因不再购进货物而只销售存货的,或者为了维持销售存货的业务而只购进水、电了,其期初存货已征税款的抵扣,可按实际动用数抵扣。增值税一般纳税人申请按动用数抵扣期初进项税额,需提供有关部门批准其倒闭、破产、解散、停业的文件等资料,并报经税务机关批准。

(三)对纳税人期初存货中尚未抵扣的已征税款,以及征税后出现的进项税额大于销项税额后不足抵扣部分,税务机关不再退税。

……

十二、问:根据增值税实施细则第二十三条规定,纳税人兼营免税项目或非应税项目而无法准确划分不得抵扣的进项税额的,按当月免税项目销售额、非应税项目营业额占当月全部销售额、营业额的比例,乘以当月全部进项税额的公式,计算不得抵扣的进项税额。该办法在实际执行中,由于纳税人月度之间的购销不均衡,按上述公式计算出现不得抵扣的进项税额不实的现象,对此,应如何处理?

答:对由于纳税人月度之间购销不均衡,按上述公式计算出现不得抵扣的进项税额不实的现象,税务征收机关可采取按年度清算的办法，即：年末按当年的有关数据计算当年不得抵扣的进项税额，对月度计算的数据进行调整。

……

【注释】 对《增值税暂行条例》第22条进行了解释。对《增值税暂行条例实施细则》第22、23、35、36条进行了解释。

财政部 国家税务总局关于金银首饰等货物征收增值税问题的通知

财税〔1996〕74号

各省、自治区、直辖市、计划单列市财政厅（局）、国家税务局：

近期，各地陆续反映了一些增值税政策执行中遇到的问题。经研究，现将有关政策问题明确如下：

一、考虑到金银首饰以旧换新业务的特殊情况，对金银首饰以旧换新业务，可以按销售方实际收取的不含增值税的全部价款征收增值税。

二、骨粉、鱼粉按照“饲料”征收增值税。

【注释】 对《增值税暂行条例》第2、6条进行了解释。

国家税务总局关于淀粉的增值税适用税率问题的批复

国税函发〔1996〕744号

广西壮族自治区国家税务局：

你局《关于淀粉的增值税适用税率问题的请示》（桂国税报字〔1996〕041号）悉。关于淀粉的增值税适用税率问题，根据财政部、国家税务总局《关于印发〈农业产品征税范围注释〉的通知》（财税字〔1995〕052号）的规定，农业产品是指种植业、养殖业、林业、牧业、水产业生产的各种植物、动物的初级产品。从淀粉的生产工艺流程等方面看，淀粉不属于农业产品的范围，应按照17%的税率征收增值税。

【注释】 对《增值税暂行条例》第2条进行了解释。

国家税务总局关于纳税人取得虚开的增值税专用发票处理问题的通知

国税发〔1997〕134号

各省、自治区、直辖市和计划单列市国家税务局：

最近，一些地区国家税务局询问，对纳税人取得虚开的增值税专用发票（以下简称专用发票）如何处理。经研究，现明确如下：

一、受票方利用他人虚开的专用发票，向税务机关申报抵扣税款进行偷税的，应当依照《中华人民共和国税收征收管理法》及有关规定追缴税款，处以偷税数额五倍以下的罚款；进项税金大于销项税金的，还应当调减其留抵的进项税额。利用虚开的专用发票进行骗取出口退税的，应当依法追缴税款，处以骗税数额五倍以下的罚款。

二、在货物交易中,购货方从销售方取得第三方开具的专用发票,或者从销货地以外的地区取得专用发票,向税务机关申报抵扣税款或者申请出口退税的,应当按偷税、骗取出口退税处理,依照《中华人民共和国税收征收管理法》及有关规定追缴税款,处以偷税、骗税数额五倍以下的罚款。

三、纳税人以上述第一条、第二条所列的方式取得专用发票未申报抵扣税款,或者未申请出口退税的,应当依照《中华人民共和国发票管理办法》及有关规定,按所取得专用发票的份数,分别处以一万元以下的罚款;但知道或者应当知道取得的是虚开的专用发票,或者让他人为自己提供虚开的专用发票的,应当从重处罚。

四、利用虚开的专用发票进行偷税、骗税,构成犯罪的,税务机关依法进行追缴税款等行政处理,并移送司法机关追究刑事责任。

【注释】 对《增值税暂行条例》第26条进行了解释。相关规定包括:《国家税务总局关于〈国家税务总局关于纳税人取得虚开的增值税专用发票处理问题的通知〉的补充通知》(国税发〔2000〕182号)、《国家税务总局关于纳税人善意取得虚开的增值税专用发票处理问题的通知》(国税发〔2000〕187号)。

国家税务总局关于平销行为征收增值税问题的通知

国税发〔1997〕167号

各省、自治区、直辖市和计划单列市国家税务局:

近期以来,在商业经营活动中出现了大量平销行为,即生产企业以商业企业经销价或高于商业企业经销价的价格将货物销售给商业企业,商业企业再以进货成本或低于进货成本的价格进行销售,生产企业则以返还利润等方式弥补商业企业的进销差价损失。据调查,在平销活动中,生产企业弥补商业企业进销差价损失的方式主要有以下几种:一是生产企业通过返还资金方式弥补商业企业的损失,如有的对商业企业返还利润,有的向商业企业投资等。二是生产企业通过赠送实物或以实物投资方式弥补商业企业的损失。已发现有些生产企业赠送实物或商业企业进销此类实物不开发票、不记账,以此来达到偷税的目的。目前,平销行为基本上发生在生产企业和商业企业之间,但有可能进一步在生产企业与生产企业之间、商业企业与商业企业之间的经营活动中出现。平销行为不仅造成地区间增值税收入非正常转移,而且具有偷、避税因素,给国家财政收入造成损失。为堵塞税收漏洞,保证国家财政收入和有利于各地区完成增值税收入任务,现就平销行为中有关增值税问题规定如下:

一、对于采取赠送实物或以实物投资方式进行平销经营活动的,要制定切实可行的措施,加强增值税征管稽查,大力查处和严厉打击有关的偷税行为。

二、自1997年1月1日起,凡增值税一般纳税人,无论是否有平销行为,因购买货物而从销售方取得的各种形式的返还资金,均应依所购货物的增值税税率计算应冲减的进项税金,并从其取得返还资金当期的进项税金中予以冲减。应冲减的进项税金计算公式如下:

当期应冲减进项税金=当期取得的返还资金×所购货物适用的增值税税率

【注释】 对《增值税暂行条例》第6条进行了解释。

财政部 国家税务总局关于连锁经营企业增值税纳税地点问题的通知

财税〔1997〕97号

各省、自治区、直辖市、计划单列市财政厅(局)、国家税务局:

为支持连锁经营的发展，根据《增值税暂行条例》第二十二条的有关规定，现对连锁经营企业实行统一缴纳增值税的有关问题通知如下：

一、对跨地区经营的直营连锁企业，即连锁店的门店均由总部全资或控股开设，在总部领导下统一经营的连锁企业，凡按照国内贸易部《连锁店经营管理规范意见》(内贸政体法字〔1997〕第 24 号)的要求，采取微机联网，实行统一采购配送商品，统一核算，统一规范化管理和经营，并符合以下条件的，可对总店和分店实行由总店向其所在地主管税务机关统一申报缴纳增值税：

1. 在直辖市范围内连锁经营的企业，报经直辖市国家税务局会同市财政局审批同意；

2. 在计划单列市范围内连锁经营的企业，报经计划单列市国家税务局会同市财政局审批同意；

3. 在省(自治区)范围内连锁经营的企业，报经省(自治区)国家税务局会同省财政厅审批同意；

4. 在同一县(市)范围内连锁经营的企业，报经县(市)国家税务局会同县(市)财政局审批同意。

二、连锁企业实行由总店向总店所在地主管税务机关统一缴纳增值税后，财政部门应研究采取妥善办法，保证分店所在地的财政利益在纳税地点变化后不受影响。涉及省内地、市间利益转移的，由省级财政部门确定；涉及地、市内县(市)间利益转移的，由地、市财政部门确定；县(市)范围内的利益转移，由县(市)财政部门确定。

三、对自愿连锁企业，即连锁店的门店均为独立法人，各自的资产所有权不变的连锁企业和特许连锁企业，即连锁店的门店同总部签订合同，取得使用总部商标、商号、经营技术及销售总部开发商品的特许权的连锁企业，其纳税地点不变，仍由各独立核算门店分别向所在地主管税务机关申报缴纳增值税。

【注释】　对《增值税暂行条例》第 22 条进行了解释。

增值税日常稽查办法

国税发〔1998〕44 号

第一条　为了规范增值税日常稽查的内容和程序，加强增值税日常稽查管理，防范和查处偷骗增值税行为，提高纳税人依法纳税自觉性，根据《中华人民共和国税收征收管理法》、《中华人民共和国增值税暂行条例》制定本办法。

第二条　本办法适用于税务机关对增值税一般纳税人(以下简称纳税人)实施的增值税日常稽查。小规模纳税人增值税日常稽查办法另行制定。

第三条　增值税日常稽查是税务机关依照税收法律、法规和规章，对纳税人履行纳税义务情况实施常规稽核和检查的总称，包括稽核、检查及一般性违法问题的处理。

第四条　增值税稽核是税务机关监审纳税人增值税纳税申报情况及相关资料，筛选检查对象的过程，分为一级稽核和二级稽核。

一级稽核的工作内容和步骤：

(一)监控纳税人的申报情况。对超过纳税申报期限未办理纳税申报者，在本纳税申报期结束后 5 日内，向其发出催报通知。对连续两个月逾期未申报的，列印《未申报纳税人清单》送交检查。

(二)审核纳税人的申报数据。依据纳税申报表内各指标之间的逻辑关系，对所申报的应纳税额进行逻辑审核。对申报有误的，应及时向纳税人发出《申报错误更正通知》。

(三)按季计算分析纳税人销售额变动率和税负率，计算公式如下：

1. 销售额变动率＝(本年累计应税销售额－上年同期应税销售额)/上年同期应税销售额

2. 税负率＝本年累计应纳税额/本年累计应税销售额×100％

将销售额变动率和税负率与相应的正常峰值进行比较，对存在下列问题的纳税人，列印《纳税申报异常纳税人清单》送交二级稽核。

1. 销售额变动率高于正常峰值，税负率低于正常峰值的；

2. 销售额变动率低于正常峰值，税负率低于正常峰值的；

3. 销售额变动率及税负率均高于正常峰值的。

前款所称正常峰值，是指纳税人在一定时期内实现的销售额和税负正常变化的上限或下限。即：销售额变动率正常峰值，为纳税人在正常经营的前提下，销售额与上年同期比较，销售额变动率(±)所能达到的最大值；税负率正常峰值，为纳税人在正常履行纳税义务的前提下，由于受市场、季节等因素的影响而使税负率变化所能达到的最小值或最大值。正常峰值由地市级以上税务机关根据本地区不同行业的具体情况分别确定。

二级稽核的工作内容和步骤：

(一)审核增值税纳税申报表、发票领用存月报表、相关发票存根联、抵扣联、发票领用存原始记录等资料之间的数据是否相符。

(二)对防伪税控系统开具的增值税专用发票抵扣联按规定进行认证。

(三)运用全国丢失、被盗增值税专用发票查询系统对其抵扣联进行抽查验证。

(四)根据纳税人报送的增值税纳税申报表、资产负债表、损益表和其他有关纳税资料，做好案头分析工作，对纳税人形成异常申报的原因作出初步判断。

1. 毛益率分析。根据损益表计算销售毛益率，计算公式为：

销售毛益率＝(销售收入－销售成本)÷销售收入×100%

若本期销售毛益率较以前各期或上年同期有较大幅度下降，可能存在购进货物(包括应税劳务，下同)入账，销售货物结转销售成本而不计或少计销售额的问题。

2. 存货、负债、进项税额综合分析。适用于商品流通企业。分析时，先计算本期进项税额控制数，计算公式为：

本期进项税额控制数＝[期末存货较期初增加额(减少额用负数表示)＋本期销售成本＋期末应付账款较期初减少数(增加额用负数表示)]×主要外购货物的增值税税率＋本期运费支出数×10%

以进项税额控制数与增值税申报表中的本期进项税额核对，若前者明显小于后者，则可能存在虚抵进项税额和未付款的购进货物提前申报抵扣进项税额的问题。

3. 销售额分析。将损益表中的当期销售成本加上按成本毛利率计算出的毛益额后，与损益表、增值税申报表中的本期销售额进行对比，若表中数额小，且差距较大，则可能存在销售额不入账、挂账或瞒报等问题。成本毛利率计算公式如下：

成本毛利率＝本年累计毛利额/本年累计销售成本×100%

第五条 将稽核发现的问题和疑点，分别不同情况作如下处理：

(一)对纳税人申报异常提出质询，并逐一记录质询情况，质询记录内容包括：纳税人名称、纳税人识别号、申报异常所属时期、销售额变动率及税负率、答复人姓名以及答复情况等。

(二)对申报异常且无正当理由的纳税人应填写《增值税待查对象通知》，送交检查；申报异常现象特别严重或有较大偷骗税嫌疑的，填写《增值税待查对象特急通知》送交专案检查。

(三)质询记录、待查对象通知和检查情况所报资料要随时复核，定期统计并报主管领导审阅。

第六条 对稽核阶段未被列入检查对象的纳税人，应定期随机抽取一定数量的待查对象送交检查。对该类纳税人的检查间隔(即实施两次检查之间的时间)最长不得超过3年。

第七条 增值税检查是税务机关对纳税人会计核算资料及有关生产经营情况进行实地检查的过程。

第八条 增值税检查的对象为稽核环节送达的未申报清单和待查对象通知所列的纳税人以及根据本办法第六条确定的纳税人。

第九条 增值税检查应按计划组织实施，对未申报待查对象的检查应自通知送达之日起1个月内实施，对申报异常的待查对象的检查应自通知送达之日起2个月内实施。

第十条 增值税检查方法根据待查对象的具体情况确定：

(一)无申报异常现象的，可采取抽查的方法，如有问题再全面检查。

(二)有申报异常现象的，应以销项或进项的某一方面问题核实为主，实施销项税额与进项税额的全面检查。

1. 销售额变动率高于正常峰值及税负率低于正常峰值或销售额变动率正常，而税负率低于正常峰值的，以进项税额为检查重点，查证有无扩大进项抵扣范围、骗抵进项税额、不按规定申报抵扣等问题，对应核实销项税额计算的正确性；

2. 销售额变动率低于正常峰值及税负率变动低于正常峰值的，销项税额和进项税额均应作为检查重点。

对销项税额的检查，应侧重查证有无账外经营、瞒报、迟报计税销售额、混淆增值税与营业税征税范围、错用税率等问题。

检查基本方法见附件1。

第十一条　经稽核、检查核实的一般性偷骗税问题应按《中华人民共和国税收征收管理法》有关条款及现行有关管理规定进行处理；同时责成纳税人进行相关的账务调整(具体调账方法见附件2)。对偷骗税数额较大、情节较严重、涉及地域范围较广的偷骗税案件应及时移送专案稽查。

第十二条　经增值税检查查实的问题及处理情况应按国家税务总局统一规定的文书形式反馈给二级稽核。

第十三条　《未申报纳税人清单》、《申报错误更正通知》、《纳税申报异常纳税人清单》、《增值税待查对象通知》、《增值税待查对象特急通知》的样式及内容由各省级税务机关确定。

第十四条　本办法自1998年1月1日起执行。

附件1：

增值税检查基本方法

一、瞒报计税销售额的检查。应对下列问题运用账证核对法逐项查证：

(一)发票上填开的销售额与有关收入账户中的记录是否一致；

(二)有无计税销售额记入往来账户问题；

(三)有无将计税销售额或差价记入“应付福利费”、“投资收益”、“资本公积”、“盈余公积”等账户，逃避纳税的现象；

(四)以物易物有无不反映销售而只办理存货之间转账的问题；

(五)有无发生销售不反映销售额，而是以“生产成本”、“产成品”、“库存商品”等存货账户以及资金账户或往来账户对转的问题；

(六)有关收入账户的红字冲销记录有无足以证明业务确实发生的证据；

(七)视同销售业务不申报纳税。检查“应付福利费”、“在建工程”、“长期投资”、“营业外支出”等账户的借方记录，核对会计凭证，查明视同销售是否按规定申报了计税销售额和销项税额。

二、迟报计税销售额的检查。

(一)将已填开的发票存根联与有关收入账户记录进行核对，看当月实现的收入是否全部入账，有无压票现象；

(二)对不以销货发票为记账依据的商业零售企业，应查明有无将本月的“销售日报”作为下月原始凭证入账的现象。

三、适用税率的检查。看已填开的增值税专用发票和含税销售额换算为不含税销售额所使用的税率是否正确。

四、虚开发票的检查。将已填开的发票存根联与其所列货物的明细账记录进行核对，看账证记录是否一致。

五、扩大进项税额抵扣范围的检查。以“进项税额”账户为中心，逐一分析每笔记录记账凭证的会计处理和原始凭证所载明的经济业务，看有无将不属于抵扣范围的进项税额申报抵扣。

六、骗抵进项税额的检查。将进项凭证与相关的付款凭证、资金账户，相关的存货账户进行核实，凡发现异常的进项凭证或涉嫌虚开、伪造的进项凭证，应委托销货方所在地税务机关配合查实。

对依据运费发票等其他扣税凭证计算进项税额的，应检查进项税额计算的正确性和扣税凭证的真实性。

七、擅自抵扣期初存货进项税额的检查。对纳税人申报抵扣的期初存货进项税额，应查明是否经主管税务机关批准，验证其计算的正确性。

八、进项税额转出的检查。分析“应付福利费”、“在建工程”、“其他业务支出”、“待处理财产损益”、“营业外支出”以及销售收入类等账户，并核对其会计凭证，看是否发生了进项税额转出事项，该办理进项税额转出的是否已经转出，转出额确定的是否正确。对兼营免税项目的纳税人，应通过分析有关销售收入和成本账户，看是否按规定办理进项税额转出。

九、账外经营检查。涉嫌有账外经营的，可采用突击检查方式，运用盘存法对存货和库存现金进行账实核对，凡相差悬殊的，要进一步查证有无未入账的进项凭证（包括代销、寄存等其他有效凭证）和现金收入凭证，如有未入账凭证，将其所载金额从实存数中扣除后，其结果仍大于账存的，即存在账外经营。

附件 2：

增值税检查调账方法

增值税检查后的账务调整，应设立“应交税金——增值税检查调整”专门账户。凡检查后应调减账面进项税额或调增销项税额和进项税额转出的数额，借记有关科目，贷记本科目；凡检查后应调增账面进项税额或调减销项税额和进项税额转出的数额，借记本科目，贷记有关科目；全部调账事项入账后，应结出本账户的余额，并对该余额进行处理：

1. 若余额在借方，全部视同留抵进项税额，按借方余额数，借记“应交税金——应交增值税（进项税额）”科目，贷记本科目。

2. 若余额在贷方，且“应交税金——应交增值税”账户无余额，按贷方余额数，借记本科目，贷记“应交税金——未交增值税”科目。

3. 若本账户余额在贷方，“应交税金——应交增值税”账户有借方余额且等于或大于这个贷方余额，按贷方余额数，借记本科目，贷记“应交税金——应交增值税”科目。

4. 若本账户余额在贷方，“应交税金——应交增值税”账户有借方余额但小于这个贷方余额，应将这两个账户的余额冲出，其差额贷记“应交税金——未交增值税”科目。

上述账务调整应按纳税期逐期进行。

【注释】 对《增值税暂行条例》第 26 条进行了解释。

财政部 国家税务总局关于免征农村电网维护费增值税问题的通知

财税〔1998〕47 号

根据国务院的指示精神，经研究决定，从 1998 年 1 月 1 日起，对农村电管站在收取电价时一并向用户收取的农村电网维护费（包括低压线路损耗和维护费以及电工经费）给予免征增值税的照顾。对 1998 年 1 月 1 日前未征收入库的增值税税款，不再征收入库。

【注释】 对《增值税暂行条例》第 16 条进行了解释。

国家税务总局关于增值税一般纳税人发生偷税行为如何确定偷税数额和补税罚款的通知

国税发〔1998〕66 号

各省、自治区、直辖市和计划单列市国家税务局：

目前，各地对增值税一般纳税人发生偷税行为，如何计算确定其增值税偷税额以及如何补税、罚款的认识和做法不一，现统一明确如下：

一、关于偷税数额的确定

（一）由于现行增值税制采取购进扣税法计税，一般纳税人有偷税行为，其不报、少报的销项税额或者多报的进项税额，即是其不缴或少缴的应纳增值税额。因此，偷税数额应当按销项税额的不报、少报部分或者进项税额的多报部分确定。如果销项、进项均查有偷税问题，其偷税数额应当为两项偷税数额之和。

（二）纳税人的偷税手段如属账外经营，即购销活动均不入账，其不缴或少缴的应纳增值税额即偷税额为账外经营部分的销项税额抵扣账外经营部分中已销货物进项税额后的余额。已销货物的进项税额按下列公式计算：

$$\text{已销货物进项税额}=\frac{\text{账外经营部分}}{\text{购货的进项税额}}-\frac{\text{账外经营部分}}{\text{存货的进项税额}}$$

（三）如账外经营部分的销项税额或已销货物进项税额难以核实，应当根据《中华人民共和国增值税暂行条例实施细则》第十六条第（三）项规定，按照组成计税价格公式核定销售额，再行确定偷税数额。凡销项税额难以核实的，以账外经营部分已销货物的成本为基础核定销售额；已销货物进项税额难以核实的，以账外经营部分的购货成本为基础核定销售额。（本项已经废止）

二、关于税款的补征

偷税款的补征入库，应当视纳税人不同情况处理，即：根据检查核实后一般纳税人当期全部的销项税额与进项税额（包括当期留抵税额），重新计算当期全部应纳税额，若应纳税额为正数，应当作补税处理，若应纳税额为负数，应当核减期末留抵税额（企业账务调整的具体方法，见《增值税日常稽查办法》）。

三、关于罚款

对一般纳税人偷税行为的罚款，应当按照本通知第一条的规定计算确定偷税数额，以偷税数额为依据处理。

【注释】 对《增值税暂行条例》第 26 条进行了解释。对《增值税暂行条例实施细则》第 16 条进行了解释。相关规定包括：《国家税务总局关于修改〈国家税务总局关于增值税一般纳税人发生偷税行为如何确定偷税数额和补税罚款的通知〉的通知》（国税函〔1999〕739 号）。

国家税务总局关于企业所属机构间移送货物征收增值税问题的通知

国税发〔1998〕137 号

目前，对实行统一核算的企业所属机构间移送货物，接受移送货物机构（以下简称受货机构）的经营活动是否属于销售应在当地纳税，各地执行不一。经研究，现明确如下：

《中华人民共和国增值税暂行条例实施细则》第四条视同销售货物行为的第（三）项所称的用于销售，是指受货机构发生以下情形之一的经营行为：

一、向购货方开具发票；

二、向购货方收取货款。

受货机构的货物移送行为有上述两项情形之一的，应当向所在地税务机关缴纳增值税；未发生上述两项情形的，则应由总机构统一缴纳增值税。

如果受货机构只就部分货物向购买方开具发票或收取货款，则应当区别不同情况计算并分别向总机构所在地或分支机构所在地缴纳税款。

【注释】 对《增值税暂行条例实施细则》第 4 条进行了解释。相关规定包括：《国家税务总局关于纳税人以资金结算网络方式收取货款增值税纳税地点问题的通知》（国税函〔2002〕802 号）。

国家税务总局关于电梯保养、维修收入征税问题的批复

国税函发〔1998〕390 号

深圳市国家税务局：

你局《关于电梯保养、维修收入征税问题的请示》(深国税发〔1998〕144 号)收悉，现批复如下：

电梯属于增值税应税货物的范围，但安装运行之后，则与建筑物一道形成不动产。因此，对企业销售电梯(自产或购进的)并负责安装及保养、维修取得的收入，一并征收增值税；对不从事电梯生产、销售，只从事电梯保养和维修的专业公司对安装运行后的电梯进行的保养、维修取得的收入，征收营业税。

深圳市粤日电梯工程有限公司系专门从事电梯保养、维修的专业公司。因此，对其所取得的电梯保养、维修收入应当征收营业税，不征收增值税。

【注释】 对《增值税暂行条例》第 1 条进行了解释。对《增值税暂行条例实施细则》第 2 条进行了解释。

国家税务总局关于修订“饲料”注释及加强饲料征免增值税管理问题的通知

国税发〔1999〕39 号

各省、自治区、直辖市和计划单列市国家税务局：

随着我国饲料工业的发展，饲料的品种和生产特点发生了较大变化，为了支持饲料工业发展，进一步明确和规范饲料的征免增值税范围，加强对饲料免征增值税的管理，现将对《增值税部分货物征税范围注释》(国税发〔1993〕151 号)中饲料注释的修订及饲料免征增值税的管理办法明确如下：

一、饲料指用于动物饲养的产品或其加工品。

本货物的范围包括：

1. 单一大宗饲料。指以一种动物、植物、微生物或矿物质为来源的产品或其副产品。其范围仅限于糠麸、酒糟、油饼、骨粉、鱼粉、饲料级磷酸氢钙。

2. 混合饲料。指由两种以上单一大宗饲料、粮食、粮食副产品及饲料添加剂按照一定比例配置，其中单一大宗饲料、粮食及粮食副产品的掺兑比例不低于 95%的饲料。

3. 配合饲料。指根据不同的饲养对象，饲养对象的不同生长发育阶段的营养需要，将多种饲料原料按饲料配方经工业生产后，形成的能满足饲养动物全部营养需要(除水分外)的饲料。

4. 复合预混料。指能够按照国家有关饲料产品的标准要求量，全面提供动物饲养相应阶段所需微量元素(4 种或以上)、维生素(8 种或以上)，由微量元素、维生素、氨基酸和非营养性添加剂中任何两类或两类以上的组分与载体或稀释剂按一定比例配置的均匀混合物。

5. 浓缩饲料。指由蛋白质、复合预混料及矿物质等按一定比例配制的均匀混合物。

用于动物饲养的粮食、饲料添加剂不属于本货物的范围。

二、(本条被《财政部 国家税务总局关于豆粕等粕类产品征免增值税政策的通知》(财税〔2001〕30 号)废止)

三、本通知自 1999 年 1 月 1 日起执行。此前，各地执行的饲料免税范围与本通知不一致的，可按饲料的销售对象确定征免，即：凡销售给饲料生产企业、饲养单位及个体养殖户的饲料，免征增值税，销售给其他单位的一律征税。

【注释】 对《增值税暂行条例》第 2 条进行了解释。《财政部 国家税务总局关于豆粕等粕类产品征免增值税政策的通知》(财税〔2001〕30 号)对本文进行了修正。

国家税务总局关于拍卖行取得的拍卖收入征收增值税、营业税有关问题的通知

国税发〔1999〕40 号

各省、自治区、直辖市和计划单列市国家税务局、地方税务局：

据了解，由于拍卖行特殊的经营性质，对拍卖行取得的拍卖收入是征收增值税还是征收营业税，各地理解不一，执行中不尽一致。为了统一拍卖行的增值税、营业税政策，现就有关问题明确如下：

一、对拍卖行受托拍卖增值税应税货物，向买方收取的全部价款和价外费用，应当按照 4% 的征收率征收增值税。拍卖货物属免税货物范围的，经拍卖行所在地县级主管税务机关批准，可以免征增值税。

二、对拍卖行向委托方收取的手续费征收营业税。

【注释】 对《增值税暂行条例》第 12 条进行了解释。

国家税务总局关于生猪生产流通过程中有关税收问题的通知

国税发〔1999〕113 号

各省、自治区、直辖市和计划单列市国家税务局、地方税务局：

根据一些地区和有关部门近来陆续反映的在生猪生产流通过程中存在的一些税收法规执行不规范的问题，为了严格依法征税，切实减轻农民负担，进一步规范生猪市场的征税办法，促进我国生猪饲养业稳定、健康地发展，经研究，现就有关生猪税收问题，进一步重申和明确如下：

一、在生猪生产、销售、运输、宰杀、加工、储存等全部过程中，必须严格执行国家各项税收规定，不得变通税法，擅自改变纳税环节，禁止包税和各种摊派或变相摊派税款的行为。严格实施一税一票，禁止一票多税和一票又税又费、税费混征的做法。

二、屠宰税必须据实征收、不得以加强征管为理由，将应由从事生猪收购或屠宰业务的纳税人缴纳的屠宰税改由饲养者缴纳。根据当前我国生猪价格下跌幅度较大的情况，生猪屠宰税税负明显偏高的地区，要向政府建议适当调低税额标准。

三、农业生产者销售自己饲养的生猪免缴增值税，非农业生产者销售生猪应当按照规定征收增值税，税务机关不得以任何理由擅自改变纳税环节让农业生产者缴纳或代缴生猪增值税。

四、专业养猪户取得的养猪收入，减除成本、费用及损失后的余额，按照“个体工商户生产、经营所得”项目计征个人所得税。无法准确核算其收入、成本、费用及损失的，由主管税务机关依照税法核定其应纳税所得额，计征个人所得税。

非专业养猪户取得的养猪收入，暂不征收个人所得税。

专业养猪户由各省、自治区、直辖市地方税务局根据以下条件制定具体的界定标准：

（一）以养猪为其主业；

（二）养猪取得的收入为其全部收入的主要部分；

（三）以年出栏生猪数为标准的，最低限额不得少于 5 头（不含自家育养的仔猪数，出售仔猪无数量限制）。

五、猪皮农业特产税从 1999 年起已经停征，各地应严格执行国家政策，不得继续征收。如有违反规定继续征收猪皮农业特产税的，要立即纠正。

各地接此通知后，应立即对生猪税收政策执行中存在的问题进行一次清理检查和整改。总局将在适当

时候对生猪税收执法情况进行一次专项抽查。

以上规定，请认真贯彻执行。

【注释】 对《增值税暂行条例》第16条进行了解释。

财政部 国家税务总局关于粮食企业增值税征免问题的通知

财税〔1999〕198号

各省、自治区、直辖市、计划单列市财政厅（局）、国家税务局，新疆生产建设兵团财务局：

为支持和配合粮食流通体制改革，经国务院批准，现就粮食增值税政策调整的有关问题通知如下：

一、国有粮食购销企业必须按顺价原则销售粮食。对承担粮食收储任务的国有粮食购销企业销售的粮食免征增值税。免征增值税的国有粮食购销企业，由县（市）国家税务局会同同级财政、粮食部门审核确定。

审批享受免税优惠的国有粮食购销企业时，税务机关应按规定缴销其《增值税专用发票领购簿》，并收缴其库存未用的增值税专用发票予以注销；兼营其他应税货物的，须重新核定其增值税专用发票用量。

二、对其他粮食企业经营粮食，除下列项目免征增值税外，一律征收增值税。

（一）军队用粮：指凭军用粮票和军粮供应证按军供价供应中国人民解放军和中国人民武装警察部队的粮食。

（二）救灾救济粮：指经县（含）以上人民政府批准，凭救灾救济粮食（证）按规定的销售价格向需救助的灾民供应的粮食。

（三）水库移民口粮：指经县（含）以上人民政府批准，凭水库移民口粮票（证）按规定的销售价格供应给水库移民的粮食。

三、对销售食用植物油业务，除政府储备食用植物油的销售继续免征增值税外，一律照章征收增值税。

四、对粮油加工业务，一律照章征收增值税。

五、承担粮食收储任务的国有粮食购销企业和经营本通知所列免税项目的其他粮食经营企业，以及有政府储备食用植物油销售业务的企业，均需经主管税务机关审核认定免税资格，未报经主管税务机关审核认定，不得免税。享受免税优惠的企业，应按期进行免税申报，违反者取消其免税资格。

粮食部门应向同级国家税务局提供军队用粮、救灾救济粮、水库移民口粮的单位、供应数量等有关资料，经国家税务局审核无误后予以免税。

六、属于增值税一般纳税人的生产、经营单位从国有粮食购销企业购进的免税粮食，可依据购销企业开具的销售发票注明的销售额按13%的扣除率计算抵扣进项税额；购进的免税食用植物油，不得计算抵扣进项税额。

七、各省、自治区、直辖市、计划单列市国家税务局可依据本通知和增值税法规的有关规定制定具体执行办法，并报财政部、国家税务总局备案。

本通知从1999年8月1日起执行。

【注释】 对《增值税暂行条例》第16条进行了解释。

财政部 国家税务总局关于血站有关税收问题的通知

财税〔1999〕264号

为了推动无偿献血公益事业的发展，经国务院批准，现将血站的有关税收问题明确如下：

一、鉴于血站是采集和提供临床用血，不以营利为目的的公益性组织，又属于财政拨补事业费的单位，因此，对血站自用的房产和土地免征房产税和城镇土地使用税。

二、对血站供应给医疗机构的临床用血免征增值税。

三、本通知所称血站，是指根据《中华人民共和国献血法》的规定，由国务院或省级人民政府卫生行政部门批准的，从事采集、提供临床用血，不以营利为目的的公益性组织。

四、本通知自 1999 年 11 月 1 日起执行。在此之前已征收入库的税款不再退还，未征收入库的税款也不再征缴。

【注释】 对《增值税暂行条例》第 16 条进行了解释。

国家税务总局关于修改《国家税务总局关于增值税一般纳税人发生偷税行为如何确定偷税数额和补税罚款的通知》的通知

国税函〔1999〕739 号

各省、自治区、直辖市和计划单列市国家税务局：

《国家税务总局关于增值税一般纳税人发生偷税行为如何确定偷税数额和补税罚款的通知》（国税发〔1998〕66 号）下发后，部分地区反映通知第一条第（三）项的表述不够确切，现修改如下：

纳税人账外经营部分的销售额（计税价格）难以核实的，应根据《中华人民共和国增值税暂行条例实施细则》第十六条第（三）项规定按组成计税价格核定其销售额。

原《国家税务总局关于增值税一般纳税人发生偷税行为如何确定偷税数额和补税罚款的通知》（国税发〔1998〕66 号）第一条第（三）项废止。

【注释】 对《增值税暂行条例实施细则》第 16 条进行了解释。对《国家税务总局关于增值税一般纳税人发生偷税行为如何确定偷税数额和补税罚款的通知》（国税发〔1998〕66 号）进行了修改。

财政部 国家税务总局关于医疗卫生机构有关税收政策的通知

财税〔2000〕42 号

各省、自治区、直辖市、计划单列市财政厅（局）、国家税务局、地方税务局：

为了贯彻落实《国务院办公厅转发国务院体改办等部门关于城镇医药卫生体制改革指导意见的通知》（国办发〔2000〕16 号），促进我国医疗卫生事业的发展，经国务院批准，现将医疗卫生机构有关税收政策通知如下：

一、关于非营利性医疗机构的税收政策

（一）对非营利性医疗机构按照国家规定的价格取得的医疗服务收入，免征各项税收。不按照国家规定价格取得的医疗服务收入不得享受这项政策。

医疗服务是指医疗服务机构对患者进行检查、诊断、治疗、康复和提供预防保健、接生、计划生育方面的服务，以及与这些服务有关的提供药品、医用材料器具、救护车、病房住宿和伙食的业务（下同）。

（二）对非营利性医疗机构从事非医疗服务取得的收入，如租赁收入、财产转让收入、培训收入、对外投资收入等应按规定征收各项税收。非营利性医疗机构将取得的非医疗服务收入，直接用于改善医疗卫生服务条件的部分，经税务部门审核批准可抵扣其应纳税所得额，就其余额征收企业所得税。

(三)对非营利性医疗机构自产自用的制剂,免征增值税。

(四)非营利性医疗机构的药房分离为独立的药品零售企业,应按规定征收各项税收。

(五)对非营利性医疗机构自用的房产、土地、车船,免征房产税、城镇土地使用税和车船使用税。

二、关于营利性医疗机构的税收政策

(一)对营利性医疗机构取得的收入,按规定征收各项税收。但为了支持营利性医疗机构的发展,对营利性医疗机构取得的收入,直接用于改善医疗卫生条件的,自其取得执业登记之日起,3年内给予下列优惠:对其取得的医疗服务收入免征营业税;对其自产自用的制剂免征增值税;对营利性医疗机构自用的房产、土地、车船免征房产税、城镇土地使用税和车船使用税。3年免税期满后恢复征税。

(二)对营利性医疗机构的药房分离为独立的药品零售企业,应按规定征收各项税收。

三、关于疾病控制机构和妇幼保健机构等卫生机构的税收政策

(一)对疾病控制机构和妇幼保健机构等卫生机构按照国家规定的价格取得的卫生服务收入(含疫苗接种和调拨、销售收入),免征各项税收。不按照国家规定的价格取得的卫生服务收入不得享受这项政策。对疾病控制机构和妇幼保健等卫生机构取得的其他经营收入如直接用于改善本卫生机构卫生服务条件的,经税务部门审核批准可抵扣其应纳税所得额,就其余额征收企业所得税。

(二)对疾病控制机构和妇幼保健机构等卫生机构自用的房产、土地、车船,免征房产税、城镇土地使用税和车船使用税。

医疗机构需要书面向卫生行政主管部门申明其性质,按《医疗机构管理条例》进行设置审批和登记注册,并由接受其登记注册的卫生行政部门核定,在执业登记中注明"非营利性医疗机构"和"营利性医疗机构"。

上述医疗机构具体包括:各级各类医院、门诊部(所)、社区卫生服务中心(站)、急救中心(站)、城乡卫生院、护理院(所)、疗养院、临床检验中心等。上述疾病控制、妇幼保健等卫生机构具体包括:各级政府及有关部门举办的卫生防疫站(疾病控制中心)、各种专科疾病防治站(所),各级政府举办的妇幼保健所(站)、母婴保健机构、儿童保健机构等,各级政府举办的血站(血液中心)。

本通知自发布之日起执行。

【注释】 对《增值税暂行条例》第16条进行了解释。

国家税务总局关于融资租赁业务征收流转税问题的通知

国税函〔2000〕514号

据了解,目前一些地区在对融资租赁业务征收流转税时,政策执行不一,有的征收增值税,有的征收营业税,为统一增值税政策,严肃执法,现就有关问题明确如下:

对经中国人民银行批准经营融资租赁业务的单位所从事的融资租赁业务,无论租赁的货物的所有权是否转让给承租方,均按《中华人民共和国营业税暂行条例》的有关规定征收营业税,不征收增值税。其他单位从事的融资租赁业务,租赁的货物的所有权转让给承租方,征收增值税,不征收营业税;租赁的货物的所有权未转让给承租方,征收营业税,不征收增值税。

融资租赁是指具有融资性质和所有权转移特点的设备租赁业务。即:出租人根据承租人所要求的规格、型号、性能等条件购入设备租赁给承租人,合同期内设备所有权属于出租人,承租人只拥有使用权,合同期满付清租金后,承租人有权按残值购入设备,以拥有设备的所有权。

本通知自公布之日起执行,此前规定与本通知相抵触的,一律以本通知为准。

【注释】 对《增值税暂行条例》第1条进行了解释。

国家税务总局关于出版物广告收入有关增值税问题的通知

国税发〔2000〕188 号

各省、自治区、直辖市和计划单列市国家税务局：

《国家税务总局关于印发〈增值税问题解答(之一)〉的通知》(国税发〔1995〕288 号)规定,“纳税人为制作、印刷广告所用的购进货物不得计入进项税额抵扣,因此,纳税人应准确划分不得抵扣的进项税额;对无法准确划分不得抵扣的进项税额的,按《中华人民共和国增值税暂行条例实施细则》第二十三条的规定划分不得抵扣的进项税额”。由于该通知未明确应以何种标准进行“准确划分”,因此各地执行不尽一致。经研究,现明确如下：

确定文化出版单位用于广告业务的购进货物的进项税额,应以广告版面占整个出版物版面的比例为划分标准,凡文化出版单位能准确提供广告所占版面比例的,应按此项比例划分不得抵扣的进项税额。

本通知自 2000 年 12 月 1 日起执行。此前一些地区的税务机关按照《中华人民共和国增值税暂行条例实施细则》第二十三条规定确定不得抵扣进项税额的,已征收入库的税款不再作纳税调整,凡征税不足的,一律按照本通知的规定计算应补征的税款。

【注释】 对《增值税暂行条例实施细则》第 23 条进行了解释。

国家税务总局关于白银生产环节征收增值税的通知

国税发〔2000〕51 号

各省、自治区、直辖市、计划单列市国家税务局：

根据国务院关于白银管理体制改革的指示,现就白银产品有关增值税政策规定如下：

自 2000 年 1 月 1 日起,对企业生产销售的银精矿含银、其他有色金属精矿含银、冶炼中间产品含银及成品银恢复征收增值税。

【注释】 对《增值税暂行条例》第 1 条进行了解释。

财政部 国家税务总局关于小化肥生产企业改产尿素等产品征收增值税问题的通知

财税字〔2000〕69 号

各省、自治区、直辖市、计划单列市财政厅(局)、国家税务局：

近接部分地区反映,财政部、国家税务总局《关于对若干农业生产资料征免增值税问题的通知》(财税字〔1998〕78 号)对原生产碳酸氢铵、普通过磷酸钙、钙镁磷肥产品的小化肥生产企业改产生产销售的尿素、磷铵和硫磷铵给予免征增值税的规定中,对改产没有明确的解释,在执行中出现了分歧。为统一税收政策,现就有关问题明确如下：

小化肥生产企业改产尿素、磷铵和硫磷铵,其享受免征增值税政策的产品是指企业停止生产碳酸氢铵、普通过磷酸钙、钙镁磷肥产品后,在改产尿素、磷铵和硫磷铵当年,生产设备所达设计能力内生产的上述产品。对改产以后再扩产和扩建生产销售的上述产品,不得给予免征增值税的政策。此前,各地税务机关确定的上述产品免征增值税政策范围与本通知不一致的,不再作调整,自本通知发布之日起一律按本通知的规定执行。

【注释】 对《增值税暂行条例》第16条进行了解释。

财政部 国家税务总局关于飞机维修增值税问题的通知

财税〔2000〕102号

各省、自治区、直辖市、计划单列市财政厅(局)、国家税务局:

经国务院批准,现将有关飞机维修劳务的增值税政策问题通知如下:

为支持飞机维修行业的发展,决定自2000年1月1日起对飞机维修劳务增值税实际税负超过6%的部分实行由税务机关即征即退的政策。

【注释】 对《增值税暂行条例》第16条进行了解释。

国家税务总局关于《国家税务总局关于纳税人取得虚开的增值税专用发票处理问题的通知》的补充通知

国税发〔2000〕182号

各省、自治区、直辖市和计划单列市国家税务局、地方税务局:

为了严格贯彻执行《国家税务总局关于纳税人取得虚开的增值税专用发票处理问题的通知》(国税发〔1997〕134号,以下简称134号文件),严厉打击虚开增值税专用发票活动,保护纳税人的合法权益,现对有关问题进一步明确如下:

有下列情形之一的,无论购货方(受票方)与销售方是否进行了实际的交易,增值税专用发票所注明的数量、金额与实际交易是否相符,购货方向税务机关申请抵扣进项税款或者出口退税的,对其均应按偷税或者骗取出口退税处理。

一、购货方取得的增值税专用发票所注明的销售方名称、印章与其进行实际交易的销售方不符的,即134号文件第二条规定的"购货方从销售方取得第三方开具的专用发票"的情况。

二、购货方取得的增值税专用发票为销售方所在省(自治区、直辖市和计划单列市)以外地区的,即134号文件第二条规定的"从销货地以外的地区取得专用发票"的情况。

三、其他有证据表明购货方明知取得的增值税专用发票系销售方以非法手段获得的,即134号文件第一条规定的"受票方利用他人虚开的专用发票,向税务机关申报抵扣税款进行偷税"的情况。

【注释】 对《国家税务总局关于纳税人取得虚开的增值税专用发票处理问题的通知》(国税发〔1997〕134号)进行了补充规定。相关规定包括:《国家税务总局关于纳税人善意取得虚开的增值税专用发票处理问题的通知》(国税发〔2000〕187号)。

国家税务总局关于纳税人善意取得虚开的增值税专用发票处理问题的通知

国税发〔2000〕187号

各省、自治区、直辖市和计划单列市国家税务局、地方税务局:

近接一些地区反映，在购货方(受票方)不知道取得的增值税专用发票(以下简称专用发票)是销售方虚开的情况下，对购货方应当如何处理的问题不够明确。经研究，现明确如下：

购货方与销售方存在真实的交易，销售方使用的是其所在省(自治区、直辖市和计划单列市)的专用发票，专用发票注明的销售方名称、印章、货物数量、金额及税额等全部内容与实际相符，且没有证据表明购货方知道销售方提供的专用发票是以非法手段获得的，对购货方不以偷税或者骗取出口退税论处。但应按有关规定不予抵扣进项税款或者不予出口退税；购货方已经抵扣的进项税款或者取得的出口退税，应依法追缴。

购货方能够重新从销售方取得防伪税控系统开出的合法、有效专用发票的，或者取得手工开出的合法、有效专用发票且取得了销售方所在地税务机关已经或者正在依法对销售方虚开专用发票行为进行查处证明的，购货方所在地税务机关应依法准予抵扣进项税款或者出口退税。

如有证据表明购货方在进项税款得到抵扣、或者获得出口退税前知道该专用发票是销售方以非法手段获得的，对购货方应按《国家税务总局关于纳税人取得虚开的增值税专用发票处理问题的通知》(国税发〔1997〕134 号)和《国家税务总局关于〈国家税务总局关于纳税人取得虚开的增值税专用发票处理问题的通知〉的补充通知》(国税发〔2000〕182 号)的规定处理。

本通知自印发之日起执行。

【注释】 对《增值税暂行条例》第 26 条进行了解释。

国家税务总局关于增值税一般纳税人恢复抵扣进项税额资格后有关问题的批复

国税函〔2000〕584 号

广西壮族自治区国家税务局：

你局《关于停止纳税人抵扣进项税额的上期留抵税额可否在经批准准许抵扣进项税额时给予抵扣的请示》(桂国税报〔2000〕75 号)收悉，现批复如下：

《中华人民共和国增值税暂行条例实施细则》第三十条规定："一般纳税人有下列情形之一者，应按销售额依照增值税税率计算应纳税额，不得抵扣进项税额，也不得使用增值税专用发票：

(一)会计核算不健全，或者不能够提供准确税务资料的；

(二)符合一般纳税人条件，但不申请办理一般纳税人认定手续的。"

此规定所称的不得抵扣进项税额是指纳税人在停止抵扣进项税额期间发生的全部进项税额，包括在停止抵扣期间取得的进项税额、上期留抵税额以及经批准允许抵扣的期初存货已征税款。

纳税人经税务机关核准恢复抵扣进项税额资格后，其在停止抵扣进项税额期间发生的全部进项税额不得抵扣。

【注释】 对《增值税暂行条例实施细则》第 30 条进行了解释。

国务院关于支持文化事业发展若干经济政策的通知

国发〔2000〕41 号

各省、自治区、直辖市人民政府，国务院各部委、各直属机构：

改革开放以来，特别是党的十四大以来，党中央、国务院先后出台了一系列文化经济政策，对改革宣传文化管理体制和完善宣传文化机构内部经营机制，促进精神文化产品生产和宣传文化设施建设，改善宣传文化机构的物质条件，发挥了积极作用，推动了宣传文化事业健康发展。

为认真贯彻《中共中央关于制定国民经济和社会发展第十个五年计划的建议》中关于"继续实行支持文化事业发展的有关政策，增加对重要新闻媒体和公益文化事业的投入"的精神，深化宣传文化管理体制改革，推动宣传文化事业发展，在"九五"结束后，要继续执行《国务院关于进一步完善文化经济政策的若干规定》(国发〔1996〕37号)及相关文件并加大财税支持力度，对现行的各项文化经济政策加以调整和完善。现将有关问题通知如下：

一、继续征收文化事业建设费。

(一)各种营业性的歌厅、舞厅、卡拉ok歌舞厅、音乐茶座和高尔夫球、台球、保龄球等娱乐场所，按营业收入的3%缴纳文化事业建设费。

广播电台、电视台和报纸、刊物等广告媒介单位以及户外广告经营单位，按经营收入的3%缴纳文化事业建设费。

(二)文化事业建设费由地方税务机关在征收娱乐业、广告业的营业税时一并征收。中央和国家机关所属单位缴纳的文化事业建设费，由地方税务机关征收后全额上缴中央金库。地方缴纳的文化事业建设费，全额缴入省级金库。

(三)文化事业建设费纳入财政预算管理，分别由中央和省级建立专项资金，用于文化事业建设。文化事业建设费的管理和使用，继续按照财政部、中宣部《关于颁发〈文化事业建设费使用管理办法〉的通知》(财文字〔1997〕243号)执行。

二、对下列出版物的增值税继续实行先征后退的办法。违规出版物和多次出现违规出版物的出版社不得享受此项政策。

(一)中国共产党和各民主党派的机关报和机关刊物。

(二)各级人民政府的机关报和机关刊物。

(三)各级人大、政协、工会、共青团、妇联组织的机关报和机关刊物。

(四)新华通讯社的机关报和机关刊物。

(五)军事部门的机关报和机关刊物。

(六)大中小学的学生课本和专为少年儿童出版发行的报纸和刊物。

(七)科技图书和科技期刊。

三、全国县(含县级市)及县以下新华书店和农村供销社销售出版物的增值税，继续实行先征后退的办法。

四、继续实施下列发展电影事业的五项经济政策。

(一)对经国务院批准成立的电影制片厂销售的电影拷贝收入，免征增值税；对电影发行单位向放映单位收取的发行收入，免征营业税。

(二)从电影放映收入中提取5%建立"国家电影事业发展专项资金"，用于电影行业的宏观调控。

(三)从电视广告纯收入中提取3%建立"电影精品专项资金"，用于支持电影精品摄制。

(四)从进口影片收入中提取部分资金用于电影制片、译制。

(五)特别重点影片的创作生产，可个案报批财政补贴。

五、继续增加对宣传文化事业的财政投入。

(一)中央和省级财政继续按宣传文化企业上年上缴所得税的实际入库数列支出预算，建立宣传文化发展专项资金；中央和省级财政要继续在预算中安排部分专项经费，纳入宣传文化发展专项资金。

(二)适当增加"万里边境文化长廊"补助经费。在民族事业费和边境建设费中安排一定数量扶持边远地区、民族地区发展文化事业。有关地方人民政府也应逐步增加对边远地区、民族地区文化事业的投入。

六、建立健全专项资金制度。为促进宣传文化事业发展、增强调控能力、保证重点需要、规范资金管理，中央和省级要建立健全有关专项资金制度。

专项资金的来源为财政预算资金和按国家有关规定批准的收费等预算外资金。财政部门要做好专项资金的预算安排，有关部门要严格按照规定征收预算外资金。要进一步完善"宣传文化发展专项资金"、"优秀剧(节)目创作演出专项资金"、"国家电影事业发展专项资金"、"电影精品专项资金"和"出版发展专项资金"等专项资金制度。

专项资金是财政资金，要按照有关财政法规的要求健全制度、加强管理，保证专项专用并接受财政和审计部门监督检查。

七、继续鼓励对宣传文化事业的捐赠。社会力量通过国家批准成立的非营利性的公益组织或国家机关对下列宣传文化事业的捐赠，纳入公益性捐赠范围，经税务机关审核后，纳税人缴纳企业所得税时，在年度应纳税所得额10%以内的部分，可在计算应纳税所得额时予以扣除；纳税人缴纳个人所得税时，捐赠额未超过纳税人申报的应纳税所得额30%的部分，可从其应纳税所得额中扣除。

（一）对国家重点交响乐团、芭蕾舞团、歌剧团、京剧团和其他民族艺术表演团体的捐赠。

（二）对公益性的图书馆、博物馆、科技馆、美术馆、革命历史纪念馆的捐赠。

（三）对重点文物保护单位的捐赠。

（四）对文化行政管理部门所属的非生产经营性的文化馆或群众艺术馆接受的社会公益性活动、项目和文化设施等方面的捐赠。

八、抓好落实，加强管理。各级财税部门要认真落实各项文化经济政策。宣传文化主管部门要充分发挥文化经济政策的宏观调控作用。宣传文化机构要深化内部改革，转换经营机制，健全财务制度，加强资金管理，接受的捐赠资金要专门用于发展宣传文化事业，不得挤占、挪用甚至私分，也不得以捐赠为由搞乱摊派、乱集资等活动。对出现的各种违法违纪行为，要追究责任，严肃处理。

【注释】 对《增值税暂行条例》第16条进行了解释。

国家税务总局关于增值税若干税收政策问题的批复

国税函〔2001〕248号

江苏省国家税务局：

你局《关于增值税若干税收政策问题的请示》（苏国税发〔2000〕554号）收悉。现就有关问题批复如下：

一、关于薄荷油、拖拉机底盘适用税率问题

根据《国家税务总局关于〈增值税部分货物征税范围注释〉的通知》（国税发〔1993〕151号）对“食用植物油”的注释，薄荷油未包括在内，因此，薄荷油应按17%的税率征收增值税；拖拉机底盘属于农机零部件，不属于农机产品，因此，拖拉机底盘也应按17%的税率征收增值税。

……

【注释】 对《增值税暂行条例》第2条进行了解释。

财政部 国家税务总局关于污水处理费有关增值税政策的通知

财税〔2001〕97号

各省、自治区、直辖市、计划单列市财政厅（局）、国家税务局、新疆生产建设兵团财务局：

为了切实加强和改进城市供水、节水和水污染防治工作，促进社会经济的可持续发展，加快城市污水处理设施的建设步伐，根据《国务院关于加强城市供水节水和水污染防治工作的通知》（国发〔2000〕36号）的规定，对各级政府及主管部门委托自来水厂（公司）随水费收取的污水处理费，免征增值税。本通知自2001年7月1日起执行，此前对上述污水处理费未征税的一律不再补征。

【注释】 对《增值税暂行条例》第16条进行了解释。

财政部 国家税务总局关于饲料产品免征增值税问题的通知

财税〔2001〕121 号

各省、自治区、直辖市、计划单列市财政厅(局)、国家税务局，新疆生产建设兵团财务局：

根据国务院关于部分饲料产品继续免征增值税的指示，现将免税饲料产品范围及国内环节饲料免征增值税的管理办法明确如下：

一、免税饲料产品范围包括：

(一)单一大宗饲料。指以一种动物、植物、微生物或矿物质为来源的产品或其副产品。其范围仅限于糠麸、酒糟、鱼粉、草饲料、饲料级磷酸氢钙及除豆粕以外的菜子粕、棉子粕、向日葵粕、花生粕等粕类产品。

(二)混合饲料。指由两种以上单一大宗饲料、粮食、粮食副产品及饲料添加剂按照一定比例配置，其中单一大宗饲料、粮食及粮食副产品的掺兑比例不低于 95%的饲料。

(三)配合饲料。指根据不同的饲养对象，饲养对象的不同生长发育阶段的营养需要，将多种饲料原料按饲料配方经工业生产后，形成的能满足饲养动物全部营养需要(除水分外)的饲料。

(四)复合预混料。指能够按照国家有关饲料产品的标准要求量，全面提供动物饲养相应阶段所需微量元素(4 种或以上)、维生素(8 种或以上)，由微量元素、维生素、氨基酸和非营养性添加剂中任何两类或两类以上的组分与载体或稀释剂按一定比例配置的均匀混合物。

(五)浓缩饲料。指由蛋白质、复合预混料及矿物质等按一定比例配制的均匀混合物。

二、原有的饲料生产企业及新办的饲料生产企业，应凭省级税务机关认可的饲料质量检测机构出具的饲料产品合格证明，向所在地主管税务机关提出免税申请，经省级国家税务局审核批准后，由企业所在地主管税务机关办理免征增值税手续。饲料生产企业饲料产品需检测品种由省级税务机关根据本地区的具体情况确定。

三、本通知自 2001 年 8 月 1 日起执行。2001 年 8 月 1 日前免税饲料范围及豆粕的征税问题，仍按照《国家税务总局关于修订“饲料”注释及加强饲料征免增值税管理问题的通知》(国税发〔1999〕39 号)执行。

【注释】 对《增值税暂行条例》第 16 条进行了解释。相关规定包括：《国家税务总局关于取消饲料产品免征增值税审批程序后加强后续管理的通知》(国税函〔2004〕884 号)。

财政部 国家税务总局关于农业生产资料征免增值税政策的通知

财税〔2001〕113 号

各省、自治区、直辖市、计划单列市财政厅(局)、国家税务局，新疆生产建设兵团财务局，财政部驻各省、自治区、直辖市、计划单列市财政监察专员办事处：

为支持农业生产发展，经国务院批准，现就若干农业生产资料征免增值税的政策通知如下：

一、下列货物免征增值税：

1. 农膜。

2. 生产销售的除尿素以外的氮肥、除磷酸二铵以外的磷肥、钾肥以及免税化肥为主要原料的复混肥(企业生产复混肥产品所用的免税化肥成本占原料中全部化肥成本的比重高于 70%)。“复混肥”是指用化学方法或物理方法加工制成的氮、磷、钾三种养分中至少有两种养分标明量的肥料，包括仅用化学方法制成的复合肥和仅用物理方法制成的混配肥(也称掺合肥)。

3. 生产销售的阿维菌素、胺菊酯、百菌清、苯噻酰草胺、苄嘧磺隆、草除灵、吡虫啉、丙烯菊酯、哒螨灵、代森锰锌、稻瘟灵、敌百虫、丁草胺、啶虫脒、多抗霉素、二甲戊乐灵、二嗪磷、氟乐灵、高效氯氰菊酯、炔螨特、甲多丹、甲基硫菌灵、甲基异柳磷、甲(乙)基毒死蜱、甲(乙)基嘧啶磷、精恶唑禾草灵、精喹禾灵、井冈霉素、咪鲜胺、灭多威、灭蝇胺、苜蓿银纹夜蛾核型多角体病毒、噻磺隆、三氟氯氰菊酯、三唑磷、三唑酮、杀虫单、杀虫双、顺式氯氰菊酯、涕灭威、烯唑醇、辛硫磷、辛酰溴苯精、异丙甲草胺、乙阿合剂、乙草胺、乙酰甲胺磷、莠去津。

4. 批发和零售的种子、种苗、化肥、农药、农机。

二、对生产销售的尿素统一征收增值税，并在 2001、2002 年两年内实行增值税先征后退的政策。2001 年对征收的税款全额退还，2002 年退还 50%，自 2003 年起停止退还政策。增值税具体退税事宜，由财政部驻各地财政监察专员办事处按财政部、国家税务总局、中国人民银行《关于税制改革后对某些企业实行“先征后退”有关预算管理问题的暂行规定的通知》[(94)财预字第 55 号]的有关规定办理。

三、对原征收增值税的尿素生产企业生产销售的尿素，实行增值税先征后退政策从 2001 年 1 月 1 日起执行；对原免征增值税的尿素生产企业生产销售的尿素，恢复征收增值税和实行先征后退政策以及对农业生产资料免征增值税政策，自 2001 年 8 月 1 日起执行。

【注释】 对《增值税暂行条例》第 16 条进行了解释。

财政部 国家税务总局关于豆粕等粕类产品征免增值税政策的通知

财税〔2001〕30 号

海关总署，各省、自治区、直辖市、计划单列市财政厅(局)、国家税务局：

经国务院批准，现将饲料产品征免增值税问题通知如下：

一、自 2000 年 6 月 1 日起，饲料产品分为征收增值税和免征增值税两类。

二、进口和国内生产的饲料，一律执行同样的征税或免税政策。

三、自 2000 年 6 月 1 日起，豆粕属于征收增值税的饲料产品，进口或国内生产豆粕，均按 13% 的税率征收增值税。其他粕类属于免税饲料产品，免征增值税，已征收入库的税款做退库处理。

四、为保护纳税人的经济利益，对纳税人 2000 年 6 月 1 日至 9 月 30 日期间销售的国内生产的豆粕以及在此期间订货并进口的豆粕，凭有效凭证，仍免征增值税，已征收入库的增值税给予退还。

五、自 2000 年 6 月 1 日起，《国家税务总局关于修改〈国家税务总局关于修订“饲料”注释及加强饲料征免增值税管理问题的通知〉的通知》(国税发〔2000〕93 号)第二条的规定停止执行。

【注释】 对《增值税暂行条例》第 16 条进行了解释。相关规定包括：《财政部 国家税务总局关于矿物质微量元素舔砖免征进口环节增值税的通知》(财关税〔2006〕73 号)。

国家税务总局关于新闻产品征收流转税问题的通知

国税发〔2001〕105 号

各省、自治区、直辖市和计划单列市国家税务局、地方税务局：

为了规范新闻产品的流转税政策，保证流转税政策的统一性，经研究，现通知如下：

一、关于增值税

对新华通讯社系统销售印刷品应按照现行增值税政策规定征收增值税；鉴于新华社系统属于非企业性单位，对其销售印刷品可按小规模纳税人的征税办法征收增值税。

二、关于营业税

新华社各分社向当地用户有偿转让新闻信息产品，应由直接向用户收费的单位以其收费全额，按“文化体育业”税目，向所在地主管税务机关缴纳营业税。新华社从各地分社分得的新闻信息产品收入，不再缴纳营业税。

以上所称“新闻信息产品”，是指新华总社编辑的新闻信息产品，不包括新华社各分社再编辑的新闻信息产品。

【注释】 对《增值税暂行条例》第12条进行了解释。

国家税务总局关于加油站一律按照增值税一般纳税人征税的通知

国税函〔2001〕882号

各省、自治区、直辖市和计划单列市国家税务局：

为了加强对加油站成品油销售的增值税征收管理，经研究决定，从2002年1月1日起，对从事成品油销售的加油站，无论其年应税销售额是否超过180万元，一律按增值税一般纳税人征税。目前按照小规模纳税人征税的加油站，其增值税一般纳税人资格的认定，各地须于2001年12月31日前完成，并于2002年1月15日前将加油站户数报国家税务总局(流转税管理司)。

【注释】 对《增值税暂行条例》第26条进行了解释。

国家税务总局关于增值税一般纳税人平销行为征收增值税问题的批复

国税函〔2001〕247号

江苏省国家税务局：

你局《关于增值税一般纳税人平销行为征收增值税问题的请示》(苏国税发〔2000〕349号)收悉。现批复如下：

与总机构实行统一核算的分支机构从总机构取得的日常工资、电话费、租金等资金，不应视为因购买货物而取得的返利收入，不应做冲减进项税额处理。

【注释】 对《增值税暂行条例》第6条进行了解释。

成品油零售加油站增值税征收管理办法

国家税务总局令〔2002〕2号

第一条 为加强成品油零售加油站的增值税征收管理，堵塞税收管理漏洞，根据《中华人民共和国税收征收管理法》、《中华人民共和国增值税暂行条例》及有关税收政策规定，制定本办法。

第二条 凡经经贸委批准从事成品油零售业务，并已办理工商、税务登记，有固定经营场所，使用加油机自动计量销售成品油的单位和个体经营者(以下简称加油站)，适用本办法。

第三条 本办法第一条所称加油站，一律按照《国家税务总局关于加油站一律按照增值税一般纳税人征税的通知》(国税函〔2001〕882 号)认定为增值税一般纳税人;并根据《中华人民共和国增值税暂行条例》有关规定进行征收管理。

第四条 采取统一配送成品油方式设立的非独立核算的加油站,在同一县市的,由总机构汇总缴纳增值税。在同一省内跨县市经营的,是否汇总缴纳增值税,由省级税务机关确定。跨省经营的,是否汇总缴纳增值税,由国家税务总局确定。

对统一核算,且经税务机关批准汇总缴纳增值税的成品油销售单位跨县市调配成品油的,不征收增值税。

第五条 加油站无论以何种结算方式(如收取现金、支票、汇票、加油凭证(簿)、加油卡等)收取售油款,均应征收增值税。加油站销售成品油必须按不同品种分别核算,准确计算应税销售额。加油站以收取加油凭证(簿)、加油卡方式销售成品油,不得向用户开具增值税专用发票。

第六条 加油站应税销售额包括当月成品油应税销售额和其他应税货物及劳务的销售额。其中成品油应税销售额的计算公式为:

成品油应税销售额=(当月全部成品油销售数量-允许扣除的成品油数量)×油品单价

第七条 加油站必须按规定建立《加油站日销售油品台账》(以下简称台账)登记制度。加油站应按日登记台账,按日或交接班次填写,完整、详细地记录当日或本班次的加油情况,月终汇总登记《加油站月销售油品汇总表》。台账须按月装订成册,按会计原始账证的期限保管,以备主管税务机关检查。

第八条 加油站除按月向主管税务机关报送增值税一般纳税人纳税申报办法规定的申报资料外,还应报送以下资料:

(一)《加油站月份加油信息明细表》或加油 IC 卡;

(二)《加油站月销售油品汇总表》;

(三)《成品油购销存数量明细表》。

第九条 加油站通过加油机加注成品油属于以下情形的,允许在当月成品油销售数量中扣除:

(一)经主管税务机关确定的加油站自有车辆自用油。

(二)外单位购买的,利用加油站的油库存放的代储油。

加油站发生代储油业务时,应凭委托代储协议及委托方购油发票复印件向主管税务机关申报备案。

(三)加油站本身倒库油。

加油站发生成品油倒库业务时,须提前向主管税务机关报告说明,由主管税务机关派专人实地审核监控。

(四)加油站检测用油(回罐油)。

上述允许扣除的成品油数量,加油站月终应根据《加油站月销售油品汇总表》统计的数量向主管税务机关申报。

第十条 成品油生产、批发单位所在地税务机关应按月将其销售成品油信息通过金税工程网络传递到购油企业所在地主管税务机关。

第十一条 对财务核算不健全的加油站,如已全部安装税控加油机,应按照税控加油机所记录的数据确定计税销售额征收增值税。对未全部安装税控加油机(包括未安装)或税控加油机运行不正常的加油站,主管税务机关应要求其严格执行台账制度,并按月报送《成品油购销存数量明细表》。按月对其成品油库存数量进行盘点,定期联合有关执法部门对其进行检查。

主管税务机关应将财务核算不健全的加油站全部纳入增值税纳税评估范围,结合通过金税工程网络所掌握的企业购油信息以及本地区同行业的税负水平等相关信息,按照《国家税务总局关于加强商贸企业增值税纳税评估工作的通知》(国税发〔2001〕140 号)的有关规定进行增值税纳税评估。对纳税评估有异常的,应立即移送稽查部门进行税务稽查。

主管税务机关对财务核算不健全的加油站可以根据所掌握的企业实际经营状况,核定征收增值税。

财务核算不健全的加油站,主管税务机关应根据其实际经营情况和专用发票使用管理规定限量供应专用发票。

第十二条 发售加油卡、加油凭证销售成品油的纳税人(以下简称"预售单位")在售卖加油卡、加油凭证时,应按预收账款方法作相关账务处理,不征收增值税。

预售单位在发售加油卡或加油凭证时可开具普通发票，如购油单位要求开具增值税专用发票，待用户凭卡或加油凭证加油后，根据加油卡或加油凭证回笼记录，向购油单位开具增值税专用发票。接受加油卡或加油凭证销售成品油的单位与预售单位结算油款时，接受加油卡或加油凭证销售成品油的单位根据实际结算的油款向预售单位开具增值税专用发票。

第十三条 主管税务机关每季度应对所辖加油站运用稽查卡进行1次加油数据读取，并将读出的数据与该加油站的《增值税纳税申报表》、《加油站日销售油品台账》、《加油站月销售油品汇总表》等资料进行核对，同时应对加油站的应扣除油量的确定、成品油购销存等情况进行全面纳税检查。

第十四条 本办法自2002年5月1日起执行。

【注释】 对《增值税暂行条例》第26条进行了解释。

财政部 国家税务总局关于不带动力的手扶拖拉机和三轮农用运输车增值税政策的通知

财税〔2002〕89号

各省、自治区、直辖市、计划单列市财政厅(局)、国家税务局：

近来接到部分地区反映，要求对不带动力的手扶拖拉机和三轮农用运输车是否属于“农机”的问题予以明确，经研究，现明确如下：

不带动力的手扶拖拉机(也称“手扶拖拉机底盘”)和三轮农用运输车(指以单缸柴油机为动力装置的三个车轮的农用运输车辆)属于“农机”，应按有关“农机”的增值税政策规定征免增值税。

本通知自2002年6月1日起执行。

【注释】 对《增值税暂行条例》第16条进行了解释。

国家税务总局关于纳税人以资金结算网络方式收取货款增值税纳税地点问题的通知

国税函〔2002〕802号

各省、自治区、直辖市和计划单列市国家税务局：

近接部分地区反映，实行统一核算的纳税人为加强对分支机构资金的管理，提高资金运转效率，与总机构所在地金融机构签订协议建立资金结算网络，以总机构的名义在全国各地开立存款账户(开立的账户为分支机构所在地账号，只能存款、转账，不能取款)，各地实现的销售，由总机构直接开具发票给购货方，货款由购货方直接存入总机构的网上银行存款账户。对这种新的结算方式纳税地点如何确定，各地理解不一。经研究，现明确如下：

纳税人以总机构的名义在各地开立账户，通过资金结算网络在各地向购货方收取销货款，由总机构直接向购货方开具发票的行为，不具备《国家税务总局关于企业所属机构间移送货物征收增值税问题的通知》(国税发〔1998〕137号)规定的受货机构向购货方开具发票、向购货方收取货款两种情形之一，其取得的应税收入应当在总机构所在地缴纳增值税。

【注释】 对《国家税务总局关于企业所属机构间移送货物征收增值税问题的通知》(国税发〔1998〕137号)进行了解释。

国家税务总局关于纳税人销售自产货物提供增值税劳务并同时提供建筑业劳务征收流转税问题的通知

国税发〔2002〕117 号

各省、自治区、直辖市和计划单列市国家税务局、地方税务局：

现对纳税人销售自产货物、提供增值税应税劳务并同时提供建筑业劳务征收流转税问题通知如下：

一、关于纳税人销售自产货物提供增值税应税劳务并同时提供建筑业劳务征收增值税、营业税划分问题

纳税人以签订建设工程施工总包或分包合同(包括建筑、安装、装饰、修缮等工程总包和分包合同，下同)方式开展经营活动时，销售自产货物、提供增值税应税劳务并同时提供建筑业劳务(包括建筑、安装、修缮、装饰、其他工程作业，下同)，同时符合以下条件的，对销售自产货物和提供增值税应税劳务取得的收入征收增值税，提供建筑业劳务收入(不包括按规定应征收增值税的自产货物和增值税应税劳务收入)征收营业税：

(一)必须具备建设行政部门批准的建筑业施工(安装)资质；

(二)签订建设工程施工总包或分包合同中单独注明建筑业劳务价款。

凡不同时符合以上条件的，对纳税人取得的全部收入征收增值税，不征收营业税。

对上所称建筑业劳务收入，以签订的建设工程施工总包或分包合同上注明的建筑业劳务价款为准。

纳税人通过签订建设工程施工合同，销售自产货物、提供增值税应税劳务的同时，将建筑业劳务分包或转包给其他单位和个人的，对其销售的货物和提供的增值税应税劳务征收增值税；同时，签订建设工程施工总承包合同的单位和个人，应扣缴提供建筑业劳务的单位和个人取得的建筑业劳务收入的营业税。

二、关于扣缴分包人营业税问题

不论签订建设工程施工合同的总承包人是销售自产货物、提供增值税应税劳务并提供建筑业劳务的单位和个人，还是仅销售自产货物、提供增值税应税劳务不提供建筑业劳务的单位和个人，均应当扣缴分包人或转包人(以下简称分包人)的营业税：

(一)如果分包人是销售自产货物、提供增值税应税劳务并提供建筑业劳务的单位和个人，总承包人在扣缴建筑业营业税时的营业额为除自产货物、增值税应税劳务以外的价款。

(二)除本条第一款规定以外的分包人，总承包人在扣缴建筑业营业税时的营业额为分包额。

……

四、关于纳税人问题

本通知中所称纳税人是指从事货物生产的单位或个人。

纳税人销售自产货物、提供增值税应税劳务并同时提供建筑业劳务，应向营业税应税劳务发生地地方税务局提供其机构所在地主管国家税务局出具的纳税人属于从事货物生产的单位或个人的证明，营业税应税劳务发生地地方税务局根据纳税人持有的证明按本通知的有关规定征收营业税。

五、关于税款调整及执行时间问题本通知自 2002 年 9 月 1 日起执行。

本通知发布前已按原有关规定征收税款的不再做纳税调整，未按原有关规定征收税款的按本通知规定执行。

【注释】　对《增值税暂行条例》第 1 条进行了解释。对《增值税暂行条例实施细则》第 2 条进行了解释。相关规定包括：《财政部 国家税务总局关于增值税若干政策的通知》(财税〔2005〕165 号)。

国家税务总局关于增值税一般纳税人期货交易进项税额抵扣问题的通知

国税发〔2002〕45 号

《国家税务总局关于加强增值税征收管理工作的通知》和《国家税务总局关于加强增值税征收管理若干问题

的通知》规定，商业企业购进货物(包括外购货物所支付的运输费用)，必须在购进的货物付款后才能申报抵扣进项税额，且纳税人购进货物或应税劳务，支付运输费用，所支付款项的单位，必须与开具抵扣凭证的销货单位、提供劳务的单位一致，否则不予抵扣进项税额。鉴于期货交易支付货款的特殊性，现将增值税一般纳税人通过期货交易购进货物进项税额抵扣问题明确如下：

对增值税一般纳税人在商品交易所通过期货交易购进货物，其通过商品交易所转付货款可视同向销货单位支付货款，对其取得的合法增值税专用发票允许抵扣。

【注释】 对《增值税暂行条例》第8条进行了解释。

财政部 国家税务总局关于黄金税收政策问题的通知

财税〔2002〕142号

各省、自治区、直辖市、计划单列市财政厅(局)、国家税务局、地方税务局，新疆生产建设兵团财务局：

为了贯彻国务院关于黄金体制改革决定的要求，规范黄金交易，加强黄金交易的税收管理，现将黄金交易的有关税收政策明确如下：

一、黄金生产和经营单位销售黄金(不包括以下品种：成色为au9999、au9995、au999、au995；规格为50克、100克、1公斤、3公斤、12.5公斤的黄金，以下简称标准黄金)和黄金矿砂(含伴生金)，免征增值税；进口黄金(含标准黄金)和黄金矿砂免征进口环节增值税。

二、黄金交易所会员单位通过黄金交易所销售标准黄金(持有黄金交易所开具的《黄金交易结算凭证》)，未发生实物交割的，免征增值税；发生实物交割的，由税务机关按照实际成交价格代开增值税专用发票，并实行增值税即征即退的政策，同时免征城市维护建设税、教育费附加。增值税专用发票中的单价、金额和税额的计算公式分别为：

单价＝实际成交单价÷(1＋增值税税率)

金额＝数量×单价

税额＝金额×税率

实际成交单价是指不含黄金交易所收取的手续费的单位价格。

纳税人不通过黄金交易所销售的标准黄金不享受增值税即征即退和免征城市维护建设税、教育费附加政策。

三、(本条被《国家税务总局关于出口含金成分产品有关税收政策的通知》(国税发〔2005〕125号)废止)

四、对黄金交易所收取的手续费等收入照章征收营业税。

五、黄金交易所黄金交易的增值税征收管理办法及增值税专用发票管理办法由国家税务总局另行制定。

【注释】 对《增值税暂行条例》第16条进行了解释。《国家税务总局关于出口含金成分产品有关税收政策的通知》(国税发〔2005〕125号)对本文进行了修正。

国家税务总局关于宠物饲料征收增值税问题的批复

国税函〔2002〕812号

北京市国家税务局：

你局《关于宠物饲料征收增值税问题的请示》(京国税发〔2002〕184号)收悉。宠物饲料产品不属于免征增值税的饲料，应按照饲料产品 13%的税率征收增值税。

【注释】 对《增值税暂行条例》第 2 条进行了解释。

国家税务总局关于出口产品视同自产产品退税有关问题的通知

国税函〔2002〕1170 号

各省、自治区、直辖市和计划单列市国家税务局：

《国家税务总局关于出口货物若干问题的通知》（国税发〔2000〕165 号）下发后，对生产企业外购出口的允许退税的四类视同自产的产品，实际执行中各地理解和掌握不尽统一。为便于各地准确执行出口退税政策，经研究，对生产企业出口的四类视同自产产品的界定问题，现通知如下：

一、生产企业出口外购的产品，凡同时符合以下条件的，可视同自产货物办理退税。

（一）与本企业生产的产品名称、性能相同；

（二）使用本企业注册商标或外商提供给本企业使用的商标；

（三）出口给进口本企业自产产品的外商。

二、生产企业外购的与本企业所生产的产品配套出口的产品，若出口给进口本企业自产产品的外商，符合下列条件之一的，可视同自产产品办理退税。

（一）用于维修本企业出口的自产产品的工具、零部件、配件；

（二）不经过本企业加工或组装，出口后能直接与本企业自产产品组合成成套产品的。

三、凡同时符合下列条件的，主管出口退税的税务机关可认定为集团成员，集团公司（或总厂，下同）收购成员企业（或分厂，下同）生产的产品，可视同自产产品办理退（免）税。

（一）经县级以上政府主管部门批准为集团公司成员的企业，或由集团公司控股的生产企业；

（二）集团公司及其成员企业均实行生产企业财务会计制度；

（三）集团公司必须将有关成员企业的证明材料报送给主管出口退税的税务机关。

四、生产企业委托加工收回的产品，同时符合下列条件的，可视同自产产品办理退税。

（一）必须与本企业生产的产品名称、性能相同，或者是用本企业生产的产品再委托深加工收回的产品；

（二）出口给进口本企业自产产品的外商；

（三）委托方执行的是生产企业财务会计制度；

（四）委托方与受托方必须签订委托加工协议。主要原材料必须由委托方提供。受托方不垫付资金，只收取加工费，开具加工费（含代垫的辅助材料）的增值税专用发票。

五、上述外购货物可以退税的比例、退税计算办法以及所需要的凭证等，按《国家税务总局关于明确生产企业出口视同自产产品实行免、抵、退税办法的通知》（国税发〔2002〕152 号）文件执行。

【注释】 对《国家税务总局关于出口货物若干问题的通知》（国税发〔2000〕165 号）进行了解释。

国家税务总局关于企业改制中资产评估减值发生的流动资产损失进项税额抵扣问题的批复

国税函〔2002〕1103 号

广西壮族自治区国家税务局：

你局《关于广西壮族自治区企业改制中资产评估减值发生的流动资产损失进项税额是否可以抵扣问题的请示》（桂国税发〔2002〕288 号）收悉，经研究，现批复如下：《中华人民共和国增值税暂行条例实施细则》

第二十一条规定："非正常损失是指生产、经营过程中正常损耗外的损失"。对于企业由于资产评估减值而发生流动资产损失，如果流动资产未丢失或损坏，只是由于市场发生变化，价格降低，价值量减少，则不属于《中华人民共和国增值税暂行条例实施细则》中规定的非正常损失，不作进项税额转出处理。

【注释】 对《增值税暂行条例实施细则》第21条进行了解释。

国家税务总局关于增值税一般纳税人取得防伪税控系统开具的增值税专用发票进项税额抵扣问题的通知

国税发〔2003〕17号

各省、自治区、直辖市和计划单列市国家税务局：

为贯彻《国务院办公厅转发国家税务总局关于全面推广应用增值税防伪税控系统意见的通知》(国办发〔2000〕12号)的要求，根据国家税务总局《增值税防伪税控系统管理办法》和现行增值税进项税额抵扣政策的规定，现就增值税一般纳税人取得防伪税控系统开具的增值税专用发票进项税额抵扣问题规定如下：

一、增值税一般纳税人申请抵扣的防伪税控系统开具的增值税专用发票，必须自该专用发票开具之日起90日内到税务机关认证，否则不予抵扣进项税额。

二、增值税一般纳税人认证通过的防伪税控系统开具的增值税专用发票，应在认证通过的当月按照增值税有关规定核算当期进项税额并申报抵扣，否则不予抵扣进项税额。

三、增值税一般纳税人取得防伪税控系统开具的增值税专用发票，其专用发票所列明的购进货物或应税劳务的进项税额抵扣时限，不再执行《国家税务总局关于加强增值税征收管理工作的通知》(国税发〔1995〕015号)中第二条有关进项税额申报抵扣时限的规定。

四、增值税一般纳税人申请抵扣2003年3月1日前防伪税控系统开具的增值税专用发票，应于2003年9月1日前按照本通知的规定报主管税务机关认证，否则不予抵扣进项税额。

五、增值税一般纳税人违反本通知第一条、第二条和第四条规定抵扣进项税额的，税务机关按照《中华人民共和国税收征收管理法》的有关规定予以处罚。

六、本通知自2003年3月1日起执行。

各级税务机关应做好本通知的宣传工作，采取各种方式及时通告纳税人，使纳税人及时了解和准确执行增值税新的进项税额抵扣政策。

【注释】 对《增值税暂行条例》第26条进行了解释。

财政部 国家税务总局关于连锁经营企业有关税收问题的通知

财税〔2003〕1号

各省、自治区、直辖市、计划单列市财政厅(局)、国家税务局、地方税务局：

为贯彻落实《国务院办公厅转发国务院体改办、国家经贸委关于促进连锁经营发展若干意见的通知》(国办发〔2002〕49号)的精神，支持连锁经营的发展，现将连锁经营企业实行统一缴纳增值税、所得税的有关问题进一步明确如下：

一、在省、自治区、直辖市、计划单列市内跨区域经营的统一核算的连锁企业，需要实行由总机构向其所在地主管税务机关统一申报缴纳增值税的，按照财政部、国家税务总局《关于连锁经营企业增值税纳税地点问题的通知》(财税字〔1997〕97号)的有关规定办理。

二、根据《中华人民共和国企业所得税暂行条例》和《中华人民共和国企业所得税暂行条例实施细则》的有关规定，对内资连锁企业省内跨区域设立的直营门店，凡在总部领导下统一经营、与总部微机联网、并由总部实行统一采购配送、统一核算、统一规范化管理，并且不设银行结算账户、不编制财务报表和账簿的，由总部向其所在地主管税务机关统一缴纳企业所得税。依照《中华人民共和国外商投资和外国企业所得税法》和《中华人民共和国外商投资和外国企业所得税法实施细则》的有关规定，对从事跨区域连锁经营的外商投资企业，由总机构向其所在地主管税务机关统一缴纳企业所得税。

三、上述跨区域经营的连锁企业实行统一缴纳增值税、所得税后，各级财政部门要认真贯彻执行国办发〔2002〕49 号文件的精神，及时制定统一纳税后所属地区间财政利益调整办法，妥善处理好各级财政利益分配关系，以确保连锁企业门店所在地的财政利益在纳税地点变化后不受影响，以利于连锁经营的发展。

【注释】 对《关于连锁经营企业增值税纳税地点问题的通知》(财税字〔1997〕97 号)进行了解释。

国家税务总局关于茴油、毛椰子油适用增值税税率的批复

国税函〔2003〕426 号

广西壮族自治区国家税务局：

你局《关于茴油适用增值税税率问题的请示》(桂国税发〔2003〕62 号)和《关于毛椰子油适用增值税税率问题的请示》(桂国税发〔2003〕72 号)收悉，经研究，现批复如下：

茴油是八角树枝叶、果实简单加工后的农业产品，毛椰子油是椰子经初加工而成的农业产品，二者均属于农业初级产品，可按 13％的税率征收增值税。

【注释】 对《增值税暂行条例》第 2 条进行了解释。

国家税务总局关于铂金及其制品税收政策的通知

财税〔2003〕86 号

各省、自治区、直辖市、计划单列市财政厅(局)、国家税务局、地方税务局，新疆生产建设兵团财务局：

为规范铂金交易，加强铂金交易的税收管理，经国务院批准，现将铂金及铂金制品的税收政策明确如下：

一、对进口铂金免征进口环节增值税。

二、对中博世金科贸有限责任公司通过上海黄金交易所销售的进口铂金，以上海黄金交易所开具的《上海黄金交易所发票》(结算联)为依据，实行增值税即征即退政策。采取按照进口铂金价格计算退税的办法，具体如下：

即征即退的税额计算公式：

进口铂金平均单价＝σ{[(当月进口铂金报关单价×当月进口铂金数量)＋上月末库存进口铂金总价值]÷(当月进口铂金数量＋上月末库存进口铂金数量)}

金额＝销售数量×进口铂金平均单价÷(1＋17％)

即征即退税额＝金额×17％

中博世金科贸有限责任公司进口的铂金没有通过上海黄金交易所销售的，不得享受增值税即征即退政策。

三、中博世金科贸有限责任公司通过上海黄金交易所销售的进口铂金，由上海黄金交易所主管税务机关按照实际成交价格代开增值税专用发票。增值税专用发票中的单价、金额和税额的计算公式为：

单价＝实际成交单价÷(1＋17％)

金额＝成交数量×单价

税额＝金额×17％

实际成交单价是指不含黄金交易所收取的手续费的单位价格。

四、国内铂金生产企业自产自销的铂金也实行增值税即征即退政策。

五、对铂金制品加工企业和流通企业销售的铂金及其制品仍按现行规定征收增值税。

六、铂金出口不退税;出口铂金制品,对铂金原料部分的进项增值税不实行出口退税,只对铂金制品加工环节的加工费按规定退税率退税。

七、铂金首饰消费税的征收环节由现行在生产环节和进口环节征收改为在零售环节征收,消费税税率调整为5%。具体征收管理比照财政部、国家税务总局《关于调整金银首饰消费税纳税环节有关问题的通知》[(94)财税字第095号]和国家税务总局关于印发《金银首饰消费税征收管理办法的通知》规定执行。

八、对黄金交易所收取的手续费等收入照章征收营业税。

九、黄金交易所铂金交易的增值税征收管理及增值税专用发票管理由国家税务总局另行制定。

十、本通知自2003年5月1日起执行。

【注释】 对《增值税暂行条例》第16条进行了解释。

增值税一般纳税人纳税申报办法

国税发〔2003〕53号

根据《中华人民共和国税收征收管理法》、《中华人民共和国增值税暂行条例》及《中华人民共和国发票管理办法》的有关规定,制定本办法。

一、凡增值税一般纳税人(以下简称纳税人)均按本办法进行纳税申报。

二、纳税申报资料。

(一)《增值税纳税申报表》及其三个附表:

附表1.《发票领用存月报表》;

附表2.《增值税(专用/普通)发票使用明细表》;

附表3.《增值税(专用发票/收购凭证/运输发票)抵扣明细表》。

(二)附报资料。

1. 已开具的增值税专用发票和普通发票存根联;

2. 增值税专用发票抵扣联;

3. 海关进口货物完税凭证的复印件;

4. 运输发票复印件(如果取得的运输发票数量较多,经县级国家税务局批准可只附报单份票面金额在一定数额以上的运输发票复印件);

5. 收购凭证的存根联或报查联;

6. 收购农产品的普通发票复印件;

7. 主管税务机关要求报送的其他资料。

经营规模大的纳税人,如上述附报资料很多,报送确有困难的,经县级国家税务局批准,由主管国家税务机关(以下简称税务机关)派人到企业审核。

三、《增值税纳税申报表》及其有关附表的填报要求。

(一)《增值税纳税申报表》按填表说明的要求填写,一式两份。其中,一份纳税人留存,一份报税务机关。

(二)《发票领用存月报表》(附表1)一式三份。其中,一份纳税人留存,两份报税务机关。该表每月月末由纳税人根据清点核对结存专用发票、普通发票的数量和号码的结果以及发票领、用、存情况填写。

(三)《增值税(专用/普通)发票使用明细表》(附表2)分为《增值税专用发票使用明细表》和《增值税普通发票使用明细表》两类。纳税人使用该表登记专用发票时,应在“普通”两字上划线,表示该表为《增值税专用发票使用明细表》;登记普通发票时,应在“专用”两字上划线,表示该表为《增值税普通发票使用明细表》。

1.《增值税专用发票使用明细表》。本表根据纳税人销售货物或应税劳务开具的专用发票按序号逐票填写。凡增值税计划机交叉稽核试点地区的纳税人,在填写本表时一式三份,其中,一份纳税人留存,两份报税务机关;其他地区的纳税人在填写本表时一式两份,其中,一份纳税人留存,一份报税务机关。其具体填写要求如下:

(1)纳税人手工开具的专用发票按发票序号逐票登记,每本填写一张《增值税专用发票使用明细表》。纳税人每月使用一本专用发票的,在本表的"小计"栏填写小计数,同时,将小计数填写在本表的"合计"栏内;纳税人每月使用两本以上专用发票的,每张表在"小计"栏填写小计数,并将每张表的小计数累加起来填写在第一张表"合计"栏内。纳税人每月专用发票用票量特别大,金额又较小,逐笔登记确有困难的,经县级国家税务局批准,对整本专用发票中每单张票面销售额在 1000 元以下的,可按整本专用发票汇总登记《增值税专用发票使用明细表》。

一本专用发票当月未用完的,按顺序填报用完的部分,剩余空格部分用线划掉;下个月申报时该本继续使用的专用发票应另用一张《增值税专用发票使用明细表》,接上月顺序填报,并将上月已填报部分的空格用线划掉。如一本专用发票两个月仍未用完的,剩余部分报税务机关剪角作废,并在第二个月所填表格剩余的空格注明"已作废"。

(2)纳税人使用计算机开具的专用发票(即电脑票)按发票序号逐票登记,每 25 份填写一张《增值税专用发票使用明细表》。纳税人每月使用 25 份或不足 25 份电脑票的,在本表的"小计"栏填写小计数,同时,将小计数填写在本表的"合计"栏内;纳税人每月使用 25 份以上电脑票的,每张表在"小计"栏填写小计数,并将每张表的小计数累加起来填写在第一张表的"合计"栏内。

如果一张表格中填写的电脑票份数不足 25 份的,应将表中剩余的空格部分用线划掉。

纳税人使用计算机开具增值税专用发票的,经县级国家税务局批准,在纳税申报时可以用计算机直接打印附表 2。

(3)纳税人因销货退回或折让开出的红字专用发票,应用红字(或负数)填写《增值税专用发票使用明细表》。

(4)作废的专用发票只填写发票号码,在"备注"栏注明是废票,其他栏次用线划掉。

(5)凡增值税交叉稽核试点地区的纳税人,对表格的内容应全部填写;其他地区的纳税人,对表格中的纳税人登记号可不填写,其他内容应全部按要求填写。

2.《增值税普通发票使用明细表》。本表根据纳税人销售货物开具的普通发票逐票填写。

《增值税普通发票使用明细表》一式两份,其中,一份纳税人留存,一份报税务机关。纳税人销售货或应税劳务开具的普通发票应比照《增值税专用发票使用明细表》的填报办法办理。

纳税人销售免税货物必须另本开具普通发票,并单独填写《增值税普通发票使用明细表》。填写时在本表的"备注"栏注明是免税货物,此表的小计数不得汇总在《增值税普通发票使用明细表》的合计数中。

3. 纳税人销售货物(包括视同销售)或应税劳务不需开具发票的应纳税业务,按月将其销售额及税额的汇总数填写在《增值税专用发票使用明细表》的第一页的规定栏目内。

(四)《增值税(专用发票/收购凭证/运输发票)抵扣明细表》(附表 3)分为《增值税专用发票抵扣明细表》、《增值税收购凭证抵扣明细表》、《增值税运输发票抵扣明细表》三类。纳税人使用该表登记进项专用发票时,应在"收购凭证"、"运输发票"上划线,表示该表为《增值税专用发票抵扣明细表》;纳税人使用该表登记收购凭证时,应在"专用发票"、"运输发票"上划线,表示该表为《增值税收购凭证抵扣明细表》;纳税人使用该表登记运输发票时,应在"使用发票"、"收购凭证"上划线,表示该表为《增值税运输发票抵扣明细表》。

1.《增值税专用发票抵扣明细表》。纳税人购进货物取得的专用发票抵扣联以及进口货物从海关取得的完税凭证按规定审核无误后,逐票登记《增值税专用发票抵扣明细表》。其具体填写要求如下:

(1)纳税人中的工业企业,购进货物取得专用发票抵扣联以及进口货物从海关取得完税凭证并将已收到的货物验收入库后方可登记《增值税专用发票抵扣明细表》。否则,不得登记该表并申报抵扣。

(2)纳税人中的商业企业,购进货物取得专用发票抵扣联以及进口货物从海关取得完税凭证并已支付货款的,方可登记《增值税专用发票抵扣明细表》。否则,不得登记该表并申报抵扣。

(3)纳税人中的工业企业不填本表的"付款日期"栏、"付款金额"栏、"付款凭证号码"栏;纳税人中的商业企业不填本表的"货物入库时间"栏。

2.《增值税收购凭证抵扣明细表》。纳税人收购废品、免税农产品应按收购凭证(包括按规定允许抵扣的普通发票)逐笔登记《增值税收购凭证抵扣明细表》。

(1)纳税人中的工业企业,收购免税农产品应按收购凭证(包括按规定允许抵扣的普通发票)登记本表,并比照工业企业填写《增值税专用发票抵扣明细表》的要求办理。

(2)纳税人中的商业企业,收购废品、免税农产品应按收购凭证(包括按规定允许抵扣的普通发票)登记本表,并比照商业企业填写《增值税专用发票抵扣明细表》的要求办理。

3.《增值税运输发票抵扣明细表》。纳税人取得的符合扣税规定的购货运输发票和销售应税货物的运输发票,应逐票登记《增值税运输发票抵扣明细表》。

4. 凡增值税计算机交叉稽核试点地区的纳税人,对表格的内容应全部填写;其他地区的纳税人,对表格中的纳税人登记号可不填写,其他内容应全部填写。

5. 纳税人使用计算机录入增值税进项抵扣凭证(包括专用发票、海关完税证、收购凭证、运输发票)的,经县级国家税务局批准,可以直接打印附表3。

四、附报资料的报送要求。

(一)增值税专用发票和普通发票存根联的报送要求。

1. 手工开具的增值税专用发票和普通发票存根联。

(1)手工开具的增值税专用发票存根联。对已使用完的整本专用发票,在其存根联的右上角依序编号,号码1至25;对当月未使用完的整本增值税专用发票,当月暂不报送,第二个月不论是否用完,均应报送,并将剩余部分报税务机关剪角作废。

(2)手工开具的增值税普通发票存根联。不论当月普通发票是否不整本用完,均应按整本报送。

2. 使用计算机开具的增值各专用发票存根联。每25份装订一册,不足25份时,按实际装订,并在每张票面右上角依序编号,号码1至25。每册均应加装封面,其封面应注明单位名称、本册张数、本月总册数等。

(二)增值税专用发票抵扣联原件及海关进口货物完税凭证的复印件的装订要求。

增值税专用发票抵扣联原件及海关进口货物完税凭证的复印件每25份装订一册,不足25份时,按实际装订,并在每张票面右上角依序编号,号码1至25。其装订顺序应与《增值税专用发票抵扣明细表》的填写顺序一致。

每册均应加装封面,封面上应注明单位名称、本册张数、本月总册数、汇总扣税额等。

(三)运输发票的复印件、收购凭证的存根联或报查联、收购免税农产品的普通发票复印件的装订比照上述办法办理。

(四)纳税人报送的附报资料,经税务机关审核后将附报资料退还纳税人,纳税人要按要求妥善保管。

五、申报期限。

纳税人应按月进行纳税申报,申报期为次月1日至10日止。

六、罚则。

1. 纳税人未按规定期限办理纳税申报的,按照《中华人民共和国税收征收管理法》第三十九条的有关规定处罚。

2. 纳税人进行纳税申报,税款申报不实的,按偷税处理,并按《中华人民共和国税收征收管理法》第四十条的规定予以处罚。

七、《增值税纳税申报表》及其附表由纳税人向税务机关领购。

八、本办法自1996年1月1日施行。

【注释】 对《增值税暂行条例》第26条进行了解释。

国家税务总局关于不带动力的手扶拖拉机和三轮农用运输车适用13%税率执行时间的批复

国税函〔2003〕1118号

辽宁省国家税务局:

你局《辽宁省国家税务局关于沈阳辽河机械总厂复议案有关税收政策问题的请示》(辽国税发〔2003〕97号)收悉，现对不带动力的手扶拖拉机和三轮农用运输车适用13%税率执行时间问题批复如下。

根据国家税务总局《增值税部分货物征税范围注释》(国税发〔1993〕151号)的规定，不带动力的手扶拖拉机和三轮农用运输车不属于农机增值税征收范围。为减轻农民负担，《财政部、国家税务总局关于不带动力的手扶拖拉机和三轮农用运输车有关政策问题的通知》(财税〔2002〕89号)对农机增值税征收范围进行了调整，对不带动力的手扶拖拉机和三轮农用运输车按照“农机”依13%的增值税税率征收增值税，因此，上述两类产品应当从2002年6月1日起按“农机”征收增值税，在此之前，应按17%的税率征收增值税。

【注释】 对《增值税暂行条例》第2条进行了解释。

国家税务总局关于天然二氧化碳适用增值税税率的批复

国税函〔2003〕1324号

江苏省国家税务局：

你局《关于对天然二氧化碳原矿比照天然气适用税率征收增值税的请示》(苏国税发〔2003〕116号)收悉。经研究，现批复如下：

天然二氧化碳不属于天然气，不应比照天然气征税，仍应按17%的适用税率征收增值税。

【注释】 对《增值税暂行条例》第2条进行了解释。

财政部 国家税务总局关于海洋工程结构物增值税实行退税的补充通知

财税〔2003〕249号

各省、自治区、直辖市、计划单列市财政厅(局)、国家税务局，新疆生产建设兵团财务局：

近接中国海洋石油总公司来函，要求进一步明确《财政部 国家税务总局关于海洋工程结构物增值税实行退税的通知》(财税〔2003〕46号)所规定退税政策的企业适用范围，同时由于该公司改制上市对内部企业进行了调整，以及新设立了海洋石油对外合作公司，要求对财税〔2003〕46号附件2“海上石油开采企业”的企业名单进行调整。经研究决定，现将有关事宜补充通知如下：

一、财税〔2003〕46号文件第一条：国内生产企业与国内海上石油天然气开采企业签署的购销合同所涉及的海洋工程结构物产品，在销售时实行“免、抵、退”税管理办法。其中所述“国内生产企业”是指：国内实行独立核算并为增值税一般纳税人的所有生产海洋工程结构物生产企业。财税〔2003〕46号附件2所列“海上石油开采企业”之间的销售，也同样享受此项政策。

二、调整财税〔2003〕46号附件2“海上石油开采企业”的名单

(一)调整中国海洋石油总公司项下的企业名单

1. 取消原名单中的：中海石油船舶有限公司、中海华东能源公司；

2. 原名单中的“中海油田服务有限公司”更名为“中海油田服务股份有限公司”；

3. 补充增加：上海石油天然气有限公司、中海石油(中国)有限公司文昌13—1/2油田作业公司、渤海石油实业公司、渤海石油采油公司、南海西部石油合众近海建设公司。

(二)在中国海洋石油对外合作公司名单项下增列：中海石油(中国)东海西湖石油天然气作业公司、台南——潮汕石油作业有限公司、优尼科东海有限公司、cact作业者集团、中海石油(中国)有限公司崖城作业公司。

【注释】 对《财政部 国家税务总局关于海洋工程结构物增值税实行退税的通知》(财税〔2003〕46号)进行了解释。

国家税务总局关于饲用鱼油产品免征增值税的批复

国税函〔2003〕1395 号

福建省国家税务局：

你局《关于“饲用鱼油”产品免征增值税问题的请示》(闽国税发〔2003〕214 号)收悉。经研究，现批复如下：

饲用鱼油是鱼粉生产过程中的副产品，主要用于水产养殖和肉鸡饲养，属于单一大宗饲料。经研究，自2003 年 1 月 1 日起，对饲用鱼油产品按照现行“单一大宗饲料”的增值税政策规定，免予征收增值税。

【注释】 对《增值税暂行条例》第 16 条进行了解释。

国家税务总局关于债转股企业实物投资免征增值税政策有关问题的批复

国税函〔2003〕1394 号

江西省国家税务局：

你局《关于债转股企业实物资产投入新公司免征增值税有关问题的请示》(赣国税发〔2003〕90 号)收悉。经研究，现批复如下：

《中华人民共和国增值税暂行条例》第 21 条规定，纳税人销售免税货物不得开具增值税专用发票。鉴于债转股企业投入到新公司的实物资产享受免征增值税政策，因此债转股企业将实物资产投入到新公司时不得开具增值税专用发票。

【注释】 对《增值税暂行条例》第 16 条进行了解释。

国家税务总局关于血液制品增值税政策的批复

国税函〔2004〕335 号

海南省国家税务局：

你省《关于血液制品增值税政策的请示》(琼国税发〔2003〕261 号)收悉，经研究，现批复如下：

增值税一般纳税人购进人体血液不属于购进免税农产品，也不得比照购进免税农业产品按照买价和13％的扣除率计算抵扣进项税额。

【注释】 对《增值税暂行条例》第 8 条进行了解释。

关于进口货物进口环节海关代征税税收政策问题的规定

财关税〔2004〕7 号

一、经海关批准暂时进境的下列货物，在进境时纳税义务人向海关缴纳相当于应纳税款的保证金或者提供其他担保的，可以暂不缴纳进口环节增值税和消费税，并应当自进境之日起 6 个月内复运出境；经纳税义务人申请，海关可以根据海关总署的规定延长复运出境的期限：

（一）在展览会、交易会、会议及类似活动中展示或者使用的货物；

（二）文化、体育交流活动中使用的表演、比赛用品；

（三）进行新闻报道或者摄制电影、电视节目使用的仪器、设备及用品；

（四）开展科研、教学、医疗活动使用的仪器、设备及用品；

（五）在本款第（一）项至第（四）项所列活动中使用的交通工具及特种车辆；

（六）货样；

（七）供安装、调试、检测设备时使用的仪器、工具；

（八）盛装货物的容器；

（九）其他用于非商业目的的货物。

上述所列暂准进境货物在规定的期限内未复运出境的，海关应当依法征收进口环节增值税和消费税。

上述所列可以暂时免征进口环节增值税和消费税范围以外的其他暂准进境货物，应当按照该货物的组成计税价格和其在境内滞留时间与折旧时间的比例分别计算征收进口环节增值税和消费税。

二、因残损、短少、品质不良或者规格不符原因，由进口货物的发货人、承运人或者保险公司免费补偿或者更换的相同货物，进口时不征收进口环节增值税和消费税。被免费更换的原进口货物不退运出境的，海关应当对原进口货物重新按照规定征收进口环节增值税和消费税。

三、进口环节增值税税额在人民币 50 元以下的一票货物，免征进口环节增值税；消费税税额在人民币 50 元以下的一票货物，免征进口环节消费税。

四、无商业价值的广告品和货样免征进口环节增值税和消费税。

五、外国政府、国际组织无偿赠送的物资免征进口环节增值税和消费税。

六、在海关放行前损失的进口货物免征进口环节增值税和消费税；在海关放行前遭受损坏的货物，可以按海关认定的进口货物受损后的实际价值确定进口环节增值税和消费税组成计税价格公式中的关税完税价格和关税，并依法计征进口环节增值税和消费税。

七、进境运输工具装载的途中必需的燃料、物料和饮食用品免征进口环节增值税和消费税。

八、有关法律、行政法规规定进口货物减征或者免征进口环节海关代征税的，海关按照规定执行。

九、本规定自 2004 年 1 月 1 日起施行。

【注释】 对《增值税暂行条例》第 16 条进行了解释。

国家税务总局关于对福建雪津啤酒有限公司收取经营保证金征收增值税问题的批复

国税函〔2004〕416 号

福建省国家税务局：

你局《关于福建雪津啤酒有限公司经营保证金税收问题的请示》（闽国税发〔2004〕39 号）收悉。经研究，对经营保证金征收增值税问题，批复如下：

根据《中华人民共和国增值税暂行条例》及实施细则有关价外费用的规定，福建雪津啤酒有限公司收取未退还的经营保证金，属于经销商因违约而承担的违约金，应当征收增值税；对其已退还的经营保证金，不属于价外费用，不征收增值税。

【注释】 对《增值税暂行条例》第 6 条进行了解释。

国家税务总局关于使用公路、内河货物运输业统一发票有关问题的通知

国税函〔2004〕557号

各省、自治区、直辖市和计划单列市地方税务局：

为了加强公路、内河货物运输行业的税收管理，规范货运发票的使用，堵塞税收漏洞，根据《中华人民共和国税收征收管理法》、《中华人民共和国发票管理办法》和《国家税务总局关于进一步加强货物运输业税收征收管理的通知》（国税发〔2003〕121号）的有关规定，决定从2004年7月1日起，统一使用公路、内河货物运输业统一发票（以下简称《货运发票》）。现将有关问题明确如下：

一、凡在中华人民共和国境内提供公路、内河货物运输劳务的单位和个人，在结算运输劳务费用，收取运费时，必须开具《货运发票》。

《货运发票》按使用对象不同分为"公路、内河货物运输业统一发票（以下简称自开发票）"和"公路、内河货物运输业统一发票（代开）（以下简称代开发票）"两种。自开发票由自开票纳税人领购和开具；代开发票由代开单位领购和开具；代开发票由税务机关代开时，税务机关为代开单位；代开票纳税人应当到税务机关指定的代开单位办理代开发票事宜。

二、《货运发票》由各省、自治区、直辖市和计划单列市地方税务局统一印制。《货运发票》采用压感纸，并按总局新颁布的全国统一发票分类代码和发票号码规则印制；发票分类代码中4位地区代码统一使用省、自治区、直辖市和计划单列市代码。

三、《货运发票》为一式四联的计算机发票（票样见附件1），第一联为抵扣联（绿色），第二联为发票联（棕色），第三联为记账联（红色），第四联为存根联（黑色）。发票规格为241mm×152mm，其中密码区规格为：92mm×22mm，具体方位详见票样。

四、开具《货运发票》的要求：

（一）《货运发票》必须采用税控收款机系列产品开具，手写无效。交通运输业推广使用税控收款机的有关问题按总局的统一规定执行。

（二）填开《货运发票》时，需要录入的信息除发票代码和发票号码（一次录入）外，其他的内容包括：开票日期、收货人及纳税人识别号、发货人及纳税人识别号、承运人及纳税人识别号、主管税务机关及代码、运输项目及金额、其他项目及金额、代开单位及代码（或代开税务机关及代码）、扣缴税额、税率、完税凭证（或缴款书）号码、开票人。在录入上述信息后，税控收款机按规定程序自动生成并打印的信息包括：机打代码、机打号码、机器编号、税控码、运费小计、其他费用小计、合计（大写、小写）。录入和打印时应保证机打代码、机打号码与印刷的发票代码、发票号码相一致。

（三）为了保证在稽核比对时正确区分收货人、发货人中实际受票方（或抵扣方），在填开《货运发票》时应首先确认实际受票方，并在纳税人识别号前打印"＋"号标记。"＋"号与纳税人识别号之间不留空格。在填开收货人及纳税人识别号、发货人及纳税人识别号、承运人及纳税人识别号、主管税务机关及代码、代开单位及代码（或代开税务机关及代码）栏目时应分二行分别填开。

（四）有关项目的逻辑关系：运费小计＝运费项目各项费用相加之和；其他费用小计＝其他项目各项费用相加之和；合计＝运费小计＋其他费用小计；扣缴税额＝合计×税率。税率按法律、法规规定的税率填开。

（五）《货运发票》应如实一次性填开，运费和其他费用要分别注明。"运输项目及金额"栏填开内容包括：货物名称、数量（重量）、单位运价、计费里程及金额等；"其他项目及金额"栏内容包括：装卸费（搬运费）、仓储费、保险费及其他项目和费用。备注栏可填写起运地、到达地和车（船）号等内容。

（六）开具《货运发票》时应加盖财务印章或发票专用章。税务机关代开发票时，应加盖税务机关代开发票专用章（式样见附件2）。盖章位置应在"备注"栏中间，避免压盖代码和合计（小写）等栏目。

（七）税控收款机根据自开票纳税人和代开单位录入的有关开票信息和设定的参数，在打印发票的同时，自动打印出××位的税控码；税控码通过《税控收款机管理系统》可以还原成设定参数的打印信息。打印信息不完整及打印信息与还原信息不符的，为无效发票，国税机关在审核进项税额时不予抵扣。《货运发

票》数据采集和录入的具体规定，由总局另行规定。

设定参数包括：发票代码、发票号码、开票日期、承运人纳税人识别号、主管税务机关代码、收货人纳税人识别号或发货人纳税人识别号（即有“＋”号标记的一方代码）、代开单位代码（或代开税务机关代码）、运费小计、扣缴税额、完税凭证号码。其中，自开发票7个参数，代开发票10个参数。

五、自开票纳税人和代开单位应建立严格的发票领、用、存制度。各地方税务局应严格《货运发票》的管理，限量供应，验旧购新，定期检查。

六、自开票纳税人和代开单位不按规定使用税控收款机和开具《货运发票》的，税务机关应严格按照《中华人民共和国税收征收管理法》及实施细则和《中华人民共和国发票管理办法》的有关规定进行处罚。

七、本通知下发后，凡旧版《货运发票》已经用完的地区，可直接使用统一的新版《货运发票》。在尚未统一使用税控收款机前，填开时可暂不填写机打代码、机打号码、机器编号和税控码内容。

【注释】 对《增值税暂行条例》第26条进行了解释。

国家税务总局关于电力公司过网费收入征收增值税问题的批复

国税函〔2004〕607号

四川省国家税务局、地方税务局：

你局《关于电力公司过网费收入征收增值税问题的请示》（川国税发〔2004〕52号）收悉。经研究，现批复如下：

鉴于电力公司利用自身电网为发电企业输送电力过程中，需要利用输变电设备进行调压，属于提供加工劳务。根据《中华人民共和国增值税暂行条例》有关规定，电力公司向发电企业收取的过网费，应当征收增值税，不征收营业税。

【注释】 对《增值税暂行条例》第1条进行了解释。对《增值税暂行条例实施细则》第2条进行了解释。

国家税务总局关于货物运输业若干税收问题的通知

国税发〔2004〕88号

各省、自治区、直辖市和计划单列市国家税务局、地方税务局：

为了加强对公路、内河货物运输业的税收管理，总局下发了《国家税务总局关于加强货物运输业税收征收管理的通知》（国税发〔2003〕121号）和四个明传电报，各地在执行中又陆续反映了一些问题。经研究，现将有关税收问题明确如下：

一、在中华人民共和国境内提供公路、内河货物运输劳务（包括内海及近海货物运输）的单位和个人适用《货物运输业营业税征收管理办法》（以下简称《试行办法》）。

二、关于纳税人认定问题：

（一）适用《试行办法》从事货物运输的承包人、承租人、挂靠人和个体运输户不得认定为自开票纳税人。

（二）铁路运输（包括中央、地方、工矿及其他单位所属铁路）、管道运输、国际海洋运输业务，装卸搬运以及公路、内河客运业务的纳税人不需要进行自开票纳税人资格认定，不需要报送货物运输业发票清单。

（三）《货物运输业营业税纳税人认定和年审试行办法》中有关代开票纳税人认定和年审的规定停止执行。

三、关于办理税务登记前发生的货物运输劳务征税问题：

（一）单位和个人在领取营业执照之日起三十日内向主管地方税务局申请办理税务登记的，对其自领取营业执照之日至取得税务登记证期间提供的货物运输劳务，办理税务登记手续后，主管地方税务局可为其代开货物运输业发票。

（二）单位和个人领取营业执照超过三十日未向主管地方税务局申请办理税务登记的，主管地方税务局应按《征管法》及其《实施细则》的规定进行处理，在补办税务登记手续后，对其自领取营业执照之日至取得税务登记证期间提供的货物运输劳务，可为其代开货物运输发票。

（三）地方税务局对提供货物运输劳务的单位和个人进行税收管理过程中，凡发现代开票纳税人（包括承包人、承租人、挂靠人以及其他单位和个人）未办理税务登记的，符合税务登记条件的，必须依法办理税务登记。

四、关于货运发票开具问题：

（一）按代开票纳税人管理的所有单位和个人（包括外商投资企业、特区企业和其他单位、个人），凡按规定应当征收营业税，在代开货物运输业发票时一律按开票金额3%征收营业税，按营业税税款7%预征城建税，按营业税税款3%征收教育附加费。同时按开票金额3.3%预征所得税，预征的所得税年终时进行清算。但代开票纳税人实行核定征收企业所得税办法的，年终不再进行所得税清算。

在代开票时已征收的属于法律法规规定的减征或者免征的营业税及城市维护建设税、教育费附加、所得税以及高于法律法规规定的城市维护建设税税率的税款，在下一征期退税。具体退税办法按《国家税务总局中国人民银行财政部关于现金退税问题的紧急通知》（国税发〔2004〕47号）执行。

（二）提供了货物运输劳务但按规定不需办理工商登记和税务登记的单位和个人，凭单位证明或个人身份证在单位机构所在地或个人车籍地由代开票单位代开货物运输业发票。

（三）《试行办法》第七条有关代开票纳税人在申请代开票时须提供《代开票纳税人资格证书》和承运货物时同货主签订的承运货物合同或其他有效证明，停止执行。

五、关于税款核定征收问题：

（一）按照《试行办法》的规定，对代开票纳税人实行定期定额征收方法。凡核定的营业额低于当地确定的营业税起征点的，不征收营业税；凡核定的营业额高于当地确定的营业税起征点的，代开发票时按规定征收税款。

（二）单位和个人利用自备车辆偶尔对外提供货物运输劳务的，可不进行定期定额管理，代开票时对其按次征税。

（三）代开票纳税人实行定期定额征收方法时，为避免在代开票时按票征收发生重复征税，对代开票纳税人可采取以下征收方法：

1. 在代开票时按开具的货物运输业发票上注明的营业税应税收入按规定征收（代征）营业税、所得税及附加。

2. 代开票纳税人采取按月还是按季结算，由省级地方税务局确定。

3. 代开票纳税人在缴纳定额税款时，如其在代开票时取得的税收完税凭证上注明的税款大于定额税款的，不再缴纳定额税款；如完税凭证上注明的税款小于定额的，则补缴完税凭证上注明的税款与定额税款差额部分。

六、关于企业所得税征收问题。

对2002年以后新办的货物运输业代开票纳税人的所得税，由代开票单位在代开货物运输业发票时统一代征税款，并由地方税务局统一入库。

七、关于代开票纳税人从事联营业务得计税依据问题。

代开票纳税人从事联运业务的，其计征营业税的营业额为代开的货物运输业发票注明营业税应税收入，不得减除支付给其他联运合作方的各种费用。

八、关于物流劳务的征税问题：

（一）利用自备车辆提供运输劳务的同时提供其他劳务（如对运输货物进行挑选、整理、包装、仓储、装卸搬运等劳务）的单位（以下简称物流劳务单位），凡符合规定的自开票纳税人条件的，可以认定为自开票纳税人。

（二）自开票的物流劳务单位开展物流业务应按其收入性质分别核算，提供运输劳务取得的运输收入按“交通运输业”税目征收营业税并开具货物运输业发票；提供其他劳务取得的收入按“服务业”税目征收营业税并开具服务业发票。

凡未按规定分别核算其应税收入的，一律按“服务业”税目征收营业税。

（三）代开票单位在为代开票物流劳务单位代开发票时也应按照以上原则征税（代征）并代开发票。

九、关于税务机关纳税申报审核问题：

（一）地方税务局在受理自开票纳税人纳税申报和中介机构代开票清单及代征税款时，要对其申报的纸质清单汇总数与电子信息汇总数以及缴纳税款数进行核对。

（二）国家税务局在受理增值税一般纳税人货物运输业发票申报抵扣时，要严格核对其申报的纸质清单汇总数与电子信息汇总数是否一致，录入的清单信息是否准确、规范。

十、关于货运发票的抵扣问题：

（一）增值税一般纳税人外购货物（固定资产除外）和销售应税货物所取得的由自开票纳税人或代开票单位为代开票纳税人开具的货物运输业发票准予抵扣进项税额。

（二）增值税一般纳税人取得税务机关认定为自开票纳税人的联运单位和物流单位开具的货物运输业发票准予计算抵扣进项税额。准予抵扣的货物运费金额是指自开票纳税人和代开票单位为代开票纳税人开具的货运发票上注明的运费、建设基金和现行规定允许抵扣的其他货物运输费用；装卸费、保险费和其他杂费不予抵扣。货运发票应当分别注明运费和杂费，对未分别注明，而合并注明为运杂费的不予抵扣。

（三）增值税一般纳税人取得的货物运输业发票，可以在自发票开具日 90 天后的第一个纳税申报期结束以前申报抵扣。

（四）增值税一般纳税人在 2004 年 3 月 1 日以后取得的货物运输业发票，必须按照《增值税运费发票抵扣清单》的要求填写全部内容，对填写内容不全的不得予以抵扣进项税额。

（五）增值税一般纳税人取得的联运发票应当逐票填写在《增值税运费发票抵扣清单》的“联运”栏次内。

（六）增值税一般纳税人取得的内海及近海货物运输发票，可暂填写在《增值税运输发票抵扣清单》内河运输栏内。

十一、关于协调配合问题：

（一）地方税务局要按照有关规定的要求，将自开票纳税人和地方税务局、代开票中介机构开具的货物运输业发票的有关信息及时传送给国家税务局，国家税务局和地方税务局要建立密切、畅通的信息交换制度，切实落实好“三个办法和一个方案”。

（二）地方税务局要加强与交通管理部门的协作，将纳税人认定情况与交通管理部门发放的道路运输经营许可证、水路运输经营许可证情况进行逐户核对，凡对外提供货物运输劳务的单位和个人都要纳入税收管理。

十二、关于代开票中介机构管理问题。

地方税务局要加强对代开票中介机构的管理，不得随意放宽代开票中介机构的条件和范围。接受委托代开货物运输业发票的中介机构必须按照《试行办法》中的有关规定开具发票，代征和解缴税款并按期向主管地方税务局报送《中介机构代开货物运输业发票清单》。

十三、本通知自 2004 年 7 月 1 日起执行。

【注释】 对《国家税务总局关于加强货物运输业税收征收管理的通知》（国税发〔2003〕121 号）进行了补充规定。

国家税务总局关于增值税一般纳税人用进项留抵税额抵减增值税欠税问题的通知

国税发〔2004〕112 号

各省、自治区、直辖市和计划单列市国家税务局：

为了加强增值税管理，及时追缴欠税，解决增值税一般纳税人（以下简称“纳税人”）既欠缴增值税，又有增值税留抵税额的问题，现将纳税人用进项留抵税额抵减增值税欠税的有关问题通知如下：

一、对纳税人因销项税额小于进项税额而产生期末留抵税额的，应以期末留抵税额抵减增值税欠税。

二、纳税人发生用进项留抵税额抵减增值税欠税时，按以下方法进行会计处理：

（一）增值税欠税税额大于期末留抵税额，按期末留抵税额红字借记“应交税金——应交增值税（进项税额）”科目，贷记“应交税金——未交增值税”科目。

（二）若增值税欠税税额小于期末留抵税额，按增值税欠税税额红字借记“应交税金——应交增值税（进项税额）”科目，贷记“应交税金——未交增值税”科目。

三、为了满足纳税人用留抵税额抵减增值税欠税的需要，将《增值税一般纳税人纳税申报办法》（国税发〔2003〕53号）《增值税纳税申报表》（主表）相关栏次的填报口径作如下调整：

（一）第13项“上期留抵税额”栏数据，为纳税人前一申报期的“期末留抵税额”减去抵减欠税额后的余额数，该数据应与“应交税金——应交增值税”明细科目借方月初余额一致。

（二）第25项“期初未缴税额（多缴为负数）”栏数据，为纳税人前一申报期的“期末未缴税额（多缴为负数）”减去抵减欠税额后的余额数。

【注释】 对《增值税暂行条例》第26条进行了解释。相关规定包括：《国家税务总局关于增值税进项留抵税额抵减增值税欠税有关处理事项的通知》（国税函〔2004〕1197号）。

国家税务总局关于商业企业向货物供应方收取的部分费用征收流转税问题的通知

国税发〔2004〕136号

各省、自治区、直辖市和计划单列市国家税务局、地方税务局：

据部分地区反映，商业企业向供货方收取的部分收入如何征收流转税的问题，现行政策规定不够统一，导致不同地区之间政策执行不平衡。经研究，现规定如下：

一、商业企业向供货方收取的部分收入，按照以下原则征收增值税或营业税：

（一）对商业企业向供货方收取的与商品销售量、销售额无必然联系，且商业企业向供货方提供一定劳务的收入，例如进场费、广告促销费、上架费、展示费、管理费等，不属于平销返利，不冲减当期增值税进项税金，应按营业税的适用税目税率征收营业税。

（二）对商业企业向供货方收取的与商品销售量、销售额挂钩（如以一定比例、金额、数量计算）的各种返还收入，均应按照平销返利行为的有关规定冲减当期增值税进项税金，不征收营业税。

二、商业企业向供货方收取的各种收入，一律不得开具增值税专用发票。

三、应冲减进项税金的计算公式调整为：

当期应冲减进项税金＝当期取得的返还资金/（1＋所购货物适用增值税税率）×所购货物适用增值税税率

四、本通知自2004年7月1日起执行。本通知发布前已征收入库税款不再进行调整。其他增值税一般纳税人向供货方收取的各种收入的纳税处理，比照本通知的规定执行。

特此通知。

【注释】 对《增值税暂行条例》第6条进行了解释。

国家税务总局关于增值税进项留抵税额抵减增值税欠税有关处理事项的通知

国税函〔2004〕1197号

各省、自治区、直辖市和计划单列市国家税务局：

根据国家税务总局《关于增值税一般纳税人用进项留抵税额抵减增值税欠税问题的通知》(国税发〔2004〕112 号)规定,现将增值税进项留抵税额抵减欠税的有关处理事项明确如下:

一、关于税务文书的填开

当纳税人既有增值税留抵税额,又欠缴增值税而需要抵减的,应由县(含)以上税务机关填开《增值税进项留抵税额抵减增值税欠税通知书》(以下简称《通知书》,式样见附件)一式两份,纳税人、主管税务机关各一份。

二、关于抵减金额的确定

抵减欠缴税款时,应按欠税发生时间逐笔抵扣,先发生的先抵。抵缴的欠税包含呆账税金及欠税滞纳金。确定实际抵减金额时,按填开《通知书》的日期作为截止期,计算欠缴税款的应缴未缴滞纳金金额,应缴未缴滞纳金余额加欠税余额为欠缴总额。若欠缴总额大于期末留抵税额,实际抵减金额应等于期末留抵税额,并按配比方法计算抵减的欠税和滞纳金;若欠缴总额小于期末留抵税额,实际抵减金额应等于欠缴总额。

三、关于税收会计账务处理

税收会计根据《通知书》载明的实际抵减金额作抵减业务的账务处理。即先根据实际抵减的 2001 年 5 月 1 日之前发生的欠税以及抵减的应缴未缴滞纳金,借记"待征"类科目,贷记"应征"类科目;再根据实际抵减的增值税欠税和滞纳金,借记"应征税收——增值税"科目,贷记"待征税收——××户——增值税"科目。

【注释】 对《关于增值税一般纳税人用进项留抵税额抵减增值税欠税问题的通知》(国税发〔2004〕112 号)进行了补充规定。

国家税务总局关于增值税一般纳税人取得海关进口增值税专用缴款书抵扣进项税额问题的通知

国税发〔2004〕148 号

各省、自治区、直辖市、计划单列市国家税务局:

近接部分地区反映,增值税一般纳税人(以下简称"纳税人")进口货物,取得的海关进口增值税专用缴款书(以下简称"海关完税凭证"),由于主客观原因,导致未能在规定的期限内申报抵扣,给纳税人带来一定的经济损失。为合理解决纳税人的实际困难,经研究,现将有关问题明确如下:

一、纳税人进口货物,凡已缴纳了进口环节增值税的,不论其是否已经支付货款,其取得的海关完税凭证均可作为增值税进项税额抵扣凭证,在《国家税务总局关于加强海关进口增值税专用缴款书和废旧物资发票管理有关问题的通知》(国税函〔2004〕128 号)中规定的期限内申报抵扣进项税额。

二、对纳税人进口货物已取得的海关完税凭证,未能在规定申报期限内向主管税务机关申报抵扣的,可在 2005 年 1 月 11 日前向主管税务机关申报抵扣,逾期不得予以抵扣。

三、对纳税人丢失的海关完税凭证,纳税人应当凭海关出具的相关证明,向主管税务机关提出抵扣申请。主管税务机关受理申请后,应当进行审核,并将纳税人提供的海关完税凭证电子数据纳入稽核系统比对,稽核比对无误后,可予以抵扣进项税额。

四、凡取得的海关完税凭证,超过规定期限未申报抵扣的纳税人,可以使用《海关完税凭证抵扣清单信息采集软件》(逾期抵扣版),该软件发布在国家税务总局技术支持网站(http://130.9.1.248)上。没有超期未抵扣的纳税人,仍使用现《海关完税凭证抵扣清单信息采集软件》采集。

【注释】 对《增值税暂行条例》第 26 条进行了解释。

电力产品增值税征收管理办法

国家税务总局令〔2004〕10号

第一条 为了加强电力产品增值税的征收管理，根据《中华人民共和国税收征收管理法》、《中华人民共和国增值税暂行条例》、《中华人民共和国增值税暂行条例实施细则》及其有关规定，结合电力体制改革以及电力产品生产、销售特点，制定本办法。

第二条 生产、销售电力产品的单位和个人为电力产品增值税纳税人，并按本办法规定缴纳增值税。

第三条 电力产品增值税的计税销售额为纳税人销售电力产品向购买方收取的全部价款和价外费用，但不包括收取的销项税额。价外费用是指纳税人销售电力产品在目录电价或上网电价之外向购买方收取的各种性质的费用。

供电企业收取的电费保证金，凡逾期（超过合同约定时间）未退还的，一律并入价外费用缴纳增值税。

第四条 电力产品增值税的征收，区分不同情况，分别采取以下征税办法：

（一）发电企业（电厂、电站、机组，下同）生产销售的电力产品，按照以下规定计算缴纳增值税：

1. 独立核算的发电企业生产销售电力产品，按照现行增值税有关规定向其机构所在地主管税务机关申报纳税；具有一般纳税人资格或具备一般纳税人核算条件的非独立核算的发电企业生产销售电力产品，按照增值税一般纳税人的计算方法计算增值税，并向其机构所在地主管税务机关申报纳税。

2. 不具有一般纳税人资格且不具有一般纳税人核算条件的非独立核算的发电企业生产销售的电力产品，由发电企业按上网电量，依核定的定额税率计算发电环节的预缴增值税，且不得抵扣进项税额，向发电企业所在地主管税务机关申报纳税。计算公式为：

预征税额＝上网电量×核定的定额税率

（二）供电企业销售电力产品，实行在供电环节预征、由独立核算的供电企业统一结算的办法缴纳增值税，具体办法如下：

1. 独立核算的供电企业所属的区县级供电企业，凡能够核算销售额的，依核定的预征率计算供电环节的增值税，不得抵扣进项税额，向其所在地主管税务机关申报纳税；不能核算销售额的，由上一级供电企业预缴供电环节的增值税。计算公式为：

预征税额＝销售额×核定的预征率

2. 供电企业随同电力产品销售取得的各种价外费用一律在预征环节依照电力产品适用的增值税税率征收增值税，不得抵扣进项税额。

（三）实行预缴方式缴纳增值税的发、供电企业按照隶属关系由独立核算的发、供电企业结算缴纳增值税，具体办法为：

独立核算的发、供电企业月末依据其全部销售额和进项税额，计算当期增值税应纳税额，并根据发电环节或供电环节预缴的增值税税额，计算应补（退）税额，向其所在地主管税务机关申报纳税。计算公式为：

应纳税额＝销项税额－进项税额

应补（退）税额＝应纳税额－发（供）电环节预缴增值税税额

独立核算的发、供电企业当期销项税额小于进项税额不足抵扣，或应纳税额小于发、供电环节预缴增值税税额形成多交增值税时，其不足抵扣部分和多交增值税额可结转下期抵扣或抵减下期应纳税额。

（四）发、供电企业的增值税预征率（含定额税率，下同），应根据发、供电企业上期财务核算和纳税情况、考虑当年变动因素测算核定，具体权限如下：

1. 跨省、自治区、直辖市的发、供电企业增值税预征率由预缴增值税的发、供电企业所在地和结算增值税的发、供电企业所在地省级国家税务局共同测算，报国家税务总局核定；

2. 省、自治区、直辖市范围内的发、供电企业增值税预征率由省级国家税务局核定。

发、供电企业预征率的执行期限由核定预征率的税务机关根据企业生产经营的变化情况确定。

（五）不同投资、核算体制的机组，由于隶属于各自不同的独立核算企业，应按上述规定分别缴纳增值税。

（六）对其他企事业单位销售的电力产品，按现行增值税有关规定缴纳增值税。

（七）实行预缴方式缴纳增值税的发、供电企业，销售电力产品取得的未并入上级独立核算发、供电企业统一核算的销售收入，应单独核算并按增值税的有关规定就地申报缴纳增值税。

第五条 实行预缴方式缴纳增值税的发、供电企业生产销售电力产品以外的其他货物和应税劳务，如果能准确核算销售额的，在发、供电企业所在地依适用税率计算缴纳增值税。不能准确核算销售额的，按其隶属关系由独立核算的发、供电企业统一计算缴纳增值税。

第六条 发、供电企业销售电力产品的纳税义务发生时间的具体规定如下：

（一）发电企业和其他企事业单位销售电力产品的纳税义务发生时间为电力上网并开具确认单据的当天。

（二）供电企业采取直接收取电费结算方式的，销售对象属于企事业单位，为开具发票的当天；属于居民个人，为开具电费缴纳凭证的当天。

（三）供电企业采取预收电费结算方式的，为发行电量的当天。

（四）发、供电企业将电力产品用于非应税项目、集体福利、个人消费，为发出电量的当天。

（五）发、供电企业之间互供电力，为双方核对计数量，开具抄表确认单据的当天。

（六）发、供电企业销售电力产品以外其他货物，其纳税义务发生时间按《中华人民共和国增值税暂行条例》及其实施细则的有关规定执行。

第七条 发、供电企业应按现行增值税的有关规定办理税务登记，进行增值税纳税申报。

实行预缴方式缴纳增值税的发、供电企业应按以下规定办理：

（一）实行预缴方式缴纳增值税的发、供电企业在办理税务开业、变更、注销登记时，应将税务登记证正本复印件按隶属关系逐级上报其独立核算的发、供电企业所在地主管税务机关留存。

独立核算的发、供电企业也应将税务登记证正本复印件报其所属的采用预缴方式缴纳增值税的发、供电企业所在地主管税务机关留存。

（二）采用预缴方式缴纳增值税的发、供电企业在申报纳税的同时，应将增值税进项税额和上网电量、电力产品销售额、其他产品销售额、价外费用、预征税额和查补税款分别归集汇总，填写《电力企业增值税销项税额和进项税额传递单》（样式附后，以下简称《传递单》）报送主管税务机关签章确认后，按隶属关系逐级汇总上报给独立核算发、供电企业；预征地主管税务机关也必须将确认后的《传递单》于收到当月传递给结算缴纳增值税的独立核算发、供电企业所在地主管税务机关。

（三）结算缴纳增值税的发、供电企业应按增值税纳税申报的统一规定，汇总计算本企业的全部销项税额、进项税额、应纳税额、应补（退）税额，于本月税款所属期后第二个月征期内向主管税务机关申报纳税。

（四）实行预缴方式缴纳增值税的发、供电企业所在地主管税务机关应定期对其所属企业纳税情况进行检查。发现申报不实，一律就地按适用税率全额补征税款，并将检查情况及结果发函通知结算缴纳增值税的独立核算发、供电企业所在地主管税务机关。独立核算发、供电企业所在地主管税务机关收到预征地税务机关的发函后，应督促发、供电企业调整申报表。对在预缴环节查补的增值税，独立核算的发、供电企业在结算缴纳增值税时可以予以抵减。

第八条 发、供电企业销售电力产品，应按《中华人民共和国发票管理办法》和增值税专用发票使用管理规定领购、使用和管理发票。

第九条 电力产品增值税的其他征税事项，按《中华人民共和国税收征收管理法》、《中华人民共和国税收征收管理法实施细则》、《中华人民共和国增值税暂行条例》和《中华人民共和国增值税暂行条例实施细则》及其他有关规定执行。

第十条 本办法由国家税务总局负责解释。

第十一条 本办法自 2005 年 2 月 1 日起施行。

【注释】 对《增值税暂行条例》第 26 条进行了解释。

税务机关代开增值税专用发票管理办法(试行)

国税发〔2004〕153 号

第一条 为了进一步加强税务机关为增值税纳税人代开增值税专用发票（以下简称专用发票）管理，防范不法分子利用代开专用发票进行偷骗税活动，优化税收服务，特制定本办法。

第二条 本办法所称代开专用发票是指主管税务机关为所辖范围内的增值税纳税人代开专用发票，其他单位和个人不得代开。

第三条 主管税务机关应设立代开专用发票岗位和税款征收岗位，并分别确定专人负责代开专用发票和税款征收工作。

第四条 代开专用发票统一使用增值税防伪税控代开票系统开具。非防伪税控代开票系统开具的代开专用发票不得作为增值税进项税额抵扣凭证。

增值税防伪税控代开票系统由防伪税控企业发行岗位按规定发行。

第五条 本办法所称增值税纳税人是指已办理税务登记的小规模纳税人（包括个体经营者）以及国家税务总局确定的其他可予代开增值税专用发票的纳税人。

第六条 增值税纳税人发生增值税应税行为、需要开具专用发票时，可向其主管税务机关申请代开。

第七条 增值税纳税人申请代开专用发票时，应填写《代开增值税专用发票缴纳税款申报单》（式样见附件，以下简称《申报单》），连同税务登记证副本，到主管税务机关税款征收岗位按专用发票上注明的税额全额申报缴纳税款，同时缴纳专用发票工本费。

第八条 税款征收岗位接到《申报单》后，应对以下事项进行审核：

（一）是否属于本税务机关管辖的增值税纳税人；

（二）《申报单》上增值税征收率填写、税额计算是否正确。

审核无误后，税款征收岗位应通过防伪税控代开票征收子系统录入《申报单》的相关信息，按照《申报单》上注明的税额征收税款，开具税收完税凭证，同时收取专用发票工本费，按照规定开具有关票证，将有关征税电子信息及时传递给代开发票岗位。

在防伪税控代开票征税子系统未使用前暂传递纸质凭证。

税务机关可采取税银联网划款、银行卡（POS机）划款或现金收取三种方式征收税款。

第九条 增值税纳税人缴纳税款后，凭《申报单》和税收完税凭证及税务登记证副本，到代开专用发票岗位申请代开专用发票。

代开发票岗位确认税款征收岗位传来的征税电子信息与《申报单》和税收完税凭证上的金额、税额相符后，按照《申报单》、完税凭证和专用发票一一对应即“一单一证一票”原则，为增值税纳税人代开专用发票。

在防伪税控代开票征税子系统未使用前，代开票岗位凭《申报单》和税收完税凭证代开发票。

第十条 代开发票岗位应按下列要求填写专用发票的有关项目：

1.“单价”栏和“金额”栏分别填写不含增值税税额的单价和销售额；

2.“税率”栏填写增值税征收率；

3. 销货单位栏填写代开税务机关的统一代码和代开税务机关名称；

4. 销方开户银行及账号栏内填写税收完税凭证号码；

5. 备注栏内注明增值税纳税人的名称和纳税人识别号。

其他项目按照专用发票填开的有关规定填写。

第十一条 增值税纳税人应在代开专用发票的备注栏上，加盖本单位的财务专用章或发票专用章。

第十二条 代开专用发票遇有填写错误、销货退回或销售折让等情形的，按照专用发票有关规定处理。

税务机关代开专用发票时填写有误的，应及时在防伪税控代开票系统中作废，重新开具。代开专用发票后发生退票的，税务机关应按照增值税一般纳税人作废或开具负数专用发票的有关规定进行处理。对需要重新开票的，税务机关应同时进行新开票税额与原开票税额的清算，多退少补；对无需重新开票的，按有关规定退还增值税纳税人已缴的税款或抵顶下期正常申报税款。

第十三条 为增值税纳税人代开的专用发票应统一使用六联专用发票，第五联代开发票岗位留存，以备发票的扫描补录，第六联交税款征收岗位，用于代开发票税额与征收税款的定期核对，其他联次交增值税纳税人。

第十四条 代开专用发票岗位领用专用发票，经发票管理部门负责人批准后，到专用发票发售窗口领取专用发票，并将相应发票的电子信息读入防伪税控代开票系统。

第十五条 代开专用发票岗位应在每月纳税申报期的第一个工作日，将上月所开具的代开专用发票数据抄取、传递到防伪税控报税系统。代开专用发票的金税卡等专用设备发生故障的，税务机关应使用留存的专用发票第五联进行扫描补录。

第十六条　代开发票岗位应妥善保管代开专用发票数据，及时备份。

第十七条　税务机关应按月对代开专用发票进行汇总统计，对代开专用发票数据通过增值税计算机稽核系统比对后属于滞留、缺联、失控、作废、红字缺联等情况，应及时分析，查明原因，按规定处理，确保代开专用发票存根联数据采集的完整性和准确性。

第十八条　代开专用发票各岗位人员应严格执行本办法及有关规定。对违反规定的，追究有关人员的责任。

第十九条　各省、自治区、直辖市和计划单列市国家税务局可根据实际在本办法基础上制定实施细则。

第二十条　本办法自二〇〇五年一月一日起实施，凡与本办法相抵触的规定同时停止执行。

【注释】　对《增值税暂行条例》第26条进行了解释。相关规定包括：《国家税务总局关于加强税务机关代开增值税专用发票管理问题的通知》(国税函〔2004〕1404号)、《财政部 国家税务总局关于税务机关代开增值税专用发票的出口货物不再实行增值税税收专用缴款书管理的通知》(财税〔2005〕43号)。

国家税务总局关于加强税务机关代开增值税专用发票管理问题的通知

国税函〔2004〕1404号

各省、自治区、直辖市和计划单列市国家税务局：

为落实《国家税务总局关于印发〈税务机关代开增值税专用发票管理办法(试行)〉的通知》(国税发〔2004〕153号)的要求，做好税务机关代开增值税专用发票工作，现将有关事项通知如下：

一、从2005年1月1日起，凡税务机关代开增值税专用发票必须通过防伪税控系统开具，通过防伪税控报税子系统采集代开增值税专用发票开具信息，不再填报《代开发票开具清单》，同时停止使用非防伪税控系统为纳税人代开增值税专用发票(包括手写版增值税专用发票和计算机开具不带密码的电脑版增值税专用发票)。

二、增值税一般纳税人取得的税务机关用非防伪税控系统代开的增值税专用发票，应当在2005年3月份纳税申报期结束以前向主管税务机关申报抵扣，并填报《代开发票抵扣清单》，逾期不得抵扣进项税额。

增值税一般纳税人取得的税务机关通过防伪税控系统代开的增值税专用发票，通过防伪税控认证子系统采集抵扣联信息，不再填报《代开发票抵扣清单》，其认证、申报抵扣期限的有关规定按照《国家税务总局关于增值税一般纳税人取得防伪税控系统开具的增值税专用发票进项税额抵扣问题的通知》(国税发〔2003〕17号)文件规定执行，并按照现行防伪税控增值税专用发票比对内容进行"一窗式"比对。

三、税务机关必须在一个窗口设置征收岗位和代开发票岗位。

四、对实行定期定额征收方法的纳税人正常申报时，按以下方法进行清算：

(一)每月开票金额大于应征增值税税额的，以开票金额数为依据征收税款，并作为下一年度核定定期定额的依据。

(二)每月开票金额小于应征增值税税额的，按应征增值税税额数征收税款。

五、在防伪税控代开票征收子系统未投入运行前，要加强对手工传递凭证的监控工作，要设置审核监控岗位专门负责核对开票税额、收款数额和入库税款是否一致。

六、税务机关要加强对认证通过的代开增值税专用发票和纳税人申报表进行比对。对票表比对异常的要查清原因，依照有关规定分别进行处理。要对小规模纳税人申报的应纳税销售额进行审核，其当期申报的应纳税销售额不得小于税务机关为其代开的增值税专用发票上所注明的金额。

七、各级税务机关要高度重视代开增值税专用发票工作，对《税务机关代开增值税专用发票管理办法(试行)》和本通知执行过程中出现的问题，要及时报告国家税务总局。

【注释】　对《国家税务总局关于印发〈税务机关代开增值税专用发票管理办法(试行)〉的通知》(国税发

〔2004〕153 号)进行了补充规定。相关规定包括:《财政部 国家税务总局关于税务机关代开增值税专用发票的出口货物不再实行增值税税收专用缴款书管理的通知》(财税〔2005〕43 号)。

国家税务总局关于增值税一般纳税人支付的货物运输代理费用不得抵扣进项税额的批复

国税函〔2005〕54 号

重庆市国家税务局:

你局《关于〈国际货物运输代理业专用发票〉国内段运输费用能否抵扣进项税额的请示》(渝国税发〔2004〕219 号)收悉,经研究,批复如下:

国际货物运输代理业务是国际货运代理企业作为委托方和承运单位的中介人,受托办理国际货物运输和相关事宜并收取中介报酬的业务。因此,增值税一般纳税人支付的国际货物运输代理费用,不得作为运输费用抵扣进项税额。

【注释】 对《增值税暂行条例》第 8 条进行了解释。

国家税务总局关于农户手工编织的竹制和竹芒藤柳坯具征收增值税问题的批复

国税函〔2005〕56 号

广东省国家税务局:

你局《关于农民手工编织的竹芒藤柳坯具是否属于自产农产品问题的请示》(粤国税发〔2001〕226 号)收悉。经研究,批复如下:

对于农民个人按照竹器企业提供样品规格,自产或购买竹、芒、藤、木条等,再通过手工简单编织成竹制或竹芒藤柳混合坯具的,属于自产农业初级产品,应当免征销售环节增值税。收购坯具的竹器企业可以凭开具的农产品收购凭证计算进项税额抵扣。

【注释】 对《增值税暂行条例》第 16 条进行了解释。

财政部 国家税务总局关于生产企业出口货物实行免抵退税办法后有关城市维护建设税教育费附加政策的通知

财税〔2005〕25 号

各省、自治区、直辖市、计划单列市财政厅(局)、地方税务局,新疆生产建设兵团财务局:

经国务院批准,现就生产企业出口货物全面实行免抵退税办法后,城市维护建设税、教育费附加的政策明确如下:

一、经国家税务局正式审核批准的当期免抵的增值税税额应纳入城市维护建设税和教育费附加的计征范围,分别按规定的税(费)率征收城市维护建设税和教育费附加。

二、2005 年 1 月 1 日前,已按免抵的增值税税额征收的城市维护建设税和教育费附加不再退还,未征的不再补征。

三、本通知自 2005 年 1 月 1 日起执行。

国家税务总局关于国家税务局为小规模纳税人代开发票及税款征收有关问题的通知

国税发〔2005〕18 号

各省、自治区、直辖市和计划单列市国家税务局、地方税务局：

为加强税收征管，优化纳税服务，针对一些地方反映的问题，现对国家税务局为增值税小规模纳税人（以下简称纳税人）代开发票征收增值税时，如何与地税局协作加强有关地方税费征收问题通知如下：

一、经国、地税局协商，可由国税局为地税局代征有关税费。纳税人销售货物或应税劳务，按现行规定需由主管国税局为其代开普通发票或增值税专用发票（以下简称发票）的，主管国税局应当在代开发票并征收增值税（除销售免税货物外）的同时，代地税局征收城市维护建设税和教育费附加。

二、经协商，不实行代征方式的，则国、地税要加强信息沟通。国税局应定期将小规模纳税人缴纳增值税情况，包括国税为其代开发票情况通报给地税局，地税局用于加强对有关地方税费的征收管理。

三、实行国税代征方式的，为保证此项工作顺利进行，国税系统应在其征管软件上加列征收城市维护建设税和教育费附加的功能，总局综合征管软件总局负责修改，各地开发的征管软件由各地自行修改。在软件修改前，暂用人工方式进行操作。

四、主管国税局为纳税人代开的发票作废或销货退回按现行规定开具红字发票时，由主管国税局退还或在下期抵缴已征收的增值税，由主管地税局退还已征收的城市维护建设税和教育费附加或者委托主管国税局在下期抵缴已征收的城市维护建设税和教育费附加，具体退税办法按《国家税务总局中国人民银行财政部关于现金退税问题的紧急通知》（国税发〔2004〕47 号）执行。

五、主管国税局应当将代征的地方预算收入按照国家规定的预算科目和预算级次及时缴入国库。

六、国税局代地税局征收城市维护建设税和教育费附加，使用国税系统征收票据，并由主管国税局负责有关收入对账、核算和汇总上拨工作。

各级国税局应在“应征类”和“入库类”科目下增设“城市维护建设税”和“教育费附加”明细科目。

七、主管国税局应按月将代征地方税款入库信息，及时传送主管地税局。具体信息交换方式由各省级国税局和地税局协商确定。

八、各省级国税局和地税局应按照《中华人民共和国税收征收管理法》的有关规定签定代征协议，并分别通知所属税务机关执行。

【注释】 对《增值税暂行条例》第 26 条进行了解释。

财政部 国家税务总局关于税务机关代开增值税专用发票的出口货物不再实行增值税税收专用缴款书管理的通知

财税〔2005〕43 号

各省、自治区、直辖市、计划单列市财政厅（局）、国家税务局，新疆生产建设兵团财务局：

《国家税务总局关于印发〈税务机关代开增值税专用发票管理办法（试行）〉的通知》（国税发〔2004〕153 号）和《国家税务总局关于加强税务机关代开增值税专用发票管理问题的通知》（国税函〔2004〕1404 号）规定，从 2005 年 1 月 1 日起，税务机关代开增值税专用发票纳入增值税防伪税控系统管理。为提高出口退税工作效率，简化出口退税办理手续，经研究决定，对税务机关利用增值税防伪税控系统代开增值税专用发票的出口货物不再实行增值税“税收（出口货物专用）缴款书”或“出口货物完税分割单”（以下简称增值税专用

税票)管理。具体通知如下:

一、2005 年 1 月 1 日以后报关出口货物(以出口报关单〈出口退税专用联〉上注明的出口日期为准),凡税务机关利用增值税防伪税控系统代开增值税专用发票(指国税发〔2004〕153 号第二条规定所述代开专用发票,下同)在 2005 年 1 月 1 日以后开具的,出口企业在申请办理出口退税时,免予提供增值税专用税票。

二、利用外国政府贷款和国际金融组织贷款采用国际招标国内中标的机电产品,以及外商投资企业采购的国产设备,凡税务机关利用增值税防伪税控系统代开增值税专用发票并在 2005 年 1 月 1 日以后开具的,中标企业、外商投资企业在申请退税时,免予提供增值税专用税票。

三、对出口企业 2005 年 1 月 1 日以前出口货物,凡规定需要开具增值税专用税票的,各级税务机关应按规定及时给予开具,不得以任何理由拒绝供货企业开具增值税专用税票的要求。

四、出口企业取得的税务机关代开增值税专用发票,应按照增值税专用发票认证管理的有关规定办理认证手续。未认证或认证不符的,不得申请办理出口退税。

五、税务机关受理本通知第一条规定的出口货物出口退税申报后,应按照《国家税务总局关于出口货物退(免)管理有关问题的通知》(国税发〔2004〕64 号)第六规定,使用增值税专用发票相关电子信息审核出口退税。各级税务机关的信息部门和退税部门应加强协作,切实做好税务机关代开增值税专用发票电子信息的传输和接收工作。

【注释】 对《国家税务总局关于印发〈税务机关代开增值税专用发票管理办法(试行)〉的通知》(国税发〔2004〕153 号)和《国家税务总局关于加强税务机关代开增值税专用发票管理问题的通知》(国税函〔2004〕1404 号)进行了补充规定。

国家税务总局关于调整凭普通发票退税政策的通知

国税函〔2005〕248 号

各省、自治区、直辖市和计划单列市国家税务局:

《国家税务总局关于印发〈税务机关代开增值税专用发票管理办法(试行)〉的通知》(国税发〔2004〕153 号)下发后,总局决定调整出口企业出口货物凭普通发票办理退(免)税的规定。现将有关事项通知如下:

一、《国家税务总局关于印发〈出口货物退(免)税管理办法〉的通知》(国税发〔1994〕031 号)第五条规定停止执行。今后凡出口企业从小规模纳税人购进的货物出口,一律凭增值税专用发票(必须是增值税防伪税控开票系统或防伪税控代开票系统开具的增值税专用发票,下同)及有关凭证办理退税。小规模纳税人向出口企业销售这些产品,可到税务机关代开增值税专用发票。

二、《国家税务总局关于中国出版对外贸易总公司等三家企业图书报刊杂志出口退税提供退税凭证有关问题的批复》(国税函〔1996〕649 号)停止执行,今后对出口企业出口的书刊等一律凭增值税专用发票及有关凭证办理退税。

三、《国家税务总局关于境外带料加工装配业务有关出口退税问题的批复》(国税函〔1999〕539 号)停止执行,今后对出口企业以境外带料加工装配业务方式出口的非自产二手设备,一律凭增值税专用发票及有关凭证办理退税。

四、从属于增值税小规模纳税人的商贸公司购进的货物出口,按增值税专用发票上注明的征收率计算办理退税。

五、本通知自 2005 年 4 月 1 日起执行。具体执行日期以"出口货物报关单(出口退税专用)"上注明的出口日期为准。本通知下发前已经取得普通发票的上述货物,出口企业需在 2005 年 4 月 1 日以后出口的,请于 2005 年 4 月 15 日前到企业主管退税机关申请办理备案手续。

六、各地税务机关应尽快将本通知告之相关出口企业。

【注释】 对《国家税务总局关于印发〈出口货物退(免)税管理办法〉的通知》(国税发〔1994〕031 号)、《国家税务总局关于中国出版对外贸易总公司等三家企业图书、报纸、杂志出口退税提供退税凭证有关问题的批复》(国税函〔1996〕649 号)和《国家税务总局关于境外带料加工装配业务有关出口退税问题的批复》

(国税函〔1999〕539 号)进行了补充修正。

商务部财政部税务总局关于开展农产品连锁经营试点的通知

商建发〔2005〕1 号

各省、自治区、直辖市及计划单列市商务主管部门、财政厅(局)、国家税务局、地方税务局:

为进一步贯彻《中共中央、国务院关于促进农民增加收入若干政策的意见》(中发〔2004〕1 号)和《中共中央、国务院关于进一步加强农村工作提高农业综合生产能力若干政策的意见》(中发〔2005〕1 号)关于"加快发展农产品连锁、超市、配送经营,鼓励有条件的地方将城市农贸市场改建成超市,支持农业龙头企业到城市开办农产品超市,逐步把网络延伸到城市社区"、"鼓励发展现代物流、连锁经营、电子商务等新型业态和流通方式"的精神,决定自 2005 年起,用三年的时间开展农产品连锁经营的试点工作,促进农产品流通的规模化,增加农民收入。现将有关问题通知如下:

一、发展农产品连锁经营的目标和类型

目标:通过试点,大幅度提高农产品连锁经营的规模,减少流通环节,降低流通成本。

主要类型有:

(一)依托现有大型连锁综合超市发展农产品连锁经营。现有的大型连锁综合超市从经营品种和面积上逐步加大农产品的经营份额,试点企业力争用三年的时间,使食用农产品的销售比例达到 25%以上。

(二)支持现有农产品批发市场开办农产品超市,实现批零兼营。鼓励有条件的地方将农贸市场改建成超市。

(三)支持农产品流通龙头企业到城市开办农产品连锁超市或发展便利店,逐步把网络延伸到城市社区。

(四)支持大型农产品物流配送中心建设冷藏和低温仓储、运输为主的农产品冷链系统。

二、支持试点的政策措施

(一)中央在外贸发展基金项下安排专门资金,支持农产品连锁经营试点,具体办法由商务部会同财政部另行制定。

(二)各地按照《财政部 国家税务总局关于提高农产品进项税抵扣率的通知》(财税〔2002〕12 号)和《财政部、国家税务总局关于增值税一般纳税人向小规模纳税人购进农产品进项税抵扣率问题的通知》(财税〔2002〕105 号)的规定,对增值税一般纳税人购进免税农产品按 13%的扣除率计算进项额抵扣。

对纳入试点的农产品连锁经营企业,税务部门要指导其正确使用、填开农产品收购凭证。对试点企业从农业生产单位购进农产品的,应鼓励其取得农业生产单位开具的普通发票,作为进项税额抵扣凭证。

(三)对于试点企业建设的冷藏和低温仓储、运输为主的农产品冷链系统,可以实行加速折旧,具体范围和办法由财政部、国家税务总局另行制定。

(四)促进农产品连锁经营试点的相关税收政策上报国务院批准后,由财政部、国家税务总局制定具体办法。

三、试点企业申请条件及程序

(一)试点企业应具备下列条件之一:

1. 企业侧重于农产品流通,销售情况良好,近两年食用农产品年销售额,东部地区在 6000 万元以上,中部地区在 4000 万元以上,西部地区在 1500 万以上,农产品批发市场年交易额在 10 亿元以上。食用农产品范围见附件。

2. 在城市已开办 5 家以上农产品连锁超市(上一年每家超市食用农产品销售额不低于总销售额的 25%)。

3. 年销售额在 5000 万元以上的大型农产品配送中心。

(二)企业应向各省商务主管部门提交下列材料:

1. 申请书;

2. 企业的工商营业执照、法人代码原件及复印件(省商务部门核对后返还原件);

3. 经审计部门或中介机构审核的企业近两年的资产负债表和损益表;

4. 当地商务部门对企业情况的认定;

5. 在城市开办连锁超市、或新建农产品基地,或发展农产品冷链系统项目的计划;

6. 各省商务、财政、税务主管部门规定的其他应提交的材料。

(三)各省、自治区、直辖市、计划单列市商务主管部门会同财政、税务部门,根据本地区农产品连锁经营的实际情况,在 2005 年 6 月底前将推荐试点企业的有关情况报商务部(原则上当年推荐不超过 4 家)。被推荐的企业经商务部、财政部、税务总局联合确认后,纳入试点范围。

(四)各省相关主管部门按照商务部、财政部、税务总局联合确定的试点企业名单,衔接相关扶持政策,做好对试点企业的指导和监督,并将情况及时上报。

(五)商务部、财政部、税务总局将对各地试点情况进行检查。

四、加强组织领导

各地要充分认识发展农产品连锁超市对农产品的流通安全、带动农业的产业化、实现农民增收的重要意义,加强领导,落实措施,把农产品连锁超市试点工作抓紧抓好。要认真总结试点经验,及时解决试点中出现的问题。

附件:

食用农产品范围注释

食用农产品是指可供食用的各种植物、畜牧、渔业产品及其初级加工产品。范围包括:

一、植物类

植物类包括人工种植和天然生长的各种植物的初级产品及其初加工品。范围包括:

(一)粮食

粮食是指供食用的谷类、豆类、薯类的统称。范围包括

1. 小麦、稻谷、玉米、高粱、谷子、杂粮(如:大麦、燕麦等)及其他粮食作物。

2. 对上述粮食进行淘洗、碾磨、脱壳、分级包装、装缸发制等加工处理,制成的成品粮及其初制品,如大米、小米、面粉、玉米粉、豆面粉、米粉、荞麦面粉、小米面粉、莜麦面粉、薯粉、玉米片、玉米米、燕麦片、甘薯片、黄豆芽、绿豆芽等。

3. 切面、饺子皮、馄饨皮、面皮、米粉等粮食复制品。

以粮食为原料加工的速冻食品、方便面、副食品和各种熟食品,不属于食用农产品范围。

(二)园艺植物

1. 蔬菜

蔬菜是指可作副食的草本、木本植物的总称。范围包括

(1)各种蔬菜(含山野菜)、菌类植物和少数可作副食的木本植物。

(2)对各类蔬菜经晾晒、冷藏、冷冻、包装、脱水等工序加工的蔬菜。

(3)将植物的根、茎、叶、花、果、种子和食用菌通过干制加工处理后,制成的各类干菜,如黄花菜、玉兰片、萝卜干、冬菜、梅干菜,木耳、香菇、平菇等。

(4)腌菜、咸菜、酱菜和盐渍菜等也属于食用农产品范围。

各种蔬菜罐头(罐头是指以金属罐、玻璃瓶,经排气密封的各种食品。下同)及碾磨后的园艺植物(如胡椒粉、花椒粉等),不属于食用农产品范围。

2. 水果及坚果

(1)新鲜水果。

(2)通过对新鲜水果(含各类山野果)清洗、脱壳、分类、包装、储藏保鲜、干燥、炒制等加工处理,制成的各类水果、果干(如荔枝干、桂圆干、葡萄干等)、果仁、坚果等。

(3)经冷冻、冷藏等工序加工的水果。

各种水果罐头，果脯，蜜饯，炒制的果仁、坚果，不属于食用农产品范围。

3. 花卉及观赏植物

通过对花卉及观赏植物进行保鲜、储蓄、分级包装等加工处理，制成的各类用于食用的鲜、干花，晒制的药材等。

(三)茶叶

茶叶是指从茶树上采摘下来的鲜叶和嫩芽(即茶青)，以及经吹干、揉拌、发酵、烘干等工序初制的茶。范围包括各种毛茶(如红毛茶、绿毛茶、乌龙毛茶、白毛茶、黑毛茶等)。

精制茶、边销茶及掺兑各种药物的茶和茶饮料，不属于食用农产品范围。

(四)油料植物

1. 油料植物是指主要用作榨取油脂的各种植物的根、茎、叶、果实、花或者胚芽组织等初级产品，如菜籽(包括芥菜籽、花生、大豆、葵花籽、蓖麻籽、芝麻籽、胡麻籽、茶籽、桐籽、橄榄仁、棕榈仁、棉籽等)。

2. 通过对菜籽、花生、大豆、葵花籽、蓖麻籽、芝麻、胡麻籽、茶籽、桐籽、棉籽及粮食的副产品等，进行清理、热炒、磨坯、榨油(搅油、墩油)等加工处理，制成的植物油(毛油)和饼粕等副产品，具体包括菜籽油、花生油、小磨香油、豆油、棉籽油、葵花油、米糠油以及油料饼粕、豆饼等。

3. 提取芳香油的芳香油料植物。

精炼植物油不属于食用农产品范围。

(五)药用植物

1. 药用植物是指用作中药原药的各种植物的根、茎、皮、叶、花、果实等。

2. 通过对各种药用植物的根、茎、皮、叶、花、果实等进行挑选、整理、捆扎、清洗、晾晒、切碎、蒸煮、密炒等处理过程，制成的片、丝、块、段等中药材。

3. 利用上述药用植物加工制成的片、丝、块、段等中药饮片。

中成药不属于食用农产品范围。

(六)糖料植物

1. 糖料植物是指主要用作制糖的各种植物，如甘蔗、甜菜等。

2. 通过对各种糖料植物，如甘蔗、甜菜等，进行清洗、切割、包装等加工处理的初级产品。

(七)热带、南亚热带作物初加工

通过对热带、南亚热带作物去除杂质、脱水、干燥等加工处理，制成的半成品或初级食品。具体包括：天然生胶和天然浓缩胶乳、生熟咖啡豆、胡椒籽、肉桂油、桉油、香茅油、木薯淀粉、腰果仁、坚果仁等。

(八)其他植物

其他植物是指除上述列举植物以外的其他各种可食用的人工种植和野生的植物及其初加工产品，如谷类、薯类、豆类、油料植物、糖料植物、蔬菜、花卉、植物种子、植物叶子、草、藻类植物等。

可食用的干花、干草、薯干、干制的藻类植物，也属于食用农产品范围。

二、畜牧类

畜牧类产品是指人工饲养、繁殖取得和捕获的各种畜禽及初加工品。范围包括：

(一)肉类产品

1. 兽类、禽类和爬行类动物(包括各类牲畜、家禽和人工驯养、繁殖的野生动物以及其他经济动物)，如牛、马、猪、羊、鸡、鸭等。

2. 兽类、禽类和爬行类动物的肉产品。通过对畜禽类动物宰杀、去头、去蹄、去皮、去内脏、分割、切块或切片、冷藏或冷冻等加工处理，制成的分割肉、保鲜肉、冷藏肉、冷冻肉、冷却肉、盐渍肉，绞肉、肉块、肉片、肉丁等。

3. 兽类、禽类和爬行类动物的内脏、头、尾、蹄等组织。

4. 各种兽类、禽类和爬行类动物的肉类生制品，如腊肉、腌肉、熏肉等。

各种肉类罐头、肉类熟制品，不属于食用农产品范围。

(二)蛋类产品

1. 蛋类产品。是指各种禽类动物和爬行类动物的卵，包括鲜蛋、冷藏蛋。

2. 蛋类初加工品。通过对鲜蛋进行清洗、干燥、分级、包装、冷藏等加工处理，制成的各种分级、包装的鲜蛋、冷藏蛋等。

3. 经加工的咸蛋、松花蛋、腌制的蛋等。

各种蛋类的罐头不属于食用农产品范围。

(三)奶制品

(1)鲜奶。是指各种哺乳类动物的乳汁和经净化、杀菌等加工工序生产的乳汁。

(2)通过对鲜奶进行净化、均质、杀菌或灭菌、灌装等，制成的巴氏杀菌奶、超高温灭菌奶、花色奶等。

用鲜奶加工的各种奶制品，如酸奶、奶酪、奶油等，不属于食用农产品范围。

(四)蜂类产品

1. 是指采集的未经加工的天然蜂蜜、鲜蜂王浆等。

2. 通过去杂、浓缩、熔化、磨碎、冷冻等加工处理，制成的蜂蜜、鲜王浆以及蜂蜡、蜂胶、蜂花粉等。

各种蜂产品口服液、王浆粉不属于食用农产品范围。

(五)其他畜牧产品

其他畜牧产品是指上述列举以外的可食用的兽类、禽类、爬行类动物的其他组织，以及昆虫类动物。如动物骨、壳、动物血液、动物分泌物、蚕种、动物树脂等。

三、渔业类

(一)水产动物产品

水产动物是指人工放养和人工捕捞的鱼、虾、蟹、鳖、贝类、棘皮类、软体类、腔肠类、两栖类、海兽及其他水产动物。范围包括：

1. 鱼、虾、蟹、鳖、贝类、棘皮类、软体类、腔肠类、海兽类、鱼苗(卵)、虾苗、蟹苗、贝苗(秧)等。

2. 将水产动物整体或去头、去鳞(皮、壳)、去内脏、去骨(刺)、擂溃或切块、切片，经冰鲜、冷冻、冷藏、盐渍、干制等保鲜防腐处理和包装的水产动物初加工品。

熟制的水产品和各类水产品的罐头，不属于食用农产品范围。

(二)水生植物

1. 海带、裙带菜、紫菜、龙须菜、麒麟菜、江篱、浒苔、羊栖菜、莼菜等。

2. 将上述水生植物整体或去根、去边梢、切段，经热烫、冷冻、冷藏等保鲜防腐处理和包装的产品，以及整体或去根、去边梢、切段，经晾晒、干燥(脱水)、粉碎等处理和包装的产品。

罐装(包括软罐)产品不属于食用农产品范围。

(三)水产综合利用初加工品

通过对食用价值较低的鱼类、虾类、贝类、藻类以及水产品加工下脚料等，进行压榨(分离)、浓缩、烘干、粉碎、冷冻、冷藏等加工处理制成的可食用的初制品。如鱼粉、鱼油、海藻胶、鱼鳞胶、鱼露(汁)、虾酱、鱼籽、鱼肝酱等。

以鱼油、海兽油脂为原料生产的各类乳剂、胶丸、滴剂等制品不属于食用农产品范围。

【注释】 对《增值税暂行条例》第16条进行了解释。

财政部 国家税务总局关于印刷少数民族文字出版物增值税政策的通知

财税〔2005〕48号

各省、自治区、直辖市、计划单列市财政厅(局)、国家税务局，财政部驻各省、自治区、直辖市、计划单列市财政监察专员办事处，新疆生产建设兵团财务局：

为促进少数民族文字出版工作的发展，经国务院批准，现将印刷少数民族文字出版物增值税政策通知如下：

自2005年1月1日起，对增值税一般纳税人印刷的少数民族文字出版物(指图书、报纸、期刊)实行增值税先征后退。享受政策的纳税人对少数民族文字出版物在财务上应实行单独核算，不进行单独核算的，不得享受上述政策。

【注释】 对《增值税暂行条例》第 16 条进行了解释。

国家税务总局关于纳税人提供泥浆工程劳务征收流转税问题的批复

国税函〔2005〕375 号

深圳市国家税务局：

你局《关于中国南海麦克巴泥浆有限公司泥浆销售征税问题的请示》（深国税发〔2004〕202 号）收悉。经研究，批复如下：

一、《国家税务总局关于合作开采海洋石油提供应税劳务适用营业税税目、税率问题的通知》（国税发〔1997〕42 号）所称“泥浆工程”，是指为钻井作业提供泥浆和工程技术服务的行为。纳税人按照客户要求，为钻井作业提供泥浆和工程技术服务的行为，应按提供泥浆工程劳务项目，照章征收营业税，不征收增值税。

二、无论纳税人与建设单位如何核算，其营业额均包括工程所用原材料及其他物资和动力价款在内。

【注释】 对《增值税暂行条例》第 1 条进行了解释。

财政部 国家税务总局关于暂免征收尿素产品增值税的通知

财税〔2005〕87 号

各省、自治区、直辖市、计划单列市财政厅（局）、国家税务局，财政部驻各省、自治区、直辖市、计划单列市财政监察专员办事处，新疆生产建设兵团财务局：

为支持农业发展，经国务院批准，现将尿素产品增值税政策明确如下：

自 2005 年 7 月 1 日起，对国内企业生产销售的尿素产品增值税由先征后返 50％调整为暂免征收增值税。

【注释】 对《增值税暂行条例》第 16 条进行了解释。

国家税务总局关于加强农产品增值税抵扣管理有关问题的通知

国税函〔2005〕545 号

各省、自治区、直辖市和计划单列市国家税务局：

为防范利用农产品收购凭证偷骗税的违法犯罪活动，堵塞征管漏洞，强化增值税管理，现将有关加强农产品增值税抵扣管理的问题通知如下：

一、各级税务机关要进一步加强对农产品增值税抵扣管理，要经常深入企业，全面掌握和了解有关生产企业的生产经营特点、农产品原料的消耗、采购规律以及纳税申报情况，检查农产品收购凭证的开具情况是否正常，查找征管的薄弱环节，积极采取有针对性的管理措施，堵塞漏洞，切实加强管理。

……

三、对有条件的地区，税务机关可运用信息化管理手段促进农产品收购凭证的使用管理。

四、税务机关应当积极引导和鼓励纳税人通过银行或农村信用社等金融机构支付农产品货款，对采用现金方式结算且支付数额较大的，应作为重点评估对象，严格审核，防止发生虚假收购行为，骗取国家税款。

五、税务机关应对农产品经销和生产加工企业定期开展增值税纳税评估，特别是要加强以农产品为主要原料的生产企业的纳税评估，发现问题的，要及时移交稽查部门处理。

六、税务机关应根据日常管理掌握的情况，有计划地组织开展对农产品经销和生产加工企业的重点稽查，凡查有偷骗税问题的，应依法严肃查处。

【注释】 对《增值税暂行条例》第26条进行了解释。

国家税务总局关于出口豆腐皮等产品适用征、退税率问题的批复

国税函〔2005〕944号

宁波市国家税务局：

你局《关于出口豆腐皮等货物退税问题的请示》(甬国税发〔2005〕124号)收悉。经研究，批复如下：

一、浙江浦江保康食品厂生产的豆腐皮，从生产过程看，经过磨浆、过滤、加热、结膜、捞制、成皮、包装等工艺流程，不属于农业产品的征税范围，应按17%的税率征收增值税。对你市出口企业已购买的按13%税率征税的用于出口的豆腐皮，你局应要求出口企业到供货企业换开按17%征税的增值税专用发票。否则，不予退税。

二、成都金凤液氮容器有限公司生产的液氮容器，是以液氮(－196℃)为制冷剂，主要用于畜牧、医疗、科研部门对家畜冷冻精液及疫苗、细胞、微生物等的长期超低温储存和运输，也可用于国防、科研、机械、医疗、电子、冶金、能源等部门，不属于农机的征税范围，应按17%的税率征收增值税。对你市出口企业按农机征税的液氮容器的出口退税按本批复第一条规定的办法处理。

三、《2005年出口商品消费税税率表》"8711100010"与"8711100090"商品代码中的"微马力摩托车及脚踏两用车(装有往复式发动机、微马力是指排气量≤50CC)"，按照消费税的有关规定，属于消费税征税范围。对生产企业销售给出口企业用于出口的上述货物，应按规定征收消费税。出口企业出口的上述货物若不能提供消费税专用税票的，不退消费税，可按规定退还增值税。

【注释】 对《增值税暂行条例》第2条进行了解释。

国家税务总局关于亚麻油等出口货物退税问题的批复

国税函〔2005〕974号

辽宁省国家税务局：

你局《辽宁省国家税务局关于亚麻油等出口货物退税问题的请示》(辽国税发〔2005〕120号)收悉。经研究，批复如下：

一、亚麻油系亚麻籽经压榨或溶剂提取制成的干性油，不属于《农业产品征税范围注释》所规定的"农业产品"，适用的增值税税率应为17%。对出口企业出口的增值税按13%税率征税的亚麻油，你局应要求出口企业到供货企业换开按17%税率征税的增值税专用发票，办理退税。否则，不予退税。

……

【注释】 对《增值税暂行条例》第2条进行了解释。

国家税务总局关于金融机构开展个人实物黄金交易业务增值税有关问题的通知

国税发〔2005〕178号

各省、自治区、直辖市和计划单列市国家税务局：

近接部分金融机构来文，反映其经中国人民银行、中国银行业监督管理委员会批准，在所属分理处、储蓄所等营业场所内开展个人实物黄金交易业务，即向社会公开销售刻有不同字样的特制实物金条等黄金制品，并依照市场价格向购买者购回所售金条，由分行统一清算交易情况。对于金融机构销售实物黄金的行为，应当照章征收增值税，考虑到金融机构征收管理的特殊性，为加强税收管理，促进交易发展，现将有关问题通知如下：

一、对于金融机构从事的实物黄金交易业务，实行金融机构各省级分行和直属一级分行所属地市级分行、支行按照规定的预征率预缴增值税，由省级分行和直属一级分行统一清算缴纳的办法。

（一）发生实物黄金交易行为的分理处、储蓄所等应按月计算实物黄金的销售数量、金额，上报其上级支行。

（二）各支行、分理处、储蓄所应依法向机构所在地主管国家税务局申请办理税务登记。各支行应按月汇总所属分理处、储蓄所上报的实物黄金销售额和本支行的实物黄金销售额，按照规定的预征率计算增值税预征税额，向主管税务机关申报缴纳增值税。

预征税额＝销售额×预征率

（三）各省级分行和直属一级分行应向机构所在地主管国家税务局申请办理税务登记，申请认定增值税一般纳税人资格。按月汇总所属地市分行或支行上报的实物黄金销售额和进项税额，按照一般纳税人方法计算增值税应纳税额，根据已预征税额计算应补税额，向主管税务机关申报缴纳。

应纳税额＝销项税额－进项税额

应补税额＝应纳税额－预征税额

当期进项税额大于销项税额的，其留抵税额结转下期抵扣，预征税额大于应纳税额的，在下期增值税应纳税额中抵减。

（四）从事实物黄金交易业务的各级金融机构取得的进项税额，应当按照现行规定划分不可抵扣的进项税额，作进项税额转出处理。

（五）预征率由各省级分行和直属一级分行所在地省级国家税务局确定。

二、金融机构所属分行、支行、分理处、储蓄所等销售实物黄金时，应当向购买方开具国家税务总局统一监制的普通发票，不得开具银行自制的金融专业发票，普通发票领购事宜由各分行、支行办理。

三、各地在执行中遇到的问题，应及时向总局（流转税管理司）报告。

【注释】 对《增值税暂行条例》第26条进行了解释。

国家税务总局关于增值税一般纳税人期货交易有关增值税问题的通知

国税函〔2005〕1060号

各省、自治区、直辖市和计划单列市国家税务局：

为合理解决期货交易升贴水有关税款征收与专用发票开具问题，现将增值税一般纳税人期货交易有关增值税政策通知如下：

一、增值税一般纳税人在商品交易所通过期货交易销售货物的，无论发生升水或贴水，均可按照标准仓单持有凭证(式样见附件 1)所注明货物的数量和交割结算价开具增值税专用发票。

二、对于期货交易中仓单注册人注册货物时发生升水的，该仓单注销(即提取货物退出期货流通)时，注册人应当就升水部分款项向注销人开具增值税专用发票，同时计提销项税额，注销人凭取得的专用发票计算抵扣进项税额。

发生贴水的，该仓单注销时，注册人应当就贴水部分款项向注销人开具负数增值税专用发票，同时冲减销项税额，注销人凭取得的专用发票调减进项税额，不得由仓单注销人向仓单注册人开具增值税专用发票。注册人开具负数专用发票时，应当取得商品交易所出具的《标准仓单注册升贴水单》或《标准仓单注销升贴水单》(式样见附件 2、附件 3)，按照所注明的升贴水金额向注销人开具，并将升贴水单留存以备主管税务机关检查。

三、本通知自 2005 年 12 月 1 日起执行。12 月 1 日前注册的期货仓单交易增值税征管问题仍按《国家税务总局关于印发〈货物期货征收增值税具体办法〉的通知》(国税发〔1994〕244 号)及有关规定执行。

四、本通知所称升水，是指按照规定的期货交易规则，所注册货物的等级、重量、类别、仓库位置等相比基准品、基准仓库为优的，交易所通过升贴水账户支付给货物注册方的一定差价金额。发生升水时，经多次交易后，标准仓单持有人提取货物注销仓单时，交易所需通过升贴水账户向注销人收取与升水额相等的金额。

所称贴水，是指按照规定的期货交易规则，所注册货物的等级、重量、类别、仓库位置等相比基准品、基准仓库为劣的，交易所通过升贴水账户向货物注册方收取的一定差价金额。发生贴水时，经多次交易后，标准仓单持有人提取货物注销仓单时，交易所需通过升贴水账户向注销人支付与贴水额相等的金额。

五、本通知执行中遇有问题，请及时上报总局(流转税管理司)。

【注释】 对《增值税暂行条例》第 26 条进行了解释。

国家税务总局关于辅导期增值税一般纳税人增购增值税专用发票预缴增值税有关问题的通知

国税函〔2005〕1097 号

各省、自治区、直辖市和计划单列市国家税务局：

近据部分企业反映，增值税一般纳税人(以下简称纳税人)在辅导期内增购增值税专用发票按次预缴增值税，资金占压问题较为突出。为进一步方便纳税人，现就有关问题通知如下：

一、纳税人在辅导期内增购专用发票，继续实行预缴增值税的办法，预缴的增值税可在本期增值税应纳税额中抵减，抵减后预缴增值税仍有余额的，应于下期增购专用发票时，按次抵减。

二、主管税务机关应加强对纳税人预缴税款抵减的审核工作

(一)纳税人发生预缴税款抵减的，应自行计算需抵减的税款并向主管税务机关提出抵减申请。

(二)主管税务机关接到申请后，经审核，纳税人缴税和专用发票发售情况无误，且纳税人预缴增值税余额大于本次预缴增值税的，不再预缴税款可直接发售专用发票；纳税人本次预缴增值税大于预缴增值税余额的，应按差额部分预缴后再发售专用发票。

三、主管税务机关应在纳税人辅导期结束后的第一个月内，一次性退还纳税人因增购专用发票发生的预缴增值税余额。

【注释】 对《增值税暂行条例》第 26 条进行了解释。

财政部 国家税务总局关于增值税若干政策的通知

财税〔2005〕165 号

各省、自治区、直辖市、计划单列市财政厅(局)、国家税务局,新疆生产建设兵团财务局:

经研究,现对增值税若干政策问题明确如下:

……

三、个别货物进口环节与国内环节以及国内地区间增值税税率执行不一致进项税额抵扣问题

对在进口环节与国内环节,以及国内地区间个别货物(如初级农产品、矿产品等)增值税适用税率执行不一致的,纳税人应按其取得的增值税专用发票和海关进口完税凭证上注明的增值税额抵扣进项税额。

主管税务机关发现同一货物进口环节与国内环节以及地区间增值税税率执行不一致的,应当将有关情况逐级上报至共同的上一级税务机关,由上一级税务机关予以明确。

四、不得抵扣增值税进项税额的计算划分问题

……

五、增值税一般纳税人(以下简称　般纳税人)转为小规模纳税人有关问题

……

六、一般纳税人注销时存货及留抵税额处理问题

一般纳税人注销或被取消辅导期一般纳税人资格,转为小规模纳税人时,其存货不作进项税额转出处理,其留抵税额也不予以退税。

七、运输发票抵扣问题

(一)一般纳税人购进或销售货物通过铁路运输,并取得铁路部门开具的运输发票,如果铁路部门开具的铁路运输发票托运人或收货人名称与其不一致,但铁路运输发票托运人栏或备注栏注有该纳税人名称的(手写无效),该运输发票可以作为进项税额抵扣凭证,允许计算抵扣进项税额。

(二)一般纳税人在生产经营过程中所支付的运输费用,允许计算抵扣进项税额。

(三)一般纳税人取得的国际货物运输代理业发票和国际货物运输发票,不得计算抵扣进项税额。

(四)一般纳税人取得的汇总开具的运输发票,凡附有运输企业开具并加盖财务专用章或发票专用章的运输清单,允许计算抵扣进项税额。

(五)一般纳税人取得的项目填写不齐全的运输发票(附有运输清单的汇总开具的运输发票除外)不得计算抵扣进项税额。

八、对从事公用事业的纳税人收取的一次性费用是否征收增值税问题

对从事热力、电力、燃气、自来水等公用事业的增值税纳税人收取的一次性费用,凡与货物的销售数量有直接关系的,征收增值税;凡与货物的销售数量无直接关系的,不征收增值税。

九、纳税人代行政部门收取的费用是否征收增值税问题

……

十、代办保险费、车辆购置税、牌照费征税问题

……

十一、关于计算机软件产品征收增值税有关问题

……

(二)纳税人销售软件产品并随同销售一并收取的软件安装费、维护费、培训费等收入,应按照增值税混合销售的有关规定征收增值税,并可享受软件产品增值税即征即退政策。

对软件产品交付使用后,按期或按次收取的维护、技术服务费、培训费等不征收增值税。

……

十二、印刷企业自己购买纸张,接受出版单位委托,印刷报纸书刊等印刷品的征税问题

印刷企业接受出版单位委托,自行购买纸张,印刷有统一刊号(CN)以及采用国际标准书号编序的图书、报纸和杂志,按货物销售征收增值税。

十三、会员费收入

对增值税纳税人收取的会员费收入不征收增值税。

【注释】 对《增值税暂行条例实施细则》第 33 条、《国家税务总局关于纳税人销售自产货物提供增值税劳务并同时提供建筑业劳务征收流转税问题的通知》(国税发〔2002〕117 号)、《关于鼓励软件产业和集成电路产业发展有关税收政策问题的通知》(财税〔2000〕25 号)进行了解释。

国家税务总局关于矿物质微量元素舔砖免征增值税问题的批复

国税函〔2005〕1127 号

内蒙古自治区国家税务局:

你局《关于企业进口饲料国内销售如何免征增值税问题的请示》(内国税流字〔2005〕1 号)收悉。经研究,批复如下:

矿物质微量元素舔砖,是以四种以上微量元素、非营养性添加剂和载体为原料,经高压浓缩制成的块状预混物,可供牛、羊等牲畜直接食用,应按照"饲料"免征增值税。

【注释】 对《增值税暂行条例》第 16 条进行了解释。

财政部 海关总署 国家税务总局关于调整钻石及上海钻石交易所有关税收政策的通知

财税〔2006〕65 号

各省、自治区、直辖市、计划单列市财政厅(局)、国家税务局,新疆生产建设兵团财务局,海关广东分署、天津、上海特派办、各直属海关:

为规范国内钻石市场,平衡同类商品税收负担,经国务院批准,现将钻石及上海钻石交易所有关税收政策通知如下:

一、纳税人自上海钻石交易所销往国内市场的毛坯钻石,免征进口环节增值税;纳税人自上海钻石交易所销往国内市场的成品钻石,进口环节增值税实际税负超过 4%的部分由海关实行即征即退。进入国内环节,纳税人凭海关开具的完税凭证注明的增值税额抵扣进项税金。

纳税人自上海钻石交易所销往国内市场的钻石实行进口环节增值税免征和即征即退政策后,销往国内市场的钻石,在出上海钻石交易所时,海关按照现行规定依法实施管理。

二、出口企业出口的以下钻石产品免征增值税,相应的进项税额不予退税或抵扣,须转入成本。具体产品的范围是:税则序列号为 71021000、71023100、71023900、71042010、71049091、71051010、71131110、71131911、71131991、71132010、71162000。

各地税务机关要注意含有钻石的产品的出口动态,凡发现企业出口产品含钻石且价值比重较大,同时不属于以上所列产品范围,以及执行中发现其他问题的,应及时报告财政部、国家税务总局。

三、对国内钻石开采企业通过上海钻石交易所销售的自产毛坯钻石实行免征增值税政策;不通过上海钻石交易所销售的,照章征收增值税。

四、对国内加工的成品钻石,通过上海钻石交易所销售的,在国内销售环节免征增值税;不通过上海钻石交易所销售的,在国内销售环节按 17%的税率征收增值税。

对国内加工的成品钻石,进入上海钻石交易所时视同出口,不予退税,自上海钻石交易所再次进入国内市场,其进口环节增值税实际税负超过 4%的部分,由海关实行即征即退。

五、对上海钻石交易所取得的交易手续费收入、会员缴纳的年费收入照章征收营业税。

六、关于上海钻石交易所的保税政策和钻石的其他税收政策，仍按现行规定执行。

七、进口环节增值税即征即退的具体操作办法由海关总署制定；对钻石的国内环节的增值税征收管理办法及增值税专用发票管理办法由国家税务总局另行制定。

八、对以一般贸易方式报关进口的工业用钻，不再集中到上海钻石交易所海关办理报关手续、实行统一管理，照章征收进口关税和进口环节增值税（具体商品范围见附件）。

本通知自2006年7月1日起执行。

【注释】 对《增值税暂行条例》第2条进行了解释。

国家税务总局关于中小学课本配套产品适用增值税税率的批复

国税函〔2006〕770号

宁波市国家税务局：

你局《关于纳税人销售教材配套产品适用增值税税率的请示》（甬国税发〔2006〕131号）收悉。经研究，批复如下：

教材配套产品与中小学课本辅助使用，包括各种纸制品或图片，是课本的必要组成部分。对纳税人生产销售的与中小学课本相配套的教材配套产品（包括各种纸制品或图片），应按照税目“图书”13%的增值税税率征税。

【注释】 对《增值税暂行条例》第2条进行了解释。

国家税务总局关于水洗猪鬃征收增值税问题的批复

国税函〔2006〕773号

重庆市国家税务局：

你局《关于水洗猪鬃是否属于农业产品的请示》（渝国税发〔2006〕109号）收悉。经研究，批复如下：

根据《财政部 国家税务总局关于印发〈农业产品征税范围注释〉的通知》（财税字〔1995〕52号）有关规定，水洗猪鬃是生猪鬃经过浸泡（脱脂）、打洗、分绒等加工过程生产的产品，已不属于农业产品征税范围，应按“洗净毛、洗净绒”征收增值税。

【注释】 对《增值税暂行条例》第2条进行了解释。

钻石交易增值税征收管理办法

国税发〔2006〕131号

第一条　为了加强钻石交易的增值税征收管理，根据《中华人民共和国税收征收管理法》、《中华人民共和国增值税暂行条例》及有关税收政策规定，制定本办法。

第二条　上海钻石交易所（以下简称钻交所）是经国务院批准设立，办理钻石进出口手续和对钻石交易实行保税政策的交易场所。

第三条　本办法所称钻石，包括毛坯钻石和成品钻石。

第四条 钻交所应根据《中华人民共和国进/出境货物备案清单》(以下简称:备案清单)或《中华人民共和国海关进/出口货物报关单》(以下简称:报关单)及对海关开具的进出钻交所的《钻石交易核准单》(以下简称:核准单)进行编号登记。

第五条 按照《上海钻石交易所章程》和《上海钻石交易所交易规则》注册登记的专门经营钻石的所有会员单位应当在规定的时间内,向钻交所所在地的税务机关申请办理税务登记和申请办理增值税一般纳税人资格认定。税务机关对经审核符合条件的,认定为一般纳税人,不纳入辅导期管理。

第六条 会员单位通过钻交所进口销往国内市场的毛坯钻石,免征国内环节增值税,并可通过防伪税控"一机多票"系统开具普通发票;会员单位通过钻交所进口销往国内市场的成品钻石,凭海关完税凭证和核准单(须一一对应),通过税务机关或税务机关指定的专业从事税务代理业务的中介机构使用增值税防伪税控主机共享服务系统开具增值税专用发票。如发生退货,需要开具红字增值税专用发票的,除按现行有关规定处理外,还应收回核准单(原件);钻石出口不得开具增值税专用发票。

国内开采或加工的钻石,通过钻交所销售的,在国内销售环节免征增值税,可凭核准单开具普通发票;不通过钻交所销售的,在国内销售环节照章征收增值税,并可按规定开具专用发票。

第七条 会员单位通过钻交所进口成品钻石,凭海关完税凭证上注明的代征增值税税额抵扣,并将对应的核准单编号后,按规定向主管税务机关备案登记。

第八条 会员单位应根据增值税专用发票、核准单、备案清单或报关单等对成品钻石销售进行编号登记,并按规定报送主管税务机关。登记的主要内容是:进口单位名称、国际代码、商品名称及规格型号、数量及单位、报关单或备案清单号码、进口日期、原产国(地区)、总价、购买方单位名称、税务登记代码、专用发票代码、号码、核准单号等。会员单位主管税务机关应于每季度终了 15 日内向购买方的主管税务机关发送其从钻交所购入钻石的发票清单,主要内容是:所属期限、进口单位名称、专用发票代码和号码、商品名称及规格型号、数量及单位等。

第九条 从钻交所会员单位购进成品钻石的增值税一般纳税人,在向会员单位索取增值税专用发票抵扣联的同时,必须向其索取核准单(第三联),以备税务机关核查。

第十条 从钻交所会员单位购进成品钻石的所有单位(包括加工钻石饰品等单位)应当按规定对钻石交易、库存、委托加工等情况设置明细账簿,按月向其主管税务机关申报钻石购、销、损、存的明细情况。购买方主管税务机关应根据钻交所会员单位主管税务机关发送来的发票清单信息与核准单相关信息按季进行核实,发现异常的,应立即移送稽查部门实施税务稽查。

第十一条 违反本办法,由主管税务机关按照有关法律、行政法规处理。

第十二条 本办法由国家税务总局负责解释。

【注释】 对《增值税暂行条例》第 26 条进行了解释。

增值税专用发票使用规定

国税发〔2006〕156 号

第一条 为加强增值税征收管理,规范增值税专用发票(以下简称专用发票)使用行为,根据《中华人民共和国增值税暂行条例》及其实施细则和《中华人民共和国税收征收管理法》及其实施细则,制定本规定。

第二条 专用发票,是增值税一般纳税人(以下简称一般纳税人)销售货物或者提供应税劳务开具的发票,是购买方支付增值税额并可按照增值税有关规定据以抵扣增值税进项税额的凭证。

第三条 一般纳税人应通过增值税防伪税控系统(以下简称防伪税控系统)使用专用发票。使用,包括领购、开具、缴销、认证纸质专用发票及其相应的数据电文。

本规定所称防伪税控系统,是指经国务院同意推行的,使用专用设备和通用设备、运用数字密码和电子存储技术管理专用发票的计算机管理系统。

本规定所称专用设备,是指金税卡、IC 卡、读卡器和其他设备。

本规定所称通用设备,是指计算机、打印机、扫描器具和其他设备。

第四条　专用发票由基本联次或者基本联次附加其他联次构成，基本联次为三联：发票联、抵扣联和记账联。发票联，作为购买方核算采购成本和增值税进项税额的记账凭证；抵扣联，作为购买方报送主管税务机关认证和留存备查的凭证；记账联，作为销售方核算销售收入和增值税销项税额的记账凭证。其他联次用途，由一般纳税人自行确定。

第五条　专用发票实行最高开票限额管理。最高开票限额，是指单份专用发票开具的销售额合计数不得达到的上限额度。

最高开票限额由一般纳税人申请，税务机关依法审批。最高开票限额为十万元及以下的，由区县级税务机关审批；最高开票限额为一百万元的，由地市级税务机关审批；最高开票限额为一千万元及以上的，由省级税务机关审批。防伪税控系统的具体发行工作由区县级税务机关负责。

税务机关审批最高开票限额应进行实地核查。批准使用最高开票限额为十万元及以下的，由区县级税务机关派人实地核查；批准使用最高开票限额为一百万元的，由地市级税务机关派人实地核查；批准使用最高开票限额为一千万元及以上的，由地市级税务机关派人实地核查后将核查资料报省级税务机关审核。

一般纳税人申请最高开票限额时，需填报《最高开票限额申请表》(附件 1)。

第六条　一般纳税人领购专用设备后，凭《最高开票限额申请表》、《发票领购簿》到主管税务机关办理初始发行。

本规定所称初始发行，是指主管税务机关将一般纳税人的下列信息载入空白金税卡和 IC 卡的行为。

(一)企业名称；

(二)税务登记代码；

(三)开票限额；

(四)购票限量；

(五)购票人员姓名、密码；

(六)开票机数量；

(七)国家税务总局规定的其他信息。

一般纳税人发生上列第一、三、四、五、六、七项信息变化，应向主管税务机关申请变更发行；发生第二项信息变化，应向主管税务机关申请注销发行。

第七条　一般纳税人凭《发票领购簿》、IC 卡和经办人身份证明领购专用发票。

第八条　一般纳税人有下列情形之一的，不得领购开具专用发票：

(一)会计核算不健全，不能向税务机关准确提供增值税销项税额、进项税额、应纳税额数据及其他有关增值税税务资料的。上列其他有关增值税税务资料的内容，由省、自治区、直辖市和计划单列市国家税务局确定。

(二)有《税收征管法》规定的税收违法行为，拒不接受税务机关处理的。

(三)有下列行为之一，经税务机关责令限期改正而仍未改正的：

1. 虚开增值税专用发票；

2. 私自印制专用发票；

3. 向税务机关以外的单位和个人买取专用发票；

4. 借用他人专用发票；

5. 未按本规定第十一条开具专用发票；

6. 未按规定保管专用发票和专用设备；

7. 未按规定申请办理防伪税控系统变更发行；

8. 未按规定接受税务机关检查。

有上列情形的，如已领购专用发票，主管税务机关应暂扣其结存的专用发票和 IC 卡。

第九条　有下列情形之一的，为本规定第八条所称未按规定保管专用发票和专用设备：

(一)未设专人保管专用发票和专用设备；

(二)未按税务机关要求存放专用发票和专用设备；

(三)未将认证相符的专用发票抵扣联、《认证结果通知书》和《认证结果清单》装订成册；

(四)未经税务机关查验，擅自销毁专用发票基本联次。

第十条 一般纳税人销售货物或者提供应税劳务,应向购买方开具专用发票。

商业企业一般纳税人零售的烟、酒、食品、服装、鞋帽(不包括劳保专用部分)、化妆品等消费品不得开具专用发票。

增值税小规模纳税人(以下简称小规模纳税人)需要开具专用发票的,可向主管税务机关申请代开。

销售免税货物不得开具专用发票,法律、法规及国家税务总局另有规定的除外。

第十一条 专用发票应按下列要求开具:

(一)项目齐全,与实际交易相符;

(二)字迹清楚,不得压线、错格;

(三)发票联和抵扣联加盖财务专用章或者发票专用章;

(四)按照增值税纳税义务的发生时间开具。

对不符合上列要求的专用发票,购买方有权拒收。

第十二条 一般纳税人销售货物或者提供应税劳务可汇总开具专用发票。汇总开具专用发票的,同时使用防伪税控系统开具《销售货物或者提供应税劳务清单》(附件 2),并加盖财务专用章或者发票专用章。

第十三条 一般纳税人在开具专用发票当月,发生销货退回、开票有误等情形,收到退回的发票联、抵扣联符合作废条件的,按作废处理;开具时发现有误的,可即时作废。

作废专用发票须在防伪税控系统中将相应的数据电文按"作废"处理,在纸质专用发票(含未打印的专用发票)各联次上注明"作废"字样,全联次留存。

第十四条 一般纳税人取得专用发票后,发生销货退回、开票有误等情形但不符合作废条件的,或者因销货部分退回及发生销售折让的,购买方应向主管税务机关填报《开具红字增值税专用发票申请单》(以下简称《申请单》,附件 3)。

《申请单》所对应的蓝字专用发票应经税务机关认证。

经认证结果为"认证相符"并且已经抵扣增值税进项税额的,一般纳税人在填报《申请单》时不填写相对应的蓝字专用发票信息。

经认证结果为"纳税人识别号认证不符"、"专用发票代码、号码认证不符"的,一般纳税人在填报《申请单》时应填写相对应的蓝字专用发票信息。

第十五条 《申请单》一式两联:第一联由购买方留存;第二联由购买方主管税务机关留存。

《申请单》应加盖一般纳税人财务专用章。

第十六条 主管税务机关对一般纳税人填报的《申请单》进行审核后,出具《开具红字增值税专用发票通知单》(以下简称《通知单》,附件 4)。《通知单》应与《申请单》一一对应。

第十七条 《通知单》一式三联:第一联由购买方主管税务机关留存;第二联由购买方送交销售方留存;第三联由购买方留存。

《通知单》应加盖主管税务机关印章。

《通知单》应按月依次装订成册,并比照专用发票保管规定管理。

第十八条 购买方必须暂依《通知单》所列增值税税额从当期进项税额中转出,未抵扣增值税进项税额的可列入当期进项税额,待取得销售方开具的红字专用发票后,与留存的《通知单》一并作为记账凭证。属于本规定第十四条第四款所列情形的,不作进项税额转出。

第十九条 销售方凭购买方提供的《通知单》开具红字专用发票,在防伪税控系统中以销项负数开具。

红字专用发票应与《通知单》一一对应。

第二十条 同时具有下列情形的,为本规定所称作废条件:

(一)收到退回的发票联、抵扣联时间未超过销售方开票当月;

(二)销售方未抄税并且未记账;

(三)购买方未认证或者认证结果为"纳税人识别号认证不符"、"专用发票代码、号码认证不符"。

本规定所称抄税,是报税前用 IC 卡或者 IC 卡和软盘抄取开票数据电文。

第二十一条 一般纳税人开具专用发票应在增值税纳税申报期内向主管税务机关报税,在申报所属月份内可分次向主管税务机关报税。

本规定所称报税,是纳税人持 IC 卡或者 IC 卡和软盘向税务机关报送开票数据电文。

第二十二条　因 IC 卡、软盘质量等问题无法报税的，应更换 IC 卡、软盘。

因硬盘损坏、更换金税卡等原因不能正常报税的，应提供已开具未向税务机关报税的专用发票记账联原件或者复印件，由主管税务机关补采开票数据。

第二十三条　一般纳税人注销税务登记或者转为小规模纳税人，应将专用设备和结存未用的纸质专用发票送交主管税务机关。

主管税务机关应缴销其专用发票，并按有关安全管理的要求处理专用设备。

第二十四条　本规定第二十三条所称专用发票的缴销，是指主管税务机关在纸质专用发票监制章处按“V”字剪角作废，同时作废相应的专用发票数据电文。

被缴销的纸质专用发票应退还纳税人。

第二十五条　用于抵扣增值税进项税额的专用发票应经税务机关认证相符(国家税务总局另有规定的除外)。认证相符的专用发票应作为购买方的记账凭证，不得退还销售方。

本规定所称认证，是税务机关通过防伪税控系统对专用发票所列数据的识别、确认。

本规定所称认证相符，是指纳税人识别号无误，专用发票所列密文解译后与明文一致。

第二十六条　经认证，有下列情形之一的，不得作为增值税进项税额的抵扣凭证，税务机关退还原件，购买方可要求销售方重新开具专用发票。

(一)无法认证。

本规定所称无法认证，是指专用发票所列密文或者明文不能辨认，无法产生认证结果。

(二)纳税人识别号认证不符。

本规定所称纳税人识别号认证不符，是指专用发票所列购买方纳税人识别号有误。

(三)专用发票代码、号码认证不符。

本规定所称专用发票代码、号码认证不符，是指专用发票所列密文解译后与明文的代码或者号码不一致。

第二十七条　经认证，有下列情形之一的，暂不得作为增值税进项税额的抵扣凭证，税务机关扣留原件，查明原因，分别情况进行处理。

(一)重复认证。

本规定所称重复认证，是指已经认证相符的同一张专用发票再次认证。

(二)密文有误。

本规定所称密文有误，是指专用发票所列密文无法解译。

(三)认证不符。

本规定所称认证不符，是指纳税人识别号有误，或者专用发票所列密文解译后与明文不一致。

本项所称认证不符不含第二十六条第二项、第三项所列情形。

(四)列为失控专用发票。

本规定所称列为失控专用发票，是指认证时的专用发票已被登记为失控专用发票。

第二十八条　一般纳税人丢失已开具专用发票的发票联和抵扣联，如果丢失前已认证相符的，购买方凭销售方提供的相应专用发票记账联复印件及销售方所在地主管税务机关出具的《丢失增值税专用发票已报税证明单》(附件 5)，经购买方主管税务机关审核同意后，可作为增值税进项税额的抵扣凭证；如果丢失前未认证的，购买方凭销售方提供的相应专用发票记账联复印件到主管税务机关进行认证，认证相符的凭该专用发票记账联复印件及销售方所在地主管税务机关出具的《丢失增值税专用发票已报税证明单》，经购买方主管税务机关审核同意后，可作为增值税进项税额的抵扣凭证。

一般纳税人丢失已开具专用发票的抵扣联，如果丢失前已认证相符的，可使用专用发票发票联复印件留存备查；如果丢失前未认证的，可使用专用发票发票联到主管税务机关认证，专用发票发票联复印件留存备查。

一般纳税人丢失已开具专用发票的发票联，可将专用发票抵扣联作为记账凭证，专用发票抵扣联复印件留存备查。

第二十九条　专用发票抵扣联无法认证的，可使用专用发票发票联到主管税务机关认证。专用发票发票联复印件留存备查。

第三十条 本规定自2007年1月1日施行,《国家税务总局关于印发〈增值税专用发票使用规定〉的通知》(国税发〔1993〕150号)、《国家税务总局关于增值税专用发票使用问题的补充通知》(国税发〔1994〕056号)、《国家税务总局关于由税务所为小规模企业代开增值税专用发票的通知》(国税发〔1994〕058号)、《国家税务总局关于印发〈关于商业零售企业开具增值税专用发票的通告〉的通知》(国税发〔1994〕081号)、《国家税务总局关于修改〈国家税务总局关于严格控制增值税专用发票使用范围的通知〉的通知》(国税发〔2000〕075号)、《国家税务总局关于加强防伪税控开票系统最高开票限额管理的通知》(国税发明电〔2001〕57号)、《国家税务总局关于增值税一般纳税人丢失防伪税控系统开具的增值税专用发票有关税务处理问题的通知》(国税发〔2002〕010号)、《国家税务总局关于进一步加强防伪税控开票系统最高开票限额管理的通知》(国税发明电〔2002〕33号)同时废止。以前有关政策规定与本规定不一致的,以本规定为准。

【注释】 对《增值税暂行条例》第26条进行了解释。相关规定包括:《国家税务总局关于修订增值税专用发票使用规定的补充通知》(国税发〔2007〕18号)。

财政部 国家税务总局关于矿物质微量元素舔砖免征进口环节增值税的通知

财关税〔2006〕73号

海关总署:

为支持国内畜牧业的发展并根据《财政部 国家税务总局关于豆粕等粕类产品征免增值税政策的通知》(财税〔2001〕30号)第二条的有关规定,自2007年1月1日起,对进口的矿物质微量元素舔砖(税号ex38249090)免征进口环节增值税。

矿物质微量元素舔砖是以四种以上微量元素、非营养性添加剂和载体为原料,经高压浓缩制成的块状预混物,供牛、羊等直接食用。

【注释】 对《财政部 国家税务总局关于豆粕等粕类产品征免增值税政策的通知》(财税〔2001〕30号)进行了解释。

国家税务总局关于公路内河货物运输业统一发票增值税抵扣有关问题的公告

国家税务总局公告〔2006〕2号

为进一步加强公路、内河货物运输业发票(以下简称货运发票)管理,国家税务总局下发的《关于全国范围内推行公路、内河货物运输业发票税控系统有关工作的通知》(国税发〔2006〕163号)规定,自2007年1月1日起,全国将使用税控系统开具货运发票。为做好新旧货运发票增值税抵扣的衔接,现将有关事项公告如下:

一、自2007年1月1日起,增值税一般纳税人购进或销售货物,取得的作为增值税扣税凭证的货运发票,必须是通过货运发票税控系统开具的新版货运发票。

纳税人取得的2007年1月1日以后开具的旧版货运发票,不再作为增值税扣税凭证抵扣进项税额。

二、纳税人取得的2006年12月31日以前开具的旧版货运发票暂继续作为增值税扣税凭证,纳税人应在开具之日起90天后的第一个纳税申报期结束以前申报抵扣进项税额。

自2007年4月1日起,旧版货运发票一律不得作为增值税扣税凭证抵扣进项税额。

【注释】 对《关于全国范围内推行公路、内河货物运输业发票税控系统有关工作的通知》(国税发〔2006〕163号)进行了解释。

国家税务总局关于燃油电厂取得发电补贴有关增值税政策的通知

国税函〔2006〕1235 号

各省、自治区、直辖市和计划单列市国家税务局：

现将燃油电厂从政府财政专户取得的发电补贴是否征收增值税的问题明确如下：

根据《中华人民共和国增值税暂行条例》第六条规定，应税销售额是指纳税人销售货物或者应税劳务向购买方收取的全部价款和价外费用。因此，各燃油电厂从政府财政专户取得的发电补贴不属于规定的价外费用，不计入应税销售额，不征收增值税。

【注释】 对《增值税暂行条例》第 6 条进行了解释。

国家税务总局关于纳税人折扣折让行为开具红字增值税专用发票问题的通知

国税函〔2006〕1279 号

各省、自治区、直辖市和计划单列市国家税务局：

近接部分地区询问，因市场价格下降等原因，纳税人发生的销售折扣或折让行为应如何开具红字增值税专用发票。经研究，明确如下：

纳税人销售货物并向购买方开具增值税专用发票后，由于购货方在一定时期内累计购买货物达到一定数量，或者由于市场价格下降等原因，销货方给予购货方相应的价格优惠或补偿等折扣、折让行为，销货方可按现行《增值税专用发票使用规定》的有关规定开具红字增值税专用发票。

【注释】 对《增值税专用发票使用规定》进行了解释。

国家税务总局关于饲料级磷酸二氢钙产品增值税政策问题的通知

国税函〔2007〕10 号

各省、自治区、直辖市和计划单列市国家税务局：

近接部分地区询问，饲料级磷酸二氢钙产品用于水产品饲养、补充水产品所需的钙、磷等微量元素，与饲料级磷酸氢钙产品的生产用料、工艺等基本相同，是否应按照饲料级磷酸氢钙免税。现将饲料级磷酸二氢钙产品增值税政策通知如下：

一、对饲料级磷酸二氢钙产品可按照现行“单一大宗饲料”的增值税政策规定，免征增值税。

二、纳税人销售饲料级磷酸二氢钙产品，不得开具增值税专用发票；凡开具专用发票的，不得享受免征增值税政策，应照章全额缴纳增值税。

本通知自 2007 年 1 月 1 日起执行。

【注释】 对《增值税暂行条例》第 2 条进行了解释。

财政部 国家税务总局关于明确硝酸铵适用增值税税率的通知

财税〔2007〕7 号

各省、自治区、直辖市、计划单列市财政厅(局)、国家税务局,新疆生产建设兵团财务局:

为贯彻落实《国务院办公厅关于进一步加强民用爆炸物品安全管理的通知》(国办发〔2002〕52 号)精神,经研究,现将硝酸铵增值税政策通知如下:

一、自 2007 年 2 月 1 日起,硝酸铵适用的增值税税率统一调整为 17%,同时不再享受化肥产品免征增值税政策。

二、自 2007 年 2 月 1 日起,出口企业出口的硝酸铵(税号:31023000)统一执行 13%的退税率(以出口退税专用的出口货物报关单上注明的出口日期为准)。在此之前,出口企业已经出口的硝酸铵,按 17%计算征收增值税的,按 13%计算办理退税(含免抵退税,下同);按 13%计算征收增值税的,按 11%计算办理退税。

三、外贸企业在 2007 年 2 月 1 日后出口的硝酸铵,取得的增值税专用发票是在 2007 年 2 月 1 日前开具,且注明的税率为 13%的,准予继续按 11%计算办理退税;增值税专用发票是在 2007 年 2 月 1 日后开具,且注明税率仍为 13%的,不予办理退税。

四、税务机关对外贸企业上述出口退税申报,可采取人机结合的办法予以审核处理。

【注释】 对《增值税暂行条例》第 2 条进行了解释。

国家税务总局关于粉煤灰(渣)征收增值税问题的批复

国税函〔2007〕158 号

深圳市国家税务局:

你局《关于粉煤灰(渣)增值税问题的请示》(深国税发〔2006〕173 号)收悉。经研究,批复如下:

粉煤灰(渣)是煤炭燃烧后的残留物,可以用作部分建材产品的生产原料,属于废渣产品,不属于建材产品。纳税人生产销售的粉煤灰(渣)不属于《财政部 国家税务总局关于对部分资源综合利用产品免征增值税的通知》(财税〔1995〕44 号)规定的免征增值税产品的范围,也不属于《财政部 国家税务总局关于调整农业产品增值税税率和若干项目征免增值税的通知》(财税字〔1994〕4 号)规定的按照简易办法征收增值税产品的范围。对纳税人生产销售的粉煤灰(渣)应当按照增值税适用税率征收增值税,不得免征增值税,也不得按照简易办法征收增值税。

【注释】 对《增值税暂行条例》第 2 条进行了解释。

财政部 国家税务总局关于加快煤层气抽采有关税收政策问题的通知

财税〔2007〕16 号

各省、自治区、直辖市、计划单列市财政厅(局)、国家税务局、地方税务局,新疆生产建设兵团财务局,财政部驻各省、自治区、直辖市、计划单列市财政监察专员办事处：

为加快推进煤层气资源的抽采利用，鼓励清洁生产、节约生产和安全生产，经国务院批准，现就鼓励煤层气抽采有关税收政策问题通知如下：

一、对煤层气抽采企业的增值税一般纳税人抽采销售煤层气实行增值税先征后退政策。先征后退税款由企业专项用于煤层气技术的研究和扩大再生产，不征收企业所得税。

煤层气是指赋存于煤层及其围岩中与煤炭资源伴生的非常规天然气，也称煤矿瓦斯。

煤层气抽采企业应将享受增值税先征后退政策的业务和其他业务分别核算，不能分别准确核算的，不得享受增值税先征后退政策。

煤层气抽采企业增值税先征后退政策由财政部驻各地财政监察专员办事处根据财政部、国家税务总局、中国人民银行《关于税制改革后对某些企业实行"先征后退"有关预算管理问题的暂行规定的通知》[(94)财预字第55号]的规定办理。

二、对独立核算的煤层气抽采企业购进的煤层气抽采泵、钻机、煤层气监测装置、煤层气发电机组、钻井、录井、测井等专用设备，统一采取双倍余额递减法或年数总和法实行加速折旧，具体加速折旧方法可以由企业自行决定，但一经确定，以后年度不得随意调整。

三、对独立核算的煤层气抽采企业利用银行贷款或自筹资金从事技术改造项目国产设备投资，其项目所需国产设备投资的40%可从企业技术改造项目设备购置当年比前一年新增的企业所得税中抵免。具体管理办法按财政部、国家税务总局《关于印发〈技术改造国产设备投资抵免企业所得税暂行办法〉的通知》(财税字〔1999〕290号)、国家税务总局《关于印发〈技术改造国产设备投资抵免企业所得税审核管理办法〉的通知》(国税发〔2000〕13号)、财政部、国家税务总局《关于外商投资企业和外国企业购买国产设备投资抵免企业所得税有关问题的通知》(财税字〔2000〕49号)和国家税务总局《关于印发〈外商投资企业和外国企业购买国产设备投资抵免企业所得税管理办法〉的通知》(国税发〔2000〕90号)的规定执行。

四、对财务核算制度健全、实行查账征税的煤层气抽采企业研究开发新技术、新工艺发生的技术开发费，在按规定实行100%扣除基础上，允许再按当年实际发生额的50%在企业所得税税前加计扣除。具体管理办法按财政部、国家税务总局《关于企业技术创新有关企业所得税优惠政策的通知》(财税〔2006〕88号)第一条的有关规定执行。

五、对地面抽采煤层气暂不征收资源税。

六、本通知自2007年1月1日起执行。现行对中联公司中外合作开采陆上煤层气按实物征收5%的增值税以及中联公司自营开采陆上煤层气增值税超5%税负返还政策同时废止。

【注释】 对《增值税暂行条例》第16条进行了解释。

国家税务总局关于修订增值税专用发票使用规定的补充通知

国税发〔2007〕18号

各省、自治区、直辖市和计划单列市国家税务局：

《国家税务总局关于修订〈增值税专用发票使用规定〉的通知》(国税发〔2006〕156号，以下简称《通知》)下发后，各地陆续反映了一些执行中存在的问题，经研究，现补充通知如下：

一、增值税一般纳税人开具增值税专用发票(以下简称专用发票)后，发生销货退回、销售折让以及开票有误等情况需要开具红字专用发票的，视不同情况分别按以下办法处理：

(一)因专用发票抵扣联、发票联均无法认证的，由购买方填报《开具红字增值税专用发票申请单》(以下简称申请单)，并在申请单上填写具体原因以及相对应蓝字专用发票的信息，主管税务机关审核后出具《开具红字增值税专用发票通知单》(以下简称通知单)。购买方不作进项税额转出处理。

(二)购买方所购货物不属于增值税扣税项目范围，取得的专用发票未经认证的，由购买方填报申请单，并在申请单上填写具体原因以及相对应蓝字专用发票的信息，主管税务机关审核后出具通知单。购买方不作进项税额转出处理。

（三）因开票有误购买方拒收专用发票的，销售方须在专用发票认证期限内向主管税务机关填报申请单，并在申请单上填写具体原因以及相对应蓝字专用发票的信息，同时提供由购买方出具的写明拒收理由、错误具体项目以及正确内容的书面材料，主管税务机关审核确认后出具通知单。销售方凭通知单开具红字专用发票。

（四）因开票有误等原因尚未将专用发票交付购买方的，销售方须在开具有误专用发票的次月内向主管税务机关填报申请单，并在申请单上填写具体原因以及相对应蓝字专用发票的信息，同时提供由销售方出具的写明具体理由、错误具体项目以及正确内容的书面材料，主管税务机关审核确认后出具通知单。销售方凭通知单开具红字专用发票。

（五）发生销货退回或销售折让的，除按照《通知》的规定进行处理外，销售方还应在开具红字专用发票后将该笔业务的相应记账凭证复印件报送主管税务机关备案。

二、税务机关为小规模纳税人代开专用发票需要开具红字专用发票的，比照一般纳税人开具红字专用发票的处理办法，通知单第二联交代开税务机关。

三、为实现对通知单的监控管理，税务总局正在开发通知单开具和管理系统。在系统推广应用之前，通知单暂由一般纳税人留存备查，税务机关不进行核销。红字专用发票暂不报送税务机关认证。

四、对2006年开具的专用发票，在2007年4月30日前可按照原规定开具红字专用发票。

特此通知。

【注释】 对《国家税务总局关于修订〈增值税专用发票使用规定〉的通知》（国税发〔2006〕156号）进行了补充规定。

财政部 国家税务总局关于明确生皮和生毛皮进口环节增值税税率的通知

财关税〔2007〕34号

海关总署：

根据2007版《中华人民共和国进出口税则》及《财政部 国家税务总局关于印发〈农业产品征税范围注释〉的通知》（财税字〔1995〕52号）、《财政部 国家税务总局关于调整部分商品进口环节增值税税率的通知》（财税字〔2000〕296号），自2007年4月1日起，对生皮、生毛皮等动物皮张类商品（具体税号见附件）的进口环节增值税按13%的税率计征。

【注释】 对《增值税暂行条例》第2条进行了解释。

国家税务总局关于纳税人进口货物增值税进项税额抵扣有关问题的通知

国税函〔2007〕350号

各省、自治区、直辖市和计划单列市国家税务局：

近接部分地区咨询，纳税人进口货物报关后，境外供货商向国内进口方退还或返还的资金，或进口货物向境外实际支付的货款低于进口报关价格的差额，是否应当作进项税额转出。现明确如下：

《中华人民共和国增值税暂行条例》第八条规定，纳税人从海关取得的完税凭证上注明的增值税额准予从销项税额中抵扣。因此，纳税人进口货物取得的合法海关完税凭证，是计算增值税进项税额的唯一依据，其价格差额部分以及从境外供应商取得的退还或返还的资金，不作进项税额转出处理。

本文发布前纳税人已作进项税额转出处理的，可重新计入“应交税金—应交增值税—进项税额”科目，准予从销项税额中抵扣。

【注释】　对《增值税暂行条例》第 8 条进行了解释。

财政部 国家税务总局关于免征滴灌带和滴灌管产品增值税的通知

财税〔2007〕83 号

各省、自治区、直辖市、计划单列市财政厅（局）、国家税务局，新疆生产建设兵团财务局：

为节约水资源，促进农业节水灌溉，发展农业生产，经国务院批准，现将滴灌带和滴灌管产品有关增值税政策问题通知如下：

一、自 2007 年 7 月 1 日起，纳税人生产销售和批发、零售滴灌带和滴灌管产品免征增值税。

滴灌带和滴灌管产品是指农业节水滴灌系统专用的、具有制造过程中加工的孔口或其他出流装置、能够以滴状或连续流状出水的水带和水管产品。滴灌带和滴灌管产品按照国家有关质量技术标准要求进行生产，并与 PVC 管（主管）、PE 管（辅管）、承插管件、过滤器等部件组成为滴灌系统。

二、享受免税政策的纳税人应按照《中华人民共和国增值税暂行条例》及其实施细则等规定，单独核算滴灌带和滴灌管产品的销售额。未单独核算销售额的，不得免税。

三、纳税人销售免税的滴灌带和滴灌管产品，应一律开具普通发票，不得开具增值税专用发票。

四、生产滴灌带和滴灌管产品的纳税人申请办理免征增值税时，应向主管税务机关报送由产品质量检验机构出具的质量技术检测合格报告，出具报告的产品质量检验机构须通过省以上质量技术监督部门的相关资质认定。批发和零售滴灌带和滴灌管产品的纳税人申请办理免征增值税时，应向主管税务机关报送由生产企业提供的质量技术检测合格报告原件或复印件。未取得质量技术检测合格报告的，不得免税。

五、税务机关应加强对享受免税政策纳税人的后续管理，不定期对企业经营情况进行核实，凡经核实产品质量不符合有关质量技术标准要求的，应停止其继续享受免税政策的资格，依法恢复征税。

【注释】　对《增值税暂行条例》第 16 条进行了解释。

财政部 国家税务总局关于促进残疾人就业税收优惠政策的通知

财税〔2007〕92 号

各省、自治区、直辖市、计划单列市财政厅（局）、国家税务局、地方税务局，新疆生产建设兵团财务局：

为了更好地发挥税收政策促进残疾人就业的作用，进一步保障残疾人的切身利益，经国务院批准并商民政部、中国残疾人联合会同意，决定在全国统一实行新的促进残疾人就业的税收优惠政策。现将有关政策通知如下：

一、对安置残疾人单位的增值税和营业税政策

对安置残疾人的单位，实行由税务机关按单位实际安置残疾人的人数，限额即征即退增值税或减征营业税的办法。

（一）实际安置的每位残疾人每年可退还的增值税或减征的营业税的具体限额，由县级以上税务机关根据单位所在区县（含县级市、旗，下同）适用的经省（含自治区、直辖市、计划单列市，下同）级人民政府批准的最低工资标准的 6 倍确定，但最高不得超过每人每年 3.5 万元。

(二)主管国税机关应按月退还增值税,本月已交增值税额不足退还的,可在本年度(指纳税年度,下同)内以前月份已交增值税扣除已退增值税的余额中退还,仍不足退还的可结转本年度内以后月份退还。主管地税机关应按月减征营业税,本月应缴营业税不足减征的,可结转本年度内以后月份减征,但不得从以前月份已交营业税中退还。

(三)上述增值税优惠政策仅适用于生产销售货物或提供加工、修理修配劳务取得的收入占增值税业务和营业税业务收入之和达到50%的单位,但不适用于上述单位生产销售消费税应税货物和直接销售外购货物(包括商品批发和零售)以及销售委托外单位加工的货物取得的收入。上述营业税优惠政策仅适用于提供“服务业”税目(广告业除外)取得的收入占增值税业务和营业税业务收入之和达到50%的单位,但不适用于上述单位提供广告业劳务以及不属于“服务业”税目的营业税应税劳务取得的收入。

单位应当分别核算上述享受税收优惠政策和不得享受税收优惠政策业务的销售收入或营业收入,不能分别核算的,不得享受本通知规定的增值税或营业税优惠政策。

(四)兼营本通知规定享受增值税和营业税税收优惠政策业务的单位,可自行选择退还增值税或减征营业税,一经选定,一个年度内不得变更。

(五)如果既适用促进残疾人就业税收优惠政策,又适用下岗再就业、军转干部、随军家属等支持就业的税收优惠政策的,单位可选择适用最优惠的政策,但不能累加执行。

(六)本条所述“单位”是指税务登记为各类所有制企业(包括个人独资企业、合伙企业和个体经营户)、事业单位、社会团体和民办非企业单位。

……

五、享受税收优惠政策单位的条件

安置残疾人就业的单位(包括福利企业、盲人按摩机构、工疗机构和其他单位),同时符合以下条件并经过有关部门的认定后,均可申请享受本通知第一条和第二条规定的税收优惠政策:

(一)依法与安置的每位残疾人签订了一年以上(含一年)的劳动合同或服务协议,并且安置的每位残疾人在单位实际上岗工作。

(二)月平均实际安置的残疾人占单位在职职工总数的比例应高于25%(含25%),并且实际安置的残疾人人数多于10人(含10人)。

月平均实际安置的残疾人占单位在职职工总数的比例低于25%(不含25%)但高于1.5%(含1.5%),并且实际安置的残疾人人数多于5人(含5人)的单位,可以享受本通知第二条第(一)项规定的企业所得税优惠政策,但不得享受本通知第一条规定的增值税或营业税优惠政策。

(三)为安置的每位残疾人按月足额缴纳了单位所在区县人民政府根据国家政策规定的基本养老保险、基本医疗保险、失业保险和工伤保险等社会保险。

(四)通过银行等金融机构向安置的每位残疾人实际支付了不低于单位所在区县适用的经省级人民政府批准的最低工资标准的工资。

(五)具备安置残疾人上岗工作的基本设施。

六、其他有关规定

(一)经认定的符合上述税收优惠政策条件的单位,应按月计算实际安置残疾人占单位在职职工总数的平均比例,本月平均比例未达到要求的,暂停其本月相应的税收优惠。在一个年度内累计三个月平均比例未达到要求的,取消其次年度享受相应税收优惠政策的资格。

(二)《财政部 国家税务总局关于教育税收政策的通知》(财税〔2004〕39号)第一条第7项规定的特殊教育学校举办的企业,是指设立的主要为在校学生提供实习场所、并由学校出资自办、由学校负责经营管理、经营收入全部归学校所有的企业,上述企业只要符合第五条第(二)项条件,即可享受本通知第一条和第二条规定的税收优惠政策。这类企业在计算残疾人人数时可将在企业实际上岗工作的特殊教育学校的全日制在校学生计算在内,在计算单位在职职工人数时也要将上述学生计算在内。

(三)在除辽宁、大连、上海、浙江、宁波、湖北、广东、深圳、重庆、陕西以外的其他地区,2007年7月1日前已享受原福利企业税收优惠政策的单位,凡不符合本通知第五条第(三)项规定的有关缴纳社会保险条件,但符合本通知第五条规定的其他条件的,主管税务机关可暂予认定为享受税收优惠政策的单位。上述单位应按照有关规定尽快为安置的残疾人足额缴纳有关社会保险。2007年10月1日起,对仍不符合该项规定的单位，应停止执行本通知第一条和第二条规定的各项税收优惠政策。

（四）对安置残疾人单位享受税收优惠政策的各项条件实行年审办法，具体年审办法由省级税务部门会同同级民政部门及残疾人联合会制定。

七、有关定义

（一）本通知所述“残疾人”，是指持有《中华人民共和国残疾人证》上注明属于视力残疾、听力残疾、言语残疾、肢体残疾、智力残疾和精神残疾的人员和持有《中华人民共和国残疾军人证（1至8级）》的人员。

（二）本通知所述“个人”均指自然人。

（三）本通知所述“单位在职职工”是指与单位建立劳动关系并依法应当签订劳动合同或服务协议的雇员。

（四）本通知所述“工疗机构”是指集就业和康复为一体的福利性生产安置单位，通过组织精神残疾人员参加适当生产劳动和实施康复治疗与训练，达到安定情绪、缓解症状、提高技能和改善生活状况的目的，包括精神病院附设的康复车间、企业附设的工疗车间、基层政府和组织兴办的工疗站等。

八、对残疾人人数计算的规定

（一）允许将精神残疾人员计入残疾人人数享受本通知第一条和第二条规定的税收优惠政策，仅限于工疗机构等适合安置精神残疾人就业的单位。具体范围由省级税务部门会同同级财政、民政部门及残疾人联合会规定。

（二）单位安置的不符合《中华人民共和国劳动法》（主席令第二十八号）及有关规定的劳动年龄的残疾人，不列入本通知第五条第（二）款规定的安置比例及第一条规定的退税、减税限额和第二条规定的加计扣除额的计算。

九、单位和个人采用签订虚假劳动合同或服务协议、伪造或重复使用残疾人证或残疾军人证、残疾人挂名而不实际上岗工作、虚报残疾人安置比例、为残疾人不缴或少缴规定的社会保险、变相向残疾人收回支付的工资等方法骗取本通知规定的税收优惠政策的，除依照法律、法规和其他有关规定追究有关单位和人员的责任外，其实际发生上述违法违规行为年度内实际享受到的减（退）税款应全额追缴入库，并自其发生上述违法违规行为年度起三年内取消其享受本通知规定的各项税收优惠政策的资格。

十、本通知规定的各项税收优惠政策的具体征收管理办法由国家税务总局会同民政部、中国残疾人联合会另行制定。福利企业安置残疾人比例和安置残疾人基本设施的认定管理办法由民政部商财政部、国家税务总局、中国残疾人联合会制定，盲人按摩机构、工疗机构及其他单位安置残疾人比例和安置残疾人基本设施的认定管理办法由中国残疾人联合会商财政部、民政部、国家税务总局制定。

十一、本通知自2007年7月1日起施行，但外商投资企业适用本通知第二条企业所得税优惠政策的规定自2008年1月1日起施行。财政部、国家税务总局《关于企业所得税若干优惠政策的通知》[（94）财税字第001号]第一条第（九）项、财政部、国家税务总局《关于对福利企业、学校办企业征税问题的通知》[（94）财税字第003号]、《国家税务总局关于民政福利企业征收流转税问题的通知》（国税发〔1994〕155号）、财政部、国家税务总局《关于福利企业有关税收政策问题的通知》（财税字〔2000〕35号）、《财政部 国家税务总局关于调整完善现行福利企业税收优惠政策试点工作的通知》（财税〔2006〕111号）、《国家税务总局财政部民政部中国残疾人联合会关于调整完善现行福利企业税收优惠政策试点实施办法的通知》（国税发〔2006〕112号）和《财政部 国家税务总局关于进一步做好调整现行福利企业税收优惠政策试点工作的通知》（财税〔2006〕135号）自2007年7月1日起停止执行。

十二、各地各级财政、税务部门要认真贯彻落实本通知的各项规定，加强领导，及时向当地政府汇报，取得政府的理解与支持，并密切与民政、残疾人联合会等部门衔接、沟通。税务部门要牵头建立由上述部门参加的联席会议制度，共同将本通知规定的各项政策贯彻落实好。财政、税务部门之间要相互配合，省级税务部门每半年要将执行本通知规定的各项政策的减免（退）税数据及相关情况及时通报省级财政部门。

十三、各地在执行中有何问题，请及时上报财政部和国家税务总局。

【注释】　对《增值税暂行条例》第16条进行了解释。

旧设备出口退(免)税暂行办法

国税发〔2008〕16 号

第一条 为促进“走出去”战略，明确职责和操作程序，根据《国家税务总局关于印发〈出口货物退(免)税管理办法〉的通知》(国税发〔1994〕31 号)及现行出口退(免)税相关规定，制定本办法。

第二条 旧设备的出口退(免)税管理由出口企业所在地主管税务机关负责。

第三条 本办法所称旧设备是指出口企业作为固定资产使用过的设备(以下简称自用旧设备)和出口企业直接购买的旧设备(以下简称外购旧设备)。

第四条 出口企业出口旧设备应按照现行有关规定持下列资料向主管税务机关申请办理退(免)税认定手续。

1. 企业营业执照副本复印件；
2. 企业税务登记证副本复印件；
3. 主管税务机关要求提供的其他资料。

本办法所称出口企业包括增值税一般纳税人、小规模纳税人和非增值税纳税人，出口方式包括自营出口或委托出口。

第五条 增值税一般纳税人和非增值税纳税人出口的自用旧设备，根据以下公式计算其应退税额：

应退税额＝增值税专用发票所列明的金额(不含税额)×设备折余价值/设备原值×适用退税率

设备折余价值＝设备原值－已提折旧

增值税一般纳税人和非增值税纳税人出口的自用旧设备，须按照有关税收法律法规规定的向主管税务机关备案的折旧年限计算提取折旧，并计算设备折余价值。主管税务机关接到企业出口自用旧设备的退税申报后，须填写《旧设备折旧情况确认表》交由负责企业所得税管理的税务机关核实无误后办理退税。

第六条 增值税一般纳税人和非增值税纳税人出口自用旧设备后，应填写《出口旧设备退(免)税申报表》，并持下列资料，向其主管税务机关申请退税。

1. 出口货物报关单(出口退税专用)或代理出口货物证明；
2. 购买设备的增值税专用发票；
3. 主管税务机关出具的《旧设备折旧情况确认表》；
4. 主管税务机关要求提供的其他资料。

增值税一般纳税人和非增值税纳税人以一般贸易方式出口旧设备的，除上述资料外，还须提供出口收汇核销单。

增值税一般纳税人和非增值税纳税人出口的自用旧设备，凡购进时未取得增值税专用发票但其他单证齐全的，实行出口环节免税不退税(以下简称“免税不退税”)的办法。

第七条 增值税一般纳税人和非增值税纳税人出口的外购旧设备，实行免税不退税的办法。企业出口外购旧设备后，须在规定的出口退(免)税申报期限内填写《出口旧设备退(免)税申报表》，并持出口货物报关单(出口退税专用)、购买设备的普通发票或进口完税凭证及主管税务机关要求提供的其他资料向主管税务机关申报免税。

第八条 小规模纳税人出口的自用旧设备和外购旧设备，实行免税不退税的办法。

第九条 申报退税的出口企业属于扩大增值税抵扣范围企业的，其自获得扩大增值税抵扣范围资格之日起出口的自用旧设备，主管税务机关应核实该设备所含增值税进项税额未计算抵扣后方可办理退税；如经主管税务机关核实，该设备所含增值税进项税额已计算抵扣，则不得办理退税。

第十条 出口企业出口旧设备后，须在规定的出口退(免)税申报期内，向主管税务机关申报旧设备的出口退(免)税。主管税务机关接到出口企业申报后，须将出口货物报关单同海关电子信息进行核对，对增值税专用发票及认为有必要进行进一步核实的普通发票，通过函调的方式核查其纳税情况。对普通发票的函调方式，由各省(自治区、直辖市、计划单列市)税务机关根据本地情况自行确定。对核查无误的出口旧设备予以退(免)税。

未在规定期限内申报的出口旧设备，凡企业能提供出口货物报关单(出口退税专用)或代理出口货物证明的，实行免税不退税办法；企业不能提供出口货物报关单（出口退税专用）或代理出口货物证明及其他规定凭证的，按照现行税收政策予以征税。

第十一条　外商投资项目已办理采购国产设备退税且已超过5年监管期的国产设备，不适用本办法。

第十二条　对出口企业骗取出口旧设备退（免）税的，按照骗取出口退（免）税的有关规定进行处罚。

国家税务总局关于出境口岸免税店有关增值税政策问题的通知

国税函〔2008〕81号

各省、自治区、直辖市和计划单列市国家税务局：

现就纳税人在机场、港口、车站、陆路边境等出境口岸海关隔离区（以下简称海关隔离区）设立免税店销售免税品，以及在城市区域内设立市内免税店销售免税品但购买者必须在海关隔离区提取后直接出境征收增值税问题明确如下：

一、……

海关隔离区是海关和边防检查划定的专供出国人员出境的特殊区域，在此区域内设立免税店销售免税品和市内免税店销售但在海关隔离区内提取免税品，由海关实施特殊的进出口监管，在税收管理上属于国境以内关境以外。因此，对于海关隔离区内免税店销售免税品以及市内免税店销售但在海关隔离区内提取免税品的行为，不征收增值税。对于免税店销售其他不属于免税品的货物，应照章征收增值税。

前款所称免税品具体是指免征关税、进口环节税的进口商品和实行退（免）税（增值税、消费税）进入免税店销售的国产商品。

二、纳税人兼营应征收增值税货物或劳务和免税品的，应分别核算应征收增值税货物或劳务和免税品的销售额。未分别核算或者不能准确核算销售额的，其免税品与应征收增值税货物或劳务一并征收增值税。

三、纳税人销售免税品一律开具出口发票，不得使用防伪税控专用器具开具增值税专用发票或普通发票。

四、纳税人经营范围仅限于免税品销售业务的，一律不得使用增值税防伪税控专用器具。已发售的防伪税控专用器具及增值税专用发票、普通发票一律收缴。收缴的发票按现行有关发票作废规定处理。

五、纳税人在关境以内销售免税品，仍按照《国家税务总局关于进口免税品销售业务征收增值税问题的通知》（国税发〔1994〕62号）及有关规定执行。

六、免税店销售已退税国产品，仍按照《海关总署、国家税务总局关于对中国免税品（集团）总公司经营的国产商品监管和退税有关事宜的通知》（署监发〔2004〕403号）等规定执行。

七、税务机关应与海关加强沟通，定期将纳税人申报免税品经营情况与海关监管免税品经营情况进行比对，发现比对不一致的，应及时查明原因，按有关规定处理。

本通知自发文之日起执行。各地在执行中发现问题，应及时上报国家税务总局（流转税管理司）。

财政部 国家税务总局关于黄金期货交易有关税收政策的通知

财税〔2008〕5号

上海市财政局、国家税务局：

经国务院批准，自2008年1月1日起，上海期货交易黄金期货交易发生实物交割时，比照现行上海黄金交易所黄金交易的税收政策执行。现将有关政策明确如下：

一、上海期货交易所会员和客户通过上海期货交易所销售标准黄金(持上海期货交易所开具的《黄金结算专用发票》),发生实物交割但未出库的,免征增值税;发生实物交割并已出库的,由税务机关按照实际交割价格代开增值税专用发票,并实行增值税即征即退的政策,同时免征城市维护建设税和教育费附加。增值税专用发票中的单价、金额和税额的计算公式分别如下：

单价＝实际交割单价÷(1＋增值税税率)

金额＝数量×单价

税额＝金额×税率

实际交割单价是指不含上海期货交易所收取的手续费的单位价格。

其中,标准黄金是指:成色为AU9999、AU9995、AU999、AU995;规格为50克、100克、1公斤、3公斤、12.5公斤的黄金。

二、上海期货交易所黄金期货交易的增值税征收管理办法及增值税专用发票管理办法由国家税务总局另行制订。

国家税务总局关于林木销售和管护征收流转税问题的通知

国税函〔2008〕212号

各省、自治区、直辖市和计划单列市国家税务局、地方税务局：

近接部分地区反映销售林木和提供林木管护行为如何征收流转税问题,经研究,现将有关问题明确如下：

纳税人销售林木以及销售林木的同时提供林木管护劳务的行为,属于增值税征收范围,应征收增值税。纳税人单独提供林木管护劳务行为属于营业税征收范围,其取得的收入中,属于提供农业机耕、排灌、病虫害防治、植保劳务取得的收入,免征营业税;属于其他收入的,应照章征收营业税。

国家税务总局关于外贸企业出口视同内销货物进项税额抵扣有关问题的通知

国税函〔2008〕265号

各省、自治区、直辖市和计划单列市国家税务局：

现将外贸企业出口视同内销货物征税时的进项税额抵扣问题通知如下：

一、外贸企业购进货物后,无论内销还是出口,须将所取得的增值税专用发票在规定的认证期限内到税务机关办理认证手续。凡未在规定的认证期限内办理认证手续的增值税专用发票,不予抵扣或退税。

二、外贸企业出口货物,凡未在规定期限内申报退(免)税或虽已申报退(免)税但未在规定期限内向税务机关补齐有关凭证,以及未在规定期限内申报开具《代理出口货物证明》的,自规定期限截止之日的次日起30天内,由外贸企业根据应征税货物相应的未办理过退税或抵扣的进项增值税专用发票情况,填具进项发票明细表(包括进项增值税专用发票代码、号码、开具日期、金额、税额等),向主管退税的税务机关申请开具《外贸企业出口视同内销征税货物进项税额抵扣证明》(以下简称《证明》,具体格式附后)。

三、已办理过退税或抵扣的进项发票,外贸企业不得向税务机关申请开具《证明》。外贸企业如将已办理过退税或抵扣的进项发票向税务机关申请开具《证明》,税务机关查实后要按照增值税现行有关规定进行处罚,情节严重的要移交公安部门进一步查处。

四、主管退税的税务机关接到外贸企业申请后，应根据外贸企业出口的视同内销征税货物的情况，对外贸企业填开的进项发票明细表列明的情况进行审核，开具《证明》。《证明》一式三联，第一联由主管退税的税务机关留存，第二联由主管退税的税务机关转送主管征税的税务机关，第三联由主管退税的税务机关转交外贸企业。

五、外贸企业取得《证明》后，应将《证明》允许抵扣的进项税额填写在《增值税纳税申报表》附表二第 11 栏“税额”中，并在取得《证明》的下一个征收期申报纳税时，向主管征税的税务机关申请抵扣相应的进项税额。超过申报时限的，不予抵扣。

六、主管征税的税务机关接到外贸企业的纳税申报后，应将外贸企业的纳税申报表与主管退税的税务机关转来的《证明》进行人工比对，申报表数据小于或等于《证明》所列税额的，予以抵扣；否则不予抵扣。

七、本通知自 2008 年 4 月 1 日起执行。此前已经发生此类问题的外贸出口企业，可向主管退税的税务机关申请开具《证明》，由主管退税的税务机关一次性办理解决。

财政部 国家税务总局关于核电行业税收政策有关问题的通知

财税〔2008〕38 号

各省、自治区、直辖市、计划单列市财政厅（局）、国家税务局，财政部驻各省、自治区、直辖市、计划单列市财政监察专员办事处：

为支持核电事业的发展，统一核电行业税收政策，经国务院批准，现将有关税收政策问题通知如下：

一、关于核力发电企业的增值税政策

（一）核力发电企业生产销售电力产品，自核电机组正式商业投产次月起 15 个年度内，统一实行增值税先征后退政策，返还比例分三个阶段逐级递减。具体返还比例为：

1. 自正式商业投产次月起 5 个年度内，返还比例为已入库税款的 75%；2. 自正式商业投产次月起的第 6 至第 10 个年度内，返还比例为已入库税款的 70%；3. 自正式商业投产次月起的第 11 至第 15 个年度内，返还比例为已入库税款的 55%；4. 自正式商业投产次月起满 15 个年度以后，不再实行增值税先征后退政策。

（二）核力发电企业采用按核电机组分别核算增值税退税额的办法，企业应分别核算核电机组电力产品的销售额，未分别核算或不能准确核算的，不得享受增值税先征后退政策。单台核电机组增值税退税额可以按以下公式计算：

单台核电机组增值税退税额＝单台核电机组电力产品销售额核力发电企业电力产品销售额合计
×核力发电企业实际缴纳增值税额×退税比例

（三）原已享受增值税先征后退政策但该政策已于 2007 年内到期的核力发电企业，自该政策执行到期后次月起按上述统一政策核定剩余年度相应的返还比例；对 2007 年内新投产的核力发电企业，自核电机组正式商业投产日期的次月起按上述统一政策执行。

二、自 2008 年 1 月 1 日起，核力发电企业取得的增值税退税款，专项用于还本付息，不征收企业所得税。

三、关于大亚湾核电站和广东核电投资有限公司税收政策

大亚湾核电站和广东核电投资有限公司在 2014 年 12 月 31 日前继续执行以下政策，不适用本通知第一、二条规定的政策：

（一）对大亚湾核电站销售给广东核电投资有限公司的电力免征增值税。

（二）对广东核电投资有限公司销售给广东电网公司的电力实行增值税先征后退政策，并免征城市维护建设税和教育费附加。

（三）对大亚湾核电站出售给香港核电投资有限公司的电力及广东核电投资有限公司转售给香港核电投资有限公司的大亚湾核电站生产的电力免征增值税。

（四）自 2008 年 1 月 1 日起财政部和国家税务总局《关于广东大亚湾核电站有关税收政策问题的通知》（财税字〔1998〕173 号）停止执行。

四、增值税先征后退具体操作办法由财政部驻当地财政监察专员办事处按《财政部 国家税务总局中国人民银行关于税制改革后对某些企业实行“先征后退”有关预算管理问题的暂行规定的通知》[(94)财预字第55号]有关规定办理。

财政部 国家税务总局关于有机肥产品免征增值税的通知

财税〔2008〕56号

各省、自治区、直辖市、计划单列市财政厅(局)、国家税务局,新疆生产建设兵团财务局:

为科学调整农业施肥结构,改善农业生态环境,经国务院批准,现将有机肥产品有关增值税政策通知如下:

一、自2008年6月1日起,纳税人生产销售和批发、零售有机肥产品免征增值税。

二、享受上述免税政策的有机肥产品是指有机肥料、有机—无机复混肥料和生物有机肥。

(一)有机肥料。

指来源于植物和(或)动物,施于土壤以提供植物营养为主要功能的含碳物料。

(二)有机—无机复混肥料。

指由有机和无机肥料混合和(或)化合制成的含有一定量有机肥料的复混肥料。

(三)生物有机肥。

指特定功能微生物与主要以动植物残体(如禽畜粪便、农作物秸秆等)为来源并经无害化处理、腐熟的有机物料复合而成的一类兼具微生物肥料和有机肥效应的肥料。

……

四、纳税人销售免税的有机肥产品,应按规定开具普通发票,不得开具增值税专用发票。

五、纳税人申请免征增值税,应向主管税务机关提供以下资料,凡不能提供的,一律不得免税。

(一)生产有机肥产品的纳税人。

1. 由农业部或省、自治区、直辖市农业行政主管部门批准核发的在有效期内的肥料登记证复印件,并出示原件。

2. 由肥料产品质量检验机构一年内出具的有机肥产品质量技术检测合格报告原件。出具报告的肥料产品质量检验机构须通过相关资质认定。

3. 在省、自治区、直辖市外销售有机肥产品的,还应提供在销售使用地省级农业行政主管部门办理备案的证明原件。

(二)批发、零售有机肥产品的纳税人。

1. 生产企业提供的在有效期内的肥料登记证复印件。

2. 生产企业提供的产品质量技术检验合格报告原件。

3. 在省、自治区、直辖市外销售有机肥产品的,还应提供在销售使用地省级农业行政主管部门办理备案的证明复印件。

六、主管税务机关应加强对享受免征增值税政策纳税人的后续管理,不定期对企业经营情况进行核实。凡经核实所提供的肥料登记证、产品质量技术检测合格报告、备案证明失效的,应停止其享受免税资格,恢复照章征税。

上海期货交易所黄金期货交易增值税征收管理办法

国税发〔2008〕46号

第一条 根据《中华人民共和国税收征收管理法》及实施细则、《中华人民共和国增值税暂行条例》及实施细则、《财政部 国家税务总局关于黄金期货交易有关税收政策的通知》(财税〔2008〕5 号)等规定,制定本办法。

第二条　本办法所规定的“黄金”是指标准黄金,即成色与规格同时符合以下标准的金锭、金条及金块等黄金原料:

成色:AU9999,AU9995,AU999,AU995.

规格:50 克,100 克,1 公斤,3 公斤,12.5 公斤。

非标准黄金,即成色与规格不同时符合以上标准的黄金原料,不适用本办法。

第三条　上海期货交易所黄金期货交易增值税的征收管理按以下规定执行:

(一)上海期货交易所应向主管税务机关申请印制《黄金结算专用发票》(一式三联,分为结算联、发票联和存根联)。

(二)上海期货交易所会员和客户,通过上海期货交易所进行黄金期货交易并发生实物交割的,按照以下规定办理:

1. 卖方会员或客户按交割结算价向上海期货交易所开具普通发票,对其免征增值税。上海期货交易所按交割结算价向卖方提供《黄金结算专用发票》结算联,发票联、存根联由交易所留存。

2. 买方会员或客户未提取黄金出库的,由上海期货交易所按交割结算价开具《黄金结算专用发票》并提供发票联,存根联、结算联由上海期货交易所留存。

3. 买方会员或客户提取黄金出库的,应向上海期货交易所主管税务机关出具期货交易交割结算单、标准仓单出库确认单、溢短结算单,由税务机关按实际交割价和提货数量,代上海期货交易所向具有增值税一般纳税人资格的买方会员或客户(提货方)开具增值税专用发票(抵扣联),增值税专用发票的发票联和记账联由上海期货交易所留存,抵扣联传递给提货方会员或客户。

买方会员或客户(提货方)不属于增值税一般纳税人的,不得向其开具增值税专用发票。

(三)上海期货交易所应对黄金期货交割并提货环节的增值税税款实行单独核算,并享受增值税即征即退政策,同时免征城市维护建设税、教育费附加。

第四条　会员和客户按以下规定核算增值税进项税额:

(一)上海期货交易所会员或客户(中国人民银行除外)应对在上海期货交易所或黄金交易所办理黄金实物交割提取出库时取得的进项税额实行单独核算,按取得的税务机关代开的增值税专用发票上注明的增值税税额(包括相对应的买入量)单独记账。

对会员或客户从上海期货交易所或黄金交易所购入黄金(指提货出库后)再通过上海期货交易所卖出的,应计算通过上海期货交易所卖出黄金进项税额的转出额,并从当期进项税额中转出,同时计入成本;对当期账面进项税额小于通过下列公式计算出的应转出的进项税额,其差额部分应当立即补征入库。

应转出的进项税额＝单位进项税额×当期黄金卖出量

单位进项税额＝购入黄金的累计进项税额÷累计黄金购入额

(二)对上海期货交易所会员或客户(中国人民银行除外)通过上海期货交易所销售企业原有库存黄金,应按实际成交价格计算相应进项税额的转出额,并从当期进项税额中转出,计入成本。

应转出的进项税额＝销售库存黄金实际成交价格÷(1＋增值税税率)×增值税税率

(三)买方会员或客户(提货方)取得增值税专用发票抵扣联后,应按发票上注明的税额从黄金材料成本科目中转入“应缴税金——进项税额”科目,核算进项税额。

第五条　增值税专用发票的单价和金额、税额按以下规定确定:

上海期货交易所买方会员或客户(提货方)提货出库时,主管税务机关代开增值税专用发票上注明的单价,应由实际交割货款和提货数量确定,但不包括手续费、仓储费等其他费用。其中,实际交割货款由交割货款和溢短结算货款组成,交割货款按后进先出法原则确定。具体计算公式如下:

税额＝金额×增值税税率

金额＝数量×单价

单价＝实际交割价÷(1＋增值税税率)

实际交割价＝实际交割货款÷提货数量

实际交割货款＝交割货款＋溢短结算货款

交割货款＝标准仓单张数×每张仓单标准数量×交割结算价

溢短结算货款＝溢短×溢短结算日前一交易日上海期货交易所挂牌交易的最近月份黄金期货合约的结算价思想

其中，单价小数点后至少保留6位。

第六条 会员和客户应将上海期货交易所开具的《黄金结算专用发票》（发票联）作为会计记账凭证进行财务核算；买方会员和客户（提货方）取得税务部门代开的增值税专用发票（抵扣联），仅作为核算进项税额的凭证。

第七条 卖方会员或客户应凭上海期货交易所开具的《黄金结算专用发票》（结算联），向卖方会员或客户主管税务机关办理免税手续。

第八条 上海期货交易所会员应分别核算自营黄金期货交易、代理客户黄金期货交易与黄金实物交割业务的销售额以及增值税销项税额、进项税额、应纳税额。

第九条 本办法所规定的“提取黄金出库”，是指期货交易所会员或客户从指定的金库中提取在期货交易所已交割的黄金的行为。

第十条 本办法由国家税务总局解释。

第十一条 本办法自2008年1月1日起执行。

国家税务总局关于失控增值税专用发票处理的批复

国税函〔2008〕607号

深圳市国家税务局：

你局《关于明确增值税失控发票后续处理的请示》（深国税发〔2008〕74号）收悉，批复如下：

在税务机关按非正常户登记失控增值税专用发票（以下简称失控发票）后，增值税一般纳税人又向税务机关申请防伪税控报税的，其主管税务机关可以通过防伪税控报税子系统的逾期报税功能受理报税。

购买方主管税务机关对认证发现的失控发票，应按照规定移交稽查部门组织协查。属于销售方已申报并缴纳税款的，可由销售方主管税务机关出具书面证明，并通过协查系统回复购买方主管税务机关，该失控发票可作为购买方抵扣增值税进项税额的凭证。

财政部 国家税务总局关于农民专业合作社有关税收政策的通知

财税〔2008〕81号

各省、自治区、直辖市、计划单列市财政厅（局）、国家税务局、地方税务局，新疆生产建设兵团财务局：

经国务院批准，现将农民专业合作社有关税收政策通知如下：

一、对农民专业合作社销售本社成员生产的农业产品，视同农业生产者销售自产农业产品免征增值税。

二、增值税一般纳税人从农民专业合作社购进的免税农业产品，可按13%的扣除率计算抵扣增值税进项税额。

三、对农民专业合作社向本社成员销售的农膜、种子、种苗、化肥、农药、农机，免征增值税。

四、对农民专业合作社与本社成员签订的农业产品和农业生产资料购销合同，免征印花税。

本通知所称农民专业合作社，是指依照《中华人民共和国农民专业合作社法》规定设立和登记的农民专业合作社。

本通知自2008年7月1日起执行。

财政部 国家税务总局关于提高劳动密集型产品等商品增值税出口退税率的通知

财税〔2008〕144 号

各省、自治区、直辖市、计划单列市财政厅(局)、国家税务局,新疆生产建设兵团财务局:

经国务院批准,决定提高部分商品的增值税出口退税率(以下简称退税率)。现就有关事项通知如下:

一、提高退税率的商品范围

(一)将部分橡胶制品、林产品的退税率由 5%提高到 9%。

(二)将部分模具、玻璃器皿的退税率由 5%提高到 11%。

(三)将部分水产品的退税率由 5%提高到 13%。

(四)将箱包、鞋、帽、伞、家具、寝具、灯具、钟表等商品的退税率由 11%提高到 13%。

(五)将部分化工产品、石材、有色金属加工材等商品的退税率分别由 5%、9%提高到 11%、13%。

(六)将部分机电产品的退税率分别由 9%提高到 11%,11%提高到 13%,13%提高到 14%。

上述提高退税率的具体商品名称、税号及退税率见附件。

二、执行时间

本通知规定的退税率的调整自 2008 年 12 月 1 日起执行。具体执行时间,以"出口货物报关单(出口退税专用)"海关注明的出口日期为准。

财政部 国家税务总局关于资源综合利用及其他产品增值税政策的通知

财税〔2008〕156 号

各省、自治区、直辖市、计划单列市财政厅(局)、国家税务局,财政部驻各省、自治区、直辖市、计划单列市财政监察专员办事处,新疆生产建设兵团财务局:

为了进一步推动资源综合利用工作,促进节能减排,经国务院批准,决定调整和完善部分资源综合利用产品的增值税政策。同时,为了规范对资源综合利用产品的认定管理,需对现行相关政策进行整合。现将有关资源综合利用及其他产品增值税政策统一明确如下:

一、对销售下列自产货物实行免征增值税政策:

(一)再生水。再生水是指对污水处理厂出水、工业排水(矿井水)、生活污水、垃圾处理厂渗透(滤)液等水源进行回收,经适当处理后达到一定水质标准,并在一定范围内重复利用的水资源。再生水应当符合水利部《再生水水质标准》(SL368—2006)的有关规定。

(二)以废旧轮胎为全部生产原料生产的胶粉。胶粉应当符合 GB/T19208—2008 规定的性能指标。

(三)翻新轮胎。翻新轮胎应当符合 GB7037—2007、GB14646—2007 或者 HG/T3979—2007 规定的性能指标,并且翻新轮胎的胎体 100%来自废旧轮胎。

(四)生产原料中掺兑废渣比例不低于 30%的特定建材产品。

特定建材产品,是指砖(不含烧结普通砖)、砌块、陶粒、墙板、管材、混凝土、砂浆、道路井盖、道路护栏、防火材料、耐火材料、保温材料、矿(岩)棉。

二、对污水处理劳务免征增值税。污水处理是指将污水加工处理后符合 GB18918—2002 有关规定的水质标准的业务。

三、对销售下列自产货物实行增值税即征即退的政策:

(一)以工业废气为原料生产的高纯度二氧化碳产品。高纯度二氧化碳产品,应当符合 GB10621—2006

的有关规定。

（二）以垃圾为燃料生产的电力或者热力。垃圾用量占发电燃料的比重不低于80%，并且生产排放达到GB13223—2003第1时段标准或者GB18485—2001的有关规定。

所称垃圾，是指城市生活垃圾、农作物秸秆、树皮废渣、污泥、医疗垃圾。

（三）以煤炭开采过程中伴生的舍弃物油母页岩为原料生产的页岩油。

（四）以废旧沥青混凝土为原料生产的再生沥青混凝土。废旧沥青混凝土用量占生产原料的比重不低于30%。

（五）采用旋窑法工艺生产并且生产原料中掺兑废渣比例不低于30%的水泥（包括水泥熟料）。

1. 对经生料烧制和熟料研磨工艺生产水泥产品的企业，掺兑废渣比例计算公式为：

$$\text{掺兑废渣比例}=\frac{\text{生料烧制阶段掺兑废渣数量}+\text{熟料研磨阶段掺兑废渣数量}}{\text{生料数量}+\text{生料烧制和熟料研磨阶段掺兑废渣数量}+\text{其他材料数量}}\times 100\%$$

2. 对外购熟料经研磨工艺生产水泥产品的企业，掺兑废渣比例计算公式为：

$$\text{掺兑废渣比例}=\frac{\text{熟料研磨过程中掺兑废渣数量}}{\text{熟料数量}+\text{熟料研磨过程中掺兑废渣数量}+\text{其他材料数量}}\times 100\%$$

四、销售下列自产货物实现的增值税实行即征即退50%的政策：

（一）以退役军用发射药为原料生产的涂料硝化棉粉。退役军用发射药在生产原料中的比重不低于90%。

（二）对燃煤发电厂及各类工业企业产生的烟气、高硫天然气进行脱硫生产的副产品。副产品，是指石膏（其二水硫酸钙含量不低于85%）、硫酸（其浓度不低于15%）、硫酸铵（其总氮含量不低于18%）和硫磺。

（三）以废弃酒糟和酿酒底锅水为原料生产的蒸汽、活性炭、白碳黑、乳酸、乳酸钙、沼气。废弃酒糟和酿酒底锅水在生产原料中所占的比重不低于80%。

（四）以煤矸石、煤泥、石煤、油母页岩为燃料生产的电力和热力。煤矸石、煤泥、石煤、油母页岩用量占发电燃料的比重不低于60%。

（五）利用风力生产的电力。

（六）部分新型墙体材料产品。具体范围按本通知附件1《享受增值税优惠政策的新型墙体材料目录》执行。

五、对销售自产的综合利用生物柴油实行增值税先征后退政策。

综合利用生物柴油，是指以废弃的动物油和植物油为原料生产的柴油。废弃的动物油和植物油用量占生产原料的比重不低于70%。

六、对增值税一般纳税人生产的黏土实心砖、瓦，一律按适用税率征收增值税，不得采取简易办法征收增值税。2008年7月1日起，以立窑法工艺生产的水泥（包括水泥熟料），一律不得享受本通知规定的增值税即征即退政策。

七、申请享受本通知第一条、第三条、第四条第一项至第四项、第五条规定的资源综合利用产品增值税优惠政策的纳税人，应当按照《国家发展改革委财政部 国家税务总局关于印发〈国家鼓励的资源综合利用认定管理办法〉的通知》（发改环资〔2006〕1864号）的有关规定，申请并取得《资源综合利用认定证书》，否则不得申请享受增值税优惠政策。

八、本通知规定的增值税免税和即征即退政策由税务机关，增值税先征后退政策由财政部驻各地财政监察专员办事处及相关财政机关分别按照现行有关规定办理。

九、本通知所称废渣，是指采矿选矿废渣、冶炼废渣、化工废渣和其他废渣。废渣的具体范围，按附件2《享受增值税优惠政策的废渣目录》执行。

本通知所称废渣掺兑比例和利用原材料占生产原料的比重，一律以重量比例计算，不得以体积计算。

十、本通知第一条、第二条规定的政策自2009年1月1日起执行，第三条至第五条规定的政策自2008年7月1日起执行，《财政部 国家税务总局关于对部分资源产品免征增值税的通知》（财税字〔1995〕44号）、《财政部 国家税务总局关于继续对部分资源综合利用产品等实行增值税优惠政策的通知》（财税字〔1996〕20号）、《财政部 国家税务总局关于部分资源综合利用及其他产品增值税政策问题的通知》（财税〔2001〕198号）、《财政部 国家税务总局关于部分资源综合利用产品增值税政策的补充通知》（财税〔2004〕25号）、《国家税务总局关于建材产品征收增值税问题的批复》（国税函〔2003〕1151号）、《国家税务总局对利用废渣生产的水泥熟料享受资源综合利用产品增值税政策的批复》(国税函〔2003〕1164 号)、《国家税务总局关于企业利用废渣生产的水泥中废渣比例计算办法的批复》(国税函〔2004〕45 号)、《国家税务总局关于明确资源综合利用建材产品和废渣范围的通知》(国税函〔2007〕446 号)、《国家税务总局关于利用废液(渣)生产白银增值税问题的批复》(国税函〔2008〕116 号)相应废止。

附件 1:

享受增值税优惠政策的新型墙体材料目录

一、砖类

(一)非黏土烧结多孔砖(符合 GB13544—2000 技术要求)和非黏土烧结空心砖(符合 GB13545—2003 技术要求)。

(二)混凝土多孔砖(符合 JC943—2004 技术要求)。

(三)蒸压粉煤灰砖(符合 JC239—2001 技术要求)和蒸压灰砂空心砖(符合 JC/T637—1996 技术要求)。

(四)烧结多孔砖(仅限西部地区,符合 GB13544—2000 技术要求)和烧结空心砖(仅限西部地区,符合 GB13545—2003 技术要求)。

二、砌块类

(一)普通混凝土小型空心砌块(符合 GB8239—1997 技术要求)。

(二)轻集料混凝土小型空心砌块(符合 GB15229—2002 技术要求)。

(三)烧结空心砌块(以煤矸石、江河湖淤泥、建筑垃圾、页岩为原料,符合 GB13545—2003 技术要求)。

(四)蒸压加气混凝土砌块(符合 GB/T11968—2006 技术要求)。

(五)石膏砌块(符合 JC/T698—1998 技术要求)。

(六)粉煤灰小型空心砌块(符合 JC862—2000 技术要求)。

三、板材类

(一)蒸压加气混凝土板(符合 GB15762—1995 技术要求)。

(二)建筑隔墙用轻质条板(符合 JG/T169—2005 技术要求)。

(三)钢丝网架聚苯乙烯夹芯板(符合 JC623—1996 技术要求)。

(四)石膏空心条板(符合 JC/T829—1998 技术要求)。

(五)玻璃纤维增强水泥轻质多孔隔墙条板(简称 GRC 板,符合 GB/T19631—2005 技术要求)。

(六)金属面夹芯板。其中:金属面聚苯乙烯夹芯板(符合 JC689—1998 技术要求);金属面硬质聚氨酯夹芯板(符合 JC/T868—2000 技术要求);金属面岩棉、矿渣棉夹芯板(符合 JC/T869—2000 技术要求)。

(七)建筑平板。其中:纸面石膏板(符合 GB/T9775—1999 技术要求);纤维增强硅酸钙板(符合 JC/T564—2000 技术要求);纤维增强低碱度水泥建筑平板(符合 JC/T626—1996 技术要求);维纶纤维增强水泥平板(符合 JC/T671—1997 技术要求);建筑用石棉水泥平板(符合 JC/T412 技术要求)。

四、符合国家标准、行业标准和地方标准的混凝土砖、烧结保温砖(砌块)、中空钢网内模隔墙、复合保温砖(砌块)、预制复合墙板(体),聚氨酯硬泡复合板及以专用聚氨酯为材料的建筑墙体。

附件 2:

享受增值税优惠政策的废渣目录

本通知所述废渣,是指采矿选矿废渣、冶炼废渣、化工废渣和其他废渣。

一、采矿选矿废渣,是指在矿产资源开采加工过程中产生的废石、煤矸石、碎屑、粉末、粉尘和污泥。

二、冶炼废渣,是指转炉渣、电炉渣、铁合金炉渣、氧化铝赤泥和有色金属灰渣,但不包括高炉水渣。

三、化工废渣,是指硫铁矿渣、硫铁矿煅烧渣、硫酸渣、硫石膏、磷石膏、磷矿煅烧渣、含氰废渣、电石渣、磷肥渣、硫磺渣、碱渣、含钡废渣、铬渣、盐泥、总溶剂渣、黄磷渣、柠檬酸渣、脱硫石膏、氟石膏和废石膏模。

四、其他废渣，是指粉煤灰、江河(湖、海、渠)道淤泥、淤沙、建筑垃圾、城镇污水处理厂处理污水产生的污泥。

财政部 国家税务总局关于黑大豆出口免征增值税的通知

财税〔2008〕154号

各省、自治区、直辖市、计划单列市财政厅(局)、国家税务局，新疆生产建设兵团财务局：

经国务院批准，从2008年12月1日起，对黑大豆(税则号为1201009200)出口免征增值税。具体执行时间，以“出口货物报关单(出口退税专用)”海关注明的出口日期为准。

财政部 国家税务总局关于金属矿非金属矿采选产品增值税税率的通知

财税〔2008〕171号

各省、自治区、直辖市、计划单列市财政厅(局)、国家税务局，新疆生产建设兵团财务局：

根据国务院的决定，现将金属矿、非金属矿采选产品增值税税率问题通知如下：

一、金属矿采选产品、非金属矿采选产品增值税税率由13%恢复到17%。

二、食用盐仍适用13%的增值税税率，其具体范围是指符合《食用盐》(GB5461—2000)和《食用盐卫生标准》(GB2721—2003)两项国家标准的食用盐。

三、本通知所称金属矿采选产品，包括黑色和有色金属矿采选产品；非金属矿采选产品，包括除金属矿采选产品以外的非金属矿采选产品、煤炭和盐。

四、本通知自2009年1月1日起执行，《财政部 国家税务总局关于调整金属矿、非金属矿采选产品增值税税率的通知》[(94)财税字第22号]、《财政部 国家税务总局关于调整工业盐和食用盐增值税税率的通知》(财税〔2007〕101号)和《国家税务总局关于有色金属焙烧矿增值税适用税率问题的通知》(国税函〔1994〕621号)同时废止。

财政部 国家税务总局关于全国实施增值税转型改革若干问题的通知

财税〔2008〕170号

各省、自治区、直辖市、计划单列市财政厅(局)、国家税务局，新疆生产建设兵团财务局：

为推进增值税制度完善，促进国民经济平稳较快发展，国务院决定，自2009年1月1日起，在全国实施增值税转型改革。为保证改革实施到位，现将有关问题通知如下：

一、自2009年1月1日起，增值税一般纳税人(以下简称纳税人)购进(包括接受捐赠、实物投资，下同)或者自制(包括改扩建、安装，下同)固定资产发生的进项税额(以下简称固定资产进项税额)，可根据《中华人民共和国增值税暂行条例》(国务院令第538号，以下简称条例)和《中华人民共和国增值税暂行条例实施细则》(财政部 国家税务总局令第 50 号,以下简称细则)的有关规定,凭增值税专用发票、海关进口增值税专用缴款书和运输费用结算单据(以下简称增值税扣税凭证)从销项税额中抵扣,其进项税额应当记入"应交税金—应交增值税(进项税额)"科目。

二、纳税人允许抵扣的固定资产进项税额,是指纳税人 2009 年 1 月 1 日以后(含 1 月 1 日,下同)实际发生,并取得 2009 年 1 月 1 日以后开具的增值税扣税凭证上注明的或者依据增值税扣税凭证计算的增值税税额。

三、东北老工业基地、中部六省老工业基地城市、内蒙古自治区东部地区已纳入扩大增值税抵扣范围试点的纳税人,2009 年 1 月 1 日以后发生的固定资产进项税额,不再采取退税方式,其 2008 年 12 月 31 日以前(含 12 月 31 日,下同)发生的待抵扣固定资产进项税额期末余额,应于 2009 年 1 月份一次性转入"应交税金—应交增值税(进项税额)"科目。

四、自 2009 年 1 月 1 日起,纳税人销售自己使用过的固定资产(以下简称已使用过的固定资产),应区分不同情形征收增值税:

(一)销售自己使用过的 2009 年 1 月 1 日以后购进或者自制的固定资产,按照适用税率征收增值税;

(二)2008 年 12 月 31 日以前未纳入扩大增值税抵扣范围试点的纳税人,销售自己使用过的 2008 年 12 月 31 日以前购进或者自制的固定资产,按照 4%征收率减半征收增值税;

(三)2008 年 12 月 31 日以前已纳入扩大增值税抵扣范围试点的纳税人,销售自己使用过的在本地区扩大增值税抵扣范围试点以前购进或者自制的固定资产,按照 4%征收率减半征收增值税;销售自己使用过的在本地区扩大增值税抵扣范围试点以后购进或者自制的固定资产,按照适用税率征收增值税。

本通知所称已使用过的固定资产,是指纳税人根据财务会计制度已经计提折旧的固定资产。

五、纳税人已抵扣进项税额的固定资产发生条例第十条(一)至(三)项所列情形的,应在当月按下列公式计算不得抵扣的进项税额:

不得抵扣的进项税额=固定资产净值×适用税率

本通知所称固定资产净值,是指纳税人按照财务会计制度计提折旧后计算的固定资产净值。

六、纳税人发生细则第四条规定固定资产视同销售行为,对已使用过的固定资产无法确定销售额的,以固定资产净值为销售额。

七、自 2009 年 1 月 1 日起,进口设备增值税免税政策和外商投资企业采购国产设备增值税退税政策停止执行。具体办法,财政部、国家税务总局另行发文明确。

八、本通知自 2009 年 1 月 1 日起执行。《财政部 国家税务总局关于印发〈东北地区扩大增值税抵扣范围若干问题的规定〉的通知》(财税〔2004〕156 号)、《财政部 国家税务总局关于印发〈2004 年东北地区扩大增值税抵扣范围暂行办法〉的通知》(财税〔2004〕168 号)、《财政部 国家税务总局关于进一步落实东北地区扩大增值税抵扣范围政策的紧急通知》(财税〔2004〕226 号)、《财政部 国家税务总局关于东北地区军品和高新技术产品生产企业实施扩大增值税抵扣范围有关问题的通知》(财税〔2004〕227 号)、《国家税务总局关于开展扩大增值税抵扣范围企业认定工作的通知》(国税函〔2004〕143 号)、《财政部 国家税务总局关于 2005 年东北地区扩大增值税抵扣范围有关问题的通知》(财税〔2005〕28 号)、《财政部 国家税务总局关于 2005 年东北地区扩大增值税抵扣范围固定资产进项税额退税问题的通知》(财税〔2005〕176 号)、《财政部 国家税务总局关于东北地区军品和高新技术产品生产企业实施扩大增值税抵扣范围有关问题的通知》(财税〔2006〕15 号)、《财政部 国家税务总局关于 2006 年东北地区固定资产进项税额退税问题的通知》(财税〔2006〕156 号)、《财政部 国家税务总局关于印发〈中部地区扩大增值税抵扣范围暂行办法〉的通知》(财税〔2007〕75 号)、《财政部 国家税务总局关于扩大增值税抵扣范围地区 2007 年固定资产抵扣(退税)有关问题的补充通知》(财税〔2007〕128 号)、《国家税务总局关于印发〈扩大增值税抵扣范围暂行管理办法〉的通知》(国税发〔2007〕62 号)、《财政部 国家税务总局关于印发〈内蒙古东部地区扩大增值税抵扣范围暂行办法〉的通知》(财税〔2008〕94 号)、《财政部 国家税务总局关于印发〈汶川地震受灾严重地区扩大增值税抵扣范围暂行办法〉的通知》(财税〔2008〕108 号)、《财政部 国家税务总局关于 2008 年东北中部和蒙东地区扩大增值税抵扣范围固定资产进项税额退税问题的通知》(财税〔2008〕141 号)同时废止。

财政部 国家税务总局关于提高部分机电产品出口退税率的通知

财税〔2008〕177 号

各省、自治区、直辖市、计划单列市财政厅（局）、国家税务局，新疆生产建设兵团财务局：

经国务院批准，从 2009 年 1 月 1 日起，提高部分技术含量和附加值高的机电产品出口退税率。具体规定如下：

一、将航空惯性导航仪、陀螺仪、离子射线检测仪、核反应堆、工业机器人等产品的出口退税率由 13%、14%提高到 17%。

二、将摩托车、缝纫机、电导体等产品的出口退税率由 11%、13%提高到 14%。

三、具体执行时间，以“出口货物报关单（出口退税专用）”海关注明的出口日期为准。

国家税务总局关于有机肥产品免征增值税问题的批复

国税函〔2008〕1020 号

陕西省国家税务局：

你局《关于有机肥产品免征增值税问题的请示》（陕国税发〔2008〕307 号）收悉。经研究，批复如下：

《财政部 国家税务总局关于有机肥产品免征增值税的通知》（财税〔2008〕56 号）规定，享受免税政策的有机肥产品是指有机肥料、有机-无机复混肥料和生物有机肥。其产品执行标准为：有机肥料 NY525—2002，有机-无机复混肥料 GB18877—2002，生物有机肥 NY884—2004。其他不符合上述标准的产品，不属于财税〔2008〕56 号文件规定的有机肥产品，应按照现行规定征收增值税。

国家税务总局关于金表壳及零件出口有关退税问题的通知

国税函〔2008〕1040 号

各省、自治区、直辖市和计划单列市国家税务局：

近接部分省市来函来电，反映金表壳及零件的出口退税问题。为加强对含金成分产品出口退（免）管理，防范骗取出口退税案件的发生，经研究，对金表壳及零件的出口退税问题通知如下：

一、从 2008 年 12 月 1 日起，出口企业出口海关商品代码为 91111000 的“黄金、铂金或包黄金、铂金制的表壳”及商品代码为 91119000 的“黄金、铂金表壳的零件”，实行增值税免税政策，相应的进项税额不再退税或抵扣，转入成本处理。

二、对 2008 年 1 月 1 日至 11 月 30 日之间出口已申报退税的金表壳及零件，出口企业所在地税务机关要对供货企业的生产能力与内外销总量、货物运输方式、货款收付金额、纳税情况等是否合理进行核查，对排除骗税嫌疑的予以退（免）税，如发现涉税违法行为的，按《中华人民共和国税收征管法》有关规定处理。

国家税务总局关于增值税一般纳税人认定有关问题的通知

国税函〔2008〕1079 号

各省、自治区、直辖市和计划单列市国家税务局：

新修订的《中华人民共和国增值税暂行条例实施细则》降低了小规模纳税人标准（以下称新标准），自2009 年 1 月 1 日起实施。目前，税务总局正在制定增值税一般纳税人认定管理的具体办法，在该办法颁布之前，为保证新标准的顺利执行，增值税一般纳税人认定工作暂按以下原则办理：

一、现行增值税一般纳税人认定的有关规定仍继续执行。

二、2008 年应税销售额超过新标准的小规模纳税人向主管税务机关申请一般纳税人资格认定的，主管税务机关应按照现行规定为其办理一般纳税人认定手续。

三、2009 年应税销售额超过新标准的小规模纳税人，应当按照《中华人民共和国增值税暂行条例》及其实施细则的有关规定向主管税务机关申请一般纳税人资格认定。未申请办理一般纳税人认定手续的，应按销售额依照增值税税率计算应纳税额，不得抵扣进项税额，也不得使用增值税专用发票。

四、年应税销售额未超过新标准的小规模纳税人，可以按照现行规定向主管税务机关申请一般纳税人资格认定。

国家税务总局关于部分货物适用增值税低税率和简易办法征收增值税政策的通知

财税〔2009〕9 号

各省、自治区、直辖市、计划单列市财政厅（局）、国家税务局，新疆生产建设兵团财务局：

根据《中华人民共和国增值税暂行条例》（国务院令 538 号，以下简称条例）和《中华人民共和国增值税暂行条例实施细则》（财政部 国家税务总局令 50 号）的规定和国务院的有关精神，为做好相关增值税政策规定的衔接，加强征收管理，现将部分货物适用增值税税率和实行增值税简易征收办法的有关事项明确如下：

一、下列货物继续适用 13％的增值税税率：

（一）农产品。

农产品，是指种植业、养殖业、林业、牧业、水产业生产的各种植物、动物的初级产品。具体征税范围暂继续按照《财政部 国家税务总局关于印发〈农业产品征税范围注释〉的通知》（财税字〔1995〕52 号）及现行相关规定执行。

（二）音像制品。

音像制品，是指正式出版的录有内容的录音带、录像带、唱片、激光唱盘和激光视盘。

（三）电子出版物。

电子出版物，是指以数字代码方式，使用计算机应用程序，将图文声像等内容信息编辑加工后存储在具有确定的物理形态的磁、光、电等介质上，通过内嵌在计算机、手机、电子阅读设备、电子显示设备、数字音/视频播放设备、电子游戏机、导航仪以及其他具有类似功能的设备上读取使用，具有交互功能，用以表达思想、普及知识和积累文化的大众传播媒体。载体形态和格式主要包括只读光盘（CD 只读光盘 CD-ROM、交互式光盘 CD-I、照片光盘 Photo-CD、高密度只读光盘 DVD-ROM、蓝光只读光盘 HD-DVD ROM 和 BD ROM）、一次写入式光盘（一次写入 CD 光盘 CD-R、一次写入高密度光盘 DVD-R、一次写入蓝光光盘 HD-

DVD/R，BD-R）、可擦写光盘（可擦写CD光盘CD-RW、可擦写高密度光盘DVD-RW、可擦写蓝光光盘HD-DVD-RW和BD-RW、磁光盘M0）、软磁盘（FD）、硬磁盘（HD）、集成电路卡（CF卡、MD卡、SM卡、MMC卡、RS-MMC卡、MS卡、SD卡、XD卡、T-Flash卡、记忆棒）和各种存储芯片。

（四）二甲醚。

二甲醚，是指化学分子式为CH3OCH3，常温常压下为具有轻微醚香味，易燃、无毒、无腐蚀性的气体。

二、下列按简易办法征收增值税的优惠政策继续执行，不得抵扣进项税额：

（一）纳税人销售自己使用过的物品，按下列政策执行：

1. 一般纳税人销售自己使用过的属于条例第十条规定不得抵扣且未抵扣进项税额的固定资产，按简易办法依4%征收率减半征收增值税。

一般纳税人销售自己使用过的其他固定资产，按照《财政部 国家税务总局关于全国实施增值税转型改革若干问题的通知》（财税〔2008〕170号）第四条的规定执行。

一般纳税人销售自己使用过的除固定资产以外的物品，应当按照适用税率征收增值税。

2. 小规模纳税人（除其他个人外，下同）销售自己使用过的固定资产，减按2%征收率征收增值税。

小规模纳税人销售自己使用过的除固定资产以外的物品，应按3%的征收率征收增值税。

（二）纳税人销售旧货，按照简易办法依照4%征收率减半征收增值税。

所称旧货，是指进入二次流通的具有部分使用价值的货物（含旧汽车、旧摩托车和旧游艇），但不包括自己使用过的物品。

（三）一般纳税人销售自产的下列货物，可选择按照简易办法依照6%征收率计算缴纳增值税：

1. 县级及县级以下小型水力发电单位生产的电力。小型水力发电单位，是指各类投资主体建设的装机容量为5万千瓦以下（含5万千瓦）的小型水力发电单位。

2. 建筑用和生产建筑材料所用的砂、土、石料。

3. 以自己采掘的砂、土、石料或其他矿物连续生产的砖、瓦、石灰（不含黏土实心砖、瓦）。

4. 用微生物、微生物代谢产物、动物毒素、人或动物的血液或组织制成的生物制品。

5. 自来水。

6. 商品混凝土（仅限于以水泥为原料生产的水泥混凝土）。

一般纳税人选择简易办法计算缴纳增值税后，36个月内不得变更。

（四）一般纳税人销售货物属于下列情形之一的，暂按简易办法依照4%征收率计算缴纳增值税：

1. 寄售商店代销寄售物品（包括居民个人寄售的物品在内）；

2. 典当业销售死当物品；

3（本部分已经被《财政部 国家税务总局关于出口货物劳务增值税和消费税政策的通知》（财税〔2012〕39号）废止）

三、对属于一般纳税人的自来水公司销售自来水按简易办法依照6%征收率征收增值税，不得抵扣其购进自来水取得增值税扣税凭证上注明的增值税税款。

四、本通知自2009年1月1日起执行。《财政部 国家税务总局关于调整农业产品增值税税率和若干项目征免增值税的通知》[财税字（94）004号]、《财政部 国家税务总局关于自来水征收增值税问题的通知》[（94）财税字第014号]、《财政部 国家税务总局关于增值税、营业税若干政策规定的通知》[（94）财税字第026号]第九条和第十条、《国家税务总局关于印发〈增值税问题解答（之一）〉的通知》（国税函发〔1995〕288号）附件第十条、《国家税务总局关于调整部分按简易办法征收增值税的特定货物销售行为征收率的通知》（国税发〔1998〕122号）、《国家税务总局关于县以下小水电电力产品增值税征税问题的批复》（国税函〔1998〕843号）、《国家税务总局关于商品混凝土实行简易办法征收增值税问题的通知》（国税发〔2000〕37号）、《财政部 国家税务总局关于旧货和旧机动车增值税政策的通知》（财税〔2002〕29号）、《国家税务总局关于自来水行业增值税政策问题的通知》（国税发〔2002〕56号）、《财政部 国家税务总局关于宣传文化增值税和营业税优惠政策的通知》（财税〔2006〕153号）第一条、《国家税务总局关于明确县以下小型水力发电单位具体标准的批复》（国税函〔2006〕47号）、《国家税务总局关于商品混凝土征收增值税有关问题的通知》（国税函〔2007〕599号）、《财政部 国家税务总局关于二甲醚增值税适用税率问题的通知》（财税〔2008〕72号）同时废止。

【注释】《财政部 国家税务总局关于出口货物劳务增值税和消费税政策的通知》(财税〔2012〕39 号)对本文进行了修正。

油气田企业增值税管理办法

财税〔2009〕8 号

第一条　根据国务院批准的石油天然气企业增值税政策，为加强石油天然气企业的增值税征收管理工作，制定本办法。

第二条　本办法适用于在中华人民共和国境内从事原油、天然气生产的企业。包括中国石油天然气集团公司(以下简称中石油集团)和中国石油化工集团公司(以下简称中石化集团)重组改制后设立的油气田分(子)公司、存续公司和其他石油天然气生产企业(以下简称油气田企业)，不包括经国务院批准适用 5% 征收率缴纳增值税的油气田企业。

存续公司是指中石油集团和中石化集团重组改制后留存的企业。

其他石油天然气生产企业是指中石油集团和中石化集团以外的石油天然气生产企业。

油气田企业持续重组改制继续提供生产性劳务的企业，以及 2009 年 1 月 1 日以后新成立的油气田企业参股、控股的企业，按照本办法缴纳增值税。

第三条　油气田企业为生产原油、天然气提供的生产性劳务应缴纳增值税。

生产性劳务是指油气田企业为生产原油、天然气，从地质普查、勘探开发到原油天然气销售的一系列生产过程所发生的劳务(具体见本办法所附的《增值税生产性劳务征税范围注释》)。

缴纳增值税的生产性劳务仅限于油气田企业间相互提供属于《增值税生产性劳务征税范围注释》内的劳务。油气田企业与非油气田企业之间相互提供的生产性劳务不缴纳增值税。

第四条　油气田企业将承包的生产性劳务分包给其他油气田企业或非油气田企业，应当就其总承包额计算缴纳增值税。非油气田企业将承包的生产性劳务分包给油气田企业或其他非油气田企业，其提供的生产性劳务不缴纳增值税。油气田企业分包非油气田企业的生产性劳务，也不缴纳增值税。

第五条　油气田企业提供的生产性劳务，增值税税率为 17%。

第六条　油气田企业与其所属非独立核算单位之间以及其所属非独立核算单位之间移送货物或者提供应税劳务，不缴纳增值税。

本办法规定的应税劳务，是指加工、修理修配劳务和生产性劳务(下同)。

第七条　油气田企业提供的应税劳务和非应税劳务应当分别核算销售额，未分别核算的，由主管税务机关核定应税劳务的销售额。

第八条　油气田企业下列项目的进项税额不得从销项税额中抵扣：

(一)用于非增值税应税项目、免征增值税项目、集体福利或者个人消费的购进货物或者应税劳务。

本办法规定的非增值税应税项目，是指提供非应税劳务、转让无形资产、销售不动产、建造非生产性建筑物及构筑物。

本办法规定的非应税劳务，是指属于应缴营业税的交通运输业、建筑业、金融保险业、邮电通信业、文化体育业、娱乐业、服务业税目征收范围的劳务，但不包括本办法规定的生产性劳务。

用于集体福利或个人消费的购进货物或者应税劳务，包括所属的学校、医院、宾馆、饭店、招待所、托儿所(幼儿园)、疗养院、文化娱乐单位等部门购进的货物或应税劳务。

(二)非正常损失的购进货物及相关的应税劳务。

(三)非正常损失的在产品、产成品所耗用的购进货物或者应税劳务。

(四)国务院财政、税务主管部门规定的纳税人自用消费品。

(五)本条第(一)项至第(四)项规定的货物的运输费用和销售免税货物的运输费用。

第九条　油气田企业为生产原油、天然气接受其他油气田企业提供的生产性劳务，可凭劳务提供方开具的增值税专用发票注明的增值税税额予以抵扣。

第十条 跨省、自治区、直辖市开采石油、天然气的油气田企业，由总机构汇总计算应纳增值税税额，并按照各油气田(井口)石油、天然气产量比例进行分配，各油气田按所分配的应纳增值税税额向所在地税务机关缴纳。石油、天然气应纳增值税税额的计算办法由总机构所在地省级税务部门商各油气田所在地同级税务部门确定。

在省、自治区、直辖市内的油气田企业，其增值税的计算缴纳方法由各省、自治区、直辖市财政和税务部门确定。

第十一条 油气田企业跨省、自治区、直辖市提供生产性劳务，应当在劳务发生地按3%预征率计算缴纳增值税。在劳务发生地预缴的税款可从其应纳增值税中抵减。

第十二条 油气田企业为生产原油、天然气提供的生产性劳务的纳税义务发生时间为油气田企业收讫劳务收入款或者取得索取劳务收入款项凭据的当天；先开具发票的，为开具发票的当天。

收讫劳务收入款的当天，是指油气田企业应税行为发生过程中或者完成后收取款项的当天；采取预收款方式的，为收到预收款的当天。

取得索取劳务收入款项凭据的当天，是指书面合同确定的付款日期的当天；未签订书面合同或者书面合同未确定付款日期的，为应税行为完成的当天。

第十三条 油气田企业所需发票，经主管税务机关审核批准后，可以采取纳税人统一集中领购、发放和管理的方法，也可以由机构内部所属非独立核算单位分别领购。

第十四条 油气田企业应统一申报货物及应税劳务应缴纳的增值税。

第十五条 现行规定与本办法有抵触的，按本办法执行；本办法未尽事宜，按现行税收法律、法规执行。

第十六条 各省、自治区、直辖市税务机关可根据本规定制定具体实施办法，并报国家税务总局备案。

第十七条 本办法自2009年1月1日起执行。《财政部 国家税务总局关于油气田企业增值税计算缴纳方法问题的通知》((94)财税字第073号)、《财政部国家税务关于印发〈油气田企业增值税管理暂行办法〉的通知》(财税字〔2000〕32号)和《国家税务总局关于油气田企业增值税问题的补充通知》(国税发〔2000〕195号)同时废止。

附：

增值税生产性劳务征收范围注释

一、地质勘探

是指根据地质学、物理学和化学原理，凭借各种仪器设备观测地下情况，研究地壳的性质与结构，借以寻找原油、天然气的工作。种类包括：地质测量；控制地形测量；重力法；磁力法；电法；陆地海滩二维(或三维、四维)地震勘探；垂直地震测井法(即vsp测井法)；卫星定位；地球化学勘探；井间地震；电磁勘探；多波地震勘探；遥感和遥测；探井；资料(数据)处理、解释和研究。

二、钻井(含侧钻)

是指初步探明储藏有油气水后，通过钻具(钻头、钻杆、钻铤)对地层钻孔，然后用套、油管连接并向下延伸到油气水层，并将油气水分离出来的过程。钻井工程分为探井和开发井。探井包括地质井、参数井、预探井、评价井、滚动井等；开发井包括采油井、采气井、注水(气)井以及调整井、检查研究井、扩边井、油藏评价井等，其有关过程包括：

(一)新老区临时工程建设。是指为钻井前期准备而进行的临时性工程。含临时房屋修建、临时公路和井场道路的修建、供水(电)工程的建设、保温及供热工程建设、维护、管理。

(二)钻前准备工程。指为钻机开钻创造必要条件而进行的各项准备工程。含钻机、井架、井控、固控设施、井口工具的安装及维修。

(三)钻井施工工程。包括钻井、井控、固控所需设备、材料及新老区临时工程所需材料的装卸及搬运。

(四)包括定向井技术、水平井技术、打捞技术、欠平衡技术、泥浆技术、随钻测量、陀螺测量、电子多点、电子单点、磁性单多点、随钻、通井、套管开窗、老井侧钻、数据处理、小井眼加深、钻井液、顶部驱动钻井、化学监测、分支井技术、气体(泡沫)钻井技术、套管钻井技术、膨胀管技术、垂直钻井技术、地质导向钻井技术、旋冲钻井技术，取芯、下套管作业、钻具服务、井控服务、固井服务、钻井工程技术监督、煤层气钻井技术等。

(五)海洋钻井：包括钻井船拖航定位、海洋环保、安全求生设备的保养检查、试油点火等特殊作业。

三、测井

是指在井孔中利用测试仪器，根据物理和化学原理，间接获取地层和井眼信息，包括信息采集、处理、解释和油(气)井射孔。根据测井信息，评价储(产)层岩性、物性、含油性、生产能力及固井质量、射孔质量、套管质量、井下作业效果等。按物理方法，主要有电法测井、声波测井、核(放射性)测井、磁测井、力测井、热测井、化学测井；按完井方式分裸眼井测井和套管井测井；按开采阶段分勘探测井和开发测井，开发测井包括生产测井、工程测井和产层参数测井。

四、录井

是指钻井过程中随着钻井录取各种必要资料的工艺过程。有关项目包括：地质设计；地质录井；气测录井；综合录井；地化录井；轻烃色谱录井；定量荧光录井；核磁共振录井；离子色谱录井；伽马录井；岩心扫描录井；录井信息传输；录井资料处理及解释；地质综合研究；测量工程；单井评价；古生物、岩矿、色谱分析；录井新技术开发；非地震方法勘探；油层工程研究；数据处理；其他技术服务项目。

五、试井

是指确定井的生产能力和研究油层参数及地下动态，对井进行的专门测试工作。应用试井测试手段可以确定油气藏压力系统、储层特性、生产能力和进行动态预测，判断油气藏边界、评价井下作业效果和估算储量等。包括高压试井和低压试井。

六、固井

是指向井内下入一定尺寸的套管柱，并在周围注入水泥，将井壁与套管的空隙固定，以封隔疏松易塌易漏等地层、封隔油气水层，防止互相窜漏并形成油气通道。具体项目包括：表面固井、技术套管固井、油层固井、套管固井、特殊固井。

七、试油(气)

是油气层评价的一种直接手段。是指在钻井过程中或完井后，利用地层测试等手段，获取储层油、气、水产量、液性、压力、温度等资料，为储层评价、油气储量计算和制定油气开发方案提供依据。包括：中途测试、原钻机试油(气)、完井试油(气)、压裂改造、酸化改造、地层测试和抽汲排液求产、封堵等特种作业。

八、井下作业

是指在油气开发过程中，根据油气田投产、调整、改造、完善、挖潜的需要，利用地面和井下设备、工具，对油、气、水井采取各种井下作业技术措施，以达到维护油气水井正常生产或提高注采量，改善油层渗透条件及井的技术状况，提高采油速度和最终采收率。具体项目包括：新井投产、投注、维护作业、措施作业、油水井大修、试油测试、试采、数据解释。

九、油(气)集输

是指把油(气)井生产的原油(天然气)收集起来，再进行初加工并输送出去而修建井(平)台、井口装置、管线、计量站、接转站、联合站、油库、油气稳定站、净化厂(站)、污水处理站、中间加热加压站、长输管线、集气站、增压站、气体处理厂等设施及维持设施正常运转发生的运行、保养、维护等劳务。

十、采油采气

是指为确保油田企业正常生产，通过自然或机械力将油气从油气层提升到地面并输送到联合站、集输站整个过程而发生的工程及劳务。主要包括采油采气、注水注气、三次采油、防腐、为了提高采收率采取的配套技术服务等。

(一)采油采气。是指钻井完钻后，通过试采作业，采取自然或机械力将油气从油气层提升到地面而进行的井场、生产道路建设、抽油机安装、采油树配套、单井管线铺设、动力设备安装、气层排液等工程及维持正常生产发生的运行、保养、维护等劳务。

(二)注水注气。是指为保持油气层压力而建设的水源井、取水设施、操作间、水源管线、配水间、配气站、注水注气站、注水增压站、注水注气管线等设施以及维持正常注水注气发生的运行、保养、维护等劳务。

(三)稠油注汽。是指为开采稠油而修建的向油层注入高压蒸汽的设施工程及维持正常注汽发生的运行、保养、维护等劳务。

(四)三次采油。是指为提高原油采收率，确保油田采收率而向油层内注聚合物、酸碱、表面活性剂、二氧化碳、微生物等其他新技术，进行相关的技术工艺配套和地面设施工程。包括修建注入和采出各场站、管网及相应的各系统工程；产出液处理的净化场(站)及管网工程等。

(五)防腐。是指为解决现场问题，保证油田稳产，解决腐蚀问题而进行的相关药剂、防腐方案、腐蚀监测网络等的配套工程。

(六)技术服务。是指为确保油气田的正常生产，为采油气工程提供的各种常规技术服务及新技术服务等。主要包括采油采气方案的编制、注水注气方案编制、三次采油方案的编制设计、油井管柱优化设计、相关软件的开发、采油气新工艺的服务、油气水井测试服务等。

十一、海上油田建设

是指为勘探开发海上油田而修建的人工岛、海上平台、海堤、滩海路、海上电力通讯、海底管缆、海上运输、应急系统、弃置等海上生产设施及维持正常生产发生的运行、保养、维护等劳务。

十二、供排水、供电、供热、通讯

(一)供排水。是指为维持油(气)田正常生产及保证安全所建设的调节水源、管线、泵站等系统工程以及防洪排涝工程以及运行、维护、改造等劳务。

(二)供电。是指为保证油(气)田正常生产和照明而建设的供、输、变电的系统工程以及运行、维护、改造等劳务。

(三)供热。是指为保证油气田正常生产而建设的集中热源、供热管网等设施以及运行、维护、改造等劳务。

(四)通讯。是指在油(气)田建设中为保持电信联络而修建的发射台、线路、差转台(站)等设施以及运行、维护、改造等劳务。

十三、油田基本建设

是指根据油气田生产的需要，在油气田内部修建的道路、桥涵、河堤、输卸油(气)专用码头、海堤、生产指挥场所建设等设施以及维护和改造。

十四、环境保护

是油气田企业为保护生态环境，落实环境管理而发生的生态保护、污染防治、清洁生产、污染处置、环境应急等项目建设的工程与劳务，及施工结束、资源枯竭后应及时恢复自然生态而建设的工程及劳务。

十五、其他

是指油气田企业之间为维持油气田的正常生产而互相提供的其他劳务。包括：运输、设计、提供信息、检测、计量、监督、监理、消防、安全、异体监护、数据处理、租赁生产所需的仪器、材料、设备等服务。

国家税务总局关于增值税简易征收政策有关管理问题的通知

国税函〔2009〕90 号

各省、自治区、直辖市和计划单列市国家税务局：

《财政部 国家税务总局关于部分货物适用增值税低税率和简易办法征收增值税政策的通知》(财税〔2009〕9 号)规定对部分项目继续适用增值税简易征收政策。经研究，现将有关增值税管理问题明确如下：

一、关于纳税人销售自己使用过的固定资产：

(一)一般纳税人销售自己使用过的固定资产，凡根据《财政部 国家税务总局关于全国实施增值税转型改革若干问题的通知》(财税〔2008〕170 号)和财税〔2009〕9 号文件等规定，适用按简易办法依 4%征收率减半征收增值税政策的，应开具普通发票，不得开具增值税专用发票。

(二)小规模纳税人销售自己使用过的固定资产，应开具普通发票，不得由税务机关代开增值税专用发票。

二、纳税人销售旧货，应开具普通发票，不得自行开具或者由税务机关代开增值税专用发票。

三、一般纳税人销售货物适用财税〔2009〕9 号文件第二条第(三)项、第(四)项和第三条规定的，可自行开具增值税专用发票。

四、关于销售额和应纳税额：

(一)一般纳税人销售自己使用过的物品和旧货,适用按简易办法依 4%征收率减半征收增值税政策的,按下列公式确定销售额和应纳税额:

销售额=含税销售额/(1+4%)

应纳税额=销售额×4%/2

(二)小规模纳税人销售自己使用过的固定资产和旧货,按下列公式确定销售额和应纳税额:

销售额=含税销售额/(1+3%)

应纳税额=销售额×2%

五、小规模纳税人销售自己使用过的固定资产和旧货,其不含税销售额填写在《增值税纳税申报表(适用于小规模纳税人)》第 4 栏,其利用税控器具开具的普通发票不含税销售额填写在第 5 栏。

六、本通知自 2009 年 1 月 1 日起执行。《国家税务总局关于调整增值税纳税申报有关事项的通知》(国税函〔2008〕1075 号)第二条第(二)项规定同时废止。

国家税务总局关于麦芽适用税率问题的批复

国税函〔2009〕177 号

新疆维吾尔自治区国家税务局:

你局《关于麦芽适用税率问题的请示》(新国税发〔2008〕199 号)收悉。经研究,批复如下:

麦芽不属于《财政部 国家税务总局关于印发〈农业产品征税范围注释〉的通知》(财税字〔1995〕52 号)规定的农业产品范围,应适用 17%的增值税税率。

国家税务总局关于部分饲料产品征免增值税政策问题的批复

国税函〔2009〕324 号

陕西省国家税务局:

你局《关于部分饲料产品征免增值税问题的请示》(陕国税发〔2008〕286 号)收悉。经研究,批复如下:

根据《财政部 国家税务总局关于饲料产品免征增值税问题的通知》(财税〔2001〕121 号)及相关文件的规定,单一大宗饲料产品仅限于财税〔2001〕121 号文件所列举的糠麸等饲料产品。膨化血粉、膨化肉粉、水解羽毛粉不属于现行增值税优惠政策所定义的单一大宗饲料产品,应对其照章征收增值税。混合饲料是指由两种以上单一大宗饲料、粮食、粮食副产品及饲料添加剂按照一定比例配置,其中单一大宗饲料、粮食及粮食副产品的掺兑比例不低于 95%的饲料。添加其他成分的膨化血粉、膨化肉粉、水解羽毛粉等饲料产品,不符合现行增值税优惠政策有关混合饲料的定义,应对其照章征收增值税。

财政部 国家税务总局关于油气田企业增值税问题的补充通知

国税发〔2000〕195 号

财政部、国家税务总局《油气田企业增值税暂行管理办法》(财税字〔2000〕32 号)下发后,运行基本正常，但仍存在一些问题。为规范油气田企业增值税管理，现将有关问题补充通知如下：

一、征收增值税的生产性劳务仅限于油气田企业间相互提供的属于《油气田企业增值税暂行管理办法》(财税字〔2000〕32号)规定的"增值税生产性劳务征税范围注释"目录内的劳务。油气田企业向非油气田企业或非油气田企业向油气田企业提供的生产性劳务不征收增值税，征收营业税。

存续公司经过持续性重组、改制后不论是控股还是参股仍按油气田企业增值税办法征税。

二、油气田企业向外省、自治区、直辖市其他油气田企业提供生产性劳务，应当在劳务发生地税务机关办理税务登记或注册税务登记。在劳务发生地设立分(子)公司的，应当申请办理增值税一般纳税人认定手续，经劳务发生地税务机关认定为一般纳税人后，按照增值税一般纳税人的计算方法在劳务发生地计算缴纳增值税。

油气田企业在劳务发生地未设立分(子)公司但提供生产性劳务的，在劳务发生地按6%的预征率计算缴纳增值税，按预征率预缴的税款可在油气田企业的应纳增值税中抵减。

子公司是指具有企业法人资格，实行独立核算的企业；分公司是指不具有企业法人资格，但领取了工商营业执照的企业。

三、油气田企业将承包属于生产性劳务的工程转包、分包给油气田企业或其他企业，应当就其总承包额计算缴纳增值税。非油气田企业将承包的属于生产性劳务的工程转包、分包给油气田企业或其他企业，其工程收入不缴纳增值税，应当按营业税的有关规定缴纳营业税。

四、油气田企业间提供的生产性劳务和非生产性劳务应当分别核算销售额，不能分别核算或不能准确核算的应一并缴纳增值税。

五、过渡期的征税问题

(一)油气田企业间提供的生产性劳务，在2000年1月1日前施工，2000年1月1日后完工的，应当按照其结算时间确定征税税种。对2000年1月1日前结算的生产性劳务收入如属于营业税征收范围的缴纳营业税。对2000年1月1日后结算的缴纳增值税。

(二)油气田企业在重组、改制前购进货物，但未取得增值税专用发票的，应当在办理新营业执照后3个月内取得，经主管税务机关审核后准予抵扣。未按照规定时间取得的，原则上不再予以抵扣。

六、本补充通知自2000年1月1日起执行，本通知公布前已执行的办法与本通知不符的，不再进行调整。

财政部 国家税务总局关于扶持动漫产业发展有关税收政策问题的通知

财税〔2009〕65号

各省、自治区、直辖市、计划单列市财政厅(局)、国家税务局、地方税务局：

根据《国务院办公厅转发财政部等部门关于推动我国动漫产业发展若干意见的通知》(国办发〔2006〕32号)的精神，文化部会同有关部门于2008年12月下发了《动漫企业认定管理办法(试行)》(文市发〔2008〕51号)。为促进我国动漫产业健康快速发展，增强动漫产业的自主创新能力，现就扶持动漫产业发展的有关税收政策问题通知如下：

一、关于增值税。

(本条已经过期失效)

二、关于企业所得税。

经认定的动漫企业自主开发、生产动漫产品，可申请享受国家现行鼓励软件产业发展的所得税优惠政策。

三、关于营业税。

(本条已经过期失效)

四、关于进口关税和进口环节增值税。

经国务院有关部门认定的动漫企业自主开发、生产动漫直接产品，确需进口的商品可享受免征进口关税和进口环节增值税的优惠政策。具体免税商品范围及管理办法由财政部会同有关部门另行制定。

五、本通知所称动漫企业和自主开发、生产动漫产品的认定标准和认定程序，按照《文化部财政部 国家税务总局关于印发〈动漫企业认定管理办法（试行）〉的通知》（文市发〔2008〕51 号）的规定执行。

六、本通知从 2009 年 1 月 1 日起执行。

国家税务总局关于氨化硝酸钙免征增值税问题的批复

国税函〔2009〕430 号

山西省国家税务局：

你局《关于氨化硝酸钙免征增值税问题的请示》（晋国税发〔2009〕112 号）已悉。经研究，批复如下：

氨化硝酸钙属于氮肥。根据《财政部 国家税务总局关于若干农业生产资料征免增值税政策的通知》（财税〔2001〕113 号）第一条第二款规定，对氨化硝酸钙免征增值税。

国家税务总局关于复合胶适用增值税税率问题的批复

国税函〔2009〕453 号

云南省国家税务局：

你局《关于复合胶增值税适用税率的请示》（云国税发〔2009〕147 号）收悉。经研究，批复如下：

复合胶是以新鲜橡胶液为主要原料，经过压片、造粒、烤干等工序加工生产的橡胶制品。因此，复合胶不属于《农业产品征税范围注释》（财税字〔1995〕52 号）规定的“天然橡胶”产品，适用增值税税率应为 17%。

国家税务总局关于核桃油适用税率问题的批复

国税函〔2009〕455 号

四川省国家税务局：

你局《关于核桃油适用税率问题的请示》（川国税发〔2009〕70 号）收悉，经研究，批复如下：

核桃油按照食用植物油 13%的税率征收增值税。

国家税务总局关于供应非临床用血增值税政策问题的批复

国税函〔2009〕456 号

广西壮族自治区国家税务局：

你局《关于纳税人供应非临床用人体血液如何征收增值税问题的请示》（桂国税发〔2009〕76 号）已悉。按照国家卫生部门有关规定，你局请示文所述供应非临床用人体血液的纳税人系指单采血浆站，其经审批设立后可以采集非临床用的原料血浆并供应血液制品生产单位用于生产血液制品。现将有关增值税政策问题批复如下：

一、人体血液的增值税适用税率为 17%。

二、属于增值税一般纳税人的单采血浆站销售非临床用人体血液，可以按照简易办法依照6%征收率计算应纳税额，但不得对外开具增值税专用发票；也可以按照销项税额抵扣进项税额的办法依照增值税适用税率计算应纳税额。

纳税人选择计算缴纳增值税的办法后，36个月内不得变更。

财政部 国家税务总局关于固定资产进项税额抵扣问题的通知

财税〔2009〕113号

各省、自治区、直辖市、计划单列市财政厅(局)、国家税务总局、地方税务局、新疆生产建设兵团财务局：

增值税转型改革实施后，一些地区反映固定资产增值税进项税额抵扣范围不够明确。为解决执行中存在的问题，经研究，现将有关问题通知如下：

《中华人民共和国增值税暂行条例实施细则》第二十三条第二款所称建筑物，是指供人们在其内生产、生活和其他活动的房屋或者场所，具体为《固定资产分类与代码》(GB/T14885—1994)中代码前两位为“02”的房屋；所称构筑物，是指人们不在其内生产、生活的人工建造物，具体为《固定资产分类与代码》(GB/T14885—1994)中代码前两位为“03”的构筑物；所称其他土地附着物，是指矿产资源及土地上生长的植物。

《固定资产分类与代码》(GB/T14885—1994)电子版可在财政部或国家税务总局网站查询。

以建筑物或者构筑物为载体的附属设备和配套设施，无论在会计处理上是否单独记账与核算，均应作为建筑物或者构筑物的组成部分，其进项税额不得在销项税额中抵扣。附属设备和配套设施是指：给排水、采暖、卫生、通风、照明、通讯、煤气、消防、中央空调、电梯、电气、智能化楼宇设备和配套设施。

国家税务总局关于生产企业开展对外承包工程业务出口货物退(免)税问题的批复

国税函〔2009〕538号

北京市国家税务局：

你局《关于生产企业开展对外承包工程业务出口货物退免税问题的请示》(京国税发〔2009〕119号)收悉。经研究，批复如下：

属于增值税一般纳税人的生产企业开展对外承包工程业务而出口的货物，凡属于现有税收政策规定的特准退税范围，且按规定在财务上作销售账务处理的，无论是自产货物还是非自产货物，均统一实行免、抵、退税办法；凡属于国家明确规定不予退(免)税的货物，按现行规定予以征税；不属于上述两类货物范围的，如生活用品等，实行免税办法。

国家税务总局关于农村电网维护费征免增值税问题的通知

国税函〔2009〕585号

大连市国家税务局：

你局《关于大连金牛股份有限公司资产重组过程中相关业务适用增值税政策问题的请示》(大国税函〔2009〕193号)收悉。经研究，批复如下：

一、纳税人在资产重组过程中将所属资产、负债及相关权利和义务转让给控股公司，但保留上市公司资格的行为，不属于《国家税务总局关于转让企业全部产权不征收增值税问题的批复》(国税函〔2002〕420号)规定的整体转让企业产权行为。对其资产重组过程中涉及的应税货物转让等行为，应照章征收增值税。

二、上述控股公司将受让获得的实物资产再投资给其他公司的行为，应照章征收增值税。

三、纳税人在资产重组过程中所涉及的固定资产征收增值税问题，应按照《财政部 国家税务总局关于全国实施增值税转型改革若干问题的通知》(财税〔2008〕170号)、《财政部 国家税务总局关于部分货物适用增值税低税率和简易办法征收增值税政策的通知》(财税〔2009〕9号)及相关规定执行。

财政部 海关总署 国家税务总局关于研发机构采购设备税收政策的通知

国税函〔2009〕585号

大连市国家税务局：

你局《关于大连金牛股份有限公司资产重组过程中相关业务适用增值税政策问题的请示》(大国税函〔2009〕193号)收悉。经研究，批复如下：

一、纳税人在资产重组过程中将所属资产、负债及相关权利和义务转让给控股公司，但保留上市公司资格的行为，不属于《国家税务总局关于转让企业全部产权不征收增值税问题的批复》(国税函〔2002〕420号)规定的整体转让企业产权行为。对其资产重组过程中涉及的应税货物转让等行为，应照章征收增值税。

二、上述控股公司将受让获得的实物资产再投资给其他公司的行为，应照章征收增值税。

三、纳税人在资产重组过程中所涉及的固定资产征收增值税问题，应按照《财政部 国家税务总局关于全国实施增值税转型改革若干问题的通知》(财税〔2008〕170号)、《财政部 国家税务总局关于部分货物适用增值税低税率和简易办法征收增值税政策的通知》(财税〔2009〕9号)及相关规定执行。

国家税务总局关于人发适用增值税税率问题的批复

国税函〔2009〕625号

安徽省国家税务局：

你局《关于人发征收增值税问题的请示》(皖国税发〔2009〕81号)收悉。经研究，批复如下：

人发不属于《财政部 国家税务总局关于印发〈农业产品征税范围注释〉的通知》(财税字〔1995〕52号)规定的农业产品范围，应适用17%的增值税税率。

国家税务总局关于调整增值税扣税凭证抵扣期限有关问题的通知

国税函〔2009〕617号

各省、自治区、直辖市和计划单列市国家税务局：

2003 年以来，国家税务总局对增值税专用发票等扣税凭证陆续实行了 90 日申报抵扣期限的管理措施，对于提高增值税征管信息系统的运行质量、督促纳税人及时申报起到了积极作用。近来，部分纳税人及税务机关反映目前的 90 日申报抵扣期限较短，部分纳税人因扣税凭证逾期申报导致进项税额无法抵扣。为合理解决纳税人的实际问题，加强税收征管，经研究，现就有关问题通知如下：

一、增值税一般纳税人取得 2010 年 1 月 1 日以后开具的增值税专用发票、公路内河货物运输业统一发票和机动车销售统一发票，应在开具之日起 180 日内到税务机关办理认证，并在认证通过的次月申报期内，向主管税务机关申报抵扣进项税额。

二、实行海关进口增值税专用缴款书（以下简称海关缴款书）“先比对后抵扣”管理办法的增值税一般纳税人取得 2010 年 1 月 1 日以后开具的海关缴款书，应在开具之日起 180 日内向主管税务机关报送《海关完税凭证抵扣清单》（包括纸质资料和电子数据）申请稽核比对。

未实行海关缴款书“先比对后抵扣”管理办法的增值税一般纳税人取得 2010 年 1 月 1 日以后开具的海关缴款书，应在开具之日起 180 日后的第一个纳税申报期结束以前，向主管税务机关申报抵扣进项税额。

三、增值税一般纳税人取得 2010 年 1 月 1 日以后开具的增值税专用发票、公路内河货物运输业统一发票、机动车销售统一发票以及海关缴款书，未在规定期限内到税务机关办理认证、申报抵扣或者申请稽核比对的，不得作为合法的增值税扣税凭证，不得计算进项税额抵扣。

四、增值税一般纳税人丢失已开具的增值税专用发票，应在本通知第一条规定期限内，按照《国家税务总局关于修订〈增值税专用发票使用规定〉的通知》（国税发〔2006〕156 号）第二十八条及相关规定办理。

增值税一般纳税人丢失海关缴款书，应在本通知第二条规定期限内，凭报关地海关出具的相关已完税证明，向主管税务机关提出抵扣申请。主管税务机关受理申请后，应当进行审核，并将纳税人提供的海关缴款书电子数据纳入稽核系统进行比对。稽核比对无误后，方可允许计算进项税额抵扣。

五、本通知自 2010 年 1 月 1 日起执行。纳税人取得 2009 年 12 月 31 日以前开具的增值税扣税凭证，仍按原规定执行。

《国家税务总局关于增值税一般纳税人取得防伪税控系统开具的增值税专用发票进项税额抵扣问题的通知》（国税发〔2003〕17 号）第一条、《国家税务总局关于加强货物运输业税收征收管理的通知》（国税发〔2003〕121 号）附件 2《运输发票增值税抵扣管理试行办法》第五条、《国家税务总局关于加强货物运输业税收征收管理有关问题的通知》（国税发明电〔2003〕55 号）第十条、《国家税务总局关于加强海关进口增值税专用缴款书和废旧物资发票管理有关问题的通知》（国税函〔2004〕128 号）附件 1《海关进口增值税专用缴款书稽核办法》第三条、《国家税务总局关于货物运输业若干税收问题的通知》（国税发〔2004〕88 号）第十条第（三）款、《国家税务总局关于增值税一般纳税人取得海关进口增值税专用缴款书抵扣进项税额问题的通知》（国税发〔2004〕148 号）第二条、第三条、第四条、《国家税务总局关于推行机动车销售统一发票税控系统有关工作的紧急通知》（国税发〔2008〕117 号）第五条、《国家税务总局关于部分地区试行海关进口增值税专用缴款书“先比对后抵扣”管理办法的通知》（国税函〔2009〕83 号）第一条规定同时废止。

六、各地应认真做好本通知的落实与宣传工作，执行中发现问题，应及时上报国家税务总局（货物和劳务税司）。

国家税务总局关于出口货物退（免）税有关问题的通知

国税函〔2010〕1 号

各省、自治区、直辖市和计划单列市国家税务局：

近接一些地区来文反映，部分企业出口货物因以前的一些政策规定导致其留抵税额无法消化，要求予以解决。经研究，现将有关问题通知如下：

出口企业因《国家税务总局关于印发〈生产企业出口货物“免、抵、退”税管理操作规程（试行）〉的通知》（国税发〔2002〕11 号）第二条第（五）款有关新发生出口业务企业的税收处理规定和《国家税务总局关于做好 2003 年度出口货物退（免）税清算工作的通知》（国税函〔2003〕1303 号）第五条第（三）款的相关税收处理规定，导致目前仍无法消化的留抵税额，税务机关可在核实无误的基础上一次性办理退税。

国家税务总局关于折扣额抵减增值税应税销售额问题通知

国税函〔2010〕56 号

各省、自治区、直辖市和计划单列市国家税务局：

近有部分地区反映，纳税人采取折扣方式销售货物，虽在同一发票上注明了销售额和折扣额，却将折扣额填写在发票的备注栏，是否允许抵减销售额的问题。经研究，现将有关问题进一步明确如下：

《国家税务总局关于印发〈增值税若干具体问题的规定〉的通知》（国税发〔1993〕154 号）第二条第（二）项规定："纳税人采取折扣方式销售货物，如果销售额和折扣额在同一张发票上分别注明的，可按折扣后的销售额征收增值税"。纳税人采取折扣方式销售货物，销售额和折扣额在同一张发票上分别注明是指销售额和折扣额在同一张发票上的"金额"栏分别注明的，可按折扣后的销售额征收增值税。未在同一张发票"金额"栏注明折扣额，而仅在发票的"备注"栏注明折扣额的，折扣额不得从销售额中减除。

国家税务总局关于粕类产品征免增值税问题的通知

国税函〔2010〕75 号

各省、自治区、直辖市和计划单列市国家税务局：

近接部分地区反映，各地对粕类产品征免增值税政策存在理解不一致的问题。经研究，现明确如下：

一、豆粕属于征收增值税的饲料产品，除豆粕以外的其他粕类饲料产品，均免征增值税。

二、本通知自 2010 年 1 月 1 日起执行。《国家税务总局关于出口甜菜粕准予退税的批复》（国税函〔2002〕716 号）同时废止。

增值税一般纳税人资格认定管理办法

国家税务总局令第 22 号

第一条　为加强增值税一般纳税人（以下简称一般纳税人）资格认定管理，根据《中华人民共和国增值税暂行条例》及其实施细则，制定本办法。

第二条　一般纳税人资格认定和认定以后的资格管理适用本办法。

第三条　增值税纳税人（以下简称纳税人），年应税销售额超过财政部、国家税务总局规定的小规模纳税人标准的，除本办法第五条规定外，应当向主管税务机关申请一般纳税人资格认定。

本办法所称年应税销售额，是指纳税人在连续不超过 12 个月的经营期内累计应征增值税销售额，包括免税销售额。

第四条　年应税销售额未超过财政部、国家税务总局规定的小规模纳税人标准以及新开业的纳税人，可以向主管税务机关申请一般纳税人资格认定。

对提出申请并且同时符合下列条件的纳税人，主管税务机关应当为其办理一般纳税人资格认定：

（一）有固定的生产经营场所；

（二）能够按照国家统一的会计制度规定设置账簿，根据合法、有效凭证核算，能够提供准确税务资料。

第五条 下列纳税人不办理一般纳税人资格认定：

(一)个体工商户以外的其他个人；

(二)选择按照小规模纳税人纳税的非企业性单位；

(三)选择按照小规模纳税人纳税的不经常发生应税行为的企业。

第六条 纳税人应当向其机构所在地主管税务机关申请一般纳税人资格认定。

第七条 一般纳税人资格认定的权限，在县(市、区)国家税务局或者同级别的税务分局(以下称认定机关)。

第八条 纳税人符合本办法第三条规定的，按照下列程序办理一般纳税人资格认定：

(一)纳税人应当在申报期结束后40日(工作日，下同)内向主管税务机关报送《增值税一般纳税人申请认定表》(见附件1，以下简称申请表)，申请一般纳税人资格认定。

(二)认定机关应当在主管税务机关受理申请之日起20日内完成一般纳税人资格认定，并由主管税务机关制作、送达《税务事项通知书》，告知纳税人。

(三)纳税人未在规定期限内申请一般纳税人资格认定的，主管税务机关应当在规定期限结束后20日内制作并送达《税务事项通知书》，告知纳税人。

纳税人符合本办法第五条规定的，应当在收到《税务事项通知书》后10日内向主管税务机关报送《不认定增值税一般纳税人申请表》(见附件2)，经认定机关批准后不办理一般纳税人资格认定。认定机关应当在主管税务机关受理申请之日起20日内批准完毕，并由主管税务机关制作、送达《税务事项通知书》，告知纳税人。

第九条 纳税人符合本办法第四条规定的，按照下列程序办理一般纳税人资格认定：

(一)纳税人应当向主管税务机关填报申请表，并提供下列资料：

1.《税务登记证》副本；

2. 财务负责人和办税人员的身份证明及其复印件；

3. 会计人员的从业资格证明或者与中介机构签订的代理记账协议及其复印件；

4. 经营场所产权证明或者租赁协议，或者其他可使用场地证明及其复印件；

5. 国家税务总局规定的其他有关资料。

(二)主管税务机关应当当场核对纳税人的申请资料，经核对一致且申请资料齐全、符合填列要求的，当场受理，制作《文书受理回执单》，并将有关资料的原件退还纳税人。

对申请资料不齐全或者不符合填列要求的，应当当场告知纳税人需要补正的全部内容。

(三)主管税务机关受理纳税人申请以后，根据需要进行实地查验，并制作查验报告。

查验报告由纳税人法定代表人(负责人或者业主)、税务查验人员共同签字(签章)确认。

实地查验时，应当有两名或者两名以上税务机关工作人员同时到场。

实地查验的范围和方法由各省税务机关确定并报国家税务总局备案。

(四)认定机关应当自主管税务机关受理申请之日起20日内完成一般纳税人资格认定，并由主管税务机关制作、送达《税务事项通知书》，告知纳税人。

第十条 主管税务机关应当在一般纳税人《税务登记证》副本"资格认定"栏内加盖"增值税一般纳税人"戳记(附件3)。

"增值税一般纳税人"戳记印色为红色，印模由国家税务总局制定。

第十一条 纳税人自认定机关认定为一般纳税人的次月起(新开业纳税人自主管税务机关受理申请的当月起)，按照《中华人民共和国增值税暂行条例》第四条的规定计算应纳税额，并按照规定领购、使用增值税专用发票。

第十二条 除国家税务总局另有规定外，纳税人一经认定为一般纳税人后，不得转为小规模纳税人。

第十三条 主管税务机关可以在一定期限内对下列一般纳税人实行纳税辅导期管理：

(一)按照本办法第四条的规定新认定为一般纳税人的小型商贸批发企业；

(二)国家税务总局规定的其他一般纳税人。

纳税辅导期管理的具体办法由国家税务总局另行制定。

第十四条 本办法自2010年3月20日起执行。《国家税务总局关于印发〈增值税一般纳税人申请认定办法〉的通知》(国税明电〔1993〕52号、国税发〔1994〕59号),《国家税务总局关于增值税一般纳税人申请认定办法的补充规定》(国税明电〔1993〕60号),《国家税务总局关于印发〈增值税一般纳税人年审办法〉的通知》(国税函〔1998〕156号),《国家税务总局关于使用增值税防伪税控系统的增值税一般纳税人资格认定问题的通知》(国税函〔2002〕326号)同时废止。

国家税务总局关于人工合成牛胚胎适用增值税税率问题的通知

国税函〔2010〕97号

各省、自治区、直辖市和计划单列市国家税务局:

现就销售合成牛胚胎征免增值税问题,通知如下:

人工合成牛胚胎属于《农业产品征税范围注释》(财税字〔1995〕52号)第二条第(五)款规定的动物类"其他动物组织",人工合成牛胚胎的生产过程属于农业生产,纳税人销售自产人工合成牛胚胎应免征增值税。

财政部 海关总署 国家税务总局关于在天津市开展融资租赁船舶出口退税试点的通知

财税〔2010〕24号

天津市财政局、国家税务局,天津海关:

经国务院批准,对融资租赁企业经营的所有权转移给境外企业的融资租赁船舶出口,在天津市实行为期1年的出口退税试点。现将有关事项通知如下:

一、本通知所称"融资租赁"是指,出租人根据承租人对租赁物和供货人的选择或认可,将其从供货人上取得的租赁船舶按合同约定出租给承租人占有、使用,向承租人收取租金的交易活动。

二、本通知所称"融资租赁企业"是指,在天津市辖区内登记注册并属于中国银行业监督管理委员会批准设立的金融租赁公司、商务部批准设立的外商投资融资租赁公司、商务部和国家税务总局共同批准开展融资业务试点的内资融资租赁企业。

三、本通知所称《融资租赁合同》是指,出租人根据承租人对出卖人、租赁物的选择,向出卖人购买租赁物,提供给承租人使用,承租人支付租金的合同。

四、本通知所称"所有权转移给境外企业的融资租赁船舶出口"是指:

(一)先期留购方式,即:在已经签订的《融资租赁合同》中明确约定承租人对该租赁船舶在承租期满后已经选择了留购方式。

(二)后期留购方式,即,在已签订的《融资租赁合同》中并未对租赁船舶是否留购进行选择。但是,在融资租赁期满时承租人对该租赁船舶选择了留购方式的交易行为。

五、融资租赁企业从事融资租赁船舶出口,在天津海关报关出口时,在《海关出口货物报关单》上填写"租赁货物(1523)"。

六、融资租赁出口的租赁船舶实行增值税"免退税"办法,即:该出口租赁船舶的出口销项免征增值税,其购进的进项税款予以退税。涉及消费税的应税消费品,已征税款予以退还。

七、退税办法:

(一)对采取先期留购方式的融资租赁船舶出口业务,实行分批退税。即,按照租赁合同规定的收取租赁船舶租金的进度分批退税。

1. 融资租赁出口企业凭购进租赁船舶的《增值税专用发票》、《海关出口货物报关单(出口退税专用)》、与承租人签订的《融资租赁合同》、收取租金开具的发票以及承租企业支付租金的外汇汇款收账通知,到当地主管退税的国家税务机关办理退税。具体退税计算公式为:

当期应退税款=应退税款总额÷该租赁船舶的租金总额×本次收取租金的金额

$$\text{应退税款总额}=\frac{\text{购入该租赁船舶增值税专用}}{\text{发票上注明的不含税金额}}\times\frac{\text{该租赁船舶的适用}}{\text{增值税退税率}}+\frac{\text{购入该租赁船舶增值税专用发票}}{\text{上注明的不含税金额(或出口数量)}}\times\frac{\text{适用消费税税率}}{\text{(或单位税额)}}$$

2. 对承租期未满而发生退租的,由国家税务局追缴已退税款,同时按当期活期存款收取利息。

3. 租赁期满后,融资租赁企业应持融资租赁企业开具的该租赁船舶的《销售专用发票》、《所有权转移证书》、海事局出具的该租赁船舶的过户手续,及以税务部门要求出具的其他要件,在当地税务机关结清应退税款,办理核销手续。

(二)对采取后期留购方式的融资租赁船舶出口业务,实行租赁船舶在所有权真正转移时予以一次性退税。

融资租赁出口企业凭购进租赁船舶的《增值税专用发票》、《海关出口货物报关单(出口退税专用)》、与承租人签订的《融资租赁合同》、融资租赁企业开具的该租赁船舶的《销售发票》、《所有权转移证书》、海事局出具的该租赁船舶的过户手续,以及税务部门要求出具的其他要件,在当地税务机关办理退税手续。

增值税应退税款计算公式为:

$$\text{应退税款}=\frac{\text{购入该租赁船舶增值税专用}}{\text{发票上注明的不含税金额}}\times\text{该租赁船舶的适用增值税退税率}$$

消费税应退税计算公式为:

应退消费税税额=购入该租赁船舶增值税专用发票上注明的不含税金额×适用消费税税率

八、对采取后期留购方式的,在租借期间发生租赁船舶归还进口的,海关不征收进口关税和进口环节税。

九、对非留购的融资租赁出口租赁船舶出口不退税,无论在租赁期满之前,还是期满之后,发生租赁船舶归还进口,海关不征收进口关税和进口环节税。

十、融资租赁船舶出口退税的具体管理办法由国家税务总局另行制定;进口税收的具体管理办法由海关总署另行制定。

十一、本通知自 2010 年 4 月 1 日起施行。具体以《海关出口货物报关单(出口退税专用)》上注明的出口日期为准。

十二、有关部门要密切关注试点情况,发现问题应及时反馈上级部门,并提出解决问题的建议。

特此通知。

国家税务总局关于新认定增值税一般纳税人使用增值税防伪税控系统有关问题的通知

国税函〔2010〕126 号

各省、自治区、直辖市和计划单列市国家税务局:

《国家税务总局关于办理 2009 年销售额超过标准的小规模纳税人申请增值税一般纳税人认定问题的通知》(国税函〔2010〕35 号)规定,2010 年 6 月底前将对 2009 年应税销售额超过标准的小规模纳税人进行增值税一般纳税人资格认定。为解决个体工商户认定为增值税一般纳税人后无法正常使用增值税防伪税控系统的问题,国家税务总局组织软件开发单位对增值税防伪税控系统和增值税专用发票稽核系统进行了修改,并在河北省、重庆市进行了试运行。为配合此次增值税一般纳税人资格认定工作的开展,现将有关问题通知如下:

一、全国范围内新认定的增值税一般纳税人(包括单位和个体工商户)统一使用升级后的 V6.15 版本防伪税控开票系统和 AI3 型金税卡，新认定的增值税一般纳税人开具的增值税专用发票和增值税普通发票密文均为 108 位。

二、个体工商户新认定为增值税一般纳税人的，税务登记代码统一为其个人身份证号码加两位顺序码（顺序码为数字 01 至 99），长度为 17 位和 20 位两类。凡不符合上述编码要求的，应及时办理税务登记代码变更。

三、增值税防伪税控系统和增值税专用发票稽核系统升级要求：

（一）本次升级须对增值税防伪税控系统和增值税专用发票稽核系统同时升级，具体操作为先升级防伪税控系统，再升级稽核系统，最后启用新增功能。各单位业务部门和技术部门要密切配合，及时下载、测试和升级有关补丁，启用有关功能，于 2010 年 3 月底前完成升级工作。

（二）增值税防伪税控系统 12 号补丁，在税务总局金税工程运维网（http://130.9.1.248/应用支持/软件库/防伪税控系统/补丁下载）栏目发布。增值税专用发票稽核系统 2 号补丁，在税务总局金税工程运维网（http://130.9.1.248/应用支持/软件库/稽核系统/增值税专用发票稽核系统 V6.2 版）栏目发布。

（三）本次升级完成后，增值税防伪税控系统税务端软件版本由 V4.36.30 变为 V4.38.00。

（四）各地在本次补丁升级前，应分析评估有关应用系统是否需要配套升级，以确保软件功能的连续性和一致性。

四、升级工作运维支持

各单位应高度重视，认真做好组织协调工作，按时完成增值税防伪税控系统税务端软件的升级以及升级成功确认工作。

各地可通过税务总局呼叫中心（4008112366）和税务总局金税工程运维网（http://130.9.1.248），在升级工作中获取支持服务。各地遇重大问题要及时通过总局呼叫中心重大问题通道书面报告税务总局（电子税务管理中心）。

国家税务总局关于外贸企业丢失增值税专用发票抵扣联出口退税有关问题的通知

国税函〔2010〕162 号

各省、自治区、直辖市和计划单列市国家税务局：

根据《国家税务总局关于修订〈增值税专用发票使用规定〉的通知》（国税发〔2006〕156 号）第二十八条规定精神，现对外贸企业丢失增值税专用发票抵扣联办理出口退税的问题通知如下：

一、外贸企业丢失已开具增值税专用发票发票联和抵扣联的，在增值税专用发票认证相符后，可凭增值税专用发票记账联复印件及销售方所在地主管税务机关出具的《丢失增值税专用发票已报税证明单》，经购买方主管税务机关审核同意后，向主管出口退税的税务机关申报出口退税。

二、外贸企业丢失已开具增值税专用发票抵扣联的，在增值税专用发票认证相符后，可凭增值税专用发票发票联复印件向主管出口退税的税务机关申报出口退税。

三、对属于本通知第一、二条规定情形的，各地主管出口退税的税务机关必须加强出口退税审核，在增值税专用发票信息比对无误的情况下，按现行出口退税规定办理出口退税事宜。

国家税务总局关于明确《增值税一般纳税人资格认定管理办法》若干条款处理意见的通知

国税函〔2010〕139 号

各省、自治区、直辖市和计划单列市国家税务局：

为便于各地税务机关更好地贯彻执行《增值税一般纳税人资格认定管理办法》(以下简称认定办法),总局明确了认定办法若干条款的处理意见,现通知如下,请遵照执行。

一、认定办法第三条所称年应税销售额,包括纳税申报销售额、稽查查补销售额、纳税评估调整销售额、税务机关代开发票销售额和免税销售额。稽查查补销售额和纳税评估调整销售额计入查补税款申报当月的销售额,不计入税款所属期销售额。

二、认定办法第三条所称经营期,是指在纳税人存续期内的连续经营期间,含未取得销售收入的月份。

三、认定办法第五条第(一)款所称其他个人,是指自然人。

四、认定办法第五条第(二)款所称非企业性单位,是指行政单位、事业单位、军事单位、社会团体和其他单位。

五、认定办法第五条第(三)款所称不经常发生应税行为的企业,是指非增值税纳税人;不经常发生应税行为是指其偶然发生增值税应税行为。

六、认定办法第八条第(一)款所称申报期,是指纳税人年应税销售额超过小规模纳税人标准的月份(或季度)的所属申报期。

七、认定办法第八条第(二)款规定主管税务机关制作的《税务事项通知书》中需明确告知:同意其认定申请;一般纳税人资格确认的时间。

八、认定办法第八条第(三)款第1项规定主管税务机关制作的《税务事项通知书》中需明确告知:其年应税销售额已超过小规模纳税人标准,应在收到《税务事项通知书》后10日内向主管税务机关报送《增值税一般纳税人申请认定表》或《不认定增值税一般纳税人申请表》;逾期未报送的,将按《中华人民共和国增值税暂行条例实施细则》第三十四条规定,按销售额依照增值税税率计算应纳税额,不得抵扣进项税额,也不得使用增值税专用发票。

纳税人在《税务事项通知书》规定的时限内仍未向主管税务机关报送《一般纳税人资格认定表》或者《不认定增值税一般纳税人申请表》的,应按《中华人民共和国增值税暂行条例实施细则》第三十四条规定,按销售额依照增值税税率计算应纳税额,不得抵扣进项税额,也不得使用增值税专用发票。直至纳税人报送上述资料,并经主管税务机关审核批准后方可停止执行。

九、认定办法第九条第(一)款第3项所称会计人员的从业资格证明,是指财政部门颁发的会计从业资格证书。

认定办法第九条第(三)款所称实地查验的范围,是指需要进行实地查验的企业范围及实地查验的内容。

十、认定办法第十一条所称新开业纳税人,是指自税务登记日起30日内申请一般纳税人资格认定的纳税人。

国家税务总局关于《增值税一般纳税人资格认定管理办法》政策衔接有关问题的通知

国税函〔2010〕137号

各省、自治区、直辖市和计划单列市国家税务局:

《增值税一般纳税人资格认定管理办法》(以下简称《认定办法》)自2010年3月20日起执行,由于综合征管软件尚未修改完成,为确保《认定办法》按期贯彻实施,现将有关事项通知如下:

一、在综合征管软件修改完成前,有关审批流程可先以纸质文书运转,待综合征管软件修改完善后再补充录入。

二、各省税务机关要及时按照《认定办法》第九条第三款规定,确定实地查验的范围和方法,以便基层税务机关操作执行,并报总局备案。未确定实地查验范围和方法的,应按《认定办法》第九条规定的范围和程序进行实地查验,并制作查验报告。

三、各地在执行过程中发现的问题,应及时反馈税务总局。

国家税务总局关于印发《增值税一般纳税人纳税辅导期管理办法》的通知

国税发〔2010〕40 号

各省、自治区、直辖市和计划单列市国家税务局：

为加强增值税一般纳税人纳税辅导期管理，根据《增值税一般纳税人资格认定管理办法》第十三条规定，税务总局制定了《增值税一般纳税人纳税辅导期管理办法》，现印发给你们，请遵照执行。

增值税一般纳税人纳税辅导期管理办法

第一条　为加强增值税一般纳税人纳税辅导期管理，根据《增值税一般纳税人资格认定管理办法》(以下简称认定办法)第十三条规定，制定本办法。

第二条　实行纳税辅导期管理的增值税一般纳税人(以下简称辅导期纳税人)，适用本办法。

第三条　认定办法第十三条第一款所称的“小型商贸批发企业”，是指注册资金在 80 万元(含 80 万元)以下、职工人数在 10 人(含 10 人)以下的批发企业。只从事出口贸易，不需要使用增值税专用发票的企业除外。

批发企业按照国家统计局颁发的《国民经济行业分类》(GB/T4754—2002)中有关批发业的行业划分方法界定。

第四条　认定办法第十三条所称“其他一般纳税人”，是指具有下列情形之一的一般纳税人：

(一)增值税偷税数额占应纳税额的 10%以上并且偷税数额在 10 万元以上的；

(二)骗取出口退税的；

(三)虚开增值税扣税凭证的；

(四)国家税务总局规定的其他情形。

第五条　新认定为一般纳税人的小型商贸批发企业实行纳税辅导期管理的期限为 3 个月；其他一般纳税人实行纳税辅导期管理的期限为 6 个月。

第六条　对新办小型商贸批发企业，主管税务机关应在认定办法第九条第(四)款规定的《税务事项通知书》内告知纳税人对其实行纳税辅导期管理，纳税辅导期自主管税务机关制作《税务事项通知书》的当月起执行；对其他一般纳税人，主管税务机关应自稽查部门作出《税务稽查处理决定书》后 40 个工作日内，制作、送达《税务事项通知书》告知纳税人对其实行纳税辅导期管理，纳税辅导期自主管税务机关制作《税务事项通知书》的次月起执行。

第七条　辅导期纳税人取得的增值税专用发票(以下简称专用发票)抵扣联、海关进口增值税专用缴款书以及运输费用结算单据应当在交叉稽核比对无误后，方可抵扣进项税额。

第八条　主管税务机关对辅导期纳税人实行限量限额发售专用发票。

(一)实行纳税辅导期管理的小型商贸批发企业，领购专用发票的最高开票限额不得超过十万元；其他一般纳税人专用发票最高开票限额应根据企业实际经营情况重新核定。

(二)辅导期纳税人专用发票的领购实行按次限量控制，主管税务机关可根据纳税人的经营情况核定每次专用发票的供应数量，但每次发售专用发票数量不得超过 25 份。

辅导期纳税人领购的专用发票未使用完而再次领购的，主管税务机关发售专用发票的份数不得超过核定的每次领购专用发票份数与未使用完的专用发票份数的差额。

第九条　辅导期纳税人一个月内多次领购专用发票的，应从当月第二次领购专用发票起，按照上一次已领购并开具的专用发票销售额的 3%预缴增值税，未预缴增值税的，主管税务机关不得向其发售专用发票。

预缴增值税时，纳税人应提供已领购并开具的专用发票记账联，主管税务机关根据其提供的专用发票记账联计算应预缴的增值税。

第十条 辅导期纳税人按第九条规定预缴的增值税可在本期增值税应纳税额中抵减，抵减后预缴增值税仍有余额的，可抵减下期再次领购专用发票时应当预缴的增值税。

纳税辅导期结束后，纳税人因增购专用发票发生的预缴增值税有余额的，主管税务机关应在纳税辅导期结束后的第一个月内，一次性退还纳税人。

第十一条 辅导期纳税人应当在"应交税金"科目下增设"待抵扣进项税额"明细科目，核算尚未交叉稽核比对的专用发票抵扣联、海关进口增值税专用缴款书以及运输费用结算单据(以下简称增值税抵扣凭证)注明或者计算的进项税额。

辅导期纳税人取得增值税抵扣凭证后，借记"应交税金——待抵扣进项税额"明细科目，贷记相关科目。交叉稽核比对无误后，借记"应交税金——应交增值税(进项税额)"科目，贷记"应交税金——待抵扣进项税额"科目。经核实不得抵扣的进项税额，红字借记"应交税金——待抵扣进项税额"，红字贷记相关科目。

第十二条 主管税务机关定期接收交叉稽核比对结果，通过《稽核结果导出工具》导出发票明细数据及《稽核结果通知书》并告知辅导期纳税人。

辅导期纳税人根据交叉稽核比对结果相符的增值税抵扣凭证本期数据申报抵扣进项税额，未收到交叉稽核比对结果的增值税抵扣凭证留待下期抵扣。

第十三条 辅导期纳税人按以下要求填写《增值税纳税申报表附列资料(表二)》。

(一)第 2 栏填写当月取得认证相符且当月收到《稽核比对结果通知书》及其明细清单注明的稽核相符专用发票、协查结果中允许抵扣的专用发票的份数、金额、税额。

(二)第 3 栏填写前期取得认证相符且当月收到《稽核比对结果通知书》及其明细清单注明的稽核相符专用发票、协查结果中允许抵扣的专用发票的份数、金额、税额。

(三)第 5 栏填写税务机关告知的《稽核比对结果通知书》及其明细清单注明的本期稽核相符的海关进口增值税专用缴款书、协查结果中允许抵扣的海关进口增值税专用缴款书的份数、金额、税额。

(四)第 7 栏"废旧物资发票"不再填写。

(五)第 8 栏填写税务机关告知的《稽核比对结果通知书》及其明细清单注明的本期稽核相符的运输费用结算单据、协查结果中允许抵扣的运输费用结算单据的份数、金额、税额。

(六)第 23 栏填写认证相符但未收到稽核比对结果的增值税专用发票月初余额数。

(七)第 24 栏填写本月已认证相符但未收到稽核比对结果的专用发票数据。

(八)第 25 栏填写已认证相符但未收到稽核比对结果的专用发票月末余额数。

(九)第 28 栏填写本月未收到稽核比对结果的海关进口增值税专用缴款书。

(十)第 30 栏"废旧物资发票"不再填写。

(十一)第 31 栏填写本月未收到稽核比对结果的运输费用结算单据数据。

第十四条 主管税务机关在受理辅导期纳税人纳税申报时，按照以下要求进行"一窗式"票表比对。

(一)审核《增值税纳税申报表》附表二第 3 栏份数、金额、税额是否等于或小于本期稽核系统比对相符的专用发票抵扣联数据。

(二)审核《增值税纳税申报表》附表二第 5 栏份数、金额、税额是否等于或小于本期交叉稽核比对相符和协查后允许抵扣的海关进口增值税专用缴款书合计数。

(三)审核《增值税纳税申报表》附表二中第 8 栏的份数、金额是否等于或小于本期交叉稽核比对相符和协查后允许抵扣的运输费用结算单据合计数。

(四)申报表数据若大于稽核结果数据的，按现行"一窗式"票表比对异常情况处理。

第十五条 纳税辅导期内，主管税务机关未发现纳税人存在偷税、逃避追缴欠税、骗取出口退税、抗税或其他需要立案查处的税收违法行为的，从期满的次月起不再实行纳税辅导期管理，主管税务机关应制作、送达《税务事项通知书》，告知纳税人；主管税务机关发现辅导期纳税人存在偷税、逃避追缴欠税、骗取出口退税、抗税或其他需要立案查处的税收违法行为的，从期满的次月起按照本规定重新实行纳税辅导期管理，主管税务机关应制作、送达《税务事项通知书》，告知纳税人。

第十六条 本办法自 2010 年 3 月 20 日起执行。《国家税务总局关于加强新办商贸企业增值税征收管理有关问题的紧急通知》(国税发明电〔2004〕37 号)、《国家税务总局关于辅导期一般纳税人实施“先比对、后扣税”有关管理问题的通知》(国税发明电〔2004〕51 号)、《国家税务总局关于加强新办商贸企业增值税征收管理有关问题的补充通知》(国税发明电〔2004〕62 号)、《国家税务总局关于辅导期增值税一般纳税人增值税专用发票预缴增值税有关问题的通知》(国税函〔2005〕1097 号)同时废止。

国家税务总局关于印发《融资租赁船舶出口退税管理办法》的通知

国税发〔2010〕52 号

天津市国家税务局：

为开展融资租赁船舶出口退税试点工作，根据《财政部 海关总署 国家税务总局关于在天津市开展融资租赁船舶出口退税试点的通知》(财税〔2010〕24 号)，税务总局制定了《融资租赁船舶出口退税管理办法》，现印发你局，请遵照执行。

你局要做好政策的宣传辅导工作，并及时向税务总局(货物和劳务税司)反馈试点工作中的问题。

融资租赁船舶出口退税管理办法

第一章　总　　则

第一条　根据《财政部 海关总署 国家税务总局关于在天津市开展融资租赁船舶出口退税试点的通知》(财税〔2010〕24 号)的规定，制定本办法。

第二条　主管融资租赁船舶出口企业的国家税务局负责融资租赁船舶出口退税的认定、审核、审批及核销等管理工作。

第三条　融资租赁船舶享受出口退税的范围、条件和具体计算办法按照财税〔2010〕24 号文件相关规定执行。

第二章　认定管理

第四条　从事融资租赁船舶出口的企业，应在首份《融资租赁合同》签订之日起 30 日内，除提供办理出口退(免)税认定所需要的资料外，还应持以下资料办理融资租赁出口船舶退税认定手续：

(一)从事融资租赁业务资质证明；

(二)融资租赁合同(有法律效力的中文版)；

(三)税务机关要求提供的其他资料。

第五条　开展融资租赁船舶出口的企业发生解散、破产、撤销以及其他依法应终止业务的，应持相关证件、资料向其主管退税的税务机关办理注销认定手续。已办理融资租赁船舶出口退税认定的企业，其认定内容发生变化的，须自有关管理机关批准变更之日起 30 日内，持相关证件、资料向其主管退税税务机关办理变更认定手续。

第三章　申报、审核及核销管理

第六条　采取先期留购方式的，融资租赁企业应于每季度终了的 15 日内按季单独申报退税；采取后期留购方式的，融资租赁企业应于船舶过户手续办理完结之日起 90 日内一次性单独申报退税。不同《融资租赁合同》项下的租赁船舶应分开独立申报。

第七条　融资租赁出口船舶企业申报退税时，需使用国家税务总局下发的出口退税申报系统，报送有关出口货物退(免)税申报表。

第八条 采取先期留购方式分批退税的,融资租赁企业首批申报《融资租赁合同》项下出口船舶退税时,除报送有关出口货物退(免)税申报表以外,还应报送《融资租赁出口船舶分批退税申报表》(见附件),从第二批申报开始,只报送《融资租赁出口船舶分批退税申报表》,同时附送以下资料:

(一)首批申报

1.《出口货物报关单》(出口退税专用);

2. 增值税专用发票(抵扣联);

3. 消费税税收(出口货物专用)缴款书(出口消费税应税船舶提供);

4. 与境外承租人签订的《融资租赁合同》;

5. 收取租金时开具的发票;

6. 承租企业支付外汇汇款收账通知;

7. 税务机关要求提供的其他资料。

(二)第二批及以后批次申报

1. 收取租金时开具的发票;

2. 承租企业支付外汇汇款收账通知;

3. 税务机关要求提供的其他资料。

第九条 采取后期留购方式一次性退税的,附送以下资料:

(一)《出口货物报关单》(出口退税专用);

(二)增值税专用发票(抵扣联);

(三)消费税税收(出口货物专用)缴款书(出口消费税应税船舶提供);

(四)与境外承租人签订的《融资租赁合同》;

(五)融资租赁企业开具的该租赁船舶的销售发票;

(六)所有权转移证书以及海事局出具的该租赁船舶的过户手续;

(七)税务机关要求提供的其他资料。

第十条 对属于增值税一般纳税人的融资租赁船舶出口企业,主管退税税务机关须在增值税专用发票稽核信息核对无误的情况下,办理退税。对非增值税一般纳税人的融资租赁船舶出口企业,主管退税税务机关须进行发函调查,在确认发票真实、发票所列船舶已按照规定申报纳税后,方可办理退税。

第十一条 主管退税税务机关应通过出口退税审核系统受理企业申报,并按照财税〔2010〕24 号中规定的计算方法审核、审批融资租赁出口船舶退税。

第十二条 凡采取先期留购方式实行分批退税的,租赁期满后,融资租赁企业于 90 日内,持以下资料向主管退税税务机关办理退税核销手续:

(一)开具的租赁船舶销售发票;

(二)所有权转移证书以及海事局出具的该租赁船舶的过户手续;

(三)税务机关要求提供的其他资料。

第十三条 对于逾期未办理退税核销手续以及核销资料不齐备的,主管退税的税务机关应追缴已退税款。

第十四条 对承租期未满而发生退租的,主管税务机关应追缴已退税款,同时按当期活期存款利率收取利息。收取利息的计息期间由税款退付转讫之日起到补缴税款入库之日止。

第四章 附 则

第十五条 对融资租赁船舶出口企业采取假冒退税资格、伪造《融资租赁合同》、提供虚假退税申报资料等手段骗取退税款的,按照现行有关法律、法规处理。

第十六条 本办法由国家税务总局负责解释。

第十七条 本办法从 2010 年 4 月 1 日起执行。

国家税务总局关于肉桂油桉油香茅油增值税适用税率问题的公告

国家税务总局公告 2010 年第 5 号

为统一政策，公平税负，现将肉桂油、桉油、香茅油的增值税适用税率问题公告如下：

肉桂油、桉油、香茅油不属于《财政部 国家税务总局关于印发〈农业产品征税范围注释〉的通知》（财税字〔1995〕52 号）中农业产品的范围，其增值税适用税率为 17%。

本公告自 2010 年 9 月 1 日起施行。

特此公告。

国家税务总局关于项目运营方利用信托资金融资过程中增值税进项税额抵扣问题的公告

国家税务总局公告 2010 年第 8 号

现就项目运营方利用信托资金融资进行项目建设开发过程中增值税进项税额抵扣问题公告如下：

项目运营方利用信托资金融资进行项目建设开发是指项目运营方与经批准成立的信托公司合作进行项目建设开发，信托公司负责筹集资金并设立信托计划，项目运营方负责项目建设与运营，项目建设完成后，项目资产归项目运营方所有。该经营模式下项目运营方在项目建设期内取得的增值税专用发票和其他抵扣凭证，允许其按现行增值税有关规定予以抵扣。

本公告自 2010 年 10 月 1 日起施行。此前未抵扣的进项税额允许其抵扣，已抵扣的不作进项税额转出。

国家税务总局关于干姜姜黄增值税适用税率问题的公告

国家税务总局公告 2010 年第 9 号

为统一政策，公平税负，现将干姜、姜黄增值税适用税率问题公告如下：

干姜、姜黄属于《财政部 国家税务总局关于印发〈农业产品征税范围注释〉的通知》（财税字〔1995〕52 号）中农业产品的范围，根据《财政部 国家税务总局关于部分货物适用增值税低税率和简易办法征收增值税政策的通知》（财税〔2009〕9 号）规定，其增值税适用税率为 13%。

干姜是将生姜经清洗、刨皮、切片、烘烤、晾晒、熏硫等工序加工后制成的产品。

姜黄包括生姜黄，以及将生姜黄经去泥、清洗、蒸煮、晾晒、烤干、打磨等工序加工后制成的产品。

本公告自 2010 年 10 月 1 日起执行。

国家税务总局关于融资性售后回租业务中承租方出售资产行为有关税收问题的公告

国家税务总局公告2010年第13号

现就融资性售后回租业务中承租方出售资产行为有关税收问题公告如下：

融资性售后回租业务是指承租方以融资为目的将资产出售给经批准从事融资租赁业务的企业后，又将该项资产从该融资租赁企业租回的行为。融资性售后回租业务中承租方出售资产时，资产所有权以及与资产所有权有关的全部报酬和风险并未完全转移。

一、增值税和营业税

根据现行增值税和营业税有关规定，融资性售后回租业务中承租方出售资产的行为，不属于增值税和营业税征收范围，不征收增值税和营业税。

二、企业所得税

根据现行企业所得税法及有关收入确定规定，融资性售后回租业务中，承租人出售资产的行为，不确认为销售收入，对融资性租赁的资产，仍按承租人出售前原账面价值作为计税基础计提折旧。租赁期间，承租人支付的属于融资利息的部分，作为企业财务费用在税前扣除。

本公告自2010年10月1日起施行。此前因与本公告规定不一致而已征的税款予以退税。

国家税务总局关于制种行业增值税有关问题的公告

国家税务总局公告2010年第17号

现就制种企业销售种子增值税有关问题公告如下：

制种企业在下列生产经营模式下生产销售种子，属于农业生产者销售自产农业产品，应根据《中华人民共和国增值税暂行条例》有关规定免征增值税。

一、制种企业利用自有土地或承租土地，雇佣农户或雇工进行种子繁育，再经烘干、脱粒、风筛等深加工后销售种子。

二、制种企业提供亲本种子委托农户繁育并从农户手中收回，再经烘干、脱粒、风筛等深加工后销售种子。

本公告自2010年12月1日起施行。

财政部 国家税务总局关于上海期货交易所开展期货保税交割业务有关增值税问题的通知

财税〔2010〕108号

各省、自治区、直辖市、计划单列市财政厅(局)、国家税务局：

根据《国务院关于推进上海加快发展现代服务业和先进制造业建设国际金融中心和国际航运中心的意见》(国发〔2009〕19号)有关精神，上海期货交易所将试点开展期货保税交割业务。现将有关增值税问题通知如下：

一、期货保税交割是指以海关特殊监管区域或场所内处于保税监管状态的货物为期货实物交割标的物的期货实物交割。

二、上海期货交易所的会员和客户通过上海期货交易所交易的期货保税交割标的物，仍按保税货物暂免征收增值税。

期货保税交割的销售方，在向主管税务机关申报纳税时，应出具当期期货保税交割的书面说明及上海期货交易所交割单、保税仓单等资料。

三、非保税货物发生的期货实物交割仍按《国家税务总局关于下发〈货物期货征收增值税具体办法〉的通知》(国税发〔1994〕244号)的规定执行。

四、本通知自2010年12月1日起执行。

国家税务总局关于发布《境外旅客购物离境退税海南试点管理办法》的公告

国家税务总局公告2010年第28号

为推进海南国际旅游岛建设和发展，确保在海南省顺利试行境外旅客购物离境退税政策，国家税务总局经商财政部、商务部、海关总署，制定了《境外旅客购物离境退税海南试点管理办法》，现予以公布，自2011年1月1日开始施行。

境外旅客购物离境退税海南试点管理办法

第一章 总 则

第一条 为推进海南国际旅游岛建设，确保在海南省顺利试行境外旅客购物离境退税政策，根据《财政部关于在海南开展境外旅客购物离境退税政策试点的公告》(财政部公告2010年第88号)等相关规定，制定本办法。

第二条 境外旅客在退税定点商店购物后，按规定应取得的退税凭证包括境外旅客购物离境退税申请单(见附件1)和销售发票。

第三条 境外旅客在办理退税时，可选择的退税币种包括人民币、美元、欧元和日元。

第二章 退税定点商店的认定、变更与终止

第四条 退税定点商店应当同时符合以下条件：

(一)中国境内注册的，具有独立法人资格的增值税一般纳税人；

(二)具备境外旅客购物离境退税管理信息系统运行的条件，能够及时、准确地报送相关信息；

(三)安装并使用增值税专用发票防伪税控机或者使用普通发票“网上开票系统”；

(四)营业面积超过2000平方米；

(五)遵守税收法律法规规定，申请资格认定前两年内未发生偷税、逃避追缴欠税、骗取出口退税、抗税等涉税违法行为以及欠税行为；

(六)商店经营管理服务规范，符合《百货店等级划分及评定》(国家标准)中达标百货店的要求；

(七)具备涉外服务接待能力，能用外语提供服务，商品标签及公共设施同时标注中英文；

(八)经营商品品种丰富，基本包含财政部公告2010年第88号附件《退税物品目录》中所列商品。

第五条 符合本办法第四条规定条件的企业，可以向海南省国家税务局提出退税定点商店认定申请，并提交以下资料：

(一)境外旅客购物离境退税定点商店认定申请表(详见附件2)；

(二)营业面积证明材料。

第六条 海南省国家税务局对企业提出的退税定点商店认定申请，会同海南省商务厅按照本办法规定

的条件进行认定。

第七条 退税定点商店认定资料所载内容发生变化的，应自有关管理机关批准变更之日起30日内，持相关证件及资料向海南省国家税务局申请办理变更手续。海南省国家税务局为其办理变更手续后，将有关情况通报海南省商务厅。

第八条 退税定点商店发生解散、破产、撤销以及其他情形，应在向工商行政管理机关或者其他机关办理注销登记前，持相关证件及资料向主管税务机关申请办理税务登记注销手续，由海南省国家税务局取消其退税定点商店资格，并将有关情况通报海南省商务厅。

第九条 退税定点商店应当在其经营场所显著位置用中英文同时做出标识，便于境外旅客识别。退税定点商店中英文标识由海南省国家税务局会同海南省商务厅制定。

第三章 退税代理机构的认定、变更与终止

第十条 退税代理机构应当同时符合以下条件：

（一）具备独立法人资格，财务制度健全；

（二）已在国税部门办理税务登记；

（三）具备个人本外币兑换特许业务经营资格；

（四）具备办理退税业务的场所和相关设施；

（五）具备境外旅客购物离境退税管理信息系统运行的条件，能够及时、准确地报送相关信息；

（六）遵守税收法律法规规定，申请资格认定前两年内未发生偷税、逃避追缴欠税、骗取出口退税、抗税等涉税违法行为以及欠税行为。

第十一条 符合本办法第十条规定条件的企业，可以向海南省国家税务局提出退税代理机构资格认定申请，并提交以下资料：

（一）境外旅客购物离境退税代理机构认定申请表（详见附件3）；

（二）出口退（免）税认定表；

（三）本外币特许经营证书原件、复印件。

第十二条 海南省国家税务局对企业提出的退税代理机构认定申请，会同海南省财政厅按照本办法规定的条件进行认定。

第十三条 退税代理机构认定后，其认定资料所载内容发生变化的，应自有关管理机关批准变更之日起30日内，持相关证件及资料向海南省国家税务局申请办理变更手续。海南省国家税务局为其办理变更手续后，将有关情况通报海南省财政厅。

第十四条 退税代理机构认定后，发生解散、破产、撤销以及其他情形，应在向工商行政管理机关或者其他机关办理注销登记前，持有关证件及资料向主管税务机关申请办理税务登记注销手续，由海南省国家税务局取消其退税代理机构资格，并将有关情况通报海南省财政厅。

第十五条 退税代理机构在离境机场隔离区内设置专用场所，应当征求海关意见，在显著位置用中英文做出标识。

第四章 退税物品的销售管理

第十六条 境外旅客在退税定点商店购买退税物品，需要索取境外旅客购物离境退税申请单的，应当出示护照等有效身份证件。退税定点商店将境外旅客出示的护照等有效身份证件与境外旅客本人核对后，将境外旅客身份信息录入境外旅客购物离境退税管理信息系统进行校验。通过后按规定开具境外旅客购物离境退税申请单，加盖印章，交给境外旅客。

第十七条 具有以下情形之一的，退税定点商店不得开具境外旅客购物离境退税申请单：

（一）境外旅客不能出示本人护照等有效身份证件；

（二）销售给境外旅客的商品不属于退税物品范围；

（三）同一境外旅客同一日在同一退税定点商店内购买退税物品的金额未达到起退点。

第十八条 境外旅客购物离境退税申请单由海南省国家税务局统一印制。

第十九条 退税定点商店应当建立境外旅客购物离境退税申请单使用登记制度，设置境外旅客购物离

境退税申请单登记簿，并定期向海南省国家税务局报告境外旅客购物离境退税申请单使用情况。

第二十条　退税定点商店应当单独设置退税物品销售明细账，并准确核算。

第五章　退税业务的办理

第二十一条　境外旅客离境时，应当主动向海关申报，并办理有关手续。

第二十二条　境外旅客凭以下资料向设在离境机场隔离区内的退税代理机构申请办理退税：

(一)护照等本人有效身份证件；

(二)经海关验核签章的境外旅客购物离境退税申请单；

(三)退税物品销售发票；

(四)离境航班登机牌。

第二十三条　退税代理机构为境外旅客办理购物离境退税时，应当核对以下内容：

(一)申请购物离境退税的境外旅客与境外旅客购物离境退税管理信息系统中记录的境外旅客身份信息是否相符；

(二)境外旅客购物离境退税申请单是否经海关验核签章；

(三)退税物品购买日距离境日是否超过 90 天；

(四)境外旅客在我国境内连续居住是否超过 183 天。

第二十四条　退税代理机构对上述信息核对无误后，根据境外旅客自行选择的退税方式和币种，按照规定为境外旅客办理退税。

第二十五条　境外旅客购物离境退税资金由退税代理机构先行向境外旅客垫付。

第二十六条　退税代理机构应当于每月 15 日前向海南省国家税务局申请办理退税结算，并附送以下资料：

(一)境外旅客购物离境退税结算申报表(见附件 4)；

(二)经海关验核签章的境外旅客购物离境退税申请单；

(三)退税物品销售发票；

(四)经境外旅客签字确认的境外旅客购物离境退税收款回执单(见附件 5)。

第二十七条　海南省国家税务局对退税代理机构申报的经海关验核签章的境外旅客购物离境退税申请单等有关资料审核无误后，按照规定向退税代理机构办理退付，并将退付情况通报海南省财政厅。

第六章　信息传递与交换

第二十八条　海南省国家税务局对境外旅客购物离境退税业务实行计算机化管理，使用境外旅客购物离境退税管理信息系统审核、审批离境退税相关事宜，并加强与退税定点商店、机场和退税代理机构的信息传递与交换。

第二十九条　退税定点商店通过境外旅客购物离境退税管理信息系统开具境外旅客购物离境退税申请单，并实时向海南省国家税务局报送相关信息。

第三十条　机场根据境外旅客购物离境退税管理的需要，实时验证由海南省国家税务局提请验证的境外旅客的离境航班信息。

第三十一条　退税代理机构通过境外旅客购物离境退税管理信息系统为境外旅客办理离境退税，并实时向海南省国家税务局报送相关信息。

第七章　附　　则

第三十二条　退税定点商店或退税代理机构违反本办法规定发生税收违法行为的，按照《中华人民共和国税收征收管理法》及其实施细则的有关规定予以处理。

第三十三条　本办法中“有效身份证件”是指外籍旅客护照、港澳居民来往内地通行证、台湾居民来往大陆通行证等。

第三十四条　本办法自 2011 年 1 月 1 日起实施。

财政部 国家税务总局关于促进节能服务产业发展增值税营业税和企业所得税政策问题的通知

财税〔2010〕110 号

各省、自治区、直辖市、计划单列市财政厅(局)、国家税务局、地方税务局，新疆生产建设兵团财务局：

为鼓励企业运用合同能源管理机制，加大节能减排技术改造工作力度，根据税收法律法规有关规定和《国务院办公厅转发发展改革委等部门关于加快推进合同能源管理促进节能服务产业发展意见的通知》(国办发〔2010〕25 号)精神，现将节能服务公司实施合同能源管理项目涉及的增值税、营业税和企业所得税政策问题通知如下：

一、关于增值税、营业税政策问题

(一)对符合条件的节能服务公司实施合同能源管理项目，取得的营业税应税收入，暂免征收营业税。

(二)节能服务公司实施符合条件的合同能源管理项目，将项目中的增值税应税货物转让给用能企业，暂免征收增值税。

(三)本条所称"符合条件"是指同时满足以下条件：

1. 节能服务公司实施合同能源管理项目相关技术应符合国家质量监督检验检疫总局和国家标准化管理委员会发布的《合同能源管理技术通则》(GB/T 24915—2010)规定的技术要求；

2. 节能服务公司与用能企业签订《节能效益分享型》合同，其合同格式和内容，符合《合同法》和国家质量监督检验检疫总局和国家标准化管理委员会发布的《合同能源管理技术通则》(GB/T 24915—2010)等规定。

二、关于企业所得税政策问题

(一)对符合条件的节能服务公司实施合同能源管理项目，符合企业所得税税法有关规定的，自项目取得第一笔生产经营收入所属纳税年度起，第一年至第三年免征企业所得税，第四年至第六年按照 25%的法定税率减半征收企业所得税。

(二)对符合条件的节能服务公司，以及与其签订节能效益分享型合同的用能企业，实施合同能源管理项目有关资产的企业所得税税务处理按以下规定执行：

1. 用能企业按照能源管理合同实际支付给节能服务公司的合理支出，均可以在计算当期应纳税所得额时扣除，不再区分服务费用和资产价款进行税务处理；

2. 能源管理合同期满后，节能服务公司转让给用能企业的因实施合同能源管理项目形成的资产，按折旧或摊销期满的资产进行税务处理，用能企业从节能服务公司接受有关资产的计税基础也应按折旧或摊销期满的资产进行税务处理；

3. 能源管理合同期满后，节能服务公司与用能企业办理有关资产的权属转移时，用能企业已支付的资产价款，不再另行计入节能服务公司的收入。

(三)本条所称"符合条件"是指同时满足以下条件：

1. 具有独立法人资格，注册资金不低于 100 万元，且能够单独提供用能状况诊断、节能项目设计、融资、改造(包括施工、设备安装、调试、验收等)、运行管理、人员培训等服务的专业化节能服务公司；

2. 节能服务公司实施合同能源管理项目相关技术应符合国家质量监督检验检疫总局和国家标准化管理委员会发布的《合同能源管理技术通则》(GB/T24915—2010)规定的技术要求；

3. 节能服务公司与用能企业签订《节能效益分享型》合同，其合同格式和内容，符合《合同法》和国家质量监督检验检疫总局和国家标准化管理委员会发布的《合同能源管理技术通则》(GB/T24915—2010)等规定；

4. 节能服务公司实施合同能源管理的项目符合《财政部 国家税务总局国家发展改革委关于公布环境保护节能节水项目企业所得税优惠目录(试行)的通知》(财税〔2009〕166 号)"4. 节能减排技术改造"类中第一项至第八项规定的项目和条件；

5. 节能服务公司投资额不低于实施合同能源管理项目投资总额的 70%；

6. 节能服务公司拥有匹配的专职技术人员和合同能源管理人才，具有保障项目顺利实施和稳定运行的能力。

(四)节能服务公司与用能企业之间的业务往来,应当按照独立企业之间的业务往来收取或者支付价款、费用。不按照独立企业之间的业务往来收取或者支付价款、费用,而减少其应纳税所得额的,税务机关有权进行合理调整。

(五)用能企业对从节能服务公司取得的与实施合同能源管理项目有关的资产,应与企业其他资产分开核算,并建立辅助账或明细账。

(六)节能服务公司同时从事适用不同税收政策待遇项目的,其享受税收优惠项目应当单独计算收入、扣除,并合理分摊企业的期间费用;没有单独计算的,不得享受税收优惠政策。

三、本通知自 2011 年 1 月 1 日起执行。

国家税务总局关于飞机维修业务增值税处理方式的公告

国家税务总局公告 2011 年第 5 号

近期部分地区反映,承揽国内、国外航空公司飞机维修业务的企业,因其从事的国外航空公司飞机维修业务增值税实行免、抵、退税办法,而减少了国内飞机维修业务的增值税应纳税额,进而无法足额享受国内飞机维修业务的增值税优惠政策。经研究,现公告如下:

一、对承揽国内、国外航空公司飞机维修业务的企业(以下简称飞机维修企业)所从事的国外航空公司飞机维修业务,实行免征本环节增值税应纳税额、直接退还相应增值税进项税额的办法。

二、飞机维修企业应分别核算国内、国外飞机维修业务的进项税额;未分别核算或者未准确核算进项税额的,由主管税务机关进行核定。造成多退税款的,予以追回;涉及违法犯罪的,按有关法律法规规定处理。

本公告自 2011 年 2 月 15 日起施行。此前的税收处理与本公告规定不一致的,可按本公告规定予以调整。

特此公告。

国家税务总局关于纳税人销售伴生金有关增值税问题的公告

国家税务总局公告 2011 年第 8 号

现将纳税人销售伴生金有关增值税问题公告如下:

《财政部 国家税务总局关于黄金税收政策问题的通知》(财税〔2002〕142 号)第一条所称伴生金,是指黄金矿砂以外的其他矿产品、冶炼中间产品和其他可以提炼黄金的原料中所伴生的黄金。

纳税人销售含有伴生金的货物并申请伴生金免征增值税的,应当出具伴生金含量的有效证明,分别核算伴生金和其他成分的销售额。

本公告自 2011 年 2 月 1 日起执行。此前执行与本公告不一致的,按照本公告的规定调整。

特此公告。

国家税务总局关于代理出口货物相关税收问题的公告

国家税务总局公告 2011 年第 12 号

《国家税务总局关于出口货物退(免)税若干问题的通知》(国税发〔2006〕102 号)下发执行以来,有地区和企业征询有关代理出口货物的税收问题。现就有关问题公告如下：

一、出口企业未在规定期限内申报开具《代理出口货物证明》的货物，凡委托方已按现行税收政策规定计提增值税销项税额或申报缴纳增值税的，不属于国税发〔2006〕102 号文件第一条第四项规定的情形。

二、税务机关对属于本公告第一条列明的情形，须向委托方所在地税务机关发函调查。委托方所在地税务机关应及时回函。凡委托方所在地税务机关的回函确认委托方已就上述货物计提增值税销项税额或申报缴纳增值税的，不予征税；回函没有确认委托方就上述货物计提增值税销项税额或申报缴纳增值税的，按国税发〔2006〕102 号文件执行。

三、税务机关履行上述程序后，可根据出口企业的申请向出口企业补开《代理出口货物证明》。

四、本公告自 2011 年 3 月 1 日起施行。2006 年 7 月 1 日至本公告施行前发生的事项，可依据本公告进行调整。

特此公告。

国家税务总局关于纳税人资产重组有关增值税问题的公告

国家税务总局公告 2011 年第 13 号

根据《中华人民共和国增值税暂行条例》及其实施细则的有关规定，现将纳税人资产重组有关增值税问题公告如下：

纳税人在资产重组过程中，通过合并、分立、出售、置换等方式，将全部或者部分实物资产以及与其相关联的债权、负债和劳动力一并转让给其他单位和个人，不属于增值税的征税范围，其中涉及的货物转让，不征收增值税。

本公告自 2011 年 3 月 1 日起执行。此前未作处理的，按照本公告的规定执行。《国家税务总局关于转让企业全部产权不征收增值税问题的批复》（国税函〔2002〕420 号）、《国家税务总局关于纳税人资产重组有关增值税政策问题的批复》（国税函〔2009〕585 号）、《国家税务总局关于中国直播卫星有限公司转让全部产权有关增值税问题的通知》（国税函〔2010〕350 号）同时废止。

特此公告。

财政部 国家税务总局关于收购烟叶支付的价外补贴进项税额抵扣问题的通知

财税〔2011〕21 号

各省、自治区、直辖市、计划单列市财政厅（局）、国家税务局、地方税务局，新疆生产建设兵团财务局：

根据有关方面的反映，现将收购烟叶给烟农的生产投入补贴增值税进项税额抵扣问题明确如下：

烟叶收购单位收购烟叶时按照国家有关规定以现金形式直接补贴烟农的生产投入补贴（以下简称价外补贴），属于农产品买价，为《中华人民共和国增值税暂行条例实施细则》（财政部 国家税务总局令第 50 号）第十七条中“价款”的一部分。烟叶收购单位，应将价外补贴与烟叶收购价格在同一张农产品收购发票或者销售发票上分别注明，否则，价外补贴不得计算增值税进项税额进行抵扣。

本通知自 2009 年 1 月 1 日起执行。

国家税务总局关于部分液体乳增值税适用税率的公告

国家税务总局公告 2011 年第 38 号

为明确政策，公平税负，现就巴氏杀菌乳、灭菌乳和调制乳的增值税适用税率问题公告如下：

按照《食品安全国家标准—巴氏杀菌乳》(GB19645—2010)生产的巴氏杀菌乳和按照《食品安全国家标准—灭菌乳》(GB25190—2010)生产的灭菌乳，均属于初级农业产品，可依照《农业产品征收范围注释》中的鲜奶按 13%的税率征收增值税；按照《食品安全国家标准—调制乳》(GB25191—2010)生产的调制乳，不属于初级农业产品，应按照 17%税率征收增值税。

本公告自公布之日起施行。《国家税务总局关于营养强化奶适用增值税税率问题的批复》(国税函〔2005〕676 号)同时废止。

特此公告。

国家税务总局关于增值税纳税义务发生时间有关问题的公告

国家税务总局公告 2011 年第 40 号

根据《中华人民共和国增值税暂行条例》及其实施细则的有关规定，现就增值税纳税义务发生时间有关问题公告如下：

纳税人生产经营活动中采取直接收款方式销售货物，已将货物移送对方并暂估销售收入入账，但既未取得销售款或取得索取销售款凭据也未开具销售发票的，其增值税纳税义务发生时间为取得销售款或取得索取销售款凭据的当天；先开具发票的，为开具发票的当天。

本公告自 2011 年 8 月 1 日起施行。纳税人此前对发生上述情况进行增值税纳税申报的，可向主管税务机关申请，按本公告规定做纳税调整。

特此公告。

国家税务总局关于环氧大豆油氢化植物油增值税适用税率问题的公告

国家税务总局公告 2011 年第 43 号

现将环氧大豆油、氢化植物油增值税适用税率问题公告如下：

环氧大豆油、氢化植物油不属于食用植物油的征税范围，应适用 17%增值税税率。

环氧大豆油是将大豆油滴加双氧水后经过环氧反应、水洗、减压脱水等工序后形成的产品。

氢化植物油是将普通植物油在一定温度和压力下经过加氢、催化等工序后形成的产品。

本公告自 2011 年 8 月 1 日起执行。

特此公告。

国家税务总局关于纳税人转让土地使用权或者销售不动产同时一并销售附着于土地或者不动产上的固定资产有关税收问题的公告

国家税务总局公告2011年第47号

现就纳税人转让土地使用权或者销售不动产的同时一并销售附着于土地或者不动产上的固定资产有关税收问题公告如下：

纳税人转让土地使用权或者销售不动产的同时一并销售的附着于土地或者不动产上的固定资产中，凡属于增值税应税货物的，应按照《财政部 国家税务总局关于部分货物适用增值税低税率和简易办法征收增值税政策的通知》(财税〔2009〕9号)第二条有关规定，计算缴纳增值税；凡属于不动产的，应按照《中华人民共和国营业税暂行条例》"销售不动产"税目计算缴纳营业税。

纳税人应分别核算增值税应税货物和不动产的销售额，未分别核算或核算不清的，由主管税务机关核定其增值税应税货物的销售额和不动产的销售额。

本公告自2011年9月1日起施行。《国家税务总局关于煤炭企业转让井口征收营业税问题的批复》(国税函〔1997〕556号)和《国家税务总局关于煤矿转让征收营业税问题的批复》(国税函〔2007〕1018号)中"对单位和个人在转让煤矿土地使用权和销售不动产的同时一并转让附着于土地或不动产上的机电设备，一并按'销售不动产'征收营业税"的规定同时废止。本公告施行前已处理的事项不再作调整，未处理事项依据本公告处理。

特此公告。

国家税务总局关于废止逾期增值税扣税凭证一律不得抵扣规定的公告

国家税务总局公告2011年第49号

经国务院批准，现将《国务院办公厅转发国家税务总局关于全面推广应用增值税防伪税控系统意见的通知》(国办发〔2000〕12号)第三条中"凡逾期未申报认证的，一律不得作为扣税凭证，已经抵扣税款的，由税务机关如数追缴，并按《中华人民共和国税收征收管理法》的有关规定进行处罚"规定废止。2007年1月1日以后开具的增值税扣税凭证逾期未认证或未稽核比对如何处理问题，另行公告。

本公告自2011年10月1日起执行。

特此公告。

国家税务总局关于逾期增值税扣税凭证抵扣问题的公告

国家税务总局公告2011年第50号

为保障纳税人合法权益，经国务院批准，现将2007年1月1日以后开具的增值税扣税凭证未能按照规定期限办理认证或者稽核比对(以下简称逾期)抵扣问题公告如下：

一、对增值税一般纳税人发生真实交易但由于客观原因造成增值税扣税凭证逾期的，经主管税务机关审核、逐级上报，由国家税务总局认证、稽核比对后，对比对相符的增值税扣税凭证，允许纳税人继续抵扣其进项税额。

增值税一般纳税人由于除本公告第二条规定以外的其他原因造成增值税扣税凭证逾期的，仍应按照增值税扣税凭证抵扣期限有关规定执行。

本公告所称增值税扣税凭证，包括增值税专用发票、海关进口增值税专用缴款书和公路内河货物运输业统一发票。

二、客观原因包括如下类型：

(一)因自然灾害、社会突发事件等不可抗力因素造成增值税扣税凭证逾期；

(二)增值税扣税凭证被盗、抢，或者因邮寄丢失、误递导致逾期；

(三)有关司法、行政机关在办理业务或者检查中，扣押增值税扣税凭证，纳税人不能正常履行申报义务，或者税务机关信息系统、网络故障，未能及时处理纳税人网上认证数据等导致增值税扣税凭证逾期；

(四)买卖双方因经济纠纷，未能及时传递增值税扣税凭证，或者纳税人变更纳税地点，注销旧户和重新办理税务登记的时间过长，导致增值税扣税凭证逾期；

(五)由于企业办税人员伤亡、突发危重疾病或者擅自离职，未能办理交接手续，导致增值税扣税凭证逾期；

(六)国家税务总局规定的其他情形。

三、增值税一般纳税人因客观原因造成增值税扣税凭证逾期的，可按照本公告附件《逾期增值税扣税凭证抵扣管理办法》的规定，申请办理逾期抵扣手续。

四、本公告自 2011 年 10 月 1 日起执行。

特此公告。

附件：逾期增值税扣税凭证抵扣管理办法

国家税务总局

二〇一一年九月十四日

附件

逾期增值税扣税凭证抵扣管理办法

一、增值税一般纳税人发生真实交易但由于客观原因造成增值税扣税凭证逾期的，可向主管税务机关申请办理逾期抵扣。

二、纳税人申请办理逾期抵扣时，应报送如下资料：

(一)《逾期增值税扣税凭证抵扣申请单》；

(二)增值税扣税凭证逾期情况说明。纳税人应详细说明未能按期办理认证或者申请稽核比对的原因，并加盖企业公章。其中，对客观原因不涉及第三方的，纳税人应说明的情况具体为：发生自然灾害、社会突发事件等不可抗力原因的，纳税人应详细说明自然灾害或者社会突发事件发生的时间、影响地区、对纳税人生产经营的实际影响等；纳税人变更纳税地点，注销旧户和重新办理税务登记的时间过长，导致增值税扣税凭证逾期的，纳税人应详细说明办理搬迁时间、注销旧户和注册新户的时间、搬出及搬入地点等；企业办税人员擅自离职，未办理交接手续的，纳税人应详细说明事情经过、办税人员姓名、离职时间等，并提供解除劳动关系合同及企业内部相关处理决定。

(三)客观原因涉及第三方的，应提供第三方证明或说明。具体为：企业办税人员伤亡或者突发危重疾病的，应提供公安机关、交通管理部门或者医院证明；有关司法、行政机关在办理业务或者检查中，扣押增值税扣税凭证，导致纳税人不能正常履行申报义务的，应提供相关司法、行政机关证明；增值税扣税凭证被盗、抢的，应提供公安机关证明；买卖双方因经济纠纷，未能及时传递增值税扣税凭证的，应提供卖方出具的情况说明；邮寄丢失或者误递导致增值税扣税凭证逾期的，应提供邮政单位出具的说明。

(四)逾期增值税扣税凭证电子信息;

(五)逾期增值税扣税凭证复印件(复印件必须整洁、清晰,在凭证备注栏注明“与原件一致”并加盖企业公章,增值税专用发票复印件必须裁剪成与原票大小一致)。

三、由于税务机关自身原因造成纳税人增值税扣税凭证逾期的,主管税务机关应在上报文件中说明相关情况。具体为,税务机关信息系统或者网络故障,未能及时处理纳税人网上认证数据的,主管税务机关应详细说明信息系统或网络故障出现、持续的时间,故障原因及表现等。

四、主管税务机关应认真审核纳税人所报资料,重点审核纳税人所报送资料是否齐全、交易是否真实发生、造成增值税扣税凭证逾期的原因是否属于客观原因、第三方证明或说明所述时间是否具有逻辑性、资料信息是否一致、增值税扣税凭证复印件与原件是否一致等。

主管税务机关审核无误后,应向上级税务机关正式上报,并将增值税扣税凭证逾期情况说明、第三方证明或说明、逾期增值税扣税凭证电子信息、逾期增值税扣税凭证复印件逐级审核后上报至国家税务总局。

五、国家税务总局将对各地上报的资料进行审核,并对逾期增值税扣税凭证信息进行认证、稽核比对,对资料符合条件、稽核比对结果相符的,通知省税务机关允许纳税人继续抵扣逾期增值税扣税凭证上所注明或计算的税额。

六、主管税务机关可定期或者不定期对已抵扣逾期增值税扣税凭证进项税额的纳税人进行复查,发现纳税人提供虚假信息,存在弄虚作假行为的,应责令纳税人将已抵扣进项税额转出,并按《中华人民共和国税收征收管理法》的有关规定进行处罚。

财政部 国家税务总局关于软件产品增值税政策的通知

财税〔2011〕100号

各省、自治区、直辖市、计划单列市财政厅(局)、国家税务局、地方税务局,新疆生产建设兵团财务局:

为落实《国务院关于印发进一步鼓励软件产业和集成电路产业发展若干政策的通知》(国发〔2011〕4号)的有关精神,进一步促进软件产业发展,推动我国信息化建设,现将软件产品增值税政策通知如下:

一、软件产品增值税政策

(一)增值税一般纳税人销售其自行开发生产的软件产品,按17%税率征收增值税后,对其增值税实际税负超过3%的部分实行即征即退政策。

(二)增值税一般纳税人将进口软件产品进行本地化改造后对外销售,其销售的软件产品可享受本条第一款规定的增值税即征即退政策。

本地化改造是指对进口软件产品进行重新设计、改进、转换等,单纯对进口软件产品进行汉字化处理不包括在内。

(三)纳税人受托开发软件产品,著作权属于受托方的征收增值税,著作权属于委托方或属于双方共同拥有的不征收增值税;对经过国家版权局注册登记,纳税人在销售时一并转让著作权、所有权的,不征收增值税。

二、软件产品界定及分类

本通知所称软件产品,是指信息处理程序及相关文档和数据。软件产品包括计算机软件产品、信息系统和嵌入式软件产品。嵌入式软件产品是指嵌入在计算机硬件、机器设备中并随其一并销售,构成计算机硬件、机器设备组成部分的软件产品。

三、满足下列条件的软件产品,经主管税务机关审核批准,可以享受本通知规定的增值税政策:

1. 取得省级软件产业主管部门认可的软件检测机构出具的检测证明材料;

2. 取得软件产业主管部门颁发的《软件产品登记证书》或著作权行政管理部门颁发的《计算机软件著作权登记证书》。

四、软件产品增值税即征即退税额的计算

(一)软件产品增值税即征即退税额的计算方法:

即征即退税额=当期软件产品增值税应纳税额-当期软件产品销售额×3%

当期软件产品增值税应纳税额＝当期软件产品销项税额－当期软件产品可抵扣进项税额

当期软件产品销项税额＝当期软件产品销售额×17％

（二）嵌入式软件产品增值税即征即退税额的计算：

1．嵌入式软件产品增值税即征即退税额的计算方法

即征即退税额＝当期嵌入式软件产品增值税应纳税额－当期嵌入式软件产品销售额×3％

$$\text{当期嵌入式软件产品增值税应纳税额}=\text{当期嵌入式软件产品销项税额}-\text{当期嵌入式软件产品可抵扣进项税额}$$

当期嵌入式软件产品销项税额＝当期嵌入式软件产品销售额×17％

2．当期嵌入式软件产品销售额的计算公式

$$\text{当期嵌入式软件产品销售额}=\text{当期嵌入式软件产品与计算机硬件、机器设备销售额合计}-\text{当期计算机硬件、机器设备销售额}$$

计算机硬件、机器设备销售额按照下列顺序确定：

①按纳税人最近同期同类货物的平均销售价格计算确定；

②按其他纳税人最近同期同类货物的平均销售价格计算确定；

③按计算机硬件、机器设备组成计税价格计算确定。

计算机硬件、机器设备组成计税价格＝计算机硬件、机器设备成本×（1＋10％）。

五、按照上述办法计算，即征即退税额大于零时，税务机关应按规定，及时办理退税手续。

六、增值税一般纳税人在销售软件产品的同时销售其他货物或者应税劳务的，对于无法划分的进项税额，应按照实际成本或销售收入比例确定软件产品应分摊的进项税额；对专用于软件产品开发生产设备及工具的进项税额，不得进行分摊。纳税人应将选定的分摊方式报主管税务机关备案，并自备案之日起一年内不得变更。

专用于软件产品开发生产的设备及工具，包括但不限于用于软件设计的计算机设备、读写打印器具设备、工具软件、软件平台和测试设备。

七、对增值税一般纳税人随同计算机硬件、机器设备一并销售嵌入式软件产品，如果适用本通知规定按照组成计税价格计算确定计算机硬件、机器设备销售额的，应当分别核算嵌入式软件产品与计算机硬件、机器设备部分的成本。凡未分别核算或者核算不清的，不得享受本通知规定的增值税政策。

八、各省、自治区、直辖市、计划单列市税务机关可根据本通知规定，制定软件产品增值税即征即退的管理办法。主管税务机关可对享受本通知规定增值税政策的纳税人进行定期或不定期检查。纳税人凡弄虚作假骗取享受本通知规定增值税政策的，税务机关除根据现行规定进行处罚外，自发生上述违法违规行为年度起，取消其享受本通知规定增值税政策的资格，纳税人三年内不得再次申请。

九、本通知自2011年1月1日起执行。《财政部 国家税务总局关于贯彻落实〈中共中央国务院关于加强技术创新，发展高科技，实现产业化的决定〉有关税收问题的通知》（财税字〔1999〕273号）第一条、《财政部 国家税务总局 海关总署关于鼓励软件产业和集成电路产业发展有关税收政策问题的通知》（财税〔2000〕25号）第一条第一款、《国家税务总局关于明确电子出版物属于软件征税范围的通知》（国税函〔2000〕168号）、《财政部 国家税务总局关于增值税若干政策的通知》（财税〔2005〕165号）第十一条第一款和第三款、《财政部 国家税务总局关于嵌入式软件增值税政策问题的通知》（财税〔2006〕174号）、《财政部 国家税务总局关于嵌入式软件增值税政策的通知》（财税〔2008〕92号）、《财政部 国家税务总局关于扶持动漫产业发展有关税收政策问题的通知》（财税〔2009〕65号）第一条同时废止。

关于修改《中华人民共和国增值税暂行条例实施细则》和《中华人民共和国营业税暂行条例实施细则》的决定

中华人民共和国财政部令第65号

《关于修改〈中华人民共和国增值税暂行条例实施细则〉和〈中华人民共和国营业税暂行条例实施细则〉

的决定》已经财政部、国家税务总局审议通过,现予公布,自2011年11月1日起施行。

二〇一一年十月二十八日

关于修改《中华人民共和国增值税暂行条例实施细则》和《中华人民共和国营业税暂行条例实施细则》的决定

为了贯彻落实国务院关于支持小型和微型企业发展的要求,财政部、国家税务总局决定对《中华人民共和国增值税暂行条例实施细则》和《中华人民共和国营业税暂行条例实施细则》的部分条款予以修改。

一、将《中华人民共和国增值税暂行条例实施细则》第三十七条第二款修改为:"增值税起征点的幅度规定如下:

(一)销售货物的,为月销售额5000—20000元;

(二)销售应税劳务的,为月销售额5000—20000元;

(三)按次纳税的,为每次(日)销售额300—500元。"

二、将《中华人民共和国营业税暂行条例实施细则》第二十三条第三款修改为:"营业税起征点的幅度规定如下:

(一)按期纳税的,为月营业额5000—20000元;

(二)按次纳税的,为每次(日)营业额300—500元。"

本决定自2011年11月1日起施行。

《中华人民共和国增值税暂行条例实施细则》和《中华人民共和国营业税暂行条例实施细则》根据本决定作相应修改,重新公布。

国家税务总局关于纳税人为其他单位和个人开采矿产资源提供劳务有关货物和劳务税问题的公告

国家税务总局公告2011年第56号

现将纳税人为其他单位和个人开采矿产资源提供劳务有关货物和劳务税问题公告如下:

纳税人提供的矿山爆破、穿孔、表面附着物(包括岩层、土层、沙层等)剥离和清理劳务,以及矿井、巷道构筑劳务,属于营业税应税劳务,应当缴纳营业税。

纳税人提供的矿产资源开采、挖掘、切割、破碎、分拣、洗选等劳务,属于增值税应税劳务,应当缴纳增值税。

本公告自2011年12月1日起执行。此前未处理的,按照本公告的规定处理。

特此公告。

财政部 国家税务总局关于退还集成电路企业采购设备增值税期末留抵税额的通知

财税〔2011〕107号

北京、天津、内蒙古、大连、上海、江苏、安徽、厦门、湖北、深圳、重庆、广东省(自治区、直辖市、计划单列市)财政厅(局)、国家税务局,财政部驻北京、天津、内蒙古、大连、上海、江苏、安徽、厦门、湖北、深圳、重庆、广东省

(自治区、直辖市、计划单列市)财政监察专员办事处：

为落实《国务院关于印发进一步鼓励软件产业和集成电路产业发展若干政策的通知》(国发〔2011〕4号)有关要求，解决集成电路重大项目企业采购设备引起的增值税进项税额占用资金问题，决定对其因购进设备形成的增值税期末留抵税额予以退还。现将有关事项通知如下：

一、对国家批准的集成电路重大项目企业(具体名单见附件)因购进设备形成的增值税期末留抵税额(以下称购进设备留抵税额)准予退还。购进的设备应属于《中华人民共和国增值税暂行条例实施细则》第二十一条第二款规定的固定资产范围。

二、准予退还的购进设备留抵税额的计算

企业当期购进设备进项税额大于当期增值税纳税申报表“期末留抵税额”的，当期准予退还的购进设备留抵税额为期末留抵税额；企业当期购进设备进项税额小于当期增值税纳税申报表“期末留抵税额”的，当期准于退还的购进设备留抵税额为当期购进设备进项税额。

当期购进设备进项税额，是指企业取得的按照现行规定允许在当期抵扣的增值税专用发票或海关进口增值税专用缴款书(限于2009年1月1日及以后开具的)上注明的增值税额。

三、退还购进设备留抵税额的申请和审批

(一)企业应于每月申报期结束后10个工作日内向主管税务机关申请退还购进设备留抵税额。

主管税务机关接到企业申请后，应审核企业提供的增值税专用发票或海关进口增值税专用缴款书是否符合现行政策规定，其注明的设备名称与企业实际购进的设备是否一致，申请退还的购进设备留抵税额是否正确。审核无误后，由县(区、市)级主管税务机关审批。

(二)企业收到退税款项的当月，应将退税额从增值税进项税额中转出。未转出的，按照《中华人民共和国税收征收管理法》有关规定承担相应法律责任。

(三)企业首次申请退还购进设备留抵税额时，可将2009年以来形成的购进设备留抵税额，按照上述规定一次性申请退还。

四、退还的购进设备留抵税额由中央和地方按照现行增值税分享比例共同负担。

五、本通知自2011年11月1日起执行。

财政部 国家税务总局关于调整完善资源综合利用产品及劳务增值税政策的通知

财税〔2011〕115号

各省、自治区、直辖市、计划单列市财政厅(局)、国家税务局，财政部驻各省、自治区、直辖市、计划单列市财政监察专员办事处，新疆生产建设兵团财务局：

为深入贯彻节约资源和保护环境基本国策，大力发展循环经济，加快资源节约型、环境友好型社会建设，经国务院批准，决定对农林剩余物资源综合利用产品增值税政策进行调整完善，并增加部分资源综合利用产品及劳务适用增值税优惠政策。现将有关政策明确如下：

一、对销售自产的以建(构)筑废物、煤矸石为原料生产的建筑砂石骨料免征增值税。生产原料中建(构)筑废物、煤矸石的比重不低于90%。其中以建(构)筑废物为原料生产的建筑砂石骨料应符合《混凝土用再生粗骨料》(GB/T 25177—2010)和《混凝土和砂浆用再生细骨料》(GB/T 25176—2010)的技术要求；以煤矸石为原料生产的建筑砂石骨料应符合《建筑用砂》(GB/T 14684—2001)和《建筑用卵石碎石》(GB/T 14685—2001)的技术要求。

二、对垃圾处理、污泥处理处置劳务免征增值税。垃圾处理是指运用填埋、焚烧、综合处理和回收利用等形式，对垃圾进行减量化、资源化和无害化处理处置的业务；污泥处理处置是指对污水处理后产生的污泥进行稳定化、减量化和无害化处理处置的业务。

三、对销售下列自产货物实行增值税即征即退100%的政策

(一)利用工业生产过程中产生的余热、余压生产的电力或热力。发电(热)原料中100%利用上述

资源。

（二）以餐厨垃圾、畜禽粪便、稻壳、花生壳、玉米芯、油茶壳、棉籽壳、三剩物、次小薪材、含油污水、有机废水、污水处理后产生的污泥、油田采油过程中产生的油污泥（浮渣），包括利用上述资源发酵产生的沼气为原料生产的电力、热力、燃料。生产原料中上述资源的比重不低于80%，其中利用油田采油过程中产生的油污泥（浮渣）生产燃料的资源比重不低于60%。

上述涉及的生物质发电项目必须符合国家发展改革委《可再生能源发电有关管理规定》（发改能源〔2006〕13号）要求，并且生产排放达到《火电厂大气污染物排放标准》（GB13223—2003）第1时段标准或者《生活垃圾焚烧污染控制标准》（GB18485—2001）的有关规定。利用油田采油过程中产生的油污泥（浮渣）的生产企业必须取得《危险废物综合经营许可证》。

（三）以污水处理后产生的污泥为原料生产的干化污泥、燃料。生产原料中上述资源的比重不低于90%。

（四）以废弃的动物油、植物油为原料生产的饲料级混合油。饲料级混合油应达到《饲料级混合油》（NY/T 913—2004）规定的技术要求，生产原料中上述资源的比重不低于90%。

（五）以回收的废矿物油为原料生产的润滑油基础油、汽油、柴油等工业油料。生产企业必须取得《危险废物综合经营许可证》，生产原料中上述资源的比重不低于90%。

（六）以油田采油过程中产生的油污泥（浮渣）为原料生产的乳化油调和剂及防水卷材辅料产品。生产企业必须取得《危险废物综合经营许可证》，生产原料中上述资源的比重不低于70%。

（七）以人发为原料生产的档发。生产原料中90%以上为人发。

四、对销售下列自产货物实行增值税即征即退80%的政策

以三剩物、次小薪材和农作物秸秆等3类农林剩余物为原料生产的木（竹、秸秆）纤维板、木（竹、秸秆）刨花板，细木工板、活性炭、栲胶、水解酒精、炭棒；以沙柳为原料生产的箱板纸。

五、对销售下列自产货物实行增值税即征即退50%的政策

（一）以蔗渣为原料生产的蔗渣浆、蔗渣刨花板及各类纸制品。生产原料中蔗渣所占比重不低于70%。

（二）以粉煤灰、煤矸石为原料生产的氧化铝、活性硅酸钙。生产原料中上述资源的比重不低于25%。

（三）利用污泥生产的污泥微生物蛋白。生产原料中上述资源的比重不低于90%。

（四）以煤矸石为原料生产的瓷绝缘子、煅烧高岭土。其中瓷绝缘子生产原料中煤矸石所占比重不低于30%，煅烧高岭土生产原料中煤矸石所占比重不低于90%。

（五）以废旧电池、废感光材料、废彩色显影液、废催化剂、废灯泡（管）、电解废弃物、电镀废弃物、废线路板、树脂废弃物、烟尘灰、湿法泥、熔炼渣、河底淤泥、废旧电机、报废汽车为原料生产的金、银、钯、铑、铜、铅、汞、锡、铋、碲、铟、硒、铂族金属，其中综合利用危险废弃物的企业必须取得《危险废物综合经营许可证》。生产原料中上述资源的比重不低于90%。

（六）以废塑料、废旧聚氯乙烯（PVC）制品、废橡胶制品及废铝塑复合纸包装材料为原料生产的汽油、柴油、废塑料（橡胶）油、石油焦、碳黑、再生纸浆、铝粉、汽车用改性再生专用料、摩托车用改性再生专用料、家电用改性再生专用料、管材用改性再生专用料、化纤用再生聚酯专用料（杂质含量低于0.5mg/g、水分含量低于1%）、瓶用再生聚对苯二甲酸乙二醇酯（PET）树脂（乙醛质量分数小于等于1ug/g）及再生塑料制品。生产原料中上述资源的比重不低于70%。

上述废塑料综合利用生产企业必须通过ISO9000、ISO14000认证。

（七）以废弃天然纤维、化学纤维及其制品为原料生产的纤维纱及织布、无纺布、毡、黏合剂及再生聚酯产品。生产原料中上述资源的比重不低于90%。

（八）以废旧石墨为原料生产的石墨异形件、石墨块、石墨粉和石墨增碳剂。生产原料中上述资源的比重不低于90%。

六、本通知所述“三剩物”，是指采伐剩余物（指枝丫、树梢、树皮、树叶、树根及藤条、灌木等）、造材剩余物（指造材截头）和加工剩余物（指板皮、板条、木竹截头、锯沫、碎单板、木芯、刨花、木块、篾黄、边角余料等）。

“次小薪材”，是指次加工材（指材质低于针、阔叶树加工用原木最低等级但具有一定利用价值的次加工原木，其中东北、内蒙古地区按LY/T1 505—1999标准执行，南方及其他地区按LY/T1369—1999标准执行）、小径材（指长度在2米以下或径级8厘米以下的小原木条、松木杆、脚手杆、杂木杆、短原木等）和薪材。

“农作物秸秆”，是指农业生产过程中，收获了粮食作物（指稻谷、小麦、玉米、薯类等）、油料作物（指油菜籽、花生、大豆、葵花籽、芝麻籽、胡麻籽等）、棉花、麻类、糖料、烟叶、药材、蔬菜和水果等以后残留的茎秆。

“蔗渣”，是指以甘蔗为原料的制糖生产过程中产生的含纤维50%左右的固体废弃物。

“烟尘灰”，是指金属冶炼厂火法冶炼过程中，为保护环境经除尘器（塔）收集的粉灰状残料物。

“湿法泥”，是指湿法冶炼生产排出的污泥，经集中环保处置后产生的中和渣，且具有一定回收价值的污泥状废弃物。

“熔炼渣”，是指在铅、锡、铜、铋火法还原冶炼过程中，由于比重的差异，金属成分因比重大沉底形成金属锭，而比重较小的硅、铁、钙等化合物浮在金属表层形成的废渣。

七、本通知所称综合利用资源占生产原料的比重，除第三条第（一）项外，一律以重量比例计算，不得以体积比例计算。

八、增值税一般纳税人应单独核算综合利用产品的销售额。一般纳税人同时生产增值税应税产品和享受增值税即征即退产品而存在无法划分的进项税额时，按下列公式对无法划分的进项税额进行划分：

享受增值税即征即退产品应分摊的进项税额＝当月无法划分的全部进项税额×当月享受增值税即征即退产品的销售额合计当月无法划分进项税额产品的销售额合计

增值税小规模纳税人应单独核算综合利用产品的销售额和应纳税额。

凡未单独核算资源综合利用产品的销售额和应纳税额的，不得享受本通知规定的退（免）税政策。

九、申请享受本通知规定的资源综合利用产品及劳务增值税优惠政策的纳税人，还应符合下列条件：

（一）纳税人生产、利用资源综合利用产品及劳务的建设项目已按照《中华人民共和国环境影响评价法》编制环境影响评价文件，且已获得经法律规定的审批部门批准同意。

（二）自2010年1月1日起，纳税人未因违反《中华人民共和国环境保护法》等环境保护法律法规受到刑事处罚或者县级以上环保部门相应的行政处罚。

（三）生产过程中如果排放污水的，其污水已接入污水处理设施，且生产排放达到《城镇污水处理厂污染物排放标准》（GB18918—2002）。

（四）申请享受本通知规定的资源综合利用产品，已送交由省级以上质量技术监督部门资质认定的产品质量检验机构进行质量检验，并已取得该机构出具的符合产品质量标准要求及本文件规定的生产工艺要求的检测报告。

（五）申请享受本通知规定的资源综合利用产品及劳务增值税优惠政策的，应当在初次申请时按照要求提交资源综合利用产品及劳务有关数据，报主管税务机关审核备案，并在以后每年2月15日前按照要求提交上一年度资源综合利用产品及劳务有关数据，报主管税务机关审核备案。具体数据要求和提交办法由财政部和国家税务总局另行通知。

十、各省、自治区、直辖市、计划单列市税务机关可根据本通知规定并结合各地实际情况，商同级财政部门制定资源综合利用产品及劳务增值税退（免）税管理办法，并报财政部、国家税务总局备案。

十一、本通知规定的增值税退（免）税事宜由主管税务机关按照现行有关规定办理。各级税务机关应采取严密措施加强对享受资源综合利用增值税优惠政策企业的动态监管，不定期对企业生产经营情况[包括本通知第九条第（五）项要求提交的数据]、纳税申报情况和退税申报情况的真实性进行核实。凡经核实纳税人有弄虚作假骗取享受本通知规定的增值税政策的，税务机关追缴其此前骗取的退税税款，并自纳税人发生上述违法违规行为年度起，取消其享受本通知规定增值税政策的资格，且纳税人三年内不得再次申请。

十二、本通知中所列各类国家标准、行业标准等，如在执行过程中有更新、替换，统一按新的国家标准、行业标准执行，财政部、国家税务总局不再另行发文明确。

十三、本通知第四条、第五条第（一）项规定的政策自2011年1月1日起执行；第一条、第二条、第三条和第五条其他款项规定的政策自2011年8月1日起执行。纳税人销售（提供）本通知规定的免税产品（劳务），如果已向购买方开具了增值税专用发票，应将专用发票追回后方可申请办理免税。凡专用发票无法追回的，一律按照规定征收增值税，不予免税。

十四、《财政部 国家税务总局关于以农林剩余物为原料的综合利用产品增值税政策的通知》（财税〔2009〕148号）和《财政部 国家税务总局关于以蔗渣为原料生产综合利用产品增值税政策的补充通知》（财税〔2010〕114号）自2011年1月1日起废止。

国家税务总局关于安置残疾人单位是否可以同时享受多项增值税优惠政策问题的公告

国家税务总局公告 2011 年第 61 号

现将安置残疾人单位是否可以同时享受多重增值税优惠政策问题公告如下：

安置残疾人单位既符合促进残疾人就业增值税优惠政策条件，又符合其他增值税优惠政策条件的，可同时享受多项增值税优惠政策，但年度申请退还增值税总额不得超过本年度内应纳增值税总额。

本公告自 2011 年 12 月 1 日起执行。

特此公告。

财政部 国家税务总局关于继续执行供热企业增值税房产税城镇土地使用税优惠政策的通知

财税〔2011〕118 号

北京、天津、河北、山西、内蒙古、辽宁、大连、吉林、黑龙江、山东、青岛、河南、陕西、甘肃、宁夏、新疆、青海省（自治区、直辖市、计划单列市）财政厅（局）、国家税务局、地方税务局，新疆生产建设兵团财务局：

为保障居民供热采暖，经国务院批准，现将“三北”地区供热企业（以下称供热企业）增值税、房产税、城镇土地使用税政策通知如下：

一、自 2011 年供暖期至 2015 年 12 月 31 日，对供热企业向居民个人（以下称居民）供热而取得的采暖费收入继续免征增值税。向居民供热而取得的采暖费收入，包括供热企业直接向居民收取的、通过其他单位向居民收取的和由单位代居民缴纳的采暖费。

免征增值税的采暖费收入，应当按照《中华人民共和国增值税暂行条例》第十六条的规定单独核算。通过热力产品经营企业向居民供热的热力产品生产企业，应当根据热力产品经营企业实际从居民取得的采暖费收入占该经营企业采暖费总收入的比例确定免税收入比例。

本条所述供暖期，是指当年下半年供暖开始至次年上半年供暖结束的期间。

二、自 2011 年 7 月 1 日至 2015 年 12 月 31 日，对向居民供热而收取采暖费的供热企业，为居民供热所使用的厂房及土地继续免征房产税、城镇土地使用税。

对既向居民供热，又向单位供热或者兼营其他生产经营活动的供热企业，按其向居民供热而取得的采暖费收入占企业总收入的比例免征房产税、城镇土地使用税。

三、本通知所述供热企业，是指热力产品生产企业和热力产品经营企业。热力产品生产企业包括专业供热企业、兼营供热企业和自供热单位。

四、本通知所称“三北”地区，是指北京市、天津市、河北省、山西省、内蒙古自治区、辽宁省、大连市、吉林省、黑龙江省、山东省、青岛市、河南省、陕西省、甘肃省、青海省、宁夏回族自治区和新疆维吾尔自治区。

国家税务总局关于旅店业和饮食业纳税人销售食品有关税收问题的公告

国家税务总局公告 2011 年第 62 号

现将旅店业和饮食业纳税人销售食品有关税收问题公告如下：

旅店业和饮食业纳税人销售非现场消费的食品应当缴纳增值税，不缴纳营业税。

旅店业和饮食业纳税人发生上述应税行为，符合《中华人民共和国增值税暂行条例实施细则》（财政部、国家税务总局令第 50 号）第二十九条规定的，可选择按照小规模纳税人缴纳增值税。

本公告自 2012 年 1 月 1 日起执行。《国家税务总局关于饮食业征收流转税问题的通知》（国税发〔1996〕202 号）、《国家税务总局关于烧卤熟制食品征收流转税问题的批复》（国税函〔1996〕261 号）同时废止。

特此公告。

国家税务总局关于纳税人既享受增值税即征即退先征后退政策又享受免抵退税政策有关问题的公告

国家税务总局公告 2011 年第 69 号

现将纳税人既享受增值税即征即退、先征后退政策又享受免抵退税政策有关问题公告如下：

一、纳税人既有增值税即征即退、先征后退项目，也有出口等其他增值税应税项目的，增值税即征即退和先征后退项目不参与出口项目免抵退税计算。纳税人应分别核算增值税即征即退、先征后退项目和出口等其他增值税应税项目，分别申请享受增值税即征即退、先征后退和免抵退税政策。

二、用于增值税即征即退或者先征后退项目的进项税额无法划分的，按照下列公式计算：

$$\text{无法划分进项税额中用于增值税即征即退或者先征后退项目的部分} = \text{当月无法划分的全部进项税额} \times \text{当月增值税即征即退或者先征后退项目销售额} \div \text{当月全部销售额、营业额合计}$$

本公告自 2012 年 1 月 1 日起执行。《国家税务总局关于飞机维修业务增值税问题的批复》（国税函〔2008〕842 号）、《国家税务总局关于飞机维修业务增值税处理方式的公告》（2011 年第 5 号）同时废止。

国家税务总局关于一般纳税人迁移有关增值税问题的公告

国家税务总局公告 2011 年第 71 号

现就增值税一般纳税人经营地点迁移后仍继续经营，其一般纳税人资格是否可以继续保留以及尚未抵扣进项税额是否允许继续抵扣问题公告如下：

一、增值税一般纳税人（以下简称纳税人）因住所、经营地点变动，按照相关规定，在工商行政管理部门作变更登记处理，但因涉及改变税务登记机关，需要办理注销税务登记并重新办理税务登记的，在迁达地重新办理税务登记后，其增值税一般纳税人资格予以保留，办理注销税务登记前尚未抵扣的进项税额允许继续抵扣。

二、迁出地主管税务机关应认真核实纳税人在办理注销税务登记前尚未抵扣的进项税额，填写《增值税一般纳税人迁移进项税额转移单》（见附件）。

《增值税一般纳税人迁移进项税额转移单》一式三份，迁出地主管税务机关留存一份，交纳税人一份，传递迁达地主管税务机关一份。

三、迁达地主管税务机关应将迁出地主管税务机关传递来的《增值税一般纳税人迁移进项税额转移单》与纳税人报送资料进行认真核对，对其迁移前尚未抵扣的进项税额，在确认无误后，允许纳税人继续申报抵扣。

本公告自 2012 年 1 月 1 日起执行。此前已经发生的事项，不再调整。

特此公告。

财政部 国家税务总局关于继续执行边销茶增值税政策的通知

财税〔2011〕89 号

各省、自治区、直辖市、计划单列市财政厅(局)、国家税务局,新疆生产建设兵团财务局:

经国务院批准,继续对企业生产和销售的边销茶执行免征增值税政策,现将有关政策通知如下:

一、自 2011 年 1 月 1 日起至 2015 年 12 月 31 日,对边销茶生产企业(企业名单见附件)销售自产的边销茶及经销企业销售的边销茶免征增值税。

本通知所称边销茶,是指以黑毛茶、老青茶、红茶末、绿茶为主要原料,经过发酵、蒸制、加压或者压碎、炒制,专门销往边疆少数民族地区的紧压茶、方包茶(马茶)。

二、纳税人销售享受本通知规定增值税免税政策的边销茶,如果已向购买方开具了增值税专用发票,应将专用发票追回后方可申请办理免税。凡使用增值税专用发票无法追回的,一律照章征收增值税,不予免税。

三、《财政部 国家税务总局关于民贸企业和边销茶有关增值税政策的通知》(财税〔2009〕141 号)到期废止。

财政部 国家税务总局关于应税服务适用增值税零税率和免税政策的通知

财税〔2011〕131 号

各省、自治区、直辖市、计划单列市财政厅(局)、国家税务局、地方税务局,新疆生产建设兵团财务局:

根据《财政部 国家税务总局关于印发〈营业税改征增值税试点方案〉的通知》(财税〔2011〕110 号)和《财政部 国家税务总局关于在上海市开展交通运输业和部分现代服务业营业税改征增值税试点的通知》(财税〔2011〕111 号),现将应税服务适用增值税零税率和免税政策的有关事项通知如下:

一、试点地区的单位和个人提供的国际运输服务、向境外单位提供的研发服务和设计服务适用增值税零税率。

(一)国际运输服务,是指:

1. 在境内载运旅客或者货物出境;

2. 在境外载运旅客或者货物入境;

3. 在境外载运旅客或者货物。

(二)试点地区的单位和个人适用增值税零税率,以水路运输方式提供国际运输服务的,应当取得《国际船舶运输经营许可证》;以陆路运输方式提供国际运输服务的,应当取得《道路运输经营许可证》和《国际汽车运输行车许可证》,且《道路运输经营许可证》的经营范围应当包括“国际运输”;以航空运输方式提供国际运输服务的,应当取得《公共航空运输企业经营许可证》且其经营范围应当包括“国际航空客货邮运输业务”。

(三)向境外单位提供的设计服务,不包括对境内不动产提供的设计服务。

二、试点地区的单位和个人提供适用零税率的应税服务,如果属于适用增值税一般计税方法的,实行免抵退税办法,退税率为其按照《交通运输业和部分现代服务业营业税改征增值税试点实施办法》(财税〔2011〕111 号)第十二条第(一)至(三)项规定适用的增值税税率;如果属于适用简易计税方法的,实行免征增值税办法。

三、试点地区的单位和个人提供适用零税率的应税服务，按月向主管退税的税务机关申报办理增值税免抵退税或免税手续。具体管理办法由国家税务总局商财政部另行制定。

四、试点地区的单位和个人提供的下列应税服务免征增值税，但财政部和国家税务总局规定适用零税率的除外：

（一）工程、矿产资源在境外的工程勘察勘探服务。

（二）会议展览地点在境外的会议展览服务。

（三）存储地点在境外的仓储服务。

（四）标的物在境外使用的有形动产租赁服务。

（五）符合本通知第一条第（一）项规定但不符合第一条第（二）项规定条件的国际运输服务。

（六）向境外单位提供的下列应税服务：

1. 技术转让服务、技术咨询服务、合同能源管理服务、软件服务、电路设计及测试服务、信息系统服务、业务流程管理服务、商标著作权转让服务、知识产权服务、物流辅助服务（仓储服务除外）、认证服务、鉴证服务、咨询服务。但不包括：合同标的物在境内的合同能源管理服务，对境内货物或不动产的认证服务、鉴证服务和咨询服务。

2. 广告投放地在境外的广告服务。

五、本通知自 2012 年 1 月 1 日起执行。

国家税务总局关于未按期申报抵扣增值税扣税凭证有关问题的公告

国家税务总局公告 2011 年第 78 号

为解决增值税一般纳税人增值税扣税凭证因客观原因未按期申报抵扣增值税进项税额问题，现将有关规定公告如下：

一、增值税一般纳税人取得的增值税扣税凭证已认证或已采集上报信息但未按照规定期限申报抵扣；实行纳税辅导期管理的增值税一般纳税人以及实行海关进口增值税专用缴款书“先比对后抵扣”管理办法的增值税一般纳税人，取得的增值税扣税凭证稽核比对结果相符但未按规定期限申报抵扣，属于发生真实交易且符合本公告第二条规定的客观原因的，经主管税务机关审核，允许纳税人继续申报抵扣其进项税额。

本公告所称增值税扣税凭证，包括增值税专用发票（含货物运输业增值税专用发票）、海关进口增值税专用缴款书和公路内河货物运输业统一发票。

增值税一般纳税人除本公告第二条规定以外的其他原因造成增值税扣税凭证未按期申报抵扣的，仍按照现行增值税扣税凭证申报抵扣有关规定执行。

二、客观原因包括如下类型：

（一）因自然灾害、社会突发事件等不可抗力原因造成增值税扣税凭证未按期申报抵扣；

（二）有关司法、行政机关在办理业务或者检查中，扣押、封存纳税人账簿资料，导致纳税人未能按期办理申报手续；

（三）税务机关信息系统、网络故障，导致纳税人未能及时取得认证结果通知书或稽核结果通知书，未能及时办理申报抵扣；

（四）由于企业办税人员伤亡、突发危重疾病或者擅自离职，未能办理交接手续，导致未能按期申报抵扣；

（五）国家税务总局规定的其他情形。

三、增值税一般纳税人发生符合本公告规定未按期申报抵扣的增值税扣税凭证，可按照本公告附件《未按期申报抵扣增值税扣税凭证抵扣管理办法》的规定，申请办理抵扣手续。

四、增值税一般纳税人取得 2007 年 1 月 1 日以后开具，本公告施行前发生的未按期申报抵扣增值税扣税凭证,可在 2012 年 6 月 30 日前按本公告规定申请办理,逾期不再受理。

五、本公告自 2012 年 1 月 1 日起施行。

特此公告。

财政部 国家税务总局关于免征蔬菜流通环节增值税有关问题的通知

财税〔2011〕137 号

各省、自治区、直辖市、计划单列市财政厅(局)、国家税务局,新疆生产建设兵团财务局:

经国务院批准,自 2012 年 1 月 1 日起,免征蔬菜流通环节增值税。现将有关事项通知如下:

一、对从事蔬菜批发、零售的纳税人销售的蔬菜免征增值税。

蔬菜是指可作副食的草本、木本植物,包括各种蔬菜、菌类植物和少数可作副食的木本植物。蔬菜的主要品种参照《蔬菜主要品种目录》(见附件)执行。

经挑选、清洗、切分、晾晒、包装、脱水、冷藏、冷冻等工序加工的蔬菜,属于本通知所述蔬菜的范围。

各种蔬菜罐头不属于本通知所述蔬菜的范围。蔬菜罐头是指蔬菜经处理、装罐、密封、杀菌或无菌包装而制成的食品。

二、纳税人既销售蔬菜又销售其他增值税应税货物的,应分别核算蔬菜和其他增值税应税货物的销售额;未分别核算的,不得享受蔬菜增值税免税政策。

财政部 国家税务总局

二〇一一年十二月三十一日

国家税务总局关于一般纳税人销售自己使用过的固定资产增值税有关问题的公告

国家税务总局公告 2012 年第 1 号

现将增值税一般纳税人销售自己使用过的固定资产有关增值税问题公告如下:

增值税一般纳税人销售自己使用过的固定资产,属于以下两种情形的,可按简易办法依 4%征收率减半征收增值税,同时不得开具增值税专用发票:

一、纳税人购进或者自制固定资产时为小规模纳税人,认定为一般纳税人后销售该固定资产。

二、增值税一般纳税人发生按简易办法征收增值税应税行为,销售其按照规定不得抵扣且未抵扣进项税额的固定资产。

本公告自 2012 年 2 月 1 日起施行。此前已发生并已经征税的事项,不再调整;此前已发生未处理的,按本公告规定执行。

特此公告。

国家税务总局

二〇一二年一月六日

财政部 国家税务总局关于增值税税控系统专用设备和技术维护费用抵减增值税税额有关政策的通知

财税〔2012〕15 号

各省、自治区、直辖市、计划单列市财政厅(局)、国家税务局,新疆生产建设兵团财务局:

为减轻纳税人负担,经国务院批准,自 2011 年 12 月 1 日起,增值税纳税人购买增值税税控系统专用设备支付的费用以及缴纳的技术维护费(以下称二项费用)可在增值税应纳税额中全额抵减。现将有关政策通知如下:

一、增值税纳税人 2011 年 12 月 1 日(含,下同)以后初次购买增值税税控系统专用设备(包括分开票机)支付的费用,可凭购买增值税税控系统专用设备取得的增值税专用发票,在增值税应纳税额中全额抵减(抵减额为价税合计额),不足抵减的可结转下期继续抵减。增值税纳税人非初次购买增值税税控系统专用设备支付的费用,由其自行负担,不得在增值税应纳税额中抵减。

增值税税控系统包括:增值税防伪税控系统、货物运输业增值税专用发票税控系统、机动车销售统一发票税控系统和公路、内河货物运输业发票税控系统。

增值税防伪税控系统的专用设备包括金税卡、IC 卡、读卡器或金税盘和报税盘;货物运输业增值税专用发票税控系统专用设备包括税控盘和报税盘;机动车销售统一发票税控系统和公路、内河货物运输业发票税控系统专用设备包括税控盘和传输盘。

二、增值税纳税人 2011 年 12 月 1 日以后缴纳的技术维护费(不含补缴的 2011 年 11 月 30 日以前的技术维护费),可凭技术维护服务单位开具的技术维护费发票,在增值税应纳税额中全额抵减,不足抵减的可结转下期继续抵减。技术维护费按照价格主管部门核定的标准执行。

三、增值税一般纳税人支付的二项费用在增值税应纳税额中全额抵减的,其增值税专用发票不作为增值税抵扣凭证,其进项税额不得从销项税额中抵扣。

四、纳税人购买的增值税税控系统专用设备自购买之日起 3 年内因质量问题无法正常使用的,由专用设备供应商负责免费维修,无法维修的免费更换。

五、纳税人在填写纳税申报表时,对可在增值税应纳税额中全额抵减的增值税税控系统专用设备费用以及技术维护费,应按以下要求填报:

增值税一般纳税人将抵减金额填入《增值税纳税申报表(适用于增值税一般纳税人)》第 23 栏“应纳税额减征额”。当本期减征额小于或等于第 19 栏“应纳税额”与第 21 栏“简易征收办法计算的应纳税额”之和时,按本期减征额实际填写;当本期减征额大于第 19 栏“应纳税额”与第 21 栏“简易征收办法计算的应纳税额”之和时,按本期第 19 栏与第 21 栏之和填写,本期减征额不足抵减部分结转下期继续抵减。

小规模纳税人将抵减金额填入《增值税纳税申报表(适用于小规模纳税人)》第 11 栏“本期应纳税额减征额”。当本期减征额小于或等于第 10 栏“本期应纳税额”时,按本期减征额实际填写;当本期减征额大于第 10 栏“本期应纳税额”时,按本期第 10 栏填写,本期减征额不足抵减部分结转下期继续抵减。

六、主管税务机关要加强纳税申报环节的审核,对于纳税人申报抵减税款的,应重点审核其是否重复抵减以及抵减金额是否正确。

七、税务机关要加强对纳税人的宣传辅导,确保该项政策措施落实到位。

财政部 国家税务总局

二〇一二年二月七日

国家税务总局关于部分产品增值税适用税率问题的公告

国家税务总局公告 2012 年第 10 号

现对部分产品是否属于农机范围及增值税适用税率问题，公告如下：

密集型烤房设备、频振式杀虫灯、自动虫情测报灯、粘虫板属于《国家税务总局关于印发〈增值税部分货物征税范围注释〉的通知》（国税发〔1993〕151 号）规定的农机范围，应适用 13％增值税税率。

密集型烤房设备主要由锅炉、散热主机、风机、电机和自控设备等通用设备组成，用于烟叶、茶叶等原形态农产品的烘干脱水初加工。

频振式杀虫灯是采用特定波长范围的光源，诱集并有效杀灭昆虫的装置。一般由高压电网、发光灯管、风雨帽、接虫盘和接虫袋等组成，诱集光源波长范围应覆盖（320－680）nm。

自动虫情测报灯是采用特定的诱集光源及远红外自动处理等技术，自动完成诱虫、杀虫、收集、分装等虫情测报功能的装置。诱集光源应采用功能为 20W，主波长为（365±10）nm 的黑光灯管；或功率为 200W，光通量为 2700（1m）－2920（1m）的白织灯泡。

粘虫板是采用涂有特殊粘胶的色板，诱集并粘附昆虫的工具。

本公告自 2012 年 4 月 1 日起执行。此前已发生并处理的事项，不再做调整；未处理的，按本公告规定执行。

特此公告。

国家税务总局

二〇一二年三月十六日

国家税务总局关于部分玉米深加工产品增值税税率问题的公告

国家税务总局公告 2012 年第 11 号

为统一政策，公平税负，现将部分玉米深加工产品增值税税率问题公告如下：

根据现行增值税政策规定，玉米胚芽属于《农业产品征税范围注释》中初级农产品的范围，适用 13％的增值税税率；玉米浆、玉米皮、玉米纤维（又称喷浆玉米皮）和玉米蛋白粉不属于初级农产品，也不属于《财政部 国家税务总局关于饲料产品免征增值税问题的通知》（财税〔2001〕121 号）中免税饲料的范围，适用 17％的增值税税率。

本公告自 2012 年 5 月 1 日起施行。

特此公告。

国家税务总局

二〇一二年三月二十七日

财政部 国家税务总局关于在部分行业试行农产品增值税进项税额核定扣除办法的通知

财税〔2012〕38 号

各省、自治区、直辖市、计划单列市财政厅(局)、国家税务局,新疆生产建设兵团财务局:

为调整和完善农产品增值税抵扣机制,经国务院批准,决定在部分行业开展增值税进项税额核定扣除试点。现将有关事项通知如下:

一、自 2012 年 7 月 1 日起,以购进农产品为原料生产销售液体乳及乳制品、酒及酒精、植物油的增值税一般纳税人,纳入农产品增值税进项税额核定扣除试点范围,其购进农产品无论是否用于生产上述产品,增值税进项税额均按照《农产品增值税进项税额核定扣除试点实施办法》(附件 1)的规定抵扣。

二、除本通知第一条规定以外的纳税人,其购进农产品仍按现行增值税的有关规定抵扣农产品进项税额。

三、对部分液体乳及乳制品实行全国统一的扣除标准(附件 2)。

四、各级财税机关要认真组织试点各项工作,及时总结试点经验,并向财政部和国家税务总局报告试点过程中发现的问题。

附件:1. 农产品增值税进项税额核定扣除试点实施办法

2. 全国统一的部分液体乳及乳制品扣除标准表

财政部 国家税务总局

二〇一二年四月六日

附件 1:

农产品增值税进项税额核定扣除试点实施办法

一、为加强农产品增值税进项税额抵扣管理,经国务院批准,对财政部和国家税务总局纳入试点范围的增值税一般纳税人(以下称试点纳税人)购进农产品增值税进项税额,实施核定扣除办法。

二、购进农产品抵扣增值税进项税额的试点纳税人均适用本办法。

农产品是指列入《农业产品征税范围注释》(财税字〔1995〕52 号)的初级农业产品。

三、试点纳税人购进农产品不再凭增值税扣税凭证抵扣增值税进项税额,购进除农产品以外的货物、应税劳务和应税服务,增值税进项税额仍按现行有关规定抵扣。

四、农产品增值税进项税额核定方法

(一)试点纳税人以购进农产品为原料生产货物的,农产品增值税进项税额可按照以下方法核定:

1. 投入产出法:参照国家标准、行业标准(包括行业公认标准和行业平均耗用值)确定销售单位数量货物耗用外购农产品的数量(以下称农产品单耗数量)。

当期允许抵扣农产品增值税进项税额依据农产品单耗数量、当期销售货物数量、农产品平均购买单价(含税,下同)和农产品增值税进项税额扣除率(以下简称“扣除率”)计算。公式为:

$$\text{当期允许抵扣农产品增值税进项税额}=\text{当期农产品耗用数量}\times\text{农产品平均购买单价}\times\frac{\text{扣除率}}{(1+\text{扣除率})}$$

$$\text{当期农产品耗用数量}=\text{当期销售货物数量(不含采购除农产品以外的半成品生产的货物数量)}\times\text{农产品单耗数量}$$

对以单一农产品原料生产多种货物或者多种农产品原料生产多种货物的,在核算当期农产品耗用数量和平均购买单价时,应依据合理的方法归集和分配。

平均购买单价是指购买农产品期末平均买价，不包括买价之外单独支付的运费和入库前的整理费用。期末平均买价计算公式：

$$期末平均买价=\frac{期初库存农产品数量\times 期初平均买价+当期购进农产品数量\times 当期买价}{期初库存农产品数量+当期购进农产品数量}$$

2. 成本法：依据试点纳税人年度会计核算资料，计算确定耗用农产品的外购金额占生产成本的比例(以下称农产品耗用率)。当期允许抵扣农产品增值税进项税额依据当期主营业务成本、农产品耗用率以及扣除率计算。公式为：

当期允许抵扣农产品增值税进项税额＝当期主营业务成本×农产品耗用率×扣除率/(1＋扣除率)

农产品耗用率＝上年投入生产的农产品外购金额/上年生产成本

农产品外购金额(含税)不包括不构成货物实体的农产品(包括包装物、辅助材料、燃料、低值易耗品等)和在购进农产品之外单独支付的运费、入库前的整理费用。

对以单一农产品原料生产多种货物或者多种农产品原料生产多种货物的，在核算当期主营业务成本以及核定农产品耗用率时，试点纳税人应依据合理的方法进行归集和分配。

农产品耗用率由试点纳税人向主管税务机关申请核定。

年度终了，主管税务机关应根据试点纳税人本年实际对当年已抵扣的农产品增值税进项税额进行纳税调整，重新核定当年的农产品耗用率，并作为下一年度的农产品耗用率。

3. 参照法：新办的试点纳税人或者试点纳税人新增产品的，试点纳税人可参照所属行业或者生产结构相近的其他试点纳税人确定农产品单耗数量或者农产品耗用率。次年，试点纳税人向主管税务机关申请核定当期的农产品单耗数量或者农产品耗用率，并据此计算确定当年允许抵扣的农产品增值税进项税额，同时对上一年增值税进项税额进行调整。核定的进项税额超过实际抵扣增值税进项税额的，其差额部分可以结转下期继续抵扣；核定的进项税额低于实际抵扣增值税进项税额的，其差额部分应按现行增值税的有关规定将进项税额做转出处理。

(二)试点纳税人购进农产品直接销售的，农产品增值税进项税额按照以下方法核定扣除：

当期允许抵扣农产品增值税进项税额＝当期销售农产品数量/(1－损耗率)×农产品平均购买单价×13%/(1＋13%)

损耗率＝损耗数量/购进数量

(三)试点纳税人购进农产品用于生产经营且不构成货物实体的(包括包装物、辅助材料、燃料、低值易耗品等)，增值税进项税额按照以下方法核定扣除：

当期允许抵扣农产品增值税进项税额＝当期耗用农产品数量×农产品平均购买单价×13%/(1＋13%)

农产品单耗数量、农产品耗用率和损耗率统称为农产品增值税进项税额扣除标准(以下称扣除标准)。

五、试点纳税人销售货物，应合并计算当期允许抵扣农产品增值税进项税额。

六、试点纳税人购进农产品取得的农产品增值税专用发票和海关进口增值税专用缴款书，按照注明的金额及增值税额一并计入成本科目；自行开具的农产品收购发票和取得的农产品销售发票，按照注明的买价直接计入成本。

七、本办法规定的扣除率为销售货物的适用税率。

八、省级(包括计划单列市，下同)税务机关应根据本办法第四条规定的核定方法顺序，确定试点纳税人适用的农产品增值税进项税额核定扣除方法。

九、试点纳税人应自执行本办法之日起，将期初库存农产品以及库存半成品、产成品耗用的农产品增值税进项税额作转出处理。

十、试点纳税人应当按照本办法第四条的规定准确计算当期允许抵扣农产品增值税进项税额，并从相关科目转入"应交税金—应交增值税(进项税额)"科目。未能准确计算的，由主管税务机关核定。

十一、试点纳税人购进的农产品价格明显偏高或偏低，且不具有合理商业目的的，由主管税务机关核定。

十二、试点纳税人在计算农产品增值税进项税额时，应按照下列顺序确定适用的扣除标准：

（一）财政部和国家税务总局不定期公布的全国统一的扣除标准。

（二）省级税务机关商同级财政机关根据本地区实际情况，报经财政部和国家税务总局备案后公布的适用于本地区的扣除标准。

（三）省级税务机关依据试点纳税人申请，按照本办法第十三条规定的核定程序审定的仅适用于该试点纳税人的扣除标准。

十三、试点纳税人扣除标准核定程序

（一）试点纳税人以农产品为原料生产货物的扣除标准核定程序：

1. 申请核定。以农产品为原料生产货物的试点纳税人应于当年 1 月 15 日前（2012 年为 7 月 15 日前）或者投产之日起 30 日内，向主管税务机关提出扣除标准核定申请并提供有关资料。申请资料的范围和要求由省级税务机关确定。

2. 审定。主管税务机关应对试点纳税人的申请资料进行审核，并逐级上报给省级税务机关。

省级税务机关应由货物和劳务税处牵头，会同政策法规处等相关部门组成扣除标准核定小组，核定结果应由省级税务机关下达，主管税务机关通过网站、报刊等多种方式及时向社会公告核定结果。未经公告的扣除标准无效。

省级税务机关尚未下达核定结果前，试点纳税人可按上年确定的核定扣除标准计算申报农产品进项税额。

（二）试点纳税人购进农产品直接销售、购进农产品用于生产经营且不构成货物实体扣除标准的核定采取备案制，抵扣农产品增值税进项税额的试点纳税人应在申报缴纳税款时向主管税务机关备案。备案资料的范围和要求由省级税务机关确定。

十四、试点纳税人对税务机关根据本办法第十三条规定核定的扣除标准有疑义或者生产经营情况发生变化的，可以自税务机关发布公告或者收到主管税务机关《税务事项通知书》之日起 30 日内，向主管税务机关提出重新核定扣除标准申请，并提供说明其生产、经营真实情况的证据，主管税务机关应当自接到申请之日起 30 日内书面答复。

十五、试点纳税人在申报期内，除向主管税务机关报送《增值税一般纳税人纳税申报办法》规定的纳税申报资料外，还应报送《农产品核定扣除增值税进项税额计算表》（见附表）。

十六、各级税务机关应加强对试点纳税人农产品增值税进项税额计算扣除情况的监管，防范和打击虚开发票行为，定期进行纳税评估，及时发现申报纳税中存在的问题。

附：农产品核定扣除增值税进项税额计算表

附件 2：

全国统一的部分液体乳及乳制品扣除标准表

扣除标准 / 产品类型	原乳单耗数量（吨）
超高温灭菌牛乳（每吨）	1.068
超高温灭菌牛乳（蛋白质含量≥3.3％）（每吨）	1.124
巴氏杀菌牛乳（每吨）	1.055
巴氏杀菌牛乳（蛋白质含量≥3.3％）（每吨）	1.196
超高温灭菌羊乳（每吨）	1.023
巴氏杀菌羊乳（每吨）	1.062

国家税务总局关于药品经营企业销售生物制品有关增值税问题的公告

国家税务总局公告2012年第20号

现将药品经营企业销售生物制品有关增值税问题公告如下：

一、属于增值税一般纳税人的药品经营企业销售生物制品，可以选择简易办法按照生物制品销售额和3%的征收率计算缴纳增值税。

药品经营企业，是指取得(食品)药品监督管理部门颁发的《药品经营许可证》，获准从事生物制品经营的药品批发企业和药品零售企业。

二、属于增值税一般纳税人的药品经营企业销售生物制品，选择简易办法计算缴纳增值税的，36个月内不得变更计税方法。

三、本公告自2012年7月1日起施行。

特此公告。

国家税务总局

二○一二年五月二十八日

国家税务总局关于外贸企业出口视同内销货物进项税额抵扣有关问题的公告

国家税务总局公告2012年第21号

现将外贸企业未按期申请开具《外贸企业出口视同内销征税货物进项税额抵扣证明》(以下简称《证明》)有关问题公告如下：

外贸企业出口视同内销货物，凡须按照《国家税务总局关于外贸企业出口视同内销货物进项税额抵扣有关问题的通知》(国税函〔2008〕265号)的规定向税务机关申请开具《证明》的，如未按国税函〔2008〕265号文件规定的期限申请开具《证明》，外贸企业可在各项单证收集齐全后继续向主管税务机关申请开具《证明》。

本公告自2012年6月1日起施行。

特此公告。

国家税务总局

二○一二年五月二十五日

国家税务总局关于外贸企业使用增值税专用发票办理出口退税有关问题的公告

国家税务总局公告2012年第22号

为明确外贸企业使用经税务机关审核允许纳税人抵扣其进项税额的增值税专用发票如何办理出口退税问题，现将有关事项公告如下：

一、外贸企业可使用经税务机关审核允许纳税人抵扣其进项税额的增值税专用发票做为出口退税申报凭证向主管税务机关申报出口退税。

二、外贸企业办理出口退税提供经税务机关审核允许纳税人抵扣其进项税额的增值税专用发票，分别按以下对应要求申报并提供相应资料：

（一）《国家税务总局关于修订〈增值税专用发票使用规定〉的通知》（国税发〔2006〕156 号）第二十八条规定的允许抵扣的丢失抵扣联的已开具增值税专用发票

1. 外贸企业丢失已开具增值税专用发票发票联和抵扣联的，在增值税专用发票认证相符后，可凭增值税专用发票记账联复印件及销售方所在地主管税务机关出具的《丢失增值税专用发票已报税证明单》，经购买方主管税务机关审核同意后，向主管出口退税的税务机关申报出口退税。

2. 外贸企业丢失已开具增值税专用发票抵扣联的，在增值税专用发票认证相符后，可凭增值税专用发票发票联复印件向主管出口退税的税务机关申报出口退税。

（二）《国家税务总局关于失控增值税专用发票处理的批复》（国税函〔2008〕607 号）规定的允许抵扣的按非正常户登记失控增值税专用发票（以下简称失控增值税专用发票）

外贸企业取得的失控增值税专用发票，销售方已申报并缴纳税款的，可由销售方主管税务机关出具书面证明，并通过协查系统回复购买方主管税务机关。外贸企业可凭增值税专用发票向主管出口退税的税务机关申报出口退税。

（三）《国家税务总局关于印发〈增值税专用发票审核检查操作规程（试行）〉的通知》（国税发〔2008〕33 号）第十八条第一款规定的允许抵扣的稽核比对结果属于异常的增值税专用发票

外贸企业可凭增值税专用发票向主管出口退税的税务机关申报出口退税。

（四）《国家税务总局关于逾期增值税扣税凭证抵扣问题的公告》（2011 年第 50 号）规定的允许抵扣的增值税专用发票

外贸企业可凭增值税专用发票（原件丢失的，可凭增值税专用发票复印件）向主管出口退税的税务机关申报出口退税。

三、对外贸企业在申报出口退税时提供上述经税务机关审核允许纳税人抵扣其进项税额的增值税专用发票的，各地税务机关审核时要认真审核增值税专用发票并核对税务机关内部允许抵扣资料，在出口退税审核系统中比对增值税专用发票稽核比对信息、审核检查信息和协查信息，在增值税专用发票信息比对无误的情况下，按现行出口退税规定办理出口退税。

四、本公告自 2012 年 6 月 1 日起施行。本公告施行前外贸企业取得的经税务机关审核允许纳税人抵扣其进项税额的增值税专用发票申报办理出口退税的，按照本公告规定和现行出口退税规定办理出口退税事宜。

特此公告。

国家税务总局

二〇一二年六月一日

关于《外贸企业使用增值税专用发票办理出口退税有关问题的公告》的解读

为明确外贸企业使用经税务机关审核允许纳税人抵扣其进项税额的增值税专用发票如何办理出口退税问题，税务总局制定了《国家税务总局关于外贸企业使用增值税专用发票办理出口退税有关问题的公告》（以下简称《公告》），现将《公告》解读如下：

一、《公告》制定目的

近年来，为保障纳税人权益，税务总局相继下发了《国家税务总局关于修订〈增值税专用发票使用规定〉的通知》（国税发〔2006〕156 号）、《国家税务总局关于印发〈增值税专用发票审核检查操作规程（试行）〉的通知》（国税发〔2008〕33 号）、《国家税务总局关于失控增值税专用发票处理的批复》（国税函〔2008〕607 号）和

《国家税务总局关于逾期增值税扣税凭证抵扣问题的公告》(2011 年第 50 号)等文件，进一步明确了以下几类特殊情形增值税专用发票经主管税务机关审核允许纳税人申报抵扣其进项税额：一是丢失已开具增值税专用发票，二是失控增值税专用发票，三是增值税专用发票稽核比对结果属于异常的增值税专用发票，四是逾期认证增值税专用发票。

比照允许抵扣增值税专用发票可办理出口退税，税务总局此前也已在相关出口退税管理文件《税务总局关于外贸企业丢失增值税专用发票抵扣联出口退税有关问题的通知》(国税函〔2010〕162 号)和《国家税务总局关于销货方已经申报并缴纳税款的失控增值税专用发票办理出口退税问题的批复》(国税函〔2008〕1009 号)对前两种特殊情况下企业丢失增值税专用发票、失控增值税专用发票可办理退税问题予以明确。考虑到目前出口退税管理文件对其他两类特殊情形增值税专用发票可办理退税情况也应予以明确，税务总局制定了《公告》。

二、《公告》的主要内容

一是明确了外贸企业可使用经税务机关审核允许纳税人抵扣其进项税额的增值税专用发票做为出口退税申报凭证向主管税务机关申报出口退税。

二是对外贸企业办理出口退税提供经税务机关审核允许纳税人抵扣其进项税额的增值税专用发票的具体申报要求予以明确。

三是考虑到《公告》中允许抵扣的增值税专用发票的允许抵扣资料为税务系统内部资料，要求各地税务机关审核外贸企业出口退税时要认真审核增值税专用发票并核对税务机关内部允许抵扣资料，在出口退税审核系统中比对增值税专用发票稽核比对信息、审核检查信息和协查信息，在增值税专用发票信息比对无误的情况下，按现行出口退税规定办理出口退税事宜。

四是规定本公告自 2012 年 6 月 1 日起施行。本公告施行前外贸企业取得的经税务机关审核允许纳税人抵扣其进项税额的增值税专用发票申报办理出口退税的，按照本公告规定和现行出口退税规定办理出口退税事宜。

国家税务总局关于二手车经营业务有关增值税问题的公告

国家税务总局公告 2012 年第 23 号

为加强管理，现将二手车经营业务有关增值税问题公告如下：

经批准允许从事二手车经销业务的纳税人按照《机动车登记规定》的有关规定，收购二手车时将其办理过户登记到自己名下，销售时再将该二手车过户登记到买家名下的行为，属于《中华人民共和国增值税暂行条例》规定的销售货物的行为，应按照现行规定征收增值税。

除上述行为以外，纳税人受托代理销售二手车，凡同时具备以下条件的，不征收增值税；不同时具备以下条件的，视同销售征收增值税。

(一)受托方不向委托方预付货款；

(二)委托方将《二手车销售统一发票》直接开具给购买方；

(三)受托方按购买方实际支付的价款和增值税额(如系代理进口销售货物则为海关代征的增值税额)与委托方结算货款，并另外收取手续费。

本公告自 2012 年 7 月 1 日起开始施行。

特此公告。

国家税务总局

二〇一二年六月一日

国家税务总局关于卷帘机适用增值税税率问题的公告

国家税务总局公告 2012 年第 29 号

现对卷帘机是否属于农机范围及其适用增值税税率问题公告如下：

卷帘机属于《国家税务总局关于印发〈增值税部分货物征税范围注释〉的通知》(国税发〔1993〕151 号)规定的农机范围，应适用 13%的增值税税率。

卷帘机是指用于农业温室、大棚，以电机驱动，对保温被或草帘进行自动卷放的机械设备，一般由电机、变速箱、联轴器、卷轴、悬臂、控制装置等部分组成。

本公告自 2012 年 8 月 1 日起施行。此前已发生并处理的事项，不再作调整；未处理的，按本公告规定执行。

特此公告。

国家税务总局

二○一二年六月二十九日

国家税务总局关于调整增值税纳税申报有关事项的公告

国家税务总局公告 2012 年第 31 号

现就调整增值税纳税申报有关事项公告如下：

一、增值税纳税申报表(适用于增值税一般纳税人)附列资料(表一)中“简易征收办法征收增值税货物的销售额和应纳税额明细”部分增加 3%征收率，供增值税一般纳税人根据现行规定，选择简易办法按照销售额和 3%的征收率计算缴纳增值税时填报。

二、各地税务机关应做好纳税人增值税纳税申报宣传和培训辅导工作。

三、本公告自 2012 年 7 月 1 日起施行。

特此公告。

国家税务总局

二○一二年六月二十九日

国家税务总局关于纳税人虚开增值税专用发票征补税款问题的公告

国家税务总局公告 2012 年第 33 号

现将纳税人虚开增值税专用发票征补税款问题公告如下：

纳税人虚开增值税专用发票，未就其虚开金额申报并缴纳增值税的，应按照其虚开金额补缴增值税；已就其虚开金额申报并缴纳增值税的，不再按照其虚开金额补缴增值税。税务机关对纳税人虚开增值税专用发票的行为，应按《中华人民共和国税收征收管理法》及《中华人民共和国发票管理办法》的有关规定给予处罚。纳税人取得虚开的增值税专用发票，不得作为增值税合法有效的扣税凭证抵扣其进项税额。

本公告自 2012 年 8 月 1 日起施行。纳税人发生本公告规定事项，此前已处理的不再调整；此前未处理的按本公告规定执行。《国家税务总局关于加强增值税征收管理若干问题的通知》(国税发〔1995〕192 号)第二条和《国家税务总局对代开、虚开增值税专用发票征补税款问题的批复》(国税函发〔1995〕415 号)同时废止。

特此公告。

国家税务总局
二〇一二年七月九日

国家税务总局关于在部分行业试行农产品增值税进项税额核定扣除办法有关问题的公告

国家税务总局公告 2012 年第 35 号

为进一步规范农产品增值税进项税额核定扣除政策,加强税收征管,根据《财政部 国家税务总局关于在部分行业试行农产品增值税进项税额核定扣除办法的通知》(财税〔2012〕38 号,以下简称《通知》)的有关规定,现将在部分行业试行农产品增值税进项税额核定扣除办法有关问题公告如下:

一、《通知》第一条所述“液体乳及乳制品”的行业范围按《国民经济行业分类》(GB/T4754—2011)中“乳制品制造”类别(代码 C1440)执行;“酒及酒精”的行业范围按《国民经济行业分类》(GB/T4754—2011)中“酒的制造”类别(代码 C151)执行;“植物油”的行业范围按《国民经济行业分类》(GB/T4754—2011)中“植物油加工”类别(代码 C133)执行。

二、增值税一般纳税人委托其他单位和个人加工液体乳及乳制品、酒及酒精、植物油,其购进的农产品均适用《通知》的有关规定。

三、纳入试点范围的增值税一般纳税人(以下简称试点纳税人)按照《通知》附件 1《农产品增值税进项税额核定扣除试点实施办法》(以下简称《实施办法》)第四条中“投入产出法”的有关规定核定农产品增值税进项税额时,如果期初没有库存农产品,当期也未购进农产品的,农产品“期末平均买价”以该农产品上期期末平均买价计算;上期期末仍无农产品买价的依此类推。

按照“成本法”的有关规定核定试点纳税人农产品增值税进项税额时,“主营业务成本”、“生产成本”中不包括其未耗用农产品的产品的成本。

四、试点纳税人按照《实施办法》第九条有关规定作进项税额转出形成应纳税款一次性缴纳入库确有困难的,可于 2012 年 12 月 31 日前将进项税额应转出额分期转出,具体办法由省级税务机关确定。

五、主管税务机关按照《实施办法》第四条“成本法”的有关规定重新核定试点纳税人农产品耗用率,以及按照《实施办法》第十四条有关规定重新核定试点纳税人扣除标准时,均应按程序报经省级税务机关批准。

六、试点纳税人应按照本公告所附表样按月向主管税务机关报送《农产品核定扣除增值税进项税额计算表(汇总表)》、《投入产出法核定农产品增值税进项税额计算表》、《成本法核定农产品增值税进项税额计算表》、《购进农产品直接销售核定农产品增值税进项税额计算表》、《购进农产品用于生产经营且不构成货物实体核定农产品增值税进项税额计算表》(表样详见附件),不再按照《实施办法》中所附《农产品核定扣除增值税进项税额计算表》表样填报。

七、试点纳税人纳税申报时,应将《农产品核定扣除增值税进项税额计算表(汇总表)》中“当期允许抵扣农产品增值税进项税额”合计数填入《增值税纳税申报表附列资料(表二)》第 6 栏的“税额”栏,不填写第 6 栏“份数”和“金额”数据。

《增值税纳税申报表附列资料(表二)》第 1、2、3、5 栏有关数据中不反映农产品的增值税进项税额。

当期按照《实施办法》第九条及本公告第四条有关规定应转出的增值税进项税额,填入《增值税纳税申报表附列资料(表二)》第 17 栏“按简易征收办法征税货物用”“税额”栏。

八、本公告自 2012 年 7 月 1 日起施行。

特此公告。

附件：1. 农产品核定扣除增值税进项税额计算表(汇总表)

2. 投入产出法核定农产品增值税进项税额计算表

3. 成本法核定农产品增值税进项税额计算表

4. 购进农产品直接销售核定农产品增值税进项税额计算表

5. 购进农产品用于生产经营且不构成货物实体核定农产品增值税进项税额计算表

国家税务总局

二〇一二年七月十七日

财政部 海关总署 国家税务总局关于在天津东疆保税港区试行融资租赁货物出口退税政策的通知

财税〔2012〕66 号

天津市财政局、天津海关、天津市国家税务局：

根据《国务院关于天津北方国际航运中心核心功能区建设方案的批复》(国函〔2011〕51 号)的规定，决定在天津东疆保税港区试行融资租赁货物出口退税政策。现将有关事项通知如下：

一、政策内容及适用范围

(一)对融资租赁出口货物试行退税政策。对在天津东疆保税港区注册的融资租赁企业或金融租赁公司在天津东疆保税港区设立的项目子公司(以下统称融资租赁出租方)，以融资租赁方式租赁给境外承租人且租赁期限在 5 年(含)以上，并向天津境内口岸海关报关出口的货物，试行增值税、消费税出口退税政策。

融资租赁出口货物的范围，包括飞机、飞机发动机、铁道机车、铁道客车车厢、船舶及其他货物，具体应符合《中华人民共和国增值税暂行条例实施细则》(财政部 国家税务总局令第 50 号)第二十一条“固定资产”的相关规定。

(二)对融资租赁海洋工程结构物试行退税政策。对融资租赁出租方向国内生产企业购买，并以融资租赁方式租赁给境内列名海上石油天然气开采企业且租赁期限在 5 年(含)以上的海洋工程结构物，视同出口，试行增值税、消费税出口退税政策。

海洋工程结构物范围、退税率以及海上石油天然气开采企业的具体范围按照《财政部 国家税务总局关于出口货物劳务增值税和消费税政策的通知》(财税〔2012〕39 号)文件有关规定执行。

(三)上述融资租赁出口货物和融资租赁海洋工程结构物不包括在海关监管年限内的进口减免税货物，不包括从区外进入天津东疆保税港区的原进口货物。

二、退税的计算和办理

(一)融资租赁出租方将融资租赁出口货物租赁给境外承租方、将融资租赁海洋工程结构物租赁给海上石油天然气开采企业，向融资租赁出租方退还其购进租赁货物所含增值税。融资租赁出口货物、融资租赁海洋工程结构物(以下统称融资租赁货物)属于消费税应税消费品的，向融资租赁出租方退还前一环节已征的消费税。

(二)计算公式为：

增值税应退税额＝购进融资租赁货物的增值税专用发票注明的金额或海关(进口增值税)专用缴款书注明的完税价格×融资租赁货物适用的增值税退税率

融资租赁出口货物适用的增值税退税率，按照统一的出口货物适用退税率执行。

消费税应退税额＝购进融资租赁货物税收(出口货物专用)缴款书上或海关进口消费税专用缴款书上注明的消费税税额

(三)融资租赁出租方应当按照主管税务机关的要求办理退税认定和申报增值税、消费税退税。

(四)融资租赁出租方在进行融资租赁出口货物报关时，应在海关出口报关单上填写“租赁货物(1523)”

方式。海关依融资租赁出租方申请，对符合条件的融资租赁出口货物办理放行手续后签发出口货物报关单（出口退税专用，以下称退税证明联），并按规定向国家税务总局传递退税证明联相关电子信息。

（五）融资租赁出租方凭购进融资租赁货物的增值税专用发票或海关进口增值税专用缴款书、与承租人签订的融资租赁合同、退税证明联（融资租赁海洋工程结构物退税免予提供）、向海洋工程结构物承租人开具的发票以及主管税务机关要求出具的其他要件，向主管税务机关申请办理退税手续。上述用于融资租赁货物退税的增值税专用发票或海关进口增值税专用缴款书，不得用于抵扣内销货物应纳税额。

融资租赁货物属于消费税应税货物的，若申请退税，还应提供有关消费税专用缴款书。

（六）对承租期未满而发生退租的融资租赁货物，融资租赁出租方应及时主动向税务机关报告，并按照规定补缴已退税款，对融资租赁出口货物，再复进口时融资租赁出租方应按照规定向海关办理复运进境手续并提供主管税务机关出具的货物已补税或未退税证明，海关不征收进口关税和进口环节税。

三、有关定义

本通知所述融资租赁企业，仅包括金融租赁公司、经商务部批准设立的外商投资融资租赁公司以及经商务部和国家税务总局共同批准开展融资业务试点的内资融资租赁企业。

本通知所述金融租赁公司，仅包括经中国银行业监督管理委员会批准设立的金融租赁公司。

本通知所称融资租赁，是指融资租赁出租方根据承租人（单位或个人）对租赁物和供货人的选择或认可，将其从供货人取得的租赁物按合同约定出租给承租人占有、使用，向承租人收取租金的交易活动。

四、融资租赁货物退税的具体管理办法由国家税务总局另行制定。

五、本通知自 2012 年 7 月 1 日起执行。融资租赁出口货物的，以退税证明联上注明的出口日期为准；融资租赁海洋工程结构物的，以融资租赁出租方开具的发票日期为准。

财政部 海关总署 国家税务总局

二〇一二年七月二十六日

关于《北京等 8 省市营业税改征增值税试点增值税一般纳税人资格认定有关事项的公告》的解读

为配合《财政部 国家税务总局关于在北京市等 8 省市开展交通运输业和部分现代服务业营业税改征增值税试点的通知》（财税〔2012〕71 号）的贯彻执行，我们发布了《国家税务总局关于北京等 8 省市营业税改征增值税试点增值税一般纳税人资格认定有关事项的公告》。现将公告的主要内容解读如下：

公告分两部分明确了八省市营改增试点一般纳税人资格认定有关事项，一是明确试点前的特殊处理办法，二是明确试点之后应按正常途径办理认定。

首先，试点前试点纳税人缴纳营业税，计算营业额，而试点后缴纳增值税，计算应税服务销售额，公告对如何根据试点纳税人试点前的营业额计算应税服务销售额，通过计算公式给予了明确。其次，由于八省市营改增时间不一，认定工作需有一定提前量，因此授权各地自行确定计算应税服务销售额的起、止时间。再次，为加快工作进度，授权各地对试点前认定程序进行调整，以保证试点纳税人认定工作及时开展。

同时，对试点实施后的一般纳税人资格认定程序，公告也明确，所有增值税纳税人包括试点纳税人，都应统一按总局 22 号令进行资格认定。

国家税务总局关于发布《天津东疆保税港区融资租赁货物出口退税管理办法》的公告

国家税务总局公告 2012 年第 39 号

为确保在天津东疆保税港区顺利试行融资租赁货物出口退税政策，国家税务总局制定了《天津东疆保税港区融资租赁货物出口退税管理办法》。现予以公布，自 2012 年 7 月 1 日起开始施行。

特此公告。

国家税务总局

二〇一二年八月十日

天津东疆保税港区融资租赁货物出口退税管理办法

第一章　总　　则

第一条　根据《财政部 海关总署 国家税务总局关于在天津东疆保税港区试行融资租赁货物出口退税政策的通知》(财税〔2012〕66 号)的规定，制定本办法。

第二条　享受出口退税政策的融资租赁企业(以下称融资租赁出租方)的主管国家税务局负责出口退税资格的认定及融资租赁出口货物、融资租赁海洋工程结构物(以下称融资租赁货物)的出口退税审核、审批等管理工作。

第三条　享受出口退税的融资租赁出租方和融资租赁货物的范围、条件以及出口退税的具体计算办法按照财税〔2012〕66 号文件相关规定执行。

第二章　税务登记、退税认定管理

第四条　融资租赁出租方应在所在地主管国家税务局办理税务登记。

第五条　融资租赁出租方在首份融资租赁合同签订之日起 30 日内，除提供办理出口退税资格认定所需要的资料外(经营海洋工程结构物融资租赁出租方仅提供银行开户许可证)，还应持以下资料办理融资租赁货物退税资格认定手续：

(一)从事融资租赁业务资质证明；

(二)融资租赁合同(有法律效力的中文版)；

(三)税务机关要求提供的其他资料。

本办法下发前已签订融资租赁合同的融资租赁出租方，可向主管退税税务机关申请补办出口退税资格的认定手续。

第六条　融资租赁出租方发生解散、破产、撤销以及其他依法应终止业务的，应持相关证件、资料及时向其主管退税税务机关办理注销退税资格认定手续。退税资格认定内容发生变化的，融资租赁出租方须自有关管理机关批准变更之日起 30 日内，持相关证件、资料向其主管退税税务机关办理变更手续。

第三章　申报、审核管理

第七条　融资租赁出租方应在融资租赁货物报关出口或购进海洋工程结构物增值税专用发票开票之日次月起至次年 4 月 30 日前的各增值税纳税申报期内，收齐有关凭证，向主管税务机关办理融资租赁货物增值税、消费税退税申报。不同融资租赁合同项下的融资租赁货物应分开单独申报。申请退税时，须附送以下资料：

(一)融资租赁出口货物

1.《出口货物报关单》(出口退税专用，仅限天津境内口岸海关签发)；

2.购进出口货物取得的增值税专用发票(抵扣联)或海关(进口增值税)专用缴款书；

3.消费税税收(出口货物专用)缴款书或海关(进口消费税)专用缴款书；

4.与境外承租人签订的租赁期在 5 年(含)以上的融资租赁合同；

5.税务机关要求提供的其他资料。

(二)融资租赁海洋工程结构物

1.向海洋工程结构物承租人收取首笔租金时开具的发票；

2.购进海洋工程结构物时取得的增值税专用发票(抵扣联)或海关(进口增值税)专用缴款书;

3.消费税税收(出口货物专用)缴款书或海关(进口消费税)专用缴款书;

4.与承租人签订的租赁期在5年(含)以上的融资租赁合同;

5.列名海上石油天然气开采企业收货清单;

6.税务机关要求提供的其他资料。

第八条 属于增值税一般纳税人的融资租赁出租方购进融资租赁货物取得的增值税专用发票,融资租赁出租方应在规定的认证期限内办理认证手续。属于增值税一般纳税人的融资租赁出租方的退税申请,主管退税税务机关应在增值税专用发票稽核信息、海关(进口增值税)专用缴款书核对无误的情况下办理退税。属于非增值税一般纳税人的融资租赁出租方的退税申请,主管退税税务机关应发函调查,在确认增值税专用发票真实、发票所列货物已按照规定申报纳税后,方可办理退税。

第九条 融资租赁出租方采购融资租赁货物的增值税专用发票、海关(进口增值税)专用缴款书已申报抵扣的,不得申报退税。已申报退税的增值税专用发票、海关(进口增值税)专用缴款书,融资租赁出租方不得再申报进项税额抵扣。

第十条 主管退税税务机关应按照财税〔2012〕66号中规定的计算方法审核、审批融资租赁货物退税。

第十一条 对承租期未满而发生退租的融资租赁货物,融资租赁出租方应及时主动向主管退税税务机关报告,并按下列规定补缴已退税款:

(一)对上述融资租赁出口货物再复进口时,主管退税税务机关应按规定追缴融资租赁出租方的已退税款,并对融资租赁出口货物出具货物已补税或未退税证明。

(二)对融资租赁海洋工程结构物发生退租的,主管退税税务机关应按规定追缴融资租赁出租方的已退税款。

第四章 附 则

第十二条 融资租赁出租方采取假冒退税资格、伪造、擅自涂改融资租赁合同、提供虚假退税申报资料等手段骗取退税款的,按照现行有关法律、法规处理。

第十三条 本办法从2012年7月1日起执行。

财政部 国家税务总局关于免征部分鲜活肉蛋产品流通环节增值税政策的通知

财税〔2012〕75号

各省、自治区、直辖市、计划单列市财政厅(局)、国家税务局,新疆生产建设兵团财务局:

经国务院批准,自2012年10月1日起,免征部分鲜活肉蛋产品流通环节增值税。现将有关事项通知如下:

一、对从事农产品批发、零售的纳税人销售的部分鲜活肉蛋产品免征增值税。

免征增值税的鲜活肉产品,是指猪、牛、羊、鸡、鸭、鹅及其整块或者分割的鲜肉、冷藏或者冷冻肉,内脏、头、尾、骨、蹄、翅、爪等组织。

免征增值税的鲜活蛋产品,是指鸡蛋、鸭蛋、鹅蛋,包括鲜蛋、冷藏蛋以及对其进行破壳分离的蛋液、蛋黄和蛋壳。

上述产品中不包括《中华人民共和国野生动物保护法》所规定的国家珍贵、濒危野生动物及其鲜活肉类、蛋类产品。

二、从事农产品批发、零售的纳税人既销售本通知第一条规定的部分鲜活肉蛋产品又销售其他增值税应税货物的,应分别核算上述鲜活肉蛋产品和其他增值税应税货物的销售额;未分别核算的,不得享受部分鲜活肉蛋产品增值税免税政策。

三、《中华人民共和国增值税暂行条例》第八条所列准予从销项税额中扣除的进项税额的第(三)项所称的“销售发票”,是指小规模纳税人销售农产品依照3%征收率按简易办法计算缴纳增值税而自行开具或委托税务机关代开的普通发票。批发、零售纳税人享受免税政策后开具的普通发票不得作为计算抵扣进项税额的凭证。

财政部 国家税务总局

二〇一二年九月二十七日

国家税务总局关于硝基复合肥有关增值税问题的公告

国家税务总局公告2012年第52号

为明确政策,加强管理,现将硝基复合肥有关增值税问题公告如下:

根据《财政部 国家税务总局关于若干农业生产资料征免增值税政策的通知》(财税〔2001〕113号)的有关规定,生产含硝态氮的复合肥(俗称硝基复合肥)的中间产品熔融态氮肥属于氮肥的一种,在此基础上生产的硝基复合肥,应根据财税〔2001〕113号文件中免税化肥成本占该硝基复合肥原料中全部化肥成本的比重是否高于70%的规定,确定其是否属于免税的复合肥。

硝基复合肥,是以煤、天然气为原料生产合成氨,经氨氧化、吸收、浓缩后与氨反应生成熔融态氮肥,再加入磷肥、钾肥后造粒,最终形成的氮、磷二元素复合肥或氮、磷、钾三元素复合肥。

本公告自2013年1月1日起施行。此前已发生但尚未处理事项可按本公告规定执行。

特此公告。

国家税务总局

2012年12月7日

国家税务总局关于纳税人资产重组增值税留抵税额处理有关问题的公告

国家税务总局公告2012年第55号

现将纳税人资产重组中增值税留抵税额处理有关问题公告如下:

一、增值税一般纳税人(以下称“原纳税人”)在资产重组过程中,将全部资产、负债和劳动力一并转让给其他增值税一般纳税人(以下称“新纳税人”),并按程序办理注销税务登记的,其在办理注销登记前尚未抵扣的进项税额可结转至新纳税人处继续抵扣。

二、原纳税人主管税务机关应认真核查纳税人资产重组相关资料,核实原纳税人在办理注销税务登记前尚未抵扣的进项税额,填写《增值税一般纳税人资产重组进项留抵税额转移单》(见附件)。

《增值税一般纳税人资产重组进项留抵税额转移单》一式三份,原纳税人主管税务机关留存一份,交纳税人一份,传递新纳税人主管税务机关一份。

三、新纳税人主管税务机关应将原纳税人主管税务机关传递来的《增值税一般纳税人资产重组进项留抵税额转移单》与纳税人报送资料进行认真核对,对原纳税人尚未抵扣的进项税额,在确认无误后,允许新纳税人继续申报抵扣。

本公告自2013年1月1日起施行。

特此公告。

附件:增值税一般纳税人资产重组进项留抵税额转移单

国家税务总局

2012年12月13日

财政部 国家税务总局关于印发《总分支机构试点纳税人增值税计算缴纳暂行办法》的通知

财税〔2012〕84号

各省、自治区、直辖市、计划单列市财政厅(局)、国家税务局、地方税务局,新疆生产建设兵团财务局:

为解决营业税改征增值税(以下简称营改增)试点期间总分机构试点纳税人缴纳增值税问题,根据《交通运输业和部分现代服务业营业税改征增值税试点实施办法》(财税〔2011〕111号)和现行增值税有关规定,我们制定了《总分机构试点纳税人增值税计算缴纳暂行办法》(见附件),现予以印发。

附件:

总分机构试点纳税人增值税计算缴纳暂行办法

一、经财政部和国家税务总局批准的总机构试点纳税人,及其分支机构按照本办法的规定计算缴纳增值税。

二、总机构应当汇总计算总机构以及其分支机构发生《应税服务范围注释》所列业务的应交增值税,分支机构发生《应税服务范围注释》所列业务已缴纳的增值税和营业税税款后,在总机构所在地解缴入库。总机构销售货物、提供加工修理修配劳务,按照增值税暂行条例及相关规定申报缴纳增值税。

三、总机构的汇总应征增值税销售额由以下两部分组成:

(一)总机构及其试点地区分支机构发生《应税服务范围注释》所列业务的应征增值税销售额;

(二)非试点地区分支机构发生《应税服务范围注释》所列业务的销售额。计算公式如下:

销售额=应税服务的营业额÷(1+增值税适用税率)

应税服务的营业额,是指非试点地区分支机构发生《应税服务范围注释》所列业务的营业额。增值税适用税率,是指《交通运输业和部分现代服务业营业税改征增值税试点实施办法》(以下简称《试点实施办法》)规定的增值税适用税率。

四、总机构汇总的销项税额,按照本办法第三条规定的应征增值税销售额和《试点实施办法》规定的增值税适用税率计算。

五、总机构汇总的进项税额,是指总机构及其分支机构因发生《应税服务范围注释》所列业务而购进货物或者接受加工修理修配劳务和应税服务,支付或者负担的增值税税额。总机构及其分支机构用于发生《应税服务范围注释》所列业务之外的进项税额不得汇总。

六、试点地区分支机构发生《应税服务范围注释》所列业务,按照应征增值税销售额和预征率计算缴纳增值税。计算公式如下:

应缴纳的增值税=应征增值税销售额×预征率

预征率由财政部和国家税务总局规定,并适时予以调整。

试点地区分支机构和非试点地区分支机构销售货物、提供加工修理修配劳务,按照增值税暂行条例及相关规定就地申报缴纳增值税;非试点地区分支机构发生《应税服务范围注释》所列业务,按照现行规定申报缴纳营业税。

七、分支机构发生《应税服务范围注释》所列业务当期已缴纳的增值税和营业税税款，允许在总机构当期增值税应纳税额中抵减，抵减不完的，可以结转下期继续抵减。

八、总机构以及试点地区分支机构的其他增值税涉税事项，按照《财政部 国家税务总局关于在上海市开展交通运输业和部分现代服务业营业税改征增值税试点的通知》(财税〔2011〕111 号)及其他增值税有关政策执行。

九、总分机构试点纳税人增值税具体管理办法由国家税务总局另行制定。

财政部 国家税务总局关于熊猫普制金币免征增值税政策的通知

财税〔2012〕97 号

各省、自治区、直辖市、计划单列市财政厅(局)、国家税务局，新疆生产建设兵团财务局：

为完善投资性黄金相关税收政策，经国务院批准，自 2012 年 1 月 1 日起，对符合条件的纳税人销售的熊猫普制金币免征增值税。现将有关政策通知如下：

一、熊猫普制金币是指由黄金制成并同时符合以下条件的法定货币：

1. 由中国人民银行发行；

2. 生产质量为普制；

3. 正面主体图案为天坛祈年殿，并刊国名、年号。背面主体图案为熊猫，并刊面额、规格及成色。规格包括 1 盎司、1/2 盎司、1/4 盎司、1/10 盎司和 1/20 盎司，对应面额分别为 500 元、200 元、100 元、50 元、20 元。黄金成色为 99.9%。

二、纳税人的具体条件以及熊猫普制金币免征增值税的具体管理办法由国家税务总局另行制定。

三、文到之日前，纳税人已缴纳的应予免征的增值税税款，可在今后增值税应纳税额中抵减，或者按规定办理退库。纳税人已向购买方开具了增值税专用发票的，应将增值税专用发票追回后方可申请免税；凡增值税专用发票未追回的，不予免税。

财政部 国家税务总局关于部分航空公司执行总分机构试点纳税人增值税计算缴纳暂行办法的通知

财税〔2013〕9 号

各省、自治区、直辖市、计划单列市财政厅(局)、国家税务局、地方税务局，新疆生产建设兵团财务局：

为确保营业税改征增值税试点(以下称营改增试点)顺利实施，现将部分航空公司总机构及其分支机构缴纳增值税的问题通知如下：

一、本通知列明的航空公司总分支机构(具体名单见附件)，除中国东方航空股份有限公司及其分支机构外，自总机构所在地纳入营改增试点范围之日起，按照《总分机构试点纳税人增值税计算缴纳暂行办法》(财税〔2012〕84 号)计算缴纳增值税。

二、中国东方航空股份有限公司及其分支机构，自 2012 年 9 月 1 日起，按《总分机构试点纳税人增值税计算缴纳暂行办法》(财税〔2012〕84 号)计算缴纳增值税。

三、上述航空公司分支机构的预征率为 1%。

四、本通知自 2012 年 9 月 1 日起执行。《财政部 国家税务总局关于中国东方航空公司执行总机构试点纳税人增值税计算缴纳暂行办法的通知》(财税〔2011〕132 号)和《国家税务总局关于中国东方航空股份有限公司增值税计算缴纳有关问题的公告》(国家税务总局公告 2012 年第 32 号)同时停止执行。

附件:航空公司总机构及其分支机构名单(略)

国家税务总局关于中央财政补贴增值税有关问题的公告

国家税务总局公告 2013 年第 3 号

现将中央财政补贴增值税有关问题公告如下:

按照现行增值税政策,纳税人取得的中央财政补贴,不属于增值税应税收入,不征收增值税。

本公告自 2013 年 2 月 1 日起施行。此前已发生未处理的,按本公告规定执行。

特此公告。

关于《中央财政补贴增值税有关问题的公告》的解读

一、请介绍该公告出台的背景?

近年来,为促进可再生能源的开发利用,支持新能源及高效节能等产品的推广使用,国家出台了多项中央财政补贴。对于中央财政补贴是否属于应税收入,是否征收增值税问题,基层税务机关存在争议,因此报来请示,请求我局予以明确。

二、如何理解该公告的规定?

据了解,为便于补贴发放部门实际操作,中央财政补贴有的直接支付给予销售方,有的先补给购买方,再由购买方转付给销售方。我们认为,无论采取何种方式,购买者实际支付的购买价格,均为原价格扣减中央财政补贴后的金额。根据现行增值税暂行条例规定,销售额为纳税人销售货物或者应税劳务向购买方收取的全部价款和价外费用。纳税人取得的中央财政补贴,其取得渠道是中央财政,因此不属于增值税应税收入,不征收增值税。

国家税务总局关于直销企业增值税销售额确定有关问题的公告

国家税务总局公告 2013 年第 5 号

根据《中华人民共和国增值税暂行条例》及其实施细则规定,现将直销企业采取直销方式销售货物增值税销售额确定有关问题公告如下:

一、直销企业先将货物销售给直销员,直销员再将货物销售给消费者的,直销企业的销售额为其向直销员收取的全部价款和价外费用。直销员将货物销售给消费者时,应按照现行规定缴纳增值税。

二、直销企业通过直销员向消费者销售货物,直接向消费者收取货款,直销企业的销售额为其向消费者收取的全部价款和价外费用。

本公告自 2013 年 3 月 1 日起施行。此前已发生但尚未处理的事项可按本公告规定执行。

特此公告。

关于《直销企业增值税销售额确定有关问题的公告》的解读

根据国务院2005年颁布的《直销管理条例》，经国务院商务主管部门批准设立的直销企业，可以按照有关规定招募直销员，由直销员在固定营业场所之外直接向最终消费者推销产品。据了解，直销企业的经营模式主要有两种：一是直销员按照批发价向直销企业购买货物，再按照零售价向消费者销售货物。二是直销员仅起到中介介绍作用，直销企业按照零售价向直销员介绍的消费者销售货物，并另外向直销员支付报酬。

我们认为，第一种直销模式下，货物的所有权已经由直销企业转移给了直销员，符合现行增值税关于销售货物的规定，直销企业的销售额应按照其向直销员收取的价款确定；第二种模式下，直销员仅相当于推销员，在直销企业和消费者之间起到中介介绍作用，直销企业和直销员之间并未发生货物所有权的有偿转移，直销企业应以向消费者收取的货款确认销售额。

基于以上考虑，我们起草了《国家税务总局关于直销企业增值税销售额确定有关问题的公告》。

国家税务总局关于发布《熊猫普制金币免征增值税管理办法(试行)》的公告

国家税务总局公告2013年第6号

为促进我国黄金市场健康发展，加强熊猫普制金币的增值税征收管理，根据《财政部 国家税务总局关于熊猫普制金币免征增值税政策的通知》(财税〔2012〕97号)的规定，现制定《熊猫普制金币免征增值税管理办法(试行)》。

本公告自2012年1月1日起执行。

特此公告。

熊猫普制金币免征增值税管理办法(试行)

一、为加强熊猫普制金币增值税管理，根据《中华人民共和国税收征收管理法》、《中华人民共和国增值税暂行条例》、《国家税务总局关于印发〈税收减免管理办法(试行)〉的通知》(国税发〔2005〕129号)及有关税收政策规定，制定本办法。

二、下列纳税人销售熊猫普制金币免征增值税：

(一)中国人民银行下属中国金币总公司(以下简称金币公司)及其控股子公司。

(二)经中国银行业监督管理委员会批准，允许开办个人黄金买卖业务的金融机构。

(三)经金币公司批准，获得“中国熊猫普制金币授权经销商”资格，并通过金币交易系统销售熊猫普制金币的纳税人。

第一批符合条件的纳税人名单附后。

三、免征增值税的熊猫普制金币是指2012年(含)以后发行的熊猫普制金币。

四、纳税人既销售免税的熊猫普制金币又销售其他增值税应税货物的，应分别核算免税的熊猫普制金币和其他增值税应税货物的销售额；未分别核算的，不得享受熊猫普制金币增值税免税政策。销售熊猫普制金币免税收入不得开具增值税专用发票。

五、申请享受本办法规定的熊猫普制金币增值税优惠政策的纳税人，应当在初次申请时按照要求向主管税务机关提交以下资料办理免税备案手续：

(一)纳税人税务登记证原件及复印件；

(二)属于“中国熊猫普制金币授权经销商”的纳税人应提供相关资格证书原件及复印件和《中国熊猫普

制金币经销协议》原件及复印件；金融机构应提供中国银行业监督管理委员会批准其开办个人黄金买卖业务的相关批件材料。

六、纳税人办理熊猫普制金币免税备案手续时，主管税务机关应当根据以下情况分别做出处理：

（一）报送的材料不详或存在错误，应当即时告知并允许纳税人更正；

（二）报送的材料不齐或不符合法定形式的，应当在5个工作日内告知纳税人需要补正的全部内容；

（三）报送的材料齐全、符合规定的，或者纳税人按照税务机关的要求补正报送全部材料的，应当受理纳税人的备案，并将有关材料原件退还纳税人。

七、属于“中国熊猫普制金币授权经销商”的纳税人应在办理熊猫普制金币免税备案以后每年2月15日前将以下材料报主管税务机关备查：

（一）上一年度从金币交易系统中出具的《金币交易系统熊猫普制金币销售汇总表》及明细（加盖纳税人的财务专用章）；

（二）上一年度从金币交易系统中出具的《金币交易系统熊猫普制金币采购及库存汇总表》（加盖纳税人的财务专用章）；

（三）上一年度销售熊猫普制金币开具的销售发票记账联复印件。

八、属于金融机构的纳税人应在办理熊猫普制金币免税备案以后每年2月15日前将以下材料报主管税务机关备查：

（一）上一年度从金币交易系统中出具的《金币交易系统熊猫普制金币采购汇总表》及明细（加盖纳税人的财务专用章）；

（二）上一年度销售熊猫普制金币开具的销售发票记账联复印件。

九、税务机关应对享受本办法规定增值税政策的纳税人进行定期或不定期检查。发现问题的，税务机关应根据现行规定对其进行处理，且自纳税人发生违规行为年度起，取消其享受本办法规定增值税政策的资格。

十、各地税务机关在对熊猫普制金币免征增值税的过程中如发现问题，应及时上报国家税务总局。

十一、本办法自2012年1月1日起执行。

附件：第一批符合条件的纳税人名单（略）

关于《发布〈熊猫普制金币免征增值税管理办法（试行）〉的公告》的解读

一、办法下发的背景

经国务院批准，我们与财政部联合下发了《财政部 国家税务总局关于熊猫普制金币免征增值税政策的通知》（财税〔2012〕97号），明确自2012年1月1日起，对符合条件的纳税人销售熊猫普制金币免征增值税，纳税人的具体条件以及熊猫普制金币免征增值税的具体管理办法由我局另行制定。因此，我们根据熊猫普制金币免征增值税的相关征管要求，制订了熊猫普制金币免征增值税的管理办法

二、办法的主要内容

该办法对销售熊猫普制金币免征增值税的范围、申请免税的条件、纳税人办理免税手续需出具的相关材料以及免税后续管理等做出了具体的规定。

国家税务总局关于纳税人采取“公司＋农户”经营模式销售畜禽有关增值税问题的公告

国家税务总局公告2013年第8号

现就纳税人采取“公司＋农户”经营模式销售畜禽有关增值税问题公告如下：

目前，一些纳税人采取“公司＋农户”经营模式从事畜禽饲养，即公司与农户签订委托养殖合同，向农户提供畜禽苗、饲料、兽药及疫苗等(所有权属于公司)，农户饲养畜禽苗至成品后交付公司回收，公司将回收的成品畜禽用于销售。在上述经营模式下，纳税人回收再销售畜禽，属于农业生产者销售自产农产品，应根据《中华人民共和国增值税暂行条例》的有关规定免征增值税。

本公告中的畜禽是指属于《财政部 国家税务总局关于印发〈农业产品征税范围注释〉的通知》(财税字〔1995〕52 号)文件中规定的农业产品。

本公告自 2013 年 4 月 1 日起施行。

特此公告。

关于《纳税人采取“公司＋农户”经营模式销售畜禽有关增值税问题的公告》的解读

一、本公告下发的背景

基层税务机关反映，一些从事畜禽饲养的纳税人，采取“公司＋农户”的经营模式，按照该模式销售委托代养回收后的畜禽，是否视同农业生产者销售自产农产品，请总局予以明确。

二、如何判定“公司＋农户”模式销售畜禽是否属于农业生产者销售自产农产品?

随着社会化分工的发展，传统的牲畜饲养行业经营模式已经发生了改变。据了解，“公司＋农户”经营模式已经被普遍采用，公司将生产环节外包给农户，负责销售与服务环节，承担农产品的大部分风险，农户完全解除了技术与市场之忧，双方组成相对完整、独立的经营模式。鉴于畜禽养殖的风险绝大部分留在企业本身，与企业自产农产品无本质区别，因此，纳税人采取“公司＋农户”的经营模式从农户手中回收再销售畜禽产品，属于农业生产者销售自产农产品，应根据现行增值税的有关规定免征增值税。

国家税务总局关于承印境外图书增值税适用税率问题的公告

国家税务总局公告 2013 年第 10 号

现将承印境外图书增值税适用税率公告如下：

国内印刷企业承印的经新闻出版主管部门批准印刷且采用国际标准书号编序的境外图书，属于《中华人民共和国增值税暂行条例》第二条规定的“图书”，适用 13％增值税税率。

本公告自 2013 年 4 月 1 日起施行。此前已发生但尚未处理的事项，可以按本公告规定执行。

特此公告。

关于《承印境外图书增值税适用税率问题的公告》的解读

一、本公告出台的背景

近接部分地区来文，请求明确印刷企业承印的境外图书增值税适用税率问题。增值税暂行条例规定，图书适用 13％增值税税率。《增值税部分货物征收范围注释》(国税发〔1993〕151 号)规定，图书是指由国家新闻出版署批准的出版单位出版，采用国际标准书号编序的书籍以及图片。由于境外图书不属于“由国家新闻出版署批准的出版单位出版”，因此境外图书是否适用 13％增值税税率，基层税务机关存在不同意见，特来文请求我局予以明确。

二、为什么承印境外图书适用13%增值税税率?

据了解,印刷企业承接境外图书印刷的业务流程为:印刷企业首先接受境外企业委托,然后向新闻出版主管部门提出承印申请,获得批准后,再自行购买纸张等材料进行图书印刷,最后将承印好的境外图书全部出口。据新闻出版总署介绍,新闻出版主管部门审批承印境外图书业务时,与审批国内出版单位出版的图书一样,对图书内容进行严格把关,两项审批的内容和目的相同。我们认为,"经国家新闻出版主管部门批准承印"与"由国家新闻出版署批准的出版单位出版",均经过主管部门严格审核,境外图书也有国际标准编序的书号,因此,印刷企业承印的经新闻出版主管部门批准印刷且采用国际标准书号编序的境外图书,属于"图书",应适用13%增值税税率。

三、公告最后规定"此前已发生但尚未处理的事项,可以按本公告规定执行",为何作出这样的规定?如何理解?

在公告执行日之前,可能存在不同地区理解不一、执行标准不同的情况,根据一般情况下"法不溯及既往"的原则,此前已发生并处理的事项,不再调整。但同时,上报请示文件的基层税务机关自发现问题起,因不确定国内印刷企业承印的境外图书增值税适用税率,对已经发生的纳税事项在总局未公告之前尚未处理,需要明确这段时间的处理方式,因此公告明确"此前已发生但尚未处理的事项,可以按本公告规定执行"。

国家税务总局关于《出口货物劳务增值税和消费税管理办法》有关问题的公告

国家税务总局公告2013年第12号

为准确执行出口货物劳务税收政策,进一步规范管理,国家税务总局细化、完善了《出口货物劳务增值税和消费税管理办法》(国家税务总局公告2012年第24号,以下简称《管理办法》)有关条款,现公告如下:

一、出口退(免)税资格认定

(一)出口企业或其他单位申请办理出口退(免)税资格认定时,除提供《管理办法》规定的资料外,还应提供《出口退(免)税资格认定申请表》电子数据。

(二)出口企业或其他单位申请变更退(免)税办法的,经主管税务机关批准变更的次月起按照变更后的退(免)税办法申报退(免)税。企业应将批准变更前全部出口货物按变更前退(免)税办法申报退(免)税,变更后不得申报变更前出口货物退(免)税。

原执行免退税办法的企业,在批准变更次月的增值税纳税申报期内可将原计入出口库存账的且未申报免退税的出口货物向主管税务机关申请开具《出口转内销证明》。

原执行免抵退税办法的企业,应将批准变更当月的《免抵退税申报汇总表》中"当期应退税额"填报在批准变更次月的《增值税纳税申报表》"免、抵、退应退税额"栏中。

企业按照变更前退(免)税办法已申报但在批准变更前未审核办理的退(免)税,主管税务机关对其按照原退(免)税办法单独审核、审批办理。对原执行免抵退税办法的企业,主管税务机关对已按免抵退税办法申报的退(免)税应全部按规定审核通过后,一次性审批办理退(免)税。

退(免)税办法由免抵退税变更为免退税的,批准变更前已通过认证的增值税专用发票或取得的海关进口增值税专用缴款书,出口企业或其他单位不得作为申报免退税的原始凭证。

(三)出口企业申请注销出口退(免)税认定资格但不需要注销税务登记的,按《管理办法》第三条第(五)项相关规定办理。

二、出口退(免)税申报

(一)出口企业或其他单位应使用出口退税申报系统办理出口货物劳务退(免)税、免税申报业务及申请开具相关证明业务。《管理办法》及本公告中要求出口企业或其他单位报送的电子数据应均通过出口退税申报系统生成、报送。在出口退税申报系统信息生成、报送功能升级完成前,涉及需报送的电子数据,可暂报送纸质资料。

出口退税申报系统可从国家税务总局网站免费下载或由主管税务机关免费提供。

(二)出口企业或其他单位应先通过税务机关提供的远程预申报服务进行退(免)税预申报,在排除录入错误后,方可进行正式申报。税务机关不能提供远程预申报服务的,企业可到主管税务机关进行预申报。

出口企业或其他单位退(免)税凭证电子信息不齐的出口货物劳务,可进行正式退(免)税申报,但退(免)税需在税务机关按规定对电子信息审核通过后方能办理。

(三)在出口货物报关单上的申报日期和出口日期期间,若海关调整商品代码,导致出口货物报关单上的商品代码与调整后的商品代码不一致的,出口企业或其他单位应按照出口货物报关单上列明的商品代码申报退(免)税,并同时报送《海关出口商品代码、名称、退税率调整对应表》(附件1)及电子数据。

(四)出口企业或其他单位进行正式退(免)税申报时须提供的原始凭证,应按明细申报表载明的申报顺序装订成册。

(五)2013年5月1日以后报关出口的货物(以出口货物报关单上的出口日期为准),除下款规定以外,出口企业或其他单位申报出口退(免)税提供的出口货物报关单上的第一计量单位、第二计量单位,及出口企业申报的计量单位,至少有一个应同与其匹配的增值税专用发票上的计量单位相符,且上述出口货物报关单、增值税专用发票上的商品名称须相符,否则不得申报出口退(免)税。

如属同一货物的多种零部件需要合并报关为同一商品名称的,企业应将出口货物报关单、增值税专用发票上不同商品名称的相关性及不同计量单位的折算标准向主管税务机关书面报告,经主管税务机关确认后,可申报退(免)税。

(六)受托方将代理多家企业出口的货物集中一笔报关出口的,委托方可提供该出口货物报关单的复印件申报出口退(免)税。

(七)出口企业或其他单位出口并按会计规定做销售的货物,须在做销售的次月进行增值税纳税申报。生产企业还需办理免抵退税相关申报及消费税免税申报(属于消费税应税货物的)。《管理办法》第四条第(一)项第一款和第五条第(一)项第一款与此冲突的规定,停止执行。

《管理办法》第四条第(一)项第二款和第五条第(一)项第二款中的"逾期"是指超过次年4月30日前最后一个增值税纳税申报期截止之日。

(八)属于增值税一般纳税人的集成电路设计、软件设计、动漫设计企业及其他高新技术企业出口适用增值税退(免)税政策的货物,实行免抵退税办法,按《管理办法》第四条及本公告有关规定申报出口退(免)税。

(九)生产企业申报免抵退税时,若报送的《生产企业出口货物免、抵、退税申报明细表》中的离岸价与相应出口货物报关单上的离岸价不一致的,应按主管税务机关的要求填报《出口货物离岸价差异原因说明表》(附件2)及电子数据。

(十)从事进料加工业务的生产企业,自2013年7月1日起,按下列规定办理进料加工出口货物退(免)税的申报及手(账)册核销业务。《管理办法》第四条第(三)项停止执行。2013年7月1日以前,企业已经在主管税务机关办理登记手续的进料加工手(账)册,按原办法办理免抵退税申报、进口料件申报、手(账)册核销(电子账册核销指海关办结一个周期核销手续后的核销)。

1. 进料加工计划分配率的确定

2012年1月1日至2013年6月15日已在税务机关办理过进料加工手(账)册核销的企业,2013年度进料加工业务的计划分配率为该期间税务机关已核销的全部手(账)册的加权平均实际分配率。主管税务机关应在2013年7月1日以前,计算并与企业确认2013年度进料加工业务的计划分配率。

2012年1月1日至2013年6月15日未在税务机关办理进料加工业务手(账)册核销的企业,当年进料加工业务的计划分配率为2013年7月1日后首份进料加工手(账)册的计划分配率。企业应在首次申报2013年7月1日以后进料加工手(账)册的进料加工出口货物免抵退税前,向主管税务机关报送《进料加工企业计划分配率备案表》(附件3)及其电子数据。

2. 进料加工出口货物的免抵退税申报

对进料加工出口货物,企业应以出口货物人民币离岸价扣除出口货物耗用的保税进口料件金额的余额为增值税退(免)税的计税依据。按《管理办法》第四条的有关规定,办理免抵退税相关申报。

进料加工出口货物耗用的保税进口料件金额=进料加工出口货物人民币离岸价×进料加工计划分

配率

计算不得免征和抵扣税额时，应按当期全部出口货物的离岸价扣除当期全部进料加工出口货物耗用的保税进口料件金额后的余额乘以征退税率之差计算。进料加工出口货物收齐有关凭证申报免抵退税时，以收齐凭证的进料加工出口货物人民币离岸价扣除其耗用的保税进口料件金额后的余额计算免抵退税额。

3. 年度进料加工业务的核销

自2014年起，企业应在本年度4月20日前，向主管税务机关报送《生产企业进料加工业务免抵退税核销申报表》(附件4)及电子数据，申请办理上年度海关已核销的进料加工手(账)册项下的进料加工业务核销手续。企业申请核销后，主管税务机关不再受理其上一年度进料加工出口货物的免抵退税申报。4月20日之后仍未申请核销的，该企业的出口退(免)税业务，主管税务机关暂不办理，待其申请核销后，方可办理。

主管税务机关受理核销申请后，应通过出口退税审核系统提取海关联网监管加工贸易电子数据中的进料加工"电子账册(电子化手册)核销数据"以及进料加工业务的进、出口货物报关单数据，计算生成《进料加工手(账)册实际分配率反馈表》(附件5)，交企业确认。

企业应及时根据进料加工手(账)册实际发生的进出口情况对反馈表中手(账)册实际分配率进行核对。经核对相符的，企业应对该手(账)册进行确认；核对不相符的，企业应提供该手(账)册的实际进出口情况。核对完成后，企业应在《进料加工手(账)册实际分配率反馈表》中填写确认意见及需要补充的内容，加盖公章后交主管税务机关。

主管税务机关对于企业未确认相符的手(账)册，应提取海关联网监管加工贸易电子数据中的该手(账)册的进料加工"电子账册(电子化手册)核销数据"以及进、出口货物报关单数据，反馈给企业。对反馈的数据缺失或与纸质报关单不一致的，企业应及时向报关海关申请查询，并根据该手(账)册实际发生的进出口情况将缺失或不一致的数据填写《已核销手(账)册海关数据调整报告表(进口报关单/出口报关单)》(附件6－1，附件6－2)，报送至主管税务机关，同时附送电子数据、相关报关单原件、向报关海关查询情况的书面说明。

主管税务机关应将企业报送的《已核销手(账)册海关数据调整报告表》电子数据读入出口退税审核系统，重新计算生成《进料加工手(账)册实际分配率反馈表》。在企业对手(账)册的实际分配率确认后，主管税务机关按照企业确认的实际分配率对进料加工业务进行核销，并将《生产企业进料加工业务免抵退税核销表》(附件7)交企业。企业应在次月根据该表调整前期免抵退税额及不得免征和抵扣税额。

主管税务机关完成年度核销后，企业应以《生产企业进料加工业务免抵退税核销表》中的"上年度已核销手(账)册综合实际分配率"，作为当年度进料加工计划分配率。

4. 企业申请注销或变更退(免)税办法的，应在申请注销或变更退(免)税办法前按照上述办法进行进料加工业务的核销。

(十一)符合《财政部 国家税务总局关于出口货物劳务增值税和消费税政策的通知》(财税〔2012〕39号)第九条第(四)项规定的生产企业，应在交通运输工具和机器设备出口合同签订后，报送《先退税后核销资格申请表》(见附件8)及电子数据，经主管税务机关审核同意后，按照以下规定办理出口免抵退税申报、核销：

1. 企业应在交通运输工具或机器设备自会计上做销售后，与其他出口货物劳务一并向主管税务机关办理免抵退税申报(在《生产企业出口货物免、抵、退税申报明细表》"出口收汇核销单号"栏中填写出口合同号，"业务类型"栏填写"XTHH")，并附送下列资料：

(1)出口合同(复印件，仅第一次申报时提供)；

(2)企业财务会计制度(复印件，仅第一次申报时提供)；

(3)出口销售明细账(复印件)；

(4)《先退税后核销企业免抵退税申报附表》(附件9)及其电子数据；

(5)年度财务报表(年度结束后至4月30日前报送)；

(6)收款凭证(复印件，取得预付款的提供)；

(7)主管税务机关要求提供的其他资料。

2. 交通工具或机器设备报关出口之日起3个月内，企业应在增值税纳税申报期，按《管理办法》第四条规定收齐有关单证，申报免抵退税，办理已退(免)税的核销。

(十二)已申报免抵退税的出口货物发生退运，及需改为免税或征税的，应在上述情形发生的次月增值税纳税申报期内用负数申报冲减原免抵退税申报数据，并按现行会计制度的有关规定进行相应调整。《管理办法》第四条第(五)项与此冲突的规定停止执行。

(十三)免税品经营企业应根据《企业法人营业执照》规定的经营货物范围，填写《免税品经营企业销售货物退税备案表》(附件 10)并生成电子数据，报主管税务机关备案。如企业的经营范围发生变化，应在变化之日后的首个增值税纳税申报期内进行补充填报。

(十四)用于对外承包工程项目的出口货物，由出口企业申请退(免)税。出口企业如属于分包单位的，申请退(免)税时，须补充提供分包合同(协议)。本项规定自 2012 年 1 月 1 日起开始执行。《管理办法》第六条第二款第(二)项与此冲突的规定，停止执行。

(十五)销售给海上石油天然气开采企业自产的海洋工程结构物，生产企业申报出口退(免)税时，应在《生产企业出口货物免、抵、退税申报明细表》的"备注栏"中填写购货企业的纳税人识别号和购货企业名称。

(十六)申报修理修配船舶退(免)税的，应提供在修理修配业务中使用零部件、原材料的贸易方式为"一般贸易"的出口货物报关单。出口货物报关单中"标记唛码及备注"栏注明修理船舶或被修理船舶名称的，以被修理船舶作为出口货物。

(十七)为国外(地区)企业的飞机(船舶)提供航线维护(航次维修)的货物劳务，出口企业(维修企业)申报退(免)税时应将国外(地区)企业名称、航班号(船名)填写在《生产企业出口货物免、抵、退税申报明细表》的第 22 栏"备注"中，并提供以下资料：

1. 与被维修的国外(地区)企业签订的维修合同；

2. 出口发票；

3. 国外(地区)企业的航班机长或外轮船长签字确认的维修单据[须注明国外(地区)企业名称和航班号(船名)]。

(十八)出口企业或其他单位发生的真实出口货物劳务，由于以下原因造成在规定期限内未收齐单证无法申报出口退(免)税的，应在退(免)税申报期限截止之日前向主管税务机关提出申请，并提供相关举证材料，经主管税务机关审核、逐级上报省级国家税务局批准后，可进行出口退(免)税申报。本项规定从 2011 年 1 月 1 日起执行。2011 年 1 月 1 日前发生的同样情形的出口货务劳务，出口企业可在 2013 年 6 月 30 日前按照本项规定办理退(免)税申报，逾期的，主管税务机关不再受理此类申报。

1. 自然灾害、社会突发事件等不可抗力因素；

2. 出口退(免)税申报凭证被盗、抢，或者因邮寄丢失、误递；

3. 有关司法、行政机关在办理业务或者检查中，扣押出口退(免)税申报凭证；

4. 买卖双方因经济纠纷，未能按时取得出口退(免)税申报凭证；

5. 由于企业办税人员伤亡、突发危重疾病或者擅自离职，未能办理交接手续，导致不能按期提供出口退(免)税申报凭证；

6. 由于企业向海关提出修改出口货物报关单申请，在退(免)税期限截止之日海关未完成修改，导致不能按期提供出口货物报关单；

7. 国家税务总局规定的其他情形。

三、适用免税政策的出口货物劳务申报

(一)《管理办法》第十一条第(七)项中"未在规定的纳税申报期内按规定申报免税"是指出口企业或其他单位未在报关出口之日的次月至次年 5 月 31 日前的各增值税纳税申报期内填报《免税出口货物劳务明细表》(附件 11)，提供正式申报电子数据，向主管税务机关办理免税申报手续。

(二)出口企业或其他单位在按《管理办法》第九条第(二)项规定办理免税申报手续时，应将以下凭证按《免税出口货物劳务明细表》载明的申报顺序装订成册，留存企业备查：

1. 出口货物报关单(如无法提供出口退税联的，可提供其他联次代替)；

2. 出口发票；

3. 委托出口的货物，还应提供受托方主管税务机关出具的代理出口货物证明；

4. 属购进货物直接出口的，还应提供相应的合法有效的进货凭证。合法有效的进货凭证包括增值税专用发票、增值税普通发票及其他普通发票、海关进口增值税专用缴款书、农产品收购发票、政府非税收入票据；

5. 以旅游购物贸易方式报关出口的货物暂不提供上述第2、4项凭证。

(三)出口企业或其他单位申报的出口货物免税销售额与出口货物报关单上的离岸价不一致(来料加工出口货物除外)的,应在报送《免税出口货物劳务明细表》的同时报送《出口货物离岸价差异原因说明表》及电子数据。

(四)主管税务机关已受理出口企业或其他单位的退(免)税申报,但在免税申报期限之后审核发现按规定不予退(免)税的出口货物,若符合免税条件,企业可在主管税务机关审核不予退(免)税的次月申报免税。

(五)出口企业从事来料加工委托加工业务的,应在海关签发来料加工核销结案通知书之日(以结案日期为准)起至次月的增值税纳税申报期内,提供出口货物报关单的非"出口退税专用"联原件或复印件,按照《管理办法》第九条第(四)项第2目第(2)规定办理来料加工出口货物免税核销手续。未按规定办理来料加工出口货物免税核销手续或经主管税务机关审核不予办理免税核销的,应按规定补缴来料加工加工费的增值税。

(六)出口企业或其他单位按照《管理办法》第十一条第(八)项规定放弃免税的,应向主管税务机关报送《出口货物劳务放弃免税权声明表》(附件12),办理备案手续。自备案次月起执行征税政策,36个月内不得变更。

四、有关单证证明办理

委托出口货物发生退运的,应由委托方向主管税务机关申请开具《出口货物退运已补税(未退税)证明》转交受托方,受托方凭该证明向主管税务机关申请开具《出口货物退运已补税(未退税)证明》。《管理办法》第十条第(三)项与此冲突的内容停止执行。

五、其他补充规定

(一)符合《管理办法》第十一条第(三)项规定的集团公司,集团公司总部在申请认定时应提供以下资料:

1.《集团公司成员企业认定申请表》(附件13)及电子申报数据;

2. 集团公司总部及其控股的生产企业的营业执照副本复印件;

3. 集团公司总部及其控股的生产企业的《出口退(免)税资格认定表》复印件;

4. 集团公司总部及其控股生产企业的章程复印件;

5. 主管税务机关要求报送的其他资料。

(二)外贸企业在2012年6月30日以前签订的委托加工业务合同,如果在2012年7月1日以后收回加工货物并在2013年6月30日前出口的,按2012年6月30日以前的规定申报出口退(免)税。外贸企业须在2013年4月30日前向主管税务机关提供上述合同进行备案。

(三)为适应货物贸易外汇管理制度改革,《管理办法》中涉及到出口收汇核销单的规定不再执行。

2012年8月1日后报关出口的货物,以及截至2012年7月31日未到出口收汇核销期限或者已到出口收汇核销期限的但未核销的2012年8月1日前报关出口的货物,出口企业或其他单位在申报出口退(免)税、免税时,不填写《管理办法》附件中涉及出口收汇核销单的报表栏目。

(四)经税务机关审核发现的出口退(免)税疑点,出口企业或其他单位应按照主管税务机关的要求接受约谈、提供书面说明情况、报送《生产企业出口业务自查表》(附件14)或《外贸企业出口业务自查表》(附件15)及电子数据。

出口货物的供货企业主管税务机关按照规定需要对供货的真实性及纳税情况进行核实的,供货企业应填报《供货企业自查表》(附件16),具备条件的,应按照主管税务机关的要求同时报送电子数据。

(五)主管税务机关发现出口企业或其他单位的出口业务有以下情形之一的,该笔出口业务暂不办理出口退(免)税。已办理的,主管税务机关可按照所涉及的退税额对该企业其他已审核通过的应退税款暂缓办理出口退(免)税,无其他应退税款或应退税款小于所涉及退税额的,可由出口企业提供差额部分的担保。待税务机关核实排除相应疑点后,方可办理退(免)税或解除担保。

1. 因涉嫌骗取出口退税被税务机关稽查部门立案查处未结案;

2. 因涉嫌出口走私被海关立案查处未结案;

3. 出口货物报关单、出口发票、海运提单等出口单证的商品名称、数量、金额等内容与进口国家(或地区)的进口报关数据不符;

4. 涉嫌将低退税率出口货物以高退税率出口货物报关；

5. 出口货物的供货企业存在涉嫌虚开增值税专用发票等需要对其供货的真实性及纳税情况进行核实的疑点。

（六）主管税务机关发现出口企业或其他单位购进出口的货物劳务存在财税〔2012〕39号文件第七条第（一）项第4目、第5目和第7目情形之一的，该批出口货物劳务的出口货物报关单上所载明的其他货物，主管税务机关须排除骗税疑点后，方能办理退（免）税。

（七）出口企业或其他单位被列为非正常户的，主管税务机关对该企业暂不办理出口退税。

（八）出口企业或其他单位未按规定进行单证备案（因出口货物的成交方式特性，企业没有有关备案单证的情况除外）的出口货物，不得申报退（免）税，适用免税政策。已申报退（免）税的，应用负数申报冲减原申报。

（九）出口企业或其他单位出口的货物劳务，主管税务机关如果发现有下列情形之一的，按财税〔2012〕39号文件第七条第（一）项第4目和第5目规定，适用增值税征税政策。查实属于偷骗税的，应按相应的规定处理。

1. 提供的增值税专用发票、海关进口增值税专用缴款书等进货凭证为虚开或伪造；

2. 提供的增值税专用发票是在供货企业税务登记被注销或被认定为非正常户之后开具；

3. 提供的增值税专用发票抵扣联上的内容与供货企业记账联上的内容不符；

4. 提供的增值税专用发票上载明的货物劳务与供货企业实际销售的货物劳务不符；

5. 提供的增值税专用发票上的金额与实际购进交易的金额不符；

6. 提供的增值税专用发票上的货物名称、数量与供货企业的发货单、出库单及相关国内运输单据等凭证上的相关内容不符，数量属合理损溢的除外；

7. 出口货物报关单上的出口日期早于申报退税匹配的进货凭证上所列货物的发货时间（供货企业发货时间）或生产企业自产货物发货时间；

8. 出口货物报关单上载明的出口货物与申报退税匹配的进货凭证上载明的货物或生产企业自产货物不符；

9. 出口货物报关单上的商品名称、数量、重量与出口运输单据载明的不符，数量、重量属合理损溢的除外；

10. 生产企业出口自产货物的，其生产设备、工具不能生产该种货物；

11. 供货企业销售的自产货物，其生产设备、工具不能生产该种货物；

12. 供货企业销售的外购货物，其购进业务为虚假业务；

13. 供货企业销售的委托加工收回货物，其委托加工业务为虚假业务；

14. 出口货物的提单或运单等备案单证为伪造、虚假；

15. 出口货物报关单是通过报关行等单位将他人出口的货物虚构为本企业出口货物的手段取得。

（十）以边境小额贸易方式代理外国企业、外国自然人报关出口的货物（国家取消出口退税的货物除外），可按下列规定办理备案手续，办理过备案的上述货物，不进行增值税和消费税的纳税、免税申报。

1. 边境地区出口企业应在货物出口之前，提供下列资料向主管税务机关办理备案登记手续：

（1）企业相关人员签字、盖有单位公章且填写内容齐全的纸质《以边境小额贸易方式代理外国企业、外国自然人报关出口货物备案登记表》（见附件17）及电子数据；

（2）代理出口协议原件及复印件。代理出口协议以外文拟定的，需同时提供中文翻译版本。

（3）委托方经办人护照或外国边民的边民证原件和复印件。

2. 边境地区出口企业应在货物报关出口之日（以出口货物报关单上的出口日期为准）次月起至次年4月30日前的各增值税纳税申报期内，提供下列资料向主管税务机关办理代理报关备案核销手续：

（1）企业相关人员签字、盖有单位公章且填写内容齐全的纸质《以边境小额贸易方式代理外国企业、外国自然人报关出口货物备案核销表》（见附件18）及电子数据；

（2）出口货物报关单（出口退税专用联，以人民币结算的为盖有海关验讫章其他联次）。

3. 边境地区出口企业代理报关出口的货物属国家明确取消出口退（免）税的，按有关规定适用增值税、消费税征税政策。

4. 边境地区出口企业在 2011 年 1 月 1 日至本公告执行之日代理外国企业、外国自然人报关出口的货物(以出口货物报关单上的出口日期为准),应在 2013 年 4 月 30 日前的各增值税纳税申报期内,提供本项第 2 目所列的资料,向主管税务机关办理代理报关备案核销手续。

5. 边境地区出口企业未按照本项规定办理代理报关备案登记、备案核销的,主管税务机关可取消其按照代理报关备案管理的资格,并可按《中华人民共和国税收征收管理法》第六十二条等有关规定处理。

(十一)出口企业或其他单位出口财税〔2012〕39 号文件第九条第(二)项第 6 目所列货物的,如果出口货物有两种及两种以上原材料为财税〔2012〕39 号文件附件 9 所列原材料的,按主要原材料适用政策执行。主要原材料是指出口货物材料成本中比例最高的原材料。

(十二)输入特殊区域的水电气,区内生产企业用于出租、出让厂房的,不得申报退税,进项税额须转入成本。

(十三)出口企业或其他单位可填报《出口企业或其他单位选择出口退税业务提醒信息申请表》(见附件 19),向主管税务机关申请免费的出口退税业务提醒服务。已申请出口退税业务提醒服务的,企业负责人、联系电话、邮箱等相关信息发生变化时,应及时向主管税务机关申请变更。

出口企业或其他单位应按照国家制发的出口退(免)税相关政策和管理规定办理出口退(免)税业务。主管税务机关提供的出口退税业务提醒服务仅为出口企业和其他单位参考,不作为办理出口退(免)税的依据。

(十四)出口企业或其他单位应于每年 11 月 15 日至 30 日,根据本年度实际出口情况及次年计划出口情况,向主管税务机关填报《出口企业预计出口情况报告表》(见附件 20)及电子数据。

(十五)《管理办法》及本公告中要求同时提供原件和复印件的资料,出口企业或其他单位提供的复印件上应注明"与原件相符"字样,并加盖企业公章。主管税务机关在核对复印件与原件相符后,将原件退回,留存复印件。

六、本公告除已明确执行时间的规定外,其他规定自 2013 年 4 月 1 日起执行,《废止文件目录》(见附件 22)所列文件条款同时废止。

特此公告。

附件:1. 海关出口商品代码、名称、退税率调整对应表(略)
2. 出口货物离岸价差异原因说明表(略)
3. 进料加工企业计划分配率备案表(略)
4. 生产企业进料加工业务免抵退税核销申报表(略)
5. 进料加工手(账)册实际分配率反馈表(略)
6-1. 已核销手(账)册海关数据调整报告表(进口报关单)(略)
6-2. 已核销手(账)册海关数据调整报告表(出口报关单)(略)
7. 生产企业进料加工业务免抵退税核销表(略)
8. 先退税后核销资格申请表(略)
9. 先退税后核销企业免抵退税申报附表(略)
10. 免税品经营企业销售货物退税备案表(略)
11. 免税出口货物劳务明细表(略)
12. 出口货物劳务放弃免税权声明表(略)
13. 集团公司成员企业认定申请表(略)
14. 生产企业出口业务自查表(略)
15. 外贸企业出口业务自查表(略)
16. 供货企业自查表(略)
17. 以边境小额贸易方式代理外国企业、外国自然人报关出口货物备案登记表(略)
18. 以边境小额贸易方式代理外国企业、外国自然人报关出口货物备案核销表(略)
19. 出口企业或其他单位选择出口退税业务提醒信息申请表(略)
20. 出口企业预计出口情况报告表(略)
21. 退(免)税货物、标识对照表(略)
22. 废止文件目录(略)

关于《〈出口货物劳务增值税和消费税管理办法〉有关问题的公告》的解读

为进一步规范管理，严格执行出口货物劳务税收政策，国家税务总局制定发布了《国家税务总局关于〈出口货物劳务增值税和消费税管理办法〉有关问题的公告》（以下简称《公告》），对《出口货物劳务增值税和消费税管理办法》（国家税务总局公告 2012 年第 24 号，以下简称《管理办法》）的有关条款进行了细化和完善，现将《公告》内容解读如下：

一、《公告》制定的背景

《公告》制定的背景主要包含以下几个方面：一是《管理办法》下发后，国家外汇管理部门进行了货物贸易外汇核销制度改革，取消了用于申报退税的出口收汇核销单，《管理办法》需要进行相应的调整；二是《管理办法》下发执行以来，各地税务机关和出口企业通过不同形式反映了一些执行中存在的问题，并提出了一些完善的建议，国家税务总局在研究论证后，决定对《管理办法》进行完善；三是国家税务总局在研究优化出口退税流程、加强出口退税管理等措施时，发现这些措施的实施要以企业的申报为起始，需进一步细化《管理办法》的相关规定。

二、《公告》修改完善《管理办法》的主要内容

（一）针对货物贸易外汇核销制度改革，取消出口收汇核销单的情况，废止了《管理办法》及有关申报表中外汇核销单的内容。

（二）将生产企业已申报免抵退税，但发生退运或改为实行免税或征税的处理方式，由《管理办法》中的本年度的采用负数冲减、跨年度的采用追回已退（免）税款的方式，统一为全部采用负数冲减的方式。这样一方面便于操作，另一方面也符合企业会计准则中"企业已经确认销售商品收入的售出商品发生销售退回的，应当在发生时，冲减当期的销售商品收入"的规定。

（三）修改了生产企业进料加工出口货物免抵退税申报和手册核销的相关规定。

《公告》将生产企业进料加工出口货物统一改为"实耗法"，并基于海关加工贸易核销数据优化进料加工业务的流程。

《公告》中一是将生产企业进料加工出口货物办理免抵退税由原来五个环节简化为三个环节，即："申报确认计划分配率"（这个环节每个企业只需进行一次）、"按计划分配率计算出口增值部分申报免抵退税"、"对上年度海关已核销的手册统一进行核销并对前期数据进行调整"；二是将原来企业每个手册都要备案、核销，改为只在新办法实施初期办理一次备案、年度内一次性核销；三是取消了原管理模式的两个表单："进料加工进口料件明细申报表"和"生产企业进料加工贸易免税证明"，减轻企业数据录入和税务机关审核比对的工作量。

（四）完善了委托出口货物《退运已补税（未退税）证明》的开具流程。

三、《公告》对《管理办法》中部分内容进一步细化明确的主要内容

（一）进一步明确了办理退（免）税和免税申报的时限。将退（免）税申报逾期的情形明确为"超过次年 4 月 30 日前最后一个增值税纳税申报期截止之日"，将未在规定期限内申报免税的情形明确为"未在报关出口之日次月至次年 5 月 31 日前的各增值税纳税申报期内填报《免税出口货物劳务明细表》，提供正式申报电子数据，向主管税务机关办理免税申报手续的"。

（二）进一步细化和明确了办理退（免）税、免税业务时，提供有关资料的要求。一是明确了申请办理出口退（免）税资格认定时，应提供电子数据；二是明确了按规定放弃免税的，应向主管税务机关提交《出口货物劳务放弃免税权声明表》备案；三是明确了要求提供复印件的，应在复印件上注明"与原件相符"字样，并加盖企业公章；四是明确了用于对外承包工程项目的出口货物，由出口企业申请退（免）税。出口企业如属于分包单位的，申请退（免）税的，还须提供分包合同（协议）。同时明确了该项规定自 2012 年 1 月 1 日起开始执行。

（三）进一步细化了企业退（免）税办法变更的要求和管理规定。

四、《公告》在《管理办法》基础上增加的主要内容

（一）根据出口退（免）税政策规定，细化了有关出口退（免）税管理规定。

1. 增加了按照财税〔2012〕39 号文件规定实行“先退税后核销”的交通运输工具和机器设备的申报、核销免抵退税的具体办法。

2. 根据地方政府和出口企业反映的实际情况,《公告》补充了边境地区出口企业以边境小额贸易方式代理外国企业和外国自然人报关出口货物实行简化的备案办法进行管理的规定。

3. 将《国家税务总局关于扩大适用免抵退税管理办法企业范围有关问题的公告》(国家税务总局公告2011 年第 18 号)内容纳入《公告》。

(二)增加了优化出口退税服务的有关规定

1. 明确了出口退税申报系统可从国家税务总局网站免费下载或由主管税务机关免费提供。

2. 明确了企业申请税务机关免费提供的出口退税业务提醒服务。

3. 明确了企业可在退(免)税正式申报前进行预申报。同时为保障出口企业的合法权益明确,规定了电子信息不齐的出口货物劳务,也可进行退(免)税正式申报。

4. 按照优化服务、体现宽严相济管理的指导思想,《公告》中增加了出口企业因特殊原因无法在规定期限内取得单证申报退(免)税,申请延期申报的适用情形和办理程序。

(三)增加了规范企业办理出口退(免)税、免税业务的管理规定

1. 要求企业申报退(免)税时发生出口发票金额与出口报关单上金额不一致、由于海关调整商品代码造成报关单上商品代码与出口退税率文库不一致等情况,需填报相关表格,说明情况。

2. 增加了退(免)税、免税申报的规范性要求。要求退(免)税、免税申报时,需将有关纸质资料按申报表顺序整理、装订成册,报送或留存备查。

3. 细化了申报退(免)税提供的出口报关单和增值税专用发票的匹配规定。

4. 明确了免税品经营企业要将经营货物提交主管税务机关备案。

5. 明确了经税务机关审核退(免)税发现疑点,企业应按照主管税务机关的要求接受约谈、提供书面说明情况,填写并报送自查表。

6. 明确了输入特殊区域的水电气,区内生产企业用于出租、出让厂房的,不得申报退税,进项税额须转入成本。

(四)增加了防范骗取出口退(免)税的有关管理规定

1. 增加了 15 种不予退(免)税,适用增值税征税政策的情形。

《公告》中列举的 15 种不予退(免)税,适用增值税征税政策的情形,是对财税〔2012〕39 号文件当中的“退(免)税申报凭证有伪造或内容不实”、“提供虚假备案单证”的细化。主要目的如下:一是可以进一步规范出口企业办理出口业务的行为,提高遵从度;二是可以保障国家税款安全,进一步提高行政管理效率。

2. 规定了暂不办理退税的 3 种出口业务情形和 1 种出口企业情形。

3. 明确了经税务机关审核退(免)税发现疑点,企业应按照主管税务机关的要求接受约谈、提供书面说明情况,填写并报送自查表。

4. 规定了对出口业务存在需要进一步核查疑点的,对所涉及的退(免)税采用暂不办理、提供担保等措施,从而保障国家退税款的安全。

五、《公告》的执行时间

《公告》除已明确执行时间的规定外,其他自 2013 年 4 月 1 日起执行。需要说明的是,由于《公告》规定有一些资料需要通过出口退税申报系统进行填报,因此在出口退税申报系统升级完善之前暂报送纸质资料,待出口退税申报系统升级完成后执行。

国家税务总局关于金融机构销售贵金属增值税有关问题的公告

国家税务总局公告 2013 年第 13 号

现将金融机构销售贵金属产品增值税有关问题公告如下:

一、金融机构从事经其行业主管部门(中国人民银行或中国银行业监督管理委员会)允许的金、银、铂等贵金属交易业务,可比照《国家税务总局关于金融机构开展个人实物黄金交易业务增值税有关问题的通知》(国税发〔2005〕178 号)规定,实行金融机构各省级分行和直属一级分行所在地市级分行、支行按照规定的预征率预缴增值税,省级分行和直属一级分行统一清算缴纳的办法。

经其行业主管部门允许,是指金融机构能够提供行业主管部门批准其从事贵金属交易业务的批复文件,或向行业主管部门报备的备案文件,或行业主管部门未限制其经营贵金属业务的有关证明文件。

二、已认定为增值税一般纳税人的金融机构,开展经其行业主管部门允许的贵金属交易业务时,可根据《增值税专用发票使用规定》(国税发〔2006〕156 号)及相关规定领购、使用增值税专用发票。

本公告自 2013 年 4 月 1 日起施行。

特此公告。

关于《金融机构销售贵金属增值税有关问题的公告》的解读

一、本该公告出台的背景

《国家税务总局关于金融机构开展个人实物黄金交易业务增值税有关问题的通知》(国税发〔2005〕178 号,以下简称"178 号通知")规定,金融机构从事个人实物黄金交易业务,实行金融机构地市级分行、支行按照规定预征率预缴增值税,由省级分行和直属一级分行统一清算缴纳的办法。同时规定,金融机构销售实物黄金,应当向购买方开具增值税普通发票。

随着金融机构经营业务多元化发展,目前金融机构除开展个人实物黄金业务外,经行业主管部门允许,还对外销售银、铂金等贵重金属;除向个人销售黄金、白银等贵金属外,还开展金、银等贵金属的批发业务。

仅对黄金销售业务实行统一清算缴纳的办法,造成同一企业经营不同产品适用不同的征税方式,给企业核算带来困难;不能使用增值税专用发票,限制了金融机构贵金属批发业务的开展。因此,部分地区税务局报来请示,请求对金融机构销售银、铂金等贵重金属的征收管理问题以及开具增值税专用发票问题进行明确。

二、如何理解该公告内容?

为适应新的业务模式,便于金融机构核算管理,方便纳税,本公告明确,金融机构从事经其行业主管部门允许的贵金属交易业务,可比照销售个人实物黄金,实行统一清算缴纳的办法;已认定为增值税一般纳税人的金融机构,可根据《增值税专用发票使用规定》及相关规定领购、使用增值税专用发票。

三、如何确定金融机构从事的是"经其行业主管部门允许的贵金属交易业务"?

为便于纳税人办理和基层税务机关执行,公告明确规定,经其行业主管部门允许,是指金融机构能够提供行业主管部门批准其从事贵金属交易业务的批复文件,或向行业主管部门报备的备案文件,或行业主管部门未限制其经营贵金属业务的有关证明文件,如行业经营许可证等。

财政部 国家税务总局关于享受资源综合利用增值税优惠政策的纳税人执行污染物排放标准有关问题的通知

财税〔2013〕23 号

各省、自治区、直辖市、计划单列市财政厅(局)、国家税务局,新疆生产建设兵团财务局:

为进一步提高资源综合利用增值税优惠政策的实施效果,促进环境保护,现对享受资源综合利用增值税优惠政策的纳税人执行污染物排放标准有关问题明确如下:

一、纳税人享受资源综合利用产品及劳务增值税退税、免税政策的,其污染物排放必须达到相应的污染物排放标准。

资源综合利用产品及劳务增值税退税、免税政策，是指《财政部 国家税务总局关于有机肥产品免征增值税的通知》(财税〔2008〕56 号)、《财政部 国家税务总局关于资源综合利用及其他产品增值税政策的通知》(财税〔2008〕156 号)、《财政部国家税务总局关于调整完善资源综合利用产品及劳务增值税政策的通知》(财税〔2011〕115 号)规定的退税、免税政策。

相应的污染物排放标准，是指污染物排放地的环境保护部门根据纳税人排放污染物的类型，所确定的应予执行的国家或地方污染物排放标准。达到污染物排放标准，是指符合污染物排放标准规定的全部项目。

二、纳税人在办理资源综合利用产品及劳务增值税退税、免税事宜时，应同时提交污染物排放地环境保护部门确定的该纳税人应予执行的污染物排放标准，以及污染物排放地环境保护部门在此前 6 个月以内出具的该纳税人的污染物排放符合上述标准的证明材料。已开展环保核查的行业，应以环境保护部门发布的符合环保法律法规要求的企业名单公告作为证明材料。

三、对未达到相应的污染物排放标准的纳税人，自发生违规排放行为之日起，取消其享受资源综合利用产品及劳务增值税退税、免税政策的资格，且三年内不得再次申请。纳税人自发生违规排放行为之日起已申请并办理退税、免税的，应予追缴。

发生违规排放行为之日，是指已经污染物排放地环境保护部门查证确认的，纳税人发生未达到应予执行的污染物排放标准行为的当日。

四、《财政部 国家税务总局关于资源综合利用及其他产品增值税政策的通知》(财税〔2008〕156 号)第二条所述的污水处理修改为：污水处理是指将污水(包括城镇污水和工业废水)处理后达到《城镇污水处理厂污染物排放标准》(GB 18918—2002)，或达到相应的国家或地方水污染物排放标准中的直接排放限值的业务。

“城镇污水”是指城镇居民生活污水，机关、学校、医院、商业服务机构及各种公共设施排水，以及允许排入城镇污水收集系统的工业废水和初期雨水。

“工业废水”是指工业生产过程中产生的，不允许排入城镇污水收集系统的废水和废液。

本条所述的《城镇污水处理厂污染物排放标准》(GB 18918—2002)如在执行过程中有更新、替换，按最新标准执行。

五、本通知自 2013 年 4 月 1 日起执行，《财政部 国家税务总局关于调整完善资源综合利用产品及劳务增值税政策的通知》(财税〔2011〕115 号)第九条第(三)项相应废止。

《财政部 国家税务总局关于调整完善资源综合利用产品及劳务增值税政策的通知》(财税〔2011〕115 号)第四条、第五条第(一)项的规定在本通知生效之前的执行过程中涉及污染物排放的，按本通知第一条、第二条有关规定执行。

财政部 国家税务总局关于成都双流等 3 个机场民航国际航班使用保税航空燃油有关税收政策的通知

财税〔2013〕1 号

四川省、厦门市、河南省财政厅(局)、国家税务局：

我们收到中国民用航空局来函，要求明确成都双流等 3 个机场民航国际航班使用进口保税航空燃油有关税收政策问题。经研究，现将有关事项通知如下：

一、从 2013 年 2 月 1 日起，中国航空油料有限责任公司在成都双流、厦门高崎和郑州新郑机场设立的航空油料保税仓库，在海关批准的保税仓库有效期内，应以不含增值税的价格向民航国际航班销售进口保税的航空燃油。

二、对中国航空油料有限责任公司所属的上述保税仓库，按照上述规定向民航国际航班销售进口保税的航空燃油取得的收入，免征增值税。

国家税务总局关于旅店业和饮食业纳税人销售非现场消费食品增值税有关问题的公告

国家税务总局公告 2013 年第 17 号

现将旅店业和饮食业纳税人销售非现场消费食品增值税有关问题公告如下：

旅店业和饮食业纳税人销售非现场消费的食品，属于不经常发生增值税应税行为，根据《中华人民共和国增值税暂行条例实施细则》（财政部 国家税务总局令第 50 号）第二十九条的规定，可以选择按小规模纳税人缴纳增值税。

本公告自 2013 年 5 月 1 日起施行。

特此公告。

关于《旅店业和饮食业纳税人销售非现场消费食品增值税有关问题的公告》的解读

《国家税务总局关于旅店业和饮食业纳税人销售食品有关税收问题的公告》（2011 年第 62 号公告）下发以后，由于对《增值税暂行条例实施细则》第 29 条的规定理解不同，各地执行不尽一致。

本公告是对 62 号公告的进一步明确，旅店业和饮食业纳税人的主业为提供住宿、饮食服务，其销售非现场消费的食品，属于不经常发生增值税应税行为，可以按照《增值税暂行条例实施细则》第 29 条的规定，选择按小规模纳税人缴纳增值税。

国家税务总局关于营业税改征增值税总分机构试点纳税人增值税纳税申报有关事项的公告

国家税务总局公告 2013 年第 22 号

根据《财政部 国家税务总局关于印发〈总分机构试点纳税人增值税计算缴纳暂行办法〉的通知》（财税〔2012〕84 号）、《国家税务总局关于北京等 8 省市营业税改征增值税试点增值税纳税申报有关事项的公告》（国家税务总局公告 2012 年第 43 号）有关规定，现将营业税改征增值税试点期间总分机构试点纳税人增值税纳税申报有关事项公告如下：

一、经财政部和国家税务总局批准，适用财税〔2012〕84 号文件，计算缴纳增值税的总机构试点纳税人（以下简称总机构）及其试点地区分支机构，应按照本公告规定进行增值税纳税申报。

二、关于总机构纳税申报事项

（一）总机构按规定汇总计算的总机构及其分支机构应征增值税销售额、销项税额、进项税额，填报在《增值税纳税申报表（适用于增值税一般纳税人）》（以下简称申报表主表）及附列资料对应栏次。

（二）按规定可以从总机构汇总计算的增值税应纳税额中抵减的分支机构已纳增值税税额、营业税税额，总机构汇总后填报在申报表主表第 28 栏“分次预缴税额”中。当期不足抵减部分，可结转下期继续抵减，即：当期分支机构已纳增值税税额、营业税税额大于总机构汇总计算的增值税应纳税额时，在第 28 栏“分次预缴税额”中只填报可抵减部分。

（三）总机构应设立相应台账，记录税款抵减情况，以备查阅。

三、关于试点地区分支机构纳税申报事项

（一）试点地区分支机构将按预征率计算缴纳增值税的销售额填报在申报表主表第5栏“按简易征收办法征税销售额”中，按预征率计算的增值税应纳税额填报在申报表主表第21栏“简易征收办法计算的应纳税额”中。

（二）调整《增值税纳税申报表附列资料（一）》（附件）内容，在“简易计税方法征税”栏目中增设“预征率%”栏，用于试点地区分支机构预征增值税销售额、应纳税额的填报。

（三）试点地区分支机构销售货物和提供加工修理修配劳务，按增值税暂行条例及相关规定就地申报缴纳增值税的销售额、销项税额，按原有关规定填报在申报表主表及附列资料对应栏次。

（四）试点地区分支机构抄报税、认证等事项仍按现行规定执行。当期进项税额应填报在申报表主表及附列资料对应栏次，其中由总机构汇总的进项税额，需在《增值税纳税申报表附列资料（二）》第17栏“简易计税方法征税项目用”中填报转出。

四、各地税务机关应做好总分机构试点纳税人增值税纳税申报的宣传和辅导工作。

五、本公告自2013年6月1日起施行。调整后的《增值税纳税申报表附列资料（一）》同时适用于营业税改征增值税试点地区增值税一般纳税人，国家税务总局公告2012年第43号附件1中的《增值税纳税申报表附列资料（一）》同时废止。

特此公告。

附件：增值税纳税申报表附列资料（一）（略）

关于《营业税改征增值税总分机构试点纳税人增值税纳税申报有关事项的公告》的解读

为配合《国家税务总局关于发布〈营业税改征增值税试点期间航空运输企业增值税征收管理暂行办法〉的公告》（2013年第7号）的实施，解决总分机构纳税申报有关问题，我们发布了《国家税务总局关于营业税改征增值税总分机构试点纳税人增值税纳税申报有关事项的公告》（以下简称“公告”），现将“公告”解读如下：

一、“公告”制定的背景和目的

为解决营业税改征增值税（以下简称营改增）试点期间总分机构试点纳税人缴纳增值税问题，财政部、国家税务总局相继印发《总分机构试点纳税人增值税计算缴纳暂行办法》（财税〔2012〕84号）、《关于部分航空公司执行总分机构试点纳税人增值税计算缴纳暂行办法的通知》（财税〔2013〕9号）、《营业税改征增值税试点期间航空运输企业增值税征收管理暂行办法》（税务总局公告2013年第7号），就总分机构试点纳税人汇总缴纳增值税作出制度安排。但在纳税申报环节，尚缺乏相关统一规定，各地在预征、汇总申报的执行中，申报表填写口径不一致，数据统计不准确，有必要予以统一和规范。

二、“公告”的适用范围

本“公告”适用于经财政部和国家税务总局批准，按照《总分机构试点纳税人增值税计算缴纳暂行办法》（财税〔2012〕84号）规定，计算缴纳增值税的总机构试点纳税人（以下简称总机构）及其试点地区分支机构。

三、“公告”的主要内容

（一）总机构申报事项。一是总机构按规定汇总计算的总机构及其分支机构应征增值税销售额、销项税额、进项税额，填报在《增值税纳税申报表（适用于增值税一般纳税人）》（以下简称申报表主表）及其附列资料对应栏次。二是按规定可以从总机构汇总计算的增值税应纳税额中抵减的分支机构已纳增值税税额、营业税税额，总机构汇总后填报在申报表主表第28栏“分次预缴税款”中。当期不足抵减部分，可结转下期继续抵减，即：当期分支机构已纳增值税税额、营业税税额大于总机构汇总计算的增值税应纳税额时，在第28栏“分次预缴税款”中只填报可抵减部分。三是总机构应设立相应台账，记录税款抵减情况备查。

（二）试点地区分支机构申报事项。一是试点地区分支机构将按预征率计算缴纳增值税的销售额填报在申报表主表第5栏“按简易征收办法征税销售额”中，按预征率计算的增值税应纳税额填报在申报表主表第21栏“简易征收办法计算的应纳税额”中。二是《增值税纳税申报表附列资料（一）》（附件）“简易计税方法征税”栏目中增设“预征率 %”栏，用于试点地区分支机构预征增值税销售额、应纳税额的填报。三是试点地区分支机构销售货物和提供加工修理修配劳务，按增值税暂行条例及相关规定就地申报缴纳增值税的销售额、销项税额，按原有关规定填报在申报表主表及附列资料对应栏次。四是试点地区分支机构抄报税、认证等事项仍按现规定执行。当期进项税额正常填报在申报表主表及附列资料对应栏次，其中由总机构汇总的进项税额，需在《增值税纳税申报表附列资料（二）》第 17 栏“简易计税方法征税项目用”中填报转出。

国家税务总局关于油气田企业开发煤层气页岩气增值税有关问题的公告

国家税务总局公告 2013 年第 27 号

现将油气田企业开发煤层气、页岩气增值税有关问题公告如下：

油气田企业从事煤层气、页岩气生产，以及为生产煤层气、页岩气提供生产性劳务，按照《油气田企业增值税管理办法》（财税〔2009〕8 号文件印发）缴纳增值税。

本公告自 2013 年 7 月 1 日起施行。

特此公告。

关于《油气田企业开发煤层气、页岩气增值税有关问题的公告》的解读

2009 年，根据国务院批准的增值税转型改革方案和石油天然气企业增值税政策，财政部和国家税务总局对原有的油气田企业增值税政策进行了修订，并联合下发了《油气田企业增值税管理办法》。《管理办法》延续了 2000 年以来对油气田企业生产性劳务按照 17%征收增值税的政策规定，并重新规范了油气田企业增值税缴纳办法。

《管理办法》规定的适用范围为从事原油、天然气生产的油气田企业，油气田企业开发煤层气、页岩气则属于一种新兴的业务，是否可以适用《管理办法》尚不明确。

煤层气和页岩气分别储存在煤层和泥页岩中，主要成分为甲烷，是一种优质高效的清洁能源。其主要成分和热值与开发自油田、天然气田的常规天然气相同，属于非常规的天然气资源。油气田企业开发煤层气、页岩气，应与开发石油、天然气同样适用于《管理办法》。因此，《国家税务总局关于油气田企业开发煤层气、页岩气增值税有关问题的公告》明确，油气田企业从事煤层气、页岩气生产，以及为生产煤层气、页岩气提供生产性劳务，按照《油气田企业增值税管理办法》（财税〔2009〕8 号印发）缴纳增值税。

国家税务总局关于出口企业申报出口货物退（免）税提供收汇资料有关问题的公告

国家税务总局公告 2013 年第 30 号

为了准确计算、审核办理出口退（免）税，核实出口业务的真实性，防范骗取出口退税违法行为的发生，根据《国务院关于调低出口退税率加强出口退税管理的通知》（国发明电〔1995〕3 号）、《国家外汇管理局海关总署国家税务总局关于货物贸易外汇管理制度改革的公告》（国家外汇管理局公告 2012 年第 1 号）的有关规定，现将出口企业申报出口货物退（免）税提供收汇资料的有关问题公告如下：

一、出口企业申报退(免)税的出口货物,须在退(免)税申报期截止之日内收汇(跨境贸易人民币结算的为收取人民币,下同),并按本公告的规定提供收汇资料;未在退(免)税申报期截止之日内收汇的出口货物,除本公告第五条所列不能收汇或不能在出口货物退(免)税申报期的截止之日内收汇的出口货物外,适用增值税免税政策。

二、有下列情形之一的出口企业,在申报退(免)税时,对已收汇的出口货物,应填报《出口货物收汇申报表》(附件1),并提供该货物银行结汇水单等出口收汇凭证(跨境贸易人民币结算的为收取人民币的收款凭证,原件和盖有企业公章的复印件,下同);对暂未收汇的出口货物,生产企业应在《生产企业出口货物免、抵、退税申报明细表》的"单证不齐标志"栏(第20栏)中填写"W",暂不参与免抵退税计算,待收汇并填报《出口货物收汇申报表》后,方可参与免抵退税计算;对不能收汇或不能在出口货物退(免)税申报期的截止之日内收汇的属于本公告第五条所列的出口货物,按本公告第五条的规定办理:

(一)被外汇管理部门列为B、C类企业的;

(二)被外汇管理部门列为重点监测企业的;

(三)被人民银行列为跨境贸易人民币重点监管企业的;

(四)被海关列为C、D类企业的;

(五)被税务机关评定为D级纳税信用等级的;

(六)因虚开增值税专用发票或其他增值税扣税凭证、增值税偷税、骗取国家出口退税款等原因,被税务机关给予行政处罚的;

(七)因违反进、出口管理,收、付汇管理等方面的规定,被海关、外汇管理、人民银行、商务等部门给予行政处罚的;

(八)向主管税务机关申报的不能收汇的原因为虚假的;

(九)向主管税务机关提供的出口货物收汇凭证是冒用的。

前款第(一)至第(五)项情形的执行时间(以申报退(免)税时间为准,本款下同)为主管税务机关通知之日起至情形存续期结束;前款第(六)至第(九)项情形的执行时间为主管税务机关通知之日起24个月内;出口企业并存上述若干情形的,执行时间的截止时间为情形中的最晚截止时间。

三、自2014年5月1日起,出口企业上一年度收汇率低于70%(外汇管理局、人民银行提供的企业上一年度出口收汇金额,加上企业申报并经主管税务机关审核确认的不能收汇金额合计,占企业申报退(免)税的上一年度出口货物出口额的比例)的,该出口企业当年5月至次年4月申报的退(免)税,按本公告第二条的规定执行。

四、本公告第二条、第三条所列出口企业以外的其他出口企业申报的出口货物退(免)税,可不提供出口收汇凭证,本条第二款规定的情形除外;对不能收汇或不能在出口货物退(免)税申报期的截止之日内收汇的属于本公告第五条所列的货物,按本公告第五条的规定办理。

主管税务机关在出口退(免)税审核中,发现前款出口企业申报退(免)税的出口货物存在需要进一步核实出口业务真实性的,出口企业在接到主管税务机关通知后,应填报《生产企业出口业务自查表》或《外贸企业出口业务自查表》、《出口货物收汇申报表》或《出口货物不能收汇申报表》(附件2)及相关证明材料。主管税务机关对企业报送的申报表和相关资料,按有关规定核查无误后,方可办理该笔出口货物退(免)税。

五、出口货物由于本公告附件3所列原因,不能收汇或不能在出口货物退(免)税申报期的截止之日内收汇的,如按会计制度规定须冲减出口销售收入的,在冲减销售收入后,属于本公告第二条所列出口企业应在申报退(免)税时,属于本公告第四条所列出口企业应在退(免)税申报期截止之日内,向主管税务机关报送《出口货物不能收汇申报表》,提供附件3所列原因对应的有关证明材料,经主管税务机关审核确认后,可视同收汇处理。

六、合同约定全部收汇的最终日期在出口退(免)税申报期限截止之日后的,出口企业应在合同约定最终收汇日期次月的增值税纳税申报期内,向主管税务机关提供收汇凭证,不能提供的,对应的出口货物适用增值税免税政策。

七、本公告规定的适用增值税免税政策的出口货物,出口企业应在退(免)税申报期截止之日的次月或在确定免税的次月的增值税纳税申报期,按规定向主管税务机关申报免税,前期已申报退(免)税的,出口企业应用负数申报冲减原退(免)税申报数据,并按现行会计制度的有关规定进行相应调整,出口企业当期免抵退税额(外贸企业为退税额,本条下同)不足冲减的,应补缴差额部分的税款。出口企业如果未按上述规定申报冲减的,一经主管税务机关发现,除按规定补缴已办理的免抵退税额,对出口货物增值税实行免税或征税外,还应接受主管税务机关按《中华人民共和国税收征收管理法》做出的处罚。

八、主管税务机关发现出口企业申报出口货物退(免)税提供的收汇资料存在以下情形的,除按《中华人民共和国税收征收管理法》相应的规定处罚外,相应的出口货物适用增值税征税政策,属于偷骗税的,由稽查部门查处:

(一)不能收汇的原因或证明材料为虚假的;

(二)收汇凭证是冒用的。

九、主管税务机关发现出口企业出口货物的收汇情况存在非进口商付汇等疑点的,对该笔收汇对应的出口货物暂不办理出口退(免)税;已办理退(免)税的,主管税务机关可按照所涉及的退税额对该企业其他已审核通过的等额的应退税款暂缓办理出口退(免)税,无其他应退税款或应退税款小于所涉及退税额的,可由出口企业提供差额部分的担保。待税务机关核实排除相应疑点后,方可办理退(免)税或解除担保。

十、省级国家税务局应设立评估指标、预警值,按照人民银行、外汇管理局提供的出口收汇数据,对出口企业的货物流、资金流进行定期评估、预警,凡发现出口企业申报退(免)税的出口货物结汇数据异常的,应进行核查,发现违规的,应按相应规定处理;属于偷骗税的,由稽查部门查处。

十一、本公告的出口货物,不包括《财政部国家税务总局关于出口货物劳务增值税和消费税政策的通知》(财税〔2012〕39 号)第一条第(二)项(第 2 目除外)、第(三)项所列的视同出口货物以及易货贸易出口货物、委托出口货物,暂不包括边境小额贸易出口货物;本公告的出口企业,不包括委托出口的企业。

十二、本公告自 2013 年 8 月 1 日起执行。

特此公告。

附件:1. 出口货物收汇申报表(略)

2. 出口货物不能收汇申报表(略)

3. 出口货物不能收汇的原因及证明材料(略)

关于《出口企业申报出口货物退(免)税提供收汇资料有关问题的公告》的解读

国家税务总局制定发布了《国家税务总局关于出口企业申报出口货物退(免)税提供收汇资料的公告》(以下简称《公告》),现将《公告》内容解读如下:

一、《公告》制定的背景

从 2012 年 8 月 1 日起,对出口的货物,国家外汇管理部门不再出具出口收汇核销单,为贯彻《国务院关于调低出口退税率加强出口退税管理的通知》(国发明电〔1995〕3 号)中关于结汇与出口退税挂钩的规定,准确计算、审核办理出口退(免)税,核实出口业务的真实性,防范骗取出口退税违法行为的发生,国家税务总局制定了本公告。

二、适用《公告》的出口企业范围

除委托出口的企业之外的出口企业。

三、适用《公告》的货物范围

除适用《财政部 国家税务总局关于出口货物劳务增值税和消费税政策的通知》(财税〔2012〕39 号)第一条第(二)项(第 2 目除外)、第(三)项所列的视同出口货物以及易货贸易出口货物、委托出口货物、边境小额贸易出口货物之外的出口货物。

四、《公告》的主要内容

(一)规定了出口企业申报退(免)税的货物,除由于特殊原因(《公告》附件 3 所列情形)不能收汇的以外,须在退(免)税申报期截止之日内收汇。未在规定期限内收汇的出口货物,适用增值税免税政策,出口企业前期已申报退(免)税的,还应按规定进行冲减或补缴已办理的免抵退税额(外贸企业为退税额)。

(二)列举了 9 类有违规行为的企业以及收汇率低于 70% 的企业,对这些进行重点管理,并规定这些企业在退(免)税申报时须提供出口收汇凭证。若符合《公告》附件3所列不能收汇的情形,应按规定向主管税务机关提供相应的证明材料。重点管理的企业范围和执行期限[以申报退(免)税时间为准]如下:

1.《公告》第二条第(一)项至第(五)项所列的被海关、外汇管理等出口监管部门列为重点管理的企业。执行期限为主管税务机关通知之日起至情形存续期结束。

2.《公告》第二条第(六)项至第(九)项所列的企业。执行期限为主管税务机关通知之日起的24个月内。

3. 一个自然年度收汇率低于70%的企业。执行期限为主管税务机关确定年度收汇率的当年5月至次年4月。

4. 出口企业并存《公告》第二条若干情形的,执行期限的截止时间为情形中的最晚截止时间。

(三)规定了非重点管理企业申报出口货物退(免)税时可不提供收汇凭证,如果主管税务机关在出口退税审核时发现企业申报退(免)税的出口货物需要核实出口业务真实性的,企业应按规定报送收汇的相关资料,经税务机关排除相关疑点后,方能办理退(免)税。

(四)规定了若出口合同约定全部收汇的最终日期在出口退(免)税申报期限截止之日后的,出口企业应在出口合同约定的最终收汇日期次月的增值税纳税申报期内,向主管税务机关提供收汇凭证,不能提供的,相对应的出口货物适用增值税免税政策。

(五)规定了主管税务机关如果发现出口企业申报退(免)税时所附送的收汇资料存在"不能收汇的原因或证明材料为虚假"、"收汇凭证是冒用的"情形的,除按《中华人民共和国税收征收管理法》相应的规定处罚外,相应的出口货物适用增值税征税政策,若属于偷骗税的,应由稽查部门查处。

(六)规定了税务机关对出口企业出口货物收汇情况审核时,发现疑点的处理方式。

五、《公告》的执行时间

自2013年8月1日起执行。

国家税务总局 海关总署关于实行海关进口增值税专用缴款书"先比对后抵扣"管理办法有关问题的公告

国家税务总局 海关总署公告2013年第31号

为了进一步加强海关进口增值税专用缴款书(以下简称海关缴款书)的增值税抵扣管理,税务总局、海关总署决定将前期在广东等地试行的海关缴款书"先比对后抵扣"管理办法,在全国范围推广实行。现将有关事项公告如下:

一、自2013年7月1日起,增值税一般纳税人(以下简称纳税人)进口货物取得的属于增值税扣税范围的海关缴款书,需经税务机关稽核比对相符后,其增值税额方能作为进项税额在销项税额中抵扣。

二、纳税人进口货物取得的属于增值税扣税范围的海关缴款书,应按照《国家税务总局关于调整增值税扣税凭证抵扣期限有关问题的通知》(国税函〔2009〕617号)规定,自开具之日起180天内向主管税务机关报送《海关完税凭证抵扣清单》(电子数据),申请稽核比对,逾期未申请的其进项税额不予抵扣。

三、税务机关通过稽核系统将纳税人申请稽核的海关缴款书数据,按日与进口增值税入库数据进行稽核比对,每个月为一个稽核期。海关缴款书开具当月申请稽核的,稽核期为申请稽核的当月、次月及第三个月。海关缴款书开具次月申请稽核的,稽核期为申请稽核的当月及次月。海关缴款书开具次月以后申请稽核的,稽核期为申请稽核的当月。

四、稽核比对的结果分为相符、不符、滞留、缺联、重号五种。

相符,是指纳税人申请稽核的海关缴款书,其号码与海关已核销的海关缴款书号码一致,并且比对的相关数据也均相同。

不符,是指纳税人申请稽核的海关缴款书,其号码与海关已核销的海关缴款书号码一致,但比对的相关数据有一项或多项不同。

滞留,是指纳税人申请稽核的海关缴款书,在规定的稽核期内系统中暂无相对应的海关已核销海关缴款书号码,留待下期继续比对。

缺联,是指纳税人申请稽核的海关缴款书,在规定的稽核期结束时系统中仍无相对应的海关已核销海关缴款书号码。

重号,是指两个或两个以上的纳税人申请稽核同一份海关缴款书,并且比对的相关数据与海关已核销海关缴款书数据相同。

五、税务机关于每月纳税申报期内,向纳税人提供上月稽核比对结果,纳税人应向主管税务机关查询稽核比对结果信息。

对稽核比对结果为相符的海关缴款书,纳税人应在税务机关提供稽核比对结果的当月纳税申报期内申报抵扣,逾期的其进项税额不予抵扣。

六、稽核比对结果异常的处理

稽核比对结果异常,是指稽核比对结果为不符、缺联、重号、滞留。

(一)对于稽核比对结果为不符、缺联的海关缴款书,纳税人应于产生稽核结果的180日内,持海关缴款书原件向主管税务机关申请数据修改或者核对,逾期的其进项税额不予抵扣。属于纳税人数据采集错误的,数据修改后再次进行稽核比对;不属于数据采集错误的,纳税人可向主管税务机关申请数据核对,主管税务机关会同海关进行核查。经核查,海关缴款书票面信息与纳税人实际进口货物业务一致的,纳税人应在收到主管税务机关书面通知的次月申报期内申报抵扣,逾期的其进项税额不予抵扣。

(二)对于稽核比对结果为重号的海关缴款书,由主管税务机关进行核查。经核查,海关缴款书票面信息与纳税人实际进口货物业务一致的,纳税人应在收到税务机关书面通知的次月申报期内申报抵扣,逾期的其进项税额不予抵扣。

(三)对于稽核比对结果为滞留的海关缴款书,可继续参与稽核比对,纳税人不需申请数据核对。

七、纳税人应在“应交税金”科目下设“待抵扣进项税额”明细科目,用于核算已申请稽核但尚未取得稽核相符结果的海关缴款书进项税额。纳税人取得海关缴款书后,应借记“应交税金—待抵扣进项税额”明细科目,贷记相关科目;稽核比对相符以及核查后允许抵扣的,应借记“应交税金—应交增值税(进项税额)”专栏,贷记“应交税金—待抵扣进项税额”科目。经核查不得抵扣的进项税额,红字借记“应交税金—待抵扣进项税额”,红字贷记相关科目。

八、增值税纳税申报表及税务机关“一窗式”比对项目的调整

(一)自2013年7月1日起,纳税人已申请稽核但尚未取得稽核相符结果的海关缴款书进项税额填入《增值税纳税申报表》(一般纳税人适用)附表二“待抵扣进项税额”中的“海关进口增值税专用缴款书”栏。

(二)自2013年8月1日起,海关缴款书“一窗式”比对项目调整为:核对《增值税纳税申报表》(一般纳税人适用)附表二第5栏税额是否等于或小于稽核系统比对相符和核查后允许抵扣的海关缴款书税额。

九、本公告自2013年7月1日起施行,《国家税务总局关于加强海关进口增值税专用缴款书和废旧物资发票管理有关问题的通知》(国税函〔2004〕128号)、《国家税务总局关于部分地区试行海关进口增值税专用缴款书“先比对后抵扣”管理办法的通知》(国税函〔2009〕83号)、《国家税务总局关于部分地区试行海关进口增值税专用缴款书“先比对后抵扣”管理办法有关问题的通知》(国税函〔2011〕196号)同时废止。

特此公告。

关于《实行海关进口增值税专用缴款书“先比对后抵扣”管理办法有关问题的公告》的解读

一、下发本公告的背景

自2004年起实行的海关进口增值税专用缴款书(以下简称海关缴款书)“先抵扣后比对”管理办法,有力打击了利用虚假海关缴款书骗抵税款的违法活动。但近年来,不法分子利用海关缴款书“先抵扣后比对”管理的时间差,使用虚假海关缴款书骗抵税款的案件时有发生。为堵塞税收管理漏洞,税务总局与海关总署自2009年4月起在河北、河南、广东、深圳等四省市试行了海关缴款书“先比对后抵扣”管理办法。试点以来,成效明显。税务总局与海关总署决定自2013年7月1日起在全国推行。

二、海关缴款书“先比对后抵扣”管理办法的主要内容

自 2013 年 7 月 1 日起，增值税一般纳税人(以下简称纳税人)进口货物取得的属于增值税扣税范围的海关缴款书，需经税务机关稽核比对相符后，其增值税额方能作为进项税额在销项税额中抵扣。

三、海关缴款书的抵扣期限规定

纳税人进口货物取得的属于增值税抵扣范围的缴款书，应按照《国家税务总局关于调整增值税扣税凭证抵扣期限有关问题的通知》(国税函〔2009〕617 号)规定，自开具之日起 180 天内向主管税务机关报送《海关完税凭证抵扣清单》(电子数据)申请稽核比对，逾期未申请的其进项税额不予抵扣。

四、海关缴款书稽核比对的流程和稽核比对结果分类

税务机关通过稽核系统将纳税人申请稽核的海关缴款书数据，按日与进口增值税入库数据进行稽核比对，每个月为一个稽核期。海关缴款书开具当月申请稽核的，稽核期为申请稽核的当月、次月及第三个月。海关缴款书开具次月申请稽核的，稽核期为申请稽核的当月及次月。海关缴款书开具次月以后申请稽核的，稽核期为申请稽核的当月。

稽核比对结果分为相符、不符、滞留、缺联、重号五种。

相符，是指纳税人申请稽核的海关缴款书，其号码与海关已核销的海关缴款书号码一致，并且比对的相关数据也均相同。

不符，是指纳税人申请稽核的海关缴款书，其号码与海关已核销的海关缴款书号码一致，但比对的相关数据有一项或多项不同。

滞留，是指纳税人申请稽核的海关缴款书，在规定的稽核期内系统中暂无相对应的海关已核销海关缴款书号码，留待下期继续比对。

缺联，是指纳税人申请稽核的海关缴款书，在规定的稽核期结束时系统中仍无相对应的海关已核销海关缴款书号码。

重号，是指两个或两个以上的纳税人申请稽核同一份海关缴款书，并且比对的相关数据与海关已核销海关缴款书数据相同。

五、纳税人取得稽核比对结果的时间和申报抵扣的期限规定

税务机关于每月纳税申报期内，向纳税人提供上月稽核比对结果，纳税人应向主管税务机关查询稽核比对结果信息。

对稽核比对结果为相符的海关缴款书，纳税人应在税务机关提供稽核结果的当月纳税申报期内申报抵扣，逾期的其进项税额不予抵扣。

六、稽核比对结果异常的处理

稽核比对结果异常，是指稽核比对结果为不符、缺联、重号、滞留。

(一)对于稽核比对结果为不符、缺联的海关缴款书，纳税人应于产生稽核结果的 180 日内，持海关缴款书原件向主管税务机关申请数据修改或者核对，逾期的其进项税额不予抵扣。属于纳税人数据采集错误的，数据修改后再次进行稽核比对；不属于数据采集错误的，纳税人可向主管税务机关申请数据核对，主管税务机关会同海关组织核查。经核查，海关缴款书票面信息与纳税人实际进口货物业务一致的，纳税人应在收到主管税务机关书面通知的次月申报期内申报抵扣，逾期的其进项税额不予抵扣。

(二)对于稽核比对结果为重号的海关缴款书，由主管税务机关会同海关组织核查。经核查，海关缴款书票面信息与纳税人实际进口货物业务一致的，纳税人应在收到税务机关书面通知的次月申报期内申报抵扣，逾期的其进项税额不予抵扣。

(三)对于稽核比对结果为滞留的海关缴款书，可继续参与稽核比对，纳税人不需申请数据核对。

七、相应的会计处理

纳税人应在“应交税金”科目下设“待抵扣进项税额”明细科目，用于核算已申请稽核但尚未取得稽核相符结果的海关缴款书进项税额。纳税人取得海关缴款书后，应借记“应交税金—待抵扣进项税额”明细科目，贷记相关科目；稽核比对相符以及核查后允许抵扣的，应借记“应交税金—应交增值税(进项税额)”专栏，贷记“应交税金—待抵扣进项税额”科目。经核查不得抵扣的进项税额，红字借记“应交税金—待抵扣进项税额”，红字贷记相关科目。

八、增值税纳税申报表及税务机关“一窗式”比对项目的调整

(一)自 2013 年 7 月 1 日起，纳税人已申请稽核但尚未取得稽核相符结果的海关缴款书进项税额填入

《增值税纳税申报表》(一般纳税人适用)附表二"待抵扣进项税额"中的"海关进口增值税专用缴款书"栏。

(二)自 2013 年 8 月 1 日起,海关缴款书"一窗式"比对项目调整为:核对《增值税纳税申报表》(一般纳税人适用)附表二第 5 栏税额是否等于或小于稽核系统比对相符和核查后允许抵扣的海关缴款书进项税额。

国家税务总局关于调整增值税纳税申报有关事项的公告

国家税务总局公告 2013 年第 32 号

根据《中华人民共和国增值税暂行条例》及其实施细则、《财政部 国家税务总局关于在全国开展交通运输业和部分现代服务业营业税改征增值税试点税收政策的通知》(财税〔2013〕37 号),国家税务总局对增值税纳税申报有关事项进行了调整,现公告如下:

一、中华人民共和国境内增值税纳税人均应按照本公告的规定进行增值税纳税申报。

二、纳税申报资料

纳税申报资料包括纳税申报表及其附列资料和纳税申报其他资料。

(一)纳税申报表及其附列资料

1. 增值税一般纳税人(以下简称一般纳税人)纳税申报表及其附列资料包括:

(1)《增值税纳税申报表(一般纳税人适用)》。

(2)《增值税纳税申报表附列资料(一)》(本期销售情况明细)。

(3)《增值税纳税申报表附列资料(二)》(本期进项税额明细)。

(4)《增值税纳税申报表附列资料(三)》(应税服务扣除项目明细)。

一般纳税人提供应税服务,在确定应税服务销售额时,按照有关规定可以从取得的全部价款和价外费用中扣除价款的,需填报《增值税纳税申报表附列资料(三)》。其他情况不填写该附列资料。

(5)《增值税纳税申报表附列资料(四)》(税收抵减情况表)。

(6)《固定资产进项税额抵扣情况表》。

2. 增值税小规模纳税人(以下简称小规模纳税人)纳税申报表及其附列资料包括:

(1)《增值税纳税申报表(小规模纳税人适用)》。

(2)《增值税纳税申报表(小规模纳税人适用)附列资料》。

小规模纳税人提供应税服务,在确定应税服务销售额时,按照有关规定可以从取得的全部价款和价外费用中扣除价款的,需填报《增值税纳税申报表(小规模纳税人适用)附列资料》。其他情况不填写该附列资料。

3. 上述纳税申报表及其附列资料表样和填写说明详见附件。

(二)纳税申报其他资料

1. 已开具的税控"机动车销售统一发票"和普通发票的存根联。

2. 符合抵扣条件且在本期申报抵扣的防伪税控"增值税专用发票"、"货物运输业增值税专用发票"、税控"机动车销售统一发票"的抵扣联。

按规定仍可以抵扣且在本期申报抵扣的"公路、内河货物运输业统一发票"的抵扣联。

3. 符合抵扣条件且在本期申报抵扣的海关进口增值税专用缴款书、购进农产品取得的普通发票、铁路运输费用结算单据的复印件。

按规定仍可以抵扣且在本期申报抵扣的其他运输费用结算单据的复印件。

4. 符合抵扣条件且在本期申报抵扣的中华人民共和国税收缴款凭证及其清单,书面合同、付款证明和境外单位的对账单或者发票。

5. 已开具的农产品收购凭证的存根联或报查联。

6. 纳税人提供应税服务,在确定应税服务销售额时,按照有关规定从取得的全部价款和价外费用中扣除价款的合法凭证及其清单。

7. 主管税务机关规定的其他资料。

（三）纳税申报表及其附列资料为必报资料。纳税申报其他资料的报备要求由各省、自治区、直辖市和计划单列市国家税务局确定。

三、主管税务机关应做好增值税纳税申报的宣传和辅导工作。

四、本公告自2013年9月1日起施行。《国家税务总局关于调整增值税纳税申报有关事项的公告》（国家税务总局公告2011年第66号）、《国家税务总局关于北京等8省市营业税改征增值税试点增值税纳税申报有关事项的公告》（国家税务总局公告2012年第43号）同时废止。

特此公告。

附件：1.《增值税纳税申报表（一般纳税人适用）》及其附列资料（略）

2.《增值税纳税申报表（一般纳税人适用）》及其附列资料填写说明（略）

3.《增值税纳税申报表（小规模纳税人适用）》及其附列资料（略）

4.《增值税纳税申报表（小规模纳税人适用）》及其附列资料填写说明（略）

关于《调整增值税纳税申报有关事项的公告》的解读

为配合扩大营业税改征增值税试点工作，进一步规范增值税纳税申报，根据《财政部 国家税务总局关于在全国开展交通运输业和部分现代服务业营业税改征增值税试点税收政策的通知》（财税〔2013〕37号）有关规定，结合前期试点经验，税务总局对增值税纳税申报有关事项进行了调整，发布《国家税务总局关于调整增值税纳税申报有关事项的公告》（以下简称“公告”），现将“公告”解读如下：

一、公告制定的背景和目的

按照国务院部署，自2013年8月1日起，交通运输业和部分现代服务业营业税改征增值税（以下称“营改增”）试点将在全国范围内推开。除先期试点地区外，其他地区目前所使用的增值税纳税申报表及附列资料已不能够满足营改增后增值税管理的需要。因此，税务总局根据扩大营改增试点相关政策规定，结合先期试点地区经验，对增值税纳税申报有关事项进行了调整，以满足扩大营改增试点后增值税纳税申报和征收管理的需要。

二、公告的适用范围

自2013年9月申报期起，中华人民共和国境内增值税纳税人均应按照本公告的规定进行增值税纳税申报。

三、公告的主要内容

（一）明确了增值税一般纳税人纳税申报表及其附列资料。具体包括：《增值税纳税申报表（一般纳税人适用）》；《增值税纳税申报表附列资料（一）》（本期销售情况明细）；《增值税纳税申报表附列资料（二）》（本期进项税额明细）；《增值税纳税申报表附列资料（三）》（应税服务扣除项目明细）；《增值税纳税申报表附列资料（四）》（税额抵减情况表）；《固定资产进项税额抵扣情况表》。

（二）明确了增值税小规模纳税人纳税申报表及其附列资料。具体包括：《增值税纳税申报表（小规模纳税人适用）》和《增值税纳税申报表（小规模纳税人适用）附列资料》。

（三）明确了增值税纳税申报其他资料。具体包括：已开具的税控《机动车销售统一发票》和普通发票的存根联；符合抵扣条件且在本期申报抵扣的防伪税控《增值税专用发票》、《货物运输业增值税专用发票》、税控《机动车销售统一发票》、《公路、内河货物运输业统一发票》的抵扣联；符合抵扣条件且在本期申报抵扣的海关进口增值税专用缴款书、购进农产品取得的普通发票、运输费用结算单据的复印件；符合抵扣条件且在本期申报抵扣的代扣代缴增值税税收缴款凭证及其清单，书面合同、付款证明和境外单位的对账单或者发票；已开具的农产品收购凭证的存根联或报查联；应税服务扣除项目的合法凭证及其清单；主管税务机关规定的其他资料。

（四）公告附件分别为增值税一般纳税人和小规模纳税人纳税申报表及其附列资料的格式，以及相应的填表说明。

国家税务总局关于营业税改征增值税试点中文化事业建设费征收有关事项的公告

国家税务总局公告 2013 年第 35 号

根据《财政部 国家税务总局关于在全国开展交通运输业和部分现代服务业营业税改征增值税试点税收政策的通知》(财税〔2013〕37 号)、《财政部 国家税务总局关于营业税改征增值税试点中文化事业建设费征收有关问题的通知》(财综〔2012〕68 号)、《财政部 国家税务总局关于营业税改征增值税试点中文化事业建设费征收有关问题的补充通知》(财综〔2012〕96 号)的规定,现将营业税改征增值税(以下简称营改增)试点中文化事业建设费征收有关事项公告如下:

一、按照财税〔2013〕37 号文件规定,纳入营改增试点范围,适用财综〔2012〕68 号通知,缴纳和扣缴文化事业建设费的单位和个人,应按照《国家税务总局关于营业税改征增值税试点文化事业建设费缴费信息登记有关事项的公告》(国家税务总局公告 2012 年第 50 号)、《国家税务总局关于营业税改征增值税试点文化事业建设费申报有关事项的公告》(国家税务总局公告 2012 年第 51 号)的规定,向主管税务机关申报办理文化事业建设费缴费信息登记和申报缴纳文化事业建设费。

二、营改增试点期间,适用财综〔2012〕96 号文件第三条规定,免征文化事业建设费的个人(包括个体工商户和其他个人),可以不进行文化事业建设费申报。

三、主管税务机关应做好文化事业建设费政策宣传工作。

四、本公告自 2013 年 8 月 1 日起施行。

特此公告。

关于《营业税改征增值税试点中文化事业建设费征收有关事项的公告》的解读

为配合在全国范围内开展的交通运输业和部分现代服务业营改增试点,继续做好营改增文化事业建设费征收管理工作,国家税务总局制定发布《国家税务总局关于营业税改征增值税试点中文化事业建设费征收有关事项的公告》(以下简称公告),现将公告解读如下:

一、公告制定的背景和目的

按照《财政部 国家税务总局关于在全国开展交通运输业和部分现代服务业营业税改征增值税试点税收政策的通知》(财税〔2013〕37 号)要求,自 2013 年 8 月 1 日起,在全国范围内开展交通运输业和部分现代服务业营改增试点。除营改增先期试点地区外,其他试点地区广告业文化事业建设费(以下简称营改增文化事业建设费)将改由国税部门征收,为确保营改增文化事业建设费的平稳征收,有必要对营改增扩大试点后营改增文化事业建设费征收管理的有关事项进行明确。

二、公告的适用范围

本"公告"适用于纳入营业税改征增值税试点范围的文化事业建设费缴纳义务人和扣缴义务人。

三、公告的主要内容

(一)按照财税〔2013〕37 号文件规定,纳入营改增试点范围,适用《财政部 国家税务总局关于营业税改征增值税试点中文化事业建设费征收有关问题的通知》(财综〔2012〕68 号),缴纳和扣缴文化事业建设费的单位和个人,应按照《国家税务总局关于营业税改征增值税试点文化事业建设费缴费信息登记有关事项的公告》(国家税务总局公告 2012 年第 50 号)、《国家税务总局关于营业税改征增值税试点文化事业建设费申报有关事项的公告》(国家税务总局公告 2012 年第 51 号)的规定,向主管税务机关申报办理文化事业建设费缴费信息登记和申报缴纳文化事业建设费。

（二）营改增试点期间，适用财综〔2012〕96 号文件第三条规定，免征文化事业建设费的个人（包括个体工商户和其他个人），可以不进行文化事业建设费申报。

国家税务总局关于在全国开展营业税改征增值税试点有关征收管理问题的公告

国家税务总局公告 2013 年第 39 号

为了贯彻落实《财政部 国家税务总局关于在全国开展交通运输业和部分现代服务业营业税改征增值税试点税收政策的通知》（财税〔2013〕37 号）精神，保障营业税改征增值税（以下简称营改增）改革试点的顺利实施，现将征收管理有关问题公告如下：

一、关于纳税人发票使用问题

（一）自本地区营改增试点实施之日起，增值税纳税人不得开具公路、内河货物运输业统一发票。

增值税一般纳税人（以下简称一般纳税人）提供货物运输服务的，使用货物运输业增值税专用发票（以下简称货运专票）和普通发票；提供货物运输服务之外其他增值税应税项目的，统一使用增值税专用发票（以下简称专用发票）和增值税普通发票。

小规模纳税人提供货物运输服务，服务接受方索取货运专票的，可向主管税务机关申请代开，填写《代开货物运输业增值税专用发票缴纳税款申报单》（附件 1）。代开货运专票按照代开专用发票的有关规定执行。

（二）提供港口码头服务、货运客运场站服务、装卸搬运服务、旅客运输服务的一般纳税人，可以选择使用定额普通发票。

（三）从事国际货物运输代理业务的一般纳税人，应使用六联专用发票或五联增值税普通发票，其中第四联用作购付汇联；从事国际货物运输代理业务的小规模纳税人，应使用普通发票，其中第四联用作购付汇联。

（四）纳税人于本地区试点实施之日前提供改征增值税的营业税应税服务并开具营业税发票后，如发生服务中止、折让、开票有误等情形，且不符合发票作废条件的，应于 2014 年 3 月 31 日前向原主管税务机关申请开具营业税红字发票，不得开具红字专用发票和红字货运专票。需重新开具发票的，应于 2014 年 3 月 31 日前向原主管税务机关申请开具营业税发票，不得开具专用发票或货运专票。

二、关于税控系统使用问题

（一）自本地区营改增试点实施之日起，一般纳税人提供货物运输服务、开具货运专票的，使用货物运输业增值税专用发票税控系统（以下简称货运专票税控系统）；提供货物运输服务之外的其他增值税应税服务、开具专用发票和增值税普通发票的，使用增值税防伪税控系统（以下简称防伪税控系统）。

（二）自 2013 年 8 月 1 日起，一般纳税人从事机动车（旧机动车除外）零售业务开具机动车销售统一发票，应使用机动车销售统一发票税控系统（以下简称机动车发票税控系统）。

（三）试点纳税人使用的防伪税控系统专用设备为金税盘和报税盘，纳税人应当使用金税盘开具发票，使用报税盘领购发票、抄报税；货运专票税控系统和机动车发票税控系统专用设备为税控盘和报税盘，纳税人应当使用税控盘开具发票，使用报税盘领购发票、抄报税。

货运专票税控系统及专用设备管理，按照现行防伪税控系统有关规定执行。各省国税机关可对现有相关文书作适当调整。

（四）北京市小规模纳税人自 2012 年 9 月 1 日起使用金税盘或税控盘开具普通发票，使用报税盘领购发票、抄报税的办法继续执行。

三、关于增值税专用发票（增值税税控系统）最高开票限额审批问题

增值税专用发票（增值税税控系统）实行最高开票限额管理。最高开票限额，是指单份专用发票或货运专票开具的销售额合计数不得达到的上限额度。

最高开票限额由一般纳税人申请，区县税务机关依法审批。一般纳税人申请最高开票限额时，需填报

《增值税专用发票最高开票限额申请单》(附件 2)。主管税务机关受理纳税人申请以后，根据需要进行实地查验。实地查验的范围和方法由各省国税机关确定。

税务机关应根据纳税人实际生产经营和销售情况进行审批，保证纳税人生产经营的正常需要。

四、关于货运专票开具问题

(一)一般纳税人提供应税货物运输服务，使用货运专票；提供其他增值税应税项目、免税项目或非增值税应税项目的，不得使用货运专票。

(二)货运专票中"承运人及纳税人识别号"栏填写提供货物运输服务、开具货运专票的一般纳税人信息；"实际受票方及纳税人识别号"栏填写实际负担运输费用、抵扣进项税额的一般纳税人信息；"费用项目及金额"栏填写应税货物运输服务明细项目及不含增值税的销售额；"合计金额"栏填写应税货物运输服务项目不含增值税的销售额合计；"税率"栏填写增值税税率；"税额"栏填写按照应税货物运输服务项目不含增值税的销售额和适用税率计算得出的增值税额；"价税合计(大写)(小写)"栏填写不含增值税的销售额和增值税额的合计；"机器编号"栏填写货运专票税控系统税控盘编号。

(三)税务机关在代开货运专票时，货运专票税控系统在货运专票左上角自动打印"代开"字样；"税率"栏填写小规模纳税人增值税征收率；"税额"栏填写按照应税货物运输服务项目不含增值税的销售额和小规模纳税人增值税征收率计算得出的增值税额；"备注"栏填写税收完税凭证号码；其他栏次内容与本条第(二)项相同。

(四)提供货物运输服务，开具货运专票后，如发生应税服务中止、折让、开票有误以及发票抵扣联、发票联均无法认证等情形，且不符合发票作废条件，需要开具红字货运专票的，实际受票方或承运人可向主管税务机关填报《开具红字货物运输业增值税专用发票申请单》(附件 3)，经主管税务机关核对并出具《开具红字货物运输业增值税专用发票通知单》(附件 4，以下简称《通知单》)。实际受票方应暂依《通知单》所列增值税税额从当期进项税额中转出，未抵扣增值税进项税额的可列入当期进项税额，待取得承运人开具的红字货运专票后，与留存的《通知单》一并作为记账凭证。认证结果为"无法认证"、"纳税人识别号认证不符"、"发票代码、号码认证不符"以及所购服务不属于增值税扣税项目范围的，不列入进项税额，不作进项税额转出。承运人可凭《通知单》在货运专票税控系统中以销项负数开具红字货运专票。《通知单》暂不通过系统开具，但其他事项按照现行红字专用发票有关规定执行。

五、关于货运专票管理问题

(一)货运专票暂不纳入失控发票快速反应机制管理。

(二)货运专票的认证结果类型包括"认证相符"、"无法认证"、"认证不符"、"密文有误"和"重复认证"等类型(暂无失控发票类型)，稽核结果类型包括"相符"、"不符"、"缺联"、"重号"、"属于作废"和"滞留"等类型。认证、稽核异常货运专票的处理按照专用发票的有关规定执行。

(三)稽核异常的货运专票的核查工作，按照《增值税专用发票审核检查操作规程(试行)》的有关规定执行。

(四)丢失货运专票的处理，按照专用发票的有关规定执行，承运方主管税务机关出具《丢失货物运输业增值税专用发票已报税证明单》(附件 5)。

六、本公告自 2013 年 8 月 1 日起实施，《国家税务总局关于修订〈增值税专用发票使用规定〉的通知》(国税发〔2006〕156 号)第五条、《国家税务总局关于营业税改征增值税试点有关税收征收管理问题的公告》(国家税务总局公告 2011 年第 77 号)、《国家税务总局关于北京等 8 省市营业税改征增值税试点有关税收征收管理问题的公告》(国家税务总局公告 2012 年第 42 号)同时废止。

特此公告。

附件：1. 代开货物运输业增值税专用发票缴纳税款申报单(略)

2. 增值税专用发票最高开票限额申请表(略)

3. 开具红字货物运输业增值税专用发票申请单(略)

4. 开具红字货物运输业增值税专用发票通知单(略)

5. 丢失货物运输业增值税专用发票已报税证明单(略)

关于《在全国开展营业税改征增值税试点有关征收管理问题的公告》的解读

一、下发本公告的背景

经国务院批准，自2013年8月1日起，在全国范围开展交通运输业和部分现代服务业营改增试点。为了贯彻落实《财政部 国家税务总局关于在全国开展交通运输业和部分现代服务业营业税改征增值税试点税收政策的通知》(财税〔2013〕37号，以下简称37号文)精神，保障改革试点的顺利实施，在《国家税务总局关于营业税改征增值税试点有关税收征收管理问题的公告》(2011年第77号)和《国家税务总局关于北京等8省市营业税改征增值税试点有关税收征收管理问题的公告》(2012年第42号)内容基础上，结合37号文有关政策调整规定，起草了本公告。

二、纳税人发票使用规定

(一)自本地区营改增试点实施之日起，增值税纳税人不得开具公路、内河货物运输业统一发票。

增值税一般纳税人(以下简称一般纳税人)提供货物运输服务的，使用货物运输业增值税专用发票(以下简称货运专票)和普通发票；提供货物运输服务之外其他增值税应税项目的，统一使用增值税专用发票(以下简称专用发票)和增值税普通发票。

小规模纳税人提供货物运输服务，服务接受方索取货运专票的，可向主管税务机关申请代开，填写《代开货物运输业增值税专用发票缴纳税款申报单》。代开货运专票按照代开专用发票的有关规定执行。

(二)提供港口码头服务、货运客运场站服务、装卸搬运服务、旅客运输服务的一般纳税人，可以选择使用定额普通发票。

(三)从事国际货物运输代理业务的一般纳税人，应使用六联专用发票或五联增值税普通发票，其中第四联用作购付汇联；从事国际货物运输代理业务的小规模纳税人，应使用普通发票，其中第四联用作购付汇联。

(四)纳税人于本地区试点实施之日前提供改征增值税的营业税应税服务并开具营业税发票后，如发生服务中止、折让、开票有误等情形，且不符合发票作废条件的，应于2014年3月31日前向原主管税务机关申请开具营业税红字发票，不得开具红字专用发票和红字货运专票。需重新开具发票的，应于2014年3月31日前向原主管税务机关申请开具营业税发票，不得开具专用发票或货运专票。

三、税控系统使用规定

(一)自本地区营改增试点实施之日起，一般纳税人提供货物运输服务、开具货运专票的，使用货物运输业增值税专用发票税控系统(以下简称货运专票税控系统)；提供货物运输服务之外的其他增值税应税服务、开具专用发票和增值税普通发票的，使用增值税防伪税控系统(以下简称防伪税控系统)。

(二)37号文规定：自2013年8月1日起，原增值税一般纳税人自用的应征消费税的摩托车、汽车、游艇，其进项税额准予从销项税额中抵扣。本公告中相应明确，自2013年8月1日起，一般纳税人从事机动车(旧机动车除外)零售业务开具机动车销售统一发票，应使用机动车销售统一发票税控系统(以下简称机动车发票税控系统)。

(三)试点纳税人使用的防伪税控系统专用设备为金税盘和报税盘，纳税人应当使用金税盘开具发票，使用报税盘领购发票、抄报税；货运专票税控系统和机动车发票税控系统专用设备为税控盘和报税盘，纳税人应当使用税控盘开具发票，使用报税盘领购发票、抄报税。

货运专票税控系统及专用设备管理，按照现行防伪税控系统有关规定执行。各省国税机关可对现有相关文书作适当调整。

(四)北京市小规模纳税人自2012年9月1日起使用金税盘或税控盘开具普通发票，使用报税盘领购发票、抄报税的办法继续执行。

四、关于增值税专用发票(增值税税控系统)最高开票限额审批

增值税专用发票(增值税税控系统)实行最高开票限额管理。最高开票限额，是指单份专用发票或货运专用发票开具的销售额合计数不得达到的上限额度。最高开票限额由一般纳税人申请，区县税务机关依法审批。

针对前期部分试点地区反映，增值税专用发票(增值税税控系统)最高开票限额审批中实地核查工作量大、影响办税效率以及部分税务机关审批过严、影响纳税人发票使用问题，为进一步做好纳税服务工作，保障试点实施顺利，纳税人发票正常使用，本公告将实地核查的必经程序调整为：主管税务机关受理纳税人申请以后，根据需要进行实地查验。实地查验的范围和方法由各省国税机关确定并报国家税务总局备案。同时明确：税务机关应根据纳税人实际生产经营和销售情况进行审批，保证纳税人生产经营的正常需要。

五、货运专用发票开具规定

（一）一般纳税人提供应税货物运输服务，使用货运专票；提供其他增值税应税项目、免税项目或非增值税应税项目的，不得使用货运专票。

（二）货运专票中"承运人及纳税人识别号"栏填写提供货物运输服务、开具货运专票的一般纳税人信息；"实际受票方及纳税人识别号"栏填写实际负担运输费用、抵扣进项税额的一般纳税人信息；"费用项目及金额"栏填写应税货物运输服务明细项目及不含增值税的销售额；"合计金额"栏填写应税货物运输服务项目不含增值税的销售额合计；"税率"栏填写增值税税率；"税额"栏填写按照应税货物运输服务项目不含增值税的销售额和适用税率计算得出的增值税额；"价税合计(大写)(小写)"栏填写不含增值税的销售额和增值税额的合计；"机器编号"栏填写货运专票税控系统税控盘编号。

（三）37号文规定：原增值税一般纳税人取得的试点小规模纳税人由税务机关代开的增值税专用发票，按增值税专用发票注明的税额抵扣进项税额，取消了前期试点中的过渡政策。本公告相应调整了税务机关代开货运专用发票的有关规定：税务机关在代开货运专用发票时，货物运输业增值税专用发票税控系统在货运专用发票左上角自动打印"代开"字样；"税率"栏填写小规模纳税人增值税征收率；"税额"栏填写按照应税货物运输服务项目不含增值税的销售额和小规模纳税人增值税征收率计算得出的增值税额；"备注"栏填写税收完税凭证号码；其他栏次内容与本条第（二）项相同。

（四）提供货物运输服务，开具货运专票后，如发生应税服务中止、折让、开票有误以及发票抵扣联、发票联均无法认证等情形，且不符合发票作废条件，需要开具红字货运专票的，实际受票方或承运人可向主管税务机关填报《开具红字货物运输业增值税专用发票申请单》，经主管税务机关核对并出具《开具红字货物运输业增值税专用发票通知单》(以下简称《通知单》)。实际受票方应暂依《通知单》所列增值税税额从当期进项税额中转出，未抵扣增值税进项税额的可列入当期进项税额，待取得承运人开具的红字货运专票后，与留存的《通知单》一并作为记账凭证。认证结果为"无法认证"、"纳税人识别号认证不符"、"发票代码、号码认证不符"以及所购服务不属于增值税扣税项目范围的，不列入进项税额，不作进项税额转出。承运人可凭《通知单》在货运专票税控系统中以销项负数开具红字货运专票。《通知单》暂不通过系统开具，但其他事项按照现行红字专用发票有关规定执行。

六、货运专用发票管理规定

（一）货运专票暂不纳入失控发票快速反应机制管理。

（二）货运专票的认证结果类型包括"认证相符"、"无法认证"、"认证不符"、"密文有误"和"重复认证"等类型(暂无失控发票类型)，稽核结果类型包括"相符"、"不符"、"缺联"、"重号"、"属于作废"和"滞留"等类型。认证、稽核异常货运专票的处理按照专用发票的有关规定执行。

（三）稽核异常的货运专票的核查工作，按照《增值税专用发票审核检查操作规程(试行)》的有关规定执行。

（四）丢失货运专票的处理，按照专用发票的有关规定执行，承运方主管税务机关出具《丢失货物运输业增值税专用发票已报税证明单》。

财政部 国家税务总局关于暂免征收部分小微企业增值税和营业税的通知

财税〔2013〕52号

各省、自治区、直辖市、计划单列市财政厅(局)、国家税务局、地方税务局，新疆生产建设兵团财务局：

为进一步扶持小微企业发展，经国务院批准，自2013年8月1日起，对增值税小规模纳税人中月销售额不超过 2 万元的企业或非企业性单位，暂免征收增值税；对营业税纳税人中月营业额不超过 2 万元的企业或非企业性单位，暂免征收营业税。

请遵照执行。

财政部 国家税务总局关于停止执行民航国际航班使用进口保税航空燃油政策的通知

财税〔2013〕42 号

北京、天津、上海、江苏、浙江、厦门、青岛、河南、广东、深圳、重庆、四川省（直辖市、计划单列市）财政厅（局）、国家税务局：

随着交通运输业营业税改征增值税改革在全国范围内实施，航空公司购进航空燃油所含的增值税将允许抵扣。经国务院批准，现将民航国际航班使用进口保税航空燃油增值税政策调整如下：

自 2013 年 8 月 1 日起，对中国航空油料有限责任公司在北京首都国际机场、天津滨海国际机场、广州新白云国际机场、重庆江北国际机场、杭州萧山国际机场、青岛流亭国际机场、南京禄口国际机场、上海虹桥机场、成都双流国际机场、厦门高崎国际机场、郑州新郑国际机场等 11 个机场设立的航空油料保税仓库，上海浦东国际机场航空油料有限责任公司在上海浦东国际机场设立的航空油料保税仓库和深圳承远航空油料有限公司在深圳宝安国际机场设立的航空油料保税仓库，销售给民航国际航班的进口保税航空燃油恢复征收增值税，原免征增值税的政策停止执行。

《财政部 国家税务总局关于民航国际航班使用保税航空燃油有关税收事宜的通知》（财税〔2004〕218 号）、《财政部 国家税务总局关于重庆江北等 5 家机场民航国际航班使用进口保税航空燃油有关税收政策的通知》（财税〔2011〕123 号）和《财政部 国家税务总局关于成都双流等 3 个机场民航国际航班使用保税航空燃油有关税收政策的通知》（财税〔2013〕1 号）同时废止。

国家税务总局关于精料补充料免征增值税问题的公告

国家税务总局公告 2013 年第 46 号

现将精料补充料增值税有关问题公告如下：

精料补充料属于《财政部 国家税务总局关于饲料产品免征增值税问题的通知》（财税〔2001〕121 号，以下简称“通知”）文件中“配合饲料”范畴，可按照该通知及相关规定免征增值税。

精料补充料是指为补充草食动物的营养，将多种饲料和饲料添加剂按照一定比例配制的饲料。

本公告自 2013 年 9 月 1 日起执行。此前已发生并处理的事项，不再做调整；未处理的，按本公告规定执行。

关于《精料补充料免征增值税问题的公告》的解读

一、本公告出台的背景

《财政部 国家税务总局关于饲料产品免征增值税问题的通知》（财税〔2001〕121 号，以下简称“121 号文件”）规定，免税饲料范围包括：单一大宗饲料、混合饲料、配合饲料、复合预混料和浓缩饲料。其中，配合饲料是指根据不同的饲养对象，饲养对象的不同生长发育阶段的营养需要，将多种饲料原料按饲料配方经工业生产后，形成的能满足饲养动物全部营养需要（除水分外）的饲料。

自2012年5月1日起实施的《饲料和饲料添加剂管理条例》(中华人民共和国国务院令第609号,以下简称“609号令”)规定:饲料包括单一饲料、添加剂预混合饲料、浓缩饲料、配合饲料和精料补充饲料。配合饲料是指根据养殖动物营养所需,将多种饲料和饲料添加剂按照一定比例配制的饲料;精料补充料是指为补充草食动物的营养,将多种饲料和饲料添加剂按照一定比例配制的饲料。

根据609号令,精料补充料生产企业在申请产品检验时,检测报告上注明“精料补充料产品”,不再是“配合饲料产品”。虽然精料补充料与配合饲料的生产工艺和原料组成基本一致,但由于121号文件免税饲料产品中未明确注明“精料补充料”,因此,基层税务机关在执行时存在疑虑,请求明确精料补充料属于免税饲料产品。

二、为什么说精料补充料属于“配合饲料”?

对于该问题,我们征求了农业部畜牧业司的意见。畜牧业司回函,配合饲料和精料补充料的主要成分和生产工艺一致,均为饲料原料和饲料添加剂经工业化加工配制而成,其目的是满足养殖动物全面营养需要,只是使用对象和使用方法不同。精料补充料是一种为反刍动物提供营养的配合饲料,属于121号文件中“配合饲料”的范畴。根据农业部意见,我们印发该公告。

三、如何理解该公告?

理解该公告,应从以下两点予以把握:一是精料补充料属于121号文件中“配合饲料”范畴,属于免税饲料产品范围;二是精料补充料产品申请享受免征增值税政策时,应按照121号文件以及《国家税务总局关于取消饲料产品免征增值税审批程序后加强后续管理的通知》(国税函〔2004〕第884号)等相关文件规定办理。

国家税务总局关于发布《适用增值税零税率应税服务退(免)税管理办法(暂行)》的公告

国家税务总局公告2013年第47号

为确保营业税改征增值税扩大试点工作顺利实施,根据《财政部 国家税务总局关于在全国开展交通运输业和部分现代服务业营业税改征增值税试点税收政策的通知》(财税〔2013〕37号)等相关规定,制定了《适用增值税零税率应税服务退(免)税管理办法(暂行)》。现予以发布,自2013年8月1日起施行。《国家税务总局关于发布〈营业税改征增值税试点地区适用增值税零税率应税服务免抵退税管理办法(暂行)〉的公告》(国家税务总局公告2012年第13号)同时废止。

特此公告。

附件:1. 零税率应税服务(国际运输/港澳台运输)免抵退税申报明细表(略)
　　2. 零税率应税服务(研发服务/设计服务)免抵退税申报明细表(略)
　　3. 向境外单位提供研发服务/设计服务收讫营业款明细清单(略)
　　4. 外贸企业兼营零税率应税服务明细申报表(略)
　　5. 提供零税率应税服务放弃适用增值税零税率声明(略)

适用增值税零税率应税服务退(免)税管理办法(暂行)

第一条　中华人民共和国境内(以下简称境内)提供增值税零税率应税服务并认定为增值税一般纳税人的单位和个人(以下称零税率应税服务提供者),提供适用增值税零税率的应税服务(以下简称零税率应税服务),如果属于增值税一般计税方法的,实行增值税退(免)税办法,对应的零税率应税服务不得开具增值税专用发票。

第二条　零税率应税服务的范围

(一)国际运输服务、港澳台运输服务

1. 国际运输服务

(1)在境内载运旅客或货物出境;

(2)在境外载运旅客或货物入境;

(3)在境外载运旅客或货物。

从境内载运旅客或货物至国内海关特殊监管区域及场所、从国内海关特殊监管区域及场所载运旅客或货物至国内其他地区或者国内海关特殊监管区域及场所,不属于国际运输服务。

2. 港澳台运输服务

(1)提供的往返内地与香港、澳门、台湾的交通运输服务;

(2)在香港、澳门、台湾提供的交通运输服务。

3. 采用期租、程租和湿租方式租赁交通运输工具从事国际运输服务和港澳台运输服务的,出租方不适用增值税零税率,由承租方申请适用增值税零税率。

(二)向境外单位提供研发服务、设计服务

研发服务是指就新技术、新产品、新工艺或者新材料及其系统进行研究与试验开发的业务活动。

设计服务是指把计划、规划、设想通过视觉、文字等形式传递出来的业务活动。包括工业设计、造型设计、服装设计、环境设计、平面设计、包装设计、动漫设计、展示设计、网站设计、机械设计、工程设计、广告设计、创意策划、文印晒图等。

向境外单位提供的设计服务,不包括对境内不动产提供的设计服务。

向国内海关特殊监管区域及场所内单位提供研发服务、设计服务不实行增值税退(免)税办法,应按规定征收增值税。

第三条 本办法所称增值税退(免)税办法包括:

(一)免抵退税办法。零税率应税服务提供者提供零税率应税服务,如果属于适用增值税一般计税方法的,免征增值税,相应的进项税额抵减应纳增值税额(不包括适用增值税即征即退、先征后退政策的应纳增值税额),未抵减完的部分予以退还。

(二)免退税办法。外贸企业兼营的零税率应税服务,免征增值税,其对应的外购应税服务的进项税额予以退还。

第四条 零税率应税服务的增值税退税率为其在境内提供对应服务适用的增值税税率。

第五条 零税率应税服务增值税退(免)税的计税依据

(一)实行免抵退税办法的零税率应税服务免抵退税计税依据,为提供零税率应税服务取得的全部价款。

(二)外贸企业兼营的零税率应税服务免退税计税依据:

1. 从境内单位或者个人购进出口零税率应税服务的,为取得提供方开具的增值税专用发票上注明的金额。

2. 从境外单位或者个人购进出口零税率应税服务的,为取得的解缴税款的中华人民共和国税收缴款凭证上注明的金额。

第六条 零税率应税服务增值税退(免)税的计算

(一)零税率应税服务增值税免抵退税,依下列公式计算:

1. 当期免抵退税额的计算:

$$\text{当期零税率应税服务免抵退税额}=\text{当期零税率应税服务免抵退税计税依据}\times\text{外汇人民币折合率}\times\text{零税率应税服务增值税退税率}$$

2. 当期应退税额和当期免抵税额的计算:

(1)当期期末留抵税额≤当期免抵退税额时,

$$\text{当期应退税额}=\text{当期期末留抵税额}$$

当期免抵税额=当期免抵退税额-当期应退税额

(2)当期期末留抵税额>当期免抵退税额时,

$$\text{当期应退税额}=\text{当期免抵退税额}$$

$$\text{当期免抵税额}=0$$

“当期期末留抵税额”为当期《增值税纳税申报表》的“期末留抵税额”。

(二)外贸企业兼营的零税率应税服务增值税免退税，依下列公式计算：

$$\text{外贸企业兼营的零税率应税服务应退税额} = \text{外贸企业兼营的零税率应税服务免退税计税依据} \times \text{零税率应税服务增值税退税率}$$

(三)实行免抵退税办法的零税率应税服务提供者如同时有货物劳务(劳务指对外加工修理修配劳务，下同)出口的，可结合现行出口货物免抵退税计算公式一并计算。税务机关在审批时，按照出口货物劳务、零税率应税服务免抵退税额比例划分出口货物劳务、零税率应税服务的退税额和免抵税额。

第七条　零税率应税服务提供者在申报办理零税率应税服务退(免)税前，应提供以下资料，向主管税务机关办理出口退(免)税资格认定：

(一)通过出口退(免)税申报系统生成的《出口退(免)税资格认定申请表》及电子数据。出口退(免)税申报系统可从国家税务总局网站免费下载或由主管税务机关免费提供；

《出口退(免)税资格认定申请表》中的"退税开户银行账号"必须是按规定在办理税务登记时向主管税务机关报备的银行账号之一。

(二)从事国际运输服务的，提供以下资料的原件及复印件(复印件上需注明"与原件一致"，并加盖企业公章，下同)：

1. 从事水路国际运输的，应提供《国际船舶运输经营许可证》；

2. 从事航空国际运输的，应提供经营范围包括"国际航空客货邮运输业务"的《公共航空运输企业经营许可证》；

3. 从事陆路国际运输的，应提供经营范围包括"国际运输"的《道路运输经营许可证》和《国际汽车运输行车许可证》。

(三)从事港澳台运输服务的，提供以下资料的原件及复印件：

1. 以陆路运输方式提供至香港、澳门的交通运输服务的，应提供《道路运输经营许可证》及持《道路运输证》的直通港澳运输车辆的物权证明；

2. 以水路运输方式提供至台湾交通运输服务的，应提供《台湾海峡两岸间水路运输许可证》及持《台湾海峡两岸间船舶营运证》船舶的物权证明；以水路运输方式提供至香港、澳门交通运输服务的，应提供获得港澳线路运营许可船舶的物权证明；

3. 以航空运输方式提供港澳台交通运输服务的，应提供经营范围包括"国际、国内(含港澳)航空客货邮运输业务"的《公共航空运输企业经营许可证》。

(四)采用期租、程租和湿租方式租赁交通运输工具用于国际运输服务和港澳台运输服务的承租方，需提供期租、程租和湿租合同或协议的原件和复印件。

(五)从事对外提供研发、设计服务的应提供《技术出口合同登记证》的原件和复印件。

(六)零税率应税服务提供者兼营出口货物劳务，未办理过出口退(免)税资格认定的，除提供上述资料外，还应提供以下资料：

1. 加盖备案登记专用章的《对外贸易经营者备案登记表》；

2. 中华人民共和国海关进出口货物收发货人报关注册登记证书原件及复印件。

(七)已办理过出口退(免)税资格认定的出口企业，兼营零税率应税服务的，应填报《出口退(免)税资格认定变更申请表》及电子数据，提供符合本条第(二)项、第(三)项、第(四)项、第(五)项要求的资料，向主管税务机关申请办理出口退(免)税资格认定变更。

第八条　零税率应税服务提供者在营业税改征增值税后提供的零税率应税服务，如发生在办理出口退(免)税资格认定前，在办理出口退(免)税资格认定后，可按规定申报退(免)税。

第九条　主管税务机关在办理零税率应税服务出口退(免)税资格认定时，对零税率应税服务提供者原增值税退(免)税办法需进行变更的出口企业，按照《国家税务总局关于发布〈出口货物劳务增值税和消费税管理办法〉有关问题的公告》(国家税务总局公告2013年第12号)的规定，先进行退(免)税清算，在结清税款后方可办理变更。

第十条　零税率应税服务提供者在提供零税率应税服务，并在财务作销售收入次月(按季度进行增值税纳税申报的为次季度，下同)的增值税纳税申报期内，向主管税务机关办理增值税纳税和退(免)税相关申报。

零税率应税服务提供者应于收入次月起至次年4月30日前的各增值税纳税申报期内收齐有关凭证，

向主管税务机关如实申报退(免)税。逾期未收齐有关凭证申报退(免)税的,主管税务机关不再受理退(免)税申报,零税率应税服务提供者应缴纳增值税。

(一)提供国际运输、港澳台运输的零税率应税服务提供者办理增值税免抵退税申报时,应提供下列凭证资料:

1.《免抵退税申报汇总表》及其附表;

2.《零税率应税服务(国际运输/港澳台运输)免抵退税申报明细表》(附件1);

3. 当期《增值税纳税申报表》;

4. 免抵退税正式申报电子数据;

5. 下列原始凭证:

(1)零税率应税服务的载货、载客舱单(或其他能够反映收入原始构成的单据凭证或经主管税务机关认可的电子数据);

(2)提供零税率应税服务的发票;

(3)如属于期租、程租或湿租方式的承租方的,还要提供期租、程租和湿租的合同或协议复印件;

(4)主管税务机关要求提供的其他凭证。

上述第(1)、(2)项原始凭证,经主管税务机关批准,可留存零税率应税服务提供者备查。

(二)对外提供研发、设计服务的零税率应税服务提供者办理增值税免抵退税申报时,应提供下列凭证资料:

1.《免抵退税申报汇总表》及其附表;

2.《零税率应税服务(研发服务/设计服务)免抵退税申报明细表》(附件2);

3. 当期《增值税纳税申报表》;

4. 免抵退税正式申报电子数据;

5. 下列原始凭证:

(1)与零税率应税服务收入相对应的《技术出口合同登记证》复印件;

(2)与境外单位签订的研发、设计合同;

(3)提供零税率应税服务的发票;

(4)《向境外单位提供研发服务/设计服务收讫营业款明细清单》(附件3);

(5)从与签订研发、设计合同的境外单位取得收入的收款凭证;

(6)主管税务机关要求提供的其他凭证。

(三)外贸企业兼营零税率应税服务的,在办理应税服务免退税申报时,应提供下列凭证和资料:

1.《外贸企业出口退税汇总申报表》;

2.《外贸企业兼营零税率应税服务明细申报表》(附件4);

3. 填列外购对应的应税服务取得增值税专用发票情况的《外贸企业出口退税进货明细申报表》。

4. 以下原始凭证:

(1)从境内单位或者个人购进应税服务出口的,提供应税服务提供方开具的增值税专用发票;

(2)从境外单位或者个人购进应税服务出口的,提供取得的解缴税款的中华人民共和国税收缴款凭证;

(3)提供研发、设计服务的,提供本条第(二)项第5目所列原始凭证。

第十一条 主管税务机关在接受零税率应税服务提供者退(免)税申报后,应在下列内容人工审核无误后,使用出口退税审核系统进行审核。在审核中如有疑问的,可对企业进项增值税专用发票进行发函调查或核查。对进项构成中属于服务的进项有疑问的,一律使用交叉稽核、协查信息审核出口退税。

(一)对于提供国际运输、港澳台运输的零税率应税服务提供者,主管税务机关可从零税率应税服务提供者申报中抽取若干申报记录审核以下内容:

1. 所申报的国际运输、港澳台运输服务是否符合本办法第二条规定;

2. 所抽取申报记录申报应税服务收入是否小于或等于该申报记录所对应的载货或载客舱单上记载的国际运输、港澳台运输服务收入。

(二)对于提供研发、设计服务的零税率应税服务提供者审核以下内容:

1. 企业所申报的研发、设计服务是否符合本办法第二条规定;

2. 研发、设计合同签订的对方是否为境外单位；

3. 应税服务收入的支付方是否为与之签订研发、设计合同的境外单位；

4. 申报应税服务收入是否小于或等于从与之签订研发、设计合同的境外单位取得的收款金额。

(三)对于外贸企业兼营零税率应税服务的，主管税务机关除按照上述第(一)、(二)项审核外，还应审核其申报退税的进项税额是否与零税率应税服务对应。

(四)对采用期租、程租和湿租方式开展国际运输、港澳台运输服务的，主管税务机关要审核期租、程租和湿租的合同或协议，审核申报退税的企业是否为承租方。

第十二条　对零税率应税服务提供者按第十条规定提供的凭证资料齐全的退(免)税申报，主管税务机关在经过出口退税审核系统审核通过后，办理退税和免抵调库，退税资金由中央金库统一支付。

第十三条　零税率应税服务提供者骗取国家出口退税款的，税务机关按《国家税务总局关于停止为骗取出口退税企业办理出口退税有关问题的通知》(国税发〔2008〕32 号)规定停止其出口退税权。零税率应税服务提供者在税务机关停止为其办理出口退税期间发生零税率应税服务，不得申报退(免)税，应按规定征收增值税。

第十四条　零税率应税服务提供者提供适用零税率的应税服务，如果放弃适用零税率，选择免税或按规定缴纳增值税的，应向主管税务机关报送《提供零税率应税服务放弃适用增值税零税率声明》(附件5)，办理备案手续。自备案次月 1 日起 36 个月内，该企业提供的零税率应税服务，不得申报增值税退(免)税。

第十五条　主管税务机关应对零税率应税服务提供者适用零税率的退(免)税加强分析监控。

第十六条　本办法自 2013 年 8 月 1 日开始执行。

关于《发布〈适用增值税零税率应税服务退(免)税管理办法(暂行)〉的公告》的解读

按照国务院进一步扩大交通运输业和部分现代服务业营业税改征增值税试点的要求，根据《财政部 国家税务总局关于在全国开展交通运输业和部分现代服务业营业税改征增值税试点税收政策的通知》(财税〔2013〕37 号)规定，国家税务总局制发了《国家税务总局关于发布〈适用增值税零税率应税服务退(免)税管理办法(暂行)〉的公告》(以下简称《办法》)。现将《办法》的内容解读如下：

一、《办法》制定的背景

财税〔2013〕37 号文件对适用增值税零税率应税服的政策进行了调整和补充，针对调整和补充的内容，国家税务总局对《国家税务总局关于下发〈营业税改征增值税试点地区适用增值税零税率应税服务免抵退税管理办法(暂行)〉的公告》(国家税务总局公告 2012 年第 13 号)进行了修改和补充，制发了本《办法》。

二、《办法》对国家税务总局公告 2012 年第 13 号文件修改、补充的主要内容

(一)将港澳台运输服务和承租方采用期租、程租和湿租方式租赁交通运输工具，从事的国际运输服务和港澳台运输服务增加到适用增值税零税率的应税服务范围。

(二)修改、补充了零税率应税服务增值税退(免)税的计税依据。

1. 实行免抵退税办法的零税率应税服务免抵退税计税依据，为提供零税率应税服务取得的全部价款。

2. 外贸企业兼营的零税率应税服务免退税计税依据：

(1)从境内单位或者个人购进出口零税率应税服务的，为取得提供方开具的增值税专用发票上注明的金额。

(2)从境外单位或者个人购进出口零税率应税服务的，为取得的解缴税款的中华人民共和国税收缴款凭证上注明的金额。

(三)补充了外贸企业兼营零税率应税服务免退税办法的概念和计算公式。

外贸企业兼营零税率应税服务免退税办法的概念为：外贸企业兼营的零税率应税服务，免征增值税，其对应的外购应税服务的进项税额予以退还。

外贸企业兼营零税率应税服务免退税的计算公式为：

$$\text{外贸企业兼营的零税率应税服务应退税额} = \text{外贸企业兼营的零税率应税服务免退税计税依据} \times \text{零税率应税服务增值税退税率}$$

（四）补充了兼营适用零税率应税服务的外贸企业办理出口退（免）税资格认定及变更的有关规定。

（五）补充了外贸企业兼营适用零税率应税服务免退税申报时需提供的单证。

（六）补充了税务机关对外贸企业兼营适用零税率应税服务免退税申报，除按规定进行审核外，还应审核其申报退税的进项税额是否与零税率应税服务对应的管理规定。

（七）补充了税务机关对采用期租、程租和湿租方式租赁交通运输工具，开展国际运输、港澳台运输服务的，应审核期租、程租和湿租的合同或协议，并审核申报退税的企业是否为承租方。

（八）补充了零税率应税服务提供者如果放弃适用零税率应税服务退（免）税，选择免税或按规定缴纳增值税的，应向主管税务机关报送《放弃适用增值税零税率应税服务退（免）税声明表》，办理备案手续。自备案次月 1 日起 36 个月内，该企业提供的零税率应税服务，不得申报增值税退（免）税。

（九）取消了国家税务总局公告 2012 年第 13 号文件中对新适用零税率应税服务提供者，在退税审核期 6 个月内分别计算免抵税额和应退税额，应退税额于第 7 个月起办理退库的规定。

三、《办法》的执行日期

《办法》自 2013 年 8 月 1 日起执行，以零税率应税服务提供者提供零税率应税服务，并在财务作销售收入的日期为准。

国家税务总局关于暂免征收部分小微企业增值税和营业税政策有关问题的公告

国家税务总局公告 2013 年第 49 号

为进一步支持小微企业发展，现将《财政部 国家税务总局关于暂免征收部分小微企业增值税和营业税的通知》（财税〔2013〕52 号，以下简称《通知》）有关问题公告如下：

一、《通知》中“月销售额不超过 2 万元”、“月营业额不超过 2 万元”，是指月销售额或营业额在 2 万元以下（含 2 万元，下同）。月销售额或营业额超过 2 万元的，应全额计算缴纳增值税或营业税。

二、以 1 个季度为纳税期限的增值税小规模纳税人和营业税纳税人中，季度销售额或营业额不超过 6 万元（含 6 万元，下同）的企业或非企业性单位，可按照《通知》规定，暂免征收增值税或营业税。

三、增值税小规模纳税人中的企业或非企业性单位，兼营营业税应税项目的，应当分别核算增值税应税项目的销售额和营业税应税项目的营业额，月销售额不超过 2 万元（按季纳税 6 万元）的暂免征收增值税，月营业额不超过 2 万元（按季纳税 6 万元）的，暂免征收营业税。

四、增值税小规模纳税人中的企业或非企业性单位，月销售额不超过 2 万元（按季纳税 6 万元）的，当期因代开增值税专用发票（含货物运输业增值税专用发票）和普通发票已经缴纳的税款，在发票全部联次追回后可以向主管税务机关申请退还。

五、本公告自 2013 年 8 月 1 日起执行。

特此公告。

关于《暂免征收部分小微企业增值税和营业税有关问题的公告》的解读

一、本公告出台的背景

《财政部 国家税务总局关于暂免征收部分小微企业增值税和营业税的通知》（财税〔2013〕52 号，以下简称"《通知》")是对小微企业免征增值税和营业税优惠原则性的规定，为落实国务院常务会议精神，增加政策的可操作性，我们就《通知》中销售额或营业额的含义、季度申报销售额或营业额的确定、代开发票等问题做了进一步明确。

二、请介绍该公告的主要内容

该公告主要明确了四个事项：

（一）《通知》中销售额或营业额的含义：《通知》规定，月销售额或营业额"不超过 2 万元"的企业或非企业性单位，暂免征收增值税或营业税。为进一步支持小微企业的发展，便于基层税务机关执行，本公告明确，《通知》中"月销售额或营业额不超过 2 万元"包含"月销售额或营业额为 2 万元"。即对增值税小规模纳税人中月销售额不超过 2 万元的（含 2 万元），暂免征收增值税；对营业税纳税人中月营业额不超过 2 万元的（含 2 万元），暂免征收营业税。

（二）季度申报销售额或营业额的确定：按照现行增值税和营业税政策规定，部分纳税人可以 1 个季度为纳税期限。为避免按月区分，便于实际操作，本公告明确，对于按季度申报的增值税小规模纳税人或营业税纳税人，季度销售额或营业额不超过 6 万元（含 6 万元）的，可按照《通知》规定，暂免征收增值税或营业税。

（三）兼营营业税应税项目计算问题：对增值税小规模纳税人中的企业和非企业性单位，兼有增值税应税项目和营业税应税项目的，纳税人既属于增值税纳税人，又属于营业税纳税人。为支持小微企业发展，本公告明确，增值税小规模中的企业和非企业性单位，应该分别核算增值税应税项目销售额和营业税应税项目营业额，月销售额不超过 2 万元（按季纳税 6 万元）的，暂免征收增值税；月营业额不超过 2 万元（按季纳税 6 万元）的，暂免征收营业税。

（四）代开发票问题：月初或月中，增值税小规模纳税人到主管税务机关申请代开增值税专用发票和普通发票时，尚不能确定其月销售额是否达到 2 万元（季销售额 6 万元）。按照现行规定，增值税小规模纳税人申请代开增值税专用发票和普通发票时，应先缴纳增值税税款。从既保护纳税人利益，又保证税款安全的角度，本公告明确，增值税小规模纳税人中的企业或非企业性单位，月销售额不超过 2 万元（按季纳税 6 万元）的，当期因代开增值税专用发票（含货物运输业增值税专用发票）和普通发票已经缴纳的税款，在发票全部联次追回后，可以向主管税务机关申请退还。

财政部 国家税务总局关于扩大农产品增值税进项税额核定扣除试点行业范围的通知

财税〔2013〕57 号

各省、自治区、直辖市、计划单列市财政厅（局）、国家税务局，新疆生产建设兵团财务局：

为进一步推进农产品增值税进项税额核定扣除试点（以下简称核定扣除试点）工作，经研究决定，扩大实行核定扣除试点的行业范围。现将有关事项通知如下：

一、自 2013 年 9 月 1 日起，各省、自治区、直辖市、计划单列市税务部门可商同级财政部门，根据《农产品增值税进项税额核定扣除试点实施办法》（财税〔2012〕38 号）的有关规定，结合本省（自治区、直辖市、计划单列市）特点，选择部分行业开展核定扣除试点工作。

二、各省、自治区、直辖市、计划单列市税务和财政部门制定的关于核定扣除试点行业范围、扣除标准等内容的文件，需报经财政部和国家税务总局备案后公布。财政部和国家税务总局将根据各地区试点工作进展情况，不定期公布部分产品全国统一的扣除标准。

三、核定扣除试点工作政策性强、涉及面广，各地财税机关要积极推进试点各项工作，妥善解决试点过程中出现的问题。

国家税务总局关于增值税普通发票印制供应有关事项的公告

国家税务总局公告2013年第51号

国家税务总局2013年增值税普通发票印制招标工作已经完成，确定了2013年第4季度至2016年的新供应商和增值税普通发票防伪措施。为保障纳税人正常用票和税务机关发票管理工作的顺利衔接，现将有关事项公告如下：

一、新供应商与增值税普通发票印制供应区域

北京东港安全印刷有限公司印制供应区域：北京、天津、河北、内蒙古、河南。

东港股份有限公司印制供应区域：山东、青岛、四川、重庆、贵州、云南、陕西、西藏。

广州东港安全印刷有限公司印制供应区域：福建、厦门、江西、湖南、广东、深圳、广西、海南。

上海东港安全印刷有限公司印制供应区域：上海、江苏、浙江、宁波、安徽、湖北。

新疆东港安全印刷有限公司印制供应区域：新疆、甘肃、青海、宁夏。

山东承安发票印刷有限公司印制供应区域：山西、辽宁、大连、吉林、黑龙江。

二、增值税普通发票新的防伪措施

增值税普通发票新的防伪措施有：专用防伪无碳复写纸、监制章专用红外激发荧光防伪、定制专用号码防伪、压划变色油墨防伪、红外非吸收特征防伪、微缩文字防伪等(详见附件)。

三、其他事项

(一)增值税普通发票的真伪鉴别按照《中华人民共和国发票管理办法实施细则》第三十三条有关规定执行。

(二)税务机关库存和纳税人尚未使用的增值税普通发票可以继续使用。

本公告自2013年10月1日起实施。

特此公告。

附件：增值税普通发票部分防伪措施(略)

关于《增值税普通发票印制供应有关事项的公告》的解读

一、发布本公告的背景

2013年税务总局对增值税普通发票印制进行了公开招标，2013年第四季度至2016年的发票印制招标采购工作已经完成，确定了新的供应商和增值税普通发票防伪措施。为保障纳税人正常用票和税务机关发票管理工作的顺利衔接，起草了本公告。

二、新供应商与增值税普通发票印制供应区域

北京东港安全印刷有限公司印制供应区域：北京、天津、河北、内蒙古、河南。

东港股份有限公司印制供应区域：山东、青岛、四川、重庆、贵州、云南、陕西、西藏。

广州东港安全印刷有限公司印制供应区域：福建、厦门、江西、湖南、广东、深圳、广西、海南。

上海东港安全印刷有限公司印制供应区域：上海、江苏、浙江、宁波、安徽、湖北。

新疆东港安全印刷有限公司印制供应区域：新疆、甘肃、青海、宁夏。

山东承安发票印刷有限公司印制供应区域：山西、辽宁、大连、吉林、黑龙江。

三、增值税普通发票新的防伪措施

增值税普通发票新的防伪措施有：专用防伪无碳复写纸、监制章专用红外激发荧光防伪、定制专用号码防伪、压划变色油墨防伪、红外非吸收特征防伪、微缩文字防伪等。

四、其他事项

（一）增值税普通发票的真伪鉴别按照《中华人民共和国发票管理办法实施细则》第三十三条有关规定执行。

《中华人民共和国发票管理办法实施细则》第三十三条规定：用票单位和个人有权申请税务机关对发票的真伪进行鉴别。收到申请的税务机关应当受理并负责鉴别发票的真伪；鉴别有困难的，可以提请发票监制税务机关协助鉴别。在伪造、变造现场以及买卖地、存放地查获的发票，由当地税务机关鉴别。

（二）税务机关库存和纳税人尚未使用的增值税普通发票可以继续使用。

国家税务总局关于发布《营业税改征增值税跨境应税服务增值税免税管理办法（试行）》的公告

国家税务总局公告2013年第52号

为规范跨境应税服务的税收管理，根据增值税现行有关规定，国家税务总局制定了《营业税改征增值税跨境应税服务增值税免税管理办法（试行）》，现予以发布。

特此公告。

营业税改征增值税跨境应税服务增值税免税管理办法（试行）

第一条 境内的单位和个人（以下称纳税人）提供跨境应税服务（以下称跨境服务），适用本办法。

第二条 下列跨境服务免征增值税：

（一）工程、矿产资源在境外的工程勘察勘探服务。

（二）会议展览地点在境外的会议展览服务。

为客户参加在境外举办的会议、展览而提供的组织安排服务，属于会议展览地点在境外的会议展览服务。

（三）存储地点在境外的仓储服务。

（四）标的物在境外使用的有形动产租赁服务。

（五）在境外提供的广播影视节目（作品）发行、播映服务。

在境外提供的广播影视节目（作品）发行服务，是指向境外单位或者个人发行广播影视节目（作品）、转让体育赛事等文体活动的报道权或者播映权，且该广播影视节目（作品）、体育赛事等文体活动在境外播映或者报道。

在境外提供的广播影视节目（作品）播映服务，是指在境外的影院、剧院、录像厅及其他场所播映广播影视节目（作品）。

通过境内的电台、电视台、卫星通信、互联网、有线电视等无线或者有线装置向境外播映广播影视节目（作品），不属于在境外提供的广播影视节目（作品）播映服务。

（六）以水路运输方式提供国际运输服务但未取得《国际船舶运输经营许可证》的；以陆路运输方式提供国际运输服务但未取得《道路运输经营许可证》或者《国际汽车运输行车许可证》，或者《道路运输经营许可证》的经营范围未包括“国际运输”的；以航空运输方式提供国际运输服务但未取得《公共航空运输企业经营许可证》，或者其经营范围未包括“国际航空客货邮运输业务”的。

（七）以陆路运输方式提供至香港、澳门的交通运输服务，但未取得《道路运输经营许可证》，或者未具有持《道路运输证》的直通港澳运输车辆的；以水路运输方式提供至台湾的交通运输服务，但未取得《台湾海峡两岸间水路运输许可证》，或者未具有持《台湾海峡两岸间船舶营运证》的船舶的；以水路运输方式提供至香港、澳门的交通运输服务，但未具有获得港澳线路运营许可的船舶的；以航空运输方式提供往返香港、澳门、台湾的交通运输服务或者在香港、澳门、台湾提供交通运输服务，但未取得《公共航空运输企业经营许可证》，或者其经营范围未包括“国际、国内(含港澳)航空客货邮运输业务”的。

(八)适用简易计税方法的下列应税服务：

1. 国际运输服务；

2. 往返香港、澳门、台湾的交通运输服务以及在香港、澳门、台湾提供的交通运输服务；

3. 向境外单位提供的研发服务和设计服务，对境内不动产提供的设计服务除外。

(九)向境外单位提供的下列应税服务：

1. 研发和技术服务(研发服务和工程勘察勘探服务除外)、信息技术服务、文化创意服务(设计服务、广告服务和会议展览服务除外)、物流辅助服务(仓储服务除外)、鉴证咨询服务、广播影视节目(作品)的制作服务、远洋运输期租服务、远洋运输程租服务、航空运输湿租服务。

境外单位从事国际运输和港澳台运输业务经停我国机场、码头、车站、领空、内河、海域时，纳税人向上述境外单位提供的航空地面服务、港口码头服务、货运客运站场服务、打捞救助服务、装卸搬运服务，属于向境外单位提供的物流辅助服务。

合同标的物在境内的合同能源管理服务，对境内不动产提供的鉴证咨询服务，以及提供服务时货物实体在境内的鉴证咨询服务，不属于本款规定的向境外单位提供的应税服务。

2. 广告投放地在境外的广告服务。

广告投放地在境外的广告服务，是指为在境外发布的广告所提供的广告服务。

第三条 纳税人向国内海关特殊监管区域内的单位或者个人提供的应税服务，不属于跨境服务，应照章征收增值税。

第四条 纳税人提供本办法第二条所列跨境服务，必须与服务接受方签订跨境服务书面合同。否则，不予免征增值税。

第五条 纳税人向境外单位有偿提供跨境服务，该服务的全部收入应从境外取得。否则，不予免征增值税。

第六条 纳税人提供跨境服务免征增值税的，应单独核算跨境服务的销售额，准确计算不得抵扣的进项税额，其免税收入不得开具增值税专用发票。

第七条 纳税人提供跨境服务申请免税的，应到主管税务机关办理跨境服务免税备案手续，同时提交以下资料：

(一)《跨境应税服务免税备案表》(见附件)；

(二)跨境服务合同原件及复印件；

(三)提供本办法第二条第(一)项至第(五)项以及第(九)项第2目跨境服务，应提交服务地点在境外的证明材料原件及复印件；

(四)提供本办法第二条第(六)项、(七)项以及第(八)项第1目、第2目跨境服务的，应提交实际发生国际运输业务或者港澳台运输业务的证明材料；

(五)向境外单位提供跨境服务，应提交服务接受方机构所在地在境外的证明材料；

(六)税务机关要求的其他资料。

跨境服务合同原件为外文的，应提供中文翻译件并由法定代表人(负责人)签字或者单位盖章。

境外资料无法提供原件的，可只提供复印件，注明“复印件与原件一致”字样，并由法定代表人(负责人)签字或者单位盖章；境外资料原件为外文的，应提供中文翻译件并由法定代表人(负责人)签字或者单位盖章。

主管税务机关对提交的境外证明材料有疑议的，可以要求纳税人提供境外公证部门出具的证明材料。

第八条 纳税人办理跨境服务免税备案手续时，主管税务机关应当根据以下情况分别做出处理：

(一)报送的材料不符合规定的，应当及时告知纳税人补正；(二)报送的材料齐全、符合规定形式的，或者纳税人按照税务机关的要求补正报送全部材料的，应当受理纳税人的备案，将有关资料原件退还纳税人。

(三)报送的材料或者按照税务机关的要求补正报送的材料不符合本办法第七条规定的，应当对纳税人的本次跨境服务免税备案不予受理，并将所有报送材料退还纳税人。

第九条 纳税人提供跨境服务，未按规定办理跨境服务免税备案手续的，一律不得免征增值税。

第十条 原签订的跨境服务合同发生变更或者跨境服务的有关情况发生变化，变化后仍属于本办法第二条规定的免税跨境服务范围的，纳税人应向主管税务机关重新办理跨境服务免税备案手续。

第十一条 纳税人应当完整保存本办法第七条要求的各项资料。

第十二条 税务机关应当定期或者不定期对纳税人的跨境服务增值税纳税情况进行检查，发现问题的，按照现行有关规定处理。

第十三条 本办法自2013年8月1日起执行。此前，纳税人提供符合本办法第二条规定的跨境服务，已进行免税申报的，按照本办法规定补办备案手续；未进行免税申报的，按照本办法规定办理跨境服务备案手续后，可以申请退税或者抵减以后的应纳税额；已开具增值税专用发票的，应将全部联次追回后方可办理跨境服务免税备案手续。此前，纳税人提供的跨境服务不符合本办法第二条规定的，应照章征收增值税。

附件：跨境应税服务免税备案表（略）

关于《发布〈营业税改征增值税跨境应税服务增值税免税管理办法（试行）〉的公告》的解读

《财政部 国家税务总局关于在全国开展交通运输业和部分现代服务业营业税改征增值税试点税收政策的通知》（财税〔2013〕37号）出台后，为进一步细化政策、规范管理，国家税务总局制定并发布了《营业税改征增值税跨境应税服务增值税免税管理办法（试行）》（以下简称《办法》），现解读如下：

一、《办法》出台的背景

财税〔2013〕37号附件4《应税服务适用增值税零税率和免税政策的规定》明确了应税服务适用免税政策的范围。为便于纳税人理解和基层操作，有必要进一步细化免税服务的具体范围，以及相关税收管理事项。在反复讨论研究和征求意见的基础上，我们制定并出台了《办法》。

二、《办法》的主要内容

（一）进一步细化了政策。按照财税〔2013〕37号附件4《应税服务适用增值税零税率和免税政策的规定》确定的原则，《办法》对各项免税服务的范围作了细化，并对个别在判定时可能引起争议的情况，作了进一步明确。

（二）明确了税收管理办法。按照国务院关于转变职能、减少行政审批的有关要求，为优化纳税服务、减轻基层税务部门负担，《办法》中明确了纳税人申请跨境服务免税采取备案制的方式进行。同时，为加强税收管理和防范涉税风险，《办法》要求纳税人办理备案时须提交必要的证明材料，财务核算时必须单独核算免税跨境服务的销售额。

财政部 国家税务总局关于光伏发电增值税政策的通知

财税〔2013〕66号

各省、自治区、直辖市、计划单列市财政厅（局）、国家税务局：

为鼓励利用太阳能发电，促进相关产业健康发展，根据国务院批示精神，现将光伏发电增值税政策通知如下：

自2013年10月1日至2015年12月31日，对纳税人销售自产的利用太阳能生产的电力产品，实行增值税即征即退50%的政策。

请遵照执行。

国家税务总局关于铁路货运组织改革后两端物流服务有关营业税和增值税问题的公告

国家税务总局公告 2013 年第 55 号

现将铁路货运组织改革后两端物流服务有关营业税和增值税问题公告如下：

铁路货运组织改革后，铁路局所属运输站段提供的装卸业务、煤炭抑尘业务、门到站和站到门的短途运输业务（主要包括公路短途运输、内河短途运输）、装载加固业务、铁路货场内的仓储业务等两端物流服务，不属于《国家税务总局关于中央铁路征收营业税问题的通知》（国税发〔2002〕44 号）规定的集中缴纳营业税的中央铁路客货运服务范围，应按照现行营业税和增值税政策规定，由提供服务的纳税人向其机构所在地主管税务机关申报缴纳营业税或增值税。

关于《铁路货运组织改革后两端物流服务有关营业税和增值税问题的公告》的解读

一、公告出台背景

目前，中国铁路总公司正在加紧实施铁路货运组织改革。改革前，装卸业务、煤炭抑尘业务、门到站和站到门的短途运输业务（主要包括公路短途运输、内河短途运输，下同）、装载加固业务、铁路货场内的仓储业务等两端物流服务，由非铁路运输企业承担并由其作为营业税纳税人，就地申报纳税。改革后，上述两端物流服务将改由铁路局所属运输站段承担，非铁路运输企业不再经营两端物流服务。

二、如何理解公告内容

装卸业务、煤炭抑尘业务、门到站和站到门的短途运输业务、装载加固业务、铁路货场内的仓储业务等两端物流服务，不属于《国家税务总局关于中央铁路征收营业税问题的通知》（国税发【2002】44 号）规定的集中缴纳营业税的中央铁路客货运服务范围。铁路货运组织改革，只是将两端物流服务的经营主体由非铁路运输企业改为铁路局所属运输站段，因此，改由铁路局所属运输站段承担的两端物流服务，仍应由提供服务的纳税人按规定就地申报缴纳营业税。自 2013 年 8 月 1 日起，全国实施“营改增”试点，上述两端物流服务中的装卸业务、短途运输业务、仓储业务等应税服务相应改征增值税，这部分改征的增值税也应就地予以缴纳。

财政部 海关总署 国家税务总局关于中国（上海）自由贸易试验区有关进口税收政策的通知

财关税〔2013〕75 号

上海市财政局、上海海关、上海市国家税务局：

为贯彻落实《中国（上海）自由贸易试验区总体方案》中的相关政策，现就中国（上海）自由贸易试验区有关进口税收政策通知如下：

一、对试验区内注册的国内租赁公司或其设立的项目子公司，经国家有关部门批准从境外购买空载重量在 25 吨以上并租赁给国内航空公司使用的飞机，享受《财政部 国家税务总局关于调整进口飞机有关增值税政策的通知》（财关税〔2013〕53 号）和《海关总署关于调整进口飞机进口环节增值税有关问题的通知》（署税发〔2013〕90 号）规定的增值税优惠政策。

二、对设在试验区内的企业生产、加工并经“二线”销往内地的货物照章征收进口环节增值税、消费税。根据企业申请，试行对该内销货物按其对应进口料件或按实际报验状态征收关税的政策。

三、在现行政策框架下，对试验区内生产企业和生产性服务业企业进口所需的机器、设备等货物予以免税，但生活性服务业等企业进口的货物以及法律、行政法规和相关规定明确不予免税的货物除外。

四、在严格执行货物进口税收政策的前提下，允许在特定区域设立保税展示交易平台。

除上述进口税收政策外，中国（上海）自由贸易试验区所属的上海外高桥保税区、上海外高桥保税物流园区、洋山保税港区和上海浦东机场综合保税区分别执行现行相应海关特殊监管区域的税收政策。

本通知自中国（上海）自由贸易试验区挂牌成立之日起执行。

国家税务总局关于调整出口退(免)税申报办法的公告

国家税务总局公告2013年第61号

为减少出口退（免）税申报的差错率和疑点，进一步提高申报和审批效率，加快出口退税进度，税务总局决定调整出口退（免）税申报办法，现公告如下：

一、企业出口货物劳务及适用增值税零税率的应税服务（以下简称出口货物劳务及服务），在正式申报出口退（免）税之前，应按现行申报办法向主管税务机关进行预申报，在主管税务机关确认申报凭证的内容与对应的管理部门电子信息无误后，方可提供规定的申报退（免）税凭证、资料及正式申报电子数据，向主管税务机关进行正式申报。

二、税务机关受理企业出口退（免）税预申报后，应及时审核并向企业反馈审核结果。如果审核发现申报退（免）税的凭证没有对应的管理部门电子信息或凭证的内容与电子信息不符的，企业应按下列方法处理：

（一）属于凭证信息录入错误的，应更正后再次进行预申报；

（二）属于未在“中国电子口岸出口退税子系统”中进行出口货物报关单确认操作或未按规定进行增值税专用发票认证操作的，应进行上述操作后，再次进行预申报；

（三）除上述原因外，可填写《出口企业信息查询申请表》（见附件1），将缺失对应凭证管理部门电子信息或凭证的内容与电子信息不符的数据和原始凭证报送至主管税务机关，由主管税务机关协助查找相关信息。

三、生产企业应根据免抵退税正式申报的出口销售额（不包括本公告生效前已按原办法申报的单证不齐或者信息不齐的出口销售额）计算免抵退税不得免征和抵扣税额，并填报在当期《增值税纳税申报表附列资料（二）》“免抵退税办法出口货物不得抵扣进项税额”栏（第18栏）、《免抵退税申报汇总表》“免抵退税不得免征和抵扣税额”栏（第25栏）。

生产企业在本公告生效前已按原办法申报单证不齐或者信息不齐的出口货物劳务及服务，在本公告生效后应及时收齐有关单证、进行预申报，并在单证齐全、信息通过预申报核对无误后进行免抵退税正式申报。正式申报时，只计算免抵退税额，不计算免抵退税不得免征和抵扣税额。

四、在退（免）税申报期截止之日前，如果企业出口的货物劳务及服务申报退（免）税的凭证仍没有对应管理部门电子信息或凭证的内容与电子信息比对不符，无法完成预申报的，企业应在退（免）税申报期截止之日前，向主管税务机关报送以下资料：

（一）《出口退（免）税凭证无相关电子信息申报表》（见附件2）及其电子数据；

（二）退（免）税申报凭证及资料。

经主管税务机关核实，企业报送的退（免）税凭证资料齐全，且《出口退（免）税凭证无相关电子信息申报表》及其电子数据与凭证内容一致的，企业退（免）税正式申报时间不受退（免）税申报期截止之日限制。未按上述规定在退（免）税申报期截止之日前向主管税务机关报送退（免）税凭证资料的，企业在退（免）税申报期限截止之日后不得进行退（免）税申报，应按规定进行免税申报或纳税申报。

五、符合《财政部 国家税务总局关于出口货物劳务增值税和消费税政策的通知》(财税〔2012〕39 号)第九条第(四)项规定的生产企业,不适用本公告,其免抵退税申报仍按原办法执行。

六、本公告自 2014 年 1 月 1 日起施行。《国家税务总局关于发布〈出口货物劳务增值税和消费税管理办法〉的公告》(国家税务总局公告 2012 年第 24 号)、《国家税务总局关于〈出口货物劳务增值税和消费税管理办法〉有关问题的公告》(国家税务总局公告 2013 年第 12 号)、《国家税务总局关于出口企业申报出口货物退(免)税提供收汇资料有关问题的公告》(国家税务总局公告 2013 年第 30 号)等文件与本公告相冲突的内容同时废止。

附件:1. 出口企业信息查询申请表(略)

2. 出口退(免)税凭证无相关电子信息申报表(略)

关于《调整出口退(免)税申报办法的公告》的解读

现将《国家税务总局关于调整出口退(免)税申报办法的公告》(以下简称《公告》)的内容解读如下:

一、《公告》制定的背景

为减少出口企业或其他单位(以下简称"企业")出口退(免)税申报的差错率和疑点,进一步提高申报和审批效率,加快出口退税进度,制定了本《公告》。

二、《公告》的主要内容

(一)明确了企业进行正式退(免)税申报的前置条件。即:收齐按规定需向主管税务机关提供的退(免)税申报凭证和资料;按规定进行退(免)税预申报;经税务机关预申报审核,企业预申报的退(免)税凭证信息与退(免)税凭证管理部门的电子信息核对无误。

(二)明确了企业对税务机关预申报审核反馈结果中,因企业申报的退(免)税凭证信息无与之对应的相关退(免)税凭证管理部门的电子信息或电子信息核对不符,无法通过预申报审核的处理方法。

(三)明确了生产企业按本《公告》进行退(免)税申报时,免抵退税不得免征和抵扣税额的计税依据,及生产企业在本公告生效前已按原办法申报单证不齐或者信息不齐的出口货物劳务及服务的处理方法。

(四)明确了企业在退(免)税申报期到期时仍因申报的退(免)税凭证没有相关退(免)税凭证管理部门的电子信息或电子信息核对不符,无法通过预申报审核的,可以在退(免)税申报期截止之日前,向主管税务机关报送《公告》规定的资料,报送资料后其退(免)税正式申报时间不受退(免)税申报期限的限制。其目的是为了避免因信息传递问题,给企业造成损失。

(五)明确了符合《财政部 国家税务总局关于出口货物劳务增值税和消费税政策的通知》(财税〔2012〕39 号)第九条第(四)项规定的生产企业(即"先退税、后核销"的企业),不适用本公告,其免抵退税申报仍按原办法执行。

三、《公告》的执行日期

《公告》自 2014 年 1 月 1 日起执行,以企业申报退(免)税的日期为准。

财政部 国家税务总局关于重新印发《总分机构试点纳税人增值税计算缴纳暂行办法》的通知

财税〔2013〕74 号

各省、自治区、直辖市、计划单列市财政厅(局)、国家税务局、地方税务局,新疆生产建设兵团财务局:

根据营业税改征增值税试点政策和现行增值税有关规定,现将修订后的《总分机构试点纳税人增值税计算缴纳暂行办法》(见附件)印发你们,请遵照执行。

附件：

总分机构试点纳税人增值税计算缴纳暂行办法

一、经财政部和国家税务总局批准的总机构试点纳税人及其分支机构，按照本办法的规定计算缴纳增值税。

二、总机构应当汇总计算总机构及其分支机构发生《应税服务范围注释》所列业务的应交增值税，抵减分支机构发生《应税服务范围注释》所列业务已缴纳的增值税税款（包括预缴和补缴的增值税税款）后，在总机构所在地解缴入库。总机构销售货物、提供加工修理修配劳务，按照增值税暂行条例及相关规定就地申报缴纳增值税。

三、总机构汇总的应征增值税销售额，为总机构及其分支机构发生《应税服务范围注释》所列业务的应征增值税销售额。

四、总机构汇总的销项税额，按照本办法第三条规定的应征增值税销售额和增值税适用税率计算。

五、总机构汇总的进项税额，是指总机构及其分支机构因发生《应税服务范围注释》所列业务而购进货物或者接受加工修理修配劳务和应税服务，支付或者负担的增值税税额。总机构及其分支机构用于发生《应税服务范围注释》所列业务之外的进项税额不得汇总。

六、分支机构发生《应税服务范围注释》所列业务，按照应征增值税销售额和预征率计算缴纳增值税。计算公式如下：

应预缴的增值税＝应征增值税销售额×预征率

预征率由财政部和国家税务总局规定，并适时予以调整。

分支机构销售货物、提供加工修理修配劳务，按照增值税暂行条例及相关规定就地申报缴纳增值税。

七、分支机构发生《应税服务范围注释》所列业务当期已预缴的增值税税款，在总机构当期增值税应纳税额中抵减不完的，可以结转下期继续抵减。

八、每年的第一个纳税申报期结束后，对上一年度总分机构汇总纳税情况进行清算。总机构和分支机构年度清算应交增值税，按照各自销售收入占比和总机构汇总的上一年度应交增值税税额计算。分支机构预缴的增值税超过其年度清算应交增值税的，通过暂停以后纳税申报期预缴增值税的方式予以解决。分支机构预缴的增值税小于其年度清算应交增值税的，差额部分在以后纳税申报期由分支机构在预缴增值税时一并就地补缴入库。

九、总机构及其分支机构的其他增值税涉税事项，按照营业税改征增值税试点政策及其他增值税有关政策执行。

十、总分机构试点纳税人增值税具体管理办法由国家税务总局另行制定。

财政部 国家税务总局关于部分航空运输企业总分机构增值税计算缴纳问题的通知

财税〔2013〕86 号

各省、自治区、直辖市、计划单列市财政厅（局）、国家税务局、地方税务局，新疆生产建设兵团财务局：

现将部分航空运输企业总机构及其分支机构缴纳增值税有关问题通知如下：

一、本通知附件 1 列明的航空运输企业总分支机构，自 2013 年 8 月 1 日起，按《总分机构试点纳税人增值税计算缴纳暂行办法》（财税〔2013〕74 号，以下称《暂行办法》）计算缴纳增值税。

二、本通知附件 2 列明的航空运输企业总分支机构，自 2013 年 10 月 1 日起，按《暂行办法》计算缴纳增值税。

三、上述航空运输企业分支机构的预征率为1%。

四、《财政部 国家税务总局关于印发〈总分机构试点纳税人增值税计算缴纳暂行办法〉的通知》(财税〔2012〕84号)和《财政部国家税务总局关于部分航空公司执行总分机构试点纳税人增值税计算缴纳暂行办法的通知》(财税〔2013〕9号)自2013年10月1日起停止执行。

附件:1. 航空运输企业总机构及其分支机构名单(一)(略)

2. 航空运输企业总机构及其分支机构名单(二)(略)

国家税务总局关于营业税改征增值税试点有关文化事业建设费登记与申报事项的公告

国家税务总局公告2013年第64号

根据《财政部 国家税务总局关于营业税改征增值税试点有关文化事业建设费征收管理问题的通知》(财综〔2013〕88号),现将文化事业建设费登记与申报有关事项公告如下:

一、登记事项

凡应缴纳和扣缴文化事业建设费的单位和个人(以下简称缴纳人、扣缴人),须按以下规定填写《文化事业建设费登记表》(附件1),向主管税务机关申报办理文化事业建设费登记事项。

(一)缴纳人、扣缴人在办理税务登记或扣缴税款登记的同时,办理文化事业建设费登记。

(二)本公告发布之日前已经办理税务登记或扣缴税款登记,但未办理文化事业建设费登记的缴纳人、扣缴人,应在本公告发布后,首次申报缴纳文化事业建设费前,补办登记事项。

(三)不经常发生文化事业建设费应缴纳行为或按规定不需要办理税务登记、扣缴税款登记的缴纳人、扣缴人,可以在首次文化事业建设费应缴纳行为发生后,办理登记事项。

二、申报事项

(一)缴纳人、扣缴人应在申报期内分别向主管税务机关报送《文化事业建设费申报表》(附件2)、《文化事业建设费代扣代缴报告表》(附件3,以下简称申报表)。申报数据实行电子信息采集的缴纳人、扣缴人,其纸质申报表按照各省税务机关的要求报送。

(二)缴纳人计算缴纳文化事业建设费时,允许从提供相关应税服务所取得的全部含税价款和价外费用中减除有关价款的,应根据取得的合法有效凭证逐一填列《应税服务扣除项目清单》(附件4),作为申报表附列资料,向主管税务机关同时报送。

缴纳人应将合法有效凭证的复印件加盖财务印章后编号并装订成册,作为备查资料并妥善保管,以备税务机关检查审核。

(三)文化事业建设费的申报期限与缴纳人、扣缴人的增值税申报期限相同。

三、本公告自2014年1月1日起施行。《国家税务总局关于营业税改征增值税试点文化事业建设费缴费信息登记有关事项的公告》(国家税务总局公告2012年第50号)、《国家税务总局关于营业税改征增值税试点文化事业建设费申报有关事项的公告》(国家税务总局公告2012年第51号)、《国家税务总局关于营业税改征增值税试点中文化事业建设费征收有关事项的公告》(国家税务总局公告2013年第35号)同时废止。

特此公告。

附件:1.《文化事业建设费登记表》及填表说明(略)

2.《文化事业建设费申报表》及填表说明(略)

3.《文化事业建设费代扣代缴报告表》及填表说明(略)

4.《应税服务减除项目清单》及填表说明(略)

关于《营业税改征增值税试点有关文化事业建设费登记与申报事项的公告》的解读

为配合在全国范围内开展交通运输业和部分现代服务业营改增试点，做好营改增后文化事业建设费征收工作，我们制定发布了《国家税务总局关于营业税改征增值税试点有关文化事业建设费登记与申报事项的公告》(以下简称《公告》)，现将《公告》解读如下。

一、《公告》制定的背景

2013 年 8 月 1 日，营改增试点在全国范围内推开后，财政部、国家税务总局印发了《财政部 国家税务总局关于营业税改征增值税试点有关文化事业建设费征收管理的通知》(财综〔2013〕88 号)，为配合相关政策规定的施行，我们制定发布本公告。

二、《公告》的适用范围

本公告适用于纳入营改增试点的文化事业建设费缴纳人和扣缴人。

三、《公告》的主要内容

《公告》是在对《国家税务总局关于营业税改征增值税试点文化事业建设费缴费信息登记有关事项的公告》(国家税务总局公告 2012 年第 50 号)、《国家税务总局关于营业税改征增值税试点文化事业建设费申报有关事项的公告》(国家税务总局公告 2012 年第 51 号)整合、完善的基础上形成的。同时，为落实好增值税小规模纳税人免征文化事业建设费的有关政策，对《文化事业建设费申报表》进行了修改，相应增加了增值税小规模纳税人月销售额不超过 2 万元(按季纳税 6 万元)的企业和非企业性单位免征文化事业建设费的相关填报栏次，明确了应征文化事业建设费收入、免征文化事业建设费收入与扣除价款项目的逻辑运算关系。

国家税务总局关于出口货物劳务增值税和消费税有关问题的公告

国家税务总局公告 2013 年第 65 号

为进一步规范管理，准确执行出口货物劳务税收政策，现就出口货物劳务增值税和消费税有关问题公告如下：

一、出口企业或其他单位申请注销退(免)税资格认定，如向主管税务机关声明放弃未申报或已申报但尚未办理的出口退(免)税并按规定申报免税的，视同已结清出口退税税款。

因合并、分立、改制重组等原因申请注销退(免)税资格认定的出口企业或其他单位(以下简称注销企业)，可向主管税务机关申报《申请注销退(免)税资格认定企业未结清退(免)税确认书》(附件 1)，提供合并、分立、改制重组企业决议、章程、相关部门批件及承继注销企业权利和义务的企业(以下简称承继企业)在注销企业所在地的开户银行、账号，经主管税务机关确认无误后，可在注销企业结清出口退(免)税款前办理退(免)税资格认定注销手续。注销后，注销企业的应退税款由其主管税务机关退还至承继企业账户，如发生需要追缴多退税款的向承继企业追缴。

二、出口企业或其他单位可以放弃全部适用退(免)税政策出口货物劳务的退(免)税，并选择适用增值税免税政策或征税政策。放弃适用退(免)税政策的出口企业或其他单位，应向主管税务机关报送《出口货物劳务放弃退(免)税声明》(附件 2)，办理备案手续。自备案次日起 36 个月内，其出口的适用增值税退(免)税政策的出口货物劳务，适用增值税免税政策或征税政策。

三、从事进料加工业务的生产企业，因上年度无海关已核销手(账)册不能确定本年度进料加工业务计划分配率的，应使用最近一次确定的“上年度已核销手(账)册综合实际分配率”作为本年度的计划分配率。

生产企业在办理年度进料加工业务核销后，如认为《生产企业进料加工业务免抵退税核销表》中的“上年度已核销手(账)册综合实际分配率”与企业当年度实际情况差别较大的，可在向主管税务机关提供当年度预计的进料加工计划分配率及书面合理理由后，将预计的进料加工计划分配率作为该年度的计划分配率。

四、出口企业将加工贸易进口料件，采取委托加工收回出口的，在申报退(免)税或申请开具《来料加工免税证明》时，如提供的加工费发票不是由加工贸易手(账)册上注明的加工单位开具的，出口企业须向主管税务机关书面说明理由，并提供主管海关出具的书面证明。否则，属于进料加工委托加工业务的，对应的加工费不得抵扣或申报退(免)税；属于来料加工委托加工业务的，不得申请开具《来料加工免税证明》，相应的加工费不得申报免税。

五、出口企业报关进入国家批准的出口加工区、保税物流园区、保税港区、综合保税区、珠澳跨境工业区(珠海园区)、中哈霍尔果斯国际边境合作中心(中方配套区域)、保税物流中心(B型)(以下统称特殊区域)并销售给特殊区域内单位或境外单位、个人的货物，以人民币结算的，可申报出口退(免)税，按有关规定提供收汇资料时，可以提供收取人民币的凭证。

六、出口企业或其他单位申报对外援助出口货物退(免)税时，不需要提供商务部批准使用援外优惠贷款的批文("援外任务书")复印件和商务部批准使用援外合资合作项目基金的批文("援外任务书")复印件。

七、生产企业外购的不经过本企业加工或组装，出口后能直接与本企业自产货物组合成成套产品的货物，如配套出口给进口本企业自产货物的境外单位或个人，可作为视同自产货物申报退(免)税。生产企业申报出口视同自产的货物退(免)税时，应按《生产企业出口视同自产货物业务类型对照表》(附件3)，在《生产企业出口货物免、抵、退税申报明细表》的"业务类型"栏内填写对应标识，主管税务机关如发现企业填报错误的，应及时要求企业改正。

八、出口企业或其他单位出口适用增值税免税政策的货物劳务，在向主管税务机关办理增值税、消费税免税申报时，不再报送《免税出口货物劳务明细表》及其电子数据。出口货物报关单、合法有效的进货凭证等留存企业备查的资料，应按出口日期装订成册。

九、以下出口货物劳务应按照下列规定留存备查合法有效的进货凭证：

(一)出口企业或其他单位从依法拍卖单位购买货物出口的，将与拍卖人签署的成交确认书及有关收据留存备查；

(二)通过合并、分立、重组改制等资产重组方式设立的出口企业或其他单位，出口重组前的企业无偿划转的货物，将资产重组文件、无偿划转的证明材料留存备查。

十、出口企业或其他单位按照《国家税务总局关于〈出口货物劳务增值税和消费税管理办法〉有关问题的公告》(国家税务总局公告2013年第12号)第二条第(十八)项规定申请延期申报退(免)税的，如省级税务机关在免税申报截止之日后批复不予延期，若该出口货物符合其他免税条件，出口企业或其他单位应在批复的次月申报免税。次月未申报免税的，适用增值税征税政策。

十一、委托出口的货物，委托方应自货物报关出口之日起至次年3月15日前，凭委托代理出口协议(复印件)向主管税务机关报送《委托出口货物证明》(附件4)及其电子数据。主管税务机关审核委托代理出口协议后在《委托出口货物证明》签章。

受托方申请开具《代理出口货物证明》时，应提供规定的凭证资料及委托方主管税务机关签章的《委托出口货物证明》。

十二、外贸企业出口视同内销征税的货物，申请开具《出口货物转内销证明》时，需提供规定的凭证资料及计提销项税的记账凭证复印件。

主管税务机关在审核外贸企业《出口货物转内销证明申报表》时，对增值税专用发票交叉稽核信息比对不符，以及发现提供的增值税专用发票或者其他增值税扣税凭证存在以下情形之一的，不得出具《出口货物转内销证明》：

(一)提供的增值税专用发票或海关进口增值税专用缴款书为虚开、伪造或内容不实；

(二)提供的增值税专用发票是在供货企业税务登记被注销或被认定为非正常户之后开具；

(三)外贸企业出口货物转内销时申报的《出口货物转内销证明申报表》的进货凭证上载明的货物与申报免退税匹配的出口货物报关单上载明的出口货物名称不符。属同一货物的多种零部件合并报关为同一商品名称的除外；

(四)供货企业销售的自产货物，其生产设备、工具不能生产该种货物；

(五)供货企业销售的外购货物,其购进业务为虚假业务;

(六)供货企业销售的委托加工收回货物,其委托加工业务为虚假业务。

主管税务机关在开具《出口货物转内销证明》后,发现外贸企业提供的增值税专用发票或者其他增值税扣税凭证存在以上情形之一的,主管税务机关应通知外贸企业将原取得的《出口货物转内销证明》涉及的进项税额做转出处理。

十三、出口企业按规定向国家商检、海关、外汇管理等对出口货物相关事项实施监管核查部门报送的资料中,属于申报出口退(免)税规定的凭证资料及备案单证的,如果上述部门或主管税务机关发现为虚假或其内容不实的,其对应的出口货物不适用增值税退(免)税和免税政策,适用增值税征税政策。查实属于偷骗税的按照相应的规定处理。

十四、本公告自2014年1月1日起执行。

特此公告。

附件:1. 申请注销退(免)税资格认定企业未结清退(免)税确认书(略)

2. 出口货物劳务放弃退(免)税声明(略)

3. 生产企业出口视同自产货物业务类型对照表(略)

4. 委托出口货物证明(略)

关于《出口货物劳务增值税和消费税有关问题的公告》的解读

为进一步规范出口退税管理,严格执行出口货物劳务税收政策,国家税务总局制定发布了《国家税务总局关于出口货物劳务增值税和消费税有关问题的公告》(以下简称《公告》)。现将《公告》的有关内容解读如下:

一、《公告》的主要内容

(一)进一步完善明确的内容

1. 关于注销出口退税资格认定。《公告》进一步明确了未结清出口退(免)税款可以办理出口企业退(免)税资格认定注销的两种情况:一是出口企业向税务机关声明放弃已申报尚未办理的出口退(免)税并按规定申报免税,视同已结清税款;二是出口企业因合并、分立、改制重组等原因申请注销退(免)税资格认定的,可向主管税务机关申报《申请注销退(免)税资格认定企业未结清退(免)税确认书》并提供有关批准文件等资料。

2. 关于进料加工计划分配率。《公告》补充明确了以下两种情况进料加工计划分配率的确定方法:一是因上年无海关已核销手(账)册不能确定本年度进料加工业务计划分配率的,使用最近一次确定的"上年度已核销手(账)册综合实际分配率"作为本年度的计划分配率;二是生产企业可在向主管税务机关提供当年度预计的进料加工计划分配率及书面合理理由后,将预计的进料加工计划分配率作为该年度的计划分配率。

3. 补充了"合法有效的进货凭证"的种类。针对一些特殊业务的实际情况,《公告》对适用免税政策的出口货物留存企业备查的资料中的"合法有效的进货凭证"进行了补充:一是从依法拍卖单位购买的货物,为与拍卖人签署的成交确认书;二是通过资产重组方式设立的出口企业重组前企业无偿划转的货物,为资产重组文件、无偿划转的证明材料。

4. 规定了申请退(免)税申报延期与申报免税的衔接办法。现行政策规定,出口企业由于特殊原因导致不能按期进行退(免)税申报的,可按规定申请延期申报,应在申报期限截止之日前向主管税务机关提出申请,并逐级上报至省级国家税务局批准。考虑到如果省级国家税务局在免税申报截止之日后批复不予延期,可能会出现本可以按免税申报但又过了免税申报期的情况。因此,《公告》规定:若该出口货物符合其他免税条件,出口企业或其他单位应在批复的次月申报免税;次月未申报免税的,适用增值税征税政策。

(二)增加的内容

1. 增加了放弃全部适用退(免)税政策的规定。规定出口企业可以放弃全部适用退(免)税政策出口货物劳务的退(免)税,并选择适用增值税免税政策或征税政策,一旦放弃36个月内不得更改。

2. 完善了加工贸易委托加工费的退(免)税管理。规定委托加工的加工贸易出口企业申报退(免)税,如提供的加工费发票不是由加工贸易手(账)册上注明的加工单位开具的,出口企业须向主管税务机关书面说明,并提供主管海关出具的书面证明;否则,其对应的加工费不得抵扣或申报退(免)税。

3.《公告》明确了经报关进入或销售给特殊区域的货物按规定提供收汇凭证时可以提供收取人民币的凭证。

4. 加强了《代理出口货物证明》的开具管理。《公告》规定:受托企业申请开具《代理出口货物证明》时,应补充提供委托方主管税务机关签章的《委托出口货物证明》。

5. 加强外贸企业出口视同内销征税货物的管理。《公告》规定,外贸企业出口视同内销征税的货物,申请开具《出口货物转内销证明》时,需提供规定的凭证资料及计提销项税的记账凭证复印件;同时规定了税务机关不得出具《出口货物转内销证明》的情形。

6. 加强出口退税凭证资料及备案单证的管理。《公告》规定,出口企业按规定向国家商检、海关、外汇管理等对出口货物相关事项实施监管核查部门报送的资料中,属于申报出口退(免)税规定的凭证资料及备案单证的,如果上述部门或主管税务机关发现为虚假或其内容不实的,其对应的出口货物适用增值税征税政策。

(三)进一步简化申报手续

1. 明确了出口企业申报对外援助出口货物退(免)税时,不需提供商务部批准使用援外优惠贷款的批文("援外任务书")复印件和商务部批准使用援外合资合作项目基金的批文("援外任务书")复印件。

2. 出口企业向主管税务机关办理适用免税政策的出口货物劳务的免税申报手续,不再报送《免税出口货物劳务明细表》及其电子数据。

二、《公告》的执行时间

本公告自2014年1月1日起执行。

国家税务总局关于纳税人资产重组有关增值税问题的公告

国家税务总局公告2013年第66号

现将纳税人资产重组有关增值税问题公告如下:

纳税人在资产重组过程中,通过合并、分立、出售、置换等方式,将全部或者部分实物资产以及与其相关联的债权、负债经多次转让后,最终的受让方与劳动力接收方为同一单位和个人的,仍适用《国家税务总局关于纳税人资产重组有关增值税问题的公告》(国家税务总局公告2011年第13号)的相关规定,其中货物的多次转让行为均不征收增值税。资产的出让方需将资产重组方案等文件资料报其主管税务机关。

本公告自2013年12月1日起施行。纳税人此前已发生并处理的事项,不再做调整;未处理的,按本公告规定执行。

特此公告。

关于《纳税人资产重组有关增值税问题的公告》的解读

一、本公告出台的背景

《国家税务总局关于纳税人资产重组有关增值税问题的公告》(国家税务总局公告2011年第13号,以下简称"13号公告")发布后,在鼓励企业整合资源、兼并重组方面发挥了重要作用。近期部分地区税务机关反映,一些纳税人在进行资产重组时,将全部或者部分实物资产以及与其相关联的债权、负债通过多次转让，但最终的受让方与劳动力接收方为同一单位和个人，这种情形的资产重组中涉及的货物转让行为是否征收增值税，请求总局予以明确。

二、为什么说纳税人在资产重组过程中，通过合并、分立、出售、置换等方式，将全部或者部分实物资产以及与其相关联的债权、负债经多次转让后，最终的受让方与劳动力接收方为同一单位和个人的，仍适用13号公告规定？

我们认为，这种转让方式虽然不是一次性转让资产、负债和劳动力，但最终结果是实现了全部或部分实物资产以及与其相关联的债权、负债和劳动力全部转让给了同一单位和个人，应视为“一并转让”，对其中涉及的货物多次转让行为均不应征收增值税。为此我们研究出台了《国家税务总局关于纳税人资产重组有关增值税问题的公告》，作为对13号公告的补充和完善。

国家税务总局关于发布《航空运输企业增值税征收管理暂行办法》的公告

国家税务总局公告2013年第68号

为解决营业税改征增值税试点期间航空运输企业总分机构缴纳增值税问题，国家税务总局制定了《航空运输企业增值税征收管理暂行办法》，现予以发布。

《财政部 国家税务总局关于部分航空运输企业总分机构增值税计算缴纳问题的通知》（财税〔2013〕86号）附件1列明的航空运输企业总分机构，自2013年8月1日起按本办法计算缴纳增值税；附件2列明的航空运输企业总分机构，自2013年10月1日起按本办法计算缴纳增值税。

《国家税务总局关于发布〈营业税改征增值税试点期间航空运输企业增值税征收管理暂行办法〉的公告》（2013第7号）自2013年10月1日起废止。

特此公告。

国家税务总局关于纳税人无偿赠送煤矸石征收增值税问题的公告

国家税务总局公告2013年第70号

现将纳税人无偿赠送煤矸石征收增值税问题公告如下：

纳税人将煤矸石无偿提供给他人，应根据《中华人民共和国增值税暂行条例实施细则》第四条的规定征收增值税，销售额应根据《中华人民共和国增值税暂行条例实施细则》第十六条的规定确定。

本公告自2014年1月1日起施行。此前已发生并处理的事项，不再做调整；未处理的，按本公告规定执行。

特此公告。

关于《纳税人无偿赠送煤矸石征收增值税问题的公告》的解读

一、本公告出台的背景是什么？

近接部分税务机关反映，一些纳税人将原煤筛、选、洗加工过程中产生的煤矸石排出给用矸单位，不收取费用。对此行为是否应视同销售征收增值税，请求总局予以明确。

二、为什么要对选煤厂排出的矸石作为废弃物无偿提供给用矸单位的行为征收增值税？

煤矸石是煤矿在建井、开拓掘进、采煤和煤炭选洗过程中排出的含炭岩石及岩石，是煤矿建设生产过程中的副产品。根据《中华人民共和国增值税暂行条例实施细则》第四条的规定，单位和个体经营者将自产、委托加工或者购买的货物无偿赠送他人的行为，应当视同销售征收增值税。

国家税务总局关于动物骨粒适用增值税税率的公告

国家税务总局公告2013年第71号

现对动物骨粒适用增值税税率问题公告如下：

动物骨粒属于《农业产品征税范围注释》(财税字〔1995〕52号)第二条第(五)款规定的动物类“其他动物组织”，其适用的增值税税率为13%。

动物骨粒是指将动物骨经筛选、破碎、清洗、晾晒等工序加工后的产品。

本公告自2014年1月1日起执行。此前已发生并处理的事项，不再做调整；未处理的，按本公告规定执行。

特此公告。

关于《动物骨粒适用增值税税率的公告》的解读

一、本公告出台的背景

近接部分地区税务机关请示，动物骨进行筛选、破碎、清洗、晾晒等工序后形成的骨粒产品，是否属于《农业产品征税范围注释》(财税字〔1995〕52号)中列举的农产品范围？建议总局予以明确。

二、确定动物骨粒产品属于农产品适用13%增值税税率的依据

根据《财政部 国家税务总局关于部分货物适用增值税低税率和简易办法征收增值税政策的通知》(财税〔2009〕9号)，农产品适用的增值税税率为13%。农产品，是指种植业、养殖业、林业、牧业、水产业生产的各种植物、动物的初级产品。具体征税范围继续按照《财政部、国家税务总局关于印发〈农业产品征税范围注释〉的通知》(财税字〔1995〕52号)及现行相关规定执行。在《农业产品征税范围注释》动物类中，列举了“其他动物组织，如动物骨、壳、兽角、动物血液、动物分泌物、蚕种等”。将动物骨进行筛选、破碎、清洗、晾晒等工序加工后形成的骨粒产品，仍保持了原动物骨的物理性质，其加工过程属于简单物理加工，应适用农产品13%的增值税税率。

财政部 国家税务总局关于将铁路运输和邮政业纳入营业税改征增值税试点的通知

财税〔2013〕106号

各省、自治区、直辖市、计划单列市财政厅(局)、国家税务局、地方税务局，新疆生产建设兵团财务局：

经国务院批准，铁路运输和邮政业纳入营业税改征增值税(以下称营改增)试点。结合交通运输业和部分现代服务业营改增试点运行中反映的问题，我们对营改增试点政策进行了修改完善。现将有关试点政策一并印发你们，请遵照执行。

一、自2014年1月1日起，在全国范围内开展铁路运输和邮政业营改增试点。

二、各地要高度重视营改增试点工作，切实加强试点工作的组织领导，周密安排，明确责任，采取各种有效措施，做好试点前的各项准备以及试点过程中的监测分析和宣传解释等工作，确保改革的平稳、有序、顺利进行。遇到问题请及时向财政部和国家税务总局反映。

三、本通知附件规定的内容，除另有规定执行时间外，自 2014 年 1 月 1 日起执行。《财政部 国家税务总局关于在全国开展交通运输业和部分现代服务业营业税改征增值税试点税收政策的通知》（财税〔2013〕37 号）自 2014 年 1 月 1 日起废止。

附件：1. 营业税改征增值税试点实施办法

2. 营业税改征增值税试点有关事项的规定

3. 营业税改征增值税试点过渡政策的规定

4. 应税服务适用增值税零税率和免税政策的规定

附件 1：

营业税改征增值税试点实施办法

第一章　纳税人和扣缴义务人

第一条　在中华人民共和国境内（以下称境内）提供交通运输业、邮政业和部分现代服务业服务（以下称应税服务）的单位和个人，为增值税纳税人。纳税人提供应税服务，应当按照本办法缴纳增值税，不再缴纳营业税。

单位，是指企业、行政单位、事业单位、军事单位、社会团体及其他单位。

个人，是指个体工商户和其他个人。

第二条　单位以承包、承租、挂靠方式经营的，承包人、承租人、挂靠人（以下统称承包人）以发包人、出租人、被挂靠人（以下统称发包人）名义对外经营并由发包人承担相关法律责任的，以该发包人为纳税人。否则，以承包人为纳税人。

第三条　纳税人分为一般纳税人和小规模纳税人。

应税服务的年应征增值税销售额（以下称应税服务年销售额）超过财政部和国家税务总局规定标准的纳税人为一般纳税人，未超过规定标准的纳税人为小规模纳税人。

应税服务年销售额超过规定标准的其他个人不属于一般纳税人。应税服务年销售额超过规定标准但不经常提供应税服务的单位和个体工商户可选择按照小规模纳税人纳税。

第四条　未超过规定标准的纳税人会计核算健全，能够提供准确税务资料的，可以向主管税务机关申请一般纳税人资格认定，成为一般纳税人。

会计核算健全，是指能够按照国家统一的会计制度规定设置账簿，根据合法、有效凭证核算。

第五条　符合一般纳税人条件的纳税人应当向主管税务机关申请一般纳税人资格认定。具体认定办法由国家税务总局制定。

除国家税务总局另有规定外，一经认定为一般纳税人后，不得转为小规模纳税人。

第六条　中华人民共和国境外（以下称境外）的单位或者个人在境内提供应税服务，在境内未设有经营机构的，以其代理人为增值税扣缴义务人；在境内没有代理人的，以接受方为增值税扣缴义务人。

第七条　两个或者两个以上的纳税人，经财政部和国家税务总局批准可以视为一个纳税人合并纳税。具体办法由财政部和国家税务总局另行制定。

第二章　应税服务

第八条　应税服务，是指陆路运输服务、水路运输服务、航空运输服务、管道运输服务、邮政普遍服务、邮政特殊服务、其他邮政服务、研发和技术服务、信息技术服务、文化创意服务、物流辅助服务、有形动产租赁服务、鉴证咨询服务、广播影视服务。

应税服务的具体范围按照本办法所附的《应税服务范围注释》执行。

第九条　提供应税服务，是指有偿提供应税服务，但不包括非营业活动中提供的应税服务。

有偿，是指取得货币、货物或者其他经济利益。

非营业活动，是指：

（一）非企业性单位按照法律和行政法规的规定，为履行国家行政管理和公共服务职能收取政府性基金或者行政事业性收费的活动。

（二）单位或者个体工商户聘用的员工为本单位或者雇主提供应税服务。

（三）单位或者个体工商户为员工提供应税服务。

（四）财政部和国家税务总局规定的其他情形。

第十条 在境内提供应税服务，是指应税服务提供方或者接受方在境内。

下列情形不属于在境内提供应税服务：

（一）境外单位或者个人向境内单位或者个人提供完全在境外消费的应税服务。

（二）境外单位或者个人向境内单位或者个人出租完全在境外使用的有形动产。

（三）财政部和国家税务总局规定的其他情形。

第十一条 单位和个体工商户的下列情形，视同提供应税服务：

（一）向其他单位或者个人无偿提供交通运输业、邮政业和部分现代服务业服务，但以公益活动为目的或者以社会公众为对象的除外。

（二）财政部和国家税务总局规定的其他情形。

第三章 税率和征收率

第十二条 增值税税率：

（一）提供有形动产租赁服务，税率为17%。

（二）提供交通运输业服务、邮政业服务，税率为11%。

（三）提供现代服务业服务（有形动产租赁服务除外），税率为6%。

（四）财政部和国家税务总局规定的应税服务，税率为零。

第十三条 增值税征收率为3%。

第四章 应纳税额的计算

第一节 一般性规定

第十四条 增值税的计税方法，包括一般计税方法和简易计税方法。

第十五条 一般纳税人提供应税服务适用一般计税方法计税。

一般纳税人提供财政部和国家税务总局规定的特定应税服务，可以选择适用简易计税方法计税，但一经选择，36个月内不得变更。

第十六条 小规模纳税人提供应税服务适用简易计税方法计税。

第十七条 境外单位或者个人在境内提供应税服务，在境内未设有经营机构的，扣缴义务人按照下列公式计算应扣缴税额：

应扣缴税额＝接受方支付的价款÷（1＋税率）×税率

第二节 一般计税方法

第十八条 一般计税方法的应纳税额，是指当期销项税额抵扣当期进项税额后的余额。应纳税额计算公式：

应纳税额＝当期销项税额－当期进项税额

当期销项税额小于当期进项税额不足抵扣时，其不足部分可以结转下期继续抵扣。

第十九条 销项税额，是指纳税人提供应税服务按照销售额和增值税税率计算的增值税额。销项税额计算公式：

销项税额＝销售额×税率

第二十条 一般计税方法的销售额不包括销项税额，纳税人采用销售额和销项税额合并定价方法的，按照下列公式计算销售额：

$$销售额=含税销售额\div(1+税率)$$

第二十一条　进项税额，是指纳税人购进货物或者接受加工修理修配劳务和应税服务，支付或者负担的增值税额。

第二十二条　下列进项税额准予从销项税额中抵扣：

（一）从销售方或者提供方取得的增值税专用发票（含货物运输业增值税专用发票、税控机动车销售统一发票，下同）上注明的增值税额。

（二）从海关取得的海关进口增值税专用缴款书上注明的增值税额。

（三）购进农产品，除取得增值税专用发票或者海关进口增值税专用缴款书外，按照农产品收购发票或者销售发票上注明的农产品买价和13％的扣除率计算的进项税额。计算公式为：

$$进项税额=买价\times扣除率$$

买价，是指纳税人购进农产品在农产品收购发票或者销售发票上注明的价款和按照规定缴纳的烟叶税。

购进农产品，按照《农产品增值税进项税额核定扣除试点实施办法》抵扣进项税额的除外。

（四）接受境外单位或者个人提供的应税服务，从税务机关或者境内代理人取得的解缴税款的中华人民共和国税收缴款凭证（以下称税收缴款凭证）上注明的增值税额。

第二十三条　纳税人取得的增值税扣税凭证不符合法律、行政法规或者国家税务总局有关规定的，其进项税额不得从销项税额中抵扣。

增值税扣税凭证，是指增值税专用发票、海关进口增值税专用缴款书、农产品收购发票、农产品销售发票和税收缴款凭证。

纳税人凭税收缴款凭证抵扣进项税额的，应当具备书面合同、付款证明和境外单位的对账单或者发票。资料不全的，其进项税额不得从销项税额中抵扣。

第二十四条　下列项目的进项税额不得从销项税额中抵扣：

（一）用于简易计税方法计税项目、非增值税应税项目、免征增值税项目、集体福利或者个人消费的购进货物、接受加工修理修配劳务或者应税服务。其中涉及的固定资产、专利技术、非专利技术、商誉、商标、著作权、有形动产租赁，仅指专用于上述项目的固定资产、专利技术、非专利技术、商誉、商标、著作权、有形动产租赁。

（二）非正常损失的购进货物及相关的加工修理修配劳务或者交通运输业服务。

（三）非正常损失的在产品、产成品所耗用的购进货物（不包括固定资产）、加工修理修配劳务或者交通运输业服务。

（四）接受的旅客运输服务。

第二十五条　非增值税应税项目，是指非增值税应税劳务、转让无形资产（专利技术、非专利技术、商誉、商标、著作权除外）、销售不动产以及不动产在建工程。

非增值税应税劳务，是指《应税服务范围注释》所列项目以外的营业税应税劳务。

不动产，是指不能移动或者移动后会引起性质、形状改变的财产，包括建筑物、构筑物和其他土地附着物。

纳税人新建、改建、扩建、修缮、装饰不动产，均属于不动产在建工程。

个人消费，包括纳税人的交际应酬消费。

固定资产，是指使用期限超过12个月的机器、机械、运输工具以及其他与生产经营有关的设备、工具、器具等有形动产。

非正常损失，是指因管理不善造成被盗、丢失、霉烂变质的损失，以及被执法部门依法没收或者强令自行销毁的货物。

第二十六条　适用一般计税方法的纳税人，兼营简易计税方法计税项目、非增值税应税劳务、免征增值税项目而无法划分不得抵扣的进项税额，按照下列公式计算不得抵扣的进项税额：

$$\text{不得抵扣的进项税额}=\text{当期无法划分的全部进项税额}\times\left(\text{当期简易计税方法计税项目销售额}+\text{非增值税应税劳务营业额}+\text{免征增值税项目销售额}\right)\div\left(\text{当期全部销售额}+\text{当期全部营业额}\right)$$

主管税务机关可以按照上述公式依据年度数据对不得抵扣的进项税额进行清算。

第二十七条 已抵扣进项税额的购进货物、接受加工修理修配劳务或者应税服务，发生本办法第二十四条规定情形（简易计税方法计税项目、非增值税应税劳务、免征增值税项目除外）的，应当将该进项税额从当期进项税额中扣减；无法确定该进项税额的，按照当期实际成本计算应扣减的进项税额。

第二十八条 纳税人提供的适用一般计税方法计税的应税服务，因服务中止或者折让而退还给购买方的增值税额，应当从当期的销项税额中扣减；发生服务中止、购进货物退出、折让而收回的增值税额，应当从当期的进项税额中扣减。

第二十九条 有下列情形之一者，应当按照销售额和增值税税率计算应纳税额，不得抵扣进项税额，也不得使用增值税专用发票：

（一）一般纳税人会计核算不健全，或者不能够提供准确税务资料的。

（二）应当申请办理一般纳税人资格认定而未申请的。

第三节 简易计税方法

第三十条 简易计税方法的应纳税额，是指按照销售额和增值税征收率计算的增值税额，不得抵扣进项税额。应纳税额计算公式：

应纳税额＝销售额×征收率

第三十一条 简易计税方法的销售额不包括其应纳税额，纳税人采用销售额和应纳税额合并定价方法的，按照下列公式计算销售额：

销售额＝含税销售额÷(1＋征收率)

第三十二条 纳税人提供的适用简易计税方法计税的应税服务，因服务中止或者折让而退还给接受方的销售额，应当从当期销售额中扣减。扣减当期销售额后仍有余额造成多缴的税款，可以从以后的应纳税额中扣减。

第四节 销售额的确定

第三十三条 销售额，是指纳税人提供应税服务取得的全部价款和价外费用。

价外费用，是指价外收取的各种性质的价外收费，但不包括同时符合下列条件代为收取的政府性基金或者行政事业性收费：

1. 由国务院或者财政部批准设立的政府性基金，由国务院或者省级人民政府及其财政、价格主管部门批准设立的行政事业性收费；

2. 收取时开具省级以上财政部门印制的财政票据；

3. 所收款项全额上缴财政。

第三十四条 销售额以人民币计算。

纳税人按照人民币以外的货币结算销售额的，应当折合成人民币计算，折合率可以选择销售额发生的当天或者当月 1 日的人民币汇率中间价。纳税人应当在事先确定采用何种折合率，确定后 12 个月内不得变更。

第三十五条 纳税人提供适用不同税率或者征收率的应税服务，应当分别核算适用不同税率或者征收率的销售额；未分别核算的，从高适用税率。

第三十六条 纳税人兼营营业税应税项目的，应当分别核算应税服务的销售额和营业税应税项目的营业额；未分别核算的，由主管税务机关核定应税服务的销售额。

第三十七条 纳税人兼营免税、减税项目的，应当分别核算免税、减税项目的销售额；未分别核算的，不得免税、减税。

第三十八条 纳税人提供应税服务，开具增值税专用发票后，发生应税服务中止、折让、开票有误等情形的，应当按照国家税务总局的规定开具红字增值税专用发票；未按照规定开具红字增值税专用发票的，不得按照本办法第二十八条和第三十二条的规定扣减销项税额或者销售额。

第三十九条 纳税人提供应税服务，将价款和折扣额在同一张发票上分别注明的，以折扣后的价款为销售额；未在同一张发票上分别注明的，以价款为销售额，不得扣减折扣额。

第四十条 纳税人提供应税服务的价格明显偏低或者偏高且不具有合理商业目的的，或者发生本办法第十一条所列视同提供应税服务而无销售额的，主管税务机关有权按照下列顺序确定销售额：

（一）按照纳税人最近时期提供同类应税服务的平均价格确定。

（二）按照其他纳税人最近时期提供同类应税服务的平均价格确定。

（三）按照组成计税价格确定。组成计税价格的公式为：

组成计税价格＝成本×（1＋成本利润率）

成本利润率由国家税务总局确定。

第五章 纳税义务、扣缴义务发生时间和纳税地点

第四十一条 增值税纳税义务发生时间为：

（一）纳税人提供应税服务并收讫销售款项或者取得索取销售款项凭据的当天；先开具发票的，为开具发票的当天。

收讫销售款项，是指纳税人提供应税服务过程中或者完成后收到款项。

取得索取销售款项凭据的当天，是指书面合同确定的付款日期；未签订书面合同或者书面合同未确定付款日期的，为应税服务完成的当天。

（二）纳税人提供有形动产租赁服务采取预收款方式的，其纳税义务发生时间为收到预收款的当天。

（三）纳税人发生本办法第十一条视同提供应税服务的，其纳税义务发生时间为应税服务完成的当天。

（四）增值税扣缴义务发生时间为纳税人增值税纳税义务发生的当天。

第四十二条 增值税纳税地点为：

（一）固定业户应当向其机构所在地或者居住地主管税务机关申报纳税。总机构和分支机构不在同一县（市）的，应当分别向各自所在地的主管税务机关申报纳税；经财政部和国家税务总局或者其授权的财政和税务机关批准，可以由总机构汇总向总机构所在地的主管税务机关申报纳税。

（二）非固定业户应当向应税服务发生地主管税务机关申报纳税；未申报纳税的，由其机构所在地或者居住地主管税务机关补征税款。

（三）扣缴义务人应当向其机构所在地或者居住地主管税务机关申报缴纳扣缴的税款。

第四十三条 增值税的纳税期限分别为 1 日、3 日、5 日、10 日、15 日、1 个月或者 1 个季度。纳税人的具体纳税期限，由主管税务机关根据纳税人应纳税额的大小分别核定。以 1 个季度为纳税期限的规定适用于小规模纳税人以及财政部和国家税务总局规定的其他纳税人。不能按照固定期限纳税的，可以按次纳税。

纳税人以 1 个月或者 1 个季度为 1 个纳税期的，自期满之日起 15 日内申报纳税；以 1 日、3 日、5 日、10 日或者 15 日为 1 个纳税期的，自期满之日起 5 日内预缴税款，于次月 1 日起 15 日内申报纳税并结清上月应纳税款。

扣缴义务人解缴税款的期限，按照前两款规定执行。

第六章 税收减免

第四十四条 纳税人提供应税服务适用免税、减税规定的，可以放弃免税、减税，依照本办法的规定缴纳增值税。放弃免税、减税后，36 个月内不得再申请免税、减税。

纳税人提供应税服务同时适用免税和零税率规定的，优先适用零税率。

第四十五条 个人提供应税服务的销售额未达到增值税起征点的，免征增值税；达到起征点的，全额计算缴纳增值税。

增值税起征点不适用于认定为一般纳税人的个体工商户。

第四十六条 增值税起征点幅度如下：

（一）按期纳税的，为月销售额 5000－20000 元（含本数）。

(二)按次纳税的,为每次(日)销售额 300—500 元(含本数)。

起征点的调整由财政部和国家税务总局规定。省、自治区、直辖市财政厅(局)和国家税务局应当在规定的幅度内,根据实际情况确定本地区适用的起征点,并报财政部和国家税务总局备案。

第七章 征收管理

第四十七条 营业税改征的增值税,由国家税务局负责征收。

第四十八条 纳税人提供适用零税率的应税服务,应当按期向主管税务机关申报办理退(免)税,具体办法由财政部和国家税务总局制定。

第四十九条 纳税人提供应税服务,应当向索取增值税专用发票的接受方开具增值税专用发票,并在增值税专用发票上分别注明销售额和销项税额。

属于下列情形之一的,不得开具增值税专用发票:

(一)向消费者个人提供应税服务。

(二)适用免征增值税规定的应税服务。

第五十条 小规模纳税人提供应税服务,接受方索取增值税专用发票的,可以向主管税务机关申请代开。

第五十一条 纳税人增值税的征收管理,按照本办法和《中华人民共和国税收征收管理法》及现行增值税征收管理有关规定执行。

第八章 附 则

第五十二条 纳税人应当按照国家统一的会计制度进行增值税会计核算。

第五十三条 本办法自 2014 年 1 月 1 日起执行。

附:应税服务范围注释

附:

应税服务范围注释

一、交通运输业

交通运输业,是指使用运输工具将货物或者旅客送达目的地,使其空间位置得到转移的业务活动。包括陆路运输服务、水路运输服务、航空运输服务和管道运输服务。

(一)陆路运输服务。

陆路运输服务,是指通过陆路(地上或者地下)运送货物或者旅客的运输业务活动,包括铁路运输和其他陆路运输。

1. 铁路运输服务,是指通过铁路运送货物或者旅客的运输业务活动。

2. 其他陆路运输服务,是指铁路运输以外的陆路运输业务活动。包括公路运输、缆车运输、索道运输、地铁运输、城市轻轨运输等。

出租车公司向使用本公司自有出租车的出租车司机收取的管理费用,按陆路运输服务征收增值税。

(二)水路运输服务。

水路运输服务,是指通过江、河、湖、川等天然、人工水道或者海洋航道运送货物或者旅客的运输业务活动。

远洋运输的程租、期租业务,属于水路运输服务。

程租业务,是指远洋运输企业为租船人完成某一特定航次的运输任务并收取租赁费的业务。

期租业务,是指远洋运输企业将配备有操作人员的船舶承租给他人使用一定期限,承租期内听候承租方调遣,不论是否经营,均按天向承租方收取租赁费,发生的固定费用均由船东负担的业务。

(三)航空运输服务。

航空运输服务,是指通过空中航线运送货物或者旅客的运输业务活动。

航空运输的湿租业务,属于航空运输服务。

湿租业务,是指航空运输企业将配备有机组人员的飞机承租给他人使用一定期限,承租期内听候承租方调遣，不论是否经营，均按一定标准向承租方收取租赁费，发生的固定费用均由承租方承担的业务。

航天运输服务，按照航空运输服务征收增值税。

航天运输服务，是指利用火箭等载体将卫星、空间探测器等空间飞行器发射到空间轨道的业务活动。

（四）管道运输服务。

管道运输服务，是指通过管道设施输送气体、液体、固体物质的运输业务活动。

二、邮政业

邮政业，是指中国邮政集团公司及其所属邮政企业提供邮件寄递、邮政汇兑、机要通信和邮政代理等邮政基本服务的业务活动。包括邮政普遍服务、邮政特殊服务和其他邮政服务。

（一）邮政普遍服务。

邮政普遍服务，是指函件、包裹等邮件寄递，以及邮票发行、报刊发行和邮政汇兑等业务活动。

函件，是指信函、印刷品、邮资封片卡、无名址函件和邮政小包等。

包裹，是指按照封装上的名址递送给特定个人或者单位的独立封装的物品，其重量不超过五十千克，任何一边的尺寸不超过一百五十厘米，长、宽、高合计不超过三百厘米。

（二）邮政特殊服务。

邮政特殊服务，是指义务兵平常信函、机要通信、盲人读物和革命烈士遗物的寄递等业务活动。

（三）其他邮政服务。

其他邮政服务，是指邮册等邮品销售、邮政代理等业务活动。

三、部分现代服务业

部分现代服务业，是指围绕制造业、文化产业、现代物流产业等提供技术性、知识性服务的业务活动。包括研发和技术服务、信息技术服务、文化创意服务、物流辅助服务、有形动产租赁服务、鉴证咨询服务、广播影视服务。

（一）研发和技术服务。

研发和技术服务，包括研发服务、技术转让服务、技术咨询服务、合同能源管理服务、工程勘察勘探服务。

1. 研发服务，是指就新技术、新产品、新工艺或者新材料及其系统进行研究与试验开发的业务活动。

2. 技术转让服务，是指转让专利或者非专利技术的所有权或者使用权的业务活动。

3. 技术咨询服务，是指对特定技术项目提供可行性论证、技术预测、技术测试、技术培训、专题技术调查、分析评价报告和专业知识咨询等业务活动。

4. 合同能源管理服务，是指节能服务公司与用能单位以契约形式约定节能目标，节能服务公司提供必要的服务，用能单位以节能效果支付节能服务公司投入及其合理报酬的业务活动。

5. 工程勘察勘探服务，是指在采矿、工程施工前后，对地形、地质构造、地下资源蕴藏情况进行实地调查的业务活动。

（二）信息技术服务。

信息技术服务，是指利用计算机、通信网络等技术对信息进行生产、收集、处理、加工、存储、运输、检索和利用，并提供信息服务的业务活动。包括软件服务、电路设计及测试服务、信息系统服务和业务流程管理服务。

1. 软件服务，是指提供软件开发服务、软件咨询服务、软件维护服务、软件测试服务的业务行为。

2. 电路设计及测试服务，是指提供集成电路和电子电路产品设计、测试及相关技术支持服务的业务行为。

3. 信息系统服务，是指提供信息系统集成、网络管理、桌面管理与维护、信息系统应用、基础信息技术管理平台整合、信息技术基础设施管理、数据中心、托管中心、安全服务的业务行为。包括网站对非自有的网络游戏提供的网络运营服务。

4. 业务流程管理服务，是指依托计算机信息技术提供的人力资源管理、财务经济管理、审计管理、税务管理、金融支付服务、内部数据分析、内部数据挖掘、内部数据管理、内部数据使用、呼叫中心和电子商务平台等服务的业务活动。

（三）文化创意服务。

文化创意服务，包括设计服务、商标和著作权转让服务、知识产权服务、广告服务和会议展览服务。

1. 设计服务，是指把计划、规划、设想通过视觉、文字等形式传递出来的业务活动。包括工业设计、造型设计、服装设计、环境设计、平面设计、包装设计、动漫设计、网游设计、展示设计、网站设计、机械设计、工程设计、广告设计、创意策划、文印晒图等。

2. 商标和著作权转让服务，是指转让商标、商誉和著作权的业务活动。

3. 知识产权服务，是指处理知识产权事务的业务活动。包括对专利、商标、著作权、软件、集成电路布图设计的代理、登记、鉴定、评估、认证、咨询、检索服务。

4. 广告服务，是指利用图书、报纸、杂志、广播、电视、电影、幻灯、路牌、招贴、橱窗、霓虹灯、灯箱、互联网等各种形式为客户的商品、经营服务项目、文体节目或者通告、声明等委托事项进行宣传和提供相关服务的业务活动。包括广告代理和广告的发布、播映、宣传、展示等。

5. 会议展览服务，是指为商品流通、促销、展示、经贸洽谈、民间交流、企业沟通、国际往来等举办或者组织安排的各类展览和会议的业务活动。

（四）物流辅助服务。

物流辅助服务，包括航空服务、港口码头服务、货运客运场站服务、打捞救助服务、货物运输代理服务、代理报关服务、仓储服务、装卸搬运服务和收派服务。

1. 航空服务，包括航空地面服务和通用航空服务。

航空地面服务，是指航空公司、飞机场、民航管理局、航站等向在境内航行或者在境内机场停留的境内外飞机或者其他飞行器提供的导航等劳务性地面服务的业务活动。包括旅客安全检查服务、停机坪管理服务、机场候机厅管理服务、飞机清洗消毒服务、空中飞行管理服务、飞机起降服务、飞行通讯服务、地面信号服务、飞机安全服务、飞机跑道管理服务、空中交通管理服务等。

通用航空服务，是指为专业工作提供飞行服务的业务活动，包括航空摄影、航空培训、航空测量、航空勘探、航空护林、航空吊挂播洒、航空降雨等。

2. 港口码头服务，是指港务船舶调度服务、船舶通讯服务、航道管理服务、航道疏浚服务、灯塔管理服务、航标管理服务、船舶引航服务、理货服务、系解缆服务、停泊和移泊服务、海上船舶溢油清除服务、水上交通管理服务、船只专业清洗消毒检测服务和防止船只漏油服务等为船只提供服务的业务活动。

港口设施经营人收取的港口设施保安费按照“港口码头服务”征收增值税。

3. 货运客运场站服务，是指货运客运场站提供的货物配载服务、运输组织服务、中转换乘服务、车辆调度服务、票务服务、货物打包整理、铁路线路使用服务、加挂铁路客车服务、铁路行包专列发送服务、铁路到达和中转服务、铁路车辆编解服务、车辆挂运服务、铁路接触网服务、铁路机车牵引服务、车辆停放服务等业务活动。

4. 打捞救助服务，是指提供船舶人员救助、船舶财产救助、水上救助和沉船沉物打捞服务的业务活动。

5. 货物运输代理服务，是指接受货物收货人、发货人、船舶所有人、船舶承租人或船舶经营人的委托，以委托人的名义或者以自己的名义，在不直接提供货物运输服务的情况下，为委托人办理货物运输、船舶进出港口、联系安排引航、靠泊、装卸等货物和船舶代理相关业务手续的业务活动。

6. 代理报关服务，是指接受进出口货物的收、发货人委托，代为办理报关手续的业务活动。

7. 仓储服务，是指利用仓库、货场或者其他场所代客贮放、保管货物的业务活动。

8. 装卸搬运服务，是指使用装卸搬运工具或人力、畜力将货物在运输工具之间、装卸现场之间或者运输工具与装卸现场之间进行装卸和搬运的业务活动。

9. 收派服务，是指接受寄件人委托，在承诺的时限内完成函件和包裹的收件、分拣、派送服务的业务活动。

收件服务，是指从寄件人收取函件和包裹，并运送到服务提供方同城的集散中心的业务活动；分拣服务，是指服务提供方在其集散中心对函件和包裹进行归类、分发的业务活动；派送服务，是指服务提供方从其集散中心将函件和包裹送达同城的收件人的业务活动。

（五）有形动产租赁服务。

有形动产租赁，包括有形动产融资租赁和有形动产经营性租赁。

1. 有形动产融资租赁，是指具有融资性质和所有权转移特点的有形动产租赁业务活动。即出租人根据承租人所要求的规格、型号、性能等条件购入有形动产租赁给承租人，合同期内设备所有权属于出租人，承租人只拥有使用权，合同期满付清租金后，承租人有权按照残值购入有形动产，以拥有其所有权。不论出租人是否将有形动产残值销售给承租人，均属于融资租赁。

2. 有形动产经营性租赁，是指在约定时间内将物品、设备等有形动产转让他人使用且租赁物所有权不变更的业务活动。

远洋运输的光租业务、航空运输的干租业务，属于有形动产经营性租赁。

光租业务，是指远洋运输企业将船舶在约定的时间内出租给他人使用，不配备操作人员，不承担运输过程中发生的各项费用，只收取固定租赁费的业务活动。

干租业务，是指航空运输企业将飞机在约定的时间内出租给他人使用，不配备机组人员，不承担运输过程中发生的各项费用，只收取固定租赁费的业务活动。

（六）鉴证咨询服务。

鉴证咨询服务，包括认证服务、鉴证服务和咨询服务。

1. 认证服务，是指具有专业资质的单位利用检测、检验、计量等技术，证明产品、服务、管理体系符合相关技术规范、相关技术规范的强制性要求或者标准的业务活动。

2. 鉴证服务，是指具有专业资质的单位，为委托方的经济活动及有关资料进行鉴证，发表具有证明力的意见的业务活动。包括会计鉴证、税务鉴证、法律鉴证、工程造价鉴证、资产评估、环境评估、房地产土地评估、建筑图纸审核、医疗事故鉴定等。

3. 咨询服务，是指提供和策划财务、税收、法律、内部管理、业务运作和流程管理等信息或者建议的业务活动。

代理记账、翻译服务按照"咨询服务"征收增值税。

（七）广播影视服务。

广播影视服务，包括广播影视节目（作品）的制作服务、发行服务和播映（含放映，下同）服务。

1. 广播影视节目（作品）制作服务，是指进行专题（特别节目）、专栏、综艺、体育、动画片、广播剧、电视剧、电影等广播影视节目和作品制作的服务。具体包括与广播影视节目和作品相关的策划、采编、拍摄、录音、音视频文字图片素材制作、场景布置、后期的剪辑、翻译（编译）、字幕制作、片头、片尾、片花制作、特效制作、影片修复、编目和确权等业务活动。

2. 广播影视节目（作品）发行服务，是指以分账、买断、委托、代理等方式，向影院、电台、电视台、网站等单位和个人发行广播影视节目（作品）以及转让体育赛事等活动的报道及播映权的业务活动。

3. 广播影视节目（作品）播映服务，是指在影院、剧院、录像厅及其他场所播映广播影视节目（作品），以及通过电台、电视台、卫星通信、互联网、有线电视等无线或有线装置播映广播影视节目（作品）的业务活动。

附件 2：

营业税改征增值税试点有关事项的规定

一、试点纳税人[指按照《营业税改征增值税试点实施办法》（以下称《试点实施办法》）缴纳增值税的纳税人]有关政策

（一）混业经营。

试点纳税人兼有不同税率或者征收率的销售货物、提供加工修理修配劳务或者应税服务的，应当分别核算适用不同税率或者征收率的销售额，未分别核算销售额的，按照以下方法适用税率或者征收率：

1. 兼有不同税率的销售货物、提供加工修理修配劳务或者应税服务的，从高适用税率。

2. 兼有不同征收率的销售货物、提供加工修理修配劳务或者应税服务的，从高适用征收率。

3. 兼有不同税率和征收率的销售货物、提供加工修理修配劳务或者应税服务的，从高适用税率。

（二）油气田企业。

油气田企业提供的应税服务，适用《试点实施办法》规定的增值税税率，不再适用《财政部 国家税务总局关于印发〈油气田企业增值税管理办法〉的通知》（财税〔2009〕8 号）规定的增值税税率。

（三）征税范围。

1. 航空运输企业提供的旅客利用里程积分兑换的航空运输服务，不征收增值税。

2. 试点纳税人根据国家指令无偿提供的铁路运输服务、航空运输服务，属于《试点实施办法》第十一条规定的以公益活动为目的的服务，不征收增值税。

（四）销售额。

1. 融资租赁企业。

（1）经中国人民银行、银监会或者商务部批准从事融资租赁业务的试点纳税人，提供有形动产融资性售后回租服务，以收取的全部价款和价外费用，扣除向承租方收取的有形动产价款本金，以及对外支付的借款利息（包括外汇借款和人民币借款利息）、发行债券利息后的余额为销售额。

融资性售后回租，是指承租方以融资为目的，将资产出售给从事融资租赁业务的企业后，又将该资产租回的业务活动。

试点纳税人提供融资性售后回租服务，向承租方收取的有形动产价款本金，不得开具增值税专用发票，可以开具普通发票。

（2）经中国人民银行、银监会或者商务部批准从事融资租赁业务的纳税人，提供除融资性售后回租以外的有形动产融资租赁服务，以收取的全部价款和价外费用，扣除支付的借款利息（包括外汇借款和人民币借款利息）、发行债券利息、保险费、安装费和车辆购置税后的余额为销售额。

（3）本规定自2013年8月1日起执行。商务部授权的省级商务主管部门和国家经济技术开发区批准的从事融资租赁业务的试点纳税人，2013年12月31日前注册资本达到1.7亿元的，自2013年8月1日起，按照上述规定执行；2014年1月1日以后注册资本达到1.7亿元的，从达到该标准的次月起，按照上述规定执行。

2. 注册在北京市、天津市、上海市、江苏省、浙江省（含宁波市）、安徽省、福建省（含厦门市）、湖北省、广东省（含深圳市）等9省市的试点纳税人提供应税服务（不含有形动产融资租赁服务），在2013年8月1日前按有关规定以扣除支付价款后的余额为销售额的，此前尚未抵减的部分，允许在2014年6月30日前继续抵减销售额，到期抵减不完的不得继续抵减。

上述尚未抵减的价款，仅限于凭2013年8月1日前开具的符合规定的凭证计算的部分。

3. 航空运输企业的销售额，不包括代收的机场建设费和代售其他航空运输企业客票而代收转付的价款。

4. 自本地区试点实施之日起，试点纳税人中的一般纳税人提供的客运场站服务，以其取得的全部价款和价外费用，扣除支付给承运方运费后的余额为销售额，其从承运方取得的增值税专用发票注明的增值税，不得抵扣。

5. 试点纳税人提供知识产权代理服务、货物运输代理服务和代理报关服务，以其取得的全部价款和价外费用，扣除向委托方收取并代为支付的政府性基金或者行政事业性收费后的余额为销售额。

向委托方收取的政府性基金或者行政事业性收费，不得开具增值税专用发票。

6. 试点纳税人中的一般纳税人提供国际货物运输代理服务，以其取得的全部价款和价外费用，扣除支付给国际运输企业的国际运输费用后的余额为销售额。

国际货物运输代理服务，是指接受货物收货人或其代理人、发货人或其代理人、运输工具所有人、运输工具承租人或运输工具经营人的委托，以委托人的名义或者以自己的名义，在不直接提供货物运输服务的情况下，直接为委托人办理货物的国际运输、从事国际运输的运输工具进出港口、联系安排引航、靠泊、装卸等货物和船舶代理相关业务手续的业务活动。

7. 试点纳税人从全部价款和价外费用中扣除价款，应当取得符合法律、行政法规和国家税务总局规定的有效凭证。否则，不得扣除。

上述凭证是指：

（1）支付给境内单位或者个人的款项，以发票为合法有效凭证。

（2）支付给境外单位或者个人的款项，以该单位或者个人的签收单据为合法有效凭证，税务机关对签收单据有疑义的，可以要求其提供境外公证机构的确认证明。

（3）缴纳的税款，以完税凭证为合法有效凭证。

（4）融资性售后回租服务中向承租方收取的有形动产价款本金，以承租方开具的发票为合法有效凭证。

(5)扣除政府性基金或者行政事业性收费，以省级以上财政部门印制的财政票据为合法有效凭证。

(6)国家税务总局规定的其他凭证。

(五)一般纳税人资格认定。

《试点实施办法》第三条规定的应税服务年销售额标准为500万元(含本数)。

财政部和国家税务总局可以根据试点情况对应税服务年销售额标准进行调整。

(六)计税方法。

1. 试点纳税人中的一般纳税人提供的公共交通运输服务，可以选择按照简易计税方法计算缴纳增值税。公共交通运输服务，包括轮客渡、公交客运、地铁、城市轻轨、出租车、长途客运、班车。其中，班车，是指按固定路线、固定时间运营并在固定站点停靠的运送旅客的陆路运输。

2. 试点纳税人中的一般纳税人，以该地区试点实施之日前购进或者自制的有形动产为标的物提供的经营租赁服务，试点期间可以选择按照简易计税方法计算缴纳增值税。

3. 自本地区试点实施之日起至2017年12月31日，被认定为动漫企业的试点纳税人中的一般纳税人，为开发动漫产品提供的动漫脚本编撰、形象设计、背景设计、动画设计、分镜、动画制作、摄制、描线、上色、画面合成、配音、配乐、音效合成、剪辑、字幕制作、压缩转码(面向网络动漫、手机动漫格式适配)服务，以及在境内转让动漫版权(包括动漫品牌、形象或者内容的授权及再授权)，可以选择按照简易计税方法计算缴纳增值税。

动漫企业和自主开发、生产动漫产品的认定标准和认定程序，按照《文化部财政部国家税务总局关于印发〈动漫企业认定管理办法(试行)〉的通知》(文市发〔2008〕51号)的规定执行。

4. 试点纳税人中的一般纳税人提供的电影放映服务、仓储服务、装卸搬运服务和收派服务，可以选择按照简易计税办法计算缴纳增值税。

5. 试点纳税人中的一般纳税人兼有销售货物、提供加工修理修配劳务的，凡未规定可以选择按照简易计税方法计算缴纳增值税的，其全部销售额应一并按照一般计税方法计算缴纳增值税。

(七)试点前发生的业务。

1. 试点纳税人在本地区试点实施之日前签订的尚未执行完毕的租赁合同，在合同到期日之前继续按照现行营业税政策规定缴纳营业税。

2. 试点纳税人提供应税服务，按照国家有关营业税政策规定差额征收营业税的，因取得的全部价款和价外费用不足以抵减允许扣除项目金额，截至本地区试点实施之日尚未扣除的部分，不得在计算试点纳税人本地区试点实施之日后的销售额时予以抵减，应当向原主管地税机关申请退还营业税。

试点纳税人按照本条第(七)项中第1点规定继续缴纳营业税的有形动产租赁服务，不适用本规定。

3. 试点纳税人提供应税服务在本地区试点实施之日前已缴纳营业税，本地区试点实施之日(含)后因发生退款减除营业额的，应当向原主管地税机关申请退还已缴纳的营业税。

4. 试点纳税人本地区试点实施之日前提供的应税服务，因税收检查等原因需要补缴税款的，应按照现行营业税政策规定补缴营业税。

(八)销售使用过的固定资产。

按照《试点实施办法》和本规定认定的一般纳税人，销售自己使用过的本地区试点实施之日(含)后购进或者自制的固定资产，按照适用税率征收增值税；销售自己使用过的本地区试点实施之日前购进或者自制的固定资产，按照现行旧货相关增值税政策执行。

使用过的固定资产，是指纳税人根据财务会计制度已经计提折旧的固定资产。

(九)扣缴增值税适用税率。

境内的代理人和接受方为境外单位和个人扣缴增值税的，按照适用税率扣缴增值税。

(十)纳税地点。

自2014年1月1日起，属于固定业户的试点纳税人，总分支机构不在同一县(市)，但在同一省(自治区、直辖市、计划单列市)范围内的，经省(自治区、直辖市、计划单列市)财政厅(局)和国家税务局批准，可以由总机构汇总向总机构所在地的主管税务机关申报缴纳增值税。

二、原增值税纳税人[指按照《中华人民共和国增值税暂行条例》(以下称《增值税暂行条例》)缴纳增值税的纳税人]有关政策

(一)进项税额。

1. 原增值税一般纳税人接受试点纳税人提供的应税服务,取得的增值税专用发票上注明的增值税额为进项税额,准予从销项税额中抵扣。

2. 原增值税一般纳税人自用的应征消费税的摩托车、汽车、游艇,其进项税额准予从销项税额中抵扣。

3. 原增值税一般纳税人接受境外单位或者个人提供的应税服务,按照规定应当扣缴增值税的,准予从销项税额中抵扣的进项税额为从税务机关或者代理人取得的解缴税款的税收缴款凭证上注明的增值税额。

纳税人凭税收缴款凭证抵扣进项税额的,应当具备书面合同、付款证明和境外单位的对账单或者发票。资料不全的,其进项税额不得从销项税额中抵扣。

4. 原增值税一般纳税人购进货物或者接受加工修理修配劳务,用于《应税服务范围注释》所列项目的,不属于《增值税暂行条例》第十条所称的用于非增值税应税项目,其进项税额准予从销项税额中抵扣。

5. 原增值税一般纳税人接受试点纳税人提供的应税服务,下列项目的进项税额不得从销项税额中抵扣:

(1)用于简易计税方法计税项目、非增值税应税项目、免征增值税项目、集体福利或者个人消费,其中涉及的专利技术、非专利技术、商誉、商标、著作权、有形动产租赁,仅指专用于上述项目的专利技术、非专利技术、商誉、商标、著作权、有形动产租赁。

(2)接受的旅客运输服务。

(3)与非正常损失的购进货物相关的交通运输业服务。

(4)与非正常损失的在产品、产成品所耗用购进货物相关的交通运输业服务。

上述非增值税应税项目,是指《增值税暂行条例》第十条所称的非增值税应税项目,但不包括《应税服务范围注释》所列项目。

(二)一般纳税人认定。

原增值税一般纳税人兼有应税服务,按照《试点实施办法》和本规定第一条第(五)项的规定应当申请认定一般纳税人的,不需要重新办理一般纳税人认定手续。

(三)增值税期末留抵税额。

原增值税一般纳税人兼有应税服务的,截止到本地区试点实施之日前的增值税期末留抵税额,不得从应税服务的销项税额中抵扣。

三、《国家税务总局关于印发〈营业税税目注释(试行稿)〉的通知》(国税发〔1993〕149号)中,交通运输业税目,邮电通信业税目中的邮政,服务业税目中仓储业和广告业,转让无形资产税目中的转让商标权、转让著作权、转让专利权、转让非专利技术,停止执行。未停止执行的营业税税目,其中如果有属于《应税服务范围注释》的应税服务,应按本通知规定征收增值税。

邮政储蓄业务按照金融保险业税目征收营业税。

附件3:

营业税改征增值税试点过渡政策的规定

一、下列项目免征增值税

(一)个人转让著作权。

(二)残疾人个人提供应税服务。

(三)航空公司提供飞机播洒农药服务。

(四)试点纳税人提供技术转让、技术开发和与之相关的技术咨询、技术服务。

1. 技术转让,是指转让者将其拥有的专利和非专利技术的所有权或者使用权有偿转让他人的行为;技术开发,是指开发者接受他人委托,就新技术、新产品、新工艺或者新材料及其系统进行研究开发的行为;技术咨询,是指就特定技术项目提供可行性论证、技术预测、专题技术调查、分析评价报告等。

与技术转让、技术开发相关的技术咨询、技术服务,是指转让方(或受托方)根据技术转让或开发合同的规定,为帮助受让方(或委托方)掌握所转让(或委托开发)的技术,而提供的技术咨询、技术服务业务,且这部分技术咨询、服务的价款与技术转让(或开发)的价款应当开在同一张发票上。

2. 审批程序。试点纳税人申请免征增值税时，须持技术转让、开发的书面合同，到试点纳税人所在地省级科技主管部门进行认定，并持有关的书面合同和科技主管部门审核意见证明文件报主管国家税务局备查。

（五）符合条件的节能服务公司实施合同能源管理项目中提供的应税服务。

上述“符合条件”是指同时满足下列条件：

1. 节能服务公司实施合同能源管理项目相关技术，应当符合国家质量监督检验检疫总局和国家标准化管理委员会发布的《合同能源管理技术通则》(GB/T24915－2010)规定的技术要求。

2. 节能服务公司与用能企业签订《节能效益分享型》合同，其合同格式和内容，符合《中华人民共和国合同法》和国家质量监督检验检疫总局和国家标准化管理委员会发布的《合同能源管理技术通则》(GB/T24915－2010)等规定。

（六）自 2014 年 1 月 1 日至 2018 年 12 月 31 日，试点纳税人提供的离岸服务外包业务。

上述离岸服务外包业务，是指试点纳税人根据境外单位与其签订的委托合同，由本企业或其直接转包的企业为境外提供信息技术外包服务（ITO）、技术性业务流程外包服务（BPO）或技术性知识流程外包服务（KPO）（离岸服务外包业务具体内容附后）。

（七）台湾航运公司从事海峡两岸海上直航业务在大陆取得的运输收入。

台湾航运公司，是指取得交通运输部颁发的“台湾海峡两岸间水路运输许可证”且该许可证上注明的公司登记地址在台湾的航运公司。

（八）台湾航空公司从事海峡两岸空中直航业务在大陆取得的运输收入。

台湾航空公司，是指取得中国民用航空局颁发的“经营许可”或依据《海峡两岸空运协议》和《海峡两岸空运补充协议》规定，批准经营两岸旅客、货物和邮件不定期（包机）运输业务，且公司登记地址在台湾的航空公司。

（九）美国 ABS 船级社在非营利宗旨不变、中国船级社在美国享受同等免税待遇的前提下，在中国境内提供的船检服务。

（十）随军家属就业。

1. 为安置随军家属就业而新开办的企业，自领取税务登记证之日起，其提供的应税服务 3 年内免征增值税。

享受税收优惠政策的企业，随军家属必须占企业总人数的 60%（含）以上，并有军（含）以上政治和后勤机关出具的证明。

2. 从事个体经营的随军家属，自领取税务登记证之日起，其提供的应税服务 3 年内免征增值税。

随军家属必须有师以上政治机关出具的可以表明其身份的证明，但税务部门应当进行相应的审查认定。

主管税务机关在企业或个人享受免税期间，应当对此类企业进行年度检查，凡不符合条件的，取消其免税政策。

按照上述规定，每一名随军家属可以享受一次免税政策。

（十一）军队转业干部就业。

1. 从事个体经营的军队转业干部，经主管税务机关批准，自领取税务登记证之日起，其提供的应税服务 3 年内免征增值税。

2. 为安置自主择业的军队转业干部就业而新开办的企业，凡安置自主择业的军队转业干部占企业总人数 60%（含）以上的，经主管税务机关批准，自领取税务登记证之日起，其提供的应税服务 3 年内免征增值税。

享受上述优惠政策的自主择业的军队转业干部必须持有师以上部队颁发的转业证件。

（十二）城镇退役士兵就业。

1. 为安置自谋职业的城镇退役士兵就业而新办的服务型企业当年新安置自谋职业的城镇退役士兵达到职工总数 30%以上，并与其签订 1 年以上期限劳动合同的，经县级以上民政部门认定、税务机关审核，其提供的应税服务（除广告服务外）3 年内免征增值税。

2. 自谋职业的城镇退役士兵从事个体经营的，自领取税务登记证之日起，其提供的应税服务（除广告服务外)3 年内免征增值税。

新办的服务型企业,是指《国务院办公厅转发民政部等部门关于扶持城镇退役士兵自谋职业优惠政策意见的通知》(国办发〔2004〕10 号)下发后新组建的企业。原有的企业合并、分立、改制、改组、扩建、搬迁、转产以及吸收新成员、改变领导或隶属关系、改变企业名称的,不能视为新办企业。

自谋职业的城镇退役士兵,是指符合城镇安置条件,并与安置地民政部门签订《退役士兵自谋职业协议书》,领取《城镇退役士兵自谋职业证》的士官和义务兵。

(十三)失业人员就业。

1. 持《就业失业登记证》(注明"自主创业税收政策"或附着《高校毕业生自主创业证》)人员从事个体经营的,在 3 年内按照每户每年 8000 元为限额依次扣减其当年实际应缴纳的增值税、城市维护建设税、教育费附加和个人所得税。

试点纳税人年度应缴纳税款小于上述扣减限额的,以其实际缴纳的税款为限;大于上述扣减限额的,应当以上述扣减限额为限。

享受优惠政策的个体经营试点纳税人,是指提供《应税服务范围注释》服务(除广告服务外)的试点纳税人。

持《就业失业登记证》(注明"自主创业税收政策"或附着《高校毕业生自主创业证》)人员是指:(1)在人力资源和社会保障部门公共就业服务机构登记失业半年以上的人员;(2)零就业家庭、享受城市居民最低生活保障家庭劳动年龄内的登记失业人员;(3)毕业年度内高校毕业生。

高校毕业生,是指实施高等学历教育的普通高等学校、成人高等学校毕业的学生;毕业年度,是指毕业所在自然年,即 1 月 1 日至 12 月 31 日。

2. 服务型企业(除广告服务外)在新增加的岗位中,当年新招用持《就业失业登记证》(注明"企业吸纳税收政策")人员,与其签订 1 年以上期限劳动合同并依法缴纳社会保险费的,在 3 年内按照实际招用人数予以定额依次扣减增值税、城市维护建设税、教育费附加和企业所得税。定额标准为每人每年 4000 元,可上下浮动 20%,由试点地区省级人民政府根据本地区实际情况在此幅度内确定具体定额标准,并报财政部和国家税务总局备案。

按照上述标准计算的税收扣减额应当在企业当年实际应缴纳的增值税、城市维护建设税、教育费附加和企业所得税税额中扣减,当年扣减不足的,不得结转下年使用。

持《就业失业登记证》(注明"企业吸纳税收政策")人员是指:(1)国有企业下岗失业人员;(2)国有企业关闭破产需要安置的人员;(3)国有企业所办集体企业(即厂办大集体企业)下岗职工;(4)享受最低生活保障且失业 1 年以上的城镇其他登记失业人员。

服务型企业,是指从事原营业税"服务业"税目范围内业务的企业。

国有企业所办集体企业(即厂办大集体企业),是指 20 世纪 70、80 年代,由国有企业批准或资助兴办的,以安置回城知识青年和国有企业职工子女就业为目的,主要向主办国有企业提供配套产品或劳务服务,在工商行政机关登记注册为集体所有制的企业。厂办大集体企业下岗职工包括在国有企业混岗工作的集体企业下岗职工。

3. 享受上述优惠政策的人员按照下列规定申领《就业失业登记证》、《高校毕业生自主创业证》等凭证:

(1)按照《就业服务与就业管理规定》(劳动和社会保障部令第 28 号)第六十三条的规定,在法定劳动年龄内,有劳动能力,有就业要求,处于无业状态的城镇常住人员,在公共就业服务机构进行失业登记,申领《就业失业登记证》。其中,农村进城务工人员和其他非本地户籍人员在常住地稳定就业满 6 个月的,失业后可以在常住地登记。

(2)零就业家庭凭社区出具的证明,城镇低保家庭凭低保证明,在公共就业服务机构登记失业,申领《就业失业登记证》。

(3)毕业年度内高校毕业生在校期间凭学校出具的相关证明,经学校所在地省级教育行政部门核实认定,取得《高校毕业生自主创业证》(仅在毕业年度适用),并向创业地公共就业服务机构申请取得《就业失业登记证》;高校毕业生离校后直接向创业地公共就业服务机构申领《就业失业登记证》。

(4)服务型企业招录的人员,在公共就业服务机构申领《就业失业登记证》。

(5)《再就业优惠证》不再发放,原持证人员应当到公共就业服务机构换发《就业失业登记证》。正在享受下岗失业人员再就业税收优惠政策的原持证人员，继续享受原税收优惠政策至期满为止。

(6)上述人员申领相关凭证后，由就业和创业地人力资源社会保障部门对人员范围、就业失业状态、已享受政策情况审核认定，在《就业失业登记证》上注明“自主创业税收政策”或“企业吸纳税收政策”字样，同时符合自主创业和企业吸纳税收政策条件的，可同时加注；主管税务机关在《就业失业登记证》上加盖戳记，注明减免税所属时间。

4. 上述税收优惠政策的审批期限为 2011 年 1 月 1 日至 2013 年 12 月 31 日，以试点纳税人到税务机关办理减免税手续之日起作为优惠政策起始时间。税收优惠政策在 2013 年 12 月 31 日未执行到期的，可继续享受至 3 年期满为止。

(十四)试点纳税人提供的国际货物运输代理服务。

1. 试点纳税人提供国际货物运输代理服务，向委托方收取的全部国际货物运输代理服务收入，以及向国际运输承运人支付的国际运输费用，必须通过金融机构进行结算。

2. 试点纳税人为大陆与香港、澳门、台湾地区之间的货物运输提供的货物运输代理服务参照国际货物运输代理服务有关规定执行。

3. 委托方索取发票的，试点纳税人应当就国际货物运输代理服务收入向委托方全额开具增值税普通发票。

4. 本规定自 2013 年 8 月 1 日起执行。2013 年 8 月 1 日至本规定发布之日前，已开具增值税专用发票的，应将专用发票追回后方可适用本规定。

(十五)世界银行贷款粮食流通项目投产后的应税服务。

世界银行贷款粮食流通项目，是指《财政部 国家税务总局关于世行贷款粮食流通项目建筑安装工程和服务收入免征营业税的通知》(财税字〔1998〕87 号)所附《世行贷款粮食流通项目一览表》所列明的项目。

本规定自 2014 年 1 月 1 日至 2015 年 12 月 31 日执行。

(十六)中国邮政集团公司及其所属邮政企业提供的邮政普遍服务和邮政特殊服务。

(十七)自 2014 年 1 月 1 日至 2015 年 12 月 31 日，中国邮政集团公司及其所属邮政企业为中国邮政速递物流股份有限公司及其子公司(含各级分支机构)代办速递、物流、国际包裹、快递包裹以及礼仪业务等速递物流类业务取得的代理收入，以及为金融机构代办金融保险业务取得的代理收入。

(十八)青藏铁路公司提供的铁路运输服务。

二、下列项目实行增值税即征即退

(一)2015 年 12 月 31 日前，注册在洋山保税港区和东疆保税港区内的试点纳税人，提供的国内货物运输服务、仓储服务和装卸搬运服务。

(二)安置残疾人的单位，实行由税务机关按照单位实际安置残疾人的人数，限额即征即退增值税的办法。

上述政策仅适用于从事原营业税“服务业”税目(广告服务除外)范围内业务取得的收入占其增值税和营业税业务合计收入的比例达到 50%的单位。

有关享受增值税优惠政策单位的条件、定义、管理要求等按照《财政部 国家税务总局关于促进残疾人就业税收优惠政策的通知》(财税〔2007〕92 号)中有关规定执行。

(三)2015 年 12 月 31 日前，试点纳税人中的一般纳税人提供管道运输服务，对其增值税实际税负超过 3%的部分实行增值税即征即退政策。

(四)经中国人民银行、银监会或者商务部批准从事融资租赁业务的试点纳税人中的一般纳税人，提供有形动产融资租赁服务，在 2015 年 12 月 31 日前，对其增值税实际税负超过 3%的部分实行增值税即征即退政策。商务部授权的省级商务主管部门和国家经济技术开发区批准的从事融资租赁业务的试点纳税人中的一般纳税人，2013 年 12 月 31 日前注册资本达到 1.7 亿元的，自 2013 年 8 月 1 日起，按照上述规定执行；2014 年 1 月 1 日以后注册资本达到 1.7 亿元的，从达到该标准的次月起，按照上述规定执行。

三、本规定所称增值税实际税负，是指纳税人当期提供应税服务实际缴纳的增值税额占纳税人当期提供应税服务取得的全部价款和价外费用的比例。

四、本地区试点实施之日前，如果试点纳税人已经按照有关政策规定享受了营业税税收优惠，在剩余税收优惠政策期限内，按照本规定享受有关增值税优惠。

附：离岸服务外包业务

附：

离岸服务外包业务

一、信息技术外包服务(ITO)

(一)软件研发及外包

类　　别	适用范围
软件研发及开发服务	用于金融、政府、教育、制造业、零售、服务、能源、物流、交通、媒体、电信、公共事业和医疗卫生等部门和企业，为用户的运营/生产/供应链/客户关系/人力资源和财务管理、计算机辅助设计/工程等业务进行软件开发，包括定制软件开发，嵌入式软件、套装软件开发，系统软件开发、软件测试等。
软件技术服务	软件咨询、维护、培训、测试等技术性服务。

(二)信息技术研发服务外包

类　　别	适用范围
集成电路和电子电路设计	集成电路和电子电路产品设计以及相关技术支持服务等。
测试平台	为软件、集成电路和电子电路的开发运用提供测试平台。

(三)信息系统运营维护外包

类　　别	适用范围
信息系统运营和维护服务	客户内部信息系统集成、网络管理、桌面管理与维护服务；信息工程、地理信息系统、远程维护等信息系统应用服务。
基础信息技术服务	基础信息技术管理平台整合、IT基础设施管理、数据中心、托管中心、安全服务、通讯服务等基础信息技术服务。

二、技术性业务流程外包服务(BPO)

类　　别	适用范围
企业业务流程设计服务	为客户企业提供内部管理、业务运作等流程设计服务。
企业内部管理服务	为客户企业提供后台管理、人力资源管理、财务、审计与税务管理、金融支付服务、医疗数据及其他内部管理业务的数据分析、数据挖掘、数据管理、数据使用的服务；承接客户专业数据处理、分析和整合服务。
企业运营服务	为客户企业提供技术研发服务、为企业经营、销售、产品售后服务提供的应用客户分析、数据库管理等服务。主要包括金融服务业务、政务与教育业务、制造业务和生命科学、零售和批发与运输业务、卫生保健业务、通讯与公共事业业务、呼叫中心、电子商务平台等。
企业供应链管理服务	为客户提供采购、物流的整体方案设计及数据库服务。

三、技术性知识流程外包服务(KPO)

适用范围	知识产权研究、医药和生物技术研发和测试、产品技术研发、工业设计、分析学和数据挖掘、动漫及网游设计研发、教育课件研发、工程设计等领域。

附件 4:

应税服务适用增值税零税率和免税政策的规定

一、中华人民共和国境内(以下称境内)的单位和个人提供的国际运输服务、向境外单位提供的研发服务和设计服务,适用增值税零税率。

(一)国际运输服务,是指:

1. 在境内载运旅客或者货物出境;

2. 在境外载运旅客或者货物入境;

3. 在境外载运旅客或者货物。

(二)境内的单位和个人适用增值税零税率,以水路运输方式提供国际运输服务的,应当取得《国际船舶运输经营许可证》;以公路运输方式提供国际运输服务的,应当取得《道路运输经营许可证》和《国际汽车运输行车许可证》,且《道路运输经营许可证》的经营范围应当包括"国际运输";以航空运输方式提供国际运输服务的,应当取得《公共航空运输企业经营许可证》且其经营范围应当包括"国际航空客货邮运输业务",或者持有《通用航空经营许可证》且其经营范围应当包括"公务飞行"。

(三)航天运输服务参照国际运输服务,适用增值税零税率。

(四)向境外单位提供的设计服务,不包括对境内不动产提供的设计服务。

二、境内的单位和个人提供的往返香港、澳门、台湾的交通运输服务以及在香港、澳门、台湾提供的交通运输服务(以下称港澳台运输服务),适用增值税零税率。

境内的单位和个人适用增值税零税率,以公路运输方式提供至香港、澳门的交通运输服务的,应当取得《道路运输经营许可证》并具有持《道路运输证》的直通港澳运输车辆;以水路运输方式提供至台湾的交通运输服务的,应当取得《台湾海峡两岸间水路运输许可证》并具有持《台湾海峡两岸间船舶营运证》的船舶;以水路运输方式提供至香港、澳门的交通运输服务的,应当具有获得港澳线路运营许可的船舶;以航空运输方式提供上述交通运输服务的,应当取得《公共航空运输企业经营许可证》且其经营范围应当包括"国际、国内(含港澳)航空客货邮运输业务",或者持有《通用航空经营许可证》且其经营范围应当包括"公务飞行"。

三、自 2013 年 8 月 1 日起,境内的单位或个人提供程租服务,如果租赁的交通工具用于国际运输服务和港澳台运输服务,由出租方按规定申请适用增值税零税率。

自 2013 年 8 月 1 日起,境内的单位或个人向境内单位或个人提供期租、湿租服务,如果承租方利用租赁的交通工具向其他单位或个人提供国际运输服务和港澳台运输服务,由承租方按规定申请适用增值税零税率。境内的单位或个人向境外单位或个人提供期租、湿租服务,由出租方按规定申请适用增值税零税率。

四、境内的单位和个人提供适用增值税零税率的应税服务,如果属于适用简易计税方法的,实行免征增值税办法。如果属于适用增值税一般计税方法的,生产企业实行免抵退税办法,外贸企业外购研发服务和设计服务出口实行免退税办法,外贸企业自己开发的研发服务和设计服务出口,视同生产企业连同其出口货物统一实行免抵退税办法。应税服务退税率为其按照《试点实施办法》第十二条第(一)至(三)项规定适用的增值税税率。实行退(免)税办法的研发服务和设计服务,如果主管税务机关认定出口价格偏高的,有权按照核定的出口价格计算退(免)税,核定的出口价格低于外贸企业购进价格的,低于部分对应的进项税额不予退税,转入成本。

五、境内的单位和个人提供适用增值税零税率应税服务的,可以放弃适用增值税零税率,选择免税或按规定缴纳增值税。放弃适用增值税零税率后，36个月内不得再申请适用增值税零税率。

六、境内的单位和个人提供适用增值税零税率的应税服务，按月向主管退税的税务机关申报办理增值税免抵退税或免税手续。具体管理办法由国家税务总局商财政部另行制定。

七、境内的单位和个人提供的下列应税服务免征增值税，但财政部和国家税务总局规定适用增值税零税率的除外：

（一）工程、矿产资源在境外的工程勘察勘探服务。

（二）会议展览地点在境外的会议展览服务。

（三）存储地点在境外的仓储服务。

（四）标的物在境外使用的有形动产租赁服务。

（五）为出口货物提供的邮政业服务和收派服务。

（六）在境外提供的广播影视节目（作品）的发行、播映服务。

（七）符合本规定第一条第（一）项规定但不符合第一条第（二）项规定条件的国际运输服务。

（八）符合本规定第二条第一款规定但不符合第二条第二款规定条件的港澳台运输服务。

（九）向境外单位提供的下列应税服务：

1. 技术转让服务、技术咨询服务、合同能源管理服务、软件服务、电路设计及测试服务、信息系统服务、业务流程管理服务、商标著作权转让服务、知识产权服务、物流辅助服务（仓储服务、收派服务除外）、认证服务、鉴证服务、咨询服务、广播影视节目（作品）制作服务、期租服务、程租服务、湿租服务。但不包括：合同标的物在境内的合同能源管理服务，对境内货物或不动产的认证服务、鉴证服务和咨询服务。

2. 广告投放地在境外的广告服务。

国家税务总局关于促进残疾人就业增值税优惠政策有关问题的公告

国家税务总局公告2013年第73号

现就促进残疾人就业增值税优惠政策有关问题公告如下：

《财政部 国家税务总局关于促进残疾人就业税收优惠政策的通知》（财税〔2007〕92号，以下简称“通知”）第五条第一项“依法与安置的每位残疾人签订了一年以上（含一年）的劳动合同或服务协议”中的“劳动合同或服务协议”，包括全日制工资发放形式和非全日制工资发放形式劳动合同或服务协议。

安置残疾人单位聘用非全日制用工的残疾人，与其签订符合法律法规规定的劳动合同或服务协议，并且安置该残疾人在单位实际上岗工作的，可按照“通知”的规定，享受增值税优惠政策。

本公告自2013年10月1日起执行。此前处理与本公告规定不一致的，按本公告规定执行。

特此公告。

关于《促进残疾人就业增值税优惠政策有关问题的公告》的解读

一、本公告出台的背景

近接部分地区反映，当地有关部门就企业聘用非全日制工资发放形式的残疾人，能否享受增值税优惠政策存在异议，特报来请示，请求总局对该问题予以明确。

二、为什么说聘用非全日制用工的残疾人，符合《财政部 国家税务总局关于促进残疾人就业税收优惠政策的通知》（财税〔2007〕92号，以下简称“92号通知”）有关规定，可以享受增值税优惠政策？

我们认为，92号通知出台的目的是促进残疾人就业，对企业采取何种形式安排残疾人上岗工作，是企业自主经营的权利，只要符合法律规定，符合残疾人就业人群的利益，就应受到法律保护。

根据《中华人民共和国劳动合同法》，非全日制用工是法律规定的用工形式之一。因此，公告规定，《财政部 国家税务总局关于促进残疾人就业税收优惠政策的通知》（财税〔2007〕92 号）第五条第一款“依法与安置的每位残疾人签订了一年以上（含一年）的劳动合同或服务协议”中的“劳动合同或服务协议”，包括以全日制工资发放形式和非全日制工资发放形式的劳动合同或服务协议。安置残疾人单位聘用非全日制用工的残疾人，与其签订符合法律法规规定的劳动合同或服务协议，并符合 92 号通知相关规定的，可享受 92 号通知规定的增值税优惠政策。

国家税务总局关于营业税改征增值税试点增值税一般纳税人资格认定有关事项的公告

国家税务总局公告 2013 年第 75 号

为了保障营业税改征增值税（以下简称营改增）试点工作的顺利实施，现将纳入营改增试点范围的纳税人（以下简称试点纳税人）办理增值税一般纳税人资格认定有关事项公告如下：

一、试点纳税人应按照本公告规定办理增值税一般纳税人资格认定。

二、除本公告第三条规定的情形外，营改增试点实施前（以下简称试点实施前）应税服务年销售额超过 500 万元的试点纳税人，应向国税主管税务机关（以下简称主管税务机关）申请办理增值税一般纳税人资格认定手续。

试点纳税人试点实施前的应税服务年销售额按以下公式换算：

应税服务年销售额＝连续不超过 12 个月应税服务营业额合计÷(1＋3%)

按照现行营业税规定差额征收营业税的试点纳税人，其应税服务营业额按未扣除之前的营业额计算。

三、试点实施前已取得增值税一般纳税人资格并兼有应税服务的试点纳税人，不需要重新申请认定，由主管税务机关制作、送达《税务事项通知书》，告知纳税人。

四、试点实施前应税服务年销售额未超过 500 万元的试点纳税人，如符合相关规定条件，也可以向主管税务机关申请增值税一般纳税人资格认定。

五、试点实施前，试点纳税人增值税一般纳税人资格认定可由省国税局按照本公告及相关规定制定预认定措施。

六、试点实施后，符合条件的试点纳税人应按照《增值税一般纳税人资格认定管理办法》（国家税务总局令第 22 号）及相关规定，办理增值税一般纳税人资格认定。按照营改增有关规定，在确定销售额时可以差额扣除的试点纳税人，其应税服务年销售额按未扣除之前的销售额计算。

七、试点纳税人兼有销售货物、提供加工修理修配劳务以及应税服务的，应税货物及劳务销售额与应税服务销售额分别计算，分别适用增值税一般纳税人资格认定标准。

兼有销售货物、提供加工修理修配劳务以及应税服务，且不经常发生应税行为的单位和个体工商户可选择按照小规模纳税人纳税。

八、试点纳税人取得增值税一般纳税人资格后，发生增值税偷税、骗取出口退税和虚开增值税扣税凭证等行为的，主管税务机关可以对其实行不少于 6 个月的纳税辅导期管理。

九、本公告自 2014 年 1 月 1 日起施行。《国家税务总局关于上海市营业税改征增值税试点增值税一般纳税人资格认定有关事项的公告》（国家税务总局公告 2011 年第 65 号）、《国家税务总局关于交通运输业和部分现代服务业营业税改征增值税试点增值税一般纳税人资格认定有关事项的公告》（国家税务总局公告 2013 年第 28 号）、《国家税务总局关于增值税一般纳税人资格认定有关事项的公告》（国家税务总局公告 2013 年第 33 号）同时废止。

特此公告。

关于《营业税改征增值税试点增值税一般纳税人资格认定有关事项的公告》的解读

为配合营业税改征增值税(以下简称营改增)试点扩围,我们制定发布《国家税务总局关于营业税改征增值税试点增值税一般纳税人资格认定有关事项的公告》(以下简称"公告"),现将"公告"解读如下:

一、"公告"制定的背景和适用范围

2014 年 1 月 1 日起,铁路运输和邮政业将纳入营改增试点,为配合相关政策规定的施行,我们制定发布了本公告。

本"公告"适用于纳入营改增试点范围的纳税人。

二、试点实施前后"应税服务年销售额"的确定

"公告"中明确,试点纳税人试点实施前的应税服务年销售额按以下公式换算:应税服务年销售额=连续不超过 12 个月应税服务营业额合计÷(1+3%)。按照现行营业税规定差额征收营业税的试点纳税人,其应税服务营业额按未扣除之前的营业额计算。

试点实施后,按规定在确定销售额时可以差额扣除的试点纳税人,其应税服务年销售额按未扣除之前的销售额计算。

三、增值税一般纳税人资格认定程序

(一)试点实施前已取得增值税一般纳税人资格并兼有应税服务的试点纳税人,不需要重新申请认定,由主管税务机关制作、送达《税务事项通知书》,告知纳税人。

(二)试点实施前应税服务年销售额未超过 500 万元的试点纳税人,如符合相关规定条件(会计核算健全,能够提供准确税务资料等),也可以向主管税务机关申请增值税一般纳税人资格认定。

(三)考虑到在试点实施前,各级税务机关需要做大量前期准备工作,需认定为增值税一般纳税人的试点纳税人也较为集中,为确保营改增试点工作的顺利推进,"公告"规定由省国税局(包括省、自治区、直辖市和计划单列市国家税务局)结合工作需要,在试点实施前按照本公告及相关规定制定预认定措施。在试点实施之后,增值税一般纳税人资格认定应严格按照《增值税一般纳税人资格认定管理办法》(国家税务总局令第 22 号)及相关规定执行。

四、相关政策规定的适用

(一)认定标准的适用

试点纳税人兼有销售货物、提供加工修理修配劳务以及应税服务的,应税货物及劳务销售额与应税服务销售额应分别计算,分别适用增值税一般纳税人资格认定标准。

(二)纳税人选择按照小规模纳税人纳税的政策适用

增值税暂行条例及其实施细则和营业税改征增值税试点实施办法中,分别对销售货物及提供加工修理修配劳务的纳税人和提供应税服务的试点纳税人,选择按照小规模纳税人纳税的适用条件进行了规定,但都未明确兼有销售货物、提供加工修理修配劳务以及应税服务的纳税人如何适用相关政策,"公告"对此进行了补充,即:兼有销售货物、提供加工修理修配劳务以及应税服务,且不经常发生应税行为的单位和个体工商户可选择按照小规模纳税人纳税。

国家税务总局关于铁路运输和邮政业营业税改征增值税发票及税控系统使用问题的公告

国家税务总局公告 2013 年第 76 号

为了保障铁路运输和邮政业营业税改征增值税(以下简称营改增)试点工作顺利实施,现将铁路运输和邮政业营改增后发票及税控系统使用问题公告如下:

一、发票使用问题

(一)增值税一般纳税人(以下简称一般纳税人)提供铁路运输服务的,使用货物运输业增值税专用发票(以下简称货运专票)和普通发票;提供邮政服务的,使用增值税专用发票和普通发票。

(二)中国铁路总公司及其所属运输企业(含分支机构)可暂延用其自行印制的铁路票据,其他提供铁路运输服务的纳税人以及提供邮政服务的纳税人,其普通发票的使用由各省国税局确定。

(三)提供铁路运输服务的纳税人有 2 个以上开票点且分布在不同省(自治区、直辖市)的,可以携带空白发票在开票点所在地开具。

二、税控系统使用问题

一般纳税人提供铁路运输服务开具货运专票的,使用货物运输业增值税专用发票税控系统(以下简称货运专票税控系统);提供运输服务以外的其他增值税应税项目开具增值税专用发票的,使用增值税防伪税控系统。

三、货运专票开具问题

(一)一般纳税人提供铁路运输服务开具货运专票后,因开票有误且不符合发票作废条件,需要开具红字货运专票的,如同时符合下列条件,可不再向主管税务机关填报《开具红字货物运输业增值税专用发票申请单》,直接在货运专票税控系统中以销项负数开具红字货运专票。开具红字货运专票时应将对应的蓝字发票代码、号码打印在发票备注栏中。

1. 实际受票方拒收或者承运人尚未将货运专票交付实际受票方。

2. 发票联次齐全,实际受票方未认证发票。

除上述情形外,一般纳税人应按照《国家税务总局关于在全国开展营业税改征增值税试点有关征收管理问题的公告》(国家税务总局公告 2013 年第 39 号)第四条第(四)项规定的流程开具红字货运专票,并将《开具红字货物运输业增值税专用发票通知单》编号打印在发票备注栏中,不需打印对应的蓝字发票代码、号码。

(二)铁路运输企业受托代征的印花税款信息,可填写在货运专票“运输货物信息”栏中。

四、本公告自 2014 年 1 月 1 日起施行。

特此公告。

关于《铁路运输和邮政业营业税改征增值税发票及税控系统使用问题的公告》的解读

一、发布本公告的背景

2014 年 1 月 1 日铁路运输和邮政业实施营业税改征增值税(以下简称营改增)试点后,其使用的发票应纳入增值税发票管理,为此公告对铁路运输和邮政业营改增后发票及税控系统使用问题进行明确。

二、铁路运输和邮政业纳税人发票使用规定

(一)增值税一般纳税人(以下简称一般纳税人)提供铁路运输服务的,使用货物运输业增值税专用发票(以下简称货运专票)和普通发票;提供邮政服务的,使用增值税专用发票和普通发票。

(二)中国铁路总公司及其所属运输企业(含分支机构)可暂延用其自行印制的铁路票据,其他提供铁路运输服务的纳税人以及提供邮政服务的纳税人,其普通发票的使用由各省国税局确定。

(三)《中华人民共和国发票管理办法》第二十五规定:除国务院税务主管部门规定的特殊情形外,发票限于领购单位和个人在本省、自治区、直辖市内开具。省、自治区、直辖市税务机关可以规定跨市、县开具发票的办法。第二十六条规定:除国务院税务主管部门规定的特殊情形外,任何单位和个人不得跨规定的使用区域携带、邮寄、运输空白发票。铁路运输行业由于其经营模式的特殊性,存在提供铁路运输服务的纳税人有 2 个以上开票点且分布在不同省(自治区、直辖市)的,公告明确其可以携带空白发票并在开票点所在地开具。

三、铁路运输和邮政业纳税人税控系统使用规定

一般纳税人提供铁路运输服务开具货运专票的,使用货物运输业增值税专用发票税控系统(以下简称货运专票税控系统);提供运输服务以外的其他增值税应税项目开具增值税专用发票的,使用增值税防伪税控系统。

四、提供铁路运输服务的纳税人开具货运专票规定

(一)简化提供铁路运输服务的纳税人开具红字货运专票流程:一般纳税人提供铁路运输服务开具货运专票后,因开票有误且不符合发票作废条件,需要开具红字货运专票的,如同时符合"1. 实际受票方拒收或者承运人尚未将货运专票交付实际受票方;2. 发票联次齐全,实际受票方未认证发票"这两个条件,可不再向主管税务机关填报《开具红字货物运输业增值税专用发票申请单》,直接在货运专票税控系统中以销项负数开具红字货运专票。需提示的是:开具红字货运专票时应将对应的蓝字发票代码、号码打印在发票备注栏中。

上述情形之外的一般纳税人按照《国家税务总局关于在全国开展营业税改征增值税试点有关征收管理问题的公告》(2013 年第 39 号)第四条第(四)项规定的流程开具红字货运专票,并将《开具红字货物运输业增值税专用发票通知单》编号打印在发票备注栏中,需提示的是:不需打印对应的蓝字发票代码、号码。

(二)为减轻铁路运输企业开票负担,公告明确其受托代征的印花税款信息,可填写在货运专票"运输货物信息"栏中。

第四部分　中华人民共和国营业税法

中华人民共和国营业税暂行条例

国务院令第 540 号

第一条　在中华人民共和国境内提供本条例规定的劳务、转让无形资产或者销售不动产的单位和个人，为营业税的纳税人，应当依照本条例缴纳营业税。

【注释】　相关规定包括：《财政部 国家税务总局关于明确民航基础设施建设基金纳税问题的通知》(财税〔1994〕6 号)、《国家税务总局关于海洋石油若干税收政策问题的通知》(国税发〔1997〕44 号)、《财政部 国家税务总局关于纳税人承包以工代赈工程征收营业税问题的通知》(财税〔1997〕67 号)、《国家税务总局于从事房地产业务的外商投资企业若干税务处理问题的通知》(国税发〔1999〕242 号)、《财政部 国家税务总局关于外国企业和外籍个人转让无形资产营业税若干问题的通知》(财税〔2001〕36 号)、《财政部 国家税务总局关于营业税若干政策问题的通知》(财税〔2003〕16 号)、《国家税务总局关于交通部门有偿转让高速公路收费经营权征收营业税的批复》(国税函〔2005〕1146 号)、《国家税务总局关于营利性医疗机构医疗服务收入征收营业税问题的批复》(国税函〔2006〕480 号)、《国家税务总局关于未办理土地使用权证转让土地有关税收问题的批复》(国税函〔2007〕645 号)。

第二条　营业税的税目、税率，依照本条例所附的《营业税税目税率表》执行。

税目、税率的调整，由国务院决定。

纳税人经营娱乐业具体适用的税率，由省、自治区、直辖市人民政府在本条例规定的幅度内决定。

【注释】　相关规定包括：《营业税税目注释(试行稿)》国税发〔1993〕149 号)、《国家税务总局关于中外合资××公路桥梁开发有限公司税收问题的批复》(国税函发〔1994〕32 号)、《国家税务总局关于境外团体或个人在我国从事文艺及体育演出有关税收问题的通知》(国税发〔1994〕106 号)、《财政部 国家税务总局关于增值税、营业税若干政策规定的通知》(财税〔1994〕26 号)、《国家税务总局海洋石油税务管理局关于中国海洋石油总公司取得的服务收入征税问题的通知》(国税油发〔1994〕11 号)、《国家税务总局关于电力调整试验收入适用税目问题的批复》(国税函发〔1994〕552 号)、《国家税务总局关于中外合作开发房地产征收营业税问题的批复》(国税函发〔1994〕644 号)、《国家税务总局关于营业税若干问题的通知》(国税发〔1995〕76 号)、《营业税问题解答(之一)》(国税函发〔1995〕156 号)、《国家税务总局关于中国海洋石油总公司所属公司提供劳务征收营业税问题的通知》(国税函发〔1996〕112 号)、《国家税务总局涉外税务管理司关于外商投资企业广告代理业营业税问题的通知》(国税外函发〔1996〕39 号)、《国家税务总局关于外商投资企业在筹办期间取得的会员费有关税务处理问题的通知》(国税发〔1996〕84 号)、《国家税务总局关于外商承包工程作业和提供劳务取得收入计算征税有关问题的通知》(国税发〔1995〕197 号)、《国家税务总局关于邮政汇兑资金利息收入征收营业税问题的批复》(国税函发〔1996〕635 号)、《国家税务总局关于有偿转让资产使用权的行为征收营业税问题的批复》(国税函发〔1996〕636 号)、《国家税务总局关于房产开发企业销售不动产征收营业税问题的通知》(国税函发〔1996〕684 号)、《国家税务总局关于非电信部门开办电话咨询业务适用税目问题的批复》(国税函发〔1996〕700 号)、《国家税务总局关于个人从事房地产经营业务征收营业税问题的批复》(国税函发〔1996〕718 号)、《国家税务总局关于征用土地过程中征地单位支付给土地承包人员的补偿费如何征税问题的批复》(国税函发〔1997〕87 号)、《国家税务总局关于合作开采海洋石油提供应税劳务适用营业税税目、税率问题的通知》(国税发〔1997〕42 号)、《国家税务总局关于以不动产或无形资产投资入股收取固定利润征收营业税问题的批复》(国税函发〔1997〕490 号)、《财政部 国家税务总局关于供电工程贴费不征收增值税和营业税的通知》(财税〔1997〕102 号)、《国家税务总局关于经营公用电话征收营业税问题的通知》(国税发〔1997〕161 号)、《国家税务总局关于电梯保养、维修收入征税问题的批复》(国税函发〔1998〕

390 号)、《国家税务总局关于外商投资的宾馆、商务楼等经营电信业务征收营业税问题的批复》(国税函发〔1998〕737 号)、《国家税务总局关于有线电视台有关收费征收营业税问题的批复》(国税函发〔1998〕748 号)、《国家税务总局关于融资租赁业务征收流转税问题的通知》(国税函〔2000〕514 号)、《财政部 国家税务总局关于对青少年活动场所电子游戏厅有关所得税和营业税政策问题的通知》(财税〔2000〕21 号)、《国家税务总局关于航空运输企业包机业务征收营业税问题的通知》(国税发〔2000〕139 号)、《国家税务总局关于电信部门销售电话号码簿征收营业税问题的通知》(国税函〔2000〕698 号)、《财政部 国家税务总局关于调整住房租赁市场税收政策的通知》(财税〔2000〕125 号)、《国家税务总局关于电视收视费征收营业税问题的通知》(国税发〔2001〕22 号)、《国家税务总局关于代扣代缴储蓄存款利息所得个人所得税手续费收入征免税问题的通知》(国税发〔2001〕31 号)、《财政部 国家税务总局关于索道运营征收营业税问题的通知》(财税〔2001〕116 号)、《国家税务总局关于管道煤气集资费(初装费)征收营业税问题的批复》(国税函〔2002〕105 号)、《国家税务总局关于交通运输企业征收营业税问题的通知》(国税发〔2002〕25 号)、《国家税务总局关于保险公司分业经营改革中不动产转移过户有关税收政策的通知》(国税发〔2002〕69 号)、《财政部 国家税务总局关于股权转让有关营业税问题的通知》(财税〔2002〕191 号)、《财政部 国家税务总局关于营业税若干政策问题的通知》(财税〔2003〕16 号)、《国家税务总局关于代理业营业额问题的通知》(国税发〔2003〕69 号)、《国家税务总局关于广播电视有线数字付费频道业务征收营业税问题的通知》(国税函〔2004〕141 号)、《国家税务总局关于纳税人提供泥浆工程劳务征收流转税问题的批复》(国税函〔2005〕375 号)、《财政部 国家税务总局关于公路经营企业车辆通行费收入营业税政策的通知》(财税〔2005〕77 号)、《国家税务总局关于垃圾处置费征收营业税问题的批复》(国税函〔2005〕1128 号)、《国家税务总局关于交通部门有偿转让高速公路收费经营权征收营业税的批复》(国税函〔2005〕1146 号)、《国家税务总局关于酒店产权式经营业主税收问题的批复》(国税函〔2006〕478 号)、《国家税务总局关于劳务承包行为征收营业税问题的批复》(国税函〔2006〕493 号)。

第三条 纳税人兼有不同税目的应当缴纳营业税的劳务(以下简称应税劳务)、转让无形资产或者销售不动产,应当分别核算不同税目的营业额、转让额、销售额(以下统称营业额);未分别核算营业额的,从高适用税率。

第四条 纳税人提供应税劳务、转让无形资产或者销售不动产,按照营业额和规定的税率计算应纳税额。应纳税额计算公式:

应纳税额＝营业额×税率

营业额以人民币计算。纳税人以人民币以外的货币结算营业额的,应当折合成人民币计算。

【注释】 相关规定包括:《国家税务总局关于境外团体或个人在我国从事文艺及体育演出有关税收问题的通知》(国税发〔1994〕106 号)。

第五条 纳税人的营业额为纳税人提供应税劳务、转让无形资产或者销售不动产收取的全部价款和价外费用。但是,下列情形除外:

(一)纳税人将承揽的运输业务分给其他单位或者个人的,以其取得的全部价款和价外费用扣除其支付给其他单位或者个人的运输费用后的余额为营业额;

(二)纳税人从事旅游业务的,以其取得的全部价款和价外费用扣除替旅游者支付给其他单位或者个人的住宿费、餐费、交通费、旅游景点门票和支付给其他接团旅游企业的旅游费后的余额为营业额;

(三)纳税人将建筑工程分包给其他单位的,以其取得的全部价款和价外费用扣除其支付给其他单位的分包款后的余额为营业额;

(四)外汇、有价证券、期货等金融商品买卖业务,以卖出价减去买入价后的余额为营业额;

(五)国务院财政、税务主管部门规定的其他情形。

【注释】 相关规定包括:《财政部 国家税务总局关于民航单位收取的机场管理建设费、旅游发展基金应按税法规定征收营业税的通知》(财税〔1995〕5 号)、《营业税问题解答(之一)》(国税函发〔1995〕156 号)、《国家税务总局关于律师事务所办案费收入征收营业税问题的批复》(国税函发〔1995〕479 号)、《国家税务总局关于外商投资企业从事城市住宅小区建设征收营业税问题的批复》(国税函发〔1995〕549 号)、《国家税务总局关于电信业务征收营业税问题的通知》(国税函发〔1996〕685 号)、《国家税务总局关于对电影发行单位的发行收入不征营业税的通知》(国税函发〔1996〕696 号)、《国家税务总局关于经营公用电话征收营业税问题的通知》(国税发〔1997〕161 号)、《国家税务总局关于物业管理企业的代收费用有关营业税问题的通知》(国税发〔1998〕217 号)、《财政部 国家税务总局关于融资租赁业营业税计税营业额问题的通知》(财税〔1999〕183 号)、《国家税务总局关于外事服务单位营业额问题的通知》(国税函〔2002〕1095 号)、《国家税务总局关于代理业营业额问题的通知》(国税发〔2003〕69 号)、《国家税务总局关于商业企业向货物供应方收取的部分费用征收流转税问题的通知》(国税发〔2004〕136 号)、《财政部 国家税务总局关于资本市场有关营业税政策的通知》(财税〔2004〕203 号)、《财政部 国家税务总局关于中国证券登记结算公司有关营业税政策的通知》(财税〔2004〕204 号)、《国家税务总局关于客运飞机腹舱联运收入营业税问题的通知》(国税函〔2005〕202 号)、《财政部 国家税务总局关于福利彩票代销手续费收入征收营业税问题的通知》(财税〔2005〕118 号)、《国家税务总局关于加强代理报关业务营业税征收管理有关问题的通知》(国税函〔2006〕1310 号)、《国家税务总局关于无船承运业务有关营业税问题的通知》(国税函〔2006〕1312 号)。

第六条 纳税人按照本条例第五条规定扣除有关项目,取得的凭证不符合法律、行政法规或者国务院税务主管部门有关规定的,该项目金额不得扣除。

第七条 纳税人提供应税劳务、转让无形资产或者销售不动产的价格明显偏低并无正当理由的,由主管税务机关核定其营业额。

第八条 下列项目免征营业税:

(一)托儿所、幼儿园、养老院、残疾人福利机构提供的育养服务,婚姻介绍,殡葬服务;

(二)残疾人员个人提供的劳务;

(三)医院、诊所和其他医疗机构提供的医疗服务;

(四)学校和其他教育机构提供的教育劳务,学生勤工俭学提供的劳务;

(五)农业机耕、排灌、病虫害防治、植物保护、农牧保险以及相关技术培训业务,家禽、牲畜、水生动物的配种和疾病防治;

(六)纪念馆、博物馆、文化馆、文物保护单位管理机构、美术馆、展览馆、书画院、图书馆举办文化活动的门票收入,宗教场所举办文化、宗教活动的门票收入;

(七)境内保险机构为出口货物提供的保险产品。

除前款规定外,营业税的免税、减税项目由国务院规定。任何地区、部门均不得规定免税、减税项目。

【注释】 相关规定包括:《财政部 国家税务总局关于对若干项目免征营业税的通知》(财税〔1994〕2 号)、《国家税务总局关于社会福利有奖募捐发行收入税收问题的通知》(国税发〔1994〕127 号)、《财政部 国家税务总局关于对科研单位取得的技术转让收入免征营业税的通知》(财税〔1994〕10 号)、《营业税问题解答(之一)》(国税函发〔1995〕156 号)、《财政部 国家税务总局关于金融业征收营业税有关问题的通知》(财税〔1995〕79 号)、(财税〔1995〕15 号)、《财政部 国家税务总局关于世行贷款粮食流通项目营业税问题的复函》(财税〔1995〕71 号)、《国家税务总局关于原油管理费缴纳营业税问题的复函》(国税函发〔1996〕101 号)、《财政部 国家税务总局关于民航机场管理建设费营业税先征后返还问题的通知》(财税〔1996〕32 号)、《财政部 国家税务总局关于体育彩票发行收入税收问题的通知》(财税〔1996〕77 号)、《国家税务总局关于"免征营业税的博物馆"范围界定问题的批复》(国税函发〔1996〕679 号)、《财政部 国家税务总局关于对保险公司开办个人投资分红保险业务取得的保费收入免征营业税的通知》(财税〔1996〕102 号)、《财政部 国家税务总局关于下发不征收营业税的收费(基金)项目名单(第二批)的通知》、《财政部 国家税务总局关于世行贷款粮食流通项目建筑安装工程和服务收入免征营业税的通知》(财税〔1998〕87 号)、《财政部 国家税务总局关于证券投资基金税收问题的通知》(财税〔1998〕55 号)、《财政部 国家税务总局关于保管储备棉财政补贴收入免征营业税的通知》(财税〔1999〕38 号)、《财政部 国家税务总局关于促进科技成果转化有关税收政策的通知》(财税〔1999〕45 号)、《财政部 国家税务总局关于国债转贷利息收入免征营业税的通知》(财税〔1999〕220 号)、《财政部 国家税务总局关于非金融机构统借统还业务征收营业税问题的通知》(财税〔2000〕7 号)、《国家税务总局关于部队取得应税收入税收征管问题的批复》(国税函〔2000〕466 号)、《财政部 国家税务总局关于对外汇管理部门委托贷款利息收入免征营业税的通知》(财税〔2000〕78 号)、《财政部 国家税务总局关于随军家属就业有关税收政策的通知》(财税〔2000〕84 号)、《国家税务总局关于明确外国企业和外籍个人技术转让收入免征营业税范围问题的通知》(国税发〔2000〕166 号)、《财政部 国家税务总局关于住房公积金管理中心有关税收政策的通知》(财税〔2000〕94 号)、《国家税务总局关于我国境内企业向外国企业支付软件费扣缴营业税问题的通知》(国税发〔2000〕179号)、《财政部 国家税务总局关于车辆通行费有关营业税等税收政策的通知》(财税〔2000〕139号)、《财政部 国家税务总局关于非营利性科研机构税收政策的通知》(财税〔2001〕5号)、《财政部 国家税务总局关于人寿保险业务免征营业税若干问题的通知》(财税〔2001〕118号)、《财政部 国家税务总局关于国有独资商业银行、国家开发银行承购金融资产管理公司发行的专项债券利息收入免征税收问题的通知》(财税〔2001〕152号)、《财政部 国家税务总局关于全国社会保障基金有关税收政策问题的通知》(财税〔2002〕75号)、《国家税务总局关于林地使用权转让行为征收营业税问题的批复》(国税函〔2002〕700号)、《财政部 国家税务总局关于开放式证券投资基金有关税收问题的通知》(财税〔2002〕128号)、《国家税务总局关于中国建筑工程总公司重组改制过程中转让股权不征营业税的通知》(国税函〔2003〕12号)、《财政部 国家税务总局关于自主择业的军队转业干部有关税收政策问题的通知》(财税〔2003〕26号)、《财政部 国家税务总局关于民航系统8项行政事业性收费不征收营业税的通知》(财税〔2003〕170号)、《财政部 国家税务总局关于教育税收政策的通知》(财税〔2004〕39号)、《国家发展和改革委员会国家税务总局关于继续做好中小企业信用担保机构免征营业税有关问题的通知》(发改企业〔2004〕303号)、《财政部 国家税务总局关于证券投资基金税收政策的通知》(财税〔2004〕78号)、《国家税务总局关于电力公司过网费收入征收增值税问题的批复》(国税函〔2004〕607号)、《国家税务总局关于住房专项维修基金征免营业税问题的通知》(税发〔2004〕69号)、《财政部 国家税务总局关于扶持城镇退役士兵自谋职业有关税收优惠政策的通知》(财税〔2004〕93号)、《财政部 国家税务总局关于暂免征收军队空余房产租赁收入营业税房产税的通知》(财税〔2004〕123号)、《国家税务总局关于在京外国商会征免营业税的批复》(国税函〔2005〕370号)、《财政部 国家税务总局关于合格境外机构投资者营业税政策的通知》(财税〔2005〕155号)、《国家发展改革委国家税务总局关于中小企业信用担保机构免征营业税有关问题的通知》(发改企业〔2006〕563号)、《财政部 国家税务总局关于邮政普遍服务和特殊服务免征营业税的通知》(财税〔2006〕47号)、《财政部 国家税务总局关于证券投资者保护基金有关营业税问题的通知》(财税〔2006〕172号)、《财政部 国家税务总局关于促进残疾人就业税收优惠政策的通知》(财税〔2007〕92号)。

第九条 纳税人兼营免税、减税项目的,应当分别核算免税、减税项目的营业额;未分别核算营业额的,不得免税、减税。

【注释】 相关规定包括:《国家税务总局关于转让著作权征收营业税问题的通知》(国税发〔2001〕44号)。

第十条 纳税人营业额未达到国务院财政、税务主管部门规定的营业税起征点的,免征营业税;达到起征点的,依照本条例规定全额计算缴纳营业税。

第十一条 营业税扣缴义务人:

(一)中华人民共和国境外的单位或者个人在境内提供应税劳务、转让无形资产或者销售不动产,在境内未设有经营机构的,以其境内代理人为扣缴义务人;在境内没有代理人的,以受让方或者购买方为扣缴义务人。

(二)国务院财政、税务主管部门规定的其他扣缴义务人。

【注释】 相关规定包括:《营业税问题解答(之一)》(国税函发〔1995〕156号)。

第十二条 营业税纳税义务发生时间为纳税人提供应税劳务、转让无形资产或者销售不动产并收讫营业收入款项或者取得索取营业收入款项凭据的当天。国务院财政、税务主管部门另有规定的,从其规定。

营业税扣缴义务发生时间为纳税人营业税纳税义务发生的当天。

【注释】 相关规定包括:《国家税务总局关于经营房地产收入纳税义务发生时间的通知》(国税发〔1994〕86号)、《国家税务总局关于营业税若干征税问题的通知》(国税发〔1994〕159号)、《国家税务总局关于高尔夫球俱乐部税收问题的批复》(国税函发〔1994〕514号)、《国家税务总局关于营业税若干问题的通知》(国税发〔1995〕76号)、《国家税务总局关于贷款业务征收营业税问题的通知》(国税发〔2002〕13号)。

第十三条 营业税由税务机关征收。

第十四条 营业税纳税地点:

(一)纳税人提供应税劳务应当向其机构所在地或者居住地的主管税务机关申报纳税。但是,纳税人提供的建筑业劳务以及国务院财政、税务主管部门规定的其他应税劳务,应当向应税劳务发生地的主管税务机关申报纳税。

(二)纳税人转让无形资产应当向其机构所在地或者居住地的主管税务机关申报纳税。但是,纳税人转让、出租土地使用权,应当向土地所在地的主管税务机关申报纳税。

(三)纳税人销售、出租不动产应当向不动产所在地的主管税务机关申报纳税。

扣缴义务人应当向其机构所在地或者居住地的主管税务机关申报缴纳其扣缴的税款。

【注释】 相关规定包括:《国家税务总局海洋石油税务管理局关于地方劳务公司为外国石油公司提供劳务服务税收征收管理问题的批复》(国税油函〔1994〕8号)、《财政部 国家税务总局关于营业税若干政策问题的通知》(财税〔2003〕16号)。

第十五条 营业税的纳税期限分别为5日、10日、15日、1个月或者1个季度。纳税人的具体纳税期限,由主管税务机关根据纳税人应纳税额的大小分别核定;不能按照固定期限纳税的,可以按次纳税。

纳税人以1个月或者1个季度为一个纳税期的,自期满之日起15日内申报纳税;以5日、10日或者15日为一个纳税期的,自期满之日起5日内预缴税款,于次月1日起15日内申报纳税并结清上月应纳税款。

扣缴义务人解缴税款的期限,依照前两款的规定执行。

【注释】 相关规定包括:《国家税务总局关于国家开发银行继续集中缴纳营业税的通知》(国税函〔1999〕344号)。

第十六条 营业税的征收管理,依照《中华人民共和国税收征收管理法》及本条例有关规定执行。

【注释】 相关规定包括:《财政部 国家税务总局关于发布〈外国公司船舶运输收入征税办法〉的通知》(财税〔1996〕87号)、《国家税务总局关于金融业营业税若干问题的通知》(国税发〔2000〕6号)、《国家税务总局关于从事咨询业务的外商投资企业和外国企业税务处理问题的通知》(国税发〔2000〕82号)、《财政部 国家税务总局关于金融业若干征税问题的通知》(财税〔2000〕191号)、《财政部 国家税务总局关于金融业若干征税问题的通知》(财税〔2000〕191号)、《国家税务总局关于新闻产品征收流转税问题的通知》(国税发〔2001〕105号)、《国家税务总局关于印发〈金融保险业营业税申报管理办法〉的通知》(国税发〔2002〕9号)、《国家税务总局关于纳税人销售自产货物提供增值税劳务并同时提供建筑业劳务征收流转税问题的通知》(国税发〔2002〕117号)、《国家税务总局关于外商投资性公司对其子公司提供服务有关税务处理问题的通知》(国税发〔2002〕128号)、《国家税务总局关于取消"货运业自开票纳税人和代开票纳税人营业税减免认定"后有关税收管理问题的通知》(国税函〔2004〕824号)、《国家税务总局关于取消"单位和个人从事技术转让、技术开发业务免征营业税审批"后有关税收管理问题的通知》(国税函〔2004〕825号)、《国家税务总局关于货物运输业若干税收问题的通知》(国税发〔2004〕88号)、《国家税务总局关于取消税务行政审批后外国企业及外籍个人向中国境内转让技术取得收入免征营业税管理问题的通知》(国税函〔2005〕652号)、《国家税务总局关于印发〈营业税纳税人纳税申报办法〉的通知》(国税发〔2005〕202号)、《国家税务总局关于新版公路内河货物运输业统一发票有关使用问题的通知》(国税发〔2007〕101号)。

第十七条 本条例自2009年1月1日起施行。

附件:

营业税税目税率表

税　　　目	税　　　率
一、交通运输业	3%
二、建筑业	3%
三、金融保险业	5%
四、邮电通信业	3%
五、文化体育业	3%
六、娱乐业	5%—20%
七、服务业	5%
八、转让无形资产	5%
九、销售不动产	5%

中华人民共和国营业税暂行条例实施细则

（2008 年 12 月 18 日财政部 国家税务总局令第 52 号公布根据 2011 年 10 月 28 日《关于修改〈中华人民共和国增值税暂行条例实施细则〉和〈中华人民共和国营业税暂行条例实施细则〉的决定》修订）

第一条 根据《中华人民共和国营业税暂行条例》(以下简称条例)，制定本细则。

第二条 条例第一条所称条例规定的劳务是指属于交通运输业、建筑业、金融保险业、邮电通信业、文化体育业、娱乐业、服务业税目征收范围的劳务(以下称应税劳务)。

加工和修理、修配，不属于条例规定的劳务(以下称非应税劳务)。

第三条 条例第一条所称提供条例规定的劳务、转让无形资产或者销售不动产，是指有偿提供条例规定的劳务、有偿转让无形资产或者有偿转让不动产所有权的行为(以下称应税行为)。但单位或者个体工商户聘用的员工为本单位或者雇主提供条例规定的劳务，不包括在内。

前款所称有偿，是指取得货币、货物或者其他经济利益。

【注释】 相关规定包括:《营业税问题解答(之一)》(国税函发〔1995〕156 号)、《财政部 国家税务总局关于个人提供非有形商品推销、代理等服务活动取得收入征收营业税和个人所得税有关问题的通知》(财税〔1997〕103 号)。

第四条 条例第一条所称在中华人民共和国境内(以下简称境内)提供条例规定的劳务、转让无形资产或者销售不动产，是指：

(一)提供或者接受条例规定劳务的单位或者个人在境内；

(二)所转让的无形资产(不含土地使用权)的接受单位或者个人在境内；

(三)所转让或者出租土地使用权的土地在境内；

(四)所销售或者出租的不动产在境内。

【注释】 相关规定包括:《营业税问题解答(之一)》(国税函发〔1995〕156 号)、《国家税务总局关于外国企业在华提供信息系统的运行维护及咨询服务征税问题的批复》(国税函〔2005〕912 号)。

第五条 纳税人有下列情形之一的，视同发生应税行为：

(一)单位或者个人将不动产或者土地使用权无偿赠送其他单位或者个人；

(二)单位或者个人自己新建(以下简称自建)建筑物后销售，其所发生的自建行为；

(三)财政部、国家税务总局规定的其他情形。

第六条 一项销售行为如果既涉及应税劳务又涉及货物，为混合销售行为。除本细则第七条的规定外，从事货物的生产、批发或者零售的企业、企业性单位和个体工商户的混合销售行为，视为销售货物，不缴纳营业税；其他单位和个人的混合销售行为，视为提供应税劳务，缴纳营业税。

第一款所称货物，是指有形动产，包括电力、热力、气体在内。

第一款所称从事货物的生产、批发或者零售的企业、企业性单位和个体工商户，包括以从事货物的生产、批发或者零售为主，并兼营应税劳务的企业、企业性单位和个体工商户在内。

第七条 纳税人的下列混合销售行为，应当分别核算应税劳务的营业额和货物的销售额，其应税劳务的营业额缴纳营业税，货物销售额不缴纳营业税；未分别核算的，由主管税务机关核定其应税劳务的营业额：

(一)提供建筑业劳务的同时销售自产货物的行为；

(二)财政部、国家税务总局规定的其他情形。

【注释】 相关规定包括:《财政部 国家税务总局关于增值税、营业税若干政策规定的通知》(财税〔1994〕26 号)。

第八条 纳税人兼营应税行为和货物或者非应税劳务的，应当分别核算应税行为的营业额和货物或者非应税劳务的销售额，其应税行为营业额缴纳营业税，货物或者非应税劳务销售额不缴纳营业税；未分别核算的，由主管税务机关核定其应税行为营业额。

第九条　条例第一条所称单位，是指企业、行政单位、事业单位、军事单位、社会团体及其他单位。

条例第一条所称个人，是指个体工商户和其他个人。

第十条　除本细则第十一条和第十二条的规定外，负有营业税纳税义务的单位为发生应税行为并收取货币、货物或者其他经济利益的单位，但不包括单位依法不需要办理税务登记的内设机构。

第十一条　单位以承包、承租、挂靠方式经营的，承包人、承租人、挂靠人（以下统称承包人）发生应税行为，承包人以发包人、出租人、被挂靠人（以下统称发包人）名义对外经营并由发包人承担相关法律责任的，以发包人为纳税人；否则以承包人为纳税人。

第十二条　中央铁路运营业务的纳税人为铁道部，合资铁路运营业务的纳税人为合资铁路公司，地方铁路运营业务的纳税人为地方铁路管理机构，基建临管线运营业务的纳税人为基建临管线管理机构。

【注释】　相关规定包括：《国家税务总局关于营业税若干征税问题的通知》（国税发〔1994〕159 号）。

第十三条　条例第五条所称价外费用，包括收取的手续费、补贴、基金、集资费、返还利润、奖励费、违约金、滞纳金、延期付款利息、赔偿金、代收款项、代垫款项、罚息及其他各种性质的价外收费，但不包括同时符合以下条件代为收取的政府性基金或者行政事业性收费：

（一）由国务院或者财政部批准设立的政府性基金，由国务院或者省级人民政府及其财政、价格主管部门批准设立的行政事业性收费；

（二）收取时开具省级以上财政部门印制的财政票据；

（三）所收款项全额上缴财政。

【注释】　相关规定包括：《国家税务总局关于律师事务所办案费收入征收营业税问题的批复》（国税函发〔1995〕479 号）。

第十四条　纳税人的营业额计算缴纳营业税后因发生退款减除营业额的，应当退还已缴纳营业税税款或者从纳税人以后的应缴纳营业税税额中减除。

第十五条　纳税人发生应税行为，如果将价款与折扣额在同一张发票上注明的，以折扣后的价款为营业额；如果将折扣额另开发票的，不论其在财务上如何处理，均不得从营业额中扣除。

第十六条　除本细则第七条规定外，纳税人提供建筑业劳务（不含装饰劳务）的，其营业额应当包括工程所用原材料、设备及其他物资和动力价款在内，但不包括建设方提供的设备的价款。

第十七条　娱乐业的营业额为经营娱乐业收取的全部价款和价外费用，包括门票收费、台位费、点歌费、烟酒、饮料、茶水、鲜花、小吃等收费及经营娱乐业的其他各项收费。

第十八条　条例第五条第（四）项所称外汇、有价证券、期货等金融商品买卖业务，是指纳税人从事的外汇、有价证券、非货物期货和其他金融商品买卖业务。

货物期货不缴纳营业税。

第十九条　条例第六条所称符合国务院税务主管部门有关规定的凭证（以下统称合法有效凭证），是指：

（一）支付给境内单位或者个人的款项，且该单位或者个人发生的行为属于营业税或者增值税征收范围的，以该单位或者个人开具的发票为合法有效凭证；

（二）支付的行政事业性收费或者政府性基金，以开具的财政票据为合法有效凭证；

（三）支付给境外单位或者个人的款项，以该单位或者个人的签收单据为合法有效凭证，税务机关对签收单据有疑义的，可以要求其提供境外公证机构的确认证明；

（四）国家税务总局规定的其他合法有效凭证。

第二十条　纳税人有条例第七条所称价格明显偏低并无正当理由或者本细则第五条所列视同发生应税行为而无营业额的，按下列顺序确定其营业额：

（一）按纳税人最近时期发生同类应税行为的平均价格核定；

（二）按其他纳税人最近时期发生同类应税行为的平均价格核定；

（三）按下列公式核定：

$$营业额=营业成本或者工程成本\times(1+成本利润率)\div(1-营业税税率)$$

公式中的成本利润率，由省、自治区、直辖市税务局确定。

【注释】 相关规定包括:《营业税问题解答(之一)》(国税函发〔1995〕156号)。

第二十一条 纳税人以人民币以外的货币结算营业额的,其营业额的人民币折合率可以选择营业额发生的当天或者当月1日的人民币汇率中间价。纳税人应当在事先确定采用何种折合率,确定后1年内不得变更。

第二十二条 条例第八条规定的部分免税项目的范围,限定如下:

(一)第一款第(二)项所称残疾人员个人提供的劳务,是指残疾人员本人为社会提供的劳务。

(二)第一款第(四)项所称学校和其他教育机构,是指普通学校以及经地、市级以上人民政府或者同级政府的教育行政部门批准成立、国家承认其学员学历的各类学校。

(三)第一款第(五)项所称农业机耕,是指在农业、林业、牧业中使用农业机械进行耕作(包括耕耘、种植、收割、脱粒、植物保护等)的业务;排灌,是指对农田进行灌溉或排涝的业务;病虫害防治,是指从事农业、林业、牧业、渔业的病虫害测报和防治的业务;农牧保险,是指为种植业、养殖业、牧业种植和饲养的动植物提供保险的业务;相关技术培训,是指与农业机耕、排灌、病虫害防治、植物保护业务相关以及为使农民获得农牧保险知识的技术培训业务;家禽、牲畜、水生动物的配种和疾病防治业务的免税范围,包括与该项劳务有关的提供药品和医疗用具的业务。

(四)第一款第(六)项所称纪念馆、博物馆、文化馆、文物保护单位管理机构、美术馆、展览馆、书画院、图书馆举办文化活动,是指这些单位在自己的场所举办的属于文化体育业税目征税范围的文化活动。其门票收入,是指销售第一道门票的收入。宗教场所举办文化、宗教活动的门票收入,是指寺院、宫观、清真寺和教堂举办文化、宗教活动销售门票的收入。

(五)第一款第(七)项所称为出口货物提供的保险产品,包括出口货物保险和出口信用保险。

【注释】 相关规定包括:《营业税问题解答(之一)》(国税函发〔1995〕156号)。

第二十三条 条例第十条所称营业税起征点,是指纳税人营业额合计达到起征点。

营业税起征点的适用范围限于个人。

营业税起征点的幅度规定如下:

(一)按期纳税的,为月营业额5000—20000元;

(二)按次纳税的,为每次(日)营业额300—500元。

省、自治区、直辖市财政厅(局)、税务局应当在规定的幅度内,根据实际情况确定本地区适用的起征点,并报财政部、国家税务总局备案。

第二十四条 条例第十二条所称收讫营业收入款项,是指纳税人应税行为发生过程中或者完成后收取的款项。

条例第十二条所称取得索取营业收入款项凭据的当天,为书面合同确定的付款日期的当天;未签订书面合同或者书面合同未确定付款日期的,为应税行为完成的当天。

第二十五条 纳税人转让土地使用权或者销售不动产,采取预收款方式的,其纳税义务发生时间为收到预收款的当天。

纳税人提供建筑业或者租赁业劳务,采取预收款方式的,其纳税义务发生时间为收到预收款的当天。

纳税人发生本细则第五条所称将不动产或者土地使用权无偿赠送其他单位或者个人的,其纳税义务发生时间为不动产所有权、土地使用权转移的当天。

纳税人发生本细则第五条所称自建行为的,其纳税义务发生时间为销售自建建筑物的纳税义务发生时间。

第二十六条 按照条例第十四条规定,纳税人应当向应税劳务发生地、土地或者不动产所在地的主管税务机关申报纳税而自应当申报纳税之月起超过6个月没有申报纳税的,由其机构所在地或者居住地的主管税务机关补征税款。

第二十七条 银行、财务公司、信托投资公司、信用社、外国企业常驻代表机构的纳税期限为1个季度。

第二十八条 本细则自2009年1月1日起施行。

营业税税目注释(试行稿)

国税发〔1993〕149 号

一、交通运输业

交通运输业,是指使用运输工具或人力、畜力将货物或旅客送达目的地,使其空间位置得到转移的业务活动。

本税目的征收范围包括:陆路运输、水路运输、航空运输、管道运输、装卸搬运。

凡与运营业务有关的各项劳务活动,均属本税目的征税范围。

(一)陆路运输

陆路运输,是指通过陆路(地上或地下)运送货物或旅客的运输业务,包括铁路运输、公路运输、缆车运输、索道运输及其他陆路运输。

(二)水路运输

水路运输,是指通过江、河、湖、川等天然、人工水道或海洋航道运送货物或旅客的运输业务。

打捞,比照水路运输征税。

(三)航空运输

航空运输,是指通过空中航线运送货物或旅客的运输业务。

通用航空业务、航空地面服务业务,比照航空运输征税。通用航空业务,是指为专业工作提供飞行服务的业务,如航空摄影、航空测量、航空勘探、航空护林、航空吊挂飞播、航空降雨等。

航空地面服务业务,是指航空公司、飞机场、民航管理局、航站向在我国境内航行或在我国境内机场停留的境内外飞机或其他飞行器提供的导航等劳务性地面服务的业务。

(四)管道运输

管道运输,是指通过管道设施输送气体、液体、固体物质的运输业务。

(五)装卸搬运

装卸搬运,是指使用装卸搬运工具或人力、畜力将货物在运输工具之间、装卸现场之间或运输工具与装卸现场之间进行装卸和搬运的业务。

二、建筑业

建筑业,是指建筑安装工程作业。

本税目的征收范围包括:建筑、安装、修缮、装饰、其他工程作业。

(一)建筑

建筑,是指新建、改建、扩建各种建筑物、构筑物的工程作业,包括与建筑物相连的各种设备或支柱、操作平台的安装或装设工程作业,以及各种窑炉和金属结构工程作业在内。

(二)安装

安装,是指生产设备、动力设备、起重设备、运输设备、传动设备、医疗实验设备及其他各种设备的装配、安置工程作业,包括与设备相连的工作台、梯子、栏杆的装设工程作业和被安装设备的绝缘、防腐、保温、油漆等工程作业在内。

(三)修缮

修缮,是指对建筑物、构筑物进行修补、加固、养护、改善,使之恢复原来的使用价值或延长其使用期限的工程作业。

(四)装饰

装饰,是指对建筑物、构筑物进行修饰,使之美观或具有特定用途的工程作业。

(五)其他工程作业

其他工程作业,是指上列工程作业以外的各种工程作业,如代办电信工程、水利工程、道路修建、疏浚、钻井(打井)、拆除建筑物或构筑物、平整土地、搭脚手架、爆破等工程作业。

三、金融保险业

金融保险业,是指经营金融、保险的业务。

本税目的征收范围包括:金融、保险。

(一)金融

金融,是指经营货币资金融通活动的业务,包括贷款、融资租赁、金融商品转让、金融经纪业和其他金融业务。

1. 贷款,是指将资金贷与他人使用的业务,包括自有资金贷款和转贷。

自有资金贷款,是指将自有资本金或吸收的单位、个人的存款贷与他人使用。

转贷,是指将借来的资金贷与他人使用。

典当业的抵押贷款业务,无论其资金来源如何,均按自有资金贷款征税。

人民银行的贷款业务,不征税。

2. 融资租赁,是指具有融资性质和所有权转移特点的设备租赁业务。即:出租人根据承租人所要求的规格、型号、性能等条件购入设备租赁给承租人,合同期内设备所有权属于出租人,承租人只拥有使用权,合同期满付清租金后,承租人有权按残值购入设备,以拥有设备的所有权。凡融资租赁,无论出租人是否将设备残值销售给承租人,均按本税目征税。

3. 金融商品转让,是指转让外汇、有价证券或非货物期货的所有权的行为。

非货物期货,是指商品期货、贵金属期货以外的期货,如外汇期货等。

4. 金融经纪业,是指受托代他人经营金融活动的业务。

5. 其他金融业务,是指上列业务以外的各项金融业务,如银行结算、票据贴现等。存款或购入金融商品行为,不征收营业税。

(二)保险

保险,是指将通过契约形式集中起来的资金,用以补偿被保险人的经济利益的业务。

四、邮电通信业

邮电通信业,是指专门办理信息传递的业务。

本税目的征收范围包括:邮政、电信。

(一)邮政

邮政,是指传递实物信息的业务,包括传递函件或包件、邮汇、报刊发行、邮务物品销售、邮政储蓄及其他邮政业务。

1. 传递函件或包件,是指传递函件或包件的业务以及与传递函件或包件相关的业务。

传递函件,是指收寄信函、明信片、印刷品的业务。

传递包件,是指收寄包裹的业务。传递函件或包件相关的业务,是指出租信箱、对进口函件或包件进行处理、保管逾期包裹、附带货载及其他与传递函件或包件相关的业务。

2. 邮汇,是指为汇款人传递汇款凭证并兑取的业务。

3. 报刊发行,是指邮政部门代出版单位收订、投递和销售各种报纸、杂志的业务。

4. 邮务物品销售,是指邮政部门在提供邮政劳务的同时附带销售与邮政业务相关的各种物品(如信封、信纸、汇款单、邮件包装用品等)的业务。

5. 邮政储蓄,是指邮电部门办理储蓄的业务。

6. 其他邮政业务,是指上列业务以外的各项邮政业务。

(二)电信

电信,是指用各种电传设备传输电信号来传递信息的业务,包括电报、电传、电话、电话机安装、电信物品销售及其他电信业务。

1. 电报,是指用电信号传递文字的通信业务及相关的业务,包括传递电报、出租电报电路设备、代维修电报电路设备以及电报分送、译报、查阅去报报底或来报回单、抄录去报报底等。

2. 电传(即传真),是指通过电传设备传递原件的通信业务,包括传递资料、图表、相片、真迹等。

3. 电话,是指用电传设备传递语言的业务及相关的业务,包括有线电话、无线电话、寻呼电话、出租电话电路设备、代维修或出租广播电路、电视信道等业务。

4. 电话机安装,是指为用户安装或移动电话机的业务。

5. 电信物品销售,是指在提供电信劳务的同时附带销售专用和通用电信物品(如电报纸、电话号码簿、电报签收簿、电信器材、电话机等)的业务。

6. 其他电信业务,是指上列业务以外的电信业务。

五、文化体育业

文化体育业,是指经营文化、体育活动的业务。

本税目的征收范围包括:文化业、体育业。

(一)文化业

文化业,是指经营文化活动的业务,包括表演、播映、其他文化业。

经营游览场所的业务,比照文化业征税。

1. 表演,是指进行戏剧、歌舞、时装、健美、杂技、民间艺术、武术、体育等表演活动的业务。

2. 播映,是指通过电台、电视台、音响系统、闭路电视、卫星通信等无线或有线装置传播作品以及在电影院、影剧院、录像厅及其他场所放映各种节目的业务。

广告的播映不按本税目征税。

3. 其他文化业,是指经营上列活动以外的文化活动的业务,如各种展览、培训活动,举办文学、艺术、科技讲座、演讲、报告会,图书馆的图书和资料借阅业务等。

4. 经营游览场所的业务,是指公园、动(植)物园及其他各种游览场所销售门票的业务。

(二)体育业

体育业,是指举办各种体育比赛和为体育比赛或体育活动提供场所的业务。

以租赁方式为文化活动、体育比赛提供场所,不按本税目征税。

六、娱乐业

娱乐业,是指为娱乐活动提供场所和服务的业务。

本税目征收范围包括:经营歌厅、舞厅、卡拉 ok 歌舞厅、音乐茶座、台球、高尔夫球、保龄球场、游艺场等娱乐场所,以及娱乐场所为顾客进行娱乐活动提供服务的业务。

(一)歌厅

歌厅,是指在乐队的伴奏下顾客进行自娱自乐形式的演唱活动的场所。

(二)舞厅

舞厅,是指供顾客进行跳舞活动的场所。

(三)卡拉 ok 歌舞厅

卡拉 ok 歌舞厅,是指在音像设备播放的音乐伴奏下,顾客自娱自乐进行歌舞活动的场所。

(四)音乐茶座

音乐茶座,是指为顾客同时提供音乐欣赏和茶水、咖啡、酒及其他饮料消费的场所。

(五)台球、高尔夫球、保龄球场

台球、高尔夫球、保龄球场,是指顾客进行台球、高尔夫球、保龄球活动的场所。

(六)游艺场

游艺场,是指举办各种游艺、游乐(如射击、狩猎、跑马、玩游戏机等)活动的场所。

上列娱乐场所为顾客进行娱乐活动提供的饮食服务及其他各种服务,均属于本税目征收范围。

七、服务业

服务业,是指利用设备、工具、场所、信息或技能为社会提供服务的业务。

本税目的征收范围包括:代理业、旅店业、饮食业、旅游业、仓储业、租赁业、广告业、其他服务业。

(一)代理业

代理业,是指代委托人办理受托事项的业务,包括代购代销货物、代办进出口、介绍服务、其他代理服务。

1. 代购代销货物,是指受托购买货物或销售货物,按实购或实销额进行结算并收取手续费的业务。

2. 代办进出口,是指受托办理商品或劳务进出口的业务。

3. 介绍服务,是指中介人介绍双方商谈交易或其他事项的业务。

4. 其他代理服务,是指受托办理上列事项以外的其他事项的业务。

金融经纪业、邮政部门的报刊发行业务,不按本税目征税。

(二)旅店业

旅店业，是指提供住宿服务的业务。

(三)饮食业

饮食业，是指通过同时提供饮食和饮食场所的方式为顾客提供饮食消费服务的业务。

饭馆、餐厅及其他饮食服务场所，为顾客在就餐的同时进行的自娱自乐形式的歌舞活动所提供的服务，按“娱乐业”税目征税。

(四)旅游业

旅游业，是指为旅游者安排食宿、交通工具和提供导游等旅游服务的业务。

(五)仓储业

仓储业，是指利用仓库、货场或其他场所代客贮放、保管货物的业务。

(六)租赁业

租赁业，是指在约定的时间内将场地、房屋、物品、设备或设施等转让他人使用的业务。

融资租赁，不按本税目征税。

(七)广告业

广告业，是指利用图书、报纸、杂志、广播、电视、电影、幻灯、路牌、招贴、橱窗、霓虹灯、灯箱等形式为介绍商品、经营服务项目、文体节目或通告、声明等事项进行宣传和提供相关服务的业务。

(八)其他服务业

其他服务业，是指上列业务以外的服务业务，如沐浴、理发、洗染、照相、美术、裱画、誊写、打字、镌刻、计算、测试、试验、化验、录音、录像、复印、晒图、设计、制图、测绘、勘探、打包、咨询等。

航空勘探、钻井(打井)勘探、爆破勘探，不按本税目征税。

八、转让无形资产

转让无形资产，是指转让无形资产的所有权或使用权的行为。

无形资产，是指不具实物形态、但能带来经济利益的资产。

本税目的征收范围包括：转让土地使用权、转让商标权、转让专利权、转让非专利技术、转让著作权、转让商誉。

(一)转让土地使用权

转让土地使用权，是指土地使用者转让土地使用权的行为。

土地所有者出让土地使用权和土地使用者将土地使用权归还给土地所有者的行为，不征收营业税。

土地租赁，不按本税目征税。

(二)转让商标权

转让商标权，是指转让商标的所有权或使用权的行为。

(三)转让专利权

转让专利权，是指转让专利技术的所有权或使用权的行为。

(四)转让非专利技术

转让非专利技术，是指转让非专利技术的所有权或使用权的行为。

提供无所有权技术的行为，不按本税目征税。

(五)转让著作权

转让著作权，是指转让著作的所有权或使用权的行为。著作，包括文字著作、图形著作(如画册、影集)、音像著作(如电影母片、录像带母带)。

(六)转让商誉

转让商誉，是指转让商誉的使用权的行为。

以无形资产投资入股，参与接受投资方的利润分配、共同承担投资风险的行为，不征收营业税。但转让该项股权，应按本税目征税。

九、销售不动产

销售不动产，是指有偿转让不动产所有权的行为。

不动产，是指不能移动，移动后会引起性质、形状改变的财产。

本税目的征收范围包括：销售建筑物或构筑物，销售其他土地附着物。

（一）销售建筑物或构筑物

销售建筑物或构筑物，是指有偿转让建筑物或构筑物的所有权的行为。

以转让有限产权或永久使用权方式销售建筑物，视同销售建筑物。

（二）销售其他土地附着物

销售其他土地附着物，是指有偿转让其他土地附着物的所有权的行为。

其他土地附着物，是指建筑物或构筑物以外的其他附着于土地的不动产。

单位将不动产无偿赠与他人，视同销售不动产。

在销售不动产时连同不动产所占土地的使用权一并转让的行为，比照销售不动产征税。

以不动产投资入股，参与接受投资方利润分配、共同承担投资风险的行为，不征营业税。但转让该项股权，应按本税目征税。

不动产租赁，不按本税目征税。

【注释】 对《营业税暂行条例》第2条进行了解释。相关规定包括：《财政部 国家税务总局关于股权转让有关营业税问题的通知》（财税〔2002〕191号）。

财政部 国家税务总局关于对若干项目免征营业税的通知

财税〔1994〕2号

各省、自治区、直辖市财政厅（局）、税务局，各计划单列市财政局、税务局：

根据国务院《关于研究财税体制改革方案出台后有关问题的会议纪要》（国阅〔1994〕42号）的精神，财政部、国家税务总局就若干营业税的减免税问题，通知如下：

一、对保险公司开展的一年期以上返还性人身保险业务的保费收入免征营业税。所谓一年期以上返还性人身保险业务，是指保期一年以上、到期返还本利的普通人寿保险、养老年金保险、健康保险。

普通人寿保险是指保险期在一年以上、以人的生存、死亡、伤残为保险事故，一次性支付给被保险人满期保险金、死亡保险金、伤残保险金的保险。

养老年金保险是指投保人（或被保险人）在一定时期内缴纳一定数额的保险费，当被保险人达到保险契约的约定年龄时，保险人（保险公司）依据保险合同的规定向被保险人支付保险契约约定的养老保险金的一种保险。

健康保险是指以疾病、分娩及其所致伤残、死亡为保险事故，补偿因疾病或身体伤残所致损失的保险。

免征营业税的具体险种须按本通知附件的规定执行。免征营业税的具体险种以后如有变化，我们将发文通知各地财政税务机关。

除附件所列险种外，各地保险公司根据当地实际情况开办的、符合上述免税规定的险种，由各省、自治区、直辖市、计划单列市财政厅（局）、税务局报财政部、国家税务总局核批后，也可享受免征营业税照顾。

二、个人转让著作权，免征营业税。

三、将土地使用权转让给农业生产者用于农业生产，免征营业税。

四、本通知自1994年1月1日起执行。

【注释】 对《营业税暂行条例》第6条进行了解释。

国家税务总局关于经营房地产收入纳税义务发生时间的通知

国税发〔1994〕86号

各省、自治区、直辖市税务局，各计划单列市税务局：

最近，财政部就房地产开发业务收入实现问题以(94)财会二字第02号文件答复深圳市财政局称："转让、销售土地和商品房，应在土地和商品房已经移交，已将发票账单提交买主时，作为销售实现"，并将该复函抄送各省、自治区、直辖市和计划单列市税务局。该复函发出后，不少地区税务机关询问，对于房地产经营征收营业税的纳税义务发生时间，应按营业税暂行条例及其实施细则的规定执行，还是按该复函的规定执行。

经与财政部联系，该复函是仅就房地产经营的会计核算而言的，并不是对房地产经营的营业税纳税义务发生时间作出新的规定。因此，房地产经营的营业税纳税义务发生时间，仍应按营业税暂行条例及其实施细则的有关规定执行。纳税人采取预收款方式转让土地使用权或者销售不动产的，仍应以收到预收款的当天为纳税义务发生时间。

【注释】 对《营业税暂行条例》第9条进行了解释。

国家税务总局关于境外团体或个人在我国从事文艺及体育演出有关税收问题的通知

国税发〔1994〕106号

各省、自治区、直辖市、计划单列市税务局、文化厅(局)、体委：

1993年9月20日我局与文化部、国家体委联合下发了国税发〔1993〕089号《关于来我国从事文艺演出及体育表演收入应严格依照税法规定征税的通知》，现对外国及港、澳、台地区团体或个人在我国(大陆)从事文艺演出和体育表演所取得的收入征税的具体政策业务问题，明确如下：

一、外国或港、澳、台地区演员、运动员以团体名义在我国(大陆)从事文艺、体育演出，对该演出团体及其演员或运动员个人取得的收入，应按照以下规定征税：

(一)对演出团体应依照《中华人民共和国营业税暂行条例》(以下简称营业税暂行条例)的有关规定，以其全部票价收入或者包场收入减去付给提供演出场所的单位、演出公司或经纪人的费用后的余额为营业额，按3%的税率征收营业税。

(二)演出团体凡能够提供完整、准确费用支出凭证的，依照《中华人民共和国外商投资企业和外国企业所得税法》(以下简称企业所得税法)的有关规定，应对演出团体的收入总额减除实际支出的费用后的余额，按30%的税率征收企业所得税，并按3%的税率征收地方所得税；对演出团体实际支付给演员或运动员个人的报酬部分，依照《中华人民共和国个人所得税法》(以下简称个人所得税法)的有关规定征收个人所得税。

(三)演出团体不能提供完整、准确的费用支出凭证，不能正确计算应纳税所得额的，在计算征收企业所得税时，根据企业所得税法实施细则第十六条规定的原则，应以其收入总额减除支付给演员、运动员个人的报酬部分和相当于收入总额30%的其他演出费用后的余额，依照企业所得税法规定的税率征收企业所得税和地方所得税；对上述支付给演员、运动员个人的报酬部分，依照个人所得税法的规定，由演出团体支付报酬时代扣代缴个人所得税。对没有申报支付给演员、运动员个人报酬额的或未履行代扣代缴义务的，应以其收入总额减除上述相当于收入总额30%的其他演出费用的余额视为该演出团体的应纳税所得额，依照企业所得税法计算征收企业所得税和地方所得税。对演员或运动员个人不再征收个人所得税。

(四)对本条第(二)、(三)款中所述演出团体支付给演员、运动员个人的报酬，凡是演员、运动员属于临时聘请，不是该演出团体雇员的，应依照个人所得税法的规定，按劳务报酬所得，减除规定费用后，征收个人所得税；凡是演员、运动员属该演出团体雇员的，应依照个人所得税法的规定，按工资、薪金所得，减除规定费用后，征收个人所得税。

二、对外国或港、澳、台地区演员、运动员以个人名义在我国(大陆)从事演出、表演所取得的收入，应以其全部票价收入或者包场收入减去支付给提供演出场所的单位、演出公司或者经纪人的费用后的余额为营业额，依3%的税率征收营业税；依照个人所得税法的有关规定，按劳务报酬所得征收个人所得税。

三、对演出团体或个人应向演出所在地主管税务机关申报缴纳应纳税款的，具体可区别以下情况处理：

（一）演出团体及个人应缴纳的营业税，应以其在一地的演出收入，依照营业税暂行条例的有关规定，向演出所在地主管税务机关申报缴纳。

（二）演出团体应缴纳的企业所得税和地方所得税，应以其在一地的演出收入，依照企业所得税法及其实施细则和本通知的有关规定，计算应纳税所得额及税款，并向演出所在地主管税务机关申报缴纳。按本通知第一条第二款所述依实际费用支出计算纳税的演出团体，在全部演出活动结束后，可在与其签订演出合同的中方接待单位所在地主管税务机关，办理企业所得税结算手续。

（三）演员、运动员个人应缴纳的个人所得税，应以其在一地演出所得报酬，依照个人所得税法的有关规定，在演出所在地主管税务机关申报缴纳。属于劳务报酬所得的，在一地演出多场的，以在一地多场演出取得的总收入为一次收入，计算征收个人所得税。

（四）主管税务机关可以指定各承包外国、港、澳、台地区演出、表演活动的演出场、馆、院或中方接待单位，在其向演出团体、个人结算收入中代扣代缴该演出团体或个人的各项应纳税款。凡演出团体或个人未在演出所在地结清各项应纳税款的，其中方接待单位应在对外支付演出收入时代扣代缴该演出团体或个人所欠应纳税款。对于未按本通知有关规定代扣代缴应纳税款的单位，应严格依照《中华人民共和国税收征收管理法》的规定予以处理。

四、各中方接待单位在对外签订演出或表演合同后的7日内，应将合同、资料报送各有关演出、表演活动所在地主管税务机关，对于逾期不提供合同资料的，可依照企业所得税法及有关法规予以处理。

本通知自文到之日起执行。

【注释】 对《营业税暂行条例》第2、4条进行了解释。

财政部 国家税务总局关于增值税、营业税若干政策规定的通知

财税〔1994〕26号

各省、自治区、直辖市、计划单列市财政厅（局）、税务局：

新税制实施以来，各地陆续反映了一些增值税、营业税执行中出现的问题。经研究，现将有关政策问题规定如下：

一、关于集邮商品征税问题

集邮商品，包括邮票、小型张、小本票、明信片、首日封、邮折、集邮簿、邮盘、邮票目录、护邮袋、贴片及其他集邮商品。

集邮商品的生产、调拨征收增值税。邮政部门销售集邮商品，征收营业税；邮政部门以外的其他单位与个人销售集邮商品，征收增值税。

二、关于报刊发行征税问题

邮政部门发行报刊，征收营业税；其他单位和个人发行报刊征收增值税。

三、关于销售无线寻呼机、移动电话征税问题

电信单位（电信局及电信局批准的其他从事电信业务的单位）自己销售无线寻呼机、移动电话，并为客户提供有关的电信劳务服务的，属于混合销售，征收营业税；对单纯销售无线寻呼机、移动电话，不提供有关的电信劳务服务的，征收增值税。

四、关于混合销售征税问题

……

五、关于代购货物征税问题

代购货物行为，凡同时具备以下条件的，不征收增值税；不同时具备以下条件的，无论会计制度规定如何核算，均征收增值税。

（一）受托方不垫付资金；

（二）销货方将发票开具给委托方，并由受托方将该项发票转交给委托方；

（三）受托方按销售方实际收取的销售额和增值税额（如系代理进口货物则为海关代征的增值税额）与委托方结算货款，并另外收取手续费。

六、关于棕榈油、棉籽油和粮食复制品征税问题

（一）棕榈油、棉籽油按照食用植物油13%的税率征收增值税；

……

七、关于出口"国务院另有规定的货物"征税问题

根据增值税暂行条例第二条："纳税人出口国务院另有规定的货物，不得适用零税率"的规定，纳税人出口的原油，援外出口货物，国家禁止出口的货物，包括天然牛黄、麝香、铜及铜基合金、白金等，糖，应按规定征收增值税。

八、关于外购农业产品的进项税额处理问题

……

十二、本规定自1994年6月1日起执行。

【注释】 对《营业税暂行条例》第2条进行了解释。对《营业税暂行条例实施细则》第5条进行了解释。

国家税务总局关于社会福利有奖募捐发行收入税收问题的通知

国税发〔1994〕127号

各省、自治区、直辖市税务局，深圳、厦门、大连、青岛、宁波、重庆市税务局：

接民政部来函，要求对社会福利有奖募捐取得收入继续给予免税照顾。新税制实施后，对社会福利有奖募捐发行收入的税收问题，明确如下：

一、营业税

根据新的营业税条例规定，对社会福利有奖募捐的发行收入不征营业税，对代销单位取得的手续费收入应按规定征收营业税。

……

【注释】 对《营业税暂行条例》第6条进行了解释。

财政部 国家税务总局关于对科研单位取得的技术转让收入免征营业税的通知

财税〔1994〕10号

各省、自治区、直辖市财政厅（局）、税务局，各计划单列市财政局、税务局：

根据国务院《关于研究财税体制改革方案出台后有关问题的会议纪要》（国阅〔1994〕42号文件）的决定，现就技术转让免征营业税问题通知如下：

一、为了鼓励技术引进和推广，对科研单位取得的技术转让收入免征营业税。

二、本通知所说的技术转让，是指有偿转让专利和专利技术的所有权或使用权的行为。

三、科研单位转让技术，应持各级科委技术市场管理机构出具的技术合同认定登记证明，向主管税务机关提出申请。由主管税务机关审核批准后，方可享受免征营业税照顾。

四、本规定从1994年1月1日起执行。本文下发之前已征收的营业税退还给科研单位。

【注释】 对《营业税暂行条例》第6条进行了解释。

国家税务总局关于营业税若干征税问题的通知

国税发〔1994〕159 号

各省、自治区、直辖市税务局，各计划单列市税务局：

新的营业税出台后，各地在贯彻实施中反映，有些具体政策规定不甚清楚，要求进一步予以明确。经广泛征求意见和专题研究，现将有关问题明确如下：

一、关于运输业务纳税人问题

……

二、关于联运业务征税问题

细则第十七条第一款所称联运业务，是指两个以上运输企业完成旅客或货物从发送地点至到达地点所进行的运输业务。联运的特点是一次购买、一次收费、一票到底。

联运业务以其实际取得的收入为营业额，即指运输企业开展联运业务时，以收到的收入扣除支付给以后的承运者的运费、装卸费、换装费等费用后的余额。（此条款已失效或废止）

三、关于与运营业务相关劳务征税问题

《营业税税目注释（试行稿）》中“交通运输业”税目注释第三款所称“与运营业务有关的各项劳务活动”，是指下列劳务：

（一）通用航空业务；

（二）航空地面服务；

（三）打捞；

（四）理货；

（五）港务局提供的引航、系解缆、停泊、移泊等劳务及引水员交通费、过闸费、货物港务费。

（六）国家税务总局规定的其他劳务。

除上述规定者外，其他劳务均不属于“交通运输业”税目的征税范围。

四、关于搬家业务征税问题

搬家业务是搬家公司利用运输工具或人力实现了空间位置的转移的业务，它具有装卸搬运的特征。因此，对搬家业务收入，应按“交通运输业”税目中的“装卸搬运”征收营业税。

五、关于自建建筑物征税问题

细则第四条第三款所称视同提供应税劳务的自建建筑物，是指单位或个人在 1994 年 1 月 1 日以后建成并未缴纳“建筑业”营业税的建筑物。

六、关于有线电视安装费征税问题

有线电视安装费，是指有线电视台为用户安装有线电视接收装置，一次性向用户收取的安装费，也称之为“初装费”。对有线电视安装费，应按“建筑业”税目征税。

七、关于建筑业纳税义务发生时间问题

……

【注释】　对《营业税暂行条例》第 9 条进行了解释。对《营业税暂行条例实施细则》第 12、17 条进行了解释。

国家税务总局关于高尔夫球俱乐部税收问题的批复

国税函发〔1994〕514 号

广东省国家税务局：

近接广州市税务局税外〔1994〕290 号《关于高尔夫球俱乐部税收问题的请示》，关于高尔夫球俱乐部会员费收入如何判定纳税义务发生时间等税收问题，经研究，现明确如下：

一、对俱乐部会员入会时一次性缴清的入会费，根据《中华人民共和国营业税暂行条例》第九条："营业税的纳税义务发生时间，为纳税人收讫营业收入款项或者取得索取营业收入款项凭据的当天"，无论该项收入在财务上如何处理，均以取得收入的当天为纳税义务发生时间，计算征收营业税。

二、对于俱乐部取得的其他类似于会员费的收入，应合并作为会员费收入计算征收营业税。

三、俱乐部向会员收取的会员资格保证金，在会员退会时全额退还的，如果是账务上直接冲减营业收入的，可以从当期的营业额中扣除，不计算征收营业税。对保证金的存款利息收入应计入营业利润中计算征收企业所得税。

四、本规定自文到之日起执行，过去规定与本规定不一致的，以本规定为准。

【注释】 对《营业税暂行条例》第 9 条进行了解释。

国家税务总局关于中外合作开发房地产征收营业税问题的批复

国税函发〔1994〕644 号

广东省国家税务局：

近接广州市税务局税一〔1994〕327 号《关于合作开发房地产征收营业税问题的请示》，反映该市部分国内企业将土地三通一平后以土地与外商合作建商品房，双方成立合作公司，领取营业执照，中方将土地使用权转移到合作公司，外方负责兴建商品房的一切资金并负责商品房在境外销售，双方采取分建筑面积、分销售收入、提取固定利润等分配形式。并对上述经营活动中涉及的转让土地使用权的行为如何计征营业税问题，要求予以明确。经研究，现批复如下：

一、关于中外双方合作建房的征税问题。

中方将获得的土地与外方合作，办理土地使用权转移后，不论是按建成的商品房分配面积，还是按商品房销售后的收入进行分配，均不符合现行政策关于"以无形资产投资入股，参与接受投资方的利润分配、共同承担投资风险的行为，不征营业税"的规定，因此，应按"转让无形资产"税目征收营业税；其营业额为实际取得的全部收入，包括价外收费；其纳税义务发生时间为取得收入的当天。

同时，对销售商品房也应征税。如果采取分房（包括分面积）各自销房的，则对中外双方各自销售商品房收入按"销售不动产"征营业税；如果采取统一销房再分配销售收入的，则就统一的销售商品房收入按"销售不动产"征营业税；如果采取对中方支付固定利润方式的，则对外方销售商品房的全部收入按"销售不动产"征营业税。

二、关于中方取得的前期工程开发费征税问题。

外方提前支付给中方的前期工程的开发费用，视为中方以预收款方式取得的营业收入，按转让土地使用权，计算征收营业税。对该项已税的开发费用，在中外双方分配收入时如数从中方应得收入中扣除的，可直接冲减中方当期的营业收入。

三、对中方定期获取的固定利润视为转让土地使用权所取得的收入，计算征收营业税。

【注释】 对《营业税暂行条例》第 2 条进行了解释。

国家税务总局关于营业税若干问题的通知

国税发〔1995〕76 号

各省、自治区、直辖市和计划单列市国家税务局、地方税务局：

各地在贯彻新的营业税制中相继提出了一些问题，现根据营业税暂行条例及其实施细则和其他有关规定的精神，对这些问题明确如下：

一、关于融资租赁征税问题

《营业税税目注释》中的"融资租赁"，是指经中国人民银行批准经营融资租赁业务的单位所从事的融资租赁业务，其他单位从事融资租赁业务应按"服务业"税目中的"租赁业"项目征收营业税。

二、关于集邮商品征税问题

生产集邮商品仍然征收增值税。邮政部门、集邮公司销售（包括调拨在内）集邮商品改为一律征收营业税。

三、关于会员费、席位费和资格保证金征税问题

对俱乐部、交易所或类似的会员制经济、文化、体育组织（以下简称会员组织），在会员入会时收取的会员费、席位费、资格保证金和其他类似费用，应按营业税有关规定确定适用税目征收营业税。其营业税纳税义务发生时间为会员组织收讫会员费、席位费、资格保证金和其他类似费用款项或者取得索取这些费用款项凭据的当天。

会员组织的上述费用，如果在会员退会时予以退还，并且账务上直接冲减退还当期的营业收入，在计征营业税时可以从当期的营业额中减除。

四、关于代理业营业额问题

代理业的营业额为纳税人从事代理业务向委托方实际收取的报酬。

五、关于转租业务征税问题

单位和个人将承租的场地、物品、设备等再转租给他人的行为也属于租赁行为，应按"服务业"税目中"租赁业"项目征收营业税。

【注释】　对《营业税暂行条例》第2、9条进行了解释。

营业税问题解答（之一）

国税函发〔1995〕156号

……

二、问：公安部门拍卖机动车牌照，交通部门拍卖公交线路运营权，是否征收营业税？

答：公安部门拍卖机动车牌照，交通部门拍卖公交线路运营权，这两种行为均不属于营业税的征税范围，因而不征收营业税。

……

四、问：航空公司用飞机开展飞洒农药业务是否免征营业税？

答：营业税暂行条例第六条第（五）款规定农业病虫害防治免征营业税，营业税暂行条例实施细则第二十六条第（四）款明确农业病虫害防治"是指从事农业、林业、牧业、渔业的病虫害测报和防治的业务。"航空公司用飞机开展飞洒农药业务属于从事农业病虫害防治业务，因而应当免征营业税。

……

六、对绿化工程应按何税目征税？

答：绿化工程往往与建筑工程相连，或者本身就是某个建筑工程的一个组成部分，例如，绿化与平整土地就分不开，而平整土地本身就属于建筑业中的"其他工程作业"。为了减少划分，便于征管，对绿化工程按"建筑业一其他工程作业"征收营业税。

七、问：对工程承包公司承包的建筑安装工程按何税目征税？

答：根据营业税暂行条例第五条第（三）款"建筑业的总承包人将工程分包或转包给他人的，以工程的全部承包额减去付给分包人或者转包人的价款后的余额为营业额"的规定，工程承包公司承包建筑安装工程业务，即工程承包公司与建设单位签订承包合同的建筑安装工程业务，无论其是否参与施工，均应按"建筑业"税目征收营业税。工程承包公司不与建设单位签订承包建筑安装工程合同，只是负责工程的组织协调业务，对工程承包公司的此项业务则按"服务业"税目征收营业税。

……

九、问:银行贷款给单位和个人,借款者以房屋作抵押,如果期满后借款者无力还贷,抵押的房屋归银行所有,对此是否应当征税?如果房屋归银行所有后,银行将房屋销售,是否应当征税?

答:借款者无力归还贷款,抵押的房屋被银行收走以抵作贷款本息,这表明房屋的所有权被借款者有偿转让给银行,应对借款者转让房屋所有权的行为按"销售不动产"税目征收营业税。

同样,银行如果将收归其所有的房屋销售,也应按"销售不动产"税目征收营业税。

十、问:非金融机构将资金提供给对方,并收取资金占用费,如企业与企业之间借用周转金而收取资金占用费,行政机关或企业主管部门将资金提供给所属单位或企业而收取资金占用费,农村合作基金会将资金提供给农民而收取资金占用费等,应如何征收营业税?

答:《营业税税目注释》规定,贷款属于"金融保险业"税目的征收范围,而贷款是指将资金贷与他人使用的行为。根据这一规定,不论金融机构还是其他单位,只要是发生将资金贷与他人使用的行为,均应视为发生贷款行为,按"金融保险业"税目征收营业税。

十一、问:保险公司开展财产、人身保险时向投保者收取的全部保费记入"储金"科目,储金的利息记入"保费收入"科目,储金到期返还给用户。对保险公司开展财产、人身保险征收营业税的营业额是向投保者收取的保费,还是储金的利息?对于到期返还给用户的储金是否准许从其营业额中扣除?

答:营业税暂行条例第五条规定:除另有规定者外,"纳税人的营业额为纳税人提供应税劳务、转让无形资产或者销售不动产向对方收取的全部价款和价外费用。"根据此项规定,第一,保险公司开展财产、人身保险的营业额为向投保者收取的全部保费,而不是储金的利息收入。因为,就提供保险劳务而言,此项规定所说的"对方"是指投保者,保险公司向投保者收取的是保费,而储金利息是保险公司向银行收取的,不是向投保者收取的。其次,应以保费金额为营业额,对到期返还给用户的储金不能从营业额中扣除。

十二、问:邮政部门收取的"电话初装费"按什么税目征税?

答:根据《营业税税目注释》对"邮电通信业"税目的解释,为用户安装电话的业务属于该税目的征收范围。"电话初装费"是邮政部门为用户安装电话而收取的费用,应按"邮电通信业"税目征税。

十三、问:电信部门开办168台电话,利用电话开展有偿咨询、点歌等业务,对此项收费按什么税目征税?

答:168台是具有特殊用途的电话台,其业务属于《营业税税目注释》所说的"用电传设备传递语言的业务",应按"邮电通信业"税目征收营业税。

十四、问:对邮电局(所)经营的邮电礼仪活动按什么税目征收营业税?其营业额如何确定?

答:邮电礼仪是指邮电局(所)根据客户的要求将写有祝词的电报,或者使用客户支付的价款购买的礼物传递给客户所指定的对象。对于这种业务应按"邮电通信业"税目征收营业税,其营业额为邮电部门向用户收取的全部价款和价外费用,包括所购礼物的价款在内。

十五、问:文化培训适用哪个税目?

答:根据《营业税税目注释》规定,"文化体育业"税目中的"其他文化业"是指除经营表演、播映活动以外的文化活动的业务,如各种展览、培训活动,举办文学、艺术、科技讲座、演讲、报告会,图书馆的图书和资料借阅业务等。此项规定所称培训活动包括各种培训活动,因此对文化培训应按"文化体育业"税目征税。

十六、问:学校取得的赞助收入是否征税?应如何征税?

答:根据营业税暂行条例及其实施细则规定,凡有偿提供应税劳务、有偿转让无形资产或者有偿转让不动产所有权的单位和个人,均应依照税法规定缴纳营业税,而所谓"有偿"是指取得货币、货物或其他经济利益。根据以上规定,对学校取得的各种名目的赞助收入是否征税,要看学校是否发生向赞助方提供应税劳务、转让无形资产或转让不动产所有权的行为。学校如果没有向赞助方提供应税劳务、转让无形资产或转让不动产所有权,此项赞助收入系属无偿取得,不征收营业税;反之,学校如果向赞助方提供应税劳务、转让无形资产或转让不动产所有权,此项赞助收入系属有偿取得,应征收营业税。这里需要附带说明的是,不仅对学校取得的赞助收入应按这一原则确定应否征收营业税,对于其他单位和个人取得的赞助收入也应按这一原则确定是否征收营业税。

十七、问:对合作建房行为应如何征收营业税?

答:合作建房,是指由一方(以下简称甲方)提供土地使用权,另一方(以下简称乙方)提供资金,合作建房。合作建房的方式一般有两种:

第一种方式是纯粹的"以物易物",即双方以各自拥有的土地使用权和房屋所有权相互交换。具体的交换方式也有以下两种：

(一)土地使用权和房屋所有权相互交换，双方都取得了拥有部分房屋的所有权。在这一合作过程中，甲方以转让部分土地使用权为代价，换取部分房屋的所有权，发生了转让土地使用权的行为；乙方则以转让部分房屋的所有权为代价，换取部分土地的使用权，发生了销售不动产的行为。因而合作建房的双方都发生了营业税的应税行为。对甲方应按“转让无形资产”税目中的“转让土地使用权”子目征税；对乙方应按“销售不动产”税目征税。由于双方没有进行货币结算，因此应当按照《中华人民共和国营业税暂行条例实施细则》第十五条的规定分别核定双方各自的营业额。如果合作建房的双方(或任何一方)将分得的房屋销售出去，则又发生了销售不动产行为，应对其销售收入再按“销售不动产”税目征收营业税。

(二)以出租土地使用权为代价换取房屋所有权。例如，甲方将土地使用权出租给乙方若干年，乙方投资在该土地上建造建筑物并使用，租赁期满后，乙方将土地使用权连同所建的建筑物归还甲方。在这一经营过程中，乙方是以建筑物为代价换得若干年的土地使用权，甲方是以出租土地使用权为代价换取建筑物。甲方发生了出租土地使用权的行为，对其按“服务业——租赁业”征营业税；乙方发生了销售不动产的行为，对其按“销售不动产”税目征营业税。对双方分别征税时，其营业额也按《中华人民共和国营业税暂行条例实施细则》第十五条的规定核定。

第二种方式是甲方以土地使用权乙方以货币资金合股，成立合营企业，合作建房。对此种形式的合作建房，则要视具体情况确定如何征税。

(一)房屋建成后如果双方采取风险共担、利润共享的分配方式，按照营业税“以无形资产投资入股，参与接受投资方的利润分配、共同承担投资风险的行为，不征营业税”的规定，对甲方向合营企业提供的土地使用权，视为投资入股，对其不征营业税；只对合营企业销售房屋取得的收入按销售不动产征税；对双方分得的利润不征营业税。

(二)房屋建成后甲方如果采取按销售收入的一定比例提成的方式参与分配，或提取固定利润，则不属营业税所称的投资入股不征营业税的行为，而属于甲方将土地使用权转让给合营企业的行为，那么，对甲方取得的固定利润或从销售收入按比例提取的收入按“转让无形资产”征税；对合营企业则按全部房屋的销售收入依“销售不动产”税目征收营业税。

(三)如果房屋建成后双方按一定比例分配房屋，则此种经营行为，也未构成营业税所称的以无形资产投资入股，共同承担风险的不征营业税的行为。因此，首先对甲方向合营企业转让的土地，按“转让无形资产”征税，其营业额按实施细则第十五条的规定核定。因此，对合营企业的房屋，在分配给甲乙方后，如果各自销售，则再按“销售不动产”征税。

十八、问：对于转让土地使用权或销售不动产的预收定金，应如何确定其纳税义务发生时间？

答：营业税暂行条例实施细则第二十八条规定：“纳税人转让土地使用权或销售不动产，采用预收款方式的，其纳税义务发生时间为收到预收款的当天。”此项规定所称预收款，包括预收定金。因此，预收定金的营业税纳税义务发生时间为收到预收定金的当天。

……

二十、问：以“还本”方式销售建筑物，在计征营业税时可否从营业额中减除“还本”支出？

答：以“还本”方式销售建筑物，是指商品房经营者在销售建筑物时许诺若干年后可将房屋价款归还购房者，这是经营者为了加快资金周转而采取的一种促销手段。对以“还本”方式销售建筑物的行为，应按向购买者收取的全部价款和价外费用征收营业税，不得减除所谓“还本”支出。

【注释】 对《营业税暂行条例》第2、5、6、11条进行了解释。对《营业税暂行条例实施细则》第3、7、11、15、25、26、29条进行了解释。

财政部 国家税务总局关于金融业征收营业税有关问题的通知

财税〔1995〕79号

各省、自治区、直辖市、计划单列市财政厅(局)、国家税务局、地方税务局：

经研究决定，现对金融业征收营业税有关问题明确如下，请遵照执行。

一、对金融机构往来业务暂不征收营业税。

金融机构往来，是指金融企业联行、金融企业与人民银行及同业之间的资金往来业务。

……

三、本通知自1995年1月1日起执行。以前的征税规定与本通知有抵触的，同时废止。

1994年对金融机构往来没有征收营业税的，不再补征营业税；已经征收了营业税的，不予退税，也不得抵顶以后年度应纳的营业税。

四、除上述规定外，有关对金融业征收营业税的其他问题，仍应按现行规定执行。

【注释】 对《营业税暂行条例》第6条进行了解释。

国家税务总局关于律师事务所办案费收入征收营业税问题的批复

国税函发〔1995〕479号

广东省地方税务局：

接你省广州市地方税务局《关于律师事务所办案费收入征免营业税问题的请示》(穗地税发〔1995〕81号)，经研究，现批复如下：

《中华人民共和国营业税暂行条例》第五条规定："纳税人的营业额为纳税人提供应税劳务、转让无形资产或者销售不动产向对方收取的全部价款和价外费用。"《中华人民共和国营业税暂行条例实施细则》第十四条规定："条例第五条所称价外费用，包括向对方收取的手续费、基金、集资费、代收款项、代垫款项及其他各种性质的价外收费。凡价外费用，无论会计制度规定如何核算，均应并入营业额计算应纳税额。"据此，对律师事务所在办案过程中向委托人收取的一切费用，包括办案费等，无论其收费的名称如何，也不论财务会计如何核算，均应并入营业额中计算应纳税额。

【注释】 对《营业税暂行条例》第5条进行了解释。对《营业税暂行条例实施细则》第14条进行了解释。

财政部 国家税务总局关于民航机场管理建设费营业税先征后返还问题的通知

财税〔1996〕32号

各省、自治区、直辖市、计划单列市财政厅(局)、地方税务局，沈阳、长春、哈尔滨、南京、武汉、广州、成都、西安市财政局、地方税务局：

为支持民航事业发展，经国务院批准，对民航机场管理建设费照章征收营业税，所征税款由财政部门予以返还，用于机场建设。具体操作办法，按照财政部、国家税务总局、中国人民银行《关于税制改革后对某些行业实行"先征后退"有关预算管理问题的暂行规定的通知》[(94)财预字第055号]第三条第(五)款的规定办理。本通知自1996年1月1日起执行。

【注释】 对《营业税暂行条例》第6条进行了解释。

国家税务总局涉外税务管理司关于外商投资企业广告代理业营业税问题的通知

国税外函发〔1996〕39 号

成文日期:1996-05-13

各省、自治区、直辖市和计划单列市国家税务局、地方税务局,海洋石油税收管理局各分局:

近来不少地方询问,外商投资企业从事广告代理业务,通过路牌、交通工具等载体发布广告,广告发布者支付的广告发布费在计征营业税时能否扣除。经研究,现通知如下:

总局国税发〔1994〕159 号《关于营业税若干具体问题的通知》第十条规定,"广告代理业的营业额为代理者向委托方收取的全部价款和价外费用减去付给广告发布者的广告发布费后的余额"。外商投资企业从事广告代理业务,通过电台、路牌、报刊杂志、交通工具等所有媒体和载体发布广告,应按照上述规定办理。

【注释】 对《营业税暂行条例》第 2 条进行了解释。

国家税务总局关于外商投资企业在筹办期间取得的会员费有关税务处理问题的通知

国税发〔1996〕84 号

各省、自治区、直辖市和计划单列市国家税务局,深圳市地方税务局:

关于外商投资企业收取的会员费税务处理问题,我局曾以《国家税务总局关于高尔夫球俱乐部税收问题的批复》(国税函发〔1994〕514 号,以下简称批复)和《国家税务总局关于外商投资企业收取会员费等如何计征企业所得税问题的通知》(国税发〔1995〕146 号)做出了规定。现就外商投资企业在筹办期间取得的会员费收入税收处理问题,明确如下:

外商投资企业在筹办期间对其会员入会时一次性收取的会员费、资格保证金或其他类似收费,在计算征收企业所得税时,可以从企业开始营业之日起分 5 年平均计入各期收入计算纳税;有关计算征收营业税问题,仍按批复第一条的规定执行,即在企业取得上述款项时,计算缴纳营业税。

【注释】 对《营业税暂行条例》第 2 条进行了解释。

国家税务总局关于外商承包工程作业和提供劳务取得收入计算征税有关问题的通知

国税发〔1995〕197 号

各省、自治区、直辖市和计划单列市国家税务局:

现就外国企业在中国境内承包工程作业和提供劳务所取得的收入,如何计算征税的有关问题通知如下:

一、外国企业与我国企业签订机器设备销售合同,同时提供设备安装、装配、技术培训、指导、监督服务等劳务的,其取得的劳务费收入,应按税法的规定计算纳税。如有关销售合同中未列明上述劳务费金额,或者作价不合理的，税务机关可以根据实际情况，以不低于合同总价款的5%为原则，确定外国企业的劳务费收入并计算征收营业税和企业所得税。

二、外国企业在我国境内承包工程作业和提供劳务活动，凡采取核定利润率征收企业所得税的，仍可依照《财政部关于对外商承包工程作业和提供劳务服务征收工商统一税和企业所得税的暂行规定》((83)财税字第149号)第一条1、2项以及《财政部关于对外商承包工程作业和提供劳务代为采购或代为制造的机器设备、建筑材料的价款准予从承包业务收入中适当扣除计算征税问题的通知》[(87)财税字第134号]的规定，就其收入总额扣除转承包价款和代购代制设备、材料价款后的余额，以不低于10%为原则，参照同行业利润水平，核定利润计征企业所得税。

【注释】 对《营业税暂行条例》第2条进行了解释。

国家税务总局关于有偿转让资产使用权的行为征收营业税问题的批复

国税函发〔1996〕636号

新疆维吾尔自治区地方税务局：

你局《关于我区畜牧厅牧工商联合企业总公司转让天山饭店收取转让费(含资产增值补偿金)征收营业税问题的请示》(新地税一字〔1996〕053号)收悉。关于新疆畜牧厅将所属天山饭店大楼等资产的使用权采取收取转让费和资产增值补偿金方式，有偿转让给香港新华国际有限公司30年，应否按"租赁业"征收营业税问题，经研究，现批复如下：

根据《营业税税目注释》第七条第六款的规定："租赁业，是指在约定的时间内将场地、房屋、物品、设备或设施等转让他人使用的业务。"你区畜牧厅工商联合企业总公司将饭店大楼等资产有偿转让给香港新华国际有限公司使用的行为，属于营业税法规定的租赁行为，应按营业税"服务业—租赁业"征收营业税。

【注释】 对《营业税暂行条例》第2条进行了解释。

财政部 国家税务总局关于体育彩票发行收入税收问题的通知

财税〔1996〕77号

各省、自治区、直辖市、计划单列市财政厅(局)、国家税务局、地方税务局：

近接国家体委来函，要求明确体育彩票发行收入的有关税收政策。为确保体育彩票销售工作的顺利进行，根据现行税制的有关规定，对体育彩票发行收入的若干税收问题，明确规定如下：

……

二、营业税

根据现行《中华人民共和国营业税暂行条例》及其实施细则等有关规定，对体育彩票的发行收入不征营业税；对体育彩票代销单位代销体育彩票取得的手续费收入应按规定征收营业税。

……

【注释】 对《营业税暂行条例》第6条进行了解释。

国家税务总局关于外国企业出租中国境内房屋、建筑物取得租金收入税务处理问题的通知

国税发〔1996〕212 号

根据《中华人民共和国营业税暂行条例》(以下简称营业税暂行条例)和《中华人民共和国外商投资企业和外国企业所得税法》(以下简称所得税法)的有关规定,现就外国企业出租中国境内房屋、建筑物的有关税收问题,通知如下:

一、外国企业出租位于中国境内房屋、建筑物等不动产,凡在中国境内没有设立机构、场所进行日常管理的,对其所取得的租金收入,应按营业税暂行条例的有关规定缴纳营业税,并按所得税法第十九条的规定,在扣除上述缴纳的营业税税款后,计算征收企业所得税。

根据营业税暂行条例实施细则第二十九条和所得税法第十九条的规定,上述营业税和企业所得税由承租人在每次支付租金时代扣代缴。如果承租人不是中国境内企业、机构或者不是在中国境内居住的个人,税务机关也可责成出租人,按税法规定的期限自行申报缴纳上述税款。

二、外国企业出租位于中国境内房屋、建筑物等不动产,凡委派人员在中国境内对其不动产进行日常管理的;或者上述出租人属于非协定国家居民公司,委托中国境内其他单位(或个人)对其不动产进行日常管理的;或者上述出租人属于协定国家居民公司,委托中国境内属于非独立代理人的单位(或个人)对其不动产进行日常管理的,其取得的租金收入,根据营业税暂行条例和所得税法的有关规定,应按在中国境内设有机构、场所征收营业税和企业所得税。

三、本通知自 1996 年 10 月 1 日起执行,以前处理与本通知规定不一致的,按本通知规定执行。

【注释】 对《营业税暂行条例实施细则》第 29 条进行了解释。本文件关于营业税的政策废止。

国家税务总局关于“免征营业税的博物馆”范围界定问题的批复

国税函发〔1996〕679 号

厦门市地方税务局:

你局《关于对“博物馆”免税范围界定问题的请示》(厦地税政—〔1996〕011 号)收悉。经商财政部研究,现批复如下:

关于《中华人民共和国营业税暂行条例》第六条第(六)款中所称的“免征营业税的博物馆”,是指经各级文物、文化主管部门批准并实行财政预算管理的博物馆。请你局按此条件严格界定,对其他虽冠以博物馆的名称,但不符合上述条件的单位,不得给予免征营业税的照顾。

【注释】 对《营业税暂行条例》第 6 条进行了解释。

国家税务总局关于电信业务征收营业税问题的通知

国税函发〔1996〕685 号

各省、自治区、直辖市和计划单列市地方税务局:

近接中国联合通信有限公司《关于明确中国联通公司及所属分公司计税营业额的请示》。据悉,1993 年国务院批准成立中国联合通信有限公司后,为了最大限度发挥通信业务能量,方便广大用户,中国联合通

信有限公司及所属通信企业(以下简称联通通信网)必须与邮电部邮电通信网实现互连互通,用户的跨网通话业务才能顺利实现。因此,涉及两网的跨网通话业务,其话费构成了两网的共同收入,必须先行分割为各自的收入,然后才能进行核算,为此,国家计委根据国务院的决定,专门制定下发了两网互连互通话费结算办法。中国联合通信有限公司据此要求仅就实际取得的话费收入征收营业税。经国家税务总局研究决定,对两网的互连互通业务,可按本通信网全部话费收入加上从另一通信网分割回的话费收入减去分割给另一通信网的话费后的余额计征营业税。

【注释】 对《营业税暂行条例》第5条进行了解释。

国家税务总局关于房产开发企业销售不动产征收营业税问题的通知

国税函发〔1996〕684号

广东省地方税务局:

接你省广州市地方税务局《关于房产开发企业包销房产征收营业税问题的请示》(穗地税发〔1996〕259号),反映房产开发企业与包销商签订合同,将房产交给包销商根据市场情况自订价格进行销售,由房产开发企业向客户开具房产销售发票,包销商收取价差或手续费,在合同期满未售出的房产由包销商进行收购,对此应如何征收营业税。经研究,现答复如下:

在合同期内房产企业将房产交给包销商承销,包销商是代理房产开发企业进行销售,所取得的手续费收入或者价差应按"服务业—代理业"征收营业税;在合同期满后,房屋未售出,由包销商进行收购,其实质是房产开发企业将房屋销售给包销商,对房产开发企业应按"销售不动产"征收营业税;包销商将房产再次销售,对包销商也应按"销售不动产"征收营业税。

【注释】 对《营业税暂行条例》第2条进行了解释。

国家税务总局关于对电影发行单位的发行收入不征营业税的通知

国税函发〔1996〕696号

各省、自治区、直辖市和计划单列市地方税务局:

根据国务院《研究电影工作有关问题的会议纪要》(国阅〔1996〕167号)精神,现对电影发行放映单位如何征收营业税问题通知如下:

对电影放映单位放映电影取得的票价收入按收入全额征收营业税后,对电影发行单位向放映单位收取的发行收入不再征收营业税,但对电影发行单位取得的片租收入仍应按收入全额征收营业税。

【注释】 对《营业税暂行条例》第5条进行了解释。

国家税务总局关于个人从事房地产经营业务征收营业税问题的批复

国税函发〔1996〕718号

浙江省地方税务局:

你局《浙江省地方税务局关于个人从事房地产业务有关营业税问题的请示》(浙地税一〔1996〕59号)收

悉。关于个人经营房地产应如何征收营业税等问题，经研究，现批复如下：

个人以各购房户代表的身份与提供土地使用权的单位或个人(以下简称“地主”)签订联合建房协议，由个人出资并负责雇请施工队建房，房屋建成后，再由个人将分得的房屋销售给各购房户。这实际上是个人先通过合作建房的方式取得房屋，再将房屋销售给各购房户。因此对个人应按“销售不动产”税目征营业税，其营业额为个人向各购房户收取的全部价款和价外费用。另一方面，个人与地主的关系，属于一方提供土地使用权，另一方提供资金合作建房的行为。对其双方应按《国家税务总局关于印发〈营业税问题解答(之一)〉的通知》(国税函发〔1995〕156号)第十七条的有关规定征收营业税。

【注释】 对《营业税暂行条例》第2条进行了解释。

财政部 国家税务总局关于对保险公司开办个人投资分红保险业务取得的保费收入免征营业税的通知

财税〔1996〕102号

各省、自治区、直辖市、计划单列市财政厅(局)、地方税务局：

根据财政部、国家税务总局《关于对若干项目免征营业税的通知》[(94)财税字第002号]中的有关规定，对保险公司开办的个人投资分红保险业务取得的保费收入免征营业税。

个人投资分红保险，是指保险人向投保人提供的具有死亡、伤残等高度保障的长期人寿保险业务，保险期满后，保险人还应向被保人提供投资收益分红。

【注释】 对《营业税暂行条例》第6条进行了解释。

国家税务总局关于征用土地过程中征地单位支付给土地承包人员的补偿费如何征税问题的批复

国税函发〔1997〕87号

辽宁省地方税务局：

你局《关于征用土地过程中征地单位支付给土地承包人员的补偿费是否征税的请示》(辽地税个〔1996〕311号)收悉。经研究，现批复如下：

一、对土地承包人取得的土地上的建筑物、构筑物、青苗等土地附着物的补偿费收入，应按照《中华人民共和国营业税暂行条例》的“销售不动产——其他土地附着物”税目征收营业税。

二、对土地承包人取得的青苗补偿费收入，暂免征收个人所得税；取得的转让建筑物等财产性质的其他补偿费收入，应按照《中华人民共和国个人所得税法》的“财产转让所得”应税项目计征个人所得税。

【注释】 对《营业税暂行条例》第2条进行了解释。

国家税务总局关于海洋石油若干税收政策问题的通知

国税发〔1997〕44号

为进一步完善涉外石油税制，解决当前政策执行中存在的问题，现将几个海洋石油税收政策问题明确如下：

一、关于外国承包商在华承包海洋石油工程和提供劳务的税收问题

外国承包商在华承包海洋石油工程作业和提供劳务服务，在计征营业税时，应按照《中华人民共和国营业税暂行条例》及其实施细则的规定执行。对外国承包商承包的应税劳务，凡劳务发生地涉及境内境外的，应经主管税务机关审核确认，仅就在中国境内提供的应税劳务征税。

……

【注释】 对《营业税暂行条例》第1条进行了解释。本文件关于营业税的政策废止。

财政部 国家税务总局关于纳税人承包以工代赈工程征收营业税问题的通知

财税〔1997〕67号

各省、自治区、直辖市和计划单列市财政厅(局)、地方税务局：

据部分地区反映，1994年税制改革后，对纳税人承包以工代赈工程是否征收营业税一直未予明确。为保证税法的完整统一，现通知如下：

以工代赈工程是政府部门通过召集受灾、贫困地区的民工修建公路水利等工程而获得一定的经济收入来解决群众生活问题的一种措施。以工代赈工程属于扶贫项目，但工程承包人仍可取得经济收益，按国家规定应缴纳税收。在税制改革前，一些地区对以工代赈工程给予了不同程度的减免税照顾。税制改革后，这些减免税政策已经取消。因此，根据《中华人民共和国营业税暂行条例》的规定，对纳税人承包以工代赈工程，如属于营业税征税范围的，应按税收法规的统一规定征收营业税，不得再给予减税免税。

【注释】 对《营业税暂行条例》第1条进行了解释。

财政部 国家税务总局关于个人提供非有形商品推销、代理等服务活动取得收入征收营业税和个人所得税有关问题的通知

财税〔1997〕103号

各省、自治区、直辖市和计划单列市国家税务局、地方税务局：

据反映，有些在境内从事保险、旅游等非有形商品经营的企业(包括从事此类业务的国有企业、集体企业、股份制企业、外商投资企业、外国企业及其他企业)，通过其雇员或非雇员个人的推销、代理等服务活动开展业务。雇员或非雇员个人根据其推销、代理等服务活动的业绩从企业或其服务对象取得佣金、奖励和劳务费等名目的收入。根据《中华人民共和国营业税暂行条例》、《中华人民共和国个人所得税法》和《中华人民共和国税收征收管理法》的有关规定，现对雇员或非雇员个人为企业提供非有形商品推销、代理等服务活动取得收入征收营业税和个人所得税的有关问题明确如下：

一、对雇员的税务处理

雇员为本企业提供非有形商品推销、代理等服务活动取得佣金、奖励和劳务费等名目的收入，无论该收入采用何种计取方法和支付方式，均应计入该雇员的当期工资、薪金所得，按照《中华人民共和国个人所得税法》及其实施条例和其他有关规定计算征收个人所得税；但可适用《中华人民共和国营业税暂行条例实施细则》第四条第一款的规定，不征收营业税。

二、对非雇员的税务处理

非本企业雇员为企业提供非有形商品推销、代理等服务活动取得的佣金、奖励和劳务费等名目的收入，

无论该收入采用何种计取方法和支付方式，均应计入个人从事服务业应税劳务的营业额，按照《中华人民共和国营业税暂行条例》及其实施细则和其他有关规定计算征收营业税；上述收入扣除已缴纳的营业税税款后，应计入个人的劳务报酬所得，按照《中华人民共和国个人所得税法》及其实施条例和其他有关规定计算征收个人所得税。

三、税款征收方式

（一）雇员或非雇员从聘用的企业取得收入的，该企业即为雇员或非雇员应纳税款的扣缴义务人，应按照有关规定按期向主管税务机关申报并代扣代缴上述税款。

（二）对雇员或非雇员直接从其服务对象或其他方面取得收入的部分，由其主动向主管税务机关申报缴纳营业税和个人所得税。

（三）有关企业和个人拒绝申报纳税或代扣代缴税款，将按《中华人民共和国税收征收管理法》及其实施细则的有关规定处理。

【注释】　对《营业税暂行条例实施细则》第 4 条进行了解释。

国家税务总局关于以不动产或无形资产投资入股收取固定利润征收营业税问题的批复

国税函发〔1997〕490 号

深圳市地方税务局：

你局《关于对以不动产或无形资产投资入股收取固定利润征税问题的请示》（深地税发〔1997〕356 号）收悉。关于以不动产或无形资产投资入股收取固定利润是否征收营业税的问题，现批复如下：

根据《营业税税目注释》的有关规定，以不动产或无形资产投资入股，与投资方不共同承担风险，收取固定利润的行为，应区别以下两种情况征收营业税：以不动产、土地使用权投资入股，收取固定利润的，属于将场地、房屋等转让他人使用的业务，应按“服务业”税目中“租赁业”项目征收营业税；以商标权、专利权、非专利技术、著作权、商誉等投资入股，收取固定利润的，属于转让无形资产使用权的行为，应按“转让无形资产”税目征收营业税。

【注释】　对《营业税暂行条例》第 2 条进行了解释。

财政部 国家税务总局关于供电工程贴费不征收增值税和营业税的通知

财税〔1997〕102 号

各省、自治区、直辖市、计划单列市财政厅（局）、国家税务局、地方税务局：

最近，一些地区和部门来文，要求对供电企业收取的供电工程贴费是否征收增值税或营业税的问题予以明确，经研究，现通知如下：

供电工程贴费是指在用户申请用电或增加用电容量时，供电企业向用户收取的用于建设 110 千伏及以下各级电压外部供电工程建设和改造等费用的总称，包括供电和配电贴费两部分。经国务院批准同意的国家计委《关于调整供电贴费标准和加强贴费管理的请示》（计投资〔1992〕2569 号）附件一规定：“根据贴费的性质和用途，凡电力用户新建的工程项目所支付的贴费，应从该工程的基建投资中列支；凡电力用户改建、扩建的工程项目所支付的贴费，从单位自有资金中列支”。同时，用贴费建设的工程项目由电力用户交由电力部门统一管理使用。根据贴费和用贴费建设的工程项目的性质以及增值税、营业税有关法规政策的规定，供电工程贴费不属于增值税销售货物和收取价外费用的范围，不应当征收增值税，也不属于营业税的应税劳务收入，不应当征收营业税。

【注释】 对《营业税暂行条例》第 2 条进行了解释。本文件关于营业税的政策废止。

国家税务总局关于经营公用电话征收营业税问题的通知

国税发〔1997〕161 号

各省、自治区、直辖市、计划单列市地方税务局：

据一些地区来文反映，目前经营公用电话业务的方式有三种：第一种是自办，即公用电话设在邮电局营业厅，由邮电部门的工作人员值守，电话费作为邮电部门的收入。第二种是委托代办，俗称“公用电话亭”。各电话亭属邮电局的经营网点，在邮电局一个统一营业执照下分列，邮电部门将“电话亭”经营人称之为代办人。代办人将向用户收取的话费全额上交，作为邮电部门的营业收入，邮电部门付给代办人劳务费。第三种是兼办，即私人住宅、小卖店以及其他单位（即兼办人），利用其自用电话兼办公用电话业务。邮电部门按月向兼办人收取管理费，并按自用电话标准收取电话费。兼办人的经营收入为按公用电话向顾客收取话费，扣除上缴给邮电部门的话费和管理费的余额。对此，现就征收营业税问题明确如下：

一、公用电话无论采取哪种经营形式，对邮电部门取得的话费、管理费收入，均依全额按“邮电通信业”税目征收营业税。

二、对代办人取得的劳务费（或手续费等）应按“服务业”税目中的“代理服务”项目征收营业税。

三、对兼办人取得的收入按“服务业”税目中的“代理服务”项目征收营业税。其营业额为向用户收取的全部价款和价外费用减去支付给邮电部门的管理费和电话费的余额。

【注释】 对《营业税暂行条例》第 2、5 条进行了解释。

国家税务总局关于电梯保养、维修收入征税问题的批复

国税函发〔1998〕390 号

深圳市国家税务局：

你局《关于电梯保养、维修收入征税问题的请示》（深国税发〔1998〕144 号）收悉，现批复如下：

电梯属于增值税应税货物的范围，但安装运行之后，则与建筑物一道形成不动产。因此，对企业销售电梯（自产或购进的）并负责安装及保养、维修取得的收入，一并征收增值税；对不从事电梯生产、销售，只从事电梯保养和维修的专业公司对安装运行后的电梯进行的保养、维修取得的收入，征收营业税。

深圳市粤日电梯工程有限公司系专门从事电梯保养、维修的专业公司。因此，对其所取得的电梯保养、维修收入应当征收营业税，不征收增值税。

【注释】 对《营业税暂行条例》第 2 条进行了解释。

国家税务总局关于外商投资的宾馆、商务楼等经营电信业务征收营业税问题的批复

国税函发〔1998〕737 号

上海市地方税务局：

你局《关于对外商投资的宾馆、商务楼等经营电信业务收入如何征收营业税问题的请示》（沪税外

〔1998〕38 号)收悉。经研究,现批复如下:

对外商投资的宾馆、饭店、商务楼等经营电信业务取得的收入,根据《国家税务总局关于经营公用电话征收营业税问题的通知》(国税发〔1997〕161 号)文件第三条的规定,按"服务业"税目中的"代理服务"项目征收营业税。其营业额为向用户收取的全部价款和价外费用减去支付给邮电部门的管理费和电话费的余额。对于 1997 年未按上述规定执行的,可自 1998 年 1 月 1 日起执行。

【注释】 对《营业税暂行条例》第 2 条进行了解释。

国家税务总局关于有线电视台有关收费征收营业税问题的批复

国税函发〔1998〕748 号

陕西省地方税务局:

你局《陕西省地方税务局关于有线电视台有关收费是否征收营业税的请示》(陕地税函〔1998〕049 号)收悉。关于有线电视台有关收费是否征收营业税问题,经研究,现批复如下:

有线电视台向用户提供服务而收取的有线电视安装费(或称建设费)、收视维护费、广告费等,是其提供应税劳务取得的收入,属于营业税的征税范围。根据《中华人民共和国营业税暂行条例》及其实施细则的规定,对有线电视台向用户收取有线电视安装费、收视维护费、广告费等应按营业税的有关税目税率征收营业税。

【注释】 对《营业税暂行条例》第 2 条进行了解释。

国家税务总局关于物业管理企业的代收费用有关营业税问题的通知

国税发〔1998〕217 号

各省、自治区、直辖市和计划单列市地方税务局:

关于物业管理企业代收费用是否计征营业税的问题,根据《中华人民共和国营业税暂行条例》及其实施细则的有关规定精神,现通知如下:

物业管理企业代有关部门收取水费、电费、燃(煤)气费、维修基金、房租的行为,属于营业税"服务业"税目中的"代理"业务,因此,对物业管理企业代有关部门收取的水费、电费、燃(煤)气费、维修基金、房租不计征营业税,对其从事此项代理业务取得的手续费收入应当征收营业税。

维修基金,是指物业管理企业根据财政部《物业管理企业财务管理规定》(财基字〔1998〕7 号)的规定,接受业主管理委员会或物业产权人、使用人委托代管的房屋共用部位维修基金和共用设施设备维修基金。

【注释】 对《营业税暂行条例》第 5 条进行了解释。

财政部 国家税务总局关于促进科技成果转化有关税收政策的通知

财税〔1999〕45 号

各省、自治区、直辖市、计划单列市财政厅(局)、国家税务局、地方税务局:

为贯彻落实《中华人民共和国科学技术进步法》和《中华人民共和国促进科技成果转化法》，鼓励高新技术产业发展，经国务院批准，现将科研机构、高等学校研究开发高新技术、转化科技成果有关税收政策通知如下：

一、科研机构的技术转让收入继续免征营业税，对高等学校的技术转让收入自1999年5月1日起免征营业税。

二、科研机构、高等学校服务于各业的技术成果转让、技术培训、技术咨询、技术服务、技术承包所取得的技术性服务收入暂免征收企业所得税。

三、自1999年7月1日起，科研机构、高等学校转化职务科技成果以股份或出资比例等股权形式给予个人奖励，获奖人在取得股份、出资比例时，暂不缴纳个人所得税；取得按股份、出资比例分红或转让股权、出资比例所得时，应依法缴纳个人所得税。有关此项的具体操作规定，由国家税务总局另行制定。

【注释】 对《营业税暂行条例》第6条进行了解释。

财政部 国家税务总局关于融资租赁业营业税计税营业额问题的通知

财税〔1999〕183号

各省、自治区、直辖市、计划单列市财政厅（局）、国家税务局、地方税务局：

财政部、国家税务总局《关于转发〈国务院关于调整金融保险业税收政策有关问题的通知〉的通知》（财税字〔1997〕045号）规定：纳税人经营融资租赁业务，以其向承租者收取的全部价款和价外费用（包括残值）减去出租方承担的出租货物的实际成本后的余额为营业额。出租货物的实际成本，包括由出租方承担的货物购入价、关税、增值税、消费税、运杂费、安装费、保险费等费用。最近，一些地方来函询问融资租赁企业的境外外汇借款利息支出在征税时能否予以扣除，现明确如下：

纳税人经营融资租赁业务，以其向承租者收取的全部价款和价外费用减去出租方承担的出租货物的实际成本后的余额为营业额，并依此征收营业税。出租货物的实际成本，包括纳税人为购买出租货物而发生的境外外汇借款利息支出。

本规定自1999年7月1日起执行。此前各地在执行中不论是否允许扣除境外外汇借款利息支出，对纳税人以往的营业额均不再调整。

【注释】 对《营业税暂行条例》第5条进行了解释。

财政部 国家税务总局关于国债转贷利息收入免征营业税的通知

财税〔1999〕220号

各省、自治区、直辖市、计划单列市财政厅（局）、国家税务局、地方税务局、新疆生产建设兵团财务局：

为扩大有效内需，促进国民经济持续稳定发展，国务院决定1998年增发1000亿元的国债，并将其中的一部分国债资金转贷给省级人民政府，用于地方的经济和社会发展项目。鉴于发行专项国债是国家运用积极财政政策刺激有效需求，拉动经济增长的一项重大宏观调控措施，用于转贷的专项国债属于财政资金，不同于银行信贷资金，经国务院批准，对1998年及以后年度专项国债转贷取得的利息收入免征营业税。

【注释】 对《营业税暂行条例》第6条进行了解释。

财政部 国家税务总局关于贯彻落实《中共中央国务院关于加强技术创新，发展高科技，实现产业化的决定》有关税收问题的通知

财税〔1999〕273 号

海关总署，各省、自治区、直辖市、计划单列市财政厅(局)、国家税务局、地方税务局，新疆生产建设兵团：

为了贯彻落实《中共中央国务院关于加强技术创新，发展高科技，实现产业化的决定》(中发〔1999〕14号)的精神，鼓励技术创新和高新技术企业的发展，现对有关税收问题通知如下：

……

二、关于营业税

(一)对单位和个人(包括外商投资企业、外商投资设立的研究开发中心、外国企业和外籍个人)从事技术转让、技术开发业务和与之相关的技术咨询、技术服务业务取得的收入，免征营业税。

技术转让是指转让者将其拥有的专利和非专利技术的所有权或使用权有偿转让他人的行为。

技术开发是指开发者接受他人委托，就新技术、新产品、新工艺或者新材料及其系统进行研究开发的行为。

技术咨询是指就特定技术项目提供可行性论证、技术预测、专题技术调查、分析评价报告等。

与技术转让、技术开发相关的技术咨询、技术服务业务是指转让方(或受托方)根据技术转让或开发合同的规定，为帮助受让方(或委托方)掌握所转让(或委托开发)的技术，而提供的技术咨询、技术服务业务。且这部分技术咨询、服务的价款与技术转让(或开发)的价款是开在同一张发票上的。

(二)免征营业税的技术转让、开发的营业额为：

1. 以图纸、资料等为载体提供已有技术或开发成果的，其免税营业额为向对方收取的全部价款和价外费用。

2. 以样品、样机、设备等货物为载体提供已有技术或开发成果的，其免税营业额不包括货物的价值。对样品、样机、设备等货物，应当按有关规定征收增值税。转让方(或受托方)应分别反映货物的价值与技术转让、开发的价值，如果货物部分价格明显偏低，应按《中华人民共和国增值税暂行条例实施细则》第 16 条的规定，由主管税务机关核定计税价格。

3. 提供生物技术时附带提供的微生物菌种母本和动、植物新品种，应包括在免征营业税的营业额内。但批量销售的微生物菌种，应当征收增值税。

(三)免税的审批程序

1. 纳税人从事技术转让、开发业务申请免征营业税时，须持技术转让、开发的书面合同，到纳税人所在地省级科技主管部门进行认定，再持有关的书面合同和科技主管部门审核意见证明报当地省级主管税务机关审核。

外国企业和外籍个人从境外向中国境内转让技术需要免征营业税的，需提供技术转让或技术开发书面合同、纳税人或其授权人书面申请以及技术受让方所在地的省级科技主管部门审核意见证明，经省级税务主管机关审核后，层报国家税务总局批准。

2. 在科技和税务部门审核批准以前，纳税人应当先按有关规定缴纳营业税，待科技、税务部门审核后，再从以后应纳的营业税款中抵交，如以后一年内未发生应纳营业税的行为，或其应纳税款不足以抵顶免税额的，纳税人可向负责征收的税务机关申请办理退税。

……

六、科研机构转制问题

(本条已经过期失效)

七、本通知自 1999 年 10 月 1 日起开始执行。

【注释】 对《营业税暂行条例》第 6 条进行了解释。

国家税务总局关于从事房地产业务的外商投资企业若干税务处理问题的通知

国税发〔1999〕242 号

各省、自治区、直辖市和计划单列市国家税务局、地方税务局：

为规范税收管理，现就从事房地产业务的外商投资企业有关税务处理问题，通知如下：

一、从事房地产业务的外商投资企业与境外企业签订房地产代销、包销合同或协议，委托境外企业在境外销售其位于我国境内房地产的，应按境外企业向购房人销售的价格，作为外商投资企业房地产销售收入，计算缴纳营业税和企业所得税。

二、上述外商投资企业向境外代销、包销企业支付的各项佣金、差价、手续费、提成费等劳务费用，应提供完整、有效的凭证资料，经主管税务机关审核确认后，方可作为外商投资企业的费用列支。但实际列支的数额，不得超过房地产销售收入的 10%。

本通知自 2000 年 1 月 1 日起执行。

【注释】 对《营业税暂行条例》第 1 条进行了解释。

财政部 国家税务总局关于非金融机构统借统还业务征收营业税问题的通知

财税〔2000〕7 号

各省、自治区、直辖市和计划单列市财政厅(局)、国家税务局、地方税务局：

据了解，近几年来，部分金融机构为减少和防止不良贷款，确保信贷资金安全，有时出现不愿受理中小企业贷款申请的情况。中小企业为解决融资困难，往往由其主管部门或所在企业集团的核心企业统一向金融机构贷款并统一归还。一些地区最近来函，要求对此类非金融机构统借统还业务如何征收营业税的问题予以明确。经研究，现明确如下：

一、为缓解中小企业融资难的问题，对企业主管部门或企业集团中的核心企业等单位(以下简称统借方)向金融机构借款后，将所借资金分拨给下属单位(包括独立核算单位和非独立核算单位)，并按支付给金融机构的借款利率水平向下属单位收取用于归还金融机构的利息不征收营业税。

二、统借方将资金分拨给下属单位，不得按高于支付给金融机构的借款利率水平向下属单位收取利息，否则，将视为具有从事贷款业务的性质，应对其向下属单位收取的利息全额征收营业税。

本通知从 2000 年 1 月 1 日起执行，对此前统借方按借款利率水平将借款利息支出分摊给下属单位的，已征税款不再退还，未征税款不再补征。

【注释】 对《营业税暂行条例》第 6 条进行了解释。

国家税务总局关于从事咨询业务的外商投资企业和外国企业税务处理问题的通知

国税发〔2000〕82 号

各省、自治区、直辖市和计划单列市国家税务局、地方税务局：

近年来，境外会计公司、审计公司、律师事务所、咨询公司（以下统称境外咨询企业）来华从事税务、会计、审计、法律、咨询等各项业务（以下简称咨询业务）不断增加，有些境外咨询企业在我国设立了专业从事咨询业务的外商投资企业，有些则在我国设立代表机构。但由于业务上的特殊性，一些境外咨询企业仍参与在华咨询活动，有的直接派人来华从事业务活动，有的与境内外商投资企业或代表机构联合从事业务活动。为了规范税收管理，现就在我国从事咨询业务的外商投资企业、代表机构和境外咨询企业所取得的收入税务处理问题通知如下：

一、境内外商投资企业、代表机构从事咨询活动取得的收入税务处理问题

外商投资企业、代表机构单独与客户签订合同（包括代表机构以其总机构名义签订的合同，但实际业务由代表机构履行），为客户提供咨询业务所取得的收入，应全部作为外商投资企业、代表机构的收入，在其机构所在地申报缴纳营业税和企业所得税。

二、境外咨询企业单独为客户提供咨询业务取得的收入税务处理问题

境外咨询企业单独与客户签订合同，为客户提供咨询业务取得的收入，凡其提供的服务全部发生在我国境内的，应全额在我国申报缴纳营业税和企业所得税；若其提供的服务同时发生在境内外的，应以劳务发生地为原则，划分境内外收入，并就在我国境内提供服务所取得的收入申报纳税。一般情况下，上述咨询业务中，凡以中国境内客户为服务对象的，其划分为中国境内业务收入，不应低于总收入的 60%。

境外咨询企业向客户提供的咨询业务服务活动全部在境外进行的，其所取得收入在我国不予征税。

三、境外咨询企业与境内外商投资企业或代表机构共同为客户提供咨询业务取得的收入税务处理问题

境外咨询企业与境内外商投资企业或代表机构共同与客户签订合同，共同提供咨询业务所取得的收入，首先应按工作量或合同规定等合理的比例，划分境内外企业或机构各自的收入。境内外商投资企业或代表机构应就其划分的收入申报缴纳营业税和企业所得税。凡属境外咨询企业与其境内关联企业或其代表机构共同提供咨询业务，且其服务对象为中国境内客户的，划为境内外商投资企业或代表机构收入的比例，不应低于该项业务总收入的 60%。

在上述业务中，凡境外企业也派人来华参与客户的咨询业务，应再按劳务发生地原则，就该项业务中划为该境外企业的收入部分，以不低于 50%为标准，再行确定该境外企业的境内业务收入，并按规定申报缴纳营业税和企业所得税。

四、本通知第二条和第三条所述境外咨询企业的境内应税业务收入，凡该境外咨询企业在华设有代表机构并与其共同进行该项业务的，应并入该代表机构的收入计算纳税。凡该境外咨询企业在华未设有代表机构的，或虽设有代表机构，但其代表机构未与其共同进行该项业务活动的，应作为该境外咨询企业在华构成营业场所计算纳税，并统一由支付人扣缴税款。

五、上述规定中，凡涉及来自与我国签订有避免双重征税协定或安排的国家或香港特区的咨询企业在我国境内从事咨询业务的，应依照协定或安排有关常设机构条款的规定，判定其是否构成常设机构。对构成常设机构的，应按照本通知规定确定征收企业所得税。

六、本通知自 2000 年 6 月 1 日起执行。本通知执行前已处理的事项不再进行调整；尚未处理或合同尚未到期的，按本通知的规定执行。

【注释】 对《营业税暂行条例》第 14 条进行了解释。本文件中关于营业税的政策废止。

财政部 国家税务总局关于金融业若干征税问题的通知

财税〔2000〕191 号

各省、自治区、直辖市和计划单列市财政厅（局）、国家税务局、地方税务局：

近接部分地区请示，要求明确金融业营业税方面的若干政策问题。经研究，现明确如下：

一、暂不征收营业税的金融机构往来业务是指金融机构之间相互占用、拆借资金的业务，不包括相互之间提供的服务（如代结算、代发行金融债券等）。对金融机构相互之间提供服务取得的收入，应按规定征收营业税。

二、银行代发行国债取得的手续费收入，由各银行总行按向财政部收取的手续费全额缴纳营业税，对各分支机构来自于上级行的手续费收入不再征收营业税。

【注释】 对《营业税暂行条例》第14条进行了解释。

国家税务总局关于融资租赁业务征收流转税问题的通知

国税函〔2000〕514号

据了解，目前一些地区在对融资租赁业务征收流转税时，政策执行不一，有的征收增值税，有的征收营业税，为统一增值税政策，严肃执法，现就有关问题明确如下：

对经中国人民银行批准经营融资租赁业务的单位所从事的融资租赁业务，无论租赁的货物的所有权是否转让给承租方，均按《中华人民共和国营业税暂行条例》的有关规定征收营业税，不征收增值税。其他单位从事的融资租赁业务，租赁的货物的所有权转让给承租方，征收增值税，不征收营业税；租赁的货物的所有权未转让给承租方，征收营业税，不征收增值税。

融资租赁是指具有融资性质和所有权转移特点的设备租赁业务。即：出租人根据承租人所要求的规格、型号、性能等条件购入设备租赁给承租人，合同期内设备所有权属于出租人，承租人只拥有使用权，合同期满付清租金后，承租人有权按残值购入设备，以拥有设备的所有权。

本通知自公布之日起执行，此前规定与本通知相抵触的，一律以本通知为准。

【注释】 对《营业税暂行条例》第2条进行了解释。

财政部 国家税务总局关于对青少年活动场所电子游戏厅有关所得税和营业税政策问题的通知

财税〔2000〕21号

各省、自治区、直辖市、计划单列市财政厅（局）、国家税务局、地方税务局：

根据中共中央办公厅、国务院办公厅《关于加强青少年学生活动场所建设和管理工作的通知》（中办发〔2000〕13号）精神，现对青少年活动场所以及社会力量对青少年活动场所的捐赠和电子游戏厅有关所得税、营业税政策问题通知如下：

一、对公益性青少年活动场所暂免征收企业所得税；对企事业单位、社会团体和个人等社会力量，通过非营利性的社会团体和国家机关对公益性青少年活动场所（其中包括新建）的捐赠，在缴纳企业所得税和个人所得税前准予全额扣除。

本通知所称公益性青少年活动场所，是指专门为青少年学生提供科技、文化、德育、爱国主义教育、体育活动的青少年宫、青少年活动中心等校外活动的公益性场所。

……

三、对账证不全及按有关规定应采取核定征收企业所得税的电子游戏厅，应根据《国家税务总局关于印发〈核定征收企业所得税暂行办法〉的通知》（国税发〔2000〕38号）规定，调高定额或应税所得率，调高幅度为20～50％，具体幅度比例可根据电子游戏厅经营情况确定。

四、对核定征收个人所得税的电子游戏厅，一律调高50％的个人所得税定额。

本通知第一条规定自2000年1月1日起执行，第二至第四条规定自2000年7月1日起执行。

【注释】 对《营业税暂行条例》第2条进行了解释。

国家税务总局关于航空运输企业包机业务征收营业税问题的通知

国税发〔2000〕139 号

各省、自治区、直辖市和计划单列市地方税务局：

为进一步统一规范航空运输企业营业税有关政策，经研究，现对航空运输企业包机业务征收营业税问题通知如下：

对航空运输企业从事包机业务向包机公司收取的包机费，按"交通运输业"税目征收营业税；对包机公司向旅客或货主收取的运营收入，应按"服务业——代理"项目征收营业税，其营业额为向旅客或货主收取的全部价款和价外费用减除支付给航空运输企业的包机费后的余额。

本通知所称包机业务，是指航空运输企业与包机公司签订协议，由航空运输企业负责运送旅客或货物，包机公司负责向旅客或货主收取运营收入，并向航空运输企业支付固定包机费用的业务。

【注释】 对《营业税暂行条例》第 2 条进行了解释。

财政部 国家税务总局关于对外汇管理部门委托贷款利息收入免征营业税的通知

财税〔2000〕78 号

各省、自治区、直辖市、计划单列市财政厅(局)、国家税务局、地方税务局：

经国务院批准，对外汇管理部门在从事国家外汇储备经营过程中，委托金融机构发放的外汇贷款利息收入免征营业税。本通知自 2000 年 7 月 1 日起执行，此前已征税款不再退还，未征税款不再补征。

【注释】 对《营业税暂行条例》第 6 条进行了解释。

财政部 国家税务总局关于随军家属就业有关税收政策的通知

财税〔2000〕84 号

各省、自治区、直辖市、计划单列市财政厅(局)、地方税务局、国家税务局：

为缓解随军家属的就业困难，经国务院、中央军委批准，现对随军家属就业的有关税收政策通知如下：

一、对为安置随军家属就业而新开办的企业，自领取税务登记证之日起，3 年内免征营业税、企业所得税。

二、对从事个体经营的随军家属，自领取税务登记证之日起，3 年内免征营业税和个人所得税。

三、享受税收优惠政策的企业，随军家属必须占企业总人数的 60%(含)以上，并有军(含)以上政治和后勤机关出具的证明；随军家属必须有师以上政治机关出具的可以表明其身份的证明，但税务部门应进行相应的审查认定。

主管税务机关在企业或个人享受免税期间，应按现行有关税收规定，对此类企业进行年度检查，凡不符合条件的，应取消其免税政策。

每一随军家属只能按上述规定，享受一次免税政策。

四、本通知自2000年1月1日起执行。

【注释】 对《营业税暂行条例》第6条进行了解释。

国家税务总局关于明确外国企业和外籍个人技术转让收入免征营业税范围问题的通知

国税发〔2000〕166号

按照财政部 国家税务总局《关于贯彻落实〈中共中央国务院关于加强技术创新，发展高科技，实现产业化的决定〉有关税收问题的通知》（财税字〔1999〕273号）的规定，外国企业和外籍个人从事技术转让、技术开发业务和与之相关的技术咨询、技术服务业务取得的收入，免征营业税。为便于各地掌握执行，现对外国企业和外籍个人取得的可免征营业税的技术转让收入的范围明确如下：

一、免征营业税的技术转让收入是指转让者将其拥有的专利和非专利技术的所有权或使用权有偿转让他人及提供与之相关的技术咨询、技术服务等所取得的收入。采取按产品销售比例提取收入等形式取得的“入门费”、“提成费”等作价方式取得的与技术转让有关的收入，均属于免征营业税的技术转让收入范围。

二、技术转让合同中的商标使用费或类似性质的收入，不属于上述财税字〔1999〕273号文件规定免征营业税的范围。因此，纳税人应正确合理地划分出合同中商标使用费等不予免税的收入。如不能准确合理划分，税务机关可按照不高于合同总价款50%的金额确定免征营业税的技术转让收入额。

三、上述技术转让收入免征营业税的具体审批程序仍按照（财税字〔1999〕273号）第二条第（三）项的有关规定执行。

【注释】 对《营业税暂行条例》第6条进行了解释。

国家税务总局关于我国境内企业向外国企业支付软件费扣缴营业税问题的通知

国税发〔2000〕179号

各省、自治区、直辖市和计划单列市国家税务局、地方税务局：

近接一些地区反映，我国境内企业向在我国境内无机构的外国企业支付软件费时是否扣缴营业税，在执行中时有争议。为规范税收管理，现就上述问题明确如下：

一、外国企业向我国境内企业单独销售软件或随同销售邮电、通讯设备和计算机等货物一并转让与这些货物使用相关的软件，国内受让企业进口上述软件，无论是否缴纳了关税和进口环节增值税，其所支付的软件使用费，均不再扣缴外国企业的营业税。

二、外国企业向我国境内企业出租邮电、通讯设备和计算机等货物，同时包含与这些货物使用相关的软件，如果软件单独收费，应视为出租上述货物的租金收入，根据《国家税务总局关于外国企业在中国境内取得的利息、租金收入是否征收营业税问题的通知》（国税发〔1997〕035号）的规定，不征收营业税。

三、本通知自1999年10月1日起执行。纳税人1999年10月1日（以海关报关日期为准，下同）以前进口上述软件自用，无论是否征税，均不再进行补、退税款处理；1999年10月1日以后国内企业向外国企业支付的软件费征收了营业税的，应作退库处理。

【注释】 对《营业税暂行条例》第6条进行了解释。

财政部 国家税务总局关于调整住房租赁市场税收政策的通知

财税〔2000〕125 号

各省、自治区、直辖市、计划单列市财政厅（局），国家税务局，地方税务局，新疆生产建设兵团：

为了配合国家住房制度改革，支持住房租赁市场的健康发展，经国务院批准，现对住房租赁市场有关税收政策问题通知如下：

一、对按政府规定价格出租的公有住房和廉租住房，包括企业和自收自支事业单位向职工出租的单位自有住房；房管部门向居民出租的公有住房；落实私房政策中带户发还产权并以政府规定租金标准向居民出租的私有住房等，暂免征收房产税、营业税。

二、对个人按市场价格出租的居民住房，其应缴纳的营业税暂减按 3％的税率征收，房产税暂减按 4％的税率征收。

三、对个人出租房屋取得的所得暂减按 10％的税率征收个人所得税。

本通知自 2001 年 1 月 1 日起执行。凡与本通知规定不符的税收政策，一律改按本通知的规定执行。

【注释】 对《营业税暂行条例》第 2 条进行了解释。

财政部 国家税务总局关于车辆通行费有关营业税等税收政策的通知

财税〔2000〕139 号

各省、自治区、直辖市和计划单列市财政厅（局）、地方税务局：

根据《国务院批转财政部、国家计委等部门〈交通和车辆税费改革实施方案〉的通知》（国发〔2000〕34 号）中的有关规定，现将车辆通行费征收营业税等税收政策通知如下：

一、自 2000 年 10 月 22 日起，凡交通、建设部门贷款或按照国家规定有偿集资修建路桥、隧道、渡口、船闸收取的车辆通行费、船舶过闸费，收费项目由省、自治区、直辖市财政部门会同物价、交通和建设部门审核，收费标准由省、自治区、直辖市物价部门会同财政、交通或建设部门审核后，报同级人民政府审批，收费时要按照有关规定到制定的价格主管部门申领收费许可证，使用省、自治区、直辖市财政部门统一印（监）制的收费票据，所收资金全额纳入财政专户，实行“收支两条线”管理，不缴纳营业税。此前，已征的税款不再退还，未征的税款不再补征。

二、凡国内外经济组织设立公路或城市道路经营企业收取车辆通行费，统一由省、自治区、直辖市物价部门会同交通或建设部门审核后，报同级人民政府审批，收费时要按照有关规定使用税务发票，依法缴纳各项税收。

【注释】 对《营业税暂行条例》第 6 条进行了解释。

财政部 国家税务总局关于非营利性科研机构税收政策的通知

财税〔2001〕5 号

各省、自治区、直辖市、计划单列市财政厅（局）、国家税务局、地方税务局：

为了贯彻落实《国务院办公厅转发科技部等部门关于非营利性科研机构管理的若干意见(试行)的通知》(国办发〔2000〕78号),鼓励社会公益类科研事业的发展,经国务院批准,现对非营利性科研机构有关税收政策明确如下:

一、非营利性科研机构要以推动科技进步为宗旨,不以营利为目的,主要从事应用基础研究或向社会提供公共服务。非营利性科研机构的认定标准,由科技部会同财政部、中编办、国家税务总局另行制定。非营利性科研机构需要书面向科技行政主管部门申明其性质,按规定进行设置审批和登记注册,并由接受其登记注册的科技行政部门核定,在执业登记中注明"非营利性科研机构"。

二、非营利性科研机构享受如下税收优惠政策:

1. 非营利性科研机构从事技术开发、技术转让业务和与之相关的技术咨询、技术服务所得的收入,按有关规定免征营业税和企业所得税。

2. 非营利性科研机构从事与其科研业务无关的其他服务所取得的收入,如租赁收入、财产转让收入、对外投资收入等,应当按规定征收各项税收;非营利性科研机构从事上述非主营业务收入用于改善研究开发条件的投资部分,经税务部门审核批准可抵扣其应纳税所得额,就其余额征收企业所得税。

3. 非营利性科研机构自用的房产、土地,免征房产税、城镇土地使用税。

4. 社会力量对非关联的非营利性科研机构的新产品、新技术、新工艺所发生的研究开发经费资助,经主管税务机关审核确定,其资助支出可以全额在当年度应纳税所得额中扣除。当年度应纳税所得额不足抵扣的,不得结转抵扣。

三、对非营利性科研机构实行年度检查制度,凡不符合条件的,应取消其免税资格,并按规定补缴当年已免税款。

本通知自2001年1月1日起执行。具体执行办法由国家税务总局另行制定。

【注释】 对《营业税暂行条例》第6条进行了解释。

国家税务总局关于电视收视费征收营业税问题的通知

国税发〔2001〕22号

为了规范电视收视费的营业税政策,保证营业税政策的统一性,经研究,现通知如下:

各地电视转播台(或其他单位)向当地用户有偿转播由中央电视台或其他电视台播放的电视节目,应由直接向用户收取收视费的电视转播台(或其他单位)按其向用户收取的收视费全额,向所在地主管税务机关缴纳营业税。播映电视节目的中央电视台或其他电视台从各地电视转播台(或其他单位)分得的收视费收入,不再缴纳营业税。

【注释】 对《营业税暂行条例》第2条进行了解释。

财政部 国家税务总局关于外国企业和外籍个人转让无形资产营业税若干问题的通知

财税〔2001〕36号

各省、自治区、直辖市、计划单列市财政厅(局)、地方税务局:

财政部、国家税务总局《关于贯彻落实〈中共中央国务院关于加强技术创新,发展高科技,实现产业化的决定〉有关税收问题的通知》(财税字〔1999〕273号)下发执行后,各地陆续反映了一些问题,为便于执行,现就外国企业和外籍个人从境外向中国境内转让技术等无形资产有关营业税问题明确如下:

一、关于外国企业和外籍个人转让无形资产征免营业税期限问题

根据《中华人民共和国营业税暂行条例》、《国家税务总局关于外国企业向境内转让无形资产取得收入征收营业税问题的通知》(国税发〔1998〕4 号)、《国家税务总局关于外国企业转让无形资产有关营业税问题的通知》(国税发〔2000〕70 号)和《财政部、国家税务总局关于贯彻落实〈中共中央国务院关于加强技术创新,发展高科技,实现产业化的决定〉有关税收问题的通知》(财税字〔1999〕273 号)的规定,外国企业和外籍个人向我国境内转让无形资产所取得的收入,其征免税期限为:

(一)属于 1993 年底以前与我国境内单位签订的合同,不论在何时取得收入,均不予征收营业税;

(二)属于 1994 年 1 月 1 日以后签订的合同,于 1997 年 12 月 31 日前取得的收入,无论是否征收了营业税,均不再进行退、补税款处理;

(三)属于 1994 年 1 月 1 日以后签订的合同,1998 年 1 月 1 日以后取得的收入,应按照有关规定征收营业税;

(四)属于 1994 年 1 月 1 日以后签订的技术转让合同,1999 年 10 月 1 日以后取得的收入,企业在取得有关证明资料后,经申请,层报国家税务总局批准后,可免予征收营业税。技术以外的无形资产转让收入照章征收营业税。

二、关于外国企业和外籍个人申请免征技术转让费营业税需提供证明资料问题

根据财税字〔1999〕273 号的规定,外国企业和外籍个人向我境内转让技术需要免征营业税的,应提供技术受让方所在地省级科技主管部门出具的审核意见证明,方可办理免税事项。为简化手续,提高效率,在办理技术转让免税时,凡能提供由审批技术引进项目的对外贸易经济合作部及其授权的地方外经贸部门出具的技术转让合同、协议批准文件的,可不再提供省级科技主管部门审核意见证明。

【注释】 对《营业税暂行条例》第 1 条进行了解释。

国家税务总局关于转让著作权征收营业税问题的通知

国税发〔2001〕44 号

各省、自治区、直辖市和计划单列市地方税务局:

为规范转让著作权中涉及的营业税政策,经研究,现通知如下:

拥有无形资产所有权的单位或个人(以下简称“所有权人”)授权或许可他人(以下简称“受托方”)向第三者转让“所有权人”的无形资产时,如“受托方”以“所有权人”的名义向第三者转让无形资产,转让过程中产生的权利和义务由“所有权人”承担,对“所有权人”应按照“受托方”向第三者收取的全部转让费依“转让无形资产”税目征收营业税,对“受托方”取得的佣金或手续费等价款按照“服务业”税目中的“代理”项目征收营业税;如“受托方”以自己的名义向第三者转让无形资产,转让过程中产生的权利和义务均由“受托方”承担,对“所有权人”向“受托方”收取的全部转让费和“受托方”向第三者收取的全部转让费,均按照“转让无形资产”税目征收营业税。……

【注释】 对《营业税暂行条例》第 7 条进行了解释。

财政部 国家税务总局关于索道运营征收营业税问题的通知

财税〔2001〕116 号

各省、自治区、直辖市、计划单列市财政厅(局)、地方税务局,新疆生产建设兵团财务局:

近接一些地方反映,各地对设在旅游景点为旅客观光提供服务的索道运营营业税政策执行不一。为了统一政策,现就有关的营业税问题通知如下:

根据现行营业税条例及营业税税目注释的规定,在旅游景点为旅客观光提供的索道运营服务属于交通运输业税目的征税范围,应按交通运输业适用 3%的税率征收营业税。

【注释】 对《营业税暂行条例》第 2 条进行了解释。

财政部 国家税务总局关于人寿保险业务免征营业税若干问题的通知

财税〔2001〕118 号

各省、自治区、直辖市、计划单列市财政厅(局)、国家税务局、地方税务局,新疆生产建设兵团财务局:

为规范对人身保险业务免征营业税的管理,现就财政部、国家税务总局《关于对若干项目免征营业税的通知》[(94)财税字第 002 号,以下简称"002 号文"]中有关对人身保险业务免征营业税的问题明确如下:

一、根据国务院《关于研究财税体制改革方案出台后有关问题的会议纪要》(国阅字〔1994〕42 号)的精神和保险企业核算制度的变化,对保险公司开展一年期以上(包括一年期)返还本利的普通人寿保险、养老年金保险,以及一年期以上(包括一年期)健康保险免征营业税。

二、对保险公司开办的普通人寿保险、养老年金保险、健康保险的具体险种,凡经财政部、国家税务总局审核并列入免税名单的可免征营业税,未列入免税名单的一律征收营业税。对保险公司新开办的普通人寿保险、养老年金保险、健康保险的具体险种在财政部、国家税务总局审核批准免征营业税以前,保险公司应当先按规定缴纳营业税,待财政部、国家税务总局审核批准免征营业税以后,可从其以后应缴的营业税税款中抵扣,抵扣不完的由税务机关办理退税。

【注释】 对《营业税暂行条例》第 6 条进行了解释。

国家税务总局关于新闻产品征收流转税问题的通知

国税发〔2001〕105 号

各省、自治区、直辖市和计划单列市国家税务局、地方税务局:

为了规范新闻产品的流转税政策,保证流转税政策的统一性,经研究,现通知如下:

一、关于增值税

对新华通讯社系统销售印刷品应按照现行增值税政策规定征收增值税;鉴于新华社系统属于非企业性单位,对其销售印刷品可按小规模纳税人的征税办法征收增值税。

二、关于营业税

新华社各分社向当地用户有偿转让新闻信息产品,应由直接向用户收费的单位以其收费全额,按"文化体育业"税目,向所在地主管税务机关缴纳营业税。新华社从各地分社分得的新闻信息产品收入,不再缴纳营业税。

以上所称"新闻信息产品",是指新华总社编辑的新闻信息产品,不包括新华社各分社再编辑的新闻信息产品。

【注释】 对《营业税暂行条例》第 14 条进行了解释。

国家税务总局关于管道煤气集资费(初装费)征收营业税问题的批复

国税函〔2002〕105 号

你局《关于煤气管理公司收取管道煤气集资费(初装费)是否征收营业税问题的请示》(粤地税发〔2001〕128

号)收悉。经研究,现批复如下:

管道煤气集资费(初装费),是用于管道煤气工程建设和技术改造,在报装环节一次性向用户收取的费用。根据现行营业税政策规定,对管道煤气集资费(初装费),应按“建筑业”税目征收营业税。

【注释】 对《营业税暂行条例》第2条进行了解释。

金融保险业营业税申报管理办法

国税发〔2002〕9号

第一章　总　　则

第一条　根据《中华人民共和国税收征收管理法》(以下简称征管法)、《中华人民共和国营业税暂行条例》(以下简称条例)、《中华人民共和国营业税暂行条例实施细则》(以下简称实施细则)、财政部、国家税务总局《关于金融业征收营业税有关问题的通知》(财税字〔1995〕79号)等有关规定,制定本办法。

第二章　适用范围

第二条　本办法适用于金融保险业营业税的纳税人和扣缴义务人。

第三条　金融保险业纳税人是指:

(一)银行:包括人民银行、商业银行、政策性银行。

(二)信用合作社。

(三)证券公司。

(四)金融租赁公司、证券基金管理公司、财务公司、信托投资公司、证券投资基金。

(五)保险公司。

(六)其他经中国人民银行、中国证监会、中国保监会批准成立且经营金融保险业务的机构等。

第四条　扣缴义务人是受托发放贷款的金融机构。

第三章　金融保险业征税范围

第五条　贷款是指将资金有偿贷与他人使用(包括以贴现、押汇方式)的业务。以货币资金投资但收取固定利润或保底利润的行为,也属于这里所称的贷款业务。按资金来源不同,贷款分为外汇转贷业务和一般贷款业务两种:

(一)外汇转贷业务,是指金融企业直接向境外借入外汇资金,然后再贷给国内企业或其他单位、个人。各银行总行向境外借入外汇资金后,通过下属分支机构贷给境内单位或个人使用的,也属于外汇转贷业务。

(二)一般贷款业务,指除外汇转贷以外的各种贷款。

第六条　融资租赁(也称金融租赁),是指经中国人民银行或对外经济贸易合作部批准可从事融资租赁业务的单位所从事的具有融资性质和所有权转移特点的设备租赁业务。

第七条　金融商品转让,是指转让外汇、有价证券或非货物期货的所有权的行为。包括:股票转让、债券转让、外汇转让、其他金融商品转让。

第八条　金融经纪业务和其他金融业务,指受托代他人经营金融活动的中间业务。如委托业务、代理业务、咨询业务等。

第九条　保险业务

第十条　以下业务不征营业税:

(一)金融机构往来利息收入,是指金融机构之间相互占用、拆借资金取得的利息收入。

(二)保险公司的摊回分保费用。

第四章 营业额的确定

第十一条 一般贷款业务的营业额为贷款利息收入(包括各种加息、罚息等)。

……

第十三条 融资租赁以其向承租者收取的全部价款和价外费用(包括残值)减去出租方承担的出租货物的实际成本后的余额,以直线法折算出本期的营业额。

计算方法为:本期营业额=(应收取的全部价款和价外费用－实际成本)×(本期天数÷总天数),实际成本=货物购入原价＋关税＋增值税＋消费税＋运杂费＋安装费＋保险费＋支付给境外的外汇借款利息支出

第十四条 金融商品转让业务,按股票、债券、外汇、其他四大类来划分。同一大类不同品种金融商品买卖出现的正负差,在同一个纳税期内可以相抵,相抵后仍出现负差的,可结转下一个纳税期相抵,但年末时仍出现负差的,不得转入下一个会计年度。金融商品的买入价,可以选定按加权平均法或移动加权法进行核算,选定后一年内不得变更。

(一)股票转让

营业额为买卖股票的价差收入,即营业额＝卖出价－买入价。股票买入价是指购进原价,不得包括购进股票过程中支付的各种费用和税金。卖出价是指卖出原价,不得扣除卖出过程中支付的任何费用和税金。

(二)债券转让

营业额为买卖债券的价差收入,即营业额＝卖出价－买入价。债券买入价是指购进原价,不得包括购进债券过程中支付的各种费用和税金。卖出价是指卖出原价,不得扣除卖出过程中支付的任何费用和税金。

(三)外汇转让

营业额为买卖外汇的价差收入,即营业额＝卖出价－买入价。外汇买入价是指购进原价,不得包括购进外汇过程中支付的各种费用和税金。卖出价是指卖出原价,不得扣除卖出过程中支付的任何费用和税金。

(四)其他金融商品转让

营业额为其他金融商品的价差收入,即营业额＝卖出价－买入价。其他金融商品买入价是指购进原价,不得包括购进其他金融商品过程中支付的各种费用和税金。卖出价是指卖出原价,不得扣除卖出过程中支付的任何费用和税金。

第十五条 金融经纪业务和其他金融业务(中间业务)营业额为手续费(佣金)类的全部收入包括价外收取的代垫、代收代付费用(如邮电费、工本费)加价等,从中不得作任何扣除。

第十六条 保险

(一)办理初保业务向保户收取的保费

营业额为纳税人经营保险业务向对方收取的全部价款,即向被保险人收取的全部保险费。

(二)储金业务

保险公司如采用收取储金方式取得经济利益的(即以被保险人所交保险资金的利息收入作为保费收入,保险期满后将保险资金本金返还被保险人),其“储金业务”的营业额,为纳税人在纳税期内的储金平均余额乘以人民银行公布的一年期存款的月利率。储金平均余额为纳税期期初储金余额与期末余额之和乘以50%。

……

第五章 纳税义务发生时间

第十八条 贷款业务,按《国家关于银行贷款利息收入营业税纳税义务发生时间问题的通知》(国税发〔2001〕38号)执行。(此条款已失效或废止)

第十九条 融资租赁业务,纳税义务发生时间为取得租金收入或取得索取租金收入价款凭据的当天。

第二十条 金融商品转让业务,纳税义务发生时间为金融商品所有权转移之日。

第二十一条　金融经纪业和其他金融业务，纳税义务发生时间为取得营业收入或取得索取营业收入价款凭据的当天。

第二十二条　保险业务，纳税义务发生时间为取得保费收入或取得索取保费收入价款凭据的当天。

第六章　申报纳税

第二十三条　纳税人应当按征管法、条例、实施细则的有关规定向主管税务机关申报纳税，并报送下列资料：

(一)《金融保险业营业税纳税申报表》

(二)《贷款(含贴现、押汇、透支等)利息收入明细表》

(三)《外汇转贷利息收入明细表》

(四)《委托贷款利息收入明细表》

(五)《融资租赁收入明细表》

(六)《自营买卖股票价差收入明细表》

(七)《自营买卖债券价差收入明细表》

(八)《自营买卖外汇价差收入明细表》

(九)《自营买卖其他金融商品价差收入明细表》

(十)《金融经纪业务及其他金融业务收入月汇总明细表》

(十一)《保费收入明细表》

(十二)《储金业务收入明细表》

(十三)主管税务机关规定的其他资料。

第二十四条　金融保险业营业税申报资料的填报要求

(一)各种报表按填表说明的要求填写，分别向国、地税机关各报送一式三份，税务机关签收后，一份退还纳税人，两份留存。

(二)《贷款(含贴现、押汇、透支等)利息收入明细表》、《外汇转贷利息收入明细表》、《委托贷款利息收入明细表》、《融资租赁收入明细表》、《自营买卖股票价差收入明细表》、《自营买卖债券价差收入明细表》、《自营买卖外汇价差收入明细表》、《自营买卖其他金融商品价差收入明细表》、《金融经纪业务及其他金融业务收入月汇总明细表》、《保费收入明细表》、《储金业务收入明细表》等表，纳税人可根据自身情况填写各项内容，没有开展的业务是否需要报相应的空表由各省税务机关根据实际情况决定。

……

第二十六条　金融保险业营业税实行电子申报方法。

第七章　附　　则

第二十七条　纳税人未按规定申报、纳税以及发生其他违章行为的，按征管法的有关规定处罚。

第二十八条　本办法自2002年2月1日起执行。

【注释】　对《营业税暂行条例》第14条进行了解释。

国家税务总局关于贷款业务征收营业税问题的通知

国税发〔2002〕13号

各省、自治区、直辖市和计划单列市国家税务局、地方税务局：

近接部分地区和单位反映，要求对非金融机构统借统还贷款业务和银行委托贷款业务征收营业税等有关问题给予明确。经研究，现通知如下：

一、关于非金融机构统借统还贷款业务征税问题

企业集团或集团内的核心企业(以下简称企业集团)委托企业集团所属财务公司代理统借统还贷款业

务,从财务公司取得的用于归还金融机构的利息不征收营业税;财务公司承担此项统借统还委托贷款业务,从贷款企业收取贷款利息不代扣代缴营业税。

以上所称企业集团委托企业集团所属财务公司代理统借统还业务,是指企业集团从金融机构取得统借统还贷款后,由集团所属财务公司与企业集团或集团内下属企业签订统借统还贷款合同并分拨借款,按支付给金融机构的借款利率向企业集团或集团内下属企业收取用于归还金融机构借款的利息,再转付企业集团,由企业集团统一归还金融机构的业务。

……

【注释】 对《营业税暂行条例》第9条进行了解释。

国家税务总局关于交通运输企业征收营业税问题的通知

国税发〔2002〕25号

各省、自治区、直辖市和计划单列市地方税务局:

为进一步规范交通运输业营业税政策,经研究,现对交通运输企业租赁业务征收营业税问题规定如下:

一、对远洋运输企业从事程租、期租业务和航空运输企业从事湿租业务取得的收入,按"交通运输业"税目征收营业税。

程租业务,是指远洋运输企业为租船人完成某一特定航次的运输任务并收取租赁费的业务。

期租业务,是指远洋运输企业将配备有操作人员的船舶承租给他人使用一定期限,承租期内听候承租方调遣,不论是否经营,均按天向承租方收取租赁费,发生的固定费用(如人员工资、维修费用等)均由船东负担的业务。

湿租业务,是指航空运输企业将配备有机组人员的飞机承租给他人使用一定期限,承租期内听候承租方调遣,不论是否经营,均按一定标准向承租方收取租赁费,发生的固定费用(如人员工资、维修费用等)均由承租方负担的业务。

二、对远洋运输企业从事光租业务和航空运输企业从事干租业务取得的收入,按"服务业"税目中的"租赁业"项目征收营业税。

光租业务,是指远洋运输企业将船舶在约定的时间内出租给他人使用,不配备操作人员,不承担运输过程中发生的各种费用,只收取固定租赁费的业务。

干租业务,是指航空运输企业将飞机在约定的时间内出租给他人使用,不配备机组人员,不承担运输过程中发生的各种费用,只收取固定租赁费的业务。

交通运输业务征收营业税的境内外划分,按现行税法规定执行。

【注释】 对《营业税暂行条例》第2条进行了解释。

国家税务总局关于林地使用权转让行为征收营业税问题的批复

国税函〔2002〕700号

福建省地方税务局:

你局《关于林地使用权转让征收营业税问题的请示》(闽地税〔2000〕52号)收悉。经研究,现批复如下:

单位和个人将其拥有的人工用材林使用权转让给其他单位和个人并取得货币、货物或其他经济利益的行为,应按"转让无形资产"税目中"转让土地使用权"项目征收营业税。如果转让的人工用材林是转让给农业生产者用于农业生产的,按照财政部、国家税务总局《关于对若干项目免征营业税的通知》(财税字〔1994〕

002 号)规定,可免征营业税。

【注释】 对《营业税暂行条例》第 6 条进行了解释。

财政部 国家税务总局关于开放式证券投资基金有关税收问题的通知

财税〔2002〕128 号

各省、自治区、直辖市、计划单列市财政厅(局)、国家税务局、地方税务局,新疆生产建设兵团财务局:

为支持和积极培育机构投资者,充分利用开放式基金手段,进一步拓宽社会投资渠道,促进证券市场的健康、稳定发展,经国务院批准,现对中国证监会批准设立的开放式证券投资基金(以下简称基金)的税收问题通知如下:

一、关于营业税问题

1. 以发行基金方式募集资金不属于营业税的征税范围,不征收营业税。

2. 基金管理人运用基金买卖股票、债券的差价收入,在 2003 年底前暂免征收营业税。

……

【注释】 对《营业税暂行条例》第 6 条进行了解释。

国家税务总局关于纳税人销售自产货物提供增值税劳务并同时提供建筑业劳务征收流转税问题的通知

国税发〔2002〕117 号

各省、自治区、直辖市和计划单列市国家税务局、地方税务局:

现对纳税人销售自产货物、提供增值税应税劳务并同时提供建筑业劳务征收流转税问题通知如下:

一、关于纳税人销售自产货物提供增值税应税劳务并同时提供建筑业劳务征收增值税、营业税划分问题

纳税人以签订建设工程施工总包或分包合同(包括建筑、安装、装饰、修缮等工程总包和分包合同,下同)方式开展经营活动时,销售自产货物、提供增值税应税劳务并同时提供建筑业劳务(包括建筑、安装、修缮、装饰、其他工程作业,下同),同时符合以下条件的,对销售自产货物和提供增值税应税劳务取得的收入征收增值税,提供建筑业劳务收入(不包括按规定应征收增值税的自产货物和增值税应税劳务收入)征收营业税:

(一)必须具备建设行政部门批准的建筑业施工(安装)资质;

(二)签订建设工程施工总包或分包合同中单独注明建筑业劳务价款。

……

对上所称建筑业劳务收入,以签订的建设工程施工总包或分包合同上注明的建筑业劳务价款为准。

纳税人通过签订建设工程施工合同,销售自产货物、提供增值税应税劳务的同时,将建筑业劳务分包或转包给其他单位和个人的,对其销售的货物和提供的增值税应税劳务征收增值税;……

……

四、关于纳税人问题

本通知中所称纳税人是指从事货物生产的单位或个人。

纳税人销售自产货物、提供增值税应税劳务并同时提供建筑业劳务,应向营业税应税劳务发生地地方税务局提供其机构所在地主管国家税务局出具的纳税人属于从事货物生产的单位或个人的证明,营业税应税劳务发生地地方税务局根据纳税人持有的证明按本通知的有关规定征收营业税。

五、关于税款调整及执行时间问题本通知自 2002 年 9 月 1 日起执行。

本通知发布前已按原有关规定征收税款的不再做纳税调整，未按原有关规定征收税款的按本通知规定执行。

【注释】 对《营业税暂行条例》第 14 条进行了解释。

国家税务总局关于外商投资性公司对其子公司提供服务有关税务处理问题的通知

国税发〔2002〕128 号

各省、自治区、直辖市和计划单列市国家税务局、地方税务局：

根据《中华人民共和国税收征收管理法》、《中华人民共和国外商投资企业和外国企业所得税法》和《中华人民共和国营业税暂行条例》的有关规定，现就专门从事投资业务的外商投资企业(以下简称外商投资性公司)对其所投资的子公司提供服务有关税务处理问题，通知如下：

一、外商投资性公司对其子公司提供各项服务，应当按照独立企业之间的业务往来收取价款或费用，未按照独立企业之间的业务往来收取价款或费用的，税务机关有权进行调整。

二、外商投资性公司向其子公司提供各项服务，双方应签订服务合同，明确列明提供服务的内容、收费标准等。外商投资性公司提供各项服务所取得的收入，应当按照规定申报缴纳营业税和企业所得税。

三、外商投资性公司向其多个子公司提供同类服务，其服务收入收费不是采取分项签订合同，明确收费标准，而是采取按提供服务所发生的实际费用确定该项服务总收费额，以比例分摊的方法确定每一子公司应付数额的，应按以下规定处理：

(一)应准确、合理地归集核算提供服务所发生的实际费用。

(二)应按以下公式计算该项服务总收费额：

服务总收费额＝实际费用/(1－营业税税率－核定利润率)

上述公式中的核定利润率，凡属于向境内子公司提供服务的，按 5% 核定；属于向境外子公司提供服务的，可不受此限。

(三)分摊比例可以按接受服务的子公司间总投资额、注册资本、销售收入、资产等参数项确定。上述参数项一经确定，不得随意变更。凡特殊情况需要改变的，需报外商投资性公司主管税务机关核准。

(四)应将提供服务项目的名称、收费标准及具体数额等以书面形式通知其子公司。子公司据此支付费用，并在计算其应纳税所得额中扣除。

四、外商投资性公司向其子公司投资所发生的投资决策、投资利息、投资管理人员工资、办公费用等投资费用和投资损失，不得作为营业费用和损失在计算外商投资性公司应纳税所得额中扣除，也不得向其子公司分摊。

外商投资性公司应单独归集核算其投资费用和投资损失。其中，投资费用核算的结果低于按下列公式计算的数额的，应按下列公式计算的数额确定：

投资费用＝投资公司总费用×投资收益/(经营收入×5＋投资收益)

上述投资收益是指外商投资性公司应从其所投资的子公司分配的收益，不包括投资损失。经营收入是指外商投资性公司从事各项服务业务所取得的总收入，不包括投资收益。

五、外商投资性公司代表其子公司与其他企业签订合同，与其子公司共同接受其他企业的服务，由外商投资性公司代其子公司支付的各项服务费用(以下简称代付费用)，向其子公司收回时，不作为外商投资性公司的收入计算缴纳营业税。

外商投资性公司可以按照本通知第三条(三)项规定的比例，采取成本分摊的办法向接受服务的子公司收回上述代付费用；在收回代付费用时，也应按照本通知第三条(四)项规定的要求，出具书面通知。

六、外商投资性公司不得以任何形式向其所投资的子公司收取或分摊管理费。

七、本通知自 2003 年 1 月 1 日起执行。

【注释】 对《营业税暂行条例》第 14 条进行了解释。

财政部 国家税务总局关于股权转让有关营业税问题的通知

财税〔2002〕191 号

各省、自治区、直辖市、计划单列市财政厅(局)、国家税务局、地方税务局,新疆生产建设兵团财务局:

近来,部分地区反映对股权转让中涉及的无形资产、不动产转让如何征收营业税问题不够清楚,要求明确。经研究,现对股权转让的营业税问题通知如下:

一、以无形资产、不动产投资入股,参与接受投资方利润分配,共同承担投资风险的行为,不征收营业税。

二、对股权转让不征收营业税。

三、《营业税税目注释(试行稿)》(国税发〔1993〕149 号)第八、九条中与本通知内容不符的规定废止。

本通知自 2003 年 1 月 1 日起执行。

【注释】 对《营业税暂行条例》第 2 条进行了解释。

国家税务总局关于外事服务单位营业额问题的通知

国税函〔2002〕1095 号

各省、自治区、直辖市和计划单列市地方税务局:

近部分地区税务机关反映,外事服务单位在为外国常驻机构、三资企业和其他企业提供人力资源服务时,负责代外国常驻机构、三资企业和其他企业支付被聘用人员的工资及福利费和交纳社会统筹(包括基本养老、医疗、工伤、失业保险金等,下同)、住房公积金等,对其开展此项业务的营业额应如何确定,要求总局予以明确。

经研究,现通知如下:外事服务单位为外国常驻机构、三资企业和其他企业提供人力资源服务,属于代理业。根据《国家税务总局关于营业税若干问题的通知》(国税发〔1995〕076 号)"代理业的营业额为纳税人从事代理业务向委托方实际收取的报酬"的规定,外事服务单位为外国常驻机构、三资企业和其他企业提供人力资源服务的,其营业额为从委托方取得的全部收入减除代委托方支付给聘用人员的工资及福利费和交纳的社会统筹、住房公积金后的余额。

【注释】 对《营业税暂行条例》第 5 条进行了解释。

财政部 国家税务总局关于营业税若干政策问题的通知

财税〔2003〕16 号

各省、自治区、直辖市、计划单列市财政厅(局)、地方税务局,新疆生产建设兵团财务局:

经研究,现对营业税若干业务问题明确如下:

一、关于征收范围问题

(一)燃气公司和生产、销售货物或提供增值税应税劳务的单位,在销售货物或提供增值税应税劳务时,代有关部门向购买方收取的集资费(包括管道煤气集资款〈初装费〉)、手续费、代收款等,属于增值税价外收费,应征收增值税,不征收营业税。

(二)保险企业取得的追偿款不征收营业税。

以上所称追偿款,是指发生保险事故后,保险公司按照保险合同的约定向被保险人支付赔款,并从被保险人处取得对保险标的价款进行追偿的权利而追回的价款。

(三)《财政部 国家税务总局关于福利彩票有关税收问题的通知》(财税〔2002〕59 号)规定,“福利彩票机构发行销售福利彩票取得的收入不征收营业税”,其中的“福利彩票机构”包括福利彩票销售管理机构和与销售管理机构签有电脑福利彩票投注站代理销售协议书,并直接接受福利彩票销售管理机构的监督、管理的电脑福利彩票投注点。

……

(五)随汽车销售提供的汽车按揭服务和代办服务业务征收增值税,单独提供按揭、代办服务业务,并不销售汽车的,应征收营业税。

二、关于适用税目问题

(一)电影发行单位以出租电影拷贝形式将电影拷贝播映权在一定限期内转让给电影放映单位的行为按“转让无形资产”税目征收营业税。

(二)单位和个人从事快递业务按“邮电通信业”税目征收营业税。

(三)单位和个人在旅游景点经营索道取得的收入按“服务业”税目“旅游业”项目征收营业税。

(四)单位和个人开办“网吧”取得的收入,按“娱乐业”税目征收营业税。

(五)电信单位(指电信企业和经电信行政管理部门批准从事电信业务的单位,下同)提供的电信业务(包括基础电信业务和增值电信业务,下同)按“邮电通信业”税目征收营业税。

以上所称基础电信业务是指提供公共网络基础设施、公共数据传送和基本语音通信服务的业务,具体包括固定网国内长途及本地电话业务、移动通信业务、卫星通信业务、因特网及其他数据传送业务、网络元素出租出售业务、电信设备及电路的出租业务、网络接入及网络托管业务,国际通信基础设施国际电信业务、无线寻呼业务和转售的基础电信业务。

以上所称增值电信业务是指利用公共网络基础设施提供的电信与信息服务的业务,具体包括固定电话网增值电信业务、移动电话网增值电信业务、卫星网增值电信业务、因特网增值电信业务、其他数据传送网络增值电信业务等服务。

……

(七)单位和个人转让在建项目时,不管是否办理立项人和土地使用人的更名手续,其实质是发生了转让不动产所有权或土地使用权的行为。对于转让在建项目行为应按以下办法征收营业税:

1. 转让已完成土地前期开发或正在进行土地前期开发,但尚未进入施工阶段的在建项目,按“转让无形资产”税目中“转让土地使用权”项目征收营业税。

2. 转让已进入建筑物施工阶段的在建项目,按“销售不动产”税目征收营业税。

在建项目是指立项建设但尚未完工的房地产项目或其他建设项目。

(八)土地整理储备供应中心(包括土地交易中心)转让土地使用权取得的收入按“转让无形资产”税目中“转让土地使用权”项目征收营业税。

三、关于营业额问题

(一)单位和个人提供营业税应税劳务、转让无形资产和销售不动产发生退款,凡该项退款已征收过营业税的,允许退还已征税款,也可以从纳税人以后的营业额中减除。

(二)单位和个人在提供营业税应税劳务、转让无形资产、销售不动产时,如果将价款与折扣额在同一张发票上注明的,以折扣后的价款为营业额;如果将折扣额另开发票的,不论其在财务上如何处理,均不得从营业额中减除。

电信单位销售的各种有价电话卡,由于其计费系统只能按有价电话卡面值出账并按有价电话卡面值确认收入,不能直接在销售发票上注明折扣折让额,以按面值确认的收入减去当期财务会计上体现的销售折扣折让后的余额为营业额。

(三)单位和个人提供应税劳务、转让无形资产和销售不动产时,因受让方违约而从受让方取得的赔偿金收入，应并入营业额中征收营业税。

（四）单位和个人因财务会计核算办法改变将已缴纳过营业税的预收性质的价款逐期转为营业收入时，允许从营业额中减除。

（五）保险企业已征收过营业税的应收未收保费，凡在财务会计制度规定的核算期限内未收回的，允许从营业额中减除。在会计核算期限以后收回的已冲减的应收未收保费，再并入当期营业额中。

（六）保险企业开展无赔偿奖励业务的，以向投保人实际收取的保费为营业额。

（七）中华人民共和国境内的保险人将其承保的以境内标的物为保险标的的保险业务向境外再保险人办理分保的，以全部保费收入减去分保保费后的余额为营业额。

境外再保险人应就其分保收入承担营业税纳税义务，并由境内保险人扣缴境外再保险人应缴纳的营业税税款。

（八）金融企业（包括银行和非银行金融机构，下同）从事票、债券买卖业务以股票、债券的卖出价减去买入价后的余额为营业额。买入价依照财务会计制度规定，以股票、债券的购入价减去股票、债券持有期间取得的股票、债券红利收入的余额确定。

（九）金融企业买卖金融商品（包括股票、债券、外汇及其他金融商品，下同），可在同一会计年度末，将不同纳税期出现的正差和负差按同一会计年度汇总的方式计算并缴纳营业税，如果汇总计算应缴的营业税税额小于本年已缴纳的营业税税额，可以向税务机关申请办理退税，但不得将一个会计年度内汇总后仍为负差的部分结转下一会计年度。

（十）金融企业从事受托收款业务，如代收电话费、水电煤气费、信息费、学杂费、寻呼费、社保统筹费、交通违章罚款、税款等，以全部收入减去支付给委托方价款后的余额为营业额。

（十一）经中国人民银行、外经贸部和国家经贸委批准经营融资租赁业务的单位从事融资租赁业务的，以其向承租者收取的全部价款和价外费用（包括残值）减除出租方承担的出租货物的实际成本后的余额为营业额。

以上所称出租货物的实际成本，包括由出租方承担的货物的购入价、关税、增值税、消费税、运杂费、安装费、保险费和贷款的利息（包括外汇借款和人民币借款利息）。

（十二）劳务公司接受用工单位的委托，为其安排劳动力，凡用工单位将其应支付给劳动力的工资和为劳动力上交的社会保险（包括养老保险金、医疗保险、失业保险、工伤保险等，下同）以及住房公积金统一交给劳务公司代为发放或办理的，以劳务公司从用工单位收取的全部价款减去代收转付给劳动力的工资和为劳动力办理社会保险及住房公积金后的余额为营业额。

（十三）通信线路工程和输送管道工程所使用的电缆、光缆和构成管道工程主体的防腐管段、管件（弯头、三通、冷弯管、绝缘接头）、清管器、收发球筒、机泵、加热炉、金属容器等物品均属于设备，其价值不包括在工程的计税营业额中。

其他建筑安装工程的计税营业额也不应包括设备价值，具体设备名单可由省级地方税务机关根据各自实际情况列举。

（十四）邮政电信单位与其他单位合作，共同为用户提供邮政电信业务及其他服务并由邮政电信单位统一收取价款的，以全部收入减去支付给合作方价款后的余额为营业额。

（十五）中国移动通信集团公司通过手机短信公益特服号"8858"为中国儿童少年基金会接受捐款业务，以全部收入减去支付给中国儿童少年基金会的价款后的余额为营业额。

（十六）经地方税务机关批准使用运输企业发票，按"交通运输业"税目征收营业税的单位将承担的运输业务分给其他运输企业并由其统一收取价款的，以其取得的全部收入减去支付给其他运输企业的运费后的余额为营业额。

（十七）旅游企业组织旅游团在中国境内旅游的，以收取的全部旅游费减去替旅游者支付给其他单位的房费、餐费、交通、门票或支付给其他接团旅游企业的旅游费后的余额为营业额。

（十八）从事广告代理业务的，以其全部收入减去支付给其他广告公司或广告发布者（包括媒体、载体）的广告发布费后的余额为营业额。

（十九）从事物业管理的单位，以与物业管理有关的全部收入减去代业主支付的水、电、燃气以及代承租者支付的水、电、燃气、房屋租金的价款后的余额为营业额。

(二十)单位和个人销售或转让其购置的不动产或受让的土地使用权,以全部收入减去不动产或土地使用权的购置或受让原价后的余额为营业额。

单位和个人销售或转让抵债所得的不动产、土地使用权的,以全部收入减去抵债时该项不动产或土地使用权作价后的余额为营业额。

……

六、关于纳税地点问题

(一)单位和个人出租土地使用权、不动产的营业税纳税地点为土地、不动产所在地;单位和个人出租物品、设备等动产的营业税纳税地点为出租单位机构所在地或个人居住地。

(二)在中华人民共和国境内的电信单位提供电信业务的营业税纳税地点为电信单位机构所在地。

(三)在中华人民共和国境内的单位提供的设计(包括在开展设计时进行的勘探、测量等业务,下同)、工程监理、调试和咨询等应税劳务的,其营业税纳税地点为单位机构所在地。

(四)在中华人民共和国境内的单位通过网络为其他单位和个人提供培训、信息和远程调试、检测等服务的,其营业税纳税地点为单位机构所在地。

本通知自2003年1月1日起执行。凡在此之前的规定与本通知不一致的,一律以本通知为准。此前因与本通知规定不一致而已征的税款不再退还,未征税款不再补征。

【注释】 对《营业税暂行条例》第1、2、12条进行了解释。

财政部 国家税务总局关于自主择业的军队转业干部有关税收政策问题的通知

财税〔2003〕26号

各省、自治区、直辖市、计划单列市财政厅(局)、地方税务局、国家税务局:

为促进军队转业干部自主择业,现将与自主择业的军队转业干部有关的税收政策通知如下:

一、从事个体经营的军队转业干部,经主管税务机关批准,自领取税务登记证之日起,3年内免征营业税和个人所得税。

二、为安置自主择业的军队转业干部就业而新开办的企业,凡安置自主择业的军队转业干部占企业总人数60%(含60%)以上的,经主管税务机关批准,自领取税务登记证之日起,3年内免征营业税和企业所得税。

三、自主择业的军队转业干部必须持有师以上部队颁发的转业证件。

四、本通知自2003年5月1日起执行。

本通知生效前,已经从事个体经营的军队转业干部和符合本通知规定条件的企业,如果已经按〔2001〕国转联8号文件的规定,享受了税收优惠政策,可以继续执行到期满为止;如果没有享受上述文件规定的税收优惠政策,可自本通知生效之日起,3年内免征营业税、个人所得税、企业所得税。

【注释】 对《营业税暂行条例》第6条进行了解释。

国家税务总局关于代理业营业额问题的通知

国税发〔2003〕69号

各省、自治区、直辖市和计划单列市地方税务局:

近接部分地区反映,服务性单位接受机关团体企事业单位的委托,将记载有金额的就餐卡提供给委托方的职工,持卡者到服务性单位指定的餐饮企业消费。服务性单位负责将委托方预付的餐费转付给餐饮企业，并向委托方和餐饮企业收取服务费。对服务性单位如何征收营业税问题，现通知如下：

服务性单位从事的是餐饮中介服务，应按“服务业”税目“代理业”项目征收营业税。根据《国家税务总局关于营业税若干问题的通知》（国税发〔1995〕76 号）有关代理业的营业额为纳税人从事代理业务实际取得的报酬金的规定，服务性单位从事餐饮中介服务的营业额为向委托方和餐饮企业实际收取的中介服务费，不包括其代委托方转付的就餐费用。

【注释】 对《营业税暂行条例》第 2、5 条进行了解释。

国家税务总局关于广播电视有线数字付费频道业务征收营业税问题的通知

国税函〔2004〕141 号

各省、自治区、直辖市和计划单列市地方税务局：

根据全国有线数字广播影视业务发展规划，广播电视有线数字付费频道业务（以下简称数字付费频道业务）已正式开播。现就有关营业税问题通知如下：

一、关于适用营业税税目问题

根据《营业税税目注释》的规定，数字付费频道业务按“文化体育业”税目中的“播映”项目征收营业税。

二、关于计税营业额问题

根据《国家税务总局关于电视收视费征收营业税问题的通知》（国税发〔2001〕22 号）的规定，数字付费频道业务应由直接向用户收取数字付费频道收视费的单位按其向用户收取的收视费全额，向所在地主管税务机关缴纳营业税。对各合作单位分得的收视费收入，不再征收营业税。

【注释】 对《营业税暂行条例》第 2 条进行了解释。

财政部 国家税务总局关于教育税收政策的通知

财税〔2004〕39 号

各省、自治区、直辖市、计划单列市财政厅（局）、国家税务局、地方税务局，新疆生产建设兵团财务局：

为了进一步促进教育事业发展，经国务院批准，现将有关教育的税收政策通知如下：

一、关于营业税、增值税、所得税：

1. 对从事学历教育的学校提供教育劳务取得的收入，免征营业税。

2. 对学生勤工俭学提供劳务取得的收入，免征营业税。

3. 对学校从事技术开发、技术转让业务和与之相关的技术咨询、技术服务业务取得的收入，免征营业税。

4. 对托儿所、幼儿园提供养育服务取得的收入，免征营业税。

5. 对政府举办的高等、中等和初等学校（不含下属单位）举办进修班、培训班取得的收入，收入全部归学校所有的，免征营业税和企业所得税。

6. 对政府举办的职业学校设立的主要为在校学生提供实习场所、并由学校出资自办、由学校负责经营管理、经营收入归学校所有的企业，对其从事营业税暂行条例“服务业”税目规定的服务项目（广告业、桑拿、按摩、氧吧等除外）取得的收入，免征营业税和企业所得税。

……

六、本通知自 2004 年 1 月 1 日起执行，此前规定与本通知不符的，以本通知为准。

【注释】 对《营业税暂行条例》第 6 条进行了解释。

财政部 国家税务总局关于证券投资基金税收政策的通知

财税〔2004〕78 号

各省、自治区、直辖市、计划单列市财政厅(局)、国家税务局、地方税务局,新疆生产建设兵团财务局:

经国务院批准,现对证券投资基金的有关税收政策通知如下:

自 2004 年 1 月 1 日起,对证券投资基金(封闭式证券投资基金,开放式证券投资基金)管理人运用基金买卖股票、债券的差价收入,继续免征营业税和企业所得税。

【注释】 对《营业税暂行条例》第 6 条进行了解释。

国家税务总局关于电力公司过网费收入征收增值税问题的批复

国税函〔2004〕607 号

四川省国家税务局、地方税务局:

你局《关于电力公司过网费收入征收增值税问题的请示》(川国税发〔2004〕52 号)收悉。经研究,现批复如下:

鉴于电力公司利用自身电网为发电企业输送电力过程中,需要利用输变电设备进行调压,属于提供加工劳务。根据《中华人民共和国增值税暂行条例》有关规定,电力公司向发电企业收取的过网费,应当征收增值税,不征收营业税。

【注释】 对《营业税暂行条例》第 6 条进行了解释。

国家税务总局关于货物运输业若干税收问题的通知

国税发〔2004〕88 号

各省、自治区、直辖市和计划单列市国家税务局、地方税务局:

为了加强对公路、内河货物运输业的税收管理,总局下发了《国家税务总局关于加强货物运输业税收征收管理的通知》(国税发〔2003〕121 号)和四个明传电报,各地在执行中又陆续反映了一些问题。经研究,现将有关税收问题明确如下:

一、在中华人民共和国境内提供公路、内河货物运输劳务(包括内海及近海货物运输)的单位和个人适用《货物运输业营业税征收管理办法》(以下简称《试行办法》)。

二、关于纳税人认定问题:

(一)适用《试行办法》从事货物运输的承包人、承租人、挂靠人和个体运输户不得认定为自开票纳税人。

(二)铁路运输(包括中央、地方、工矿及其他单位所属铁路)、管道运输、国际海洋运输业务,装卸搬运以及公路、内河客运业务的纳税人不需要进行自开票纳税人资格认定,不需要报送货物运输业发票清单。

(三)《货物运输业营业税纳税人认定和年审试行办法》中有关代开票纳税人认定和年审的规定停止

执行。

三、关于办理税务登记前发生的货物运输劳务征税问题

(一)单位和个人在领取营业执照之日起三十日内向主管地方税务局申请办理税务登记的,对其自领取营业执照之日至取得税务登记证期间提供的货物运输劳务,办理税务登记手续后,主管地方税务局可为其代开货物运输业发票。

(二)单位和个人领取营业执照超过三十日未向主管地方税务局申请办理税务登记的,主管地方税务局应按《征管法》及其《实施细则》的规定进行处理,在补办税务登记手续后,对其自领取营业执照之日至取得税务登记证期间提供的货物运输劳务,可为其代开货物运输发票。

(三)地方税务局对提供货物运输劳务的单位和个人进行税收管理过程中,凡发现代开票纳税人(包括承包人、承租人、挂靠人以及其他单位和个人)未办理税务登记的,符合税务登记条件的,必须依法办理税务登记。

四、关于货运发票开具问题:

(一)按代开票纳税人管理的所有单位和个人(包括外商投资企业、特区企业和其他单位、个人),凡按规定应当征收营业税,在代开货物运输业发票时一律按开票金额3%征收营业税,按营业税税款7%预征城建税,按营业税税款3%征收教育附加费。同时按开票金额3.3%预征所得税,预征的所得税年终时进行清算。但代开票纳税人实行核定征收企业所得税办法的,年终不再进行所得税清算。

在代开票时已征收的属于法律法规规定的减征或者免征的营业税及城市维护建设税、教育费附加、所得税以及高于法律法规规定的城市维护建设税税率的税款,在下一征期退税。具体退税办法按《国家税务总局中国人民银行财政部关于现金退税问题的紧急通知》(国税发〔2004〕47号)执行。

(二)提供了货物运输劳务但按规定不需办理工商登记和税务登记的单位和个人,凭单位证明或个人身份证在单位机构所在地或个人车籍地由代开票单位代开货物运输业发票。

(三)《试行办法》第七条有关代开票纳税人在申请代开票时须提供《代开票纳税人资格证书》和承运货物时同货主签订的承运货物合同或其他有效证明,停止执行。

五、关于税款核定征收问题:

(一)按照《试行办法》的规定,对代开票纳税人实行定期定额征收方法。凡核定的营业额低于当地确定的营业税起征点的,不征收营业税;凡核定的营业额高于当地确定的营业税起征点的,代开发票时按规定征收税款。

(二)单位和个人利用自备车辆偶尔对外提供货物运输劳务的,可不进行定期定额管理,代开票时对其按次征税。

(三)代开票纳税人实行定期定额征收方法时,为避免在代开票时按票征收发生重复征税,对代开票纳税人可采取以下征收方法:

1. 在代开票时按开具的货物运输业发票上注明的营业税应税收入按规定征收(代征)营业税、所得税及附加。

2. 代开票纳税人采取按月还是按季结算,由省级地方税务局确定。

3. 代开票纳税人在缴纳定额税款时,如其在代开票时取得的税收完税凭证上注明的税款大于定额税款的,不再缴纳定额税款;如完税凭证上注明的税款小于定额的,则补缴完税凭证上注明的税款与定额税款差额部分。

六、关于企业所得税征收问题。

对2002年以后新办的货物运输业代开票纳税人的所得税,由代开票单位在代开货物运输业发票时统一代征税款,并由地方税务局统一入库。

七、关于代开票纳税人从事联营业务的计税依据问题。

代开票纳税人从事联运业务的,其计征营业税的营业额为代开的货物运输业发票注明营业税应税收入,不得减除支付给其他联运合作方的各种费用。

八、关于物流劳务的征税问题:

(一)利用自备车辆提供运输劳务的同时提供其他劳务(如对运输货物进行挑选、整理、包装、仓储、装卸搬运等劳务)的单位(以下简称物流劳务单位),凡符合规定的自开票纳税人条件的,可以认定为自开票纳税人。

（二）自开票的物流劳务单位开展物流业务应按其收入性质分别核算，提供运输劳务取得的运输收入按“交通运输业”税目征收营业税并开具货物运输业发票；提供其他劳务取得的收入按“服务业”税目征收营业税并开具服务业发票。

凡未按规定分别核算其应税收入的，一律按“服务业”税目征收营业税。

（三）代开票单位在为代开票物流劳务单位代开发票时也应按照以上原则征税（代征）并代开发票。

九、关于税务机关纳税申报审核问题：

（一）地方税务局在受理自开票纳税人纳税申报和中介机构代开票清单及代征税款时，要对其申报的纸质清单汇总数与电子信息汇总数以及缴纳税款数进行核对。

（二）国家税务局在受理增值税一般纳税人货物运输业发票申报抵扣时，要严格核对其申报的纸质清单汇总数与电子信息汇总数是否一致，录入的清单信息是否准确、规范。

十、关于货运发票的抵扣问题：

（一）增值税一般纳税人外购货物（固定资产除外）和销售应税货物所取得的由自开票纳税人或代开票单位为代开票纳税人开具的货物运输业发票准予抵扣进项税额。

（二）增值税一般纳税人取得税务机关认定为自开票纳税人的联运单位和物流单位开具的货物运输业发票准予计算抵扣进项税额。准予抵扣的货物运费金额是指自开票纳税人和代开票单位为代开票纳税人开具的货运发票上注明的运费、建设基金和现行规定允许抵扣的其他货物运输费用；装卸费、保险费和其他杂费不予抵扣。货运发票应当分别注明运费和杂费，对未分别注明，而合并注明为运杂费的不予抵扣。

（三）增值税一般纳税人取得的货物运输业发票，可以在自发票开具日90天后的第一个纳税申报期结束以前申报抵扣。

（四）增值税一般纳税人在2004年3月1日以后取得的货物运输业发票，必须按照《增值税运费发票抵扣清单》的要求填写全部内容，对填写内容不全的不得予以抵扣进项税额。

（五）增值税一般纳税人取得的联运发票应当逐票填写在《增值税运费发票抵扣清单》的“联运”栏次内。

（六）增值税一般纳税人取得的内海及近海货物运输发票，可暂填写在《增值税运输发票抵扣清单》内河运输栏内。

十一、关于协调配合问题：

（一）地方税务局要按照有关规定的要求，将自开票纳税人和地方税务局、代开票中介机构开具的货物运输业发票的有关信息及时传送给国家税务局，国家税务局和地方税务局要建立密切、畅通的信息交换制度，切实落实好“三个办法和一个方案”。

（二）地方税务局要加强与交通管理部门的协作，将纳税人认定情况与交通管理部门发放的道路运输经营许可证、水路运输经营许可证情况进行逐户核对，凡对外提供货物运输劳务的单位和个人都要纳入税收管理。

十二、关于代开票中介机构管理问题。

地方税务局要加强对代开票中介机构的管理，不得随意放宽代开票中介机构的条件和范围。接受委托代开货物运输业发票的中介机构必须按照《试行办法》中的有关规定开具发票，代征和解缴税款并按期向主管地方税务局报送《中介机构代开货物运输业发票清单》。

十三、本通知自2004年7月1日起执行。

【注释】 对《营业税暂行条例》第14条进行了解释。

国家税务总局关于商业企业向货物供应方收取的部分费用征收流转税问题的通知

国税发〔2004〕136号

各省、自治区、直辖市和计划单列市国家税务局、地方税务局：

据部分地区反映，商业企业向供货方收取的部分收入如何征收流转税的问题，现行政策规定不够统一，导致不同地区之间政策执行不平衡。经研究，现规定如下：

一、商业企业向供货方收取的部分收入，按照以下原则征收增值税或营业税：

（一）对商业企业向供货方收取的与商品销售量、销售额无必然联系，且商业企业向供货方提供一定劳务的收入，例如进场费、广告促销费、上架费、展示费、管理费等，不属于平销返利，不冲减当期增值税进项税金，应按营业税的适用税目税率征收营业税。

（二）对商业企业向供货方收取的与商品销售量、销售额挂钩（如以一定比例、金额、数量计算）的各种返还收入，均应按照平销返利行为的有关规定冲减当期增值税进项税金，不征收营业税。

二、商业企业向供货方收取的各种收入，一律不得开具增值税专用发票。

三、应冲减进项税金的计算公式调整为：

当期应冲减进项税金＝当期取得的返还资金 1＋所购货物适用增值税税率
×所购货物适用增值税税率

四、本通知自 2004 年 7 月 1 日起执行。本通知发布前已征收入库税款不再进行调整。其他增值税一般纳税人向供货方收取的各种收入的纳税处理，比照本通知的规定执行。

【注释】　对《营业税暂行条例》第 5 条进行了解释。

财政部 国家税务总局关于资本市场有关营业税政策的通知

财税〔2004〕203 号

各省、自治区、直辖市、计划单列市财政厅（局）、地方税务局、新疆生产建设兵团财务局：

为了贯彻落实《国务院关于推进资本市场改革开放和稳定发展的若干意见》（国发〔2004〕3 号），促进资本市场稳定健康发展，现将资本市场有关营业税政策通知如下：

一、准许上海、深圳证券交易所代收的证券交易监管费从其营业税计税营业额中扣除。

二、准许上海、郑州、大连期货交易所代收的期货市场监管费从其营业税计税营业额中扣除。

三、准许证券公司代收的以下费用从其营业税计税营业额中扣除。

1. 为证券交易所代收的证券交易监管费；

2. 代理他人买卖证券代收的证券交易所经手费；

3. 为中国证券登记结算公司代收的股东账户开户费（包括 A 股和 B 股）、特别转让股票开户费、过户费、B 股结算费、转托管费；

四、准许期货经纪公司为期货交易所代收的手续费从其营业税计税营业额中扣除。

本通知自 2005 年 1 月 1 日起执行。

【注释】　对《营业税暂行条例》第 5 条进行了解释。

财政部 国家税务总局关于技术开发技术转让有关营业税问题的批复

财税〔2005〕39 号

云南省财政厅、地方税务局：

云南省地方税务局《关于贯彻财税字〔1999〕273 号文中有关营业税政策问题的请示》（云地税一字〔2004〕11 号）收悉，现批复如下：

《财政部、国家税务总局关于贯彻落实〈中共中央、国务院关于加强技术创新，发展高科技，实现产业化的决定〉有关税收问题的通知》(财税字〔1999〕273号)中免征营业税的技术开发、技术转让业务，是指自然科学领域的技术开发和技术转让业务。

国家税务总局关于客运飞机腹舱联运收入营业税问题的通知

国税函〔2005〕202号

各省、自治区、直辖市和计划单列市地方税务局：

近接中国国际航空股份有限公司关于客运飞机腹舱联运收入营业税问题的请示，经研究，现将有关问题通知如下：

中国国际航空股份有限公司(简称国航)与中国国际货运航空有限公司(简称货航)开展客运飞机腹舱联运业务时，国航以收到的腹舱收入为营业额；货航以其收到的货运收入扣除支付给国航的腹舱收入的余额为营业额，营业额扣除凭证为国航开具的"航空货运单"。

【注释】 对《营业税暂行条例》第5条进行了解释。

国家税务总局关于纳税人提供泥浆工程劳务征收流转税问题的批复

国税函〔2005〕375号

深圳市国家税务局：

你局《关于中国南海麦克巴泥浆有限公司泥浆销售征税问题的请示》(深国税发〔2004〕202号)收悉。经研究，批复如下：

一、《国家税务总局关于合作开采海洋石油提供应税劳务适用营业税税目、税率问题的通知》(国税发〔1997〕42号)所称"泥浆工程"，是指为钻井作业提供泥浆和工程技术服务的行为。纳税人按照客户要求，为钻井作业提供泥浆和工程技术服务的行为，应按提供泥浆工程劳务项目，照章征收营业税，不征收增值税。

二、无论纳税人与建设单位如何核算，其营业额均包括工程所用原材料及其他物资和动力价款在内。

【注释】 对《营业税暂行条例》第2条进行了解释。

财政部 国家税务总局关于公路经营企业车辆通行费收入营业税政策的通知

财税〔2005〕77号

各省、自治区、直辖市、计划单列市财政厅(局)、地方税务局、新疆生产建设兵团财务局：

为了促进我国高速公路建设的发展，经国务院批准，现将有关营业税政策通知如下：

自2005年6月1日起，对公路经营企业收取的高速公路车辆通行费收入统一减按3%的税率征收营业税。

【注释】 对《营业税暂行条例》第 2 条进行了解释。

财政部 国家税务总局关于福利彩票代销手续费收入征收营业税问题的通知

财税〔2005〕118 号

各省、自治区、直辖市、计划单列市财政厅(局)、地方税务局，新疆生产建设兵团财务局：

《财政部 国家税务总局关于营业税若干政策问题的通知》(财税〔2003〕16 号)发布后，部分地区地方税务局来函要求，对电脑福利彩票投注点销售福利彩票取得的手续费收入是否征收营业税予以明确，现通知如下：

电脑福利彩票投注点代销福利彩票取得的任何形式的手续费收入，应照章征收营业税。

【注释】 对《营业税暂行条例》第 5 条进行了解释。

国家税务总局关于外国企业在华提供信息系统的运行维护及咨询服务征税问题的批复

国税函〔2005〕912 号

广东省地方税务局：

你局《关于外国公司在中国境内提供与信息系统有关的运行维护及咨询服务征税问题的请示》收悉。据了解，德国爱科公司与其全球子公司签订了《IT 运行、维护和咨询服务协议》，在德国为其包括爱科电子(珠海保税区)有限公司和艾科电子(珠海)有限公司(以下称“我国用户”)在内的全球子公司提供信息系统和相关软件的运行、维护和咨询服务。在费用支付上，德国爱科公司负责在境内外统一安排技术人员提供服务，垫付相关费用，然后向用户收取服务费和代垫的软件费。现就德国爱科公司收取的服务费和代垫的软件费的征税问题，批复如下：

一、德国爱科公司的上述业务，属于对我国用户已有信息系统包括其受让的相关软件的正常运行，提供的支持、维护和咨询服务。现行规定中有关技术服务费用应合并作为特许权使用费征收(预提)所得税的技术服务，是指作为专有技术的授让方式而发生的传授、指导、培训等劳务形式。因此，对德国爱科公司上述业务收取的服务费，应区分不同情况进行税务处理，属于境外提供劳务部分，不征收营业税和企业所得税；属于境内劳务部分取得的收入，应根据《中华人民共和国营业税暂行条例》及《中华人民共和国外商投资企业和外国企业所得税法》及中德税收协定第三条和第七条的有关规定，缴纳营业税和所得税。

二、对德国爱科公司收取的其代垫的我国用户使用境外企业提供的软件的软件费，应根据《中华人民共和国营业税暂行条例实施细则》第七条及《中华人民共和国外商投资企业和外国企业所得税法》第十九条的规定，按照无形资产转让收入和特许权使用费分别征收营业税和企业所得税。对其中符合《财政部 国家税务总局关于贯彻〈中共中央国务院关于加强技术创新，发展高科技，实现产业化的决定〉有关税收问题的通知》(财税字〔1999〕273 号)规定的技术转让免征营业税条件的，可依照该项通知的规定，免征营业税。

三、企业应准确合理地划分上述收入，计算缴纳有关税收。对其中划分不合理或确实无法按实际划分的部分，主管税务机关可确定合理的比例划分方法，划分应税收入。

【注释】 对《营业税暂行条例实施细则》第 7 条进行了解释。本文件中关于营业税的政策废止。

国家税务总局关于房地产税收政策执行中几个具体问题的通知

国税发〔2005〕172 号

各省、自治区、直辖市和计划单列市财政厅(局)、地方税务局,扬州税务进修学院,局内各单位:

根据《国家税务总局财政部建设部关于加强房地产税收管理的通知》(国税发〔2005〕89 号)(以下简称《通知》)的精神,经商财政部、建设部,现就各地在贯彻落实《通知》中的几个具体政策问题明确如下:

一、《通知》第三条第二款中规定的"成交价格"是指住房持有人对外销售房屋的成交价格。

二、《通知》第三条第四款中规定的"契税完税证明上注明的时间"是指契税完税证明上注明的填发日期。

三、纳税人申报时,同时出具房屋产权证和契税完税证明且二者所注明的时间不一致的,按照"孰先"的原则确定购买房屋的时间。即房屋产权证上注明的时间早于契税完税证明上注明的时间的,以房屋产权证注明的时间为购买房屋的时间;契税完税证明上注明的时间早于房屋产权证上注明的时间的,以契税完税证明上注明的时间为购买房屋的时间。

四、个人将通过受赠、继承、离婚财产分割等非购买形式取得的住房对外销售的行为,也适用《通知》的有关规定。其购房时间按发生受赠、继承、离婚财产分割行为前的购房时间确定,其购房价格按发生受赠、继承、离婚财产分割行为前的购房原价确定。个人需持其通过受赠、继承、离婚财产分割等非购买形式取得住房的合法、有效法律证明文书,到地方税务部门办理相关手续。

五、根据国家房改政策购买的公有住房,以购房合同的生效时间、房款收据的开具日期或房屋产权证上注明的时间,按照"孰先"的原则确定购买房屋的时间。

六、享受税收优惠政策普通住房的面积标准是指地方政府按国办发〔2005〕26 号文件规定确定并公布的普通住房建筑面积标准。对于以套内面积进行计量的,应换算成建筑面积,判断该房屋是否符合普通住房标准。

国家税务总局关于垃圾处置费征收营业税问题的批复

国税函〔2005〕1128 号

广东省地方税务局:

你局《关于垃圾处置费征免营业税问题的请示》(粤地税发〔2005〕205 号)收悉。批复如下:

根据《中华人民共和国营业税暂行条例》的规定,单位和个人提供的垃圾处置劳务不属于营业税应税劳务,对其处置垃圾取得的垃圾处置费,不征收营业税。

【注释】 对《营业税暂行条例》第 2 条进行了解释。

财政部 国家税务总局关于合格境外机构投资者营业税政策的通知

财税〔2005〕155 号

各省、自治区、直辖市、计划单列市财政厅(局)、地方税务局,新疆生产建设兵团财务局:

经国务院批准,现将合格境外机构投资者(以下简称 QFII)有关营业税政策通知如下:

对 QFII 委托境内公司在我国从事证券买卖业务取得的差价收入，免征营业税。

【注释】　对《营业税暂行条例》第 6 条进行了解释。

国家税务总局关于交通部门有偿转让高速公路收费经营权征收营业税的批复

国税函〔2005〕1146 号

湖南省地方税务局：

你局《关于湖南省交通厅高速公路收费权有偿转让行为征收营业税问题的请示》(湘地税发〔2005〕104 号)收悉，批复如下：

根据《中华人民共和国营业税暂行条例》(简称条例)第一条的规定，在我国境内提供应税劳务的单位和个人，为营业税的纳税义务人，应当依照本条例的规定缴纳营业税。交通部门有偿转让高速公路收费权行为，属于营业税征收范围，应按"服务业"税目中的"租赁"项目征收营业税。

【注释】　对《营业税暂行条例》第 1、2 条进行了解释。

营业税纳税人纳税申报办法

国税发〔2005〕202 号

根据《中华人民共和国税收征收管理法》及其实施细则、《中华人民共和国营业税暂行条例》的有关规定，制定本办法。

一、除经税务机关核准实行简易申报方式的营业税纳税人外，其他营业税纳税人均按本办法进行纳税申报。

二、纳税申报资料

凡按本办法进行纳税申报的营业税纳税人均应报送以下资料：

1.《营业税纳税申报表》(见附件)；

2. 按照本纳税人发生营业税应税行为所属的税目，分别填报相应税目的营业税纳税申报表附表(见附件)；同时发生两种或两种以上税目应税行为的，应同时填报相应的纳税申报表附表；

3. 凡使用税控收款机的纳税人应同时报送税控收款机 IC 卡；

4. 主管税务机关规定的其他申报资料。

纳税申报资料的报送方式、报送的具体份数由省一级地方税务局确定。

《营业税纳税申报表》及其附表由纳税人向主管税务机关领取。

……

四、罚则

(一)纳税人未按规定期限办理纳税申报和报送纳税资料的，按照《中华人民共和国税收征收管理法》第六十二条的有关规定处罚。

(二)纳税人经税务机关通知申报而拒不申报或者进行虚假的纳税申报，不缴或者少缴应纳税款的，依照《中华人民共和国税收征收管理法》第六十三条的有关规定处理。

(三)纳税人不进行纳税申报，不缴或者少缴应纳税款的，按《中华人民共和国税收征收管理法》第六十四条的有关规定处罚。

(四)纳税人、扣缴义务人编造虚假计税依据的，按《中华人民共和国税收征收管理法》第六十四条的有关规定处罚。

【注释】 对《营业税暂行条例》第14条进行了解释。

财政部 国家税务总局关于加强教育劳务营业税征收管理有关问题的通知

财税〔2006〕3号

各省、自治区、直辖市、计划单列市财政厅(局)、地方税务局,新疆生产建设兵团财务局:

为进一步加强对教育劳务营业税的征收管理,现对《财政部 国家税务总局关于教育税收政策的通知》(财税〔2004〕39号)中的有关问题明确如下:

一、关于"对从事学历教育的学校提供教育劳务取得的收入免征营业税"问题

(一)"学历教育"是指:受教育者经过国家教育考试或者国家规定的其他入学方式,进入国家有关部门批准的学校或者其他教育机构学习,获得国家承认的学历证书的教育形式。具体包括:

1. 初等教育:普通小学、成人小学;

2. 初级中等教育:普通初中、职业初中、成人初中;

3. 高级中等教育:普通高中、成人高中和中等职业学校(包括普通中专、成人中专、职业高中、技工学校);

4. 高等教育:普通本专科、成人本专科、网络本专科、研究生(博士、硕士)、高等教育自学考试、高等教育学历文凭考试。

(二)"从事学历教育的学校"是指:普通学校以及经地、市级以上人民政府或者同级政府的教育行政部门批准成立、国家承认其学员学历的各类学校。

上述学校均包括符合规定的从事学历教育的民办学校,但不包括职业培训机构等国家不承认学历的教育机构。

(三)免征营业税的教育劳务收入按以下规定执行:

提供教育劳务取得的收入是指对列入规定招生计划的在籍学生提供学历教育劳务取得的收入,具体包括:经有关部门审核批准,按规定标准收取的学费、住宿费、课本费、作业本费、伙食费、考试报名费收入。

超过规定收费标准的收费以及学校以各种名义收取的赞助费、择校费等超过规定范围的收入,不属于免征营业税的教育劳务收入,一律按规定征税。

二、关于"对托儿所、幼儿园提供养育服务取得的收入免征营业税"问题

(一)"托儿所、幼儿园"是指经县级以上教育部门审批成立、取得办园许可证的实施0—6岁学前教育的机构,包括公办和民办的托儿所、幼儿园、学前班、幼儿班、保育院、幼儿园;

(二)"提供养育服务"是指上述托儿所、幼儿园对其学员提供的保育和教育服务;

(三)对公办托儿所、幼儿园予以免征营业税的养育服务收入是指,在经省级财政部门和价格主管部门审核报省级人民政府批准的收费标准以内收取的教育费、保育费;

(四)对民办托儿所、幼儿园予以免征营业税的养育服务收入是指,在报经当地有关部门备案并公示的收费标准范围内收取的教育费、保育费;

(五)超过规定收费标准的收费,以开办实验班、特色班和兴趣班等为由另外收取的费用以及与幼儿入园挂钩的赞助费、支教费等超过规定范围的收入,不属于免征营业税的养育服务收入。

三、关于"对政府举办的高等、中等和初等学校(不含下属单位)举办进修班、培训班取得的收入,收入全部归学校所有的,免征营业税"问题

1."政府举办的高等、中等和初等学校(不含下属单位)"是指"从事学历教育的学校"(不含下属单位)。

2."收入全部归学校所有"是指:举办进修班、培训班取得的收入进入学校统一账户,并作为预算外资金全额上缴财政专户管理,同时由学校对有关票据进行统一管理、开具。

进入学校下属部门自行开设账户的进修班、培训班收入,不属于收入全部归学校所有的收入,不予免征营业税。

四、各类学校均应单独核算免税项目的营业额，未单独核算的，一律照章征收营业税。

五、各类学校（包括全部收入为免税收入的学校）均应按照《中华人民共和国税收征收管理法》的有关规定办理税务登记，按期进行纳税申报并按规定使用发票；享受营业税优惠政策的，应按规定向主管税务机关申请办理减免税手续。

本通知自2006年1月1日起执行。

财政部 国家税务总局关于邮政普遍服务和特殊服务免征营业税的通知

财税〔2006〕47号

各省、自治区、直辖市、计划单列市财政厅（局）、地方税务局，新疆生产建设兵团财务局：

经国务院批准，现对邮政普遍服务和特殊服务营业税政策通知如下：

对国家邮政局及其所属邮政单位提供邮政普遍服务和特殊服务业务（具体为函件、包裹、汇票、机要通信、党报党刊发行）取得的收入免征营业税。享受免税的党报党刊发行收入按邮政企业报刊发行收入的70％计算。

本通知自2006年1月1日起执行。2006年1月1日至文到之日应享受免税但已缴纳的营业税，可以从以后应缴的营业税税款中抵扣。

【注释】 对《营业税暂行条例》第6条进行了解释。

国家税务总局关于酒店产权式经营业主税收问题的批复

国税函〔2006〕478号

深圳市地方税务局：

你局《关于大梅沙海景酒店产权式经营业主税收问题的请示》（深地税发〔2006〕192号）收悉。经研究，现就有关税收处理问题批复如下：

酒店产权式经营业主（以下简称业主）在约定的时间内提供房产使用权与酒店进行合作经营，如房产产权并未归属新的经济实体，业主按照约定取得的固定收入和分红收入均应视为租金收入，根据有关税收法律、行政法规的规定，应按照“服务业—租赁业”征收营业税，按照财产租赁所得项目征收个人所得税。

【注释】 对《营业税暂行条例》第2条进行了解释。

国家税务总局关于营利性医疗机构医疗服务收入征收营业税问题的批复

国税函〔2006〕480号

北京市地方税务局：

你局《关于北京市健宫医院有限公司为基本医疗保险患者提供医疗服务收入免征营业税问题的请示》（京地税营〔2006〕206号）收悉，批复如下：

根据《国务院办公厅转发国务院体改办等部门关于城镇医药卫生体制改革指导意见的通知》(国办发〔2000〕16 号)的规定，营利性医疗机构医疗服务价格放开，依法自主经营，照章纳税。北京市健宫医院有限公司属营利性医疗机构，因此，对北京市健宫医院有限公司为基本医疗保险患者提供医疗服务取得的收入，应照章征收营业税。

【注释】 对《营业税暂行条例》第 1 条进行了解释。

国家税务总局关于劳务承包行为征收营业税问题的批复

国税函〔2006〕493 号

新疆维吾尔自治区地方税务局：

你局《关于劳务承包征收营业税问题的请示》(新地税发〔2005〕169 号)收悉。现批复如下：

建筑安装企业将其承包的某一工程项目的纯劳务部分分包给若干个施工企业，由该建筑安装企业提供施工技术、施工材料并负责工程质量监督，施工劳务由施工企业的职工提供，施工企业按照其提供的工程量与该建筑安装企业统一结算价款。按照现行营业税的有关规定，施工企业提供的施工劳务属于提供建筑业应税劳务，因此，对其取得的收入应按照“建筑业”税目征收营业税。

【注释】 对《营业税暂行条例》第 2 条进行了解释。

财政部 国家税务总局关于证券投资者保护基金有关营业税问题的通知

财税〔2006〕172 号

各省、自治区、直辖市、计划单列市财政厅(局)、地方税务局，新疆生产建设兵团财务局，西藏自治区国家税务局：

为贯彻落实《国务院关于推进资本市场改革开放和稳定发展的若干意见》(国发〔2004〕3 号)，促进资本市场稳定健康发展，现将证券投资者保护基金有关营业税问题明确如下：

一、准许上海、深圳证券交易所上缴的证券投资者保护基金从其营业税计税营业额中扣除。

二、准许证券公司上缴的证券投资者保护基金从其营业税计税营业额中扣除。

三、准许中国证券登记结算公司和主承销商代扣代缴的证券投资者保护基金从其营业税计税营业额中扣除。

本通知自 2006 年 11 月 1 日起执行。

【注释】 对《营业税暂行条例》第 6 条进行了解释。

国家税务总局关于加强代理报关业务营业税征收管理有关问题的通知

国税函〔2006〕1310 号

各省、自治区、直辖市和计划单列市地方税务局：

为加强代理报关业务营业税征收管理，现将有关问题通知如下：

一、代理报关业务营业税政策

代理报关业务，是指接受进出口货物收、发货人的委托，代为办理报关相关手续的业务，应按照“服务业——代理业”税目征收营业税。纳税人从事代理报关业务，以其向委托人收取的全部价款和价外费用扣除以下项目金额后的余额为计税营业额申报缴纳营业税：

（一）支付给海关的税金、签证费、滞报费、滞纳金、查验费、打单费、电子报关平台费、仓储费；

（二）支付给检验检疫单位的三检费、熏蒸费、消毒费、电子保险平台费；

（三）支付给预录入单位的预录费；

（四）国家税务总局规定的其他费用。

二、代理报关业务的营业税征收管理

纳税人从事代理报关业务，应按其从事代理报关业务取得的全部价款和价外费用向委托人开具发票。纳税人从事代理报关业务，应凭其取得的开具给本纳税人的发票或其它合法有效凭证作为差额征收营业税的扣除凭证。

本通知自2007年1月1日起执行。

【注释】 对《营业税暂行条例》第5条进行了解释。

国家税务总局关于无船承运业务有关营业税问题的通知

国税函〔2006〕1312号

各省、自治区、直辖市和计划单列市地方税务局：

无船承运业务是指无船承运业务经营者以承运人身份接受托运人的货载，签发自己的提单或其他运输单证，向托运人收取运费，通过国际船舶运输经营者完成国际海上货物运输，承担承运人责任的国际海上运输经营活动。为进一步规范无船承运业务的营业税税收管理，现将有关问题通知如下：

一、无船承运业务应按照“服务业——代理业”税目征收营业税。

二、纳税人从事无船承运业务，以其向委托人收取的全部价款和价外费用扣除其支付的海运费以及报关、港杂、装卸费用后的余额为计税营业额申报缴纳营业税。

三、纳税人从事无船承运业务，应按照其从事无船承运业务取得的全部价款和价外费用向委托人开具发票，同时应凭其取得的开具给本纳税人的发票或其他合法有效凭证作为差额缴纳营业税的扣除凭证。

本通知自2007年1月1日起执行。

【注释】 对《营业税暂行条例》第5条进行了解释。

国家税务总局关于未办理土地使用权证转让土地有关税收问题的批复

国税函〔2007〕645号

四川省地方税务局：

你局《关于未办理土地使用权证而转让土地有关税收问题的请示》（川地税发〔2007〕7号）收悉，批复如下：

土地使用者转让、抵押或置换土地，无论其是否取得了该土地的使用权属证书，无论其在转让、抵押或置换土地过程中是否与对方当事人办理了土地使用权属证书变更登记手续，只要土地使用者享有占有、使用、收益或处分该土地的权利，且有合同等证据表明其实质转让、抵押或置换了土地并取得了相应的经济利益，土地使用者及其对方当事人应当依照税法规定缴纳营业税、土地增值税和契税等相关税收。

【注释】 对《营业税暂行条例》第1条进行了解释。

财政部 国家税务总局关于促进残疾人就业税收优惠政策的通知

财税〔2007〕92号

各省、自治区、直辖市、计划单列市财政厅（局）、国家税务局、地方税务局，新疆生产建设兵团财务局：

为了更好地发挥税收政策促进残疾人就业的作用，进一步保障残疾人的切身利益，经国务院批准并商民政部、中国残疾人联合会同意，决定在全国统一实行新的促进残疾人就业的税收优惠政策。现将有关政策通知如下：

一、对安置残疾人单位的增值税和营业税政策

对安置残疾人的单位，实行由税务机关按单位实际安置残疾人的人数，限额即征即退增值税或减征营业税的办法。

（一）实际安置的每位残疾人每年可退还的增值税或减征的营业税的具体限额，由县级以上税务机关根据单位所在区县（含县级市、旗，下同）适用的经省（含自治区、直辖市、计划单列市，下同）级人民政府批准的最低工资标准的6倍确定，但最高不得超过每人每年3.5万元。

（二）主管国税机关应按月退还增值税，本月已交增值税额不足退还的，可在本年度（指纳税年度，下同）内以前月份已交增值税扣除已退增值税的余额中退还，仍不足退还的可结转本年度内以后月份退还。主管地税机关应按月减征营业税，本月应缴营业税不足减征的，可结转本年度内以后月份减征，但不得从以前月份已交营业税中退还。

（三）上述增值税优惠政策仅适用于生产销售货物或提供加工、修理修配劳务取得的收入占增值税业务和营业税业务收入之和达到50%的单位，但不适用于上述单位生产销售消费税应税货物和直接销售外购货物（包括商品批发和零售）以及销售委托外单位加工的货物取得的收入。上述营业税优惠政策仅适用于提供“服务业”税目（广告业除外）取得的收入占增值税业务和营业税业务收入之和达到50%的单位，但不适用于上述单位提供广告业劳务以及不属于“服务业”税目的营业税应税劳务取得的收入。

单位应当分别核算上述享受税收优惠政策和不得享受税收优惠政策业务的销售收入或营业收入，不能分别核算的，不得享受本通知规定的增值税或营业税优惠政策。

（四）兼营本通知规定享受增值税和营业税税收优惠政策业务的单位，可自行选择退还增值税或减征营业税，一经选定，一个年度内不得变更。

（五）如果既适用促进残疾人就业税收优惠政策，又适用下岗再就业、军转干部、随军家属等支持就业的税收优惠政策的，单位可选择适用最优惠的政策，但不能累加执行。

（六）本条所述“单位”是指税务登记为各类所有制企业（包括个人独资企业、合伙企业和个体经营户）、事业单位、社会团体和民办非企业单位。

……

三、对残疾人个人就业的增值税和营业税政策

（一）根据《中华人民共和国营业税暂行条例》（国务院令第136号）第六条第（二）项和《中华人民共和国营业税暂行条例实施细则》[（93）财法字第40号]第二十六条的规定，对残疾人个人为社会提供的劳务免征营业税。

（二）根据《财政部 国家税务总局关于调整农业产品增值税税率和若干项目征免增值税的通知》[（94）财税字第004号]第三条的规定，对残疾人个人提供的加工、修理修配劳务免征增值税。

……

五、享受税收优惠政策单位的条件

安置残疾人就业的单位（包括福利企业、盲人按摩机构、工疗机构和其他单位），同时符合以下条件并经过有关部门的认定后，均可申请享受本通知第一条和第二条规定的税收优惠政策：

（一）依法与安置的每位残疾人签订了一年以上（含一年）的劳动合同或服务协议，并且安置的每位残疾人在单位实际上岗工作。

（二）月平均实际安置的残疾人占单位在职职工总数的比例应高于25%（含25%），并且实际安置的残疾人人数多于10人（含10人）。

月平均实际安置的残疾人占单位在职职工总数的比例低于25%（不含25%）但高于1.5%（含1.5%），并且实际安置的残疾人人数多于5人（含5人）的单位，可以享受本通知第二条第（一）项规定的企业所得税优惠政策，但不得享受本通知第一条规定的增值税或营业税优惠政策。

（三）为安置的每位残疾人按月足额缴纳了单位所在区县人民政府根据国家政策规定的基本养老保险、基本医疗保险、失业保险和工伤保险等社会保险。

（四）通过银行等金融机构向安置的每位残疾人实际支付了不低于单位所在区县适用的经省级人民政府批准的最低工资标准的工资。

（五）具备安置残疾人上岗工作的基本设施。

六、其他有关规定

（一）经认定的符合上述税收优惠政策条件的单位，应按月计算实际安置残疾人占单位在职职工总数的平均比例，本月平均比例未达到要求的，暂停其本月相应的税收优惠。在一个年度内累计三个月平均比例未达到要求的，取消其次年度享受相应税收优惠政策的资格。

（二）《财政部 国家税务总局关于教育税收政策的通知》（财税〔2004〕39号）第一条第7项规定的特殊教育学校举办的企业，是指设立的主要为在校学生提供实习场所、并由学校出资自办、由学校负责经营管理、经营收入全部归学校所有的企业，上述企业只要符合第五条第（二）项条件，即可享受本通知第一条和第二条规定的税收优惠政策。这类企业在计算残疾人人数时可将在企业实际上岗工作的特殊教育学校的全日制在校学生计算在内，在计算单位在职职工人数时也要将上述学生计算在内。

（三）在除辽宁、大连、上海、浙江、宁波、湖北、广东、深圳、重庆、陕西以外的其他地区，2007年7月1日前已享受原福利企业税收优惠政策的单位，凡不符合本通知第五条第（三）项规定的有关缴纳社会保险条件，但符合本通知第五条规定的其他条件的，主管税务机关可暂予认定为享受税收优惠政策的单位。上述单位应按照有关规定尽快为安置的残疾人足额缴纳有关社会保险。2007年10月1日起，对仍不符合该项规定的单位，应停止执行本通知第一条和第二条规定的各项税收优惠政策。

（四）对安置残疾人单位享受税收优惠政策的各项条件实行年审办法，具体年审办法由省级税务部门会同同级民政部门及残疾人联合会制定。

七、有关定义

（一）本通知所述“残疾人”，是指持有《中华人民共和国残疾人证》上注明属于视力残疾、听力残疾、言语残疾、肢体残疾、智力残疾和精神残疾的人员和持有《中华人民共和国残疾军人证（1至8级）》的人员。

（二）本通知所述“个人”均指自然人。

（三）本通知所述“单位在职职工”是指与单位建立劳动关系并依法应当签订劳动合同或服务协议的雇员。

（四）本通知所述“工疗机构”是指集就业和康复为一体的福利性生产安置单位，通过组织精神残疾人员参加适当生产劳动和实施康复治疗与训练，达到安定情绪、缓解症状、提高技能和改善生活状况的目的，包括精神病院附设的康复车间、企业附设的工疗车间、基层政府和组织兴办的工疗站等。

八、对残疾人人数计算的规定

（一）允许将精神残疾人员计入残疾人人数享受本通知第一条和第二条规定的税收优惠政策，仅限于工疗机构等适合安置精神残疾人就业的单位。具体范围由省级税务部门会同同级财政、民政部门及残疾人联合会规定。

（二）单位安置的不符合《中华人民共和国劳动法》（主席令第二十八号）及有关规定的劳动年龄的残疾人，不列入本通知第五条第（二）款规定的安置比例及第一条规定的退税、减税限额和第二条规定的加计扣除额的计算。

九、单位和个人采用签订虚假劳动合同或服务协议、伪造或重复使用残疾人证或残疾军人证、残疾人挂名而不实际上岗工作、虚报残疾人安置比例、为残疾人不缴或少缴规定的社会保险、变相向残疾人收回支付的工资等方法骗取本通知规定的税收优惠政策的，除依照法律、法规和其他有关规定追究有关单位和人员的责任外，其实际发生上述违法违规行为年度内实际享受到的减（退）税款应全额追缴入库，并自其发生上述违法违规行为年度起三年内取消其享受本通知规定的各项税收优惠政策的资格。

十、本通知规定的各项税收优惠政策的具体征收管理办法由国家税务总局会同民政部、中国残疾人联合会另行制定。福利企业安置残疾人比例和安置残疾人基本设施的认定管理办法由民政部商财政部、国家税务总局、中国残疾人联合会制定，盲人按摩机构、工疗机构及其他单位安置残疾人比例和安置残疾人基本设施的认定管理办法由中国残疾人联合会商财政部、民政部、国家税务总局制定。

十一、本通知自2007年7月1日起施行，但外商投资企业适用本通知第二条企业所得税优惠政策的规定自2008年1月1日起施行。财政部、国家税务总局《关于企业所得税若干优惠政策的通知》[（94）财税字第001号]第一条第（九）项、财政部、国家税务总局《关于对福利企业、学校办企业征税问题的通知》[（94）财税字第003号]、《国家税务总局关于民政福利企业征收流转税问题的通知》（国税发〔1994〕155号）、财政部、国家税务总局《关于福利企业有关税收政策问题的通知》（财税字〔2000〕35号）、《财政部 国家税务总局关于调整完善现行福利企业税收优惠政策试点工作的通知》（财税〔2006〕111号）、《国家税务总局财政部民政部中国残疾人联合会关于调整完善现行福利企业税收优惠政策试点实施办法的通知》（国税发〔2006〕112号）和《财政部 国家税务总局关于进一步做好调整现行福利企业税收优惠政策试点工作的通知》（财税〔2006〕135号）自2007年7月1日起停止执行。

十二、各地各级财政、税务部门要认真贯彻落实本通知的各项规定，加强领导，及时向当地政府汇报，取得政府的理解与支持，并密切与民政、残疾人联合会等部门衔接、沟通。税务部门要牵头建立由上述部门参加的联席会议制度，共同将本通知规定的各项政策贯彻落实好。财政、税务部门之间要相互配合，省级税务部门每半年要将执行本通知规定的各项政策的减免（退）税数据及相关情况及时通报省级财政部门。

十三、各地在执行中有何问题，请及时上报财政部和国家税务总局。

【注释】 对《营业税暂行条例》第6条进行了解释。

国家税务总局关于新版公路、内河货物运输业统一发票有关使用问题的通知

国税发〔2007〕101号

各省、自治区、直辖市和计划单列市国家税务局、地方税务局：

为进一步规范新版公路、内河货物运输业统一发票（以下简称货运发票）的开具和使用，加强公路、内河货物运输业营业税征收管理，现将有关问题通知如下：

一、关于公路、内河联合货物运输业务开具货运发票问题

公路、内河联合货物运输业务，是指其一项货物运输业务由两个或两个以上的运输单位（或个人）共同完成的货物运输业务。运输单位（或个人）应以收取的全部价款向付款人开具货运发票，合作运输单位（或个人）以向运输单位（或个人）收取的全部价款向该运输单位（或个人）开具货运发票，运输单位（或个人）应以合作运输单位（或个人）向其开具的货运发票作为差额缴纳营业税的扣除凭证。

二、关于货运发票填开内容有关问题

一项运输业务无法明确单位运价和运费里程时，《国家税务总局关于使用新版公路、内河货物运输业统一发票有关问题的通知》（国税发〔2006〕67号）第五条第（五）款规定的“运输项目及金额”栏的填开内容中，“运价”和“里程”两项内容可不填列。

准予计算增值税进项税额扣除的货运发票（仅指本通知规定的），发货人、收货人、起运地、到达地、运输方式、货物名称、货物数量、运费金额等项目填写必须齐全，与货运发票上所列的有关项目必须相符，否则，不予抵扣。

三、关于货运发票作废有关问题

在开具货运发票的当月，发生取消运输合同、退回运费、开票有误等情形，开票方收到退回的发票联、抵扣联符合作废条件的，按作废处理；开具时发现有误的，可即时作废。

作废货运发票必须在公路、内河货物运输业发票税控系统（以下简称货运发票税控系统）开票软件（包括自开票软件和代开票软件）中将相应的数据电文按"作废"处理，在纸质货运发票（含未打印货运发票）各联次上注明"作废"字样，全部联次监制章部位做剪口处理，在领购新票时交主管税务机关查验。

上述作废条件，是指同时具有以下情形的：

(1)收到退回发票联、抵扣联的时间未超过开票方开票的当月；

(2)开票方未进行税控盘(或传输盘)抄税且未记账；

(3)受票方为增值税一般纳税人的，该纳税人未将抵扣联认证或认证结果为"纳税人识别号认证不符"(指发票所列受票方纳税人识别号与申报认证企业的纳税人识别号不符)、"发票代码、号码认证不符"(指机打代码或号码与发票代码或号码不符)。

四、关于开具货运发票红字票有关问题

(一)受票方取得货运发票后，发生开票有误等情形但不符合作废条件或者因运费部分退回需要开具红字发票的，应按红字发票开具规定进行处理。开具红字发票时应在价税合计的大写金额第一字前加"负数"字，在小写金额前加"－"号。

(二)在开具红字发票前，如受票方尚未记账、货运发票全部联次可以收回的，应对全部联次监制章部位做剪口处理后，再开具红字发票。开票方为公路、内河货物运输业自开票纳税人(以下简称自开票纳税人)或代开票中介机构的，开票方应在领购新货运发票时将剪口后的货运发票全部联次交税务机关查验并留存。

(三)在开具红字发票前，如无法收回全部联次，受票方应向主管税务机关填报《开具红字公路、内河货物运输业发票申请单》(以下简称《申请单》，附件 1)。受票方为营业税纳税人的，向主管地方税务局填报《申请单》，受票方为增值税纳税人的，向主管国家税务局填报《申请单》。

《申请单》一式两联：第一联由受票方留存，第二联由受票方主管税务机关留存。《申请单》应加盖受票方财务专用章或发票专用章。

主管税务机关对纳税人填报的《申请单》进行审核后，出具《开具红字公路、内河货物运输业发票通知单》(以下简称《通知单》，附件 2)。《通知单》应与《申请单》一一对应。

《通知单》一式三联：第一联由受票方主管税务机关留存；第二联由受票方送交承运方留存；第三联由受票方留存。《通知单》应加盖主管税务机关印章。

开票方凭承运方提供的《通知单》开具红字货运发票，红字货运发票应与《通知单》一一对应。承运方为自开票纳税人的，开票方即为承运方。

开票方为自开票纳税人或代开票中介机构的，应于报送税控盘(或传输盘)数据时将《通知单》一并交主管税务机关审核。开票方主管税务机关应将纳税人税控盘(或传输盘)中开具红字货运发票情况与《通知单》进行审核、比对；比对不符的，不允许其开具红字货运发票并按有关规定进行处理。

税务机关应将《通知单》按月依次装订成册，并比照发票保管规定管理。

五、关于开具红字货运发票税款退库问题

自开票纳税人、代开票纳税人开具红字发票，涉及多缴税款经税务机关审批应当办理退库的，税务机关应按规定开具《税收收入退还书》送国库办理退税。纳税人从其开户银行账户转账缴税的，将税款退至纳税人缴税的开户银行账户；个人现金退税，按照《国家税务总局中国人民银行财政部关于现金退税问题的紧急通知》(国税发〔2004〕47 号)有关规定执行。

六、货运发票开具和保存有关要求问题

为提高货运发票的扫描识别率，自开票纳税人、代开票中介机构和税务机关在开具货运发票时必须严格执行《中华人民共和国发票管理办法》及其实施细则、国税发〔2006〕67 号以及其他相关规定，保证发票字迹清晰、打印完整，不得压线和错位。自开票纳税人开具货运发票时，不再加盖开票人专章。

本规定自 2007 年 9 月 1 日起执行。国税发〔2006〕67 号第五条第(八)款以及《国家税务总局关于加强货物运输业税收征收管理的通知》(国税发〔2003〕121 号)附件 1《货物运输业营业税征收管理试行办法》第六条有关规定同时废止。

【注释】 对《营业税暂行条例》第 14 条进行了解释。

国家税务总局关于林木销售和管护征收流转税问题的通知

国税函〔2008〕212 号

各省、自治区、直辖市和计划单列市国家税务局、地方税务局：

近接部分地区反映销售林木和提供林木管护行为如何征收流转税问题，经研究，现将有关问题明确如下：

纳税人销售林木以及销售林木的同时提供林木管护劳务的行为，属于增值税征收范围，应征收增值税。纳税人单独提供林木管护劳务行为属于营业税征收范围，其取得的收入中，属于提供农业机耕、排灌、病虫害防治、植保劳务取得的收入，免征营业税；属于其他收入的，应照章征收营业税。

国家税务总局关于风景名胜区景点经营收入征收营业税问题的批复

国税函〔2008〕254 号

湖南省地方税务局：

你局《关于张家界风景名胜区景点经营收入适用税日的请示》（湘地税发〔2007〕83 号）收悉。经研究，批复如下：

对单位和个人在旅游景区经营旅游游船、观光电梯、观光电车、景区环保客运车所取得的收入应按“服务业—旅游业”征收营业税。

单位和个人在旅游景区兼有不同税目应税行为并采取“一票制”收费方式的，应当分别核算不同税目的营业额；未分别核算或核算不清的，从高适用税率。

国家税务总局关于土地使用者将土地使用权归还给土地所有者行为营业税问题的通知

国税函〔2008〕277 号

各省、自治区、直辖市和计划单列市地方税务局，西藏、宁夏、青海省（自治区）国家税务局：

近接部分地区反映如何界定土地使用者将土地使用权归还给土地所有者行为的问题，经研究，现明确如下：

纳税人将土地使用权归还给土地所有者时，只要出具县级（含）以上地方人民政府收回土地使用权的正式文件，无论支付征地补偿费的资金来源是否为政府财政资金，该行为均属于土地使用者将土地使用权归还给土地所有者的行为，按照《国家税务总局关于印发〈营业税税目注释（试行稿）〉的通知》（国税发〔1993〕149 号）规定，不征收营业税。

财政部 国家税务总局关于海峡两岸海上直航营业税和企业所得税政策的通知

财税〔2009〕4 号

各省、自治区、直辖市、计划单列市财政厅(局)、国家税务局、地方税务局,新疆生产建设兵团财务局:

为推动海峡两岸海上直航,经国务院批准,现对海峡两岸海上直航业务有关税收政策通知如下:

一、自 2008 年 12 月 15 日起,对台湾航运公司从事海峡两岸海上直航业务在大陆取得的运输收入,免征营业税。

对台湾航运公司在 2008 年 12 月 15 日至文到之日已缴纳应予免征的营业税,从以后应缴的营业税税款中抵减,年度内抵减不完的予以退税。

二、自 2008 年 12 月 15 日起,对台湾航运公司从事海峡两岸海上直航业务取得的来源于大陆的所得,免征企业所得税。

享受企业所得税免税政策的台湾航运公司应当按照企业所得税法实施条例的有关规定,单独核算其从事上述业务在大陆取得的收入和发生的成本、费用;未单独核算的,不得享受免征企业所得税政策。

三、本通知所称台湾航运公司,是指取得交通运输部颁发的"台湾海峡两岸间水路运输许可证"且上述许可证上注明的公司登记地址在台湾的航运公司。

国家税务总局关于政府收回土地使用权及纳税人代垫拆迁补偿费有关营业税问题的通知

国税函〔2009〕520 号

各省、自治区、直辖市和计划单列市地方税务局,西藏、宁夏、青海省(自治区)国家税务局:

近接部分地区反映土地使用者将土地使用权归还给土地所有者时,政府收回土地使用权的正式文件如何掌握以及纳税人进行拆除建筑物、平整土地并代垫拆迁补偿费的行为如何征收营业税的问题。经研究,现明确如下:

一、《国家税务总局关于土地使用者将土地使用权归还给土地所有者行为营业税问题的通知》(国税函〔2008〕277 号)中关于县级以上(含)地方人民政府收回土地使用权的正式文件,包括县级以上(含)地方人民政府出具的收回土地使用权文件,以及土地管理部门报经县级以上(含)地方人民政府同意后由该土地管理部门出具的收回土地使用权文件。

二、纳税人受托进行建筑物拆除、平整土地并代委托方向原土地使用权人支付拆迁补偿费的过程中,其提供建筑物拆除、平整土地劳务取得的收入应按照"建筑业"税目缴纳营业税;其代委托方向原土地使用权人支付拆迁补偿费的行为属于"服务业——代理业"行为,应以提供代理劳务取得的全部收入减去其代委托方支付的拆迁补偿费后的余额为营业额计算缴纳营业税。

财政部 国家税务总局关于个人金融商品买卖等营业税若干免税政策的通知

财税〔2009〕111 号

各省、自治区、直辖市、计划单列市财政厅(局)、地方税务局,北京、西藏、宁夏、青海省(自治区、直辖市)国家税务局，新疆生产建设兵团财务局：

经国务院批准，现将有关营业税优惠政策明确如下：

一、对个人（包括个体工商户及其他个人，下同）从事外汇、有价证券、非货物期货和其他金融商品买卖业务取得的收入暂免征收营业税。

二、个人无偿赠与不动产、土地使用权，属于下列情形之一的，暂免征收营业税：

（一）离婚财产分割；

（二）无偿赠与配偶、父母、子女、祖父母、外祖父母、孙子女、外孙子女、兄弟姐妹；

（三）无偿赠与对其承担直接抚养或者赡养义务的抚养人或者赡养人；

（四）房屋产权所有人死亡，依法取得房屋产权的法定继承人、遗嘱继承人或者受遗赠人。

三、对中华人民共和国境内（以下简称境内）单位或者个人在中华人民共和国境外（以下简称境外）提供建筑业、文化体育业（除播映）劳务暂免征收营业税。

四、境外单位或者个人在境外向境内单位或者个人提供的完全发生在境外的《中华人民共和国营业税暂行条例》（国务院令第540号，以下简称条例）规定的劳务，不属于条例第一条所称在境内提供条例规定的劳务，不征收营业税。上述劳务的具体范围由财政部、国家税务总局规定。

根据上述原则，对境外单位或者个人在境外向境内单位或者个人提供的文化体育业（除播映），娱乐业，服务业中的旅店业、饮食业、仓储业，以及其他服务业中的沐浴、理发、洗染、裱画、誊写、镌刻、复印、打包劳务，不征收营业税。

五、同时满足以下条件的行政事业性收费和政府性基金暂免征收营业税：

（一）由国务院或者财政部批准设立的政府性基金，由国务院或者省级人民政府及其财政、价格主管部门批准设立的行政事业性收费和政府性基金；

（二）收取时开具省级以上（含省级）财政部门统一印制或监制的财政票据；

（三）所收款项全额上缴财政。

凡不同时符合上述三个条件，且属于营业税征税范围的行政事业性收费或政府性基金应照章征收营业税。

上述政府性基金是指各级人民政府及其所属部门根据法律、国家行政法规和中共中央、国务院有关文件的规定，为支持某项事业发展，按照国家规定程序批准，向公民、法人和其他组织征收的具有专项用途的资金。包括各种基金、资金、附加和专项收费。

上述行政事业收费是指国家机关、事业单位、代行政府职能的社会团体及其他组织根据法律、行政法规、地方性法规等有关规定，依照国务院规定程序批准，在向公民、法人提供特定服务的过程中，按照成本补偿和非盈利原则向特定服务对象收取的费用。

六、属于本通知第二条规定情形的个人，在办理免税手续时，应根据情况提交以下相关资料：

（一）《国家税务总局关于加强房地产交易个人无偿赠与不动产税收管理有关问题的通知》（国税发〔2006〕144号）第一条规定的相关证明材料；

（二）赠与双方当事人的有效身份证件；

（三）证明赠与人和受赠人亲属关系的人民法院判决书（原件）、由公证机构出具的公证书（原件）；

（四）证明赠与人和受赠人抚养关系或者赡养关系的人民法院判决书（原件）、由公证机构出具的公证书（原件）、由乡镇人民政府或街道办事处出具的证明材料（原件）。

税务机关应当认真审核赠与双方提供的上述资料，资料齐全并且填写正确的，在提交的国税发〔2006〕144号文件所附《个人无偿赠与不动产登记表》上签字盖章后复印留存，原件退还提交人，同时办理营业税免税手续。

七、本通知自2009年1月1日起执行。此前已征、多征税款应从纳税人以后的应纳税额中抵减或予以退税。《国家税务局关于经援项目税收问题的函》（国税函发〔1990〕884号）有关营业税部分、《财政部 国家税务总局关于必须严格执行税法统一规定不得擅自对行政事业单位收费减免营业税的通知》（财税字〔1995〕6号）、《财政部 国家税务总局关于调整行政事业性收费（基金）营业税政策的通知》（财税字〔1997〕5号）、《财政部 国家税务总局关于下发不征收营业税的收费（基金）项目名单（第二批）的通知》（财税字〔1997〕117号）、《财政部 国家税务总局关于育林基金不应征收营业税的通知》（财税字〔1998〕179号）、《财

政部 国家税务总局关于下发不征收营业税的收费（基金）项目名单（第三批）的通知》（财税〔2000〕31 号）、《财政部 国家税务总局关于车辆通行费有关营业税等税收政策的通知》（财税〔2000〕139 号）、《财政部 国家税务总局关于下发不征收营业税的收费（基金）项目名单（第四批）的通知》（财税〔2001〕144 号）、《财政部 国家税务总局关于下发不征收营业税的收费（基金）项目名单（第五批）的通知》（财税〔2002〕117 号）、《财政部 国家税务总局关于下发不征收营业税的收费（基金）项目名单（第六批）的通知》（财税〔2003〕15 号）、《财政部、国家税务总局关于中国知识产权培训中心办学经费收费不征收营业税的通知》（财税〔2003〕138 号）、《财政部 国家税务总局关于代办外国领事认证费等 5 项经营服务性收费征收营业税的通知》（财税〔2003〕169 号）、《财政部 国家税务总局关于民航系统 8 项行政事业性收费不征收营业税的通知》（财税〔2003〕170 号）同时废止。

国家税务总局关于进一步落实不动产、建筑业营业税项目管理及发票使用管理办法的通知

国税函〔2009〕630 号

各省、自治区、直辖市和计划单列市地方税务局，西藏、宁夏、青海省（自治区）国家税务局：

建筑业、房地产业是营业税的重点税源行业。为加强两个行业营业税征收管理，总局下发了《国家税务总局关于印发〈不动产、建筑业营业税项目管理及发票使用管理暂行办法〉的通知》（国税发〔2006〕128 号），并按照“以票控税、网络比对、税源监控、综合管理”的要求，统一开发了建筑业、房地产业营业税项目管理软件。近年来，广西、甘肃、福建等省、区、市税务机关积极贯彻落实不动产、建筑业营业税项目管理及发票使用管理办法，取得了以票控税、综合管理、税收增收的显著成效。

为深入贯彻中央经济工作会议关于“依法加强税收征管，做到应收尽收”的要求，加强建筑业、房地产业两个重点税源行业的营业税征收管理，不断提高税收征管质量和效率，保证营业税收入的持续稳定增长，总局要求各地税务机关要认真贯彻落实国税发〔2006〕128 号文件要求，继续深入推进不动产、建筑业营业税项目管理及发票使用管理办法，2011 年底前所有地区必须将不动产、建筑业营业税项目管理及发票使用管理办法落实到位。总局将在适当的时候组织检查落实情况，并适时进行督导，以保证办法落实到位。

财政部 国家税务总局关于国际运输劳务免征营业税的通知

财税〔2010〕8 号

各省、自治区、直辖市、计划单列市财政厅（局）、地方税务局，北京、西藏、宁夏、青海省（自治区、直辖市）国家税务局，新疆生产建设兵团财务局：

自 2010 年 1 月 1 日起，对中华人民共和国境内（以下简称境内）单位或者个人提供的国际运输劳务免征营业税。国际运输劳务是指：

1. 在境内载运旅客或者货物出境。
2. 在境外载运旅客或者货物入境。
3. 在境外发生载运旅客或者货物的行为。

本通知自 2010 年 1 月 1 日起执行，2010 年 1 月 1 日至文到之日已征的应予免征的营业税税额在纳税人以后的应纳营业税税额中抵减或者予以退税。

财政部 国家税务总局关于农村金融有关税收政策的通知

财税〔2010〕4号

各省、自治区、直辖市、计划单列市财政厅(局)、国家税务局、地方税务局,新疆生产建设兵团财务局:

为支持农村金融发展,解决农民贷款难问题,经国务院批准,现就农村金融有关税收政策通知如下:

一、自2009年1月1日至2013年12月31日,对金融机构农户小额贷款的利息收入,免征营业税。

二、自2009年1月1日至2013年12月31日,对金融机构农户小额贷款的利息收入在计算应纳税所得额时,按90%计入收入总额。

三、自2009年1月1日至2011年12月31日,对农村信用社、村镇银行、农村资金互助社、由银行业机构全资发起设立的贷款公司、法人机构所在地在县(含县级市、区、旗)及县以下地区的农村合作银行和农村商业银行的金融保险业收入减按3%的税率征收营业税。

四、自2009年1月1日至2013年12月31日,对保险公司为种植业、养殖业提供保险业务取得的保费收入,在计算应纳税所得额时,按90%比例减计收入。

五、本通知所称农户,是指长期(一年以上)居住在乡镇(不包括城关镇)行政管理区域内的住户,还包括长期居住在城关镇所辖行政村范围内的住户和户口不在本地而在本地居住一年以上的住户,国有农场的职工和农村个体工商户。位于乡镇(不包括城关镇)行政管理区域内和在城关镇所辖行政村范围内的国有经济的机关、团体、学校、企事业单位的集体户;有本地户口,但举家外出谋生一年以上的住户,无论是否保留承包耕地均不属于农户。农户以户为统计单位,既可以从事农业生产经营,也可以从事非农业生产经营。农户贷款的判定应以贷款发放时的承贷主体是否属于农户为准。

本通知所称小额贷款,是指单笔且该户贷款余额总额在5万元以下(含5万元)的贷款。

本通知所称村镇银行,是指经中国银行监督管理委员会依据有关法律、法规批准,由境内外金融机构、境内非金融机构企业法人、境内自然人出资,在农村地区设立的主要为当地农民、农业和农村经济发展提供金融服务的银行业金融机构。

本通知所称农村资金互助社,是指经银行业监督管理机构批准,由乡(镇)、行政村民和农村小企业自愿入股组成,为社员提供存款、贷款、结算等业务的社区互助性银行业金融机构。

本通知所称由银行业机构全资发起设立的贷款公司,是指经中国银行业监督管理委员会依据有关法律、法规批准,由境内商业银行或农村合作银行在农村地区设立的专门为县域农民、农业和农村经济发展提供贷款服务的非银行业金融机构。

本通知所称县(县级市、区、旗),不包括市(含直辖市、地级市)所辖城区。

本通知所称保费收入,是指原保险保费收入加上分保费收入减去分出保费后的余额。

六、金融机构应对符合条件的农户小额贷款利息收入进行单独核算,不能单独核算的不得适用本通知第一条、第二条规定的优惠政策。

七、适用暂免或减半征收企业所得税优惠政策至2009年底的农村信用社执行现有政策到期后,再执行本通知第二条规定的企业所得税优惠政策。

八、适用本通知第一条、第三条规定的营业税优惠政策的金融机构,自2009年1月1日至发文之日应予免征或者减征的营业税税款,在以后的应纳营业税税额中抵减或者予以退税。

九、《财政部 国家税务总局关于试点地区农村信用社税收政策的通知》(财税〔2004〕35号)第二条、《财政部 国家税务总局关于进一步扩大试点地区农村信用社有关税收政策问题的通知》(财税〔2004〕177号)第二条规定自2009年1月1日起停止执行。

国家税务总局关于国际电信业务营业税问题的通知

国税函〔2010〕300号

各省、自治区、直辖市和计划单列市地方税务局,北京、西藏、宁夏、青海省(区、市)国家税务局:

经研究，现将国际电信业务有关营业税问题明确如下：

一、根据《中华人民共和国营业税暂行条例》及实施细则的有关规定，单位或个人出租境外的属于不动产的电信网络资源（包括境外电路、海缆、卫星转发器等）取得的收入，不属于营业税征税范围，不征收营业税。

二、根据《财政部 国家税务总局关于个人金融商品买卖等营业税若干免税政策的通知》（财税〔2009〕111号）的有关规定，境外单位或个人在境外向境内单位或个人提供的国际通信服务（包括国际间通话服务、移动电话国际漫游服务、移动电话国际互联网服务、国际间短信互通服务、国际间彩信互通服务），不属于营业税征税范围，不征收营业税。

财政部 国家税务总局 商务部关于示范城市离岸服务外包业务免征营业税的通知

财税〔2010〕64号

北京、天津、大连、黑龙江、上海、江苏、浙江、安徽、江西、福建、厦门、山东、湖北、湖南、广东、深圳、重庆、四川、陕西省（直辖市、计划单列市）财政厅（局）、地方税务局、商务主管部门：

为了进一步促进离岸服务外包产业发展，经国务院批准，现就离岸服务外包业务营业税政策通知如下：

一、自2010年7月1日起至2013年12月31日，对注册在北京、天津、大连、哈尔滨、大庆、上海、南京、苏州、无锡、杭州、合肥、南昌、厦门、济南、武汉、长沙、广州、深圳、重庆、成都、西安等21个中国服务外包示范城市的企业从事离岸服务外包业务取得的收入免征营业税。

二、从事离岸服务外包业务取得的收入，是指本通知第一条规定的企业根据境外单位与其签订的委托合同，由本企业或其直接转包的企业为境外提供本通知附件规定的信息技术外包服务（ITO）、技术性业务流程外包服务（BPO）或技术性知识流程外包服务（KPO），从上述境外单位取得的收入。

三、2010年7月1日至本通知到达之日已征的应予免征的营业税税额，在纳税人以后的应纳营业税税额中抵减，在2010年内抵减不完的予以退税。

附件：

享受免税的服务外包业务具体范围

一、信息技术外包服务（ITO）

（一）软件研发及外包

类　别	适　用　范　围
软件研发及开发服务	用于金融、政府、教育、制造业、零售、服务、能源、物流、交通、媒体、电信、公共事业和医疗卫生等部门和企业，为用户的运营/生产/供应链/客户关系/人力资源和财务管理、计算机辅助设计/工程等业务进行软件开发，包括定制软件开发，嵌入式软件、套装软件开发，系统软件开发、软件测试等。
软件技术服务	软件咨询、维护、培训、测试等技术性服务。

（二）信息技术研发服务外包

类　别	适　用　范　围
集成电路和电子电路设计	集成电路和电子电路产品设计以及相关技术支持服务等。
测试平台	为软件、集成电路和电子电路的开发运用提供测试平台。

（三）信息系统运营维护外包

类　别	适　用　范　围
信息系统运营和维护服务	客户内部信息系统集成、网络管理、桌面管理与维护服务；信息工程、地理信息系统、远程维护等信息系统应用服务。
基础信息技术服务	基础信息技术管理平台整合、IT基础设施管理、数据中心、托管中心、安全服务、通讯服务等基础信息技术服务。

二、技术性业务流程外包服务（BPO）

类　别	适　用　范　围
企业业务流程设计服务	为客户企业提供内部管理、业务运作等流程设计服务。
企业内部管理服务	为客户企业提供后台管理、人力资源管理、财务、审计与税务管理、金融支付服务、医疗数据及其他内部管理业务的数据分析、数据挖掘、数据管理、数据使用的服务；承接客户专业数据处理、分析和整合服务。
企业运营服务	为客户企业提供技术研发服务、为企业经营、销售、产品售后服务提供的应用客户分析、数据库管理等服务。主要包括金融服务业务、政务与教育业务、制造业务和生命科学、零售和批发与运输业务、卫生保健业务、通讯与公共事业业务、呼叫中心、电子商务平台等。
企业供应链管理服务	为客户提供采购、物流的整体方案设计及数据库服务。

三、技术性知识流程外包服务（KPO）

适　用　范　围
知识产权研究、医药和生物技术研发和测试、产品技术研发、工业设计、分析学和数据挖掘、动漫及网游设计研发、教育课件研发、工程设计等领域。

财政部 国家税务总局关于海峡两岸空中直航营业税和企业所得税政策的通知

财税〔2010〕63号

各省、自治区、直辖市、计划单列市财政厅（局）、国家税务局、地方税务局、新疆生产建设兵团财务局：

为推动海峡两岸空中直航，经国务院批准，现对海峡两岸空中直航业务有关税收政策通知如下：

一、自2009年6月25日起，对台湾航空公司从事海峡两岸空中直航业务在大陆取得的运输收入，免征营业税。

对台湾航空公司在 2009 年 6 月 25 日起至文到之日已缴纳应予免征的营业税，从以后应缴的营业税税款中抵减，在 2010 年内抵减不完的予以退还。

二、自 2009 年 6 月 25 日起，对台湾航空公司从事海峡两岸空中直航业务取得的来源于大陆的所得，免征企业所得税。

对台湾航空公司在 2009 年 6 月 25 日起至文到之日已缴纳应予免征的企业所得税，在 2010 年内予以退还。

享受企业所得税免税政策的台湾航空公司应当按照企业所得税法实施条例的有关规定，单独核算其从事上述业务在大陆取得的收入和发生的成本、费用；未单独核算的，不得享受免征企业所得税政策。

三、本通知所称台湾航空公司，是指取得中国民用航空局颁发的“经营许可”或依据《海峡两岸空运协议》和《海峡两岸空运补充协议》规定，批准经营两岸旅客、货物和邮件不定期（包机）运输业务，且公司登记地址在台湾的航空公司。

国家税务总局关于融资性售后回租业务中承租方出售资产行为有关税收问题的公告

国家税务总局公告 2010 年第 13 号

现就融资性售后回租业务中承租方出售资产行为有关税收问题公告如下：

融资性售后回租业务是指承租方以融资为目的将资产出售给经批准从事融资租赁业务的企业后，又将该项资产从该融资租赁企业租回的行为。融资性售后回租业务中承租方出售资产时，资产所有权以及与资产所有权有关的全部报酬和风险并未完全转移。

一、增值税和营业税

根据现行增值税和营业税有关规定，融资性售后回租业务中承租方出售资产的行为，不属于增值税和营业税征收范围，不征收增值税和营业税。

二、企业所得税

根据现行企业所得税法及有关收入确定规定，融资性售后回租业务中，承租人出售资产的行为，不确认为销售收入，对融资性租赁的资产，仍按承租人出售前原账面价值作为计税基础计提折旧。租赁期间，承租人支付的属于融资利息的部分，作为企业财务费用在税前扣除。

本公告自 2010 年 10 月 1 日起施行。此前因与本公告规定不一致而已征的税款予以退税。

财政部 国家税务总局关于部分省市有线数字电视基本收视维护费免征营业税的通知

财税〔2010〕33 号

山西、黑龙江、上海、江苏、江西、湖北、湖南、广西、重庆、云南、青海省（自治区、直辖市）财政厅（局），地方税务局：

为支持有线数字电视整体转换试点工作，推动有线数字电视的发展，按照国务院的有关精神，对本通知附件所列有关单位根据物价部门有关文件规定标准收取的有线数字电视基本收视维护费，自 2010 年 1 月 1 日起，3 年内免征营业税。

财政部 国家税务总局关于支持公共租赁住房建设和运营有关税收优惠政策的通知

财税〔2010〕88 号

各省、自治区、直辖市、计划单列市财政厅(局)、地方税务局,西藏、宁夏、青海省(自治区)国家税务局,新疆生产建设兵团财务局:

根据国务院办公厅《关于促进房地产市场平稳健康发展的通知》(国办发〔2010〕4 号)、《国务院关于坚决遏制部分城市房价过快上涨的通知》(国发〔2010〕10 号)和住房城乡建设部等七部门《关于加快发展公共租赁住房的指导意见》(建保〔2010〕87 号)精神,现对公共租赁住房(以下简称公租房)建设和运营有关税收政策通知如下:

一、对公租房建设期间用地及公租房建成后占地免征城镇土地使用税。在其他住房项目中配套建设公租房,依据政府部门出具的相关材料,可按公租房建筑面积占总建筑面积的比例免征建造、管理公租房涉及的城镇土地使用税。

二、对公租房经营管理单位建造公租房涉及的印花税予以免征。在其他住房项目中配套建设公租房,依据政府部门出具的相关材料,可按公租房建筑面积占总建筑面积的比例免征建造、管理公租房涉及的印花税。

三、对公租房经营管理单位购买住房作为公租房,免征契税、印花税;对公租房租赁双方签订租赁协议涉及的印花税予以免征。

四、对企事业单位、社会团体以及其他组织转让旧房作为公租房房源,且增值额未超过扣除项目金额20%的,免征土地增值税。

五、企事业单位、社会团体以及其他组织捐赠住房作为公租房,符合税收法律法规规定的,捐赠支出在年度利润总额 12%以内的部分,准予在计算应纳税所得额时扣除。

六、对经营公租房所取得的租金收入,免征营业税、房产税。公租房租金收入与其他住房经营收入应单独核算,未单独核算的,不得享受免征营业税、房产税优惠政策。

七、享受上述税收优惠政策的公租房是指纳入省、自治区、直辖市、计划单列市人民政府及新疆生产建设兵团批准的公租房发展规划和年度计划,以及按照建保〔2010〕87 号文件和市、县人民政府制定的具体管理办法进行管理的公租房。不同时符合上述条件的公租房不得享受上述税收优惠政策。

八、上述政策自发文之日起执行,执行期限暂定三年,政策到期后将根据公租房建设和运营情况对有关内容加以完善。

财政部 国家税务总局关于支持和促进就业有关税收政策的通知

财税〔2010〕84 号

各省、自治区、直辖市、计划单列市财政厅(局)、国家税务局、地方税务局,新疆生产建设兵团财务局:

为扩大就业,鼓励以创业带动就业,经国务院批准,现将支持和促进就业有关税收政策通知如下:

一、对持《就业失业登记证》(注明"自主创业税收政策"或附着《高校毕业生自主创业证》)人员从事个体经营(除建筑业、娱乐业以及销售不动产、转让土地使用权、广告业、房屋中介、桑拿、按摩、网吧、氧吧外)的,在 3 年内按每户每年 8000 元为限额依次扣减其当年实际应缴纳的营业税、城市维护建设税、教育费附加和个人所得税。

纳税人年度应缴纳税款小于上述扣减限额的,以其实际缴纳的税款为限;大于上述扣减限额的,应以上述扣减限额为限。

本条所称持《就业失业登记证》(注明“自主创业税收政策”或附着《高校毕业生自主创业证》)人员是指：1. 在人力资源和社会保障部门公共就业服务机构登记失业半年以上的人员；2. 零就业家庭、享受城市居民最低生活保障家庭劳动年龄内的登记失业人员；3. 毕业年度内高校毕业生。高校毕业生是指实施高等学历教育的普通高等学校、成人高等学校毕业的学生；毕业年度是指毕业所在自然年，即 1 月 1 日至 12 月 31 日。

二、对商贸企业、服务型企业(除广告业、房屋中介、典当、桑拿、按摩、氧吧外)、劳动就业服务企业中的加工型企业和街道社区具有加工性质的小型企业实体，在新增加的岗位中，当年新招用持《就业失业登记证》(注明“企业吸纳税收政策”)人员，与其签订 1 年以上期限劳动合同并依法缴纳社会保险费的，在 3 年内按实际招用人数予以定额依次扣减营业税、城市维护建设税、教育费附加和企业所得税优惠。定额标准为每人每年 4000 元，可上下浮动 20%，由各省、自治区、直辖市人民政府根据本地区实际情况在此幅度内确定具体定额标准，并报财政部和国家税务总局备案。

按上述标准计算的税收扣减额应在企业当年实际应缴纳的营业税、城市维护建设税、教育费附加和企业所得税税额中扣减，当年扣减不足的，不得结转下年使用。

本条所称持《就业失业登记证》(注明“企业吸纳税收政策”)人员是指：1. 国有企业下岗失业人员；2. 国有企业关闭破产需要安置的人员；3. 国有企业所办集体企业(即厂办大集体企业)下岗职工；4. 享受最低生活保障且失业 1 年以上的城镇其他登记失业人员。以上所称的国有企业所办集体企业(即厂办大集体企业)是指 20 世纪 70、80 年代，由国有企业批准或资助兴办的，以安置回城知识青年和国有企业职工子女就业为目的，主要向主办国有企业提供配套产品或劳务服务，在工商行政机关登记注册为集体所有制的企业。厂办大集体企业下岗职工包括在国有企业混岗工作的集体企业下岗职工。

本条所称服务型企业是指从事现行营业税“服务业”税目规定经营活动的企业。

三、享受本通知第一条、第二条优惠政策的人员按以下规定申领《就业失业登记证》、《高校毕业生自主创业证》等凭证：

(一)按照《就业服务与就业管理规定》(中华人民共和国劳动和社会保障部令第 28 号)第六十三条的规定，在法定劳动年龄内，有劳动能力，有就业要求，处于无业状态的城镇常住人员，在公共就业服务机构进行失业登记，申领《就业失业登记证》。其中，农村进城务工人员和其他非本地户籍人员在常住地稳定就业满 6 个月的，失业后可以在常住地登记。

(二)零就业家庭凭社区出具的证明，城镇低保家庭凭低保证明，在公共就业服务机构登记失业，申领《就业失业登记证》。

(三)毕业年度内高校毕业生在校期间凭学校出具的相关证明，经学校所在地省级教育行政部门核实认定，取得《高校毕业生自主创业证》(仅在毕业年度适用)，并向创业地公共就业服务机构申请取得《就业失业登记证》；高校毕业生离校后直接向创业地公共就业服务机构申领《就业失业登记证》。

(四)本通知第二条规定的人员，在公共就业服务机构申领《就业失业登记证》。

(五)《再就业优惠证》不再发放，原持证人员应到公共就业服务机构换发《就业失业登记证》。正在享受下岗失业人员再就业税收优惠政策的原持证人员，继续享受原税收优惠政策至期满为止；未享受税收优惠政策的原持证人员，申请享受下岗失业人员再就业税收优惠政策的期限截至 2010 年 12 月 31 日。

(六)上述人员申领相关凭证后，由就业和创业地人力资源和社会保障部门对人员范围、就业失业状态、已享受政策情况审核认定，在《就业失业登记证》上注明“自主创业税收政策”或“企业吸纳税收政策”字样，同时符合自主创业和企业吸纳税收政策条件的，可同时加注；主管税务机关在《就业失业登记证》上加盖戳记，注明减免税所属时间。

四、本通知规定的税收优惠政策的审批期限为 2011 年 1 月 1 日至 2013 年 12 月 31 日，以纳税人到税务机关办理减免税手续之日起作为优惠政策起始时间。税收优惠政策在 2013 年 12 月 31 日未执行到期的，可继续享受至 3 年期满为止。下岗失业人员再就业税收优惠政策在 2010 年 12 月 31 日未执行到期的，可继续享受至 3 年期满为止。

五、本通知第三条第(五)项、第四条所称下岗失业人员再就业税收优惠政策是指《财政部 国家税务总局关于下岗失业人员再就业有关税收政策问题的通知》(财税〔2005〕186 号)、《财政部 国家税务总局关于延长下岗失业人员再就业有关税收政策的通知》(财税〔2009〕23 号)和《财政部 国家税务总局关于延长下岗失业人员再就业有关税收政策审批期限的通知》(财税〔2010〕10 号)所规定的税收优惠政策。

本通知所述人员不得重复享受税收优惠政策,以前年度已享受各项就业再就业税收优惠政策的人员不得再享受本通知规定的税收优惠政策。如果企业的就业人员既适用本通知规定的税收优惠政策,又适用其他扶持就业的税收优惠政策,企业可选择适用最优惠的政策,但不能重复享受。

六、上述税收政策的具体实施办法由国家税务总局会同财政部、人力资源和社会保障部、教育部另行制定。

各地财政、税务部门要加强领导、周密部署,把大力支持和促进就业工作作为一项重要任务,贯彻落实好相关税收优惠政策。同时,要密切关注税收政策的执行情况,对发现的问题及时逐级向财政部、国家税务总局反映。

财政部 国家税务总局关于促进节能服务产业发展增值税营业税和企业所得税政策问题的通知

财税〔2010〕110 号

各省、自治区、直辖市、计划单列市财政厅(局)、国家税务局、地方税务局,新疆生产建设兵团财务局:

为鼓励企业运用合同能源管理机制,加大节能减排技术改造工作力度,根据税收法律法规有关规定和《国务院办公厅转发发展改革委等部门关于加快推进合同能源管理促进节能服务产业发展意见的通知》(国办发〔2010〕25 号)精神,现将节能服务公司实施合同能源管理项目涉及的增值税、营业税和企业所得税政策问题通知如下:

一、关于增值税、营业税政策问题

(一)对符合条件的节能服务公司实施合同能源管理项目,取得的营业税应税收入,暂免征收营业税。

(二)节能服务公司实施符合条件的合同能源管理项目,将项目中的增值税应税货物转让给用能企业,暂免征收增值税。

(三)本条所称“符合条件”是指同时满足以下条件:

1. 节能服务公司实施合同能源管理项目相关技术应符合国家质量监督检验检疫总局和国家标准化管理委员会发布的《合同能源管理技术通则》(GB/T24915—2010)规定的技术要求;

2. 节能服务公司与用能企业签订《节能效益分享型》合同,其合同格式和内容,符合《合同法》和国家质量监督检验检疫总局和国家标准化管理委员会发布的《合同能源管理技术通则》(GB/T24915—2010)等规定。

二、关于企业所得税政策问题

(一)对符合条件的节能服务公司实施合同能源管理项目,符合企业所得税税法有关规定的,自项目取得第一笔生产经营收入所属纳税年度起,第一年至第三年免征企业所得税,第四年至第六年按照 25%的法定税率减半征收企业所得税。

(二)对符合条件的节能服务公司,以及与其签订节能效益分享型合同的用能企业,实施合同能源管理项目有关资产的企业所得税税务处理按以下规定执行:

1. 用能企业按照能源管理合同实际支付给节能服务公司的合理支出,均可以在计算当期应纳税所得额时扣除,不再区分服务费用和资产价款进行税务处理;

2. 能源管理合同期满后,节能服务公司转让给用能企业的因实施合同能源管理项目形成的资产,按折旧或摊销期满的资产进行税务处理,用能企业从节能服务公司接受有关资产的计税基础也应按折旧或摊销期满的资产进行税务处理;

3. 能源管理合同期满后,节能服务公司与用能企业办理有关资产的权属转移时,用能企业已支付的资产价款,不再另行计入节能服务公司的收入。

(三)本条所称“符合条件”是指同时满足以下条件:

1. 具有独立法人资格,注册资金不低于 100 万元,且能够单独提供用能状况诊断、节能项目设计、融

资、改造(包括施工、设备安装、调试、验收等)、运行管理、人员培训等服务的专业化节能服务公司;

2. 节能服务公司实施合同能源管理项目相关技术应符合国家质量监督检验检疫总局和国家标准化管理委员会发布的《合同能源管理技术通则》(GB/T24915—2010)规定的技术要求;

3. 节能服务公司与用能企业签订《节能效益分享型》合同,其合同格式和内容,符合《合同法》和国家质量监督检验检疫总局和国家标准化管理委员会发布的《合同能源管理技术通则》(GB/T24915—2010)等规定;

4. 节能服务公司实施合同能源管理的项目符合《财政部 国家税务总局国家发展改革委关于公布环境保护节能节水项目企业所得税优惠目录(试行)的通知》(财税〔2009〕166号)"4、节能减排技术改造"类中第一项至第八项规定的项目和条件;

5. 节能服务公司投资额不低于实施合同能源管理项目投资总额的70%;

6. 节能服务公司拥有匹配的专职技术人员和合同能源管理人才,具有保障项目顺利实施和稳定运行的能力。

(四)节能服务公司与用能企业之间的业务往来,应当按照独立企业之间的业务往来收取或者支付价款、费用。不按照独立企业之间的业务往来收取或者支付价款、费用,而减少其应纳税所得额的,税务机关有权进行合理调整。

(五)用能企业对从节能服务公司取得的与实施合同能源管理项目有关的资产,应与企业其他资产分开核算,并建立辅助账或明细账。

(六)节能服务公司同时从事适用不同税收政策待遇项目的,其享受税收优惠项目应当单独计算收入、扣除,并合理分摊企业的期间费用;没有单独计算的,不得享受税收优惠政策。

三、本通知自2011年1月1日起执行。

财政部 国家税务总局关于深圳前海国际航运保险业务营业税免税政策的通知

财税〔2010〕115号

深圳市财政局、地方税务局:

为促进深圳前海现代服务业发展,经国务院批准,自2011年1月1日起,对注册在深圳市的保险企业向注册在前海深港现代服务业合作区的企业提供国际航运保险业务取得的收入免征营业税。

财政部 国家税务总局关于调整个人住房转让营业税政策的通知

财税〔2011〕12号

各省、自治区、直辖市、计划单列市财政厅(局)、地方税务局,西藏、宁夏、青海省(自治区)国家税务局,新疆生产建设兵团财务局:

为了促进房地产市场健康发展,经国务院批准,现将个人住房转让营业税政策通知如下:

一、个人将购买不足5年的住房对外销售的,全额征收营业税;个人将购买超过5年(含5年)的非普通住房对外销售的,按照其销售收入减去购买房屋的价款后的差额征收营业税;个人将购买超过5年(含5年)的普通住房对外销售的,免征营业税。

二、上述普通住房和非普通住房的标准、办理免税的具体程序、购买房屋的时间、开具发票、差额征税扣除凭证、非购买形式取得住房行为及其他相关税收管理规定,按照《国务院办公厅转发建设部等部门关于做好稳定住房价格工作意见的通知》(国办发〔2005〕26 号)、《国家税务总局财政部建设部关于加强房地产税收管理的通知》(国税发〔2005〕89 号)和《国家税务总局关于房地产税收政策执行中几个具体问题的通知》(国税发〔2005〕172 号)的有关规定执行。

三、本通知自发文次日起执行,《财政部 国家税务总局关于调整个人住房转让营业税政策的通知》(财税〔2009〕157 号)同时废止。

财政部 国家税务总局关于跨境设备租赁合同继续实行过渡性营业税免税政策的通知

财税〔2011〕48 号

各省、自治区、直辖市、计划单列市财政厅(局)、地方税务局,北京、西藏、宁夏、青海省(自治区、直辖市)国家税务局,新疆生产建设兵团财务局:

经国务院批准,现对 2008 年 12 月 31 日前签订的并在此前尚未执行完毕的境外向境内出租设备合同(以下简称跨境设备租赁老合同)有关营业税政策通知如下:

一、自 2010 年 1 月 1 日起至合同到期日,对境外单位或个人执行跨境设备租赁老合同(包括融资租赁和经营性租赁老合同)取得的收入,继续实行免征营业税的过渡政策。

二、跨境设备租赁老合同是指同时符合以下条件的合同:

(一)2008 年 12 月 31 日前(含)以书面形式订立,且租赁期限超过 365 天;

(二)合同标的物为飞机、船舶、飞机发动机、大型发电设备、机械设备、大型环保设备、大型建筑施工机械、大型石油化工成套设备、集装箱及其他设备,且合同约定的年均租赁费不低于 50 万元人民币;

(三)合同标的物、租赁期限、租金条款不发生变更;

合同标的物、租赁期限、租金条款未变更而出租人发生变更的,仍属于本通知所称跨境设备租赁老合同。

(四)2009 年 12 月 31 日前(含)境内承租人(或通过其境外所属公司)按合同约定的金额已通过金融机构向境外出租人以外汇形式支付了租金(包括保证金或押金,下同)。

三、境内承租方应于 2011 年 9 月 30 日前持跨境设备租赁老合同、已付租金的付款凭证及出租方相应的发票(或账单)的原件和复印件,以及主管税务机关要求的其他材料到主管税务机关办理备案手续。

四、自 2010 年 1 月 1 日至发文之日,纳税人已缴、多缴或扣缴义务人已扣缴、多扣缴的上述应予免征的营业税税款,允许其从以后应缴或应扣缴的营业税税款中抵减,2011 年年底前抵减不完的予以退税。

国家税务总局关于纳税人转让土地使用权或者销售不动产同时一并销售附着于土地或者不动产上的固定资产有关税收问题的公告

国家税务总局公告 2011 年第 47 号

现就纳税人转让土地使用权或者销售不动产的同时一并销售附着于土地或者不动产上的固定资产有关税收问题公告如下:

纳税人转让土地使用权或者销售不动产的同时一并销售的附着于土地或者不动产上的固定资产中,凡属于增值税应税货物的,应按照《财政部 国家税务总局关于部分货物适用增值税低税率和简易办法征收增值税政策的通知》(财税〔2009〕9 号)第二条有关规定,计算缴纳增值税;凡属于不动产的,应按照《中华人民共和国营业税暂行条例》"销售不动产"税目计算缴纳营业税。

纳税人应分别核算增值税应税货物和不动产的销售额，未分别核算或核算不清的，由主管税务机关核定其增值税应税货物的销售额和不动产的销售额。

本公告自2011年9月1日起施行。《国家税务总局关于煤炭企业转让井口征收营业税问题的批复》(国税函〔1997〕556号)和《国家税务总局关于煤矿转让征收营业税问题的批复》(国税函〔2007〕1018号)中"对单位和个人在转让煤矿土地使用权和销售不动产的同时一并转让附着于土地或不动产上的机电设备，一并按'销售不动产'征收营业税"的规定同时废止。本公告施行前已处理的事项不再作调整，未处理事项依据本公告处理。

特此公告。

财政部 国家税务总局关于天津北方国际航运中心核心功能区营业税政策的通知

财税〔2011〕68号

天津市财政局、地方税务局：

为落实《国务院关于天津北方国际航运中心核心功能区建设方案的批复》(国函〔2011〕51号)规定，现将有关营业税政策通知如下：

一、对注册在东疆保税港区内的航运企业从事海上国际航运业务取得的收入，免征营业税。

二、对注册在东疆保税港区内的仓储、物流等服务企业从事货物运输、仓储、装卸搬运业务取得的收入免征营业税。

三、对注册在天津的保险企业从事国际航运保险业务取得的收入，免征营业税。

四、本通知自2011年8月1日起执行。

国家税务总局关于纳税人资产重组有关营业税问题的公告

国家税务总局公告2011年第51号

根据《中华人民共和国营业税暂行条例》及其实施细则的有关规定，现将纳税人资产重组有关营业税问题公告如下：

纳税人在资产重组过程中，通过合并、分立、出售、置换等方式，将全部或者部分实物资产以及与其相关联的债权、债务和劳动力一并转让给其他单位和个人的行为，不属于营业税征收范围，其中涉及的不动产、土地使用权转让，不征收营业税。

本公告自2011年10月1日起执行。此前未作处理的，按照本公告的规定执行。《国家税务总局关于转让企业产权不征营业税问题的批复》(国税函〔2002〕165号)、《国家税务总局关于深圳高速公路股份有限公司产权转让不征营业税问题的批复》(国税函〔2003〕1320号)、《国家税务总局关于鞍山钢铁集团转让部分资产产权不征营业税问题的批复》(国税函〔2004〕316号)、《国家税务总局关于中国石化集团销售实业有限公司转让成品油管道项目部产权营业税问题的通知》(国税函〔2008〕916号)同时废止。

特此公告。

国家税务总局关于铁路运输企业之间合作完成运输业务有关营业税问题的公告

国家税务总局公告 2011 年第 52 号

根据《中华人民共和国营业税暂行条例》(中华人民共和国国务院令 540 号)第五条的有关规定,现将合资铁路运输公司、股改铁路运输企业和其他铁路运输企业相互之间合作完成运输业务有关营业税问题公告如下:

合资铁路运输公司、股改铁路运输企业和其他铁路运输企业相互之间合作完成运输业务,承运人应以取得的全部价款和价外费用扣除支付给其他合作运输方的运输费用后的余额为营业额,以《铁路运输企业提供服务清算票据》为营业额扣除凭证,计算缴纳营业税。

上述合资铁路运输公司是指由铁道部及其所属铁路运输企业与地方政府、企业或其他投资者共同出资成立的铁路运输企业;上述股改铁路运输企业是指经国务院批准进行股份制改革成立的铁路运输企业。本公告自公布之日起施行。公告施行前已做税务处理的,不再调整;尚未处理的,依本公告执行。

特此公告。

财政部 国家税务总局关于员工制家政服务免征营业税的通知

财税〔2011〕51 号

各省、自治区、直辖市、计划单列市财政厅(局)、地方税务局,北京、西藏、宁夏、青海省(自治区、直辖市)国家税务局,新疆生产建设兵团财务局:

为支持家政服务行业发展,增加就业,改善民生,经国务院批准,现将员工制家政服务营业税政策通知如下:

一、自 2011 年 10 月 1 日至 2014 年 9 月 30 日,对家政服务企业由员工制家政服务员提供的家政服务取得的收入免征营业税。

二、本通知所称家政服务企业,是指在企业营业执照的规定经营范围中包括家政服务内容的企业。

三、本通知所称员工制家政服务员,是指同时符合下列三个条件的家政服务员:

1. 依法与家政服务企业签订半年及半年以上的劳动合同或服务协议,且在该企业实际上岗工作;

2. 家政服务企业为其按月足额缴纳了企业所在地人民政府根据国家政策规定的基本养老保险、基本医疗保险、工伤保险、失业保险等社会保险。

对已享受新型农村养老保险和新型农村合作医疗等社会保险或者下岗职工原单位继续为其缴纳社会保险的家政服务员,如果本人书面提出不再缴纳企业所在地人民政府根据国家政策规定的相应的社会保险,并出具其所在乡镇或原单位开具的已缴纳相关保险的证明,可视同家政服务企业已为其按月足额缴纳了相应的社会保险。

3. 家政服务企业通过金融机构向其实际支付不低于企业所在地适用的经省级人民政府批准的最低工资标准的工资。

四、本通知所称家政服务,是指婴幼儿及小学生看护、老人和病人护理、孕妇和产妇护理、家庭保洁(不含产品售后服务)、家庭烹饪。

五、家政服务企业应将员工制家政服务员提供的家政服务收入按照《中华人民共和国营业税暂行条例》(国务院令第 540 号)第九条的规定,与其他收入分别核算,未分别核算的,不得享受本通知规定的免征营业税优惠政策。

六、家政服务企业依法与员工制家政服务员签订半年及半年以上的劳动合同或服务协议,应当在合同签订后三个月内到当地营业税主管税务机关进行备案，经过备案的企业方可申请本通知规定的营业税优惠政策。

七、家政服务企业凡弄虚作假骗取本通知规定的营业税优惠政策的，除根据现行规定进行处罚外，自发生上述违法违规行为年度起取消其享受本通知规定的营业税优惠政策的资格，3 年内不得再次申请。

财政部 国家税务总局关于延长农村金融机构营业税政策执行期限的通知

财税〔2011〕101 号

各省、自治区、直辖市、计划单列市财政厅（局）、地方税务局，北京、西藏、宁夏、青海省（区、市）国家税务局，新疆生产建设兵团财务局：

为支持农村金融发展，经国务院同意，决定将《财政部 国家税务总局关于农村金融有关税收政策的通知》（财税〔2010〕4 号）第三条规定的“对农村信用社、村镇银行、农村资金互助社、由银行业机构全资发起设立的贷款公司、法人机构所在地在县（含县级市、区、旗）及县以下地区的农村合作银行和农村商业银行的金融保险业收入减按 3%的税率征收营业税”政策的执行期限延长至 2015 年 12 月 31 日。

关于修改《中华人民共和国增值税暂行条例实施细则》和《中华人民共和国营业税暂行条例实施细则》的决定

中华人民共和国财政部令第 65 号

《关于修改〈中华人民共和国增值税暂行条例实施细则〉和〈中华人民共和国营业税暂行条例实施细则〉的决定》已经财政部、国家税务总局审议通过，现予公布，自 2011 年 11 月 1 日起施行。

二〇一一年十月二十八日

关于修改《中华人民共和国增值税暂行条例实施细则》和《中华人民共和国营业税暂行条例实施细则》的决定

为了贯彻落实国务院关于支持小型和微型企业发展的要求，财政部、国家税务总局决定对《中华人民共和国增值税暂行条例实施细则》和《中华人民共和国营业税暂行条例实施细则》的部分条款予以修改。

一、将《中华人民共和国增值税暂行条例实施细则》第三十七条第二款修改为：“增值税起征点的幅度规定如下：

（一）销售货物的，为月销售额 5000—20000 元；

（二）销售应税劳务的，为月销售额 5000—20000 元；

（三）按次纳税的，为每次（日）销售额 300—500 元。”

二、将《中华人民共和国营业税暂行条例实施细则》第二十三条第三款修改为：“营业税起征点的幅度规定如下：

（一）按期纳税的，为月营业额 5000—20000 元；

（二）按次纳税的，为每次（日）营业额 300—500 元。”

本决定自 2011 年 11 月 1 日起施行。

《中华人民共和国增值税暂行条例实施细则》和《中华人民共和国营业税暂行条例实施细则》根据本决定作相应修改,重新公布。

国家税务总局关于纳税人为其他单位和个人开采矿产资源提供劳务有关货物和劳务税问题的公告

国家税务总局公告2011年第56号

现将纳税人为其他单位和个人开采矿产资源提供劳务有关货物和劳务税问题公告如下:

纳税人提供的矿山爆破、穿孔、表面附着物(包括岩层、土层、沙层等)剥离和清理劳务,以及矿井、巷道构筑劳务,属于营业税应税劳务,应当缴纳营业税。

纳税人提供的矿产资源开采、挖掘、切割、破碎、分拣、洗选等劳务,属于增值税应税劳务,应当缴纳增值税。

本公告自2011年12月1日起执行。此前未处理的,按照本公告的规定处理。

特此公告。

财政部 国家税务总局关于转让自然资源使用权营业税政策的通知

财税〔2012〕6号

各省、自治区、直辖市、计划单列市财政厅(局)、地方税务局,北京、西藏、宁夏、青海省(自治区、直辖市)国家税务局,新疆生产建设兵团财务局:

根据经济发展形势,经研究,现将在中华人民共和国境内(以下称境内)转让自然资源使用权有关营业税政策明确如下:

一、在《国家税务总局关于印发〈营业税税目注释〉(试行稿)的通知》(国税发〔1993〕149号)第八条"转让无形资产"税目注释中增加"转让自然资源使用权"子目。

转让自然资源使用权,是指权利人转让勘探、开采、使用自然资源权利的行为。

自然资源使用权,是指海域使用权、探矿权、采矿权、取水权和其他自然资源使用权(不含土地使用权)。

县级以上地方人民政府或自然资源行政主管部门出让、转让或收回自然资源使用权的行为,不征收营业税。

二、在境内转让自然资源使用权,是指所转让的自然资源使用权涉及的自然资源在境内。

本通知自2012年2月1日起执行。

财政部 国家税务总局

二〇一二年一月六日

财政部 国家税务总局关于福建省平潭综合实验区营业税政策的通知

财税〔2012〕60号

福建省财政厅、地方税务局:

为落实《国务院关于平潭综合实验区总体发展规划的批复》(国函〔2011〕142号)精神,现将有关营业税政策通知如下：

一、注册在平潭的航运企业从事平潭至台湾的两岸航运业务取得的收入免征营业税。

二、注册在平潭的保险企业向注册在平潭的企业提供国际航运保险服务取得的收入免征营业税。

三、注册在平潭的企业从事离岸服务外包业务取得的收入免征营业税。

从事离岸服务外包业务取得的收入，是指注册在平潭的企业根据境外单位与其签订的委托合同，由本企业或其直接转包的企业为境外提供《财政部 国家税务总局 商务部关于示范城市离岸服务外包业务免征营业税的通知》（财税〔2010〕64 号）附件规定的信息技术外包服务（ITO）、技术性业务流程外包服务（BPO）或技术性知识流程外包服务（KPO），从上述境外单位取得的收入。

四、注册在平潭的符合条件的物流企业，按照现行试点物流企业营业税政策差额征收营业税。

五、本通知自 2011 年 12 月 1 日起执行。自 2011 年 12 月 1 日起至本通知到达之日已征的应予免征的营业税税额，以纳税人以后的应纳营业税税额中抵减，抵减不完的，予以退税。

财政部 国家税务总局
二〇一二年六月十五日

财政部 国家税务总局关于外派海员等劳务免征营业税的通知

财税〔2012〕54 号

各省、自治区、直辖市、计划单列市财政厅（局）、地方税务局，北京、西藏、宁夏、青海省（自治区、直辖市）国家税务局，新疆生产建设兵团财务局：

根据国务院批复精神，经研究，现将外派海员等劳务有关营业税政策明确如下：

一、对中华人民共和国境内（以下简称境内）单位提供的下列劳务，免征营业税：

（一）标的物在境外的建设工程监理。

（二）外派海员劳务。

外派海员劳务，是指境内单位派出属于本单位员工的海员，为境外单位或个人在境外提供的船舶驾驶和船舶管理等劳务。

（三）以对外劳务合作方式，向境外单位提供的完全发生在境外的人员管理劳务。

对外劳务合作，是指境内单位与境外单位签订劳务合作合同，按照合同约定组织和协助中国公民赴境外工作的活动。

二、本通知自 2012 年 1 月 1 日起执行。按照本通知规定应予免征的营业税，在本通知到达之日前上述已征收入库的应予免征的税款，允许从纳税人以后应缴的营业税税款中抵减或予以退税。

财政部 国家税务总局
二〇一二年六月十五日

财政部 国家税务总局关于铁路房建生活单位营业税政策的通知

财税〔2012〕94 号

各省、自治区、直辖市、计划单列市财政厅（局）、地方税务局，北京、西藏、宁夏自治区（直辖市）国家税务局，新疆生产建设兵团财务局：

为支持铁路运输体制改革和发展，加速铁路政企分开，促进铁路房建生活单位改革，经国务院批准，现对改制后铁路房建生活单位营业税政策通知如下：

一、对经铁道部或者各铁路局批准改制的铁路房建生活单位（具体名单见附件），为铁道部所属铁路局[含广州铁路（集团）公司、青藏铁路公司]及国有铁路运输控股公司提供营业税应税劳务取得的收入，自改制之日起3年内免征营业税。

二、按照本通知规定享受营业税优惠政策的企业，自2011年1月1日至发文之日已缴纳的应予免征的营业税，可以从以后应缴的营业税税款中抵减。

三、《财政部 国家税务总局关于改革后铁路房建生活单位暂免征收营业税的通知》（财税〔2007〕99号）、《财政部 国家税务总局关于下发第二批铁路房建生活单位改制后企业名单的通知》（财税〔2008〕18号）、《财政部 国家税务总局关于发布第三批免征营业税的改制铁路房建生活单位名单的通知》（财税〔2009〕21号）、《财政部 国家税务总局关于发布第四批免征营业税的铁路房建生活单位改制后企业名单的通知》（财税〔2010〕14号）、《财政部 国家税务总局关于发布第五批免征营业税的改制后铁路房建生活单位名单的通知》（财税〔2010〕120号）相应废止。

附件：改制后铁路房建生活单位名单

财政部 国家税务总局
2012年12月18日

国家税务总局 中国人民银行 财政部关于跨省合资铁路企业跨地区税收分享入库有关问题的通

国税发〔2012〕116号

各省、自治区、直辖市和计划单列市国家税务局、地方税务局、财政厅（局），中国人民银行上海总部，各分行、营业管理部、省会（首府）城市中心支行，深圳、大连、青岛、厦门、宁波市中心支行：

根据《财政部 国家税务总局 中国人民银行关于调整铁路运输企业税收收入划分办法的通知》（财预〔2012〕383号）的规定，从2012年1月1日起，调整铁路运输企业税收收入划分办法。为做好跨省合资铁路税收分享入库工作，保证分享税收在各地及时足额入库，现将有关问题通知如下：

一、关于分享税收的征收缴库

（一）分享方式。跨省（自治区、直辖市，下同）合资铁路企业缴纳的营业税和企业所得税税款（欠税、查补税款和罚款，下同），应按中央财政核定的分配比例在相关省进行分配，由相关省负责缴库的主管税务机关分别办理征缴。分配的税款如超过限缴期限缴纳，相关省的主管税务机关需加收滞纳金。

（二）征缴职责。跨省合资铁路企业属于非注册地的营业税由非注册地地方税务局负责办理征缴，企业所得税由国家税务局或地方税务局负责办理征缴（注册地企业所得税由国家税务局征缴的，则非注册地企业所得税也由国家税务局征缴；注册地企业所得税由地方税务局征缴的，则非注册地企业所得税也由地方税务局征缴）。跨省合资铁路企业在非注册地办理营业税、企业所得税征缴的主管税务机关（以下简称非注册地主管税务机关）由该省的省国家税务局或省地方税务局确定；跨省合资铁路企业在非注册地某一税种的主管税务机关在该省应当唯一。

（三）缴库流程。跨省合资铁路企业在计算完应缴纳的营业税和企业所得税后，根据注册地主管税务机关按分配比例计算确定的注册地和非注册地应缴库金额，分别就地办理缴库。需向注册地国库缴纳的税款，由跨省合资铁路企业直接在注册地，向注册地主管税务机关对应的国库缴纳；需向非注册地国库缴纳的税款，由跨省合资铁路企业以汇款方式汇入非注册地主管税务机关对应国库的“待缴库税款”专户。汇款凭证“收款人全称”栏填写收款国库名称，“汇款人全称”栏填写汇款人名称，“汇款用途”栏内注明“××（纳税人）缴纳××（税务机关）税款”的字样。

国库收到待缴库税款后，在当日或次日向非注册地主管税务机关发送加盖国库业务转讫章的收账回单。非注册地主管税务机关应在收到收账回单的当日或次日，根据纳税申报表、税务处理决定书等税收应征凭证，分税种、分纳税人填开税收缴款书（以下简称：缴款书），将税款解缴入库。国库对收到的缴款书审核无误后，在缴款书回执联上加盖业务转讫印章，在收据联上加盖国库业务专用章，连同报查联转非注册地主管税务机关，其余联次作记账凭证。非注册地主管税务机关收到国库转回的缴款书收据联后及时交注册地主管税务机关，以便注册地主管税务机关掌握纳税人在非注册地税收分享入库情况，注册地主管税务机关并应及时将缴款书收据联转交给纳税人作完税凭证。

（四）科目使用和预算级次。开具缴款书缴纳营业税时，缴款书预算科目填列“101030102 跨省合资铁路营业税”，预算级次填列“地方级”；缴纳企业所得税时，预算科目填列“101043317 跨省合资铁路企业所得税”，预算级次填列“中央 60%，地方 40%”。营业税涉及的滞纳金和罚款收入，填列“1010320 营业税税款滞纳金、罚款收入”，预算级次填列“地方级”；企业所得税涉及的滞纳金和罚款收入，按企业登记注册类型填列1010450 项“企业所得税税款滞纳金、罚款、加收利息收入”下的有关目级科目名称及代码，预算级次填列“中央 60%，地方 40%”。收款国库填列与税务机关相对应的国库。

非注册地主管税务机关及对应国库在办理跨省分享税收征缴、入库以及对账等有关事项时，应严格按照《中国人民银行 财政部 国家税务总局关于印发〈待缴库税款收缴管理办法〉的通知》（银发〔2005〕387 号）执行，确保税收资金安全。

二、关于分享税收的退库

按规定由税务部门负责审批办理的应退还跨省合资铁路企业的税款，由跨省合资铁路企业注册地主管税务机关审批总退税金额，并将审批决定和企业退税申请书、完税凭证等有关退税材料复印件及时转交非注册地主管税务机关，按照缴纳税款时的分配比例由注册地、非注册地主管税务机关分别根据注册地审批的退税总金额审核当地应退税金额并办理退库。注册地、非注册地主管税务机关分别开具收入退还书，后附退库申请书及有关文件依据，提交当地对应的国库，原则上应向国库提供原完税凭证复印件。注册地国库经审核无误后，将退税款项直接汇给跨省合资铁路企业账户，并向注册地主管税务机关反馈收入退还书相应联次；非注册地国库经审核无误后，将退税款项通过中国现代化支付系统汇入跨省合资铁路企业账户，并向非注册地主管税务机关反馈收入退还书相应联次。非注册地主管税务机关收到非注册地国库反馈的收入退还书相应联次后，及时将收入退还书第四联转交注册地主管税务机关。注册地主管税务机关负责把各地开具的收入退还书第四联统一交跨省合资铁路企业。

三、关于非注册地主管税务机关对分享税收的知情权

（一）跨省合资铁路企业向注册地主管税务机关办理税务登记后，注册地主管税务机关应将税务登记代码、企业名称、开户银行、分享税收的纳税期限、申报和缴纳期限等税务登记有关资料副本转交非注册地主管税务机关。

（二）跨省合资铁路企业向注册地主管税务机关办理分享税收纳税申报的同时，应将纳税申报表及其他申报资料的副本抄送非注册地主管税务机关。

（三）注册地主管税务机关对跨省合资铁路企业税收进行税务检查时，凡涉及查补（退）税款和罚款的，注册地主管税务机关应将税务处理（处罚）决定书副本及时转交非注册地主管税务机关。

（四）审计和财政等外部门对跨省合资铁路企业税收进行审计检查时，凡涉及查补（退）税款和罚款的，注册地主管税务机关应将审计、财政处理决定书副本及时转交非注册地主管税务机关。

（五）非注册地主管税务机关需了解跨省合资铁路企业分享税收有关情况时，注册地主管税务机关应及时告知。

四、关于税收会统核算

注册地主管税务机关和非注册地主管税务机关应按照规定的各地税款分配比例和分享税收，根据相应的原始凭证，分别核算各自的税款应征、入库、欠缴和退税等情况。跨省合资铁路企业的重点税源监控工作由注册地主管税务机关负责。

本通知自 2013 年 1 月 1 日起执行。

国家税务总局 中国人民银行 财政部

2012 年 12 月 13 日

国家税务总局关于纳税人投资政府土地改造项目有关营业税问题的公告

国家税务总局公告2013年第15号

现就纳税人投资政府土地改造项目有关营业税问题公告如下：

一些纳税人(以下称投资方)与地方政府合作，投资政府土地改造项目(包括企业搬迁、危房拆除、土地平整等土地整理工作)。其中，土地拆迁、安置及补偿工作由地方政府指定其他纳税人进行，投资方负责按计划支付土地整理所需资金；同时，投资方作为建设方与规划设计单位、施工单位签订合同，协助地方政府完成土地规划设计、场地平整、地块周边绿化等工作，并直接向规划设计单位和施工单位支付设计费和工程款。当该地块符合国家土地出让条件时，地方政府将该地块进行挂牌出让，若成交价低于投资方投入的所有资金，亏损由投资方自行承担；若成交价超过投资方投入的所有资金，则所获收益归投资方。在上述过程中，投资方的行为属于投资行为，不属于营业税征税范围，其取得的投资收益不征收营业税；规划设计单位、施工单位提供规划设计劳务和建筑业劳务取得的收入，应照章征收营业税。

本公告自2013年5月1日起施行。本公告生效前，纳税人未缴纳税款的，按照本公告规定执行；纳税人已缴纳税款的，税务机关应按照本公告规定予以退税。

特此公告。

关于《纳税人投资政府土地改造项目有关营业税问题的公告》的解读

一、公告出台的背景

部分地区反映，一些纳税人(以下称投资方)与地方政府合作，投资政府土地改造项目，土地拆迁、安置及补偿工作由政府指定其他纳税人进行，投资方负责按计划支付土地整理所需资金，同时，与规划设计单位和施工单位签订劳务合同，协助政府完成土地规划设计、场地平整、地块周边绿化等工作，并直接向规划设计单位和施工单位支付设计费和工程款，当该地块符合国家土地出让条件时，地方政府将该地块进行挂牌出让，实现的收益或亏损均由投资方自行承担。对于上述行为如何征收营业税，请总局予以明确。

二、如何理解该公告的规定?

投资方向政府土地改造项目投入资金并承担项目风险和损益的行为，属于投资行为，按照现行营业税政策规定，投资行为不属于营业税征税范围，不征收营业税，因此，投资方取得的投资收益不应征收营业税。投资方在协助政府完成土地规划设计、场地平整、地块周边绿化整治等工作的过程中，与规划设计单位、施工单位签订劳务合同并直接支付设计费和工程款，并未提供规划设计劳务和建筑业劳务，对规划设计单位和施工单位取得的设计费和施工费应照章征收营业税。

财政部 国家税务总局关于职业教育等营业税若干政策问题的通知

财税〔2013〕62号

各省、自治区、直辖市、计划单列市财政厅(局)、地方税务局，北京、西藏、宁夏、青海省(自治区、直辖市)国家税务局，新疆生产建设兵团财务局：

经研究，现将有关营业税政策问题明确如下：

一、将《财政部 国家税务总局关于加强教育劳务营业税征收管理有关问题的通知》(财税〔2006〕3 号)第一条(二)项“从事学历教育的学校是指：普通学校以及经地、市级以上人民政府或者同级政府的教育行政部门批准成立、国家承认其学员学历的各类学校”修改为“从事学历教育的学校是指：(1)普通学校，及经地(市)级以上人民政府或者同级政府的教育行政部门批准成立、国家承认其学员学历的各类学校；(2)经省级及以上人力资源社会保障行政部门批准成立的技工学校、高级技工学校，以及经省级人民政府批准成立的技师学院。”

二、对个人销售自建自用住房，免征营业税。对企业、行政事业单位按房改成本价、标准价出售住房的收入，免征营业税。

三、对国家商品储备管理单位及其直属企业承担商品储备任务，从中央或地方财政取得的利息补贴收入以及价差补贴收入，不征收营业税。

国家商品储备管理单位及其直属企业，是指接受中央、省、市、县四级政府有关部门(或政府指定管理单位)委托，承担粮(含大豆)、食用油、棉、糖、肉、盐(限于中央储备)等 6 种商品储备任务，并按有关政策收储、销售上述 6 种储备商品，取得财政储备经费或补贴的商品储备企业。

利息补贴收入是指，国家商品储备管理单位及其直属企业因承担上述商品储备任务从金融机构贷款，并从中央或地方财政取得的用于偿还贷款利息的贴息收入。价差补贴收入包括销售价差补贴收入和轮换价差补贴收入。销售价差补贴收入是指按照中央或地方政府指令销售上述储备商品时，由于销售收入小于库存成本而从中央或地方财政获得的全额价差补贴收入。轮换价差补贴收入是指根据要求定期组织政策性储备商品轮换而从中央或地方财政取得的商品新陈品质价差补贴收入。

四、本通知第一条自 2013 年 1 月 1 日起执行，第二、三条自 2011 年 1 月 1 日起执行。

财政部 国家税务总局关于免征新疆国际大巴扎项目营业税的通知

财税〔2013〕77 号

新疆维吾尔自治区财政厅、地方税务局，新疆生产建设兵团财务局：

为支持新疆旅游业发展，经国务院批准，现将新疆国际大巴扎项目有关营业税政策通知如下：

自 2011 年 1 月 1 日至 2015 年 12 月 31 日，对新疆福长市场开发有限公司、新疆国际大巴扎开发有限公司和新疆国际大巴扎物业管理有限公司从事与新疆国际大巴扎项目有关的营业税应税业务，免征营业税。

上述三家企业 2011 年 1 月 1 日至发文之日已缴纳的应予免征的营业税，可按规定向主管税务机关申请退税。

财政部 国家税务总局关于邮政企业代办金融和速递物流业务继续免征营业税的通知

财税〔2013〕82 号

各省、自治区、直辖市、计划单列市财政厅(局)、地方税务局，北京、西藏、宁夏、青海省(自治区、直辖市)国家税务局，新疆生产建设兵团财务局：

经国务院批准，现将邮政企业代办金融和速递物流业务营业税政策通知如下：

一、对中国邮政集团公司及其所属邮政企业为中国邮政储蓄银行及其所属分行、支行代办金融业务取得的代理金融业务收入，自2013年1月1日至2015年12月31日免征营业税。

二、对中国邮政集团公司及其所属邮政企业为中国邮政速递物流股份有限公司及其子公司(含各级分支机构)代办速递、物流、国际包裹、快递包裹以及礼仪业务等速递物流类业务取得的代理速递物流业务收入，自2013年6月1日至2015年12月31日免征营业税。

三、中国邮政集团公司及其所属邮政企业至本通知发布之日前已缴纳的应予免征的营业税，可以从以后应缴的营业税税款中抵减或予以退还。《财政部 国家税务总局关于继续对邮政企业代办金融业务免征营业税的通知》(财税〔2011〕66号)、《财政部 国家税务总局关于邮政企业代办邮政速递物流业务免征营业税的通知》(财税〔2011〕24号)到期停止执行。

国家税务总局关于金融商品转让业务有关营业税问题的公告

国家税务总局公告2013年第63号

现对纳税人从事金融商品转让业务有关营业税问题公告如下：

纳税人从事金融商品转让业务，不再按股票、债券、外汇、其他四大类来划分，统一归为"金融商品"，不同品种金融商品买卖出现的正负差，在同一个纳税期内可以相抵，按盈亏相抵后的余额为营业额计算缴纳营业税。若相抵后仍出现负差的，可结转下一个纳税期相抵，但在年末时仍出现负差的，不得转入下一个会计年度。

本公告自2013年12月1日起施行。《国家税务总局关于印发〈金融保险业营业税申报管理办法〉的通知》(国税发〔2002〕9号)第四章第十四条中"金融商品转让业务，按股票、债券、外汇、其他四大类来划分。同一大类不同品种金融商品买卖出现的正负差，在同一个纳税期内可以相抵，相抵后仍出现负差的，可结转下一个纳税期相抵，但年末时仍出现负差的，不得转入下一个会计年度"内容同时废止。

特此公告。

关于《金融商品转让业务有关营业税问题的公告》的解读

根据《国家税务总局关于印发〈金融保险业营业税申报管理办法〉的通知》(国税发〔2002〕9号，以下简称"9号文")第十四条规定，"金融商品转让业务，按股票、债券、外汇、其他四大类来划分"，同一大类不同品种金融商品买卖业务出现的正负差，可在同一个纳税期内按盈亏互抵后的余额为营业额计算缴纳营业税；但四大类间不得轧抵，应分别计算缴纳营业税。

近年来，国内金融市场和金融业务发生了显著变化，随着金融行业不断创新，新的衍生金融产品不断推出。根据9号文的解释规定，股指期货、外汇掉期等金融衍生品只能并入"其他"类，但这些新型金融商品与股票、外汇的关联度更高，很多时候属于同一投资组合的产品。

为支持金融行业发展，鼓励金融业务创新，我们发布了《国家税务总局关于金融商品转让有关营业税问题的公告》，取消对金融商品转让业务"四大类"间的限制，对所有金融商品买卖出现的正负差，在同一个纳税期内可以相抵，相抵后仍出现负差的，可结转下一个纳税期相抵，但年末仍出现负差的，不得转入下一个会计年度。

财政部 国家税务总局关于经营高校学生公寓和食堂有关税收政策的通知

财税〔2013〕83 号

各省、自治区、直辖市、计划单列市财政厅（局）、地方税务局，北京、西藏、宁夏、青海省（区、市）国家税务局，新疆生产建设兵团财务局：

经国务院批准，现对高校学生公寓和食堂的有关税收政策通知如下：

一、对高校学生公寓免征房产税。

二、对与高校学生签订的高校学生公寓租赁合同，免征印花税。

三、对按照国家规定的收费标准向学生收取的高校学生公寓住宿费收入，免征营业税。

四、对高校学生食堂为高校师生提供餐饮服务取得的收入，免征营业税。

五、本通知所述“高校学生公寓”是指为高校学生提供住宿服务，按照国家规定的收费标准收取住宿费的学生公寓。

“高校学生食堂”是指依照《学校食堂与学生集体用餐卫生管理规定》（教育部令第 14 号）管理的高校学生食堂。

六、本通知执行时间自 2013 年 1 月 1 日至 2015 年 12 月 31 日。2013 年 1 月 1 日至文到之日已征的应予免征的房产税、印花税和营业税税款，分别从纳税人以后应纳的房产税、印花税和营业税税额中抵减或者予以退税。《财政部 国家税务总局关于经营高校学生公寓和食堂有关税收政策的通知》（财税〔2011〕78 号）到期停止执行。

财政部 国家税务总局关于企业和自收自支事业单位向职工出租的单位自有住房房产税和营业税政策的通知

财税〔2013〕94 号

各省、自治区、直辖市、计划单列市财政厅（局）、地方税务局，西藏、宁夏、青海省（自治区）国家税务局，新疆生产建设兵团财务局：

经研究，现就企业和自收自支事业单位向职工出租的单位自有住房的房产税和营业税政策进一步明确如下：

《财政部 国家税务总局关于调整住房租赁市场税收政策的通知》（财税〔2000〕125 号）第一条规定，暂免征收房产税、营业税的企业和自收自支事业单位向职工出租的单位自有住房，是指按照公有住房管理或纳入县级以上政府廉租住房管理的单位自有住房。

国家税务总局关于转让小火电机组容量指标营业税问题的公告

国家税务总局公告 2013 年第 74 号

现将转让小火电机组容量指标营业税问题公告如下：

按照《国家税务总局关于印发〈营业税税目注释(试行稿)〉的通知》(国税发〔1993〕149 号)规定,纳税人转让小火电机组容量指标的行为,暂不征收营业税。

本公告自 2014 年 2 月 1 日起施行。此前已发生但尚未处理的事项,按照本公告规定执行。

特此公告。

关于《转让小火电机组容量指标营业税问题的公告》的解读

近期,部分纳税人来函,请总局明确其转让小火电机组容量指标的行为,是否征收营业税。

转让小火电机组容量指标是一种转让经济权益的行为,按照《国家税务总局关于印发〈营业税税目注释(试行稿)〉的通知(国税发〔1993〕149 号)的规定,目前尚不属于"转让无形资产"税目征税范围,因此,暂不能征收营业税。

第五部分　中华人民共和国消费税法

中华人民共和国消费税暂行条例

国务院令〔2008〕539 号

第一条　在中华人民共和国境内生产、委托加工和进口本条例规定的消费品的单位和个人，以及国务院确定的销售本条例规定的消费品的其他单位和个人，为消费税的纳税人，应当依照本条例缴纳消费税。

第二条　消费税的税目、税率，依照本条例所附的《消费税税目税率表》执行。

消费税税目、税率的调整，由国务院决定。

【注释】　相关规定包括：《国家税务总局关于印发〈消费税征收范围注释〉的通知》(国税发〔1993〕153 号)、《国家税务总局关于印发〈消费税若干具体问题的规定〉的通知》(国税发〔1993〕156 号)、《国家税务总局关于痱子粉、爽身粉不征消费税问题的通知》(国税发〔1994〕142 号)、《财政部 国家税务总局关于对香皂暂时给予减征消费税照顾的通知》(财税〔1994〕39 号)、《财政部 国家税务总局关于甲类卷烟暂时给予减征消费税照顾的通知》(财税〔1994〕38 号)、《财政部 国家税务总局关于调整金银首饰消费税纳税环节有关问题的通知》(财税〔1994〕95 号)、《国家税务总局关于消费税若干征税问题的通知》(国税发〔1997〕84 号)、《国家税务总局关于印发〈消费税问题解答〉的通知》(国税函发〔1997〕306 号)、《关于调整酒类产品消费税政策的通知》(财税〔2001〕84 号)、《国家税务总局关于卷烟生产企业购进卷烟直接销售不再征收消费税的批复》(国税函〔2001〕955 号)、《国家税务总局关于果啤征收消费税的批复》(国税函〔2005〕333 号)、《财政部 国家税务总局关于调整和完善消费税政策的通知》(财税〔2006〕33 号)、《国家税务总局关于加强委托加工应税消费品征收管理的通知》(国税发〔1995〕122 号)、《国家税务总局关于购进整车改装汽车征收消费税问题的批复》(国税函〔2006〕772 号)、《国家税务总局关于购进乙醇生产销售无水乙醇征收消费税问题的批复》(国税函〔2006〕768 号)、《国家税务总局关于沙滩车等车辆征收消费税问题的批复》(国税函〔2007〕1071 号)。

第三条　纳税人兼营不同税率的应当缴纳消费税的消费品(以下简称应税消费品)，应当分别核算不同税率应税消费品的销售额、销售数量；未分别核算销售额、销售数量，或者将不同税率的应税消费品组成成套消费品销售的，从高适用税率。

第四条　纳税人生产的应税消费品，于纳税人销售时纳税。纳税人自产自用的应税消费品，用于连续生产应税消费品的，不纳税；用于其他方面的，于移送使用时纳税。

委托加工的应税消费品，除受托方为个人外，由受托方在向委托方交货时代收代缴税款。委托加工的应税消费品，委托方用于连续生产应税消费品的，所纳税款准予按规定抵扣。

进口的应税消费品，于报关进口时纳税。

【注释】　相关规定包括：《国家税务总局关于消费税若干征税问题的通知》(国税发〔1994〕130 号)、《财政部 国家税务总局关于调整金银首饰消费税纳税环节有关问题的通知》(财税〔1994〕95 号)、《国家税务总局关于锻压金首饰在零售环节征收消费税问题的批复》(国税函发〔1996〕727 号)、《国家税务总局关于啤酒集团内部企业间销售(调拨)啤酒液征收消费税问题的批复》(国税函〔2003〕382 号)。

第五条　消费税实行从价定率、从量定额，或者从价定率和从量定额复合计税(以下简称复合计税)的办法计算应纳税额。应纳税额计算公式：

实行从价定率办法计算的应纳税额＝销售额×比例税率

实行从量定额办法计算的应纳税额＝销售数量×定额税率

实行复合计税办法计算的应纳税额＝销售额×比例税率＋销售数量×定额税率

纳税人销售的应税消费品，以人民币计算销售额。纳税人以人民币以外的货币结算销售额的，应当折合成人民币计算。

【注释】 相关规定包括:《国家税务总局关于消费税若干征税问题的通知》(国税发〔1997〕84 号)。

第六条 销售额为纳税人销售应税消费品向购买方收取的全部价款和价外费用。

【注释】 相关规定包括:《国家税务总局关于啤酒计征消费税有关问题的批复》(国税函〔2002〕166 号)。

第七条 纳税人自产自用的应税消费品,按照纳税人生产的同类消费品的销售价格计算纳税;没有同类消费品销售价格的,按照组成计税价格计算纳税。

实行从价定率办法计算纳税的组成计税价格计算公式:

组成计税价格=(成本+利润)÷(1-比例税率)

实行复合计税办法计算纳税的组成计税价格计算公式:

组成计税价格=(成本+利润+自产自用数量×定额税率)÷(1-比例税率)

第八条 委托加工的应税消费品,按照受托方的同类消费品的销售价格计算纳税;没有同类消费品销售价格的,按照组成计税价格计算纳税。

实行从价定率办法计算纳税的组成计税价格计算公式:

组成计税价格=(材料成本+加工费)÷(1-比例税率)

实行复合计税办法计算纳税的组成计税价格计算公式:

组成计税价格=(材料成本+加工费+委托加工数量×定额税率)÷(1-比例税率)

第九条 进口的应税消费品,按照组成计税价格计算纳税。

实行从价定率办法计算纳税的组成计税价格计算公式:

组成计税价格=(关税完税价格+关税)÷(1-消费税比例税率)

实行复合计税办法计算纳税的组成计税价格计算公式:

组成计税价格=(关税完税价格+关税+进口数量×消费税定额税率)÷(1-消费税比例税率)

第十条 纳税人应税消费品的计税价格明显偏低并无正当理由的,由主管税务机关核定其计税价格。

【注释】 相关规定包括:《国家税务总局关于啤酒计征消费税有关问题的批复》(国税函〔2002〕166 号)、《国家税务总局关于酒类产品消费税政策问题的通知》(国税发〔2002〕109 号)。

第十一条 对纳税人出口应税消费品,免征消费税;国务院另有规定的除外。出口应税消费品的免税办法,由国务院财政、税务主管部门规定。

第十二条 消费税由税务机关征收,进口的应税消费品的消费税由海关代征。

个人携带或者邮寄进境的应税消费品的消费税,连同关税一并计征。具体办法由国务院关税税则委员会会同有关部门制定。

第十三条 纳税人销售的应税消费品,以及自产自用的应税消费品,除国务院财政、税务主管部门另有规定外,应当向纳税人机构所在地或者居住地的主管税务机关申报纳税。

委托加工的应税消费品,除受托方为个人外,由受托方向机构所在地或者居住地的主管税务机关解缴消费税税款。

进口的应税消费品,应当向报关地海关申报纳税。

【注释】 相关规定包括:《财政部 国家税务总局关于明确啤酒包装物押金消费税政策的通知》(财税〔2006〕20 号)。

第十四条 消费税的纳税期限分别为 1 日、3 日、5 日、10 日、15 日、1 个月或者 1 个季度。纳税人的具体纳税期限,由主管税务机关根据纳税人应纳税额的大小分别核定;不能按照固定期限纳税的,可以按次纳税。

纳税人以 1 个月或者 1 个季度为 1 个纳税期的,自期满之日起 15 日内申报纳税;以 1 日、3 日、5 日、10 日或者 15 日为 1 个纳税期的,自期满之日起 5 日内预缴税款,于次月 1 日起 15 日内申报纳税并结清上月应纳税款。

【注释】 相关规定包括:《财政部 国家税务总局关于调整金银首饰消费税纳税环节有关问题的通知》(财税〔1994〕95 号)。

第十五条 纳税人进口应税消费品,应当自海关填发海关进口消费税专用缴款书之日起 15 日内缴纳税款。

第十六条 消费税的征收管理,依照《中华人民共和国税收征收管理法》及本条例有关规定执行。

【注释】 相关规定包括:《国家税务总局关于印发〈金银首饰消费税征收管理办法〉的通知》(国税发〔1994〕267 号)、《财政部关于调整金银首饰消费税纳税环节后有关会计处理规定的通知》(财会〔1995〕9 号)、《财政部 国家税务总局关于铂金及其制品税收政策的通知》(财税〔2003〕86 号)、《财政部 海关总署 国家税务总局关于印发〈关于进口货物进口环节海关代征税税收政策问题的规定〉的通知》(财关税〔2004〕7 号)、《国家税务总局关于取消金银首饰消费税纳税人认定行政审批后有关问题的通知》(国税函〔2004〕826 号)、《国家税务总局关于印发〈汽油、柴油消费税管理办法(试行)〉的通知》(国税发〔2005〕133 号)、《国家税务总局关于印发〈调整和完善消费税政策征收管理规定〉的通知》(国税发〔2006〕49 号)、《国家税务总局关于加强新牌号、新规格卷烟消费税计税价格管理有关事项的通知》(国税函〔2006〕373 号)、《国家税务总局关于印发〈葡萄酒消费税管理办法(试行)〉的通知》(国税发〔2006〕66 号)、《国家税务总局关于进一步加强消费税纳税申报及税款抵扣管理的通知》(国税函〔2006〕769 号)、《国家税务总局关于印发〈增值税小规模纳税人出口货物免税管理办法(暂行)〉的通知》(国税发〔2007〕123 号)。

第十七条 本条例自 2009 年 1 月 1 日起施行。

附录:

消费税税目税率表

税　　目	计税单位	税率(税额)
一、烟		
1. 卷烟		
①每标准条(200 支)对外调拨价在 70 元以上(含 70 元)的	标准箱(5 万支)	56%;150 元
②每标准条(200 支)对外调拨价在 70 元以下的	标准箱(5 万支)	36%;150 元
2. 雪茄烟 36%		
3. 烟丝 30%		
4. 卷烟批发环节 5%		
二、酒及酒精		
1. 粮食白酒	斤或者 500 毫升	20%;0.5 元
2. 黄酒	吨	240 元
3. 啤酒		
①每吨出厂价格(含包装物及包装物押金)在 3000 元(含 3000 元,不含增值税)以上的	吨	250 元
②每吨在 3000 元以下的	吨	220 元
③娱乐业和饮食业自制的	吨	250 元
4. 其他酒 10%		
5. 酒精 5%		
三、化妆品 30%		

（续表）

税　　目	计税单位	税率(税额)
四、贵重首饰及珠宝玉石		
1. 金银首饰、铂金首饰和钻石、钻石饰品 5%		
2. 其他贵重首饰和珠宝玉石 10%		
五、鞭炮、焰火 15%		
六、成品油		
1. 汽油		
①无铅汽油	升	1.0 元
②含铅汽油	升	1.4 元
2. 柴油	升	0.8 元
3. 石脑油	升	1.0 元
4. 溶剂油	升	1.0 元
5. 润滑油	升	1.0 元
6. 燃料油	升	0.8 元
7. 航空煤油	升	0.8 元
七、汽车轮胎 3%		
八、摩托车		
1. 气缸容量(排气量,下同)在 250 毫升(含)以下的 3%		
2. 气缸容量在 250 毫升以上的 10%		
九、小汽车		
1. 乘用车		
①气缸容量(排气量,下同)在 1.0 升(含)以下的 1%		
②气缸容量在 1.0 升以上至 1.5 升(含)的 3%		
③气缸容量在 1.5 升以上至 2.0 升(含)的 5%		
④气缸容量在 2.0 升以上至 2.5 升(含)的 9%		
⑤气缸容量在 2.5 升以上至 3.0 升(含)的 12%		
⑥气缸容量在 3.0 升以上至 4.0 升(含)的 25%		
⑦气缸容量在 4.0 升以上的 40%		
2. 中轻型商用客车 5%		
十、高尔夫球及球具 10%		
十一、高档手表 20%		
十二、游艇 10%		
十三、木制一次性筷子 5%		
十四、实木地板 5%		

中华人民共和国消费税暂行条例实施细则

财政部 国家税务总局第51号令

第一条　根据《中华人民共和国消费税暂行条例》(以下简称条例),制定本细则。

第二条　条例第一条所称单位,是指企业、行政单位、事业单位、军事单位、社会团体及其他单位。

条例第一条所称个人,是指个体工商户及其他个人。

条例第一条所称在中华人民共和国境内,是指生产、委托加工和进口属于应当缴纳消费税的消费品的起运地或者所在地在境内。

第三条　条例所附《消费税税目税率表》中所列应税消费品的具体征税范围,由财政部、国家税务总局确定。

第四条　条例第三条所称纳税人兼营不同税率的应当缴纳消费税的消费品,是指纳税人生产销售两种税率以上的应税消费品。

第五条　条例第四条第一款所称销售,是指有偿转让应税消费品的所有权。

前款所称有偿,是指从购买方取得货币、货物或者其他经济利益。

第六条　条例第四条第一款所称用于连续生产应税消费品,是指纳税人将自产自用的应税消费品作为直接材料生产最终应税消费品,自产自用应税消费品构成最终应税消费品的实体。

条例第四条第一款所称用于其他方面,是指纳税人将自产自用应税消费品用于生产非应税消费品、在建工程、管理部门、非生产机构、提供劳务、馈赠、赞助、集资、广告、样品、职工福利、奖励等方面。

【注释】　相关规定包括:《国家税务总局关于啤酒集团内部企业间销售(调拨)啤酒液征收消费税问题的批复》(国税函〔2003〕382号)。

第七条　条例第四条第二款所称委托加工的应税消费品,是指由委托方提供原料和主要材料,受托方只收取加工费和代垫部分辅助材料加工的应税消费品。对于由受托方提供原材料生产的应税消费品,或者受托方先将原材料卖给委托方,然后再接受加工的应税消费品,以及由受托方以委托方名义购进原材料生产的应税消费品,不论在财务上是否作销售处理,都不得作为委托加工应税消费品,而应当按照销售自制应税消费品缴纳消费税。

委托加工的应税消费品直接出售的,不再缴纳消费税。

委托个人加工的应税消费品,由委托方收回后缴纳消费税。

第八条　消费税纳税义务发生时间,根据条例第四条的规定,分列如下:

(一)纳税人销售应税消费品的,按不同的销售结算方式分别为:

1. 采取赊销和分期收款结算方式的,为书面合同约定的收款日期的当天,书面合同没有约定收款日期或者无书面合同的,为发出应税消费品的当天;

2. 采取预收货款结算方式的,为发出应税消费品的当天;

3. 采取托收承付和委托银行收款方式的,为发出应税消费品并办妥托收手续的当天;

4. 采取其他结算方式的,为收讫销售款或者取得索取销售款凭据的当天。

(二)纳税人自产自用应税消费品的,为移送使用的当天。

(三)纳税人委托加工应税消费品的,为纳税人提货的当天。

(四)纳税人进口应税消费品的,为报关进口的当天。

第九条　条例第五条第一款所称销售数量,是指应税消费品的数量。具体为:

(一)销售应税消费品的,为应税消费品的销售数量;

(二)自产自用应税消费品的,为应税消费品的移送使用数量;

(三)委托加工应税消费品的,为纳税人收回的应税消费品数量;

(四)进口应税消费品的,为海关核定的应税消费品进口征税数量。

第十条　实行从量定额办法计算应纳税额的应税消费品,计量单位的换算标准如下:

（一）黄酒 1 吨＝962 升

（二）啤酒 1 吨＝988 升

（三）汽油 1 吨＝1388 升

（四）柴油 1 吨＝1176 升

（五）航空煤油 1 吨＝1246 升

（六）石脑油 1 吨＝1385 升

（七）溶剂油 1 吨＝1282 升

（八）润滑油 1 吨＝1126 升

（九）燃料油 1 吨＝1015 升

第十一条 纳税人销售的应税消费品，以人民币以外的货币结算销售额的，其销售额的人民币折合率可以选择销售额发生的当天或者当月 1 日的人民币汇率中间价。纳税人应在事先确定采用何种折合率，确定后 1 年内不得变更。

第十二条 条例第六条所称销售额，不包括应向购货方收取的增值税税款。如果纳税人应税消费品的销售额中未扣除增值税税款或者因不得开具增值税专用发票而发生价款和增值税税款合并收取的，在计算消费税时，应当换算为不含增值税税款的销售额。其换算公式为：

应税消费品的销售额＝含增值税的销售额÷（1＋增值税税率或者征收率）

第十三条 应税消费品连同包装物销售的，无论包装物是否单独计价以及在会计上如何核算，均应并入应税消费品的销售额中缴纳消费税。如果包装物不作价随同产品销售，而是收取押金，此项押金则不应并入应税消费品的销售额中征税。但对因逾期未收回的包装物不再退还的或者已收取的时间超过 12 个月的押金，应并入应税消费品的销售额，按照应税消费品的适用税率缴纳消费税。

对既作价随同应税消费品销售，又另外收取押金的包装物的押金，凡纳税人在规定的期限内没有退还的，均应并入应税消费品的销售额，按照应税消费品的适用税率缴纳消费税。

【注释】 相关规定包括：《财政部 国家税务总局关于酒类产品包装物押金征税问题的通知》（财税〔1995〕53 号）。

第十四条 条例第六条所称价外费用，是指价外向购买方收取的手续费、补贴、基金、集资费、返还利润、奖励费、违约金、滞纳金、延期付款利息、赔偿金、代收款项、代垫款项、包装费、包装物租金、储备费、优质费、运输装卸费以及其他各种性质的价外收费。但下列项目不包括在内：

（一）同时符合以下条件的代垫运输费用：

1. 承运部门的运输费用发票开具给购买方的；

2. 纳税人将该项发票转交给购买方的。

（二）同时符合以下条件代为收取的政府性基金或者行政事业性收费：

1. 由国务院或者财政部批准设立的政府性基金，由国务院或者省级人民政府及其财政、价格主管部门批准设立的行政事业性收费；

2. 收取时开具省级以上财政部门印制的财政票据；

3. 所收款项全额上缴财政。

第十五条 条例第七条第一款所称纳税人自产自用的应税消费品，是指依照条例第四条第一款规定于移送使用时纳税的应税消费品。

条例第七条第一款、第八条第一款所称同类消费品的销售价格，是指纳税人或者代收代缴义务人当月销售的同类消费品的销售价格，如果当月同类消费品各期销售价格高低不同，应按销售数量加权平均计算。但销售的应税消费品有下列情况之一的，不得列入加权平均计算：

（一）销售价格明显偏低并无正当理由的；

（二）无销售价格的。

如果当月无销售或者当月未完结，应按照同类消费品上月或者最近月份的销售价格计算纳税。

第十六条 条例第七条所称成本，是指应税消费品的产品生产成本。

第十七条 条例第七条所称利润，是指根据应税消费品的全国平均成本利润率计算的利润。应税消费品全国平均成本利润率由国家税务总局确定。

【注释】 相关规定包括:《国家税务总局关于印发〈消费税若干具体问题的规定〉的通知》(国税发〔1993〕156 号)、《财政部 国家税务总局关于调整和完善消费税政策的通知》(财税〔2006〕33 号)。

第十八条　条例第八条所称材料成本,是指委托方所提供加工材料的实际成本。

委托加工应税消费品的纳税人,必须在委托加工合同上如实注明(或者以其他方式提供)材料成本,凡未提供材料成本的,受托方主管税务机关有权核定其材料成本。

第十九条　条例第八条所称加工费,是指受托方加工应税消费品向委托方所收取的全部费用(包括代垫辅助材料的实际成本)。

第二十条　条例第九条所称关税完税价格,是指海关核定的关税计税价格。

第二十一条　条例第十条所称应税消费品的计税价格的核定权限规定如下:

(一)卷烟、白酒和小汽车的计税价格由国家税务总局核定,送财政部备案;

(二)其他应税消费品的计税价格由省、自治区和直辖市国家税务局核定;

(三)进口的应税消费品的计税价格由海关核定。

第二十二条　出口的应税消费品办理退税后,发生退关,或者国外退货进口时予以免税的,报关出口者必须及时向其机构所在地或者居住地主管税务机关申报补缴已退的消费税税款。

纳税人直接出口的应税消费品办理免税后,发生退关或者国外退货,进口时已予以免税的,经机构所在地或者居住地主管税务机关批准,可暂不办理补税,待其转为国内销售时,再申报补缴消费税。

第二十三条　纳税人销售的应税消费品,如因质量等原因由购买者退回时,经机构所在地或者居住地主管税务机关审核批准后,可退还已缴纳的消费税税款。

第二十四条　纳税人到外县(市)销售或者委托外县(市)代销自产应税消费品的,于应税消费品销售后,向机构所在地或者居住地主管税务机关申报纳税。

纳税人的总机构与分支机构不在同一县(市)的,应当分别向各自机构所在地的主管税务机关申报纳税;经财政部、国家税务总局或者其授权的财政、税务机关批准,可以由总机构汇总向总机构所在地的主管税务机关申报纳税。

委托个人加工的应税消费品,由委托方向其机构所在地或者居住地主管税务机关申报纳税。

进口的应税消费品,由进口人或者其代理人向报关地海关申报纳税。

【注释】 相关规定包括:《国家税务总局关于印发〈消费税若干具体问题的规定〉的通知》(国税发〔1993〕156 号)。

第二十五条　本细则自 2009 年 1 月 1 日起施行。

消费税征收范围注释

国税发〔1993〕153 号

一、烟

凡是以烟叶为原料加工生产的产品,不论使用何种辅料,均属于本税目的征收范围。本税目下设甲类卷烟、乙类卷烟、雪茄烟、烟丝四个子目。

卷烟是指将各种烟叶切成烟丝,按照配方要求均匀混合,加入糖、酒、香料等辅料,用白色盘纸、棕色盘纸、涂布纸或烟草薄片经机器或手工卷制的普通卷烟和雪茄型卷烟。

(一)甲类卷烟

……

(二)乙类卷烟

……

(三)雪茄烟

雪茄烟是指以晾晒烟为原料或者以晾晒烟和烤烟为原料,用烟叶或卷烟纸、烟草薄片作为烟支内包皮,再用烟叶作为烟支外包皮,经机器或手工卷制而成的烟草制品。按内包皮所用材料的不同可分为全叶卷雪茄烟和半叶卷雪茄烟。

雪茄烟的征收范围包括各种规格、型号的雪茄烟。

(四)烟丝

烟丝是指将烟叶切成丝状、粒状、片状、末状或其他形状，再加入辅料，经过发酵、储存，不经卷制即可供销售吸用的烟草制品。

烟丝的征收范围包括以烟叶为原料加工生产的不经卷制的散装烟，如斗烟、莫合烟、烟末、水烟、黄红烟丝等等。

二、酒及酒精

本税目下设粮食白酒、薯类白酒、黄酒、啤酒、其他酒、酒精六个子目。

(一)粮食白酒

粮食白酒是指以高粱、玉米、大米、糯米、大麦、小麦、小米、青稞等各种粮食为原料，经过糖化、发酵后，采用蒸馏方法酿制的白酒。

(二)薯类白酒

薯类白酒是指以白薯(红薯、地瓜)、木薯、马铃薯(土豆)、芋头、山药等各种干鲜薯类为原料，经过糖化、发酵后，采用蒸馏方法酿制的白酒。

用甜菜酿制的白酒，比照薯类白酒征税。

(三)黄酒

黄酒是指以糯米、粳米、籼米、大米、黄米、玉米、小麦、薯类等为原料，经加温、糖化、发酵、压榨酿制的酒。由于工艺、配料和含糖量的不同，黄酒分为干黄酒、半干黄酒、半甜黄酒、甜黄酒四类。

黄酒的征收范围包括各种原料酿制的黄酒和酒度超过 12 度(含 12 度)的土甜酒。

(四)啤酒

啤酒是指以大麦或其他粮食为原料，加入啤酒花，经糖化、发酵、过滤酿制的含有二氧化碳的酒。啤酒按照杀菌方法的不同，可分为熟啤酒和生啤酒或鲜啤酒。

啤酒的征收范围包括各种包装和散装的啤酒。

无醇啤酒比照啤酒征税。

(五)其他酒

其他酒是指除粮食白酒、薯类白酒、黄酒、啤酒以外，酒度在 1 度以上的各种酒。其征收范围包括糠麸白酒、其他原料白酒、土甜酒、复制酒、果木酒、汽酒、药酒等等。

1. 糠麸白酒是指用各种粮食的糠麸酿制的白酒。

用稗子酿制的白酒，比照糠麸酒征税。

2. 其他原料白酒是指用醋糟、糖渣、糖漏水、甜菜渣、粉渣、薯皮等各种下脚料，葡萄、桑椹、橡子仁等各种果实、野生植物等代用品，以及甘蔗、糖等酿制的白酒。

3. 土甜酒是指用糯米、大米、黄米等为原料，经加温、糖化、发酵(通过酒曲发酵)，采用压榨酿制的酒度不超过 12 度的酒。

酒度超过 12 度的应按黄酒征税。

4. 复制酒是指以白酒、黄酒、酒精为酒基，加入果汁、香料、色素、药材、补品、糖、调料等配制或泡制的酒，如各种配制酒、泡制酒、滋补酒等等。

5. 果木酒是指以各种果品为主要原料，经发酵过滤酿制的酒。

6. 汽酒是指以果汁、香精、色素、酸料、酒(或酒精)、糖(或糖精)等调配，冲加二氧化碳制成的酒度在 1 度以上的酒。

7. 药酒是指按照医药卫生部门的标准，以白酒、黄酒为酒基，加入各种药材泡制或配制的酒。

(六)酒精

酒精又名乙醇，是指以含有淀粉或糖分的原料，经糖化和发酵后，用蒸馏方法生产的酒精度数在 95 度以上的无色透明液体；也可以石油裂解气中的乙烯为原料，用合成方法制成。

酒精的征收范围包括用蒸馏法和合成方法生产的各种工业酒精、医药酒精、食用酒精。

三、化妆品

……

四、护肤护发品

……

五、贵重首饰及珠宝玉石

本税目征收范围包括：各种金银珠宝首饰和经采掘、打磨、加工的各种珠宝玉石。

（一）金银珠宝首饰包括：

凡以金、银、白金、宝石、珍珠、钻石、翡翠、珊瑚、玛瑙等高贵稀有物质以及其他金属、人造宝石等制作的各种纯金银首饰及镶嵌首饰（含人造金银、合成金银首饰等）。

（二）珠宝玉石的种类包括：

1. 钻石：钻石是完全由单一元素碳元素所结晶而成的晶体矿物，也是宝石中唯一由单元素组成的宝石。钻石为八面体解理，即平面八面体晶面的四个方向，一般呈阶梯状。钻石的化学性质很稳定，不易溶于酸和碱。但在纯氧中，加热到1770度左右时，就会发生分解。在真空中，加热到1700度时，就会把它分解为石墨。钻石有透明的、半透明的，也有不透明的。宝石级的钻石，应该是无色透明的，无瑕疵或极少瑕疵，也可以略有淡黄色或极浅的褐色，最珍贵的颜色是天然粉色，其次是蓝色和绿色。

2. 珍珠：海水或淡水中的贝类软体动物体内进入细小杂质时，外套膜受到刺激便分泌出一种珍珠质（主要是碳酸钙），将细小杂质层层包裹起来，逐渐成为一颗小圆珠，就是珍珠。珍珠颜色主要为白色、粉色及浅黄色，具珍珠光泽，其表面隐约闪烁着虹一样的晕彩珠光。颜色白润、皮光明亮、形状精圆、粒度硬大者价值最高。

3. 松石：松石是一种自色宝石，是一种完全水化的铜铝磷酸盐。分子式为cual6(p04)4(0h)8·5h20。松石的透明度为不透明、薄片下部分呈半透明。抛光面为油脂玻璃光泽，断口为油脂暗淡光泽。松石种类包括波斯松石、美国松石和墨西哥松石、埃及松石和带铁线的绿松石。

4. 青金石：青金石是方钠石族的一种矿物；青金石的分子式为(na,ca)7—8(al,si)12(0,s)24(s04),cl2cl2·(0h)2(0h)2，其中钠经常部分地为钾置换，硫则部分地为硫酸根、氯或硒所置换。青金石的种类包括波斯青金石、苏联青金石或西班牙青金石、智利青金石。

5. 欧泊石：矿物质中属蛋白石类，分子式为si02·nh20。由于蛋白石中si02小圆珠整齐排列像光栅一样，当白光射在上面后发生衍射，散成彩色光谱，所以欧泊石具有绚丽夺目的变幻色彩，尤以红色多者最为珍贵。欧泊石的种类包括白欧泊石、黑欧泊石、晶质欧泊石、火欧泊石、胶状欧泊石或玉滴欧泊石、漂砾欧泊石、脉石欧泊石或基质中欧泊石。

6. 橄榄石：橄榄石是自色宝石，一般常见的颜色有纯绿色、黄绿色到棕绿色。橄榄石没有无色的。分子式为：(mg,fe)2si04。橄榄石的种类包括贵橄榄石、黄玉、镁橄榄石、铁橄榄石、"黄昏祖母绿"和硼铝镁石。

7. 长石：按矿物学分类长石分为两个主要类型：钾长石和斜长石。分子式分别为：kalsi308、naalsi308。长石的种类包括月光石或冰长石、日光石或砂金石的长石、拉长石、天河石或亚马逊石。

8. 玉：硬玉（也叫翡翠）、软玉。硬玉是一种钠和铝的硅酸盐，分子式为：naal(si03)2。软玉是一种含水的钙镁硅酸盐，分子式为：camg5(0h)2(si4011)2。

9. 石英：石英是一种它色的宝石，纯石英为无色透明。分子式为si02。石英的种类包括水晶、晕彩或彩红石英、金红石斑点或网金红石石英、紫晶、黄晶、烟石英或烟晶、芙蓉石、东陵石、蓝线石石英、乳石英、蓝石英或蓝宝石石英、虎眼石、鹰眼或猎鹰眼、石英猫眼、带星的或星光石英。

10. 玉髓：也叫隐晶质石英。分子式为si02。玉髓的种类包括月光石、绿玉髓、红玛瑙、肉红玉髓、鸡血石、葱绿玉髓、玛瑙、缟玛瑙、碧玉、深绿玉髓、硅孔雀石玉髓、硅化木。

11. 石榴石：其晶体与石榴籽的形状、颜色十分相似而得名。石榴石的一般分子式为r3m2(si04)3。石榴石的种类包括铁铝榴石、镁铝榴石、镁铁榴石、锰铝榴石、钙铁榴石、钙铬榴石。

12. 锆石：颜色呈红、黄、蓝、紫色等。分子式为zrsi04。

13. 尖晶石：颜色呈黄色、绿色和无色。分子式为mgal204。尖晶石的种类包括红色尖晶石、红宝石色的尖晶石或红宝石尖晶石、紫色的或类似贵榴石色泽的尖晶石、粉或玫瑰色尖晶石、桔红色尖晶石、蓝色尖晶石、蓝宝石色尖晶石或蓝宝石尖晶石、象变石的尖晶石、黑色尖晶石、铁镁尖晶石或镁铁尖晶石。

14. 黄玉：黄玉是铝的氟硅酸盐，斜方晶系。分子式为al2(f,0h)2si04。黄玉的种类包括棕黄至黄棕、浅蓝至淡蓝、粉红、无色的、其他品种。

15. 碧玺:极为复杂的硼铝硅酸盐,其中可含一种或数种以下成分:镁、钠、锂、铁、钾或其他金属。这些元素比例不同,颜色也不同。碧玺的种类包括红色的、绿色的、蓝色的、黄和橙色、无色或白色、黑色、杂色宝石、猫眼碧玺、变色石似的碧玺。

16. 金绿玉:属尖晶石族矿物,铝酸盐类。主要成分是氧化铝铍,属斜方晶系。分子式为 beal204。金绿玉的种类包括变石、猫眼石、变石猫眼宝石及其他一些变种。

17. 绿柱石:绿柱石在其纯净状态是无色的;不同的变种之所以有不同的颜色是由于微量金属氧化物的存在。在存在氧化铬或氧化钒时通常就成了祖母绿,而海蓝宝石则是由于氧化亚铁着色而成的。成为铯绿柱石是由于镁的存在,而金绿柱石则是因氧化铁着色而成的。分子式为:be3al2(si03)6。绿柱石的种类包括祖母绿、海蓝宝石、maxixe 型绿柱石、金绿柱石、铯绿柱石、其他透明的品种、猫眼绿柱石、星光绿柱石。

18. 刚玉:刚玉是一种很普通的矿物,除了星光宝石外,只有半透明到透明的变种才能叫作宝石。分子式为 al203,含氧化铬呈红色,含钛和氧化铁呈蓝色,含氧化铁呈黄色,含铬和氧化铁呈橙色,含铁和氧化钛呈绿色,含铬、钛和氧化铁呈紫色。刚玉的种类包括红宝石、星光红宝石、蓝宝石、艳色蓝宝石、星光蓝宝石。

19. 琥珀:一种有机物质。它是一种含一些有关松脂的古代树木的石化松脂。分子式为 c40h6404。琥珀的种类包括海珀、坑珀、洁珀、块珀、脂珀、浊珀、泡珀、骨珀。

20. 珊瑚:是生物成因的另一种宝石原料。它是珊瑚虫的树枝状钙质骨架随着极细小的海生动物群体增生而形成。

21. 煤玉:煤玉是褐煤的一个变种(成分主要是碳,并含氢和氧)。它是由漂木经压实作用而成,漂木沉降到海底,变成埋藏的细粒淤泥,然后转变为硬质页岩,称为“煤玉岩”,煤玉是生物成因的。煤玉为非晶质,在粗糙表面上呈暗淡光泽,在磨光面上为玻璃光泽。

22. 龟甲:是非晶质的,具有油脂光泽至蜡状光泽,硬度 2.5。

23. 合成刚玉:指与有关天然刚玉对比,具有基本相同的物理、光学及化学性能的人造材料。

24. 合成宝石:指与有关天然宝石对比,具有基本相同的物理、光学及化学性能的人造宝石。合成宝石种类包括合成金红石、钛酸锶、钇铝榴石、轧镓榴石、合成立方锆石、合成蓝宝石、合成尖晶石、合成金红石、合成变石、合成钻石、合成祖母绿、合成欧泊、合成石英。

25. 双合石:也称复合石,这是一种由两种不同的材料黏结而成的宝石。双合石的种类是根据黏合时所用的材料性质划分的。双合石的种类有石榴石与玻璃双合石、祖母绿的代用品、欧泊石代用品、星光蓝宝石代用品、钻石代用品、其他各种仿宝石复合石。

26. 玻璃仿制品。

六、鞭炮、焰火

鞭炮,又称爆竹。是用多层纸密裹火药,接以药引线,制成的一种爆炸品。

焰火,指烟火剂,一般系包扎品,内装药剂,点燃后烟火喷射,呈各种颜色,有的还变幻成各种景象,分平地小焰火和空中大焰火两类。

本税目征收范围包括各种鞭炮、焰火。通常分为 13 类,即喷花类、旋转类、旋转升空类、火箭类、吐珠类、线香类、小礼花类、烟雾类、造型玩具类、炮竹类、摩擦炮类、组合烟花类、礼花弹类。

体育上用的发令纸,鞭炮药引线,不按本税目征收。

七、汽油

……

八、柴油

……

九、汽车轮胎

汽车轮胎是指用于各种汽车、挂车、专用车和其他机动车上的内、外胎。

本税目征收范围包括:

(一)轻型乘用汽车轮胎;

(二)载重及公共汽车、无轨电车轮胎;

(三)矿山、建筑等车辆用轮胎;

（四）特种车辆用轮胎（指行驶于无路面或雪地、沙漠等高越野轮胎）；

（五）摩托车轮胎；

（六）各种挂车用轮胎；

（七）工程车轮胎；

（八）其他机动车轮胎；

（九）汽车与农用拖拉机、收割机、手扶拖拉机通用轮胎。

十、摩托车

本税目征收范围包括：

（一）轻便摩托车：最大设计车速不超过 50 公里/小时、发动机气缸总工作容积不超过 50 毫升的两轮机动车。

（二）摩托车：最大设计车速超过 50 公里/小时、发动机气缸总工作容积超过 50 毫升、空车质量不超过 400 公斤（带驾驶室的正三轮车及特种车的空车质量不受此限）的两轮和三轮机动车。

1. 两轮车：装有一个驱动轮与一个从动轮的摩托车。

（1）普通车：骑式车架，双人座垫，轮辋基本直径不小于 304 毫米，适应在公路或城市道路上行驶的摩托车。

（2）微型车：坐式或骑式车架，单人或双人座垫，轮辋基本直径不大于 254 毫米，适应在公路或城市道路上行驶的摩托车。

（3）越野车：骑式车架，宽型方向把，越野型轮胎，剩余垂直轮隙及离地间隙大，适应在非公路地区行驶的摩托车。

（4）普通赛车：骑式车架，狭型方向把，座垫偏后，装有大功率高转速发动机，在专用跑道上比赛车速的一种摩托车。

（5）微型赛车：坐式或骑式车架，轮辋基本直径不大于 254 毫米，装有大功率高转速发动机，在专用跑道上比赛车速的一种摩托车。

（6）越野赛车：具有越野性能，装有大功率发动机，用于非公路地区比赛车速的一种摩托车。

（7）特种车：一种经过改装之后用于完成特定任务的两轮摩托车。如开道车。

2. 边三轮车：在两轮车的一侧装有边车的三轮摩托车。

（1）普通边三轮车：具有边三轮车结构，用于载运乘员或货物的摩托车。

（2）特种边三轮车：装有专用设备，用于完成特定任务的边三轮车。如警车、消防车。

3. 正三轮车：装有与前轮对称分布的两个后轮和固定车厢的三轮摩托车。

（1）普通正三轮车：具有正三轮车结构，用于载运乘员或货物的摩托车。如客车、货车。

（2）特种正三轮车：装有专用设备，用于完成特定任务的正三轮车。如容罐车、自卸车、冷藏车。

十一、小汽车

……

【注释】 对《消费税暂行条例》第 2 条进行了解释。下列文件进行了补充规定：《国家税务总局关于〈消费税征收范围注释〉的补充通知》（国税发〔1994〕26 号）；《财政部 国家税务总局关于调整和完善消费税政策的通知》（财税〔2006〕33 号）。

消费税若干具体问题的规定

国税发〔1993〕156 号

一、关于卷烟分类计税标准问题

（一）纳税人销售的卷烟因放开销售价格而经常发生价格上下浮动的，应以该牌号规格卷烟销售当月的加权平均销售价格确定征税类别和适用税率。但销售的卷烟有下列情况之一者，不得列入加权平均计算：

1. 销售价格明显偏低而无正当理由的；

2. 无销售价格的。

在实际执行中，月初可先按上月或者离销售当月最近月份的征税类别和适用税率预缴税款，月份终了再按实际销售价格确定征税类别和适用税率，并结算应纳税款。

（二）卷烟由于接装过滤嘴、改变包装或其他原因提高销售价格后，应按照新的销售价格确定征税类别和适用税率。

（三）纳税人自产自用的卷烟应当按照纳税人生产的同牌号规格的卷烟销售价格确定征税类别和适用税率。没有同牌号规格卷烟销售价格的，一律按照甲类卷烟税率征税。

（四）委托加工的卷烟按照受托方同牌号规格卷烟的征税类别和适用税率征税。没有同牌号规格卷烟的，一律按照甲类卷烟的税率征税。

（五）残次品卷烟应当按照同牌号规格正品卷烟的征税类别确定适用税率。

（六）下列卷烟不分征税类别一律按照甲类卷烟税率征税：

1. 进口卷烟；

2. 白包卷烟；

3. 手工卷烟；

4. 未经国务院批准纳入计划的企业和个人生产的卷烟。国家计划内卷烟生产企业名单附后。

（七）卷烟分类计税标准的调整，由国家税务总局确定。

二、关于酒的征收范围问题

（一）外购酒精生产的白酒，应按酒精所用原料确定白酒的适用税率。凡酒精所用原料无法确定的，一律按照粮食白酒的税率征税。

（二）外购两种以上酒精生产的白酒，一律从高确定税率征税。

（三）以外购白酒加浆降度，或外购散酒装瓶出售，以及外购白酒以曲香、香精进行调香、调味生产的白酒，按照外购白酒所用原料确定适用税率。凡白酒所用原料无法确定的，一律按照粮食白酒的税率征税。

（四）以外购的不同品种白酒勾兑的白酒，一律按照粮食白酒的税率征税。

（五）对用粮食和薯类、糠麸等多种原料混合生产的白酒，一律按照粮食白酒的税率征税。

（六）对用薯类和粮食以外的其他原料混合生产的白酒，一律按照薯类白酒的税率征税。

三、关于计税依据问题

（一）纳税人销售的甲类卷烟和粮食白酒，其计税价格显著低于产地市场零售价格的，主管税务机关应逐级上报国家税务总局核定计税价格，并按照国家税务总局核定的计税价格征税。

甲类卷烟和粮食白酒计税价格的核定办法另行规定。

（二）根据《中华人民共和国消费税暂行条例实施细则》第十七条的规定，应税消费品全国平均成本利润率规定如下：

1. 甲类卷烟 10%；

2. 乙类卷烟 5%；

3. 雪茄烟 5%；

4. 烟丝 5%；

5. 粮食白酒 10%；

6. 薯类白酒 5%；

7. 其他酒 5%；

8. 酒精 5%；

9. 化妆品 5%；

10. 护肤护发品 5%；

11. 鞭炮、焰火 5%；

12. 贵重首饰及珠宝玉石 6%；

13. 汽车轮胎 5%；

14. 摩托车 6%；

15. 小轿车 8%；

16. 越野车 6%；

17. 小客车 5%。

(三)下列应税消费品可以销售额扣除外购已税消费品买价后的余额作为计税价格计征消费税：

1. 外购已税烟丝生产的卷烟；

2. 外购已税酒和酒精生产的酒(包括以外购已税白酒加浆降度，用外购已税的不同品种的白酒勾兑的白酒，用曲香、香精对外购已税白酒进行调香、调味以及外购散装白酒装瓶出售等等)；

3. 外购已税化妆品生产的化妆品；

4. 外购已税护肤护发品生产的护肤护发品；

5. 外购已税珠宝玉石生产的贵重首饰及珠宝玉石；

6. 外购已税鞭炮、焰火生产的鞭炮、焰火。

外购已税消费品的买价是指购货发票上注明的销售额(不包括增值税税款)。

(四)下列应税消费品准予从应纳消费税税额中扣除原料已纳消费税税款：

1. 以委托加工收回的已税烟丝为原料生产的卷烟；

2. 以委托加工收回的已税酒和酒精为原料生产的酒；

3. 以委托加工收回的已税化妆品为原料生产的化妆品；

4. 以委托加工收回的已税护肤护发品为原料生产的护肤护发品；

5. 以委托加工收回已税珠宝玉石为原料生产的贵重首饰及珠宝玉石；

6. 以委托加工收回已税鞭炮、焰火为原料生产的鞭炮、焰火。

已纳消费税税款是指委托加工的应税消费品由受托方代收代缴的消费税。

(五)纳税人通过自设非独立核算门市部销售的自产应税消费品，应当按照门市部对外销售额或者销售数量征收消费税。

(六)纳税人用于换取生产资料和消费资料，投资入股和抵偿债务等方面的应税消费品，应当以纳税人同类应税消费品的最高销售价格作为计税依据计算消费税。

四、关于纳税地点问题

根据《中华人民共和国消费税暂行条例实施细则》第二十五条的规定，对纳税人的总机构与分支机构不在同一省(自治区、直辖市)的，如需改由总机构汇总在总机构所在地纳税的，需经国家税务总局批准；对纳税人的总机构与分支机构在同一省(自治区、直辖市)内，而不在同一县(市)的，如需改由总机构汇总在总机构所在地纳税的，需经国家税务总局所属分局批准。

五、关于报缴税款问题

纳税人报缴税款的办法，由所在地主管税务机关视不同情况，于下列办法中核定一种：

(一)纳税人按期向税务机关填报纳税申报表，并填开纳税缴款书，向所在地代理金库的银行缴纳税款。

(二)纳税人按期向税务机关填报纳税申报表，由税务机关审核后填发缴款书，按期缴纳。

(三)对会计核算不健全的小型业户，税务机关可根据其产销情况，按季或按年核定其应纳税额，分月缴纳。

六、本规定自 1994 年 1 月 1 日起执行。

【注释】　对《消费税暂行条例》第 2 条进行了解释。对《消费税暂行条例实施细则》第 17、25 条进行了解释。下列文件对此进行了更正：《国家税务总局关于〈消费税若干具体问题的规定〉的更正通知》(国税发〔1994〕84 号)。相关规定包括：《国家税务总局关于用外购和委托加工收回的应税消费品连续生产应税消费品征收消费税问题的通知》(国税发〔1995〕94 号)。

国家税务总局关于《消费税征收范围注释》的补充通知

国税发〔1994〕26 号

各省、自治区、直辖市税务局，各计划单列市税务局，哈尔滨、沈阳、长春、西安、南京、成都、武汉、广州市税务局：

我局以国税发〔1993〕153 号印发的《消费税征收范围注释》的通知下发后，一些地区要求明确小客车中

“微型客车”部分的征收范围。现将“小客车”的消费税征税范围补充通知如下：

小客车，又称旅行车，是指具有长方箱形车厢、车身长度小于或等于 3.5 米的“微型客车”和大于 3.5 米小于 7 米的乘客座位(不含驾驶员座位)在 22 座以下的“中型客车”。

【注释】 对《消费税征收范围注释》进行了解释。

国家税务总局关于《消费税若干具体问题的规定》的更正通知

国税发〔1994〕84 号

各省、自治区、直辖市和计划单列市国家税务局：

国税函发〔1993〕156 号《国家税务总局关于印发〈消费税若干具体问题的规定〉的通知》有如下错误，请予更正：

一、“三、关于计税依据问题”第(二)项中“根据《中华人民共和国消费税条例实施细则》……”，应改为“根据《中华人民共和国消费税暂行条例实施细则》……”。

二、“四、关于纳税地点问题”中“根据《中华人民共和国消费税条例实施细则》……，”应改为“根据《中华人民共和国消费税暂行条例实施细则》……”。

三、国家计划内卷烟生产企业名单中应增加下列烟厂：

1. 湖北巴东卷烟厂
2. 四川巫山卷烟厂
3. 广西浦北卷烟厂

另外四川中山雪茄烟厂应改为中江雪茄烟厂。

特此通知。

【注释】 对《国家税务总局关于印发〈消费税若干具体问题的规定〉的通知》进行了更正。

国家税务总局关于消费税若干征税问题的通知

国税发〔1994〕130 号

各省、自治区、直辖市税务局，各计划单列市税务局，哈尔滨、沈阳、西安、武汉、广州、成都、长春、南京市税务局：

《中华人民共和国消费税暂行条例》及其有关规定实施以来，各地在贯彻执行中陆续反映出了一些问题，要求予以明确。现根据消费税问题座谈会讨论的意见，就几个具体征税问题通知如下：

一、关于委托加工征税问题

(一)对纳税人委托个体经营者加工的应税消费品，一律于委托方收回后在委托方所在地缴纳消费税。

(二)对消费者个人委托加工的金银首饰及珠宝玉石，可暂按加工费征收消费税。

二、关于已税消费品的扣除问题

……

【注释】 对《消费税暂行条例》第 4 条进行了解释。对《消费税暂行条例实施细则》第 7 条进行了解释。相关规定包括：《国家税务总局关于用外购和委托加工收回的应税消费品连续生产应税消费品征收消费税问题的通知》(国税发〔1995〕94 号)。

财政部 国家税务总局关于调整金银首饰消费税纳税环节有关问题的通知

财税〔1994〕95 号

各省、自治区、直辖市财政厅（局）、国家税务局，各计划单列市财政局、国家税务局：

经国务院批准，金银首饰消费税由生产销售环节征收改为零售环节征收。现将有关规定通知如下：

一、改为零售环节征收消费税的金银首饰范围

这次改为零售环节征收消费税的金银首饰范围仅限于：金、银和金基、银基合金首饰，以及金、银和金基、银基合金的镶嵌首饰（以下简称金银首饰）。

……

对既销售金银首饰，又销售非金银首饰的生产、经营单位，应将两类商品划分清楚，分别核算销售额。凡划分不清楚或不能分别核算的，在生产环节销售的，一律从高适用税率征收消费税；在零售环节销售的，一律按金银首饰征收消费税。

金银首饰与其他产品组成成套消费品销售的，应按销售额全额征收消费税。

二、税率

金银首饰消费税税率为 5%。

三、纳税义务人

在中华人民共和国境内从事金银首饰零售业务的单位和个人，为金银首饰消费税的纳税义务人（以下简称纳税人），应按本通知的规定缴纳消费税。委托加工（另有规定者除外）、委托代销金银首饰的，受托方也是纳税人。

四、纳税环节

纳税人销售（指零售，下同）的金银首饰（含以旧换新），于销售时纳税；用于馈赠、赞助、集资、广告、样品、职工福利、奖励等方面的金银首饰，于移送时纳税；带料加工、翻新改制的金银首饰，于受托方交货时纳税。

五、纳税义务发生时间

纳税人销售金银首饰，其纳税义务发生时间为收讫销货款或取得索取销货凭据的当天；用于馈赠、赞助、集资、广告、样品、职工福利、奖励等方面的金银首饰，其纳税义务发生时间为移送的当天；带料加工、翻新改制的金银首饰，其纳税义务发生时间为受托方交货的当天。

六、金银首饰消费税改变征税环节后，经营单位进口金银首饰的消费税，由进口环节征收改为在零售环节征收；出口金银首饰由出口退税改为出口不退消费税。

个人携带、邮寄金银首饰进境，仍按海关现行规定征税。

七、计税依据

（一）纳税人销售金银首饰，其计税依据为不含增值税的销售额。如果纳税人销售金银首饰的销售额中未扣除增值税税款，在计算消费税时，应按以下公式换算为不含增值税税款的销售额。

金银首饰的销售额＝含增值税的销售额÷（1＋增值税税率或征收率）

（二）金银首饰连同包装物销售的，无论包装是否单独计价，也无论会计上如何核算，均应并入金银首饰的销售额，计征消费税。

（三）带料加工的金银首饰，应按受托方销售同类金银首饰的销售价格确定计税依据征收消费税。没有同类金银首饰销售价格的，按照组成计税价格计算纳税。组成计税价格的计算公式为：

组成计税价格＝（材料成本＋加工费）÷（1－金银首饰消费税税率）

（四）纳税人采用以旧换新（含翻新改制）方式销售的金银首饰，应按实际收取的不含增值税的全部价款确定计税依据征收消费税。

（五）生产、批发、零售单位用于馈赠、赞助、集资、广告、样品、职工福利、奖励等方面的金银首饰，应按纳税人销售同类金银首饰的销售价格确定计税依据征收消费税；没有同类金银首饰销售价格的，按照组成计税价格计算纳税。组成计税价格的计算公式为：

组成计税价格＝购进原价×(1＋利润率)÷(1－金银首饰消费税税率)

纳税人为生产企业时,公式中的"购进原价"为生产成本。公式中的"利润率"一律定为6%。

八、纳税人应向其核算地主管国家税务局申报纳税。

九、金银首饰消费税改变纳税环节以后,用已税珠宝玉石生产的本通知范围内的镶嵌首饰,在计税时一律不得扣除买价或已纳的消费税税款。

十、对改变征税环节后,商业零售企业销售以前年度库存的金银首饰,按调整后的税率照章征收消费税。

十一、金银首饰消费税征收管理办法,由国家税务总局另行制定。

十二、本通知于1995年1月1日起执行。

【注释】 对《消费税暂行条例》第2、4、14条进行了解释。

国家税务总局关于印发《金银首饰消费税征收管理办法》的通知

国税发〔1994〕267号

各省、自治区、直辖市国家税务局,各计划单列市国家税务局:

现将《金银首饰消费税征收管理办法》发给你们,自1995年1月1日起执行。

金银首饰消费税征收管理办法

根据财政部、国家税务总局《关于调整金银首饰消费税纳税环节有关问题的通知》(以下简称《通知》)[(94)财税字第095号]的有关规定,特制定本办法。

一、金银首饰的范围

《通知》第一条所称"金银首饰的范围"不包括镀金(银)、包金(银)首饰,以及镀金(银)、包金(银)的镶嵌首饰。

二、零售业务的范围

……

三、应税与非应税的划分

(一)经中国人民银行总行批准经营金银首饰批发业务的单位将金银首饰销售给同时持有《经营金银制品业务许可证》(以下简称《许可证》)影印件及《金银首饰购货(加工)管理证明单》(以下简称《证明单》,样式及填写说明附后)的经营单位,不征收消费税,但其必须保留购货方的上述证件,否则一律视同零售征收消费税。

(二)经中国人民银行批准从事金银首饰加工业务的单位为同时持有《许可证》影印件及《证明单》的经营单位加工金银首饰,不征收消费税,但其必须保留委托方的上述证件,否则一律视同零售征收消费税。

(三)经营单位兼营生产、加工、批发、零售业务的,应分别核算销售额,未分别核算销售额或者划分不清的,一律视同零售征收消费税。

四、纳税地点

纳税人总机构与分支机构不在同一县(市)的,分支机构应纳税款应在所在地缴纳。但经国家税务总局及省级国家税务局批准,纳税人分支机构应纳消费税税款也可由总机构汇总向总机构所在地主管国家税务局缴纳。

固定业户到外县(市)临时销售金银首饰,应当向其机构所在地主管国家税务局申请开具外出经营活动税收管理证明,回其机构所在地向主管国家税务局申报纳税。未持有其机构所在地主管国家税务局核发的外出经营活动税收管理证明的,销售地主管国家税务局一律按规定征收消费税。其在销售地发生的销售额，回机构所在地后仍应按规定申报纳税，在销售地缴纳的消费税款不得从应纳税额中扣减。

五、金银首饰消费税纳税人的认定

……

六、申报资料

纳税人办理纳税申报时，除应按《中华人民共和国税收征收管理法》(以下简称《征管法》)的规定报送有关资料外，还应报送下列资料：

(一)《金银饰品购销存月报表》(另行下发)；

(二)从事批发、加工业务的经营单位应报送《证明单》。

七、《证明单》的使用管理(此条款已失效或废止)

《证明单》是划分金银首饰批发、零售业务的主要凭证。

(一)《证明单》的使用。

1.《证明单》的基本联次。《证明单》共四联，第一联由售货单位留存，并附在售货发票存根联之后；第二联由售货单位进行纳税申报时报送其主管国家税务局；第三联由购货单位留存；第四联由购货方购货后交回其主管国家税务局，注销领取记录。

2.《证明单》由购货单位在购货前向其主管国家税务局申请领用。

3. 购货单位携《证明单》购货。

4.《证明单》中的"购进(加工)金银首饰情况"由售货(加工)单位填写，其金额应与增值税专用发票金额一致。售货(加工)单位填写、盖章后，第三联、第四联交购货单位带回。

(二)《证明单》的管理。

1.《证明单》的样式，由国家税务总局统一制定。

2.《证明单》由省级国家税务局印制和管理，省级国家税务局可结合本地区实际情况制定具体管理办法。

3.《证明单》由县以上国家税务局(分局)盖章有效。

八、违章处理(此条款已失效或废止)

(一)纳税人未按规定的期限申请办理消费税认定登记的，依《中华人民共和国税收征收管理法》第三十七条的规定予以处罚。

(二)纳税人转借、涂改、损毁、丢失、买卖、伪造消费税认定登记证件、《证明单》的，依《中华人民共和国税收征收管理法》第三十七条的规定予以处罚。

九、其他征管事项，按《中华人民共和国税收征收管理法》的有关规定办理。

【注释】 对《消费税暂行条例》第16条进行了解释。相关补充规定包括：《国家税务总局关于停止执行〈金银首饰购货(加工)管理证明单〉使用规定的批复》(国税函〔2005〕193号)。

财政部关于调整金银首饰消费税纳税环节后有关会计处理规定的通知

财会〔1995〕9号

根据财政部和国家税务总局联合发布的《关于调整金银首饰消费税纳税环节有关问题的通知》(财税字〔1994〕095号)，自1995年1月1日起，所有金、银和金基、银基合金首饰，以及金、银和金基、银基合金的镶嵌首饰(以下简称"金银首饰")的消费税由生产销售环节征收改为零售环节征收。现将调整金银首饰消费税纳税环节后有关会计处理办法规定通知如下：

一、有金银首饰零售业务的企业，应在"应交税金"科目下增设"应交消费税"明细科目，核算金银首饰应交纳的消费税。销售实现时，应当按照应交消费税额，借记"商品销售税金及附加"(外商投资企业为"商品销售税金")、"营业税金及附加"(外商投资企业为"营业税金")等科目，贷记"应交税金——应交消费税"科目；实际交纳消费税时，借记"应交税金——应交消费税"科目，贷记"银行存款"科目。

上述企业采用以旧换新方式销售金银首饰的，其应交纳的消费税也按上款规定进行会计处理。

二、有金银首饰零售业务的企业因受托代销金银首饰按规定应交纳的消费税，应分别不同情况处理：

1. 以收取手续费方式代销金银首饰的，于销售实现时，借记“代购代销收入”等科目，贷记“应交税金——应交消费税”科目；

2. 以其他方式代销金银首饰的，其交纳消费税的会计处理按第一条第一款规定办理。

三、有金银首饰批发、零售业务的企业将金银首饰用于馈赠、赞助、广告、职工福利、奖励等方面的，应于货物移送时，按应交消费税额借记“营业外支出”、“经营费用”（外商投资企业为“销货费用”）、“营业费用”、“应付福利费”、“应付工资”等科目，贷记“应交税金——应交消费税”科目。

四、随同金银首饰出售但单独计价的包装物，按规定应交纳的消费税，借记“其他业务支出”科目，贷记“应交税金——应交消费税”科目。

五、各类企业因受托加工或翻新改制金银首饰按规定应交纳的消费税，应于企业向委托方交货时，借记“其他业务支出”、“产品销售税金及附加”（外商投资企业为“产品销售税金”）等科目，贷记“应交税金——应交消费税”科目。

六、金银首饰在进口环节和出口环节，以及经中国人民银行总行批准经营金银首饰批发业务的单位将金银首饰销售给同时持有《经营金银制品业务许可证》影印件及《金银首饰购货（加工）管理证明单》的经营单位，均不计算消费税。

七、金银首饰的消费税改由零售环节征收后，生产企业按规定仍需就金银首饰交纳消费税的，除受托加工业务交纳消费税的会计处理按本规定第五条的规定办理外，其他交纳消费税的会计处理应按我部发布的“关于印发企业执行新税收条例有关会计处理规定的通知”[（93）财会字第 83 号]中所附《关于消费税会计处理的规定》办理。

【注释】 对《消费税暂行条例》第 16 条进行了解释。

国家税务总局关于用外购和委托加工收回的应税消费品连续生产应税消费品征收消费税问题的通知

国税发〔1995〕94 号

各省、自治区、直辖市、计划单列市财政厅（局）、国家税务局，扬州培训中心，长春税务学院：

根据《国家税务总局关于印发〈消费税若干具体问题的规定〉的通知》（国税发〔1993〕156 号）和《国家税务总局关于消费税若干征税问题的通知》（国税发〔1994〕130 号）的规定，纳税人用外购或委托加工收回的已税烟丝、已税酒及酒精等 8 种应税消费品连续生产应税消费品，在计征消费税时可以扣除外购已税应税消费品的买价或委托加工收回应税消费品的已纳消费税税款。各地税务机关反映，这一规定在执行中存在着以下两方面问题：第一，两种扣除方法之间税收负担不平衡，而且用外购应税消费品连续生产应税消费品与用自产应税消费品连续生产应税消费品这两种生产经营方式之间，也存在着税收负担不平衡的矛盾。第二，在确定当期扣除数额方面，没有明确是按当期销售所实际耗用的数量计算，还是按当期投入生产的数量计算，因此而导致各地在政策执行上的不统一。为解决存在的问题，现通知如下：

一、对于用外购的已税烟丝、已税酒及酒精等 8 种应税消费品连续生产的应税消费品，在计税时准予扣除外购的应税消费品已纳的消费税税款，停止实行以销售额扣除外购应税消费品买价后的余额为计税依据计征消费税的办法。

二、当期准予扣除的外购或委托加工收回的应税消费品的已纳消费税税款，应按当期生产领用数量计算。计算公式如下：

（一）当期准予扣除的外购应税消费品已纳税款＝当期准予扣除的外购应税消费品买价×外购应税消费品适用税率

当期准予扣除的外购应税消费品买价＝期初库存的外购应税消费品的买价＋当期购进的应税消费品的买价－期末库存的外购应税消费品的买价

(二)当期准予扣除的委托加工应税消费品已纳税款＝期初库存的委托加工应税消费品已纳税款＋当期收回的委托加工应税消费品已纳税款－期末库存的委托加工应税消费品已纳税款

三、纳税人用外购或委托加工收回的已税珠宝玉石生产的改在零售环节征收消费税的金银首饰，仍按《财政部、国家税务总局关于调整金银首饰消费税纳税环节有关问题的通知》((94)财税字第095号)的规定执行。

四、本规定自1995年6月1日起执行。以前规定与本规定有抵触的，以本规定为准。

【注释】　对《国家税务总局关于印发〈消费税若干具体问题的规定〉的通知》(国税发〔1993〕156号)和《国家税务总局关于消费税若干征税问题的通知》(国税发〔1994〕130号)进行了解释。

财政部 国家税务总局关于酒类产品包装物押金征税问题的通知

财税〔1995〕53号

各省、自治区、直辖市、计划单列市财政厅(局)、国家税务局，扬州培训中心，长春税务学院：

为了确保国家的财政收入，堵塞税收漏洞，经研究决定：从1995年6月1日起，对酒类产品生产企业销售酒类产品而收取的包装物押金，无论押金是否返还与会计上如何核算，均需并入酒类产品销售额中，依酒类产品的适用税率征收消费税。

【注释】　对《消费税暂行条例实施细则》第13条进行了解释。

国家税务总局关于锻压金首饰在零售环节征收消费税问题的批复

国税函发〔1996〕727号

北京市国家税务局：

你局《关于对锻压金首饰在零售环节征收消费税问题的请示》(京国税—〔1996〕424号)收悉。经研究，现批复如下：

鉴于你局经过大量调查已经核实，目前市场上销售的一些含金饰品如锻压金、铸金、复合金等，其生产工艺与包金、镀金首饰有明显区别，且这类含金饰品在进口环节均未征收消费税。为严密征税规定，公平税负，避免纳税人以饰品名称的不同钻空子，进行偷税、逃税，现对在零售环节征收消费税的金银首饰的范围重申如下：

在零售环节征收消费税的金银首饰的范围不包括镀金(银)、包金(银)首饰，以及镀金(银)、包金(银)的镶嵌首饰，凡采用包金、镀金工艺以外的其他工艺制成的含金、银首饰及镶嵌首饰，如锻压金、铸金、复合金首饰等，都应在零售环节征收消费税。

【注释】　对《消费税暂行条例》第4条进行了解释。

国家税务总局关于消费税若干征税问题的通知

国税发〔1997〕84号

各省、自治区、直辖市和计划单列市国家税务局：

最近，各地在执行消费税政策中陆续反映出一些问题，要求国家税务总局给予明确。现根据部分地区消费税问题座谈会讨论的意见，就有关具体征税问题通知如下：

……

二、关于工业企业从事应税消费品购销的征税问题

(一)对既有自产应税消费品，同时又购进与自产应税消费品同样的应税消费品进行销售的工业企业，对其销售的外购应税消费品应当征收消费税，同时可以扣除外购应税消费品的已纳税款。

上述允许扣除已纳税款的外购应税消费品仅限于烟丝、酒、酒精、化妆品、护肤护发品、珠宝玉石、鞭炮焰火、汽车轮胎和摩托车。

(二)对自己不生产应税消费品，而只是购进后再销售应税消费品的工业企业，其销售的粮食白酒、薯类白酒、酒精、化妆品、护肤护发品、鞭炮焰火和珠宝玉石，凡不能构成最终消费品直接进入消费品市场，而需进一步生产加工的(如需进一步加浆降度的白酒及食用酒精，需进行调香、调味和勾兑的白酒，需进行深加工、包装、贴标、组合的珠宝玉石、化妆品、酒、鞭炮焰火等)，应当征收消费税，同时允许扣除上述外购应税消费品的已纳税款。

本规定中允许扣除已纳税款的应税消费品只限于从工业企业购进的应税消费品，对从商业企业购进应税消费品的已纳税款一律不得扣除。

三、关于配制酒、泡制酒征税问题

……

五、关于饮食业、商业、娱乐业生产啤酒的征税问题

对饮食业、商业、娱乐业举办的啤酒屋(啤酒坊)利用啤酒生产设备生产的啤酒，应当征收消费税。

本通知自文到之日起执行。

【注释】 对《消费税暂行条例》第2、5条进行了解释。

国家税务总局关于印发《消费税问题解答》的通知

国税函发〔1997〕306号

各省、自治区、直辖市和计划单列市国家税务局：

现将《消费税问题解答》发给你们，请依照执行。

问：用购进已税烟丝生产的出口卷烟，能否扣除外购已税烟丝的已纳税款？

答：按照现行税收法规规定，国家对卷烟出口一律实行在生产环节免税的办法，即免征卷烟加工环节的增值税和消费税，而对出口卷烟所耗用的原辅材料已缴纳的增值税和消费税则不予退、免税。据此，为生产出口卷烟而购进的已税烟丝的已纳税款不能给予扣除。

问：为了堵塞税收漏洞，财政部、国家税务总局下发了《关于酒类产品包装物押金征税问题的通知》(财税字〔1995〕053号)，规定从1995年6月1日起，对酒类产品生产企业销售酒类产品而收取的包装物押金，无论押金是否返还和在会计上如何核算，均需并入酒类产品销售额中，依据酒类产品的适用税率计征消费税。这一规定是否包括啤酒和黄酒产品？

答：根据《中华人民共和国消费税暂行条例》的规定，对啤酒和黄酒实行从量定额的办法征收消费税，即按照应税数量和单位税额计算应纳税额。按照这一办法征税的消费品的计税依据为应税消费品的数量，而非应税消费品的销售额，征税的多少与应税消费品的数量成正比，而与应税消费品的销售金额无直接关系。因此，对酒类包装物押金征税的规定只适用于实行从价定率办法征收消费税的粮食白酒、薯类白酒和其他酒，而不适用于实行从量定额办法征收消费税的啤酒和黄酒产品。

问：出国人员免税商店销售的金银首饰是否征收消费税？

答：对出国人员免税商店销售的金银首饰应当征收消费税。

问："啤酒源"是否征收消费税？

答：啤酒源是以大麦或其他粮食为原料，加入啤酒花，经糖化、发酵酿制而成的含二氧化碳的酒。在产品特性、使用原料和生产工艺流程上，啤酒源与啤酒一致，只缺少过滤过程。因此，对啤酒源应按啤酒征收消费税。

问：菠萝啤酒是否征收消费税？

答：经向主管部门了解，菠萝啤酒是以大麦或其他粮食为原料，加入啤酒花，经糖化、发酵，并在过滤时加入菠萝精（汁）、糖酿制的含有二氧化碳的酒。其在产品特性、使用原料和生产工艺流程上与啤酒相同，只是在过滤时加上适量的菠萝精（汁）和糖，因此，对菠萝啤酒应按啤酒征收消费税。

问："金刚石"是否征收消费税？

答：金刚石又称钻石，属于贵重首饰及珠宝玉石的征收范围，应按规定征收消费税。

问："宝石坯"是否征收消费税？

答：根据《消费税征收范围注释》规定，珠宝玉石的征税范围为经采掘、打磨、加工的各种珠宝玉石。宝石坯是经采掘、打磨、初级加工的珠宝玉石半成品，因此，对宝石坯应按规定征收消费税。

……

问：根据《消费税征收范围注释》规定，轻便摩托车的征税范围为最大设计车速不超过 50km/h，发动机气缸总工作容量不超过 50ml 的两轮摩托车。对最大设计车速不超过 50km/h，发动机汽缸总工作容量不超过 50ml 的三轮摩托车是否征收消费税？

答：对最大设计车速不超过 50km/h，发动机气缸总工作容量不超过 50ml 的三轮摩托车不征收消费税。

【注释】 对《消费税暂行条例》第 2 条以及《关于酒类产品包装物押金征税问题的通知》（财税字〔1995〕053 号）进行了解释。

国家税务总局关于啤酒计征消费税有关问题的批复

国税函〔2002〕166 号

宁波市国家税务局：

你局《关于啤酒计征消费税有关问题的请示》（甬国税发〔2001〕61 号）收悉。经研究，现批复如下：

按照《中华人民共和国税收征收管理法》中"企业或者外国企业在中国境内设立的从事生产、经营的机构、场所与其关联企业之间的业务往来，应当按照独立企业之间的业务往来收取或者支付价款、费用；不按照独立企业之间的业务往来收取或者支付价款、费用，而减少其应纳税的收入或者所得额的，税务机关有权进行合理调整"和《财政部、国家税务总局关于调整酒类产品消费税政策的通知》（财税〔2001〕84 号）的有关规定，对啤酒生产企业销售的啤酒，不得以向其关联企业的啤酒销售公司销售的价格作为确定消费税税额的标准，而应当以其关联企业的啤酒销售公司对外的销售价格（含包装物及包装物押金）作为确定消费税税额的标准，并依此确定该啤酒消费税单位税额。

【注释】 对《消费税暂行条例》第 6、10 条进行了解释。

国家税务总局关于酒类产品消费税政策问题的通知

国税发〔2002〕109 号

各省、自治区、直辖市和计划单列市国家税务局：

近接一些地区反映，基层税务机关在白酒专项检查中发现了一些政策界限不够清晰、处理尺度难以掌握的业务问题，要求总局予以明确。经研究，现明确如下：

一、关于酒类生产企业利用关联企业间关联交易规避消费税问题

根据《中华人民共和国税收征收管理法实施细则》第三十八条规定，纳税人与关联企业之间的购销业务，不按照独立企业之间的业务往来作价的，税务机关可以按照下列方法调整其计税收入额或者所得额，核定其应纳税额：

(一)按照独立企业之间进行相同或者类似业务活动的价格；

(二)按照再销售给无关联关系的第三者的价格所取得的收入和利润水平；

(三)按照成本加合理的费用和利润；

(四)按照其他合理的方法。

对已检查出的酒类生产企业在本次检查年度内发生的利用关联企业关联交易行为规避消费税问题，各省、自治区、直辖市、计划单列市国家税务局可根据本地区被查酒类生产企业与其关联企业间不同的核算方式，选择以上处理方法调整其酒类产品消费税计税收入额，核定应纳税额，补缴消费税。

二、关于粮食白酒的适用税率问题

(一)对以粮食原酒作为基酒与薯类酒精或薯类酒进行勾兑生产的白酒应按粮食白酒的税率征收消费税。

(二)对企业生产的白酒应按照其所用原料确定适用税率。凡是既有外购粮食、或者有自产或外购粮食白酒(包括粮食酒精)，又有自产或外购薯类和其他原料酒(包括酒精)的企业其生产的白酒凡所用原料无法分清的，一律按粮食白酒征收消费税。

三、关于"品牌使用费"征税问题

白酒生产企业向商业销售单位收取的"品牌使用费"是随着应税白酒的销售而向购货方收取的，属于应税白酒销售价款的组成部分，因此，不论企业采取何种方式或以何种名义收取价款，均应并入白酒的销售额中缴纳消费税。

四、关于外购应税消费品税款抵扣问题

对企业2001年5月1日以前外购酒精已纳税款无论什么原因造成没有抵扣完毕，2001年5月1日以后均一律不得抵扣。

【注释】 对《消费税暂行条例》第10条进行了解释。对《消费税暂行条例实施细则》第21条进行了解释。

财政部 国家税务总局关于铂金及其制品税收政策的通知

财税〔2003〕86号

各省、自治区、直辖市、计划单列市财政厅(局)、国家税务局、地方税务局，新疆生产建设兵团财务局：

为规范铂金交易，加强铂金交易的税收管理，经国务院批准，现将铂金及铂金制品的税收政策明确如下：

一、对进口铂金免征进口环节增值税。

二、对中博世金科贸有限责任公司通过上海黄金交易所销售的进口铂金，以上海黄金交易所开具的《上海黄金交易所发票》(结算联)为依据，实行增值税即征即退政策。采取按照进口铂金价格计算退税的办法，具体如下：

即征即退的税额计算公式：

进口铂金平均单价 $=\sigma$ {[(当月进口铂金报关单价×当月进口铂金数量)+上月末库存进口铂金总价值]÷(当月进口铂金数量+上月末库存进口铂金数量)}

金额=销售数量×进口铂金平均单价÷(1+17%)

即征即退税额=金额×17%

中博世金科贸有限责任公司进口的铂金没有通过上海黄金交易所销售的，不得享受增值税即征即退政策。

三、中博世金科贸有限责任公司通过上海黄金交易所销售的进口铂金，由上海黄金交易所主管税务机关按照实际成交价格代开增值税专用发票。增值税专用发票中的单价、金额和税额的计算公式为：

单价＝实际成交单价÷(1＋17%)

金额＝成交数量×单价

税额＝金额×17%

实际成交单价是指不含黄金交易所收取的手续费的单位价格。

四、国内铂金生产企业自产自销的铂金也实行增值税即征即退政策。

五、对铂金制品加工企业和流通企业销售的铂金及其制品仍按现行规定征收增值税。

六、(本条已经被《财政部 国家税务总局关于出口货物劳务增值税和消费税政策的通知》(财税〔2012〕39 号)废止)

七、铂金首饰消费税的征收环节由现行在生产环节和进口环节征收改为在零售环节征收，消费税税率调整为 5%。具体征收管理比照财政部、国家税务总局《关于调整金银首饰消费税纳税环节有关问题的通知》[(94)财税字第 095 号]和国家税务总局关于印发《金银首饰消费税征收管理办法的通知》规定执行。

八、对黄金交易所收取的手续费等收入照章征收营业税。

九、黄金交易所铂金交易的增值税征收管理及增值税专用发票管理由国家税务总局另行制定。

十、本通知自 2003 年 5 月 1 日起执行。

【注释】 对《消费税暂行条例》第 16 条进行了解释。《财政部 国家税务总局关于出口货物劳务增值税和消费税政策的通知》(财税〔2012〕39 号)对本文进行了修正。

关于进口货物进口环节海关代征税税收政策问题的规定

财关税〔2004〕7 号

一、经海关批准暂时进境的下列货物，在进境时纳税义务人向海关缴纳相当于应纳税款的保证金或者提供其他担保的，可以暂不缴纳进口环节增值税和消费税，并应当自进境之日起 6 个月内复运出境；经纳税义务人申请，海关可以根据海关总署的规定延长复运出境的期限：

(一)在展览会、交易会、会议及类似活动中展示或者使用的货物；

(二)文化、体育交流活动中使用的表演、比赛用品：

(三)进行新闻报道或者摄制电影、电视节目使用的仪器、设备及用品：

(四)开展科研、教学、医疗活动使用的仪器、设备及用品：

(五)在本款第(一)项至第(四)项所列活动中使用的交通工具及特种车辆；

(六)货样；

(七)供安装、调试、检测设备时使用的仪器、工具：

(八)盛装货物的容器；

(九)其他用于非商业目的的货物。

上述所列暂准进境货物在规定的期限内未复运出境的，海关应当依法征收进口环节增值税和消费税。

上述所列可以暂时免征进口环节增值税和消费税范围以外的其他暂准进境货物，应当按照该货物的组成计税价格和其在境内滞留时间与折旧时间的比例分别计算征收进口环节增值税和消费税。

二、因残损、短少、品质不良或者规格不符原因，由进口货物的发货人、承运人或者保险公司免费补偿或者更换的相同货物，进口时不征收进口环节增值税和消费税。被免费更换的原进口货物不退运出境的，海关应当对原进口货物重新按照规定征收进口环节增值税和消费税。

三、进口环节增值税税额在人民币 50 元以下的一票货物，免征进口环节增值税；消费税税额在人民币 50 元以下的一票货物，免征进口环节消费税。

四、无商业价值的广告品和货样免征进口环节增值税和消费税。

五、外国政府、国际组织无偿赠送的物资免征进口环节增值税和消费税。

六、在海关放行前损失的进口货物免征进口环节增值税和消费税；在海关放行前遭受损坏的货物，可以按海关认定的进口货物受损后的实际价值确定进口环节增值税和消费税组成计税价格公式中的关税完税价格和关税，并依法计征进口环节增值税和消费税。

七、进境运输工具装载的途中必需的燃料、物料和饮食用品免征进口环节增值税和消费税。

八、有关法律、行政法规规定进口货物减征或者免征进口环节海关代征税的，海关按照规定执行。

九、本规定自 2004 年 1 月 1 日起施行。

【注释】 对《消费税暂行条例》第 16 条进行了解释。

国家税务总局关于取消金银首饰消费税纳税人认定行政审批后有关问题的通知

国税函〔2004〕826 号

各省、自治区、直辖市和计划单列市国家税务局：

根据《国务院关于第三批取消和调整行政审批项目的决定》（国发〔2004〕16 号），“金银首饰消费税纳税人认定”属于被取消的行政审批项目。按照国务院要求，现将有关问题通知如下：

一、停止执行《国家税务总局关于印发〈金银首饰消费税征收管理办法〉的通知》（国税发〔1994〕267 号）中《金银首饰消费税征收管理办法》的第五条“金银首饰消费税纳税人的认定”。

二、“金银首饰消费税纳税人的认定”程序取消后，各级税务机关要加大征管力度，对金银首饰经营单位申报纳税情况进行经常性专项检查。

【注释】 对《消费税暂行条例》第 16 条进行了解释。相关补充规定包括：《国家税务总局关于停止执行《金银首饰购货（加工）管理证明单》使用规定的批复》（国税函〔2005〕193 号）。

国家税务总局关于果啤征收消费税的批复

国税函〔2005〕333 号

陕西省国家税务局：

你局《关于青岛啤酒汉中有限责任公司生产销售“汉斯果啤”有关消费税问题的请示》（陕国税发〔2004〕224 号）收悉。经研究，批复如下：

经向中国酿酒协会啤酒分会了解，果啤是一种口味介于啤酒和饮料之间的低度酒精饮料，主要成分为啤酒和果汁。尽管果啤在口味和成分上与普通啤酒有所区别，但无论是从产品名称，还是从产品含啤酒的本质上看，果啤均属于啤酒，应按规定征收消费税。

【注释】 对《消费税暂行条例》第 2 条进行了解释。

国家税务总局关于印发《汽油、柴油消费税管理办法（试行）》的通知

国税发〔2005〕133 号

各省、自治区、直辖市和计划单列市国家税务局，扬州税务进修学院：

为了加强汽油、柴油消费税管理，提高征管质量和效率，实现消费税重点税源专人现场集中管理的目标，总局制定了《汽油、柴油消费税管理办法（试行）》，现印发给你们，请结合实际情况认真贯彻执行。对在

试行过程中遇到的情况和问题，请及时报告总局。

汽油、柴油消费税管理办法(试行)

第一条 根据《中华人民共和国税收征收管理法》、《中华人民共和国税收征收管理法实施细则》(以下简称征管法及其实施细则)、《中华人民共和国消费税暂行条例》、《中华人民共和国消费税暂行条例实施细则》(以下简称条例及其实施细则)制定本办法。

……

第五条 纳税人应按照征管法及其实施细则的有关规定办理税务登记，纳税人除依照有关规定提供相关资料外，还必须提供下列资料：

(一)生产企业基本情况表(以下简称基本情况表，见附件一)；

(二)生产装置及工艺路线的简要说明；

(三)企业生产的所有油品名称、产品标准及用途；

(四)税务机关要求报送的其他资料。

第六条 已经办理税务登记的纳税人，其原油加工能力、生产装置、储油设施、油品名称、产品标准及用途发生变化的，应自发生变化之日起30日内向主管税务机关报告。

第七条 主管税务机关应在纳税人办理税务登记后或接到本办法第第六条规定的报告后，及时到纳税人所在地实地查验、核实。

……

第九条 主管税务机关应对纳税人实行专责管理。

第十条 主管税务机关应定期委派管理员到生产企业所在地了解纳税人的生产经营情况及与纳税有关的情况。向纳税人宣传贯彻税收法律、法规和各项税收政策，开展纳税服务，为纳税人提供税法咨询和办税辅导，督促纳税人正确履行纳税义务、建立健全财务会计制度、加强账簿凭证管理。

第十一条 主管税务机关应当掌握纳税人生产经营、财务核算的基本情况。掌握纳税人原油、原料油品输入、输出管道、炼化装置、燃料油品运输口岸(管道运输、火车运输、船舶运输、罐车运输)等储运部门的具体位置，燃料油品流量计(表、检尺)的安装位置。了解产品重量单位的计算方法(在一定温度下重量＝体积×密度)，统计部门燃料油品产量计算方式、商品量的调整依据。

第十二条 主管税务机关应定期将依据纳税人储运部门的油品收发台账统计的油品发出量与流量表的流量总计或通过检尺检测后计算的流量总计进行核对。

第十三条 主管税务机关应对纳税人油品销售对象进行监控。定期将纳税人统计的油品发出量与销售对象(如石油公司等)的流量计记录情况进行核对。

第十四条 主管税务机关应定期对纳税人开展纳税评估。综合运用纳税人申报资料及第三方信息资料(如原油加工损失等)和本办法附件四评估指标定义及比对方法，对纳税人纳税申报的真实性、准确性做出初步判断，根据评估分析发现的问题，约谈纳税人。

第十五条 汽油、柴油消费税纳税评估指标包括：原油及原料油加工量、原油库存能力、汽油库存能力、柴油库存能力、综合商品率、轻油收率、汽油收率、柴油收率、柴油、汽油产出比、税务机关计算的汽油销售数量、税务机关计算的柴油销售数量。

第十六条 主管税务机关应对纳税人开具的除汽油、柴油以外的所有油品销售发票(增值税专用发票、有效凭证)按照销售对象进行清分，将有疑点的发票信息及时传递给销售对象所在地主管税务机关，由销售对象所在地主管税务机关进行协查。

第十七条 销售对象所在地主管税务机关应对本环节购进货物用途、再销售对象进行核查，于收到核查信息后15日内将核查结论反馈给生产企业所在地主管税务机关。

对于本环节仍有疑点的发票，销售对象所在地主管税务机关应继续向下一环节购货方所在地主管税务机关发出协查信息。

第十八条 主管税务机关应加强对纳税人以化工原料名义销售的可用于调和为汽油、柴油的石脑油、溶剂油计划及调整计划(以下简称计划)的管理。计划每年由中国石油天然气集团(股份)公司、中国石油化工集团(股份)公司提出，经国家税务总局核准后下发给各省、自治区、直辖市、计划单列市国家税务局。

第十九条 以化工原料名义销售的可用于调和为汽油、柴油的石脑油、溶剂油的生产企业(以下简称供应单位)所在地主管税务机关应对计划执行情况进行监督,于次年 1 月 31 日前将计划执行情况逐级上报至国家税务总局。

第二十条 使用计划内可用于调和汽油、柴油的石脑油、溶剂油单位(以下简称使用单位)所在地的主管税务机关应对使用单位计划使用情况进行监督。对使用单位销售的汽油、柴油征收消费税。

第二十一条 主管税务机关应根据税收管理的需要,对纳税人销售、自用、受托加工的除汽油、柴油以外的油品进行取样备检,可以要求纳税人于销售货物前提供备检样品。

第二十二条 本办法实施前已经办理税务登记的纳税人,无需重新办理税务登记。但必须在本办法实施后的第一个征期内向主管税务机关提供本办法第五条规定需要提供的证件资料。

第二十三条 本办法自 2005 年 9 月 1 日起实施。

【注释】 对《消费税暂行条例》第 16 条进行了解释。

财政部 国家税务总局关于明确啤酒包装物押金消费税政策的通知

财税〔2006〕20 号

各省、自治区、直辖市、计划单列市财政厅(局)、国家税务局,新疆生产建设兵团财务局:

近接一些地方来文,要求明确啤酒包装物押金的有关范围问题。经研究,现明确如下:

财政部和国家税务总局《关于调整酒类产品消费税政策的通知》(财税〔2001〕84 号)规定啤酒消费税单位税额按照出厂价格(含包装物及包装物押金)划分档次,上述包装物押金不包括供重复使用的塑料周转箱的押金。

本文自 2006 年 1 月 1 日起执行。

【注释】 对《消费税暂行条例实施细则》第 13 条进行了解释。

财政部 国家税务总局关于调整和完善消费税政策的通知

财税〔2006〕33 号

各省、自治区、直辖市、计划单列市财政厅(局)、国家税务局,新疆生产建设兵团财务局:

为适应社会经济形势的客观发展需要,进一步完善消费税制,经国务院批准,对消费税税目、税率及相关政策进行调整。现将有关内容通知如下:

一、关于新增税目

(一)新增高尔夫球及球具、高档手表、游艇、木制一次性筷子、实木地板税目。适用税率分别为:

1. 高尔夫球及球具税率为 10%;

2. 高档手表税率为 20%;

3. 游艇税率为 10%;

4. 木制一次性筷子税率为 5%;

5. 实木地板税率为 5%。

(二)取消汽油、柴油税目,增列成品油税目。汽油、柴油改为成品油税目下的子目(税率不变)。另外新增石脑油、溶剂油、润滑油、燃料油、航空煤油五个子目。

1. 上述新增子目的适用税率(单位税额)分别为:

……

2. 上述新增子目的计量单位换算标准分别为:

(1)石脑油 1 吨＝1385 升；

(2)溶剂油 1 吨＝1282 升；

(3)润滑油 1 吨＝1126 升；

(4)燃料油 1 吨＝1015 升；

(5)航空煤油 1 吨＝1246 升。

计量单位换算标准的调整由财政部、国家税务总局确定。

二、关于纳税人

在中华人民共和国境内生产、委托加工、进口上述新增应税消费品的单位和个人为消费税的纳税义务人，均应按《中华人民共和国消费税暂行条例》(以下简称条例)和本通知的规定申报缴纳消费税。

三、关于取消税目

取消护肤护发品税目，将原属于护肤护发品征税范围的高档护肤类化妆品列入化妆品税目。

四、关于调整税目税率

(一)调整小汽车税目税率。

取消小汽车税目下的小轿车、越野车、小客车子目。在小汽车税目下分设乘用车、中轻型商用客车子目。适用税率分别为：

1. 乘用车。

……

2. 中轻型商用客车，税率为 5%。

(二)调整摩托车税率。

将摩托车税率改为按排量分档设置：

1. 气缸容量在 250 毫升(含)以下的，税率为 3%；

2. 气缸容量在 250 毫升以上的，税率为 10%。

(三)调整汽车轮胎税率。

将汽车轮胎 10%的税率下调到 3%。

(四)调整白酒税率。

粮食白酒、薯类白酒的比例税率统一为 20%。定额税率为 0.5 元/斤(500 克)或 0.5 元/500 毫升。从量定额税的计量单位按实际销售商品重量确定，如果实际销售商品是按体积标注计量单位的，应按 500 毫升为 1 斤换算，不得按酒度折算。

五、关于组成套装销售的计税依据

纳税人将自产的应税消费品与外购或自产的非应税消费品组成套装销售的，以套装产品的销售额(不含增值税)为计税依据。

六、关于以自产石脑油用于本企业连续生产的纳税问题

生产企业将自产石脑油用于本企业连续生产汽油等应税消费品的，不缴纳消费税；用于连续生产乙烯等非应税消费品或其他方面的，于移送使用时缴纳消费税。

七、关于已纳税款的扣除

下列应税消费品准予从消费税应纳税额中扣除原料已纳的消费税税款：

(一)以外购或委托加工收回的已税杆头、杆身和握把为原料生产的高尔夫球杆。

(二)以外购或委托加工收回的已税木制一次性筷子为原料生产的木制一次性筷子。

(三)以外购或委托加工收回的已税实木地板为原料生产的实木地板。

(四)以外购或委托加工收回的已税石脑油为原料生产的应税消费品。

(五)以外购或委托加工收回的已税润滑油为原料生产的润滑油。

已纳消费税税款抵扣的管理办法由国家税务总局另行制定。

八、关于新增和调整税目的全国平均成本利润率

新增和调整税目全国平均成本利润率暂定如下：

(一)高尔夫球及球具为 10%；

(二)高档手表为 20%；

（三）游艇为10%；
（四）木制一次性筷子为5%；
（五）实木地板为5%；
（六）乘用车为8%；
（七）中轻型商用客车为5%。

九、关于出口

出口应税消费品的退（免）税政策，按调整后的税目税率以及条例和有关规定执行。

十、关于减税免税

（一）……航空煤油暂缓征收消费税。
（二）子午线轮胎免征消费税。

十一、其他相关问题

（一）本通知实施以后，属于新增税目、取消税目和调整税目税率的应税消费品，因质量原因发生销货退回的，依照条例实施细则的规定执行。具体操作办法由国家税务总局另行制定。

（二）商业企业2006年3月31日前库存的属于本通知规定征税范围的应税消费品，不需申报补缴消费税。

（三）对单位和个人欠缴的消费税，主管税务机关应依据《中华人民共和国税收征收管理法》及其实施细则的规定及时清缴。

（四）出口企业收购出口应税消费品的应退税额的计算，以消费税税收（出口货物专用）缴款书注明的税额为准。

（五）出口企业在2006年3月31日前收购的出口应税消费品，并取得消费税税收（出口货物专用）缴款书的，在2006年4月1日以后出口的，仍可按原税目税率办理退税。具体执行时间以消费税税收（出口货物专用）缴款书开具日期为准。

十二、关于执行时间

本通知自2006年4月1日起执行。以下文件或规定同时废止：
（一）《关于印发〈消费税征收范围注释〉的通知》（国税发〔1993〕153号）第四条、第十一条。
（二）《关于〈消费税征收范围注释〉的补充通知》（国税发〔1994〕026号）。
（三）《关于CH1010微型厢式货车等有关征收消费税问题的批复》（国税函发〔1994〕303号）。
（四）《国家税务总局关于消费税若干征税问题的通知》（国税发〔1997〕84号）第四条。
（五）《国家税务总局关于对部分油品征收消费税问题的批复》（国税函〔2004〕1078号）第一条、第二条。
（六）《国家税务总局关于“皮卡”改装的“旅行车”征收消费税问题的批复》（国税函〔2005〕217号）。
（七）《国家税务总局关于美宝莲全天候粉底液等产品征收消费税问题的批复》（国税函〔2005〕1231号）。

消费税新增和调整税目征收范围注释

一、高尔夫球及球具

高尔夫球及球具是指从事高尔夫球运动所需的各种专用装备，包括高尔夫球、高尔夫球杆及高尔夫球包（袋）等。

高尔夫球是指重量不超过45.93克、直径不超过42.67毫米的高尔夫球运动比赛、练习用球；高尔夫球杆是指被设计用来打高尔夫球的工具，由杆头、杆身和握把三部分组成；高尔夫球包（袋）是指专用于盛装高尔夫球及球杆的包（袋）。

本税目征收范围包括高尔夫球、高尔夫球杆、高尔夫球包（袋）。高尔夫球杆的杆头、杆身和握把属于本税目的征收范围。

二、高档手表

高档手表是指销售价格（不含增值税）每只在10000元（含）以上的各类手表。

本税目征收范围包括符合以上标准的各类手表。

三、游艇

游艇是指长度大于 8 米小于 90 米，船体由玻璃钢、钢、铝合金、塑料等多种材料制作，可以在水上移动的水上浮载体。按照动力划分，游艇分为无动力艇、帆艇和机动艇。

本税目征收范围包括艇身长度大于 8 米（含）小于 90 米（含），内置发动机，可以在水上移动，一般为私人或团体购置，主要用于水上运动和休闲娱乐等非牟利活动的各类机动艇。

四、木制一次性筷子

木制一次性筷子，又称卫生筷子，是指以木材为原料经过锯段、浸泡、旋切、刨切、烘干、筛选、打磨、倒角、包装等环节加工而成的各类一次性使用的筷子。

本税目征收范围包括各种规格的木制一次性筷子。未经打磨、倒角的木制一次性筷子属于本税目征税范围。

五、实木地板

实木地板是指以木材为原料，经锯割、干燥、刨光、截断、开榫、涂漆等工序加工而成的块状或条状的地面装饰材料。实木地板按生产工艺不同，可分为独板（块）实木地板、实木指接地板、实木复合地板三类；按表面处理状态不同，可分为未涂饰地板（白坯板、素板）和漆饰地板两类。

本税目征收范围包括各类规格的实木地板、实木指接地板、实木复合地板及用于装饰墙壁、天棚的侧端面为榫、槽的实木装饰板。未经涂饰的素板属于本税目征税范围。

六、成品油

……

七、小汽车

汽车是指由动力驱动，具有四个或四个以上车轮的非轨道承载的车辆。

本税目征收范围包括含驾驶员座位在内最多不超过 9 个座位（含）的，在设计和技术特性上用于载运乘客和货物的各类乘用车和含驾驶员座位在内的座位数在 10 至 23 座（含 23 座）的在设计和技术特性上用于载运乘客和货物的各类中轻型商用客车。

用排气量小于 1.5 升（含）的乘用车底盘（车架）改装、改制的车辆属于乘用车征收范围。用排气量大于 1.5 升的乘用车底盘（车架）或用中轻型商用客车底盘（车架）改装、改制的车辆属于中轻型商用客车征收范围。

含驾驶员人数（额定载客）为区间值的（如 8—10 人；17—26 人）小汽车，按其区间值下限人数确定征收范围。

电动汽车不属于本税目征收范围。

八、化妆品

本税目征收范围包括各类美容、修饰类化妆品、高档护肤类化妆品和成套化妆品。

美容、修饰类化妆品是指香水、香水精、香粉、口红、指甲油、胭脂、眉笔、唇笔、蓝眼油、眼睫毛以及成套化妆品。

舞台、戏剧、影视演员化妆用的上妆油、卸装油、油彩、不属于本税目的征收范围。

高档护肤类化妆品征收范围另行制定。

【注释】 对《消费税暂行条例》第 2 条进行了补充规定。对《消费税暂行条例实施细则》第 17 条进行了补充规定。相关规定包括：《财政部 国家税务总局关于消费税若干具体政策的通知》（财税〔2006〕125 号）。

国家税务总局关于印发《调整和完善消费税政策征收管理规定》的通知

国税发〔2006〕49 号

各省、自治区、直辖市和计划单列市国家税务局，扬州税务进修学院，局内各单位：

现将《调整和完善消费税政策征收管理规定》印发给你们，请遵照执行。

附件：1. 应税消费品生产经营情况登记表
2. 生产企业生产经营情况表
3. 生产企业产品销售明细表(油品)
4. 抵扣税款台账(外购从价定率征收应税消费品)
5. 抵扣税款台账(委托加工收回、进口从价定率征收的应税消费品)
6. 抵扣税款台账(从量定额征收应税消费品)

调整和完善消费税政策征收管理规定

为了贯彻落实《财政部 国家税务总局关于调整和完善消费税政策的通知》(财税〔2006〕33号，以下简称通知)，规范征收管理，现将有关调整和完善消费税政策涉及的税收征收管理问题规定如下：

一、关于税种登记

生产销售属于通知第一条、第四条征税范围的应税消费品的单位和个人，均应在2006年4月30日前到所在地主管税务机关办理税种登记，填写"应税消费品生产经营情况登记表"(见附件1)。

"应税消费品生产经营情况登记表"仅限于此次政策调整所涉及的应税消费品生产企业使用。

主管税务机关应根据纳税人上报的资料，及时进行实地查验、核实，了解本地区税源分布情况。

二、关于纳税申报

(一)在中华人民共和国境内生产、委托加工、进口属于通知第一条、第四条征税范围的应税消费品的单位和个人，均应按规定到主管税务机关办理消费税纳税申报。

(二)生产石脑油、溶剂油、航空煤油、润滑油、燃料油的纳税人在办理纳税申报时还应提供《生产企业生产经营情况表》(见附件2)和《生产企业产品销售明细表(油品)》(见附件3)。

(三)纳税人在办理纳税申报时，如需办理消费税税款抵扣手续，除应按有关规定提供纳税申报所需资料外，还应当提供以下资料：

1. 外购应税消费品连续生产应税消费品的，提供外购应税消费品增值税专用发票(抵扣联)原件和复印件。

如果外购应税消费品的增值税专用发票属于汇总填开的，除提供增值税专用发票(抵扣联)原件和复印件外，还应提供随同增值税专用发票取得的由销售方开具并加盖财务专用章或发票专用章的销货清单原件和复印件。

2. 委托加工收回应税消费品连续生产应税消费品的，提供"代扣代收税款凭证"原件和复印件。

3. 进口应税消费品连续生产应税消费品的，提供"海关进口消费税专用缴款书"原件和复印件。

主管税务机关在受理纳税申报后将以上原件退还纳税人，复印件留存。

三、关于自产石脑油连续生产问题

纳税人应对自产的用于连续生产的石脑油建立中间产品移送使用台账。用于连续生产应税消费品的，记录石脑油的领用数量；用于连续生产非应税消费品或其他方面的，记录石脑油的移送使用数量。

主管税务机关应加强对石脑油中间产品移送使用台账的管理，并定期对纳税人申报的石脑油销售数量与台账记录的领用数量、移送使用数量进行对比分析开展纳税评估。

四、关于消费税税款抵扣

(一)抵扣凭证

通知第七条规定的准予从消费税应纳税额中扣除原料已纳消费税税款的凭证按照不同行为分别规定如下：

1. 外购应税消费品连续生产应税消费品

(1)纳税人从增值税一般纳税人(仅限生产企业，下同)购进应税消费品，外购应税消费品的抵扣凭证为本规定第二条第(三)款规定的发票(含销货清单)。纳税人未提供本规定第二条第(三)款规定的发票和销货清单的不予扣除外购应税消费品已纳消费税。

(2)纳税人从增值税小规模纳税人购进应税消费品，外购应税消费品的抵扣凭证为主管税务机关代开的增值税专用发票。主管税务机关在为纳税人代开增值税专用发票时，应同时征收消费税。

2. 委托加工收回应税消费品连续生产应税消费品

委托加工收回应税消费品的抵扣凭证为《代扣代收税款凭证》。纳税人未提供《代扣代收税款凭证》的，不予扣除受托方代收代缴的消费税。

3. 进口应税消费品连续生产应税消费品

进口应税消费品的抵扣凭证为《海关进口消费税专用缴款书》，纳税人不提供《海关进口消费税专用缴款书》的，不予抵扣进口应税消费品已缴纳的消费税。

（二）抵扣税款的计算方法

通知第七条规定的准予从消费税应纳税额中扣除原料已纳消费税税款的计算公式按照不同行为分别规定如下：

1. 外购应税消费品连续生产应税消费品

（1）实行从价定率办法计算应纳税额的

$$\text{当期准予扣除外购应税消费品已纳税款}=\text{当期准予扣除外购应税消费品买价}\times\text{外购应税消费品适用税率}$$

$$\text{当期准予扣除外购应税消费品买价}=\text{期初库存外购应税消费品买价}+\text{当期购进的外购应税消费品买价}-\text{期末库存的外购应税消费品买价}$$

外购应税消费品买价为纳税人取得的本规定第二条第（三）款规定的发票（含销货清单）注明的应税消费品的销售额（增值税专用发票必须是2006年4月1日以后开具的，下同）。

（2）实行从量定额办法计算应纳税额的

$$\text{当期准予扣除的外购应税消费品已纳税款}=\text{当期准予扣除外购应税消费品数量}\times\text{外购应税消费品单位税额}\times 30\%$$

$$\text{当期准予扣除外购应税消费品数量}=\text{期初库存外购应税消费品数量}+\text{当期购进外购应税消费品数量}-\text{期末库存外购应税消费品数量}$$

外购应税消费品数量为本规定第二条第（三）款规定的发票（含销货清单）注明的应税消费品的销售数量。

2. 委托加工收回应税消费品连续生产应税消费品

$$\text{当期准予扣除的委托加工应税消费品已纳税款}=\text{期初库存的委托加工应税消费品已纳税款}+\text{当期收回的委托加工应税消费品已纳税款}-\text{期末库存的委托加工应税消费品已纳税款}$$

委托加工应税消费品已纳税款为代扣代收税款凭证注明的受托方代收代缴的消费税。

3. 进口应税消费品

$$\text{当期准予扣除的进口应税消费品已纳税款}=\text{期初库存的进口应税消费品已纳税款}+\text{当期进口应税消费品已纳税款}-\text{期末库存的进口应税消费品已纳税款}$$

进口应税消费品已纳税款为《海关进口消费税专用缴款书》注明的进口环节消费税。

（三）其他规定

2006年3月31日前库存的货物，如果属于通知第一条、第四条征税范围且在2006年4月1日后用于连续生产应税消费品的，凡本规定第二条第（三）款规定的发票（含销货清单）开票日期是2006年3月31日前的，一律不允许抵扣消费税。

（四）纳税人应建立抵扣税款台账（台账参考式样见附件4、5、6）。纳税人既可以根据本规定附件4、5、6的台账参考式样设置台账，也可以根据实际需要另行设置台账。另行设置的台账只能在本规定附件4、5、6内容基础上增加内容，不得删减内容。

主管税务机关应加强对税款抵扣台账核算的管理。

五、关于减税免税

（一）通知第十条第（二）款免征消费税的子午线轮胎仅指外胎。子午线轮胎的内胎与外胎成套销售的，依照《中华人民共和国消费税暂行条例》第三条规定执行。

……

六、关于销货退回

通知第十一条第（一）款发生销货退回的处理规定如下：

（一）2006年3月31日前销售的护肤护发品，2006年4月1日后因质量原因发生销货退回的，纳税人可向主管税务机关申请退税。

（二）税率调整的税目，纳税人可按照调整前的税率向主管税务机关申请退税。

（三）属2006年3月31日前发票开具错误重新开具专用发票情形的，不按销货退回处理。纳税人开具红字发票时，按照红字发票注明的销售额冲减当期销售收入，按照该货物原适用税率计提消费税冲减当期"应缴税金—应缴消费税"；纳税人重新开具正确的蓝字发票时，按蓝字发票注明的销售额计算当期销售收入，按照该货物原适用税率计提消费税记入当期"应缴税金—应缴消费税"。

主管税务机关在受理纳税人有关销货退回的退税申请时，应认真审核货物及资金的流向。

本规定由国家税务总局负责解释。

本规定自2006年4月1日起实施。各地在执行中如有问题，应及时向国家税务总局（流转税管理司）汇报。

【注释】 对《消费税暂行条例》第16条进行了解释。

国家税务总局关于印发《葡萄酒消费税管理办法（试行）》的通知

国税发〔2006〕66号

各省、自治区、直辖市和计划单列市国家税务局，扬州税务进修学院：

为了加强葡萄酒消费税管理，总局制定了《葡萄酒消费税管理办法（试行）》，现印发给你们，请认真贯彻执行。对在试行过程中遇到的情况和问题，请及时报告总局。

葡萄酒消费税管理办法（试行）

第一条 根据《中华人民共和国税收征收管理法》及其实施细则、《中华人民共和国消费税暂行条例》及其实施细则以及其他相关规定，制定本办法。

第二条 在中华人民共和国境内（以下简称境内）生产、委托加工、进口葡萄酒的单位和个人，为葡萄酒消费税纳税人。

葡萄酒消费税适用《消费税税目税率（税额）表》"酒及酒精"税目下设的"其他酒"子目。

第三条 葡萄酒是指以葡萄为原料，经破碎（压榨）、发酵而成的酒精度在1度（含）以上的葡萄原酒和成品酒（不含以葡萄为原料的蒸馏酒）。

第四条 境内从事葡萄酒生产的单位或个人（以下简称生产企业）之间销售葡萄酒，实行《葡萄酒购货证明单》（以下简称证明单，见附件1）管理。证明单由购货方在购货前向其主管税务机关申请领用，销货方凭证明单的退税联向其主管税务机关申请已纳消费税退税。

生产企业将自产或外购葡萄酒直接销售给生产企业以外的单位和个人的，不实行证明单管理，按消费税暂行条例规定申报缴纳消费税。

第五条 证明单一式四联，仅限于生产企业购货时领用。第一联为回执联，由销货方主管税务机关留存；第二联为退税联，作为销货方申请退税的报送资料；第三联为核销联，用于购货方主管税务机关核销证明单领取记录；第四联为备查联，作为销货方会计核算资料。

第六条 生产企业在购货前应向主管税务机关提出领用证明单的书面申请（见附件2）。主管税务机关应对书面申请进行审核，建立证明单领存销台账。

第七条 购货方携证明单购货，证明单由销货方填写。证明单中填写的品种、数量、单价、金额、发票代码、发票号码、开票日期应与销货方开具的销售发票（增值税专用发票或普通发票）的相关内容一致。

销货方在证明单所有联次加盖公章后，留存证明单备查联，将证明单回执联、退税联、核销联退还购货方。

第八条　购货方在 30 日内将证明单回执联、退税联、核销联及销货方开具的销售发票交主管税务机关核销证明单领用记录。

第九条　购货方主管税务机关应对证明单回执联、退税联、核销联注明的品种、数量、单价、金额、发票代码、发票号码、开票日期与销货方开具的销售发票相关内容进行审核。

证明单与销售发票相关内容一致的，购货方主管税务机关留存核销联，在证明单回执联、退税联加盖公章，并于 30 日内将回执联、退税联传递给销货方主管税务机关。

销货方主管税务机关收到回执联、退税联后，留存回执联，在 30 日内将证明单退税联转交给销货方。

第十条　购货方主管税务机关核销证明单领用记录时，应在证明单核销联"主管税务机关审核意见"栏填写核销意见，并在证明单领销存台账上作核销记录。

第十一条　发生销货退回或销售折让的，购货方也应按本办法规定申请、使用、核销证明单。

第十二条　生产企业销售葡萄酒，无论纳税申报当期是否收到主管税务机关转交的证明单退税联，均应按规定申报缴纳消费税。

第十三条　销货方收到主管税务机关转交的证明单退税联后，应填报《葡萄酒消费税退税申请表》（以下简称退税申请表，见附件 3），持证明单退税联及退税申请表向主管税务机关申请退税。

第十四条　主管税务机关应加强对购销双方消费税的管理。定期查验购销双方销售、购进葡萄酒的数量及使用情况。

第十五条　以进口葡萄酒为原料连续生产葡萄酒的纳税人，实行凭《海关进口消费税专用缴款书》抵减进口环节已纳消费税的管理办法。

第十六条　以进口葡萄酒为原料连续生产葡萄酒的纳税人，在办理消费税纳税申报时，需填写消费税纳税申报表，提供《海关进口消费税专用缴款书》复印件。

第十七条　以进口葡萄酒为原料连续生产葡萄酒的纳税人，准予从当期应纳消费税税额中抵减《海关进口消费税专用缴款书》注明的消费税。如当期应纳消费税不足抵减的，余额留待下期抵减。

第十八条　主管税务机关应加强对证明单的领用、核销、核对、传递工作（在电子传递手段未建立之前，暂通过特快专递或邮寄挂号信方式传递）。

在邮递过程发生证明单丢失情况的，由购货方主管税务机关开具证明并复印证明单核销联两份，加盖公章后传递给销货方主管税务机关，一份代替回执联、一份代替退税联使用。

第十九条　纳税人未按照规定取得、保管、使用、报送证明单的，主管税务机关依照税收征管法的有关规定处理。

第二十条　证明单式样由国家税务总局统一制定，各省、自治区、直辖市和计划单列市国家税务局印制。

第二十一条　本办法由国家税务总局负责解释。各省、自治区、直辖市、计划单列市国家税务局可依照本办法制定具体实施办法。

第二十二条　本办法自 2006 年 7 月 1 日起实施。

【注释】　对《消费税暂行条例》第 16 条进行了解释。

国家税务总局关于购进整车改装汽车征收消费税问题的批复

国税函〔2006〕772 号

重庆市国家税务局：

你局《关于购进整车改装的专用汽车是否征收消费税的请示》（渝国税发〔2006〕98 号）收悉，批复如下：

《财政部 国家税务总局关于调整和完善消费税政策的通知》（财税〔2006〕33 号）中有关用车辆底盘（车架）改装、改制的车辆征收消费税的规定是为了解决用不同种类车辆的底盘（车架）改装、改制的车辆应按照何种子目（乘用车或中轻型商用客车）征收消费税的问题，并非限定只对这类改装车辆征收消费税。对于购进乘用车和中轻型商用客车整车改装生产的汽车，应按规定征收消费税。

【注释】 对《消费税暂行条例》第2条进行了解释。

财政部 国家税务总局关于消费税若干具体政策的通知

财税〔2006〕125号

各省、自治区、直辖市、计划单列市财政厅（局）、国家税务局，新疆生产建设兵团财务局：

《财政部 国家税务总局关于调整和完善消费税政策的通知》（财税〔2006〕33号，以下简称《通知》）下发后，一些地区要求进一步明确部分应税消费品的征税范围、计税依据等问题。经研究，现将有关问题明确如下：

……

二、关于改装改制车辆的界定

改装改制车辆是指经省级发展改革委审核批准，并报国家发展改革委备案、列入国家发展改革委《车辆生产企业及产品公告》的公告车辆类别代码（产品型号或车辆型号代码数字字段的第一位数）为5的专用汽车（特种汽车）。

三、关于实木复合地板的界定

实木复合地板是以木材为原料，通过一定的工艺将木材刨切加工成单板（刨切薄木）或旋切加工成单板，然后将多层单板经过胶压复合等工艺生产的实木地板。目前，实木复合地板主要为三层实木复合地板和多层实木复合地板。

四、关于对外购润滑油大包装改小包装、帖标等简单加工的征税

单位和个人外购润滑油大包装经简单加工改成小包装或者外购润滑油不经加工只贴商标的行为，视同应税消费税品的生产行为。单位和个人发生的以上行为应当申报缴纳消费税。准予扣除外购润滑油已纳的消费税税款。

……

六、关于当期投入生产的原材料可抵扣的已纳消费税大于当期应纳消费税的不足抵扣部分的处理

对当期投入生产的原材料可抵扣的已纳消费税大于当期应纳消费税情形的，在目前消费税纳税申报表未增加上期留抵消费税填报栏目的情况下，采用按当期应纳消费税的数额申报抵扣，不足抵扣部分结转下一期申报抵扣的方式处理。

七、关于中轻型商用客车和征税范围

车身长度大于7米（含），并且座位在10至23座（含）以下的商用客车，不属于中轻型商用客车征税范围，不征收消费税。

【注释】 对《财政部 国家税务总局关于调整和完善消费税政策的通知》（财税〔2006〕33号）进行了解释。该通知第五条已经被《财政部 国家税务总局关于提高成品油消费税税率后相关成品油消费税政策的通知》（财税〔2008〕168号）予以修改。

国家税务总局关于购进乙醇生产销售无水乙醇征收消费税问题的批复

国税函〔2006〕768号

江苏省国家税务局：

你局《关于生产销售无水乙醇是否征收消费税的请示》(苏国税发〔2006〕108 号)收悉,批复如下:

根据《国家税务总局关于印发〈消费税征收范围注释〉的通知》(国税发〔1993〕153 号)(以下简称注释),酒精的征收范围包括用蒸馏法和合成法生产的各种工业酒精、医药酒精、食用酒精。对于以外购酒精为原料、经蒸馏脱水处理后生产的无水乙醇,属于本税目征收范围,应按规定征收消费税。

【注释】 对《消费税暂行条例》第 2 条进行了解释。

国家税务总局关于沙滩车等车辆征收消费税问题的批复

国税函〔2007〕1071 号

重庆市国家税务局:

你局《关于"沙滩车"类产品征收消费税问题的请示》(渝国税发〔2007〕208 号)收悉。经研究,批复如下:

沙滩车、雪地车、卡丁车、高尔夫车不属于消费税征收范围,不征收消费税。

【注释】 对《消费税暂行条例》第 2 条进行了解释。

国家税务总局关于印发《增值税小规模纳税人出口货物免税管理办法(暂行)》的通知

国税发〔2007〕123 号

各省、自治区、直辖市和计划单列市国家税务局:

为规范增值税小规模纳税人出口货物免税管理,国家税务总局制订了《增值税小规模纳税人出口货物免税管理办法(暂行)》,现印发给你们,请遵照执行。

附件:1. 小规模纳税人出口货物免税申报表

2. 小规模纳税人出口货物免税核销申报汇总表

3. 小规模纳税人出口货物免税核销申报明细表

4. 小规模纳税人不予免税出口货物情况表

5. 填表说明

增值税小规模纳税人出口货物免税管理办法(暂行)

根据《中华人民共和国增值税暂行条例》、《中华人民共和国消费税暂行条例》和《财政部、国家税务总局关于印发〈出口货物退(免)税若干问题规定〉的通知》(财税字〔1995〕92 号),对增值税小规模纳税人出口货物免征增值税、消费税,其进项税额不予抵扣或退税。为规范增值税小规模纳税人(以下简称小规模纳税人)出口货物免税管理,制定本办法。

一、小规模纳税人应在规定期限内填写《出口货物退(免)税认定表》并持有关资料到主管税务机关办理出口货物免税认定。

已办理对外贸易经营者备案登记的小规模纳税人办理出口货物免税认定的期限是办理对外贸易经营者备案登记之日起 30 日内。应申报以下资料:

(一)税务登记证(由税务机关查验);

(二)加盖备案登记专用章的《对外贸易经营者备案登记表》；

(三)中华人民共和国海关进出口货物收发货人报关注册登记证书。

未办理对外贸易经营者备案登记委托出口货物的小规模纳税人办理出口货物免税认定的期限是首份代理出口协议签定之日起 30 日内。应申报以下资料：

(一)税务登记证(由税务机关查验)；

(二)代理出口协议。

二、已办理出口货物免税认定的小规模纳税人，其认定内容发生变化的，须自有关管理机关批准变更之日起 30 日内，持相关证件向税务机关申请办理出口货物免税认定变更手续。

三、小规模纳税人发生解散、破产、撤销等依法应当办理注销税务登记的，应首先注销其出口货物免税认定，再办理注销税务登记；小规模纳税人发生其他依法应终止出口货物免税认定的事项但不需要注销税务登记的，应在有关机关批准或者宣告终止之日起 15 日内向税务机关申请注销出口免税认定。

四、小规模纳税人自营出口货物报关后，应向海关部门申请签发出口货物报关单(出口退税专用)，并及时登录“口岸电子执法系统”出口退税子系统，按照《国家税务总局海关总署关于正式启用“口岸电子执法系统”出口退税子系统的通知》(国税发〔2003〕15 号)有关规定提交相关电子数据。

五、小规模纳税人自营或委托出口货物后，须在次月向主管税务机关办理增值税纳税申报时，提供《小规模纳税人出口货物免税申报表》(格式见附件 1，以下简称《免税申报表》)及电子申报数据。

主管税务机关受理纳税申报时，应对《免税申报表》“出口货物免税销售额(人民币)”合计数与同期《增值税纳税申报表》(适用于小规模纳税人)中“出口货物免税销售额”进行核对。经核对相符后，在《免税申报表》(第一联)签章并交小规模纳税人。如核对不符，或者《增值税纳税申报表》中申报了出口货物免税销售额而未报送《免税申报表》，主管税务机关应将申报资料退回小规模纳税人，由其补正后重新申报。

主管税务机关的纳税申报受理部门应在当月 15 日前(逢节假日顺延)，将签章的《免税申报表》(第二联)及电子数据转交同级的负责出口退税业务部门或岗位。

六、小规模纳税人应按月将收齐有关出口凭证的出口货物，填写《小规模纳税人出口货物免税核销申报汇总表》(格式见附件 2)、《小规模纳税人出口货物免税核销申报明细表》(格式见附件 3)，并于货物报关出口之日(以出口货物报关单上注明的出口日期为准，下同)次月起四个月内的各申报期内(申报期为每月 1—15 日)，持下列资料到主管税务机关(负责出口退税业务的部门或岗位)按月办理出口货物免税核销申报，并同时报送出口货物免税核销电子申报数据：

1. 出口发票；

2. 小规模纳税人自营出口货物应提供的其他资料；包括：

(1)出口货物报关单(出口退税专用)；

(2)出口收汇核销单(出口退税专用)。申报时出口货物尚未收汇的，可在货物报关出口之日起 180 日内提供出口收汇核销单(出口退税专用)；在试行申报出口货物退(免)税免予提供纸质出口收汇核销单的地区，对实行“出口收汇核销网上报审系统”的小规模纳税人，可以比照相关规定执行，申报出口货物免税时免于提供纸质出口收汇核销单，税务机关以出口收汇核销单电子数据审核出口货物免税；属于远期收汇的，应按照现行出口退税规定提供远期结汇证明。

3. 小规模纳税人委托出口货物应提供的其他资料；包括：

(1)代理出口货物证明；

(2)代理出口协议；

(3)出口货物报关单(出口退税专用)或其复印件；

(4)出口收汇核销单(出口退税专用)或其复印件。出口收汇核销单(出口退税专用)提供要求与上述小规模纳税人自营出口货物提供要求相同。

4. 主管税务机关要求提供的其他资料。

七、主管税务机关在接受小规模纳税人的免税核销申报后，应当核对小规模纳税人申报的纸质单证是否齐全，审核小规模纳税人提供的纸质单证与《小规模纳税人出口货物免税核销申报明细表》的逻辑关系是否对应，并对小规模纳税人申报的电子数据与出口货物报关单、出口收汇核销单、代理出口证明等相关电子信息进行核对。对审核无误的，在《小规模纳税人出口货物免税核销申报汇总表》、《小规模纳税人出口货物免税核销申报明细表》上签章，经由设区的市、自治州以上（含本级）税务机关根据审核结果批准免税核销（下放出口退税审批权试点地区除外）。

八、小规模纳税人在按规定办理出口货物免税认定以前出口的货物，凡在免税核销申报期限内申报免税核销的，税务机关可按规定审批免税；凡超过免税核销申报期限的，税务机关不予审批免税。

九、小规模纳税人无法按本办法第六条规定期限办理免税核销申报手续的，可在申报期限内向主管税务机关提出书面合理理由申请免税核销延期申报，经核准后，可延期 3 个月办理免税核销申报手续。

十、小规模纳税人出口下列货物，除另有规定者外，应征收增值税。下列货物为应税消费品的，若小规模纳税人为生产企业，还应征收消费税。

（一）国家规定不予退（免）增值税、消费税的货物；

（二）未进行免税申报的货物；

（三）未在规定期限内办理免税核销申报的货物；

（四）虽已办理免税核销申报，但未按规定向税务机关提供有关凭证的货物；

（五）经主管税务机关审核不批准免税核销的出口货物；

（六）未在规定期限内申报开具《代理出口货物证明》的货物。

上述小规模纳税人出口货物应征税额按以下方法确定：

1. 增值税应征税额的计算公式

增值税应征税额＝（出口货物离岸价×外汇人民币牌价）÷（1＋征收率）×征收率

2. 消费税应征税额的计算公式

（1）实行从量定额征税办法的出口应税消费品

消费税应征税额＝出口应税消费品数量×消费税单位税额

（2）实行从价定率征税办法的出口应税消费品

消费税应征税额＝出口应税消费品离岸价×外汇人民币牌价÷1
＋增值税征收率×消费税适用税率

（3）实行从量定额与从价定率相结合征税办法的出口应税消费品

消费税应征税额＝出口应税消费品数量×消费税单位税额＋出口应税消费品离岸价
×外汇人民币牌价÷（1＋增值税征收率）×消费税适用税率

上述出口货物的离岸价及出口数量以出口发票上的离岸价或出口数量为准（委托代理出口的，出口发票可以是委托方开具的或受托方开具的），若出口价格以其他价格条件成交的，应扣除按会计制度规定允许冲减出口销售收入的运费、保险费、佣金等。若出口发票不能真实反映离岸价或出口数量，小规模纳税人应当按照离岸价或真实出口数量申报，税务机关有权按照《中华人民共和国税收征收管理法》、《中华人民共和国增值税暂行条例》、《中华人民共和国消费税暂行条例》等有关规定予以核定。

十一、主管税务机关在审核、审批过程中，凡发现属于本办法第十条所列出口货物应征税情况，应生成《小规模纳税人不予免税出口货物情况表》（格式见附件 4），并按规定进行补税处理。

十二、本办法自 2008 年 1 月 1 日起执行。小规模纳税人 2008 年 1 月 1 日后自营或委托出口的货物（以出口货物报关单上注明的“出口日期”为准）应按照本办法规定向税务机关进行免税或免税核销申报。

【注释】 对《消费税暂行条例》第 16 条进行了解释。

国家税务总局关于委托加工出口货物消费税退税问题的批复

国税函〔2008〕5 号

江苏省国家税务局：

你局《关于委托加工出口货物消费税退税问题的请示》(苏国税发〔2007〕142号)收悉。经研究,批复如下:

你省苏州尚美化妆品有限公司委托其他企业加工再收回后出口的应税消费品,可比照《财政部、国家税务总局关于列名生产企业外购产品试行免抵退税办法的通知》(财税〔2004〕125号)的有关规定,办理消费税退税手续。生产企业在申报消费税退税时,除附送现行规定需要提供的凭证外,还应附送征税部门出具的"出口货物已纳消费税未抵扣证明"。对已在内销应税消费品应纳消费税中抵扣的,不能办理消费税退税。

【注释】 对《财政部、国家税务总局关于列名生产企业外购产品试行免抵退税办法的通知》(财税〔2004〕125号)进行了解释。

财政部 国家税务总局关于调整部分成品油消费税政策的通知

财税〔2008〕19号

各省、自治区、直辖市、计划单列市财政厅(局)、国家税务局,新疆生产建设兵团财务局:

为促进以石脑油为原料的国产乙烯和芳烃类产品与进口同类产品的公平竞争,经国务院批准,现将石脑油等部分成品油消费税政策调整如下:

一、自2008年1月1日起,对石脑油、溶剂油、润滑油按每升0.2元征收消费税,燃料油按每升0.1元征收消费税。

……

三、以外购或委托加工收回的已税石脑油、润滑油、燃料油为原料生产的应税消费品,准予从消费税应纳税额中扣除原料已纳的消费税税款。抵扣税款的计算公式为:当期准予扣除的外购应税消费品已纳税款=当期准予扣除外购应税消费品数量×外购应税消费品单位税额。

四、本通知自2008年1月1日起执行。在2007年12月31日以前石脑油应缴未缴的消费税,各地主管税务机关应抓紧进行清缴。原《财政部 国家税务总局关于调整和完善消费税政策的通知》(财税〔2006〕33号)、《国家税务总局关于印发〈整合完善消费税政策征收管理规定〉的通知》(国税发〔2006〕49号)规定与本通知有抵触的,以本通知规定为准。

【注释】 本通知第二条已经被《财政部 国家税务总局关于提高成品油消费税税率后相关成品油消费税政策的通知》(财税〔2008〕168号)予以修改。

国家税务总局关于厢式货车改装生产的汽车征收消费税问题的批复

国税函〔2008〕452号

浙江省国家税务局:

你局《关于对进口厢式货车改装生产汽车征收消费税问题的请示》(浙国税流〔2008〕21号)收悉。经研究,批复如下:

根据《财政部 国家税务总局关于调整和完善消费税政策的通知》(财税〔2006〕33号)规定,对于企业购进货车或厢式货车改装生产的商务车、卫星通讯车等专用汽车不属于消费税征税范围,不征收消费税。

财政部 国家税务总局关于调整乘用车消费税政策的通知

财税〔2008〕105 号

各省、自治区、直辖市、计划单列市财政厅(局)、国家税务局，新疆生产建设兵团财务局：

为促进节能减排，进一步完善消费税税制，经国务院批准，现将乘用车消费税政策做如下调整：

一、气缸容量(排气量，下同)在 1.0 升以下(含 1.0 升)的乘用车，税率由 3%下调至 1%；

二、气缸容量在 3.0 升以上至 4.0 升(含 4.0 升)的乘用车，税率由 15%上调至 25%；

三、气缸容量在 4.0 升以上的乘用车，税率由 20%上调至 40%。

本通知自 2008 年 9 月 1 日起执行。生产企业在 2008 年 9 月 1 日前销出的乘用车发生退货的，按政策调整前的原税率退税。出口企业在 2008 年 9 月 1 日前收购的出口应税乘用车，并取得消费税税收缴款书(出口货物专用)的，在 2008 年 9 月 1 日以后出口的，按原税率退税。

财政部 国家税务总局关于调整部分乘用车进口环节消费税的通知

财关税〔2008〕73 号

海关总署：

经国务院批准，自 2008 年 9 月 1 日起，对部分乘用车进口环节消费税进行调整，现将有关事项通知如下：

一、将气缸容量(排气量，下同)1.0 升以下(含 1.0 升)的乘用车进口环节消费税税率由 3%下调至 1%；

二、将气缸容量 3.0 升以上(不含 3.0 升)至 4.0 升(含 4.0 升)的乘用车进口环节消费税税率由 15%上调至 25%；

三、将气缸容量 4.0 升以上的乘用车进口环节消费税税率由 20%上调至 40%。

国家税务总局关于调味料酒征收消费税问题的通知

国税函〔2008〕742 号

各省、自治区、直辖市和计划单列市国家税务局：

现将调味料酒征收消费税的有关问题通知如下：

鉴于国家已经出台了调味品分类国家标准，按照国家标准调味料酒属于调味品，不属于配置酒和泡制酒，对调味料酒不再征收消费税。

调味料酒是指以白酒、黄酒或食用酒精为主要原料，添加食盐、植物香辛料等配制加工而成的产品名称标注(在食品标签上标注)为调味料酒的液体调味品。

国务院关于实施成品油价格和税费改革的通知

国发〔2008〕37 号

各省、自治区、直辖市人民政府，国务院各部委、各直属机构：

为建立完善的成品油价格形成机制和规范的交通税费制度，促进节能减排和结构调整，公平负担，依法筹措交通基础设施维护和建设资金，国务院决定实施成品油价格和税费改革。现通知如下：

一、实施成品油价格和税费改革的必要性

我国现行成品油价格和交通税费政策，对保障国内成品油市场供应，加快交通基础设施建设步伐，促进国民经济平稳较快发展，起到了积极作用。但随着我国石油需求不断增加，经济社会发展与资源环境之间的矛盾日益突出；以费代税、负担不公平等弊端日益显现；二级收费公路规模过大，结构不合理，与地方经济发展和群众出行的矛盾越来越尖锐。迫切需要理顺成品油价格和交通税费机制。

近期国际市场油价持续回落，为实施成品油价格和税费改革提供了十分难得的机遇。及时把握当前有利时机，推进成品油价格和税费改革，对规范政府收费行为，公平社会负担，促进节能减排和结构调整，依法筹措交通基础设施维护和建设资金，促进交通事业稳定健康发展，都具有重大而深远的意义。

二、改革的主要内容

（一）关于成品油税费改革。

提高现行成品油消费税单位税额，不再新设立燃油税，利用现有税制、征收方式和征管手段，实现成品油税费改革相关工作的有效衔接。

1. 取消公路养路费等收费。取消公路养路费、航道养护费、公路运输管理费、公路客货运附加费、水路运输管理费、水运客货运附加费等六项收费。

2. 逐步有序取消政府还贷二级公路收费。抓紧制定实施方案和中央补助支持政策，由省、自治区、直辖市人民政府根据相关方案和政策统筹研究，逐步有序取消政府还贷二级公路收费。各地可以省为单位统一取消，也可在省内区分不同情况，分步取消。实施方案由国家发展改革委会同交通运输部、财政部制订，报国务院批准后实施。

3. 提高成品油消费税单位税额。汽油消费税单位税额每升提高 0.8 元，柴油消费税单位税额每升提高 0.7 元，其他成品油单位税额相应提高。加上现行单位税额，提高后的汽油、石脑油、溶剂油、润滑油消费税单位税额为每升 1 元，柴油、燃料油、航空煤油为每升 0.8 元。

4. 征收机关、征收环节和计征方式。成品油消费税属于中央税，由国家税务局统一征收（进口环节继续委托海关代征）。纳税人为在我国境内生产、委托加工和进口成品油的单位和个人。纳税环节在生产环节（包括委托加工和进口环节）。计征方式实行从量定额计征，价内征收。

今后将结合完善消费税制度，积极创造条件，适时将消费税征收环节后移到批发环节，并改为价外征收。

5. 特殊用途成品油消费税政策。提高成品油消费税单位税额后，对进口石脑油恢复征收消费税。2010 年 12 月 31 日前，对国产的用作乙烯、芳烃类产品原料的石脑油免征消费税；对进口的用作乙烯、芳烃类产品原料的石脑油已纳消费税予以返还。航空煤油暂缓征收消费税。对用外购或委托加工收回的已税汽油生产的乙醇汽油免征消费税；用自产汽油生产的乙醇汽油，按照生产乙醇汽油所耗用的汽油数量申报纳税。对外购或委托加工收回的汽油、柴油用于连续生产甲醇汽油、生物柴油的，准予从消费税应纳税额中扣除原料已纳消费税税款。

6. 新增税收收入的分配。新增成品油消费税连同由此相应增加的增值税、城市维护建设税和教育费附加具有专项用途，不作为经常性财政收入，不计人现有与支出挂钩项目的测算基数，除由中央本级安排的替代航道养护费等支出外，其余全部由中央财政通过规范的财政转移支付方式分配给地方。改革后形成的交通资金属性不变、资金用途不变、地方预算程序不变、地方事权不变。具体转移支付办法由财政部会同交通运输部等有关部门制定并组织落实。新增税收收入按以下顺序分配：

一是替代公路养路费等六项收费的支出。具体额度以 2007 年的养路费等六费收入为基础，考虑地方实际情况按一定的增长率来确定。

二是补助各地取消政府还贷二级公路收费。每年安排一定数量的专项补助资金，用途包括债务偿还、人员安置、养护管理和公路建设等。

三是对种粮农民增加补贴，对部分困难群体和公益性行业，考虑用油量和价格水平变动情况，通过完善成品油价格形成机制中相应的配套补贴办法给予补助支持。

四是增量资金，按照各地燃油消耗量、交通设施当量里程等因素进行分配，适当体现全国交通的均衡发展。

（二）关于完善成品油价格形成机制。

国产陆上原油价格继续实行与国际市场直接接轨。国内成品油价格继续与国际市场有控制地间接接轨。成品油定价既要反映国际市场石油价格变化和企业生产成本，又要考虑国内市场供求关系；既要反映石油资源稀缺程度，促进资源节约和环境保护，又要兼顾社会各方面承受能力。

1. 国内成品油出厂价格以国际市场原油价格为基础，加国内平均加工成本、税金和适当利润确定。当国际市场原油一段时间内平均价格变化超过一定水平时，相应调整国内成品油价格。

2. 汽、柴油价格继续实行政府定价和政府指导价。（1）汽、柴油零售实行最高零售价格。最高零售价格由出厂价格和流通环节差价构成。适当缩小出厂到零售之间流通环节差价。（2）汽、柴油批发实行最高批发价格。（3）对符合资质的民营批发企业汽、柴油供应价格，合理核定其批发价格与零售价格价差。（4）供军队、新疆生产建设兵团和国家储备用汽、柴油供应价格，按国家核定的出厂价格执行。（5）合理核定供铁路、交通等专项部门用汽、柴油供应价格。（6）上述差价由国家发展改革委根据实际情况适时调整。

3. 在国际市场原油价格持续上涨或剧烈波动时，继续对汽、柴油价格进行适当调控，以减轻其对国内市场的影响。

4. 航空煤油等其他成品油价格继续按现行办法管理。液化气改为实行最高出厂价格管理。

5. 国家发展改革委根据上述完善后的成品油价格形成机制，另行制定石油价格管理办法。

（三）关于完善成品油价格配套措施。

1. 继续发挥石油企业内部上下游利益调节机制作用。当国际市场原油价格大幅上涨，国家实施有控制地调整汽、柴油价格措施时，原油加工企业会出现暂时性困难，中石油、中石化两公司要继续按照石油企业内部上下游利益调节机制，平衡好内部利益关系，调动炼油企业生产积极性，保证市场供应。

2. 完善相关行业价格联动机制。（1）铁路货运价格，根据上年国内柴油价格上涨影响铁路运输成本增加的情况，由铁路运输企业消化20%，其余部分通过提高铁路货物运输价格疏导，原则上每年调整一次。具体幅度由国家发展改革委商铁道部确定。（2）民航国内航线旅客运输价格，首先在运价浮动机制内，由航空公司自主调整具体票价，需要调整燃油附加时，根据航空煤油价格影响民航运输成本变化情况，由航空公司消化20%，其余部分通过调整燃油附加标准或基准票价的方式疏导。调整燃油附加标准间隔时间原则上不少于半年。燃油附加具体收取标准由国家发展改革委会同民航局按照上述原则确定。（3）出租车和道路客运价格，由各地进一步完善价格联动机制，根据油价变动情况，通过法定程序，决定调整运价或燃油附加。

3. 完善对种粮农民、部分困难群体和公益性行业补贴的机制。（1）种粮农民。当年成品油价格变动引起的农民种粮增支，继续纳入农资综合直补政策统筹考虑给予补贴。对种粮农民综合直补只增不减。（2）城市公交、农村道路客运（含岛际和农村水路客运）、林业、渔业（含远洋渔业）。成品油价格调整影响上述行业增加的成本，由中央财政通过专项转移支付的方式给予补贴。补贴比例按现行政策执行，补贴标准随成品油价格的升降而增减，具体补贴办法由财政部商有关部门另行制定。新的补贴办法从2009年起执行。（3）出租车。在运价调整前，因油价上涨增加的成本，继续由财政给予临时补贴。（4）低收入困难群体。各地综合考虑成品油、液化气等调价和市场物价变动因素，继续做好城乡低保对象等困难群体基本生活保障工作。

4. 继续实行石油涨价收入财政调节机制。为合理调节石油涨价收入，妥善处理各方面利益关系，继续按相关规定征收石油特别收益金。

（四）妥善解决改革的相关问题。

1. 妥善安置交通收费征稽人员。妥善做好改革涉及人员的安置工作，是成品油税费改革顺利推进的重要保证。要按照转岗不下岗、待安置期间级别不变、合规合理的待遇不变的总体要求，由省、自治区、直辖市人民政府负总责，多渠道安置，有关部门给予指导、协调和支持，确保改革稳妥有序推进。各地要锁定改革涉及的征稽收费人员数量，严格把关，防止突击进人。

对公路养路费征稽人员的安置措施：一是交通运输行业内部转岗；二是税务部门接收；三是地方人民政府统筹协调，多种渠道安置改革涉及人员。

人员安置工作指导意见由交通运输部会同中央编办、财政部、人力资源社会保障部、税务总局制订，报国务院批准后实施。

2. 研究解决普通公路建设发展，特别是二级公路发展问题。地方要以这次改革为契机，利用中央财政给予的支持政策，整合现有资源，更好地用于发展二级公路。同时有关部门要按照六费原有资金功能不变的原则，抓紧研究建立和理顺普通公路投融资体制，促进普通公路健康发展。

3. 加强成品油市场监管。加强油品市场监测和监管，坚决禁止成品油生产企业为规避税收只开具发票而无实际货物交付和突击销售成品油等非正常销售成品油行为，严厉打击油品走私、经营假冒伪劣油品以及合同欺诈等违法行为，确保成品油市场稳定。

（五）实施时间。完善成品油价格形成机制，理顺成品油价格，自发文之日起实施。成品油税费改革自2009年1月1日起实施。

三、切实做好改革的实施工作

成品油价格和税费改革是党中央、国务院做出的重大决策，是贯彻落实科学发展观、促进经济社会平稳较快发展的重要举措。各地区、各有关部门要统一思想，充分认识改革的必要性和紧迫性，切实把思想和行动统一到中央的决策部署上来，精心组织，周密部署，共同做好有关工作，确保改革方案平稳实施。

（一）加强组织领导。国务院有关部门组成的成品油价格和税费改革部际协调小组，要切实做好改革方案的组织实施工作；各省、自治区、直辖市人民政府要成立由主要负责同志牵头的改革领导小组，主要负责同志负总责，发展改革、价格、财政、交通、税务、编制、人事等相关部门密切配合，落实责任，确保改革措施落实到位。

（二）保证队伍稳定和资金有效衔接。地方各级人民政府要切实担负起安置人员和维护稳定的责任，把人员安置的工作摆在推进改革的突出位置，提前筹划，周全安排，妥善安置。各级财政部门要做好改革前后资金安排及预算衔接工作；中央财政要通过向地方预拨资金，确保养护管理及人员经费等需要，保障改革平稳顺利推进。

（三）确保取消收费政策到位，严格禁止乱收费。各地要按照改革方案的统一安排，在2009年1月1日零时全部取消公路养路费等六项收费，已经提前预收的要及时清退，要加强检查，确保取消收费政策落到实处。对确定撤销的政府还贷二级公路收费站点，省级人民政府要及时向社会公布其位置和名称，接受社会监督；同时做好财务清理工作，防止国有资产流失和逃废银行债务。绝不允许任何地方、部门、单位和个人，以任何理由、任何名义继续收取或变相收取明令取消的各项收费。违反规定的，要严肃查处，并追究相关责任人的责任。国家发展改革委、财政部要会同有关部门尽快制定下发配套文件，并加大督查力度。

（四）加强宣传解释工作。要通过广播、电视、报纸、网络等多种媒体，有针对性地开展宣传解释工作，取得群众的理解和支持，为改革的顺利实施创造有利的舆论环境。地方各级人民政府要结合本地实际情况，加强舆论引导。

（五）确保社会大局稳定。成品油价格和税费改革涉及面广，情况复杂。各地要密切关注市场情况和社会动态，针对改革过程中可能出现的新情况、新问题，提前做好应对预案，并妥善处理，切实维护社会稳定的大局。

各地区、各有关部门贯彻落实情况，要及时向国务院报告。

财政部 国家税务总局关于提高成品油消费税税率的通知

财税〔2008〕167号

各省、自治区、直辖市、计划单列市财政厅（局）、国家税务局，新疆生产建设兵团财务局：

按照《国务院关于实施成品油价格和税费改革的通知》(国发〔2008〕37 号)，现将提高成品油消费税税率问题通知如下：

一、将无铅汽油的消费税单位税额由每升 0.2 元提高到每升 1.0 元；将含铅汽油的消费税单位税额由每升 0.28 元提高到每升 1.4 元。

二、将柴油的消费税单位税额由每升 0.1 元提高到每升 0.8 元。

三、将石脑油、溶剂油和润滑油的消费税单位税额由每升 0.2 元提高到每升 1.0 元。

四、将航空煤油和燃料油的消费税单位税额由每升 0.1 元提高到每升 0.8 元。

五、本通知自 2009 年 1 月 1 日起执行。原消费税的政策规定与本通知有抵触的，依照本通知执行。

附件 1：

成品油消费税税目税率表

税　　目	税　　率
成品油：	
1. 汽油	
(1)无铅汽油	1.0 元/升
(2)含铅汽油	1.4 元/升
2. 柴油	0.8 元/升
3. 航空煤油	0.8 元/升
4. 石脑油	1.0 元/升
5. 溶剂油	1.0 元/升
6. 润滑油	1.0 元/升
7. 燃料油	0.8 元/升

附件 2：

成品油消费税征收范围注释

一、汽油

汽油是指用原油或其他原料加工生产的辛烷值不小于 66 的可用作汽油发动机燃料的各种轻质油。含铅汽油是指铅含量每升超过 0.013 克的汽油。汽油分为车用汽油和航空汽油。

以汽油、汽油组分调和生产的甲醇汽油、乙醇汽油也属于本税目征收范围。

二、柴油

柴油是指用原油或其他原料加工生产的倾点或凝点在－50 至 30 的可用作柴油发动机燃料的各种轻质油和以柴油组分为主、经调和精制可用作柴油发动机燃料的非标油。

以柴油、柴油组分调和生产的生物柴油也属于本税目征收范围。

三、石脑油

石脑油又叫化工轻油，是以原油或其他原料加工生产的用于化工原料的轻质油。

石脑油的征收范围包括除汽油、柴油、航空煤油、溶剂油以外的各种轻质油。非标汽油、重整生成油、拔头油、戊烷原料油、轻裂解料(减压柴油 VGO 和常压柴油 AGO)、重裂解料、加氢裂化尾油、芳烃抽余油均属轻质油,属于石脑油征收范围。

四、溶剂油

溶剂油是用原油或其他原料加工生产的用于涂料、油漆、食用油、印刷油墨、皮革、农药、橡胶、化妆品生产和机械清洗、胶粘行业的轻质油。

橡胶填充油、溶剂油原料,属于溶剂油征收范围。

五、航空煤油

航空煤油也叫喷气燃料,是用原油或其他原料加工生产的用作喷气发动机和喷气推进系统燃料的各种轻质油。

六、润滑油

润滑油是用原油或其他原料加工生产的用于内燃机、机械加工过程的润滑产品。润滑油分为矿物性润滑油、植物性润滑油、动物性润滑油和化工原料合成润滑油。

润滑油的征收范围包括矿物性润滑油、矿物性润滑油基础油、植物性润滑油、动物性润滑油和化工原料合成润滑油。以植物性、动物性和矿物性基础油(或矿物性润滑油)混合掺配而成的“混合性”润滑油,不论矿物性基础油(或矿物性润滑油)所占比例高低,均属润滑油的征收范围。

七、燃料油

燃料油也称重油、渣油,是用原油或其他原料加工生产,主要用作电厂发电、锅炉用燃料、加热炉燃料、冶金和其他工业炉燃料。腊油、船用重油、常压重油、减压重油、180CTS 燃料油、7 号燃料油、糠醛油、工业燃料、4—6 号燃料油等油品的主要用途是作为燃料燃烧,属于燃料油征收范围。

财政部 国家税务总局关于提高成品油消费税税率后相关成品油消费税政策的通知

财税〔2008〕168 号

各省、自治区、直辖市、计划单列市财政厅(局)、国家税务局,新疆生产建设兵团财务局:

根据《国务院关于实施成品油价格和税费改革的通知》(国发〔2008〕37 号),现将提高成品油消费税税率后相关成品油消费税政策问题通知如下:

一、自 2009 年 1 月 1 日起对进口石脑油恢复征收消费税。

二、2009 年 1 月 1 日至 2010 年 12 月 31 日,对国产的用作乙烯、芳烃类产品原料的石脑油免征消费税,生产企业直接对外销售的不作为乙烯、芳烃类产品原料的石脑油应按规定征收消费税;对进口的用作乙烯、芳烃类产品原料的石脑油已缴纳的消费税予以返还,具体办法由财政部会同海关总署和国家税务总局另行制定。

乙烯类产品具体是指乙烯、丙烯和丁二烯;芳烃类产品具体是指苯、甲苯、二甲苯。

三、航空煤油暂缓征收消费税。

四、对用外购或委托加工收回的已税汽油生产的乙醇汽油免税。用自产汽油生产的乙醇汽油,按照生产乙醇汽油所耗用的汽油数量申报纳税。

五、对外购或委托加工收回的汽油、柴油用于连续生产甲醇汽油、生物柴油,准予从消费税应纳税额中扣除原料已纳的消费税税款。

六、2008 年 12 月 31 日以前生产企业库存的用于生产应税消费品的外购或委托加工收回的石脑油、润滑油、燃料油原料,其已缴纳的消费税,准予在 2008 年 12 月税款所属期按照石脑油、润滑油每升 0.2 元和燃料油每升 0.1 元一次性计算扣除。

七、本通知自 2009 年 1 月 1 日起执行,原消费税政策规定与本通知有抵触的按照本通知的规定执行。

国家税务总局关于加强白酒消费税征收管理的通知

国税函〔2009〕380号

各省、自治区、直辖市和计划单列市国家税务局：

为落实《国家税务总局关于进一步加强税收征管工作的通知》(国税发〔2009〕16号)文件精神，加强白酒消费税征收管理，现将有关事项通知如下：

一、各地要组织开展白酒消费税政策执行情况检查，及时纠正税率适用错误等政策问题。

二、各地要加强白酒消费税日常管理，确保税款按时入库。加大白酒消费税清欠力度，杜绝新欠发生。

三、加强纳税评估，有效监控生产企业的生产、销售情况，堵塞漏洞，增加收入。

四、为保全税基，对设立销售公司的白酒生产企业，税务总局制定了《白酒消费税最低计税价格核定管理办法(试行)》(见附件)，对计税价格偏低的白酒核定消费税最低计税价格。

各地要集中力量做好白酒消费税最低计税价格核定工作，确保自2009年8月1日起，执行核定的白酒消费税最低计税价格。

五、各地要加强小酒厂白酒消费税的征管，对账证不全的，采取核定征收方式。

六、各级税务机关要加强领导，加强对本通知提出的白酒消费税征收管理各项工作要求的监督检查，发现问题及时纠正、及时上报。

附件：白酒消费税最低计税价格核定管理办法(试行)

国家税务总局关于润滑脂产品征收消费税问题的批复

国税函〔2009〕709号

北京市国家税务局：

你局《关于对润滑脂产品征收消费税问题的请示》(京国税发〔2009〕232号)收悉。经研究，批复如下：

根据润滑油消费税征收范围注释，用原油或其他原料加工生产的用于内燃机、机械加工过程的润滑产品均属于润滑油征税范围。润滑脂是润滑产品，属润滑油消费税征收范围，生产、加工润滑脂应当征收消费税。

国家税务总局关于对绝缘油类产品征收消费税问题的批复

国税函〔2010〕76号

新疆维吾尔自治区国家税务局：

你局《关于绝缘油类产品是否征收消费税问题的请示》(新国税发〔2009〕227号)收悉。经研究，批复如下：

根据润滑油国家标准《润滑剂和有关产品(L类)的分类第15部分：N组(绝缘液体)》(GB/T7631.15—1998)规定的润滑剂范围，变压器油、导热类油等绝缘油类产品，均属于润滑油的范围。据此，对你区润滑油生产企业生产的变压器油、导热类油等绝缘类油品，应按“润滑油”的税率征收消费税。

请遵照执行。

国家税务总局关于稳定轻烃产品征收消费税问题的批复

国税函〔2010〕205 号

山东省国家税务局：

你局《关于中石化胜利油田分公司稳定轻烃产品征收消费税问题的请示》（鲁国税发〔2010〕54 号）收悉。经研究，批复如下：

油气田企业在生产石油、天然气过程中，通过加热、增压、冷却、制冷等方法回收、以戊烷和以上重烃组分组成的稳定轻烃属于原油范畴，不属于成品油消费税征税范围。

国家税务总局关于绝缘油类产品不征收消费税问题的公告

国家税务总局公告 2010 年第 12 号

现将有关消费税征收范围问题公告如下：

变压器油、导热类油等绝缘油类产品不属于《财政部 国家税务总局关于提高成品油消费税税率的通知》（财税〔2008〕167 号）规定的应征消费税的“润滑油”，不征收消费税。

本公告自 2010 年 10 月 1 日起执行。《国家税务总局关于对绝缘油类产品征收消费税问题的批复》（国税函〔2010〕76 号）文件同时废止。此前未征消费税的不得补征，已征的消费税税款可抵顶以后纳税期其他货物的应交消费税。

国家税务总局关于生产企业出口外购视同自产应税消费品消费税退税问题的批复

国税函〔2010〕91 号

安徽省国家税务局：

你局《关于生产企业出口外购视同自产应税消费品消费税退税问题的请示》（皖国税发〔2010〕11 号）收悉。经研究，批复如下：

同意安徽江淮汽车股份有限公司收购成员企业汽车出口缴纳的消费税，比照《财政部 国家税务总局关于列名生产企业出口外购产品试行免、抵、退税办法的通知》（财税〔2004〕125 号）的有关规定，办理消费税退税手续。

国家税务总局关于农用拖拉机收割机和手扶拖拉机专用轮胎不征收消费税问题的公告

国家税务总局公告 2010 年第 16 号

现将“汽车轮胎”税目消费税征税范围有关问题公告如下：

农用拖拉机、收割机和手扶拖拉机专用轮胎不属于《中华人民共和国消费税暂行条例》（中华人民共和国国务院令第 539 号)规定的应征消费税的"汽车轮胎"范围,不征收消费税。

本公告自 2010 年 12 月 1 日起施行。

财政部 国家税务总局关于对成品油生产企业生产自用油免征消费税的通知

财税〔2010〕98 号

各省、自治区、直辖市、计划单列市财政厅(局)、国家税务局,新疆生产建设兵团财务局:

经国务院批准,对成品油生产企业生产自用油免征消费税。现将有关政策通知如下:

一、从 2009 年 1 月 1 日起,对成品油生产企业在生产成品油过程中,作为燃料、动力及原料消耗掉的自产成品油,免征消费税。对用于其他用途或直接对外销售的成品油照章征收消费税。

二、从 2009 年 1 月 1 日到本通知下发前,成品油生产企业生产自用油已经缴纳的消费税,符合上述免税规定的,予以退还。

财政部 国家税务总局关于对利用废弃的动植物油生产纯生物柴油免征消费税的通知

财税〔2010〕118 号

各省、自治区、直辖市、计划单列市财政厅(局)、国家税务局,新疆生产建设兵团财务局:

经国务院批准,对利用废弃的动物油和植物油为原料生产的纯生物柴油免征消费税。现将有关政策通知如下:

一、从 2009 年 1 月 1 日起,对同时符合下列条件的纯生物柴油免征消费税:

(一)生产原料中废弃的动物油和植物油用量所占比重不低于 70%。

(二)生产的纯生物柴油符合国家《柴油机燃料调合生物柴油(BD100)》标准。

二、对不符合本通知第一条规定的生物柴油,或者以柴油、柴油组分调合生产的生物柴油照章征收消费税。

三、从 2009 年 1 月 1 日至本通知下发前,生物柴油生产企业已经缴纳的消费税,符合本通知第一条免税规定的予以退还。

财政部 国家税务总局关于对油(气)田企业生产自用成品油先征后返消费税的通知

财税〔2011〕7 号

各省、自治区、直辖市、计划单列市财政厅(局)、国家税务局,新疆生产建设兵团财务局:

经国务院批准,现对油(气)田企业生产自用成品油先征后返消费税问题通知如下:

一、自 2009 年 1 月 1 日起,对油(气)田企业在开采原油过程中耗用的内购成品油,暂按实际缴纳成品油消费税的税额,全额返还所含消费税。

二、享受税收返还政策的成品油必须同时符合以下三个条件:

（一）由油（气）田企业所隶属的集团公司（总厂）内部的成品油生产企业生产；

（二）从集团公司（总厂）内部购买；

（三）油（气）田企业在地质勘探、钻井作业和开采作业过程中，作为燃料、动力（不含运输）耗用。

三、油（气）田企业所隶属的集团公司（总厂）向财政部驻当地财政监察专员办事处统一申请税收返还。具体退税办法由财政部另行制定。

财政部中国人民银行国家税务总局关于延续执行部分石脑油燃料油消费税政策的通知

财税〔2011〕87号

各省、自治区、直辖市、计划单列市财政厅（局）、国家税务局，中国人民银行上海总部，各分行、营业管理部，省会（首府）城市中心支行，各副省级城市中心支行：

为促进我国烯烃类化工行业的发展，经国务院批准，现将用于生产乙烯、芳烃类化工产品的石脑油、燃料油消费税退（免）税政策延续问题明确如下：

一、自2011年10月1日起，对生产石脑油、燃料油的企业（以下简称生产企业）对外销售的用于生产乙烯、芳烃类化工产品的石脑油、燃料油，恢复征收消费税。

二、自2011年10月1日起，生产企业自产石脑油、燃料油用于生产乙烯、芳烃类化工产品的，按实际耗用数量暂免征消费税。

三、自2011年10月1日起，对使用石脑油、燃料油生产乙烯、芳烃的企业（以下简称使用企业）购进并用于生产乙烯、芳烃类化工产品的石脑油、燃料油，按实际耗用数量暂退还所含消费税。

退还石脑油、燃料油所含消费税计算公式为：

应退还消费税税额＝石脑油、燃料油实际耗用数量×石脑油、燃料油消费税单位税额

使用企业所在地主管国家税务局（以下简称主管税务机关）负责退税工作。主管税务机关根据使用企业石脑油、燃料油实际耗用量核定应退税金额，并开具“收入退还书”（预算科目为：101020121成品油消费税退税），后附退税审批表、退税申请书等，送交当地国库部门。国库部门审核后从中央预算收入中退付税款。

四、2011年1月1日至9月30日，生产企业销售给使用企业用于生产乙烯、芳烃类化工产品的石脑油、燃料油，仍按《财政部 国家税务总局关于提高成品油消费税税率后相关成品油消费税政策的通知》（财税〔2008〕168号）、《财政部 国家税务总局关于调整部分燃料油消费税政策的通知》（财税〔2010〕66号）和《国家税务总局关于印发〈石脑油消费税免税管理办法〉的通知》（国税发〔2008〕45号）规定免征消费税。

五、在2011年1月1日至9月30日期间，对使用企业购进的用于生产乙烯、芳烃类化工产品的已含消费税石脑油、燃料油，按照本通知第三条规定退还。

六、主管税务机关要对使用企业2011年1月1日至9月30日购进石脑油、燃料油的库存情况认真检查核实，对耗用库存的已享受退（免）消费税的石脑油、燃料油，不得退税。

七、2010年12月31日前，生产企业自营进口或委托代理进口的石脑油、燃料油消费税应退未退的，仍按《财政部 国家税务总局关于提高成品油消费税税率后相关成品油消费税政策的通知》（财税〔2008〕168号）、《财政部 国家税务总局关于调整部分燃料油消费税政策的通知》（财税〔2010〕66号）、《财政部 国家税务总局关于调整成品油进口环节消费税的通知》（财关税〔2008〕103号）、《财政部关于调整部分进口燃料油消费税政策的通知》（财关税〔2010〕56号）和《财政部 海关总署 国家税务总局关于进口石脑油消费税先征后返有关问题的通知》（财预〔2009〕347号）继续退还。

八、用石脑油、燃料油生产乙烯、芳烃类化工产品的产量占本企业用石脑油、燃料油生产产品总量的50％以上（含50％）的企业，享受本通知规定的退（免）消费税政策。符合本条规定条件的企业，应在本通知下发后到主管税务机关提请退（免）税资格认定。

九、乙烯类化工产品是指乙烯、丙烯、丁二烯及衍生品；芳烃类化工产品是指苯、甲苯、二甲苯、重芳烃、

混合芳烃及衍生品。

十、使用企业生产乙烯、芳烃类化工产品过程中所生产的消费税应税产品，照章缴纳消费税。

十一、用于生产乙烯、芳烃类化工产品的石脑油、燃料油消费税具体退（免）税管理办法，由国家税务总局另行制定。

十二、财政部驻各地财政监察专员办事处要加强对消费税退（免）税政策执行情况的监督检查。各级国家税务局要加强对消费税退（免）税的组织、监督，严格管理，堵塞漏洞。对于发现并经查实的骗取退（免）税的行为，依法处罚，并取消退（免）消费税的资格。

国家税务总局关于配制酒消费税适用税率问题的公告

国家税务总局公告 2011 年第 53 号

根据《中华人民共和国消费税暂行条例》及其实施细则，现将配制酒消费税适用税率问题公告如下：

一、配制酒（露酒）是指以发酵酒、蒸馏酒或食用酒精为酒基，加入可食用或药食两用的辅料或食品添加剂，进行调配、混合或再加工制成的、并改变了其原酒基风格的饮料酒。

二、配制酒消费税适用税率

（一）以蒸馏酒或食用酒精为酒基，同时符合以下条件的配制酒，按消费税税目税率表“其他酒”10％适用税率征收消费税。

1. 具有国家相关部门批准的国食健字或卫食健字文号；

2. 酒精度低于 38 度（含）。

（二）以发酵酒为酒基，酒精度低于 20 度（含）的配制酒，按消费税税目税率表“其他酒”10％适用税率征收消费税。

（三）其他配制酒，按消费税税目税率表“白酒”适用税率征收消费税。

上述蒸馏酒或食用酒精为酒基是指酒基中蒸馏酒或食用酒精的比重超过 80％（含）；发酵酒为酒基是指酒基中发酵酒的比重超过 80％（含）。

三、本公告自 2011 年 10 月 1 日起执行。《国家税务总局关于消费税若干征税问题的通知》（国税发〔1997〕84 号）第三条规定同时废止。

特此公告。

财政部 国家税务总局关于出口货物劳务增值税和消费税政策的通知

财税〔2012〕39 号

各省、自治区、直辖市、计划单列市财政厅（局）、国家税务局，新疆生产建设兵团财务局：

为便于征纳双方系统、准确地了解和执行出口税收政策，财政部和国家税务总局对近年来陆续制定的一系列出口货物、对外提供加工修理修配劳务（以下统称出口货物劳务，包括视同出口货物）增值税和消费税政策进行了梳理归类，并对在实际操作中反映的个别问题做了明确。现将有关事项通知如下：

一、适用增值税退（免）税政策的出口货物劳务

对下列出口货物劳务，除适用本通知第六条和第七条规定的外，实行免征和退还增值税［以下称增值税退（免）税］政策：

（一）出口企业出口货物。

本通知所称出口企业，是指依法办理工商登记、税务登记、对外贸易经营者备案登记，自营或委托出口货物的单位或个体工商户，以及依法办理工商登记、税务登记但未办理对外贸易经营者备案登记，委托出口货物的生产企业。

本通知所称出口货物，是指向海关报关后实际离境并销售给境外单位或个人的货物，分为自营出口货物和委托出口货物两类。

本通知所称生产企业，是指具有生产能力(包括加工修理修配能力)的单位或个体工商户。

(二)出口企业或其他单位视同出口货物。具体是指：

1. 出口企业对外援助、对外承包、境外投资的出口货物。

2. 出口企业经海关报关进入国家批准的出口加工区、保税物流园区、保税港区、综合保税区、珠澳跨境工业区(珠海园区)、中哈霍尔果斯国际边境合作中心(中方配套区域)、保税物流中心(B型)(以下统称特殊区域)并销售给特殊区域内单位或境外单位、个人的货物。

3. 免税品经营企业销售的货物[国家规定不允许经营和限制出口的货物(见附件1)、卷烟和超出免税品经营企业《企业法人营业执照》规定经营范围的货物除外]。具体是指：(1)中国免税品(集团)有限责任公司向海关报关运入海关监管仓库，专供其经国家批准设立的统一经营、统一组织进货、统一制定零售价格、统一管理的免税店销售的货物；(2)国家批准的除中国免税品(集团)有限责任公司外的免税品经营企业，向海关报关运入海关监管仓库，专供其所属的首都机场口岸海关隔离区内的免税店销售的货物；(3)国家批准的除中国免税品(集团)有限责任公司外的免税品经营企业所属的上海虹桥、浦东机场海关隔离区内的免税店销售的货物。

4. 出口企业或其他单位销售给用于国际金融组织或外国政府贷款国际招标建设项目的中标机电产品(以下称中标机电产品)。上述中标机电产品，包括外国企业中标再分包给出口企业或其他单位的机电产品。贷款机构和中标机电产品的具体范围见附件2。

5. 生产企业向海上石油天然气开采企业销售的自产的海洋工程结构物。海洋工程结构物和海上石油天然气开采企业的具体范围见附件3。

6. 出口企业或其他单位销售给国际运输企业用于国际运输工具上的货物。上述规定暂仅适用于外轮供应公司、远洋运输供应公司销售给外轮、远洋国轮的货物，国内航空供应公司生产销售给国内和国外航空公司国际航班的航空食品。

7. 出口企业或其他单位销售给特殊区域内生产企业生产耗用且不向海关报关而输入特殊区域的水(包括蒸汽)、电力、燃气(以下称输入特殊区域的水电气)。

除本通知及财政部和国家税务总局另有规定外，视同出口货物适用出口货物的各项规定。

(三)出口企业对外提供加工修理修配劳务。

对外提供加工修理修配劳务，是指对进境复出口货物或从事国际运输的运输工具进行的加工修理修配。

二、增值税退(免)税办法

适用增值税退(免)税政策的出口货物劳务，按照下列规定实行增值税免抵退税或免退税办法。

(一)免抵退税办法。生产企业出口自产货物和视同自产货物(视同自产货物的具体范围见附件4)及对外提供加工修理修配劳务，以及列名生产企业(具体范围见附件5)出口非自产货物，免征增值税，相应的进项税额抵减应纳增值税额(不包括适用增值税即征即退、先征后退政策的应纳增值税额)，未抵减完的部分予以退还。

(二)免退税办法。不具有生产能力的出口企业(以下称外贸企业)或其他单位出口货物劳务，免征增值税，相应的进项税额予以退还。

三、增值税出口退税率

(一)除财政部和国家税务总局根据国务院决定而明确的增值税出口退税率(以下称退税率)外，出口货物的退税率为其适用税率。国家税务总局根据上述规定将退税率通过出口货物劳务退税率文库予以发布，供征纳双方执行。退税率有调整的，除另有规定外，其执行时间以货物(包括被加工修理修配的货物)出口货物报关单(出口退税专用)上注明的出口日期为准。

(二)退税率的特殊规定：

1. 外贸企业购进按简易办法征税的出口货物、从小规模纳税人购进的出口货物，其退税率分别为简易办法实际执行的征收率、小规模纳税人征收率。上述出口货物取得增值税专用发票的，退税率按照增值税专用发票上的税率和出口货物退税率孰低的原则确定。

2. 出口企业委托加工修理修配货物，其加工修理修配费用的退税率，为出口货物的退税率。

3. 中标机电产品、出口企业向海关报关进入特殊区域销售给特殊区域内生产企业生产耗用的列名原材料（以下称列名原材料，其具体范围见附件 6）、输入特殊区域的水电气，其退税率为适用税率。如果国家调整列名原材料的退税率，列名原材料应当自调整之日起按调整后的退税率执行。

4. 海洋工程结构物退税率的适用，见附件 3。

（三）适用不同退税率的货物劳务，应分开报关、核算并申报退（免）税，未分开报关、核算或划分不清的，从低适用退税率。

四、增值税退（免）税的计税依据

出口货物劳务的增值税退（免）税的计税依据，按出口货物劳务的出口发票（外销发票）、其他普通发票或购进出口货物劳务的增值税专用发票、海关进口增值税专用缴款书确定。

（一）生产企业出口货物劳务（进料加工复出口货物除外）增值税退（免）税的计税依据，为出口货物劳务的实际离岸价（FOB）。实际离岸价应以出口发票上的离岸价为准，但如果出口发票不能反映实际离岸价，主管税务机关有权予以核定。

（二）生产企业进料加工复出口货物增值税退（免）税的计税依据，按出口货物的离岸价（FOB）扣除出口货物所含的海关保税进口料件的金额后确定。

本通知所称海关保税进口料件，是指海关以进料加工贸易方式监管的出口企业从境外和特殊区域等进口的料件。包括出口企业从境外单位或个人购买并从海关保税仓库提取且办理海关进料加工手续的料件，以及保税区外的出口企业从保税区内的企业购进并办理海关进料加工手续的进口料件。

（三）生产企业国内购进无进项税额且不计提进项税额的免税原材料加工后出口的货物的计税依据，按出口货物的离岸价（FOB）扣除出口货物所含的国内购进免税原材料的金额后确定。

（四）外贸企业出口货物（委托加工修理修配货物除外）增值税退（免）税的计税依据，为购进出口货物的增值税专用发票注明的金额或海关进口增值税专用缴款书注明的完税价格。

（五）外贸企业出口委托加工修理修配货物增值税退（免）税的计税依据，为加工修理修配费用增值税专用发票注明的金额。外贸企业应将加工修理修配使用的原材料（进料加工海关保税进口料件除外）作价销售给受托加工修理修配的生产企业，受托加工修理修配的生产企业应将原材料成本并入加工修理修配费用开具发票。

（六）出口进项税额未计算抵扣的已使用过的设备增值税退（免）税的计税依据，按下列公式确定：

$$\text{退（免）税计税依据}=\text{增值税专用发票上的金额或海关进口增值税专用缴款书注明的完税价格}\times\text{已使用过的设备固定资产净值}\div\text{已使用过的设备原值}$$

已使用过的设备固定资产净值＝已使用过的设备原值－已使用过的设备已提累计折旧

本通知所称已使用过的设备，是指出口企业根据财务会计制度已经计提折旧的固定资产。

（七）免税品经营企业销售的货物增值税退（免）税的计税依据，为购进货物的增值税专用发票注明的金额或海关进口增值税专用缴款书注明的完税价格。

（八）中标机电产品增值税退（免）税的计税依据，生产企业为销售机电产品的普通发票注明的金额，外贸企业为购进货物的增值税专用发票注明的金额或海关进口增值税专用缴款书注明的完税价格。

（九）生产企业向海上石油天然气开采企业销售的自产的海洋工程结构物增值税退（免）税的计税依据，为销售海洋工程结构物的普通发票注明的金额。

（十）输入特殊区域的水电气增值税退（免）税的计税依据，为作为购买方的特殊区域内生产企业购进水（包括蒸汽）、电力、燃气的增值税专用发票注明的金额。

五、增值税免抵退税和免退税的计算

（一）生产企业出口货物劳务增值税免抵退税，依下列公式计算：

1. 当期应纳税额的计算

当期应纳税额＝当期销项税额－（当期进项税额－当期不得免征和抵扣税额）

当期不得免征和抵扣税额＝当期出口货物离岸价×外汇人民币折合率×(出口货物适用税率－出口货物退税率)－当期不得免征和抵扣税额抵减额

当期不得免征和抵扣税额抵减额＝当期免税购进原材料价格×(出口货物适用税率－出口货物退税率)

2. 当期免抵退税额的计算

当期免抵退税额＝当期出口货物离岸价×外汇人民币折合率×出口货物退税率－当期免抵退税额抵减额

当期免抵退税额抵减额＝当期免税购进原材料价格×出口货物退税率

3. 当期应退税额和免抵税额的计算

(1)当期期末留抵税额≤当期免抵退税额，则

当期应退税额＝当期期末留抵税额

当期免抵税额＝当期免抵退税额－当期应退税额

(2)当期期末留抵税额＞当期免抵退税额，则

当期应退税额＝当期免抵退税额

当期免抵税额＝0

当期期末留抵税额为当期增值税纳税申报表中"期末留抵税额"。

4. 当期免税购进原材料价格包括当期国内购进的无进项税额且不计提进项税额的免税原材料的价格和当期进料加工保税进口料件的价格，其中当期进料加工保税进口料件的价格为组成计税价格。

当期进料加工保税进口料件的组成计税价格＝当期进口料件到岸价格＋海关实征关税＋海关实征消费税

(1)采用"实耗法"的，当期进料加工保税进口料件的组成计税价格为当期进料加工出口货物耗用的进口料件组成计税价格。其计算公式为：

当期进料加工保税进口料件的组成计税价格＝当期进料加工出口货物离岸价×外汇人民币折合率×计划分配率

计划分配率＝计划进口总值÷计划出口总值×100%

实行纸质手册和电子化手册的生产企业，应根据海关签发的加工贸易手册或加工贸易电子化纸质单证所列的计划进出口总值计算计划分配率。

实行电子账册的生产企业，计划分配率按前一期已核销的实际分配率确定；新启用电子账册的，计划分配率按前一期已核销的纸质手册或电子化手册的实际分配率确定。

(2)采用"购进法"的，当期进料加工保税进口料件的组成计税价格为当期实际购进的进料加工进口料件的组成计税价格。

若当期实际不得免征和抵扣税额抵减额大于当期出口货物离岸价×外汇人民币折合率×(出口货物适用税率－出口货物退税率)的，则：

当期不得免征和抵扣税额抵减额＝当期出口货物离岸价×外汇人民币折合率×(出口货物适用税率－出口货物退税率)

(二)外贸企业出口货物劳务增值税免退税，依下列公式计算：

1. 外贸企业出口委托加工修理修配货物以外的货物：

增值税应退税额＝增值税退(免)税计税依据×出口货物退税率

2. 外贸企业出口委托加工修理修配货物：

出口委托加工修理修配货物的增值税应退税额＝委托加工修理修配的增值税退(免)税计税依据×出口货物退税率

(三)退税率低于适用税率的，相应计算出的差额部分的税款计入出口货物劳务成本。

(四)出口企业既有适用增值税免抵退项目，也有增值税即征即退、先征后退项目的，增值税即征即退和

先征后退项目不参与出口项目免抵退税计算。出口企业应分别核算增值税免抵退项目和增值税即征即退、先征后退项目，并分别申请享受增值税即征即退、先征后退和免抵退税政策。

用于增值税即征即退或者先征后退项目的进项税额无法划分的，按照下列公式计算：

$$\text{无法划分进项税额中用于增值税即征即退或者先征后退项目的部分}=\text{当月无法划分的全部进项税额}\times\text{当月增值税即征即退或者先征后退项目销售额}\div\text{当月全部销售额、营业额合计}$$

六、适用增值税免税政策的出口货物劳务

对符合下列条件的出口货物劳务，除适用本通知第七条规定外，按下列规定实行免征增值税(以下称增值税免税)政策：

(一)适用范围。

适用增值税免税政策的出口货物劳务，是指：

1. 出口企业或其他单位出口规定的货物，具体是指：

(1)增值税小规模纳税人出口的货物。

(2)避孕药品和用具，古旧图书。

(3)软件产品。其具体范围是指海关税则号前四位为“9803”的货物。

(4)含黄金、铂金成分的货物，钻石及其饰品。其具体范围见附件 7。

(5)国家计划内出口的卷烟。其具体范围见附件 8。

(6)已使用过的设备。其具体范围是指购进时未取得增值税专用发票、海关进口增值税专用缴款书但其他相关单证齐全的已使用过的设备。

(7)非出口企业委托出口的货物。

(8)非列名生产企业出口的非视同自产货物。

(9)农业生产者自产农产品[农产品的具体范围按照《农业产品征税范围注释》(财税〔1995〕52 号)的规定执行]。

(10)油画、花生果仁、黑大豆等财政部和国家税务总局规定的出口免税的货物。

(11)外贸企业取得普通发票、废旧物资收购凭证、农产品收购发票、政府非税收入票据的货物。

(12)来料加工复出口的货物。

(13)特殊区域内的企业出口的特殊区域内的货物。

(14)以人民币现金作为结算方式的边境地区出口企业从所在省(自治区)的边境口岸出口到接壤国家的一般贸易和边境小额贸易出口货物。

(15)以旅游购物贸易方式报关出口的货物。

2. 出口企业或其他单位视同出口的下列货物劳务：

(1)国家批准设立的免税店销售的免税货物[包括进口免税货物和已实现退(免)税的货物]。

(2)特殊区域内的企业为境外的单位或个人提供加工修理修配劳务。

(3)同一特殊区域、不同特殊区域内的企业之间销售特殊区域内的货物。

3. 出口企业或其他单位未按规定申报或未补齐增值税退(免)税凭证的出口货物劳务。

具体是指：

(1)未在国家税务总局规定的期限内申报增值税退(免)税的出口货物劳务。

(2)未在规定期限内申报开具《代理出口货物证明》的出口货物劳务。

(3)已申报增值税退(免)税，却未在国家税务总局规定的期限内向税务机关补齐增值税退(免)税凭证的出口货物劳务。

对于适用增值税免税政策的出口货物劳务，出口企业或其他单位可以依照现行增值税有关规定放弃免税，并依照本通知第七条的规定缴纳增值税。

(二)进项税额的处理计算。

1. 适用增值税免税政策的出口货物劳务，其进项税额不得抵扣和退税，应当转入成本。

. 出口卷烟，依下列公式计算：

2.

$$\text{不得抵扣的进项税额}=\text{出口卷烟含消费税金额}\div(\text{出口卷烟含消费税金额}+\text{内销卷烟销售额})\times\text{当期全部进项税额}$$

(1)当生产企业销售的出口卷烟在国内有同类产品销售价格时

出口卷烟含消费税金额＝出口销售数量×销售价格

“销售价格”为同类产品生产企业国内实际调拨价格。如实际调拨价格低于税务机关公示的计税价格的，“销售价格”为税务机关公示的计税价格；高于公示计税价格的，销售价格为实际调拨价格。

(2)当生产企业销售的出口卷烟在国内没有同类产品销售价格时：

出口卷烟含税金额＝(出口销售额＋出口销售数量×消费税定额税率)÷(1－消费税比例税率)

“出口销售额”以出口发票上的离岸价为准。若出口发票不能如实反映离岸价，生产企业应按实际离岸价计算，否则，税务机关有权按照有关规定予以核定调整。

3. 除出口卷烟外，适用增值税免税政策的其他出口货物劳务的计算，按照增值税免税政策的统一规定执行。其中，如果涉及销售额，除来料加工复出口货物为其加工费收入外，其他均为出口离岸价或销售额。

七、适用增值税征税政策的出口货物劳务

下列出口货物劳务，不适用增值税退(免)税和免税政策，按下列规定及视同内销货物征税的其他规定征收增值税(以下称增值税征税)：

(一)适用范围。

适用增值税征税政策的出口货物劳务，是指：

1. 出口企业出口或视同出口财政部和国家税务总局根据国务院决定明确的取消出口退(免)税的货物[不包括来料加工复出口货物、中标机电产品、列名原材料、输入特殊区域的水电气、海洋工程结构物]。

2. 出口企业或其他单位销售给特殊区域内的生活消费用品和交通运输工具。

3. 出口企业或其他单位因骗取出口退税被税务机关停止办理增值税退(免)税期间出口的货物。

4. 出口企业或其他单位提供虚假备案单证的货物。

5. 出口企业或其他单位增值税退(免)税凭证有伪造或内容不实的货物。

6. 出口企业或其他单位未在国家税务总局规定期限内申报免税核销以及经主管税务机关审核不予免税核销的出口卷烟。

7. 出口企业或其他单位具有以下情形之一的出口货物劳务：

(1)将空白的出口货物报关单、出口收汇核销单等退(免)税凭证交由除签有委托合同的货代公司、报关行，或由境外进口方指定的货代公司(提供合同约定或者其他相关证明)以外的其他单位或个人使用的。

(2)以自营名义出口，其出口业务实质上是由本企业及其投资的企业以外的单位或个人借该出口企业名义操作完成的。

(3)以自营名义出口，其出口的同一批货物既签订购货合同，又签订代理出口合同(或协议)的。

(4)出口货物在海关验放后，自己或委托货代承运人对该笔货物的海运提单或其他运输单据等上的品名、规格等进行修改，造成出口货物报关单与海运提单或其他运输单据有关内容不符的。

(5)以自营名义出口，但不承担出口货物的质量、收款或退税风险之一的，即出口货物发生质量问题不承担购买方的索赔责任(合同中有约定质量责任承担者除外)；不承担未按期收款导致不能核销的责任(合同中有约定收款责任承担者除外)；不承担因申报出口退(免)税的资料、单证等出现问题造成不退税责任的。

(6)未实质参与出口经营活动、接受并从事由中间人介绍的其他出口业务，但仍以自营名义出口的。

(二)应纳增值税的计算。

适用增值税征税政策的出口货物劳务，其应纳增值税按下列办法计算：

1. 一般纳税人出口货物

销项税额＝(出口货物离岸价－出口货物耗用的进料加工保税进口料件金额)
÷(1＋适用税率)×适用税率

出口货物若已按征退税率之差计算不得免征和抵扣税额并已经转入成本的，相应的税额应转回进项税额。

(1)出口货物耗用的进料加工保税进口料件金额＝主营业务成本×(投入的保税进口料件金额÷生产成本)

主营业务成本、生产成本均为不予退(免)税的进料加工出口货物的主营业务成本、生产成本。当耗用的保税进口料件金额大于不予退(免)税的进料加工出口货物金额时,耗用的保税进口料件金额为不予退(免)税的进料加工出口货物金额。

(2)出口企业应分别核算内销货物和增值税征税的出口货物的生产成本、主营业务成本。未分别核算的,其相应的生产成本、主营业务成本由主管税务机关核定。

进料加工手册海关核销后,出口企业应对出口货物耗用的保税进口料件金额进行清算。清算公式为:

清算耗用的保税进口料件总额＝实际保税进口料件总额－退(免)税出口货物耗用的保税进口料件总额－进料加工副产品耗用的保税进口料件总额

若耗用的保税进口料件总额与各纳税期扣减的保税进口料件金额之和存在差额时,应在清算的当期相应调整销项税额。当耗用的保税进口料件总额大于出口货物离岸金额时,其差额部分不得扣减其他出口货物金额。

2. 小规模纳税人出口货物

应纳税额＝出口货物离岸价÷(1＋征收率)×征收率

八、适用消费税退(免)税或征税政策的出口货物

适用本通知第一条、第六条或第七条规定的出口货物,如果属于消费税应税消费品,实行下列消费税政策:

(一)适用范围。

1. 出口企业出口或视同出口适用增值税退(免)税的货物,免征消费税,如果属于购进出口的货物,退还前一环节对其已征的消费税。

2. 出口企业出口或视同出口适用增值税免税政策的货物,免征消费税,但不退还其以前环节已征的消费税,且不允许在内销应税消费品应纳消费税款中抵扣。

3. 出口企业出口或视同出口适用增值税征税政策的货物,应按规定缴纳消费税,不退还其以前环节已征的消费税,且不允许在内销应税消费品应纳消费税款中抵扣。

(二)消费税退税的计税依据。

出口货物的消费税应退税额的计税依据,按购进出口货物的消费税专用缴款书和海关进口消费税专用缴款书确定。

属于从价定率计征消费税的,为已征且未在内销应税消费品应纳税额中抵扣的购进出口货物金额;属于从量定额计征消费税的,为已征且未在内销应税消费品应纳税额中抵扣的购进出口货物数量;属于复合计征消费税的,按从价定率和从量定额的计税依据分别确定。

(三)消费税退税的计算。

消费税应退税额＝从价定率计征消费税的退税计税依据×比例税率
＋从量定额计征消费税的退税计税依据×定额税率

九、出口货物劳务增值税和消费税政策的其他规定

(一)认定和申报。

1. 适用本通知规定的增值税退(免)税或免税、消费税退(免)税或免税政策的出口企业或其他单位,应办理退(免)税认定。

2. 经过认定的出口企业及其他单位,应在规定的增值税纳税申报期内向主管税务机关申报增值税退(免)税和免税、消费税退(免)税和免税。委托出口的货物,由委托方申报增值税退(免)税和免税、消费税退(免)税和免税。输入特殊区域的水电气,由作为购买方的特殊区域内生产企业申报退税。

3. 出口企业或其他单位骗取国家出口退税款的,经省级以上税务机关批准可以停止其退(免)税资格。

(二)若干征、退(免)税规定

1. 出口企业或其他单位退(免)税认定之前的出口货物劳务,在办理退(免)税认定后,可按规定适用增值税退(免)税或免税及消费税退(免)税政策。

2. 出口企业或其他单位出口货物劳务适用免税政策的,除特殊区域内企业出口的特殊区域内货物、出口企业或其他单位视同出口的免征增值税的货物劳务外,如果未按规定申报免税,应视同内销货物和加工修理修配劳务征收增值税、消费税。

3. 开展进料加工业务的出口企业若发生未经海关批准将海关保税进口料件作价销售给其他企业加工的，应按规定征收增值税、消费税。

4. 卷烟出口企业经主管税务机关批准按国家批准的免税出口卷烟计划购进的卷烟免征增值税、消费税。

5. 发生增值税、消费税不应退税或免税但已实际退税或免税的，出口企业和其他单位应当补缴已退或已免税款。

6. 出口企业和其他单位出口的货物(不包括本通知附件 7 所列货物)，如果原材料成本 80%以上为附件 9 所列原料的，应执行该原料的增值税、消费税政策，上述出口货物的增值税退税率为附件 9 所列该原料海关税则号在出口货物劳务退税率文库中对应的退税率。

7. 国家批准的免税品经营企业销售给免税店的进口免税货物免征增值税。

(三)外贸企业核算要求

外贸企业应单独设账核算出口货物的购进金额和进项税额，若购进货物时不能确定是用于出口的，先记入出口库存账，用于其他用途时应从出口库存账转出。

(四)符合条件的生产企业已签订出口合同的交通运输工具和机器设备，在其退税凭证尚未收集齐全的情况下，可凭出口合同、销售明细账等，向主管税务机关申报免抵退税。在货物向海关报关出口后，应按规定申报退(免)税，并办理已退(免)税的核销手续。多退(免)的税款，应予追回。生产企业申请时应同时满足以下条件：

1. 已取得增值税一般纳税人资格。

2. 已持续经营 2 年及 2 年以上。

3. 生产的交通运输工具和机器设备生产周期在 1 年及 1 年以上。

4. 上一年度净资产大于同期出口货物增值税、消费税退税额之和的 3 倍。

5. 持续经营以来从未发生逃税、骗取出口退税、虚开增值税专用发票或农产品收购发票、接受虚开增值税专用发票(善意取得虚开增值税专用发票除外)行为。

十、出口企业及其他单位具体认定办法及出口退(免)税具体管理办法，由国家税务总局另行制定。

十一、本通知除第一条第(二)项关于国内航空供应公司生产销售给国内和国外航空公司国际航班的航空食品适用增值税退(免)税政策，第六条第(一)项关于国家批准设立的免税店销售的免税货物、出口企业或其他单位未按规定申报或未补齐增值税退(免)税凭证的出口货物劳务、第九条第(二)项关于国家批准的免税品经营企业销售给免税店的进口免税货物适用增值税免税政策的有关规定自 2011 年 1 月 1 日起执行外，其他规定均自 2012 年 7 月 1 日起实施。《废止的文件和条款目录》(见附件 10)所列的相应文件同时废止。

附件：1. 国家规定不允许经营和限制出口的货物

2. 贷款机构和中标机电产品的具体范围

3. 海洋工程结构物和海上石油天然气开采企业的具体范围

4. 视同自产货物的具体范围

5. 列名生产企业的具体范围

6. 列名原材料的具体范围

7. 含黄金、铂金成分的货物和钻石及其饰品的具体范围

8. 国家计划内出口的卷烟的具体范围

9. 原料名称和海关税则号表

10. 废止的文件和条款目录

财政部 国家税务总局

二〇一二年五月二十五日

国家税务总局关于发布《用于生产乙烯、芳烃类化工产品的石脑油、燃料油退(免)消费税暂行办法》的公告

国家税务总局公告2012年第36号

根据《财政部 中国人民银行 国家税务总局关于延续执行部分石脑油、燃料油消费税政策的通知》(财税〔2011〕87号)的规定,现将国家税务总局制定的《用于生产乙烯、芳烃类化工产品的石脑油、燃料油退(免)消费税暂行办法》(以下简称暂行办法)予以发布,自2011年10月1日起施行。同时对有关问题明确如下:

一、石脑油、燃料油生产企业(以下简称生产企业)在2011年1月1日至9月30日期间(以增值税专用发票开具日期为准,下同)销售给乙烯、芳烃类产品生产企业(以下简称使用企业)的石脑油、燃料油,仍按《国家税务总局关于印发〈石脑油消费税免税管理办法〉的通知》(国税发〔2008〕45号)执行。补办《石脑油使用管理证明单》(以下简称证明单)的工作应于2012年8月31日前完成。

生产企业取得《证明单》并已缴纳消费税的,税务机关予以退还消费税或准予抵减下期消费税;未缴纳消费税并未取得《证明单》的,生产企业应补缴消费税。

使用企业在2011年1月1日至9月30日期间购入的国产石脑油、燃料油不得申请退税。

二、2012年8月31日前,主管税务机关应将资格备案的石脑油、燃料油退(免)消费税的使用企业名称和纳税人识别号逐级上报国家税务总局(货物和劳务税司)。

三、在石脑油、燃料油汉字防伪版专用发票开票系统推行之前,《暂行办法》第十七条中有关开具"DDZG"汉字防伪版专用发票的规定和开具普通版增值税专用发票先征税后核实再抵顶之规定暂不执行。生产企业执行定点直供计划销售石脑油、燃料油,并开具普通版增值税专用发票的,免征消费税。

四、生产企业应于2012年8月15日前将2011年10月1日至2012年7月31日期间销售石脑油、燃料油开具的增值税专用发票填报《过渡期生产企业销售石脑油、燃料油缴纳消费税明细表》(见附表)报送主管税务机关。主管税务机关审核后于2012年8月31日前逐级上报国家税务总局。

五、使用企业主管税务机关应根据国家税务总局下发的《过渡期生产企业销售石脑油、燃料油缴纳消费税明细表》与企业报送的《使用企业外购石脑油、燃料油凭证明细表》信息进行比对,比对相符的按《暂行办法》第十五条规定办理退税。比对不符的应进行核查,核查相符后方可办理退税。

六、主管税务机关应认真核实使用企业2011年9月30日和2012年7月31日的石脑油、燃料油库存情况。使用企业申请2011年10月至2012年7月期间消费税退税时,应将2011年9月30日采购国产石脑油、燃料油的库存数量填报《石脑油、燃料油生产、外购、耗用、库存月度统计表》"二、外购数量统计"项"期初库存数量"的"免税油品"栏内。

各地对执行中遇到的情况和问题,请及时报告税务总局(货物和劳务税司)。

特此公告。

附件:过渡期生产企业销售石脑油、燃料油缴纳消费税明细表

国家税务总局

二〇一二年七月十二日

用于生产乙烯、芳烃类化工产品的石脑油、燃料油退(免)消费税暂行办法

第一条　根据《中华人民共和国税收征收管理法》及其实施细则、《中华人民共和国消费税暂行条例》及其实施细则、《国家税务总局关于印发〈税收减免管理办法〉(试行)的通知》(国税发〔2005〕129号)、《财政部 中国人民银行 国家税务总局关于延续执行部分石脑油、燃料油消费税政策的通知》(财税〔2011〕87号)以及相关规定,制定本办法。

第二条　本办法所称石脑油、燃料油消费税适用《中华人民共和国消费税暂行条例》之《消费税税目税

率(税额)表》中“成品油”税目项下“石脑油”、“燃料油”子目。

第三条 境内使用石脑油、燃料油生产乙烯、芳烃类化工产品的企业,包括将自产石脑油、燃料油用于连续生产乙烯、芳烃类化工产品的企业(以下简称使用企业),符合财税〔2011〕87 号文件退(免)消费税规定且需要申请退(免)消费税的,须按本办法规定向当地主管国家税务局(以下简称主管税务机关)办理退(免)消费税资格备案(以下简称资格备案)。未经资格备案的使用企业,不得申请退(免)消费税。

第四条 境内生产石脑油、燃料油的企业(以下简称生产企业)对外销售(包括对外销售用于生产乙烯、芳烃类化工产品的石脑油、燃料油)或用于其他方面的石脑油、燃料油征收消费税。但下列情形免征消费税:

(一)生产企业将自产的石脑油、燃料油用于本企业连续生产乙烯、芳烃类化工产品的;

(二)生产企业按照国家税务总局下发石脑油、燃料油定点直供计划(以下简称:定点直供计划)销售自产石脑油、燃料油的。

第五条 使用企业将外购的含税石脑油、燃料油用于生产乙烯、芳烃类化工产品,且生产的乙烯、芳烃类化工产品产量占本企业用石脑油、燃料油生产全部产品总量的 50%以上(含)的,按实际耗用量计算退还所含消费税。

第六条 符合下列条件的使用企业可以提请资格备案:

(一)营业执照登记的经营范围包含生产乙烯、芳烃类化工产品;

(二)持有省级以上安全生产监督管理部门颁发的相关产品《危险化学品安全生产许可证》;

(三)拥有生产乙烯、芳烃类化工产品的生产装置或设备,包括裂解装置、连续重整装置、芳烃抽提装置、PX 装置等;

(四)用石脑油、燃料油生产乙烯、芳烃类化工产品的产量占本企业用石脑油、燃料油生产全部产品总量的 50%以上(含);

(五)承诺接受税务机关对产品的抽检;

(六)国家税务总局规定的其他情形。

第七条 使用企业提请资格备案,应向主管税务机关申报《石脑油、燃料油消费税退(免)税资格备案表》(附件 1),并提供下列资料:

(一)石脑油、燃料油用于生产乙烯、芳烃类化工产品的工艺设计方案、装置工艺流程以及相关生产设备情况;

(二)石脑油、燃料油用于生产乙烯、芳烃类化工产品的物料平衡图,要求标注每套生产装置的投入产出比例及年处理能力;

(三)原料储罐、产成品储罐和产成品仓库的分布图、用途、储存容量的相关资料;

(四)乙烯、芳烃类化工产品生产装置的全部流量计的安装位置图和计量方法说明,以及原材料密度的测量和计算方法说明;

(五)上一年度用石脑油、燃料油生产乙烯、芳烃类化工产品的分品种的销售明细表;

(六)本办法第六条所列相关部门批件(证书)的原件及复印件;

(七)税务机关要求的其他相关资料。

第八条 本办法颁布后的新办企业,符合本办法第六条第一、二、三、五、六项的要求,且能够提供本办法第七条第一、二、三、四、六、七项所列资料的,可申请资格备案。

第九条 使用单位申报的备案资料被税务机关受理,即取得退(免)消费税资格。主管税务机关有权对备案资料的真实性进行检查。

第十条 《石脑油、燃料油消费税退(免)税资格备案表》所列以下备案事项发生变化的,使用企业应于 30 日内向主管税务机关办理备案事项变更:

(一) 单位名称(不包括变更纳税人识别号);

(二) 产品类型;

(三) 原材料类型;

(四) 生产装置、流量计数量;

(五) 石脑油、燃料油库容;

（六）附列资料目录所含的资质证件。

第十一条　主管税务机关每月底将资格备案信息（包括已备案、变更和注销）上报地市国家税务局，由地市国家税务局汇总上报省国家税务局备案。省国家税务局次月底前汇总报国家税务总局（货物和劳务税司）备案。

第十二条　退还用于生产乙烯、芳烃类化工产品的石脑油、燃料油消费税工作，由使用企业所在地主管税务机关负责。

第十三条　资格备案的使用企业每月应向主管税务机关填报《石脑油、燃料油生产、外购、耗用、库存月度统计表》（附件2）、《乙烯、芳烃生产装置投入产出流量计统计表》（附件3）和《使用企业外购石脑油、燃料油凭证明细表》（附件4）。申请退税的使用企业，在纳税申报期结束后，应向主管税务机关填报《用于生产乙烯、芳烃类化工产品的石脑油、燃料油消费税退税申请表》（附件5）。

第十四条　退还使用企业石脑油、燃料油所含消费税计算公式为：

应退还消费税税额＝实际耗用石脑油或燃料油数量×石脑油或燃料油消费税单位税额

其中：实际耗用石脑油、燃料油数量＝当期投入乙烯、芳烃生产装置的全部数量－当期耗用的自产数量－当期耗用的外购免税数量

第十五条　主管税务机关受理使用企业退税申请资料后，应在15个工作日内完成以下工作：

（一）开展消费税"一窗式"比对工作，具体比对指标为：

1.《石脑油、燃料油生产、外购、耗用、库存月度统计表》中填报的石脑油、燃料油生产乙烯、芳烃类化工产品的产量占本企业用石脑油、燃料油生产全部产品总量的比例是否达到50%；

2.《使用企业外购石脑油、燃料油凭证明细表》中"免税购入"和"含税购入"项的"汉字防伪版增值税专用发票"的"货物名称、数量"与主管税务机关采集认证的汉字防伪版增值税专用发票的货物名称、数量比对是否一致；

3.《使用企业外购石脑油、燃料油凭证明细表》中"免税购入"和"含税购入"项的"普通版增值税专用发票"的"发票代码、发票号码、认证日期、销货方纳税人识别号"与主管税务机关采集认证的普通版增值税专用发票信息比对是否一致；

4.《使用企业外购石脑油、燃料油凭证明细表》中"含税购入"项的"海关进口消费税专用缴款书"所关联的"进口增值税专用缴款书号码"与主管税务机关采集的海关进口增值税专用缴款书信息比对，是否存在和一致；

5.《石脑油、燃料油生产、外购、耗用、库存月度统计表》、《乙烯、芳烃生产装置投入产出流量计统计表》、《使用企业外购石脑油、燃料油凭证明细表》、《用于生产乙烯、芳烃类化工产品的石脑油、燃料油消费税退税申请表》表内、表间数据关系计算是否准确。

（二）消费税"一窗式"比对相符的，开具"收入退还书"（预算科目：101020121成品油消费税退税），后附《用于生产乙烯、芳烃类化工产品的石脑油、燃料油消费税退税申请表》，转交当地国库部门。国库部门按规定从中央预算收入中退付税款。

（三）消费税"一窗式"比对不符的，主管税务机关应当及时告知使用企业并退还其资料。

第十六条　生产企业将自产石脑油、燃料油用于本企业连续生产乙烯、芳烃类化工产品的，按当期投入生产装置的实际移送量免征消费税。

第十七条　生产企业执行定点直供计划，销售石脑油、燃料油的数量在计划限额内，且开具有"DDZG"标识的汉字防伪版增值税专用发票的，免征消费税。

开具普通版增值税专用发票的，应当先行申报缴纳消费税。经主管税务机关核实，确认使用企业购进的石脑油、燃料油已作免税油品核算的，其已申报缴纳消费税的数量可抵顶下期应纳消费税的应税数量。

未开具增值税专用发票或开具其他发票的，不得免征消费税。

第十八条　生产企业发生将自产的石脑油、燃料油用于本企业连续生产乙烯、芳烃类化工产品的，应按月填报《石脑油、燃料油生产、外购、耗用、库存月度统计表》和《乙烯、芳烃生产装置投入产出流量计统计表》；如执行定点直供计划销售石脑油、燃料油，且开具普通版增值税专用发票的，应按月填报《生产企业定点直供石脑油、燃料油开具普通版增值税专用发票明细表》（附件6），作为《成品油消费税纳税申报表》的附

列资料一同报送。

第十九条 主管税务机关在受理生产企业纳税申报资料时，应核对以下内容：

（一）《成品油消费税纳税申报表》、《石脑油、燃料油生产、外购、耗用、库存月度统计表》和《乙烯、芳烃生产装置投入产出流量计统计表》、《生产企业定点直供石脑油、燃料油开具普通版增值税专用发票明细表》表内、表间数据关系计算是否准确；

（二）《石脑油、燃料油生产、外购、耗用、库存月度统计表》中"本期执行定点直供计划数量"的累计数是否超过定点直供计划限额；

（三）《石脑油、燃料油生产、外购、耗用、库存月度统计表》中"其中：汉字防伪版增值税专用发票的油品数量"与当期开具有"DDZG"标识的汉字防伪版增值税专用发票记载的数量是否一致；

（四）将《生产企业定点直供石脑油、燃料油开具普通版增值税专用发票明细表》中发票信息发送给使用企业主管税务机关进行核查；根据反馈的核查结果，对使用企业已作免税油品核算的，将允许抵顶下期应纳消费税应税数量的具体数量书面通知生产企业。

第二十条 生产企业对外销售和用于其他方面的石脑油、燃料油耗用量，减去用于本企业连续生产乙烯、芳烃类化工产品的耗用量，减去执行定点直供计划且开具"DDZG"标识的汉字防伪版增值税专用发票的数量，为应当缴纳消费税的数量。

生产企业实际执行定点直供计划时，超出国家税务总局核发定点直供计划量的，或将自产石脑油、燃料油未用于生产乙烯、芳烃类化工产品的，不得免征消费税。

第二十一条 每年11月30日前，企业总部应将下一年度的《石脑油、燃料油定点直供计划表》（附件7）上报国家税务总局（货物和劳务税司）。年度内定点直供计划的调整，需提前30日报国家税务总局。

第二十二条 生产企业、使用企业应建立石脑油、燃料油移送使用台账（以下简称台账）。分别记录自产、外购（分别登记外购含税数量和外购免税数量）、移送使用石脑油、燃料油数量。

第二十三条 使用企业将外购的免税石脑油、燃料油未用于生产乙烯、芳烃类化工产品（不包库存）或者对外销售的，应按规定征收消费税。

第二十四条 使用企业生产乙烯、芳烃类化工产品过程中所生产的应税产品，应按规定征收消费税。外购的含税石脑油、燃料油生产乙烯、芳烃类化工产品且已经退税的，在生产乙烯、芳烃类化工产品过程中生产的应税产品不得再扣除外购石脑油、燃料油应纳消费税税额。

第二十五条 使用企业用于生产乙烯、芳烃类化工产品的石脑油、燃料油既有免税又有含税的，应分别核算，未分别核算或未准确核算的不予退税。

第二十六条 使用企业申请退税的国内采购的含税石脑油、燃料油，应取得经主管税务机关认证的汉字防伪版增值税专用发票或普通版增值税专用发票，发票应注明石脑油、燃料油及数量。未取得、未认证或发票未注明石脑油、燃料油及数量的，不予退税。

使用企业申请退税的进口的含税石脑油、燃料油，必须取得海关进口消费税、增值税专用缴款书，且申报抵扣了增值税进项税，专用缴款书应注明石脑油、燃料油及数量。未取得、未申报抵扣或专用缴款书未注明石脑油、燃料油及数量的，不予退税。

第二十七条 主管税务机关按月填制《用于生产乙烯、芳烃类化工产品的石脑油、燃料油退（免）税汇总表》（附件8），逐级上报至国家税务总局。

第二十八条 主管税务机关应加强石脑油、燃料油退（免）消费税的日常管理，对已办理退税的乙烯、芳烃生产企业，当地国税稽查部门和货物劳务税管理部门，每季度要对其退税业务的真实性进行检查，防止企业骗取退税款。检查的内容主要包括：

（一）使用企业申报的实际耗用量与全部外购量、库存量进行比对，应当符合实际耗用量≤期初库存＋本期外购量（含自产）－本期销售－期末库存量；

使用企业申报的退税额应不大于外购含税石脑油、燃料油所含消费税税额；

（二）将使用企业实际产成品数据信息与利用产品收率计算原材料实际投入量信息进行比对，两者符合投入产出比例关系；

（三）将使用企业申报的实际耗用信息与石脑油、燃料油的出入库信息、生产计量信息及财务会计信息进行比对，符合逻辑关系；

（四）将使用企业申报的实际耗用信息与装置生产能力信息进行比对，符合逻辑关系；

（五）将使用企业本期外购石脑油、燃料油数量与相关增值税专用发票的抵扣信息进行比对，符合逻辑关系；

（六）生产企业免税销售石脑油、燃料油开具的增值税专用发票信息与总局定点直供计划规定的销售对象、供应数量等信息进行比对，两者销售对象应当一致，销售数量应等于或小于定点直供计划数量；

（七）使用企业外购免税的石脑油、燃料油数量信息与定点直供计划信息及相关的增值税专用发票信息进行比对，增值税专用发票开具的销售对象应当与定点直供计划规定的一致，其数量应等于或小于定点直供计划数量；

（八）使用企业申报的外购免税石脑油、燃料油数量信息与定点直供计划数量信息进行比对，免税数量应等于或小于定点直供计划。

第二十九条　被检查企业与主管税务机关在产品界定上如果发生歧义，企业应根据税务机关的要求实施对其产品的抽检。

检验样品由税务人员与企业财务人员、技术人员共同实地提取样品一式两份，经双方确认签封，其中一份交具有检测资质的第三方检测机构检测，检测报告由企业提供给主管税务机关；另一份由主管税务机关留存。

第三十条　使用企业发生下列行为之一的，主管税务机关应暂停或取消使用企业的退（免）税资格：

（一）注销税务登记的，取消退（免）税资格；

（二）主管税务机关实地核查结果与使用企业申报的备案资料不一致的，暂停或取消退（免）资格；

（三）使用企业不再以石脑油、燃料油生产乙烯、芳烃类化工产品或不再生产乙烯、芳烃类化工产品的，经申请取消退（免）税资格；

（四）经税务机关检查发现存在骗取国家退税款的，取消退（免）税资格；

（五）未办理备案变更登记备案事项，经主管税务机关通知在30日内仍未改正的，暂停退（免）税资格；

（六）未按月向主管税务机关报送《石脑油、燃料油生产、外购、耗用、库存月度统计表》和《乙烯、芳烃生产装置投入产出流量计统计表》、《使用企业外购石脑油、燃料油凭证明细表》的，暂停退（免）税资格；

（七）不接受税务机关的产品抽检，不能提供税务机关要求的检测报告的，暂停退（免）税资格。

第三十一条　使用企业被取消退（免）税资格的，其库存的免税石脑油、燃料油应当征收消费税。

第三十二条　本办法由国家税务总局负责解释。各省、自治区、直辖市、计划单列市国家税务局可依据本办法制定具体实施办法。

第三十三条　本办法自2011年10月1日起执行。《国家税务总局〈关于印发石脑油消费税免税管理办法〉的通知》（国税发〔2008〕45号）同时废止。

财政部 国家税务总局关于《中华人民共和国消费税暂行条例实施细则》有关条款解释的通知

财法〔2012〕8号

各省、自治区、直辖市、计划单列市财政厅（局）、国家税务局，新疆生产建设兵团财务局：

《中华人民共和国消费税暂行条例实施细则》（财政部令第51号）第七条第二款规定，“委托加工的应税消费品直接出售的，不再缴纳消费税”。现将这一规定的含义解释如下：

委托方将收回的应税消费品，以不高于受托方的计税价格出售的，为直接出售，不再缴纳消费税；委托方以高于受托方的计税价格出售的，不属于直接出售，需按照规定申报缴纳消费税，在计税时准予扣除受托方已代收代缴的消费税。

本规定自2012年9月1日起施行。

财政部 国家税务总局

二〇一二年七月十三日

国家税务总局关于催化料、焦化料征收消费税的公告

国家税务总局公告 2012 年第 46 号

现将催化料、焦化料征收消费税的政策公告如下：

催化料、焦化料属于燃料油的征收范围，应当征收消费税。

本公告自 2012 年 11 月 1 日起执行。

特此公告。

国家税务总局

二〇一二年九月二十七日

财政部 中国人民银行 海关总署 国家税务总局 关于完善石脑油 燃料油生产乙烯 芳烃类化工产品消费税退税政策的通知

财税〔2013〕2 号

各省、自治区、直辖市、计划单列市财政厅（局）、国家税务局，中国人民银行上海总部，各分行、营业管理部，省会（首府）城市中心支行，大连、青岛、宁波、厦门、深圳市中心支行，海关总署广东分署、各直属海关，新疆生产建设兵团财务局：

为规范石脑油、燃料油消费税退税政策，现将《财政部 中国人民银行 国家税务总局关于延续执行部分石脑油 燃料油消费税政策的通知》（财税〔2011〕87 号）中的成品油消费税退税政策调整如下：

一、我国境内使用石脑油、燃料油（以下简称油品）生产乙烯、芳烃类化工产品（以下简称化工产品）的企业（以下简称使用企业），仅以自营或委托方式进口油品生产化工产品，向进口消费税纳税地海关（以下简称海关）申请退还已缴纳的消费税（以下简称退税）。

办理退税时，海关根据使用企业生产化工产品实际耗用的油品数量核定应退税金额，开具收入退还书，使用“进口成品油消费税退税”科目（101020221）退税。

二、使用企业仅以国产油品生产化工产品，向主管税务机关（以下简称税务机关）申请退税。

办理退税时，税务机关根据使用企业生产化工产品实际耗用的油品数量核定应退税金额，开具收入退还书，使用“成品油消费税退税”科目（101020121）退税。

三、使用企业既购进国产油品又购进进口油品生产化工产品的，应分别核算国产与进口油品的购进量及其用于生产化工产品的实际耗用量，向税务机关提出退税申请。

税务机关负责对企业退税资料进行审核。对国产油品退税，按照本通知第二条第二款办理。对进口油品退税，税务机关出具初审意见，连同进口货物报关单、海关专用缴款书和自动进口许可证等材料，送交海关复审。海关按照本通知第一条第二款办理。

使用企业未分别核算国产与进口油品的购进量和实际耗用量的，不予办理退税。

四、税务机关和海关应向相关国库部门提供收入退还书，后附退税审批表、退税申请书等相关资料；国库部门经审核无误后，从相应预算科目中退付税款给申请企业。

五、税务机关和海关应加强合作，及时交换与退税相关的信息。

六、本通知自下发之日起执行。财税〔2011〕87 号文件与本通知不一致的，按本通知执行。税务机关此前已办理退税的，不予调整。未办理退税的，按照本通知规定办理。

国家税务总局 海关总署关于石脑油 燃料油生产乙烯 芳烃类化工产品消费税退税问题的公告

国家税务总局 海关总署公告 2013 年第 29 号

根据《财政部 中国人民银行 国家税务总局关于延续执行部分石脑油 燃料油消费税政策的通知》(财税〔2011〕87 号)、《财政部 中国人民银行 海关总署 国家税务总局关于完善石脑油 燃料油生产乙烯 芳烃类化工产品消费税退税政策的通知》(财税〔2013〕2 号)和《国家税务总局关于发布〈用于生产乙烯、芳烃类化工产品的石脑油、燃料油退(免)消费税暂行办法〉的公告》(国家税务总局公告 2012 年第 36 号),现就用于生产乙烯、芳烃类化工产品的石脑油、燃料油消费税退税问题公告如下:

一、用石脑油、燃料油生产乙烯、芳烃类化工产品的企业(以下简称使用企业),符合下列条件的,可提请消费税退税资格备案:

(一)营业执照登记的经营范围包含生产乙烯、芳烃类化工产品;

(二)持有省级(含)以上安全生产监督管理部门颁发的危险化学品《安全生产许可证》。如使用企业处于试生产阶段,应提供省级以上安全生产监督管理部门出具的试生产备案意见书;

(三)拥有生产乙烯、芳烃类化工产品的生产装置或设备,乙烯生产企业必须具备(蒸汽)裂解装置,芳烃生产企业必须具备芳烃抽提装置;

(四)用石脑油、燃料油生产乙烯、芳烃类化工产品的产量占本企业用石脑油、燃料油生产全部产品总量的 50%以上(含);

(五)书面承诺接受税务机关和海关对产品的抽检;

(六)国家税务总局和海关总署规定的其他情形。

二、使用企业提请消费税退税资格备案,按下列规定提交《石脑油、燃料油消费税退税资格备案表》(附件 1)和国家税务总局 2012 年第 36 号公告发布的《用于生产乙烯、芳烃类化工产品的石脑油、燃料油退(免)消费税暂行办法》(以下简称《暂行办法》)第七条规定的备案资料:

(一)仅以自营或委托方式进口石脑油、燃料油生产乙烯、芳烃类化工产品的,应向进口地海关提请资格备案,涉及多个进口地的,应分别向各进口地海关提请资格备案;

(二)仅以国产石脑油、燃料油生产乙烯、芳烃类化工产品的,应向主管税务机关提请资格备案;

(三)既以国产又以进口石脑油、燃料油生产乙烯、芳烃类化工产品的,应分别向主管税务机关和进口地海关提请资格备案,涉及多个进口地的,应分别向各进口地海关提请资格备案。

三、石脑油、燃料油生产企业(以下简称生产企业)销售含税石脑油、燃料油,应根据购买方企业的需要提供该油品所对应的消费税完税凭证复印件,并填制《生产企业销售含税石脑油、燃料油完税情况明细表》(附件 2),于次月纳税申报期报送至主管税务机关。主管税务机关及时将此表信息录入相关系统,供使用企业主管税务机关退税核对。

生产企业销售石脑油、燃料油发生消费税欠税(包括办理消费税缓缴手续)的,未交税油品对应的增值税专用发票信息不得填写在《生产企业销售含税石脑油、燃料油完税情况明细表》中。

四、使用企业取得生产企业消费税完税凭证复印件后,应填写《使用企业外购石脑油、燃料油凭证明细表》(附件 3)。

使用企业未取得生产企业消费税完税凭证复印件的,其外购油品的增值税专用发票信息不得填写在《使用企业外购石脑油、燃料油凭证明细表》中。

五、使用企业从非生产企业购进国产含税石脑油、燃料油的,应向主管税务机关提供该油品对应的增值税专用发票和消费税完税凭证复印件。经主管税务机关核实确已缴纳消费税的,使用企业应将该油品对应的增值税专用发票和消费税完税凭证等信息填写在《使用企业外购石脑油、燃料油凭证明细表》中。

上述供油企业(含生产企业和非生产企业)主管税务机关应协助使用企业主管税务机关,做好对该油品是否已缴纳消费税的核实工作。

六、使用企业应区分不同情形,按以下规定报送退税资料:

(一)仅以进口石脑油、燃料油生产乙烯、芳烃类化工产品的，应每月向进口地海关报送以下资料：

1.《使用企业外购石脑油、燃料油凭证明细表》；

2.《石脑油、燃料油生产、外购、耗用、库存月度统计表》(附件4)；

3.《乙烯、芳烃生产装置投入产出流量计统计表》(附件5)；

4. 进口货物报关单、海关进口消费税专用缴款书、自动进口许可证等材料复印件。

上述企业在申请退还进口消费税时，应向进口地海关提供《用于生产乙烯、芳烃类化工产品的石脑油、燃料油进口消费税退税申请表》(附件6)。

既以国产又以进口石脑油、燃料油生产乙烯、芳烃类化工产品的使用企业，按照本公告规定经主管税务机关对进口石脑油、燃料油退税提出核对意见后，也应向进口地海关提供《用于生产乙烯、芳烃类化工产品的石脑油、燃料油进口消费税退税申请表》。

(二)仅以国产石脑油、燃料油或既以国产又以进口石脑油、燃料油生产乙烯、芳烃类化工产品的，应向主管税务机关报送以下资料：

1. 在每月纳税申报期报送的资料：

(1)《使用企业外购石脑油、燃料油凭证明细表》；

(2)《石脑油、燃料油生产、外购、耗用、库存月度统计表》；

(3)《乙烯、芳烃生产装置投入产出流量计统计表》；

(4)《使用企业外购石脑油、燃料油凭证明细表》中"外购含税油品"项"消费税完税凭证号码"所对应的消费税完税凭证的复印件；

(5)当期外购石脑油、燃料油取得的已认证普通版增值税专用发票复印件；

(6)进口货物报关单、海关进口消费税专用缴款书、自动进口许可证等材料复印件。

2. 申请退还消费税的，在当月纳税申报期结束后应报送以下资料：

(1)《用于生产乙烯、芳烃类化工产品的石脑油、燃料油消费税应退税额计算表》(附件7)；

(2)使用企业初次向主管税务机关申请进口消费税退税的，如前期已向海关申请办理过退税事项，应提供上月进口地海关受理的《石脑油、燃料油生产、外购、耗用、库存月度统计表》。

七、主管税务机关和进口地海关受理使用企业退税申请后，应及时完成以下工作：

(一)主管税务机关核对、退税工作

1. 消费税退税资料的核对

(1)《石脑油、燃料油生产、外购、耗用、库存月度统计表》中填报的乙烯类、芳烃类产品的本年累计产量占全部产品(本企业用石脑油、燃料油生产全部产品总量)的比例是否达到50%；

(2)《使用企业外购石脑油、燃料油凭证明细表》中"外购免税油品"和"外购含税油品"项的"汉字防伪版增值税专用发票"的"石脑油数量"、"燃料油数量"与主管税务机关采集认证的汉字防伪版增值税专用发票的货物名称、数量比对是否相符；

(3)《使用企业外购石脑油、燃料油凭证明细表》中"外购免税油品"和"外购含税油品"项的"普通版增值税专用发票"的"发票代码"、"发票号码"、"销货方纳税人识别号"与主管税务机关采集认证的普通版增值税专用发票信息比对是否相符。"石脑油数量、燃料油数量"与普通版增值税专用发票复印件的货物名称、数量比对是否相符；

(4)《使用企业外购石脑油、燃料油凭证明细表》中"外购含税油品"项的"销货方纳税人识别号"、"消费税完税凭证号码"与使用企业提供的生产企业消费税完税凭证复印件信息比对是否相符。使用企业从非生产企业购进油品的，《使用企业外购石脑油、燃料油凭证明细表》中"外购含税油品"项的增值税专用发票、消费税完税凭证信息与税务机关核实情况是否一致；

(5)《使用企业外购石脑油、燃料油凭证明细表》中"外购含税油品"的"发票代码"、"发票号码"、"石脑油数量"、"燃料油数量"、"消费税完税凭证号码"与《生产企业销售含税石脑油、燃料油完税情况明细表》信息比对是否相符；

(6)《使用企业外购石脑油、燃料油凭证明细表》中"外购含税油品"项"海关进口消费税专用缴款书"的"缴款书号码、税款金额、数量"与使用企业提供进口货物报关单、海关进口消费税专用缴款书、自动进口许可证等材料复印件信息比对是否相符；

(7)当期申报的《石脑油、燃料油生产、外购、耗用、库存月度统计表》"外购数量统计"项的进口石脑油、燃料油的期初库存油品数量的本期数和累计数与前一期进口地海关办理退税的期末数据是否一致；

(8)《石脑油、燃料油生产、外购、耗用、库存月度统计表》、《乙烯、芳烃生产装置投入产出流量计统计表》、《使用企业外购石脑油、燃料油凭证明细表》、《用于生产乙烯、芳烃类化工产品的石脑油、燃料油消费税应退税额计算表》表内、表间数据逻辑关系是否准确。

2. 消费税退税资料核对相符的，在《用于生产乙烯、芳烃类化工产品的石脑油、燃料油消费税应退税额计算表》中填写国产油品的本期应退税数量和本期应退税额，并签署意见；在《退(抵)税申请审批表(通用)》签署意见；根据国产石脑油、燃料油的本期应退税额开具收入退还书(预算科目：101020121)；转交当地国库部门。

3. 使用企业申请进口石脑油、燃料油退税的，主管税务机关在《用于生产乙烯、芳烃类化工产品的石脑油、燃料油消费税应退税额计算表》中填写进口油品的本期应退税数量和本期应退税额，并于签署"表书信息比对相符，表内、表间数据关系计算准确"的意见后，及时将该表及其他相关资料直接转交进口地海关；如涉及 2 个或 2 个以上进口地海关的，将以上退税资料直接转交海关总署(关税征管司)。

(二)进口地海关核对、退税工作

1. 消费税退税资料的核对

(1)对税务机关出具初核意见的退税资料进行复核；

(2)《使用企业外购石脑油、燃料油凭证明细表》中"外购含税油品"项"海关进口消费税专用缴款书"的"缴款书号码、税款金额、数量"及所对应的进口货物报关单、海关进口消费税专用缴款书、自动进口许可证等复印件信息与海关记录的相关信息比对是否相符；

(3)《石脑油、燃料油生产、外购、耗用、库存月度统计表》、《乙烯、芳烃生产装置投入产出流量计统计表》、《使用企业外购石脑油、燃料油凭证明细表》、《用于生产乙烯、芳烃类化工产品的石脑油、燃料油消费税应退税额计算表》涉及进口油品的表内、表间数据关系计算是否准确。

2. 消费税退税资料核对相符的，进口地海关在《用于生产乙烯、芳烃类化工产品的石脑油、燃料油进口消费税退税申请表》签署意见，开具收入退还书(预算科目：101020221)，转交当地国库部门。

(三)消费税退税核对不符的，主管税务机关和进口地海关应及时告知使用企业并退还其退税资料。

八、生产企业、使用企业应建立石脑油、燃料油移送使用台账。分别记录自产、外购(分别登记外购含税国产、进口数量和外购国产免税数量)、移送使用石脑油、燃料油数量。

九、使用企业 2011 年 1 月 1 日至 9 月 30 日期间购进并用于乙烯、芳烃类化工产品生产的已税石脑油、燃料油，可申请办理消费税退税。

十、本公告自 2013 年 7 月 1 日起施行。此前已办理退税的，不予调整，未办理退税的，按本公告规定执行。国家税务总局 2012 年第 36 号公告第一条第三款，《暂行办法》第六条、第十二条、第十三条、第十五条、第二十二条、第二十六条第二款以及《暂行办法》的附件 1、附件 2、附件 3、附件 4、附件 5 同时废止。

特此公告。

附件：1. 石脑油、燃料油消费税退税资格备案表(略)
2. 生产企业销售含税石脑油、燃料油完税情况明细表(略)
3. 使用企业外购石脑油、燃料油凭证明细表(略)
4. 石脑油、燃料油生产、外购、耗用、库存月度统计表(略)
5. 乙烯、芳烃生产装置投入产出流量计统计表(略)
6. 用于生产乙烯、芳烃类化工产品的石脑油、燃料油进口消费税退税申请表(略)
7. 用于生产乙烯、芳烃类化工产品的石脑油、燃料油消费税应退税额计算表(略)

关于《石脑油 燃料油生产乙烯 芳烃类化工产品消费税退税问题的公告》的解读

一、关于本公告发布的目的

2013 年 2 月 1 日财政部、中国人民银行、海关总署和国家税务总局联合下发了《关于完善石脑油 燃料

油生产乙烯 芳烃类化工产品消费税退税政策的通知》(财税〔2013〕2 号,以下简称 2 号通知)。该通知的主要内容:一是调整了国产和进口石脑油、燃料油消费税的退税科目;二是明确划分了税务部门和海关部门的退税职责。由于上述退税政策发生变化,涉及纳税人退税资格的备案、退税资料的内容、申报时限以及税务和海关部门退税审核的内容、审批程序等一系列操作问题均需要相应做出调整,因此,经国家税务总局与海关总署共同研究,制定了本公告,以利于退税政策更好地贯彻执行。

二、关于退税科目的调整

2 号通知下发前,国产和进口石脑油、燃料油的消费税退税全部使用"成品油消费税退税"科目(101020121)。2 号通知下发后,将进口石脑油、燃料油消费税退税改用"进口成品油消费税退税"科目(101020221),而国产石脑油、燃料油消费税仍使用"成品油消费税退税"科目(101020121)办理退税。

三、关于退税职责的划分

2 号通知下发之前,石脑油、燃料油消费税的审核退税工作全部由税务机关负责。2 号通知下发后,石脑油、燃料油消费税审核退税的职责,按以下三种情形划分:

(一)仅以自营或委托方式进口石脑油、燃料油生产乙烯、芳烃类化工产品的,进口油品的消费税审核退税工作由进口地海关负责;

(二)仅以国产石脑油、燃料油生产乙烯芳烃类化工产品的,国产油品的消费税审核退税工作由主管税务机关负责;

(三)既以国产又以进口石脑油、燃料油生产乙烯芳烃类化工产品的,国产油品的消费税审核退税由主管税务机关负责;进口油品的消费税退税由主管税务机关提出初审意见后转进口地海关复审并办理退税。

四、关于退税资格备案的变化

原退税政策规定,符合退税条件的生产乙烯、芳烃类产品的生产企业(以下简称使用企业)应向主管税务机关提 请退税资格备案。根据新的退税政策,本公告对退税资格备案问题进行了调整,具体要求是:

(一)仅使用进口油品的使用企业,应向进口地海关申请退税资格备案。涉及多个进口地的,应分别向进口地海关进行备案;

(二)仅使用国产油品的使用企业,应向主管税务机关申请退税资格备案;

(三)既使用国产油品又使用进口油品的使用企业,应同时向主管税务机关和进口地海关申请退税资格备案。

五、关于退税资料的调整

按照 2 号通知的规定,使用企业应对生产乙烯、芳烃类产品的国产和进口石脑油、燃料油的领用存情况分别核算,并分别向主管税务机关和进口地海关申请退税,因此,本公告对退税资料重新进行了调整,具体情况是:

(一)原《石脑油、燃料油进口消费税退税资格备案表》、《石脑油、燃料油生产、外购、耗用、库存月度统计表》、《使用企业外购石脑油、燃料油凭证明细表》、《乙烯、芳烃生产装置投入产出流量计统计表》的表式内容、填报要求、报送部门等内容发生变化;

(二)原《用于生产乙烯、芳烃类化工产品的石脑油、燃料油消费税退税申请表》改为《用于生产乙烯、芳烃类化工产品的石脑油、燃料油消费税应退税额计算表》;

(三)新增了《生产企业销售含税石脑油、燃料油完税情况明细表》和《用于生产乙烯、芳烃类化工产品的石脑油、燃料油进口消费税退税申请表》,退税油品对应的消费税完税凭证、已认证的普通版增值税专用发票和进口货物报关单、自动进口许可证原件或复印件等材料。

六、关于退税资料中增加消费税完税凭证的问题

根据现行《中华人民共和国国家金库条例实施细则》第二十三条的规定,退库申请书必须包括"原缴款书日期、编号、预算科目、缴款金额"等内容。因此,使用企业按照《财政部 中国人民银行 国家税务总局关于延续执行部分石脑油 燃料油消费税政策的通知》(财税〔2011〕87 号)和 2 号通知规定申请消费税退税时,必须提供外购油品所对应的消费税完税凭证。

七、关于免税油品和含税油品耗用划分问题

《国家税务总局关于发布〈用于生产乙烯、芳烃类化工产品的石脑油、燃料油退(免)消费税暂行办法〉的公告》(国家税务总局公告 2012 年第 36 号)规定,使用企业生产乙烯、芳烃类化工产品应先计算耗用定点直供的国产免税石脑油、燃料油,实际耗用的油品数量大于外购免税油品数量,其超出部分的油品所含消费税才能申请办理退税。由于使用企业通常存在一定的合理库存，如果按先耗用免税油品，再耗用含税油品的顺序划分，将使得企业这部分库存油品所含消费税无法退还，占压了企业资金。为保障纳税人的权益，本公告对此项规定进行了调整，使用企业申请国产石脑油、燃料油消费税退税，不必先行计算扣除国产免税油数量。

国家税务总局关于消费税有关政策问题补充规定的公告

国家税务总局公告2013年第50号

现对《国家税务总局关于消费税有关政策问题的公告》（国家税务总局公告2012年第47号）有关问题补充规定如下：

一、国家税务总局公告2012年第47号第一条和第二条所称“其他原料”是指除原油以外可用于生产加工成品油的各种原料。

二、纳税人生产加工符合国家税务总局公告2012年第47号第一条第（一）项规定的产品，无论以何种名称对外销售或用于非连续生产应征消费税产品，均应按规定缴纳消费税。

三、国家税务总局公告2012年第47号第一条第（二）项所称“本条第（一）项规定以外的产品”是指产品名称虽不属于成品油消费税税目列举的范围，但外观形态与应税成品油相同或相近，且主要原料可用于生产加工应税成品油的产品。

前款所称产品不包括：

（一）环境保护部发布《中国现有化学物质名录》中列明分子式的产品和纳税人取得环境保护部颁发的《新化学物质环境管理登记证》中列名的产品；

（二）纳税人取得省级（含）以上质量技术监督部门颁发的《全国工业产品生产许可证》中除产品名称注明为“石油产品”外的各明细产品。

本条第一款规定的产品，如根据国家标准、行业标准或其他方法可以确认属于应征消费税的产品，适用本公告第二条规定。

四、国家税务总局公告2012年第47号第二条所称“纳税人以原油或其他原料生产加工的产品”是指常温常压状态下呈暗褐色或黑色的液态或半固态产品。

其他呈液态状产品以沥青名称对外销售或用于非连续生产应征消费税产品，适用国家税务总局公告2012年第47号第一条和本公告第三条规定。

沥青产品的行业标准，包括石油化工以及交通、建筑、电力等行业适用的行业性标准。

五、国家税务总局公告2012年第47号所称“相关产品质量检验证明”是指经国家认证认可监督管理委员会或省级质量技术监督部门依法授予实验室资质认定的检测机构出具的相关产品达到国家或行业标准的检验证明，且该检测机构对相关产品的检测能力在其资质认定证书附表规定的范围之内。

纳税人委托检测机构对相关产品进行检验的项目应为该产品国家或行业标准中列明的全部项目。在向主管税务机关提交检验证明备案时，应一并提供受检产品的国家或行业标准以及检测机构具备检测资质和该产品检测能力的证明材料，包括资质认定证书及检测能力附表复印件等。

本省（自治区、直辖市、计划单列市，以下简称省市）范围内的检测机构对相关产品不能检验的，纳税人可委托其他省市符合条件的检测机构对产品进行检验，并按前款规定提供产品检验证明和检测机构资质能力证明等材料。

六、对国家税务总局公告2012年第47号和本公告规定可不提供检验证明或已提供检验证明而不缴纳消费税的产品，税务机关可根据需要组织进行抽检，核实纳税人实际生产加工的产品是否符合不征收消费税的规定。

七、纳税人发生下列情形之一且未缴纳消费税的，主管税务机关应依法补征税款并予以相应处理：

（一）应提供而未提供检验证明；

（二）虽提供检验证明，但实际生产加工的产品不符合检验证明所依据的国家或行业标准。

八、下列产品准予按规定从消费税应纳税额中扣除其原料已纳的消费税税款，但可享受原料所含消费税退税政策的产品除外：

（一）按国家税务总局公告 2012 年第 47 号和本公告规定视同石脑油、燃料油缴纳消费税的产品；

（二）以外购或委托加工收回本条第（一）项规定的产品为原料生产的应税消费品；

（三）按国家税务总局公告 2012 年第 47 号第三条第（二）项规定缴纳消费税的产品。

九、纳税人生产、销售或受托加工本公告第八条第（一）项规定的产品，应在向购货方或委托方开具的增值税专用发票品名后注明“视同石脑油（或燃料油）”或“视同石脑油（或燃料油）加工”。购货方或委托方以该产品为原料生产应税消费品，需凭上述凭证按规定办理原料已纳消费税税款的扣除手续。

十、各地税务机关应加强消费税的日常管理和纳税评估，加大对纳税人不同名称产品销量异常变动情况的监管，并可根据需要对视同石脑油、燃料油征收消费税的产品，制定具体管理办法。

十一、本公告自 2013 年 1 月 1 日起施行。本公告施行前，纳税人向主管税务机关提交备案的产品检验证明，如所检项目为该产品国家或行业标准中列明的全部项目，可不做调整，如所检项目仅为部分项目，需补充提供其他项目的检验证明备案，对不提供全部项目检验证明的，视同不符合该产品的国家或行业标准；对已缴纳消费税的产品，根据本公告规定不属于消费税征税范围的，纳税人可按规定申请退税或抵减以后期间的应纳消费税。

特此公告。

关于《消费税有关政策问题补充规定的公告》的解读

一、关于本公告制定的目的

为规范成品油消费税管理，促进成品油市场公平竞争，堵塞一些纳税人通过变换产品名称逃避成品油消费税的漏洞，国家税务总局经深入调研并征求一些石油炼化企业的意见后，出台了《国家税务总局关于消费税有关政策问题的公告》（国家税务总局公告 2012 年第 47 号，以下简称第 47 号公告）。该公告发布后，纳税人对此存在着不同的理解，基层税务机关在执行过程中也面临一些需要细化的问题。为进一步增强对成品油消费税管理的认识，明确第 47 号公告相关的操作性事项，国家税务总局采取多种方式，广泛听取了一些石油炼化企业、石油化工行业协会、石化行业专家的意见，在充分考虑各方面建议和税收征管实际的基础上，制定了本公告。

二、关于成品油消费税的征收范围

2008 年，财政部和国家税务总局按照国务院关于实施成品油税费改革的统一部署，发布了《财政部 国家税务总局关于提高成品油消费税税率的通知》（财税〔2008〕167 号，以下简称《通知》），对成品油消费税征收范围进行了调整完善。根据《通知》规定，除汽油、柴油、航空煤油、溶剂油外，对以原油或其他原料加工生产的用于化工原料的各种轻质油均按石脑油征收消费税，对各类重油、渣油均按燃料油征收消费税。由此可见，2008 年成品油税费改革后，凡属轻质油或重油、渣油的产品，无论取何种名称，无论是用做调制成品油还是化工原料，都应缴纳消费税。

第 47 号公告和本公告就是在上述规定的基础上，从加强管理、堵塞漏洞、公平税负的角度，进一步明确纳税人凡生产加工符合汽油、柴油、航空煤油、石脑油、溶剂油、润滑油、燃料油征税规定的产品（以下简称应税成品油），无论以何种名称对外销售或用于非连续生产应征消费税产品，均应按规定缴纳消费税。

三、关于应税成品油与其他石油化工产品的区分问题

由于实践中对应税成品油与一些非应征消费税的石油化工产品（以下简称非应税产品），存在着难以明确区分的问题。为解决这一问题，本公告在第 47 号公告的基础上，明确了以下四种具体的区分方法：

一是从产品的化学特性进行区分。根据国家环境保护相关规定，除少数情形外，凡在我国境内生产、加工、销售、使用或进口的化学物质，必须已列入环境保护部发布的《中国现有化学物质名录》（现有名录详见环境保护部公告 2013 年第 1 号）或取得《新化学物质环境管理登记证》。从化学特性看，可以用一种化学分子式表示的产品纯度均较高，具有固定的熔点、沸点等性质，通过一些常用的检测方法（如气相色谱法等），即能将其与混合物加以区分，而应税成品油都是多种化合物的混合物，其中各物质均保持原有性质（如没有固定沸点等），不能用一种化学分子式来表示且不属于新化学物质。因此，《中国现有化学物质名录》中列明分子式的产品和纳税人取得《新化学物质环境管理登记证》的产品，与应税成品油有着明显区别。

二是从产品的生产许可进行区分。根据《中华人民共和国工业产品生产许可证管理条例》(国务院令第440号)规定，国家对包括石油产品等危险化学品在内的重要工业产品，实行生产许可证制度。该许可证的发放管理由省级(含)以上质量技术监督部门负责。国家质量监督检验检疫总局对需要办理生产许可的各类产品，均公布了生产许可证实施细则及具体产品品种名称(可从国家质量监督检验检疫总局官方网站查询：http://cpzljds.aqsiq.gov.cn/scxk/)，并将石油产品与其他危险化学品进行了一定的区分。纳税人从事这些产品生产，必须经省级或受省级委托的地方质量技术监督部门实地核查、产品抽检并审核通过后，才能获得列明产品品种明细的《全国工业产品生产许可证》。据此，本公告规定，纳税人取得省级(含)以上质量技术监督部门颁发的《全国工业产品生产许可证》中列明的各种明细产品，除在产品名称中注明为"石油产品"外，均不需提交检验证明备案，不属于成品油消费税征收范围。

三是从产品的主要原料和外观形态进行区分。对没有明确分子式且未取得《新化学物质环境管理登记证》和《全国工业产品生产许可证》的产品，如果在流动性、颜色等外观形态上与成品油具有明显差异，或其所需主要原料并非可用于生产加工成品油的原料，则可将此作为判定该产品不属于成品油消费税征税范围的重要依据。

四是从产品的国家标准或行业标准进行区分。在上述三个区分方法之外，对外观形态和生产所需主要原料与应税成品油相同或相近的产品，如符合该产品国家标准或行业标准并按规定向主管税务机关提供检测证明备案的，可视为非应税产品，否则，视同石脑油或燃料油征收消费税。但是，对通过国家标准、行业标准或其他方法可以确认属于应税成品油的，即便产品符合国家标准或行业标准，也应征收消费税。

四、关于产品质量检验和抽检的问题

根据国家质量监督检验检疫总局发布的《实验室和检查机构资质认定管理办法》(国家质量监督检验检疫总局令第86号)，在我国境内从事向社会出具具有证明作用的数据和结果的机构，须经国家认证认可监督管理委员会或各省、自治区、直辖市人民政府质量技术监督部门依法予以资质认定。因此，本公告在第47号公告的基础上，对纳税人提供产品符合国家标准或行业标准的检验证明所涉及的检测机构资质条件、受理范围、证明材料等事项做了进一步明确。对检测机构资质真实性和有效性需要核实的，可根据《实验室和检查机构资质认定管理办法》，向国家认证认可监督管理委员会或省级质量技术监督部门提出书面申请进行确认，部分检测机构及检测能力信息可登录"中国检测资源平台"网(http://www.testingdb.cn/)查询。

为更好地促进纳税遵从、维护公平竞争，防范变换产品名称避税以及产品检验过程中的弄虚作假行为，对纳税人依据第47号公告和本公告规定不缴纳消费税的产品，税务机关可根据需要组织进行抽检，核实纳税人实际生产加工的产品是否符合不征收消费税的规定。如有不符，将严格依法予以补税和处罚。

五、关于应税产品中原料已纳消费税的扣除问题

根据现行消费税政策规定，部分应税消费品在计税时可扣除其原料已纳的消费税税款。对按照第47号公告视同石脑油、燃料油缴纳消费税的产品以及该公告第三条第(二)项规定的产品，也可享受这一政策。一方面，纳税人生产上述产品时，其原料已纳消费税税款可按规定扣除；另一方面，纳税人以上述产品为原料生产加工其他应税消费品时，上述产品已纳消费税税款也可按规定扣除。同时，由于对一些按第47号公告应征消费税产品，目前还实行其原料已纳消费税的退税政策，为避免退税与扣除政策交叉重叠，本公告规定这类可享受退税的产品，不再适用其原料已纳消费税的扣除政策。

此外，为使上述扣除政策更好地落实到位，本公告规定，纳税人生产、销售或受托加工视同石脑油、燃料油缴纳消费税的产品，其向购货方或委托方开具的增值税专用发票品名后应注明"视同石脑油(或燃料油)"或"视同石脑油(或燃料油)加工"。购货方或委托方以该产品为原料生产应税消费品，可据此按规定办理原料已纳消费税税款的申报扣除手续。

六、关于本公告的执行时间

本公告是对第47号公告有关问题的进一步明确，因此，其执行时间应与第47号公告保持一致。为减轻纳税人负担，对在本公告下发前，纳税人向主管税务机关提交备案的产品检验证明，如所检项目为该产品国家或行业标准中列明的全部项目，可不做调整，但如所检项目仅为部分项目，则需补充提供其他项目的检验证明备案；对已缴纳但根据本公告规定无须缴纳消费税的产品，纳税人可按现行相关规定申请办理退税或抵减以后期间的应纳消费税。

第六部分 中华人民共和国关税法

中华人民共和国海关法

主席令〔2000〕第35号

（1987年1月22日第六届全国人民代表大会常务委员会第十九次会议通过，
2000年7月8日第九届全国人民代表大会常务委员会第十六次会议修正）

目 录

第一章 总 则

第一条 为了维护国家的主权和利益，加强海关监督管理，促进对外经济贸易和科技文化交往，保障社会主义现代化建设，特制定本法。

第二条 中华人民共和国海关是国家的进出关境（以下简称进出境）监督管理机关。海关依照本法和其他有关法律、行政法规，监管进出境的运输工具、货物、行李物品、邮递物品和其他物品（以下简称进出境运输工具、货物、物品），征收关税和其他税、费，查缉走私，并编制海关统计和办理其他海关业务。

第三条 国务院设立海关总署，统一管理全国海关。

国家在对外开放的口岸和海关监管业务集中的地点设立海关。海关的隶属关系，不受行政区划的限制。

海关依法独立行使职权，向海关总署负责。

第四条 国家在海关总署设立专门侦查走私犯罪的公安机构，配备专职缉私警察，负责对其管辖的走私犯罪案件的侦查、拘留、执行逮捕、预审。

海关侦查走私犯罪公安机构履行侦查、拘留、执行逮捕、预审职责，应当按照《中华人民共和国刑事诉讼法》的规定办理。

海关侦查走私犯罪公安机构根据国家有关规定，可以设立分支机构。各分支机构办理其管辖的走私犯罪案件，应当依法向有管辖权的人民检察院移送起诉。

地方各级公安机关应当配合海关侦查走私犯罪公安机构依法履行职责。

第五条 国家实行联合缉私、统一处理、综合治理的缉私体制。海关负责组织、协调、管理查缉走私工作。有关规定由国务院另行制定。

各有关行政执法部门查获的走私案件，应当给予行政处罚的，移送海关依法处理；涉嫌犯罪的，应当移送海关侦查走私犯罪公安机构、地方公安机关依据案件管辖分工和法定程序办理。

第六条 海关可以行使下列权力：

(一)检查进出境运输工具,查验进出境货物、物品;对违反本法或者其他有关法律、行政法规的,可以扣留。

(二)查阅进出境人员的证件;查问违反本法或者其他有关法律、行政法规的嫌疑人,调查其违法行为。

(三)查阅、复制与进出境运输工具、货物、物品有关的合同、发票、账册、单据、记录、文件、业务函电、录音录像制品和其他资料;对其中与违反本法或者其他有关法律、行政法规的进出境运输工具、货物、物品有牵连的,可以扣留。

(四)在海关监管区和海关附近沿海沿边规定地区,检查有走私嫌疑的运输工具和有藏匿走私货物、物品嫌疑的场所,检查走私嫌疑人的身体;对有走私嫌疑的运输工具、货物、物品和走私犯罪嫌疑人,经直属海关关长或者其授权的隶属海关关长批准,可以扣留;对走私犯罪嫌疑人,扣留时间不超过二十四小时,在特殊情况下可以延长至四十八小时。

在海关监管区和海关附近沿海沿边规定地区以外,海关在调查走私案件时,对有走私嫌疑的运输工具和除公民住处以外的有藏匿走私货物、物品嫌疑的场所,经直属海关关长或者其授权的隶属海关关长批准,可以进行检查,有关当事人应当到场;当事人未到场的,在有见证人在场的情况下,可以径行检查;对其中有证据证明有走私嫌疑的运输工具、货物、物品,可以扣留。

海关附近沿海沿边规定地区的范围,由海关总署和国务院公安部门会同有关省级人民政府确定。

(五)在调查走私案件时,经直属海关关长或者其授权的隶属海关关长批准,可以查询案件涉嫌单位和涉嫌人员在金融机构、邮政企业的存款、汇款。

(六)进出境运输工具或者个人违抗海关监管逃逸的,海关可以连续追至海关监管区和海关附近沿海沿边规定地区以外,将其带回处理。

(七)海关为履行职责,可以配备武器。海关工作人员佩带和使用武器的规则,由海关总署会同国务院公安部门制定,报国务院批准。

(八)法律、行政法规规定由海关行使的其他权力。

第七条 各地方、各部门应当支持海关依法行使职权,不得非法干预海关的执法活动。

第八条 进出境运输工具、货物、物品,必须通过设立海关的地点进境或者出境。在特殊情况下,需要经过未设立海关的地点临时进境或者出境的,必须经国务院或者国务院授权的机关批准,并依照本法规定办理海关手续。

第九条 进出口货物,除另有规定的外,可以由进出口货物收发货人自行办理报关纳税手续,也可以由进出口货物收发货人委托海关准予注册登记的报关企业办理报关纳税手续。

进出境物品的所有人可以自行办理报关纳税手续,也可以委托他人办理报关纳税手续。

第十条 报关企业接受进出口货物收发货人的委托,以委托人的名义办理报关手续的,应当向海关提交由委托人签署的授权委托书,遵守本法对委托人的各项规定。

报关企业接受进出口货物收发货人的委托,以自己的名义办理报关手续的,应当承担与收发货人相同的法律责任。

委托人委托报关企业办理报关手续的,应当向报关企业提供所委托报关事项的真实情况;报关企业接受委托人的委托办理报关手续的,应当对委托人所提供情况的真实性进行合理审查。

第十一条 进出口货物收发货人、报关企业办理报关手续,必须依法经海关注册登记。报关人员必须依法取得报关从业资格。未依法经海关注册登记的企业和未依法取得报关从业资格的人员,不得从事报关业务。

报关企业和报关人员不得非法代理他人报关,或者超出其业务范围进行报关活动。

第十二条 海关依法执行职务,有关单位和个人应当如实回答询问,并予以配合,任何单位和个人不得阻挠。

海关执行职务受到暴力抗拒时,执行有关任务的公安机关和人民武装警察部队应当予以协助。

第十三条 海关建立对违反本法规定逃避海关监管行为的举报制度。

任何单位和个人均有权对违反本法规定逃避海关监管的行为进行举报。

海关对举报或者协助查获违反本法案件的有功单位和个人,应当给予精神的或者物质的奖励。

海关应当为举报人保密。

第二章 进出境运输工具

第十四条 进出境运输工具到达或者驶离设立海关的地点时，运输工具负责人应当向海关如实申报，交验单证，并接受海关监管和检查。

停留在设立海关的地点的进出境运输工具，未经海关同意，不得擅自驶离。

进出境运输工具从一个设立海关的地点驶往另一个设立海关的地点的，应当符合海关监管要求，办理海关手续，未办结海关手续的，不得改驶境外。

第十五条 进境运输工具在进境以后向海关申报以前，出境运输工具在办结海关手续以后出境以前，应当按照交通主管机关规定的路线行进；交通主管机关没有规定的，由海关指定。

第十六条 进出境船舶、火车、航空器到达和驶离时间、停留地点、停留期间更换地点以及装卸货物、物品时间，运输工具负责人或者有关交通运输部门应当事先通知海关。

第十七条 运输工具装卸进出境货物、物品或者上下进出境旅客，应当接受海关监管。

货物、物品装卸完毕，运输工具负责人应当向海关递交反映实际装卸情况的交接单据和记录。

上下进出境运输工具的人员携带物品的，应当向海关如实申报，并接受海关检查。

第十八条 海关检查进出境运输工具时，运输工具负责人应当到场，并根据海关的要求开启舱室、房间、车门；有走私嫌疑的，并应当开拆可能藏匿走私货物、物品的部位，搬移货物、物料。

海关根据工作需要，可以派员随运输工具执行职务，运输工具负责人应当提供方便。

第十九条 进境的境外运输工具和出境的境内运输工具，未向海关办理手续并缴纳关税，不得转让或者移作他用。

第二十条 进出境船舶和航空器兼营境内客、货运输，需经海关同意，并应当符合海关监管要求。

进出境运输工具改营境内运输，需向海关办理手续。

第二十一条 沿海运输船舶、渔船和从事海上作业的特种船舶，未经海关同意，不得载运或者换取、买卖、转让进出境货物、物品。

第二十二条 进出境船舶和航空器，由于不可抗力的原因，被迫在未设立海关的地点停泊、降落或者抛掷、起卸货物、物品，运输工具负责人应当立即报告附近海关。

第三章 进出境货物

第二十三条 进口货物自进境起到办结海关手续止，出口货物自向海关申报起到出境止，过境、转运和通运货物自进境起到出境止，应当接受海关监管。

第二十四条 进口货物的收货人、出口货物的发货人应当向海关如实申报，交验进出口许可证件和有关单证。国家限制进出口的货物，没有进出口许可证件的，不予放行，具体处理办法由国务院规定。

进口货物的收货人应当自运输工具申报进境之日起十四日内，出口货物的发货人除海关特准的外应当在货物运抵海关监管区后、装货的二十四小时以前，向海关申报。

进口货物的收货人超过前款规定期限向海关申报的，由海关征收滞报金。

第二十五条 办理进出口货物的海关申报手续，应当采用纸质报关单和电子数据报关单的形式。

第二十六条 海关接受申报后，报关单证及其内容不得修改或者撤销；确有正当理由的，经海关同意，方可修改或者撤销。

第二十七条 进口货物的收货人经海关同意，可以在申报前查看货物或者提取货样。需要依法检疫的货物，应当在检疫合格后提取货样。

第二十八条 进出口货物应当接受海关查验。海关查验货物时，进口货物的收货人、出口货物的发货人应当到场，并负责搬移货物，开拆和重封货物的包装。海关认为必要时，可以径行开验、复验或者提取货样。

经收发货人申请，海关总署批准，其进出口货物可以免验。

第二十九条 除海关特准的外，进出口货物在收发货人缴清税款或者提供担保后，由海关签印放行。

第三十条 进口货物的收货人自运输工具申报进境之日起超过三个月未向海关申报的，其进口货物由海关提取依法变卖处理，所得价款在扣除运输、装卸、储存等费用和税款后，尚有余款的，自货物依法变卖之日起一年内，经收货人申请，予以发还；其中属于国家对进口有限制性规定，应当提交许可证件而不能提供的，不予发还。逾期无人申请或者不予发还的，上缴国库。

确属误卸或者溢卸的进境货物，经海关审定，由原运输工具负责人或者货物的收发货人自该运输工具卸货之日起三个月内，办理退运或者进口手续；必要时，经海关批准，可以延期三个月。逾期未办手续的，由海关按前款规定处理。

前两款所列货物不宜长期保存的，海关可以根据实际情况提前处理。

收货人或者货物所有人声明放弃的进口货物，由海关提取依法变卖处理；所得价款在扣除运输、装卸、储存等费用后，上缴国库。

第三十一条 经海关批准暂时进口或者暂时出口的货物，应当在六个月内复运出境或者复运进境；在特殊情况下，经海关同意，可以延期。

第三十二条 经营保税货物的储存、加工、装配、展示、运输、寄售业务和经营免税商店，应当符合海关监管要求，经海关批准，并办理注册手续。

保税货物的转让、转移以及进出保税场所，应当向海关办理有关手续，接受海关监管和查验。

第三十三条 企业从事加工贸易，应当持有关批准文件和加工贸易合同向海关备案，加工贸易制成品单位耗料量由海关按照有关规定核定。

加工贸易制成品应当在规定的期限内复出口。其中使用的进口料件，属于国家规定准予保税的，应当向海关办理核销手续；属于先征收税款的，依法向海关办理退税手续。

加工贸易保税进口料件或者制成品因故转为内销的，海关凭准予内销的批准文件，对保税的进口料件依法征税；属于国家对进口有限制性规定的，还应当向海关提交进口许可证件。

第三十四条 经国务院批准在中华人民共和国境内设立的保税区等海关特殊监管区域，由海关按照国家有关规定实施监管。

第三十五条 进口货物应当由收货人在货物的进境地海关办理海关手续，出口货物应当由发货人在货物的出境地海关办理海关手续。

经收发货人申请，海关同意，进口货物的收货人可以在设有海关的指运地、出口货物的发货人可以在设有海关的启运地办理海关手续。上述货物的转关运输，应当符合海关监管要求；必要时，海关可以派员押运。

经电缆、管道或者其他特殊方式输送进出境的货物，经营单位应当定期向指定的海关申报和办理海关手续。

第三十六条 过境、转运和通运货物，运输工具负责人应当向进境地海关如实申报，并应当在规定期限内运输出境。

海关认为必要时，可以查验过境、转运和通运货物。

第三十七条 海关监管货物，未经海关许可，不得开拆、提取、交付、发运、调换、改装、抵押、质押、留置、转让、更换标记、移作他用或者进行其他处置。

海关加施的封志，任何人不得擅自开启或者损毁。

人民法院判决、裁定或者有关行政执法部门决定处理海关监管货物的，应当责令当事人办结海关手续。

第三十八条 经营海关监管货物仓储业务的企业，应当经海关注册，并按照海关规定，办理收存、交付手续。

在海关监管区外存放海关监管货物，应当经海关同意，并接受海关监管。

违反前两款规定或者在保管海关监管货物期间造成海关监管货物损毁或者灭失的，除不可抗力外，对海关监管货物负有保管义务的人应当承担相应的纳税义务和法律责任。

第三十九条 进出境集装箱的监管办法、打捞进出境货物和沉船的监管办法、边境小额贸易进出口货物的监管办法，以及本法未具体列明的其他进出境货物的监管办法，由海关总署或者由海关总署会同国务院有关部门另行制定。

第四十条 国家对进出境货物、物品有禁止性或者限制性规定的，海关依据法律、行政法规、国务院的规定或者国务院有关部门依据法律、行政法规的授权作出的规定实施监管。具体监管办法由海关总署制定。

第四十一条 进出口货物的原产地按照国家有关原产地规则的规定确定。

第四十二条 进出口货物的商品归类按照国家有关商品归类的规定确定。

海关可以要求进出口货物的收发货人提供确定商品归类所需的有关资料;必要时,海关可以组织化验、检验,并将海关认定的化验、检验结果作为商品归类的依据。

第四十三条 海关可以根据对外贸易经营者提出的书面申请,对拟作进口或者出口的货物预先作出商品归类等行政裁定。

进口或者出口相同货物,应当适用相同的商品归类行政裁定。

海关对所作出的商品归类等行政裁定,应当予以公布。

第四十四条 海关依照法律、行政法规的规定,对与进出境货物有关的知识产权实施保护。

需要向海关申报知识产权状况的,进出口货物收发货人及其代理人应当按照国家规定向海关如实申报有关知识产权状况,并提交合法使用有关知识产权的证明文件。

第四十五条 自进出口货物放行之日起三年内或者在保税货物、减免税进口货物的海关监管期限内及其后的三年内,海关可以对与进出口货物直接有关的企业、单位的会计账簿、会计凭证、报关单证以及其他有关资料和有关进出口货物实施稽查。具体办法由国务院规定。

第四章 进出境物品

第四十六条 个人携带进出境的行李物品、邮寄进出境的物品,应当以自用、合理数量为限,并接受海关监管。

第四十七条 进出境物品的所有人应当向海关如实申报,并接受海关查验。

海关加施的封志,任何人不得擅自开启或者损毁。

第四十八条 进出境邮袋的装卸、转运和过境,应当接受海关监管。邮政企业应当向海关递交邮件路单。

邮政企业应当将开拆及封发国际邮袋的时间事先通知海关,海关应当按时派员到场监管查验。

第四十九条 邮运进出境的物品,经海关查验放行后,有关经营单位方可投递或者交付。

第五十条 经海关登记准予暂时免税进境或者暂时免税出境的物品,应当由本人复带出境或者复带进境。

过境人员未经海关批准,不得将其所带物品留在境内。

第五十一条 进出境物品所有人声明放弃的物品、在海关规定期限内未办理海关手续或者无人认领的物品,以及无法投递又无法退回的进境邮递物品,由海关依照本法第三十条的规定处理。

第五十二条 享有外交特权和豁免的外国机构或者人员的公务用品或者自用物品进出境,依照有关法律、行政法规的规定办理。

第五章 关 税

第五十三条 准许进出口的货物、进出境物品,由海关依法征收关税。

第五十四条 进口货物的收货人、出口货物的发货人、进出境物品的所有人,是关税的纳税义务人。

第五十五条 进出口货物的完税价格,由海关以该货物的成交价格为基础审查确定。成交价格不能确定时,完税价格由海关依法估定。

进口货物的完税价格包括货物的货价、货物运抵中华人民共和国境内输入地点起卸前的运输及其相关费用、保险费;出口货物的完税价格包括货物的货价、货物运至中华人民共和国境内输出地点装载前的运输及其相关费用、保险费,但是其中包含的出口关税税额,应当予以扣除。

进出境物品的完税价格,由海关依法确定。

第五十六条 下列进出口货物、进出境物品,减征或者免征关税:

(一)无商业价值的广告品和货样;

(二)外国政府、国际组织无偿赠送的物资;

(三)在海关放行前遭受损坏或者损失的货物;

(四)规定数额以内的物品;

（五）法律规定减征、免征关税的其他货物、物品；

（六）中华人民共和国缔结或者参加的国际条约规定减征、免征关税的货物、物品。

第五十七条　特定地区、特定企业或者有特定用途的进出口货物，可以减征或者免征关税。特定减税或者免税的范围和办法由国务院规定。

依照前款规定减征或者免征关税进口的货物，只能用于特定地区、特定企业或者特定用途，未经海关核准并补缴关税，不得移作他用。

第五十八条　本法第五十六条、第五十七条第一款规定范围以外的临时减征或者免征关税，由国务院决定。

第五十九条　经海关批准暂时进口或者暂时出口的货物，以及特准进口的保税货物，在货物收发货人向海关缴纳相当于税款的保证金或者提供担保后，准予暂时免纳关税。

第六十条　进出口货物的纳税义务人，应当自海关填发税款缴款书之日起十五日内缴纳税款；逾期缴纳的，由海关征收滞纳金。纳税义务人、担保人超过三个月仍未缴纳的，经直属海关关长或者其授权的隶属海关关长批准，海关可以采取下列强制措施：

（一）书面通知其开户银行或者其他金融机构从其存款中扣缴税款；

（二）将应税货物依法变卖，以变卖所得抵缴税款；

（三）扣留并依法变卖其价值相当于应纳税款的货物或者其他财产，以变卖所得抵缴税款。

海关采取强制措施时，对前款所列纳税义务人、担保人未缴纳的滞纳金同时强制执行。

进出境物品的纳税义务人，应当在物品放行前缴纳税款。

第六十一条　进出口货物的纳税义务人在规定的纳税期限内有明显的转移、藏匿其应税货物以及其他财产迹象的，海关可以责令纳税义务人提供担保；纳税义务人不能提供纳税担保的，经直属海关关长或者其授权的隶属海关关长批准，海关可以采取下列税收保全措施：

（一）书面通知纳税义务人开户银行或者其他金融机构暂停支付纳税义务人相当于应纳税款的存款；

（二）扣留纳税义务人价值相当于应纳税款的货物或者其他财产。

纳税义务人在规定的纳税期限内缴纳税款的，海关必须立即解除税收保全措施；期限届满仍未缴纳税款的，经直属海关关长或者其授权的隶属海关关长批准，海关可以书面通知纳税义务人开户银行或者其他金融机构从其暂停支付的存款中扣缴税款，或者依法变卖所扣留的货物或者其他财产，以变卖所得抵缴税款。

采取税收保全措施不当，或者纳税义务人在规定期限内已缴纳税款，海关未立即解除税收保全措施，致使纳税义务人的合法权益受到损失的，海关应当依法承担赔偿责任。

第六十二条　进出口货物、进出境物品放行后，海关发现少征或者漏征税款，应当自缴纳税款或者货物、物品放行之日起一年内，向纳税义务人补征。因纳税义务人违反规定而造成的少征或者漏征，海关在三年以内可以追征。

第六十三条　海关多征的税款，海关发现后应当立即退还；纳税义务人自缴纳税款之日起一年内，可以要求海关退还。

第六十四条　纳税义务人同海关发生纳税争议时，应当缴纳税款，并可以依法申请行政复议；对复议决定仍不服的，可以依法向人民法院提起诉讼。

第六十五条　进口环节海关代征税的征收管理，适用关税征收管理的规定。

第六章　海关事务担保

第六十六条　在确定货物的商品归类、估价和提供有效报关单证或者办结其他海关手续前，收发货人要求放行货物的，海关应当在其提供与其依法应当履行的法律义务相适应的担保后放行。法律、行政法规规定可以免除担保的除外。

法律、行政法规对履行海关义务的担保另有规定的，从其规定。

国家对进出境货物、物品有限制性规定，应当提供许可证件而不能提供的，以及法律、行政法规规定不得担保的其他情形，海关不得办理担保放行。

第六十七条　具有履行海关事务担保能力的法人、其他组织或者公民，可以成为担保人。法律规定不得为担保人的除外。

第六十八条 担保人可以以下列财产、权利提供担保：

(一)人民币、可自由兑换货币；

(二)汇票、本票、支票、债券、存单；

(三)银行或者非银行金融机构的保函；

(四)海关依法认可的其他财产、权利。

第六十九条 担保人应当在担保期限内承担担保责任。担保人履行担保责任的，不免除被担保人应当办理有关海关手续的义务。

第七十条 海关事务担保管理办法，由国务院规定。

第七章 执法监督

第七十一条 海关履行职责，必须遵守法律，维护国家利益，依照法定职权和法定程序严格执法，接受监督。

第七十二条 海关工作人员必须秉公执法，廉洁自律，忠于职守，文明服务，不得有下列行为：

(一)包庇、纵容走私或者与他人串通进行走私；

(二)非法限制他人人身自由，非法检查他人身体、住所或者场所，非法检查、扣留进出境运输工具、货物、物品；

(三)利用职权为自己或者他人谋取私利；

(四)索取、收受贿赂；

(五)泄露国家秘密、商业秘密和海关工作秘密；

(六)滥用职权，故意刁难，拖延监管、查验；

(七)购买、私分、占用没收的走私货物、物品；

(八)参与或者变相参与营利性经营活动；

(九)违反法定程序或者超越权限执行职务；

(十)其他违法行为。

第七十三条 海关应当根据依法履行职责的需要，加强队伍建设，使海关工作人员具有良好的政治、业务素质。

海关专业人员应当具有法律和相关专业知识，符合海关规定的专业岗位任职要求。

海关招收工作人员应当按照国家规定，公开考试，严格考核，择优录用。

海关应当有计划地对其工作人员进行政治思想、法制、海关业务培训和考核。海关工作人员必须定期接受培训和考核，经考核不合格的，不得继续上岗执行职务。

第七十四条 海关总署应当实行海关关长定期交流制度。

海关关长定期向上一级海关述职，如实陈述其执行职务情况。海关总署应当定期对直属海关关长进行考核，直属海关应当定期对隶属海关关长进行考核。

第七十五条 海关及其工作人员的行政执法活动，依法接受监察机关的监督；缉私警察进行侦查活动，依法接受人民检察院的监督。

第七十六条 审计机关依法对海关的财政收支进行审计监督，对海关办理的与国家财政收支有关的事项，有权进行专项审计调查。

第七十七条 上级海关应当对下级海关的执法活动依法进行监督。上级海关认为下级海关作出的处理或者决定不适当的，可以依法予以变更或者撤销。

第七十八条 海关应当依照本法和其他有关法律、行政法规的规定，建立健全内部监督制度，对其工作人员执行法律、行政法规和遵守纪律的情况，进行监督检查。

第七十九条 海关内部负责审单、查验、放行、稽查和调查等主要岗位的职责权限应当明确，并相互分离、相互制约。

第八十条 任何单位和个人均有权对海关及其工作人员的违法、违纪行为进行控告、检举。收到控告、检举的机关有权处理的，应当依法按照职责分工及时查处。收到控告、检举的机关和负责查处的机关应当为控告人、检举人保密。

第八十一条　海关工作人员在调查处理违法案件时，遇有下列情形之一的，应当回避：

（一）是本案的当事人或者是当事人的近亲属；

（二）本人或者其近亲属与本案有利害关系；

（三）与本案当事人有其他关系，可能影响案件公正处理的。

第八章　法律责任

第八十二条　违反本法及有关法律、行政法规，逃避海关监管，偷逃应纳税款、逃避国家有关进出境的禁止性或者限制性管理，有下列情形之一的，是走私行为：

（一）运输、携带、邮寄国家禁止或者限制进出境货物、物品或者依法应当缴纳税款的货物、物品进出境的；

（二）未经海关许可并且未缴纳应纳税款、交验有关许可证件，擅自将保税货物、特定减免税货物以及其他海关监管货物、物品、进境的境外运输工具，在境内销售的；

（三）有逃避海关监管，构成走私的其他行为的。

有前款所列行为之一，尚不构成犯罪的，由海关没收走私货物、物品及违法所得，可以并处罚款；专门或者多次用于掩护走私的货物、物品，专门或者多次用于走私的运输工具，予以没收，藏匿走私货物、物品的特制设备，责令拆毁或者没收。

有第一款所列行为之一，构成犯罪的，依法追究刑事责任。

第八十三条　有下列行为之一的，按走私行为论处，依照本法第八十二条的规定处罚：

（一）直接向走私人非法收购走私进口的货物、物品的；

（二）在内海、领海、界河、界湖，船舶及所载人员运输、收购、贩卖国家禁止或者限制进出境的货物、物品，或者运输、收购、贩卖依法应当缴纳税款的货物，没有合法证明的。

第八十四条　伪造、变造、买卖海关单证，与走私人通谋为走私人提供贷款、资金、账号、发票、证明、海关单证，与走私人通谋为走私人提供运输、保管、邮寄或者其他方便，构成犯罪的，依法追究刑事责任；尚不构成犯罪的，由海关没收违法所得，并处罚款。

第八十五条　个人携带、邮寄超过合理数量的自用物品进出境，未依法向海关申报的，责令补缴关税，可以处以罚款。

第八十六条　违反本法规定有下列行为之一的，可以处以罚款，有违法所得的，没收违法所得：

（一）运输工具不经设立海关的地点进出境的；

（二）不将进出境运输工具到达的时间、停留的地点或者更换的地点通知海关的；

（三）进出口货物、物品或者过境、转运、通运货物向海关申报不实的；

（四）不按照规定接受海关对进出境运输工具、货物、物品进行检查、查验的；

（五）进出境运输工具未经海关同意，擅自装卸进出境货物、物品或者上下进出境旅客的；

（六）在设立海关的地点停留的进出境运输工具未经海关同意，擅自驶离的；

（七）进出境运输工具从一个设立海关的地点驶往另一个设立海关的地点，尚未办结海关手续又未经海关批准，中途擅自改驶境外或者境内未设立海关的地点的；

（八）进出境运输工具，未经海关同意，擅自兼营或者改营境内运输的；

（九）由于不可抗力的原因，进出境船舶和航空器被迫在未设立海关的地点停泊、降落或者在境内抛掷、起卸货物、物品，无正当理由，不向附近海关报告的；

（十）未经海关许可，擅自将海关监管货物开拆、提取、交付、发运、调换、改装、抵押、质押、留置、转让、更换标记、移作他用或者进行其他处置的；

（十一）擅自开启或者损毁海关封志的；

（十二）经营海关监管货物的运输、储存、加工等业务，有关货物灭失或者有关记录不真实，不能提供正当理由的；

（十三）有违反海关监管规定的其他行为的。

第八十七条　海关准予从事有关业务的企业，违反本法有关规定的，由海关责令改正，可以给予警告，暂停其从事有关业务，直至撤销注册。

第八十八条 未经海关注册登记和未取得报关从业资格从事报关业务的，由海关予以取缔，没收违法所得，可以并处罚款。

第八十九条 报关企业、报关人员非法代理他人报关或者超出其业务范围进行报关活动的，由海关责令改正，处以罚款，暂停其执业；情节严重的，撤销其报关注册登记、取消其报关从业资格。

第九十条 进出口货物收发货人、报关企业、报关人员向海关工作人员行贿的，由海关撤销其报关注册登记，取消其报关从业资格，并处以罚款；构成犯罪的，依法追究刑事责任，并不得重新注册登记为报关企业和取得报关从业资格证书。

第九十一条 违反本法规定进出口侵犯中华人民共和国法律、行政法规保护的知识产权的货物的，由海关依法没收侵权货物，并处以罚款；构成犯罪的，依法追究刑事责任。

第九十二条 海关依法扣留的货物、物品、运输工具，在人民法院判决或者海关处罚决定作出之前，不得处理。但是，危险品或者鲜活、易腐、易失效等不宜长期保存的货物、物品以及所有人申请先行变卖的货物、物品、运输工具，经直属海关关长或者其授权的隶属海关关长批准，可以先行依法变卖，变卖所得价款由海关保存，并通知其所有人。

人民法院判决没收或者海关决定没收的走私货物、物品、违法所得、走私运输工具、特制设备，由海关依法统一处理，所得价款和海关决定处以的罚款，全部上缴中央国库。

第九十三条 当事人逾期不履行海关的处罚决定又不申请复议或者向人民法院提起诉讼的，作出处罚决定的海关可以将其保证金抵缴或者将其被扣留的货物、物品、运输工具依法变价抵缴，也可以申请人民法院强制执行。

第九十四条 海关在查验进出境货物、物品时，损坏被查验的货物、物品的，应当赔偿实际损失。

第九十五条 海关违法扣留货物、物品、运输工具，致使当事人的合法权益受到损失的，应当依法承担赔偿责任。

第九十六条 海关工作人员有本法第七十二条所列行为之一的，依法给予行政处分；有违法所得的，依法没收违法所得；构成犯罪的，依法追究刑事责任。

第九十七条 海关的财政收支违反法律、行政法规规定的，由审计机关以及有关部门依照法律、行政法规的规定作出处理；对直接负责的主管人员和其他直接责任人员，依法给予行政处分；构成犯罪的，依法追究刑事责任。

第九十八条 未按照本法规定为控告人、检举人、举报人保密的，对直接负责的主管人员和其他直接责任人员，由所在单位或者有关单位依法给予行政处分。

第九十九条 海关工作人员在调查处理违法案件时，未按照本法规定进行回避的，对直接负责的主管人员和其他直接责任人员，依法给予行政处分。

第九章 附 则

第一百条 本法下列用语的含义：

直属海关，是指直接由海关总署领导，负责管理一定区域范围内的海关业务的海关；隶属海关，是指由直属海关领导，负责办理具体海关业务的海关。

进出境运输工具，是指用以载运人员、货物、物品进出境的各种船舶、车辆、航空器和驮畜。

过境、转运和通运货物，是指由境外启运、通过中国境内继续运往境外的货物。其中，通过境内陆路运输的，称过境货物；在境内设立海关的地点换装运输工具，而不通过境内陆路运输的，称转运货物；由船舶、航空器载运进境并由原装运输工具载运出境的，称通运货物。

海关监管货物，是指本法第二十三条所列的进出口货物，过境、转运、通运货物，特定减免税货物，以及暂时进出口货物、保税货物和其他尚未办结海关手续的进出境货物。

保税货物，是指经海关批准未办理纳税手续进境，在境内储存、加工、装配后复运出境的货物。

海关监管区，是指设立海关的港口、车站、机场、国界孔道、国际邮件互换局（交换站）和其他有海关监管业务的场所，以及虽未设立海关，但是经国务院批准的进出境地点。

第一百零一条 经济特区等特定地区同境内其他地区之间往来的运输工具、货物、物品的监管办法，由国务院另行规定。

第一百零二条　本法自1987年7月1日起施行。1951年4月18日中央人民政府公布的《中华人民共和国暂行海关法》同时废止。

中华人民共和国进出口关税条例

国务院令第392号

第一章　总　　则

第一条　为了贯彻对外开放政策，促进对外经济贸易和国民经济的发展，根据《中华人民共和国海关法》（以下简称《海关法》）的有关规定，制定本条例。

第二条　中华人民共和国准许进出口的货物、进境物品，除法律、行政法规另有规定外，海关依照本条例规定征收进出口关税。

第三条　国务院制定《中华人民共和国进出口税则》（以下简称《税则》）、《中华人民共和国进境物品进口税税率表》（以下简称《进境物品进口税税率表》），规定关税的税目、税则号列和税率，作为本条例的组成部分。

第四条　国务院设立关税税则委员会，负责《税则》和《进境物品进口税税率表》的税目、税则号列和税率的调整和解释，报国务院批准后执行；决定实行暂定税率的货物、税率和期限；决定关税配额税率；决定征收反倾销税、反补贴税、保障措施关税、报复性关税以及决定实施其他关税措施；决定特殊情况下税率的适用，以及履行国务院规定的其他职责。

第五条　进口货物的收货人、出口货物的发货人、进境物品的所有人，是关税的纳税义务人。

第六条　海关及其工作人员应当依照法定职权和法定程序履行关税征管职责，维护国家利益，保护纳税人合法权益，依法接受监督。

第七条　纳税义务人有权要求海关对其商业秘密予以保密，海关应当依法为纳税义务人保密。

第八条　海关对检举或者协助查获违反本条例行为的单位和个人，应当按照规定给予奖励，并负责保密。

第二章　进出口货物关税税率的设置和适用

第九条　进口关税设置最惠国税率、协定税率、特惠税率、普通税率、关税配额税率等税率。对进口货物在一定期限内可以实行暂定税率。

出口关税设置出口税率。对出口货物在一定期限内可以实行暂定税率。

第十条　原产于共同适用最惠国待遇条款的世界贸易组织成员的进口货物，原产于与中华人民共和国签订含有相互给予最惠国待遇条款的双边贸易协定的国家或者地区的进口货物，以及原产于中华人民共和国境内的进口货物，适用最惠国税率。

原产于与中华人民共和国签订含有关税优惠条款的区域性贸易协定的国家或者地区的进口货物，适用协定税率。

原产于与中华人民共和国签订含有特殊关税优惠条款的贸易协定的国家或者地区的进口货物，适用特惠税率。

原产于本条第一款、第二款和第三款所列以外国家或者地区的进口货物，以及原产地不明的进口货物，适用普通税率。

第十一条　适用最惠国税率的进口货物有暂定税率的，应当适用暂定税率；适用协定税率、特惠税率的进口货物有暂定税率的，应当从低适用税率；适用普通税率的进口货物，不适用暂定税率。

适用出口税率的出口货物有暂定税率的，应当适用暂定税率。

第十二条 按照国家规定实行关税配额管理的进口货物,关税配额内的,适用关税配额税率;关税配额外的,其税率的适用按照本条例第十条、第十一条的规定执行。

第十三条 按照有关法律、行政法规的规定对进口货物采取反倾销、反补贴、保障措施的,其税率的适用按照《中华人民共和国反倾销条例》、《中华人民共和国反补贴条例》和《中华人民共和国保障措施条例》的有关规定执行。

第十四条 任何国家或者地区违反与中华人民共和国签订或者共同参加的贸易协定及相关协定,对中华人民共和国在贸易方面采取禁止、限制、加征关税或者其他影响正常贸易的措施的,对原产于该国家或者地区的进口货物可以征收报复性关税,适用报复性关税税率。

征收报复性关税的货物、适用国别、税率、期限和征收办法,由国务院关税税则委员会决定并公布。

第十五条 进出口货物,应当适用海关接受该货物申报进口或者出口之日实施的税率。

进口货物到达前,经海关核准先行申报的,应当适用装载该货物的运输工具申报进境之日实施的税率。

转关运输货物税率的适用日期,由海关总署另行规定。

第十六条 有下列情形之一,需缴纳税款的,应当适用海关接受申报办理纳税手续之日实施的税率:

(一)保税货物经批准不复运出境的;

(二)减免税货物经批准转让或者移作他用的;

(三)暂准进境货物经批准不复运出境,以及暂准出境货物经批准不复运进境的;

(四)租赁进口货物,分期缴纳税款的。

第十七条 补征和退还进出口货物关税,应当按照本条例第十五条或者第十六条的规定确定适用的税率。

因纳税义务人违反规定需要追征税款的,应当适用该行为发生之日实施的税率;行为发生之日不能确定的,适用海关发现该行为之日实施的税率。

第三章 进出口货物完税价格的确定

第十八条 进口货物的完税价格由海关以符合本条第三款所列条件的成交价格以及该货物运抵中华人民共和国境内输入地点起卸前的运输及其相关费用、保险费为基础审查确定。

进口货物的成交价格,是指卖方向中华人民共和国境内销售该货物时买方为进口该货物向卖方实付、应付的,并按照本条例第十九条、第二十条规定调整后的价款总额,包括直接支付的价款和间接支付的价款。

进口货物的成交价格应当符合下列条件:

(一)对买方处置或者使用该货物不予限制,但法律、行政法规规定实施的限制、对货物转售地域的限制和对货物价格无实质性影响的限制除外;

(二)该货物的成交价格没有因搭售或者其他因素的影响而无法确定;

(三)卖方不得从买方直接或者间接获得因该货物进口后转售、处置或者使用而产生的任何收益,或者虽有收益但能够按照本条例第十九条、第二十条的规定进行调整;

(四)买卖双方没有特殊关系,或者虽有特殊关系但未对成交价格产生影响。

第十九条 进口货物的下列费用应当计入完税价格:

(一)由买方负担的购货佣金以外的佣金和经纪费;

(二)由买方负担的在审查确定完税价格时与该货物视为一体的容器的费用;

(三)由买方负担的包装材料费用和包装劳务费用;

(四)与该货物的生产和向中华人民共和国境内销售有关的,由买方以免费或者以低于成本的方式提供并可以按适当比例分摊的料件、工具、模具、消耗材料及类似货物的价款,以及在境外开发、设计等相关服务的费用;

(五)作为该货物向中华人民共和国境内销售的条件,买方必须支付的、与该货物有关的特许权使用费;

(六)卖方直接或者间接从买方获得的该货物进口后转售、处置或者使用的收益。

第二十条 进口时在货物的价款中列明的下列税收、费用,不计入该货物的完税价格:

(一)厂房、机械、设备等货物进口后进行建设、安装、装配、维修和技术服务的费用;

（二）进口货物运抵境内输入地点起卸后的运输及其相关费用、保险费；

（三）进口关税及国内税收。

第二十一条　进口货物的成交价格不符合本条例第十八条第三款规定条件的，或者成交价格不能确定的，海关经了解有关情况，并与纳税义务人进行价格磋商后，依次以下列价格估定该货物的完税价格：

（一）与该货物同时或者大约同时向中华人民共和国境内销售的相同货物的成交价格；

（二）与该货物同时或者大约同时向中华人民共和国境内销售的类似货物的成交价格；

（三）与该货物进口的同时或者大约同时，将该进口货物、相同或者类似进口货物在第一级销售环节销售给无特殊关系买方最大销售总量的单位价格，但应当扣除本条例第二十二条规定的项目；

（四）按照下列各项总和计算的价格：生产该货物所使用的料件成本和加工费用，向中华人民共和国境内销售同等级或者同种类货物通常的利润和一般费用，该货物运抵境内输入地点起卸前的运输及其相关费用、保险费；

（五）以合理方法估定的价格。

纳税义务人向海关提供有关资料后，可以提出申请，颠倒前款第（三）项和第（四）项的适用次序。

第二十二条　按照本条例第二十一条第一款第（三）项规定估定完税价格，应当扣除的项目是指：

（一）同等级或者同种类货物在中华人民共和国境内第一级销售环节销售时通常的利润和一般费用以及通常支付的佣金；

（二）进口货物运抵境内输入地点起卸后的运输及其相关费用、保险费；

（三）进口关税及国内税收。

第二十三条　以租赁方式进口的货物，以海关审查确定的该货物的租金作为完税价格。

纳税义务人要求一次性缴纳税款的，纳税义务人可以选择按照本条例第二十一条的规定估定完税价格，或者按照海关审查确定的租金总额作为完税价格。

第二十四条　运往境外加工的货物，出境时已向海关报明并在海关规定的期限内复运进境的，应当以境外加工费和料件费以及复运进境的运输及其相关费用和保险费审查确定完税价格。

第二十五条　运往境外修理的机械器具、运输工具或者其他货物，出境时已向海关报明并在海关规定的期限内复运进境的，应当以境外修理费和料件费审查确定完税价格。

第二十六条　出口货物的完税价格由海关以该货物的成交价格以及该货物运至中华人民共和国境内输出地点装载前的运输及其相关费用、保险费为基础审查确定。

出口货物的成交价格，是指该货物出口时卖方为出口该货物应当向买方直接收取和间接收取的价款总额。

出口关税不计入完税价格。

第二十七条　出口货物的成交价格不能确定的，海关经了解有关情况，并与纳税义务人进行价格磋商后，依次以下列价格估定该货物的完税价格：

（一）与该货物同时或者大约同时向同一国家或者地区出口的相同货物的成交价格；

（二）与该货物同时或者大约同时向同一国家或者地区出口的类似货物的成交价格；

（三）按照下列各项总和计算的价格：境内生产相同或者类似货物的料件成本、加工费用，通常的利润和一般费用，境内发生的运输及其相关费用、保险费；

（四）以合理方法估定的价格。

第二十八条　按照本条例规定计入或者不计入完税价格的成本、费用、税收，应当以客观、可量化的数据为依据。

第四章　进出口货物关税的征收

第二十九条　进口货物的纳税义务人应当自运输工具申报进境之日起 14 日内，出口货物的纳税义务人除海关特准的外，应当在货物运抵海关监管区后、装货的 24 小时以前，向货物的进出境地海关申报。进出口货物转关运输的，按照海关总署的规定执行。

进口货物到达前，纳税义务人经海关核准可以先行申报。具体办法由海关总署另行规定。

第三十条　纳税义务人应当依法如实向海关申报，并按照海关的规定提供有关确定完税价格、进行商品归类、确定原产地以及采取反倾销、反补贴或者保障措施等所需的资料；必要时，海关可以要求纳税义务人补充申报。

第三十一条 纳税义务人应当按照《税则》规定的目录条文和归类总规则、类注、章注、子目注释以及其他归类注释，对其申报的进出口货物进行商品归类，并归入相应的税则号列；海关应当依法审核确定该货物的商品归类。

第三十二条 海关可以要求纳税义务人提供确定商品归类所需的有关资料；必要时，海关可以组织化验、检验，并将海关认定的化验、检验结果作为商品归类的依据。

第三十三条 海关为审查申报价格的真实性和准确性，可以查阅、复制与进出口货物有关的合同、发票、账册、结付汇凭证、单据、业务函电、录音录像制品和其他反映买卖双方关系及交易活动的资料。

海关对纳税义务人申报的价格有怀疑并且所涉关税数额较大的，经直属海关关长或者其授权的隶属海关关长批准，凭海关总署统一格式的协助查询账户通知书及有关工作人员的工作证件，可以查询纳税义务人在银行或者其他金融机构开立的单位账户的资金往来情况，并向银行业监督管理机构通报有关情况。

第三十四条 海关对纳税义务人申报的价格有怀疑的，应当将怀疑的理由书面告知纳税义务人，要求其在规定的期限内书面作出说明、提供有关资料。

纳税义务人在规定的期限内未作说明、未提供有关资料的，或者海关仍有理由怀疑申报价格的真实性和准确性的，海关可以不接受纳税义务人申报的价格，并按照本条例第三章的规定估定完税价格。

第三十五条 海关审查确定进出口货物的完税价格后，纳税义务人可以以书面形式要求海关就如何确定其进出口货物的完税价格作出书面说明，海关应当向纳税义务人作出书面说明。

第三十六条 进出口货物关税，以从价计征、从量计征或者国家规定的其他方式征收。

从价计征的计算公式为：应纳税额＝完税价格×关税税率

从量计征的计算公式为：应纳税额＝货物数量×单位税额

第三十七条 纳税义务人应当自海关填发税款缴款书之日起 15 日内向指定银行缴纳税款。纳税义务人未按期缴纳税款的，从滞纳税款之日起，按日加收滞纳税款万分之五的滞纳金。

海关可以对纳税义务人欠缴税款的情况予以公告。

海关征收关税、滞纳金等，应当制发缴款凭证，缴款凭证格式由海关总署规定。

第三十八条 海关征收关税、滞纳金等，应当按人民币计征。

进出口货物的成交价格以及有关费用以外币计价的，以中国人民银行公布的基准汇率折合为人民币计算完税价格；以基准汇率币种以外的外币计价的，按照国家有关规定套算为人民币计算完税价格。适用汇率的日期由海关总署规定。

第三十九条 纳税义务人因不可抗力或者在国家税收政策调整的情形下，不能按期缴纳税款的，经海关总署批准，可以延期缴纳税款，但是最长不得超过 6 个月。

第四十条 进出口货物的纳税义务人在规定的纳税期限内有明显的转移、藏匿其应税货物以及其他财产迹象的，海关可以责令纳税义务人提供担保；纳税义务人不能提供担保的，海关可以按照《海关法》第六十一条的规定采取税收保全措施。

纳税义务人、担保人自缴纳税款期限届满之日起超过 3 个月仍未缴纳税款的，海关可以按照《海关法》第六十条的规定采取强制措施。

第四十一条 加工贸易的进口料件按照国家规定保税进口的，其制成品或者进口料件未在规定的期限内出口的，海关按照规定征收进口关税。

加工贸易的进口料件进境时按照国家规定征收进口关税的，其制成品或者进口料件在规定的期限内出口的，海关按照有关规定退还进境时已征收的关税税款。

第四十二条 经海关批准暂时进境或者暂时出境的下列货物，在进境或者出境时纳税义务人向海关缴纳相当于应纳税款的保证金或者提供其他担保的，可以暂不缴纳关税，并应当自进境或者出境之日起 6 个月内复运出境或者复运进境；经纳税义务人申请，海关可以根据海关总署的规定延长复运出境或者复运进境的期限：

（一）在展览会、交易会、会议及类似活动中展示或者使用的货物；

（二）文化、体育交流活动中使用的表演、比赛用品；

（三）进行新闻报道或者摄制电影、电视节目使用的仪器、设备及用品；

（四）开展科研、教学、医疗活动使用的仪器、设备及用品；

（五）在本款第（一）项至第（四）项所列活动中使用的交通工具及特种车辆；

（六）货样；

（七）供安装、调试、检测设备时使用的仪器、工具；

（八）盛装货物的容器；

（九）其他用于非商业目的的货物。

第一款所列暂准进境货物在规定的期限内未复运出境的，或者暂准出境货物在规定的期限内未复运进境的，海关应当依法征收关税。

第一款所列可以暂时免征关税范围以外的其他暂准进境货物，应当按照该货物的完税价格和其在境内滞留时间与折旧时间的比例计算征收进口关税。具体办法由海关总署规定。

第四十三条　因品质或者规格原因，出口货物自出口之日起 1 年内原状复运进境的，不征收进口关税。

因品质或者规格原因，进口货物自进口之日起 1 年内原状复运出境的，不征收出口关税。

第四十四条　因残损、短少、品质不良或者规格不符原因，由进出口货物的发货人、承运人或者保险公司免费补偿或者更换的相同货物，进出口时不征收关税。被免费更换的原进口货物不退运出境或者原出口货物不退运进境的，海关应当对原进出口货物重新按照规定征收关税。

第四十五条　下列进出口货物，免征关税：

（一）关税税额在人民币 50 元以下的一票货物；

（二）无商业价值的广告品和货样；

（三）外国政府、国际组织无偿赠送的物资；

（四）在海关放行前损失的货物；

（五）进出境运输工具装载的途中必需的燃料、物料和饮食用品。

在海关放行前遭受损坏的货物，可以根据海关认定的受损程度减征关税。

法律规定的其他免征或者减征关税的货物，海关根据规定予以免征或者减征。

第四十六条　特定地区、特定企业或者有特定用途的进出口货物减征或者免征关税，以及临时减征或者免征关税，按照国务院的有关规定执行。

第四十七条　进口货物减征或者免征进口环节海关代征税，按照有关法律、行政法规的规定执行。

第四十八条　纳税义务人进出口减免税货物的，除另有规定外，应当在进出口该货物之前，按照规定持有关文件向海关办理减免税审批手续。经海关审查符合规定的，予以减征或者免征关税。

第四十九条　需由海关监管使用的减免税进口货物，在监管年限内转让或者移作他用需要补税的，海关应当根据该货物进口时间折旧估价，补征进口关税。

特定减免税进口货物的监管年限由海关总署规定。

第五十条　有下列情形之一的，纳税义务人自缴纳税款之日起 1 年内，可以申请退还关税，并应当以书面形式向海关说明理由，提供原缴款凭证及相关资料：

（一）已征进口关税的货物，因品质或者规格原因，原状退货复运出境的；

（二）已征出口关税的货物，因品质或者规格原因，原状退货复运进境，并已重新缴纳因出口而退还的国内环节有关税收的；

（三）已征出口关税的货物，因故未装运出口，申报退关的。

海关应当自受理退税申请之日起 30 日内查实并通知纳税义务人办理退还手续。纳税义务人应当自收到通知之日起 3 个月内办理有关退税手续。

按照其他有关法律、行政法规规定应当退还关税的，海关应当按照有关法律、行政法规的规定退税。

第五十一条　进出口货物放行后，海关发现少征或者漏征税款的，应当自缴纳税款或者货物放行之日起 1 年内，向纳税义务人补征税款。但因纳税义务人违反规定造成少征或者漏征税款的，海关可以自缴纳税款或者货物放行之日起 3 年内追征税款，并从缴纳税款或者货物放行之日起按日加收少征或者漏征税款万分之五的滞纳金。

海关发现海关监管货物因纳税义务人违反规定造成少征或者漏征税款的，应当自纳税义务人应缴纳税款之日起 3 年内追征税款，并从应缴纳税款之日起按日加收少征或者漏征税款万分之五的滞纳金。

第五十二条 海关发现多征税款的，应当立即通知纳税义务人办理退还手续。

纳税义务人发现多缴税款的，自缴纳税款之日起 1 年内，可以以书面形式要求海关退还多缴的税款并加算银行同期活期存款利息；海关应当自受理退税申请之日起 30 日内查实并通知纳税义务人办理退还手续。

纳税义务人应当自收到通知之日起 3 个月内办理有关退税手续。

第五十三条 按照本条例第五十条、第五十二条的规定退还税款、利息涉及从国库中退库的，按照法律、行政法规有关国库管理的规定执行。

第五十四条 报关企业接受纳税义务人的委托，以纳税义务人的名义办理报关纳税手续，因报关企业违反规定而造成海关少征、漏征税款的，报关企业对少征或者漏征的税款、滞纳金与纳税义务人承担纳税的连带责任。

报关企业接受纳税义务人的委托，以报关企业的名义办理报关纳税手续的，报关企业与纳税义务人承担纳税的连带责任。

除不可抗力外，在保管海关监管货物期间，海关监管货物损毁或者灭失的，对海关监管货物负有保管义务的人应当承担相应的纳税责任。

第五十五条 欠税的纳税义务人，有合并、分立情形的，在合并、分立前，应当向海关报告，依法缴清税款。纳税义务人合并时未缴清税款的，由合并后的法人或者其他组织继续履行未履行的纳税义务；纳税义务人分立时未缴清税款的，分立后的法人或者其他组织对未履行的纳税义务承担连带责任。

纳税义务人在减免税货物、保税货物监管期间，有合并、分立或者其他资产重组情形的，应当向海关报告。按照规定需要缴税的，应当依法缴清税款；按照规定可以继续享受减免税、保税待遇的，应当到海关办理变更纳税义务人的手续。

纳税义务人欠税或者在减免税货物、保税货物监管期间，有撤销、解散、破产或者其他依法终止经营情形的，应当在清算前向海关报告。海关应当依法对纳税义务人的应缴税款予以清缴。

第五章 进境物品进口税的征收

第五十六条 进境物品的关税以及进口环节海关代征税合并为进口税，由海关依法征收。

第五十七条 海关总署规定数额以内的个人自用进境物品，免征进口税。

超过海关总署规定数额但仍在合理数量以内的个人自用进境物品，由进境物品的纳税义务人在进境物品放行前按照规定缴纳进口税。

超过合理、自用数量的进境物品应当按照进口货物依法办理相关手续。

国务院关税税则委员会规定按货物征税的进境物品，按照本条例第二章至第四章的规定征收关税。

第五十八条 进境物品的纳税义务人是指，携带物品进境的入境人员、进境邮递物品的收件人以及以其他方式进口物品的收件人。

第五十九条 进境物品的纳税义务人可以自行办理纳税手续，也可以委托他人办理纳税手续。接受委托的人应当遵守本章对纳税义务人的各项规定。

第六十条 进口税从价计征。

进口税的计算公式为：进口税税额＝完税价格×进口税税率

第六十一条 海关应当按照《进境物品进口税税率表》及海关总署制定的《中华人民共和国进境物品归类表》、《中华人民共和国进境物品完税价格表》对进境物品进行归类、确定完税价格和确定适用税率。

第六十二条 进境物品，适用海关填发税款缴款书之日实施的税率和完税价格。

第六十三条 进口税的减征、免征、补征、追征、退还以及对暂准进境物品征收进口税参照本条例对货物征收进口关税的有关规定执行。

第六章　附　　则

第六十四条　纳税义务人、担保人对海关确定纳税义务人、确定完税价格、商品归类、确定原产地、适用税率或者汇率、减征或者免征税款、补税、退税、征收滞纳金、确定计征方式以及确定纳税地点有异议的，应当缴纳税款，并可以依法向上一级海关申请复议。对复议决定不服的，可以依法向人民法院提起诉讼。

第六十五条　进口环节海关代征税的征收管理，适用关税征收管理的规定。

第六十六条　有违反本条例规定行为的，按照《海关法》、《中华人民共和国海关法行政处罚实施细则》和其他有关法律、行政法规的规定处罚。

第六十七条　本条例自 2004 年 1 月 1 日起施行。1992 年 3 月 18 日国务院修订发布的《中华人民共和国进出口关税条例》同时废止。

财政部 国家发展改革委 海关总署 国家税务总局公告

2008 年第 39 号

财政部、国家发展改革委、海关总署、国家税务总局在广泛收集、整理各部门、行业协会、企业意见的基础上，针对《国内投资项目不予免税的进口商品目录（2006 年修订）》（以下简称《目录》）执行中存在的问题，共同对《目录》中的部分条目进行了调整，现将有关事项公告如下：

一、根据近年来国内装备制造水平的变化，对《目录》中部分条目所列技术规格进行了相关调整。另外，根据《中华人民共和国进出口税则》对《目录》中部分条目所列税则号列进行了相应调整和修正，同时对其中个别商品的名称等内容进行了调整和修正（详见附件）。

二、调整后《目录》自 2008 年 12 月 15 日起执行，即 2008 年 12 月 15 日及以后新批准的国内投资项目（以项目的审批、核准或备案日期为准，下同），其进口设备一律按照调整后的《目录》执行。

为保证《目录》调整前审批的老项目顺利实施，对 2008 年 12 月 15 日以前批准的国内投资项目，其进口设备在 2009 年 6 月 30 日及以前申报进口的，仍按照调整前《目录》执行。但对于有关进口设备按照调整前《目录》审核不符合免税条件，而按照调整后《目录》审核符合免税条件的，自 2008 年 12 月 15 日起，可以按照调整后《目录》执行。货物已经征税进口的，不再予以调整。

自 2009 年 7 月 1 日起，国内投资项目项下申报进口的设备一律按照调整后《目录》执行。

三、现行政策对国内投资项目项下进口设备的免税条件另有规定的，有关进口设备仍需执行相关规定。

附件：国内投资项目不予免税的进口商品目录（2008 年调整）（略）

国务院关税税则委员会关于调整进境物品税税目税率的通知

税委会〔2011〕3 号

海关总署：

《进境物品税调整方案》已经国务院批准，自 2011 年 1 月 27 日起实施，现就进境物品税税目税率调整有关问题通知如下：

一、将《中华人民共和国进境物品进口税率表》中原归入税号 2（见下表）的计算机，视频摄录一体机等信息技术产品和照相机归入税号 1 中，税率相应地从 20％降低到 10％；

二、将原归入税号 2 中的“摄像机”更名为“电视摄像机”，税率维持不变；

调整后的《中华人民共和国进境物品进口税率表》为：

税　　号	税率(%)	物　品　名　称
1	10	书报、刊物、教育专用电影片、幻灯片、原版录音带、录像带、金、银及其制品、计算机，视频摄录一体机，数字照相机等信息技术产品、照相机、食品、饮料、本表税号 2、3、4 税号及备注不包含的其他商品
2	20	纺织品及其制成品、电视摄像机及其他电器用具、自行车、手表、钟表(含配件、附件)
3	30	高尔夫球及球具、高档手表
4	50	烟、酒、化妆品

注：斜体部分为本次《进境物品税调整方案》涉及调整项目。

特此通知。

财政部 海关总署 国家税务总局关于“十二五”期间在我国陆上特定地区开采石油(天然气)进口物资税收政策的通知

财关税〔2011〕31 号

各省、自治区、直辖市、计划单列市财政厅(局)、国家税务局，新疆生产建设兵团财务局，海关总署广东分署、各直属海关：

为支持我国陆上特定地区石油(天然气)的勘探开发，经国务院批准，现将“十二五”期间在我国陆上特定地区开采石油(天然气)进口物资税收政策通知如下：

一、本通知所指陆上特定地区为：我国领土内的沙漠、戈壁荒漠(详见附件 1)和中外合作开采经国家批准的陆上石油(天然气)中标区块。

二、自 2011 年 1 月 1 日至 2015 年 12 月 31 日，在我国领土内的沙漠、戈壁荒漠(详见附件 1)进行石油(天然气)开采作业的自营项目，进口国内不能生产或性能不能满足要求，并直接用于勘探、开发作业的设备、仪器、零附件、专用工具(详见本通知所附管理规定的附 1《开采陆上特定地区石油(天然气)免税进口物资清单》，以下简称《免税物资清单》)，在规定的免税进口额度内，免征进口关税；在经国家批准的陆上石油(天然气)中标区块内进行石油(天然气)开采作业的中外合作项目，进口国内不能生产或性能不能满足要求，并直接用于勘探、开发作业的《免税物资清单》所列范围内的设备、仪器、零附件、专用工具，在规定的免税进口额度内，免征进口关税和进口环节增值税。

三、符合本通知规定的勘探开发项目项下免税进口的物资继续实行《免税物资清单》与年度免税进口额度相结合的管理方式(具体管理规定见附件 2)。

四、符合本通知规定的勘探开发项目项下暂时进口《免税物资清单》所列的物资，准予免税。进口时海关按暂时进口货物办理手续。超出海关规定的暂时进口时限仍需继续使用的，经海关批准可予延期，在暂时进口(包括延期)期限内准予按本通知第二条规定免税。

五、符合本通知规定的沙漠、戈壁荒漠(详见附件 1)自营项目项下租赁进口《免税物资清单》所列的物资准予免征进口关税，符合本通知规定的中外合作项目项下租赁进口《免税物资清单》所列的物资准予免征进口税收，上述进口物资均纳入免税进口额度统一管理。租赁进口《免税物资清单》以外的物资应按有关规定照章征税。

财政部 海关总署 国家税务总局关于“十二五”期间在我国海洋开采石油（天然气）进口物资免征进口税收的通知

财关税〔2011〕32 号

各省、自治区、直辖市、计划单列市财政厅（局）、国家税务局，新疆生产建设兵团财务局，海关总署广东分署、各直属海关：

为支持我国海洋石油（天然气）的勘探开发，经国务院批准，现将“十二五”期间在我国海洋开采石油（天然气）进口物资税收政策通知如下：

一、自 2011 年 1 月 1 日至 2015 年 12 月 31 日，在我国海洋进行石油（天然气）开采作业的项目，进口国内不能生产或性能不能满足要求，并直接用于开采作业的设备、仪器、零附件、专用工具（详见本通知所附管理规定的附 1《开采海洋石油（天然气）免税进口物资清单》，以下简称《免税物资清单》），在规定的免税进口额度内，免征进口关税和进口环节增值税。

二、本通知所指海洋为：我国内海、领海、大陆架以及其他海洋资源管辖海域（包括浅海滩涂）。

三、符合本通知规定的勘探开发项目项下免税进口的物资继续实行《免税物资清单》与年度免税进口额度相结合的管理方式（具体管理规定见附件 1）。

四、符合本通知规定的勘探开发项目项下暂时进口《免税物资清单》所列的物资，准予免税。进口时海关按暂时进口货物办理手续。超出海关规定的暂时进口时限仍需继续使用的，经海关批准可予延期，在暂时进口（包括延期）期限内准予按本通知规定免税。

五、符合本通知规定的勘探开发项目项下租赁进口《免税物资清单》所列的物资，准予免征进口税收，并纳入免税进口额度统一管理。租赁进口《免税物资清单》以外的物资应按有关规定照章征税。

六、1994 年 12 月 31 日之前批准的对外合作“老项目”（项目清单详见附件 2）进口《免税物资清单》所列的原材料，可继续享受免税政策。

财政部 商务部 海关总署 国家税务总局关于继续执行研发机构采购设备税收政策的通知

财税〔2011〕88 号

各省、自治区、直辖市、计划单列市财政厅（局）、商务主管部门、国家税务局，海关总署广东分属、各直属海关，新疆生产建设兵团财务局：

为了鼓励科学研究和技术开发，促进科技进步，经国务院批准，继续对外资研发中心进口科技开发用品免征进口关税和进口环节增值税、消费税（以下统称进口税收），继续对内资研发机构和外资研发中心采购国产设备全额退还增值税。现将有关事项明确如下：

一、外资研发中心适用《科技开发用品免征进口税收暂行规定》（财政部、海关总署、国家税务总局令第 44 号）和《关于修改〈科技开发用品免征进口税收暂行规定〉和〈科学研究和教学用品免征进口税收规定〉的决定》（财政部、海关总署、国家税务总局令第 63 号）免征进口税收。根据其设立时间，应分别满足下列条件：

（一）对 2009 年 9 月 30 日及其之前设立的外资研发中心，应同时满足下列条件：

1. 研发费用标准：（1）对外资研发中心，作为独立法人的，其投资总额不低于 500 万美元；作为公司内设部门或分公司的非独立法人的，其研发总投入不低于 500 万美元；（2）企业研发经费年支出额不低于 1000 万元。

2. 专职研究与试验发展人员不低于 90 人。

3. 设立以来累计购置的设备原值不低于1000万元。

(二)对2009年10月1日及其之后设立的外资研发中心,应同时满足下列条件:

1. 研发费用标准:作为独立法人的,其投资总额不低于800万美元;作为公司内设部门或分公司的非独立法人的,其研发总投入不低于800万美元。

2. 专职研究与试验发展人员不低于150人。

3. 设立以来累计购置的设备原值不低于2000万元。

外资研发中心须经商务主管部门会同有关部门按照上述条件进行资格审核认定。具体审核认定办法见附件1。

二、适用采购国产设备全额退还增值税政策的内资研发机构和外资研发中心包括

(一)《科技开发用品免征进口税收暂行规定》(财政部、海关总署、国家税务总局令第44号)规定的科学研究、技术开发机构。

(二)《科学研究和教学用品免征进口税收规定》(财政部、海关总署、国家税务总局令第45号)规定的科学研究机构和学校。

(三)符合本通知第一条规定条件的外资研发中心。

具体退税管理办法由国家税务总局会同财政部另行制定。

三、本通知的有关定义

(一)本通知所述"投资总额",是指外商投资企业批准证书所载明的金额。

(二)本通知所述"研发总投入",是指外商投资企业专门为设立和建设本研发中心而投入的资产,包括即将投入并签订购置合同的资产(应提交已采购资产清单和即将采购资产的合同清单)。

(三)本通知所述"研发经费年支出额",是指近两个会计年度研发经费年均支出额;不足两个完整会计年度的,可按外资研发中心设立以来任意连续12个月的实际研发经费支出额计算;现金与实物资产投入应不低于60%。

(四)本通知所述"专职研究与试验发展人员",是指企业科技活动人员中专职从事基础研究、应用研究和试验发展三类项目活动的人员,包括直接参加上述三类项目活动的人员以及相关专职科技管理人员和为项目提供资料文献、材料供应、设备的直接服务人员,上述人员须与外资研发中心或其所在外商投资企业签订1年以上劳动合同,以外资研发中心提交申请的前一日人数为准。

(五)本通知所述"设备",是指为科学研究、教学和科技开发提供必要条件的实验设备、装置和器械。在计算累计购置的设备原值时,应将进口设备和采购国产设备的原值一并计入,包括已签订购置合同并于当年内交货的设备(应提交购置合同清单及交货期限),上述设备应属于本通知《科技开发、科学研究和教学设备清单》所列设备(见附件2)。对执行中国产设备范围存在异议的,由主管税务机关逐级上报国家税务总局商财政部核定。

四、本通知规定的税收政策执行期限为2011年1月1日至2015年12月31日,具体从内资研发机构和外资研发中心取得资格的次月1日起执行。《财政部 海关总署 国家税务总局关于研发机构采购设备税收政策的通知》(财税〔2009〕115号)和《商务部 财政部 海关总署 国家税务总局关于外资研发中心采购设备免/退税资格审核办法的通知》(商资发〔2010〕93号)同时废止。

对于在2011年1月1日至11月1日期间批准设立的外资研发中心,从取得资格的次月1日至11月1日期间进口的科技开发用品,已缴纳税款的,可按照海关有关规定向海关申请办理退税手续。

财政部 商务部 海关总署 国家税务总局关于来料加工企业转型为法人企业进口设备税收政策有关问题的通知

财关税〔2011〕66号

各省、自治区、直辖市、计划单列市财政厅(局)、商务主管部门、国家税务局,海关总署广东分署、各直属海关,新疆生产建设兵团财务局、商务局:

为进一步促进来料加工企业转型，经国务院批准，现就有关来料加工企业转型为法人企业过程中涉及的进口设备税收政策问题通知如下：

一、在2011年7月1日至2012年12月31日期间，对不具备法人资格的来料加工企业以外商提供的全部不作价设备作为投资设立法人企业的，或在2009年7月1日至2012年12月31日期间，将该企业全部不作价设备作为投资整体转入同一投资方已设立的法人企业的，准予对其在2008年12月31日及以前已经办理了加工贸易备案、并且在2009年6月30日及以前申报进口尚未解除海关监管的不作价设备，免予补缴进口关税和进口环节增值税。有关不作价设备的海关监管年限可连续计算。

二、在2008年9月9日至2009年6月30日期间已由不具备法人资格的来料加工企业整体转型为法人企业的，对已结转到法人企业但尚未解除海关监管的不作价设备，准予其作为投资处理，免予补缴进口关税和进口环节增值税。有关不作价设备的海关监管年限可连续计算。

财政部 工业和信息化部 海关总署 国家税务总局关于调整重大技术装备进口税收政策有关目录的通知

财关税〔2012〕14号

各省、自治区、直辖市、计划单列市财政厅（局）、工业和信息化主管部门、国家税务局，新疆生产建设兵团财务局，海关总署广东分署、各直属海关，财政部驻各省、自治区、直辖市、计划单列市财政监察专员办事处：

按照《财政部 国家发展改革委 工业和信息化部 海关总署 国家税务总局 国家能源局关于调整重大技术装备进口税收政策的通知》（财关税〔2009〕55号）规定，根据国内相关产业发展情况，在广泛听取产业主管部门、行业协会及相关企业意见的基础上，经研究决定，对重大技术装备进口税收政策有关装备和产品目录、进口关键零部件和原材料目录、进口不予免税的装备和产品目录等予以调整，现通知如下：

一、《国家支持发展的重大技术装备和产品目录（2012年修订）》（见附件1）和《重大技术装备和产品进口关键零部件、原材料商品清单（2012年修订）》（见附件2）自2012年4月1日起执行，符合规定条件的国内企业为生产本通知附件1所列装备或产品而确有必要进口本通知附件2所列商品，免征关税和进口环节增值税。

二、《进口不予免税的重大技术装备和产品目录（2012年修订）》（见附件3）自2012年4月1日起执行。对2012年4月1日以后批准的按照或比照《国务院关于调整进口设备税收政策的通知》（国发〔1997〕37号）规定享受进口税收优惠政策的下列项目和企业，进口本通知附件3所列自用设备以及按照合同随上述设备进口的技术及配套件、备件，一律照章征收进口关税：

（一）国家鼓励发展的国内投资项目和外商投资项目；

（二）外国政府贷款和国际金融组织贷款项目；

（三）由外商提供不作价进口设备的加工贸易企业；

（四）中西部地区外商投资优势产业项目；

（五）《海关总署关于进一步鼓励外商投资有关进口税收政策的通知》（署税〔1999〕791号）规定的外商投资企业和外商投资设立的研究中心利用自有资金进行技术改造项目。

2012年4月1日前（不含4月1日）批准的上述项目和企业在2012年9月31日前进口本通知附件3所列设备，继续按照财关税〔2010〕17号文件附件3、财关税〔2010〕50号文件附件3、财关税〔2011〕45号文件附件3执行；自2012年10月1日起（含10月1日）对上述项目和企业进口本通知附件3中设备，一律照章征收进口税收。

三、2011年已获得免税资格的制造企业、承担城市轨道交通自主化依托项目业主、承担核电装备自主化依托项目业主，在2012年4月1日前（不含4月1日）申报进口关键零部件、原材料，继续按照财关税〔2010〕17号、财关税〔2010〕50号、财关税〔2011〕45号文件及其附件有关规定执行；自2012年4月1日起，2011年已获得免税资格的企业及业主申报进口关键零部件、原材料，按照本通知有关规定执行。

四、新申请享受本通知附件1所列装备和产品进口税收优惠政策的企业，应在2012年3月1日至3月

31 日提交申请文件，包括 2012 年 4 月 1 日至 12 月 31 日的进口零部件及原材料货值，具体申请程序和要求仍依据财关税〔2009〕55 号文件所附《重大技术装备进口税收政策暂行规定》执行。

省级工业和信息化主管部门应按照规定程序和要求对上述领域的地方企业申请材料进行初审，并在 2012 年 4 月 15 日前将申请文件及初审意见汇总上报工业和信息化部。

自 2012 年 4 月 1 日起，新申请企业提交的申请文件经初审符合要求的，企业凭受理部门出具的证明文件向海关申请凭税款担保先予办理有关零部件及原材料放行手续。

五、根据国内相关产业发展情况，本通知附件 1《国家支持发展的重大技术装备和产品目录(2012 年修订)》对风力发电机(组)及其配套部件(叶片、齿轮箱、发电机)、直流输变电设备、交流输变电设备等 3 类装备的技术规格要求进行了调整(具体见附件 1)。

生产上述风力发电机(组)及其配套部件等 3 类装备的企业，在 2011 年已获得符合免税资格的，原免税资格在 2012 年 3 月 31 日之前有效；上述领域在 2011 年已认定符合免税资格的企业继续申请享受 2012 年 4 月 1 日至 12 月 31 日期间重大技术装备进口税收优惠政策的，应在 2012 年 3 月 1 日至 31 日按照本通知第四条规定的申请程序和要求提交申请文件。省级工业和信息化主管部门应会同有关部门比照本通知第四条要求在 4 月 15 日前完成初审工作。

六、2011 年已享受重大技术装备进口税收优惠政策的所有企业，应在 2012 年 3 月 1 日至 31 日按照财关税〔2009〕55 号文件所附《重大技术装备进口税收政策暂行规定》有关要求报送享受优惠政策落实情况报告。具体格式及要求见本通知附件 4《重大技术装备企业享受进口税收政策落实情况报告及其要求》，申请享受政策的企业应严格按照要求填写该报告及有关表格。

七、自 2012 年 4 月 1 日起，下列文件废止：

1.《财政部 海关总署 国家税务总局关于调整重大技术装备进口税收政策暂行规定有关清单的通知》(财关税〔2010〕17 号)；

2.《财政部 工业和信息化部 海关总署 国家税务总局关于调整大型环保及资源综合利用设备等重大技术装备进口税收政策的通知》(财关税〔2010〕50 号)；

3.《财政部 工业和信息化部 海关总署 国家税务总局关于调整三代核电机组等重大技术装备进口税收政策暂行规定有关清单的通知》(财关税〔2011〕45 号)。

附件：1. 国家支持发展的重大技术装备和产品目录(2012 年修订)

2. 重大技术装备和产品进口关键零部件、原材料商品清单(2012 年修订)

3. 进口不予免税的重大技术装备和产品目录(2012 年修订)

4. 重大技术装备企业享受进口税收政策落实情况报告及其要求

财政部 工业和信息化部 海关总署 国家税务总局

二〇一二年三月七日

第七部分　中华人民共和国城市维护建设税法

中华人民共和国城市维护建设税暂行条例

国发〔1985〕19 号

第一条　为了加强城市的维护建设，扩大和稳定城市维护建设资金的来源，特制定本条例。

第二条　凡缴纳产品税、增值税、营业税的单位和个人，都是城市维护建设税的纳税义务人（以下简称纳税人），都应当依照本条例的规定缴纳城市维护建设税。

【注释】　相关规定包括：《国家税务总局关于中央和国务院各部门机关服务中心恢复征税的通知》（国税发〔2007〕94 号）。

第三条　城市维护建设税，以纳税人实际缴纳的产品税、增值税、营业税税额为计税依据，分别与产品税、增值税、营业税同时缴纳。

【注释】　相关规定包括：《国家税务总局海洋石油税务管理局关于中国海洋石油总公司缴纳城市维护建设税和教育费附加的通知》（国税油函〔1994〕12 号）、《国家税务总局关于城市维护建设税征收问题的通知》（国税发〔1994〕51 号）。

第四条　城市维护建设税税率如下：

纳税人所在地在市区的，税率为百分之七；

纳税人所在地在县城、镇的，税率为百分之五；

纳税人所在地不在市区、县城或镇的，税率为百分之一。

【注释】　相关规定包括：《国家税务总局海洋石油税务管理局关于中国海洋石油总公司及其所属公司缴纳城市维护建设税有关问题的通知》（国税油发〔1994〕7 号）。

第五条　城市维护建设税的征收、管理、纳税环节、奖罚等事项，比照产品税、增值税、营业税的有关规定办理。

【注释】　相关规定包括：《国家税务总局关于国家开发银行城市维护建设税和教育费附加款项划转办法的补充通知》（国税函〔1999〕521 号）、《财政部 国家税务总局关于黄金税收政策问题的通知》（财税〔2002〕142 号）、《国务院办公厅对〈中华人民共和国城市维护建设税暂行条例〉第五条的解释的复函》（国办函〔2004〕23 号）、《财政部 国家税务总局关于扶持城镇退役士兵自谋职业有关税收优惠政策的通知》（财税〔2004〕93 号）、《财政部 国家税务总局关于生产企业出口货物实行免抵退税办法后有关城市维护建设税教育费附加政策的通知》（财税〔2005〕25 号）、《国家税务总局关于国家税务局为小规模纳税人代开发票及税款征收有关问题的通知》（国税发〔2005〕18 号）、《财政部 国家税务总局关于增值税营业税消费税实行先征后返等办法有关城建税和教育费附加政策的通知》（财税〔2005〕72 号）、《国家税务总局关于国家税务局代地方税务局征收城市维护建设税和教育费附加票据使用问题的通知》（国税函〔2006〕815 号）。

第六条　城市维护建设税应当保证用于城市的公用事业和公共设施的维护建设，具体安排由地方人民政府确定。

第七条　按照本条例第四条第三项规定缴纳的税款，应当专用于乡镇的维护和建设。

第八条　开征城市维护建设税后，任何地区和部门，都不得再向纳税人摊派资金或物资。遇到摊派情况，纳税人有权拒绝执行。

第九条　省、自治区、直辖市人民政府可以根据本条例，制定实施细则，并送财政部备案。

第十条　本条例自一九八五年度起施行。

【注释】　相关规定包括：《国家税务总局关于城市维护建设税等地方税有关问题的通知》（国税发〔1994〕35 号）。

国家税务总局关于城市维护建设税等地方税有关问题的通知

国税发〔1994〕35 号

各省、自治区、直辖市税务局，各计划单列市税务局，海洋石油税务管理局各分局：

关于城市维护建设税和其他地方税种的改革问题，财政部、国家税务总局于 1994 年元月 12 日向国务院报送了《关于城乡维护建设税改革的请示》（以下简称《请示》）。《请示》的主要内容包括：

一、由于《中华人民共和国城乡维护建设税暂行条例（草案）》（以下简称《条例》）一时尚不能出台，为保证城乡建设资金的需要，财政部于 1993 年 12 月 29 日下发了《关于城建税征收问题的通知》的明传电报。《请示》中建议，在新《条例》出台之前，请国务院准予暂按财政部 1993 年 12 月 29 日下发的明传电报执行。

二、对城镇土地使用税、房产税、车船使用税等地方税种的改革，在集中精力确保已出台税种顺利实施的前提下，本着积极稳妥，充分考虑各方利益的原则，在深入调查研究的基础上，做到成熟一个，出台一个，使税制改革有计划、按步骤地进行。在新的税收法律、法规未出台前，仍按原税法和税收条例执行。

以上意见已经国务院领导同志批示同意，望各地依照执行。

【注释】 对《城市维护建设税》第 10 条进行了解释。

国家税务总局关于城市维护建设税征收问题的通知

国税发〔1994〕51 号

各省、自治区、直辖市税务局，各计划单列市税务局，海洋石油税务管理局各分局

关于今年工商税制改革后征收城市维护建设税的问题，财政部于去年 12 月 29 日以财法字 42 号发了内部传真电报，为便于执行，现将电报内容正式通知如下：

关于城市维护建设税，鉴于新条例一时尚不能出台，从 1994 年 1 月 1 日起，可暂按原税率和新颁布实施的增值税、消费税、营业税三税为依据，计算征收，待新条例颁布实施后，再予调整。

【注释】 对《城市维护建设税》第 3 条进行了解释。

国家税务总局关于外商投资企业代扣城市维护建设税问题的批复

国税函发〔1997〕477 号

大连市地方税务局：

你局《关于"三资"企业代扣营业税是否需要同时代扣附税问题的请示》（大地税函〔1997〕15 号）收悉。经研究，同意你局意见，对随同营业税附征的城市维护建设税和教育费附加，应按营业税的征收规定办理。即营业税条例规定的代扣代缴义务人，应在代扣营业税的同时，代扣城市维护建设税和教育费附加。

【注释】 对《城市维护建设税》第 5 条进行了解释。

国务院办公厅对《中华人民共和国城市维护建设税暂行条例》第五条的解释的复函

国办函〔2004〕23 号

国家税务总局：

你局《关于明确增值税、消费税、营业税扣缴义务人为城市维护建设税扣缴义务人的请示》(国税发〔2004〕14 号)收悉。经国务院批准，现函复如下：

《中华人民共和国城市维护建设税暂行条例》第五条中的“征收、管理”，包括城市维护建设税的代扣代缴、代收代缴，一律比照增值税、消费税、营业税的有关规定办理。

【注释】 对《城市维护建设税》第 5 条进行了解释。

财政部 国家税务总局关于生产企业出口货物实行免抵退税办法后有关城市维护建设税教育费附加政策的通知

财税〔2005〕25 号

各省、自治区、直辖市、计划单列市财政厅(局)、地方税务局，新疆生产建设兵团财务局：

经国务院批准，现就生产企业出口货物全面实行免抵退税办法后，城市维护建设税、教育费附加的政策明确如下：

一、经国家税务局正式审核批准的当期免抵的增值税税额应纳入城市维护建设税和教育费附加的计征范围，分别按规定的税(费)率征收城市维护建设税和教育费附加。

二、2005 年 1 月 1 日前，已按免抵的增值税税额征收的城市维护建设税和教育费附加不再退还，未征的不再补征。

三、本通知自 2005 年 1 月 1 日起执行。

【注释】 对《城市维护建设税》第 5 条进行了解释。

国家税务总局关于国家税务局为小规模纳税人代开发票及税款征收有关问题的通知

国税发〔2005〕18 号

各省、自治区、直辖市和计划单列市国家税务局、地方税务局：

为加强税收征管，优化纳税服务，针对一些地方反映的问题，现对国家税务局为增值税小规模纳税人(以下简称纳税人)代开发票征收增值税时，如何与地税局协作加强有关地方税费征收问题通知如下：

一、经国、地税局协商，可由国税局为地税局代征有关税费。纳税人销售货物或应税劳务，按现行规定需由主管国税局为其代开普通发票或增值税专用发票(以下简称发票)的，主管国税局应当在代开发票并征收增值税(除销售免税货物外)的同时，代地税局征收城市维护建设税和教育费附加。

二、经协商，不实行代征方式的，则国、地税要加强信息沟通。国税局应定期将小规模纳税人缴纳增值税情况，包括国税为其代开发票情况通报给地税局，地税局用于加强对有关地方税费的征收管理。

三、实行国税代征方式的，为保证此项工作顺利进行，国税系统应在其征管软件上加列征收城市维护建设税和教育费附加的功能，总局综合征管软件总局负责修改，各地开发的征管软件由各地自行修改。在软件修改前，暂用人工方式进行操作。

四、主管国税局为纳税人代开的发票作废或销货退回按现行规定开具红字发票时，由主管国税局退还或在下期抵缴已征收的增值税，由主管地税局退还已征收的城市维护建设税和教育费附加或者委托主管国税局在下期抵缴已征收的城市维护建设税和教育费附加，具体退税办法按《国家税务总局中国人民银行财政部关于现金退税问题的紧急通知》(国税发〔2004〕47号)执行。

五、主管国税局应当将代征的地方预算收入按照国家规定的预算科目和预算级次及时缴入国库。

六、国税局代地税局征收城市维护建设税和教育费附加，使用国税系统征收票据，并由主管国税局负责有关收入对账、核算和汇总上拨工作。

各级国税局应在“应征类”和“入库类”科目下增设“城市维护建设税”和“教育费附加”明细科目。

七、主管国税局应按月将代征地方税款入库信息，及时传送主管地税局。具体信息交换方式由各省级国税局和地税局协商确定。

八、各省级国税局和地税局应按照《中华人民共和国税收征收管理法》的有关规定签定代征协议，并分别通知所属税务机关执行。

【注释】 对《城市维护建设税》第5条进行了解释。

财政部 国家税务总局关于增值税营业税消费税实行先征后返等办法有关城建税和教育费附加政策的通知

财税〔2005〕72号

各省、自治区、直辖市、计划单列市财政厅(局)、地方税务局，财政部驻各省、自治区、直辖市、计划单列市财政监察专员办事处：

经研究，现对增值税、营业税、消费税(以下简称“三税”)实行先征后返、先征后退、即征即退办法有关的城市维护建设税和教育费附加政策问题明确如下：

对“三税”实行先征后返、先征后退、即征即退办法的，除另有规定外，对随“三税”附征的城市维护建设税和教育费附加，一律不予退(返)还。

【注释】 对《城市维护建设税》第5条进行了解释。

国家税务总局关于国家税务局代地方税务局征收城市维护建设税和教育费附加票据使用问题的通知

国税函〔2006〕815号

各省、自治区、直辖市和计划单列市国家税务局、地方税务局：

《国家税务总局关于加强国家税务局地方税务局协作的意见》(国税发〔2004〕4号)和《国家税务总局关于国家税务局为小规模纳税人代开发票及税款征收有关问题的通知》(国税发〔2005〕18号)下发后，一些地方在执行过程中反映，由于城市维护建设税和教育费附加属于地税局的征收管理范围，因此，国税局受地税局委托，为地税局代征城市维护建设税和教育费附加时，应当使用地税局的征收票据。为有利于国地税密切协作，加强税源管理，经研究，现将国税局代地税局征收税款的票据使用有关问题明确如下：

国税局代地税局征收城市维护建设税和教育费附加，应当使用地税局征收票据；如经当地国、地税局协商一致，也可以使用国税局票据。使用地税局征收票据的，由主管地税局负责有关收入对账、会计核算和汇总上报工作，主管国税局应当建立代征税款备查账，逐笔、序时、分项目登记代地税局征收的城市维护建设税和教育费附加；使用国税局征收票据的，由主管国税局负责有关收入对账、会计核算和汇总上报工作。

国税局为小规模纳税人代开发票时代地税局征收城市维护建设税和教育费附加，有利于加强源泉控管，堵塞征管漏洞，提高依法治税水平，是贯彻税收科学化、精细化管理要求的一项重要举措。国税局、地税局双方应当本着“依法协作、优化服务、强化监管、信息共享”的原则，进一步加强沟通与协调，努力减少漏征漏管，提高纳税服务水平。国税局代征税款使用地税局征收票据的，主管地税局应当积极采取措施，为主管国税局票据领用、票款结报缴销等工作提供便利；主管国税局应做好相关基础工作，提高服务水平，方便纳税人办税。国税发〔2005〕18号文件中的有关规定与本通知不符的，以本通知为准。

【注释】 对《城市维护建设税》第5条进行了解释。

财政部 国家税务总局关于免征国家重大水利工程建设基金的城市维护建设税和教育费附加的通知

财税〔2010〕44号

各省、自治区、直辖市、计划单列市财政厅（局）、地方税务局，新疆生产建设兵团财务局：

经国务院批准，为支持国家重大水利工程建设，对国家重大水利工程建设基金免征城市维护建设税和教育费附加。

本通知自发文之日起执行。

国务院关于统一内外资企业和个人城市维护建设税和教育费附加制度的通知

国发〔2010〕35号

各省、自治区、直辖市人民政府，国务院各部委、各直属机构：

为了进一步统一税制、公平税负，创造平等竞争的外部环境，根据第八届全国人民代表大会常务委员会第五次会议通过的《全国人民代表大会常务委员会关于外商投资企业和外国企业适用增值税、消费税、营业税等税收暂行条例的决定》，国务院决定统一内外资企业和个人城市维护建设税和教育费附加制度，现将有关问题通知如下：

自2010年12月1日起，外商投资企业、外国企业及外籍个人适用国务院1985年发布的《中华人民共和国城市维护建设税暂行条例》和1986年发布的《征收教育费附加的暂行规定》。1985年及1986年以来国务院及国务院财税主管部门发布的有关城市维护建设税和教育费附加的法规、规章、政策同时适用于外商投资企业、外国企业及外籍个人。

凡与本通知相抵触的各项规定同时废止。

财政部 国家税务总局有关负责人就统一内外资企业和个人城市维护建设税和教育费附加制度有关问题答记者问

2010年10月18日，国务院发布了《国务院关于统一内外资企业和个人城市维护建设税和教育费附加制度的通知》（国发〔2010〕35号，以下简称《通知》），决定对外商投资企业、外国企业及外籍个人（以下统称外资企业）征收城市维护建设税和教育费附加。财政部、国家税务总局有关负责人就《通知》的有关问题接受了记者的采访。

问:《通知》的主要内容是什么?

答:《通知》主要包括以下内容:一是自2010年12月1日起,外资企业适用国务院1985年发布的《中华人民共和国城市维护建设税暂行条例》和1986年发布的《征收教育费附加的暂行规定》,即对外资企业征收城市维护建设税和教育费附加,统一内外资企业城市维护建设税和教育费附加制度;二是1985年及1986年以来国务院及国务院财税主管部门发布的有关城市维护建设税和教育费附加的法规、规章、政策适用于外资企业;三是明确了与《通知》相抵触的各项规定同时废止。

问:《通知》出台的背景是什么?

答:为筹集城乡维护建设资金和扩大地方教育经费来源,国务院于1985年和1986年分别颁布了《中华人民共和国城市维护建设税暂行条例》、《征收教育费附加的暂行规定》。城市维护建设税和教育费附加以增值税、消费税、营业税(1994年以前为产品税、增值税、营业税)实际缴纳的税额为计征依据。城市维护建设税根据纳税人所在地为市区、县城(镇)和其他地区,分别按照7%、5%、1%三档税率征收,教育费附加目前统一按3%的比率征收。

城市维护建设税和教育费附加开征20多年来,仅对我国公民和内资企业征收。这种内外有别的税费制度,在改革开放初期,对吸引外资和引进国外先进技术发挥了重要作用。随着我国改革开放的不断深化,这种税费制度越来越不符合市场经济公平竞争的要求,产生的矛盾日益突出,社会各界要求统一内外资企业税费制度的呼声越来越强烈。1993年发布的《国务院批转国家税务总局工商税制改革实施方案的通知》(国发〔1993〕90号)提出“现在不缴纳城建税的外资企业,也应成为城建税的纳税人”;党的十六届三中全会通过的《中共中央关于完善社会主义市场经济体制若干问题的决定》、《中华人民共和国国民经济和社会发展第十一个五年规划纲要》均提出要“统一各类企业税收制度”;2009年、2010年国务院政府工作报告以及2010年5月国务院批转的国家发展改革委《关于2010年深化经济体制改革重点工作的意见》明确提出要“统一内外资企业和个人城建税、教育费附加制度”。

统一各类企业税收制度是公平税费负担,促进公平竞争的必然要求。随着我国经济社会发展和市场经济体制的不断完善,统一内外资企业城市维护建设税和教育费附加制度的时机已经成熟。2009年以来,为应对国际金融危机的冲击,实现“保增长”的目标,我国实施了积极的财政政策,其中包括一系列结构性减税政策,如企业所得税改革、增值税转型、提高出口退税率、提高个人所得税费用扣除标准、降低证券交易印花税税率等。据测算,2009年的减税总规模约5000多亿元,明显减轻了企业负担,增强了经济活力。当前我国经济继续回升向好,为统一内外资企业城市维护建设税和教育费附加制度的顺利实施提供了有利条件。

问:《通知》出台的法律依据是什么?

答:1994年以前,外资企业缴纳工商统一税,不缴纳产品税、增值税、营业税,因此,外资企业不属于城市维护建设税和教育费附加的纳税人。1994年工商税制改革后,内外资企业统一缴纳增值税、消费税、营业税。根据1993年12月29日发布的《全国人民代表大会常务委员会关于外商投资企业和外国企业适用增值税、消费税、营业税等税收暂行条例的决定》精神,城市维护建设税和教育费附加是否适用于外资企业,依照国务院的规定执行。

1994年,国务院发布了《国务院关于外商投资企业和外国企业适用增值税、消费税、营业税等税收暂行条例有关问题的通知》(国发〔1994〕10号)和《国务院关于教育费附加征收问题的补充通知》(国发明电〔1994〕23号),根据上述两个通知的规定,对外资企业暂不征收城市维护建设税和教育费附加。目前,鉴于对外资企业征收城市维护建设税和教育费附加时机已经成熟,根据全国人大常委会的授权,国务院下发《通知》,决定对外资企业征收城市维护建设税和教育费附加。

问:对外资企业征收城市维护建设税和教育费附加具有什么重要意义?

答:对外资企业征收城市维护建设税和教育费附加制度的重要意义有如下几点:

一是符合“统一各类企业税收制度”的要求。1994年以来,全国人大、国务院着手逐步统一内外资企业税收制度。在我国现行税收体系中,增值税、消费税、营业税、企业所得税、城镇土地使用税、车船税、耕地占用税和房产税等原来内外资企业分设的制度均已先后实现了统一,目前仅城市维护建设税和教育费附加仍实行内外有别的制度。因此,对外资企业征收城市维护建设税和教育费附加,符合统一税制的要求,是落实党中央、国务院有关决定的重要举措。

二是符合城市维护建设税和教育费附加的征收原则。城市维护建设税和教育费附加，属于具有特定目的的专项税收和政府性基金，所有享用城乡公共设施和教育服务的单位和个人，都应属于其征收对象。因此，外资企业应与内资企业一样承担缴纳税费的义务。

三是有利于公平内外资企业税费负担，促进公平竞争。改革开放初期，为鼓励引进外资、引进先进技术，我国对外资企业实行一定的税费优惠政策具有积极意义。随着我国市场经济体制不断完善，继续实行内外有别的税费制度，将会加剧内外资企业之间的不公平竞争，不利于提高内资企业的竞争力。对外资企业征收城市维护建设税和教育费附加，有利于为各类企业创造公平竞争的税费环境。

四是有利于促进城乡建设和教育事业的发展。国家《建设事业"十一五"规划纲要》提出，财政要加大对公共交通、城镇供水工程、城镇廉租住房和城镇保障住房等的投入。《国家中长期教育改革和发展规划纲要》明确提出，到 2012 年财政性教育经费要达到占 GDP4％的目标。将外资企业纳入城市维护建设税和教育费附加征收范围，拓宽了地方政府城乡建设和教育事业投入的资金来源，有利于提高财政性教育经费占 GDP 的比重，促进城乡建设和教育事业发展。

问：对外资企业征收城市维护建设税和教育费附加会不会影响吸引外资？

答：对外资企业征收城市维护建设税和教育费附加，不会对我国吸引外资产生负面影响。首先，我国社会稳定，经济正处于高速增长期，消费市场广阔，劳动力资源丰富，同时，我国政府长期致力于为国外投资者创造更加开放、更加公平、更加便利、更加友好的投资环境，形成了全方位、宽领域、多层次的对外开放格局，诸多有利因素对外资具有较强的吸引力。其次，对外资企业征收城市维护建设税和教育费附加，目的并不是为了增加外资企业负担，而是建立有利于公平竞争的税收机制和投资环境，相信这一举措会得到外资企业的理解和支持。

财政部　国家税务总局关于对外资企业征收城市维护建设税和教育费附加有关问题的通知

财税〔2010〕103 号

各省、自治区、直辖市、计划单列市财政厅（局）、国家税务局、地方税务局，新疆生产建设兵团财务局：

根据《国务院关于统一内外资企业和个人城市维护建设税和教育费附加制度的通知》（国发〔2010〕35 号）决定，自 2010 年 12 月 1 日起，对外商投资企业、外国企业及外籍个人（以下简称外资企业）征收城市维护建设税和教育费附加。现将有关问题通知如下：

对外资企业 2010 年 12 月 1 日（含）之后发生纳税义务的增值税、消费税、营业税（以下简称"三税"）征收城市维护建设税和教育费附加；对外资企业 2010 年 12 月 1 日之前发生纳税义务的"三税"，不征收城市维护建设税和教育费附加。

各级财政、税务机关要增强服务意识，加强政策宣传，做好征管工作。对政策执行中遇到的问题，要认真研究，妥善解决，重大问题及时上报财政部、国家税务总局。

国家税务总局关于中外合作开采石油资源适用城市维护建设税教育费附加有关事宜的公告

国家税务总局公告 2010 年第 31 号

根据《国务院关于统一内外资企业和个人城市维护建设税和教育费附加制度的通知》（国发〔2010〕35 号）的规定，现将中外合作开采石油资源适用城市维护建设税和教育费附加的有关事宜公告如下：

一、中外合作油（气）田开采的原油、天然气，在依据《国务院关于外商投资企业和外国企业适用增值税、消费税、营业税等税收暂行条例有关问题的通知》(国发〔1994〕10 号)和《国家税务总局关于中外合作开采石油资源缴纳增值税有关问题的通知》(国税发〔1994〕114 号),按 5%税率缴纳实物增值税后,以合作油(气)田实际缴纳的增值税税额为计税依据,缴纳城市维护建设税和教育费附加。

合作油(气)田的城市维护建设税和教育费附加的申报缴纳事宜,由参与中外合作开采石油资源的中国石油公司负责办理。

二、开采海洋石油资源的中外合作油(气)田所在地在海上,根据《中华人民共和国城市维护建设税暂行条例》(国发〔1985〕19 号)第四条的规定,其城市维护建设税适用 1%的税率。

三、中国海洋石油总公司海上自营油(气)田按照上述规定执行。

四、本公告按照《国务院关于统一内外资企业和个人城市维护建设税和教育费附加制度的通知》(国发〔2010〕35 号)规定的日期执行。

第八部分　中华人民共和国烟叶税法

中华人民共和国烟叶税暂行条例

国务院令第 464 号

第一条　在中华人民共和国境内收购烟叶的单位为烟叶税的纳税人。纳税人应当依照本条例规定缴纳烟叶税。

【注释】　相关规定包括:《关于烟叶税若干具体问题的规定》(财税〔2006〕64 号)。

第二条　本条例所称烟叶,是指晾晒烟叶、烤烟叶。

【注释】　相关规定包括:《关于烟叶税若干具体问题的规定》(财税〔2006〕64 号)。

第三条　烟叶税的应纳税额按照纳税人收购烟叶的收购金额和本条例第四条规定的税率计算。应纳税额的计算公式为:

应纳税额=烟叶收购金额×税率

应纳税额以人民币计算。

【注释】　相关规定包括:《关于烟叶税若干具体问题的规定》(财税〔2006〕64 号)。

第四条　烟叶税实行比例税率,税率为 20%。

烟叶税税率的调整,由国务院决定。

第五条　烟叶税由地方税务机关征收。

第六条　纳税人收购烟叶,应当向烟叶收购地的主管税务机关申报纳税。

【注释】　相关规定包括:《关于烟叶税若干具体问题的规定》(财税〔2006〕64 号)。

第七条　烟叶税的纳税义务发生时间为纳税人收购烟叶的当天。

【注释】　相关规定包括:《关于烟叶税若干具体问题的规定》(财税〔2006〕64 号)。

第八条　纳税人应当自纳税义务发生之日起 30 日内申报纳税。具体纳税期限由主管税务机关核定。

第九条　烟叶税的征收管理,依照《中华人民共和国税收征收管理法》及本条例的有关规定执行。

第十条　本条例自公布之日起施行。

关于烟叶税若干具体问题规定

财税〔2006〕64 号

根据《中华人民共和国烟叶税暂行条例》(以下简称《条例》),现对有关烟叶税具体问题规定如下:

一、《条例》第一条所称"收购烟叶的单位",是指依照《中华人民共和国烟草专卖法》的规定有权收购烟叶的烟草公司或者受其委托收购烟叶的单位。

二、依照《中华人民共和国烟草专卖法》查处没收的违法收购的烟叶,由收购罚没烟叶的单位按照购买金额计算缴纳烟叶税。

三、《条例》第二条所称"晾晒烟叶",包括列入名晾晒烟名录的晾晒烟叶和未列入名晾晒烟名录的其他晾晒烟叶。

四、《条例》第三条所称"收购金额",包括纳税人支付给烟叶销售者的烟叶收购价款和价外补贴。按照简化手续、方便征收的原则,对价外补贴统一暂按烟叶收购价款的 10%计入收购金额征税。收购金额计算公式如下:

收购金额＝收购价款×(1＋10%)

五、《条例》第六条所称“烟叶收购地的主管税务机关”，是指烟叶收购地的县级地方税务局或者其所指定的税务分局、所。

六、《条例》第七条所称“收购烟叶的当天”，是指纳税人向烟叶销售者付讫收购烟叶款项或者开具收购烟叶凭据的当天。

【注释】 解释《烟叶税暂行条例》第1、2、3、6、7条。

第三编

财产税法

第九部分　中华人民共和国资源税法

中华人民共和国资源税暂行条例

（1993 年 12 月 25 日中华人民共和国国务院令第 139 号发布根据 2011 年 9 月 30 日《国务院关于修改〈中华人民共和国资源税暂行条例〉的决定》修订）

第一条　在中华人民共和国领域及管辖海域开采本条例规定的矿产品或者生产盐（以下称开采或者生产应税产品）的单位和个人，为资源税的纳税人，应当依照本条例缴纳资源税。

【注释】　相关规定包括：《国家税务总局关于手工回收煤炭征收资源税问题的批复》（国税函发〔1996〕605 号）。

第二条　资源税的税目、税率，依照本条例所附《资源税税目税率表》及财政部的有关规定执行。

税目、税率的部分调整，由国务院决定。

【注释】　相关规定包括：《财政部 国家税务总局关于减征冶金独立矿山铁矿石和有色金属矿资源税的通知》（财税〔1997〕82 号）、《财政部 国家税务总局关于调整冶金联合企业矿山铁矿石资源税适用税额的通知》（财税〔2002〕17 号）、《财政部 国家税务总局关于调整石灰石、大理石和花岗石资源税适用税额的通知》（财税〔2003〕119 号）《财政部 国家税务总局关于胜利石油管理局所属企业油气资源税政策的批复》（财税〔2006〕54 号）、《财政部 国家税务总局关于吉林省油气资源税政策的通知》（财税〔2006〕55 号）、《财政部 国家税务总局关于调整岩金矿资源税有关政策的通知》（财税〔2006〕69 号）、《财政部 国家税务总局关于钒矿石资源税有关政策的通知》（财税〔2006〕120 号）、《财政部 国家税务总局关于调整盐资源税适用税额标准的通知》（财税〔2007〕5 号）、《财政部 国家税务总局关于调整焦煤资源税适用税额标准的通知》（财税〔2007〕15 号）、《财政部 国家税务总局关于调整铅锌矿石等税目资源税适用税额标准的通知》（财税〔2007〕100 号）。

第三条　纳税人具体适用的税率，在本条例所附《资源税税目税率表》规定的税率幅度内，根据纳税人所开采或者生产应税产品的资源品位、开采条件等情况，由财政部商国务院有关部门确定；财政部未列举名称且未确定具体适用税率的其他非金属矿原矿和有色金属矿原矿，由省、自治区、直辖市人民政府根据实际情况确定，报财政部和国家税务总局备案。

第四条　资源税的应纳税额，按照从价定率或者从量定额的办法，分别以应税产品的销售额乘以纳税人具体适用的比例税率或者以应税产品的销售数量乘以纳税人具体适用的定额税率计算。

第五条　纳税人开采或者生产不同税目应税产品的，应当分别核算不同税目应税产品的销售额或者销售数量；未分别核算或者不能准确提供不同税目应税产品的销售额或者销售数量的，从高适用税率。

第六条　纳税人开采或者生产应税产品，自用于连续生产应税产品的，不缴纳资源税；自用于其他方面的，视同销售，依照本条例缴纳资源税。

第七条　有下列情形之一的，减征或者免征资源税：

（一）开采原油过程中用于加热、修井的原油，免税。

（二）纳税人开采或者生产应税产品过程中，因意外事故或者自然灾害等原因遭受重大损失的，由省、自治区、直辖市人民政府酌情决定减税或者免税。

（三）国务院规定的其他减税、免税项目。

【注释】　相关规定包括：《财政部 国家税务总局关于独立矿山铁矿石资源税减按规定税额 60％征收的通知》（财税〔1994〕41 号）、《财政部 国家税务总局关于调整东北老工业基地部分矿山油田企业资源税税额的通知》（财税〔2004〕146 号）、《财政部 国家税务总局关于加快煤层气抽采有关税收政策问题的通知》（财税〔2007〕16 号）。

第八条　纳税人的减税、免税项目，应当单独核算销售额或者销售数量；未单独核算或者不能准确提供销售额或者销售数量的，不予减税或者免税。

第九条 纳税人销售应税产品，纳税义务发生时间为收讫销售款或者取得索取销售款凭据的当天；自产自用应税产品，纳税义务发生时间为移送使用的当天。

第十条 资源税由税务机关征收。

第十一条 收购未税矿产品的单位为资源税的扣缴义务人。

【注释】 相关规定包括：《国家税务总局关于印发〈中华人民共和国资源税代扣代缴管理办法〉的通知》(国税发〔1998〕49号)、《国家税务总局关于取消资源税扣缴义务人资格审批事项的通知》(国税函〔2004〕817号)。

第十二条 纳税人应纳的资源税，应当向应税产品的开采或者生产所在地主管税务机关缴纳。纳税人在本省、自治区、直辖市范围内开采或者生产应税产品，其纳税地点需要调整的，由省、自治区、直辖市税务机关决定。

第十三条 纳税人的纳税期限为一日、三日、五日、十日、十五日或者一个月，由主管税务机关根据实际情况具体核定。不能按固定期限计算纳税的，可以按次计算纳税。

纳税人以一个月为一期纳税的，自期满之日起十日内申报纳税；以一日、三日、五日、十日或者十五日为一期纳税的，自期满之日起五日内预缴税款，于次月一日起十日内申报纳税并结清上月税款。

扣缴义务人的解缴税款期限，比照前两款的规定执行。

第十四条 资源税的征收管理，依照《中华人民共和国税收征收管理法》及本条例有关规定执行。

【注释】 相关规定包括：《财政部关于资源税会计处理的规定》(财会〔1994〕8号)。

第十五条 本条例实施办法由财政部和国家税务总局制定。

第十六条 本条例自一九九四年一月一日起施行。一九八四年九月十八日国务院发布的《中华人民共和国资源税条例(草案)》、《中华人民共和国盐税条例(草案)》同时废止。

国务院关于修改《中华人民共和国资源税暂行条例》的决定

中华人民共和国国务院令第605号

《国务院关于修改〈中华人民共和国资源税暂行条例〉的决定》已经2011年9月21日国务院第173次常务会议通过，现予公布，自2011年11月1日起施行。

总理　温家宝

二〇一一年九月三十日

国务院关于修改《中华人民共和国资源税暂行条例》的决定

国务院决定对《中华人民共和国资源税暂行条例》作如下修改：

一、第一条修改为："在中华人民共和国领域及管辖海域开采本条例规定的矿产品或者生产盐(以下称开采或者生产应税产品)的单位和个人，为资源税的纳税人，应当依照本条例缴纳资源税。"

二、第二条修改为："资源税的税目、税率，依照本条例所附《资源税税目税率表》及财政部的有关规定执行。

"税目、税率的部分调整，由国务院决定。"

三、第三条修改为："纳税人具体适用的税率，在本条例所附《资源税税目税率表》规定的税率幅度内，根据纳税人所开采或者生产应税产品的资源品位、开采条件等情况，由财政部商国务院有关部门确定；财政部未列举名称且未确定具体适用税率的其他非金属矿原矿和有色金属矿原矿，由省、自治区、直辖市人民政府根据实际情况确定，报财政部和国家税务总局备案。"

四、第五条、第六条合并作为第四条，修改为："资源税的应纳税额，按照从价定率或者从量定额的办法，分别以应税产品的销售额乘以纳税人具体适用的比例税率或者以应税产品的销售数量乘以纳税人具体适用的定额税率计算。"

五、第四条作为第五条，修改为："纳税人开采或者生产不同税目应税产品的，应当分别核算不同税目应税产品的销售额或者销售数量；未分别核算或者不能准确提供不同税目应税产品的销售额或者销售数量的，从高适用税率。"

六、增加一条，作为第六条："纳税人开采或者生产应税产品，自用于连续生产应税产品的，不缴纳资源税；自用于其他方面的，视同销售，依照本条例缴纳资源税。"

七、第八条中的"课税数量"修改为"销售额或者销售数量"。

八、第十五条修改为："本条例实施办法由财政部和国家税务总局制定。"

九、将所附的《资源税税目税额幅度表》修改为：

资源税税目税率表

税目		税率
一、原油		销售额的 5%—10%
二、天然气		销售额的 5%—10%
三、煤炭	焦煤	每吨 8—20 元
	其他煤炭	每吨 0.3—5 元
四、其他非金属矿原矿	普通非金属矿原矿	每吨或者每立方米 0.5—20 元
	贵重非金属矿原矿	每千克或者每克拉 0.5—20 元
五、黑色金属矿原矿		每吨 2—30 元
六、有色金属矿原矿	稀土矿	每吨 0.4—60 元
	其他有色金属矿原矿	每吨 0.4—30 元
七、盐	固体盐	每吨 10—60 元
	液体盐	每吨 2—10 元

本决定自 2011 年 11 月 1 日起施行。

《中华人民共和国资源税暂行条例》根据本决定作相应的修改并对条文顺序作相应调整，重新公布。

中华人民共和国资源税暂行条例实施细则

中华人民共和国财政部 国家税务总局令第 66 号

《中华人民共和国资源税暂行条例实施细则》已经财政部部务会议和国家税务总局局务会议修订通过，现予公布，自 2011 年 11 月 1 日起施行。

二〇一一年十月二十八日

中华人民共和国资源税暂行条例实施细则

第一条 根据《中华人民共和国资源税暂行条例》（以下简称条例），制定本细则。

第二条 条例所附《资源税税目税率表》中所列部分税目的征税范围限定如下：

(一)原油,是指开采的天然原油,不包括人造石油。

(二)天然气,是指专门开采或者与原油同时开采的天然气。

(三)煤炭,是指原煤,不包括洗煤、选煤及其他煤炭制品。

(四)其他非金属矿原矿,是指上列产品和井矿盐以外的非金属矿原矿。

(五)固体盐,是指海盐原盐、湖盐原盐和井矿盐。

液体盐,是指卤水。

第三条 条例第一条所称单位,是指企业、行政单位、事业单位、军事单位、社会团体及其他单位。

条例第一条所称个人,是指个体工商户和其他个人。

第四条 资源税应税产品的具体适用税率,按本细则所附的《资源税税目税率明细表》执行。

矿产品等级的划分,按本细则所附《几个主要品种的矿山资源等级表》执行。

对于划分资源等级的应税产品,其《几个主要品种的矿山资源等级表》中未列举名称的纳税人适用的税率,由省、自治区、直辖市人民政府根据纳税人的资源状况,参照《资源税税目税率明细表》和《几个主要品种的矿山资源等级表》中确定的邻近矿山或者资源状况、开采条件相近矿山的税率标准,在浮动30%的幅度内核定,并报财政部和国家税务总局备案。

第五条 条例第四条所称销售额为纳税人销售应税产品向购买方收取的全部价款和价外费用,但不包括收取的增值税销项税额。

价外费用,包括价外向购买方收取的手续费、补贴、基金、集资费、返还利润、奖励费、违约金、滞纳金、延期付款利息、赔偿金、代收款项、代垫款项、包装费、包装物租金、储备费、优质费、运输装卸费以及其他各种性质的价外收费。但下列项目不包括在内:

(一)同时符合以下条件的代垫运输费用:

1. 承运部门的运输费用发票开具给购买方的;

2. 纳税人将该项发票转交给购买方的。

(二)同时符合以下条件代为收取的政府性基金或者行政事业性收费:

1. 由国务院或者财政部批准设立的政府性基金,由国务院或者省级人民政府及其财政、价格主管部门批准设立的行政事业性收费;

2. 收取时开具省级以上财政部门印制的财政票据;

3. 所收款项全额上缴财政。

第六条 纳税人以人民币以外的货币结算销售额的,应当折合成人民币计算。其销售额的人民币折合率可以选择销售额发生的当天或者当月1日的人民币汇率中间价。纳税人应在事先确定采用何种折合率计算方法,确定后1年内不得变更。

第七条 纳税人申报的应税产品销售额明显偏低并且无正当理由的、有视同销售应税产品行为而无销售额的,除财政部、国家税务总局另有规定外,按下列顺序确定销售额:

(一)按纳税人最近时期同类产品的平均销售价格确定;

(二)按其他纳税人最近时期同类产品的平均销售价格确定;

(三)按组成计税价格确定。组成计税价格为:

$$组成计税价格=成本\times(1+成本利润率)\div(1-税率)$$

公式中的成本是指:应税产品的实际生产成本。公式中的成本利润率由省、自治区、直辖市税务机关确定。

第八条 条例第四条所称销售数量,包括纳税人开采或者生产应税产品的实际销售数量和视同销售的自用数量。

第九条 纳税人不能准确提供应税产品销售数量的,以应税产品的产量或者主管税务机关确定的折算比换算成的数量为计征资源税的销售数量。

第十条 纳税人在资源税纳税申报时,除财政部、国家税务总局另有规定外,应当将其应税和减免税项目分别计算和报送。

第十一条 条例第九条所称资源税纳税义务发生时间具体规定如下:

(一)纳税人销售应税产品,其纳税义务发生时间是:

1. 纳税人采取分期收款结算方式的,其纳税义务发生时间,为销售合同规定的收款日期的当天;

2. 纳税人采取预收货款结算方式的，其纳税义务发生时间，为发出应税产品的当天；

3. 纳税人采取其他结算方式的，其纳税义务发生时间，为收讫销售款或者取得索取销售款凭据的当天。

（二）纳税人自产自用应税产品的纳税义务发生时间，为移送使用应税产品的当天。

（三）扣缴义务人代扣代缴税款的纳税义务发生时间，为支付货款的当天。

第十二条　条例第十一条所称的扣缴义务人，是指独立矿山、联合企业及其他收购未税矿产品的单位。

第十三条　条例第十一条把收购未税矿产品的单位规定为资源税的扣缴义务人，是为了加强资源税的征管。主要是适应税源小、零散、不定期开采、易漏税等税务机关认为不易控管、由扣缴义务人在收购时代扣代缴未税矿产品资源税为宜的情况。

第十四条　扣缴义务人代扣代缴的资源税，应当向收购地主管税务机关缴纳。

第十五条　跨省、自治区、直辖市开采或者生产资源税应税产品的纳税人，其下属生产单位与核算单位不在同一省、自治区、直辖市的，对其开采或者生产的应税产品，一律在开采地或者生产地纳税。实行从量计征的应税产品，其应纳税款一律由独立核算的单位按照每个开采地或者生产地的销售量及适用税率计算划拨；实行从价计征的应税产品，其应纳税款一律由独立核算的单位按照每个开采地或者生产地的销售量、单位销售价格及适用税率计算划拨。

第十六条　本细则自 2011 年 11 月 1 日起施行。

财政部关于资源税会计处理的规定

财会〔1994〕8 号

《中华人民共和国资源税暂行条例》已经国务院发布，现对有关会计处理办法规定如下：

一、企业交纳的资源税，通过“应交税金——应交资源税”科目核算。

二、企业计算出销售的应税产品应交纳的资源税，借记“产品销售税金及附加”等科目，贷记“应交税金——应交资源税”科目；上交资源税时，借记“应交税金——应交资源税”科目，贷记“银行存款”科目。

三、企业计算出自产自用的应税产品应交纳的资源税，借记“生产成本”、“制造费用”等科目，贷记“应交税金——应交资源税”科目；上交资源税时，借记“应交税金——应交资源税”科目，贷记“银行存款”科目。

四、企业收购未税矿产品，按实际支付的收购款，借记“材料采购”等科目，贷记“银行存款”等科目；按代扣代交的资源税，借记“材料采购”等科目，贷记“应交税金——应交资源税”科目；上交资源税时，借记“应交税金——应交资源税”科目，贷记“银行存款”科目。

五、企业外购液体盐加工固体盐，在购入液体盐时，按所允许抵扣的资源税，借记“应交税金——应交资源税”科目；按外购价款扣除允许抵扣资源税后的数额，借记“材料采购”等科目；按应支付的全部价款，贷记“银行存款”、“应付账款”等科目。企业加工成固体盐后，在销售时，按计算出的销售固体盐应交的资源税，借记“产品销售税金及附加”科目，贷记“应交税金——应交资源税”科目。将销售固体盐应纳资源税扣抵液体盐已纳资源税后的差额上交时，借记“应交税金——应交资源税”科目，贷记“银行存款”科目。

【注释】　对《资源税暂行条例》第 14 条进行了解释。

财政部 国家税务总局关于独立矿山铁矿石资源税减按规定税额 60%征收的通知

财税〔1994〕41 号

各省、自治区、直辖市财政厅（局）、税务局（不发西藏），各计划单列市财政局、税务局，（含原省会所在地计划单列市）：

鉴于实行新税制后铁矿石的流转税、资源税负担上升较大，即使适当提高铁矿石价格，独立矿山仍难以承受。为支持独立铁矿的发展，经国务院批准，决定自 1994 年 1 月 1 日起，对独立矿山应纳的铁矿石资源税减征 40%，按规定税额标准的 60%征收。

【注释】 对《资源税暂行条例》第 7 条进行了解释。

国家税务总局关于手工回收煤炭征收资源税问题的批复

国税函发〔1996〕605 号

辽宁省地方税务局：

你局《关于手工回收煤炭是否征收资源税问题的请示》(辽地税函〔1996〕30 号)收悉。对你省一些地区的部分单位和个人，在废弃的煤矸石中利用简易工具手工回收煤炭对外销售或使用，且这些煤炭属于未纳资源税的原煤，经研究决定：为便于加强资源税的征收管理，对这种未税原煤，可按其销售和自用数量依法照章征收资源税。

【注释】 对《资源税暂行条例》第 1 条进行了解释。

财政部 国家税务总局关于减征冶金独立矿山铁矿石和有色金属矿资源税的通知

财税〔1997〕82 号

各省、自治区、直辖市、计划单列市财政厅(局)、地方税务局、沈阳、长春、哈尔滨、南京、武汉、广州、成都、西安市财政局、地方税务局：

经国务院批准，现对冶金独立矿山铁矿石和有色矿资源税问题规定如下，请依照执行。

1. 自 1996 年 7 月 1 日起，对冶金独立矿山应缴纳的铁矿石资源税在财政部和国家税务总局《关于独立矿山铁矿石资源税减按规定税额 60%征收的通知》[(94)财税字 041 号]规定减征 40%的基础上，再减征 20%，即按规定税额标准的 40%征收。

2. 冶金独立矿山是指 1993 年 12 月 31 日以前存在的冶金独立矿山、财政部和国家税务总局《关于调整六家企业铁矿石资源税适用税额的通知》(财税字〔1995〕10 号)中列举的六家矿铁企业以及 1994 年 1 月 1 日以后建成投产的冶金独立矿山对 1993 年 12 月 31 日以后由联合矿山改组为独立矿山的，不得按(94)财税字 041 号及本通知规定减征资源税。

3. 从 1996 年 7 月 1 日起，对有色金属矿的资源税减征 30%，即按规定税额标准的 70%征收。

4. 本通知到达之日前企业多缴纳的资源税，可在文件到达以后应缴纳的资源税中抵扣。

【注释】 对《资源税暂行条例》第 2 条进行了解释。

中华人民共和国资源税代扣代缴管理办法

国税发〔1998〕49 号

第一条 为了进一步加强对资源税的征收管理，根据《中华人民共和国税收征收管理法》(以下简称《税收征管法》)和《中华人民共和国资源税暂行条例》(以下简称《资源税条例》)等有关规定,制定本办法。

第二条　收购资源税未税矿产品的独立矿山、联合企业以及其他单位为资源税代扣代缴义务人(以下简称扣缴义务人)。

扣缴义务人应当主动向主管税务机关申请办理代扣代缴义务人的有关手续。主管税务机关经审核批准后,发给扣缴义务人代扣代缴税款凭证及报告表。

第三条　扣缴义务人必须依照本办法的规定履行代扣代缴资源税义务。扣缴义务人在履行其法定义务时,有关单位和个人应予支持、协助,不得干预、阻挠。

第四条　扣缴义务人履行代扣代缴的适用范围是:收购的除原油、天然气、煤炭以外的资源税未税矿产品。

第五条　本办法第四条所称"未税矿产品"是指资源税纳税人在销售其矿产品时不能向扣缴义务人提供"资源税管理证明"的矿产品。

第六条　"资源税管理证明"是证明销售的矿产品已缴纳资源税或已向当地税务机关办理纳税申报的有效凭证。"资源税管理证明"分为甲、乙两种证明(式样附后),由当地主管税务机关开具。

资源税管理甲种证明适用生产规模较大、财务制度比较健全、有比较固定的购销关系、能够依法申报缴纳资源税的纳税人,是一次开具在一定期限内多次使用有效的证明。

资源税管理乙种证明适用个体、小型采矿销售企业等零散资源税纳税人,是根据销售数量多次开具一次使用有效的证明。

"资源税管理证明"由国家税务总局统一制定,各省、自治区、直辖市地方税务局印制。

"资源税管理证明"可以跨省、区、市使用。为防止伪造,"资源税管理证明"须与纳税人的税务登记证副本一同使用。

第七条　凡开采销售本办法规定范围内的应税矿产品的单位和个人,在销售其矿产品时,应当向当地主管税务机关申请开具"资源税管理证明",作为销售矿产品已申报纳税免予扣缴税款的依据。购货方(扣缴义务人)在收购矿产品时,应主动向销售方(纳税人)索要"资源税管理证明",扣缴义务人据此不代扣资源税。凡销售方不能提供"资源税管理甲种证明"的或超出"资源税管理乙种证明"注明的销售数量部分,一律视同未税矿产品,由扣缴义务人依法代扣代缴资源税,并向纳税人开具代扣代缴税款凭证。

扣缴义务人应按主管税务机关的要求妥善整理和保管收取的"资源税管理证明",以备税务机关核查。纳税人领取的"资源税管理证明",不得转借他人使用,遗失不补。

第八条　扣缴义务人代扣代缴资源税适用的单位税额按如下规定执行:

(一)独立矿山、联合企业收购与本单位矿种相同的未税矿产品,按照本单位相同矿种应税产品的单位税额,依据收购数量代扣代缴资源税。

(二)独立矿山、联合企业收购与本单位矿种不同的未税矿产品,以及其他收购单位收购的未税矿产品,按照收购地相应矿种规定的单位税额,依据收购数量代扣代缴资源税。

(三)收购地没有相同品种矿产品的,按收购地主管税务机关核定的单位税额,依据收购数量代扣代缴资源税。

第九条　扣缴义务人代扣代缴资源税的计算公式为:

代扣代缴的资源税额=收购未税矿产品数量×适用单位税额

第十条　扣缴义务人代扣代缴资源税义务发生时间为扣缴义务人支付货款的当天。

第十一条　扣缴义务人代扣代缴资源税的地点为应税未税矿产品的收购地。

第十二条　扣缴义务人代扣资源税税款的解缴期限为 1 日、3 日、5 日、10 日、15 日或者 1 个月。具体解缴期限由主管税务机关根据实际情况核定。

扣缴义务人应在主管税务机关规定的时间内解缴其代扣的资源税款,并报送代扣代缴等有关报表。

第十三条　主管税务机关按照规定提取并向扣缴义务人支付手续费。

第十四条　扣缴义务人代扣代缴资源税时,要建立代扣代缴税款账簿,序时登记资源税代扣、代缴税款报告表。

第十五条　扣缴义务人依法履行代扣税款义务时,纳税人不得拒绝。纳税人拒绝的,扣缴义务人应当及时报告主管税务机关处理。否则,纳税人应缴纳的税款由扣缴义务人负担。

第十六条 扣缴义务人必须依法接受税务机关检查,如实反映情况,提供有关资料,不得拒绝或隐瞒。

第十七条 扣缴义务人发生下列行为之一者,按《税收征管法》及其实施细则处理:

(一)应代扣而未代扣或少代扣资源税款;

(二)不缴或少缴已扣税款;

(三)未按规定期限解缴税款;

(四)未按规定设置、保管有关资源税代扣代缴账簿、凭证、报表及有关资料;

(五)转借、涂改、损毁、造假、不按照规定使用"资源税管理证明"的行为;

(六)其他违反税收规定的行为。

第十八条 本办法未尽事宜,依照有关税收法律、法规执行。

第十九条 各省、自治区、直辖市地方税务局可根据本办法和当地实际情况制定具体实施办法。

第二十条 本办法由国家税务总局负责解释。

第二十一条 本办法自1998年7月1日起执行。

【注释】 对《资源税暂行条例》第11条进行了解释。对《资源税暂行条例实施细则》第9条进行了解释。

国家税务总局关于认定收购未税矿产品的个体户为资源税扣缴义务人的批复

国税函〔2000〕733号

北京市地方税务局:

你局《关于认定收购未税矿产品的个人为资源税扣缴义务人的请示》(京地税营〔2000〕293号)收悉。经研究,现批复如下:

《中华人民共和国资源税暂行条例实施细则》第七条规定,资源税的扣缴义务人是指"独立矿山、联合企业及其他收购未税矿产品的单位"。这里所说的"其他收购未税矿产品的单位",也包括收购未税矿产品的个体户在内。因此,你局可以依照现行规定认定具备一定条件的收购未税矿产品的个体户为资源税的扣缴义务人。

【注释】 对《资源税暂行条例实施细则》第7条进行了解释。旧《中华人民共和国资源税暂行条例实施细则》已经被新《中华人民共和国资源税暂行条例实施细则》(中华人民共和国财政部 国家税务总局令第66号)取代。

财政部 国家税务总局关于调整冶金联合企业矿山铁矿石资源税适用税额的通知

财税〔2002〕17号

各省、自治区、直辖市、计划单列市财政厅(局)、地方税务局:

为促进冶金矿山发展,平衡不同类型企业的资源税负担,鼓励公平竞争,经研究决定,自2002年4月1日起,对冶金联合企业矿山(含1993年12月31日后从联合企业矿山中独立出来的铁矿山企业)铁矿石资源税,减按规定税额标准的40%征收。对于由此造成地方财政减少的收入,中央财政将予以适当补助。

【注释】 对《资源税暂行条例》第2条进行了解释。

国家税务总局关于明确资源税扣缴义务人代扣代缴义务发生时间的批复

国税函〔2002〕1037 号

吉林省地方税务局：

你局《关于资源税扣缴义务人代扣代缴义务发生时间问题的请示》（吉地税发〔2002〕117 号）收悉。经研究，批复如下：

鉴于资源税扣缴义务人拖欠货款，造成税款拖欠和流失的情况时有发生，为加强征收管理，严肃税收秩序，根据《中华人民共和国资源税暂行条例实施细则》的第六条“扣缴义务人代扣代缴税款的纳税义务发生时间，为支付货款的当天”的规定，对扣缴义务人代扣代缴税款的纳税义务发生时间，具体明确为支付首笔货款或者首次开具应支付货款凭据的当天。

【注释】 对《资源税暂行条例实施细则》第 6 条进行了解释。旧《中华人民共和国资源税暂行条例实施细则》已经被新《中华人民共和国资源税暂行条例实施细则》（中华人民共和国财政部 国家税务总局令第 66 号）取代。

财政部 国家税务总局关于调整石灰石、大理石和花岗石资源税适用税额的通知

财税〔2003〕119 号

各省、自治区、直辖市、计划单列市财政厅（局）、地方税务局，新疆生产建设兵团财务局：

近年来，一些地区反映，现行石灰石、大理石和花岗石资源税适用税额标准不尽合理，建议作适当调整。经研究，现就有关调整事项通知如下：

一、石灰石资源税适用税额由每吨 2 元调整为每吨 0.5 元至 3 元；大理石和花岗石资源税适用税额由每立方米 3 元调整为每立方米 3 元至 10 元。

二、各省、自治区、直辖市财政厅（局）、地方税务局可在上述幅度内确定适用税额标准。

三、本通知自 2003 年 7 月 1 日起执行。请各地根据本地区的实际情况，制定具体的调整方案，并报财政部、国家税务总局备案。

【注释】 对《资源税暂行条例》第 2 条进行了解释。

财政部 国家税务总局关于调整东北老工业基地部分矿山油田企业资源税税额的通知

财税〔2004〕146 号

辽宁、吉林、黑龙江省财政厅、地方税务局：

为支持东北地区老工业基地振兴，经国务院批准，现就东北老工业基地有关资源税政策通知如下：

一、关于调整衰竭期矿山和低丰度油田资源税税额标准问题

请你厅根据有关油田、矿山的实际情况和财政承受能力，提出对低丰度油田和衰竭期矿山在不超过 30％的幅度内降低资源税适用税额标准的建议，报省人民政府批准后实施，并报财政部、国家税务总局备案。

二、关于地方减收问题

对因降低资源税税额标准而减少的收入，由地方自行消化解决。

三、关于执行时间

上述政策自2004年7月1日起实施。

【注释】 对《资源税暂行条例》第7条进行了解释。

财政部 国家税务总局关于调整钼矿石等品目资源税政策的通知

财税〔2005〕168号

各省、自治区、直辖市、计划单列市财政厅(局)、地方税务局：

根据《中华人民共和国资源税暂行条例》的有关规定和相关企业的实际情况，经研究决定：

一、取消对有色金属矿资源税减征30%的优惠政策，恢复按全额征收。

二、调整对冶金矿山铁矿石资源税减征政策，暂按规定税额标准的60%征收。

三、调整钼矿石资源税适用税额标准：一等税额标准为每吨8元，二等税额标准为每吨7元，三等税额标准为每吨6元，四等税额标准为每吨5元，五等税额标准为每吨4元。

四、将锰矿石资源税适用税额标准由2元/吨调整到6元/吨。

五、本通知自2006年1月1日起实施。

【注释】 对《资源税暂行条例》第2条进行了解释。

财政部 国家税务总局关于调整岩金矿资源税有关政策的通知

财税〔2006〕69号

各省、自治区、直辖市、计划单列市财政厅(局)、地方税务局：

根据《中华人民共和国资源税暂行条例》的有关规定和企业的实际情况，经研究，现将调整岩金矿资源税政策的有关问题通知如下：

一、调整各等级岩金矿资源税税额标准，具体标准见《岩金矿各等级资源税税额明细表》。

二、调整岩金矿各等级的范围。《岩金矿资源等级分类明细表》列明的企业(或金矿)按所属等级和《岩金矿各等级资源税税额明细表》确定适用税额。未列入《岩金矿资源等级分类明细表》的企业(或金矿)适用的税额，由省、自治区、直辖市人民政府根据其资源状况，参照《岩金矿各等级资源税税额明细表》和《岩金矿资源等级分类明细表》中确定的邻近矿山的税额标准，在浮动30%的幅度内核定，并报财政部和国家税务总局备案。

三、原矿已缴纳过资源税，选冶后形成的尾矿进行再利用的，只要纳税人能够在统计、核算上清楚地反映，并在堆放等具体操作上能够同应税原矿明确区隔开，不再计征资源税。尾矿与原矿如不能划分清楚的，应按原矿计征资源税。

四、采用堆浸工艺，矿石与废石(品位低于0.5克/吨)分别堆浸，纳税人能够在统计、核算上清楚地反映，并在堆放等具体操作上能够同应税原矿明确区隔开的，是否对废石征收资源税由省级人民政府确定。

五、本通知自2006年5月1日起执行。《中华人民共和国资源税暂行条例实施细则》[(93)财法字第43号]所附“资源税税目税额明细表”中的岩金矿石各等级税额以及“几个主要品种的矿山资源等级表”中的“岩金矿石资源等级表”同时废止。

【注释】　对《资源税暂行条例》第 2 条进行了解释。旧《中华人民共和国资源税暂行条例实施细则》已经被新《中华人民共和国资源税暂行条例实施细则》(中华人民共和国财政部 国家税务总局令第 66 号)取代。

财政部 国家税务总局关于钒矿石资源税有关政策的通知

财税〔2006〕120 号

各省、自治区、直辖市、计划单列市财政厅(局)、地方税务局，新疆生产建设兵团财务局：

根据《中华人民共和国资源税暂行条例》的有关规定，为促进钒矿石资源的合理开发利用，经研究，现将钒矿石资源税有关政策通知如下：

一、在我国境内开采钒矿石(含石煤钒)的单位和个人应依照《中华人民共和国资源税暂行条例》及相关规定缴纳资源税。

二、钒矿石(含石煤钒)资源税适用税额标准为每吨 12 元。

三、本通知自 2006 年 9 月 1 日起执行。

【注释】　对《资源税暂行条例》第 2 条进行了解释。

财政部 国家税务总局关于调整盐资源税适用税额标准的通知

财税〔2007〕5 号

各省、自治区、直辖市、计划单列市财政厅(局)、地方税务局，新疆生产建设兵团财务局：

根据《中华人民共和国资源税暂行条例》的有关规定，为支持盐业的发展，经研究，现将盐资源税有关政策通知如下：

一、北方海盐资源税暂减按每吨 15 元征收。

二、南方海盐、湖盐、井矿盐资源税暂减按每吨 10 元征收。

三、液体盐资源税暂减按每吨 2 元征收。

四、通过提取地下天然卤水晒制的海盐和生产的井矿盐，其资源税适用税额标准暂维持不变，仍分别按每吨 20 元和 12 元征收。

五、本通知自 2007 年 2 月 1 日起实施。

【注释】　对《资源税暂行条例》第 2 条进行了解释。

财政部 国家税务总局关于调整焦煤资源税适用税额标准的通知

财税〔2007〕15 号

各省、自治区、直辖市、计划单列市财政厅(局)、地方税务局，新疆生产建设兵团财务局：

为促进焦煤的合理开发利用，经国务院批准，自 2007 年 2 月 1 日起，将焦煤的资源税适用税额标准确定为每吨 8 元。

【注释】 对《资源税暂行条例》第2条进行了解释。

财政部 国家税务总局关于加快煤层气抽采有关税收政策问题的通知

财税〔2007〕16号

各省、自治区、直辖市、计划单列市财政厅(局)、国家税务局、地方税务局,新疆生产建设兵团财务局,财政部驻各省、自治区、直辖市、计划单列市财政监察专员办事处:

为加快推进煤层气资源的抽采利用,鼓励清洁生产、节约生产和安全生产,经国务院批准,现就鼓励煤层气抽采有关税收政策问题通知如下:

一、对煤层气抽采企业的增值税一般纳税人抽采销售煤层气实行增值税先征后退政策。先征后退税款由企业专项用于煤层气技术的研究和扩大再生产,不征收企业所得税。

煤层气是指赋存于煤层及其围岩中与煤炭资源伴生的非常规天然气,也称煤矿瓦斯。

煤层气抽采企业应将享受增值税先征后退政策的业务和其他业务分别核算,不能分别准确核算的,不得享受增值税先征后退政策。

煤层气抽采企业增值税先征后退政策由财政部驻各地财政监察专员办事处根据财政部、国家税务总局、中国人民银行《关于税制改革后对某些企业实行"先征后退"有关预算管理问题的暂行规定的通知》[(94)财预字第55号]的规定办理。

二、对独立核算的煤层气抽采企业购进的煤层气抽采泵、钻机、煤层气监测装置、煤层气发电机组、钻井、录井、测井等专用设备,统一采取双倍余额递减法或年数总和法实行加速折旧,具体加速折旧方法可以由企业自行决定,但一经确定,以后年度不得随意调整。

三、对独立核算的煤层气抽采企业利用银行贷款或自筹资金从事技术改造项目国产设备投资,其项目所需国产设备投资的40%可从企业技术改造项目设备购置当年比前一年新增的企业所得税中抵免。具体管理办法按财政部、国家税务总局《关于印发〈技术改造国产设备投资抵免企业所得税暂行办法〉的通知》(财税字〔1999〕290号)、国家税务总局《关于印发〈技术改造国产设备投资抵免企业所得税审核管理办法〉的通知》(国税发〔2000〕13号)、财政部、国家税务总局《关于外商投资企业和外国企业购买国产设备投资抵免企业所得税有关问题的通知》(财税字〔2000〕49号)和国家税务总局《关于印发〈外商投资企业和外国企业购买国产设备投资抵免企业所得税管理办法〉的通知》(国税发〔2000〕90号)的规定执行。

四、对财务核算制度健全、实行查账征税的煤层气抽采企业研究开发新技术、新工艺发生的技术开发费,在按规定实行100%扣除基础上,允许再按当年实际发生额的50%在企业所得税税前加计扣除。具体管理办法按财政部、国家税务总局《关于企业技术创新有关企业所得税优惠政策的通知》(财税〔2006〕88号)第一条的有关规定执行。

五、对地面抽采煤层气暂不征收资源税。

六、本通知自2007年1月1日起执行。现行对中联公司中外合作开采陆上煤层气按实物征收5%的增值税以及中联公司自营开采陆上煤层气增值税超5%税负返还政策同时废止。

【注释】 对《资源税暂行条例》第7条进行了解释。

财政部 国家税务总局关于调整铅锌矿石等税目资源税适用税额标准的通知

财税〔2007〕100号

各省、自治区、直辖市、计划单列市财政厅(局)、地方税务局,新疆生产建设兵团财务局:

根据铅锌矿石、铜矿石和钨矿石的市场价格以及生产经营情况，为进一步促进其合理开发利用，经研究决定，自 2007 年 8 月 1 日起，对上述三种矿产品资源税适用税额标准作如下调整：

一、铅锌矿石单位税额标准：一等矿山调整为每吨 20 元；二等矿山调整为每吨 18 元；三等矿山调整为每吨 16 元；四等矿山调整为每吨 13 元；五等矿山调整为每吨 10 元。

二、铜矿石单位税额标准：一等矿山调整为每吨 7 元；二等矿山调整为每吨 6.5 元；三等矿山调整为每吨 6 元；四等矿山调整为每吨 5.5 元；五等矿山调整为每吨 5 元。

三、钨矿石单位税额标准：三等矿山调整为每吨 9 元；四等矿山调整为每吨 8 元；五等矿山调整为每吨 7 元。

【注释】 对《资源税暂行条例》第 2 条进行了解释。

关于调整硅藻土、珍珠岩、磷矿石和玉石等资源税税额标准的通知

财税〔2008〕91 号

各省、自治区、直辖市、计划单列市财政厅（局）、地方税务局，新疆生产建设兵团财务局：

为发挥资源税的调节作用，促进资源节约开采和利用，自 2008 年 10 月 1 日起，调整硅藻土、玉石等部分矿产品的资源税税额标准，调整后的税额标准分别为：硅藻土、玉石每吨 20 元，磷矿石每吨 15 元，膨润土、沸石、珍珠岩每吨 10 元。

财政部 国家税务总局关于调整耐火黏土和萤石资源税适用税额标准的通知

财税〔2010〕20 号

各省、自治区、直辖市、计划单列市财政厅（局）、地方税务局，新疆生产建设兵团财务局：

根据《中华人民共和国资源税暂行条例》的有关规定，为促进耐火黏土和萤石的合理开发利用，经研究决定：

自 2010 年 6 月 1 日起，将耐火黏土中的高铝黏土（包括耐火级矾土、研磨级矾土等）和焦宝石的资源税适用税额标准调整为每吨 20 元，将其他耐火黏土的资源税适用税额标准调整为每吨 6 元；将萤石（也称氟石）的资源税适用税额标准调整为每吨 20 元。

请依照执行。

国家税务总局关于发布修订后的《资源税若干问题的规定》的公告

国家税务总局公告 2011 年第 63 号

根据已经修订的资源税暂行条例及其实施细则，现将修订后的《资源税若干问题的规定》予以发布，自 2011 年 11 月 1 日起施行。

特此公告。

国家税务总局
二〇一一年十一月二十八日

资源税若干问题的规定

一、一些特殊情况销售额的确定

纳税人开采应税产品由其关联单位对外销售的，按其关联单位的销售额征收资源税。

纳税人既有对外销售应税产品，又有将应税产品自用于除连续生产应税产品以外的其他方面的，则自用的这部分应税产品，按纳税人对外销售应税产品的平均价格计算销售额征收资源税。

纳税人将其开采的应税产品直接出口的，按其离岸价格（不含增值税）计算销售额征收资源税。

二、自产自用产品的课税数量

资源税纳税人自产自用应税产品，因无法准确提供移送使用量而采取折算比换算课税数量办法的，具体规定如下：

煤炭，对于连续加工前无法正确计算原煤移送使用量的，可按加工产品的综合回收率，将加工产品实际销量和自用量折算成的原煤数量作为课税数量。

金属和非金属矿产品原矿，因无法准确掌握纳税人移送使用原矿数量的，可将其精矿按选矿比折算成的原矿数量作为课税数量。

三、自产自用产品的征税范围

资源税条例及其实施细则中所说的应当征收资源税的视同销售的自产自用产品，包括用于非生产项目和生产非应税产品两部分。

四、资源税扣缴义务人适用的税额（率）标准规定如下：

（一）独立矿山、联合企业收购未税资源税应税产品的单位，按照本单位应税产品税额（率）标准，依据收购的数量（金额）代扣代缴资源税。

（二）其他收购单位收购的未税资源税应税产品，按主管税务机关核定的应税产品税额（率）标准，依据收购的数量（金额）代扣代缴资源税。

收购数量（金额）的确定比照课税数量（销售额）的规定执行。

扣缴义务人代扣代缴资源税的纳税义务发生时间为支付首笔货款或首次开具支付货款凭据的当天。

除以上修改外，资源税的代扣代缴仍按总局 1998 年下发的《中华人民共和国资源税代扣代缴管理办法》执行。

五、新旧税制衔接的具体征税规定

（一）按实物量计算缴纳资源税的油气田在 2011 年 11 月 1 日以后开采的原油、天然气，依照新的资源税条例规定及税率缴纳资源税；此前开采的油气依法缴纳矿区使用费。

（二）按销售额计算缴纳资源税的油气田 2011 年 11 月 1 日以前开采的原油、天然气，在 2011 年 11 月 1 日以后销售和自用于非连续生产应税油气的，依照新的资源税条例规定及税率缴纳资源税；其在 2011 年 11 月 1 日以前签订的销售油气的合同，在 2011 年 11 月 1 日以后收讫销售款或者收到索取销售款凭据的，依照新的资源税条例规定及税率缴纳资源税。

六、黑色金属矿原矿、有色金属矿原矿

（一）黑色金属矿原矿、有色金属矿原矿，是指纳税人开采后自用、销售的，用于直接入炉冶炼或作为主产品先入选精矿、制造人工矿，再最终入炉冶炼的金属矿石原矿。

（二）金属矿产品自用原矿，是指入选精矿、直接入炉冶炼或制造烧结矿、球团矿等所用原矿。

（三）铁矿石直接入炉用的原矿，是指粉矿、高炉原矿、高炉块矿、平炉块矿等。

（四）独立矿山指只有采矿或只有采矿和选矿，独立核算、自负盈亏的单位，其生产的原矿和精矿主要用于对外销售。

(五)联合企业指采矿、选矿、冶炼(或加工)连续生产的企业或采矿、冶炼(或加工)连续生产的企业,其采矿单位,一般是该企业的二级或二级以下核算单位。

七、原油、天然气

(一)原油中的稠油、高凝油与稀油划分不清或不易划分的,一律按原油的数量课税。

(二)凝析油视同原油,征收资源税。

(三)开采海洋石油、天然气资源的企业,是指在中华人民共和国内海、领海、大陆架及其他属于中华人民共和国行使管辖权的海域内依法从事开采海洋石油、天然气资源的企业。

八、盐

(一)北方海盐,是指辽宁、河北、天津、山东四省、市所产的海盐。

南方海盐,是指浙江、福建、广东、海南、广西五省、自治区所产的海盐。江苏省所产海盐比照南方海盐征税。

液体盐俗称卤水,是指氯化钠含量达到一定浓度的溶液,是用于生产碱和其他产品的原料。

(二)纳税人以自产的液体盐加工固体盐,按固体盐税额征税,以加工的固体盐数量为课税数量。纳税人以外购的液体盐加工固体盐,其加工固体盐所耗用液体盐的已纳税额准予抵扣。

九、铝土矿和耐火黏土

铝土矿一般是指包括三水铝石、一水硬铝石、一水软铝石、高岭石、蛋白石等多种矿物的混合体。是用于提炼铝氧的一种矿石,通常呈致密块状、豆状、鲕状等集合体,质地比较坚硬,其铝硅比为3—12,含铝量(指三氧化二铝,下同)一般在40—75%。铝土矿主要用于冶炼金属铝、制造高铝水泥、耐火材料、磨料等。本税目的征收范围包括高铝黏土在内的所有铝土矿。

耐火黏土是指耐火度大于1580℃的黏土,矿物成分以高岭土或水白云母—高岭土类为主。耐火黏土呈土状,其铝硅比小于2.6,含铝量一般大于30%。依其理化性能、矿石特征和用途,在工业上一般分为软质黏土、半软质黏土、硬质黏土和高铝黏土等四种。耐火黏土主要用于冶金、机械、轻工、建材等部门。高铝黏土不同于一般的耐火黏土,其有用成分的含量、矿石特征等均与铝土矿相同。高铝黏土既可用于生产耐火材料,又可用于提炼金属铝。本税目的征收范围是除高铝黏土以外的耐火黏土。

十、石英砂

石英砂主要用于玻璃、耐火材料、陶瓷、铸造、石油、化工、环保、研磨等行业。是一种具有矽氧或二氧化矽的化合物,其主要成分是二氧化硅,呈各种颜色,为透明与半透明的晶体,形态各异。本税目的征收范围包括石英砂、石英岩、石英砂岩、脉石英或石英石等。

十一、矿泉水等水气矿产

矿泉水是含有符合国家标准的矿物质元素的一种水气矿产,可供饮用或医用等。此外,水气矿产还包括地下水、二氧化碳气、硫化氢气、氦气、氡气等。矿泉水等水气矿产属于"其他非金属矿原矿——未列举名称的其他非金属矿原矿"。

十二、本规定自2011年11月1日起执行。《国家税务总局关于印发〈资源税若干问题的规定〉的通知》(国税发〔1994〕015号)和《国家税务总局关于印发〈资源税几个应税产品范围问题的解答〉的通知》(国税函〔1997〕628号),自2011年11月1日起废止。

第十部分　中华人民共和国车辆购置税法

中华人民共和国车辆购置税暂行条例

国务院令第 294 号

第一条　在中华人民共和国境内购置本条例规定的车辆(以下简称应税车辆)的单位和个人,为车辆购置税的纳税人,应当依照本条例缴纳车辆购置税。

第二条　本条例第一条所称购置,包括购买、进口、自产、受赠、获奖或者以其他方式取得并自用应税车辆的行为。

本条例第一条所称单位,包括国有企业、集体企业、私营企业、股份制企业、外商投资企业、外国企业以及其他企业和事业单位、社会团体、国家机关、部队以及其他单位;所称个人,包括个体工商户以及其他个人。

第三条　车辆购置税的征收范围包括汽车、摩托车、电车、挂车、农用运输车。具体征收范围依照本条例所附《车辆购置税征收范围表》执行。

车辆购置税征收范围的调整,由国务院决定并公布。

第四条　车辆购置税实行从价定率的办法计算应纳税额。应纳税额的计算公式为:

应纳税额=计税价格×税率

第五条　车辆购置税的税率为 10%。

车辆购置税税率的调整,由国务院决定并公布。

第六条　车辆购置税的计税价格根据不同情况,按照下列规定确定:

(一)纳税人购买自用的应税车辆的计税价格,为纳税人购买应税车辆而支付给销售者的全部价款和价外费用,不包括增值税税款。

(二)纳税人进口自用的应税车辆的计税价格的计算公式为:

计税价格=关税完税价格+关税+消费税

(三)纳税人自产、受赠、获奖或者以其他方式取得并自用的应税车辆的计税价格,由主管税务机关参照本条例第七条规定的最低计税价格核定。

【注释】　相关规定包括:《国家税务总局外交部关于驻外使领馆工作人员离任回国进境自用车辆缴纳车辆购置税有关问题的通知》(国税发〔2005〕180 号)、《国家税务总局关于确定车辆购置税计税依据的通知》(国税函〔2006〕1139 号)。

第七条　国家税务总局参照应税车辆市场平均交易价格,规定不同类型应税车辆的最低计税价格。

纳税人购买自用或者进口自用应税车辆,申报的计税价格低于同类型应税车辆的最低计税价格,又无正当理由的,按照最低计税价格征收车辆购置税。

【注释】　相关规定包括:《国家税务总局交通部关于做好代征车辆购置税工作有关问题的通知》(国税发〔2000〕211 号)、《国家税务总局关于核定部分车辆最低计税价格有关问题的补充通知》(国税发〔2004〕48 号)、《国家税务总局关于印发〈车辆购置税价格信息管理办法(试行)〉的通知》(国税发〔2006〕93 号)。

第八条　车辆购置税实行一次征收制度。购置已征车辆购置税的车辆,不再征收车辆购置税。

【注释】　相关规定包括:《国家税务总局关于车辆购置税有关问题的通知》(国税发〔2002〕118 号)。

第九条　车辆购置税的免税、减税,按照下列规定执行:

(一)外国驻华使馆、领事馆和国际组织驻华机构及其外交人员自用的车辆,免税;

(二)中国人民解放军和中国人民武装警察部队列入军队武器装备订货计划的车辆,免税;

(三)设有固定装置的非运输车辆,免税;

(四)有国务院规定予以免税或者减税的其他情形的,按照规定免税或者减税。

【注释】 相关规定包括:《财政部 国家税务总局关于防汛专用等车辆免征车辆购置税的通知》(财税〔2001〕39 号)、《国家税务总局关于车辆购置税有关问题的通知》(国税发〔2002〕118 号)、《国家税务总局国家税务总局关于军队移交的保障性企业免征车辆购置税的通知》(国税函〔2002〕963 号)、《财政部 国家税务总局关于农用三轮车免征车辆购置税的通知》(财税〔2004〕66 号)、《国家税务总局外交部关于驻外使领馆工作人员离任回国进境自用车辆缴纳车辆购置税有关问题的通知》(国税发〔2005〕180 号)。

第十条 纳税人以外汇结算应税车辆价款的,按照申报纳税之日中国人民银行公布的人民币基准汇价,折合成人民币计算应纳税额。

第十一条 车辆购置税由国家税务局征收。

第十二条 纳税人购置应税车辆,应当向车辆登记注册地的主管税务机关申报纳税;购置不需要办理车辆登记注册手续的应税车辆,应当向纳税人所在地的主管税务机关申报纳税。

第十三条 纳税人购买自用应税车辆的,应当自购买之日起 60 日内申报纳税;进口自用应税车辆的,应当自进口之日起 60 日内申报纳税;自产、受赠、获奖或者以其他方式取得并自用应税车辆的,应当自取得之日起 60 日内申报纳税。

车辆购置税税款应当一次缴清。

第十四条 纳税人应当在向公安机关车辆管理机构办理车辆登记注册前,缴纳车辆购置税。

纳税人应当持主管税务机关出具的完税证明或者免税证明,向公安机关车辆管理机构办理车辆登记注册手续;没有完税证明或者免税证明的,公安机关车辆管理机构不得办理车辆登记注册手续。

税务机关应当及时向公安机关车辆管理机构通报纳税人缴纳车辆购置税的情况。公安机关车辆管理机构应当定期向税务机关通报车辆登记注册的情况。

税务机关发现纳税人未按照规定缴纳车辆购置税的,有权责令其补缴;纳税人拒绝缴纳的,税务机关可以通知公安机关车辆管理机构暂扣纳税人的车辆牌照。

第十五条 免税、减税车辆因转让、改变用途等原因不再属于免税、减税范围的,应当在办理车辆过户手续前或者办理变更车辆登记注册手续前缴纳车辆购置税。

第十六条 车辆购置税的征收管理,依照《中华人民共和国税收征收管理法》及本条例的有关规定执行。

【注释】 相关规定包括:《国家税务总局关于发放车辆购置税完税证明的紧急通知》(国税函〔2000〕757 号)、《财政部国家计委交通部国家税务总局关于开征车辆购置税取代车辆购置附加费等有关问题的通知》(财综〔2000〕10 号)、《国家税务总局交通部关于做好代征车辆购置税工作有关问题的通知》(国税发〔2000〕211 号)、《国家税务总局关于车辆购置税违法案件的管辖及举报奖金支付问题的批复》(国税函〔2003〕103 号)、《国家税务总局关于车辆购置税税收政策及征收管理有关问题的通知》(国税发〔2004〕160 号)、《国家税务总局关于车辆购置税税收政策及征收管理有关问题的补充通知》(国税发〔2005〕47 号)、《国家税务总局关于完税证明遗失刊登遗失声明有关问题的补充通知》(国税函〔2005〕429 号)、《国家税务总局关于加强机动车辆税收管理有关问题的补充通知》(国税函〔2005〕731 号)、《国家税务总局关于车辆购置税〈设有固定装置免税车辆图册〉有关问题的通知》(国税函〔2005〕1019 号)、《国家税务总局车辆购置税征收管理办法》(国家税务总局令第 15 号)。

第十七条 本条例自 2001 年 1 月 1 日起施行。

国家税务总局关于发放车辆购置税完税证明的紧急通知

国税函〔2000〕757 号

为了确保车辆购置税如期开征,车辆购置税完税证明(以下简称“车购税证明”)由国家税务总局统一制发。现就发放和领用的有关问题通知如下:

一、车购税证明是依法缴纳车辆购置税的车辆,凭完税证或缴款书开具的具有公示力的法定凭证,每车一证,随车携带,以备检查。

二、车购税证明共分汽车、摩托车、挂车、农用车、电车和免税车六种,分别适用于购置不同车种的单位和个人。

三、车购税证明由国家税务总局确定的防伪印制单位通过专车发运或机要运输方式，直接发往各省、自治区、直辖市和计划单列市国家税务局，因时间紧迫又逢国庆假日，各单位务必指定专人值班，负责验收、分类登记数量以及起止号码，并出具收据。发现车购税证明有任何质量问题，均应及时上报。

四、各单位验收合格的车购税证明立即存入票证仓库，专箱存放，标签注明车购税证明种类和存量，并确保安全。

五、车购税证明由各省、自治区、直辖市和计划单列市国家税务局逐级下发至市、县国家税务局，车辆购置税各征收单位所需车购税证明直接向市、县国家税务局领取。

六、车购税证明的具体领用、开具、保管、销毁以及收发交接、账簿设置、报表编制、使用检查等，暂由省、自治区、直辖市和计划单列市国家税务局参照《税收票证管理办法》的有关规定执行。

【注释】 对《车辆购置税暂行条例》第16条进行了解释。

财政部国家计委交通部国家税务总局关于开征车辆购置税取代车辆购置附加费等有关问题的通知

财综〔2000〕10号

各省、自治区、直辖市及计划单列市财政厅(局)、物价局(计委)、交通厅(局)、国家税务局、新疆生产建设兵团，国务院各部委、各直属机构：

根据《国务院批转财政部、国家计委等部门〈交通和车辆税费改革实施方案〉的通知》(国发〔2000〕34号)和《中华人民共和国车辆购置税暂行条例》(国务院令第294号)的规定，从2001年1月1日起开征车辆购置税取代车辆购置附加费。现就有关事项通知如下：

一、自开征车辆购置税之日起，车辆购置附加费同时停止征收，除国家税务总局、交通部另有规定外，过去有关车辆购置附加费的文件规定同时废止。

二、开征车辆购置税后，有关部门、单位或个人欠缴、漏缴的车辆购置附加费，由车辆购置税征收机构继续做好清缴工作，清缴收入按规定上缴中央国库。

三、为确保交通和车辆税费改革的顺利进行，切实减轻车主负担，促进汽车工业发展，自开征车辆购置税之日起，各地区、各部门不得在购车环节对机动车辆征收任何费用。一些地方或部门目前已在购车环节对机动车辆征收的各种费用，包括车辆增容费、新增车辆附加费等，一律要在2001年1月1日前公布取消或停止执行，并将公布取消或停止执行有关收费的情况于2001年1月31日前报财政部、国家计委、交通部、国家税务总局。

对不按本通知规定执行，继续乱收费的，一经查实，即予公开曝光，并按照《违反行政事业性收费和罚没收入收支两条线管理规定行政处分暂行规定》(国务院令第281号)的规定，追究有关负责人和直接责任人的责任。同时，将其非法所得没收上缴中央国库。公民、法人和其他社会组织有权拒交在购车环节对机动车辆征收的各种费用，有权举报乱收费行为，有权要求对乱收费造成的损失获得赔偿。

【注释】 对《车辆购置税暂行条例》第16条进行了解释。

国家税务总局交通部关于做好代征车辆购置税工作有关问题的通知

国税发〔2000〕211号

各省、自治区、直辖市和计划单列市国家税务局，交通厅(局、委)，天津、上海市市政工程局：

根据《国务院批转财政部、国家计委等部门〈交通和车辆税费改革实施方案〉的通知》(国发〔2000〕34号)和《中华人民共和国车辆购置税暂行条例》(国务院令第294号)的规定,从2001年1月1日起开征车辆购置税(简称车购税)。为有利于车辆购置附加费(以下简称车购费)改车购税工作的平稳过渡,国家税务总局和交通部商定,在车购费稽征机构未移交前,车购税暂由各省、自治区、直辖市、计划单列市交通部门(含天津、上海市市政工程局)所属车购费稽征机构负责代征。为此,各级税务部门和交通部门要密切配合,采取切实有效的措施,保证车购费改税工作的顺利实施。现将有关事项通知如下:

一、征收依据

《中华人民共和国车辆购置税暂行条例》(以下简称《条例》)是代征机构征收车购税的政策依据。鉴于目前机构的移交工作尚未完成,车购税具体征收管理程序和对代征机构的管理暂比照车购费的有关规定执行。

二、征收软件

各级车购税代征机构,必须按国家税务总局、交通部审定下发的《车辆购置税征收管理软件》执行,不得使用其他征收软件。

三、票据使用

代征机构向纳税人开具的票据使用由交通部统一印制的代征车辆购置税缴税收据、代征车辆购置税退税凭据和代征车辆购置税一般收据。

四、完税证明及印章

纳税人申报缴纳车购税或办理免征车购税手续后,由代征机构向纳税人核发国家税务总局统一印制的《车辆购置税完税证明》(见附件1),并加盖代征机构"代征车辆购置税征税专用章"或"代征车辆购置税免税专用章"。

车购税的减税、免税,由省级车购费稽征机构统一办理并核发减税、免税车辆的完税证明。

代征机构"代征车辆购置税征税专用章"或"代征车辆购置税免税专用章"由省级交通部门负责统一刻制(格式见附件2)。

其他需使用的印章,暂使用代征机构原有印章。

《车辆购置税完税证明》由省级(含哈尔滨、沈阳、南京、武汉、广州、西安市)车购费稽征机构向省级国家税务局领取,逐级发放给所辖车购费稽征机构。省级国家税务局和各级车购费稽征机构均要建立健全《车辆购置税完税证明》的保管、领用、缴销等方面的管理办法,明确责任,严禁《车辆购置税完税证明》的非法使用。

五、最低计税价格

车购税最低计税价格,由国家税务总局核定发布。对于未核定最低计税价格的车辆,代征机构可比照已核定最低计税价格的同类型车辆先行征税,并按规定逐级上报交通部车辆购置附加费征收管理办公室(以下简称交通部车购办)。由交通部车购办提出核价意见,国家税务总局审定发布。

六、收入的入库、核算和对账

代征机构应在开立车购费收入专户的银行开立代征车购税收入专用账户,所征税款暂按车购费上缴渠道解缴,核算和对账暂按车购费的有关规定执行。

七、会计、统计报表的编报

车辆购置税的会计、统计报表,由代征机构按车购费报表编报程序逐级上报交通部车购办,期末由交通部车购办向国家税务总局提供有关报表。

八、档案管理

车辆购置税档案,由代征机构负责建立、单独保管,待机构移交时一并移交。

九、机构管理

代征期间有关机构、人员的管理工作仍由交通部门负责。

车购税实施过程中出现的税收政策业务问题,由国家税务局负责。

十、征管经费

代征期间,代征机构征管经费,由财政部按照核定的预算向交通部拨付,并通过交通部逐级下拨。

各级代征机构应另行开立征管经费专用账户,单独核算。

十一、其他

2001 年 1 月 1 日以前，各有关部门、单位和个人应缴未缴的车购费，在代征期间，由车购税代征机构负责追缴；代征期满，则由车购税征收机构负责追缴。办理车购费改税以前车辆相关凭证的丢补、过户、变更、转籍等手续，以车购费档案为依据。

交通和车辆税费改革，是国家税费改革的突破口，而车辆购置税的出台，又是交通和车辆税费改革的突破口，国务院要求初战必胜。因此，车购费改税工作开局是否顺利，对国家税费改革有重大影响。各级税务部门、交通部门必须高度重视，密切合作，采取切实有效的措施，将各项工作做实、做细，保证车辆购置税的顺利实施。同时，对于代征期间出现的新情况、新问题，要及时报告。

【注释】 对《车辆购置税暂行条例》第 7、16 条进行了解释。

财政部 国家税务总局关于防汛专用等车辆免征车辆购置税的通知

财税〔2001〕39 号

各省、自治区、直辖市、计划单列市财政厅（局），国家税务局，交通厅（局、委），天津、上海市市政管理局：

经国务院批准，对下列车辆免征车辆购置税：

一、防汛部门和森林消防部门用于指挥、检查、调度、报汛（警）、联络的由指定厂家生产的设有固定装置的指定型号的车辆（以下简称防汛专用车和森林消防专用车）；

二、回国服务的在外留学人员用现汇购买 1 辆个人自用国产小汽车；

三、长期来华定居专家进口 1 辆自用小汽车。

防汛专用车和森林消防专用车的型号和配置数量、流向，每年由财政部和国家税务总局共同下达。车辆注册登记地车辆购置税征收部门据此办理免征车辆购置税手续。

本通知自发文之日起执行。

【注释】 对《车辆购置税暂行条例》第 9 条进行了解释。

国家税务总局关于车辆购置税有关问题的通知

国税发〔2002〕118 号

各省、自治区、直辖市和计划单列市国家税务局，交通厅（局、委），天津、上海市市政工程局：

根据《中华人民共和国车辆购置税暂行条例》（以下简称条例）的规定，现将车辆购置税（以下简称车购税）实施中出现的一些问题明确如下：

一、已经缴纳车购税的车辆，因质量问题需将该车辆退回车辆生产厂家的，可凭生产厂家的退车证明办理退税；退税时必须交回该车车购税原始完税凭证；不能交回该车原始完税凭证的，不予退税。

二、已经缴纳车购税的车辆，因质量问题需由车辆生产厂家为车主更换车辆的，可凭生产厂家的换车证明及所更换的新车发票办理车购税变更手续，并交回原车车购税原始完税凭证，不能交回原始完税凭证的，不予办理车购税变更手续。

更换新车后，当新车辆的计税价格等于原车辆的计税价格的，则只需办理车购税变更手续；当新车辆的计税价格高于或者低于原车辆计税价格的，则按差额补税或者退税后办理变更手续。

三、已经缴纳车购税的车辆因被盗抢或者其他原因，车辆的发动机号、底盘号或车辆识别号被涂改、破坏的，凭该车车购税原始完税凭证、公安机关车辆管理机构的相关证明，办理车购税变更手续。

四、非贸易渠道进口的旧车，车购税计税价格按下列公式确定：

计税价格＝关税完税价格＋关税＋消费税

关税完税价格、关税和消费税的相关资料，可以凭海关相关的完税证明取得。

五、对于动力装置和拖斗连接成整体、且以该整体进行车辆登记注册的各种变形拖拉机等农用车辆，按照“农用运输车”征收车购税；动力装置和拖斗不是连接成整体、且动力装置和拖斗是分别进行车辆登记注册的，只对拖斗部分按“挂车”征收车购税，动力部分不征税。

六、回国留学生购买国产小汽车，凭下列证明文件办理免征车购税手续：

(一)中华人民共和国驻留学生学习所在国的大使馆、领事馆出具的留学证明；

(二)国内用人单位的聘用证明；

(三)国内公安部门出具的境内居住证明、有效的入境申报单证；

(四)主管征收机关需要提供的其他证明。

七、国家税务总局、交通部《关于车辆购置税若干政策及管理问题的通知》(国税发〔2001〕27 号)，第一条第三项因文字校对有误，导致基层理解出现歧义，现更正为：“对已经缴纳车辆购置税并办理了登记注册手续的车辆，其发动机和底盘发生更换的，其最低计税价格按同类型新车最低计税价格的 70％计算。”

【注释】　对《车辆购置税暂行条例》第 8、9 条进行了解释。

财政部 国家税务总局关于农用三轮车免征车辆购置税的通知

财税〔2004〕66 号

各省、自治区、直辖市、计划单列市财政厅(局)、国家税务局、交通厅(局、委)，新疆生产建设兵团财务局，上海、天津市市政管理局：

为促进农业生产发展，切实减轻农民负担，经国务院批准，自 2004 年 10 月 1 日起对农用三轮车免征车辆购置税。农用三轮车是指：柴油发动机，功率不大于 7.4kW，载重量不大于 500kg，最高车速不大于 40km/h 的三个车轮的机动车。

【注释】　对《车辆购置税暂行条例》第 9 条进行了解释。

国家税务总局关于车辆购置税税收政策及征收管理有关问题的通知

国税发〔2004〕160 号

各省、自治区、直辖市、计划单列市国家税务局，扬州税务进修学院，局内各单位：

根据国家税务总局交通部人事部财政部中编办《关于做好车辆购置税费改革人员财产业务划转移交工作的通知》(国税发〔2004〕144 号)规定，自 2005 年 1 月 1 日起，车辆购置税由国家税务局负责征收。为了保证车辆购置税征收管理工作的平稳过渡，总局决定，将 2005 年 1 月 1 日起至新的征收管理机构设置到位前定为过渡期。现将过渡期车辆购置税税收政策及征收管理的有关问题通知如下：

一、关于办税地点

纳税人应到各省、自治区、直辖市和计划单列市国家税务局对外公告的办税地点(车辆购置税征收管理办公室，以下简称车购办)办理车辆购置税纳税申报。

二、关于纳税申报

车辆购置税实行一车一申报制度。

(一)征税车辆纳税申报

纳税人办理纳税申报时应如实填写《车辆购置税纳税申报表》(见附件1,以下简称纳税申报表),同时提供以下资料的原件和复印件,原件经车购办审核后退还纳税人,复印件和《机动车销售统一发票》的报税联由车购办留存。

1. 车主身份证明

(1)内地居民,提供内地《居民身份证》(含居住、暂住证明)或《居民户口簿》或军人(含武警)身份证明。

(2)香港、澳门特别行政区居民、台湾地区居民及外国人,提供其入境的身份证明和居留证明。

(3)组织机构,提供《组织机构代码证书》。

2. 车辆价格证明

(1)境内购置车辆,提供《机动车销售统一发票》(发票联和报税联)或有效凭证。

(2)进口自用车辆,提供《海关关税专用缴款书》、《海关代征消费税专用缴款书》或海关《征免税证明》。

3. 车辆合格证明

(1)国产车辆,提供整车出厂合格证明。

(2)进口车辆,提供《中华人民共和国出入境检验检疫进口机动车辆随车检验单》。

4. 税务机关要求提供的其他资料。

(二)免(减)税车辆纳税申报

1. 免(减)税政策

(1)外国驻华使馆、领事馆和国际组织驻华机构及其外交人员自用的车辆,免税。

(2)中国人民解放军和中国人民武装警察部队列入军队武器装备订货计划的车辆,免税。

(3)设有固定装置的非运输车辆,免税。设有固定装置的非运输车辆是指,挖掘机、平地机、叉车、装载车(铲车)、起重机(吊车)、推土机等工程机械。

(4)防汛部门和森林消防等部门购置的由指定厂家生产的指定型号的用于指挥、检查、调度、防汛(警)、联络的专用车辆(以下简称防汛专用车和森林消防专用车),免税。

(5)回国服务的在外留学人员(以下简称留学人员)购买的1辆国产小汽车,免税。

(6)长期来华定居专家(以下简称来华专家)进口1辆自用小汽车,免税。

(7)有国务院规定予以免税或者减税的其他情形的,按照规定免税、减税。

2. 免(减)税申报

购置以上免税或减税车辆的纳税人也应办理车辆购置税纳税申报。纳税人在办理纳税申报时应如实填写纳税申报表,同时提供以下资料的原件和复印件,原件经车购办审核后退还纳税人,复印件和《机动车销售统一发票》的报税联由车购办留存。

(1)车主身份证明和免税证明

① 外国驻华使馆、领事馆和国际组织驻华机构,提供机构证明。

② 外交人员,提供外交部门出具的身份证明。

③ 设有固定装置的非运输车辆,内地居民,提供内地《居民身份证》(含居住、暂住证明)或《居民户口簿》或军人(含武警)身份证明;香港、澳门特别行政区居民、台湾地区居民及外国人,提供其入境的身份证明和居留证明;组织机构,提供《组织机构代码证书》。

④ 来华专家提供国家外国专家局或其授权单位核发的专家证和公安部门出具的境内居住证明。

⑤ 留学人员提供中华人民共和国驻留学生学习所在国的大使馆或领事馆出具的留学证明和公安部门出具的境内居住证明、个人护照。

⑥ 列入中国人民解放军和中国人民武装警察部队军队武器装备订货计划的,提供订货计划的证明。

⑦ 其他车辆,提供国务院或国家税务总局的批准文件。

(2)车辆价格证明

① 境内购置的车辆,提供《机动车销售统一发票》(发票联和报税联)或有效凭证。

② 进口自用的车辆,提供《海关关税专用缴款书》、《海关代征消费税专用缴款书》或海关《征免税证明》。

(3)车辆合格证明

① 国产车辆,提供整车出厂合格证明。

② 进口车辆，提供《中华人民共和国出入境检验检疫进口机动车辆随车检验单》。

③ 设有固定装置的非运输车辆提供车辆内、外观彩色 5 寸照片 2 套。

（三）其他

已经办理纳税申报的车辆发生下列情形之一的，纳税人应重新办理纳税申报。

1. 底盘（车架）发生更换。

2. 免税条件消失。

三、关于计税依据

（一）按应税车辆全部价款确定的计税依据

1. 购买自用车辆为纳税人支付给销售者的全部价款和价外费用，不包括增值税税款。价外费用是指，销售方价外向购买方收取的基金、集资费、返还利润、补贴、违约金（延期付款利息）和手续费、包装费、储存费、优质费、运输装卸费、保管费、代收款项、代垫款项以及其他各种性质的价外收费。

2. 进口自用车辆为应税车辆的计税价格。

计税价格＝关税完税价格＋关税＋消费税

（二）按核定计税价格确定的计税依据

1. 自产、受赠、获奖或者以其他方式取得并自用车辆，计税依据由车购办参照国家税务总局核定的应税车辆最低计税价格核定。

2. 购买自用或者进口自用车辆，纳税人申报的计税价格低于同类型应税车辆的最低计税价格，又无正当理由的，计税依据为最低计税价格。

最低计税价格是指国家税务总局依据车辆生产企业提供的车辆价格信息并参照市场平均交易价格核定的车辆购置税计税价格。

申报的计税价格低于同类型应税车辆的最低计税价格，又无正当理由的，是指纳税人申报的车辆计税价格低于出厂价格或进口自用车辆的计税价格。

（三）按特殊规定确定的计税依据

1. 底盘（车架）发生更换的车辆，计税依据为最新核发的同类型车辆最低计税价格的 70%。

2. 免税条件消失的车辆，自初次办理纳税申报之日起，使用年限未满 10 年的，计税依据为最新核发的同类型车辆最低计税价格按每满 1 年扣减 10%；超过 10 年的，计税依据为零。

3. 对于国家税务总局未核定最低计税价格的车辆，计税依据为已核定的同类型车辆最低计税价格。同类型车辆是指：同国别、同排量、同车长、同吨位、配置近似等。

4. 进口旧车、因不可抗力因素导致受损的车辆、库存超过三年的车辆、行驶 8 万公里以上的试验车辆、国家税务总局规定的其他车辆，计税依据为纳税人提供的《机动车销售统一发票》或有效凭证注明的计税价格和有效证明。

四、关于税款征收

车购办应对纳税申报资料进行审核，确定计税依据，征收税款，核发《车辆购置税完税证明》（以下简称完税证明）。

征税车辆在完税证明征税栏加盖车购税征税专用章，免税车辆在完税证明免税栏加盖车购税征税专用章。

五、关于免税车辆补办纳税申报

纳税人 2001 年 1 月 1 日以后购置的符合《中华人民共和国车辆购置税暂行条例》免税条件的车辆，凡 2005 年 1 月 1 日前未办理过纳税申报的，应到车购办补办纳税申报手续，确定初次申报日期。初次申报日期为车辆行驶证或行车执照标注的登记日期。

六、关于退税

（一）已经办理纳税申报的车辆，发生下列情形之一的，纳税人应到车购办申请退税：

1. 因质量原因，车辆被退回生产企业或者经销商的。

2. 公安机关车辆管理机构不予办理车辆登记注册手续的。

（二）纳税人在车购办申请办理退税手续时，应如实填写《车辆购置税退税申请表》（见附件 4，以下简称退税申请表），同时提供以下资料：

1. 生产企业或经销商开具的退车证明和退车的发票。

2. 完税证明。

(三)退税款的计算:

1. 因质量原因,车辆被退回生产企业或者经销商的,自纳税人办理纳税申报之日起,按已缴税款每满1年扣减10%计算退税额。

2. 对公安机关车辆管理机构不予办理车辆登记注册手续的车辆,退还全部已缴税款。

(四)车购办按照规定的程序办理退税。

七、关于免(减)税申请

(一)未列入《设有固定装置免税车辆图册》(以下简称免税车辆图册)的设有固定装置的非运输车辆、留学人员购买的国产车辆、来华专家进口的自用车辆,在办理纳税申报前生产企业或纳税人应先到车购办办理免(减)税申请。

1. 国产的设有固定装置的非运输车辆,生产企业或纳税人应直接向车购办提出免税申请,填写《车辆购置税免税申请审批表》(见附件2,以下简称免税申请审批表),提供车辆内、外观彩色五寸照片2套。

2. 进口的设有固定装置的非运输车辆、留学人员购买的国产车辆、来华专家进口的自用车辆,纳税人应直接向车购办提出免税申请,填写免税申请审批表。进口的设有固定装置的非运输车辆提供车辆内、外观彩色五寸照片2套。留学人员提供中华人民共和国驻留学生学习所在国的大使馆或领事馆出具的留学证明(原件,审核后退还申请人)和公安部门出具的境内居住证明、个人护照(原件,审核后退还申请人)。来华专家提供国家外国专家局或其授权单位核发的专家证(原件,审核后退还申请人)和公安部门出具的境内居住证明(原件,审核后退还申请人)。

(二)防汛专用车和森林消防专用车、国务院批准免税的其他车辆,在办理纳税申报前,申请免税部门应向国家税务总局提出免税申请。

八、关于免(减)税依据及免(减)税审核批准程序

车购办应分别不同情况依据国家税务总局的免税批准文件、国家税务总局或省、自治区、直辖市、计划单列市国家税务局审核批准的免税申请审批表、免税车辆图册,办理免税事宜。

(一)未列入免税车辆图册的设有固定装置的非运输车辆:

1. 车购办应在生产企业或纳税人填写的免税申请审批表签署意见。各级流转税管理部门将免税申请审批表连同所附照片(1套)逐级上报至国家税务总局。

2. 国家税务总局在免税申请审批表签署意见后,将免税申请审批表逐级下发至车购办。同时国家税务总局将符合免税条件的车辆列入免税车辆图册。

3. 车购办依据免税申请审批表在纳税人办理纳税申报时直接办理免税事宜。

(二)已列入免税车辆图册的设有固定装置的非运输车辆。

车购办依据免税车辆图册在纳税人办理纳税申报时直接办理免税事宜。设有固定装置的非运输车辆的具体免税范围,按免税车辆图册的范围执行。

(三)留学人员购买的国产车辆、来华专家进口的自用车辆:

1. 车购办应在生产企业或纳税人填写的免税申请审批表签署意见。各级流转税管理部门将免税申请审批表逐级上报至省、自治区、直辖市、计划单列市国家税务局流转税管理部门。

2. 省、自治区、直辖市、计划单列市国家税务局在免税申请审批表签署意见后,将免税申请审批表逐级下发至车购办。

3. 车购办依据免税申请审批表在纳税人办理纳税申报时直接办理免税事宜。

(四)防汛专用车和森林消防专用车、国务院批准免税的其他车辆:

1. 申请免税部门应向国家税务总局提出免税申请,同时提供车辆内、外观彩色五寸照片。

2. 国家税务总局将审核后同意免税的批准文件下发至纳税人所在地省、自治区、直辖市、计划单列市国家税务局流转税管理部门。

3. 省、自治区、直辖市、计划单列市国家税务局逐级将免税车辆范围通知车购办。

4. 车购办依据通知为纳税人办理免税手续。

(五)外国驻华使馆、领事馆和国际组织驻华机构及其外交人员自用的车辆、中国人民解放军和中国人民武装警察部队列入军队武器装备订货计划的车辆，车购办依据纳税人提供的资料直接办理免税手续。

九、关于完税证明

省、自治区、直辖市、计划单列市国家税务局负责完税证明的管理。

完税证明分正本和副本，按车核发、每车一证。正本由纳税人保管以备查验，副本用于办理车辆注册登记。完税证明不得转借、涂改、买卖或者伪造。完税证明发生损毁、丢失的，纳税人须持《机动车行驶证》向原发证税务机关申请换、补，并填写《换（补）车辆购置税完税证明申请表》（见附件3，以下简称补证申请表）。

十、关于征收管理档案

（一）车购办应对已办理纳税申报的车辆建立车辆购置税征收管理档案（以下简称档案）。档案内容包括：

1. 纳税申报表及附报资料。

2. 退税申请表及附报资料。

3.《车辆变动情况登记表》（见附件5，以下简称变动登记表）及附报资料。

4. 补证申请表及补发完税证明的有关资料。

5. 其他资料。

（二）车购办要妥善保管、使用从交通部门移交过来的所有档案。

（三）车购办依据档案办理车辆的过户、转籍、变更手续。

十一、关于车辆的过户、转籍、变更

（一）车辆发生过户、转籍、变更等情况时，车主应在向公安机关车辆管理机构办理车辆变动手续之日起30日内，到车购办办理档案变动手续。

过户，是指车辆登记注册地未变而车主发生变动的情形。转籍，是指同一车辆的登记注册地发生变动的情形。车辆转籍分转出和转入。变更，是指已经办理纳税申报的车辆，经公安机关车辆管理机构批准，车辆发动机、发动机号码、车架（底盘）、车辆识别号（车架号码）、车辆所有者名称、车型、用途等发生了变更。

（二）车主办理过户手续时，应如实填写变动登记表，并提供完税证明（正本）和《机动车行驶证》原件及复印件。原件经车购办审核后退还车主，复印件由车购办留存。车购办审核后，对过户车辆核发新的完税证明，收回过户前车购办核发的完税证明（正本）。

（三）车主办理转出手续时，应如实填写变动登记表，提供公安机关车辆管理机构出具的车辆转出证明材料。转出地车购办审核后，据此办理档案转出手续，并向转入地车购办开具《车辆购置税档案转移通知书》（见附件6，以下简称档案转移通知书）。

（四）车主办理转入手续时，应如实填写变动登记表，提供完税证明（正本）、档案转移通知书和档案。转入地车购办审核后，对转籍车辆核发完税证明，收回转出地车购办核发的完税证明（正本）。

（五）既过户又转籍的车辆，车购办按转籍办理档案变动手续。

（六）转籍车辆档案资料交接程序如下：

1. 转出地车购办将档案资料连同档案转移通知书，交由车主自带转籍。转出地车购办复印留存转出的全部档案资料并保存60天。

2. 转入地车购办按本通知第十条第（一）款规定建立档案。

3. 转籍过程中发生档案丢失、损毁的，转出地车购办在档案留存期限内，可向车主提供留存档案，并每页加盖转出地车购办印章。

（七）办理车辆变更手续时，纳税人应填写变动登记表，提供完税证明（正本）和《机动车行驶证》。车购办对变更车辆核发新的完税证明，收回变更前车购办核发的完税证明（正本）。

十二、关于车辆价格信息采集

（一）国家税务总局定期下发采集车辆价格信息通知。各省、自治区、直辖市、计划单列市国家税务局流转税管理部门依据国家税务总局通知要求，组织车辆价格信息的采集。

（二）车辆价格信息采集的范围：

1. 国家税务总局未核定最低计税价格的应税车辆。

2. 已经国家税务总局核定了最低计税价格，但生产企业（含组装企业，下同）名称、商标名称、产品型号、基本配置、市场平均交易价格任何一项发生变更的车辆。

3. 国家税务总局要求采集的其他车辆。

(三)车辆价格信息采集内容:

1. 国产车辆价格信息采集内容包括:生产企业名称、车辆类别、商标名称、产品型号、基本配置、吨位、座位、排气量、出厂价格、市场平均交易价格等(见附件7,车辆购置税应税车辆(国产)价格信息采集表)。

2. 进口车辆价格信息采集内容包括:国别、生产企业名称、车辆类别、车辆名称、产品型号、基本配置、吨位、座位、排气量、计税价格、市场平均交易价格等(见附件8,车辆购置税应税车辆(进口)价格信息采集表)

(四)国产车辆价格信息由车购办到车辆生产企业所在地和省、自治区、直辖市、计划单列市国家税务局流转税管理部门指定的车辆交易市场采集。进口车辆价格信息由广东省国家税务局流转税管理部门到国外车辆生产制造企业驻中国代表处、进口汽车品牌中国地区代理商及掌握进口车辆价格信息的有关单位或汽车交易市场采集。

(五)省、自治区、直辖市、计划单列市国家税务局流转税管理部门将车辆价格信息依据国家税务总局通知要求汇总,在规定的时间内上报至国家税务总局。

(六)对国家税务总局尚未核定最低计税价格的车辆,车购办应依照已核定的同类型车辆最低计税价格征税。同类型车辆由车购办负责人确定,并报上级税务机关流转税管理部门备案。

十三、关于政策执行及管理职能

(一)交通部财务会计司、交通部车辆购置附加费征收管理办公室印发的《免征车辆购置附加费车辆图册》(以下简称免征图册)继续执行,作为设有固定装置车辆免征车辆购置税的依据。

(二)代征期间车购办使用的车辆购置税征收管理软件继续使用。

(三)国家税务总局《关于车辆购置税若干政策及管理问题的通知》(国税发〔2001〕27号)附件“可继续执行的车购费文件”停止执行。

(四)各级流转税管理部门负责过渡期车辆购置税政策的贯彻执行和征收管理。

(五)车购办不再向纳税人收取《完税证明》工本费。

十四、关于完税证明、表证单书的印制

(一)完税证明由国家税务总局规定统一样式、规格、统一编号并印制。

(二)纳税申报表、免税申请审批表、补证申请表、退税申请表、变动登记表、档案转移通知书由国家税务总局规定统一样式、规格,由各省、自治区、直辖市、计划单列市国家税务局自行印制使用。

十五、本通知自2005年1月1日起执行。

以前年度征税规定与本通知有抵触的依本通知规定执行。

【注释】 对《车辆购置税暂行条例》第16条进行了解释。

国家税务总局关于车辆购置税税收政策及征收管理有关问题的补充通知

国税发〔2005〕47号

各省、自治区、直辖市、计划单列市国家税务局:

据一些地区反映,《国家税务总局关于车辆购置税税收政策及征收管理有关问题的通知》(国税发〔2004〕160号,以下简称160号通知)中存在一些政策界限不够清晰、管理方式难以确定问题,要求总局及时明确。现补充通知如下:

一、关于纳税申报问题

(一)《车辆购置税纳税申报表》金额单位可暂取整数,保留到元。

(二)回国服务的在外留学人员(以下简称留学人员)在办理免税申报时,除了按照160号通知规定提供相应资料外,还应提供所在地海关核发的《回国人员购买国产汽车准购单》(以下简称准购单)。凡是不能提供准购单的留学人员，车购办不予办理免税手续。

（三）已使用未完税车辆，如果纳税人主动申请补税，但缺少《机动车销售统一发票》或有效凭证的车购办应受理纳税申报.

二、关于计税依据问题

（一）免税条件消失的车辆，自初次办理纳税申报之日起，使用年限未满10年的，计税依据为最新核发的同类型车辆最低计税价格按每满1年扣减10%，未满1年的计税依据为最新核发的同类型车辆最低计税价格。

（二）已使用未完税车辆发生转让、补税行为的，计税依据按《中华人民共和国车辆购置税暂行条例》第六条核定。

三、关于税款征收问题

（一）车购办在为纳税人办理纳税申报手续时，应实地验车。

（二）车购办对已使用未完税车辆除按照同类型车辆最低计税价格补征税款外，还应按《中华人民共和国税收征收管理法》（以下简称征管法）规定加收滞纳金。

四、关于退税问题

（一）对公安机关车辆管理机构不予办理车辆登记注册手续的已税车辆，纳税人可以到车购办办理退税手续。纳税人在办理退税手续时，应提供160号通知规定的所有资料，纳税人如果不能提供退车证明和退车的发票，车购办不能为其办理退税手续。

（二）因质量原因，车辆被退回生产企业或经销商的，自纳税人办理纳税申报之日起，按已缴税款每满1年扣减10%计算退税额，未满1年的按已缴税款全额退税。

五、关于免（减）税申请问题

（一）160号通知规定的挖掘机、平地机、叉车、装载车（铲车）、起重机（吊车）、推土机，车购办可依据已下发的《设有固定装置免税车辆图册》（以下简称免税图册）直接办理免税手续，不需再报总局审批。其他设有固定装置的非运输车辆，除总局已下发图片且说明图片视同免税图册的车辆不需再报总局审批外，其他车辆一律重新办理免税申请审批手续，并报总局审批。车购办未接到总局批准免税文件（免税审批表）前，为了不耽误纳税人上车牌时间，可以先征税后退税。

（二）设有固定装置车辆的生产企业在向当地车购办提出免税申请时，需填写《车辆购置税免税申请审批表》（以下简称免税审批表），但不用填写免税审批表中发动机号码、车架（底盘）号码、机动车销售发票（或有效凭证）号码和购置日期。此外，还需提供国家发展和改革委员会公告产品所在页码与技术参数页码，车辆内观、外观彩色5寸照片2套。

（三）生产企业所在地的省、自治区、直辖市、计划单列市国家税务局流转税管理部门分别于每年的3月、6月、9月、12月向总局报送免税申请表。总局分别于4月、7月、10月及次年1月将免税车辆图片列入免税图册。

六、关于完税证明问题

车购办在核发完税证明正本前，需将纳税人的车牌号码打印或填写在完税证明正本上。完税证明遗失的，纳税人在申请补办完税证明前需在中国税务报上刊登遗失声明。车购办依据遗失声明为纳税人补办完税证明。

七、关于政策规定

（一）港、澳留学人员可比照留学人员享受税收优惠。

（二）对国家税务总局尚未核定最低计税价格的车辆，车购办应依照已核定的同类型车辆最低计税价格征税。同类型车辆由车购办确定，并报上级税务机关流转税管理部门备案。各省、自治区、直辖市、计划单列市国家税务局流转税管理部门应自行制定办法在最短的时间内将备案的同类型车辆最低计税价格在本地区统一。并于每月月末将统一的价格信息上报总局。上报路径为总局FTP服务器“centre\流转税司\消费税处\车购税”。

（三）按照《征管法》规定，对车辆购置税纳税人逾期申报应交纳的滞纳金从滞纳税款之日起，按日加收滞纳税款万分之的滞纳金。

八、关于表证单书印制问题

（一）由于免税审批表是车购办执行免税政策的依据，各地印制的免税审批表需严格按照160号通知规定的格式、尺寸、采用压感技术印制。

(二)各省、自治区、直辖市、计划单列市国家税务局流转税管理部门应于每月 7 日前向国家税务总局报送上月车辆购置税收入统计月报表(式样见附表 1)。上报路径同上。

九、本通知自 2005 年 4 月 1 日起执行。

【注释】 对《车辆购置税暂行条例》第 16 条进行了解释。

国家税务总局关于加强机动车辆税收管理有关问题的补充通知

国税函〔2005〕731 号

各省、自治区、直辖市和计划单列市国家税务局:

《国家税务总局关于加强机动车车辆税收管理有关问题的通知》(国税发〔2005〕79 号)下发后,一些地区提出,为便于基层税务机关操作,要求总局对主管税务机关代码戳记的样式、大小、加盖位置、执行时间等具体问题作出规定。现补充通知如下:

一、代码戳记内容及规格

(一)代码戳记内容为:CTAIS 版本"金税三期"规定的 9 位代码;

(二)代码戳记规格为:长 45mm,宽 10mm 条形印章。

二、代码戳记加盖位置

(一)对于使用非机打版统一发票的地区,主管税务机关应在销售《机动车销售统一发票》(以下简称统一发票)时,将代码戳记加盖在统一发票报税联(第五联)的"备注"栏内。

(二)对于使用机打版统一发票的地区,主管税务机关应提供设置打印代码的程序,由车辆经销商或直接销售车辆的机动车生产企业(以下简称开票企业)自行在统一发票"备注"栏打印代码戳记。

三、代码戳记加盖时间

2005 年 7 月 1 日以后开票企业开具的统一发票,必须有主管税务机关代码戳记。主管税务机关已发售给开票企业的非机打版统一发票,但开票企业没有使用完的,主管税务机关应及时将未使用完的统一发票收回并加盖代码戳记后再交还给开票企业。对主管税务机关已发售给开票企业的机打版统一发票,但开票企业没有使用完的,主管税务机关应及时将代码戳记的打印程序提供给开票企业。

2005 年 7 月 1 日起至 7 月 31 日止,车辆购置税征收单位在为纳税人办理车辆购置税纳税申报时,如发现纳税人持有的统一发票缺少代码戳记的,应在受理纳税申报后主动与销售统一发票的主管税务机关联系,由销售统一发票的主管税务机关补盖代码戳记。2005 年 8 月 1 日后,车辆购置税征收单位如发现纳税人提供的统一发票仍缺少代码戳记的,可将具体情况直接上报至总局流转税管理司。

【注释】 对《车辆购置税暂行条例》第 16 条进行了解释。

国家税务总局外交部关于驻外使领馆工作人员离任回国进境自用车辆缴纳车辆购置税有关问题的通知

国税发〔2005〕180 号

各省、自治区、直辖市和计划单列市国家税务局,扬州税务进修学院,各驻外使领馆、团、处:

经国务院批准,自 2005 年 2 月 1 日起,我驻外使领馆工作人员离任回国入境携带的进口自用车辆(以下简称馆员进口自用车辆),免征关税。现对馆员进口自用车辆申报缴纳车辆购置税计税依据如何确定问题通知如下:

一、馆员进口自用车辆在申报缴纳车辆购置税时，主管税务机关应按照海关《专用缴款书》核定的车辆完税价格，确定车辆购置税计税依据。

二、馆员是指我驻外使领馆享受常驻人员待遇的工作人员，不包括驻港澳地区内派机构的工作人员和其他我驻境外机构的工作人员。

三、馆员在办理车辆购置税纳税申报时，除按照法律、法规、规章及规范性文件规定提供相关资料外，还应提供以下资料：

（一）我驻外使领馆出具的《驻外使领馆人员身份证明》第三联（见附件）原件；

（二）本人有效护照的原件和复印件。

四、主管税务机关对纳税申报资料审核无误后，将《驻外使领馆人员身份证明》第三联原件、护照复印件以及文件规定的其他资料一并留存，并为纳税人办理纳税申报事宜。

五、馆员进口自用车辆如发生过户或转籍行为，主管税务机关不再就关税差价补征车辆购置税。

六、国家税务总局每年初定期将上年度馆员名单在总局服务器 FTP://CENTRE/流转税司/消费税处/车购税/驻外使领馆回国人员名单上公布，请各省、区、市国家税务局及时将本地区人员名单下载，作为事后检查的核对资料。

七、本通知自 2005 年 2 月 1 日起执行。

【注释】 对《车辆购置税暂行条例》第 6、9 条进行了解释。

车辆购置税征收管理办法

（2005 年 11 月 15 日国家税务总局令第 15 号发布根据 2011 年 12 月 19 日《国家税务总局关于修改〈车辆购置税征收管理办法〉的决定》修订）

第一条　根据《中华人民共和国税收征收管理法》（以下简称征管法）、《中华人民共和国税收征收管理法实施细则》（以下简称征管法实施细则）和《中华人民共和国车辆购置税暂行条例》（以下简称车购税条例）制定本办法。

第二条　根据征管法实施细则第三十条、车购税条例第十二条的规定，纳税人应到下列地点办理车购税纳税申报。

（一）需要办理车辆登记注册手续的纳税人，向车辆登记注册地的主管税务机关办理纳税申报。

（二）不需要办理车辆登记注册手续的纳税人，向所在地征收车购税的主管税务机关办理纳税申报。

车购税实行一车一申报制度。

第三条　纳税人办理纳税申报时应如实填写《车辆购置税纳税申报表》（见附件 1，以下简称纳税申报表），同时提供以下资料的原件和复印件。复印件和《机动车销售统一发票》（以下简称统一发票）报税联由主管税务机关留存，其他原件经主管税务机关审核后退还纳税人。

（一）车主身份证明

1. 内地居民，提供内地《居民身份证》（含居住、暂住证明）或《居民户口簿》或军人（含武警）身份证明；

2. 香港、澳门特别行政区、台湾地区居民，提供入境的身份证明和居留证明；

3. 外国人，提供入境的身份证明和居留证明；

4. 组织机构，提供《组织机构代码证书》。

（二）车辆价格证明

1. 境内购置车辆，提供统一发票（发票联和报税联）或有效凭证；

2. 进口自用车辆，提供《海关关税专用缴款书》、《海关代征消费税专用缴款书》或海关《征免税证明》。

（三）车辆合格证明

1. 国产车辆，提供整车出厂合格证明（以下简称合格证）；

2. 进口车辆，提供《中华人民共和国海关货物进口证明书》或《中华人民共和国海关监管车辆进（出）境领（销）牌照通知书》或《没收走私汽车、摩托车证明书》。

(四)税务机关要求提供的其他资料

第四条 符合车购税条例第九条免税、减税规定的车辆,纳税人在办理纳税申报时,除按本办法第三条规定提供资料外,还应根据不同情况,分别提供下列资料的原件、复印件及彩色照片。原件经主管税务机关审核后退还纳税人,复印件及彩色照片由主管税务机关留存。

(一)外国驻华使馆、领事馆和国际组织驻华机构的车辆,提供机构证明;

(二)外交人员自用车辆,提供外交部门出具的身份证明;

(三)中国人民解放军和中国人民武装警察部队列入军队武器装备订货计划的车辆,提供订货计划的证明;

(四)设有固定装置的非运输车辆,提供车辆内、外观彩色5寸照片;

(五)其他车辆,提供国务院或国务院税务主管部门的批准文件。

第五条 已经办理纳税申报的车辆发生下列情形之一的,纳税人应按本办法规定重新办理纳税申报:

(一)底盘发生更换的;

(二)免税条件消失的。

第六条 购买二手车时,购买者应当向原车主索要《车辆购置税完税证明》(以下简称完税证明)。

购买已经办理车辆购置税免税手续的二手车,购买者应当到税务机关重新办理申报缴税或免税手续。未按规定办理的,按征管法的规定处理。

第七条 底盘发生更换的车辆,计税依据为最新核发的同类型车辆最低计税价格的70%。同类型车辆是指同国别、同排量、同车长、同吨位、配置近似等(下同)。

第八条 最低计税价格是指国家税务总局依据车辆生产企业提供的车辆价格信息,参照市场平均交易价格核定的车辆购置税计税价格。

第九条 免税条件消失的车辆,自初次办理纳税申报之日起,使用年限未满10年的,计税依据为最新核发的同类型车辆最低计税价格按每满1年扣减10%,未满1年的计税依据为最新核发的同类型车辆最低计税价格;使用年限10年(含)以上的,计税依据为0。

第十条 对国家税务总局未核定最低计税价格的车辆,纳税人申报的计税价格低于同类型应税车辆最低计税价格,又无正当理由的,主管税务机关可比照已核定的同类型车辆最低计税价格征税。同类型车辆由主管税务机关确定,并报上级税务机关备案。各省、自治区、直辖市和计划单列市国家税务局应制定具体办法及时将备案的价格在本地区统一。

第十一条 车购税条例第六条"价外费用"是指销售方价外向购买方收取的基金、集资费、返还利润、补贴、违约金(延期付款利息)和手续费、包装费、储存费、优质费、运输装卸费、保管费、代收款项、代垫款项以及其他各种性质的价外收费。

第十二条 车购税条例第七条规定的"申报的计税价格低于同类型应税车辆的最低计税价格,又无正当理由的",是指纳税人申报的计税依据低于出厂价格或进口自用车辆的计税价格。

第十三条 进口旧车、因不可抗力因素导致受损的车辆、库存超过3年的车辆、行驶8万公里以上的试验车辆、国家税务总局规定的其他车辆,凡纳税人能出具有效证明的,计税依据为其提供的统一发票或有效凭证注明的价格。

第十四条 主管税务机关在为纳税人办理纳税申报手续时,对设有固定装置的非运输车辆应当实地验车。

第十五条 主管税务机关应对纳税申报资料进行审核,确定计税依据,征收税款,核发完税证明。征税车辆在完税证明征税栏加盖车购税征税专用章,免税车辆在完税证明免税栏加盖车购税征税专用章。

第十六条 主管税务机关对设有固定装置的非运输车辆,在未接到国家税务总局批准的免税文件前,应先征税。

第十七条 主管税务机关开具的车购税缴税凭证上的应纳税额保留到元,元以下金额舍去。

第十八条 主管税务机关发现纳税人申报的计税价格低于最低计税价格,除按照规定征收车购税外,还应采集并传递统一发票价格异常信息。

第十九条 完税证明分正本和副本,按车核发、每车一证。正本由纳税人保管以备查验,副本用于办理车辆登记注册。

完税证明不得转借、涂改、买卖或者伪造。

第二十条　完税证明发生损毁、丢失的，车主在申请补办完税证明前应在《中国税务报》或由省、自治区、直辖市国家税务局指定的公开发行的报刊上刊登遗失声明，填写《换(补)车辆购置税完税证明申请表》(见附件3，以下简称补证申请表)。

第二十一条　纳税人在办理车辆登记注册前完税证明发生损毁、丢失的，主管税务机关应依据纳税人提供的车购税缴税凭证或主管税务机关车购税缴税凭证留存联，车辆合格证明，遗失声明予以补办。

第二十二条　车主在办理车辆登记注册后完税证明发生损毁、丢失的，车主向原发证税务机关申请换、补，主管税务机关应依据车主提供的《机动车行驶证》，遗失声明核发完税证明正本(副本留存)。

第二十三条　已缴车购税的车辆，发生下列情形之一的，准予纳税人申请退税：

(一)因质量原因，车辆被退回生产企业或者经销商的；

(二)应当办理车辆登记注册的车辆，公安机关车辆管理机构不予办理车辆登记注册的。

第二十四条　纳税人申请退税时，应如实填写《车辆购置税退税申请表》(见附件4，以下简称退税申请表)，分别下列情况提供资料：

(一)未办理车辆登记注册的，提供生产企业或经销商开具的退车证明和退车发票、完税证明正本和副本；

(二)已办理车辆登记注册的，提供生产企业或经销商开具的退车证明和退车发票、完税证明正本、公安机关车辆管理机构出具的注销车辆号牌证明。

第二十五条　因质量原因，车辆被退回生产企业或者经销商的，纳税人申请退税时，主管税务机关依据自纳税人办理纳税申报之日起，按已缴税款每满1年扣减10%计算退税额；未满1年的，按已缴税款全额退税。

第二十六条　公安机关车辆管理机构不予办理车辆登记注册的车辆，纳税人申请退税时，主管税务机关应退还全部已缴税款。

第二十七条　符合免税条件但已征税的设有固定装置的非运输车辆，主管税务机关依据国家税务总局批准的《设有固定装置免税车辆图册》(以下简称免税图册)或免税文件，办理退税。

第二十八条　车购税条例第九条“设有固定装置的非运输车辆”是指：

1. 列入国家税务总局印发的免税图册的车辆；

2. 未列入免税图册但经国家税务总局批准免税的车辆。

第二十九条　主管税务机关依据免税图册或国家税务总局批准的免税文件为设有固定装置的非运输车辆办理免税。

第三十条　需列入免税图册的车辆，由车辆生产企业或纳税人向主管税务机关提出申请，填写《车辆购置税免(减)税申请表》(见附件2，以下简称免税申请表)，提供下列资料：

(一)本办法第三条第(三)款规定的车辆合格证明原件、复印件；

(二)车辆内、外观彩色五寸照片1套；

(三)车辆内、外观彩色照片电子文档(文件大小不超过50KB，像素不低于300万，并标明车辆生产企业名称及车辆型号，仅限车辆生产企业提供)。

第三十一条　主管税务机关将审核后的免税申请表及附列的车辆合格证明复印件(原件退回申请人)、照片及电子文档一并逐级上报。其中：

(一)省、自治区、直辖市和计划单列市国家税务局分别于每年的3、6、9、12月将免税申请表及附列资料报送至国家税务总局。

(二)国家税务总局分别于申请当期的4、7、10月及次年1月将符合免税条件的车辆列入免税图册。

第三十二条　纳税人购置的尚未列入免税图册的设有固定装置的非运输车辆，在规定的申报期限内，应先办理纳税申报，缴纳税款。

第三十三条　在外留学人员(含香港、澳门地区)回国服务的(以下简称留学人员)，购买1辆国产小汽车免税。

第三十四条　长期来华定居专家(以下简称来华专家)进口自用的1辆小汽车免税。

第三十五条　留学人员购置的、来华专家进口自用的符合免税条件的车辆，主管税务机关可直接办理免税事宜。

第三十六条 留学人员、来华专家在办理免税申报时，应分别下列情况提供资料：

（一）留学人员提供中华人民共和国驻留学生学习所在国的大使馆或领事馆（中央人民政府驻香港联络办公室教育科技部、中央人民政府驻澳门联络办公室宣传文化部）出具的留学证明；公安部门出具的境内居住证明、个人护照；海关核发的《回国人员购买国产小汽车准购单》；

（二）来华专家提供国家外国专家局或其授权单位核发的专家证；公安部门出具的境内居住证明。

第三十七条 防汛和森林消防部门购置的由指定厂家生产的指定型号的用于指挥、检查、调度、防汛（警）、联络的专用车辆（以下简称防汛专用车和森林消防专用车）免税。

第三十八条 防汛专用车和森林消防专用车，主管税务机关依据国务院税务主管部门批准文件审核办理免税。具体程序如下：

（一）主管部门每年向国务院税务主管部门提出免税申请；

（二）国务院税务主管部门将审核后的车辆型号、数量、流向、照片及有关证单式样通知纳税人所在地主管税务机关；

（三）主管税务机关依据国务院税务主管部门批准文件审核办理免税。

第三十九条 纳税人购置的农用三轮车免税。主管税务机关可直接办理免税事宜。

第四十条 主管税务机关应当对已经办理纳税申报的车辆建立车辆购置税征收管理档案。

第四十一条 主管税务机关应依据车购税条例第十四条规定与公安机关车辆管理机构定期交换信息。

第四十二条 完税证明的样式、规格、编号由国家税务总局统一规定并印制。

第四十三条 纳税申报表、免税申请表、补证申请表、退税申请表的样式、规格由国家税务总局统一规定，各省、自治区、直辖市和计划单列市国家税务局自行印制使用。

第四十四条 本办法由国家税务总局负责解释。各省、自治区、直辖市和计划单列市国家税务局依照本办法制定具体实施办法。

第四十五条 本办法自 2006 年 1 月 1 日起实施。以前规定与本办法有抵触的，依本办法执行。

【注释】 对《车辆购置税暂行条例》第 16 条进行了解释。

国家税务总局关于确定车辆购置税计税依据的通知

国税函〔2006〕1139 号

各省、自治区、直辖市和计划单列市国家税务局：

《国家税务总局关于使用新版机动车销售统一发票有关问题的通知》（国税函〔2006〕479 号，以下简称通知）下发后，总局对新版《机动车销售统一发票》票样进行了修改，一些地区要求总局明确不含增值税税款的车辆价格的计算方法。现将有关问题通知如下：

一、根据《中华人民共和国增值税暂行条例》及其实施细则的有关规定，纳税人销售货物不含增值税的销售额的计算公式为：

销售额＝含税销售额÷（1＋增值税税率或征收率）

主管税务机关在计征车辆购置税确定计税依据时，计算车辆不含增值税价格的计算方法与增值税相同，即：

不含税价＝（全部价款＋价外费用）÷（1＋增值税税率或征收率）

二、《车辆购置税征收管理办法》（国家税务总局令第 15 号）附件 1《车辆购置税纳税申报表》填表说明第 12 条第（1）款修订为“境内购置车辆，按机动车销售统一发票（不含税价栏）填写”；第（3）款修订为“自产、受赠、获奖或者以其他方式取得并自用的车辆，按机动车销售统一发票（不含税价栏）填写”。

本规定自 2006 年 12 月 1 日起执行。

【注释】 对《车辆购置税暂行条例》第 6 条进行了解释。

国家税务总局财政部中国人民银行关于车辆购置税征缴管理有关问题的通知

国税发〔2009〕127 号

各省、自治区、直辖市和计划单列市国家税务局，财政部驻各省、自治区、直辖市、计划单列市财政监察专员办事处，西藏自治区财政厅，中国人民银行上海总部，各分行、营业管理部、省会（首府）城市中心支行，大连、青岛、宁波、厦门、深圳市中心支行：

根据《财政部办公厅关于车辆购置税征缴管理有关问题的复函》（财办库〔2007〕198 号）、《国家税务总局关于车辆购置税征缴有关问题的通知》（国税函〔2007〕787 号）有关规定，国税系统开立的车辆购置税专用账户于 2009 年 6 月 30 日到期。为进一步加强车辆购置税（以下简称车购税）征缴管理工作，规范银行账户管理，实现税款直接入库，现就车购税征缴管理有关问题通知如下：

一、关于车购税缴税方式

为方便纳税人，提高征缴效率，税务机关应向纳税人提供多元化缴税方式，包括银行卡刷卡缴税、转账缴税、现金缴税等，特别要大力推广应用 POS 机刷卡缴税，将车购税从纳税人银行卡账户直接划缴入库。已实施财税库银横向联网电子缴税的地区，要积极创造条件，逐步推广运用横向联网系统办理车购税缴库。

二、关于车购税缴税基本流程

（一）银行卡刷卡缴税基本流程

银行卡刷卡缴税包括采用商业银行布设 POS 机具刷卡缴税和采用银联子公司布设 POS 机具刷卡缴税两种模式。

对确定由商业银行布设 POS 机具的，刷卡缴税流程为：

1. 各市（包括直辖市、计划单列市、省会城市、地级市、县级市）或县人民银行分支机构和国税部门共同确定在车购税征收大厅布设 POS 机具的商业银行（即国库经收处，以下简称指定国库经收处）。

2. 指定国库经收处在“待结算财政款项”科目下开设“待报解车购税专户”，专门用于核算纳税人使用 POS 机刷卡方式缴纳车购税的收纳、报解，不得用于办理税款的退付。

3. 指定国库经收处在车购税征收大厅布设 POS 机具，其刷卡缴纳的车购税的收款账户名称和账号分别为“待报解车购税专户”的名称及账号。

4. 纳税人按照应纳税额在车购税征收大厅布设的 POS 机刷卡缴税，税务机关对相关信息审核无误后，为纳税人开具税收完税证（通用完税证或转账专用完税证，下同），作为完税证明。

5. 每日工作终了，税务机关将当日 POS 机收款总额与税收完税证的票面金额核对一致后，开具税收缴款书（通用缴款书或汇总专用缴款书，下同），于当日、最迟下一工作日上午交指定国库经收处办理就地缴库手续。

6. 指定国库经收处收到税收缴款书后，将税收缴款书金额与“待报解车购税专户”收款金额进行核对，经核对一致的，于当日、最迟下一工作日划缴国库。经核对不一致的，及时与税务机关沟通联系。

7. 国库收到缴款书和资金，办理入库手续后，向税务机关返回税款入库报表和缴款书回执。

8. 税务机关根据国库返回的税款入库报表和缴款书回执，在税务征管系统做税款入库销号。

对确定由银联子公司布设 POS 机具的，刷卡缴税流程为：

1. 国库在“国库待结算款项”科目下设置“待缴库车购税专户”，专门用于核算纳税人使用银联子公司 POS 机刷卡方式缴纳车购税的收纳、报解，不得用于办理税款的退付。

2. 银联子公司在车购税征收大厅布设 POS 机具，其刷卡缴纳的车购税的收款账户名称和账号分别为国库“待缴库车购税专户”的名称及账号。

3. 纳税人按照应纳税额在车购税征收大厅布设的 POS 机刷卡缴税，税务机关对相关信息审核无误后，为纳税人开具税收完税证，作为完税证明。

4. 每日工作终了，税务机关将当日 POS 机收款总额与税收完税证的票面金额核对一致后，开具税收缴款书，于当日、最迟下一工作日上午交国库办理入库手续。

5. 银联于纳税人刷卡缴税的下一工作日将资金直接划缴国库"待缴库车购税专户"。

6. 国库将税收缴款书与银联划来的资金核对一致后，办理入库手续。经核对不一致的，及时与税务机关、银联沟通联系。

7. 国库办理入库手续后，向税务机关返回税款入库报表和缴款书回执。

8. 税务机关根据国库返回的税款入库报表和缴款书回执，在税务征管系统做税款入库销号。

（二）转账缴税和现金缴税基本流程

1. 税务机关根据纳税人应纳税额逐笔开具税收通用缴款书。

2. 纳税人持税收通用缴款书到国库经收处办理缴款手续。

3. 国库经收处经对税收通用缴款书要素审核无误后，通过"待结算财政款项"科目下的"待报解预算收入专户"办理资金收纳手续，并于收纳当日、最迟下一工作日划缴国库。

4. 国库收到缴款书和资金后，办理入库手续，并向税务机关返回税款入库报表和缴款书回执。

5. 税务机关根据国库返回的税款入库报表和缴款书回执，在税务征管系统做税款入库销号。

三、关于撤并原车购税专用账户问题

（一）各级国税部门要结合推广应用 POS 机刷卡缴税工作，抓紧撤并原车购税专用账户。2009 年 7 月 1 日至 2010 年 3 月 31 日，每个市（包括直辖市、计划单列市、省会城市、地级市、县级市）或县可保留一个车购税专用账户，用于现金税款的收纳和缴库，其余车购税专用账户自 2009 年 7 月 1 日起给予六个月的过渡期，期满须即时办理销户手续。

（二）2010 年 4 月 1 日起，所有车购税专用账户一律撤销。对于纳税人采用现金缴纳税款的，原则上由纳税人持税务机关开具的税收通用缴款书到国库经收处自行办理就地缴库，特殊情况可由税务机关收纳后开具税收缴款书于当日、最迟下一工作日上午到国库经收处办理就地缴库。

四、工作要求

（一）财政部驻各省、自治区、直辖市、计划单列市财政监察专员办事处和西藏自治区财政厅，要加强对车购税专用账户使用的监督管理，做好专用账户延期的审批、备案管理工作，督促税务机关及时办理撤户手续。

（二）税务机关在车购税专用账户尚未撤销前，仍按现行规定在每月的 5 日、10 日、15 日、20 日、25 日和月末最后一天（遇法定节假日顺延），将车购税专用账户中的到账税款全额缴入国库。

（三）在车购税专用账户撤销时，税务机关要做好与开户银行的对账工作，务必保证税务与银行、账与证、账与账、账与表数字一致、准确无误；账户清空后，要做好结账、封账和销户工作。

（四）各地税务机关和人民银行分支机构要根据当地实际情况，共同确定 POS 机刷卡缴税方式，以确保纳税人顺利通过 POS 机刷卡方式缴纳车购税。税务机关要会同当地有关部门，抓紧组织做好 POS 机具布设、调试工作。

（五）各地税务机关应积极对 POS 机刷卡缴税方式进行宣传引导。车购税征缴方式进行调整前，税务机关要提前向社会公告，并实行至少一个月的公告期，同时做好有关宣传工作，尤其要注意对汽车销售点的宣传，以便让纳税人预知。

（六）各地人民银行分支机构应当按照有关规定，加强对国库经收处、银联及其子公司的业务指导和监督管理。

（七）税务机关、国库、布设 POS 机具的国库经收处（或银联）要认真做好对账工作，发现问题及时查明原因，并跟踪处理，确保税款及时安全入库。

（八）商业银行、银联子公司办理银行卡刷卡缴税业务的相关费用问题，由国家税务总局会同财政部、中国人民银行另行研究解决。

（九）各地税务、财政、人民银行、商业银行、银联等部门要加强沟通与协作，共同做好车购税征缴管理工作，并制定有关特殊情况的处理预案。执行中有何情况，请及时向国家税务总局（收入规划核算司）、财政部（国库司）、中国人民银行（国库局）报告。

国家税务总局 交通运输部关于城市公交企业购置公共汽电车辆免征车辆购置税有关问题的通知

国税发〔2012〕61 号

各省、自治区、直辖市和计划单列市国家税务局、交通运输厅(局、委)，新疆生产建设兵团交通局，天津、上海市交通运输和港口管理局：

根据《财政部 国家税务总局关于城市公交企业购置公共汽电车辆免征车辆购置税的通知》(财税〔2012〕51 号)规定，对城市公交企业自 2012 年 1 月 1 日起至 2015 年 12 月 31 日止购置的公共汽电车辆免征车辆购置税。现就有关问题通知如下：

一、各省、自治区、直辖市和计划单列市(以下简称各省、区、市)国家税务局与交通运输主管部门应互相配合，共同做好此项工作。各省、区、市交通运输厅(局、委)负责编制本地区《城市公共交通管理部门(包括县及县级以上公交行政管理部门、交通运输管理部门等)与城市公交企业名录》，于 2012 年 7 月 20 日前交各省、区、市国家税务局备案。

二、各省、区、市国家税务局应于 2012 年 8 月 1 日前将本省、区、市《城市公共交通管理部门与城市公交企业名录》下发至各地(市)级国家税务局。

三、县级以上(含县级)交通运输主管部门应向所在地地(市)级国家税务局报送本地区城市公交企业公共汽电车辆购置计划、采购合同或税务机关要求提供的其他资料。报送资料中应包括城市公交企业名称、新购置公共汽电车辆型号、数量、购置价格与用途等项内容。车辆购置税征收管理机关依据地(市)级国家税务局审核意见，为城市公交企业办理车辆购置税免税手续。对于因特殊情况确需调整车辆购置计划的，县级以上(含县级)交通运输主管部门应说明理由，并重新向所在地地(市)级国家税务局报送公共汽电车辆购置计划、采购合同或税务机关要求提供的其他资料。

四、城市公交企业到车辆购置税征收管理机关申请办理车辆购置税免税手续，除应按照《车辆购置税征收管理办法》规定提供相关资料外，还应提供所在地县级以上(含县级)交通运输主管部门出具的城市公交企业和公共汽电车辆认定证明、公共汽电车辆购置计划、采购合同或税务机关要求提供的其他证明材料的原件与复印件，原件经税务机关核对后退还申请人，复印件由税务机关留存。

五、城市公交企业为新购置的公共汽电车辆办理免税手续后，因车辆转让、改变用途等原因导致免税条件消失的，应当到税务机关重新办理申报缴税手续。未按规定办理的，依据征管法的规定处理。

六、城市公交企业购置公共汽电车辆日期以《机动车销售统一发票》开具日期为准。

国家税务总局 交通运输部

二〇一二年六月二十六日

国家税务总局关于机动车电子信息采集和最低计税价格核定有关事项的公告

国家税务总局公告 2013 年第 36 号

为了方便纳税人，加快核定车辆购置税最低计税价格，提高征收效率，税务总局决定将增值税防伪税控系统有关数据导入机动车合格证电子信息系统，并上传税务总局。税务总局自动采集机动车出厂价格信息，并按规定审核下发车辆购置税最低计税价格。现将有关事项公告如下：

一、车辆价格信息采集、上传和最低计税价格的确定

(一)自 2013 年 8 月 1 日起，国内机动车生产企业和国外机动车进口企业(不含进口自用，以下统称机动车生产企业)销售本企业生产(改装)或进口的车辆配置序列号不同或者价格不同的机动车，开具增值税专用发票或增值税普通发票(以下称增值税发票)时,在发票(包括《销售货物或提供应税劳务清单》)“货物或应税名称”栏中应当分别开具,不应在同一行中混开。

(二)自2014年1月1日起,机动车生产企业销售本企业生产(改装)或进口的机动车,使用增值税防伪税控系统开具增值税发票后应导出发票信息,通过“合格证信息管理系统—车辆票据关联子系统”将发票信息与所售机动车的合格证电子信息或进口机动车车辆电子信息(以下简称合格证电子信息)进行关联。

已关联发票信息的合格证电子信息,将通过“合格证信息管理系统”自动上传至税务总局,税务总局实时采集每台应税车辆价格(增值税含税价格)信息。机动车生产企业未关联发票信息的合格证电子信息,自2014年1月1日起,将不能上传至税务总局。

(三)自2014年1月1日起,税务总局根据应税车辆价格(增值税含税价格)信息,按照车辆购置税最低计税价格核定的规定,实时核定每台应税车辆最低计税价格并下发各地执行。

(四)税务总局将于2013年11月核发2013年度最后一期车辆购置税最低计税价格。2014年1月1日前机动车生产企业销售出厂的应税车辆,在车辆购置税纳税申报时执行本期最低计税价格,税务总局未核定最低计税价格的,仍按现行规定执行。

(五)其他有关事项

1. 机动车生产企业均应按照本公告的要求,在车辆销售前完成车辆合格证电子信息与发票信息关联、上传工作。相关系统的授权使用事宜详见合格证信息日常管理工作机构(http://www.vidc.info/)网站说明。

2. 机动车生产企业销售机动车不使用增值税防伪税控系统开具增值税发票的,可使用“车辆票据关联子系统”直接录入发票信息,完成与合格证电子信息的关联工作。

3. 进口自用机动车的企业或个人,应在办理车辆购置税纳税申报前,提前2个工作日登陆合格证信息日常管理工作机构网站(http://www.vidc.info/)录入并上传进口车辆电子信息。

(六)税务总局未核定最低计税价格的应税车辆,纳税人申报的计税价格低于同类型应税车辆最低计税价格,又无正当理由的,主管税务机关可比照已核定的同类型车辆最低计税价格征税。

二、升级增值税防伪税控开票系统

2013年8月1日起,机动车生产企业使用的增值税防伪税控开票系统需进行升级,安装开票信息导出软件,用于导出加密的开票信息。升级工作由防伪税控技术服务单位提供技术支持。

三、机动车生产企业所在地车辆购置税主管税务机关负责车辆价格信息采集的日常管理工作,定期对企业合格证电子信息与发票信息关联情况进行检查。

四、合格证信息日常管理工作机构应加强信息安全管理,不得将企业上传至税务总局的发票信息和合格证电子信息用于其他用途。

五、为了便于机动车生产企业对“车辆票据信息关联子系统”进行二次开发,税务总局委托合格证信息日常管理工作机构向企业提供相关数据接口、技术支持与培训。

六、凡不按照规定报送机动车合格证电子信息或不进行车辆发票信息关联的,主管税务机关将依据《中华人民共和国税收征收管理法》有关规定进行处理。

本公告自2013年8月1日起施行。

特此公告。

关于《机动车电子信息采集和最低计税价格核定的公告》的解读

为切实转变政府职能和减少行政审批,加快车辆购置税车价信息采集与国家税务总局核定最低计税价格的速度,以更好地服务纳税人,国家税务总局发布公告,调整现行车辆购置税车价信息采集与核定最低计税价格制度。

一、车辆购置税车价信息采集与最低计税价格核定方式的改革的背景。

现行车辆购置税车价信息采集与核价方式是定期采集、定期核价。由机动车生产企业(或进口机动车生产企业驻我国办事机构或总授权代理机构，以下统称机动车生产企业）所在地主管税务机关每年共六次采集机动车的出厂价格和市场指导价格。税务总局根据采集到的价格信息，按照《车辆购置税暂行条例》规定，每年核定、下发六期应税车辆最低计税价格。

近年来，随着国内机动车行业发展，企业竞争激烈，新车型上市数量与种类不断增加，销售价格调整日益频繁。税务部门定期采集、核发最低计税价格的方式，已无法满足企业与纳税人的需要，同时也给车辆购置税征收管理带来一定难度。

二、改革的主要内容

税务总局为了提高车辆购置税车价信息采集工作效率，使最低计税价格核定更加及时，决定改革车辆价格信息采集与核定最低计税价格制度。依托机动车合格证电子信息平台，机动车生产企业实时关联并上传车辆合格证电子信息与出厂销售发票票面价格信息，税务机关实时采集每台车辆价格信息，由税务总局按照规定，自动核定、下发每台应税车辆最低计税价格。

（一）机动车生产企业销售机动车，使用增值税防伪税控开票系统开具增值税专用发票或增值税普通发票（以下统称增值税发票）时一并导出发票信息，通过"合格证信息管理系统－车辆票据关联子系统"将导入的发票信息（增值税含税价格）与车辆合格证电子信息进行关联，上传到税务总局，税务机关完成车价信息的实时采集。

（二）税务总局根据企业上传的车辆价格信息，实时核定下发每台应税车辆最低计税价格。

这种采集价格信息与核定最低计税价格的方式既解决了企业在税务机关价格信息采集期结束后上市的新车型无法单独报送价格信息的问题，也解决了企业机动车出厂价格与市场指导价格调整与税务机关最低计税价格调整不同步的问题。

三、改革的时间安排与要求

（一）税务总局将自 2013 年 8 月 1 日起，开始对现有增值税防伪税控系统进行升级，新版系统中主要是增加发票信息的加密导出功能。同时要求企业在销售机动车填开增值税发票时，对车辆配置序列号不同或者价格不同的车辆，要在发票"货物或应税名称"栏中分别开具。

（二）2014 年 1 月 1 日起，机动车生产企业在销售机动车时，使用新版增值税防伪税控开票系统导出发票信息，利用"合格证信息管理系统－车辆票据关联子系统"将发票信息与"合格证信息管理系统"中所售机动车的合格证电子信息进行关联，并上传至税务总局。

（三）2014 年 1 月 1 日起，税务总局开始根据采集到的每台机动车价格信息，逐台核定应税车辆最低计税价格，并实时下发各地执行。

（四）自 2014 年 1 月 1 日起，未能关联发票信息的车辆合格证电子信息，将不能上传至税务总局。因此机动车生产企业在机动车销售出厂后，应及时开具销售发票，并完成合格证电子信息与发票信息的关联、上传工作。

（五）为了确保机动车生产企业能够正常使用相关软件系统，或进行二次开发的需要，《公告》明确增值税防伪税控系统升级工作由防伪税控技术服务单位提供技术支持。"合格证信息管理系统－车辆票据关联子系统"由合格证信息日常管理工作机构提供技术支持。

四、特殊情况的处理

（一）对于国内非公告机动车生产企业，将参照本项工作对公告机动车生产企业的要求进行管理。由非公告机动车生产企业向合格证信息日常管理工作机构提出非公告机动车生产企业使用"合格证信息管理系统"申请并取得用户操作权限。

（二）对于机动车生产企业销售机动车不使用增值税防伪税控系统开具增值税发票的（如销售机动车直接开具《机动车销售统一发票》的），可以"车辆票据管理子系统"直接录入发票票面信息，完成发票信息与车辆合格证电子信息的关联工作。

（三）对于其他途径进口的国外品牌机动车或其他国产机动车，不能完成车辆电子信息与价格信息关联的，作为税务总局未核定最低计税价格车辆，按照现行规定征收车辆购置税。

五、本项工作的日常管理

《公告》中明确由机动车生产企业所在地车辆购置税主管税务机关负责车辆价格信息采集的日常管理工作，定期对企业合格证电子信息与发票信息关联情况进行检查。

国家税务总局关于设有固定装置非运输车辆免征车辆购置税有关问题的公告

国家税务总局公告 2013 年第 45 号

为转变政府职能，减少行政审批，规范管理，进一步加快机动车列入《设有固定装置免税车辆图册》（以下简称《免税图册》）申请核准与下发速度，国家税务总局对《免税图册》以及设有固定装置非运输车辆办理车辆购置税免税事项进行调整，现公告如下：

一、调整《免税图册》部分车辆类型目录内容

自 2013 年第 4 册（总第 35 册）《免税图册》起，《免税图册》中不再列示下列设有固定装置非运输车辆内外观图片：

1. 混凝土泵车

用途：混凝土输送

主要固定装置：砼泵及臂架

2. 钻机车

用途：钻孔、打井

主要固定装置：钻架、钻杆、钻头、绞车等

3. 洗井液、清腊车

用途：油田无循环洗井流程的注水清洗、清除油管和输油管线中的结蜡、油污

主要固定装置：沉浮腔、初滤器、注滤器、水箱、污物回收车、旋液器、汽油机、传动箱、风机、水泵、锅炉等

4. 修井（机）车

用途：油井大、小修、试油、钻井作业等

主要固定装置：井架、转盘平台、变速箱、绞车、离合器、气控系统、液控系统

5. 混砂车

用途：压裂用砂液输出

主要固定装置：砂泵、搅拌器、输砂器等

6. 压缩机车

用途：石油管道试压、扫线、气举等

主要固定装置：压缩机、柴油机、管道系统、仪表操作系统、电气设备等

7. 采油车

用途：油井采油

主要固定装置：可调式立架、绞车系统、液压系统、气控制动等

8. 井架立放、安装车

用途：井架的立、放、安装或拆卸作业

主要固定装置：绞车、扒杆、游动系统

9. 锅炉车

用途：油田加热原油、清除油管结蜡作业

主要固定装置：燃油锅炉、发电机组、水泵、燃烧器等

10. 地锚车

用途：油田野外打、拔桩作业

主要固定装置：锤架、重锤、取力箱、绞盘等

11. 连续抽油杆作业车

用途：油田、油井收、放连续抽油杆作业

主要固定装置：卷绳装置、排绳装置、牵引装置、天轮总成、液压传动系统、分动箱等

12. 氮气车

用途：提取氮气、氮气增压

主要固定装置：柴油机、膜分离制氮器、氮气增压机、管道及仪表操作系统

13. 稀浆封层车

用途：公路养护施工

主要固定装置：骨料储供装置、工作发动机、填料供给系统、乳化沥青供给系统、拌和装置

纳税人购买上述车辆，经税务机关实地验车，符合《免税图册》中车辆用途和主要固定装置规定的，税务机关直接为纳税人办理车辆购置税免税手续。

二、其他事项

（一）税务机关按照规定对申请办理车辆购置税免税的车辆进行实地验车，应核查车辆用途，并按照纳税人提供的车辆内外观照片对车辆的主要固定装置进行检查。

（二）纳税人购买《免税图册》中已列示车辆图片的车辆，车辆内外观（含车身颜色）发生变化，但车辆整体结构、用途与主要固定装置未改变的，车辆生产（改装）企业应出具证明。税务机关实地验车后，依据车辆生产（改装）企业证明与《免税图册》办理车辆购置税免税手续。

（三）其他车辆仍按《免税图册》的规定办理车辆购置税免税手续。

三、本公告自 2013 年 8 月 30 日起执行，《免税图册》名称同时变更为《设有固定装置非运输车辆免税图册》。

特此公告。

关于《设有固定装置非运输车辆免征车辆购置税有关问题的公告》的解读

为转变政府职能，减少行政审批，进一步加快机动车列入《设有固定装置免税车辆图册》（以下简称《免税图册》）申请核准与下发速度，国家税务总局对《免税图册》以及设有固定装置非运输车辆办理车辆购置税免税等事项进行调整或明确。

一、调整《免税图册》中部分专用车辆目录内容，取消车辆内外观图片，简化办理流程。

现行《免税图册》将设有固定装置非运输车辆分为三十九类，其中挖掘机、平地机、叉车、装载机、起重机、推土机等六类工程机械（车辆）只列车辆类型、用途、主要固定装置，不列车辆外观图片。公告在此基础上，又取消了十三种专用车辆的车辆内外观图片，如混凝土泵车、钻机车、修井（机）车等。纳税人购买这些车辆，申请办理车购税免税时，税务机关按照《车辆购置税征收管理办法》的规定，经实地验车确认车辆用途与主要固定装置符合《免税图册》规定的，即可依据《免税图册》直接为纳税人办理车辆购置税免税手续，不再需要核对车辆外观图片。

二、明确车辆外观发生变化是否可以办理免税的问题

公告规定对《免税图册》中已列示车辆图片的车辆，如果车辆内外观（含车身颜色）发生变化，但车辆整体结构、用途与主要固定装置未发生改变的，由车辆生产（改装）企业出具相关证明，税务机关实地验车确认车辆用途与主要固定装置符合免税规定的，依据《免税图册》和生产（改装）企业证明办理车辆购置税免税手续。

三、明确税务机关对申请免税车辆实地验车的要求与内容。税务机关在实地验车时，应对纳税人购买车辆用途进行核实，并根据纳税人提供的车辆内外观照片对车辆的主要固定装置进行现场检查。

四、本公告自 2013 年 8 月 30 日起执行。2013 年第 4 册（总第 35 册）《免税图册》将按照本公告的规定对部分车辆类型目录内容进行调整。

五、《免税图册》名称自公告执行之日起，正式变更为《设有固定装置非运输车辆免税图册》。

第十一部分　中华人民共和国车船税法

中华人民共和国车船税法

（2011 年 2 月 25 日第十一届全国人民代表大会常务委员会第十九次会议通过）

第一条　在中华人民共和国境内属于本法所附《车船税税目税额表》规定的车辆、船舶（以下简称车船）的所有人或者管理人，为车船税的纳税人，应当依照本法缴纳车船税。

第二条　车船的适用税额依照本法所附《车船税税目税额表》执行。

车辆的具体适用税额由省、自治区、直辖市人民政府依照本法所附《车船税税目税额表》规定的税额幅度和国务院的规定确定。

船舶的具体适用税额由国务院在本法所附《车船税税目税额表》规定的税额幅度内确定。

第三条　下列车船免征车船税：

（一）捕捞、养殖渔船；

（二）军队、武装警察部队专用的车船；

（三）警用车船；

（四）依照法律规定应当予以免税的外国驻华使领馆、国际组织驻华代表机构及其有关人员的车船。

第四条　对节约能源、使用新能源的车船可以减征或者免征车船税；对受严重自然灾害影响纳税困难以及有其他特殊原因确需减税、免税的，可以减征或者免征车船税。具体办法由国务院规定，并报全国人民代表大会常务委员会备案。

第五条　省、自治区、直辖市人民政府根据当地实际情况，可以对公共交通车船，农村居民拥有并主要在农村地区使用的摩托车、三轮汽车和低速载货汽车定期减征或者免征车船税。

第六条　从事机动车第三者责任强制保险业务的保险机构为机动车车船税的扣缴义务人，应当在收取保险费时依法代收车船税，并出具代收税款凭证。

第七条　车船税的纳税地点为车船的登记地或者车船税扣缴义务人所在地。依法不需要办理登记的车船，车船税的纳税地点为车船的所有人或者管理人所在地。

第八条　车船税纳税义务发生时间为取得车船所有权或者管理权的当月。

第九条　车船税按年申报缴纳。具体申报纳税期限由省、自治区、直辖市人民政府规定。

第十条　公安、交通运输、农业、渔业等车船登记管理部门、船舶检验机构和车船税扣缴义务人的行业主管部门应当在提供车船有关信息等方面，协助税务机关加强车船税的征收管理。

车辆所有人或者管理人在申请办理车辆相关登记、定期检验手续时，应当向公安机关交通管理部门提交依法纳税或者免税证明。公安机关交通管理部门核查后办理相关手续。

第十一条　车船税的征收管理，依照本法和《中华人民共和国税收征收管理法》的规定执行。

第十二条　国务院根据本法制定实施条例。

第十三条　本法自 2012 年 1 月 1 日起施行。2006 年 12 月 29 日国务院公布的《中华人民共和国车船税暂行条例》同时废止。

附：

车船税税目税额表

税　　目	计税单位	年基准税额	备　　注
乘用车〔按发动机汽缸容量（排气量）分档〕1.0 升（含）以下的	每辆	60 元至 360 元	核定载客人数 9 人（含）以下

（续表）

税　　目	计税单位	年基准税额	备　　注
乘用车〔按发动机汽缸容量（排气量）分档〕1.0升以上至1.6升（含）的	每辆	300元至540元	核定载客人数9人（含）以下
乘用车〔按发动机汽缸容量（排气量）分档〕1.6升以上至2.0升（含）的	每辆	360元至660元	核定载客人数9人（含）以下
乘用车〔按发动机汽缸容量（排气量）分档〕2.0升以上至2.5升（含）的	每辆	660元至1200元	核定载客人数9人（含）以下
乘用车〔按发动机汽缸容量（排气量）分档〕2.5升以上至3.0升（含）的	每辆	1200元至2400元	核定载客人数9人（含）以下
乘用车〔按发动机汽缸容量（排气量）分档〕3.0升以上至4.0升（含）的	每辆	2400元至3600元	核定载客人数9人（含）以下
乘用车〔按发动机汽缸容量（排气量）分档〕4.0升以上的	每辆	3600元至5400元	核定载客人数9人（含）以下
商用车客车	每辆	480元至1440元	核定载客人数9人以上，包括电车
商用车货车	整备质量每吨	16元至120元	包括半挂牵引车、三轮汽车和低速载货汽车等
挂车	整备质量每吨	按照货车税额的50%计算	（空）
其他车辆专用作业车	整备质量每吨	16元至120元	不包括拖拉机
其他车辆轮式专用机械车	整备质量每吨	16元至120元	不包括拖拉机
摩托车	每辆	36元至180元	（空）
船舶机动船舶	净吨位每吨	3元至6元	拖船、非机动驳船分别按照机动船舶税额的50%计算
船舶游艇	艇身长度每米	600元至2000元	（空）

对《中华人民共和国车船税法》有关问题的解读

2011年2月25日，第十一届全国人民代表大会常务委员会第十九次会议通过了《中华人民共和国车船税法》（以下简称《车船税法》）。同日，国家主席胡锦涛签署第43号主席令予以公布，自2012年1月1日起施行。

一、《车船税法》出台的背景和必要性是什么？

答：2006年12月，国务院废止《车船使用牌照税暂行条例》和《车船使用税暂行条例》，制定了《车船税暂行条例》。《车船税暂行条例》自2007年1月1日施行以来，取得了较好效果。2010年车船税收入241.6

亿元，比2006年车船使用牌照税和车船使用税收入总额增长3.8倍。

按照全国人大授权决定和立法法有关规定，国务院制定的税收单行条例在条件成熟时应当上升为法律。现阶段将《车船税暂行条例》上升为《车船税法》的条件已经成熟：一是车船税收从建国初期开征以来，特别是改革开放以来，在税收体制改革过程中，根据情况变化，国务院对车船税收制度做过多次调整和完善，奠定了立法的制度基础。二是在60年的征收实践中，无论税种名称如何变化，车船税的相关制度已经为社会所知晓，并被纳税人所接受。三是近年来我国经济处于快速发展时期，居民收入提高很快，汽车逐步进入家庭，机动车保有量快速增长。据统计，截至2010年10月，我国汽车产量和销量均超过美国，居世界第一，全社会机动车保有量达到1.99亿辆，成为仅次于美国的第二大机动车保有国。在我国人均资源拥有量少，经济社会发展资源环境承载能力较低，生态环境日益脆弱的情况下，汽车生产与消费的快速增长，面临着石油紧缺、交通拥堵、空气污染等问题。因此，在税制相对稳定，制定法律的条件比较成熟的情况下，有必要将车船税暂行条例上升为法律。

二、《车船税法》出台有哪些意义？

答：主要有以下四个方面的意义：一是体现税收法定原则。二是促进税收法律体系建设。三是通过立法完善了税制，体现税负公平。四是作为第一部由条例上升的法律和第一部地方税法律，具有标志性作用。

三、与《车船税暂行条例》相比，《车船税法》对相关税制要素作了哪些调整？

答：主要包括以下五个方面：

（一）完善征税范围。《车船税暂行条例》规定，车船税的征税范围是依法应当在车船管理部门登记的车船。不需登记的单位内部作业车船不征税。从车船税财产税性质和公平税负的角度出发，不论车船是否应向管理部门登记，都应纳入征税范围。《车船税法》不再按车船是否登记来确定是否具有纳税义务，将征税范围统一为本法规定的车船。

（二）改革乘用车计税依据。《车船税暂行条例》及实施细则规定，微型、小型客车（乘用车）按辆征收。车船税作为财产税，计税依据理论上应当是评估价值，但由于乘用车数量庞大且分散于千家万户，难以进行价值评估。考虑到乘用车的排气量与其价值总体上存在着正相关关系，《车船税法》将排气量作为乘用车计税依据。

（三）调整税负结构。一方面，为支持交通运输业发展，《车船税法》对占汽车总量28%左右的货车、摩托车以及船舶（游艇除外）仍维持原条例税额幅度不变；对载客9人以上的客车税额幅度略作提高；对挂车由原条例规定的与货车适用相同税额改为减按货车税额的50%征收。另一方面，为更好地发挥车船税的调节功能，体现对汽车消费和节能减排的政策导向，《车船税法》对占汽车总量72%左右的乘用车（也就是载客少于9人的汽车）的税负，按发动机排气量大小分别作了降低、不变和提高的结构性调整。一是占现有乘用车总量87%左右、排气量在2.0升及以下的乘用车，税额幅度适当降低或维持不变；二是占现有乘用车总量10%左右、排气量为2.0升至2.5升（含）的中等排量车，税额幅度比现行税额幅度适当调高；三是占现有乘用车总量3%左右、排气量为2.5升以上的较大和大排量车，税额幅度比现行税额幅度有较大提高。

此外，为了体现车船税调节功能，《车船税法》将船舶中的游艇单列出来，明确按长度征税，并将税额幅度确定为每米600元至2000元。

（四）规范税收优惠。《车船税法》除了保留《车船税暂行条例》规定的省、自治区、直辖市人民政府可以对公共交通车船给予定期减、免税优惠外，还增加了以下三项优惠规定：一是对节约能源、使用新能源的车船可以减征或免征车船税；二是省、自治区、直辖市人民政府根据当地实际情况，可以对农村居民拥有并主要在农村地区使用的摩托车、三轮汽车和低速载货汽车定期减征或免征车船税；三是对受严重自然灾害影响、纳税困难以及有其他特殊原因确需减、免税的，可以减征或免征车船税。

（五）强化征收管理。考虑到机动车数量庞大，税源分散，仅靠税务机关自身力量征管难度较大。公安机关交通管理部门的机动车管理机构比较健全，制度和管理手段比较严密，在不过多增加工作量的情况下，由其对车船税的征收予以协助，对于提高征收绩效、防止税源流失具有重要作用。为此，《车船税法》规定：车辆所有人或者管理人在申请办理车辆相关登记、定期检验手续时，应向公安机关交通管理部门提交依法纳税或者免税证明。公安机关交通管理部门核查后予以办理相关手续。

此外，船舶的流动性大，目前对船舶征税在源泉控制上效果不够理想。为此，《车船税法》规定，船检机构应当在提供船舶有关信息方面协助税务机关加强车船税的征收管理。

四、为什么将车船管理人也作为车船税的纳税人？

答：车船管理人是指对车船具有管理使用权，不具有所有权的单位。通常情况下，车船的所有人与车船的管理人是一致的。但在我国实践中，经常会出现车船的所有权与管理权分离的情形，如国家机关拥有所使用车船的管理使用权，其所有权属于国家所有。因此，就出现了车船的所有人与车船的管理人是不一致的情况。如果让抽象意义上的国家作为车船的所有人去缴纳车船税，在实践中是无法操作的。所以，《车船税法》将车船管理人也规定为车船税的纳税人。

五、为什么对乘用车按排气量征税？

答：对乘用车按排气量征税，主要基于以下考虑：从理论上讲，车船税作为财产税，其计税依据应当是车船的评估价值。但从实际情况看，车船价值难以评估。据统计分析，乘用车的排气量与其价值总体上存在着显著的正相关关系，排气量越大，销售价格越高。以 2008 年国内乘用车的数据为例，排气量与价格之间相关系数高达 0.97175。从征管角度看，按排气量征税简便易行，在计税依据方面，排气量是替代价值或评估值的最佳选择。据了解，英国、德国、日本、韩国等都选择以排气量作为机动车保有环节征税的计税依据。如日本对乘用车按 10 档排气量征税，韩国对乘用车按 6 档排气量征税。

六、确定乘用车税额幅度的原则是什么？是否普遍增加了纳税人的负担？

答：主要原则有三项：一是考虑各地目前实际执行的税额标准。二是不增加大多数乘用车所有人的税负。三是参照大多数国家乘用车保有环节税负水平。据此，《车船税法》对占比 87%的 2.0 升(含)以下乘用车保持原有税负或适度降低，对占比约为 10%的 2.0 升至 2.5 升(含)乘用车税额幅度略有提高，对占比不到 3%的 2.5 升以上乘用车税额幅度有较大提高。

此外，《车船税法》对除乘用车之外的货车、客车和船舶(游艇除外)等，基本维持了原有税负水平，对挂车由现行的与货车适用相同税额改为减按货车税额的 50%征收。

总的来看，这次车船税立法税负维持不变，只做结构性调整。

七、为什么将部分档次乘用车的适用税额设置为前后相交叉？会否造成不同档次、不同地区税额出现倒挂现象？

答：《车船税法》将税额设置为前后相交叉，主要考虑有三：一是确保 1.6 升以上至 2.0 升(含)排量乘用车的名义税额幅度维持 360 元至 660 元不变。二是为涵盖和照顾现行各地乘用车实际税收负担情况，以避免法定税额与实际税负之间出现差异过大情况，有利于现行条例向新税法平稳过渡。三是考虑经济社会发展情况以及地方政府对机动车节能减排、交通拥堵实施调控的需要，为地方制定具体适用税额预留适当空间。

对税额前后相交叉引起税额倒挂问题，从理论上看，有这种可能性。但从实际情况看，省内税额由地方政府根据本地区乘用车保有情况统一制定，基本上不会出现税额倒挂问题，省际间税额由于地区间相互沟通、协商，税额倒挂出现的可能性也较小。同时，现行《车船税暂行条例实施细则》规定的载客汽车税额也是前后相交叉的，在实践中并未因此产生较大矛盾。

八、在当前通胀预期比较明显以及国家要逐步提高居民收入的形势下，为什么还要出台车船税法？

答：出台车船税法的主要原因在于，我国车船税制度已有 60 年的征收实践，目前制度比较稳定，立法条件比较成熟。通过立法进一步完善税制，体现税负公平，并不是为了增加收入。《车船税法》根据“总体税负不变”原则，优化了税负结构。对货车、挂车和船舶(游艇除外)，以及 87%左右的乘用车维持或下调了税负，对 13%左右的乘用车增加了税负。作为保有环节征收的税种，车船税对交易价格基本不造成影响。车船税收入规模不大，不会对居民收入在国民收入分配中比重的提高造成大的影响。

九、为什么对游艇按长度征税？

答：游艇不同于一般船舶，具有特殊性，其计税依据和税额需要具体研究确定。一般来说，可考虑将净吨位、发动机功率、实际价值和长度作为游艇的计税依据。从净吨位看，由于制造游艇的材料多数由玻璃钢、铝合金等高级材料组成，此类材料具有重量轻的特点，净吨位与其价值关联性较低。从发动机功率看，同一长度的游艇可以根据个性化需要，选择不同功率的发动机，发动机功率大小与其价值也没有必然的正相关关系。从实际价值看，确定游艇的实际价值与确定车辆的实际价值存在同样的困难，在现行征管条件下难以按价格计征。基于此，国际大多数国家都将长度作为游艇的计税依据，主要考虑是游艇长度与其价值关联性较高，且直观易于测量，从长远考虑，也可较好地避免其他计税依据可能导致的征管漏洞。因此，

《车船税法》选择长度作为游艇的计税依据。

十、为什么将游艇的适用税额确定为每米600元至2000元?

答:《车船税暂行条例》将游艇视同普通船舶按净吨位征税,税额偏低,与游艇的实际价格偏差很大。考虑到游艇作为休闲娱乐用品,与乘用车作为代步工具不同,为体现税负公平,《车船税法》将税额具体确定为每米600元至2000元。据了解,目前我国游艇一般长度范围在7.9米到30米之间,按上述税额幅度,税额约为每艘4800元至60000元之间。

十一、为何将扣缴义务人所在地也规定为车船税的纳税地点?

答:扣缴义务人是指承办机动车交强险的保险机构。将保险机构所在地也作为车船税的纳税地点,可使车主在购买交强险时,一并缴纳车船税,这既方便纳税人缴税,使车主少跑路,减少完税所需时间和成本,也避免了车主自行到税务机关交税因不熟悉道路、停车不方便、排队等候等带来的麻烦,并有利于通过源泉控管,提高车船税征收效果。

十二、目前,对乘用车的所有人或管理人主要征收哪些税,是否属于重复征税?

答:我国目前对乘用车的所有人或管理人征收的税种主要有三个:车辆购置税、燃油消费税和车船税。其中,车辆购置税来源于车辆购置附加费,燃油消费税来源于养路费等收费。这两个税种都是通过费改税而来的,筹集的资金专门用于公路建设和养护。车船税属于财产税,是在保有环节征收的税种。新中国成立以来,车船税已有60年的征收历史,此次车船税立法不是新开征税种,只是立法。这三个税种各有侧重,功能不同,不存在重复征税或重复设置问题。

十三、为什么自2012年1月1日起施行?2011年应如何征收车船税?

答:《车船税法》自2012年1月1日起施行的主要考虑:一是国务院制定实施条例,地方明确乘用车适用税额,税法宣传及人员培训等各方面工作需要一定准备时间。二是车船税按年征收,自1月1日起施行有利于实现平稳过渡,方便计征。

2011年,仍按现行《车船税暂行条例》及其实施细则和各地制定的征收办法计征车船税。自2012年1月1日起,《车船税法》施行,2006年12月29日国务院公布的《中华人民共和国车船税暂行条例》同时废止。

中华人民共和国车船税法实施条例

中华人民共和国国务院令第611号

《中华人民共和国车船税法实施条例》已经2011年11月23日国务院第182次常务会议通过,现予公布,自2012年1月1日起施行。

总理 温家宝

二〇一一年十二月五日

中华人民共和国车船税法实施条例

第一条 根据《中华人民共和国车船税法》(以下简称车船税法)的规定,制定本条例。

第二条 车船税法第一条所称车辆、船舶,是指:

(一)依法应当在车船登记管理部门登记的机动车辆和船舶;

(二)依法不需要在车船登记管理部门登记的在单位内部场所行驶或者作业的机动车辆和船舶。

第三条 省、自治区、直辖市人民政府根据车船税法所附《车船税税目税额表》确定车辆具体适用税额,应当遵循以下原则:

(一)乘用车依排气量从小到大递增税额;

(二)客车按照核定载客人数20人以下和20人(含)以上两档划分,递增税额。

省、自治区、直辖市人民政府确定的车辆具体适用税额,应当报国务院备案。

第四条 机动船舶具体适用税额为:

(一)净吨位不超过 200 吨的,每吨 3 元;

(二)净吨位超过 200 吨但不超过 2000 吨的,每吨 4 元;

(三)净吨位超过 2000 吨但不超过 10000 吨的,每吨 5 元;

(四)净吨位超过 10000 吨的,每吨 6 元。

拖船按照发动机功率每 1 千瓦折合净吨位 0.67 吨计算征收车船税。

第五条 游艇具体适用税额为:

(一)艇身长度不超过 10 米的,每米 600 元;

(二)艇身长度超过 10 米但不超过 18 米的,每米 900 元;

(三)艇身长度超过 18 米但不超过 30 米的,每米 1300 元;

(四)艇身长度超过 30 米的,每米 2000 元;

(五)辅助动力帆艇,每米 600 元。

第六条 车船税法和本条例所涉及的排气量、整备质量、核定载客人数、净吨位、千瓦、艇身长度,以车船登记管理部门核发的车船登记证书或者行驶证所载数据为准。

依法不需要办理登记的车船和依法应当登记而未办理登记或者不能提供车船登记证书、行驶证的车船,以车船出厂合格证明或者进口凭证标注的技术参数、数据为准;不能提供车船出厂合格证明或者进口凭证的,由主管税务机关参照国家相关标准核定,没有国家相关标准的参照同类车船核定。

第七条 车船税法第三条第一项所称的捕捞、养殖渔船,是指在渔业船舶登记管理部门登记为捕捞船或者养殖船的船舶。

第八条 车船税法第三条第二项所称的军队、武装警察部队专用的车船,是指按照规定在军队、武装警察部队车船登记管理部门登记,并领取军队、武警牌照的车船。

第九条 车船税法第三条第三项所称的警用车船,是指公安机关、国家安全机关、监狱、劳动教养管理机关和人民法院、人民检察院领取警用牌照的车辆和执行警务的专用船舶。

第十条 节约能源、使用新能源的车船可以免征或者减半征收车船税。免征或者减半征收车船税的车船的范围,由国务院财政、税务主管部门商国务院有关部门制订,报国务院批准。

对受地震、洪涝等严重自然灾害影响纳税困难以及其他特殊原因确需减免税的车船,可以在一定期限内减征或者免征车船税。具体减免期限和数额由省、自治区、直辖市人民政府确定,报国务院备案。

第十一条 车船税由地方税务机关负责征收。

第十二条 机动车车船税扣缴义务人在代收车船税时,应当在机动车交通事故责任强制保险的保险单以及保费发票上注明已收税款的信息,作为代收税款凭证。

第十三条 已完税或者依法减免税的车辆,纳税人应当向扣缴义务人提供登记地的主管税务机关出具的完税凭证或者减免税证明。

第十四条 纳税人没有按照规定期限缴纳车船税的,扣缴义务人在代收代缴税款时,可以一并代收代缴欠缴税款的滞纳金。

第十五条 扣缴义务人已代收代缴车船税的,纳税人不再向车辆登记地的主管税务机关申报缴纳车船税。

没有扣缴义务人的,纳税人应当向主管税务机关自行申报缴纳车船税。

第十六条 纳税人缴纳车船税时,应当提供反映排气量、整备质量、核定载客人数、净吨位、千瓦、艇身长度等与纳税相关信息的相应凭证以及税务机关根据实际需要要求提供的其他资料。

纳税人以前年度已经提供前款所列资料信息的,可以不再提供。

第十七条 车辆车船税的纳税人按照纳税地点所在的省、自治区、直辖市人民政府确定的具体适用税额缴纳车船税。

第十八条 扣缴义务人应当及时解缴代收代缴的税款和滞纳金,并向主管税务机关申报。扣缴义务人向税务机关解缴税款和滞纳金时,应当同时报送明细的税款和滞纳金扣缴报告。扣缴义务人解缴税款和滞纳金的具体期限,由省、自治区、直辖市地方税务机关依照法律、行政法规的规定确定。

第十九条 购置的新车船，购置当年的应纳税额自纳税义务发生的当月起按月计算。应纳税额为年应纳税额除以12再乘以应纳税月份数。

在一个纳税年度内，已完税的车船被盗抢、报废、灭失的，纳税人可以凭有关管理机关出具的证明和完税凭证，向纳税所在地的主管税务机关申请退还自被盗抢、报废、灭失月份起至该纳税年度终了期间的税款。

已办理退税的被盗抢车船失而复得的，纳税人应当从公安机关出具相关证明的当月起计算缴纳车船税。

第二十条 已缴纳车船税的车船在同一纳税年度内办理转让过户的，不另纳税，也不退税。

第二十一条 车船税法第八条所称取得车船所有权或者管理权的当月，应当以购买车船的发票或者其他证明文件所载日期的当月为准。

第二十二条 税务机关可以在车船登记管理部门、车船检验机构的办公场所集中办理车船税征收事宜。

公安机关交通管理部门在办理车辆相关登记和定期检验手续时，经核查，对没有提供依法纳税或者免税证明的，不予办理相关手续。

第二十三条 车船税按年申报，分月计算，一次性缴纳。纳税年度为公历1月1日至12月31日。

第二十四条 临时入境的外国车船和香港特别行政区、澳门特别行政区、台湾地区的车船，不征收车船税。

第二十五条 按照规定缴纳船舶吨税的机动船舶，自车船税法实施之日起5年内免征车船税。

依法不需要在车船登记管理部门登记的机场、港口、铁路站场内部行驶或者作业的车船，自车船税法实施之日起5年内免征车船税。

第二十六条 车船税法所附《车船税税目税额表》中车辆、船舶的含义如下：

乘用车，是指在设计和技术特性上主要用于载运乘客及随身行李，核定载客人数包括驾驶员在内不超过9人的汽车。

商用车，是指除乘用车外，在设计和技术特性上用于载运乘客、货物的汽车，划分为客车和货车。

半挂牵引车，是指装备有特殊装置用于牵引半挂车的商用车。

三轮汽车，是指最高设计车速不超过每小时50公里，具有三个车轮的货车。

低速载货汽车，是指以柴油机为动力，最高设计车速不超过每小时70公里，具有四个车轮的货车。

挂车，是指就其设计和技术特性需由汽车或者拖拉机牵引，才能正常使用的一种无动力的道路车辆。

专用作业车，是指在其设计和技术特性上用于特殊工作的车辆。

轮式专用机械车，是指有特殊结构和专门功能，装有橡胶车轮可以自行行驶，最高设计车速大于每小时20公里的轮式工程机械车。

摩托车，是指无论采用何种驱动方式，最高设计车速大于每小时50公里，或者使用内燃机，其排量大于50毫升的两轮或者三轮车辆。

船舶，是指各类机动、非机动船舶以及其他水上移动装置，但是船舶上装备的救生艇筏和长度小于5米的艇筏除外。其中，机动船舶是指用机器推进的船舶；拖船是指专门用于拖（推）动运输船舶的专业作业船舶；非机动驳船，是指在船舶登记管理部门登记为驳船的非机动船舶；游艇是指具备内置机械推进动力装置，长度在90米以下，主要用于游览观光、休闲娱乐、水上体育运动等活动，并应当具有船舶检验证书和适航证书的船舶。

第二十七条 本条例自2012年1月1日起施行。

国家税务总局有关负责人就车船税法及其实施条例相关内容答记者问

今年2月25日，全国人大常委会通过了《中华人民共和国车船税法》，12月5日，国务院颁布了《中华人民共和国车船税法实施条例》。车船税法及其实施条例将于2012年1月1日起施行。在车船税法实施前夕，记者就车船税法及其实施条例有关内容采访了国家税务总局有关负责人。

问：明年1月1日起，新的车船税法开始实施。请问，新老车船税税制有什么明显的区别？

答：车船税是对车辆和船舶按年征收的一种税。车船税不是一个新税种，早在1951年，我们就有车船使用牌照税，后来又改为车船使用税、车船税。目前，车船税是依据国务院发布的《中华人民共和国车船税暂行条例》缴税，明年1月1日起就要依据《中华人民共和国车船税法》缴税。新的车船税法在征税范围、计税依据、税收优惠和征收管理等方面都作了一些修改和完善。与车船税暂行条例相比，最大的区别是，新的车船税法规定乘用车也就是核定载客人数在9人及9人以下的载客汽车要按发动机排气量大小计征车船税，而之前的车船税是按载客人数多少计税。同时，新的车船税法对节约能源、使用新能源的车船做出免征或者减征车船税的规定。这一新变化体现了国家促进节能减排和保护环境的政策导向。

问：哪些人负有车船税的纳税义务，哪些车船需要缴税？哪些车船不需要缴税？

答：车船的所有人或者管理人是车船税的纳税义务人。其中，所有人是指在我国境内拥有车船的单位和个人，对于私家车来说，也就是我们通常所说的车主；管理人是指对车船具有管理权或者使用权，不具有所有权的单位。

车船税法所附的《车船税税目税额表》中列举的车辆、船舶都需要缴纳车船税，具体有乘用车、商用车、挂车、其他车辆、摩托车和船舶六大类。

拖拉机、纯电动乘用车、燃料电池乘用车、非机动车船（不包括非机动驳船）均不在车船税法规定的征税范围内，不需缴纳车船税。临时入境的外国车船和香港特别行政区、澳门特别行政区、台湾地区的车船，也不需要缴纳车船税。

问：新车船税法规定的车辆和船舶的税额是多少？税负与之前相比变化大吗？

答：车船税法对乘用车的税负，分别作了降低、不变和提高的结构性调整。比如，对占汽车总量72%左右的乘用车，按发动机排气量大小划分七档，对每一档分别规定了税额幅度。其中，对占现有乘用车总量87%左右、排气量在2.0升及以下的排量较小的乘用车，税额幅度适当降低或维持不变；对占现有乘用车总量10%左右、排气量为2.0升至2.5升（含）的中等排量乘用车，税额幅度适当调高；对占现有乘用车总量3%左右、排气量为2.5升以上的较大和大排量乘用车，税额幅度有较大提高。对占汽车总量28%左右的货车、摩托车以及船舶（游艇除外）仍维持原税额幅度不变；载客9人以上的客车，税额幅度略作提高；挂车改为减按货车税额的50%征收。而将船舶中的游艇单列出来，按艇身长度划分为四档，每米税额为600元至2000元。

需要特别说明的是，车辆的具体适用税额是由各省、自治区、直辖市人民政府依照车船税法所附的《车船税税目税额表》规定的税额幅度和国务院的规定确定。因此，纳税人办理车辆车船税纳税手续时，请关注自己车辆的登记地或购买机动车交通事故责任强制保险地的省级人民政府规定的具体适用税额。船舶的适用税额是由国务院公布的车船税法实施条例明确规定，其税额是全国统一的。

问：车船税法及其实施条例增加了哪些税收优惠政策？

答：车船税法及实施条例增加了多项税收优惠。一是对节约能源、使用新能源的车船免征或者减半征收车船税，减免税范围由国务院财政、税务主管部门商国务院有关部门制订，报国务院批准。二是授权省、自治区、直辖市人民政府根据当地实际情况，可以对农村居民拥有并主要在农村地区使用的摩托车、三轮汽车和低速载货汽车定期减征或者免征车船税。三是对受地震、洪涝等严重自然灾害影响纳税困难以及有其他特殊原因确需减免税的车船，可以在一定期限内减征或者免征车船税。此外，车船税法保留了省、自治区、直辖市人民政府可以对公共交通车船给予定期减、免税等优惠政策。

问：机动车的车船税应如何缴纳？缴纳时间有何规定？2012年新购置的车船，怎么缴纳车船税？

答：缴纳机动车车船税有两种方式：一种方式是纳税人自行向主管税务机关申报缴纳车船税；另一种方式是纳税人在办理机动车交通事故责任强制保险时由保险机构代收代缴车船税。

纳税人自行向主管税务机关申报缴纳车船税的，纳税地点为车船登记地；依法不需要办理登记的车船，纳税地点为车船的所有人或者管理人的所在地。由保险机构代收代缴车船税的，纳税地点为保险机构所在地。需要注意的是，由于从事机动车交通事故责任强制保险业务的保险机构为机动车车船税扣缴义务人，因此，纳税人在办理机动车交通事故责任强制保险业务时，应当一并缴纳车船税；如果已经自行申报缴纳了车船税，应当提供机动车的完税证明。

特别提醒广大纳税人，明年是车船税法实施的第一年，请纳税人在办理缴纳机动车车船税手续时，要按照车船税法和实施条例的有关规定，提供反映排气量、整备质量、核定载客人数等与纳税相关信息的相应凭证以及税务机关根据实际需要要求提供的其他资料。

纳税人在办理机动车相关登记和定期检验手续时，公安机关交通管理部门将对车船税完税情况实施核查，对没有提供依法纳税或者免税证明的，不予办理相关手续。

车船税是按年申报，分月计算，一次性缴纳。具体申报纳税期限由各省、自治区、直辖市人民政府规定。

车船税纳税义务发生时间为取得车船所有权或者管理权的当月，以购买车船的发票或者其他证明文件所载日期的当月为准。对于2012年新购置的车船，购置当年的应纳税额自纳税义务发生的当月起按月计算，应纳税额为年应纳税额除以12再乘以应纳税月份数。

问：对减轻纳税人的办税负担，税务部门如何考虑？

答：车船税纳税人众多，且多为自然人，为了方便纳税人缴税，切实减轻纳税人的负担，税务部门考虑到纳税人的实际困难，做出以下两条规定：

一是纳税人在办理机动车交通事故责任强制保险时一并缴纳车船税，保险机构所在地即为车船税的纳税地点。这样可以方便车主在购买机动车交通事故责任强制保险的同时履行纳税义务，为纳税人节省时间，降低成本。保险机构已代收代缴车船税的，纳税人不需要再向车船登记地的主管税务机关申报车船税的相关信息。

二是纳税人在车船税法实施后已经提供过与纳税相关信息的凭证的，以后年度可以不再提供这类凭证。

国家税务总局关于车船税征管若干问题的通知

国税发〔2008〕48号

各省、自治区、直辖市和计划单列市地方税务局，西藏、宁夏、青海省（自治区）国家税务局：

为方便车船税征缴，进一步提高征管质量和效率，切实做好车船税的征收工作，根据《中华人民共和国车船税暂行条例》（以下简称“条例”）及其实施细则的有关规定，现就车船税征管有关问题通知如下：

一、关于不在车辆登记地购买保险代收代缴车船税问题

在一个纳税年度内，纳税人在非车辆登记地由保险机构代收代缴机动车车船税，且能够提供合法有效完税证明的，纳税人不再向车辆登记地的地方税务机关缴纳机动车车船税。

二、关于所有权或管理权发生变更的车船征收车船税问题

在一个纳税年度内，已经缴纳车船税的车船变更所有权或管理权的，地方税务机关对原车船所有人或管理人不予办理退税手续，对现车船所有人或管理人也不再征收当年度的税款；未缴纳车船税的车船变更所有权或管理权的，由现车船所有人或管理人缴纳该纳税年度的车船税。

三、关于未在车辆管理部门登记的新购置车辆办理减免税手续问题

为优化办税程序，做好纳税服务，对尚未在车辆管理部门办理登记、属于应减免税的新购置车辆，车辆所有人或管理人可提出减免税申请，并提供机构或个人身份证明文件和车辆权属证明文件以及地方税务机关要求的其他相关资料。经税务机关审验符合车船税减免条件的，税务机关可为纳税人出具该纳税年度的减免税证明，以方便纳税人购买机动车交通事故责任强制保险。

新购置应予减免税的车辆所有人或管理人在购买机动车交通事故责任强制保险时已缴纳车船税的，在办理车辆登记手续后可向税务机关提出减免税申请，经税务机关审验符合车船税减免税条件的，税务机关应退还纳税人多缴的税款。

四、关于微型客车的标准问题

凡发动机排气量小于或者等于1升的载客汽车，都应按照微型客车的税额标准征收车船税。发动机排气量以如下凭证相应项目所载数额为准：

（一）车辆登记证书；

（二）车辆行驶证书；

（三）车辆出厂合格证明；

（四）车辆进口凭证。

五、关于部分车辆计税依据的核定问题

对于按照条例实施细则的规定，无法准确获得自重数值或自重数值明显不合理的载货汽车、三轮汽车、低速货车、专项作业车和轮式专用机械车，由主管税务机关根据车辆自身状况并参照同类车辆核定计税依据。对能够获得总质量和核定载质量的，可按照车辆的总质量和核定载质量的差额作为车辆的自重；无法获得核定载质量的专项作业车和轮式专用机械车，可按照车辆的总质量确定自重。

本通知执行过程中，各地地方税务机关应结合实际情况，充实、完善各项具体征管制度和办法。对于征管中遇到的实际困难，要积极研究解决，确保车船税征管工作顺利运行。

财政部 国家税务总局 工业和信息化部关于节约能源 使用新能源车船车船税政策的通知

财税〔2012〕19 号

各省、自治区、直辖市、计划单列市财政厅（局）、地方税务局、工业和信息化主管部门，有关企业，西藏、宁夏自治区国家税务局，新疆生产建设兵团财务局：

为促进节约能源、使用新能源的汽车、船舶产业发展，根据《中华人民共和国车船税法》第四条、《中华人民共和国车船税法实施条例》第十条有关规定，经国务院批准，现就节约能源、使用新能源车船车船税政策通知如下：

一、自 2012 年 1 月 1 日起，对节约能源的车船，减半征收车船税；对使用新能源的车船，免征车船税。

二、对于减免车船税的节约能源、使用新能源车船，由财政部、国家税务总局、工业和信息化部通过联合发布《节约能源使用新能源车辆（船舶）减免车船税的车型（船型）目录》实施管理。

对于不属于车船税征收范围的纯电动乘用车、燃料电池乘用车，由财政部、国家税务总局、工业和信息化部通过联合发布《不属于车船税征收范围的纯电动燃料电池乘用车车型目录》实施管理。

三、节约能源、使用新能源车辆减免车船税目录管理规定

（一）认定标准。

1. 节能型乘用车的认定标准为：(1) 获得许可在中国境内销售的燃用汽油、柴油的乘用车（含非插电式混合动力乘用车和双燃料乘用车）；(2) 综合工况燃料消耗量优于下一阶段目标值，具体要求见附件 1；(3) 已通过汽车燃料消耗量标识备案。

2. 新能源汽车的认定标准为：(1) 获得许可在中国境内销售的纯电动汽车、插电式混合动力汽车、燃料电池汽车，包括乘用车、商用车和其他车辆；(2) 动力电池不包括铅酸电池；(3) 插电式混合动力汽车最大电功率比大于 30%；插电式混合动力乘用车综合燃料消耗量（不含电能转化的燃料消耗量）与现行的常规燃料消耗量标准中对应目标值相比应小于 60%；插电式混合动力商用车（含轻型、重型商用车）综合工况燃料消耗量（不含电能转化的燃料消耗量）与同类车型相比应小于 60%；(4) 通过新能源汽车专项检测，符合新能源汽车标准要求。具体要求见附件 2。

3. 节能型商用车和其他车辆的认定标准另行制定。

（二）申报程序。

符合上述认定标准的节约能源、使用新能源的车辆，包括目前正在生产（进口）及已经生产（进口）的车辆，由汽车生产企业或进口汽车经销商向工业和信息化部提出列入《节约能源使用新能源车辆减免车船税的车型目录》或《不属于车船税征收范围的纯电动燃料电池乘用车车型目录》（以下统一简称为《目录》）的申请。申请材料格式见附件 3。

（三）《目录》审查、发布。

财政部、国家税务总局、工业和信息化部将根据申请情况组织审查，不定期发布《目录》公告，明确不属于车船税征收范围的纯电动、燃料电池乘用车的车型，明确属于车船税减免范围的节约能源、使用新能源车辆的车型。

（四）《目录》核查。

财政部、国家税务总局、工业和信息化部将组织开展《目录》车型专项检查，对《目录》车型产品质量、性能指标进行抽样核查。汽车生产企业、进口汽车经销商对申报材料的真实性和产品质量负责。对产品与申报材料不符，产品性能指标未达到要求，或者提供其他虚假信息骗取《目录》资格的汽车生产企业、进口汽车经销商，取消该申报车型享受车船税相关优惠政策资格，并依照相关法律法规予以处理。

四、节约能源、使用新能源船舶的认定标准、目录管理规定另行制定。

五、为促进节能和新能源技术的不断进步，根据我国车船的标准体系、节能评价体系、技术进步和型号变化，财政部、国家税务总局、工业和信息化部将适时修订、调整节约能源、使用新能源车船的认定标准，完善相关认定办法。

六、本通知所称节能汽车，是指以内燃机为主要动力系统、综合工况燃料消耗量优于下一阶段目标值的汽车。

所称新能源汽车，是指采用新型动力系统，主要或全部使用新型能源的汽车，包括纯电动汽车、插电式混合动力汽车和燃料电池汽车。其中，纯电动汽车，是指由电动机驱动，且驱动电能来源于车载可充电蓄电池或其他能量储存装置的汽车。插电式混合动力汽车，是指具有一定的纯电动行驶里程，且在正常使用情况下可从非车载装置中获取电能量的混合动力汽车。燃料电池汽车，是指以燃料电池为动力源的汽车。

七、各级财政、税务部门应当按照本通知要求制订具体落实办法，认真做好《目录》车型车船税减免工作。各地工业和信息化主管部门要及时将本通知传达到本地区内相关汽车生产企业、进口汽车经销商，并督促汽车生产企业、进口汽车经销商做好《目录》申报等工作，积极落实好节约能源、使用新能源车辆车船税优惠政策。

请遵照执行。

财政部 国家税务总局 工业和信息化部

二〇一二年三月六日

国家税务总局 交通运输部关于发布《船舶车船税委托代征管理办法》的公告

国家税务总局 交通运输部公告 2013 年第 1 号

为了贯彻落实车船税法及其实施条例，方便纳税人缴纳车船税，提高船舶车船税的征管质量和效率，现将国家税务总局、交通运输部联合制定的《船舶车船税委托代征管理办法》予以发布，自 2013 年 2 月 1 日起施行。

各地对执行中遇到的情况和问题，请及时报告国家税务总局、交通运输部。

特此公告。

国家税务总局 交通运输部

2013 年 1 月 5 日

船舶车船税委托代征管理办法

第一条 为加强船舶车船税征收管理，做好船舶车船税委托代征工作，方便纳税人履行纳税义务，根据《中华人民共和国税收征收管理法》及其实施细则、《中华人民共和国车船税法》及其实施条例、《国家税务总局 交通运输部关于进一步做好船舶车船税征收管理工作的通知》(国税发〔2012〕8 号)、《财政部 国家税务总局 中国人民银行关于进一步加强代扣代收代征税款手续费管理的通知》(财行〔2005〕365 号)等有关规定，制定本办法。

第二条 本办法所称船舶车船税委托代征，是指税务机关根据有利于税收管理和方便纳税的原则，委托交通运输部门海事管理机构代为征收船舶车船税税款的行为。

第三条 本办法适用于船舶车船税的委托征收、解缴和监督。

第四条 在交通运输部直属海事管理机构(以下简称海事管理机构)登记的应税船舶，其车船税由船籍港所在地的税务机关委托当地海事管理机构代征。

第五条 税务机关与海事管理机构应签订委托代征协议书，明确代征税种、代征范围、完税凭证领用要求、代征税款的解缴要求、代征手续费比例和支付方式、纳税人拒绝纳税时的处理措施等事项，并向海事管理机构发放委托代征证书。

第六条 海事管理机构受税务机关委托，在办理船舶登记手续或受理年度船舶登记信息报告时代征船舶车船税。

第七条 海事管理机构应根据车船税法律、行政法规和相关政策规定代征车船税，不得违反规定多征或少征。

第八条 海事管理机构代征船舶车船税的计算方法：

(一)船舶按一个年度计算车船税。计算公式为：

年应纳税额＝计税单位×年基准税额

其中：机动船舶、非机动驳船、拖船的计税单位为净吨位每吨；游艇的计税单位为艇身长度每米；年基准税额按照车船税法及其实施条例的相关规定执行。

(二)购置的新船舶，购置当年的应纳税额自纳税义务发生时间起至该年度终了按月计算。计算公式为：

应纳税额＝年应纳税额×应纳税月份数/12

应纳税月份数＝12－纳税义务发生时间(取月份)＋1

其中，纳税义务发生时间为纳税人取得船舶所有权或管理权的当月，以购买船舶的发票或者其他证明文件所载日期的当月为准。

第九条 海事管理机构在计算船舶应纳税额时，船舶的相关技术信息以船舶登记证书所载相应数据为准。

第十条 税务机关出具减免税证明和完税凭证的船舶，海事管理机构对免税和完税船舶不代征车船税，对减税船舶根据减免税证明规定的实际年应纳税额代征车船税。海事管理机构应记录上述凭证的凭证号和出具该凭证的单位名称，并将上述凭证的复印件存档备查。

第十一条 对于以前年度未依照车船税法及其实施条例的规定缴纳船舶车船税的，海事管理机构应代征欠缴税款，并按规定代加收滞纳金。

第十二条 海事管理机构在代征税款时，应向纳税人开具税务机关提供的完税凭证。完税凭证的管理应当遵守税务机关的相关规定。

第十三条 海事管理机构依法履行委托代征税款职责时，纳税人不得拒绝。纳税人拒绝的，海事管理机构应当及时报告税务机关。

第十四条 海事管理机构应将代征的车船税单独核算、管理。

第十五条 海事管理机构应根据委托代征协议约定的方式、期限及时将代征税款解缴入库，并向税务机关提供代征船舶名称、代征金额及税款所属期等情况，不得占压、挪用、截留船舶车船税。

第十六条 已经缴纳船舶车船税的船舶在同一纳税年度内办理转让过户的，在原登记地不予退税，在新登记地凭完税凭证不再纳税，新登记地海事管理机构应记录上述船舶的完税凭证号和出具该凭证的税务机关或海事管理机构名称，并将完税凭证的复印件存档备查。

第十七条 完税船舶被盗抢、报废、灭失而申请车船税退税的，由税务机关按照有关规定办理。

第十八条 税务机关查询统计船舶登记的有关信息，海事管理机构应予以配合。

第十九条 税务机关应按委托代征协议的规定及时、足额向海事管理机构支付代征税款手续费。海事管理机构取得的手续费收入纳入预算管理，专项用于委托代征船舶车船税的管理支出，也可以适当奖励相关工作人员。

第二十条 各级税务机关应主动与海事管理机构协调配合，协助海事管理部门做好船舶车船税委托代征工作。税务机关要及时向海事管理机构通报车船税政策变化情况，传递直接征收车船税和批准减免车船税的船舶信息。

第二十一条 税务机关和海事管理机构应对对方提供的涉税信息予以保密，除办理涉税事项外，不得用于其他目的。

第二十二条 地方海事管理机构开展船舶车船税代征工作的，适用本办法。

第二十三条 本办法由国家税务总局、交通运输部负责解释。

第二十四条 本办法自2013年2月1日起施行。

关于《发布〈船舶车船税委托代征管理办法〉的公告》的解读

近日，国家税务总局和交通运输部联合下发了《船舶车船税委托代征管理办法》(以下简称《办法》)。现将《办法》内容解读如下：

一、制定《办法》的背景是什么？

根据《中华人民共和国车船税法》规定，机动船舶、游艇及非机动驳船应缴纳车船税。我国船舶数量多，流动性大、分布面广，船舶车船税征管较为困难，纳税人也存在去税务机关征收点缴税道路不熟悉、停车困难、排队等候等麻烦。为切实做好船舶车船税的征收管理工作，节约纳税人缴纳船舶车船税的时间和成本，国家税务总局与交通运输部积极协商，联合下发了《关于进一步做好船舶车船税征收管理工作的通知》(国税发〔2012〕8号，以下简称《通知》)，要求税务部门和海事部门加强配合，通过委托代征、协助把关、信息共享等方式共同做好船舶车船税征收管理工作。为了推动船舶车船税委托代征，根据《通知》要求，国家税务总局联合交通运输部制定了《办法》。

二、《办法》的适用范围是什么？

《办法》适用于船舶车船税的委托征收、解缴和监督。对于在交通运输部直属海事管理机构(以下简称海事管理机构)登记的应税船舶，其船籍港所在地的税务机关可以依据《办法》的规定委托当地海事管理机构代征车船税。税务机关委托地方海事管理机构开展船舶车船税代征工作的，适用《办法》有关规定。

三、《办法》的主要内容是什么？

《办法》共二十四条，根据车船税法及其实施条例、征管法及其实施细则以及税收票证和手续费管理等相关文件规定，制定了船舶车船税的委托征收、解缴、手续费支付和使用、信息共享等工作流程，明确了税务机关和海事管理机构在委托代征工作中的职责。

四、税务机关如何委托海事管理机构代征船舶车船税？

税务机关和海事管理机构就委托代征船舶车船税的相关事宜协商一致后，双方应签订委托代征协议书，明确代征税种、代征范围、完税凭证领用要求、代征税款的解缴要求、代征手续费比例和支付方式、纳税人拒绝纳税时的处理措施等事项。税务机关还应向海事管理机构发放委托代征证书。

五、海事管理机构代征船舶车船税的工作流程是什么？

海事管理机构受税务机关委托，在办理船舶登记手续或受理年度船舶登记信息报告时代征船舶车船税，税款计算按照车船税法律、行政法规和相关政策规定执行。对于税务机关出具免税证明和完税凭证的船舶，海事管理机构不代征车船税。对于以前年度未依照车船税法及其实施条例的规定缴纳船舶车船税的，海事管理机构应代征欠缴税款，并按规定加收滞纳金。

六、《办法》在保护纳税人合法权益方面有何规定？

一是海事管理机构在代征税款时，应向纳税人开具税务机关提供的完税凭证。

二是根据车船税法实施条例的规定，对于已经缴纳船舶车船税的船舶在同一纳税年度内办理转让过户的，在原登记地不予退税，在新登记地凭完税凭证不再纳税。这项规定避免了船舶转让方申请退税、受让方另行缴纳应纳税款的麻烦。

三是对于完税船舶被盗抢、报废、灭失而申请车船税退税的，明确由税务机关按照有关规定办理。

四是规定税务机关和海事管理机构应对对方提供的涉税信息予以保密，除办理涉税事项外，不得用于其他目的。

七、船舶车船税委托代征管理办法何时开始实施？

《办法》自2013年2月1日起施行。各地开展船舶车船税委托代征的具体时间，由税务机关和海事管理机构依照本《办法》签订的委托代征协议进行规定。

国家税务总局关于车船税征管若干问题的公告

国家税务总局公告2013年第42号

为规范车船税征管，维护纳税人合法权益，根据《中华人民共和国车船税法》（以下简称车船税法）及其实施条例，现将车船税有关征管问题明确如下：

一、关于专用作业车的认定

对于在设计和技术特性上用于特殊工作，并装置有专用设备或器具的汽车，应认定为专用作业车，如汽车起重机、消防车、混凝土泵车、清障车、高空作业车、洒水车、扫路车等。以载运人员或货物为主要目的的专用汽车，如救护车，不属于专用作业车。

二、关于税务机关核定客货两用车的征税问题

客货两用车，又称多用途货车，是指在设计和结构上主要用于载运货物，但在驾驶员座椅后带有固定或折叠式座椅，可运载3人以上乘客的货车。客货两用车依照货车的计税单位和年基准税额计征车船税。

三、关于车船税应纳税额的计算

车船税法及其实施条例涉及的整备质量、净吨位、艇身长度等计税单位，有尾数的一律按照含尾数的计税单位据实计算车船税应纳税额。计算得出的应纳税额小数点后超过两位的可四舍五入保留两位小数。

乘用车以车辆登记管理部门核发的机动车登记证书或者行驶证书所载的排气量毫升数确定税额区间。

四、关于车船因质量问题发生退货时的退税

已经缴纳车船税的车船，因质量原因，车船被退回生产企业或者经销商的，纳税人可以向纳税所在地的主管税务机关申请退还自退货月份起至该纳税年度终了期间的税款。退货月份以退货发票所载日期的当月为准。

五、关于扣缴义务人代收代缴后车辆登记地主管税务机关不再征收车船税

纳税人在购买“交强险”时，由扣缴义务人代收代缴车船税的，凭注明已收税款信息的“交强险”保险单，车辆登记地的主管税务机关不再征收该纳税年度的车船税。再次征收的，车辆登记地主管税务机关应予退还。

六、关于扣缴义务人代收代缴欠缴税款滞纳金的起算时间

车船税扣缴义务人代收代缴欠缴税款的滞纳金，从各省、自治区、直辖市人民政府规定的申报纳税期限截止日期的次日起计算。

七、关于境内外租赁船舶征收车船税的问题

境内单位和个人租入外国籍船舶的，不征收车船税。境内单位和个人将船舶出租到境外的，应依法征收车船税。

本公告自 2013 年 9 月 1 日起施行。《国家税务总局关于车船税征管若干问题的通知》(国税发〔2008〕48 号)同时废止。

特此公告。

关于《车船税征管若干问题的公告》的解读

最近，国家税务总局印发了《关于车船税征管若干问题的公告》(以下简称《公告》)，以规范车船税征管，维护纳税人合法权益。现就《公告》内容解读如下：

一、该《公告》出台的背景是什么？

2008 年 5 月，国家税务总局根据《中华人民共和国车船税暂行条例》及其实施细则的有关规定，下发了《关于车船税征管若干问题的通知》(国税发【2008】48 号，以下简称《通知》)，明确了车船税有关的征管问题。2012 年 1 月 1 日，《中华人民共和国车船税法》(以下简称“车船税法”)及其实施条例正式实施，新的车船税法在征税范围、计税依据、税收优惠和征收管理等方面都作了一些修改和完善。为此，国家税务总局针对车船税法实施一年来发现的征管具体问题，制定下发了《公告》并同时废止《通知》。

二、专用作业车和客货两用车适用税目应如何界定？

实际征管中，专用作业车容易与属于商用车税目的专用汽车混淆。为此，《公告》主要参照《机动车运行安全技术条件》(GB 7258—2012)和《机动车类型 术语和定义》(GA 802—2008)中专项作业车的相关内容，对专用作业车的概念进行明确，且举例予以说明。同时，考虑政策的延续性，《公告》中对不能提供机动车登记证书、行驶证、机动车出厂合格证明或者进口凭证确定车辆类型的客货两用车，仍按照《中华人民共和国车船税暂行条例》的界定原则，按货车计征车船税。

三、计算车船税应纳税款应注意哪些要点？

根据实施条例第六条，车船税法及其实施条例涉及的整备质量、净吨位、艇身长度等计税单位应以车船登记管理部门核发的车船登记证书或者行驶证所载数据为准。为了统一各地计算口径，《公告》明确计税单位有尾数的一律按照含尾数的计税单位据实计算车船税，得出应纳税额小数点后超过两位的可四舍五入保留两位小数。

另外，乘用车车船税适用税额按照发动机气缸容量(排气量)来确定。由于机动车登记证书或者行驶证书的排气量以毫升为单位，根据实施条例第六条，《公告》明确乘用车确定税额区间以毫升数为准。

四、车船税因质量问题发生退货该如何计算应退还的税款？

已完税车船因质量问题办理退货，纳税人不再保有和使用该车船，纳税义务消失。由于车船税是按年申报缴纳，为了维护纳税人合法权益，《公告》规定纳税人可退还自退货月份起至该纳税年度终了期间的税款，退货月份以退货发票所载日期的当月为准。

五、《公告》为何强调扣缴义务人代收代缴后车辆登记地主管税务机关不再征收车船税的问题？

实施条例第十五条规定，扣缴义务人已代收代缴车船税的，纳税人不再向车辆登记地的主管税务机关申报缴纳车船税。为了严格贯彻落实车船税法及其实施条例，《公告》规定只要纳税人能够提供注明已收税款信息的“交强险”保险单，登记地主管税务机关就不应再次征收车船税，否则车辆登记地主管税务机关应予退还。

六、扣缴义务人代收代缴欠缴税款滞纳金如何确定起算时间？

车船税法第九条规定“具体申报纳税期限由省、自治区、直辖市人民政府规定”，考虑到各地对纳税期限规定各不相同,《公告》规定代收代缴欠缴税款滞纳金具体起算时间,按各省、自治区直辖市人民政府按规定的申报纳税期限截止日期的次日计算。

七、境内外租赁船舶应如何确定征税范围?

境内单位和个人租入的外国籍船舶不需要在船舶管理部门办理所有权登记和船舶国籍登记,财产权仍属于境外,不属于车船税征收范围。境内单位和个人出租到境外的船舶仍属我国船舶,仍需在我国船舶管理部门办理所有权登记和船舶国籍登记,应征收车船税。

第十二部分　中华人民共和国土地增值税法

中华人民共和国土地增值税暂行条例

国务院令第 138 号

第一条　为了规范土地、房地产市场交易秩序，合理调节土地增值收益，维护国家权益，制定本条例。

第二条　转让国有土地使用权、地上的建筑物及其附着物（以下简称转让房地产）并取得收入的单位和个人，为土地增值税的纳税义务人（以下简称纳税人），应当依照本条例缴纳土地增值税。

【注释】　相关规定包括：《国家税务总局关于未办理土地使用权证转让土地有关税收问题的批复》（国税函〔2007〕645 号）。

第三条　土地增值税按照纳税人转让房地产所取得的增值额和本条例第七条规定的税率计算征收。

第四条　纳税人转让房地产所取得的收入减除本条例第六条规定扣除项目金额后的余额，为增值额。

第五条　纳税人转让房地产所取得的收入，包括货币收入、实物收入和其他收入。

第六条　计算增值额的扣除项目：

（一）取得土地使用权所支付的金额；

（二）开发土地的成本、费用；

（三）新建房及配套设施的成本、费用，或者旧房及建筑物的评估价格；

（四）与转让房地产有关的税金；

（五）财政部规定的其他扣除项目。

第七条　土地增值税实行四级超率累进税率：

增值额未超过扣除项目金额 50%的部分，税率为 30%。

增值额超过扣除项目金额 50%、未超过扣除项目金额 100%的部分，税率为 40%。

增值额超过扣除项目金额 100%、未超过扣除项目金额 200%的部分，税率为 50%。

增值额超过扣除项目金额 200%的部分，税率为 60%。

第八条　有下列情形之一的，免征土地增值税：

（一）纳税人建造普通标准住宅出售，增值额未超过扣除项目金额 20%的；

（二）因国家建设需要依法征用、收回的房地产。

【注释】　相关规定包括：《财政部 国家税务总局关于土地增值税一些具体问题规定的通知》（财税〔1995〕48 号）、《财政部 国家税务总局关于调整房地产市场若干税收政策的通知》（财税〔1999〕210 号）、《财政部 国家税务总局关于土地增值税普通标准住宅有关政策的通知》（财税〔2006〕141 号）。

第九条　纳税人有下列情形之一的，按照房地产评估价格计算征收：

（一）隐瞒、虚报房地产成交价格的；

（二）提供扣除项目金额不实的；

（三）转让房地产的成交价格低于房地产评估价格，又无正当理由的。

【注释】　相关规定包括：《财政部 国家税务总局关于土地增值税一些具体问题规定的通知》（财税〔1995〕48 号）。

第十条　纳税人应当自转让房地产合同签订之日起七日内向房地产所在地主管税务机关办理纳税申报，并在税务机关核定的期限内缴纳土地增值税。

【注释】　相关规定包括：《财政部 国家税务总局关于土地增值税一些具体问题规定的通知》（财税〔1995〕48 号）。

第十一条　土地增值税由税务机关征收。土地管理部门、房产管理部门应当向税务机关提供有关资料，并协助税务机关依法征收土地增值税。

第十二条　纳税人未按照本条例缴纳土地增值税的，土地管理部门、房产管理部门不得办理有关的权属变更手续。

【注释】　相关规定包括：《财政部 国家税务总局关于土地增值税一些具体问题规定的通知》（财税〔1995〕48号）。

第十三条　土地增值税的征收管理，依据《中华人民共和国税收征收管理法》及本条例有关规定执行。

【注释】　相关规定包括：《财政部 国家税务总局国家国有资产管理局关于转让国有房地产征收土地增值税中有关房地产价格评估问题的通知》（财税〔1995〕61号）。

第十四条　本条例由财政部负责解释，实施细则由财政部制定。

第十五条　本条例自一九九四年一月一日起施行。各地区的土地增值费征收办法，与本条例相抵触的。

中华人民共和国土地增值税暂行条例实施细则

财法〔1995〕6号

第一条　根据《中华人民共和国土地增值税暂行条例》（以下简称条例）第十四条规定，制定本细则。

第二条　条例第二条所称的转让国有土地使用权、地上的建筑物及其附着物并取得收入，是指以出售或者其他方式有偿转让房地产的行为。不包括以继承、赠与方式无偿转让房地产的行为。

【注释】　相关规定包括：《财政部 国家税务总局关于土地增值税一些具体问题规定的通知》（财税〔1995〕48号）、《国家税务总局关于未办理土地使用权证转让土地有关税收问题的批复》（国税函〔2007〕645号）。

第三条　条例第二条所称的国有土地，是指按国家法律规定属于国家所有的土地。

第四条　条例第二条所称的地上的建筑物，是指建于土地上的一切建筑物，包括地上地下的各种附属设施。

条例第二条所称的附着物，是指附着于土地上的不能移动，一经移动即遭损坏的物品。

第五条　条例第二条所称的收入，包括转让房地产的全部价款及有关的经济收益。

第六条　条例第二条所称的单位，是指各类企业单位、事业单位、国家机关和社会团体及其他组织。

条例第二条所称个人，包括个体经营者。

第七条　条例第六条所列的计算增值额的扣除项目，具体为：

（一）取得土地使用权所支付的金额，是指纳税人为取得土地使用权所支付的地价款和按国家统一规定交纳的有关费用。

（二）开发土地和新建房及配套设施（以下简称房增开发）的成本，是指纳税人房地产开发项目实际发生的成本（以下简称房增开发成本），包括土地征用及拆迁补偿费、前期工程费、建筑安装工程费、基础设施费、公共配套设施费、开发间接费用。

土地征用及拆迁补偿费，包括土地征用费、耕地占用税、劳动力安置费及有关地上、地下附着物拆迁补偿的净支出、安置动迁用房支出等。

前期工程费，包括规划、设计、项目可行性研究和水文、地质、勘察、测绘、“三通一平”等支出。

建筑安装工程费，是指以出包方式支付给承包单位的建筑安装工程费，以自营方式发生的建筑安装工程费。

基础设施费，包括开发小区内道路、供水、供电、供气、排污、排洪、通讯、照明、环卫、绿化等工程发生的支出。

公共配套设施费，包括不能有偿转让的开发小区内公共配套设施发生的支出。

开发间接费用，是指直接组织、管理开发项目发生的费用，包括工资、职工福利费、折旧费、修理费、办公费、水电费、劳动保护费、周转房摊销等。

(三)开发土地和新建房及配套设施的费用(以下简称房地产开发费用),是指与房地产开发项目有关的销售费用、管理费用、财务费用。

财务费用中的利息支出,凡能够按转让房地产项目计算分摊并提供金融机构证明的,允许据实扣除,但最高不能超过按商业银行同类同期贷款利率计算的金额。其他房地产开发费用,按本条(一)、(二)项规定计算的金额之和的5%以内计算扣除。

凡不能按转让房地产项目计算分摊利息支出或不能提供金融机构证明的,房地产开发费用按本条(一)、(二)项规定计算的金额之和的10%以内计算扣除。

上述计算扣除的具体比例,由各省、自治区、直辖市人民政府规定。

(四)旧房及建筑物的评估价格,是指在转让已使用的房屋及建筑物时,由政府批准设立的房地产评估机构评定的重置成本价乘以成新度折扣率后的价格。评估价格须经当地税务机关确认。

(五)与转让房地产有关的税金,是指在转让房地产时缴纳的营业税、城市维护建设税、印花税。因转让房地产交纳的教育费附加,也可视同税金予以扣除。

(六)根据条例第六条(五)项规定,对从事房地产开发的纳税人可按本条(一)、(二)项规定计算的金额之和,加计20%的扣除。

【注释】 相关规定包括:《财政部 国家税务总局关于土地增值税一些具体问题规定的通知》(财税〔1995〕48号)。

第八条 土地增值税以纳税人房地产成本核算的最基本的核算项目或核算对象为单位计算。

第九条 纳税人成片受让土地使用权后,分期分批开发、转让房地产的,其扣除项目金额的确定,可按转让土地使用权的面积占总面积的比例计算分摊,或按建筑面积计算分摊,也可按税务机关确认的其他方式计算分摊。

第十条 条例第七条所列四级超率累进税率,每级"增值额未超过扣除项目金额"的比例,均包括本比例数。

计算土地增值税税额,可按增值额乘以适用的税率减去扣除项目金额乘以速算扣除系数的简便方法计算,具体公式如下:

(一)增值额未超过扣除项目金额50%

土地增值税税额=增值额×30%

(二)增值额超过扣除项目金额50%,未超过100%的

土地增值税税额=增值额×40%-扣除项目金额×5%

(三)增值额超过扣除项目金额100%,未超过200%的

土地增值税税额=增值额×50%-扣除项目金额×15%

(四)增值额超过扣除项目金额200%

土地增值税税额=增值额×60%-扣除项目金额×35%

公式中的5%,15%,35%为速算扣除系数。

第十一条 条例第八条(一)项所称的普通标准住宅,是指按所在地一般民用住宅标准建造的居住用住宅。高级公寓、别墅、度假村等不属于普通标准住宅。普通标准住宅与其他住宅的具体划分界限由各省、自治区、直辖市人民政府规定。

纳税人建造普通标准住宅出售,增值额未超过本细则第七条(一)、(二)、(三)、(五)、(六)项扣除项目金额之和20%的,免征土地增值税;增值额超过扣除项目金额之和20%的,应就其全部增值额按规定计税。

条例第八条(二)项所称的因国家建设需要依法征用、收回的房地产,是指因城市实施规划、国家建设的需要而被政府批准征用的房产或收回的土地使用权。

因城市实施规划、国家建设的需要而搬迁,由纳税人自行转让原房地产的,比照本规定免征土地增值税。

符合上述免税规定的单位和个人,须向房地产所在地税务机关提出免税申请,经税务机关审核后,免予征收土地增值税。

第十二条 个人因工作调动或改善居住条件而转让原自用住房,经向税务机关申报核准,凡居住满五年或五年以上的,免予征收土地增值税;居住满三年未满五年的,减半征收土地增值税。居住未满三年的,

按规定计征土地增值税。

第十三条　条例第九条所称的房地产评估价格，是指由政府批准设立的房地产评估机构根据相同地段、同类房地产进行综合评定的价格。评估价格须经当地税务机关确认。

第十四条　条例第九条(一)项所称的隐瞒、虚报房地产成交价格，是指纳税人不报或有意低报转让土地使用权、地上建筑物及其附着物价款的行为。

条例第九条(二)项所称的提供扣除项目金额不实的，是指纳税人在纳税申报时不据实提供扣除项目金额的行为。

条例第九条(三)项所称的转让房地产的成交价格低于房地产评估价格，又无正当理由，是指纳税人申报的转让房地产的实际成交价低于房地产评估机构评定的交易价，纳税人又不能提供凭据或无正当理由的行为。

隐瞒、虚报房地产成交价格，应由评估机构参照同类房地产的市场交易价格进行评估。税务机关根据评估价格确定转让房地产的收入。

提供扣除项目金额不实的，应由评估机构按照房屋重置成本价乘以成新度折扣率计算的房屋成本价和取得土地使用权时的基准地价进行评估。税务机关根据评估价格确定扣除项目金额。

转让房地产的成交价格低于房地产评估价格，又无正当理由的，由税务机关参照房地产评估价格确定转让房地产的收入。

第十五条　根据条例第十条的规定，纳税人应按照下列程序办理纳税手续：

(一)纳税人应在转让房地产合同签订后的七日内，到房地产所在地主管税务机关办理纳税申报，并向税务机关提交房屋及建筑物产权、土地使用权证书，土地转让、房产买卖合同，房地产评估报告及其他与转让房地产有关的资料。

纳税人因经常发生房地产转让而难以在每次转让后申报的，经税务机关审核同意后，可以定期进行纳税申报，具体期限由税务机关根据情况确定。

(二)纳税人按照税务机关核定的税额及规定的期限缴纳土地增值税。

【注释】　相关规定包括：《财政部 国家税务总局关于土地增值税一些具体问题规定的通知》(财税〔1995〕48号)。

第十六条　纳税人在项目全部竣工结算前转让房地产取得的收入，由于涉及成本确定或其他原因，而无法据以计算土地增值税的，可以预征土地增值税，待该项目全部竣工、办理结算后再进行清算，多退少补。具体办法由各省、自治区、直辖市地方税务局根据当地情况制定。

【注释】　相关规定包括：《国家税务总局关于房地产开发企业土地增值税清算管理有关问题的通知》(国税发〔2006〕187号)。

第十七条　条例第十条所称的房地产所在地，是指房地产的座落地。纳税人转让房地产座落在两个或两个以上地区的，应按房地产所在地分别申报纳税。

第十八条　条例第十一条所称的土地管理部门、房产管理部门应当向税务机关提供有关资料，是指向房地产所在地主管税务机关提供有关房屋及建筑物产权、土地使用权、土地出让金数额、土地基准地价、房地产市场交易价格及权属变更等方面的资料。

第十九条　纳税人未按规定提供房屋及建筑物产权、土地使用权证书，土地转让、房产买卖合同，房地产评估报告及其他与转让房地产有关资料的，按照《中华人民共和国税收征收管理法》(以下简称《征管法》)第三十九条的规定进行处理。

纳税人不如实申报房地产交易额及规定扣除项目金额造成少缴或未缴税款的，按照《征管法》第四十条的规定进行处理。

第二十条　土地增值税以人民币为计算单位。转让房地产所取得的收入为外国货币的，以取得收入当天或当月1日国家公布的市场汇价折合成人民币，据以计算应纳土地增值税税额。

【注释】　相关规定包括：《财政部 国家税务总局关于土地增值税一些具体问题规定的通知》(财税〔1995〕48号)。

第二十一条　条例第十五条所称的各地区的土地增值费征收办法是指与本条例规定的计征对象相同的土地增值费、土地收益金等征收办法。

第二十二条 本细则由财政部解释，或者由国家税务总局解释。

第二十三条 本细则自发布之日起施行。

第二十四条 1994 年 1 月 1 日至本细则发布之日期间的土地增值税参照本细则的规定计算征收。

财政部 国家税务总局关于土地增值税一些具体问题规定的通知

财税〔1995〕48 号

各省、自治区、直辖市、计划单列市财政厅(局)、国家税务局、地方税务局，扬州培训中心、长春税务学院：

按照《中华人民共和国土地增值税暂行条例》(以下简称条例)和《中华人民共和国土地增值税暂行条例实施细则》(以下简称细则)的规定，现对土地增值税一些具体问题规定如下：

一、关于以房地产进行投资、联营的征免税问题

对于以房地产进行投资、联营的，投资、联营的一方以土地(房地产)作价入股进行投资或作为联营条件，将房地产转让到所投资、联营的企业中时，暂免征收土地增值税。对投资、联营企业将上述房地产再转让的，应征收土地增值税。

二、关于合作建房的征免税问题

对于一方出地，一方出资金，双方合作建房，建成后按比例分房自用的，暂免征收土地增值税；建成后转让的，应征收土地增值税。

三、关于企业兼并转让房地产的征免税问题

在企业兼并中，对被兼并企业将房地产转让到兼并企业中的，暂免征收土地增值税。

四、关于细则中"赠与"所包括的范围问题

细则所称的"赠与"是指如下情况：

(一)房产所有人、土地使用权所有人将房屋产权、土地使用权赠与直系亲属或承担直接赡养义务人的。

(二)房产所有人、土地使用权所有人通过中国境内非营利的社会团体、国家机关将房屋产权、土地使用权赠与教育、民政和其他社会福利、公益事业的。

上述社会团体是指中国青少年发展基金会、希望工程基金会、宋庆龄基金会、减灾委员会、中国红十字会、中国残疾人联合会、全国老年基金会、老区促进会以及经民政部门批准成立的其他非营利的公益性组织。

五、关于个人互换住房的征免税问题

对个人之间互换自有居住用房地产的，经当地税务机关核实，可以免征土地增值税。

六、关于地方政府要求房地产开发企业代收的费用如何计征土地增值税的问题

对于县级及县级以上人民政府要求房地产开发企业在售房时代收的各项费用，如果代收费用是计入房价中向购买方一并收取的，可作为转让房地产所取得的收入计税；如果代收费用未计入房价中，而是在房价之外单独收取的，可以不作为转让房地产的收入。

对于代收费用作为转让收入计税的，在计算扣除项目金额时，可予以扣除，但不允许作为加计 20% 扣除的基数；对于代收费用未作为转让房地产的收入计税的，在计算增值额时不允许扣除代收费用。

七、关于新建房与旧房的界定问题

新建房是指建成后未使用的房产。凡是已使用一定时间或达到一定磨损程度的房产均属旧房。使用时间和磨损程度标准可由各省、自治区、直辖市财政厅(局)和地方税务局具体规定。

八、关于扣除项目金额中的利息支出如何计算问题

(一)利息的上浮幅度按国家的有关规定执行，超过上浮幅度的部分不允许扣除；

(二)对于超过贷款期限的利息部分和加罚的利息不允许扣除。

九、关于计算增值额时扣除已缴纳印花税的问题

细则中规定允许扣除的印花税，是指在转让房地产时缴纳的印花税。房地产开发企业按照《施工、房地产开发企业财务制度》的有关规定，其缴纳的印花税列入管理费用，已相应予以扣除。其他的土地增值税纳税义务人在计算土地增值税时允许扣除在转让时缴纳的印花税。

十、关于转让旧房如何确定扣除项目金额的问题

转让旧房的，应按房屋及建筑物的评估价格、取得土地使用权所支付的地价款和按国家统一规定交纳的有关费用以及在转让环节缴纳的税金作为扣除项目金额计征土地增值税。对取得土地使用权时未支付地价款或不能提供已支付的地价款凭据的，不允许扣除取得土地使用权所支付的金额。

十一、关于已缴纳的契税可否在计税时扣除的问题

对于个人购入房地产再转让的，其在购入时已缴纳的契税，在旧房及建筑物的评估价中已包括了此项因素，在计征土地增值税时，不另作为"与转让房地产有关的税金"予以扣除。

十二、关于评估费用可否在计算增值额时扣除的问题

纳税人转让旧房及建筑物时因计算纳税的需要而对房地产进行评估，其支付的评估费用允许在计算增值额时予以扣除。对条例第九条规定的纳税人隐瞒、虚报房地产成交价格等情形而按房地产评估价格计算征收土地增值税所发生的评估费用，不允许在计算土地增值税时予以扣除。

十三、关于既建普通标准住宅又搞其他类型房地产开发的如何计税的问题

对纳税人既建普通标准住宅又搞其他房地产开发的，应分别核算增值额。不分别核算增值额或不能准确核算增值额的，其建造的普通标准住宅不能适用条例第八条(一)项的免税规定。

十四、关于预售房地产所取得的收入是否申报纳税的问题

根据细则的规定，对纳税人在项目全部竣工结算前转让房地产取得的收入可以预征土地增值税。具体办法由各省、自治区、直辖市地方税务局根据当地情况制定。因此，对纳税人预售房地产所取得的收入，当地税务机关规定预征土地增值税的，纳税人应当到主管税务机关办理纳税申报，并按规定比例预交，待办理决算后，多退少补；当地税务机关规定不预征土地增值税的，也应在取得收入时先到税务机关登记或备案。

十五、关于分期收款的外币收入如何折合人民币的问题

对于取得的收入为外国货币的，依照细则规定，以取得收入当天或当月 1 日国家公布的市场汇价折合人民币，据以计算土地增值税税额。对于以分期收款形式取得的外币收入，也应按实际收款日或收款当月 1 日国家公布的市场汇价折合人民币。

十六、关于纳税期限的问题

根据条例第十条、第十二条和细则第十五条的规定，税务机关核定的纳税期限，应在纳税人签订房地产转让合同之后、办理房地产权属转让(即过户及登记)手续之前。

十七、关于财政部、国家税务总局《关于对 1994 年 1 月 1 日前签订开发及转让合同的房地产征免土地增值税的通知》(财法字〔1995〕7 号)适用范围的问题。

该通知规定的适用范围，限于房地产开发企业转让新建房地产的行为，非房地产开发企业或房地产开发企业转让存量房地产的，不适用此规定。

【注释】 对《土地增值税暂行条例》第 8、9、10、12 条进行了解释。对《土地增值税暂行条例实施细则》第 2、7、15、20 条进行了解释。

财政部 国家税务总局国家国有资产管理局关于转让国有房地产征收土地增值税中有关房地产价格评估问题的通知

财税〔1995〕61 号

为了加强土地增值税的征收管理，促进对国有房地产转让价格评估的管理，维护国有资产权益，现根据《中华人民共和国土地增值税暂行条例》(以下简称《条例》)及《中华人民共和国土地增值税暂行条例实施细则》(以下简称《细则》)和《国有资产评估管理办法》的有关规定，对国有房地产转让中有关价格评估等问题通知如下：

一、凡转让国有土地使用权、地上建筑物及其附属物(以下简称房地产)的纳税人,按照土地增值税的有关规定,需要根据房地产的评估价格计税的,可委托经政府批准设立,并按照《国有资产评估管理办法》规定的由省以上国有资产管理部门授予评估资格的资产评估事务所、会计师事务所等各类资产评估机构受理有关转让房地产的评估业务。

二、对于涉及土地增值税的国有房地产价格评估,各评估机构必须严格按照《条例》和《细则》中规定的方法进行应纳税房地产的价格评估。其评估结果经同级国有资产管理部门审核验证后作为房地产转让的底价,并按税务部门的要求按期报送房地产所在地主管税务机关,作为确认计税依据的参考。

房地产所在地主管税务机关要求从事房地产评估的资产评估机构提供与房地产评估有关的评估资料的,资产评估机构应无偿提供,不得以任何借口予以拒绝。

房地产所在地主管税务机关应根据《条例》和《细则》的有关规定,对应纳税房地产的评估结果进行严格审核及确认,对不符合实际情况的评估结果不予采用。

三、房地产评估机构在执业过程中必须遵守职业道德,坚持独立、客观、公正的原则,对评估结果的真实性、合理性负法律责任。任何房地产评估机构在房地产转让的评估过程中有隐瞒事实,提供虚假评估结果,或与有关当事人串通作弊等违法行为,一经发现坚决取消执业资格。

房地产评估机构因不向主管税务机关提供有关的、真实的房地产评估资料,或有意提供虚假评估结果,造成纳税人不缴或少缴土地增值税的,房地产评估机构应承担相应的法律和经济责任;对因上述行为而造成国家税收和国有资产严重流失的,要提请司法机关追究有关当事人的刑事责任。

四、各级财政、税务和国有资产管理部门要密切配合、相互协作,加强土地增值税的各项征收管理工作。为此,各有关部门应对各房地产评估机构进一步加强监督管理,使房地产评估为保证国家税收收入和维护国有资产权益发挥应有的作用。

【注释】 对《土地增值税暂行条例实施细则》第13条进行了解释。

财政部 国家税务总局关于调整房地产市场若干税收政策的通知

财税〔1999〕210号

各省、自治区、直辖市、计划单列市财政厅(局)、国家税务局、地方税务局、新疆生产建设兵团:

为了配合国家住房制度改革,有效启动房地产市场,积极培育新的经济增长点,经国务院批准,现对房地产市场有关税收政策问题通知如下:

一、关于营业税和契税的政策问题

为了切实减轻个人买卖普通住宅的税收负担,积极启动住房二级市场,对个人购买并居住超过一年的普通住宅,销售时免征营业税;个人购买并居住不足一年的普通住宅,销售时营业税按销售价减去购入原价后的差额计征;个人自建自用住房,销售时免征营业税;个人购买自用普通住宅,暂减半征收契税。

为了支持住房制度的改革,对企业、行政事业单位按房改成本价、标准价出售住房的收入,暂免征收营业税。

二、关于空置商品住房税收政策问题

(本条已经过期作废)

三、关于土地增值税征免政策问题

对居民个人拥有的普通住宅,在其转让时暂免征收土地增值税。

本通知自1999年8月1日起执行。部分地区在此之前越权自行制定的房地产市场税收政策,凡与本通知规定不符的一律改按本通知的规定执行。

【注释】 对《土地增值税暂行条例》第8条进行了解释。

财政部 国家税务总局关于土地增值税普通标准住宅有关政策的通知

财税〔2006〕141 号

各省、自治区、直辖市、计划单列市财政厅(局)、地方税务局,新疆生产建设兵团财务局:

为贯彻落实《国务院办公厅转发建设部等部门关于调整住房供应结构稳定住房价格意见的通知》(国办发〔2006〕37 号)精神,进一步促进调整住房供应结构,增加中小套型、中低价位普通商品住房供应,现将《中华人民共和国土地增值税暂行条例》第八条中"普通标准住宅"的认定问题通知如下:

"普通标准住宅"的认定,可在各省、自治区、直辖市人民政府根据《国务院办公厅转发建设部等部门关于做好稳定住房价格工作意见的通知》(国办发〔2005〕26 号)制定的"普通住房标准"的范围内从严掌握。

【注释】 对《土地增值税暂行条例》第 8 条进行了解释。

国家税务总局关于房地产开发企业土地增值税清算管理有关问题的通知

国税发〔2006〕187 号

各省、自治区、直辖市和计划单列市地方税务局,西藏、宁夏自治区国家税务局:

为进一步加强房地产开发企业土地增值税清算管理工作,根据《中华人民共和国税收征收管理法》、《中华人民共和国土地增值税暂行条例》及有关规定,现就有关问题通知如下:

一、土地增值税的清算单位

土地增值税以国家有关部门审批的房地产开发项目为单位进行清算,对于分期开发的项目,以分期项目为单位清算。

开发项目中同时包含普通住宅和非普通住宅的,应分别计算增值额。

二、土地增值税的清算条件

(一)符合下列情形之一的,纳税人应进行土地增值税的清算:

1. 房地产开发项目全部竣工、完成销售的;

2. 整体转让未竣工决算房地产开发项目的;

3. 直接转让土地使用权的。

(二)符合下列情形之一的,主管税务机关可要求纳税人进行土地增值税清算:

1. 已竣工验收的房地产开发项目,已转让的房地产建筑面积占整个项目可售建筑面积的比例在 85% 以上,或该比例虽未超过 85%,但剩余的可售建筑面积已经出租或自用的;

2. 取得销售(预售)许可证满三年仍未销售完毕的;

3. 纳税人申请注销税务登记但未办理土地增值税清算手续的;

4. 省税务机关规定的其他情况。

三、非直接销售和自用房地产的收入确定

(一)房地产开发企业将开发产品用于职工福利、奖励、对外投资、分配给股东或投资人、抵偿债务、换取其他单位和个人的非货币性资产等,发生所有权转移时应视同销售房地产,其收入按下列方法和顺序确认:

1. 按本企业在同一地区、同一年度销售的同类房地产的平均价格确定;

2. 由主管税务机关参照当地当年、同类房地产的市场价格或评估价值确定。

(二)房地产开发企业将开发的部分房地产转为企业自用或用于出租等商业用途时,如果产权未发生转移，不征收土地增值税，在税款清算时不列收入，不扣除相应的成本和费用。

四、土地增值税的扣除项目

（一）房地产开发企业办理土地增值税清算时计算与清算项目有关的扣除项目金额，应根据土地增值税暂行条例第六条及其实施细则第七条的规定执行。除另有规定外，扣除取得土地使用权所支付的金额、房地产开发成本、费用及与转让房地产有关税金，须提供合法有效凭证；不能提供合法有效凭证的，不予扣除。

（二）房地产开发企业办理土地增值税清算所附送的前期工程费、建筑安装工程费、基础设施费、开发间接费用的凭证或资料不符合清算要求或不实的，地方税务机关可参照当地建设工程造价管理部门公布的建安造价定额资料，结合房屋结构、用途、区位等因素，核定上述四项开发成本的单位面积金额标准，并据以计算扣除。具体核定方法由省税务机关确定。

（三）房地产开发企业开发建造的与清算项目配套的居委会和派出所用房、会所、停车场（库）、物业管理场所、变电站、热力站、水厂、文体场馆、学校、幼儿园、托儿所、医院、邮电通讯等公共设施，按以下原则处理：

1．建成后产权属于全体业主所有的，其成本、费用可以扣除；

2．建成后无偿移交给政府、公用事业单位用于非营利性社会公共事业的，其成本、费用可以扣除；

3．建成后有偿转让的，应计算收入，并准予扣除成本、费用。

（四）房地产开发企业销售已装修的房屋，其装修费用可以计入房地产开发成本。

房地产开发企业的预提费用，除另有规定外，不得扣除。

（五）属于多个房地产项目共同的成本费用，应按清算项目可售建筑面积占多个项目可售总建筑面积的比例或其他合理的方法，计算确定清算项目的扣除金额。

五、土地增值税清算应报送的资料

符合本通知第二条第（一）项规定的纳税人，须在满足清算条件之日起90日内到主管税务机关办理清算手续；符合本通知第二条第（二）项规定的纳税人，须在主管税务机关限定的期限内办理清算手续。

纳税人办理土地增值税清算应报送以下资料：

（一）房地产开发企业清算土地增值税书面申请、土地增值税纳税申报表；

（二）项目竣工决算报表、取得土地使用权所支付的地价款凭证、国有土地使用权出让合同、银行贷款利息结算通知单、项目工程合同结算单、商品房购销合同统计表等与转让房地产的收入、成本和费用有关的证明资料；

（三）主管税务机关要求报送的其他与土地增值税清算有关的证明资料等。

纳税人委托税务中介机构审核鉴证的清算项目，还应报送中介机构出具的《土地增值税清算税款鉴证报告》。

六、土地增值税清算项目的审核鉴证

税务中介机构受托对清算项目审核鉴证时，应按税务机关规定的格式对审核鉴证情况出具鉴证报告。对符合要求的鉴证报告，税务机关可以采信。

税务机关要对从事土地增值税清算鉴证工作的税务中介机构在准入条件、工作程序、鉴证内容、法律责任等方面提出明确要求，并做好必要的指导和管理工作。

七、土地增值税的核定征收

房地产开发企业有下列情形之一的，税务机关可以参照与其开发规模和收入水平相近的当地企业的土地增值税税负情况，按不低于预征率的征收率核定征收土地增值税：

（一）依照法律、行政法规的规定应当设置但未设置账簿的；

（二）擅自销毁账簿或者拒不提供纳税资料的；

（三）虽设置账簿，但账目混乱或者成本资料、收入凭证、费用凭证残缺不全，难以确定转让收入或扣除项目金额的；

（四）符合土地增值税清算条件，未按照规定的期限办理清算手续，经税务机关责令限期清算，逾期仍不清算的；

（五）申报的计税依据明显偏低，又无正当理由的。

八、清算后再转让房地产的处理

在土地增值税清算时未转让的房地产，清算后销售或有偿转让的，纳税人应按规定进行土地增值税的纳税申报，扣除项目金额按清算时的单位建筑面积成本费用乘以销售或转让面积计算。

单位建筑面积成本费用＝清算时的扣除项目总金额÷清算的总建筑面积

本通知自 2007 年 2 月 1 日起执行。各省税务机关可依据本通知的规定并结合当地实际情况制定具体清算管理办法。

【注释】 对《土地增值税暂行条例实施细则》第 16 条进行了解释。

国家税务总局关于未办理土地使用权证转让土地有关税收问题的批复

国税函〔2007〕645 号

四川省地方税务局：

你局《关于未办理土地使用权证而转让土地有关税收问题的请示》（川地税发〔2007〕7 号）收悉，批复如下：

土地使用者转让、抵押或置换土地，无论其是否取得了该土地的使用权属证书，无论其在转让、抵押或置换土地过程中是否与对方当事人办理了土地使用权属证书变更登记手续，只要土地使用者享有占有、使用、收益或处分该土地的权利，且有合同等证据表明其实质转让、抵押或置换了土地并取得了相应的经济利益，土地使用者及其对方当事人应当依照税法规定缴纳营业税、土地增值税和契税等相关税收。

【注释】 对《土地增值税暂行条例》第 2 条进行了解释。对《土地增值税暂行条例实施细则》第 2 条进行了解释。

关于调整房地产交易环节税收政策的通知

财税〔2008〕137 号

各省、自治区、直辖市、计划单列市财政厅（局）、地方税务局，新疆生产建设兵团财务局：

为适当减轻个人住房交易的税收负担，支持居民首次购买普通住房，经国务院批准，现就房地产交易环节有关税收政策问题通知如下：

一、对个人首次购买 90 平方米及以下普通住房的，契税税率暂统一下调到 1%。首次购房证明由住房所在地县（区）住房建设主管部门出具。

二、对个人销售或购买住房暂免征收印花税。

三、对个人销售住房暂免征收土地增值税。

本通知自 2008 年 11 月 1 日起实施。

国家税务总局关于土地增值税清算有关问题的通知

国税函〔2010〕220 号

各省、自治区、直辖市地方税务局，宁夏、西藏、青海省（自治区）国家税务局：

为了进一步做好土地增值税清算工作，根据《中华人民共和国土地增值税暂行条例》及实施细则的规定，现将土地增值税清算工作中有关问题通知如下：

一、关于土地增值税清算时收入确认的问题

土地增值税清算时，已全额开具商品房销售发票的，按照发票所载金额确认收入；未开具发票或未全额开具发票的，以交易双方签订的销售合同所载的售房金额及其他收益确认收入。销售合同所载商品房面积与有关部门实际测量面积不一致，在清算前已发生补、退房款的，应在计算土地增值税时予以调整。

二、房地产开发企业未支付的质量保证金，其扣除项目金额的确定问题

房地产开发企业在工程竣工验收后，根据合同约定，扣留建筑安装施工企业一定比例的工程款，作为开发项目的质量保证金，在计算土地增值税时，建筑安装施工企业就质量保证金对房地产开发企业开具发票的，按发票所载金额予以扣除；未开具发票的，扣留的质保金不得计算扣除。

三、房地产开发费用的扣除问题

（一）财务费用中的利息支出，凡能够按转让房地产项目计算分摊并提供金融机构证明的，允许据实扣除，但最高不能超过按商业银行同类同期贷款利率计算的金额。其他房地产开发费用，在按照"取得土地使用权所支付的金额"与"房地产开发成本"金额之和的5%以内计算扣除。

（二）凡不能按转让房地产项目计算分摊利息支出或不能提供金融机构证明的，房地产开发费用在按"取得土地使用权所支付的金额"与"房地产开发成本"金额之和的10%以内计算扣除。

全部使用自有资金，没有利息支出的，按照以上方法扣除。

上述具体适用的比例按省级人民政府此前规定的比例执行。

（三）房地产开发企业既向金融机构借款，又有其他借款的，其房地产开发费用计算扣除时不能同时适用本条（一）、（二）项所述两种办法。

（四）土地增值税清算时，已经计入房地产开发成本的利息支出，应调整至财务费用中计算扣除。

四、房地产企业逾期开发缴纳的土地闲置费的扣除问题

房地产开发企业逾期开发缴纳的土地闲置费不得扣除。

五、房地产开发企业取得土地使用权时支付的契税的扣除问题

房地产开发企业为取得土地使用权所支付的契税，应视同"按国家统一规定交纳的有关费用"，计入"取得土地使用权所支付的金额"中扣除。

六、关于拆迁安置土地增值税计算问题

（一）房地产企业用建造的本项目房地产安置回迁户的，安置用房视同销售处理，按《国家税务总局关于房地产开发企业土地增值税清算管理有关问题的通知》（国税发〔2006〕187号）第三条第（一）款规定确认收入，同时将此确认为房地产开发项目的拆迁补偿费。房地产开发企业支付给回迁户的补差价款，计入拆迁补偿费；回迁户支付给房地产开发企业的补差价款，应抵减本项目拆迁补偿费。

（二）开发企业采取异地安置，异地安置的房屋属于自行开发建造的，房屋价值按国税发〔2006〕187号第三条第（一）款的规定计算，计入本项目的拆迁补偿费；异地安置的房屋属于购入的，以实际支付的购房支出计入拆迁补偿费。

（三）货币安置拆迁的，房地产开发企业凭合法有效凭据计入拆迁补偿费。

七、关于转让旧房准予扣除项目的加计问题

《财政部 国家税务总局关于土地增值税若干问题的通知》（财税〔2006〕21号）第二条第一款规定"纳税人转让旧房及建筑物，凡不能取得评估价格，但能提供购房发票的，经当地税务部门确认，《条例》第六条第（一）、（三）项规定的扣除项目的金额，可按发票所载金额并从购买年度起至转让年度止每年加计5%计算"。计算扣除项目时"每年"按购房发票所载日期起至售房发票开具之日止，每满12个月计一年；超过一年，未满12个月但超过6个月的，可以视同为一年。

八、土地增值税清算后应补缴的土地增值税加收滞纳金问题

纳税人按规定预缴土地增值税后，清算补缴的土地增值税，在主管税务机关规定的期限内补缴的，不加收滞纳金。

财政部 国家税务总局关于支持公共租赁住房建设和运营有关税收优惠政策的通知

财税〔2010〕88号

各省、自治区、直辖市、计划单列市财政厅(局)、地方税务局,西藏、宁夏、青海省(自治区)国家税务局,新疆生产建设兵团财务局:

根据国务院办公厅《关于促进房地产市场平稳健康发展的通知》(国办发〔2010〕4号)、《国务院关于坚决遏制部分城市房价过快上涨的通知》(国发〔2010〕10号)和住房城乡建设部等七部门《关于加快发展公共租赁住房的指导意见》(建保〔2010〕87号)精神,现对公共租赁住房(以下简称公租房)建设和运营有关税收政策通知如下:

一、对公租房建设期间用地及公租房建成后占地免征城镇土地使用税。在其他住房项目中配套建设公租房,依据政府部门出具的相关材料,可按公租房建筑面积占总建筑面积的比例免征建造、管理公租房涉及的城镇土地使用税。

二、对公租房经营管理单位建造公租房涉及的印花税予以免征。在其他住房项目中配套建设公租房,依据政府部门出具的相关材料,可按公租房建筑面积占总建筑面积的比例免征建造、管理公租房涉及的印花税。

三、对公租房经营管理单位购买住房作为公租房,免征契税、印花税;对公租房租赁双方签订租赁协议涉及的印花税予以免征。

四、对企事业单位、社会团体以及其他组织转让旧房作为公租房房源,且增值额未超过扣除项目金额20%的,免征土地增值税。

五、企事业单位、社会团体以及其他组织捐赠住房作为公租房,符合税收法律法规规定的,捐赠支出在年度利润总额12%以内的部分,准予在计算应纳税所得额时扣除。

六、对经营公租房所取得的租金收入,免征营业税、房产税。公租房租金收入与其他住房经营收入应单独核算,未单独核算的,不得享受免征营业税、房产税优惠政策。

七、享受上述税收优惠政策的公租房是指纳入省、自治区、直辖市、计划单列市人民政府及新疆生产建设兵团批准的公租房发展规划和年度计划,以及按照建保〔2010〕87号文件和市、县人民政府制定的具体管理办法进行管理的公租房。不同时符合上述条件的公租房不得享受上述税收优惠政策。

八、上述政策自发文之日起执行,执行期限暂定三年,政策到期后将根据公租房建设和运营情况对有关内容加以完善。

国家税务总局关于进一步做好土地增值税征管工作的通知

税总发〔2013〕67

各省、自治区、直辖市和计划单列市地方税务局:

近年来,不少地区采取措施加强土地增值税征管工作,取得了一定成效,但从总体看,土地增值税征收管理工作仍需进一步规范,特别是在土地增值税清算工作、严格审核扣除项目、减少核定征收项目等方面还需要进一步加强管理。为进一步加强土地增值税征收管理,经研究,现提出以下要求:

一、提高认识,加强组织领导。

土地增值税是房地产宏观调控的重要措施,做好土地增值税征管和清算工作是贯彻依法治税要求的重要体现,各地要充分认识加强土地增值税征管工作的意义,加强组织领导,按照深化征管改革的总体要求,全面加强土地增值税征管。

各地方税务局主要领导要高度重视土地增值税工作，把此项工作列入议事日程和绩效考核内容；分管局领导要亲自抓，把土地增值税征管作为财产行为税征管的重点，切实抓紧抓好；分管处室要认真总结近年来土地增值税征管工作经验，分析存在问题，提出本地区加强征管行之有效的办法；主管税务机关要加强房地产开发项目的全流程监管，形成动态监控机制，把预征、清算和清算后管理的各项工作做扎实；房地产税收专业管理局要充分发挥专业化管理的优势，通过相关税种联动、多税种间信息比对，强化土地增值税监管，集中力量做好清算工作。

二、深入工作，着力抓好土地增值税清算。

土地增值税征管是系统性工作，各环节紧密联系，预征是土地增值税工作的基础，清算是落实土地增值税功能的关键，对房地产开发项目的全流程监管是夯实税源的保障。2013 年要着力抓好清算这一关键环节。一是要加强纳税服务和税收宣传，把清算的相关政策和规定宣传好、解读好，让纳税人熟悉政策，在达到清算条件后能够自行做好清算申报，使清算申报做到全覆盖、无死角。二是要对近几年积压未清算的项目进行全面清理，制定工作计划，督促企业限期自行清算，对拒不清算的要严肃处理。三是要严格执行核定征收规定，不得擅自扩大核定征收的范围，对不符合核定征收条件的，坚决不得核定征收，对符合条件、确需核定的，要根据实际情况从严确定核定征收率，不搞一刀切。四是清算审核时要严格依照政策和规定执行，不得擅自扩大扣除项目范围。

三、狠抓落实，强化督导检查。

要把督导检查作为强化土地增值税征管工作的抓手，狠抓落实，对照要求、认真部署、细化方案、层层督导，确保将加强土地增值税征管工作的各项要求落到实处。税务总局在已经对 15 个省市进行督导的基础上，2013 年 7 月起还将对辽宁、黑龙江、河北、天津、四川、重庆等省市进行督导(工作方案另行下发)。

请各地于 8 月底前将 2013 年土地增值税征管工作情况、清算进度和下阶段清算安排报送国家税务总局(财产行为税司)。

特此通知。

第十三部分 中华人民共和国城镇土地使用税法

中华人民共和国城镇土地使用税暂行条例

（1988 年 9 月 27 日中华人民共和国国务院令第 17 号发布根据 2006 年 12 月 31 日《国务院关于修改〈中华人民共和国城镇土地使用税暂行条例〉的决定》修订）

第一条 为了合理利用城镇土地，调节土地级差收入，提高土地使用效益，加强土地管理，制定本条例。

第二条 在城市、县城、建制镇、工矿区范围内使用土地的单位和个人，为城镇土地使用税（以下简称土地使用税）的纳税人，应当依照本条例的规定缴纳土地使用税。

前款所称单位，包括国有企业、集体企业、私营企业、股份制企业、外商投资企业、外国企业以及其他企业和事业单位、社会团体、国家机关、军队以及其他单位；所称个人，包括个体工商户以及其他个人。

【注释】 相关规定包括：《关于土地使用税若干具体问题的解释和暂行规定》（国税地〔1988〕15 号）、《关于土地使用税若干具体问题的补充规定》（国税地〔1989〕140 号）、《国家税务局关于林业系统征免土地使用税问题的通知》（国税函发〔1991〕1404 号）、《国家税务局关于受让土地使用权者应征收土地使用税问题的批复》（国税函发〔1993〕501 号）、《国家税务总局关于城市维护建设税等地方税有关问题的通知》（国税发〔1994〕35 号）、《国家税务总局关于对已缴纳土地使用金的土地使用者应征收城镇土地使用税的批复》（国税函发〔1998〕669 号）、《财政部 国家税务总局关于非营利性科研机构税收政策的通知》（财税〔2001〕5 号）、《财政部 国家税务总局关于调整铁路系统房产税城镇土地使用税政策的通知》（财税〔2003〕149 号）、《财政部 国家税务总局关于集体土地城镇土地使用税有关政策的通知》（财税〔2006〕56 号）、《国家税务总局关于外商投资企业和外国企业征收城镇土地使用税问题的批复》（国税函〔2007〕596 号）。

第三条 土地使用税以纳税人实际占用的土地面积为计税依据，依照规定税额计算征收。

前款土地占用面积的组织测量工作，由省、自治区、直辖市人民政府根据实际情况确定。

【注释】 相关规定包括：《关于土地使用税若干具体问题的解释和暂行规定》（国税地〔1988〕15 号）。

第四条 土地使用税每平方米年税额如下：

（一）大城市 1.5 元至 30 元；

（二）中等城市 1.2 元至 24 元；

（三）小城市 0.9 元至 18 元；

（四）县城、建制镇、工矿区 0.6 元至 12 元。

【注释】 相关规定包括：《关于土地使用税若干具体问题的解释和暂行规定》（国税地〔1988〕15 号）。

第五条 省、自治区、直辖市人民政府，应当在本条例第四条规定的税额幅度内，根据市政建设状况、经济繁荣程度等条件，确定所辖地区的适用税额幅度。

市、县人民政府应当根据实际情况，将本地区土地划分为若干等级，在省、自治区、直辖市人民政府确定的税额幅度内，制定相应的适用税额标准，报省、自治区、直辖市人民政府批准执行。

经省、自治区、直辖市人民政府批准，经济落后地区土地使用税的适用税额标准可以适当降低，但降低额不得超过本条例第四条规定最低税额的 30%。经济发达地区土地使用税的适用税额标准可以适当提高，但须报经财政部批准。

【注释】 相关规定包括：《关于土地使用税若干具体问题的解释和暂行规定》（国税地〔1988〕15 号）。

第六条 下列土地免缴土地使用税：

（一）国家机关、人民团体、军队自用的土地；

（二）由国家财政部门拨付事业经费的单位自用的土地；

（三）宗教寺庙、公园、名胜古迹自用的土地；

（四）市政街道、广场、绿化地带等公共用地；

（五）直接用于农、林、牧、渔业的生产用地；

（六）经批准开山填海整治的土地和改造的废弃土地，从使用的月份起免缴土地使用税5年至10年；

（七）由财政部另行规定免税的能源、交通、水利设施用地和其他用地。

【注释】 相关规定包括：《关于土地使用税若干具体问题的解释和暂行规定》（国税地〔1988〕15号）、《国家税务局对"关于《中华人民共和国城镇土地使用税暂行条例》第六条中'宗教寺庙'适用范围的请示"的复函》（国税地〔1988〕20号）、《国家税务局对《关于高校征免房产税、土地使用税的请示》的批复》（国税地便〔1989〕8号）、《国家税务局关于对司法部所属的劳改劳教单位征免土地使用税问题的规定》（国税地〔1989〕119号）、《国家税务局关于对矿山企业征免土地使用税问题的通知》（国税地〔1989〕122号）、《国家税务局关于对交通部门的港口用地征免土地使用税问题的规定》（国税地〔1989〕123号）、《关于土地使用税若干具体问题的补充规定》（国税地〔1989〕140号）、《国家税务局关于对盐场、盐矿征免城镇土地使用税问题的通知》（国税地〔1989〕141号）、《国家税务局关于林业系统征免土地使用税问题的通知》（国税函发〔1991〕1404号）、《财政部 国家税务总局关于血站有关税收问题的通知》（财税〔1999〕264号）、《国家税务总局关于中国人民银行总行所属分支机构免征房产税城镇土地使用税的通知》（国税函〔2001〕770号）。

第七条 除本条例第六条规定外，纳税人缴纳土地使用税确有困难需要定期减免的，由省、自治区、直辖市税务机关审核后，报国家税务局批准。

【注释】 相关规定包括：《国家税务局关于对经贸仓库免缴土地使用税问题的复函》（国税地〔1988〕32号）、《国家税务局关于电力行业征免土地使用税问题的规定》（国税地〔1989〕13号）、《国家税务局关于对民航机场用地征免土地使用税问题的规定》（国税地〔1989〕32号）、《国家税务局对〈关于中、小学校办企业征免房产税、土地使用税问题的请示〉的批复》（国税地〔1989〕81号）、《国家税务局关于对中国石油天然气总公司所属单位用地征免土地使用税问题的规定》（国税地〔1989〕88号）、《国家税务局关于对中国海洋石油总公司及其所属公司用地征免土地使用税问题的规定》（国税油发〔1990〕3号）、《国家税务局关于建材企业的采石场、排土场等用地征免土地使用税问题的批复》（国税函发〔1990〕853号）、《国家税务局关于工会服务型事业单位免征房产税、车船使用税、土地使用税问题的复函》（国税函发〔1992〕1440号）、《财政部 国家税务总局关于医疗卫生机构有关税收政策的通知》（财税〔2000〕42号）、《财政部 国家税务总局关于对老年服务机构有关税收政策问题的通知》（财税〔2000〕97号）、《国家税务总局关于房产税城镇土地使用税有关政策规定的通知》（国税发〔2003〕89号）、《财政部 国家税务总局关于教育税收政策的通知》（财税〔2004〕39号）、《财政部 国家税务总局关于明确免征房产税城镇土地使用税的铁路运输企业范围及有关问题的通知》（财税〔2004〕36号）、《国家税务总局关于供热企业缴纳房产税和城镇土地使用税问题的批复》（国税函〔2005〕60号）、《财政部 国家税务总局关于明确免征房产税城镇土地使用税的铁路运输企业范围的补充通知》（财税〔2006〕17号）、《财政部 国家税务总局关于煤炭企业未利用塌陷地城镇土地使用税政策的通知》（财税〔2006〕74号）、《财政部 国家税务总局关于房产税城镇土地使用税有关政策的通知》（财税〔2006〕186号）、《财政部 国家税务总局关于核电站用地征免城镇土地使用税的通知》（财税〔2007〕124号）。

第八条 土地使用税按年计算、分期缴纳。缴纳期限由省、自治区、直辖市人民政府确定。

第九条 新征用的土地，依照下列规定缴纳土地使用税：

（一）征用的耕地，自批准征用之日起满1年时开始缴纳土地使用税；

（二）征用的非耕地，自批准征用次月起缴纳土地使用税。

第十条 土地使用税由土地所在地的税务机关征收。土地管理机关应当向土地所在地的税务机关提供土地使用权属资料。

【注释】 相关规定包括：《关于土地使用税若干具体问题的解释和暂行规定》（国税地〔1988〕15号）。

第十一条 土地使用税的征收管理，依照《中华人民共和国税收征收管理法》及本条例的规定执行。

第十二条 土地使用税收入纳入财政预算管理。

第十三条 本条例的实施办法由省、自治区、直辖市人民政府制定。

第十四条　本条例自 1988 年 11 月 1 日起施行，各地制定的土地使用费办法同时停止执行。

关于土地使用税若干具体问题的解释和暂行规定

国税地〔1988〕15 号

一、关于城市、县城、建制镇、工矿区范围内土地的解释

城市、县城、建制镇、工矿区范围内土地，是指在这些区域范围内属于国家所有和集体所有的土地。

二、关于城市、县城、建制镇、工矿区的解释

城市是指经国务院批准设立的市。

县城是指县人民政府所在地。

建制镇是指经省、自治区、直辖市人民政府批准设立的建制镇。

工矿区是指工商业比较发达，人口比较集中，符合国务院规定的建制镇标准，但尚未设立镇建制的大中型工矿企业所在地。工矿区须经省、自治区、直辖市人民政府批准。

三、关于征税范围的解释

城市的征税范围为市区和郊区。

县城的征税范围为县人民政府所在的城镇。

建制镇的征税范围为镇人民政府所在地。

城市、县城、建制镇、工矿区的具体征税范围，由各省、自治区、直辖市人民政府划定。

四、关于纳税人的确定

土地使用税由拥有土地使用权的单位或个人缴纳。拥有土地使用权的纳税人不在土地所在地的，由代管人或实际使用人纳税；土地使用权未确定或权属纠纷未解决的，由实际使用人纳税；土地使用权共有的，由共有各方分别纳税。

五、关于土地使用权共有的，如何计算缴纳土地使用税

土地使用权共有的各方，应按其实际使用的土地面积占总面积的比例，分别计算缴纳土地使用税。

六、关于纳税人实际占用的土地面积的确定

纳税人实际占用的土地面积，是指由省、自治区、直辖市人民政府确定的单位组织测定的土地面积。尚未组织测量，但纳税人持有政府部门核发的土地使用证书的，以证书确认的土地面积为准；尚未核发土地使用证书的，应由纳税人据实申报土地面积。

七、关于大中小城市的解释

大、中、小城市以公安部门登记在册的非农业正式户口人数为依据，按照国务院颁布的《城市规划条例》中规定的标准划分。现行的划分标准是：市区及郊区非农业人口总计在 50 万以上的，为大城市；市区及郊区非农业人口总计在 20 万至 50 万的，为中等城市；市区及郊区非农业人口总计在 20 万以下的，为小城市。

八、关于人民团体的解释

人民团体是指经国务院授权的政府部门批准设立或登记备案并由国家拨付行政事业费的各种社会团体。

九、关于由国家财政部门拨付事业经费的单位的解释

由国家财政部门拨付事业经费的单位，是指由国家财政部门拨付经费、实行全额预算管理或差额预算管理的事业单位。不包括实行自收自支、自负盈亏的事业单位。

十、关于免税单位自用土地的解释

国家机关、人民团体、军队自用的土地，是指这些单位本身的办公用地和公务用地。

事业单位自用的土地，是指这些单位本身的业务用地。

宗教寺庙自用的土地，是指举行宗教仪式等的用地和寺庙内的宗教人员生活用地。

公园、名胜古迹自用的土地，是指供公共参观游览的用地及其管理单位的办公用地。

以上单位的生产、营业用地和其他用地，不属于免税范围，应按规定缴纳土地使用税。

十一、关于直接用于农、林、牧、渔业的生产用地的解释

直接用于农、林、牧、渔业的生产用地，是指直接从事于种植、养殖、饲养的专业用地，不包括农副产品加工场地和生活、办公用地。

十二、关于征用的耕地与非耕地的确定

征用的耕地与非耕地，以土地管理机关批准征地的文件为依据确定。

十三、关于开山填海整治的土地和改造的废弃土地及其免税期限的确定

开山填海整治的土地和改造的废弃土地，以土地管理机关出具的证明文件为依据确定；具体免税期限由各省、自治区、直辖市税务局在土地使用税暂行条例规定的期限内自行确定。

十四、关于纳税人使用的土地不属于同一省(自治区、直辖市)管辖范围的，如何确定纳税地点

纳税人使用的土地不属于同一省(自治区、直辖市)管辖范围的，应由纳税人分别向土地所在地的税务机关缴纳土地使用税。

在同一省(自治区、直辖市)管辖范围内，纳税人跨地区使用的土地，如何确定纳税地点，由各省、自治区、直辖市税务局确定。

十五、关于公园、名胜古迹中附设的营业单位使用的土地，应否征收土地使用税

公园、名胜古迹中附设的营业单位，如影剧院、饮食部、茶社、照相馆等使用的土地，应征收土地使用税。

十六、关于对房管部门经租的公房用地，如何征收土地使用税

房管部门经租的公房用地，凡土地使用权属于房管部门的，由房管部门缴纳土地使用税。

十七、关于企业办的学校、医院、托儿所、幼儿园自用的土地，可否免征土地使用税

企业办的学校、医院、托儿所、幼儿园，其用地能与企业其他用地明确区分的，可以比照由国家财政部门拨付事业经费的单位自用的土地，免征土地使用税。

十八、下列土地的征免税，由省、自治区、直辖市税务局确定：

1. 个人所有的居住房屋及院落用地；

2. 房产管理部门在房租调整改革前经租的居民住房用地；

3. 免税单位职工家属的宿舍用地；

4. 民政部门举办的安置残疾人占一定比例的福利工厂用地；

5. 集体和个人办的各类学校、医院、托儿所、幼儿园用地。

【注释】 对《城镇土地使用税》第2、3、4、5、6、7、10条进行了解释。

国家税务局对“关于《中华人民共和国城镇土地使用税暂行条例》第六条中‘宗教寺庙’适用范围的请示”的复函

国税地〔1988〕20号

国务院宗教事务管理局：

你局(88)宗发字386号文收悉。现答复如下：

关于《中华人民共和国城镇土地使用税暂行条例》第六条中的宗教寺庙自用的土地，我局已在(88)国税地字第015号《关于土地使用税若干具体问题的解释和暂行规定》中作了解释，即“宗教寺庙自用的土地，是指举行宗教仪式等的用地和寺庙内的宗教人员生活用地。”这里的“宗教寺庙”包括寺、庙、宫、观、教堂等各种宗教活动场所。

【注释】 对《城镇土地使用税》第6条进行了解释。

国家税务局关于对经贸仓库免缴土地使用税问题的复函

国税地〔1988〕32号

对外经济贸易部：

你部(88)外经贸输字第1604/0756号《关于经贸仓库免缴土地使用税的函》收悉。关于要求免征经贸部所属经贸仓库、冷库土地使用税的问题，经研究，函复如下：

国家决定开征土地使用税，目的是为了调节土地的级差收益，促进节约用地，增加财政收入，平衡财政预算。根据《中华人民共和国城镇土地使用税暂行条例》的规定，经贸仓库、冷库均属于征税范围，因此不宜一律免征土地使用税。对纳税确有困难的企业，可根据暂行条例第七条的规定，向企业所在地的税务机关提出减免税申请，由省、自治区、直辖市税务机关审核后，报国家税务局批准，才可享受减免土地使用税的照顾。

【注释】 对《城镇土地使用税》第7条进行了解释。

国家税务局关于电力行业征免土地使用税问题的规定

国税地〔1989〕13号

为了便于各地贯彻土地使用税暂行条例，现将电力行业征免土地使用税问题，明确如下：

一、对火电厂厂区围墙内的用地，均应照章征收土地使用税。对厂区围墙外的灰场、输灰管、输油(气)管道、铁路专用线用地，免征土地使用税；厂区围墙外的其他用地，应照章征税。

二、对水电站的发电厂房用地(包括坝内、坝外式厂房)，生产、办公、生活用地，照章征收土地使用税；对其他用地给予免税照顾。

三、对供电部门的输电线路用地、变电站用地，免征土地使用税。

【注释】 对《城镇土地使用税》第7条进行了解释。相关规定包括：《国家税务局对〈关于请求再次明确电力行业土地使用税征免范围问题的函〉的复函》(国税地〔1989〕44号)。

国家税务局关于水利设施用地征免土地使用税问题的规定

国税地〔1989〕14号

为了支持水利事业发展，根据《中华人民共和国城镇土地使用税暂行条例》规定，对水利设施用地征免土地使用税问题，明确如下：

一、对水利设施及其管护用地(如水库库区、大坝、堤防、灌渠、泵站等用地)，免征土地使用税；其他用地，如生产、办公、生活用地，应照章征收土地使用税。

二、对兼有发电的水利设施用地征免土地使用税问题，比照电力行业征免土地使用税的有关规定办理。

【注释】 对《城镇土地使用税》第7条进行了解释。

国家税务局关于对民航机场用地征免土地使用税问题的规定

国税地〔1989〕32 号

根据国务院国发〔1988〕17 号《中华人民共和国城镇土地使用税暂行条例》的规定，现对民航机场用地征免土地使用税问题作如下规定：

一、机场飞行区(包括跑道、滑行道、停机坪、安全带、夜航灯光区)用地，场内外通讯导航设施用地和飞行区四周排水防洪设施用地，免征土地使用税。

二、机场道路，区分为场内、场外道路。场外道路用地免征土地使用税；场内道路用地依照规定征收土地使用税。

三、机场工作区(包括办公、生产和维修用地及候机楼、停车场)用地、生活区用地、绿化用地，均须依照规定征收土地使用税。

【注释】 对《城镇土地使用税》第 7 条进行了解释。

国家税务局对《关于请求再次明确电力行业土地使用税征免范围问题的函》的复函

国税地〔1989〕44 号

能源部：

你部能源经(1989)157 号《关于请求再次明确电力行业土地使用税征免范围问题的函》收悉。现函复如下：

一、我局(89)国税地字第 013 号文第二条规定中的“生产”用地，是指进行工业、副业等生产经营活动的用地；水库库区用地，属于“其他用地”的范围，免征土地使用税。

二、关于火电厂厂区围墙外的煤场用地，不属于免税范围，应照章征税；厂区外的水源用地以及热电厂供热管道用地，可以比照我局(89)国税地字第 013 号文第一条的有关规定，免征土地使用税。

三、关于电力项目建设期间土地使用税的征免问题，因其他行业也有类似问题，在我局统盘研究另行文作出规定之前，应照章征收土地使用税。纳税有困难的，由省、自治区、直辖市税务局审核后，报国家税务局批准减免。

【注释】 对《国家税务局关于电力行业征免土地使用税问题的规定》(国税地〔1989〕13 号)进行了解释。

国家税务局对《关于高校征免房产税、土地使用税的请示》的批复

国税地便〔1989〕8 号

武汉市税务局：

你局《关于高校征免房产税、土地使用税的请示》收悉，现批复如下：

国务院国发〔1989〕10 号《国务院批转国家教委等部门关于深化改革鼓励教育科研卫生单位增加社会服务意见的通知》和国家税务局(89)国税所字第 067 号《关于贯彻国务院国发〔1989〕10 号文件有关税收问

题的通知》中所说的"对高等学校校用房产和土地免征房产税、土地使用税"，是指对高等学校用于教学及科研等本身业务用房产和土地免征房产税和土地使用税。对高等学校举办的校办工厂、商店、招待所等的房产及土地以及出租的房产及用地，均不属于自用房产和土地的范围，应按规定征收房产税、土地使用税。

【注释】 对《城镇土地使用税》第6条进行了解释。

国家税务局对《关于中、小学校办企业征免房产税、土地使用税问题的请示》的批复

国税地〔1989〕81号

四川省税务局：

你局川税三(1989)489号《关于中、小学校办企业征免房产税、土地使用税问题的请示》收悉，现批复如下：

关于中、小学校办企业使用的房屋及土地征收房产税和土地使用税问题，我局意见，对中、小学校办企业应比照(89)国税地便字第008号"对《关于高校征免房产税、土地使用税的请示》的批复"中有关规定征收房产税和土地使用税；对非独立核算的校办企业，原则上也应征收房产税和土地使用税，纳税确有困难的，可按税收管理权限给予适当的减税或免税。

【注释】 对《城镇土地使用税》第7条进行了解释。

国家税务局关于对矿山企业征免土地使用税问题的通知

国税地〔1989〕122号

根据《中华人民共和国城镇土地使用税暂行条例》第六条的规定，现对矿山企业(包括黑色冶金矿和有色金属矿及除煤矿外的其他非金属矿)的用地征免土地使用税问题，通知如下：

一、对矿山的采矿场、排土场、尾矿库、炸药库的安全区、采区运矿及运岩公路、尾矿输送管道及回水系统用地，免征土地使用税。

二、对矿山企业采掘地下矿造成的塌陷地以及荒山占地，在未利用之前，暂免征收土地使用税。

三、除上述规定外，对矿山企业的其他生产用地及办公、生活区用地，应照章征收土地使用税。

【注释】 对《城镇土地使用税》第6条进行了解释。

国家税务局关于对交通部门的港口用地征免土地使用税问题的规定

国税地〔1989〕123号

根据《中华人民共和国城镇土地使用税暂行条例》第六条规定，现对交通部门的港口用地征免土地使用税问题，规定如下：

一、对港口的码头(即泊位，包括岸边码头、伸入水中的浮码头、堤岸、堤坝、栈桥等)用地，免征土地使用税。

二、对港口的露天堆货场用地，原则上应征收土地使用税，企业纳税确有困难的，可由省、自治区、直辖市税务局根据其实际情况，给予定期减征或免征土地使用税的照顾。

三、除上述规定外，港口的其他用地，应按规定征收土地使用税。

【注释】 对《城镇土地使用税》第6条进行了解释。

关于土地使用税若干具体问题的补充规定

国税地〔1989〕140号

根据《中华人民共和国城镇土地使用税暂行条例》的规定，现将若干具体问题明确如下：

一、关于对免税单位与纳税单位之间无偿使用的土地应否征税问题

对免税单位无偿使用纳税单位的土地（如公安、海关等单位使用铁路、民航等单位的土地），免征土地使用税；对纳税单位无偿使用免税单位的土地，纳税单位应照章缴纳土地使用税。

二、关于对纳税单位与免税单位共同使用多层建筑用地的征税问题

纳税单位与免税单位共同使用共有使用权土地上的多层建筑，对纳税单位可按其占用的建筑面积占建筑总面积的比例计征土地使用税。

三、关于对缴纳农业税的土地应否征税问题

凡在开征范围内的土地，除直接用于农、林、牧、渔业的按规定免予征税以外，不论是否缴纳农业税，均应照章征收土地使用税。

四、关于对基建项目在建期间的用地应否征税问题

对基建项目在建期间使用的土地，原则上应照章征收土地使用税。但对有些基建项目，特别是国家产业政策扶持发展的大型基建项目占地面积大，建设周期长，在建期间又没有经营收入，为照顾其实际情况，对纳税人纳税确有困难的，可由各省、自治区、直辖市税务局根据具体情况予以免征或减征土地使用税；对已经完工或已经使用的建设项目，其用地应照章征收土地使用税。

五、关于对城镇内的集贸市场（农贸市场）用地应否征税问题

城镇内的集贸市场（农贸市场）用地，按规定应征收土地使用税。为了促进集贸市场的发展及照顾各地的不同情况，各省、自治区、直辖市税务局可根据具体情况自行确定对集贸市场用地征收或者免征土地使用税。

六、关于对房地产开发公司建造商品房的用地应否征税问题

房地产开发公司建造商品房的用地，原则上应按规定计征土地使用税。但在商品房出售之前纳税确有困难的，其用地是否给予缓征或减征、免征照顾，可由各省、自治区、直辖市税务局根据从严的原则结合具体情况确定。

七、关于对落实私房政策后已归还产权，但房主尚未能收回的房屋用地，可否给予减免税照顾问题

原房管部门代管的私房，落实政策后，有些私房产权已归还给房主，但由于各种原因，房屋仍由原住户居住，并且住户仍是按照房管部门在房租调整改革之前确定的租金标准向房主交纳租金。对这类房屋用地，房主缴纳土地使用税确有困难的，可由各省、自治区、直辖市税务局根据实际情况，给予定期减征或免征土地使用税的照顾。

八、关于对防火、防爆、防毒等安全防范用地应否征税问题

对于各类危险品仓库、厂房所需的防火、防爆、防毒等安全防范用地，可由各省、自治区、直辖市税务局确定，暂免征收土地使用税；对仓库库区、厂房本身用地，应照章征收土地使用税。

九、关于对关闭、撤销的企业占地应否征税问题

企业关闭、撤销后，其占地未作他用的，经各省、自治区、直辖市税务局批准，可暂免征收土地使用税；如土地转让给其他单位使用或企业重新用于生产经营的，应依照规定征收土地使用税。

十、关于对搬迁企业的用地应如何征税问题

企业搬迁后，其原有场地和新场地都使用的，均应照章征收土地使用税；原有场地不使用的，经各省、自治区、直辖市税务局审批，可暂免征收土地使用税。

十一、关于对企业的铁路专用线、公路等用地应否征税问题

对企业的铁路专用线、公路等用地，除另有规定者外，在企业厂区（包括生产、办公及生活区）以内的，应照章征收土地使用税；在厂区以外、与社会公用地段未加隔离的，暂免征收土地使用税。

十二、关于对企业范围内的荒山、林地、湖泊等占地应否征收土地使用税问题

对企业范围内的荒山、林地、湖泊等占地，尚未利用的，经各省、自治区、直辖市税务局审批，可暂免征收土地使用税。

十三、关于对企业的绿化用地可否免征土地使用税问题

对企业厂区（包括生产、办公及生活区）以内的绿化用地，应照章征收土地使用税，厂区以外的公共绿化用地和向社会开放的公园用地，暂免征收土地使用税。

【注释】 对《城镇土地使用税》第2、6条进行了解释。相关规定包括：《财政部 国家税务总局关于调整城镇土地使用税有关减免税政策的通知》（财税〔2004〕180号）。

国家税务局关于对盐场、盐矿征免城镇土地使用税问题的通知

国税地〔1989〕141号

根据《中华人民共和国城镇土地使用税暂行条例》第六条规定，经研究，现对盐场、盐矿用地征免土地使用税的问题，规定如下：

一、对盐场、盐矿的生产厂房、办公、生活区用地，应照章征收土地使用税。

二、对盐场的盐滩、盐矿的矿井用地，暂免征收土地使用税。

三、对盐场、盐矿的其他用地，由省、自治区、直辖市税务局根据实际情况，确定征收土地使用税或给予定期减征、免征的照顾。

【注释】 对《城镇土地使用税》第6条进行了解释。

国家税务局关于建材企业的采石场、排土场等用地征免土地使用税问题的批复

国税函发〔1990〕853号

贵州省税务局：

你局（90）黔税政二字第69号《关于对水泥厂等企业征免土地使用税的请示报告》收悉。经研究，同意你局意见，对石灰厂、水泥厂、大理石厂、沙石厂等企业的采石场、排土场用地，炸药库的安全区用地以及采区运岩公路，可以比照我局（89）国税地字第122号《关于对矿山企业征免土地使用税问题的通知》予以免税；对上述企业的其他用地，应予征税。

【注释】 对《城镇土地使用税》第7条进行了解释。

国家税务局关于对邮电部门所属企业恢复征收城镇土地使用税的通知

国税函发〔1991〕209号

各省、自治区、直辖市税务局，各计划单列税务局，海洋石油税务管理局各分局：

我局(89)国税地字第129号《关于对邮电部门所属企业征免城镇土地使用税问题的通知》中规定:“邮电部门所属的邮政企业和坐落在城市、县城以外的电信企业自用的土地,1990年暂免征收土地使用税一年。”现免税期限已满。经研究决定,从1991年起,对邮电部门所属的邮政、电信企业恢复征收城镇土地使用税。特此通知。

【注释】 对《城镇土地使用税》第2条进行了解释。

国家税务局关于林业系统征免土地使用税问题的通知

国税函发〔1991〕1404号

根据国务院《关于研究解决森工企业困难问题的会议纪要》精神,结合林业系统的实际情况,经研究,现对林业系统征免土地使用税的问题,通知如下:

一、对林区的有林地、运材道、防火道、防火设施用地,免征土地使用税。林业系统的森林公园、自然保护区,可比照公园免征土地使用税。

二、林业系统的林区贮木场、水运码头用地,原则上应按税法规定缴纳土地使用税,考虑到林业系统目前的困难,为扶持其发展,在1991年12月31日前,暂予免征土地使用税。

三、除上述列举免税的土地外,对林业系统的其他生产用地及办公、生活区用地,应照章征收土地使用税。

【注释】 对《城镇土地使用税》第2、6条进行了解释。

国家税务局关于工会服务型事业单位免征房产税、车船使用税、土地使用税问题的复函

国税函发〔1992〕1440号

中华全国总工会:

你会工财函〔1992〕15号文《关于商请对工会服务型的事业单位免征房产税、车船使用税、土地使用税的函》收悉。经研究决定,对由主管工会拨付或差额补贴工会经费的全额预算或差额预算单位,可以比照财政部门拨付事业经费的单位办理,即:对这些单位自用的房产、车船、土地,免征房产税、车船使用税和土地使用税;从事生产、经营活动等非自用的房产、车船、土地,则应按税法有关规定照章纳税。

【注释】 对《城镇土地使用税》第7条进行了解释。

国家税务局关于受让土地使用权者应征收土地使用税问题的批复

国税函发〔1993〕501号

成都市税务局:

你局成税函〔1992〕463号《关于对国内受让土地者是否征收土地使用税的请示》收悉。对通过有偿出让方式取得国有土地使用权的国内单位和个人是否征收土地使用税的问题,经研究,批复如下:

国家开征土地使用税，是为了合理利用城镇土地，调节土地级差收入，提高土地使用效益，加强土地管理。因而，《中华人民共和国城镇土地使用税暂行条例》第二条规定："在城市、县城、建制镇、工矿区范围内使用土地的单位和个人，为城镇土地使用税纳税义务人，应当依照本条例的规定缴纳土地使用税。"《中华人民共和国城镇国有土地使用权出让和转让暂行条例》第四十九条也明确规定："土地使用者应当依照国家税收法规的规定纳税。"因此，凡在土地使用税开征区范围内使用土地的单位和个人，不论通过出让方式还是转让方式取得的土地使用权，都应依法缴纳土地使用税。

【注释】 对《城镇土地使用税》第 2 条进行了解释。

国家税务总局关于城市维护建设税等地方税有关问题的通知

国税发〔1994〕35 号

各省、自治区、直辖市税务局，各计划单列市税务局，海洋石油税务管理局各分局：

关于城市维护建设税和其他地方税种的改革问题，财政部、国家税务总局于 1994 年元月 12 日向国务院报送了《关于城乡维护建设税改革的请示》(以下简称《请示》)。《请示》的主要内容包括：

一、由于《中华人民共和国城乡维护建设税暂行条例(草案)》(以下简称《条例》)一时尚不能出台，为保证城乡建设资金的需要，财政部于 1993 年 12 月 29 日下发了《关于城建税征收问题的通知》的明传电报。《请示》中建议，在新《条例》出台之前，请国务院准予暂按财政部 1993 年 12 月 29 日下发的明传电报执行。

二、对城镇土地使用税、房产税、车船使用税等地方税种的改革，在集中精力确保已出台税种顺利实施的前提下，本着积极稳妥，充分考虑各方利益的原则，在深入调查研究的基础上，做到成熟一个，出台一个，使税制改革有计划、按步骤地进行。在新的税收法律、法规未出台前，仍按原税法和税收条例执行。

以上意见已经国务院领导同志批示同意，望各地依照执行。

【注释】 对《城镇土地使用税》第 2 条进行了解释。

国家税务总局关于对已缴纳土地使用金的土地使用者应征收城镇土地使用税的批复

国税函发〔1998〕669 号

宁波市地方税务局：

你局《关于对已缴纳土地使用金的土地使用权者是否征收土地使用税的请示》(甬地税二〔1998〕197 号)收悉。经研究，现答复如下：

为了合理利用城镇土地，用经济手段加强对土地的控制和管理，调节不同地区、不同地段之间的级差收入，促使土地使用者节约用地，《中华人民共和国城镇土地使用税暂行条例》(国务院 1988 年第 17 号令)规定：凡在城市、县城、建制镇、工矿区范围内使用土地的单位和个人是城镇土地使用税的纳税义务人，应依照条例的规定缴纳城镇土地使用税。因此，土地使用者不论以何种方式取得土地使用权，是否缴纳土地使用金，只要在城镇土地使用税的开征范围内，都应依照规定缴纳城镇土地使用税。

【注释】 对《城镇土地使用税》第 2 条进行了解释。

财政部 国家税务总局关于血站有关税收问题的通知

财税〔1999〕264 号

为了推动无偿献血公益事业的发展，经国务院批准，现将血站的有关税收问题明确如下：

一、鉴于血站是采集和提供临床用血，不以营利为目的的公益性组织，又属于财政拨补事业费的单位，因此，对血站自用的房产和土地免征房产税和城镇土地使用税。

二、对血站供应给医疗机构的临床用血免征增值税。

三、本通知所称血站，是指根据《中华人民共和国献血法》的规定，由国务院或省级人民政府卫生行政部门批准的，从事采集、提供临床用血，不以营利为目的的公益性组织。

四、本通知自 1999 年 11 月 1 日起执行。在此之前已征收入库的税款不再退还，未征收入库的税款也不再征缴。

【注释】 对《城镇土地使用税》第 6 条进行了解释。

财政部 国家税务总局关于医疗卫生机构有关税收政策的通知

财税〔2000〕42 号

各省、自治区、直辖市、计划单列市财政厅（局）、国家税务局、地方税务局：

为了贯彻落实《国务院办公厅转发国务院体改办等部门关于城镇医药卫生体制改革指导意见的通知》（国办发〔2000〕16 号），促进我国医疗卫生事业的发展，经国务院批准，现将医疗卫生机构有关税收政策通知如下：

一、关于非营利性医疗机构的税收政策

（一）对非营利性医疗机构按照国家规定的价格取得的医疗服务收入，免征各项税收。不按照国家规定价格取得的医疗服务收入不得享受这项政策。

医疗服务是指医疗服务机构对患者进行检查、诊断、治疗、康复和提供预防保健、接生、计划生育方面的服务，以及与这些服务有关的提供药品、医用材料器具、救护车、病房住宿和伙食的业务（下同）。

（二）对非营利性医疗机构从事非医疗服务取得的收入，如租赁收入、财产转让收入、培训收入、对外投资收入等应按规定征收各项税收。非营利性医疗机构将取得的非医疗服务收入，直接用于改善医疗卫生服务条件的部分，经税务部门审核批准可抵扣其应纳税所得额，就其余额征收企业所得税。

（三）对非营利性医疗机构自产自用的制剂，免征增值税。

（四）非营利性医疗机构的药房分离为独立的药品零售企业，应按规定征收各项税收。

（五）对非营利性医疗机构自用的房产、土地、车船，免征房产税、城镇土地使用税和车船使用税。

二、关于营利性医疗机构的税收政策

（一）对营利性医疗机构取得的收入，按规定征收各项税收。但为了支持营利性医疗机构的发展，对营利性医疗机构取得的收入，直接用于改善医疗卫生条件的，自其取得执业登记之日起，3 年内给予下列优惠：对其取得的医疗服务收入免征营业税；对其自产自用的制剂免征增值税；对营利性医疗机构自用的房产、土地、车船免征房产税、城镇土地使用税和车船使用税。3 年免税期满后恢复征税。

（二）对营利性医疗机构的药房分离为独立的药品零售企业，应按规定征收各项税收。

三、关于疾病控制机构和妇幼保健机构等卫生机构的税收政策

（一）对疾病控制机构和妇幼保健机构等卫生机构按照国家规定的价格取得的卫生服务收入（含疫苗接种和调拨、销售收入），免征各项税收。不按照国家规定的价格取得的卫生服务收入不得享受这项政策。对疾病控制机构和妇幼保健等卫生机构取得的其他经营收入如直接用于改善本卫生机构卫生服务条件的，经税务部门审核批准可抵扣其应纳税所得额，就其余额征收企业所得税。

（二）对疾病控制机构和妇幼保健机构等卫生机构自用的房产、土地、车船，免征房产税、城镇土地使用税和车船使用税。

医疗机构需要书面向卫生行政主管部门申明其性质，按《医疗机构管理条例》进行设置审批和登记注册，并由接受其登记注册的卫生行政部门核定，在执业登记中注明"非营利性医疗机构"和"营利性医疗机构"。

上述医疗机构具体包括：各级各类医院、门诊部（所）、社区卫生服务中心（站）、急救中心（站）、城乡卫生院、护理院（所）、疗养院、临床检验中心等。上述疾病控制、妇幼保健等卫生机构具体包括：各级政府及有关部门举办的卫生防疫站（疾病控制中心）、各种专科疾病防治站（所），各级政府举办的妇幼保健所（站）、母婴保健机构、儿童保健机构等，各级政府举办的血站（血液中心）。

本通知自发布之日起执行。

【注释】 对《城镇土地使用税》第 7 条进行了解释。本文件中的营业税政策废止。

财政部 国家税务总局关于对老年服务机构有关税收政策问题的通知

财税〔2000〕97 号

各省、自治区、直辖市、计划单列市财政厅（局）、国家税务局、地方税务局：

为贯彻中共中央、国务院《关于加强老龄工作的决定》（中发〔2000〕13 号）精神，现对政府部门和社会力量兴办的老年服务机构有关税收政策问题通知如下：

一、对政府部门和企事业单位、社会团体以及个人等社会力量投资兴办的福利性、非营利性的老年服务机构，暂免征收企业所得税，以及老年服务机构自用房产、土地、车船的房产税、城镇土地使用税、车船使用税。

二、对企事业单位、社会团体和个人等社会力量，通过非营利性的社会团体和政府部门向福利性、非营利性的老年服务机构的捐赠，在缴纳企业所得税和个人所得税前准予全额扣除。

三、本通知所称老年服务机构，是指专门为老年人提供生活照料、文化、护理、健身等多方面服务的福利性、非营利性的机构，主要包括：老年社会福利院、敬老院（养老院）、老年服务中心、老年公寓（含老年护理院、康复中心、托老所）等。

本通知自 2000 年 10 月 1 日起执行。

【注释】 对《城镇土地使用税》第 7 条进行了解释。

财政部 国家税务总局关于非营利性科研机构税收政策的通知

财税〔2001〕5 号

各省、自治区、直辖市、计划单列市财政厅（局）、国家税务局、地方税务局：

为了贯彻落实《国务院办公厅转发科技部等部门关于非营利性科研机构管理的若干意见（试行）的通

知》(国办发〔2000〕78 号),鼓励社会公益类科研事业的发展,经国务院批准,现对非营利性科研机构有关税收政策明确如下:

一、非营利性科研机构要以推动科技进步为宗旨,不以营利为目的,主要从事应用基础研究或向社会提供公共服务。非营利性科研机构的认定标准,由科技部会同财政部、中编办、国家税务总局另行制定。非营利性科研机构需要书面向科技行政主管部门申明其性质,按规定进行设置审批和登记注册,并由接受其登记注册的科技行政部门核定,在执业登记中注明“非营利性科研机构”。

二、非营利性科研机构享受如下税收优惠政策:

1. 非营利性科研机构从事技术开发、技术转让业务和与之相关的技术咨询、技术服务所得的收入,按有关规定免征营业税和企业所得税。

2. 非营利性科研机构从事与其科研业务无关的其他服务所取得的收入,如租赁收入、财产转让收入、对外投资收入等,应当按规定征收各项税收;非营利性科研机构从事上述非主营业务收入用于改善研究开发条件的投资部分,经税务部门审核批准可抵扣其应纳税所得额,就其余额征收企业所得税。

3. 非营利性科研机构自用的房产、土地,免征房产税、城镇土地使用税。

4. 社会力量对非关联的非营利性科研机构的新产品、新技术、新工艺所发生的研究开发经费资助,经主管税务机关审核确定,其资助支出可以全额在当年度应纳税所得额中扣除。当年度应纳税所得额不足抵扣的,不得结转抵扣。

三、对非营利性科研机构实行年度检查制度,凡不符合条件的,应取消其免税资格,并按规定补缴当年已免税款。

本通知自 2001 年 1 月 1 日起执行。具体执行办法由国家税务总局另行制定。

【注释】 对《城镇土地使用税》第 7 条进行了解释。

国家税务总局关于邮政企业征免房产税、土地使用税问题的函

国税函〔2001〕379 号

国家邮政局:

你局《关于申请减免邮政企业房产税、土地使用税的函》(国邮〔2000〕479 号)收悉,来函要求我局进一步明确邮政农村支局不需缴纳房产税和土地使用税问题,经研究,现函复如下:

根据房产税和土地使用税的有关规定,对邮政部门座落在城市、县城、建制镇、工矿区范围内的房产、土地,应当依法征收房产税和土地使用税;对座落在上述范围以外尚在县邮政局内核算的房产、土地,必须在单位财务账中划分清楚,从 2001 年 1 月 1 日起不再征收房产税和土地使用税。

【注释】 对《城镇土地使用税》第 2 条进行了解释。

财政部 国家税务总局关于调整铁路系统房产税城镇土地使用税政策的通知

财税〔2003〕149 号

各省、自治区、直辖市、计划单列市财政厅(局)、地方税务局,新疆生产建设兵团财务局:

根据铁路运输体制改革和铁路系统的实际情况,经国务院批准,现对铁路系统有关房产税、城镇土地使用税税收政策通知如下:

一、铁道部所属铁路运输企业自用的房产、土地继续免征房产税和城镇土地使用税。

二、对铁路运输体制改革后，从铁路系统分离出来并实行独立核算、自负盈亏的企业，包括铁道部所属原执行经济承包方案的工业、供销、建筑施工企业；中国铁路工程总公司、中国铁道建筑工程总公司、中国铁路通信信号总公司、中国土木建筑工程总公司、中国北方机车车辆工业集团公司、中国南方机车车辆工业集团公司；以及铁道部所属自行解决工交事业费的单位，自 2003 年 1 月 1 日起恢复征收房产税、城镇土地使用税。

三、铁道部所属其他企业、单位的房产和土地，继续按税法规定征收房产税和城镇土地使用税。

【注释】 对《城镇土地使用税》第 2 条进行了解释。

国家税务总局关于房产税城镇土地使用税有关政策规定的通知

国税发〔2003〕89 号

各省、自治区、直辖市和计划单列市地方税务局，局内各单位：

随着我国房地产市场的迅猛发展，涉及房地产税收的政策问题日益增多，经调查研究和广泛听取各方面的意见，现对房产税、城镇土地使用税有关政策问题明确如下：

一、关于房地产开发企业开发的商品房征免房产税问题鉴于房地产开发企业开发的商品房在出售前，对房地产开发企业而言是一种产品，因此，对房地产开发企业建造的商品房，在售出前，不征收房产税；但对售出前房地产开发企业已使用或出租、出借的商品房应按规定征收房产税。

二、关于确定房产税、城镇土地使用税纳税义务发生时间问题

（一）购置新建商品房，自房屋交付使用之次月起计征房产税和城镇土地使用税。

（二）购置存量房，自办理房屋权属转移、变更登记手续，房地产权属登记机关签发房屋权属证书之次月起计征房产税和城镇土地使用税。

（三）出租、出借房产，自交付出租、出借房产之次月起计征房产税和城镇土地使用税。

（四）房地产开发企业自用、出租、出借本企业建造的商品房，自房屋使用或交付之次月起计征房产税和城镇土地使用税。

【注释】 对《城镇土地使用税》第 7 条进行了解释。

财政部 国家税务总局关于教育税收政策的通知

财税〔2004〕39 号

各省、自治区、直辖市、计划单列市财政厅（局）、国家税务局、地方税务局，新疆生产建设兵团财务局：

为了进一步促进教育事业发展，经国务院批准，现将有关教育的税收政策通知如下：

……

二、关于房产税、城镇土地使用税、印花税

对国家拨付事业经费和企业办的各类学校、托儿所、幼儿园自用的房产、土地，免征房产税、城镇土地使用税；对财产所有人将财产赠给学校所立的书据，免征印花税。

……

六、本通知自 2004 年 1 月 1 日起执行，此前规定与本通知不符的，以本通知为准。

【注释】 对《城镇土地使用税》第 7 条进行了解释。

财政部 国家税务总局关于明确免征房产税城镇土地使用税的铁路运输企业范围及有关问题的通知

财税〔2004〕36 号

各省、自治区、直辖市、计划单列市财政厅(局)、地方税务局,新疆生产建设兵团财务局:

为更好地贯彻执行《财政部 国家税务总局关于调整铁路系统房产税城镇土地使用税政策的通知》(财税〔2003〕149 号),经研究,现就有关免征房产税和城镇土地使用税的铁路运输企业范围和有关问题通知如下:

……

二、地方铁路运输企业自用的房产、土地应缴纳的房产税、城镇土地使用税比照铁道部所属铁路运输企业的政策执行。

……

【注释】 对《城镇土地使用税》第 7 条进行了解释。

财政部 国家税务总局关于调整城镇土地使用税有关减免税政策的通知

财税〔2004〕180 号

各省、自治区、直辖市、计划单列市财政厅(局)、地方税务局,新疆生产建设兵团财务局:

为了规范税收政策,进一步加强城镇土地使用税的征收管理,经研究决定,对《国家税务局关于印发〈关于土地使用税若干具体问题的补充规定〉的通知》([89]国税地字第 140 号)的部分内容做适当修改。即:取消《关于土地使用税若干具体问题的补充规定》中第九条“企业关闭、撤销后,其占地未作他用的,经各省、自治区、直辖市税务局批准,可暂免征收土地使用税”的规定。

本通知自 2004 年 7 月 1 日起执行。

【注释】 对《关于土地使用税若干具体问题的补充规定》进行了修正。

国家税务总局关于供热企业缴纳房产税和城镇土地使用税问题的批复

国税函〔2005〕60 号

新疆维吾尔自治区地方税务局,山东省地方税务局:

你们《关于供热企业缴纳房产税和城镇土地使用税问题的请示》(新地税发〔2004〕163 号)和《关于供热企业生产用房产、土地征免房产税、土地使用税问题的请示》(鲁地税函〔2004〕203 号)收悉。经研究,批复如下:

《财政部、国家税务总局关于供热企业税收问题的通知》(财税〔2004〕28 号,以下简称《通知》)规定暂免征收房产税和城镇土地使用税的“供热企业”,是指向居民供热并向居民收取采暖费的企业,包括专业供热企业、兼营供热企业、单位自供热及为小区居民供热的物业公司等,不包括从事热力生产但不直接向居民供热的企业。

对于免征房产税和城镇土地使用税的“生产用房”和“生产占地”,是指上述企业为居民供热所使用的厂房及土地。对既向居民供热、又向非居民供热的企业，可按向居民供热收取的收入占其总供热收入的比例划分征免税界限；对于兼营供热的企业，可按向居民供热收取的收入占其生产经营总收入的比例划分征免税界限。

【注释】　对《城镇土地使用税》第 7 条进行了解释。

财政部 国家税务总局关于明确免征房产税城镇土地使用税的铁路运输企业范围的补充通知

财税〔2006〕17 号

各省、自治区、直辖市、计划单列市财政厅（局）、地方税务局，新疆生产建设兵团财务局：

根据铁路运输体制改革情况，现将享受免征房产税、城镇土地使用税政策的铁道部所属铁路运输企业的范围补充通知如下：

一、享受免征房产税、城镇土地使用税优惠政策的铁道部所属铁路运输企业是指铁路局及国有铁路运输控股公司（含广铁〈集团〉公司、青藏铁路公司、大秦铁路股份有限公司、广深铁路股份有限公司等，具体包括客货、编组站，车务、机务、工务、电务、水电、供电、列车、客运、车辆段）、铁路办事处、中铁集装箱运输有限责任公司、中铁特货运输有限责任公司、中铁快运股份有限公司。

二、本通知自发文之日起执行。《财政部 国家税务总局关于明确免征房产税城镇土地使用税的铁路运输企业范围及有关问题的通知》（财税〔2004〕36 号）第一条停止执行。此前已征税款不予退还，未征税款不再补征。

【注释】　对《城镇土地使用税》第 7 条进行了解释。

财政部 国家税务总局关于集体土地城镇土地使用税有关政策的通知

财税〔2006〕56 号

各省、自治区、直辖市、计划单列市财政厅（局）、地方税务局，新疆生产建设兵团财务局：

根据当前集体土地使用中出现的新情况、新问题，经研究，现将集体土地城镇土地使用税有关政策通知如下：

在城镇土地使用税征税范围内实际使用应税集体所有建设用地、但未办理土地使用权流转手续的，由实际使用集体土地的单位和个人按规定缴纳城镇土地使用税。

本通知自 2006 年 5 月 1 日起执行，此前凡与本通知不一致的政策规定一律以本通知为准。

【注释】　对《城镇土地使用税》第 2 条进行了解释。

财政部 国家税务总局关于房产税城镇土地使用税有关政策的通知

财税〔2006〕186 号

各省、自治区、直辖市、计划单列市财政厅（局）、地方税务局，新疆生产建设兵团财务局：

经研究，现对房产税、城镇土地使用税有关政策明确如下：

一、关于居民住宅区内业主共有的经营性房产缴纳房产税问题

对居民住宅区内业主共有的经营性房产，由实际经营（包括自营和出租）的代管人或使用人缴纳房产税。其中自营的，依照房产原值减除10%至30%后的余值计征，没有房产原值或不能将业主共有房产与其他房产的原值准确划分开的，由房产所在地地方税务机关参照同类房产核定房产原值；出租的，依照租金收入计征。

二、关于有偿取得土地使用权城镇土地使用税纳税义务发生时间问题

以出让或转让方式有偿取得土地使用权的，应由受让方从合同约定交付土地时间的次月起缴纳城镇土地使用税；合同未约定交付土地时间的，由受让方从合同签订的次月起缴纳城镇土地使用税。

国家税务总局《关于房产税城镇土地使用税有关政策规定的通知》（国税发〔2003〕89号）第二条第四款中有关房地产开发企业城镇土地使用税纳税义务发生时间的规定同时废止。

三、关于经营采摘、观光农业的单位和个人征免城镇土地使用税问题

在城镇土地使用税征收范围内经营采摘、观光农业的单位和个人，其直接用于采摘、观光的种植、养殖、饲养的土地，根据《中华人民共和国城镇土地使用税暂行条例》第六条中"直接用于农、林、牧、渔业的生产用地"的规定，免征城镇土地使用税。

四、关于林场中度假村等休闲娱乐场所征免城镇土地使用税问题

在城镇土地使用税征收范围内，利用林场土地兴建度假村等休闲娱乐场所的，其经营、办公和生活用地，应按规定征收城镇土地使用税。

五、本通知自2007年1月1日起执行。

【注释】 对《城镇土地使用税》第7条进行了解释。

国家税务总局关于外商投资企业和外国企业征收城镇土地使用税问题的批复

国税函〔2007〕596号

厦门市地方税务局：

你局《关于对外资企业开征土地使用税设立过渡期的请示》（厦地税发〔2007〕50号）收悉。经研究，批复如下：

《国务院关于修改〈中华人民共和国城镇土地使用税暂行条例〉的决定》，将外商投资企业和外国企业纳入城镇土地使用税的征收范围，是国家加强土地管理的重要举措，有利于发挥税收的经济杠杆作用，引导各类企业合理、节约利用土地，保护土地资源，公平税收负担。各地对各类企业包括外商投资企业和外国企业，都应严格依照国务院决定和修改后的《中华人民共和国城镇土地使用税暂行条例》的有关规定征收城镇土地使用税。

【注释】 对《城镇土地使用税》第2条进行了解释。

财政部 国家税务总局关于核电站用地征免城镇土地使用税的通知

财税〔2007〕124号

各省、自治区、直辖市、计划单列市财政厅（局）、地方税务局，新疆生产建设兵团财务局：

经研究，现将核电站用地城镇土地使用税政策明确如下：

一、对核电站的核岛、常规岛、辅助厂房和通讯设施用地(不包括地下线路用地),生活、办公用地按规定征收城镇土地使用税,其他用地免征城镇土地使用税。

二、对核电站应税土地在基建期内减半征收城镇土地使用税。

三、本通知自发文之日起执行。

【注释】 对《城镇土地使用税》第7条进行了解释。

财政部 国家税务总局关于房产税城镇土地使用税有关问题的通知

财税〔2008〕152号

各省、自治区、直辖市、计划单列市财政厅(局)、地方税务局,新疆生产建设兵团财务局:

为统一政策,规范执行,现将房产税、城镇土地使用税有关问题明确如下:

一、关于房产原值如何确定的问题。

对依照房产原值计税的房产,不论是否记载在会计账簿固定资产科目中,均应按照房屋原价计算缴纳房产税。房屋原价应根据国家有关会计制度规定进行核算。对纳税人未按国家会计制度规定核算并记载的,应按规定予以调整或重新评估。

《财政部税务总局关于房产税若干具体问题的解释和暂行规定》(财税地字〔1986〕第008号)第十五条同时废止。

二、关于索道公司经营用地应否缴纳城镇土地使用税的问题。

公园、名胜古迹内的索道公司经营用地,应按规定缴纳城镇土地使用税。

三、关于房产税、城镇土地使用税纳税义务截止时间的问题。

纳税人因房产、土地的实物或权利状态发生变化而依法终止房产税、城镇土地使用税纳税义务的,其应纳税款的计算应截止到房产、土地的实物或权利状态发生变化的当月末。

四、本通知自2009年1月1日起执行。

财政部 国家税务总局关于房产税城镇土地使用税有关问题的通知

财税〔2009〕128号

各省、自治区、直辖市、计划单列市财政厅(局)、地方税务局,西藏、宁夏、青海省(自治区)国家税务局,新疆生产建设兵团财务局:

为完善房产税、城镇土地使用税政策,堵塞税收征管漏洞,现将房产税、城镇土地使用税有关问题明确如下:

一、关于无租使用其他单位房产的房产税问题

无租使用其他单位房产的应税单位和个人,依照房产余值代缴纳房产税。

二、关于出典房产的房产税问题

产权出典的房产,由承典人依照房产余值缴纳房产税。

三、关于融资租赁房产的房产税问题

融资租赁的房产,由承租人自融资租赁合同约定开始日的次月起依照房产余值缴纳房产税。合同未约定开始日的,由承租人自合同签订的次月起依照房产余值缴纳房产税。

四、关于地下建筑用地的城镇土地使用税问题

对在城镇土地使用税征税范围内单独建造的地下建筑用地，按规定征收城镇土地使用税。其中，已取得地下土地使用权证的，按土地使用权证确认的土地面积计算应征税款；未取得地下土地使用权证或地下土地使用权证上未标明土地面积的，按地下建筑垂直投影面积计算应征税款。

对上述地下建筑用地暂按应征税款的50%征收城镇土地使用税。

五、本通知自2009年12月1日起执行。《财政部税务总局关于房产税若干具体问题的解释和暂行规定》((86)财税地字第008号)第七条、《国家税务总局关于安徽省若干房产税业务问题的批复》(国税函发〔1993〕368号)第二条同时废止。

财政部 国家税务总局关于股改及合资铁路运输企业房产税城镇土地使用税有关政策的通知

财税〔2009〕132号

各省、自治区、直辖市、计划单列市财政厅(局)、地方税务局，新疆生产建设兵团财政局：

为支持铁路股份制改革和合资铁路发展，经国务院批准，现对股改铁路运输企业和合资铁路运输公司房产税、城镇土地使用税有关政策明确如下：

对股改铁路运输企业及合资铁路运输公司自用的房产、土地暂免征收房产税和城镇土地使用税。其中股改铁路运输企业是指铁路运输企业经国务院批准进行股份制改革成立的企业；合资铁路运输公司是指由铁道部及其所属铁路运输企业与地方政府、企业或其他投资者共同出资成立的铁路运输企业。

财政部 国家税务总局关于支持公共租赁住房建设和运营有关税收优惠政策的通知

财税〔2010〕88号

各省、自治区、直辖市、计划单列市财政厅(局)、地方税务局，西藏、宁夏、青海省(自治区)国家税务局，新疆生产建设兵团财务局：

根据国务院办公厅《关于促进房地产市场平稳健康发展的通知》(国办发〔2010〕4号)、《国务院关于坚决遏制部分城市房价过快上涨的通知》(国发〔2010〕10号)和住房城乡建设部等七部门《关于加快发展公共租赁住房的指导意见》(建保〔2010〕87号)精神，现对公共租赁住房(以下简称公租房)建设和运营有关税收政策通知如下：

一、对公租房建设期间用地及公租房建成后占地免征城镇土地使用税。在其他住房项目中配套建设公租房，依据政府部门出具的相关材料，可按公租房建筑面积占总建筑面积的比例免征建造、管理公租房涉及的城镇土地使用税。

二、对公租房经营管理单位建造公租房涉及的印花税予以免征。在其他住房项目中配套建设公租房，依据政府部门出具的相关材料，可按公租房建筑面积占总建筑面积的比例免征建造、管理公租房涉及的印花税。

三、对公租房经营管理单位购买住房作为公租房，免征契税、印花税；对公租房租赁双方签订租赁协议涉及的印花税予以免征。

四、对企事业单位、社会团体以及其他组织转让旧房作为公租房房源，且增值额未超过扣除项目金额20%的，免征土地增值税。

五、企事业单位、社会团体以及其他组织捐赠住房作为公租房，符合税收法律法规规定的，捐赠支出在年度利润总额 12%以内的部分,准予在计算应纳税所得额时扣除。

六、对经营公租房所取得的租金收入,免征营业税、房产税。公租房租金收入与其他住房经营收入应单独核算,未单独核算的,不得享受免征营业税、房产税优惠政策。

七、享受上述税收优惠政策的公租房是指纳入省、自治区、直辖市、计划单列市人民政府及新疆生产建设兵团批准的公租房发展规划和年度计划,以及按照建保〔2010〕87 号文件和市、县人民政府制定的具体管理办法进行管理的公租房。不同时符合上述条件的公租房不得享受上述税收优惠政策。

八、上述政策自发文之日起执行,执行期限暂定三年,政策到期后将根据公租房建设和运营情况对有关内容加以完善。

财政部 国家税务总局关于安置残疾人就业单位城镇土地使用税等政策的通知

财税〔2010〕121 号

各省、自治区、直辖市、计划单列市财政厅(局)、地方税务局,西藏、青海、宁夏省(自治区)国家税务局,新疆生产建设兵团财务局:

经研究,现将安置残疾人就业单位城镇土地使用税等政策通知如下:

一、关于安置残疾人就业单位的城镇土地使用税问题

对在一个纳税年度内月平均实际安置残疾人就业人数占单位在职职工总数的比例高于 25%(含 25%)且实际安置残疾人人数高于 10 人(含 10 人)的单位,可减征或免征该年度城镇土地使用税。具体减免税比例及管理办法由省、自治区、直辖市财税主管部门确定。

《国家税务局关于土地使用税若干具体问题的解释和暂行规定》(国税地字〔1988〕15 号)第十八条第四项同时废止。

二、关于出租房产免收租金期间房产税问题

对出租房产,租赁双方签订的租赁合同约定有免收租金期限的,免收租金期间由产权所有人按照房产原值缴纳房产税。

三、关于将地价计入房产原值征收房产税问题

对按照房产原值计税的房产,无论会计上如何核算,房产原值均应包含地价,包括为取得土地使用权支付的价款、开发土地发生的成本费用等。宗地容积率低于 0.5 的,按房产建筑面积的 2 倍计算土地面积并据此确定计入房产原值的地价。

本通知自发文之日起执行。此前规定与本通知不一致的,按本通知执行。各地财税部门要加强对政策执行情况的跟踪了解,对执行中发现的问题,及时上报财政部和国家税务总局。

财政部 国家税务总局关于金融机构与小型微型企业签订借款合同免征印花税的通知

财税〔2011〕105 号

各省、自治区、直辖市、计划单列市财政厅(局)、地方税务局,新疆生产建设兵团财务局:

经国务院批准,为鼓励金融机构对小型、微型企业提供金融支持,促进小型、微型企业发展,自 2011 年 11 月 1 日起至 2014 年 10 月 31 日止,对金融机构与小型、微型企业签订的借款合同免征印花税。

上述小型、微型企业的认定,按照《工业和信息化部国家统计局国家发展和改革委员会财政部关于印发中小企业划型标准规定的通知》(工信部联企业〔2011〕300 号)的有关规定执行。

财政部 国家税务总局关于继续执行供热企业增值税房产税城镇土地使用税优惠政策的通知

财税〔2011〕118 号

北京、天津、河北、山西、内蒙古、辽宁、大连、吉林、黑龙江、山东、青岛、河南、陕西、甘肃、宁夏、新疆、青海省(自治区、直辖市、计划单列市)财政厅(局)、国家税务局、地方税务局,新疆生产建设兵团财务局:

为保障居民供热采暖,经国务院批准,现将"三北"地区供热企业(以下称供热企业)增值税、房产税、城镇土地使用税政策通知如下:

一、自 2011 年供暖期至 2015 年 12 月 31 日,对供热企业向居民个人(以下称居民)供热而取得的采暖费收入继续免征增值税。向居民供热而取得的采暖费收入,包括供热企业直接向居民收取的、通过其他单位向居民收取的和由单位代居民缴纳的采暖费。

免征增值税的采暖费收入,应当按照《中华人民共和国增值税暂行条例》第十六条的规定单独核算。通过热力产品经营企业向居民供热的热力产品生产企业,应当根据热力产品经营企业实际从居民取得的采暖费收入占该经营企业采暖费总收入的比例确定免税收入比例。

本条所述供暖期,是指当年下半年供暖开始至次年上半年供暖结束的期间。

二、自 2011 年 7 月 1 日至 2015 年 12 月 31 日,对向居民供热而收取采暖费的供热企业,为居民供热所使用的厂房及土地继续免征房产税、城镇土地使用税。

对既向居民供热,又向单位供热或者兼营其他生产经营活动的供热企业,按其向居民供热而取得的采暖费收入占企业总收入的比例免征房产税、城镇土地使用税。

三、本通知所述供热企业,是指热力产品生产企业和热力产品经营企业。热力产品生产企业包括专业供热企业、兼营供热企业和自供热单位。

四、本通知所称"三北"地区,是指北京市、天津市、河北省、山西省、内蒙古自治区、辽宁省、大连市、吉林省、黑龙江省、山东省、青岛市、河南省、陕西省、甘肃省、青海省、宁夏回族自治区和新疆维吾尔自治区。

财政部 国家税务总局关于物流企业大宗商品仓储设施用地城镇土地使用税政策的通知

财税〔2012〕13 号

各省、自治区、直辖市、计划单列市财政厅(局)、地方税务局,西藏、宁夏、青海省(自治区)国家税务局,新疆生产建设兵团财务局:

为促进物流业健康发展,根据《国务院办公厅关于促进物流业健康发展政策措施的意见》(国办发〔2011〕38 号)有关精神,现就物流企业大宗商品仓储设施用地城镇土地使用税政策通知如下:

一、自 2012 年 1 月 1 日起至 2014 年 12 月 31 日止,对物流企业自有的(包括自用和出租)大宗商品仓储设施用地,减按所属土地等级适用税额标准的 50%计征城镇土地使用税。

二、物流企业是指为工农业生产、流通、进出口和居民生活提供仓储、配送服务的专业物流企业。

大宗商品仓储设施是指仓储设施占地面积在 6000 平方米以上的,且储存粮食、棉花、油料、糖料、蔬菜、水果、肉类、水产品、化肥、农药、种子、饲料等农产品和农业生产资料;煤炭、焦炭、矿砂、非金属矿产品、原油、成品油、化工原料、木材、橡胶、纸浆及纸制品、钢材、水泥、有色金属、建材、塑料、纺织原料等矿产品和工业原材料;食品、饮料、药品、医疗器械、机电产品、文体用品、出版物等工业制成品的仓储设施。

仓储设施用地,包括仓库库区内的各类仓房(含配送中心)、油罐(池)、货场、晒场(堆场)、罩棚等储存设施和铁路专用线、码头、道路、装卸搬运区域等物流作业配套设施的用地。

三、符合上述减税条件的物流企业需持相关材料向主管税务机关办理备案手续。

请遵照执行。

财政部 国家税务总局

二〇一二年一月二十日

财政部 国家税务总局关于农产品批发市场 农贸市场房产税 城镇土地使用税政策的通知

财税〔2012〕68 号

各省、自治区、直辖市、计划单列市财政厅(局)、地方税务局,西藏、宁夏、青海省(自治区)国家税务局,新疆生产建设兵团财务局:

为支持农产品流通体系建设,减轻农产品批发市场、农贸市场经营负担,根据国务院常务会议精神,现将农产品批发市场、农贸市场有关房产税和城镇土地使用税政策通知如下:

一、对专门经营农产品的农产品批发市场、农贸市场使用的房产、土地,暂免征收房产税和城镇土地使用税。对同时经营其他产品的农产品批发市场和农贸市场使用的房产、土地,按其他产品与农产品交易场地面积的比例确定征免房产税和城镇土地使用税。

二、农产品批发市场和农贸市场,是指经工商登记注册,供买卖双方进行农产品及其初加工品现货批发或零售交易的场所。农产品包括粮油、肉禽蛋、蔬菜、干鲜果品、水产品、调味品、棉麻、活畜、可食用的林产品以及由省、自治区、直辖市财税部门确定的其他可食用的农产品。

三、本通知自 2013 年 1 月 1 日至 2015 年 12 月 31 日执行。各地已按《财政部税务总局关于房产税和车船使用税几个业务问题的解释与规定》(财税地字〔1987〕3 号)第三条、《国家税务局关于印发〈关于土地使用税若干具体问题的补充规定〉的通知》(国税地字〔1989〕140 号)第五条规定对农产品批发市场、农贸市场给予免征房产税和城镇土地使用税的,可继续按原免税政策执行。

四、符合上述免税条件的企业需持相关材料向主管税务机关办理备案手续。

财政部 国家税务总局

二〇一二年九月三日

财政部 国家税务总局关于对城市公交站场 道路客运站场免征城镇土地使用税的通知

财税〔2013〕20 号

各省、自治区、直辖市、计划单列市财政厅(局)、地方税务局,西藏、宁夏、青海省(自治区)国家税务局,新疆生产建设兵团财务局:

为支持城乡道路客运行业发展,根据《国务院办公厅关于进一步促进道路运输行业健康稳定发展的通知》(国办发〔2011〕63 号)精神,现将城市公交站场、道路客运站场免征城镇土地使用税政策通知如下:

一、对城市公交站场、道路客运站场的运营用地,免征城镇土地使用税。

城市公交站场运营用地包括城市公交首末车站、停车场、保养场、站场办公用地、生产辅助用地,道路客运站场运营用地包括站前广场、停车场、发车位、站务用地、站场办公用地、生产辅助用地。

二、上述城市公交站场、道路客运站场是指由县级以上(含县级)人民政府交通运输主管部门等批准,按《汽车客运站级别划分和建设要求》等标准建设的,为公众及旅客、运输经营者提供站务服务的场所。

三、符合上述免税条件的企业须持相关文件及站场用地情况等向主管税务机关办理备案手续。

本通知执行期限为 2013 年 1 月 1 日至 2015 年 12 月 31 日。

财政部 国家税务总局关于房改房用地未办理土地使用权过户期间城镇土地使用税政策的通知

财税〔2013〕44 号

各省、自治区、直辖市、计划单列市财政厅（局）、地方税务局，西藏、宁夏、青海省（自治区）国家税务局，新疆生产建设兵团财务局：

经研究，现就房改房用地未办理土地使用权过户期间的城镇土地使用税政策通知如下：

应税单位按照国家住房制度改革有关规定，将住房出售给职工并按规定进行核销账务处理后，住房用地在未办理土地使用权过户期间的城镇土地使用税征免，比照各省、自治区、直辖市对个人所有住房用地的现行政策执行。

第十四部分　中华人民共和国耕地占用税法

中华人民共和国耕地占用税暂行条例

国务院令第 511 号

第一条　为了合理利用土地资源，加强土地管理，保护耕地，制定本条例。

第二条　本条例所称耕地，是指用于种植农作物的土地。

第三条　占用耕地建房或者从事非农业建设的单位或者个人，为耕地占用税的纳税人，应当依照本条例规定缴纳耕地占用税。

前款所称单位，包括国有企业、集体企业、私营企业、股份制企业、外商投资企业、外国企业以及其他企业和事业单位、社会团体、国家机关、部队以及其他单位；所称个人，包括个体工商户以及其他个人。

第四条　耕地占用税以纳税人实际占用的耕地面积为计税依据，按照规定的适用税额一次性征收。

第五条　耕地占用税的税额规定如下：

（一）人均耕地不超过 1 亩的地区（以县级行政区域为单位，下同），每平方米为 10 元至 50 元；

（二）人均耕地超过 1 亩但不超过 2 亩的地区，每平方米为 8 元至 40 元；

（三）人均耕地超过 2 亩但不超过 3 亩的地区，每平方米为 6 元至 30 元；

（四）人均耕地超过 3 亩的地区，每平方米为 5 元至 25 元。

国务院财政、税务主管部门根据人均耕地面积和经济发展情况确定各省、自治区、直辖市的平均税额。

各地适用税额，由省、自治区、直辖市人民政府在本条第一款规定的税额幅度内，根据本地区情况核定。各省、自治区、直辖市人民政府核定的适用税额的平均水平，不得低于本条第二款规定的平均税额。

【注释】　相关规定包括：《财政部 国家税务总局关于耕地占用税平均税额和纳税义务发生时间问题的通知》（财税〔2007〕176 号）。

第六条　经济特区、经济技术开发区和经济发达且人均耕地特别少的地区，适用税额可以适当提高，但是提高的部分最高不得超过本条例第五条第三款规定的当地适用税额的 50%.

第七条　占用基本农田的，适用税额应当在本条例第五条第三款、第六条规定的当地适用税额的基础上提高 50%。

第八条　下列情形免征耕地占用税：

（一）军事设施占用耕地；

（二）学校、幼儿园、养老院、医院占用耕地。

第九条　铁路线路、公路线路、飞机场跑道、停机坪、港口、航道占用耕地，减按每平方米 2 元的税额征收耕地占用税。

根据实际需要，国务院财政、税务主管部门商国务院有关部门并报国务院批准后，可以对前款规定的情形免征或者减征耕地占用税。

第十条　农村居民占用耕地新建住宅，按照当地适用税额减半征收耕地占用税。

农村烈士家属、残疾军人、鳏寡孤独以及革命老根据地、少数民族聚居区和边远贫困山区生活困难的农村居民，在规定用地标准以内新建住宅缴纳耕地占用税确有困难的，经所在地乡（镇）人民政府审核，报经县级人民政府批准后，可以免征或者减征耕地占用税。

第十一条　依照本条例第八条、第九条规定免征或者减征耕地占用税后，纳税人改变原占地用途，不再属于免征或者减征耕地占用税情形的，应当按照当地适用税额补缴耕地占用税。

第十二条　耕地占用税由地方税务机关负责征收。

土地管理部门在通知单位或者个人办理占用耕地手续时，应当同时通知耕地所在地同级地方税务机关。获准占用耕地的单位或者个人应当在收到土地管理部门的通知之日起 30 日内缴纳耕地占用税。土地管理部门凭耕地占用税完税凭证或者免税凭证和其他有关文件发放建设用地批准书。

【注释】 相关规定包括:《财政部 国家税务总局关于耕地占用税平均税额和纳税义务发生时间问题的通知》(财税〔2007〕176 号)。

第十三条 纳税人临时占用耕地,应当依照本条例的规定缴纳耕地占用税。纳税人在批准临时占用耕地的期限内恢复所占用耕地原状的,全额退还已经缴纳的耕地占用税。

第十四条 占用林地、牧草地、农田水利用地、养殖水面以及渔业水域滩涂等其他农用地建房或者从事非农业建设的,比照本条例的规定征收耕地占用税。

建设直接为农业生产服务的生产设施占用前款规定的农用地的,不征收耕地占用税。

第十五条 耕地占用税的征收管理,依照《中华人民共和国税收征收管理法》和本条例有关规定执行。

第十六条 本条例自 2008 年 1 月 1 日起施行。1987 年 4 月 1 日国务院发布的《中华人民共和国耕地占用税暂行条例》同时废止。

中华人民共和国耕地占用税暂行条例实施细则

财政部 国家税务总局令第 49 号

第一条 根据《中华人民共和国耕地占用税暂行条例》(以下简称条例),制定本细则。

第二条 条例所称建房,包括建设建筑物和构筑物。

农田水利占用耕地的,不征收耕地占用税。

第三条 占用园地建房或者从事非农业建设的,视同占用耕地征收耕地占用税。

第四条 经申请批准占用耕地的,纳税人为农用地转用审批文件中标明的建设用地人;农用地转用审批文件中未标明建设用地人的,纳税人为用地申请人。

未经批准占用耕地的,纳税人为实际用地人。

第五条 条例第四条所称实际占用的耕地面积,包括经批准占用的耕地面积和未经批准占用的耕地面积。

第六条 各省、自治区、直辖市耕地占用税的平均税额,按照本细则所附的《各省、自治区、直辖市耕地占用税平均税额表》执行。

县级行政区域的适用税额,按照条例、本细则和各省、自治区、直辖市人民政府的规定执行。

第七条 条例第七条所称基本农田,是指依据《基本农田保护条例》划定的基本农田保护区范围内的耕地。

第八条 条例第八条规定免税的军事设施,具体范围包括:

(一)地上、地下的军事指挥、作战工程;

(二)军用机场、港口、码头;

(三)营区、训练场、试验场;

(四)军用洞库、仓库;

(五)军用通信、侦察、导航、观测台站和测量、导航、助航标志;

(六)军用公路、铁路专用线,军用通讯、输电线路,军用输油、输水管道;

(七)其他直接用于军事用途的设施。

第九条 条例第八条规定免税的学校,具体范围包括县级以上人民政府教育行政部门批准成立的大学、中学、小学、学历性职业教育学校以及特殊教育学校。

学校内经营性场所和教职工住房占用耕地的,按照当地适用税额缴纳耕地占用税。

第十条 条例第八条规定免税的幼儿园,具体范围限于县级人民政府教育行政部门登记注册或者备案的幼儿园内专门用于幼儿保育、教育的场所。

第十一条 条例第八条规定免税的养老院,具体范围限于经批准设立的养老院内专门为老年人提供生活照顾的场所。

第十二条 条例第八条规定免税的医院，具体范围限于县级以上人民政府卫生行政部门批准设立的医院内专门用于提供医护服务的场所及其配套设施。

医院内职工住房占用耕地的，按照当地适用税额缴纳耕地占用税。

第十三条 条例第九条规定减税的铁路线路，具体范围限于铁路路基、桥梁、涵洞、隧道及其按照规定两侧留地。

专用铁路和铁路专用线占用耕地的，按照当地适用税额缴纳耕地占用税。

第十四条 条例第九条规定减税的公路线路，具体范围限于经批准建设的国道、省道、县道、乡道和属于农村公路的村道的主体工程以及两侧边沟或者截水沟。

专用公路和城区内机动车道占用耕地的，按照当地适用税额缴纳耕地占用税。

第十五条 条例第九条规定减税的飞机场跑道、停机坪，具体范围限于经批准建设的民用机场专门用于民用航空器起降、滑行、停放的场所。

第十六条 条例第九条规定减税的港口，具体范围限于经批准建设的港口内供船舶进出、停靠以及旅客上下、货物装卸的场所。

第十七条 条例第九条规定减税的航道，具体范围限于在江、河、湖泊、港湾等水域内供船舶安全航行的通道。

第十八条 条例第十条规定减税的农村居民占用耕地新建住宅，是指农村居民经批准在户口所在地按照规定标准占用耕地建设自用住宅。

农村居民经批准搬迁，原宅基地恢复耕种，凡新建住宅占用耕地不超过原宅基地面积的，不征收耕地占用税；超过原宅基地面积的，对超过部分按照当地适用税额减半征收耕地占用税。

第十九条 条例第十条所称农村烈士家属，包括农村烈士的父母、配偶和子女。

第二十条 条例第十条所称革命老根据地、少数民族聚居地区和边远贫困山区生活困难的农村居民，其标准按照各省、自治区、直辖市人民政府有关规定执行。

第二十一条 根据条例第十一条的规定，纳税人改变占地用途，不再属于免税或减税情形的，应自改变用途之日起 30 日内按改变用途的实际占用耕地面积和当地适用税额补缴税款。

第二十二条 条例第十三条所称临时占用耕地，是指纳税人因建设项目施工、地质勘查等需要，在一般不超过 2 年内临时使用耕地并且没有修建永久性建筑物的行为。

第二十三条 因污染、取土、采矿塌陷等损毁耕地的，比照条例第十三条规定的临时占用耕地的情况，由造成损毁的单位或者个人缴纳耕地占用税。超过 2 年未恢复耕地原状的，已征税款不予退还。

第二十四条 条例第十四条所称林地，包括有林地、灌木林地、疏林地、未成林地、迹地、苗圃等，不包括居民点内部的绿化林木用地，铁路、公路征地范围内的林木用地，以及河流、沟渠的护堤林用地。

第二十五条 条例第十四条所称牧草地，包括天然牧草地、人工牧草地。

第二十六条 条例第十四条所称农田水利用地，包括农田排灌沟渠及相应附属设施用地。

第二十七条 条例第十四条所称养殖水面，包括人工开挖或者天然形成的用于水产养殖的河流水面、湖泊水面、水库水面、坑塘水面及相应附属设施用地。

第二十八条 条例第十四条所称渔业水域滩涂，包括专门用于种植或者养殖水生动植物的海水潮浸地带和滩地。

第二十九条 占用林地、牧草地、农田水利用地、养殖水面以及渔业水域滩涂等其他农用地建房或者从事非农业建设的，适用税额可以适当低于当地占用耕地的适用税额，具体适用税额按照各省、自治区、直辖市人民政府的规定执行。

第三十条 条例第十四条所称直接为农业生产服务的生产设施，是指直接为农业生产服务而建设的建筑物和构筑物。具体包括：储存农用机具和种子、苗木、木材等农业产品的仓储设施；培育、生产种子、种苗的设施；畜禽养殖设施；木材集材道、运材道；农业科研、试验、示范基地；野生动植物保护、护林、森林病虫害防治、森林防火、木材检疫的设施；专为农业生产服务的灌溉排水、供水、供电、供热、供气、通讯基础设施；农业生产者从事农业生产必需的食宿和管理设施；其他直接为农业生产服务的生产设施。

第三十一条 经批准占用耕地的，耕地占用税纳税义务发生时间为纳税人收到土地管理部门办理占用农用地手续通知的当天。

未经批准占用耕地的,耕地占用税纳税义务发生时间为纳税人实际占用耕地的当天。

第三十二条 纳税人占用耕地或其他农用地,应当在耕地或其他农用地所在地申报纳税。

第三十三条 各省、自治区、直辖市人民政府财政、税务主管部门应当将本省、自治区、直辖市人民政府制定的耕地占用税具体实施办法报送财政部和国家税务总局。

第三十四条 本细则自公布之日起实施。

附表:

各省、自治区、直辖市耕地占用税平均税额表

地　　区	每平方米平均税额(元)
上海	45
北京	40
天津	35
江苏、浙江、福建、广东	30
辽宁、湖北、湖南	25
河北、安徽、江西、山东、河南、重庆、四川	22.5
广西、海南、贵州、云南、陕西	20
山西、吉林、黑龙江	17.5
内蒙古、西藏、甘肃、青海、宁夏、新疆	12.5

财政部 国家税务总局关于耕地占用税平均税额和纳税义务发生时间问题的通知

财税〔2007〕176 号

各省、自治区、直辖市财政厅(局)、地方税务局,新疆生产建设兵团财务局:

为做好新修订的《中华人民共和国耕地占用税暂行条例》(国务院令第 511 号)的贯彻落实工作,现就耕地占用税平均税额和纳税义务发生时间问题通知如下:

一、各省、自治区、直辖市每平方米平均税额为:上海市 45 元;北京市 40 元;天津市 35 元;江苏、浙江、福建、广东 4 省各 30 元;辽宁、湖北、湖南 3 省各 25 元;河北、安徽、江西、山东、河南、四川、重庆 7 省市各 22.5 元;广西、海南、贵州、云南、陕西 5 省区各 20 元;山西、吉林、黑龙江 3 省各 17.5 元;内蒙古、西藏、甘肃、青海、宁夏、新疆 6 省区各 12.5 元。

各地依据耕地占用税暂行条例和上款的规定,经省级人民政府批准,确定县级行政区占用耕地的适用税额,占用林地、牧草地、农田水利用地、养殖水面以及渔业水域滩涂等其他农用地的适用税额可适当低于占用耕地的适用税额。

各地确定的县级行政区适用税额须报财政部、国家税务总局备案。

二、经批准占用耕地的,耕地占用税纳税义务发生时间为纳税人收到土地管理部门办理占用农用地手续通知的当天。

未经批准占用耕地的,耕地占用税纳税义务发生时间为实际占用耕地的当天。

【注释】 对《耕地占用税暂行条例》第 5、12 条进行了解释。

财政部 国家税务总局关于技工院校占用耕地免征耕地占用税的通知

财税〔2012〕22 号

各省、自治区、直辖市、计划单列市财政厅（局）、地方税务局，西藏、宁夏、青海省（自治区）国家税务局，新疆生产建设兵团财务局：

经研究，现将技工院校占用耕地的耕地占用税政策明确如下：

根据《中华人民共和国耕地占用税暂行条例》第八条第二项规定，学校占用耕地免征耕地占用税。其中，免税的学校范围，包括由国务院人力资源社会保障行政部门，省、自治区、直辖市人民政府或其人力资源社会保障行政部门批准成立的技工院校。

请遵照执行。

财政部 国家税务总局

二〇一二年三月二十二日

第十五部分　中华人民共和国房产税法

中华人民共和国房产税暂行条例

国发〔1986〕90 号

第一条　房产税在城市、县城、建制镇和工矿区征收。

【注释】　相关规定包括:《关于房产税若干具体问题的解释和暂行规定》(财税地〔1986〕8 号)。《财政部税务总局关于对外籍人员、华侨、港、澳、台同胞拥有的房产如何征收房产税问题的批复》(财税外〔1987〕230 号)、《国家税务总局关于邮政企业征免房产税、土地使用税问题的函》(国税函〔2001〕379 号)、《国家税务总局关于调整房产税和土地使用税具体征税范围解释规定的通知》(国税发〔1999〕44 号)、《国家税务总局关于房产税城镇土地使用税有关政策规定的通知》(国税发〔2003〕89 号)。

第二条　房产税由产权所有人缴纳。产权属于全民所有的,由经营管理的单位缴纳。产权出典的,由承典人缴纳。产权所有人、承典人不在房产所在地的,或者产权未确定及租典纠纷未解决的,由房产代管人或者使用人缴纳。

前款列举的产权所有人、经营管理单位、承典人、房产代管人或者使用人,统称为纳税义务人(以下简称纳税人)。

【注释】　相关规定包括:《关于房产税若干具体问题的解释和暂行规定》(财税地〔1986〕8 号)、《财政部关于对银行、保险系统征免房产税的通知》(财税〔1987〕36 号)。

第三条　房产税依照房产原值一次减除 10%至 30%后的余值计算缴纳。具体减除幅度,由省、自治区、直辖市人民政府规定。

没有房产原值作为依据的,由房产所在地税务机关参考同类房产核定。

房产出租的,以房产租金收入为房产税的计税依据。

【注释】　相关规定包括:《关于房产税若干具体问题的解释和暂行规定》(财税地〔1986〕8 号)、《财政部国家税务总局关于清产核资企业有关税收问题的通知》(财税〔1996〕69 号)、《财政部 国家税务总局关于调整住房租赁市场税收政策的通知》(财税〔2000〕125 号)、《国家税务总局关于进一步明确房屋附属设备和配套设施计征房产税有关问题的通知》(国税发〔2005〕173 号)、《财政部 国家税务总局关于具备房屋功能的地下建筑征收房产税的通知》(财税〔2005〕181 号)、《财政部 国家税务总局关于房产税城镇土地使用税有关政策的通知》(财税〔2006〕186 号)。

第四条　房产税的税率,依照房产余值计算缴纳的,税率为 1.2%;依照房产租金收入计算缴纳的,税率为 12%。

【注释】　相关规定包括:《国家税务局关于安徽省若干房产税业务问题的批复》(国税函发〔1993〕368 号)。

第五条　下列房产免纳房产税:

一、国家机关、人民团体、军队自用的房产;

二、由国家财政部门拨付事业经费的单位自用的房产;

三、宗教寺庙、公园、名胜古迹自用的房产;

四、个人所有非营业用的房产;

五、经财政部批准免税的其他房产。

【注释】　相关规定包括:《关于房产税若干具体问题的解释和暂行规定》(财税地〔1986〕8 号)、《财政部税务总局关于对房管部门经租的居民住房暂缓征收房产税的通知》(财税地〔1987〕30 号)、《国家税务局对关于中、小学校办企业征免房产税、土地使用税问题的请示的批复》(国税地〔1989〕81 号)、《国家税务总局关于地质矿产部所属地勘单位征税问题的通知》(国税函发〔1995〕453 号)、《国家税务总局关于地质矿产部所属地勘单位征税问题的补充通知》(国税函发〔1996〕656 号)、《财政部 国家税务总局关于血站有关税收问题的通知》(财税〔1999〕264 号)、《财政部 国家税务总局关于医疗卫生机构有关税收政策的通知》(财税〔2000〕42 号)、《财政部 国家税务总局关于对老年服务机构有关税收政策问题的通知》(财税〔2000〕97 号)、《财政部 国家税务总局关于非营利性科研机构税收政策的通知》(财税〔2001〕5 号)、《国家税务总局关于中国人民银行总行所属分支机构免征房产税城镇土地使用税的通知》(国税函〔2001〕770 号、《财政部 国家税务总局关于调整铁路系统房产税城镇土地使用税政策的通知》(财税〔2003〕149 号)、《财政部 国家税务总局关于教育税收政策的通知》(财税〔2004〕39 号)、《财政部 国家税务总局关于明确免征房产税城镇土地使用税的铁路运输企业范围及有关问题的通知》(财税〔2004〕36 号)、《国家税务总局关于房产税部分行政审批项目取消后加强后续管理工作的通知》(国税函〔2004〕839 号)、《财政部 国家税务总局关于暂免征收军队空余房产租赁收入营业税房产税的通知》(财税〔2004〕123 号)。

第六条　除本条例第五条规定者外,纳税人纳税确有困难的,可由省、自治区、直辖市人民政府确定,定期减征或者免征房产税。

【注释】　相关规定包括:《财政部税务总局关于房产税和车船使用税几个业务问题的解释与规定》(财税地〔1987〕3 号)、《财政部税务总局关于对房管部门经租的居民住房暂缓征收房产税的通知》(财税地〔1987〕30 号)、《国家税务局关于邮电部门所属企业恢复征收房产税问题的通知》(国税发〔1991〕36 号)。

第七条　房产税按年征收、分期缴纳。纳税期限由省、自治区、直辖市人民政府规定。

【注释】　相关规定包括:《国家税务总局关于房产税城镇土地使用税有关政策规定的通知》(国税发〔2003〕89 号)。

第八条　房产税的征收管理,依照《中华人民共和国税收征收管理暂行条例》的规定办理。

第九条　房产税由房产所在地的税务机关征收。

【注释】　相关规定包括:《关于房产税若干具体问题的解释和暂行规定》(财税地〔1986〕8 号)。

第十条　本条例由财政部负责解释;施行细则由省、自治区、直辖市人民政府制定,抄送财政部备案。

第十一条　本条例自 1986 年 10 月 1 日起施行。

财政部税务总局关于检发《关于房产税若干具体问题的解释和暂行规定》《关于车船使用税若干具体问题的解释和暂行规定》的通知

财税地〔1986〕8 号

各省、自治区、直辖市税务局,重庆、武汉、沈阳、大连、哈尔滨、西安、广州税务局,加发南京市税务局,海洋石油税务局各分局:

《中华人民共和国房产税暂行条例》和《中华人民共和国车船使用税暂行条例》已经发布。为了便于各地贯彻执行,总局在征求各地意见的基础上,对这两个条例作了一些解释和规定,现将《关于房产税若干具体问题的解释和暂行规定》、《关于车船使用税若干具体问题的解释和暂行规定》发给你们,请结合本地的实际情况,一并研究贯彻执行。执行中有什么问题,请及时报告总局。

关于房产税若干具体问题的解释和暂行规定

一、关于城市、县城、建制镇、工矿区的解释。

城市是指经国务院批准设立的市。

县城是指未设立建制镇的县人民政府所在地。

建制镇是指经省、自治区、直辖市人民政府批准设立的建制镇。

工矿区是指工商业比较发达，人口比较集中，符合国务院规定的建制镇标准，但尚未设立镇建制的大中型工矿企业所在地。开征房产税的工矿区须经省、自治区、直辖市人民政府批准。

二、关于城市、建制镇征税范围的解释。

城市的征税范围为市区、郊区和市辖县县城。不包括农村。

建制镇的征税范围为镇人民政府所在地。不包括所辖的行政村。

三、关于"人民团体"的解释。

"人民团体"是指经国务院授权的政府部门批准设立或登记备案并由国家拨付行政事业费的各种社会团体。

四、关于"由国家财政部门拨付事业经费的单位"，是否包括由国家财政部门拨付事业经费，实行差额预算管理的事业单位？

实行差额预算管理的事业单位，虽然有一定的收入，但收入不够本身经费开支的部分，还要由国家财政部门拨付经费补助。因此，对实行差额预算管理的事业单位，也属于是由国家财政部门拨付事业经费的单位，对其本身自用的房产免征房产税。

五、关于由国家财政部门拨付事业经费的单位，其经费来源实行自收自支后，有无减免税优待？

由国家财政部门拨付事业经费的单位，其经费来源实行自收自支后，应征收房产税。但为了鼓励事业单位经济自立，由国家财政部门拨付事业经费的单位，其经费来源实行自收自支后，从事业单位经费实行自收自支的年度起，免征房产税3年。

六、关于免税单位自用房产的解释

国家机关、人民团体、军队自用的房产，是指这些单位本身的办公用房和公务用房。

事业单位自用的房产，是指这些单位本身的业务用房。

宗教寺庙自用的房产，是指举行宗教仪式等的房屋和宗教人员使用的生活用房屋。

公园、名胜古迹自用的房产，是指供公共参观游览的房屋及其管理单位的办公用房屋。

上述免税单位出租的房产以及非本身业务用的生产、营业用房产不属于免税范围，应征收房产税。

七、关于纳税单位和个人无租使用其他单位的房产，如何征收房产税？

纳税单位和个人无租使用房产管理部门、免税单位及纳税单位的房产，应由使用人代缴纳房产税。

八、关于房产不在一地的纳税人，如何确定纳税地点？

房产税暂行条例第九条规定，"房产税由房产所在地的税务机关征收。"房产不在一地的纳税人，应按房产的座落地点，分别向房产所在地的税务机关缴纳房产税。

九、关于在开征地区范围之外的工厂、仓库，可否征收房产税？

根据房产税暂行条例的规定，不在开征地区范围之内的工厂、仓库，不应征收房产税。

十、关于企业办的各类学校、医院、托儿所、幼儿园自用的房产，可否免征房产税？

企业办的各类学校、医院、托儿所、幼儿园自用的房产，可以比照由国家财政部门拨付事业经费的单位自用的房产，免征房产税。

十一、(本条被财税〔2005〕181号文件废止)

十二、关于个人所有的房产用于出租的，应否征收房产税？

个人出租的房产，不分用途，均应征收房产税。

十三、关于个人所有的居住房屋，可否由当地核定面积标准，就超过面积标准的部分征收房产税？

根据房产税暂行条例规定，个人所有的非营业用的房产免征房产税。因此，对个人所有的居住用房，不分面积多少，均免征房产税。

十四、关于个人所有的出租房屋，是按房产余值计算缴纳房产税还是按房产租金收入计算缴纳房产税？

根据房产税暂行条例规定，房产出租的，以房产租金收入为房产税的计税依据。因此，个人出租房屋，应按房屋租金收入征税。

十五、(本条被财税〔2008〕152号文件废止)

十六、关于毁损不堪居住的房屋和危险房屋，可否免征房产税？

经有关部门鉴定，对毁损不堪居住的房屋和危险房屋，在停止使用后，可免征房产税。

十七、关于依照房产原值一次减除10%至30%后的余值计算缴纳房产税，其减除幅度，可否按照房屋的新旧程度分别确定？对有些房屋的减除幅度，可否超过这个规定？

根据房产税暂行条例规定，具体减除幅度以及是否区别房屋新旧程度分别确定减除幅度，由省、自治区、直辖市人民政府规定，减除幅度只能在10％至30％以内。

十八、关于对微利企业和亏损企业的房产，可否免征房产税？

房产税属于财产税性质的税，对微利企业和亏损企业的房产，依照规定应征收房产税，以促进企业改善经营管理，提高经济效益。但为了照顾企业的实际负担能力，可由地方根据实际情况在一定期限内暂免征收房产税。

十九、关于新建的房屋如何征税？

纳税人自建的房屋，自建成之次月起征收房产税。

纳税人委托施工企业建设的房屋，从办理验收手续之次月起征收房产税。

纳税人在办理验收手续前已使用或出租、出借的新建房屋，应按规定征收房产税。

二十、关于企业停产、撤销后应否停征房产税？

企业停产、撤销后，对他们原有的房产闲置不用的，经省、自治区、直辖市税务局批准可暂不征收房产税；如果这些房产转给其他征税单位使用或者企业恢复生产的时候，应依照规定征收房产税。

二十一、关于基建工地的临时性房屋，应否征收房产税？

凡是在基建工地为基建工地服务的各种工棚、材料棚、休息棚和办公室、食堂、茶炉房、汽车房等临时性房屋，不论是施工企业自行建造还是由基建单位出资建造交施工企业使用的，在施工期间，一律免征房产税。但是，如果在基建工程结束以后，施工企业将这种临时性房屋交还或者估价转让给基建单位的，应当从基建单位接收的次月起，依照规定征收房产税。

二十二、关于公园、名胜古迹中附设的营业单位使用或出租的房产，应否征收房产税？

公园、名胜古迹中附设的营业单位，如影剧院、饮食部、茶社、照相馆等所使用的房产及出租的房产，应征收房产税。

二十三、关于房产出租，由承租人修理，不支付房租，应否征收房产税？

承租人使用房产，以支付修理费抵交房产租金，仍应由房产的产权所有人依照规定缴纳房产税。

二十四、关于房屋大修停用期间，可否免征房产税？

房屋大修停用在半年以上的，经纳税人申请，税务机关审核，在大修期间可免征房产税。

二十五、关于纳税单位与免税单位共同使用的房屋，如何征收房产税？

纳税单位与免税单位共同使用的房屋，按各自使用的部分划分，分别征收或免征房产税。

【注释】　对《房产税暂行条例》第1、2、3、5、9条进行了解释。《财政部 国家税务总局关于调整房产税有关减免税政策的通知》(财税〔2004〕140号)对本规定进行了修正。上述规定第11条已经被下列规定废止：《财政部 国家税务总局关于具备房屋功能的地下建筑征收房产税的通知》(财税〔2005〕181号)。上述规定第15条已经被下列规定废止：《财政部 国家税务总局关于房产税城镇土地使用税有关问题的通知》(财税〔2008〕152号)。

财政部税务总局关于房产税和车船使用税几个业务问题的解释与规定

财税地〔1987〕3号

总局(86)财税地字第008号《关于检发〈关于房产税若干具体问题的解释和暂行规定〉、〈关于车船使用税若干具体问题的解释和暂行规定〉的通知》下发后，各地在贯彻执行中又陆续提出一些需要明确的问题。经研究，现作如下解释和规定：

一、关于"房产"的解释

"房产"是以房屋形态表现的财产。房屋是指有屋面和围护结构(有墙或两边有柱)，能够遮风避雨，可供人们在其中生产、工作、学习、娱乐、居住或储藏物资的场所。

独立于房屋之外的建筑物，如围墙、烟囱、水塔、变电塔、油池油柜、酒窖菜窖、酒精池、糖蜜池、室外游泳池、玻璃暖房、砖瓦石灰窑以及各种油气罐等，不属于房产。

根据总局(86)财税地字第008号文规定，"房产原值是指纳税人按照会计制度规定，在账簿'固定资产'科目中记载的房屋原价。"因此，凡按会计制度规定在账簿中记载有房屋原价的，即应以房屋原价按规定减除一定比例后作为房产余值计征房产税；没有记载房屋原价的，按照上述原则，并参照同类房屋，确定房产原值，计征房产税。

二、关于房屋附属设备的解释

房产原值应包括与房屋不可分割的各种附属设备或一般不单独计算价值的配套设施。主要有：暖气、卫生、通风、照明、煤气等设备；各种管线，如蒸气、压缩空气、石油、给水排水等管道及电力、电讯、电缆导线；电梯、升降机、过道、晒台等。

属于房屋附属设备的水管、下水道、暖气管、煤气管等从最近的探视井或三通管算起。电灯网、照明线从进线盒连接管算起。

三、关于工商行政管理部门的集贸市场用房征收房产税的规定

工商行政管理部门的集贸市场用房，不属于工商部门自用的房产，按规定应征收房产税。但为了促进集贸市场的发展，省、自治区、直辖市可根据具体情况暂给予减税或免税照顾。

……

【注释】 对《房产税暂行条例》第3条、第6条进行了解释。

财政部税务总局关于对外籍人员、华侨、港、澳、台同胞拥有的房产如何征收房产税问题的批复

财税外〔1987〕230号

福建省税务局：

(87)闽税政三字第522号函悉。关于对外籍人员的房屋以及华侨、香港、澳门、台湾同胞的房屋如何征收房产税问题，经研究，批复如下：

一、对外籍人员和华侨、香港、澳门、台湾同胞在内地拥有的房产，应按照前政务院1951年8月8日公布的《城市房地产税暂行条例》的规定征收房产税。

二、在我国境内拥有房产的外籍人员和在内地拥有房产的华侨、香港、澳门、台湾同胞，如果不在我国境内或内地居住，可由其代管人或使用人代为报缴房产税；如果其房产所有权已转让给国内亲友或有关企、事业单位，则应按《中华人民共和国房产税暂行条例》的规定缴纳房产税。

【注释】 对《房产税暂行条例》第2条进行了解释。

财政部税务总局关于对房管部门经租的居民住房暂缓征收房产税的通知

财税地〔1987〕30号

为了有利于房租改革和照顾房管部门经租的居民住房目前收取租金偏低的实际情况，经研究确定：从1988年1月1日起，对房管部门经租的居民住房，在房租调整改革之前收取租金偏低的，可暂缓征收房产税；对房管部门经租的其他非营业用房，是否给予照顾，可由各省、自治区、直辖市根据当地具体情况按税收管理体制的规定办理。

【注释】 对《房产税暂行条例》第5条、第6条进行了解释。

国家税务局对《关于高校征免房产税、土地使用税的请示》的批复

国税地便〔1989〕8 号

武汉市税务局：

你局《关于高校征免房产税、土地使用税的请示》收悉，现批复如下：

国务院国发〔1989〕10 号《国务院批转国家教委等部门关于深化改革鼓励教育科研卫生单位增加社会服务意见的通知》和国家税务局(89)国税所字第 067 号《关于贯彻国务院国发〔1989〕10 号文件有关税收问题的通知》中所说的"对高等学校校用房产和土地免征房产税、土地使用税"，是指对高等学校用于教学及科研等本身业务用房产和土地免征房产税和土地使用税。对高等学校举办的校办工厂、商店、招待所等的房产及土地以及出租的房产及用地，均不属于自用房产和土地的范围，应按规定征收房产税、土地使用税。

【注释】 对《国务院批转国家教委等部门关于深化改革鼓励教育科研卫生单位增加社会服务意见的通知》(国发〔1989〕10 号)、《关于贯彻国务院国发〔1989〕10 号文件有关税收问题的通知》((89)国税所字第 067 号)进行了解释。

国家税务局对《关于中、小学校办企业征免房产税、土地使用税问题的请示》的批复

国税地〔1989〕81 号

四川省税务局：

你局川税三(1989)489 号《关于中、小学校办企业征免房产税、土地使用税问题的请示》收悉，现批复如下：

关于中、小学校办企业使用的房屋及土地征收房产税和土地使用税问题，我局意见，对中、小学校办企业应比照(89)国税地便字第 008 号"对《关于高校征免房产税、土地使用税的请示》的批复"中有关规定征收房产税和土地使用税；对非独立核算的校办企业，原则上也应征收房产税和土地使用税，纳税确有困难的，可按税收管理权限给予适当的减税或免税。

【注释】 对《房产税暂行条例》第 5 条进行了解释。

国家税务局关于安徽省若干房产税业务问题的批复

国税函发〔1993〕368 号

安徽省税务局：

你局税地字〔1993〕第 434 号《关于对投资联营的房产征收房产税问题的请示》和税地字〔1993〕第 461 号《关于对融资租赁房屋征收房产税的请示》收悉。经研究，同意你局意见，即：

一、对于投资联营的房产，应根据投资联营的具体情况，在计征房产税时予以区别对待。对于以房产投资联营，投资者参与投资利润分红，共担风险的情况，按房产原值作为计税依据计征房产税；对于以房产投资，收取固定收入，不承担联营风险的情况，实际上是以联营名义取得房产的租金，应根据《中华人民共和国房产税暂行条例》的有关规定由出租方按租金收入计缴房产税。

二、对于融资租赁房屋的情况，由于租赁费包括购进房屋的价款、手续费、借款利息等，与一般房屋出租

的“租金”内涵不同，且租赁期满后，当承担方偿还最后一笔租赁费时，房屋产权要转移到承租方，这实际上是一种变相的分期付款购买固定资产的形式，所以在计征房产税时应以房产余值计算征收。至于租赁期内房产税的纳税人，可由你局根据实际情况确定。

【注释】 对《房产税暂行条例》第 4 条进行了解释。

国家税务总局关于调整房产税和土地使用税具体征税范围解释规定的通知

国税发〔1999〕44 号

各省、自治区、直辖市和计划单列市地方税务局：

近接一些地区反映，原财政部税务总局印发的《关于房产税若干具体问题的解释和暂行规定》([86]财税地字 008 号)与原国家税务局印发的《关于土地使用税若干具体问题的解释和暂行规定》([88]国税地字第 015 号)，有关房产税与土地使用税的具体征税范围的解释不尽一致，并且经济发展及城镇建设已发生很大变化，在实际执行中，不便于操作，经研究，现进一步解释和规定如下：

一、房产税、土地使用税在城市、县城、建制镇和工矿区征收，各地在遵照执行。

二、关于建制镇具体征税范围，由各省、自治区、直辖市地方税务局提出方案，经省、自治区、直辖市人民政府确定批准后执行，并报国家税务总局备案。对农林牧渔业用地和农民居住用房屋及土地，不征收房产税和土地使用税。

【注释】 对《房产税暂行条例》第 1 条进行了解释。

财政部 国家税务总局关于血站有关税收问题的通知

财税〔1999〕264 号

为了推动无偿献血公益事业的发展，经国务院批准，现将血站的有关税收问题明确如下：

一、鉴于血站是采集和提供临床用血，不以营利为目的的公益性组织，又属于财政拨补事业费的单位，因此，对血站自用的房产和土地免征房产税和城镇土地使用税。

二、对血站供应给医疗机构的临床用血免征增值税。

三、本通知所称血站，是指根据《中华人民共和国献血法》的规定，由国务院或省级人民政府卫生行政部门批准的，从事采集、提供临床用血，不以营利为目的的公益性组织。

四、本通知自 1999 年 11 月 1 日起执行。在此之前已征收入库的税款不再退还，未征收入库的税款也不再征缴。

【注释】 对《房产税暂行条例》第 5 条进行了解释。

财政部 国家税务总局关于医疗卫生机构有关税收政策的通知

财税〔2000〕42 号

各省、自治区、直辖市、计划单列市财政厅(局)、国家税务局、地方税务局：

为了贯彻落实《国务院办公厅转发国务院体改办等部门关于城镇医药卫生体制改革指导意见的通知》（国办发〔2000〕16号），促进我国医疗卫生事业的发展，经国务院批准，现将医疗卫生机构有关税收政策通知如下：

一、关于非营利性医疗机构的税收政策

（一）对非营利性医疗机构按照国家规定的价格取得的医疗服务收入，免征各项税收。不按照国家规定价格取得的医疗服务收入不得享受这项政策。

医疗服务是指医疗服务机构对患者进行检查、诊断、治疗、康复和提供预防保健、接生、计划生育方面的服务，以及与这些服务有关的提供药品、医用材料器具、救护车、病房住宿和伙食的业务（下同）。

（二）对非营利性医疗机构从事非医疗服务取得的收入，如租赁收入、财产转让收入、培训收入、对外投资收入等应按规定征收各项税收。非营利性医疗机构将取得的非医疗服务收入，直接用于改善医疗卫生服务条件的部分，经税务部门审核批准可抵扣其应纳税所得额，就其余额征收企业所得税。

（三）对非营利性医疗机构自产自用的制剂，免征增值税。

（四）非营利性医疗机构的药房分离为独立的药品零售企业，应按规定征收各项税收。

（五）对非营利性医疗机构自用的房产、土地、车船，免征房产税、城镇土地使用税和车船使用税。

二、关于营利性医疗机构的税收政策

（一）对营利性医疗机构取得的收入，按规定征收各项税收。但为了支持营利性医疗机构的发展，对营利性医疗机构取得的收入，直接用于改善医疗卫生条件的，自其取得执业登记之日起，3年内给予下列优惠：对其取得的医疗服务收入免征营业税；对其自产自用的制剂免征增值税；对营利性医疗机构自用的房产、土地、车船免征房产税、城镇土地使用税和车船使用税。3年免税期满后恢复征税。

（二）对营利性医疗机构的药房分离为独立的药品零售企业，应按规定征收各项税收。

三、关于疾病控制机构和妇幼保健机构等卫生机构的税收政策

（一）对疾病控制机构和妇幼保健机构等卫生机构按照国家规定的价格取得的卫生服务收入（含疫苗接种和调拨、销售收入），免征各项税收。不按照国家规定的价格取得的卫生服务收入不得享受这项政策。对疾病控制机构和妇幼保健等卫生机构取得的其他经营收入如直接用于改善本卫生机构卫生服务条件的，经税务部门审核批准可抵扣其应纳税所得额，就其余额征收企业所得税。

（二）对疾病控制机构和妇幼保健机构等卫生机构自用的房产、土地、车船，免征房产税、城镇土地使用税和车船使用税。

医疗机构需要书面向卫生行政主管部门申明其性质，按《医疗机构管理条例》进行设置审批和登记注册，并由接受其登记注册的卫生行政部门核定，在执业登记中注明“非营利性医疗机构”和“营利性医疗机构”。

上述医疗机构具体包括：各级各类医院、门诊部（所）、社区卫生服务中心（站）、急救中心（站）、城乡卫生院、护理院（所）、疗养院、临床检验中心等。上述疾病控制、妇幼保健等卫生机构具体包括：各级政府及有关部门举办的卫生防疫站（疾病控制中心）、各种专科疾病防治站（所），各级政府举办的妇幼保健所（站）、母婴保健机构、儿童保健机构等，各级政府举办的血站（血液中心）。

本通知自发布之日起执行。

【注释】 对《房产税暂行条例》第5条进行了解释。

财政部 国家税务总局关于对老年服务机构有关税收政策问题的通知

财税〔2000〕97号

各省、自治区、直辖市、计划单列市财政厅（局）、国家税务局、地方税务局：

为贯彻中共中央、国务院《关于加强老龄工作的决定》（中发〔2000〕13号）精神，现对政府部门和社会力量兴办的老年服务机构有关税收政策问题通知如下：

一、对政府部门和企事业单位、社会团体以及个人等社会力量投资兴办的福利性、非营利性的老年服务机构，暂免征收企业所得税，以及老年服务机构自用房产、土地、车船的房产税、城镇土地使用税、车船使用税。

二、对企事业单位、社会团体和个人等社会力量，通过非营利性的社会团体和政府部门向福利性、非营利性的老年服务机构的捐赠，在缴纳企业所得税和个人所得税前准予全额扣除。

三、本通知所称老年服务机构，是指专门为老年人提供生活照料、文化、护理、健身等多方面服务的福利性、非营利性的机构，主要包括：老年社会福利院、敬老院(养老院)、老年服务中心、老年公寓(含老年护理院、康复中心、托老所)等。

本通知自2000年10月1日起执行。

【注释】 对《房产税暂行条例》第5条进行了解释。

财政部 国家税务总局关于调整住房租赁市场税收政策的通知

财税〔2000〕125号

各省、自治区、直辖市、计划单列市财政厅(局)，国家税务局，地方税务局，新疆生产建设兵团：

为了配合国家住房制度改革，支持住房租赁市场的健康发展，经国务院批准，现对住房租赁市场有关税收政策问题通知如下：

一、对按政府规定价格出租的公有住房和廉租住房，包括企业和自收自支事业单位向职工出租的单位自有住房；房管部门向居民出租的公有住房；落实私房政策中带户发还产权并以政府规定租金标准向居民出租的私有住房等，暂免征收房产税、营业税。

二、对个人按市场价格出租的居民住房，其应缴纳的营业税暂减按3%的税率征收，房产税暂减按4%的税率征收。

三、对个人出租房屋取得的所得暂减按10%的税率征收个人所得税。

本通知自2001年1月1日起执行。凡与本通知规定不符的税收政策，一律改按本通知的规定执行。

【注释】 对《房产税暂行条例》第3条进行了解释。

财政部 国家税务总局关于非营利性科研机构税收政策的通知

财税〔2001〕5号

各省、自治区、直辖市、计划单列市财政厅(局)、国家税务局、地方税务局：

为了贯彻落实《国务院办公厅转发科技部等部门关于非营利性科研机构管理的若干意见(试行)的通知》(国办发〔2000〕78号)，鼓励社会公益类科研事业的发展，经国务院批准，现对非营利性科研机构有关税收政策明确如下：

一、非营利性科研机构要以推动科技进步为宗旨，不以营利为目的，主要从事应用基础研究或向社会提供公共服务。非营利性科研机构的认定标准，由科技部会同财政部、中编办、国家税务总局另行制定。非营利性科研机构需要书面向科技行政主管部门申明其性质，按规定进行设置审批和登记注册，并由接受其登记注册的科技行政部门核定，在执业登记中注明“非营利性科研机构”。

二、非营利性科研机构享受如下税收优惠政策：

1. 非营利性科研机构从事技术开发、技术转让业务和与之相关的技术咨询、技术服务所得的收入，按有关规定免征营业税和企业所得税。

2. 非营利性科研机构从事与其科研业务无关的其他服务所取得的收入，如租赁收入、财产转让收入、对外投资收入等，应当按规定征收各项税收；非营利性科研机构从事上述非主营业务收入用于改善研究开发条件的投资部分，经税务部门审核批准可抵扣其应纳税所得额，就其余额征收企业所得税。

3. 非营利性科研机构自用的房产、土地，免征房产税、城镇土地使用税。

4. 社会力量对非关联的非营利性科研机构的新产品、新技术、新工艺所发生的研究开发经费资助，经主管税务机关审核确定，其资助支出可以全额在当年度应纳税所得额中扣除。当年度应纳税所得额不足抵扣的，不得结转抵扣。

三、对非营利性科研机构实行年度检查制度，凡不符合条件的，应取消其免税资格，并按规定补缴当年已免税款。

本通知自 2001 年 1 月 1 日起执行。具体执行办法由国家税务总局另行制定。

【注释】 对《房产税暂行条例》第 5 条进行了解释。

国家税务总局关于邮政企业征免房产税、土地使用税问题的函

国税函〔2001〕379 号

国家邮政局：

你局《关于申请减免邮政企业房产税、土地使用税的函》（国邮〔2000〕479 号）收悉，来函要求我局进一步明确邮政农村支局不需缴纳房产税和土地使用税问题，经研究，现函复如下：

根据房产税和土地使用税的有关规定，对邮政部门座落在城市、县城、建制镇、工矿区范围内的房产、土地，应当依法征收房产税和土地使用税；对座落在上述范围以外尚在县邮政局内核算的房产、土地，必须在单位财务账中划分清楚，从 2001 年 1 月 1 日起不再征收房产税和土地使用税。

【注释】 对《房产税暂行条例》第 1 条进行了解释。

财政部 国家税务总局关于调整铁路系统房产税城镇土地使用税政策的通知

财税〔2003〕149 号

各省、自治区、直辖市、计划单列市财政厅（局）、地方税务局，新疆生产建设兵团财务局：

根据铁路运输体制改革和铁路系统的实际情况，经国务院批准，现对铁路系统有关房产税、城镇土地使用税税收政策通知如下：

一、铁道部所属铁路运输企业自用的房产、土地继续免征房产税和城镇土地使用税。

二、对铁路运输体制改革后，从铁路系统分离出来并实行独立核算、自负盈亏的企业，包括铁道部所属原执行经济承包方案的工业、供销、建筑施工企业；中国铁路工程总公司、中国铁道建筑工程总公司、中国铁路通信信号总公司、中国土木建筑工程总公司、中国北方机车车辆工业集团公司、中国南方机车车辆工业集团公司；以及铁道部所属自行解决工交事业费的单位，自 2003 年 1 月 1 日起恢复征收房产税、城镇土地使用税。

三、铁道部所属其他企业、单位的房产和土地，继续按税法规定征收房产税和城镇土地使用税。

【注释】 对《房产税暂行条例》第 5 条进行了解释。

国家税务总局关于房产税城镇土地使用税有关政策规定的通知

国税发〔2003〕89 号

各省、自治区、直辖市和计划单列市地方税务局，局内各单位：

随着我国房地产市场的迅猛发展，涉及房地产税收的政策问题日益增多，经调查研究和广泛听取各方面的意见，现对房产税、城镇土地使用税有关政策问题明确如下：

一、关于房地产开发企业开发的商品房征免房产税问题鉴于房地产开发企业开发的商品房在出售前，对房地产开发企业而言是一种产品，因此，对房地产开发企业建造的商品房，在售出前，不征收房产税；但对售出前房地产开发企业已使用或出租、出借的商品房应按规定征收房产税。

二、关于确定房产税、城镇土地使用税纳税义务发生时间问题

（一）购置新建商品房，自房屋交付使用之次月起计征房产税和城镇土地使用税。

（二）购置存量房，自办理房屋权属转移、变更登记手续，房地产权属登记机关签发房屋权属证书之次月起计征房产税和城镇土地使用税。

（三）出租、出借房产，自交付出租、出借房产之次月起计征房产税和城镇土地使用税。

（四）房地产开发企业自用、出租、出借本企业建造的商品房，自房屋使用或交付之次月起计征房产税和城镇土地使用税。

【注释】 对《房产税暂行条例》第 1 条、第 7 条进行了解释。

财政部 国家税务总局关于教育税收政策的通知

财税〔2004〕39 号

各省、自治区、直辖市、计划单列市财政厅（局）、国家税务局、地方税务局，新疆生产建设兵团财务局：

为了进一步促进教育事业发展，经国务院批准，现将有关教育的税收政策通知如下：

……

二、关于房产税、城镇土地使用税、印花税

对国家拨付事业经费和企业办的各类学校、托儿所、幼儿园自用的房产、土地，免征房产税、城镇土地使用税；对财产所有人将财产赠给学校所立的书据，免征印花税。

……

六、本通知自 2004 年 1 月 1 日起执行，此前规定与本通知不符的，以本通知为准。

【注释】 对《房产税暂行条例》第 5 条进行了解释。

财政部 国家税务总局关于明确免征房产税城镇土地使用税的铁路运输企业范围及有关问题的通知

财税〔2004〕36 号

各省、自治区、直辖市、计划单列市财政厅（局）、地方税务局，新疆生产建设兵团财务局：

为更好地贯彻执行《财政部 国家税务总局关于调整铁路系统房产税城镇土地使用税政策的通知》(财税〔2003〕149 号),经研究,现就有关免征房产税和城镇土地使用税的铁路运输企业范围和有关问题通知如下:

……

二、地方铁路运输企业自用的房产、土地应缴纳的房产税、城镇土地使用税比照铁道部所属铁路运输企业的政策执行。

……

【注释】 对《房产税暂行条例》第 5 条进行了解释。本通知第一条已经被下列规定废止:《财政部 国家税务总局关于明确免征房产税城镇土地使用税的铁路运输企业范围的补充通知》(财税〔2006〕17 号)。

国家税务总局关于房产税部分行政审批项目取消后加强后续管理工作的通知

国税函〔2004〕839 号

各省、自治区、直辖市和计划单列市地方税务局:

为贯彻执行《国务院关于第三批取消和调整行政审批项目的决定》(国发〔2004〕16 号),做好房产税有关行政审批项目取消后的管理工作,现就有关问题通知如下:

一、对《财政部税务总局关于房产税若干具体问题的解释和暂行规定》([86]财税地字第 008 号)第二十四条关于"房屋大修停用在半年以上的,经纳税人申请,税务机关审核,在大修期间可免征房产税"的规定作适当修改,取消经税务机关审核的内容。

纳税人因房屋大修导致连续停用半年以上的,在房屋大修期间免征房产税,免征税额由纳税人在申报缴纳房产税时自行计算扣除,并在申报表附表或备注栏中作相应说明。

二、纳税人房屋大修停用半年以上需要免征房产税的,应在房屋大修前向主管税务机关报送相关的证明材料,包括大修房屋的名称、坐落地点、产权证编号、房产原值、用途、房屋大修的原因、大修合同及大修的起止时间等信息和资料,以备税务机关查验。具体报送材料由各省、自治区、直辖市和计划单列市地方税务局确定。

三、税务机关要加强房产税的税源管理,摸清纳税人房屋的使用状况,并设立房产税税源管理台账。有条件的地方要充分利用信息化手段,建立房产税信息管理系统,及时掌握房产税的申报、纳税、免税情况,加强税源管理。

四、税务机关应对报告大修的房屋加强跟踪管理和检查,如发现虚假情况,按《中华人民共和国税收征收管理法》的有关规定处理。

五、各省、自治区、直辖市和计划单列市地方税务局应根据本通知的精神制定具体的管理办法,并告知房产税的纳税人。

六、本通知自 2004 年 7 月 1 日起执行。

【注释】 对《房产税暂行条例》第 5 条进行了解释。

财政部 国家税务总局关于调整房产税有关减免税政策的通知

财税〔2004〕140 号

各省、自治区、直辖市、计划单列市财政厅(局)、地方税务局,新疆生产建设兵团财务局:

为了规范税收政策，进一步加强房产税的征收管理，经研究决定，对《财政部税务总局关于房产税若干具体问题的解释和暂行规定》([86]财税地字第008号)的部分内容作适当修改，即：废止第十八条关于对微利企业和亏损企业的房产"可由地方根据实际情况在一定期限内暂免征收房产税"和第二十条"企业停产、撤销后，对他们原有的房产闲置不用的，经省、自治区、直辖市税务局批准可暂不征收房产税"的规定。

【注释】 对《财政部税务总局关于房产税若干具体问题的解释和暂行规定》([86]财税地字第008号)进行了修正。

国家税务总局关于进一步明确房屋附属设备和配套设施计征房产税有关问题的通知

国税发〔2005〕173号

各省、自治区、直辖市和计划单列市地方税务局，扬州税务进修学院：

关于房屋附属设备和配套设施计征房产税问题，《财政部税务总局关于房产税和车船使用税几个业务问题的解释与规定》([87]财税地字第003号)第二条已作了明确。随着社会经济的发展和房屋功能的完善，又出现了一些新的设备和设施，亟需明确。经研究，现将有关问题通知如下：

一、为了维持和增加房屋的使用功能或使房屋满足设计要求，凡以房屋为载体，不可随意移动的附属设备和配套设施，如给排水、采暖、消防、中央空调、电气及智能化楼宇设备等，无论在会计核算中是否单独记账与核算，都应计入房产原值，计征房产税。

二、对于更换房屋附属设备和配套设施的，在将其价值计入房产原值时，可扣减原来相应设备和设施的价值；对附属设备和配套设施中易损坏、需要经常更换的零配件，更新后不再计入房产原值。

三、城市房地产税比照上述规定执行。

四、本通知自2006年1月1日起执行。《财政部税务总局关于对房屋中央空调是否计入房产原值等问题的批复》([87]财税地字第028号)同时废止。

【注释】 对《房产税暂行条例》第3条进行了解释。

财政部 国家税务总局关于具备房屋功能的地下建筑征收房产税的通知

财税〔2005〕181号

各省、自治区、直辖市、计划单列市财政厅(局)、地方税务局，新疆生产建设兵团财务局：

为了统一税收政策，规范税收管理，现将具备房屋功能的地下建筑的房产税政策明确如下：

一、凡在房产税征收范围内的具备房屋功能的地下建筑，包括与地上房屋相连的地下建筑以及完全建在地面以下的建筑、地下人防设施等，均应当依照有关规定征收房产税。

上述具备房屋功能的地下建筑是指有屋面和维护结构，能够遮风避雨，可供人们在其中生产、经营、工作、学习、娱乐、居住或储藏物资的场所。

二、自用的地下建筑，按以下方式计税：

1. 工业用途房产，以房屋原价的50－60％作为应税房产原值。

应纳房产税的税额＝应税房产原值×[1－(10％－30％]×1.2％

2. 商业和其他用途房产，以房屋原价的70％－80％作为应税房产原值。

应纳房产税的税额＝应税房产原值×［1－(10％－30％)］×1.2％

房屋原价折算为应税房产原值的具体比例，由各省、自治区、直辖市和计划单列市财政和地方税务部门在上述幅度内自行确定。

3. 对于与地上房屋相连的地下建筑，如房屋的地下室、地下停车场、商场的地下部分等，应将地下部分与地上房屋视为一个整体按照地上房屋建筑的有关规定计算征收房产税。

三、出租的地下建筑，按照出租地上房屋建筑的有关规定计算征收房产税。

四、本通知自2006年1月1日起执行，《财政部税务总局关于房产税若干具体问题的解释和暂行规定》(［86］财税地字第008号)第十一条同时废止。

【注释】 对《房产税暂行条例》第3条进行了解释。

财政部 国家税务总局关于明确免征房产税城镇土地使用税的铁路运输企业范围的补充通知

财税〔2006〕17号

各省、自治区、直辖市、计划单列市财政厅(局)、地方税务局，新疆生产建设兵团财务局：

根据铁路运输体制改革情况，现将享受免征房产税、城镇土地使用税政策的铁道部所属铁路运输企业的范围补充通知如下：

一、享受免征房产税、城镇土地使用税优惠政策的铁道部所属铁路运输企业是指铁路局及国有铁路运输控股公司(含广铁〈集团〉公司、青藏铁路公司、大秦铁路股份有限公司、广深铁路股份有限公司等，具体包括客货、编组站，车务、机务、工务、电务、水电、供电、列车、客运、车辆段)、铁路办事处、中铁集装箱运输有限责任公司、中铁特货运输有限责任公司、中铁快运股份有限公司。

二、本通知自发文之日起执行。《财政部 国家税务总局关于明确免征房产税城镇土地使用税的铁路运输企业范围及有关问题的通知》(财税〔2004〕36号)第一条停止执行。此前已征税款不予退还，未征税款不再补征。

【注释】 对《财政部 国家税务总局关于明确免征房产税城镇土地使用税的铁路运输企业范围及有关问题的通知》(财税〔2004〕36号)进行了解释。

财政部 国家税务总局关于房产税城镇土地使用税有关政策的通知

财税〔2006〕186号

各省、自治区、直辖市、计划单列市财政厅(局)、地方税务局，新疆生产建设兵团财务局：

经研究，现对房产税、城镇土地使用税有关政策明确如下：

一、关于居民住宅区内业主共有的经营性房产缴纳房产税问题

对居民住宅区内业主共有的经营性房产，由实际经营(包括自营和出租)的代管人或使用人缴纳房产税。其中自营的，依照房产原值减除10％至30％后的余值计征，没有房产原值或不能将业主共有房产与其他房产的原值准确划分开的，由房产所在地地方税务机关参照同类房产核定房产原值；出租的，依照租金收入计征。

……

五、本通知自2007年1月1日起执行。

【注释】 对《房产税暂行条例》第3条进行了解释。

关于加油站罩棚房产税问题的通知

财税〔2008〕123号

各省、自治区、直辖市、计划单列市财政厅(局)、地方税务局,新疆生产建设兵团财务局:

为明确和规范加油站罩棚房产税政策,现就有关问题通知如下:

加油站罩棚不属于房产,不征收房产税。以前各地已做出税收处理的,不追溯调整。

中华人民共和国国务院令第546号

1951年8月8日政务院公布的《城市房地产税暂行条例》自2009年1月1日起废止。自2009年1月1日起,外商投资企业、外国企业和组织以及外籍个人,依照《中华人民共和国房产税暂行条例》缴纳房产税。

1987年2月6日国务院批准,1987年2月24日交通部、财政部发布的《长江干线航道养护费征收办法》自2009年1月1日起废止。

1992年5月15日国务院批准,1992年8月4日交通部、财政部、国家物价局发布的《内河航道养护费征收和使用办法》自2009年1月1日起废止。

财政部 国家税务总局关于对外资企业及外籍个人征收房产税有关问题的通知

财税〔2009〕3号

各省、自治区、直辖市、计划单列市财政厅(局)、地方税务局,新疆生产建设兵团财务局:

根据2008年12月31日国务院发布的第546号令,自2009年1月1日起,废止《中华人民共和国城市房地产税暂行条例》,外商投资企业、外国企业和组织以及外籍个人(包括港澳台资企业和组织以及华侨、港澳台同胞,以下统称外资企业及外籍个人)依照《中华人民共和国房产税暂行条例》(国发〔1986〕90号)缴纳房产税。为做好外资企业及外籍个人房产税征收工作,现将有关事项通知如下:

一、自2009年1月1日起,对外资企业及外籍个人的房产征收房产税,在征税范围、计税依据、税率、税收优惠、征收管理等方面按照《中华人民共和国房产税暂行条例》(国发〔1986〕90号)及有关规定执行。各地要及时了解外资企业及外籍个人房产税的征收情况,对遇到的问题及时反映,确保相关政策落实到位。

二、以人民币以外的货币为记账本位币的外资企业及外籍个人在缴纳房产税时,均应将其根据记账本位币计算的税款按照缴款上月最后一日的人民币汇率中间价折合成人民币。

三、房产税由房产所在地的地方税务机关征收,其征收管理按《中华人民共和国税收征收管理法》及相关规定执行。

财政部 国家税务总局关于房产税城镇土地使用税有关问题的通知

财税〔2009〕128 号

各省、自治区、直辖市、计划单列市财政厅(局)、地方税务局,西藏、宁夏、青海省(自治区)国家税务局,新疆生产建设兵团财务局:

为完善房产税、城镇土地使用税政策,堵塞税收征管漏洞,现将房产税、城镇土地使用税有关问题明确如下:

一、关于无租使用其他单位房产的房产税问题

无租使用其他单位房产的应税单位和个人,依照房产余值代缴纳房产税。

二、关于出典房产的房产税问题

产权出典的房产,由承典人依照房产余值缴纳房产税。

三、关于融资租赁房产的房产税问题

融资租赁的房产,由承租人自融资租赁合同约定开始日的次月起依照房产余值缴纳房产税。合同未约定开始日的,由承租人自合同签订的次月起依照房产余值缴纳房产税。

四、关于地下建筑用地的城镇土地使用税问题

对在城镇土地使用税征税范围内单独建造的地下建筑用地,按规定征收城镇土地使用税。其中,已取得地下土地使用权证的,按土地使用权证确认的土地面积计算应征税款;未取得地下土地使用权证或地下土地使用权证上未标明土地面积的,按地下建筑垂直投影面积计算应征税款。

对上述地下建筑用地暂按应征税款的 50%征收城镇土地使用税。

五、本通知自 2009 年 12 月 1 日起执行。《财政部税务总局关于房产税若干具体问题的解释和暂行规定》((86)财税地字第 008 号)第七条、《国家税务总局关于安徽省若干房产税业务问题的批复》(国税函发〔1993〕368 号)第二条同时废止。

财政部 国家税务总局关于股改及合资铁路运输企业房产税城镇土地使用税有关政策的通知

财税〔2009〕132 号

各省、自治区、直辖市、计划单列市财政厅(局)、地方税务局,新疆生产建设兵团财政局:

为支持铁路股份制改革和合资铁路发展,经国务院批准,现对股改铁路运输企业和合资铁路运输公司房产税、城镇土地使用税有关政策明确如下:

对股改铁路运输企业及合资铁路运输公司自用的房产、土地暂免征收房产税和城镇土地使用税。其中股改铁路运输企业是指铁路运输企业经国务院批准进行股份制改革成立的企业;合资铁路运输公司是指由铁道部及其所属铁路运输企业与地方政府、企业或其他投资者共同出资成立的铁路运输企业。

财政部 国家税务总局关于支持公共租赁住房建设和运营有关税收优惠政策的通知

财税〔2010〕88号

各省、自治区、直辖市、计划单列市财政厅(局)、地方税务局,西藏、宁夏、青海省(自治区)国家税务局,新疆生产建设兵团财务局:

根据国务院办公厅《关于促进房地产市场平稳健康发展的通知》(国办发〔2010〕4号)、《国务院关于坚决遏制部分城市房价过快上涨的通知》(国发〔2010〕10号)和住房城乡建设部等七部门《关于加快发展公共租赁住房的指导意见》(建保〔2010〕87号)精神,现对公共租赁住房(以下简称公租房)建设和运营有关税收政策通知如下:

一、对公租房建设期间用地及公租房建成后占地免征城镇土地使用税。在其他住房项目中配套建设公租房,依据政府部门出具的相关材料,可按公租房建筑面积占总建筑面积的比例免征建造、管理公租房涉及的城镇土地使用税。

二、对公租房经营管理单位建造公租房涉及的印花税予以免征。在其他住房项目中配套建设公租房,依据政府部门出具的相关材料,可按公租房建筑面积占总建筑面积的比例免征建造、管理公租房涉及的印花税。

三、对公租房经营管理单位购买住房作为公租房,免征契税、印花税;对公租房租赁双方签订租赁协议涉及的印花税予以免征。

四、对企事业单位、社会团体以及其他组织转让旧房作为公租房房源,且增值额未超过扣除项目金额20%的,免征土地增值税。

五、企事业单位、社会团体以及其他组织捐赠住房作为公租房,符合税收法律法规规定的,捐赠支出在年度利润总额12%以内的部分,准予在计算应纳税所得额时扣除。

六、对经营公租房所取得的租金收入,免征营业税、房产税。公租房租金收入与其他住房经营收入应单独核算,未单独核算的,不得享受免征营业税、房产税优惠政策。

七、享受上述税收优惠政策的公租房是指纳入省、自治区、直辖市、计划单列市人民政府及新疆生产建设兵团批准的公租房发展规划和年度计划,以及按照建保〔2010〕87号文件和市、县人民政府制定的具体管理办法进行管理的公租房。不同时符合上述条件的公租房不得享受上述税收优惠政策。

八、上述政策自发文之日起执行,执行期限暂定三年,政策到期后将根据公租房建设和运营情况对有关内容加以完善。

财政部 国家税务总局关于安置残疾人就业单位城镇土地使用税等政策的通知

财税〔2010〕121号

各省、自治区、直辖市、计划单列市财政厅(局)、地方税务局,西藏、青海、宁夏省(自治区)国家税务局,新疆生产建设兵团财务局:

经研究,现将安置残疾人就业单位城镇土地使用税等政策通知如下:

一、关于安置残疾人就业单位的城镇土地使用税问题

对在一个纳税年度内月平均实际安置残疾人就业人数占单位在职职工总数的比例高于25%(含25%)且实际安置残疾人人数高于10人(含10人)的单位，可减征或免征该年度城镇土地使用税。具体减免税比例及管理办法由省、自治区、直辖市财税主管部门确定。

《国家税务局关于土地使用税若干具体问题的解释和暂行规定》(国税地字〔1988〕15号)第十八条第四项同时废止。

二、关于出租房产免收租金期间房产税问题

对出租房产，租赁双方签订的租赁合同约定有免收租金期限的，免收租金期间由产权所有人按照房产原值缴纳房产税。

三、关于将地价计入房产原值征收房产税问题

对按照房产原值计税的房产，无论会计上如何核算，房产原值均应包含地价，包括为取得土地使用权支付的价款、开发土地发生的成本费用等。宗地容积率低于0.5的，按房产建筑面积的2倍计算土地面积并据此确定计入房产原值的地价。

本通知自发文之日起执行。此前规定与本通知不一致的，按本通知执行。各地财税部门要加强对政策执行情况的跟踪了解，对执行中发现的问题，及时上报财政部和国家税务总局。

财政部 国家税务总局关于天然林保护工程(二期)实施企业和单位房产税城镇土地使用税政策的通知

财税〔2011〕90号

各省、自治区、直辖市、计划单列市财政厅(局)、地方税务局，西藏、宁夏、青海省(自治区)国家税务局，新疆生产建设兵团财务局：

根据国务院2011年至2020年实施天然林资源保护二期工程的决定精神，为支持国家天然林资源保护二期工程(以下简称天然林二期工程)的实施，现就天然林二期工程实施企业和单位有关房产税、城镇土地使用税政策通知如下：

一、对长江上游、黄河中上游地区，东北、内蒙古等国有林区天然林二期工程实施企业和单位专门用于天然林保护工程的房产、土地免征房产税、城镇土地使用税。对上述企业和单位用于其他生产经营活动的房产、土地按规定征收房产税、城镇土地使用税。

二、对由于实施天然林二期工程造成森工企业房产、土地闲置一年以上不用的，暂免征收房产税和城镇土地使用税；闲置房产和土地用于出租或重新用于天然林二期工程之外其他生产经营的，按规定征收房产税、城镇土地使用税。

三、用于天然林二期工程的免税房产、土地应单独划分，与其他应税房产、土地划分不清的，按规定征收房产税、城镇土地使用税。

本通知执行期限为2011年1月1日至2020年12月31日。

财政部 国家税务总局关于继续执行供热企业增值税房产税城镇土地使用税优惠政策的通知

财税〔2011〕118号

北京、天津、河北、山西、内蒙古、辽宁、大连、吉林、黑龙江、山东、青岛、河南、陕西、甘肃、宁夏、新疆、青海省

(自治区、直辖市、计划单列市)财政厅(局)、国家税务局、地方税务局,新疆生产建设兵团财务局:

为保障居民供热采暖,经国务院批准,现将“三北”地区供热企业(以下称供热企业)增值税、房产税、城镇土地使用税政策通知如下:

一、自2011年供暖期至2015年12月31日,对供热企业向居民个人(以下称居民)供热而取得的采暖费收入继续免征增值税。向居民供热而取得的采暖费收入,包括供热企业直接向居民收取的、通过其他单位向居民收取的和由单位代居民缴纳的采暖费。

免征增值税的采暖费收入,应当按照《中华人民共和国增值税暂行条例》第十六条的规定单独核算。通过热力产品经营企业向居民供热的热力产品生产企业,应当根据热力产品经营企业实际从居民取得的采暖费收入占该经营企业采暖费总收入的比例确定免税收入比例。

本条所述供暖期,是指当年下半年供暖开始至次年上半年供暖结束的期间。

二、自2011年7月1日至2015年12月31日,对向居民供热而收取采暖费的供热企业,为居民供热所使用的厂房及土地继续免征房产税、城镇土地使用税。

对既向居民供热,又向单位供热或者兼营其他生产经营活动的供热企业,按其向居民供热而取得的采暖费收入占企业总收入的比例免征房产税、城镇土地使用税。

三、本通知所述供热企业,是指热力产品生产企业和热力产品经营企业。热力产品生产企业包括专业供热企业、兼营供热企业和自供热单位。

四、本通知所称“三北”地区,是指北京市、天津市、河北省、山西省、内蒙古自治区、辽宁省、大连市、吉林省、黑龙江省、山东省、青岛市、河南省、陕西省、甘肃省、青海省、宁夏回族自治区和新疆维吾尔自治区。

财政部 国家税务总局关于支持农村饮水安全工程建设运营税收政策的通知

财税〔2012〕30号

各省、自治区、直辖市、计划单列市财政厅(局)、国家税务局、地方税务局,新疆生产建设兵团财务局:

为贯彻落实《中共中央 国务院关于加快水利改革发展的决定》(中发〔2011〕1号)精神,改善农村人居环境,提高农村生活质量,支持农村饮水安全工程(以下简称饮水工程)的建设、运营,经国务院批准,现将有关税收政策通知如下:

一、对饮水工程运营管理单位为建设饮水工程而承受土地使用权,免征契税。

二、对饮水工程运营管理单位为建设饮水工程取得土地使用权而签订的产权转移书据,以及与施工单位签订的建设工程承包合同免征印花税。

三、对饮水工程运营管理单位自用的生产、办公用房产、土地,免征房产税、城镇土地使用税。

四、对饮水工程运营管理单位向农村居民提供生活用水取得的自来水销售收入,免征增值税。

五、对饮水工程运营管理单位从事《公共基础设施项目企业所得税优惠目录》规定的饮水工程新建项目投资经营的所得,自项目取得第一笔生产经营收入所属纳税年度起,第一年至第三年免征企业所得税,第四年至第六年减半征收企业所得税。

本文所称饮水工程,是指为农村居民提供生活用水而建设的供水工程设施。本文所称饮水工程运营管理单位是指负责农村饮水安全工程运营管理的自来水公司、供水公司、供水(总)站(厂、中心)、村集体、在民政部门注册登记的用水户协会等单位。对于既向城镇居民供水,又向农村居民供水的饮水工程运营管理单位,依据向农村居民供水收入占总供水收入的比例免征增值税;依据向农村居民供水量占总供水量的比例免征契税、印花税、房产税和城镇土地使用税。无法提供具体比例或所提供数据不实的,不得享受上述税收优惠政策。

上述政策(第五条除外)的执行期限暂定为2011年1月1日至2015年12月31日。自2011年1月1日至本文发布之日期间应予免征的税款(不包括印花税),可在以后应纳的相应税款中抵减或予以退税。

财政部 国家税务总局
二〇一二年四月二十四日

国家税务总局关于国寿投资控股有限公司相关税收问题的公告

国家税务总局公告2013年第2号

经财政部批准,中国人寿保险(集团)公司将其重组改制后留存资产划转至全资子公司国寿投资控股有限公司。现将国寿投资控股有限公司有关税收问题公告如下:

一、国寿投资控股有限公司在全国各地拥有房产的,应当按照税务登记管理办法的规定,向房产所在地主管税务机关申报办理税务登记。

二、国寿投资控股有限公司在各地发生固定资产应税销售行为时,由该公司统一开票收款的,由该公司向其机构所在地主管税务机关申报缴纳增值税。如果该公司委托其他公司销售的,则应按代销货物征收增值税的规定,由该公司和受托公司分别于各自的机构所在地缴纳增值税。

三、国寿投资控股有限公司对原属于中国人寿保险(集团)公司重组改制存量资产取得的财产租赁业务收入应缴纳的营业税由该公司向其机构所在地主管税务机关申报缴纳。

四、国寿投资控股有限公司企业所得税的申报缴纳,按照企业所得税的有关规定执行。

五、国寿投资控股有限公司在全国各地(公司总部所在地除外)的财产所涉及的房产税、城镇土地使用税、契税等地方税种,可由中国人寿保险(集团)公司控股的中国人寿保险股份有限公司代理向财产所在地主管税务机关申报缴纳;涉及的车船税、印花税,可由中国人寿保险股份有限公司依据相关法律法规的规定代理缴纳。

本公告自2013年2月1日起施行,《国家税务总局关于中国人寿保险(集团)公司重组改制后有关税务问题的通知》(国税函〔2004〕852号)第一、二、五条和第三条关于财产租赁业务收入的有关规定同时废止。对本公告生效以前国寿投资控股有限公司已完成税款缴纳的,不再做纳税入库地点调整。

特此公告。

关于《国寿投资控股有限公司相关税收问题的公告》的解读

最近,税务总局印发了《国家税务总局关于国寿投资控股有限公司相关税收问题的公告》,明确了国寿投资控股有限公司的相关税收问题,现解读如下:

一、出台该公告的背景和意义

2003年,中国人寿保险(集团)公司进行股改,将其原有的非保险业务和不良资产剥离出来,留存于中国人寿保险(集团)公司,我局曾下发《关于中国人寿保险(集团)公司重组改制后有关税务问题的通知》(国税函〔2004〕852号)对重组改制后的相关纳税事项予以明确。2008年,中国人寿保险(集团)公司将留存资产划转至其全资子公司—国寿投资控股有限公司，该公司主要负责留存资产的经营、管理和处置工作。与集团公司相同，国寿投资控股有限公司工商注册和税务登记均在北京，而留存资产分布于全国35个省份，公司在全国各地没有分支机构，管理存在很大难度。因此，为了降低征纳成本，优化纳税服务，我们正式发文对国寿投资控股有限公司办理税收事宜进行明确。

二、本公告的主要内容

公告分别对国寿投资控股有限公司在各地留存资产的税务登记，增值税、营业税、所得税和财产行为税的申报缴纳等问题进行了明确。

三、本公告的执行时间

本公告自2013年2月1日起施行。对本公告生效以前国寿投资控股有限公司已完成税款缴纳的，不再做纳税入库地点调整。

第十六部分 中华人民共和国契税法

中华人民共和国契税暂行条例

国务院令第 224 号

第一条 在中华人民共和国境内转移土地、房屋权属,承受的单位和个人为契税的纳税人,应当依照本条例的规定缴纳契税。

【注释】 相关规定包括:《国家税务总局关于办理期房退房手续后应退还已征契税的批复》(国税函〔2002〕622 号)。

第二条 本条例所称转移土地、房屋权属是指下列行为:

(一)国有土地使用权出让;

(二)土地使用权转让,包括出售、赠与和交换;

(三)房屋买卖;

(四)房屋赠与;

(五)房屋交换。

前款第二项土地使用权转让,不包括农村集体土地承包经营权的转移。

【注释】 相关规定包括:《国家税务总局关于城镇居民委托代建房屋契税征免问题的批复》(国税函〔1998〕829 号)、《国家税务总局关于离婚后房屋权属变化是否征收契税的批复》(国税函〔1999〕391 号)、《国家税务总局关于出售或租赁房屋使用权是否征收契税问题的批复》(国税函〔1999〕465 号)、《国家税务总局关于抵押贷款购买商品房征收契税的批复》(国税函〔1999〕613 号)、《国家税务总局关于以补偿征地款方式取得的房产征收契税的批复》(国税函〔1999〕737 号)、《国家税务总局关于保险公司分业经营改革中不动产转移过户有关税收政策的通知》(国税发〔2002〕69 号)。

第三条 契税税率为 3%—5%。

契税的适用税率,由省、自治区、直辖市人民政府在前款规定的幅度内按照本地区的实际情况确定,并报财政部和国家税务总局备案。

第四条 契税的计税依据:

(一)国有土地使用权出让、土地使用权出售、房屋买卖,为成交价格;

(二)土地使用权赠与、房屋赠与,由征收机关参照土地使用权出售、房屋买卖的市场价格核定;

(三)土地使用权交换、房屋交换,为所交换的土地使用权、房屋的价格的差额。

前款成交价格明显低于市场价格并且无正当理由的,或者所交换土地使用权、房屋的价格的差额明显不合理并且无正当理由的,由征收机关参照市场价格核定。

【注释】 相关规定包括:《财政部 国家税务总局关于契税征收中几个问题的批复》(财税〔1998〕96 号)、《财政部 国家税务总局关于房屋附属设施有关契税政策的批复》(财税〔2004〕126 号)、《财政部 国家税务总局关于国有土地使用权出让等有关契税问题的通知》(财税〔2004〕134 号)、《财政部 国家税务总局关于土地使用权转让契税计税依据的批复》(财税〔2007〕162 号)、《国家税务总局关于承受装修房屋契税计税价格问题的批复》(国税函〔2007〕606 号)。

第五条 契税应纳税额,依照本条例第 3 条规定的税率和第 4 条规定的计税依据计算征收。应纳税额计算公式:

应纳税额=计税依据×税率

应纳税额以人民币计算。转移土地、房屋权属以外汇结算的,按照纳税义务发生之日中国人民银行公布的人民币市场汇率中间价折合成人民币计算。

第六条 有下列情形之一的，减征或者免征契税：

（一）国家机关、事业单位、社会团体、军事单位承受土地、房屋用于办公、教学、医疗、科研和军事设施的，免征；

（二）城镇职工按规定第一次购买公有住房的，免征；

（三）因不可抗力灭失住房而重新购买住房的，酌情准予减征或者免征；

（四）财政部规定的其他减征、免征契税的项目。

【注释】 相关规定包括：《财政部 国家税务总局关于契税征收中几个问题的批复》（财税〔1998〕96号）、《财政部 国家税务总局关于调整房地产市场若干税收政策的通知》（财税〔1999〕210号）、《国家税务总局关于对监狱管理部门承受土地房屋直接用于监狱建设免征契税的批复》（国税函〔1999〕572号）、《财政部 国家税务总局关于公有制单位职工首次购买住房免征契税的通知》（财税〔2000〕130号）、《国家税务总局关于免征军队武警部队政法机关所办企业脱钩移交过程中所涉契税的批复》（国税函〔2000〕468号）、《财政部 国家税务总局关于社会力量办学契税政策问题的通知》（财税〔2001〕156号）、《国家税务总局关于免征被撤销金融机构在财产清理中取得土地房屋权属所涉契税的批复》（国税函〔2002〕777）、《财政部 国家税务总局关于教育税收政策的通知》（财税〔2004〕39号）、《财政部 国家税务总局关于房屋附属设施有关契税政策的批复》（财税〔2004〕126号）、《财政部 国家税务总局关于国有土地使用权出让等有关契税问题的通知》（财税〔2004〕134号）、《国家税务总局关于中国人寿保险（集团）公司重组改制后有关税务问题的通知》（国税函〔2004〕852号）、《国家税务总局关于继承土地、房屋权属有关契税问题的批复》（国税函〔2004〕1036号）、《财政部 国家税务总局关于城镇房屋拆迁有关税收政策的通知》（财税〔2005〕45号）、《国家税务总局财政部建设部关于加强房地产税收管理的通知》（国税发〔2005〕89号）、《国家税务总局关于免征土地出让金出让国有土地使用权征收契税的批复》（国税函〔2005〕436号）。

第七条 经批准减征、免征契税的纳税人改变有关土地、房屋的用途，不再属于本条例第6条规定的减征、免征契税范围的，应当补缴已经减征、免征的税款。

【注释】 相关规定包括：《国家税务总局关于印发〈耕地占用税契税减免管理办法〉的通知》（国税发〔2004〕99号）、《国家税务总局关于未办理土地使用权证转让土地有关税收问题的批复》（国税函〔2007〕645号）。

第八条 契税的纳税义务发生时间，为纳税人签订土地、房屋权属转移合同的当天，或者纳税人取得其他具有土地、房屋权属转移合同性质凭证的当天。

第九条 纳税人应当自纳税义务发生之日起10日内，向土地、房屋所在地的契税征收机关办理纳税申报，并在契税征收机关核定的期限内缴纳税款。

【注释】 相关规定包括：《国家税务总局关于进一步明确契税纳税人有关法律责任的通知》（国税发〔1998〕195号）。

第十条 纳税人办理纳税事宜后，契税征收机关应当向纳税人开具契税完税凭证。

第十一条 纳税人应当持契税完税凭证和其他规定的文件材料，依法向土地管理部门、房产管理部门办理有关土地、房屋的权属变更登记手续。

纳税人未出具契税完税凭证的，土地管理部门、房产管理部门不予办理有关土地、房屋的权属变更登记手续。

【注释】 相关规定包括：《国家税务总局国家土地管理局关于契税征收管理有关问题的通知》（国税发〔1998〕31号）。

第十二条 契税征收机关为土地、房屋所在地的财政机关或者地方税务机关。具体征收机关由省、自治区、直辖市人民政府确定。

土地管理部门、房产管理部门应当向契税征收机关提供有关资料，并协助契税征收机关依法征收契税。

第十三条 契税的征收管理，依照本条例和有关法律、行政法规的规定执行。

第十四条 财政部根据本条例制定细则。

第十五条 本条例自1997年10月1日起施行。1950年4月3日中央人民政府政务院发布的《契税暂行条例》同时废止。

中华人民共和国契税暂行条例细则

财法〔1997〕52 号

第一条　根据《中华人民共和国契税暂行条例》(以下简称条例)的规定,制定本细则。

第二条　条例所称土地、房屋权属,是指土地使用权、房屋所有权。

第三条　条例所称承受,是指以受让、购买、受赠、交换等方式取得土地、房屋权属的行为。

第四条　条例所称单位,是指企业单位、事业单位、国家机关、军事单位和社会团体以及其他组织。

条例所称个人,是指个体经营者及其他个人。

第五条　条例所称国有土地使用权出让,是指土地使用者向国家交付土地使用权出让费用,国家将国有土地使用权在一定年限内让予土地使用者的行为。

第六条　条例所称土地使用权转让,是指土地使用者以出售、赠与、交换或者其他方式将土地使用权转移给其他单位和个人的行为。

条例所称土地使用权出售,是指土地使用者以土地使用权作为交易条件,取得货币、实物、无形资产或者其他经济利益的行为。

条例所称土地使用权赠与,是指土地使用者将其土地使用权无偿转让给受赠者的行为。

条例所称土地使用权交换,是指土地使用者之间相互交换土地使用权的行为。

第七条　条例所称房屋买卖,是指房屋所有者将其房屋出售,由承受者交付货币、实物、无形资产或者其他经济利益的行为。

条例所称房屋赠与,是指房屋所有者将其房屋无偿转让给受赠者的行为。

条例所称房屋交换,是指房屋所有者之间相互交换房屋的行为。

第八条　土地、房屋权属以下列方式转移的,视同土地使用权转让、房屋买卖或者房屋赠与征税:

(一)以土地、房屋权属作价投资、入股;

(二)以土地、房屋权属抵债;

(三)以获奖方式承受土地、房屋权属;

(四)以预购方式或者预付集资建房款方式承受土地、房屋权属。

第九条　条例所称成交价格,是指土地、房屋权属转移合同确定的价格。包括承受者应交付的货币、实物、无形资产或者其他经济利益。

【注释】　相关规定包括:《财政部 国家税务总局关于契税征收中几个问题的批复》(财税〔1998〕96 号)、相关规定包括:《国家税务总局关于进一步明确契税纳税人有关法律责任的通知》(国税发〔1998〕195 号)。

第十条　土地使用权交换、房屋交换,交换价格不相等的,由多交付货币、实物、无形资产或者其他经济利益的一方缴纳税款。交换价格相等的,免征契税。

土地使用权与房屋所有权之间相互交换,按照前款征税。

第十一条　以划拨方式取得土地使用权的,经批准转让房地产时,应由房地产转让者补缴契税。其计税依据为补缴的土地使用权出让费用或者土地收益。

第十二条　条例所称用于办公的,是指办公室(楼)以及其他直接用于办公的土地、房屋。

条例所称用于教学的,是指教室(教学楼)以及其他直接用于教学的土地、房屋。

条例所称用于医疗的,是指门诊部以及其他直接用于医疗的土地、房屋。

条例所称用于科研的,是指科学试验的场所以及其他直接用于科研的土地、房屋。

条例所称用于军事设施的,是指:

(一)地上和地下的军事指挥作战工程;

(二)军用的机场、港口、码头;

(三)军用的库房、营区、训练场、试验场;

(四)军用的通信、导航、观测台站;

(五)其他直接用于军事设施的土地、房屋。

本条所称其他直接用于办公、教学、医疗、科研的以及其他直接用于军事设施的土地、房屋的具体范围,由省、自治区、直辖市人民政府确定。

【注释】 相关规定包括:《财政部 国家税务总局关于契税征收中几个问题的批复》(财税〔1998〕96 号)、相关规定包括:《国家税务总局关于进一步明确契税纳税人有关法律责任的通知》(国税发〔1998〕195 号)。

第十三条 条例所称城镇职工按规定第一次购买公有住房的,是指经县以上人民政府批准,在国家规定标准面积以内购买的公有住房。城镇职工享受免征契税,仅限于第一次购买的公有住房。超过国家规定标准面积的部分,仍应按照规定缴纳契税。

第十四条 条例所称不可抗力,是指自然灾害、战争等不能预见、不能避免、并不能克服的客观情况。

第十五条 根据条例第六条的规定,下列项目减征、免征契税:

(一)土地、房屋被县级以上人民政府征用、占用后,重新承受土地、房屋权属的,是否减征或者免征契税,由省、自治区、直辖市人民政府确定。

(二)纳税人承受荒山、荒沟、荒丘、荒滩土地使用权,用于农、林、牧、渔业生产的,免征契税。

(三)依照我国有关法律规定以及我国缔结或参加的双边和多边条约或协定的规定应当予以免税的外国驻华使馆、领事馆、联合国驻华机构及其外交代表、领事官员和其他外交人员承受土地、房屋权属的,经外交部确认,可以免征契税。

第十六条 纳税人符合减征或者免征契税规定的,应当在签订土地、房屋权属转移合同后 10 日内,向土地、房屋所在地的契税征收机关办理减征或者免征契税手续。

【注释】 相关规定包括:《国家税务总局关于印发〈耕地占用税契税减免管理办法〉的通知》(国税发〔2004〕99 号)。

第十七条 纳税人因改变土地、房屋用途应当补缴已经减征、免征契税的,其纳税义务发生时间为改变有关土地、房屋用途的当天。

【注释】 相关规定包括:《国家税务总局关于印发〈耕地占用税契税减免管理办法〉的通知》(国税发〔2004〕99 号)。

第十八条 条例所称其他具有土地、房屋权属转移合同性质凭证,是指具有合同效力的契约、协议、合约、单据、确认书以及由省、自治区、直辖市人民政府确定的其他凭证。

第十九条 条例所称有关资料,是指土地管理部门、房产管理部门办理土地、房屋权属变更登记手续的有关土地、房屋权属、土地出让费用、成交价格以及其他权属变更方面的资料。

第二十条 征收机关可以根据征收管理的需要,委托有关单位代征契税,具体代征单位由省、自治区、直辖市人民政府确定。

代征手续费的支付比例,由财政部另行规定。

【注释】 相关规定包括:《国家税务总局关于征收机关直接征收契税的通知》(国税发〔2004〕137 号)。

第二十一条 省、自治区、直辖市人民政府根据条例和本细则的规定制定实施办法,并报财政部和国家税务总局备案。

第二十二条 本细则自 1997 年 10 月 1 日起施行。此前财政部关于契税的各项规定同时废止。

国家税务总局国家土地管理局关于契税征收管理有关问题的通知

国税发〔1998〕31 号

各省、自治区、直辖市和计划单列市财政厅(局)、地方税务局、土地(国土)管理局(厅):

为了加强契税征收机关与土地管理部门的工作配合,做好契税征收管理工作,根据《中华人民共和国契税暂行条例》、《中华人民共和国契税暂行条例细则》和《中华人民共和国土地管理法》、《中华人民共和国城市房地产管理法》等法律、法规规定,现就契税征收管理中的有关问题通知如下:

一、各级契税征收机关应当结合当地实际情况,建立一套完善的契税征收管理制度。各级土地管理部门要予以积极支持和配合,协助当地契税征收机关做好契税的征收管理工作。

二、土地管理部门和契税征收机关要共同做好契税征收管理与土地使用权的权属管理的衔接工作。

土地管理部门在受理土地变更登记申请后，对土地权属及变更事项进行审核，对符合变更登记规定的，要求当事人出示契税完税凭证或免税证明。对未取得契税完税凭证或免税证明的，土地管理部门不予办理土地变更登记手续。

三、契税征收机关可向土地管理部门查询所需土地使用权权属及出让、转让时间、成交价格及已公布的土地基准地价等与征收契税有关的资料。土地管理部门应当向契税征收机关提供所需的资料。契税征收机关应对在土地管理部门查询的资料严格保密，未经允许，不得转让或公开引用。

契税征收机关应向土地管理部门提供所需已办理契税完税或免税手续的房地产交易情况。

四、土地管理部门在土地证书的定期查验时，可联合契税征收机关对契税完税情况进行检查。对检查中发现的逃避纳税和不办理土地变更登记手续的，应责令其完税和办理土地变更登记手续，并依照有关规定进行处理。

对于需要按评估价格计征契税的，应当委托具备土地评估资格的评估机构进行有关的评估，以规范房地产市场交易行为，确保国家税收不受损失。

【注释】　对《契税暂行条例》第 11 条进行了解释。

财政部 国家税务总局关于契税征收中几个问题的批复

财税〔1998〕96 号

江苏省财政厅：

你厅《关于契税征收中几个问题的请示》(苏财农税〔1998〕010 号)收悉。经研究，现批复如下：

一、关于计税价格问题。根据《中华人民共和国契税暂行条例》(以下简称条例)第四条第(一)款及《中华人民共和国契税暂行条例细则》(以下简称细则)第九条的规定，土地使用权出让、土地使用权出售、房屋买卖的计税依据是成交价格，即土地、房屋权属转移合同确定的价格，包括承受者应交付的货币、实物、无形资产或者其他经济利益。因此，合同确定的成交价格中包含的所有价款都属于计税依据范围。土地使用权出让、土地使用权转让、房屋买卖的成交价格中所包含的行政事业性收费，属于成交价格的组成部分，不应从中剔除，纳税人应按合同确定的成交价格全额计算缴纳契税。

二、关于购买安居房，经济适用住房的减免税问题。条例没有对这种情况给予减征或者免征契税的规定。因此，应对购买安居房、经济适用住房者照章征收契税。

三、关于经营性事业单位的减免税问题。目前我国对事业单位没有按是否经营性这一标准进行分类。根据条例第六条、细则第十二条和财政部 1996 年发布的《事业单位财务规则》的规定，对事业单位承受土地、房屋免征契税应同时符合两个条件：一是纳税人必须是按《事业单位财务规则》进行财务核算的事业单位；二是所承受的土地、房屋必须用于办公、教学、医疗、科研项目。凡不符合上述两个条件的，一律照章征收契税。对按《事业单位财务规则》第四十五条规定，应执行《企业财务通则》和同行业或相近行业企业财务制度的事业单位或者事业单位的特定项目，其承受的土地、房屋要照章征收契税。

【注释】　对《契税暂行条例》第 4、6 条进行了解释。对《契税暂行条例实施细则》第 9、12 条进行了解释。

国家税务总局关于进一步明确契税纳税人有关法律责任的通知

国税发〔1998〕195 号

北京、天津、河北、黑龙江、上海、江苏、浙江、安徽、福建、江西、山东、河南、湖北、湖南、广东、广西、重庆、贵州、陕西、宁夏、新疆、青海省(自治区、直辖市)及宁波、厦门、青岛、深圳市财政厅(局),山西、内蒙古、辽宁、吉林、海南、四川、云南、甘肃省(自治区)及大连市地方税务局:

为了加强契税征收管理工作,根据《中华人民共和国行政处罚法》规定的原则,依据《中华人民共和国税收征收管理法》(以下简称征管法)及其实施细则和《中华人民共和国契税暂行条例》(以下简称契税条例)的有关规定,现对契税纳税人违法行为给予行政处罚的规定及有关法律责任进一步明确如下:

一、根据征管法第二十条及其实施细则第三十条和契税条例第九条规定,契税纳税人(以下简称纳税人)应在主管契税征收管理工作的财政机关或者地方税务机关(以下简称征收机关)核定的期限内缴纳税款。纳税人因有特殊困难,不能按期缴纳税款的,经县以上征收机关批准,可以延期缴纳税款,但最长不得超过三个月,且同一纳税人在一个纳税年度内只能申请延期缴纳一次。在征收机关批准的期限内,不加收滞纳金。纳税人未按规定期限缴纳税款的,征收机关除责令限期缴纳外,从滞纳税款之日起,按日加收滞纳税款2‰的滞纳金。

二、根据征管法第二十七条、第四十六条规定,从事生产、经营的纳税人未按照规定的期限缴纳税款,由征收机关责令限期缴纳,逾期仍未缴纳的,经县以上征收机关负责人(财政局或者地方税务局局长)批准,征收机关可以采取下列强制执行措施:

(一)书面通知其开户银行或者其他金融机构从其存款中扣缴税款;

(二)扣押、查封、拍卖其价值相当于应纳税款的商品、货物或者其他财产,以拍卖所得抵缴税款。

征收机关采取强制执行措施时,对前款所列纳税人,征收机关除追缴其不缴或者少缴的税款外,可以处以不缴或者少缴的税款5倍以下的罚款。对前款所列纳税人未缴纳的滞纳金同时强制执行。

三、根据征管法第三十一条及其实施细则第五十四条、第五十五条规定,因征收机关的责任,致使纳税人未缴或者少缴税款的,征收机关在3年内可以要求纳税人补缴税款,但不得加收滞纳金。

因纳税人计算错误等失误,未缴或者少缴税款的,征收机关在3年内可以追征;未缴或者少缴数额在10万元以上的,追征期可以延长到10年。纳税人和其他当事人因偷税未缴或者少缴的税款,征收机关可以无限期追征。

四、根据征管法第三十九条规定,纳税人未按照规定的期限办理纳税申报的,由征收机关责令限期改正,可以处以2000元以下的罚款;逾期不改正的,可以处以2000元以上1万元以下的罚款。

五、根据征管法第四十条规定,纳税人采取伪造、变造、隐匿、擅自销毁合同、契约、协议、合约、单据、确认书、评估证明等凭证或者进行虚假的纳税申报的手段,不缴或者少缴应纳税款的,以偷税论处。偷税数额不满1万元或者偷税数额占应纳税数额不足10%的,由征收机关追缴其偷税款,处以偷税额5倍以下的罚款。

六、根据征管法第四十一条规定,纳税人欠缴应纳税款,采取转移或者隐匿财产的手段,致使征收机关无法追缴的税款,数额不满1万元的,由征收机关追缴其欠缴税款,处以欠缴税款5倍以下的罚款。

七、根据征管法第四十五条规定,以暴力、威胁方法拒不缴纳税款的,是抗税。情节轻微,未构成犯罪的,由征收机关追缴其拒缴的税款,处以拒缴税款5倍以下的罚款。

八、根据征管法第五十六条规定,纳税人同征收机关在纳税上发生争议时,必须先依照契税条例及其他有关规定缴纳税款及滞纳金,然后可以在收到征收机关填发的缴款凭证之日起60日内向上一级征收机关申请复议。上一级征收机关应当自收到复议申请之日起60日内作出复议决定。对复议决定不服的,可以在接到复议决定书之日起15日内向人民法院起诉。当事人对征收机关的处罚决定、强制执行措施不服的,可以在接到处罚通知之日起或者征收机关采取强制执行措施之日起15日内向作出处罚决定或者采取强制执行措施的征收机关的上一级机关申请复议;对复议决定不服的,可以在接到复议决定书之日起15日内向人民法院起诉。当事人也可以在接到处罚通知之日起或者征收机关采取强制执行措施之日起15日内直接向人民法院起诉。复议和诉讼期间,强制执行措施不停止执行。

当事人对征收机关的处罚决定逾期不申请复议也不向人民法院起诉、又不履行,作出处罚决定的征收机关可以申请人民法院强制执行。

九、根据《中华人民共和国行政处罚法》第二十条规定,契税违法行为发生地的县级以上(含县级)征收机关具有行政处罚权。

十、纳税人因偷税、抗税或欠缴税款构成犯罪的,交由司法机关依照《中华人民共和国刑法》第二百零一条、第二百零二条、第二百零三条进行处理。

【注释】 对《契税暂行条例》第9条进行了解释。对《契税暂行条例实施细则》第9、12条进行了解释。

国家税务总局关于城镇居民委托代建房屋契税征免问题的批复

国税函〔1998〕829号

湖北省财政厅：

你厅《关于城镇居民委托代建房屋如何征收契税的请示》(鄂财农税发〔1998〕1014号)收悉。经研究，现批复如下：

根据你厅提供的情况，仙桃市居民赵明超通过与房屋开发商签定“双包代建”合同，由开发商承办规划许可证、准建证、土地使用证等手续，并由委托方按地价与房价之和向开发商付款的方式取得房屋所有权，实质上是一种以预付款方式购买商品房的行为，应照章征收契税。

【注释】 对《契税暂行条例》第2条进行了解释。

国家税务总局关于离婚后房屋权属变化是否征收契税的批复

国税函〔1999〕391号

广东省财政厅：

你厅《关于对离婚后房屋权属变化是否征收契税的请示》(粤财字〔1999〕85号)收悉，经研究，现批复如下：

根据我国婚姻法的规定，夫妻共有房屋属共同共有财产。因夫妻财产分割而将原共有房屋产权归属一方，是房产共有权的变动而不是现行契税政策规定征税的房屋产权转移行为。因此，对离婚后原共有房屋产权的归属人不征收契税。

【注释】 对《契税暂行条例》第2条进行了解释。

国家税务总局关于出售或租赁房屋使用权是否征收契税问题的批复

国税函〔1999〕465号

河南省财政厅：

你厅《关于出售或租赁房屋使用权征收契税的请示》(豫财农税字〔1999〕27号)收悉。经研究，现批复如下：

房屋使用权与房屋所有权是两种不同性质的权属。根据现行契税法规的规定，房屋使用权的转移行为不属于契税征收范围，不应征收契税。

【注释】 对《契税暂行条例》第2条进行了解释。

财政部 国家税务总局关于调整房地产市场若干税收政策的通知

财税〔1999〕210 号

各省、自治区、直辖市、计划单列市财政厅(局)、国家税务局、地方税务局、新疆生产建设兵团：

为了配合国家住房制度改革，有效启动房地产市场，积极培育新的经济增长点，经国务院批准，现对房地产市场有关税收政策问题通知如下：

一、关于营业税和契税的政策问题

为了切实减轻个人买卖普通住宅的税收负担，积极启动住房二级市场，对个人购买并居住超过一年的普通住宅，销售时免征营业税；个人购买并居住不足一年的普通住宅，销售时营业税按销售价减去购入原价后的差额计征；个人自建自用住房，销售时免征营业税；个人购买自用普通住宅，暂减半征收契税。

为了支持住房制度的改革，对企业、行政事业单位按房改成本价、标准价出售住房的收入，暂免征收营业税。

二、关于空置商品住房税收政策问题

(本条已经过期作废)

三、关于土地增值税征免政策问题

对居民个人拥有的普通住宅，在其转让时暂免征收土地增值税。

本通知自 1999 年 8 月 1 日起执行。部分地区在此之前越权自行制定的房地产市场税收政策，凡与本通知规定不符的一律改按本通知的规定执行。

【注释】 对《契税暂行条例》第 6 条进行了解释。

国家税务总局关于抵押贷款购买商品房征收契税的批复

国税函〔1999〕613 号

青岛市财政局：

你局《关于抵押贷款购买商品房征收契税的请示》(青财农税〔1999〕12 号)收悉。经研究，批复如下：

购房人以按揭、抵押贷款方式购买房屋，当其从银行取得抵押凭证时，购房人与原产权人之间的房屋产权转移已经完成，契税纳税义务已经发生，必须依法缴纳契税。

【注释】 对《契税暂行条例》第 2 条进行了解释。

国家税务总局关于以补偿征地款方式取得的房产征收契税的批复

国税函〔1999〕737 号

广东省财政厅：

你厅《关于以补偿征地款方式取得的房产是否征收契税的请示》(粤财农〔1999〕31 号)收悉。现批复如下：

你省汕头市龙眼街道办事处征用属下南墩管理区土地与华乾工业园有限公司合建商品房，并在商品房建成后，将其中一部分商品房产权以补偿征地款方式转移给南墩管理区的居民。这种房地产转移方式实质上是一种以征地款购买房产的行为，应依法缴纳契税。

【注释】 对《契税暂行条例》第2条进行了解释。

财政部 国家税务总局关于本溪金岛生态农业发展有限公司承受农村集体土地使用权征收契税的批复

财税〔2000〕26号

辽宁省地方税务局：

你局《关于对本溪金岛生态农业发展有限公司承受土地使用权是否征收契税的请示》（辽地税农〔2000〕12号）收悉。现批复如下：

你省本溪金岛生态农业发展有限公司有偿受让桓仁县横道河子村林地及耕地使用权50年，用于生态农业的综合开发，不属于农村集体土地承包经营权的转移，应按土地使用权转让征收契税。

【注释】 对《契税暂行条例细则》第6条进行了解释。

财政部 国家税务总局关于公有制单位职工首次购买住房免征契税的通知

财税〔2000〕130号

各省、自治区、直辖市和计划单列市财政厅（局）、地方税务局：

为配合国家住房制度改革，减轻城镇职工购房负担，现就契税有关政策明确如下：

对各类公有制单位为解决职工住房而采取集资建房方式建成的普通住房或由单位购买的普通商品住房，经当地县以上人民政府房改部门批准，按照国家房改政策出售给本单位职工的，如属职工首次购买住房，均比照《中华人民共和国契税暂行条例》第六条第二款“城镇职工按规定第一次购买公有住房的，免征”的规定，免征契税。

本规定从发文之日起实施，此前已征税款不予退还。

【注释】 对《契税暂行条例》第6条进行了解释。

财政部 国家税务总局关于社会力量办学契税政策问题的通知

财税〔2001〕156号

各省、自治区、直辖市、计划单列市财政厅（局）、地方税务局，新疆生产建设兵团财务局：

根据《中华人民共和国教育法》提出的“任何组织和个人不得以营利为目的举办学校及其他教育机构”的精神，以及国务院发布的《社会力量办学条例》中关于“社会力量举办的教育机构依法享有与国家举办的教育机构平等的法律地位”的规定，对县级以上人民政府教育行政主管部门或劳动行政主管部门批准并核发《社会力量办学许可证》，由企业事业组织、社会团体及其他社会组织和公民个人利用非国家财政性教育经费面向社会举办的教育机构，其承受的土地、房屋权属用于教学的，比照《中华人民共和国契税暂行条例》第六条第(一)款的规定，免征契税。

本通知自2001年10月1日起实施。

【注释】 对《契税暂行条例》第6条进行了解释。

国家税务总局关于保险公司分业经营改革中不动产转移过户有关税收政策的通知

国税发〔2002〕69号

各省、自治区、直辖市和计划单列市地方税务局、财政厅(局)：

为进一步落实《中华人民共和国保险法》有关综合性保险公司必须财、寿险业务分业经营的规定和国务院关于保险公司分业改革的指示精神，综合性保险公司及其子公司需将其所拥有的不动产划转到新设立的财产保险公司和人寿保险公司。由于上述这种不动产所有权转移过户过程中，并未发生有偿销售不动产行为，也不具备其他形式的交易性质，因此，对保险分业经营改革过程中，综合性保险公司及其子公司将其所拥有的不动产所有权划转过户到因分业而新设立的财产保险公司和人寿保险公司的行为，不征收营业税、契税。

【注释】 对《契税暂行条例》第2条进行了解释。

国家税务总局关于办理期房退房手续后应退还已征契税的批复

国税函〔2002〕622号

新疆维吾尔自治区财政厅：

你厅《关于对办理期房退房手续后是否可以退契税的请示》(新财农税〔2002〕10号)收悉。现批复如下：

按照现行契税政策规定，购房者应在签订房屋买卖合同后、办理房屋所有权变更登记之前缴纳契税。对交易双方已签订房屋买卖合同，但由于各种原因最终未能完成交易的，如购房者已按规定缴纳契税，在办理期房退房手续后，对其已纳契税款应予以退还。

【注释】 对《契税暂行条例》第1条进行了解释。

财政部 国家税务总局关于教育税收政策的通知

财税〔2004〕39号

各省、自治区、直辖市、计划单列市财政厅(局)、国家税务局、地方税务局，新疆生产建设兵团财务局：

为了进一步促进教育事业发展，经国务院批准，现将有关教育的税收政策通知如下：

……

三、关于耕地占用税、契税、农业税和农业特产税

1. 对学校、幼儿园经批准征用的耕地，免征耕地占用税。享受免税的学校用地的具体范围是：全日制大、中、小学校(包括部门、企业办的学校)的教学用房、实验室、操场、图书馆、办公室及师生员工食堂宿舍用地。学校从事非农业生产经营占用的耕地,不予免税。职工夜校、学习班、培训中心、函授学校等不在免税之列。

2. 国家机关、事业单位、社会团体、军事单位承受土地房屋权属用于教学、科研的,免征契税。用于教学的,是指教室(教学楼)以及其他直接用于教学的土地、房屋。用于科研的,是指科学实验的场所以及其他直接用于科研的土地、房屋。对县级以上人民政府教育行政主管部门或劳动行政主管部门审批并颁发办学许可证,由企业事业组织、社会团体及其他社会和公民个人利用非国家财政性教育经费面向社会举办的学校及教育机构,其承受的土地、房屋权属用于教学的,免征契税。

3. 对农业院校进行科学实验的土地免征农业税。对农业院校进行科学实验所取得的农业特产品收入,在实验期间免征农业特产税。

……

六、本通知自 2004 年 1 月 1 日起执行,此前规定与本通知不符的,以本通知为准。

【注释】 对《契税暂行条例》第 6 条进行了解释。

财政部 国家税务总局关于房屋附属设施有关契税政策的批复

财税〔2004〕126 号

浙江省财政厅:

你厅《关于要求明确与房屋相关的附属设施契税政策的请示》(浙江省财农税字〔2003〕26 号)收悉。经研究,现批复如下:

一、对于承受与房屋相关的附属设施(包括停车位、汽车库、自行车库、顶层阁楼以及储藏室,下同)所有权或土地使用权的行为,按照契税法律、法规的规定征收契税;对于不涉及土地使用权和房屋所有权转移变动的,不征收契税。

二、采取分期付款方式购买房屋附属设施土地使用权、房屋所有权的,应按合同规定的总价款计征契税。

三、承受的房屋附属设施权属如为单独计价的,按照当地确定的适用税率征收契税;如与房屋统一计价的,适用与房屋相同的契税税率。

【注释】 对《契税暂行条例》第 4、6 条进行了解释。

耕地占用税契税减免管理办法

国税发〔2004〕99 号

第一条　为了严格执行耕地占用税、契税减免政策,简化减免管理程序,根据《中华人民共和国耕地占用税暂行条例》和《中华人民共和国契税暂行条例》,制定本办法。

第二条　凡依法应予减免的耕地占用税、契税的管理,适用本办法。

第三条　耕地占用税、契税的减免,实行申报管理制度。

申报耕地占用税减免的纳税人应在用地申请获得批准后的 30 日内,向与批准其占用耕地的土地管理机关同级的征收机关提出减免申报。

由国务院或国土资源部批准占用耕地的,由省级征收机关办理减免手续。

契税纳税人应在土地、房屋权属转移合同生效的 10 日内,向征收机关提出减免申报。计税金额在

10000万元(含10000万元)以上的,由省级征收机关办理减免手续。

第四条 征收机关应指定专人受理、审核减免申报事项。

第五条 受理人应要求申报人如实填写减免申报表并提供相关资料,告知申报人若申报不实或虚假申报而应负的法律责任。

受理人一般应在受理当日内将减免申报表和相关资料移交审核人。申报人没有按照规定提供资料或提供的资料不够全面的,受理人应一次性告知申报人应补正的资料。

第六条 审核人应对申报人提供的资料进行审核。

对于符合减免规定的,审核人应于审核的当日办理减免手续。

对于显然不符合减免规定的,审核人应向申报人说明原因,并核定应纳税额,转入税款征收程序。

情况较为复杂需向上级征收机关请示的,审核人应向申报人说明情况,并在规定时限内办理手续。

第七条 耕地占用税、契税的减免管理,实行逐级备案制度。

占用耕地1000亩(含1000亩)以上的减免,征收机关应在办理减免手续完毕之日起30日内报国家税务总局备案。

契税的计税金额在10000万元(含10000万元)以上的减免,征收机关应在办理减免手续完毕之日起30日内报国家税务总局备案。

第八条 耕地占用税减免,应向国家税务总局备案用地批准文件和减免申报表。

契税减免,应向国家税务总局备案减免申报表。

第九条 占用耕地1000亩以下的耕地占用税的减免和计税金额在10000万元以下的契税减免,其备案办法由省级征收机关制定。

第十条 省级征收机关应根据备案情况定期组织检查。

第十一条 办理减免的征收机关应将办理情况,定期逐级通报基层征收机关。

基层征收机关应对减免情况进行核实,并将核实结果逐级上报至办理减免的征收机关。

第十二条 耕地占用税、契税减免申报应由征收机关受理,其他任何机关、单位和个人都无权受理。地方各级人民政府、各级人民政府主管部门、单位和个人违反法律、行政法规规定,擅自作出的减税、免税规定无效,征收机关不得执行,并向上级征收机关报告。

第十三条 征收机关或征管人员,违反规定擅自受理、审核减免申报的,依照有关规定处理。

第十四条 各省、自治区、直辖市和计划单列市征收机关可以根据本规定制定具体的减免申报管理办法,并向社会公示。

第十五条 本规定自2004年10月1日起施行。

【注释】 对《契税暂行条例》第7条进行了解释。对《契税暂行条例细则》第16、17条进行了解释。

财政部 国家税务总局关于国有土地使用权出让等有关契税问题的通知

财税〔2004〕134号

各省、自治区、直辖市、计划单列市财政厅(局)、地方税务局,新疆生产建设兵团财务局:

为了进一步明确与国有土地使用权出让相关的契税政策,推动公有住房上市的进程,现将有关契税政策通知如下:

一、出让国有土地使用权的,其契税计税价格为承受人为取得该土地使用权而支付的全部经济利益。

(一)以协议方式出让的,其契税计税价格为成交价格。成交价格包括土地出让金、土地补偿费、安置补助费、地上附着物和青苗补偿费、拆迁补偿费、市政建设配套费等承受者应支付的货币、实物、无形资产及其他经济利益。

没有成交价格或者成交价格明显偏低的,征收机关可依次按下列两种方式确定:

1. 评估价格:由政府批准设立的房地产评估机构根据相同地段、同类房地产进行综合评定,并经当地税务机关确认的价格。

2. 土地基准地价：由县以上人民政府公示的土地基准地价。

（二）以竞价方式出让的，其契税计税价格，一般应确定为竞价的成交价格，土地出让金、市政建设配套费以及各种补偿费用应包括在内。

二、先以划拨方式取得土地使用权，后经批准改为出让方式取得该土地使用权的，应依法缴纳契税，其计税依据为应补缴的土地出让金和其他出让费用。

三、已购公有住房经补缴土地出让金和其他出让费用成为完全产权住房的，免征土地权属转移的契税。

【注释】 对《契税暂行条例》第4、6条进行了解释。

国家税务总局关于继承土地、房屋权属有关契税问题的批复

国税函〔2004〕1036号

河南省财政厅：

你厅《关于继承土地房屋权属是否征收契税的请示》（豫财农税〔2004〕21号）收悉，现批复如下：

一、对于《中华人民共和国继承法》规定的法定继承人（包括配偶、子女、父母、兄弟姐妹、祖父母、外祖父母）继承土地、房屋权属，不征契税。

二、按照《中华人民共和国继承法》规定，非法定继承人根据遗嘱承受死者生前的土地、房屋权属，属于赠与行为，应征收契税。

【注释】 对《契税暂行条例》第6条进行了解释。

财政部 国家税务总局关于城镇房屋拆迁有关税收政策的通知

财税〔2005〕45号

各省、自治区、直辖市、计划单列市财政厅（局）、地方税务局，新疆生产建设兵团财务局：

经国务院批准，现将城镇房屋拆迁有关税收政策通知如下：

一、对被拆迁人按照国家有关城镇房屋拆迁管理办法规定的标准取得的拆迁补偿款，免征个人所得税。

二、（本条被《财政部 国家税务总局关于企业以售后回租方式进行融资等有关契税政策的通知》（财税〔2012〕82号）废止）

【注释】 对《契税暂行条例》第6条进行了解释。《财政部 国家税务总局关于企业以售后回租方式进行融资等有关契税政策的通知》（财税〔2012〕82号）对本文进行了修正。

国家税务总局关于免征土地出让金出让国有土地使用权征收契税的批复

国税函〔2005〕436号

北京市地方税务局：

你局《关于对政府以零地价方式出让国有土地使用权征收契税问题的请示》(京地税地〔2005〕166号)收悉,批复如下:

根据《中华人民共和国契税暂行条例》及其细则的有关规定,对承受国有土地使用权所应支付的土地出让金,要计征契税。不得因减免土地出让金,而减免契税。

【注释】 对《契税暂行条例》第6条进行了解释。

国家税务总局财政部建设部关于加强房地产税收管理的通知

国税发〔2005〕89号

各省、自治区、直辖市财政厅(局)、地方税务局、建设厅(建委、房地局),计划单列市财政局、地方税务局、建委(建设局、房地局),扬州税务进修学院,新疆生产建设兵团建设局:

为贯彻落实《国务院办公厅转发建设部等部门关于做好稳定住房价格工作意见的通知》(国办发〔2005〕26号),进一步加强房地产税收征管,促进房地产市场的健康发展,现将有关事项及要求通知如下:

一、各级地方税务、财政部门和房地产管理部门,要认真贯彻执行房地产税收有关法律、法规和政策规定,建立和完善信息共享、情况通报制度,加强部门间的协作配合。各级地方税务、财政部门要切实加强房地产税收征管,并主动与当地的房地产管理部门取得联系;房地产管理部门要积极配合。

二、2005年5月31日以前,各地要根据国办发〔2005〕26号文件规定,公布本地区享受优惠政策的普通住房标准(以下简称普通住房)。其中,住房平均交易价格,是指报告期内同级别土地上住房交易的平均价格,经加权平均后形成的住房综合平均价格。由市、县房地产管理部门会同有关部门测算,报当地人民政府确定,每半年公布一次。各级别土地上住房平均交易价格的测算,依据房地产市场信息系统生成数据;没有建立房地产市场信息系统的,依据房地产交易登记管理系统生成数据。

对单位或个人将购买住房对外销售的,市、县房地产管理部门应在办理房屋权属登记的当月,向同级地方税务、财政部门提供权属登记房屋的坐落、产权人、房屋面积、成交价格等信息。

市、县规划管理部门要将已批准的容积率在1.0以下的住宅项目清单,一次性提供给同级地方税务、财政部门。新批住宅项目中容积率在1.0以下的,按月提供。

地方税务、财政部门要将当月房地产税收征管的有关信息向市、县房地产管理部门提供。

各级地方税务、财政部门从房地产管理部门获得的房地产交易登记资料,只能用于征税之目的,并有责任予以保密。违反规定的,要追究责任。

三、各级地方税务、财政部门要严格执行调整后的个人住房营业税税收政策。

(一)2005年6月1日后,个人将购买不足2年的住房对外销售的,应全额征收营业税。

(二)2005年6月1日后,个人将购买超过2年(含2年)的符合当地公布的普通住房标准的住房对外销售,应持该住房的坐落、容积率、房屋面积、成交价格等证明材料及地方税务部门要求的其他材料,向地方税务部门申请办理免征营业税手续。地方税务部门应根据当地公布的普通住房标准,利用房地产管理部门和规划管理部门提供的相关信息,对纳税人申请免税的有关材料进行审核,凡符合规定条件的,给予免征营业税。

(三)2005年6月1日后,个人将购买超过2年(含2年)的住房对外销售不能提供属于普通住房的证明材料或经审核不符合规定条件的,一律按非普通住房的有关营业税政策征收营业税。

(四)个人购买住房以取得的房屋产权证或契税完税证明上注明的时间作为其购买房屋的时间。

(五)个人对外销售住房,应持依法取得的房屋权属证书,并到地方税务部门申请开具发票。

(六)对个人购买的非普通住房超过2年(含2年)对外销售的,在向地方税务部门申请按其售房收入减去购买房屋价款后的差额缴纳营业税时,需提供购买房屋时取得的税务部门监制的发票作为差额征税的扣除凭证。

(七)各级地方税务、财政部门要严格执行税收政策,对不符合规定条件的个人对外销售住房,不得减免营业税，确保调整后的营业税政策落实到位；对个人承受不享受优惠政策的住房，不得减免契税。对擅自变通政策、违反规定对不符合规定条件的个人住房给予税收优惠，影响调整后的税收政策落实的，要追究当事人的责任。对政策执行中出现的问题和有关情况，应及时上报国家税务总局。

四、各级地方税务、财政部门要充分利用房地产交易与权属登记信息，加强房地产税收管理。要建立、健全房地产税收税源登记档案和税源数据库，并根据变化情况及时更新税源登记档案和税源数据库的信息；要定期将从房地产管理部门取得的权属登记资料等信息，与房地产税收征管信息进行比对，查找漏征税款，建立催缴制度，及时查补税款。

各级地方税务、财政部门在房地产税收征管工作中，如发现纳税人未进行权属登记的，应及时将有关信息告知当地房地产管理部门，以便房地产管理部门加强房地产权属管理。

五、各级地方税务、财政部门和房地产管理部门要积极协商，创造条件，在房地产交易和权属登记等场所，设立房地产税收征收窗口，方便纳税人。

六、市、县房地产管理部门在办理房地产权属登记时，应严格按照《中华人民共和国契税暂行条例》、《中华人民共和国土地增值税暂行条例》的规定，要求出具完税（或减免）凭证；对于未出具完税（或减免）凭证的，房地产管理部门不得办理权属登记。

七、各级地方税务、财政部门应努力改进征缴税款的办法，减少现金收取，逐步实现税银联网、划卡缴税。由于种种原因，仍需收取现金税款的，应规范解缴程序，加强安全管理。

八、对于房地产管理部门配合税收管理增加的支出，地方财税部门应给予必要的经费支持。

九、各省级地方税务部门要积极参与本地区房地产市场分析监测工作，密切关注营业税税收政策调整后的政策执行效果，及时做出营业税政策调整对本地区的房地产市场产生影响的评估报告，并将分析评估报告按季上报国家税务总局。

十、各地地方税务、财政部门和房地产管理部门，可结合本地情况，共同协商研究制定贯彻落实本通知的具体办法。

【注释】 对《契税暂行条例》第6条进行了解释。

国家税务总局关于房地产税收政策执行中几个具体问题的通知

国税发〔2005〕172号

各省、自治区、直辖市和计划单列市财政厅（局）、地方税务局，扬州税务进修学院，局内各单位：

根据《国家税务总局财政部建设部关于加强房地产税收管理的通知》（国税发〔2005〕89号）（以下简称《通知》）的精神，经商财政部、建设部，现就各地在贯彻落实《通知》中的几个具体政策问题明确如下：

一、《通知》第三条第二款中规定的“成交价格”是指住房持有人对外销售房屋的成交价格。

二、《通知》第三条第四款中规定的“契税完税证明上注明的时间”是指契税完税证明上注明的填发日期。

三、纳税人申报时，同时出具房屋产权证和契税完税证明且二者所注明的时间不一致的，按照“孰先”的原则确定购买房屋的时间。即房屋产权证上注明的时间早于契税完税证明上注明的时间的，以房屋产权证注明的时间为购买房屋的时间；契税完税证明上注明的时间早于房屋产权证上注明的时间的，以契税完税证明上注明的时间为购买房屋的时间。

四、个人将通过受赠、继承、离婚财产分割等非购买形式取得的住房对外销售的行为，也适用《通知》的有关规定。其购房时间按发生受赠、继承、离婚财产分割行为前的购房时间确定，其购房价格按发生受赠、继承、离婚财产分割行为前的购房原价确定。个人需持其通过受赠、继承、离婚财产分割等非购买形式取得住房的合法、有效法律证明文书，到地方税务部门办理相关手续。

五、根据国家房改政策购买的公有住房，以购房合同的生效时间、房款收据的开具日期或房屋产权证上注明的时间，按照“孰先”的原则确定购买房屋的时间。

六、享受税收优惠政策普通住房的面积标准是指地方政府按国办发〔2005〕26 号文件规定确定并公布的普通住房建筑面积标准。对于以套内面积进行计量的，应换算成建筑面积，判断该房屋是否符合普通住房标准。

国家税务总局关于承受装修房屋契税计税价格问题的批复

国税函〔2007〕606 号

江苏省财政厅：

你厅《关于对房屋买卖契税计税价格构成问题的请示》（苏财基层〔2007〕4 号）收悉，批复如下：

房屋买卖的契税计税价格为房屋买卖合同的总价款，买卖装修的房屋，装修费用应包括在内。

【注释】 对《契税暂行条例》第 4 条进行了解释。

国家税务总局关于未办理土地使用权证转让土地有关税收问题的批复

国税函〔2007〕645 号

四川省地方税务局：

你局《关于未办理土地使用权证而转让土地有关税收问题的请示》（川地税发〔2007〕7 号）收悉，批复如下：

土地使用者转让、抵押或置换土地，无论其是否取得了该土地的使用权属证书，无论其在转让、抵押或置换土地过程中是否与对方当事人办理了土地使用权属证书变更登记手续，只要土地使用者享有占有、使用、收益或处分该土地的权利，且有合同等证据表明其实质转让、抵押或置换了土地并取得了相应的经济利益，土地使用者及其对方当事人应当依照税法规定缴纳营业税、土地增值税和契税等相关税收。

【注释】 对《契税暂行条例细则》第 7 条进行了解释。

财政部 国家税务总局关于土地使用权转让契税计税依据的批复

财税〔2007〕162 号

北京市地方税务局：

你局《关于国有土地使用权转让契税计税依据确定问题的请示》（京地税地〔2007〕356 号）收悉。现批复如下：

根据国家土地管理相关法律法规和《中华人民共和国契税暂行条例》及其实施细则的规定，土地使用者将土地使用权及所附建筑物、构筑物等（包括在建的房屋、其他建筑物、构筑物和其他附着物）转让给他人的，应按照转让的总价款计征契税。

【注释】 对《契税暂行条例》第 4 条进行了解释。

国家税务总局关于无效产权转移征收契税的批复

国税函〔2008〕438 号

黑龙江省财政厅：

你厅《关于法院判决撤销房屋所有权证是否应予退还契税问题的请示》(黑财农村〔2008〕4 号)收悉。批复如下：

按照现行契税政策规定，对经法院判决的无效产权转移行为不征收契税。法院判决撤销房屋所有权证后，已纳契税款应予退还。

财政部 国家税务总局关于企业改制过程中以国家作价出资(入股)方式转移国有土地使用权有关契税问题的通知

财税〔2008〕129 号

各省、自治区、直辖市、计划单列市财政厅(局)、地方税务局，新疆生产建设兵团财务局：

经研究，现对以国家作价出资(入股)方式转移国有土地使用权的契税政策明确如下：

一、根据《中华人民共和国契税暂行条例》第二条第一款规定，国有土地使用权出让属于契税的征收范围。根据《中华人民共和国契税暂行条例细则》第八条第一款规定，以土地、房屋权属作价投资、入股方式转移土地、房屋权属的，视同土地使用权转让征税。因此，对以国家作价出资(入股)方式转移国有土地使用权的行为，应视同土地使用权转让，由土地使用权的承受方按规定缴纳契税。

二、以国家作价出资(入股)方式转移国有土地使用权的行为不适用《财政部 国家税务总局关于企业改制重组若干契税政策的通知》(财税〔2003〕184 号)。

国家税务总局关于改变国有土地使用权出让方式征收契税的批复

国税函〔2008〕662 号

四川省地方税务局：

你局《关于国有土地使用权改变用途缴纳的土地收益金征收契税问题的请示》(川地税发〔2008〕39 号)收悉。现批复如下：

根据现行契税政策规定，对纳税人因改变土地用途而签订土地使用权出让合同变更协议或者重新签订土地使用权出让合同的，应征收契税。计税依据为因改变土地用途应补缴的土地收益金及应补缴政府的其他费用。

关于调整房地产交易环节税收政策的通知

财税〔2008〕137 号

各省、自治区、直辖市、计划单列市财政厅(局)、地方税务局，新疆生产建设兵团财务局：

为适当减轻个人住房交易的税收负担，支持居民首次购买普通住房，经国务院批准，现就房地产交易环节有关税收政策问题通知如下：

一、对个人首次购买90平方米及以下普通住房的，契税税率暂统一下调到1%。首次购房证明由住房所在地县(区)住房建设主管部门出具。

二、对个人销售或购买住房暂免征收印花税。

三、对个人销售住房暂免征收土地增值税。

本通知自2008年11月1日起实施。

国家税务总局关于明确国有土地使用权出让契税计税依据的批复

国税函〔2009〕603号

北京市地方税务局：

你局《关于国有土地使用权出让契税计税依据确定问题的请示》(京地税地〔2009〕124号)收悉。经商财政部，现批复如下：

根据《财政部 国家税务总局关于土地使用权出让等有关契税问题的通知》(财税〔2004〕134号)规定，出让国有土地使用权，契税计税价格为承受人为取得该土地使用权而支付的全部经济利益。对通过"招、拍、挂"程序承受国有土地使用权的，应按照土地成交总价款计征契税，其中的土地前期开发成本不得扣除。

财政部 国家税务总局关于首次购买普通住房有关契税政策的通知

财税〔2010〕13号

各省、自治区、直辖市、计划单列市财政厅(局)、地方税务局，新疆生产建设兵团财务局：

现对《财政部 国家税务总局关于调整房地产交易环节税收政策的通知》(财税〔2008〕137号)中首次购买普通住房契税优惠政策问题明确如下：

对两个或两个以上个人共同购买90平方米及以下普通住房，其中一人或多人已有购房记录的，该套房产的共同购买人均不适用首次购买普通住房的契税优惠政策。

财政部 国家税务总局关于支持公共租赁住房建设和运营有关税收优惠政策的通知

财税〔2010〕88号

各省、自治区、直辖市、计划单列市财政厅(局)、地方税务局，西藏、宁夏、青海省(自治区)国家税务局，新疆生产建设兵团财务局：

根据国务院办公厅《关于促进房地产市场平稳健康发展的通知》(国办发〔2010〕4号)、《国务院关于坚决遏制部分城市房价过快上涨的通知》(国发〔2010〕10号)和住房城乡建设部等七部门《关于加快发展公共租赁住房的指导意见》(建保〔2010〕87号)精神，现对公共租赁住房(以下简称公租房)建设和运营有关税收政策通知如下：

一、对公租房建设期间用地及公租房建成后占地免征城镇土地使用税。在其他住房项目中配套建设公租房，依据政府部门出具的相关材料，可按公租房建筑面积占总建筑面积的比例免征建造、管理公租房涉及的城镇土地使用税。

二、对公租房经营管理单位建造公租房涉及的印花税予以免征。在其他住房项目中配套建设公租房，依据政府部门出具的相关材料，可按公租房建筑面积占总建筑面积的比例免征建造、管理公租房涉及的印花税。

三、对公租房经营管理单位购买住房作为公租房，免征契税、印花税；对公租房租赁双方签订租赁协议涉及的印花税予以免征。

四、对企事业单位、社会团体以及其他组织转让旧房作为公租房房源，且增值额未超过扣除项目金额20%的，免征土地增值税。

五、企事业单位、社会团体以及其他组织捐赠住房作为公租房，符合税收法律法规规定的，捐赠支出在年度利润总额12%以内的部分，准予在计算应纳税所得额时扣除。

六、对经营公租房所取得的租金收入，免征营业税、房产税。公租房租金收入与其他住房经营收入应单独核算，未单独核算的，不得享受免征营业税、房产税优惠政策。

七、享受上述税收优惠政策的公租房是指纳入省、自治区、直辖市、计划单列市人民政府及新疆生产建设兵团批准的公租房发展规划和年度计划，以及按照建保〔2010〕87号文件和市、县人民政府制定的具体管理办法进行管理的公租房。不同时符合上述条件的公租房不得享受上述税收优惠政策。

八、上述政策自发文之日起执行，执行期限暂定三年，政策到期后将根据公租房建设和运营情况对有关内容加以完善。

财政部 国家税务总局 住房和城乡建设部关于调整房地产交易环节契税个人所得税优惠政策的通知

财税〔2010〕94号

各省、自治区、直辖市、计划单列市财政厅（局）、地方税务局、住房城乡建设厅（建委、房地局），西藏、宁夏、青海省（自治区）国税局，新疆生产建设兵团财务局、建设局：

经国务院批准，现就调整房地产交易环节契税、个人所得税有关优惠政策通知如下：

一、关于契税政策

（一）对个人购买普通住房，且该住房属于家庭（成员范围包括购房人、配偶以及未成年子女，下同）唯一住房的，减半征收契税。对个人购买90平方米及以下普通住房，且该住房属于家庭唯一住房的，减按1%税率征收契税。

征收机关应查询纳税人契税纳税记录；无记录或有记录但有疑义的，根据纳税人的申请或授权，由房地产主管部门通过房屋登记信息系统查询纳税人家庭住房登记记录，并出具书面查询结果。如因当地暂不具备查询条件而不能提供家庭住房登记查询结果的，纳税人应向征收机关提交家庭住房实有套数书面诚信保证。诚信保证不实的，属于虚假纳税申报，按照《中华人民共和国税收征收管理法》的有关规定处理。

具体操作办法由各省、自治区、直辖市财政、税务、房地产主管部门共同制定。

（二）个人购买的普通住房，凡不符合上述规定的，不得享受上述优惠政策。

二、关于个人所得税政策

对出售自有住房并在1年内重新购房的纳税人不再减免个人所得税。

本通知自2010年10月1日起执行。《财政部 国家税务总局关于调整房地产市场若干税收政策的通知》（财税字〔1999〕210号）第一条有关契税的规定、《财政部 国家税务总局关于调整房地产交易环节税收政策的通知》（财税〔2008〕137号）第一条、《财政部 国家税务总局 建设部关于个人出售住房所得征收个人所得税有关问题的通知》（财税字〔1999〕278号）第三条同时废止。

财政部 国家税务总局关于购房人办理退房有关契税问题的通知

财税〔2011〕32 号

各省、自治区、直辖市、计划单列市财政厅(局)、地方税务局,新疆生产建设兵团财务局:

根据《中华人民共和国契税暂行条例》(国务院令第 224 号)及其细则的规定,现对购房单位和个人办理退房有关契税问题明确如下:

对已缴纳契税的购房单位和个人,在未办理房屋权属变更登记前退房的,退还已纳契税;在办理房屋权属变更登记后退房的,不予退还已纳契税。

请遵照执行。

财政部 国家税务总局关于房屋土地权属由夫妻一方所有变更为夫妻双方共有契税政策的通知

财税〔2011〕82 号

各省、自治区、直辖市、计划单列市财政厅(局)、地方税务局,新疆生产建设兵团财务局:

现就房屋、土地权属由夫妻一方所有变更为夫妻双方共有的契税政策通知如下:

婚姻关系存续期间,房屋、土地权属原归夫妻一方所有,变更为夫妻双方共有的,免征契税。

本通知自印发之日起执行。

财政部 国家税务总局关于企业事业单位改制重组契税政策的通知

财税〔2012〕4 号

各省、自治区、直辖市、计划单列市财政厅(局)、地方税务局,西藏、宁夏、青海省(自治区)国家税务局,新疆生产建设兵团财务局:

为了支持企业、事业单位改革,促进国民经济持续、健康发展,现就企业、事业单位改制重组等涉及的契税政策通知如下:

一、企业公司制改造

非公司制企业,按照《中华人民共和国公司法》的规定,整体改建为有限责任公司(含国有独资公司)或股份有限公司,有限责任公司整体改建为股份有限公司,股份有限公司整体改建为有限责任公司的,对改建后的公司承受原企业土地、房屋权属,免征契税。上述所称整体改建是指不改变原企业的投资主体,并承继原企业权利、义务的行为。

非公司制国有独资企业或国有独资有限责任公司,以其部分资产与他人组建新公司,且该国有独资企业(公司)在新设公司中所占股份超过 50%的,对新设公司承受该国有独资企业(公司)的土地、房屋权属,免征契税。

国有控股公司以部分资产投资组建新公司,且该国有控股公司占新公司股份超过 85%的,对新公司承受该国有控股公司土地、房屋权属，免征契税。上述所称国有控股公司，是指国家出资额占有限责任公司资本总额超过50%，或国有股份占股份有限公司股本总额超过50%的公司。

二、公司股权(股份)转让

在股权(股份)转让中，单位、个人承受公司股权(股份)，公司土地、房屋权属不发生转移，不征收契税。

三、公司合并

两个或两个以上的公司，依据法律规定、合同约定，合并为一个公司，且原投资主体存续的，对其合并后的公司承受原合并各方的土地、房屋权属，免征契税。

四、公司分立

公司依照法律规定、合同约定分设为两个或两个以上与原公司投资主体相同的公司，对派生方、新设方承受原企业土地、房屋权属，免征契税。

五、企业出售

国有、集体企业整体出售，被出售企业法人予以注销，并且买受人按照《中华人民共和国劳动法》等国家有关法律法规政策妥善安置原企业全部职工，与原企业全部职工签订服务年限不少于三年的劳动用工合同的，对其承受所购企业的土地、房屋权属，免征契税；与原企业超过30%的职工签订服务年限不少于三年的劳动用工合同的，减半征收契税。

六、企业破产

企业依照有关法律、法规规定实施破产，债权人(包括破产企业职工)承受破产企业抵偿债务的土地、房屋权属，免征契税；对非债权人承受破产企业土地、房屋权属，凡按照《中华人民共和国劳动法》等国家有关法律法规政策妥善安置原企业全部职工，与原企业全部职工签订服务年限不少于三年的劳动用工合同的，对其承受所购企业的土地、房屋权属，免征契税；与原企业超过30%的职工签订服务年限不少于三年的劳动用工合同的，减半征收契税。

七、债权转股权

经国务院批准实施债权转股权的企业，对债权转股权后新设立的公司承受原企业的土地、房屋权属，免征契税。

八、资产划转

对承受县级以上人民政府或国有资产管理部门按规定进行行政性调整、划转国有土地、房屋权属的单位，免征契税。

同一投资主体内部所属企业之间土地、房屋权属的划转，包括母公司与其全资子公司之间，同一公司所属全资子公司之间，同一自然人与其设立的个人独资企业、一人有限公司之间土地、房屋权属的划转，免征契税。

九、事业单位改制

事业单位按照国家有关规定改制为企业的过程中，投资主体没有发生变化的，对改制后的企业承受原事业单位土地、房屋权属，免征契税。投资主体发生变化的，改制后的企业按照《中华人民共和国劳动法》等有关法律法规妥善安置原事业单位全部职工，与原事业单位全部职工签订服务年限不少于三年劳动用工合同的，对其承受原事业单位的土地、房屋权属，免征契税；与原事业单位超过30%的职工签订服务年限不少于三年劳动用工合同的，减半征收契税。

十、其他

以出让方式或国家作价出资(入股)方式承受原改制重组企业、事业单位划拨用地的，不属上述规定的免税范围，对承受方应按规定征收契税。

本通知所称企业、公司是指依照中华人民共和国有关法律法规设立并在中国境内注册的企业、公司。

本通知执行期限为2012年1月1日至2014年12月31日。《财政部 国家税务总局关于企业改制重组若干契税政策的通知》(财税〔2008〕175号)、《财政部 国家税务总局关于事业单位改制有关契税政策的通知》(财税〔2010〕22号)以及《国家税务总局关于企业改制重组契税政策若干执行问题的通知》(国税发〔2009〕89号)同时废止。

财政部 国家税务总局

二〇一二年一月十二日

财政部 国家税务总局关于企业以售后回租方式进行融资等有关契税政策的通知

财税〔2012〕82 号

各省、自治区、直辖市、计划单列市财政厅（局）、地方税务局，西藏、宁夏、青海省（自治区）国家税务局，新疆生产建设兵团财务局：

经研究，现就近期各地反映的契税政策执行中若干问题通知如下：

一、对金融租赁公司开展售后回租业务，承受承租人房屋、土地权属的，照章征税。对售后回租合同期满，承租人回购原房屋、土地权属的，免征契税。

二、以招拍挂方式出让国有土地使用权的，纳税人为最终与土地管理部门签订出让合同的土地使用权承受人。

三、市、县级人民政府根据《国有土地上房屋征收与补偿条例》有关规定征收居民房屋，居民因个人房屋被征收而选择货币补偿用以重新购置房屋，并且购房成交价格不超过货币补偿的，对新购房屋免征契税；购房成交价格超过货币补偿的，对差价部分按规定征收契税。居民因个人房屋被征收而选择房屋产权调换，并且不缴纳房屋产权调换差价的，对新换房屋免征契税；缴纳房屋产权调换差价的，对差价部分按规定征收契税。

四、企业承受土地使用权用于房地产开发，并在该土地上代政府建设保障性住房的，计税价格为取得全部土地使用权的成交价格。

五、单位、个人以房屋、土地以外的资产增资，相应扩大其在被投资公司的股权持有比例，无论被投资公司是否变更工商登记，其房屋、土地权属不发生转移，不征收契税。

六、个体工商户的经营者将其个人名下的房屋、土地权属转移至个体工商户名下，或个体工商户将其名下的房屋、土地权属转回原经营者个人名下，免征契税。

合伙企业的合伙人将其名下的房屋、土地权属转移至合伙企业名下，或合伙企业将其名下的房屋、土地权属转回原合伙人名下，免征契税。

本通知自发文之日起执行。《财政部 国家税务总局关于城镇房屋拆迁有关税收政策的通知》（财税〔2005〕45 号）第二条同时废止。

财政部 国家税务总局

2012 年 12 月 6 日

第四编

行为税法

第十七部分　中华人民共和国印花税法

中华人民共和国印花税暂行条例

国务院令第 11 号

第一条　在中华人民共和国境内书立、领受本条例所列举凭证的单位和个人，都是印花税的纳税义务人（以下简称纳税人），应当按照本条例规定缴纳印花税。

【注释】　相关规定包括:《国家税务总局关于货运凭证征收印花税几个具体问题的通知》

（国税发〔1990〕173 号）、《国家税务总局关于物资订货合同印花税确定纳税人问题的批复》

（国税函发〔1991〕1415 号）、《财政部 国家税务总局关于外国石油公司参与煤层气开采所适用税收政策问题的通知》（财税〔1996〕62 号）、《国家税务总局铁道部关于铁路货运凭证印花税若干问题的通知》（国税发〔2006〕101 号）。

第二条　下列凭证为应纳税凭证：

1. 购销、加工承揽、建设工程承包、财产租赁、货物运输、仓储保管、借款、财产保险、技术合同或者具有合同性质的凭证；

2. 产权转移书据；

3. 营业账簿；

4. 权利、许可证照；

5. 经财政部确定征税的其他凭证。

【注释】　相关规定包括:《国家税务总局关于印花税若干具体问题的规定》（国税地〔1988〕25 号）、《国家税务总局关于外国银行分行营运资金缴纳印花税问题的批复》（国税函〔2002〕104 号）、《国家税务总局关于对借款合同贴花问题的具体规定》（国税地〔1988〕30 号）、《财政部 国家税务总局关于全国社会保障基金有关印花税政策的通知》（财税〔2003〕134 号）、《国家税务总局关于办理上市公司国有股权无偿转让暂不征收证券（股票）交易印花税有关审批事项的通知》（国税函〔2004〕941 号）。

第三条　纳税人根据应纳税凭证的性质，分别按比例税率或者按件定额计算应纳税额。具体税率、税额的确定，依照本条例所附《印花税税目税率表》执行。

应纳税额不足一角的，免纳印花税。

应纳税额在一角以上的，其税额尾数不满五分的不计，满五分的按一角计算缴纳。

【注释】　相关规定包括:《国家税务总局关于对技术合同征收印花税问题的通知》（国税地〔1989〕34 号）、《国家税务总局关于家庭财产两全保险合同征收印花税问题的批复》（国税地〔1989〕77 号）、《国家税务总局关于对“拨改贷”借款合同征收印花税问题的复函》（国税地〔1989〕110 号）、《国家税务总局关于改变保险合同印花税计税办法的通知》（国税函发〔1990〕428 号）、《国家税务总局关于各种要货单据征收印花税问题的批复》（国税函发〔1990〕994 号）、《国家税务总局地方税管理司关于改变保险合同计税依据适用范围的批复》（国税地函发〔1990〕20 号）、《国家税务总局关于印花税若干具体问题的解释和规定的通知》（国税发〔1991〕155 号）、《国家税务总局关于“集体土地建设用地使用权登记证”贴花问题的批复》（国税函发〔1991〕1268 号）、《国家税务总局关于飞机租赁合同征收印花税问题的批复》（国税函发〔1992〕1145 号）、《国家税务总局关于船舶保险合同印花税征免问题的批复》（国税函发〔1993〕674 号）、《国家税务总局关于外商投资企业的订单要货单据征收印花税问题的批复》（国税函发〔1997〕505 号）、《财政部 国家税务总局关于证券投资基金税收问题的通知》（财税〔1998〕55 号）、《国家税务总局关于上市公司国有股权无偿转让征收证券（股票）交易印花税问题的通知》（国税发〔1999〕124 号）、《财政部 国家税务总局关于开放式证券投资基金有关税收问题的通知》（财税〔2002〕128 号）。

第四条 下列凭证免纳印花税：

1. 已缴纳印花税的凭证的副本或者抄本；
2. 财产所有人将财产赠给政府、社会福利单位、学校所立的书据；
3. 经财政部批准免税的其他凭证。

【注释】 相关规定包括：《国家税务总局关于对水库水工建筑物原值征收印花税问题的批复》(国税地〔1989〕97 号)、《国家税务总局关于图书、报刊等征订凭证征免印花税问题的通知》(国税地〔1989〕142 号)、《国家税务总局关于货运凭证征收印花税几个具体问题的通知》(国税发〔1990〕173 号)、《财政部 国家税务总局关于企业改制过程中有关印花税政策的通知》(财税〔2003〕183 号)、《财政部 国家税务总局关于教育税收政策的通知》(财税〔2004〕39 号)、《国家税务总局关于办理上市公司国有股权无偿转让暂不征收证券(股票)交易印花税有关审批事项的通知》(国税函〔2004〕941 号)、《财政部 国家税务总局关于对买卖封闭式证券投资基金继续予以免征印花税的通知》(财税〔2004〕173 号)、《财政部 国家税务总局关于证券投资者保护基金有关印花税政策的通知》(财税〔2006〕104 号)。

第五条 印花税实行由纳税人根据规定自行计算应纳税额，购买并一次贴足印花税票(以下简称贴花)的缴纳办法。

为简化贴花手续，应纳税额较大或者贴花次数频繁的，纳税人可向税务机关提出申请，采取以缴款书代替贴花或者按期汇总缴纳的办法。

【注释】 相关规定包括：《国家税务总局关于印花税若干具体问题的规定》(国税地〔1988〕25 号)、《国家税务总局关于汇总缴纳印花税税额计算问题的通知》(国税函发〔1990〕433 号)、《国家税务总局关于货运凭证征收印花税几个具体问题的通知》(国税发〔1990〕173 号)。

第六条 印花税票应当粘贴在应纳税凭证上，并由纳税人在每枚税票的骑缝处盖戳注销或者画销。

已贴用的印花税票不得重用。

【注释】 相关规定包括：《国家税务总局国家工商行政管理局关于营业执照、商标注册证粘贴印花税票问题的通知》(国税地〔1989〕113 号)。

应纳税凭证应当于书立或者领受时贴花。

【注释】 相关规定包括：《国家税务总局关于印花税若干具体问题的规定》(国税地〔1988〕25 号)、《国家税务总局关于借贷业务应纳印花税凭证问题的批复》(国税函发〔1991〕1081 号)。

第八条 同一凭证，由两方或者两方以上当事人签订并各执一份的，应当由各方就所执的一份各自全额贴花。

【注释】 相关规定包括：《国家税务总局关于印花税若干具体问题的规定》(国税地〔1988〕25 号)。

第九条 已贴花的凭证，修改后所载金额增加的，其增加部分应当补贴印花税票。

第十条 印花税由税务机关负责征收管理。

【注释】 相关规定包括：《国家税务总局关于对金融系统营业账簿贴花问题的具体规定》(国税地〔1988〕28 号)、《国家税务总局关于中国银行营运资金印花税纳税地点问题的批复》(国税函发〔1990〕1383 号)、《国家税务总局关于订货会所签合同印花税缴纳地点问题的通知》(国税函发〔1991〕1187 号)。

第十一条 印花税票由国家税务局监制。票面金额以人民币为单位。

第十二条 发放或者办理应纳税凭证的单位，负有监督纳税人依法纳税的义务。

第十三条 纳税人有下列行为之一的，由税务机关根据情节轻重，予以处罚：

1. 在应纳税凭证上未贴或者少贴印花税票的，税务机关除责令其补贴印花税票外，可处以应补贴印花税票金额 20 倍以下的罚款；

2. 违反本条例第六条第一款规定的，税务机关可处以未注销或者画销印花税票金额 10 倍以下的罚款；

3. 违反本条例第六条第二款规定的，税务机关可处以重用印花税票金额 30 倍以下的罚款。

伪造印花税票的，由税务机关提请司法机关依法追究刑事责任。

【注释】 相关规定包括：《财政部 国家税务总局关于印花税违章处罚问题的通知》(财税〔1994〕65 号)、《国家税务总局关于印花税违章处罚有关问题的通知》(国税发〔2004〕15 号)。

第十四条 印花税的征收管理，除本条例规定者外，依照《中华人民共和国税收征收管理暂行条例》的有关规定执行。

【注释】 相关规定包括:《国家税务总局关于明确国家开发银行分行营业账簿和贷款合同印花税缴纳方式的通知》(国税函〔2000〕1060号)、《国家税务总局铁道部关于铁路货运凭证印花税若干问题的通知》(国税发〔2006〕101号)。

第十五条 本条例由财政部负责解释;施行细则由财政部制定。

第十六条 本条例自1988年10月1日起施行。

【注释】 相关规定包括:《国家税务总局关于对印花税暂行条例施行前书立、领受的凭证贴花问题的规定》(国税地〔1988〕13号)。

附件:

印花税税目税率表

税　目	范　围	税　率	纳税义务人	说　明
1. 购销合同	包括供应、预购、采购、购销、结合及协作、调剂、补偿、易货等合同	按购销金额0.3‰贴花	立合同人	
2. 加工承揽合同	包括加工、定作、修缮、修理、印刷广告、测绘、测试等合同	按加工或承揽收入0.5‰贴花	立合同人	
3. 建设工程勘察设计合同	包括勘察、设计合同	按收取费用0.5‰贴花	立合同人	
4. 建筑安装工程承包合同	包括建筑、安装工程承包合同	按承包金额0.3‰贴花	立合同人	
5. 财产租赁合同	包括租赁房屋、船舶、飞机、机动车辆、机械、器具、设备等合同	按租赁金额1‰贴花。税额不足1元,按1元贴花	立合同人	
6. 货物运输合同	包括民用航空、铁路运输、海上运输、内河运输、公路运输和联运合同	按运输费用0.5‰贴花	立合同人	单据作为合同使用的,按合同贴花
7. 仓储保管合同	包括仓储、保管合同	按仓储保管费用1‰贴花	立合同人	仓单或栈单作为合同使用的,按合同贴花
8. 借款合同	银行及其他金融组织和借款人(不包括银行同业拆借)所签订的借款合同	按借款金额0.05‰贴花	立合同人	单据作为合同使用的,按合同贴花
9. 财产保险合同	包括财产、责任、保证、信用等保险合同	按保险费收入1‰贴花	立合同人	单据作为合同使用的,按合同贴花
10. 技术合同	包括技术开发、转让、咨询、服务等合同	按所载金额0.3‰贴花	立合同人	
11. 产权转移书据	包括财产所有权和版权、商标专用权、专利权、专有技术使用权等转移书据、土地使用权出让合同、土地使用权转让合同、商品房销售合同	按所载金额0.5‰贴花	立据人	

（续表）

税　目	范　围	税　率	纳税义务人	说　明
12. 营业账簿	生产经营用账册	记载资金的账簿，按实收资本和资本公积的合计金额0.5‰贴花。其他账簿按件贴花5元	立账簿人	
13. 权利许可证照	包括政府部门发给的房屋产权证、工商营业执照、商标注册证、专利证、土地使用证	按件贴花5元	领受人	

中华人民共和国印花税暂行条例施行细则

财税〔1988〕255号

第一条　本施行细则依据《中华人民共和国印花税暂行条例》（以下简称条例）第十五条的规定制定。

第二条　条例第一条所说的在中华人民共和国境内书立、领受本条例所列举凭证，是指在中国境内具有法律效力，受中国法律保护的凭证。

上述凭证无论在中国境内或者境外书立，均应依照条例规定贴花。

条例第一条所说的单位和个人，是指国内各类企业、事业、机关、团体、部队以及中外合资企业、合作企业、外资企业、外国公司企业和其他经济组织及其在华机构等单位和个人。

凡是缴纳工商统一税的中外合资企业、合作企业、外资企业、外国公司企业和其他经济组织，其缴纳的印花税，可以从所缴纳的工商统一税中如数抵扣。

【注释】　相关规定包括：《国家税务总局关于物资订货合同印花税确定纳税人问题的批复》（国税函发〔1991〕1415号）。

第三条　条例第二条所说的建设工程承包合同，是指建设工程勘察设计合同和建筑安装工程承包合同。

建设工程承包合同包括总包合同、分包合同和转包合同。

【注释】　相关规定包括：《国家税务总局关于印花税若干具体问题的规定》（国税地〔1988〕25号）。

第四条　条例第二条所说的合同，是指根据《中华人民共和国经济合同法》、《中华人民共和国涉外经济合同法》和其他有关合同法规订立的合同。

具有合同性质的凭证，是指具有合同效力的协议、契约、合约、单据、确认书及其他各种名称的凭证。

【注释】　相关规定包括：《国家税务总局关于印花税若干具体问题的规定》（国税地〔1988〕25号）。

第五条　条例第二条所说的产权转移书据，是指单位和个人产权的买卖、继承、赠与、交换、分割等所立的书据。

【注释】　相关规定包括：《国家税务总局关于印花税若干具体问题的规定》（国税地〔1988〕25号）。

第六条　条例第二条所说的营业账簿，是指单位或者个人记载生产经营活动的财务会计核算账簿。

【注释】　相关规定包括：《国家税务总局关于印花税若干具体问题的规定》（国税地〔1988〕25号）、《国家税务总局关于对金融系统营业账簿贴花问题的具体规定》（国税地〔1988〕28号）。

第七条　税目税率表中的记载资金的账簿，是指载有固定资产原值和自有流动资金的总分类账簿，或者专门设置的记载固定资产原值和自有流动资金的账簿。

其他账簿，是指除上述账簿以外的账簿，包括日记账簿和各明细分类账簿。

【注释】　相关规定包括：《国家税务总局关于印花税若干具体问题的规定》（国税地〔1988〕25号）、《国家税务总局关于对保险公司征收印花税有关问题的通知》(国税地〔1988〕37 号)、《国家税务总局关于对特种储备资金不征收印花税问题的通知》(国税地〔1989〕18 号)、《国家税务总局关于对水库水工建筑物原值征收印花税问题的批复》(国税地〔1989〕97 号)。

第八条 记载资金的账簿按固定资产原值和自有流动资金总额贴花后,以后年度资金总额比已贴花资金总额增加的,增加部分应按规定贴花。

【注释】 相关规定包括:《国家税务总局关于印花税若干具体问题的规定》(国税地〔1988〕25 号)、《国家税务总局关于对金融系统营业账簿贴花问题的具体规定》(国税地〔1988〕28 号)、《国家税务总局关于对保险公司征收印花税有关问题的通知》(国税地〔1988〕37 号)、《国家税务总局关于对特种储备资金不征收印花税问题的通知》(国税地〔1989〕18 号)、《国家税务总局关于投资银行系统资金账簿缴纳印花税问题的复函》(国税函发〔1993〕8 号)、《国家税务总局关于明确国家开发银行分行营业账簿和贷款合同印花税缴纳方式的通知》(国税函〔2000〕1060 号)、《财政部 国家税务总局关于企业改制过程中有关印花税政策的通知》(财税〔2003〕183 号)。

第九条 税目税率表中自有流动资金的确定,按有关财务会计制度的规定执行。

【注释】 相关规定包括:《国家税务总局关于资金账簿印花税问题的通知》(国税发〔1994〕25 号)。

第十条 印花税只对税目税率表中列举的凭证和经财政部确定征税的其他凭证征税。

【注释】 相关规定包括:《国家税务总局关于资金账簿印花税问题的通知》(国税发〔1994〕25 号)。

第十一条 条例第四条所说的已缴纳印花税的凭证的副本或者抄本免纳印花税,是指凭证的正式签署本已按规定缴纳了印花税,其副本或者抄本对外不发生权利义务关系,仅备存查的免贴印花。

以副本或者抄本视同正本使用的,应另贴印花。

【注释】 相关规定包括:《国家税务总局关于对借款合同贴花问题的具体规定》(国税地〔1988〕30 号)。

第十二条 条例第四条所说的社会福利单位,是指抚养孤老伤残的社会福利单位。

第十三条 根据条例第四条第(3)款规定,对下列凭证免纳印花税:

1. 国家指定的收购部门与村民委员会、农民个人书立的农副产品收购合同;

2. 无息、贴息贷款合同;

3. 外国政府或者国际金融组织向我国政府及国家金融机构提供优惠贷款所书立的合同。

【注释】 相关规定包括:《国家税务总局关于中国人民银行向专业银行发放贷款所签合同征免印花税问题的批复》(国税函发〔1993〕705 号)、《财政部 国家税务总局关于国家开发银行缴纳印花税问题的复函》(财税〔1995〕47 号)、《财政部 国家税务总局关于农业发展银行缴纳印花税问题的复函》(财税〔1996〕55 号)、《财政部 国家税务总局关于股权分置试点改革有关税收政策问题的通知》(财税〔2005〕103 号)、《财政部 国家税务总局关于印花税若干政策的通知》(财税〔2006〕162 号)。

第十四条 条例第七条所说的书立或者领受时贴花,是指在合同的签订时、书据的立据时、账簿的启用时和证照的领受时贴花。

如果合同在国外签订的,应在国内使用时贴花。

第十五条 条例第八条所说的当事人,是指对凭证有直接权利义务关系的单位和个人,不包括保人、证人、鉴定人。

税目税率表中的立合同人,是指合同的当事人。

当事人的代理人有代理纳税的义务。

第十六条 产权转移书据由立据人贴花,如未贴或者少贴印花,书据的持有人应负责补贴印花。所立书据以合同方式签订的,应由持有书据的各方分别按全额贴花。

第十七条 同一凭证,因载有两个或者两个以上经济事项而适用不同税目税率,如分别记载金额的,应分别计算应纳税额,相加后按合计税额贴花;如未分别记载金额的,按税率高的计税贴花。

第十八条 按金额比例贴花的应税凭证,未标明金额的,应按照凭证所载数量及国家牌价计算金额;没有国家牌价的,按市场价格计算金额,然后按规定税率计算应纳税额。

第十九条 应纳税凭证所载金额为外国货币的,纳税人应按照凭证书立当日的中华人民共和国国家外汇管理局公布的外汇牌价折合人民币,计算应纳税额。

【注释】 相关规定包括:《国家税务总局关于飞机租赁合同征收印花税问题的批复》(国税函发〔1992〕

1145 号）。

第二十条 应纳税凭证粘贴印花税票后应即注销。纳税人有印章的，加盖印章注销；纳税人没有印章的，可用钢笔（圆珠笔）画几条横线注销。注销标记应与骑缝处相交。骑缝处是指粘贴的印花税票与凭证及印花税票之间的交接处。

第二十一条 一份凭证应纳税额超过五百元的，应向当地税务机关申请填写缴款书或者完税证，将其中一联粘贴在凭证上或者由税务机关在凭证上加注完税标记代替贴花。

第二十二条 同一种类应纳税凭证，需频繁贴花的，应向当地税务机关申请按期汇总缴纳印花税。

税务机关对核准汇总缴纳印花税的单位，应发给汇缴许可证。汇总缴纳的限期限额由当地税务机关确定，但最长期限不得超过一个月。

【注释】 相关规定包括：《财政部 国家税务总局关于改变印花税按期汇总缴纳管理办法的通知》（财税〔2004〕170 号）。

第二十三条 凡汇总缴纳印花税的凭证，应加注税务机关指定的汇缴戳记、编号并装订成册后，将已贴印花或者缴款书的一联黏附册后，盖章注销，保存备查。

第二十四条 凡多贴印花税票者，不得申请退税或者抵用。

第二十五条 纳税人对纳税凭证应妥善保存。凭证的保存期限，凡国家已有明确规定的，按规定办；其余凭证均应在履行完毕后保存一年。

第二十六条 纳税人对凭证不能确定是否应当纳税的，应及时携带凭证，到当地税务机关鉴别。

纳税人同税务机关对凭证的性质发生争议的，应检附该凭证报请上一级税务机关核定。

第二十七条 条例第十二条所说的发放或者办理应纳税凭证的单位，是指发放权利、许可证照的单位和办理凭证的鉴证、公证及其他有关事项的单位。

第二十八条 条例第十二条所说的负有监督纳税人依法纳税的义务，是指发放或者办理应纳税凭证的单位应对以下纳税事项监督：

1. 应纳税凭证是否已粘贴印花；
2. 粘贴的印花是否足额；
3. 粘贴的印花是否按规定注销。

对未完成以上纳税手续的，应督促纳税人当场贴花。

第二十九条 印花税票的票面金额以人民币为单位，分为壹角、贰角、伍角、壹元、贰元、伍元、拾元、伍拾元、壹佰元九种。

第三十条 印花税票为有价证券，各地税务机关应按照国家税务局制定的管理办法严格管理，具体管理办法另定。

第三十一条 印花税票可以委托单位或者个人代售，并由税务机关付给代售金额 5% 的手续费。支付来源从实征印花税款中提取。

第三十二条 凡代售印花税票者，应先向当地税务机关提出代售申请，必要时须提供保证人。税务机关调查核准后，应与代售户签订代售合同，发给代售许可证。

第三十三条 代售户所售印花税票取得的税款，须专户存储，并按照规定的期限，向当地税务机关结报，或者填开专用缴款书直接向银行缴纳。不得逾期不缴或者挪作他用。

第三十四条 代售户领存的印花税票及所售印花税票的税款，如有损失，应负责赔偿。

第三十五条 代售户所领印花税票，除合同另有规定者外，不得转托他人代售或者转至其他地区销售。

第三十六条 对代售户代售印花税票的工作，税务机关应经常进行指导、检查和监督。代售户须详细提供领售印花税票的情况，不得拒绝。

第三十七条 印花税的检查，由税务机关执行。税务人员进行检查时，应当出示税务检查证。纳税人不得以任何借口加以拒绝。

第三十八条 税务人员查获违反条例规定的凭证，应按有关规定处理。如需将凭证带回的，应出具收据，交被检查人收执。

第三十九条 纳税人违反本细则第二十二条规定，超过税务机关核定的纳税期限，未缴或者少缴印花税款的，税务机关除令其限期补缴税款外，并从滞纳之日起，按日加收 5‰的滞纳金。

【注释】　相关规定包括:《国家税务总局关于印花税违章处罚有关问题的通知》(国税发〔2004〕15 号)。

第四十条　纳税人违反本细则第二十三条规定的,酌情处以五千元以下罚款;情节严重的,撤销其汇缴许可证。

【注释】　相关规定包括:《国家税务总局关于印花税违章处罚有关问题的通知》(国税发〔2004〕15 号)。

第四十一条　纳税人违反本细则第二十五条规定的,酌情处以五千元以下罚款。

【注释】　相关规定包括:《国家税务总局关于印花税违章处罚有关问题的通知》(国税发〔2004〕15 号)。

第四十二条　代售户违反本细则第三十三条、第三十五条、第三十六条规定的,视其情节轻重,给予警告处分或者取消代售资格。

第四十三条　纳税人不按规定贴花,逃避纳税的,任何单位和个人都有权检举揭发,经税务机关查实处理后,可按规定奖励检举揭发人,并为其保密。

第四十四条　本细则由国家税务局负责解释。

第四十五条　本细则与条例同时施行。

国家税务总局关于对印花税暂行条例施行前书立、领受的凭证贴花问题的规定

国税地〔1988〕13 号

《中华人民共和国印花税暂行条例》(以下简称《条例》)自 1988 年 10 月 1 日起施行。现对《条例》中规定的应税凭证具体征免印花税问题,明确如下:

一、凡从 1988 年 10 月 1 日起书立、领受的条例所列举的凭证,均应按规定贴花;在此以前,书立、领受的条例所列举的凭证,除继续使用的营业账簿和权利、许可证照应按规定贴花外,其余凭证无论是否继续使用,均不贴花。

二、记载资金的账簿,按 1988 年 10 月 1 日的固定资产原值与自有流动资金合计金额计税贴花;以后年度均以年初固定资产与自有流动资金合计金额计算,就增加部分贴花。

【注释】　对《印花税暂行条例》第 16 条进行了解释。

国家税务总局关于印花税若干具体问题的规定

国税地〔1988〕25 号

根据《中华人民共和国印花税暂行条例》及其施行细则的规定,结合各地反映的实际情况,现对印花税的若干具体问题规定如下:

1. 对由受托方提供原材料的加工、定作合同,如何贴花?

由受托方提供原材料的加工、定作合同,凡在合同中分别记载加工费金额与原材料金额的,应分别按“加工承揽合同”、“购销合同”计税,两项税额相加数,即为合同应贴印花;合同中不划分加工费金额与原材料金额的,应按全部金额,依照“加工承揽合同”计税贴花。

2. 对商店、门市部的零星加工修理业务开具的修理单,是否贴花?

对商店、门市部的零星加工修理业务开具的修理单,不贴印花。

3. 房地产管理部门与个人订立的租房合同,应否贴印花?

对房地产管理部门与个人订立的租房合同,凡用于生活居住的,暂免贴印花;用于生产经营的,应按规定贴花。

4. 有些技术合同、租赁合同等,在签订时不能计算金额的,如何贴花?

有些合同在签订时无法确定计税金额，如技术转让合同中的转让收入，是按销售收入的一定比例收取或是按实现利润分成的；财产租赁合同，只是规定了月（天）租金标准而却无租赁期限的。对这类合同，可在签订时先按定额五元贴花，以后结算时再按实际金额计税，补贴印花。

5. 对货物运输单、仓储保管单、财产保险单、银行借据等单据，是否贴花？

对货物运输、仓储保管、财产保险、银行借款等，办理一项业务既书立合同，又开立单据的，只就合同贴花；凡不书立合同，只开立单据，以单据作为合同使用的，应按照规定贴花。

6. 运输部门承运快件行李、包裹开具的托运单据，是否贴花？

对铁路、公路、航运、水路承运快件行李、包裹开具的托运单据，暂免贴印花。

7. 不兑现或不按期兑现的合同，是否贴花？

依照印花税暂行条例规定，合同签订时即应贴花，履行完税手续。因此，不论合同是否兑现或能否按期兑现，都一律按照规定贴花。

8. 1988 年 10 月 1 日开征印花税，以前签订的合同，10 月 1 日以后修改合同增加金额的，是否补贴印花？

凡修改合同增加金额的，应就增加部分补贴印花。对印花税开征前签订的合同，开征后修改合同增加金额的，亦应按增加金额补贴印花。

9. 某些合同履行后，实际结算金额与合同所载金额不一致的，应否补贴印花？

依照印花税暂行条例规定，纳税人应在合同签订时按合同所载金额计税贴花。因此，对已履行并贴花的合同，发现实际结算金额与合同所载金额不一致的，一般不再补贴印花。

10. 企业租赁承包经营合同，是否贴花？

企业与主管部门等签订的租赁承包经营合同，不属于财产租赁合同，不应贴花。

11. 企业、个人出租门店、柜台等签订的合同，是否贴花？

企业、个人出租门店、柜台等签订的合同，属于财产租赁合同，应按照规定贴花。

12. 什么是副本视同正本使用？

纳税人的已缴纳印花税凭证的正本遗失或毁损，而以副本替代的，即为副本视同正本使用，应另贴印花。

13. 如何确定纳税人的自有流动资金？

对纳税人的自有流动资金，应据其所适用的财务会计制度确定。适用国营企业财务会计制度的纳税人，其自有流动资金包括国家拨入的、企业税后利润补充的、其他单位投入以及集资入账形成的流动资金。

适用其他财务会计制度的纳税人，其自有流动资金由各省、自治区、直辖市税务局按照上述原则具体确定。

14. 设置在其他部门、车间的明细分类账，如何贴花？

对采用一级核算形式的，只就财会部门设置的账簿贴花；采用分级核算形式的，除财会部门的账簿应贴花外，财会部门设置在其他部门和车间的明细分类账，亦应按规定贴花。

车间、门市部、仓库设置的不属于会计核算范围或虽属会计核算范围，但不记载金额的登记簿、统计簿、台账等，不贴印花。

15. 对会计核算采用以表代账的，应如何贴花？

对日常用单页表式记载资金活动情况，以表代账的，在未形成账簿（册）前，暂不贴花，待装订成册时，按册贴花。

16. 对记载资金的账簿，启用新账未增加资金的，是否按定额贴花？

凡是记载资金的账簿，启用新账时，资金未增加的，不再按件定额贴花。

17. 对有经营收入的事业单位使用的账簿，应如何贴花？

对有经营收入的事业单位，凡属由国家财政部门拨付事业经费，实行差额预算管理的单位，其记载经营业务的账簿，按其他账簿定额贴花，不记载经营业务的账簿不贴花；凡属经费来源实行自收自支的单位，其营业账簿，应对记载资金的账簿和其他账簿分别按规定贴花。

18. 跨地区经营的分支机构，其营业账簿应如何贴花？

跨地区经营的分支机构使用的营业账簿，应由各分支机构在其所在地缴纳印花税。对上级单位核拨资金的分支机构，其记载资金的账簿按核拨的账面资金数额计税贴花，其他账簿按定额贴花；对上级单位不核拨资金的分支机构，只就其他账簿按定额贴花。为避免对同一资金重复计税贴花，上级单位记载资金的账簿，应按扣除拨给下属机构资金数额后的其余部分计税贴花。

19. 对企业兼并的并入资金是否补贴印花？

经企业主管部门批准的国营、集体企业兼并，对并入单位的资产，凡已按资金总额贴花的，接收单位对并入的资金不再补贴印花。

20. 对微利、亏损企业，可否减免税？

对微利、亏损企业不能减免印花税。但是，对微利、亏损企业记载资金的账簿，第一次贴花数额较大，难以承担的，经当地税务机关批准，可允许在三年内分次贴足印花。

21. 对营业账簿，应在什么位置上贴花？

在营业账簿上贴印花税票，须在账簿首页右上角粘贴，不准粘贴在账夹上。

【注释】　对《印花税暂行条例》第2、5、7、8条进行了解释。对《印花税暂行条例实施细则》第3—8条进行了解释。

国家税务总局关于对借款合同贴花问题的具体规定

国税地〔1988〕30号

根据《中华人民共和国印花税暂行条例》及其施行细则的规定，现将借款合同贴花的有关问题规定如下：

一、关于以填开借据方式取得银行借款的借据贴花问题。目前，各地银行办理信贷业务的手续不够统一，有的只签订合同，有的只填开借据，也有的既签订合同又填开借据。为此规定：凡一项信贷业务既签订借款合同又一次或分次填开借据的，只就借款合同按所载借款金额计税贴花；凡只填开借据并作为合同使用的，应按照借据所载借款金额计税，在借据上贴花。

二、关于对流动资金周转性借款合同的贴花问题。借贷双方签订的流动资金周转性借款合同，一般按年(期)签订，规定最高限额，借款人在规定的期限和最高限额内随借随还。为此，在签订流动资金周转借款合同时，应按合同规定的最高借款限额计税贴花。以后，只要在限额内随借随还，不再签新合同的，就不另贴印花。

三、关于对抵押贷款合同的贴花问题。借款方以财产作抵押，与贷款方签订的抵押借款合同，属于资金信贷业务，借贷双方应按“借款合同”计税贴花。因借款方无力偿还借款而将抵押财产转移给贷款方，应就双方书立的产权转移书据，按“产权转移书据”计税贴花。

四、关于对融资租赁合同的贴花问题。银行及其金融机构经营的融资租赁业务，是一种以融物方式达到融资目的的业务，实际上是分期偿还的固定资金借款。因此，对融资租赁合同，可据合同所载的租金总额暂按“借款合同”计税贴花。

五、关于借款合同中既有应税金额又有免税金额的计税贴花问题。有些借款合同，借款总额中既有应免税的金额，也有应纳税的金额。对这类“混合”借款合同，凡合同中能划分免税金额与应税金额的，只就应税金额计税贴花；不能划分清楚的，应按借款总金额计税贴花。

六、关于对借款方与银团“多头”签订借款合同的贴花问题。在有的信贷业务中，贷方是由若干银行组成的银团，银团各方均承担一定的贷款数额，借款合同由借款方与银团各方共同书立，各执一份合同正本。对这类借款合同，借款方与贷款银团各方应分别在所执合同正本上按各自的借贷金额计税贴花。

七、关于对基建贷款中，先签订分合同，后签订总合同的贴花问题。有些基本建设贷款，先按年度用款计划分年签订借款分合同，在最后一年按总概算签订借款总合同，总合同的借款金额中包括各分合同的借款金额。对这类基建借款合同，应按分合同分别贴花，最后签订的总合同，只就借款总额扣除分合同借款金额后的余额计税贴花。

【注释】　对《印花税暂行条例》第2条进行了解释。对《印花税暂行条例实施细则》第11条进行了解释。

国家税务总局关于对保险公司征收印花税有关问题的通知

国税地〔1988〕37 号

根据《中华人民共和国印花税暂行条例》及其施行细则的规定，现将对保险公司征收印花税有关问题，具体明确如下：

一、关于自有流动资金贴花问题。按照保险公司会计制度规定，“保险总准备金”科目反映的资金即为保险公司的自有流动资金。财政拨付的部分，在总公司和省分公司核算，利润中提留的部分，分别在各级公司核算。对保险总准备金，应由各级保险公司按其账面数额计税贴花。

二、关于财产保险合同的贴花问题。目前，保险公司的财产保险分为企业财产保险、机动车辆保险、货物运输保险、家庭财产保险和农牧业保险五大类。为了支持农村保险事业的发展，照顾农牧业生产的负担，除对农林作物、牧业畜类保险合同暂不贴花外，对其他几类财产保险合同均应按照规定计税贴花。其中，家庭财产保险由单位集体办理的，可分别按个人投保金额计税。

三、对责任保险、保证保险和信用保险合同，暂按定额五元贴花。

四、保险公司委托其他单位或者个人代办的保险业务，在与投保方签订保险合同时，应由代办单位或者个人，负责代保险公司办理计税贴花手续。

【注释】 对《印花税暂行条例实施细则》第 7、8 条进行了解释。

国家税务总局关于对技术合同征收印花税问题的通知

国税地〔1989〕34 号

各省、自治区、直辖市税务局、各计划单列省辖市税务局，海洋石油税务管理局各分局：

各地在贯彻印花税暂行条例的过程中，对各类技术合同如何计税贴花，提出了一些问题。经研究，现明确如下：

一、关于技术转让合同的适用税目税率问题

技术转让包括：专利权转让、专利申请权转让、专利实施许可和非专利技术转让。为这些不同类型技术转让所书立的凭证，按照印花税税目税率表的规定，分别适用不同的税目、税率。其中，专利申请权转让，非专利技术转让所书立的合同，适用“技术合同”税目；专利权转让、专利实施许可所书立的合同、书据，适用“产权转移书据”税目。

二、关于技术咨询合同的征税范围问题

技术咨询合同是当事人就有关项目的分析、论证、评价、预测和调查订立的技术合同。有关项目包括：1. 有关科学技术与经济、社会协调发展的软科学研究项目；2. 促进科技进步和管理现代化，提高经济效益和社会效益的技术项目；3. 其他专业项目。对属于这些内容的合同，均应按照“技术合同”税目的规定计税贴花。

至于一般的法律、法规、会计、审计等方面的咨询不属于技术咨询，其所立合同不贴印花。

三、关于技术服务合同的征税范围问题

技术服务合同的征税范围包括：技术服务合同、技术培训合同和技术中介合同。

技术服务合同是当事人一方委托另一方就解决有关特定技术问题，如为改进产品结构、改良工艺流程、提高产品质量、降低产品成本、保护资源环境、实现安全操作、提高经济效益等，提出实施方案，进行实施指导所订立的技术合同。以常规手段或者为生产经营目的进行一般加工、修理、修缮、广告、印刷、测绘、标准化测试以及勘察、设计等所书立的合同，不属于技术服务合同。

技术培训合同是当事人一方委托另一方对指定的专业技术人员进行特定项目的技术指导和专业训练所订立的技术合同。对各种职业培训、文化学习、职工业余教育等订立的合同，不属于技术培训合同，不贴印花。

技术中介合同是当事人一方以知识、信息、技术为另一方与第三方订立技术合同进行联系、介绍、组织工业化开发所订立的技术合同。

四、关于计税依据问题

对各类技术合同，应当按合同所载价款、报酬、使用费的金额依率计税。

为鼓励技术研究开发，对技术开发合同，只就合同所载的报酬金额计税，研究开发经费不作为计税依据。但对合同约定按研究开发经费一定比例作为报酬的，应按一定比例的报酬金额计税贴花。

五、关于加强对技术合同征税的管理问题

为加强对技术合同缴纳印花税的征收管理，保证税款及时足额入库，各级税务部门要积极取得科委和技术合同登记、管理机构的支持配合，共同研究解决印花税源泉控制的管理办法，因地制宜建立监督纳税、代征税款、代售印花等管理制度。

【注释】　对《印花税暂行条例》所附印花税税目税率表进行了解释。

国家税务总局国家工商行政管理局关于营业执照、商标注册证粘贴印花税票问题的通知

国税地〔1989〕113 号

根据《中华人民共和国印花税暂行条例》及有关规定，工商行政管理机关核发的各类营业执照正本和商标注册证，应由其领受单位和个人负责贴花，工商行政管理机关在核发上述证照时，应监督纳税人依法履行纳税义务，为保证营业执照和商标注册证粘贴印花税票规范、统一，现就有关问题通知如下：

一、印花税票粘贴位置。营业执照正本贴花，应统一粘贴在其左下角花边框内；商标注册证贴花，应统一粘贴在其内页右上角（“使用商品类”右面）边框内。

二、粘贴的印花一律采用 5 元面值的税票，税票粘贴应端正、清洁，在税票与证照的骑缝处，用钢笔或圆珠笔画两条横线注销，画销笔迹要整齐、清晰（示意图附后）。

三、纳税地点。各级工商行政管理机关在核发营业执照的同时，负责代售印花税票并监督纳税；国家工商行政管理局商标局在核发商标注册证的同时，负责代售印花税票并监督纳税。各地工商行政管理局在向商标注册人收取商标规费的同时，加收 5 元印花税款，按规定期限一并上交国家工商行政管理局商标局。

四、为便于工商行政管理机关对核发的证照监督纳税，各地税务机关应委托当地工商行政管理机关代售印花税票，并按代售金额 5％的比例支付代售手续费。

五、对因各种原因更换营业执照正本和商标注册证的，均视为新领营业执照正本和商标注册证，应按规定纳税。

六、在本通知下达之前，对已贴印花税票的证照，粘贴位置及注销办法不符合本规定要求的，不再揭下重贴，待更换新的证照时，再按本通知规定执行。

以上规定和有关事宜，由各地税务机关与当地工商行政管理机关协商，共同贯彻执行。

【注释】　对《印花税暂行条例》第 6 条进行了解释。

国家税务总局关于图书、报刊等征订凭证征免印花税问题的通知

国税地〔1989〕142 号

根据《中华人民共和国印花税暂行条例》及有关规定，图书、报纸、期刊以及音像制品的出版发行业务订

立的征订发行合同及其订购单据(实际发生数)属于应纳印花税的经济凭证。最近,一些地区询问,因出版发行业务比较特殊,使用的凭证也较复杂,如何征税不够明确,为此特通知如下:

一、各类出版单位与发行单位之间订立的图书、报纸、期刊以及音像制品的征订凭证(包括订购单、订数单等),应由持证双方按规定纳税。

二、各类发行单位之间,以及发行单位与订阅单位或个人之间书立的征订凭证,暂免征印花税。

三、征订凭证适用印花税"购销合同"税目,计税金额按订购数量及发行单位的进货价格计算。

四、征订凭证发生次数频繁,为简化纳税手续,可由出版发行单位采取按期汇总方式,计算缴纳印花税。实行汇总缴纳以后,购销双方个别订立的协议均不再重复计税贴花。

【注释】 对《印花税暂行条例》第4条进行了解释。

国家税务总局关于汇总缴纳印花税税额计算问题的通知

国税函发〔1990〕433号

据反映,印花税按期汇总缴纳的办法执行以来,简化了贴花手续,但一些汇总缴纳单位对征税凭证与应纳税额不足一角的免税凭证划分不清,给税额的计算和征收管理都带来一些困难。为此,经研究决定,实行印花税按期汇总缴纳的单位,对征税凭证和免税凭证汇总时,凡分别汇总的,按本期征税凭证的汇总金额计算缴纳印花税;凡确属不能分别汇总的,应按本期全部凭证的实际汇总金额计算缴纳印花税。

【注释】 对《印花税暂行条例》第5条进行了解释。

国家税务总局关于改变保险合同印花税计税办法的通知

国税函发〔1990〕428号

各省、自治区、直辖市税务局,各计划单列市税务局,海洋石油税务管理局各分局:

印花税开征以来,各地反映对保险合同以投保金额为计税依据的办法不尽合理,征管检查难度较大。经多方征求意见和反复测算,并报送国务院领导同志批准,决定作如下改进:

一、对印花税暂行条例中列举征税的各类保险合同,其计税依据由投保金额改为保险费收入。

二、计算征收的适用税率,由万分之零点三改为千分之一。

本通知自1990年7月1日起执行。

【注释】 对《印花税暂行条例》所附印花税税目税率表进行了解释。

国家税务总局关于各种要货单据征收印花税问题的批复

国税函发〔1990〕994号

江苏省税务局:

你局苏税三(90)025号请示收悉。关于外贸企业在国内组织货源开具的各种要货单据和商业企业组织货源开具的要货成交单据是否应贴印花税票的问题,经研究,批复如下:

一、外贸企业开具的各种要货单据,是按照有关部门的供需计划,以对外贸易合同为依据,与供货单位订立的购销合约。有些要货单据,虽然在填制和使用上,形式不够规范,条款不够完备,手续不够健全,但具有合同的性质和作用。因此，外贸企业开具的各种名称、各种形式的要货单据，均应按规定贴花。

二、商业企业开具的要货成交单据，是当事人之间建立供需关系，以明确供需各方责任的常用业务凭证，属于合同性质的凭证，应按规定贴花。

【注释】 对《印花税暂行条例》所附印花税税目税率表进行了解释。

国家税务总局地方税管理司关于改变保险合同计税依据适用范围的批复

国税地函发〔1990〕20 号

湖北省税务局：

你局鄂税二便字(90)第 52 号文收悉。关于国税函发〔1990〕428 号文《关于改变保险合同印花税计税办法的通知》中第一条"对印花税暂行条例中列举征税的各类保险合同，其计税依据由投保金额改为保险费收入。"是指保险合同的应税金额由按投保方的"投保金额"计算改为按承保方的"保险费收入"计算，并不改变其纳税人和缴纳方法。因此，签订保险合同的投保方和承保方对各自所持的保险合同，均应按其保险费金额计税贴花。

【注释】 对《印花税暂行条例》所附印花税税目税率表进行了解释。

国家税务总局关于货运凭证征收印花税几个具体问题的通知

国税发〔1990〕173 号

根据各地反映和要求，关于对货运凭证征收印花税的若干政策和征管问题，经研究并征求有关部门的意见，现具体规定如下：

一、关于应税凭证的确定

在货运业务中，凡是明确承、托运双方业务关系的运输单据均属于合同性质的凭证。鉴于目前各类货运业务使用的单据，不够规范统一，不便计税贴花，为了便于征管，现规定以运费结算凭证作为各类货运的应税凭证。

二、关于纳税人的确定

在货运业务中，凡直接办理承、托运运费结算凭证的双方，均为货运凭证印花税的纳税人。

代办承、托运业务的单位负有代理纳税的义务；代办方与委托方之间办理的运费清算单据，不缴纳印花税。

三、关于国内联运凭证的计税和缴纳

对国内各种形式的货物联运，凡在起运地统一结算全程运费的，应以全程运费作为计税依据，由起运地运费结算双方缴纳印花税；凡分程结算运费的，应以分程的运费作为计税依据，分别由办理运费结算的各方缴纳印花税。

四、关于国际货运凭证的征免税划分

1. 由我国运输企业运输的，不论在我国境内、境外起运或中转分程运输，我国运输企业所持的一份运费结算凭证，均按本程运费计算应纳税额；托运方所持的一份运费结算凭证，按全程运费计算应纳税额。

2. 由外国运输企业运输进出口货物的，外国运输企业所持的一份运费结算凭证免纳印花税；托运方所持的一份运费结算凭证应缴纳印花税。

3. 国际货运运费结算凭证在国外办理的，应在凭证转回我国境内时按规定缴纳印花税。

五、关于特殊货运凭证的免税

1. 军事物资运输。凡附有军事运输命令或使用专用的军事物资运费结算凭证,免纳印花税。

2. 抢险救灾物资运输。凡附有县级以上(含县级)人民政府抢险救灾物资运输证明文件的运费结算凭证,免纳印花税。

3. 新建铁路的工程临管线运输。为新建铁路运输施工所需物料,使用工程临管线专用运费结算凭证,免纳印花税。

六、关于代扣汇总缴纳

1. 运费结算付方应缴纳的印花税,应由运费结算收方或其代理方实行代扣汇总缴纳。

2. 运费结算凭证由交通运输管理机关或其指定的单位填开或审核的,当地税务机关应委托凭证填开或审核单位,对运费结算双方应缴纳的印花税,实行代扣汇总缴纳。

3. 在运费结算凭证费别栏目中应增列一项"印花税",将应缴纳的印花税款填入"印花税"项目中。

为了方便代扣汇总缴纳,每份运费结算凭证应纳税额不足0.10元的免税,超过0.10元的按实计缴,计算到分。

4. 代扣印花税时,当地税务机关或代扣单位应在运费结算凭证上,加盖"印花税代扣专用章"(式样略)。专用章由县级以上(含县级)税务机关统一刻制。

本规定自1990年11月1日起执行。

【注释】 对《印花税暂行条例》第1、4、5条进行了解释。

国家税务总局关于借贷业务应纳印花税凭证问题的批复

国税函发〔1991〕1081号

武汉市税务局:

你局武税发〔1991〕164号《关于征收借款合同和借据印花税的请示》收悉。据反映,你市有些专业银行的办事机构办理借贷业务的手续不够规范,有的只填开借据放贷,有的先填开借据事后补办借款合同。这样,既给印花税应税凭证的确定和征收管理带来混乱,也不利于借贷业务手续的规范化。对此,根据印花税税目税率表的说明,我们意见,在借贷业务中凡流动资金借款先签借款合同,并在合同规定借款额度内办理借款借据的只就对借款合同贴花完税;凡先办理借款借据的,应以借据作为印花税的应纳税凭证,在书立时即时贴花完税,以后补办的借款合同不再贴花。你局可以根据本市各银行的实际情况建立和完善借款凭证印花税的管理办法和代征制度。

【注释】 对《印花税暂行条例》第7条进行了解释。

国家税务总局关于订货会所签合同印花税缴纳地点问题的通知

国税函发〔1991〕1187号

近年来,一些地区陆续反映,由于多方面的原因,对全国性订货会签订的合同,税务部门驻会征收印花税有诸多不便,困难较大。经多方面征求意见和研究,为有利于印花税的征收管理,对国内订货会上所签合同的纳税地点,作如下规定:

一、在全国性商品物资订货会(包括展销会、交易会等)上所签合同应当缴纳的印花税,由纳税人回其所在地后即时办理贴花完税手续。对此类合同的贴花完税情况,各地税务机关要加强监督检查,并相应建立必要的纳税管理办法。

二、对地方主办、不涉及省际关系的订货会、展销会上所签合同的印花税纳税地点，由各省、自治区、直辖市税务局自行确定。

【注释】 对《印花税暂行条例》第10条进行了解释。

国家税务总局关于印花税若干具体问题的解释和规定的通知

国税发〔1991〕155号

印花税暂行条例实施以来，我局相继作了一些具体规定。近据各地反映，经研究并多方面征求意见，现将有关政策问题解释和规定如下：

一、对工业、商业、物资、外贸等部门使用的调拨单是否贴花？

目前，工业、商业、物资、外贸等部门经销和调拨商品物资使用的调拨单（或其他名称的单、卡、书、表等），填开使用的情况比较复杂，既有作为部门内执行计划使用的，也有代替合同使用的。对此，应区分性质和用途确定是否贴花。凡属于明确双方供需关系，据以供货和结算，具有合同性质的凭证，应按规定贴花。各省、自治区、直辖市税务局可根据上述原则，结合实际，对各种调拨单作出具体鉴别和认定。

二、对印花税施行细则中所指的“收购部门”和“农副产品”的范围如何划定？

我国农副产品种类繁多，地区间差异较大，随着经济发展，国家指定的收购部门也有所变化。对此，可由省、自治区、直辖市税务局根据当地实际情况具体划定本地区“收购部门”和“农副产品”的范围。

三、对以货换货业务签订的合同应如何计税贴花？

商品购销活动中，采用以货换货方式进行商品交易签订的合同，是反映既购又销双重经济行为的合同。对此，应按合同所载的购、销合计金额计税贴花。合同未列明金额的，应按合同所载购、销数量依照国家牌价或市场价格计算应纳税金额。

四、仓储保管业务的应税凭证如何确定？

仓储保管业务的应税凭证为仓储保管合同或作为合同使用的仓单、栈单（或称入库单等）。对有些凭证使用不规范，不便计税的，可就其结算单据作为计税贴花的凭证。

五、我国的“其他金融组织”是指哪些单位？

我国的其他金融组织，是指除人民银行、各专业银行以外，由中国人民银行批准设立，领取经营金融业务许可证书的单位。

六、对财政部门的拨款改贷款业务中所签订的合同是否贴花？

财政等部门的拨款改贷款签订的借款合同，凡直接与使用单位签订的，暂不贴花；凡委托金融单位贷款，金融单位与使用单位签订的借款合同应按规定贴花。

七、对办理借款展期业务使用的借款展期合同是否贴花？

对办理借款展期业务使用借款展期合同或其他凭证，按信贷制度规定，仅载明延期还款事项的，可暂不贴花。

八、何为“银行同业拆借”？在印花税上怎样确定同业拆借合同与非同业拆借合同的界限？

印花税税目税率表中所说的“银行同业拆借”，是指按国家信贷制度规定，银行、非银行金融机构之间相互融通短期资金的行为。同业拆借合同不属于列举征税的凭证，不贴印花。

确定同业拆借合同的依据，应以中国人民银行银发(1990)62号《关于印发〈同业拆借管理试行办法〉的通知》为准。凡按照规定的同业拆借期限和利率签订的同业拆借合同，不贴印花；凡不符合规定的，应按借款合同贴花。

九、对分立、合并和联营企业的资金账簿如何计税贴花？

企业发生分立、合并和联营等变更后，凡依照有关规定办理法人登记的新企业所设立的资金账簿，应于启用时按规定计税贴花；凡毋需重新进行法人登记的企业原有的资金账簿，已贴印花继续有效。

对企业兼并后并入的资金贴花问题，仍按有关规定执行。

十、"产权转移书据"税目中"财产所有权"的转移书据的征税范围如何划定？

"财产所有权"转移书据的征税范围是：经政府管理机关登记注册的动产、不动产的所有权转移所立的书据，以及企业股权转让所立的书据。

十一、土地使用权出让、转让书据（合同）是否贴花？

土地使用权出让、转让书据（合同），不属于印花税列举征税的凭证，不贴印花。

十二、出版合同是否贴花？

出版合同不属于印花税列举征税的凭证，不贴印花。

十三、银行经理或代理国库业务设置的账簿是否贴花？

中国人民银行各级机构经理国库业务及委托各专业银行各级机构代理国库业务设置的账簿，不是核算银行本身经营业务的账簿，不贴印花。

十四、代理单位与委托单位签订的代理合同，是否属于应税凭证？

在代理业务中，代理单位与委托单位之间签订的委托代理合同，凡仅明确代理事项、权限和责任的，不属于应税凭证，不贴印花。

十五、怎样理解印花税施行细则中"合同在国外签订的，应在国内使用时贴花"的规定？

"合同在国外签订的，应在国内使用时贴花"，是指印花税暂行条例列举征税的合同在国外签订时，不便按规定贴花，因此，应在带入境内时办理贴花完税手续。

【注释】 对《印花税暂行条例》所附印花税税目税率表进行了解释。

国家税务总局关于"集体土地建设用地使用权登记证"贴花问题的批复

国税函发〔1991〕1268 号

江苏省税务局：

你局苏税三(91)020 号《关于对"集体土地建设用地使用权登记证"是否征收印花税问题的请示》收悉。关于"集体土地建设用地使用权登记证"的性质问题，经与国家土地管理局联系，该登记证属于地方政府制定并发放的过渡性的土地使用权证，具有地方性和临时性。因此，对其是否贴花，可由你局自行确定。

【注释】 对《印花税暂行条例》所附印花税税目税率表进行了解释。

国家税务总局关于物资订货合同印花税确定纳税人问题的批复

国税函发〔1991〕1415 号

北京市税务局：

你局京税三字〔1991〕333 号《关于同一份购销合同涉及几方当事人应如何确定印花税纳税义务人的请示》收悉。来文反映，一些计划物资的分配采取直达供货的方式，订货合同由物资管理部门或需方的主管部门代需方与供方签订。合同签订后移交需方执行，由需方直接收货和向供方支付货款。代签合同的部门或单位将合同移交需方执行后，一般不再留存合同文本，如由代签人代理纳税，不便于税务管理和纳税资料的保管。因此，经研究决定，根据现行有关规定，为有利于此类合同印花税的征收管理，凡由主管单位代签的计划物资订货合同，由办理收货并结算货款的需方在接到合同文本时，缴纳印花税。

【注释】 对《印花税暂行条例》第 1 条进行了解释。对《印花税暂行条例实施细则》第 2 条进行了解释。

国家税务总局关于飞机租赁合同征收印花税问题的批复

国税函发〔1992〕1145 号

广州市税务局：

你局税三〔1991〕699 号《关于飞机租赁协定（合同）贴花问题的请示》收悉。据向民航总局了解，自 1980 年以来，各航空公司（旧称民航局）均有租用外国租赁公司飞机的情况。由于飞机租赁业务比较复杂，印花税开征以来，对所签合同如何贴花不够明确，至今尚未缴纳印花税。经研究，现就有关问题批复如下：

一、各航空公司与外国公司在 1988 年 10 月 1 日以后签订的飞机租赁合同，属于印花税暂行条例列举征税的凭证。

二、在飞机租赁业务中，对采取经营租赁方式签订的租赁合同，按“财产租赁合同”税目税率计税贴花；对采取融资租赁方式签订的租赁合同，暂按租金总额的万分之零点五税率计税贴花（租赁方式的划分，参见附表）。

三、以上飞机租赁合同补缴印花税时，一律按补税开出缴款书当日的外汇牌价折合人民币，计算应纳税额。

【注释】 对《印花税暂行条例》所附印花税税目税率表进行了解释。对《印花税暂行条例实施细则》第 19 条进行了解释。

国家税务总局关于投资银行系统资金账簿缴纳印花税问题的复函

国税函发〔1993〕8 号

中国投资银行：

你行中投资发〔1992〕94 号《关于投资银行资金账簿缴纳印花税问题的函》收悉。经研究，现函复如下：

一、我局（88）国税地字第 028 号《关于对金融系统营业账簿贴花问题的具体规定》已明确：“根据银行系统的机构设置，银行所用营业账簿的印花税，由各级独立核算的行、处在其所在地缴纳。”因此，投资银行各分行“营运资金”的印花税，均应在分行所在地缴纳。

二、投资银行系统所设的“调拨资金”科目，反映的资金，既有自有资金也有借入资金，在各分行计税时不易划清，可统一在总行所在地就自有资金部分计算缴纳印花税。

三、专门记载外汇资金的账簿，其印花税缴纳办法亦应比照上述原则办理。

【注释】 对《印花税暂行条例实施细则》第 8 条进行了解释。

国家税务总局关于船舶保险合同印花税征免问题的批复

国税函发〔1993〕674 号

山东省税务局：

你局鲁税三〔1993〕45 号《关于船舶保险合同征收印花税问题的请示》收悉，现答复如下：

船舶保险合同属于印花税暂行条例中列举征税的“财产保险合同”范围。但对于涉外保险业务中的远洋船舶保险合同，我局国税函发〔1990〕104 号和国税发〔1991〕006 号文件规定：对中国人民保险公司涉外保险业务中的远洋船舶保险合同（或保险单据）以及与外国保险公司之间的再保险业务凭证，在 1993 年底前免征印花税。因此，对船舶保险合同的征免印花税问题应当按上述规定处理。

【注释】 对《印花税暂行条例》所附印花税税目税率表进行了解释。

国家税务总局关于资金账簿印花税问题的通知

国税发〔1994〕25 号

财政部发布的《企业财务通则》和《企业会计准则》自 1993 年 7 月 1 日起施行。按照“两则”及有关规定，各类生产经营单位执行新会计制度，统一更换会计科目和账簿后，不再设置“自有流动资金”科目。因此，《中华人民共和国印花税暂行条例》税目税率表中“记载资金的账簿”的计税依据已不适用，需要重新确定。为了便于执行，现就有关问题通知如下：

一、生产经营单位执行“两则”后，其“记载资金的账簿”的印花税计税依据改为“实收资本”与“资本公积”两项的合计金额。

二、企业执行“两则”启用新账簿后，其“实收资本”和“资本公积”两项的合计金额大于原已贴花资金的，就增加的部分补贴印花。

本通知自 1994 年 1 月 1 日起执行。

【注释】 对《印花税暂行条例实施细则》第 9 条进行了解释。

财政部 国家税务总局关于印花税违章处罚问题的通知

财税〔1994〕65 号

《中华人民共和国税收征收管理法》于 1993 年实施后，《中华人民共和国印花税暂行条例》第十三条的部分内容已不适用。为加强印花税的稽征管理，依法处理违章案件，现根据《中华人民共和国税收征收管理法实施细则》第二条、第八十五条的规定，对有关印花税的处罚办法明确如下：

纳税人有下列行为之一的，由税务机关根据情节轻重予以处罚。

一、在应纳税凭证上未贴或少贴印花税票的，税务机关除责令其补贴印花税票外，可处以应补贴印花税票金额 3 倍至 5 倍的罚款。

二、已粘贴在应纳税凭证上的印花税票未注销或者未画销的，税务机关可处以未注销或者未画销印花税票金额 1 倍至 3 倍的罚款。

三、已贴用的印花税票揭下重用的，税务机关可处以重用印花税票金额 5 倍或者 2000 元以上 1 万元以下的罚款。

伪造印花税票的，由税务机关提请司法机关追究刑事责任。

本通知自文到之日起执行。

【注释】 对《印花税暂行条例》第 13 条进行了解释。

财政部 国家税务总局关于外国石油公司参与煤层气开采所适用税收政策问题的通知

财税〔1996〕62 号

各省、自治区、直辖市、计划单列市财政厅（局）、国家税务局、地方税务局：

为了鼓励外国企业和外商投资企业（以下简称企业）开采我国陆上煤层气资源，现将有关税收问题明确如下：

一、在我国开采陆上煤层气资源的企业取得的经营所得和其他所得，均应当按照《中华人民共和国外商投资企业和外国企业所得税法》及其施行细则的规定缴纳所得税。

二、《中华人民共和国外商投资企业和外国企业所得税法实施细则》中有关“从事开采石油资源的企业”的规定，适用于从事开采陆上煤层气资源的企业。

三、除另有规定者外，财政部、国家税务总局及海洋石油税务管理局制定的有关对从事合作开采石油资源的企业所得税问题的规定，均适用于从事开采陆上煤层气资源的企业。

四、开采陆上煤层气所取得的收入，应当按照《国家税务总局关于中外合作开采石油资源缴纳增值税有关问题的通知》（国税发〔1994〕114 号）和《中外合作开采陆上石油资源缴纳矿区使用费暂行规定》（财政部〔1990〕第 3 号令）的规定，缴纳增值税和矿区使用费。

五、从事开采陆上煤层气资源的企业，应当按照《城市房地产税暂行条例》的规定，缴纳房产税；按照《车船使用牌照税暂行条例》的规定，缴纳车船使用牌照税；按照《中华人民共和国印花税暂行条例》的规定，缴纳印花税。

【注释】 对《印花税暂行条例》第 1 条进行了解释。

国家税务总局关于外商投资企业的订单要货单据征收印花税问题的批复

国税函发〔1997〕505 号

厦门市地方税务局：

你局《关于三资企业的订单要货单据征收印花税问题的请示》（厦地税政三〔1997〕13 号）收悉。经研究，现批复如下：

一、供需双方当事人（包括外商投资企业）在供需业务活动中由单方签署开具的只标有数量、规格、交货日期、结算方式等内容的订单、要货单，虽然形式不够规范，条款不够完备，手续不够健全，但因双方当事人不再签订购销合同而以订单、要货单等作为当事人之间建立供需关系、明确供需双方责任的业务凭证，所以这类订单、要货单等属于合同性质的凭证，应按规定贴花。

二、外商投资企业与境外的母公司或子公司在经济活动中分属不同的独立法人。因此，外商投资企业与境外的母公司或子公司相互之间开出的订单、要货单、要货生产指令单等，均应按规定贴花。

三、对在供需经济活动中使用电话、计算机联网订货，没有开具书面凭证的，暂不贴花。

【注释】 对《印花税暂行条例》所附印花税税目税率表进行了解释。

财政部 国家税务总局关于证券投资基金税收问题的通知

财税〔1998〕55 号

省、自治区、直辖市、计划单列市财政厅(局)、国家税务局、地方税务局,财政部驻各省、自治区、直辖市、计划单列市财政监察专员办事处,新疆生产建设兵团:

为了有利于证券投资基金制度的建立,促进证券市场的健康发展,经国务院批准,现对中国证监会新批准设立的封闭式证券投资基金(以下简称基金)的税收问题通知如下:

……

二、关于印花税问题

1. 基金管理人运用基金买卖股票按照4‰的税率征收印花税。

2. 对投资者(包括个人和企业,下同)买卖基金单位,在1999年底前暂不征收印花税。

……

五、本通知从1998年3月1日起实施。

【注释】 对《印花税暂行条例》所附印花税税目税率表进行了解释。

国家税务总局关于上市公司国有股权无偿转让征收证券(股票)交易印花税问题的通知

国税发〔1999〕124 号

上海市国家税务局,深圳市国家税务局:

为了加强证券(股票)交易印花税的管理,明确税收政策,支持国有企业改革,现就有关国有股权无偿转让征收证券交易印花税的问题,明确如下:

一、对经国务院和省级人民政府决定或批准进行政企脱钩、对企业(集团)进行改组和改变管理体制、变更企业隶属关系,以及国有企业改制、盘活国有企业资产,而发生的国有股权无偿划转行为,暂不征收证券交易印花税。

二、对不属于第一条所述情况的国有股权无偿转让行为,仍应征收证券交易印花税。计税依据为转让股份的面值,税率为4‰。

三、凡不属于第一条范围内的国有股权无偿划转行为,由企业(单位)和主管税务机关按所附《上市公司国有股权无偿转让暂不征收证券(股票)交易印花税审批规程》的要求,报国家税务总局审批。

【注释】 对《印花税暂行条例》所附印花税税目税率表进行了解释。

国家税务总局关于外国银行分行营运资金缴纳印花税问题的批复

国税函〔2002〕104 号

天津市地方税务局:

你局《关于外资银行分行有关印花税问题的请示》(津地税外〔2001〕46 号)收悉。根据《中华人民共和国外资金融机构管理条例》的有关规定,外国银行在我国境内设立的分行,其境外总行需拨付规定数额的

“营运资金”，分行在账户设置上不设“实收资本”和“资本公积”账户。关于上述外国银行分行由其境外总行拨付的“营运资金”如何缴纳印花税问题，根据《中华人民共和国印花税暂行条例》第二条的规定，外国银行分行记载由其境外总行拨付的“营运资金”账簿，应按核拨的账面资金数额计税贴花。

【注释】　对《印花税暂行条例》第2条进行了解释。

财政部 国家税务总局关于开放式证券投资基金有关税收问题的通知

财税〔2002〕128号

各省、自治区、直辖市、计划单列市财政厅(局)、国家税务局、地方税务局，新疆生产建设兵团财务局：

为支持和积极培育机构投资者，充分利用开放式基金手段，进一步拓宽社会投资渠道，促进证券市场的健康、稳定发展，经国务院批准，现对中国证监会批准设立的开放式证券投资基金(以下简称基金)的税收问题通知如下：

……

三、关于印花税问题

1. 基金管理人运用基金买卖股票按照2‰的税率征收印花税。

2. 对投资者申购和赎回基金单位，暂不征收印花税。

四、对基金管理人、基金托管人、基金代销机构从事基金管理活动取得的收入，依照税法的有关规定征收营业税、企业所得税以及其他相关税收。

【注释】　对《印花税暂行条例》所附印花税税目税率表进行了解释。

财政部 国家税务总局关于企业改制过程中有关印花税政策的通知

财税〔2003〕183号

各省、自治区、直辖市、计划单列市财政厅(局)、地方税务局，新疆生产建设兵团财务局：

为贯彻落实国务院关于支持企业改制的指示精神，规范企业改制过程中有关税收政策，现就经县级以上人民政府及企业主管部门批准改制的企业，在改制过程中涉及的印花税政策通知如下：

一、关于资金账簿的印花税

(一)实行公司制改造的企业在改制过程中成立的新企业(重新办理法人登记的)，其新启用的资金账簿记载的资金或因企业建立资本纽带关系而增加的资金，凡原已贴花的部分可不再贴花，未贴花的部分和以后新增加的资金按规定贴花。

公司制改造包括国有企业依《公司法》整体改造成国有独资有限责任公司；企业通过增资扩股或者转让部分产权，实现他人对企业的参股，将企业改造成有限责任公司或股份有限公司；企业以其部分财产和相应债务与他人组建新公司；企业将债务留在原企业，而以其优质财产与他人组建的新公司。

(二)以合并或分立方式成立的新企业，其新启用的资金账簿记载的资金，凡原已贴花的部分可不再贴花，未贴花的部分和以后新增加的资金按规定贴花。

合并包括吸收合并和新设合并。分立包括存续分立和新设分立。

(三)企业债权转股权新增加的资金按规定贴花。

(四)企业改制中经评估增加的资金按规定贴花。

(五)企业其他会计科目记载的资金转为实收资本或资本公积的资金按规定贴花。

二、关于各类应税合同的印花税

企业改制前签订但尚未履行完的各类应税合同，改制后需要变更执行主体的，对仅改变执行主体、其余条款未作变动且改制前已贴花的，不再贴花。

三、关于产权转移书据的印花税

企业因改制签订的产权转移书据免予贴花。

【注释】 对《印花税暂行条例》第 4 条进行了解释。对《印花税暂行条例实施细则》第 8 条进行了解释。

国家税务总局关于印花税违章处罚有关问题的通知

国税发〔2004〕15 号

各省、自治区、直辖市和计划单列市地方税务局：

《中华人民共和国税收征收管理法》（以下简称《税收征管法》）、《中华人民共和国税收征收管理法实施细则》（以下简称《税收征管法实施细则》）重新修订颁布后，《中华人民共和国印花税暂行条例》（以下简称《印花税暂行条例》）第十三条及《中华人民共和国印花税暂行条例施行细则》（以下简称《印花税暂行条例施行细则》）第三十九条、第四十条、第四十一条的部分内容已不适用。为加强印花税的征收管理，依法处理印花税有关违章行为，根据《税收征管法》、《税收征管法实施细则》的有关规定，现对印花税的违章处罚适用条款明确如下：

印花税纳税人有下列行为之一的，由税务机关根据情节轻重予以处罚：

一、在应纳税凭证上未贴或者少贴印花税票的或者已粘贴在应税凭证上的印花税票未注销或者未画销的，适用《税收征管法》第六十四条的处罚规定。

二、已贴用的印花税票揭下重用造成未缴或少缴印花税的，适用《税收征管法》第六十三条的处罚规定。

三、伪造印花税票的，适用《税收征管法实施细则》第九十一条的处罚规定。

四、按期汇总缴纳印花税的纳税人，超过税务机关核定的纳税期限，未缴或少缴印花税款的，视其违章性质，适用《税收征管法》第六十三条或第六十四条的处罚规定，情节严重的，同时撤销其汇缴许可证。

五、纳税人违反以下规定的，适用《税收征管法》第六十条的处罚规定：

（一）违反《印花税条例施行细则》第二十三条的规定："凡汇总缴纳印花税的凭证，应加注税务机关指定的汇缴戳记、编号并装订成册，将已贴印花或者缴款书的一联粘附册后，盖章注销，保存备查"；

（二）违反《印花税条例施行细则》第二十五条的规定："纳税人对纳税凭证应妥善保存。凭证的保存期限，凡国家已有明确规定的，按规定办；没有明确规定的其余凭证均应在履行完毕后保存一年"。

本通知自文到之日起执行。

【注释】 对《印花税暂行条例》第 13 条进行了修正。对《印花税暂行条例实施细则》第 39—41 条进行了修正。

财政部 国家税务总局关于教育税收政策的通知

财税〔2004〕39 号

各省、自治区、直辖市、计划单列市财政厅（局）、国家税务局、地方税务局，新疆生产建设兵团财务局：

为了进一步促进教育事业发展，经国务院批准，现将有关教育的税收政策通知如下：

……

二、关于房产税、城镇土地使用税、印花税

对国家拨付事业经费和企业办的各类学校、托儿所、幼儿园自用的房产、土地，免征房产税、城镇土地使用税；对财产所有人将财产赠给学校所立的书据，免征印花税。

……

六、本通知自 2004 年 1 月 1 日起执行，此前规定与本通知不符的，以本通知为准。

【注释】 对《印花税暂行条例》第 4 条进行了解释。

国家税务总局关于办理上市公司国有股权无偿转让暂不征收证券(股票)交易印花税有关审批事项的通知

国税函〔2004〕941 号

上海市国家税务局，深圳市国家税务局：

根据有利于加强税收管理和方便纳税人的原则，现将《国务院关于第三批取消和调整行政审批项目的决定》(国发〔2004〕16 号)中列入下放管理层级的“上市公司国有股权无偿转让免征证券(股票)交易印花税的审批项目”实施后，有关政策和审批管理问题通知如下：

一、对经国务院和省级人民政府决定或批准进行的国有(含国有控股)企业改组改制而发生的上市公司国有股权无偿转让行为，暂不征收证券(股票)交易印花税。对不属于上述情况的上市公司国有股权无偿转让行为，仍应征收证券(股票)交易印花税。

二、凡符合暂不征收证券(股票)交易印花税条件的上市公司国有股权无偿转让行为，由转让方或受让方按本通知附件《关于上市公司国有股权无偿转让暂不征收证券(股票)交易印花税申报文件的规定》的要求，报上市公司挂牌交易所所在地的国家税务局审批。

三、上市公司挂牌交易所所在地的国家税务局按规定审批后，应按月将审批文件报国家税务总局备案。在办理上述审批过程中，遇有新情况、发现新问题应及时向国家税务总局报告。

四、国家税务总局将不定期对上市公司挂牌交易所所在地的国家税务局的审批工作进行检查、督导。

五、本规定自 2004 年 7 月 1 日起执行。《国家税务总局关于上市公司国有股权无偿转让征收证券(股票)交易印花税问题的通知》(国税发〔1999〕124 号)同时废止。

附件：

关于上市公司国有股权无偿转让暂不征收证券(股票)交易印花税申报文件的规定

对上市公司国有股权无偿转让符合本通知第一条规定范围，需要明确暂不征收证券(股票)交易印花税的，须由转让方或受让方按下列要求向上市公司挂牌交易所所在地的国家税务局提出申请报告，具体内容包括：

一、转让方名称、地址、隶属关系、经济性质。

二、受让方名称、地址、隶属关系、经济性质。

三、转让股权的股数和金额、转让形式、批准部门，以及申请暂不征收证券(股票)交易印花税的理由。

四、申请报告应附下列证明文件和材料：

(一)国务院及其授权部门或者省级人民政府关于上市公司国有股权无偿转让的批准文件。

(二)上市公司国有股权无偿转让的可行性研究报告。

(三)受让方的章程。

(四)受让方《企业法人营业执照》副本复印件。

(五)向社会公布的上市公司国有股权无偿转让事宜的预案公告复印件。

【注释】 对《印花税暂行条例》第 2、4 条进行了解释。

财政部 国家税务总局关于改变印花税按期汇总缴纳管理办法的通知

财税〔2004〕170 号

各省、自治区、直辖市、计划单列市财政厅(局)、地方税务局,新疆生产建设兵团财务局:

为进一步方便纳税人,简化印花税贴花手续,经研究决定,将《中华人民共和国印花税暂行条例施行细则》第二十二条"同一种类应纳税凭证,需频繁贴花的,应向当地税务机关申请按期汇总缴纳印花税。税务机关对核准汇总缴纳印花税的单位,应发给汇缴许可证。汇总缴纳的期限限额由当地税务机关确定,但最长期限不得超过一个月"的规定,修改为"同一种类应纳税凭证,需频繁贴花的,纳税人可以根据实际情况自行决定是否采用按期汇总缴纳印花税的方式。汇总缴纳的期限为一个月。采用按期汇总缴纳方式的纳税人应事先告知主管税务机关。缴纳方式一经选定,一年内不得改变"。

印花税按期汇总缴纳管理办法调整后,主管税务机关应重点加强以下工作:

一、主管税务机关接到纳税人要求按期汇总缴纳印花税的告知后,应及时登记,制定相应的管理办法,防止出现管理漏洞。

二、对采用按期汇总缴纳方式缴纳印花税的纳税人,应加强日常监督、检查,重点核查纳税人汇总缴纳的应税凭证是否完整,贴花金额是否准确。

【注释】 对《印花税暂行条例实施细则》第 22 条进行了解释。

财政部 国家税务总局关于对买卖封闭式证券投资基金继续予以免征印花税的通知

财税〔2004〕173 号

上海、深圳市财政局、国家税务局:

为支持我国证券市场的健康发展,经研究决定,从 2003 年 1 月 1 日起,继续对投资者(包括个人和机构)买卖封闭式证券投资基金免征印花税。

【注释】 对《印花税暂行条例》第 4 条进行了解释。

财政部 国家税务总局关于股权分置试点改革有关税收政策问题的通知

财税〔2005〕103 号

各省、自治区、直辖市、计划单列市财政厅(局)、国家税务局、地方税务局,新疆生产建设兵团财务局,财政部驻各省、自治区、直辖市、计划单列市财政监察专员办事处:

为促进资本市场发展和股市全流通,推动股权分置改革试点的顺利实施,经国务院批准,现就股权分置试点改革中有关税收政策问题通知如下:

一、股权分置改革过程中因非流通股股东向流通股股东支付对价而发生的股权转让,暂免征收印花税。

二、股权分置改革中非流通股股东通过对价方式向流通股股东支付的股份、现金等收入,暂免征收流通股股东应缴纳的企业所得税和个人所得税。

三、上述规定自文发之日起开始执行。

【注释】 对《印花税暂行条例实施细则》第 13 条进行了解释。

国家税务总局铁道部关于铁路货运凭证印花税若干问题的通知

国税发〔2006〕101 号

各省、自治区、直辖市和计划单列市地方税务局，各铁路局，集装箱、特货公司：

为适应铁路体制改革和铁路网建设的发展变化，有利于铁路货运凭证印花税的征收和管理，现就铁路货运凭证征收印花税有关问题通知如下：

一、纳税人

铁路货运业务中运费结算凭证载明的承、托运双方，均为货运凭证印花税的纳税人。

代办托运业务的代办方在向铁路运输企业交运货物并取得运费结算凭证时，应当代托运方缴纳印花税。代办方与托运方之间办理的运费结算清单，不缴纳印花税。

二、应纳税凭证和计税依据

铁路货运运费结算凭证为印花税应税凭证，包括：

(一)货票(发站发送货物时使用)；

(二)运费杂费收据(到站收取货物运费时使用)；

(三)合资、地方铁路货运运费结算凭证(合资铁路公司、地方铁路单独计算核收本单位管内运费时使用)。

上述凭证中所列运费为印花税的计税依据，包括统一运价运费、特价或加价运费、合资和地方铁路运费、新路均摊费、电力附加费。对分段计费一次核收运费的，以结算凭证所记载的全程运费为计税依据；对分段计费分别核收运费的，以分别核收运费的结算凭证所记载的运费为计税依据。

三、应纳税额的计算和税款代征

以运费金额按万分之五的税率分别计算承、托运双方的应纳税额。税额不足一角的免税，超过一角的四舍五入计算到角。

铁路运输企业在收取货物运杂费的同时必须代征托运方应纳的印花税，并记入运费结算凭证的“印花税”项目内，运费结算凭证不再加盖“印花税代扣专用章”。

四、税款缴纳

铁路运输企业代征的托运方应纳的印花税与铁路运输企业应纳的印花税统一由各铁路运输企业汇总后按下列方式缴入国库。

(一)铁路局(含广铁集团、青藏铁路公司)应纳印花税，依照铁路体制改革前所属原汇总缴纳印花税单位 2004 年印花税款占铁路局印花税的比例计算(见附表)，按季向原汇总缴纳单位所在地的地方税务机关缴纳。对采用异地汇款方式缴纳税款的，原汇总缴纳单位所在地的地方税务机关应通知铁路局将税款直接汇入税务机关在国库开设的“待缴库税款”专户。

(二)集装箱和特货公司货运业务应纳的印花税向总机构所在地税务机关缴纳。

(三)合资铁路公司、地方铁路货运业务应纳的印花税向机构所在地税务机关缴纳。

五、地方税务机关根据国家有关规定，按代征印花税税款金额的 5% 付给铁路部门代征手续费。手续费由税务机关按规定及时给付，铁路部门不得从代征税款中直接扣除。

六、本通知自 2006 年 8 月 1 日起执行。2006 年 8 月 1 日以前已经缴纳的税款不再进行调整。《国家税务总局铁道部关于铁路货运凭证汇总缴纳印花税问题的联合通知》([89]国税地字第 094 号)、《国家税务总局关于改变铁路国际货运凭证印花税缴纳办法的通知》(国税函发〔1991〕1401 号)同时废止。

【注释】 对《印花税暂行条例》第 1、14 条进行了解释。

财政部 国家税务总局关于证券投资者保护基金有关印花税政策的通知

财税〔2006〕104 号

各省、自治区、直辖市、计划单列市财政厅(局)、地方税务局,新疆生产建设兵团财务局:

经国务院批准,现对证券投资者保护基金有限责任公司(以下简称保护基金公司)及其管理的证券投资者保护基金(以下简称保护基金)的有关印花税政策通知如下:

一、对保护基金公司新设立的资金账簿免征印花税。

二、对保护基金公司与中国人民银行签订的再贷款合同、与证券公司行政清算机构签订的借款合同,免征印花税。

三、对保护基金公司接收被处置证券公司财产签订的产权转移书据,免征印花税。

四、对保护基金公司以保护基金自有财产和接收的受偿资产与保险公司签订的财产保险合同,免征印花税。

五、对与保护基金公司签订上述应税合同或产权转移书据的其他当事人照章征收印花税。

【注释】 对《印花税暂行条例》第 4 条进行了解释。

财政部 国家税务总局关于印花税若干政策的通知

财税〔2006〕162 号

各省、自治区、直辖市、计划单列市财政厅(局)、地方税务局,新疆生产建设兵团财务局:

为适应经济形势发展变化的需要,完善税制,现将印花税有关政策明确如下:

一、对纳税人以电子形式签订的各类应税凭证按规定征收印花税。

二、对发电厂与电网之间、电网与电网之间(国家电网公司系统、南方电网公司系统内部各级电网互供电量除外)签订的购售电合同按购销合同征收印花税。电网与用户之间签订的供用电合同不属于印花税列举征税的凭证,不征收印花税。

三、对土地使用权出让合同、土地使用权转让合同按产权转移书据征收印花税。

四、对商品房销售合同按照产权转移书据征收印花税。

【注释】 对《印花税暂行条例实施细则》第 13 条进行了解释。

关于调整房地产交易环节税收政策的通知

财税〔2008〕137 号

各省、自治区、直辖市、计划单列市财政厅(局)、地方税务局,新疆生产建设兵团财务局:

为适当减轻个人住房交易的税收负担,支持居民首次购买普通住房,经国务院批准,现就房地产交易环节有关税收政策问题通知如下:

一、对个人首次购买 90 平方米及以下普通住房的,契税税率暂统一下调到 1%。首次购房证明由住房所在地县(区)住房建设主管部门出具。

二、对个人销售或购买住房暂免征收印花税。

三、对个人销售住房暂免征收土地增值税。

本通知自 2008 年 11 月 1 日起实施。

财政部 国家税务总局关于支持公共租赁住房建设和运营有关税收优惠政策的通知

财税〔2010〕88 号

各省、自治区、直辖市、计划单列市财政厅(局)、地方税务局,西藏、宁夏、青海省(自治区)国家税务局,新疆生产建设兵团财务局:

根据国务院办公厅《关于促进房地产市场平稳健康发展的通知》(国办发〔2010〕4 号)、《国务院关于坚决遏制部分城市房价过快上涨的通知》(国发〔2010〕10 号)和住房城乡建设部等七部门《关于加快发展公共租赁住房的指导意见》(建保〔2010〕87 号)精神,现对公共租赁住房(以下简称公租房)建设和运营有关税收政策通知如下:

一、对公租房建设期间用地及公租房建成后占地免征城镇土地使用税。在其他住房项目中配套建设公租房,依据政府部门出具的相关材料,可按公租房建筑面积占总建筑面积的比例免征建造、管理公租房涉及的城镇土地使用税。

二、对公租房经营管理单位建造公租房涉及的印花税予以免征。在其他住房项目中配套建设公租房,依据政府部门出具的相关材料,可按公租房建筑面积占总建筑面积的比例免征建造、管理公租房涉及的印花税。

三、对公租房经营管理单位购买住房作为公租房,免征契税、印花税;对公租房租赁双方签订租赁协议涉及的印花税予以免征。

四、对企事业单位、社会团体以及其他组织转让旧房作为公租房房源,且增值额未超过扣除项目金额 20%的,免征土地增值税。

五、企事业单位、社会团体以及其他组织捐赠住房作为公租房,符合税收法律法规规定的,捐赠支出在年度利润总额 12%以内的部分,准予在计算应纳税所得额时扣除。

六、对经营公租房所取得的租金收入,免征营业税、房产税。公租房租金收入与其他住房经营收入应单独核算,未单独核算的,不得享受免征营业税、房产税优惠政策。

七、享受上述税收优惠政策的公租房是指纳入省、自治区、直辖市、计划单列市人民政府及新疆生产建设兵团批准的公租房发展规划和年度计划,以及按照建保〔2010〕87 号文件和市、县人民政府制定的具体管理办法进行管理的公租房。不同时符合上述条件的公租房不得享受上述税收优惠政策。

八、上述政策自发文之日起执行,执行期限暂定三年,政策到期后将根据公租房建设和运营情况对有关内容加以完善。

财政部 国家税务总局关于部分国家储备商品有关税收政策的通知

财税〔2013〕59 号

各省、自治区、直辖市、计划单列市财政厅(局)、地方税务局,西藏、宁夏、青海省(自治区)国家税务局,新疆生产建设兵团财务局:

为支持国家商品储备业务发展,经国务院批准,现将中央和地方部分商品储备政策性业务(以下简称商品储备业务)有关税收政策明确如下:

一、对商品储备管理公司及其直属库资金账簿免征印花税;对其承担商品储备业务过程中书立的购销合同免征印花税，对合同其他各方当事人应缴纳的印花税照章征收。

二、对商品储备管理公司及其直属库承担商品储备业务自用的房产、土地，免征房产税、城镇土地使用税。

三、本通知所称商品储备管理公司及其直属库，是指接受中央、省、市、县四级政府有关部门委托，承担粮（含大豆）、食用油、棉、糖、肉、盐（限于中央储备）6种商品储备任务，取得财政储备经费或补贴的商品储备企业。

中国华粮物流集团公司及其直属企业、中粮集团有限公司所属储备库接受中国储备粮管理总公司、分公司及其直属库委托，承担的粮（含大豆）、食用油商品储备业务，按本通知第一条、第二条规定享受税收优惠。

四、承担中央政府有关部门委托商品储备业务的储备管理公司及其直属库，以及接受中国储备粮管理总公司、分公司及其直属库的委托承担粮（含大豆）、食用油等商品储备业务的中国华粮物流集团公司及其直属企业、中粮集团有限公司所属储备库名单见附件。

承担省、市、县政府有关部门委托商品储备业务的储备管理公司及其直属库名单由省、自治区、直辖市财政、税务部门会同有关部门明确或制定具体管理办法，并报省、自治区、直辖市人民政府批准后予以发布。

名单若有变化，财政、税务等部门应及时进行调整。

五、本通知执行时间为2013年1月1日至2015年12月31日。2013年1月1日以后已缴上述应予免税的税款，从企业应缴纳的相应税款中抵扣，2013年度内抵扣不完的，按有关规定予以退税。

六、有关部门在办理免税、退税手续时，要认真审核企业提供的相关材料，符合要求的及时办理。如发现不符合本通知规定政策的企业及其直属库，应取消其免退税资格。

请遵照执行。

国家税务总局关于发行2013年印花税票的公告

国家税务总局公告2013年第69号

2013年中国印花税票《闽构华章》已印制完成并开始发行，现将有关事项公告如下：

一、税票图案内容

2013年版印花税票以福建传统建筑为题材，选取了不同年代建造的福建传统建筑典型，体现了闽南文化、客家文化、妈祖文化等丰富多彩内涵的福建文化特色。《闽构华章》印花税票一套9枚，各面值（图名）分别是：1角（闽构华章·上杭蛟洋文昌阁）、2角（闽构华章·福州三坊七巷）、5角（闽构华章·莆田湄洲妈祖庙）、1元（闽构华章·泉州东西塔）、2元（闽构华章·南靖田螺坑土楼群）、5元（闽构华章·屏南万安桥）、10元（闽构华章·永安安贞堡）、50元（闽构华章·南靖塔-下张氏祠）、100元（闽构华章·南安蔡氏古民居）。

二、税票规格与包装

2013年版印花税票打孔尺寸为50mm＊38mm，齿孔度数为13×13.5，每张25枚，每张成品尺寸300mm＊230mm，整张票左右两边出孔到边。图案左下角印有“2013”，右下角印有“(9-×)”，表明版别和按票面金额从小到大的顺序号。

印花税票每种面值的包装均为每张25枚，100张一包，4包一箱，每箱计10000枚(25枚×100张×4包)。

三、税票防伪措施

（一）采用6色影写凹版印刷；

（二）采用特制红色防伪油墨；

（三）采用椭圆异形齿孔，左右两边居中；

（四）采用100(±2)g/m^2 防伪荧光点邮票纸；

（五）每版税票右下角喷 7 位连续墨号。

四、2013 年版印花税票发行量

2013 年版印花税票《闽构华章》共发行 6550 万枚。各面值发行量分别为：

1 角票 200 万枚、2 角票 200 万枚、5 角票 300 万枚、1 元票 500 万枚、2 元票 300 万枚、5 元票 3800 万枚、10 元票 400 万枚、50 元票 250 万枚、100 元票 600 万枚。

五、其他有关事项

2013 年版印花税票自公告之日起启用；以前年度发行的各版中国印花税票仍然有效。

特此公告。

第五编

税收征管法

第十八部分　中华人民共和国税收征管法

中华人民共和国税收征收管理法

主席令〔2001〕49号

（中华人民共和国第九届全国人民代表大会常务委员会第二十一次会议2001年4月28日修订）

目　　录

第一章　总　　则

第一条　为了加强税收征收管理，规范税收征收和缴纳行为，保障国家税收收入，保护纳税人的合法权益，促进经济和社会发展，制定本法。

第二条　凡依法由税务机关征收的各种税收的征收管理，均适用本法。

第三条　税收的开征、停征以及减税、免税、退税、补税，依照法律的规定执行；法律授权国务院规定的，依照国务院制定的行政法规的规定执行。

任何机关、单位和个人不得违反法律、行政法规的规定，擅自作出税收开征、停征以及减税、免税、退税、补税和其他同税收法律、行政法规相抵触的决定。

第四条　法律、行政法规规定负有纳税义务的单位和个人为纳税人。

法律、行政法规规定负有代扣代缴、代收代缴税款义务的单位和个人为扣缴义务人。

纳税人、扣缴义务人必须依照法律、行政法规的规定缴纳税款、代扣代缴、代收代缴税款。

第五条　国务院税务主管部门主管全国税收征收管理工作。各地国家税务局和地方税务局应当按照国务院规定的税收征收管理范围分别进行征收管理。

地方各级人民政府应当依法加强对本行政区域内税收征收管理工作的领导或者协调，支持税务机关依法执行职务，依照法定税率计算税额，依法征收税款。

各有关部门和单位应当支持、协助税务机关依法执行职务。

税务机关依法执行职务，任何单位和个人不得阻挠。

【注释】　相关规定包括：《国家税务总局关于印发〈纳税评估管理办法（试行）〉的通知》（国税发〔2005〕43号）、《国家税务总局关于人民法院强制执行被执行人财产有关税收问题的复函》（国税函〔2005〕869号）。

第六条　国家有计划地用现代信息技术装备各级税务机关，加强税收征收管理信息系统的现代化建设，建立、健全税务机关与政府其他管理机关的信息共享制度。

纳税人、扣缴义务人和其他有关单位应当按照国家有关规定如实向税务机关提供与纳税和代扣代缴、代收代缴税款有关的信息。

第七条 税务机关应当广泛宣传税收法律、行政法规，普及纳税知识，无偿地为纳税人提供纳税咨询服务。

【注释】 相关规定包括：《国家税务总局关于印发〈纳税服务工作规范（试行）〉的通知》（国税发〔2005〕165 号）。

第八条 纳税人、扣缴义务人有权向税务机关了解国家税收法律、行政法规的规定以及与纳税程序有关的情况。

纳税人、扣缴义务人有权要求税务机关为纳税人、扣缴义务人的情况保密。税务机关应当依法为纳税人、扣缴义务人的情况保密。

纳税人依法享有申请减税、免税、退税的权利。

纳税人、扣缴义务人对税务机关所作出的决定，享有陈述权、申辩权；依法享有申请行政复议、提起行政诉讼、请求国家赔偿等权利。

纳税人、扣缴义务人有权控告和检举税务机关、税务人员的违法违纪行为。

【注释】 相关规定包括：《税务行政复议规则》（国家税务总局令第 21 号）。

第九条 税务机关应当加强队伍建设，提高税务人员的政治业务素质。

税务机关、税务人员必须秉公执法、忠于职守、清正廉洁、礼貌待人、文明服务，尊重和保护纳税人、扣缴义务人的权利，依法接受监督。

税务人员不得索贿受贿、徇私舞弊、玩忽职守、不征或者少征应征税款；不得滥用职权多征税款或者故意刁难纳税人和扣缴义务人。

【注释】 相关规定包括：《国家税务总局关于加强纳税服务工作的通知》（国税发〔2003〕38）、《国家税务总局关于印发〈税收管理员制度（试行）〉的通知》（国税发〔2005〕40 号）、《国家税务总局关于印发〈纳税服务工作规范（试行）〉的通知》（国税发〔2005〕165 号）。

第十条 各级税务机关应当建立、健全内部制约和监督管理制度。

上级税务机关应当对下级税务机关的执法活动依法进行监督。

各级税务机关应当对其工作人员执行法律、行政法规和廉洁自律准则的情况进行监督检查。

第十一条 税务机关负责征收、管理、稽查、行政复议的人员的职责应当明确，并相互分离、相互制约。

【注释】 相关规定包括：《税务行政复议规则》（国家税务总局令第 21 号）。

第十二条 税务人员征收税款和查处税收违法案件，与纳税人、扣缴义务人或者税收违法案件有利害关系的，应当回避。

第十三条 任何单位和个人都有权检举违反税收法律、行政法规的行为。收到检举的机关和负责查处的机关应当为检举人保密。税务机关应当按照规定给予奖励。

【注释】 相关规定包括：《国家税务总局关于印发〈税务违法案件举报奖励办法〉的通知》（国税发〔1998〕211 号）。

第十四条 本法所称税务机关是指各级税务局、税务分局、税务所和按照国务院规定设立的并向社会公告的税务机构。

【注释】 相关规定包括：《国家税务总局关于稽查局有关执法权限的批复》（国税函〔2003〕561 号）、《国家税务总局关于印发〈国家税务总局关于进一步规范国家税务局系统机构设置的意见〉的通知》（国税发〔2003〕128 号）。

第二章 税务管理

第一节 税务登记

第十五条 企业，企业在外地设立的分支机构和从事生产、经营的场所，个体工商户和从事生产、经营的事业单位（以下统称从事生产、经营的纳税人）自领取营业执照之日起三十日内，持有关证件，向税务机关申报办理税务登记。税务机关应当自收到申报之日起三十日内审核并发给税务登记证件。

工商行政管理机关应当将办理登记注册、核发营业执照的情况，定期向税务机关通报。

本条第一款规定以外的纳税人办理税务登记和扣缴义务人办理扣缴税款登记的范围和办法，由国务院规定。

【注释】 相关规定包括:《税务登记管理办法》(国家税务总局令第7号)、《国家税务总局关于国家税务局与地方税务局联合办理税务登记有关问题的通知》(国税发〔2004〕57号)、《国家税务总局关于印发〈纳税人财务会计报表报送管理办法〉的通知》(国税发〔2005〕20号)、《国家税务总局关于明确从事代理海关报关业务的中介机构办理税务登记有关问题的通知》(国税函〔2005〕353号)。

第十六条 从事生产、经营的纳税人,税务登记内容发生变化的,自工商行政管理机关办理变更登记之日起三十日内或者在向工商行政管理机关申请办理注销登记之前,持有关证件向税务机关申报办理变更或者注销税务登记。

【注释】 相关规定包括:《税务登记管理办法》(国家税务总局令第7号)、《国家税务总局关于完善税务登记管理若干问题的通知》(国税发〔2006〕37号)。

第十七条 从事生产、经营的纳税人应当按照国家有关规定,持税务登记证件,在银行或者其他金融机构开立基本存款账户和其他存款账户,并将其全部账号向税务机关报告。

银行和其他金融机构应当在从事生产、经营的纳税人的账户中登录税务登记证件号码,并在税务登记证件中登录从事生产、经营的纳税人的账户账号。

税务机关依法查询从事生产、经营的纳税人开立账户的情况时,有关银行和其他金融机构应当予以协助。

【注释】 相关规定包括:《税务登记管理办法》(国家税务总局令第7号)。

第十八条 纳税人按照国务院税务主管部门的规定使用税务登记证件。税务登记证件不得转借、涂改、损毁、买卖或者伪造。

【注释】 相关规定包括:《税务登记管理办法》(国家税务总局令第7号)。

第二节 账簿、凭证管理

第十九条 纳税人、扣缴义务人按照有关法律、行政法规和国务院财政、税务主管部门的规定设置账簿,根据合法、有效凭证记账,进行核算。

第二十条 从事生产、经营的纳税人的财务、会计制度或者财务、会计处理办法和会计核算软件,应当报送税务机关备案。

纳税人、扣缴义务人的财务、会计制度或者财务、会计处理办法与国务院或者国务院财政、税务主管部门有关税收的规定抵触的,依照国务院或者国务院财政、税务主管部门有关税收的规定计算应纳税款、代扣代缴和代收代缴税款。

第二十一条 税务机关是发票的主管机关,负责发票印制、领购、开具、取得、保管、缴销的管理和监督。

单位、个人在购销商品、提供或者接受经营服务以及从事其他经营活动中,应当按照规定开具、使用、取得发票。

发票的管理办法由国务院规定。

【注释】 相关规定包括:《中华人民共和国发票管理办法》(国函〔1993〕174号)、《国家税务总局铁道部关于规范铁路客运餐车发票使用管理的通知》(国税发〔2005〕198号)。

第二十二条 增值税专用发票由国务院税务主管部门指定的企业印制;其他发票,按照国务院税务主管部门的规定,分别由省、自治区、直辖市国家税务局、地方税务局指定企业印制。

未经前款规定的税务机关指定,不得印制发票。

第二十三条 国家根据税收征收管理的需要,积极推广使用税控装置。纳税人应当按照规定安装、使用税控装置,不得损毁或者擅自改动税控装置。

第二十四条 从事生产、经营的纳税人、扣缴义务人必须按照国务院财政、税务主管部门规定的保管期限保管账簿、记账凭证、完税凭证及其他有关资料。

账簿、记账凭证、完税凭证及其他有关资料不得伪造、变造或者擅自损毁。

第三节 纳税申报

第二十五条 纳税人必须依照法律、行政法规规定或者税务机关依照法律、行政法规的规定确定的申报期限、申报内容如实办理纳税申报，报送纳税申报表、财务会计报表以及税务机关根据实际需要要求纳税人报送的其他纳税资料。

扣缴义务人必须依照法律、行政法规规定或者税务机关依照法律、行政法规的规定确定的申报期限、申报内容如实报送代扣代缴、代收代缴税款报告表以及税务机关根据实际需要要求扣缴义务人报送的其他有关资料。

【注释】 相关规定包括：《国家税务总局关于印发〈纳税人财务会计报表报送管理办法〉的通知》（国税发〔2005〕20号）。

第二十六条 纳税人、扣缴义务人可以直接到税务机关办理纳税申报或者报送代扣代缴、代收代缴税款报告表，也可以按照规定采取邮寄、数据电文或者其他方式办理上述申报、报送事项。

【注释】 相关规定包括：《国家税务总局邮电部关于印发〈邮寄纳税申报办法〉的通知》（国税发〔1997〕147号）。

第二十七条 纳税人、扣缴义务人不能按期办理纳税申报或者报送代扣代缴、代收代缴税款报告表的，经税务机关核准，可以延期申报。

经核准延期办理前款规定的申报、报送事项的，应当在纳税期内按照上期实际缴纳的税额或者税务机关核定的税额预缴税款，并在核准的延期内办理税款结算。

【注释】 相关规定包括：《欠税公告办法（试行）》（国家税务总局令第9号）、《国家税务总局关于延期申报预缴税款滞纳金问题的批复》（国税函〔2007〕753号）。

第三章　税款征收

第二十八条 税务机关依照法律、行政法规的规定征收税款，不得违反法律、行政法规的规定开征、停征、多征、少征、提前征收、延缓征收或者摊派税款。

农业税应纳税额按照法律、行政法规的规定核定。

第二十九条 除税务机关、税务人员以及经税务机关依照法律、行政法规委托的单位和人员外，任何单位和个人不得进行税款征收活动。

第三十条 扣缴义务人依照法律、行政法规的规定履行代扣、代收税款的义务。对法律、行政法规没有规定负有代扣、代收税款义务的单位和个人，税务机关不得要求其履行代扣、代收税款义务。

扣缴义务人依法履行代扣、代收税款义务时，纳税人不得拒绝。纳税人拒绝的，扣缴义务人应当及时报告税务机关处理。

税务机关按照规定付给扣缴义务人代扣、代收手续费。

第三十一条 纳税人、扣缴义务人按照法律、行政法规规定或者税务机关依照法律、行政法规的规定确定的期限，缴纳或者解缴税款。

纳税人因有特殊困难，不能按期缴纳税款的，经省、自治区、直辖市国家税务局、地方税务局批准，可以延期缴纳税款，但是最长不得超过三个月。

第三十二条 纳税人未按照规定期限缴纳税款的，扣缴义务人未按照规定期限解缴税款的，税务机关除责令限期缴纳外，从滞纳税款之日起，按日加收滞纳税款万分之五的滞纳金。

【注释】 相关规定包括：《国家税务总局关于延期申报预缴税款滞纳金问题的批复》（国税函〔2007〕753号）、《国家税务总局关于纳税人善意取得虚开增值税专用发票已抵扣税款加收滞纳金问题的批复》（国税函〔2007〕1240号）。

第三十三条 纳税人可以依照法律、行政法规的规定书面申请减税、免税。

减税、免税的申请须经法律、行政法规规定的减税、免税审查批准机关审批。地方各级人民政府、各级人民政府主管部门、单位和个人违反法律、行政法规规定，擅自作出的减税、免税决定无效，税务机关不得执行，并向上级税务机关报告。

第三十四条 税务机关征收税款时，必须给纳税人开具完税凭证。扣缴义务人代扣、代收税款时，纳税人要求扣缴义务人开具代扣、代收税款凭证的，扣缴义务人应当开具。

第三十五条 纳税人有下列情形之一的，税务机关有权核定其应纳税额：

（一）依照法律、行政法规的规定可以不设置账簿的；

(二)依照法律、行政法规的规定应当设置但未设置账簿的；

(三)擅自销毁账簿或者拒不提供纳税资料的；

(四)虽设置账簿，但账目混乱或者成本资料、收入凭证、费用凭证残缺不全，难以查账的；

(五)发生纳税义务，未按照规定的期限办理纳税申报，经税务机关责令限期申报，逾期仍不申报的；

(六)纳税人申报的计税依据明显偏低，又无正当理由的。

税务机关核定应纳税额的具体程序和方法由国务院税务主管部门规定。

【注释】 相关规定包括:《国家税务总局关于贯彻〈中华人民共和国税收征收管理法〉及其实施细则若干具体问题的通知》(国税发〔2003〕47 号)、《欠税公告办法(试行)》(国家税务总局令第 9 号)、《国家税务总局关于印发〈集贸市场税收分类管理办法〉的通知》(国税发〔2004〕154 号)。

第三十六条　企业或者外国企业在中国境内设立的从事生产、经营的机构、场所与其关联企业之间的业务往来，应当按照独立企业之间的业务往来收取或者支付价款、费用；不按照独立企业之间的业务往来收取或者支付价款、费用，而减少其应纳税的收入或者所得额的，税务机关有权进行合理调整。

第三十七条　对未按照规定办理税务登记的从事生产、经营的纳税人以及临时从事经营的纳税人，由税务机关核定其应纳税额，责令缴纳；不缴纳的，税务机关可以扣押其价值相当于应纳税款的商品、货物。扣押后缴纳应纳税款的，税务机关必须立即解除扣押，并归还所扣押的商品、货物；扣押后仍不缴纳应纳税款的，经县以上税务局(分局)局长批准，依法拍卖或者变卖所扣押的商品、货物，以拍卖或者变卖所得抵缴税款。

第三十八条　税务机关有根据认为从事生产、经营的纳税人有逃避纳税义务行为的，可以在规定的纳税期之前，责令限期缴纳应纳税款；在限期内发现纳税人有明显的转移、隐匿其应纳税的商品、货物以及其他财产或者应纳税的收入的迹象的，税务机关可以责成纳税人提供纳税担保。如果纳税人不能提供纳税担保，经县以上税务局(分局)局长批准，税务机关可以采取下列税收保全措施：

(一)书面通知纳税人开户银行或者其他金融机构冻结纳税人的金额相当于应纳税款的存款；

(二)扣押、查封纳税人的价值相当于应纳税款的商品、货物或者其他财产。

纳税人在前款规定的限期内缴纳税款的，税务机关必须立即解除税收保全措施；限期期满仍未缴纳税款的，经县以上税务局(分局)局长批准，税务机关可以书面通知纳税人开户银行或者其他金融机构从其冻结的存款中扣缴税款，或者依法拍卖或者变卖所扣押、查封的商品、货物或者其他财产，以拍卖或者变卖所得抵缴税款。

个人及其所扶养家属维持生活必需的住房和用品，不在税收保全措施的范围之内。

第三十九条　纳税人在限期内已缴纳税款，税务机关未立即解除税收保全措施，使纳税人的合法利益遭受损失的，税务机关应当承担赔偿责任。

第四十条　从事生产、经营的纳税人、扣缴义务人未按照规定的期限缴纳或者解缴税款，纳税担保人未按照规定的期限缴纳所担保的税款，由税务机关责令限期缴纳，逾期仍未缴纳的，经县以上税务局(分局)局长批准，税务机关可以采取下列强制执行措施：

(一)书面通知其开户银行或者其他金融机构从其存款中扣缴税款；

(二)扣押、查封、依法拍卖或者变卖其价值相当于应纳税款的商品、货物或者其他财产，以拍卖或者变卖所得抵缴税款。

税务机关采取强制执行措施时，对前款所列纳税人、扣缴义务人、纳税担保人未缴纳的滞纳金同时强制执行。

个人及其所扶养家属维持生活必需的住房和用品，不在强制执行措施的范围之内。

【注释】 相关规定包括:《国家税务总局关于贯彻〈中华人民共和国税收征收管理法〉及其实施细则若干具体问题的通知》(国税发〔2003〕47 号)。

第四十一条　本法第三十七条、第三十八条、第四十条规定的采取税收保全措施、强制执行措施的权力，不得由法定的税务机关以外的单位和个人行使。

第四十二条　税务机关采取税收保全措施和强制执行措施必须依照法定权限和法定程序，不得查封、扣押纳税人个人及其所扶养家属维持生活必需的住房和用品。

第四十三条　税务机关滥用职权违法采取税收保全措施、强制执行措施，或者采取税收保全措施、强制执行措施不当，使纳税人、扣缴义务人或者纳税担保人的合法权益遭受损失的，应当依法承担赔偿责任。

第四十四条 欠缴税款的纳税人或者他的法定代表人需要出境的，应当在出境前向税务机关结清应纳税款、滞纳金或者提供担保。未结清税款、滞纳金，又不提供担保的，税务机关可以通知出境管理机关阻止其出境。

第四十五条 税务机关征收税款，税收优先于无担保债权，法律另有规定的除外；纳税人欠缴的税款发生在纳税人以其财产设定抵押、质押或者纳税人的财产被留置之前的，税收应当先于抵押权、质权、留置权执行。

纳税人欠缴税款，同时又被行政机关决定处以罚款、没收违法所得的，税收优先于罚款、没收违法所得。

税务机关应当对纳税人欠缴税款的情况定期予以公告。

【注释】 相关规定包括：《国家税务总局关于贯彻〈中华人民共和国税收征收管理法〉及其实施细则若干具体问题的通知》（国税发〔2003〕47 号）、《欠税公告办法（试行）》（国家税务总局令第 9 号）、《国家税务总局关于人民法院强制执行被执行人财产有关税收问题的复函》（国税函〔2005〕869 号）。

第四十六条 纳税人有欠税情形而以其财产设定抵押、质押的，应当向抵押权人、质权人说明其欠税情况。抵押权人、质权人可以请求税务机关提供有关的欠税情况。

第四十七条 税务机关扣押商品、货物或者其他财产时，必须开付收据；查封商品、货物或者其他财产时，必须开付清单。

第四十八条 纳税人有合并、分立情形的，应当向税务机关报告，并依法缴清税款。纳税人合并时未缴清税款的，应当由合并后的纳税人继续履行未履行的纳税义务；纳税人分立时未缴清税款的，分立后的纳税人对未履行的纳税义务应当承担连带责任。

第四十九条 欠缴税款数额较大的纳税人在处分其不动产或者大额资产之前，应当向税务机关报告。

第五十条 欠缴税款的纳税人因怠于行使到期债权，或者放弃到期债权，或者无偿转让财产，或者以明显不合理的低价转让财产而受让人知道该情形，对国家税收造成损害的，税务机关可以依照合同法第七十三条、第七十四条的规定行使代位权、撤销权。

税务机关依照前款规定行使代位权、撤销权的，不免除欠缴税款的纳税人尚未履行的纳税义务和应承担的法律责任。

第五十一条 纳税人超过应纳税额缴纳的税款，税务机关发现后应当立即退还；纳税人自结算缴纳税款之日起三年内发现的，可以向税务机关要求退还多缴的税款并加算银行同期存款利息，税务机关及时查实后应当立即退还；涉及从国库中退库的，依照法律、行政法规有关国库管理的规定退还。

【注释】 相关规定包括：《税收减免管理办法（试行）》（国税发〔2005〕129 号）。

第五十二条 因税务机关的责任，致使纳税人、扣缴义务人未缴或者少缴税款的，税务机关在三年内可以要求纳税人、扣缴义务人补缴税款，但是不得加收滞纳金。

因纳税人、扣缴义务人计算错误等失误，未缴或者少缴税款的，税务机关在三年内可以追征税款、滞纳金；有特殊情况的，追征期可以延长到五年。

对偷税、抗税、骗税的，税务机关追征其未缴或者少缴的税款、滞纳金或者所骗取的税款，不受前款规定期限的限制。

【注释】 相关规定包括：《税收减免管理办法（试行）》（国税发〔2005〕129 号）、《国家税务总局关于欠税追缴期限有关问题的批复》（国税函〔2005〕813 号）。

第五十三条 国家税务局和地方税务局应当按照国家规定的税收征收管理范围和税款入库预算级次，将征收的税款缴入国库。

对审计机关、财政机关依法查出的税收违法行为，税务机关应当根据有关机关的决定、意见书，依法将应收的税款、滞纳金按照税款入库预算级次缴入国库，并将结果及时回复有关机关。

第四章 税务检查

第五十四条 税务机关有权进行下列税务检查：

（一）检查纳税人的账簿、记账凭证、报表和有关资料，检查扣缴义务人代扣代缴、代收代缴税款账簿、记账凭证和有关资料；

（二）到纳税人的生产、经营场所和货物存放地检查纳税人应纳税的商品、货物或者其他财产，检查扣缴义务人与代扣代缴、代收代缴税款有关的经营情况；

（三）责成纳税人、扣缴义务人提供与纳税或者代扣代缴、代收代缴税款有关的文件、证明材料和有关资料；

（四）询问纳税人、扣缴义务人与纳税或者代扣代缴、代收代缴税款有关的问题和情况；

（五）到车站、码头、机场、邮政企业及其分支机构检查纳税人托运、邮寄应纳税商品、货物或者其他财产的有关单据、凭证和有关资料；

（六）经县以上税务局（分局）局长批准，凭全国统一格式的检查存款账户许可证明，查询从事生产、经营的纳税人、扣缴义务人在银行或者其他金融机构的存款账户。税务机关在调查税收违法案件时，经设区的市、自治州以上税务局（分局）局长批准，可以查询案件涉嫌人员的储蓄存款。税务机关查询所获得的资料，不得用于税收以外的用途。

【注释】　相关规定包括：《国家税务总局关于印发〈税务稽查案件复查暂行办法〉的通知》（国税发〔2000〕54 号）、《国家税务总局关于印发〈税务稽查业务公开制度（试行）〉的通知》（国税发〔2000〕163 号）、《国家税务总局关于协税员不得核发〈税务检查证〉的批复》（国税函〔2001〕41 号）、《国家税务总局关于贯彻〈中华人民共和国税收征收管理法〉及其实施细则若干具体问题的通知》（国税发〔2003〕47 号）、《国家税务总局关于印发〈税务检查证管理暂行办法〉的通知》（国税发〔2005〕154 号）。

第五十五条　税务机关对从事生产、经营的纳税人以前纳税期的纳税情况依法进行税务检查时，发现纳税人有逃避纳税义务行为，并有明显的转移、隐匿其应纳税的商品、货物以及其他财产或者应纳税的收入的迹象的，可以按照本法规定的批准权限采取税收保全措施或者强制执行措施。

【注释】　相关规定包括：《国家税务总局关于印发〈税务检查证管理暂行办法〉的通知》（国税发〔2005〕154 号）。

第五十六条　纳税人、扣缴义务人必须接受税务机关依法进行的税务检查，如实反映情况，提供有关资料，不得拒绝、隐瞒。

【注释】　相关规定包括：《国家税务总局关于印发〈涉外企业联合税务审计暂行办法〉的通知》（国税发〔2004〕38 号）、《国家税务总局关于印发〈税务检查证管理暂行办法〉的通知》（国税发〔2005〕154 号）。

第五十七条　税务机关依法进行税务检查时，有权向有关单位和个人调查纳税人、扣缴义务人和其他当事人与纳税或者代扣代缴、代收代缴税款有关的情况，有关单位和个人有义务向税务机关如实提供有关资料及证明材料。

【注释】　相关规定包括：《国家税务总局关于印发〈税务检查证管理暂行办法〉的通知》（国税发〔2005〕154 号）。

第五十八条　税务机关调查税务违法案件时，对与案件有关的情况和资料，可以记录、录音、录像、照相和复制。

【注释】　相关规定包括：《国家税务总局关于印发〈税收执法检查规则〉的通知》（国税发〔2004〕126 号）、《国家税务总局关于印发〈税务检查证管理暂行办法〉的通知》（国税发〔2005〕154 号）。

第五十九条　税务机关派出的人员进行税务检查时，应当出示税务检查证和税务检查通知书，并有责任为被检查人保守秘密；未出示税务检查证和税务检查通知书的，被检查人有权拒绝检查。

【注释】　相关规定包括：《国家税务总局关于印发〈税收执法检查规则〉的通知》（国税发〔2004〕126 号）、《国家税务总局关于印发〈税务检查证管理暂行办法〉的通知》（国税发〔2005〕154 号）。

第五章　法律责任

第六十条　纳税人有下列行为之一的，由税务机关责令限期改正，可以处二千元以下的罚款；情节严重的，处二千元以上一万元以下的罚款：

（一）未按照规定的期限申报办理税务登记、变更或者注销登记的；

（二）未按照规定设置、保管账簿或者保管记账凭证和有关资料的；

（三）未按照规定将财务、会计制度或者财务、会计处理办法和会计核算软件报送税务机关备查的；

（四）未按照规定将其全部银行账号向税务机关报告的；

（五）未按照规定安装、使用税控装置，或者损毁或者擅自改动税控装置的。

纳税人不办理税务登记的，由税务机关责令限期改正；逾期不改正的，经税务机关提请，由工商行政管理机关吊销其营业执照。

纳税人未按照规定使用税务登记证件，或者转借、涂改、损毁、买卖、伪造税务登记证件的，处二千元以上一万元以下的罚款；情节严重的，处一万元以上五万元以下的罚款。

【注释】 相关规定包括：《国家税务总局关于贯彻〈中华人民共和国税收征收管理法〉及其实施细则若干具体问题的通知》（国税发〔2003〕47号）。

第六十一条 扣缴义务人未按照规定设置、保管代扣代缴、代收代缴税款账簿或者保管代扣代缴、代收代缴税款记账凭证及有关资料的，由税务机关责令限期改正，可以处二千元以下的罚款；情节严重的，处二千元以上五千元以下的罚款。

第六十二条 纳税人未按照规定的期限办理纳税申报和报送纳税资料的，或者扣缴义务人未按照规定的期限向税务机关报送代扣代缴、代收代缴税款报告表和有关资料的，由税务机关责令限期改正，可以处二千元以下的罚款；情节严重的，可以处二千元以上一万元以下的罚款。

【注释】 相关规定包括：《国家税务总局关于印发〈纳税人财务会计报表报送管理办法〉的通知》（国税发〔2005〕20号）。

第六十三条 纳税人伪造、变造、隐匿、擅自销毁账簿、记账凭证，或者在账簿上多列支出或者不列、少列收入，或者经税务机关通知申报而拒不申报或者进行虚假的纳税申报，不缴或者少缴应纳税款的，是偷税。对纳税人偷税的，由税务机关追缴其不缴或者少缴的税款、滞纳金，并处不缴或者少缴的税款百分之五十以上五倍以下的罚款；构成犯罪的，依法追究刑事责任。

扣缴义务人采取前款所列手段，不缴或者少缴已扣、已收税款，由税务机关追缴其不缴或者少缴的税款、滞纳金，并处不缴或者少缴的税款百分之五十以上五倍以下的罚款；构成犯罪的，依法追究刑事责任。

第六十四条 纳税人、扣缴义务人编造虚假计税依据的，由税务机关责令限期改正，并处五万元以下的罚款。

纳税人不进行纳税申报，不缴或者少缴应纳税款的，由税务机关追缴其不缴或者少缴的税款、滞纳金，并处不缴或者少缴的税款百分之五十以上五倍以下的罚款。

第六十五条 纳税人欠缴应纳税款，采取转移或者隐匿财产的手段，妨碍税务机关追缴欠缴的税款的，由税务机关追缴欠缴的税款、滞纳金，并处欠缴税款百分之五十以上五倍以下的罚款；构成犯罪的，依法追究刑事责任。

第六十六条 以假报出口或者其他欺骗手段，骗取国家出口退税款，由税务机关追缴其骗取的退税款，并处骗取税款一倍以上五倍以下的罚款；构成犯罪的，依法追究刑事责任。

对骗取国家出口退税款的，税务机关可以在规定期间内停止为其办理出口退税。

第六十七条 以暴力、威胁方法拒不缴纳税款的，是抗税，除由税务机关追缴其拒缴的税款、滞纳金外，依法追究刑事责任。情节轻微，未构成犯罪的，由税务机关追缴其拒缴的税款、滞纳金，并处拒缴税款一倍以上五倍以下的罚款。

第六十八条 纳税人、扣缴义务人在规定期限内不缴或者少缴应纳或者应解缴的税款，经税务机关责令限期缴纳，逾期仍未缴纳的，税务机关除依照本法第四十条的规定采取强制执行措施追缴其不缴或者少缴的税款外，可以处不缴或者少缴的税款百分之五十以上五倍以下的罚款。

第六十九条 扣缴义务人应扣未扣、应收而不收税款的，由税务机关向纳税人追缴税款，对扣缴义务人处应扣未扣、应收未收税款百分之五十以上三倍以下的罚款。

第七十条 纳税人、扣缴义务人逃避、拒绝或者以其他方式阻挠税务机关检查的，由税务机关责令改正，可以处一万元以下的罚款；情节严重的，处一万元以上五万元以下的罚款。

【注释】 相关规定包括：《国家税务总局关于印发〈纳税人财务会计报表报送管理办法〉的通知》（国税发〔2005〕20号）。

第七十一条 违反本法第二十二条规定，非法印制发票的，由税务机关销毁非法印制的发票，没收违法所得和作案工具，并处一万元以上五万元以下的罚款；构成犯罪的，依法追究刑事责任。

第七十二条 从事生产、经营的纳税人、扣缴义务人有本法规定的税收违法行为，拒不接受税务机关处理的，税务机关可以收缴其发票或者停止向其发售发票。

第七十三条 纳税人、扣缴义务人的开户银行或者其他金融机构拒绝接受税务机关依法检查纳税人、扣缴义务人存款账户，或者拒绝执行税务机关作出的冻结存款或者扣缴税款的决定，或者在接到税务机关的书面通知后帮助纳税人、扣缴义务人转移存款，造成税款流失的，由税务机关处十万元以上五十万元以下的罚款，对直接负责的主管人员和其他直接责任人员处一千元以上一万元以下的罚款。

第七十四条 本法规定的行政处罚，罚款额在二千元以下的，可以由税务所决定。

第七十五条 税务机关和司法机关的涉税罚没收入，应当按照税款入库预算级次上缴国库。

第七十六条 税务机关违反规定擅自改变税收征收管理范围和税款入库预算级次的，责令限期改正，对直接负责的主管人员和其他直接责任人员依法给予降级或者撤职的行政处分。

第七十七条 纳税人、扣缴义务人有本法第六十三条、第六十五条、第六十六条、第六十七条、第七十一条规定的行为涉嫌犯罪的，税务机关应当依法移交司法机关追究刑事责任。

税务人员徇私舞弊，对依法应当移交司法机关追究刑事责任的不移交，情节严重的，依法追究刑事责任。

第七十八条 未经税务机关依法委托征收税款的，责令退还收取的财物，依法给予行政处分或者行政处罚；致使他人合法权益受到损失的，依法承担赔偿责任；构成犯罪的，依法追究刑事责任。

第七十九条 税务机关、税务人员查封、扣押纳税人个人及其所扶养家属维持生活必需的住房和用品的，责令退还，依法给予行政处分；构成犯罪的，依法追究刑事责任。

第八十条 税务人员与纳税人、扣缴义务人勾结，唆使或者协助纳税人、扣缴义务人有本法第六十三条、第六十五条、第六十六条规定的行为，构成犯罪的，依法追究刑事责任；尚不构成犯罪的，依法给予行政处分。

第八十一条 税务人员利用职务上的便利，收受或者索取纳税人、扣缴义务人财物或者谋取其他不正当利益，构成犯罪的，依法追究刑事责任；尚不构成犯罪的，依法给予行政处分。

第八十二条 税务人员徇私舞弊或者玩忽职守，不征或者少征应征税款，致使国家税收遭受重大损失，构成犯罪的，依法追究刑事责任；尚不构成犯罪的，依法给予行政处分。

税务人员滥用职权，故意刁难纳税人、扣缴义务人的，调离税收工作岗位，并依法给予行政处分。

税务人员对控告、检举税收违法违纪行为的纳税人、扣缴义务人以及其他检举人进行打击报复的，依法给予行政处分；构成犯罪的，依法追究刑事责任。

税务人员违反法律、行政法规的规定，故意高估或者低估农业税计税产量，致使多征或者少征税款，侵犯农民合法权益或者损害国家利益，构成犯罪的，依法追究刑事责任；尚不构成犯罪的，依法给予行政处分。

第八十三条 违反法律、行政和法规的规定提前征收、延缓征收或者摊派税款的，由其上级机关或者行政监察机关责令改正，对直接负责的主管人员和其他直接责任人员依法给予行政处分。

第八十四条 违反法律、行政法规的规定，擅自作出税收的开征、停征或者减税、免税、退税、补税以及其他同税收法律、行政法规相抵触的决定的，除依照本法规定撤销其擅自作出的决定外，补征应征未征税款，退还不应征收而征收的税款，并由上级机关追究直接负责的主管人员和其他直接责任人员的行政责任；构成犯罪的，依法追究刑事责任。

【注释】 相关规定包括：《国家税务总局关于印发〈税收减免管理办法（试行）〉的通知》（国税发〔2005〕129号）。

第八十五条 税务人员在征收税款或者查处税收违法案件时，未按照本法规定进行回避的，对直接负责的主管人员和其他直接责任人员，依法给予行政处分。

第八十六条 违反税收法律、行政法规应当给予行政处罚的行为，在五年内未被发现的，不再给予行政处罚。

第八十七条 未按照本法规定为纳税人、扣缴义务人、检举人保密的，对直接负责的主管人员和其他直接责任人员，由所在单位或者有关单位依法给予行政处分。

第八十八条 纳税人、扣缴义务人、纳税担保人同税务机关在纳税上发生争议时，必须先依照税务机关的纳税决定缴纳或者解缴税款及滞纳金或者提供相应的担保，然后可以依法申请行政复议；对行政复议决定不服的，可以依法向人民法院起诉。

当事人对税务机关的处罚决定、强制执行措施或者税收保全措施不服的，可以依法申请行政复议，也可以依法向人民法院起诉。

当事人对税务机关的处罚决定逾期不申请行政复议也不向人民法院起诉、又不履行的，作出处罚决定的税务机关可以采取本法第四十条规定的强制执行措施，或者申请人民法院强制执行。

【注释】 相关规定包括：《国家税务总局关于纳税人不服交通部门代征车辆购置税行为行政复议管辖问题的通知》(国税函〔2001〕233 号)、《国家税务总局关于涉税案件在刑事审判期间是否应当中止税务行政复议问题的批复》(国税函〔2002〕130 号)、《税务行政复议规则》(国家税务总局令第 21 号)。

第六章　附　　则

第八十九条　纳税人、扣缴义务人可以委托税务代理人代为办理税务事宜。

【注释】 相关规定包括：《人事部国家税务总局关于印发〈注册税务师资格制度暂行规定〉的通知》(人发〔1996〕116 号)、《国家税务总局关于印发〈注册税务师注册管理暂行办法〉的通知》(国税发〔1999〕79 号)。

第九十条　耕地占用税、契税、农业税、牧业税征收管理的具体办法，由国务院另行制定。

关税及海关代征税收的征收管理，依照法律、行政法规的有关规定执行。

【注释】 相关规定包括：《国家税务总局关于农业税、牧业税、耕地占用税、契税征收管理暂参照〈中华人民共和国税收征收管理法〉执行的通知》(国税发〔2001〕110 号)。

第九十一条　中华人民共和国同外国缔结的有关税收的条约、协定同本法有不同规定的，依照条约、协定的规定办理。

第九十二条　本法施行前颁布的税收法律与本法有不同规定的，适用本法规定。

第九十三条　国务院根据本法制定实施细则。

第九十四条　本法自 2001 年 5 月 1 日起施行。

中华人民共和国税收征收管理法实施细则

国务院令第 362 号

第一章　总　　则

第一条　根据《中华人民共和国税收征收管理法》(以下简称税收征管法)的规定，制定本细则。

第二条　凡依法由税务机关征收的各种税收的征收管理，均适用税收征管法及本细则；税收征管法及本细则没有规定的，依照其他有关税收法律、行政法规的规定执行。

第三条　任何部门、单位和个人作出的与税收法律、行政法规相抵触的决定一律无效，税务机关不得执行，并应当向上级税务机关报告。

纳税人应当依照税收法律、行政法规的规定履行纳税义务；其签订的合同、协议等与税收法律、行政法规相抵触的，一律无效。

第四条　国家税务总局负责制定全国税务系统信息化建设的总体规划、技术标准、技术方案与实施办法；各级税务机关应当按照国家税务总局的总体规划、技术标准、技术方案与实施办法，做好本地区税务系统信息化建设的具体工作。

地方各级人民政府应当积极支持税务系统信息化建设，并组织有关部门实现相关信息的共享。

第五条　税收征管法第八条所称为纳税人、扣缴义务人保密的情况，是指纳税人、扣缴义务人的商业秘密及个人隐私。纳税人、扣缴义务人的税收违法行为不属于保密范围。

【注释】 相关规定包括：《国家税务总局关于国家税务局与地方税务局联合办理税务登记有关问题的通知》(国税发〔2004〕57 号)。

第六条　国家税务总局应当制定税务人员行为准则和服务规范。

上级税务机关发现下级税务机关的税收违法行为，应当及时予以纠正；下级税务机关应当按照上级税务机关的决定及时改正。

下级税务机关发现上级税务机关的税收违法行为，应当向上级税务机关或者有关部门报告。

【注释】 相关规定包括：《国家税务总局关于印发〈纳税服务工作规范（试行）〉的通知》（国税发〔2005〕165 号）。

第七条 税务机关根据检举人的贡献大小给予相应的奖励，奖励所需资金列入税务部门年度预算，单项核定。奖励资金具体使用办法以及奖励标准，由国家税务总局会同财政部制定。

【注释】 相关规定包括：《国家税务总局关于印发〈税务违法案件举报奖励办法〉的通知》（国税发〔1998〕211 号）。

第八条 税务人员在核定应纳税额、调整税收定额、进行税务检查、实施税务行政处罚、办理税务行政复议时，与纳税人、扣缴义务人或者其法定代表人、直接责任人有下列关系之一的，应当回避：

（一）夫妻关系；

（二）直系血亲关系；

（三）三代以内旁系血亲关系；

（四）近姻亲关系；

（五）可能影响公正执法的其他利害关系。

【注释】 相关规定包括：《国家税务总局税务行政复议规则》（国家税务总局令第 21 号）。

第九条 税收征管法第十四条所称按照国务院规定设立的并向社会公告的税务机构，是指省以下税务局的稽查局。稽查局专司偷税、逃避追缴欠税、骗税、抗税案件的查处。

国家税务总局应当明确划分税务局和稽查局的职责，避免职责交叉。

【注释】 相关规定包括：《国家税务总局关于稽查局有关执法权限的批复》（国税函〔2003〕561 号）、《国家税务总局关于印发〈国家税务总局关于进一步规范国家税务局系统机构设置的意见〉的通知》（国税发〔2003〕128 号）。

第二章　税务登记

第十条 国家税务局、地方税务局对同一纳税人的税务登记应当采用同一代码，信息共享。

税务登记的具体办法由国家税务总局制定。

【注释】 相关规定包括：《国家税务总局关于贯彻〈中华人民共和国税收征收管理法〉及其实施细则若干具体问题的通知》（国税发〔2003〕47 号）、《税务登记管理办法》（国家税务总局令第 7 号）。

第十一条 各级工商行政管理机关应当向同级国家税务局和地方税务局定期通报办理开业、变更、注销登记以及吊销营业执照的情况。

通报的具体办法由国家税务总局和国家工商行政管理总局联合制定。

【注释】 相关规定包括：《税务登记管理办法》（国家税务总局令第 7 号）。

第十二条 从事生产、经营的纳税人应当自领取营业执照之日起 30 日内，向生产、经营地或者纳税义务发生地的主管税务机关申报办理税务登记，如实填写税务登记表，并按照税务机关的要求提供有关证件、资料。

前款规定以外的纳税人，除国家机关和个人外，应当自纳税义务发生之日起 30 日内，持有关证件向所在地的主管税务机关申报办理税务登记。

个人所得税的纳税人办理税务登记的办法由国务院另行规定。

税务登记证件的式样，由国家税务总局制定。

【注释】 相关规定包括：《税务登记管理办法》（国家税务总局令第 7 号）。

第十三条 扣缴义务人应当自扣缴义务发生之日起 30 日内，向所在地的主管税务机关申报办理扣缴税款登记，领取扣缴税款登记证件；税务机关对已办理税务登记的扣缴义务人，可以只在其税务登记证件上登记扣缴税款事项，不再发给扣缴税款登记证件。

【注释】 相关规定包括：《税务登记管理办法》（国家税务总局令第 7 号）、《国家税务总局关于完善税务登记管理若干问题的通知》（国税发〔2006〕37 号）。

第十四条 纳税人税务登记内容发生变化的，应当自工商行政管理机关或者其他机关办理变更登记之日起30日内，持有关证件向原税务登记机关申报办理变更税务登记。

纳税人税务登记内容发生变化，不需要到工商行政管理机关或者其他机关办理变更登记的，应当自发生变化之日起30日内，持有关证件向原税务登记机关申报办理变更税务登记。

【注释】 相关规定包括：《税务登记管理办法》（国家税务总局令第7号）。

第十五条 纳税人发生解散、破产、撤销以及其他情形，依法终止纳税义务的，应当在向工商行政管理机关或者其他机关办理注销登记前，持有关证件向原税务登记机关申报办理注销税务登记；按照规定不需要在工商行政管理机关或者其他机关办理注册登记的，应当自有关机关批准或者宣告终止之日起15日内，持有关证件向原税务登记机关申报办理注销税务登记。

纳税人因住所、经营地点变动，涉及改变税务登记机关的，应当在向工商行政管理机关或者其他机关申请办理变更或者注销登记前或者住所、经营地点变动前，向原税务登记机关申报办理注销税务登记，并在30日内向迁达地税务机关申报办理税务登记。

纳税人被工商行政管理机关吊销营业执照或者被其他机关予以撤销登记的，应当自营业执照被吊销或者被撤销登记之日起15日内，向原税务登记机关申报办理注销税务登记。

【注释】 相关规定包括：《税务登记管理办法》（国家税务总局令第7号）。

第十六条 纳税人在办理注销税务登记前，应当向税务机关结清应纳税款、滞纳金、罚款，缴销发票、税务登记证件和其他税务证件。

【注释】 相关规定包括：《税务登记管理办法》（国家税务总局令第7号）。

第十七条 从事生产、经营的纳税人应当自开立基本存款账户或者其他存款账户之日起15日内，向主管税务机关书面报告其全部账号；发生变化的，应当自变化之日起15日内，向主管税务机关书面报告。

【注释】 相关规定包括：《税务登记管理办法》（国家税务总局令第7号）。

第十八条 除按照规定不需要发给税务登记证件的外，纳税人办理下列事项时，必须持税务登记证件：

（一）开立银行账户；

（二）申请减税、免税、退税；

（三）申请办理延期申报、延期缴纳税款；

（四）领购发票；

（五）申请开具外出经营活动税收管理证明；

（六）办理停业、歇业；

（七）其他有关税务事项。

【注释】 相关规定包括：《税务登记管理办法》（国家税务总局令第7号）。

第十九条 税务机关对税务登记证件实行定期验证和换证制度。纳税人应当在规定的期限内持有关证件到主管税务机关办理验证或者换证手续。

【注释】 相关规定包括：《税务登记管理办法》（国家税务总局令第7号）。

第二十条 纳税人应当将税务登记证件正本在其生产、经营场所或者办公场所公开悬挂，接受税务机关检查。

【注释】 相关规定包括：《税务登记管理办法》（国家税务总局令第7号）。

纳税人遗失税务登记证件的，应当在15日内书面报告主管税务机关，并登报声明作废。

第二十一条 从事生产、经营的纳税人到外县（市）临时从事生产、经营活动的，应当持税务登记证副本和所在地税务机关填开的外出经营活动税收管理证明，向营业地税务机关报验登记，接受税务管理。

从事生产、经营的纳税人外出经营，在同一地累计超过180天的，应当在营业地办理税务登记手续。

【注释】 相关规定包括：《国家税务总局关于贯彻〈中华人民共和国税收征收管理法〉及其实施细则若干具体问题的通知》（国税发〔2003〕47号）、《税务登记管理办法》（国家税务总局令第7号）。

第三章 账簿、凭证管理

第二十二条 从事生产、经营的纳税人应当自领取营业执照或者发生纳税义务之日起15日内，按照国家有关规定设置账簿。

前款所称账簿，是指总账、明细账、日记账以及其他辅助性账簿。总账、日记账应当采用订本式。

第二十三条　生产、经营规模小又确无建账能力的纳税人，可以聘请经批准从事会计代理记账业务的专业机构或者经税务机关认可的财会人员代为建账和办理账务；聘请上述机构或者人员有实际困难的，经县以上税务机关批准，可以按照税务机关的规定，建立收支凭证粘贴簿、进货销货登记簿或者使用税控装置。

第二十四条　从事生产、经营的纳税人应当自领取税务登记证件之日起15日内，将其财务、会计制度或者财务、会计处理办法报送主管税务机关备案。

纳税人使用计算机记账的，应当在使用前将会计电算化系统的会计核算软件、使用说明书及有关资料报送主管税务机关备案。

纳税人建立的会计电算化系统应当符合国家有关规定，并能正确、完整核算其收入或者所得。

第二十五条　扣缴义务人应当自税收法律、行政法规规定的扣缴义务发生之日起10日内，按照所代扣、代收的税种，分别设置代扣代缴、代收代缴税款账簿。

第二十六条　纳税人、扣缴义务人会计制度健全，能够通过计算机正确、完整计算其收入和所得或者代扣代缴、代收代缴税款情况的，其计算机输出的完整的书面会计记录，可视同会计账簿。

纳税人、扣缴义务人会计制度不健全，不能通过计算机正确、完整计算其收入和所得或者代扣代缴、代收代缴税款情况的，应当建立总账及与纳税或者代扣代缴、代收代缴税款有关的其他账簿。

第二十七条　账簿、会计凭证和报表，应当使用中文。民族自治地方可以同时使用当地通用的一种民族文字。外商投资企业和外国企业可以同时使用一种外国文字。

第二十八条　纳税人应当按照税务机关的要求安装、使用税控装置，并按照税务机关的规定报送有关数据和资料。

税控装置推广应用的管理办法由国家税务总局另行制定，报国务院批准后实施。

第二十九条　账簿、记账凭证、报表、完税凭证、发票、出口凭证以及其他有关涉税资料应当合法、真实、完整。

账簿、记账凭证、报表、完税凭证、发票、出口凭证以及其他有关涉税资料应当保存10年；但是，法律、行政法规另有规定的除外。

第四章　纳税申报

第三十条　税务机关应当建立、健全纳税人自行申报纳税制度。经税务机关批准，纳税人、扣缴义务人可以采取邮寄、数据电文方式办理纳税申报或者报送代扣代缴、代收代缴税款报告表。

数据电文方式，是指税务机关确定的电话语音、电子数据交换和网络传输等电子方式。

【注释】　相关规定包括：《国家税务总局邮电部关于印发〈邮寄纳税申报办法〉的通知》(国税发〔1997〕147号)。

第三十一条　纳税人采取邮寄方式办理纳税申报的，应当使用统一的纳税申报专用信封，并以邮政部门收据作为申报凭据。邮寄申报以寄出的邮戳日期为实际申报日期。

纳税人采取电子方式办理纳税申报的，应当按照税务机关规定的期限和要求保存有关资料，并定期书面报送主管税务机关。

【注释】　相关规定包括：《国家税务总局邮电部关于印发〈邮寄纳税申报办法〉的通知(国税发〔1997〕147号)。

第三十二条　纳税人在纳税期内没有应纳税款的，也应当按照规定办理纳税申报。

纳税人享受减税、免税待遇的，在减税、免税期间应当按照规定办理纳税申报。

第三十三条　纳税人、扣缴义务人的纳税申报或者代扣代缴、代收代缴税款报告表的主要内容包括：税种、税目，应纳税项目或者应代扣代缴、代收代缴税款项目，计税依据，扣除项目及标准，适用税率或者单位税额，应退税项目及税额、应减免税项目及税额，应纳税额或者应代扣代缴、代收代缴税额，税款所属期限、延期缴纳税款、欠税、滞纳金等。

第三十四条　纳税人办理纳税申报时，应当如实填写纳税申报表，并根据不同的情况相应报送下列有关证件、资料：

(一)财务会计报表及其说明材料；

(二)与纳税有关的合同、协议书及凭证；

(三)税控装置的电子报税资料；

(四)外出经营活动税收管理证明和异地完税凭证；

(五)境内或者境外公证机构出具的有关证明文件；

(六)税务机关规定应当报送的其他有关证件、资料。

第三十五条 扣缴义务人办理代扣代缴、代收代缴税款报告时，应当如实填写代扣代缴、代收代缴税款报告表，并报送代扣代缴、代收代缴税款的合法凭证以及税务机关规定的其他有关证件、资料。

第三十六条 实行定期定额缴纳税款的纳税人，可以实行简易申报、简并征期等申报纳税方式。

【注释】 相关规定包括：《国家税务总局关于贯彻〈中华人民共和国税收征收管理法〉及其实施细则若干具体问题的通知》(国税发〔2003〕47号)、《国家税务总局个体工商户税收定期定额征收管理办法》(国家税务总局令第16号)。

第三十七条 纳税人、扣缴义务人按照规定的期限办理纳税申报或者报送代扣代缴、代收代缴税款报告表确有困难，需要延期的，应当在规定的期限内向税务机关提出书面延期申请，经税务机关核准，在核准的期限内办理。

纳税人、扣缴义务人因不可抗力，不能按期办理纳税申报或者报送代扣代缴、代收代缴税款报告表的，可以延期办理；但是，应当在不可抗力情形消除后立即向税务机关报告。税务机关应当查明事实，予以核准。

第五章 税款征收

第三十八条 税务机关应当加强对税款征收的管理，建立、健全责任制度。

税务机关根据保证国家税款及时足额入库、方便纳税人、降低税收成本的原则，确定税款征收的方式。

税务机关应当加强对纳税人出口退税的管理，具体管理办法由国家税务总局会同国务院有关部门制定。

第三十九条 税务机关应当将各种税收的税款、滞纳金、罚款，按照国家规定的预算科目和预算级次及时缴入国库，税务机关不得占压、挪用、截留，不得缴入国库以外或者国家规定的税款账户以外的任何账户。

已缴入国库的税款、滞纳金、罚款，任何单位和个人不得擅自变更预算科目和预算级次。

第四十条 税务机关应当根据方便、快捷、安全的原则，积极推广使用支票、银行卡、电子结算方式缴纳税款。

第四十一条 纳税人有下列情形之一的，属于税收征管法第三十一条所称特殊困难：

(一)因不可抗力，导致纳税人发生较大损失，正常生产经营活动受到较大影响的；

(二)当期货币资金在扣除应付职工工资、社会保险费后，不足以缴纳税款的。

计划单列市国家税务局、地方税务局可以参照税收征管法第三十一条第二款的批准权限，审批纳税人延期缴纳税款。

【注释】 相关规定包括：《国家税务总局关于延期缴纳税款有关问题的通知》(国税函〔2004〕1406号)。

第四十二条 纳税人需要延期缴纳税款的，应当在缴纳税款期限届满前提出申请，并报送下列材料：申请延期缴纳税款报告，当期货币资金余额情况及所有银行存款账户的对账单，资产负债表，应付职工工资和社会保险费等税务机关要求提供的支出预算。

税务机关应当自收到申请延期缴纳税款报告之日起20日内作出批准或者不予批准的决定；不予批准的，从缴纳税款期限届满之日起加收滞纳金。

第四十三条 法律、行政法规规定或者经法定的审批机关批准减税、免税的纳税人，应当持有关文件到主管税务机关办理减税、免税手续。减税、免税期满，应当自期满次日起恢复纳税。

享受减税、免税优惠的纳税人，减税、免税条件发生变化的，应当自发生变化之日起15日内向税务机关报告；不再符合减税、免税条件的，应当依法履行纳税义务；未依法纳税的，税务机关应当予以追缴。

第四十四条 税务机关根据有利于税收控管和方便纳税的原则，可以按照国家有关规定委托有关单位和人员代征零星分散和异地缴纳的税收，并发给委托代征证书。受托单位和人员按照代征证书的要求，以税务机关的名义依法征收税款，纳税人不得拒绝；纳税人拒绝的，受托代征单位和人员应当及时报告税务机关。

第四十五条　税收征管法第三十四条所称完税凭证，是指各种完税证、缴款书、印花税票、扣（收）税凭证以及其他完税证明。

未经税务机关指定，任何单位、个人不得印制完税凭证。完税凭证不得转借、倒卖、变造或者伪造。

完税凭证的式样及管理办法由国家税务总局制定。

第四十六条　税务机关收到税款后，应当向纳税人开具完税凭证。纳税人通过银行缴纳税款的，税务机关可以委托银行开具完税凭证。

第四十七条　纳税人有税收征管法第三十五条或者第三十七条所列情形之一的，税务机关有权采用下列任何一种方法核定其应纳税额：

（一）参照当地同类行业或者类似行业中经营规模和收入水平相近的纳税人的税负水平核定；

（二）按照营业收入或者成本加合理的费用和利润的方法核定；

（三）按照耗用的原材料、燃料、动力等推算或者测算核定；

（四）按照其他合理方法核定。

采用前款所列一种方法不足以正确核定应纳税额时，可以同时采用两种以上的方法核定。

纳税人对税务机关采取本条规定的方法核定的应纳税额有异议的，应当提供相关证据，经税务机关认定后，调整应纳税额。

【注释】　相关规定包括：《国家税务总局关于贯彻〈中华人民共和国税收征收管理法〉及其实施细则若干具体问题的通知》（国税发〔2003〕47 号）。

第四十八条　税务机关负责纳税人纳税信誉等级评定工作。纳税人纳税信誉等级的评定办法由国家税务总局制定。

第四十九条　承包人或者承租人有独立的生产经营权，在财务上独立核算，并定期向发包人或者出租人上缴承包费或者租金的，承包人或者承租人应当就其生产、经营收入和所得纳税，并接受税务管理；但是，法律、行政法规另有规定的除外。

发包人或者出租人应当自发包或者出租之日起 30 日内将承包人或者承租人的有关情况向主管税务机关报告。发包人或者出租人不报告的，发包人或者出租人与承包人或者承租人承担纳税连带责任。

【注释】　相关规定包括：《国家税务总局关于印发〈集贸市场税收分类管理办法〉的通知》（国税发〔2004〕154 号）。

第五十条　纳税人有解散、撤销、破产情形的，在清算前应当向其主管税务机关报告；未结清税款的，由其主管税务机关参加清算。

第五十一条　税收征管法第三十六条所称关联企业，是指有下列关系之一的公司、企业和其他经济组织：

（一）在资金、经营、购销等方面，存在直接或者间接的拥有或者控制关系；

（二）直接或者间接地同为第三者所拥有或者控制；

（三）在利益上具有相关联的其他关系。

纳税人有义务就其与关联企业之间的业务往来，向当地税务机关提供有关的价格、费用标准等资料。具体办法由国家税务总局制定。

第五十二条　税收征管法第三十六条所称独立企业之间的业务往来，是指没有关联关系的企业之间按照公平成交价格和营业常规所进行的业务往来。

第五十三条　纳税人可以向主管税务机关提出与其关联企业之间业务往来的定价原则和计算方法，主管税务机关审核、批准后，与纳税人预先约定有关定价事项，监督纳税人执行。

第五十四条　纳税人与其关联企业之间的业务往来有下列情形之一的，税务机关可以调整其应纳税额：

（一）购销业务未按照独立企业之间的业务往来作价；

（二）融通资金所支付或者收取的利息超过或者低于没有关联关系的企业之间所能同意的数额，或者利率超过或者低于同类业务的正常利率；

(三)提供劳务,未按照独立企业之间业务往来收取或者支付劳务费用;

(四)转让财产、提供财产使用权等业务往来,未按照独立企业之间业务往来作价或者收取、支付费用;

(五)未按照独立企业之间业务往来作价的其他情形。

第五十五条 纳税人有本细则第五十四条所列情形之一的,税务机关可以按照下列方法调整计税收入额或者所得额:

(一)按照独立企业之间进行的相同或者类似业务活动的价格;

(二)按照再销售给无关联关系的第三者的价格所应取得的收入和利润水平;

(三)按照成本加合理的费用和利润;

(四)按照其他合理的方法。

第五十六条 纳税人与其关联企业未按照独立企业之间的业务往来支付价款、费用的,税务机关自该业务往来发生的纳税年度起3年内进行调整;有特殊情况的,可以自该业务往来发生的纳税年度起10年内进行调整。

【注释】 相关规定包括:《国家税务总局关于贯彻〈中华人民共和国税收征收管理法〉及其实施细则若干具体问题的通知》(国税发〔2003〕47号)。

第五十七条 税收征管法第三十七条所称未按照规定办理税务登记从事生产、经营的纳税人,包括到外县(市)从事生产、经营而未向营业地税务机关报验登记的纳税人。

第五十八条 税务机关依照税收征管法第三十七条的规定,扣押纳税人商品、货物的,纳税人应当自扣押之日起15日内缴纳税款。

对扣押的鲜活、易腐烂变质或者易失效的商品、货物,税务机关根据被扣押物品的保质期,可以缩短前款规定的扣押期限。

第五十九条 税收征管法第三十八条、第四十条所称其他财产,包括纳税人的房地产、现金、有价证券等不动产和动产。

机动车辆、金银饰品、古玩字画、豪华住宅或者一处以外的住房不属于税收征管法第三十八条、第四十条、第四十二条所称个人及其所扶养家属维持生活必需的住房和用品。

税务机关对单价5000元以下的其他生活用品,不采取税收保全措施和强制执行措施。

第六十条 税收征管法第三十八条、第四十条、第四十二条所称个人所扶养家属,是指与纳税人共同居住生活的配偶、直系亲属以及无生活来源并由纳税人扶养的其他亲属。

第六十一条 税收征管法第三十八条、第八十八条所称担保,包括经税务机关认可的纳税保证人为纳税人提供的纳税保证,以及纳税人或者第三人以其未设置或者未全部设置担保物权的财产提供的担保。

纳税保证人,是指在中国境内具有纳税担保能力的自然人、法人或者其他经济组织。

法律、行政法规规定的没有担保资格的单位和个人,不得作为纳税担保人。

第六十二条 纳税担保人同意为纳税人提供纳税担保的,应当填写纳税担保书,写明担保对象、担保范围、担保期限和担保责任以及其他有关事项。担保书须经纳税人、纳税担保人签字盖章并经税务机关同意,方为有效。

纳税人或者第三人以其财产提供纳税担保的,应当填写财产清单,并写明财产价值以及其他有关事项。纳税担保财产清单须经纳税人、第三人签字盖章并经税务机关确认,方为有效。

第六十三条 税务机关执行扣押、查封商品、货物或者其他财产时,应当由两名以上税务人员执行,并通知被执行人。被执行人是自然人的,应当通知被执行人本人或者其成年家属到场;被执行人是法人或者其他组织的,应当通知其法定代表人或者主要负责人到场;拒不到场的,不影响执行。

第六十四条 税务机关执行税收征管法第三十七条、第三十八条、第四十条的规定,扣押、查封价值相当于应纳税款的商品、货物或者其他财产时,参照同类商品的市场价、出厂价或者评估价估算。

税务机关按照前款方法确定应扣押、查封的商品、货物或者其他财产的价值时,还应当包括滞纳金和扣押、查封、保管、拍卖、变卖所发生的费用。

第六十五条 对价值超过应纳税额且不可分割的商品、货物或者其他财产,税务机关在纳税人、扣缴义务人或者纳税担保人无其他可供强制执行的财产的情况下,可以整体扣押、查封、拍卖,以拍卖所得抵缴税款、滞纳金、罚款以及扣押、查封、保管、拍卖等费用。

第六十六条　税务机关执行税收征管法第三十七条、第三十八条、第四十条的规定，实施扣押、查封时，对有产权证件的动产或者不动产，税务机关可以责令当事人将产权证件交税务机关保管，同时可以向有关机关发出协助执行通知书，有关机关在扣押、查封期间不再办理该动产或者不动产的过户手续。

第六十七条　对查封的商品、货物或者其他财产，税务机关可以指令被执行人负责保管，保管责任由被执行人承担。

继续使用被查封的财产不会减少其价值的，税务机关可以允许被执行人继续使用；因被执行人保管或者使用的过错造成的损失，由被执行人承担。

第六十八条　纳税人在税务机关采取税收保全措施后，按照税务机关规定的期限缴纳税款的，税务机关应当自收到税款或者银行转回的完税凭证之日起 1 日内解除税收保全。

第六十九条　税务机关将扣押、查封的商品、货物或者其他财产变价抵缴税款时，应当交由依法成立的拍卖机构拍卖；无法委托拍卖或者不适于拍卖的，可以交由当地商业企业代为销售，也可以责令纳税人限期处理；无法委托商业企业销售，纳税人也无法处理的，可以由税务机关变价处理，具体办法由国家税务总局规定。国家禁止自由买卖的商品，应当交由有关单位按照国家规定的价格收购。

拍卖或者变卖所得抵缴税款、滞纳金、罚款以及扣押、查封、保管、拍卖、变卖等费用后，剩余部分应当在 3 日内退还被执行人。

第七十条　税收征管法第三十九条、第四十三条所称损失，是指因税务机关的责任，使纳税人、扣缴义务人或者纳税担保人的合法利益遭受的直接损失。

第七十一条　税收征管法所称其他金融机构，是指信托投资公司、信用合作社、邮政储蓄机构以及经中国人民银行、中国证券监督管理委员会等批准设立的其他金融机构。

第七十二条　税收征管法所称存款，包括独资企业投资人、合伙企业合伙人、个体工商户的储蓄存款以及股东资金账户中的资金等。

第七十三条　从事生产、经营的纳税人、扣缴义务人未按照规定的期限缴纳或者解缴税款的，纳税担保人未按照规定的期限缴纳所担保的税款的，由税务机关发出限期缴纳税款通知书，责令缴纳或者解缴税款的最长期限不得超过 15 日。

第七十四条　欠缴税款的纳税人或者其法定代表人在出境前未按照规定结清应纳税款、滞纳金或者提供纳税担保的，税务机关可以通知出入境管理机关阻止其出境。阻止出境的具体办法，由国家税务总局会同公安部制定。

第七十五条　税收征管法第三十二条规定的加收滞纳金的起止时间，为法律、行政法规规定或者税务机关依照法律、行政法规的规定确定的税款缴纳期限届满次日起至纳税人、扣缴义务人实际缴纳或者解缴税款之日止。

第七十六条　县级以上各级税务机关应当将纳税人的欠税情况，在办税场所或者广播、电视、报纸、期刊、网络等新闻媒体上定期公告。

对纳税人欠缴税款的情况实行定期公告的办法，由国家税务总局制定。

【注释】　相关规定包括：《欠税公告办法（试行）》（国家税务总局令第 9 号）。

第七十七条　税收征管法第四十九条所称欠缴税款数额较大，是指欠缴税款 5 万元以上。

第七十八条　税务机关发现纳税人多缴税款的，应当自发现之日起 10 日内办理退还手续；纳税人发现多缴税款，要求退还的，税务机关应当自接到纳税人退还申请之日起 30 日内查实并办理退还手续。

税收征管法第五十一条规定的加算银行同期存款利息的多缴税款退税，不包括依法预缴税款形成的结算退税、出口退税和各种减免退税。

退税利息按照税务机关办理退税手续当天中国人民银行规定的活期存款利率计算。

第七十九条　当纳税人既有应退税款又有欠缴税款的，税务机关可以将应退税款和利息先抵扣欠缴税款；抵扣后有余额的，退还纳税人。

第八十条　税收征管法第五十二条所称税务机关的责任，是指税务机关适用税收法律、行政法规不当或者执法行为违法。

第八十一条　税收征管法第五十二条所称纳税人、扣缴义务人计算错误等失误，是指非主观故意的计算公式运用错误以及明显的笔误。

第八十二条 税收征管法第五十二条所称特殊情况，是指纳税人或者扣缴义务人因计算错误等失误，未缴或者少缴、未扣或者少扣、未收或者少收税款，累计数额在10万元以上的。

第八十三条 税收征管法第五十二条规定的补缴和追征税款、滞纳金的期限，自纳税人、扣缴义务人应缴未缴或者少缴税款之日起计算。

第八十四条 审计机关、财政机关依法进行审计、检查时，对税务机关的税收违法行为作出的决定，税务机关应当执行；发现被审计、检查单位有税收违法行为的，向被审计、检查单位下达决定、意见书，责成被审计、检查单位向税务机关缴纳应当缴纳的税款、滞纳金。税务机关应当根据有关机关的决定、意见书，依照税收法律、行政法规的规定，将应收的税款、滞纳金按照国家规定的税收征收管理范围和税款入库预算级次缴入国库。

税务机关应当自收到审计机关、财政机关的决定、意见书之日起30日内将执行情况书面回复审计机关、财政机关。

有关机关不得将其履行职责过程中发现的税款、滞纳金自行征收入库或者以其他款项的名义自行处理、占压。

第六章 税务检查

第八十五条 税务机关应当建立科学的检查制度，统筹安排检查工作，严格控制对纳税人、扣缴义务人的检查次数。

税务机关应当制定合理的税务稽查工作规程，负责选案、检查、审理、执行的人员的职责应当明确，并相互分离、相互制约，规范选案程序和检查行为。

税务检查工作的具体办法，由国家税务总局制定。

【注释】 相关规定包括：《国家税务总局关于印发〈涉外企业联合税务审计暂行办法〉的通知》(国税发〔2004〕38号)。

第八十六条 税务机关行使税收征管法第五十四条第(一)项职权时，可以在纳税人、扣缴义务人的业务场所进行；必要时，经县以上税务局(分局)局长批准，可以将纳税人、扣缴义务人以前会计年度的账簿、记账凭证、报表和其他有关资料调回税务机关检查，但是税务机关必须向纳税人、扣缴义务人开付清单，并在3个月内完整退还；有特殊情况的，经设区的市、自治州以上税务局局长批准，税务机关可以将纳税人、扣缴义务人当年的账簿、记账凭证、报表和其他有关资料调回检查，但是税务机关必须在30日内退还。

第八十七条 税务机关行使税收征管法第五十四条第(六)项职权时，应当指定专人负责，凭全国统一格式的检查存款账户许可证明进行，并有责任为被检查人保守秘密。

检查存款账户许可证明，由国家税务总局制定。

税务机关查询的内容，包括纳税人存款账户余额和资金往来情况。

第八十八条 依照税收征管法第五十五条规定，税务机关采取税收保全措施的期限一般不得超过6个月；重大案件需要延长的，应当报国家税务总局批准。

第八十九条 税务机关和税务人员应当依照税收征管法及本细则的规定行使税务检查职权。

税务人员进行税务检查时，应当出示税务检查证和税务检查通知书；无税务检查证和税务检查通知书的，纳税人、扣缴义务人及其他当事人有权拒绝检查。税务机关对集贸市场及集中经营业户进行检查时，可以使用统一的税务检查通知书。

税务检查证和税务检查通知书的式样、使用和管理的具体办法，由国家税务总局制定。

第七章 法律责任

第九十条 纳税人未按照规定办理税务登记证件验证或者换证手续的，由税务机关责令限期改正，可以处2000元以下的罚款；情节严重的，处2000元以上1万元以下的罚款。

第九十一条 非法印制、转借、倒卖、变造或者伪造完税凭证的，由税务机关责令改正，处2000元以上1万元以下的罚款；情节严重的，处1万元以上5万元以下的罚款；构成犯罪的，依法追究刑事责任。

第九十二条 银行和其他金融机构未依照税收征管法的规定在从事生产、经营的纳税人的账户中登录税务登记证件号码，或者未按规定在税务登记证件中登录从事生产、经营的纳税人的账户账号的，由税务机关责令其限期改正,处2000元以上2万元以下的罚款;情节严重的,处2万元以上5万元以下的罚款。

第九十三条 为纳税人、扣缴义务人非法提供银行账户、发票、证明或者其他方便,导致未缴、少缴税款或者骗取国家出口退税款的,税务机关除没收其违法所得外,可以处未缴、少缴或者骗取的税款1倍以下的罚款。

【注释】 相关规定包括:《国家税务总局关于印发〈税收减免管理办法(试行)〉的通知》(国税发〔2005〕129号)。

第九十四条 纳税人拒绝代扣、代收税款的,扣缴义务人应当向税务机关报告,由税务机关直接向纳税人追缴税款、滞纳金;纳税人拒不缴纳的,依照税收征管法第六十八条的规定执行。

第九十五条 税务机关依照税收征管法第五十四条第(五)项的规定,到车站、码头、机场、邮政企业及其分支机构检查纳税人有关情况时,有关单位拒绝的,由税务机关责令改正,可以处1万元以下的罚款;情节严重的,处1万元以上5万元以下的罚款。

第九十六条 纳税人、扣缴义务人有下列情形之一的,依照税收征管法第七十条的规定处罚:

(一)提供虚假资料,不如实反映情况,或者拒绝提供有关资料的;

(二)拒绝或者阻止税务机关记录、录音、录像、照相和复制与案件有关的情况和资料的;

(三)在检查期间,纳税人、扣缴义务人转移、隐匿、销毁有关资料的;

(四)有不依法接受税务检查的其他情形的。

第九十七条 税务人员私分扣押、查封的商品、货物或者其他财产,情节严重,构成犯罪的,依法追究刑事责任;尚不构成犯罪的,依法给予行政处分。

第九十八条 税务代理人违反税收法律、行政法规,造成纳税人未缴或者少缴税款的,除由纳税人缴纳或者补缴应纳税款、滞纳金外,对税务代理人处纳税人未缴或者少缴税款50%以上3倍以下的罚款。

第九十九条 税务机关对纳税人、扣缴义务人及其他当事人处以罚款或者没收违法所得时,应当开付罚没凭证;未开付罚没凭证的,纳税人、扣缴义务人以及其他当事人有权拒绝给付。

第一百条 税收征管法第八十八条规定的纳税争议,是指纳税人、扣缴义务人、纳税担保人对税务机关确定纳税主体、征税对象、征税范围、减税、免税及退税、适用税率、计税依据、纳税环节、纳税期限、纳税地点以及税款征收方式等具体行政行为有异议而发生的争议。

第八章 文书送达

第一百零一条 税务机关送达税务文书,应当直接送交受送达人。

受送达人是公民的,应当由本人直接签收;本人不在的,交其同住成年家属签收。

受送达人是法人或者其他组织的,应当由法人的法定代表人、其他组织的主要负责人或者该法人、组织的财务负责人、负责收件的人签收。受送达人有代理人的,可以送交其代理人签收。

第一百零二条 送达税务文书应当有送达回证,并由受送达人或者本细则规定的其他签收人在送达回证上记明收到日期,签名或者盖章,即为送达。

第一百零三条 受送达人或者本细则规定的其他签收人拒绝签收税务文书的,送达人应当在送达回证上记明拒收理由和日期,并由送达人和见证人签名或者盖章,将税务文书留在受送达人处,即视为送达。

第一百零四条 直接送达税务文书有困难的,可以委托其他有关机关或者其他单位代为送达,或者邮寄送达。

第一百零五条 直接或者委托送达税务文书的,以签收人或者见证人在送达回证上的签收或者注明的收件日期为送达日期;邮寄送达的,以挂号函件回执上注明的收件日期为送达日期,并视为已送达。

第一百零六条 有下列情形之一的,税务机关可以公告送达税务文书,自公告之日起满30日,即视为送达:

(一)同一送达事项的受送达人众多;

(二)采用本章规定的其他送达方式无法送达。

第一百零七条 税务文书的格式由国家税务总局制定。本细则所称税务文书,包括:

(一)税务事项通知书;

(二)责令限期改正通知书;

(三)税收保全措施决定书;
(四)税收强制执行决定书;
(五)税务检查通知书;
(六)税务处理决定书;
(七)税务行政处罚决定书;
(八)行政复议决定书;
(九)其他税务文书。

【注释】 相关规定包括:《税务行政复议规则》(国家税务总局令第 21 号)。

第九章 附 则

第一百零八条 税收征管法及本细则所称"以上"、"以下"、"日内"、"届满"均含本数。

第一百零九条 税收征管法及本细则所规定期限的最后一日是法定休假日的,以休假日期满的次日为期限的最后一日;在期限内有连续 3 日以上法定休假日的,按休假日天数顺延。

第一百一十条 税收征管法第三十条第三款规定的代扣、代收手续费,纳入预算管理,由税务机关依照法律、行政法规的规定付给扣缴义务人。

第一百一十一条 纳税人、扣缴义务人委托税务代理人代为办理税务事宜的办法,由国家税务总局规定。

第一百一十二条 耕地占用税、契税、农业税、牧业税的征收管理,按照国务院的有关规定执行。

第一百一十三条 本细则自 2002 年 10 月 15 日起施行。1993 年 8 月 4 日国务院发布的《中华人民共和国税收征收管理法实施细则》同时废止。

国务院关于修改和废止部分行政法规的决定

国务院令第 628 号

为维护社会主义法制统一,全面推进依法行政,国务院对现行行政法规进行了清理。经过清理,国务院决定:

一、修改 5 件行政法规的部分条款

……

(三)将《中华人民共和国税收征收管理法实施细则》第六十四条第二款修改为:"税务机关按照前款方法确定应扣押、查封的商品、货物或者其他财产的价值时,还应当包括滞纳金和拍卖、变卖所发生的费用。"

第六十五条修改为:"对价值超过应纳税额且不可分割的商品、货物或者其他财产,税务机关在纳税人、扣缴义务人或者纳税担保人无其他可供强制执行的财产的情况下,可以整体扣押、查封、拍卖。"

第六十九条第二款修改为:"拍卖或者变卖所得抵缴税款、滞纳金、罚款以及拍卖、变卖等费用后,剩余部分应当在 3 日内退还被执行人。"

……

本决定自 2013 年 1 月 1 日起施行。

国务院关于废止和修改部分行政法规的决定

国务院令第 638 号

为了依法推进行政审批制度改革和政府职能转变,进一步激发市场、社会的创造活力,发挥好地方政府贴近基层的优势，促进和保障政府管理由事前审批更多地转为事中事后监管，国务院对有关的行政法规进行了清理。经过清理，现决定：

一、废止《煤炭生产许可证管理办法》(1994 年 12 月 20 日国务院公布)。

二、对 25 件行政法规的部分条款予以修改。

本决定自公布之日(2013 年 7 月 18 日)起施行。

附件

国务院决定修改的行政法规

……

十、将《中华人民共和国税收征收管理法实施细则》第二十三条修改为："生产、经营规模小又确无建账能力的纳税人，可以聘请经批准从事会计代理记账业务的专业机构或者财会人员代为建账和办理账务。"

删去第三十条第一款中的"经税务机关批准"。

……

中华人民共和国发票管理办法

(1993 年 12 月 12 日国务院批准、1993 年 12 月 23 日财政部令第 6 号发布
根据 2010 年 12 月 20 日《国务院关于修改〈中华人民共和国发票管理办法〉的决定》修订)

第一章　总　　则

第一条　为了加强发票管理和财务监督，保障国家税收收入，维护经济秩序，根据《中华人民共和国税收征收管理法》，制定本办法。

第二条　在中华人民共和国境内印制、领购、开具、取得、保管、缴销发票的单位和个人(以下称印制、使用发票的单位和个人)，必须遵守本办法。

第三条　本办法所称发票，是指在购销商品、提供或者接受服务以及从事其他经营活动中，开具、收取的收付款凭证。

第四条　国务院税务主管部门统一负责全国的发票管理工作。省、自治区、直辖市国家税务局和地方税务局(以下统称省、自治区、直辖市税务机关)依据各自的职责，共同做好本行政区域内的发票管理工作。

财政、审计、工商行政管理、公安等有关部门在各自的职责范围内，配合税务机关做好发票管理工作。

第五条　发票的种类、联次、内容以及使用范围由国务院税务主管部门规定。

第六条　对违反发票管理法规的行为，任何单位和个人可以举报。税务机关应当为检举人保密，并酌情给予奖励。

第二章　发票的印制

第七条　增值税专用发票由国务院税务主管部门确定的企业印制；其他发票，按照国务院税务主管部门的规定，由省、自治区、直辖市税务机关确定的企业印制。禁止私自印制、伪造、变造发票。

第八条　印制发票的企业应当具备下列条件：

(一)取得印刷经营许可证和营业执照；

(二)设备、技术水平能够满足印制发票的需要；

(三)有健全的财务制度和严格的质量监督、安全管理、保密制度。

税务机关应当以招标方式确定印制发票的企业，并发给发票准印证。

第九条　印制发票应当使用国务院税务主管部门确定的全国统一的发票防伪专用品。禁止非法制造

发票防伪专用品。

第十条 发票应当套印全国统一发票监制章。全国统一发票监制章的式样和发票版面印刷的要求，由国务院税务主管部门规定。发票监制章由省、自治区、直辖市税务机关制作。禁止伪造发票监制章。

发票实行不定期换版制度。

第十一条 印制发票的企业按照税务机关的统一规定，建立发票印制管理制度和保管措施。

发票监制章和发票防伪专用品的使用和管理实行专人负责制度。

第十二条 印制发票的企业必须按照税务机关批准的式样和数量印制发票。

第十三条 发票应当使用中文印制。民族自治地方的发票，可以加印当地一种通用的民族文字。有实际需要的，也可以同时使用中外两种文字印制。

第十四条 各省、自治区、直辖市内的单位和个人使用的发票，除增值税专用发票外，应当在本省、自治区、直辖市内印制；确有必要到外省、自治区、直辖市印制的，应当由省、自治区、直辖市税务机关商印制地省、自治区、直辖市税务机关同意，由印制地省、自治区、直辖市税务机关确定的企业印制。

禁止在境外印制发票。

第三章 发票的领购

第十五条 需要领购发票的单位和个人，应当持税务登记证件、经办人身份证明、按照国务院税务主管部门规定式样制作的发票专用章的印模，向主管税务机关办理发票领购手续。主管税务机关根据领购单位和个人的经营范围和规模，确认领购发票的种类、数量以及领购方式，在5个工作日内发给发票领购簿。

单位和个人领购发票时，应当按照税务机关的规定报告发票使用情况，税务机关应当按照规定进行查验。

第十六条 需要临时使用发票的单位和个人，可以凭购销商品、提供或者接受服务以及从事其他经营活动的书面证明、经办人身份证明，直接向经营地税务机关申请代开发票。依照税收法律、行政法规规定应当缴纳税款的，税务机关应当先征收税款，再开具发票。税务机关根据发票管理的需要，可以按照国务院税务主管部门的规定委托其他单位代开发票。

禁止非法代开发票。

第十七条 临时到本省、自治区、直辖市以外从事经营活动的单位或者个人，应当凭所在地税务机关的证明，向经营地税务机关领购经营地的发票。

临时在本省、自治区、直辖市以内跨市、县从事经营活动领购发票的办法，由省、自治区、直辖市税务机关规定。

第十八条 税务机关对外省、自治区、直辖市来本辖区从事临时经营活动的单位和个人领购发票的，可以要求其提供保证人或者根据所领购发票的票面限额以及数量交纳不超过1万元的保证金，并限期缴销发票。

按期缴销发票的，解除保证人的担保义务或者退还保证金；未按期缴销发票的，由保证人或者以保证金承担法律责任。

税务机关收取保证金应当开具资金往来结算票据。

第四章 发票的开具和保管

第十九条 销售商品、提供服务以及从事其他经营活动的单位和个人，对外发生经营业务收取款项，收款方应当向付款方开具发票；特殊情况下，由付款方向收款方开具发票。

第二十条 所有单位和从事生产、经营活动的个人在购买商品、接受服务以及从事其他经营活动支付款项，应当向收款方取得发票。取得发票时，不得要求变更品名和金额。

第二十一条 不符合规定的发票，不得作为财务报销凭证，任何单位和个人有权拒收。

第二十二条 开具发票应当按照规定的时限、顺序、栏目，全部联次一次性如实开具，并加盖发票专用章。

任何单位和个人不得有下列虚开发票行为：

（一）为他人、为自己开具与实际经营业务情况不符的发票；

(二)让他人为自己开具与实际经营业务情况不符的发票;

(三)介绍他人开具与实际经营业务情况不符的发票。

第二十三条　安装税控装置的单位和个人,应当按照规定使用税控装置开具发票,并按期向主管税务机关报送开具发票的数据。

使用非税控电子器具开具发票的,应当将非税控电子器具使用的软件程序说明资料报主管税务机关备案,并按照规定保存、报送开具发票的数据。

国家推广使用网络发票管理系统开具发票,具体管理办法由国务院税务主管部门制定。

第二十四条　任何单位和个人应当按照发票管理规定使用发票,不得有下列行为:

(一)转借、转让、介绍他人转让发票、发票监制章和发票防伪专用品;

(二)知道或者应当知道是私自印制、伪造、变造、非法取得或者废止的发票而受让、开具、存放、携带、邮寄、运输;

(三)拆本使用发票;

(四)扩大发票使用范围;

(五)以其他凭证代替发票使用。

税务机关应当提供查询发票真伪的便捷渠道。

第二十五条　除国务院税务主管部门规定的特殊情形外,发票限于领购单位和个人在本省、自治区、直辖市内开具。

省、自治区、直辖市税务机关可以规定跨市、县开具发票的办法。

第二十六条　除国务院税务主管部门规定的特殊情形外,任何单位和个人不得跨规定的使用区域携带、邮寄、运输空白发票。

禁止携带、邮寄或者运输空白发票出入境。

第二十七条　开具发票的单位和个人应当建立发票使用登记制度,设置发票登记簿,并定期向主管税务机关报告发票使用情况。

第二十八条　开具发票的单位和个人应当在办理变更或者注销税务登记的同时,办理发票和发票领购簿的变更、缴销手续。

第二十九条　开具发票的单位和个人应当按照税务机关的规定存放和保管发票,不得擅自损毁。已经开具的发票存根联和发票登记簿,应当保存5年。保存期满,报经税务机关查验后销毁。

第五章　发票的检查

第三十条　税务机关在发票管理中有权进行下列检查:

(一)检查印制、领购、开具、取得、保管和缴销发票的情况;

(二)调出发票查验;

(三)查阅、复制与发票有关的凭证、资料;

(四)向当事各方询问与发票有关的问题和情况;

(五)在查处发票案件时,对与案件有关的情况和资料,可以记录、录音、录像、照相和复制。

第三十一条　印制、使用发票的单位和个人,必须接受税务机关依法检查,如实反映情况,提供有关资料,不得拒绝、隐瞒。

税务人员进行检查时,应当出示税务检查证。

第三十二条　税务机关需要将已开具的发票调出查验时,应当向被查验的单位和个人开具发票换票证。发票换票证与所调出查验的发票有同等的效力。被调出查验发票的单位和个人不得拒绝接受。

税务机关需要将空白发票调出查验时,应当开具收据;经查无问题的,应当及时返还。

第三十三条　单位和个人从中国境外取得的与纳税有关的发票或者凭证,税务机关在纳税审查时有疑义的,可以要求其提供境外公证机构或者注册会计师的确认证明,经税务机关审核认可后,方可作为记账核算的凭证。

第三十四条　税务机关在发票检查中需要核对发票存根联与发票联填写情况时,可以向持有发票或者发票存根联的单位发出发票填写情况核对卡,有关单位应当如实填写,按期报回。

第六章 罚　　则

第三十五条 违反本办法的规定，有下列情形之一的，由税务机关责令改正，可以处1万元以下的罚款；有违法所得的予以没收：

（一）应当开具而未开具发票，或者未按照规定的时限、顺序、栏目，全部联次一次性开具发票，或者未加盖发票专用章的；

（二）使用税控装置开具发票，未按期向主管税务机关报送开具发票的数据的；

（三）使用非税控电子器具开具发票，未将非税控电子器具使用的软件程序说明资料报主管税务机关备案，或者未按照规定保存、报送开具发票的数据的；

（四）拆本使用发票的；

（五）扩大发票使用范围的；

（六）以其他凭证代替发票使用的；

（七）跨规定区域开具发票的；

（八）未按照规定缴销发票的；

（九）未按照规定存放和保管发票的。

第三十六条 跨规定的使用区域携带、邮寄、运输空白发票，以及携带、邮寄或者运输空白发票出入境的，由税务机关责令改正，可以处1万元以下的罚款；情节严重的，处1万元以上3万元以下的罚款；有违法所得的予以没收。

丢失发票或者擅自损毁发票的，依照前款规定处罚。

第三十七条 违反本办法第二十二条第二款的规定虚开发票的，由税务机关没收违法所得；虚开金额在1万元以下的，可以并处5万元以下的罚款；虚开金额超过1万元的，并处5万元以上50万元以下的罚款；构成犯罪的，依法追究刑事责任。

非法代开发票的，依照前款规定处罚。

第三十八条 私自印制、伪造、变造发票，非法制造发票防伪专用品，伪造发票监制章的，由税务机关没收违法所得，没收、销毁作案工具和非法物品，并处1万元以上5万元以下的罚款；情节严重的，并处5万元以上50万元以下的罚款；对印制发票的企业，可以并处吊销发票准印证；构成犯罪的，依法追究刑事责任。

前款规定的处罚，《中华人民共和国税收征收管理法》有规定的，依照其规定执行。

第三十九条 有下列情形之一的，由税务机关处1万元以上5万元以下的罚款；情节严重的，处5万元以上50万元以下的罚款；有违法所得的予以没收：

（一）转借、转让、介绍他人转让发票、发票监制章和发票防伪专用品的；

（二）知道或者应当知道是私自印制、伪造、变造、非法取得或者废止的发票而受让、开具、存放、携带、邮寄、运输的。

第四十条 对违反发票管理规定2次以上或者情节严重的单位和个人，税务机关可以向社会公告。

第四十一条 违反发票管理法规，导致其他单位或者个人未缴、少缴或者骗取税款的，由税务机关没收违法所得，可以并处未缴、少缴或者骗取的税款1倍以下的罚款。

第四十二条 当事人对税务机关的处罚决定不服的，可以依法申请行政复议或者向人民法院提起行政诉讼。

第四十三条 税务人员利用职权之便，故意刁难印制、使用发票的单位和个人，或者有违反发票管理法规行为的，依照国家有关规定给予处分；构成犯罪的，依法追究刑事责任。

第七章 附　　则

第四十四条 国务院税务主管部门可以根据有关行业特殊的经营方式和业务需求，会同国务院有关主管部门制定该行业的发票管理办法。

国务院税务主管部门可以根据增值税专用发票管理的特殊需要，制定增值税专用发票的具体管理办法。

第四十五条　本办法自发布之日起施行。财政部 1986 年发布的《全国发票管理暂行办法》和原国家税务局 1991 年发布的《关于对外商投资企业和外国企业发票管理的暂行规定》同时废止。

【注释】　对《税收征收管理法》第 21 条进行了解释。

国家税务总局关于印发《税务行政处罚听证程序实施办法(试行)》、《税务案件调查取证与处罚决定分开制度实施办法(试行)》的通知

国税发〔1996〕190 号

税务行政处罚听证程序实施办法(试行)

第一条　为了规范税务行政处罚听证程序的实施,保护公民、法人和其他组织的合法权益,根据《中华人民共和国行政处罚法》,制定本实施办法。

第二条　税务行政处罚的听证,遵循合法、公正、公开、及时和便民的原则。

第三条　税务机关对公民作出 2000 元以上(含本数)罚款或者对法人或者其他组织作出 1 万元以上(含本数)罚款的行政处罚之前,应当向当事人送达《税务行政处罚事项告知书》,告知当事人已经查明的违法事实、证据、行政处罚的法律依据和拟将给予的行政处罚,并告知有要求举行听证的权利。

第四条　要求听证的当事人,应当在《税务行政处罚事项告知书》送达后 3 日内向税务机关书面提出听证;逾期不提出的、视为放弃听证权利。

当事人要求听证的,税务机关应当组织听证。

第五条　税务机关应当在收到当事人听证要求后 15 日内举行听证,并在举行听证的 7 日前将《税务行政处罚听证通知书》送达当事人,通知当事人举行听证的时间、地点、听证主持人的姓名及有关事项。

当事人由于不可抗力或者其他特殊情况而耽误提出听证期限的,在障碍消除后 5 日以内,可以申请延长期限。申请是否准许,由组织听证的税务机关决定。

第六条　当事人提出听证后,税务机关发现自己拟作的行政处罚决定对事实认定有错误或者偏差,应当予以改变,并及时向当事人说明。

第七条　税务行政处罚的听证,由税务机关负责人指定的非本案调查机构的人员主持,当事人、本案调查人员及其他有关人员参加。

听证主持人应当依法行使职权,不受任何组织和个人的干涉。

第八条　当事人可以亲自参加听证,也可以委托一至二人代理。当事人委托代理人参加听证的,应当向其代理人出具代理委托书。代理委托书应当注明有关事项,并经税务机关或者听证主持人审核确认。

第九条　当事人认为听证主持人与本案有直接利害关系的,有权申请回避。回避申请,应当在举行听证的 3 日前向税务机关提出,并说明理由。

听证主持人是本案当事人的近亲属,或者认为自己与本案有直接利害关系或其他关系可能影响公正听证的,应当自行提出回避。

第十条　听证主持人的回避,由组织听证的税务机关负责人决定。

对驳回申请回避的决定,当事人可以申请复核一次。

第十一条　税务行政处罚听证应当公开进行。但是涉及国家秘密、商业秘密或者个人隐私的,听证不公开进行。

对公开听证的案件,应当先期公告当事人和本案调查人员的姓名、案由和听证的时间、地点。

公开进行的听证,应当允许群众旁听。经听证主持人许可,旁听群众可以发表意见。

对不公开听证的案件,应当宣布不公开听证的理由。

第十二条 当事人或者其代理人应当按照税务机关的通知参加听证，无正当理由不参加的，视为放弃听证权利。听证应当予以终止。

本案调查人员有前款规定情形的，不影响听证的进行。

第十三条 听证开始时，听证主持人应当首先声明并出示税务机关负责人授权主持听证的决定，然后查明当事人或者其代理人、本案调查人员、证人及其他有关人员是否到场，宣布案由；宣布听证会的组成人员名单；告知当事人有关的权利义务。记录员宣读听证会场纪律。

第十四条 听证过程中，由本案调查人员就当事人的违法行为予以指控，并出示事实证据材料，提出行政处罚建议。当事人或者其代理人可以就所指控的事实及相关问题进行申辩和质证。

听证主持人可以对本案所及事实进行询问，保障控辩双方充分陈述事实，发表意见，并就各自出示的证据的合法性、真实性进行辩论。辩论先由本案调查人员发言，再由当事人或者其代理人答辩，然后双方相互辩论。

辩论终结，听证主持人可以再就本案的事实、证据及有关问题向当事人或者其代理人、本案调查人员征求意见。当事人或者其代理人有最后陈述的权利。

第十五条 听证主持人认为证据有疑问无法听证辨明，可能影响税务行政处罚的准确公正的，可以宣布中止听证，由本案调查人员对证据进行调查核实后再行听证。

当事人或者其代理人可以申请对有关证据进行重新核实，或者提出延期听证；是否准许，由听证主持人或者税务机关作出决定。

第十六条 听证过程中，当事人或者其代理人放弃申辩和质证权利，声明退出听证会；或者不经听证主持人许可擅自退出听证会的，听证主持人可以宣布听证终止。

第十七条 听证过程中，当事人或者其代理人、本案调查人员、证人及其他人员违反听证秩序，听证主持人应当警告制止；对不听制止的，可以责令其退出听证会场。

当事人或者其代理人有前款规定严重行为致使听证无法进行的，听证主持人或者税务机关可以终止听证。

第十八条 听证的全部活动，应当由记录员写成笔录，经听证主持人审阅并由听证主持人和记录员签名后，封卷上交税务机关负责人审阅。

听证笔录应交当事人或者其代理人、本案调查人员、证人及其他有关人员阅读或者向他们宣读，他们认为有遗漏或者有差错的，可以请求补充或者改正。他们在承认没有错误后，应当签字或者盖章。拒绝签名或者盖章的，记明情况附卷。

第十九条 听证结束后，听证主持人应当将听证情况和处理意见报告税务机关负责人。

第二十条 对应当进行听证的案件，税务机关不组织听证，行政处罚决定不能成立；当事人放弃听证权利或者被正当取消听证权利的除外。

第二十一条 听证费用由组织听证的税务机关支付，不得由要求听证的当事人承担或者变相承担。

第二十二条 本实施办法由国家税务总局负责解释。

第二十三条 本实施办法自 1996 年 10 月 1 日起施行。

附:《税务行政处罚听证通知书》格式

×××税务局税务行政处罚听证通知书

(　　)税　字第　号

____________(纳税人识别号：　　　　)：

根据你提出的听证要求，定于______年______月______日在____________举行听证，请准时参加。

本次听证拟由______主持。你如认为主持人与本案有直接利害关系需要申请回避的，请于举行听证的三日前提出，并说明理由。

税务机关(章)

年　　月　　日

税务案件调查取证与处罚决定分开制度实施办法(试行)

第一条 为了促进税务机关正确实施行政处罚行为,保护公民、法人和其他组织的合法权利,根据《中华人民共和国行政处罚法》和《国务院关于贯彻实施〈中华人民共和国行政处罚法〉的通知》,制定本实施办法。

第二条 税务机关实施税务行政处罚,除依法可以当场作出行政处罚决定的外,均适用本实施办法。

第三条 对各类税务案件的调查取证由税务机关的有关调查机构负责;对案件调查结果的审查由税务机关负责人指定的比较超脱的机构(以下简称审查机构)负责。

第四条 税务机关的调查机构对税务案件进行调查取证后,对依法应当给予行政处罚的,应及时提出处罚建议,制作《税务行政处罚事项告知书》并送达当事人,告知当事人作出处罚建议的事实、理由和依据,以及当事人依法享有的陈述、申辩或要求听证权利。

第五条 税务机关的调查机构应当充分听取当事人的陈述、申辩意见,并对陈述、申辩情况进行记录或制作《陈述申辩笔录》。

第六条 调查终结,调查机构应当制作调查报告,并及时将调查报告连同所有案卷材料移交审查机构。

移交的调查报告主要包括下列内容:

(一)当事人的基本情况;

(二)当事人的违法事实及证据;

(三)告知情况;

(四)当事人的陈述申辩情况;

(五)处罚建议;

(六)其他。

第七条 审查机构收到调查机构移交的案卷后,应对案卷材料进行登记,填写《税务案件审查登记簿》。案卷登记应主要包括下列内容:

(一)调查案件来源资料;

(二)事实证据材料;

(三)告知材料;

(四)陈述、申辩意见记录或《陈述申辩笔录》;

(五)调查报告;

(六)其他有关资料。

案卷材料不全的,可以通知调查机构增补。

第八条 审查机构应对案件下列事项进行审查:

(一)调查机构认定的事实、证据和处罚建议适用的处罚种类、依据是否正确;

(二)调查取证是否符合法定程序;

(三)当事人陈述、申辩的事实、证据是否成立;

(四)经听证的,当事人听证申辩的事实、证据是否成立。

第九条 审查机构应在自收到调查机构移交案卷之日起10日内审查终结,制作审查报告,并连同案卷材料报送本级税务机关负责人审批。

审查报告主要包括下列内容:

(一)基本案情;

(二)调查机构调查认定的事实、证据和处理建议;

(三)陈述、申辩情况;

(四)听证情况;

(五)审查机构审查认定的事实、证据,适用法律及处理建议;

(六)其他。

听证期间不计算在审查期限内。

第十条 税务机关负责人认为调查报告或审查报告有重大错误的，可以将案卷材料退回调查机构或审查机构重新处理。

第十一条 审查机构应自收到本级税务机关负责人审批意见之日起3日内，根据不同情况分别制作以下处理决定书报送本级税务机关负责人签发：

（一）有应受行政处罚的违法行为的，根据情节轻重及具体情况予以处罚，制作决定书；

（二）违法行为轻微，依法可以不予行政处罚的，不予行政处罚，制作《不予行政处罚决定书》；

（三）违法事实不能成立的，不得予以行政处罚，制作决定书；

（四）违法行为已构成犯罪的，移送司法机关，制作决定书。

第十二条 调查机构或其他执行机构应在处理决定书送达和执行以后将处理决定书和执行报告抄送审查机构备查。

第十三条 重大复杂的税务行政处罚案件，应自作出处理决定之日起5日内报上一级税务机关备案。

第十四条 本实施办法除适用所附四种税务文书格式外，需要制作的其他税务文书可参照适用国家税务总局《税务稽查工作规程》规定的税务文书格式。

第十五条 本实施办法由国家税务总局负责解释。

第十六条 本实施办法自1996年10月1日起执行。

注册税务师资格制度暂行规定

人发〔1996〕116号

第一章 总 则

第一条 为了加强对税务代理专业技术人员的执业准入控制，规范税务代理行为，发挥税务代理在税收活动中的作用，保证国家税收法律、行政法规的贯彻执行，维护纳税人、扣缴义务人的合法权益，根据《中华人民共和国税收征收管理法》及其实施细则，以及职业资格证书制度的有关规定，制定本暂行规定。

第二条 国家对从事税务代理活动的专业技术人员实行注册登记制度。按本规定取得中华人民共和国注册税务师执业资格证书并注册的人员，方可从事税务代理活动。

第三条 从事税务代理业务的中介服务机构为税务师事务所，税务师事务所必须配备一定数量的注册税务师。

第四条 注册税务师资格制度属职业资格证书制度范畴，纳入专业技术人员执业资格制度的统一规划，由国家确认批准。

注册税务师英文译称：Registered Tax Agent。

第五条 人事部和国家税务总局共同负责全国注册税务师资格制度的政策制定、组织协调、资格考试、注册登记和监督管理工作。

第二章 考 试

第六条 注册税务师资格考试实行全国统一大纲、统一命题、统一组织的考试制度。原则上每年举行一次。

第七条 凡中华人民共和国公民，遵纪守法并具备下列条件之一者，可申请参加注册税务师资格考试：

（一）经济类、法学类大专毕业后，或非经济类、法学类大学本科毕业后，从事经济、法律工作满六年。

（二）经济类、法学类大学本科毕业后，或非经济、法学类第二学士或研究生班毕业后，从事经济、法律工作满四年。

（三）经济类、法学类第二学位或研究生班毕业后，或获非经济、法学类硕士学位后，从事经济、法律工作满两年。

（四）获得经济类、法学类硕士学位后，从事经济、法律工作满一年。

（五）获得经济类、法学类博士学位。

（六）人事部和国家税务总局规定的其他条件。

第八条　国家税务总局负责组织有关专家拟定考试大纲、编写培训教材和命题工作，统一规划并组织或授权组织考前培训等有关工作。

考前培训工作必须按照与考试分开、自愿参加的原则进行。

第九条　人事部负责组织有关专家审定考试科目、考试大纲和试题，组织或授权组织实施各项考务工作。会同国家税务总局对考试进行检查、监督和指导。

第十条　注册税务师资格考试合格者，由各省、自治区、直辖市人事（职改）部门颁发人事部统一印制、人事部和国家税务总局用印的中华人民共和国注册税务师执业资格证书。

第三章　注　　册

第十一条　国家税务总局及其授权的省、自治区、直辖市、计划单列市注册税务师管理机构为注册税务师的注册管理机构。

各级人事（职改）部门对注册税务师的注册情况有检查、监督的责任。

第十二条　取得注册税务师执业资格证书，申请从事税务代理业务的人员，应在取得证书后三个月内到所在省、自治区、直辖市及计划单列市注册税务师管理机构申请办理注册登记手续。

第十三条　申请注册者，必须同时具备下列四项条件：

（一）遵纪守法，恪守职业道德；

（二）取得中华人民共和国注册税务师执业资格证书；

（三）身体健康，能坚持在注册税务师岗位上工作；

（四）经所在单位考核同意。

再次注册者，应经单位考核合格并有参加继续教育、业务培训的证明。

第十四条　有下列情况之一者，不予注册：

（一）不具有完全民事行为能力的。

（二）因受刑事处罚，自处罚执行完毕之日起未满三年者。

（三）被国家机关开除公职，自开除之日起未满三年者。

（四）国家税务总局认为其他不具备税务代理资格的。

第十五条　经批准的注册税务师，由省、自治区、直辖市及计划单列市注册税务师管理机构按国家税务总局的规定进行注册。

第十六条　注册税务师有下列情况之一的，由国家税务总局或省、自治区、直辖市及计划单列市注册税务师管理机构注销其注册税务师资格：

（一）在登记中弄虚作假，骗取中华人民共和国注册税务师执业资格证书的。

（二）同时在两个税务代理机构执业的。

（三）死亡或失踪的。

（四）有本规定第三十条、第三十一条行为之一的。

（五）国家税务总局认为其他不适合从事税务代理业务的。

第十七条　注册税务师每次注册有效期为三年，每年验证一次。有效期满前三个月持证者按规定到注册管理机构重新办理注册登记。

有第十四、十六条行为之一的，不予重新注册登记。

第十八条　各地注册税务师管理机构应对注册税务师注册登记和被注销登记的情况，及时向国家税务总局报告。对注册税务师办理了注册登记或被注销登记的，可通过新闻媒介予以公布。

第四章　权利和义务

第十九条　在税务代理活动中，注册税务师应当以纳税人、扣缴义务人自愿委托和自愿选择为前提，遵守国家税收法律、行政法规和行政规章，独立、公正执行业务，维护国家利益，保护委托人的合法权益。

第二十条 注册税务师可以接受纳税人、扣缴义务人的委托,从事下列范围内的业务代理:

(一)办理税务登记、变更税务登记和注销税务登记。

(二)办理除增值税专用发票外的发票领购手续。

(三)办理纳税申报或扣缴税款报告。

(四)办理缴纳税款和申请退税。

(五)制作涉税文书。

(六)审查纳税情况。

(七)建账建制,办理账务。

(八)税务咨询、受聘税务顾问。

(九)税务行政复议。

(十)国家税务总局规定的其他业务。

第二十一条 注册税务师可以接受纳税人、扣缴义务人的委托进行全面代理、单项代理或常年代理、临时代理。

第二十二条 注册税务师依法从事税务业务,受国家法律保护,任何机关、团体、单位和个人不得非法干预。

第二十三条 注册税务师有权根据代理业务需要,查询被代理人的有关财务会计资料和文件,查看业务现场和设施。被代理人应当向代理人提供真实的经营情况和财务资料。

第二十四条 注册税务师承办业务,由其所在的税务师事务所统一受理并与委托人签订委托代理协议书,按照国家统一规定的标准收取代理费用。

一个注册税务师不能同时在两个或两个以上税务师事务所执业。

税务师事务所必须经国家税务总局确认批准。

第二十五条 注册税务师在办理业务时,应向被代理人或有关税务机关出示由国家税务总局或省、自治区、直辖市及计划单列市注册税务师管理机构核发的注册登记证明。注册税务师对其代理的业务所出具的所有文书有签名盖章权,并承担相应的法律责任。

第二十六条 注册税务师应保守被代理人的商业秘密。对被代理人偷税、骗税的行为予以制止,并及时报告有关税务机关。

第二十七条 注册税务师按规定接受专业技术人员继续教育,不断更新知识,掌握最新的税收政策法规,提高操作技能。接受注册税务师管理机构组织的专业培训和考核,并作为重新注册登记的必备条件之一。

第五章 罚 则

第二十八条 注册税务师未按照委托代理协议书的规定进行代理或违反税收法律、行政法规的规定进行代理活动的,由县及县以上税务行政机关按有关规定处以罚款,并追究相应的责任。

第二十九条 注册税务师在一个会计年度内违反本规定从事代理活动二次以上的,由省、自治区、直辖市及计划单列市注册税务师管理机构停止其从事税务代理业务一年以上。

第三十条 注册税务师知道被委托代理的事项违法仍进行代理活动或知道自身的代理行为违法的,除按第二十八条规定处理外,由省、自治区、直辖市、计划单列市注册税务师管理机构注销其注册税务师注册登记,收回执业资格证书,禁止其从事税务代理业务,并向发证机关备案。

第三十一条 注册税务师从事税务代理活动,触犯刑律、构成犯罪的,由司法机关依法惩处。

第三十二条 各省、自治区、直辖市及计划单列市注册管理机构对注册税务师违反本规定有关条款所作的处理,及时如实记录在证书的惩戒登记栏内。

第三十三条 税务师事务所违反税收法律和有关行政规章的规定进行代理活动的,由县及县以上税务行政机关视情节轻重,给予警告,或根据有关法律、行政法规处以罚款,或提请有关管理部门给予停业整顿、责令解散等处理。

第三十四条 当事人对行政处分决定不服的,可以依法申请复议或向人民法院起诉。

第六章　附　　则

第三十五条　注册税务师资格考试实施以前，已取得经济类高级专业技术职务的税务代理人员，可通过考核认定注册税务师资格。

考核认定的具体办法由人事部和国家税务总局另行制定。

第三十六条　按本规定取得注册税务师资格的，单位根据工作需要可聘任经济师职务。

第三十七条　境外人员申请注册税务师资格考试和申请在境内从事税务代理业务的管理办法，经国务院有关部门批准后，另行制定。

第三十八条　本规定有关报考条件、考务工作的解释权属人事部；有关考试大纲、参考教材、考前培训、注册管理工作的解释权属国家税务总局。

第三十九条　本规定自发布之日起执行。

【注释】　对《税收征收管理法》第 89 条进行了解释。

税务违法案件举报奖励办法

国税发〔1998〕211 号

第一条　为了鼓励举报税务违法行为，根据《中华人民共和国税收征收管理法》及有关规定，制定本办法。

第二条　税务机关对举报偷税、逃避追缴欠税、骗税和虚开、伪造、非法提供、非法取得发票，以及其他税务违法行为的有功单位和个人（以下简称举报人），给予物质奖励和精神奖励，并严格为其保密。

前款的物质奖励，不适用于税务、财政、审计、海关、工商行政管理、公安、检察等国家机关的工作人员。

第三条　举报奖励对象原则上限于实名举报人；但对匿名举报案件查实后，税务机关认为可以确定举报人真实身份的，酌情给予奖励。

第四条　国家税务总局和各级国家税务局、地方税务局建立税务违法案件举报奖励基金（以下简称举报奖励基金），专款滚动使用。

举报奖励基金从上级税务机关或者同级财政机关拨付的税务稽查办案专项补助经费总额中按照规定的比例计提；不足的部分，依照财政部、国家税务总局有关规定向上级税务机关或者同级财政机关申请专项追加拨付。

举报奖励基金由稽查局管理；稽查局未设财务机构的，委托税务局负责开支的财务机构代管；经费拨付机构、监察机构负责监督。

第五条　税务违法举报案件经查实并依法处理后，根据举报人的贡献大小，按照实际追缴税款数额的百分之五以内掌握计发奖金；没有应纳税款的，按照实际追缴罚款数额的百分之十以内掌握计发奖金，每案奖金最高数额不超过人民币十万元。

对有重大贡献的举报人，经省级税务机关批准，奖金限额可以适当提高。

具体奖金数额标准及审批权限，由各省、自治区、直辖市和计划单列市国家税务局、地方税务局确定。

第六条　同一税务违法行为被多个举报人分别举报的，主要奖励最先举报人。举报顺序以负责查处的税务机关或者其所属的税务违法案件举报中心（以下简称举报中心）受理举报的登记时间为准。但其他举报人提供的情况对查清该案确有直接作用的，可以酌情给予奖励。

第七条　对两个或者两个以上举报人联名举报同一税务违法行为的，按一案进行奖励，奖金由举报第一署名者或者第一署名者委托的其他署名者领取。

第八条　举报奖金由负责查处税务违法举报案件的税务机关支付。举报中心应当在案件查结后一个月内，根据举报人的申请填写《税务违法案件举报奖励审批表》，提出奖励对象和奖励金额，并注明有关事项，按照规定程序审批后，通知举报人领取奖金。

第九条　举报人应当在接到举报中心领奖通知后三个月内，持本人身份证或者其他有效证件，到指定地点领取奖金；逾期不领取的，视为放弃权利。

第十条 举报人领取奖金时，应当在《税务违法案件举报奖励付款专用凭证》上签名，并注明身份证或者其他有效证件的号码及填发单位。

《税务违法案件举报奖励付款专用凭证》由举报中心作为保密件保管。领取奖金款项的财务凭证另行制作，财务凭证只注明举报案件名称、编号和举报奖金数额及审批人、经办人的签名，不填写举报内容和举报人姓名及身份。

《税务违法案件举报奖励付款专用凭证》的式样，由各省、自治区、直辖市和计划单列市国家税务局、地方税务局制订。

第十一条 举报中心颁发举报奖金时，可应举报人的请求，简要告其所举报的税务违法行为的行政处理决定，但不提供税务行政处理决定书及有关案情材料。

第十二条 税务机关工作人员支付举报奖金时，应当严格审核，防止奖金被骗取。对玩忽职守、徇私舞弊致使奖金被骗取的，除追缴奖金外，依法追究有关人员的法律责任。

第十三条 对有突出贡献的举报人，税务机关除给予物质奖励外，还可以给予相应的精神奖励；但公开表彰宣传必须事先征得当事人的同意。

第十四条 举报人取得的奖金收入，依照有关规定暂免征收个人所得税。

第十五条 各省、自治区、直辖市和计划单列市国家税务局、地方税务局根据本办法，制定具体规定，报国家税务总局备案。

第十六条 国家税务总局和各级国家税务局自 1999 年 1 月 1 日起施行本办法。各级地方税务局施行本办法的具体时间，由各省、自治区、直辖市和计划单列市地方税务局会商同级财政机关解决举报奖励基金来源后分别确定。

【注释】 对《税收征收管理法》第 13 条进行了解释。对《税收征收管理法实施细则》第 7 条进行了解释。

注册税务师注册管理暂行办法

国税发〔1999〕79 号

第一条 为了加强对注册税务师的管理，根据《注册税务师资格制度暂行规定》的有关规定，制定本办法。

第二条 国家税务总局及其授权的省、自治区、直辖市和计划单列市注册税务师管理机构(以下简称省级注册税务师管理机构)为中华人民共和国注册税务师注册管理机关，具体负责办理注册及管理事宜。

第三条 取得《中华人民共和国注册税务师执业资格证书》者，应在取得证书后 3 个月内到所在地的省级注册税务师管理机构申请办理非执业或执业注册登记手续。因特殊情况不能按期办理的，经省级注册税务师管理机构批准，可以延期办理，但最长不得超过 6 个月。

逾期不办理注册登记手续，则视为自动放弃注册权。

第四条 申请非执业注册者应向所在地的省级注册税务师管理机构递交下列材料：

(一)注册税务师非执业注册申请表；

(二)《中华人民共和国注册税务师执业资格证书》。

第五条 省级注册税务师管理机构对申请非执业注册者提交的上述材料，应自收到之日起 30 日内审核完毕。对符合条件者核发《中华人民共和国注册税务师非执业注册证书》。

第六条 申请执业注册应具备下列条件：

(一)遵纪守法，恪守职业道德；

(二)取得《中华人民共和国注册税务师执业资格证书》或《中华人民共和国注册税务师非执业注册证书》；

(三)年龄在 70 周岁以下，身体健康，能坚持在注册税务师岗位上正常工作；

(四)专职从事税务代理业务工作 2 年以上；

(五)经所在税务师事务所考核同意。

第七条 申请执业注册者应向所在地的省级注册税务师管理机构递交下列材料：

(一)注册税务师执业注册申请表；

(二)《中华人民共和国注册税务师执业资格证书》或《中华人民共和国注册税务师非执业注册证书》;

(三)税务师事务所出具的连续2年专职从事税务代理业务及具备独立执业能力的证明;

(四)个人业务总结。

第八条 省级注册税务师管理机构对申请执业注册者提交的上述材料,应自收到之日起30日内审核完毕,对合格者核发《中华人民共和国注册税务师执业注册证书》。

具有《中华人民共和国注册税务师执业注册证书》者,在税务代理活动中对其所出具的文书有签名盖章权,同时承担相应的法律责任。

第九条 省级注册税务师管理机构应定期将本地区执业注册和非执业注册情况统计表报国家税务总局备案。

第十条 有下列情况之一者,不予执业注册:

(一)弄虚作假,骗取《中华人民共和国注册税务师执业资格证书》或《中华人民共和国注册税务师非执业注册证书》的。

(二)不具有完全民事行为能力的。

(三)受刑事处罚,自处罚执行完毕之日起未满3年的。

(四)被开除公职,自开除之日起未满3年的。

(五)在税务代理活动中有违法行为,自处罚决定之日起未满2年的。

(六)国家税务总局认为其他不具备执业注册资格的。

第十一条 对经审核不符合注册条件的,省级注册税务师管理机构应自做出决定之日起30日内通知申请人。

第十二条 取得《中华人民共和国注册税务师执业注册证书》者有下列情况之一的,由省级注册税务师管理机构查实并报经国家税务总局批准后,注销其注册税务师执业注册登记,收回《中华人民共和国注册税务师执业注册证书》:

(一)在执业注册登记中弄虚作假,骗取《中华人民共和国注册税务师执业注册证书》的。

(二)同时在两个以上税务师事务所执业的。

(三)死亡或失踪的。

(四)在税务代理活动中有违法行为的。

(五)年检不合格或拒绝在规定期限内进行年检的。

(六)国家税务总局认为其他不适合从事税务代理业务的。

第十三条 国家税务总局对注册税务师注册证书实行年检制度,每年验证一次。验证工作由国家税务总局统一组织,各省级注册税务师管理机构具体实施。

第十四条 省级注册税务师管理机构对所管辖范围内的注册税务师执业注册登记和被注销登记的情况,应及时通过新闻媒介予以公布。

第十五条 注册税务师管理机构在办理注册、年检等手续时,可按有关规定收取工本费。

第十六条 本办法由国家税务总局负责解释。

第十七条 本办法自发布之日起执行。

【注释】 对《税收征收管理法》第89条进行了解释。

国家税务总局关于所得税收入分享体制改革后税收征管范围的通知

国税发〔2002〕8号

各省、自治区、直辖市和计划单列市国家税务局、地方税务局:

根据《国务院关于印发所得税收入分享改革方案的通知》(国发〔2001〕37号)精神,现将所得税实行分享体制改革后,国家税务局、地方税务局的征收管理范围问题明确如下:

一、2001 年 12 月 31 日前国家税务局、地方税务局征收管理的企业所得税、个人所得税(包括储蓄存款利息所得个人所得税),以及按现行规定征收管理的外商投资企业和外国企业所得税,仍由原征管机关征收管理,不作变动。

二、自 2002 年 1 月 1 日起,按国家工商行政管理总局的有关规定,在各级工商行政管理部门办理设立(开业)登记的企业,其企业所得税由国家税务局负责征收管理。但下列办理设立(开业)登记的企业仍由地方税务局负责征收管理:

(一)两个以上企业合并设立一个新的企业,合并各方解散,但合并各方原均为地方税务局征收管理的;

(二)因分立而新设立的企业,但原企业由地方税务局负责征收管理的;

(三)原缴纳企业所得税的事业单位改制为企业办理设立登记,但原事业单位由地方税务局负责征收管理的。

在工商行政管理部门办理变更登记的企业,其企业所得税仍由原征收机关负责征收管理。

三、自 2002 年 1 月 1 日起,在其他行政管理部门新登记注册、领取许可证的事业单位、社会团体、律师事务所、医院、学校等缴纳企业所得税的其他组织,其企业所得税由国家税务局负责征收管理。

四、2001 年 12 月 31 日前已在工商行政管理部门和其他行政管理部门登记注册,但未进行税务登记的企事业单位及其他组织,在 2002 年 1 月 1 日后进行税务登记的,其企业所得税按原规定的征管范围,由国家税务局、地方税务局分别征收管理。

五、2001 年底前的债转股企业、中央企事业单位参股的股份制企业和联营企业,仍由原征管机关征收管理,不再调整。

六、不实行所得税分享的铁路运输(包括广铁集团)、国家邮政、中国工商银行、中国农业银行、中国银行、中国建设银行、国家开发银行、中国农业发展银行、中国进出口银行以及海洋石油天然气企业,由国家税务局负责征收管理。

七、除储蓄存款利息所得以外的个人所得税(包括个人独资、合伙企业的个人所得税),仍由地方税务局负责征收管理。

各级国家税务局、地方税务局应认真贯彻执行所得税分享体制改革的有关规定,加强国税局、地税局之间以及和工商等行政管理部门之间的工作联系,互通信息,密切配合,保证改革的顺利实施。

国家税务总局关于涉税案件在刑事审判期间是否应当中止税务行政复议问题的批复

国税函〔2002〕130 号

福建省地方税务局:

你局《关于在刑事审判期间是否应当中止行政复议问题的请示》(闽地税发〔2001〕130 号)收悉。经研究,现批复如下:

一、关于在刑事审判期间是否应当中止行政复议的问题,法律、法规无明确规定,因此,除依法定条件外,在刑事审判期间,不应中止行政复议。

二、为了处理好此类案件,税务机关应加强与司法机关的工作联系与协调。

【注释】 对《税收征收管理法》第 88 条进行了解释。

国家税务总局关于稽查局有关执法权限的批复

国税函〔2003〕561 号

青岛市国家税务局:

你局《关于稽查局有关执法权限的请示》(青国税发〔2003〕101号)收悉。经研究,现批复如下:

《中华人民共和国税收征收管理法》及其实施细则中规定应当经县以上税务局(分局)局长批准后实施的各项权力,各级税务局所属的稽查局局长无权批准。

【注释】 对《税收征收管理法》第14条进行了解释。对《税收征收管理法实施细则》第9条进行了解释。

税务登记管理办法

国家税务总局令第7号

第一章　总　则

第一条　为了规范税务登记管理,加强税源监控,根据《中华人民共和国税收征收管理法》(以下简称《税收征管法》)以及《中华人民共和国税收征收管理法实施细则》(以下简称《实施细则》)的规定,制定本办法。

第二条　企业,企业在外地设立的分支机构和从事生产、经营的场所,个体工商户和从事生产、经营的事业单位,均应当按照《税收征管法》及《实施细则》和本办法的规定办理税务登记。

前款规定以外的纳税人,除国家机关、个人和无固定生产、经营场所的流动性农村小商贩外,也应当按照《税收征管法》及《实施细则》和本办法的规定办理税务登记。

根据税收法律、行政法规的规定负有扣缴税款义务的扣缴义务人(国家机关除外),应当按照《税收征管法》及《实施细则》和本办法的规定办理扣缴税款登记。

第三条　县以上(含本级,下同)国家税务局(分局)、地方税务局(分局)是税务登记的主管税务机关,负责税务登记的设立登记、变更登记、注销登记和税务登记证验证、换证以及非正常户处理、报验登记等有关事项。

第四条　税务登记证件包括税务登记证及其副本、临时税务登记证及其副本。

扣缴税款登记证件包括扣缴税款登记证及其副本。

第五条　国家税务局(分局)、地方税务局(分局)按照国务院规定的税收征收管理范围,实施属地管理,采取联合登记或分别登记的方式办理税务登记。有条件的城市,国家税务局(分局)、地方税务局(分局)可以按照“各区分散受理、全市集中处理”的原则办理税务登记。

国家税务局(分局)、地方税务局(分局)联合办理税务登记的,应当对同一纳税人核发同一份加盖国家税务局(分局)、地方税务局(分局)印章的税务登记证。

第六条　国家税务局(分局)、地方税务局(分局)之间对纳税人税务登记的主管税务机关发生争议的,由其上一级国家税务局、地方税务局共同协商解决。

第七条　国家税务局(分局)、地方税务局(分局)执行统一税务登记代码。税务登记代码由省级国家税务局、地方税务局联合编制,统一下发各地执行。

已领取组织机构代码的纳税人税务登记代码为:区域码+国家技术监督部门设定的组织机构代码;个体工商户税务登记代码为其居民身份证号码;从事生产、经营的外籍、港、澳、台人员税务登记代码为:区域码+相应的有效证件(如护照,香港、澳门、台湾居民往来大陆通行证等)号码。

第八条　国家税务局(分局)、地方税务局(分局)应定期相互通报税务登记情况,相互及时提供纳税人的登记信息,加强税务登记管理。

第九条　纳税人办理下列事项时,必须提供税务登记证件:

(一)开立银行账户;

(二)领购发票。

纳税人办理其他税务事项时,应当出示税务登记证件,经税务机关核准相关信息后办理手续。

第二章 设立登记

第十条 企业，企业在外地设立的分支机构和从事生产、经营的场所，个体工商户和从事生产、经营的事业单位(以下统称从事生产、经营的纳税人)，向生产、经营所在地税务机关申报办理税务登记：

(一)从事生产、经营的纳税人领取工商营业执照(含临时工商营业执照)的，应当自领取工商营业执照之日起30日内申报办理税务登记，税务机关核发税务登记证及副本(纳税人领取临时工商营业执照的，税务机关核发临时税务登记证及副本)；

(二)从事生产、经营的纳税人未办理工商营业执照但经有关部门批准设立的，应当自有关部门批准设立之日起30日内申报办理税务登记，税务机关核发税务登记证及副本；

(三)从事生产、经营的纳税人未办理工商营业执照也未经有关部门批准设立的，应当自纳税义务发生之日起30日内申报办理税务登记，税务机关核发临时税务登记证及副本；

(四)有独立的生产经营权、在财务上独立核算并定期向发包人或者出租人上交承包费或租金的承包承租人，应当自承包承租合同签订之日起30日内，向其承包承租业务发生地税务机关申报办理税务登记，税务机关核发临时税务登记证及副本；

(五)从事生产、经营的纳税人外出经营，自其在同一县(市)实际经营或提供劳务之日起，在连续的12个月内累计超过180天的，应当自期满之日起30日内，向生产、经营所在地税务机关申报办理税务登记，税务机关核发临时税务登记证及副本；

(六)境外企业在中国境内承包建筑、安装、装配、勘探工程和提供劳务的，应当自项目合同或协议签订之日起30日内，向项目所在地税务机关申报办理税务登记，税务机关核发临时税务登记证及副本。

第十一条 本办法第十条规定以外的其他纳税人，除国家机关、个人和无固定生产、经营场所的流动性农村小商贩外，均应当自纳税义务发生之日起30日内，向纳税义务发生地税务机关申报办理税务登记，税务机关核发税务登记证及副本。

第十二条 税务机关对纳税人税务登记地点发生争议的，由其共同的上级税务机关指定管辖。国家税务局(分局)、地方税务局(分局)之间对纳税人的税务登记发生争议的，依照本办法第六条的规定处理。

第十三条 纳税人在申报办理税务登记时，应当根据不同情况向税务机关如实提供以下证件和资料：

(一)工商营业执照或其他核准执业证件；

(二)有关合同、章程、协议书；

(三)组织机构统一代码证书；

(四)法定代表人或负责人或业主的居民身份证、护照或者其他合法证件。

其他需要提供的有关证件、资料，由省、自治区、直辖市税务机关确定。

第十四条 纳税人在申报办理税务登记时，应当如实填写税务登记表。

税务登记表的主要内容包括：

(一)单位名称、法定代表人或者业主姓名及其居民身份证、护照或者其他合法证件的号码；

(二)住所、经营地点；

(三)登记类型；

(四)核算方式；

(五)生产经营方式；

(六)生产经营范围；

(七)注册资金(资本)、投资总额；

(八)生产经营期限；

(九)财务负责人、联系电话；

(十)国家税务总局确定的其他有关事项。

第十五条 纳税人提交的证件和资料齐全且税务登记表的填写内容符合规定的，税务机关应及时发放税务登记证件。纳税人提交的证件和资料不齐全或税务登记表的填写内容不符合规定的，税务机关应当场通知其补正或重新填报。纳税人提交的证件和资料明显有疑点的，税务机关应进行实地调查，核实后予以发放税务登记证件。

第十六条　税务登记证件的主要内容包括：纳税人名称、税务登记代码、法定代表人或负责人、生产经营地址、登记类型、核算方式、生产经营范围（主营、兼营）、发证日期、证件有效期等。

第十七条　已办理税务登记的扣缴义务人应当自扣缴义务发生之日起 30 日内，向税务登记地税务机关申报办理扣缴税款登记。税务机关在其税务登记证件上登记扣缴税款事项，税务机关不再发给扣缴税款登记证件。

根据税收法律、行政法规的规定可不办理税务登记的扣缴义务人，应当自扣缴义务发生之日起 30 日内，向机构所在地税务机关申报办理扣缴税款登记。税务机关核发扣缴税款登记证件。

第三章　变更登记

第十八条　纳税人税务登记内容发生变化的，应当向原税务登记机关申报办理变更税务登记。

第十九条　纳税人已在工商行政管理机关办理变更登记的，应当自工商行政管理机关变更登记之日起 30 日内，向原税务登记机关如实提供下列证件、资料，申报办理变更税务登记：

（一）工商登记变更表及工商营业执照；

（二）纳税人变更登记内容的有关证明文件；

（三）税务机关发放的原税务登记证件（登记证正、副本和登记表等）；

（四）其他有关资料。

第二十条　纳税人按照规定不需要在工商行政管理机关办理变更登记，或者其变更登记的内容与工商登记内容无关的，应当自税务登记内容实际发生变化之日起 30 日内，或者自有关机关批准或者宣布变更之日起 30 日内，持下列证件到原税务登记机关申报办理变更税务登记：

（一）纳税人变更登记内容的有关证明文件；

（二）税务机关发放的原税务登记证件（登记证正、副本和税务登记表等）；

（三）其他有关资料。

第二十一条　纳税人提交的有关变更登记的证件、资料齐全的，应如实填写税务登记变更表，经税务机关审核，符合规定的，税务机关应予以受理；不符合规定的，税务机关应通知其补正。

第二十二条　税务机关应当自受理之日起 30 日内，审核办理变更税务登记。纳税人税务登记表和税务登记证中的内容都发生变更的，税务机关按变更后的内容重新核发税务登记证件；纳税人税务登记表的内容发生变更而税务登记证中的内容未发生变更的，税务机关不重新核发税务登记证件。

第四章　停业、复业登记

第二十三条　实行定期定额征收方式的个体工商户需要停业的，应当在停业前向税务机关申报办理停业登记。纳税人的停业期限不得超过一年。

第二十四条　纳税人在申报办理停业登记时，应如实填写停业申请登记表，说明停业理由、停业期限、停业前的纳税情况和发票的领、用、存情况，并结清应纳税款、滞纳金、罚款。税务机关应收存其税务登记证件及副本、发票领购簿、未使用完的发票和其他税务证件。

第二十五条　纳税人在停业期间发生纳税义务的，应当按照税收法律、行政法规的规定申报缴纳税款。

第二十六条　纳税人应当于恢复生产经营之前，向税务机关申报办理复业登记，如实填写《停、复业报告书》，领回并启用税务登记证件、发票领购簿及其停业前领购的发票。

第二十七条　纳税人停业期满不能及时恢复生产经营的，应当在停业期满前向税务机关提出延长停业登记申请，并如实填写《停、复业报告书》。

第五章　注销登记

第二十八条　纳税人发生解散、破产、撤销以及其他情形，依法终止纳税义务的，应当在向工商行政管理机关或者其他机关办理注销登记前，持有关证件和资料向原税务登记机关申报办理注销税务登记；按规定不需要在工商行政管理机关或者其他机关办理注册登记的，应当自有关机关批准或者宣告终止之日起 15 日内，持有关证件和资料向原税务登记机关申报办理注销税务登记。

纳税人被工商行政管理机关吊销营业执照或者被其他机关予以撤销登记的，应当自营业执照被吊销或者被撤销登记之日起15日内，向原税务登记机关申报办理注销税务登记。

第二十九条 纳税人因住所、经营地点变动，涉及改变税务登记机关的，应当在向工商行政管理机关或者其他机关申请办理变更、注销登记前，或者住所、经营地点变动前，持有关证件和资料，向原税务登记机关申报办理注销税务登记，并自注销税务登记之日起30日内向迁达地税务机关申报办理税务登记。

第三十条 境外企业在中国境内承包建筑、安装、装配、勘探工程和提供劳务的，应当在项目完工、离开中国前15日内，持有关证件和资料，向原税务登记机关申报办理注销税务登记。

第三十一条 纳税人办理注销税务登记前，应当向税务机关提交相关证明文件和资料，结清应纳税款、多退(免)税款、滞纳金和罚款，缴销发票、税务登记证件和其他税务证件，经税务机关核准后，办理注销税务登记手续。

第六章 外出经营报验登记

第三十二条 纳税人到外县(市)临时从事生产经营活动的，应当在外出生产经营以前，持税务登记证向主管税务机关申请开具《外出经营活动税收管理证明》(以下简称《外管证》)。

第三十三条 税务机关按照一地一证的原则，核发《外管证》,《外管证》的有效期限一般为30日，最长不得超过180天。

第三十四条 纳税人应当在《外管证》注明地进行生产经营前向当地税务机关报验登记，并提交下列证件、资料：

(一)税务登记证件副本；

(二)《外管证》。

纳税人在《外管证》注明地销售货物的，除提交以上证件、资料外，应如实填写《外出经营货物报验单》，申报查验货物。

第三十五条 纳税人外出经营活动结束，应当向经营地税务机关填报《外出经营活动情况申报表》，并结清税款、缴销发票。

第三十六条 纳税人应当在《外管证》有效期届满后10日内，持《外管证》回原税务登记地税务机关办理《外管证》缴销手续。

第七章 证照管理

第三十七条 税务机关应当加强税务登记证件的管理，采取实地调查、上门验证等方法，或者结合税务部门和工商部门之间，以及国家税务局(分局)、地方税务局(分局)之间的信息交换比对进行税务登记证件的管理。

第三十八条 税务登记证式样改变，需统一换发税务登记证的，由国家税务总局确定。

第三十九条 纳税人、扣缴义务人遗失税务登记证件的，应当自遗失税务登记证件之日起15日内，书面报告主管税务机关，如实填写《税务登记证件遗失报告表》，并将纳税人的名称、税务登记证件名称、税务登记证件号码、税务登记证件有效期、发证机关名称在税务机关认可的报刊上作遗失声明，凭报刊上刊登的遗失声明向主管税务机关申请补办税务登记证件。

第八章 非正常户处理

第四十条 已办理税务登记的纳税人未按照规定的期限申报纳税，在税务机关责令其限期改正后，逾期不改正的，税务机关应当派员实地检查，查无下落并且无法强制其履行纳税义务的，由检查人员制作非正常户认定书，存入纳税人档案，税务机关暂停其税务登记证件、发票领购簿和发票的使用。

第四十一条 纳税人被列入非正常户超过三个月的，税务机关可以宣布其税务登记证件失效，其应纳税款的追征仍按《税收征管法》及其《实施细则》的规定执行。

第九章 法律责任

第四十二条 纳税人未按照规定期限申报办理税务登记、变更或者注销登记的，税务机关应当自发现之日起 3 日内责令其限期改正，并依照《税收征管法》第六十条第一款的规定处罚。

纳税人不办理税务登记的，税务机关应当自发现之日起 3 日内责令其限期改正；逾期不改正的，依照《税收征管法》第六十条第一款和第二款的规定处罚。

第四十三条　纳税人未按照规定使用税务登记证件，或者转借、涂改、损毁、买卖、伪造税务登记证件的，依照《税收征管法》第六十条第三款的规定处罚。

第四十四条　纳税人通过提供虚假的证明资料等手段，骗取税务登记证的，处 2000 元以下的罚款；情节严重的，处 2000 元以上 10000 元以下的罚款。纳税人涉嫌其他违法行为的，按有关法律、行政法规的规定处理。

第四十五条　扣缴义务人未按照规定办理扣缴税款登记的，税务机关应当自发现之日起 3 日内责令其限期改正，并可处以 2000 元以下的罚款。

第四十六条　纳税人、扣缴义务人违反本办法规定，拒不接受税务机关处理的，税务机关可以收缴其发票或者停止向其发售发票。

第四十七条　税务人员徇私舞弊或者玩忽职守，违反本办法规定为纳税人办理税务登记相关手续，或者滥用职权，故意刁难纳税人、扣缴义务人的，调离工作岗位，并依法给予行政处分。

第十章　附　　则

第四十八条　本办法涉及的标识、戳记和文书式样，由国家税务总局确定。

第四十九条　本办法由国家税务总局负责解释。各省、自治区、直辖市和计划单列市国家税务局、地方税务局可根据本办法制定具体的实施办法。

第五十条　本办法自 2004 年 2 月 1 日起施行。

【注释】　对《税收征收管理法》第 15—18 条进行了解释。对《税收征收管理法实施细则》第 10—21 条进行了解释。

国家税务总局关于国家税务局与地方税务局联合办理税务登记有关问题的通知

国税发〔2004〕57 号

各省、自治区、直辖市和计划单列市国家税务局、地方税务局：

为了进一步加强税收征管，提高工作效率，优化纳税服务，降低办税成本，促进信息共享，贯彻实施税收征管法律、法规和《税务登记管理办法》，现将国税局、地税局联合办理税务登记的有关问题通知如下：

一、各级税务机关要充分认识联合办理税务登记的意义，统一思想认识，积极创造条件；两家税务局之间应密切配合，协商研究，实现税务登记的联合办证，稳步推进这项工作。

二、联合办理税务登记的内容。

联合办理税务登记是指纳税人只向一家税务机关申报办理税务登记，由受理税务机关核发一份代表国税局和地税局共同进行税务登记管理的税务登记证件。

联合办理税务登记的工作范围包括两家税务机关共同管辖的纳税人新办税务登记、变更税务登记、注销税务登记、税务登记违章处理以及其他税务登记管理工作。

三、工作规程：

（一）设立登记：纳税人填报税务登记表并提交附报资料齐全的，受理税务机关审核后，对符合规定的，赋予纳税人识别号、打印、发放加盖双方税务机关印章的税务登记证件。受理发证税务机关于当天或不迟于第二天将纳税人税务登记表及附报资料一份传递到另一家税务机关，及时将这户纳税人纳入管理。

（二）变更登记：纳税人税务登记内容发生变更的，应当向发证税务机关申报办理变更登记，经审核后由发证税务机关办理变更登记手续，并将信息传递到另一家税务机关。

（三）注销登记：办理注销税务登记时，纳税人向发证税务机关申报办理，由发证税务机关将信息传递到另一家税务机关，两家共同办理。

（四）违章处理：纳税人有违反税务登记管理行为的，由发现的税务机关进行处理，并通知另一家税务机关，另一家税务机关不再进行处罚。

四、制度建设。

国税局、地税局应加强联合办理税务登记制度建设，按照税收征管法律、法规和《税务登记管理办法》的规定和要求，共同执行统一的纳税人适用的税务登记种类、税务登记类型、税务登记表、附报资料、纳税人识别号赋码原则以及违反税务登记管理行为的处理办法等，共同执行经核准的统一的税务登记证工本费收费标准。

国税局、地税局应加强信息化建设，不断改进信息传递方式；联合办证及变更和注销登记时，受理税务机关要加强内部管理，严格岗位责任制的落实，税务人员要加强责任心，及时、完整传递资料信息，以进一步提高工作效率，更好地为纳税人服务。

各省、自治区、直辖市和计划单列市国家税务局、地方税务局可以根据本通知的规定共同制定具体的实施办法。

【注释】 对《税收征收管理法》第15条进行了解释。对《税收征收管理法实施细则》第5条进行了解释。

国家税务总局关于纳税人遗失完税凭证后处理办法的批复

国税函〔2004〕761号

上海市国家税务局：

你局《关于纳税人遗失完税凭证后处理办法的请示》（沪国税计〔2004〕20号）收悉，现批复如下：

纳税人遗失完税凭证后，经纳税人申请，主管税务机关核实税款确已缴纳的，可以向其提供原完税凭证的复印件，也可以为其补开相关完税凭证，并在补开的完税凭证的备注栏注明：原××号完税凭证遗失作废。

欠税公告办法（试行）

国家税务总局令第9号

第一条 为了规范税务机关的欠税公告行为，督促纳税人自觉缴纳欠税，防止新的欠税的发生，保证国家税款的及时足额入库，根据《中华人民共和国税收征收管理法》（以下简称《税收征管法》）及其实施细则的规定，制定本办法。

第二条 本办法所称公告机关为县以上（含县）税务局。

第三条 本办法所称欠税是指纳税人超过税收法律、行政法规规定的期限或者纳税人超过税务机关依照税收法律、行政法规规定确定的纳税期限（以下简称税款缴纳期限）未缴纳的税款，包括：

（一）办理纳税申报后，纳税人未在税款缴纳期限内缴纳的税款；

（二）经批准延期缴纳的税款期限已满，纳税人未在税款缴纳期限内缴纳的税款；

（三）税务检查已查定纳税人的应补税额，纳税人未在税款缴纳期限内缴纳的税款；

（四）税务机关根据《税收征管法》第二十七条、第三十五条核定纳税人的应纳税额，纳税人未在税款缴纳期限内缴纳的税款；

（五）纳税人的其他未在税款缴纳期限内缴纳的税款。

税务机关对前款规定的欠税数额应当及时核实。

本办法公告的欠税不包括滞纳金和罚款。

第四条　公告机关应当按期在办税场所或者广播、电视、报纸、期刊、网络等新闻媒体上公告纳税人的欠缴税款情况。

（一）企业或单位欠税的，每季公告一次；

（二）个体工商户和其他个人欠税的，每半年公告一次；

（三）走逃、失踪的纳税户以及其他经税务机关查无下落的非正常户欠税的，随时公告。

第五条　欠税公告内容如下：

（一）企业或单位欠税的，公告企业或单位的名称、纳税人识别号、法定代表人或负责人姓名、居民身份证或其他有效身份证件号码、经营地点、欠税税种、欠税余额和当期新发生的欠税金额；

（二）个体工商户欠税的，公告业户名称、业主姓名、纳税人识别号、居民身份证或其他有效身份证件号码、经营地点、欠税税种、欠税余额和当期新发生的欠税金额；

（三）个人（不含个体工商户）欠税的，公告其姓名、居民身份证或其他有效身份证件号码、欠税税种、欠税余额和当期新发生的欠税金额。

第六条　企业、单位纳税人欠缴税款200万元以下（不含200万元），个体工商户和其他个人欠缴税款10万元以下（不含10万元）的由县级税务局（分局）在办税服务厅公告。

企业、单位纳税人欠缴税款200万元以上（含200万元），个体工商户和其他个人欠缴税款10万元以上（含10万元）的，由地（市）级税务局（分局）公告。

对走逃、失踪的纳税户以及其他经税务机关查无下落的纳税人欠税的，由各省、自治区、直辖市和计划单列市国家税务局、地方税务局公告。

第七条　对按本办法规定需要由上级公告机关公告的纳税人欠税信息，下级公告机关应及时上报。具体的时间和要求由各省、自治区、直辖市和计划单列市税务局确定。

第八条　公告机关在欠税公告前，应当深入细致地对纳税人欠税情况进行确认，重点要就欠税统计清单数据与纳税人分户台账记载数据、账簿记载书面数据与信息系统记录电子数据逐一进行核对，确保公告数据的真实、准确。

第九条　欠税一经确定，公告机关应当以正式文书的形式签发公告决定，向社会公告。

欠税公告的数额实行欠税余额和新增欠税相结合的办法，对纳税人的以下欠税，税务机关可不公告：

一、已宣告破产，经法定清算后，依法注销其法人资格的企业欠税；

二、被责令撤销、关闭，经法定清算后，被依法注销或吊销其法人资格的企业欠税；

三、已经连续停止生产经营一年（按日历日期计算）以上的企业欠税；

四、失踪两年以上的纳税人的欠税。

公告决定应当列为税收征管资料档案，妥善保存。

第十条　公告机关公告纳税人欠税情况不得超出本办法规定的范围，并应依照《税收征管法》及其实施细则的规定对纳税人的有关情况进行保密。

第十一条　欠税发生后，除依照本办法公告外，税务机关应当依法催缴并严格按日计算加收滞纳金，直至采取税收保全、税收强制执行措施清缴欠税。任何单位和个人不得以欠税公告代替税收保全、税收强制执行等法定措施的实施，干扰清缴欠税。各级公告机关应指定部门负责欠税公告工作，并明确其他有关职能部门的相关责任，加强欠税管理。

第十二条　公告机关应公告不公告或者应上报不上报，给国家税款造成损失的，上级税务机关除责令其改正外，应按《国家公务员暂行条例》和《人事部关于国家公务员纪律惩戒有关问题的通知》规定，对直接责任人员予以处理。

第十三条　扣缴义务人、纳税担保人的欠税公告参照本办法的规定执行。

第十四条　各省、自治区、直辖市和计划单列市税务局可以根据本办法制定具体实施细则。

第十五条　本办法由国家税务总局负责解释。

第十六条　本办法自二〇〇五年元月一日起施行。

【注释】 对《税收征收管理法》第27、35、45条进行了解释。对《税收征收管理法实施细则》第76条进行了解释。

国家税务总局关于延期缴纳税款有关问题的通知

国税函〔2004〕1406号

各省、自治区、直辖市和计划单列市国家税务局、地方税务局，扬州税务进修学院，局内各单位：

为进一步加强延期缴纳税款的审批管理，维护国家的税收权益，现对有关问题明确如下：

《中华人民共和国税收征收管理法实施细则》第四十一条规定纳税人"当期货币资金在扣除应付职工工资、社会保险费后，不足以缴纳税款的"，经批准可延期缴纳税款。此条规定中的"当期货币资金"是指纳税人申请延期缴纳税款之日的资金余额，其中不含国家法律和行政法规明确规定企业不可动用的资金；"应付职工工资"是指当期计提数。

【注释】 对《税收征收管理法实施细则》第41条进行了解释。

税收减免管理办法(试行)

国税发〔2005〕129号

第一章 总 则

第一条 为规范和加强减免税管理工作，根据《中华人民共和国税收征收管理法》(以下简称税收征管法)及其实施细则和有关税收法律、法规、规章对减免税的规定，制定本办法。

第二条 本办法所称的减免税是指依据税收法律、法规以及国家有关税收规定(以下简称税法规定)给予纳税人减税、免税。减税是指从应纳税款中减征部分税款；免税是指免征某一税种、某一项目的税款。

第三条 各级税务机关应遵循依法、公开、公正、高效、便利的原则，规范减免税管理。

第四条 减免税分为报批类减免税和备案类减免税。报批类减免税是指应由税务机关审批的减免税项目；备案类减免税是指取消审批手续的减免税项目和不需税务机关审批的减免税项目。

第五条 纳税人享受报批类减免税，应提交相应资料，提出申请，经按本办法规定具有审批权限的税务机关(以下简称有权税务机关)审批确认后执行。未按规定申请或虽申请但未经有权税务机关审批确认的，纳税人不得享受减免税。

纳税人享受备案类减免税，应提请备案，经税务机关登记备案后，自登记备案之日起执行。纳税人未按规定备案的，一律不得减免税。

第六条 纳税人同时从事减免项目与非减免项目的，应分别核算，独立计算减免项目的计税依据以及减免税额度。不能分别核算的，不能享受减免税；核算不清的，由税务机关按合理方法核定。

第七条 纳税人依法可以享受减免税待遇，但未享受而多缴税款的，凡属于无明确规定需经税务机关审批或没有规定申请期限的，纳税人可以在税收征管法第五十一条规定的期限内申请减免税，要求退还多缴的税款，但不加算银行同期存款利息。

第八条 减免税审批机关由税收法律、法规、规章设定。凡规定应由国家税务总局审批的，经由各省、自治区、直辖市和计划单列市税务机关上报国家税务总局；凡规定应由省级税务机关及省级以下税务机关审批的，由各省级税务机关审批或确定审批权限，原则上由纳税人所在地的县(区)税务机关审批；对减免税金额较大或减免税条件复杂的项目，各省、自治区、直辖市和计划单列市税务机关可根据效能与便民、监督与责任的原则适当划分审批权限。

各级税务机关应按照规定的权限和程序进行减免税审批，禁止越权和违规审批减免税。

第二章 减免税的申请、申报和审批实施

第九条 纳税人申请报批类减免税的，应当在政策规定的减免税期限内，向主管税务机关提出书面申请，并报送以下资料：

（一）减免税申请报告，列明减免税理由、依据、范围、期限、数量、金额等。

（二）财务会计报表、纳税申报表。

（三）有关部门出具的证明材料。

（四）税务机关要求提供的其他资料。

纳税人报送的材料应真实、准确、齐全。税务机关不得要求纳税人提交与其申请的减免税项目无关的技术资料和其他材料。

第十条 纳税人可以向主管税务机关申请减免税，也可以直接向有权审批的税务机关申请。

由纳税人所在地主管税务机关受理、应当由上级税务机关审批的减免税申请，主管税务机关应当自受理申请之日起10个工作日内直接上报有权审批的上级税务机关。

第十一条 税务机关对纳税人提出的减免税申请，应当根据以下情况分别作出处理：

（一）申请的减免税项目，依法不需要由税务机关审查后执行的，应当即时告知纳税人不受理。

（二）申请的减免税材料不详或存在错误的，应当告知并允许纳税人更正。

（三）申请的减免税材料不齐全或者不符合法定形式的，应在5个工作日内一次告知纳税人需要补正的全部内容。

（四）申请的减免税材料齐全、符合法定形式的，或者纳税人按照税务机关的要求提交全部补正减免税材料的，应当受理纳税人的申请。

第十二条 税务机关受理或者不予受理减免税申请，应当出具加盖本机关专用印章和注明日期的书面凭证。

第十三条 减免税审批是对纳税人提供的资料与减免税法定条件的相关性进行的审核，不改变纳税人真实申报责任。

税务机关需要对申请材料的内容进行实地核实的，应当指派2名以上工作人员按规定程序进行实地核查，并将核查情况记录在案。上级税务机关对减免税实地核查工作量大、耗时长的，可委托企业所在地区县级税务机关具体组织实施。

第十四条 减免税期限超过1个纳税年度的，进行一次性审批。

纳税人享受减免税的条件发生变化的，应自发生变化之日起15个工作日内向税务机关报告，经税务机关审核后，停止其减免税。

第十五条 有审批权的税务机关对纳税人的减免税申请，应按以下规定时限及时完成审批工作，作出审批决定：

县、区级税务机关负责审批的减免税，必须在20个工作日作出审批决定；地市级税务机关负责审批的，必须在30个工作日内作出审批决定；省级税务机关负责审批的，必须在60个工作日内作出审批决定。在规定期限内不能作出决定的，经本级税务机关负责人批准，可以延长10个工作日，并将延长期限的理由告知纳税人。

第十六条 减免税申请符合法定条件、标准的，有权税务机关应当在规定的期限内作出准予减免税的书面决定。依法不予减免税的，应当说明理由，并告知纳税人享有依法申请行政复议或者提起行政诉讼的权利。

第十七条 税务机关作出的减免税审批决定，应当自作出决定之日起10个工作日内向纳税人送达减免税审批书面决定。

第十八条 减免税批复未下达前，纳税人应按规定办理申报缴纳税款。

第十九条 纳税人在执行备案类减免税之前，必须向主管税务机关申报以下资料备案：

（一）减免税政策的执行情况。

（二）主管税务机关要求提供的有关资料。

主管税务机关应在受理纳税人减免税备案后7个工作日内完成登记备案工作，并告知纳税人执行。

第三章 减免税的监督管理

第二十条 纳税人已享受减免税的，应当纳入正常申报，进行减免税申报。

纳税人享受减免税到期的，应当申报缴纳税款。

税务机关和税收管理员应当对纳税人已享受减免税情况加强管理监督。

第二十一条 税务机关应结合纳税检查、执法检查或其他专项检查，每年定期对纳税人减免税事项进行清查、清理，加强监督检查，主要内容包括：

（一）纳税人是否符合减免税的资格条件，是否以隐瞒有关情况或者提供虚假材料等手段骗取减免税。

（二）纳税人享受减免税的条件发生变化时，是否根据变化情况经税务机关重新审查后办理减免税。

（三）减免税税款有规定用途的，纳税人是否按规定用途使用减免税款；有规定减免税期限的，是否到期恢复纳税。

（四）是否存在纳税人未经税务机关批准自行享受减免税的情况。

（五）已享受减免税是否未申报。

第二十二条 减免税的审批采取谁审批谁负责制度，各级税务机关应将减免税审批纳入岗位责任制考核体系中，建立税收行政执法责任追究制度。

（一）建立健全审批跟踪反馈制度。各级税务机关应当定期对审批工作情况进行跟踪与反馈，适时完善审批工作机制。

（二）建立审批案卷评查制度。各级审批机关应当建立各类审批资料案卷，妥善保管各类案卷资料，上级税务机关应定期对案卷资料进行评查。

（三）建立层级监督制度。上级税务机关应建立经常性的监督的制度，加强对下级税务机关减免税审批工作的监督，包括是否按本办法规定的权限、条件、时限等实施减免税审批工作。

第二十三条 税务机关应按本办法规定的时间和程序，按照公正透明、廉洁高效和方便纳税人的原则，及时受理和审批纳税人申请的减免税事项。非因客观原因未能及时受理或审批的，或者未按规定程序审批和核实造成审批错误的，应按税收征管法和税收执法责任制的有关规定追究责任。

第二十四条 纳税人实际经营情况不符合减免税规定条件的或采用欺骗手段获取减免税的、享受减免税条件发生变化未及时向税务机关报告的，以及未按本办法规定程序报批而自行减免税的，税务机关按照税收征管法有关规定予以处理。

因税务机关责任审批或核实错误，造成企业未缴或少缴税款，应按税收征管法第五十二条规定执行。

税务机关越权减免税的，按照税收征管法第八十四条的规定处理。

第二十五条 税务机关应按照实质重于形式原则对企业的实际经营情况进行事后监督检查。检查中，发现有关专业技术或经济鉴证部门认定失误的，应及时与有关认定部门协调沟通，提请纠正，及时取消有关纳税人的优惠资格，督促追究有关责任人的法律责任。有关部门非法提供证明的，导致未缴、少缴税款的，按《中华人民共和国税收征收管理法实施细则》第九十三条规定予以处理。

第四章 减免税的备案

第二十六条 主管税务机关应设立纳税人减免税管理台账，详细登记减免税的批准时间、项目、年限、金额，建立减免税动态管理监控机制。

第二十七条 属于“风、火、水、震”等严重自然灾害及国家确定的“老、少、边、穷”地区以及西部地区新办企业年度减免属于中央收入的税收达到或超过100万元的，国家税务总局不再审批，审批权限由各省级税务机关具体确定。审批税务机关应分户将减免税情况（包括减免税项目、减免依据、减免金额等）报省级税务机关备案。

第二十八条 各省、自治区、直辖市和计划单列市税务机关应在每年6月底前书面向国家税务总局报送上年度减免税情况和总结报告。由国家税务总局审批的减免税事项的落实情况应由省级税务机关书面报告。

减免税总结报告内容包括：减免税基本情况和分析；减免税政策落实情况及存在问题；减免税管理经验

以及建议。

第二十九条 减免税的核算统计办法另行规定下发。

第五章 附 则

第三十条 本办法自 2005 年 10 月 1 日起执行。以前规定与本办法相抵触的，按本办法执行。

第三十一条 各省、自治区、直辖市和计划单列市国家税务局、地方税务局可根据本办法制定具体实施方案。

【注释】 对《税收征收管理法》第 51、52、84 条进行了解释。对《税收征收管理法实施细则》第 93 条进行了解释。

国家税务总局关于欠税追缴期限有关问题的批复

国税函〔2005〕813 号

湖北省国家税务局：

你局《关于明确欠税追缴期限的请示》(鄂国税发〔2005〕82 号)收悉。经研究，批复如下：

按照《中华人民共和国税收征收管理法》(以下简称税收征管法)和其他税收法律、法规的规定，纳税人有依法缴纳税款的义务。纳税人欠缴税款的，税务机关应当依法追征，直至收缴入库，任何单位和个人不得豁免。税务机关追缴税款没有追征期的限制。

税收征管法第 52 条有关追征期限的规定，是指因税务机关或纳税人的责任造成未缴或少缴税款在一定期限内未发现的，超过此期限不再追征。纳税人已申报或税务机关已查处的欠缴税款，税务机关不受该条追征期规定的限制，应当依法无限期追缴税款。

【注释】 对《税收征收管理法》第 52 条进行了解释。

国家税务总局关于人民法院强制执行被执行人财产有关税收问题的复函

国税函〔2005〕869 号

最高人民法院：

你院《关于人民法院依法强制执行拍卖、变卖被执行人财产后，税务部门能否直接向人民法院征收营业税的征求意见稿》(〔2005〕执他字第 12 号)收悉。经研究，函复如下：

一、人民法院的强制执行活动属司法活动，不具有经营性质，不属于应税行为，税务部门不能向人民法院的强制执行活动征税。

二、无论拍卖、变卖财产的行为是纳税人的自主行为，还是人民法院实施的强制执行活动，对拍卖、变卖财产的全部收入，纳税人均应依法申报缴纳税款。

三、税收具有优先权。《中华人民共和国税收征收管理法》第四十五条规定，税务机关征收税款，税收优先于无担保债权，法律另有规定的除外；纳税人欠缴的税款发生在纳税人以其财产设定抵押、质押或者纳税人的财产被留置之前的，税收应当先于抵押权、质权、留置权执行。

四、鉴于人民法院实际控制纳税人因强制执行活动而被拍卖、变卖财产的收入，根据《中华人民共和国税收征收管理法》第五条的规定，人民法院应当协助税务机关依法优先从该收入中征收税款。

【注释】 对《税收征收管理法》第 5、45 条进行了解释。

国家税务总局关于完善税务登记管理若干问题的通知

国税发〔2006〕37 号

各省、自治区、直辖市和计划单列市国家税务局、地方税务局：

为了规范税务登记，加强户籍管理，严格税源监控，结合 2006 年全面换发税务登记证工作，现将税务登记管理中有关问题进一步明确如下：

一、税务登记的范围及管理

按照税收征管法及其实施细则和税务登记管理办法的有关规定，除国家机关、个人（自然人）和无固定生产、经营场所的流动性农村小商贩外，纳税人都应当申报办理税务登记。国家机关所属事业单位有经营行为、取得应税收入、财产、所得的，也应当办理税务登记。税务登记实行属地管理，纳税人应当到生产、经营所在地或者纳税义务发生地的主管税务机关申报办理税务登记。非独立核算的分支机构也应当按照规定分别向生产经营所在地税务机关办理税务登记。

二、纳税人识别号

单位纳税人识别号为 15 位码：行政区域码＋组织机构代码。其中的行政区域码为纳税人生产、经营地的行政区域码。对国家没有赋予行政区域码的各开发区，其行政区域码由省级国家税务局、地方税务局共同赋予第 5、6 位两位识别码。因税务机关调整管辖范围而使纳税人改变主管税务机关的，纳税人的纳税人识别号不变。企业分支机构也应当领取组织机构代码证书，按照规定编制纳税人识别号，办理税务登记。

个体工商户以及持回乡证、通行证、护照办理税务登记的纳税人，其纳税人识别号为身份证件号码加 2 位顺序码。已经取得组织机构代码的个体工商户的纳税人识别号为行政区域码加组织机构代码。

承包租赁经营的纳税人，应当以承包承租人的名义办理临时税务登记。个人承包租赁经营的，以承包承租人的身份证号码为基础加 2 位顺序码编制纳税人识别号；企业承包租赁经营的，以行政区域码加组织机构代码为纳税人识别号。

三、开户银行登录账号

按照税收征管法第十七条规定，从事生产、经营的纳税人应当持税务登记证副本开立账户，银行和其他金融机构应当在其税务登记证件副本中登录纳税人的账户、账号，纳税人再将其账户、账号书面报告税务机关。为了依法加强税收征管，落实税收征管法的规定，税务登记证换发后，纳税人及其开户银行应当按照规定履行义务，银行和其他金融机构在纳税人开户时在新的税务登记证副本中登录账号，手工填登的，应当盖章；纳税人应当自开立账户 15 日内将账号报告税务机关。未依法履行义务的，对纳税人按照税收征管法第六十条的规定处理；对纳税人的开户银行或其他金融机构按照税收征管法实施细则第九十二条的规定处理。

四、扣缴税款登记

按照税收征管法实施细则第十三条的规定，个人所得税扣缴义务人应当到所在地主管税务机关申报办理扣缴税款登记，领取扣缴税款登记证。对临时发生扣缴义务的扣缴义务人，不发扣缴税款登记证；对已办理税务登记的扣缴义务人，不发扣缴税款登记证，由税务机关在其税务登记证副本上登记扣缴税款事项。

扣缴义务人识别号按照扣缴义务人所在地行政区域码加组织机构代码编制。

五、临时税务登记证件的有效期限

承包租赁经营的，办理临时税务登记的期限为承包租赁期；

境外企业在中国境内承包建筑、安装、装配、勘探工程和提供劳务的，临时税务登记的期限为合同规定的承包期。

六、临时税务登记的管理

取得临时税务登记证的纳税人，可以凭临时税务登记证及副本按有关规定办理相关涉税事项。

税务机关应当加强对临时税务登记纳税人的管理。临时登记户领取营业执照的，应当自领取营业执照之日起 30 日内向税务机关申报转办为正式税务登记。对临时税务登记证件到期的纳税户，税务机关经审核后，应当继续办理临时税务登记。

对应领取而未领取工商营业执照临时经营的，不得办理临时税务登记，但必须照章征税，也不得向其出售发票；确需开具发票的，可以向税务机关申请，先缴税再由税务机关为其代开发票。

七、停复业登记管理

实行定期定额征收方式的个体工商户需要停业的，应当在停业前申报办理停业登记。

纳税人停业未按规定向主管税务机关申请停业登记的，应视为未停止生产经营；纳税人在批准的停业期间进行正常经营的，应按规定向主管税务机关办理纳税申报并缴纳税款。未按规定办理的，按照税收征管法的有关规定处理。

纳税人停业期满未按期复业又不申请延长停业的，税务机关应当视为已恢复生产经营，实施正常的税收管理。纳税人停业期满不向税务机关申报办理复业登记而复业的，主管税务机关经查实，责令限期改正，并按照税收征管法第六十条第一款的规定处理。

八、纳税人经营范围

纳税人应当在税务登记表中如实填写其经营范围；经有关部门批准的证件中没有具体列明经营范围的，纳税人应当按照实际经营情况填写。设立登记后，税务机关应当及时核实登记内容。纳税人经营范围变化后应当自发生变化之日起30日内向主管税务机关申报办理变更税务登记。

九、税务登记证件的管理

（一）临时税务登记转为税务登记的，税务机关收回临时税务登记证件，发放税务登记证件，纳税人补填税务登记表。

（二）税务登记证件丢失的，纳税人应登报声明作废；在丢失声明中应声明证件的发放日期。税务登记证件被税务机关宣布失效的，在失效公告中应公告证件的发证日期。

（三）补发税务登记证件的，应在税务登记证件中加盖“补发”戳记。

（四）纳税人在统一换发税务登记证件期限后仍未按照规定期限办理换证手续的，税务机关应当统一宣布其税务登记证件失效。

（五）税务机关应当根据纳税人条件要求纳税人亮证经营。

十、各省级国家税务局、地方税务局可以按照《税务登记管理办法》和本通知的规定制定具体的实施办法。

【注释】 对《税收征收管理法》第17条进行了解释。对《税收征收管理法实施细则》第13条进行了解释。

个体工商户税收定期定额征收管理办法

国家税务总局令第16号

第一条 为规范和加强个体工商户税收定期定额征收（以下简称定期定额征收）管理，公平税负，保护个体工商户合法权益，促进个体经济的健康发展，根据《中华人民共和国税收征收管理法》及其实施细则，制定本办法。

第二条 本办法所称个体工商户税收定期定额征收，是指税务机关依照法律、行政法规及本办法的规定，对个体工商户在一定经营地点、一定经营时期、一定经营范围内的应纳税经营额（包括经营数量）或所得额（以下简称定额）进行核定，并以此为计税依据，确定其应纳税额的一种征收方式。

第三条 本办法适用于经主管税务机关认定和县以上税务机关（含县级，下同）批准的生产、经营规模小，达不到《个体工商户建账管理暂行办法》规定设置账簿标准的个体工商户（以下简称定期定额户）的税收征收管理。

第四条 税务机关负责组织定额的核定工作。

国家税务局、地方税务局按照国务院规定的征管范围，分别核定其所管辖税种的定额。国家税务局和地方税务局应当加强协调、配合，共同制定联系制度，保证信息渠道畅通。

第五条 主管税务机关应当将定期定额户进行分类，在年度内按行业、区域选择一定数量并具有代表性的定期定额户，对其经营、所得情况进行典型调查，做出调查分析，填制有关表格。

典型调查户数应当占该行业、区域总户数的5%以上。具体比例由省级税务机关确定。

第六条 定额执行期的具体期限由省级税务机关确定，但最长不得超过一年。

定额执行期是指税务机关核定后执行的第一个纳税期至最后一个纳税期。

第七条 税务机关应当根据定期定额户的经营规模、经营区域、经营内容、行业特点、管理水平等因素核定定额，可以采用下列一种或两种以上的方法核定：

（一）按照耗用的原材料、燃料、动力等推算或者测算核定；

（二）按照成本加合理的费用和利润的方法核定；

（三）按照盘点库存情况推算或者测算核定；

（四）按照发票和相关凭据核定；

（五）按照银行经营账户资金往来情况测算核定；

（六）参照同类行业或类似行业中同规模、同区域纳税人的生产、经营情况核定；

（七）按照其他合理方法核定。

税务机关应当运用现代信息技术手段核定定额，增强核定工作的规范性和合理性。

第八条 税务机关核定定额程序：

（一）自行申报。定期定额户要按照税务机关规定的申报期限、申报内容向主管税务机关申报，填写有关申报文书。申报内容应包括经营行业、营业面积、雇佣人数和每月经营额、所得额以及税务机关需要的其他申报项目。

本项所称经营额、所得额为预估数。

（二）核定定额。主管税务机关根据定期定额户自行申报情况，参考典型调查结果，采取本办法第七条规定的核定方法核定定额，并计算应纳税额。

（三）定额公示。主管税务机关应当将核定定额的初步结果进行公示，公示期限为五个工作日。

公示地点、范围、形式应当按照便于定期定额户及社会各界了解、监督的原则，由主管税务机关确定。

（四）上级核准。主管税务机关根据公示意见结果修改定额，并将核定情况报经县以上税务机关审核批准后，填制《核定定额通知书》。

（五）下达定额。将《核定定额通知书》送达定期定额户执行。

（六）公布定额。主管税务机关将最终确定的定额和应纳税额情况在原公示范围内进行公布。

第九条 定期定额户应当建立收支凭证粘贴簿、进销货登记簿，完整保存有关纳税资料，并接受税务机关的检查。

第十条 依照法律、行政法规的规定，定期定额户负有纳税申报义务。

实行简易申报的定期定额户，应当在税务机关规定的期限内按照法律、行政法规规定缴清应纳税款，当期（指纳税期，下同）可以不办理申报手续。

第十一条 采用数据电文申报、邮寄申报、简易申报等方式的，经税务机关认可后方可执行。经确定的纳税申报方式在定额执行期内不予更改。

第十二条 定期定额户可以委托经税务机关认定的银行或其他金融机构办理税款划缴。凡委托银行或其他金融机构办理税款划缴的定期定额户，应当向税务机关书面报告开户银行及账号。其账户内存款应当足以按期缴纳当期税款。其存款余额低于当期应纳税款，致使当期税款不能按期入库的，税务机关按逾期缴纳税款处理；对实行简易申报的，按逾期办理纳税申报和逾期缴纳税款处理。

第十三条 定期定额户发生下列情形，应当向税务机关办理相关纳税事宜：

（一）定额与发票开具金额或税控收款机记录数据比对后，超过定额的经营额、所得额所应缴纳的税款；

（二）在税务机关核定定额的经营地点以外从事经营活动所应缴纳的税款。

第十四条 税务机关可以根据保证国家税款及时足额入库、方便纳税人、降低税收成本的原则，采用简化的税款征收方式，具体方式由省级税务机关确定。

第十五条 县以上税务机关可以根据当地实际情况，依法委托有关单位代征税款。税务机关与代征单位必须签订委托代征协议，明确双方的权利、义务和应当承担的责任，并向代征单位颁发委托代征证书。

第十六条 定期定额户经营地点偏远、缴纳税款数额较小，或者税务机关征收税款有困难的，税务机关可以按照法律、行政法规的规定简并征期。但简并征期最长不得超过一个定额执行期。

简并征期的税款征收时间为最后一个纳税期。

第十七条　通过银行或其他金融机构划缴税款的，其完税凭证可以到税务机关领取，或到税务机关委托的银行或其他金融机构领取；税务机关也可以根据当地实际情况采取邮寄送达，或委托有关单位送达。

第十八条　定期定额户在定额执行期结束后，应当以该期每月实际发生的经营额、所得额向税务机关申报，申报额超过定额的，按申报额缴纳税款；申报额低于定额的，按定额缴纳税款。具体申报期限由省级税务机关确定。

定期定额户当期发生的经营额、所得额超过定额一定幅度的，应当在法律、行政法规规定的申报期限内向税务机关进行申报并缴清税款。具体幅度由省级税务机关确定。

第十九条　定期定额户的经营额、所得额连续纳税期超过或低于税务机关核定的定额，应当提请税务机关重新核定定额，税务机关应当根据本办法规定的核定方法和程序重新核定定额。具体期限由省级税务机关确定。

第二十条　经税务机关检查发现定期定额户在以前定额执行期发生的经营额、所得额超过定额，或者当期发生的经营额、所得额超过定额一定幅度而未向税务机关进行纳税申报及结清应纳税款的，税务机关应当追缴税款、加收滞纳金，并按照法律、行政法规规定予以处理。其经营额、所得额连续纳税期超过定额，税务机关应当按照本办法第十九条的规定重新核定其定额。

第二十一条　定期定额户发生停业的，应当在停业前向税务机关书面提出停业报告；提前恢复经营的，应当在恢复经营前向税务机关书面提出复业报告；需延长停业时间的，应当在停业期满前向税务机关提出书面的延长停业报告。

第二十二条　税务机关停止定期定额户实行定期定额征收方式，应当书面通知定期定额户。

第二十三条　定期定额户对税务机关核定的定额有争议的，可以在接到《核定定额通知书》之日起 30 日内向主管税务机关提出重新核定定额申请，并提供足以说明其生产、经营真实情况的证据，主管税务机关应当自接到申请之日起 30 日内书面答复。

定期定额户也可以按照法律、行政法规的规定直接向上一级税务机关申请行政复议；对行政复议决定不服的，可以依法向人民法院提起行政诉讼。

定期定额户在未接到重新核定定额通知、行政复议决定书或人民法院判决书前，仍按原定额缴纳税款。

第二十四条　税务机关应当严格执行核定定额程序，遵守回避制度。税务人员个人不得擅自确定或更改定额。

税务人员徇私舞弊或者玩忽职守，致使国家税收遭受重大损失，构成犯罪的，依法追究刑事责任；尚不构成犯罪的，依法给予行政处分。

第二十五条　对违反本办法规定的行为，按照《中华人民共和国税收征收管理法》及其实施细则有关规定处理。

第二十六条　个人独资企业的税款征收管理比照本办法执行。

第二十七条　各省、自治区、直辖市国家税务局、地方税务局根据本办法制定具体实施办法，并报国家税务总局备案。

第二十八条　本办法自 2007 年 1 月 1 日起施行。1997 年 6 月 19 日国家税务总局发布的《个体工商户定期定额管理暂行办法》同时废止。

【注释】　对《税收征收管理法实施细则》第 36 条进行了解释。

国家税务总局关于个体工商户定期定额征收管理有关问题的通知

国税发〔2006〕183 号

各省、自治区、直辖市和计划单列市国家税务局、地方税务局：

国家税务总局令(第 16 号)发布的《个体工商户税收定期定额征收管理办法》(以下简称《办法》)将于 2007

年1月1日开始施行。为了有利于征纳双方准确理解和全面贯彻落实《办法》，现将有关问题明确如下：

一、《办法》第二条所称的"经营数量"，是指从量计征的货物数量。

二、对虽设置账簿，但账目混乱或成本资料、收入凭证、费用凭证残缺不全，难以查账的个体工商户，税务机关可以实行定期定额征收。

三、个人所得税附征率应当按照法律、行政法规的规定和当地实际情况，分地域、行业进行换算。

个人所得税可以按照换算后的附征率，依据增值税、消费税、营业税的计税依据实行附征。

四、核定定额的有关问题：

（一）定期定额户应当自行申报经营情况，对未按照规定期限自行申报的，税务机关可以不经过自行申报程序，按照《办法》第七条规定的方法核定其定额。

（二）税务机关核定定额可以到定期定额户生产、经营场所，对其自行申报的内容进行核实。

（三）运用个体工商户定额核定管理系统的，在采集有关数据时，应当由两名以上税务人员参加。

（四）税务机关不得委托其他单位核定定额。

五、新开业的个体工商户，在未接到税务机关送达的《核定定额通知书》前，应当按月向税务机关办理纳税申报，并缴纳税款。

六、对未达到起征点定期定额户的管理：

（一）税务机关应当按照核定程序核定其定额。对未达起征点的定期定额户，税务机关应当送达《未达起征点通知书》。

（二）未达到起征点的定期定额户月实际经营额达到起征点，应当在纳税期限内办理纳税申报手续，并缴纳税款。

（三）未达到起征点的定期定额户连续三个月达到起征点，应当向税务机关申报，提请重新核定定额。税务机关应当按照《办法》有关规定重新核定定额，并下达《核定定额通知书》。

七、定期定额户委托银行或其他金融机构划缴税款的，其账户内存款数额，应当足以缴纳当期税款。为保证税款及时入库，其存款入账的时间不得影响银行或其他金融机构在纳税期限内将其税款划缴入库。

八、定期定额户在定额执行期结束后，应当将该期每月实际发生经营额、所得额向税务机关申报（以下简称分月汇总申报），申报额超过定额的，税务机关按照申报额所应缴纳的税款减去已缴纳税款的差额补缴税款。

九、《办法》第二十条"……或者当期发生的经营额、所得额超过定额一定幅度……"中的"当期"，是指定额执行期内所有纳税期。

十、滞纳金的有关问题：

（一）定期定额户在定额执行期届满分月汇总申报时，月申报额高于定额又低于省税务机关规定申报幅度的应纳税款，在规定的期限内申报纳税不加收滞纳金。

（二）对实行简并征期的定期定额户，其按照定额所应缴纳的税款在规定的期限内申报纳税不加收滞纳金。

十一、实行简并征期的定期定额户，在简并征期结束后应当办理分月汇总申报。

十二、定期定额户的经营额、所得额连续纳税期超过或低于定额一定幅度的，应当提请税务机关重新核定定额。具体幅度由省税务机关确定。

十三、定期定额户注销税务登记，应当向税务机关进行分月汇总申报并缴清税款。其停业是否分月汇总申报由主管税务机关确定。

【注释】 对《个体工商户税收定期定额征收管理办法》进行了补充规定。

国家税务总局关于延期申报预缴税款滞纳金问题的批复

国税函〔2007〕753号

深圳市国家税务局：

你局《关于延期申报是否加收滞纳金问题的请示》(深国税发〔2007〕92 号)收悉。对于纳税人经税务机关批准延期申报,并在核准的延期内办理税款结算,因预缴税款小于实际应纳税额所产生的补税是否应当加收滞纳金的问题,经研究,批复如下:

一、《中华人民共和国税收征收管理法》(以下简称税收征管法)第二十七条规定,纳税人不能按期办理纳税申报的,经税务机关核准,可以延期申报,但要在纳税期内按照上期实际缴纳的税额或者税务机关核定的税额预缴税款,并在核准的延期内办理税款结算。预缴税款之后,按照规定期限办理税款结算的,不适用税收征管法第三十二条关于纳税人未按期缴纳税款而被加收滞纳金的规定。

二、经核准预缴税款之后按照规定办理税款结算而补缴税款的各种情形,均不适用加收滞纳金的规定。在办理税款结算之前,预缴的税额可能大于或小于应纳税额。当预缴税额大于应纳税额时,税务机关结算退税但不向纳税人计退利息;当预缴税额小于应纳税额时,税务机关在纳税人结算补税时不加收滞纳金。

三、当纳税人本期应纳税额远远大于比照上期税额的预缴税款时,延期申报则可能成为纳税人拖延缴纳税款的手段,造成国家税款被占用。为防止此类问题发生,税务机关在审核延期申报时,要结合纳税人本期经营情况来确定预缴税额,对于经营情况变动大的,应合理核定预缴税额,以维护国家税收权益,并保护真正需要延期申报的纳税人的权利。

【注释】　对《税收征收管理法》第 27、32 条进行了解释。

国家税务总局关于纳税人善意取得虚开增值税专用发票已抵扣税款加收滞纳金问题的批复

国税函〔2007〕1240 号

广东省国家税务局:

你局《关于纳税人善意取得增值税专用发票和其他抵扣凭证追缴税款是否加收滞纳金的请示》(粤国税发〔2007〕188 号)收悉。经研究,批复如下:

根据《国家税务总局关于纳税人善意取得虚开的增值税专用发票处理问题的通知》(国税发〔2000〕187号)规定,纳税人善意取得虚开的增值税专用发票指购货方与销售方存在真实交易,且购货方不知取得的增值税专用发票是以非法手段获得的。纳税人善意取得虚开的增值税专用发票,如能重新取得合法、有效的专用发票,准许其抵扣进项税款;如不能重新取得合法、有效的专用发票,不准其抵扣进项税款或追缴其已抵扣的进项税款。

纳税人善意取得虚开的增值税专用发票被依法追缴已抵扣税款的,不属于税收征收管理法第三十二条"纳税人未按照规定期限缴纳税款"的情形,不适用该条"税务机关除责令限期缴纳外,从滞纳税款之日起,按日加收滞纳税款万分之五的滞纳金"的规定。

【注释】　对《税收征收管理法》第 32 条进行了解释。

国家税务总局关于税收优先权包括滞纳金问题的批复

国税函〔2008〕1084 号

广东省国家税务局:

你局《关于税收优先权是否包括滞纳金的请示》(粤国税发〔2008〕225 号)收悉。现批复如下:

按照《中华人民共和国税收征收管理法》的立法精神,税款滞纳金与罚款两者在征收和缴纳时顺序不同,税款滞纳金在征缴时视同税款管理,税收强制执行、出境清税、税款追征、复议前置条件等相关条款都明确规定滞纳金随税款同时缴纳。税收优先权等情形也适用这一法律精神,《税收征管法》第四十五条规定的税收优先权执行时包括税款及其滞纳金。

国家税务总局关于纳税人权利与义务的公告

国家税务总局公告 2009 年第 1 号

为便于您全面了解纳税过程中所享有的权利和应尽的义务,帮助您及时、准确地完成纳税事宜,促进您与我们在税收征纳过程中的合作("您"指纳税人或扣缴义务人,"我们"指税务机关或税务人员。下同),根据《中华人民共和国税收征收管理法》及其实施细则和相关税收法律、行政法规的规定,现就您的权利和义务告知如下:

您的权利

您在履行纳税义务过程中,依法享有下列权利:

一、知情权

您有权向我们了解国家税收法律、行政法规的规定以及与纳税程序有关的情况,包括:现行税收法律、行政法规和税收政策规定;办理税收事项的时间、方式、步骤以及需要提交的资料;应纳税额核定及其他税务行政处理决定的法律依据、事实依据和计算方法;与我们在纳税、处罚和采取强制执行措施时发生争议或纠纷时,您可以采取的法律救济途径及需要满足的条件。

二、保密权

您有权要求我们为您的情况保密。我们将依法为您的商业秘密和个人隐私保密,主要包括您的技术信息、经营信息和您、主要投资人以及经营者不愿公开的个人事项。上述事项,如无法律、行政法规明确规定或者您的许可,我们将不会对外部门、社会公众和其他个人提供。但根据法律规定,税收违法行为信息不属于保密范围。

三、税收监督权

您对我们违反税收法律、行政法规的行为,如税务人员索贿受贿、徇私舞弊、玩忽职守,不征或者少征应征税款,滥用职权多征税款或者故意刁难等,可以进行检举和控告。同时,您对其他纳税人的税收违法行为也有权进行检举。

四、纳税申报方式选择权

您可以直接到办税服务厅办理纳税申报或者报送代扣代缴、代收代缴税款报告表,也可以按照规定采取邮寄、数据电文或者其他方式办理上述申报、报送事项。但采取邮寄或数据电文方式办理上述申报、报送事项的,需经您的主管税务机关批准。

您如采取邮寄方式办理纳税申报,应当使用统一的纳税申报专用信封,并以邮政部门收据作为申报凭据。邮寄申报以寄出的邮戳日期为实际申报日期。

数据电文方式是指我们确定的电话语音、电子数据交换和网络传输等电子方式。您如采用电子方式办理纳税申报,应当按照我们规定的期限和要求保存有关资料,并定期书面报送给我们。

五、申请延期申报权

您如不能按期办理纳税申报或者报送代扣代缴、代收代缴税款报告表,应当在规定的期限内向我们提出书面延期申请,经核准,可在核准的期限内办理。经核准延期办理申报、报送事项的,应当在税法规定的纳税期内按照上期实际缴纳的税额或者我们核定的税额预缴税款,并在核准的延期内办理税款结算。

六、申请延期缴纳税款权

如您因有特殊困难,不能按期缴纳税款的,经省、自治区、直辖市国家税务局、地方税务局批准,可以延期缴纳税款,但是最长不得超过三个月。计划单列市国家税务局、地方税务局可以参照省级税务机关的批准权限,审批您的延期缴纳税款申请。

您满足以下任何一个条件,均可以申请延期缴纳税款:一是因不可抗力,导致您发生较大损失,正常生产经营活动受到较大影响的;二是当期货币资金在扣除应付职工工资、社会保险费后,不足以缴纳税款的。

七、申请退还多缴税款权

对您超过应纳税额缴纳的税款，我们发现后，将自发现之日起 10 日内办理退还手续；如您自结算缴纳税款之日起三年内发现的，可以向我们要求退还多缴的税款并加算银行同期存款利息。我们将自接到您退还申请之日起 30 日内查实并办理退还手续，涉及从国库中退库的，依照法律、行政法规有关国库管理的规定退还。

八、依法享受税收优惠权

您可以依照法律、行政法规的规定书面申请减税、免税。减税、免税的申请须经法律、行政法规规定的减税、免税审查批准机关审批。减税、免税期满，应当自期满次日起恢复纳税。减税、免税条件发生变化的，应当自发生变化之日起 15 日内向我们报告；不再符合减税、免税条件的，应当依法履行纳税义务。

如您享受的税收优惠需要备案的，应当按照税收法律、行政法规和有关政策规定，及时办理事前或事后备案。

九、委托税务代理权

您有权就以下事项委托税务代理人代为办理：办理、变更或者注销税务登记、除增值税专用发票外的发票领购手续、纳税申报或扣缴税款报告、税款缴纳和申请退税、制作涉税文书、审查纳税情况、建账建制、办理财务、税务咨询、申请税务行政复议、提起税务行政诉讼以及国家税务总局规定的其他业务。

十、陈述与申辩权

您对我们作出的决定，享有陈述权、申辩权。如果您有充分的证据证明自己的行为合法，我们就不得对您实施行政处罚；即使您的陈述或申辩不充分合理，我们也会向您解释实施行政处罚的原因。我们不会因您的申辩而加重处罚。

十一、对未出示税务检查证和税务检查通知书的拒绝检查权

我们派出的人员进行税务检查时，应当向您出示税务检查证和税务检查通知书；对未出示税务检查证和税务检查通知书的，您有权拒绝检查。

十二、税收法律救济权

您对我们作出的决定，依法享有申请行政复议、提起行政诉讼、请求国家赔偿等权利。

您、纳税担保人同我们在纳税上发生争议时，必须先依照我们的纳税决定缴纳或者解缴税款及滞纳金或者提供相应的担保，然后可以依法申请行政复议；对行政复议决定不服的，可以依法向人民法院起诉。如您对我们的处罚决定、强制执行措施或者税收保全措施不服的，可以依法申请行政复议，也可以依法向人民法院起诉。

当我们的职务违法行为给您和其他税务当事人的合法权益造成侵害时，您和其他税务当事人可以要求税务行政赔偿。主要包括：一是您在限期内已缴纳税款，我们未立即解除税收保全措施，使您的合法权益遭受损失的；二是我们滥用职权违法采取税收保全措施、强制执行措施或者采取税收保全措施、强制执行措施不当，使您或者纳税担保人的合法权益遭受损失的。

十三、依法要求听证的权利

对您作出规定金额以上罚款的行政处罚之前，我们会向您送达《税务行政处罚事项告知书》，告知您已经查明的违法事实、证据、行政处罚的法律依据和拟将给予的行政处罚。对此，您有权要求举行听证。我们将应您的要求组织听证。如您认为我们指定的听证主持人与本案有直接利害关系，您有权申请主持人回避。

对应当进行听证的案件，我们不组织听证，行政处罚决定不能成立。但您放弃听证权利或者被正当取消听证权利的除外。

十四、索取有关税收凭证的权利

我们征收税款时，必须给您开具完税凭证。扣缴义务人代扣、代收税款时，纳税人要求扣缴义务人开具代扣、代收税款凭证时，扣缴义务人应当开具。

我们扣押商品、货物或者其他财产时，必须开付收据；查封商品、货物或者其他财产时，必须开付清单。

您的义务

依照宪法、税收法律和行政法规的规定，您在纳税过程中负有以下义务：

一、依法进行税务登记的义务

您应当自领取营业执照之日起 30 日内，持有关证件，向我们申报办理税务登记。税务登记主要包括领取营业执照后的设立登记、税务登记内容发生变化后的变更登记、依法申请停业、复业登记、依法终止纳税义务的注销登记等。

在各类税务登记管理中，您应该根据我们的规定分别提交相关资料，及时办理。同时，您应当按照我们的规定使用税务登记证件。税务登记证件不得转借、涂改、损毁、买卖或者伪造。

二、依法设置账簿、保管账簿和有关资料以及依法开具、使用、取得和保管发票的义务

您应当按照有关法律、行政法规和国务院财政、税务主管部门的规定设置账簿，根据合法、有效凭证记账，进行核算；从事生产、经营的，必须按照国务院财政、税务主管部门规定的保管期限保管账簿、记账凭证、完税凭证及其他有关资料；账簿、记账凭证、完税凭证及其他有关资料不得伪造、变造或者擅自损毁。

此外，您在购销商品、提供或者接受经营服务以及从事其他经营活动中，应当依法开具、使用、取得和保管发票。

三、财务会计制度和会计核算软件备案的义务

您的财务、会计制度或者财务、会计处理办法和会计核算软件，应当报送我们备案。您的财务、会计制度或者财务、会计处理办法与国务院或者国务院财政、税务主管部门有关税收的规定抵触的，应依照国务院或者国务院财政、税务主管部门有关税收的规定计算应纳税款、代扣代缴和代收代缴税款。

四、按照规定安装、使用税控装置的义务

国家根据税收征收管理的需要，积极推广使用税控装置。您应当按照规定安装、使用税控装置，不得损毁或者擅自改动税控装置。如您未按规定安装、使用税控装置，或者损毁或者擅自改动税控装置的，我们将责令您限期改正，并可根据情节轻重处以规定数额内的罚款。

五、按时、如实申报的义务

您必须依照法律、行政法规规定或者我们依照法律、行政法规的规定确定的申报期限、申报内容如实办理纳税申报，报送纳税申报表、财务会计报表以及我们根据实际需要要求您报送的其他纳税资料。

作为扣缴义务人，您必须依照法律、行政法规规定或者我们依照法律、行政法规的规定确定的申报期限、申报内容如实报送代扣代缴、代收代缴税款报告表以及我们根据实际需要要求您报送的其他有关资料。

您即使在纳税期内没有应纳税款，也应当按照规定办理纳税申报。享受减税、免税待遇的，在减税、免税期间应当按照规定办理纳税申报。

六、按时缴纳税款的义务

您应当按照法律、行政法规规定或者我们依照法律、行政法规的规定确定的期限，缴纳或者解缴税款。

未按照规定期限缴纳税款或者未按照规定期限解缴税款的，我们除责令限期缴纳外，从滞纳税款之日起，按日加收滞纳税款万分之五的滞纳金。

七、代扣、代收税款的义务

如您按照法律、行政法规规定负有代扣代缴、代收代缴税款义务，必须依照法律、行政法规的规定履行代扣、代收税款的义务。您依法履行代扣、代收税款义务时，纳税人不得拒绝。纳税人拒绝的，您应当及时报告我们处理。

八、接受依法检查的义务

您有接受我们依法进行税务检查的义务，应主动配合我们按法定程序进行的税务检查，如实地向我们反映自己的生产经营情况和执行财务制度的情况，并按有关规定提供报表和资料，不得隐瞒和弄虚作假，不能阻挠、刁难我们的检查和监督。

九、及时提供信息的义务

您除通过税务登记和纳税申报向我们提供与纳税有关的信息外，还应及时提供其他信息。如您有歇业、经营情况变化、遭受各种灾害等特殊情况的，应及时向我们说明，以便我们依法妥善处理。

十、报告其他涉税信息的义务

为了保障国家税收能够及时、足额征收入库，税收法律还规定了您有义务向我们报告如下涉税信息：

1. 您有义务就您与关联企业之间的业务往来，向当地税务机关提供有关的价格、费用标准等资料。

您有欠税情形而以财产设定抵押、质押的，应当向抵押权人、质权人说明您的欠税情况。

2. 企业合并、分立的报告义务。您有合并、分立情形的，应当向我们报告，并依法缴清税款。合并时未缴清税款的，应当由合并后的纳税人继续履行未履行的纳税义务；分立时未缴清税款的，分立后的纳税人对未履行的纳税义务应当承担连带责任。

3. 报告全部账号的义务。如您从事生产、经营，应当按照国家有关规定，持税务登记证件，在银行或者其他金融机构开立基本存款账户和其他存款账户，并自开立基本存款账户或者其他存款账户之日起 15 日内，向您的主管税务机关书面报告全部账号；发生变化的，应当自变化之日起 15 日内，向您的主管税务机关书面报告。

4. 处分大额财产报告的义务。如您的欠缴税款数额在 5 万元以上，您在处分不动产或者大额资产之前，应当向我们报告。

税务行政复议规则

国家税务总局令第 21 号

第一章　总　　则

第一条　为了进一步发挥行政复议解决税务行政争议的作用，保护公民、法人和其他组织的合法权益，监督和保障税务机关依法行使职权，根据《中华人民共和国行政复议法》（以下简称行政复议法）、《中华人民共和国税收征收管理法》和《中华人民共和国行政复议法实施条例》（以下简称行政复议法实施条例），结合税收工作实际，制定本规则。

第二条　公民、法人和其他组织（以下简称申请人）认为税务机关的具体行政行为侵犯其合法权益，向税务行政复议机关申请行政复议，税务行政复议机关办理行政复议事项，适用本规则。

第三条　本规则所称税务行政复议机关（以下简称行政复议机关），指依法受理行政复议申请、对具体行政行为进行审查并作出行政复议决定的税务机关。

第四条　行政复议应当遵循合法、公正、公开、及时和便民的原则。

行政复议机关应当树立依法行政观念，强化责任意识和服务意识，认真履行行政复议职责，坚持有错必纠，确保法律正确实施。

第五条　行政复议机关在申请人的行政复议请求范围内，不得作出对申请人更为不利的行政复议决定。

第六条　申请人对行政复议决定不服的，可以依法向人民法院提起行政诉讼。

第七条　行政复议机关受理行政复议申请，不得向申请人收取任何费用。

第八条　各级税务机关行政首长是行政复议工作第一责任人，应当切实履行职责，加强对行政复议工作的组织领导。

第九条　行政复议机关应当为申请人、第三人查阅案卷资料、接受询问、调解、听证等提供专门场所和其他必要条件。

第十条　各级税务机关应当加大对行政复议工作的基础投入，推进行政复议工作信息化建设，配备调查取证所需的照相、录音、录像和办案所需的电脑、扫描、投影、传真、复印等设备，保障办案交通工具和相应经费。

第二章　税务行政复议机构和人员

第十一条　各级行政复议机关负责法制工作的机构（以下简称行政复议机构）依法办理行政复议事项，履行下列职责：

（一）受理行政复议申请。

（二）向有关组织和人员调查取证，查阅文件和资料。

（三）审查申请行政复议的具体行政行为是否合法和适当，起草行政复议决定。

（四）处理或者转送对本规则第十五条所列有关规定的审查申请。

(五)对被申请人违反行政复议法及其实施条例和本规则规定的行为,依照规定的权限和程序向相关部门提出处理建议。

(六)研究行政复议工作中发现的问题,及时向有关机关或者部门提出改进建议,重大问题及时向行政复议机关报告。

(七)指导和监督下级税务机关的行政复议工作。

(八)办理或者组织办理行政诉讼案件应诉事项。

(九)办理行政复议案件的赔偿事项。

(十)办理行政复议、诉讼、赔偿等案件的统计、报告、归档工作和重大行政复议决定备案事项。

(十一)其他与行政复议工作有关的事项。

第十二条 各级行政复议机关可以成立行政复议委员会,研究重大、疑难案件,提出处理建议。

行政复议委员会可以邀请本机关以外的具有相关专业知识的人员参加。

第十三条 行政复议工作人员应当具备与履行行政复议职责相适应的品行、专业知识和业务能力,并取得行政复议法实施条例规定的资格。

第三章 税务行政复议范围

第十四条 行政复议机关受理申请人对税务机关下列具体行政行为不服提出的行政复议申请:

(一)征税行为,包括确认纳税主体、征税对象、征税范围、减税、免税、退税、抵扣税款、适用税率、计税依据、纳税环节、纳税期限、纳税地点和税款征收方式等具体行政行为,征收税款、加收滞纳金,扣缴义务人、受税务机关委托的单位和个人作出的代扣代缴、代收代缴、代征行为等。

(二)行政许可、行政审批行为。

(三)发票管理行为,包括发售、收缴、代开发票等。

(四)税收保全措施、强制执行措施。

(五)行政处罚行为:

1. 罚款;

2. 没收财物和违法所得;

3. 停止出口退税权。

(六)不依法履行下列职责的行为:

1. 颁发税务登记;

2. 开具、出具完税凭证、外出经营活动税收管理证明;

3. 行政赔偿;

4. 行政奖励;

5. 其他不依法履行职责的行为。

(七)资格认定行为。

(八)不依法确认纳税担保行为。

(九)政府信息公开工作中的具体行政行为。

(十)纳税信用等级评定行为。

(十一)通知出入境管理机关阻止出境行为。

(十二)其他具体行政行为。

第十五条 申请人认为税务机关的具体行政行为所依据的下列规定不合法,对具体行政行为申请行政复议时,可以一并向行政复议机关提出对有关规定的审查申请;申请人对具体行政行为提出行政复议申请时不知道该具体行政行为所依据的规定的,可以在行政复议机关作出行政复议决定以前提出对该规定的审查申请:

(一)国家税务总局和国务院其他部门的规定。

(二)其他各级税务机关的规定。

(三)地方各级人民政府的规定。

(四)地方人民政府工作部门的规定。

前款中的规定不包括规章。

第四章 税务行政复议管辖

第十六条 对各级国家税务局的具体行政行为不服的，向其上一级国家税务局申请行政复议。

第十七条 对各级地方税务局的具体行政行为不服的，可以选择向其上一级地方税务局或者该税务局的本级人民政府申请行政复议。

省、自治区、直辖市人民代表大会及其常务委员会、人民政府对地方税务局的行政复议管辖另有规定的，从其规定。

第十八条 对国家税务总局的具体行政行为不服的，向国家税务总局申请行政复议。对行政复议决定不服，申请人可以向人民法院提起行政诉讼，也可以向国务院申请裁决。国务院的裁决为最终裁决。

第十九条 对下列税务机关的具体行政行为不服的，按照下列规定申请行政复议：

(一)对计划单列市税务局的具体行政行为不服的，向省税务局申请行政复议。

(二)对税务所(分局)、各级税务局的稽查局的具体行政行为不服的，向其所属税务局申请行政复议。

(三)对两个以上税务机关共同作出的具体行政行为不服的，向共同上一级税务机关申请行政复议；对税务机关与其他行政机关共同作出的具体行政行为不服的，向其共同上一级行政机关申请行政复议。

(四)对被撤销的税务机关在撤销以前所作出的具体行政行为不服的，向继续行使其职权的税务机关的上一级税务机关申请行政复议。

(五)对税务机关作出逾期不缴纳罚款加处罚款的决定不服的，向作出行政处罚决定的税务机关申请行政复议。但是对已处罚款和加处罚款都不服的，一并向作出行政处罚决定的税务机关的上一级税务机关申请行政复议。

有前款(二)、(三)、(四)、(五)项所列情形之一的，申请人也可以向具体行政行为发生地的县级地方人民政府提交行政复议申请，由接受申请的县级地方人民政府依法转送。

第五章 税务行政复议申请人和被申请人

第二十条 合伙企业申请行政复议的，应当以工商行政管理机关核准登记的企业为申请人，由执行合伙事务的合伙人代表该企业参加行政复议；其他合伙组织申请行政复议的，由合伙人共同申请行政复议。

前款规定以外的不具备法人资格的其他组织申请行政复议的，由该组织的主要负责人代表该组织参加行政复议；没有主要负责人的，由共同推选的其他成员代表该组织参加行政复议。

第二十一条 股份制企业的股东大会、股东代表大会、董事会认为税务具体行政行为侵犯企业合法权益的，可以以企业的名义申请行政复议。

第二十二条 有权申请行政复议的公民死亡的，其近亲属可以申请行政复议；有权申请行政复议的公民为无行为能力人或者限制行为能力人，其法定代理人可以代理申请行政复议。

有权申请行政复议的法人或者其他组织发生合并、分立或终止的，承受其权利义务的法人或者其他组织可以申请行政复议。

第二十三条 行政复议期间，行政复议机关认为申请人以外的公民、法人或者其他组织与被审查的具体行政行为有利害关系的，可以通知其作为第三人参加行政复议。

行政复议期间，申请人以外的公民、法人或者其他组织与被审查的税务具体行政行为有利害关系的，可以向行政复议机关申请作为第三人参加行政复议。

第三人不参加行政复议，不影响行政复议案件的审理。

第二十四条 非具体行政行为的行政管理相对人，但其权利直接被该具体行政行为所剥夺、限制或者被赋予义务的公民、法人或其他组织，在行政管理相对人没有申请行政复议时，可以单独申请行政复议。

第二十五条 同一行政复议案件申请人超过 5 人的，应当推选 1 至 5 名代表参加行政复议。

第二十六条 申请人对具体行政行为不服申请行政复议的，作出该具体行政行为的税务机关为被申请人。

第二十七条 申请人对扣缴义务人的扣缴税款行为不服的，主管该扣缴义务人的税务机关为被申请人；对税务机关委托的单位和个人的代征行为不服的，委托税务机关为被申请人。

第二十八条 税务机关与法律、法规授权的组织以共同的名义作出具体行政行为的，税务机关和法律、法规授权的组织为共同被申请人。

税务机关与其他组织以共同名义作出具体行政行为的，税务机关为被申请人。

第二十九条 税务机关依照法律、法规和规章规定，经上级税务机关批准作出具体行政行为的，批准机关为被申请人。

申请人对经重大税务案件审理程序作出的决定不服的，审理委员会所在税务机关为被申请人。

第三十条 税务机关设立的派出机构、内设机构或者其他组织，未经法律、法规授权，以自己名义对外作出具体行政行为的，税务机关为被申请人。

第三十一条 申请人、第三人可以委托1至2名代理人参加行政复议。申请人、第三人委托代理人的，应当向行政复议机构提交授权委托书。授权委托书应当载明委托事项、权限和期限。公民在特殊情况下无法书面委托的，可以口头委托。口头委托的，行政复议机构应当核实并记录在卷。申请人、第三人解除或者变更委托的，应当书面告知行政复议机构。

被申请人不得委托本机关以外人员参加行政复议。

第六章 税务行政复议申请

第三十二条 申请人可以在知道税务机关作出具体行政行为之日起60日内提出行政复议申请。

因不可抗力或者被申请人设置障碍等原因耽误法定申请期限的，申请期限的计算应当扣除被耽误时间。

第三十三条 申请人对本规则第十四条第(一)项规定的行为不服的，应当先向行政复议机关申请行政复议；对行政复议决定不服的，可以向人民法院提起行政诉讼。

申请人按照前款规定申请行政复议的，必须依照税务机关根据法律、法规确定的税额、期限，先行缴纳或者解缴税款和滞纳金，或者提供相应的担保，才可以在缴清税款和滞纳金以后或者所提供的担保得到作出具体行政行为的税务机关确认之日起60日内提出行政复议申请。

申请人提供担保的方式包括保证、抵押和质押。作出具体行政行为的税务机关应当对保证人的资格、资信进行审查，对不具备法律规定资格或者没有能力保证的，有权拒绝。作出具体行政行为的税务机关应当对抵押人、出质人提供的抵押担保、质押担保进行审查，对不符合法律规定的抵押担保、质押担保，不予确认。

第三十四条 申请人对本规则第十四条第(一)项规定以外的其他具体行政行为不服，可以申请行政复议，也可以直接向人民法院提起行政诉讼。

申请人对税务机关作出逾期不缴纳罚款加处罚款的决定不服的，应当先缴纳罚款和加处罚款，再申请行政复议。

第三十五条 本规则第三十二条第一款规定的行政复议申请期限的计算，依照下列规定办理：

(一)当场作出具体行政行为的，自具体行政行为作出之日起计算。

(二)载明具体行政行为的法律文书直接送达的，自受送达人签收之日起计算。

(三)载明具体行政行为的法律文书邮寄送达的，自受送达人在邮件签收单上签收之日起计算；没有邮件签收单的，自受送达人在送达回执上签名之日起计算。

(四)具体行政行为依法通过公告形式告知受送达人的，自公告规定的期限届满之日起计算。

(五)税务机关作出具体行政行为时未告知申请人，事后补充告知的，自该申请人收到税务机关补充告知的通知之日起计算。

(六)被申请人能够证明申请人知道具体行政行为的，自证据材料证明其知道具体行政行为之日起计算。

税务机关作出具体行政行为，依法应当向申请人送达法律文书而未送达的，视为该申请人不知道该具体行政行为。

第三十六条 申请人依照行政复议法第六条第(八)项、第(九)项、第(十)项的规定申请税务机关履行法定职责，税务机关未履行的，行政复议申请期限依照下列规定计算：

(一)有履行期限规定的，自履行期限届满之日起计算。

(二)没有履行期限规定的,自税务机关收到申请满60日起计算。

第三十七条 税务机关作出的具体行政行为对申请人的权利、义务可能产生不利影响的,应当告知其申请行政复议的权利、行政复议机关和行政复议申请期限。

第三十八条 申请人书面申请行政复议的,可以采取当面递交、邮寄或者传真等方式提出行政复议申请。

有条件的行政复议机关可以接受以电子邮件形式提出的行政复议申请。

对以传真、电子邮件形式提出行政复议申请的,行政复议机关应当审核确认申请人的身份、复议事项。

第三十九条 申请人书面申请行政复议的,应当在行政复议申请书中载明下列事项:

(一)申请人的基本情况,包括公民的姓名、性别、出生年月、身份证件号码、工作单位、住所、邮政编码、联系电话;法人或者其他组织的名称、住所、邮政编码、联系电话和法定代表人或者主要负责人的姓名、职务。

(二)被申请人的名称。

(三)行政复议请求、申请行政复议的主要事实和理由。

(四)申请人的签名或者盖章。

(五)申请行政复议的日期。

第四十条 申请人口头申请行政复议的,行政复议机构应当依照本规则第三十九条规定的事项,当场制作行政复议申请笔录,交申请人核对或者向申请人宣读,并由申请人确认。

第四十一条 有下列情形之一的,申请人应当提供证明材料:

(一)认为被申请人不履行法定职责的,提供要求被申请人履行法定职责而被申请人未履行的证明材料。

(二)申请行政复议时一并提出行政赔偿请求的,提供受具体行政行为侵害而造成损害的证明材料。

(三)法律、法规规定需要申请人提供证据材料的其他情形。

第四十二条 申请人提出行政复议申请时错列被申请人的,行政复议机关应当告知申请人变更被申请人。申请人不变更被申请人的,行政复议机关不予受理,或者驳回行政复议申请。

第四十三条 申请人向行政复议机关申请行政复议,行政复议机关已经受理的,在法定行政复议期限内申请人不得向人民法院提起行政诉讼;申请人向人民法院提起行政诉讼,人民法院已经依法受理的,不得申请行政复议。

第七章 税务行政复议受理

第四十四条 行政复议申请符合下列规定的,行政复议机关应当受理:

(一)属于本规则规定的行政复议范围。

(二)在法定申请期限内提出。

(三)有明确的申请人和符合规定的被申请人。

(四)申请人与具体行政行为有利害关系。

(五)有具体的行政复议请求和理由。

(六)符合本规则第三十三条和第三十四条规定的条件。

(七)属于收到行政复议申请的行政复议机关的职责范围。

(八)其他行政复议机关尚未受理同一行政复议申请,人民法院尚未受理同一主体就同一事实提起的行政诉讼。

第四十五条 行政复议机关收到行政复议申请以后,应当在5日内审查,决定是否受理。对不符合本规则规定的行政复议申请,决定不予受理,并书面告知申请人。

对不属于本机关受理的行政复议申请,应当告知申请人向有关行政复议机关提出。

行政复议机关收到行政复议申请以后未按照前款规定期限审查并作出不予受理决定的,视为受理。

第四十六条 对符合规定的行政复议申请,自行政复议机构收到之日起即为受理;受理行政复议申请,应当书面告知申请人。

第四十七条 行政复议申请材料不齐全、表述不清楚的,行政复议机构可以自收到该行政复议申请之日起5日内书面通知申请人补正。补正通知应当载明需要补正的事项和合理的补正期限。无正当理由逾期不补正的,视为申请人放弃行政复议申请。

补正申请材料所用时间不计入行政复议审理期限。

第四十八条 上级税务机关认为行政复议机关不予受理行政复议申请的理由不成立的,可以督促其受理;经督促仍然不受理的,责令其限期受理。

上级税务机关认为行政复议申请不符合法定受理条件的,应当告知申请人。

第四十九条 上级税务机关认为有必要的,可以直接受理或者提审由下级税务机关管辖的行政复议案件。

第五十条 对应当先向行政复议机关申请行政复议,对行政复议决定不服再向人民法院提起行政诉讼的具体行政行为,行政复议机关决定不予受理或者受理以后超过行政复议期限不作答复的,申请人可以自收到不予受理决定书之日起或者行政复议期满之日起15日内,依法向人民法院提起行政诉讼。

依照本规则第八十三条规定延长行政复议期限的,以延长以后的时间为行政复议期满时间。

第五十一条 行政复议期间具体行政行为不停止执行;但是有下列情形之一的,可以停止执行:

(一)被申请人认为需要停止执行的。

(二)行政复议机关认为需要停止执行的。

(三)申请人申请停止执行,行政复议机关认为其要求合理,决定停止执行的。

(四)法律规定停止执行的。

第八章 税务行政复议证据

第五十二条 行政复议证据包括以下类别:

(一)书证。

(二)物证。

(三)视听资料。

(四)证人证言。

(五)当事人陈述。

(六)鉴定结论。

(七)勘验笔录、现场笔录。

第五十三条 在行政复议中,被申请人对其作出的具体行政行为负有举证责任。

第五十四条 行政复议机关应当依法全面审查相关证据。行政复议机关审查行政复议案件,应当以证据证明的案件事实为依据。定案证据应当具有合法性、真实性和关联性。

第五十五条 行政复议机关应当根据案件的具体情况,从以下方面审查证据的合法性:

(一)证据是否符合法定形式。

(二)证据的取得是否符合法律、法规、规章和司法解释的规定。

(三)是否有影响证据效力的其他违法情形。

第五十六条 行政复议机关应当根据案件的具体情况,从以下方面审查证据的真实性:

(一)证据形成的原因。

(二)发现证据时的环境。

(三)证据是否为原件、原物,复制件、复制品与原件、原物是否相符。

(四)提供证据的人或者证人与行政复议参加人是否具有利害关系。

(五)影响证据真实性的其他因素。

第五十七条 行政复议机关应当根据案件的具体情况,从以下方面审查证据的关联性:

(一)证据与待证事实是否具有证明关系。

(二)证据与待证事实的关联程度。

(三)影响证据关联性的其他因素。

第五十八条 下列证据材料不得作为定案依据:

(一)违反法定程序收集的证据材料。

(二)以偷拍、偷录和窃听等手段获取侵害他人合法权益的证据材料。

(三)以利诱、欺诈、胁迫和暴力等不正当手段获取的证据材料。

(四)无正当事由超出举证期限提供的证据材料。

(五)无正当理由拒不提供原件、原物,又无其他证据印证,且对方不予认可的证据的复制件、复制品。

(六)无法辨明真伪的证据材料。

(七)不能正确表达意志的证人提供的证言。

(八)不具备合法性、真实性的其他证据材料。

行政复议机构依据本规则第十一条第(二)项规定的职责所取得的有关材料,不得作为支持被申请人具体行政行为的证据。

第五十九条　在行政复议过程中,被申请人不得自行向申请人和其他有关组织或者个人收集证据。

第六十条　行政复议机构认为必要时,可以调查取证。

行政复议工作人员向有关组织和人员调查取证时,可以查阅、复制和调取有关文件和资料,向有关人员询问。调查取证时,行政复议工作人员不得少于 2 人,并应当向当事人和有关人员出示证件。被调查单位和人员应当配合行政复议工作人员的工作,不得拒绝、阻挠。

需要现场勘验的,现场勘验所用时间不计入行政复议审理期限。

第六十一条　申请人和第三人可以查阅被申请人提出的书面答复、作出具体行政行为的证据、依据和其他有关材料,除涉及国家秘密、商业秘密或者个人隐私外,行政复议机关不得拒绝。

第九章　税务行政复议审查和决定

第六十二条　行政复议机构应当自受理行政复议申请之日起 7 日内,将行政复议申请书副本或者行政复议申请笔录复印件发送被申请人。被申请人应当自收到申请书副本或者申请笔录复印件之日起 10 日内提出书面答复,并提交当初作出具体行政行为的证据、依据和其他有关材料。

对国家税务总局的具体行政行为不服申请行政复议的案件,由原承办具体行政行为的相关机构向行政复议机构提出书面答复,并提交当初作出具体行政行为的证据、依据和其他有关材料。

第六十三条　行政复议机构审理行政复议案件,应当由 2 名以上行政复议工作人员参加。

第六十四条　行政复议原则上采用书面审查的办法,但是申请人提出要求或者行政复议机构认为有必要时,应当听取申请人、被申请人和第三人的意见,并可以向有关组织和人员调查了解情况。

第六十五条　对重大、复杂的案件,申请人提出要求或者行政复议机构认为必要时,可以采取听证的方式审理。

第六十六条　行政复议机构决定举行听证的,应当将举行听证的时间、地点和具体要求等事项通知申请人、被申请人和第三人。

第三人不参加听证的,不影响听证的举行。

第六十七条　听证应当公开举行,但是涉及国家秘密、商业秘密或者个人隐私的除外。

第六十八条　行政复议听证人员不得少于 2 人,听证主持人由行政复议机构指定。

第六十九条　听证应当制作笔录。申请人、被申请人和第三人应当确认听证笔录内容。

行政复议听证笔录应当附卷,作为行政复议机构审理案件的依据之一。

第七十条　行政复议机关应当全面审查被申请人的具体行政行为所依据的事实证据、法律程序、法律依据和设定的权利义务内容的合法性、适当性。

第七十一条　申请人在行政复议决定作出以前撤回行政复议申请的,经行政复议机构同意,可以撤回。

申请人撤回行政复议申请的,不得再以同一事实和理由提出行政复议申请。但是,申请人能够证明撤回行政复议申请违背其真实意思表示的除外。

第七十二条　行政复议期间被申请人改变原具体行政行为的,不影响行政复议案件的审理。但是,申请人依法撤回行政复议申请的除外。

第七十三条　申请人在申请行政复议时,依据本规则第十五条规定一并提出对有关规定的审查申请的,行政复议机关对该规定有权处理的,应当在 30 日内依法处理;无权处理的,应当在 7 日内按照法定程序逐级转送有权处理的行政机关依法处理,有权处理的行政机关应当在 60 日内依法处理。处理期间,中止对具体行政行为的审查。

第七十四条 行政复议机关审查被申请人的具体行政行为时,认为其依据不合法,本机关有权处理的,应当在30日内依法处理;无权处理的,应当在7日内按照法定程序逐级转送有权处理的国家机关依法处理。处理期间,中止对具体行政行为的审查。

第七十五条 行政复议机构应当对被申请人的具体行政行为提出审查意见,经行政复议机关负责人批准,按照下列规定作出行政复议决定:

(一)具体行政行为认定事实清楚,证据确凿,适用依据正确,程序合法,内容适当的,决定维持。

(二)被申请人不履行法定职责的,决定其在一定期限内履行。

(三)具体行政行为有下列情形之一的,决定撤销、变更或者确认该具体行政行为违法;决定撤销或者确认该具体行政行为违法的,可以责令被申请人在一定期限内重新作出具体行政行为:

1. 主要事实不清、证据不足的;

2. 适用依据错误的;

3. 违反法定程序的;

4. 超越职权或者滥用职权的;

5. 具体行政行为明显不当的。

(四)被申请人不按照本规则第六十二条的规定提出书面答复,提交当初作出具体行政行为的证据、依据和其他有关材料的,视为该具体行政行为没有证据、依据,决定撤销该具体行政行为。

第七十六条 行政复议机关责令被申请人重新作出具体行政行为的,被申请人不得以同一事实和理由作出与原具体行政行为相同或者基本相同的具体行政行为;但是行政复议机关以原具体行政行为违反法定程序决定撤销的,被申请人重新作出具体行政行为的除外。

行政复议机关责令被申请人重新作出具体行政行为的,被申请人不得作出对申请人更为不利的决定;但是行政复议机关以原具体行政行为主要事实不清、证据不足或适用依据错误决定撤销的,被申请人重新作出具体行政行为的除外。

第七十七条 有下列情形之一的,行政复议机关可以决定变更:

(一)认定事实清楚,证据确凿,程序合法,但是明显不当或者适用依据错误的。

(二)认定事实不清,证据不足,但是经行政复议机关审理查明事实清楚,证据确凿的。

第七十八条 有下列情形之一的,行政复议机关应当决定驳回行政复议申请:

(一)申请人认为税务机关不履行法定职责申请行政复议,行政复议机关受理以后发现该税务机关没有相应法定职责或者在受理以前已经履行法定职责的。

(二)受理行政复议申请后,发现该行政复议申请不符合行政复议法及其实施条例和本规则规定的受理条件的。

上级税务机关认为行政复议机关驳回行政复议申请的理由不成立的,应当责令限期恢复受理。行政复议机关审理行政复议申请期限的计算应当扣除因驳回耽误的时间。

第七十九条 行政复议期间,有下列情形之一的,行政复议中止:

(一)作为申请人的公民死亡,其近亲属尚未确定是否参加行政复议的。

(二)作为申请人的公民丧失参加行政复议的能力,尚未确定法定代理人参加行政复议的。

(三)作为申请人的法人或者其他组织终止,尚未确定权利义务承受人的。

(四)作为申请人的公民下落不明或者被宣告失踪的。

(五)申请人、被申请人因不可抗力,不能参加行政复议的。

(六)行政复议机关因不可抗力原因暂时不能履行工作职责的。

(七)案件涉及法律适用问题,需要有权机关作出解释或者确认的。

(八)案件审理需要以其他案件的审理结果为依据,而其他案件尚未审结的。

(九)其他需要中止行政复议的情形。

行政复议中止的原因消除以后,应当及时恢复行政复议案件的审理。

行政复议机构中止、恢复行政复议案件的审理,应当告知申请人、被申请人、第三人。

第八十条 行政复议期间,有下列情形之一的,行政复议终止:

(一)申请人要求撤回行政复议申请,行政复议机构准予撤回的。

(二)作为申请人的公民死亡,没有近亲属,或者其近亲属放弃行政复议权利的。

(三)作为申请人的法人或者其他组织终止,其权利义务的承受人放弃行政复议权利的。

(四)申请人与被申请人依照本规则第八十七条的规定,经行政复议机构准许达成和解的。

(五)行政复议申请受理以后,发现其他行政复议机关已经先于本机关受理,或者人民法院已经受理的。

依照本规则第七十九条第一款第(一)项、第(二)项、第(三)项规定中止行政复议,满 60 日行政复议中止的原因未消除的,行政复议终止。

第八十一条　行政复议机关责令被申请人重新作出具体行政行为的,被申请人应当在 60 日内重新作出具体行政行为;情况复杂,不能在规定期限内重新作出具体行政行为的,经行政复议机关批准,可以适当延期,但是延期不得超过 30 日。

公民、法人或者其他组织对被申请人重新作出的具体行政行为不服,可以依法申请行政复议,或者提起行政诉讼。

第八十二条　申请人在申请行政复议时可以一并提出行政赔偿请求,行政复议机关对符合国家赔偿法的规定应当赔偿的,在决定撤销、变更具体行政行为或者确认具体行政行为违法时,应当同时决定被申请人依法赔偿。

申请人在申请行政复议时没有提出行政赔偿请求的,行政复议机关在依法决定撤销、变更原具体行政行为确定的税款、滞纳金、罚款和对财产的扣押、查封等强制措施时,应当同时责令被申请人退还税款、滞纳金和罚款,解除对财产的扣押、查封等强制措施,或者赔偿相应的价款。

第八十三条　行政复议机关应当自受理申请之日起 60 日内作出行政复议决定。情况复杂,不能在规定期限内作出行政复议决定的,经行政复议机关负责人批准,可以适当延期,并告知申请人和被申请人;但是延期不得超过 30 日。

行政复议机关作出行政复议决定,应当制作行政复议决定书,并加盖行政复议机关印章。

行政复议决定书一经送达,即发生法律效力。

第八十四条　被申请人应当履行行政复议决定。

被申请人不履行、无正当理由拖延履行行政复议决定的,行政复议机关或者有关上级税务机关应当责令其限期履行。

第八十五条　申请人、第三人逾期不起诉又不履行行政复议决定的,或者不履行最终裁决的行政复议决定的,按照下列规定分别处理:

(一)维持具体行政行为的行政复议决定,由作出具体行政行为的税务机关依法强制执行,或者申请人民法院强制执行。

(二)变更具体行政行为的行政复议决定,由行政复议机关依法强制执行,或者申请人民法院强制执行。

第十章　税务行政复议和解与调解

第八十六条　对下列行政复议事项,按照自愿、合法的原则,申请人和被申请人在行政复议机关作出行政复议决定以前可以达成和解,行政复议机关也可以调解:

(一)行使自由裁量权作出的具体行政行为,如行政处罚、核定税额、确定应税所得率等。

(二)行政赔偿。

(三)行政奖励。

(四)存在其他合理性问题的具体行政行为。

第八十七条　申请人和被申请人达成和解的,应当向行政复议机构提交书面和解协议。和解内容不损害社会公共利益和他人合法权益的,行政复议机构应当准许。

第八十八条　经行政复议机构准许和解终止行政复议的,申请人不得以同一事实和理由再次申请行政复议。

第八十九条　调解应当符合下列要求:

(一)尊重申请人和被申请人的意愿。

(二)在查明案件事实的基础上进行。

（三）遵循客观、公正和合理原则。

（四）不得损害社会公共利益和他人合法权益。

第九十条 行政复议机关按照下列程序调解：

（一）征得申请人和被申请人同意。

（二）听取申请人和被申请人的意见。

（三）提出调解方案。

（四）达成调解协议。

（五）制作行政复议调解书。

第九十一条 行政复议调解书应当载明行政复议请求、事实、理由和调解结果，并加盖行政复议机关印章。行政复议调解书经双方当事人签字，即具有法律效力。

调解未达成协议，或者行政复议调解书不生效的，行政复议机关应当及时作出行政复议决定。

第九十二条 申请人不履行行政复议调解书的，由被申请人依法强制执行，或者申请人民法院强制执行。

第十一章 税务行政复议指导和监督

第九十三条 各级税务复议机关应当加强对履行行政复议职责的监督。行政复议机构负责对行政复议工作进行系统督促、指导。

第九十四条 各级税务机关应当建立健全行政复议工作责任制，将行政复议工作纳入本单位目标责任制。

第九十五条 各级税务机关应当按照职责权限，通过定期组织检查、抽查等方式，检查下级税务机关的行政复议工作，并及时向有关方面反馈检查结果。

第九十六条 行政复议期间行政复议机关发现被申请人和其他下级税务机关的相关行政行为违法或者需要做好善后工作的，可以制作行政复议意见书。有关机关应当自收到行政复议意见书之日起 60 日内将纠正相关行政违法行为或者做好善后工作的情况报告行政复议机关。

行政复议期间行政复议机构发现法律、法规和规章实施中带有普遍性的问题，可以制作行政复议建议书，向有关机关提出完善制度和改进行政执法的建议。

第九十七条 省以下各级税务机关应当定期向上一级税务机关提交行政复议、应诉、赔偿统计表和分析报告，及时将重大行政复议决定报上一级行政复议机关备案。

第九十八条 行政复议机构应当按照规定将行政复议案件资料立卷归档。

行政复议案卷应当按照行政复议申请分别装订立卷，一案一卷，统一编号，做到目录清晰、资料齐全、分类规范、装订整齐。

第九十九条 行政复议机构应当定期组织行政复议工作人员业务培训和工作交流，提高行政复议工作人员的专业素质。

第一百条 行政复议机关应当定期总结行政复议工作。对行政复议工作中做出显著成绩的单位和个人，依照有关规定表彰和奖励。

第十二章 附　　则

第一百零一条 行政复议机关、行政复议机关工作人员和被申请人在税务行政复议活动中，违反行政复议法及其实施条例和本规则规定的，应当依法处理。

第一百零二条 外国人、无国籍人、外国组织在中华人民共和国境内向税务机关申请行政复议，适用本规则。

第一百零三条 行政复议机关在行政复议工作中可以使用行政复议专用章。行政复议专用章与行政复议机关印章在行政复议中具有同等效力。

第一百零四条 行政复议期间的计算和行政复议文书的送达，依照民事诉讼法关于期间、送达的规定执行。

本规则关于行政复议期间有关“5 日”、“7 日”的规定指工作日，不包括法定节假日。

第一百零五条　本规则自 2010 年 4 月 1 日起施行，2004 年 2 月 24 日国家税务总局公布的《税务行政复议规则（暂行）》（国家税务总局令第 8 号）同时废止。

重大税收违法案件督办管理暂行办法

国税发〔2010〕103 号

第一条　为了规范重大税收违法案件督办管理，根据《中华人民共和国税收征收管理法》有关规定，制定本办法。

第二条　上级税务局可以根据税收违法案件性质、涉案数额、复杂程度、查处难度以及社会影响等情况，督办管辖区域内发生的重大税收违法案件。

对跨越多个地区且案情特别复杂的重大税收违法案件，本级税务局查处确有困难的，可以报请上级税务局督办，并提出具体查处方案及相关建议。

重大税收违法案件具体督办事项由稽查局实施。

第三条　国家税务总局督办的重大税收违法案件主要包括：

（一）国务院等上级机关、上级领导批办的案件；

（二）国家税务总局领导批办的案件；

（三）在全国或者省、自治区、直辖市范围内有重大影响的案件；

（四）税收违法数额特别巨大、情节特别严重的案件；

（五）国家税务总局认为需要督办的其他案件。

省、自治区、直辖市和计划单列市国家税务局、地方税务局督办重大税收违法案件的范围和标准，由本级国家税务局、地方税务局根据本地实际情况分别确定。

第四条　省、自治区、直辖市和计划单列市国家税务局、地方税务局依照国家税务总局规定的范围、标准、时限向国家税务总局报告税收违法案件，国家税务总局根据案情复杂程度和查处工作需要确定督办案件。

省以下重大税收违法案件报告的范围和标准，由省、自治区、直辖市和计划单列市国家税务局、地方税务局根据本地实际情况分别确定。

第五条　对需要督办的重大税收违法案件，督办税务局（以下简称督办机关）所属稽查局填写《重大税收违法案件督办立项审批表》，提出拟办意见。拟办意见主要包括承办案件的税务局（以下简称承办机关）及所属稽查局、承办时限和工作要求等，经督办机关领导审批或者督办机关授权所属稽查局局长审批后，向承办机关发出《重大税收违法案件督办函》，要求承办机关在确定的期限内查证事实，并作出税务处理、处罚决定。

需要多个地区税务机关共同查处的督办案件，督办机关应当明确主办机关和协办机关，或者按照管辖职责确定涉案重点事项查处工作任务。协办机关应当积极协助主办机关查处督办案件，及时查证并提供相关证据材料。对主办机关请求协助查证的事项，协办机关应当及时准确反馈情况，不得敷衍塞责或者懈怠应付。

督办案件同时涉及国家税务局、地方税务局管辖的税收事项，国家税务局、地方税务局分别依照职责查处，并相互通报相关情况；必要时可以联合办案，分别作出税务处理、处罚决定。

第六条　督办案件未经督办机关批准，承办机关不得擅自转给下级税务机关或者其他机关查处。

对因督办案件情况发生变化，不需要继续督办的，督办机关可以撤销督办，并向承办机关发出《重大税收违法案件撤销督办函》。

第七条　承办机关应当在接到督办机关《重大税收违法案件督办函》后 7 个工作日内按照《税务稽查工作规程》规定立案，在 10 个工作日内制订具体查处方案，并组织实施检查。

承办机关具体查处方案应当报送督办机关备案；督办机关要求承办机关在实施检查前报告具体查处方案的，承办机关应当按照要求报告，经督办机关同意后实施检查。

督办机关督办前承办机关已经立案的，承办机关不停止实施检查，但应当将具体查处方案及相关情况报告督办机关；督办机关要求调整具体查处方案的，承办机关应当调整。

第八条 承办机关应当按照《重大税收违法案件督办函》要求填写《重大税收违法案件情况报告表》，每30日向督办机关报告一次案件查处进展情况；《重大税收违法案件督办函》有确定报告时限的，按照确定时限报告；案件查处有重大进展或者遇到紧急情形的，应当及时报告；案件查处没有进展或者进展缓慢的，应当说明原因，并明确提出下一步查处工作安排。

对有《税务稽查工作规程》第四十四条规定的中止检查情形或者第七十条规定的中止执行情形的，承办机关应当报请督办机关批准后中止检查或者中止执行。中止期间可以暂不填报《重大税收违法案件情况报告表》；中止检查或者中止执行情形消失后，承办机关应当及时恢复检查或者执行，并依照前款规定填报《重大税收违法案件情况报告表》。

第九条 督办机关应当指导、协调督办案件查处，可以根据工作需要派员前往案发地区督促检查或者参与办案，随时了解案件查处进展情况以及存在问题。

督办机关稽查局应当确定督办案件的主要责任部门和责任人员。主要责任部门应当及时跟踪监控案件查处过程，根据承办机关案件查处进度、处理结果和督促检查情况，向稽查局领导报告督办案件查处进展情况；案情重大或者上级机关、上级领导批办的重要案件，应当及时向督办机关领导报告查处情况。

第十条 承办机关可以就督办案件向相关地区同级税务机关发出《税收违法案件协查函》，提出具体协查要求和回复时限，相关地区同级税务机关应当及时回复协查结果，提供明确的协查结论和相关证据资料。案情重大复杂的，承办机关可以报请督办机关组织协查。

第十一条 承办机关稽查局应当严格依照《税务稽查工作规程》相关规定对督办案件实施检查和审理，并报请承办机关集体审理。

承办机关稽查局应当根据审理认定的结果，拟制《重大税收违法案件拟处理意见报告》，经承办机关领导审核后报送督办机关。

在查处督办案件中，遇有法律、行政法规、规章或者其他规范性文件的疑义问题，承办机关稽查局应当征询同级法规、税政、征管、监察等相关部门意见；相关部门无法确定的，应当依照规定请示上级税务机关或者咨询有权解释的其他机关。

第十二条 《重大税收违法案件拟处理意见报告》应当包括以下主要内容：

(一)案件基本情况；

(二)检查时段和范围；

(三)检查方法和措施；

(四)检查人员查明的事实及相关证据材料；

(五)相关部门和当事人的意见；

(六)审理认定的事实及相关证据材料；

(七)拟税务处理、处罚意见及依据；

(八)其他相关事项说明。

对督办案件定性处理具有关键决定作用的重要证据，应当附报制作证据说明，写明证据目录、名称、内容、证明对象等事项。

第十三条 对承办机关《重大税收违法案件拟处理意见报告》，督办机关应当在接到之日起15日内审查；如有本办法第十一条第三款规定情形的，审查期限可以适当延长。督办机关对承办机关提出的定性处理意见没有表示异议的，承办机关依法作出《税务处理决定书》、《税务行政处罚决定书》、《税务稽查结论》、《不予税务行政处罚决定书》，送达当事人执行。

督办机关审查认为承办机关《重大税收违法案件拟处理意见报告》认定的案件事实不清、证据不足、违反法定程序或者拟税务处理、处罚意见依据错误的，通知承办机关说明情况或者补充检查。

第十四条 对督办案件中涉嫌犯罪的税收违法行为，承办机关填制《涉嫌犯罪案件移送书》，依照规定程序和权限批准后，依法移送司法机关。对移送司法机关的案件，承办机关应当随时关注司法处理进展情况，并及时报告督办机关。

第十五条 承办机关应当在90日内查证督办案件事实并依法作出税务处理、处罚决定；督办机关确定查处期限的，承办机关应当严格按照确定的期限查处；案情复杂确实无法按时查处的，应当在查处期限届满前 10 日内向督办机关申请延期查处，提出延长查处期限和理由，经批准后延期查处。

第十六条 对承办机关超过规定期限未填报《重大税收违法案件情况报告表》，或者未查处督办案件且未按照规定提出延期查处申请的，督办机关应当向其发出《重大税收违法案件催办函》进行催办，并责令说明情况和理由。

承办机关对督办案件查处不力的，督办机关可以召集承办机关分管稽查的税务局领导或者稽查局局长汇报；必要时督办机关可以直接组织查处。

第十七条 督办案件有下列情形之一的，可以认定为结案：

（一）税收违法事实已经查证清楚，并依法作出《税务处理决定书》、《税务行政处罚决定书》，税款、滞纳金、罚款等税收款项追缴入库，纳税人或者其他当事人在法定期限内没有申请行政复议或者提起行政诉讼的；

（二）查明税收违法事实不存在或者情节轻微，依法作出《税务稽查结论》或者《不予税务行政处罚决定书》，纳税人或者其他当事人在法定期限内没有申请行政复议或者提起行政诉讼的；

（三）纳税人或者其他当事人对税务机关处理、处罚决定或者强制执行措施申请行政复议或者提起行政诉讼，行政复议决定或者人民法院判决、裁定生效并执行完毕的；

（四）符合《税务稽查工作规程》第四十五条规定的终结检查情形的；

（五）符合《税务稽查工作规程》第七十一条规定的终结执行情形的；

（六）法律、行政法规或者国家税务总局规定的其他情形的。

税务机关依照法定职权确实无法查证全部或者部分税收违法行为，但有根据认为其涉嫌犯罪并依法移送司法机关处理的，以司法程序终结为结案。

第十八条 承办机关应当在督办案件结案之日起 10 个工作日内向督办机关报送《重大税收违法案件结案报告》。

《重大税收违法案件结案报告》应当包括案件来源、案件查处情况、税务处理、处罚决定内容、案件执行情况等内容。督办机关要求附列《税务处理决定书》、《税务行政处罚决定书》、《税务稽查结论》、《不予税务行政处罚决定书》、《执行报告》、税款、滞纳金、罚款等税收款项入库凭证以及案件终结检查、终结执行审批文书等资料复印件的，应当附列。

第十九条 查处督办案件实行工作责任制。承办机关主要领导承担领导责任；承办机关分管稽查的领导承担监管责任；承办机关稽查局局长承担执行责任；稽查局分管案件的领导和具体承办部门负责人以及承办人员按照各自分工职责承担相应的责任。

对督办案件重要线索、证据不及时调查收集，或者故意隐瞒案情，转移、藏匿、毁灭证据，或者因工作懈怠、泄露案情致使相关证据被转移、藏匿、毁灭，或者相关财产被转移、藏匿，或者有其他徇私舞弊、玩忽职守、滥用职权行为，应当承担纪律责任的，依法给予行政处分；涉嫌犯罪的，应当依法移送司法机关处理。

第二十条 承办机关及承办人员和协办机关及协办人员在查处督办案件中成绩突出的，可以给予表彰；承办、协办不力的，给予通报批评。

第二十一条 本办法相关税务文书式样由国家税务总局制定。

第二十二条 本办法从 2011 年 1 月 1 日起执行。2001 年 7 月 30 日印发的《国家税务总局关于实行重大税收违法案件督办制度的通知》（国税发〔2001〕87 号）同时废止。

税收违法行为检举管理办法

国家税务总局令第 24 号

《税收违法行为检举管理办法》已经 2011 年 1 月 27 日国家税务总局第 1 次局务会议审议通过，现予公布，自 2011 年 3 月 15 日起施行。

国家税务总局局长：肖捷
二〇一一年二月十二日

税收违法行为检举管理办法

第一章　总　　则

第一条　为了保障单位、个人依法检举纳税人、扣缴义务人违反税收法律、行政法规行为(以下简称税收违法行为)的权利，规范税收违法行为检举管理工作(以下简称检举管理工作)，根据《中华人民共和国税收征收管理法》及其实施细则的有关规定，制定本办法。

第二条　本办法所称税收违法行为检举是指单位、个人采用书信、互联网、传真、电话、来访等形式，向税务机关提供纳税人、扣缴义务人税收违法行为线索的行为。

采用前款所述的形式，检举税收违法行为的单位、个人称检举人；被检举的纳税人、扣缴义务人称被检举人。

检举人使用与其营业执照、身份证等符合法律、行政法规和国家有关规定的身份证件上一致的名称、姓名检举的，为实名检举；否则为匿名检举。

第三条　检举管理工作坚持依法行政、统一领导、分级负责、属地管理、严格保密的原则。

第四条　市(地)及市(地)以上税务机关稽查局设立税收违法案件举报中心(以下简称举报中心)，其工作人员由所在机关根据工作需要配备；没有设立举报中心的县(区)税务机关稽查局应当指定专门部门负责税收违法行为检举管理工作，并可挂举报中心牌子。举报中心的主要职责是：

(一)受理、处理、管理检举材料；

(二)转办、交办、督办、催办检举案件；

(三)跟踪、了解、掌握检举案件的查办情况；

(四)上报、通报举报中心工作开展情况及检举事项的查办情况；

(五)统计、分析检举管理工作的数据情况；

(六)指导、监督、检查下级税务机关举报中心的工作；

(七)负责本级检举奖金的发放和对检举人的答复工作。

第五条　税务机关应当向社会公布举报中心的电话(传真)号码、电子信箱、通讯地址及邮政编码，设立检举箱和检举接待室，并以适当方式公布与检举工作有关的法律、行政法规、规章及检举事项处理程序。

第六条　税务机关应与公安、信访、纪检、监察等单位加强联系和合作，税务系统内部应当加强沟通协调，共同做好检举管理工作。

第七条　检举税收违法行为是单位、个人的自愿行为。单位、个人因检举而产生的支出应由其自行负担。

第八条　检举事项经查证属实，为国家挽回或者减少损失的，对实名检举人按照财政部和国家税务总局的有关规定给予相应奖励。

第二章　检举事项的受理

第九条　举报中心受理检举事项的范围是：涉嫌偷税，逃避追缴欠税，骗税，虚开、伪造、非法提供、非法取得发票，以及其他税收违法行为。

第十条　实名检举和匿名检举均须受理。检举人不愿提供自己的姓名、身份、单位、地址、联系方式或者不愿公开检举行为的，税务机关应当予以尊重和保密。

检举人应当至少提供被检举人的名称或者姓名、地址、税收违法行为线索等资料。

检举人检举税收违法行为应当实事求是，对提供检举材料的真实性负责，不得诬陷、捏造事实。

举报中心受理实名检举，应当应检举人的要求向检举人出具书面回执。

第十一条 受理检举的税务人员应当文明礼貌，耐心细致，正确疏导，认真负责。

鼓励检举人尽可能提供书面检举材料。

受理口头检举，应当准确记录检举事项，交检举人阅读或者向检举人宣读，经确认无误以后由检举人签名或者盖章。检举人不愿签名或者盖章的，由受理检举的税务人员记录在案。

受理电话检举，应当细心接听，询问清楚，准确记录。

受理电话、口头检举，经检举人同意以后，可以录音或者录像。

第十二条 不属于举报中心受理范围的检举事项，举报中心应当告知检举人向有处理权的单位反映，或者将检举事项登记以后按照分类处理的规定处理。

第十三条 涉及两个或者两个以上税务机关管辖的检举事项，由所涉及的税务机关协商受理；有争议的，由其共同的上一级税务机关决定受理机关。

第三章 检举事项的处理

第十四条 举报中心将检举事项登记以后，应当按照以下方式分类处理：

（一）检举内容详细、税收违法行为线索清楚、案情重大、涉及范围广的，作为重大检举案件，经本级税务机关稽查局或者本级税务机关负责人批准，由本级税务机关稽查局直接查处或者转下级税务机关稽查局查处并督办，必要时可以向上级税务机关稽查局申请督办。

上级税务机关批示督办并指定查办单位的案件，原则上不得再下转处理。

（二）检举内容提供了一定线索，有可能存在税收违法行为的，作为一般案件，经本级税务机关稽查局负责人批准，由本级税务机关稽查局直接查处或者转下级税务机关稽查局查处。

（三）检举事项不完整或者内容不清、线索不明的，经本级税务机关稽查局负责人批准，可以暂存待查，待检举人将情况补充完整以后，再进行处理。

（四）不属于稽查局职责范围的检举事项，经本级税务机关稽查局负责人批准，移交有处理权的单位或者部门。

第十五条 上级税务机关举报中心对下级税务机关申请督办的重大检举案件，应当及时审查，提出办理意见，报该级税务机关稽查局负责人批准以后督办。

第十六条 检举事项的处理，应当在接到检举以后的 15 个工作日内办理，特殊情况除外；情况紧急的应当立即办理。

第十七条 经本级税务机关稽查局或者本级税务机关负责人批准，举报中心可以代表稽查局或者以自己的名义向下级税务机关督办、交办或者向有关单位转办检举事项。

第十八条 对上级税务机关稽查局及其举报中心督办的检举案件，除有特定时限者以外，承办部门应当在收到纸质督办函后 3 个月内上报查办结果；案情复杂无法在限期内查结的，报经督办部门批准，可以延期上报查办结果，并定期上报阶段性的查办情况。上级不要求上报查办结果的交办案件，应当定期汇总上报办理情况。

本级税务机关稽查局直接查办的检举案件，除有特定时限者以外，承办部门应当在收到纸质交办单以后 3 个月内将查办结果报告本级税务机关稽查局负责人并回复举报中心；案情复杂无法在限期内查结的，报经本级税务机关稽查局负责人批准，时限可以适当延长，同时将阶段性的查办情况报告本级税务机关稽查局负责人并回复举报中心。

第十九条 已经受理尚未查结的检举案件，再次检举的，可以作为重复案件并案处理。

已经结案的检举案件，检举人就同一事项再次检举，没有提供新的线索、资料；或者提供了新的线索、资料，经审查没有价值的，税务机关可以不再检查。

第二十条 对实名检举案件，举报中心收到承办部门回复的查办结果以后，可以应检举人的要求将与检举线索有关的查办结果简要告知检举人；检举案件查结以前，不得向检举人透露案件查处情况。

向检举人告知查办结果时，不得告知其检举线索以外的税收违法行为的查处情况，不得提供税务处理（处罚）决定书及有关案情资料。

第二十一条 上级税务机关稽查局对下级税务机关稽查局报告的督办案件处理结果，应当认真审查。对于事实不清、处理不当的，应当通知下级税务机关稽查局补充调查或者重新调查，依法处理。

第四章 检举事项的管理

第二十二条 税收违法行为的检举材料，由举报中心统一管理。税务机关其他部门收到的检举材料，应当及时移交举报中心。

第二十三条 暂存待查的检举材料，若在2年内未收到有价值的补充材料，经本级税务机关稽查局负责人批准以后，可以销毁。

第二十四条 举报中心必须严格管理检举材料，逐件登记检举事项的主要内容、办理情况和检举人、被检举人的基本情况。

税务机关不得将收到的检举材料退还检举人。

第二十五条 督办案件的检举材料应当确定专人管理，并按照规定承办督办案件材料的转送、报告等具体事项。

第二十六条 检举材料的保管和整理，参照《全国税务机关档案管理办法》及有关规定办理。

第二十七条 对于检举案件和有关事项的数量、类别及办理情况，每年度应当进行汇总分析，并报告上级税务机关举报中心。

上级税务机关举报中心要求专门报告的事项，应当按时报告。

第五章 权利保护

第二十八条 税务机关及其举报中心应当在自己的职责范围内依法保护检举人、被检举人的合法权利。

第二十九条 举报中心工作人员与检举事项或者检举人、被检举人有直接利害关系的，应当回避。

检举人有正当理由并且有证据证明举报中心工作人员应当回避的，经本级税务机关稽查局负责人批准以后，予以回避。

第三十条 税务机关工作人员在检举管理工作中必须严格遵守以下保密规定：

（一）检举事项的受理、登记、处理及检查、审理、执行等各个环节，应当依照国家有关法律、法规严格保密，并建立健全工作责任制，不得私自摘抄、复制、扣压、销毁检举材料。

（二）严禁泄露检举人的姓名、身份、单位、地址、联系方式等情况；严禁将检举情况透露给被检举人及与案件查处无关的人员。

（三）调查核实情况时不得出示检举信原件或者复印件，不得暴露检举人的有关信息；对匿名的检举书信及材料，除特殊情况以外，不得鉴定笔迹。

（四）宣传报道和奖励检举有功人员，未经检举人书面同意，不得公开检举人的姓名、身份、单位、地址、联系方式等情况。

第六章 法律责任

第三十一条 税务机关工作人员违反本办法规定，将检举人的检举材料或者有关情况提供给被检举人及与案件查处无关的人员的，依法给予行政处分。

第三十二条 税务机关工作人员打击报复检举人，视情节和后果，依法给予行政处分；构成犯罪的，依法追究刑事责任。

第三十三条 税务机关在检举管理工作中不履行职责、推诿、敷衍、拖延的，上级税务机关应当通报批评并责令改正；造成严重后果的，对直接负责的主管人员和其他直接责任人员依法给予行政处分。

第三十四条 检举管理工作人员不履行职责、玩忽职守、徇私舞弊，给工作造成损失的，税务机关应当给予批评教育；情节严重的，依法给予行政处分并调离工作岗位；构成犯罪的，依法追究刑事责任。

第七章 附 则

第三十五条 各省、自治区、直辖市和计划单列市国家税务局、地方税务局根据本办法制定具体规定，并报国家税务总局备案。

第三十六条　本办法自2011年3月15日起施行。《国家税务总局关于印发〈税务违法案件举报管理办法〉的通知》(国税发〔1998〕53号)同时废止。

中华人民共和国发票管理办法实施细则

国家税务总局令第25号

《中华人民共和国发票管理办法实施细则》已经2011年1月27日国家税务总局第1次局务会议审议通过,现予公布,自2011年2月1日起施行。

国家税务总局局长:肖捷

二〇一一年二月十四日

中华人民共和国发票管理办法实施细则

第一章　总　　则

第一条　根据《中华人民共和国发票管理办法》(以下简称《办法》)规定,制定本实施细则。

第二条　在全国范围内统一式样的发票,由国家税务总局确定。

在省、自治区、直辖市范围内统一式样的发票,由省、自治区、直辖市国家税务局、地方税务局(以下简称省税务机关)确定。

第三条　发票的基本联次包括存根联、发票联、记账联。存根联由收款方或开票方留存备查;发票联由付款方或受票方作为付款原始凭证;记账联由收款方或开票方作为记账原始凭证。

省以上税务机关可根据发票管理情况以及纳税人经营业务需要,增减除发票联以外的其他联次,并确定其用途。

第四条　发票的基本内容包括:发票的名称、发票代码和号码、联次及用途、客户名称、开户银行及账号、商品名称或经营项目、计量单位、数量、单价、大小写金额、开票人、开票日期、开票单位(个人)名称(章)等。

省以上税务机关可根据经济活动以及发票管理需要,确定发票的具体内容。

第五条　有固定生产经营场所、财务和发票管理制度健全的纳税人,发票使用量较大或统一发票式样不能满足经营活动需要的,可以向省以上税务机关申请印有本单位名称的发票。

第二章　发票的印制

第六条　发票准印证由国家税务总局统一监制,省税务机关核发。

税务机关应当对印制发票企业实施监督管理,对不符合条件的,应当取消其印制发票的资格。

第七条　全国统一的发票防伪措施由国家税务总局确定,省税务机关可以根据需要增加本地区的发票防伪措施,并向国家税务总局备案。

发票防伪专用品应当按照规定专库保管,不得丢失。次品、废品应当在税务机关监督下集中销毁。

第八条　全国统一发票监制章是税务机关管理发票的法定标志,其形状、规格、内容、印色由国家税务总局规定。

第九条　全国范围内发票换版由国家税务总局确定;省、自治区、直辖市范围内发票换版由省税务机关确定。

发票换版时,应当进行公告。

第十条 监制发票的税务机关根据需要下达发票印制通知书，被指定的印制企业必须按照要求印制。

发票印制通知书应当载明印制发票企业名称、用票单位名称、发票名称、发票代码、种类、联次、规格、印色、印制数量、起止号码、交货时间、地点等内容。

第十一条 印制发票企业印制完毕的成品应当按照规定验收后专库保管，不得丢失。废品应当及时销毁。

第三章 发票的领购

第十二条 《办法》第十五条所称经办人身份证明是指经办人的居民身份证、护照或者其他能证明经办人身份的证件。

第十三条 《办法》第十五条所称发票专用章是指用票单位和个人在其开具发票时加盖的有其名称、税务登记号、发票专用章字样的印章。

发票专用章式样由国家税务总局确定。

第十四条 税务机关对领购发票单位和个人提供的发票专用章的印模应当留存备查。

第十五条 《办法》第十五条所称领购方式是指批量供应、交旧购新或者验旧购新等方式。

第十六条 《办法》第十五条所称发票领购簿的内容应当包括用票单位和个人的名称、所属行业、购票方式、核准购票种类、开票限额、发票名称、领购日期、准购数量、起止号码、违章记录、领购人签字(盖章)、核发税务机关(章)等内容。

第十七条 《办法》第十五条所称发票使用情况是指发票领用存情况及相关开票数据。

第十八条 税务机关在发售发票时，应当按照核准的收费标准收取工本管理费，并向购票单位和个人开具收据。发票工本费征缴办法按照国家有关规定执行。

第十九条 《办法》第十六条所称书面证明是指有关业务合同、协议或者税务机关认可的其他资料。

第二十条 税务机关应当与受托代开发票的单位签订协议，明确代开发票的种类、对象、内容和相关责任等内容。

第二十一条 《办法》第十八条所称保证人，是指在中国境内具有担保能力的公民、法人或者其他经济组织。

保证人同意为领购发票的单位和个人提供担保的，应当填写担保书。担保书内容包括：担保对象、范围、期限和责任以及其他有关事项。

担保书须经购票人、保证人和税务机关签字盖章后方为有效。

第二十二条 《办法》第十八条第二款所称由保证人或者以保证金承担法律责任，是指由保证人缴纳罚款或者以保证金缴纳罚款。

第二十三条 提供保证人或者交纳保证金的具体范围由省税务机关规定。

第四章 发票的开具和保管

第二十四条 《办法》第十九条所称特殊情况下，由付款方向收款方开具发票，是指下列情况：

(一)收购单位和扣缴义务人支付个人款项时；

(二)国家税务总局认为其他需要由付款方向收款方开具发票的。

第二十五条 向消费者个人零售小额商品或者提供零星服务的，是否可免予逐笔开具发票，由省税务机关确定。

第二十六条 填开发票的单位和个人必须在发生经营业务确认营业收入时开具发票。未发生经营业务一律不准开具发票。

第二十七条 开具发票后，如发生销货退回需开红字发票的，必须收回原发票并注明“作废”字样或取得对方有效证明。

开具发票后，如发生销售折让的，必须在收回原发票并注明“作废”字样后重新开具销售发票或取得对方有效证明后开具红字发票。

第二十八条 单位和个人在开具发票时，必须做到按照号码顺序填开，填写项目齐全，内容真实，字迹清楚，全部联次一次打印，内容完全一致，并在发票联和抵扣联加盖发票专用章。

第二十九条　开具发票应当使用中文。民族自治地方可以同时使用当地通用的一种民族文字。

第三十条　《办法》第二十六条所称规定的使用区域是指国家税务总局和省税务机关规定的区域。

第三十一条　使用发票的单位和个人应当妥善保管发票。发生发票丢失情形时，应当于发现丢失当日书面报告税务机关，并登报声明作废。

第五章　发票的检查

第三十二条　《办法》第三十二条所称发票换票证仅限于在本县(市)范围内使用。需要调出外县(市)的发票查验时，应当提请该县(市)税务机关调取发票。

第三十三条　用票单位和个人有权申请税务机关对发票的真伪进行鉴别。收到申请的税务机关应当受理并负责鉴别发票的真伪；鉴别有困难的，可以提请发票监制税务机关协助鉴别。

在伪造、变造现场以及买卖地、存放地查获的发票，由当地税务机关鉴别。

第六章　罚　　则

第三十四条　税务机关对违反发票管理法规的行为进行处罚，应当将行政处罚决定书面通知当事人；对违反发票管理法规的案件，应当立案查处。

对违反发票管理法规的行政处罚，由县以上税务机关决定；罚款额在2000元以下的，可由税务所决定。

第三十五条　《办法》第四十条所称的公告是指，税务机关应当在办税场所或者广播、电视、报纸、期刊、网络等新闻媒体上公告纳税人发票违法的情况。公告内容包括：纳税人名称、纳税人识别号、经营地点、违反发票管理法规的具体情况。

第三十六条　对违反发票管理法规情节严重构成犯罪的，税务机关应当依法移送司法机关处理。

第七章　附　　则

第三十七条　《办法》和本实施细则所称“以上”、“以下”均含本数。

第三十八条　本实施细则自2011年2月1日起施行。

国家税务总局关于税务师事务所公告栏有关问题的通知

国家税务总局公告2011年第67号

近期，国家税务总局网站《办税服务》板块正式设立“税务师事务所公告栏”，并将每月进行更新。现就有关问题公告如下：

一、国家税务总局发布的业务文件中，凡涉及“有资质的中介机构”字样的，统一解释为“税务师事务所等涉税专业服务机构”。

二、凡经国家税务总局网站公告的税务师事务所，跨省开展涉税鉴证业务不受地域限制；其出具的涉税鉴证业务报告，各地税务机关应当受理。

三、未在国家税务总局网站公告的其他中介机构，一律不得承办涉税鉴证业务；对其出具的涉税鉴证业务报告，各地税务机关不予受理。

四、其他涉税专业服务机构如果从事涉税鉴证业务，必须具备注册税务师执业资质，成立税务师事务所，加入注册税务师协会，纳入税务机关和注册税务师行业监督管理。

特此公告。

国家税务总局关于印发《税收个案批复工作规程(试行)》的通知

国税发〔2012〕14 号

各省、自治区、直辖市和计划单列市国家税务局、地方税务局,局内各单位:

现将国家税务总局制定的《税收个案批复工作规程(试行)》印发给你们,请认真执行。各单位在执行中遇到的问题及提出的建议,请及时报国家税务总局。

国家税务总局

二〇一二年二月十日

税收个案批复工作规程(试行)

第一条 为提高税务行政决策的科学化、民主化,落实政务公开要求,强化内部监控制约机制,规范税收个案批复工作,制定本规程。

第二条 本规程所称税收个案批复,是指税务机关针对特定税务行政相对人的特定事项如何适用税收法律、法规、规章或规范性文件所做的批复。

第三条 税务机关作出税收个案批复均适用本规程。

凡税收法律、法规规定的对税务行政相对人的许可、审批事项,不属于本规程适用范围。

第四条 税收个案拟明确的事项需要普遍适用的,应当按照《税收规范性文件制定管理办法》制定税收规范性文件。

第五条 税收个案批复必须以税务机关的名义作出。下级税务机关不得执行以上级税务机关内设机构名义作出的税收个案批复。

第六条 办理税收个案批复,应当符合法律规定,注重内部分工制约,坚持公开、公平、公正、统一的原则。

第七条 有下列情形之一的,不得作出税收个案批复:

(一)超越本机关法定权限的;

(二)与上位法相抵触的;

(三)对其他类似情形的税务行政相对人显失公平的。

第八条 税收个案批复事项一般应由税务行政相对人的主管税务机关提出,并逐级报送有权作出批复的税务机关。

上级机关交办、本机关领导批办、相关部门转办、纳税人直接提出申请,拟作出批复的,应当逐级发送至税务行政相对人的主管税务机关调查核实,提出处理意见后,逐级报送有权作出批复的税务机关。必要时,拟批复机关可以补充调查核实。

第九条 税收个案批复事项,应当由办公厅(室)统一负责登记、按照部门职责分发主办业务部门。

各业务部门直接收到的税收个案批复事项,应当首先转送办公厅(室)统一登记。未经办公厅(室)登记、分发的税收个案批复事项,不得办理。

第十条 主办业务部门收到办公厅(室)分发的税收个案批复事项后,应当登记并明确主办人员。按照本规程第八条第二款规定,需要转送主管税务机关调查核实的,主办业务部门应当按规定转送主管税务机关处理。

第十一条 主办业务部门认为不应作出税收个案批复的,应当书面说明理由,经本部门负责人批准后,报办公厅(室)备案。

第十二条 主办业务部门拟作出税收个案批复的,应将批复文本送交负有税收执法监督检查职能的部门及其他相关业务部门会签。会签时应一并提供起草说明及其他相关材料。起草说明应包括申请事项、调查核实情况、征求其他相关机关意见情况、批复的必要性及依据、对其他税务行政相对人的影响等内容。

第十三条 会签后，主办业务部门应将全部案卷材料送交政策法规部门进行合法性审查。

第十四条 对会签、审查中存在不同意见且经过协商难以达成一致的，主办业务部门应将各方意见及相关材料报主管局领导裁定。

第十五条 经会签、审查无异议，或主管局领导裁定同意批复的，主办业务部门应当自收到会签、审查或领导裁定意见之日起5个工作日内，按照公文处理程序送办公厅(室)核稿。

第十六条 未经负有税收执法监督检查职能的部门会签和政策法规部门合法性审查的税收个案批复，办公厅(室)不予核稿，局领导不予签发。

第十七条 除涉及国家秘密外，税收个案批复应当自作出之日起30日内，由批复机关的办公厅(室)在本级政府公报、税务机关公报、本辖区范围内公开发行的报纸或本级政府网站、本税务机关网站上公布。

不具备前款规定公布条件的税务机关，应当自税收个案批复作出之日起5个工作日内，在办税服务场所或公共场所通过公告栏等形式，公布其作出的税收个案批复。

第十八条 税收个案批复应当抄送监察部门。

第十九条 省以下税务机关应当于税收个案批复作出之日起30日内报送上一级税务机关负有税收执法监督检查职能的部门备案。

负有税收执法监督检查职能的部门应将税收个案批复分送主管业务部门、政策法规部门以及其他相关业务部门审核。

第二十条 主办业务部门应当按档案管理规定将税收个案批复材料整理归档。

第二十一条 本规程前述条款没有规定时限的，按照下列规定办理：

(一)上下级税务机关送出材料均不得超过5个工作日；

(二)各部门会签、审查均不得超过10个工作日；

(三)主管税务机关调查核实不得超过30日。

征求其他相关机关意见的时间不计算在本规程规定的时限内。

情况复杂或者社会影响巨大的案件，可适当延长时限。

第二十二条 违反本规程规定办理税收个案批复的，按照有关规定追究责任。

第二十三条 本规程自2012年3月1日起施行。

国家税务总局关于规范税务行政裁量权工作的指导意见

国税发〔2012〕65号

各省、自治区、直辖市和计划单列市国家税务局、地方税务局：

为规范税收执法行为，切实保障纳税人合法权益，加快推进税务机关依法行政，构建和谐税收征纳关系，根据《全面推进依法行政实施纲要》、《国务院关于加强法治政府建设的意见》(国发〔2010〕33号)和有关规定，结合税收工作实际，提出如下指导意见：

一、充分认识规范税务行政裁量权的必要性

行政裁量权是行政机关依法行使行政处罚、行政许可、行政强制、行政征收、行政给付等职权时，根据法律、法规和规章的规定，依据立法目的和公平合理的原则，自主作出决定和选择行为方式、种类和幅度的权力。行政裁量权是现代行政权的重要组成部分，也是现代行政的必然要求。它的存在既是社会关系的复杂性所决定，又是法律规范的局限性所决定；既是提高行政效率的需要，也是实现个案公平的需要。但行政裁量权又是一把双刃剑，容易被行政机关滥用，侵害公民、法人和其他组织的合法权益。因此，赋予行政机关行政裁量权的同时，必须对其进行规范和控制。

税收执法的许多方面和环节涉及行政裁量权，规范税务行政裁量权具有十分重要的现实意义。

(一)规范税务行政裁量权是服务科学发展、共建和谐税收的必然选择。服务科学发展、共建和谐税收要求税务机关始终坚持依法行政，使税法得到普遍遵从。提高税法遵从度，既要靠纳税人增强依法诚信纳税意识，自觉履行纳税义务，也要靠税务机关坚持依法行政，带动和引导纳税人自觉遵从税法。提高税法遵从度是税务机关和纳税人共同的责任和义务，税务机关尤其要带头遵从税法。规范税务行政裁量权，限制和规范税收执法权，有利于切实提高税务机关依法行政的质量和水平，有效促进税务机关带头遵从税法，并充分带动纳税人自觉遵从税法，不断实现税收征纳关系的和谐。

（二）规范税务行政裁量权是推进依法行政、保障纳税人合法权益的现实要求。推进依法行政有利于促进各级税务机关依法履行职责，规范和约束行政权力，保障纳税人依法享有的各项权利和自由。规范税务行政裁量权，防止和减少税务机关随意执法、选择性执法和机械性执法等问题，有利于进一步推进依法行政，真正做到严格执法、规范执法、公正执法、文明执法，切实保障纳税人的合法权益。

（三）规范税务行政裁量权是加强税务机关自身建设、防范税收执法风险的有效途径。规范执法行为、提高执法质量是税务机关加强自身建设、防范执法风险的重要目标。规范税务行政裁量权，合理调整执法权行使的弹性空间，有利于促进税务行政裁量定位更准确，操作更规范，有效降低税务机关和税务人员的执法风险，全面提升税务机关的执法形象。

（四）规范税务行政裁量权是促进税务机关廉政建设、遏制腐败的重要举措。深入推进税务系统反腐倡廉建设必须强化对税收执法权和行政管理权的监督，规范"两权"运行。作为税收执法权的重要组成部分，税务行政裁量权的规范行使是遏制腐败的重要保证。规范税务行政裁量权，从机制上加强对税收执法权运行的监控，有利于实现制度防腐和源头防腐，有效遏制税收执法领域职务腐败的发生。

二、规范税务行政裁量权的基本要求

（一）合法裁量。税务机关行使行政裁量权应当依照法律法规进行。税务机关行使行政裁量权应当依照法定权力、条件、范围、幅度和程序进行。

（二）合理裁量。税务机关行使行政裁量权应当符合立法目的和法律原则。要全面考虑相关事实因素和法律因素，排除不相关因素的干扰，维护纳税人合法权益，努力实现法律效果与社会效果的统一。可以采取多种方式实现行政目的的，应当选择对纳税人权益损害最小的方式，对纳税人造成的损害不得与所保护的法定利益显失均衡。

（三）公正裁量。税务机关行使行政裁量权应当平等对待纳税人，同样情形同等处理。对事实、性质、情节及社会危害程度等因素基本相同的税务事项，应当给予基本相同的处理。同一地区国、地税机关对相同税务管理事项的处理应当一致。非因法定事由并经法定程序，不得撤销、变更已经生效的税务决定。因国家利益、公共利益或者其他法定事由需要撤销或者变更税务决定的，应当依照法定权限和程序进行，对纳税人因此而受到的财产损失依法予以补偿。

（四）程序正当。税务机关行使行政裁量权应当严格遵循法定程序，注意听取纳税人的意见，依法保障纳税人的知情权、参与权和救济权。税务人员与纳税人存在利害关系时，应当依法回避。税务机关行使行政裁量权作出税务决定时，应当说明理由。

（五）公开透明。税务机关行使行政裁量权，除涉及国家秘密和依法受到保护的商业秘密、个人隐私外，应当依法公开执法依据、执法过程、处理结果等。

三、建立税务裁量基准制度

裁量基准是指行政机关根据执法实际为规范行政裁量权行使而制定的具体标准，是对行政裁量权按照一定标准进行细化、量化和具体化的重要参考指标。

（一）裁量基准是对以往执法经验的归纳、总结和提炼。制定裁量基准包括解释法律规范中的不确定法律概念、列举考量因素以及分档、细化量罚幅度等。

（二）各省（自治区、直辖市）国、地税机关原则上应当根据本地区税收执法实际，联合制定本地区统一适用的规范各项税务行政裁量权的裁量基准。条件不具备的地方，也可以通过沟通协商制定相对统一的裁量基准。各省（自治区、直辖市）税务机关制定的裁量基准应当报国家税务总局备案。

（三）税务机关执法应当遵循裁量基准。案件情况特殊，不宜适用裁量基准的，应当在法律文书中说明理由。

（四）税务机关适用裁量基准，应当注意听取执法人员、纳税人及专家的意见，及时评估，并根据评估结果对裁量基准进行修改与完善。

四、健全税务行政裁量权行使程序制度

(一)完善告知制度。税务机关行使行政裁量权应当严格履行法定的告知义务,将作出裁量决定的事实、理由、依据告知纳税人。各级税务机关要进一步明确告知的内容、程序及救济措施。

(二)完善回避制度。税务机关行使行政裁量权涉及法定回避事项的,应当依法告知纳税人享有申请回避的权利。税务人员存在法定回避情形的,应当回避。各级税务机关要进一步明确回避的适用范围、救济措施及法律责任,完善回避的申请、受理、审查、决定等程序制度。

(三)完善陈述申辩和听证制度。税务机关行使行政裁量权应当充分听取纳税人的意见。纳税人提出的事实、证据和理由成立的,税务机关应当予以采纳。各级税务机关要进一步完善陈述申辩的告知、审查、采纳等程序性规定,明确适用听证事项,规范听证程序。

(四)完善说明理由制度。税务机关行使行政裁量权应当在行政决定中对事实认定、法律适用和裁量基准的引用等说明理由。各级税务机关要逐步推行使用说理式执法文书。

(五)完善重大执法事项合议制度。税务机关行使行政裁量权涉及重大或者复杂裁量事项的,应当进行合议,共同研究决定。各级税务机关要进一步完善合议程序,明确工作职责、决策方式等内容。

(六)完善重大执法事项备案制度。税务机关行使行政裁量权涉及重大或者复杂裁量事项的,应当将该事项的处理结果报上一级税务机关审查备案。各级税务机关要进一步明确审查备案的内容、方式及程序。

五、加强领导、狠抓落实,为做好规范税务行政裁量权工作提供有力保障

(一)加强领导、精心组织。规范税务行政裁量权工作是税务机关推进依法行政的一项重要内容,各级税务机关应当高度重视,把这项工作摆在突出位置,作为全局性的重点工作抓紧抓好。规范税务行政裁量权工作应当由各级税务机关依法行政领导小组统筹部署,主要领导亲自负责。领导小组应当研究制定工作方案,定期听取工作汇报,及时解决工作中的重点、难点问题。

(二)明确职责、密切配合。规范税务行政裁量权工作涉及面广、专业性强、工作环节多,税务机关上下级之间、内部各相关业务部门之间应当密切配合,加强协调,齐抓共管,共同推动规范税务行政裁量权工作的顺利开展。国家税务总局政策法规司负责综合协调工作;其他业务司局负责对其职责范围内的各项税务行政裁量权进行梳理,提出制定各项税务行政裁量权裁量基准的注意事项。

(三)整体设计、重点推进。税务行政裁量权涉及税收执法的方方面面,包括税款征收、行政处罚、行政许可、行政强制等。为保证规范税务行政裁量权工作有效、有序地开展,各级税务机关应当本着整体设计、重点推进的原则,逐步、逐项地规范各项税务行政裁量权。当前,税务行政处罚裁量权存在问题较多,引发争议较大,社会关注度也较高,各级税务机关应当将规范税务行政处罚裁量权作为规范税务行政裁量权工作的突破口,于2012年底前完成税务行政处罚裁量基准的制定工作。同时要逐步加强对税款征收、行政许可、行政强制等其他重要税务行政裁量权的规范。

(四)注重指导、强化监督。各级税务机关应当加强对该项工作的业务指导,对工作中遇到的困难和问题,及时研究解决;对工作中好的经验和做法,及时总结推广。地方各级税务机关也应当积极主动与上级税务机关沟通联系,及时报告、反馈工作情况及工作中存在的主要问题。地市以上税务机关每年应当选择典型案例向社会公开发布,为指导下级税务机关规范行使行政裁量权提供参照。各级税务机关应当加强对规范税务行政裁量权工作的监督检查,对工作突出的单位,予以表彰。

(五)提升能力、确保实效。执法人员依法行政的能力和水平是保障行政裁量权规范行使的关键,各级税务机关应当把加强执法人员能力建设作为规范税务行政裁量权工作的重要内容。加强对税务执法人员规范行政裁量权相关法律知识和制度的培训,增强执法人员的大局意识、责任意识和服务意识,提高执法人员的业务素质和执法水平。

国家税务总局

二〇一二年七月三日

税收违法违纪行为处分规定

第一条 为了加强税收征收管理,惩处税收违法违纪行为,促进税收法律法规的贯彻实施,根据《中华人民共和国税收征收管理法》、《中华人民共和国行政监察法》、《中华人民共和国公务员法》、《行政机关公务员处分条例》及其他有关法律、行政法规，制定本规定。

第二条 有税收违法违纪行为的单位，其负有责任的领导人员和直接责任人员，以及有税收违法违纪行为的个人，应当承担纪律责任。属于下列人员的(以下统称有关责任人员)，由任免机关或者监察机关按照管理权限依法给予处分：

(一)行政机关公务员；

(二)法律、法规授权的具有公共事务管理职能的组织中从事公务的人员；

(三)行政机关依法委托从事公共事务管理活动的组织中从事公务的人员；

(四)企业、事业单位、社会团体中由行政机关任命的人员。

法律、行政法规、国务院决定和国务院监察机关、国务院人力资源社会保障部门制定的处分规章对税收违法违纪行为的处分另有规定的，从其规定。

第三条 税务机关及税务人员有下列行为之一的，对有关责任人员，给予警告或者记过处分；情节较重的，给予记大过或者降级处分；情节严重的，给予撤职处分：

(一)违反法定权限、条件和程序办理开业税务登记、变更税务登记或者注销税务登记的；

(二)违反规定发放、收缴税控专用设备的；

(三)违反规定开具完税凭证、罚没凭证的；

(四)违反法定程序为纳税人办理减税、免税、退税手续的。

第四条 税务机关及税务人员有下列行为之一的，对有关责任人员，给予记过或者记大过处分；情节较重的，给予降级或者撤职处分；情节严重的，给予开除处分：

(一)违反规定发售、保管、代开增值税专用发票以及其他发票，致使国家税收遭受损失或者造成其他不良影响的；

(二)违反规定核定应纳税额、调整税收定额，导致纳税人税负水平明显不合理的。

第五条 税务机关及税务人员有下列行为之一的，对有关责任人员，给予警告或者记过处分；情节较重的，给予记大过或者降级处分；情节严重的，给予撤职处分：

(一)违反规定采取税收保全、强制执行措施的；

(二)查封、扣押纳税人个人及其所扶养家属维持生活必需的住房和用品的。

第六条 税务机关及税务人员有下列行为之一的，对有关责任人员，给予记过或者记大过处分；情节较重的，给予降级或者撤职处分；情节严重的，给予开除处分：

(一)对管辖范围内的税收违法行为，发现后不予处理或者故意拖延查处，致使国家税收遭受损失的；

(二)徇私舞弊或者玩忽职守，不征或者少征应征税款，致使国家税收遭受损失的。

第七条 税务机关及税务人员违反规定要求纳税人、扣缴义务人委托税务代理，或者为其指定税务代理机构的，对有关责任人员，给予记过或者记大过处分；情节较重的，给予降级或者撤职处分；情节严重的，给予开除处分。

第八条 税务机关领导干部的近亲属在本人管辖的业务范围内从事与税收业务相关的中介活动，经劝阻其近亲属拒不退出或者本人不服从工作调整的，给予记过或者记大过处分；情节较重的，给予降级或者撤职处分；情节严重的，给予开除处分。

第九条 税务人员有下列行为之一的，对有关责任人员，给予记过或者记大过处分；情节较重的，给予降级或者撤职处分；情节严重的，给予开除处分：

(一)在履行职务过程中侵害公民、法人或者其他组织合法权益的；

(二)滥用职权，故意刁难纳税人、扣缴义务人的；

(三)对控告、检举税收违法违纪行为的纳税人、扣缴义务人以及其他检举人进行打击报复的。

第十条 税务机关及税务人员有下列行为之一的，对有关责任人员，给予记过或者记大过处分；情节较重的，给予降级或者撤职处分；情节严重的，给予开除处分：

(一)索取、接受或者以借为名占用纳税人、扣缴义务人财物的；

(二)以明显低于市场的价格向管辖范围内纳税人购买物品的；

(三)以明显高于市场的价格向管辖范围内纳税人出售物品的；

（四）利用职权向纳税人介绍经营业务，谋取不正当利益的；

（五）违反规定要求纳税人购买、使用指定的税控装置的。

第十一条 税务机关私分、挪用、截留、非法占有税款、滞纳金、罚款或者查封、扣押的财物以及纳税担保财物的，对有关责任人员，给予记大过处分；情节较重的，给予降级或者撤职处分；情节严重的，给予开除处分。

第十二条 税务机关及税务人员有下列行为之一的，对有关责任人员，给予记过或者记大过处分；情节较重的，给予降级或者撤职处分；情节严重的，给予开除处分：

（一）隐匿、毁损、伪造、变造税收违法案件证据的；

（二）提供虚假税务协查函件的；

（三）出具虚假涉税证明的。

第十三条 有下列行为之一的，对有关责任人员，给予警告或者记过处分；情节较重的，给予记大过或者降级处分；情节严重的，给予撤职处分：

（一）违反规定作出涉及税收优惠的资格认定、审批的；

（二）未按规定要求当事人出示税收完税凭证或者免税凭证而为其办理行政登记、许可、审批等事项的；

（三）违反规定办理纳税担保的；

（四）违反规定提前征收、延缓征收税款的。

第十四条 有下列行为之一的，对有关责任人员，给予记过或者记大过处分；情节较重的，给予降级或者撤职处分；情节严重的，给予开除处分：

（一）违反法律、行政法规的规定，摊派税款的；

（二）违反法律、行政法规的规定，擅自作出税收的开征、停征或者减税、免税、退税、补税以及其他同税收法律、行政法规相抵触的决定的。

第十五条 不依法履行代扣代缴、代收代缴税款义务，致使国家税款遭受损失的，对有关责任人员，给予记过或者记大过处分；情节较重的，给予降级或者撤职处分；情节严重的，给予开除处分。

第十六条 未经税务机关依法委托征收税款，或者虽经税务机关依法委托但未按照有关法律、行政法规的规定征收税款的，对有关责任人员，给予警告或者记过处分；情节较重的，给予记大过或者降级处分；情节严重的，给予撤职处分。

第十七条 有下列行为之一的，对有关责任人员，给予记大过处分；情节较重的，给予降级或者撤职处分；情节严重的，给予开除处分：

（一）违反规定为纳税人、扣缴义务人提供银行账户、发票、证明或者便利条件，导致未缴、少缴税款或者骗取国家出口退税款的；

（二）向纳税人、扣缴义务人通风报信、提供便利或者以其他形式帮助其逃避税务行政处罚的；

（三）逃避缴纳税款、抗税、逃避追缴欠税、骗取出口退税的；

（四）伪造、变造、非法买卖发票的；

（五）故意使用伪造、变造、非法买卖的发票，造成不良后果的。

税务人员有前款第（二）项所列行为的，从重处分。

第十八条 受到处分的人员对处分决定不服的，可以依照《中华人民共和国行政监察法》、《中华人民共和国公务员法》、《行政机关公务员处分条例》等有关规定申请复核或者申诉。

第十九条 任免机关、监察机关和税务行政主管部门建立案件移送制度。

任免机关、监察机关查处税收违法违纪案件，认为应当由税务行政主管部门予以处理的，应当及时将有关案件材料移送税务行政主管部门。税务行政主管部门应当依法及时查处，并将处理结果书面告知任免机关、监察机关。

税务行政主管部门查处税收管理违法案件，认为应当由任免机关或者监察机关给予处分的，应当及时将有关案件材料移送任免机关或者监察机关。任免机关或者监察机关应当依法及时查处，并将处理结果书面告知税务行政主管部门。

第二十条 有税收违法违纪行为，应当给予党纪处分的，移送党的纪律检察机关处理。涉嫌犯罪的，移送司法机关依法追究刑事责任。

第二十一条 有关税、船舶吨税及海关代征税收违法违纪行为的，按照法律、行政法规及有关处分规章的规定处理。

第二十二条 本规定由监察部、人力资源社会保障部和国家税务总局负责解释。

第二十三条 本规定自2012年8月1日起施行。

税收票证管理办法

国家税务总局令第28号

第一章 总 则

第一条 为了规范税收票证管理工作，保证国家税收收入的安全完整，维护纳税人合法权益，适应税收信息化发展需要，根据《中华人民共和国税收征收管理法》及其实施细则等法律法规，制定本办法。

第二条 税务机关、税务人员、纳税人、扣缴义务人、代征代售人和税收票证印制企业在中华人民共和国境内印制、使用、管理税收票证，适用本办法。

第三条 本办法所称税收票证，是指税务机关、扣缴义务人依照法律法规，代征代售人按照委托协议，征收税款、基金、费、滞纳金、罚没款等各项收入(以下统称税款)的过程中，开具的收款、退款和缴库凭证。税收票证是纳税人实际缴纳税款或者收取退还税款的法定证明。

税收票证包括纸质形式和数据电文形式。数据电文税收票证是指通过横向联网电子缴税系统办理税款的征收缴库、退库时，向银行、国库发送的电子缴款、退款信息。

第四条 国家积极推广以横向联网电子缴税系统为依托的数据电文税收票证的使用工作。

第五条 税务机关、代征代售人征收税款时应当开具税收票证。通过横向联网电子缴税系统完成税款的缴纳或者退还后，纳税人需要纸质税收票证的，税务机关应当开具。

扣缴义务人代扣代收税款时，纳税人要求扣缴义务人开具税收票证的，扣缴义务人应当开具。

第六条 税收票证的基本要素包括：税收票证号码、征收单位名称、开具日期、纳税人名称、纳税人识别号、税种(费、基金、罚没款)、金额、所属时期等。

第七条 纸质税收票证的基本联次包括收据联、存根联、报查联。收据联交纳税人作完税凭证；存根联由税务机关、扣缴义务人、代征代售人留存；报查联由税务机关做会计凭证或备查。

省、自治区、直辖市和计划单列市(以下简称省)税务机关可以根据税收票证管理情况，确定除收据联以外的税收票证启用联次。

第八条 国家税务总局统一负责全国的税收票证管理工作。其职责包括：

(一)设计和确定税收票证的种类、适用范围、联次、内容、式样及规格；

(二)设计和确定税收票证专用章戳的种类、适用范围、式样及规格；

(三)印制、保管、发运需要全国统一印制的税收票证，刻制需要全国统一制发的税收票证专用章戳；

(四)确定税收票证管理的机构、岗位和职责；

(五)组织、指导和推广税收票证信息化工作；

(六)组织全国税收票证检查工作；

(七)其他全国性的税收票证管理工作。

第九条 省以下税务机关应当依照本办法做好本行政区域内的税收票证管理工作。其职责包括：

(一)负责本级权限范围内的税收票证印制、领发、保管、开具、作废、结报缴销、停用、交回、损失核销、移交、核算、归档、审核、检查、销毁等工作；

(二)指导和监督下级税务机关、扣缴义务人、代征代售人、自行填开税收票证的纳税人税收票证管理工作；

(三)组织、指导、具体实施税收票证信息化工作；

(四)组织税收票证检查工作；

(五)其他税收票证管理工作。

第十条　扣缴义务人和代征代售人在代扣代缴、代收代缴、代征税款以及代售印花税票过程中应当做好税收票证的管理工作。其职责包括：

(一)妥善保管从税务机关领取的税收票证，并按照税务机关要求建立、报送和保管税收票证账簿及有关资料；

(二)为纳税人开具并交付税收票证；

(三)按时解缴税款、结报缴销税收票证；

(四)其他税收票证管理工作。

第十一条　各级税务机关的收入规划核算部门主管税收票证管理工作。

国家税务总局收入规划核算司设立主管税收票证管理工作的机构；省、市(不含县级市，下同)、县税务机关收入规划核算部门应当设置税收票证管理岗位并配备专职税收票证管理人员；直接向税务机关税收票证开具人员、扣缴义务人、代征代售人、自行填开税收票证的纳税人发放税收票证并办理结报缴销等工作的征收分局、税务所、办税服务厅等机构(以下简称基层税务机关)应当设置税收票证管理岗位，由税收会计负责税收票证管理工作。税收票证管理岗位和税收票证开具(含印花税票销售)岗位应当分设，不得一人多岗。

扣缴义务人、代征代售人、自行填开税收票证的纳税人应当由专人负责税收票证管理工作。

第二章　种类和适用范围

第十二条　税收票证包括税收缴款书、税收收入退还书、税收完税证明、出口货物劳务专用税收票证、印花税专用税收票证以及国家税务总局规定的其他税收票证。

第十三条　税收缴款书是纳税人据以缴纳税款，税务机关、扣缴义务人以及代征代售人据以征收、汇总税款的税收票证。具体包括：

(一)《税收缴款书(银行经收专用)》。由纳税人、税务机关、扣缴义务人、代征代售人向银行传递，通过银行划缴税款(出口货物劳务增值税、消费税除外)到国库时使用的纸质税收票证。其适用范围是：

1. 纳税人自行填开或税务机关开具，纳税人据以在银行柜面办理缴税(转账或现金)，由银行将税款缴入国库；

2. 税务机关收取现金税款、扣缴义务人扣缴税款、代征代售人代征税款后开具，据以在银行柜面办理税款汇总缴入国库；

3. 税务机关开具，据以办理“待缴库税款”账户款项缴入国库。

(二)《税收缴款书(税务收现专用)》。纳税人以现金、刷卡(未通过横向联网电子缴税系统)方式向税务机关缴纳税款时，由税务机关开具并交付纳税人的纸质税收票证。代征人代征税款时，也应开具本缴款书并交付纳税人。为方便流动性零散税收的征收管理，本缴款书可以在票面印有固定金额，具体面额种类由各省税务机关确定，但是，单种面额不得超过一百元。

(三)《税收缴款书(代扣代收专用)》。扣缴义务人依法履行税款代扣代缴、代收代缴义务时开具并交付纳税人的纸质税收票证。扣缴义务人代扣代收税款后，已经向纳税人开具了税法规定或国家税务总局认可的记载完税情况的其他凭证的，可不再开具本缴款书。

(四)《税收电子缴款书》。税务机关将纳税人、扣缴义务人、代征代售人的电子缴款信息通过横向联网电子缴税系统发送给银行，银行据以划缴税款到国库时，由税收征管系统生成的数据电文形式的税收票证。

第十四条　税收收入退还书是税务机关依法为纳税人从国库办理退税时使用的税收票证。具体包括：

(一)《税收收入退还书》。税务机关向国库传递，依法为纳税人从国库办理退税时使用的纸质税收票证。

(二)《税收收入电子退还书》。税务机关通过横向联网电子缴税系统依法为纳税人从国库办理退税时，由税收征管系统生成的数据电文形式的税收票证。

税收收入退还书应当由县以上税务机关税收会计开具并向国库传递或发送。

第十五条　出口货物劳务专用税收票证是由税务机关开具，专门用于纳税人缴纳出口货物劳务增值税、消费税或者证明该纳税人再销售给其他出口企业的货物已缴纳增值税、消费税的纸质税收票证。具体包括：

（一）《税收缴款书（出口货物劳务专用）》。由税务机关开具，专门用于纳税人缴纳出口货物劳务增值税、消费税时使用的纸质税收票证。纳税人以银行经收方式，税务收现方式，或者通过横向联网电子缴税系统缴纳出口货物劳务增值税、消费税时，均使用本缴款书。纳税人缴纳随出口货物劳务增值税、消费税附征的其他税款时，税务机关应当根据缴款方式，使用其他种类的缴款书，不得使用本缴款书。

（二）《出口货物完税分割单》。已经缴纳出口货物增值税、消费税的纳税人将购进货物再销售给其他出口企业时，为证明所售货物完税情况，便于其他出口企业办理出口退税，到税务机关换开的纸质税收票证。

第十六条 印花税专用税收票证是税务机关或印花税票代售人在征收印花税时向纳税人交付、开具的纸质税收票证。具体包括：

（一）印花税票。印有固定金额，专门用于征收印花税的有价证券。纳税人缴纳印花税，可以购买印花税票贴花缴纳，也可以开具税收缴款书缴纳。采用开具税收缴款书缴纳的，应当将纸质税收缴款书或税收完税证明粘贴在应税凭证上，或者由税务机关在应税凭证上加盖印花税收讫专用章。

（二）《印花税票销售凭证》。税务机关和印花税票代售人销售印花税票时一并开具的专供购买方报销的纸质凭证。

第十七条 税收完税证明是税务机关为证明纳税人已经缴纳税款或者已经退还纳税人税款而开具的纸质税收票证。其适用范围是：

（一）纳税人、扣缴义务人、代征代售人通过横向联网电子缴税系统划缴税款到国库（经收处）后或收到从国库退还的税款后，当场或事后需要取得税收票证的；

（二）扣缴义务人代扣代收税款后，已经向纳税人开具税法规定或国家税务总局认可的记载完税情况的其他凭证，纳税人需要换开正式完税凭证的；

（三）纳税人遗失已完税的各种税收票证（《出口货物完税分割单》、印花税票和《印花税票销售凭证》除外），需要重新开具的；

（四）对纳税人特定期间完税情况出具证明的；

（五）国家税务总局规定的其他需要为纳税人开具完税凭证情形。

税务机关在确保纳税人缴、退税信息全面、准确、完整的条件下，可以开展前款第四项规定的税收完税证明开具工作，具体开具办法由各省税务机关确定。

第十八条 税收票证专用章戳是指税务机关印制税收票证和征、退税款时使用的各种专用章戳，具体包括：

（一）税收票证监制章。套印在税收票证上，用以表明税收票证制定单位和税收票证印制合法性的一种章戳。

（二）征税专用章。税务机关办理税款征收业务，开具税收缴款书、税收完税证明、《印花税销售凭证》等征收凭证时使用的征收业务专用公章。

（三）退库专用章。税务机关办理税款退库业务，开具《税收收入退还书》等退库凭证时使用的，在国库预留印鉴的退库业务专用公章。

（四）印花税收讫专用章。以开具税收缴款书代替贴花缴纳印花税时，加盖在应税凭证上，用以证明应税凭证已完税的专用章戳。

（五）国家税务总局规定的其他税收票证专用章戳。

第十九条 《税收缴款书（税务收现专用）》、《税收缴款书（代扣代收专用）》、《税收缴款书（出口货物劳务专用）》、《出口货物完税分割单》、印花税票和税收完税证明应当视同现金进行严格管理。

第二十条 税收票证应当按规定的适用范围填开，不得混用。

第二十一条 国家税务总局增设或简并税收票证及税收票证专用章戳种类，应当及时向社会公告。

第三章 设计和印制

第二十二条 税收票证及税收票证专用章戳按照税收征收管理和国家预算管理的基本要求设计，具体式样另行制发。

第二十三条 税收票证实行分级印制管理。

《税收缴款书(出口货物劳务专用)》、《出口货物完税分割单》、印花税票以及其他需要全国统一印制的税收票证由国家税务总局确定的企业印制;其他税收票证,按照国家税务总局规定的式样和要求,由各省税务机关确定的企业集中统一印制。

禁止私自印制、倒卖、变造、伪造税收票证。

第二十四条　印制税收票证的企业应当具备下列条件:

(一)取得印刷经营许可证和营业执照;

(二)设备、技术水平能够满足印制税收票证的需要;

(三)有健全的财务制度和严格的质量监督、安全管理、保密制度;

(四)有安全、良好的保管场地和设施。

印制税收票证的企业应当按照税务机关提供的式样、数量等要求印制税收票证,建立税收票证印制管理制度。

税收票证印制合同终止后,税收票证的印制企业应当将有关资料交还委托印制的税务机关,不得保留或提供给其他单位及个人。

第二十五条　税收票证应当套印税收票证监制章。

税收票证监制章由国家税务总局统一制发各省税务机关。

第二十六条　除税收票证监制章外,其他税收票证专用章戳的具体刻制权限由各省税务机关确定。刻制的税收票证专用章戳应当在市以上税务机关留底归档。

第二十七条　税收票证应当使用中文印制。民族自治地方的税收票证,可以加印当地一种通用的民族文字。

第二十八条　负责税收票证印制的税务机关应当对印制完成的税收票证质量、数量进行查验。查验无误的,办理税收票证的印制入库手续;查验不合格的,对不合格税收票证监督销毁。

第四章　使　　用

第二十九条　上、下级税务机关之间,税务机关税收票证开具人员、扣缴义务人、代征代售人、自行填开税收票证的纳税人与税收票证管理人员之间,应当建立税收票证及税收票证专用章戳的领发登记制度,办理领发手续,共同清点、确认领发种类、数量和号码。

税收票证的运输应当确保安全、保密。

数据电文税收票证由税收征管系统自动生成税收票证号码,分配给税收票证开具人员,视同发放。数据电文税收票证不得重复发放、重复开具。

第三十条　税收票证管理人员向税务机关税收票证开具人员、扣缴义务人和代征代售人发放视同现金管理的税收票证时,应当拆包发放,并且一般不得超过一个月的用量。

视同现金管理的税收票证未按照本办法第三十九条规定办理结报的,不得继续发放同一种类的税收票证。

其他种类的税收票证,应当根据领用人的具体使用情况,适度发放。

第三十一条　税务机关、扣缴义务人、代征代售人、自行填开税收票证的纳税人应当妥善保管纸质税收票证及税收票证专用章戳。县以上税务机关应当设置具备安全条件的税收票证专用库房;基层税务机关、扣缴义务人、代征代售人和自行填开税收票证的纳税人应当配备税收票证保险专用箱柜。确有必要外出征收税款的,税收票证及税收票证专用章戳应当随身携带,严防丢失。

第三十二条　税务机关对结存的税收票证应当定期进行盘点,发现结存税收票证实物与账簿记录数量不符的,应当及时查明原因并报告上级或所属税务机关。

第三十三条　税收收入退还书开具人员不得同时从事退库专用章保管或《税收收入电子退还书》复核授权工作。印花税票销售人员不得同时从事印花税收讫专用章保管工作。外出征收税款的,税收票证开具人员不得同时从事现金收款工作。

第三十四条　税收票证应当分纳税人开具;同一份税收票证上,税种(费、基金、罚没款)、税目、预算科目、预算级次、所属时期不同的,应当分行填列。

第三十五条　税收票证栏目内容应当填写齐全、清晰、真实、规范,不得漏填、简写、省略、涂改、挖补、编造；多联式税收票证应当一次全份开具。

第三十六条 因开具错误作废的纸质税收票证，应当在各联注明"作废"字样、作废原因和重新开具的税收票证字轨及号码。《税收缴款书（税务收现专用）》、《税收缴款书（代扣代收专用）》、税收完税证明应当全份保存；其他税收票证的纳税人所持联次或银行流转联次无法收回的，应当注明原因，并将纳税人出具的情况说明或银行文书代替相关联次一并保存。开具作废的税收票证应当按期与已填用的税收票证一起办理结报缴销手续，不得自行销毁。

税务机关开具税收票证后，纳税人向银行办理缴税前丢失的，税务机关参照前款规定处理。

数据电文税收票证作废的，应当在税收征管系统中予以标识；已经作废的数据电文税收票证号码不得再次使用。

第三十七条 纸质税收票证各联次各种章戳应当加盖齐全。

章戳不得套印，国家税务总局另有规定的除外。

第三十八条 税务机关税收票证开具人员、扣缴义务人、代征代售人、自行填开税收票证的纳税人与税收票证管理人员之间，基层税务机关与上级或所属税务机关之间，应当办理税收票款结报缴销手续。

税务机关税收票证开具人员、扣缴义务人、代征代售人向税收票证管理人员结报缴销视同现金管理的税收票证时，应当将已开具税收票证的存根联、报查联等联次，连同作废税收票证、需交回的税收票证及未开具的税收票证（含未销售印花税票）一并办理结报缴销手续；已开具税收票证只设一联的，税收票证管理人员应当查验其开具情况的电子记录。

其他各种税收票证结报缴销手续的具体要求，由各省税务机关确定。

第三十九条 税收票款应当按照规定的时限办理结报缴销。税务机关税收票证开具人员、代征代售人开具税收票证（含销售印花税票）收取现金税款时，办理结报缴销手续的时限要求是：

（一）当地设有国库经收处的，应于收取税款的当日或次日办理税收票款的结报缴销；

（二）当地未设国库经收处和代征代售人收取现金税款的，由各省税务机关确定办理税收票款结报缴销的期限和额度，并以期限或额度条件先满足之日为准。

扣缴义务人代扣代收税款的，应按税法规定的税款解缴期限一并办理结报缴销。

其他各种税收票证的结报缴销时限、基层税务机关向上级或所属税务机关缴销税收票证的时限，由各省税务机关确定。

第四十条 领发、开具税收票证时，发现多出、短少、污损、残破、错号、印刷字迹不清及联数不全等印制质量不合格情况的，应当查明字轨、号码、数量，清点登记，妥善保管。

全包、全本印制质量不合格的，按照本办法第五十一条规定销毁；全份印制质量不合格的，按开具作废处理。

第四十一条 由于税收政策变动或式样改变等原因，国家税务总局规定停用的税收票证及税收票证专用章戳，应由县以上税务机关集中清理，核对字轨、号码和数量，造册登记，按照本办法第五十一条规定销毁。

第四十二条 未开具税收票证（含未销售印花税票）发生毁损或丢失、被盗、被抢等损失的，受损单位应当及时组织清点核查，并由各级税务机关按照权限进行损失核销审批。《税收缴款书（出口货物劳务专用）》、《出口货物完税分割单》、印花税票发生损失的，由省税务机关审批核销；《税收缴款书（税务收现专用）》、《税收缴款书（代扣代收专用）》、税收完税证明发生损失的，由市税务机关审批核销；其他各种税收票证发生损失的，由县税务机关审批核销。

毁损残票和追回的税收票证按照本办法第五十一条规定销毁。

第四十三条 视同现金管理的未开具税收票证（含未销售印花税票）丢失、被盗、被抢的，受损税务机关应当查明损失税收票证的字轨、号码和数量，立即向当地公安机关报案并报告上级或所属税务机关；经查不能追回的税收票证，除印花税票外，应当及时在办税场所和广播、电视、报纸、期刊、网络等新闻媒体上公告作废。

受损单位为扣缴义务人、代征代售人或税收票证印制企业的，扣缴义务人、代征代售人或税收票证印制企业应当立即报告基层税务机关或委托印制的税务机关，由税务机关按前款规定办理。

对丢失印花税票和印有固定金额的《税收缴款书（税务收现专用）》负有责任的相关人员，税务机关应当要求其按照面额赔偿；对丢失其他视同现金管理的税收票证负有责任的相关人员，税务机关应当要求其适当赔偿。

第四十四条　税收票证专用章戳丢失、被盗、被抢的，受损税务机关应当立即向当地公安机关报案并逐级报告刻制税收票证专用章戳的税务机关；退库专用章丢失、被盗、被抢的，应当同时通知国库部门。重新刻制的税收票证专用章戳应当及时办理留底归档或预留印鉴手续。

毁损和损失追回的税收票证专用章戳按照本办法第五十一条规定销毁。

第四十五条　由于印制质量不合格、停用、毁损、损失追回、领发错误，或者扣缴义务人和代征代售人终止税款征收业务、纳税人停止自行填开税收票证等原因，税收票证及税收票证专用章戳需要交回的，税收票证管理人员应当清点、核对字轨、号码和数量，及时上交至发放或有权销毁税收票证及税收票证专用章戳的税务机关。

第四十六条　纳税人遗失已完税税收票证需要税务机关另行提供的，应当登报声明原持有联次遗失并向税务机关提交申请；税款经核实确已缴纳入库或从国库退还的，税务机关应当开具税收完税证明或提供原完税税收票证复印件。

第五章　监督管理

第四十七条　税务机关税收票证开具人员、税收票证管理人员工作变动离岗前，应当办理税收票证、税收票证专用章戳、账簿以及其他税收票证资料的移交。移交时应当有专人监交，监交人、移交人、接管人三方共同签章，票清离岗。

第四十八条　税务机关应当按税收票证种类、领用单位设置税收票证账簿，对各种税收票证的印制、领发、用存、作废、结报缴销、停用、损失、销毁的数量、号码进行及时登记和核算，定期结账。

第四十九条　基层税务机关的税收票证管理人员应当按日对已结报缴销税收票证的完整性、准确性和税收票证管理的规范性进行审核；基层税务机关的上级或所属税务机关税收票证管理人员对基层税务机关缴销的税收票证，应当定期进行复审。

第五十条　税务机关应当及时对已经开具、作废的税收票证、账簿以及其他税收票证资料进行归档保存。

纸质税收票证、账簿以及其他税收票证资料，应当整理装订成册，保存期限五年；作为会计凭证的纸质税收票证保存期限十五年。

数据电文税收票证、账簿以及其他税收票证资料，应当通过光盘等介质进行存储，确保数据电文税收票证信息的安全、完整，保存时间和具体办法另行制定。

第五十一条　未填用的《税收缴款书(出口货物劳务专用)》、《出口货物完税分割单》、印花税票需要销毁的，应当由两人以上共同清点，编制销毁清册，逐级上缴省税务机关销毁；未填用的《税收缴款书(税务收现专用)》、《税收缴款书(代扣代收专用)》、税收完税证明需要销毁的，应当由两人以上共同清点，编制销毁清册，报经市税务机关批准，指派专人到县税务机关复核并监督销毁；其他各种税收票证、账簿和税收票证资料需要销毁的，由税收票证主管人员清点并编制销毁清册，报经县或市税务机关批准，由两人以上监督销毁；税收票证专用章戳需要销毁的，由刻制税收票证专用章戳的税务机关销毁。

第五十二条　税务机关应当定期对本级及下级税务机关、税收票证印制企业、扣缴义务人、代征代售人、自行填开税收票证的纳税人税收票证及税收票证专用章戳管理工作进行检查。

第五十三条　税务机关工作人员违反本办法的，应当根据情节轻重，给予批评教育、责令做出检查、诫勉谈话或调整工作岗位处理；构成违纪的，依照《中华人民共和国公务员法》、《行政机关公务员处分条例》等法律法规给予处分；涉嫌犯罪的，移送司法机关。

第五十四条　扣缴义务人未按照本办法及有关规定保管、报送代扣代缴、代收代缴税收票证及有关资料的，按照《中华人民共和国税收征收管理法》及相关规定进行处理。

扣缴义务人未按照本办法开具税收票证的，可以根据情节轻重，处以一千元以下的罚款。

第五十五条　税务机关与代征代售人、税收票证印制企业签订代征代售合同、税收票证印制合同时，应当就违反本办法及相关规定的责任进行约定，并按约定及其他有关规定追究责任；涉嫌犯罪的，移送司法机关。

第五十六条　自行填开税收票证的纳税人违反本办法及相关规定的，税务机关应当停止其税收票证的领用和自行填开，并限期缴销全部税收票证；情节严重的，可以处以一千元以下的罚款。

第五十七条 非法印制、转借、倒卖、变造或者伪造税收票证的，依照《中华人民共和国税收征收管理法实施细则》的规定进行处理；伪造、变造、买卖、盗窃、抢夺、毁灭税收票证专用章戳的，移送司法机关。

第六章 附 则

第五十八条 各级政府部门委托税务机关征收的各种基金、费可以使用税收票证。

第五十九条 本办法第六条、第七条、第二十五条、第三十六条、第三十七条、第四十六条所称税收票证，不包括印花税票。

第六十条 本办法所称银行，是指经收预算收入的银行、信用社。

第六十一条 各省税务机关应当根据本办法制定具体规定，并报国家税务总局备案。

第六十二条 本办法自2014年1月1日起施行。1998年3月10日国家税务总局发布的《税收票证管理办法》（国税发〔1998〕32号）同时废止。

税收执法督察规则

国家税务总局令第29号

第一章 总 则

第一条 为了规范税收执法督察工作，促进税务机关依法行政，保证税收法律、行政法规和税收政策的贯彻实施，保护纳税人的合法权益，防范和化解税收执法风险，根据《中华人民共和国税收征收管理法》及其实施细则的有关规定，制定本规则。

第二条 各级税务机关开展税收执法督察工作，适用本规则。

第三条 本规则所称税收执法督察（以下简称执法督察），是指县以上（含县）各级税务机关对本级税务机关内设机构、直属机构、派出机构或者下级税务机关的税收执法行为实施检查和处理的行政监督。

第四条 执法督察应当服从和服务于税收中心工作，坚持依法督察，客观公正，实事求是。

第五条 被督察单位及其工作人员应当自觉接受和配合执法督察。

第二章 执法督察的组织管理

第六条 各级税务机关督察内审部门或者承担税收执法监督检查职责的部门（以下简称督察内审部门），代表本级税务机关组织开展执法督察工作，履行以下职责：

（一）依据上级税务机关执法督察工作制度和计划，制定本级税务机关执法督察工作制度和计划；

（二）组织实施执法督察，向本级税务机关提交税收执法督察报告，并制作《税收执法督察处理决定书》、《税收执法督察处理意见书》或者《税收执法督察结论书》；

（三）组织实施税务系统税收执法责任制工作，牵头推行税收执法责任制考核信息系统，实施执法疑点信息分析监控；

（四）督办执法督察所发现问题的整改和责任追究；

（五）配合外部监督部门对税务机关开展监督检查工作；

（六）向本级和上级税务机关报告执法督察工作情况；

（七）通报执法督察工作情况和执法督察结果；

（八）指导、监督和考核下级税务机关执法督察工作；

（九）其他相关工作。

第七条 执法督察实行统筹规划，归口管理。督察内审部门负责执法督察工作的具体组织、协调和落实。税务机关内部相关部门应当树立全局观念，积极参与、支持和配合执法督察工作。

各级税务机关根据工作需要，可以将执法督察与其他具有监督性质的工作协同开展。

第八条　各级税务机关应当统一安排专门的执法督察工作经费，根据年度执法督察工作计划和具体执法督察工作的开展情况，做好经费预算，并保障经费的正确合理使用。

第九条　上级税务机关对执法督察事项可以直接进行督察，也可以授权或者指定下级税务机关进行督察。

第十条　上级税务机关认为下级税务机关作出的执法督察结论不适当的，可以责成下级税务机关予以变更或者撤销，必要时也可以直接作出变更或者撤销的决定。

第十一条　各级税务机关可以采取复查、抽查等方式，对执法督察人员在执法督察工作中履行职责、遵守纪律、廉洁自律等情况进行监督检查。

第十二条　各级税务机关应当建立税收执法督察人才库，为执法督察储备人才。根据执法督察工作需要，确定执法督察人才库人员基数，实行动态管理，定期组织业务培训。下级税务机关应当向上级税务机关执法督察人才库输送人才。

第十三条　执法督察可以由督察内审部门人员独立完成，也可以抽调本级和下级税务机关税务人员实施，优先抽调执法督察人才库成员参加。相关单位和部门应当予以配合。

第三章　执法督察的内容和形式

第十四条　执法督察的内容包括：

（一）税收法律、行政法规、规章和规范性文件的执行情况；

（二）国务院和上级税务机关有关税收工作重要决策、部署的贯彻落实情况；

（三）税务机关制定或者与其他部门联合制定的涉税文件，以及税务机关以外的单位制定的涉税文件的合法性；

（四）外部监督部门依法查处或者督查、督办的税收执法事项；

（五）上级机关交办、有关部门转办的税收执法事项；

（六）执法督察所发现问题的整改和责任追究情况；

（七）其他需要实施执法督察的税收执法事项。

第十五条　执法督察可以通过全面执法督察、重点执法督察、专项执法督察和专案执法督察等形式开展。

第十六条　全面执法督察是指税务机关对本级和下级税务机关的税收执法行为进行的广泛、系统的监督检查。

第十七条　重点执法督察是指税务机关对本级和下级税务机关某些重点方面、重点环节、重点行业的税收执法行为所进行的监督检查。

第十八条　专项执法督察是指税务机关对本级和下级税务机关某项特定内容涉及到的税收执法行为进行的监督检查。

第十九条　专案执法督察是指税务机关对上级机关交办、有关部门转办的特定税收执法事项，以及通过信访、举报、媒体等途径反映的重大税收执法问题所涉及到的本级和下级税务机关的税收执法行为进行的监督检查。

第二十条　各级税务机关应当积极运用信息化手段，对与税收执法活动有关的各类信息系统执法数据进行分析、筛选、监控和提示，为各种形式的执法督察提供线索。

第四章　执法督察实施程序

第二十一条　执法督察工作要有计划、有组织、有步骤地开展，主要包括准备、实施、处理、整改、总结等阶段，根据工作需要可以进行复查。

第二十二条　督察内审部门应当科学、合理制定年度执法督察工作计划，报本级税务机关批准后统一部署实施。

未纳入年度执法督察工作计划的专案执法督察和其他特殊情况下需要启动的执法督察，应当在实施前报本级税务机关批准。

第二十三条 实施执法督察前，督察内审部门应当根据执法督察的对象和内容，制定包括组织领导、工作要求和执法督察的时限、重点、方法、步骤等内容的执法督察方案。

第二十四条 实施执法督察的税务机关应当成立执法督察组，负责具体实施执法督察。执法督察组人员不得少于2人，并实行组长负责制。

执法督察组组长应当对执法督察的总体质量负责。当执法督察组组长对被督察单位有关税收执法事项的意见与其他组员的意见不一致时，应当在税收执法督察报告中进行说明。

第二十五条 实施执法督察的税务机关应当根据执法督察的对象和内容对执法督察组人员进行查前培训，保证执法督察效率和质量。

第二十六条 实施执法督察，应当提前3个工作日向被督察单位下发税收执法督察通知，告知执法督察的时间、内容、方式，需要准备的资料，配合工作的要求等。被督察单位应当将税收执法督察通知在本单位范围内予以公布。

专案执法督察和其他特殊情况下，可以不予提前通知和公布。

第二十七条 执法督察可以采取下列工作方式：

(一)听取被督察单位税收执法情况汇报；

(二)调阅被督察单位收发文簿、会议纪要、涉税文件、税收执法卷宗和文书，以及其他相关资料；

(三)查阅、调取与税收执法活动有关的各类信息系统电子文档和数据；

(四)与被督察单位有关人员谈话，了解有关情况；

(五)特殊情况下需要到相关纳税人和有关单位了解情况或者取证时，应当按照法律规定的权限进行，并商请主管税务机关予以配合；

(六)其他方式。

第二十八条 执法督察中，被督察单位应当及时提供相关资料，以及与税收执法活动有关的各类信息系统所有数据查询权限。被督察单位主要负责人对本单位所提供的税收执法资料的真实性和完整性负责。

第二十九条 实施执法督察应当制作《税收执法督察工作底稿》。

发现税收执法行为存在违法、违规问题的，应当收集相关证据材料，在工作底稿上写明行为的内容、时间、情节、证据的名称和出处，以及违法、违规的文件依据等，由被督察单位盖章或者由有关人员签字。拒不盖章或者拒不签字的，应当说明理由，记录在案。

收集证据材料时无法取得原件的，应当通过复印、照相、摄像、扫描、录音等手段提取或者复制有关资料，由原件保存单位或者个人在复制件上注明“与原件核对无误，原件存于我处”，并由有关人员签字。原件由单位保存的，还应当由该单位盖章。

第三十条 执法督察组实施执法督察后，应当及时将发现的问题汇总，并向被督察单位反馈情况。

被督察单位或者个人可以对反馈的情况进行陈述和申辩，并提供陈述申辩的书面材料。

第三十一条 执法督察组实施执法督察后，应当起草税收执法督察报告，内容包括：

(一)执法督察的时间、内容、方法、步骤；

(二)被督察单位税收执法的基本情况；

(三)执法督察发现的具体问题，认定被督察单位存在违法、违规问题的基本事实和法律依据；

(四)对发现问题的拟处理意见；

(五)加强税收执法监督管理的建议；

(六)执法督察组认为应当报告的其他事项。

第三十二条 执法督察组实施执法督察后，应当将税收执法督察报告、工作底稿、证据材料、陈述申辩资料以及与执法督察情况有关的其他资料进行整理，提交督察内审部门。

第三十三条 督察内审部门收到税收执法督察报告和其他证据材料后，应当对以下内容进行审理：

(一)执法督察程序是否符合规定；

(二)事实是否清楚，证据是否确实充分，资料是否齐全；

(三)适用的法律、行政法规、规章、规范性文件和有关政策等是否正确；

(四)对被督察单位的评价是否准确，拟定的意见、建议等是否适当。

第三十四条 督察内审部门在审理中发现事实不清、证据不足、资料不全的，应当通知执法督察组对证据予以补正，也可以重新组织人员进行核实、检查。

第三十五条 督察内审部门在审理中对适用税收法律、行政法规和税收政策有疑义的问题，以及涉嫌违规的涉税文件，应当书面征求本级税务机关法规部门和业务主管部门意见，也可以提交本级税务机关集体研究，并做好会议记录；本级税务机关无法或者无权确定的，应当请示上级税务机关或者请有权机关解释或者确定。

第三十六条 督察内审部门根据审理结果修订税收执法督察报告，送被督察单位征求意见。被督察单位应当在15个工作日内提出书面反馈意见。在限期内未提出书面意见的，视同无异议。

督察内审部门应当对被督察单位提出的意见进行研究，对税收执法督察报告作必要修订，连同被督察单位的书面反馈意见一并报送本级税务机关审定。

第三十七条 督察内审部门根据本级税务机关审定的税收执法督察报告制作《税收执法督察处理决定书》、《税收执法督察处理意见书》或者《税收执法督察结论书》，经本级税务机关审批后下达被督察单位。

《税收执法督察处理决定书》适用于对被督察单位违反税收法律、行政法规和税收政策的行为进行处理。

《税收执法督察处理意见书》适用于对被督察单位提出自行纠正的事项和改进工作的建议。

《税收执法督察结论书》适用于对未发现违法、违规问题的被督察单位作出评价。

受本级税务机关委托，执法督察组组长可以就执法督察结果与被督察单位主要负责人或者有关人员进行谈话。

第三十八条 对违反税收法律、行政法规、规章和上级税收规范性文件的涉税文件，按下列原则作出执法督察决定：

（一）对下级税务机关制定，或者下级税务机关与其他部门联合制定的，责令停止执行，并予以纠正；

（二）对本级税务机关制定的，应当停止执行并提出修改建议；

（三）对地方政府和其他部门制定的，同级税务机关应当停止执行，向发文单位提出修改建议，并报告上级税务机关。

第三十九条 除第三十八条规定外，对其他不符合税收法律、行政法规、规章和上级税收规范性文件的税收执法行为，按下列原则作出执法督察处理决定：

（一）执法主体资格不合法的，依法予以撤销；

（二）未履行法定职责的，责令限期履行法定职责；

（三）事实不清、证据不足的，依法予以撤销，并可以责令重新作出执法行为；

（四）未正确适用法律依据的，依法予以变更或者撤销，并可以责令重新作出执法行为；

（五）严重违反法定程序的，依法予以变更或者撤销，并可以责令重新作出执法行为；

（六）超越职权或者滥用职权的，依法予以撤销；

（七）其他不符合税收法律、行政法规、规章和上级税收规范性文件的，依法予以变更或者撤销，并可以责令重新作出执法行为。

第四十条 被督察单位收到《税收执法督察处理决定书》和《税收执法督察处理意见书》后，应当在规定的期限内执行，并以书面形式向实施执法督察的税务机关报告下列执行结果：

（一）对违法、违规涉税文件的清理情况和清理结果；

（二）对违法、违规的税收执法行为予以变更、撤销和重新作出执法行为的情况；

（三）对有关责任人的责任追究情况；

（四）要求报送的其他文件和资料。

第四十一条 被督察单位对执法督察处理决定有异议的，可以在规定的期限内向实施执法督察的税务机关提出复核申请。实施执法督察的税务机关应当进行复核，并作出答复。

第四十二条 实施执法督察的税务机关应当在本单位范围内对执法督察结果和执法督察工作情况予以通报。

执法督察事项应当保密的，可以不予通报。

第四十三条 各级税务机关应当建立执法督察结果报告制度。

督察内审部门应当对执法督察所发现的问题进行归纳和分析，提出完善制度、加强管理等工作建议，向本级税务机关专题报告，并作为有关业务部门的工作参考。

发现税收政策或者税收征管制度存在问题的，各级税务机关应当及时向上级税务机关报告。

第四十四条 各级税务机关每年应当在规定时间内，向上级税务机关报送年度执法督察工作总结和报表等相关材料。

第四十五条 督察内审部门应当按照有关规定做好执法督察工作资料的立卷和归档工作。

执法督察档案应当做到资料齐全、分类清楚，便于质证和查阅。

第五章 责任追究及奖惩

第四十六条 执法督察中发现税收执法行为存在违法、违规问题的，应当按照有关规定和管理权限，对有关负责人和直接责任人予以责任追究。

第四十七条 执法督察中发现纳税人的税收违法行为，实施执法督察的税务机关应当责令主管税务机关调查处理；情节严重的，移交稽查部门处理。

第四十八条 执法督察中，被督察单位不如实提供相关资料和查询权限，或者无正当理由拒绝、拖延、阻挠执法督察的，由实施执法督察的税务机关责令限期改正；拒不改正的，对有关负责人和直接责任人予以责任追究。

第四十九条 被督察单位未按照《税收执法督察处理决定书》和《税收执法督察处理意见书》的要求执行，由实施执法督察的税务机关责令限期改正，并对其主要负责人和有关责任人予以责任追究。

第五十条 执法督察结果及其整改落实情况应当作为各级税务机关考核的重要内容。

各级税务机关应当对执法规范、成绩突出的单位和个人给予表彰和奖励，并予以通报，同时将其先进经验进行推广。存在重大执法问题的单位、部门及其主要负责人和有关责任人，不得参加先进评选。

第五十一条 对执法督察人员在执法督察中滥用职权、徇私舞弊、玩忽职守或者违反廉政建设有关规定的，应当按照有关规定追究其责任。

第五十二条 对在执法督察工作中业绩突出的执法督察人员，各级税务机关应当给予表扬和奖励，并将其业绩作为在优秀公务员等先进评选活动中的重要依据。

第六章 附 则

第五十三条 本规则相关文书式样，由国家税务总局另行规定。

第五十四条 各省、自治区、直辖市和计划单列市国家税务局、地方税务局可以依据本规则，结合本地区的具体情况制定具体实施办法。

第五十五条 本规则自 2013 年 4 月 1 日起施行，《国家税务总局关于印发〈税收执法检查规则〉的通知》(国税发〔2004〕126 号)同时废止。

网络发票管理办法

国家税务总局令第 30 号

第一条 为加强普通发票管理，保障国家税收收入，规范网络发票的开具和使用，根据《中华人民共和国发票管理办法》规定，制定本办法。

第二条 在中华人民共和国境内使用网络发票管理系统开具发票的单位和个人办理网络发票管理系统的开户登记、网上领取发票手续、在线开具、传输、查验和缴销等事项，适用本办法。

第三条 本办法所称网络发票是指符合国家税务总局统一标准并通过国家税务总局及省、自治区、直辖市国家税务局、地方税务局公布的网络发票管理系统开具的发票。

国家积极推广使用网络发票管理系统开具发票。

第四条 税务机关应加强网络发票的管理，确保网络发票的安全、唯一、便利，并提供便捷的网络发票信息查询渠道；应通过应用网络发票数据分析，提高信息管税水平。

第五条　税务机关应根据开具发票的单位和个人的经营情况，核定其在线开具网络发票的种类、行业类别、开票限额等内容。

开具发票的单位和个人需要变更网络发票核定内容的，可向税务机关提出书面申请，经税务机关确认，予以变更。

第六条　开具发票的单位和个人开具网络发票应登录网络发票管理系统，如实完整填写发票的相关内容及数据，确认保存后打印发票。

开具发票的单位和个人在线开具的网络发票，经系统自动保存数据后即完成开票信息的确认、查验。

第七条　单位和个人取得网络发票时，应及时查询验证网络发票信息的真实性、完整性，对不符合规定的发票，不得作为财务报销凭证，任何单位和个人有权拒收。

第八条　开具发票的单位和个人需要开具红字发票的，必须收回原网络发票全部联次或取得受票方出具的有效证明，通过网络发票管理系统开具金额为负数的红字网络发票。

第九条　开具发票的单位和个人作废开具的网络发票，应收回原网络发票全部联次，注明“作废”，并在网络发票管理系统中进行发票作废处理。

第十条　开具发票的单位和个人应当在办理变更或者注销税务登记的同时，办理网络发票管理系统的用户变更、注销手续并缴销空白发票。

第十一条　税务机关根据发票管理的需要，可以按照国家税务总局的规定委托其他单位通过网络发票管理系统代开网络发票。

税务机关应当与受托代开发票的单位签订协议，明确代开网络发票的种类、对象、内容和相关责任等内容。

第十二条　开具发票的单位和个人必须如实在线开具网络发票，不得利用网络发票进行转借、转让、虚开发票及其他违法活动。

第十三条　开具发票的单位和个人在网络出现故障，无法在线开具发票时，可离线开具发票。

开具发票后，不得改动开票信息，并于 48 小时内上传开票信息。

第十四条　开具发票的单位和个人违反本办法规定的，按照《中华人民共和国发票管理办法》有关规定处理。

第十五条　省以上税务机关在确保网络发票电子信息正确生成、可靠存储、查询验证、安全唯一等条件的情况下，可以试行电子发票。

第十六条　本办法自 2013 年 4 月 1 日起施行。

国家税务总局关于发布《国家税务总局定点联系企业名册管理办法》的公告

国家税务总局公告 2013 年第 18 号

为加强国家税务总局定点联系企业名册管理，根据《中华人民共和国税收征收管理法》及其实施细则、《国家税务总局关于印发〈国家税务总局大企业税收服务和管理规程（试行）〉的通知》（国税发〔2011〕71 号）等文件的精神，国家税务总局制定了《国家税务总局定点联系企业名册管理办法》。现予发布，自 2013 年 9 月 1 日起施行。

特此公告。

国家税务总局

2013 年 4 月 22 日

国家税务总局定点联系企业名册管理办法

第一章　总　　则

第一条　为加强国家税务总局定点联系企业名册（以下简称企业名册）管理，根据《中华人民共和国税收征收管理法》及其实施细则、《国家税务总局关于印发〈国家税务总局大企业税收服务和管理规程(试行)〉的通知》(国税发〔2011〕71 号)等有关规定,制定本管理办法。

第二条 凡由国家税务总局按照规定程序统一选定,纳入国家税务总局定点联系企业(以下简称总局定点联系企业)管理机制的企业集团总部及其成员企业名册的采集、下发、核实、上报和反馈等工作,均适用本管理办法。

第三条 企业名册管理是指在国家税务总局的统一部署下,总局定点联系企业集团总部定期报送本级及其成员企业名册,税务机关根据上述信息,开展企业名册核实,反馈名册核实结果,正确建立总局定点联系企业树型管理体系的业务处理过程。

第四条 企业名册由总局定点联系企业的税务登记、资格认定、关联关系以及组织架构等涉税信息组成。企业名册的范围和内容由国家税务总局根据税收管理工作需要逐年规范、完善。

第五条 企业名册管理范围以合并报表的口径和工商注册规范的组织形式为参考,建立统一标准。内资企业名册管理范围为纳入企业合并报表范围且进行税务登记的境内各级分公司和子公司,以及境外控股公司;外资企业名册管理范围为全球总部控股并在中国境内进行税务登记的各级分公司和子公司;其他特殊情况的涉税组织机构。

第二章　工作模式

第六条 总局定点联系企业与税务机关要在《国家税务总局大企业税收服务和管理规程(试行)》框架下,共同构建起税企合作、纵向联动、协调高效的企业名册管理工作模式。

第七条 税企合作是指总局定点联系企业和税务机关遵循平等、互信、互助、共赢的原则,合作开展企业名册管理,共同预防和控制税务风险。总局定点联系企业应当依法履行企业名册报送义务;税务机关应当合法使用企业名册信息,保障纳税人合法权益,引导企业提高名册管理水平。

第八条 纵向联动是指采取集中与属地管理相结合的方式,充分发挥总局定点联系企业与税务机关的企业名册管理能力。总局定点联系企业集团总部要组织落实好本级及其成员企业名册的报送和校正工作;省、自治区、直辖市和计划单列市(以下简称省)税务机关要按照国家税务总局的统一部署和工作要求,层层落实名册核实工作,实现纵向联动。

第九条 协调高效是指按照业务关联、职责明晰、衔接紧密的原则,总局定点联系企业与税务机关要合理界定内部各部门、各层级、各岗位的工作职责,并使之密切配合,形成合力。

第三章　工作职责

第十条 国家税务总局统筹安排企业名册管理工作。其职责包括:

(一)规范企业名册范围和内容,完善企业名册管理办法;

(二)组织总局定点联系企业集团总部开展企业名册整理和报送工作;

(三)组织省以下税务机关开展企业名册核实工作;

(四)向总局定点联系企业集团总部反馈企业名册核实结果,引导其开展企业名册校正工作;

(五)其他全国性的企业名册管理工作。

第十一条 省以下税务机关应当根据本办法做好税务行政区划内的企业名册管理工作。其职责包括:

(一)省税务机关负责整理、上报税务行政区划代码、名称和对应关系等信息,完成企业名册管理代码准备工作;

(二)省税务机关负责组织税务行政区划内企业名册的核实、修订和上报工作;

(三)地市税务机关负责组织税务行政区划内企业名册的核实工作,修订和上报税务行政区划内的企业名册;

(四)属地税务机关负责根据上级税务机关的工作要求,核实税务行政区划内的企业名册;

(五)其他企业名册管理工作。

第十二条 总局定点联系企业承担企业名册的整理、报送和校正工作。其职责包括:

(一)根据税务机关工作要求,组织开展企业名册的整理、审核、汇总和报送工作;

(二)配合税务机关开展企业名册核实工作;

（三）根据税务机关反馈的核实结果，组织开展企业名册校正工作；

（四）其他企业名册管理工作。

第四章　工作流程

第十三条　总局定点联系企业与相关税务机关要充分依托大企业税收信息化平台和工具，每年定期开展企业名册管理工作。

第十四条　企业名册管理工作分为代码准备、名册采集、任务分发、名册核实、结果上报、名册反馈和工作总结七个阶段。具体工作内容和时间要求如下：

（一）代码准备阶段。9 月 30 日前，省税务机关整理当年税务行政区划代码、名称和对应关系等信息，并上报至国家税务总局，完成企业名册管理代码准备工作。

（二）名册采集阶段。10 月 31 日前，总局定点联系企业集团总部整理、审核和汇总本级及其成员企业名册，并按照税务机关的指定方式，将企业名册报送至国家税务总局。

（三）任务分发阶段。11 月 15 日前，国家税务总局按照税务行政区划关系，将采集的企业名册分发至各地税务机关。

（四）名册核实阶段。12 月 15 日前，省以下税务机关根据任务分发结果，组织完成税务行政区划内企业名册核实工作。具体可采取与现行征管系统信息比对、与第三方信息比对、向企业核实信息以及到企业实地调查等方式开展名册核实工作。

（五）结果上报阶段。12 月 31 日前，省以下税务机关根据名册核实结果，标注、修订与企业报送情况不符的名册信息，并将核实和修订结果上报至国家税务总局。同时，省税务机关税收征管部门应当根据名册核实结果，组织调整现行征管系统中的“大企业管理层级标识”，实现企业名册信息共享。

（六）名册反馈阶段。次年 1 月 20 日前，国家税务总局将核实后的企业名册反馈给总局定点联系企业集团总部，由其根据核实结果，区分不同情况，开展信息校正工作。总局定点联系企业集团总部需在当年报送税务遵从责任报告时，将校正结果反馈国家税务总局。

（七）工作总结阶段。次年 1 月 31 日前，省税务机关根据工作中暴露出的重点和难点问题，进行工作总结，提出工作建议。国家税务总局根据工作开展情况，实施工作考核，提升工作水平。

第五章　附　　则

第十五条　各省、自治区、直辖市和计划单列市国家税务局、地方税务局可参照本办法，制定省、地市税务机关定点联系（或列名）企业名册管理办法。

第十六条　本办法自 2013 年 9 月 1 日起施行。

关于《发布〈国家税务总局定点联系企业名册管理办法〉的公告》的解读

为加强国家税务总局定点联系企业名册（以下简称企业名册）管理，根据《中华人民共和国税收征收管理法》及其实施细则、《国家税务总局关于印发〈国家税务总局大企业税收服务和管理规程（试行）〉的通知》（国税发〔2011〕71 号）等有关规定，税务总局在充分调查研究的基础上，制定了《国家税务总局定点联系企业名册管理办法》（以下简称《办法》），并发布公告。现将《办法》的主要内容解读如下：

一、为什么要出台《办法》？

国家税务总局定点联系企业（以下简称总局定点联系企业）的突出特点是企业规模巨大、内部层级众多、关联交易频繁。因此，加强总局定点联系企业名册管理，特别是掌握其内部管理层级和资产关联关系，将有助于税务机关明确管理范围、理清管理重点，同时也有助于企业防范因关联关系产生的税务风险，提升纳税遵从水平。2011 年，税务总局印发了《国家税务总局关于印发〈国家税务总局大企业税收服务和管理规程（试行）〉的通知》（国税发〔2011〕71 号，以下简称《规程》）。《规程》第五章第五十四条明确提出了“税务总局按照实际控制的原则确定企业集团的组织结构关系，并据此形成企业集团及其成员企业名册”的要求。

根据上述要求，税务总局通过选取总局定点联系企业、采集企业名册数据、共享企业名册信息，已初步建立起总局定点联系企业树型管理体系。但是，由于前期探索中认识不够统一、机制不够健全、流程不够规范等原因，运行管理的一些问题亟待解决。

在这种背景下，通过制定《办法》，进一步明确工作任务、规范工作流程、理顺内外关系，对于提升名册管理水平、完善总局定点联系企业树型管理体系、促进企业纳税遵从，具有非常重要的现实意义。

二、如何把握《办法》的基本框架和主要内容？

《办法》共十六条，分为总则、工作模式、工作职责、工作流程和附则五部分。具体来说：

第一章，总则（共五条）。对立法依据、适用范围、调整对象等内容进行了规定。解决了《办法》中一般性和总括性的重要问题。

第二章，工作模式（共四条）。对总局定点联系企业名册管理的工作模式进行了规定。突出了税企双方沟通与协作的重要性。

第三章，工作职责（共三条）。对总局定点联系企业名册管理相关主体的工作职责进行了规定。规范了税企双方的权利和义务关系。

第四章，工作流程（共两条）。对总局定点联系企业名册管理的工作流程进行了规定。明确了代码准备、名册采集、任务分发、名册核实、结果上报、名册反馈和工作总结七个阶段的工作任务和时间要求。

第五章，附则（共两条）。对《办法》的未尽事项、实施时间等内容进行了规定。

三、总局定点联系企业名册的报送内容包括哪些？

总局定点联系企业名册的报送内容包括企业集团总部及其成员企业的税务登记、资格认定、关联关系以及组织架构等涉税信息。税务总局可以根据税收管理工作需要，对报送内容进行规范和完善。具体报送内容详见税务总局每年通过信息化平台下发的企业名册信息表。

四、总局定点联系企业的成员企业范围包括哪些？

根据《国家税务总局办公厅关于建立税务总局定点联系企业名册管理工作有关问题的函》（国税办函〔2010〕863号）的相关规定，《办法》指出总局定点联系企业的成员企业范围应当以合并报表的口径和工商注册规范的组织形式为参考建立统一标准。内资企业为纳入企业合并报表范围且进行税务登记的境内各级分公司和子公司，以及境外控股公司；外资企业为全球总部控股并在中国境内进行税务登记的各级分公司和子公司；其他特殊情况的涉税组织机构。

五、省、地市税务机关定点联系（或列名）企业是否适用《办法》？

由于《办法》旨在规范总局定点联系企业名册管理工作，因此，省、地市税务机关定点联系（或列名）企业不适用本《办法》。《办法》第十五条提出，各省、自治区、直辖市和计划单列市国家税务局、地方税务局可参照本办法，制定省、地市税务机关定点联系（或列名）企业名册管理办法。

国家税务总局关于发布《委托代征管理办法》的公告

国家税务总局公告 2013 年第 24 号

根据《中华人民共和国税收征收管理法》及实施细则和《中华人民共和国发票管理办法》的规定，现将国家税务总局制定的《委托代征管理办法》予以发布，自 2013 年 7 月 1 日起施行。

特此公告。

委托代征管理办法

第一章 总　　则

第一条　为加强税收委托代征管理，规范委托代征行为，降低征纳成本，根据《中华人民共和国税收征收管理法》《中华人民共和国税收征收管理法实施细则》《合同法》及《中华人民共和国发票管理办法》的有关规定，制定本办法。

第二条 本办法所称委托代征，是指税务机关根据《中华人民共和国税收征收管理法实施细则》有利于税收控管和方便纳税的要求，按照双方自愿、简便征收、强化管理、依法委托的原则和国家有关规定，委托有关单位和人员代征零星、分散和异地缴纳的税收的行为。

第三条 本办法所称税务机关，是指县以上(含本级)税务局。

本办法所称代征人，是指依法接受税务机关委托、行使代征税款权利并承担《委托代征协议书》规定义务的单位或人员。

第二章 委托代征的范围和条件

第四条 委托代征范围由税务机关根据《中华人民共和国税收征收管理法实施细则》关于加强税收控管、方便纳税的规定，结合当地税源管理的实际情况确定。税务机关不得将法律、行政法规已确定的代扣代缴、代收代缴税收，委托他人代征。

第五条 税务机关确定的代征人，应当与纳税人有下列关系之一：

(一)与纳税人有管理关系；

(二)与纳税人有经济业务往来；

(三)与纳税人有地缘关系；

(四)有利于税收控管和方便纳税人的其他关系。

第六条 代征人为行政、事业、企业单位及其他社会组织的，应当同时具备下列条件：

(一)有固定的工作场所；

(二)内部管理制度规范，财务制度健全；

(三)有熟悉相关税收法律、法规的工作人员，能依法履行税收代征工作；

(四)税务机关根据委托代征事项和税收管理要求确定的其他条件。

第七条 代征税款人员，应当同时具备下列条件：

(一)具备中国国籍，遵纪守法，无严重违法行为及犯罪记录，具有完全民事行为能力；

(二)具备与完成代征税款工作要求相适应的税收业务知识和操作技能；

(三)税务机关根据委托代征管理要求确定的其他条件。

第八条 税务机关可以与代征人签订代开发票书面协议并委托代征人代开普通发票。代开发票书面协议的主要内容应当包括代开的普通发票种类、对象、内容和相关责任。

代开发票书面协议由各省、自治区、直辖市和计划单列市自行制定。

第九条 代征人不得将其受托代征税款事项再行委托其他单位、组织或人员办理。

第三章 委托代征协议的生效和终止

第十条 税务机关应当与代征人签订《委托代征协议书》，明确委托代征相关事宜。《委托代征协议书》包括以下内容：

(一)税务机关和代征人的名称、联系电话，代征人为行政、事业、企业单位及其他社会组织的，应包括法定代表人或负责人姓名、居民身份证号码和地址；代征人为自然人的，应包括姓名、居民身份证号码和户口所在地、现居住地址；

(二)委托代征范围和期限；

(三)委托代征的税种及附加、计税依据及税率；

(四)票、款结报缴销期限和额度；

(五)税务机关和代征人双方的权利、义务和责任；

(六)代征手续费标准；

(七)违约责任；

(八)其他有关事项。

代征人为行政、事业、企业单位及其他社会组织的，《委托代征协议书》自双方的法定代表人或法定代理人签字并加盖公章后生效；代征人为自然人的，《委托代征协议书》自代征人及税务机关的法定代表人签字并加盖税务机关公章后生效。

第十一条 《委托代征协议书》签订后，税务机关应当向代征人发放《委托代征证书》，并在广播、电视、报纸、期刊、网络等新闻媒体或者代征范围内纳税人相对集中的场所，公告代征人的委托代征资格和《委托代征协议书》中的以下内容：

（一）税务机关和代征人的名称、联系电话，代征人为行政、事业、企业单位及其他社会组织的，应包括法定代表人或负责人姓名和地址；代征人为自然人的，应包括姓名、户口所在地、现居住地址；

（二）委托代征的范围和期限；

（三）委托代征的税种及附加、计税依据及税率；

（四）税务机关确定的其他需要公告的事项。

第十二条 《委托代征协议书》有效期最长不得超过 3 年。有效期满需要继续委托代征的，应当重新签订《委托代征协议书》。

《委托代征协议书》签订后，税务机关应当向代征人提供受托代征税款所需的税收票证、报表。

第十三条 有下列情形之一的，税务机关可以向代征人发出《终止委托代征协议通知书》，提前终止委托代征协议：

（一）因国家税收法律、行政法规、规章等规定发生重大变化，需要终止协议的；

（二）税务机关被撤销主体资格的；

（三）因代征人发生合并、分立、解散、破产、撤销或者因不可抗力发生等情形，需要终止协议的；

（四）代征人有弄虚作假、故意不履行义务、严重违反税收法律法规的行为，或者有其他严重违反协议的行为；

（五）税务机关认为需要终止协议的其他情形。

第十四条 终止委托代征协议的，代征人应自委托代征协议终止之日起 5 个工作日内，向税务机关结清代征税款，缴销代征业务所需的税收票证和发票；税务机关应当收回《委托代征证书》，结清代征手续费。

第十五条 代征人在委托代征协议期限届满之前提出终止协议的，应当提前 20 个工作日向税务机关申请，经税务机关确认后按照本办法第十四条的规定办理相关手续。

第十六条 税务机关应当自委托代征协议终止之日起 10 个工作日内，在广播、电视、报纸、期刊、网络等新闻媒体或者代征范围内纳税人相对集中的场所，公告代征人委托代征资格终止和本办法第十一条规定需要公告的《委托代征协议书》主要内容。

第四章 委托代征管理职责

第十七条 税收委托代征工作中，税务机关应当监督、管理、检查委托代征业务，履行以下职责：

（一）审查代征人资格，确定、登记代征人的相关信息；

（二）填制、发放、收回、缴销《委托代征证书》；

（三）确定委托代征的具体范围、税种及附加、计税依据、税率等；

（四）核定和调整代征人代征的个体工商户定额，并通知纳税人和代征人执行；

（五）定期核查代征人的管户信息，了解代征户籍变化情

（六）采集委托代征的征收信息、纳税人欠税信息、税收票证管理情况等信息；

（七）辅导和培训代征人；

（八）在有关规定确定的代征手续费比率范围内，按照手续费与代征人征收成本相匹配的原则，确定具体支付标准，办理手续费支付手续；

（九）督促代征人按时解缴代征税款，并对代征情况进行定期检查；

（十）其他管理职责。

第十八条 税收委托代征工作中，代征人应当履行以下职责：

（一）根据税务机关确定的代征范围、核定税额或计税依据、税率代征税款，并按规定及时解缴入库；

（二）按照税务机关有关规定领取、保管、开具、结报缴销税收票证、发票，确保税收票证和发票安全；

（三）代征税款时，向纳税人开具税收票证；

（四）建立代征税款账簿，逐户登记代征税种税目、税款金额及税款所属期等内容；

（五）在税款解缴期内向税务机关报送《代征代扣税款结报单》，以及受托代征税款的纳税人当期已纳税、逾期未纳税、管户变化等相关情况；

（六）对拒绝代征人依法代征税款的纳税人，自其拒绝之时起 24 小时内报告税务机关；

（七）在代征税款工作中获知纳税人商业秘密和个人隐私的，应当依法为纳税人保密。

第十九条 代征人不得对纳税人实施税款核定、税收保全和税收强制执行措施，不得对纳税人进行行政处罚。

第二十条 代征人应根据《委托代征协议书》的规定向税务机关申请代征税款手续费，不得从代征税款中直接扣取代征税款手续费。

第五章 法律责任

第二十一条 代征人在《委托代征协议书》授权范围内的代征税款行为引起纳税人的争议或法律纠纷的，由税务机关解决并承担相应法律责任；税务机关拥有事后向代征人追究法律责任的权利。

第二十二条 因代征人责任未征或少征税款的，税务机关应向纳税人追缴税款，并可按《委托代征协议书》的约定向代征人按日加收未征少征税款万分之五的违约金，但代征人将纳税人拒绝缴纳等情况自纳税人拒绝之时起 24 小时内报告税务机关的除外。代征人违规多征税款的，由税务机关承担相应的法律责任，并责令代征人立即退还，税款已入库的，由税务机关按规定办理退库手续；代征人违规多征税款致使纳税人合法权益受到损失的，由税务机关赔偿，税务机关拥有事后向代征人追偿的权利。

代征人违规多征税款而多取得代征手续费的，应当及时退回。

第二十三条 代征人造成印有固定金额的税收票证损失的，应当按照票面金额赔偿，未按规定领取、保管、开具、结报缴销税收票证的，税务机关应当根据情节轻重，适当扣减代征手续费。

第二十四条 代征人未按规定期限解缴税款的，由税务机关责令限期解缴，并可从税款滞纳之日起按日加收未解缴税款万分之五的违约金。

第二十五条 税务机关工作人员玩忽职守，不按照规定对代征人履行管理职责，给委托代征工作造成损害的，按规定追究相关人员的责任。

第二十六条 违反《委托代征协议书》其他有关规定的，按照协议约定处理。

第二十七条 纳税人对委托代征行为不服，可依法申请税务行政复议。

第六章 附 则

第二十八条 各省、自治区、直辖市和计划单列市税务机关根据本地实际情况制定具体实施办法。

第二十九条 税务机关可以比照本办法的规定，对代售印花税票者进行管理。

第三十条 本办法自 2013 年 7 月 1 日起施行。

附件：1. 委托代征协议书（略）

2. 委托代征协议书使用说明（略）

3. 终止委托代征协议通知书（略）

4. 委托代征证书（略）

关于《发布〈委托代征管理办法〉的公告》的解读

最近，税务总局印发了《委托代征管理办法》（以下简称《办法》），明确了委托代征税款的相关问题，现解读如下：

一、什么是委托代征

委托代征是指税务机关根据《中华人民共和国税收征收管理法实施细则》有利于税收控管和方便纳税的要求，按照双方自愿、简便征收、强化管理、依法委托的原则和国家有关规定，委托有关单位和人员代征零星分散和异地缴纳的税收的行为。

二、委托代征的范围

委托代征范围由税务机关根据《中华人民共和国税收征收管理法实施细则》关于加强税收控管、方便纳税的规定，结合当地税源管理的实际情况确定。

税务机关不得将法律、行政法规确定的代扣代缴、代收代缴税收，委托他人代征。

三、代征人应具备的资格条件

代征人应具备以下资格条件：一是要求代征人应与纳税人有管理、经济业务往来、地缘等关系。二是要求代征人为单位的，应具有固定的工作场所、规范的内部管理制度、健全的财务制度、熟悉税收法律法规的工作人员等便于委托代征的条件；代征人为个人的，应遵纪守法，并具备与完成代征税款工作要求相适应的税收业务知识和操作技能。

四、委托代征资格公告的内容

委托代征资格公告的内容如下：

1. 税务机关和代征人的名称、联系电话，代征人为行政、事业、企业单位及其他社会组织的，应包括法定代表人或负责人姓名和地址；代征人为自然人的，应包括姓名、户口所在地、现居住地址；

2. 委托代征的范围和期限；

3. 委托代征的税种及附加、计税依据及税率；

4. 税务机关确定的其他需要公告的信息。

五、委托代征工作中税务机关的职责

委托代征工作中税务机关的职责如下：

1. 审查代征人资格，确定、登记代征人的相关信息；

2. 填制、发放、收回、缴销《委托代征证书》；

3. 确定委托代征的具体范围、税种及附加、计税依据、税率等；

4. 核定和调整代征人代征的个体工商户定额，并通知纳税人和代征人执行；

5. 定期核查代征人的管户信息，了解代征户籍变化情况；

6. 采集委托代征的征收信息、纳税人欠税信息、税收票证管理情况等信息；

7. 辅导和培训代征人；

8. 按有关规定确定代征手续费比率，办理手续费支付手续；

9. 督促代征人按时解缴代征税款，并对代征情况进行定期检查；

10. 其他管理职责。

六、委托代征工作中代征人的职责

委托代征工作中代征人的职责如下：

1. 根据税务机关确定的代征范围、核定税额或计税依据、税率代征税款，并按规定及时解缴入库；

2. 按照税务机关有关规定领取、保管、开具、结报缴销税收票证、发票，确保税收票证和发票安全；

3. 代征税款时，向纳税人开具税收票证；

4. 建立代征税款账簿，逐户登记代征税种税目、税款金额及税款所属期等内容；

5. 在税务机关确定的税款解缴期内向税务机关报送《代征代扣税款结报单》，和其受托代征税款的纳税人当期已纳税、逾期未纳税、管户变化等相关情况；

6. 对拒绝代征人依法代征税款的纳税人，自其拒绝之时起二十四小时内报告税务机关；

7. 在代征税款工作中获知纳税人商业秘密和个人隐私的，应当依法为纳税人保密。

国家税务总局关于印发《税收违法案件发票协查管理办法（试行）》的通知

税总发〔2013〕66 号

各省、自治区、直辖市和计划单列市国家税务局、地方税务局：

为进一步规范税收违法案件发票协查工作，提高协查质量和效率，在充分调研和广泛征求意见的基础上，税务总局制定了《税收违法案件发票协查管理办法（试行）》，现印发你们，请认真贯彻执行。对执行过程中遇到的情况和问题，请及时反馈税务总局（稽查局）。

附件：1. 关于××案件的协查函（略）

2. 关于××案件的协查回复函（略）

税收违法案件发票协查管理办法（试行）

第一章　总　　则

第一条　为了规范税收违法案件发票协查工作，提高协查管理工作效率，根据《中华人民共和国税收征收管理法》、《中华人民共和国发票管理办法》及相关法律法规，制订本办法。

第二条　税收违法案件发票协查是指查办税收违法案件的税务局稽查局（以下简称委托方）将需异地调查取证的发票委托有管辖权的税务局稽查局（以下简称受托方），开展调查取证的相关活动。

第三条　协查工作遵循合法、真实、相关和效率的原则。

第四条　税务局稽查局负责实施税收违法案件发票的协查。

第五条　国家税务总局应当逐步推进税收违法案件发票协查信息化，将税收违法案件发票协查全面纳入协查信息管理系统进行管理。

第二章　委托协查

第六条　委托方对税收违法案件中需调查取证的发票采取发函或者派人参与的方式进行协查。

发函是指委托方向受托方发出《税收违法案件协查函》，包括寄送纸质协查函和通过协查信息管理系统发出协查函。纸质协查函原则上采取同级发函的方式进行。

派人参与是指重大案件或者有特殊要求的案件，委托方可派人参与受托方的调查取证，提出取证要求。

第七条　委托方根据案件查办情况，确定协查对象，需要发起委托协查的，向受托方发出《税收违法案件协查函》。

《税收违法案件协查函》内容包括：委托方案件名称、基本案情、涉案发票记载的信息、已掌握的疑点或者线索、作案手法、提出有针对性的取证要求、回复期限、组卷及寄送要求、联系人和联系方式等。

第八条　国家税务总局督办案件的发票协查应当按照《重大税收违法案件督办管理暂行办法》有关规定执行，并在协查函中予以说明，注明督办函号。

第九条　已确定虚开发票案件的协查，委托方应当按照受托方一户一函的形式出具《已证实虚开通知单》及相关证据资料，并在所附发票清单上逐页加盖公章，随同《税收违法案件协查函》寄送受托方。

通过协查信息管理系统发起已确定虚开发票案件协查函的，委托方应当在发送委托协查信息后5个工作日内寄送《已证实虚开通知单》以及相关证据资料。

第十条　委托方收到协查回函后，根据协查回函信息依法对被查对象进行查处。

第十一条　委托方派人协查方式进行协查的，应当向受托方通报情况、沟通案情，派出人员需携带加盖本单位公章的《介绍信》和《税收违法案件协查函》、《税务检查证》以及相关身份证明，参与受托方的调查取证，提出取证要求。

第十二条　委托方应当及时登记《委托协查台账》，跟踪协查函的发出、回复和处理情况。

《委托协查台账》包括以下内容：

（一）函件发出日期，派人协查日期；

（二）函件名称、编号或者文号、是否督办；

（三）涉及企业名称、资料种类、数量；

（四）是否立案；

（五）负责检查的人员；

（六）协查回函情况、回函日期；

（七）案卷号和归档地；
（八）其他。

第三章　受托协查

第十三条　受托方收到《税收违法案件协查函》后，应当根据协查请求，依照法定权限和程序调查，并按照要求及期限回函。

第十四条　《税收违法案件协查函》涉及的协查对象不属于受托方管辖范围的，受托方应当在收函之日起5个工作日内，出具本辖区县（区）级主管税务机关证明材料，并将《税收违法案件协查函》退回委托方。

第十五条　有下列情形之一的，受托方应当按照《税务稽查工作规程》有关规定立案检查：

（一）委托方已开具《已证实虚开通知单》的；
（二）委托方提供的证据资料证明协查对象有税收违法嫌疑的；
（三）受托方检查发现协查对象有税收违法嫌疑的；
（四）上级税务局稽查局要求立案检查的；

第十六条　国家税务总局督办的案件，受托方在回函期限前不能完成检查工作的，可以逐级上报国家税务总局申请延期，在得到国家税务总局同意后，在延期期限内给予回复。

申请延期应当说明延期理由、延期期限以及与委托方沟通的情况。

第十七条　受托方需要取得协查对象的税务登记、变更、注销、失控或者查无企业、发票领用、发票鉴定、纳税申报、抵扣税款、免税、出口退税等征管资料和证明材料的，应当向其县（区）级主管税务机关提出要求。县（区）级主管税务机关应当在5个工作日内提供相关资料并出具相应的证明材料。

第十八条　受托方应当依据调查取证所掌握的情况及所获取的证据材料，向委托方出具《税收违法案件协查回复函》。

《税收违法案件协查回复函》的内容包括：

（一）协查来源；
（二）涉案企业的基本情况及协查发票记载的信息；
（三）协查取证要求的说明；
（四）协查结论或者协查结果；
（五）税务处理和税务行政处罚事项；
（六）其他应予说明的事项。

第十九条　受托方应当对取得的证据材料，连同相关文书一并作为协查案卷立卷存档；同时根据委托方协查函委托的事项，将相关证据材料及文书复制，注明“与原件核对无误”，注明原件存放处，并加盖本单位印章后一并寄送委托方。

受托方通过协查信息管理系统收到的协查函，应当通过协查信息管理系统进行函复。经检查有问题的以及委托方要求寄送取证材料的，应当在回复协查结果后5个工作日内将相关证据材料及文书复制，注明“与原件核对无误”，注明原件存放处，并加盖本单位印章后一并寄送委托方。

第二十条　受托方应当在收到协查函后60日内回函。

通过协查信息管理系统发出的协查函，受托方应当在收到协查函后30日内回函。

国家税务总局对协查回函期限有特殊要求的，应当按照相关要求办理。

第二十一条　受托方应当登记《受托协查台账》，及时掌握协查工作安排、回复、处理情况。

《受托协查台账》包括以下内容：

（一）函件收到日期，来人协查日期；
（二）函件名称、编号或者文号、是否督办；
（三）涉及企业名称、资料种类、数量；
（四）是否立案；
（五）负责检查的人员；
（六）协查复函情况、复函日期；
（七）案卷号和归档地；

（八）其他。

第四章　协查管理

第二十二条　地市级以上税务局稽查局应当定期对本辖区协查台账进行统计汇总，全面掌握本辖区协查情况，督促指导下级协查工作。

第二十三条　上级税务局稽查局对下级税务局稽查局的协查质量和效率进行考核，包括受托方按期回复情况、委托方选票针对性、协查函和回复函的信息完整性等。

第二十四条　稽查机构设置发生撤销、合并、增设的，应当及时向上一级税务局稽查局提出与本稽查机构对应的协查信息管理系统节点的变更申请，并逐级上报国家税务总局备案。

第二十五条　税务违法案件发票协查资料按照《税务稽查工作规程》的规定归档。

第五章　附　　则

第二十六条　本办法适用于各级税务机关。

第二十七条　各级税务局可以依据本办法对辖区内税务违法案件发票协查工作制定考核制度和奖惩实施办法。

第二十八条　本办法所称以上、日内，包括本数（级）。

第二十九条　本办法自发布之日起施行。2008 年 5 月 14 日印发的《国家税务总局关于印发〈增值税抵扣凭证协查管理办法〉的通知》（国税发〔2008〕51 号）同时废止。

国家税务总局关于实施《税收票证管理办法》若干问题的公告

国家税务总局公告 2013 年第 34 号

《税收票证管理办法》（国家税务总局令第 28 号，以下简称《办法》）已经于 2013 年 2 月 25 日公布，自 2014 年 1 月 1 日起施行。现就《办法》实施的有关问题公告如下：

一、关于未纳入《办法》的几种相关凭证的使用

税务机关按照《税务代保管资金账户管理办法》（国税发〔2005〕181 号）、《国家税务总局 财政部 中国人民银行关于税务代保管资金账户管理有关问题的通知》（国税发〔2007〕12 号）收取税务代保管资金时使用的《税务代保管资金专用收据》及“税务代保管资金专用章”、按照《中华人民共和国行政处罚法》当场收缴罚款时使用的财政部门统一制发的罚款收据（以下简称当场处罚罚款收据）、按照《中华人民共和国车辆购置税暂行条例》和《车辆购置税征收管理办法》（国家税务总局令第 15 号）开具的《车辆购置税完税证明》及“车购税征税专用章”，继续执行原有规定。

税务机关应当将《税务代保管资金专用收据》、当场处罚罚款收据、《车辆购置税完税证明》纳入税收票证核算范围，并且参照《办法》的规定，对《税务代保管资金专用收据》及当场处罚罚款收据按照视同现金管理的税收票证进行管理。

纳税人通过横向联网电子缴税系统缴纳税款后，银行为纳税人打印的《电子缴税付款凭证》和纳税人通过税务机关网上开票系统自行开具的《电子缴款凭证》，不属于税收票证的范畴，但是，经银行确认并加盖收讫章的《电子缴税付款凭证》、与银行对账单核对无误的《电子缴款凭证》可以作为纳税人的记账核算凭证。

二、关于几种税收票证的使用管理

（一）数据电文税收票证的使用管理

《办法》第三条第二款所称数据电文税收票证，不包括存储在税收征管系统中纸质税收票证的电子信息。

（二）《出口货物完税分割单》的使用管理

已经取得购进货物的《税收缴款书（出口货物劳务专用）》或《出口货物完税分割单》的企业将购进货物

再销售给其他出口企业时，应当由销货企业凭已完税的原购进货物的《税收缴款书（出口货物劳务专用）》第二联（收据乙）或已完税的原购进货物的《出口货物完税分割单》第一联，到所在地的县（区）级国家税务局申请开具《出口货物完税分割单》。税务机关开具《出口货物完税分割单》时，必须先收回原《税收缴款书（出口货物劳务专用）》第二联（收据乙）或原《出口货物完税分割单》第一联。

（三）税收完税证明的使用管理

1. 税收完税证明分为表格式和文书式两种。按照《办法》第十七条第一款第（一）项、第（二）项、第（三）项以及国家税务总局明确规定的其他情形开具的税收完税证明为表格式；按照《办法》第十七条第一款第（四）项规定开具的税收完税证明为文书式，文书式税收完税证明不得作为纳税人的记账或抵扣凭证。

2.《办法》第十三条第（三）项、第十七条第一款第（二）项所称扣缴义务人已经向纳税人开具的税法规定或国家税务总局认可的记载完税情况的其他凭证，是指记载车船税完税情况的交强险保单、记载储蓄存款利息所得税完税情况的利息清单等税法或国家税务总局认可的能够作为已完税情况证明的凭证。

3.《办法》第十七条第一款第（四）项所称"对纳税人特定期间完税情况出具证明"，是指税务机关为纳税人连续期间的纳税情况汇总开具完税证明的情形。税务机关按照《办法》第十七条第一款第（四）项开具完税证明时，必须确保纳税人缴、退税信息全面、准确、完整，具体开具办法由各省税务机关确定。

4. 扣缴义务人未按规定为纳税人开具税收票证的，税务机关核实税款缴纳情况后，应当为纳税人开具税收完税证明（表格式）。

（四）《印花税票销售凭证》的使用管理

税务机关、代售人销售印花税票应当同时开具《印花税票销售凭证》；税务机关印花税票销售人员、代售人向税收票证管理人员办理票款结报缴销时，应当持《印花税票销售凭证》一并办理。

三、关于税收票款的结报缴销

（一）税务机关税收票证开具人员、扣缴义务人、代征代售人按照《办法》第三十八条第二款的规定办理税收票款结报缴销手续时，应当填制《税收票款结报缴销单》，连同所收取的税款或税款汇总缴库的相关凭证（《税收缴款书（银行经收专用）》或税收完税证明（表格式）），向税收票证管理人员办理税款的结算和税收票证的结报缴销，核对无误的，双方互相签章并登记《税收票证结报缴销手册》；代征代售人和扣缴义务人还应当报送代征、代扣税款报告表，用于对代征代售、代扣代收税款的核算及手续费的支付管理。

（二）有条件的地区，税务机关应当积极引导代征代售人和扣缴义务人报送代征代售、代扣代收税款电子明细清单，列明纳税人名称、税种、税目、税款所属期、税额、已开具税收票证字号等。

四、关于新税收票证式样的启用时间

自 2014 年 1 月 1 日起，各地税务机关统一启用由国家税务总局根据《办法》制发的新税收票证式样，国家税务总局根据 1998 年国家税务总局发布的《税收票证管理办法》制发的税收票证式样、根据《国家税务总局关于电子缴税完税凭证有关问题的通知》（国税发〔2002〕155 号）制发的税收电子转账专用完税证式样、根据《国家税务总局关于进一步做好个人所得税完税凭证开具工作的通知》（国税发〔2010〕63 号）制发的个人所得税完税证明式样、根据《国家税务总局关于印发〈契税纳税申报表、契税完税证〉式样的通知》（国税发〔1997〕177 号）制发的契税完税证式样同时废止。

本公告自 2014 年 1 月 1 日起施行。

特此公告。

关于《实施〈税收票证管理办法〉若干问题的公告》的解读

一、关于制定公告的目的

《税收票证管理办法》（国家税务总局令第 28 号，以下简称《办法》）已经于 2013 年 2 月 25 日公布，自 2014 年 1 月 1 日起施行。《办法》对税收票证的种类及名称重新进行了规范，对税收票证使用管理中的制度作了调整，并将制发新的税收票证的式样，为了做好办法的贯彻执行准备工作，便于社会公众理解《办法》以及《办法》与相关制度的衔接，税务总局制定了本公告。

二、关于未纳入《办法》的几种相关凭证的使用

《办法》第二章对税收票证、税收票证专用章戳的种类和适用范围进行了明确，但是对于部分在现行《税收票证管理办法》里规定列入税收票证管理的凭证及章戳（例如《税务代保管资金专用收据》及"税务代保管资金专用章"、税务机关当场收缴罚款时使用的由财政部门统一制发的罚款收据）、以单行办法规定的与税款征收密切相关的凭证及章戳（例如《车辆购置税完税证明》及"车购税征税专用章"），以及具有完税证明作用的其他凭证（例如纳税人通过横向联网电子缴税系统缴纳税款后，银行为纳税人打印的《电子缴税付款凭证》和纳税人通过税务机关网上开票系统自行开具的《电子缴款凭证》）是否继续使用、其效力有无变化，基层税务机关和纳税人需要税务总局予以明确。本公告对此进行了整理，明确上述凭证及章戳继续执行原有规定，效力不变，同时对税务机关对于相关凭证的管理要求进行了进一步明确。

三、关于部分种类税收票证的使用管理

（一）关于数据电文税收票证。数据电文税收票证的概念在《办法》第三条第二款做出了规定，本公告进一步明确其范围不包括存储在税收征管系统中的纸质税收票证的电子信息。

（二）关于《出口货物完税分割单》。自《办法》施行开始，《出口货物完税分割单》的联次顺序将进行调整，本公告对联次调整后的《出口货物完税分割单》的取得和换开流程进行了明确。

（三）关于税收完税证明。税收完税证明是《办法》为优化纳税服务和简并票证种类新设的一个票种，公告结合《办法》第十七条对税收完税证明适用范围的规定，对其具体使用要求进行了进一步的明确：

首先，明确税收完税证明分为表格式和文书式两种。按照《办法》第十七条第一款第（一）项、第（二）项、第（三）项以及国家税务总局明确规定的其他情形开具的税收完税证明为表格式；按照《办法》第十七条第一款第（四）项规定开具的税收完税证明为文书式，文书式税收完税证明不得作为纳税人的记账或抵扣凭证。

其次，明确《办法》第十三条第（三）项、第十七条第一款第（二）项所称扣缴义务人已经向纳税人开具的税法规定或国家税务总局认可的记载完税情况的其他凭证，是指记载车船税完税情况的交强险保单、记载储蓄存款利息所得税完税情况的利息清单等税法或国家税务总局认可的能够作为已完税情况证明的凭证；《办法》第十七条第一款第（四）项所称"对纳税人特定期间完税情况出具证明"，是指税务机关为纳税人连续期间的纳税情况汇总开具完税证明的情形。税务机关按照《办法》第十七条第一款第（四）项开具完税证明时，必须确保纳税人缴、退税信息全面、准确、完整，具体开具办法由各省税务机关确定。

最后，明确扣缴义务人未按规定为纳税人开具税收票证的，税务机关核实税款缴纳情况后，应当为纳税人开具税收完税证明（表格式）。

（四）关于《印花税票销售凭证》。印花税票是印有固定金额的有价证券，为了加强对印花税票及印花税税款的监控管理，根据《办法》的规定，本公告明确税务机关、代售人销售印花税票应当同时开具《印花税票销售凭证》；税务机关印花税票销售人员、代售人向税收票证管理人员办理票款结报缴销时，应当持《印花税票销售凭证》一并办理。

四、关于税收票款的结报缴销

税收票款的结报缴销制度是为了加强税收票证的使用管理和保证税款安全，对税务机关、扣缴义务人、代征代售人等税收票证的开具单位（人）做出的制度性规定。本公告对《办法》第三十八条规定的结报缴销制度进行了细化，明确了办理结报缴销的表证单书和程序要求。

五、关于新版税收票证式样的启用

根据《办法》第八条和第二十二条的规定，税收票证式样由总局统一制定。本公告明确，自 2014 年 1 月 1 日起，各地税务机关将统一启用由国家税务总局制发的新税收票证式样，此前制发的相关税收票证式样同时废止。

国家税务总局关于转变职能 改进作风更好为广大纳税人服务的公告

国家税务总局公告 2013 年第 37 号

为了认真落实党中央、国务院关于深入开展党的群众路线教育实践活动，转变职能、改进作风的各项要求，更好为广大纳税人服务，切实方便纳税人履行纳税义务，构建和谐的税收征纳关系，国家税务总局制定了十项措施，现予公告。

一、依法认真落实税收优惠政策

及时公告税收优惠政策的具体内容、资格条件、程序步骤，方便纳税人充分享受税收优惠，坚决防止和制止应抵不抵、应退不退、应减不减、应免不免等现象发生。

二、优化涉税审批管理

在做好取消、下放和公布税务行政审批项目工作的基础上，按照便民高效的原则，进一步优化涉税审批服务，着力推进审批事项办税服务厅"集中受理、内部流转、限时办结、窗口出件"工作，着力推进网上审批工作，着力推进"阳光审批"及实行目录化管理。各级税务机关要自觉接受纳税人和社会各界的监督。

三、强化税法咨询服务

依托税务网站、12366 纳税服务热线、新闻媒体等加大税收政策宣传解读力度，统一纳税咨询答复口径，提供权威、规范、及时的咨询服务，提高税收政策的透明度和确定性。加强税企沟通，加大对纳税人的培训力度，提高针对性和实效性。

四、不断创新办税服务方式

办税服务厅统一受理纳税人申请办理的涉税事项，提供导税服务、全程服务、提醒服务，实行首问责任制和一站式服务。在有条件的地区，提倡国税局、地税局联合设置办税服务厅。扩大税务登记、纳税申报、税款缴纳等基础服务"同城通办"范围，稳步推行地级市范围内的全市通办，在有条件的地区探索推行全省通办。延伸办税服务网点，扩大自助办税设备在办税服务厅、银行网点、商业密集区的应用范围，积极推行车辆购置税委托汽车经销商代办业务，利用流动办税服务车在税源分散的偏远地区开展巡回办税。加快网上办税平台建设，大力推行网上申报等多种申报方式供纳税人选择，大力推进财税库银横向联网电子缴税。

五、实行即时限时办结

在纳税人申请办理税务登记、发票领购、涉税认定、延期申报、减税、免税、延期纳税等业务时，对资料齐全、手续完备的业务要即时办理，对需要调查核实的业务要限时办结，在法定期限内最大限度缩短办税时间。

六、精简涉税报表资料

减少纳税人需要填写的涉税表证单书。逐步推行免填单服务，扩大税务登记、外出证明、代开发票等免填单业务范围，逐步覆盖所有纳税服务基础事项。减少纸质资料报送，对于长期选择电子申报且申报数据完整、准确、真实、可靠的纳税人，可以实行纸质申报资料按年报送，探索开展办税业务无纸化试点。减少信息重复报送，对税务机关已经掌握各项基础信息的纳税人，不再要求重复提供财务会计报表、证件复印件和其他涉税信息。在有条件的地区实行小规模纳税人按季申报缴纳增值税。

七、避免多头检查

整合各类税务检查事项，统筹安排年度检查工作，限定每年检查次数。推行联合检查，防止多层级、多部门重复检查。

八、清理规范收费项目

认真落实取消税务登记证和税务发票工本费的规定，为纳税人免费提供纳税申报表以及其他涉税表证单书。不得向纳税人收取税务机关自行开发和委托开发普遍推广应用的软件费用，不得以任何理由向纳税人推销或搭车销售任何产品和服务，不得借信息技术运维、纳税人培训和报刊征订等名目违规收取或摊派费用。

九、政策制定发布和软件升级同步

重大税收政策出台前要进一步提高公众参与度。出台税收政策和管理措施要为纳税人预留必要的准备时间。涉及税收信息系统修改升级的，在职权范围内要及时跟进，同步实施。

十、切实维护纳税人合法权益

认真落实《国家税务总局关于纳税人权利与义务的公告》(国家税务总局公告 2009 年第 1 号)，切实维护纳税人各项合法权益。依法严格保守纳税人商业秘密和个人隐私。坚决防止指定、强制税务代理。在作出税务行政处罚决定之前，告知纳税人处罚决定的事实、理由、依据和拟作出的处罚决定，充分听取纳税人的陈述和申辩，依法保障纳税人要求听证的权利。按照客观公正的原则和法定程序、时限和要求向纳税人提供税务行政救济。依托信息平台及时受理、妥善处理纳税人投诉事项，建立纳税服务投诉定期抽查回访制度，强化投诉处理质量监督。

特此公告。

国家税务总局关于服务贸易等项目对外支付税务备案有关问题的公告

国家税务总局公告 2013 年第 40 号

为便利对外支付和加强跨境税源管理，现就服务贸易等项目对外支付税务备案有关问题公告如下：

一、境内机构和个人向境外单笔支付等值 5 万美元以上（不含等值 5 万美元，下同）下列外汇资金，除本公告第三条规定的情形外，均应向所在地主管国税机关进行税务备案，主管税务机关仅为地税机关的，应向所在地同级国税机关备案：

（一）境外机构或个人从境内获得的包括运输、旅游、通信、建筑安装及劳务承包、保险服务、金融服务、计算机和信息服务、专有权利使用和特许、体育文化和娱乐服务、其他商业服务、政府服务等服务贸易收入；

（二）境外个人在境内的工作报酬，境外机构或个人从境内获得的股息、红利、利润、直接债务利息、担保费以及非资本转移的捐赠、赔偿、税收、偶然性所得等收益和经常转移收入；

（三）境外机构或个人从境内获得的融资租赁租金、不动产的转让收入、股权转让所得以及外国投资者其他合法所得。

外国投资者以境内直接投资合法所得在境内再投资单笔 5 万美元以上的，应按照本规定进行税务备案。

二、境内机构和个人（以下称备案人）在办理对外支付税务备案时，应向主管国税机关提交加盖公章的合同（协议）或相关交易凭证复印件（外文文本应同时附送中文译本），并填报《服务贸易等项目对外支付税务备案表》（一式三份，以下简称《备案表》，见附件 1）。

同一笔合同需要多次对外支付的，备案人须在每次付汇前办理税务备案手续，但只需在首次付汇备案时提交合同（协议）或相关交易凭证复印件。

三、境内机构和个人对外支付下列外汇资金，无需办理和提交《备案表》：

（一）境内机构在境外发生的差旅、会议、商品展销等各项费用；

（二）境内机构在境外代表机构的办公经费，以及境内机构在境外承包工程的工程款；

（三）境内机构发生在境外的进出口贸易佣金、保险费、赔偿款；

（四）进口贸易项下境外机构获得的国际运输费用；

（五）保险项下保费、保险金等相关费用；

（六）从事运输或远洋渔业的境内机构在境外发生的修理、油料、港杂等各项费用；

（七）境内旅行社从事出境旅游业务的团费以及代订、代办的住宿、交通等相关费用；

（八）亚洲开发银行和世界银行集团下属的国际金融公司从我国取得的所得或收入，包括投资合营企业分得的利润和转让股份所得、在华财产（含房产）出租或转让收入以及贷款给我国境内机构取得的利息；

（九）外国政府和国际金融组织向我国提供的外国政府（转）贷款（含外国政府混合（转）贷款）和国际金融组织贷款项下的利息。本项所称国际金融组织是指国际货币基金组织、世界银行集团、国际开发协会、国际农业发展基金组织、欧洲投资银行等；

（十）外汇指定银行或财务公司自身对外融资如境外借款、境外同业拆借、海外代付以及其他债务等项下的利息；

（十一）我国省级以上国家机关对外无偿捐赠援助资金；

（十二）境内证券公司或登记结算公司向境外机构或境外个人支付其依法获得的股息、红利、利息收入及有价证券卖出所得收益；

（十三）境内个人境外留学、旅游、探亲等因私用汇；

(十四)境内机构和个人办理服务贸易、收益和经常转移项下退汇;

(十五)国家规定的其他情形。

四、境外个人办理服务贸易、收益和经常转移项下对外支付,应按照个人外汇管理的相关规定办理。

五、备案人可通过以下方法获取《备案表》:

(一)在主管国税机关办税服务厅窗口领取;

(二)从主管国税机关官方网站下载。

六、备案人提交的资料齐全、《备案表》填写完整的,主管国税机关无须当场进行纳税事项审核,应编制《备案表》流水号,在《备案表》上盖章,1 份当场退还备案人,1 份留存,1 份于次月 10 日前以邮寄或其他方式传递给备案人主管地税机关。

《备案表》流水号具体格式为:年份(2 位)+税务机关代码(6 位)+顺序号(6 位)。"年份"指公历年度后两位数字,"顺序号"为本年度的自然顺序号。

七、备案人完成税务备案手续后,持主管国税机关盖章的《备案表》,按照外汇管理的规定,到外汇指定银行办理付汇审核手续。

八、主管国税机关或地税机关应自收到《备案表》后 15 个工作日内,对备案人提交的《备案表》及所附资料进行审查,并可要求备案人进一步提供相关资料。审查的内容包括:

(一)备案信息与实际支付项目是否一致;

(二)对外支付项目是否已按规定缴纳各项税款;

(三)申请享受减免税待遇的,是否符合相关税收法律法规和税收协定(安排)的规定。

九、主管税务机关审查发现对外支付项目未按规定缴纳税款的,应书面告知纳税人或扣缴义务人履行申报纳税或源泉扣缴义务,依法追缴税款,按照税收法律法规的有关规定实施处罚。

十、主管国税机关、地税机关应加强对外支付税务备案事项的管理,及时统计对外支付备案情况及税收征管情况,填写《服务贸易等项目对外支付税务备案情况年度统计表》(见附件 2),并于次年 1 月 31 日前层报税务总局(国际税务司)。

十一、各级税务部门、外汇管理部门应当密切配合,加强信息交换工作。执行过程中如发现问题,应及时向上级部门反馈。

十二、本公告自 2013 年 9 月 1 日起施行。《国家税务总局 国家外汇管理局关于加强外国公司船舶运输收入税收管理及国际海运业对外支付管理的通知》(国税发〔2001〕139 号)、《国家税务总局 国家外汇管理局关于加强外国公司船舶运输收入税收管理及国际海运业对外支付管理的补充通知》(国税发〔2002〕107 号)、《国家税务总局 国家外汇管理局关于境内机构及个人对外支付技术转让费不再提交营业税税务凭证的通知》(国税发〔2005〕28 号)、《国家外汇管理局 国家税务总局关于服务贸易等项目对外支付提交税务证明有关问题的通知》(汇发〔2008〕64 号)、《国家税务总局关于印发〈服务贸易等项目对外支付出具税务证明管理办法〉的通知》(国税发〔2008〕122 号)、《国家外汇管理局关于转发国家税务总局服务贸易等项目对外支付出具税务证明管理办法的通知》(汇发〔2009〕1 号)、《国家外汇管理局 国家税务总局关于进一步明确服务贸易等项目对外支付提交税务证明有关问题的通知》(汇发〔2009〕52 号)和《国家税务总局关于修改〈服务贸易等项目对外支付出具税务证明申请表〉的公告》(国家税务总局公告 2012 年第 54 号)同时废止。

特此公告。

附件:1. 服务贸易等项目对外支付税务备案表(略)

2. 服务贸易等项目对外支付备案情况年度统计表(略)

关于《服务贸易等项目对外支付税务备案有关问题的公告》的解读

《国家税务总局 国家外汇管理局关于服务贸易等项目对外支付税务备案有关问题的公告》(简称《公告》)旨在便利对外支付,同时加强跨境税源管理。现对《公告》的发文背景和主要内容说明如下:

一、发文背景

自2008年《国家外汇管理局 国家税务总局关于服务贸易等项目对外支付提交税务证明有关问题的公告》(汇发【2008】64号)施行以来,对外支付税务证明成为税务机关加强跨境税源管理的重要手段。随着近几年我国服务贸易外汇收支规模的不断增长,境内机构和个人对外汇支付便利性的需求不断提高。为加强跨境税源管理,进一步便利境内机构和个人对外支付,税务总局和外汇管理局联合下发本《公告》。

《公告》主要解决三个方面问题:一是为境内机构和个人对外付汇提供便利;二是督促纳税人和扣缴义务人依法履行申报纳税和源泉扣缴义务;三是督促各级税务机关主动挖掘非居民税源,拓展信息渠道,不断提升非居民税收征管水平。

同时,税务部门和外汇管理部门将进一步加强税务信息和外汇信息的监管和共享,对发现的异常、可疑线索及时沟通,共同打击各种骗汇和逃避税行为。

二、主要内容

《公告》整合了此前关于对外支付的相关文件,取消了对外支付开具税务证明的要求,保留了部分无需进行备案的情形,增加了督促履行法定义务、依法加强监管等内容,主要如下:

(一)明确了对外支付需要进行税务备案的情形。

总的来说,境内机构和个人向境外单笔支付等值5万美元以上(不含等值5万美元)外汇资金,以及外国投资者境内合法所得汇出或以境内合法所得在境内再投资,除了规定的无需备案的情形外,均须进行备案。为方便税务机关、付汇银行以及备案人对支付项目的理解,《公告》第一条对需要进行税务备案的情形做了正面列举,但应注意,这些列举不是穷尽的,究竟哪些支付项目不需进行税务备案,还要看第三条的除外情形。

(二)规范和简化对外支付税务备案程序。

首先,备案人仅需向所在地主管国税机关进行备案(主管税务机关仅为地税的,向所在地同级国税机关备案),以进一步简化程序,减轻纳税人负担。

其次,简化备案人应提供的资料。境内机构和个人进行对外支付税务备案时,仅需向税务机关提供加盖公章的合同(协议)复印件,如果没有合同(协议)的(如合格境外投资者对外支付其投资收益等项目),可提供相关交易凭证复印件。

此外,《公告》明确规定税务机关当场无须对纳税事项进行审核,而只在《备案表》上盖章,《备案表》中也不体现有关纳税事项的内容。这样既可保证对外付汇的效率,也可使税务机关及税务人员打消承担失察责任的顾虑。

(三)对境内支付人和税务机关提出要求。

首先,付汇的境内机构和个人要自觉遵从税收法律法规,依法履行申报纳税、源泉扣缴或资料报告义务。这体现了优化纳税服务的宗旨,信任纳税人能够自我遵从,自行申报。当然,未履行义务的纳税人或扣缴义务人将依法承担相应的法律责任。

其次,税务机关要加强对备案事项的事前管理和事后审核。税务机关应转变工作思路,在管理非居民税源时,不应仅仅依赖对外支付信息,而应在日常管理中下大功夫,做到非居民税收管理专业化、常规化。在此基础上,不断拓展信息渠道,研究更加行之有效的非居民税收征管手段。同时,对于备案事项,加大事后审核力度,如发现对外支付项目未按规定缴纳税款的,除依法追缴税款外,还应按税收征管法的有关规定予以处理。

最后,各级税务机关要充分利用好备案信息,加强对《备案表》的管理,及时统计对外支付备案情况及税收征管情况,按年度层报税务总局。

三、执行中应注意的问题

首先,税务机关应在备案人提交《备案表》时当场盖章,不做有关纳税事项的审核,这既是方便付汇的要求,也是提醒税务机关不能仅依赖于对外支付信息监控非居民税源,而应注重加强备案事项的事前管理和事后审核。

其次,境内机构和个人对外支付国际运输收入亦应遵从本《公告》。为统一和规范各类对外支付的税务管理,取消了原对国际运输业务对外支付的相关规定,统一遵从本《公告》的规定。

第三,对外支付的境内机构和个人不应存有侥幸心理,税务机关不当场审核纳税事项不等于不履行管理职责，而是把审核工作转移到备案之后。备案人在未履行法定的税务登记、申报纳税、源泉扣缴或资料报告义务的情况下，进行对外支付税务备案，将面临承担法律责任的风险。税务机关发现备案事项未依法履行纳税义务的，将严格按照税收征管法的有关规定追缴税款并实施处罚。

国家税务总局关于应退税款抵扣欠缴税款有关问题的公告

国家税务总局公告 2013 年第 54 号

近期地方反映，对于《中华人民共和国税收征收管理法实施细则》第 79 条关于应退税款抵扣欠缴税款(以下简称以退抵欠)的规定是否属于强制执行措施有不同理解。为了全面准确贯彻强制执行措施和以退抵欠的规定，根据《中华人民共和国税收征收管理法》(以下简称税收征管法)及其实施细则的有关规定，现将应退税款抵扣欠缴税款有关问题公告如下：

税收征管法第 40 条规定，税收强制执行措施是指对经税务机关责令限期缴纳税款逾期仍不缴纳的情形，税务机关采取书面通知其开户银行或者其他金融机构从其存款中扣缴税款；扣押、查封、依法拍卖或者变卖其价值相当于应纳税款的商品、货物或者其他财产，以拍卖或者变卖所得抵缴税款的行为。

以退抵欠是税务机关计算确定纳税人应纳税义务的一项税款结算制度，不涉及从存款中扣缴税款和扣押、查封、拍卖、变卖强制行为。以退抵欠确定后有余额的退还纳税人；不足部分，责令纳税人继续缴纳。以退抵欠之后纳税人仍有欠税，经责令缴纳仍不缴纳的，税务机关采取强制执行措施，为行政强制执行。以退抵欠不属于行政强制执行。

特此公告。

国家税务总局关于发布《税收协定相互协商程序实施办法》的公告

国家税务总局公告 2013 年第 56 号

为正确适用税收协定，避免双重征税，解决国际税收争议，维护中国居民(国民)的合法利益和国家税收权益，规范与外国(地区)税务主管当局涉及税收协定的相互协商工作，国家税务总局制定了《税收协定相互协商程序实施办法》。现予发布，自 2013 年 11 月 1 日起施行。

特此公告。

附件：1. 启动税收协定相互协商程序申请表(略)

2. 税收协定相互协商程序异议申请表(略)

税收协定相互协商程序实施办法

第一章 总 则

第一条 为正确适用税收协定，避免双重征税，解决国际税收争议，维护中国居民(国民)的合法利益和国家税收权益，规范税务机关的相互协商工作，根据中华人民共和国政府对外签署的避免双重征税协定(含内地与香港、澳门特别行政区签署的税收安排，以下统称税收协定)、《中华人民共和国税收征收管理法》(以下简称税收征管法)及其实施细则以及其他有关法律法规规定，结合中国税收征管工作实际，制定本办法。

第二条　本办法所称相互协商程序，是指我国主管当局根据税收协定有关条款规定，与缔约对方主管当局之间，通过协商共同处理涉及税收协定解释和适用问题的过程。

相互协商程序的主要目的在于确保税收协定正确和有效适用，切实避免双重征税，消除缔约双方对税收协定的解释或适用产生的分歧。

第三条　相互协商的事项限于税收协定适用范围内的事项，但超出税收协定适用范围，且会造成双重征税后果或对缔约一方或双方利益产生重大影响的事项，经我国主管当局和缔约对方主管当局同意，也可以进行相互协商。

第四条　我国负责相互协商工作的主管当局为国家税务总局(以下简称税务总局)；处理相互协商程序事务的税务总局授权代表为税务总局国际税务司司长或副司长，以及税务总局指定的其他人员。

省、自治区、直辖市和计划单列市国家税务局或地方税务局(以下简称省税务机关)及以下各级税务机关负责协助税务总局处理相互协商程序涉及的本辖区内事务。

第五条　各级税务机关应对缔约对方主管当局与相关纳税人、扣缴义务人、代理人等在相互协商程序中提供的资料保密。

第六条　本办法所称缔约对方，是指与中国签订税收协定，且该税收协定已经生效执行的国家或地区。

第二章　中国居民(国民)申请启动的相互协商程序

第七条　如果中国居民(国民)认为，缔约对方所采取的措施，已经或将会导致不符合税收协定所规定的征税行为，可以按本办法的规定向省税务机关提出申请，请求税务总局与缔约对方主管当局通过相互协商程序解决有关问题。

第八条　本办法所称中国居民，是指按照《中华人民共和国个人所得税法》和《中华人民共和国企业所得税法》，就来源于中国境内境外的所得在中国负有纳税义务的个人、法人或其他组织。

本办法所称中国国民，是指具有中国国籍的个人，以及依照中国法律成立的法人或其他组织。

第九条　中国居民有下列情形之一的，可以申请启动相互协商程序：

(一)对居民身份的认定存有异议，特别是相关税收协定规定双重居民身份情况下需要通过相互协商程序进行最终确认的；

(二)对常设机构的判定，或者常设机构的利润归属和费用扣除存有异议的；

(三)对各项所得或财产的征免税或适用税率存有异议的；

(四)违反税收协定非歧视待遇(无差别待遇)条款的规定，可能或已经形成税收歧视的；

(五)对税收协定其他条款的理解和适用出现争议而不能自行解决的；

(六)其他可能或已经形成不同税收管辖权之间重复征税的。

第十条　中国国民认为缔约对方违背了税收协定非歧视待遇(无差别待遇)条款的规定，对其可能或已经形成税收歧视时，可以申请启动相互协商程序。

第十一条　申请人应在有关税收协定规定的期限内，以书面形式向省税务机关提出启动相互协商程序的申请(附件1，需提供纸质版和电子版)。

第十二条　负责申请人个人所得税或企业所得税征管的省税务机关为受理申请的税务机关。申请人就缔约对方征收的非所得税类税收提出相互协商申请的，负责与该税收相同或相似的国内税收征收的省税务机关为受理申请的税务机关。国内没有征收相同或相似税收的，省国家税务局为受理申请的税务机关。

第十三条　申请人依本办法第十条申请启动相互协商程序，且未构成我国税收居民的，个人户籍所在地、法人或其他组织设立地的省税务机关为受理申请的税务机关。

第十四条　申请人按本章规定提出的相互协商申请符合以下全部条件的，税务机关应当受理：

(一)申请人为按照本办法第九条或第十条规定可以提起相互协商请求的中国居民或中国国民；

(二)提出申请的时间没有超过税收协定规定的时限；

(三)申请协商的事项为缔约对方已经或有可能发生的违反税收协定规定的行为；

(四)申请人提供的事实和证据能够证实或者不能合理排除缔约对方的行为存在违反税收协定规定的嫌疑；

(五)申请相互协商的事项不存在本办法第十九条规定的情形。

对于不符合上款规定全部条件的申请，税务机关认为涉及严重双重征税或损害我国税收权益、有必要进行相互协商的，也可以决定受理。

第十五条 受理申请的省税务机关应在十五个工作日内，将申请上报税务总局，并将情况告知申请人，同时通知省以下主管税务机关。

第十六条 因申请人提交的信息不全等原因导致申请不具备启动相互协商程序条件的，省税务机关可以要求申请人补充材料。申请人补充材料后仍不具备启动相互协商程序条件的，省税务机关可以拒绝受理，并以书面形式告知申请人。

申请人对省税务机关拒绝受理的决定不服的，可在收到书面告知之日起十五个工作日内向省税务机关或税务总局提出异议申请（附件2，需提供纸质版和电子版）。省税务机关收到异议后，应在五个工作日内将申请人的材料，连同省税务机关的意见和依据上报税务总局。

第十七条 税务总局收到省税务机关上报的申请后，应在二十个工作日内按下列情况分别处理：

（一）申请具备启动相互协商程序条件的，决定启动相互协商程序，并将情况告知受理申请的省税务机关，省税务机关应告知申请人；

（二）申请已超过税收协定规定的期限，或申请人的申请明显缺乏事实法律依据，或出现其他不具备相互协商条件情形的，不予启动相互协商程序，并以书面形式告知受理申请的省税务机关，省税务机关应告知申请人；

（三）因申请人提交的信息不全等原因导致申请不具备启动相互协商程序条件的，通过受理申请的省税务机关要求申请人补充材料或说明情况。申请人补充材料或说明情况后，再按前两项规定处理。

第十八条 税务总局启动相互协商程序后，可通过受理申请的省税务机关要求申请人进一步补充材料或说明情况，申请人应在规定的时间内提交，并确保材料的真实与全面。

对于紧急案件，税务总局可以直接与申请人联系。

第十九条 发生下列情形之一的，税务总局可以决定终止相互协商程序，并以书面形式告知省税务机关，省税务机关应告知申请人：

（一）申请人故意隐瞒重要事实，或在提交的资料中弄虚作假的；

（二）申请人拒绝提供税务机关要求的、与案件有关的必要资料的；

（三）因各种原因，申请人与税务机关均无法取得必要的证据，导致相关事实或申请人立场无法被证明，相互协商程序无法继续进行的；

（四）缔约对方主管当局单方拒绝或终止相互协商程序的；

（五）其他导致相互协商程序无法进行、或相互协商程序无法达到预期目标的。

第二十条 在两国主管当局达成一致意见之前，申请人可以以书面方式撤回相互协商申请。申请人撤回申请或者拒绝接受缔约双方主管当局达成一致的相互协商结果的，税务机关不再受理基于同一事实和理由的申请。

第二十一条 对于相互协商结果，税务总局应以书面形式告知受理申请的省税务机关，省税务机关应告知申请人。

第三章 缔约对方主管当局请求启动的相互协商程序

第二十二条 税务总局接受缔约对方主管当局的相互协商请求的范围参照本办法第九条、第十条的规定执行。

第二十三条 发生下列情形之一的，税务总局可以拒绝缔约对方主管当局启动相互协商程序的请求，或者要求缔约对方主管当局补充材料：

（一）请求相互协商的事项不属于税收协定适用范围的；

（二）纳税人提出相互协商的申请超过了税收协定规定时限的；

（三）缔约对方主管当局的请求明显缺乏事实或法律依据的；

（四）缔约对方主管当局提供的事实和材料不完整、不清楚，使税务机关无法进行调查或核实的；

虽属于上款规定的一种或多种情形，但税务总局认为有利于避免双重征税、维护我国税收权益或促进经济合作的，仍可决定接受缔约对方启动相互协商程序的请求。

第二十四条 税务总局在收到缔约对方启动相互协商程序的函后，查清事实，决定是否同意启动相互协商程序，并书面回复对方。在做出是否同意启动相互协商程序决定前，认为需要征求相关省税务机关意见的，可以将相关情况和要求告知省税务机关，省税务机关应在税务总局要求的时间内予以回复。

第二十五条 税务总局在收到缔约对方主管当局提出的启动相互协商程序的请求时，相关税务机关的处理决定尚未做出的，税务总局应将对方提起相互协商程序的情况告知相关税务机关。相互协商程序不影响相关税务机关对有关案件的调查与处理，但税务总局认为需要停止调查和处理的除外。

第二十六条 相互协商程序进行期间，不停止税务机关已生效决定的执行，税务机关或者税务总局认为需要停止执行的除外。

第二十七条 在相互协商过程中，如果缔约对方主管当局撤回相互协商请求，或出现其他情形致使相互协商程序无法进行的，税务总局可以终止相互协商程序。

第二十八条 税务总局决定启动相互协商程序后，如有必要，可将缔约对方主管当局提交的相互协商请求所涉及的案件基本情况、主要证据等以书面形式下达给相关省税务机关，要求其在规定期限内完成核查。

第二十九条 接受任务的省税务机关应组织专人对案件进行核查，并在税务总局要求的期限内将核查结果以公文形式上报税务总局。对复杂或重大的案件，不能在期限内完成核查的，应在核查期限截止日期前五个工作日内向税务总局提出延期申请，经税务总局同意后，上报核查结果的时间可适当延长，但延长时间不超过一个月。

第三十条 接受任务的省税务机关认为核查缔约对方主管当局提交的案件需要对方补充材料或就某一事项做出进一步说明的，应及时向税务总局提出。税务总局同意向缔约对方主管当局提出补充要求的，等待对方回复的时间不计入核查时间。缔约对方主管当局在回复中改变立场，或提出新的请求的，核查时间重新计算。

第三十一条 省税务机关上报的核查结果，应包括案件调查的过程、对所涉案件的观点、事实根据和法律依据等内容。

第四章 税务总局主动向缔约对方请求启动的相互协商程序

第三十二条 税务总局在下列情况下可以主动向缔约对方主管当局提出相互协商请求：

（一）发现过去相互协商达成一致的案件或事项存在错误，或有新情况需要变更处理的；

（二）对税收协定中某一问题的解释及相关适用程序需要达成一致意见的；

（三）税务总局认为有必要与缔约对方主管当局对其他税收协定适用问题进行相互协商的。

第三十三条 省以下税务机关在适用税收协定时，发现本办法第三十二条规定的情形，认为有必要向缔约对方主管当局提起相互协商请求的，应层报税务总局。

第五章 协议的执行及法律责任

第三十四条 双方主管当局经过相互协商达成一致意见的，分别按不同情况处理如下：

（一）双方就协定的某一条文解释或某一事项的理解达成共识的，税务总局应将结果以公告形式发布；

（二）双方就具体案件的处理达成共识，需要涉案税务机关执行的，税务总局应将结果以书面形式通知相关税务机关。

第三十五条 经双方主管当局相互协商达成一致的案件，涉及我国税务机关退税或其他处理的，相关税务机关应在收到通知之日起三个月内执行完毕，并将情况报告税务总局。

第三十六条 纳税人、扣缴义务人、代理人等在税务机关对相互协商案件的核查中弄虚作假，或有其他违法行为的，税务机关应按税收征管法等有关规定处理。

第三十七条 省税务机关在相互协商程序实施过程中存在下列情形之一的，税务总局除发文催办或敦促补充核查、重新核查外，视具体情况予以通报：

（一）未按规定程序受理，或未在规定期限内向税务总局上报我国居民（国民）相互协商请求的；

（二）未按规定时间上报相互协商案件核查报告的；

（三）上报的核查报告内容不全、数据不准，不能满足税务总局对外回复需要的；

（四）未按规定时间执行相互协商达成的协议的。

第六章 附 则

第三十八条 申请人依照本办法第七条的规定向省税务机关提起相互协商程序申请的，填报或提交的资料应采用中文文本。相关资料原件为外文文本且税务机关根据有关规定要求翻译成中文文本的，申请人应按照税务机关的要求翻译成中文文本。

第三十九条 关于特别纳税调整的相互协商程序实施办法，另行规定。

第四十条 本办法由税务总局负责解释。

第四十一条 本办法自2013年11月1日起施行。《国家税务总局关于印发〈中国居民（国民）申请启动税务相互协商程序暂行办法〉的通知》（国税发〔2005〕115号）同时废止。

本办法施行前已按国税发〔2005〕115号受理但尚未处理完毕的相互协商案件，适用本办法的规定。

关于《发布〈税收协定相互协商程序实施办法〉的公告》的解读

为正确适用税收协定，解决国际税收争议，规范税务机关的相互协商工作，维护中国居民（国民）的合法利益，国家税务总局近日发布了《税收协定相互协商程序实施办法》（以下称新办法），替代《中国居民（国民）申请启动税务相互协商程序暂行办法》（国税发〔2005〕115号，以下称原办法）。现将新办法有关主要内容解读如下：

一、有何必要发布实施新办法？

随着国内税收政策的调整，以及我国的国际经济交往在深度和广度上的推进，税收协定的作用日显重要，在解释和适用税收协定时出现的分歧或争议也逐渐增多，提请启动相互协商程序解决争议案件（含对方主管当局和我国居民提请的相互协商）的数量明显上升。而现有规则不够完整，有些规定不细致、欠具体，难以保证相互协商案件处理的统一性、规范性和高效率。这种状况既不利于提高税务机关的工作效率，也不能有效维护国家税收权益和纳税人的合法利益。因此有必要在原办法的基础上，起草新的相互协商程序管理办法。

二、何为相互协商程序？在适用范围上，新办法与原办法有何异同？

按照新办法第二条的定义，相互协商程序是指税收协定缔约双方主管当局根据税收协定相互协商程序条款的规定，通过协商共同处理涉及税收协定解释和适用问题的过程。

原办法仅适用于中国居民（国民）申请启动相互协商程序的案件，新办法则扩大适用到缔约对方提请的相互协商案件和中国税务机关主动提请的相互协商案件，并明确了是否适用于特别纳税调整的相互协商案件。简而言之，新办法将适用于除特别纳税调整以外的所有相互协商案件。

三、中国居民（国民）可以就哪些事项向税务机关提请相互协商？

如果中国居民（国民）认为，缔约对方采取的措施，已经或将会导致不符合税收协定规定的征税行为的，均可就该措施向本国主管当局提请相互协商。结合相互协商实际情况，新办法第九条将相互协商程序事项归类为以下六项：

（一）对居民身份的认定存有异议，特别是相关税收协定规定双重居民身份情况下需要通过相互协商程序进行最终确认的；

（二）对常设机构的判定，或者常设机构的利润归属和费用扣除存有异议的；

（三）对各项所得或财产的征免税或适用税率存有异议的；

（四）违反税收协定非歧视待遇（无差别待遇）条款的规定，可能或已经形成税收歧视的；

（五）对税收协定其他条款的理解和适用出现争议而不能自行解决的；

（六）其他可能或已经形成不同税收管辖权之间重复征税的。

四、需要满足哪些条件，税务机关才能启动相互协商程序？

按照新办法第十四条规定，税务机关受理申请人申请，启动相互协商程序的条件设定为以下五项：

(一)申请人为按照本办法第九条或第十条规定可以提起相互协商请求的中国居民或中国国民；

(二)提出申请的时间没有超过税收协定规定的时限；

(三)申请协商的事项为缔约对方已经或有可能发生的违反税收协定规定的行为；

(四)申请人提供的事实和证据能够证实或者不能合理排除缔约对方的行为存在违反税收协定规定的嫌疑。

(五)申请相互协商的事项不存在本办法第十八条规定的情形。

对于不符合上款规定全部条件的申请，税务机关认为涉及严重双重征税或损害我国税收权益、有必要进行相互协商的，也可以决定接受。

五、在相互协商过程中，作为申请人的中国居民(国民)有那些主要权利和义务?

相互协商作为在国内法律救济手段之外解决税收争议的补充渠道，需要设定申请者一些特定的权利和义务，这主要体现在以下方面：

(一)是否启动相互协商不以是否存在国内救济手段为条件；但申请人应自行负责采取相应措施保障其在缔约对方的国内救济权益；

(二)对于已经启动相互协商程序的案件，申请人有权向税务机关了解相互协商进展情况；同时申请人有义务及时向税务机关提供真实、完整和准确的相关资料；

(三)在相互协商过程中，申请人可以撤回相互协商申请，也可以拒绝接受相互协商结果；但申请人不得就相同或类似事项再次提出相互协商申请。

六、谁有权决定是否同意接受缔约对方主管当局的相互协商请求? 在哪些情况下可以退回缔约对方主管当局的相互协商请求?

是否同意接受缔约对方主管当局的相互协商请求，由国家税务总局征求相关税务机关意见后决定。属于以下情形之一的，税务总局可以退回缔约对方主管当局的相互协商请求：

(一)请求相互协商的事项不属于税收协定的适用范围的；

(二)纳税人提出相互协商的申请超过了税收协定相互协商条款规定的时限的；

(三)缔约对方主管当局的请求明显缺乏事实或法律依据的；

(四)缔约对方主管当局提供的事实和资料不完整、不清楚，使税务机关无法进行调查或核实的；

为最大可能地发挥相互协商作用，通过双边方式化解税务争议，虽属于上述一种或多种情形，但税务总局授权代表认为只要有利于避免双重征税、维护我国税收权益或促进经济合作的，仍可以同意缔约对方启动相互协商程序的请求。

七、如何执行双方主管当局在相互协商中达成的一致意见?

对于缔约对方主管当局提请的相互协商事项，双方主管当局达成一致意见的，由国家税务总局以公告形式发布相互协商结果；其中需要我方税务机关做退税或其他调整处理的，相关税务机关应在收到通知之日起三个月内执行完毕，并将情况报告给税务总局。

国家税务总局关于二手车经销企业发票使用有关问题的公告

国家税务总局公告2013年第60号

为进一步加强二手车经销企业的发票管理，现对二手车经销企业发票使用有关问题公告如下：

一、二手车经销企业从事二手车交易业务，由二手车经销企业开具《二手车销售统一发票》。

二、二手车经销企业从事二手车代购代销的经纪业务，由二手车交易市场统一开具《二手车销售统一发票》。

特此公告。

关于《二手车经销企业发票使用有关问题的公告》的解读

为进一步加强二手车经销企业发票的管理，更好地服务纳税人，国家税务总局发布了《国家税务总局关于二手车经销企业发票使用有关问题的公告》（以下简称《公告》）。现将《公告》有关内容解读如下：

一、公告的背景和目的

《二手车流通管理办法》（商务部、公安部、工商总局、税务总局令 2005 年第 2 号）及国家税务总局《关于统一二手车销售发票式样问题的通知》下发以后，部分经销企业既从事二手车经销业务又从事二手车代购代销经纪业务，为进一步明确二手车经销企业发票的使用，我们下发了《公告》。

二、公告的主要内容

（一）按照《国家税务总局关于统一二手车销售发票式样问题的通知》（国税函〔2005〕693 号）要求，二手车经销企业在销售二手车收取款项时，必须按规定向买方开具税务机关监制的《二手车销售统一发票》。

（二）二手车经销企业从事二手车代购代销业务属于二手车经纪业务，应当由二手车交易市场经营者按规定向买方开具税务机关监制的《二手车销售统一发票》。

附　　录

2011 年度国家税务总局公告目录

国家税务总局关于高新技术企业资格复审期间企业所得税预缴问题的公告(国家税务总局公告 2011 年第 4 号)

国家税务总局关于飞机维修业务增值税处理方式的公告(国家税务总局公告 2011 年第 5 号)

国家税务总局关于个人提前退休取得补贴收入个人所得税问题的公告(国家税务总局公告 2011 年第 6 号)

国家税务总局关于发票专用章式样有关问题的公告(国家税务总局公告 2011 年第 7 号)

国家税务总局关于纳税人销售伴生金有关增值税问题的公告(国家税务总局公告 2011 年第 8 号)

国家税务总局关于企业年金个人所得税有关问题补充规定的公告(国家税务总局公告 2011 年第 9 号)

国家税务总局关于代理出口货物相关税收问题的公告(国家税务总局公告 2011 年第 12 号)

国家税务总局关于纳税人资产重组有关增值税问题的公告(国家税务总局公告 2011 年第 13 号)

国家税务总局关于企业所得税若干问题的公告(国家税务总局公告 2011 年第 34 号)

国家税务总局关于企业国债投资业务企业所得税处理问题的公告(国家税务总局公告 2011 年第 36 号)

国家税务总局关于部分液体乳增值税适用税率的公告(国家税务总局公告 2011 年第 38 号)

国家税务总局关于企业转让上市公司限售股有关所得税问题的公告(国家税务总局公告 2011 年第 39 号)

国家税务总局关于增值税纳税义务发生时间有关问题的公告(国家税务总局公告 2011 年第 40 号)

国家税务总局关于个人终止投资经营收回款项征收个人所得税问题的公告(国家税务总局公告 2011 年第 41 号)

国家税务总局关于环氧大豆油氢化植物油增值税适用税率问题的公告(国家税务总局公告 2011 年第 43 号)

国家税务总局关于代开货物运输业发票个人所得税预征率问题的公告(国家税务总局公告 2011 年第 44 号)

国家税务总局关于印发《境外注册中资控股居民企业所得税管理办法(试行)》的公告(国家税务总局公告 2011 年第 45 号)

国家税务总局关于贯彻执行修改后的个人所得税法有关问题的公告(国家税务总局公告 2011 年第 46 号)

国家税务总局关于纳税人转让土地使用权或者销售不动产同时一并销售附着于土地或者不动产上的固定资产有关税收问题的公告(国家税务总局公告 2011 年第 47 号)

国家税务总局关于实施农林牧渔业项目企业所得税优惠问题的公告(国家税务总局公告 2011 年第 48 号)

国家税务总局关于废止逾期增值税扣税凭证一律不得抵扣规定的公告(国家税务总局公告 2011 年第 49 号)

国家税务总局关于逾期增值税扣税凭证抵扣问题的公告(国家税务总局公告 2011 年第 50 号)

国家税务总局关于纳税人资产重组有关营业税问题的公告(国家税务总局公告 2011 年第 51 号)

国家税务总局关于铁路运输企业之间合作完成运输业务有关营业税问题的公告(国家税务总局公告 2011 年第 52 号)

国家税务总局关于配制酒消费税适用税率问题的公告(国家税务总局公告 2011 年第 53 号)

国家税务总局关于纳税人为其他单位和个人开采矿产资源提供劳务有关货物和劳务税问题的公告(国家税务总局公告 2011 年第 56 号)

国家税务总局关于调整增值税即征即退优惠政策管理措施有关问题的公告(国家税务总局公告 2011 年第 60 号)

国家税务总局关于安置残疾人单位是否可以同时享受多项增值税优惠政策问题的公告(国家税务总局公告 2011 年第 61 号)

国家税务总局关于旅店业和饮食业纳税人销售食品有关税收问题的公告(国家税务总局公告 2011 年第 62 号)

国家税务总局关于发布修订后的《资源税若干问题的规定》的公告(国家税务总局公告 2011 年第 63 号)

国家税务总局关于发布《中华人民共和国企业所得税月(季)度预缴纳税申报表》等报表的公告(国家税务总局公告 2011 年第 64 号)

国家税务总局关于上海市营业税改征增值税试点增值税一般纳税人资格认定有关事项的公告(国家税务总局公告 2011 年第 65 号)

国家税务总局关于调整增值税纳税申报有关事项的公告(国家税务总局公告 2011 年第 66 号)

国家税务总局关于税务师事务所公告栏有关问题的通知(国家税务总局公告 2011 年第 67 号)

国家税务总局关于纳税人既享受增值税即征即退先征后退政策又享受免抵退税政策有关问题的公告(国家税务总局公告 2011 年第 69 号)

国家税务总局关于一般纳税人迁移有关增值税问题的公告(国家税务总局公告 2011 年第 71 号)

国家税务总局关于启用货物运输业增值税专用发票的公告(国家税务总局公告 2011 年第 74 号)

国家税务总局关于发布《中华人民共和国企业所得税月(季)度预缴纳税申报表》等报表的补充公告(国家税务总局公告 2011 年第 76 号)

国家税务总局关于营业税改征增值税试点有关税收征收管理问题的公告(国家税务总局公告 2011 年第 77 号)

国家税务总局关于未按期申报抵扣增值税扣税凭证有关问题的公告(国家税务总局公告 2011 年第 78 号)

国家税务总局关于《中华人民共和国政府和乌兹别克斯坦共和国政府关于对所得避免双重征税和防止偷漏税的协定》议定书生效执行的公告(国家税务总局公告 2011 年第 79 号)

2012 年度国家税务总局公告目录

国家税务总局关于一般纳税人销售自己使用过的固定资产增值税有关问题的公告(国家税务总局公告 2012 年第 1 号)

国家税务总局关于发布《税务稽查执法文书式样》的公告(国家税务总局公告 2012 年第 2 号)

国家税务总局关于发布《中外合作及海上自营油气田资源税纳税申报表》的公告(国家税务总局公告 2012 年第 3 号)

国家税务总局关于第五届黄汲清青年地质科学技术奖奖金免征个人所得税问题的公告(国家税务总局公告 2012 年第 4 号)

国家税务总局关于《中华人民共和国政府和根西岛政府关于税收情报交换的协定》及谅解备忘录生效执行的公告(国家税务总局公告 2012 年第 5 号)

国家税务总局关于《中华人民共和国政府和马恩岛政府关于税收情报交换的协定》生效执行的公告(国家税务总局公告 2012 年第 6 号)

国家税务总局关于《中华人民共和国政府和泽西岛政府关于税收情报交换的协定》及谅解备忘录生效

执行的公告(国家税务总局公告 2012 年第 7 号)

国家税务总局关于《中华人民共和国政府和百慕大群岛政府关于税收情报交换的协定》及谅解备忘录生效执行的公告(国家税务总局公告 2012 年第 8 号)

国家税务总局关于《中华人民共和国政府和阿根廷共和国政府关于税收情报交换的协定》生效执行的公告(国家税务总局公告 2012 年第 9 号)

国家税务总局关于部分产品增值税适用税率问题的公告(国家税务总局公告 2012 年第 10 号)

国家税务总局关于部分玉米深加工产品增值税税率问题的公告(国家税务总局公告 2012 年第 11 号)

国家税务总局关于深入实施西部大开发战略有关企业所得税问题的公告(国家税务总局公告 2012 年第 12 号)

国家税务总局关于发布《营业税改征增值税试点地区适用增值税零税率应税服务免抵退税管理办法(暂行)》的公告(国家税务总局公告 2012 年第 13 号)

国家税务总局关于小型微利企业预缴企业所得税有关问题的公告(国家税务总局公告 2012 年第 14 号)

国家税务总局关于企业所得税应纳税所得额若干税务处理问题的公告(国家税务总局公告 2012 年第 15 号)

国家税务总局关于执行内地与港澳间税收安排涉及个人受雇所得有关问题的公告(国家税务总局公告 2012 年第 16 号)

国家税务总局关于将稀土企业开具的发票纳入增值税防伪税控系统汉字防伪项目管理有关问题的公告(国家税务总局公告 2012 年第 17 号)

国家税务总局关于我国居民企业实行股权激励计划有关企业所得税处理问题的公告(国家税务总局公告 2012 年第 18 号)

国家税务总局关于软件和集成电路企业认定管理有关问题的公告(国家税务总局公告 2012 年第 19 号)

国家税务总局关于药品经营企业销售生物制品有关增值税问题的公告(国家税务总局公告 2012 年第 20 号)

国家税务总局关于外贸企业出口视同内销货物进项税额抵扣有关问题的公告(国家税务总局公告 2012 年第 21 号)

国家税务总局关于外贸企业使用增值税专用发票办理出口退税有关问题的公告(国家税务总局公告 2012 年第 22 号)

国家税务总局关于二手车经营业务有关增值税问题的公告(国家税务总局公告 2012 年第 23 号)

国家税务总局关于发布《出口货物劳务增值税和消费税管理办法》的公告(国家税务总局公告 2012 年第 24 号)

国家税务总局关于 1 元以下应纳税额和滞纳金处理问题的公告(国家税务总局公告 2012 年第 25 号)

国家税务总局关于国家认定企业技术中心和国家中小企业公共技术服务示范平台纳税情况核查有关问题的公告(国家税务总局公告 2012 年第 26 号)

国家税务总局关于企业所得税核定征收有关问题的公告(国家税务总局公告 2012 年第 27 号)

国家税务总局关于明天小小科学家奖金免征个人所得税问题的公告(国家税务总局公告 2012 年第 28 号)

国家税务总局关于卷帘机适用增值税税率问题的公告(国家税务总局公告 2012 年第 29 号)

国家税务总局关于认定税收协定中"受益所有人"的公告(国家税务总局公告 2012 年第 30 号)

国家税务总局关于调整增值税纳税申报有关事项的公告(国家税务总局公告 2012 年第 31 号)

国家税务总局关于中国东方航空股份有限公司增值税计算缴纳有关问题的公告(国家税务总局公告 2012 年第 32 号)

国家税务总局关于纳税人虚开增值税专用发票征补税款问题的公告(国家税务总局公告 2012 年第 33 号)

国家税务总局关于发布试点物流企业名单(第八批)的公告(国家税务总局公告 2012 年第 34 号)

国家税务总局关于在部分行业试行农产品增值税进项税额核定扣除办法有关问题的公告(国家税务总局公告 2012 年第 35 号)

国家税务总局关于发布《用于生产乙烯、芳烃类化工产品的石脑油、燃料油退(免)消费税暂行办法》的公告(国家税务总局公告 2012 年第 36 号)

国家税务总局关于中国信达资产管理股份有限公司变更二级分支机构的公告(国家税务总局公告 2012 年第 37 号)

国家税务总局关于北京等 8 省市营业税改征增值税试点增值税一般纳税人资格认定有关事项的公告(国家税务总局公告 2012 年第 38 号)

国家税务总局关于发布《天津东疆保税港区融资租赁货物出口退税管理办法》的公告(国家税务总局公告 2012 年第 39 号)

国家税务总局关于发布《企业政策性搬迁所得税管理办法》的公告(国家税务总局公告 2012 年第 40 号)

国家税务总局关于发布《废弃电器电子产品处理基金征收管理规定》的公告(国家税务总局公告 2012 年第 41 号)

国家税务总局关于北京等 8 省市营业税改征增值税试点有关税收征收管理问题的公告(国家税务总局公告 2012 年第 42 号)

国家税务总局关于北京等 8 省市营业税改征增值税试点增值税纳税申报有关事项的公告(国家税务总局公告 2012 年第 43 号)

国家税务总局关于发布《启运港退(免)税管理办法》的公告(国家税务总局公告 2012 年第 44 号)

国家税务总局关于证券经纪人佣金收入征收个人所得税问题的公告(国家税务总局公告 2012 年第 45 号)

国家税务总局关于催化料、焦化料征收消费税的公告(国家税务总局公告 2012 年第 46 号)

国家税务总局关于消费税有关政策问题的公告(国家税务总局公告 2012 年第 47 号)

国家税务总局关于将北京东方信捷物流有限责任公司等企业纳入物流企业营业税差额纳税试点范围的公告(国家税务总局公告 2012 年第 48 号)

国家税务总局关于中日税收协定适用于日本新增税种的公告(国家税务总局公告 2012 年第 49 号)

国家税务总局关于营业税改征增值税试点文化事业建设费缴费信息登记有关事项的公告(国家税务总局公告 2012 年第 50 号)

国家税务总局关于营业税改征增值税试点文化事业建设费申报有关事项的公告(国家税务总局公告 2012 年第 51 号)

国家税务总局关于硝基复合肥有关增值税问题的公告(国家税务总局公告 2012 年第 52 号)

国家税务总局关于律师事务所从业人员有关个人所得税问题的公告(国家税务总局公告 2012 年第 53 号)

国家税务总局关于修改《服务贸易等项目对外支付出具〈税务证明〉申请表》的公告(国家税务总局公告 2012 年第 54 号)

国家税务总局关于纳税人资产重组增值税留抵税额处理有关问题的公告(国家税务总局公告 2012 年第 55 号)

国家税务总局关于发行 2012 年印花税票的公告(国家税务总局公告 2012 年第 56 号)

国家税务总局关于印发《跨地区经营汇总纳税企业所得税征收管理办法》的公告(国家税务总局公告 2012 年第 57 号)

国家税务总局关于中国海洋石油总公司使用的“成品油配置计划表”有关印花税问题的公告(国家税务总局公告 2012 年第 58 号)

国家税务总局关于税收协定中财产收益条款有关问题的公告(国家税务总局公告 2012 年第 59 号)

2013年度国家税务总局公告目录

国家税务总局 交通运输部关于发布《船舶车船税委托代征管理办法》的公告(国家税务总局 交通运输部公告2013年第1号)

国家税务总局关于国寿投资控股有限公司相关税收问题的公告(国家税务总局公告2013年第2号)

国家税务总局关于中央财政补贴增值税有关问题的公告(国家税务总局公告2013年第3号)

国家税务总局关于《中华人民共和国政府和埃塞俄比亚联邦民主共和国政府对所得避免双重征税和防止偷漏税的协定》及议定书生效执行的公告(国家税务总局公告2013年第4号)

国家税务总局关于直销企业增值税销售额确定有关问题的公告(国家税务总局公告2013年第5号)

国家税务总局关于发布《熊猫普制金币免征增值税管理办法(试行)》的公告(国家税务总局公告2013年第6号)

国家税务总局关于发布《营业税改征增值税试点期间航空运输企业增值税征收管理暂行办法》的公告(国家税务总局公告2013第7号)

国家税务总局关于纳税人采取"公司+农户"经营模式销售畜禽有关增值税问题的公告(国家税务总局公告2013年第8号)

国家税务总局关于营业税改征增值税试点中非居民企业缴纳企业所得税有关问题的公告(国家税务总局公告2013年第9号)

国家税务总局关于承印境外图书增值税适用税率问题的公告(国家税务总局公告2013年第10号)

国家税务总局关于企业政策性搬迁所得税有关问题的公告(国家税务总局公告2013年第11号)

国家税务总局关于《出口货物劳务增值税和消费税管理办法》有关问题的公告(国家税务总局公告2013年第12号)

国家税务总局关于金融机构销售贵金属增值税有关问题的公告(国家税务总局公告2013年第13号)

国家税务总局关于《中华人民共和国政府和丹麦王国政府对所得避免双重征税和防止偷漏税的协定》及议定书生效执行的公告(国家税务总局公告2013年第14号)

国家税务总局关于纳税人投资政府土地改造项目有关营业税问题的公告(国家税务总局公告2013年第15号)

国家税务总局关于中国银行股份有限公司等4家企业二级分支机构名单的公告(国家税务总局公告2013年第16号)

国家税务总局关于旅店业和饮食业纳税人销售非现场消费食品增值税有关问题的公告(国家税务总局公告2013年第17号)

国家税务总局关于发布《国家税务总局定点联系企业名册管理办法》的公告(国家税务总局公告2013年第18号)

国家税务总局关于非居民企业派遣人员在中国境内提供劳务征收企业所得税有关问题的公告(国家税务总局公告2013年第19号)

国家税务总局关于中澳税收协定适用于澳大利亚新增税种的公告(国家税务总局公告2013年第20号)

国家税务总局关于发布个人所得税申报表的公告(国家税务总局公告2013年第21号)

国家税务总局关于营业税改征增值税总分机构试点纳税人增值税纳税申报有关事项的公告(国家税务总局公告2013年第22号)

国家税务总局关于个人投资者收购企业股权后将原盈余积累转增股本个人所得税问题的公告(国家税务总局公告2013年第23号)

国家税务总局关于发布《委托代征管理办法》的公告(国家税务总局公告2013年第24号)

国家税务总局关于苏州工业园区有限合伙制创业投资企业法人合伙人企业所得税政策试点有关征收管理问题的公告(国家税务总局公告2013年第25号)

国家税务总局关于电网企业电网新建项目享受所得税优惠政策问题的公告(国家税务总局公告2013

年第 26 号)

国家税务总局关于油气田企业开发煤层气 页岩气增值税有关问题的公告(国家税务总局公告 2013 年第 27 号)

国家税务总局关于交通运输业和部分现代服务业营业税改征增值税试点增值税一般纳税人资格认定有关事项的公告(国家税务总局公告 2013 年第 28 号)

国家税务总局 海关总署关于石脑油 燃料油生产乙烯 芳烃类化工产品消费税退税问题的公告(国家税务总局 海关总署公告 2013 年第 29 号)

国家税务总局关于出口企业申报出口货物退(免)税提供收汇资料有关问题的公告(国家税务总局公告 2013 年第 30 号)

国家税务总局 海关总署关于实行海关进口增值税专用缴款书"先比对后抵扣"管理办法有关问题的公告(国家税务总局 海关总署公告 2013 年第 31 号)

国家税务总局关于调整增值税纳税申报有关事项的公告(国家税务总局公告 2013 年第 32 号)

国家税务总局关于增值税一般纳税人资格认定有关事项的公告(国家税务总局公告 2013 年第 33 号)

国家税务总局关于实施《税收票证管理办法》若干问题的公告(国家税务总局公告 2013 年第 34 号)

国家税务总局关于营业税改征增值税试点中文化事业建设费征收有关事项的公告(国家税务总局公告 2013 年第 35 号)

国家税务总局关于机动车电子信息采集和最低计税价格核定有关事项的公告(国家税务总局公告 2013 年第 36 号)

国家税务总局关于转变职能 改进作风更好为广大纳税人服务的公告(国家税务总局公告 2013 年第 37 号)

国家税务总局关于中国华融资产管理股份有限公司和中国东方资产管理公司企业所得税征管问题的公告(国家税务总局公告 2013 年第 38 号)

国家税务总局关于在全国开展营业税改征增值税试点有关征收管理问题的公告(国家税务总局公告 2013 年第 39 号)

国家税务总局关于服务贸易等项目对外支付税务备案有关问题的公告(国家税务总局公告 2013 年第 40 号)

国家税务总局关于企业混合性投资业务企业所得税处理问题的公告(国家税务总局公告 2013 年第 41 号)

国家税务总局关于车船税征管若干问题的公告(国家税务总局公告 2013 年第 42 号)

国家税务总局关于执行软件企业所得税优惠政策有关问题的公告(国家税务总局公告 2013 年第 43 号)

国家税务总局关于明确跨地区经营企业所得税汇总纳税分支机构年度纳税申报有关事项的公告(国家税务总局公告 2013 年第 44 号)

国家税务总局关于设有固定装置非运输车辆免征车辆购置税有关问题的公告(国家税务总局公告 2013 年第 45 号)

国家税务总局关于精料补充料免征增值税问题的公告(国家税务总局公告 2013 年第 46 号)

国家税务总局关于发布《适用增值税零税率应税服务退(免)税管理办法(暂行)》的公告(国家税务总局公告 2013 年第 47 号)

国家税务总局关于公布符合条件的销售熊猫普制金币纳税人名单(第二批)的公告(国家税务总局公告 2013 年第 48 号)

国家税务总局关于暂免征收部分小微企业增值税和营业税政策有关问题的公告(国家税务总局公告 2013 年第 49 号)

国家税务总局关于消费税有关政策问题补充规定的公告(国家税务总局公告 2013 年第 50 号)

国家税务总局关于增值税普通发票印制供应有关事项的公告(国家税务总局公告 2013 年第 51 号)

国家税务总局关于发布《营业税改征增值税跨境应税服务增值税免税管理办法(试行)》的公告(国家税

务总局公告 2013 年第 52 号)

国家税务总局关于执行《内地和香港特别行政区关于对所得避免双重征税和防止偷漏税的安排》有关居民身份认定问题的公告(国家税务总局公告 2013 年第 53 号)

国家税务总局关于应退税款抵扣欠缴税款有关问题的公告(国家税务总局公告 2013 年第 54 号)

国家税务总局关于铁路货运组织改革后两端物流服务有关营业税和增值税问题的公告(国家税务总局公告 2013 年第 55 号)

国家税务总局关于发布《税收协定相互协商程序实施办法》的公告(国家税务总局公告 2013 年第 56 号)

国家税务总局关于中国长城资产管理公司企业所得税征管问题的公告(国家税务总局公告 2013 年第 57 号)

国家税务总局关于中国邮政集团公司企业所得税征管问题的公告(国家税务总局公告 2013 年第 58 号)

国家税务总局关于电信企业手续费及佣金支出税前扣除问题的公告(国家税务总局公告 2013 年第 59 号)

国家税务总局关于二手车经销企业发票使用有关问题的公告(国家税务总局公告 2013 年第 60 号)

国家税务总局关于调整出口退(免)税申报办法的公告(国家税务总局公告 2013 年第 61 号)

国家税务总局关于技术转让所得减免企业所得税有关问题的公告(国家税务总局公告 2013 年第 62 号)

国家税务总局关于金融商品转让业务有关营业税问题的公告(国家税务总局公告 2013 年第 63 号)

国家税务总局关于营业税改征增值税试点有关文化事业建设费登记与申报事项的公告(国家税务总局公告 2013 年第 64 号)

国家税务总局关于出口货物劳务增值税和消费税有关问题的公告(国家税务总局公告 2013 年第 65 号)

国家税务总局关于纳税人资产重组有关增值税问题的公告(国家税务总局公告 2013 年第 66 号)

国家税务总局关于企业维简费支出企业所得税税前扣除问题的公告(国家税务总局公告 2013 年第 67 号)

国家税务总局关于发布《航空运输企业增值税征收管理暂行办法》的公告(国家税务总局公告 2013 年第 68 号)

国家税务总局关于发行 2013 年印花税票的公告(国家税务总局公告 2013 年第 69 号)

国家税务总局关于纳税人无偿赠送煤矸石征收增值税问题的公告(国家税务总局公告 2013 年第 70 号)

国家税务总局关于动物骨粒适用增值税税率的公告(国家税务总局公告 2013 年第 71 号)

国家税务总局关于非居民企业股权转让适用特殊性税务处理有关问题的公告(国家税务总局公告 2013 年第 72 号)

国家税务总局关于促进残疾人就业增值税优惠政策有关问题的公告(国家税务总局公告 2013 年第 73 号)

国家税务总局关于转让小火电机组容量指标营业税问题的公告(国家税务总局公告 2013 年第 74 号)

国家税务总局关于营业税改征增值税试点增值税一般纳税人资格认定有关事项的公告(国家税务总局公告 2013 年第 75 号)

国家税务总局关于铁路运输和邮政业营业税改征增值税发票及税控系统使用问题的公告(国家税务总局公告 2013 年第 76 号)

国家税务总局 国家发展改革委关于落实节能服务企业合同能源管理项目企业所得税优惠政策有关征收管理问题的公告(国家税务总局 国家发展改革委公告 2013 年第 77 号)

2011 年度财政部、国家税务总局联合发文目录

财政部 国家税务总局关于继续实施小型微利企业所得税优惠政策的通知(财税〔2011〕4 号)

财政部 国家税务总局关于对油(气)田企业生产自用成品油先征后返消费税的通知(财税〔2011〕7 号)

财政部 国家税务总局关于调整个人住房转让营业税政策的通知(财税〔2011〕12 号)

财政部 国家税务总局关于收购烟叶支付的价外补贴进项税额抵扣问题的通知(财税〔2011〕21 号)

财政部 国家税务总局关于享受企业所得税优惠的农产品初加工有关范围的补充通知(财税〔2011〕26 号)

财政部 国家税务总局关于购房人办理退房有关契税问题的通知(财税〔2011〕32 号)

财政部 国家税务总局关于高新技术企业境外所得适用税率及税收抵免问题的通知(财税〔2011〕47 号)

财政部 国家税务总局关于跨境设备租赁合同继续实行过渡性营业税免税政策的通知(财税〔2011〕48 号)

财政部 国家税务总局关于企业促销展业赠送礼品有关个人所得税问题的通知(财税〔2011〕50 号)

财政部 国家税务总局关于员工制家政服务免征营业税的通知(财税〔2011〕51 号)

财政部 国家税务总局关于新疆困难地区新办企业所得税优惠政策的通知(财税〔2011〕53 号)

财政部 海关总署国家税务总局关于深入实施西部大开发战略有关税收政策问题的通知(财税〔2011〕58 号)

财政部 国家税务总局关于调整个体工商户业主个人独资企业和合伙企业自然人投资者个人所得税费用扣除标准的通知(财税〔2011〕62 号)

财政部 国家税务总局关于继续对邮政企业代办金融业务免征营业税的通知(财税〔2011〕66 号)

财政部 国家税务总局关于天津北方国际航运中心核心功能区营业税政策的通知(财税〔2011〕68 号)

财政部 国家税务总局关于期货投资者保障基金有关税收优惠政策继续执行的通知(财税〔2011〕69 号)

财政部 国家税务总局关于专项用途财政性资金企业所得税处理问题的通知(财税〔2011〕70 号)

财政部 国家税务总局关于地方政府债券利息所得免征所得税问题的通知(财税〔2011〕76 号)

财政部 国家税务总局关于经营高校学生公寓和食堂有关税收政策的通知(财税〔2011〕78 号)

财政部 国家税务总局民政部关于生产和装配伤残人员专门用品企业免征企业所得税的通知(财税〔2011〕81 号)

财政部 国家税务总局关于房屋土地权属由夫妻一方所有变更为夫妻双方共有契税政策的通知(财税〔2011〕82 号)

财政部中国人民银行国家税务总局关于延续执行部分石脑油燃料油消费税政策的通知(财税〔2011〕87 号)

财政部 商务部 海关总署 国家税务总局关于继续执行研发机构采购设备税收政策的通知(财税〔2011〕88 号)

财政部 国家税务总局关于继续执行边销茶增值税政策的通知(财税〔2011〕89 号)

财政部 国家税务总局关于天然林保护工程(二期)实施企业和单位房产税城镇土地使用税政策的通知(财税〔2011〕90 号)

财政部 国家税务总局关于继续执行宣传文化增值税和营业税优惠政策的通知(财税〔2011〕92 号)

财政部 国家税务总局关于部分国家储备商品有关税收政策的通知(财税〔2011〕94 号)

财政部 国家税务总局关于铁路建设债券利息收入企业所得税政策的通知(财税〔2011〕99 号)

财政部 国家税务总局关于软件产品增值税政策的通知(财税〔2011〕100 号)

财政部 国家税务总局关于延长农村金融机构营业税政策执行期限的通知(财税〔2011〕101 号)

财政部 国家税务总局关于延长金融企业涉农贷款和中小企业贷款损失准备金税前扣除政策执行期限的通知(财税〔2011〕104 号)

财政部 国家税务总局关于金融机构与小型微型企业签订借款合同免征印花税的通知(财税〔2011〕105 号)

财政部 国家税务总局关于退还集成电路企业采购设备增值税期末留抵税额的通知(财税〔2011〕107号)

财政部 国家税务总局关于印发《营业税改征增值税试点方案》的通知(财税〔2011〕110 号)

财政部 国家税务总局关于在上海市开展交通运输业和部分现代服务业营业税改征增值税试点的通知(财税〔2011〕111 号)

财政部 国家税务总局关于调整完善资源综合利用产品及劳务增值税政策的通知(财税〔2011〕115 号)

财政部 国家税务总局关于小型微利企业所得税优惠政策有关问题的通知(财税〔2011〕117 号)

财政部 国家税务总局关于继续执行供热企业增值税房产税城镇土地使用税优惠政策的通知(财税〔2011〕118 号)

财政部 国家税务总局关于扶持动漫产业发展增值税营业税政策的通知(财税〔2011〕119 号)

财政部 国家税务总局关于印发贯彻实施党政主要领导干部和国有企业领导人员经济责任审计规定意见的通知(财税〔2011〕129 号)

财政部 国家税务总局关于应税服务适用增值税零税率和免税政策的通知(财税〔2011〕131 号)

财政部 国家税务总局关于修订《增值税防伪税控开票系统服务监督管理办法》的通知(财税〔2011〕132号)

财政部 国家税务总局关于交通运输业和部分现代服务业营业税改征增值税试点若干税收政策的通知(财税〔2011〕133 号)

2012 年度财政部、国家税务总局联合发文目录

财政部 国家税务总局关于企业事业单位改制重组契税政策的通(财税〔2012〕4 号)

财政部 国家税务总局关于金融企业贷款损失准备金企业所得税税前扣除政策的通知(财税〔2012〕5号)

财政部 国家税务总局关于转让自然资源使用权营业税政策的通知(财税〔2012〕6 号)

财政部 国家税务总局关于证券行业准备金支出企业所得税税前扣除有关政策问题的通知(财税〔2012〕11 号)

财政部 国家税务总局关于物流企业大宗商品仓储设施用地城镇土地使用税政策的通知(财税〔2012〕13 号)

财政部 国家税务总局关于增值税税控系统专用设备和技术维护费用抵减增值税税额有关政策的通知(财税〔2012〕15 号)

财政部 国家税务总局关于节约能源 使用新能源车船车船税政策的通知(财税〔2012〕19 号)

财政部 国家税务总局关于技工院校占用耕地免征耕地占用税的通知(财税〔2012〕22 号)

财政部 国家税务总局关于中小企业信用担保机构有关准备金企业所得税税前扣除政策的通知(财税〔2012〕25 号)

财政部 国家税务总局关于公布 2011 年度第二批获得公益性捐赠税前扣除资格的公益性社会团体名单的通知(财税〔2012〕26 号)

财政部 国家税务总局关于进一步鼓励软件产业和集成电路产业发展企业所得税政策的通知(财税〔2012〕27 号)

财政部 国家税务总局关于支持农村饮水安全工程建设运营税收政策的通知(财税〔2012〕30 号)

财政部 国家税务总局关于中国扶贫基金会所属小额贷款公司享受有关税收优惠政策的通知(财税〔2012〕33 号)

财政部 国家税务总局关于在部分行业试行农产品增值税进项税额核定扣除办法的通知(财税〔2012〕38 号)

财政部 国家税务总局关于出口货物劳务增值税和消费税政策的通知(财税〔2012〕39 号)

财政部 国家税务总局关于工伤职工取得的工伤保险待遇有关个人所得税政策的通知(财税〔2012〕40号)

财政部 国家税务总局关于保险公司准备金支出企业所得税税前扣除有关政策问题的通知(财税〔2012〕45号)

财政部 国家税务总局关于确认中华全国总工会和中国红十字会总会2011年度公益性捐赠税前扣除资格的通知(财税〔2012〕47号)

财政部 国家税务总局关于交通运输业和部分现代服务业营业税改征增值税试点若干税收政策的补充通知(财税〔2012〕53号)

财政部 国家税务总局关于外派海员等劳务免征营业税的通知(财税〔2012〕54号)

财政部 国家税务总局关于福建省平潭综合实验区营业税政策的通知(财税〔2012〕60号)

财政部 国家税务总局关于在天津东疆保税港区试行融资租赁货物出口退税政策的通知(财税〔2012〕66号)

财政部 国家税务总局关于农产品批发市场 农贸市场房产税 城镇土地使用税政策的通知(财税〔2012〕68号)

财政部 国家税务总局关于在北京等8省市开展交通运输业和部分现代服务业营业税改征增值税试点的通知(财税〔2012〕71号)

财政部 国家税务总局关于免征部分鲜活肉蛋产品流通环节增值税政策的通知(财税〔2012〕75号)

财政部 国家税务总局关于企业以售后回租方式进行融资等有关契税政策的通知(财税〔2012〕82号)

财政部 国家税务总局关于印发《总分支机构试点纳税人增值税计算缴纳暂行办法》的通知(财税〔2012〕84号)

财政部 国家税务总局 证监会关于实施上市公司股息红利差别化个人所得税政策有关问题的通知(财税〔2012〕85号)

财政部 国家税务总局关于交通运输业和部分现代服务业营业税改征增值税试点应税服务范围等若干税收政策的补充通知(财税〔2012〕86号)

财政部 国家税务总局关于铁路房建生活单位营业税政策的通知(财税〔2012〕94号)

财政部 国家税务总局关于熊猫普制金币免征增值税政策的通知(财税〔2012〕97号)

2013年度财政部、国家税务总局联合发文目录

财政部 国家税务总局关于成都双流等3个机场民航国际航班使用保税航空燃油有关税收政策的通知(财税〔2013〕1号)

财政部 中国人民银行 海关总署 国家税务总局关于完善石脑油 燃料油生产乙烯 芳烃类化工产品消费税退税政策的通知(财税〔2013〕2号)

财政部 海关总署 国家税务总局关于赣州市执行西部大开发税收政策问题的通知(财税〔2013〕4号)

财政部 国家税务总局关于部分航空公司执行总分机构试点纳税人增值税计算缴纳暂行办法的通知(财税〔2013〕9号)

财政部 国家税务总局 民政部关于公布获得2012年度公益性捐赠税前扣除资格的公益性社会团体名单的通知(财税〔2013〕10号)

财政部 海关总署 国家税务总局关于第二届夏季青年奥林匹克运动会等三项国际综合运动会税收政策的通知(财税〔2013〕11号)

财政部 国家税务总局关于发布免征营业税的一年期以上返还性人身保险产品名单(第二十五批)的通知(财税〔2013〕12号)

财政部 国家税务总局关于下发中国电视剧制作中心有限责任公司等11家中央所属转制文化企业名单的通知(财税〔2013〕16号)

财政部 国家税务总局 中宣部关于下发13家名称变更后继续享受税收优惠政策的转制文化企业名单的通知(财税〔2013〕17号)

财政部 国家税务总局关于对城市公交站场道路客运站场免征城镇土地使用税的通知(财税〔2013〕20号)

财政部 国家税务总局关于享受资源综合利用增值税优惠政策的纳税人执行污染物排放标准有关问题的通知(财税〔2013〕23号)

财政部 国家税务总局关于确认中国红十字会总会 中华全国总工会和中国宋庆龄基金会2012年度公益性捐赠税前扣除资格的通知(财税〔2013〕29号)

财政部 国家税务总局民政部关于确认实事助学基金会2013年度公益性捐赠税前扣除资格的通知(财税〔2013〕32号)

财政部 国家税务总局 民政部关于公布获得2012年度第二批公益性捐赠税前扣除资格的公益性社会团体名单的通知(财税〔2013〕35号)

财政部 国家税务总局关于在全国开展交通运输业和部分现代服务业营业税改征增值税试点税收政策的通知(财税〔2013〕37号)

财政部 国家税务总局关于停止执行民航国际航班使用进口保税航空燃油政策的通知(财税〔2013〕42号)

财政部 国家税务总局关于房改房用地未办理土地使用权过户期间城镇土地使用税政策的通知(财税〔2013〕44号)

财政部 国家税务总局关于暂免征收部分小微企业增值税和营业税的通知(财税〔2013〕52号)

财政部 国家税务总局关于中国邮政储蓄银行改制上市有关税收政策的通知(财税〔2013〕53号)

财政部 国家税务总局关于扩大农产品增值税进项税额核定扣除试点行业范围的通知(财税〔2013〕57号)

财政部 海关总署 国家税务总局关于支持芦山地震灾后恢复重建有关税收政策问题的通知(财税〔2013〕58号)

财政部 国家税务总局关于部分国家储备商品有关税收政策的通知(财税〔2013〕59号)

财政部 国家税务总局关于职业教育等营业税若干政策问题的通知(财税〔2013〕62号)

财政部 国家税务总局关于企业参与政府统一组织的棚户区改造有关企业所得税政策问题的通知(财税〔2013〕65号)

财政部 国家税务总局关于光伏发电增值税政策的通知(财税〔2013〕66号)

财政部 国家税务总局 民政部关于公布获得2013年度第一批公益性捐赠税前扣除资格的公益性社会团体名单的通知(财税〔2013〕69号)

财政部 国家税务总局关于研究开发费用税前加计扣除有关政策问题的通知(财税〔2013〕70号)

财政部 国家税务总局关于重新印发《总分机构试点纳税人增值税计算缴纳暂行办法》的通知(财税〔2013〕74号)

财政部 海关总署 国家税务总局关于中国(上海)自由贸易试验区有关进口税收政策的通知(财关税〔2013〕75号)

财政部 国家税务总局关于免征新疆国际大巴扎项目营业税的通知(财税〔2013〕77号)

财政部 国家税务总局关于确认中国红十字会总会 中华全国总工会 中国宋庆龄基金会和中国国际人才交流基金会2013年度公益性捐赠税前扣除资格的通知(财税〔2013〕79号)

财政部 国家税务总局关于期货投资者保障基金有关税收政策继续执行的通知(财税〔2013〕80号)

财政部 国家税务总局关于保险保障基金有关税收政策继续执行的通知(财税〔2013〕81号)

财政部 国家税务总局关于邮政企业代办金融和速递物流业务继续免征营业税的通知(财税〔2013〕82号)

财政部 国家税务总局关于经营高校学生公寓和食堂有关税收政策的通知(财税〔2013〕83号)

财政部 国家税务总局关于部分航空运输企业总分机构增值税计算缴纳问题的通知(财税〔2013〕86号)

财政部 国家税务总局关于中国(上海)自由贸易试验区内企业以非货币性资产对外投资等资产重组行为有关企业所得税政策问题的通知(财税〔2013〕91 号)

财政部 国家税务总局关于企业和自收自支事业单位向职工出租的单位自有住房房产税和营业税政策的通知(财税〔2013〕94 号)

财政部 国家税务总局关于棚户区改造有关税收政策的通知(财税〔2013〕101 号)

财政部 人力资源社会保障部 国家税务总局关于企业年金 职业年金个人所得税有关问题的通知(财税〔2013〕103 号)

财政部 国家税务总局关于将铁路运输和邮政业纳入营业税改征增值税试点的通知(财税〔2013〕106 号)